LE GRAND
GUIDE DES
VINS
DE FRANCE
2010

Vous trouverez ci-dessous
la clé Opendisc® qui vous permettra
de vous connecter au site privé du
Grand Guide des vins de France 2010.

SUR CE SITE PRIVÉ, VOUS POURREZ

> Suivre l'actualité du vin
avec Bettane et Desseauve

> Accéder aux notes de dégustation
de plus de 25 000 vins

> Visiter les stands des producteurs sur
clubgrandtasting.com

BDTM-061-870-256

Rendez-vous sans plus attendre sur le site
WWW.BETTANEDESSEAUVE.COM,
recopiez ce numéro de série dans
la fenêtre Opendisc® et rejoignez
la communauté des lecteurs
du Grand Guide des vins de France !

Le code imprimé ci-dessus est unique et ne sera
valable qu'une seule fois lors de votre inscription.

Il vous permettra de paramétrer un login et un mot
de passe qui vous seront demandés à chaque fois
que vous vous connecterez à la partie privée du site
WWW.BETTANEDESSEAUVE.COM

BETTANE & DESSEAUVE

LE GRAND GUIDE DES VINS DE FRANCE 2010

Auteurs
Michel Bettane et Thierry Desseauve
Direction d'ouvrage
Minerva : Florence Lécuyer
BDT Médias : Alain Chameyrat
Dégustations
Michel Bettane, Alain Chameyrat, Guy Charneau,
Thierry Desseauve, Hélène Durand, Laure Gasparotto,
Denis Hervier, Amy Lillard, Thierry Meyer, Guillaume
Puzo et Barbara Shroeder
Coordination éditoriale
Minerva : Antoine Cam
BDT Médias : Béatrice Boullier, Andrée Virlouvet
SANVIC, assistés de Benjamin Alizier, Julien Chameyrat,
Christophe Dazet, Koumba Diawara et Marie-Eglé Piot
Conception base de données
Éditorial et Régie : Jean-Paul Viau
Correction
Lucile Chavane, Marie-France Claerebout, Céline
Maurice et Élodie Ther
Conception graphique
Francism.com
Réalisation
Francism.com et Hicham Abou Raad
Couverture
Photographie ©Isabelle Rozenbaum
Portraits auteurs
Photographie ©Guy Charneau
Cartographie
Légendes Cartographie
Fabrication
Marie-Hélène Lafin

Opendisc®
Nathalie Bertram et Guillaume Doret
Site internet
Conception graphique : Anne Schlaffmann
Développement : Nadège Leroy (Dapé)
Éditorial : Véronique Raisin
Vidéos : Isabelle Rozenbaum

Connectez-vous sur :
www.editionsminerva.fr
www.bettanedesseauve.com

© 2009, Éditions Minerva, Genève, Suisse.
© 2009, BDT Médias, Paris, France.

ISBN : 978-2-8307-1118-9

BETTANE & DESSEAUVE

LE GRAND
GUIDE DES
VINS
DE FRANCE
2010

Minerva

Sommaire

Les vignobles de France

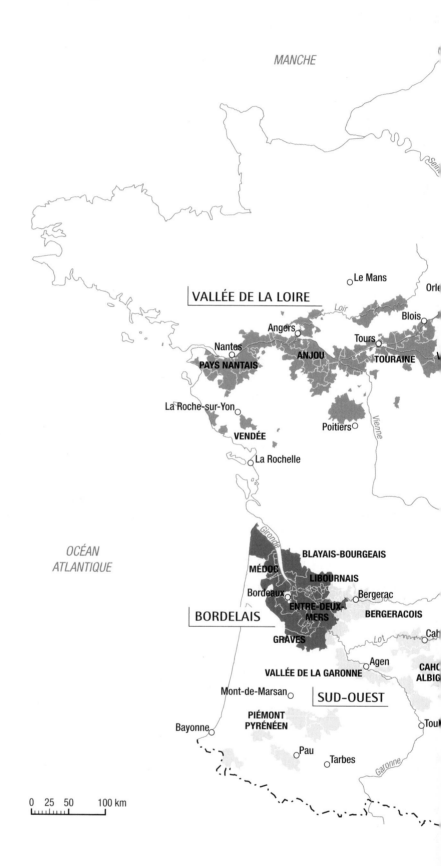

MANCHE

VALLÉE DE LA LOIRE

Le Mans

Orlé

Loir

Angers

Blois

Tours

Nantes

ANJOU

TOURAINE

PAYS NANTAIS

La Roche-sur-Yon

Vienne

VENDÉE

Poitiers

La Rochelle

OCÉAN
ATLANTIQUE

Gironde

BLAYAIS-BOURGEAIS

MÉDOC

LIBOURNAIS

Bordeaux

Bergerac

ENTRE-DEUX-
MERS

BORDELAIS

BERGERACOIS

Lot

Cah

GRAVES

Agen

CAHO
ALBIG

VALLÉE DE LA GARONNE

Mont-de-Marsan

SUD-OUEST

PIÉMONT
PYRÉNÉEN

Toul

Bayonne

Pau

Tarbes

Garonne

0 25 50   100 km

PARIS

Reims
Épernay
Châlons-en-Champagne

CHAMPAGNE

Troyes
Bar-sur-Aube

Strasbourg

ALSACE

Colmar

Mulhouse

Auxerre

Giens

YONNE

NTRE-LOIRE

Dijon

BOURGOGNE
CÔTE-DE-NUITS
CÔTE-DE-BEAUNE
Bourges
Nevers
Beaune

Besançon

CÔTE CHALONNAISE
Chalon-
sur-S.

JURA

Lons-le-Saunier

MÂCONNAIS

Mâcon

BEAUJOLAIS

Annecy

SAVOIE ET BUGEY

Clermont-
Ferrand
Lyon

Chambéry

Vienne

CÔTES DU RHÔNE
SEPTENTRIONALES

Valence

Die

Montélimar

VALLEE DU RHÔNE

dez AUVERGNE-
AVEYRONNAIS
Millau

CÔTES DU RHÔNE
MÉRIDIONALES
Avignon

Nîmes
Arles

Nice
Cannes

Bastia

Montpellier

Carcassonne
Narbonne

LANGUEDOC

Marseille
Toulon

CORSE

PROVENCE

erpignan

ROUSSILLON

MER MÉDITERRANÉE

Ajaccio

7

Notre engagement

Cinq principes essentiels

Si le *Grand Guide des vins de France* s'est imposé dès
ses débuts comme une nouvelle référence pour tous les
amateurs de bons vins, c'est parce qu'il est le seul guide à
appliquer rigoureusement les cinq points de sa charte de
qualité :

1. Un guide vraiment écrit par ceux qui ont dégusté les
    vins !
    Ce guide n'est pas une réécriture d'une compilation
    de commentaires anonymes : nous nous engageons
    et assumons personnellement les commentaires de
    chaque vin dégusté.

2. Des auteurs experts
    Pas de jurys composés à la va-vite, pas de
    « professionnels de la profession » dégustant leurs
    propres vins, mais deux journalistes dégustateurs
    consacrés internationalement depuis plus de vingt ans
    et travaillant avec une équipe soudée de huit experts,
    tous recrutés pour leur compétence reconnue.

3. 50 000 vins dégustés chaque année pour repérer tous
    les meilleurs, mais seulement les meilleurs vins.
    Le guide est ouvert de manière totalement gratuite
    à tous les producteurs de France et à leurs vins, mais
    seuls les meilleurs sont sélectionnés : pas de quotas
    pour représenter toutes les appellations même les plus
    médiocres, pas de *short list* oubliant les nouveaux venus
    de talent, pas de régions occultées par manque de
    temps ou par volonté…

4. Une information complète et claire sur le producteur et
    ses vins
    Un texte présente tous les producteurs, classés en cinq
    catégories de qualité. Leurs vins sont décrits, notés et
    leur date idéale de consommation est précisée. Prix,
    coordonnées, détails techniques et conditions de visite
    sont signalés.

5. Nous associons nos lecteurs à nos choix
    Pour la première fois, les lecteurs des éditions
    précédentes du *Grand Guide des vins de France* ont dégusté
    avec nous les vins qui offrent « le bonheur tout de suite ».
    Découvrez les premiers palmarès des consommateurs…
    qui nous permettent aussi de valider nos choix.

Qui sommes-nous ?

Nous, tout d'abord, est un duo. L'aîné, Michel Bettane, fut longtemps professeur agrégé de lettres classiques. Il a eu la bonne idée d'agrémenter ses loisirs en suivant les cours de dégustation de l'Académie du Vin à Paris en 1977 puis en y devenant rapidement professeur et, dès le début des années 1980, collaborateur principal de la *Revue du Vin de France*. L'arrivée comme rédacteur en chef en 1989 de Thierry Desseauve permet de moderniser avec succès la forme et le contenu de la Revue. Elle nous permet aussi de travailler ensemble et de déguster en commun, forgeant peu à peu un même goût du grand vin. Nous créons alors en 1996 le *Classement des meilleurs vins et domaines de France* qui nous amène à être en contact régulier avec la production de plus de mille producteurs et d'approfondir comme sans doute personne ne l'avait fait avant nous la connaissance des terroirs français. Nous avons repris notre liberté fin 2004 pour pouvoir informer non seulement les spécialistes mais aussi le plus large public. Ainsi, nous travaillons aujourd'hui pour plusieurs journaux en France et dans le monde. Nous avons également créé un magazine en ligne, TAST, et un site Internet, www.bettanedesseauve.com.

Quelle est notre vision du vin ?

L'univers du vin possède la même complexité que celui de toutes les autres productions humaines. Plus on avance dans la connaissance du produit, plus on s'aperçoit qu'il y a encore des choses à connaître ! Et pourtant rien ne semble plus simple et plus naturel que le plaisir qu'une bonne bouteille offre à celui qui la boit. À condition bien sûr qu'il sache l'apprécier et c'est bien là que ça se complique ! En fait, le vin, comme tout ce qui a trait à la gastronomie, se trouve à l'exacte intersection entre le don d'une nature capricieuse et infiniment diverse et le savoir-faire humain dans toute sa sophistication.

Aussi, les critères à partir desquels nous portons un jugement de valeur sur la qualité d'un vin, nous les devons naturellement à l'enseignement des vignerons et des œnologues qui nous ont appris à déguster le vin. Ils nous ont aidés à affiner la perception de notre goût en liaison avec ce que nous pouvons savoir des conditions naturelles de sa production (terroir, climat, cépage, millésime) et pour les vins des vignobles « historiques » des traditions souvent pluri-centenaires qui font leur force et leur originalité. La qualité de la viticulture (respect du terroir, de l'environnement, de la plante, du fruit) et la précision de la vinification et de l'élevage du vin sont indispensables si, au-delà d'une réussite ponctuelle et chanceuse, un producteur

Notre engagement

vise à la régularité dans l'excellence de sa production, ce qui demeure la meilleure façon de créer un lien commercial durable avec ses clients. Tenir compte de ces facteurs n'ôte rien à l'hédonisme de la dégustation et au plaisir de décrire simplement mais clairement la saveur d'un bon vin.

Comment considérons-nous la critique des vins ?

Si un commentaire critique est nécessaire, il faut le comprendre dans une double perspective. D'abord informer en tant qu'expert le public et lui apprendre à mieux déguster lui-même, s'il le désire ou en sent le besoin ; ensuite dialoguer de façon constructive avec le producteur pour l'amélioration de sa qualité. L'erreur étant hélas ! trop humaine, il nous arrive régulièrement de nous tromper, trouvant dans un produit plus de qualité qu'il n'en a réellement ou des défauts qu'il ne possède pas. Il y va alors de notre honneur de critique de le signaler dès que nous nous en apercevons. Si l'on ajoute que la perception d'un même vin peut varier à différentes étapes de sa vie en bouteille et qu'il faut aussi rendre compte de cette variation si elle atteint un niveau significatif, on comprendra que rien n'est plus contraire au monde réel du vin qu'un commentaire ou pire encore qu'une note chiffrée définitive et immuable ! L'un comme l'autre, tels que vous les trouverez dans cet ouvrage, doivent donc être perçus comme des indications, des clés pour appréhender un vin que tout un chacun n'a pas le loisir de déguster aussi souvent que nous…

Comment est né ce guide ?

Les amateurs de vin avec qui nous parlons témoignent de deux interrogations contradictoires. D'une part, ils souhaitent que les critiques puissent les aider à hiérarchiser les différents vins et crus : l'un va nous demander « quels sont les meilleurs vignerons de telle ou telle région ? », le second « entre château X et château Y, lequel choisir ? ». Mais, d'autre part, l'amateur a aussi envie d'exhaustivité. Il veut pouvoir dénicher le bon petit vin de telle appellation méconnue ou la bouteille pas trop chère d'un producteur en devenir dans un cru célèbre. À l'aune de ce constat, nous avons estimé qu'aucun guide actuel, y compris celui que nous avons créé, ne remplissait correctement les deux fonctions. Les uns classent l'élite des vins, mais n'offrent au lecteur qu'une liste de bouteilles hors de prix et souvent en rupture de stock ; les autres offrent un large panorama de la production française mais sont incapables, faute d'une vision d'ensemble et d'une cohérence générale de jugement, de hiérarchiser des crus d'appellations voisines mais distinctes et donnent la même notation à un petit vin sympathique et à un grand vin de garde.

Qu'apporte de nouveau le Grand guide des vins de France ?
Nous avons voulu réunir le yin et le yang du vin, le choix
et le conseil. Comment ? D'abord en offrant à tous les
producteurs qui le souhaitent la possibilité de participer
à nos dégustations de présélection. Avec l'aide précieuse
des syndicats d'appellation ou de vins de pays, des
comités interprofessionnels, des différentes associations
de producteurs, nous avons pu organiser plus de 200
dégustations réunissant de 80 à 500 vins à chaque fois !
Au total, plus de 50 000 vins ont été dégustés par nous-
mêmes ou notre petite équipe de dégustateurs. Une fois
ce vaste tour d'horizon réalisé, nous avons pu dans chaque
région sélectionner les domaines, maisons ou caves qui
nous paraissaient proposer une gamme complète de haute
qualité : vous les trouverez, présentés région par région par
ordre alphabétique. Pour chacun de ces producteurs, nous
présentons l'exploitation, son histoire récente et le style de
ses vins puis nous commentons et nous notons les cuvées
que l'on peut trouver chez lui ou dans d'autres lieux de vente.
Nous donnons enfin une évaluation générale, de un à cinq,
indiquant où nous plaçons ce producteur dans la hiérarchie
de la production française. Pour un repérage aisé, chaque
producteur apparaît en haut de page ou de colonne. Selon
la taille du producteur et le nombre de vins produits, cette
présentation peut occuper une ou plusieurs colonnes de texte.
Mais nous avons également rencontré beaucoup de vins
intéressants réalisés par des producteurs en devenir ou
plus irréguliers : vous retrouverez désormais ces « autres
réussites de l'année » dans notre site Internet accessible
exclusivement aux lecteurs du guide (voir p. 20) avec un
moteur de recherche multi-critères qui vous permettra
de dénicher facilement la bouteille de votre choix. Ces
vins proviennent de la gamme d'un producteur qui nous
paraît moins homogène, mais apparaissent d'une qualité
équivalente à celle d'un autre vin ayant la même note. Ils
sont souvent plus accessibles et moins chers.

Nos principes de notation
Ce guide répertorie et classe en cinq niveaux les
meilleurs producteurs de vins de notre pays. Tous les vins
sélectionnés sont notés sur une échelle de vingt. Comme
nous refusons toute démagogie en matière de notation,
par respect du public et de la qualité, il est très important
de bien comprendre le sens de ces deux types de notes,
d'autant qu'elles vont à l'encontre de bien des tendances
actuelles de notation, de l'école à l'université pour les élèves
et les étudiants, aux bancs d'essais comparatifs dans la
presse pour toutes sortes de produits.

Notre engagement

Que signifie cette échelle de notation de la qualité globale d'un producteur ?
Les producteurs cités dans ce guide sont notés sur une échelle de un à cinq BD [🍷], en utilisant comme symbole ces deux majuscules couleur lie de vin, suivies pour les échelons suivants de ces mêmes lettres en gris. La réunion de tous les producteurs cités constitue l'élite du vin français, du moins pour ce que nous pouvons connaître de lui. Chacun d'entre eux propose un ou plusieurs vins dignes de faire partie des caves de tout amateur ou professionnel sérieux. Le producteur qui n'obtient qu'un BD [🍷] ne doit en aucun cas se considérer comme médiocre par rapport aux autres, et le lecteur intelligent saura lire attentivement nos commentaires et ne pas snober sa production, si le style, le prix et la qualité de celle-ci correspond à ses souhaits ! Les BD [🍷] ont une valeur universelle, tout vignoble et tout prix de vente confondus. Cela veut dire qu'un producteur de Loire, de Corse ou d'Alsace classé 3 BD [🍷] produit des vins de qualité globalement analogue, en tenant compte bien entendu des différences de climat ou de cépages.

La notation générale du producteur

1 [BD]
Signale une production sérieuse, recommandable, conforme à ce qu'on est en droit d'attendre de son ou de ses appellations.

2 [BD]
Signale une production sérieuse et recommandable mais un peu plus régulière et homogène que la précédente.

3 [BD]
Signale une production de haute qualité, pouvant servir de référence dans son secteur.

4 [BD]
Signale les producteurs de très haute qualité, ceux qui sont les gloires du vignoble français.

5 [BD]
Signale les producteurs exceptionnels, ceux qui représentent le sommet absolu de la qualité en France et dans le monde.

Comment avons-nous établi notre notation des vins ?

Chaque vin recommandé est décrit dans un commentaire
de dégustation, accompagné de la mention de la meilleure
période où le boire, et reçoit une note sur 20 échelonnée de
demi-point en demi-point. Nous n'avons conservé dans cette
édition que les vins méritant une note égale ou supérieure
à 13/20, sauf lorsque la célébrité du producteur ou d'une
cuvée interdit que nous cachions une note inférieure.

Valeur des notes

13/20 à 14,5/20   bon vin, bien fait, représentatif de son
origine.

15/20 à 16/20   très bon vin, hautement représentatif de la
qualité de son origine.

16,5 à 18/20   vin de référence dans son appellation et
son millésime.

18,5 à 19,5/20   vin de qualité exceptionnelle, digne des
plus grandes occasions mais exigeant une conservation en
cave et un niveau de service digne de lui.

20/20   une idée de la perfection... le jour où nous
l'avons dégusté.

☺   « Le bonheur tout de suite ! » signale un vin
gourmand, de plaisir immédiat, universel, dès l'ouverture de
la bouteille.

Les notes des vins sont-elles définitives et universelles ?

La note attribuée à chaque vin complète et synthétise la
qualité décrite dans le commentaire, et doit se comprendre
comme un indice de préférence dans un ensemble qui
réunirait tous les vins de la même région dans le même
millésime. Il est impossible en effet, et donc malhonnête
envers les consommateurs, de leur faire croire qu'il est
possible dans un temps T de donner une note chiffrée
à valeur universelle à partir d'une bouteille d'un seul
millésime. On ne notera pas de façon absolument identique
un médoc 2006 dégusté avec ses pairs du millésime en
2009, et le même, cinq ans plus tard, à un autre moment
de l'année, dans une autre salle et dans un verre différent,
sans parler d'une température de deux ou trois degrés plus
ou moins élevée. On comprendra également facilement
qu'un 14/20 donné à un rouge 2007 de Bourgogne ne
peut se comparer à un 14/20 donné à un liquoreux de
Loire 2003 ! Ce 14 en revanche signifie qu'on a trouvé ce
vin, dans sa catégorie et dans son millésime, supérieur à
celui qu'on a noté 13, et inférieur à celui qu'on a noté 15.
Certains lecteurs comprennent le sens relatif de ce type
de note mais aimeraient affecter cette même note d'un
coefficient modificatif lié à la valeur moyenne du millésime.

Notre engagement

Par exemple un 14/20 attribué à un 2005, grand millésime, correspondrait à un 16/20 donné à un 2007, millésime moyen. Nous aimerions vraiment que ce soit aussi simple que cela ! Car dans les faits comment noter un millésime ? Sur la valeur de ses meilleurs vins, ceux qui vont jusqu'au bout de son potentiel, parce que le producteur a bien travaillé, ou sur celles de ses moins bons, produits par la routine et l'indifférence ? Le matheux nous dira qu'il faut alors faire la moyenne générale de tous les vins dégustés, mais cette moyenne n'est qu'une abstraction et pas une qualité réelle, celle du vin dégusté. Nos notes relatives ont aussi un inévitable fondement absolu, lié à la valeur du terroir, au talent des producteurs et aussi à notre propre sensibilité et celle de nos collaborateurs. Un esprit clair et efficace comprendra sans couper les cheveux en quatre que 15 c'est bon pour tout type de vin et tout millésime et 16 peut-être encore meilleur ! Quelques vins faibles ou propriétés travaillant insuffisamment bien ont été conservées quand elles font partie d'un classement historique non révisable mais revendiqué, pour l'information juste de nos lecteurs.

Quels sont les vins qui vous offrent « le bonheur tout de suite » ?
Dernier élément et non le moindre : les notations des vins (voir plus haut) visent à évaluer les vins sur une échelle unique. Quel que soit le système de note utilisé, tous les guides pratiquent ainsi. Pourtant, et de plus en plus, on n'a pas forcément envie de choisir le même vin pour toutes les occasions. De la même façon que l'on peut prendre un plaisir différent mais majeur devant un bon saucisson et une baguette de pain bien croustillante que dans un trois étoiles, on se régalera parfois d'un vin souple, gouleyant et plein de fruit, que l'on débouche aussitôt acheté. Nous avons voulu indiquer ces vins faciles et souvent bon marché qui nous offrent un plaisir sans façon et immédiat. Ces vins qui vous assurent « le bonheur tout de suite ! », nous les avons catégorisés par le symbole ☺, aisément reconnaissable dans la succession des cuvées présentées.

Nouveau : le Grand Prix des lecteurs !

Après avoir dégusté les vins de cette édition, nous avons souhaité proposer à nos lecteurs abonnés à notre site privé d'élire leurs meilleurs vins offrant « le bonheur tout de suite ! ». Ainsi, nous avons réuni chez notre partenaire Grains Nobles plus d'une centaine d'amateurs qui ont dégusté les vins de toutes les régions de France ayant obtenu dans cette édition une notation supérieure ou égale à 14/20 ainsi qu'un ☺ et étant commercialisés à un prix public inférieur à 15 euros .

En juin 2009, plus de 600 vins ont été ainsi dégustés par des jurys de cinq à sept personnes. Ceux-ci dégustaient une série de douze vins à l'aveugle, assistés de nous-mêmes ou de l'un de nos collaborateurs : nous ne participions en aucun cas aux délibérations du jury mais pouvions donner des éclairages techniques sur tel ou tel point et animions les débats et les choix, qui furent parfois complexes à établir ! Chaque jury avait pour mission de valider ou non les vins dégustés au sein du palmarès que vous retrouverez en introduction de chaque chapitre consacré à une région. La question posée était simple : « Seriez-vous fiers de faire découvrir cette bouteille à vos amis lors d'un prochain dîner ? »

Nous leur avons également proposé de sélectionner les deux vins parmi ces douze qui leur paraissaient les plus intéressants. Ces vins ont ensuite été dégustés par de nouveaux jurys jusqu'à une grande finale qui a permis d'établir les Grands Prix 2010 de nos lecteurs pour les vins blancs secs, pétillants, moelleux, rouges et rosés et d'élire enfin le Grand Prix annuel : découvrez ce palmarès étonnant p. 30 du guide !

Notre engagement

Quels vins avons-nous dégustés ?
Nous avons cherché le plus possible à vous présenter
les vins qui seront commercialisés à partir de la date de
parution de ce guide (fin août 2009). Selon les régions, il
s'agit essentiellement des millésimes 2006, 2007 et 2008.
Nous avons dégusté ces vins après leur mise en bouteille,
parfois juste avant. Mais nous ne présentons pas ici des vins
non encore assemblés car en cours d'élevage : ainsi vous
ne trouverez pas nos notes des bordeaux des millésimes
2007 et 2008. Celles-ci sont en revanche décrites en détail
dans le site auquel vous pouvez accéder. Il en va de même
pour d'autres vins pour lesquels notre appréciation pourrait
différer après la mise en bouteille.

À combien de vins avez-vous accès avec ce guide ?
7130 dans le livre. Ce sont les meilleurs vins des meilleurs
producteurs de France ! 90 % des notes de dégustation publiées
dans ce guide proviennent de dégustations réalisées entre
septembre 2008 et juin 2009, y compris pour des millésimes plus
anciens, notamment pour les grands crus de Bordeaux.
1610 autres réussites s'y ajoutent sur notre site Internet : il s'agit
des meilleurs vins de 975 autres domaines non répertoriés dans
l'ouvrage, car nous avons estimé que leur qualité d'ensemble
n'était pas encore aussi homogène que celle des meilleurs
et de nombreux autres excellents vins des producteurs cités
dans cet ouvrage. 1030 autres vins supplémentaires de grande
qualité dégustés chez les producteurs sélectionnés dans le livre
complètent notre sélection sur Internet. C'est donc un total de
9770 vins sélectionnés, produits par 2509 domaines, caves ou
maisons que vous pourrez découvrir dans cette édition !
Enfin, si vous souhaitez accéder à l'ensemble de nos
dégustations réalisées depuis la première édition de ce guide,
en 2007, il vous suffit de consulter notre site Internet privé : vous
y trouverez plus de 25 000 vins dégustés et commentés pendant
cette période ! Tous avec commentaire, note sur 20 et date
d'apogée prévisible…

Les fourchettes d'apogée
En matière de mauvaises expériences œnophiles, il n'existe
qu'une chose qui soit pire que de goûter un vin trop jeune :
déguster un vin trop vieux ! Aussi, nous mentionnons
pour chaque vin présenté dans ce guide une « fourchette
d'apogée ». Cela signifie qu'à notre avis, le vin sera à
son optimum de consommation entre les deux années
mentionnées. Bien évidemment, le vin peut être bon avant
ou après ces dates : il s'agit simplement d'un « idéal » de
consommation.

À quoi correspond le prix cité pour les vins commentés ?
Dans la plupart des cas, il s'agit d'un tarif public départ propriété TTC qui nous a été communiqué par le producteur. Si vous achetez à la propriété, vous devrez ajouter le plus souvent des frais de port. Ce tarif correspond en outre souvent à celui auquel le vin sera proposé par un caviste, les producteurs sérieux tentant de ne pas pénaliser ces distributeurs en les concurrençant directement. Pour les grands crus de Bordeaux, les prix relevés des 2006 et 2007 sont ceux du commerce (« cav. ») ; à partir du millésime 2005 et en deçà, notre partenaire iDealwine nous a transmis le prix moyen relevé dans les transactions aux enchères (« ench. »).

Pourquoi le prix de certains vins n'est pas mentionné ?
Soit parce que le producteur n'a pas encore fixé son prix, soit parce qu'il ne le connaît pas et que nous n'avons pas pu établir une cote cohérente, soit parce qu'il se refuse à communiquer celui-ci. Dans ces trois cas, nous communiquerons le tarif sur notre site dès que nous aurons l'information. Vous pouvez donc disposer en « temps réel » de ces informations sur le site.

Qu'est-ce que vous apporte le site Internet privé auquel vous avez accès ?
Même avec la volonté de réaliser le guide le plus complet possible, il y a toujours une foule d'informations supplémentaires que l'on aimerait donner. Le prix désormais fixé d'un vin donc, mais aussi plus de détails sur la production d'un domaine ou sur celle d'un vin, un suivi des références présentes dans des foires aux vins ou d'autres occasions de vente, des conseils d'accords avec les mets pour telle ou telle bouteille : les sujets ne manquent pas ! La richesse de la civilisation du vin, l'attachante personnalité de ses représentants vignerons nous donnent aussi envie de faire partager nos rencontres et nos enquêtes. Nous souhaitons également entretenir un dialogue régulier avec ceux-ci et répondre de la manière la plus précise à leurs interrogations ou souhaits. Enfin, la production de bons vins ne s'arrête jamais ! À l'heure où nous écrivons ces lignes, de nouveaux nectars viennent d'être mis en bouteille, à celle où vous les lisez également : nous allons évidemment déguster ces vins dès que possible ; nous aimerions donc vous faire part de nos coups de cœur sans attendre l'édition suivante du guide. Pour tout cela, et pas mal d'autres choses que vous découvrirez au fur et à mesure, nous avons voulu créer en complément de ce livre un site spécifiquement dédié à nos lecteurs. Grâce à la technologie Opendisc®, vous

Notre engagement

pourrez entrer dans cet univers virtuel mais très pratique et utile. Vous trouverez tous les renseignements et le mode d'emploi de votre site privé www.bettanedesseauve.com dans les pages qui suivent.

Comment déguster les vins et rencontrer les vignerons présents dans ce guide ?

Outre toutes les occasions que vous procurent les visites chez un bon caviste ou les équipées dans les vignobles, nous avons souhaité créer un grand rendez-vous qui permette à tous les amateurs (et aussi aux professionnels) de rencontrer les meilleurs producteurs et de déguster leurs vins. C'est ainsi qu'est né le Grand Tasting, un salon de dégustation qui se déroulera les 4 et 5 décembre 2009 au Carrousel du Louvre, à Paris.

Vous pourrez y rencontrer un exceptionnel plateau de plus de 350 producteurs français et étrangers, participer à des dégustations d'exception et découvrir d'originales et conviviales animations. La sélection des producteurs se fait sur les notes obtenues au cours de nos dégustations, afin de célébrer le meilleur de la production. Vous trouverez sur votre site privé accessible avec ce guide et sur le site www.grandtasting.com toutes les informations sur cet événement.

Le mode d'emploi du guide

> LES MEILLEURS PRODUCTEURS DE FRANCE

Ne sont sélectionnés que les producteurs proposant, dans l'ensemble de leur gamme, une qualité irréprochable et régulière, y compris pour d'autres vins non cités dans l'édition du guide.

Nom du domaine, de la cave ou de la maison : les producteurs sont classés par ordre alphabétique.

Classification du producteur de 1 B&D à 5 B&D pour l'ensemble de sa production actuelle.

Coordonnées complètes.

Notre commentaire sur le producteur : sa situation, son actualité, le style de ses vins.

Notre sélection des meilleurs vins actuellement disponibles chez ce producteur.

Nom du vin, de la cuvée et du millésime.
☺ « Le bonheur tout de suite ! » : indique un vin particulièrement savoureux et accessible dès maintenant.

Couleur et catégorie (moelleux, sec...) du vin.
Date d'apogée de consommation prévisible.
Prix indicatif d'une bouteille dans le commerce de détail ou à la propriété.
Note B&D du vin sur 20.

Notre commentaire sur ce vin.

Les informations sur le vignoble, l'encépagement et la production.

Les modes de commercialisation proposés par le producteur.

Les modes et horaires de visite du producteur.

MAS JULLIEN

34725 Jonquières
Tél. 04 67 96 60 04 - Fax. 04 67 96 60 50
masjullien@free.fr

Olivier Jullien est un artiste qui produit un vin qui lui ressemble. Il recherche un tanin dynamique, marqué et vivant, qui confère à ses vins leur vibration et leur énergie. Ne cherchez ici aucun élevage démonstratif, la qualité du fruit et la fraîcheur sont primordiales dans ces produits de civilisation, qui méritent que l'on prenne le temps de les comprendre. Les rouges, ici plus qu'ailleurs, sont infiniment Languedoc. Ils évoluent lentement : le 1989, millésime décrié, est d'une incroyable fraîcheur et d'une jeunesse qui ne se dément pas. Le Mas Jullien nécessitant plusieurs années pour s'ouvrir, Olivier a créé États d'Âme, qui est accessible plus rapidement tout en ayant la patte du domaine.

COTEAUX DU LANGUEDOC ÉTATS D'ÂME 2006 ☺
Rouge | 2008 à 2015 | 15 €   **16/20**
États d'Âme est un vin différent chaque année, réalisé dans un style plus immédiatement accessible que le Mas Jullien.

VIN DE PAYS D' OC 2006   ☺
Blanc | 2008 à 2010 | env 24 €   **15/20**
Agrumes et citrons confits, le blanc de Mas Jullien recherche la fraîcheur en bouche et dévoile des notes miellées.

Rouge : 13 hectares ; carignan 15%, cinsault 25%, grenache 26%, mourvèdre 10%, syrah 24%. **Blanc :** 3 hectares ; carignan 10%, chenin 20%, clairette 5%, grenache 40%, terret bourret 10%, viogner 10%. **Production totale annuelle :** 60 000 bt. **Visite :** De 14 h à 18 h, du lundi au vendredi, sur rendez-vous. Fermé en janvier, février et mars.

Un guide et un site Internet

Vous venez d'acquérir l'édition 2010 du *Grand Guide des vins de France*, de Bettane et Desseauve. Ce livre vous permet d'accéder à de très nombreux contenus exclusifs qui vous sont réservés sur notre site www.bettanedesseauve.com.

Sur la première page du guide, vous disposez d'un numéro de code Opendisc®. Ce code vous est uniquement destiné ; il constitue le sésame qui vous permettra de vous connecter pendant toute une année, jusqu'à la parution du nouveau guide, à votre site privé vous mettant en relation directe avec les auteurs.

Sur ce site, vous accéderez également à différentes applications et contenus exclusifs complémentaires à ceux délivrés dans ce livre.

L'accès à l'intégrale de nos dégustations : plus de 25 000 vins et 2 500 domaines analysés et notés.
Plus de 7000 vins sont notés et commentés dans cet ouvrage, mais vous pourrez en retrouver plus du triple grâce au moteur de recherche inclus dans le site.

Le moteur de recherche permet aussi une recherche multi-critères, idéale pour sélectionner un vin en fonction de son prix, de sa note, du bon moment pour le boire ou du type de vin.

Des découvertes et des réussites à petit prix dans toutes les régions.
Nous avons dégusté de très nombreux vins qui constituaient de singulières réussites dans la gamme des producteurs concernés. Ces autres réussites de cette édition, vous les retrouverez dans un dossier spécial du site : choisissez-les selon vos propres critères, du prix à leur date d'apogée en passant par les bons accords avec les mets. Au total, ce sont près de 400 bonnes affaires supplémentaires qui vous attendent !

Le guide complet des foires aux vins de votre région et, tous les mois, un grand dossier thématique
Les foires aux vins constituent un rendez-vous incontournable pour tous les amateurs de vins. Mais parmi les centaines de vins proposés par les enseignes de grande surface de votre région, le choix est particulièrement difficile. Nous avons étudié les catalogues de chaque magasin et même de ceux qui proposent, dans leur ville, une

offre différente et plus riche. Aussi, nous présenterons notre sélection exclusive de chaque magasin. Celle-ci sera personnalisée en fonction de votre région.

D'autres moments importants de l'année nous permettront également de publier sur votre site privé des sélections exclusives : les champagnes de fin d'année, les primeurs de Bordeaux et beaucoup d'autres thèmes.

Un véritable club pour les amateurs de bons vins

En devenant abonné à notre site, vous deviendrez l'un des membres de notre club d'amateurs de bons vins : vous participerez à des séances de dégustation en notre compagnie et pourrez notamment participer à la prochaine édition de notre Grand Prix des Lecteurs, vous pourrez également tout au long de l'année entrer en contact avec des domaines et des grandes maisons et découvrir toutes les facettes de leur talent. Vous profiterez également des offres exclusives de nos partenaires.

Profitez des offres spéciales Grand Tasting

En avant-première, vous connaîtrez le programme du *Grand Tasting*, notre festival des grands vins qui se déroule les 4 et 5 décembre 2009 au Carrousel du Louvre à Paris : producteurs présents, pavillons étrangers, programme des master-class et des ateliers du goût, etc. Vous bénéficierez aussi de conditions particulièrement avantageuses de réservation et d'inscription.

Comment accéder aux contenus privés du site www.bettanedesseauve.com ?

La démarche à suivre se découpe en étapes très simples :

1. Connectez-vous au site www.bettanedesseauve.com et dans la partie « Accès Privé » cliquez sur « S'inscrire » puis saisissez le code qui figure en première page du guide.

2. Suivez les différentes étapes de l'enregistrement préalable qui seront affichées à l'écran. Dès que celles-ci seront effectuées, vous aurez automatiquement accès au contenu privé du site.

3. Lors de cette inscription, il vous sera demandé de paramétrer un mot de passe. Chaque fois que vous souhaiterez accéder au site privé, vous devrez saisir l'adresse mail avec laquelle vous vous êtes inscrit (qui vous servira d'identifiant) et ce mot de passe dans l'espace « Déjà membre » du site www.bettanedesseauve.com. Vous serez alors reconnu immédiatement. Vous pourrez également accéder aux contenus privés du site depuis nos newsletters en utilisant les mêmes identifiants.

Le Grand Tasting :
le festival des grands vins à Paris

Quelles-sont les spécificités du Grand Tasting ?

L'aspect le plus gratifiant de notre métier est certainement l'opportunité offerte de rencontrer les plus grands vignerons de la planète. C'est une expérience unique d'où l'on ressort subjugué par la passion, l'esprit d'entreprise et la profonde humanité qui anime ces hommes et ces femmes. Aussi, nous avons voulu, à partir de 2006, permettre au grand public de rencontrer ces vignerons fascinants dans un lieu privilégié, le Carrousel du Louvre, à Paris. Nous en avons sélectionné plus de 300, venus de France mais aussi d'Italie, d'Espagne ou d'autres grands pays de vins, qui présentent à cette occasion leurs vins et partagent leur passion avec chaque visiteur.

LA VISITE DU GRAND TASTING SE DÉROULERA LES 4 ET 5 DÉCEMBRE 2009 AU CARROUSEL DU LOUVRE.

Comment organiser sa visite ?

Quelles que soient les connaissances de chacun, et pour que tous puissent savourer les instants de la visite tant sur le registre gustatif que celui de la rencontre humaine avec les vignerons, Le Grand Tasting raisonne comme un festival de musique ou de cinéma. Contrairement à la plupart des salons où le pire côtoie le meilleur, la sélection des producteurs présents obéit à un principe rigoureux de qualité : tous les vins français ont ainsi été distingués dans notre Grand Guide des Vins de France (éditions Minerva).

Jeunes vignerons ultra-doués, domaines et maisons de référence se côtoient dans deux espaces distincts :

L'espace dégustation et les tables rencontres. Garantissant la qualité des vins et des producteurs proposés, Le Grand Tasting se démarque également des salons traditionnels par son concept : décor chaleureux et animations nombreuses et originales qui offrent au visiteur un cadre propice à des dégustations et des rencontres avec les vignerons. La présence des vignerons étrangers est préalablement soumise à notre approbation.

Plusieurs animations prolongent la fête. Dans les Master Class, nous présentons avec les plus grands producteurs leur travail et faisons déguster des vins exceptionnels. Autre moment fort, les Ateliers du Goût, où des chefs réalisent devant et pour le public, des accords mets et vins, avec la complicité de grands producteurs.

Parallèlement à l'édition française, nous vous annonçons notre première édition à l'International. La Hong Kong International Wine Fair accueillera Le Grand Tasting du 4 au 6 novembre 2009.

RENSEIGNEMENTS ET RÉSERVATION :
WWW.GRANDTASTING.COM
TÉL. : 01 48 01 90 10

Découvrez la nouvelle formule de

Bettane&Desseauve TAST

notre magazine en ligne

TAST propose les grandes dégustations et analyses de crus,
la mise en lumière de nouveaux vignerons,
les chroniques et coups de cœur
et également les découvertes et enquêtes
de Michel Bettane et Thierry Desseauve.
C'est aussi l'expertise des meilleurs spécialistes
sur les grands débats du vin.

6 numéros
par an
+
Le spécial Primeurs
de Bordeaux
+
Le spécial
Foires aux vins
=
65 €
seulement

Abonnez-vous sans attendre

Renseignements au 01 48 01 90 10
E-mail : info@bettanedesseauve.com

Notre équipe :
ils ont participé à cette édition

Sélectionner les meilleurs vins de tous les vignobles de France sans effectuer de présélection arbitraire au préalable est un travail exigeant : 50 000 vins environ ont été dégustés pour la réalisation de ce guide. Il était donc impossible de travailler seuls. Nous avons choisi de réunir avec nous une petite équipe de dégustateurs confirmés. Après avoir ces dernières années multiplié les dégustations et les visites de vignobles avec chacun d'entre eux pour affiner notre cohérence de jugement, nous avons confié aux uns et aux autres un travail de défrichage dans les différents vignobles. À l'issue de celui-ci, nous avons ou non validé ensemble les vins et les domaines qu'ils avaient présélectionnés. Nous vous présentons donc ici notre équipe .

Alain Chameyrat

La première fois que nous avons rencontré Alain, c'était il y a une quinzaine d'années, lors du premier Championnat de France des dégustateurs que nous organisions. Il remporta, haut la main, le titre. Les années suivantes, nous le rencontrâmes lors de chaque nouvelle édition de ces joutes où les compétiteurs doivent reconnaître, à l'aveugle, l'appellation, les cépages, le domaine, la cuvée, le millésime des vins. Il trustait les places d'honneur ou les titres. Quand il nous a proposé d'abandonner son premier métier de directeur financier pour se lancer dans l'aventure du vin, nous n'avons pas hésité à lui demander de nous rejoindre… Alain a suivi en particulier le Languedoc-Roussillon, le Val-de-Loire et la Provence.

Guy Charneau

Le premier métier de Guy est photographe. À ce titre, il suit depuis de nombreuses années le vignoble bordelais et, l'amour du vin s'ajoutant à celui de son métier, il a acquis une connaissance remarquable de la région et de ses producteurs. Très naturellement, il a apporté son concours à nos dégustations de la rive gauche bordelaise.

Hélène Durand

Œnologue de formation et ingénieur Enita, Hélène est une professionnelle reconnue et l'une de nos fidèles collaboratrices depuis près de vingt ans. Elle a travaillé avec nous pour toutes les appellations de la région de l'Entre-deux-mers ainsi que le Bergeracois.

Laure Gasparotto

Fin palais et plume alerte, Laure Gasparotto écrit sur le vin dans de nombreux journaux français. Elle a dégusté avec nous les vins du Mâconnais de cette édition.

Denis Hervier

Homme de radio et écrivain du vin, Denis Hervier est notre homme dans le Berry. Il court d'un vigneron à l'autre, palais aux aguets et micro en main. Ce gourmet curieux et exigeant a suivi l'ensemble des dégustations de la vallée de la Loire.

Amy Lillard

Après avoir quitté son Colorado natal pour apprendre le vin à Gevrey-Chambertin, Amy est devenue vigneronne, à Saint-Quentin-la-Poterie dans le Gard ! Avec nous, elle a assuré l'ensemble des dégustations du sud de la vallée du Rhône. Pour des raisons faciles à comprendre, nous ne présentons pas son vin dans le guide, mais nous ne saurions trop vous conseiller de découvrir son Domaine la Gramière ou de lire ses aventures de « wine girl » sur son blog : http://lagramiere.typepad.com.

Thierry Meyer

En 2000, alors que l'Internet connaissait sa première apogée, nous avons créé l'un des premiers forums de discussion sur le vin. Les interventions ont été immédiatement nombreuses, passionnées, parfois emportées, toujours instructives. Parmi tous les internautes participant, nous avons vite remarqué les interventions calmes, constructives et surtout extrêmement précises de Thierry. Nous n'avons jamais perdu le contact depuis et nous avons naturellement demandé à cet Alsacien d'explorer de fond en comble sa région mais aussi le Jura et la Savoie. Ingénieur informatique de profession, Thierry a également créé son site : www.oenoalsace.com.

Guillaume Puzo

Guillaume est un homme de presse et du vin. Après avoir travaillé avec nous à *La Revue du vin de France* puis dirigé une autre revue vinicole, il a participé avec son enthousiasme communicatif à notre nouvelle aventure dès son origine. Il a vagabondé pour ce guide de Chablis au nord de la vallée du Rhône en s'arrêtant également en Côte chalonnaise et en Beaujolais.

Barbara Schroeder

Allemande vivant au cœur des Côtes de Blaye et collaboratrice de *Vinum*, la principale revue de vin en Suisse, Barbara est une vraie Européenne aux talents multiples puisque, outre ses qualités de dégustatrice, elle est également une artiste peintre reconnue. La finesse de son jugement nous a été d'une grande aide pour les vins des côtes de Bordeaux.

Joseph Santana et Denis Camel

Le corse Joseph et le provençal Denis publient chaque année des guides des vins de ces régions qui connaissent un beau succès. Nous participons depuis quelques années régulièrement à leurs dégustations et nous avons pu apprécier le sérieux avec lequel elles étaient réalisées. Nous nous sommes largement appuyés sur eux pour présélectionner les vins de Corse.

Nos partenaires :
Riedel, l'inventeur du verre œnologique

Cristallerie autrichienne familiale, **Riedel**, qui a vu le jour il y a 250 ans, est aujourd'hui le leader mondial incontesté des verres œnologiques.

Grand amateur de vin, Claus Riedel (9e génération) constate qu'un même vin peut développer des caractéristiques très différentes selon le contenant dans lequel il est présenté. Il décide d'explorer cette voie et en 1973 naît la ligne Sommeliers : des verres aux formes spécifiques selon les cépages qui permettent d'exalter les grands vins.

POURQUOI DES VERRES ŒNOLOGIQUES ?

Bien que véritable intermédiaire entre l'amateur et le breuvage, le verre est souvent sous-estimé quant à ses capacités à exalter un vin. Pourtant, un même vin se présente tellement différemment selon la forme du verre que même des dégustateurs expérimentés peuvent envisager des vins différents !

RÈGLES GÉNÉRALES

Riedel a toujours considéré le verre à vin comme un instrument destiné à transmettre le message du vinificateur et à restituer la personnalité du vin, son nez et son goût (sans oublier la beauté de l'objet). Parce que la forme du verre détermine la qualité de la transmission des messages du vin, il est essentiel d'utiliser le verre qui convient.

Pour le dégustateur, le point initial de contact du vin dans la bouche dépend de la forme et du volume du verre, du diamètre du bord et de sa finition (a-t-il été coupé et poli ou a-t-il un bourrelet ?) aussi bien que de l'épaisseur du cristal. Quand on porte un verre à ses lèvres, les papilles sont en alerte. Le flux du vin est dirigé vers les capteurs concernés par tel ou tel goût, ce qui conduit à différentes interprétations. Quand la langue est en contact avec le vin, trois messages sont transmis en même temps: température, texture et goût.

LA TEMPÉRATURE

La qualité et l'intensité des arômes ne sont pas uniquement déterminées par le vin mais aussi par leur adéquation à la forme du verre. Le bouquet ne pouvant se développer correctement que dans une zone de température déterminée, la démonstration ne sera valide que si le vin est servi à bonne température et dans des proportions correctes (les basses températures diminuent l'intensité du bouquet, et l'alcool se fait plus présent lorsque la température augmente).

Riedel est distribué en France par Bernardaud.

Informations : www.riedel.com

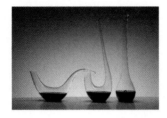

SENTIR - LE NEZ

Quand le vin est versé, il commence immédiatement à s'évaporer. Ses arômes emplissent le verre graduellement selon leur propre densité. La taille et la forme du verre peuvent donc être finement adaptées aux arômes spécifiques du cépage.

Les arômes les plus légers, les plus fragiles, rappellent les fleurs et les fruits. Ce sont ceux qui occupent la partie supérieure du verre. Au milieu se concentrent les senteurs végétales, minérales et tout ce qui évoque les sous-bois, la terre et les champignons. Les arômes les plus lourds, typiques du bois et de l'alcool, se situent au fond du verre. Faire tourner le vin dans son verre a pour effet d'augmenter l'évaporation des arômes et leur intensité. Mais ceci n'assemble pas les divers éléments aromatiques entre eux. Ce qui explique que le même vin dans des verres différents exprime des arômes différents. Le même vin peut ainsi faire ressortir des arômes fruités dans un verre et des notes végétales dans un autre. La seule façon de percevoir des arômes unifiés serait de secouer vigoureusement le verre.

GOÛTER - LA BOUCHE

Chacun son goût! Nous ne pouvons donc qu'énoncer quelques repères communs... La forme du verre elle-même implique une position de la tête telle que l'on puisse boire sans baver. Les verres largement ouverts nous forcent à baisser la tête alors que ceux plus étroits nous obligent à mettre la tête en arrière. Ceci conditionne l'arrivée du liquide sur les zones sensibles du palais.

Si l'on boit d'un trait, pour satisfaire une soif, on ne perçoit que l'arrière goût. Selon leur degré, les boissons alcooliques sont bues à petites ou très petites gorgées. C'est ainsi que l'on contrôle l'agressivité du contact de l'alcool sur la langue. La sensation perçue est transmise au cerveau à la vitesse de 400 mètres par seconde. C'est ce que nous appelons la première impression. Dans la plupart des cas nous sommes déçus si le fruit est absent ou dominé. Quand cela arrive on a tendance à dire que le vin n'est pas bon alors que, souvent, il s'agit d'un verre qui n'a pas la forme appropriée.

Chaque vin a sa propre combinaison : fruité, acidité, minéralité, astringence, alcool. Elle varie selon le cépage, le climat et le terroir dont il est issu. La finale joue un rôle important dans l'impression que laisse le vin et ceci est également déterminé par le dessin du contenant. Il faudra du temps pour comprendre qu'un verre n'est pas seulement un verre mais un instrument capable de multiplier le plaisir de la dégustation.

iDealwine : le site de référence des amateurs de vin

Créée en 2000 par trois anciens d'Euronext (Bourse de Paris), iDealwine.com propose une plate-forme sécurisée d'achat et de revente de grands crus ainsi qu'une gamme unique d'outils de gestion et de valorisation de votre cave.

QUATRE TYPES DE VENTES SONT PROPOSÉS SUR IDEALWINE :

> **Les ventes aux enchères en salle**
250 ventes couvertes par an dans toute l'Europe pour le compte de nos clients.

> **Les ventes aux enchères « on-line »**
Un « marteau » électronique permettant à nos clients d'enchérir en ligne

> **Les ventes à Prix Fixe**
Des ventes sans enchères, d'une durée limitée. Premier arrivé, premier servi !

SUR IDEALWINE, LES SERVICES DE GESTION DE CAVE EN LIGNE COMPORTENT :

> **La cote iDealwine : un vrai argus du vin**
60 000 références, 3 millions de cotations, une fiche détaillée par vin

> **Une valorisation de votre cave en temps réel**

> **Un service d'alertes sur vos vins préférés**

> **Des services d'information sur le monde du vin et des conseils sur l'achat/vente de vin**

> **La revente de vos vins en quelques clics**
Estimation gratuite, transaction sécurisée
Une exposition unique : plus de 200 000 amateurs

iDealwine
190, rue d'Estienne d'Orves
92700 Colombes
Tel : 01.56.05.86.10 – Fax : 01.56.05.86.11
www.idealwine.com – contact@idealwine.com

Grains Nobles :
un lieu dédié à la passion du vin

Grains Nobles s'adresse à tous ceux qui rêvent d'un espace entièrement consacré au vin pour y vivre pleinement leur passion. Une approche complète et originale du vin qui enchantera tous les amateurs avides d'expériences œnologiques hors du commun.

LE CADRE : UN ESPACE CONSACRÉ AU VIN

Situé dans le cœur historique de Paris, en plein centre du Quartier latin, le nouveau caveau fait perdurer l'esprit qui anime Grains Nobles depuis 18 ans. Tout y est conçu et pensé pour la dégustation, depuis l'espace chaleureux du bar à vin jusqu'à l'ancienne cave en pierre du XIIIe siècle, théâtre de nos soirées et où dorment de magnifiques flacons…

Intimité, fraîcheur, convivialité : un îlot de sérénité qui appelle à la découverte et aux plaisirs de la dégustation !

LA PHILOSOPHIE

À Grains Nobles, la connaissance du vin s'acquière dans l'excellence. L'atmosphère des cours se veut à la fois professionnelle et conviviale.

Le vin, fascinant produit de culture et de patrimoine, mérite d'être considéré come un sujet d'étude important. L'ambiance conviviale et ludique des soirées de dégustation favorise les rencontres et les échanges qui permettent à tous de partager des expériences et des connaissances toujours enrichissantes.

Depuis toujours, Grains Nobles s'est donné l'ambition d'accueillir et d'accompagner tous les amateurs de vins, du débutant au fin connaisseur. Lors des cours, on peut tout autant découvrir et apprendre que consolider ses connaissances.

Passion, professionnalisme et convivialité sont au service monsieur le vin.

UNE ÉQUIPE DE GRANDS PROFESSIONNELS

Nos soirées sont animées par des journalistes et dégustateurs de renom, tels Michel Bettane et Bernard Burtschy, ainsi qu'Olivier Poussier, meilleur sommelier du monde : leurs connaissances, leur expertise, et le plaisir qu'ils ont de les faire partager, font de chaque soirée de dégustation un évènement unique et merveilleux.

En dégustant à leurs côtés, chacun se donne la chance de mieux comprendre toutes les subtilités du vin et de progresser rapidement pour devenir un amateur éclairé et toujours plus passionné.

PROLONGER L'INSTANT

Dans notre bar à dégustation, vous pourrez continuer à découvrir et approfondir les vins en choisissant parmi la trentaine de vins servis au verre.

Grains Nobles
8 rue Boutebrie, 75005 Paris
tél : 01 75 57 89 07
fax : 01 75 57 89 05

Les palmarès de l'année

LE BONHEUR TOUT DE SUITE !
LES GRANDS PRIX DE NOS LECTEURS

Grand Prix 2010, vin blanc
Hugel et Fils, Gewurztraminer Hugel, alsace 2007, 12,68 €

Prix d'honneur 2010, vin pétillant
Margaine, Champagne brut Tradition, 13 €

Prix d'honneur 2010, vin doux
Domaine Mounié, Muscat de Rivesaltes 2008, 8,50 €

Prix d'honneur 2010, vin rouge
Domaine Causse d'Arboras, Coteaux du Languedoc
les Cazes 2007, 8,80 €

Prix d'honneur 2010, vin rosé
Domaine de la Rectorie, Collioure rosé, Côté Mer 2008, 14 €

LES DOMAINES AU SOMMET
Robert de Luxembourg, Château La Mission Haut-Brion , Pessac-Léognan
Lalou Bize-Leroy, Domaine d'Auvenay, Domaine Leroy, Bourgogne
Alain Brumont, Château Montus, Château Bouscassé, Madiran
Antoine Arena, Domaine Antoine Arena, Patrimonio
Paul-Vincent Avril, Clos des Papes, Châteauneuf-du-Pape

LES VIGNERONS DÉCOUVERTES
Joël et Philippe Laval, Mas Laval, Coteaux du Languedoc
Manuel Olivier, Hautes Côtes de Nuits
Christian Belmon, Domaine Belmont, Vin de pays du Lot
Alexandre Chartogne, Chartogne-Taillet, Champagne
Vincent Sipp, Domaine Agapé, Alsace

Le bonheur tout de suite !

GRAND PRIX 2010
vin blanc

Hugel et Fils
GEWURZTRAMINER HUGEL,
ALSACE 2007, 12,68 €

LES GRANDS PRIX DE NOS LECTEURS

Cela doit être la définition du plaisir. Un nez enjôleur mais pas trop, jouant sur les arômes de litchi et de fleurs sans tomber dans la salade de fruits exotiques, un corps rond et suave mais bien sec, une allonge souple et gaie, une fraîcheur confondante et, il faut le confesser, l'envie presqu'immédiate de s'en servir un autre verre...

Le parcours du combattant. Nos lecteurs ne s'y sont pas trompés : les trois jurys qui ont dégusté le vin ont à chaque fois été suffisamment séduits pour envoyer cette sacrée bouteille au tour d'après... Une première fois pour la sélectionner, parmi douze autres, en demi finale, puis à nouveau parmi douze vins vers la finale, puis la faire triompher de trois autres excellents vins blancs venus d'autres régions et d'autres cépages et enfin gagner, au troisième tour de scrutin, par sept voix contre cinq, le Grand Prix 2010 !

Grand charme, grande modestie. Et pourtant, ce délicieux gewurz d'un impeccable ambassadeur de la grande tradition alsacienne n'est que le premier de la liste sur l'échelle des cuvées Hugel : ce vin éponyme ouvre un bal que poursuivent en fanfare les cuvées Tradition et Jubilée, sans parler des glorieuses Vendanges Tardives et autres Sélection de Grains Nobles. Il n'en démontre pas moins que la simplicité, la fraîcheur et le charme sont des atouts précieux, et pas nécessairement hors de prix...

Le bonheur tout de suite !

P<small>RIX D'HONNEUR</small> 2010, <small>VIN PÉTILLANT</small>
Margaine
CHAMPAGNE BRUT TRADITION, 13 €

LES GRAND PRIX DE NOS LECTEURS

Bon et pas cher. Pour un concours où nous avions arbitrairement fixé le seuil maximal de prix à 15€, il était prévisible que les champagnes ne soient pas à la fête. Trop chers, trop chics, trop de lettres dorées et de coffrets rutilants… Effectivement, la barrière stoppa nombre de bruts. Presque tous en fait, sauf… cette cuvée Tradition, élaborée en famille et indiscutablement dans la (bonne) tradition par la famille Margaine, installée à Villers-Marmery depuis quatre générations.

Universel. Tranquillement, presqu'inévitablement, on pouvait s'apercevoir que ce bon champagne généreux et solide allait s'imposer étape après étape, tant il faisait l'unanimité des différents jurys qui l'ont dégustés. Pas nécessairement le plus enjôleur, ni le plus ébouriffant, mais un champagne toujours plaisant, toujours agréable, de ceux qu'on imagine capables d'accompagner tant une soirée entre amis que les fiançailles de la petite sœur.

Le chardonnay de la Montagne. Villers-Marmery, il est vrai, sait se montrer aimable avec tous, du moins avec tous les cépages. On est en pleine Montagne de Reims, terre d'élection des grands pinots, mais le chardonnay y a depuis longtemps trouvé sa place et y réussit fort bien. C'est lui qui domine largement chez les Margaine, et son fruité et sa vinosité naturelle lui donnent ici un charme immédiatement perceptible. Nos lecteurs ne s'y sont pas trompés…

Le bonheur tout de suite !

PRIX D'HONNEUR 2010, VIN DOUX
Domaine Mounié
MUSCAT DE RIVESALTES 2008, 8,50 €

LES GRAND PRIX DE NOS LECTEURS

L'exaltation du fruit. Un beau muscat de rivesaltes doit être un vin très aromatique avec un nez marqué par des arômes de… raisin. Beaucoup de vins exhalent des arômes de fleurs, d'épices, de fruits de toutes natures mais rarement de raisin. Qu'elles soient destinées à la table ou à être vinifiées, toutes les variétés de muscat ont cet aromatique spécifique en commun, très apprécié des consommateurs.

Le match des styles. Le terme vin doux naturel regroupe des vins qui partagent un même principe de vinification mais dont les styles peuvent être très différents. Nos jurys ont eu beaucoup de difficulté à choisir ce muscat blanc très juvénile, marqué par les agrumes et les fleurs blanches dont la sucrosité était fort bien équilibrée par l'acidité naturelle. Son principal compétiteur était une solera du Roussillon, radicalement différente, hors d'âge avec une somptueuse robe ambrée et un magnifique bouquet d'épices au nez et en bouche.

Tautavel, en devenir. Les premières traces humaines dans le secteur datent de quelques centaines de milliers d'années, trois ou cinq tout au plus. A cette échelle, la vigne est d'implantation bien plus récente et la production de vins de grande qualité date d'hier. Par manque de place dans cette édition papier, vous retrouverez la production du domaine Mounié sur notre site Internet. Vous trouverez ce muscat en compagnie d'un ambré magnifique et d'un rosé très réussi.

Le bonheur tout de suite !

Prix d'honneur 2010, vin rouge
Domaine Causse d'Arboras
COTEAUX DU LANGUEDOC
LES CAZES 2007, 8,80 €

LES GRAND PRIX DE NOS LECTEURS

Toujours plus haut. Il fait chaud en Languedoc l'été. Le soleil tape fort, l'eau est rare et les vignes souffrent, même si les cépages implantés sont tous originaires du sud de la France ou d'Espagne. Le réchauffement climatique a augmenté la moyenne des températures qui poussent les maturités et les degrés alcooliques au-delà du souhait des consommateurs. L'une des parades consiste à planter des vignes plus haut dans la montagne, dans des zones plus fraîches, sur les contreforts du Larzac par exemple. C'est cette démarche qui est à l'initiative du domaine des Causses d'Arboras.

Bon, dès la première marche. Le domaine réalise deux cuvées, Les Cazes et 3J, qui expriment haut et fort un terroir de qualité. Une dégustation comparative des vins du domaine montre que l'écart entre les deux cuvées est régulièrement très faible. Ce n'est pas la première cuvée qui manque d'ambition mais le soin exceptionnel apporté aux Cazes, l'entrée de gamme. C'est aussi à cela que l'on reconnaît les bonnes maisons.

Gardarem lou plaisir. Les Terrasses du Larzac, dénomination des coteaux du Languedoc installée sur les contreforts du Larzac, produit beaucoup de vins particulièrement fins, frais et rafraîchissants. La gourmandise est souvent de la partie. C'est le cas de cette cuvée dont le fruité et les épices ont séduit les différents jurys de dégustateur. Elle s'est imposée devant les rouges de régions habitués à truster les places d'honneur.

Le bonheur tout de suite !

PRIX D'HONNEUR 2010, VIN ROSÉ
Domaine de la Rectorie
COLLIOURE ROSÉ
CÔTÉ MER 2008, 14€

LES GRAND PRIX DE NOS LECTEURS

Un rosé de caractère. La mode est aux rosés à peine teintés, dont la Provence s'est fait une spécialité. Celui-ci est très foncé, dans la grande tradition des clairets bordelais mais il vient du Roussillon à quelques lieues de la frontière espagnole. Ses arômes sont puissants et le vin montre une structure étonnante relevée par la pointe de salinité apportée par la mer qui borde le magnifique terroir de Collioure.

La compétition était acharnée. Contrairement aux idées reçues, la dégustation de rosés a donné lieu à des débats passionnés parmi les amateurs autour de la table. Nos différents jurys ont retenu ce rosé en rupture de style par rapport aux standards actuels dans cette couleur.

Banyuls, Collioure et inversement. Le domaine de la Rectorie s'est fait une spécialité de la production de grands banyuls. La même aire d'appellation se dénomme Collioure lorsque les vins sont secs. Les Parcé produisent de magnifiques collioures dans les trois couleurs. Les mêmes propriétaires exploitent à quelques kilomètres plus au Nord un autre domaine de référence du Roussillon, La Préceptorie de Centernach. La production centrée autour du terroir de Maury complète celle de la Rectorie.

Nos producteurs de l'année

Robert de Luxembourg
CHÂTEAU LA MISSION HAUT-BRION
PESSAC-LÉOGNAN

AU SOMMET

Shaker. Il nous est arrivé parfois de secouer quelques gloires du vignoble qui s'enfonçaient dans la routine. Certaines en Bourgogne ne nous l'ont jamais pardonné, mais à Bordeaux elles ont réagi avec intelligence en surmontant leur agacement et en se remettant en question. Quand Haut-Brion racheta Mission, qui, entre les mains de la famille Woltner se posait depuis des décennies en redoutable challenger, les bonnes âmes prédisaient pour ce dernier un enterrement de première classe. Haut Brion ne saurait voir Mission meilleur que lui...

My generation. Jean Delmas, en charge des vinifications de la fin des années 1980 leur prouva le contraire en produisant en 1988, 1989 et 1990 des vins aussi *Mission* que nature. Mais les années 1990 progressivement marquent le pas. Nous le ressentons, nous le disons, mais on ne nous ferme pas les portes du château. Les équipes se retroussent les manches et, dès 1998, le cru retrouve son panache. On peut toujours faire mieux. L'arrivée de Robert de Luxembourg qui succède à sa mère la Duchesse de Mouchy à la tête des propriétés Dillon, et au même moment le passage de relai de Jean Delmas à son fils Jean Philippe, redonnent du sang neuf. On investit dans de nouveaux chais, les vignes sont encore plus soigneusement cultivées, et le vignoble de Tour-Haut Brion, trop petit pour assurer le succès d'une marque, logiquement intégré à celui de Mission.

Le glamour du tanin. Pourquoi Mission séduit-il plus facilement ou du moins plus immédiatement que Haut-Brion ? C'est une question de charme et de chair. Dans le sol sans doute légèrement plus argileux il y a des éléments qui donnent plus de velouté de texture et un développement plus rapide du bouquet, jamais cependant au détriment de la longévité. Les Woltner savaient jouer de ce charme en utilisant même quelques petits secrets bourguignons. Ce que nous aimons dans ce que font aujourd'hui Robert de Luxembourg, Jean Philippe Delmas, Pascal Baratié aux vignes, Jean-Philippe Masclef au chai, c'est que ce charme n'opère pas au détriment de la transparence de l'expression du terroir et du classicisme bordelais. Si le tanin de Haut-Brion vous semble à certains moments un peu hautain, celui plus amical et épicurien de Mission vous séduira aussitôt.

Nos producteurs de l'année

2

Lalou Bize-Leroy
DOMAINE D'AUVENAY, DOMAINE LEROY
AUXEY-DURESSES, VOSNE-ROMANÉE

AU SOMMET

Jusqu'au bout. On ne saura jamais si Lalou (elle déteste depuis toujours le prénom Marcelle) Bize-Leroy aime qu'on la compare comme Jean-François Bazin l'a fait au marquis de Carabas. Il est vrai qu'elle a des maisons, pardon des vignes, partout où cela fait grand en Bourgogne, et qu'elle le fait plus grand que partout ailleurs ! A quatre fois vingt ans, plus fringante que jamais, elle continue à n'en faire que selon son cœur et sa conscience, en tentant l'impossible, à savoir accoucher les meilleurs raisins en obligeant la vigne à aller jusqu'au bout de son génie et de celui de son sol.

Madame Bourgogne. Elle a pourtant commencé par être négociante, mais dans une forme de négoce qu'on a du mal à imaginer aujourd'hui, n'acheter que ce qui semble digne de porter le nom qui figure sur l'étiquette, avec des critères d'exigence formés par une expertise et un talent de dégustatrice comme il n'y en aura sans doute plus jamais après elle. Personne à notre connaissance n'a jamais eu une aussi profonde, intime et presque intuitive perception des moindres nuances qui définissent le caractère des grands terroirs bourguignons. Quand elle réalise son vieux rêve, à savoir passer de l'achat à celui de la production en s'offrant quelques unes des plus belles vignes des deux côtes, elle ne peut que rencontrer le chemin de la biodynamie.

En quête d'absolu. La biodynamie ce n'est pas pour Lalou simplement un ensemble de gestes agricoles, mais une morale et peut être même une religion. Comprendre la vigne et son fonctionnement c'est se comprendre soi même et son rapport au monde. Si les textes de Steiner l'impressionnent au point de les avoir fait traduire elle-même, elle n'obéira à personne, même à son initiateur François Bouché, dans l'exercice périlleux et quotidien de cette pratique. Elle mettra des années à trouver sa voie, au prix d'échecs cuisants comme en 1993 ou en 2004, mais ce faisant elle travaillera pour toute la viticulture en découvrant et en civilisant des terres inconnues. Ses derniers millésimes laissent le dégustateur un tant soi peu idéaliste sans voix. Chaque cru devient l'idéal de ce qu'il doit être, si transparent qu'il en devient presque naturel et amical. Fini le temps de « madame trop cher » : dans son univers le temps et l'argent sont abolis, et on peut toujours casser sa tirelire pour une bouteille mais une bouteille qui changera votre vie.

Nos producteurs de l'année

Alain Brumont

CHÂTEAU MONTUS, CHÂTEAU BOUSCASSÉ
MADIRAN

AU SOMMET

On connait l'histoire. Alain Brumont la raconte d'ailleurs
mieux que tout autre. S'il a eu la force de construire son empire,
il le doit à une farouche volonté de prouver à son père qu'il valait
quelque chose. Certains recoupements laissent soupçonner
que c'est un peu exagéré. Il n'est pas parti de rien, son père a
été un des mousquetaires fondateurs de l'appellation Madiran
et sans doute le meilleur vinificateur de sa génération. Bon sang
ne saurait naître par hasard et surtout mentir ! Reste que jamais
vigneron dans tout le piémont pyrénéen et sans doute même
dans tout le Sud-Ouest ne s'est montré dans la seconde moitié
du XXᴱ siècle aussi visionnaire, et surtout aussi entreprenant. Pour
Alain une idée n'existe que si elle se réalise et si elle conquiert
le monde. Il a donc conquis le monde avec ce vin généreux mais
fougueux et rustique qui aurait pu sans lui continuer longtemps
de se limiter à rassasier les gros appétits de troisième mi temps.

Tête chercheuse. Alain Brumont mérite l'admiration et l'affection
des amateurs de beaux vins, non pour avoir accumulé les grands
terroirs et d'avoir créé pour eux des palais d'une théâtralité un peu
tapageuse, mais pour avoir su les reconnaître là où tous les autres
n'avaient rien vu. Les coteaux de Viella, de Maumusson, de Montus,
de Saint-Lanne sont certainement ceux où le tannat murit le mieux.
La difficulté à les cultiver récompense le travail par la noblesse du
vin. Il a su aussi avec la même synergie que dans une grande équipe
de rugby dynamiser et discipliner des équipes techniques de premier
ordre, que ses exigences parfois folles ne dérangent jamais.

En rouge et blanc. Ensemble ils ont humanisé le Madiran, il
lui ont donné une étoffe, des textures, une longueur en bouche
insoupçonnables avant lui, se fondant sur la qualité des matières
premières obtenue par une viticulture d'une rare pertinence,
mais aussi sur l'apport de l'œnologie moderne, avec du matériel
sophistiqué de vinification, d'élevage, de contrôle de la pureté
gustative. Son atavisme lui permettant de connaître toutes
les possibilités du terroir, il a aussi révolutionné les blancs
secs et surtout moelleux de courbu et de manseng, avec ses
sensationnelles cuvées Brumaire et Vendémiaire. Et l'homme
n'est pas prêt à s'arrêter. Qui a eu la chance de parcourir avec lui
certains terroirs du Ténarèze sait qu'il y a là la plus extraordinaire
réserve en grand terroir de tout notre pays…

Nos producteurs de l'année

Antoine Arena
DOMAINE ANTOINE ARENA
PATRIMONIO

AU SOMMET

A comme Antoine. Antoine c'est d'abord une belle gueule, mais une belle gueule à la Ventura, de celles qui ne vieillissent jamais, toujours prête à se mettre au service de la bonne cause. Pour un Corse, la noble cause est évidemment la Corse, la mise en valeur du talent de ses sols, de son savoir vivre, et donc pour un vigneron de ses vignes. Quand, comme lui, on se réveille tous les matins dans l'environnement indescriptiblement beau du grand amphithéâtre de Patrimonio, on peut légitimement s'en inspirer et même à la Bonaparte vouloir le faire partager au continent. Quel autre Corse comme lui a su rencontrer et convaincre de la qualité unique des vins de l'Ile les meilleurs cuisiniers et sommeliers de l'outre-Méditerranée ?

A, A et A. Première lettre de deux mots en apparence contradictoires mais intimement liés, Atavisme et Avant-garde. L'atavisme n'est pas chez les Aréna un fatalisme mais une culture, le sens des vraies choses d'ici et d'ailleurs, un savoir qu'on se transmet de père en fils et aussi de mère en fils car Marie Aréna apparait tout aussi impliquée dans le projet. Avant-garde ne signifie pas rupture, mais plutôt modernité garantie par tout ce qu'elle doit au passé. Les Arena laissent aux idiots l'illusion de vouloir casser les codes. En imaginant et en modelant les vins corses de demain ils n'obéissent qu'à leur instinct, celui de retrouver dans un grand raisin toutes les saveurs qu'aurait mérité de produire la sueur de leurs ancêtres.

T comme Terroirs. Grotte di Sole : un four à soleil mais tempéré par la fraîcheur montagnarde des petits matins et la douceur nocturne de la grande bleue. Carco, incomparable promontoire calcaire, paradis des vermentinus et bianco gentile, dont la partie haute, conquise à la force des jambes, des dos et des bras humains, promet de dépasser tout ce qu'on boit aujourd'hui en blanc dans le secteur. Voilà les deux fiefs de la famille, partagés désormais avec ses deux fils Jean-Baptiste et Antoine-Marie. Ce dernier, redoutable dégustateur et donc vinificateur, encore rebelle, mais pas sans cause, est en train de donner encore plus de densité, de rigueur et d'exactitude aux vins artistes de son père.

Nos producteurs de l'année

5 Paul-Vincent Avril

CLOS DES PAPES
CHÂTEAUNEUF-DU-PAPE

AU SOMMET

Dynastie castelpapale. C'est l'aventure de vignerons modestes mais animés d'une extraordinaire volonté. Quand Paul-Vincent succéda à son père Paul, à la fin des années 1980, il se savait certainement investi d'une mission familiale : les Avril sont indissociables de Châteauneuf-du-Pape. « Premiers consuls et trésoriers » du village de 1756 à 1790, mais parmi les premiers à mettre en bouteille leur Clos des Papes, il y a aujourd'hui plus d'un siècle. Vingt millésimes après son entrée en fonction, et alors que Paul vient de partir au paradis des grands vignerons, Paul-Vincent (que tout le monde appelle plus simplement Vincent) peut être fier du travail accompli : le Clos des Papes n'a jamais été aussi grand.

Clos et ouvert. Le Clos des Papes est un domaine historique de Châteauneuf et à ce titre s'articule autour d'un vignoble effectivement historique, celui qui voisine, dans un paysage de galets roulés archétypique, les ruines du château papal, qui fut neuf il y a très longtemps. Pour autant, de nombreuses autres parcelles complètent la vigne originelle. Venues de presque tous les types de terroirs de l'appellation elle contribue à cette impression d'équilibre serein qui est la marque du cru, en rouge comme en blanc.

Les lois de l'équilibre. Son 2005 connut un succès planétaire lorsqu'un journal américain le nomma « meilleur vin du monde ». Son 2007 est plus grand encore, mais même les américains n'ont plus superlatifs pour le qualifier. Pourtant, le plus grand succès de Vincent tient certainement plus dans l'épatante régularité de sa production. Chacun dans leur style, ou plutôt dans le style de l'année, ses millésimes affichent une élégance de texture et une harmonie en bouche sans égales dans l'appellation. Le Clos des Papes s'extirpe ainsi sans mal du piège de la course à l'alcool dans lequel s'engluent plusieurs châteauneufs et plus encore bon nombre d'ambitieux vins du Sud. Souverain, sans être pontifiant, ni assommant.

Nos découvertes de l'année

Joël et Philippe Laval
MAS LAVAL
COTEAUX DU LANGUEDOC

À DÉCOUVRIR

Aniane la frondeuse. Aniane a attiré les parcours atypiques. Après Aimé Guibert du mas de Daumas-Gassac qui y a réalisé le vin de pays les plus étonnant du Languedoc, on trouve aujourd'hui sur cette commune l'un des domaines les plus prometteurs, le Mas Laval. Les frères Laval y réalisent des vins de pays en se demandant toutefois si la logique de terroir ne les amènera pas à terme à revendiquer une AOC pour leurs vins. Même si tout est mis en œuvre pour produire grand, Joël et Philippe ont bien conscience que leur terroir est le point de démarrage de toute la chaîne de la qualité. Situé dans la vallée de l'Hérault, leurs 35 hectares contemplent la Serranne et le massif de l'Arboussas.

La terre des Laval. L'histoire vigneronne familiale est ancienne, et les générations ne lâchent pas facilement le métier de la terre. Le père de Joël et Philippe continue à manier le sécateur malgré une retraite bien méritée. Seul Joël s'en écarte la semaine, en journée, pour la direction d'une agence d'un groupe bancaire bien implanté en zone agricole. Dès le costume gris de rigueur déposé, il consacre ses soirées et les week-ends au chai. C'est certainement l'endroit de la propriété qui a vu l'évolution la plus spectaculaire depuis la dernière décennie. Il a été complètement rénové avec des installations flambant neuf. L'hygiène y est une préoccupation permanente et nombre de domaines du grand sud pourraient venir s'inspirer.

Des pampres aux Pampres. Les rouges font la part belle à la syrah complétée de grenache, de mourvèdre et de cabernet franc. La gamme est simple et ne comporte que deux vins. Les Pampres, deuxième vin tarifé comme tel, vaut bien des premiers vins ailleurs. Le grand vin porte le nom du domaine et bouscule les hiérarchies languedociennes. Le plus grand soin est apporté à l'élevage. Aucun fut neuf n'est utilisé. Les Laval considèrent que les cépages sudistes ne se marient pas avec le tanin du bois neuf. Les barriques utilisées ont toujours connu au moins un vin. Elles proviennent d'un domaine de Bourgogne célèbre auquel les tonneliers réservent les bois les plus fins. Oui, le plus célèbre de toute la grande Bourgogne !

Nos découvertes de l'année

2

Manuel Olivier
HAUTES CÔTES DE NUITS

À DÉCOUVRIR

Au début était le cassis. Qu'on y réfléchisse, il fallait bien que la fameuse crème de Dijon soit faite avec des fruits de la région ! Les Gard cultivaient comme bien d'autres et depuis longtemps des champs de cassis au-dessus des vignes prestigieuses de Vosne-Romanée et de Nuits Saint-Georges, car l'on pensait en ces temps de froidure que les raisins y muriraient moins. Ils continuent quand même dans notre ère caniculaire et le frère de Manuel Olivier, Gard par sa mère, possède la petite firme « Fruits Rouges » qui, soit dit en passant, produit une liqueur de premier ordre. Mais les raisins murissant désormais bien sur Concœur et Corbon, Manuel s'est senti une vocation de vigneron.

Iconoclaste. Le temps est en effet fini où l'on voyait rentrer fin octobre des bennes entières de raisins rosés provenant des « Hautes-Côtes », et il arrive même en longue arrière-saison qu'ils soient encore plus beaux et plus sains que sur la côte. Encore faut-il savoir les vinifier. On peut choisir entre deux logiques. Soit produire des vins de plus petit format que dans la côte, en jouant sur la souplesse et le fruité immédiat, soit jouer crânement le jeu du grand vin en allant jusqu'au bout du potentiel du terroir. Dans nos récentes dégustations à l'aveugle les vins de Manuel Olivier nous ont vraiment épatés par leur vinosité et par leur classe et chassé tous les doutes que de longues années de fréquentation de vins médiocres avaient stupidement ancrés dans notre imaginaire. La classe et le style de ses 2006 et 2007 montrent que ce jeune homme de trente ans connait ses classiques et sait parfaitement respecter le raisin avant vinification. On est donc heureux de le voir développer intelligemment ses activités par l'agrandissement de ses neuf hectares initiaux sur de jolies parcelles des grands villages de la côte dont un Vosne-Romanée Damaudes pas si éloigné que cela de la Tâche. Il achète aussi un peu de raisins dans de grands ou premiers crus et les vinifie dans le même esprit, retrouvant les arômes floraux nobles du pinot noir, ceux que la génération précédente avait échoué à produire.

Nos découvertes de l'année

Christian Belmon
DOMAINE BELMONT
VIN DE PAYS DU LOT

À DÉCOUVRIR

Par-dessus tête. Cahors est une drôle d'appellation. Lorsqu'elle renaît de cendres glorieuses, les vignerons oublient leur propre histoire et déclassent de son ère les somptueux coteaux calcaires du pur Kimmeridgien - comme à Chablis - qui bordent la cité pour déplacer les vignes tout au long de la vallée du Lot. Notre petit doigt nous dit qu'on y replante aujourd'hui quelques vignes. De même quelques villages environnant, disposant de terroirs de premier plan et possédant une longue tradition viticole avaient été déplantés. C'est le cas de Goujounac, petit village aussi rutilant que son nom et fief d'une tribu hautement sympathique, les Belmon. Christian, architecte de renom, rêvait depuis son adolescence de replanter le vignoble familial. Ayant gagné quelques sous à construire selon les règles de l'art, en pure pierre, quelques caves prestigieuses, il rencontre un jour Lydie et Claude Bourguignon, un duo infernal d'agronomes qui repèrent immédiatement la valeur de ses terres. La grande aventure commence.

Grand blanc. Pour faire du grand vin il faut dès le départ être mis sur de bons rails : par bonheur Goujounac ne fait pas partie de l'appellation Cahors et on n'y est pas obligé de planter exclusivement du malbec. Kimmeridge et ses fossiles sont d'abord un terroir à blanc et le chardonnay reste le roi des cépages de la même couleur. Claude qui sentait le grand terroir comme le chien de Christian les truffes du jardin, fait planter du chardonnay, recommande une culture respectueuse et évidemment dès la troisième feuille la vigne produit le meilleur blanc à 150 kilomètres à la ronde, d'autant que Christian le vinifie avec la méticulosité d'un Coche-Dury!

Grand rouge. Claude conseille sur une veine de sol un peu différente la syrah et le cabernet franc. Stéphane Derénoncourt vient dès 2002 mettre son grain de sel et le vin prend forme, limité seulement par le piètre matériel végétal. Christian tranche le nœud gordien avec l'insouciance des purs et se fait faire une sélection par son ami Jean Louis Chave qu'il aide à construire sa nouvelle cave. Votre serviteur tombe amoureux des cabernets et conseille de les vendanger en 2003 le plus tard possible. Le rouge du domaine Belmont (c'est plus joli avec le « t ») peut commencer une grande carrière et Christian annoncer peut-être les grands Cahors d'après demain.

Nos découvertes de l'année

4

Alexandre Chartogne

CHARTOGNE-TAILLET
CHAMPAGNE

À DÉCOUVRIR

Au fou ! Les habitants de Merfy, dans la Marne, sur le massif de Saint Thierry aux portes de Reims et les vignerons du village n'en croient pas leurs yeux. Le plus sérieux viticulteur du village est devenu fou, le voila en train de faire tondre l'herbe dans ses vignes par deux puis trois moutons ! Ce n'est pas fini, une bande d'excités redonne vie à Sainte-Catherine, une petite parcelle de 43 ares sur sable, en plantant à nouveau en foule plus de dix mille pieds, sans les greffer ! Délire ? Alexandre Chartogne, le fils de la maison, avec toute la fougue et l'idéalisme de la jeunesse et en disciple enthousiaste d'Anselme Selosse, ne cherche pas vraiment à servir de spectacle à ses voisins mais à remettre sur de vraies bases une viticulture abîmée par un demi siècle de reculades et de mépris du sol et de la vigne.

Encore un effet Selosse. On ne va pas se plaindre car ici l'imagination et la créativité sont sous le contrôle de la compétence et de la lucidité. Alexandre aime les grands vins comme son père Philippe, sa mère Elizabeth, qui s'est tant dévouée dans les années 1990 à la cause des vignerons champenois. En fin limier, il est tombé à l'arrêt devant les meilleures cuvées de son idole, en se montrant indulgent devant ses moins bonnes aussi, et s'est dit que sur les sables de Merfy, mais avec un autre caractère, on peut aussi tenter l'aventure du vin à haute expression.

Ebouriffant. Cette liberté, on souhaite naturellement aux grandes maisons de l'intégrer à leur philosophie : nous savons que certaines y pensent et ont même commencé à la mettre en œuvre, mais ce sont des structures souples comme celle de Champagne Chartogne Taillet qui peuvent avancer aussi vite. Déjà les récents raisins de Heurtebise (quel beau nom de héros claudélien !), d'Orizeaux, de Beaux Sens (encore un nom aussi inspirant que son jus), vinifiés sous bois vont décoiffer le tout venant de la production locale, mais quand Sainte-Catherine s'éveillera il faudra alors savoir la coiffer……

Nos découvertes de l'année

Vincent Sipp
DOMAINE AGAPÉ
ALSACE

À DÉCOUVRIR

De ses propres ailes. Vincent Sipp a quitté en 2007 le domaine
Sipp-Mack qu'il gérait avec son frère Jacques depuis plus de 14
ans. La taille importante du domaine ne permettait malgré tout pas
aux deux talentueux vignerons d'exprimer leur sensibilité propre,
et Vincent a profité de l'opportunité en 2007 de racheter un petit
domaine à Riquewihr pour voler de ses propres ailes, emmenant
avec lui de précieuses parcelles familiales pour former un
ensemble complet et cohérent de huit hectares, comprenant une
partie des parcelles des grands crus Schoenenbourg, Rosacker
et Osterberg qui ont fait la réputation du domaine familial à
Hunawihr. La lutte raisonnée continue d'être pratiquée dans les
vignes, combinée à des pratiques de culture biologique, mais le
domaine n'a pas encore franchi le pas d'une conversion complète.

L'amour du terroir. Si Vincent a la chance de posséder de belles
parcelles sur des terrains argilo-calcaires au cœur de la partie
la plus réputée du vignoble alsacien, ce sont les vinifications
soignées qui révèlent la vraie nature de leurs terroirs.
La gamme des vins est divisée en trois : la gamme Expression
produit des vins de cépages francs et secs, la série des Grands Crus
est dense et de grande pureté, avec des salinités importantes qui
signent chaque terroir, et la série Hélios signe les vins moelleux.
Tout le millésime 2007 a été vinifié à Riquewihr, mais quelques
cuvées de 2005 vinifiées et élevées à Hunawihr ont été proposées
à la vente sous les couleurs du design moderne des étiquettes du
domaine Agapé – terme qui signifie « Amour » en Grec.

A table ! La gamme 2007 est parfaitement vinifiée, et si le riesling
permet de faire d'intéressantes comparaison des grands crus
Osterberg, Rosacker et Schoenenbourg, la petite production
de gewurztraminer sur le Schoenenbourg et de pinot gris sur
l'Osterberg montre que le terroir sait se montrer au travers
d'autres cépages. Dans tous les cas les vins sont de bons
compagnons pour la grande gastronomie, un atout qu'exploite la
femme de Vincent, Isabelle Sipp, lors des cours de cuisine qu'elle
donne dans son atelier culinaire Cardamome à Colmar.

Les stars de 2010

DOMAINES ET MAISONS CLASSÉS ♒♒♒♒♒

ALSACE
Domaine Zind-Humbrecht (à Turckheim)

BORDEAUX
Château Climens (à Barsac)
Château Margaux (à Margaux)
Château Lafite-Rothschild (à Pauillac)
Château Latour (à Pauillac)
Château Mouton-Rothschild (à Pauillac)
Château Haut-Brion (à Pessac)
Château La Mission Haut-Brion (à Pessac)
Château Laville Haut-Brion (à Pessac)
Château Lafleur (à Pomerol)
Petrus (à Pomerol)
Château Ausone (à Saint-Émilion)
Château Léoville-Las Cases (à Saint-Julien-Beychevelle)
Château d'Yquem (à Sauternes)

BOURGOGNE
Domaine René et Vincent Dauvissat (à Chablis)
Domaine Raveneau (à Chablis)
Domaine Jacques-Frédéric Mugnier (à Chambolle-Musigny)
Domaine Armand Rousseau (à Gevrey-Chambertin)
Clos de Tart (à Morey-Saint-Denis)
Domaine de Courcel (à Pommard)
Domaine Leflaive (à Puligny-Montrachet)
Domaine d'Auvenay (à Saint-Romain)
Domaine Guffens-Heynen (à Vergisson)
Domaine Leroy (à Vosne-Romanée)
Domaine de la Romanée-Conti (à Vosne-Romanée)

CHAMPAGNE
Bollinger (à Aÿ)
Dom Pérignon (à Epernay)
Salon (au Mesnil-sur-Oger)
Krug (à Reims)

VALLÉE-DU-RHÔNE
E. Guigal (à Ampuis)
Château Rayas (à Châteauneuf-du-Pape)
Domaine Jean-Louis Chave (à Mauves)

VINS NOTÉS 20/20

ALSACE
Hugel et Fils, Alsace gewurztraminer Sélection de Grains Nobles « S »
2007 (blanc)
Domaine Zind-Humbrecht, Alsace Clos Windsbuhl riesling 2007 (blanc)

BORDEAUX
Château Ausone, Saint-Émilion grand cru, 2005 (rouge)
Château Lafleur, Pomerol, 2005 (rouge)
Château d'Yquem, Sauternes, 2005 (blanc)

BOURGOGNE
Domaine de la Romanée-Conti, Montrachet grand cru, 2006 (blanc)

VALLÉE-DU-RHÔNE
E. Guigal, Côte Rôtie La Turque 2005 (rouge)

VINS NOTÉS 19,5/20

ALSACE
Domaine Barmès-Buecher, Alsace grand cru Hengst gewurztraminer Sélection de Grains Nobles 2007 (blanc)
Domaine Marcel Deiss, Alsace grand cru Schoenenbourg 2007 (blanc)
Hugel et Fils, Alsace, gewurztraminer Sélection de Grains Nobles 2005 (blanc)
Domaine Albert Mann, Alsace grand cru Schlossberg riesling Sélection de Grains Nobles 2007 (blanc)
Domaine Albert Mann, Alsace grand cru Furstentum gewurztraminer Sélection de Grains Nobles 2007 (blanc)
René Muré - Clos Saint-Landelin, Alsace Clos Saint-Landelin pinot gris Sélection de Grains Nobles 2004 (blanc)
Domaine André Ostertag, Alsace grand cru Muenchberg riesling 2007 (blanc)
Domaine Weinbach, Alsace grand cru Schlossberg riesling cuvée Sainte-Catherine l'Inédit 2007 (blanc)
Domaine Weinbach, Alsace grand cru Schlossberg riesling Sélection de Grains Nobles 2007 (blanc)
Domaine Weinbach, Alsace grand cru Furstentum gewurztraminer Sélection de Grains Nobles 2006 (blanc)
Domaine Weinbach, Alsace grand cru Mambourg gewurztraminer Sélection de Grains Nobles 2006 (blanc)
Domaine Weinbach, Alsace grand cru Mambourg gewurztraminer Sélection de Grains Nobles 2007 (blanc)
Domaine Weinbach, Alsace grand cru Mambourg gewurztraminer Quintessence de Grains Nobles 2006 (blanc)
Domaine Weinbach, Alsace Altenbourg gewurztraminer Quintessence de Grains Nobles 2007 (blanc)
Domaine Zind-Humbrecht, Alsace grand cru Rangen riesling 2007 (blanc)
Domaine Zind-Humbrecht, Alsace grand cru Brand riesling Vieilles Vignes 2007 (blanc)

BORDEAUX
Château Climens, Barsac 2005 (blanc)
Clos Haut-Peyraguey, Sauternes 2005 (blanc)
Château Mouton-Rothschild, Pauillac 2005 (rouge)
Petrus, Pomerol 2005 (rouge)

BOURGOGNE
Domaine Leroy, Latricières-Chambertin grand cru 2007 (rouge)

CHAMPAGNE
Roederer, Champagne Cristal 2002 (blanc)
Salon, Champagne Brut Millésimé 1996 (blanc)

SUD-OUEST
Château Tirecul La Gravière, Monbazillac Madame 2005 (blanc)

VALLÉE-DE-LA-LOIRE
Domaine Didier Dagueneau, Sancerre Le Mont Damné 2007 (blanc)

VALLÉE-DU-RHÔNE
Chapoutier, Ermitage L'Ermite 2006 (rouge)
E. Guigal, Côte Rôtie La Landonne 2005 (rouge)
Clos des Papes, Châteauneuf-du-Pape 2007 (rouge)

La sélection Bettane et Desseauve pour l'Alsace

Inscrivez-vous sur

BETTANEDESSEAUVE.COM

> Suivez l'actualité du vin
> Accédez aux notes de dégustation de 25 000 vins
> Visitez les stands des producteurs

Le vignoble de l'Alsace

Cette côte tournée vers l'Est produit quelques-uns des plus grands vins blancs de France. On connaît les cépages qui s'y épanouissent –le racé riesling, l'exubérant gewurztraminer, le profond pinot gris ou encore le souple sylvaner– les caractères secs ou au contraire issus de vendanges tardives qui en expriment la quintessence, on se perd un peu dans l'écheveau des crus, mais on doit absolument considérer les grands vins d'Alsace pour ce qu'ils sont : quelques-uns des meilleurs vins blancs du monde.

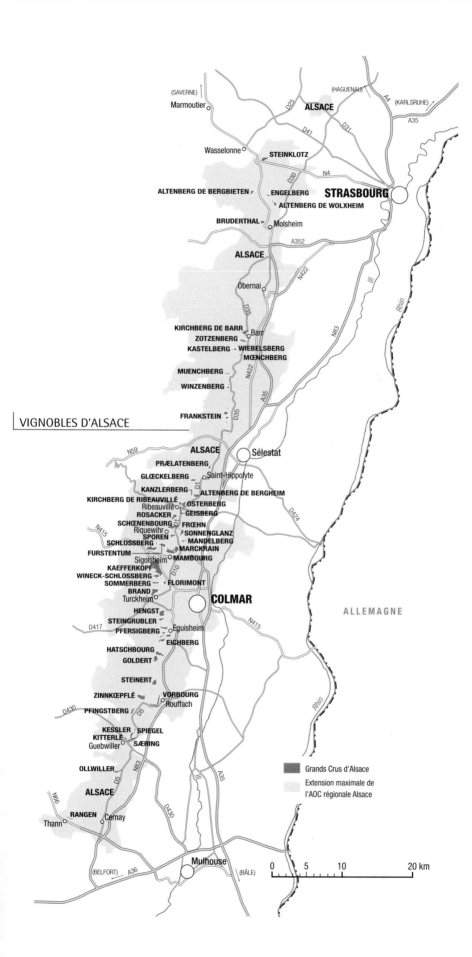

VIGNOBLES D'ALSACE

Grands Crus d'Alsace

Extension maximale de
l'AOC régionale Alsace

L'actualité des millésimes

Les premiers vins de 2008 montrent le potentiel qualitatif de cette année, avec des arômes intenses, des acidités mûres de bonne qualité et des puretés remarquables sur les meilleurs vins de terroir. Les gewurztraminers sont aériens, les rieslings cristallins, et les pinots gris délicatement ciselés. Les vins secs seront rapidement faciles à accorder à table grâce à leur sapidité. La coulure au printemps a fortement réduit la production de muscat, et la dégradation de l'état sanitaire a rendu l'année légèrement moins homogène que 2007.

2007 est le millésime principal en vente fin 2009, c'est une année homogène à cause d'un bon état sanitaire, si l'on excepte le secteur de Sigolsheim-Bennwihr qui a souffert de l'importante grêle du 20 juin. Les rieslings sont droits, les gewurztraminers amples, les pinots gris d'équilibre demi-sec grâce à des acidités importantes, et si le volume de vins revendiquant les mentions VT ou SGN est important, la qualité est au rendez vous. Les rieslings ou pinot blancs soufrent parfois d'un excès de maturité et d'une vinification qui a laissé trop de sucre résiduel.

Après une production de vins secs très hétérogène à cause de la pourriture grise, les VT et SGN du difficile millésime 2006 sont apparus sur le marché, et il a fallu faire le tri entre la pourriture noble qui a touché de sa grâce les terroirs les plus précoces, et la pourriture moins noble qui a du être rectifiée en cuverie pour donner des vins moelleux agréables jeunes.

Les vins du millésime 2005 sont à maturité, tout comme les meilleurs vins de terroir des millésimes 2004 et 2003.

Les vins préférés des lecteurs

En juin 2009, nous avons réuni plus d'une centaine d'amateurs de vin, recrutés parmi les lecteurs du Grand Guide des vins de France, qui ont dégusté des vins de toutes les régions.Les vins sélectionnés ont tous obtenu dans cette édition une notation supérieure ou égale à 14/20 ainsi qu'un ☺ et sont commercialisés à un prix public inférieur à 15 €. Plus de 600 vins ont ainsi été dégustés par les jurys de lecteurs.

VOICI LES LAURÉATS DE L'ALSACE ÉLUS PAR NOS LECTEURS

Domaine Agathe Bursin,
Alsace, Bollenberg muscat, Blanc sec, 2008, 11,20 €

Domaine Dirler-Cadé,
Alsace, Schimberg pinot gris, blanc sec, 2007, 12,20 €

Hugel et Fils,
Alsace, Gewurztraminer Hugel, Blanc sec 2007, 12,68 €

Domaine Seppi Landmann,
Alsace, Muscat Vallée Noble, Blanc sec, 2007, 11,40 €

Domaine Meyer-Fonné,
Alsace, Pinot blanc vieilles vignes, Blanc sec, 2007, 6 €

Domaine Schlumberger,
Alsace, Pinot noir Les Princes Abbés, Rouge, 2008, 11,40 €

Domaine Weinbach,
Alsace, Sylvaner Réserve, Blanc sec, 2007, 11,80 €

Les meilleurs vins

> LES MEILLEURS GEWURZTRAMINERS

Domaine Zind-Humbrecht,
Alsace, Clos Windsbuhl gewurztraminer, 2007
Domaine Bott-Geyl,
Alsace grand cru, Sonnenglanz gewurztraminer, 2007
Domaine Albert Mann,
Alsace grand cru, Furstentum gewurztraminer Vieilles Vignes, 2007

> LES MEILLEURS MUSCATS

Domaine Frédéric Mochel,
Alsace grand cru, Altenberg de Bergbieten muscat, 2007
Domaine André Kientzler,
Alsace grand cru, Kirchberg de Ribeauvillé muscat, 2007

> LES MEILLEURS PINOTS GRIS

Domaine André Ostertag,
Alsace grand cru, Muenchberg pinot gris cuvée A360P, 2007
Domaine Martin Schaetzel,
Alsace grand cru, Marckrain pinot gris, 2007
Domaine Albert Mann,
Alsace grand cru, Hengst pinot gris, 2007

> LES MEILLEURS PINOTS NOIRS

Domaine Marcel Deiss,
Alsace, Burlenberg, 2006
Domaine Lucien Albrecht,
Alsace, pinot noir Weid, 2006
Domaine Paul Blanck,
Alsace, pinot noir F, 2005

> ## LES MEILLEURS RIESLINGS

Domaine Zind-Humbrecht,
Alsace, Clos Windsbuhl riesling, 2007

Domaine Weinbach, Alsace grand cru, Schlossberg riesling
cuvée Sainte-Catherine l'Inédit, 2007

Domaine André Ostertag,
Alsace grand cru, Muenchberg riesling, 2007

Josmeyer, Alsace grand cru, Hengst riesling Samain, 2007

> ## LES MEILLEURES SÉLECTIONS DE GRAINS NOBLES

René Muré - Clos Saint-Landelin,
Alsace, Clos Saint-Landelin pinot gris Sélection de Grains Nobles, 2004

Domaine Weinbach, Alsace grand cru, Schlossberg riesling
Sélection de Grains Nobles, 2007

Domaine Albert Mann,
Alsace grand cru, Schlossberg riesling Sélection de Grains Nobles, 2007

> ## LES MEILLEURES VENDANGES TARDIVES

Domaine Schlumberger,
Alsace, gewurztraminer cuvée Christine Vendanges Tardives, 2005

Domaine Paul Kubler,
Alsace grand cru, Zinnkoepflé gewurztraminer Vendanges Tardives, 2007

Domaine Marc Tempé,
Alsace grand cru, Mambourg gewurztraminer Vendanges Tardives, 2002

JEAN-BAPTISTE ADAM

5, rue de l'Aigle
68770 Ammerschwihr
Tél. 03 89 78 23 21 - Fax. 03 89 47 35 91
jbadam@jb-adam.fr
www.jb-adam.fr

Derrière les cuvées issues de raisins d'achat, les 14 hectares de vignes propres au domaine sont cultivés en biodynamie depuis près de dix ans, produisant des vins d'une pureté et d'une expression minérale remarquables. Sur le grand cru Kaefferkopf et le lieu-dit Letzenberg, les cuvées maison sont clairement identifiées par la mention «de Jean-Baptiste Adam», à ne pas confondre avec les cuvées prestige de la gamme négoce.

ALSACE GRAND CRU KAEFFERKOPF 2007
Blanc Demi-sec | 2009 à 2017 | 12,80 € | **16/20**
Assemblage de gewurztraminer aux deux tiers et de riesling. Le vin est élégant au nez avec des fruits exotiques, frais et moelleux en bouche avec une touche aérienne et de l'acidité. Une typicité exemplaire du Kaefferkopf.

ALSACE GRAND CRU KAEFFERKOPF GEWURZTRAMINER VIEILLES VIGNES 2007
Blanc Demi-sec | 2010 à 2027 | 16,50 €**16,5/20**
Un vin élégant, au nez d'épices douces et de vanille, profond en bouche avec un fruité intense et un moelleux délicat déjà fondu. Un vin qui possède du fond, de grande garde.

ALSACE GRAND CRU KAEFFERKOPF CUVÉE JEAN-BAPTISTE 2007
Blanc | 2009 à 2017 | 12,80 € | **15,5/20**
Un vin élégant, au nez de fleurs blanches, droit et sec en bouche avec du croquant.

ALSACE GRAND CRU KAEFFERKOPF RIESLING VIEILLES VIGNES 2007
Blanc | 2010 à 2022 | 16,50 € | **17/20**
2007 célèbre le premier millésime du terroir nouvellement promu en Aoc grand gru, et cette cuvée issue des vieilles vignes du domaine lui fait honneur : une précision aromatique et une salinité exemplaire signent un vin minéral de toute beauté. À garder.

LETZENBERG PINOT GRIS GASTRONOMIE 2006
Blanc | 2009 à 2016 | 15 € | **16/20**
Un pinot gris d'équilibre sec, adapté pour la table, très pur au nez avec des arômes de noisette et de froment, avec une grande finesse.

PINOT NOIR CUVÉE JEAN-BAPTISTE 2007
Rouge | 2009 à 2017 | 17,90 € | **15/20**
Un rouge corsé de bonne densité, concentré en bouche, avec des tanins fins en finale.

Rouge : 1.5 hectare **Blanc** : 13,5 hectares **Production totale annuelle** : 1 500 000 bt.
Visite : Sur rendez-vous.

DOMAINE AGAPÉ

10, rue des Tuileries
68340 Riquewihr
Tél. 03 89 47 94 23 - Fax. 03 89 47 89 34
domaine@alsace-agape.fr
www.alsace-agape.fr

Vincent Sipp a quitté le domaine familial Sipp-Mack en 2007 pour s'établir à Riquewihr, sur sa propre exploitation. En 2007, tout est vinifié à Riquewihr, les vins continuent d'être profonds avec des expressions minérales à la hauteur des terroirs de Riquewihr, Hunawihr et Ribeauvillé. La petite et délicate récolte de 2006 a laissé place à un grand millésime 2007, qui laisse apparaître le potentiel du domaine.

ALSACE GRAND CRU ROSACKER RIESLING 2007
Blanc | 2012 à 2027 | 17,40 € | **17/20**
Un vin ample, au nez d'agrumes, puissant en bouche, avec une acidité franche qui allonge la finale citronnée. À garder.

ALSACE GRAND CRU SCHOENENBOURG GEWURZTRAMINER 2007
Blanc Demi-sec | 2009 à 2022 | 15,90 €**17,5/20**
Un vin élégant, au nez d'épices douces, très minéral en bouche, avec une grande finesse. Un schoenenbourg inhabituel car issu d'un cépage peu cultivé, particulièrement réussi en 2007.

ALSACE GRAND CRU SCHOENENBOURG RIESLING 2007
Blanc | 2010 à 2022 | 14,40 € | **16,5/20**
Un vin déjà ouvert, au nez floral légèrement épicé, salin et très pur en bouche avec une belle élégance. Un vin en dentelle qui s'appréciera sur une cuisine raffinée.

GEWURZTRAMINER HÉLIOS 2007
Blanc Doux | 2009 à 2022 | 13,40 € | **15,5/20**
Récolté en surmaturité, le vin est ample et profond, avec une finale délicatement épicée. Un vin puissant qui évoluera bien au vieillissement.

GEWURZTRAMINER SÉLECTION DE GRAINS NOBLES 2007
Blanc Liquoreux | 2009 à 2027 | Les 50 cl 24 € | **16/20**
Un tri dans les vignes a permis de réaliser une sélection-de-grains-nobles puissante, ample et acidulée en bouche, avec une longue finale.

SYLVANER EXPRESSION 2007 ☺
Blanc | 2009 à 2017 | 6,30 € | **14,5/20**
Un vin frais au nez fruité, ample en bouche avec de la salinité. Originaire en partie de vieilles vignes sur le Rosacker, c'est un vin complet qui supportera de la garde.

Rouge : 0.5 hectare **Blanc** : 8.2 hectares
Production totale annuelle : 50 000 bt.
Visite : De 10h à 12h30 et de 13h30 à 18h.

DOMAINE LUCIEN ALBRECHT

9, Grand-Rue
68500 Orschwihr
Tél. 03 89 76 95 18 - Fax. 03 89 76 20 22
lucien.albrecht@wanadoo.fr
www.lucien-albrecht.fr

Le haut de la gamme de la maison est tiré par deux cuvées de riesling situées sur et autour du grand cru Pfingstberg. La gamme des vins de propriété s'étend ensuite autour du village d'Orschwihr, avec une partie importante de ce même grand cru, mais aussi sur le Bollenberg voisin. Pour compléter la gamme, des achats de raisin produisent des crémants au style plaisant, mais aussi une gamme de vins de cépage réserve-lucien-albrecht, plus hétérogène que les vins de propriété, qui mériterait d'être séparée de la production du domaine par un étiquetage plus clair.

ALSACE GRAND CRU PFINGSTBERG PINOT GRIS 2007
Blanc Demi-sec | 2009 à 2022 | 17,15 € **16/20**
Un vin élégant, qui combine la finesse du terroir de grès avec la richesse du cépage, sur un équilibre presque sec qui possède du gras et une grande longueur.

ALSACE GRAND CRU PFINGSTBERG RIESLING 2006
Blanc | 2009 à 2016 | 16,75 € **16/20**
Un vin riche, au nez de fruits mûrs, dense en bouche, avec une fine acidité. Le vin est très pur avec une toute légère douceur en finale.

AUXERROIS CUVÉE BALTHAZAR 2006
Blanc | 2009 à 2013 | 11,10 € **14,5/20**
Originaire du Bollenberg, c'est une cuvée au nez parfumé, ample en bouche avec un très beau toucher tendre et pur. Belle réussite dans un millésime délicat.

CLOS DES RÉCOLLETS PINOT GRIS 2004
Blanc | 2009 à 2024 | 28,60 € **16/20**
Issu d'un Clos situé au-dessus de Rouffach, le vin est produit à partir de raisins sains, vinifié sec et élevé sur lies en demi-muids. Parfumé au nez avec du froment et du coing, le vin est dense en bouche avec du gras et une longue finale. Un vin de gastronomie par excellence.

CLOS HIMMELREICH RIESLING 2007
Blanc | 2010 à 2027 | 28,60 € **16,5/20**
Issu d'un clos sur un sol de grès gris plus calcaire au sommet du Pfingstberg, dont une partie chevauche le grand cru, le vin se montre élégant au nez, concentré en bouche avec une acidité fine qui lui donne de l'allonge. Un vin à garder. Il n'y a pas eu de 2005 ni de 2006 produits.

CLOS SCHILD RIESLING 2005
Blanc | 2010 à 2020 | 31,45 € **16,5/20**
Parcelle située au cœur du grand cru Pfingstberg, le Clos Schild a produit en 2005 un vin dense au nez de fleurs et de miel d'acacia, complet en bouche avec une acidité fine et de la salinité en finale.

CRÉMANT D'ALSACE
Rosé Brut effervescent | 2009 à 2011 | 10,95 € **15/20**
Un crémant rosé élégant, très pur au nez avec des arômes de fruits rouges, ample et vineux en bouche avec un dosage très bien intégré.

GEWURZTRAMINER MARTINE ALBRECHT 2007
Blanc Doux | 2009 à 2015 | 12,65 € **15/20**
Une cuvée au fruité intense, équilibrée en bouche avec un moelleux mesuré qui laisse la place à l'ampleur caractéristique des vins du Bollenberg.

PINOT GRIS CUVÉE MARIE ET CÉCILE 2007 ☺
Blanc | 2009 à 2015 | 12,65 € **15,5/20**
Un pinot gris ample doté d'arômes de fleurs blanches d'une grande pureté, avec un nez de fleurs, légèrement moelleux en bouche, avec une forte salinité.

PINOT NOIR AMPLUS 2003
Rouge | 2011 à 2023 | 21,20 € **16,5/20**
Une petite production issue d'une parcelle de pinot noir du Bollenberg, élevé en bois neuf, a donné un vin très corsé, marqué par la violette et des notes fumées au nez, ample et profond en bouche, avec des tanins mûrs très présents et encore asséchants en finale à ce stade. Un grand vin bien né, qui sera d'anthologie dans quelques années, à garder.

PINOT NOIR WEID 2006
Rouge | 2010 à 2021 | 18,45 € **17/20**
Originaire du Bollenberg et élevé en fûts pour moitié neufs seulement, c'est un rouge concentré, marqué par des arômes de fruits noirs et de fumée, dense en bouche avec des tanins mûrs. Un très bel élevage sur un beau vin de terroir, pour une grande cuvée de rouge.

RIESLING CUVÉE HENRI ALBRECHT 2006
Blanc | 2009 à 2016 | 11,55 € **14/20**
Originaire du Bollenberg et du Pfingstberg, c'est un vin sec aux arômes nets, pur en bouche avec une finale saline fumée.

RIESLING VENDANGES TARDIVES 2005
Blanc liquoreux | 2010 à 2020 | 24,15 € **15,5/20**
Produit sur les vignes du Pfingstberg, c'est un vin élégant, aux arômes d'agrumes confits, riche en bouche mais qui conserve un caractère aérien. Un vin à déguster maintenant ou à garder.

Rouge : 5 hectares. Blanc : 30 hectares.
Visite : Du lundi au samedi de 8 h à 19 h.

DOMAINE BARMÈS-BUECHER

30, rue Sainte-Gertrude
68920 Wettolsheim
Tél. 03 89 80 62 92 - Fax. 03 89 79 30 80
barmesbuecher@terre-net.fr
www.barmes-buecher.com

Geneviève Buecher et François Barmès ont uni leurs domaines familiaux et créé le domaine en 1985. Les vinifications réalisées avec un minimum d'intervention ont parfois produit des cuvées dont le niveau d'alcool et de sucre résiduel varie fortement d'une année à l'autre. Après le grand millésime 2005 et un millésime 2006 plus hétérogène, 2007 est très réussi, avec des cuvées amples qui possèdent des arômes très nets, de la chair et parfois de légers tanins. Les cuvées du Rosenberg en particulier sont magnifiques, quel que soit le cépage .

ALSACE GRAND CRU HENGST GEWURZTRAMINER SÉLECTION DE GRAINS NOBLES 2007
Blanc Liquoreux | 2010 à 2030 | NC   **19,5/20**
Un vin ample et très riche, doté d'un nez puissant sur les épices et les fruits confits, remarquable de profondeur avec une grande puissance et un équilibre onctueux d'une grande finesse.

ALSACE GRAND CRU HENGST RIESLING 2007
Blanc | 2012 à 2027 | NC   **18/20**
Un vin d'exception, riche et très concentré, avec une tension minérale très forte, puissant avec une grande longueur. La légère surmaturité a donné des arômes agréables d'agrumes frais. Une très grande année pour le Hengst.

ALSACE GRAND CRU LEIMENTHAL RIESLING VENDANGES TARDIVES 2007
Blanc liquoreux | 2009 à 2022 | NC   **16,5/20**
Une superbe élégance sur ce vin d'une grande pureté, au moelleux fondu, avec une belle acidité. À boire ou à attendre.

ALSACE GRAND CRU PFERSIGBERG GEWURZTRAMINER VENDANGES TARDIVES 2007
Blanc liquoreux | 2010 à 2027 | NC   **18/20**
Un vin d'une grande concentration, marqué au nez par les épices douces, la datte et les fruits jaunes, onctueux et très minéral en bouche, avec une liqueur d'une grande douceur. Longue finale sur les fruits secs, le caramel et les épices.

ALSACE GRAND CRU STEINGRÜBLER GEWURZTRAMINER 2006
Blanc Doux | 2009 à 2020 | NC   **17,5/20**
La minéralité de ce grand cru, moins connu que son voisin le Hengst, donne des vins souvent ouverts très jeunes. Le 2006 n'échappe pas à la règle, avec un équilibre minéral d'une grande pureté et d'une grande profondeur.

ALSACE GRAND CRU STEINGRÜBLER GEWURZTRAMINER VENDANGES TARDIVES 2007
Blanc liquoreux | 2010 à 2027 | NC   **17,5/20**
Un vin remarquable de complexité, au nez très épicé et confit, avec une note de miel, très onctueux en bouche avec un moelleux fondu dans une forte salinité. La finale est longue sur les épices à pain d'épice avec une pointe vanillée. Un vin élégant qui se déguste déjà bien.

CLOS SAND RIESLING 2007
Blanc | 2012 à 2027 | NC   **16/20**
Un riesling sec, marqué par le caractère minéral du granit. Le nez est fin, avec du pamplemousse et une pointe de citron vert, la bouche est dense, finement et intensément acidulée avec une longue finale. À garder.

CRÉMANT D'ALSACE BRUT 2007
Blanc Brut effervescent | 2009 à 2011 | NC   **15,5/20**
Le vin est fin et floral au nez, avec une note de biscuit. La bouche est ample et vineuse avec une acidité fine. Un crémant de référence, au succès mérité.

PINOT NOIR H VIEILLES VIGNES 2005
Rouge | 2010 à 2020 | NC   **16/20**
Plus d'un an après la mise en bouteilles, le vin se montre riche avec des arômes de petits fruits rouges et d'épices, net en bouche avec du corps et une charge tannique importante pour le vin.

RIESLING TRADITION 2007
Blanc | 2010 à 2017 | NC   **14,5/20**
Le vin est encore jeune, avec des arômes de craie et de levure, concentré en bouche avec une bonne vivacité, des arômes de melon et un caractère tannique en finale.

ROSENBERG GEWURZTRAMINER 2007
Blanc | 2010 à 2022 | NC   **16/20**
Un vin ample et mûr, aux arômes de rose et de pralin, ample en bouche avec un moelleux très rond, une fine salinité et une longue finale épicée et fumée. Un vin remarquable de précision et d'onctuosité.

ROSENBERG RIESLING 2007
Blanc | 2010 à 2022 | NC   **16/20**
Un riesling frais de bonne maturité, dense en bouche avec une acidité présente et de la minéralité, évoluant sur un caractère salin. Belle matière pour ce vin de garde.

ROSENBERG SYLVANER VIEILLE VIGNE 2007 ⓤ
Blanc | 2009 à 2017 | NC   **16/20**
Élevé en partie en demi-muids, le vin est fruité au nez avec des arômes de fruits à chair blanche, puis dense et ample en bouche avec de la densité et du gras. Grand vin à la longue finale légèrement vanillée. Un sylvaner de référence.

Production totale annuelle : 100 000 bt.

DOMAINE LAURENT BARTH

3, rue du Maréchal-de-Lattre
68630 Bennwihr
Tél. 03 89 47 96 06 - Fax. 03 89 47 96 06
laurent.barth@wanadoo.fr

Laurent Barth a vinifié et produit sa première récolte en 2004. La grêle de juin 2007
a détruit la quasi-totalité de la récolte,
seuls 3,7 hectolitres de gewurztraminer
grand-cru-marckrain ayant été produits.
2008 signe un retour sur le parcellaire du
domaine, avec la profondeur du Marckrain
et la finesse des autres cuvées, ainsi que
les grands pinots noirs.

ALSACE GRAND CRU MARCKRAIN
GEWURZTRAMINER 2008
Blanc Demi-sec | 2011 à 2028 | 18 €   **17/20**
Une récolte en surmaturité a donné un vin
riche au nez de fruits confits, moelleux en
bouche avec de la profondeur. Un vin de
terroir riche qui conserve les notes fumées
du Marckrain en finale. À garder pour qu'il
donne toute sa mesure.

MUSCAT 2008   ☺
Blanc | 2009 à 2013 | 8 €   **15/20**
Issu en partie de vignes sur le Marckrain, le
muscat est fruité avec la fraîcheur du raisin
frais, ample et croquant en bouche avec un
fruité très présent. Une cuvée délicieuse.

PINOT NOIR M 2008
Rouge | 2010 à 2018 | 12 €   **16/20**
Originaire d'une parcelle sur le Marckrain, le
vin est ample, parfumé avec des petits fruits
des bois et des notes de cuir, dense en bouche
avec de la profondeur et de la race.

RIESLING 2008
Blanc | 2009 à 2014 | 7 €   **14/20**
Un riesling frais et parfumé, élégant en
bouche, avec l'acidité mûre du millésime
qui lui donne un caractère gourmand.

RIESLING VIEILLES VIGNES 2008
Blanc | 2009 à 2014 | 9 €   **15/20**
Un riesling dense et de bonne maturité, élégant en bouche, avec un fruité acidulé qui
possède une légère salinité.

SYLVANER 2008   ☺
Blanc | 2009 à 2014 | 6 €   **14,5/20**
Un vin au nez de petits fruits mûrs, tendre en
bouche, avec de la chair et une acidité mûre très
fine. Un vin délicieux, qui sera parfait à table.

Rouge : 0,45 hectare ; pinot noir 13%. Blanc : 3,25
hectares ; 9%, auxerrois 22%, gewurztraminer 20%,
muscat d'Alsace 8%, riesling 23%, sylvaner 5%.
Production totale annuelle : 15 000 bt.

JEAN BECKER

4, route d'Ostheim, Zellenberg
B.P. 24
68340 Riquewihr
Tél. 03 89 47 90 16 - Fax. 03 89 47 99 57
vinsbecker@aol.com

Le groupe Becker se compose d'une société
de négoce et d'un domaine familial pratiquant la culture biologique. Nous regroupons cette année les deux dénominations
pour éviter la confusion. La gamme est vaste
et parfois hétérogène, les meilleures cuvées
sont cependant produites à partir des vignes
de la maison, conduites en viticulture biologique, en particulier le grand cru Froehn qui
livre ses meilleures cuvées. 2007 a produit de
beaux vins, encore marqués par des moelleux importants qu'il faudra garder.

ALSACE GRAND CRU FROEHN MUSCAT 2007
Blanc | 2009 à 2027 | 11,05 €   **15,5/20**
Une cuvée ample et mûre, au nez très frais de
fleurs de sureau et de raisin, ample et légèrement
moelleuse en bouche avec de la profondeur. À
boire dès à présent sur le fruit ou à faire vieillir
pour en faire un grand vin de gastronomie.

ALSACE GRAND CRU FROEHN PINOT GRIS
VENDANGES TARDIVES 2007
Blanc liquoreux | 2012 à 2027 | 22,75 €   **15/20**
Un vin puissant au nez encore fermé, moelleux
et acidulé en bouche, avec une grande pureté
et de la longueur. C'est un vin de garde.

ALSACE GRAND CRU FROEHN RIESLING 2007
Blanc | 2010 à 2022 | 11,90 €   **16/20**
Un froehn au nez frais voire citronné, ample
en bouche, avec du gras et l'acidité fine et
intense du terroir. Un vin qui vieillira bien.

ALSACE GRAND CRU SCHOENENBOURG
GEWURZTRAMINER SÉLECTION DE GRAINS
NOBLES 2007
Blanc Liquoreux | 2012 à 2022 | 50 €   **15/20**
Un vin élégant, au nez de fruits confits, moelleux en bouche avec une bonne pureté. La
liqueur est déjà fondue, le vin est déjà plaisant
mais le terroir se montre encore en retrait.

ALSACE GRAND CRU SONNENGLANZ
GEWURZTRAMINER 2007
Blanc Doux | 2012 à 2022 | 12,40 €   **14/20**
Un vin élégant, au caractère surmûri et
épicé, riche en bouche avec un moelleux
équilibré par une bonne acidité. À garder
pour que l'ensemble gagne en harmonie.

Rouge : 9,4 hectares Blanc : 0,9 hectare.
Production totale annuelle : 45 000 bt.
Visite : Du lundi au samedi de 8 h à 12 h et de 14 h
à 18 h. Ouverture à 10 h dimanches et jours fériés
de Pâques à fin décembre et sur rendez-vous
le reste de l'année.

DOMAINE JEAN-MARC ET FRÉDÉRIC BERNHARD

21, Grand-Rue
68230 Katzenthal
Tél. 03 89 27 05 34 - Fax. 03 89 27 58 72
vins@jeanmarcbernhard.fr
www.jeanmarcbernhard.fr

Basé à Katzenthal, avec un patrimoine de terroirs à la variété peu commune, le domaine familial gagne progressivement en notoriété. Ne tardez pas pour obtenir quelques précieux flacons du muscat, du gewurztraminer vieilles-vignes ou encore de l'excellent gewurztraminer mambourg.

ALSACE GRAND CRU FURSTENTUM PINOT GRIS 2007
Blanc Doux | 2011 à 2022 | 10 €   **16/20**
Vinifié presque sec et élevé sous bois, le vin propose un équilibre ample et profond qui souligne la minéralité du Furstentum. Bon potentiel de bonification à la garde.

ALSACE GRAND CRU MAMBOURG GEWURZTRAMINER 2007
Blanc Doux | 2011 à 2022 | 13 €   **16,5/20**
Un vin ample et profond, au nez encore jeune d'épices et de rose, puissant en bouche, avec une longue finale. Après quelques années, ce sera le compagnon idéal de plats riches et épicés.

ALSACE GRAND CRU SCHLOSSBERG RIESLING 2007
Blanc | 2011 à 2022 | 12 €   **16,5/20**
Frais et minéral, c'est un schlossberg droit et tendu, qui possède du croquant et une longue finale. À garder quelques années.

ALSACE GRAND CRU WINECK-SCHLOSSBERG RIESLING 2007
Blanc | 2009 à 2017 | 10 €   **17/20**
Un wineck-schlossberg ciselé par une acidité fine, et souligné par une minéralité d'une grande élégante. Grande réussite.

KAEFFERKOPF GEWURZTRAMINER 2007
Blanc Demi-sec | 2009 à 2017 | 10 €   **15,5/20**
Un vin aérien, aux arômes d'agrumes et d'épices dense en bouche avec un moelleux fondu et une acidité fine qui apporte de la fraîcheur en finale.

RIESLING SÉLECTION DE GRAINS NOBLES 2007
Blanc Liquoreux | 2010 à 2022 | 28 € les 50 cl   **17/20**
Un vin liquoreux d'une grande pureté, confit au nez et puissant en bouche, avec la finesse du pamplemousse rose en finale. À boire jeune sur le fruit ou à garder.

Rouge : 0,77 hectare ; pinot gris 18%, pinot noir 8%.
Blanc : 8,73 hectares ; auxerrois/Pinot blanc 17%, gewurztraminer 24%, muscat 7%, riesling 24%, sylvaner 2%.
Production totale annuelle : 60 000 bt. Visite : Du lundi au samedi de 9 h à 12 h et de 13 h 30 à 18 h.

DOMAINE BERNHARD & REIBEL

20, rue de Lorraine
67730 Châtenois
Tél. 03 88 82 04 21 - Fax. 03 88 82 59 65
bernhard-reibel@wanadoo.fr
www.domaine-bernhard-reibel.fr

Cécile Bernhard a propulsé le domaine sur le devant de la scène, et désormais aidée de son fils Pierre, poursuit de nouvelles ambitions. Ancrés sur les terroirs granitiques entre Scherwiller et Châtenois, les vins sont cristallins, avec la finesse des granits de Dambach-la-Ville et de Thannenkirch qui se déclinent sur plusieurs terroirs.

GEWURZTRAMINER VENDANGES TARDIVES 2005
Blanc liquoreux | 2009 à 2020 | 21,50 €   **16/20**
Un vin riche, au nez de pralin et d'épices, moelleux en bouche avec une bonne pureté. Parfait au dessert, ou à table sur des mets riches après plusieurs années de garde.

HAHNENBERG GEWURZTRAMINER 2005
Blanc Demi-sec | 2009 à 2015 | 10 €   **15/20**
Un vin aromatique, au nez de rose fraîche, aérien en bouche avec une légère douceur qui apporte un moelleux élégant.

HAHNENBERG RIESLING 2007
Blanc | 2010 à 2017 | 13 €   **15,5/20**
Le nez floral laisse place à une bouche très minérale, nette et de bonne longueur.

PINOT GRIS LE CARRATA 2005
Blanc Demi-sec | 2009 à 2015 | 20 €   **15,5/20**
Issu de la partie orientée plein sud du Ritterberg, le vin est riche, dense et d'équilibre sec, avec du gras et une finale longue.

RITTERSBERG RIESLING 2005
Blanc | 2010 à 2020 | 11 €   **15,5/20**
Le vin est ouvert, avec un bouquet de fleurs blanches et de fumée, puis reste sec en bouche avec du gras. À garder.

SYLVANER 2007   ☺
Blanc | 2009 à 2013 | 5 €   **14,5/20**
Un sylvaner franc, au nez ouvert, sec et très agréable en bouche, avec une finale saline.

WEINGARTEN RIESLING 2005   ☺
Blanc | 2009 à 2015 | 11 €   **15/20**
Le vin est ouvert et très net, avec un nez de fleurs blanches et une bouche droite, nette et très pure. Un vin équilibré déjà plaisant.

Production totale annuelle : 100 000 bt.
Visite : Le week-end sur rendez-vous, la semaine ouvert de 8 h à 12 h et de 13 h 30 à 19 h.

DOMAINE LÉON BEYER

2, rue de la Première-Armée
68420 Eguisheim
Tél. 03 89 21 62 30 - Fax. 03 89 23 93 63
contact@leonbeyer.fr
www.leonbeyer.fr

La maison possède de belles parcelles sur les grands crus Eichberg et Pfersigberg, dont elle tire les meilleures cuvées sans pour autant revendiquer l'appellation Alsace grand cru. Au sommet de la qualité, les meilleures années donnent naissance aux cuvées des comtes-d'éguisheim, produites à partir des meilleures parcelles du domaine. La production propre est complétée par des achats de raisin, produisant une gamme très régulière de vins classiques à l'équilibre sec et léger. Les vins du millésime 2007 sont généralement déjà ouverts, y compris les magnifiques cuvées de comtes-d'éguisheim particulièrement réussies dans ce millésime.

GEWURZTRAMINER COMTES D'EGUISHEIM 2007
Blanc | 2012 à 2027 | 23,50 €   **17,5/20**
Une cuvée remarquable de profondeur, qui combine un équilibre quasi-sec avec une minéralité affirmée. Un grand gewurztraminer sec.

GEWURZTRAMINER COMTES D'EGUISHEIM 2003
Blanc | 2009 à 2023 | 23,50 €   **17/20**
Une cuvée magnifique dans un millésime ou le cépage gewurztraminer a trouvé son aise dans les grands terroirs argilo-calcaires. Le nez est intense sur la violette, le raisin sec et les épices douces. La bouche est ample, sèche avec du gras, avec une finale sur des arômes de fruits mûrs, donnant un magnifique équilibre ample. Déjà accessible et de grande garde.

GEWURZTRAMINER SÉLECTION DE GRAINS NOBLES 2005
Blanc Liquoreux | 2009 à 2045 | 55 €   **18,5/20**
Une cuvée rare, produite avec un botrytis de grande qualité, qui devrait se qualifier pour la mention quintessence, qui signe les plus grands liquoreux du domaine. Le nez est net, grillé, avec une note de pralin, la bouche est liquoreuse, ample et profonde, minérale à souhait, avec une grande pureté. Avec un vin à l'opposé complet des secs de la gamme, la maison démontre l'étendue de son savoir-faire sur les liquoreux. De très grande garde.

GEWURZTRAMINER VENDANGES TARDIVES 2004
Blanc liquoreux | 2009 à 2024 | 30 €   **16/20**
Le nez est surmûri, sur des notes de fruits exotiques et d'ananas. La bouche est moelleuse, nette et ample, avec beaucoup d'élégance. La longue finale revient sur des fruits confits. Un vin séduisant, déjà ouvert.

PINOT GRIS 2007
Blanc | 2009 à 2015 | 11,90 €   **14/20**
Un pinot gris ouvert, au nez de froment et de fruits à chair blanche, sec en bouche, avec une belle finesse.

PINOT GRIS COMTES D'EGUISHEIM 2007
Blanc | 2012 à 2027 | 23,50 €   **17/20**
D'équilibre sec et encore discret au nez, c'est un vin de haute volée marqué par de la profondeur et de la minéralité en bouche. De grande garde, avec un gros potentiel qui rappelle le célèbre 1985.

PINOT NOIR RÉSERVE 2007
Rouge | 2010 à 2015 | 14,80 €   **14,5/20**
Un vin à la robe soutenue, dense en bouche avec un équilibre corsé qui termine sur un caractère épicé en finale.

RIESLING 2007
Blanc | 2009 à 2015 | 10,90 €   **14/20**
Un riesling droit au nez d'agrumes, sec et acidulé en bouche, avec une belle amertume en finale.

RIESLING COMTES D'EGUISHEIM 2007
Blanc | 2012 à 2027 | 23,50 €   **16,5/20**
Un vin encore jeune, au nez d'agrumes et de fleurs blanches, ample et profond en bouche avec une minéralité déjà présente. Un vin qui méritera une grande garde.

RIESLING LES ÉCAILLERS 2007
Blanc | 2012 à 2022 | 15,80 €   **15,5/20**
Originaire des beaux terroirs d'Eguisheim, c'est un vin encore sur la réserve, discret au nez, profond en bouche avec du gras et de la profondeur.

RIESLING R DE BEYER 2007
Blanc | 2010 à 2027 | 23,50 €   **16/20**
Cuvée originaire de vignes sur l'Eichberg, le millésime 2007 offre un nez déjà ouvert sur les agrumes frais, puis un équilibre sec et franc qui possède beaucoup de finesse. À boire jeune sur sa fraîcheur ou à garder.

RIESLING R DE BEYER 2005
Blanc | 2011 à 2025 | 23,50 €   **15/20**
Cuvée originaire de vignes sur l'Eichberg, le vin est ample, frais et acidulé en bouche, avec une fine salinité. Fermé, à garder.

SYLVANER 2007
Blanc | 2009 à 2013 | 7,90 €   **14/20**
Un sylvaner fruité au nez floral, sec en bouche avec une finale salée. Une belle cuvée rafraîchissante.

Rouge : 3 hectares ; pinot noir 100%.
Blanc : 17 hectares ; gewurztraminer 46%, muscat d'Alsace 5%, pinot gris 18%, riesling 31%.
Production totale annuelle : 700 000 bt.

DOMAINE PAUL BLANCK

32, Grand-Rue
68240 Kientzheim
Tél. 03 89 78 23 56 - Fax. 03 89 47 16 45
info@blanck.com
www.blanck.com

Le domaine possède des vignes sur cinq grands crus, ce qui permet de démontrer la typicité de chaque terroir sur plusieurs cépages. Si les grands crus 2004 et 2005 sont actuellement en vente, les cuvées classiques du millésime 2007 sont magnifiques. À noter, un site internet très informatif, un des plus complets en Alsace.

ALSACE GRAND CRU FURSTENTUM GEWURZTRAMINER VENDANGES TARDIVES 2005
Blanc liquoreux | 2009 à 2025 | 30,65 €   **18/20**
Une vendanges-tardives puissante, au nez délicat de rose, de pralin et d'épices douces, moelleuse et élégante en bouche, avec de la pureté et de la profondeur. La finale est longue, sur le miel et la réglisse.

ALSACE GRAND CRU MAMBOURG GEWURZTRAMINER 2006
Blanc | 2009 à 2026 | 21,25 €   **17/20**
Un vin au nez discret, sur la prune et les épices, avec une pointe de cuir, riche et puissant en bouche avec de la profondeur et une grande finesse. Un vin séduisant.

ALSACE GRAND CRU SCHLOSSBERG RIESLING 2006
Blanc | 2009 à 2021 | 13,45 €   **16,5/20**
Un vin élégant au nez floral et fumé, net en bouche, avec du gras et une légère douceur. La version bouchée en capsule à vis possède plus de fraîcheur à ce stade que la version bouchée liège, qui montre un gras plus important.

ALSACE GRAND CRU SOMMERBERG RIESLING 2005
Blanc | 2009 à 2020 | 20,45 €   **15,5/20**
Un vin élégant, au nez de fruits secs et d'agrumes, sec en bouche, avec une fine salinité.

ALSACE GRAND CRU SYLVANER VIEILLES VIGNES 2007
Blanc | 2009 à 2017 | 8,95 €   **14/20**
Un vin sec de bonne concentration, salin en bouche, avec un équilibre sec marqué en finale. Un vin délicieux à table.

ALSACE GRAND CRU WINECK-SCHLOSSBERG PINOT GRIS 2005
Blanc Demi-sec | 2009 à 2015 | 23,55 €   **16/20**
Les terroirs granitiques se révèlent très bien avec le pinot gris lorsque ce dernier est récolté sans surmaturité et vinifié sec. Le nez évoque le miel, les fruits secs avec une pointe de froment. La bouche est ample et légèrement douce en attaque, puis saline, riche et d'équilibre sec, avec de la pureté.

ALTENBOURG GEWURZTRAMINER 2007
Blanc Doux | 2011 à 2022 | 15,15 €   **15,5/20**
Un vin puissant, au nez de rose et de poivre, d'équilibre quasi sec en bouche avec une belle définition. Un vin élégant qui accompagnera une cuisine épicée riche.

ALTENBOURG GEWURZTRAMINER 2006
Blanc Doux | 2009 à 2016 | 15,15 €   **15,5/20**
Un gewurztraminer pur, au nez net sur la rose et les fruits exotiques, avec une note de pierre-à-fusil, ample en bouche, avec un moelleux bien intégré. La finale est acidulée et épicée.

GEWURZTRAMINER 2007
Blanc | 2009 à 2017 | 12,75 €   **15/20**
Un vin élégant, au nez de rose et d'épices, gras en bouche avec de la profondeur. Belle réussite sur un équilibre sec.

PATERGARTEN PINOT GRIS 2006
Blanc | 2009 à 2016 | 14,15 €   **15/20**
Légèrement fumé au nez, avec une pointe noble de sous-bois parfaitement intégrée, le vin est cristallin en bouche avec une bonne définition. Un très beau pinot gris techniquement sec qui possède un gras incroyable. Une grande réussite dans le millésime.

PINOT AUXERROIS VIEILLES VIGNES 2007 ☺
Blanc | 2009 à 2015 | 12,15 €   **15/20**
De très vieilles vignes d'auxerrois ont donné un vin ample, fruité au nez avec des fruits mûrs, gras et salin en bouche avec de la pureté. Un vin délicieux qui vieillira bien.

PINOT NOIR F 2005
Rouge | 2010 à 2020 | 23,35 €   **16,5/20**
Originaire du Furstentum, le vin est mûr, avec un nez de fruits noirs et de fumée, ample en bouche avec de la profondeur et des tanins gras. Un vin puissant qui se conservera.

RIESLING 2007
Blanc | 2010 à 2015 | 10,55 €   **14/20**
Classique, net au nez avec des fleurs blanches et une pointe minérale, le vin est sec et acidulé en bouche, avec un fruité très agréable.

Rouge : 3 hectares : pinot 16%, pinot gris 15,5%, pinot noir 7%. Blanc : 33 hectares : chardonnay , chasselas ,5%, gewurztraminer 22%, muscat 3%, riesling 31%, sylvaner 5%. Production totale annuelle : 230 000 bt. Visite : Du lundi au samedi de 9 h à 12 h et de 13 h 30 à 18 h.

DOMAINE BOECKEL

2, rue de la Montagne
67140 Mittelbergheim
Tél. 03 88 08 91 02 - Fax. 03 88 08 91 88
boeckel@boeckel-alsace.com
www.boeckel-alsace.com

Thomas et Jean-Daniel Boeckel, aidés par leur père Émile, gèrent le grand domaine familial ancré sur les terroirs de Mittelbergheim. La gamme est régulière, avec des vins de cépage parfois marqués par une trop grande richesse. Après un millésime 2005 de qualité et une année 2006 bien gérée, les 2007 sont amples et puissants et les 2008, dégustés avant la mise, finement acidulés.

ALSACE GRAND CRU WIEBELSBERG RIESLING 2007
Blanc I 2011 à 2022 I 13,30 € **15,5/20**
Un vin dense d'une bonne pureté, marqué par une forte densité qui atténue à ce stade la fraîcheur traditionnelle du cru. À garder.

ALSACE GRAND CRU WIEBELSBERG RIESLING VENDANGES TARDIVES 2006
Blanc liquoreux I 2009 à 2016 I 18,90 € **16/20**
Les agrumes confits, le safran et la fumée dominent le nez de ce vin moelleux d'une grande finesse en bouche grâce à une acidité importante et à une salinité prononcée. Un vin très riche doté d'un superbe équilibre.

ALSACE GRAND CRU ZOTZENBERG GEWURZTRAMINER 2006
Blanc Demi-sec I 2009 à 2016 I 11,10 € **16/20**
Un vin élégant, marqué par les agrumes confits et les épices, salin, avec un moelleux mesuré en bouche qui laisse une place importante aux épices en finale.

ALSACE GRAND CRU ZOTZENBERG SYLVANER 2007
Blanc I 2009 à 2027 I 12,20 € **16/20**
Un vin élégant au fruité mûr, marqué par une salinité importante en bouche, avec une légère douceur fondue. Une belle réussite.

GEWURZTRAMINER VENDANGES TARDIVES 2007
Blanc liquoreux I 2010 à 2022 I 20 € **16/20**
Originaire du Zotzenberg, c'est un vin ample au caractère épicé important, moelleux et très fin en bouche avec une belle longueur.

RIESLING STEIN CLOS EUGÉNIE 2003
Blanc I 2009 à 2023 I 15 € **16/20**
Le vin est très puissant, avec un nez fumé de grande intensité, puis se montre ample avec une minéralité affirmée. Un grand vin de gastronomie à réserver aux poissons les plus riches.

Rouge : 2 hectares Blanc : 19 hectares.
Production totale annuelle : 350 000 bt.
Visite : De 9 h à 12 h et de 14 h à 17h

DOMAINE LÉON BOESCH

6, rue Saint-Blaise
68250 Westhalten
Tél. 03 89 47 01 83 - Fax. 03 89 47 64 95
domaine-boesch@wanadoo.fr

Gérard Boesch et son fils Mathieu partagent la responsabilité du domaine familial. Les vins du millésime 2007 sont nets et très francs, avec du gras et de l'ampleur, avec en particulier des rieslings récoltés tôt qui ont conservé beaucoup de vivacité. Une gamme homogène très fiable, signature des meilleurs domaines de la région.

ALSACE GRAND CRU ZINNKOEPFLÉ GEWURZTRAMINER 2007
Blanc Doux I 2010 à 2022 I 16,70 € **16/20**
Le vin est aromatique, sur les épices grillées, moelleux en bouche, avec de la fraîcheur. Un bel équilibre pour ce vin qui vieillira bien.

ALSACE GRAND CRU ZINNKOEPFLÉ GEWURZTRAMINER VENDANGES TARDIVES 2007
Blanc liquoreux I 2010 à 2022 I 33,30 € **18/20**
Un équilibre presque parfait entre le confit du nez et la minéralité de la bouche, avec une trame acide présente du début à la fin, qui apporte de la fraîcheur. Du grand zinnkoepflé et un vin de garde.

BREITENBERG GEWURZTRAMINER 2007
Blanc liquoreux I 2010 à 2017 I 12,60 € **15/20**
Un vin élégant, au nez de fleurs séchées et d'épices, délicat et légèrement moelleux en bouche, avec une acidité fine.

BREITENBERG RIESLING 2007
Blanc Demi-sec I 2010 à 2017 I 12,60 € **15/20**
Originaire d'un terroir de grès calcaire, c'est un vin aromatique parfaitement sec, qui possède de la salinité et de beaux amers en finale.

LUSS RIESLING 2007
Blanc I 2010 à 2017 I 10,80 € **14,5/20**
Un vin déjà ouvert au nez de réglisse et de fumée, élégant en bouche avec du caractère.

PINOT BLANC KLEVNER 2007
Blanc I 2010 à 2013 I 8,60 € **14,5/20**
Un vin élevé sur lies, ample et parfaitement sec en bouche, avec du gras.

SYLVANER TRADITION 2007
Blanc I 2010 à 2013 I 7,20 € **14/20**
Un vin élevé sur lies, au nez de fleurs blanches très élégant, parfaitement sec en bouche, avec une belle finale acidulée.

Rouge : 1 hectare ; pinot noir 15%. Blanc : 12 hectares ; gewurztraminer 22%, muscat d'Alsace 2%, pinot blanc 15%, riesling 21%, sylvaner 6%.
Production totale annuelle : 80 000 bt. Visite : Du lundi au samedi de 10 h à 12 h et de 14 h à 18 h 30.

DOMAINE BOTT-GEYL

1, rue du Petit-Château
68980 Beblenheim
Tél. 03 89 47 90 04 - Fax. 03 89 47 97 33
info@bott-geyl.com
www.bott-geyl.fr

Désormais converti à la viticulture biodynamique, le domaine comprend de belles parcelles sur plusieurs grands crus, Furstentum
et Schoenenbourg en tête, mais aussi sur les
moins médiatisés Mandelberg et Sonnenglanz. 2007 est très réussi, en particulier sur
les gewurztraminers, malgré la grêle qui a
anéanti la récolte de riesling mandelberg.

ALSACE GRAND CRU FURSTENTUM
GEWURZTRAMINER 2007

Blanc Doux | 2010 à 2027 | env 21 €   **18/20**
Un vin ample, au nez de fruits mûrs, profond en bouche, avec du gras et une acidité
fine qui lui apporte de la légèreté. Un équilibre tout en finesse qui s'accommodera sans
trop de garde aux mets les plus fins.

ALSACE GRAND CRU SONNENGLANZ
GEWURZTRAMINER 2007

Blanc | 2010 à 2030 | env 21 €   **19/20**
Un vin mûr au nez de pêche, élégant en
bouche avec un moelleux fondu et une longue finale sur la minéralité. Un vin exceptionnel à garder quelques années.

ALSACE GRAND CRU SONNENGLANZ GEWURZTRAMINER
SÉLECTION DE GRAINS NOBLES 2007

Blanc Liquoreux | 2013 à 2030 | env 45 € **18,5/20**
Une cuvée de concentration extrême, por-
tée par des fruits exotiques et des agrumes
confits au nez, très liquoreuse en bouche
avec une grande pureté. Un vin de grande
garde, parfait comme vin d'anniversaire pour
les enfants nés en 2007.

GENTIL D'ALSACE MÉTISS 2007   ⓤ

Blanc | 2009 à 2013 | env 6,50 €   **14/20**
Un vin d'assemblage vinifié sec, charnu en
bouche avec de la sapidité.

GEWURZTRAMINER LES ÉLÉMENTS 2007   ⓤ

Blanc Demi-sec | 2009 à 2017 | 11,50 € **15,5/20**
Un vin au nez floral marqué par une pointe
d'épices, ample en bouche avec un moelleux bien intégré, du gras et une longue
finale saline sur le litchi et le girofle. Un vin
à l'équilibre remarquable.

Rouge : 0,5 hectare ; pinot 4%. **Blanc :** 12,5 hectares ;
gewurztraminer 26%, muscat 3%, pinot blanc 17%,
pinot gris 24%, riesling 24%, sylvaner 2%.
Production totale annuelle : 85 000 bt.
Visite : Du lundi au samedi de 8 h 30 à 11 h 30
et de 14 h à 17 h 30, le samedi à partir de 9 h.
Sur rendez-vous de fin novembre à mars.

DOMAINE ALBERT BOXLER

78, rue des Trois-Épis
68230 Niedermorschwihr
Tél. 03 89 27 11 32 - Fax. 03 89 27 70 14
albert.boxler@9online.fr

Jean Boxler exploite avec talent les terroirs
granitiques autour de Niedermorschwihr.
La moitié des parcelles du domaine sont
situées sur les grands crus Sommerberg
et Brand, et permettent d'obtenir plusieurs
cuvées qui expriment les subtiles nuances
existant au sein de chaque terroir. Conséquence de l'important travail réalisé dans
les vignes entre 2004 et 2008, le très haut
niveau de toutes les cuvées est remarquable, plaçant le domaine parmi les plus
grandes maisons alsaciennes.

ALSACE GRAND CRU BRAND PINOT GRIS 2007

Blanc Demi-sec | 2010 à 2027 | 18 €   **18/20**
Originaire de parcelles sur le lieu-dit Steinglitz, c'est un vin ample et très salin, riche
au nez, sur des arômes de fruits très mûrs
et de vanille, avec une bouche moelleuse
de grande pureté.

ALSACE GRAND CRU BRAND RIESLING 2007

Blanc | 2012 à 2027 | épuisé   **18,5/20**
Assemblage des parcelles sur les lieux-dits
Steinglitz et Kirchtal, c'est un vin riche, au
nez épicé, moelleux en bouche, avec une
forte salinité qui lui donne de la longueur.
À garder pour que le moelleux se fonde.

ALSACE GRAND CRU BRAND RIESLING «K» 2007

Blanc | 2012 à 2027 | épuisé   **17,5/20**
Issu des parcelles sur le lieu-dit Kirchberg
du grand cru Brand, c'est un vin au nez floral, riche en bouche avec une pointe fumée
en finale. Encore fermé, c'est un vin qui méritera d'être conservé.

ALSACE GRAND CRU SOMMERBERG PINOT GRIS 2007

Blanc Demi-sec | 2010 à 2027 | 18 €   **16,5/20**
Le vin est très mûr, avec un nez de fruits
confits et de vanille, moelleux en bouche
avec une acidité franche et une pointe de
gaz qui lui donne de la légèreté et une finale
plus sèche.

ALSACE GRAND CRU SOMMERBERG RIESLING 2007

Blanc | 2010 à 2027 | 18 €   **18,5/20**
Un vin droit, au caractère minéral prononcé
au nez, dense et tendu par une acidité fine
en bouche. Un sommerberg très salin, sans
la surmaturité habituelle qui caractérise souvent les cuvées du domaine.

ALSACE GRAND CRU SOMMERBERG RIESLING «D» 2007

Blanc | 2012 à 2027 | 18 €   **18/20**
Issu de la parcelle sur le lieu-dit Dudenstein, le vin est très mûr, marqué par les arômes de tisane de plantes et de miel, ample en bouche avec de la profondeur, et un moelleux plus présent. Un grand vin de garde.

ALSACE GRAND CRU SOMMERBERG RIESLING SÉLECTION DE GRAINS NOBLES 2007

Blanc Liquoreux | 2012 à 2030 | 50 € les 50 cl   **19/20**
Un tri sur une partie des parcelles du Dudenstein a produit un vin liquoreux d'une grande pureté, riche en bouche avec une liqueur très fine et une acidité intense. Un concentré de Sommerberg sur une cuvée rare.

BRAND GEWURZTRAMINER VENDANGES TARDIVES 2007

Blanc liquoreux | 2010 à 2027 | 32 €   **17/20**
Un vin riche, au nez de rose et de pralin avec une pointe d'abricot sec, moelleux en bouche, avec de la pureté et une acidité franche d'une grande finesse. Longue finale.

GEWURZTRAMINER 2007

Blanc Demi-sec | 2010 à 2022 | 12 €   **16,5/20**
Assemblage de plusieurs vignes dont le Heimbourg et Pfoeller, c'est un vin au nez d'épices dominé par le poivre, moelleux en bouche, avec une acidité nette qui souligne l'onctuosité. L'ensemble est riche et profond, méritant quelques années de garde pour se fondre.

PINOT BLANC «B» 2007

Blanc | 2009 à 2017 | 11 €   **17/20**
Produit à partir de pinots blancs sur le Kirchberg, au sein du grand cru Brand, le vin est très marqué par le terroir avec un nez de fleurs blanches et de silex, puis riche et très salin en bouche avec une grande longueur. Un grand vin de terroir à la longue finale, grande réussite en 2007.

Rouge : 0,5 hectare ; pinot noir 4%.
Blanc : 12 hectares ; chasselas 1,5%, gewurztraminer 13%, muscat 2%, pinot blanc 18%, pinot gris 19,5%, riesling 38%, sylvaner 4%.
Production totale annuelle : 60 000 bt.
Visite : Du lundi au samedi de 9 h à 12 h et de 14 h à 18 h, sur rendez-vous.

DOMAINE PAUL BUECHER

15, rue Sainte-Gertrude
68920 Wettolsheim
Tél. 03 89 80 64 73 - Fax. 03 89 80 58 62
vins@paul-buecher.com
www.paul-buecher.com

Le domaine, créé par Paul Buecher en 1959, a connu une forte croissance en à peine deux générations, passant de 6 à 32 hectares, pour devenir l'un des plus grands domaines indépendants de la région. Le domaine a franchi un vrai palier qualitatif à partir du millésime 2005.

ALSACE GRAND CRU HENGST GEWURZTRAMINER 2006

Blanc Doux | 2011 à 2021 | 12,90 €   **16,5/20**
Un hengst moelleux déjà expressif au nez, avec des arômes de poivre et de fumée, ample et profond en bouche avec une minéralité présente. Un vin puissant, à conserver pour qu'il donne toute sa mesure.

ALSACE GRAND CRU HENGST GEWURZTRAMINER SÉLECTION DE GRAINS NOBLES 2005

Blanc Liquoreux | 2011 à 2025 | 37 €   **17/20**
Le caractère racé du Hengst ne se laisse pas masquer par l'équilibre liquoreux de ce vin, donnant un vin puissant, taillé pour la garde.

PINOT GRIS RÉSERVE PERSONNELLE 2007

Blanc | 2009 à 2015 | 7,80 €   **14,5/20**
Un pinot gris équilibré, au nez de froment et de poire, sec en bouche, avec une acidité digne de celle d'un riesling. Parfait à table dès maintenant.

PINOT GRIS VENDANGES TARDIVES 2005

Blanc liquoreux | 2009 à 2015 | 19 €   **15,5/20**
Une cuvée au nez confit sur la figue et le miel, moelleuse en bouche avec une acidité fine. Un vin élégant.

PINOT NOIR ROSENBERG 2006

Rouge | 2009 à 2014 | 9,80 €   **14,5/20**
Un pinot noir au fruité très net, souple en bouche, avec des tanins fins. Une belle expression d'un rouge alsacien.

RIESLING VENDANGES TARDIVES 2005

Blanc liquoreux | 2010 à 2015 | 19 €   **14,5/20**
Un vin demi-sec au nez d'agrumes confits, tendre en bouche avec une acidité fine. Conviendra à des poissons en sauce avec quelques années de garde.

Rouge : 3,66 hectares ; pinot noir 11%.
Blanc : 28,34 hectares ; chardonnay 5%, chasselas 2%, gewurztraminer 23%, muscat d'Alsace 5%, pinot blanc 11%, pinot gris 23%, riesling 17%, sylvaner 3%. **Production totale annuelle :** 250 000 bt. **Visite :** De 8 h à 12 h et de 13h à 18h.

JEAN-CLAUDE BUECHER

31, rue des Vignes
68920 Wettolsheim
Tél. 03 89 80 14 01 - Fax. 03 89 80 17 78
cremant.jcb@orange.fr

Jean-Claude Buecher a créé ce domaine exclusivement consacré à la production de crémants. Certaines cuvées millésimées sont proposées pendant de nombreuses années, avec des dégorgements successifs qui renforcent l'équilibre des vins, à l'instar de la superbe cuvée fleur-de-lys 2004, dont les derniers dégorgements de février 2009 commencent à se montrer remarquables.

CRÉMANT D'ALSACE 2007

Rosé Brut effervescent | 2009 à 2011 | NC **14,5/20**
Dégorgé en février 2009 et faiblement dosé, c'est un crémant rosé ample et vineux, avec des tanins encore présents en finale.

CRÉMANT D'ALSACE BLANC DE NOIRS CUVÉE DU TROISIÈME MILLÉNAIRE 2006

Blanc Brut effervescent | 2009 à 2012 | NC **14,5/20**
Originaire à parts égales de pinots noirs de Walbach, du Hengst et du Steingrubler, et dégorgé en février 2009, c'est un crémant ample au nez fumé, fruité en bouche avec de la vinosité. Encore jeune, c'est le digne successeur du millésime 1999, qui bénéficiera des mises successives.

CRÉMANT D'ALSACE CHARDONNAY 2006 ☺

Blanc Brut effervescent | 2009 à 2012 | NC **15,5/20**
Dégorgé en février 2009, originaire du Rotenberg, c'est un crémant vineux au nez de biscuit et de fleurs blanches, net en bouche avec une bulle fine. Un crémant parfait à table.

CRÉMANT D'ALSACE FLEUR DE LYS 2004

Blanc Brut effervescent | 2009 à 2015 | NC **15,5/20**
Originaire du Pfersigberg et dégorgé en février 2009, voilà une cuvée qui s'améliore avec le vieillissement sur latte. Le nez est floral avec une pointe de poire, la bouche est franche, finement acidulée avec une bulle très fine. Un vin élégant.

CRÉMANT D'ALSACE PARADOXE EXTRA-BRUT 2005

Blanc Brut effervescent | 2009 à 2012 | NC **15/20**
Assemblage de pinot noir et chardonnay, dégorgé en février 2009, c'est un crémant ample et très vineux qui possède de la profondeur.

Rouge : pinot noir 28%.
Blanc : chardonnay 6%, pinot blanc 50%, pinot gris 7%, riesling 9%. **Production totale annuelle :** 65 000 bt. **Visite :** De 8 h à 12h et de 14 h à 18 h.

DOMAINE ERNEST BURN

8, rue Basse
68420 Gueberschwihr
Tél. 03 89 49 20 68 - Fax. 03 89 49 28 56
contact@domaine-burn.fr
www.domaine-burn.fr

Joseph et Francis Burn gèrent le domaine familial, qui comprend pour moitié une grande parcelle sur le grand cru Goldert : le Clos Saint-Imer. Les autres parcelles sur le grand cru Goldert complètent la gamme des vins de cépage. Il faudra se précipiter sur les vins les plus secs du millésime 2005 ou attendre les très bons 2007 à venir, car 2006 n'a quasiment produit que des vins moelleux.

ALSACE GRAND CRU GOLDERT CLOS SAINT-IMER GEWURZTRAMINER LA CHAPELLE 2005

Blanc Doux | 2009 à 2020 | 17 € **17/20**
Une cuvée riche, au nez de fleur d'oranger et de pralin, avec une note beurrée. La bouche est ample, nette, avec un moelleux fondu et une finale épicée.

ALSACE GRAND CRU GOLDERT CLOS SAINT-IMER GEWURZTRAMINER VENDANGES TARDIVES 2004

Blanc liquoreux | 2009 à 2024 | 27,50 € **17/20**
Un vin profond au nez de fruits exotiques, ample en bouche, avec un moelleux fondu qui laisse une longue finale épicée. Le vin arrive à maturité avec un équilibre magnifique.

ALSACE GRAND CRU GOLDERT CLOS SAINT-IMER MUSCAT LA CHAPELLE 2005

Blanc Demi-sec | 2009 à 2020 | 17 € **16,5/20**
Un vin de terroir, au nez très précis de fleur de sureau et de raisin frais, ample en bouche avec de la profondeur et une finale aromatique très longue. Un vin de grande garde.

ALSACE GRAND CRU GOLDERT CLOS SAINT-IMER PINOT GRIS LA CHAPELLE 2005

Blanc Doux | 2009 à 2020 | 17 € **15,5/20**
Un vin riche aux arômes d'agrumes et de miel, élégant en bouche avec un moelleux présent. Un style riche qui conserve une belle minéralité.

SYLVANER 2004

Blanc Demi-sec | 2009 à 2014 | 6,60 € **14/20**
Un sylvaner mûr, au nez de fleurs jaunes, riche en bouche avec un moelleux fondu qui conserve de l'ampleur. Un vin à maturité, ne pas se presser pour le boire.

Rouge : 0,5 hectare ; pinot gris 20%, pinot noir 5%.
Blanc : 9,5 hectares ; gewurztraminer 30%, muscat 20%, pinot blanc 10%, riesling 15%, sylvaner 5%.
Production totale annuelle : 50 000 bt.
Visite : Du lundi au samedi de 8 h 30 à 11 h et de 13 h 30 à 18 h, le dimanche de 15 h à 18 h sur rendez-vous.

DOMAINE AGATHE BURSIN

11, rue de Soultzmatt
68250 Westhalten
Tél. 03 89 47 04 15 - Fax. 03 89 47 04 15
agathe.bursin@wanadoo.fr

Agathe Bursin est revenue à Westhalten après ses études d'œnologie, et a produit ses premiers vins dès l'année 2000. Depuis 2004, les millésimes sont très homogènes et de grande qualité, et les 2008 goûtés avant mise offrent une pureté et un toucher de bouche remarquables. L'évolution concerne le nom des vins, qui reprend désormais en plus du cépage le terroir d'origine.

ALSACE GRAND CRU ZINNKOEPFLÉ GEWURZTRAMINER 2008

Blanc Doux | 2010 à 2028 | 14,50 €   **17/20**

Un vin ample et onctueux, d'une grande pureté, dense et soyeux en bouche, avec une longue finale.

ALSACE GRAND CRU ZINNKOEPFLÉ RIESLING 2008

Blanc | 2010 à 2018 | 14,50 €   **16/20**

Un vin ample, au nez d'ananas frais, sec en bouche avec de la minéralité et de la chair. Très prometteur mais encore dans les limbes.

BOLLENBERG MUSCAT 2008

Blanc | 2009 à 2018 | 11,20 €   **15,5/20**

Un muscat aromatique au nez de fleur de sureau, sec, profond en bouche. La pureté de l'équilibre et la finesse de l'acidité en font un vin gourmand, de l'apéritif à la fin du repas.

L'AS DE B 2008

Blanc Demi-sec | 2009 à 2018 | 6,30 €   **15/20**

Issu d'une vieille vigne complantée des six cépages blancs dans le Bollenberg, c'est un vin ample et profond doté d'une belle salinité. La finale possède une légère douceur.

PARAD'AUX 2007

Blanc | 2009 à 2017 | 7,10 €   **15/20**

Une nouvelle cuvée de pinot auxerrois issu du Bollenberg, au nez de fleurs et de froment, dense en bouche avec du gras. Un vin sec, parfait à table.

SYLVANER ÉMINENCE 2008

Blanc | 2011 à 2018 | 9,60 €   **15/20**

Originaire du Zinnkoepflé, le vin est ouvert au nez, avec une bouche saline légèrement douce, rehaussée par une acidité fine. Un vin très pur, à garder quelques années.

Rouge : 0,25 hectare ; pinot noir 100%.
Blanc : 3,6 hectares ; gewurztraminer 28%, muscat 2%, pinot blanc auxerrois 13%, riesling 20%, sylvaner 26%. Production totale annuelle : 20 000 bt.
Visite : Sur rendez-vous.

DOMAINE MARCEL DEISS

15, route du Vin
68750 Bergheim
Tél. 03 89 73 63 37 - Fax. 03 89 73 32 67
marceldeiss@marceldeiss.fr
www.marceldeiss.com

Jean-Michel Deiss fait partie de ces vignerons qui ne se contentent pas de faire de grands vins, mais bousculent l'histoire et créent de nouveaux usages. Dans une Alsace où la religion dominante est l'expression du fruité caractéristique de cépages qui lui sont propres (riesling, gewurztraminer, muscat) ou qu'elle partage avec la Bourgogne, il a cherché par tous les moyens à exalter le caractère des beaux terroirs du secteur privilégié de Bergheim, en revenant à une vieille tradition où plusieurs cépages étaient plantés côte à côte. Après quelques années de mise en place des différentes cuvées issues de complantation, le millésime 2005 révèle, comme jamais auparavant, l'incroyable diversité de la mosaïque de terroirs sur le champ de fracture de Ribeauvillé. La petite récolte 2006 aura disparu rapidement, et les 2007 aujourd'hui en vente sont puissants, concentrés et de grande garde, le botrytis moins présent qu'en 2005, rendant les vins plus fermés jeunes.

ALSACE 2007

Blanc | 2009 à 2015 | NC   **15/20**

Un assemblage mûr et dense qui possède du gras, parfait équilibre aromatique et sec. Belle réussite.

ALSACE GRAND CRU ALTENBERG DE BERGHEIM 2007

Blanc liquoreux | 2015 à 2027 | 56 €   **19/20**

Récolté avec une forte surmaturité, le vin est ouvert, au nez d'agrumes confits et d'épices, ample et salin en bouche, avec de la puissance.

ALSACE GRAND CRU ALTENBERG DE BERGHEIM 2006

Blanc liquoreux | 2012 à 2026 | 56 €   **19/20**

La puissance du terroir se satisfait souvent des millésimes difficiles, et c'est encore le cas avec ce 2006 très mûr au nez, puis ample, profond et très minéral en bouche, avec une très longue finale. Le vin possède l'équilibre d'un vin surmûri porté par une forte salinité qui lui donnera un style demi-sec après plusieurs années de garde.

ALSACE GRAND CRU SCHOENENBOURG 2007

Blanc liquoreux | 2012 à 2027 | 58 €   **19,5/20**

Un vin très concentré au charme fou, riche et complètement fondu en bouche, avec une minéralité intense et une très grande pureté. La finale est d'une grande longueur. C'est la réussite du millésime au domaine, avec une facilité remarquable à le déguster jeune.

BURG 2007
Blanc | 2011 à 2027 | 36 €   **18/20**
Un vin de forte densité, marqué par une minéralité intense et une acidité très fine, élégant en bouche avec un fruité mesuré.

BURLENBERG 2006
Rouge | 2010 à 2021 | 30 €   **17,5/20**
Complantation de pinot noir et pinot beurrot, le vin est très puissant avec un nez épicé sur le poivre et le paprika qui laisse place à une bouche dense, aux tanins riches et gras qui laissent un velouté dense en bouche. C'est un vin riche de grande concentration et de grande garde.

BURLENBERG 2005
Rouge | 2012 à 2025 | 30 €   **17/20**
Complantation de pinot noir et pinot beurrot, c'est un vin encore marqué par l'élevage en barriques au nez, riche et de grande concentration en bouche, avec des tanins fins très puissants. Doté d'un bon potentiel de garde, c'est un grand rouge de terroir alsacien à encaver.

GEWURZTRAMINER 2007
Blanc | 2009 à 2017 | 23 €   **16/20**
Un vin élégant, au nez de rose ancienne et de poivre, dense en bouche avec de la tendresse et une acidité fine élégante.

GEWURZTRAMINER QUINTESSENCE SÉLECTION DE GRAINS NOBLES 2007
Blanc Liquoreux | 2009 à 2027 | 76 €   **19/20**
Produit à partir d'un tri très sévère, c'est un vin très concentré, auquel l'amertume et l'acidité apportent une grande complexité. Un vin riche qui conserve une élégance rare.

GEWURZTRAMINER VENDANGES TARDIVES 2007
Blanc liquoreux | 2011 à 2027 | 35 €   **17/20**
Un vin épicé qui possède de la fraîcheur, ample et salin en bouche avec un moelleux fondu. Un vin élégant, à la finale longue, sur le cumin.

GRASBERG 2007
Blanc | 2012 à 2022 | 36 €   **17/20**
Le vin est pur et très aromatique, délicat en bouche et porté par une salinité très rafraîchissante. Un vin élégant, immédiatement plaisant, doté d'une longue finale. Un vin à garder.

GRUENSPIEL 2007
Blanc | 2011 à 2027 | 32 €   **18/20**
Produit sur un terroir de marnes du Keuper, le vin est ample, très concentré, avec une acidité fraîche qui reste délicate, long en bouche avec une longue finale de grande pureté. À garder.

HUEBUHL 2007
Blanc Doux | 2012 à 2027 | 32 €   **19/20**
Un vin à l'équilibre moelleux, au fumé important au nez, gras en bouche avec une acidité fine qui révèle une forte salinité. Le vin est d'une grande pureté.

LANGENBERG 2007
Blanc | 2011 à 2022 | 24 €   **16,5/20**
Issu du coteau granitique du Langenberg, c'est un vin ample, marqué par une forte concentration, très salin en bouche avec une acidité verticale qui lui apporte de la longueur. À garder quelques années pour qu'il gagne en fondu.

MUSCAT BERGHEIM 2007
Blanc | 2009 à 2015 | 17 €   **15,5/20**
Sec et aromatique, avec le croquant du muscat d'Alsace, c'est un vin ample qui possède du peps.

PINOT GRIS 2007
Blanc | 2009 à 2017 | 20 €   **15/20**
Élevé en barriques, c'est un vin au nez de vanille, gras et dense en bouche avec un léger moelleux. Un vin ample, parfait à table.

RIESLING 2007
Blanc | 2009 à 2017 | 20 €   **15/20**
Un vin mûr, à l'acidité nette, ample en bouche avec du gras et une longue finale. Un vin désaltérant comme devrait l'être tout riesling.

ROTENBERG 2007
Blanc | 2011 à 2027 | 32 €   **17,5/20**
Un vin riche de grande concentration, fortement minéral en bouche, avec une légère douceur vanillée et des tanins fins en finale. Un grand vin de terroir charpenté, de grande garde. À boire comme un rouge sur des mets riches.

ROUGE DE SAINT-HIPPOLYTE 2007
Rouge | 2009 à 2017 | 17 €   **15/20**
Récolté sur le coteau du Langenberg, c'est un vin qui a pris du caractère, épicé poivré au nez, net en bouche avec une acidité fine. Le caractère des granits de Saint-Hippolyte se montre très présent.

SCHOFFWEG 2007
Blanc | 2012 à 2027 | 35 €   **18/20**
Issu d'un terroir de calcaire de l'alanéen, le vin est très dense, sec techniquement, avec une forte salinité et du gras. La finale est portée par des tanins soyeux. Un grand vin de terroir, à garder.

Rouge : 2 hectares. Blanc : 25 hectares.
Production totale annuelle : 135 000 bt.
Visite : De 8 h à 12 h et de 14h à 18H.

DOMAINE DIRLER-CADÉ

13, rue d'Issenheim
68500 Bergholtz
Tél. 03 89 76 91 00 - Fax. 03 89 76 85 97
dirler-cade@terre-net.fr
www.dirler-cade.com

Les quatre grands crus de Bergholtz et Guebwiller sont un bon point de départ pour comprendre la gamme, avec plusieurs cuvées disponibles qui permettent de repérer les couples cépage-terroir les plus intéressants, car la multiplication des cuvées nuit à la lisibilité de la production du domaine. Le millésime 2007 se présente sous deux facettes, le domaine ayant effectué des vendanges en septembre et en octobre. La gamme se montre du coup très hétérogène, tant dans les styles que dans la qualité.

ALSACE GRAND CRU KESSLER GEWURZTRAMINER 2007
Blanc Doux | 2010 à 2027 | NC   **17/20**
Assemblage parfait du terroir gréseux avec le gewurztraminer, le vin possède un équilibre élancé marqué par les fruits exotiques au nez, élégant et minéral en bouche, avec de la richesse et une acidité fine qui porte l'équilibre vers des sommets très aériens. Une grande réussite.

ALSACE GRAND CRU KESSLER GEWURZTRAMINER VENDANGES TARDIVES 2007
Blanc liquoreux | 2012 à 2027 | NC   **16/20**
Récolté deux semaines après la cuvée normale, le vin est riche, moelleux en bouche, avec de l'élégance apportée par une acidité fine. Une cuvée à garder.

ALSACE GRAND CRU KESSLER RIESLING 2007
Blanc | 2010 à 2022 | NC   **16/20**
Heisse Wanne à part, le Kessler a été récolté tardivement, donnant une cuvée ample et fine avec du gras, élégante en bouche avec une légère douceur. Un vin élégant.

ALSACE GRAND CRU KESSLER RIESLING HEISSE WANNE 2007
Blanc | 2010 à 2022 | NC   **16,5/20**
Un vin élégant, marqué par une salinité, élégant en bouche avec du gras et de la finesse. La fin de bouche est plus sèche. Un vin à garder.

ALSACE GRAND CRU KESSLER RIESLING SÉLECTION DE GRAINS NOBLES 2007
Blanc Liquoreux | 2010 à 2022 | NC   **17/20**
Première sélection de grains nobles de riesling réalisée au domaine, le vin est très riche au nez, avec des notes d'agrumes confits et de mandarine, fin en bouche avec un moelleux fondu et une acidité très fine qui lui donne de l'élégance. Déjà séduisant jeune, il se conservera bien.

ALSACE GRAND CRU KITTERLÉ GEWURZTRAMINER 2007
Blanc liquoreux | 2009 à 2022 | NC   **16,5/20**
Un vin racé, au nez fumé et épicé, moelleux en bouche avec une acidité nette qui lui donne de la tension. Un vin de gastronomie qui vieillira bien.

ALSACE GRAND CRU SAERING GEWURZTRAMINER VENDANGES TARDIVES 2007
Blanc liquoreux | 2009 à 2022 | NC   **16/20**
Un vin élégant, au nez de rose avec une pointe d'agrumes, riche en bouche avec un moelleux fondu. La finale est longue avec l'amertume. Un équilibre marqué par le terroir.

ALSACE GRAND CRU SAERING RIESLING 2007
Blanc | 2010 à 2022 | NC   **16/20**
Le Saering donne souvent des vins fins, marqués par une acidité élégante. En 2007, l'équilibre est superbe de fraîcheur avec une belle maturité.

ALSACE GRAND CRU SPIEGEL GEWURZTRAMINER SÉLECTION DE GRAINS NOBLES 2007
Blanc Liquoreux | 2010 à 2027 | NC   **18/20**
Un tri sur le Spiegel a produit une cuvée riche, au nez de pralin, de fruits confits et de miel, liquoreuse en bouche, avec un caractère confit important qui n'écrase pas l'élégance de la texture. Un grand vin bien né qui rappelle le millésime 1994.

ALSACE GRAND CRU SPIEGEL MUSCAT 2007
Blanc | 2009 à 2022 | NC   **16/20**
Un vin parfumé très élégant, sec et très pur en bouche, avec une fine minéralité qui lui apporte un toucher de bouche tendre. Un grand vin de terroir.

PINOT GRIS BUX VENDANGES TARDIVES 2007
Blanc liquoreux | 2009 à 2017 | NC   **15/20**
Un vin moelleux et acidulé, marqué par l'abricot au nez, élégant en bouche avec un équilibre frais qui le rend agréable dès à présent.

PINOT VIEILLES VIGNES 2007   ⓜ
Blanc | 2009 à 2017 | NC   **15/20**
Une cuvée de pinot blanc très élégante, ample en bouche, avec du gras et de la sapidité.

SCHIMBERG PINOT GRIS 2007   ⓜ
Blanc | 2009 à 2013 | 12,20 €   **15/20**
Un vin sec élevé en foudres, aux arômes de froment et de fleurs, élégant en bouche avec une fine salinité. Un vin parfait à table.

Rouge : 1.44 hectare ; pinot noir 9%.
Blanc : 15,12 hectares ; autres 18%, auxerrois 9%, chasselas 1%, gewurztraminer 22%, muscat Ottonel 6%, pinot blanc 2%, riesling 27%, sylvaner 7%. **Production totale annuelle :** 100 000 bt.
Visite : De 8 h à 12 h et de 13 h30 à 18 h.

DOPFF ET IRION

1, cour du Château
68340 Riquewihr
Tél. 03 89 49 08 98 - Fax. 03 89 47 98 90
post@dopff-irion.com
www.dopff-irion.com

Dans cette maison de négoce historique de Riquewihr, passée sous le contrôle de la Cave de Pfaffenheim depuis plus de dix ans, les vins issus des vignes du domaine sont complétés par des achats de raisin. L'ensemble de la gamme produit des vins d'équilibre sec, marqués par la race de leurs terroirs d'origine, plus faciles à boire jeunes que par le passé. La gamme 2007 est très réussie, avec des équilibres gras qui ont produit des vins agréables à boire, même jeunes.

ALSACE GRAND CRU SCHOENENBOURG RIESLING 2007
Blanc | 2010 à 2027 | NC   **16,5/20**
Un schoenenbourg parfumé, très minéral au nez comme en bouche, avec une belle précision. Un style riche toutefois facile à boire, qui vieillira bien.

ALSACE GRAND CRU VORBOURG GEWURZTRAMINER 2007
Blanc Demi-sec | 2010 à 2027 | NC   **16,5/20**
Le nez floral et miellé laisse place à une bouche ample, dense et finement épicée avec une longue finale saline.

ALSACE GRAND CRU VORBOURG PINOT GRIS 2007 ☺
Blanc Demi-sec | 2009 à 2017 | NC   **17/20**
Un pinot gris d'équilibre demi-sec, qui possède un nez de fruits compotés et de vanille, minéral en bouche avec une finale très nette. Un vin profond, qui conviendra parfaitement à la table après quelques années de garde.

PINOT NOIR RÉSERVE PARTICULIÈRE 2006
Rouge | 2009 à 2016 | NC   **15/20**
Un rouge de robe claire, parfumé sur des fruits mûrs au nez, tendre et très pur en bouche, avec de la profondeur et de la chair. Une belle vinification et un bel élevage pour ce rouge.

RIESLING LES MURAILLES 2007
Blanc | 2010 à 2022 | NC   **15/20**
Produit à partir des vignes du domaine dont une partie sur le Schoenenbourg, le vin est fruité au nez, dense en bouche avec un léger moelleux qui équilibre à ce stade l'acidité importante propre au millésime. Un vin de garde déjà accessible jeune.

Rouge : 1 hectare ; pinot 100%. Blanc : 26 hectares : gewurztraminer 42%, muscat 3%, pinot 3%, pinot gris 16%, riesling 36%. Production totale annuelle : 1 930 000 bt. Visite : Tous les jours de 10 h à 18 h, sur rendez-vous pour les visites guidées. Cave fermée pendant certaines périodes hivernales.

RENÉ ET VINCENT FLEITH-ESCHARD

8, lieu-dit Lange Matten
68040 Ingersheim
Tél. 03 89 27 24 19 - Fax. 03 89 27 56 79
vins.fleith@free.fr
www.vins.fleith.over-blog.com

Situé en majorité sur la commune d'Ingersheim, le vignoble comprend une partie sur le sol alluvial en bordure de la rivière Fecht, mais également quelques parcelles cadastrées : le Steinweg près de la rivière, le Dorfbourg derrière le grand cru Florimont, le Letzenberg au-dessus d'Ingersheim à l'est du Brand, et un peu de grand cru Furstentum.

ALSACE GRAND CRU FURSTENTUM PINOT GRIS 2005
Blanc Demi-sec | 2010 à 2020 | 17,40 €   **16/20**
Un vin ample, au nez de froment avec une pointe fumée, minéral en bouche avec de la profondeur et une légère douceur.

GEWURZTRAMINER VENDANGES TARDIVES 2005
Blanc liquoreux | 2009 à 2020 | 26,10 € **16,5/20**
Un vin onctueux, au nez de miel et de pralin, ample et velouté en bouche, avec un moelleux fondu. La finale est longue sur les épices, le miel avec de la vanille. Délicieux maintenant mais se gardera longtemps.

PINOT NOIR «F» 2005
Rouge | 2010 à 2020 | 19,60 €   **16/20**
Originaire du Furstentum et élevé deux ans en barriques, le vin est ample et profond avec un nez complexe mêlant fruits noirs et fumée, et une bouche dense aux tanins gras et soyeux. Une grande réussite alsacienne.

STEINWEG GEWURZTRAMINER 2007
Blanc Doux | 2010 à 2017 | 10,10 €   **14,5/20**
Un vin mûr et moelleux, à l'acidité très présente, évoluant sur un équilibre de fruits exotiques et d'épices. Ne pas hésiter à le garder.

STEINWEG PINOT GRIS 2006
Blanc | 2009 à 2014 | 9 €   **14,5/20**
Un pinot gris d'équilibre sec, au nez de coing et de froment, ample en bouche avec du gras. Un vin parfait à table dans un style qui gagnerait à se généraliser en Alsace.

STEINWEG RIESLING 2006
Blanc | 2009 à 2014 | 7,70 €   **15/20**
Un riesling droit et sec, doté d'une acidité mûre remarquable, qui ajoute à la longueur d'une finale aux arômes de pamplemousse. Un vin minéral qui se boit bien.

Rouge : 1.35 hectare ; pinot noir 14%. Blanc : 7.85 hectares ; 4%, gewurztraminer 15%, pinot blanc 20%, pinot gris 17%, riesling 28%, sylvaner 2%. Production totale annuelle : 60 000 bt. Visite : De 9 h à 12 h et de 14 h à 18 h.

DOMAINE PIERRE FRICK

5, rue de Baer
68250 Pfaffenheim
Tél. 03 89 49 62 99 - Fax. 03 89 49 73 78
contact@pierrefrick.com
www.pierrefrick.com

Jean-Pierre et Chantal Frick sont des vigne-rons engagés depuis plus de vingt-cinq ans dans la biodynamie, avec ce caractère for-tement militant mais aussi cette sagesse qui rend chaque rencontre passionnante. Disposant d'un beau patrimoine de par-celles sur le coteau argilo-calcaire au-des-sus de Rouffach, le domaine est armé pour produire des vins amples et profonds.

ALSACE GRAND CRU VORBOURG PINOT GRIS 2007
Blanc Doux | 2011 à 2022 | 12,30 €   **16,5/20**
Un vin onctueux qui possède un nez de fruits mûrs et de noisette, puisant et très salin en bouche avec un moelleux fondu.

ALSACE GRAND CRU VORBOURG RIESLING 2006
Blanc | 2010 à 2021 | 12,30 €   **16/20**
Un riesling au nez de pierre et de fumée, dense en bouche, avec une évolution très minérale. Un vin de garde.

BERGWEINGARTEN SYLVANER 2005   ☺
Blanc Demi-sec | 2009 à 2015 | 9,50 €   **15/20**
Un sylvaner récolté mûr, qui possède un nez de noisette et de fruits à chair blanche, ample et gras en bouche avec un équilibre sec. Un style magnifique qui évoque un pinot gris élevé longuement sur ses lies.

CRÉMANT D'ALSACE EXTRA-BRUT 2004
Blanc Brut effervescent | 2009 à 2011 | 7,90 €   **15/20**
Produit à partir de riesling et pinot blanc, et non dosé, c'est un crémant frais à la bulle fine, dense avec une mousse compacte en bouche. Il accompagnera tout un repas.

RIESLING CUVÉE PRÉCIEUSE 2006   ☺
Blanc | 2009 à 2016 | 11,40 €   **15,5/20**
Le nez de fruits compotés possède une grande pureté, la bouche est sèche, saline avec de la chair et une belle fraîcheur apportée par le ter-roir calcaire. Un vin de terroir superbe de pré-cision, avec une acidité de grande qualité.

ROTMURLÉ GEWURZTRAMINER 2006
Blanc | 2009 à 2016 | 10,50 €   **15/20**
Un gewurztraminer complètement sec, flo-ral et épicé au nez, ample et frais en bouche avec finale fruitée très saline. Un vin excel-lent sur une cuisine épicée.

Rouge : 2 hectares ; pinot noir 16%. Blanc : 10 hectares ; chasselas 3%, gewurztraminer 23%, muscat d'Alsace 4%, pinot blanc 12%, pinot gris 11%, riesling 21%, sylvaner 10%. Production totale annuelle : 80 000 bt.
Visite : De 8 h 30 à 12 h et de 13 h 30 à 18 h.

PAUL GASCHY

16, Grand'Rue
68420 Eguisheim
Tél. 03 89 41 67 34 - Fax. 03 89 24 33 12
info@vins-paul-gaschy.fr
www.vins-paul-gaschy.fr

Bernard Gaschy est désormais épaulé par son fils Hervé, qui suit les vinifications depuis 2000. Et le domaine continue son évolution tant dans les vignes, avec le labour des sols, qu'en cave, avec des éle-vages sur lies adaptés aux terroirs calcaires autour d'Eguisheim. La nouvelle cuverie installée en 2003 et le pressurage pneuma-tique depuis 1999 permettent de produire des vins nets de grande pureté. 2005 marque un tournant dans la concentration et l'équilibre des vins et, si la qualité pro-gresse rapidement, les prix restent encore très modérés. Les premiers 2007 présentés nous ont semblé plus légers que les 2005.

ALSACE GRAND CRU PFERSIGBERG
GEWURZTRAMINER 2007
Blanc Doux | 2009 à 2017 | NC   **14/20**
Un vin élégant, au nez fruité, mûr en bouche, avec une acidité fine. Le vin manque toute-fois de structure et de concentration pour être un grand pfersigberg.

CRÉMANT D'ALSACE EXTRA-BRUT   ☺
Blanc Brut effervescent | 2009 à 2012 | NC   **15,5/20**
Originaire du millésime 2005 et non dosé, c'est un magnifique crémant au nez de fruits secs et de fleurs, dense en bouche avec une mousse compacte, qui termine sur une lon-gue finale.

FROHNENBERG GEWURZTRAMINER
VIEILLES VIGNES 2005
Blanc Doux | 2009 à 2015 | NC   **15/20**
Un vin doux très élégant, au nez de rose et de pralin, tendre en bouche, avec un moel-leux aérien qui lui donne de la souplesse.

PINOT GRIS VENDANGES TARDIVES 2007
Blanc liquoreux | 2009 à 2015 | NC   **14/20**
Un vin moelleux au nez confit, pur en bouche avec une finale fruitée.

Rouge : 0,92 hectare ; pinot gris 17%, pinot noir 11%. Blanc : 7,23 hectares ; 5%, auxerrois 26%, chardonnay 3%, chasselas 4%. riesling 18%, riesling 18%, riesling 18%, sylvaner 2%. Production totale annuelle : 55 000 bt. Visite : Sur rendez-vous.

DOMAINE PAUL GINGLINGER

8, place Charles-de-Gaulle
68420 Eguisheim
Tél. 03 89 41 44 25 - Fax. 03 89 24 94 88
info@paul-ginglinger.fr
www.paul-ginglinger.fr

Diplômé d'œnologie, avec une expérience formatrice à l'étranger, Michel Ginglinger met en avant la typicité des terroirs calcaires autour d'Eguisheim, recherchant l'expression la plus juste des vins, c'est-à-dire droite et équilibrée. Après avoir parfaitement géré le millésime 2006, le domaine offre des 2007 amples et droits avec du gras, mais présentant de-ci de-là des sucres résiduels qui devront se fondre avec le temps.

ALSACE GRAND CRU EICHBERG GEWURZTRAMINER 2007
Blanc Doux | 2012 à 2027 | env 13 € **16,5/20**
Un vin élégant, au nez très mûr, moelleux en bouche avec une grande finesse, et la suavité typique apportée par les argiles du terroir.

ALSACE GRAND CRU EICHBERG PINOT GRIS 2007
Blanc Demi-sec | 2012 à 2027 | 12,50 € **16/20**
Un pinot gris ample, au nez de fruits compotés, moelleux et salin en bouche, avec une acidité fine qui allonge la finale.

ALSACE GRAND CRU EICHBERG RIESLING 2007
Blanc | 2011 à 2027 | 13 € **17/20**
Un vin récolté très mûr, au nez fumé et déjà minéral, avec une pointe de zeste d'agrume, qui se goûte presque sec en bouche avec la densité et la finesse propres à l'Eichberg.

ALSACE GRAND CRU PFERSIGBERG GEWURZTRAMINER 2007
Blanc Doux | 2011 à 2027 | env 13 € **17/20**
Un vin complet, au nez déjà ouvert sur les fruits mûrs, le pralin et le miel avec une note de poivre, moelleux et profond en bouche, avec une acidité fine qui apporte de la fraîcheur à l'équilibre. Longue finale épicée.

ALSACE GRAND CRU PFERSIGBERG RIESLING 2007
Blanc | 2012 à 2027 | 12,50 € **17/20**
Un pfersigberg encore discret au nez, droit, tendu en bouche, avec l'acidité fine très présente, typique du cru.

ALSACE GRAND CRU PFERSIGBERG RIESLING CUVÉE 42H 2007
Blanc | 2012 à 2027 | 12,50 € **16/20**
Une cuvée récoltée très mûre, sur une parcelle séparée du cru, ample et saline en bouche, avec une douceur encore perceptible, à garder.

CLEVNER 2007
Blanc | 2009 à 2013 | 6 € **14/20**
Une cuvée d'auxerrois parfumée, fruitée en bouche avec une légère rondeur en finale. À boire frais.

GEWURZTRAMINER WAHLENBOURG 2007
Blanc | 2009 à 2022 | 8,50 € **15,5/20**
Un vin fruité, au nez élégant de fruits mûrs et d'épices, ample et légèrement moelleux en bouche avec une belle salinité.

MUSCAT CUVÉE CAROLINE 2007
Blanc | 2009 à 2013 | 8 € **14,5/20**
Un muscat sec au nez floral intense, croquant en bouche avec une belle fraîcheur.

PINOT GRIS CUVÉE DES PRÉLATS 2007
Blanc Demi-sec | 2010 à 2017 | 8 € **14,5/20**
Un pinot gris mûr et élégant, qui possède de la rondeur, à garder quelques années pour que le moelleux se fonde.

PINOT NOIR 2007 ☺
Rouge | 2010 à 2017 | 8 € **15/20**
Un pinot noir mûr, au nez de petits fruits, très pur et dense en bouche, avec une acidité fine et des tanins parfaitement intégrés. Un joli dessin pour un vin parfaitement élevé, dans un style très alsacien.

RIESLING DREI EXA 2007
Blanc | 2009 à 2017 | 8 € **15/20**
Un riesling sec marqué par les agrumes au nez, frais en bouche avec du gras et de la densité. Un riesling produit sur les terrains argilo-calcaire au-dessus d'Eguisheim, déjà ouvert.

SYLVANER 2007 ☺
Blanc | 2009 à 2013 | 6 € **14/20**
Un vin parfumé et élégant, salin en bouche, avec de la fraîcheur. Délicieux à boire dès à présent.

Rouge : 1 hectare ; pinot gris 15,7%, pinot noir 8%, pinot noir 8%. Blanc : 11 hectares ; chardonnay 12,4%, chasselas , gewurztraminer 19,1%, muscat 4,5%, pinot blanc 20,9%, riesling 17%. Production totale annuelle : 80 000 bt. Visite : Du lundi au vendredi de 8 h à 11 h 30 et de 13 h 30 à 18 h 30. Samedi et dimanche matin sur rendez-vous.

DOMAINE GINGLINGER-FIX

38, rue Roger Frémeaux
68420 Voegtlinshoffen
Tél. 03 89 49 30 75 - Fax. 03 89 49 29 98
info@ginglinger-fix.fr
www.ginglinger-fix.fr

Après son diplôme d'œnologue et plusieurs stages à l'étranger, Éliane Ginglinger a rejoint le domaine familial à la fin des années 1990 et s'occupe plus particulièrement des vinifications. Le millésime 2006 a bien entendu été géré avec brio, il est suivi par un grand millésime 2007 avec des vins de garde. Profitez des prix sages et ne tardez pas pour acheter quelques rares grands-crus.

ALSACE GRAND CRU GOLDERT RIESLING 2007
Blanc I 2010 à 2022 I NC   **16/20**
Un vin très frais au nez de pamplemousse, salin en bouche avec une belle définition. Grande réussite, et de grande garde.

BILDSTOECKLÉ GEWURZTRAMINER 2007
Blanc Doux I 2010 à 2022 I NC   **16/20**
Un vin savoureux, au nez de rose et de pralin, ample et moelleux en bouche, avec une bonne pureté. Un vin délicieux à boire jeune sur un dessert aux fruits, ou à garder pour le mettre en milieu de repas sur une cuisine épicée.

CRÉMANT D'ALSACE
Blanc Brut effervescent I 2009 à 2010 I NC **14/20**
Assemblage de chardonnay, pinot gris et pinot noir sur le millésime 2006, c'est un crémant à la bulle fine, élégant au nez et tendre en bouche, avec du fruit en finale.

GEWURZTRAMINER VENDANGES TARDIVES 2006
Blanc liquoreux I 2009 à 2016 I NC   **14,5/20**
Un vin au nez net d'écorce d'agrumes, moelleux en bouche, avec une légère évolution. À boire.

MUSCAT 2007
Blanc I 2009 à 2013 I NC   **13/20**
Un muscat aromatique, au nez de fleur de sureau, léger et sec en bouche, avec du gras. Un peu plus d'ampleur aurait rendu le vin plus éclatant.

PINOT GRIS 2007
Blanc Demi-sec I 2009 à 2017 I NC   **14,5/20**
Un vin à l'équilibre demi-sec, marqué par les fruits compotés au nez, net en bouche avec de la profondeur.

Rouge : 1,1 hectare ; pinot noir 14%.
Blanc : 6.4 hectares ; 15%, gewurztraminer 24%, muscat d'Alsace 7%, pinot gris 18%, riesling 13%.
Production totale annuelle : 70 000 bt.
Visite : Du lundi au vendredi de 8 h à 11 h 30 et de 13 h 30 à 18 h 30. Samedi et dimanche matin sur rendez-vous.

DOMAINE RÉMY GRESSER

2, rue de l'École
67140 Andlau
Tél. 03 88 08 95 88 - Fax. 03 88 08 55 99
domaine@gresser.fr
www.gresser.fr

Installé à Andlau sur une grande variété de terroirs autour du village, Rémy Gresser exploite des vignes sur les trois grands crus d'Andlau, exclusivement plantées de riesling. Après un millésime 2006 très réussi, 2007 est homogène avec des cuvées amples au fruité généreux, bien structurées autour d'acidités mûres. Le domaine propose également quelques vieux millésimes à la vente au caveau.

ALSACE GRAND CRU KASTELBERG RIESLING 2005
Blanc I 2009 à 2020 I 18 €   **15,5/20**
Un vin ample, au nez épicé, riche en bouche, avec du caractère et une finale sur l'écorce d'orange.

ALSACE GRAND CRU MOENCHBERG RIESLING 2005
Blanc Demi-sec I 2009 à 2020 I 14 €   **16,5/20**
Un vin très mûr, au nez de fruits confits et de fumée, ample en bouche, avec un moelleux qui commence à se fondre. À garder.

ALSACE GRAND CRU WIEBELSBERG RIESLING 2005
Blanc I 2009 à 2020 I 14 €   **16/20**
Un vin ouvert, marqué par le pamplemousse au nez, avec une note fumée, sec en bouche, avec une finale épicée. Un vin de gastronomie fine qui vieillira bien.

ANDLAU RIESLING 2007
Blanc I 2009 à 2017 I 7 €   **15/20**
Un riesling sec, qui possède du gras et de beaux amers en bouche, parfait sur des poissons fins.

BRANDHOF MUSCAT 2007
Blanc I 2009 à 2017 I 8 €   **15,5/20**
Un muscat parfumé, au nez de fleur de sureau, sec en bouche avec du croquant et du gras.

KRITT GEWURZTRAMINER 2007   ☺
Blanc I 2009 à 2017 I 8 €   **15/20**
Un vin harmonieux, au nez de rose et d'épices, droit en bouche avec un moelleux bien fondu et une finale poivrée. Un vin élégant.

PINOT BLANC 2007   ☺
Blanc I 2009 à 2013 I 6 €   **14/20**
Un vin mûr, au nez de fleurs et de noisette, sec en bouche avec du gras.

Rouge : 0,50 hectare ; pinot noir 6%.
Blanc : 9,50 hectares ; gewurztraminer 21%, muscat 4%, muscat d'Alsace 4%, muscat ottonel 4%, pinot blanc 13%, pinot gris 10%, riesling 41%, sylvaner 5%. **Production totale annuelle :** 80 000 bt.
Visite : De 9 h 30 à 12 h et de 14 h 30 à 18 h 30 sauf dimanche et jours fériés.

DOMAINE JEAN-MARIE HAAG

17, rue des Chèvres
68570 Soultzmatt
Tél. 03 89 47 02 38 - Fax. 03 89 47 64 79
jean-marie.haag@wanadoo.fr
www.domaine-haag.fr

Jean-Marie et Myriam Haag exploitent depuis bientôt vingt ans des terroirs idéalement situés sur le grand cru Zinnkoepflé, mais aussi tout autour, dans la Vallée Noble. Les derniers millésimes sont réussis avec, lorsque le botrytis s'installe, des cuvées liquoreuses de grande puissance.

ALSACE GRAND CRU ZINNKOEPFLÉ GEWURZTRAMINER CUVÉE MARIE 2007

Blanc | 2010 à 2027 | 14,80 € **16,5/20**
Un vin riche, au nez d'épices, très moelleux en bouche avec de la minéralité et une finale élégante portée par les épices douces.

BREITENBERG PINOT GRIS 2007

Blanc Demi-sec | 2010 à 2015 | 10,60 € **14/20**
Un vin riche et acidulé, aux arômes de fruits jaunes, légèrement moelleux avec une acidité soutenue en bouche. L'ensemble doit encore se fondre.

IMAGINE ALL THE WINE 2007

Blanc | 2009 à 2013 | 7,50 € **14/20**
Assemblage de sylvaner, pinot blanc et pinot gris, la cuvée assemblée par Myriam Haag propose un équilibre ample en 2007, avec du gras en bouche et de la fraîcheur. La très légère douceur est vite effacée par l'acidité en finale.

SYLVANER L'EXCEPTION 2007

Blanc Liquoreux | 2009 à 2022 | 27 € **16/20**
Deuxième exception produite depuis 2005, avec un sylvaner botrytisé, c'est un vin liquoreux de grande pureté, rond en bouche, avec la douceur acidulée du cépage qui évoque la figue et la quetsche. Un vin déjà plaisant qui devrait bien évoluer avec le temps.

VALLÉE NOBLE GEWURZTRAMINER 2007

Blanc Doux | 2009 à 2017 | 8,20 € **14,5/20**
Un vin ouvert très parfumé, dense en bouche, avec de la chair et une finale épicée.

VALLÉE NOBLE PINOT GRIS 2007

Blanc | 2009 à 2015 | 7,50 € **15/20**
Un pinot gris fruité tant au nez qu'en bouche, la combinaison de chair et d'acidité sur un équilibre presque sec donnant un vin riche très tonique.

Rouge : 0,7 hectare ; pinot noir 100%.
Blanc : 5,3 hectares ; gewurztraminer 29%, muscat 2%, pinot 11%, pinot gris 27%, riesling 13%, sylvaner 9%. **Production totale annuelle :** 45 000 bt.
Visite : De 10 h à 12 h et de 14 h à 19 h.

CHRISTIAN ET VÉRONIQUE HEBINGER

14, Grand Rue
68420 Eguisheim
Tél. 03 89 41 19 90 - Fax. 03 89 41 15 61
hebinger.christian@wanadoo.fr

Christian et Véronique ont repris l'exploitation familiale en 1984, et ont apposé leurs prénoms sur les étiquettes depuis 2001. L'évolution du travail dans les vignes est passée par la lutte raisonnée avec la certification Tyflo en 2002, puis le domaine est en conversion bio depuis 2006. Les vins profitent de la dominante de terrains argilo-calcaires autour d'Eguisheim, et possèdent de l'ampleur et une bonne pureté. Ce sont des vins de garde par excellence.

ALSACE GRAND CRU HENGST PINOT GRIS 2007

Blanc Demi-sec | 2010 à 2022 | env 10 € **16/20**
Un vin puissant, au nez de confit, riche et minéral en bouche, avec un moelleux déjà presque fondu. À garder quelques années avant de servir ce vin sur une volaille.

ALSACE GRAND CRU HENGST RIESLING 2007

Blanc | 2012 à 2022 | env 10 € **16/20**
Un vin encore discret au nez, sec et salin en bouche, avec de la profondeur et une finale épicée de bonne longueur. Élégant dès à présent, c'est un vin qui gagnera à être conservé quelques années pour que le bouquet gagne en complexité.

ALSACE GRAND CRU PFERSIGBERG GEWURZTRAMINER 2006

Blanc Demi-sec | 2009 à 2021 | 9,90 € **16/20**
Un vin au nez épicé très net, équilibré en bouche, avec de la profondeur et de beaux amers en finale.

ALSACE GRAND CRU PFERSIGBERG PINOT GRIS 2007

Blanc liquoreux | 2012 à 2022 | 9,50 € **16,5/20**
Un pinot gris riche, au nez de vanille et de pralin, ample en bouche avec de la profondeur et un moelleux prononcé. C'est un vin de grande garde qu'il faudra attendre.

RIESLING CUVÉE SPÉCIALE 2007

Blanc | 2009 à 2017 | 5,50 € **14,5/20**
Un vin ample, qui possède un fruité très présent sur les agrumes frais, et beaucoup de chair en bouche.

SYLVANER 2007

Blanc | 2009 à 2013 | 3,40 € **14/20**
Un sylvaner croquant, à l'équilibre floral, salin en bouche, avec de la fraîcheur et du gras. Une belle bouteille très agréable.

Production totale annuelle : 55 000 bt. **Visite :** Du lundi au samedi de 8 h à 12 h et de 14 h à 18 h.

DOMAINE HÉRING

6, rue du Docteur-Sultzer
67140 Barr
Tél. 03 88 08 90 07 - Fax. 03 88 08 08 54
jdhering@wanadoo.fr
www.vins-hering.com

Propriétaire d'une partie importante du grand cru Kirchberg de Barr, le domaine possède en particulier une parcelle importante dans le Clos Gaensbroennel, au cœur du grand cru Kirchberg de Barr, produisant de grands vins de garde. Ne pas manquer la superbe salle de dégustation au pied du grand cru, et les délicieuses cuvées produites sur le Clos de la Folie Marco.

ALSACE GRAND CRU KIRCHBERG DE BARR CLOS GAENSBROENNEL GEWURZTRAMINER VENDANGES TARDIVES 2007

Blanc liquoreux | 2010 à 2030 | 23 €   **18/20**

Héring est l'un des deux producteurs du célèbre Clos, et a produit en 2007 une vendange-tardive complète, au nez d'épices et de rose, racée en bouche avec un moelleux fondu et une belle minéralité.

ALSACE GRAND CRU KIRCHBERG DE BARR PINOT GRIS 2007

Blanc Demi-sec | 2011 à 2022 | 12 €   **16,5/20**

Un kirchberg-de-barr ample, le pinot gris soulignant le caractère soyeux du terroir. L'équilibre est demi-sec, pour ce vin de garde.

ALSACE GRAND CRU KIRCHBERG DE BARR PINOT GRIS VENDANGES TARDIVES 2005

Blanc liquoreux | 2010 à 2020 | 22 €   **16/20**

Un vin moelleux aux lignes épurées, pur et soyeux en bouche avec un très bon fondu, du moelleux et de la minéralité.

ALSACE GRAND CRU KIRCHBERG DE BARR RIESLING VENDANGES TARDIVES 2006

Blanc liquoreux | 2009 à 2021 | 20 €   **15,5/20**

L'équilibre, encore dominé par le moelleux, signe une vendange-tardive riche, aux accents d'agrumes confits et de zeste, laissant apparaître une fine salinité en fin de bouche.

SYLVANER CLOS DE LA FOLIE MARCO 2008 ☺

Blanc | 2009 à 2014 | 6 €   **14,5/20**

Originaire d'une parcelle en contrebas du Kirchberg, c'est un sylvaner au nez de fleurs blanches, sec et élégant en bouche, avec de la salinité. Parfait à table ou en toute occasion.

Rouge : 1,3 hectare ; pinot noir 100%.
Blanc : 8,7 hectares : gewurztraminer 20%, muscat Ottonel 4%, pinot blanc 17%, riesling 20%, sylvaner 10%. Production totale annuelle : 75 000 bt.
Visite : Du lundi au vendredi de 8 h 30 à 12 h et de 14 h à 18 h.

HUGEL ET FILS

3, rue de la Première Armée
BP 32
68340 Riquewihr
Tél. 03 89 47 92 15 - Fax. 03 89 49 00 10
info@hugel.com
www.hugel.fr

La gamme à la célèbre étiquette jaune est structurée en trois niveaux (hugel, tradition et jubilée), les deux premiers issus en grande partie d'achat de raisins et proposant des vins droits, secs et nets. La gamme jubilée est issue de grands terroirs, sans pour autant revendiquer leurs appellations Alsace Grand Cru respectives. À côté de cette hiérarchie très lisible, les vendanges tardives et sélections de grains nobles sont une catégorie à part entière : disponibles en bonne quantité dans plusieurs cépages et sur une sélection des meilleurs millésimes, les vins montrent le savoir-faire du domaine dans les vins atteints de pourriture noble.

GENTIL HUGEL 2007 ☺

Blanc | 2009 à 2015 | 8,98 €   **14/20**

Assemblage majoritaire de cépages nobles, la cuvée phare de la maison a donné en 2007 un vin sec encore discret au nez, net avec du gras en bouche.

GEWURZTRAMINER HUGEL 2007 ☺

Blanc | 2009 à 2015 | 12,68 €   **14/20**

Un vin parfumé, au nez de rose et de poivre, sec et léger en bouche avec de la fraîcheur et une finale très pure. Un vin parfait en accompagnement d'une cuisine épicée.

GEWURZTRAMINER JUBILÉE 2007

Blanc Demi-sec | 2010 à 2027 | NC   **17/20**

Originaire en majorité du Sporen, c'est un vin ample, profond et très bien structuré autour d'une acidité fine et d'une minéralité très présente.

GEWURZTRAMINER SÉLECTION DE GRAINS NOBLES 2005

Blanc Liquoreux | 2009 à 2030 | NC   **19,5/20**

Expression quasi parfaite du grand gewurztraminer liquoreux, au nez de miel, de datte et d'abricot sec avec une pointe de thé et de beurre. La bouche est liquoreuse, profonde et relevée par une belle acidité..

GEWURZTRAMINER SÉLECTION DE GRAINS NOBLES « S » 2007

Blanc Liquoreux | 2012 à 2040 | NC   **20/20**

Une très grande année de sélection-de-grains-nobles, avec un vin remarquable de pureté, marqué par une énorme puissance, une liqueur fine et une acidité intense qui allège l'ensemble. Une évolution lente prévisible garantira une grande garde. Un vin de référence dans les grands liquoreux alsaciens.

GEWURZTRAMINER TRADITION 2007
Blanc Demi-sec | 2010 à 2017 | NC   **15/20**
Un vin ample et charnu, au nez de fruits mûrs et d'épices, riche en bouche avec du corps et un léger moelleux. Un vin à garder quelques années.

GEWURZTRAMINER VENDANGES TARDIVES 2007
Blanc liquoreux | 2012 à 2027 | NC   **18/20**
Encore discret au nez, le vin est concentré, riche et profond en bouche, avec une finesse qui le rend déjà agréable à boire dès à présent. De grande garde, comme toutes les vendanges-tardives du domaine.

MUSCAT TRADITION 2007
Blanc | 2009 à 2012 | NC   **14,5/20**
Un muscat aromatique, sec en bouche avec une belle fraîcheur, très apéritif.

PINOT GRIS JUBILÉE 2007
Blanc | 2012 à 2027 | NC   **16/20**
Produit à partir des vignes du domaine sur des terrains calcaires, le vin est ouvert, avec un nez de noisette et de coing, ample en bouche, avec du gras, un léger moelleux et une longue finale. Un vin de grande garde. Il n'y a pas eu de 2006 produit.

PINOT NOIR JUBILÉE 2007
Rouge | 2010 à 2022 | NC   **15,5/20**
Un pinot noir élevé en pièces, au nez de pivoine et de petits fruits rouges, profond et dense en bouche avec une longue finale. Un vin qui bénéficiera d'une garde de quelques années.

PINOT NOIR JUBILÉE 2002
Rouge | 2009 à 2017 | épuisé   **16/20**
Un vin à maturité, poivré et épicé au nez, dense et corsé en bouche, avec une longue finale. Une très belle réussite dans un millésime délicat.

RIESLING JUBILÉE 2007
Blanc | 2012 à 2027 | NC   **17,5/20**
Originaire des vignes du domaine sur le Schoenenbourg, le vin est déjà ouvert, avec un nez d'agrumes mûrs et de fumée, ample et salin en bouche avec de la profondeur. Un vin de grande garde qui gagnera à être conservé.

RIESLING TRADITION 2007
Blanc | 2010 à 2017 | NC   **15,5/20**
Un vin qui comprend une forte proportion de Schoenenbourg, au nez encore discret marqué par des arômes de fumée, sec en bouche, avec de la profondeur et du gras.

Rouge : 8,6 hectares ; pinot noir 100%.
Blanc : 118,39 hectares ; gewurztraminer 27%, muscat d'Alsace 1%, pinot blanc 16%, pinot d'Alsace 12%, riesling 30%, sylvaner 14%.
Production totale annuelle : 1 300 000 bt.

CAVE VINICOLE DE HUNAWIHR

48, route de Ribeauvillé
B.P. 10016
68150 Hunawihr
Tél. 03 89 73 61 67 - Fax. 03 89 73 33 95
info@cave-hunawihr.com
www.cave-hunawihr.com

Avec de beaux terroirs à dominante calcaire sur les communes de Ribeauvillé, Hunawihr et Riquewihr, cette cave a progressé avec l'arrivée, en 2004, de l'œnologue Nicolas Garde. Il faudra cependant faire le dos rond sur le millésime 2006, qui a produit trop de cuvées génériques marquées par des notes de sous-bois, et sauter directement sur les grands crus 2007 très réussis et à l'excellent rapport qualité-prix.

ALSACE GRAND CRU OSTERBERG RIESLING 2007
Blanc | 2009 à 2022 | NC   **16,5/20**
Déjà ouvert au nez, le vin exprime dès à présent sa minéralité tant au nez qu'en bouche, avec un équilibre sec qui termine sur de beaux amers. À ce stade, c'est le plus racé des trois rieslings grands crus produits.

ALSACE GRAND CRU ROSACKER RIESLING 2007
Blanc | 2011 à 2027 | 9,30 €   **16/20**
Le vin se montre encore fermé, avec des notes de fleur d'acacia et d'agrumes au nez, mais la bouche possède déjà l'ampleur et la profondeur du Rosacker, avec une finale longue. Grand vin de garde par excellence, doté d'un très bon rapport qualité-prix.

ALSACE GRAND CRU SCHOENENBOURG GEWURZTRAMINER 2007
Blanc Doux | 2009 à 2022 | NC   **16/20**
Un vin riche, qui possède les arômes épicés et le moelleux d'un gewurztraminer mûr, mais également une bonne pureté en bouche qui fait apparaître la fine salinité du cru.

ALSACE GRAND CRU SCHOENENBOURG RIESLING 2007
Blanc | 2010 à 2022 | NC   **16,5/20**
C'est un vin encore discret au nez, mais qui possède déjà jeune la fine minéralité du Schoenenbourg, dans une bouche dense et d'une grande pureté. À boire dès à présent s'il ne se referme pas en 2011, ou à garder.

CRÉMANT D'ALSACE CALIXTE
Blanc Brut effervescent | 2009 à 2011 | NC **14/20**
Un crémant au nez fruité, frais en bouche avec une bulle fine. L'ensemble est homogène et équilibré.

Rouge : 17 hectares ; pinot gris 14%, pinot noir 9%.
Blanc : 175 hectares ; gewurztraminer 17%, pinot blanc 21%, riesling 24%, sylvaner 8%.
Production totale annuelle : 1 500 000 bt.

JOSMEYER

76, rue Clemenceau
68920 Wintzenheim
Tél. 03 89 27 91 90 - Fax. 03 89 27 91 99
domaine@josmeyer.com
www.josmeyer.com

On ne présente plus le domaine, présidé par un Jean Meyer qui a vinifié son quarantième millésime. Sa notoriété internationale a été développée et entretenue par des vins très digestes, fins, gras et sans sucres résiduels inutiles. Il faut se précipiter sur les 2007, qui se montrent remarquables après leur mise en bouteilles. 2008 sera également de haut niveau.

ALSACE GRAND CRU BRAND GEWURZTRAMINER 2007
Blanc | 2009 à 2027 | NC   **18,5/20**
Un vin intense, au nez épicé avec une pointe de vanille, ample en bouche avec une minéralité intense et une grande finesse. Magnifique brand.

ALSACE GRAND CRU BRAND PINOT GRIS 2006
Blanc | 2009 à 2026 | NC   **18/20**
Un vin magnifique, au nez de fruits à chair blanche compotés et de vanille, ample et gras en bouche avec de la densité. Un vin techniquement sec, remarquable de puissance et de finesse, avec une légère amertume en finale.

ALSACE GRAND CRU BRAND RIESLING 2007
Blanc | 2009 à 2027 | NC   **18/20**
Une cuvée au nez fruité sur les agrumes frais, ample et dense en bouche, avec une acidité intense d'une grande finesse.

ALSACE GRAND CRU FLEUR DE LOTUS 2007
Blanc | 2009 à 2012 | NC   **14,5/20**
Assemblage d'auxerrois, gewurztraminer et muscat, le vin est floral, fruité au nez, sec et droit en bouche avec du gras et une finale nette. Un vin croquant parfait sur la cuisine asiatique.

ALSACE GRAND CRU GRI-GRI 2006
Blanc | 2009 à 2012 | NC   **14/20**
Assemblage de tous les pinots (auxerrois, blanc, gris, noir), le vin est discret au nez avec de discrètes notes d'agrume, pur en bouche avec du gras et une fine acidité en finale. Un vin simple pour toutes les occasions.

ALSACE GRAND CRU HENGST GEWURZTRAMINER 2007
Blanc liquoreux | 2012 à 2030 | NC   **19/20**
Un vin d'une grande précision, au nez de girofle et de fruits à chair blanche, dense et profond en bouche, avec une minéralité prononcée très présente. Le moelleux est léger mais très fondu, la finale est longue sur les épices. Un vin de terroir remarquable.

ALSACE GRAND CRU HENGST GEWURZTRAMINER 2006
Blanc liquoreux | 2009 à 2026 | NC   **19/20**
Un vin d'une grande profondeur, remarquable de minéralité, avec des arômes de girofle et de cuir typique de ce grand terroir magnifié par le gewurztraminer.

ALSACE GRAND CRU HENGST PINOT GRIS 2007
Blanc | 2009 à 2027 | NC   **18/20**
Ouvert et aromatique au nez avec des fruits jaunes et une pointe de grillé, le vin est ample, légèrement moelleux en bouche avec une acidité fine et une minéralité très présente. La longue finale fumée signe un grand vin de terroir.

ALSACE GRAND CRU HENGST RIESLING 2007
Blanc | 2009 à 2027 | NC   **18,5/20**
Un vin puissant au nez déjà ouvert, fumé avec une touche florale, dense en bouche, avec une forte minéralité et du gras. Un magnifique hengst très classique, d'une grande pureté grâce à une acidité très mûre.

ALSACE GRAND CRU HENGST RIESLING L'EXCEPTION 2006
Blanc Demi-sec | 2009 à 2026 | NC   **16,5/20**
Récolté exceptionnellement en surmaturité, le vin a terminé dans un style demi-sec. Très mûr au nez avec des arômes de fumée, d'écorce d'orange et une note de sous-bois, le vin est moelleux en bouche, profond et minéral, avec une longue finale sur la pêche.

ALSACE GRAND CRU HENGST RIESLING SAMAIN 2007
Blanc | 2009 à 2027 | NC   **19/20**
Récolté en légère surmaturité, le vin possède un fruité mûr au nez, et se montre ample et profond en bouche avec une forte matière. À garder pour qu'il se fonde.

GEWURZTRAMINER LES ARCHENETS 2007
Blanc | 2009 à 2022 | NC   **16/20**
Gras, ample avec du fond et un fruité très doux, c'est un vin magnifique de précision.

GEWURZTRAMINER LES FOLASTRIES 2008
Blanc | 2009 à 2018 | 14,95 €   **15/20**
Un vin très digeste, marqué par les épices au nez, très pur en bouche avec une acidité remarquable et de la salinité. Superbe.

PINOT A NOIR 2007
Blanc | 2009 à 2015 | NC   **15/20**
Auxerrois et pinot noir vinifiés en blanc ont créé un vin dense et riche avec les arômes de l'auxerrois et le caractère acidulé du pinot noir. Un vin sec qui possède de la vinosité.

PINOT AUXERROIS H VIEILLES VIGNES 2007
Blanc | 2009 à 2027 | 16,10 €   **17,5/20**
Issu de vieux auxerrois sur le Hengst, le vin est encore discret au nez, profond, ample et minéral en bouche avec du gras.

PINOT BLANC LES LUTINS 2007
Blanc | 2009 à 2017 | 13,30 €   **16/20**
Les auxerrois sur le Rotenberg ont produit un vin ample, minéral avec de la profondeur et du gras, sec bien entendu. Un vrai vin de terroir.

PINOT BLANC MISE DU PRINTEMPS 2008 ☺
Blanc | 2009 à 2013 | 9,30 €   **15/20**
Goûté juste après la mise, le vin est élégant avec un nez au fruité très pur, net avec une acidité de qualité en bouche. Un vin très facile à boire.

PINOT GRIS 1854 FONDATION 2007
Blanc | 2009 à 2022 | NC   **16/20**
Un pinot gris classique, frais au nez, avec des arômes de pêche et de fumée, ample en bouche avec un léger moelleux.

PINOT GRIS LE FROMENTEAU 2007
Blanc | 2009 à 2017 | 13,90 €   **15,5/20**
Pinot gris classique, au nez de froment, sec et dense en bouche avec du gras. Un pinot gris sec à l'équilibre presque parfait.

RIESLING LE KOTTABE 2007
Blanc | 2009 à 2017 | 12,50 €   **15/20**
Un riesling sec aromatique, net et fruité au nez avec des arômes d'agrumes frais, franc et acidulé en bouche, avec une finale citronnée.

RIESLING LES PIERRETS 2007
Blanc | 2010 à 2027 | 19,60 €   **16/20**
Encore discret au nez, le vin est dense et minéral en bouche, avec une acidité nette. Encore sur la réserve, un vin à attendre.

SYLVANER PEAU ROUGE 2008
Blanc | 2009 à 2013 | NC   **14/20**
Comme son nom l'indique, c'est un sylvaner qui contient une majorité de la variété rare à peau rouge du cépage. Un vin sec à l'acidité magnifique, élégant et salin en bouche, avec du fruit.

Rouge : 0,5 hectare ; pinot gris 21%.
Blanc : 24,5 hectares ; gewurztraminer 19%, muscat Ottonel 3%, pinot blanc 24%, riesling 28%, sylvaner 5%. **Production totale annuelle** : 200 000 bt.

DOMAINE ANDRÉ KIENTZLER

50, route de Bergheim
68150 Ribeauvillé
Tél. 03 89 73 67 10 - Fax. 03 89 73 35 81
domaine@vinskientzler.com

André Kientzler a une idée précise du grand vin : droit et sec, en restant dans un registre gras, avec de la pureté et une bonne concentration pour permettre au terroir de s'exprimer. Après un millésime 2006 bien géré avec un seul grand cru revendiqué, le domaine signe en 2007 une grande année, avec des vins à la fois amples et purs ; ne négligez pas pour autant les cuvées moelleuses du grand millésime 2005, encore en vente.

ALSACE GRAND CRU GEISBERG RIESLING 2007
Blanc | 2012 à 2027 | NC   **19/20**
2007 a produit un geisberg d'une grande concentration, ample en bouche, avec une minéralité prononcée qui lui donne une grande longueur. La puissance du terroir est énorme mais l'ensemble est encore discret, il faudra être patient pour que le vin donne toute sa mesure.

ALSACE GRAND CRU GEISBERG RIESLING 2005
Blanc | 2010 à 2025 | 25 €   **19/20**
Un vin magnifique, puissant et minéral, digne successeur du 2004. D'une grande pureté au nez, avec des notes d'agrumes frais, il se montre déjà très ouvert en bouche, avec une profondeur et une élégance qu'on rencontre malheureusement encore trop rarement. Superbe tension entre le fruit et le minéral pour ce vin de grande garde.

ALSACE GRAND CRU KIRCHBERG DE RIBEAUVILLÉ MUSCAT 2007
Blanc | 2012 à 2027 | 15 €   **17,5/20**
Un grand vin de terroir, au nez fin discrètement floral, salin et profond en bouche avec une longue finale. Oubliez l'apéritif, gardez ce vin 10 ans en cave et servez-le sur les plus beaux poissons.

ALSACE GRAND CRU OSTERBERG GEWURZTRAMINER 2007
Blanc Demi-sec | 2009 à 2022 | 20 €   **18/20**
Première cuvée de gewurztraminer produite sur ce grand cru par le domaine, et un essai complètement transformé : le nez délicat sur des arômes de rose ancienne laisse place à une bouche d'une grande profondeur, avec un gras si important qu'il donne une sensation de moelleux. Le vin est très ample tout en conservant un caractère sec. Magnifique réussite dans un grand millésime.

ALSACE GRAND CRU OSTERBERG RIESLING 2007
Blanc | 2009 à 2022 | 17 €   **17/20**
Un superbe osterberg d'une grande pureté, droit en bouche et longiligne, avec une finale citronnée. Dans la continuité du magnifique 2005, gros potentiel. Pas de production en 2006.

AUXERROIS K 2007
Blanc Demi-sec | 2012 à 2022 | 12 €   **16/20**
Les auxerrois récoltés en légère surmaturité sur le Kirchberg ont produit un vin riche, minéral et doté d'une acidité fine très présente. À réserver à l'apéritif ou à garder plusieurs années pour le servir à table. Pas de 2006 produit.

CHASSELAS 2007   ☺
Blanc | 2009 à 2012 | 5,30 €   **14,5/20**
Le vin se montre élégant et déjà ouvert, floral au nez et pur en bouche avec une bonne acidité. La finale sur les fruits blancs est séduisante. Un des plus beaux chasselas de la région.

GEWURZTRAMINER 2007
Blanc | 2009 à 2017 | 8 €   **15,5/20**
Un gewurztraminer mûr et quasiment sec, au nez très épicé, dense en bouche avec une acidité présente qui renforce le caractère épicé du vin. Parfait à table sur une cuisine épicée.

GEWURZTRAMINER RÉSERVE PARTICULIÈRE 2007
Blanc Demi-sec | 2010 à 2027 | 13 €   **16/20**
Un vin parfumé, au nez de rose et de pralin, ample en bouche avec un moelleux présent. La longue finale est minérale.

MUSCAT 2007
Blanc | 2009 à 2013 | 8 €   **15/20**
Un muscat aromatique doté d'une forte salinité, sec en bouche avec une fine acidité. Remarquable de précision.

PINOT GRIS 2007   ☺
Blanc | 2009 à 2017 | 8,20 €   **15,5/20**
Un pinot gris sec, au nez de fruits à chair blanche, gras et fruité en bouche, avec une acidité digne de celle d'un riesling. Le pinot gris de gastronomie par excellence.

RIESLING CUVÉE FRANÇOIS ALPHONSE 2007
Blanc | 2011 à 2022 | 19 €   **16/20**
Issu de vignes déclassées sur les grands crus Osterberg et Geisberg, le vin est délicatement floral au nez, gras en bouche avec de la sapidité et une acidité nette qui allonge la finale.

RIESLING RÉSERVE PARTICULIÈRE 2007
Blanc | 2011 à 2022 | 11,50 €   **15/20**
Un riesling franc, au nez d'agrumes frais, sec en bouche, avec du gras et une minéralité très présente en finale. À garder quelques années.

Blanc : 13 hectares ; autres 15%, chasselas 4%, gewurztraminer 25%, muscat Ottonel 6%, pinot blanc 21%, riesling 25%, sylvaner 4%.
Production totale annuelle : 80 000 bt.
Visite : Sur rendez vous

DOMAINE KIRMANN

6, rue des Alliés
67680 Epfig
Tél. 03 88 85 59 07 - Fax. 03 88 85 56 41
domaine@kirmann.com
www.kirmann.com

Olivier Kirmann est aux commandes du domaine familial et gère le restaurant du même nom, en marge de l'exploitation. L'agriculture raisonnée et une maîtrise sévère des rendements permettent la production de vins francs, purs et secs, parfaits compagnons de table. À défaut de grands-crus, la gamme des vins comprend des cuvées vieilles-vignes qui gagnent en densité, dont des gewurztraminers en majorité sur le lieu-dit Fronholtz d'Epfig. Toutes les cuvées sont proposées à des prix raisonnables, en particulier les vins moelleux qui méritent d'être goûtés.

ALSACE GRAND CRU FRONHOLTZ PINOT GRIS 2007
Blanc Demi-sec | 2009 à 2013 | NC   **13,5/20**
Une cuvée riche, au nez fumé, moelleuse en bouche, avec une acidité fine et des arômes de coing en finale. Un vin léger, sympathique.

GEWURZTRAMINER FRONHOLZ 2007
Blanc Demi-sec | 2009 à 2013 | NC   **14/20**
Un vin élégant au nez épicé, tendre en bouche avec une acidité fine.

RIESLING VIEILLES VIGNES 2007
Blanc | 2009 à 2013 | NC   **13/20**
Un vin net au nez floral, sec en bouche avec une acidité fine et de légers amers en finale. Manque un peu de tonus.

Rouge : 1 hectare ; pinot noir 100%.
Blanc : 6,5 hectares ; gewurztraminer 30%, muscat Ottonel 5%, pinot blanc 15%, pinot blanc 20%, riesling 15%, sylvaner 15%.
Production totale annuelle : 35 000 bt.
Visite : De 10 h à 15 h et de 17 h à 21 h.

DOMAINE KLEE FRÈRES

18, Grand-Rue
68230 Katzenthal
Tél. 03 89 47 17 90
info@klee-freres.com
www.klee-freres.com

Les vins sont francs, avec de bonnes concentrations et des acidités toujours très droites, ce qui n'empêche pas de les boire très bien jeunes, grâce à leur équilibre gras. Le domaine brille par la régularité de ses cuvées quel que soit le millésime. Et après une grande réussite dans le délicat millésime 2006, 2007 se montre naturellement au niveau de sa bonne réputation.

ALSACE GRAND CRU KAEFFERKOPF RIESLING 2007
Blanc | 2010 à 2017 | 8 €   **15/20**
Un vin jeune, au nez encore discret, sec et finement acidulé en bouche, avec du gras. À garder pour que l'ensemble gagne en tension.

HINTERBURG PINOT GRIS 2007
Blanc Demi-sec | 2009 à 2015 | 6,80 €   **15/20**
Un pinot gris au nez de noisette et de fruits à chair blanche, dense en bouche avec une acidité fine et un léger moelleux. Un vin de gastronomie qui reste équilibré.

PFOELLER GEWURZTRAMINER 2007
Blanc Doux | 2009 à 2017 | 10 €   **15,5/20**
En 2007, la cuvée récoltée plus tardivement porte le nom de angala-wii, le vin des anges. Un gewurztraminer récolté très mûr a donné une cuvée moelleuse de bonne intensité, ronde en bouche avec des arômes d'épices et de fruits jaunes. L'ensemble conserve de la fraîcheur.

PINOT BLANC VIEILLES VIGNES 2007
Blanc | 2009 à 2012 | 5 €   **14,5/20**
Un vin parfaitement sec, aux arômes floraux, net en bouche, avec du gras et un équilibre frais de bonne densité. Le vin parfait pour toutes les occasions.

PINOT NOIR ROUGE D'ALSACE 2007
Rouge | 2009 à 2013 | 7 €   **13,5/20**
Un rouge clairet, au nez très élégant de fruits rouges frais, souple en bouche, avec une finale marquée par de légers tanins. Un vin gourmand.

Production totale annuelle : 10 000 bt.
Visite : Sur rendez-vous.

DOMAINE MARC KREYDENWEISS

12, rue Deharbe
67140 Andlau
Tél. 03 88 08 95 83 - Fax. 03 88 08 41 16
marc@kreydenweiss.com
www.kreydenweiss.com

Les vins du domaine étaient parfois déséquilibrés par des charges en sucre trop importantes entre 1999 et 2003, ils ont laissé place à des vins d'équilibre sec, conservant la finesse et la pureté légendaire des vins du domaine. Les 2007 sont encore fermés ; très secs et denses, ils mériteront quelques années de garde. Seuls quelques-uns se montrent déjà avenants avec une grande pureté de texture en bouche, en particulier sur les schistes du Kastelberg et du Val d'Eléon.

ALSACE GRAND CRU KASTELBERG RIESLING 2007
Blanc | 2012 à 2027 | 45 €   **18/20**
Une fermentation longue de cette cuvée a donné un vin sec au nez épicé, poivré, sec en bouche avec une acidité fine et une forte densité qui lui donne une grande longueur.

ALSACE GRAND CRU KASTELBERG RIESLING VENDANGES TARDIVES 2006
Blanc liquoreux | 2010 à 2026 | 53 €   **17/20**
Une cuvée récoltée tardivement, riche et aromatique, avec un moelleux discret en bouche. Le terroir est déjà présent mais a besoin de temps pour s'affirmer.

ALSACE GRAND CRU MOENCHBERG PINOT GRIS 2007
Blanc Demi-sec | 2009 à 2022 | 24,50 €   **17/20**
Fruité et ouvert au nez, avec des arômes de froment et de fumée, le vin est ample et profond avec une bonne densité. La fin de bouche est longue avec une bonne acidité.

ALSACE GRAND CRU WIEBELSBERG RIESLING 2007
Blanc | 2010 à 2022 | 24,50 €   **17/20**
Goûté en foudres, après une fermentation longue qui s'achève plus d'un an après la vendange, et bonne concentration pour ce vin minéral qui combine la salinité et le volume du millésime. Un vin bien né.

ANDLAU RIESLING 2007
Blanc | 2009 à 2017 | 12,50 €   **15/20**
Encore discret au nez, le vin est finement acidulé et très net en bouche, avec une finale légèrement amère. Devrait se bonifier.

CLOS DU VAL D'ELÉON 2007
Blanc | 2009 à 2022 | 15,50 €   **15,5/20**
Assemblage de riesling et pinot gris récoltés à part et vinifiés en commun, le vin est très pur, avec un nez de froment et de fumée, et une bouche saline très pure qui termine sur une note épicée. Un vin remarquable qui devrait bien évoluer.

CLOS REBBERG PINOT GRIS 2007
Blanc liquoreux | 2009 à 2022 | 21,50 € **17/20**
Élevage presque parfait pour ce grand pinot gris sec très minéral, parfumé, avec du froment et une note boisée au nez, droit et dense en bouche, avec une acidité très présente. Un grand vin de terroir à la finale épicée.

CLOS REBBERG RIESLING 2007
Blanc | 2009 à 2022 | 21,50 € **17/20**
Belle réussite en 2007, pour ce vin au nez floral et fruité très délicat, ample en bouche avec du gras, de la minéralité. La finale épicée est très longue, pour cette superbe expression du terroir de schistes de Villé.

KRITT GEWURZTRAMINER 2007
Blanc liquoreux | 2009 à 2022 | 16 € **16,5/20**
Le vin est aromatique, épicé, avec une note de rose et une pointe de poivre, puis presque sec en bouche, ample avec une bonne concentration. Un bel équilibre pour ce vin qui a su conserver une belle fraîcheur.

LERCHENBERG PINOT GRIS 2007
Blanc | 2009 à 2017 | 15,50 € **15/20**
Un vin délicieusement vanillé au nez, sec et gras en bouche avec un équilibre salin très pur. L'élevage en foudres apporte une légère touche boisée bienvenue. Un vin parfait sur la gastronomie classique.

PINOT BLANC KRITT 2007
Blanc | 2009 à 2015 | 10 € **15/20**
Un vin franc issu d'un terroir de quartz, aromatique au nez et doté d'un bel équilibre fin et acidulé en bouche, avec une fine salinité.

PINOT BLANC LA FONTAINE AUX ENFANTS 2007
Blanc | 2009 à 2012 | 12 € **14,5/20**
Une nouvelle cuvée produite avec un assemblage de pinot blanc et d'auxerrois sur un terroir granitique proche du lieu-dit Gebreit, le vin est parfumé avec des épices au nez, sec en bouche avec une acidité très nette. Un vin savoureux, déjà ouvert.

Blanc : 12 hectares ; gewurztraminer 10%, muscat 5%, pinot blanc 15%, riesling 50%.
Production totale annuelle : 65 000 bt.
Visite : Du lundi au samedi de 10 h à 12 h et de 14 h à 17 h sur rendez-vous.

DOMAINE PAUL KUBLER

103, rue de la Vallée
68570 Soultzmatt
Tél. 03 89 47 00 75 - Fax. 03 89 47 65 45
kubler@lesvins.com

Philippe Kubler travaille en finesse les terroirs gréseux et calcaires de Soultzmatt. Si la gamme générique K signe le nom du domaine plus qu'un grand cru inavouable, comme c'est parfois le cas en Alsace, le sylvaner cuvée Z - clin d'œil à son voisin Seppi Landmann - est en revanche bien issu du grand cru Zinnkoepflé. En peu d'années, les progrès sont fulgurants et le savoir-faire de ce vinificateur de talent se retrouve dans les magnifiques vins produits en 2007 : des vins secs bien structurés qui possèdent du gras, véritable leçon d'élevage sur lies, qui pourrait inspirer bien des vignerons alsaciens.

ALSACE GRAND CRU ZINNKOEPFLÉ GEWURZTRAMINER 2007
Blanc | 2009 à 2027 | 14 € **17,5/20**
Un vin puissant, dominé par les épices au nez, très minéral en bouche avec un moelleux parfaitement intégré. La finale est très longue.

ALSACE GRAND CRU ZINNKOEPFLÉ GEWURZTRAMINER SÉLECTION DE GRAINS NOBLES 2007
Blanc Liquoreux | 2010 à 2027 | env 45 € **18/20**
Une cuvée magnifique de pureté, au moelleux fondu, très minérale en bouche, avec une finale sur les épices nobles.

ALSACE GRAND CRU ZINNKOEPFLÉ GEWURZTRAMINER VENDANGES TARDIVES 2007
Blanc liquoreux | 2010 à 2027 | 25,50 € **19/20**
Un vin puissant, au moelleux intense, à la fois floral et fruité au nez, avec une note de miel, intense en bouche et porté par une énorme minéralité qui lui apporte une légèreté inouïe. Grand vin de terroir.

ALSACE GRAND CRU ZINNKOEPFLÉ PINOT GRIS SÉLECTION DE GRAINS NOBLES 2007
Blanc Liquoreux | 2010 à 2022 | env 45 € **17/20**
Un vin élégant à la minéralité affirmée, miellé au nez avec une note de figues, puissant et aérien en bouche, avec une longue finale.

BREITENBERG RIESLING 2007
Blanc | 2009 à 2017 | 11,50 € **14/20**
Un riesling épicé qui possède du corps, marqué en bouche par une vivacité encore très présente. À boire sur son équilibre frais.

GEWURZTRAMINER K 2007
Blanc Demi-sec | 2009 à 2017 | 9 € **15/20**
Un vin épicé au moelleux fondu, très équilibré avec une petite salinité qui apporte de la finesse à l'ensemble. Accompagnera la cuisine épicée après quelques années de garde.

PINOT BLANC **K** 2007
Blanc | 2009 à 2013 | 6,50 €   **14,5/20**
Un pinot blanc parfaitement élevé, au nez
franc de fruits à chair blanche, parfaitement
sec et acidulé en bouche, avec une grande
finesse.

PINOT GRIS **K** 2007
Blanc | 2009 à 2017 | 9 €   **14,5/20**
Un pinot gris sec élevé pour un tiers en barriques, élégant en bouche avec des arômes
de froment et une finale toastée.

RIESLING **K** 2007
Blanc | 2009 à 2017 | 8,50 €   **15/20**
Un riesling très fin, dense et gras en bouche
avec une belle acidité, donnant une sensation d'harmonie remarquable.

SYLVANER **Z** 2007
Blanc | 2010 à 2022 | 14 €   **17/20**
Originaire du Zinnkoepflé et élevé en barriques, le vin exprime parfaitement la minéralité du Zinnkoepflé, entre finesse et
puissance : parfaitement sec, le vin est finement acidulé avec une amertume noble dans
la longue finale. Un très grand vin de terroir
qui confirme tout l'intérêt du sylvaner dans
la Vallée Noble.

WEINGARTEN GEWURZTRAMINER 2007
Blanc Demi-sec | 2009 à 2017 | 11,50 €**15,5/20**
Un vin élégant au nez d'épices et de litchi,
moelleux en bouche avec une acidité fine
et une minéralité qui apporte de la légèreté
à l'équilibre.

ZINNKOEPFLÉ PINOT GRIS 2007
Blanc liquoreux | 2009 à 2022 | 14 €   **16/20**
Un pinot gris riche, au nez de vanille et de
fumée, moelleux en bouche, avec une salinité très présente. Un équilibre riche qui
vieillira bien grâce à sa minéralité.

Rouge : 0,5 hectare ; pinot noir 6%.
Blanc : 8,5 hectares ; gewurztraminer 23%,
muscat Ottonel 4%, pinot blanc 12%, pinot gris 21%,
riesling 29%, sylvaner 5%. **Production totale
annuelle :** 60 000 bt. **Visite :** De 10 h à 12 h
et de 14 h à 19 h.

KUENTZ-BAS

14, route des Vins
68420 Husseren-les-Châteaux
Tél. 03 89 49 30 24 - Fax. 03 89 49 23 39
info@kuentz-bas.fr
www.kuentz-bas.fr

A partir d'un patrimoine important de
vignes propres, et d'achats sur les coteaux
et grands crus à dominante calcaire
d'Eguisheim et Husseren-les-Châteaux, on
produit ici des vins profonds de grande
garde. La maison revient sur le devant de la
scène avec des 2005 d'une grande profondeur, des 2006 d'une pureté remarquable et
des 2007 amples et de grande garde.

AUXERROIS COLLECTION 2007
Blanc | 2009 à 2013 | 7,85 €   **14,5/20**
Un vin mûr, à l'équilibre ample et gras, souple
en bouche et plaisant.

GEWURZTRAMINER COLLECTION 2005
Blanc Demi-sec | 2009 à 2015 | 12,20 €**15,5/20**
Un vin mûr sans surmaturité, qui propose
un équilibre demi-sec très élégant. La finale
épicée est longue. Un vin de table parfait
sur une cuisine riche.

GEWURZTRAMINER CUVÉE CAROLINE
VENDANGES TARDIVES 2007
Blanc liquoreux | 2010 à 2022 | 27 €   **17/20**
Une belle vendanges-tardives qui exhale les
arômes épicés du gewurztraminer dans un
ensemble miellé à souhait, onctueuse en
bouche avec de la profondeur et un moelleux parfaitement intégré.

MUSCAT COLLECTION 2007
Blanc | 2009 à 2022 | 9 €   **16,5/20**
Produit à partir de vieux muscats Ottonel
d'une parcelle propre au-dessus du Pfersigberg, le vin est ample, profond et très
minéral, avec une belle netteté aromatique.
Le vin est parfaitement sec en bouche avec
du gras et une grande longueur. Un grand
vin de terroir.

PINOT NOIR COLLECTION RARE 2007
Rouge | 2010 à 2022 | 15,35 €   **16/20**
Un vin corsé, au nez d'épices et de petits fruits
noirs, dense en bouche, avec de la profondeur
et du gras. La longue finale légèrement vanillée
rappelle l'élevage en barriques.

RIESLING COLLECTION RARE 2005
Blanc | 2010 à 2020 | 11,55 €   **16,5/20**
Issu des vignes du domaine sur les terroirs
de Husseren, le vin est ample avec de la
pureté, profond en bouche avec une longue
finale. Un vin qui vieillira bien.

Rouge : 0,60 hectare **Blanc :** 9 hectares.
Production totale annuelle : 180 000 bt.

DOMAINE SEPPI LANDMANN

20, rue de la Vallée
68570 Soultzmatt
Tél. 03 89 47 09 33 - Fax. 03 89 47 06 99
contact@seppi-landmann.fr
www.seppi-landmann.fr

Seppi Landmann est un personnage incontournable dans le paysage alsacien : il combine la verve et la générosité des personnages forts en gueule. Les vins sont d'une régularité sans faille avec, lorsque le millésime le permet comme en 2005, de somptueuses vendanges tardives et sélections de grains nobles. 2007 est naturellement très homogène et de grande qualité, mais profitez des vieux millésimes encore en vente au domaine, en particulier en magnum. Les vins moelleux et les grands-crus sont vendus en primeur à des tarifs très intéressants, un mode de commercialisation peu courant en Alsace.

ALSACE GRAND CRU ZINNKOEPFLÉ GEWURZTRAMINER 2007

Blanc Doux | 2009 à 2021 | 24 €   **17/20**
Un bel équilibre ample et soyeux pour ce zinnkoepflé dense, au nez d'épices et de fruits secs, avec du gras et de la minéralité en bouche. Le moelleux encore présent est bien intégré.

ALSACE GRAND CRU ZINNKOEPFLÉ GEWURZTRAMINER SÉLECTION DE GRAINS NOBLES VIN DE GLACE 2005

Blanc Liquoreux | 2012 à 2030 | 230 € | **18/20**
Nez délicat sur le pralin, le coing et le miel. Bouche liquoreuse, profonde et fine, avec une finale épicée. Le vin s'est refermé, mieux vaut désormais le garder quelques années.

ALSACE GRAND CRU ZINNKOEPFLÉ GEWURZTRAMINER VENDANGES TARDIVES 1998

Blanc liquoreux | 2009 à 2013 | 45 €   **16,5/20**
Un vin à maturité, fruité au nez, avec des arômes de miel, de figue et de prune et une pointe de fruits rouges, moelleux en bouche, avec de la suavité et beaucoup de finesse. Un vin élégant, à savourer dès à présent.

ALSACE GRAND CRU ZINNKOEPFLÉ MUSCAT 2007

Blanc | 2009 à 2017 | 24 €   **15,5/20**
Produit à partir de muscat Ottonel, c'est un zinnkoepflé élégant, décliné pour la première fois sur le cépage muscat, qui a donné un vin fin, doté d'une minéralité d'une grande pureté.

ALSACE GRAND CRU ZINNKOEPFLÉ PINOT GRIS 2007

Blanc Demi-sec | 2012 à 2022 | 24 €   **15,5/20**
Fruité et légèrement vanillé, le vin est ample en bouche, avec un moelleux encore présent qui masque la minéralité à ce stade.

ALSACE GRAND CRU ZINNKOEPFLÉ PINOT GRIS SÉLECTION DE GRAINS NOBLES 2005

Blanc Liquoreux | 2009 à 2025 | 115 €   **18/20**
Le nez est confit, la bouche d'une grande pureté avec de la salinité et une grande longueur. Exceptionnel dans la pureté.

CRÉMANT D'ALSACE BRUT DE BRUT

Blanc Brut effervescent | 2009 à 2010 | 7,90 €   **13,5/20**
Issu de pinot blanc et auxerrois, le crémant non dosé se montre fruité et très jeune au nez, sec et croquant en bouche avec une belle acidité.

CRÉMANT D'ALSACE BRUT VALLÉE NOBLE

Blanc Brut effervescent | 2009 à 2010 | 6,90 €   **14,5/20**
Produit avec les raisins du millésime 2007, c'est un crémant parfumé, aux arômes d'agrumes et de biscuit, riche en bouche avec une mousse de bonne densité. Un crémant de table agréable.

SYLVANER CUVÉE Z 2005

Blanc | 2009 à 2020 | 19 €   **15,5/20**
Un vin pur, ample et minéral en bouche, avec une belle salinité, c'est une belle expression du sylvaner sur son terroir de prédilection, le Zinnkoepflé, dont il ne peut revendiquer l'appellation grand cru. Un vin de garde.

SYLVANER VIN DE GLACE 2007

Blanc Liquoreux | 2009 à 2022 | 150 € | **16/20**
Un vin récolté en vendanges tardives, frais et fruité au nez avec une pointe citronnée, moelleux en bouche avec une fine salinité et une longue finale très pure. Très élégant sur un dessert au fruit.

VALLÉE NOBLE MUSCAT 2007   ☺

Blanc | 2009 à 2013 | 11,40 €   **15/20**
Un vin au nez floral intense, sec et dense en bouche, avec du volume. Longue finale sur les fleurs blanches. Grande réussite.

VALLÉE NOBLE PINOT GRIS 2007

Blanc | 2009 à 2017 | 8,40 €   **15/20**
Une cuvée de fruit au nez de coing et de vanille, élégante en bouche avec de la profondeur et une fine salinité. Un vin qui ne trahit pas son origine du Bollenberg.

VALLÉE NOBLE RIESLING 2007

Blanc | 2009 à 2017 | 6,90 €   **14/20**
Un riesling franc et aromatique, qui possède du volume et un joli fruité, net en bouche avec une belle acidité.

Rouge : 0.6 hectare ; pinot noir 8%.
Blanc : 8.4 hectares ; gewurztraminer 22%, muscat 4%, pinot blanc 27%, pinot gris 8%, riesling 11%, sylvaner 11%. **Production totale annuelle :** 65 000 bt. Visite : De 8 h à 12 h et de 14 h à 18 h.

DOMAINE ARMAND LANDMANN

74, route du Vin
67680 Nothalten
Tél. 03 88 92 41 12 - Fax. 03 88 92 41 12
armand_landmann@yahoo.fr

Depuis 2003, les vins ont gagné en pureté et en finesse, exploitant le potentiel des bons terroirs à dominante de grès et de granit qui forment la quasi-totalité du domaine (Kritt, Zellberg, Fronholtz, Heissenberg, Muenchberg). 2007 signe un grand millésime frais et mûr, avec des vins à l'acidité ciselée qui vieilliront parfaitement.

ALSACE GRAND CRU MUENCHBERG RIESLING 2007
Blanc | 2010 à 2022 | 10 € **16,5/20**
Un vin élégant, au nez de fruits mûrs, ample en bouche, avec du gras et une salinité intense qui tire la finale en longueur. Un grand muenchberg, qui sera exceptionnel sur des poissons fins après quelques années de garde.

HEISSENBERG RIESLING VIEILLES VIGNES 2007
Blanc | 2010 à 2022 | 7 € **15,5/20**
Le terroir de granit a produit un riesling d'équilibre sec au nez de fruits mûrs, salin en bouche avec une acidité franche qui allonge la finale.

NOTHALTEN GEWURZTRAMINER VIEILLES VIGNES 2007
Blanc Doux | 2009 à 2022 | 12 € **16,5/20**
Originaire d'un terroir de schistes sur argiles, c'est un vin élégant, au nez de rose, ample et moelleux en bouche avec une belle pureté. Un équilibre proche d'une vendanges-tardives, qui conserve une forte salinité. Parfait jeune, il vieillira bien.

ZELLBERG PINOT GRIS VIEILLES VIGNES 2007
Blanc Demi-sec | 2009 à 2017 | 7 € **15,5/20**
Un pinot gris franc, au nez de coing et de vanille, pur en bouche avec une légère douceur et une forte salinité. Un vin sapide suffisamment sec pour accompagner un repas.

ZELLBERG RIESLING 2007
Blanc | 2009 à 2022 | 8 € **16/20**
Un riesling mûr vinifié presque sec, élégant en bouche avec du gras, de la fraîcheur et une fine salinité en finale.

ZELLBERG SYLVANER 2007
Blanc | 2009 à 2017 | 5 € **14,5/20**
Un sylvaner franc au fruité net, croquant en bouche, avec une salinité discrète en finale.

Rouge : 1,5 hectare ; pinot noir 13%.
Blanc : 7,5 hectares ; gewurztraminer 5%, muscat 2%, pinot blanc 15%, pinot gris 5%, riesling 30%, sylvaner 30%. **Production totale annuelle :** 40 000 bt. **Visite :** De 8 h à 12 h et de 14 h à 19 h du lundi au samedi et dimanche matin.

DOMAINE CLÉMENT LISSNER

20, rue Principale
67120 Wolxheim
Tél. 03 88 38 10 31 - Fax. 03 88 38 10 46
info@lissner.fr
www.lissner.fr

Bruno Schloegel remet sur le devant de la scène la réputation historique du grand cru Altenberg de Wolxheim, un des plus grands terroirs alsacien. Le grand millésime 2007 donne un avant-goût du potentiel de ce domaine à la progression fulgurante.

ALSACE GRAND CRU ALTENBERG DE WOLXHEIM RIESLING 2007
Blanc | 2010 à 2027 | 9,70 € **17,5/20**
Encore jeune, c'est un vin ample, profond et très marqué par le terroir. L'acidité magnifique rend le vin déjà agréable, mais il est parti pour une longue garde.

ALSACE GRAND CRU ALTENBERG DE WOLXHEIM RIESLING VENDANGES TARDIVES 2007
Blanc liquoreux | 2012 à 2027 | env 19 € **17/20**
Un vin racé, dominé par la minéralité du terroir, au nez de citron confit avec une pointe fumée, élégant en bouche avec de la puissance et une longue finale.

PINOT GRIS HORN 2007
Blanc Demi-sec | 2009 à 2017 | 7,80 € **15/20**
Originaire de la partie argilo-calcaire en contrebas de l'Altenberg, c'est un vin riche au style moelleux, marqué par les fruits jaunes au nez, pur et salin en bouche.

PINOT GRIS VENDANGES TARDIVES 2007
Blanc liquoreux | 2009 à 2022 | 16,50 € **16/20**
Un vin au nez de fruits secs et de pralin, pur et très fin en bouche, avec une acidité fine. Longue finale saline sur le miel et la noisette.

ROTHSTEIN RIESLING 2007
Blanc | 2009 à 2017 | 5,70 € **14,5/20**
Issu des grès de Wolxheim, c'est un vin ouvert, au nez de fruits frais, frais en bouche et immédiatement plaisant. L'acidité fine rend le vin friand et d'équilibre sec, malgré une très légère douceur.

SYLVANER DIONYSIUSKAPELLE 2008
Blanc | 2009 à 2014 | 4,20 € **14/20**
Un sylvaner fruité, au nez floral avec une note de bourgeon de cassis, frais et acidulé en bouche avec une fine salinité en finale. Un vin gouleyant très désaltérant.

Rouge : 1,2 hectare ; pinot gris 11%, pinot noir 13%.
Blanc : 8,3 hectares ; auxerrois 5%, chardonnay 3%, gewurztraminer 19%, muscat 5%, pinot blanc 10%, riesling 27%, sylvaner 7%. **Production totale annuelle :** 45 000 bt. **Visite :** Du lundi au samedi de 8 h à 12 h et de 13 h à 19 h.

DOMAINE LOEW

28, rue Birris
67310 Westhoffen
Tél. 03 88 50 59 19 - Fax. 03 88 50 59 19
domaine.loew@orange.fr
www.domaineloew.com

Les vins sont marqués par les terroirs marno-calcaires autour de Westhoffen et Balbronn, avec de la profondeur et du gras. Les vins du millésime 2007, mis en bouteilles un peu plus tôt que d'habitude pour pouvoir rénover le chai, ont été vendus très rapidement. Les 2008, goûtés avant la mise, présentent de belles acidités gourmandes. La gamme des rieslings s'élargit pour offrir cinq cuvées au terroir bien défini.

ALSACE GRAND CRU ALTENBERG
DE BERGBIETEN GEWURZTRAMINER 2008
Blanc Doux | 2010 à 2028 | 13,50 €   **18/20**
Une vendange très mûre a donné un vin ample et profond, doté d'une minéralité affirmée, miellé au nez, avec une longue finale.

ALSACE GRAND CRU ALTENBERG
DE BERGBIETEN RIESLING 2008
Blanc | 2012 à 2028 | 13 €   **16,5/20**
Un riesling ample et sec au profil très minéral, qui possède du volume et de beaux amers en fin de bouche. À garder.

ALSACE GRAND CRU ENGELBERG PINOT GRIS 2008
Blanc | 2010 à 2028 | 14,50 €   **17/20**
2008 signe un engelberg ample et profond, dans la ligne directe du 2007. Un gros potentiel.

BRUDERBACH PINOT GRIS 2008
Blanc Demi-sec | 2010 à 2023 | 11,50 € **16/20**
Un pinot gris ample, au nez de froment et de fruits à noyau, dense en bouche, avec une légère douceur. Parfait à table sur une volaille.

PREMIÈRES VENDANGES DE MATHILDE 2008   ⓤ
Rosé | 2009 à 2012 | 7,80 €   **14/20**
Un rosé gourmand, au nez de petits fruits rouges, souple en bouche, avec une acidité fine qui le rend très séduisant.

RIESLING MUSCHELKALCK 2008
Blanc | 2010 à 2023 | 7,90 €   **14,5/20**
Un riesling sec, au nez d'agrumes frais, croquant et acidulé en bouche avec une finale sèche..

SUESSENBERG RIESLING 2008
Blanc | 2012 à 2028 | 11 €   **16/20**
Un vin racé, profond et minéral, avec des amers en fin de bouche.

Rouge : 0,5 hectare ; pinot gris 25%.
Blanc : 8 hectares ; gewurztraminer 18%, muscat Ottonel 9%, pinot blanc 9%, pinot blanc 12%, riesling 22%. Production totale annuelle : 50 000 bt.

GUSTAVE LORENTZ

91, rue des Vignerons
68750 Bergheim
Tél. 03 89 73 22 22 - Fax. 03 89 73 30 49
info@gustavelorentz.com
www.gustavelorentz.com

La petite maison de négoce produit une gamme homogène et bien étalonnée, chapeautée par des vins produits à partir des vignes propres du domaine sur les grands crus Altenberg de Bergheim et Kanzlerberg. La gamme cuvée-particulière et les vins de l'Altenberg combinent une bonne qualité régulière et une grande disponibilité des vins, atout apprécié en restauration.

ALSACE GRAND CRU ALTENBERG DE BERGHEIM
GEWURZTRAMINER 2004
Blanc Doux | 2009 à 2024 | NC   **15,5/20**
Un vin mûr, aux arômes exotiques très frais, ample et profond en bouche, avec un moelleux fondu et du gras. Un vin taillé pour la garde.

ALSACE GRAND CRU ALTENBERG DE BERGHEIM
MUSCAT VENDANGES TARDIVES 2003
Blanc liquoreux | 2009 à 2023 | NC   **17,5/20**
Un vin très aromatique sur la menthe fraîche et la citronnelle, très pur et ample en bouche avec une minéralité imposante. Le moelleux est fondu et la finale plus sèche. Une cuvée rare.

ALSACE GRAND CRU KANZLERBERG RIESLING 2004
Blanc | 2009 à 2019 | NC   **15/20**
Le nez est très frais, avec des notes typées de genêt et de pamplemousse. La bouche est franche, saline avec une bonne acidité. Un vin à boire dès à présent.

GEWURZTRAMINER CUVÉE PARTICULIÈRE 2005
Blanc liquoreux | 2009 à 2015 | NC   **14,5/20**
Un vin équilibré, délicatement épicé au nez avec une note de miel, doux en bouche sans moelleux excessifs, avec une belle acidité en finale.

PINOT GRIS LIEU-DIT SAINT-GEORGES 2007
Blanc Demi-sec | 2010 à 2017 | NC   **14,5/20**
Un vin ample et légèrement moelleux, net en bouche, avec une fine salinité.

PINOT NOIR FÛT DE CHÊNE 2006
Rouge | 2010 à 2021 | NC   **15,5/20**
Un vin dont le nez rappelle l'élevage en fûts de chêne, profond et ample en bouche, avec une finale sur les fruits noirs. Très belle cuvée qui vieillira bien.

Rouge : 1.5 hectare ; pinot noir 5%.
Blanc : 31.5 hectares ; gewurztraminer 27%, muscat d'Alsace 2%, pinot blanc 13%, riesling 33%, sylvaner 2%. Production totale annuelle : 1 500 000 bt.
Visite : Du lundi au samedi 10 h à 12 h et de 14 h 00 à 18 h.

DOMAINE MADER

🐝🐝🐝🐝

13, Grand-Rue
68150 Hunawihr
Tél. 03 89 73 80 32 - Fax. 03 89 73 31 22
vins.mader@laposte.net
www.vins-mader.com

Basés sur les terroirs marneux, calcaires et
gréseux de Hunawihr, Ribeauvillé et
Riquewihr, les vins ne manquent pas de
matière ni de structure, avec des rieslings
secs et des gewurztraminers et pinots gris
plus doux. Les prix raisonnables font disparaître rapidement certaines cuvées, comme
le muscat, les gewurztraminers ou les pinots
noirs. 2007 a produit des vins purs et secs,
avec du gras, qui seront de grande garde.

ALSACE GRAND CRU ROSACKER RIESLING 2007
Blanc | 2011 à 2027 | NC   **17/20**
Un grand rosacker, au nez discret de fleur
d'acacia, sec et profond en bouche avec une
pureté cristalline, le tout souligné par une acidité mûre. Un vin bien né qui vieillira bien.

GEWURZTRAMINER 2007
Blanc Doux | 2009 à 2015 | 7 €   **13,5/20**
Un vin floral et épicé au nez, moelleux en
bouche, avec une belle sapidité, qui reste
encore dominé par le sucre résiduel.

MUHLFORST RIESLING 2007
Blanc | 2010 à 2022 | 8,50 €   **15/20**
Un vin élégant porté par une minéralité présente et une acidité mûre, puissant en
bouche avec une longue finale saline. Un
joli muhlforst.

PINOT GRIS 2007
Blanc Demi-sec | 2009 à 2017 | 6,50 €   **14/20**
Un vin ample et gras, bien charpenté, légèrement doux en bouche avec une bonne acidité. Un bon compagnon de repas sur des
mets riches.

RIESLING 2007
Blanc | 2009 à 2015 | 5,90 €   **13,5/20**
Un vin jeune aux arômes de fleurs et
d'agrumes, ample en bouche, avec de la
densité et une acidité rafraîchissante.

RIESLING VENDANGES TARDIVES 2007
Blanc liquoreux | 2009 à 2027 | 23 €   **16/20**
Un vin très pur au nez d'agrumes confits, riche
en bouche avec une liqueur intense et une
acidité nette. Un équilibre qui le rapproche
d'un riesling sélection-de-grains-nobles.

Rouge : 0,6 hectare ; pinot gris 20%, pinot noir 8%.
Blanc : 7,7 hectares ; gewurztraminer 20%,
muscat 4%, pinot blanc 18%, riesling 26%,
sylvaner 4%. **Production totale annuelle :** 45 000 bt.
Visite : Sur rendez-vous.

DOMAINE ALBERT MANN

🐝🐝🐝🐝

13, rue du Château
68920 Wettolsheim
Tél. 03 89 80 62 00 - Fax. 03 89 80 34 23
vins@albertmann.com
www.albertmann.com

Disposant d'un beau patrimoine de terroirs sur
cinq grands crus et trois lieux-dits répartis
entre Wettolsheim et Kientzheim, les frères
Maurice et Jacky Barthelmé travaillent avec
acharnement, à la vigne et en cave respectivement, pour produire des vins qui reflètent le
plus possible leur origine. Avec le grand millésime 2007, les acidités importantes révèlent la
minéralité de tous les terroirs, la maturité des
raisins et un élevage long sur lies permettant
de leur apporter la finesse nécessaire pour en
faire de grands vins de garde. Les microcuvées
de vins liquoreux produites après un tri sévère
des raisins possèdent une pureté cristalline et
frôlent la perfection.

ALSACE GRAND CRU FURSTENTUM GEWURZTRAMINER SÉLECTION DE GRAINS NOBLES 2007
Blanc Liquoreux | 2010 à 2030 | 45 € les 37,5 cl   **19,5/20**
Le nez très pur et frais signe un botrytis de
grande qualité, avec des arômes de rose, de
pralin et une pointe de cacao. La bouche est
liquoreuse, mais reste onctueuse grâce à une
profondeur et une minéralité très intense. Longue finale avec un retour acide important.

ALSACE GRAND CRU FURSTENTUM GEWURZTRAMINER VIEILLES VIGNES 2007
Blanc Demi-sec | 2010 à 2030 | 21 €   **19/20**
Un vin remarquable de précision, au nez sur
les épices, la rose et la vanille, ample et profond
en bouche avec une minéralité remarquable.

ALSACE GRAND CRU FURSTENTUM PINOT GRIS 2007
Blanc Demi-sec | 2009 à 2027 | 18,50 €   **17/20**
L'élevage se fait en cuves pour le Furstentum
à partir du millésime 2007. Intense au nez,
avec des fruits mûrs et une pointe épicée,
ample en bouche avec une grande finesse,
le terroir allonge le vin en bouche en combinant la richesse du cépage avec la pureté de
l'acidité. Déjà accessible jeune, le vin se dévoilera après quelques années de garde.

ALSACE GRAND CRU FURSTENTUM PINOT GRIS LE TRI 2007
Blanc Demi-sec | 2012 à 2030 | 45 € les 37,5 cl   **19/20**
Une sélection de grains nobles baie par baie,
élevée en barriques neuves. La macération
pelliculaire a donné au vin une robe dorée
intense, tirant sur l'ambre. Le nez est parfumé, la bouche est très liquoreuse avec
une onctuosité forte et de la chair, évoluant
sur une pointe de vanille avec des fruits
confits. Un vin de patience qu'il faudra
déguster pour lui seul.

ALSACE GRAND CRU FURSTENTUM RIESLING 2007

Blanc | 2012 à 2027 | 21 € **17/20**

Un vin riche, récolté avec de la surmaturité, ouvert au nez avec des arômes d'agrumes mûrs, dense et net en bouche avec un moelleux présent, équilibré par une bonne acidité. La minéralité du Furstentum est présente du début à la fin, donnant une grande finesse à l'équilibre. Gros potentiel de bonification au vieillissement.

ALSACE GRAND CRU HENGST PINOT GRIS 2007

Blanc | 2010 à 2027 | 18,50 € **18,5/20**

Intégration parfaite du cépage et du terroir, avec ce vin au nez fruité, marqué par une pointe de vanille, dense et profond en bouche avec du gras et une forte minéralité. La bouche prend en finale un caractère plus acidulé et épicé. Bel équilibre demi-sec qui s'affinera encore avec quelques années de garde.

ALSACE GRAND CRU SCHLOSSBERG RIESLING 2007

Blanc | 2010 à 2027 | 21 € **19/20**

Expression magnifique de la salinité du Schlossberg dans ce vin aromatique, techniquement sec, qui possède une bonne acidité avec une longue finale. Un vin à garder quelques années pour qu'il se dévoile complètement, même si une dégustation immédiate sera déjà un grand moment.

ALSACE GRAND CRU SCHLOSSBERG RIESLING L'EPICENTRE 2007

Blanc Liquoreux | 2010 à 2027 | 60 € les 37,5 cl **18,5/20**

Seize ares de vignes intégralement récoltées sans botrytis ont donné 160 litres de récolte en vin de glace en novembre 2007. Le nez encore discret est d'une grande netteté sur les agrumes frais, la bouche est liquoreuse, véritable essence de riesling, avec une fraîcheur intense. À garder.

ALSACE GRAND CRU SCHLOSSBERG RIESLING SÉLECTION DE GRAINS NOBLES 2007

Blanc Liquoreux | 2009 à 2027 | 60 € les 37,5 cl **19,5/20**

Le nez est très intense sur le citron confit et l'abricot, avec une grande pureté. La bouche est liquoreuse, très fine avec une forte salinité qui donne de la longueur au vin. Une cuvée extraordinaire qui rejoint les grands rieslings liquoreux alsaciens.

ALSACE GRAND CRU SCHLOSSBERG RIESLING VENDANGES TARDIVES 2007

Blanc liquoreux | 2009 à 2027 | 25 € les 50 cl **19/20**

Un vin très pur, au nez de miel, d'agrumes frais et de silex, très fin et minéral en bouche avec un moelleux bien fondu.

ALSACE GRAND CRU STEINGRÜBLER GEWURZTRAMINER 2007

Blanc Demi-sec | 2009 à 2027 | 18,50 € **17,5/20**

Un vin ample, délicatement parfumé avec de la rose et des notes épicées, ample en bouche avec un moelleux discret. La finale est très longue pour ce vin d'une douceur et d'une sapidité exemplaires.

ALTENBOURG GEWURZTRAMINER VENDANGES TARDIVES 2007

Blanc liquoreux | 2009 à 2027 | 23 € les 50 cl **18,5/20**

Un vin riche, au nez de rose et d'épices, moelleux en bouche, avec une grande finesse. Les argiles du terroir de l'Altenbourg apportent une onctuosité remarquable.

ALTENBOURG MUSCAT LE TRI 2007

Blanc Liquoreux | 2009 à 2027 | 50 € les 37,5 cl **19/20**

Une sélection de grains nobles de muscat Ottonel, non revendiquée compte tenu des volumes produits. Belle fraîcheur au nez avec des agrumes confits, des fruits secs et une pointe de menthe fraîche. La bouche est liquoreuse, très pure avec une liqueur incroyable de finesse. Un vin élégant, produit malheureusement en très petite quantité.

ALTENBOURG PINOT GRIS SÉLECTION DE GRAINS NOBLES LE TRI 2007

Blanc Liquoreux | 2012 à 2030 | 45 € les 37,5 cl **17/20**

Élevé en barriques neuves, le nez est marqué par le toasté et par les fruits jaunes. La bouche est liquoreuse, intense et fortement acidulée, avec une longue finale saline. Véritable essence de pinot gris, encore dominée par le moelleux intense, voilà un vin qu'il faudra garder.

ALTENBOURG PINOT GRIS VENDANGES TARDIVES 2007

Blanc liquoreux | 2010 à 2027 | 23 € les 37,5 cl **18/20**

Concentré à un niveau de sélection-de-grains-nobles, le vin est rôti et fumé au nez, liquoreux en bouche avec une acidité importante qui donne de la fraîcheur au vin. La finale est longue, fumée avec une note de caramel. À attendre pour que l'ensemble se fonde.

AUXERROIS VIEILLES VIGNES 2007

Blanc | 2009 à 2015 | 10,50 € **15/20**

Ample, gras et bien mûr, c'est un auxerrois riche qui possède du corps et de la finesse.

GEWURZTRAMINER 2007

Blanc Demi-sec | 2009 à 2017 | 12 € **15,5/20**

Un vin élégant et parfumé, au nez de rose et de pralin, de style demi-sec en bouche avec une bonne densité.

PINOT BLANC 2007

Blanc | 2009 à 2015 | 7,50 € **14/20**

Un pinot blanc fruité, au nez de fruits acidulés, franc en bouche, avec une acidité nette.

PINOT GRIS CUVÉE ALBERT 2007
Blanc | 2010 à 2017 | 13 €   **15,5/20**
Une cuvée très mûre, au nez de fruits jaunes,
riche en bouche avec un moelleux mesuré
et une acidité digne d'un riesling. Une cuvée
à boire ou à garder.

PINOT NOIR CLOS DE LA FAILLE 2006   ☺
Rouge | 2009 à 2016 | 23 €   **15/20**
Souple et d'un fruité intense sur la cerise,
superbe équilibre dans un registre de finesse
avec des tanins fondus. Les vignes sont
jeunes mais la cuvée est déjà parmi les
grands pinots noirs alsaciens.

PINOT NOIR GRAND H 2006
Rouge | 2009 à 2021 | 26 €   **16/20**
Originaire de vieilles vignes sur le Hengst,
le vin est charpenté avec des arômes de
fruits noirs et de fumée, dense en bouche
avec des tanins gras encore présents. Longue finale.

RIESLING CUVÉE ALBERT 2007
Blanc | 2009 à 2017 | 14 €   **15/20**
Un équilibre idéal pour ce riesling mûr, sec
et franc, qui possède une salinité importante et termine sur de beaux amers. Encore
austère mais une expression classique du
riesling.

RIESLING ROSENBERG 2007
Blanc | 2009 à 2022 | 19 €   **16/20**
Récolté en légère surmaturité, le vin pos-
sède des arômes de pamplemousse et d'abricot au nez, une belle trame acidulée et une
finale saline.

SENTEURS DES VIGNES 2007   ☺
Blanc Demi-sec | 2009 à 2012 | 7,50 €   **14/20**
L'assemblage de pinot blanc, auxerrois, muscat, riesling, pinot gris et gewurztraminer a
donné un vin aromatique, sec et frais avec
du gras et une finale fruitée très nette. Un
vin délicieux.

Rouge : 2,2 hectares ; pinot gris 23%, pinot noir 12%.
Blanc : 17,8 hectares ; gewurztraminer 22%,
muscat 2%, pinot blanc 16%, riesling 25%.
Production totale annuelle : 120 000 bt.
Visite : Sur rendez-vous.

JEAN-LOUIS ET FABIENNE MANN

6 a, rue de Colmar
68420 Eguisheim
Tél. 03 89 24 26 47 - Fax. 03 89 24 09 41
mann.jean.louis@wanadoo.fr

Issus de familles de coopérateurs, Jean-Louis
et Fabienne Mann ont démarré la mise en bouteilles au domaine en 1998. Fabienne a apporté
au domaine des parcelles sur le secteur d'Ingersheim, qui complètent les terres plus calcaires d'Eguisheim. Les vins du Steinweg ou
du Letzenberg sont faciles à boire jeunes.

ALSACE GRAND CRU PFERSIGBERG
GEWURZTRAMINER 2007
Blanc Doux | 2010 à 2027 | 17 €   **16/20**
Le nez est déjà bien ouvert sur la rose et les
épices, la bouche est ample et moelleuse avec
de la profondeur. La finale est longue et épicée.

ALSACE GRAND CRU PFERSIGBERG RIESLING 2007
Blanc | 2009 à 2022 | 16,60 €   **17/20**
Un riesling sec très minéral, qui possède
une belle salinité en bouche, élégant et frais,
avec beaucoup de finesse en bouche. Un
beau pfersigberg.

ALSACE GRAND CRU PFERSIGBERG RIESLING
VENDANGES TARDIVES 2004
Blanc liquoreux | 2010 à 2024 | 23,60 €   **16/20**
Toute la parcelle a été récoltée en vendange
tardive en 2004, donnant un vin moelleux fin,
élégant avec une fine salinité en finale.

ALTENGARTEN MUSCAT 2007
Blanc | 2009 à 2013 | 9,30 €   **14,5/20**
Un muscat parfumé, au nez très floral, sec en
bouche avec du gras. Un vin fin très élégant.

ALTENGARTEN RIESLING 2007
Blanc | 2009 à 2017 | 10,80 €   **15/20**
Un riesling fin et acidulé, au nez d'agrumes
et de zeste, suivi par une bouche saline très
longue. Belle élégance pour un vin sec qui
sera parfait sur des poissons de rivière.

LOGELBERG RIESLING 2007
Blanc | 2009 à 2015 | 13,60 €   **15/20**
Produit par une jeune vigne située sur la
face nord du grand cru Brand, le vin est
déjà ouvert avec un nez de fleur et de silex,
frais et salin en bouche avec du gras. Un
beau vin très prometteur.

ROSENBERG PINOT GRIS 2007
Blanc Doux | 2009 à 2017 | 14,90 €   **15/20**
Un pinot gris riche et acidulé, qui possède
du moelleux et de la suavité, équilibrés par
une acidité fine marquée.

Production totale annuelle : 40 000 bt.
Visite : Du lundi au samedi de 8 h à 18 h,
le dimanche sur rendez-vous.

DOMAINE DU MANOIR

56, rue de la Promenade
68040 Ingersheim
Tél. 03 89 27 23 69 - Fax. 03 89 27 23 69
thomann@terre-net.fr

Jean et Marina Thomann ont défriché et replanté le clos du Letzenberg dans les années 1960. Le terroir du clos étant similaire à celui du Heimbourg voisin, le pinot gris possède déjà une légère minéralité, mais on imagine le potentiel d'amélioration qualitative lorsque les vignes seront plus âgées et les sols plus travaillés. Les vents qui balaient le clos limitent souvent le développement de la pourriture noble, mais ils ont permis de produire des 2006 sains. 2007 s'annonce plus riche, avec de belles acidités. Les prix sont très doux, mieux vaut donc se dépêcher d'acheter quelques cuvées après leur mise en bouteilles, voire de les réserver après dégustation sur cuve.

CLOS DU LETZENBERG GEWURZTRAMINER 2008
Blanc Demi-sec | 2011 à 2022 | NC   **15/20**
Un vin au nez de rose et de poivre, ample et d'équilibre demi-sec en bouche avec une acidité fine. Un gewurztraminer qui sera gastronomique après quelques années de garde.

CLOS DU LETZENBERG GEWURZTRAMINER VENDANGES TARDIVES 2006
Blanc liquoreux | 2009 à 2016 | NC   **16/20**
Un vin au nez de miel, d'épices et de mirabelle, moelleux en bouche avec une bonne pureté.

CLOS DU LETZENBERG PINOT GRIS 2008
Blanc Demi-sec | 2009 à 2018 | 8 €   **15,5/20**
Un vin mûr, au nez de vanille et de noisette, riche en bouche avec un moelleux bien intégré et une acidité fine très présente. Un vin élégant déjà très équilibré, grâce à une importante acidité typique du millésime.

CLOS DU LETZENBERG RIESLING 2007
Blanc | 2009 à 2017 | 6,50 €   **14/20**
Un riesling mûr très frais, au nez d'agrumes, claquant en bouche avec une belle acidité.

Rouge : 0,70 hectare ; pinot noir 10%.
Blanc : 8,30 hectares ; autres 25%, auxerrois 20%, gewurztraminer 20%, riesling 25%. **Production totale annuelle :** 30 000 bt. **Visite :** De 10 h à 12 h et de 14 h à 18 h.

DOMAINE MEYER-FONNÉ

24, Grand-Rue
68230 Katzenthal
Tél. 03 89 27 16 50 - Fax. 03 89 27 34 17
felix.meyer-fonne@libertysurf.fr
meyer-fonne.com

Félix Meyer continue d'année en année à affiner les vins du domaine, cherchant un équilibre optimal entre la maturité et l'élégance. Après un magnifique millésime 2006, 2007 se montre un cran supérieur, en particulier sur les gewurztraminers. La sagesse des prix entraîne une disparition rapide des vins, mieux ne vaut pas tarder pour acheter quelques flacons au domaine.

ALSACE GRAND CRU FURSTENTUM GEWURZTRAMINER VENDANGES TARDIVES 2007
Blanc liquoreux | 2012 à 2027 | NC   **17,5/20**
Un vin mûr, au nez délicat de pralin et de rose, moelleux et très pur en bouche, avec de la salinité. La fin de bouche est longue avec une pointe vanillée.

ALSACE GRAND CRU KAEFFERKOPF GEWURZTRAMINER 2007
Blanc Doux | 2010 à 2027 | NC   **16,5/20**
Produit sur la partie plus argileuse du Kaefferkopf, le vin est riche, marqué par le pralin au nez, profond en bouche avec de la suavité.

ALSACE GRAND CRU KAEFFERKOPF RIESLING 2007
Blanc | 2010 à 2027 | 15,50 €   **17/20**
Produit sur la partie marno-gréseuse du cru, c'est un vin au fruité prononcé au nez, dense, avec de la chair en bouche, finissant sur un équilibre fin et acidulé.

ALSACE GRAND CRU SCHOENENBOURG RIESLING 2007
Blanc | 2009 à 2022 | NC   **16/20**
Un riesling ample, à l'équilibre sec, fin et citronné en bouche, avec de la suavité. Un beau vin de terroir à la salinité prononcée.

ALSACE GRAND CRU SPOREN GEWURZTRAMINER 2007
Blanc | 2010 à 2027 | NC   **17/20**
Issu de vieilles vignes, le vin possède la patte du terroir avec un nez floral intense, et une bouche ample et profonde équilibrée par une acidité intense et fine. La finale est longue sur une note de citron confit. Un sporen racé de grande garde.

ALSACE GRAND CRU SPOREN GEWURZTRAMINER SÉLECTION DE GRAINS NOBLES 2007
Blanc Liquoreux | 2012 à 2027 | NC   **19/20**
Produit par un tri sur les parcelles, c'est un vin puissant, au nez de rose confite et de beurre, onctueux et profond en bouche avec une richesse inouïe. La finale citronnée et florale apporte une touche de fraîcheur bienvenue. Un vin d'anthologie.

ALSACE GRAND CRU WINECK-SCHLOSSBERG
GEWURZTRAMINER VENDANGES TARDIVES 2007
Blanc liquoreux | 2010 à 2022 | NC   **17/20**
Un vin moelleux, aux accents de fruits exotiques confits, doté d'une liqueur fine en
bouche, avec une finale acidulée sur les épices.

ALSACE GRAND CRU WINECK-SCHLOSSBERG
RIESLING 2007
Blanc | 2010 à 2027 | NC   **17/20**
Un vin remarquable, qui exprime parfaitement le terroir de granit désagrégé du
Wineck-Schlossberg : agrumes frais domi-
nés par le pamplemousse au nez, équilibre
sec en bouche, avec une acidité fine et une
salinité importante, c'est un vin idéal pour
accompagner des poissons de rivière.

DORFBOURG GEWURZTRAMINER VIEILLES VIGNES 2007
Blanc Demi-sec | 2010 à 2022 | NC   **16/20**
Une cuvée surmûrie au nez de citron confit
et d'épices, légèrement moelleuse en bouche
avec de l'ampleur et des amers. La finale
sur le gingembre appelle sans hésitation la
cuisine asiatique.

PFOELLER RIESLING 2007
Blanc | 2010 à 2022 | NC   **16/20**
Originaire des calcaires muschelkalk du
Pfoeller, c'est un vin sec à la bouche pro-
fonde, ample avec une acidité nette.

PFOELLER RIESLING VENDANGES TARDIVES 2007
Blanc liquoreux | 2009 à 2027 | NC   **16/20**
Une parcelle récoltée tardivement a produit
un vin riche au nez d'agrumes confits, d'équilibre demi-sec en bouche avec un moelleux
très fondu et une forte acidité.

PINOT BLANC VIEILLES VIGNES 2007   ☺
Blanc | 2009 à 2017 | 5,95 €   **14,5/20**
Assemblage de la famille des pinots élevé en
foudres, c'est un vin léger au nez de vanille,
pur en bouche avec du gras et une finale légèrement boisée. Un vin très facile à boire.

VIGNOBLE DE KATZENTHAL MUSCAT 2007
Blanc | 2009 à 2013 | 7 €   **15/20**
Un muscat mûr, au nez de fleurs et de raisin frais avec une pointe musquée, sec en
bouche avec du croquant. Un muscat très
apéritif, porté par une fine salinité.

VIGNOBLE DE KATZENTHAL RIESLING 2007   ☺
Blanc | 2009 à 2017 | 8,80 €   **15/20**
Produit par des vignes sur terroirs de granit et de
calcaire dont des grands crus, c'est un vin élégant
au nez fin, sec en bouche avec de la chair et un
fruité élégant. Un vin plaisant à boire.

Rouge : 0,6 hectare ; pinot noir 100%.
Blanc : 11,95 hectares ; gewurztraminer 25%,
pinot blanc 28%, riesling 27%. **Production totale
annuelle :** 75 000 bt.

DOMAINE MITTNACHT-KLACK
ɛ ɛ ɛ ɛ ɛ

8, rue des Tuileries
68340 Riquewihr
Tél. 03 89 47 92 54 - Fax. 03 89 47 89 50
info@mittnacht.fr
www.mittnacht.fr

Jean Mittnacht et son fils Franck continuent de
mettre en avant le caractère propre des terroirs de Riquewihr, Hunawihr et Ribeauvillé. Si
les trois grands crus Sporen, Schoenenbourg
et Rosacker produisent des vins profonds bien
définis, les vins issus de lieux-dits ne manquent pas de caractère. Les millésimes 2005 et
2006 nous ont semblé manquer de précision
dans les vins d'entrée de gamme. 2007 se
montre heureusement plus homogène.

ALSACE GRAND CRU SCHOENENBOURG PINOT GRIS 2007
Blanc | 2012 à 2027 | 15 €   **16/20**
Vin riche récolté en surmaturité, suave et
minéral en bouche, avec du gras et une
grande longueur.

ALSACE GRAND CRU SCHOENENBOURG RIESLING 2006
Blanc liquoreux | 2011 à 2021 | 15 €   **15/20**
Nez complexe d'écorce d'agrumes, de safran,
avec une pointe de sous-bois. La bouche est
moelleuse, riche et minérale, avec une acidité
fine très nette. Un vin riche à laisser vieillir.

ALSACE GRAND CRU SCHOENENBOURG
RIESLING 2005
Blanc liquoreux | 2009 à 2020 | 15 €   **16/20**
Un vin à l'équilibre surmûri, riche en bouche,
avec de la salinité et du gras. Un vin de garde
par excellence.

GEWURZTRAMINER SÉLECTION DE GRAINS
NOBLES 2003
Blanc Liquoreux | 2009 à 2023 | 41,70 €   **16/20**
Le vin est ouvert, avec des arômes de miel
et de citronnelle, liquoreux en bouche, avec
un équilibre minéral qui le rend très digeste.
Longue finale sur le pralin et la rose.

RIESLING 2007
Blanc | 2009 à 2015 | 8 €   **14/20**
Un vin fruité au nez d'agrumes, d'équilibre
sec en bouche, avec une acidité plaisante.

RIESLING SÉLECTION DE GRAINS NOBLES 2004
Blanc Liquoreux | 2009 à 2024 | 41,70 €   **17/20**
Un vin au nez discret de citron confit, liquoreux en bouche avec de la profondeur et une
acidité fine. Une très petite récolte qui a
donné un grand vin.

Rouge : 0,6 hectare. **Blanc :** 9,8 hectares ;
gewurztraminer 21%, muscat d'Alsace 4%,
pinot blanc 21%, pinot gris 14%, riesling 32%,
sylvaner 1%. **Production totale annuelle :** 60 000 bt.
Visite : Sur rendez-vous de préférence, du lundi au
vendredi de 9 h 30 à 12 h et de 13 h 30 à 18 h.

DOMAINE FRÉDÉRIC MOCHEL

56, rue Principale
67310 Traenheim
Tél. 03 88 50 38 67 - Fax. 03 88 50 56 19
infos@mochel.net
www.mochel.net

La moitié des vignes est située sur le grand cru Altenberg de Bergbieten, permettant la production de riesling, de gewurztraminer et surtout d'un muscat de grande classe, dominé par la minéralité du terroir. En dehors du grand cru, ne négligez pas le gewurztraminer et le pinot noir, régulièrement réussis. 2007 signe un grand millésime mûr, avec des vins de garde et de superbes moelleux dotés de belles minéralités qui trahissent leur noble origine.

ALSACE GRAND CRU ALTENBERG DE BERGBIETEN GEWURZTRAMINER 2007
Blanc Doux | 2010 à 2027 | 14,50 €   **16,5/20**
Un vin au nez intense de girofle et de fumée, dense et épicé en bouche, avec un caractère presque sec. Le minéral l'emporte sur le fruité et sur le caractère moelleux généralement recherché sur ce cépage, pour un vin de gastronomie qui sera parfait sur la cuisine fusion.

ALSACE GRAND CRU ALTENBERG DE BERGBIETEN MUSCAT 2007
Blanc | 2010 à 2027 | 15 €   **18/20**
Grand muscat à l'équilibre remarquable : le nez est aromatique sans être exubérant, la bouche est ample, saline et d'une grande pureté, évoluant sur un équilibre sec et minéral avec une grande longueur. Un vin de référence dans les grands muscats de terroir alsacien.

ALSACE GRAND CRU ALTENBERG DE BERGBIETEN RIESLING 2007
Blanc | 2010 à 2022 | 12 €   **15,5/20**
Un vin sec mûr, au nez muscaté, ample et gras en bouche, avec une minéralité déjà affirmée. Le vin est déjà ouvert.

GEWURZTRAMINER 2007
Blanc Demi-sec | 2010 à 2017 | 10,20 €   **15/20**
Un vin intense et puissant, au nez d'épices et de fumée, riche en bouche avec une légère douceur. Un vin élégant qui possède une pointe d'alcool marquée en finale.

GEWURZTRAMINER VENDANGES TARDIVES 2007
Blanc liquoreux | 2010 à 2027 | 19,50 €   **18/20**
Un vin aromatique, délicat et tendre en bouche, avec une bonne pureté. Le moelleux est bien intégré grâce à une minéralité qui trahit l'origine de ce vin issu du grand cru Altenberg de Bergbieten.

MUSCAT 2007   ⓤ
Blanc | 2009 à 2015 | 9,60 €   **14,5/20**
Un muscat très aromatique, pur et droit avec de l'ampleur et du gras. Un beau muscat droit, très pur, qui vieillira bien.

PINOT GRIS 2007
Blanc Demi-sec | 2010 à 2017 | 9 €   **14,5/20**
Encore discret au nez, le vin est ample, légèrement moelleux en bouche, avec une acidité présente. À garder.

PINOT GRIS VENDANGES TARDIVES 2007
Blanc liquoreux | 2010 à 2027 | 19,50 €   **17/20**
Une cuvée très concentrée, pure et élégante dans l'équilibre, tant au niveau de l'alcool que du moelleux. Une vendanges-tardives très sapide.

PINOT NOIR 2007
Rouge | 2009 à 2017 | 9 €   **15/20**
Élevé en foudres et en barriques pour un tiers, le vin est mûr avec un fruit très délicat sur les fruits rouges, élégant en bouche, avec des tanins souples.

RIESLING 2007
Blanc | 2009 à 2015 | 7,80 €   **14/20**
Un riesling franc au nez d'agrumes frais, vivace en bouche avec de l'amertume et une bonne longueur.

RIESLING SÉLECTION DE GRAINS NOBLES 2007
Blanc Liquoreux | 2012 à 2030 | 30 € **18,5/20**
Originaire d'un tri sur l'Altenberg de Bergbieten, le vin est d'une grande pureté au nez, concentré en bouche avec une acidité fine très présente, et salin à souhait. Premier riesling sélection-de-grains-nobles produit au domaine, voilà un vin encore très jeune qui nécessitera une grande garde pour révéler toute sa personnalité.

RIESLING VENDANGES TARDIVES 2007
Blanc liquoreux | 2010 à 2027 | 18,50 € **17,5/20**
Originaire d'un tri sur l'Altenberg de Bergbieten, le vin est très élégant avec un nez de pêche, moelleux en bouche avec une acidité très présente. Un vin bien né, à garder impérativement pour que l'ensemble se fonde.

RIESLING VENDANGES TARDIVES 2006
Blanc liquoreux | 2010 à 2021 | NC   **16/20**
Le nez est fumé avec une note d'agrumes confits, la bouche est pure, cristalline et minérale avec un moelleux discret et une acidité très fine. Originaire de l'Altenberg de Bergbieten, c'est un vin qui vieillira bien.

Rouge : 0,5 hectare ; 14%, pinot noir 7%.
Blanc : 9,5 hectares ; chardonnay 9%, gewurztraminer 20%, muscat Ottonel 10%, pinot blanc 9%, riesling 30%.
Production totale annuelle : 75 000 bt.

RENÉ MURÉ – CLOS SAINT-LANDELIN

RN 83
68250 Rouffach
Tél. 03 89 78 58 00 - Fax. 03 89 78 58 01
rene@mure.com
www.mure.com

René Muré exploite le Clos Saint-Landelin, situé sur le versant orienté plein sud du grand cru Vorbourg. Le domaine est passé à la viticulture biologique en 2005. Le résultat est lisible depuis quelques années, les vins possèdent désormais la minéralité, la richesse d'un terroir solaire, sans en avoir la lourdeur. Les vins issus d'achats de raisin sont regroupés sous l'étiquette René-Muré, et proposent un style mûr et ample très homogène.

ALSACE GRAND CRU VORBOURG RIESLING 2007
Blanc | 2010 à 2022 | 16 € **16,5/20**
Une cuvée ample, qui combine avec bonheur une grande concentration, une pureté très nette et une acidité sphérique qui donne de l'élégance.

CLOS SAINT-LANDELIN GEWURZTRAMINER VENDANGES TARDIVES 2007
Blanc liquoreux | 2010 à 2027 | 31 € **18/20**
Un vin puissant, marqué par la fraîcheur aromatique, riche en bouche avec une forte salinité et un moelleux fondu.

CLOS SAINT-LANDELIN GEWURZTRAMINER VENDANGES TARDIVES 2002
Blanc liquoreux | 2009 à 2022 | 31 € **17/20**
Un vin moelleux de grande minéralité, élégant en bouche avec un confit d'une grande finesse.

CLOS SAINT-LANDELIN MUSCAT VENDANGES TARDIVES 2007
Blanc liquoreux | 2010 à 2027 | 32 € **19/20**
Une vendange à maturité de sélection de grains nobles a donné un vin au nez d'ananas rôti et de pêche, moelleux en bouche avec une fraîcheur remarquable en fin de bouche.

CLOS SAINT-LANDELIN PINOT GRIS 2007
Blanc Demi-sec | 2010 à 2022 | 18 € **17/20**
Un pinot gris d'équilibre demi-sec, ample et frais en bouche, avec de la profondeur et du gras. La minéralité du vin le rend très sapide. Un vin de table remarquable.

CLOS SAINT-LANDELIN PINOT GRIS SÉLECTION DE GRAINS NOBLES 2004
Blanc Liquoreux | 2009 à 2010 | 31 € les 50 cl **19,5/20**
Un vin monumental, produit à partir d'une vendange au botrytis de grande qualité : le nez est net sur les fruits confits et le coing, avec une pointe de vanille, la bouche est liquoreuse avec une liqueur d'une grande pureté, très fine avec une acidité très présente.

CLOS SAINT-LANDELIN PINOT NOIR 2007
Rouge | 2010 à 2027 | 30 € **16/20**
Un vin du Clos travaillé sur l'élégance, parfumé, avec des notes toastées au nez, dense avec des tanins frais en bouche. Un vin qui se boira bien jeune.

CLOS SAINT-LANDELIN RIESLING 2007
Blanc | 2010 à 2022 | 23 € **17/20**
Une cuvée récoltée mûre sans surmaturité, dense en bouche avec du croquant. Un vin techniquement sec et très minéral, qui vieillira bien.

CLOS SAINT-LANDELIN SYLVANER CUVÉE OSCAR 2007
Blanc liquoreux | 2012 à 2022 | 17 € **16/20**
Un vin récolté très mûr a donné une cuvée ample aux arômes de fruits exotiques, riche en bouche avec un équilibre demi-sec qui supportera la garde.

CÔTES DE ROUFFACH RIESLING 2007
Blanc | 2009 à 2015 | 11 € **14,5/20**
Riche et fruité avec un nez d'agrumes suivi par une bouche acidulée, avec du gras. L'ensemble est fin, avec du pamplemousse en finale.

CRÉMANT D'ALSACE MILLÉSIMÉ 2005
Blanc Brut effervescent | 2009 à 2015 | 16 € **17/20**
Des chardonnays cultivés au pied du Clos Saint-Landelin, vinifiés et élevés en barriques, ont donné un crémant magnifique, ample et fin, avec une longue finale.

CRÉMANT D'ALSACE PRESTIGE
Blanc Brut effervescent | 2009 à 2011 | 10,20 € **16/20**
Issu d'une majorité de pinot blanc, auxerrois et pinot noir, le crémant est ample et net, avec de la vinosité et une belle fraîcheur. Un modèle du genre pour la région.

LUTZELTAL PINOT GRIS VENDANGES TARDIVES 2007
Blanc liquoreux | 2010 à 2017 | 25 € **16/20**
Un vin concentré, confit avec une note de pralin au nez, riche en bouche, avec une acidité fine très présente qui donne du relief au vin.

PINOT NOIR V 2006
Rouge | 2010 à 2016 | 22 € **16/20**
Originaire du Vorbourg, c'est un vin déjà équilibré, dense et profond en bouche avec des tanins mûrs. Une grande réussite dans un millésime difficile.

Rouge : 3,5 hectares ; 13%, pinot noir 14%.
Blanc : 21,5 hectares ; 2%, chardonnay 1%, gewurztraminer 16%, pinot blanc 30%, riesling 22%, sylvaner 2%. **Production totale annuelle** : 300 000 bt. **Visite** : De 8 h à 18 h30.

DOMAINE GÉRARD NEUMEYER

29, rue Ettore Bugatti
67120 Molsheim
Tél. 03 88 38 12 45 - Fax. 03 88 38 11 27
contact@gerardneumeyer.fr
www.gerardneumeyer.fr

Sur le grand cru Bruderthal, le muscat est venu en 2005 compléter la gamme des rieslings, pinots gris et gewurztraminers. Après un difficile millésime 2006 - aucun grand cru n'a été mis en vente -, 2007 porte la marque des grandes années avec une gamme homogène, marquée par des équilibres à l'acidité franche qui est parfois atténuée par une légère douceur.

ALSACE GRAND CRU BRUDERTHAL GEWURZTRAMINER 2007
Blanc Demi-sec | 2012 à 2027 | 14,85 € **16,5/20**
Un style élégant sans trop de surmaturité, qui laisse une belle place aux épices du nez et à l'acidité en bouche. Une belle expression saline du Bruderthal.

ALSACE GRAND CRU BRUDERTHAL MUSCAT 2007
Blanc | 2012 à 2027 | 17,40 €   **16/20**
2007 a produit un vin très moelleux, récolté à maturité de vendange tardive. À boire sur le fruité jeune ou à garder.

ALSACE GRAND CRU BRUDERTHAL PINOT GRIS 2007
Blanc Demi-sec | 2012 à 2022 | 16,20 €   **16/20**
Un vin riche de bonne densité, minéral en bouche, avec une longue finale acidulée.

PINOT GRIS LE BERGER 2007
Blanc Demi-sec | 2010 à 2017 | NC   **15/20**
Un pinot gris ouvert, au nez de froment, riche et finement acidulé en bouche. Un équilibre très salin qui bénéficiera de quelques années de garde, donnant un vin parfait à table.

RIESLING LES PINSONS 2007
Blanc | 2010 à 2017 | 6,95 €   **15/20**
Originaire du terroir du Finkenberg d'Alvolsheim, c'est un vin au nez d'agrumes, sec en bouche, avec une fine salinité qui souligne l'acidité. Longue finale sur des notes de pamplemousse. Un vin exemplaire, qui remet en avant les qualités d'un terroir oublié depuis trop longtemps.

SYLVANER VIEILLES VIGNES 2007
Blanc | 2010 à 2017 | NC   **14/20**
Un sylvaner sec, au nez très net de fleurs blanches, net en bouche avec un bel équilibre frais. Un vin magnifique de pureté.

Rouge : 1,15 hectare ; pinot noir 6%.
Blanc : 14,85 hectares ; auxerrois 9%, chardonnay 6%, gewurztraminer 15%, muscat Ottonel 4%, pinot blanc 4%, pinot gris 21%, riesling 28%, sylvaner 7%. **Production totale annuelle :** 65 000 bt.

DOMAINE DE L'ORIEL

133, rue des Trois-Épis
68230 Niedermorschwihr
Tél. 03 89 27 40 55 - Fax. 03 89 27 04 23
oriel.weinzorn@club-internet.fr

Claude Weinzorn réussit à extraire le meilleur des terroirs de Niedermorschwihr et Turckheim, que ce soit sur les granits du Sommerberg et du Brand ou sur les calcaires du Heimbourg. 2006 a reçu tellement d'attention qu'il a donné des vins magnifiques d'une grande pureté, parfois un cran au-dessus des très bons 2005. 2007 s'annonce très grand sur le Brand et le Sommerberg.

ALSACE GRAND CRU BRAND RIESLING 2007
Blanc | 2009 à 2027 | env 14 €   **17,5/20**
Nez floral avec une pointe fumée, d'une grande amplitude, bouche large et ample avec une grande densité, de la minéralité et du gras.

ALSACE GRAND CRU FLORIMONT RIESLING 2007
Blanc | 2011 à 2027 | 20 €   **17/20**
Nez de fleurs et de pêche blanche, le vin est profond et ample en bouche, avec une bonne densité. Une cuvée très réussie, de grande garde. Pas de 2006 produit.

ALSACE GRAND CRU SOMMERBERG PINOT GRIS 2007
Blanc Demi-sec | 2009 à 2022 | env 15 € **17,5/20**
Récolté mûr sans surmaturité, le vin est ouvert avec des fruits compotés au nez, ample et minéral en bouche, avec un moelleux encore présent et une acidité fine. Un vin de garde à la finale épicée de grande longueur.

ALSACE GRAND CRU SOMMERBERG PINOT GRIS LES TERRASSES 2006
Blanc Demi-sec | 2009 à 2021 | 15 €   **17,5/20**
Une récolte tardive, au nez de fruits jaunes et de grillé d'une grande pureté, moelleux en bouche avec une minéralité prononcée qui apporte une longue finale saline sur la pêche. Un vin magnifique de pureté et de netteté.

ALSACE GRAND CRU SOMMERBERG RIESLING 2007
Blanc | 2010 à 2022 | env 13 €   **17/20**
Un vin mûr, au nez de fruits à chair blanche, ample et sec en bouche, avec une grande minéralité qui donne une finale très longue. Magnifique et à garder.

ALSACE GRAND CRU SOMMERBERG RIESLING CUVÉE ARNAUD 2006
Blanc | 2010 à 2026 | 20 €   **18/20**
Produit les meilleures années avec les plus vieilles vignes du Sommerberg, le vin a été récolté à maturité de vendange tardive, avec un nez miellé aux notes d'agrumes et une bouche très saline, ample, avec un moelleux très fondu. La finale est longue, sur la pêche mûre. Une très grande réussite.

CRÉMANT D'ALSACE BRUT
Blanc Brut effervescent | 2009 à 2011 | 8 € | **14,5/20**
Pinot blanc et auxerrois du millésime 2005
ont donné un vin ample, au nez de fruits à
chair blanche, vineux en bouche avec une
belle fraîcheur. Le dosage est modéré mais
le vin se montre frais.

GEWURZTRAMINER CUVÉE CLAIRE 2007
Blanc Doux | 2010 à 2022 | env 15 € | **16,5/20**
Originaire du Heimbourg, le vin est ample, au nez
de fruits exotiques et de pralin, riche et moelleux
en bouche avec une acidité rafraîchissante.

GEWURZTRAMINER CUVÉE CLAIRE 2006
Blanc Doux | 2009 à 2016 | 15 € | **16/20**
Issu des terrains calcaires du Heimbourg, le vin
est ample, fruité et moelleux en bouche, fumé
et épicé en finale. Un vin d'une grande pureté,
très net avec des épices grillées en finale. Un
vin chaleureux, d'une grande pureté.

MUSCAT 2007
Blanc | 2009 à 2012 | 7,50 € | **15/20**
Un muscat floral très pur, sec et de bonne densité en bouche, avec du gras. Un superbe muscat ample, à la longue finale sur le melon.

PINOT GRIS 2006 ⓤ
Blanc Demi-sec | 2009 à 2016 | 8 € | **15/20**
Issu en majorité de jeunes vignes sur le Sommerberg, le vin offre un nez agréable de noisette et de coing, et une bouche de caractère
sec, vineuse et acidulée en finale. Un pinot
gris savoureux très franc, qui sera parfait à
table sur une grande variété de mets.

PINOT NOIR 2007 ⓤ
Rosé | 2009 à 2011 | 7 € | **14/20**
Rosé de robe soutenue, fruité avec un nez
de cerise et de petits fruits, vineux et légèrement doux en bouche, avec de légers
tanins en finale. Un vin d'été.

RIESLING 2007 ⓤ
Blanc | 2010 à 2017 | 7,50 € | **15/20**
Produit à partir de jeunes vignes du Sommerberg, le vin est encore discret au nez, avec
des arômes de raisin, d'herbes fraîches et
d'agrumes frais, ample et net en bouche.

SYLVANER 2007 ⓤ
Blanc | 2009 à 2017 | env 7 € | **15/20**
Un sylvaner parfumé, au nez de muscat et
de melon, sec et net en bouche avec de la
densité, du gras et une finale acidulée. Un
succès mérité pour une cuvée très réussie.

Rouge : 0,6 hectare ; pinot 34%, pinot gris 15%,
pinot noir 8%. **Blanc :** 8 hectares ;
gewurztraminer 14%, muscat 3%, riesling 19%,
sylvaner 3%. **Production totale annuelle :** 40 000 bt.
Visite : Du lundi au samedi : de 9 h à 12 h et de 14 h
à 18 h sur rendez-vous.

DOMAINE ANDRÉ OSTERTAG

87, rue Finkwiller
67680 Epfig
Tél. 03 88 85 51 34 - Fax. 03 88 85 58 95
domaine.ostertag@orange.fr

André Ostertag continue de produire des
vins ciselés qui vibrent au son de leur terroir
d'origine, qu'ils soient élevés de manière traditionnelle ou en barriques pour les pinots
gris. Après un millésime 2006 très réussi,
2007 se présente avec une forte concentration, des élevages plus longs et quelques
sucres résiduels facilement compensés par
une acidité plus élevée des vins. Les premiers 2008 disponibles sont intenses, avec
des acidités d'une grande finesse.

ALSACE GRAND CRU MUENCHBERG PINOT GRIS
CUVÉE A360P 2007
Blanc | 2011 à 2027 | 39 € | **19/20**
Un vin impressionnant de puissance, long
et d'une grande minéralité, c'est un exemple
d'un des plus grands vins secs produits en
Alsace en 2007. À garder.

ALSACE GRAND CRU MUENCHBERG RIESLING 2007
Blanc | 2010 à 2022 | 34 € | **19,5/20**
Un vin incroyable de complexité, combinant
densité, minéralité et finesse. L'équilibre est
parfait sur cette cuvée au nez encore discret, aux arômes de fleurs blanches, d'abricot frais et de silex, mais qui possède une
trame saline très plaisante qui tire la finale
en longueur. Un vin d'anthologie, déjà ter-
riblement séduisant jeune.

ALSACE GRAND CRU MUENCHBERG RIESLING
VENDANGES TARDIVES 2007
Blanc liquoreux | 2010 à 2027 | 45 € | **18,5/20**
Un muenchberg surmûri aux arômes
d'agrumes confits, dense et moelleux en
bouche avec une acidité fine très présente.
Un vin à déguster pour lui seul ou à garder
de nombreuses années.

CLOS MATHIS RIESLING 2007
Blanc | 2012 à 2027 | 24 € | **17/20**
Le terroir de gneiss sur la commune de
Ribeauvillé produit un vin minéral, ample et
sec avec du gras. 2007 a produit un vin ample
très concentré, aux accents fumés dans la
longue finale. De grande garde.

FRONHOLZ GEWURZTRAMINER
SÉLECTION DE GRAINS NOBLES 2007
Blanc Liquoreux | 2011 à 2022 | 40 € | **18/20**
Un vin de grande concentration, au nez de
fruits rouges dont la fraise, de miel et de raisin sec, puissant en bouche avec une liqueur
qui devra se fondre après quelques années
de garde. Longue finale sur le caramel salé.

FRONHOLZ GEWURZTRAMINER
VENDANGES TARDIVES 2007
Blanc liquoreux | 2009 à 2022 | 39 € **17/20**
Un vin intense, au nez de rose, de pralin et
de fumée, moelleux et très pur en bouche,
avec une longue finale.

FRONHOLZ RIESLING 2007
Blanc | 2010 à 2022 | 24 € **17/20**
Un riesling intense, au nez d'agrumes frais,
dense en bouche, avec du gras et des amers
nobles en finale. L'acidité est très présente
et renforce la salinité du vin. Superbe.

GEWURZTRAMINER VIGNOBLE D'E 2008
Blanc Doux | 2009 à 2018 | 20 € **16/20**
Dégusté sur cuves en avril 2009, c'est un vin
remarquable de pureté, ouvert au nez, avec
de la rose et des fruits mûrs, soyeux en
bouche avec un moelleux fondu et une belle
fraîcheur. La finale se montre plus épicée.

GEWURZTRAMINER VIGNOBLE D'E 2007
Blanc Doux | 2009 à 2017 | 20 € **16/20**
Un vin ouvert et très aromatique, sur les
épices et la rose, avec une pointe fumée,
riche et moelleux en bouche avec une
superbe fraîcheur. Un vin délicieux, à boire
sur le fruit ou à garder.

GEWURZTRAMINER VIGNOBLE D'E
SÉLECTION DE GRAINS NOBLES 2007
Blanc Liquoreux | 2009 à 2017 | 35 € **17/20**
Un vin liquoreux, au nez confit, de fruits secs
et de miel, intense en bouche avec une liqueur
puissante qui reste d'une grande douceur.

LES VIEILLES VIGNES DE SYLVANER 2008
Blanc | 2009 à 2018 | 13 € **16/20**
Grande année pour cette cuvée de sylvaner
sec parfaitement bien élevée, encore discrète au nez puis pure en bouche, avec du
gras et une acidité fine qui donne une tenue
remarquable au vin. Plus immédiat que le
grand 2007 auquel il succède, c'est un vin
délicieux dès à présent.

RIESLING VIGNOBLE D'E 2007 ☺
Blanc | 2009 à 2017 | 18 € **15/20**
Un riesling frais et fruité au nez, très net en
bouche avec de la finesse. Une belle cuvée
plaisir.

ZELLBERG PINOT GRIS 2007 ☺
Blanc | 2009 à 2022 | 30 € **17/20**
Un vin profond, au nez de fruits mûrs, marqué
par une touche de boisé, profond et très dense
en bouche avec un léger moelleux et beaucoup de gras. Un grand pinot gris de terroir.

Rouge : 0,75 hectare ; pinot noir 5%.
Blanc : 13,25 hectares ; gewurztraminer 19%,
muscat 2,2%, pinot blanc 6,30%, pinot gris 14%,
riesling 40%, sylvaner 13,50%. **Production totale
annuelle : 100 000 bt. Visite :** Sur rendez-vous.

DOMAINE OTTER

4, rue du Muscat
68420 Hattstatt
Tél. 03 89 49 33 00
contact@otter-fils.com
www.otter-fils.com

Jean-François Otter réalise chaque année
des essaist. Après plusieurs millésimes
nécessaires pour habituer la vigne à ce
nouveau traitement et pour comprendre le
fonctionnement de chaque terroir, les
cuvées ont gagné en équilibre et en régularité. Le grand millésime 2007 vient apporter
la confirmation des espoirs.

ALSACE GRAND CRU HATSCHBOURG
GEWURZTRAMINER 2007
Blanc Doux | 2010 à 2022 | 16 € **18/20**
Un vin ample d'une grande finesse au nez,
profond en bouche avec une pureté remarquable, tant sur les arômes de fleurs blanches
que sur l'acidité présente, et surtout sur la
minéralité fine qui rend très léger le moelleux important complètement intégré.

ALSACE GRAND CRU HATSCHBOURG RIESLING 2007
Blanc | 2011 à 2022 | NC **17/20**
Un vin sec de toute beauté, fin au nez avec
des arômes de fleurs blanches et de silex,
pur et minéral en bouche avec une précision très grande dans la finale.

KASTELWEG PINOT GRIS 2007 ☺
Blanc | 2009 à 2017 | NC **16/20**
Originaire de la partie basse du Hatschbourg,
en 2007, c'est un vin sec charpenté comme
un riesling de terroir, avec le gras et la finesse
apportée par le pinot gris. Un vin fin très pur,
parfait à table.

PINOT NOIR BARRIQUES 2005
Rouge | 2009 à 2020 | NC **16/20**
Originaire du lieu-dit Bildstoecklé, et élevé
trente mois en barriques neuves, le vin est
corsé, avec un nez de petits fruits noirs et
de fumée, légèrement marqué par le boisé,
puis ample, profond et très pur avec des
tanins fins. Une cuvée de rouge remarquable
de profondeur.

SYLVANER BRANDSTATT 2007 ☺
Blanc | 2009 à 2022 | NC **16,5/20**
Originaire des vignes au cœur du Hatschbourg, c'est un vin sec doté d'une belle
salinité, fin et élégant en bouche avec une
finale sur le fruité du sylvaner. Une cuvée
remarquable de précision.

Rouge : 0,75 hectare ; pinot noir 7%.
Blanc : 11,25 hectares ; autres 5%, auxerrois 6%,
chasselas 1%, gewurztraminer 24%, pinot blanc 9%,
riesling 26%, sylvaner 6%. **Production totale
annuelle :** 58 000 bt. **Visite :** Sur rendez-vous.

LA CAVE DES VIGNERONS DE PFAFFENHEIM

5, rue du Chais
BP 33
68250 Pfaffenheim
Tél. 03 89 78 08 08 - Fax. 03 89 49 71 65
cave@pfaffenheim.com
www.pfaffenheim.com

Parmi une large gamme de produits souvent dilués, les lieux-dits et les grands crus continuent de produire des vins de bon niveau, avec, les bonnes années, des cuvées qui méritent d'autant plus d'attention que leurs prix demeurent raisonnables. Profitez de la mise sur le marché de grands crus et de vieux millésimes, avec quelques années de décalage, pour déguster des vins à maturité.

ALSACE GRAND CRU HATSCHBOURG PINOT GRIS 2007
Blanc Demi-sec | 2011 à 2022 | 12,50 € **15,5/20**
Un pinot gris ample et puissant, au nez de noisette grillée et de fumée, d'équilibre demi-sec en bouche avec une belle acidité. Parfait sur la cuisine d'automne, après quelques années de garde.

ALSACE GRAND CRU HATSCHBOURG RIESLING 2007
Blanc | 2009 à 2022 | 12,50 € **15,5/20**
Un vin corsé, au nez fruité et épicé, minéral en bouche, avec une acidité fine très présente. À boire ou à garder.

ALSACE GRAND CRU PINOT GRIS SÉLECTION DE GRAINS NOBLES 2001
Blanc Liquoreux | 2009 à 2016 | 46 € **15/20**
Un vin marqué par la gelée de coing et les fruits jaunes au nez, moelleux en bouche, avec un fondu apporté par le vieillissement. Un vin à boire.

ALSACE GRAND CRU STEINERT PINOT GRIS 2007
Blanc Demi-sec | 2010 à 2022 | 14,50 € **16/20**
Un pinot gris fumé, aux arômes très purs, ample et profond en bouche, avec de la finesse. S'accommodera de mets riches et de viandes en sauces après quelques années de garde.

ALSACE GRAND CRU ZINNKOEPFLÉ RIESLING 2007
Blanc | 2009 à 2017 | 12,50 € **15/20**
Un vin au nez de fruits mûrs, dense en bouche, avec une acidité fine et de légers amers en finale. Un équilibre élégant qui se mariera bien avec des poissons fins.

BERGWEINGARTEN GEWURZTRAMINER 2007
Blanc Demi-sec | 2009 à 2013 | 10 € **14/20**
Un vin aux arômes de fruits mûrs et d'épices, aérien en bouche avec de la fraîcheur.

GEWURZTRAMINER ANCESTRUM 2006
Blanc Doux | 2009 à 2014 | 15 € **14,5/20**
Un gewurztraminer classique, à l'équilibre moelleux, élégant en bouche, avec une finale très nette.

PINOT NOIR GRANDE RÉSERVE VIEILLI EN FÛT DE CHÊNE 2004
Rouge | 2010 à 2014 | 11 € **14,5/20**
Le boisé marque encore le nez de ce vin à la texture soyeuse, de bonne densité en bouche, avec des tanins encore présents. À boire en attendant que les 2003 prennent de l'âge.

SCHNECKENBERG PINOT BLANC 2007
Blanc | 2009 à 2013 | 8 € **13/20**
Un pinot blanc mûr, à l'équilibre tendre, fruité avec une légère rondeur. Agréable.

STEINGOLD GEWURZTRAMINER 2007
Blanc Doux | 2010 à 2022 | 15 € **15,5/20**
Assemblage de raisins des grands crus Steinert et Goldert, le vin est encore fermé au nez, puis pur en bouche avec de la profondeur. Quelques années de garde devraient développer le bouquet.

ZINNKOEPFLÉ GEWURZTRAMINER 2007
Blanc Doux | 2009 à 2017 | 12,50 € **15/20**
Un vin élégant, dominé par les arômes d'épices, discrètement moelleux en bouche, avec une fine acidité.

Rouge : 24,3 hectares ; pinot noir 9%.
Blanc : 245,7 hectares ; 19%, 2%, chasselas 1%, gewurztraminer 24%, pinot blanc 19%, riesling 19%, sylvaner 7%. Production totale annuelle : 1 800 000 bt.
Visite : De mai à fin septembre : Du lundi au vendredi : de 9 h à 19 h, samedi : de 9 h à 12 h et de 14 h à 18 h, dimanche : de 10 h à 12 h et de 14 h à 18 h.
D' octobre à avril. Du lundi au vendredi : de 9 h à 12 h et de 14 h à 18 h, samedi : de 9 h à 12h et de 14 h à 18 h, dimanche : de 10 h à 12 h et de 14 h à 18 h.

DOMAINE PFISTER

53, rue Principale
67310 Dahlenheim
Tél. 03 88 50 66 32 - Fax. 03 88 50 67 49
vins@domaine-pfister.com
www.domaine-pfister.com

Mélanie Pfister a rejoint le domaine à temps complet en 2006 et, en vinifiant son premier millésime dans une année très difficile pour les vignerons, elle a d'emblée placé la barre très haut. 2007 confirme le grand potentiel qualitatif des vins de terroir qui, en restant secs, gagnent encore en densité et en pureté. Les vendanges tardives et sélections de grains nobles sont somptueuses en 2007.

ALSACE GRAND CRU ENGELBERG GEWURZTRAMINER 2007
Blanc Demi-sec | 2012 à 2027 | env 14 €   **17,5/20**
Magnifique expression de l'Engelberg, avec un vin d'une pureté et d'une profondeur remarquable.

ALSACE GRAND CRU ENGELBERG RIESLING 2007
Blanc | 2011 à 2027 | env 14,50 €   **17/20**
Réussite majeure pour ce vin au nez très franc, sur la fleur d'oranger et les agrumes frais, dense et gras en bouche avec la profondeur du terroir de l'Engelberg.

CRÉMANT D'ALSACE BRUT
Blanc Brut effervescent | 2009 à 2011 | 9,50 €   **14,5/20**
Élevé plus de vingt-quatre mois sur lattes, c'est un crémant tonique aux arômes d'agrumes, élégant en bouche avec une bulle d'une grande finesse.

CUVÉE 8 2007
Blanc | 2009 à 2017 | 11 €   **16/20**
Assemblage de cépages nobles en provenance du Silberberg, le vin est ouvert et fruité au nez, ample en bouche avec de la profondeur et une finale saline.

GEWURZTRAMINER OBERE HUND SÉLECTION DE GRAINS NOBLES 2007
Blanc Liquoreux | 2009 à 2022 | NC   **17/20**
Le vin est très botrytisé avec un nez de fleurs blanches, de fruits confits et de pralin, liquoreux et acidulé en bouche avec une grande pureté.

MUSCAT LES 3 DEMOISELLES 2007
Blanc | 2009 à 2015 | 8,70 €   **15/20**
Un muscat dense, au nez de fleurs blanches, gras en bouche, avec une grande longueur. Un vin sec à boire ou à garder.

PINOT GRIS SÉLECTION 2007
Blanc | 2010 à 2022 | 11 €   **16/20**
Vin fruité au nez, ample en bouche avec du gras. La pureté de l'équilibre et la profondeur donnent un vin de grande longueur.

PINOT GRIS SILBERBERG SÉLECTION DE GRAINS NOBLES 2007
Blanc Liquoreux | 2010 à 2027 | NC   **18,5/20**
Un vin liquoreux, au nez très fin de fruits secs et de fruits confits, avec une grande pureté dans l'équilibre, ce qui lui donne de la longueur.

PINOT GRIS SILBERBERG VENDANGES TARDIVES 2007
Blanc liquoreux | 2010 à 2027 | NC   **17/20**
Récolté très surmûri avec un botrytis de qualité, le vin est confit au nez, avec une note d'abricot sec, moelleux en bouche avec une fine acidité qui allonge la finale et contribue à l'impression saline qui rend le vin très digeste.

PINOT GRIS TRADITION 2007
Blanc | 2009 à 2017 | 8,70 €   **15/20**
Un pinot gris sec très droit, floral au nez avec une touche de coing et de froment, dense en bouche avec de la salinité. Originaire de vignes situées sur les terrains marneux de Furdenheim.

SILBERBERG GEWURZTRAMINER 2007
Blanc Demi-sec | 2010 à 2022 | 9 €   **16/20**
Déjà ouvert au nez, avec des épices et une pointe fumée, le vin est ample en attaque, riche et puissant avec de la profondeur et du gras. Un vin magnifique qui évoluera bien.

SILBERBERG GEWURZTRAMINER VENDANGES TARDIVES 2007
Blanc liquoreux | 2009 à 2022 | NC   **18,5/20**
Un vin bien défini, au nez de rose, de pralin et de truffe, moelleux et très salin en bouche, avec une pureté cristalline qui donne au moelleux une grande finesse. L'acidité fine, très présente, donne une finale très longue. Un vin minéral de grande garde, à réserver aux meilleurs plats à table.

SILBERBERG RIESLING 2007
Blanc | 2010 à 2017 | 8,50 €   **15,5/20**
Un vin ample, aux arômes d'agrumes frais, dense et gras en bouche, avec de la fraîcheur et une pointe saline en finale. Déjà très minéral, c'est un vin qui vieillira bien.

SILBERBERG RIESLING SÉLECTION DE GRAINS NOBLES 2007
Blanc Liquoreux | 2010 à 2027 | NC   **18/20**
Première sélection-de-grains-nobles produite au domaine sur ce cépage, et très grande réussite avec un vin d'une pureté cristalline au nez de citron confit, moelleux en bouche avec une acidité fine très présente.

Rouge : 0,9 hectare ; pinot noir 9%.
Blanc : 8,9 hectares ; 18%, chardonnay 4%, gewurztraminer 17%, muscat Ottonel 3%, pinot blanc 23%, riesling 26%. **Production totale annuelle :** 50 000 bt. **Visite :** Ouvert du lundi au vendredi de 9 h à 12 h et de 14 h à 18 h.

DOMAINE JEAN ET GUILLAUME RAPP

1, faubourg des Vosges
67120 Dorlisheim
Tél. 03 88 38 28 43 - Fax. 03 88 38 28 43
vins-rapp@wanadoo.fr
www.vinsrapp.com

Dernier installé parmi les jeunes vignerons de Dorlisheim, Guillaume Rapp a repris le domaine familial en 2004. Les terroirs marno-calcaires autour de Dorlisheim, en particulier Husaren et Stierkopf, offrent un bon potentiel pour produire des vins amples et profonds. La gamme est devenue très homogène avec les derniers millésimes, et 2007 montre aujourd'hui tout le savoir-faire du domaine.

AUXERROIS QUATRE VINGT DIX 2007
Blanc Demi-sec | 2009 à 2015 | 4,60 €   **14/20**
Cuvée produite pour l'anniversaire du grand-père, le vin est mûr, ample avec un équilibre demi-sec qui conserve de la fraîcheur. Très apéritif servi frais.

GEWURZTRAMINER SÉLECTION DE GRAINS NOBLES 2006
Blanc Liquoreux | 2009 à 2016 | 30 €   **17/20**
Un vin d'une grande finesse, aux arômes de mandarine et de marmelade d'orange, doté d'une liqueur onctueuse très fine en bouche. Une belle précision dans un millésime difficile qui rappelle que Guillaume a effectué un de ses stages dans le Sauternais.

HUSAREN GEWURZTRAMINER 2007
Blanc Doux | 2009 à 2017 | 8,10 €   **14,5/20**
Un vin riche, au caractère épicé, moelleux en bouche avec une belle trame acide.

MUSCAT 2007
Blanc Demi-sec | 2009 à 2013 | 9 €   **14/20**
Exceptionnellement récolté en surmaturité, c'est un muscat inhabituel, à l'équilibre moelleux, parfumé au nez, avec de la profondeur en bouche. À boire sur un dessert aux fruits.

RIESLING 2007
Blanc | 2009 à 2015 | 5 €   **14/20**
Un vin fruité, aux arômes très purs de fleurs et de fruits à chair blanche, parfaitement sec en bouche avec une acidité mûre et du gras. Bel élevage.

Rouge : 0,5 hectare ; pinot noir 5%.
Blanc : 9 hectares ; 3%, auxerrois 30%, gewurztraminer 20%, pinot gris 10%, riesling 5%, sylvaner 27%. Production totale annuelle : 30 000 bt.
Visite : De 8 h à 12 h et de 14 h à 18 h.

CAVE DE RIBEAUVILLÉ

2, route de Colmar
68150 Ribeauvillé
Tél. 03 89 73 61 80 - Fax. 03 89 73 31 21
cave@cave-ribeauville.com
www.cave-ribeauville.com

Idéalement située au milieu des grands terroirs de la région de Ribeauvillé, la plus ancienne cave coopérative de France s'est donné un coup de jeune au tournant du siècle : Philippe Dry, nouveau directeur, a annoncé l'ambition de produire des vins secs, frais et de grande minéralité. Les progrès dans les vignes et en cave se mesurent réellement sur les grands millésimes 2007 et 2008, avec des essais d'élevages plus longs sur lies sur certaines cuvées, réalisés avec l'aide de Denis Dubourdieu.

ALSACE GRAND CRU ALTENBERG DE BERGHEIM GEWURZTRAMINER 2007
Blanc Doux | 2010 à 2027 | 17,70 €   **16,5/20**
Récolté en surmaturité, c'est un vin ample, profond et complet, de grande garde comme tous les altenbergs.

ALSACE GRAND CRU ALTENBERG DE BERGHEIM RIESLING 2007
Blanc | 2010 à 2027 | 14,70 €   **16,5/20**
Un vin riche, au nez de fruits mûrs, ample et profond en bouche, avec une minéralité très présente. Un vin de garde par excellence.

ALSACE GRAND CRU GLOECKELBERG GEWURZTRAMINER 2007
Blanc Demi-sec | 2009 à 2017 | 17,70 € **15,5/20**
Un vin riche et fruité, au nez de fruits exotiques, moelleux et très fin en bouche avec beaucoup de finesse. La finale conserve de la fraîcheur.

ALSACE GRAND CRU KIRCHBERG DE RIBEAUVILLÉ RIESLING 2007
Blanc | 2010 à 2022 | 14,40 €   **17/20**
Encore discret au nez, le vin dévoile une minéralité prononcée en bouche, avec beaucoup de gras et une acidité bien mûre.

ALSACE GRAND CRU MUHLFORST RIESLING 2007
Blanc | 2011 à 2022 | 8,10 €   **15/20**
Un vin profond et minéral, au nez d'agrumes et d'épices, gras en bouche, avec de la profondeur et une finale sur de beaux amers. Un vin à garder quelques années.

ALSACE GRAND CRU OSTERBERG GEWURZTRAMINER 2007
Blanc Demi-sec | 2010 à 2027 | 15,90 €   **17/20**
Un vin élégant, au nez de rose et de pivoine, ample et très pur en bouche avec de la densité et un moelleux fondu. Longue finale onctueuse sur le pralin.

ALSACE GRAND CRU OSTERBERG RIESLING 2007
Blanc | 2010 à 2022 | 14,15 € **16,5/20**
Un vin élégant, au nez fruité, minéral en bouche, avec une bonne définition et de la chair.

ALSACE GRAND CRU ROSACKER RIESLING BIO 2007
Blanc | 2011 à 2027 | 14,40 € **16/20**
Un vin déjà ouvert, au nez de fleur d'acacia, ample en bouche, avec une acidité fine prononcée en finale. Un vin à garder.

ALSACE GRAND CRU SCHOENENBOURG RIESLING 2007
Blanc | 2012 à 2022 | 13,60 € **17/20**
Un vin élégant, au nez d'agrumes mûrs et de poivre, salin et minéral en bouche, avec une jolie définition. Un schoenenbourg élégant.

AUXERROIS VIEILLES VIGNES 2008 ☺
Blanc | 2009 à 2013 | 6,80 € **14,5/20**
Un vin ample et fruité, au nez de fruits mûrs, souple en bouche avec une très belle fraîcheur qui lui donne de la sapidité.

CLOS DU ZAHNACKER 2007
Blanc | 2012 à 2027 | 22,10 € **18/20**
Pionnier historique de la complantation en Alsace, le Clos du Zahnacker est propriété de la cave de Ribeauvillé depuis 1935. Assemblage de riesling, pinot gris et gewurztraminer dans une parcelle au cœur du grand cru Osterberg, le 2007 possède un équilibre demi-sec qui souligne la pureté et la minéralité de l'Osterberg. Un clos-du-zahnacker d'anthologie.

GEWURZTRAMINER VENDANGES TARDIVES 2007
Blanc liquoreux | 2010 à 2027 | 16,75 € **16,5/20**
Un vin riche, au nez de miel et de pralin, moelleux en bouche avec une liqueur onctueuse qui rend le vin très séduisant. À boire ou à garder.

HAGUENAU 2007
Blanc Demi-sec | 2010 à 2017 | 8,10 € **15/20**
Assemblage de riesling avec du pinot gris et du gewurztraminer, le vin est parfumé avec des fruits mûrs au nez, ample et légèrement moelleux en bouche avec une bonne finesse. Un vin à garder quelques années avant de l'apprécier sur des poissons sauce au beurre blanc.

HAGUENAU GEWURZTRAMINER 2007 ☺
Blanc Doux | 2009 à 2017 | 8,75 € **15/20**
Un vin riche, au nez de rose et de pralin, dense et moelleux en bouche, avec une onctuosité qui se rapproche d'une vendanges-tardives. Joli fruit en finale.

HAGUENAU RIESLING 2007
Blanc | 2010 à 2022 | 8,10 € **15,5/20**
Un vin au nez ouvert, sec et gras en bouche, avec une acidité délicate qui souligne la minéralité du vin. Longue finale sur des amers nobles.

KUGELBERG PINOT NOIR 2007
Rouge | 2010 à 2017 | 11,35 € **15/20**
Un rouge corsé, au nez épicé, ample et profond en bouche avec une bonne densité de fruits. Un vin d'une grande finesse doté de tanins soyeux, qui vieillira bien.

MUSCAT 2008
Blanc | 2009 à 2013 | 6,10 € **14,5/20**
Un muscat très séduisant, aromatique, sur la fleur de sureau, la pêche blanche et le raisin frais, tendre et presque sec en bouche, avec de la chair et de la fraîcheur.

PINOT GRIS TERROIRS 2007 ☺
Blanc Demi-sec | 2009 à 2017 | 8,60 € **14,5/20**
Un pinot gris riche, au nez très pur sur la noisette et le miel, moelleux et salin en bouche, avec de la fraîcheur.

PINOT NOIR RODERN 2007
Rouge | 2009 à 2015 | 8,45 € **14,5/20**
Un rouge de bonne densité, au nez de petits fruits rouges, souple en bouche, avec une finale acidulée.

RIESLING 113 ANS 2007
Blanc | 2009 à 2017 | 8,10 € **15/20**
Un vin fin, mûr et complexe au nez, salin en bouche avec une finale acidulée.

RIESLING SÉLECTION DE GRAINS NOBLES 2007
Blanc Liquoreux | 2009 à 2022 | 22,05 € **17/20**
Un vin d'une grande pureté, au nez d'agrumes frais, moelleux et cristallin en bouche avec une acidité très fine. À boire jeune sur son fruit ou à garder pour qu'il gagne en complexité.

RIESLING TERROIRS 2007
Blanc | 2010 à 2017 | 8,10 € **14,5/20**
Un assemblage de parcelles autour de Ribeauvillé a donné un vin ample au nez floral, ample et minéral en bouche avec une acidité fine.

SYLVANER VIEILLES VIGNES 2008
Blanc | 2009 à 2013 | 5,80 € **14,5/20**
Un vin fruité qui possède une belle salinité en bouche, sec et très gourmand.

Rouge : 18 hectares ; pinot gris 13%. pinot noir 9%.
Blanc : 244 hectares ; gewurztraminer 15,5%, muscat 2%, pinot blanc 25%, riesling 26%, sylvaner 9%. **Production totale annuelle :** 2 500 000 bt.
Visite : Du lundi au vendredi de 8 h à 12 h et de 14 h à 18 h, le week-end de 10 h à 12 h et de 14 h à 18 h.

DOMAINE ANDRÉ RIEFFEL

11, rue Principale
67140 Mittelbergheim
Tél. 03 88 08 95 48
andré.rieffel@wanadoo.fr
www.andrerieffel.com

Le discret Lucas Rieffel a pris les commandes du domaine il y a une dizaine d'années, entreprenant une conversion qualitative importante. Travail des sols, contrôle de la vigueur de la vigne, élevages longs sur lies, tout est mis en œuvre pour obtenir des vins purs et de bonne concentration. Les 2007 présentés à la dégustation se montrent nets et puissants, avec des sucres résiduels qui traînent encore de-ci de-là, mais qui sont fondus dans l'équilibre gras et salin des vins. Les prix n'ont pas encore suivi la hausse de qualité, et cela commence à se savoir.

ALSACE GRAND CRU KIRCHBERG DE BARR PINOT GRIS LA COLLINE AUX ESCARGOTS 2007
Blanc | 2010 à 2022 | 20 €   **18/20**
Vinifié sec et élevé en barriques, le vin est une démonstration parfaite du potentiel minéral du Kirchberg, avec un équilibre droit et une grande pureté qui souligne sa minéralité.

ALSACE GRAND CRU WIEBELSBERG RIESLING 2006
Blanc | 2009 à 2021 | 12 €   **16/20**
Fleuron de la gamme au succès mérité, le Wiebelsberg a produit une récolte tardive concentrée et très pure, au moelleux encore prononcé, mais bien intégré à une matière dense et minérale. À garder pour qu'il se révèle complètement.

ALSACE GRAND CRU ZOTZENBERG GEWURZTRAMINER 2007
Blanc Demi-sec | 2010 à 2027 | 11 €   **17,5/20**
Un vin riche, au caractère épicé marqué, très minéral en bouche avec un moelleux discret qui laisse la place à la salinité du cru. Longue finale épicée. Un grand vin qui vieillira bien.

ALSACE GRAND CRU ZOTZENBERG RIESLING 2006
Blanc | 2009 à 2021 | 10 €   **16,5/20**
Un vin marqué par l'écorce d'agrumes au nez, fin et salin en bouche, avec une fin de bouche pure et très longue.

ALSACE GRAND CRU ZOTZENBERG SYLVANER 2007
Blanc | 2009 à 2022 | 10 €   **16/20**
Un vin ample, au nez de fruits à chair blanche, encore marqué par une légère douceur en bouche avec une fine salinité. Un Zotzenberg parfaitement révélé par le sylvaner.

BRANDLUFT RIESLING 2007
Blanc | 2009 à 2017 | 7,50 €   **15,5/20**
Un vin mûr au nez de fleur d'acacia et de citron, ample en bouche avec un équilibre sec et minéral qui possède du gras. Un vin de garde, déjà accessible jeune.

CRÉMANT D'ALSACE
Rosé Brut effervescent | 2009 à 2012 | 8 € **15/20**
Un crémant de robe saumonée, fruité au nez, avec un caractère sec dû à un dosage modéré, et de la densité en bouche. Élégant et tendu par une belle fraîcheur, c'est un crémant rosé parfait à table.

CRÉMANT D'ALSACE CUVÉE JUDITH
Blanc Brut effervescent | 2009 à 2012 | 7,50 € **15,5/20**
La même base que la cuvée extra-brut avec un léger dosage qui lui apporte une rondeur supplémentaire. Le nez de fruits à chair blanche laisse place à une bouche ample, généreuse.

CRÉMANT D'ALSACE EXTRA-BRUT
Blanc Brut effervescent | 2009 à 2012 | 7 € **16/20**
Originaire du millésime 2006, c'est un crémant non dosé vineux à souhait, dense avec une bulle fine qui forme une mousse compacte en bouche.

MITTELBERGHEIM SYLVANER 2007
Blanc | 2009 à 2012 | 4,70 €   **14,5/20**
Produit en partie avec les jeunes vignes du Zotzenberg, c'est un vin ample, au nez de fleurs et de vanille, sec et gras en bouche, avec une belle finesse. Un vin délicieux, remarquable de pureté et de fraîcheur.

PINOT NOIR RUNZ 2007
Rouge | 2009 à 2017 | 12 €   **15,5/20**
Originaire de partie basse du Zotzenberg, le vin est travaillé comme un grand rouge, avec un nez épicé marqué par l'élevage en fûts et une bouche dense, très pure, avec des tanins gras. Un vin qui évoluera bien.

RIESLING VIEILLES VIGNES 2007
Blanc | 2009 à 2017 | 6,50 €   **15/20**
Un vin fruité marqué par les agrumes au nez, dense en bouche avec une acidité mûre très présente.

Rouge : 1 hectare ; pinot noir 10%.
Blanc : 8,5 hectares ; gewurztraminer 15%, muscat 5%, pinot blanc 20%, pinot gris 10%, riesling 30%, sylvaner 10%. **Production totale annuelle :** 60 000 bt. **Visite :** De 8 h à 12 h et de 14 h à 18 h du lundi au samedi sur rendez-vous.

DOMAINE ROLLY GASSMANN

2, rue de l'Église
68590 Rorschwihr
Tél. 03 89 73 63 28 - Fax. 03 89 73 33 06
rollygassmann@wanadoo.fr

Situé sur une véritable mosaïque géologique, en plein champ de fracture de Ribeauvillé, Rorschwihr propose douze terroirs à dominante de marnes et de calcaires, délimités depuis plusieurs siècles. Les millésimes récents ont gagné en profondeur et en finesse, avec des acidités plus élevées, une évolution sensible qui concernera progressivement tous les vins en vente. L'accueil au domaine est simple et chaleureux, une incitation à venir déguster sur place pour se rendre compte de la diversité des vins proposés.

GEWURZTRAMINER SÉLECTION DE GRAINS NOBLES 1989
Blanc Liquoreux | 2009 à 2010 | 69 €   **19/20**
Le nez très complexe prend des notes de fruits confits et de truffe, la bouche possède une liqueur fondue d'une grande finesse, évoluant en élégance sur un équilibre moelleux et épicé. La finale est très longue. Une cuvée encore à la vente au domaine, qui montre l'harmonie et la complexité d'une sélection-de-grains-nobles à maturité.

KAPPELWEG RIESLING 2004
Blanc Demi-sec | 2010 à 2024 | 15 €   **15/20**
Un vin élégant, au fruité intense, riche et acidulé en bouche avec une amertume discrète en finale.

MOENCHREBEN MUSCAT 2007
Blanc Doux | 2012 à 2027 | 16 €   **16/20**
Ample et mûr avec des notes florales et du raisin frais au nez, le vin est riche avec de la chair et une rondeur équilibrée par une bonne acidité. Récolté à maturité de vendanges-tardives, c'est un vin qui évoluera bien et promis à un bel avenir. À suivre.

OBERER WEINGARTEN GEWURZTRAMINER 2007
Blanc Doux | 2012 à 2027 | 12 €   **18/20**
Un vin au nez ouvert, dominé par les épices grillées, ample et profond en bouche, avec un moelleux discret fondu. Un vin de grande garde qui possède du gras.

PFLAENZERREBEN RIESLING 2002
Blanc | 2009 à 2022 | 17 €   **16/20**
Terroir magnifique d'argile sur un socle de calcaire muschelkalk, le Pflaenzerreben a donné un vin au nez floral marqué par les fruits acidulés, minéral et frais en bouche, avec une grande pureté. Un vin puissant de grande garde.

PFLAENZERREBEN RIESLING 1997
Blanc | 2009 à 2017 | 17 €   **15,5/20**
Plusieurs années après que la vendange tardive a été proposée à la vente, la cuvée normale se présente ouverte, au nez fumé, élégante en bouche avec de l'amertume et des tanins. Un riesling à maturité, délicieux dès à présent.

PINOT GRIS RÉSERVE ROLLY GASSMANN 1997 ☺
Blanc Demi-sec | 2009 à 2017 | 19 €   **16/20**
Un vin élégant, au nez de coing et de miel, riche en bouche, avec un moelleux fondu en bouche. Un vin élégant qui accompagnera des mets riches à table.

PINOT GRIS VENDANGES TARDIVES 2005 ☺
Blanc liquoreux | 2010 à 2020 | 17 €   **17/20**
Le nez de noisette grillée et de miel laisse place à une bouche pure, au moelleux d'une grande finesse, minérale avec de la profondeur. Longue finale nette sur la mirabelle.

RIESLING VENDANGES TARDIVES 2005 ☺
Blanc liquoreux | 2009 à 2020 | 19 €   **16/20**
Une cuvée surmûrie, au nez d'écorce d'agrumes, très élégante en bouche avec un moelleux très pur.

ROTLEIBEL AUXERROIS 2005
Blanc Demi-sec | 2009 à 2015 | 7 €   **15/20**
Une cuvée récoltée en surmaturité, au nez de noisette grillée et de fruits confits, très pure en bouche avec un léger moelleux fondu. Un vin tout en finesse malgré sa richesse.

SILBERBERG RIESLING 2005
Blanc Demi-sec | 2010 à 2020 | env 14 € **15/20**
Un vin tout en finesse, au nez d'agrumes frais, fin et salin en bouche, avec du moelleux et une légère amertume en finale. À garder, ne sortira pas cette année.

STEGREBEN GEWURZTRAMINER 2002
Blanc Demi-sec | 2009 à 2022 | 15 €   **15,5/20**
Le nez marqué par les fruits jaunes annonce la surmaturité, la bouche acidulée termine sur un caractère épicé très poivré qui rappelle le millésime. Un vin élégant.

STEGREBEN GEWURZTRAMINER VENDANGES TARDIVES 2000
Blanc liquoreux | 2009 à 2020 | 23 €   **16/20**
Une vendanges-tardives au nez délicat, élégante en bouche avec un moelleux fondu, qui termine en queue de paon sur des épices et une note d'orange sanguine. Une cuvée à maturité.

Rouge : 3,2 hectares ; pinot 9%. **Blanc :** 41,8 hectares ; auxerrois 24%, gewurztraminer 26%, muscat 4%, pinot gris 17%, riesling 12%, sylvaner 7%. **Production totale annuelle :** 200 000 bt. **Visite :** Du lundi au samedi de 9 h à 12 h et de 13 h 30 à 18 h. Ouvert 2ème et 4ème dimanche du mois

DOMAINE ÉRIC ROMINGER

16, rue Saint-Blaise
68250 Westhalten
Tél. 03 89 47 68 60 - Fax. 03 89 47 68 61
vins-rominger.eric@wanadoo.fr

Éric et Claudine Rominger continuent de développer leur domaine à un rythme soutenu. Le domaine a particulièrement réussi ses grands crus et vins moelleux en 2005, et les 2006 sont très nets avec une bonne salinité. 2007 est plus hétérogène, une partie des vignes récoltée tôt ayant donné des vins frais voire vifs, l'autre partie récoltée plus tardivement comprenant des sucres résiduels encore sensibles.

ALSACE GRAND CRU SAERING RIESLING 2007
Blanc | 2009 à 2017 | NC   **14/20**
Le vin est élégant, au nez sur les agrumes mûrs, ample et minéral en attaque, avec une évolution sur un équilibre plus souple.

ALSACE GRAND CRU ZINNKOEPFLÉ GEWURZTRAMINER LES SINNELLES 2007
Blanc Demi-sec | 2010 à 2022 | 15,50 €**16,5/20**
Une cuvée riche qui possède de l'ampleur, moelleuse en bouche avec de l'onctuosité et une grande finesse. La longue finale est épicée.

ALSACE GRAND CRU ZINNKOEPFLÉ GEWURZTRAMINER SÉLECTION DE GRAINS NOBLES 2006
Blanc Liquoreux | 2010 à 2026 | NC   **16/20**
La cuvée 2006 porte le nom de nectar : des raisins fortement botrytisés ont permis de créer cette trie spéciale à la forte richesse, élevée sous bois. Le nez est vanillé et miellé avec une note toastée, la bouche est très concentrée avec moins de 10 degrés d'alcool, une grande rondeur et une finale sur les fruits confits. Un vin hors norme, à encaver et à boire par petites gorgées.

ALSACE GRAND CRU ZINNKOEPFLÉ PINOT GRIS LES SINNELLES 2007
Blanc | 2009 à 2017 | NC   **14/20**
Un vin au nez fumé et vanillé, moelleux en bouche, avec une fine salinité qui apporte de la finesse.

ALSACE GRAND CRU ZINNKOEPFLÉ RIESLING LES SINNELLES 2006
Blanc | 2009 à 2016 | 14,50 €   **15,5/20**
Récolté en surmaturité, le vin possède une belle élégance, avec un nez fin sur les agrumes confits, et une bouche au moelleux présent mais fondu, qui laisse de la place à une fine minéralité.

Rouge : 2 hectares : pinot noir 9%. Blanc : 10 hectares : 21%, gewurztraminer 19%, muscat Ottonel 5%, pinot blanc 23%, riesling 16%, sylvaner 7%. Production totale annuelle : 70 000 bt. Visite : De 10 h à 11 h 45 et de 14 h à 18 h de préférence sur rendez vous.

DOMAINE MARTIN SCHAETZEL

3, rue de la Cinquième-Division-Blindée
68770 Ammerschwihr
Tél. 03 89 47 11 39 - Fax. 03 89 78 29 77
jean.schaetzel@wanadoo.fr

Propriétaire dans le grand cru Kaefferkopf, Jean Schaetzel vinifie et commercialise à part les cuvées issues de la petite partie plus calcaire, située au sein de ce terroir majoritairement granitique. Après le grand cru Marckrain et le désormais grand cru Kaefferkopf, il a également acheté des vignes dans les célèbres grands crus Schlossberg et Rangen, qui lui permettent aujourd'hui d'offrir plusieurs vins de haut niveau, à la typicité prononcée. Le contraste est évident entre la race des grands crus et le caractère séducteur plus immédiat des vins de cépage. 2007 est un millésime délicat dans le secteur à cause de la grêle qui a sévi du côté de Sigolsheim et Bennwihr, mais les grands crus, tout comme les gewurztraminers, restent de très haut niveau.

ALSACE GRAND CRU KAEFFERKOPF GEWURZTRAMINER 2007
Blanc | 2010 à 2022 | NC   **16/20**
Un gewurztraminer élégant, au nez de fleurs blanches et de fruits à chair blanche, dense et charnu en bouche avec un moelleux fondu.

ALSACE GRAND CRU KAEFFERKOPF GEWURZTRAMINER CUVÉE CATHERINE 2007
Blanc Demi-sec | 2010 à 2022 | 16,30 €**16,5/20**
Originaire de la partie marno-calcaire du cru, le vin est ample, moelleux et onctueux en bouche, avec de la profondeur.

ALSACE GRAND CRU KAEFFERKOPF RIESLING CUVÉE NICOLAS 2007
Blanc | 2011 à 2022 | 17,60 €   **16/20**
Originaire de la partie argilo-calcaire du cru, le vin est floral au nez, ample avec du gras en bouche, profond avec une longue finale. Un vin qui se bonifiera à la garde.

ALSACE GRAND CRU MARCKRAIN PINOT GRIS 2007
Blanc | 2011 à 2027 | NC   **18,5/20**
Un grand vin sec élevé en barriques, puissant et racé en bouche, avec de la profondeur. Superbe expression d'un terroir trop méconnu, et un grand vin de garde.

ALSACE GRAND CRU RANGEN RIESLING 2007
Blanc | 2012 à 2027 | NC   **18,5/20**
Grande réussite sur le Rangen en 2007, avec un vin sec parfaitement équilibré, dense en bouche avec une salinité qui donne de la longueur.

ALSACE GRAND CRU SCHLOSSBERG RIESLING 2007
Blanc | 2012 à 2022 | NC   **17,5/20**
Un très beau schlossberg, au nez floral très pur, ample et pur en bouche, avec de la densité et une acidité fine qui souligne la minéralité du vin.

GEWURZTRAMINER CUVÉE ISABELLE 2006
Blanc Demi-sec | 2009 à 2016 | NC   **15/20**
Un vin ample et parfumé, moelleux en bouche avec une grande finesse. Un vin élégant.

GEWURZTRAMINER RÉSERVE 2007   ☺
Blanc Demi-sec | 2009 à 2013 | NC   **14/20**
Un vin ouvert au nez fruité, doux en bouche avec de la fraîcheur. Bonne finale sur les fruits exotiques.

GEWURZTRAMINER VENDANGES TARDIVES 2007
Blanc liquoreux | 2010 à 2017 | NC   **16/20**
Un vin onctueux, au nez de pralin et de rose, moelleux en bouche avec du volume.

PINOT GRIS VENDANGES TARDIVES 2007
Blanc liquoreux | 2010 à 2017 | NC   **16/20**
Un pinot gris au nez intense très confit, très moelleux en bouche, avec une acidité fine qui apporte une fraîcheur bienvenue à l'équilibre.

PINOT NOIR CUVÉE MATHIEU 2007
Rouge | 2009 à 2015 | NC   **14,5/20**
Un rouge élevé en barriques, fruité, avec de la chair, beaucoup de souplesse.

ROSENBOURG PINOT GRIS 2007
Blanc | 2010 à 2015 | NC   **15/20**
Un pinot gris mûr et ample, d'équilibre sec, avec du gras et de la minéralité.

SYLVANER VIEILLES VIGNES 2007
Blanc | 2009 à 2013 | NC   **14/20**
Un sylvaner mûr et sec, frais en bouche, avec du gras. Belle expression du cépage, un vin gourmand pour toutes les occasions.

Rouge : 1,2 hectare ; 15%, pinot noir 10%.
Blanc : 10,8 hectares ; 7%, gewurztraminer 20%, pinot blanc 18%, riesling 22%, sylvaner 8%.
Production totale annuelle : 90 000 bt. Visite : Du lundi au samedi de 9 h à 12 h et de 13 h 30 à 18 h.

DOMAINE ANDRÉ SCHERER

12, route du Vin
B.P. 4
68420 Husseren-les-Châteaux
Tél. 03 89 49 30 33 - Fax. 03 89 49 27 48
contact@andre-scherer.com
www.andre-scherer.com

Basé à Husseren-les-Châteaux et repris par Christophe Scherer dans les années 1990, le domaine familial complète sa propre récolte par des achats de raisins. Issus de terroirs à dominante calcaire à proximité du village, dont les deux grands crus voisins Pfersigberg et Eichberg, les vins possèdent à la base une bonne profondeur. Grands-crus et vendanges-tardives sont de bon niveau, avec des variations d'expression entre les terroirs pour les premiers.

ALSACE GRAND CRU EICHBERG
GEWURZTRAMINER 2006
Blanc Doux | 2009 à 2016 | 15,90 €   **15/20**
Un vin ample et épicé, au caractère demi-sec en bouche, tirant sur un équilibre franc à la finale épicée. Un bon accompagnement de la cuisine épicée.

ALSACE GRAND CRU PFERSIGBERG
GEWURZTRAMINER VENDANGES TARDIVES 2005
Blanc liquoreux | 2009 à 2020 | NC   **15/20**
Un vin élégant, au nez de pralin et de miel, moelleux en bouche, avec un équilibre frais.

GEWURZTRAMINER SÉLECTION DE GRAINS NOBLES 2005
Blanc Liquoreux | 2010 à 2025 | 38,70 € **16/20**
Un vin puissant à la robe dorée, rôti au nez avec une note d'abricot sec, tendre et profond en bouche avec une liqueur fondue. Un vin élégant qui vieillira bien.

PINOT GRIS KAMMERHOF 2007
Blanc Demi-sec | 2010 à 2017 | 12,10 €   **15/20**
Un pinot gris mûr, au nez de noisette, élégant en bouche, avec un léger moelleux et une finale vanillée et fumée. Parfait sur le gibier à plumes.

RIESLING KLEINBREIT 2007
Blanc | 2009 à 2017 | 11,80 €   **14/20**
Un riesling franc, au nez d'agrume et de silex, sec en bouche avec de la fraîcheur et une fine minéralité. Un bel équilibre droit.

Rouge : 1 hectare ; pinot noir 8%.
Blanc : 6 hectares ; gewurztraminer 26%, muscat d'Alsace 5%, pinot blanc 10%, pinot gris 20%, riesling 26%, sylvaner 5%.
Production totale annuelle : 20 000 bt.
Visite : Du lundi au samedi de 9 h à 12 h et de 13 h 30 à 18 h.

DOMAINE SCHLUMBERGER

100, rue Théodore-Deck
BP 10
68500 Guebwiller
Tél. 03 89 74 27 00 - Fax. 03 89 74 85 75
mail@domaines-schlumberger.com
www.domaines-schlumberger.com

Avec 140 hectares de vignes en exploitation, dont la moitié sur les quatre grands crus locaux, le domaine est de loin la plus grosse exploitation privée de la région. La gamme est structurée autour de grands crus, issus d'une sélection des meilleures parcelles de chaque terroir, et de cuvées princes-abbés, très homogènes et comprenant souvent une forte proportion de raisins récoltés sur les grands crus à dominante de grès autour de Guebwiller, ou sur les terres calcaires du Bollenberg. Nous observons avec satisfaction une tendance à diminuer les sucres résiduels, dans les vins de gamme princes-abbés ou les pinots gris grands-crus, ce qui rend les vins plus faciles à accorder à table. N'attendez pas pour acheter le pinot noir, le muscat ou le riesling grand-cru-saering, trois cuvées toujours très demandées, et profitez des 2005 encore disponibles, en sec ou moelleux.

ALSACE GRAND CRU KESSLER RIESLING 2006
Blanc | 2009 à 2016 | 16,95 € | **15/20**
Le vin est frais, avec des agrumes au nez, sec et finement acidulé en bouche, avec de l'amertume en finale.

ALSACE GRAND CRU KITTERLÉ GEWURZTRAMINER 2005
Blanc Doux | 2009 à 2025 | 23,90 € | **18/20**
Un vin puissant, marqué par le caractère minéral du Kitterlé : le nez est pur, sur la rose, la mirabelle avec une pointe d'amande grillée, la bouche est riche, puissante, minérale et profonde avec un caractère sec en finale. Un vin de gastronomie qui vieillira bien.

ALSACE GRAND CRU KITTERLÉ PINOT GRIS 2006
Blanc Doux | 2009 à 2021 | 20,55 € | **17/20**
Un vin marqué par le grès volcanique du terroir, au nez mûr dominé par le miel, la vanille et les fruits secs, riche en bouche avec un moelleux fondu et une salinité très présente. L'ensemble se montre très pur, avec une acidité qui allonge la finale.

ALSACE GRAND CRU KITTERLÉ RIESLING 2005
Blanc | 2010 à 2020 | 18,45 € | **17/20**
Un vin mûr, marqué par les veines volcaniques qui traversent le cru, sec et tendu en bouche, avec une pointe fumée en finale qui lui donne beaucoup de race. Un grand vin digne successeur du 2001.

ALSACE GRAND CRU PINOT GRIS VENDANGES TARDIVES 2005
Blanc liquoreux | 2009 à 2020 | 14,40 € le 37,50 cl | **17/20**
Originaire du grand cru Kessler sans revendiquer l'appellation, le vin est récolté très mûr avec un botrytis de qualité, qui lui donne un nez d'abricot, de miel et de citron confit. La bouche se montre finement acidulée, avec une liqueur importante pour une vendanges-tardives, ce qui lui donne un équilibre aérien déjà délicieux.

ALSACE GRAND CRU SAERING RIESLING 2007
Blanc | 2009 à 2022 | 15,70 € | **16/20**
Une cuvée élégante, marquée par la fraîcheur, légèrement saline en bouche avec une bonne pureté. Un riesling longiligne qui s'accommodera d'une cuisine gastronomique classique.

ALSACE GRAND CRU SPIEGEL PINOT GRIS 2005
Blanc Doux | 2010 à 2020 | 14,95 € | **15,5/20**
Récolté en surmaturité, c'est un vin riche, au nez de miel, de datte et de pralin, moelleux en bouche avec une belle pureté et de la finesse dans l'acidité.

GEWURZTRAMINER CUVÉE ANNE SÉLECTION DE GRAINS NOBLES 2000
Blanc Liquoreux | 2009 à 2025 | 48,10 € | **19/20**
Originaire des vieilles vignes du Kessler, le vin possède un nez ouvert déjà complexe sur la citronnelle, la mélisse, les fruits jaunes, le miel et le pralin, puis une bouche liquoreuse, riche et très pure avec une acidité qui apporte un surcroît de fraîcheur. La finale est longue avec des arômes de rose, de litchi et de zeste d'agrumes. Une cuvée exceptionnelle qui se déguste magnifiquement bien avec un gros potentiel de vieillissement, dans la lignée du grand millésime 1971.

GEWURZTRAMINER CUVÉE CHRISTINE VENDANGES TARDIVES 2006
Blanc liquoreux | 2009 à 2016 | 31,35 € | **16,5/20**
Un vin élégant, au nez de fruits mûrs, très fin en bouche avec de la puissance. À boire pendant que le 2005 dort en cave.

GEWURZTRAMINER CUVÉE CHRISTINE VENDANGES TARDIVES 2005
Blanc liquoreux | 2010 à 2025 | 16,16 € le 37,50 cl | **19/20**
Un vin d'une grande pureté, marqué par des arômes d'amande grillée et d'écorce d'orange, moelleux et cristallin en bouche, avec une longue finale. Un grand millésime de cuvée-christine.

GEWURZTRAMINER LES PRINCES ABBÉS 2007
Blanc Demi-sec | 2009 à 2017 | 12,55 € | **15/20**
Un gewurztraminer élégant, au nez séduisant de rose et de litchi, ample en bouche, avec un équilibre sec qui fait ressortir les épices douces en finale. Un vin remarquable qui conviendra à la cuisine épicée ou asiatique.

MUSCAT LES PRINCES ABBÉS 2008   ☺
Blanc | 2009 à 2013 | 10,50 €   **14,5/20**
Frais et élégant, c'est un muscat tonique
qui possède une acidité très présente, le
rendant très désaltérant. Une cuvée au succès mérité.

PINOT GRIS CUVÉE CLARISSE
SÉLECTION DE GRAINS NOBLES 2000
Blanc Liquoreux | 2009 à 2025 | 41 €   **17/20**
Originaire du Spiegel, le vin est très riche,
avec un nez élégant sur l'orange sanguine
et le miel, suivi par une bouche liquoreuse,
riche et confit avec des notes d'écorce
d'agrume. Un vin très botrytisé à la finale
longue, de grande garde.

PINOT GRIS LES PRINCES ABBÉS 2007
Blanc Demi-sec | 2009 à 2017 | 8,95 €   **15/20**
Issu en majorité des terres calcaires du Bollenberg voisin, c'est un pinot gris ample, au
nez de vanille, pur en bouche avec de la
chair, une légère douceur et une acidité
digne d'un riesling. Un vin qui accompagnera un repas sans problème.

PINOT NOIR LES PRINCES ABBÉS 2008   ☺
Rouge | 2009 à 2013 | 11,40 €   **14/20**
Une cuvée au fruité remarquable, aromatique sur la cerise griotte, souple en bouche
avec de la chair et une acidité franche qui
lui donne du peps. Un vin gourmand, irrésistible sur les tables estivales.

RIESLING LES PRINCES ABBÉS 2007
Blanc | 2009 à 2015 | 8,75 €   **14/20**
Une cuvée au fruité important, ample en
bouche, avec du gras et de la chair. Le vin
possède une légère douceur qui le rend
facile à boire.

SYLVANER LES PRINCES ABBÉS 2007
Blanc | 2009 à 2017 | 7,15 €   **15/20**
Une cuvée ample, au nez de fleurs séchées
et de vanille, sec en bouche, avec du gras
et une fine acidité.

Rouge : 7,86 hectares. Blanc : 115,9 hectares ; 2%,
gewurztraminer 25%, riesling 31%, sylvaner 8%.
Production totale annuelle : 870 000 bt.
Visite : Ouvert du lundi au jeudi de 8 h à 18 h
et le vendredi de 8 h à 17 h. Fermé les week-end
et jours fériés

DOMAINE FRANÇOIS SCHMITT

19, rue de Soultzmatt
68500 Orschwihr
Tél. 03 89 76 08 45 - Fax. 03 89 76 44 02
info@francoisschmitt.fr
www.francoisschmitt.fr

La famille Schmitt est réunie autour du
domaine, installé sur les terroirs du Bollenberg et du grand cru Pfingstberg. L'élevage en barriques de certaines cuvées est
particulièrement bien maîtrisé, en rouge
comme en blanc, donnant des vins équilibrés et amples. Après le délicat millésime
2006, 2007 se présente magnifiquement
bien tant en blanc qu'en rouge, et les premiers 2008 brillent par leur sapidité.

ALSACE GRAND CRU PFINGSTBERG RIESLING 2007
Blanc | 2009 à 2017 | 8,90 €   **16/20**
Un riesling très fin, aromatique, avec une
bouche fine et saline de bonne densité.

ALSACE GRAND CRU PFINGSTBERG RIESLING
CUVÉE PARADIS 2007
Blanc | 2009 à 2017 | 9,90 €   **17/20**
Les raisins de la parcelle du lieu-dit Paradis
ont été vinifiés à part en 2007, donnant un
vin ample d'une très grande finesse, avec
une salinité fine et de beaux amers en finale,
qui donnent un équilibre très sapide. Un
grand vin sur un grand terroir.

BOLLENBERG PINOT GRIS 2007   ☺
Blanc | 2010 à 2022 | 7,20 €   **15,5/20**
Un pinot gris d'équilibre demi-sec, élégant
au nez, profond en bouche avec un léger
moelleux bien fondu.

MUSCAT 2008   ☺
Blanc | 2009 à 2012 | 5,30 €   **14,5/20**
Un muscat croquant très aromatique, fin
en bouche, avec une acidité fine très présente qui lui relève le goût en finale.

PINOT NOIR CŒUR DE BOLLENBERG 2007
Rouge | 2010 à 2022 | 17,50 €   **16/20**
Originaire d'une parcelle de calcaires jaunes
très caillouteuse sur le Bollenberg, le vin
est marqué par un élevage en barriques de
qualité, dense et profond en bouche, avec
une longue finale.

PINOT NOIR ROUGE D'ALSACE 2007   ☺
Rouge | 2009 à 2013 | 6,70 €   **14/20**
Un rouge bien structuré, parfumé, avec des
notes de cerise, dense et soyeux en bouche
avec des tanins mûrs en finale.

Rouge : 2,5 hectares ; pinot noir 15%.
Blanc : 10 hectares ; chardonnay 1%,
gewurztraminer 24%, muscat d'Alsace 2%,
pinot blanc 25%, pinot gris 14%, riesling 15%,
sylvaner 4%. Production totale annuelle : 100 000 bt.

DOMAINE ROLAND SCHMITT

35, rue des Vosges
67310 Bergbieten
Tél. 03 88 38 20 72 - Fax. 03 88 38 75 84
cave@roland-schmitt.fr
www.roland-schmitt.fr

Anne-Marie Schmitt et ses deux fils produisent des vins fins qui révèlent la minéralité du grand cru Altenberg de Bergbieten et des terroirs voisins. 2006 et 2007 montrent des vins de bonne maturité, très purs avec de fortes salinités. 2008 possède la pureté des meilleures années, avec des acidités fines.

ALSACE GRAND CRU ALTENBERG DE BERGBIETEN RIESLING SÉLECTION VIEILLES VIGNES 2007
Blanc | 2012 à 2022 | 13 €   **16,5/20**
Un vin sec encore jeune au nez, droit et tendu en bouche avec une forte salinité. Un vin bien né, à garder.

ALSACE GRAND CRU ALTENBERG GEWURZTRAMINER SÉLECTION DE GRAINS NOBLES 2007
Blanc Liquoreux | 2010 à 2027 | NC   **18/20**
Le vin est ouvert, avec des arômes fins de fruits exotiques et de rhubarbe, profond en bouche avec une liqueur très fine.

GLINTZBERG MUSCAT 2008
Blanc | 2009 à 2013 | 6,90 €   **15/20**
Un vin au nez ouvert, parfumé et sec en bouche, avec du croquant et une fine salinité. Un vin savoureux.

GLINTZBERG RIESLING 2007
Blanc | 2009 à 2015 | 6,50 €   **14,5/20**
Un riesling frais, au fruité intense, l'absence de surmaturité donnant une touche d'agrumes frais très intéressante.

MUSCAT SÉLECTION DE GRAINS NOBLES 2007
Blanc Liquoreux | 2009 à 2017 | NC   **15,5/20**
Un vin récolté très mûr, avec un nez de raisin, de beurre et de caramel, ample en bouche avec un moelleux tendre qui laisse la place au fruit. À boire sur un dessert aux fruits.

PINOT GRIS VENDANGES TARDIVES 2007
Blanc liquoreux | 2010 à 2022 | NC   **17/20**
Un vin fin au nez de noisette et de gelée de coing, moelleux, et d'une grande finesse en bouche avec une longue finale.

SYLVANER GRAND A DU PETIT LÉON 2008
Blanc | 2009 à 2018 | 5,80 €   **15/20**
Originaire de l'Altenberg, c'est un sylvaner frais et salin, sec en bouche, avec du fond. Un vin très pur qui se conservera bien.

Rouge : 0,7 hectare. Blanc : 9,8 hectares.
Production totale annuelle : 45 000 bt.

JEAN-PAUL SCHMITT

Hühnelmühle
67750 Scherwiller
Tél. 03 88 82 34 74 - Fax. 03 88 82 33 95
vins-schmitt@orange.fr
www.vins-schmitt.com

Voilà 15 ans que Jean-Paul Schmitt est revenu au domaine familial après un début d'activité comme caviste. Les vins secs produits sur ce terroir de granit faiblement désagrégé sont frais, avec une acidité fine qui les rend souvent aériens, quant aux vins moelleux ils ont une pureté cristalline caractéristique. Les vinifications font la part belle aux vins secs, en particulier en 2007, grâce à une présence de botrytis très discrète.

CRÉMANT D'ALSACE EXTRA-BRUT
Blanc Brut effervescent | 2009 à 2012 | NC **15/20**
Un assemblage de pinot blanc et pinot noir du Rittersberg sur les millésimes 2005 et 2006 a donné un crémant riche, au nez de fruits acidulés, dense en bouche, avec une mousse compacte. Un crémant mûr qui possède de la fraîcheur.

RITTERSBERG GEWURZTRAMINER RÉSERVE PERSONNELLE 2007
Blanc Doux | 2010 à 2022 | NC   **15,5/20**
Produit sur de vieilles vignes, c'est un vin complet, au nez d'épices grillées et de litchi, ample en bouche avec un moelleux fondu et une acidité qui apporte de la fraîcheur. La finale est longue sur les fruits exotiques.

RITTERSBERG GEWURZTRAMINER VENDANGES TARDIVES 2007
Blanc liquoreux | 2010 à 2022 | NC   **16/20**
Une cuvée riche, au nez de confiture de rose et de fruits jaunes, moelleuse en bouche avec de la fraîcheur, une finale sur la pâte d'amande. Une belle cuvée qui vieillira bien.

RITTERSBERG MUSCAT 2007
Blanc | 2009 à 2012 | NC   **14/20**
Produit à partir de muscat Ottonel, le vin est très aromatique, avec des notes florales et une pointe de bourgeon de cassis, sec en bouche avec une finale franche. Un vin net très apéritif.

RITTERSBERG PINOT AUXERROIS GRANDE RÉSERVE 2007
Blanc liquoreux | 2011 à 2017 | NC   **15,5/20**
Récolté en surmaturité avec une belle pourriture noble, et élevé en demi-muids, c'est un vin moelleux, au nez floral marqué par une pointe toastée, moelleux en bouche avec un confit élégant et une finale sur la bergamote, le miel et le citron. Un vin à garder pour que l'élevage se fonde.

RITTERSBERG PINOT GRIS
VENDANGES TARDIVES 2007
Blanc liquoreux | 2011 à 2027 | NC   **16/20**
Un vin moelleux et acidulé, au nez de fruits jaunes avec une pointe grillée, riche en bouche avec une acidité fine très élégante. Longue finale sur l'abricot sec. À garder quelques années pour que le moelleux se fonde.

RITTERSBERG PINOT NOIR
RÉSERVE PERSONNELLE 2007
Rouge | 2009 à 2017 | NC   **15/20**
Un style fruité de bonne concentration, pour ce vin parfaitement vinifié, aux arômes de fruits rouges, dense en bouche, avec une grande finesse. La finale est longue sur les fruits rouges.

RITTERSBERG RIESLING
LES PIERRES BLANCHES 2007
Blanc | 2010 à 2022 | NC   **16/20**
Issu d'une partie du Rittersberg recouverte de pierres granitiques blanches, le vin possède un caractère sec renforcé par une acidité importante, ce qui révèle le caractère pierreux du vin. L'empreinte minérale qu'il laisse en bouche est remarquable. Un vin à conserver quelques années.

RITTERSBERG RIESLING RÉSERVE 2007
Blanc | 2009 à 2017 | NC   **15,5/20**
Un nez discret sur le poivre blanc et les fruits à chair blanche laisse place à une bouche dense, saline et de bonne tension avec des arômes de fruits acidulés. Une belle minéralité pour ce vin à la longue finale.

RITTERSBERG RIESLING VENDANGES TARDIVES 2007
Blanc liquoreux | 2010 à 2017 | NC   **16,5/20**
Une vendanges-tardives réalisée à partir d'une parcelle entière, très pure avec un nez de fleur d'oranger et de miel, moelleuse et dense en bouche, avec un équilibre doux qui conserve une acidité discrète à ce stade. Une belle cuvée à garder.

RITTERSBERG SYLVANER 2006
Blanc | 2009 à 2014 | NC   **14/20**
Un vin sec, à l'équilibre gras et peu acide, floral au nez, avec du corps et une finale sur l'amande. Une belle réussite.

Rouge : 1 hectare. Blanc : 7 hectares.
Production totale annuelle : 50 000 bt.
Visite : De 9 h à 19 h.

DOMAINE MAURICE SCHOECH ET FILS

4, route de Kientzheim
68770 Ammerschwihr
Tél. 03 89 78 25 78 - Fax. 03 89 78 13 66
domaine.schoech@free.fr
www.domaineschoech.com

Donnant la priorité à l'expression des terroirs, avec de superbes parcelles sur le grand cru Mambourg à Sigolsheim, le domaine a replanté une parcelle dans le Rangen de Thann avec du pinot gris, du riesling et du gewurztraminer, produisant en 2005 le premier vin de complantation du Rangen. Après la grande réussite dans les millésimes 2006 et 2007, en dépit des conditions climatiques délicates sur le secteur d'Ammerschwihr, le domaine a produit de savoureux 2008.

ALSACE GRAND CRU KAEFFERKOPF
GEWURZTRAMINER 2008
Blanc Doux | 2010 à 2023 | 12 €   **16,5/20**
Le vin est riche, avec un caractère épicé mêlé de fruits exotiques qui lui donne beaucoup de relief. Délicieux dès à présent, il vieillira bien en prenant un caractère plus sec.

ALSACE GRAND CRU KAEFFERKOPF RIESLING 2008
Blanc | 2010 à 2023 | 11 €   **16/20**
Les granits du Kaefferkopf ont donné un vin pur, tendu par une acidité mûre d'une grande droiture, frais et franc, avec du fruit.

ALSACE GRAND CRU MAMBOURG MUSCAT 2008
Blanc | 2013 à 2028 | 11 €   **17/20**
Le nez est déjà très net, légèrement mentholé avec des notes de fleur blanches. La bouche est ample, profonde, avec un moelleux bien présent, évoluant sur un équilibre rond et gras. Un vin de terroir original qui sera de grande garde. Il n'y a pas eu de 2007.

HARMONIE R 2008
Blanc | 2012 à 2023 | NC   **16/20**
Vin intense qui souligne le caractère épicé de la finale.

HARMONIE R 2007
Blanc | 2009 à 2017 | 28 €   **15,5/20**
Finement épicé et fumé au nez, ample et gras en bouche avec de la profondeur. L'amertume typique du Rangen se retrouve en finale.

PINOT GRIS CUVÉE JUSTIN 2007
Blanc | 2010 à 2017 | 10,50 €   **15/20**
Originaire du Sonnenberg et vinifié en demi-muids, le vin est encore marqué par le fût au nez, gras et sec en bouche avec une bonne acidité. Longue finale vanillée. À garder.

Rouge : 0,8 hectare ; pinot noir 8%. Blanc : 9,2 hectares ;
gewurztraminer 30%, muscat d'Alsace 5%,
pinot gris 22%, riesling 22%. Production totale
annuelle : 65 000 bt.

DOMAINE HENRI SCHOENHEITZ

1, rue de Walbach
68230 Wihr-au-Val
Tél. 03 89 71 03 96 - Fax. 03 89 71 14 33
cave@vins-schoenheitz.fr
www.vins-schoenheitz.fr

Si le Herrenreben donne les vins de plus grande garde, le Linsenberg plus caillouteux et le Holder légèrement argileux apportent une variation sensible du terroir qui convient particulièrement aux pinots gris et gewurztraminers. Crémant et pinot noir complètent une gamme homogène de vins blancs secs et fins. Les terroirs granitiques drainants ont permis la production de vins très purs en 2006, et en 2007, la salinité des vins est fortement marquée, avec des équilibres frais dotés d'acidités très fines. Les amateurs de vins secs sur des terroirs granitiques doivent impérativement visiter le domaine.

HERRENREBEN PINOT GRIS 2007
Blanc Demi-sec | 2009 à 2022 | 11 €   **16/20**
Récolté sain, le vin est aromatique, avec une note de froment et de coing au nez, droit et acidulé en bouche avec du gras en finale. Un beau vin d'équilibre sec très salin, de garde.

HERRENREBEN RIESLING 2007
Blanc | 2010 à 2022 | 9,50 €   **16/20**
Très mûr au nez, avec des agrumes confits, le vin est sec en bouche, dense avec une fine acidité très présente. La finale est longue et saline.

HERRENREBEN RIESLING VENDANGES TARDIVES 2007
Blanc liquoreux | 2010 à 2017 | 23,80 € **18,5/20**
Dernière vendanges-tardives depuis le magnifique 1998, 2007 signe à nouveau une grande cuvée, riche et acidulée avec une trame aromatique d'agrumes confits.

HOLDER GEWURZTRAMINER 2007
Blanc Doux | 2009 à 2022 | 11,40 €   **15,5/20**
Le nez sur la rose est déjà ouvert, avec une pointe de girofle à l'aération. La bouche est ample, grasse avec un moelleux présent, et termine sur une longue finale.

HOLDER GEWURZTRAMINER SÉLECTION DE GRAINS NOBLES 2005
Blanc Liquoreux | 2009 à 2020 | 32,40 € les 50 cl **17,5/20**
Un vin liquoreux d'une grande pureté, ample et riche en bouche, avec le côté aérien du terroir qui apporte une légèreté bienvenue en finale.

HOLDER GEWURZTRAMINER VENDANGES TARDIVES 2007
Blanc liquoreux | 2010 à 2022 | 26,80 €   **16/20**
Très mûr au nez, avec une discrète pointe de miel, le vin est ample et long en bouche, avec un moelleux très prononcé.

HOLDER PINOT GRIS 2007
Blanc | 2010 à 2017 | 10,70 €   **16/20**
Un pinot gris net, au nez de froment, dense en bouche avec une pointe toastée. Un superbe vin sec doté d'une forte salinité, qui sera parfait à table dans quelques années.

HOLDER PINOT GRIS VENDANGES TARDIVES 2007
Blanc liquoreux | 2010 à 2027 | 17,60 € **16,5/20**
Une vendanges-tardives ample, longue et pure, avec une trame acide très fine. Un vin bien né qui ira loin.

HOLDER RIESLING 2007
Blanc | 2009 à 2022 | 9,60 €   **16,5/20**
Un vin ouvert, au nez épicé, ample en bouche avec du gras, de la chair et un fruité très net en finale. La finale est marquée par de légers amers. Un vin magnifique de race, particulièrement réussi en 2007.

HOLDER RIESLING SÉLECTION DE GRAINS NOBLES 2006
Blanc Liquoreux | 2010 à 2016 | 33,60 €   **17/20**
Un vin gras, ample, marqué par le raisin mûr au nez, souple en bouche avec une belle ampleur et du gras qui accompagne la finale. Un beau vin.

LINSENBERG GEWURZTRAMINER 2007
Blanc | 2010 à 2022 | 11,60 €   **15/20**
Un vin très mûr au nez de rose et de fruits confits, riche en bouche avec un moelleux soutenu par l'acidité. Un vin opulent, à garder.

LINSENBERG RIESLING 2007
Blanc | 2009 à 2017 | 8,90 €   **15,5/20**
Issu d'un sol caillouteux très pentu, le vin est floral avec une pointe lactée au nez, ample et pur en bouche avec une acidité douce qui donne un toucher de bouche délicat à ce vin sec.

MUSCAT 2008
Blanc | 2009 à 2011 | 8,70 €   **14,5/20**
Un vin très pur au fruité intense, croquant et salin en bouche, avec une légère douceur rehaussée par une acidité fine. Très apéritif, il séduit par ses arômes et son croquant.

MUSCAT 2007
Blanc | 2009 à 2011 | 8,70 €   **14,5/20**
Nez ample et aromatique, fleur de sureau et raisin frais, gras en bouche avec un bel équilibre ample et légèrement doux en finale. Longue finale sur le raisin frais. Un vin au succès mérité.

Rouge : 2.5 hectares ; pinot noir 15%.
Blanc : 12,5 hectares ; 4%, 1%, gewurztraminer 21%, pinot blanc 14%, riesling 31%. **Production totale annuelle :** 95 000 bt. **Visite :** Ouvert du lundi au samedi de 9 h à 12 h 30 puis de 13 h 30 à 19 h.

DOMAINE SCHOFFIT

66-68, Nonnenholzweg
68000 Colmar
Tél. 03 89 24 41 14 - Fax. 03 89 41 40 52
domaine.schoffit@free.fr

Installé à Colmar, loin des coteaux de la route des vins, le domaine est partagé en deux univers. D'un côté, les vignes de la plaine d'alluvions de la Harth, travaillées avec des rendements très réduits, donnent des vins purs très concentrés. De l'autre, le vignoble extrême du Rangen, à Thann, planté des quatre cépages nobles, produit des vins de grande typicité. À partir du millésime 2007, la gamme se simplifie sur les vins de la Harth, avec des cuvées équilibrées et très nettes, mais les rieslings du pinot gris du Rangen se dédoublent pour proposer sur chaque cépage une cuvée-schiste à l'équilibre plus sec que d'ordinaire. Les vins liquoreux seront une fois de plus extraordinaires en 2007 sur le Rangen.

ALSACE GRAND CRU RANGEN CLOS SAINT-THÉOBALD GEWURZTRAMINER 2007
Blanc liquoreux | 2010 à 2027 | 36 €   **18/20**
Un vin ample, au nez de noisette et de vanille, évoluant sur les épices douces à l'aération, moelleux en bouche, avec une grande pureté. Le vin est très long en finale avec des notes épicées.

ALSACE GRAND CRU RANGEN CLOS SAINT-THÉOBALD GEWURZTRAMINER VENDANGES TARDIVES 2007
Blanc liquoreux | 2010 à 2027 | 45 €   **18,5/20**
Une vendanges-tardives ample, au nez de miel et de pralin, ample en bouche avec de la rondeur et une très longue finale sur le moelleux.

ALSACE GRAND CRU RANGEN CLOS SAINT-THÉOBALD PINOT GRIS 2007
Blanc Doux | 2012 à 2027 | 29,50 €   **17/20**
Un vin riche au fruité mûr, moelleux en bouche, avec une grande finesse. Plus classique que la cuvée-schistes, c'est un vin qui vieillira très bien.

ALSACE GRAND CRU RANGEN CLOS SAINT-THÉOBALD PINOT GRIS CUVÉE SCHISTES 2007
Blanc Demi-sec | 2010 à 2027 | 32 €   **17,5/20**
Un vin puissant, au nez de vanille et de fumée, ample en bouche, avec du gras et un léger moelleux. La finale est longue sur les fruits jaunes.

ALSACE GRAND CRU RANGEN CLOS SAINT-THÉOBALD PINOT GRIS SÉLECTION DE GRAINS NOBLES 2007
Blanc Liquoreux | 2013 à 2030 | 52 €   **19/20**
Les raisins botrytisés ont produit ce vin au nez confit de bonne intensité, liquoreux en bouche, avec une grande finesse et une longue finale sur l'ananas rôti. Un vin bien né qu'il faudra patiemment attendre.

ALSACE GRAND CRU RANGEN CLOS SAINT-THÉOBALD PINOT GRIS VENDANGES TARDIVES 2007
Blanc liquoreux | 2015 à 2027 | 45 €   **18/20**
Un vin ample au nez prometteur, riche en bouche, avec un moelleux d'une grande pureté complètement intégré à une matière concentrée.

ALSACE GRAND CRU RANGEN CLOS SAINT-THÉOBALD RIESLING 2007
Blanc Doux | 2012 à 2027 | 28 €   **17/20**
Un vin de bonne maturité, au nez de fleurs blanches, ample en bouche, avec un léger moelleux et du gras. Un style plus conventionnel, à garder pour qu'il se révèle complètement.

ALSACE GRAND CRU RANGEN CLOS SAINT-THÉOBALD RIESLING CUVÉE SCHISTES 2007
Blanc | 2010 à 2027 | 29 €   **19/20**
Un vin sec de grande concentration, salin en bouche, avec du corps et une longue finale sur les amers nobles. Encore discret au nez, mais déjà ouvert en bouche, c'est un grand vin du Rangen, monumental.

CHASSELAS VIEILLES VIGNES 2007
Blanc | 2009 à 2015 | 8,30 €   **15/20**
Un vin au nez floral marqué par une légère pointe de pierre-à-fusil, sec et gras en bouche avec une salinité discrète. Un chasselas bien structuré, parfait à table.

MUSCAT TRADITION 2007
Blanc | 2009 à 2013 | 9,80 €   **15/20**
Un muscat croquant, au nez de raisin frais, dense en bouche avec un fruité éclatant. Un vin parfait à l'apéritif ou à la table.

PINOT GRIS LARMES DE LAVE 2007
Blanc Liquoreux | 2015 à 2030 | NC   **19/20**
Originaire du Rangen, c'est un vin de liqueur d'exception produit par un tri sévère, net au nez, très liquoreux en bouche avec une très forte acidité. L'équilibre pur et la puissance du vin sont remarquables. Un grand vin de garde.

RIESLING HARTH TRADITION 2007
Blanc | 2009 à 2017 | 9 €   **15/20**
Un riesling ample, au nez encore discret, riche en bouche avec une acidité fine et des amers en finale. Un beau riesling nerveux et gras.

Rouge : 0,7 hectare ; pinot 5%. **Blanc :** 16,3 hectares ; gewurztraminer 20%, muscat 4%, pinot 16%, pinot gris 20%, riesling 25%, sylvaner et chasselas 6%. **Production totale annuelle :** 120 000 bt. **Visite :** Du lundi au vendredi de 8 h 30 à 11 h 30 et de 14 h à 17 h, sur rendez-vous. Le samedi jusqu'à 16 h.

DOMAINE ALBERT SELTZ

21, rue Principale
67140 Mittelbergheim
Tél. 03 88 08 91 77 - Fax. 03 88 08 52 72
info@albert-seltz.fr
www.albert-seltz.fr

Trublion de Mittelbergheim, Albert Seltz ne fait pas les choses comme tout le monde. Défendant le sylvaner contre tous ceux qui n'y voyaient qu'un cépage productif apte à produire des vins de soif insipides, il démontre par l'exemple que les terroirs de Mittelbergheim, grand cru Zotzenberg en tête, sont particulièrement adaptés à la production de sylvaners de qualité, combinant l'expression minérale des terroirs argilo-calcaires avec le caractère épicé du cépage. N'hésitant pas à récolter le vin en surmaturité, il produit des cuvées moelleuses qui suscitent un regain d'intérêt chez les consommateurs, avant de mettre en avant des vins plus secs. Riesling et gewurztraminer sont tout aussi bien travaillés.

SYLVANER SONO CONTENTO 2007
Blanc | 2009 à 2015 | 12,80 €   **14/20**
Un sylvaner d'équilibre sec, dense et très pur en bouche, avec une note d'amande douce en finale.

SYLVANER VIEILLES VIGNES
LA COLLINE AUX POIRIERS 1998
Blanc liquoreux | 2009 à 2013 | 19,40 € **14/20**
Un sylvaner surmûri, au nez de prune et de coing, moelleux en bouche, avec de l'amertume en finale. La finale fumée montre une légère évolution.

ZOTZENBERG RIESLING 2006
Blanc liquoreux | 2009 à 2016 | 15,40 € **14,5/20**
Le vin récolté en surmaturité présente un nez confit marqué par l'écorce d'orange, suivi par une bouche moelleuse et acidulée. Un vin riche, à boire comme une vendanges-tardives.

Rouge : 1 hectare Blanc : 15 hectares.
Production totale annuelle : 100 000 bt.
Visite : Du lundi au vendredi de 8 h à 12 h et de 14 h à 17 h 30. Le mercredi après-midi et samedi sur rendez-vous.

DOMAINE RENÉ ET ÉTIENNE SIMONIS

2, rue des Moulins
68770 Ammerschwihr
Tél. 03 89 47 30 79 - Fax. 03 89 78 24 10
rene.etienne.simonis@gmail.com

Étienne Simonis a repris le petit domaine familial en 1996 et, après avoir réduit sérieusement les rendements, s'est lancé dans la production de vins concentrés, récoltés très mûrs et élevés sur lies. Après avoir su gérer le difficile millésime 2006, la grêle de juin 2007 a demandé beaucoup d'attention dans les vignes, pour rentrer une vendange saine en petite quantité. Le domaine continue sa progression, avec des vins qui gagnent en équilibre, se montrant plus secs, avec du gras.

ALSACE GRAND CRU KAEFFERKOPF
GEWURZTRAMINER 2007
Blanc Doux | 2009 à 2017 | 10,30 €   **16/20**
Un vin élégant, au nez ouvert d'une grande finesse, moelleux et très fruité en bouche avec une acidité tonique qui lui donne un équilibre aérien déjà très agréable.

ALSACE GRAND CRU KAEFFERKOPF
GEWURZTRAMINER CUVÉE ARMAND 2007
Blanc liquoreux | 2010 à 2017 | 12,80 €   **16/20**
Produit à partir de la partie plus calcaire du cru, le vin se montre profond et onctueux en bouche, avec une longue finale.

ALSACE GRAND CRU KAEFFERKOPF RIESLING 2007
Blanc | 2011 à 2022 | 9,10 €   **15,5/20**
Un vin riche, au nez d'agrumes, salin et acidulé en bouche, avec un équilibre sec.

ALSACE GRAND CRU MARCKRAIN GEWURZTRAMINER 2007
Blanc Doux | 2012 à 2027 | 12,80 €   **17/20**
Le vignoble a grêlé, mais le vin est richement doté avec une race évidente : le cuir et la fumée complètent les épices au nez, la bouche est profonde, minérale avec une forte personnalité.

PINOT NOIR CUVÉE RÉSERVÉE 2007
Rouge | 2009 à 2013 | 8 €   **14,5/20**
Vin au fruité ouvert dominé par la cerise et la groseille, souple en bouche avec une finale acidulée. Un vin gourmand.

VOGELGARTEN GEWURZTRAMINER 2007
Blanc Doux | 2010 à 2017 | 9,80 €   **15/20**
Un gewurztraminer récolté très mûr, épicé et moelleux en bouche, avec une onctuosité remarquable. La profondeur du vin rappelle la proximité avec le grand cru Mambourg.

Rouge : 0,3 hectare ; pinot noir 100%.
Blanc : 3,13 hectares ; auxerrois 10%, chasselas 5%, gewurztraminer 36%, muscat d'Alsace 4%, pinot gris 16%, riesling 13%, sylvaner 8%.
Production totale annuelle : 25 000 bt.

LOUIS SIPP

5, Grand-Rue
68150 Ribeauvillé
Tél. 03 89 73 60 01 - Fax. 03 89 73 31 46
louis@sipp.com
www.sipp.com

Ce grand domaine dispose d'un patrimoine important de vignes sur les coteaux de Ribeauvillé, complété par quelques achats. Si les efforts aux vignes et en cave se traduisent par des progrès importants de toutes les cuvées depuis 2000, le millésime 2005 marque un tournant dans l'histoire du domaine avec une gamme homogène de très haut niveau, en particulier des vins moelleux remarquables de pureté. 2006 et 2007 s'annoncent tout aussi réussis, avec toutefois des quantités limitées en 2006.

ALSACE GRAND CRU KIRCHBERG DE RIBEAUVILLÉ PINOT GRIS 2007
Blanc | 2010 à 2027 | NC   **17,5/20**
Un vin riche encore marqué par le moelleux, ample en bouche avec de la chair et une forte salinité qui donne une belle élégance au vin, ainsi qu'une finale plus sèche. À garder pour qu'il donne toute sa mesure.

ALSACE GRAND CRU KIRCHBERG DE RIBEAUVILLÉ RIESLING 2007
Blanc | 2012 à 2027 | NC   **17/20**
Un grand riesling de terroir dans un style ample, gras et légèrement surmûri. Le nez de fruits mûrs laisse place à une bouche légèrement saline qui nécessitera quelques années de garde pour se fondre.

ALSACE GRAND CRU KIRCHBERG DE RIBEAUVILLÉ RIESLING SÉLECTION DE GRAINS NOBLES 2006
Blanc Liquoreux | 2010 à 2026 | NC   **17/20**
Un vin aux arômes de fruits confits, riche en bouche avec une liqueur fine et de grande pureté. L'équilibre est soutenu par une acidité très présente qui lui apporte de la longueur.

ALSACE GRAND CRU OSTERBERG GEWURZTRAMINER 2005
Blanc Demi-sec | 2009 à 2025 | NC   **18/20**
Un vin très mûr au nez épicé, qui reprend parfaitement en bouche la minéralité et la pureté du grand cru, dans un équilibre au moelleux fondu. Ribeauvillé n'est pas uniquement le paradis des rieslings, ce gewurztraminer en est une preuve éclatante.

ALSACE GRAND CRU OSTERBERG GEWURZTRAMINER VENDANGES TARDIVES 2006
Blanc liquoreux | 2010 à 2026 | NC   **16/20**
Un vin riche, au nez de fruits confits, moelleux et pur en bouche, avec une liqueur très fine qui donne une grande longueur à la finale.

ALSACE GRAND CRU OSTERBERG RIESLING 2007
Blanc | 2011 à 2027 | NC   **17,5/20**
Un vin abouti qui s'ouvre doucement, encore discret au nez, mais qui offre un profil remarquable en bouche : droit et parfaitement sec, avec une belle acidité mais sans aucune rugosité, le vin exprime parfaitement la pureté et la minéralité du terroir de l'Osterberg. Grand potentiel de bonification.

CRÉMANT D'ALSACE BRUT 2005
Blanc Brut effervescent | 2009 à 2010 | NC   **14/20**
Assemblage de pinot blanc, auxerrois et chardonnay avec du pinot noir, le vin a été conservé sur lattes plus de deux années. Le vin est fruité dans un style très alsacien, ample en bouche avec une bulle fine. Le dosage reste marqué pour ce crémant facile à boire.

GEWURZTRAMINER 2007
Blanc | 2009 à 2015 | NC   **15/20**
Un vin épicé qui possède une bonne pureté, de la densité et une rondeur fondue en bouche. Un style doux très élégant.

GEWURZTRAMINER SÉLECTION DE GRAINS NOBLES 2006
Blanc Liquoreux | 2011 à 2026 | NC   **18/20**
Un vin liquoreux au nez très confit, riche et très pur en bouche, avec une acidité remarquable. Une réussite exemplaire sur le millésime.

GROSSBERG PINOT NOIR 2006
Rouge | 2010 à 2016 | NC   **15,5/20**
Issu d'un terroir de calcaire coquillier avec du grès à l'ouest du Kirchberg, le vin est encore marqué au nez par l'élevage en fûts neufs, mais montre une belle finesse et de la sapidité en bouche, avec des tanins fins.

ROTENBERG GEWURZTRAMINER 2007   ☺
Blanc Doux | 2009 à 2022 | NC   **16/20**
Issu d'une très vieille vigne sur un terroir de calcaires rouges, le vin est ample, profond et très élégant, avec une minéralité présente et une pureté qui donnent une longue finale.

Rouge : 2,7 hectares. Blanc : 37,3 hectares ; auxerrois 11%, chardonnay 1%, chasselas 2%, gewurztraminer 23%, riesling 25%, sylvaner 6%.
Production totale annuelle : 450 000 bt.
Visite : Du lundi au vendredi de 8 h à 12 h et de 14 h à 18 h.

DOMAINE SIPP-MACK

1, rue des Vosges
68150 Hunawihr
Tél. 03 89 73 61 88 - Fax. 03 89 73 36 70
sippmack@sippmack.com
www.sippmack.com

Le domaine possède des vignes sur le grand cru Osterberg de Ribeauvillé, mais surtout sur les terroirs de Bergheim et Hunawihr, dont le grand cru Rosacker. Les vins sont purs avec, sur les terrains les plus calcaires, des sucres résiduels parfaitement intégrés.

ALSACE GRAND CRU OSTERBERG PINOT GRIS 2005
Blanc Demi-sec | 2009 à 2020 | NC   **16/20**
Un osterberg moelleux, au nez de miel et de fruits secs, bien équilibré en bouche avec une matière dense et une minéralité fine qui donne de la longueur au vin. À tenter sur un foie gras d'oie ou dans plusieurs années sur une volaille.

ALSACE GRAND CRU OSTERBERG RIESLING 2005
Blanc | 2009 à 2020 | NC   **15,5/20**
Un vin au nez ouvert sur des notes minérales et de fruits mûrs, dense et sec en bouche, avec une belle acidité. La finale conserve un caractère légèrement astringent.

ALSACE GRAND CRU ROSACKER RIESLING 2007
Blanc | 2010 à 2027 | NC   **16/20**
Un vin ample qui possède de la pureté, sec et profond en bouche avec du gras. La puissance du Rosacker s'exprime déjà dans ce vin de grande garde.

ALSACE GRAND CRU ROSACKER RIESLING 2005
Blanc | 2009 à 2020 | NC   **15/20**
Un rosacker ample, marqué par la surmaturité et une légère évolution au nez, profond en bouche, avec un équilibre sec qui termine sur des amers présents.

GEWURZTRAMINER VIEILLES VIGNES 2007
Blanc Doux | 2012 à 2022 | NC   **15/20**
Un gewurztraminer parfumé, très riche en bouche avec une belle acidité encore discrète. À regoûter dans trois ans, sur un dessert aux fruits.

RIESLING VIEILLES VIGNES 2007
Blanc | 2010 à 2017 | NC   **15/20**
Un vin racé, au nez floral, ample et puissant en bouche avec de la chair. Un riesling sec qui vieillira bien.

Rouge : 1 hectare ; pinot noir 100%.
Blanc : 14 hectares ; gewurztraminer 17%, pinot blanc 14%, riesling 40%, sylvaner 6%.
Production totale annuelle : 120 000 bt.
Visite : De 9 h à 12 h et de 14 h à 18 h.

DOMAINE VINCENT SPANNAGEL

82, rue du Vignoble
68230 Katzenthal
Tél. 03 89 27 52 13 - Fax. 03 89 27 56 48
domainespannagelv@orange.fr

Vincent Spannagel fait partie de ces vignerons qui ont su fidéliser de longue date une clientèle à la recherche de vins nets et fruités, de bon rapport qualité-prix. En sec ou en vendanges-tardives, il continue de mettre en avant le grand cru Wineck-Schlossberg, avec toute une palette de vins qui expriment magnifiquement la fine salinité de ce terroir granitique fortement désagrégé. Le muscat grand-cru est venu rejoindre les rieslings, pinots gris et gewurztraminers en 2004.

ALSACE GRAND CRU WINECK-SCHLOSSBERG GEWURZTRAMINER 2007
Blanc Doux | 2009 à 2017 | 11 €   **15/20**
Un vin ample, au nez fumé et épicé, moelleux en bouche, avec du gras et une acidité très présente. Un équilibre riche pour un vin qui vieillira bien.

ALSACE GRAND CRU
WINECK-SCHLOSSBERG MUSCAT 2006   Ⓤ
Blanc Demi-sec | 2009 à 2016 | 12,20 € **15/20**
Un muscat très mûr, parfumé, au nez de sureau, de melon et de pêche blanche, doux en bouche avec une belle finesse. La pureté du vin est remarquable, il s'appréciera à l'apéritif ou sur un dessert aux fruits.

ALSACE GRAND CRU WINECK-SCHLOSSBERG PINOT GRIS 2006
Blanc Demi-sec | 2009 à 2016 | 11 €   **16/20**
Un vin très pur, mûr en bouche avec un moelleux modéré, terminant sur des notes fumées. Un vin typé qui sera parfait sur du gibier à plumes.

ALSACE GRAND CRU WINECK-SCHLOSSBERG RIESLING 2007
Blanc | 2010 à 2017 | 11 €   **15,5/20**
Goûté sur fût, c'est un vin encore marqué au nez par l'élevage, fin et dense en bouche avec du croquant et de la salinité. Une cuvée prometteuse.

ALSACE GRAND CRU WINECK-SCHLOSSBERG RIESLING 2005
Blanc | 2009 à 2015 | 11 €   **15/20**
Un wineck-schlossberg élégant, floral au nez et salin en bouche, avec de la densité et un moelleux fondu. Parfait à table.

Rouge : 0,6 hectare ; pinot noir 7%.
Blanc : 9,4 hectares ; auxerrois 21%, chasselas 5%, gewurztraminer 21%, muscat d'Alsace 2%, muscat Ottonel 2%, pinot gris 18%, riesling 20%, sylvaner 4%. Production totale annuelle : 80 000 bt.
Visite : Sur rendez vous.

DOMAINE SYLVIE SPIELMANN

2, Route de Thannenkirch
68750 Bergheim
Tél. 03 89 73 35 95 - Fax. 03 89 73 27 35
sylvie@sylviespielmann.com
www.sylviespielmann.com

Sur la route qui mène de Bergheim à Thannenkirch, l'ancienne carrière de gypse est devenue le lieu de prédilection de Sylvie Spielmann, qui a continué l'exploitation viticole familiale après la fin de l'activité d'extraction. Le sol de marnes à gypse des vignes entourant l'exploitation donne une forte personnalité aux vins, et sur le grand cru Kanzlerberg voisin, dont elle est l'un des trois seuls producteurs, fluorine et barytine donnent un caractère particulier au riesling et au gewurztraminer.

ALSACE GRAND CRU ALTENBERG DE BERGHEIM GEWURZTRAMINER 2001

Blanc Demi-sec | 2008 à 2021 | épuisé   **17/20**
Outre le Kanzlerberg, Sylvie Spielmann possède également une parcelle sur le grand cru Altenberg de Bergheim. Le nez est très mûr avec des arômes de pralin, la bouche est ample, dense et très profonde avec du gras et une rondeur d'une grande pureté qui termine sur des arômes de rose. Un grand vin qui évoluera bien, à réserver à la cuisine épicée.

ALSACE GRAND CRU ALTENBERG DE BERGHEIM GEWURZTRAMINER SÉLECTION DE GRAINS NOBLES 2003

Blanc liquoreux | 2009 à 2023 | 36,50 € en 50 cl   **17/20**
Un vin de liqueur comme seul l'Altenberg sait en produire dans les millésimes chauds : le nez sur la rose et la bergamote propose un confit important, la bouche tendre, moelleuse et profonde donne une sensation très suave, ce qui rend le vin délicieux au risque de choquer les puristes qui recherchent plus de tension. Un vin de grande garde.

ALSACE GRAND CRU KANZLERBERG GEWURZTRAMINER 2004

Blanc Demi-sec | 2009 à 2021 | 19,30 €   **16/20**
Marqué par des arômes d'épices et de vanille, c'est un vin puissant et minéral, doté d'une salinité importante qui lui donne beaucoup de fluidité.

ALSACE GRAND CRU KANZLERBERG RIESLING 2002

Blanc | 2009 à 2022 | env 17 €   **16,5/20**
Le nez est très typé, avec des notes d'agrumes mûrs, de poivre et de fumée. La bouche est très pure, riche, saline, avec du gras. Le terroir est très présent en bouche et laisse une longue impression de salinité en finale. Un vin remarquable, doté d'un gros potentiel de bonification au vieillissement.

ALSACE GRAND CRU KANZLERBERG RIESLING 2001

Blanc | 2009 à 2021 | env 17 €   **16/20**
Récolté très mûr, le vin est ouvert au nez, avec des arômes de fleurs, de fumée et de tabac, puis sec en bouche avec une forte salinité, une acidité très présente et une finale longue. Un vin déjà prêt à boire à ne pas manquer.

BLOSENBERG GEWURZTRAMINER 2006

Blanc Doux | 2009 à 2013 | 14,20 €   **14,5/20**
Un vin épicé, au caractère minéral marqué en bouche, à la fois fluide et salin, ce qui le rend très digeste. Belle réussite.

BLOSENBERG GEWURZTRAMINER VENDANGES TARDIVES 2005

Blanc liquoreux | 2009 à 2020 | 23,50 €   **16,5/20**
Une cuvée élégante, au nez de rose, de miel et de pralin, dense en bouche, avec un moelleux fondu et une longue finale, sur des arômes intenses de fleurs et d'épices grillées.

BLOSENBERG PINOT GRIS 2004

Blanc Demi-sec | 2009 à 2014 | 14,20 €   **15/20**
Après un 2003 sec, 2004 a donné un vin riche, au nez mûr marqué par les fruits jaunes, le miel, la pierre-à-fusil. La bouche est moelleuse avec la fraîcheur apportée par l'acidité et une pointe de gaz. Un pinot gris très mûr, au moelleux fondu.

ENGELGARTEN RIESLING 2004

Blanc | 2009 à 2014 | 10,50 €   **15/20**
Un riesling aux arômes d'agrumes mûrs, fin en bouche avec un léger moelleux.

L'OR NOIR 2007

Blanc liquoreux | 2009 à 2017 | 19,50 € en 50 cl   **14/20**
Du pinot noir récolté en surmaturité et vinifié en blanc a donné une cuvée liquoreuse à l'équilibre inhabituel, dominé par les petits fruits rouges au nez, acidulé et moelleux en bouche avec des tanins présents.

PINOT BLANC RÉSERVE BERGHEIM 2004   ☺

Blanc | 2008 à 2011 | 8,20 €   **14,5/20**
Un pinot blanc au nez floral, très fin en bouche, avec une minéralité présente et une pureté qui renforce le caractère fluide du vin.

PINOT NOIR RÉSERVE BERGHEIM 2007

Rouge | 2009 à 2017 | 14,20 €   **15/20**
Un vin élégant, au nez de griotte, souple et très pur en bouche, avec une finale acidulée sur les petits fruits rouges.

Rouge : 0.80 hectares. **Blanc** : 7.7 hectares.
Production totale annuelle : 50 000 bt.
Visite : De 9 h à 12 h et de 14 h à 18 h.

AIMÉ STENTZ

37, rue Herzog
68920 Wettolsheim
Tél. 03 89 80 63 77 - Fax. 03 89 79 78 68
vins.stentz@calixo.net
www.vins-stentz.fr

Étienne et Louis Stentz exploitent les parcelles autour de Wettolsheim, dont les grands crus Steingrübler et Hengst, mais aussi sur six autres communes. Le passage à la viticulture biologique permet la pureté et la salinité des vins des derniers millésimes.

ALSACE GRAND CRU GEWURZTRAMINER 2007
Blanc Demi-sec I 2010 à 2017 I 7,80 €   **15/20**
Le nez est élégant, floral et épicé, avec une belle finesse. La bouche est dense, très pure avec un moelleux léger complètement fondu. Un beau gewurztraminer de table.

ALSACE GRAND CRU HENGST PINOT GRIS 2005
Blanc Demi-sec I 2010 à 2020 I 15 €   **16/20**
Un nez riche de froments et de fruits secs, une bouche saline, légèrement moelleuse, profonde avec une finale épicée. Un superbe vin de terroir qui vieillira à merveille.

ALSACE GRAND CRU HENGST PINOT GRIS CUVÉE DU VICUS ROMAIN 2007
Blanc liquoreux I 2012 à 2022 I 14 €   **15/20**
Originaire de la vieille parcelle en bordure de la ruine romaine découverte dans les années 1960, le vin est récolté tardivement, donnant une cuvée moelleuse, épicée en finale. Une cuvée riche, à garder quelques années.

ALSACE GRAND CRU HENGST PINOT GRIS CUVÉE DU VICUS ROMAIN 2005
Blanc liquoreux I 2010 à 2020 I 14 €   **15,5/20**
Originaire de la vieille parcelle à côté de la ruine romaine découverte dans les années 1960, le vin est ouvert et surmûri au nez, moelleux et profond en bouche avec une acidité fine qui allonge la finale. Une cuvée de garde.

ALSACE GRAND CRU STEINGRÜBLER GEWURZTRAMINER 2006
Blanc Doux I 2009 à 2021 I épuisé   **16/20**
Issu de la partie basse plus profonde du cru, le vin est déjà ouvert au nez, avec des fruits à chair blanche et des épices. La bouche se montre profonde, puissante avec une acidité remarquable. Un vin d'une grande pureté, magnifique réussite.

CRÉMANT D'ALSACE CUVÉE PRESTIGE
Blanc Brut effervescent I 2009 à 2012 I 7,70 €   **14/20**
Originaire du millésime 2006, c'est un crémant élégant, frais et floral, avec une mousse compacte, qui possède de l'élégance. À boire à l'apéritif ou sur un repas.

CRÉMANT D'ALSACE CUVÉE PRESTIGE ROSÉ
Rosé Brut effervescent I 2009 à 2011 I 8 €   **14/20**
Produit à partir de pinot noir, intense au nez avec une touche de fruits rouges, la bouche évolue sur un caractère vineux au fruité élégant, acidulé et net en finale.

GEWURZTRAMINER SÉLECTION DE GRAINS NOBLES 2005
Blanc Liquoreux I 2011 à 2020 I 29 €   **16/20**
Un vin très pur, au nez de fruits confits et de miel, liquoreux en bouche avec de la puissance. Une cuvée de garde.

GEWURZTRAMINER VENDANGES TARDIVES 2006
Blanc liquoreux I 2009 à 2021 I 19 €   **15,5/20**
Une vendanges-tardives très pure, au nez de fruits exotiques et de miel, moelleuse et onctueuse en bouche, avec une finale saline légèrement fumée.

MUSCAT 2007
Blanc I 2009 à 2012 I épuisé   **14,5/20**
Un muscat frais et croquant, parfumé au nez, avec de la chair en bouche. Une cuvée magnifique qui combine maturité et fraîcheur dans un millésime idéal.

PINOT NOIR 2007
Rouge I 2009 à 2017 I 12 €   **15/20**
Originaire de vignes sur le Hengst, le vin est corsé, ample et puissant avec des tanins fins. L'élevage en barriques est bien intégré.

SYLVANER 2007
Blanc I 2009 à 2016 I 4,60 €   **14/20**
Un sylvaner mûr, de bonne densité, frais et acidulé en bouche, avec de la finesse. Une très bonne cuvée.

Production totale annuelle : 110 000 bt.
Visite : Du lundi au samedi de 8 h à 12 h et de 14 h à 18 h 30.

Inscrivez-vous sur
BETTANEDESSEAUVE.COM

> Suivez l'actualité du vin
> Accédez aux notes de dégustation de 25 000 vins
> Visitez les stands des producteurs

DOMAINE STENTZ-BUECHER

21, rue Kleb
68920 Wettolsheim
Tél. 03 89 80 68 09 - Fax. 03 89 79 60 53
stentz-buecher@wanadoo.fr
www.stentz-buecher.com

Les terroirs marno-calcaires autour de Wettolsheim permettent à Stéphane de vinifier des vins dotés d'acidités élevées, travaillés sur la puissance avec des équilibres secs qui possèdent parfois des niveaux d'alcool importants. Les pinots noirs, réalisés avec la même rigueur, donnent d'excellents résultats.

ALSACE GRAND CRU HENGST GEWURZTRAMINER 2007
Blanc Demi-sec | 2011 à 2022 | 15 €   **16/20**
Belle tension sur ce vin riche et racé, au nez de vanille et d'épices douces, profond et minéral en bouche avec une forte concentration. La pointe d'alcool en finale est encore sensible à ce stade.

ALSACE GRAND CRU HENGST PINOT GRIS 2006
Blanc | 2011 à 2021 | 14,50 €   **16,5/20**
Un vin encore fermé avec de discrètes notes d'épices et de vanille au nez, dense et profond en bouche avec une légère douceur.

ALSACE GRAND CRU STEINGRÜBLER RIESLING 2007
Blanc | 2010 à 2022 | 14,50 €   **16/20**
Un steingrübler ample, au nez déjà ouvert, dense en bouche avec une fine minéralité. Bon potentiel de bonification au vieillissement.

PINOT NOIR OLD OAK 2007
Rouge | 2010 à 2017 | 13 €   **15,5/20**
L'élevage en barriques de ce vin originaire du Steingrübler a apporté de la finesse à l'équilibre, donnant un jus concentré et profond, sapide.

PINOT NOIR TRADITION 2007   ☺
Blanc | 2009 à 2017 | 8,90 €   **15/20**
Un vin parfumé, aux arômes délicats de cassis et de petits fruits des bois, élégant en bouche, avec de la densité et de la finesse. Une belle cuvée gourmande.

STEINGRÜBLER GEWURZTRAMINER 2006
Blanc Demi-sec | 2009 à 2021 | 15 €   **16/20**
Le nez fumé laisse place à une bouche ample, quasiment sèche avec du gras et de la profondeur. À essayer sur un saumon fumé aux baies roses.

Rouge : 2 hectares ; pinot noir 10%.
Blanc : 11 hectares ; gewurztraminer 18%, pinot blanc 23%, pinot gris 17%, riesling 23%, riesling 21%, sylvaner 4%. **Production totale annuelle :** 50 000 bt.
Visite : Du lundi au Samedi de 9 h à 12 h et de 14 h à 19 h.

DOMAINE STOEFFLER

1, rue des Lièvres
67140 Barr
Tél. 03 88 08 52 50 - Fax. 03 88 08 17 09
info@vins-stoeffler.com
www.vins-stoeffler.com

Dans une gamme très large, le millésime 2006 est passé sous silence et on saute de 2005 à 2007. Millésime homogène, en 2007 les vins possèdent beaucoup de maturité sans être trop atteints de pourriture noble, et de fortes acidités qui contrebalancent cette richesse. Le muscat et la plupart des gewurztraminers et pinots gris sont déjà victimes de leur succès.

ALSACE GRAND CRU GEWURZTRAMINER VENDANGES TARDIVES 2007
Blanc liquoreux | 2009 à 2017 | 19,60 €   **16/20**
Un vin moelleux, marqué par des arômes d'épices douces et de vanille, avec une bouche ample et onctueuse.

ALSACE GRAND CRU KIRCHBERG DE BARR GEWURZTRAMINER 2007
Blanc liquoreux | 2010 à 2022 | 14,80 €   **16/20**
Un vin très puissant, riche, moelleux et profond avec une bonne acidité. Un vin de grande garde bien né, qui évoluera bien.

ALSACE GRAND CRU KIRCHBERG DE BARR RIESLING 2007
Blanc | 2012 à 2022 | 11,40 €   **15/20**
Un vin de bonne maturité, au nez fumé, ample et profond en bouche, avec du gras et une légère douceur perceptible dans la longue finale.

MUHLFORST RIESLING 2007
Blanc | 2010 à 2017 | 8,60 €   **15/20**
Encore discret au nez, le vin est ample et minéral en bouche, avec une légère douceur qui devrait se fondre.

PINOT BLANC 2007   ☺
Blanc | 2009 à 2012 | 5,60 €   **15/20**
Un vin ouvert au fruité délicat, ample et parfaitement sec en bouche, avec une fine salinité en finale. Une très belle cuvée.

PINOT NOIR ÉLEVÉ EN BARRIQUE 2007
Rouge | 2009 à 2017 | 9,60 €   **15/20**
Un beau rouge, à l'élevage bien intégré, fruité au nez, et d'une bonne pureté en bouche avec des tanins intégrés.

Rouge : 1,7 hectare ; pinot noir 100%.
Blanc : 13.3 hectares ; chardonnay 4%, gewurztraminer 20%, muscat d'Alsace 4%, pinot blanc 18%, riesling 26%, savagnin 3%, sylvaner 7%. **Production totale annuelle :** 110 000 bt.
Visite : Ouvert du lundi au samedi de 10 h à 12 h et de 13 h 30 à 18 h.

DOMAINE MARC TEMPÉ

16, rue du Schlossberg
68340 Zellenberg
Tél. 03 89 47 85 22 - Fax. 03 89 47 97 01
marctempe@wanadoo.fr
www.marctempe.fr

Marc Tempé est un vigneron exigeant et fougueux. Depuis ses débuts en 1995, il a pris des risques pour miser sur la qualité extrême des vins : viticulture en biodynamie, rendements minimes, élevages très longs avec un minimum d'intervention. Mis en bouteilles fin 2008, le millésime 2006 a été particulièrement bien géré, avec des débourbages longs avant un élevage sur lies totales. Si les grands crus et vins moelleux sont mis sur le marché après quelques années de bouteille et parfois des élevages de plusieurs années en foudres ou barriques, la gamme zellenberg des vins de cépage est rapidement épuisée dès sa mise en vente, et il faut surveiller de près sa sortie.

ALSACE GRAND CRU FURSTENTUM PINOT GRIS 2004
Blanc Doux | 2010 à 2024 | 21,20 €   **17/20**
Élevé en pièces en partie neuves, c'est un vin floral qui possède de l'ampleur et du gras en bouche, avec de la puissance en finale. Un digne successeur du 2001.

ALSACE GRAND CRU MAMBOURG
GEWURZTRAMINER 2006
Blanc Doux | 2011 à 2026 | 31,60 €   **18,5/20**
Goûté sur fûts, c'est un vin au nez encore jeune, sur le raisin sec et le miel d'acacia, onctueux en bouche avec un moelleux fondu, de la profondeur et une acidité intense qui accompagne la longue finale. Un vin exceptionnel qui sera de grande garde, qui se goûtera probablement encore mieux après la mise en bouteilles.

ALSACE GRAND CRU MAMBOURG GEWURZTRAMINER
SÉLECTION DE GRAINS NOBLES 2003
Blanc Liquoreux | 2009 à 2023 | 39 €   **19/20**
Complément de la cuvée de vendanges-tardives, c'est un vin onctueux au nez de miel, de pralin et de datte, riche en bouche avec de la profondeur, une liqueur ample et une longue finale crémeuse. Un vin déjà à maturité, qui se conservera.

ALSACE GRAND CRU MAMBOURG GEWURZTRAMINER
VENDANGES TARDIVES 2002
Blanc liquoreux | 2009 à 2022 | 39 €   **19/20**
Élevé six années en barriques, le vin a pris une note vanillée sur des arômes d'abricot et de fumée. La bouche est moelleuse, ample et profonde, avec un fondu remarquable tout en conservant une netteté et une jeunesse aromatique importante. Une cuvée qui démontre le potentiel du terroir du Mambourg.

ALSACE GRAND CRU MAMBOURG RIESLING 2005
Blanc Demi-sec | 2012 à 2025 | 29 €   **17/20**
Produit par une très vieille vigne et élevé en barriques, c'est un vin au nez floral légèrement toasté, ample et profond en bouche, avec une longue finale saline. L'élevage marque encore le vin mais le cépage sera de toute façon complètement effacé.

ALSACE GRAND CRU SCHOENENBOURG
GEWURZTRAMINER 2005
Blanc Doux | 2010 à 2025 | 36,50 €   **17/20**
Fortement marqué par la surmaturité, c'est un vin ample et épicé au nez de miel, riche en bouche avec de la fraîcheur en finale. Un vin corsé de grande garde.

ALSACE GRAND CRU SCHOENENBOURG
PINOT GRIS 2004
Blanc Doux | 2009 à 2024 | 21,20 €   **17,5/20**
Un vin ample et parfaitement mûr, équilibré et profond, avec des arômes de fruits mûrs et un moelleux fondu. Un équilibre puissant pour un vin de garde.

ALSACE GRAND CRU SCHOENENBOURG
PINOT GRIS SÉLECTION DE GRAINS NOBLES 2002
Blanc Liquoreux | 2009 à 2022 | 26 €   **18/20**
Un vin liquoreux élevé six années en barriques neuves, puissant et acidulé, avec une belle netteté aromatique sur l'abricot sec.

ALSACE GRAND CRU SCHOENENBOURG
PINOT GRIS VENDANGES TARDIVES 2003
Blanc liquoreux | 2009 à 2023 | 36,50 €   **17/20**
Un vin produit après un élevage de plus de cinq années, parfumé au nez, avec des notes de paille et de citronnelle, ample en bouche avec de la profondeur, de l'onctuosité et une finale sapide plus sèche. Un vin de grande garde.

GRAFFENREBEN RIESLING 2005
Blanc | 2010 à 2020 | 21,80 €   **15,5/20**
Un vin élevé trois années en barriques, au nez de fruits mûrs avec une pointe toastée, ample et minéral en bouche, avec une légère douceur encore présente en finale.

ZELLENBERG GEWURZTRAMINER 2006
Blanc Demi-sec | 2009 à 2016 | 11,60 € **15,5/20**
Un vin pur, au nez de confit de rose et d'épices, moelleux et très pur en bouche avec une fine acidité. Un vin déjà gastronomique.

Rouge : 0,2 hectare. Blanc : 7,8 hectares.
Production totale annuelle : 40 000 bt.
Visite : sur rendez vous.

DOMAINE TRAPET ALSACE

14, rue des Prés
68340 Riquewihr
Tél. 03 80 34 30 40 - Fax. 03 80 51 86 34
message@domaine-trapet.com / trapet.
alsace@wanadoo.fr
www.domaine-trapet.com/alsace.htm

Alsacienne d'origine et fille de vigneron, l'épouse de Jean-Louis Trapet a repris le domaine familial en 2002. Le délicat millésime 2006 permet de se rendre compte du travail remarquable réalisé, et, en 2007, le domaine a produit des grands-crus au niveau des meilleurs de la région.

ALSACE GRAND CRU SCHLOSSBERG RIESLING 2007
Blanc Demi-sec | 2010 à 2022 | NC   **16,5/20**
Un schlossberg floral avec une pointe fumée, élégant en bouche avec une touche saline encore discrète. Élégant et fin.

ALSACE GRAND CRU SCHOENENBOURG RIESLING 2007
Blanc | 2011 à 2027 | NC   **17,5/20**
Récolté en surmaturité, c'est un vin ample et salin, encore marqué par le moelleux en bouche, mais élégant et long en finale. Belle acidité mûre du citron confit. À garder.

ALSACE GRAND CRU SONNENGLANZ GEWURZTRAMINER 2007
Blanc | 2011 à 2027 | NC   **18/20**
Un grand vin au nez floral élégant avec notes d'abricot, remarquable de précision et de netteté en bouche avec de la finesse et de l'élégance.

ALSACE GRAND CRU SONNENGLANZ PINOT GRIS 2007
Blanc | 2010 à 2022 | NC   **17/20**
Joli nez net de fleurs blanches, élégant avec une pointe de froment. Bouche acidulée, légèrement moelleuse, avec de la finesse. Finale élégante et saline, de bonne longueur.

ALSACE GRAND CRU SPOREN GEWURZTRAMINER 2007
Blanc | 2011 à 2027 | NC   **17,5/20**
Un vin récolté très surmûri, au nez de pralin et de miel de fleur, puissant en bouche avec de la profondeur et un moelleux intense.

ALSACE GRAND CRU SPOREN RIESLING 2007
Blanc Demi-sec | 2010 à 2022 | NC   **16,5/20**
Issu d'une vieille vigne plantée en 1946, le vin est ample, profond et moelleux avec des notes fumées, minéral à souhait.

BEBLENHEIM RIESLING 2007   ☺
Blanc | 2009 à 2017 | NC   **15/20**
Un vin élégant, au fruité marqué par les agrumes frais, ample et finement acidulé en bouche avec une belle élégance.

Blanc : 6,54 hectares.
Production totale annuelle : 30 000 bt.

TRIMBACH

15, route de Bergheim
68150 Ribeauvillé
Tél. 03 89 73 60 30 - Fax. 03 89 73 89 04
contact@maison-trimbach.fr
www.maison-trimbach.com

Trimbach est incontournable parmi les grandes maisons de producteurs-négociants qui ont favorisé le développement des vins d'Alsace en France et à l'étranger, grâce à une gamme homogène et très régulière d'un millésime à l'autre. Il serait trop facile de réduire les grandes cuvées aux seuls frédéric-émile et clos-sainte-hune, véritables étendards des grands rieslings alsaciens : le reste de la gamme est tout aussi intéressant. Les cuvées prestige, provenant des vignes propres du domaine, sont souvent originaires de terroirs réputés autour de Ribeauvillé, y compris les rares vins moelleux toujours très précis. En reprenant la gestion des vignes du Couvent de Ribeauvillé, le domaine produira un riesling grand-cru-geisberg 2008, première fois que le domaine utilisera l'appellation Alsace Grand Cru.

CLOS SAINTE-HUNE RIESLING 2004
Blanc | 2010 à 2024 | NC   **18,5/20**
Un clos-sainte-hune très mûr, déjà ouvert au nez avec des arômes de miel d'acacia, puis ample et gras en bouche avec de la profondeur et une longue finale. Bien né, il faudra savoir le garder quelques années.

GEWURZTRAMINER 2007   ☺
Blanc | 2009 à 2015 | 12,70 €   **15/20**
Un vin ouvert, au nez de litchi et d'épices, sec et gras en bouche avec des notes subtiles de rose qui accompagnent la finale. Un gewurztraminer sec remarquable d'équilibre.

GEWURZTRAMINER 2006
Blanc | 2009 à 2016 | 12,70 €   **14/20**
Un vin ouvert au nez épicé et fumé, sec en bouche avec un équilibre épicé très plaisant. Pas de cuvée réserve en 2006.

GEWURZTRAMINER SEIGNEURS DE RIBEAUPIERRE 2004
Blanc | 2010 à 2024 | 26,60 €   **17/20**
Cuvée produite à partir de grands terroirs lorsque le millésime le permet, 2004 fait suite au millésime 2001. Très mûr au nez, ample et profond en bouche, avec une légère douceur, c'est un vin qui bénéficiera d'une garde de quelques années avant d'accompagner les plats épicés sur les grandes tables.

MUSCAT RÉSERVE 2007
Blanc | 2009 à 2012 | 11,50 €   **14/20**
Un muscat sec très classique, au nez de raisin frais, croquant en bouche avec une finale herbacée qui le rend très apéritif.

PINOT BLANC 2007
Blanc I 2009 à 2012 I 8,60 €   **14/20**
Assemblage à majorité d'auxerrois, c'est un
vin sec qui possède de l'ampleur et du gras.
Élégant et facile à boire, grâce à une belle fraî-
cheur, c'est le vin de toutes les occasions.

PINOT GRIS RÉSERVE PERSONNELLE 2007
Blanc I 2010 à 2027 I NC   **16/20**
Assemblage de grands terroirs dont une
part importante de vignes propres du
domaine, le vin est déjà ouvert avec un nez
floral, ample et profond en bouche avec de
la finesse. Doté d'une belle charpente acide,
c'est un vin qui vieillira bien.

RIESLING 2007
Blanc I 2009 à 2017 I 10,55 €   **14/20**
Produit phare de la maison, c'est un riesling
sec et droit, avec une acidité fine, une fraîcheur désaltérante et une finale légèrement
amère. Un modèle de riesling alsacien qui
devrait inspirer plus de vignerons.

RIESLING CUVÉE FRÉDÉRIC-ÉMILE 2004
Blanc I 2009 à 2024 I 31,80 €   **17/20**
Intégrant la parcelle historique au-dessus
du domaine et à cheval sur les grands crus
Geisberg et Osterberg, ce riesling présente
un nez déjà ouvert de fleurs blanches avec
une note fumée, puis se montre fin et minéral en bouche, avec une acidité fine.

RIESLING M 2004
Blanc I 2010 à 2024 I 17,90 €   **17/20**
Lorsque le millésime s'y prête, la petite parcelle de riesling du domaine, dans le grand
cru Mandelberg, est mise en bouteilles séparément. 2004 fait suite au 2003, c'est un vin
très séduisant, au nez d'agrumes mûrs et
de fruits jaunes, ample et gras avec tout le
volume du Mandelberg.

RIESLING RÉSERVE 2007   ☺
Blanc I 2010 à 2022 I 14 €   **16/20**
Assemblage de grands terroirs d'Alsace originaires de Hunawihr, Bergheim et Ribeauvillé, c'est un riesling ouvert, au nez
d'agrumes frais, ample et minéral en bouche,
avec une finale acidulée. Parfaitement sec,
ce sera un vin de garde, profitez du magnifique 2006 en l'attendant.

Rouge : 2 hectares : pinot noir 100%.
Blanc : 34 hectares : gewurztraminer 32%,
muscat d'Alsace 1%, pinot blanc 10%,
pinot gris 15%, riesling 42%. **Production totale
annuelle :** 1 200 000 bt. **Visite :** Du lundi au vendredi
de 8 h à 12 h et de 13 h 30 à 17 h 15.

CAVE DE TURCKHEIM

16, rue des Tuileries
68230 Turckheim
Tél. 03 89 30 23 60 - Fax. 03 89 27 35 33
info@cave-turckheim.com
www.cave-turckheim.com

La Cave de Turckheim continue son développement commercial, avec des volumes
vendus qui ont doublé depuis le partena-
riat avec la Cave du Roi Dagobert, à
Traenheim. Si les cuvées génériques ont
des origines géographiques très variées,
les lieux-dits et les grands crus proviennent principalement de la région entre
Turckheim et Wettolsheim. Les grands
crus ont fait l'objet d'une charte visant à
réduire les rendements en 2002, et une
attention particulière est donnée à la
vigne depuis 2005. Les grands crus et les
vins moelleux de 2005 représentent de
très bonnes affaires.

ALSACE GRAND CRU BRAND RIESLING 2007
Blanc I 2010 à 2022 I 10,70 €   **16/20**
Un vin ample et élégant, fin et salin en
bouche, avec une bonne pureté. Le léger
moelleux est fondu et devrait s'estomper
avec le temps.

ALSACE GRAND CRU HENGST PINOT GRIS 2005
Blanc Doux I 2010 à 2022 I 13 €   **15/20**
Un vin riche, au nez d'épices et de vanille,
puissant en bouche avec un moelleux bien
intégré. Un vin à garder.

GEWURZTRAMINER SABLES ET GALETS 2007
Blanc Demi-sec I 2009 à 2013 I 7,80 €   **14/20**
Un vin aérien, au nez floral légèrement épicé,
souple et soyeux en bouche avec une douceur bien intégrée.

GEWURZTRAMINER VENDANGES TARDIVES 2005
Blanc liquoreux I 2009 à 2020 I 10,20 €   **17/20**
Élégant, très pur, avec un moelleux d'une
grande finesse, c'est une vendanges-tardives aux arômes de miel et de fruits frais
qui possède de l'élégance. Très belle minéralité en bouche.

PINOT GRIS SÉLECTION DE GRAINS NOBLES 2005
Blanc Liquoreux I 2009 à 2025 I 29,90 € **16/20**
Un vin riche et confit, au nez de pralin, liquoreux en bouche avec une grande pureté.
Très beau travail de tri pour un vin à l'acidité digne des meilleures sélections-de-
grains-nobles.

Rouge : 35 hectares ; pinot gris 18%, pinot noir 10%.
Blanc : 305 hectares ; gewurztraminer 23%,
muscat 2%, pinot blanc 26%, riesling 16%,
sylvaner 5%. **Production totale annuelle :** 8 000 000 bt.
Visite : Sur rendez-vous.

GUY WACH – DOMAINE DES MARRONNIERS

5, rue de la Commanderie
67140 Andlau
Tél. 03 88 08 93 20 - Fax. 03 88 08 45 59
info@guy-wach.fr
www.guy-wach.fr

Passionné par le riesling, Guy Wach dispose d'un terrain de jeu passionnant avec des parcelles sur les trois grands crus d'Andlau, offrant sur chacun des terroirs des vins à la forte typicité. Le trio de rieslings secs est complété en fonction des années par des cuvées vieilles-vignes plus moelleuses, ou par de magnifiques vendanges-tardives et sélections-de-grains-nobles. Les derniers millésimes en vente sont très réussis, en particulier les 2006 qui seront peut-être encore disponibles : n'hésitez pas à acheter les dernières cuvées, le temps de laisser vieillir patiemment les vins du grand millésime 2007.

ALSACE GRAND CRU KASTELBERG RIESLING VENDANGES TARDIVES 2006
Blanc liquoreux | 2010 à 2030 | 24,20 € **18/20**
Toute la parcelle a été récoltée en surmaturité avec un équilibre proche d'une sélection-de-grains-nobles, donnant un vin exceptionnel : aromatique au nez avec la finesse des agrumes confits et des notes de safran et de fumées, le vin est doté d'une liqueur élégante en bouche, très pur avec une acidité d'une grande finesse. Un vin exceptionnel à la race évidente, noble signature du terroir de schistes.

ALSACE GRAND CRU KASTELBERG RIESLING VIEILLES VIGNES 2007
Blanc | 2012 à 2027 | NC **17,5/20**
La vigne de plus de 82 ans a produit un vin ample, au nez épicé, profond en bouche, avec du gras et un léger moelleux qui devra se fondre après quelques années de garde. Grand potentiel de bonification.

ALSACE GRAND CRU MOENCHBERG RIESLING 2007
Blanc | 2012 à 2027 | 14,10 € **16,5/20**
Un vin ample, au nez de fruits mûrs, pur et profond en bouche avec une finale longue. Vin de garde par excellence, il faut le mettre en cave deux à trois ans.

ALSACE GRAND CRU MOENCHBERG RIESLING 2006
Blanc | 2010 à 2021 | NC **16/20**
Récolté très mûr, le vin offre un nez intense de fleurs, d'abricot et d'écorce d'agrumes. La bouche est profonde, sur un équilibre tendre très pur, évoluant sur de beaux amers dans la longue finale. À boire sur sa douceur et sa minéralité, ou à attendre.

ALSACE GRAND CRU WIEBELSBERG RIESLING 2007
Blanc | 2010 à 2022 | 14,30 € **17/20**
Un wiebelsberg mûr, au nez d'écorce d'agrumes, ample et légèrement moelleux en bouche, avec une forte salinité. Un vin très typé qui magnifiera les poissons fins.

ALSACE GRAND CRU WIEBELSBERG RIESLING SÉLECTION DE GRAINS NOBLES 2006
Blanc Liquoreux | 2009 à 2021 | 32,50 € **17/20**
Le Grand Cru Wiebelsberg n'a produit qu'un vin liquoreux en 2006. Le nez d'écorce d'agrumes laisse place à une bouche d'une pureté cristalline, dense et fluide, avec une fine salinité. Un vin délicieux qu'il faudra savoir attendre.

ANDLAU RIESLING 2007
Blanc | 2009 à 2017 | 7,10 € **15/20**
Un riesling mûr et dense, frais et salin en bouche, avec une longue finale sur les amers du pamplemousse. Très séduisant jeune, c'est un vin qui vieillira harmonieusement.

DUTTENBERG SYLVANER 2007
Blanc | 2009 à 2022 | 6,30 € **15/20**
Originaire de la face arrière du Grand Cru Moenchberg, le sylvaner est ouvert avec un nez floral, puis se montre ample et profond en bouche avec du gras. Un sylvaner déjà plaisant jeune, mais qui possède la profondeur pour bien vieillir.

GEWURZTRAMINER SÉLECTION DE GRAINS NOBLES 2000
Blanc Liquoreux | 2009 à 2025 | 34 € **17/20**
Produit les meilleures années et mis en vente après un vieillissement en bouteilles, le gewurztraminer sélection-de-grains-nobles est un vin exceptionnel. Le nez est rôti avec des notes d'abricot et de coing, la bouche est moelleuse avec une liqueur profonde qui a gagné en pureté avec l'âge, dense et finement acidulée. Un vin puissant très complet.

GEWURZTRAMINER VIEILLES VIGNES 2007
Blanc Doux | 2010 à 2022 | 12,70 € **15,5/20**
Un vin riche, au nez de confit de rose, ample en bouche, avec du gras et un moelleux tendre bien fondu. Le millésime 2007 apporte une fraîcheur bienvenue.

PINOT NOIR CUVÉE SAINT-HUBERT 2007
Rouge | 2009 à 2015 | 8,80 € **14,5/20**
Nez très fin sur les petits fruits noirs, avec une pointe de fumée, bouche souple et fruitée avec des tanins présents, voilà un rouge alsacien de bonne tenue qui accompagnera les viandes grillées.

Rouge : 0,3 hectare ; pinot noir 100%.
Blanc : 7,5 hectares ; chardonnay 4%, gewurztraminer 16%, muscat d'Alsace 5%, pinot blanc 8%, pinot gris 10%. riesling 37%, sylvaner 20%. **Production totale annuelle :** 50 000 bt.
Visite : De 8 h à 12h et de 14 h à 19h.

DOMAINE WEINBACH – COLETTE, CATHERINE ET LAURENCE FALLER

25, route du Vin
Clos des Capucins
68240 Kaysersberg
Tél. 03 89 47 13 21 - Fax. 03 89 47 38 18
contact@domaineweinbach.com
www.domaineweinbach.com

Le domaine est installé au milieu des vignes du Clos des Capucins, et possède des parcelles dans tous les terroirs orientés sud en sortie de la vallée de la Weiss. L'adéquation du couple cépage-terroir est ici optimisée à la perfection pour créer une gamme homogène d'une grande précision. 2006 a bien entendu été géré avec brio, avec en particulier des grands gewurztraminers secs ou liquoreux, et 2007 se présente comme une très grande année tant sur les granits du Schlossberg que sur les terres plus calcaires de l'Altenbourg et du Furstentum. 2006 et 2007 ont produit des vins liquoreux d'anthologie, dont quelques rares et précieuses cuvées quintessence.

ALSACE GRAND CRU FURSTENTUM GEWURZTRAMINER 2007
Blanc Doux I 2011 à 2030 I NC   18,5/20
Un vin élégant et puissant à la fois, au nez d'agrumes et d'épices, ample et salin en bouche, avec du corps et une longue finale acidulée. Un vin qui aura besoin de temps pour se dévoiler pleinement.

ALSACE GRAND CRU FURSTENTUM GEWURZTRAMINER SÉLECTION DE GRAINS NOBLES 2006
Blanc Liquoreux I 2012 à 2026 I 150 € 19,5/20
Un vin riche aux arômes de confit de rose, ample et onctueux en bouche, avec une pureté remarquable. Longue finale épicée et complexe. Réussite exceptionnelle dans le millésime.

ALSACE GRAND CRU FURSTENTUM GEWURZTRAMINER VENDANGES TARDIVES 2006
Blanc liquoreux I 2011 à 2026 I NC   18,5/20
Une vendanges-tardives équilibrée, au nez de rose et de miel, puissante et profonde en bouche avec une superbe minéralité. La fin de bouche est très longue.

ALSACE GRAND CRU MAMBOURG GEWURZTRAMINER QUINTESSENCE DE GRAINS NOBLES 2006
Blanc Liquoreux I 2010 à 2030 I NC   19,5/20
Produit à partir des vignes les plus botrytisées, le vin est rôti, épicé, avec des arômes de fruits confits. La bouche est liquoreuse, ample et très élégante avec une longue finale sur la mirabelle. À boire pour lui, maintenant ou dans très longtemps.

ALSACE GRAND CRU MAMBOURG GEWURZTRAMINER SÉLECTION DE GRAINS NOBLES 2007
Blanc Liquoreux I 2010 à 2027 I NC   19,5/20
Très forte liqueur pour ce vin complet, riche et acidulé, avec des notes de fruits exotiques en finale. À conserver pour qu'il se fonde.

ALSACE GRAND CRU MAMBOURG GEWURZTRAMINER SÉLECTION DE GRAINS NOBLES 2006
Blanc Liquoreux I 2010 à 2030 I 150 € 19,5/20
Un vin intense, au nez de fruits confits, évoluant sur les fruits rouges, riche en bouche avec une liqueur onctueuse et puissante qui conserve une belle pureté. Longue finale sur la fraise des bois.

ALSACE GRAND CRU SCHLOSSBERG RIESLING 2007
Blanc I 2009 à 2022 I 24,50 €   17,5/20
Nez très élégant sur les agrumes frais, avec une note fumée, et une bouche dense, saline, minérale et très pure. Une fine note boisée vient ajouter de la complexité à la longue finale de ce vin déjà délicieux jeune.

ALSACE GRAND CRU SCHLOSSBERG RIESLING CUVÉE SAINTE-CATHERINE 2007
Blanc I 2011 à 2027 I 39 €   19/20
Un vin très dense, ample, salin et d'une grande pureté, avec des arômes de kumquat et de pamplemousse. Le Schlossberg a donné un grand vin ample, qui se révèlera après quelques années de garde.

ALSACE GRAND CRU SCHLOSSBERG RIESLING CUVÉE SAINTE-CATHERINE L'INÉDIT 2007
Blanc liquoreux I 2010 à 2027 I 44 €   19,5/20
Récolté en légère surmaturité, le vin présente un nez complexe de pêche, miel et d'agrumes, et une bouche très saline, légèrement moelleuse, avec une immense longueur. Déjà ouvert grâce au botrytis, c'est un vin qui est parti pour une très longue carrière.

ALSACE GRAND CRU SCHLOSSBERG RIESLING SÉLECTION DE GRAINS NOBLES 2007
Blanc Liquoreux I 2010 à 2030 I NC   19,5/20
Un nez sur l'abricot frais, dense et net, laisse place à une bouche liquoreuse, cristalline avec une forte acidité. La liqueur d'une grande pureté signe un vin d'anthologie.

ALSACE GRAND CRU SCHLOSSBERG RIESLING SÉLECTION DE GRAINS NOBLES 2006
Blanc Liquoreux I 2010 à 2026 I 150 € 19/20
Un vin d'une grande concentration, à la pureté cristalline avec une acidité mûre de grande qualité. Un vin remarquable dans l'équilibre, avec une longue finale sur les fruits exotiques. À boire pour lui seul.

ALSACE GRAND CRU SCHLOSSBERG RIESLING VENDANGES TARDIVES 2007

Blanc liquoreux | 2011 à 2027 | NC   **18/20**

Encore très jeune, le vin se montre frais et acidulé avec des arômes de fraise des bois, parfaitement droit en bouche avec une longue finale sur la fleur d'oranger. À garder.

ALTENBOURG GEWURZTRAMINER 2007

Blanc liquoreux | 2009 à 2022 | 32 €   **17/20**

Un vin marqué par la rose et le pralin au nez, dense et moelleux en bouche, avec une longue finale épicée.

ALTENBOURG GEWURZTRAMINER 2006

Blanc liquoreux | 2009 à 2026 | 32 €   **17/20**

Un vin riche et moelleux, au nez d'épices, de noisette et de fruits mûrs, ample et rond en bouche avec une salinité très présente. Longue finale sur la rose.

ALTENBOURG GEWURZTRAMINER QUINTESSENCE DE GRAINS NOBLES 2007

Blanc Liquoreux | 2010 à 2030 | NC   **19,5/20**

Un vin d'une grande finesse, au nez de rose, élégant et très fin en bouche avec une liqueur très intense. Équilibre remarquable pour un vin d'une grande fraîcheur.

ALTENBOURG PINOT GRIS 2007

Blanc Demi-sec | 2011 à 2027 | NC   **17/20**

Intense au nez, avec des notes de miel, ample et moelleux en bouche avec de la densité et une fine salinité, voilà un vin taillé pour la garde, qui a besoin de temps pour se fondre.

ALTENBOURG PINOT GRIS 2006   ☺

Blanc Demi-sec | 2009 à 2021 | 32 €   **16,5/20**

Ample et gras avec du volume, le vin se montre très salin en bouche, avec une grande pureté. Longue finale sur la noisette et le sous-bois. Un très grand pinot gris de terroir.

ALTENBOURG PINOT GRIS SÉLECTION DE GRAINS NOBLES 2007

Blanc Liquoreux | 2010 à 2027 | 150 €   **18,5/20**

Un vin puissant et très fluide, avec une liqueur intense, le vin se montre dense et acidulé en bouche, avec une longue finale sur le pamplemousse rose qui laisse la bouche nette. Un vin liquoreux de grande garde.

GEWURZTRAMINER CUVÉE LAURENCE 2007

Blanc Doux | 2009 à 2022 | 24 €   **16/20**

Un vin équilibré, aux arômes de fruits jaunes et d'épices, pur et moelleux en bouche, avec du corps et une longue finale.

GEWURZTRAMINER CUVÉE THÉO 2007

Blanc Demi-sec | 2009 à 2017 | 20 €   **15,5/20**

Belle expression veloutée du gewurztraminer, avec des arômes épicés et une bouche ample qui conserve un moelleux discret. À attendre.

GEWURZTRAMINER RÉSERVE PERSONNELLE 2007

Blanc Demi-sec | 2009 à 2015 | NC   **15/20**

Le vin est très épicé au nez avec une note de rose, moelleux en bouche avec une finale sur le girofle. Légère pointe d'alcool en milieu de bouche.

PINOT BLANC RÉSERVE 2007

Blanc | 2009 à 2015 | 13,50 €   **15,5/20**

Un pinot blanc aromatique, franc en bouche avec de la densité et du gras, d'une grande pureté.

PINOT GRIS CUVÉE LAURENCE 2007

Blanc Doux | 2009 à 2022 | NC   **16/20**

Un vin riche, au nez de fruits jaunes et de miel, moelleux en bouche, avec une note fumée et une pointe d'alcool en finale.

PINOT GRIS CUVÉE SAINTE-CATHERINE 2007

Blanc | 2009 à 2017 | 28 €   **15/20**

Un pinot gris d'équilibre sec, au nez de fruits frais et de noisette, dense et acidulé en bouche, avec une finale très nette.

RIESLING CUVÉE SAINTE-CATHERINE 2007

Blanc | 2010 à 2020 | 30 €   **17/20**

Un vin riche, au nez de fruits frais et de fleurs avec une pointe fumée, dense et gras en bouche, avec une acidité mûre intense, une forte salinité et une pointe d'alcool en finale.

RIESLING CUVÉE THÉO 2007

Blanc | 2009 à 2017 | 19 €   **16/20**

Un riesling de haut niveau, dense avec de la chair, frais et acidulé avec une belle matière. Longue finale acidulée.

SYLVANER RÉSERVE 2007   ☺

Blanc | 2009 à 2017 | 11,80 €   **15,5/20**

Un vin au nez très fruité, dense et frais en bouche avec de la chair, finissant salin et épicé. Probablement le meilleur sylvaner produit au domaine depuis 1971.

Rouge : 1,1 hectare ; 14%, pinot noir 4%.
Blanc : 27,9 hectares ; 4%. 6%, chasselas 1%, gewurztraminer 26%, riesling 40%, sylvaner 5%.
Production totale annuelle : 135 000 bt.
Visite : Du lundi au samedi de 9 h à 11 h 30 et de 14 h à 17 h sauf jours fériés.

PAUL ZINCK

18, rue des Trois-Châteaux
68420 Eguisheim
Tél. 03 89 41 19 11 - Fax. 03 89 24 12 85
info@zinck.fr
www.zinck.fr

Paul Zinck a créé le domaine en 1964 et, par achat et location, la maison est devenue un des grands producteurs indépendants d'Alsace, avec 30 hectares de vignes. Une gamme segmentée différencie les vins de cépage des vins de terroir, le domaine disposant en outre de cinq grands crus. Les vins du millésime 2007 sont nets et frais, mais restent légers par rapport aux meilleurs producteurs du secteur, en particulier sur les grands crus.

ALSACE GRAND CRU EICHBERG
GEWURZTRAMINER 2007
Blanc Doux | 2009 à 2015 | 9,80 €   **14,5/20**
Un vin plaisant, au nez de rose et d'épices, légèrement moelleux, avec un petit manque de fond.

ALSACE GRAND CRU PFERSIGBERG RIESLING 2007
Blanc | 2010 à 2022 | 9,80 €   **15,5/20**
Un vin franc, au nez d'agrumes frais et de fleurs blanches, minéral en bouche avec déjà un bel équilibre.

ALSACE GRAND CRU RANGEN PINOT GRIS 2007
Blanc Doux | 2010 à 2017 | NC   **15,5/20**
Une cuvée récoltée en surmaturité, au nez de miel et de grillé, moelleuse en bouche avec une acidité fine et une longue finale fumée. Un vin parfait dans quelques années sur du gibier à plumes.

GEWURZTRAMINER TERROIR 2007
Blanc liquoreux | 2009 à 2013 | NC   **14/20**
Un vin élégant, au nez d'épices et de fruits mûrs, frais et acidulé en bouche, avec un moelleux discret. Un vin parfait à table.

MUSCAT TERROIR 2007
Blanc | 2009 à 2012 | NC   **14/20**
Un muscat élégant, au nez parfumé très net, sec en bouche, avec du croquant. Parfait à l'apéritif.

RIESLING TERROIR 2007
Blanc | 2009 à 2012 | 9 €   **13,5/20**
Un riesling sec et mûr, bien équilibré, frais et acidulé en bouche avec une finale sèche.

Rouge : 3 hectares ; pinot noir 100%.
Blanc : 27 hectares ; autres 0%, chardonnay 2%, gewurztraminer 27%, pinot blanc 22%, riesling 27%, sylvaner 3%.
Production totale annuelle : 280 000 bt.

DOMAINE ZIND-HUMBRECHT

4, route de Colmar
68230 Turckheim
Tél. 03 89 27 02 05 - Fax. 03 89 27 22 58
o.humbrecht@zind-humbrecht.fr

Si les vins des années 1990 étaient marqués par des équilibres moelleux reflétant la maturité élevée des raisins, le passage en viticulture biodynamique au tournant du siècle s'est traduit par des vins plus secs, à l'acidité supérieure, présentant parfois des degrés alcooliques élevés. Après un millésime 2006 aux équilibres parfois extrêmes, 2007 présente un profil plus classique, avec des rieslings secs, des gewurztraminers épicés et des pinots gris amples et profonds. La maturation lente des raisins, souvent sans développement de pourriture noble, a permis de produire de grands vins profonds, en particulier des rieslings d'anthologie sur le Clos Windsbuhl, le Brand et le Rangen de Thann. Si l'élevage long sur lies est encore parfois présent à la dégustation, les vins de terroir seront de grande garde.

ALSACE GRAND CRU BRAND RIESLING 2007
Blanc | 2012 à 2027 | 54,30 €   **19/20**
Produit à partir des vignes du lieu-dit Steinglitz, le vin est déjà ouvert au nez, avec des fleurs blanches et des fruits mûrs, très concentré en bouche avec du gras et une bonne pureté renforcée par une acidité fine très présente.

ALSACE GRAND CRU BRAND RIESLING
VIEILLES VIGNES 2007
Blanc | 2012 à 2030 | 65,70 €   **19,5/20**
En 2007, les vieilles vignes du lieu-dit Schneckelsbourg, partie du Brand au soussol marneux, ont été vinifiées à part pour donner un vin à l'équilibre sec remarquable de profondeur. Le nez de fruits mûrs prend une note vanillée, la bouche est ample, saline et veloutée, avec une présence incroyable en bouche.

ALSACE GRAND CRU GOLDERT
GEWURZTRAMINER 2007
Blanc Doux | 2015 à 2030 | 49,90 €   **18,5/20**
Traditionnellement le plus délicat des gewurztraminers grand-cru à boire jeune. En 2007, le vin offre un plaisir immédiat, avec un nez délicatement épicé et fumé, avec une note de miel et de tilleul, net en bouche avec de la profondeur, un moelleux fondu dans la minéralité et les tanins, et une longue finale. Un grand goldert, de grande garde.

Alsace grand cru Goldert gewurztraminer Sélection de Grains Nobles 2007

Blanc Liqu | 2015 à 2030 | 99,50 € les 37,5 cl **18,5/20**
Première sélection-de-grains-nobles réalisée dans le Goldert, c'est un vin élevé sous bois, au nez de miel, de pralin avec une pointe de rose, qui offre une liqueur imposante à ce stade, mais équilibrée par les tanins et l'acidité du vin, elle reste élégante. Ce sera un vin de grande garde car il faudra du temps pour que l'ensemble se fonde.

Alsace grand cru Goldert muscat 2007

Blanc | 2012 à 2027 | 37,80 € **17/20**
Le terroir du Goldert a donné un muscat au nez discret, fermé en bouche avec une bonne concentration et des tanins. Un vin de terroir ample et minéral, à conserver pour qu'il se dévoile complètement, à l'image des autres grands millésimes de ce cru, 1966, 1971 ou 1990.

Alsace grand cru Hengst gewurztraminer 2007

Blanc liquoreux | 2012 à 2030 | 65,70 € **19/20**
Un hengst puissant, au nez de girofle, de vanille et de cuir, profond en bouche, avec une concentration importante, de la minéralité et une forte acidité. Un étalon sauvage qui sera le compagnon des cuisines épicées les plus puissantes.

Alsace grand cru Hengst gewurztraminer Sélection de Grains Nobles 2007

Blanc Liquoreux | 2015 à 2030 | 119,50 € les 37,5 cl **19/20**
Première sélection-de-grains-nobles réalisée par le domaine sur ce terroir plus habitué aux vendanges-tardives, et grand succès : le nez de pamplemousse rose est très fin, la bouche est ample, profonde et d'une grande concentration, avec une liqueur douce qui demandera du temps pour se fondre. Le terroir est encore en retrait à ce stade, mais le vin frôlera sûrement la perfection dans 10 ans.

Alsace grand cru Rangen gewurztraminer 2007

Blanc liquoreux | 2012 à 2030 | 65,70 € **19/20**
Moins tourbé que le pinot gris du même terroir, le gewurztraminer offre une palette épicée très complexe, mêlée de notes de vanille, de cuir et de fumée. La bouche est onctueuse, énergique, avec du gras, très Rangen dans son équilibre. Le niveau d'alcool élevé est à peine perceptible. Un vin extrême à manipuler avec précaution à table pour éviter qu'il n'écrase des plats pas assez corsés.

Alsace grand cru Rangen pinot gris 2007

Blanc | 2012 à 2027 | 65,70 € **18,5/20**
Un vin magnifique de style très classique : fumé, rocailleux, tourbé au nez, il se goûte quasiment sec en bouche avec une texture crémeuse et une longue finale épicée. Un vin de caractère qui reste très plaisant.

Alsace grand cru Rangen riesling 2007

Blanc | 2012 à 2027 | **19,5/20**
Récolté sans surmaturité excessive et vinifié sec, c'est une version épurée du Rangen, qui se présente au nez avec des notes de pierre sèche et d'épices, annonçant une bouche dense, élégante, avec du gras. La finale est très longue, épurée, avec de légers tanins et des amers. Un vin remarquable dans la précision de l'expression du terroir, déjà facile d'accès même si le riesling thann offre un plaisir plus immédiat.

Clos Häuserer riesling 2007

Blanc | 2011 à 2022 | 33,60 € **16,5/20**
Un vin sec récolté sans surmaturité, discret au nez avec des notes fumées, salin en bouche avec de la chair et de beaux amers en finale. Originaire d'un clos situé sous le Hengst, c'est un vin franc qui méritera de la garde.

Clos Jebsal pinot gris Sélection de Grains Nobles 2007

Blanc Liquoreux | 2015 à 2030 | 197,50 € **18,5/20**
Un vin très concentré, au nez d'abricot sec et de fumée, très pur en bouche, avec une liqueur imposante qui conserve une grande finesse. Du concentré de jebsal qu'il faudra garder pour voir toute sa race. La cuvée trie-spéciale va plus loin encore dans la concentration.

Clos Jebsal pinot gris Vendanges Tardives 2007

Blanc liquoreux | 2015 à 2030 | 65,70 € **18,5/20**
Magnifique vin au caractère bien trempé, le pinot gris est en 2007 doté d'une forte acidité, avec un caractère moelleux qui termine sur des fruits exotiques. Le vin, de grande garde, pourrait rappeler certains rieslings vendanges-tardives par sa fraîcheur. À garder pour qu'il dévoile toute sa complexité.

Clos Windsbuhl gewurztraminer 2007

Blanc Doux | 2011 à 2027 | 54,30 € **19/20**
Une nouvelle fois, le gewurztraminer produit un clos-windsbuhl riche, à la forte maturité, au nez de fruits exotiques frais, profond en bouche avec une acidité importante qui rappelle le vin du millésime 1996. Déjà délicieux jeune, c'est un vin qui s'affinera à la garde.

Clos Windsbuhl pinot gris 2007

Blanc Demi-sec | 2012 à 2022 | 49,90 € **18/20**
Récolté très mûr mais ayant presque fermenté tous ses sucres, voilà un windsbuhl d'équilibre sec, puissant avec un nez de froment et une bouche ample marquée par la fine acidité toujours présente dans les vins du Clos. Un grand vin de gastronomie.

CLOS WINDSBUHL RIESLING 2007
Blanc | 2010 à 2027 | 54,30 €   **20/20**
La combinaison d'une maturation exceptionnellement longue, sans botrytis, et d'une fermentation vigoureuse a produit un très grand clos-windsbuhl, au nez encore discret sur la noisette et les agrumes, parfaitement sec en bouche, avec un niveau d'alcool modéré et une puissance minérale époustouflante. La longue finale laisse apparaître une acidité fine très intense.

GUEBERSCHWIHR GEWURZTRAMINER 2007
Blanc Doux | 2010 à 2022 | 24,80 €   **16/20**
Un vin déjà ouvert, au nez précis d'épices, de pêche et de poire, ample et net en bouche, avec un moelleux bien intégré.

GUEBERSCHWIHR RIESLING 2007
Blanc | 2009 à 2017 | 25,60 €   **16/20**
Un riesling élégant, au nez de pamplemousse rose, élégant en bouche avec une acidité fine et une finale fumée. Un vin sapide qui s'appréciera jeune.

HEIMBOURG GEWURZTRAMINER 2007
Blanc Doux | 2011 à 2022 | 39,80 €   **17,5/20**
Un gewurztraminer riche, au caractère épicé, moelleux en bouche, avec de l'onctuosité et de la profondeur. Un équilibre très harmonieux pour un vin qui vieillira bien.

HEIMBOURG PINOT GRIS 2007
Blanc Doux | 2010 à 2022 | 34,70 €   **16,5/20**
Récolté sans surmaturité et vinifié sec, c'est un pinot gris au nez de froment, tendre en bouche avec du gras. Parfait à table sur une volaille ou un poisson en sauce.

HEIMBOURG RIESLING 2007
Blanc | 2010 à 2017 | 33,60 €   **16,5/20**
Un riesling au nez fruité avec une pointe épicée, ample en bouche avec de la salinité, et une acidité à peine arrondie par une légère douceur. Le vin est délicat et se boira bien jeune.

HERRENWEG GEWURZTRAMINER VIEILLES VIGNES 2007
Blanc Demi-sec | 2011 à 2022 | 34,90 €   **17/20**
Un vin très pur au nez de confit de rose, frais et épicé en bouche avec du gras, un moelleux bien intégré et une longue finale. Un vin qui évoluera bien à la garde.

PINOT D'ALSACE 2007
Blanc | 2009 à 2015 | 17,90 €   **15,5/20**
Un vin sec de bonne densité, pur avec un nez de fruits à chair blanche, puis net en bouche avec du gras.

PINOT GRIS CALCAIRE 2007
Blanc Demi-sec | 2011 à 2027 | 22,30 € **16,5/20**
Produit en 2007 avec les jeunes vignes du Clos Winsbuhl, c'est un vin riche, au nez de fruits jaunes, profond et moelleux en bouche avec une fine acidité. Un vin qui vieillira bien.

PINOT GRIS VIEILLES VIGNES 2007
Blanc Doux | 2009 à 2017 | 33,10 €   **17/20**
Récolté et vinifié quasiment comme une vendanges-tardives, c'est un vin moelleux au nez très pur d'abricot sec, très salin en bouche avec une liqueur très fine. Un vin délicieux à boire dès à présent.

ROTENBERG PINOT GRIS 2007
Blanc liquoreux | 2012 à 2027 | 34,70 €   **17/20**
Il ne faut pas se fier au nez charmeur de ce vin, vanillé et beurré avec une pointe de gelée de coing, la bouche ample et puissante possède de la salinité et des tanins, signe de la grandeur du terroir du Rotenberg. C'est un vin de garde qui sera parfait à table après quelques années de garde.

VIN DE TABLE CLOS WINDSBUHL 2007
Blanc | 2009 à 2022 | 29,80 €   **17/20**
Cuvée produite chaque année par quelques rangs de chardonnay du Windsbuhl, le vin est cette année commercialisé. Vinifié et élevé en pièces, c'est un chardonnay de très haut niveau, fumé et toasté au nez avec une pointe de noisette, ample et profond en bouche avec du gras.

VIN DE TABLE ZIND 2007
Blanc | 2010 à 2022 | 19,90 €   **16,5/20**
Assemblage de chardonnay et auxerrois du Clos Windsbuhl, le vin est très minéral, avec un nez discret de fleurs blanches et une bouche saline qui possède une longue finale. L'appellation Vin de Table cache un grand vin de terroir du Windsbuhl.

WINTZENHEIM GEWURZTRAMINER 2007
Blanc Doux | 2011 à 2022 | 24,80 €   **17/20**
Produit en partie par des vignes du Hengst et par une vigne du Herrenweg coté Wintzenheim, c'est un vin très mûr, au nez de pralin et de fruits jaunes, crémeux et épicé en bouche, avec une minéralité très présente qui contribue à la sensation de pureté malgré le moelleux important.

Rouge : 1 hectare ; pinot 1,6%.
Blanc : 39 hectares ; gewurztraminer 30,8%, muscat 1,5%, pinot d'Alsace 7%, pinot gris 28%, riesling 30,5%. **Production totale annuelle :** 160 000 bt. **Visite :** Du lundi au vendredi de 8 h à 12 h et de 14 h à 17 h sur rendez-vous.

DOMAINE VALENTIN ZUSSLIN

57, Grand-Rue
68500 Orschwihr
Tél. 03 89 76 82 84 - Fax. 03 89 76 64 36
info@zusslin.com
www.zusslin.com

Depuis le passage à la biodynamie en 1997, le domaine n'a de cesse d'améliorer la qualité des raisins et des vinifications. Si les vins ont la puissance et la structure de leurs terroirs d'origine, ils possèdent également une très grande pureté et un toucher de bouche délicat et souple, avec une sensation de moelleux souvent apportée par un bon niveau d'alcool, qui traduit le désir de vinifier des vins secs à partir de raisins très mûrs. 2005 et 2006 brillaient déjà par leur homogénéité, 2007 est remarquable de précision dans les élevages, avec des vins de bonne garde.

ALSACE GRAND CRU PFINGSTBERG RIESLING 2007
Blanc | 2010 à 2022 | NC   **18/20**
La minéralité de ce terroir de grès se retrouve parfaitement dans ce vin dense, tendu par une acidité fine qui souligne la salinité. Un grand vin.

ALSACE GRAND CRU PFINGSTBERG RIESLING 2005
Blanc | 2009 à 2020 | 28 €   **17/20**
L'expression du terroir est parfaite sur ce vin d'une grande finesse, concentré et élégant, avec des arômes d'une grande pureté. La légère douceur du vin est désormais fondue, le vin sera parfait en accompagnement de poissons fins.

BOLLENBERG GEWURZTRAMINER 2006
Blanc | 2009 à 2016 | NC   **16/20**
Un vin riche au nez de fleurs séchées et d'épices, qui possède une bouche presque sèche, ample et minérale avec une longue finale. Superbe profondeur pour un vin qui sera le compagnon idéal de la grande cuisine aux épices.

BOLLENBERG GEWURZTRAMINER LA CHAPELLE 2005
Blanc | 2009 à 2020 | NC   **16,5/20**
Un gewurztraminer concentré, droit et d'équilibre sec, avec de la profondeur et une grande pureté en bouche. La finale est longue.

BOLLENBERG GEWURZTRAMINER VENDANGES TARDIVES 2004
Blanc liquoreux | 2009 à 2020 | 25 €   **16/20**
Une vendanges-tardives parfaitement structurée, avec un nez d'agrumes confits et d'épices, une bouche moelleuse tendue par une bonne acidité, et une finale plus sèche sur le zeste d'agrumes.

BOLLENBERG MUSCAT 2007
Blanc | 2009 à 2015 | 11,90 €   **15/20**
Anciennement appelé cuvée-marie, c'est un muscat aux arômes de raisin frais et de poire, ample et profond en bouche avec une acidité fine et une légère amertume en finale.

BOLLENBERG RIESLING 2007
Blanc | 2010 à 2022 | 13 €   **16,5/20**
Un vin charpenté, fruité au nez avec une note toastée, ample et puissant en bouche, avec une minéralité importante et une acidité mûre.

CLOS LIEBENBERG RIESLING 2005
Blanc | 2009 à 2020 | NC   **16/20**
Situé en marge du Pfingstberg dont il partage le terroir, le Clos Liebenberg a donné un vin d'équilibre sec et minéral à l'acidité remarquable. L'élevage sur lies en foudres récents lui apporte du gras ainsi qu'une légère touche boisée. Un riesling pour les grandes tables, de garde.

CLOS LIEBENBERG RIESLING 2004
Blanc | 2009 à 2019 | NC   **15,5/20**
Situé en marge du Pfingstberg dont il partage le terroir, le Clos Liebenberg a produit un vin droit, concentré et long avec les arômes de bouillon blanc typiques du millésime.

CLOS LIEBENBERG SYLVANER 2007
Blanc | 2009 à 2015 | NC   **14,5/20**
Un sylvaner élevé sur lies, ample et salin en bouche, avec une belle longueur. Parfait à table.

CRÉMANT D'ALSACE BRUT PRESTIGE
Blanc Brut effervescent | 2009 à 2012 | NC   **15/20**
Originaire du millésime 2005, c'est un crémant aromatique, au nez d'agrumes, frais en bouche avec une acidité mûre, une bulle fine vivace et une bonne longueur. Un crémant faiblement dosé qui possède beaucoup de charme.

PINOT NOIR CUVÉE HARMONIE 2007
Rouge | 2011 à 2022 | 20 €   **16,5/20**
Un grand rouge concentré et profond, doté de tanins soyeux, à garder impérativement pour qu'il donne toute sa mesure.

Rouge : 1,67 hectares ; pinot noir 13%.
Blanc : 10.82 hectares ; 19%, auxerrois 20%, chardonnay 3%, chasselas 2%, gewurztraminer 18%, muscat Ottonel 6%, riesling 17%, sylvaner 2%.
Production totale annuelle : 90 000 bt.
Visite : Du lundi au samedi de 8 h à 12h et de 13 h 30 à 18 h.

La sélection
Bettane et Desseauve
pour le Beaujolais

Inscrivez-vous sur

BETTANEDESSEAUVE.COM

> Suivez l'actualité du vin
> Accédez aux notes de
dégustation de 25 000 vins
> Visitez les stands des
producteurs

Le Beaujolais

Le Beaujolais, tant la région des crus que celles des Pierres Dorées, un peu plus au sud, est l'un des plus beaux vignobles de France. Les vins qu'on y produit sont justement populaires, mais le succès planétaire du beaujolais nouveau a fait assez injustement oublier que dans ses expressions les plus sincères, certains vins savent se hisser à des hauteurs insoupçonnées : il faut redécouvrir le Beaujolais !

(MONTCEAU-LES-MINES)   (DIJON)

MÂCON

BEAUJOLAIS
Chasselas ○

BEAUJOLAIS-
Pruzilly ○ **VILLAGES**
          ○ Saint-Vérand
JULIÉNAS   ○ Saint-Amour-Bellevue
          ○ Jullié
          SAINT-   **BEAUJOLAIS**
Juliénas ○   **AMOUR**

Émeringes ○
          Chénas ○ **CHÉNAS**   La Chapelle-de-Guinchay
BEAUJOLAIS-VILLAGES
Vauxrenard ○   **FLEURIE**   **MOULIN-**   **BEAUJOLAIS-**
          Fleurie ○   **À-VENT**   **VILLAGES**
CHIROUBLES   ○ Romanèche-Thorins
Chiroubles ○
          BEAUJOLAIS-
          Villié-Morgon ○   **VILLAGES**
Les Ardillats ○
          Beaujeu ○   **MORGON**   ○ Corcelles-en-Beaujolais
BEAUJOLAIS   Lantignié ○
Saint-Didier-sur-Beaujeu ○   **RÉGNIÉ**
          ○ Régnié-Durette
BEAUJOLAIS-   ○ Saint-Jean-d'Ardières
VILLAGES   Cercié ○
Quincié-en-Beaujolais ○
          Saint-Lager ○   ○ **Belleville**
Marchampt ○
          CÔTE DE BROUILLY
          ET BROUILLY
VIGNOBLES DU BEAUJOLAIS   Odenas ○   ○ Charentay
Saint-Étienne-la-Varenne ○   **BROUILLY**
          BROUILLY   Saint-Étienne-
          ○ des-Oullières
Vaux-en-Beaujolais ○

          Salles-Arbuissonnas-
          en-Beaujolais ○
          Blacé ○   ○ Arnas
          BEAUJOLAIS-VILLAGES
          Montmelas-
          Saint-Sorlin ○
Saint-Just-d'Avray ○   Denicé ○
          Villefranche-
          sur-Saône
Chamelet ○

          Liergues ○
Jarnioux ○

Oingt ○   Anse ○

BEAUJOLAIS

Saint-Clément-sur-Valsonne ○   Le Bois-d'Oingt ○
          Bagnols ○
Tarare ○
(ROANNE)
          Châzay-
          d'Azergues ○
          Châtillon ○

          Bully ○

          ○ L'Abresle

(LYON)

(MONTBRISON)

■ Appellations communales

■ Appellation sous-régionale Beaujolais-Villages

□ Appellation régionale Beaujolais

0   5   10 km

129

L'actualité des millésimes

Leur rapport qualité prix est meilleur que jamais quand ils sont bons, mais il faut vraiment ne pas acheter le tout venant, très médiocre en 2008 comme en 2007, soit parce que le raisin n'était mas vendangé mûr, soit que des vinifications simplificatrices leur donne ce goût de bonbon qui à juste titre plait de moins en moins en dehors des jurys locaux de dégustation. Les crus de Moulin à Vent, Morgon et Fleurie, parfois ceux de Saint-Amour et Juliénas ont parfois réussi de jolies cuvées, un peu plus tanniques et charpentées en 2008, plus souples en 2007. On peut, on doit, les attendre encore deux ou trois ans. Les Brouilly et Regné sont dès maintenant à leur apogée. Les vins primeurs n'ont que très rarement désaltéré.

Les vins préférés des lecteurs

En juin 2009, nous avons réuni plus d'une centaine d'amateurs de vin, recrutés parmi les lecteurs du Grand Guide des vins de France, qui ont dégusté des vins de toutes les régions.Les vins sélectionnés ont tous obtenu dans cette édition une notation supérieure ou égale à 14/20 ainsi qu'un ☺ et sont commercialisés à un prix public inférieur à 15 €. Plus de 600 vins ont ainsi été dégustés par les jurys de lecteurs.

VOICI LES LAURÉATS DU BEAUJOLAIS ÉLUS PAR NOS LECTEURS

Domaine des Nugues
Beaujolais-Villages, Rouge, 2007, 5,50 €

Domaine Hubert Lapierre
Chénas, vieilles vignes, Rouge, 2007, 6,40 €

Les meilleurs vins

> LES MEILLEURS BEAUJOLAIS-VILLAGES

Domaine des Nugues, Beaujolais-Villages, 2007
Domaine Paul et Éric Janin, Beaujolais-Villages, Domaine des Vignes
des Jumeaux, 2007
Domaine de Fontalognier, Beaujolais-Villages, 2007

> LES MEILLEURS BLANCS

Domaine Piron, Beaujolais, Domaine de la Chanaise, 2007
Domaine des Terres Dorées, Beaujolais, chardonnay vinification
bourguignonne, 2007
Château des Jacques, Beaujolais-Villages, Grand Clos de Loyse, 2007

> LES MEILLEURS CRUS DU BEAUJOLAIS

Domaine Piron, Chénas, Domaine Piron-Lameloise cuvée Quartz, 2007
Domaine Paul et Éric Janin, Moulin-à-Vent, Clos du Tremblay, 2007
Domaine Louis-Claude Desvignes, Morgon, Côte de Py Javernières, 2007
Domaine Daniel Bouland, Morgon, vieilles vignes, 2007
Clos de Mez, Fleurie, La Dot, 2007
Château des Jacques, Moulin-à-Vent, Grand Clos de Rochegrès, 2007
Domaine Raymond Bouland, Morgon, vieilles vignes Prestige, 2007
Domaine Métrat et Fils, Moulin-à-Vent, 2007
Domaine Marcel Lapierre, Morgon, MMVII, 2007
Domaine Laurent Martray, Brouilly, Corentin, 2007
Domaine des Terres Dorées, Morgon, 2007
Château Thivin, Côte de Brouilly, Zaccharie, 2007

DOMAINE PASCAL AUFRANC

En Remont
69840 Chénas
Tél. 04 74 04 47 95

Pascal Aufranc s'occupe avec discrétion mais application de son beau domaine, partagé entre Chénas, Juliénas et Fleurie. Les densités sont élevées, les vignes enherbées, les vinifications en vendanges entières, essentiellement en cuves ciment, pour préserver le fruité du gamay. Les terroirs sont bien lisibles, avec deux sommets dans la cuve. En chénas, Les Vignes de 1939 donnent un vin au fruit gourmand et parfumé, avec une pointe minérale en bouche. En juliénas, la nouvelle cuvée Probus est un vin puissant, au tanin velouté. Les prix pratiqués sont très sages, à ce niveau de qualité.

CHÉNAS 2006
Rouge | 2009 à 2012 | NC   **13,5/20**
Tendu, concentré, vin agréablement corsé, bien arrondi. On le boira jeune.

CHÉNAS VIGNES DE 1939 2007
Rouge | 2009 à 2017 | NC   **16/20**
Un nez concentré, fin, profond, sur les fruits noirs, avec une pointe de minéralité. La bouche est grasse, avec de bons tanins puissants. Un vin dense, persistant, savoureux.

JULIÉNAS LES CROTS 2007
Rouge | 2011 à 2017 | NC   **15/20**
Plus en réserve à ce stade que le 2006 qui est plus ouvert. Un vin sans concession, droit, fin, avec un bon équilibre.

JULIÉNAS LES CROTS 2006
Rouge | 2009 à 2014 | NC   **14,5/20**
Nez profond, velouté, sur les fruits noirs mûrs. La bouche est puissante, gourmande, avec un bon volume.

JULIÉNAS PROBUS 2007
Rouge | 2011 à 2017 | NC   **16/20**
Droit et mûr, un vin de grande richesse, aux tanins fermes. La bouche est puissante, elle demande encore un peu de temps, mais le gras des tanins s'avère particulièrement onctueux.

JULIÉNAS PROBUS 2006
Rouge | 2009 à 2014 | NC   **15,5/20**
Un vin mûr, concentré, aux fruits noirs bien expressifs, mais sans lourdeur. La bouche est tout en douceur, caressante, concentrée, les tanins veloutés, la finale fraîche et harmonieuse.

DOMAINE DANIEL BOULAND

Lieu-dit Corcelette
69910 Villié-Morgon
Tél. 04 74 69 14 71 - Fax. 04 74 69 14 71
bouland.daniel@free.fr

Daniel Bouland (attention au prénom, car les Bouland sont nombreux à Villié-Morgon) est un des vignerons les plus perfectionnistes du Beaujolais, et la tenue de ses vignes est à citer en exemple. Il vendange mûr, et vinifie dans l'optique du vin de garde et de l'expression du terroir, plus que dans l'exaltation superficielle du fruit, comme tant d'autres ! Ses vins du secteur de Corcelette ont une harmonie et une plénitude rarissimes, et son côte de brouilly proche de Château Thivin suit les mêmes traces, avec un terroir encore plus racé. Les 2007 sont de haut niveau.

CÔTE DE BROUILLY MÉLANIE 2007
Rouge | 2009 à 2015 | NC   **16/20**
Un vin très parfumé, au fruité profond. Pur, élégant. La bouche est délicate, avec de beaux tanins mûrs et enrobés.

MORGON CORCELETTE 2007
Rouge | 2009 à 2017 | NC   **17/20**
Un vin concentré, avec de profonds arômes de fruits noirs. La bouche est en longueur, fine et séveuse, avec une finale légèrement saline.

MORGON VIEILLES VIGNES 2007
Rouge | 2009 à 2022 | NC   **17,5/20**
Grande précision, dans ce vin concentré, avec de profonds arômes de fruits noirs rehaussés de notes minérales. Les tanins sont fins et racés, avec une pointe de salinité en finale.

Rouge : 6 hectares ; gamay 100%.
Production totale annuelle : 36 000 bt.
Visite : Du lundi au samedi de 8 h à 12 h et de 14 h à 19 h.

DOMAINE RAYMOND BOULAND
🎖🎖 ▯▯ ▯▯

Corcelette
69910 Villié-Morgon
Tél. 04 74 04 22 25

Raymond est le grand frère de Daniel, et leurs propriétés sont d'ailleurs distantes de quelques mètres seulement. À partir du terroir de Corcelette, il produit depuis 2007 deux cuvées différentes : une cuvée vieilles-vignes, et une vieilles-vignes-prestige, à partir de vignes encore plus âgées. Une verticale des vins du domaine a prouvé leur excellente tenue au vieillissement, sur une voire deux décennies sans problème.

MORGON VIEILLES VIGNES 2008
Rouge | 2010 à 2018 | NC   **15,5/20**
Un vin élégant et fin, au jus délicat. Le toucher de bouche est subtil, le milieu de bouche dense.

MORGON VIEILLES VIGNES 2007
Rouge | 2009 à 2017 | NC   **16/20**
Racé et concentré, un vin à la minéralité fine en bouche. Le toucher est précis et fin, comme un picotement granuleux. Belle élégance. Finale légèrement serrée.

MORGON VIEILLES VIGNES PRESTIGE 2007
Rouge | 2010 à 2022 | NC   **17/20**
Plus racé, plus pur, plus précis que la vieille vigne « simple » : le jus est plus élégant, plus frais. Toucher suave et caressant. Finale fraîche, y compris au plan aromatique. Très distingué.

DOMAINE JEAN-MARC BURGAUD
🎖🎖 ▯▯ ▯▯

Morgon
69910 Villié-Morgon
Tél. 04 74 69 16 10 - Fax. 04 74 69 16 10
jeanmarcburgaud@libertysurf.fr
www.jean-marc-burgaud.com

La relève est assurée en Morgon, avec des jeunes viticulteurs de l'ambition et de la compétence de Jean-Marc Burgaud. Son vignoble se situe au cœur historique de la Côte de Py et sur de nombreux autres terroirs de qualité, sur Regnié et Villié-Morgon, et il vinifie dans l'esprit de produire des vins de garde. Dans une année délicate, les 2008 s'en sortent bien, mais les 2007 offrent une concentration et un équilibre supérieurs.

BEAUJOLAIS-VILLAGES CHÂTEAU DE THULON 2008
Rouge | 2009 à 2010 | NC   **14,5/20**
Fruité charnu, gourmand. Un bon villages expressif et charnu, avec un fruité franc.

MORGON CÔTE DU PY 2008
Rouge | 2010 à 2018 | NC   **15,5/20**
Profond, concentré, un fruité très pur. Un vin élégant, stylé, racé. Le jus est d'une grande finesse, sur des fruits rouges fins. Bon vin dans une année visiblement pas évidente.

MORGON CÔTE DU PY JAMES 2007
Rouge | 2009 à 2017 | NC   **16/20**
Nez plus fondu, plus harmonieux que Réserve. Le boisé est élégant, mais le jus est pur et parfumé. Tanins bien enrobés. Bon style.

MORGON CÔTE DU PY RÉSERVE 2007
Rouge | 2009 à 2017 | NC   **15/20**
Le nez fait ressortir des notes boisées, mais c'est assez subtil et bien intégré. La bouche est riche, puissante, structurée. Un vin à la modernité maîtrisée. Une autre approche du morgon, plus dans l'air du temps.

MORGON LES CHARMES 2008
Rouge | 2009 à 2015 | NC   **14,5/20**
Racé, avec un style pur et franc. Charmeur, justement ! Belle pureté.

RÉGNIÉ VALLIÈRES 2008
Rouge | 2009 à 2012 | NC   **14/20**
Charnu, fruité, souple, rond en bouche. Agréable.

Rouge : 19 hectares ; gamay 100%.
Production totale annuelle : 60 000 bt.
Visite : Du lundi au samedi de 10 h à 18 h sur rendez-vous.

DOMAINE CALOT

42, place de la Pompe
69910 Villié-Morgon
Tél. 04 74 04 20 55 - Fax. 04 74 69 12 93
domainecalot@terre-net.fr
www.domaine-calot.com

Jean Calot propose un style de morgons souples et fruités, moyennement charnus, que l'on apprécie jeunes pour la plupart. Si certaines techniques modernes de vinification (thermo) sont ponctuellement utilisées, les vins ne sombrent pas dans les arômes vulgaires de fruit confit et de bonbon, car les méthodes plus traditionnelles ne sont pas pour autant négligées : tout d'abord, une viticulture respectueuse du raisin, une vinification en cuves ciment, et de vieux foudres pour l'élevage. La cuvée vieilles-vignes, issue de pieds centenaires, offre même une agréable expression du terroir de Corcelette.

MORGON JEANNE 2007
Rouge | 2009 à 2012 | NC   **14,5/20**
Onctueux, très fruité (un peu confituré). La fin de bouche retrouve une expression de terroir qui dépasse le process technologique employé.

MORGON TÊTE DE CUVÉE 2007
Rouge | 2009 à 2012 | NC   **14/20**
Gourmand. Le fruité est rouge, bien travaillé, mais agréable. Un peu plus de structure en bouche que le Tradition. Un vin dans l'air du temps, qui plaira aux amateurs de morgons de fruit, tendres et plutôt légers.

MORGON TRADITION 2007
Rouge | 2009 à 2012 | NC   **13,5/20**
On sent un fruité légèrement technologique (thermo). La bouche est caressante, gourmande.

MORGON VIEILLES VIGNES 2007
Rouge | 2009 à 2015 | NC   **15/20**
Les tanins sont fins, les vignes âgées ont donné un joli jus, fin et concentré. Moins aromatique que les autres cuvées. Une agréable expression de terroir.

Rouge : 11 hectares ; gamay 100%.
Production totale annuelle : 60 000 bt.
Visite : Du lundi au vendredi de 9 h à 12 h et de 14 h à 19 h, le samedi de 9 h à 12 h et sur rendez-vous l'après-midi.

DOMAINE ÉMILE CHEYSSON

Clos Les Farges
69115 Chiroubles
Tél. 04 74 04 22 02 - Fax. 04 74 69 14 16
domainecheysoon@orange.fr
www.vins-du-beaujolais.com

Ce domaine historique de Chiroubles, dont les propriétaires sont des cousins de l'ancien ministre des Affaires Étrangères, est la référence de cette appellation, la plus élevée du Beaujolais. Sur les deux cuvées proposées, nous préférons sans réserve la cuvée d'entrée de gamme, pour la finesse de son grain de bouche et sa texture délicate. La cuvée la-précieuse, issue de vieilles vignes et élevée en fûts, est malheureusement dominée par son élevage.

CHIROUBLES 2007
Rouge | 2009 à 2013 | NC   **15/20**
Un très bon chiroubles, fin, délicatement minéral, avec des tanins fins. La fin de bouche est légèrement épicée.

Rouge : 26 hectares ; gamay 100%.
Production totale annuelle : 110 000 bt.
Visite : Tous les jours de 8 h à 12 h et de 14 h à 18 h. Rendez-vous pour les groupes.

Inscrivez-vous sur

BETTANEDESSEAUVE.COM

> Suivez l'actualité du vin
> Accédez aux notes de dégustation de 25 000 vins
> Visitez les stands des producteurs

DOMAINE CHIGNARD

69820 Fleurie
Tél. 04 74 04 11 87 - Fax. 04 74 69 81 97
domaine.chignard@wanadoo.fr

Michel Chignard, désormais accompagné de son fils Cédric, dirige l'un des domaines les plus réputés de Fleurie. Sur des sols de sable granitique, où il est difficile d'enherber, ils labourent de plus en plus leurs vignes. Les vinifications se font en vendange entière, avec des élevages sous bois. Les deux cuvées produites expriment à ravir le caractère floral du cru, ainsi que les textures que donnent ses sols décomposés : lesmoriers, une cuvée savoureuse et pure, et la cuvée-spéciale, issue de vignes de plus de 80 ans, à l'élevage boisé parfaitement maîtrisé. Le millésime 2007 offre plus de structure et de fraîcheur que 2006.

FLEURIE CUVÉE SPÉCIALE 2007
Rouge | 2011 à 2017 | NC   **16,5/20**
Très belle finesse. Un vin pur et élégant, avec de superbes tanins. Le boisé est discret, mais demande encore à se fondre un peu.

FLEURIE CUVÉE SPÉCIALE 2006
Rouge | 2009 à 2014 | NC   **16/20**
Pur et élégant, avec un toucher de bouche velouté et caressant. Un vin onctueux, gourmand, à point. Un régal ! Agréables notes de jus de réglisse en finale.

FLEURIE LES MORIERS 2007
Rouge | 2009 à 2015 | NC   **15,5/20**
Nez puissant. Notes de raisins confits. Bien mûr, séduisant, gourmand. La bouche est ciselée, droite, très pure, avec une finale épicée savoureuse.

FLEURIE LES MORIERS 2006
Rouge | 2009 à 2012 | NC   **15/20**
Un vin fin et pur, avec un fruité mûr mais un peu plus cuit qu'en 2007. Joli jus, très élégant, mais plus court que le 2007.

Rouge : 8,3 hectares ; gamay 100%.
Production totale annuelle : 35 000 bt.
Visite : Du lundi au samedi de 8 h à 12 h et de 14 h à 19 h.

DOMAINE DU CLOS DU FIEF

Les Gonnards
69840 Juliénas
Tél. 04 74 04 41 62 - Fax. 04 74 04 47 09
micheltete@club-internet.fr

Michel Tête dirige ce domaine réputé de Juliénas, aux étiquettes si caractéristiques. Les densités de plantation sont importantes, autour de 10 000 pieds par hectare, et les vignes enherbées. Les vinifications varient selon les cuvées, même si l'emploi ponctuel de la thermo peut ôter leur personnalité à certains vins. Dans la gamme, nous avons une préférence pour le juliénas prestige, issu de vignes de plus de 80 ans, et le saint-amour, à la texture savoureuse. Les 2007 présentent une mâche solide. Mieux vaut en profiter car les 2008, que nous regoûterons l'an prochain, ont subi les dégâts de la grêle.

BEAUJOLAIS-VILLAGES 2007
Rouge | 2009 à 2011 | NC   **14/20**
Un vin avec une bonne mâche et de francs arômes de fleurs et d'épices. Solide, mais bien fait.

BEAUJOLAIS-VILLAGES FLEUR DE CHARDONNAY 2007
Blanc | 2009 à 2011 | NC   **14,5/20**
Frais, fin, un bon bourgogne blanc, équilibré, très digeste.

JULIÉNAS 2007
Rouge | 2011 à 2017 | NC   **15/20**
Un vin franc et droit, avec une mâche solide. Les tanins puissants demandent un peu de temps pour se fondre.

JULIÉNAS PRESTIGE 2007
Rouge | 2011 à 2017 | NC   **16,5/20**
Puissant, expressif, très floral. Un vin qu'il faudra sagement attendre cinq à six ans pour que sa concentration fruitée soit appréciée pleinement. Mais les tanins sont mûrs.

JULIÉNAS TÊTE DE CUVÉE 2006
Rouge | 2010 à 2014 | NC   **15/20**
Notes d'élevage présentes, qui demandent à se fondre. La matière est riche, il faut l'attendre.

SAINT-AMOUR 2007
Rouge | 2009 à 2014 | NC   **15,5/20**
Un vin expressif, aux tanins corsés, à la finale minérale. Bonne tenue de bouche. Finale caressante.

Rouge : 13 hectares ; gamay 100%. gamay 100%.
Production totale annuelle : 80 000 bt. **Visite :** Tous les jours sauf dimanche, de 8 h à 19 h. Fermé du 15 au 30/08.

MAISON COQUARD

Hameau Le Boitier
69620 Theizé
Tél. 04 74 71 11 59
contact@maison-coquard.com
www.maison-coquard.com

Christophe Coquard a fondé sa propre maison de négoce en 2005. Il propose une gamme de vins couvrant chaque appellation du Beaujolais, et depuis peu du Mâconnais voisin. Ce sont d'honnêtes représentants de chaque origine.

Beaujolais Clochemerle 2007
Rouge | 2009 à 2011 | NC   **14,5/20**
Charnu, un vin assez tendre, à boire sur son fruité gourmand. Souple mais vineux.

Beaujolais-Villages Clochemerle 2007
Rouge | 2009 à 2012 | NC   **15/20**
Plus de mâche et de profondeur que le beaujolais. Un vin fin, élégant, frais. Gouleyant.

Bourgogne 2007
Blanc | 2009 à 2012 | NC   **14/20**
Bien fruité, gourmand, sur les fruits jaunes et blancs. Bon gras.

Côte de Brouilly 2007
Rouge | 2009 à 2014 | NC   **14,5/20**
Plus concentré, un peu plus corsé et puissant que le brouilly. Plus de personnalité. Joli.

Juliénas 2007
Rouge | 2009 à 2014 | NC   **14,5/20**
Épicé, puissant, aux senteurs et aux saveurs relevés. Riche, bonne concentration, équilibré. Finale poivrée.

Mâcon-Villages 2006
Blanc | 2009 à 2012 | NC   **14,5/20**
Floral, fin, élégant. Un vin droit et pur, élégant. Finale noisettée.

Moulin-à-Vent 2007
Rouge | 2009 à 2014 | NC   **14/20**
Riche, à la texture crémeuse, aux tanins enrobés. Frais, équilibré, finale légèrement épicée.

Pouilly-Fuissé 2007
Blanc | 2009 à 2015 | NC   **15/20**
Un vin mûr, fin, avec un passage sous bois qui apporte un léger gras en bouche. Belle matière. Fin et équilibré. Belle pureté.

Saint-Amour 2007
Rouge | 2009 à 2014 | NC   **15/20**
Belle finesse, un vin aux tanins fins, poivrés. Belle droiture, bon équilibre.

Viré-Clessé 2007
Blanc | 2009 à 2013 | NC   **14,5/20**
Bonne concentration, dans ce vin fin, ciselé, pur et élégant. Finale citronnée.

DOMAINE LOUIS-CLAUDE DESVIGNES

135, rue de la Voûte
69910 Villié-Morgon
Tél. 04 74 04 23 35 - Fax. 04 74 69 14 93
louis.desvigne@wanadoo.fr
www.louis-claude-desvignes.com

Nous considérons ce domaine comme la référence de l'appellation Morgon, bien avant les producteurs plus à la mode à Paris ou à Lyon, et qui font des vins de surface ; ici on produit des morgons de profondeur, sur les meilleurs terroirs, avec l'intention d'exprimer ce qu'il y a de plus original dans leur sol, quitte à être un peu robuste en primeurs. Les enfants de Louis-Claude prennent le relais de leur père, avec le même credo et la même adresse dans les vinifications. Javernières, comme toujours, est légèrement plus charnu que Côte de Py.

Morgon Côte de Py 2007
Rouge | 2012 à 2022 | NC   **17/20**
Nez concentré, droit. La bouche est charnue, avec une forte tension, des tanins fins et enrobés. Superbe expression du terroir très décomposé du Py. La finale est poivrée, sur les épices relevées.

Morgon Côte de Py Javernières 2007
Rouge | 2012 à 2022 | NC   **17,5/20**
Un vin charmeur, avec un fruité noir gourmand. La bouche est riche, les tanins gras. Il a un peu souffert de sa mise. Plus large que le Côte du Py, plus enrobé, un peu moins de profondeur dans l'expression minérale aujourd'hui.

Rouge : 13 hectares ; gamay 100%.
Production totale annuelle : 50 000 bt.
Visite : du lundi au samedi de 8 h à 12 h et de 14 h à 19 h sur rendez-vous.

GEORGES DUBŒUF

Quartier de la Gare
71570 Romanèche-Thorins
Tél. 03 85 35 34 20 - Fax. 03 85 35 34 24
gduboeuf@duboeuf.com
www.duboeuf.com

Le roi du Beaujolais sait tout faire, et tout en quantité, du bon vin de table français au vin de niche et d'élite des crus du Nord, des arômes de bonbon (qui ne sont pas notre tasse de thé) aux nuances complexes des terres de granit ou de schiste. Il présente une gamme complète de beaujolais, de styles divers, adaptée au tempérament et au goût de chacun de ses clients. Les blancs du Mâconnais ont tendance à vieillir un peu vite, les beaujolais ne gagnent pas non plus à vieillir plus de trois ou quatre ans. Nous n'avons retenu de la très large gamme de vins présentée que ceux qui intéresseront le plus les amateurs de grands vins, qui auraient bien tort de les snober.

BROUILLY 2007
Rouge | 2009 à 2013 | 5,60 €   **14/20**
Fin, floral, élégant, avec une bonne tenue en bouche. Équilibré.

BROUILLY DOMAINE DES PIERRES SOLEIL 2007
Rouge | 2009 à 2017 | 6,05 €   **15,5/20**
Plus concentré que le brouilly, avec des notes d'élevage légèrement perceptibles, mais fines. Un vin fin et savoureux, au jus élégant.

CHÉNAS 2007
Rouge | 2009 à 2015 | 4,95 €   **15/20**
Bon fruit charmeur, un vin gourmand, élégant, à la minéralité savoureuse et à la finale épicée.

CHIROUBLES 2007
Rouge | 2009 à 2015 | 5,30 €   **15,5/20**
Concentré, avec une minéralité légèrement sèche en bouche qui donne de la longueur au vin. Belle réussite.

CÔTE DE BROUILLY 2007
Rouge | 2009 à 2014 | 5,40 €   **14,5/20**
Plus de chair et de concentration que le brouilly, un vin fruité et élégant.

FLEURIE 2007
Rouge | 2009 à 2013 | 6 €   **15,5/20**
Joli vin, fin et parfumé. Belle élégance, avec une minéralité délicatement fumée en milieu de bouche. Très réussi dans ce millésime.

FLEURIE 2007
Rouge | 2009 à 2017 | **16/20**
Plus concentré que le « simple » fleurie, un vin droit et élancé qui combine floralité puissante et fruité mûr. Gourmand.

MORGON 2007
Rouge | 2009 à 2012 | 5,70 €   **13,5/20**
Fruité, agréable, dans un style tendre, léger.

MORGON BELLES GRIVES 2007
Rouge | 2010 à 2017 | 5,47 €   **15/20**
Fruité plus prononcé, minéralité plus affirmée, un vin qui possède plus de chair et de corps que le « simple » morgon. La finale est tendue.

MOULIN-À-VENT 2007
Rouge | 2009 à 2015 | 6,31 €   **14,5/20**
Un vin gras, gourmand, avec une bonne matière, à la bouche ronde, expressif avec ses fruits noirs et rouges concentrés.

SAINT-AMOUR 2007
Rouge | 2009 à 2013 | 6 €   **14/20**
Fruité concentré, la bouche est mûre, avec des tanins gras, et un jus serré.

SAINT-AMOUR DOMAINE LOUIS DAILLY 2007
Rouge | 2009 à 2013 | NC   **14,5/20**
Droit, tendu, un vin élégant, avec un bon fruit. Il offre peut-être un peu moins de gourmandise immédiate que le « simple » saint-amour, mais son avenir est plus prometteur.

Production totale annuelle : 30 000 000 bt.
Visite : Le Hameau du Vin : tous les jours entre 10 h et 18 h.

DOMAINE DE FONTALOGNIER

69430 Lantignié

Gilles Ducroux mène son domaine de façon très traditionnelle, en vinifiant ses crus sans thermo, ce qui se fait très rare à Régnié ! Grâce à cela, nous avons apprécié sa belle palette de crus, franche, fruitée et bien homogène en 2007.

BEAUJOLAIS-VILLAGES 2007   🙂
Rouge | 2009 à 2012 | NC   **15/20**
Un vrai goût de gamay, bien fruité, avec une bonne mâche. Complet et généreux.

BROUILLY 2007
Rouge | 2010 à 2015 | NC   **14,5/20**
Bonne structure, un vin aux tanins fermes, à la finale concentrée. Un brouilly qui ne manque pas de caractère.

MORGON 2007
Rouge | 2010 à 2015 | NC   **14,5/20**
Un bon fruit mûr, de la concentration en bouche, ce morgon offre une agréable saveur minérale.

RÉGNIÉ 2007
Rouge | 2009 à 2012 | NC   **14,5/20**
Fruité, l'attaque est assez tendre. Petits tanins en bouche, finale concentrée.

RÉGNIÉ FÛT DE CHÊNE 2007
Rouge | 2009 à 2015 | NC   **14,5/20**
Une petite note vanillée en bouche, qui va rapidement se fondre. Le vin est harmonieux, la texture douce. Il présente un autre équilibre que le régnié « classique ».

DOMAINE DES GRANDS FERS

Les Grands Fers
69820 Fleurie
Tél. 04 74 04 11 27

Christian Bernard a repris le domaine familial en 1992, avec 10 hectares de vignes presque exclusivement sur Fleurie. Certaines vignes sont enherbées, d'autres sont désherbées. L'éraflage est ajusté selon les millésimes. Des trois cuvées produites, seule la cuvée d'entrée de gamme fers-saint-éloi, est banalisée par une vinification partiellement thermo. Les deux cuvées parcellaires, grands-fers-les-côtes et grands-fers-les-roches, à la vinification plus traditionnelle, présentent un caractère plus affirmé. Grands-fers-les-roches n'a pas été produite en 2007.

FLEURIE GRANDE CUVÉE FERS SAINT-ÉLOI 2007
Rouge | 2009 à 2014 | NC   **13,5/20**
Nez en rondeur, un peu chaud, sur le fruit concentré (bourgeon de cassis). La bouche présente une agréable expression minérale.

FLEURIE GRANDS FERS LES CÔTES 2007
Rouge | 2009 à 2015 | NC   **14/20**
Nez franc, expressif, sur les fleurs et les fruits. La bouche est ronde, avec un jus réglissé en milieu de bouche. Longueur moyenne, mais belle élégance.

FLEURIE GRANDS FERS LES CÔTES 2006
Rouge | 2009 à 2014 | NC   **14/20**
Un vin au fruité élégant, à la bouche ciselée, pure, charnue, avec un jus fin et délié. On retrouve l'élégance de la cuvée.

FLEURIE GRANDS FERS LES ROCHES 2006
Rouge | 2009 à 2015 | NC   **15/20**
C'est un vin élégant, fruité, avec une bonne expression minérale. Savoureux, avec sa finale sur les fruits noirs.

CHÂTEAU DES JACQUES

Les Jacques
71570 Romanèche-Thorins
Tél. 03 85 35 51 64 - Fax. 03 85 35 59 15
chateau-des-jacques@wanadoo.fr
www.louisjadot.com

Ce domaine, appartenant à Louis Jadot, est
devenu en quelques années la référence en
matière de vins ambitieux du Beaujolais, et
la source préférée de ceux qui pensent
qu'on peut y produire des crus aussi respec-
tables qu'en Côte-d'Or. Les clos isolés sont
bien entendu des sommets absolus du
Beaujolais actuel, mais le moulin-à-vent
d'assemblage domine souvent nos dégustations, par son ampleur de corps et son fini.

BEAUJOLAIS-VILLAGES
GRAND CLOS DE LOYSE 2007
Blanc | 2009 à 2012 | 8,70 €   **14,5/20**
Fruité croquant. Un vin frais et vif, à la
bouche ciselée, à la finale nerveuse.

BOURGOGNE CLOS DE LOYSE 2007
Blanc | 2009 à 2013 | 11,10 €   **15/20**
Un vin gras, élevé à la bourguignonne. Il reste
frais et élégant, très pur. Bien savoureux.

MOULIN-À-VENT CHAMP DE COUR 2007
Rouge | 2009 à 2017 | NC   **16/20**
Plus subtil que clos-des-thorins, mais aussi
plus profond, plus velouté, plus élégant. Le
tanin est caressant, la finale parfumée.

MOULIN-À-VENT CLOS DES THORINS 2007
Rouge | 2009 à 2017 | NC   **15/20**
Un vin au fruité gourmand, aux notes épicées en bouche. Charnu, avec de bons
tanins.

MOULIN-À-VENT CLOS DU GRAND CARQUELIN 2007
Rouge | 2011 à 2022 | NC   **17/20**
Nez subtil, la palette aromatique est large.
Il joue plus sur la largeur et la diversité que
la-roche. La bouche est très pure, la finale
bien fraîche.

MOULIN-À-VENT GRAND CLOS DE ROCHEGRÈS 2007
Rouge | 2011 à 2022 | NC   **17,5/20**
Un vin complet, élégant et harmonieux. Le
toucher de bouche est soyeux, les arômes
fins, la finale relevée.

MOULIN-À-VENT LA ROCHE 2007
Rouge | 2011 à 2022 | NC   **17/20**
Un vin droit, aux tanins fins, d'une superbe
minéralité qui accroche la langue en finale.

Rouge : 32 hectares ; gamay 76%.
Blanc : 10 hectares ; chardonnay 24%.
Production totale annuelle : 180 000 bt.
Visite : Du lundi au vendredi de 8 h30 à 12 h
et de 13 h30 à 16 h30.

DOMAINE PAUL ET ÉRIC JANIN

71570 Romanèche-Thorins
Tél. 03 85 35 52 80 - Fax. 03 85 35 21 77
pauljanin.fils@club-internet.fr

Domaine pilote de Romanèche-Thorins,
au vignoble impeccablement travaillé, et
situé en grande partie sur des sols riches
en manganèse qui accentuent un goût de
terroir épicé, très original, et allongent le
potentiel de vieillissement. Les vinifications sont traditionnelles pour des vins de
garde, avec le chapeau immergé à l'aide
de grilles. Sous l'influence d'Éric, la plus
grande partie de la production est élevée
sous bois et avec succès. Le 2005 est ici le
grand millésime espéré et attendu, et le
2006 montre encore quelques progrès en
matière d'élevage intelligent sous bois. Les
2007 sont de très bon niveau.

BEAUJOLAIS-VILLAGES
DOMAINE DES VIGNES DES JUMEAUX 2007 Ⓤ
Rouge | 2009 à 2012 | épuisé   **15,5/20**
Fruité gourmand (fruits rouges, fruits secs,
noisette). La bouche offre des tanins frais,
fermes mais mûrs. Un village doté d'une bonne
mâche, gourmand et charnu. Excellent !

MOULIN-À-VENT CLOS DU TREMBLAY 2007
Rouge | 2012 à 2017 | 10,50 €   **17,5/20**
Le nez est concentré, très minéral, intense.
L'attaque est caressante. Tanins de soie. Le
vin suave, parfumé, à la finale longue et
savoureuse.

MOULIN-À-VENT DOMAINE DES VIGNES DU TREMBLAY 2007
Rouge | 2010 à 2015 | 8,75 €   **15/20**
Tanins enrobés, fins, c'est un vin charnu,
mûr, bien construit. Attendre qu'il se remette
complètement de sa mise en bouteilles.

MOULIN-À-VENT SÉDUCTION 2007
Rouge | 2012 à 2017 | 12,50 €   **16/20**
L'élevage est présent à ce stade, mais la
matière est fine et élégante. Un vin avec un
grain agréable, gourmand, fondu. Moins élégant que le clos-du-tremblay, moins racé,
mais bel exercice de style.

Rouge : 10 hectares ; gamay 100%.
Production totale annuelle : 50 000 bt.
Visite : Du lundi au vendredi de 10 h à 12 h
et de 14 h à 18 h.

DOMAINE LABRUYÈRE

71570 Romanèche-Thorins

Ce domaine a été repris en main par la famille Labruyère en 2007, avec la volonté affichée de faire parler leurs grands terroirs, le Clos du Moulin-à-Vent en tête. Avec l'aide de l'œnologue Nadine Gublin, leur première tâche consiste à redonner vie aux sols, après des décennies de culture chimique. Grâce à des vinifications traditionnelles, les premiers millésimes dégustés, 2007 et 2008, laissent entrevoir les plus belles promesses.

MOULIN-À-VENT GRANDE CUVÉE 2008
Rouge | 2009 à 2016 | NC   **14,5/20**
Un vin droit, aux tanins épicés, droit, fin et frais. L'élevage est fin et élégant, il donne beaucoup de finesse à un jus racé et mûr.

MOULIN-À-VENT GRANDE CUVÉE 2007
Rouge | 2009 à 2015 | NC   **15,5/20**
Un vin profond, avec une belle complexité aromatique (fruité, floral, minéral, entre autres). Un jus suave et profond en bouche (notes de viande cuite).

MOULIN-À-VENT LE CLOS DU MOULIN-À-VENT MONOPOLE 2008
Rouge | 2009 à 2018 | NC   **16,5/20**
Nez fin, profond, racé. Un jus tendu, droit, très pur, avec une tension minérale qui donne de la vibration et de la fraîcheur. Tanins racés. L'élevage le magnifie.

MOULIN-À-VENT LE CLOS DU MOULIN-À-VENT MONOPOLE 2007
Rouge | 2009 à 2017 | NC   **16,5/20**
Un nez mûr et intense, avec un fruité profond, subtilement mis en valeur par un boisé élégant. La bouche est suave, les tanins fins. Beaucoup de noblesse tactile et d'élégance dans les arômes de ce vin. Seule la finale est encore un peu courte. La faute à des décennies de culture chimique...

DOMAINE HUBERT LAPIERRE

Les Gandelins - Cidex 324
71570 La Chapelle-de-Guinchay
Tél. 03 85 36 74 89 - Fax. 03 85 36 79 69
hubert.lapierre@wanadoo.fr
www.domaine.lapierre.com

Les chénas et les moulins-à-vent de ce domaine très régulier se signalent par leur glissant et leur agrément immédiat, plus que par la profondeur de leur texture ou leur qualité de garde. Ce sont de beaux vins de soif et nous n'en aurons jamais assez !

CHÉNAS FÛT DE CHÊNE 2005
Rouge | 2009 à 2015 | 9 €   **15,5/20**
Le boisé est puissant, mais la matière est de qualité, les tanins sont très fins. La maturité du millésime 2005 est ici très bien mise en valeur !

CHÉNAS TRADITION 2007
Rouge | 2009 à 2013 | 5,80 €   **15/20**
Fruité charnu, tanins fins. Un vin tendu et droit, avec une finale épicée et des tanins qui corsètent la finale.

CHÉNAS VIEILLES VIGNES 2007
Rouge | 2010 à 2017 | 6,40 €   **16/20**
Un jus fin, concentré, savoureux, qui marque un écart très net avec la cuvée tradition.

MOULIN-À-VENT TRADITION 2007
Rouge | 2010 à 2015 | 6,40 €   **15/20**
Un vin concentré, aux tanins fermes, avec un volume de bouche droit.

MOULIN-À-VENT VIEILLES VIGNES 2007
Rouge | 2010 à 2017 | 7 €   **16,5/20**
Fin et parfumé, avec un toucher de bouche suave et onctueux. Beaucoup de caractère.

Rouge : 7,75 hectares ; gamay 100%.
Production totale annuelle : 35 000 bt.
Visite : Du lundi au samedi de 9 h à 12 h et de 14 h à 19 h, de préférence sur rendez-vous.

DOMAINE MARCEL LAPIERRE

Les Chênes
69910 Villié-Morgon
Tél. 04 74 04 23 89 - Fax. 04 74 69 14 40
informations@marcel-lapierre.com
www.marcel-lapierre.com

Marcel Lapierre est sans doute le vigneron le plus coté de tous les bars à vin, à Paris mais pas seulement. Non sans raison. Installé depuis 1973, il se fit connaître dès les années 1980 par ses vinifications sans soufre, et l'engouement était né. Mais les désagréments survinrent à partir de 1989-1990, quand de nombreux vins évoluèrent trop vite en bouteilles. Depuis, Marcel a montré qu'il était tout sauf dogmatique, et propose une gamme adaptée à ses clients, à leurs goûts, les conditions de stockage mais aussi le moyen de leur expédier la marchandise : filtrés ou non, sulfités ou non. Et la contre-étiquette comme le carton mentionnent précisément le mode d'élaboration du vin ainsi que les conditions pour une conservation optimale. Les puristes préféreront, comme Marcel, les vins nature, c'est-à-dire sans soufre et non filtrés. Les amateurs plus conventionnels verront dans les cuvées sulfitées une plus grande orthodoxie gustative, et un potentiel de garde supérieur.

VIN DE PAYS DES GAULES 2008
Rouge | 2009 à 2012 | 7,20 €   **15/20**
Robe claire. Nez parfumé, de fruits rouges frais, de fruits secs. Bouche fruitée, charnue, très gourmande.

MORGON 2008
Rouge | 2009 à 2014 | 14,60 €   **15,5/20**
Raisin très pur, fruit frais, avec une petite note minérale en bouche. Un jus élégant et parfumé.

MORGON 2007
Rouge | 2009 à 2012 | épuisé   **16/20**
Un vin très naturel, au grain de tanin fin et savoureux. Très pur.

MORGON MMVII 2007
Rouge | 2009 à 2017 | 27 €   **17/20**
Cette cuvée de vieilles vignes, parfois agréée en vin de table, offre un nez concentré, sur les fruits frais. La bouche est suave, les tanins fins et enrobés, la finale pure. Superbe de naturel.

Rouge : 11 hectares. **Visite :** Sur rendez-vous.

DOMAINE LASSAGNE

lieu-dit La-Ville
71570 Saint-Amour-Bellevue
Tél. 03 85 37 11 93 - Fax. 03 85 36 56 61
andre@domainelassagne.com

André et Nicole Lassagne se sont reconvertis vignerons avec le millésime 2000, en reprenant les 6 hectares du domaine familial, essentiellement sur Saint-Amour. Après avoir appris les rudiments du métier chez d'autres vignerons de la région, André a mis au point sa propre démarche. Sur son vignoble planté en densité serrée (jusqu'à 11 000 pieds par hectare), les vignes sont désherbées, mais les vendanges manuelles. La part de rafle varie selon les millésimes, tout comme la proportion de fûts dans l'élevage, mais plutôt des bois âgés. Dans un millésime 2008 fortement grêlé, il a produit deux vins au fruité fort digeste. Une troisième cuvée, un juliénas élevé en fûts, ne présente pas le même intérêt.

JULIÉNAS VIEILLES VIGNES 2008
Rouge | 2009 à 2012 | 7,50 €   **14,5/20**
Joli jus, fin et relevé. La bouche est d'agréable concentration, les tanins fins, la finale serrée.

SAINT-AMOUR VIEILLES VIGNES 2008
Rouge | 2009 à 2014 | 7,50 €   **14,5/20**
Nez finement minéral, agréables notes de fruits rouges. Attaque ronde, petits tanins, un vin souple et friand. Belle réussite pour ce millésime très difficile.

Production totale annuelle : 40 000 bt. **Visite :** Sur rendez-vous, samedi et dimanche compris.

CHÂTEAU DES LUMIÈRES

Château des Jacques
71570 Romanèche-Thorins
Tél. 03 85 35 51 64 - Fax. 03 85 35 59 15
chateau-des-lumieres@wanadoo.fr
www.louisjadot.com

Cette propriété, ancien château Bellevue, est le pendant à Morgon du château des Jacques en Moulin-à-Vent. La même brillante équipe, inspirée par Jacques Lardière, vinifie dans un esprit semblable et produit des vins complets, généreux, qui ont depuis deux ans progressé dans le sens d'une plus grande précision. Les 2005 et 2006 seront des références pour toute la région. Nous avons un petit faible pour le terres-noires, un des morgons les plus savoureux et les plus accomplis en 2005. En 2006, le morgon côte-de-py reprend nettement la tête. 2007 est le dernier millésime vinifié, les vins étant vendus sous l'étiquette Château des Jacques à partir du millésime 2008.

Morgon 2007
Rouge | 2010 à 2015 | env 12 € **14,5/20**
Fruité rouge frais. Un vin à la bouche concentrée, à la minéralité qui fait claquer la langue. Un vin serré.

Morgon Côte de Py 2007
Rouge | 2011 à 2022 | env 18 € **16,5/20**
Superbe matière, la bouche est fine et élégante. Un vin délicat, raffiné, où la splendeur du terroir est très lisible.

Morgon Roches Noires 2007
Rouge | 2010 à 2017 | env 16 € **16/20**
Un vin corsé et minéral, riche en expression, tout en énergie et en tension. À déconseiller aux amateurs de sensations fruitées !

Rouge : 35 hectares ; gamay 100%.
Production totale annuelle : 80 000 bt.
Visite : Du lundi au vendredi sur rendez-vous au Château des Jacques a Romaneche-Thorins.

DOMAINE DE LA MADONE

La Madone
69820 Fleurie
Tél. 04 74 69 81 51 - Fax. 04 74 69 81 93
domainedelamadone@wanadoo.fr
www.domaine-de-la-madone.com

Le coteau pentu de La Madone est un des plus pittoresques de tout le nord du Beaujolais, avec une vue imprenable depuis la chapelle, sur Fleurie et ses environs. Jean-Marc Després et son fils Arnaud y exploitent 20 hectares, répartis entre les deux propriétés voisines du domaine de la Madone et du domaine du Niagara. Des quatre cuvées proposées, nous préférons celle de grille-midi, une cuvette très solaire, et la cuvée spéciale, issue des plus vieilles vignes. Les vinifications donnent ici des vins souples, appréciables jeunes, dans l'air du temps.

Fleurie Domaine du Niagara 2007
Rouge | 2009 à 2012 | NC **13,5/20**
Épicé, un vin souple mais mûr, déjà fondu, à la longueur moyenne.

Fleurie Grille Midi vieilles vignes 2007
Rouge | 2009 à 2015 | NC **14,5/20**
Un vin riche et épicé, aux tanins corsés, frais et fins.

Fleurie La Madone cuvée Spéciale vieilles vignes 2007
Rouge | 2009 à 2017 | NC **16/20**
Un vin au jus parfumé et épicé. Bon volume, les tanins sont fins et caressants, la finale veloutée.

Fleurie Madone Tradition 2007
Rouge | 2009 à 2014 | NC **14/20**
Fruité, minéral au nez. La bouche est épicée, de demi-corps, déjà fondue, agréable.

Rouge : 16 hectares ; gamay 100%.
Production totale annuelle : 100 000 bt.
Visite : Du lundi au samedi de 10 h à 12 h et de 13 h 30 à 18 h, dimanche sur rendez-vous.

DOMAINE LAURENT MARTRAY

Combiaty
69460 Odenas
Tél. 04 74 03 51 03 - Fax. 04 74 03 50 92
martrayl.aurent@akeonet.com

Laurent Martray, souvent décrit comme « un jeune vigneron qui monte », possède en fait une vingtaine de vinifications à son actif. L'essentiel de son domaine, sur Brouilly et Côte de Brouilly, est en métayage, et les vinifications varient selon les cuvées. Si la gamme de six vins est parfois compliquée à appréhender, Corentin est la cuvée issue des vieilles vignes, à l'expression racée et à la texture veloutée. La cuvée produite sous la marque Mas de Bagnols, richement boisée, nous semble moins correspondre au style des vins de la région.

BROUILLY CORENTIN 2007
Rouge | 2009 à 2017 | NC   **17/20**
Mûr, avec un bon fruit rouge (cerise), une bouche charnue, des tanins enrobés, une finale épicée. Une texture fine et veloutée, un vin tout en charme et en fruit, à l'élevage perceptible mais parfumé.

BROUILLY LOÏS 2007
Rouge | 2011 à 2017 | NC   **15/20**
Un vin charnu, avec une bonne tenue en bouche. Minéral et épicé. Il est encore un peu rigide.

BROUILLY MAS DE BAGNOLS 2007
Rouge | 2012 à 2017 | NC   **15,5/20**
La bouche est crémeuse, le vin est charnu, mais à ce stade, le boisé domine tous les autres arômes.

BROUILLY VIEILLES VIGNES 2007
Rouge | 2009 à 2010 | NC   **16/20**
Un vin profond, où les vieilles vignes ont fourni un jus dense et suave, parfumé et élégant.

CÔTE DE BROUILLY LES FEUILLÉES 2007
Rouge | 2009 à 2017 | NC   **15/20**
Un vin au fruité rouge, à la bouche concentrée. Charnu, avec des tanins assez ronds, même si la minéralité du terroir ressort en finale.

Rouge : 9 hectares ; gamay 100%.
Production totale annuelle : 30 000 bt.
Visite : Sur rendez-vous.

DOMAINE MÉTRAT ET FILS

La Roilette
69820 Fleurie
Tél. 04 74 69 84 26 - Fax. 04 74 69 84 49
domaine-metrat-et-fils@wanadoo.fr

La Roilette est le plus réputé des terroirs de Fleurie, en limite de Moulin-à-Vent, sur des sols cailloux et plus argileux que les fleuries classiques. Ils associent le parfum inimitable de leur appellation au corps des moulin-à-vents. Bernard Métrat les vinifie dans cet esprit, et ses meilleures cuvées sont des classiques du genre.

CHIROUBLES 2007
Rouge | 2009 à 2010 | NC   **15,5/20**
Un chiroubles structuré, concentré, avec une bouche où le grain de la minéralité s'affirme. Les tanins sont fins mais fermes, la finale épicée.

FLEURIE LA ROILETTE 2007
Rouge | 2009 à 2010 | NC   **15/20**
Un vin élégant, avec un toucher de bouche très caressant. Pas le plus concentré, mais fin et équilibré. Très digeste.

FLEURIE LA ROILETTE VIEILLES VIGNES 2007
Rouge | 2011 à 2022 | NC   **16,5/20**
Nez concentré, fin, encore peu expressif à ce stade. La bouche est riche, avec des tanins subtils, gourmands et gras. Bon volume, un jus pur et délié, une bonne concentration.

MOULIN-À-VENT 2007
Rouge | 2012 à 2022 | NC   **17/20**
Riche, puissant, concentré. Une bouche veloutée, avec des tanins très enrobés, longs et frais. Un vin charnu, à la finale épicée mais juteuse.

Rouge : 9 hectares ; gamay 100%.
Production totale annuelle : 28 000 bt.
Visite : sur rendez-vous.

CLOS DE MEZ

Les Raclets
69820 Fleurie
Tél. 06 03 35 71 89 - Fax. 03 80 61 21 47
contact@closdemez.com
www.closdemez.com

Le clos de Mez est la création de Marie-Élodie Zigheria (dont les initiales reforment le mot MEZ), à partir d'une partie des vignes familiales, qui jusque-là étaient intégralement apportées à la cave de Fleurie. Après des études viticoles et de nombreuses recherches documentaires, elle s'est mis en tête de produire des beaujolais comme autrefois. Elle a donc mis en place une viticulture exemplaire, avec reprise des labours et vendange à parfaite maturité, suivis de départs en fermentation à basse température, avec des cuvaisons longues et des élevages qui prennent le temps nécessaire. Sur son premier millésime vinifié, 2006, Marie-Élodie reconnaît avoir un peu forcé sur l'extraction, mais a bien corrigé le tir avec les 2007. Son fleurie la-dot a le toucher de bouche d'un bourgogne, et le morgon château-gaillard présente une noblesse de texture hors pair. Une seconde cuvée de fleurie est annoncée pour le millésime 2008...

FLEURIE LA DOT 2007
Rouge | 2010 à 2017 | NC   **17,5/20**
Dense, charnu, concentré, un vin à la saveur minérale affirmée. Tanins fins. Remarquable saveur. Un vin à aérer.

MORGON CHÂTEAU GAILLARD 2007
Rouge | 2010 à 2017 | NC   **17,5/20**
Plus gras, un toucher de bouche plus voluptueux que le fleurie, mais avec une délicieuse saveur minérale qui marque la finale. Un morgon de profondeur, d'expression minérale.

Rouge : 5,79 hectares.
Production totale annuelle : 5 000 bt.
Visite : sur rendez-vous.

MOMMESSIN

Le Pont des Samsons
69430 Quincié-en-Beaujolais
Tél. 04 74 69 09 30 - Fax. 04 74 69 09 28
information@mommessin.fr

La maison commercialise encore trop de vins indifférents, mais comme toutes celles qui font partie du groupe Boisset, elle s'est donnée comme mission de progresser, et s'est construit à Monternot un cuvier moderne pour vinifier de façon optimale ses meilleures cuvées. Les 2007 confirment la tendance.

MORGON CÔTE DE PY 2007
Rouge | 2009 à 2015 | NC   **14,5/20**
Un vin à la bouche puissante. Bonne minéralité, avec un joli volume de bouche. Agréable.

MORGON LES CHARMES 2007
Rouge | 2009 à 2015 | NC   **14,5/20**
Bonne mâche. Un vin avec une jolie densité tannique. Solide, tendu, bien droit. Dans un style différent que le Côte de Py, mais avec beaucoup d'élégance (d'où son nom !).

MOULIN-À-VENT LES CAVES 2007
Rouge | 2009 à 2015 | NC   **14,5/20**
Floral, avec une solide matière tannique. Un vin concentré, mais dont les tanins assèchent un peu la finale.

SAINT-AMOUR TROIS TERROIRS 2007
Rouge | 2009 à 2012 | NC   **14,5/20**
Fin et délicat, un vin à la bouche tendrement minérale.

Production totale annuelle : 25 000 000 bt.
Visite : Du lundi au vendredi sur rendez-vous.

DOMAINE DU MOULIN D'ÉOLE

Le Bourg
69840 Chénas
Tél. 04 74 04 46 88 - Fax. 04 74 04 47 29
moulindeole@wanadoo.fr

Philippe Guérin fait partie de ces bons artisans modestes qui produisent des crus du Beaujolais dignes de ce nom, parfaitement sculptés par leurs terroirs, mais n'ayant pas attiré l'attention des buveurs de jus de fraise et des admirateurs d'acétone qui font la pluie et le beau temps chez certains cavistes branchés. Ses deux cuvées de moulin-à-vent, les-thorins et les-champs-de-cour, sont raffinées et élégantes. Malheureusement, pour une raison qui nous échappe, son chiroubles présente, millésime après millésime, une fin de bouche métallique légèrement amère. Mais nous recommandons vivement les deux autres !

MOULIN-À-VENT LES CHAMPS DE COUR 2007
Rouge | 2010 à 2017 | NC   **15/20**
Un vin tout en rondeur, séduisant, plus moderne dans son style que les autres vins de la gamme, mais sans lourdeur ni excès. Caressant.

MOULIN-À-VENT LES THORINS 2007
Rouge | 2010 à 2013 | NC   **15/20**
Petite pointe minérale (fumée). Un vin au toucher de bouche élégant, fin, très digeste.

MOULIN-À-VENT LES THORINS 2006
Rouge | 2009 à 2012 | NC   **14,5/20**
Joli jus, fin, parfumé, élégant. Une bouche aux tanins épicés.

Rouge : 25,5 hectares Blanc : 1,5 hectare Production totale annuelle : 80 000 bt.
Visite : Du lundi au vendredi, de 10 h à 12 h 30 et de 14 h 30 à 17 h 30 et week-end sur rendez-vous.

DOMAINE DES NUGUES

Les Pasquiers
69220 Lancié
Tél. 04 74 04 14 00 - Fax. 04 74 04 16 73
earl-gelin@wanadoo.fr
www.domainedesnugues.com

Gilles Gelin dirige avec beaucoup de talent son domaine de 25 hectares, essentiellement en beaujolais et beaujolais-villages, mais également 6 hectares de fleurie. La viticulture est soignée, même si quelques traitements sont encore appliqués, et toutes les vignes sont labourées au moins une fois par an, afin de forcer le système racinaire à plonger dans le sol. Les raisins sont sévèrement triés, et l'éraflage adapté à la récolte. Des macérations longues, avec des départs à basse température, permettent d'obtenir des vins riches en matière. Les vinifications se font en cuves béton, suivies d'un assemblage dans des cuves inox. Seule exception boisée : la cuvée quintessence, mais dans de vieux fûts, plus pour l'apport d'oxygène et de tanins que d'arômes. Cela donne des vins purs et étonnants de matière pour des appellations régionales, et qui vieillissent bien. Ultime garantie pour le consommateur : toutes les cuvées, même celles aux volumes conséquents, sont mises en une seule fois.

BEAUJOLAIS-VILLAGES 2007   ⓤ
Rouge | 2009 à 2013 | 5,50 €   **16/20**
Nuances de fleurs, de ronces. Un vin avec de la mâche, solide, concentré, parfumé, élégant.

BEAUJOLAIS-VILLAGES 2006
Rouge | 2009 à 2013 | 5,50 €   **15,5/20**
Un vin charnu et concentré, avec une matière riche et puissante. Un beaujolais qui appelle les nourritures roboratives.

BEAUJOLAIS-VILLAGES QUINTESSENCE DU GAMAY 2006
Rouge | 2010 à 2016 | 10 €   **16/20**
Bon fruité rouge, avec de la concentration et de la mâche. Il n'a pas encore atteint son équilibre.

FLEURIE 2007
Rouge | 2010 à 2017 | 9 €   **16/20**
Un fleurie fruité et charnu plutôt que minéral, à ce stade.

Rouge : 24,2 hectares ; gamay 100%.
Blanc : 0,8 hectare. Visite : Du lundi au samedi de 8 h à 12 h et de 14 h à 19 h.

DOMAINE DU P'TIT PARADIS

Les Pinchons
69840 Chénas
Tél. 04 74 04 48 71 - Fax. 04 74 04 46 29

Denise Margerand a courageusement continué l'activité de son petit domaine de 3,5 hectares, à la suite du décès de son frère Francis, en 2003. Toutes les vignes sont labourées, avec enherbement partiel. Les vendanges sont triées, et les fermentations assez courtes. À l'exception de la cuvée fûts de chêne, tous les vins sont élevés en cuves inox. Ils offrent de bons volumes de bouche, charnus et gourmands, à des prix très attractifs.

CHÉNAS 2007
Rouge | 2009 à 2014 | 5,50 €   **14,5/20**
Fruité profond (fruits rouges, fruits secs). Un vin charnu, velouté, gourmand, à la finale suave et onctueuse. On l'apprécie dès aujourd'hui.

MOULIN-À-VENT 2007
Rouge | 2010 à 2017 | 6,40 €   **15/20**
Un vin riche, concentré, avec des notes de viande et de sous-bois. Parfumé, avec des tanins enrobés, un jus fin. La minéralité ressort en finale.

MOULIN-À-VENT ÉLEVÉ EN FÛT DE CHÊNE 2007
Rouge | 2011 à 2017 | 9,90 €   **16/20**
Boisé fin, élégant. Un vin à la texture gourmande, crémeuse. Les tanins sont enrobés. Racé et frais, et proposé à un prix canon !

Production totale annuelle : 9 000 bt.
Visite : Groupes sur rendez-vous.

CHÂTEAU DE PIERREUX

Pierreux
69460 Odenas
Tél. 04 74 03 46 17

Cette splendide propriété appartient depuis 2002 au groupe Boisset, qui l'a joliment restauré. Situé au pied du mont Brouilly, le terroir est de premier ordre, il donne une belle structure aux vins. Les vinifications se font entièrement en foudres. Le château n'élabore que deux cuvées de brouilly, une entrée de gamme et une réserve-du-château, cette dernière n'ayant pas été produite en 2007.

BROUILLY 2007
Rouge | 2009 à 2012 | NC   **13,5/20**
Fruité, avec une agréable minéralité en bouche. Pas très gras, mais équilibré.

BROUILLY LA RÉSERVE DU CHÂTEAU 2006
Rouge | 2010 à 2015 | NC   **14,5/20**
Plus de corps que la cuvée « normale ». Un vin avec plus de tanins, des notes plus épicées. Solide. On peut l'attendre un peu.

DOMAINE PIRON

Morgon
69910 Villié-Morgon
Tél. 04 74 69 10 20 - Fax. 04 74 69 16 65
dominiquepiron@domaines-piron.fr
www.domaines-piron.fr

Domaine Piron exploite différents domaines, pour un total de 50 hectares répartis sur plusieurs crus du Beaujolais, même si Morgon représente 50 % de la production : le domaine de la Chanaise pour Morgon, le domaine de Combiaty pour Brouilly, etc. S'appuyant sur des terroirs bien différenciés, il sait en retranscrire la force et le caractère dans la bouteille, par ailleurs très élégamment habillée. Son morgon côte-du-py est d'une remarquable pureté, et son chénas cuvée quartz tendu et minéral à souhait. Les 2007 étaient très homogènes, et ils vieilliront bien.

BEAUJOLAIS DOMAINE DE LA CHANAISE 2007
Blanc | 2009 à 2012 | 7,50 €   **15/20**
Puissant avec de francs arômes de fruits jaunes mûrs. Un vin gras, riche, savoureux. Reste fin et frais.

BROUILLY DOMAINE DE COMBIATY 2007
Rouge | 2009 à 2013 | 7,50 €   **15/20**
Fruité fin et prononcé. Un vin franc, gourmand. Savoureux. S'exprime vite.

CHÉNAS DOMAINE PIRON-LAMELOISE CUVÉE QUARTZ 2007
Rouge | 2012 à 2022 | 10 €   **17,5/20**
Tendu, racé, un jus superbe de concentration. Savoureux et droit. La bouche exprime une remarquable tension minérale.

MORGON DOMAINE DE LA CHANAISE 2007
Rouge | 2009 à 2013 | 7,50 €   **15/20**
Un vin franc et droit, à la minéralité affirmée, sans concession.

MORGON DOMAINE DE LA CHANAISE CÔTE DU PY 2007
Rouge | 2009 à 2017 | 10 €   **17/20**
Puissant, concentré, un vin fin et droit, avec une finale épicée (poivre) et légèrement salée. Belle pureté. La finale est longiligne, savoureuse.

MOULIN-À-VENT LES VIGNES DU VIEUX BOURG 2007
Rouge | 2009 à 2017 | 10 €   **16,5/20**
Suave, parfumé, avec une note saline en bouche. Un vin élégant, racé, aux tanins gras et réglissés.

Rouge : 48 hectares ; gamay 96%. Blanc : 2 hectares ; chardonnay 4%. Production totale annuelle : 300 000 bt. Visite : Du lundi au samedi de 9 h à 18 h.

DOMAINE LES ROCHES BLEUES

Côte de Brouilly
69460 Odenas
Tél. 04 74 03 43 11 - Fax. 04 74 03 50 06
lacondemine.dominique@wanadoo.fr

Les terres bleues du mont Brouilly sont parmi les plus volcaniques du Beaujolais, et contribuent fortement au goût de terroir des vins de la propriété, minéraux et souvent tendus. Ici, le sol domine le fruit, comme il se doit dans un cru. Dominique Lacondemine, à la tête du domaine depuis 1993, vinifie en grappes entières, foule aux pieds, et élève son brouilly et son côte-de-brouilly dans de vieux foudres, durant six à neuf mois. Seule la cuvée spéciale, le côte-de-brouilly Des Lys, élevée partiellement en fûts, perd en lisibilité du terroir. 2007 a donné des arômes d'une belle finesse.

BROUILLY 2007
Rouge | 2009 à 2015 | 6,15 €   **15/20**
Bon fruit frais rouge. Un vin charnu, gourmand, aux tanins ronds, avec une pointe minérale qui revient en finale. Très gourmand. On l'apprécie déjà.

CÔTE DE BROUILLY 2007
Rouge | 2009 à 2017 | 6,65 €   **16/20**
Plus floral, plus épicé que le brouilly. Un vin fin et frais, aux tanins délicats, légèrement épicés. La bouche est subtile. Bel équilibre. De l'élégance.

CÔTE DE BROUILLY DES LYS 2007
Rouge | 2011 à 2017 | 7,80 €   **15/20**
Épicé, floral, structuré, avec de bons tanins. C'est un vin à attendre. Il présente moins de naturel et d'élégance que les deux autres.

Rouge : 8 hectares ; gamay 100%.
Production totale annuelle : 36 000 bt.
Visite : Du lundi au samedi de 9 h à 18 h 30, le dimanche sur rendez-vous.

CLOS DE LA ROILETTE

Domaine Alain Coudert
La Roilette
69820 Fleurie
Tél. 04 74 69 84 37 - Fax. 04 74 69 81 26

Alain Coudert a la chance d'exploiter 7 hectares du fameux terroir de la Roilette. Il produit trois cuvées : un brouilly, aux volumes confidentiels, un fleurie et un fleurie cuvée tardive, à l'étiquette jaune reconnaissable entre toutes, avec un cheval dessiné en médaillon, en hommage à l'ancien propriétaire qui possédait également une écurie de course. Cette dernière cuvée demande un peu de temps en bouteilles pour exprimer pleinement le raffinement de son terroir.

BROUILLY DOMAINE COUDERT 2007
Rouge | 2009 à 2014 | NC   **15/20**
De bons tanins fins, un fruité délicat, une bouche à la texture enrobée.

FLEURIE 2007
Rouge | 2009 à 2017 | NC   **15,5/20**
Le vin commence à prendre une petite note fumée qui lui donne de l'allonge. Le tanin est ferme, la finale légèrement serrée.

FLEURIE CUVÉE TARDIVE 2007
Rouge | 2011 à 2022 | NC   **16/20**
Plus concentré que la cuvée « classique », plus élégant, le tanin est mieux enrobé. Un vin avec de bons tanins, aux arômes concentrés, à la finale parfumée.

DOMAINE DES ROSIERS

Les Rosiers
69840 Chenas
Tél. 04 74 04 48 62 - Fax. 04 74 04 49 80

Gérard Charvet dirige cet important domaine de 20 hectares, avec des vignes sur Moulin-à-Vent et Chénas. Des vinifications traditionnelles permettent de produire d'honnêtes représentants de leurs appellations. Les 2007 sont bien réussis.

BEAUJOLAIS-VILLAGES 2007
Blanc | 2009 à 2012 | NC   **13/20**
Un chardonnay léger, avec de discrets arômes floraux et fruités. Pas très gras, mais fin.

BEAUJOLAIS-VILLAGES 2007
Rouge | 2009 à 2015 | NC   **15/20**
Un vin de belle finesse, avec une bouche charnue, des tanins fins, une finale légèrement tendue.

CHÉNAS 2007
Rouge | 2010 à 2015 | NC   **15/20**
Un chenas concentré, avec de bons tanins, une bouche structurée, charnue, dense. La minéralité resserre la finale, sur une note épicée.

MOULIN-À-VENT LA RÉSERVE D'AMÉLIE 2007
Rouge | 2011 à 2017 | NC   **15,5/20**
Plus pur, plus profond, plus expressif que l'autre cuvée de moulin-à-vent. La bouche est plus riche, avec des tanins plus corsés et plus de longueur.

MOULIN-À-VENT VIEILLES VIGNES 2007
Rouge | 2010 à 2015 | NC   **15/20**
Un vin fin et élégant, avec une matière parfumée et suave. La minéralité fine allonge la bouche.

DOMAINE RICHARD ROTTIERS

La Sampinerie
71570 Romanèche-Thorins
Tél. 03 85 35 22 36 - Fax. 03 85 35 22 36
contact@domainerichardrottiers.com
www.domainerichardrottiers.com

Richard Rottiers est le fils de Lyne Marchive, du Domaine des Malandes, à Chablis. Avec beaucoup de courage, il a choisi
de venir s'installer dans le Beaujolais,
pourtant dans une situation économique
peu évidente. Sur ses vignes de Moulin-à-
Vent, il a tout de suite mis en place une viticulture très respectueuse de l'environnement, la démarche bio étant dans sa
ligne de mire. Mais pour l'heure, il s'agit de
faire renaître la vie dans les sols. Le premier millésime consécutif à son arrivée,
2007, est encourageant.

MANGANÈSE
Rosé | 2009 à 2010 | 6,50 €   **14,5/20**
Un rosé à la couleur très pâle, fruité, avec
une légère douceur sucrée en bouche, mais
soutenu par une belle acidité, qui le rend
très plaisant. Frais et désaltérant. Un vin
original.

MOULIN-À-VENT 2007
Rouge | 2009 à 2014 | 7,50 €   **13,5/20**
Fruité charnu, un vin gourmand, fin. Les
tanins sont souples, on peut déjà l'apprécier. Finale fruitée rouge, mais frais.

MOULIN-À-VENT CHAMP DE COUR 2007
Rouge | 2009 à 2015 | 12 €   **15/20**
Attaque bien charnue. Un vin gras et
concentré, avec un élevage fin et gourmand,
bien intégré. Les tanins sont fins et souples,
on est bien dans l'esprit du Moulin-à-Vent.

Production totale annuelle : 20 000 bt.
Visite : Du lundi au samedi sur rendez-vous.

DOMAINE BERNARD SANTÉ

Route de Juliénas
71570 La-Chapelle-de-Guinchay
Tél. 03 85 33 82 81 - Fax. 03 85 33 84 46
bernardsante@terre-net.fr

Bernard Santé n'a pas complètement sorti
son domaine de la cave coopérative, et élabore quatre cuvées sur Juliénas, Chénas
et Moulin-à-Vent. Les vignes sont de plus
en plus enherbées, et les parcelles sont
labourées ou griffées selon l'âge des
plants. Si les vinifications se font généralement en grappes entières, on peut
regretter l'usage occasionnel de la thermo,
pratique qui développe un fruité concentré et souvent artificiel au nez, au détriment de la finesse et de la longueur en
bouche. Mais les cuvées vinifiées traditionnellement sont irréprochables.

CHÉNAS 2007
Rouge | 2009 à 2012 | 6,80 €   **13/20**
Fruité rouge, on sent la thermo. En bouche,
un volume assez charnu. Un vin en rondeur.
Mais assez court.

CHÉNAS VIEILLES VIGNES FÛT DE CHÊNE 2007
Rouge | 2010 à 2015 | 7,80 €   **15/20**
Le boisé domine à ce stade, mais les tanins
sont élégants et fins. Toucher de bouche
caressant. Il est dans la lignée du 2006.

JULIÉNAS 2007
Rouge | 2009 à 2014 | 6,80 €   **14/20**
Structuré, avec un bon volume de bouche.
Bonne puissance, dans le style de juliénas.
En rondeur. Longueur moyenne.

MOULIN-À-VENT 2007
Rouge | 2009 à 2014 | 7,80 €   **14,5/20**
Un vin à la bouche charnue, en rondeur, à
la finale florale et épicée. Saveurs franches,
sans déviance technologique dans le fruité.

Rouge : 8,5 hectares ; gamay 100%. Production
totale annuelle : 45 000 bt. Visite : Du lundi au
samedi de 9 h à 12 h 30 et de 14 h à 19 h, dimanche
sur rendez-vous.

DOMAINE DES TERRES DORÉES

Crière
69380 Charnay
Tél. 04 78 47 93 45 - Fax. 04 78 47 93 38
terresdorees@wanadoo.fr

Une fois qu'on est habitué au style de Jean-Paul Brun, on a du mal à boire autre chose en matière de beaujolais : il a su conserver aux vins leur charme natif, tout en modernisant les techniques de vinification. Ses blancs sont de loin les meilleurs que nous connaissons.

BEAUJOLAIS CHARDONNAY 2007
Blanc | 2009 à 2012 | 8 €   **14/20**
Mûr, très miel. Riche, puissant. Un vin gras, équilibré, rond, avec une bonne tenue en bouche.

BEAUJOLAIS CHARDONNAY VINIFICATION BOURGUIGNONNE 2007
Blanc | 2009 à 2014 | 12 €   **15/20**
Boisé généreux, mais harmonisé à une matière mûre et grasse.

BEAUJOLAIS L'ANCIEN 2007
Rouge | 2009 à 2015 | 7,50 €   **15/20**
Un vin au nez fruité, vineux, profond, avec de subtiles notes d'élevage. La bouche est ronde, les tanins fins. Un beaujolais qui pinote !

BEAUJOLAIS ROSÉ D'FOLIE 2007
Rosé | 2009 à 2011 | 6 €   **15/20**
Bon fruit, soupe de fruits. Un rosé vineux, très gourmand, avec une bonne structure acide, long et frais.

CÔTE DE BROUILLY 2007
Rouge | 2010 à 2015 | 9,50 €   **15/20**
Un côte-de-brouilly parfumé, charnu, profond. La bouche est fine, les tanins soyeux. Agréable concentration dans un millésime assez difficile.

FLEURIE 2007
Rouge | 2010 à 2017 | 12 €   **16,5/20**
Très floral, il exprime bien son terroir. La bouche est concentrée, charnue, les tanins sont gras avec la minéralité qui s'exprime.

MORGON 2007
Rouge | 2010 à 2017 | 10 €   **17/20**
Fruité à noyau, qui évolue vers le fruité frais à l'aération. La bouche est charnue, structurée, les tanins sont veloutés.

MOULIN-À-VENT 2007
Rouge | 2010 à 2017 | 12 €   **17/20**
Nez élégant, parfumé, profond, très pur. La bouche est veloutée, soyeuse, fraîche et franche.

Rouge : 17 hectares ; gamay 90%, pinot 10%.
Blanc : 3 hectares ; chardonnay 100%.
Production totale annuelle : 200 000 bt.
Visite : Sur rendez-vous.

CHÂTEAU THIVIN

La Côte de Brouilly
69460 Odenas
Tél. 04 74 03 47 53 - Fax. 04 74 03 52 87
geoffray@chateau-thivin.com
www.chateau-thivin.com

Le Château Thivin est l'un des pionniers de la mise en bouteilles à la propriété, et assurément l'un des meilleurs ambassadeurs de la Côte de Brouilly sur laquelle il est posé. Les cuvées principales sont les-sept-vignes, avec une vinification sur le fruit, la-chapelle, un coteau très caillouteux mais où les vignes sont encore jeunes, et zaccharie, élevée plus longuement et uniquement en petits fûts. Tous les vins sont de justes reflets de leur origine, des cuvées les plus fruitées et souples aux vins les plus minéraux et purs. La grande cuvée, zaccharie, vieillit très bien sur une dizaine d'années et plus. 2007 et 2008 se présentent bien.

BEAUJOLAIS-VILLAGES MARGUERITE 2007
Blanc | 2009 à 2012 | NC   **14,5/20**
Fin, avec d'agréables touches florales. Un vin gras, mûr, gourmand.

BROUILLY 2007
Rouge | 2009 à 2015 | NC   **15,5/20**
Fruité fin, un vin charnu, gourmand, aux tanins ronds. Belle délicatesse aromatique, subtil, tout en finesse. Un brouilly à ne pas servir trop frais, comme hélas on le fait trop souvent avec les vins du Beaujolais.

CÔTE DE BROUILLY LA CHAPELLE 2007
Rouge | 2011 à 2017 | NC   **16/20**
Épicé, un vin avec des notes de viande cuite, de sang chaud. Concentré, plein, charnu, tout en rondeur, assez puissant, et une finale sur des notes de fruits et de viande cuite. Charmeur. Attendre un peu.

CÔTE DE BROUILLY LES SEPT VIGNES 2007
Rouge | 2011 à 2017 | NC   **15,5/20**
Plus charnu, plus concentré que le brouilly. Un vin équilibré, très rond, les tanins sont enrobés. La fin de bouche offre une légère tension très agréable.

CÔTE DE BROUILLY ZACCHARIE 2007
Rouge | 2012 à 2022 | NC   **17/20**
Aujourd'hui, le boisé est encore perceptible, mais la matière est de qualité, les tanins soyeux et gras. Un vin au jus fin et délié, tout en finesse. Cette cuvée vieillit toujours de façon harmonieuse.

Rouge : 24,7 hectares ; gamay 98%. Blanc : 0,3 hectare ; chardonnay 2%. Production totale annuelle : 140 000 bt. Visite : Du lundi au samedi de 9 h à 12 h et de 14 h à 19 h.

TRENEL

33, chemin du Buéry
71850 Charnay-lès-Mâcon
Tél. 03 85 34 48 20 - Fax. 03 85 20 55 01
contact@trenel.com
www.trenel.com

Longtemps dirigée par André Trénel, cette petite maison de négoce du Mâconnais fut une des firmes les plus réputées auprès des restaurants du Lyonnais. Aujourd'hui les vins sont toujours faits avec soin, et en tout cas fort aimables et buvables dès la mise en bouteilles.

BEAUJOLAIS-VILLAGES 2007
Rouge | 2009 à 2010 | épuisé   **14,5/20**
Bon fruit, un vin franc et droit, charnu. L'idéal du beaujolais pour la restauration, franc, fruité, droit.

CHIROUBLES 2007
Rouge | 2009 à 2011 | 7,50 €   **15/20**
Ouvert, mûr, un vin agréable, avec une franche expression en bouche. Un peu plus de caractère que le côte-de-brouilly.

CÔTE DE BROUILLY 2007
Rouge | 2009 à 2011 | 7,70 €   **14/20**
Fruité prononcé, avec une belle expression fine et veloutée en bouche. Pas très ample, mais suave, parfumé, élégant.

JULIÉNAS L'ESPRIT MARIUS SANGOUARD 2007
Rouge | 2009 à 2012 | 7,70 €   **15/20**
Un juliénas très épicé, droit et franc en bouche, tout en droiture, sans concession aux vinifications modernes.

MÂCON-VILLAGES 2007
Blanc | 2009 à 2014 | 7,90 €   **17/20**
Très bien fait, à partir de raisins mûrs et sains. Fraîcheur, élégance, longueur et richesse : le tout, en simplicité. Un petit régal.

MORGON CÔTE DU PY 2007
Rouge | 2009 à 2017 | 8,10 €   **16/20**
Nez de roche pourrie. Agréable mélange de fruité rouge et de minéralité. La bouche est droite, élancée, les tanins fins et frais.

MOULIN-À-VENT 2007
Rouge | 2010 à 2015 | 9,30 €   **15/20**
Joli jus, dans ce vin parfumé et suave, au toucher de bouche onctueux. Séduisant. Attendre un peu que les tanins s'assouplissent.

SAINT-AMOUR 2007
Rouge | 2009 à 2012 | épuisé   **15/20**
Parfumé, rond, un vin frais et fin, avec un agréable volume en bouche, équilibré. Il offre plus de caractère que le fleurie.

Production totale annuelle : 350 000 bt.
Visite : Du lundi au vendredi de 8 h à 18 h.

DOMAINE GEORGES VIORNERY

Brouilly
69460 Odenas
Tél. 04 74 03 41 44 - Fax. 04 74 03 41 44

Georges Viornery prend petit à petit du recul, sur le domaine qu'il a créé en 1972, sans que personne ne prenne sa suite pour l'instant. Les méthodes de culture et de vinification sont classiques. En 2007, il a élaboré deux cuvées, respectueuses de leur sol : un brouilly fruité et un côte-de-brouilly plus minéral. Des vins charnus, que l'on apprécie assez jeunes.

BROUILLY 2007
Rouge | 2009 à 2015 | NC   **15/20**
Un vin fruité, charnu. Gourmand et mûr, avec une fin de bouche légèrement épicée.

CÔTE DE BROUILLY 2007
Rouge | 2009 à 2015 | NC   **15,5/20**
Plus épicé que le brouilly, charnu, avec une bonne matière, une bouche de bon volume. Bon équilibre.

Rouge : 5,8 hectares ; gamay 100%.
Production totale annuelle : 18 000 bt.
Visite : sur rendez-vous de 8 h à 20 h.

DOMAINE DU VISSOUX

Vissoux
69620 Saint-Vérand
Tél. 04 74 71 79 42 - Fax. 04 74 71 84 26
domaineduvissoux@chermette.fr
wwww.chermette.fr

Les Chermette n'ont pas volé leur succès universel : malgré les difficiles moments que nous connaissons, ces travailleurs forcenés et communicateurs innés ont maintenu un niveau de consommation élevé de beaujolais grâce au charme de leur vin. Ici, rien de forcé, ni dans le sens du naturel ni dans le sens de la dramatisation du terroir. Les vins sont frais, élégants, glissants, comme il se doit. La finesse de leur approche s'applique heureusement à des terroirs exceptionnels du nord : leur fleurie les-garants est un des sommets du Beaujolais actuel.

BEAUJOLAIS CŒUR DE VENDANGES 2007
Rouge | 2009 à 2014 | 10 €   **15/20**
Un vin fin, au jus délié, agréablement concentré, à la bouche charnue. Les tanins sont veloutés, la finale suave.

BEAUJOLAIS CUVÉE TRADITIONNELLE 2007
Rouge | 2009 à 2012 | 8 €   **14/20**
Agréable concentration, avec une bonne mâche. Franc, droit, gourmand.

BEAUJOLAIS LES GRIOTTES 2007
Rouge | 2009 à 2012 | 7 €   **13,5/20**
Solide, franc, gourmand, avec une bonne mâche.

BROUILLY PIERREUX 2007
Rouge | 2009 à 2014 | 12 €   **15/20**
Un vin fin, au jus tendre, aux tanins ronds. Un style fin et frais, assez charnu, à la finale fruitée.

FLEURIE LES GARANTS 2007
Rouge | 2010 à 2017 | 13 €   **15,5/20**
Un vin floral, de bonne concentration, à la bouche charnue et tendue. Velouté et frais.

FLEURIE PONCIÉ 2007
Rouge | 2009 à 2014 | 12 €   **15/20**
Mûr, floral, élégant, un vin fin, avec de bons tanins. Il s'élargit un peu en fin de bouche, mais en y perdant en finesse.

MOULIN-À-VENT LES TROIS ROCHES 2007
Rouge | 2010 à 2017 | 13 €   **16/20**
Concentré, charnu, avec une bonne tension minérale en bouche. Élégant, tanins enrobés, fin.

Rouge : 29 hectares ; gamay 92%. Blanc : 1 hectare ; chardonnay 8%. **Production totale annuelle :** 250 000 bt. **Visite :** Du lundi au samedi sur rendez-vous.

La sélection Bettane et Desseauve pour le Bordelais

Inscrivez-vous sur

BETTANEDESSEAUVE.COM

> Suivez l'actualité du vin
> Accédez aux notes de
dégustation de 25 000 vins
> Visitez les stands des
producteurs

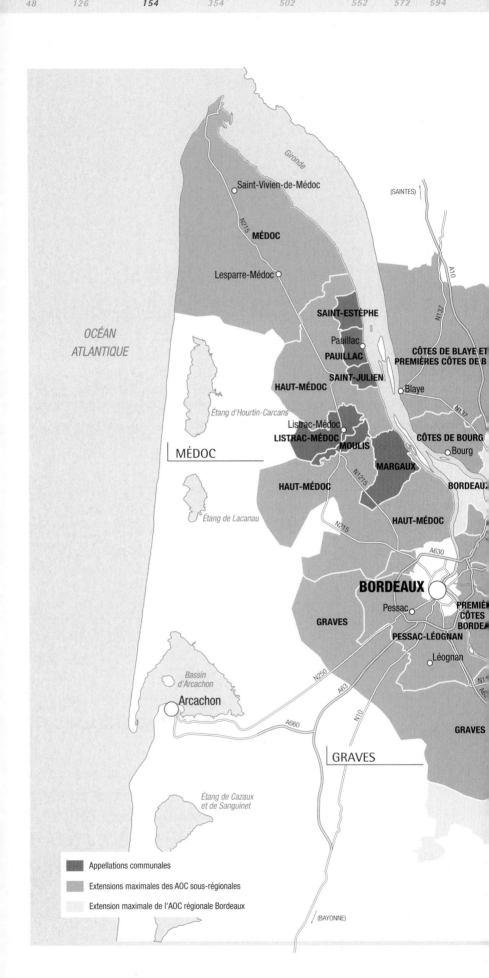

Le vignoble du Bordelais

Le plus vaste département viticole de France, la Gironde, produit les vins les plus célèbres et les plus coûteux de la planète mais aussi un très grand nombre de bouteilles de qualité, au rapport qualité-prix difficile à battre !

L'actualité des millésimes

Le marché des vins de Bordeaux continue d'être erratique : on ne sait jamais quel est ou quel sera le vrai prix d'un vin dans un millésime, la spéculation le faisant monter ou baisser au gré des fluctuations du marché. Il est fréquent de retrouver un vin bien moins cher deux ans après sa sortie, même dans un millésime aussi demandé que 2005 !

Dès le dernier trimestre de 2009, les propriétés commenceront à expédier les 2007, mal aimés à leur naissance non pas en raison de leur manque de qualité mais parce que les producteurs les ont vendus beaucoup trop chers par rapport aux possibilités du marché, en tout cas pour les crus célèbres. Le goût de trop cher s'est traduit chez beaucoup par un goût de pas mûr ou pas bon. En fait, les blancs secs étaient remarquables de fraîcheur et de complexité aromatique et, pour les cuvées de pointe, ils enchanteront de nombreuses années ceux qui leur ont fait confiance. Les rouges sont bien entendu plus inégaux. Une partie de la vendange était médiocre et seuls ceux qui ont sélectionné sévèrement leur premier vin ont conservé le remarquable caractère des meilleurs raisins : beaucoup de finesse aromatique, d'un type rappelant aux vétérans 1953, un excellent support alcoolique naturel (les raisins titraient 12,5° ou plus), et des tannins frais, donnant une forme longiligne qui a pu passer pour de la maigreur. Le vieillissement des belles réussites leur rendra justice. Les liquoreux, en revanche, étaient remarquables et font partie des millésimes dignes de se comparer aux plus grands.

2006 forme le gros de ce qui est proposé en magasin et il en reste souvent à la propriété. Les blancs sont gras, assez puissants et aromatiques, les rouges irréguliers en raison de la médiocrité d'une partie de la vendange comme en 2006 mais aussi de l'excellence de l'autre, avec des raisins, particulièrement pour le cabernet franc et le sauvignon, riches en sucre naturel et en tannin. Le caractère des meilleurs vins les situe au moins au même niveau que les 2002 et les 2004, en plus corsé.

Reste le très demandé 2005, encensé par tous, très cher, sans doute même le plus cher de l'histoire et qui sera bu trop vite, dans une phase d'évolution austère, mais avec lui on boit du rêve et nul n'y trouve à redire. Les amateurs vraiment malins se reporteront plutôt au restaurant ou en magasin sur les 2002, équilibrés, nets, avec une réussite égale sur les deux rives, mais plus encore sur les 2001 de la rive droite, souvent exquis et plus raffinés que les 2000. Notre préférence va pourtant aux meilleurs rouges 2003 vendangés fin septembre, les grands Médocs et Saint-Emilion de côte, immenses bouteilles avec une personnalité très tranchée qu'on peut ne pas aimer mais ce n'est pas vraiment notre cas ! N'oublions quand même pas en vin tout jeune le caractère aromatique et nerveux des 2008 blancs et rosés qu'on aura mis en bouteille avant l'été 2009.

Les vins préférés des lecteurs

En juin 2009, nous avons réuni plus d'une centaine d'amateurs de vin, recrutés parmi les lecteurs du Grand Guide des vins de France, qui ont dégusté des vins de toutes les régions.
Les vins sélectionnés ont tous obtenu dans cette édition une notation supérieure ou égale à 14/20 ainsi qu'un ☺ et sont commercialisés à un prix public inférieur à 15 €. Plus de 600 vins ont ainsi été dégustés par les jurys de lecteurs.

VOICI LES LAURÉATS DU BORDELAIS ÉLUS PAR NOS LECTEURS

Château d'Agassac,
Haut-Médoc, l'Agassant d'Agassac, Rouge, 2007, 13,30 €

Château d'Agassac,
Haut-Médoc, l'Agassant d'Agassac, Rouge, 2006, 13,30 €

Château d'Agassac,
Haut-Médoc, Château Pomies-Agassac, Rouge, 2006, 10 €

Château d'Ardennes,
Graves, Rouge, 2006, 12,50 €

Château Crabitey,
Graves, Rouge, 2007, 12 €

Château Le Haura,
Graves, Rouge, 2006, 13,10 €

Château Montfollet,
Blaye, Valentin, Rouge, 2006, 12,50 €

Château Peyrabon,
Haut-Médoc, Rouge, 2006, 12 €

Château Pinet La Roquette,
Premières Côtes de Blaye, Le Bouquet, Rouge, 2006, 7 €

Château Roc de Calon,
Montagne-Saint-Émilion, Cuvée Prestige, Rouge, 2006, 11,50 €

Château Saint-Robert,
Graves, Poncet-Deville, Blanc sec, 2007, 13 €

Château Siaurac,
Lalande de Pomerol, Plaisir de Siaurac, Rouge, 2007, 9,50 €

Les meilleurs vins

> LES MEILLEURS «PETITS BORDEAUX»

Mouton Cadet,
Graves, Réserve, 2005

Collection Privée Cordier,
Bordeaux, Labottière Réserve cuvée Prestige, 2007

Château Tire Pé,
Bordeaux, Les Malbecs, 2007

Château Pinet La Roquette,
Premières Côtes de Blaye, Le Bouquet, 2006

Château Marjosse,
Bordeaux, 2006

> LES MEILLEURS BLANCS DE PESSAC-LÉOGNAN

Château Laville Haut-Brion,
Pessac-Léognan, 2006

Château Haut-Brion,
Pessac-Léognan, 2006

Domaine de Chevalier,
Pessac-Léognan, 2007

Château Smith Haut-Lafitte,
Pessac-Léognan, 2007

> LES MEILLEURS SAINT-EMILIONS ET POMEROLS

Château Lafleur,
Pomerol, 2006

Château Ausone,
Saint-Émilion grand cru, 2006

Château Le Tertre-Rotebœuf,
Saint-Émilion grand cru, 2006

Petrus,
Pomerol, 2006

La Mondotte,
Saint-Émilion, 2006

Château Trotanoy,
Pomerol, 2006

Château L'Église-Clinet,
Pomerol, 2007

Château La Violette,
Pomerol, 2006

> LES MEILLEURS MÉDOCS

Château Mouton-Rothschild,
Pauillac, 2006

Château Léoville-Las Cases,
Saint-Julien, 2006

Château Lafite-Rothschild,
Pauillac, 2006

Château Pontet-Canet,
Pauillac, 2006

Château Margaux,
Margaux, 2006

Château Cos d'Estournel,
Saint-Estèphe, 2006

Château Calon-Ségur,
Saint-Estèphe, 2006

> LES MEILLEURS ROUGES DE PESSAC-LÉOGNAN

Château Malartic-Lagravière,
Pessac-Léognan, 2006

Château La Mission Haut-Brion,
Pessac-Léognan, 2006

Château Haut-Brion,
Pessac-Léognan, 2006

Château Smith Haut-Lafitte,
Pessac-Léognan, 2006

Château Haut-Bailly,
Pessac-Léognan, 2006

> LES MEILLEURS SAUTERNES

Château d'Yquem,
Sauternes, 2005

Château Climens,
Barsac, 2005

Clos Haut-Peyraguey,
Sauternes, 2005

Château Suduiraut,
Sauternes, 2006

Château Coutet,
Barsac, 2006

Entre-Deux-Mers

Entre Dordogne et Gironde l'Entre-Deux-Mers est la source par excellence des « petits bordeaux », les très bonnes bouteilles à prix raisonnable. Mais dans le secteur très divers des « côtes », de plus en plus de producteurs mettent en valeur des terroirs de premier ordre et proposent des vins à forte personnalité, encore trop méconnus..

Appellations communales

Extensions maximales des AOC sous-régionales

Extension maximale de l'AOC régionale Bordeaux

CHÂTEAU BEAULIEU

33240 Salignac
Tél. 06 23 17 19 88 - Fax. 05 57 97 75 06
g.detastes@lestapis.com

Le domaine est situé sur la commune de Salignac et le vignoble, de 15 ans d'âge en moyenne, est planté sur une belle croupe argilo-calcaire.

BORDEAUX SUPÉRIEUR 2006

Rouge | 2009 à 2011 | NC   **15/20**
Avec son fruit éclatant et croquant, tant au nez qu'en bouche, ses notes délicatement toastées, sa bouche grasse et fraîche, ce bordeaux vinifié par Derenoncourt est un vin délicieux à boire.

BORDEAUX SUPÉRIEUR 2004

Rouge | 2009 à 2010 | NC   **13,5/20**
Le domaine est situé sur la commune de Salignac et le vignoble, de 15 ans d'âge en moyenne, est planté sur une belle croupe argilo-calcaire. Le 2004 possède une robe pourpre dense, un nez expressif de fruits rouges, avec de jolies nuances fumées et minérales. Sa bouche, assez charnue et épicée, est flatteuse, ronde, facile, avec des notes de boisé épicé. Un bordeaux agréable, gouleyant mais pas très intense.

BORDEAUX SUPÉRIEUR COMTES DE TASTES 2007

Rouge | 2009 à 2011 | NC   **14/20**
Un vin de caractère, au nez riche et épanoui de fruits noirs et de cuir, à la bouche tendre, franche, charnue, longue et fraîche.

Rouge : 15 hectares ; cabernet franc 30%, cabernet sauvignon 10%, merlot 60%.
Production totale annuelle : 80 000 bt.
Visite : Du lundi au samedi, de 9 h à 12 h et de 14 h à 18 h.

CHÂTEAU LA BERTRANDE

33140 Omet
Tél. 05 56 62 19 64 - Fax. 05 56 62 97 20
chateau.la.bertrande@wanadoo.fr
www.chateau-la-bertrande.com

Le Château La Bertrande affiche trois siècles d'histoire, au cœur de la vallée de la Garonne. La famille Grillet exploite le domaine depuis 1880 et y réalise des vins d'une qualité remarquable et constante. Sur les croupes graveleuses et les coteaux argilo-calcaires, les liquoreux de la gamme summum - même si le boisé est parfois un peu trop marquant - atteignent le sommet du raffinement. Nous avons été impressionnés par sa régularité. C'est à cela qu'on reconnaît les grandes maisons.

CADILLAC 2003

Blanc liquoreux | 2009 à 2013 | 10,20 €   **13/20**
Un 2003 expressif, aux notes de caramel et d'acacia, bonne acidité en bouche.

CADILLAC SUMMUM 2003

Blanc Liquoreux | 2009 à 2020 | 31 €   **15/20**
Reflet vert, nez frais ; possède le potentiel et la richesse d'un sauternes, élégant rôti, un des rares vins de cette appellation à avoir su intégrer le bois si parfaitement.

CADILLAC SUMMUM 2002

Blanc Liquoreux | 2012 à 2020 | 31 €   **14/20**
Très riche ; belle longueur persistante, bon rôti, a encore besoin de vieillir, une sorte de crème de tête, un vin ambitieux.

CADILLAC SUMMUM 2001

Blanc Liquoreux | 2009 à 2014 | 31 €   **15/20**
Belle robe or ; fruité, crémeux, riche, un vrai cadillac, pas sophistiqué dans son élaboration mais guidé par son seul terroir.

LOUPIAC 2003

Blanc liquoreux | 2009 à 2015 | 10,50 €   **14/20**
Un vin pur, sain, aux aspects crémeux, presque laiteux, fruité d'agrumes sur une finale sans déviation ni lourdeur, pas d'une grande complexité mais ce n'est pas ce que l'on demande à un loupiac.

Rouge : 13 hectares. Blanc : 12 hectares.
Production totale annuelle : 120 000 bt.
Visite : Sur rendez-vous.

CHÂTEAU BONNET

33420 Grézillac
Tél. 05 57 25 58 58 - Fax. 05 57 74 98 59
andrelurton@andrelurton.com
www.andrelurton.com

Les quatre fois vingt ans allègrement dépassés, André Lurton est toujours aussi étonnant de vitalité et d'innovation, d'autant plus que son fils Jacques l'a désormais rejoint. Aussi à l'aise dans les grandes que dans les petites appellations de ses nombreux domaines, il demeure viscéralement attaché au Château Bonnet, une magnifique propriété de 270 hectares dans l'Entre-Deux-Mers, en blanc, rosé et rouge.

BORDEAUX DIVINUS 2006
Rouge | 2009 à 2012 | NC   **15/20**
Un très joli bordeaux, dense, au fruit bien mûr et complexe, avec une trame tannique très solide, qui mérite de s'affiner encore.

BORDEAUX RÉSERVE 2007
Rouge | 2009 à 2012 | NC   **14/20**
Très agréable cuvée, au nez riche et complexe de fruits noirs, aux jolies nuances épicées, miellées et minérales, que l'on perçoit dans une bouche tendre, finement tannique et fraîche.

BORDEAUX RÉSERVE 2006
Rouge | 2009 à 2012 | NC   **14/20**
Un joli bordeaux de caractère, au fruit pur et expressif, avec une belle minéralité que l'on retrouve dans une bouche franche et vigoureuse.

BORDEAUX RÉSERVE 2005
Rouge | 2009 à 2011 | 9 €   **14,5/20**
Regoûté en 2008, on constate avec plaisir qu'il conserve tout son fruit, sa texture suave et sa fraîcheur.

BORDEAUX ROSÉ 2008
Rosé | 2009 à 2010 | 6,50 €   **15/20**
Topissime comme toujours, le rosé de la propriété exprime pour le millésime 2008 un fruit éclatant, avec de belles notes florales et exotiques, une bouche ample, dense, charnue et délicieusement fraîche.

ENTRE-DEUX-MERS 2007
Blanc | 2009 à 2010 | épuisé   **15/20**
Un vin blanc de plaisir, désaltérant, parfaitement bien vinifié et équilibré : nez délicatement fruité et harmonieux, bouche charnue, fruitée et vive.

Rouge : 150 hectares ; cabernet sauvignon 50%, merlot 50%. Blanc : 150 hectares ; muscadelle 10%, muscadelle 10%, sauvignon 45%, sauvignon 50%, sémillon 45%, sémillon 40%. **Production totale annuelle** : 1 600 000 bt. **Visite** : Pas de visites.

CHÂTEAU CHAMP DES TREILLES

Pibran
33250 Pauillac
Tél. 05 56 59 15 88 - Fax. 05 56 59 15 88
champdestreilles@wanadoo.fr

Jean-Michel Comme, impeccable maître de chai du Château Pontet-Canet, à Pauillac, possède avec son épouse ce petit cru, situé quasiment à l'autre extrémité du département. Tous deux l'exploitent comme un jardin, s'évertuant à y réaliser, avec beaucoup de doigté, toute la gamme des vins de bordeaux ou presque, c'est-à-dire vins rouges, blancs secs et liquoreux. Très droits et purs, ces vins brillent par leur franchise et par leur grand équilibre de constitution.

SAINTE-FOY-BORDEAUX 2008
Blanc | 2009 à 2010 | NC   **14,5/20**
Dans la lignée des beaux blancs de la propriété, ce 2008 offre un nez très parfumé, fruits exotiques, miel, citron, une bouche tout aussi aromatique, charnue, ronde, fruitée et très vive.

SAINTE-FOY-BORDEAUX 2007
Blanc | 2009 à 2010 | NC   **15/20**
Un des leaders de l'appellation, qui a particulièrement réussi son blanc cette année : un nez aux arômes puissants de fruits exotiques et aux notes minérales, une bouche ronde, charmeuse, fruitée et bien fraîche.

SAINTE-FOY-BORDEAUX 2005
Blanc | 2009 à 2010 | NC   **15/20**
Vin floral et harmonieux, profond, tendre mais intense, très persistant.

SAINTE-FOY-BORDEAUX GRAND VIN 2005
Rouge | 2009 à 2013 | NC   **15,5/20**
Beau vin profond et parfaitement architecturé, long, fruité, racé et persistant.

SAINTE-FOY-BORDEAUX GRAND VIN 2004
Rouge | 2009 à 2010 | NC   **15/20**
Charpenté et bien élevé, le vin possède un volume profond et exprime un fruit net et franc.

SAINTE-FOY-BORDEAUX PETIT CHAMP 2006
Rouge | 2009 à 2011 | NC   **14,5/20**
Un vin tout entier axé sur le fruit et la fraîcheur, avec un nez superbe et intense, de cassis, prune, framboise et eucalyptus, et une bouche très franche et charnue.

CHÂTEAU LA COMMANDERIE DE QUEYRET

33790 Saint-Antoine-du-Queyret
Tél. 05 56 61 31 98 - Fax. 05 56 61 34 22
vignoble.comin@wanadoo.fr
www.commanderie-de-queyret.com

Si Claude Comin n'est pas chevalier de Saint-Jean-de-Jérusalem, comme ceux qui fondèrent la commanderie de Queyret au début du XIIIe siècle et plantèrent de la vigne, il n'en respecte pas moins la grande tradition bordelaise, sur son beau vignoble de 106 hectares.

BORDEAUX 2008
Blanc | 2009 à 2010 | 5 €   **15/20**
Très joli blanc élégant, classique et équilibré, au nez complexe, à la bouche chaleureuse, vigoureuse, très fruitée et parfaitement équilibrée.

BORDEAUX 2006
Rouge | 2009 à 2011 | 6,10 €   **14/20**
Un nez au fruit pur et aux délicates notes épicées, une bouche ronde, charnue, fruitée, aux tanins suaves, pour ce bordeaux charmeur et équilibré, déjà prêt à boire.

BORDEAUX SUPÉRIEUR 2007
Rouge | 2009 à 2012 | 7 €   **13,5/20**
Le nez est particulièrement riche et expressif, avec ses arômes de fruits rouges très mûrs et ses notes vanillées. La bouche est chaleureuse et rondouillarde mais très bien équilibrée.

BORDEAUX SUPÉRIEUR 2006
Rouge | 2009 à 2012 | 7 €   **14/20**
Un vin tout en puissance avec son nez expressif de mûre, prune et cassis, sa bouche dense, charnue, aux tanins serrés et à la bonne suite.

BORDEAUX SUPÉRIEUR 2005
Rouge | 2009 à 2012 | 7 €   **15/20**
Robe pourpre soutenue, nez riche de fruits noirs et d'épices, bouche dense et structurée, avec une bonne suite et beaucoup de caractère.

BORDEAUX SUPÉRIEUR 2004
Rouge | 2009 à 2011 | 7 €   **14,5/20**
Robe pourpre intense, nez puissant et très mûr, aux arômes de fruits noirs et aux jolies notes boisées, bouche dense, riche, avec du fruit et une solide assise tannique.

Rouge : 89 hectares ; cabernet franc 10%, cabernet sauvignon 30%, . Blanc : 17 hectares ; muscadelle 20%, sauvignon blanc 50%, sémillon 30%.
Production totale annuelle : 425 000 bt.
Visite : Du lundi au vendredi, de 9 h à 11 h et de 14 h à 17 h et le week-end sur rendez-vous.

COLLECTION PRIVÉE CORDIER

109, rue Achard
La Croix Bacalan B.P. 154
33042 Bordeaux
Tél. 05 56 11 29 00 - Fax. 05 56 11 29 01
contact@cordier-wines.com
www.cordiercollectionprivee.com

L'union de deux maisons bordelaises centenaires, Cordier et Mestrezat, nous donne, de par leur activité de négoce, des vins au goût du jour, vinifiés par la talentueuse œnologue d'origine espagnole Paz Espejo.

BORDEAUX 2008
Blanc | 2009 à 2010 | NC   **13/20**
De style facile, avec un nez finement fruité et floral, une bouche aromatique, tendre et vive à la fois.

BORDEAUX COLLECTION PRIVÉE 2007
Rouge | 2009 à 2011 | NC   **14,5/20**
Un bordeaux élégant et parfaitement vinifié : nez de bonne complexité, de fruits rouges et noirs mûrs, pivoine et fumée, bouche dans le même esprit, avec une belle texture, des arômes très persistants et une excellente fraîcheur.

BORDEAUX LABOTTIÈRE RÉSERVE 2008
Blanc | 2009 à 2011 | NC   **14,5/20**
Tout en délicatesse avec son nez de fruits blancs, aux nuances florales et minérales, que l'on retrouve dans une bouche franche, charnue et longue, ce blanc séduit par son raffinement.

BORDEAUX LABOTTIÈRE RÉSERVE CUVÉE PRESTIGE 2007
Rouge | 2009 à 2012 | NC   **16/20**
Une cuvée remarquable avec son superbe nez puissant, mûr et complexe, sa bouche savoureuse, fondante, bien structurée et d'un équilibre sans faille.

BORDEAUX PRESTIGE DE CORDIER 2006
Blanc | 2009 à 2010 | NC   **15/20**
Grande réussite pour ce blanc riche, minéral, fruité, proposant une bouche chaleureuse, vigoureuse et d'excellente tenue.

BORDEAUX ROSÉ AGATHE 2008   ☺
Rosé | 2009 à 2010 | NC   **15/20**
Une des valeurs sûres de la maison et de l'appellation ! Nez expressif au fruit pur et mûr, bouche ronde, extrêmement fruitée, charnue et d'une délicieuse fraîcheur.

BORDEAUX SUPÉRIEUR TERRES D'HÉRITAGE 2007
Rouge | 2009 à 2011 | NC   **13,5/20**
Parfaitement vinifié sur le fruit, ce vin offre un nez expressif, aux notes poivrées, florales, une bouche tendre, finement tannique et fraîche. Il sera de consommation assez rapide.

Production totale annuelle : 100 000 bt.
Visite : Sur rendez-vous uniquement.

VIGNOBLES DESPAGNE

Le Touyre
33420 Naujan-et-Postiac
Tél. 05 57 84 55 08 - Fax. 05 57 84 57 31
contact@despagne.fr
www.despagne.fr

La famille Despagne dispose de cinq pro-priétés et de 300 hectares de vignes plantées des cépages traditionnels bordelais. La der-nière trouvaille : Girolate. Pas de cuves, pas de pompes, un seul contenant jusqu'à la bouteille : la barrique. Ce vin hors norme, ultra moelleux et parfumé, correspond cer-tainement au grand vin de demain.

BORDEAUX CHÂTEAU MONT-PÉRAT 2007
Blanc | 2009 à 2010 | cav. 13 €   **14,5/20**
Un vin blanc de style riche et généreux, avec un nez très mûr et de bonne minéralité, une bouche chaleureuse et presque onctueuse, richement fruitée et heureusement vive en finale.

BORDEAUX CHÂTEAU MONT-PÉRAT LES AMANTS 2008
Blanc | 2009 à 2010 | NC   **14,5/20**
De style chaleureux et puissant, avec un nez de fruits très mûrs et de fumée, une bouche riche et heureusement équilibrée par une bonne vivacité en finale.

BORDEAUX CHÂTEAU TOUR DE MIRAMBEAU 2006
Rouge | 2009 à 2011 | 18,87 €   **15/20**
Un superbe nez de fruits noirs et d'épices douces, une bouche ronde, franche, fruitée, longue : ce bordeaux velouté, fondant et har-monieux, est vraiment impeccable !

BORDEAUX CHÂTEAU TOUR DE MIRAMBEAU GRAND VIN 2007
Blanc | 2009 à 2011 | 13,75 €   **15/20**
Une cuvée puissante, avec un nez qui exprime les fruits blancs bien mûrs et un boisé toasté, une bouche onctueuse mais équilibrée par une belle fraîcheur.

BORDEAUX CHÂTEAU TOUR DE MIRAMBEAU RÉSERVE 2008
Rosé | 2009 à 2010 | 8,25 €   **15,5/20**
Un rosé plein de charme, au nez intense et de belle complexité, à la bouche très aro-matique, offrant une texture grasse et fon-dante, avec une longueur et un équilibre remarquables.

BORDEAUX CHÂTEAU TOUR DE MIRAMBEAU RÉSERVE 2008
Blanc Brut | 2009 à 2010 | 7,75 €   **14/20**
Un blanc long, équilibré, au nez dévelop-pant des arômes fruités et floraux très élé-gants, que l'on retrouve dans une bouche charnue et vive.

BORDEAUX CLAIRET CHÂTEAU TOUR DE MIRAMBEAU RÉSERVE 2008
Rosé | 2009 à 2010 | 8,25 €   **14,5/20**
Un clairet puissant, vigoureux, à la robe fram-boise, au nez particulièrement fruité et à la bouche charnue et de belle tenue.

BORDEAUX GIROLATE 2006
Rouge | 2009 à 2013 | 84 €   **15/20**
Pour les amateurs de vins denses, et dans le plus pur style du Girolate, avec son nez délicatement confituré et épicé, sa bouche chaleureuse et voluptueuse, ses tanins mûrs et son boisé totalement intégré, cette cuvée offre un gros potentiel de garde.

BORDEAUX ROSÉ CHÂTEAU MONT-PÉRAT LES AMANTS 2008
Rosé | 2009 à 2010 | NC   **16/20**
Magnifique rosé à la robe rose tendre, au nez exprimant un fruit très pur et de jolies notes florales, à la bouche savoureuse, fon-dante, très aromatique et délicieusement fraîche.

BORDEAUX ROSÉ CHÂTEAU RAUZAN DESPAGNE RÉSERVE 2008
Rosé | 2009 à 2010 | 8,25 €   **15/20**
Sur le registre de la délicatesse et l'élégance, ce rosé offre un nez au fruit pur et précis, une bouche flatteuse, ronde, suave et d'une exquise fraîcheur.

BORDEAUX ROSÉ CHÂTEAU RAUZAN DESPAGNE RÉSERVE 2008
Rosé | 2009 à 2011 | NC   **14,5/20**
Classique, élégant et équilibré, ce vin blanc offre un nez au fruit mûr et aux nuances fumées, une bouche ample, charnue, avec une longue finale aromatique et très fraîche.

ENTRE-DEUX-MERS CHÂTEAU TOUR DE MIRAMBEAU RÉSERVE 2008
Blanc | 2009 à 2011 | 7,75 €   **14,5/20**
Un joli vin blanc long et équilibré, qui joue sur le registre de l'élégance, avec son nez délicatement fruité, floral et fumé, arômes que l'on perçoit dans une bouche charnue et vive.

ENTRE-DEUX-MERS CHÂTEAU TOUR DE MIRAMBEAU RÉSERVE 2007
Blanc | 2009 à 2010 | 9 €   **15/20**
On apprécie l'équilibre de ce vin charnu, puissant, très aromatique et particulière-ment frais en fin de bouche.

Rouge : 130 hectares ; cabernet franc 4%, cabernet sauvignon 15%, merlot 37%, petit verdot 0,5%. Blanc : 170 hectares ; muscadelle 5,%, sauvignon blanc 21%, sémillon 18%. Production totale annuelle : 2 000 000 bt.
Visite : Sur rendez-vous.

DOURTHE

35, rue de Bordeaux
33290 Parempuyre
Tél. 05 56 35 53 00 - Fax. 05 56 35 53 29
contact@cvbg.com
www.dourthe.com

Dourthe est une signature sûre. Sa cuvée phare, déclinée dans les trois couleurs, est le dourthe-n°1, véritable archétype du bon bordeaux. Elle possède également plusieurs propriétés importantes, comme Pey La Tour, dans l'Entre-Deux-Mers, La Garde, en Pessac-Léognan, et le cru classé du Haut-Médoc, Belgrave. Reprise par le Champenois Alain Thiénot, elle n'a en rien modifié sa philosophie d'action.

BORDEAUX DOURTHE LA GRANDE CUVÉE 2008
Blanc | 2009 à 2011 | 6,90 € **14,5/20**
Un vin blanc de caractère, riche, puissant, vigoureux, fruité, très aromatique et tout en équilibre sur la fraîcheur. Bon potentiel.

BORDEAUX DOURTHE LA GRANDE CUVÉE 2006
Rouge | 2009 à 2013 | 7,50 € **15/20**
Résolument massive et bâtie pour durer, cette cuvée offre un nez puissant et complexe, avec un fruit magnifique que l'on retrouve en bouche. Belle fraîcheur.

BORDEAUX DOURTHE N°1 2008
Rosé | 2009 à 2010 | 7 € **15/20**
Belle réussite pour ce rosé savoureux et élégant à la fois, avec son nez délicatement fruité, sa bouche fondante, charnue, fruitée et bien fraîche.

BORDEAUX DOURTHE N°1 2006
Rouge | 2009 à 2011 | 8 € **15,5/20**
Toujours parfaitement vinifiée, cette cuvée offre un nez très épanoui et expressif, une bouche ample, ronde et élégante ; c'est un bordeaux gourmand, velouté, fruité et frais, un vrai régal !

BORDEAUX SUPÉRIEUR CHÂTEAU PEY LA TOUR RÉSERVE DU CHÂTEAU 2006
Rouge | 2009 à 2011 | 9 € **15,5/20**
Le nez finement fruité exprime aussi de jolies nuances florales ; la bouche, vigoureuse et de bonne plénitude, se révèle fraîche et fruitée pour ce bordeaux prêt à boire.

GRAVES DOURTHE TERROIRS D'EXCEPTION HAUTES GRAVIÈRES 2006
Rouge | 2009 à 2011 | 8,50 € **14,5/20**
Équilibré et bien vinifié, ce graves présente un nez élégamment fruité, une bouche flatteuse aux tanins tendres et à la longue finale aromatique et fraîche.

Visite : Sur rendez-vous.

VIGNOBLES DUCOURT

18, route de Montignac
33760 Ladaux
Tél. 05 57 34 54 00 - Fax. 05 56 23 48 78
ducourt@ducourt.com
www.ducourt.com

Ce bel ensemble de 128 hectares est l'un des plus grands de l'appellation Bordeaux. Il regroupe le Château Larroque, situé au sud de Langon sur un beau terroir argilo-graveleux à l'encépagement classique (45% de cabernet-sauvignon, 30% de merlot et 25% de cabernet franc), et le Château de Beauregard-Ducourt, situé au sud de Targon, dont l'encépagement s'équilibre entre merlot et cabernet-sauvignon.

BORDEAUX CHÂTEAU DE BEAUREGARD-DUCOURT 2007
Rouge | 2009 à 2012 | NC **14/20**
Nez délicat et complexe de fruit rouges très mûrs et épices douces, bouche tendre, flatteuse, fruitée, avec une belle trame tannique.

BORDEAUX CHÂTEAU DE BEAUREGARD-DUCOURT 2006
Rouge | 2009 à 2012 | NC **14/20**
Un bordeaux agréable et au bon potentiel de garde, qui propose un nez fondu, mûr et complexe, et une bouche vigoureuse, avec une légère fermeté en finale, qui devra s'estomper.

BORDEAUX CHÂTEAU DE BEAUREGARD-DUCOURT 2005
Rouge | 2009 à 2011 | NC **14,5/20**
Robe pourpre dense, nez puissant de fruits rouges très mûrs, avec de jolies notes épicées et de freesia. Bouche ample, chaleureuse et riche, avec des tanins serrés et une bonne persistance aromatique.

BORDEAUX CHÂTEAU LARROQUE 2007 ⓤ
Rouge | 2009 à 2011 | 4,95 € **13,5/20**
De style léger mais gourmand et élégant, ce 2007 offre un nez épanoui de groseille, framboise et minéral, une bouche souple, aromatique et fraîche.

BORDEAUX CHÂTEAU LARROQUE 2006
Rouge | 2009 à 2012 | 4,95 € **14/20**
Nez distingué et plein de fraîcheur, bouche harmonieuse avec une attaque charnue, du fruit, des tanins fins et une bonne allonge.

BORDEAUX CHÂTEAU LARROQUE 2005
Rouge | 2009 à 2011 | 4,95 € **14/20**
Robe pourpre dense, nez superbe, épanoui et riche, avec un joli boisé. Bouche dense, puissante, avec une trame tannique importante et une belle allonge.

Visite : Sur rendez-vous, de 9 h à 12 h et de 14 h à 17 h.

CHÂTEAU GRÉE-LAROQUE

225, rue Laroque
33910 Saint-Ciers-d'Abzac
Tél. 05 57 49 45 42 - Fax. 05 57 49 45 42
greelaroque@wanadoo.fr

Cette petite propriété est située au nord de Libourne, au-delà du Fronsadais. Très soigneusement tenue, elle est suivie depuis 2000 par Stéphane Derenoncourt, et s'est discrètement imposée comme produisant l'un des meilleurs bordeaux actuellement disponibles. Très précisément construit, sans aucune lourdeur, raideur ou mollesse, le vin possède un équilibre fruité très brillant.

Bordeaux Supérieur 2007   ☺
Rouge | 2009 à 2012 | NC   **15/20**
Grande réussite dans le millésime et l'appellation : nez superbe, d'un raffinement exquis, avec un fruit fondu et un joli boisé épicé, bouche flatteuse, très aromatique, avec un grain soyeux et une longue finale fraîche.

Bordeaux Supérieur 2006
Rouge | 2009 à 2011 | NC   **15/20**
Un joli bordeaux, flatteur et bien équilibré, avec un nez délicatement fruité et finement toasté, une bouche généreuse, ronde, aux tanins solides mais gras, et au très joli fruit.

Bordeaux Supérieur 2005
Rouge | 2009 à 2011 | NC   **15/20**
Un vin onctueux, raffiné, au fruité très fin et à l'allonge racée. Modèle de beau bordeaux, équilibré et complet.

Bordeaux Supérieur 2004
Rouge | 2009 à 2010 | NC   **14,5/20**
Robe pourpre dense, nez d'une grande délicatesse, avec un fruit fin et des notes fumées. Bouche offrant une très belle texture, sans aucune accroche ou surextraction, et une finale très fraîche. Un vin élégant, prêt à boire.

CHÂTEAU HOSTENS-PICANT

33220 Les Leves et Thoumeyrague
Tél. 05.57.46.54.54
chateauHP@aol.com
www.chateauhostens-picant.fr

Cette propriété méritante, du secteur très excentré de Sainte-Foy-la-Grande, est parvenue à un haut niveau qualitatif grâce au travail acharné de Nadine et Yves Picant, qui se sont installés ici en 1986. Le vignoble, très bien tenu, possède un encépagement classiquement dominé par le merlot en rouge, mais partagé entre sémillon et sauvignon en blanc. Longtemps tout en intensité et en robustesse, les rouges ont ajouté à ces qualités une plus grande souplesse et des structures tanniques beaucoup plus soyeuses.

Sainte-Foy-Bordeaux 2007
Rouge | 2009 à 2011 | NC   **15/20**
Charmeur, plein de caractère et très équilibré, ce vin présente un nez puissant de myrtille, mûre, genièvre et épices, une bouche chaleureuse, très aromatique, vigoureuse et fraîche.

Sainte-Foy-Bordeaux 2006
Rouge | 2009 à 2011 | NC   **14,5/20**
Nez de cerise noire, attaque souple, de la rondeur et surtout un fruité savoureux.

Sainte-Foy-Bordeaux cuvée des Demoiselles 2008
Blanc | 2009 à 2012 | NC   **15/20**
D'un style identique à celui du beau 2007, cette cuvée offre un nez subtil et complexe, bien fruité et minéral, une bouche charnue, ample, avec une grande minéralité, de la fraîcheur et de la longueur. Très belle vinification.

Sainte-Foy-Bordeaux cuvée des Demoiselles 2007
Blanc | 2009 à 2012 | NC   **15/20**
Beau vin blanc plutôt raffiné, avec un nez puissant, miellé, minéral, de fruits blancs bien mûrs, une bouche dans le même esprit, avec du gras, une bonne ampleur, des arômes très persistants et une longue finale fraîche.

Sainte-Foy-Bordeaux cuvée des Demoiselles 2006
Blanc | 2009 à 2011 | NC   **14,5/20**
Nez agréable et délicat de fruits blancs, avec des notes vanillées et florales, bouche chaleureuse, ample mais fraîche.

Sainte-Foy-Bordeaux Lucullus 2006
Rouge | 2009 à 2014 | NC   **15/20**
Vin complet, harmonieux, charnu et élégamment charpenté. Beau fruit expressif et savoureux.

CHÂTEAU LAMOTHE DE HAUX

Les Caves du Château Lamothe - B.P. 6
33550 Haux
Tél. 05 57 34 53 00 - Fax. 05 56 23 24 49
info@château-lamothe.com
www.chateau-lamothe.com

Voilà cinquante ans que la famille Neel-Chombart exploite ce vignoble de 85 hectares (59 hectares pour le rouge et 26 hectares pour le blanc). Anne Neel reçoit et fait déguster les vins, sa fille Maria Chombart vinifie avec rigueur et finesse. Les chais sont de magnifiques anciennes carrières datant du XVIIᵉ siècle dont les galeries, à 60 mètres sous terre, abritent idéalement barriques et bouteilles. Tout est fait au château, de la récolte jusqu'à la commercialisation.

BORDEAUX 2008   ☺
Blanc I 2009 à 2010 I 6,10 €   **14,5/20**
Parfaitement réussi, ce beau blanc exprime tant au nez qu'en bouche un fruit mûr, des notes minérales et épicées, sa bouche, puissante et vive, est particulièrement équilibrée.

BORDEAUX 2007
Blanc I 2009 à 2010 I épuisé   **13/20**
Délicatement miellé et minéral, avec une bouche franche et vive, ce blanc un peu simple est très équilibré et facile à boire.

BORDEAUX CUVÉE VALENTINE 2006
Blanc I 2009 à 2011 I épuisé   **15/20**
Un blanc puissant et de garde, avec un nez complexe de fruits blancs, aubépine et épices, arômes que l'on retrouve dans une bouche charnue et vive.

BORDEAUX PREMIÈRE CUVÉE 2006
Blanc I 2009 à 2013 I épuisé   **14,5/20**
Belle réussite pour cette cuvée au nez épanoui et fondu, à la bouche toute en fruit, avec des tanins gras et suaves, de la fraîcheur et une bonne suite.

PREMIÈRES CÔTES DE BORDEAUX CUVÉE VALENTINE 2005
Rouge I 2009 à 2012 I 8,95 €   **15/20**
Une cuvée charmeuse, qui séduit immédiatement grâce à son nez explosif de fruits mûrs, sa bouche chaleureuse, ronde, mûre et très élégante.

Visite : sur rendez-vous le weekend.

CHÂTEAU LAMOTHE-VINCENT

Chemin Laurenceau
33760 Montignac
Tél. 05 56 23 96 55 - Fax. 05 56 23 97 72
info@lamothe-vincent.com
www.lamothe-vincent.com

Le Château Lamothe-Vincent, grande propriété de 80 hectares, plantés majoritairement de merlot, produit régulièrement de belles cuvées en bordeaux rouge, bordeaux rosé, bordeaux blanc et bordeaux-supérieur, ces deux dernières bénéficiant d'une cuvée héritage. Elle seule est élevée en fûts de chêne pendant douze mois.

BORDEAUX 2008
Rosé I 2009 à 2010 I 4,50 €   **14/20**
Un rosé de style flatteur, au nez de petits fruits rouges bien mûrs, à la bouche charnue, grasse, très aromatique et vive.

BORDEAUX 2006
Rouge I 2009 à 2012 I épuisé   **14/20**
Le nez offre une belle subtilité de fruit, des notes épicées, la bouche dense, charnue et vigoureuse, devra s'arrondir.

BORDEAUX 2005
Rouge I 2009 à 2011 I épuisé   **14,5/20**
Robe pourpre très dense, nez fondu et agréable avec un joli fruit mûr ; bouche riche, savoureuse, avec des tanins bien présents, du fruit et une bonne persistance des arômes.

BORDEAUX SUPÉRIEUR CUVÉE HÉRITAGE 2007
Rouge I 2009 à 2012 I 6,70 €   **13,5/20**
Belle cuvée de caractère, au nez puissant de fruits noirs, cuir et fumé, à la bouche massive, franche, charnue, solidement campée sur ses tanins. Bel équilibre.

BORDEAUX SUPÉRIEUR CUVÉE HÉRITAGE 2006
Rouge I 2009 à 2012 I 6,70 €   **14,5/20**
Un bordeaux bien fait, avec un nez complexe, mûr, une bouche puissante, fruitée, à la trame tannique imposante et à la belle allonge.

BORDEAUX SUPÉRIEUR CUVÉE HÉRITAGE 2005
Rouge I 2009 à 2012 I épuisé   **14/20**
Robe pourpre très dense, nez de bonne complexité, bouche puissante avec de la minéralité, du fruit, des tanins puissants et un joli boisé.

Rouge : 67 hectares ; cabernet franc 8%, cabernet sauvignon 21%, merlot 56%.
Blanc : 13 hectares ; sauvignon 13 %, sémillon 2%.
Production totale annuelle : 530 000 bt.
Visite : Sur rendez-vous.

CHÂTEAU LANDEREAU

Sadirac
B.P. 43
33670 Créon
Tél. 05 56 30 64 28 - Fax. 05 56 30 63 90
vignoblesbailet@free.fr
www.vignoblesbailet.com

La famille Baylet est propriétaire des vignes de Landereau depuis 1959. En 1980 y fut ajouté le Château de l'Hoste Blanc. Le relief de Landereau est très vallonné, et certains coteaux ont dû être aménagés en banquettes, ce qui est plutôt rare dans le Bordelais. Les trois appellations, Bordeaux Supérieur pour les rouges, Entre-Deux-Mers pour les blancs et Bordeaux Clairet représentent en moyenne 400 000 bouteilles d'une qualité très au-dessus de la moyenne.

BORDEAUX ROSÉ LA VIE EN ROSÉ 2008 ☺
Rosé ┃ 2009 à 2010 ┃ 5,20 €   **14,5/20**
Superbe rosé au nez raffiné, avec un fruit expressif et mûr, à la bouche savoureuse, fruitée, très vive et harmonieuse. Un rosé très gourmand.

BORDEAUX SUPÉRIEUR 2006
Rouge ┃ 2009 à 2012 ┃ 5,30 €   **14/20**
Ce bordeaux n'est pas un monstre de puissance mais, avec son nez délicatement fruité et épicé, sa bouche souple, ronde et fraîche, il est bien fait et équilibré.

BORDEAUX SUPÉRIEUR CHÂTEAU DE L'HOSTE BLANC CUVÉE VIEILLES VIGNES 2005
Rouge ┃ 2009 à 2012 ┃ 6,80 €   **14,5/20**
Un bordeaux de plaisir, parfaitement bien vinifié, avec un nez complexe et de grande maturité, une bouche tendre et charmeuse.

BORDEAUX SUPÉRIEUR CUVÉE PRESTIGE 2006
Rouge ┃ 2009 à 2012 ┃ nc €   **14,5/20**
Une belle cuvée toute en puissance et en élégance, avec son nez complexe au fruit éclatant et au boisé harmonieux, sa bouche charnue, bien tramée et équilibrée.

BORDEAUX SUPÉRIEUR CUVÉE PRESTIGE 2005
Rouge ┃ 2009 à 2012 ┃ 11,50 €   **14/20**
Le nez est exubérant et épanoui, la bouche, charnue et fruitée, possède des tanins encore bien présents.

Rouge : 58 hectares ; cabernet franc 22,5%, cabernet sauvignon 11%, malbec, merlot 43%.
Blanc : 12 hectares ; muscadelle 1,5%, sauvignon blanc 6%, sauvignon gris 3%, sémillon 10%. **Production totale annuelle : 400 000 bt.**
Visite : Du lundi au vendredi de 8 h à 12 h et de 14 h à 17 h.

CHÂTEAU DE LISENNES

33370 Tresses
Tél. 05 57 34 13 03 - Fax. 05 57 34 05 36
contact@lisennes.com
www.lisennes.fr

Le Château de Lisennes est une propriété familiale de 52 hectares, située à Tresses, aux portes de Bordeaux, qui produit 400 000 bouteilles par an en appellations Bordeaux Clairet, Bordeaux et Bordeaux Supérieur.

BORDEAUX CLAIRET 2008
Rosé ┃ 2009 à 2010 ┃ 4,75 €   **14,5/20**
Un clairet charmeur et rafraîchissant, au nez pur, délicatement fruité et épicé, à la bouche savoureuse, aux arômes persistants et à l'excellente vivacité.

BORDEAUX SUPÉRIEUR CUVÉE L'ESPRIT 2006
Rouge ┃ 2009 à 2012 ┃ 12,50 €   **15/20**
Nez très mûr de fruits noirs et aux notes cacaotées, bouche tout aussi aromatique, veloutée, flatteuse, avec des tanins fins et une bonne fraîcheur pour cette cuvée 100% cabernet-sauvignon, gourmande et prête à boire.

BORDEAUX SUPÉRIEUR CUVÉE L'ESPRIT 2005
Rouge ┃ 2009 à 2011 ┃ 12,50 €   **14/20**
Robe pourpre dense, nez puissant et intense, avec un fruit mûr et de délicates notes florales ; bouche riche, charpentée et solide, avec une bonne trame tannique et aucun excès ; une bonne fraîcheur pour ce bordeaux classique.

BORDEAUX SUPÉRIEUR CUVÉE PRESTIGE 2006
Rouge ┃ 2009 à 2011 ┃ 8,30 €   **14,5/20**
Issue de vieilles vignes à 94% merlot, cette cuvée est savoureuse, franche, fruitée, charnue et bien équilibrée par une bonne fraîcheur en fin de bouche.

BORDEAUX SUPÉRIEUR CUVÉE TRADITION 2007
Rouge ┃ 2009 à 2011 ┃ 6,30 €   **13/20**
Le nez développe de jolis arômes de framboise, cerise et fraise des bois, la bouche est tendre, fruitée et fraîche pour ce bordeaux pas très complexe mais équilibré et plaisant à boire.

BORDEAUX SUPÉRIEUR CUVÉE TRADITION 2006
Rouge ┃ 2009 à 2011 ┃ 6,30 €   **14/20**
En 2006, c'est un bordeaux élégant, au nez fruité et floral, avec une bouche tendre, fraîche, facile et équilibrée. Il est prêt à boire.

Rouge : 52 hectares ; cabernet franc 15%, cabernet sauvignon 35%, merlot 50%. **Production totale annuelle :** 400 000 bt. **Visite :** Du lundi au vendredi, de 8 h à 12 h et de 13 h 30 à 17 h 00 et le samedi matin de 9 h à 12 h.

BERNARD MAGREZ

Château Pape Clément
216, avenue du Docteur Nancel Pénard
33600 Pessac
Tél. 05 57 26 38 38 - Fax. 05 57 26 38 39
boutique-pessac@bernard-magret.com
www.pape-clément.com

Avec l'aide de l'œnologue Michel Rolland qui suit l'ensemble des vins, Bernard Magrez a installé ces crus inédits, souvent de petite taille, dans des terroirs bordelais de haut niveau (Saint-Seurin-de-Cadourne pour Magrez-Tivoli, par exemple), mais aussi du Languedoc, du Roussillon et à l'étranger (en Espagne notamment). D'un style très puissant, élevés luxueusement en barriques, d'une fraîcheur parfois limitée, les vins n'en témoignent pas moins d'une finesse de tanin souvent étonnante et d'une véritable personnalité. Il faut simplement donner aux meilleurs d'entre eux un à trois ans de bouteilles pour leur permettre de s'épanouir pleinement.

MÉDOC CHÂTEAU TOUR BLANCHE 2006
Rouge | 2011 à 2014 | 14 €   **14/20**
Nez expressif de fruits rouges, tanins robustes mais bien enrobés, il y a de la chair, il y a du corps, et le tout se termine par une finale ample et juteuse. Un vin de densité moyenne, bien fait, qui tire le meilleur du millésime.

PREMIERES CÔTES DE BLAYE
CHÂTEAU PÉRENNE 2005
Rouge | 2010 à 2014 | 19 €   **15/20**
Encore très juvénile, avec un bel équilibre entre le fruit mûr du merlot et la fraîcheur du cabernet, charnu avec une solide trame tannique et des notes épicés en finale, le bois devrait s'absorber.

PREMIÈRES CÔTES DE BLAYE
LA CROIX DE PÉRENNE 2006
Rouge | 2014 à 2017 | NC   **14,5/20**
Cette cuvée provient d'une parcelle de 2 hectares de merlots vendangés manuellement et élevés pendant vingt-deux mois en barriques, ce qui lui confère des notes très boisées au nez et en bouche. C'est un vin très moderne, un peu californien, riche, intense, avec beaucoup de matière extraite, portée par une solide charge d'alcool, mais le tout rééquilibré grâce aux tanins frais.

PREMIÈRES CÔTES DE BLAYE
LA CROIX DE PÉRENNE 2005
Rouge | 2012 à 2017 | 29,50 €   **15/20**
Rouge pourpre soutenu, nez intense de fruits noirs, le bois est perceptible mais déjà mieux digéré que dans la cuvée traditionnelle, bouche dense et structurée, avec une longue finale sur des fruits mûrs. Pour les amateurs d'un style international.

Visite : Du lundi au samedi de 10 h 30 à 11 h 30 et de 14 h 30 à 16 h 30, le dimanche à 9 h 30 visite en anglais et à 10 h 30 visite en français sur rendez-vous.

MÄHLER-BESSE

49, rue Camille-Godard
33330 Bordeaux
Tél. 05 56 56 04 35 - Fax. 05 56 56 04 59
france@mahler-besse.com
www.mahler-besse.com

La famille Mähler-Besse et la maison de négoce qui porte son nom sont implantées dans le Bordelais depuis 1892. Co-propriétaires du Château Palmer et propriétaires de nombreux domaines à Saint-Émilion, dans le Blayais, le Médoc et le Sauternais, ils développent avec talent des marques de négoce.

BORDEAUX ARTE 2005
Rouge | 2009 à 2011   **14,5/20**
Issue de vieilles vignes de merlot, et élevée en barriques pour 30% neuves, cette cuvée est très harmonieuse, avec un nez intensément fruité et musqué, une bouche franche, fondante et savoureuse, avec une bonne vivacité en finale.

PREMIÈRES CÔTES DE BLAYE BLAVIA 2005
Rouge | 2009 à 2013   **14,5/20**
Un beau côtes-de-blaye, plein de caractère et assez ambitieux ; 100% merlot, élevé en barriques, il présente un gros potentiel de garde, avec sa bouche aux tanins imposants, son nez complexe, mûr et très raffiné.

SAINT-ÉMILION CHEVAL NOIR 2005
Rouge | 2009 à 2015   **14/20**
Un saint-émilion agréable et bien vinifié, au nez épanoui de fruits mûrs et au boisé harmonieux, présentant une bouche charnue, ample, avec des tanins un rien fermes mais de jolis arômes persistants.

Production totale annuelle : 300 000 bt.
Visite : Sur rendez-vous.

CHÂTEAU MARJOSSE

EARL Pierre Lurton
33420 Tizac-de-Curton
Tél. 05 57 55 57 80 - Fax. 05 57 55 57 84
pierre.lurton@wanadoo.fr

Pierre Lurton, par ailleurs directeur du Château Cheval Blanc et président du Château d'Yquem, a acheté voilà quinze ans le Château Marjosse, séduit par les vieilles vignes et par la qualité du terroir : chose assez rare dans l'Entre-Deux-Mers, le calcaire à astéries, le même qui fait la renommée des saint-émilions, arrive ici à affleurement. La qualité de ce vin, tant en blanc qu'en rouge, ne cesse de progresser, surtout depuis 2000, avec la construction d'un nouveau chai.

BORDEAUX 2007
Rouge I 2009 à 2012 I 7,90 €   **15/20**
Belle réussite dans le millésime : nez riche, puissant, complexe, de fruits bien mûrs, aux jolies nuances florales, épicées et boisées, bouche parfaitement équilibrée, charnue, fruitée, aux tanins tendres et aux arômes très persistants.

BORDEAUX 2006
Rouge I 2009 à 2013 I 8,00 €   **16/20**
Joli bordeaux très harmonieux, qui a bénéficié de l'apport, cette année, de 20 hectares en appellation Premières Côtes : un nez complexe, avec une grande maturité de fruit, des notes épicées que l'on retrouve dans une bouche veloutée, d'une élégance rare, avec sa trame tannique savoureuse et sa fraîcheur.

ENTRE-DEUX-MERS 2008
Blanc I 2009 à 2012 I 7,75 €   **16/20**
Dans la lignée du 2007, avec son nez puissant de fruits blancs mûrs, aux notes miellées, fumées et anisées, sa bouche ample, charnue, mûre, aromatique et d'une exquise fraîcheur.

ENTRE-DEUX-MERS 2007
Blanc I 2009 à 2011 I NC   **16/20**
La plus belle réussite de Pierre Lurton à Marjosse : nez superbe, offrant des arômes éclatants de fruits exotiques et de miel, bouche puissante, avec une grande minéralité et un fruit superbe, une longue finale fraîche.

ENTRE-DEUX-MERS 2006
Blanc I 2009 à 2010 I 7,20 €   **15/20**
Jolie robe jaune d'or vert bien brillante, nez intense de fruits blancs et exotiques, avec des notes minérales et fumées ; bouche puissante, charnue, avec un fruit bien prononcé et une excellente fraîcheur en finale.

Production totale annuelle : 230 000 bt.
Visite : Sur rendez-vous.

CHÂTEAU MIRAMBEAU-PAPIN

40, avenue Stephen-Couperie
33440 Saint-Vincent-de-Paul
Tél. 05 56 77 03 64 - Fax. 05 56 77 11 17
landeau.xavier@orange.fr
www.vignobleslandeau.fr

Le château Mirambeau-Papin fait partie d'un des trois vignobles exploités depuis plus de cinq générations par la famille Landeau : quelques hectares, complantés de vignes anciennes, en proportion égale entre le merlot et le cabernet-sauvignon. Cette ancienne famille de vignerons a su se mettre au goût du jour, et produit un vin qui est parmi les plus réguliers de l'appellation.

BORDEAUX SUPÉRIEUR 2007
Rouge I 2009 à 2012 I 8,50 €   **14,5/20**
Entièrement axé sur le fruit, ce joli vin offre un nez puissant et très mûr, une bouche franche, suave, aux tanins ronds et à la délicieuse fraîcheur.

BORDEAUX SUPÉRIEUR 2006
Rouge I 2009 à 2012 I 8,50 €   **14/20**
Un bordeaux facile à boire, séduisant mais non dénué de potentiel. Nez raffiné de pivoine et myrtille, bouche suave, avec une belle qualité de fruit et de tanins, de la fraîcheur et de l'équilibre.

BORDEAUX SUPÉRIEUR 2005
Rouge I 2009 à 2010 I 9 €   **13,5/20**
Robe pourpre dense, nez épicé et intense avec un joli fruit et une bonne expression ; bouche riche et agréable, avec des tanins serrés et une bonne tenue. Du style et de la fraîcheur.

BORDEAUX SUPÉRIEUR PAPIN 2007
Rouge I 2009 à 2011 I 18 €   **14/20**
A base de cépage petit verdot, cette cuvée offre un nez très riche, aux arômes puissants de fruits noirs à très grande maturité que l'on retrouve dans une bouche dense, aux tanins un rien rustiques et à la belle fraîcheur ; beaucoup de caractère.

Rouge : 18 hectares ; cabernet franc 20%, cabernet sauvignon 30%, merlot 45%, petit verdot 5%. Production totale annuelle : 100 000 bt.
Visite : Sur rendez vous.

MOUTON CADET

33250 Pauillac
Tél. 05 56 73 20 20 - Fax. 05 56 72 20 44
www.moutoncadet.com

Astucieusement créé en 1930 par le Baron Philippe de Rothschild, mouton-cadet a vu au fil des ans sa renommée augmenter, pour devenir une référence de l'appellation Bordeaux au niveau mondial. Aujourd'hui, la gamme s'est élargie à d'autres appellations plus prestigieuses du Bordelais : Médoc, Graves, Saint-Émilion, etc.

BORDEAUX 2008
Blanc I 2009 à 2010 I NC   15/20
Une valeur sûre que ce blanc tout en élégance avec son nez délicieusement fruité et minéral, sa bouche franche, de bonne consistance et vive.

BORDEAUX 2005
Rouge I 2009 à 2011 I Ench. 9 €   15/20
Idéalement vinifié, il offre un nez de belle intensité, une bouche riche, aux tanins harmonieux et à la belle fraîcheur.

GRAVES RÉSERVE 2007
Rouge I 2009 à 2012 I NC   15,5/20
Dans la lignée du 2005, il exprime toute la typicité des graves. Nez raffiné, au fruit mûr et délicat, aux jolies notes minérales, que l'on retrouve dans une bouche élégante, expressive, bien construite et fraîche.

GRAVES RÉSERVE 2005
Rouge I 2009 à 2014 I NC   16/20
Très grande réussite, pour ce graves à l'énorme potentiel de garde et qui sait révéler toute la typicité des vins de Graves. Le nez est intense, richement fruité et aux délicieuses notes fumées, la bouche est puissante, solide, élégante et d'un grand équilibre.

MÉDOC RÉSERVE 2006
Rouge I 2009 à 2013 I NC   14,5/20
Tout en élégance, avec un fruit bien mûr et des notes vanillées, une bouche souple, aux tanins fins, dotée d'une bonne fraîcheur et d'une grande tenue.

SAINT-ÉMILION RÉSERVE 2006
Rouge I 2009 à 2013 I NC   15,5/20
Belle cuvée raffinée et savoureuse, avec un fruit intense et mûr, une texture serrée, veloutée et une excellente persistance aromatique. L'équilibre est au rendez-vous.

CHÂTEAU DE PARENCHÈRE

5, domaine de Parenchère
33220 Ligueux
Tél. 05 57 46 04 17 - Fax. 05 57 46 42 80
info@parenchere.com
www.parenchere.com

Acheté en 1958 par Raphaël Gazaniol, originaire du Maroc, le domaine compte actuellement 157 hectares, dont 63 sont plantés en vignes sur les parcelles les mieux exposées. Ainsi, 32 parcelles différentes sont vinifiées séparément et sont retenues soit pour le vin de base, déjà de haute qualité, soit pour la fameuse cuvée raphaël, démonstration éclatante qu'une simple appellation Bordeaux peut donner des vins magnifiques. La production est complétée par du bordeaux blanc et du bordeaux clairet.

BORDEAUX 2008
Blanc I 2009 à 2011 I 6,30 €   14,5/20
De style puissant, il exprime un nez très complexe de fruits bien mûrs et de freesia, une bouche très riche, à la remarquable minéralité et à la finale longue et vigoureuse.

BORDEAUX 2007
Blanc I 2009 à 2010 I 6,30 €   14,5/20
Dans la lignée de réussite des vins de la propriété : nez suave, au fruit délicat, bouche élégante, ample, fruitée et fraîche en finale.

BORDEAUX CLAIRET 2008
Rosé I 2009 à 2010 I 6,30 €   14,5/20
Un clairet harmonieux et plein de charme ! Nez au fruit mûr et raffiné, bouche ample, charnue, délicieusement fraîche.

BORDEAUX SUPÉRIEUR CUVÉE RAPHAËL 2006
Rouge I 2009 à 2012 I 10,90 €   14,5/20
D'une régularité à toute épreuve, cette cuvée offre dans ce millésime 2006 un nez riche, complexe et épanoui, une bouche dense, fruitée et structurée, au bon potentiel de garde.

BORDEAUX SUPÉRIEUR CUVÉE RAPHAËL 2005
Rouge I 2009 à 2012 I cav. 11,50 €   15/20
Gros potentiel de garde pour cette cuvée au nez puissant, mûr et de bonne complexité, à la bouche charmeuse, solidement tannique et au boisé encore présent, qui devra s'harmoniser.

Rouge : 58 hectares ; cabernet franc 5%, cabernet sauvignon 31%, malbec 1%, merlot 57%.
Blanc : 4 hectares ; muscadelle 1%, sauvignon 3.5%, sémillon 1.5%. Production totale annuelle : 450 000 bt. Visite : Du lundi au jeudi, de 8 h à 12 h et de 14 h à 18 h et le vendredi, de 8 h à 12 h et de 14 h à 16 h.

CHÂTEAU PENIN

33420 Génissac
Tél. 05 57 24 46 98 - Fax. 05 57 24 41 99
vignoblescarteyron@wanadoo.fr
www.chateaupenin.com

Patrick Carteyron est l'un des leaders de la gigantesque appellation Bordeaux. Il a fait de son Château Penin une référence dans différentes appellations, couleurs et cuvées. L'exploitation familiale est passée de 13 hectares, en 1854, à 40 hectares aujourd'hui. La production des rouges, et tout particulièrement des belles cuvées, les-cailloux et grande-sélection, s'effectue sur un terroir caillouteux du quaternaire, le plus noble de l'exploitation. Les terroirs sableux et argileux, plus communs, sont réservés à l'élaboration des délicieux rosés et clairets.

BORDEAUX 2007
Blanc | 2009 à 2010 | 6,95 €   **14,5/20**
Les arômes typiques du sauvignon à très belle maturité : abricot, fruits blancs et fumée, que l'on perçoit dans une bouche riche, charnue et très vigoureuse.

BORDEAUX CLAIRET 2008
Rosé | 2009 à 2010 | 5,90 €   **15/20**
Grande réussite pour ce clairet leader de l'appellation. Nez puissant, complexe, harmonieux, fruité et complexe, bouche charnue, très aromatique, avec une longue finale fraîche.

BORDEAUX ROSÉ 2008
Rosé | 2009 à 2010 | 5,65 €   **14,5/20**
Un rosé plein de charme, fruité, floral, à la bouche flatteuse, fondante, très aromatique et agréablement fraîche.

BORDEAUX SUPÉRIEUR GRANDE SÉLECTION 2007
Rouge | 2009 à 2011 | 8,70 €   **14,5/20**
On aime son équilibre sur la fraîcheur, son nez épanoui, mûr et délicatement épicé, sa bouche particulièrement franche, charnue, aromatique et vive.

BORDEAUX SUPÉRIEUR LES CAILLOUX 2007
Rouge | 2009 à 2012 | 12,20 €   **14,5/20**
Belle expression de fruit, tant au nez qu'en bouche, avec en prime des notes épicées et minérales pour ce joli bordeaux-supérieur rond, charnu et très équilibré.

Rouge : 38 hectares ; cabernet franc 10%, cabernet sauvignon 5%, merlot 85%.
Blanc : 2 hectares ; sauvignon 90%, sémillon 10%.
Production totale annuelle : 260 000 bt.
Visite : Du lundi au vendredi de 9 h à 12 h et de 14 h 30 à 17 h 30, ouvert le samedi matin de 10 h à 12 h sur rendez-vous.

CHÂTEAU PIERRAIL

33220 Margueron
Tél. 05 57 41 21 75 - Fax. 05 57 41 23 77
Alice.pierrail@orange.fr
www.chateaupierrail.com

Ce grand domaine est chargé d'histoire. Situé sur les coteaux de la vallée de la Fonchotte, le château abrita en 1832 la duchesse de Berry, veuve du duc de Berry, héritier du trône. La famille Demonchaux reprit le domaine en 1971 et, grâce à un travail acharné, lui rendit tout son éclat. Aujourd'hui, les vins rouges, blancs et rosés du Château Pierrail sont intelligemment commercialisés par Alice Demonchaux.

BORDEAUX 2008
Blanc | 2009 à 2010 | 7,80 €   **13,5/20**
A base de sauvignon blanc et gris, ce blanc plaisant et rafraîchissant présente un nez expressif, à la fois fruité et minéral, une bouche ronde, facile, fruitée et vive.

BORDEAUX SUPÉRIEUR 2007
Rouge | 2009 à 2013 | 9,25 €   **14,5/20**
Nez puissant de fruits à grande maturité, avec d'agréables notes de violette et minérales, bouche puissante, s'appuyant sur une trame tannique riche.

BORDEAUX SUPÉRIEUR 2006
Rouge | 2009 à 2012 | 9,25 €   **15/20**
Dans un style solide et puissant, avec un nez superbe, au fruit d'une grande maturité, une bouche dense, ample, aux tanins très serrés qui devront se fondre, ce bordeaux fait partie des réussites régulières de l'appellation.

BORDEAUX SUPÉRIEUR 2005
Rouge | 2009 à 2011 | épuisé   **15/20**
Robe pourpre dense, nez riche et explosif, avec beaucoup de maturité et un boisé assez marqué, bouche serrée et dense, avec une belle texture et une finale qui devra se fondre pour harmoniser la pointe d'amertume due au boisé. L'élevage est assez démonstratif, un peu au détriment de la fraîcheur de ce vin, toutefois d'un très bon niveau.

Rouge : 52 hectares ; cabernet franc 17%, cabernet sauvignon 3%, merlot 80%.
Blanc : 18 hectares ; sauvignon blanc 70 %, sauvignon gris 30%. Production totale annuelle : 350 000 bt. Visite : Sur rendez-vous.

CHÂTEAU PINET LA ROQUETTE

Pinet la Roquette
33390 Berson
Tél. 05 57 42 64 05 - Fax. 05 57 42 64 05
sv.nativel@orange.fr
pinetlaroquette.free.fr

Au sortir de la Révolution, le domaine fut acquis par un écuyer du roi Louis XVI. Depuis 2001, Valérie et Stéphane Nativel, ingénieurs de l'armement au ministère de la Défense, ont choisi de changer d'orientation et se sont transformés en vignerons. Cette reconversion les situe parmi les meilleurs viticulteurs du Blayais. Sur les 9 hectares, 8,5 sont consacrés au vin rouge et 0,5 au vin blanc. Le ministère de la Défense a-t-il encore d'autres vignerons potentiels ?

PREMIÈRES CÔTES DE BLAYE LE BOUQUET 2006 😊
Rouge | 2010 à 2013 | 7 € **16/20**
Belle couleur rubis ; il porte son nom le-bouquet à merveille : nez exubérant de fruits noirs ; souple à l'attaque, tanins ronds et charnus, portés par une belle acidité en finale. Du plaisir pur !

PREMIÈRES CÔTES DE BLAYE LE BOUQUET 2005
Rouge | 2010 à 2013 | NC **16/20**
Superbe cuvée particulièrement soignée, avec un nez complexe, élégant, fruité et musqué, une bouche riche, solidement tannique et à la très grande allonge. Un énorme potentiel de garde, mais il est tout à fait possible de l'apprécier dès maintenant.

PREMIÈRES CÔTES DE BLAYE LE BOUQUET 2004
Rouge | 2009 à 2012 | NC **15,5/20**
Belle couleur rubis malgré son âge ; l'arôme est resté très expressif avec des notes de cèdre, la bouche est savoureuse et les tanins ronds et polis. De la continuité dans une qualité exemplaire.

Rouge : 8 hectares. Blanc : 0.6 hectare.
Production totale annuelle : 50 000 bt.
Visite : De 9 h à 18 h.

CHÂTEAU PUYGUERAUD

33570 Saint-Cibard
Tél. 05 57 56 07 47 - Fax. 05 57 56 07 48
puygueraud@nicolas-thienpont.com
www.nicolas-thienpont.com

Acheté en 1946 par Georges Thienpont, le père de Nicolas, le Château Puygueraud n'a accueilli des vignes qu'à partir des années 1970. La situation en haut de l'appellation, sur des sols très argileux, confère à ses vins puissance et structure. En 2000, Nicolas Thienpont a acheté les 4,5 hectares du Château La Prade. La moitié de ces parcelles sont situées sur un plateau calcaire avec de belles argiles, l'autre moitié en coteaux orientés sud.

CÔTES DE FRANCS 2007
Rouge | 2009 à 2012 | env 10 € **15/20**
On aime la subtilité de son nez de fruits rouges bien mûrs et d'épices douces, sa bouche tendre avec une belle trame tannique suave, de la fraîcheur et des arômes très persistants. Tout en élégance.

CÔTES DE FRANCS 2006
Rouge | 2009 à 2012 | 10 € **14/20**
Un nez fin et délicatement fruité, avec de jolies notes florales qui se retrouvent dans une bouche tendre, fraîche et élégante : il est déjà très agréable à boire.

CÔTES DE FRANCS 2005
Rouge | 2009 à 2012 | 18 € **15/20**
Le vin impressionne par sa densité et sa structure. Ce millésime apporte aux atouts classiques du cru un raffinement de texture remarquable.

CÔTES DE FRANCS CHÂTEAU LA PRADE 2006
Rouge | 2009 à 2012 | 10 € **14,5/20**
Bien caractéristique de l'appellation, il offre un nez fin et racé, de fruits rouges avec des notes minérales et florales, que l'on retrouve dans une bouche franche, de belle tenue et équilibrée.

CÔTES DE FRANCS CHÂTEAU LA PRADE 2005
Rouge | 2009 à 2011 | 20 € **14,5/20**
Généreux et intense, beau velouté en bouche, un beau côtes-de-francs, à la constitution profonde.

CÔTES DE FRANCS CUVÉE GEORGES 2006
Rouge | 2009 à 2016 | 15 € **15,5/20**
Nez particulièrement complexe et épanoui, avec ses arômes de fruits rouges ultra mûrs, ses notes de vanille douce et de pivoine. La bouche est franche, charnue, avec un grain serré et une excellente fraîcheur.

Rouge : 35 hectares ; cabernet franc 15%, malbec 5%, merlot 80%. Production totale annuelle : 120 000 bt. Visite : Sur rendez-vous, du lundi au vendredi de 9 h à 12 h et de 14 h à 17 h.

CHÂTEAU LA RAME

Château La Rame
La Rame
33410 Sainte-Croix-du-Mont
Tél. 05 56 62 01 50 - Fax. 05 56 62 01 94
dgm@wanadoo.fr

Les meilleures vignes de Sainte-Croix du Mont, avec leurs terroirs calcaires, riches en huîtres fossilisées, produisent des vins liquoreux d'une classe et d'une longévité comparables aux meilleurs sauternes. Château La Rame pratique une viticulture et des vendanges très rigoureuses qui lui permettent, d'une année sur l'autre, de produire un vin liquoreux exemplaire.

SAINTE-CROIX-DU-MONT 2005

Blanc Liquoreux | 2009 à 2010 | 24,99 €   **13,5/20**
Reflet vert, nez délicat et fruité, bouche riche, volumineuse, avec une grande sucrosité et un boisé fondu. Techniquement irréprochable mais on attendrait plus de cette locomotive de l'appellation.

Rouge : 20 hectares ; cabernet sauvignon 50%, merlot 50%. Blanc : 20 hectares ; sauvignon blanc 10%, sauvignon gris 10%, sémillon 80%. **Production totale annuelle** : 180 000 bt. **Visite** : Du lundi au vendredi de 8 h30 à 12 h et de 14 h à 18 h.

CHÂTEAU REYNON

21, route de Cardan
33410 Beguey
Tél. 05 56 62 96 51 - Fax. 05 56 62 14 89
reynon@wanadoo.fr
www.denisdubourdieu.com

Reynon est la propriété originelle de l'œnologue Denis Dubourdieu. Splendidement située sur le coteau de Beguey, à côté du village de Cadillac, elle fait face à la Garonne et au vignoble de Graves où Denis s'est aujourd'hui également implanté (Clos Floridène et Le Haura). Rouges et blancs sont ici recommandables, dans un style racé et élancé, séduisant par sa droiture et sa fraîcheur.

PREMIÈRES CÔTES DE BORDEAUX 2008

Blanc | 2009 à 2011 | 8,50 €   **16/20**
D'un raffinement exquis : nez de sauvignon bien mûr, aux notes minérales, chèvrefeuille et abricot, bouche très riche, d'une puissance et persistance aromatique remarquables, avec une excellente vivacité. Grande réussite!

PREMIÈRES CÔTES DE BORDEAUX 2007

Blanc | 2009 à 2010 | 9 €   **15/20**
Notes de pêche blanche, agrumes et aubépine, bouche franche et vive, ce vin très équilibré est l'une des réussites du millésime.

PREMIÈRES CÔTES DE BORDEAUX 2006

Rouge | 2009 à 2012 | 11,50 €   **15,5/20**
Tout en délicatesse et en élégance, avec son nez harmonieux, au fruit pur et mûr, sa bouche savoureuse, aux tanins élégants et à la belle finale fraîche et longue.

PREMIÈRES CÔTES DE BORDEAUX 2005

Rouge | 2009 à 2012 | 12,60 €   **15/20**
Droit, fin, allongé, le vin exprime un bouquet brillant et très pur de fruits rouges. C'est certainement le plus distingué des premières-côtes-de-bordeaux actuels.

Visite : Sur rendez vous.

Inscrivez-vous sur

BETTANEDESSEAUVE.COM

> Suivez l'actualité du vin
> Accédez aux notes de dégustation de 25 000 vins
> Visitez les stands des producteurs

CHÂTEAU ROQUES-MAURIAC

Lagnet
33350 Doulezon
Tél. 05 57 40 51 84 - Fax. 05 57 40 55 48
contact@les3chateaux.com
www.roques-mauriac.com
www.les3chateaux.com

Ce vaste vignoble fait partie des propriétés d'Hélène Levieux, fille du créateur des magasins Leclerc, qui possède un important ensemble de crus dans l'Entre-Deux-Mers. Suivis aujourd'hui par son fils Vincent, les vins ont beaucoup gagné en rondeur et en qualité de fruit dans les derniers millésimes, et ce dans toutes les cuvées réalisées. Outre le bordeaux-supérieur principal, les Levieux proposent aussi damnation, une cuvée dédiée au cabernet franc.

BORDEAUX DAMNATION 2007
Rouge | 2009 à 2012 | 16,50 €   **14/20**
Avec son nez agréable et complexe de fruits noirs bien mûrs et de boisé toasté, sa bouche savoureuse, riche, fruitée et tendue, cette cuvée évoluera très bien.

BORDEAUX DAMNATION 2006
Rouge | 2009 à 2012 | 16,50 €   **15/20**
Nez puissant et expressif, joliment fruité et boisé, bouche chaleureuse avec des tanins serrés et un beau boisé. Belle cuvée dense.

BORDEAUX DAMNATION 2005
Rouge | 2009 à 2011 | 17,35 €   **14,5/20**
Vin droit, long, svelte et souple, témoignant d'une meilleure intégration du bois que le millésime précédent.

BORDEAUX SUPÉRIEUR 2007
Rouge | 2009 à 2011 | 9 €   **13,5/20**
Parfaitement vinifié, ce vin offre un nez épanoui et délicat, fruité, floral et épices douces que l'on retrouve dans une bouche fraîche et équilibrée. Déjà prêt à boire, il sera de consommation assez rapide.

BORDEAUX SUPÉRIEUR 2006
Rouge | 2009 à 2012 | 9 €   **14,5/20**
Avec son nez de fruits noirs, finement toasté, sa bouche généreuse, fruitée et au joli grain, ce bordeaux déjà agréable se conservera bien.

Rouge : 47 hectares ; cabernet franc 47%, cabernet sauvignon 13%, merlot 40%.
Blanc : 3 hectares ; sauvignon gris 40%, sémillon 60%. Production totale annuelle : 300 000 bt.
Visite : Visites tous les jours, de 9 h à 12 h et de 14 h à 17 h sauf le week-end.

CHÂTEAU SUAU

33550 Capian
Tél. 05 56 72 19 06 - Fax. 05 56 72 12 43
bonnet.suau@wanadoo.fr
www.chateausuau.com

Il n'est pas un millésime où le Château Suau ne soit médaillé, récompensé, honoré. Monique Bonnet, méticuleuse propriétaire aidée du régisseur Éric Chabot, s'attache à employer les méthodes les plus subtiles, tant à la vigne qu'au chai. Le château, ancien pavillon de chasse du duc d'Épernon, trône sur ses 60 hectares de vignes formant une mosaïque de parcelles aux cépages choisis. Les vins sont généralement savoureux et charmeurs, et ont un bon potentiel d'évolution dans le temps.

BORDEAUX 2008
Blanc Liquoreux | 2009 à 2010 | NC   **14/20**
Avec son nez délicatement fruité, aux nuances minérales, sa bouche charnue, franche, fruitée et fraîche, ce blanc est un modèle d'équilibre.

BORDEAUX ROSÉ 2008
Rosé Liquoreux | 2009 à 2010 | NC   **15/20**
Un rosé charmeur et délicat à la fois : nez au fruit pur et aux élégantes notes florales, bouche charnue, flatteuse, très aromatique et vive.

PREMIÈRES CÔTES DE BORDEAUX 2006
Rouge | 2009 à 2012 | NC   **14/20**
Dans l'esprit du millésime, il développe un nez suave et délicat, de fruits rouges mûrs, aux notes florales, de guimauve et de vanille, que l'on retrouve dans une bouche aux tanins fins, équilibrée et gourmande.

PREMIÈRES CÔTES DE BORDEAUX 2005
Rouge | 2009 à 2012 | NC   **14,5/20**
Une propriété qui s'illustre régulièrement. En 2005, le nez exprime un joli fruit et des notes épicées, la bouche présente un beau grain, de la saveur et un bon potentiel.

PREMIÈRES CÔTES DE BORDEAUX 2005
Blanc Liquoreux | 2009 à 2014 | NC   **13/20**
Un joli vin liquoreux, avec de beaux arômes miellés et confiturés, une bonne onctuosité et une certaine vivacité, qui le rend facile à boire en toutes circonstances.

Rouge : 58 hectares. Blanc : 7 hectares.
Production totale annuelle : 425 000 bt.
Visite : Du lundi au vendredi, de 8 h 30 à 12 h et de 14 h à 17 h et le week-end sur rendez-vous.

TERRA BURDIGALA

189, rue Georges-Mandel
33000 Bordeaux
Tél. 05 57 81 68 00 - Fax. 05 57 81 68 09
info@terraburdigala.com
www.terraburdigala.com

Terra Burdigala est une nouvelle aventure mettant en scène le décidément insatiable Stéphane Derenoncourt, associé cette fois au négociant François Thienpont. L'objectif de l'entreprise («Terre de Bordeaux» en latin) consiste à proposer, souvent dans des appellations hors des sentiers battus, des vins issus de vignobles soigneusement sélectionnés, et suivis depuis la vigne jusqu'à la mise en bouteille par le duo, associé pour l'occasion à chacun des vignerons concernés. Les vins possèdent incontestablement la «griffe Derenoncourt», avec leur fruité souple et très franc, leur corps délié et gourmand et leur finesse tannique. Les prix sont sages, ce qui ne gâte rien !

BORDEAUX CAUSSE ROUGE 2006   ☺
Rouge | 2009 à 2011 | 6,50 €   **14/20**
Fruité, souple, rond et agréable, bon bordeaux élégant.

BORDEAUX SUPÉRIEUR ROC DE JEAN LYS 2007
Rouge | 2009 à 2011 | 8,50 €   **14/20**
Vin gourmand et rond, de bonne constitution.

BORDEAUX SUPÉRIEUR ROC DE JEAN LYS 2006   ☺
Rouge | 2009 à 2011 | 8,50 €   **14,5/20**
Vif et croquant, belle profondeur. Un bordeaux comme on aimerait en voir plus souvent !

CÔTES DE CASTILLON LA VIOLETTE 2006
Rouge | 2009 à 2011 | 16 €   **15/20**
Gourmand, long et structuré, avec un parfum effectivement éponyme.

MONTAGNE-SAINT-ÉMILION LES CÎMES 2006
Rouge | 2009 à 2011 | 14 €   **14/20**
Gras et solide, bonne profondeur.

SAINT-ÉMILION GRAND CRU LA SONATE 2006   ☺
Rouge | 2009 à 2011 | 17 €   **15/20**
Élégant, raffiné et long dans un registre de plaisir immédiat.

Rouge : 42 hectares. **Blanc :** 5 hectares.
Production totale annuelle : 250 000 bt.

CHÂTEAU THIEULEY

33670 La Sauve
Tél. 05 56 23 00 01 - Fax. 05 56 23 34 37
chateau.thieuley@wanadoo.fr
www.thieuley.com

Situé à La Sauve-Majeure, au cœur de l'Entre-Deux-Mers, ce domaine est depuis longtemps un grand classique du bon bordeaux à prix accessible, et ce dans les trois couleurs : rouge, blanc et clairet sont toujours bien construits, savoureux, gourmands et équilibrés. La famille Courselle, qui veille sur le château et ses vinifications avec talent et expertise, a su créer l'archétype de la bonne adresse ; voilà un cru fréquemment distribué dans les foires aux vins.

BORDEAUX 2008
Blanc | 2009 à 2011 | 5,50 €   **14/20**
Nez fondu et élégant de fruits blancs mûrs et de pivoine, bouche flatteuse, ronde et équilibrée par une excellente vivacité.

BORDEAUX 2007
Blanc | 2009 à 2010 | 5,50 €   **14,5/20**
Un beau blanc raffiné et équilibré, avec un fruit mûr, une bouche charnue et vigoureuse. Bien vinifié.

BORDEAUX 2007
Rouge | 2009 à 2011 | 6,50 €   **14/20**
Un bordeaux bien vinifié, tendre, suave, avec une belle fraîcheur, de jolis arômes de confiture de fruits rouges, épices et pivoine.

BORDEAUX CLAIRET 2008
Rosé | 2009 à 2010 | 5,50 €   **14/20**
Tout en raffinement, ce clairet offre un nez délicatement fruité, une bouche ample, suave et fraîche.

BORDEAUX RÉSERVE FRANCIS COURSELLE 2007
Blanc | 2009 à 2011 | 8,30 €   **14,5/20**
Joli blanc au nez puissant de fruits blancs à grande maturité, aux notes réglissées et minérales que l'on retrouve dans une bouche chaleureuse, riche et ample.

BORDEAUX ROSÉ 2008
Rosé | 2009 à 2010 | 5,50 €   **14,5/20**
Très joli rosé de repas, puissant, charnu, à la texture fondante et fraîche, aux arômes de petits fruits rouges et d'agrumes que l'on perçoit tout aussi bien au nez qu'en bouche.

Rouge : 45 hectares ; cabernet franc 30%, cabernet sauvignon 12%, merlot 55%, petit verdot 3%. **Blanc :** 35 hectares ; sauvignon blanc 40%, sauvignon gris 20%, sémillon 40%. **Production totale annuelle :** 700 000 bt. **Visite :** Du lundi au vendredi, de 8 h à 12 h et de 13 h 30 à 17 h 30, samedi sur rendez-vous.

ÉTABLISSEMENTS THUNEVIN

6, rue Guadet
33330 Saint-Émilion
Tél. 05 57 55 09 13 - Fax. 05 57 55 09 12
www.thunevin.com

Outre le Château Valandraud, Jean-Luc Thunevin a développé une activité de négociant et de conseil pour de nombreuses propriétés. Spécialiste du vin de luxe, il s'est aussi attaché ces dernières années à devenir celui du «petit bordeaux», créant notamment présidial, une marque qu'il a commercialisée en bouteilles mais aussi en bag-in-box. Dans un registre plus ambitieux, il développe des vins de propriété complets et savoureux : ainsi, compassant, vinifié par Guillaume Quéron, qui autrefois réalisait le château-mongiron, dont il a repris le style.

BORDEAUX BAD BOY 2007
Rouge | 2009 à 2011 | NC   **15,5/20**
L'ancienne cuvée compassant a changé de nom, optant pour une terminologie rigolarde qui correspond certainement plus à l'état d'esprit de son propriétaire Jean-Luc Thunevin. Vin de grande profondeur, avec une élégance de texture et un équilibre général remarquables.

LALANDE DE POMEROL DOMAINE DES SABINES 2007
Rouge | 2009 à 2011 | NC   **15/20**
Joli vin suave et tendre, aux arômes fruités rehaussés par un pointe de chocolat. Savoureux.

MARGAUX BELLEVUE DE TAYAC 2007
Rouge | 2011 à 2014 | NC   **14,5/20**
Droit et ferme, longueur assez vive et d'une dimension encore stricte.

Production totale annuelle : 230 000 bt.
Visite : sur rendez-vous.

CHÂTEAU TIRE PÉ

1, Puderan
33190 Gironde-sur-Dropt
Tél. 05 56 71 10 09 - Fax. 05 56 71 10 09
tirepe@wanadoo.fr
www.tirepe.com

Sur ces dix dernières années, David Barrault, viticulteur surdoué, a étonné la viticulture bordelaise en cherchant avant tout à préserver le fruit et l'équilibre, à valoriser le potentiel du terroir et à n'utiliser l'élevage en barriques qu'au service du vin. Sur 13,5 hectares, il produit trois cuvées principales : château-tire-pé, un vin de plaisir immédiat vinifié en cuve, pratiquement issu du seul merlot, château-tire-pé-les-malbecs, provenant de l'unique parcelle de malbec issue d'une sélection massale et le château-tire-pé-la-côte, la grande cuvée, 60% merlot, 30% cabernet franc et 10% cabernet-sauvignon, un vin racé qui ne cherche pas à caricaturer les grands mais exprime sa propre personnalité.

BORDEAUX 2007
Rouge | 2009 à 2011 | NC   **14,5/20**
Un vin de caractère, au nez épanoui et riche de fruits noirs, aux notes fumées et de cuir, à la bouche charnue, fruitée, très vive et agréable.

BORDEAUX LA CÔTE 2005
Rouge | 2009 à 2013 | 10,80 €   **15,5/20**
Robe très soutenue, nez riche et épanoui, d'une très grande maturité avec des notes de groseille ; bouche très veloutée, avec une texture soyeuse et une belle tenue ; bon potentiel de garde.

BORDEAUX LA CÔTE 2004
Rouge | 2009 à 2010 | 10,80 €   **15,5/20**
Ce vin racé aux tanins fins et au nez très complexe, avec une grande maturité et une vraie personnalité, a toujours beaucoup de minéralité, d'équilibre et de longueur. Prêt à boire.

BORDEAUX LES MALBECS 2007
Rouge | 2009 à 2012 | NC   **16/20**
Vinifiée et élevée en fûts de 300 et 400 litres, cette cuvée montre une vraie personnalité : nez à la fois très riche, avec ses arômes de fruits noirs, et très élégant, avec ses notes florales et de guimauve. Bouche savoureuse, ample, avec un grain serré, un grand fruit et une finale rafraîchissante.

Rouge : 13 hectares ; cabernet franc 30%. malbec 10%, merlot 60%. Production totale annuelle : 40 000 bt. Visite : Sur rendez-vous.

CHÂTEAU TURCAUD

33670 La Sauve-Majeure
Tél. 05 56 23 04 41 - Fax. 05 56 23 35 85
chateau-turcaud@wanadoo.fr
www.chateauturcaud.com

Le vin n'a plus guère de secrets pour Maurice Robert, 73 ans : parti de 7 hectares en 1973, il a développé un vignoble de 45 hectares. C'est auprès d'André Lurton qu'il a fait ses classes et effectivement, les vins affichent la régularité et le sérieux que l'on retrouve à Bonnet. Aujourd'hui, le mélange harmonieux de la passion, de l'expérience et de l'investissement familial font de ce cru une adresse sûre.

BORDEAUX 2007
Blanc | 2009 à 2011 | 8 € **15/20**
Superbement réussi, ce blanc savoureux et élégant offre un nez délicatement fruité, épicé et miellé, une bouche ample, charnue, vive et équilibrée.

BORDEAUX 2005
Rouge | 2009 à 2011 | 6 € **14/20**
Un bordeaux classique et de caractère, au nez mûr et épicé et à la bouche franche, charnue et équilibrée.

BORDEAUX CLAIRET 2008
Rosé | 2009 à 2010 | 5,50 € **14,5/20**
Un clairet harmonieux et vigoureux, offrant un nez au fruit éclatant, à la bouche charnue, puissante, fraîche et longue.

BORDEAUX ROSÉ 2008
Rosé | 2009 à 2010 | 6 € **15/20**
Un rosé flatteur, au nez richement fruité et épanoui, à la bouche franche, aromatique et vigoureuse, parfait pour tout un repas.

BORDEAUX SUPÉRIEUR CUVÉE MAJEURE 2006
Rouge | 2009 à 2011 | 9 € **14,5/20**
Cette cuvée privilégie l'élégance et exprime un nez de fruits rouges très mûrs et de vanille douce, une bouche souple, suave, aux tanins tendres et à la finale fraîche.

BORDEAUX SUPÉRIEUR CUVÉE MAJEURE 2005
Rouge | 2009 à 2011 | cav. env 10 € **15/20**
Une belle cuvée parfaitement vinifiée et au bon potentiel de garde ; un nez mûr et expressif, une bouche dense, largement fruitée, avec une belle trame tannique.

Rouge : 22 hectares ; cabernet franc 15%, cabernet sauvignon 30%, merlot 55%.
Blanc : 23 hectares ; muscadelle 5%, sauvignon blanc 45%, sauvignon gris 15%, sémillon 35%. Production totale annuelle : 300 000 bt.
Visite : De 9 h à 12 h et de 14 h à 18 h du lundi au vendredi. Le samedi sur rendez-vous.

CHÂTEAU DE LA VIEILLE CHAPELLE

4, Chapelle
33240 Lugon et l'Ile du Carney
Tél. 05 57 84 48 65 - Fax. 05 57 84 40 28
best-of-bordeaux-wine@chateau-de-la-vieille-chapelle.com
www.chateau-de-la-vieille-chapelle.com

Situé en bord de Dordogne, ce château repris en 2006 possède un terroir d'alluvions qui apporte à ses vins une souplesse fruitée très agréable, loin des raides et astringentes caricatures du «petit bordeaux». Le rouge du château exprime un fruité immédiat très séduisant, tandis que la cuvée 100% merlot développe avec rondeur et gourmandise un caractère savoureux, ample et mûr, particulièrement charmeur. Ce sont des vins à apprécier sur leur fruit, dès maintenant.

BORDEAUX 2007
Rouge | 2009 à 2011 | NC **14/20**
Toujours dans son style élégant et charmeur. Pour le 2007, le nez présente une grande délicatesse dans les arômes, un fruit mûr, un boisé vanillé. La bouche charnue, franche et fruitée, révèle un bel équilibre sur la fraîcheur.

BORDEAUX 2006
Rouge | 2009 à 2011 | 35 € **14/20**
Le nez est épanoui, fruits rouges mûrs, pivoine et freesia, la bouche est tendre, souple, avec un grain de tanins fin et de la suite : tout en élégance.

BORDEAUX LES MERLOTS DE BAUDET 2006
Rouge | 2009 à 2011 | 12,50 € **15/20**
Dans un style similaire au millésime précédent, voilà un vin très gras, rond, intense, long et profond, d'un incontestable charme.

BORDEAUX LES MERLOTS DE BAUDET 2005
Rouge | 2009 à 2011 | 12 € **15,5/20**
Vin ultra séduisant dans un registre séveux, mûr, velouté et très fruité. C'est le prototype du vin de plaisir !

BORDEAUX ROSÉ GRAND ROSÉ DU CHÂTEAU DE LA VIEILLE CHAPELLE 2008
Rosé | 2009 à 2010 | 5,50 € **14/20**
Un joli rosé tout en délicatesse : nez de fraise des bois, pêche blanche, bois de rose, arômes suaves que l'on retrouve dans une bouche charnue, fondante et fraîche en finale.

Rouge : 7 hectares ; cabernet franc 15%, cabernet sauvignon 5%, malbec 5%, merlot 65%.
Blanc : 1 hectare ; sauvignon 5%, sémillon 5%.
Production totale annuelle : 50 000 bt.
Visite : De 9h à 18h.

NOTES PERSONNELLES

Graves et Sauternais

*Le vignoble des Graves, berceau du goût « historique »
des vins de Bordeaux, commence directement dans la
banlieue sud de la grande ville et continue jusqu'à
Langon : blancs secs et rouges partagent les mêmes
qualités de finesse et d'équilibre. Sauternes est une
enclave dans la partie sud de ce vignoble, spécialisée
dans la production en volume unique dans le monde,
de vins blancs liquoreux de grande classe.*

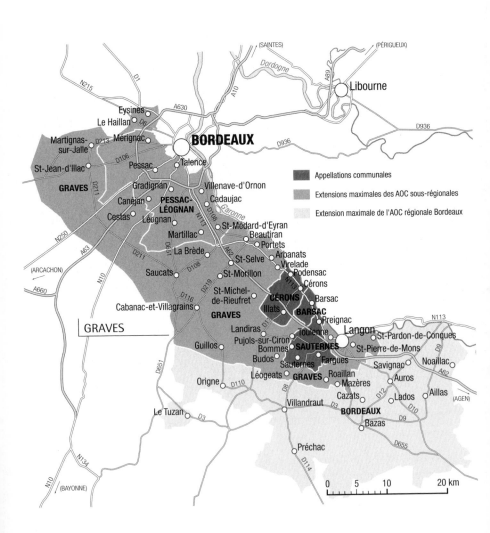

CHÂTEAU D'ARCHE

33210 Sauternes
Tél. 05 56 76 66 55 - Fax. 05 56 76 64 38
chateaudarche@wanadoo.fr
www.chateaudarche-sauternes.com

Ce cru dispose d'un très beau vignoble, jouxtant les châteaux Lamothe et Filhot, et un hôtel de luxe y a été construit très récemment par ses propriétaires, de façon à faire progresser le tourisme viticole en Sauternais. Le vin est très sérieusement élaboré, même si pour le moment on ne peut se permettre le même type de viticulture qu'à Yquem, et il progresse régulièrement. Le 2007, pas encore en bouteilles, marque certainement un pas important par rapport à 2006 dans la production d'un sauternes de grande qualité. Une cuvée de prestige, mais ne pouvant se prévaloir du classement, est parfois vendue sous le nom d'arche-lafaurie.

SAUTERNES 2006
Blanc Liquoreux | 2012 à 2018 | 27,50 € **13/20**
Un peu trop fluide et sans le rôti des meilleurs crus voisins, ce 2006 déçoit certainement, dans la série des millésimes récents de la propriété.

SAUTERNES 2005
Blanc Liquoreux | 2013 à 2030 | 27 € **16,5/20**
Beau rôti, vin assez riche, large, onctueux, long, bien typé.

SAUTERNES 2004
Blanc Liquoreux | 2009 à 2019 | 27,50 € **13/20**
Or pâle, vanillé fin, très légèrement iodé, pamplemousse, savoureux, pas très complexe.

SAUTERNES 2003
Blanc Liquoreux | 2011 à 2028 | 27,50 € **17/20**
Robe dorée, nez large et puissant de miel et d'agrumes, corps imposant, liqueur fastueuse, un type de vin très généreux, typique de ce millésime très concentré et richissime. Grand avenir probable, avec à la clé la possibilité de rivaliser avec les plus grands.

SAUTERNES 2002
Blanc Liquoreux | 2010 à 2022 | 27,50 € **16/20**
Robe pâle, boisé un rien déséquilibrant, vin jeune, frais, riche, fait avec soin, avec du charme et de l'élan, encore fort jeune.

Blanc : 44 hectares ; sauvignon 10%, sémillon 90%.
Production totale annuelle : 100 000 bt.
Visite : Du lundi au vendredi, de 9 h à 12 h et de 14 h à 18 h, sur rendez-vous.

CHÂTEAU BASTOR-LAMONTAGNE

Domaine de Lamontagne
33210 Preignac
Tél. 05 56 63 27 66 - Fax. 05 56 76 87 03
bastor@bastor-lamontagne.com
www.bastor-lamontagne.com

Propriété du Crédit Foncier, Bastor est parfaitement géré depuis vingt ans et produit un sauternes très agréable, moins liquoreux que les plus grands crus de la commune. Il joue sur le registre de la qualité du fruit et du rapport qualité-prix, et il gagne souvent. Le 2003 constitue indéniablement le millésime le plus réussi de l'histoire récente du cru.

SAUTERNES 2007
Blanc Liquoreux | 2011 à 2019 | 23 € **14,5/20**
Robe claire, bel arôme d'agrumes et de fleurs blanches, avec une fine bouche nuancée, moins spectaculaire que d'autres mais délicate, et une agréable amertume en finale. Parfait pour la table.

SAUTERNES 2006
Blanc Liquoreux | 2010 à 2016 | 22 € **14/20**
Robe pâle ; comme souvent, ce vin ne mise pas sur la puissance ni sur l'exubérance ; le nez est discret ; la liqueur est digeste, peu rôtie, l'ensemble se présente sympathique et rafraîchissant.

SAUTERNES 2005
Blanc Liquoreux | 2009 à 2020 | 24 € **14,5/20**
Robe pâle, nez pur mais sans la complexité attendue, moins rôti, mais avec un bon fruit et une finale très honorable toute sur la fraîcheur.

Blanc : 56 hectares ; sauvignon blanc 20%, sémillon 80%. Production totale annuelle : 30 000 à 10 0000 bt. Visite : De 9 h à 12 h30 et de 14 h à 17 h30.

CHÂTEAU BOUSCAUT

1477, avenue Toulouse
33140 Cadaujac
Tél. 05 57 83 12 20 - Fax. 05 57 83 12 21
cb@chateau-bouscaut.com
www.chateau-bouscaut.com

Cette propriété classée de Cadaujac possède un terroir différent de ses voisines,
avec des sols plus calcaires, et d'une certaine façon plus adaptés aux cépages
blancs. Sophie Cogombles et son très
sympathique mari réussissent d'ailleurs
très bien leur vin blanc, séveux, complexe,
présentant une belle synergie entre sauvignon et sémillon. Le rouge, à dominante
de merlot, est lui aussi très soigné, harmonieux, velouté, mais sans la complexité des
tout meilleurs crus de l'appellation. L'avantage est qu'il s'ouvre en bouteille plus vite
et peut être parfaitement bu à cinq ou six
ans d'âge. Les derniers millésimes offrent
par ailleurs un rapport qualité-prix évident. Les Seconds vins manquent encore
de caractère et de définition mais ils
s'améliorent.

Pessac-Léognan 2007
Blanc I 2009 à 2015 I NC   **17/20**
Arôme musqué, vin très gras, très complexe
avec des notes d'infusion (tilleul, verveine),
long, savoureux, original, vivement recommandé.

Pessac-Léognan 2006
Rouge I 2009 à 2018 I NC   **15/20**
Plus tendre et moins complexe que ses pairs
à ce stade de son évolution, charnu, souple,
léger manque de tension. Déception évidente, sans doute due à un soutirage récent.

Pessac-Léognan 2006
Rouge I 2011 à 2016 I NC   **14,5/20**
Robe délicate, pas aussi complet que ses
pairs dans le millésime ; tendre, souple,
facile.

Rouge : 40 hectares ; cabernet franc et malbec 5%,
cabernet sauvignon 45%, merlot 50%.
Blanc : 10 hectares ; sauvignon 50%, sémillon 50%.
Production totale annuelle : 250 000 bt.
Visite : Sur rendez-vous.

CHÂTEAU CAILLOU

9, Caillou
33720 Barsac
Tél. 05 56 27 16 38 - Fax. 05 56 27 09 60
contact@chateaucaillou.com
www.chateaucaillou.com

Ce Second cru classé, situé au cœur de la
partie haute du village, juste à côté de Climens, reste un peu à l'écart de la gloire,
vivant la tranquille vie barsacaise sans
faire de remous. De très vieux millésimes
ont appris à de nombreux amateurs de
notre génération ce qu'était un vrai barsac, et nous aurons toujours beaucoup de
joie à signaler un millésime réussi comme
le 1997 ou le 2001. Jusqu'en 2006, les derniers millésimes dégustés confirment que
le cru produit un barsac de caractère, apte
à bien vieillir mais, du moins à ce stade de
son évolution, le 2006 déçoit comme avant
mise les millésimes suivants. Le cru se
reprendra certainement.

Barsac 2006
Blanc Liquoreux I 2014 à 2018 I 35 €   **12/20**
Nez médicinal, pâle, aucune sensation tactile de vendange «rôtie», trop simple pour
ce cru qui a beaucoup plus réussi les millésimes précédents.

Barsac 2005
Blanc Liquoreux I 2017 à 2030 I 35,50 €   **17/20**
Robe très légèrement paille, bon boisé, notes
classiques de citron et d'acacia, très joli vin
au rôti bien marqué et au terroir parfaitement lisible. Vivement recommandé dans
ce millésime d'exception.

Barsac 2003
Blanc Liquoreux I 2013 à 2028 I 36 €   **17/20**
Le nez brille par sa complexité, sa race et
l'intensité de l'expression de son origine barsacaise, ouvrant sur l'océan avec des notes
de gingembre idéales pour accompagner
une grande cuisine asiatique. Il nous a
impressionnés, et mérite d'être recherché
par les grands amateurs.

Barsac 2002
Blanc Liquoreux I 2012 à 2022 I 35 €   **16/20**
Très gras, avec les notes très marquées
d'acacia propres au château, jeune, puissant, mais moins raffiné que quelques-uns
de ses voisins.

Rouge : 2 hectares Blanc : 16 hectares ;
sauvignon blanc 10%, sémillon 90%.
Production totale annuelle : 25 000 bt.
Visite : De 9 h à 12 h et de 14 h à 18 h.

CHÂTEAU CARBONNIEUX

33850 Léognan
Tél. 05 57 96 56 20 - Fax. 05 57 96 59 19
info@chateau-carbonnieux.fr
www.chateau-carbonnieux.com

Un grand classique de l'appellation Pessac-Léognan par l'abondance des bouteilles, surtout en blanc, mais aussi par la régularité et la typicité de son style : les blancs très pâles sont frais, nerveux, supérieurement fins, peut-être un peu trop linéaires pour les amateurs de volupté ; les rouges ont énormément gagné en puissance et en densité, et rivalisent avec les meilleurs. Excellent 2006, où l'influence de la nouvelle génération, orpheline d'Antony Perrin trop tôt disparu, se fait sentir.

PESSAC-LÉOGNAN 2007
Blanc I 2009 à 2017 I 25 € **15/20**
L'élevage l'a aminci et a mis en valeur un manque de maturité du raisin par rapport à la moyenne de ses pairs. C'est vif, élégant mais sans vinosité.

PESSAC-LÉOGNAN 2006
Blanc I 2016 à 2026 I ench. 23 € **16/20**
Robe dense, excellent élevage ayant permis une intégration déjà complète du boisé, élégant, avec des notes d'épices et de cèdre précises et racées, une forme élancée typique et un tanin noble. Un léognan exemplaire.

PESSAC-LÉOGNAN 2006
Rouge I 2016 à 2026 I 25 € **16/20**
Belle robe, nez très épicé, corps droit et strict mais plein, très léognan, vin de texture et de saveur classiques, digne de son classement et confirmant les efforts de sélection. Par expérience, ce type de vin vieillit merveilleusement.

Rouge : 50 hectares ; cabernet franc 10%,
cabernet sauvignon 60%, merlot 30%.
Blanc : 45 hectares ; sauvignon 65%, sémillon 35%.
Production totale annuelle : 500 000 bt.
Visite : Du lundi au vendredi, de 8 h 30 à 12 h
et de 13 h 30 à 17 h sur rendez-vous.

CHÂTEAU LES CARMES HAUT-BRION

197, avenue Jean-Cordier
33600 Pessac
Tél. 05 56 93 23 40 - Fax. 05 56 93 10 71
chateau@les-carmes-haut-brion.com
www.les-carmes-haut-brion.com

Petit cru voisin de Haut-Brion, et lui aussi sauvé de l'urbanisation de Pessac, Les Carmes produit un vin très harmonieux et subtil, où le cabernet franc en particulier apporte son incomparable finesse. Les derniers millésimes sont tous remarquables. Le 2005 est sans doute le plus beau vin jamais produit par la propriété !

PESSAC-LÉOGNAN 2007
Rouge I 2009 à 2017 I NC **15/20**
Tout à fait dans la lignée des vins de la propriété, ce 2007 propose un nez complexe et élégant, une bouche savoureuse, avec un grain de tanins serré et soyeux, un fruit bien mûr, un boisé harmonieux et une finale parfaitement équilibrée.

PESSAC-LÉOGNAN 2005
Rouge I 2009 à 2030 I 49 € **17/20**
Arômes diversifiés, sur base de cassis et de framboise, empyreumatique soigné, très harmonieux, élégance, netteté, finesse, équilibre très bordelais, dans une année excessive. Bravo !

PESSAC-LÉOGNAN 2004
Rouge I 2009 à 2020 I NC **16/20**
Joli nez de cèdre, boisé fin et intégré, notes résinées et fumées propres à Pessac, frais, élégant, complexe, bref, un vin de style !

PESSAC-LÉOGNAN 2001
Rouge I 2009 à 2015 I 30 € **15,5/20**
Généreux, racé, avec des tanins assez abrupts mais nobles. L'ensemble est long et distingué.

Rouge : 4,7 hectares ; cabernet franc 30%,
cabernet sauvignon 15%, merlot 55%.
Production totale annuelle : 25 000 bt.
Visite : Sur rendez-vous.

CHÂTEAU DE CHANTEGRIVE

Route de Saint-Michel-de-Rieufret
33720 Podensac
Tél. 05 56 27 17 38 - Fax. 05 56 27 29 42
courrier@chateau-chantegrive.com
www.chantegrive.com

Cette très grande propriété du sud des Graves est désormais suivie par Hubert de Boüard (Château Angélus) qui, dès son premier millésime (2006), a produit un vin très typique, en rouge comme en blanc, finement aromatique, charmeur, gourmand, destiné au plus vif succès. On oubliera quelques millésimes récents et l'on recommence à faire confiance à la marque avec le 2005.

GRAVES 2007
Blanc I 2009 à 2012 I 7 €   **14,5/20**
Robe jaune pâle. Nez floral. Bouche associant énergie et vivacité.

GRAVES 2006
Rouge I 2009 à 2015 I NC   **15,5/20**
Robe noire, très joli nez riche et complexe de fruits noirs, d'épices douces et de boisé toasté ; bouche ample, flatteuse, avec des tanins serrés et une finale vigoureuse.

GRAVES 2006
Blanc I 2009 à 2010 I NC   **14/20**
Fruité et équilibré, c'est un bon blanc parfaitement adapté à l'accompagnement d'un plateau d'huîtres.

GRAVES 2005
Rouge I 2009 à 2015 I NC   **14/20**
Robe pourpre intense, nez de fruits noirs, avec des notes minérales et de boisé toasté ; bouche généreuse et grasse en attaque, très solide, avec un boisé très marqué et une légère pointe d'amertume en finale. Du potentiel, il faut l'attendre.

GRAVES CAROLINE 2006
Blanc I 2009 à 2016 I NC   **16/20**
Remarquable fraîcheur du fruit, raisin mûr à point, plaisir immédiat garanti, impeccablement vinifié sous la surveillance d'Hubert de Boüard.

GRAVES CAROLINE 2005
Blanc I 2009 à 2013 I NC   **15/20**
Nez parfumé de sauvignon un peu exotique, frais, plus de caractère que le rouge, plus d'élégance mais pas aussi séveux que les meilleurs.

Rouge : 60 hectares ; cabernet sauvignon 50%,
merlot 50%. Blanc : 36 hectares ; sauvignon blanc 50%,
sémillon 50%. Production totale annuelle : 500 000 bt.

DOMAINE DE CHEVALIER

102, chemin de Mignoy
33850 Léognan
Tél. 05 56 64 16 16 - Fax. 05 56 64 18 18
olivierbernard@domainedechevalier.com
www.domainedechevalier.com

Voici une propriété estimée de tous, dotée d'un superbe vignoble d'un seul tenant autour du château, parmi les mieux cultivés du Bordelais. Olivier Bernard est un infatigable ambassadeur des vins de Bordeaux (et pas seulement des siens !) dans le monde. Il est aussi l'un de ceux qui connaissent le plus intimement la valeur de leur produit, grâce à des dégustations quotidiennes en compagnie des innombrables visiteurs du domaine, pionnier dans l'accueil du public. Les blancs sont les plus fins de la commune, les rouges des modèles de classicisme bordelais dans leur proportion et leur saveur. Les derniers rouges sont très impressionnants par leur supplément de corps et de complexité. Le 2008 fera parler de lui.

PESSAC-LÉOGNAN 2007   ☺
Blanc I 2009 à 2022 I 28,50 €   **18/20**
Somptueux arôme de miel de fleurs, texture remarquable, donnant une sensation de matière rare dans un blanc, grande longueur, superbe expression du millésime, avec quelque chose de plus que les autres dans les sensations tactiles délivrées.

PESSAC-LÉOGNAN 2006
Rouge I 2016 à 2026 I 37 €   **17/20**
Nez de cèdre et d'épices, boisé comme toujours sensible mais adapté au type naturel du vin, séveux, complexe, racé, vendangé mûr au prix de très grands risques, tanin noble, un classique du millésime.

PESSAC-LÉOGNAN 2005
Rouge I 2015 à 2026 I 60,50 €   **17,5/20**
Robe dense, nez réglissé de grande noblesse, corps imposant, tanin racé, beaucoup de vinosité pour le millésime, grande suite en bouche, vin complet.

Rouge : 35,5 hectares ; cabernet franc 2%,
cabernet sauvignon 65%, merlot 30%, petit verdot 3%.
Blanc : 4,5 hectares ; sauvignon blanc 70%,
sémillon 30%. Production totale annuelle : 118 000 bt.
Visite : Du lundi au vendredi, de 9 h à 12 h
et de 14 h à 17 h, sur rendez-vous.

CHÂTEAU CLIMENS

6,rue Plantey
33720 Barsac
Tél. 05 56 27 15 33 - Fax. 05 56 27 21 04
contact@chateau-climens.fr
www.chateau-climens.fr

De l'avis unanime, Climens est le premier des vins de Barsac : la nature de son sol sur socle calcaire lui donne un supplément d'acidité, qui équilibre à merveille sa richesse en liqueur, souvent considérable dans les derniers millésimes, et le maintient très longtemps jeune et frais. Mais il reste quelque chose de mystérieux, même en tenant compte de la qualité des hommes et des femmes qui l'ont eu en charge (aujourd'hui, Bérénice Lurton) dans l'extraordinaire voire transcendante finesse de ses parfums. Les derniers millésimes ont tous été favorables, et ont permis des assemblages exprimant parfaitement la noblesse du terroir : très liquoreux en 2001 ou 2003, plus subtil et insinuant en 2000 et 2002, monumental en 2005, réplique moderne du sublime 1937.

BARSAC 2006

Blanc Liquoreux | 2018 à 2036 | 79 € **17,5/20**
Arôme noble d'acacia, équilibre remarquable, tension rare dans le millésime, pureté dans la liqueur tout aussi rare sans la moindre note iodée, très long et racé.

BARSAC 2005

Blanc Liquoreux | 2009 à 2050 | 117 € **19, 5/20**
Grande race immédiatement perceptible au nez, très riche en liqueur, très jeune, dans un style d'une opulence presque extravagante pour le cru. Devrait vieillir très lentement.

BARSAC 2003

Blanc Liquoreux | 2021 à 2030 | 242 € **18/20**
Magnifique onctuosité, beaucoup de fraîcheur pour l'année, finale de chartreuse verte avec une petite note de rhubarbe, long, complexe, spécial mais magnifique !

BARSAC 2002

Blanc Liquoreux | 2012 à 2022 | 62 € **18,5/20**
Équilibre ultra classique en bouche entre alcool, acidité et liqueur, immense finesse caractéristique du cru, grand avenir.

BARSAC 2001

Blanc Liquoreux | 2011 à 2030 | NC **19/20**
Ampleur hors norme, bouquet d'une finesse transcendante, entre la mandarine et la nougatine, persistance interminable.

Blanc : 30 hectares ; sémillon 100%. Production totale annuelle : 30 000 bt. Visite : Sur rendez-vous de 9 h à 16 h.

CHÂTEAU LA CLOTTE-CAZALIS

10, place du Général-de-Gaulle
33640 Portets
Tél. 06 08 81 46 09 - Fax. 05 56 67 54 27
lacostebernadette@wanadoo.fr
www.laclotte.com

La Clotte-Cazalis est une toute petite propriété familiale de Barsac, récemment reprise en main par Marie-Pierre Lacoste qui, très intelligemment, ne cherche pas à produire un vin trop liquoreux, mais tout en finesse et en fraîcheur, dans l'esprit de son terroir. Son vin sera parfait à l'apéritif. Joli 2005, tout en délicatesse de fruit.

SAUTERNES 2005

Blanc Liquoreux | 2009 à 2020 | 24 € **16/20**
Balance parfaite entre la richesse de la liqueur et la fraîcheur et la délicatesse du fruité. Un charme très jeune. Un équilibre somptueux et un barsac comme il se doit, excellent !

SAUTERNES 2003

Blanc Liquoreux | 2009 à 2018 | 25 € **15,5/20**
Bouquet complexe sur des notes d'agrumes et d'épices ; beau rôti et liqueur riche, beaucoup d'éclat, sans lourdeur. Une belle réussite dans un millésime aussi difficile.

Rouge : 4,50 hectares ; cabernet sauvignon 50%, merlot 50%. Blanc : 4,50 hectares : sauvignon 4%, sémillon 96%. Production totale annuelle : 10 000 bt. Visite : Sur rendez-vous.

CHÂTEAU COUHINS

Chemin de la Gravette
B.P. 81
33883 Villenave-d'Ornon Cedex
Tél. 05 56 30 77 61 - Fax. 05 56 30 70 49
couhins@bordeaux.inra.fr
www.chateau-couhins.fr

Ce cru, pour ne pas le confondre avec l'autre château Couhins, appartient à l'INRA qui, pendant longtemps et malgré son classement, ne faisait pas grand-chose pour le faire connaître. Ce n'est désormais plus le cas, et une équipe technique très compétente le met progressivement au niveau de ses pairs. Le caractère finement épicé de son bouquet, classique à Léognan, le fera aimer des amateurs de bordeaux traditionnels. Seul le blanc est classé, comme pour Couhins-Lurton, et il est proportionnellement plus racé que le rouge, mais ce dernier progresse avec l'âge des vignes.

PESSAC-LÉOGNAN 2007   ☺
Blanc | 2009 à 2014 | 25 €   **16/20**
Arômes de citron et d'agrumes, corps délicat, grande pureté aromatique, préservée par l'élevage, excellent exemple de la maîtrise actuelle de vinification des crus classés de Léognan.

PESSAC-LÉOGNAN 2006
Blanc | 2014 à 2021 | 25 €   **16/20**
Arôme de cèdre et de graphite, texture crémeuse, style classique, vin très soigneusement vinifié et élevé, plus harmonieux que le blanc.

PESSAC-LÉOGNAN COUHINS LA GRAVETTE 2007
Blanc | 2012 à 2019 | 17 €   **15/20**
Très épicé, frais, tendu, avec la salinité propre au sauvignon et à un choix de vendanges encore riches en acidité, un rien durci par sa mise en fin de bouche, à faire vieillir.

Rouge : 15 hectares ; cabernet franc 7%, cabernet sauvignon 40%, merlot 50%, petit verdot 3%. Blanc : 7 hectares ; sauvignon blanc 80%, sauvignon gris 15%, sémillon 5%. **Production totale annuelle :** 90 000 bt.

CHÂTEAU COUHINS-LURTON

33420 Grézillac
Tél. 05 57 25 58 58 - Fax. 05 57 74 98 59
andrelurton@andrelurton.com
www.andrelurton.com

Le château vient d'être rénové luxueusement par André Lurton qui, depuis longtemps, y produisait un vin blanc d'une remarquable finesse, très typé sauvignon, mais prenant au vieillissement les notes épicées typiques du terroir. À partir de jeunes vignes, un vin rouge non classé, très fruité mais assez souple, est loin d'atteindre le même niveau, mais le 2006 marque une étape certaine dans la progression de sa constitution.

PESSAC-LÉOGNAN 2007
Blanc | 2010 à 2017 | NC   **17/20**
Délicatement musqué, long, harmonieux, parfaite maîtrise du contrôle fermentaire, exemplaire.

PESSAC-LÉOGNAN 2006
Rouge | 2009 à 2021 | NC   **16/20**
Nettement plus équilibré en fin d'élevage qu'à sa naissance, très beau caractère aromatique et chair inattendue. Vin de forte personnalité.

Rouge : 17,4 hectares ; cabernet sauvignon 23%, merlot 77%. Blanc : 6 hectares ; sauvignon 100%. **Production totale annuelle :** 45 000 bt.
Visite : De 9 h à 12 h 30 et de 13 h 30 à 17 h 30, sur rendez-vous.

CHÂTEAU COUTET

33720 Barsac
Tél. 05 56 27 15 46 - Fax. 05 56 27 02 20
info@chateaucoutet.com
www.chateaucoutet.com

Coutet (prononcer Coutette, à la gasconne) est condamné à être l'éternel rival de Climens, à Barsac, ce qui n'est pas un destin misérable. Ses sols sont légèrement différents, et si l'on retrouve les notes citronnées nées du socle calcaire, Coutet donne des vins un peu plus nerveux et plus minéraux que son rival : la famille Baly, d'origine alsacienne, l'administre avec sagesse et en a confié la commercialisation mondiale à la société Baron Philippe de Rothschild, ce qui permet de rappeler à quel point Philippe de Rothschild était amoureux de ce cru.

BARSAC 2006
Blanc Liquoreux | 2014 à 2030 | env 40 € **18,5/20**
Un des sommets du millésime et peut-être même, dans la somptueuse richesse de ses arômes, un vin plus passionnant à déguster que le 2005. L'ensemble fera longtemps l'admiration des grands amateurs.

BARSAC 2005
Blanc Liquoreux | 2015 à 2030 | env 40 € **18,5/20**
Splendeur aromatique et grande force de caractère : il ira encore plus loin que les grands 1989 ou 1997 du château. Un incontournable du millésime.

BARSAC 2003
Blanc Liquoreux | 2009 à 2030 | env 40 € **17/20**
Robe claire, vin tout en élégance et en subtilité, avec une fin de bouche moins spectaculaire que d'autres, mais d'une remarquable pureté. Il sait cacher une très grande richesse sous la fraîcheur des notes d'agrumes, et il a été très adroitement vinifié pour vieillir très lentement.

BARSAC 2002
Blanc Liquoreux | 2012 à 2022 | env 40 € **19/20**
Un des sommets du millésime, un vin d'un charme fou, d'une pureté et d'une transparence aromatique qui en font l'idéal du type barsac. À boire sans modération...

Blanc : 38,5 hectares ; muscadelle 2%, sauvignon 23%, sémillon 75%. **Production totale annuelle :** 50 000 bt. **Visite :** Du lundi au vendredi, de 8 h à 12 h et de 14 h à 18 h, week-end et jours fériés, sur rendez-vous.

CHÂTEAU CRABITEY

63, route du Courneau
33640 Portets
Tél. 05 56 67 18 64 - Fax. 05 56 67 14 73
vignobles@debutler.fr

Ce cru est l'un des plus soignés du secteur de Portets, et certainement celui qui donne aujourd'hui les vins rouges les plus équilibrés. Nous sommes ici au cœur du classicisme du goût bordelais.

GRAVES 2007
Rouge | 2009 à 2015 | 12 € **14,5/20**
Robe très foncée. Nez profond de fruits mûrs. Bouche pleine, notes boisées. Tanins fins.

GRAVES 2006
Rouge | 2009 à 2016 | NC **14,5/20**
Bien typé par son terroir de Graves, le Château Crabitey a produit en 2006 un rouge agréable. Ses tanins élégants et son attaque sur les fruits noirs en feront une bouteille à boire dans les prochaines années.

Rouge : 10 hectares ; cabernet sauvignon 45%, merlot 55%. Blanc : 2 hectares ; sauvignon blanc 50%, sémillon 50%. **Production totale annuelle :** 60 000 bt. **Visite :** De 9 h à 12 h et de 14 h à 18 h.

CLOS DADY

Les Remparts
33210 Preignac
Tél. 05 56 62 20 01 - Fax. 05 56 62 33 11
clos.dady@wanadoo.fr
www.clos-dady.com

Petit cru très soigné de Preignac, amoureusement cultivé par la charmante Catherine Gachet, qui n'a cessé depuis cinq ans
d'en faire monter la qualité : le vin est élevé
aussi luxueusement que dans les Premiers crus, et rivalise désormais avec eux.
Une toute petite quantité d'un splendide
graves rouge, sans doute le plus grand de
son appellation, est réservée aux clients
les plus fidèles, qui ont bien de la chance !
Remarquables 2005 et 2006, parfaitement
réussis malgré les difficultés.

SAUTERNES 2007

Blanc Liquoreux I 2010 à 2016 I 23 € **14,5/20**
Reflets or profond ; nez exubérant ; montre
beaucoup d'onctuosité et de complexité sur
les notes rôties du raisin, finale longue et
riche sur des fruits confits et de la figue
hachée. Récolté et vinifié sur la limite.

Rouge : 1,66 hectare Blanc : 6,50 hectares ;
muscadelle 2%, sauvignon 10%, sémillon 88%.
Production totale annuelle : 5 000 bt.
Visite : Sur rendez-vous au 06 87 50 14 38.

CHÂTEAU DOISY-DAËNE

10, Gravas
33720 Barsac
Tél. 05 56 62 96 51 - Fax. 05 56 62 14 89
reynon@wanadoo.fr
www.denisdubourdieudomaines.com

Denis Dubourdieu et ses fils dirigent de façon
magistrale leur grand cru familial : autant dire
qu'ici, la science agronomique et œnologique
la plus pointue est aux prises avec les caprices
de la nature, pour le meilleur. Une toute petite
production (trois mille bouteilles) d'un vin très
liquoreux est produite sous la marque l'extra-
vagant-de-doisy-daëne, lorsque la récolte s'y
prête. La même équipe vinifie deux crus non
classés remarquables, château-cantegril et
château-de-carles, qui font des vins d'apéritif
hors du commun. On recherchera 2001 et 2003
pour la longue garde et 2002 et 2004 pour leur
merveilleuse précocité aromatique. 2006
n'égalera pas 2005 mais c'est normal.

BARSAC 2006

Blanc Liquoreux I 2014 à 2024 I 33,10 € **17,5/20**
La dégustation du vin après mise confirme
les impressions des premiers échantillons.
Le vin est large, généreux et remarquablement élégant.

BARSAC 2005

Blanc Liquoreux I 2015 à 2025 I 35,10 € **18/20**
Nez complexe et très frais, avec des notes
d'agrumes (pamplemousse), très maîtrisé
sur le plan technique, riche mais sans lourdeur. Le vin a parfaitement évolué en un an.

BARSAC 2004

Blanc Liquoreux I 2012 à 2019 I 29,25 € **17,5/20**
Robe claire, nez merveilleusement frais, harmonieux et complexe, équilibre parfait en
matière de liqueur et d'élevage, réussite magistrale, et modèle presque absolu de barsac.

BARSAC 2003

Blanc Liquoreux I 2013 à 2023 I 38,60 € **17/20**
Très clair, avec des notes marquées de passerillage du raisin (agrumes et raisins secs),
c'est un vin riche, puissant, avec un bon niveau
en alcool transformé qui le fera briller à table.

BARSAC 2001

Blanc Liquoreux I 2009 à 2026 I NC **17,5/20**
Clair, délicat, un peu de réduction au nez, ce qui
est bon signe pour le long vieillissement, plus
en longueur qu'en largeur, grand potentiel.

Blanc : 15,7 hectares ; muscadelle 1%,
sauvignon blanc 12%, sémillon 87%. Production
totale annuelle : 60 000 bt. Visite : Sur rendez-vous,
contacter le 05 56 62 96 51.

CHÂTEAU DOISY-VÉDRINES

33720 Barsac
Tél. 05 56 27 15 13 - Fax. 05 56 27 26 76
doisy-vedrines@orange.fr

Barsac classique par la position de son vignoble et le style de son vin, Doisy-Védrines est chouchouté comme il le mérite par la famille Castéja, qui l'aime très liquoreux et richement bouqueté. Son prix en fait une affaire remarquable, et si on sait l'attendre vingt ans, on peut espérer un vin de qualité proche de climens. Nous avons un faible pour le 2000 et le 2002 par rapport au 2006 de la propriété, car souvent Barsac n'a pas exactement les mêmes grands millésimes que Sauternes.

Barsac 2006
Blanc Liquoreux | 2012 à 2018 | NC   **14/20**
Nez de fleurs blanches, joli fruit, caractère barsac bien marqué, petite sensation de dilution par rapport aux meilleurs, et manque de «rôti».

Barsac 2005
Blanc Liquoreux | 2015 à 2025 | NC   **16/20**
Bien diversifié sur le plan aromatique, sur une base classique d'abricot et de fruits jaunes, belle acidité, vin long, frais, très bien fait.

Barsac 2004
Blanc Liquoreux | 2009 à 2025 | env 25 € **17/20**
Or pâle. Nez distingué (miel de fleurs, poire), aucune oxydation, grande finesse. Longueur magnifique, pureté du botrytis, vin savant, complexe, remarquable réussite.

Barsac 2003
Blanc Liquoreux | 2009 à 2020 | env 28 € **14/20**
Ici encore, on ne retrouve pas le niveau moyen récent (et élevé) de la propriété : le vin est puissant mais lourd, monolithique, avec des notes de pomme plutôt banales. À revoir.

Blanc : 27 hectares ; muscadelle 5%, sauvignon 15%, sémillon 80%. **Production totale annuelle :** 80 000 bt.
Visite : Du lundi au vendredi de 10 h à 17 h sur rendez-vous.

CHÂTEAU DE FARGUES

33210 Fargues-de-Langon
Tél. 05 57 98 04 20 - Fax. 05 57 98 04 21
fargues@chateau-de-fargues.com
www.chateau-de-fargues.com

Fargues appartient à Alexandre de Lur-Saluces, qui applique exactement les mêmes règles de viticulture et de cueillette du raisin qu'à Yquem, qu'il a administré pendant plus d'un quart de siècle. Le vin est complet, généreusement bouqueté, toujours très rôti, et il rivalise avec les Premiers crus classés. Somptueux 2003 et 2005, dignes des plus grands.

Sauternes 2005
Blanc Liquoreux | 2009 à 2030 | 99 €   **17/20**
Un grand sauternes. Superbe richesse aromatique, bouche onctueuse et pleine, très long, un botrytis remarquable et bien élevé.

Blanc : 15 hectares ; sauvignon 20%, sémillon 80%.
Production totale annuelle : 15 000 bt.
Visite : Du lundi au vendredi, de 9 h à 12 h et de 14 h à 18 h, sur rendez-vous.

CHÂTEAU DE FIEUZAL

124, avenue de Mont-de-Marsan
33850 Léognan
Tél. 05 56 64 77 86 - Fax. 05 56 64 18 88
infochato@fieuzal.com
www.fieuzal.com

Ce cru fut longtemps célèbre d'abord par son vin blanc, un des plus complets de Léognan, même si aujourd'hui d'autres le dépassent en raffinement d'élaboration. Le rouge, très corsé, a rarement égalé haut-bailly ou chevalier. On souhaite au nouveau propriétaire du cru, Lochlan Quinn, de donner une impulsion supplémentaire pour retrouver le prestige des années 1980. Les derniers rouges avaient déçu, mais le 2006 marque un net progrès. Le millésime 2007 continue ce mouvement même si le vin blanc n'atteint pas encore le niveau, ni surtout l'originalité, des grandes réussites des années 1980.

PESSAC-LÉOGNAN 2006

Blanc | 2009 à 2016 | cav. env 29 €   **16/20**
Plus frais et intense que les millésimes précédents, avec il est vrai une proportion de sauvignon nettement augmentée, le vin possède beaucoup de charme et d'élégance.

PESSAC-LÉOGNAN 2006

Rouge | 2014 à 2021 | 23 €   **16/20**
Assez puissant pour le millésime, dans un style qui retrouve la vinosité particulière du cru, tanin ferme, sans doute moins complexe que celui de quelques voisins mais excellente qualité de texture.

Rouge : 40 hectares. Blanc : 8 hectares. **Production totale annuelle** : 250 000 bt. **Visite** : Du lundi au vendredi, sur rendez-vous.

CHÂTEAU FILHOT

1, Pineau Est
33210 Sauternes
Tél. 05 56 76 61 09 - Fax. 05 56 76 67 91
filhot@filhot.com
www.filhot.com

Ce grand domaine produit des vins de caractère, mais qu'il ne faut surtout pas juger trop jeunes car ils conservent alors un aspect rustique un peu démodé. Les vins vieux se signalent par une fin de bouche très minérale, qui équilibre étrangement le sucre de la liqueur, mais surtout permet des usages gastronomiques hauts en couleur et en saveur avec les fruits de mer, en particulier avec le homard. On peut commencer à parler des 1996 et 1997, les millésimes plus récents sont dans les langes.

SAUTERNES 2006

Blanc Liquoreux | 2009 à 2021 | 24 €   **14,5/20**
Comme souvent, le nez de ce cru ouvre sur l'océan, avec des notes légèrement iodées qui feront certainement merveille sur les huîtres et les fruits de mer. Le vin apparaît plus boisé qu'à son habitude, convenablement rôti, mais pas encore assez précis sur le plan de l'expression de son terroir et du millésime.

SAUTERNES 2005

Blanc Liquoreux | 2015 à 2025 | 24 €   **14,5/20**
Très pâle, nez fermé, rôti du raisin pour le moment imperceptible, propre et net, à oublier une dizaine d'années.

SAUTERNES 2004

Blanc Liquoreux | 2009 à 2020 | 24 €   **14/20**
Un rien plus pâle que la moyenne, très acide, un vin qui sauvignonne, trop végétal pour être noble, mais agréable.

SAUTERNES 2003

Blanc Liquoreux | 2009 à 2020 | 24 €   **15/20**
Robe claire et lumineuse, notes de raisin de Corinthe au nez. Nerveux en entrée de bouche mais un peu traînant en finale, riche en extrait sec, à la façon d'un tokay aszu, un peu de lourdeur en finale.

Blanc : 62 hectares ; muscadelle 4%, sauvignon blanc 36%, sémillon 60%.
Production totale annuelle : 60 000 bt.

CLOS FLORIDÈNE

Château Reynon
21, route de Cardan
33410 Beguey
Tél. 05 56 62 96 51 - Fax. 05 56 62 14 89
reynon@wanadoo.fr
www.denisdubourdieu.com

Cette marque, qui associe les prénoms de Florence et Denis Dubourdieu, bénéficie du savoir-faire et du faire-savoir du célèbre œnologue bordelais. Il a beaucoup fait progresser les blancs, qui désormais expriment davantage la minéralité étonnante d'un terroir calcaire que les arômes variétaux des cépages locaux. Une petite quantité de rouge, très soignée, est également produite.

GRAVES 2006
Blanc | 2009 à 2016 | 16,00 €   **17/20**
Robe assez pâle. Nez complexe, aux notes minérales. La bouche est tout en finesse, riche et fruitée, d'une grande persistance aromatique sur les agrumes.

GRAVES 2006   ☺
Rouge | 2009 à 2010 | 12,00 €   **16/20**
Robe rubis foncée. Nez profond et complexe, aux notes épicées. Bouche de grandes souplesse et suavité, avec des notes poivrées et épicées. Belle longueur, assortie de jolis tanins fins.

GRAVES 2005
Blanc | 2009 à 2015 | NC   **17/20**
Robe jaune-vert pâle, nez frais, puissant, complexe, avec une superbe minéralité. Bouche harmonieuse, charnue, riche, fruitée, longue et vive. Grande persistance des arômes.

GRAVES 2005
Rouge | 2009 à 2012 | 13,70 €   **17/20**
Robe pourpre très soutenue, nez intense, complexe, puissant et raffiné, bouche charpentée avec une très belle texture, des tanins harmonieux et une très grande allonge. Classique et racé.

GRAVES LE ROSÉ DE FLORIDÈNE 2007
Rosé | 2009 à 2010 | NC   **16/20**
Remarquable avec sa suavité, son fruit très pur, sa bouche délicieusement fondante, aromatique et délicieusement fraîche.

Rouge : 16,3 hectares ; cabernet sauvignon 71%, merlot 29%. **Blanc :** 19 hectares ; muscadelle 1%, sauvignon blanc 39%, sémillon 60%. **Production totale annuelle :** 135 000 bt. **Visite :** Sur rendez-vous au 05 56 62 96 51.

CHÂTEAU DE FRANCE

98, route de Mont-de-Marsan
33850 Léognan
Tél. 05 56 64 75 39 - Fax. 05 56 64 72 13
contact@chateau-de-france.com
chateau-de-france.com

Beau vignoble proche de Fieuzal, et encore plus soigneusement cultivé que son voisin, Château de France produit des vins bien équilibrés et sérieusement constitués, légèrement inférieurs à ce qu'on doit en attendre. Mais dans les derniers millésimes, le style du vin a évolué dans la bonne direction. Les rouges commencent à prendre vraiment forme, plus complexes et moins linéaires qu'auparavant, les blancs restent simples mais très agréables. Les 2007 sont peut-être, à ce jour, les vins les plus aboutis de la propriété, dans les deux couleurs.

PESSAC-LÉOGNAN 2007
Blanc | 2009 à 2012 | NC   **13/20**
Robe jaune d'or intense, nez expressif, riche et très mûr, bouche très chaleureuse, un peu marquée par le boisé mais le vin reste flatteur.

PESSAC-LÉOGNAN 2006
Rouge | 2009 à 2016 | NC   **15,5/20**
Belle typicité de l'appellation : avec son nez et sa bouche marqués par la minéralité et un fruit mûr, ce 2006 équilibré, savoureux, frais et élégant, vieillira bien.

PESSAC-LÉOGNAN 2005
Blanc | 2009 à 2015 | NC   **15/20**
Précis, clair, transparent, subtil, joli style, sens du sauvignon.

PESSAC-LÉOGNAN 2005
Rouge | 2009 à 2015 | NC   **15,5/20**
Tout en élégance et plein de charme, ce vin propose un nez tendre, fruité, épicé et fumé, une bouche flatteuse, avec de beaux tanins et de la fraîcheur ; bon potentiel.

PESSAC-LÉOGNAN 2004
Blanc | 2009 à 2014 | NC   **14/20**
Plus ambitieux, musqué, boisé, lactique, alourdi par le bois, mais d'un bon potentiel de vieillissement.

Rouge : 36 hectares ; cabernet sauvignon 60%, merlot 40%. **Blanc :** 4 hectares ; sauvignon 80%, sémillon 20%. **Production totale annuelle :** 220 000 bt. **Visite :** Sur rendez-vous du lundi au jeudi, de 8 h 30 à 17 h 30 et le vendredi de 8 h 30 à 16 h.

CHÂTEAU LA GARDE

1, Chemin de la Tour
33650 Martillac
Tél. 05 56 35 53 00 - Fax. 05 56 35 53 79
contact@cvbg.com
www.dourthe.com

Propriété très bien située, sur des graves bien drainées de Martillac, et objet de beaucoup d'attentions de la part de son propriétaire, le groupe CVBG, La Garde améliore lentement mais sûrement ses blancs et ses rouges. Ils frappent davantage par leur corps que par leur pureté et leur finesse, mais sont en train d'évoluer dans la bonne direction. Joli blanc 2006, encore plus aromatique que le 2005, bien supérieur au rouge.

PESSAC-LÉOGNAN 2007

Blanc | 2009 à 2015 | 30 €   **15/20**
Riche, savoureux, complexe et équilibré, ce blanc très réussi et au bon potentiel de garde offre un superbe fruit, un boisé harmonieux et une belle minéralité.

PESSAC-LÉOGNAN 2006

Blanc | 2009 à 2016 | 28 €   **16/20**
Beaucoup de finesse aromatique et de gras, boisé intégré, raisin récolté à parfaite maturité, vin de caractère, capable de se développer sur cinq ans.

PESSAC-LÉOGNAN 2006

Rouge | 2009 à 2015 | 23 €   **15/20**
Un pessac-léognan qui prime par son élégance : nez harmonieux, délicatement fruité, minéral et boisé, bouche dans le même esprit, ronde, souple, finement tannique, fraîche et toute en longueur.

PESSAC-LÉOGNAN 2005

Rouge | 2009 à 2014 | 27 €   **14,5/20**
Vin de large format, corsé, intense, produit à partir de raisins très mûrs : ses tanins peuvent encore gagner en raffinement.

PESSAC-LÉOGNAN 2004

Rouge | 2009 à 2014 | 21 €   **14/20**
Nez épicé, vin souple, tannique, sérieux, peu complexe.

Blanc : 1,82 hectare ; sauvignon 100%.
Production totale annuelle : 13 000 bt.
Visite : En semaine sur rendez-vous.

CHÂTEAU GILETTE

4, rue du Port
33210 Preignac
Tél. 05 56 76 28 44 - Fax. 05 56 76 28 43
contact@gonet-medeville.com
www.gonet-medeville.com

Gilette est une spécialité de la famille Médeville, unique en Sauternais, puisque le vin est vieilli une bonne quinzaine d'années en petites cuves, puis cinq ans en bouteilles, avant d'être mis en vente. Cette façon spéciale de travailler renforce, par une longue réduction, le fruité naturel des vins de Preignac, avec ses notes d'agrumes, et les rend presque immortels, portés par une sensationnelle complexité aromatique et dotés d'une longueur en bouche insurpassable. Leur forte teneur en alcool transformé en fait de très grands produits de gastronomie.

SAUTERNES CRÈME DE TÊTE 1986

Blanc Liquoreux | 2009 à 2030 | NC   **17/20**
Robe complètement dorée, arôme très typé rancio, miel, agrumes confits et caramel, complet en bouche, complexité évidente, long, pour le moment moins impressionnant que les millésimes précédents, mais le vin est encore sur sa réserve.

SAUTERNES CRÈME DE TÊTE 1983

Blanc liquoreux | 2011 à 2028 | épuisé **18/20**
Début d'ambre dans les reflets sur les bords du disque au-dessus du verre, grand nez complexe de crème brûlée, de mandarine, énorme concentration, petite pointe d'amertume équilibrant le sucre, vin monumental.

SAUTERNES CRÈME DE TÊTE 1982

Blanc liquoreux | 2012 à 2022 | épuisé **17,5/20**
Robe dorée, nez très riche mais moins complexe que celui du 1983, rôti, suave, moins monumental mais étonnant pour ce millésime difficile pour Sauternes. Après deux heures d'aération, il développe une prodigieuse finesse.

SAUTERNES CRÈME DE TÊTE 1981

Blanc liquoreux | 2008 à 2016 | épuisé **17/20**
Robe or plein, moins ambrée que 1983, nez plus simple mais grand et savoureux évoquant à la fois l'acacia, le gâteau de miel et la violette, pas d'excès de liqueur, presque prêt à boire.

Blanc : 4,5 hectares ; muscadelle 2%, sauvignon blanc 8%, sémillon 90%.
Production totale annuelle : 5 000 bt.
Visite : De 9 h30 à 12 h et de 14 h à 16 h.

CHÂTEAU GUIRAUD

33210 Sauternes
Tél. 05 56 76 61 01 - Fax. 05 56 76 67 52
dgalhaud@chateauguiraud.com
www.chateauguiraud.com

Le château vient d'être acheté par la famille Peugeot, associée au trio de choc Xavier Planty, Stephan von Neipperg et Olivier Bernard. Nul doute que ce Premier cru, qui faisait son possible en matière de viticulture probe et de respect scrupuleux des usages loyaux dans la production de vin liquoreux, progresse encore, particulièrement en raffinement dans l'élevage. Le 2006, après mise, confirme brillamment ce pronostic. Quelques millésimes récents, très purs à la naissance, ont vieilli un peu vite, dès que le bouchon présentait quelque faiblesse, en raison des doses protectrices minimales de SO2, ce qui est toujours un risque. On misera plutôt sur le 2002, le 2004, le 2005 et le 2006 pour la longue garde, les vins étant mieux protégés.

Sauternes 2006

Blanc Liquoreux | 2016 à 2026 | NC   **18/20**
Un vin complet, remarquablement complexe et équilibré, faisant la queue-de-paon et montrant ce qu'il était possible de faire dans ce millésime difficile. Aucun départ d'oxydation.

Sauternes 2005

Blanc Liquoreux | 2009 à 2030 | 55 €   **17,5/20**
Superbe nez de raisins parfaitement rôtis, équilibrant magnifiquement puissance et finesse. Le vin récent le plus complet de ce château, à notre connaissance.

Sauternes 2004

Blanc Liquoreux | 2009 à 2020 | 38 €   **15,5/20**
Robe un rien plus plombée, boisé un peu insistant, épicé, léger manque de fraîcheur.

Sauternes 2002

Blanc Liquoreux | 2009 à 2022 | 32 €   **18,5/20**
Jaune pâle, grande élégance aromatique, fraîcheur, finesse, complexité, splendide bouteille, sans doute la plus accomplie sur le plan formel des dix dernières années.

Blanc : 100 hectares ; sauvignon blanc 35%, sémillon 65%. Production totale annuelle : 100 000 bt. Visite : De 9 h à 12 h et de 14 h à 17 h.

CHÂTEAU HAURA

Château Reynon
21, Route de Cardan
33410 Beguey
Tél. 05 56 62 96 51 - Fax. 05 56 27 14 89
reynon@wanadoo.fr
www.denisdubourdieudomaines.com

Le plateau de Podensac et d'Illats, au sud des Graves, est l'un des meilleurs terroirs parmi les plus méconnus du Bordelais. Traditionnellement plus porté sur les vins blancs et surtout les blancs liquoreux (Graves Supérieures et Cérons), il s'est reconverti en plantant des cépages rouges, dont le produit est plus facile à vendre. Denis Dubourdieu a repris un des meilleurs vignobles du secteur et, malgré la jeunesse des vignes, offre un rouge au fruité déjà très élégant et précis, avec un prix de vente imbattable. Mais on aimerait qu'il conserve une toute petite parcelle en appellation Cérons. Excellent 2006, d'une fraîcheur aromatique étonnante !

Graves 2006

Rouge | 2009 à 2010 | 13,10 €   **15/20**
Nez finement épicé. La bouche est ample, vive, droite, avec de belles notes d'épices, de poivre. Belle trame tannique, aux tanins bien enrobés.

Graves 2005

Rouge | 2009 à 2015 | NC   **15,5/20**
Un excellent rouge, charnu mais souple, aux arômes un peu musqués et épicés d'une impeccable précision, avec des tanins très bien intégrés.

Graves 2004

Rouge | 2009 à 2012 | NC   **15/20**
Robe d'un pourpre dense, superbe nez agréable, fruité, floral et épicé. Bouche charnue, suave, franche, avec une belle texture tendre, de la fraîcheur pour ce graves élancé, qui exprime toute la race du cabernet bien mûr.

Rouge : 13 hectares ; cabernet sauvignon 60%, merlot 40%. Blanc : 2 hectares ; sauvignon blanc 0%, sémillon 100%. Production totale annuelle : 60 000 bt. Visite : Sur rendez-vous.

CHÂTEAU HAUT-BAILLY

103, avenue de Cadaujac
33850 Léognan
Tél. 05 56 64 75 11 - Fax. 05 56 64 53 60
mail@chateau-haut-bailly.com
www.chateau-haut-bailly.com

Ce cru célèbre illustre au plus haut point les qualités d'équilibre et de raffinement des plus beaux rouges bordelais. Le vignoble a la chance d'être vieux, impeccablement tenu par une équipe technique très performante, conduite par Gabriel Vialard, et administré avec passion par Véronique Sanders, petite-fille de l'ancien propriétaire du château. Le 2005 égalera en célébrité 1928. Le Second vin, la-parde-de-haut-bailly, est un des plus constants et fiables de la catégorie, mais demande deux ou trois ans de bouteille pour révéler la plénitude de son fruit et de sa texture.

PESSAC-LÉOGNAN 2006
Rouge | 2016 à 2026 | Ench. 30 €   **16,5/20**
Puissant, serré, assez austère, le vin a gagné en densité de texture ce qu'il a un peu perdu en charme classique, celui qui répond à la définition : rien de trop.

PESSAC-LÉOGNAN 2006
Rouge | 2016 à 2019 | NC   **17,5/20**
Grande robe, corps complet, texture inimitable par son velouté qui cache admirablement la force du vin, tanin noble, le grand classique du millésime, comme on s'y attend.

PESSAC-LÉOGNAN 2005
Rouge | 2009 à 2025 | Ench. 45 €   **18/20**
Grande couleur, nez généreux, presque fumé à la pessac, évoluant vers le grand tabac havane, ample, velouté, tanin ferme, magistral.

PESSAC-LÉOGNAN 2004
Rouge | 2012 à 2024 | NC   **17/20**
Noir, grand nez, civilisé, puissant, tendu, élevé, raffiné, vineux, prix d'excellence dans le millésime et une des grandes réussites de Bordeaux.

Rouge : 30 hectares ; cabernet franc 6%, cabernet sauvignon 64%, merlot 30%. **Production totale annuelle :** 150 000 bt. **Visite :** Sur rendez-vous.

CHÂTEAU HAUT-BERGEY

69, cours Gambetta
33850 Léognan
Tél. 05 56 64 05 22 - Fax. 05 56 64 06 98
info@vignoblesgarcin.com
www.vignoblesgarcin.com

Haut-Bergey est l'un de ces crus non classés de Léognan à qui l'on a donné les moyens de faire jeu égal avec les classés. La famille Garcin, avec l'aide successive de Michel Rolland, Jean-Luc Thunevin et Alain Raynaud, l'a peu à peu transformé en propriété pilote : aujourd'hui, le blanc dépasse d'une courte tête en personnalité le rouge, avec une rare finesse aromatique et une grande richesse de constitution. Une petite production très ambitieuse de rouge, sous le nom de château-branon, issue des meilleurs terroirs, et destinée un jour à être vinifiée dans un cuvier séparé, a beaucoup séduit les plus célèbres critiques américains. Plus corsé et surtout plus boisé que haut-bergey, il ne lui est pas forcément supérieur en originalité et en finesse pure. Le 2006 blanc, remarquable, est le plus complet jamais vinifié par le château. Le rouge n'a jamais été aussi élégant et affirmé.

PESSAC-LÉOGNAN 2006
Blanc | 2009 à 2014 | NC   **17,5/20**
Très remarquable sur le plan de la complexité aromatique et du corps : on a ici vendangé les raisins au meilleur de leur maturité, et le terroir commence à montrer son vrai potentiel, notamment en matière de longueur et de tension dans la saveur.

PESSAC-LÉOGNAN 2006
Rouge | 2009 à 2015 | NC   **16,5/20**
Avec son nez puissant et épanoui, fruits mûrs et minéral, sa bouche flatteuse, ample, fruitée, aux tanins savoureux et équilibrés, ce millésime est dans la lignée des vins de la propriété.

PESSAC-LÉOGNAN 2005
Blanc | 2009 à 2015 | NC   **17/20**
Superbe bouquet à dominante citronnée, très équilibré, très allongé et frais, maturité idéale du raisin, sans aucune lourdeur.

PESSAC-LÉOGNAN 2004
Rouge | 2009 à 2013 | Ench. 14 €   **14,5/20**
Un beau vin de caractère, au nez intense, complexe, fruits noirs, minéral, fumé, à la bouche dense, typée, serrée et très longue.

Rouge : 26 hectares ; cabernet sauvignon 60%, merlot 40%. **Blanc :** 2 hectares ; sauvignon 80%, sémillon 20%. **Production totale annuelle :** 80 000 bt. **Visite :** Du lundi au vendredi, de 9 h à 12 h et de 14 h à 17 h.

CHÂTEAU HAUT-BRION

🜚🜚🜚🜚🜚

33608 Pessac cedex
Tél. 05 56 00 29 30 - Fax. 05 56 98 75 14
info@haut-brion.com
www.haut-brion.com

Cru magistral, au vignoble enchâssé dans la ville de Bordeaux, et bénéficiant par l'urbanisation d'un microclimat très chaud et d'une précocité supérieure à tous ses pairs, Haut-Brion a toujours brillé par sa régularité et ne connaît pas de petit millésime. Même en année moins favorable, il conserve la plénitude de son caractère aromatique, le fameux goût «fumé» de Pessac, et une étonnante capacité à se renforcer au long vieillissement. Une toute petite quantité de vin blanc, d'une force de caractère exceptionnelle, un peu plus marquée par les arômes du sauvignon que laville-haut-brion, rivalise en puissance avec le montrachet lui-même ! Le Second vin, désormais nommé clarence, possède une finesse, une classe, une précision et une parenté de style avec le Premier qui sont uniques à Bordeaux.

PESSAC-LÉOGNAN 2006
Blanc | 2009 à 2018 | NC   **19/20**
Vin sublime dans son étoffe, son parfum, sa longueur, idéalement élevé en bois neuf, et d'un type absolument unique à Bordeaux, comme d'habitude, par son intensité et son caractère.

PESSAC-LÉOGNAN 2006
Rouge | 2021 à 2034 | NC   **18/20**
Grande couleur, niveau d'alcool élevé, vin riche, complexe, très fermé pour le moment. Ce millésime continue le type des vins très typés merlot, qui prend fin avec les 2007 et 2008 qui retrouvent tous leurs cabernets.

PESSAC-LÉOGNAN 2005
Rouge | 2020 à 2035 | Ench. NC   **18/20**
Vin monumental, d'une richesse en alcool naturel très rare dans le secteur, au tanin surpuissant mais remarquablement extrait, complètement à part dans son appellation, par sa proportion de très grands merlots.

Rouge : 48,02 hectares ; cabernet franc 13%, cabernet sauvignon 44%, merlot 42%.
Blanc : 2,87 hectares ; sauvignon 47%, sémillon 53%.
Production totale annuelle : 144 000 bt. Visite : Sur rendez-vous, du lundi au jeudi, de 8 h 30 à 11 h et de 14 h à 16 h 30. Vendredi, de 8 h 30 à 11 h 30.

CLOS HAUT-PEYRAGUEY

🜚🜚🜚🜚🜚

33210 Bommes
Tél. 05 56 76 61 53 - Fax. 05 56 76 69 65
clos.haut.peyraguey@orange.fr
www.closhautpeyraguey.com

Le cru a intelligemment simplifié son nom et le mot château disparaît de l'étiquette. On aurait du mal d'ailleurs à qualifier de château les modestes bâtiments où Martine Langlais-Pauly vinifie avec détermination et abnégation son magnifique vin. Le terroir est incomparable par son unité et son homogénéité, et sa petite superficie permet des vendanges à la carte. Les derniers millésimes nous ont conquis par leur richesse, leur pureté et leur transcendante finesse. Sur ce point ils sont, de tout ce secteur du Haut-Bommes, ceux qui se rapprochent le plus d'yquem. Un seul d'entre eux est à éviter, 2000, qui a d'ailleurs pratiquement disparu du marché grâce au courage rare de la propriété.

SAUTERNES 2006
Blanc Liquoreux | 2014 à 2026 | 38 €   **17/20**
Un peu durci par sa mise en bouteille, ce vin exige deux heures d'aération au moins dans son état actuel. Par ailleurs, il semble superbement constitué mais avec un rien moins de complexité que le 2004 et que les 2007 et 2008 encore en fûts.

SAUTERNES 2005
Blanc Liquoreux | 2013 à 2030 | épuisé   **19,5/20**
La perfection faite sauternes, ou presque ! Incomparable et transcendante finesse des arômes, avec l'éclat attendu dans ce millésime vraiment unique. Chaque bouteille devra être consommée dans des circonstances dignes d'elle !

SAUTERNES 2004
Blanc Liquoreux | 2014 à 2024 | épuisé   **18/20**
Nous avions mal jugé ce vin en primeurs. Il est tout simplement devenu un des sommets du millésime avec une tension, une noblesse et une complexité qui récompensent les efforts accomplis.

SAUTERNES 2003
Blanc Liquoreux | 2013 à 2023 | 49 €   **19/20**
Robe dorée, immense richesse aromatique, corps complet, il s'est bien épanoui et dépasse largement les promesses de sa naissance. On est au niveau d'yquem. Avis confirmé en 2009.

Blanc : 17 hectares ; sauvignon 10%, sémillon 90%.
Production totale annuelle : 25 000 bt.
Visite : Tous les jours, de 8 h à 12 h et de 14 h à 18 h, y compris le dimanche.

CHÂTEAU LES JUSTICES

33210 Preignac
Tél. 05 56 76 28 44 - Fax. 05 56 76 28 43
gonet.medeville@wanadoo.fr

Un des plus réguliers et des meilleurs crus non classés de Sauternes, très fruité comme souvent à Preignac, très complexe au vieillissement, mais surtout d'un idéal rapport alcool-liqueur (souvent plus de 14°) qui en fait un grand compagnon de gastronomie. Les derniers millésimes sont encore plus riches que ceux des années 1970. Remarquable série ininterrompue de sauternes bien faits, culminant avec un 2005 monumental et un 2006 très surprenant par sa vivacité aromatique.

SAUTERNES 2006

Blanc Liquoreux | 2011 à 2022 | 26 €   **16/20**
Or pâle, nez d'un fruité intense, citronné et sur une base d'abricot, rôti du raisin bien perceptible, complexe, belle densité de matière, tout en fraîcheur sur la finale.

Blanc : 8,5 hectares ; 8%, muscadelle 2%, sémillon 90%. **Production totale annuelle** : 20 000 bt.

Inscrivez-vous sur

BETTANEDESSEAUVE.COM

> Suivez l'actualité du vin
> Accédez aux notes de dégustation de 25 000 vins
> Visitez les stands des producteurs

CHÂTEAU LAFAURIE-PEYRAGUEY

33210 Bommes
Tél. 05 56 76 60 54 - Fax. 05 56 76 61 89
info@lafaurie-peyraguey.com
www.lafaurie-peyraguey.com

Le cru attire le regard, grâce au style grandiosement mauresque du château et de ses murailles, mais son vin est tout aussi monumental, très riche en liqueur, très régulier, parfait représentant du potentiel et du style de la partie haute de Sauternes. Actuellement, les 1988 et 1990 sont des splendeurs, très proches d'yquem par leur corps et leur somptuosité de saveur. Les prix très raisonnables, en comparaison avec la qualité, des 2002, 2003, 2004 et 2005 devraient leur valoir plus de succès qu'ils en ont ! 2006 ne dépare pas la ligne de ces beaux millésimes.

SAUTERNES 2006

Blanc Liquoreux | 2014 à 2026   **17,5/20**
Le boisé est un rien appuyé mais le vin est tellement riche et rôti pour l'année qu'il le dominera aisément. Un lafaurie typique, somptueux, confirment la belle forme actuelle de ce cru célèbre !

SAUTERNES 2005

Blanc Liquoreux | 2015 à 2030 | NC   **18,5/20**
Un grand sauternes de garde, complet, merveilleusement architecturé, sans doute le plus beau de la propriété depuis cinquante ans !

SAUTERNES 2004

Blanc Liquoreux | 2009 à 2024 | NC   **17/20**
Or pâle, moins épanoui que d'autres au nez, un peu plus ananas, plus pointu, fruit moins harmonieux mais frais, très grande longueur, un peu moins parfait formellement que la-tour-blanche, mais plein de caractère, grand avenir.

SAUTERNES 2003

Blanc Liquoreux | 2013 à 2025   **17,5/20**
Robe dorée, nez éclatant de miel d'acacia. Riche, gras, aussi rôti qu'on peut l'imaginer, avec une liqueur fastueuse par sa persistance et sa richesse. Un monument, même si dans l'absolu on peut rêver d'un peu plus de pureté aromatique.

SAUTERNES 2002

Blanc Liquoreux | 2009 à 2022   **18/20**
Une merveille de pureté et de subtilité, au fruité complètement préservé de toute touche d'oxydation ou d'altération, boisé merveilleusement fondu à la liqueur, un grand séducteur !

Blanc : 36 hectares ; muscadelle 2%, sauvignon blanc 8%, sémillon 90%. **Production totale annuelle** : 75 000 bt.
Visite : visites sur rendez-vous.

CHÂTEAU LAMOTHE

19, rue Principale
33210 Sauternes
Tél. 05 56 76 67 89 - Fax. 05 56 76 63 77
guy.despujols@free.fr
www.lamothe-despujols.com

Ce cru voisine Arche et aurait tout pour séduire, un splendide terroir, des propriétaires au cœur en or, un prix de vente raisonnable, même pour la cuvée de prestige faite vraiment selon les règles de l'art. Hélas, la plupart des bouteilles, même dans les millésimes récents, présentent un manque de netteté aromatique dont il serait bien temps de comprendre les causes et d'y remédier.

SAUTERNES 2005
Blanc Liquoreux | 2013 à 2017 | 27 €   **12/20**
Beau rôti, vin très ample et savoureux, long, digne du terroir et du millésime. Le vin, malgré ses qualités, n'est pas parfaitement net sur les deux échantillons dégustés cette année.

SAUTERNES 2004
Blanc Liquoreux | 2009 à 2024 | 22 €   **16/20**
Très léger liège au nez, mais vin puissant, excellent dans son rôti et son équilibre en acidité, et doté de beaucoup d'extrait. La propriété est en progrès, mais doit continuer à surveiller ses bouchons et, pourquoi pas, passer au bouchage capsule.

SAUTERNES 2003
Blanc Liquoreux | 2009 à 2018   **12/20**
Nez d'acacia, forte note de raisin sec au nez, dense, mais sans vrai «rôti». Peut-être le vin traverse-t-il une mauvaise phase, momentanée ?

Blanc : 7,5 hectares ; muscadelle 5%, sauvignon blanc 10%, sémillon 85%. **Production totale annuelle :** 16 000 bt. **Visite :** Sur rendez-vous au 05 56 76 67 89 et à 15 h sans rendez-vous.

CHÂTEAU LAMOURETTE

33210 Bommes
Tél. 05 56 76 63 58 - Fax. 05 56 76 60 85
chateaulamourette@orange.fr

Cette propriété, uniquement gérée par des femmes, n'avait guère brillé jusqu'à ce que Anne-Marie Léglise reprenne les rênes en 1980. Sous ses efforts, les sauternes ont trouvé un haut niveau qualitatif sur un style très aromatique. Les 13,5 hectares de vignes sont bien situés à Bommes, au cœur de l'appellation Sauternes. Un tiers de la production est vinifié sous l'appellation Graves à partir de 3,5 hectares de graves rouges, avec un encépagement équilibré entre cabernet-sauvignon et merlot qui font partie intégrante du château.

SAUTERNES 2005
Blanc Liquoreux | 2012 à 2024 | 17 €   **15,5/20**
Un millésime tout en finesse, nez très pur d'arômes de fruits frais d'agrumes et de fleurs, une liqueur intégrée, de l'élan en finale. Pour les amateurs de vins aériens et délicats.

SAUTERNES 2003
Blanc Liquoreux | 2010 à 2018 | 19 €   **15/20**
Une expression éclatante, sur les notes d'agrumes si caractéristiques de ce millésime, un vin fait avec soin, avec du charme, riche mais merveilleusement frais et très apéritif.

SAUTERNES 2002
Blanc Liquoreux | 2009 à 2015 | 17 €   **14/20**
Notes mielleuses ; ample, riche, un peu iodé, moins complexe que le millésime précédent.

SAUTERNES 2001
Blanc Liquoreux | 2010 à 2018 | 22 €   **14,5/20**
Nez de miel d'acacia, riche et bien corseté, rôti très typé orange amère confite ,avec agréables notes d'amertume en finale.

Rouge : 3 hectares. Blanc : 11 hectares.
Production totale annuelle : 20 000 bt.
Visite : Sur rendez-vous.

CHÂTEAU LARRIVET HAUT-BRION

84, route de Cadaujac
33850 Léognan
Tél. 05 56 64 75 51 - Fax. 05 56 64 53 47
larrivethautbrion@wanadoo.fr

Importante propriété au cœur de Léognan, entre Haut-Bailly et Smith Haut-Lafitte, bien reprise en main par Philippe Gervoson (de la famille des confitures Andros) et son épouse. Les vins, élaborés sous l'inspiration de Michel Rolland, sont de style moderne, en particulier les rouges, gras, vineux et chaleureux pour l'appellation, tandis que le blanc a beaucoup gagné en étoffe et en précision, mais manque encore de finesse. L'arrivée du nouveau directeur technique Bruno Lemoine, le vinificateur du fameux montrose 1990, devrait permettre au cru d'affirmer encore plus de personnalité.

Pessac-Léognan 2006
Blanc | 2009 à 2050 | NC **13,5/20**
Nez très exotique, aux arômes de mangue, ananas, papaye et miel, bouche très riche et chaleureuse mais un peu en retrait sur le plan aromatique.

Pessac-Léognan 2006
Rouge | 2009 à 2015 | NC **14/20**
Léger contraste entre le nez, exubérant, épanoui, aux arômes de fruits confits, de pivoine et résineux, et la bouche, très dense, s'appuyant sur une solide assise tannique encore un peu ferme.

Pessac-Léognan 2005
Rouge | 2009 à 2025 | NC **16/20**
Brillante réussite, vin complet, généreux et élégant, doté de tanins très finement épicés, et en principe fait pour la longue garde.

Pessac-Léognan 2004
Rouge | 2009 à 2014 | NC **14/20**
Joli nez de pruneau, un peu de cuir, souple, charmeur, commercial. Pas de fraîcheur.

Rouge : 45 hectares ; cabernet sauvignon 50%, merlot 50%. **Blanc :** 9 hectares ; sauvignon 50%, sémillon 50%. **Production totale annuelle :** 240 000 bt. **Visite :** Sur rendez-vous.

CHÂTEAU LATOUR-MARTILLAC

33650 Martillac
Tél. 05 57 97 71 11 - Fax. 05 57 97 71 17
latourmartillac@latourmartillac.com
www.latourmartillac.com

Un peu isolé dans Martillac, ce cru classé est un modèle de propriété familiale, avec un attachement quasi filial de tous les enfants Kressmann à leur patrimoine, et une gestion très saine de bon père de famille. Ce n'est qu'à quinze ou vingt ans d'âge qu'un bon millésime révèle ici la plénitude de l'expression de son origine. On peut encore en affiner le tanin et la texture, et c'est dans cette direction que les propriétaires se sont engagés depuis quelques années. Les 2007 et 2008 témoignent encore mieux que le 2006 de cette évolution. Le Second vin, lagrave-martillac, est bien fait, dans les deux couleurs, mais sans personnalité vraiment particulière.

Pessac-Léognan 2007
Blanc | 2012 à 2019 | 35 € **17/20**
Robe pâle, splendide expression aromatique, caractéristique du millésime, frais, élégant, finale tendue, sensation de réserve pour la garde, vin de grand caractère.

Pessac-Léognan 2006
Blanc | 2009 à 2016 | 35 € **17/20**
Pâle, très complexe et racé au nez, de l'essence de cédrat et mandarine, gras, mûr, long. Vraiment remarquable.

Pessac-Léognan 2006
Rouge | 2014 à 2021 | 29 € **15,5/20**
Belle couleur mais pas la plus profonde, vin plein et strict, certainement de garde, manquant un peu de respect du fruit, mais le millésime a vu des raisins très riches en alcool naturel.

Pessac-Léognan 2006
Rouge | 2015 à 2021 | NC **17/20**
Le vin a parfaitement évolué en un an, en développant des notes de graphite racées que nous n'avions pas perçues en primeur, et une élégance authentique dans le tanin, absolument pas appuyé. Un vin de style pour amateur de bordeaux confirmé et exigeant.

Rouge : 34 hectares ; petit verdot 5%, cabernet sauvignon 60%, merlot 35%. **Blanc :** 10 hectares ; muscadelle 5%, sauvignon 35%, sémillon 60%. **Production totale annuelle :** 290 000 bt. **Visite :** Du lundi au samedi matin, de 9 h à 12 h et de 14 h à 17 h sur rendez-vous.

CHÂTEAU LAVILLE HAUT-BRION

🎖🎖🎖🎖

Domaine Clarence Dillon
33608 Pessac cedex
Tél. 05 56 00 29 30 - Fax. 05 56 98 75 14
info@haut-brion.com
www.haut-brion.com

Tout petit vignoble, inférieur à 5 hectares, mais qui donne certainement le plus grand vin blanc sec (exclusivement) de Bordeaux, par sa richesse de sève, son incomparable noblesse aromatique, et sa fastueuse parenté, dans les sensations tactiles, avec les plus beaux crus de Bourgogne. Au vieillissement, le sémillon domine le sauvignon, et donne une allonge considérable à la fin de bouche. Certains millésimes récents se sont subitement effondrés après six ou sept ans de vieillissement, ce qui a conduit à de nouveaux réglages à la mise en bouteille, qui devraient permettre aux fastueux et très nobles 2005 et 2006 de retrouver la longévité proverbiale du cru. Mais seul l'avenir le dira.

PESSAC-LÉOGNAN 2006
Blanc | 2011 à 2021 | NC   **19/20**
Pureté et finesse prodigieuses, acidité magnifiquement en phase avec la texture et la saveur, noblesse incomparable de caractère. Les préparateurs de ce chef-d'œuvre seraient catastrophés si le vieillissement trahissait les promesses de départ !

PESSAC-LÉOGNAN 2005
Blanc | 2009 à 2020   **18,5/20**
Le vin commence à sentir le pin et l'acacia, beaucoup d'ampleur et de noblesse de saveur.

PESSAC-LÉOGNAN 2004
Blanc | 2009 à 2020   **19/20**
Sereinement, royalement, sans en rajouter, Laville impose les canons d'un grand blanc de Bordeaux, au niveau des meilleurs montrachets. Le bouquet enchanteur est d'une finesse aérienne, la bouche charnue, merveilleusement fine est longue, grasse, intense, fraîche et racée, développant des notes de miel d'acacia d'une grande persistance et sans la moindre lourdeur.

PESSAC-LÉOGNAN 2003
Blanc | 2009 à 2010   **16/20**
Puissant et épicé, mais avec des notes marquées de stress de la vigne. Il semble que le terroir de Haut-Brion se soit mieux adapté aux difficultés de l'année.

Blanc : 2.55 hectares ; sauvignon blanc 12%, sémillon 88%. **Production totale annuelle** : 9 000 bt.
Visite : Sur rendez-vous du lundi au jeudi, de 8 h 30 à 11 h et de 14 h à 16 h 30. Vendredi de 8 h 30 à 11 h 30.

CHÂTEAU LA LOUVIÈRE

🎖🎖🎖🎖🎖

149, route de Caudajac
33850 Léognan
Tél. 05 56 64 75 87 - Fax. 05 56 64 71 76
lalouviere@andrelurton.com
www.andrelurton.com

Le majestueux Château La Louvière, encadré par Carbonnieux et Haut-Bailly, est un des plus efficaces ambassadeurs de Pessac-Léognan dans le monde : les vins puissants, un rien austères, mais d'une régularité sans faille, vieillissent superbement. Mais surtout, la personnalité infatigable, même à plus de 80 ans, d'André Lurton le met toujours en avance sur le plan technique, en particulier par l'adoption du bouchage sous capsule des blancs. Il faut maintenant réussir la transmission à la génération suivante !

PESSAC-LÉOGNAN 2006
Rouge | 2009 à 2018 | 26,95 €   **15,5/20**
Magnifique nez distingué, offrant un fruit pur, un boisé racé, une bouche ample, charnue, avec des tanins vigoureux certes mais harmonieux, et une longue finale fraîche.

PESSAC-LÉOGNAN 2006
Blanc | 2009 à 2015 | 27,25 €   **16/20**
Une des grandes réussites de la propriété : le nez est complexe, puissant, harmonieux, la bouche savoureuse, ample, puissamment fruitée, minérale, tendue par une excellente vivacité et d'une longueur remarquable.

PESSAC-LÉOGNAN 2005
Rouge | 2009 à 2015 | 29 €   **14,5/20**
Joli nez floral, épicé, distingué, long, frais, élégant, notes de myrtille en bouche, bon tanin mais un peu trop rustique.

PESSAC-LÉOGNAN 2005
Blanc | 2009 à 2013 | 24,80 €   **15/20**
Ananas, pamplemousse, finesse et subtilité, plus de nez que de bouche. On a de la vivacité mais pas vraiment de longueur.

PESSAC-LÉOGNAN 2004
Blanc | 2009 à 2012 | 20,75 €   **14/20**
Vivant au nez, musqué et toasté, plus net et bien plus personnel que d'autres, mais pas assez de longueur.

Rouge : 48 hectares ; cabernet sauvignon 64%, merlot 36%. **Blanc** : 13,5 hectares ; sauvignon 85%, sémillon 15%. **Production totale annuelle** : 250 000 bt.
Visite : De 9 h à 12 h 30 et de 13 h à 17 h 30, sur rendez-vous.

CHÂTEAU LUDEMAN LA CÔTE

33210 Langon
Tél. 05 56 63 07 15 - Fax. 05 56 63 48 17
mbelloc-ludeman@wanadoo.fr

Situé sur la commune de Langon, ce vignoble d'une vingtaine d'hectares se transmet depuis 1930 de génération en génération par les femmes. Depuis plus de quinze ans, c'est Muriel Belloc-Lambrot qui dirige l'exploitation. La culture de la vigne est très soignée et très tradition-nelle, de même pour la vinification. Les vins traduisent ces principes, avec un style sans esbroufe, solide parfois jusqu'à l'aus-térité.

GRAVES 2008

Blanc I 2009 à 2012 I 5,70 €   **14/20**
Robe jaune paille. Nez expressif, aux notes d'ananas. Bouche vive et énergique.

GRAVES 2007

Blanc I 2009 à 2010 I NC   **15/20**
Robe jaune d'or. Nez très expressif aux notes d'ananas, de poire. La bouche est ample et riche avec beaucoup d'expression fruitée, belle vivacité en finale.

GRAVES 2005

Blanc I 2009 à 2010 I NC   **14,5/20**
Robe jaune d'or à vert intense. Nez très exu-bérant, développant des arômes de fruits exotiques et de poire. Bouche ample, riche, vigoureuse et fruitée, avec de la tenue et une belle vivacité en finale.

GRAVES 2005

Rouge I 2009 à 2010 I NC   **16/20**
Robe pourpre dense, nez riche, mûr et com-plexe avec un très joli fruit et un boisé har-monieux. Bouche ronde, charmeuse, dense, avec un superbe grain, du style et de l'équi-libre.

Rouge : 11 hectares ; cabernet sauvignon 40%, merlot 60%. Blanc : 5 hectares ; sauvignon blanc 20%, sémillon 80%. Production totale annuelle : 60 000 bt.

CHÂTEAU MALARTIC-LAGRAVIÈRE

43, avenue de Mont-de-Marsan
33850 Léognan
Tél. 05 56 64 75 08 - Fax. 05 56 64 99 66
malartic-lagraviere@malartic-lagraviere.com
www.malartic-lagraviere.com

Propriétaires perfectionnistes, les Bonnie ont rénové les installations techniques de la propriété de manière magistrale, remis en état et agrandi le vignoble, et surtout métamorphosé les vins. Les rouges, sévèrement sélectionnés, possèdent une force et une droiture de constitution éton-nantes, qui ne déparent pas leur finesse native. Les blancs récents ont gagné en volume de bouche et en onctuosité. Les derniers millésimes sont tous remarqua-blement vinifiés, et se situent au premier rang de Léognan. Le Second vin, le-sillage-de-malartic, semble le plus com-plet de sa catégorie, en blanc comme en rouge.

PESSAC-LÉOGNAN 2007

Blanc I 2009 à 2015   **17/20**
Notes d'agrumes de haute maturité, riche mais élégant, avec son habituelle fausse fluidité, et sa finale légèrement citronnée très élégante.

PESSAC-LÉOGNAN 2006

Rouge I 2016 à 2026   **18/20**
Grande robe, volume magnifique en bouche, grande classe. Avec chevalier, c'est le plus riche et le plus harmonieux de ces rouges 2006, et une assurance de style étonnante. Attendre huit à dix ans !

PESSAC-LÉOGNAN 2005

Rouge I 2010 à 2025 I NC   **18/20**
Corps ample mais fin, arôme racé de cèdre, tanin noble, tout en nuances, superbe vini-fication.

Rouge : 46 hectares : cabernet franc 10%, cabernet sauvignon 40%, merlot 50%.
Blanc : 7 hectares ; sauvignon 85%, sémillon 15%.
Production totale annuelle : 130 000 bt.
Visite : De 9 h à 18 h sur rendez-vous.
Pas de vente aux particuliers.

CHÂTEAU DE MALLE

Château de Malle
33210 Preignac
Tél. 05 56 62 36 86 - Fax. 05 56 76 82 40
accueil@chateau-de-malle.fr
www.chateau-de-malle.fr

Le château, avec son merveilleux jardin à l'italienne, est classé, tout comme le vin, archétype du preignac, sorte de transition entre le fruité très vite épanoui des barsacs et l'opulence des sauternes. Malle est également un producteur de haut niveau en graves, dans les deux couleurs. En blanc sec, m-de-malle provient d'un petit vignoble de 3 hectares. Ce vin très fin est une rareté, car sa production ne dépasse pas sept mille bouteilles par an. Le graves rouge porte la signature du château-de-cardaillan, dont les 20 hectares font partie intégrante du Château de Malle, avec un vignoble équilibré entre cabernet-sauvignon et merlot.

SAUTERNES 2006
Blanc Liquoreux | 2014 à 2021 | entre 27 et 35 € **14/20**
Robe dorée, nez puissant de pâte de fruits, assez riche en liqueur, savoureux mais manquant au plus haut niveau d'éclat et de complexité.

SAUTERNES 2005
Blanc Liquoreux | 2015 à 2030 | entre 27 et 35 € **16,5/20**
Splendide arôme complexe, grande sève, fruité noble et immédiatement séduisant, grande suite en bouche, peut-être le plus beau vin de Malle depuis plus d'un demi-siècle.

SAUTERNES 2004
Blanc Liquoreux | 2012 à 2019 | entre 27 et 35 € **16/20**
Doré vert lumineux. Vanillé, franc, onctueux, long, très agrumes. Très agréable et équilibré, bon compromis avec les forces et les faiblesses du millésime, bien fait.

SAUTERNES 2002
Blanc Liquoreux | 2010 à 2022 | entre 27 et 35 € **15/20**
Robe claire, vin charmeur mais moyennement complexe, rond, suave, presque prêt à boire, à réserver en entrée de repas. Impression confirmée en 2008.

SAUTERNES 2001
Blanc Liquoreux | 2009 à 2021 | entre 27 et 35 € **16/20**
Assez ouvert au nez, tout en finesse et en vivacité aromatique. Gras, liquoreux mais tendre, et d'évolution beaucoup plus rapide à prévoir que chez les meilleurs barsacs, par exemple.

Rouge : 23 hectares ; cabernet sauvignon 50%, merlot 50%. **Blanc :** 30 hectares ; muscadelle 3%, sauvignon blanc 25%, sémillon 72%. **Production totale annuelle :** 170 000 bt. **Visite :** De 10 h à 12 h et de 14 h à 18 h.

CHÂTEAU LA MISSION HAUT-BRION

Domaine Clarence Dillon S.A.S.
33608 Pessac cedex
Tél. 05 56 00 29 30 - Fax. 05 56 98 75 14
info@haut-brion.com
www.mission-haut-brion.com

Le cru a replanté une bonne partie de son vignoble dans les années 1980, ce qui a pu expliquer quelques inégalités, comme un pitoyable 1997. Mais il a aujourd'hui retrouvé tout ce qui l'a rendu mondialement célèbre : une association rare entre une texture très voluptueuse, avec un bouquet très puissant, très original, rapide à se développer dans le verre et une finesse superlative dans le tanin. Son appel est donc universel, et beaucoup (mais nous ne faisons pas partie de cette tendance) le préfèrent même à haut-brion. À partir de 2006, le Second vin du château, la-chapelle, récupère les vignes de La Tour Haut-Brion, ce qui va le métamorphoser et lui donner une force de caractère inconnue à ce jour.

PESSAC-LÉOGNAN 2006
Rouge | 2018 à 2031 | NC **18/20**
Beaucoup d'étoffe et de velouté de texture, grain de tanin harmonieux, ensemble puissant mais classique, parmi les plus aptes à la garde du millésime.

PESSAC-LÉOGNAN 2005
Rouge | 2020 à 2030 | NC **18,5/20**
D'une certaine façon le vin est plus harmonieux que haut-brion, plus lisse et velouté dans sa texture, moins abrupt dans sa finale. Grand vin hors norme par sa maturité de raisin.

PESSAC-LÉOGNAN 2004
Rouge | 2009 à 2022 **17/20**
Grande robe, nez plus ouvert que haut-brion mais un rien moins précis dans son intégration du boisé et dans la définition des arômes secondaires. Généreux, velouté, long, très bien fait néanmoins.

PESSAC-LÉOGNAN 2003
Rouge | 2009 à 2023 **17,5/20**
Plutôt plus réussi et harmonieux que haut-brion, avec un nez très développé, presque bourguignon, une texture veloutée un peu exotique. Mais il est difficile d'imaginer son avenir.

Rouge : 20,69 hectares ; cabernet franc 7,9%, cabernet sauvignon 47,6%, merlot 44,5%. **Production totale annuelle :** 84000 bt. **Visite :** Sur rendez-vous du lundi au jeudi, de 8 h 30 à 11 h et de 14 h à 16 h 30. Vendredi, de 8 h 30 à 11 h 30.

CHÂTEAU MYRAT

33720 Barsac
Tél. 05 56 27 09 06 - Fax. 05 56 27 11 75
myrat@chateaudemyrat.fr

Jacques de Pontac, l'un des propriétaires les plus sympathiques de Barsac, s'efforce sans grands moyens de produire des liquoreux authentiques. Il n'est pas aidé par la sélection de son matériel végétal, qui ne permet pas toujours le développement le plus noble du champignon, comme en 1998, mais le tri est fait selon des règles très strictes. Le 2000 a trop vite vieilli, et nous avons été trop optimistes à son sujet. Le 2002 se déguste beaucoup mieux aujourd'hui, et les millésimes suivants, dont un 2006 largement au-dessus de la moyenne, offrent tous un superbe rapport qualité-prix.

SAUTERNES 2006
Blanc Liquoreux | 2009 à 2025 | 27 €   **16/20**
Boisé un peu dominant et devant inciter le producteur à sermonner ses fournisseurs. Pour le reste, le vin est riche, parfaitement rôti et doté de l'acidité supplémentaire des barsacs, utile dans ce type de millésime. Longue finale, caractéristique des vendanges faites selon les règles de l'art.

SAUTERNES 2005
Blanc Liquoreux | 2013 à 2020 | 30 €   **16,5/20**
Beau barsac, riche en liqueur, soigné dans son élevage, et probablement d'un rapport qualité-prix difficile à dépasser.

SAUTERNES 2003
Blanc Liquoreux | 2011 à 2021 | 30 €   **16/20**
Robe d'un or très lumineux, nez très complexe d'une riche vendange, associant remarquablement passerillage et pourriture noble (notes d'agrumes et d'acacia, mais aussi d'abricot). Très fruité, long, racé, confit.

SAUTERNES 2002
Blanc Liquoreux | 2012 à 2022 | 25 €   **16/20**
Robe plus claire que 2004, nez simple mais franc et pur d'agrumes, joli rôti du raisin, bonne longueur, vin bien fait, très recommandable.

Blanc : 22 hectares ; muscadelle 4%, sauvignon blanc 8%, sémillon 88%. **Production totale annuelle :** 30 000 bt. **Visite :** Sur rendez vous.

CHÂTEAU NAIRAC

33720 Barsac
Tél. 05 56 27 16 16 - Fax. 05 56 27 26 50
contact@chateau-nairac.com
www.chateau-nairac.com

Les Tari sont des propriétaires passionnés, et ils mettent toute leur énergie à produire un vin aussi riche et aussi authentique que possible, sur les excellentes terres de Nairac. On y vise le tout grand vin, avec une viticulture très propre et sans la moindre triche : pas question ici de chaptaliser. Quelques millésimes des années 1990 sont apparus trop lourds et fatigués, mais les réglages nécessaires ont été faits, et les derniers millésimes sont superbes. On se réjouira de la haute qualité des 2004 et 2005, en attendant un très prometteur 2006. Une des valeurs sûres d'aujourd'hui à Barsac.

BARSAC 2006
Blanc Liquoreux | 2016 à 2028 | cav. env 50 €   **16,5/20**
Beau vin de vrai botrytis, aromatique, fin, assez voluptueux, très bien récolté et vinifié, un peu moins fin peut-être que coutet, mais dans vingt ans personne n'y trouvera rien à redire.

BARSAC 2005
Blanc Liquoreux | 2013 à 2025 | cav. env 50 €   **18,5/20**
Encore plus impressionnant que l'an dernier, barsac idéal par sa pureté, sa richesse, sa noblesse d'expression du terroir. Bravo !

BARSAC 2004
Blanc Liquoreux | 2014 à 2019 | 41,30 €   **16/20**
Or avancé. Bon boisé, nez puissant, ouvert, complexe, grande sucrosité, grande franchise, grande longueur, très agréable et bien vendangé.

BARSAC 2003
Blanc Liquoreux | 2011 à 2018 | épuisé   **17/20**
Une belle robe dorée et un nez fort expressif d'agrumes le rendent immédiatement séduisant. Vin riche, rôti, idéal sur la cuisine asiatique.

BARSAC 2001
Blanc Liquoreux | 2009 à 2021 | cav. env 40 €   **15/20**
Beaucoup d'opulence et de charme aromatique, très marmelade d'orange, long, complexe. Boisé un peu appuyé.

Blanc : 17 hectares ; muscadelle 4%, sauvignon 6%, sémillon 90%. **Production totale annuelle :** 15 000 bt. **Visite :** Tous les jours, de 9 h à 18 h, sur rendez-vous.

CHÂTEAU OLIVIER

175, avenue de Bordeaux
33850 Léognan
Tél. 05 56 64 73 31 - Fax. 05 56 64 54 23
mail@chateau-olivier.com
www.chateau-olivier.com

Magnifique propriété, parfaitement protégée du développement de l'urbanisation
par la famille Bethmann. Olivier a longtemps produit un vin sans grande ambition ni grand caractère. Il a été récemment
l'objet d'une révolution complète dans les
méthodes de travail et les résultats ont été
immédiats. Le vin blanc, qui contient traditionnellement une bonne proportion de
sémillon, est devenu complexe et élégant
en 2004 et 2006, tout en conservant son
côté corsé, et les rouges, bien mieux vinifiés, expriment avec plus de précision leur
excellent terroir. Le cru mérite donc enfin
son rang de cru classé !

PESSAC-LÉOGNAN 2006
Blanc | 2009 à 2014 | 23 €   **16,5/20**
Riche et certainement plus personnel que
le rouge, avec à la fois des notes qui rappellent le thé vert et une touche d'iode océa-
nique (venue du sémillon ?) qui le prédispose
à l'accompagnement des fruits de mer.

PESSAC-LÉOGNAN 2006
Rouge | 2014 à 2021 | NC   **15/20**
Puissant, tendu, épicé, tanin ferme, un peu
austère, léger manque de sève par rapport
à l'intensité de ce tanin mais terroir bien
perceptible et style classique et irréprochable.

PESSAC-LÉOGNAN 2005
Rouge | 2015 à 2023 | 27 €   **16/20**
Petit arôme encore discret de cerise, vin
charnu généreux, plutôt suave, tanin moins
épicé que d'autres, velouté rendant sa texture plus directement approchable que
d'autres vins plus compliqués, bien vinifié.
Nous l'avions un peu surestimé en primeur.

PESSAC-LÉOGNAN LE DAUPHIN D'OLIVIER 2005
Rouge | 2010 à 2015 | 12,50 €   **14/20**
Vin souple et sain, au fruité très franc, sans
aspérité tannique, pas vraiment complexe
mais facile à boire.

Rouge : 47 hectares ; cabernet franc 4%,
cabernet sauvignon 35%, merlot 45%.
Blanc : 8 hectares ; 8%, sémillon 8%.
Production totale annuelle : 300 000 bt.
Visite : De 10 h à 16 h.

CHÂTEAU PAPE CLÉMENT

216, avenue du Docteur-Nancel-Pénard
33600 Pessac
Tél. 05 57 26 38 38 - Fax. 05 57 26 38 39
chateau@pape-clement.com
www.pape-clement.com

Une des marques les plus justement populaires du Bordelais, Pape Clément ne
néglige aucun détail pour rester au sommet de la qualité, y compris le désormais
fameux égrappage manuel sur table, où
des dizaines de petites mains trient et cou-
pent les rafles des raisins. Les rouges ont
une volupté de texture unique dans l'appellation, sur beaucoup de points très
proches de la-mission-haut-brion. Les
blancs partagent la même finesse et la
même sophistication, mais devront digérer un boisé plus affirmé que chez
d'autres. Remarquables 2005 et 2006, toujours parmi les plus brillants de la Rive
gauche. Le Second vin, le-clémentin, est
bien plus expressif en rouge qu'en blanc.

PESSAC-LÉOGNAN 2007
Blanc | 2010 à 2017 | 197 €   **16/20**
Robe légèrement dorée, grand nez musqué
et toasté, que les puristes trouveront certainement trop boisé mais qui plaira ; maturité remarquable du raisin, nombreuses
nuances aromatiques propres à l'année,
finale longue, mais le maquillage (pas vraiment utile quand la classe naturelle du vin
est telle) se sent !

PESSAC-LÉOGNAN 2006
Rouge | 2016 à 2026 | 139,50 €   **17/20**
Robe grenat profond, nez fumé avec des
notes de chocolat noir et de pruneau, corps
complet, texture voluptueuse à souhait,
grande longueur, vin remarquable, dans un
style très recherché et peut-être moins naturel que d'autres.

PESSAC-LÉOGNAN 2005
Rouge | 2009 à 2030 | 338 €   **18/20**
Le plus complexe de la série au nez et en
bouche. Vin splendidement constitué, long,
généreux, dans une forme olympique.

PESSAC-LÉOGNAN 2004
Rouge | 2009 à 2010 | 89 €   **17/20**
Très belle robe, boisé puissant, notes de
ronces, vin moderne, bien fait, bien élevé,
long et profond.

Rouge : 30 hectares ; cabernet sauvignon 60%,
merlot 40%. **Blanc :** 2,5 hectares ; muscadelle 5%,
sauvignon blanc 45%, sauvignon gris 5%, sémillon 45%.
Production totale annuelle : 99 000 bt. **Visite :** Du lundi
au samedi à 10 h30, 11 h30, 14 h30 et 16 h30.

CHÂTEAU PONTAC-MONPLAISIR

20, rue Maurice-Utrillo
33140 Villeneuve-d'Ornon
Tél. 06 09 28 80 88 - Fax. 05 56 87 35 10
contact@pontac-monplaisir.fr
www.pontac-monplaisir.fr

Petite propriété sauvée de l'urbanisation, Pontac-Monplaisir revit des jours bien meilleurs et offre à des prix raisonnables un rouge souple et subtil, parfois un peu maigre et décevant au vieillissement, mais surtout un blanc exceptionnel élégant et individualisé, qui semble mieux convenir au terroir. Joli blanc 2006, encore plus aromatique que le 2005, bien supérieur au rouge.

PESSAC-LÉOGNAN 2006
Blanc | 2009 à 2015 | 13,50 €   **15,5/20**
Savoureux et très fin blanc, aux arômes de zeste et de fleurs, à la longueur très élégante et équilibrée entre fraîcheur, persistance et densité.

PESSAC-LÉOGNAN 2006
Rouge | 2009 à 2014 | 13,50 €   **13/20**
Nez très expressif de fruits noirs, eucalyptus, encens, bouche ronde et chaleureuse en attaque, avec un fruit savoureux, puis une trame tannique encore un peu sévère qui devra s'assouplir.

PESSAC-LÉOGNAN 2005
Blanc | 2009 à 2015 | 13 €   **15/20**
Mûr, net, savoureux, bien vinifié, un des meilleurs blancs non classés de l'appellation.

Rouge : 12,50 hectares ; cabernet sauvignon 40%, merlot 60%. Blanc : 3,50 hectares ; sauvignon 60%, sémillon 40%. **Production totale annuelle :** 100 000 bt.
Visite : Du lundi au samedi sur rendez-vous.

CHÂTEAU RABAUD-PROMIS

33210 Bommes
Tél. 05 56 76 67 38 - Fax. 05 56 76 63 10
rabaud-promis@wanadoo.fr

Le cru est issu d'une division du Château Rabaud, dont la famille Sigalas a repris une partie des vignes, et forme une sorte de transition entre les crus du Haut-Sauternes et ceux situés un rien plus bas. Les Dejean, propriétaires du cru, sont des vignerons accomplis mais très timides, et leur expertise en matière de pourriture noble n'a d'égale que leur prudence. Il arrive donc que tous les risques ne soient pas pris et que certains millésimes manquent de rôti, mais en belle année, le vin est richement bouqueté et vieillit admirablement. Les derniers millésimes, en revanche, sont en grand progrès, avec en particulier des 2005 et 2008 étonnants, et le vin devient l'un des rapports qualité-prix les plus remarquables en grands liquoreux. Le château vend des millésimes plus anciens et davantage prêts à boire. Le Second vin du château, les-bequets, égale les meilleurs.

SAUTERNES 2006
Blanc Liquoreux | 2014 à 2021 | NC   **15/20**
Un peu en dessous du 2005 en matière de pureté et de raffinement dans la pourriture noble mais riche, savoureux, assez complexe, à revoir d'ailleurs dans cinq ou six ans pour voir si la finesse, qu'on attend, se développe.

SAUTERNES 2005
Blanc Liquoreux | 2015 à 2025 | NC   **18,5/20**
Splendide nez floral, magnifique transparence de la pourriture noble, élégance, puissance, naturel exemplaire en bouche, un grand millésime du château et un rapport qualité-prix certainement exceptionnel.

SAUTERNES 2004
Blanc Liquoreux | 2014 à 2024 | Ench. 17 € **17/20**
Robe pâle, très bien protégée de l'oxydation, grande finesse aromatique, acidité revigorante, moins rôti bien entendu dans sa vendange que 2005 mais très équilibré, pur, d'un style irréprochable et qui vieillira.

SAUTERNES 2003
Blanc Liquoreux | 2011 à 2025 | NC   **17/20**
Beaucoup de puissance et de rôti, vin de caractère, confirmant les progrès du cru mais avec moins de pureté et de transparence dans le fruit que le 2005.

Blanc : 33 hectares ; muscadelle 2%, sauvignon 18%, sémillon 80%. **Production totale annuelle :** 50 000 bt.
Visite : Sur rendez-vous.

CHÂTEAU RAHOUL

4, route du Courneau
33640 Portets
Tél. 05 57 97 73 33 - Fax. 05 57 97 73 36
chateau-rahoul@thienot.com

La famille Thiénot, important opérateur en Champagne, s'installe de plus en plus à Bordeaux. Elle a commencé par quelques propriétés peu connues, où elle applique une politique de qualité, comme Rahoul à Portets, capable de produire un blanc très sémillon, miellé et fin, pour les amateurs de ce type de parfums. Depuis peu, elle est rentrée dans le capital d'un très grand négociant, le groupe Dourthe-Kressmann. Il faut encore continuer les efforts à Rahoul, spécialement pour le rouge. 2006 montre qu'on travaille ici avec plus de précision que par le passé.

GRAVES 2006

Blanc | 2009 à 2012 | NC   **15/20**
Souple et délié, plus finement construit que dans les millésimes précédents.

GRAVES 2006

Rouge | 2009 à 2013 | NC   **15/20**
Droit et élégant, belle profondeur et fraîcheur notable en finale. Savoureux.

GRAVES 2005

Blanc | 2009 à 2015 | NC   **15/20**
Robe paille clair, nez très développé de miel de fleurs, à dominante de sémillon, original, fin, saveur un peu amère de noyau de pêche et de fenouil, le contraire du type habituel dans la région, très bien vinifié. Ce n'est pas le goût à la mode, mais gageons que cette mode reviendra.

GRAVES 2005

Rouge | 2009 à 2010 | NC   **14,5/20**
Robe couleur rubis. Nez épicé, poivré. La bouche est fraîche, sa matière est fine et élégante, d'une belle longueur. Tanins assez fermes en finale.

GRAVES 2004

Rouge | 2009 à 2014 | NC   **14/20**
Robe pas très intensément colorée, nez épicé assez développé, souple, facile à boire, tanin fin, pas très expansif mais c'est dans les gènes du terroir. Vinification soignée, commence à prendre de la longueur en bouche, dans un registre délicatement animal et fumé.

Rouge : 37 hectares ; cabernet 20%, merlot 80%.
Blanc : 3 hectares ; sauvignon 20%, sémillon 80%.
Production totale annuelle : 260 000 bt. Visite : Sur rendez-vous de 9 h à 12 h et de 14 h à 17 h.

CHÂTEAU RAYMOND-LAFON

4, Au Puits
33210 Sauternes
Tél. 05 56 63 21 02 - Fax. 05 56 63 19 58
famille.meslier@chateau-raymond-lafon.fr
www.chateau-raymond-lafon.fr

Magnifiquement situé dans la partie haute de Sauternes, voisin des meilleurs Premiers crus classés, Raymond-Lafon produit depuis longtemps un vin qui leur est comparable, sous la direction très méticuleuse de Pierre Meslier et de ses enfants. Pierre Meslier, d'origine médocaine, fut un brillant directeur d'Yquem dans les années 1970 et 1980, et sait ce qu'il faut faire pour obtenir un grand liquoreux. Très riches en liqueur, impeccablement rôtis, d'un vieillissement assuré, les vins du château méritent leur notoriété mondiale.

SAUTERNES 2006

Blanc Liquoreux | 2013 à 2024 | NC   **16/20**
Belle bouteille pour la longue garde. Nez complexe et raffiné ; grande élégance en bouche, frais, svelte, avec des raisins parfaitement rôtis qui donnent un vin avec un corps riche et une diversité remarquable, bien que le toasté du bois mériterait d'être encore un peu mieux intégré en finale.

SAUTERNES 2005

Blanc liquoreux | 2020 à 2035 | env 55 €   **17,5/20**
Grand vin complet, évoquant le 1962 par ses conditions de production, liqueur imposante et parfaitement adaptée à un long élevage sous bois.

SAUTERNES 2004

Blanc liquoreux | 2019 à 2029 | 45 €   **16/20**
Arôme floral très puissant, grande pureté de saveur malgré les difficultés de l'année, production très restreinte.

SAUTERNES 2003

Blanc liquoreux | 2018 à 2028 | 55 €   **16,5/20**
Rôti prononcé du raisin, légère note de caramel, s'ajoutant à celle de fruits exotiques liées à la pourriture noble, très liquoreux, mais l'apogée n'est pas pour demain.

Blanc : 17 hectares ; sauvignon blanc 20%, sémillon 80%. Production totale annuelle : 20 000 bt.
Visite : Sur rendez-vous.

CHÂTEAU DE RAYNE-VIGNEAU

109, rue Achard - B.P. 154
33210 Bommes
Tél. 05 56 59 00 40 - Fax. 05 56 59 36 47
contact@cagrandscrus.fr
www.cagrandscrus.com

Le terroir de Rayne-Vigneau ne le cède qu'à celui d'Yquem, et encore, en matière de qualité d'exposition et de facilité naturelle de drainage. Le vin, bien que soigneusement élaboré, n'a que rarement approché les mêmes hauteurs depuis cinquante ans, mais il semble qu'enfin le nouveau propriétaire, le tout-puissant Crédit Agricole, a compris la valeur du cru, et l'obligation de mettre un aussi grand patrimoine pleinement en valeur. On devrait avec 2006 dépasser ici largement le niveau des millésimes juste antérieurs, pourtant intrinsèquement plus grands.

SAUTERNES 2006
Blanc Liquoreux | 2014 à 2021 | NC **15,5/20**
La bouteille finale n'exprime pas toute la puissance des premiers échantillons dégustés, mais il est évident que le vin exprime mieux sa prestigieuse origine que dans les millésimes précédents. C'est fin, subtil, assez long, mais un peu fluide en milieu de bouche.

SAUTERNES 2005
Blanc Liquoreux | 2013 à 2017 | ench. 31 € **15/20**
Nez exubérant de fruits de la passion, signe d'une belle maîtrise technique, pur, savoureux, long, complexe.

SAUTERNES 2004
Blanc Liquoreux | 2012 à 2016 | ench. 17 € **14/20**
Riche, pas très complexe, pas trop de finesse mais savoureux. Pas assez d'exigence au niveau de la sélection du raisin, ou en tout cas moins que pour d'autres premiers crus.

SAUTERNES 2003
Blanc Liquoreux | 2013 à 2021 | ench. 23 € **14/20**
Nez réservé, confit, puissant mais avec une sensation brûlante d'alcool, et sans diversité aromatique. Vin monolithique dont on suivra le développement en bouteille.

Blanc : 74 hectares. Production totale annuelle : 100 000 bt. Visite : Visites réservées aux professionnels, du lundi au vendredi de 9 h à 12 h et de 14 h à 17 h, sur rendez-vous.

CHÂTEAU DE RESPIDE

Le Pavillon de Boyrein
33210 Roaillan
Tél. 05 56 63 24 24 - Fax. 05 56 63 24 34
vignobles-bonnet@wanadoo.fr
www.chateau-de-respide.com

Le Château de Respide est l'un des plus vieux châteaux viticoles des Graves. Il est cité dans l'édition du Féret vers 1840. Le domaine fut la propriété du chef de la police de Paris sous Louis XIV, puis appartint à la tante du peintre Toulouse-Lautrec. Il est aujourd'hui propriété de la famille Bonnet. Avec plus des deux tiers de la surface plantés en rouge, cette propriété a beaucoup gagné en régularité ces dernières années, et s'affiche désormais comme une valeur sûre du secteur, en particulier avec ses suggestives et opulentes cuvées-callipyge.

GRAVES 2008
Blanc | 2009 à 2012 | 6 € **14/20**
Robe jaune pâle. Nez vif de fleurs blanches. Belle fraîcheur en bouche, notes de pêches blanches, belle acidité.

GRAVES CALLIPYGE 2008
Blanc | 2009 à 2014 | env 12 € **13,5/20**
La robe est brillante, jaune pâle. Nez fin. Bouche fine et élégante.

GRAVES CALLIPYGE 2005
Blanc | 2009 à 2010 | 12 € **14,5/20**
Robe jaune d'or intense, nez expressif, fruité et beurré avec un joli boisé vanillé, bouche riche et ample, chaleureuse avec une bonne vivacité en finale. Dans le style puissant et opulent.

GRAVES CALLIPYGE 2005
Rouge | 2009 à 2010 | 13 € **16/20**
Robe pourpre dense, nez intense aux notes fumées. Bouche ample, de la chair avec un joli grain de tanins, de jolis arômes boisés, du gras. Grande longueur, joli vin équilibré.

GRAVES CALLIPYGE 2004
Rouge | 2009 à 2012 | cav. env 13 € **15/20**
Robe pourpre dense, nez intense de fruits noirs avec des notes fumées et animales. Bouche très savoureuse, ample, charnue avec un joli grain de tanin, des arômes boisés harmonieux, du gras et une grande longueur. Joli vin équilibré.

Rouge : 30 hectares ; cabernet sauvignon 29%, merlot 43%, petit verdot 3%. Blanc : 15 hectares ; sauvignon 11%, sémillon 14%. Production totale annuelle : 300 000 bt. Visite : Du lundi au vendredi, de 9 h à 18 h. Sur rendez-vous le week-end.

CHÂTEAU RESPIDE-MÉDEVILLE

4, rue du Port
33210 Preignac
Tél. 05 56 76 28 44 - Fax. 05 56 76 28 43
contact@gonet-medeville.com
www.gonet-medeville.com

Le cru produit sur 8 hectares un beau graves rouge à dominante cabernet-sauvignon, et sur moitié moins un très élégant graves blanc, de qualité reconnue et constante. Cette propriété appartient à la famille Médeville, bien connue pour son fameux sauternes château-gilette. Bien pris en main par la nouvelle génération, les vins sont revenus à leur plus haut niveau.

GRAVES 2006

Blanc | 2009 à 2016 | NC   **16/20**
Arôme très net mais discret de miel de fleurs, très fidèle à un type classique de blanc du sud des Graves, très sec, tendu, avec une précision supérieure à celle des millésimes précédents.

GRAVES 2006

Rouge | 2009 à 2014 | 14,50 €   **16/20**
Couleur pourpre. Nez fin, riche, complexe. La bouche offre des notes épicées, poivrées avec beaucoup de finesse et d'harmonie. Bel équilibre.

GRAVES 2005

Blanc | 2009 à 2012 | NC   **15/20**
Robe jaune d'or à vert, nez riche, complexe et de grande maturité avec de jolies notes miellées. Bouche ample, généreuse avec du fruit, de la fraîcheur et une longue finale très équilibrée.

GRAVES 2005

Rouge | 2009 à 2012 | NC   **16,5/20**
Robe noire, nez épanoui, mûr et très complexe, bouche puissante et riche, avec de beaux tanins serrés et une longue finale fraîche et équilibrée. Superbe élégance.

GRAVES LA DAME DE RESPIDE 2006   ☺

Rouge | 2009 à 2012 | 9 €   **14/20**
Belle couleur foncée. Nez enveloppant et dense. Bouche très ronde avec un joli fruit mûr, petites notes boisées. Trame tannique imposante.

Rouge : 8 hectares ; cabernet sauvignon 60%, merlot 40%. **Blanc :** 4 hectares ; muscadelle 5%, sauvignon blanc 45%, sémillon 50%.
Production totale annuelle : 70 000 bt.
Visite : De 9 h30 à 12h et de 14 h à 16 h.

CHÂTEAU RIEUSSEC

33210 Fargues-de-Langon
Tél. 05 57 98 14 14 - Fax. 05 57 98 14 10
rieussec@lafite.com
www.lafite.com

Actuellement, ce Premier cru classé est le plus recherché de sa catégorie, grâce à la qualité indéniable de son vin, très liquoreux et d'une régularité remarquable, mais aussi grâce à la puissance et à l'adresse commerciales des Domaines Rothschild. Charles Chevallier, directeur de Lafite, y a construit sa carrière et continue à veiller amoureusement sur le style du vin, vinifié avec tout le savoir-faire technique moderne. On y perd peut-être en poésie mais certainement pas en qualité. Le vin continue à être très riche, même en millésime intermédiaire, mais il a gagné en finesse dans ses équilibres, y compris dans l'extravagance climatique du 2003. Superbes 2006 et 2007.

SAUTERNES 2006

Blanc Liquoreux | 2014 à 2026 | NC   **16,5/20**
Robe bien dorée, presque cuivrée, extrême sensation de raisins rôtis au nez, avec une puissance dans les arômes de fruits confits audacieuse, un rien violente même. Un vin fastueux, pour les amateurs de ce style.

SAUTERNES 2005

Blanc Liquoreux | 2013 à 2030 | ench. 50 €   **18/20**
Vin d'une magnifique puissance et de potentiel d'avenir immense, un classique de ce millésime exceptionnel.

SAUTERNES 2004

Blanc Liquoreux | 2012 à 2024 | ench. 27 €   **17/20**
Vin riche, remarquablement sélectionné, très rieussec, c'est-à-dire plus somptueux par sa texture que par son raffinement aromatique, mais avec une noblesse évidente de terroir.

SAUTERNES 2003

Blanc Liquoreux | 2009 à 2030 | ench. 47 €   **18/20**
Merveilleux équilibre de bouche, malgré une richesse en liqueur supérieure à tout millésime connu, avec la petite touche de caramel propre à cette vendange, vin somptueux, sans rien qui puisse faire douter de sa longévité.

SAUTERNES 2002

Blanc Liquoreux | 2009 à 2022 | ench. 30 €   **17,5/20**
Robe claire, miel et hydromel au nez, belle acidité, fraîcheur, finesse, gras, complexité, charme : tout confirme la réussite générale de ce millésime sous-estimé à sa naissance.

Blanc : 75 hectares ; muscadelle 1,5%, sauvignon 6,5%, sémillon 92%. **Production totale annuelle :** 90 000 bt.
Visite : Sur rendez-vous. Fermé en août et pendant les vendanges.

CHÂTEAU ROMER DU HAYOT

Château Andoyse Andoys
33720 Barsac
Tél. 05 56 27 15 37 - Fax. 05 56 27 04 24
vignoblesduhayot@wanadoo.fr
www.vignobles-du-hayot.com

Ce cru ne figure ici qu'à cause de son classement historique. Le vin n'en est pas
digne depuis vingt ans, mais se vend bien
dans la grande distribution, à prix d'amis.
Il semble néanmoins qu'une très récente
reprise en main commence à lui donner le
style attendu. Le 2006 ne nous a pas été
présenté mais le 2007 promettait certainement d'être le meilleur depuis trente ans.

SAUTERNES 2005
Blanc Liquoreux | 2011 à 2020 | 20 €   **14/20**
Bien plus liquoreux qu'il ne le fut pendant
de longues années, mais un peu alourdi par
le bois.

SAUTERNES 2004
Blanc Liquoreux | 2009 à 2010   **10/20**
Ambré terne et plombé ; soufre combiné au
nez et notes lourdes de bois, déjà à demi-
mort.

SAUTERNES 2003
Blanc Liquoreux | 2009 à 2010 | env 25 € **11/20**
Trop évolué en robe et au nez, avec des notes
de pomme tatin, trop simple, trop lourd, trop
imprécis. On n'est pas au niveau d'un cru
classé.

Blanc : 12 hectares ; muscadelle 5%, sauvignon 20%,
sémillon 75%. Production totale annuelle : 30 000 bt.
Visite : Tous les jours de 9 h à 12 h et de 14 h à 17 h.

CHÂTEAU SEGUIN

Chemin House
33610 Canéjan
Tél. 05 56 75 02 43

Reconstitué par Jean Darriet, ingénieur
géomètre bien connu à Bordeaux, et son
épouse, ce beau domaine de 35 hectares,
proche de Pessac, produit à nouveau des
rouges séveux et complexes, qui à chaque
millésime gagnent en précision d'expression du terroir. L'arrivée comme associé de
Moïse Ohana a encore accentué le dynamisme de la propriété, qui devient progressivement une figure incontournable
de son appellation.

PESSAC-LÉOGNAN 2007
Rouge | 2015 à 2022   **15/20**
Robe dense, nez épicé, distingué, corps volumineux, excellente sélection parcellaire des
meilleures vignes, peut être encore plus de
finesse qu'en 2006.

PESSAC-LÉOGNAN 2006
Rouge | 2014 à 2021   **15/20**
Riche en couleur et en tannin, profond, intelligemment élevé, ce vin possède tous les
caractères d'un secteur privilégié des
Graves, avec en particulier en attente de
développement des notes empyreumatiques
rappelant celles de Pape Clément , si proche
à vol d'oiseau.

Inscrivez-vous sur
BETTANEDESSEAUVE.COM
> Suivez l'actualité du vin
> Accédez aux notes de
dégustation de 25 000 vins
> Visitez les stands des
producteurs

CHÂTEAU SIGALAS-RABAUD

33210 Bommes
Tél. 05 57 31 07 45

Voisin direct de Lafaurie-Peyraguey, Siga-las-Rabaud est un petit vignoble de 14 hectares, d'un seul tenant, idéalement exposé, capable de donner un vin très liquoreux mais d'une finesse transcendante. La pourriture du raisin, en raison de sa précocité, s'y développe de façon particulièrement noble, comme l'ont prouvé les 1988, 1990, 1996 et 1997 de la propriété. Comme promis l'an passé, nous avons dégusté à nouveau les trois derniers millésimes, qui après mise retrouvent la finesse habituelle du cru. Le Second vin, lieutenant-de-sigalas, est particulièrement réussi en 2006 et mérite une mention particulière.

SAUTERNES 2006
Blanc Liquoreux | 2014 à 2021 | NC   **17/20**
Splendide nez racé d'abricot et de fruits jaunes, long, racé, remarquable travail de sélection, quelques amers sans doutes liés à la barrique, à fondre, et qui le privent d'une note encore supérieure.

SAUTERNES 2005
Blanc Liquoreux | 2013 à 2027 | NC   **17/20**
Le vin s'affirme avec un an de plus en bouteille, puissant, magnifiquement rôti, fin, mais quand même moins transcendant que quelques voisins.

SAUTERNES 2004
Blanc Liquoreux | 2012 à 2019 | NC   **16/20**
Fin, très agréable, souple. Joli style, pas trop liquoreux, et épaulé par une agréable acidité, bonne longueur. Il se fera assez vite.

SAUTERNES 2003
Blanc Liquoreux | 2011 à 2023 | ench. 29 € **17/20**
Assez pur, mais avec la toute petite pointe de lourdeur (caramel) de la vendange 2003. Le vieillissement lui permettra d'améliorer l'équilibre actuel, par l'affinement et le développement d'un bouquet plus complexe.

SAUTERNES LIEUTENANT DE SIGALAS 2006 ⓤ
Blanc Liquoreux | 2012 à 2016 | NC   **16/20**
La valeur du terroir rend le Second vin de la propriété presque digne du premier, cela est très net en 2006 ! Le fruit est superbe et pur et très peu de ses pairs peuvent en dire autant. Magnifique rapport qualité-prix !

Blanc : 14 hectares ; muscadelle 1%, sauvignon 14%, sémillon 85%. **Production totale annuelle :** 30 000 bt.
Visite : Du lundi au vendredi, de 9 h à 12 h et de 14 h à 17 h 30, sur rendez-vous. Fermé les 25 décembre et 1er janvier, en juillet-août et pendant les vendanges.

CHÂTEAU SMITH HAUT-LAFITTE

33650 Martillac
Tél. 05 57 83 11 22 - Fax. 05 57 83 11 21
smith-haut-lafitte@smith-haut-lafitte.com
www.smith-haut-lafitte.com

Propriété phare de Martillac par la qualité de ses installations et son ouverture au tourisme viticole, Smith Haut-Lafitte est aussi un vignoble pionnier dans sa catégorie pour sa philosophie de viticulture, largement inspirée de l'école biodynamique. Une autre propriété de la famille Cathiard, Cantelys, donne des vins infiniment plus communs. Les-hauts-de-smith, le Second vin de la propriété, est délicieux en rouge et prend de la personnalité en blanc. Les millésimes à venir, 2007 et 2008, donnent enfin toute la mesure du terroir pour les vins rouges.

PESSAC-LÉOGNAN 2007
Blanc | 2010 à 2017 | 55 €   **18/20**
Robe pâle à reflets presque verts ; grand arôme de cédrat, de fleur de tilleul, d'acacia, grande maturité du raisin, boisé harmonieux, finale raffinée, grand vin.

PESSAC-LÉOGNAN 2006
Rouge | 2014 à 2021 | NC   **16,5/20**
Plus tendre et parfumé, avec une texture plus travaillée dans le sens de la finesse que dans le type classique léognan, séducteur, harmonieux, très agréable.

PESSAC-LÉOGNAN 2006
Rouge | 2014 à 2021 | NC   **17,5/20**
Robe grenat, nez ample, très mûr, beaucoup de saveurs d'épices, parfait moelleux, qui adoucit le corps habituellement strict des vins de Léognan, long, complexe, racé, un des plus aboutis de l'histoire de la propriété.

PESSAC-LÉOGNAN LES HAUTS DE SMITH 2007 ⓤ
Blanc | 2009 à 2012 | 18 €   **16,5/20**
Robe pâle, très jolies notes d'agrumes et de verveine, grande élégance et précision, finale harmonieuse, remarquable Second vin, et une vraie gourmandise actuelle.

PESSAC-LÉOGNAN LES HAUTS DE SMITH 2006
Rouge | 2010 à 2014 | 16 €   **14,5/20**
Robe rubis moyennement intense, nez agréable, légèrement lacté, corps souple, tanin sans aspérité : un vin fruité, peu corsé, finissant sur un tanin volontairement doux.

Rouge : 56 hectares : cabernet franc 10%, cabernet sauvignon 59%, merlot 30%, petit verdot 1%.
Blanc : 11 hectares ; sauvignon blanc 90%, sauvignon gris 5%, sémillon 5%. **Production totale annuelle :** 200 000 bt. **Visite :** Tous les jours sur rendez-vous.

CHÂTEAU SUAU

🦎 🦎 🦎 🦎 🦎

33720 Illats
Tél. 05 56 27 20 27 - 06 81 56 42 57
Fax. 05 56 62 47 78
bonnet.suau@wanadoo.fr
www.chateausuau.com

Ce tout petit cru de Barsac possède un terroir de premier ordre mais a rarement travaillé, depuis une génération, avec la discipline qu'exige son classement en 1855. Il semble que depuis deux millésimes les propriétaires s'investissent davantage et nous aurons plaisir à informer les amateurs du retour en forme du château dès qu'il aura vraiment lieu. Le 2006 est légèrement mieux fait que les millésimes précédents, sans atteindre encore le niveau souhaitable.

BARSAC 2006
Blanc Liquoreux | 2014 à 2021 | 20 € **13,5/20**
Notes de fleurs blanches et d'abricot au nez, pas aussi riche qu'il le faudrait mais correctement constitué, un peu durci par une mise toute récente. À conseiller plutôt à l'apéritif.

BARSAC 2005
Blanc Liquoreux | 2013 à 2020 | 20 € **13,5/20**
Robe pâle, nez d'ananas, pas trop d'alcool transformé semble-t-il, vin propre, élégant, peu de notes rôties. Un peu trop réduit dans son état actuel.

Blanc : 8 hectares ; sauvignon 20%, sémillon 80%.
Production totale annuelle : 19 500 bt. Visite : De 9 h à 12 h et de 14 h à 16 h sur rendez-vous.

CHÂTEAU SUDUIRAUT

🦎 🦎 🦎 🦎 🦎

33210 Preignac
Tél. 05 56 63 61 92 - Fax. 05 56 63 61 93
acceuil@suduiraut.com
www.suduiraut.com

Immense propriété, Suduiraut n'est pas le plus commode des crus de Sauternes à exploiter, mais peut jouer, comme Yquem, sur la diversité de ses terres. Son caractère complet, associant un grand développement aromatique et une impressionnante richesse en liqueur, lui vaut la faveur de tous les amoureux des grands vins liquoreux, et il n'a jamais été aussi bien administré depuis cinquante ans. Les derniers millésimes sont tous exceptionnellement bien réussis, sous la direction d'un des régisseurs les plus compétents du Sauternais, bien que vouvrillon d'origine.

SAUTERNES 2006
Blanc Liquoreux | 2016 à 2030 | NC **18,5/20**
Avec coutet, ce cru dominait la dégustation des crus classés du Sauternais, juste après mise. Le vin est véritablement somptueux de saveur et de texture, avec une acidité qui équilibre parfaitement la liqueur. Le caractère du cru est particulièrement en évidence. Un must.

SAUTERNES 2005
Blanc Liquoreux | 2015 à 2050 | 65 € **18/20**
Vin remarquable de concentration et de richesse en liqueur, très grand potentiel de vieillissement.

SAUTERNES 2004
Blanc Liquoreux | 2012 à 2022 | 54 € **16/20**
Une toute petite note de champignon et de girofle au nez, mais un corps riche et une texture digne du cru.

SAUTERNES 2003
Blanc Liquoreux | 2009 à 2030 | 54 € **17,5/20**
Robe dorée, toute petite pointe d'iode au nez, qui le prive pour toujours d'un demi-point ou d'un point de plus, car quelques-uns de ses pairs ne l'ont pas. Immense richesse en liqueur, grand avenir.

SAUTERNES 2001
Blanc Liquoreux | 2011 à 2029 | 99 € **18,5/20**
Grande finesse aromatique, remarquable richesse en liqueur, noble, complet, immense potentiel.

Blanc : 92 hectares ; sauvignon blanc 7%, sauvignon gris 1%, sémillon 92%. Production totale annuelle : 130 000 bt. Visite : Sur rendez-vous. Ouvert de 10 h à 12 h et de 14 h à 17 h30 du lundi au samedi, d'avril à novembre inclus.

CHÂTEAU LA TOUR BLANCHE

1 Ter Tour Blanche
33210 Bommes
Tél. 05 57 98 02 73 - Fax. 05 57 98 02 78
tour-blanche@tour-blanche.com
www.tour-blanche.com

Le château appartient à l'État et abrite une très officielle école de viticulture. Mais il est d'abord connu dans le monde pour son merveilleux vin liquoreux, très riche, tout en finesse aromatique et en subtils dégradés de saveur, avec peut-être une évolution un peu trop rapide en bouteilles de quelques grands millésimes récents. Il gagnerait sans doute encore à fermenter un demi-degré à un degré plus haut en alcool, pour renforcer sa résistance à l'oxydation. C'est d'ailleurs le cas dans les deux millésimes non encore en bouteilles, avec un 2008 issu d'une minuscule récolte mais d'une richesse extravagante. Félicitons l'actuelle directrice de l'école et son excellente équipe.

SAUTERNES 2006
Blanc Liquoreux | 2014 à 2026 | NC   **17/20**
Riche en liqueur, raffiné, très long, soigné à tous les stades de son élaboration, un vrai Premier.

SAUTERNES 2005
Blanc Liquoreux | 2013 à 2030 | 46 €   **18/20**
La richesse en liqueur est incroyable, mais le vin garde une admirable pureté aromatique. Le toucher de bouche et la persistance de la liqueur sont fastueux.

SAUTERNES 2004
Blanc Liquoreux | 2012 à 2022 | Ench. 31 €   **17/20**
L'évolution de ce vin très bien fait nous conduit à diminuer d'un point sa note en comparaison du 2005 ou du 2002. C'est très fin, très droit, très suave, mais avec un tout petit manque d'énergie.

SAUTERNES 2003
Blanc Liquoreux | 2009 à 2025 | 54 €   **18,5/20**
Grand nez de pourriture noble, merveilleusement préservée de toute altération aromatique pendant la fermentation, immense richesse en liqueur, grande persistance. Vin fastueux mais sans lourdeur, magistralement vinifié, et qui se rapproche plus que tout autre d'yquem.

SAUTERNES 2002
Blanc Liquoreux | 2009 à 2022 | 41 €   **18/20**
Équilibre pratiquement idéal, finesse transcendante, le millésime le plus harmonieux de la dernière décennie.

Rouge : 3 hectares ; malbec 10%, merlot 90%.
Blanc : 37 hectares ; muscadelle 5%, sauvignon blanc 12%, sémillon 83%. **Production totale annuelle :** 60 000 bt. **Visite :** Du lundi au vendredi de 8 h 30 à 12 h et de 13 h 30 à 17 h.

VIEUX CHÂTEAU GAUBERT

35, avenue du 8-mai-1945
33640 Portets
Tél. 05 56 67 18 63 - Fax. 05 56 67 52 76
dominique.haverlan@libertysurf.fr

Dominique Haverlan, issu d'une longue lignée de vignerons, est depuis plus de vingt ans l'un des producteurs de référence de l'appellation des Graves. Son rouge, à dominante merlot, est sérieusement sélectionné et élevé pendant un an en barriques (il existe aussi un Second vin, le-benjamin-de-vieux-château-gaubert) Le blanc voit également le bois, en fermentant et en étant élevé sur lies pendant neuf mois. C'est l'une des valeurs sûres du secteur, même si d'autres vins l'ont aujourd'hui dépassé en précision aromatique et en élégance de constitution.

GRAVES 2007
Blanc | 2009 à 2012 | 12 €   **14/20**
Robe aux reflets verts, nez légèrement boisé. Bouche agréable, agrémentée de fines touches boisées.

GRAVES 2006
Rouge | 2009 à 2014 | 14 €   **14,5/20**
Ce vin à la robe pourpre foncée possède un nez riche, profond. La bouche enveloppée est riche, dense, avec une belle allonge se finissant sur une trame tannique solide.

GRAVES 2005
Blanc | 2009 à 2010 | 12 €   **14/20**
Robe jaune d'or à vert, nez puissant et assez complexe, avec un fruit mûr et un boisé épicé. Bouche ample, très mûre, avec une finale qui aurait supporté un peu plus de vivacité.

GRAVES BENJAMIN DE VIEUX CHÂTEAU GAUBERT 2006   ☺
Rouge | 2009 à 2012 | 9,60 €   **14,5/20**
Robe pourpre. Nez aux notes torréfiées, chocolatées. Belle bouche équilibrée, sans exubérance, de la finesse, ponctuée par de jolis tanins.

Rouge : 20 hectares ; cabernet sauvignon 50%, merlot 50%. **Blanc :** 5 hectares ; sauvignon blanc 50%, sémillon 50%. **Production totale annuelle :** 120 000 bt.
Visite : De 9 h à 12 h et de 14 h à 17 h.

CHÂTEAU VILLA BEL-AIR

SCA du Château Villa Bel-Air
33650 Saint-Morillon
Tél. 05 56 20 29 35 - Fax. 05 56 78 44 80
infochato@villabelair.com
www.villabelair.com

Un parc, une pièce d'eau avec ses sculptures et une jolie chartreuse : le stéréotype de la villa italienne. Jean-Michel Cazes acheta cette belle propriété en 1988, et restructura intégralement le vignoble et les installations techniques. Son terroir bénéficie en outre d'un microclimat avantageux, protégé des intempéries par la forêt de pins qui l'entoure, et des rigueurs climatiques par la proximité de la Garonne, qui crée un courant d'air évitant les grosses chaleurs et l'humidité excessive. Blanc et rouge de Villa Bel-Air constituent de parfaits archétypes du vin des Graves.

GRAVES 2007
Blanc | 2009 à 2011 | 12-16 €   **15,5/20**
Robe jaune pâle. Jolies notes boisées au nez. Bouche fraîche, avec un bel équilibre.

GRAVES 2006
Blanc | 2009 à 2010 | 12-16 €   **15/20**
Robe jaune d'or, avec des reflets verts. Le nez, riche, offre des notes de fruits exotiques. La bouche ronde, fruitée, avec de la vivacité, offre quelques notes boisées.

GRAVES 2006
Rouge | 2009 à 2014 | 12-16 €   **14,5/20**
Robe pourpre. Bouche fruitée, fine, de l'élégance, tout en équilibre. Tanins fins en finale.

GRAVES 2005
Blanc | 2009 à 2010 | 12-16 €   **15/20**
Robe jaune d'or à vert, nez fruité, riche, avec de la franchise et de la maturité, de jolies nuances épicées et délicatement boisées. Bouche chaleureuse, ronde, fruitée et équilibrée par une bonne vivacité.

GRAVES 2005
Rouge | 2009 à 2010 | 14-18 €   **15/20**
Robe pourpre dense, nez riche, fruité et épicé. Bouche charnue, franche, fraîche et d'une grande élégance. Un vrai graves, souple et frais, et un régal pour la table.

Rouge : 24 hectares ; cabernet franc 10%, cabernet sauvignon 50%, merlot 40%.
Blanc : 22 hectares ; muscadelle 16%, sauvignon 42%, sémillon 42%. **Production totale annuelle :** 280 000 bt. **Visite :** De 9 h à 12 h et de 14 h à 17 h sur rendez-vous.

CHÂTEAU D'YQUEM

33210 Sauternes
Tél. 05 57 98 07 07 - Fax. 05 57 98 07 08
info@yquem.fr
www.yquem.fr

Yquem jouit d'un statut unique dans la production bordelaise, qui le place pratiquement hors de tout jugement critique, un peu comme la Joconde dans l'univers de la peinture. Il ne connaît pas de petits, voire de moyens millésimes, car il ne supporte aucun compromis. LVMH aujourd'hui, comme hier la famille Lur-Saluces, n'imagine mêgiletteme pas la possibilité d'en faire ! Le cru a poursuivi son évolution vers la recherche de plus de fraîcheur et de finesse aromatique, sans rien perdre de sa somptuosité, et a réussi trois chefs-d'œuvre en 2001, 2004 et 2005. Les 2006 et 2007 n'étaient pas encore en bouteilles en janvier 2009, mais accentuent encore, par leur perfection formelle, les réussites précédentes.

BORDEAUX Y 2006
Blanc | 2011 à 2026 | NC   **17/20**
Premier millésime d'Y produit sous la direction de Pierre Lurton, le vin montre une évolution passionnante de son style. S'il conserve quelques grammes de sucre, il apparaît plus sec, plus exubérant dans son caractère aromatique que par le passé. Rien dans la production actuelle de Bordeaux ne lui ressemble. Il sera passionnant de suivre son évolution en bouteille.

SAUTERNES 2006
Blanc Liquoreux | 2016 à 2030   **19/20**
Équilibre superlatif pour l'année entre alcool et sucre, parce qu'on n'a pas exagéré sur la richesse en liqueur, pureté aromatique optimale, vin d'une grâce, d'une précision et d'une individualité qui le placent au-dessus du lot ! La dernière dégustation du vin qui n'est pas encore en bouteille a complètement confirmé ce jugement.

SAUTERNES 2005
Blanc Liquoreux | 2009 à 2030   **20/20**
Le vin associe la plus belle richesse de constitution imaginable à une fraîcheur et une élégance immédiate, inconnues avant lui, et qui le situent vraiment à part.

SAUTERNES 2003
Blanc Liquoreux | 2009 à 2030 | Ench. 253 € **19/20**
Le nez se développe déjà, avec une assurance, une précision et une pureté qu'on aurait jugées impossible à atteindre en un temps si court, il y a seulement dix ans. Bouche complète, très liquoreuse, mais équilibre souverain de tous les éléments.

Blanc : 103 hectares ; sauvignon 20%, sémillon 80%. **Production totale annuelle :** 95 000 bt. **Visite :** Du lundi au vendredi à 14 h ou 15 h 30, sur rendez-vous, par écrit.

NOTES PERSONNELLES

Médoc

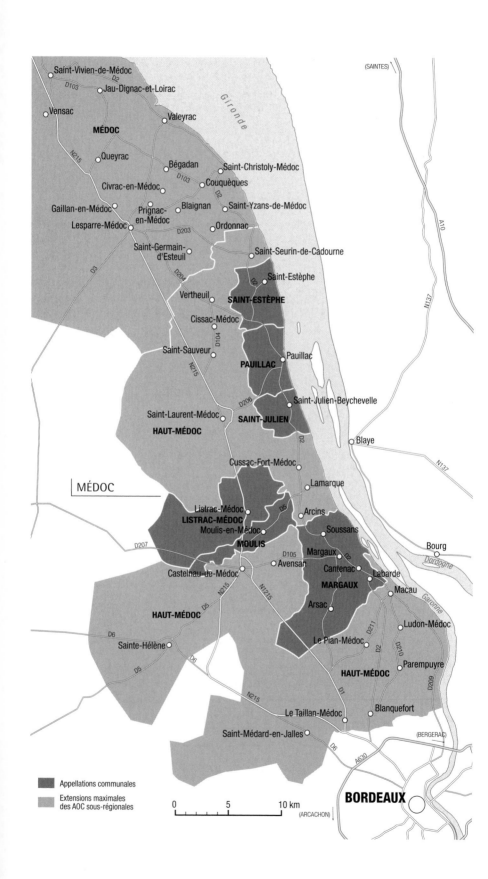

CHÂTEAU D'AGASSAC

15, rue du Château-d'Agassac
33290 Ludon-Médoc
Tél. 05 57 88 15 47 - Fax. 05 57 88 17 61
contact@agassac.com
www.agassac.com

Cette propriété située dans le sud du Médoc, sur la commune de Ludon-Médoc, possède un château style « au bois dormant », avec tours, douves et pont-levis. Racheté en 1996 par Groupama à la famille Gasqueton, d'importants travaux de restructuration ont été entrepris. Jean-Luc Zell, son régisseur, aime avant tout que le terroir s'exprime ! Le vignoble est situé essentiellement sur des graves, ce qui lui confère un style typiquement médocain, avec un côté droit, net et aérien. Depuis peu, en 2004, l'agassant-d'agassac a fait son apparition : majoritairement à base de merlot, c'est un vin facile et prêt à boire. D'une manière générale, les vins d'Agassac gagnent beaucoup en bouteille et se gardent de longues années.

HAUT-MÉDOC 2007
Rouge | 2009 à 2016 | 17 € **15/20**
Couleur rubis. Nez frais. Bouche avec une belle fraîcheur, droite. Tanins fins et enrobés. Vin de plaisir.

HAUT-MÉDOC 2006
Rouge | 2009 à 2015 | 17 € **15/20**
Robe pourpre. Nez fruité. Bouche suave, élégante, pleine de fraîcheur, un joli fruité. Vin gourmand.

HAUT-MÉDOC CHÂTEAU POMIES-AGASSAC 2007
Rouge | 2009 à 2019 | 10 € **16/20**
Robe d'une couleur rubis foncée. Nez expressif sur le fruit, profond, dense. Bouche ample, généreuse, ronde. Belle longueur. Tanins soyeux.

HAUT-MÉDOC CHÂTEAU POMIES-AGASSAC 2006
Rouge | 2009 à 2020 | 10 € **16/20**
Robe pourpre foncée. Notes de chocolat. Bouche pleine, de la matière, un joli gras, de la fraîcheur, de l'onctuosité. Belle longueur. Tanins complètement intégrés.

HAUT-MÉDOC L'AGASSANT D'AGASSAC 2007
Rouge | 2009 à 2016 | 13,30 € **16/20**
Robe rubis foncée. Nez de fruits, avec des notes cacaotées. Bouche équilibrée, d'une belle fraîcheur. Vin gourmand.

Rouge : 43 hectares ; cabernet franc 3%, cabernet sauvignon 47%, merlot 50%.
Production totale annuelle : 250 000 bt.
Visite : De 10 h à 18 h.

CHÂTEAU D'ARMAILHAC

33250 Pauillac
Tél. 05 56 59 22 22 - Fax. 05 56 73 20 44
webmaster@bpdr.com
www.bpdr.com

Le vignoble jouxte celui de Mouton-Rothschild, mais sur des graves plus légères et moins parfaitement drainées. Une proportion non négligeable de cabernet franc lui donne une finesse aromatique et une structure longiligne caractéristique, qui a parfois confiné à de la maigreur. Une viticulture et des vendanges plus soignées depuis 2000 lui ont permis de gagner en vigueur d'expression, sans rien perdre de sa finesse. Philippine de Rothschild veille à ce que ce château, qui lui est cher, produise un vin aussi complet que possible et, depuis l'arrivée de Philippe Dalhuin, les progrès sont évidents. Le 2006, comme les autres vins de la même écurie, est une grande réussite.

PAUILLAC 2006
Rouge | 2014 à 2021 | NC **16/20**
Un vin très harmonieux, sans violence liée à l'alcool ou à la vigueur du tanin, subtilement épicé, avec même une touche de tabac, élégant, facile à comprendre et à aimer, si l'on apprécie le charme discret des vins de cabernet.

PAUILLAC 2005
Rouge | 2013 à 2020 | 38,90 € **17/20**
Beaucoup de finesse au nez et en bouche, grain particulièrement fin et net dans la texture, tanin harmonieux, vin de grande classe et qui se fera assez vite.

PAUILLAC 2004
Rouge | 2009 à 2017 | 32,40 € **15,5/20**
Belle robe, nez savoureux de framboise, saveur et tanin moins épicés que d'autres, plus sur des notes florales et fruitées, tanins fins.

Rouge : 50 hectares ; cabernet franc 20%, cabernet sauvignon 56%, merlot 22%, petit verdot 2%. **Production totale annuelle :** 220 000 bt.
Visite : Pas de visites.

CHÂTEAU BATAILLEY

86, cours Balguerie-Stuttenberg
33250 Pauillac
Tél. 05 56 00 00 70 - Fax. 05 56 52 29 54
domaines@borie-manoux.fr

Ce cru a beaucoup progressé en cinq ans et conserve toute la vinosité et la puissance d'expression dont il a parfois fait preuve, particulièrement dans les décennies 1940 et 1950, mais avec infiniment plus de pureté et de finesse aromatique. Intelligemment conseillé par Denis Dubourdieu, Philippe Castéja a fait les ajustements nécessaires et peut être fier du résultat. Batailley est devenu un des crus les plus recommandables de l'appellation, avec un rapport qualité-prix très attractif. 2005 et 2006 voient le cru à son meilleur niveau, avec un bouquet classique de cèdre et d'épices et une remarquable vinosité. Il faudra savoir les attendre.

PAUILLAC 2006

Rouge | 2016 à 2026 | NC   **17/20**
Le millésime confirme pleinement ses promesses et a donné un vin remarquable par son corps et plus encore par le classicisme, la noblesse et la précision de ses arômes de cèdre, signe d'une vinification très soignée. Il rivalise parfaitement avec les meilleurs Seconds crus du Médoc !

PAUILLAC 2004

Rouge | 2009 à 2020 | 27 €   **16/20**
Bien fait, bien vinifié, complet, tanin fin, très bien défini dans son rapport au terroir et à l'appellation.

Rouge : 55 hectares ; cabernet 30%, merlot 70%.
Production totale annuelle : 320 000 bt.
Visite : Sur rendez-vous du lundi au vendredi,
de 8 h à 12 h et de 14 h à 18 h.

CHÂTEAU BEAU-SITE

86-90, cours Balguerie-Stuttenberg
33082 Bordeaux cedex
Tél. 05 56 00 00 70 - Fax. 05 57 87 60 30
domaines@borie-manoux.fr

Beau-Site appartient à la famille Castéja, propriétaire de Batailley, à Pauillac, et de la maison Borie-Manoux. Le terroir, proche de Calon-Ségur, est remarquable mais le cru a longtemps souffert de pratiques routinières. Il bénéficie aujourd'hui de la reprise en main de tous les crus de la famille, et devient l'un des bourgeois de l'appellation les plus attractifs par son prix et sa qualité. Excellents 2005 et 2006.

SAINT-ESTÈPHE 2006   ⑪

Rouge | 2009 à 2018 | 18 €   **15/20**
Robe foncée. Nez de fruits noirs. La bouche possède un beau volume, agrémenté de beaux tanins, mais encore assez marqués. Joli vin stylé.

SAINT-ESTÈPHE 2005

Rouge | 2009 à 2020 | 18 €   **15,5/20**
Nez de fruits noirs, corps équilibré, tanin fin, beaucoup de progrès dans la qualité de la matière et dans son élevage. Belle race.

Rouge : 40 hectares ; cabernet franc 4%,
cabernet sauvignon 70%, merlot 24%,
petit verdot 2%. Production totale annuelle : 180 000 bt.
Visite : Du lundi au vendredi sur rendez-vous.

CHÂTEAU BELGRAVE

33112 Saint-Laurent-du-Médoc
Tél. 05 56 35 53 00 - Fax. 05 56 35 53 29
contact@cvbg.com
www.dourthe.com

Ce cru ne prend sa vraie dimension que depuis trois ans. Auparavant, il produisait un vin solide, adroitement vinifié mais un peu forcé dans son extraction. Ce passage, lié à la personnalité du conseiller œnologique Michel Rolland, était nécessaire pour atteindre l'harmonie et la séduction aromatique des tout derniers millésimes, qui bénéficient d'installations techniques exemplaires. Beau 2005, complet, mais 2006 encore plus prometteur par son raffinement de texture et sa qualité d'extraction du tanin. Le cru a trouvé son style et l'expression juste de son excellent terroir.

HAUT-MÉDOC 2006
Rouge | 2009 à 2021 | 27 €   **16/20**
Une excellente réussite qui devrait donner à réfléchir à quelques autres crus classés du sud du Médoc. La robe est dense, le nez très affirmé, le corps généreux, soutenu par un tanin énergique mais sans violence. Un vin complet qui devrait magnifiquement vieillir.

HAUT-MÉDOC 2005
Rouge | 2009 à 2025 | 25 €   **15,5/20**
Riche en couleur, en alcool et en tanin, vin puissant, droit, bien fait, un rien rigide.

HAUT-MÉDOC 2004
Rouge | 2009 à 2019 | 20 €   **14,5/20**
Petites notes animales, vin plutôt tendre pour le cru, assez long, tanin fin, bien extrait, mais l'ensemble manque un peu de personnalité.

Rouge : 60 hectares ; cabernet franc 4%, cabernet sauvignon 44%, merlot 48%, petit verdot 4%. Production totale annuelle : 280 000 bt.

CHÂTEAU BELLE-VUE

69, route de Louens
33460 Macau
Tél. 05 57 88 19 79 - Fax. 05 57 88 41 79
vincent.mulliez@chateau-belle-vue.fr
www.chateau-belle-vue.fr

Cette propriété du Sud-Médoc a été acquise par Vincent Mulliez en même temps que le cru voisin de Gironville, en 2004. Le vin est souvent impressionnant dans sa jeunesse, passant ensuite parfois par une phase de fermeture. Le 2005 semble marquer une ère nouvelle pour le cru, avec une structure tannique beaucoup plus soyeuse. On peut faire la même remarque pour Gironville, dont les derniers millésimes sont remarquablement élégants.

BORDEAUX SUPÉRIEUR CHÂTEAU BOLAIRE 2006
Rouge | 2009 à 2010 | 11 €   **14/20**
Vin rond et agréable, sur des notes de confiture de fruits rouges, bien construit, pour être bu immédiatement.

HAUT-MÉDOC 2006
Rouge | 2009 à 2018 | 15 €   **15/20**
Robe noire, nez puissant, complexe et bien fondu ; bouche ample, charnue, vigoureuse, avec des tanins mûrs et une grande persistance aromatique. Bien équilibré.

HAUT-MÉDOC 2005
Rouge | 2009 à 2020 | 18 €   **16/20**
Plus ample et charpenté que le 2006 et le 2004, c'est un vin vigoureux, avec des tanins mûrs et une belle persistance aromatique. Bon potentiel.

HAUT-MÉDOC CHÂTEAU DE GIRONVILLE 2006
Rouge | 2009 à 2018 | 13 €   **16/20**
Beau vin, typique de la meilleure école des crus du Sud-Médoc, avec une élégance très proche de celle d'un bon margaux. Nez précis de petits fruits rouges, corps gourmand, fin et élancé, bel équilibre racé, allonge et fraîcheur.

HAUT-MÉDOC CHÂTEAU DE GIRONVILLE 2005
Rouge | 2009 à 2017 | NC   **16/20**
Un rien moins complet que le 2006, mais dans un même registre élégant, fruité, souple et profond.

HAUT-MÉDOC CHÂTEAU DE GIRONVILLE 2004
Rouge | 2009 à 2014 | NC   **15/20**
Vin fruité, charnu, élégamment construit, avec du corps et de la fraîcheur. Bonne allonge et charpente tannique structurée.

Rouge : 10.4 hectares ; cabernet sauvignon 53%, merlot 27%, petit verdot 20%. Production totale annuelle : 55.000 bt. Visite : De 9 h30 à 12 h et de 13 h à 17 h30.

CHÂTEAU BERNADOTTE

Le Fournas Nord
33250 Saint-Sauveur
Tél. 05 56 59 57 04 - Fax. 05 56 59 54 84
bernadotte@chateau-bernadotte.com
www.chateau-bernadotte.com

Le cru appartenait à Pichon-Longueville
Comtesse de Lalande, et vient comme lui
de passer sous la coupe de Roederer. Le
terroir, en limite de Pauillac, est de qualité
et les derniers millésimes avaient produit
un bourgeois plutôt raffiné, mais peut-être
un peu trop austère. En 2006, le vinificateur a davantage recherché le fruit et le
résultat est prometteur. Ce millésime aura
plus de personnalité aromatique que les
précédents.

HAUT-MÉDOC 2006
Rouge | 2009 à 2010 | NC   **14,5/20**
Robe foncée. Nez fruité. De la fraîcheur dans
cette bouche fine, droite, précise. Tanins
fins en finale.

HAUT-MÉDOC 2005
Rouge | 2009 à 2010 | NC   **14,5/20**
Robe foncée et brillante. La bouche est fine
et élégante. Tanins fins et intégrés en finale.

Rouge : 39 hectares ; cabernet franc 4%,
cabernet sauvignon 50%, merlot 44%,
petit verdot 2%. Production totale annuelle : 200 000 bt.
Visite : Sur rendez-vous.

CHÂTEAU BEYCHEVELLE

33250 Saint-Julien-Beychevelle
Tél. 05 56 73 20 70 - Fax. 05 56 73 20 71
beychevelle@beychevelle.com
www.beychevelle.com

Cette magnifique propriété possède les
bâtiments les plus élégants de Saint-
Julien, et produit en grand millésime un
vin parfaitement accordé au style du château, d'une finesse difficile à surpasser
même à Margaux, et d'une délicatesse de
texture qui demande d'être un peu esthète
pour l'apprécier à sa juste mesure. Le cru
a pu apparaître maigre et vert dans les
années les plus difficiles, mais il est en
progrès certains au niveau de sa régularité. Avec lui, il faut d'ailleurs faire attention, car sa vraie dimension se révèle avec
le temps (sublime 1996) et son vinificateur
actuel, Philippe Blanc, ne fait rien pour lui
donner un charme précoce, qu'il juge
incompatible avec la dignité du terroir. Les
millésimes récents sont tous réussis, et les
barriques utilisées aujourd'hui sont bien
meilleures que par le passé. 2006, après
mise en bouteilles, s'est comme d'habitude durci et raidi, et nous signifie qu'il
faut patienter encore sept ou huit ans !

SAINT-JULIEN 2006
Rouge | 2014 à 2021 | 39,00 €   **15,5/20**
Le vin est plus tendu et plus strict que ses
pairs, avec un tanin presque à nu qui ne
rend pas sa dégustation actuelle très
aimable ! Son caractère épicé est néanmoins
perceptible, tout comme sa finesse. Il faudrait le revoir vers 2011.

SAINT-JULIEN 2005
Rouge | 2009 à 2030 | 72 €   **17,5/20**
Merveilleuse finesse et subtilité remarquable
dans les arômes et le tanin, qui compense
largement un petit déficit en corps par rapport aux léoville. Un vin de grand connaisseur, digne du 1928 de la propriété !

SAINT-JULIEN 2004
Rouge | 2009 à 2016 | 41 €   **15/20**
Animal et réduit au nez, moins fin qu'on ne
le souhaiterait, tanin plutôt sec mais racé,
bonne vinosité. Il pourrait surprendre au
vieillissement.

Rouge : 90 hectares ; cabernet franc 5%,
cabernet sauvignon 62%, merlot 31%, petit verdot 2%.
Production totale annuelle : 480 000 bt.
Visite : Du lundi au vendredi, de 10 h à 12 h
et de 13 h30 à 17 h.

CHÂTEAU BOYD-CANTENAC

11, route de Jean Faure
33460 Cantenac
Tél. 05 57 88 90 82
guillemet.lucien@wanadoo.fr
www.boyd-cantenac.fr

Ce vin échappe souvent aux grands-messes des dégustations primeurs, et tant mieux pour lui. Car c'est en bouteilles qu'il prend, comme tous les autres, sa vraie dimension, avec une fermeté de corps et une complexité aromatique dignes de son rang. Pierre Guillemet, son propriétaire-vinificateur, ingénieur agronome et œnologue, un des rares de ce type en Médoc, a su garder son indépendance et sa liberté, et il les utilise en grand professionnel. Les derniers millésimes sont conformes au terroir et au style de l'année, avec des vins complets, capables d'un long vieillissement. Les prix restent fort raisonnables.

MARGAUX 2006

Rouge | 2014 à 2021 | 32,00 €   **15,5/20**
On retrouve la générosité de corps du millésime, non altérée par la mise, avec une véritable complexité aromatique. Le tanin est précis, sans astringence, mais donne une certaine austérité à l'ensemble. Un vin sérieux et sincère qui ne devrait pas décevoir.

MARGAUX 2005

Rouge | 2009 à 2030 | 45 €   **17,5/20**
Notre plus forte impression lors de la dégustation aveugle des crus classés de cette appellation. Splendide arôme de cèdre, dédié aux amoureux du cabernet-sauvignon, corps remarquable, tanin racé, tension sans équivalent chez ses pairs.

MARGAUX 2004

Rouge | 2009 à 2020 | 30 €   **16/20**
Coloré, puissant, vineux, mûr, belle barrique, ampleur, la métamorphose de style de ce cru continue. Vin dominateur, étonnant.

Rouge : 18 hectares ; cabernet sauvignon 66%, merlot 30%, petit verdot 4%. **Production totale annuelle :** 70 000 bt. **Visite :** Sur rendez-vous.

CHÂTEAU BRANAIRE-DUCRU

Lieu-dit Le Bourdieu
33250 Saint-Julien-Beychevelle
Tél. 05 56 59 25 86 - Fax. 05 56 59 16 26
branaire@branaire.com
www.branaire.com

Ce cru, au parcellaire dispersé sur l'ensemble de l'appellation, exige de la rigueur, particulièrement au niveau du rendement, pour égaler les meilleurs. Il y réussit parfaitement grâce à la qualité et à la discipline du travail, tant à la vigne qu'au cuvier, lequel fut le premier du secteur à reprendre le principe de gravité. Il allie finesse et plénitude de constitution, avec une belle régularité, même dans son Second vin. Mais il ne faut pas lui demander la vinosité des crus proches de Pauillac. Patrick Maroteaux, en engageant Jean-Dominique Videau, a trouvé un digne successeur à Philippe Dalhuin, parti diriger Mouton-Rothschild. Le vin a conservé la même précision dans ses équilibres et le même style. Le Second vin, duluc, est fait avec soin et témoigne d'une belle régularité depuis dix ans, c'est un des meilleurs rapports qualité-prix en Saint-Julien.

SAINT-JULIEN 2006

Rouge | 2014 à 2021 | 45 €   **16/20**
Un vin séveux et strict, bien épicé comme il se doit, avec un tanin bien discipliné. Il est parfaitement à sa place dans la dégustation comparative à l'aveugle de tous les crus de l'appellation, qui est la source de ce commentaire.

SAINT-JULIEN 2005

Rouge | 2009 à 2025 | Cav. 75 €   **16,5/20**
Vin très charnu et plus souple que de nombreux pairs, texture enveloppante, tanin de qualité. A choisi l'équilibre et l'élégance, plutôt que l'expression ultime du millésime.

SAINT-JULIEN 2004

Rouge | 2009 à 2016 | 43 €   **14,5/20**
Plutôt pointu et anguleux, avec des tanins astringents, du moins sur la bouteille dégustée.

Rouge : 50 hectares ; cabernet franc 5%, cabernet sauvignon 70%, merlot 22%, petit verdot 3%. **Production totale annuelle :** 250 000 bt. **Visite :** De 9 h à 11 h et de 14 h à 16 h30.

CHÂTEAU BRANAS GRAND POUJEAUX

23, chemin de la Raze
33480 Moulis-en-Médoc
Tél. 05 56 58 93 30 - Fax. 05 56 58 08 62
contact@branasgrandpoujeaux.com
www.branasgrandpoujeaux.com

Propriété de Justin Onclin, qui avait déjà un pied dans le Médoc en tant qu'associé à la famille Ballande à Prieuré-Lichine, ce petit vignoble de Moulis, voisin des vignes de Poujeaux, renaît et produit quelques-uns des vins les plus accomplis de son appellation depuis 2005. Ils associent chair et finesse dans un équilibre qui donnera à réfléchir à tous les crus du même secteur. Les 2007 et 2008 en cours d'élevage seront même plus accomplis que le 2006.

MOULIS 2006

Rouge | 2015 à 2014 | NC   **15,5/20**
Puissant et tendu mais sans âpreté, belle définition, avec un tanin particulièrement énergique. Vin qui a gagné en densité au court de ces derniers mois.

Rouge : 10 hectares.
Production totale annuelle : 50 000 bt.

CHÂTEAU BRANE-CANTENAC

33460 Cantenac
Tél. 05 57 88 83 33 - Fax. 05 57 88 72 51
contact@brane-cantenac.com
www.brane-cantenac.com

Disposant d'un terroir très homogène, intégralement situé sur le fameux plateau de Cantenac, sur des sols de graves de la plus haute qualité, Brane produit un margaux typique, régulier et soigné, plus séduisant par sa finesse aromatique que par l'ampleur de sa texture, du moins jusqu'à ces derniers millésimes, où le travail d'Henri Lurton à la vigne a porté ses fruits. Le Grand vin a en effet gagné en corps et en énergie dans l'expression du terroir, tout en conservant beaucoup de timidité ou de pudeur d'expression dans sa prime jeunesse, comme le confirme la dégustation juste après mise du 2006. Les 2005 et 2004 montrent davantage l'impact de leur origine et font des vins raffinés. Le Second vin, baron-de-brane, est encore trop irrégulier.

MARGAUX 2006

Rouge | 2014 à 2021 | NC   **15/20**
Le nez souffre d'une mise récente. Le vin est souple, relativement charnu, doté de tanins plutôt élégants, mais l'ensemble manque quand même de vinosité au plus haut niveau. Il faudra le déguster à nouveau dans deux ou trois ans.

MARGAUX 2005

Rouge | 2009 à 2030 | 45 €   **16/20**
Le vin a gagné en puissance à la fin de son élevage, et son tanin pour le moment envahit la bouche, au détriment de la texture et de la saveur. Le millésime prend le pas sur le cru. On devrait néanmoins, dans une dizaine d'années, retrouver la filiation avec le terroir.

MARGAUX 2004

Rouge | 2009 à 2020 | 37 €   **16,5/20**
Vin très équilibré, texture d'une parfaite élégance, saveur stricte mais racée, un pur-sang du Médoc.

Rouge : 85 hectares ; cabernet franc 4%, cabernet sauvignon 52%, merlot 43%. Production totale annuelle : 180 000 bt. Visite : De 9 h à 12 h et de 14 h à 17 h. Sur rendez-vous uniquement.

CHÂTEAU BRILLETTE

Route de Peyvignau
33480 Moulis-en-Médoc
Tél. 05 56 58 22 09 - Fax. 05 56 58 12 26
contact@chateau-brillette.fr
www.chateau-brillette.fr

Un domaine de 100 hectares, dont 40 sont consacrés à la vigne. C'est l'une des propriétés les plus anciennes de l'appellation, appartenant depuis plus de trente ans à la famille Berthault-Flageul. Les cailloux qui recouvrent le sol ont un reflet particulier, qui aurait donné à la propriété le nom de Brillette. L'encépagement est à 48% merlot, 40% cabernet-sauvignon, 9% cabernet franc, 3% petit-verdot. Les conseils de Michel Rolland assurent la régularité de qualité de ce vin très élégant.

MOULIS 2006
Rouge | 2009 à 2014 | NC   **15,5/20**
Robe pourpre foncée. Nez intense, notes fumées. La bouche est ample, soutenue, un très beau fruit bien mûr, en finale une très belle trame tannique.

MOULIS 2005
Rouge | 2009 à 2020 | 22 €   **14/20**
Robe noire, nez intense de fruits noirs bien mûrs et de fumée. Bouche chaleureuse, voluptueuse, avec des tanins serrés, de la fraîcheur et une longue finale.

MOULIS 2004
Rouge | 2009 à 2020 | 16 €   **14/20**
Robe pourpre dense, nez riche et flatteur, offrant une belle expression de fruit, très belle bouche massive et dense, avec un joli grain, des tanins solides et mûrs. Du potentiel.

MOULIS 2001
Rouge | 2009 à 2010 | ench. 16 €   **14/20**
Robe classique, nez sur des notes fumées, bouche pleine, avec de la matière et des tanins encore présents mais d'assez bonne constitution.

Rouge : 35 hectares ; cabernet franc 8%, cabernet sauvignon 42%, merlot 47%, petit verdot 3%. **Production totale annuelle :** 180 000 bt.
Visite : Sur rendez-vous.

CHÂTEAU CALON-SÉGUR

33180 Saint-Estèphe
Tél. 05 56 59 30 08 - Fax. 05 56 59 71 51
calon-segur@calon-segur.fr

Calon-Ségur est une admirable propriété, aux confins nord de l'appellation, somptueusement enclose dans ses murs, où le temps semble divinement suspendu. Madame Gasqueton lui a rendu tout son cachet et produit un des vins les plus racés et les plus réguliers du Médoc. Un vin qui se rapproche des grands pauillacs par sa finesse aromatique et l'ampleur de la texture, avec un naturel d'expression des plus réjouissants. Sa longévité en bouteilles est proverbiale, et les 2000, 2003 et 2005 auront certainement dans 50 ans la remarquable tenue des 1947 ou 1953. Quelques millésimes plus anciens déçoivent, comme le 1996, mais ce n'est peut-être qu'un moment passager dans leur évolution. 2006 a fait l'unanimité de notre petite équipe par la noblesse de sa texture et sa pureté de style, difficile dans un millésime peu «classique». Pour la première fois, nous avons dégusté en parallèle le Second vin, marquis-de-calon, qui nous est apparu un des trois plus complets de la catégorie en Médoc. Bravo !

SAINT-ESTÈPHE 2006
Rouge | 2016 à 2026 | NC   **17,5/20**
Le vin a encore progressé au cours de son élevage, et après mise son classicisme de facture et de constitution est étonnant. Les arômes nobles de cèdre et de fruits rouges sont soutenus par un tanin harmonieux et racé, digne de celui d'un lafite. L'ensemble a non seulement du style mais du panache. Comptez sur nous pour le suivre de près dans son vieillissement en bouteille !

SAINT-ESTÈPHE 2005
Rouge | 2009 à 2030   **18,5/20**
Sublime nez de cèdre et de fruits rouges, corps complet, tanin très noble, il flirte avec les Premiers crus et impose son naturel, sa sincérité et surtout son grand terroir.

SAINT-ESTÈPHE 2004
Rouge | 2009 à 2024   **17/20**
Grande harmonie de saveur et du tanin noblement épicé, avec un vrai toucher aristocratique de bouche. Splendide réussite.

Rouge : 55 hectares ; 60%, merlot 35%, petit verdot 5%. **Visite :** Sur rendez-vous.

CHÂTEAU CAMBON LA PELOUSE

5, chemin de Canteloup
33460 Macau
Tél. 05 57 88 40 32 - Fax. 05 57 88 19 12
contact@cambon-la-pelouse.com
www.cambon-la-pelouse.com

En 1996, Jean-Pierre Marie rachète cette propriété jouxtant le Château Giscours, et s'y investit avec passion en refaisant intégralement chai et cuvier. Depuis deux ans, son fils Nicolas l'a rejoint. Sur ce terroir privilégié de graves profondes, permettant un drainage et un réchauffement du sol favorables à la bonne maturité des raisins, ils produisent un vin flatteur et rapidement agréable à la dégustation, qui est devenu une des valeurs sûres de l'appellation. Seules les plus anciennes parcelles de merlot (50%), cabernet-sauvignon (30%) et cabernet franc (20%) entrent dans la composition du château-cambon-la-pelouse.

HAUT-MÉDOC 2007
Rouge | 2009 à 2017 | 12 € **14,5/20**
Cambon est assez concentré, bâti pour la garde avec une structure marquée. On peut le rechercher également pour son fruit gourmand.

HAUT-MÉDOC 2006
Rouge | 2009 à 2020 | 13 € **14,5/20**
Le tanin du château est structuré et velouté. Il s'affiche plutôt sur l'élégance.

HAUT-MÉDOC 2005
Rouge | 2009 à 2020 | 20 € **13/20**
Robe pourpre soutenue, nez très puissant et exubérant, avec des arômes de fruits rouges et noirs à grande maturité et des notes cacaotées, bouche dense, chaleureuse et épanouie, avec une trame tannique riche et de la longueur. Très flatteur.

HAUT-MÉDOC 2004
Rouge | 2009 à 2020 | 14 € **13/20**
Robe pourpre très dense, nez épanoui et mûr, avec de jolies notes de cerise noire, bouche charnue, séduisante, avec de jolis arômes persistants, des tanins fins et un boisé harmonieux.

HAUT-MÉDOC 2000
Rouge | 2009 à 2010 | 25 € **15/20**
Vin très réussi, riche et concentré avec des tanins gras et une matière complète et séduisante.

Rouge : 64 hectares ; cabernet franc 13%, cabernet sauvignon 35%, merlot 50%, petit verdot 2%. **Production totale annuelle :** 400 000 bt. **Visite :** Du lundi au vendredi, de 9 h à 12 h et de 14 h à 18 h.

CHÂTEAU DE CAMENSAC

Route de Saint-Julien
B.P. 9
33112 Saint-Laurent-du-Médoc
Tél. 05 56 59 41 69 - Fax. 05 56 59 41 73
chateaucamensac@wanadoo.fr
www.chateaucamensac.com

Ce cru a été repris en main depuis deux ans par la famille Merlaut, qui s'est engagée dans une indiscutable reprise en main de la culture et de la vinification. Son terroir maigre et typiquement médocain devrait donner des vins élancés et complexes, comme il a pu le faire dans les années 1990, mais avec plus de corps. Le 2006 est une étape réussie dans cette évolution. C'était d'autant plus nécessaire que les crus immédiatement voisins sont en excellente forme en ce moment et créent une émulation salutaire.

HAUT-MÉDOC 2006
Rouge | 2012 à 2018 | 15 € **14,5/20**
La robe est bien soutenue, le nez propre et franc, avec des arômes stricts de bon chêne merrain. On appréciera la générosité de constitution du corps et la sensation confortable d'une vendange bien mûre. Il manque encore un peu de finesse pour égaler les meilleurs.

HAUT-MÉDOC 2005
Rouge | 2009 à 2020 | 19 € **15/20**
Un vin rond, d'un fruité très agréable, presque croquant, rare dans le millésime mais manquant un peu de densité et d'énergie.

HAUT-MÉDOC 2004
Rouge | 2009 à 2016 | 16 € **14/20**
Notes de cèdre au nez, vin net, un peu pointu en l'état, capable de s'assouplir avec le temps.

Rouge : 75 hectares ; cabernet sauvignon 60%, merlot 40%. **Production totale annuelle :** 285 000 bt. **Visite :** Sur rendez-vous.

CHÂTEAU CANTEMERLE

33460 Macau
Tél. 05 57 97 02 82 - Fax. 05 57 97 02 84
cantemerle@cantemerle.com
www.cantemerle.com

Cantemerle est un des premiers châteaux à se présenter au visiteur qui pénètre dans le Médoc depuis Bordeaux. On repère facilement la longue grille qui longe un parc magnifique, au coeur duquel niche l'un des bâtiments les plus romantiques du Bordelais. On l'a parfois très justement qualifié de château de la Belle au Bois Dormant ! Le vignoble s'étend sur des graves légères, il brille plutôt par sa finesse et sa souplesse immédiate que par son corps, mais le vin vieillit étonnamment bien en prenant de la profondeur et un bouquet noblement épicé. 2006 a produit l'un des vins les plus complets des dix dernières années.

HAUT-MÉDOC 2006
Rouge | 2014 à 2026 | NC   **16/20**
Un vin riche et crémeux, au nez complexe de pruneau et d'épices, plus riche en tanin qu'à son habitude mais sans agressivité. L'impression d'ensemble est celle d'une harmonieuse ampleur qui laisse espérer un superbe vieillissement.

HAUT-MÉDOC 2005
Rouge | 2009 à 2025 | Cav. 34,50 €   **14,5/20**
Du raisin très mûr, un nez pour le moment un peu surchargé par des arômes un peu «cuits», du corps, du caractère, mais un manque de finesse et de pureté qui apparaît lors de la comparaison avec d'autres, à l'aveugle. Tanin velouté de belle qualité, en revanche.

HAUT-MÉDOC 2004
Rouge | 2009 à 2014 | 22,50 €   **15/20**
Beau volume de bouche, tanin velouté, vin net, équilibré, en attente de son plein développement aromatique.

Rouge : 90 hectares ; cabernet franc 3%, cabernet sauvignon 58%, merlot 33%, petit verdot 6%. **Production totale annuelle :** 560 000 bt.
Visite : Sur rendez-vous.

CHÂTEAU CANTENAC-BROWN

33460 Cantenac
Tél. 05 57 88 81 81 - Fax. 05 57 88 81 90
contact@cantenacbrown.com
www.cantenacbrown.com

Ce cru vient d'être racheté par Simon Halabi, un amoureux des grands vins du Médoc et qui donne à une équipe motivée, sous la direction du très sympathique José Sanfins, les moyens de faire progresser la qualité. Jusqu'ici les vins étaient riches en couleur et en tanin, mais sans grande envolée aromatique. Le 2005 finit en bouteille de façon remarquable, avec une harmonie dans ses constituants supérieure à beaucoup de ses pairs, et que peut-être nous n'avions pas su percevoir en primeurs. Dont acte. Le 2006, en revanche, après sa mise ne se montre pas sous un bon jour, avec des tanins vraiment agressifs, et il faudrait le revoir. Nous avons en revanche du mal à imaginer que le Second vin, brio, dans ce même millésime, puisse retrouver en bouteille un équilibre dont il manque cruellement.

MARGAUX 2006
Rouge | 2014 à 2018 | env 50 €   **14/20**
Un vin se présentant assez mal au début de l'année 2009, avec des tanins âpres, sur une texture manquant de chair. On a le sentiment (qu'on espère infirmer dans quelques années) d'un vin trop concentré par rapport à la vraie maturité du raisin.

MARGAUX 2005
Rouge | 2009 à 2025 | 50 €   **16/20**
Un vin puissant, aux notes presque truffées très généreuses, au corps puissant et à la texture confite, mais le tanin s'est bien assoupli par rapport à notre précédente dégustation. Un vin de belle race.

MARGAUX 2004
Rouge | 2009 à 2015 | 35 €   **14/20**
Coloré, forte nuance de merlot au nez, tanin velouté, léger manque de finesse. Vin bien fait, un peu facile comme à sa naissance.

Rouge : 42 hectares ; cabernet franc 5%, cabernet sauvignon 65%, merlot 30%.
Production totale annuelle : 244 000 bt.
Visite : De 9 h 30 à 12 h 30 et de 14 h à 17 h, sur rendez-vous.

CHÂTEAU CHARMAIL

33180 Saint-Seurin-de-Cadourne
Tél. 05 56 59 70 63 - Fax. 05 56 59 39 20
charmail@chateau-charmail.fr
château-charmail.fr

Cru très régulier de Saint-Seurin-de-Cadourne, le Château Charmail ne dispose pas des meilleures terres de la commune, mais compense largement ce manque par la qualité et la précision du travail quotidien. Le vin est très précis, très équilibré, très satisfaisant, surtout après cinq ans de vieillissement ou plus. Excellents 2003, 2004, 2005.

HAUT-MÉDOC 2007
Rouge | 2009 à 2017 | 17 €   **14,5/20**
Puissant, dense, avec une astringence marquée, le vin est long, très fruits noirs.

HAUT-MÉDOC 2006
Rouge | 2009 à 2014 | 17 €   **15/20**
Robe pourpre foncée. Très joli nez de fruits rouge frais. Une bouche fine et élégante, d'une belle fraîcheur. Tanins très fins en finale.

HAUT-MÉDOC 2005
Rouge | 2009 à 2025 | 18,50 €   **15/20**
Bel équilibre, favorisant la finesse et la tendreté du tanin, dans une année où tant de vins sont férocement tanniques. On sent un excellent styliste à l'œuvre.

HAUT-MÉDOC 2004
Rouge | 2009 à 2010 | 17 €   **15/20**
Vin très réussi, riche et concentré, avec des tanins gras et une matière complète et séduisante.

Rouge : 22 hectares ; cabernet franc 20%, cabernet sauvignon 30%, merlot 48%, petit verdot 2%. **Production totale annuelle :** 120 000 bt. **Visite :** Du lundi au vendredi de 8 h30 à 12 h et de 14 h à 17h sur rendez vous.

CHÂTEAU CHASSE-SPLEEN

33480 Moulis-en-Médoc
Tél. 05 56 58 02 37 - Fax. 05 57 88 84 40
info@chasse-spleen.com
www.chasse-spleen.com

Situé sur les excellentes graves profondes du plateau célèbre de Grand Poujeaux, avec le remarquable appoint désormais du vignoble de Gressier, récemment racheté, le cru peut produire un volume important de vins colorés, charnus, pleins de charme mais aussi de vinosité, parfois un peu trop démonstratifs, mais vieillissant dans la logique de la classe de leur origine. La famille Merlaut sait aussi bien faire dans la production que dans la vente, et la marque est connue du monde entier. Les derniers millésimes sont encore plus chaleureux et veloutés que d'habitude, en raison du réchauffement climatique. On leur souhaiterait parfois un peu plus de finesse pure.

MOULIS 2006
Rouge | 2009 à 2020 | ench. 25 €   **15,5/20**
Robe pourpre. Nez profond. Bouche ample avec beaucoup de matière. Trame tannique serrée et encore assez présente.

MOULIS 2005
Rouge | 2009 à 2025 | 30 €   **14,5/20**
Raisin mûr, texture veloutée et charmeuse, vineux mais pas très complexe, du moins pour le moment.

MOULIS 2004
Rouge | 2009 à 2015 | ench. 24 €   **15/20**
Belle robe, fruit ample, tanin ferme, volumineux en bouche, confortable, moins raffiné que d'autres mais certainement construit pour la garde.

MOULIS 2002
Rouge | 2009 à 2017 | 26 €   **15/20**
Belle couleur, grande richesse de fruit pour le millésime, boisé confortable, vin plutôt voluptueux, bien dans le style si acclamé par le public de ce cru.

MOULIS 2000
Rouge | 2009 à 2015 | 42 €   **16/20**
Bouche savoureuse, avec une très belle matière et une grande maturité de fruit. Très beau vin de grande longueur.

Rouge : 83 hectares ; cabernet sauvignon 65%, merlot 30%, petit verdot 5%. **Blanc :** 1,8 hectare ; sauvignon 50%, sémillon 50%. **Production totale annuelle :** 600 000 bt. **Visite :** Du lundi au vendredi, de 9 h à 12 h et de 14 h à 17 h sur rendez-vous, sans rendez-vous de juin à août.

CHÂTEAU CITRAN

1, chemin de Citran
33480 Avensan
Tél. 05 56 58 21 01 - Fax. 05 57 88 84 60
info@citran.com
www.citran.com

90 hectares de vignes, réparties quasiment à parts égales entre cabernet-sauvignon et merlot. Propriété de la famille Merlaut depuis 1996, le vignoble est situé entre Avensan, Moulis et Margaux. Ce cru bourgeois a retrouvé une élégance que se réjouirait de découvrir aujourd'hui la famille Donissan, qui fut pendant six cents ans propriétaire de ce domaine.

HAUT-MÉDOC 2006
Rouge | 2009 à 2020 | 13 €   **14,5/20**
Riche en couleur et en tanin, solide, fin de bouche robuste et roborative, pas d'agressivité dans l'extraction, bien vinifié.

HAUT-MÉDOC 2005
Rouge | 2009 à 2016 | 19 €   **15/20**
Robe pourpre. Nez fin et concentré. Bouche ample et suave, de l'allonge, tanins fins en finale.

HAUT-MÉDOC 2001
Rouge | 2009 à 2015 | 17 €   **14,5/20**
Vin riche et concentré, à la matière puissante et de belle constitution.

HAUT-MÉDOC 2000
Rouge | 2009 à 2018 | 19 €   **14,5/20**
Un vin ample et généreux avec une belle matière en bouche, aujourd'hui très sapide.

Rouge : 96 hectares ; cabernet sauvignon 50%, merlot 50%. **Production totale annuelle** : 600 000 bt.
Visite : Sur Rendez-vous (05 56 58 21 01).

CHÂTEAU CLARKE

33480 Listrac
Tél. 05 56 58 38 00 - Fax. 05 56 58 26 46
contact@cver.fr
www.cver.fr

Propriété pilote de Listrac, Clarke est l'objet de la plus grande attention de la part de son célèbre propriétaire, Benjamin de Rothschild, et de sa mère Nadine, qui veille elle-même au grain. On y travaille comme dans un Premier cru, et une rigoureuse sélection parcellaire a diminué le volume de production pour obtenir la plus grande harmonie et distinction de saveur. Moderne dans son élaboration, fidèle aux critères œnologiques de Michel Rolland, il associe haute maturité du raisin et expression savoureuse du terroir. Aucun vin de Listrac ne le surpasse. 2005 sera sans doute le vin le plus complet de l'histoire de la propriété, mais 2004 et 2006 ne sont pas loin derrière.

LISTRAC-MÉDOC 2006
Rouge | 2009 à 2025 | 19,20 €   **16/20**
Robe pourpre foncée. Nez riche et complexe. Bouche ample, riche. Belle trame tannique en finale. Vin très moderne dans sa conception.

LISTRAC-MÉDOC 2005
Rouge | 2009 à 2025 | 23 €   **16,5/20**
Remarquable réussite, corps ample, tanin recherché, vin de style moderne, parfaitement vinifié.

LISTRAC-MÉDOC 2002
Rouge | 2009 à 2017 | ench. 17 €   **15/20**
Boisé épicé fort généreux, vin plein, savoureux, au tanin harmonieux, le plus travaillé mais aussi le plus accompli de son appellation.

LISTRAC-MÉDOC 2001
Rouge | 2009 à 2012 | ench. 21 €   **15/20**
Vin concentré, bien élevé, offrant en fond une trame ample et puissante non dénuée de longueur.

LISTRAC-MÉDOC 2000
Rouge | 2009 à 2012 | ench. 16 €   **15/20**
Vin ample, de bon volume avec de la longueur. Style moderne et séduisant, vinifié avec soin.

Rouge : 54 hectares ; cabernet sauvignon 30%, merlot 70%. **Blanc** : 2 hectares ; muscadelle 10%, sauvignon blanc 70%, sémillon 20%. **Production totale annuelle** : 250 000 bt. **Visite** : Visites réservées aux professionnels, sur rendez-vous.

CHÂTEAU CLAUZET

Leyssac
33180 Saint-Estèphe
Tél. 05 56 59 34 16 - Fax. 05 56 59 37 11
clauzet@chateauclauzet.com
www.chateauclauzet.com

Voici le prototype des beaux bourgeois de Saint-Estèphe : un propriétaire intelligent et amoureux de son terroir, le Baron Velge, obtient un vin très équilibré et savoureux, qui devrait être plébiscité par la bonne restauration pour l'excellence de son rapport qualité-prix.

SAINT-ESTÈPHE 2006
Rouge | 2009 à 2025 | NC   **15,5/20**
Robe foncée. Nez expressif sur le fruit. Bouche pleine, belle matière, l'ensemble est soutenu par une trame tannique imposante.

SAINT-ESTÈPHE 2005
Rouge | 2009 à 2025 | NC   **15,5/20**
Le vin associe puissance et finesse dans un équilibre très satisfaisant, avec un bouquet d'épices déjà très bien formé et caractéristique. Du beau travail !

SAINT-ESTÈPHE 2004
Rouge | 2009 à 2012 | NC   **15,5/20**
Ample et noblement tannique, le cru s'affirme comme l'une des belles valeurs de Saint-Estèphe.

SAINT-ESTÈPHE 2001
Rouge | 2009 à 2012 | NC   **15,5/20**
Plus frais et souple que le 2000, avec une rondeur savoureuse.

SAINT-ESTÈPHE 2000   ☺
Rouge | 2009 à 2015 | NC   **15/20**
Belle matière avec du volume et de la densité. Tanins puissants, dans un style à notre sens trop démonstratif pour le cru.

Rouge : 23 hectares ; cabernet franc 2%, cabernet sauvignon 55%, merlot 40%, petit verdot 3%. **Production totale annuelle :** 120 000 bt. **Visite :** De 9 h à 12 h et de 13 h 30 à 17h.

CHÂTEAU CLÉMENT-PICHON

33290 Parempuyre
Tél. 05 56 35 23 79 - Fax. 05 56 35 85 23
info@vignobles.fayat.com
vignobles.fayat.com

Ce cru est luxueusement entretenu par Clément Fayat, qui vient d'engager Jean-Luc Thunevin pour l'administrer et lui donner plus d'allure. On peut donc s'attendre à des progrès rapides, malgré la belle régularité et les équilibres déjà fort satisfaisants de ce vrai «bourgeois».

HAUT-MÉDOC 2006
Rouge | 2009 à 2020 | épuisé   **15,5/20**
Avec son fruit bien mûr en bouche et au nez, ce vin a une texture suave et se démarque par sa grande fraîcheur.

Rouge : 25 hectares ; cabernet franc 10%, cabernet sauvignon 40%, merlot 50%. Production totale annuelle : 110 000 bt. Visite : Sur rendez-vous

CHÂTEAU CLERC-MILON

33250 Pauillac
Tél. 05 56 59 22 22 - Fax. 05 56 73 20 44
webmaster@bpdr.com
www.bpdr.com

Situé sur des graves riches, typiques de l'appellation, Clerc-Milon a toujours produit un pauillac très bien défini, vineux, onctueux, complexe, et qui bénéficie de la science de l'élevage des équipes de Mouton-Rothschild. Depuis la réfection du cuvier, il a encore gagné en précision dans l'élaboration. Ses riches merlots lui donnent une onctuosité particulière, qui le distingue d'Armailhac, plus élancé et fin, mais moins séveux. Les derniers millésimes sont tous excellents, et devraient séduire tous les amateurs de pauillacs. Le 2006 ne le cède en rien au célèbre 2005. 2008 passera encore à la vitesse supérieure, mais on a le temps d'en reparler.

PAUILLAC 2006
Rouge | 2016 à 2021 | NC   **16,5/20**
Un vin complet, à la fois généreux et élégant, plus charnu qu'armaillac, idéalement typé pauillac, avec par rapport à quelques années un boisé plus harmonieux et respectueux de la texture. Grande garde prévisible et bon rapport qualité-prix.

PAUILLAC 2005
Rouge | 2009 à 2030 | 58 €   **17,5/20**
Très riche arôme de cèdre, grande vinosité, grande complexité dans le tanin, un vin parfaitement élevé, qui donne maintenant le meilleur de lui-même.

PAUILLAC 2004
Rouge | 2009 à 2019 | 33 €   **16/20**
Un peu plus corsé et plein qu'armailhac, légèrement moins raffiné dans les sensations tactiles mais avec un remarquable caractère individuel.

Rouge : 30 hectares ; cabernet franc 15%, cabernet sauvignon 46%, merlot 35%, petit verdot 3%. Production totale annuelle : 170 000 bt.

CHÂTEAU COS D'ESTOURNEL

33180 Saint-Estèphe
Tél. 05 56 73 15 50 - Fax. 05 56 59 72 59
estournel@estournel.com
www.estournel.com

Un cuvier flambant neuf, aussi spectaculaire dans son genre que les pagodes du château, doté d'ascenseurs à cuves, permettant de travailler en gravité non seulement pendant les vinifications mais pendant l'élevage, a servi pour la première fois en 2008. Il couronne les efforts considérables de la propriété pour porter ce cru au plus haut niveau possible, avec l'ambition de rivaliser en qualité avec les Premiers crus. Le terroir profond de ses graves fait généralement de lui le plus corsé des vins du Médoc, le plus voluptueux dans sa texture, tout en conservant une finesse et une complexité caractéristiques de son voisinage avec Château Lafite. Les 2003 et 2005 sont des monuments imposants, laissant aux 2002, 2004 et 2006 le soin de séduire immédiatement davantage par l'harmonie de leurs proportions et la finesse d'extraction de leur tanin.

BORDEAUX LES PAGODES DE COS 2006
Blanc | 2009 à 2012 | NC   **14/20**
Ce premier blanc du château, vinifié avec le luxe et le soin qu'on imagine, sera naturellement comparé à ses pairs du Médoc. Pour le moment, le raffinement et la précision aromatique sont au rendez-vous, mais de façon encore trop variétal, avec une domination d'arômes de sauvignon un peu stéréotypés dans leur exactitude.

SAINT-ESTÈPHE 2006
Rouge | 2018 à 2024 | NC   **17, 5/20**
Après mise, le vin a conservé sa force, son velouté de texture lié à la suavité donnée par des raisins proches de 14 degrés d'alcool naturels, ce qui est considérable pour le Médoc. Une longue aération confirme son origine avec des notes épicées de grande noblesse.

SAINT-ESTÈPHE 2005
Rouge | 2009 à 2050   **17,5/20**
Très structuré, tanins dominateurs, très grande garde nécessaire. Un monument mais les amateurs de finesse pure iront ailleurs.

SAINT-ESTÈPHE 2004
Rouge | 2009 à 2024 | 94 €   **18/20**
Grande couleur, texture voluptueuse mais précise, saveur noble de cèdre, grande persistance. Nous l'aimons à l'égal du 2005 pour sa finesse non dénuée de panache.

Rouge : 91 hectares ; cabernet franc 2%, cabernet sauvignon 70%. merlot 28%. Production totale annuelle : 300 000 bt. Visite : de 9 h à 12 h et de 14 h à 17 h - sur rendez-vous.

CHÂTEAU COS LABORY

33180 Saint-Estèphe
Tél. 05 56 59 30 22 - Fax. 05 56 59 73 52
cos-labory@wanadoo.fr

Le cru possède une bonne partie de son vignoble sur les mêmes croupes excellentes que Cos d'Estournel. Il n'a pas toujours été administré avec autant de faste que son illustre voisin, et il a pâti un temps de la mécanisation des vendanges, comme d'autres. Mais les saines pratiques (et avec elles les vendanges manuelles) sont revenues, et les derniers millésimes vont du bon à l'excellent, avec un caractère épicé très savoureux. Les beaux 2004 et 2005, pleins, virils mais harmonieux dans leur texture et leur tanin, avec la finale résineuse et terrienne des saint-estèphes les mieux typés, seront relayés par un 2006 harmonieux et équilibré, qui devrait s'ouvrir un peu avant eux en bouteille. L'amateur à la recherche d'un cru classé digne de son titre pour un prix accessible trouvera ici son bonheur, d'autant que le Second vin, charme-de-labory, plus souple mais fait avec soin, permet d'attendre le Grand vin sans déchoir.

Saint-Estèphe 2006
Rouge | 2011 à 2016 | 25 €   **15,5/20**
Bon nez de merrain fin qui montre qu'on peut encore trouver des barriques bien faites à Bordeaux, vin charnu mais souple, harmonieux, visiblement élaboré avec soin. Il devrait évoluer rapidement en bouteille, et favorablement.

Saint-Estèphe 2005
Rouge | 2009 à 2023 | 30 €   **16,5/20**
Le cru a continué à gagner en souplesse, en finesse de tanin et en fraîcheur de fruit, tout en conservant les notes classiques d'épices du terroir. Bon équilibre général. À l'aveugle, on le distingue difficilement de ses prestigieux voisins !

Saint-Estèphe 2004
Rouge | 2009 à 2019 | 25 €   **14,5/20**
Vineux, coloré, doté d'un beau fruit de prune, très bien fait à défaut d'un caractère bien individualisé.

Rouge : 18 hectares ; cabernet franc 10%, cabernet sauvignon 55%, merlot 355%.
Production totale annuelle : 100 000 bt.
Visite : Du lundi au vendredi, de 9 h à 12 h et de 14 h à 18 h.

CHÂTEAU COUFRAN

33180 Saint-Seurin-de-Cadourne
Tél. 05 56 59 31 02 - Fax. 05 56 81 32 35
emiailhe@coufran-verdignan.com
www.chateau-coufran.com

Avec son importante diffusion dans la grande distribution, ce cru est devenu une marque populaire, d'autant que le vin, très arrondi par ses merlots, ne manque ni d'ampleur ni de séduction ! Il est de mieux en mieux élevé. Le cru semble en pleine forme et a bien réussi le difficile 2006.

Haut-Médoc 2006
Rouge | 2009 à 2020 | 15 €   **15/20**
Joli nez complexe. Bouche fine et élégante, sans excès. Tanins complètement intégrés.

Haut-Médoc 2005
Rouge | 2009 à 2020 | 17 €   **15/20**
Nez ambitieux mais sans excès de bois, corps ample, tanin serré, caractère très franc.

Rouge : 76 hectares ; cabernet sauvignon 15%, merlot 85%. Production totale annuelle : 400 000 bt.

CHÂTEAU LE CROCK

Marbuzet
33180 Saint-Estèphe
Tél. 05 56 59 73 05 - Fax. 05 56 59 30 33
lp@leoville-poyferre.fr

Le Château Le Crock est un domaine de 32 hectares adossé aux châteaux Cos d'Estournel et Montrose. La famille Cuvelier en a fait l'acquisition en 1903 (une vingtaine d'années avant Léoville-Poyferré). En 1998, les installations techniques ont été entièrement refaites. L'encépagement est majoritaire en cabernet-sauvignon : 60%. Michel Rolland en est l'œnologue conseil, privilégiant le potentiel de garde. Le côté austère dans sa prime jeunesse s'affine au fil des ans, pour céder la place à la race et la complexité.

SAINT-ESTÈPHE 2006
Rouge | 2009 à 2017 | NC   **15,5/20**
Robe foncée. Belle richesse au nez. La bouche est fine, fraîche, solidement épaulée par une sérieuse trame tannique.

SAINT-ESTÈPHE 2001
Rouge | 2009 à 2012 | NC   **15/20**
Vin ample et de belle maturité, avec un bouquet séducteur. Bon style long et complet.

SAINT-ESTÈPHE 2000
Rouge | 2009 à 2012 | NC   **16/20**
Dans le même registre que le 2001, avec davantage de concentration et de potentiel, riche et suave avec une matière de belle longueur.

Rouge : 32 hectares ; cabernet franc 10%,
cabernet sauvignon 60%, merlot 25%, petit verdot 5%.
Production totale annuelle : 140 000 bt. Visite : De 9 h
à 12 h et de 14 h à 17 h.

CHÂTEAU CROIZET-BAGES

33250 Pauillac
Tél. 05 56 59 01 62 - Fax. 05 56 59 23 39
bureaucb@domaines-quie.com
www.domaines-quie.com

Ce cru classé de Pauillac dispose d'un excellent terroir, jouxtant Lynch-Bages et Grand-Puy-Lacoste, mais jusqu'ici le niveau de viticulture et de vinification était inférieur à ce qu'on peut exiger de son rang. Reflet des efforts entrepris par la nouvelle génération de la famille Quié, le millésime 2007 sera perçu par tous comme une vraie révolution en matière de qualité et donnera une bonne idée du grand potentiel du cru. 2006, en attendant, a produit un vin bien meilleur que les précédents, et plus convaincant et abouti que son camarade d'écurie rauzan-gassies.

PAUILLAC 2006
Rouge | 2014 à 2021 | NC   **15,5/20**
Riche en alcool et en tanins, chaleureux, avec du style et de la longueur, infiniment plus conforme à la valeur du terroir que tous les millésimes précédents. Il faudra suivre son évolution.

PAUILLAC 2005
Rouge | 2009 à 2020 | 21 €   **13/20**
En dessous du potentiel d'un cru classé et surtout du millésime. Corps relativement léger, mais tanin simple. Ensemble buvable mais loin de la plupart de ses pairs.

PAUILLAC 2004
Rouge | 2009 à 2010 | 19 €   **13,5/20**
Le vin ne démérite pas mais paraît simple, avec une texture souple et peu serrée.

Rouge : 30 hectares ; cabernet franc 10%,
cabernet sauvignon 45%. merlot 45%.
Production totale annuelle : 125 000 bt.
Visite : fermeture pour travaux, achats possible
aux Château Rauzan-Gassies 33460 Margaux.

CHÂTEAU DAUZAC

33460 Labarde
Tél. 05 57 88 32 10 - Fax. 05 57 88 96 00
chateaudauzac@chateaudauzac.com
www.chateaudauzac.com

Frère jumeau, par l'emplacement de ses vignes, de Siran, mais classé en 1855, Dauzac appartient à la MAIF, et produit des vins corsés et colorés, dont les équipes techniques formées par André Lurton ont encore accentué le caractère depuis cinq ans. Une évolution vers plus de finesse était bienvenue et elle est en cours. Le soin pris à trier les vendanges a été payant en 2006, avec un vin très mûr et d'une vinosité qui a parfaitement résisté au traumatisme de la mise en bouteilles. 2008 semble parti pour être un des meilleurs de son appellation.

MARGAUX 2006
Rouge | 2009 à 2020 | 35 €   **15,5/20**
Le vin a largement dominé, par l'intensité de sa couleur et sa suavité, notre dégustation des margaux 2006 après mise en bouteille. Enfin un vin velouté et charnu, non asséché par l'élevage ! Il n'a sans doute pas la finesse d'un rauzan-ségla mais une grande majorité du public en aimera la plénitude et la franchise. Le Second vin, la-bastide, n'échappe pas hélas à l'évolution asséchante des vins de l'appellation.

MARGAUX 2004
Rouge | 2009 à 2017 | 30 €   **15,5/20**
Un peu moins de robe que d'habitude, texture serrée et tendue, belle fraîcheur, tanin net, excellent ensemble au vieillissement assuré.

MARGAUX LA BASTIDE DE DAUZAC 2005
Rouge | 2009 à 2025   **15/20**
Riche en couleur, boisé toasté, vigoureux, dense, un peu astringent pour le moment.

Rouge : 45 hectares ; cabernet franc 5%, cabernet sauvignon 65%, merlot 30%.
Production totale annuelle : 280 000 bt.
Visite : De 8 h à 12 h et de 13 h30 à 17 h30, sur rendez-vous, sans rendez-vous du 15 juin au 15 septembre.

CLOS DES DEMOISELLES

33480 Listrac-Médoc
Tél. 05 56 58 02 43 - Fax. 05 56 58 04 33
contact@vignobles-chanfreau.com
www.chateau-fonreaud.com

Le cru dispose d'excellents sols à vigne, le plus souvent graveleux, ce qui est rare à Listrac. Il produit un vin volontairement très accessible par sa souplesse, son naturel, sa rapidité à s'ouvrir au vieillissement, et il mérite son succès. On peut imaginer un vin plus complet, mais rien n'indique que le marché en ait davantage besoin. Bon 2005, souple, fin, dans la lignée des dix millésimes précédents.

LISTRAC-MÉDOC 2005
Rouge | 2009 à 2012 | 14 €   **14/20**
Belle chair, vin tendre, souple, tanin peu appuyé, très agréable à défaut de forte personnalité.

LISTRAC-MÉDOC 2004
Rouge | 2009 à 2014 | 15 €   **14/20**
Robe rubis, moins vive que quelques autres mais encore jeune, nez de pruneau, très typé merlot, corps souple, tanin extrait avec soin et précision, pas très complexe mais sain, net, très digeste, idéal pour les repas d'affaires, à ne pas boire trop chambré.

Rouge : 2,4 hectares ; cabernet sauvignon 38%, merlot 62%. **Production totale annuelle :** 14 000 bt.
Visite : Du lundi au jeudi, de 8 h à 12 h et de 13 h 30 à 17 h 30, 16 h30 le vendredi.

CHÂTEAU DESMIRAIL

28, avenue de la Vème République
33460 Cantenac
Tél. 05 57 88 34 33 - Fax. 05 57 88 96 27
contact@desmirail.com
www.desmirail.com

Nous avons sans doute été trop sévères l'an dernier avec ce cru, basant nos impressions sur les dégustations en primeurs avant mise. Les échantillons présentés par le cru, faibles en corps et en caractère, ne rendaient pas justice à ce qui est en bouteilles. Le 2005 révèle beaucoup de finesse et de franchise aromatique, et un caractère authentiquement margalais. Le 2000 avait d'ailleurs anticipé cette évolution. Le 2006 se goûte mieux après mise que chez de nombreux voisins, du moins pour le Grand vin. Le Second vin, en revanche, est bien léger.

MARGAUX 2006
Rouge | 2011 à 2016 | NC   **15/20**
Arômes fins d'épices et de poivron rouge, du charme et de la complexité, un caractère margalais indéniable dans la finesse et la souplesse du tanin, à défaut de grande vinosité. On pourra le boire assez vite.

MARGAUX 2005
Rouge | 2009 à 2020 | env 25 €   **16,5/20**
Beau fruit ample et élégant, corps parfaitement équilibré, tanin fin. Le vin a su garder, malgré sa plénitude de constitution, une très appréciable finesse.

Rouge : 40 hectares ; cabernet sauvignon 60%.
merlot 40%. **Production totale annuelle** : 160 000 bt.
Visite : De 9 h à 12 h et de 14 h à 17 h.

CHÂTEAU DUCRU-BEAUCAILLOU

33250 Saint-Julien-Beychevelle
Tél. 05 56 73 16 73 - Fax. 05 56 59 27 37
je-borie@je-borie-sa.com
www.chateau-ducru-beaucaillou.com

Ce cru célèbre peut donner un des trois ou quatre médocs les plus fins et les plus élégants, comme en 1961, en 1970 ou en 1982. Mais il a souvent fait preuve de graves irrégularités, soit par manque de matière, soit par manque de netteté, comme dans la difficile décennie 1983-1992. Depuis 2003, le cru retrouve son plus haut niveau, avec des vins d'une perfection formelle presque magique, sans aucune concession au goût international. Reste à donner encore plus de personnalité au Second vin, la-croix-de-beaucaillou, d'autant qu'il bénéficie des excellentes vignes de Terrey Gros Cailloux, achetées tout récemment. 2008 semble avoir répondu à cette attente.

SAINT-JULIEN 2006
Rouge | 2016 à 2026 | 131 €   **17/20**
Le vin est plus serré que d'autres après la mise, mais c'est une réaction habituelle propre au cru et liée au caractère très épicé et minéral de ses cabernets qui évoquent le graphite de la mine de crayon. Sa finesse et sa richesse de constitution restent parfaitement perceptibles et devraient en faire une grande bouteille dans douze à quinze ans.

SAINT-JULIEN 2005
Rouge | 2009 à 2050 | Cav. 210 €   **19/20**
Profond, d'un charme extraordinaire sur le plan de la texture, brillant exemple de ce superbe millésime. Immense avenir.

SAINT-JULIEN 2004
Rouge | 2009 à 2024 | Cav. 65 €   **18/20**
Très belle réussite, avec une définition quasi parfaite de la noblesse aromatique du cabernet, sur les terres qui lui conviennent le plus. Outre le raffinement des arômes de cèdre, il y a une grande densité de sève par derrière.

SAINT-JULIEN LA CROIX DE BEAUCAILLOU 2006
Rouge | 2012 à 2018 | 32,5 €   **14/20**
Légère réduction au nez mais corps ample et équilibré, qui plaira aux amateurs de vins élancés et plus frappants par leur tension que par leur chair. La propriété a produit comme d'habitude un troisième saint-julien, lalande-borie, un peu décevant par rapport au savoir-faire de la propriété.

Rouge : 110 hectares ; cabernet franc 5%,
cabernet sauvignon 70%. merlot 25%.

CHÂTEAU DUHART-MILON

33250 Pauillac
Tél. 05 56 73 18 18 - Fax. 05 56 59 26 83
visites@lafite.com
www.lafite.com

Situé sur un remarquable plateau proche de Lafite, mais sans les fameuses graves sur socle calcaire de ce dernier, Duhart-Milon a encore progressé, dans les derniers millésimes, vers une plus grande harmonie de constitution et un tanin plus racé et intégré. Une bonne proportion de merlot continue à lui donner un moelleux de texture caractéristique, avec les nuances aromatiques de cèdre et d'épices propres au style des domaines Rothschild. Le 2005 est le vin le plus complet jamais produit par le château, avec la plénitude et la vigueur de caractère d'un grand pauillac. Son prix reste raisonnable. 2006 poursuit dans la même lignée et constitue même un bien meilleur rapport qualité-prix que carruades.

PAUILLAC 2006

Rouge | 2016 à 2021 | NC   **16/20**
Un vin riche et équilibré, au nez de tabac havane très typé pauillac, avec un fort soutien en fin de bouche d'un tanin ferme mais non agressif. Il y a là de quoi faire une superbe bouteille de garde, dans le style lafite, pour un prix infiniment plus raisonnable, bien mieux que carruades !

PAUILLAC 2005

Rouge | 2009 à 2030 | Ench. 31 €   **16,5/20**
Puissant mais raffiné dans son tanin et très long en bouche, beaucoup de netteté dans l'expression de l'origine.

PAUILLAC 2004

Rouge | 2009 à 2020 | Ench. 18 €   **15/20**
Riche en couleur, assez intense dans ses arômes de cèdre, mais avec un tanin quand même un peu sec.

Rouge : 70 hectares ; cabernet franc 5%, cabernet sauvignon 70%, merlot 30%.
Production totale annuelle : 240 000 bt.
Visite : Sur rendez-vous.

CHÂTEAU DURFORT-VIVENS

33460 Margaux
Tél. 05 57 88 31 02 - Fax. 05 57 88 60 60
infos@durfort-vivens.com
www.durfort-vivens.com

Gonzague Lurton semble fort attaché à la progression de la qualité et de la réputation de son cru. Aussi passionné par les terroirs et le vrai style des vins de Margaux que son père Lucien, mais plus strict dans le travail quotidien, il a certainement contribué à renforcer le corps et la précision aromatique des derniers millésimes, avec en particulier un beau 2005. La très forte proportion de cabernet-sauvignon ne lui rend pas la tâche facile dans tous les millésimes où une rigidité dans la texture et les tanins se fait jour. Les 2007 et 2008 nous sont apparus à nouveau très linéaires et austères en primeurs.

MARGAUX 2006

Rouge | 2014 à 2021 | NC   **16,5/20**
Le vin ne nous a pas été présenté après mise. Nous reconduisons donc les commentaires peut-être trop optimistes de l'an dernier. Corps très plein, avec des tanins fermes et complexes, et un caractère bien tranché de cabernet. Un raisin parfaitement mûr, un style très médocain, et un avenir certainement superbe en bouteille.

MARGAUX 2005

Rouge | 2009 à 2030   **15,5/20**
Vin ferme, précis, racé, mais comme souvent dans le millésime, porteur de tanins surpuissants, qui choquent par rapport au style habituel de l'appellation. Le vin vieillira bien, mais d'une certaine façon le 2006 devrait davantage plaire aux esthètes.

MARGAUX 2004

Rouge | 2009 à 2020   **15/20**
Joli nez de ronce, vin élégant, tendu, plus long en bouche que château-dauzac, avec un tanin ferme, du style, de la tension. Tanin un peu plus asséchant que brane, moins équilibré.

Rouge : 50 hectares ; cabernet franc 7%, cabernet sauvignon 70%, merlot 23%.
Production totale annuelle : 200 000 bt.
Visite : Sur rendez-vous.

CHÂTEAU LES EYRINS

27, cours Pey-Berland
33460 Margaux
Tél. 05 57 88 95 03 - Fax. 05 57 88 37 75
eric.grangeroux@free.fr

Ce petit cru de Margaux est parfaitement tenu par Eric Grangeroux, qui réalise chaque année un vin serré, dense et profond, intense mais exprimant indéniablement la race de son terroir de Margaux. Réalisé avec beaucoup de sincérité, ce cru de qualité produit également un joli vin de soif, nommé assez justement cru-monplaisir.

MARGAUX 2006

Rouge | 2009 à 2020 | épuisé   **16/20**
Délicieusement floral, ce vin conjugue concentration, élégance et fraîcheur.

MARGAUX 2005

Rouge | 2009 à 2015 | épuisé   **16,5/20**
Certainement le millésime le plus réussi de la propriété : exprimant un fruit croquant, le vin se révèle profond, long, racé, intense, incontestablement de grande sève.

MARGAUX CRU MONPLAISIR 2005   ☺

Rouge | 2009 à 2010 | épuisé   **15,5/20**
Notes séduisantes de cerise noire bien mûre, bouche savoureuse, soutenue par des tanins mûrs, absolument délicieux !

MARGAUX SÉLECTION GRANGEROU 2006

Rouge | 2009 à 2014 | épuisé   **16/20**
Couleur pourpre. Nez fin, très cabernet, note de cerise, la bouche est fine et équilibrée. Tanins très fins. Vin tout en élégance.

Rouge : 9 hectares ; cabernet sauvignon 60%, merlot 35%, petit verdot 5%. **Production totale annuelle :** 50 000 bt. **Visite :** Du lundi au vendredi, de 9 h à 18 h sur rendez-vous.

CHÂTEAU FERRIÈRE

33 bis, rue de la Trémoille
33460 Margaux
Tél. 05 57 88 76 65 - Fax. 05 57 88 98 33
chateau@ferriere.com
www.ferriere.com

Ce petit cru ne brille pas vraiment dans les dégustations primeurs, mais s'affirme en bouteilles avec des vins bien constitués, racés au nez et en bouche, plutôt masculins pour des margaux, et qui manquent encore un peu de finesse pour atteindre les sommets. Les 2004 et 2005 sont assez corsés et fermes, avec un fruit de raisin mûr et de belles possibilités de vieillissement. Les prix restent sages. 2006 se déguste après mise plutôt mieux que la moyenne de ses pairs.

MARGAUX 2006

Rouge | 2014 à 2021 | NC   **14/20**
Vin bien constitué, droit, précis, moins élégant qu'en 2005 mais d'une franchise irréprochable dans son tanin. Laissons-le vieillir tranquillement.

MARGAUX 2005

Rouge | 2017 à 2030 | NC   **16,5/20**
On retrouve au nez les nuances de « rôti » de la plupart des margaux dans le millésime, et la même ampleur et puissance de constitution. Le tanin est d'excellente facture et devrait faire un très beau vin de garde.

MARGAUX 2004

Rouge | 2010 à 2020 | NC   **15,5/20**
Vin charnu, au nez franc, mûr, bien dégagé, tanins savoureux, belle persistance. Margaux complet, bien vinifié et de grande garde probable.

Rouge : 8 hectares ; cabernet sauvignon 80%, merlot 15%, petit verdot 5%. **Production totale annuelle :** 50 000 bt. **Visite :** Du lundi au vendredi, de 9 h à 16 h sur rendez-vous.

CHÂTEAU FONBADET

47, route des Châteaux
33250 Pauillac
Tél. 05 56 59 02 11 - Fax. 05 56 59 22 61
pascale@chateaufonbadet.com
www.chateaufonbadet.com

Ce cru a échappé à la convoitise de ses riches voisins et la famille Peyronie continue d'y produire, en bon millésime, un pauillac très sincère et d'excellent vieillissement, avec un grand nez de tabac havane et des tanins vigoureux et expressifs. Excellent 2005.

PAUILLAC 2005
Rouge | 2009 à 2030 | 31 €   **16/20**
Superbe vinosité, grain de texture très classique, grande longueur, grand potentiel.

PAUILLAC 2002
Rouge | 2009 à 2050 | 26,80 €   **15,5/20**
Remarquablement plein et charpenté pour l'année, saveur empyreumatique très expressive, bel avenir, vivement conseillé.

PAUILLAC 2001
Rouge | 2009 à 2010 | Ench. 13 €   **14,5/20**
Belle corpulence, avec des vins charnus et de belle consistance.

PAUILLAC 2000
Rouge | 2009 à 2012 | 39 €   **15/20**
Une belle réussite pour ce cru. Un vin séduisant, bénéficiant d'un élevage équilibré, avec une matière concentrée et des tanins suaves.

Rouge : 20 hectares ; cabernet franc 15%, cabernet sauvignon 60%, merlot 20%, petit verdot 5%. **Production totale annuelle :** 75 000 bt.
Visite : Sur rendez-vous.

CHÂTEAU FOURCAS-DUPRÉ

Le Fourcas
33480 Listrac-Médoc
Tél. 05 56 58 01 07 - Fax. 05 56 58 02 27
info@fourcasdupre.com
www.fourcasdupre.com

Le cru dispose du plus beau terroir de Listrac, et depuis longtemps plaît à un nombreux public par son classicisme de caractère et le montant raisonnable de son prix : on peut (et on doit !) encore faire mieux, tout en conservant la même sincérité dans l'expression du terroir. Bons 2003 et 2005, qui se sont un peu amincis et simplifiés en bouteille.

LISTRAC-MÉDOC 2006
Rouge | 2009 à 2016 | 13,00 €   **14/20**
Couleur pourpre. Nez torréfié. Bouche avec une jolie matière. Trame tannique assez serrée.

LISTRAC-MÉDOC 2005
Rouge | 2009 à 2015 | 15,00 €   **14/20**
Un vin bien fait, pas très corsé mais souple, harmonieux, assez long, au tanin maîtrisé, et qui pourrait surprendre au vieillissement par son charme, rare à Listrac.

LISTRAC-MÉDOC 2004
Rouge | 2009 à 2012 | 13,50 €   **14/20**
Note réduite au nez, excellent volume de bouche, tanin sain, vin très agréable mais moins fin que les meilleurs moulis du même millésime..

LISTRAC-MÉDOC 2002
Rouge | 2009 à 2014 | 13,00 €   **13,5/20**
Vin sérieux, un rien trop astringent, peut-être encore trop jeune.

LISTRAC-MÉDOC 2001
Rouge | 2009 à 2012 | NC   **14,5/20**
Joli vin équilibré, d'une extraction sage pour garder un équilibre élégant dans les tanins.

Rouge : 46 hectares ; cabernet franc 10%, cabernet sauvignon 44%, merlot 44%, petit verdot 2%. **Production totale annuelle :** 300 000 bt.
Visite : De 9 h à 12 h et de 14 h à 17 h 30.

CHÂTEAU GISCOURS

10, route de Giscours
33460 Margaux
Tél. 05 57 97 09 09 - Fax. 05 57 97 09 00
giscours@chateau-giscours.fr
www.chateau-giscours.fr

Les vignes appartiennent toujours à la famille Tari, mais le vin est élaboré par les talentueux Alexander van Beek et Jacques Pellissié, sous la direction d'Albada Jelgersma, fermier de la propriété, qui se remet progressivement d'un très grave accident. Depuis toujours, ce cru donne un margaux particulièrement coloré et corsé, de très longue garde, avec un caractère assez différent des crus de la partie nord de l'appellation. Quand il est réussi, il peut rivaliser avec Palmer, mais les prix restent infiniment plus raisonnables que chez son rival. Tous les vins depuis 2000 ont été parmi les plus réussis du Médoc, même si leur pureté aromatique est encore perfectible. En revanche, le 2006, dans toutes les bouteilles dégustées depuis la mise, présente un gros défaut olfactif qui ne nous était pas apparu en cours d'élevage, et les millésimes suivants n'ont pas présenté l'autorité de caractère habituelle.

MARGAUX 2005
Rouge | 2018 à 2030 | NC   **16/20**
Coloré et très puissant au nez, avec des arômes de chocolat noir d'années très chaudes, tanin ferme, un rien rigide, niveau d'alcool élevé. Un vin très corsé qui trouvera lentement son équilibre au cours du vieillissement en bouteille.

MARGAUX 2004
Rouge | 2010 à 2020 | NC   **16,5/20**
Franc et précis, ce vin impressionne par sa droiture de tanin et sa personnalité aromatique, plus subtile et plus élégante sur certains plans que celle du 2005.

MARGAUX 2003
Rouge | 2013 à 2023 | NC   **17,5/20**
Grande robe, nez épanoui de prune, remarquable volume de bouche, grande maturité évidente du raisin, vin d'une onctuosité largement supérieure à la moyenne. Une grande réussite dans ce millésime si spécial.

MARGAUX 2002
Rouge | 2014 à 2024 | NC   **17/20**
Grande couleur, vin très vineux et complexe, séduisant par la complexité des arômes et la plénitude des sensations tactiles délivrées, remarquablement réussi dans ce millésime.

Rouge : 80 hectares ; cabernet franc 5%,
cabernet sauvignon 60%, merlot 32%,
petit verdot 3%. **Production totale annuelle :** 280 000 bt.
Visite : Sur rendez-vous.

CHÂTEAU GLORIA

33250 Saint-Julien-Beychevelle
Tél. 05 56 59 08 18 - Fax. 05 56 59 16 18
domainemartin@wanadoo.fr
www.domaines-henri-martin.com

Au cœur du vignoble de Saint-Julien, et sur des terres jouxtant les meilleurs crus classés, Gloria, fierté de feu Henri Martin, peut faire jeu égal avec eux. Après une décennie d'incertitudes sur son style et son positionnement par rapport à Saint-Pierre, qui appartient à la même famille, il a retrouvé la plénitude de ses qualités, souple, charnu, délicieusement fruité, ouvert un peu plus vite, mais d'égal potentiel au vieillissement : bref, l'archétype du saint-julien tel qu'on l'aime. 2005 et 2006, par leur race aromatique et la finesse de leur tanin, sont largement au niveau d'un cru classé.

SAINT-JULIEN 2006
Rouge | 2009 à 2025 | 32 €   **16/20**
Rond, harmonieux, précis dans l'expression du fruit, tanin souple, classicisme évident de facture, devrait faire assez vite une bouteille élégante, peut-être même plus élégante que le 2005.

SAINT-JULIEN 2005
Rouge | 2009 à 2025 | 36 €   **16,5/20**
Bel arôme complexe de fruits rouges et de cèdre, texture suave, grande finesse. Il sera plus vite prêt à boire que les crus classés.

SAINT-JULIEN 2004
Rouge | 2009 à 2015 | 25 €   **16,5/20**
Brillamment construit, ce classique de Saint-Julien excelle en 2004. Ce millésime marque indéniablement une nouvelle étape pour le cru, avec un soyeux de tanin digne d'un classé.

Rouge : 44 hectares ; cabernet franc 5%,
cabernet sauvignon 65%, merlot 25%,
petit verdot 5%. **Production totale annuelle :** 300 000 bt. **Visite :** Du lundi au vendredi, de 8 h à 12 h et de 14 h à 18 h sur rendez-vous. Fermeture à 16 h le vendredi.

GOULÉE

🝙🝙🝙🝙🝙

33180 Saint-Estèphe
Tél. 05 56 73 15 50 - Fax. 05 56 59 72 59
estournel@estournel.com
www.estournel.com

Goulée est un projet conçu et conduit brillamment à terme par Jean-Guillaume Prats : le principe est d'appliquer dans le vignoble méconnu du nord du Médoc la même discipline de travail que dans les plus grands crus. Il fallait croire en son terroir et cette confiance est justifiée, le vin a de la vigueur, de la sève et un bouquet racé et complexe, qui fait regretter que si peu d'autres crus du secteur travaillent avec autant de rigueur. Le domaine produit également maintenant un blanc.

MÉDOC 2006

Rouge | 2009 à 2016 | NC   **15,5/20**
Vin solide, exubérant comme un côtes-du-rhône, profond, plein de sève, avec des tanins qui ont pris de l'ampleur et du soyeux.

MÉDOC 2005

Rouge | 2009 à 2015 | NC   **16,5/20**
Toute la générosité savoureuse des vins du Médoc, mais aucun caractère de rusticité ni de sécheresse : le vin est profond et gourmand, aromatiquement sur le même registre que le 2004, mais avec une densité supérieure en bouche.

MÉDOC 2004

Rouge | 2008 à 2012 | NC   **15/20**
Belle robe profonde, bouquet séduisant et inhabituel de petits fruits associés à des notes de nougatine, corps ample, charnu, sans rudesse, prêt à boire.

Rouge : 70 hectares ; cabernet 60%, merlot 40%.
Visite : Pas de visites pour particuliers. Sur rendez-vous pour professionnels.

CHÂTEAU GRAND-PUY-DUCASSE

🝙🝙🝙🝙🝙

4, quai Antoine-Ferchaud
33250 Pauillac
Tél. 05 56 59 00 40 - Fax. 05 56 59 36 47
contact@cagrandscrus.fr
www.cagrandscrus.com

Ce cru est issu de plusieurs parcelles, dont l'ensemble devrait constituer une bonne synthèse de l'appellation Pauillac. Des efforts certains, à commencer par la construction d'un nouveau cuvier, ont été entrepris dans les années 1990, sans que la qualité n'atteigne encore le niveau des meilleurs Cinquièmes crus de l'appellation. La progression de la qualité se confirme avec le millésime 2005, qui montre le cru à son meilleur en matière de définition du terroir, mais il faudrait encore plus de grands cabernet-sauvignons pour franchir l'étape décisive. 2006 en bouteille manque d'harmonie et de raffinement, en comparaison avec la plupart de ses pairs.

PAUILLAC 2006

Rouge | 2014 à 2018 | NC   **14/20**
Beaucoup de puissance et d'alcool, mais le tanin manque de délié et n'est pas suffisamment intégré à la matière. On peut espérer que l'âge assouplisse ce tanin, comme cela arrive souvent avec les pauillacs.

PAUILLAC 2005

Rouge | 2009 à 2023   **17/20**
Excellent corps, saveur de fruits rouges mais pas de cèdre, fruité très pur, belle vinosité, sans doute le meilleur vin récent de la propriété.

PAUILLAC 2004

Rouge | 2009 à 2015   **14,5/20**
Vin solide, assez intense, mais sans grandes nuances aromatiques.

Rouge : 40 hectares ; cabernet sauvignon 60%, merlot 40%. **Production totale annuelle :** 140 000 bt.
Visite : Visites réservées aux professionnels, du lundi au vendredi, de 9 h à 12 h et de 14 h à 17 h sur rendez-vous.

CHÂTEAU GRAND-PUY-LACOSTE

Domaines F. Xavier Borie
Château Grand-Puy-Lacoste - BP 82 -
33250 Pauillac
Tél. 05 56 59 06 66 - Fax. 05 56 59 22 27
dfxb@domainesfxborie.com

Un des meilleurs terroirs de Pauillac et l'un des crus classés les plus réguliers. Grand-Puy-Lacoste, GPL pour les initiés, est désormais pleinement sous la coupe de François-Xavier Borie, qui a procédé à une modernisation complète des installations techniques. De vieilles vignes de cabernet-sauvignon donnent au cru sa remarquable vinosité et ses arômes épicés très nobles. Dans les grands millésimes, il gagne énormément à vieillir quinze ans ou plus en bouteilles. Les derniers millésimes ont progressé en précision dans la définition aromatique et en raffinement de tanin, avec un 2005 vraiment exceptionnel et un 2006 d'un équilibre irréprochable. Le Second vin, en revanche, manque de sophistication par rapport aux meilleurs de sa catégorie.

PAUILLAC 2006
Rouge | 2016 à 2026 | NC   **16,5/20**
Robe dense, vin puissant mais harmonieux, texture veloutée et presque crémeuse, assez rare dans ce cru, tanin judicieusement extrait, belle suite en bouche. Du beau travail.

PAUILLAC 2005
Rouge | 2009 à 2030 | 60 €   **17,5/20**
Arôme complexe, net, très défini et surtout moins «rôti» que d'autres crus du millésime, puissance et race du terroir sont évidentes. Un vin de grande garde, de facture ultra classique, qui rassurera les amateurs traditionnels.

PAUILLAC 2004
Rouge | 2009 à 2016 | 28 €   **15,5/20**
Réduit au nez, très long, suave et complexe en bouche, très jeune encore et austère, mais joli jus et joli tanin.

Rouge : 55 hectares ; cabernet franc 5%, cabernet sauvignon 70%, merlot 25%. **Production totale annuelle : 200 000 bt. Visite :** Sur rendez-vous de 9 h30 à 12 h et de 14 h à 16 h30.

CHÂTEAU LES GRANDS CHÊNES

13, route de Lesparre
33340 Saint-Christoly-Médoc
Tél. 05 56 41 53 12 - Fax. 05 56 41 39 06
chateaugrandschenes@orange.com
www.bernard-magrez.com

Bernard Magrez fait appliquer sur cette petite propriété du nord de la presqu'île les mêmes règles de travail que dans ses grands crus, jusqu'au tri du raisin le plus sophistiqué. Il optimise ainsi l'expression d'un joli terroir : le vin charme par son corps, sa texture et le côté luxueux, mais sans vulgarité, de son élevage.

HAUT-MÉDOC 2006
Rouge | 2012 à 2017 | 26 €   **15/20**
Couleur profonde ; tanins puissants dans le style Bernard Magrez avec une bonne dose de bois neuf et d'extraction, mais tout de même moins dominant qu'à son habitude, un vin de qualité, dense, serré avec une agréable fraîcheur en finale.

HAUT-MÉDOC 2005
Rouge | 2009 à 2015 | épuisé   **16/20**
Médoc généreux et plein, doté de tanins frais et sans rudesse. L'ensemble a du volume et du potentiel.

HAUT-MÉDOC 2004
Rouge | 2009 à 2012 | épuisé   **15/20**
Solide médoc prêt à boire : le tanin est moins précis qu'en 2005, mais le volume plein de sève accompagnera parfaitement une côte de bœuf.

HAUT-MÉDOC 2001
Rouge | 2009 à 2010 | épuisé   **14,5/20**
Belle expression de fruit sur un élevage de qualité, bouche suave et charmeuse avec des tanins d'excellente maturité.

Rouge : 10,75 hectares ; cabernet franc 5%, cabernet sauvignon 45%, merlot 50%. **Production totale annuelle :** 60 000 bt. **Visite :** Sur rendez-vous.

CHÂTEAU GREYSAC

18, route de By
33340 Bégadan
Tél. 05 56 73 26 56 - Fax. 05 56 73 26 58
info@greysac.com
www.greysac.com

Vaste propriété de la commune de Bégadan, Greysac produit en volume confortable un vin plein de finesse et de fraîcheur
épicée, ce qui devient rare, avec d'étonnantes notes de poivron rouge qu'il ne faut
surtout pas prendre pour de la verdeur, et
qui deviennent racées au long vieillissement. Les amateurs de vrais médocs
apprécieront. Excellent 2005.

MÉDOC 2005
Rouge | 2009 à 2020 | 16 €   **15/20**
Vin très équilibré, un des plus nets et des
plus affinés du millésime, particulièrement
au niveau du tanin, long, complexe, d'un
style que nous aimons et défendons pour
le nord du Médoc.

MÉDOC 2004
Rouge | 2009 à 2012 | NC   **14/20**
Belle couleur, nez frais de poivron rouge,
joli fruit, tanin distingué, bonne longueur,
vin de caractère.

MÉDOC 2002
Rouge | 2009 à 2012 | 11,50 €   **14/20**
La note de poivron est présente et elle donne
au vin du charme et de la fraîcheur. Le grain
du tanin est fin.

Rouge : 92 hectares ; cabernet franc 2%,
cabernet sauvignon 38%, merlot 60%,
petit verdot 2%. **Production totale annuelle :** 550 000 bt.
Visite : De 9 h à 18 h.

CHÂTEAU GRUAUD-LAROSE

33250 Saint-Julien-Beychevelle
Tél. 05 56 73 15 20 - Fax. 05 56 59 64 72
gl@gruaud-larose.com
www.gruaud-larose.com

Le vaste vignoble du château est situé sur
l'un des plus somptueux et homogènes
plateaux de graves profondes de tout le
Médoc. Il produit grâce à cela une quantité
importante de vins d'une régularité sans
faille. Le cru allie parfaitement force et
finesse, et cache souvent en primeurs
l'ampleur de sa charpente, qui ne se révèle
qu'après vingt ou trente ans de garde. Les
notes animales mêlées aux arômes classiques de cèdre et de tabac, et qu'on attri-
buait au terroir, ont pu enchanter ou
choquer dans les décennies 1970 et 1980 :
elles semblent se faire plus rares
aujourd'hui, ce qui n'est pas pour nous
déplaire. La sagesse de Jean Merlaut,
administrateur du domaine, se sent dans
l'évolution actuelle du cru, plus propre,
plus précis que par le passé, mais avec la
même générosité de bouquet et le même
charme de texture. Remarquables 2005 et
2006. Le Second vin, sarget, est plus irrégulier.

SAINT-JULIEN 2006
Rouge | 2016 à 2026 | Ench. 30 €   **17/20**
Un vin de grand style, plus suave que les
léoville, plus fondu dans sa texture et son
tanin, terminant sur une magnifique persistance de notes de cèdre et de fleurs. L'archétype du saint-julien.

SAINT-JULIEN 2005
Rouge | 2009 à 2030   **17,5/20**
En fin d'élevage, les grands saint-juliens se
rapprochent, et celui-ci a beaucoup gagné
en définition de terroir et de millésime depuis
sa naissance : finesse et fraîcheur remarquables et, réjouissons-nous, plus aucune
trace de notes animales dans la saveur !

SAINT-JULIEN 2004
Rouge | 2009 à 2020   **17/20**
Festival fruit et fleur au nez, extrême finesse
et délicatesse de texture, complètement
ouvert, suave, long.

Rouge : 132 hectares ; cabernet franc 8%,
cabernet sauvignon 57%, malbec 2%, merlot 31%,
petit verdot 2%. **Production totale annuelle :**
450 000 bt. **Visite :** Du lundi au vendredi, de 9 h à 12 h
et de 14 h à 17 h, sur rendez-vous. Fermé jours fériés,
pendant les vendanges et week-end.

CHÂTEAU HAUT-BAGES LIBÉRAL

Saint-Lambert
33250 Pauillac
Tél. 05 57 88 76 65 - Fax. 05 57 88 98 33
chateau@ferriere.com
www.hautbagesliberal.com

Une partie du vignoble jouxte celui de Château Latour, et contribue beaucoup à la force d'expression de ce pauillac très corsé et généreux, qui finit en bouteille toujours plus complexe et abouti qu'on ne l'imagine en dégustation primeurs, sauf peut-être en 2006. Son rapport qualité-prix reste très attractif, et infirme les idées préconçues sur les tarifs trop élevés des vins de Bordeaux. Les progrès considérables de quelques voisins devraient créer une émulation favorable pour les prochains millésimes.

PAUILLAC 2006
Rouge | 2014 à 2021 | NC   **14,5/20**
Un exemple évident de la puissance de constitution des 2006 à Pauillac, mais avec un côté un peu lourd et brûlant. Nous verrons si l'âge l'affine.

PAUILLAC 2004
Rouge | 2009 à 2016   **15/20**
Belle sève, généreux, tannique, complet, beau terroir. Nous ne l'avions pas perçu aussi bien en primeurs. Tant mieux !

PAUILLAC 2003
Rouge | 2009 à 2018   **14,5/20**
Robe pourpre, nez ouvert et facile de prune bien mûre, marqué par la classe des merlots, riche, souple, velouté, facile à boire. On pouvait faire un peu plus dense dans le millésime

Rouge : 28 hectares ; cabernet sauvignon 80%, merlot 17%, petit verdot 3%. **Production totale annuelle :** 170 000 bt. **Visite :** Du lundi au vendredi, de 9 h à 16 h sur rendez-vous.

CHÂTEAU HAUT-BATAILLEY

33250 Pauillac
Tél. 05 56 59 06 66 - Fax. 05 56 59 27 37
je-borie@je-borie-sa.com

Ce cru est issu d'un partage de Batailley entre les familles corréziennes Borie et Castéja. Les terroirs sont assez semblables, mais les vins témoignent de caractères différents, liés à la personnalité des propriétaires. François-Xavier Borie cherche à Haut-Batailley la finesse ainsi qu'une certaine souplesse pour le différencier de Grand-Puy-Lacoste et, à quelques exceptions près, il y réussit parfaitement. À Batailley, Philippe Castéja obtient plus de vinosité et un caractère Pauillac plus affirmé. Haut-Batailley semble avoir gagné en force de caractère depuis 2005, et son rapport qualité-prix devient donc plus attractif que jamais. Le 2006 ne déçoit pas.

PAUILLAC 2006
Rouge | 2014 à 2021 | NC   **15,5/20**
Le vin s'est harmonisé au cours de l'élevage et offre un corps puissant mais sans excès, un grain de tanin plus fin que d'autres pauillacs et un juste équilibre dans son boisé. Son voisin batailley le surpasse néanmoins en complexité aromatique et en plénitude de texture.

PAUILLAC 2005
Rouge | 2017 à 2025 | NC   **17/20**
Beau nez de fruit mûr, vin puissant, long, complexe, tanin parfaitement maîtrisé dans son extraction, un des meilleurs rapports qualité/prix du millésime.

PAUILLAC 2003
Rouge | 2010 à 2020 | NC   **15/20**
Vin souple, agréable, tanin fin, très commercial, idéal pour la belle restauration qui peut le servir immédiatement.

Rouge : 22 hectares ; cabernet franc 10%, cabernet sauvignon 65%, merlot 25%. **Production totale annuelle :** 110 000 bt. **Visite :** Sur rendez-vous uniquement.

CHÂTEAU HAUT-MARBUZET

Vignobles H. Duboscq & Fils
33180 Saint-Estèphe
Tél. 05 56 59 30 54 - Fax. 05 56 59 70 87
infos@haut-marbuzet.net

Ce cru a acquis une popularité mondiale grâce à l'engagement de son propriétaire, Henri Duboscq, une des figures les plus étonnantes du Médoc. Il a su donner au style de vin souvent rustique de Saint-Estèphe une rondeur, une volupté immédiate, grâce à une proportion soigneusement calculée de merlot et à une savante utilisation du bois neuf. Il a ainsi créé un type de vin moderne, attractif, qu'il a perfectionné sans relâche. Ses fils continuent son œuvre avec le même savoir-faire, même si aujourd'hui beaucoup de crus voisins l'imitent et s'en rapprochent. Les derniers millésimes sont tous réussis, avec même une subtilité inconnue jusqu'ici, peut-être au détriment de l'impact immédiat. Le vin devient tout simplement plus classique !

SAINT-ESTÈPHE 2006
Rouge | 2009 à 2025 | 36,50 €   **16,5/20**
Robe foncée. Nez de cèdre. Bouche très dense, serrée, de la sève ou le boisé est encore présent. Structure tannique en finale très imposante. Vin à attendre.

SAINT-ESTÈPHE 2005
Rouge | 2009 à 2025 | 54 €   **17/20**
Saint-estèphe très classique au nez, plein, onctueux, long, complexe, tanin savoureux, expression assez immédiate et convaincante d'un très beau millésime !

SAINT-ESTÈPHE 2004
Rouge | 2009 à 2018 | 35 €   **17,5/20**
La fraîcheur et la succulence du fruit, la texture veloutée font oublier les aspérités de nombreux vins du millésime dans le secteur !

SAINT-ESTÈPHE 2001
Rouge | 2009 à 2018 | 43,75 €   **17/20**
Vin dense, épicé, avec de la mâche et de la longueur. Belle intensité en finale. Beau vin long, très belle réussite.

SAINT-ESTÈPHE 2000
Rouge | 2009 à 2015 | 57 €   **16/20**
Dans ce millésime, haut-marbuzet est un vin de belle harmonie, mais sans posséder le fond riche et intense habituel. C'est un vin plus en fluidité, avec une trame veloutée et équilibrée.

Rouge : 70 hectares ; cabernet franc 10%, cabernet sauvignon 50%, merlot 40%.
Production totale annuelle : 400 000 bt.

CHÂTEAU D'ISSAN

B.P. 5
33460 Cantenac
Tél. 05 57 88 35 91 - Fax. 05 57 88 74 24
issan@chateau-issan.com
www.chateau-issan.com

Sur d'excellentes terres de graves en bordure de Gironde, un cru typique de l'appellation Margaux, doté du château le plus authentique du sud du Médoc, sur le plan architectural. Il peut sembler un peu trop simple à sa naissance, mais le vieillissement lui apporte le raffinement de bouquet et de texture qu'on attend d'un Troisième cru. Emmanuel Cruse est certainement l'administrateur le plus ambitieux que le cru ait connu, et la sévérité de ses sélections se sent dans la vinosité remarquable des derniers millésimes, associée à la finesse attendue. Un cru qui pourrait monter encore plus haut, avec quelques petits réglages de vinification pour purifier davantage les arômes. Le 2006 a quand même un peu trop souffert de sa mise en bouteilles. Le second vin, blason-d'issan, pourrait avoir plus de personnalité.

MARGAUX 2006
Rouge | 2009 à 2025 | 37 €   **14/20**
La mise en bouteille a bien brouillé le vin, qui a perdu une bonne partie de ses sensations tactiles. La robe reste plus dense que la moyenne et on perçoit la finesse liée au terroir, mais sans générosité. Il faudra le revoir.

MARGAUX 2005
Rouge | 2015 à 2030 | NC   **16/20**
Vin très puissant et tannique, noble dans son tanin ferme donné par les cabernets, un peu raidi dans l'expression de la finesse native du terroir par des notes « sauvages » de cuir.

MARGAUX 2004
Rouge | 2010 à 2020 | 43 €   **15,5/20**
Beau margaux franc et complet, à la structure tannique solide et faite pour la garde.

MARGAUX 2003
Rouge | 2010 à 2020 | 39 €   **16/20**
Forte couleur, nez marqué par les nuances de prune et de chocolat propres à ce millésime de canicule, tanins virils, style généreux et expressif, début de fondu et d'intégration du tanin à la texture.

Rouge : 53 hectares ; cabernet sauvignon 60%, merlot 40%. Production totale annuelle : 300 000 bt.
Visite : Sur rendez-vous.

CLOS DU JAUGUEYRON

4, rue de la Haille
33460 Arsac
Tél. 05 56 58 89 43 - Fax. 05 56 58 89 43
theron.michel@wanadoo.fr
www.biturica.com

Cette propriété du Sud-Médoc se révèle
depuis plusieurs années comme l'une des
plus régulières du secteur. Les vins sont
sans artifice, longs et profonds, avec un
caractère élancé loin de toute lourdeur.
C'est une adresse sûre.

HAUT-MÉDOC 2007

Rouge I 2009 à 2018 I NC   **16/20**
Robe pourpre foncée. Nez épicé, floral.
Bouche ample, suave, onctueuse, précise,
ponctuée par des tanins nobles.

HAUT-MÉDOC 2006

Rouge I 2009 à 2014 I 13,00 €   **16/20**
Robe pourpre foncée. Vin d'une grande
finesse de fruit au nez, bouche élégante
s'ouvrant sur des notes épicées, soutenue
par de beaux tanins. En quelques mois, ce
vin à encore gagné en complexité.

HAUT-MÉDOC 2005

Rouge I 2009 à 2012 I NC   **16/20**
Superbe réussite au caractère profond, associant raffinement et tenue avec un corps
svelte, charnu, long.

HAUT-MÉDOC 2004

Rouge I 2009 à 2010 I NC   **15/20**
Épicé puis floral au nez comme en bouche,
c'est un vin fin, harmonieux, élancé, développant avec beaucoup de personnalité un
parfum subtil.

Rouge : 5 hectares ; cabernet franc 5%,
cabernet sauvignon 60%, merlot 30%, petit verdot 5%.
Production totale annuelle : 25 000 bt.
Visite : Sur rendez-vous.

CHÂTEAU KIRWAN

33460 Cantenac
Tél. 05 57 88 71 00 - Fax. 05 57 88 77 62
mail@chateau-kirwan.com
www.chateau-kirwan.com

Dans les années 1990 et sous l'inspiration
de Michel Rolland, ce cru avait accompli
une révolution culturelle en vendangeant
plus mûr et en jouant sur un élevage
luxueux en bois neuf. Cela avait surpris,
séduit, puis un peu ennuyé faute de vraie
personnalité au vieillissement. Les propriétaires ont décidé d'orienter le cru vers
plus de classicisme d'expression et, sur ce
plan, 2005 semble aller dans le bon sens.
En revanche, 2006, séduisant en fût n'a
pas tenu en bouteille ses promesses et
apparaît raide et astringent. 2007 avant
mise retrouve un caractère margalais fort
séduisant, mais encore faudra-t-il que la
bouteille confirme les qualités du cru, ce
dont nous ne doutons pas dans la mesure
où Philippe Delfaux est désormais en
charge de la direction de la propriété.

MARGAUX 2006

Rouge I 2011 à 2018 I 48 €   **14/20**
Le vin est méconnaissable après mise, avec
des tanins âpres et une texture tellement
serrée qu'elle en devient artificielle. Donnons-lui une seconde chance dans trois ans.

MARGAUX 2005

Rouge I 2009 à 2025 I 96 €   **17/20**
Grande maturité du raisin, mais l'intense
rayonnement solaire du millésime n'a pas
masqué ici la finesse native du terroir. Le
vin possède en effet un remarquable équilibre entre haut niveau d'alcool et élégance
dans la perception du corps et de la texture.
Un futur classique du millésime, se goûtant
infiniment mieux que l'an dernier. Mais maintenant il est en bouteille...

MARGAUX 2004

Rouge I 2009 à 2020 I 32 €   **16/20**
Joli nez floral, très tendre, velouté, séducteur sans violence, fin. Très margalais. Il joue
une jolie musique.

Rouge : 37 hectares ; cabernet franc 15%,
cabernet sauvignon 45%, merlot 30%,
petit verdot 10%. **Production totale annuelle :**
180 000 bt. **Visite :** De 9 h30 à 12 h30 et 13 h30
à 17 h30 sur rendez-vous.

CHÂTEAU LABÉGORCE-ZÉDÉ

33460 Margaux
Tél. 05 57 88 71 31 - Fax. 05 57 88 35 01
ddariol@chateau-marquis-dalesme.fr
www.chateau-labegorce.fr

Racheté par Hubert Perrodo qui, juste avant sa mort accidentelle, était parvenu à réunifier l'ancien domaine de Labégorce, Labégorce-Zédé n'a pas changé par rapport au style insufflé par la famille Thienpont : un margaux moderne, riche en couleur et en tanin, un peu plus énergique que le tendre labégorce. Les derniers millésimes correspondent à ce qu'on attend de ce bourgeois «exceptionnel», de la fermeté dans la finesse, avec un développement d'arômes épicés plus accentué qu'en moyenne à Margaux.

MARGAUX 2007
Rouge I 2009 à 2018 I NC   **15/20**
Robe vermillon. Nez complexe. Bouche arrondie, joli fruit mûr. Tanins souples. Belle longueur.

MARGAUX 2006
Rouge I 2009 à 2014 I NC   **15,5/20**
Robe pourpre. Nez fin et fruité. La bouche ample et suave, raffinée, avec un joli fruit, gourmand, possède une belle allonge. Belle présence tannique.

MARGAUX 2005
Rouge I 2009 à 2025 I NC   **15,5/20**
Un joli margaux, très net dans ses arômes, profond, élégant, d'un caractère très classique.

MARGAUX 2004
Rouge I 2009 à 2018 I Ench. 17 €   **16/20**
Un margaux parmi les plus raffinés et les mieux définis. Tanin joliment dessiné, beaucoup de finesse et d'allonge.

MARGAUX 2002
Rouge I 2009 à 2017 I Ench. 14 €   **15/20**
Nez bien développé, corps plus généreux que labégorce, margaux de style moderne, coloré, tannique, savoureux.

Rouge : 38 hectares ; cabernet franc 5%, cabernet sauvignon 60%, merlot 33%, petit verdot 2%. **Production totale annuelle :** 200 000 bt. **Visite :** Du lundi au vendredi, de 8 h à 12 h et de 13 h à 17 h.

CHÂTEAU LAFITE-ROTHSCHILD

33250 Pauillac
Tél. 05 56 73 18 18 - Fax. 05 56 59 26 83
clesure@lafite.com
www.lafite.com

Cru suprême de Pauillac, Lafite doit son inégalable finesse à ses graves du nord de l'appellation, sur socle calcaire, qui le distinguent pour l'éternité de Latour. Fortement marqué par le cabernet-sauvignon, souvent supérieur à 90% de l'assemblage, il développe d'incroyables arômes de cèdre et de graphite qui sont aux antipodes de la notion habituelle de fruit. Sa texture est impossible à reproduire ailleurs dans le monde, avec en particulier un tanin sec mais caressant qui en fait un vin d'esthète. Les inégalités impardonnables des décennies 1960 et 1970 ne sont plus aujourd'hui qu'un mauvais souvenir, avec des sélections très rigoureuses qui écartent souvent plus de la moitié de la récolte. Le Second vin de la propriété, les-carruades, brille par sa finesse plus que par son corps.

PAUILLAC 2006
Rouge I 2016 à 2026 I Ench. 265 €   **18/20**
Un vin très viril pour Lafite, riche en alcool, en tanin, avec un caractère solaire évident, une tension équilibrant l'alcool, et une finale pour le moment très corsetée mais noble. Un grand vin de garde, sans concession aux modes d'un jour.

PAUILLAC 2005
Rouge I 2009 à 2050   **18/20**
Très puissant, viril, texture ultra serrée, tanin dense, grand volume de bouche, un Lafite monumental qu'il faudra savoir attendre longtemps.

PAUILLAC 2004
Rouge I 2009 à 2024   **17,5/20**
Grande robe, nez très racé de cèdre, vin tendu, subtil, très élégant mais d'une chair plutôt à nu qui le réserve aux amateurs de raffinement plus qu'aux buveurs sensuels.

PAUILLAC LES CARRUADES DE LAFITE 2006
Rouge I 2014 à 2018 I NC   **15,5/20**
Le vin termine en bouteille beaucoup plus souple et fluide qu'on ne l'aurait imaginé, mais avec une finesse considérable et une texture avenante, qui le prédestine à fournir en priorité les grands restaurants et les palaces pour une consommation dans les dix ans.

Rouge : 110 hectares ; cabernet franc 4%, cabernet sauvignon 75%, merlot 20%, petit verdot 1%. **Production totale annuelle :** 250 000 bt. **Visite :** Sur rendez-vous par fax ou par mail. Fermé en août et pendant les vendanges et vacances de Noël.

CHÂTEAU LAFON-ROCHET

Lieu-dit Blanquet
33180 Saint-Estèphe
Tél. 05 56 59 32 06 - Fax. 05 56 59 72 43
lafon@lafon-rochet.com
www.lafon-rochet.com

Michel Tesseron, désormais relayé par son fils, a parfaitement modernisé les installations techniques et rendu au vignoble l'aspect que doit avoir un beau cru classé. Les terres, voisines de Lafite, sont excellentes pour la maturité de tous les cépages médocains. Le propriétaire joue beaucoup sur les merlots, qui donnent en effet beaucoup de rondeur et de charme à la texture, mais un plus grand pourcentage de cabernet-sauvignon apporterait en grand millésime un peu plus d'assise et de précision dans le corps du vin. Le rapport qualité-prix est excellent. 2006 répond exactement à ce jugement.

SAINT-ESTÈPHE 2006
Rouge | 2014 à 2021 | 26 € **15/20**
La robe est très dense, le nez a besoin d'aération pour évacuer quelques nuances de cuir et de «cuit» moins élégantes qu'on ne le souhaiterait, mais en bouche, il remplit parfaitement son contrat, corsé mais harmonieux, fait pour le petit gibier.

SAINT-ESTÈPHE 2005
Rouge | 2009 à 2030 | 42 € **16,5/20**
Corps complet, tanin ferme, grandes possibilités de garde, mais pas autant de finesse que calon-ségur. Le soleil du millésime type fortement cette bouteille.

SAINT-ESTÈPHE 2004
Rouge | 2009 à 2015 | 30 € **16/20**
Arômes de fruits mûrs, droit et distingué, beau saint-estèphe velouté.

Rouge : 45 hectares ; cabernet franc 3%, cabernet sauvignon 55%, merlot 40%, petit verdot 2%. Production totale annuelle : 240 000 bt.
Visite : De 9 h à 12 h et de 14 h à 16 h.

CHÂTEAU LAGRANGE

33250 Saint-Julien-Beychevelle
Tél. 05 56 73 38 38 - Fax. 05 56 59 26 09
chateau-lagrange@chateau-lagrange.com
www.chateau-lagrange.com

Cette très belle propriété fait la transition entre Gruaud-Larose, les arrières des Léoville et les crus classés de Saint-Laurent-du-Médoc, sur des terroirs de premier ordre. Marcel Ducasse, engagé dès le rachat de la propriété par le grand groupe japonais Suntory, a modelé un vin très classiquement médocain, un peu rigoureux dans sa jeunesse mais séveux, distingué et d'une grande régularité. Le Second vin, fiefs-de-lagrange, mérite son succès : il est souple, précis, fin et digeste, et d'un remarquable rapport qualité-prix. Les derniers millésimes voient le cru gagner en finesse et en raffinement de texture et donc se rapprocher, en classe et en valeur, des léoville. 2006, premier millésime du nouveau directeur Bruno Eynard, confirme cette évolution.

SAINT-JULIEN 2006
Rouge | 2014 à 2021 | 37 € **15/20**
Un vin sérieux et droit, moins étoffé que les léoville, moins brillant que d'autres en milieu de bouche par un léger manque de gras, mais bien plus à son aise en rétro-olfaction grâce à la qualité et au classicisme de son assise tannique. Un vin qui devrait retrouver plus de charme avec six ou sept ans de bouteille.

SAINT-JULIEN 2005
Rouge | 2009 à 2030 **17,5/20**
Grande puissance, définition très précise du terroir, impeccable finition, du travail de grand professionnel au service des graves de Saint-Julien.

SAINT-JULIEN 2004
Rouge | 2009 à 2019 **16,5/20**
Nez très diversifié, réglisse, anis, menthe, épices, etc. Superbe étoffe, boisé intégré, charmeur, crémeux.

Rouge : 113 hectares ; cabernet sauvignon 66%, merlot 27%, petit verdot 7%. Blanc : 4 hectares ; muscadelle 10%, sauvignon blanc 60%, sémillon 30%. Production totale annuelle : 700 000 bt. Visite : De 9 h à 12 h et de 14 h à 16 h 30. Pas le vendredi après-midi hors saison.

CHÂTEAU LA LAGUNE

33290 Ludon-Médoc
Tél. 05 57 88 82 77 - Fax. 05 57 88 82 70
contact@chateau-lalagune.com
www.château-lalagune.com

Dans ses somptueuses installations techniques récentes, le cru a beaucoup gagné
en pureté aromatique et en définition, tout
en conservant un caractère très individuel,
né d'un terroir de graves sablo-siliceux
unique en Sud-Médoc. Il joue de plus en
plus sur l'harmonie et la finesse, en com-
munion totale de philosophie entre Caroline Frey, fille du propriétaire, œnologue, et
son consultant Denis Dubourdieu. Il
devrait rapidement égaler les meilleurs
Troisièmes crus. 2005 frappe par son
charme et son équilibre, 2006 ne l'égale
pas tout à fait mais devrait vieillir peut-être
encore mieux.

HAUT-MÉDOC 2006
Rouge | 2014 à 2021 | NC   **15/20**
Un vin puissant, au bouquet marqué pour
le moment par plus de réduction que chez
d'autres, ce qui se traduit par une simplifi-
cation sans doute provisoire des arômes.
La charge en alcool se perçoit aussi davantage. Attendons deux ans pour le voir retrouver son équilibre de naissance.

HAUT-MÉDOC 2005
Rouge | 2009 à 2025 | 70 €   **16/20**
Du raisin mûr et des notes élégantes de
cèdre et de cuir, avec à l'air des nuances de
chocolat noir habituelles à 2005, jolie texture même si on n'atteint pas des sommets
de vinosité.

HAUT-MÉDOC 2004
Rouge | 2009 à 2016 | 58 €   **15,5/20**
Coloré, un peu de cuir au nez, ce qui semble
une marque du cru, bonne chair, vin droit,
tanin classique, un peu de menthol en finale,
excellent style.

Rouge : 80 hectares ; cabernet sauvignon 60%,
merlot 30%, petit verdot 10%. Production totale
annuelle : 150 000 bt. Visite : Du lundi au vendredi,
de 8 h à 17 h.

CHÂTEAU LANGOA-BARTON

33250 Saint-Julien-Beychevelle
Tél. 05 56 59 06 05 - Fax. 05 56 59 14 29
chateau@leoville-barton.com
www.leoville-barton.com

Langoa est le nom de la délicieuse chartreuse où habite la famille Barton, et le lieu
où Léoville-Barton est également vinifié.
Nous sommes au cœur du vignoble de
Saint-Julien, et il est parfois difficile en primeurs de distinguer les deux crus, même
si Léoville possède généralement plus de
corps et de densité de texture. Le vin de
Langoa est d'une facture très classique,
dense, tannique, très épicé, même si parfois il manque un peu de pureté au nez et
en fin de bouche. Dans les grandes
années, il vieillit merveilleusement bien.
Les derniers millésimes partent splendidement bien dans la vie.

SAINT-JULIEN 2006
Rouge | 2014 à 2021 | env 47 €   **16/20**
Vin très étoffé, gras, ferme dans son tanin,
doté d'un excellent équilibre naturel pour la
garde, classique dans l'expression du terroir. Rappelons que ce type de vin finit sec
et tendu, en dégustation pure, sans la sucrosité immédiate qui charme dans les vins du
Languedoc ou de la Provence, et qu'il lui
faut l'épreuve de la table pour montrer sa
grande valeur.

SAINT-JULIEN 2005
Rouge | 2009 à 2030 | Cav. 67 €   **17/20**
Très proche du léoville, complet, ample,
vineux, tanin raffiné, long. Un grand avenir.

SAINT-JULIEN 2004
Rouge | 2009 à 2022 | Cav. 40 €   **16/20**
Beau nez de fruits rouges, propre, très élégant, tanin suave, long, vraiment extra dans
son style presque margalais.

Rouge : 18 hectares ; cabernet franc 10%,
cabernet franc 15%, cabernet sauvignon 70%,
cabernet sauvignon 15%, merlot 20%, merlot 70%.
Production totale annuelle : 96 000 bt.
Visite : Du lundi au jeudi, de 9 h à 12 h et de 14 h
à 17 h et le vendredi matin, sur rendez-vous.

CHÂTEAU LASCOMBES

1, cours de Verdun
B.P.4
33460 Margaux
Tél. 05 57 88 70 66 - Fax. 05 57 88 72 17
chateaulascombe@chateau-lascombes.fr
www.chateau-lascombes.com

Ce château, beaucoup plus connu à l'étranger, particulièrement en Asie, que chez nous, a fait des progrès considérables dans les dernières années, sous l'impulsion de ses actuels propriétaires et de son excellent directeur Dominique Befve. Les vins jeunes du château ont sans doute choqué les traditionnalistes par leur côté mûr et suave. Mais force est de constater que le perfectionnisme de leur élaboration, et en particulier le respect de la matière première, se retrouve après la mise en bouteilles (ce n'est pas le cas chez beaucoup d'autres....) dans des textures remarquables d'élégance et de raffinement. Le 2005 fera une grande bouteille, digne de la légende de l'année, et le 2006 a peu de rivaux dans la qualité d'extraction du tanin. Un cru à suivre et qui mérite son classement élevé. Le Second vin, chevalier-de-lascombes, est l'un des rares à donner un produit digne de la mention «Mis en bouteille au château» (du Grand vin).

MARGAUX 2006

Rouge | 2014 à 2021 | 57 € **15,5/20**
Beau nez épicé, pur, complexe, vinosité largement supérieure à la plupart des margaux, texture enveloppante, délivrant de belles sensations tactiles, grain fin, vin fait avec soin et surtout bien élevé et bien mis en bouteilles.

MARGAUX 2005

Rouge | 2009 à 2025 | 91 € **17/20**
Le vin se signale en bouteille par une texture et des tanins plus délicats et fondus que d'autres (peut-être dus à une oxygénation adroite pendant l'élevage), mais il devrait très bien vieillir. Belle complexité de saveur.

MARGAUX 2004

Rouge | 2009 à 2020 | 55 € **15/20**
Grande robe, séveux, long, plus d'étoffe que les autres, raisin mûr, épicé, tanin très ferme.

Rouge : 84 hectares ; cabernet sauvignon 45%, merlot 50%, petit verdot 5%. **Production totale annuelle :** 250 000 bt. **Visite :** De 8 h30 à 12 h30 et de 13 h30 à 17 h30. Fermé entre Noël et le Nouvel An.

CHÂTEAU LATOUR

Saint-Lambert
33250 Pauillac
Tél. 05 56 73 19 80 - Fax. 05 56 73 19 81
s.favreau@chateau-latour.com
www.chateau-latour.com

Ce cru qui, à l'exception de la période 1983-1987, était déjà la régularité incarnée, ne s'est pas reposé sur ses lauriers. François Pinault a donné carte blanche à Frédéric Engerer pour faire encore mieux et, dans un nouveau cuvier permettant des vinifications parcellaires plus précises, le Grand vin du château repousse les limites de la perfection. Les derniers millésimes sont grandioses, expressions suprêmes d'un terroir magique avec, quand le climat est exceptionnel comme en 2003, un toucher de bouche défiant toute description. On aura donc le choix entre le baroque génial de ce dernier et le classicisme absolu du 2005, réplique moderne du 1949 ou du 1929. Le 2006 a été merveilleusement élevé, et son extrême pureté donne une idée au fond plus immédiate du caractère du terroir que le 2003, à défaut de nous étonner comme lui.

PAUILLAC 2006

Rouge | 2018 à 2030 | Cav. 600 € **18,5/20**
Une splendeur et un tour de force, dans la mesure où la richesse excessive en alcool de nombreux pauillacs a été ici lissée par la précision et l'adresse de l'élevage. Le nez est d'une précision et d'une fidélité redoutable au terroir, avec cette inimitable note minérale ou ferrugineuse (à votre choix), qui rappelle, mais avec infiniment plus de générosité de départ, le style des 1988 et des 1991.

PAUILLAC 2004

Rouge | 2009 à 2029 | les 37,5 cl 195 € **18/20**
Grande réussite, associant vinosité, élégance, plénitude de sève pour l'année, avec un caractère plus «amical» que Lafite, c'est-à-dire une texture plus enveloppante et un tanin un rien plus harmonieux.

PAUILLAC FORTS DE LATOUR 2006

Rouge | 2014 à 2021 | Cav. 113 € **15,5/20**
La robe est moins dense et bleutée que celle du Grand vin, et c'est normal, tout comme la tension et l'énergie de la matière. Le vin est charnu, noblement épicé, assez souple, mais on attend un peu plus en complexité et en force de caractère de cette marque prestigieuse.

Rouge : 80 hectares ; cabernet franc 1%, cabernet sauvignon 75%, merlot 23%, petit verdot 1%. **Production totale annuelle :** 320 000 bt.

CHÂTEAU LÉOVILLE-BARTON

33250 Saint-Julien-Beychevelle
Tél. 05 56 59 06 05 - Fax. 05 56 59 14 29
chateau@leoville-barton.com
www.leoville-barton.com

Sous la direction sobre, honnête et passionnée d'Anthony Barton, ce cru a rejoint l'élite suprême du Médoc, sans trop faire exploser ses prix de vente. La qualité actuelle du vin s'explique par l'âge et la situation des vignes, qui permettent d'associer quantité et qualité, et par la volonté de conserver et optimiser le style le plus classiquement médocain. Reste le mystère de son caractère, car ce cru de très grande garde naît tout fait, avec une consistance presque crémeuse qui le fait immédiatement remarquer et aimer. Les derniers millésimes sont dans la lignée : complets, immédiatement perceptibles comme vins de grande classe et de grand avenir, avec un 2004 à peine inférieur au déjà mythique 2005. Le 2006 leur succède dignement. Le Second vin, assez rare à trouver, est l'un des plus complets du genre à Saint-Julien.

SAINT-JULIEN 2006
Rouge | 2016 à 2026 | Cav. 73 € **17/20**
Le vin a conservé après mise l'intégralité de ses qualités, et donnera un classique du millésime. La robe est dense, le nez développe avec autorité des arômes de cèdre très puissants, proches mêmes de l'eucalyptus. La bouche est charnue, profonde, le tanin net, autoritaire. Un modèle de style.

SAINT-JULIEN 2005
Rouge | 2009 à 2030 | Cav. 161,70 € **18,5/20**
Puissance, ampleur, vinosité, grand potentiel de vieillissement, grande allure. Un vin fidèle à lui-même.

SAINT-JULIEN 2004
Rouge | 2009 à 2024 | Cav. 88 € **17/20**
Ultra mûr, taffetas, long, plus de vinosité que gruaud-larose, longueur impressionnante, grand caractère profond.

Rouge : 50 hectares : cabernet franc 8%,
cabernet sauvignon 70%, merlot 22%.
Production totale annuelle : 210 000 bt.

CHÂTEAU LÉOVILLE-LAS CASES

33250 Saint-Julien-Beychevelle
Tél. 05 56 73 25 26 - Fax. 05 56 59 18 33
leoville-las-cases@wanadoo.fr

Propriété phare du Médoc, Léoville-Las Cases doit tout à la qualité exceptionnelle de son cœur de terroir, le Grand Enclos, voisin direct de celui de Latour : une combinaison idéale de sol, d'exposition et de microclimat permet la maturation parfaite du cabernet-sauvignon. Le Second vin de la propriété, le clos-du-marquis, issu des vignes de plus en plus vieilles des extérieurs de l'Enclos, est, avec les forts-de-latour, le meilleur de sa catégorie, et égale largement une bonne moitié des crus classés ! On reste avec les merveilleux 2003, 2004 et 2005 sur les sommets absolus du Médoc, avec des vins d'une assurance de style admirable. Le 2006 ne décevra pas et pourra même séduire davantage les amateurs de textures très riches.

SAINT-JULIEN 2006
Rouge | 2016 à 2026 | NC **18/20**
Un des sommets du millésime, avec un corps d'une puissance rare même pour le cru, lié à sa teneur élevée en alcool naturel, mais parfaitement discipliné par l'élevage. Le tanin est très noblement fondu à la matière, et l'allonge en bouche remarquable. La saveur inimitable du cabernet-sauvignon du Grand Enclos fait le reste !

SAINT-JULIEN 2005
Rouge | 2009 à 2050 **18,5/20**
Léoville complet, corps très généreux, texture serrée, tanin ultra ferme mais complexe, très grande race, immense avenir.

SAINT-JULIEN 2004
Rouge | 2009 à 2026 **18/20**
Grande robe, cèdre, richesse évidente de texture, tanin complexe épicé et tabacé, grande race. Un des sommets du millésime.

SAINT-JULIEN CLOS DU MARQUIS 2006
Rouge | 2014 à 2026 | NC **16/20**
Comme toujours, le vin est complet mais avec un caractère différent du Grand vin, un peu moins boisé au nez, moins dense, moins tendu dans son tanin et sa texture mais superbement équilibré, plus ouvertement fruité, complexe, long.

Rouge : 97 hectares ; cabernet franc 13%,
cabernet sauvignon 65%, merlot 19%, petit verdot 3%.
Production totale annuelle : 180 000 bt.
Visite : Du lundi au vendredi, de 9 h à 11 h
et de 14 h à 15 h30.

CHÂTEAU LÉOVILLE-POYFERRÉ

🐍 🐍 🐍 🐍 🐍

33250 Saint-Julien-Beychevelle
Tél. 05 56 59 08 30 - Fax. 05 56 59 60 09
lp@leoville-poyferre.fr
www.leoville-poyferre.fr

Une grande partie du terroir fait face à Léoville-Las Cases et jouxte Latour et Pichon-Longueville, c'est dire que nous sommes en plein cœur des meilleures terres du Médoc. Le cru répond désormais à l'attente : vineux, racé, très complexe, il manque encore un peu de charme immédiat, mais dès la cinquième année de vieillissement, il colle de très près aux plus grands, d'autant que sa régularité est remarquable. Il a gagné en vigueur de constitution et en netteté aromatique, par une meilleure qualité de boisé. Encore cinq ou six ans de vieillissement des meilleurs cabernets et il rivalisera avec ses illustrissimes voisins. Le Second vin, moulin-riche, ne se compare pas encore favorablement à celui des deux autres Léoville.

SAINT-JULIEN 2006
Rouge | 2016 à 2026 | NC   **17/20**
Le vin a gagné en étoffe tout au long de son élevage et se présente après mise remarquablement bien. Le nez développe les arômes les plus racés de cèdre et de merrain qui sont le propre des grands médocs jeunes, l'équilibre en bouche est idéal pour la garde avec beaucoup de raffinement dans la texture et un tanin bien intégré.

SAINT-JULIEN 2005
Rouge | 2009 à 2030   **18/20**
Grande élégance d'arôme et de texture, corps imposant propre au millésime, grand vin de garde. Un des futurs classiques du millésime.

SAINT-JULIEN 2004
Rouge | 2009 à 2020 | 62,90 €   **16,5/20**
Marqué par le merrain, le vin est tendu, ferme, épicé, serré, racé, linéaire.

Rouge : 80 hectares ; cabernet franc 2%, cabernet sauvignon 65%, merlot 25%, petit verdot 8%. **Production totale annuelle :** 450 000 bt. **Visite :** Sur rendez-vous.

CHÂTEAU LOUSTEAUNEUF

🐍 🐍 🐍 🐍 🐍

2, route de Lousteauneuf
33340 Valeyrac
Tél. 05 56 41 52 11 - Fax. 05 56 41 38 52
chateau.lousteauneuf@wanadoo.fr
www.chateau-lousteauneuf.com

Olivier Dauga a beaucoup aidé le propriétaire actuel à donner une forme moderne et plaisante à ce vin, d'appel universel, en raison de la gourmandise de son fruit bien mûr, de la souplesse du tanin, et de la parfaite intégration du boisé. Le vin continue sur une brillante lancée, avec un 2006 plein de charme, ce qui n'est pas courant dans le nord du Médoc.

MÉDOC 2006
Rouge | 2009 à 2012 | 11 €   **15,5/20**
Robe pourpre foncée. Nez complexe. Notes de cuir et de fumé. La bouche est équilibrée, suave et généreuse. Belle longueur. Tanins fins.

MÉDOC 2005
Rouge | 2009 à 2015 | 13 €   **16/20**
Beau volume ample et profond, vin ambitieux méritant quelques années de cave pour exprimer pleinement son potentiel.

MÉDOC 2004
Rouge | 2008 à 2012 | 11 €   **15/20**
Haut-médoc généreux et solidement construit, mais avec un grain de tanin sans rudesse et un équilibre général parfaitement exprimé.

Rouge : 24 hectares ; cabernet franc 10%, cabernet sauvignon 48%, merlot 36%, petit verdot 6%. **Production totale annuelle :** 120 000 bt. **Visite :** De 8 h à 12 h et de 14 h à 18 h sur rendez-vous.

CHÂTEAU LYNCH-BAGES

B.P. 120
33250 Pauillac
Tél. 05 56 73 24 00 - Fax. 05 56 59 26 42
infochato@lynchbages.com
www.lynchbages.com

Mondialement célèbre en raison de son opulence et de sa régularité, ce Cinquième cru de Pauillac se vend au prix des Seconds. Une terre riche, une forte proportion de cabernet-sauvignon, la recherche de la plus haute maturité possible du raisin lui ont toujours donné un corps et une ampleur de texture remarquables, avec beaucoup d'adresse dans la vinification, supervisée par l'excellent Daniel Llose. Après avoir veillé avec passion sur sa destinée pendant plus de trente ans, Jean-Michel Cazes passe désormais la main à la génération suivante, qui peut lui en être reconnaissante. Après un bref passage à vide où il semblait avoir un peu perdu de sa plénitude, le cru a retrouvé en 2006 tout son éclat et sa force de caractère. Le 2007 suit la même voie.

PAUILLAC 2006
Rouge | 2018 à 2026 | 60-70 €   **16/20**
Par rapport à l'an dernier, le vin a conservé une puissance et une vinosité rares, mais au prix d'un durcissement certain du tanin. Ce monument un peu rigide devrait s'harmoniser avec un long et patient vieillissement en bouteille.

PAUILLAC 2005
Rouge | 2009 à 2030   **16/20**
On admirera le velouté de texture habituel au cru et sa suavité mais, au nez comme en bouche, le fût neuf ne semble pas équilibré à la texture, et le côté très affirmatif de l'ensemble peut sembler moins élégant qu'on ne le voudrait.

PAUILLAC 2004
Rouge | 2009 à 2010 | 58 €   **15,5/20**
Rond et raffiné, le vin séduit par sa belle allonge subtile et son élégance. Une réussite du millésime.

Rouge : 90 hectares ; cabernet franc 10%, cabernet sauvignon 73%, merlot 15%, petit verdot 2%. **Blanc** : 4,5 hectares ; muscadelle 20%, sauvignon 40%, sémillon 40%.
Production totale annuelle : 420 000 bt.
Visite : De 9 h à 12 h et de 14 h à 17 h, sur rendez-vous.

CHÂTEAU LYNCH-MOUSSAS

33250 Pauillac
Tél. 05 56 59 57 14 - Fax. 05 57 87 60 30
contact@moueix.com
www.moueix.com

Situé dans les arrières de Pauillac, ce cru a longtemps déçu, mais depuis cinq à six ans l'âge moyen des vignes est devenu suffisant, et il bénéficie surtout de la reprise en main de toutes les propriétés de la famille Castéja. Charnu et très arrondi dans sa texture, avec un bouquet généreux, rapide et précoce dans son ouverture, il permet d'attendre dignement l'autre cru classé de la famille, Batailley, plus dense et plus classiquement pauillac. Excellent rapport qualité-prix. Les deux derniers millésimes sont très réussis, et le cru continue à gagner en personnalité et en agrément.

PAUILLAC 2006
Rouge | 2012 à 2018 | NC   **15/20**
Un nez généreusement développé de thé fumé et d'épices, un excellent volume de bouche, une texture assez voluptueuse, bref un vin bien fait et qui ne devrait pas trop tarder à délivrer le meilleur de lui-même. Bon rapport qualité-prix, ce qui devrait intéresser de nombreux restaurants. Nous recommandons de la même façon un autre pauillac de la même source, château-haut-bages-monpelou, issu d'un vignoble différent.

PAUILLAC 2005
Rouge | 2009 à 2025 | 27 €   **15,5/20**
Un vin de soleil au nez très «rôti», large, voluptueux, très «moderne» même si vinifié sous les directives de Denis Dubourdieu. Plus voluptueux que fin.

PAUILLAC 2004
Rouge | 2009 à 2014 | 18 €   **15/20**
Plus élégant au nez que bien des médocs, tanin affiné, un peu astringent néanmoins, finale de tabac, avec un peu de truffe, ce qui est classique pour ce secteur de Pauillac.

Rouge : 35 hectares ; cabernet 70%, merlot 30%.
Production totale annuelle : 220 000 bt.
Visite : Sur rendez-vous du lundi au vendredi, de 8 h à 12 h et de 14 h à 16 h.

CHÂTEAU MALESCOT SAINT-EXUPÉRY

🜊 🜊 🜊 🜊 🜊

33460 Margaux
Tél. 05 57 88 97 20 - Fax. 05 57 88 97 21
malescotsaintexupery@malescot.com
www.malescot.com

Depuis 1990, ce cru de taille modeste, mais suffisante pour faire le bonheur de nombreux amateurs, produit un margaux sérieusement constitué, dont l'assise tannique traduit parfaitement la forte proportion de cabernet-sauvignon. Jean-Luc Zuger, son propriétaire passionné, a très bien fait de faire appel à Michel Rolland, qui a appris avec lui à mieux comprendre le caractère des crus du Médoc. Les derniers millésimes sont hautement recommandables, même si le 2006 s'est lui aussi un peu durci après mise. Les 2001 et 2002 se dégustent actuellement très bien et offrent un superbe rapport qualité-prix.

MARGAUX 2006

Rouge | 2014 à 2018 | NC   **14,5/20**
Bonne texture mais tanins trop secs et durcis par la mise. La chose est d'autant plus curieuse que, le lendemain, d'autres vins du sud du Médoc n'ont pas présenté ce type d'évolution. Il mérite une seconde dégustation dans deux ou trois ans, le temps que le traumatisme de la mise disparaisse.

MARGAUX 2005

Rouge | 2009 à 2030   **16,5/20**
Vin de très grande dimension, au tanin très puissant, s'étant même un peu raidi depuis la mise en bouteille. Mais il faudra savoir l'attendre.

MARGAUX 2004

Rouge | 2009 à 2025 | Ench. 28 €   **16/20**
Plein, sincère, tendu et tannique mais avec de l'équilibre et de l'unité. Un vrai médoc, pour les amateurs sachant en comprendre le sérieux.

Rouge : 23,5 hectares ; cabernet franc 10%, cabernet sauvignon 50%, merlot 35%, petit verdot 5%. Production totale annuelle : 220 000 bt. Visite : Du lundi au vendredi de 10 h à 12 h et de 14 h à 17 h, sur rendez-vous.

CHÂTEAU MARGAUX

🜊 🜊 🜊 🜊 🜊

33460 Margaux
Tél. 05 57 88 83 83 - Fax. 05 57 88 31 32
chateau-margaux@chateau-margaux.com
www.chateau-margaux.com

Ce cru n'a jamais déçu, depuis son rachat par la famille Mentzelopoulos en 1977, et domine sans grand mal toute l'appellation Margaux. On admirera en particulier le mariage rare de finesse dans la densité et de fraîcheur dans l'opulence, sans aucune sollicitation de surmaturité du raisin qui marque tous les derniers millésimes. Le Second vin, pavillon-rouge, a beaucoup gagné avec le réchauffement climatique actuel et bénéficie des meilleurs merlots de la propriété, issus en partie de terroirs calcaires rarissimes dans le secteur. Une dizaine d'hectares, plantés en cépages blancs, donne le pavillon-blanc, devenu en quelques années un des trois ou quatre plus grands blancs secs de Bordeaux, par sa richesse de constitution et sa noblesse aromatique de sauvignon idéalement mûr.

BORDEAUX PAVILLON BLANC 2007

Blanc | 2009 à 2017 | NC   **18/20**
Remarquables fraîcheur et complexité aromatique, un rien plus de nerf (mais moins de chair) que le 2006, grande suite en bouche, impressionnante densité de matière. Du grand vin qu'on boira hélas trop vite.

BORDEAUX PAVILLON BLANC 2006

Blanc | 2009 à 2016 | NC   **18/20**
Impressions fort semblables à celle de l'an dernier, un vin impressionnant de force et de précision, long, complexe, comme il y en a vraiment très peu à Bordeaux.

MARGAUX 2006

Rouge | 2016 à 2026 | Cav. 600 €   **17,5/20**
L'amaigrissement du vin est certain après la mise mais l'essentiel a été préservé, avec en particulier un tanin mentholé très noble, à mille lieues de l'astringence rustique de trop de margaux. Il devrait se retrouver en bouteilles et faire un superbe classique du genre.

MARGAUX PAVILLON ROUGE 2006

Rouge | 2009 à 2021 | Cav. 69 €   **15,5/20**
Tanin épicé, couleur un peu évoluée, vin très soigneusement élaboré et élevé, complexe, manquant quand même un peu de volupté de texture et de vinosité par rapport au prix de vente considérable qu'il obtient.

Rouge : 80 hectares ; cabernet franc 2%, cabernet sauvignon 75%, merlot 20%, petit verdot 3%. Blanc : 12 hectares ; 100%. Production totale annuelle : 383 000 bt. Visite : Sur rendez-vous uniquement.

MAROJALLIA

2, rue du Général-de-Gaulle
B.P. 40033
33460 Margaux
Tél. 05 57 88 96 97 - Fax. 05 56 42 69 88
chateau@marojallia.com
www.marojallia.com

Située à l'entrée du village de Margaux, cette propriété de quatre hectares à été acquise en 1999 par Philippe Porcheron. Avec l'aide de Muriel et Jean-Luc Thunevin, il y réalise le premier «vin de garage» du Médoc. Implanté sur des graves profondes, les vins produits sont denses et d'une grande profondeur.

MARGAUX 2007
Rouge | 2009 à 2018 | NC   **16,5/20**
Robe noire. Nez profond, riche, notes boisées très élégantes. Bouche ample, droite, de la sève. Tanins très fins et intégrés.

MARGAUX 2006
Rouge | 2009 à 2020 | NC   **16/20**
Robe noire. Nez d'une grande intensité. La bouche est droite, vive avec beaucoup de fraîcheur et d'intensité. Grande longueur. Beaux tanins en finale, encore très présents.

MARGAUX CLOS MARGALAINE 2007
Rouge | 2009 à 2018 | NC   **15,5/20**
Robe pourpre foncée. Nez profond de fruits murs. Bouche savoureuse, un joli gras. Droite. Trame tannique sérieuse.

MARGAUX CLOS MARGALAINE 2006
Rouge | 2009 à 2015 | NC   **15,5/20**
Ce vin est sans aucun doute le «petit» frère. Robe très foncée. Un nez intense, profond, aux notes réglissées. Sa bouche fraîche est d'une grande densité, tout en équilibre. Tanins fins.

MARGAUX CLOS MARGALAINE 2005
Rouge | 2009 à 2015 | 30 €   **15/20**
Le second vin de Marojalia exerce lui aussi une séduction impressionnante dans ce millésime. La robe noire, le nez puissant, très complexe, offre un superbe fruit mûr ; la bouche se révèle savoureuse et dense, avec un beau grain, des tanins denses et de la tenue.

Rouge : 4,65 hectares ; cabernet franc 10%, cabernet sauvignon 60%, merlot 30%.
Production totale annuelle : 6 000 bt.
Visite : Sur rendez-vous

CHÂTEAU MARQUIS D'ALESME

33460 Margaux
Tél. 05 57 88 70 27 - Fax. 05 57 88 35 01
ddariol@chateau-marquis-dalesme.fr
www.chateau-marquis-dalesme.fr

Cette propriété n'avait guère brillé dans les cinquante dernières années. Rachetée par Hubert Perrodo, hélas très peu de temps avant son décès accidentel, elle est actuellement en pleine réorganisation et devrait rapidement produire un vin de haute qualité, à partir de vignes extrêmement bien situées au coeur de l'appellation. Le 2005, vinifié par l'équipe précédente mais sélectionné et élevé par la nouvelle, et le 2006, sont clairement des millésimes de transition, et 2007 marque le début d'une nouvelle ère. On suivra notamment avec intérêt comment la production se répartira dans les trois propriétés que possède la famille Perrodo à Margaux : Labégorce, Labégorce-Zédé et Marquis d'Alesme...

MARGAUX 2007
Rouge | 2010 à 2015   **14,5/20**
Le premier millésime totalement réalisé par la nouvelle équipe du cru témoigne enfin du potentiel de la propriété : l'ensemble est souple et délié, avec une véritable fraîcheur en bouche et un fruit franc et précis. Les prochains millésimes, avec un travail à la vigne accru doivent permettre de gagner en finesse de texture et en profondeur.

MARGAUX 2006
Rouge | 2009 à 2014 | NC   **12/20**
Un vin limité pour un cru classé, trop linéaire, au tanin manquant de style. À sa décharge, il n'est pas le seul !

Rouge : 15 hectares ; cabernet franc 15%, cabernet sauvignon 30%, merlot 45%, petit verdot 10%. **Production totale annuelle :** 110 000 bt. **Visite :** Du lundi au vendredi, de 10 h à 12 h et de 14 h à 17 h.

CHÂTEAU MARQUIS DE TERME

3, route de Rauzan
B.P. 11
33460 Margaux
Tél. 05 57 88 30 01 - Fax. 05 57 88 32 51
mdt@chateau-marquis-de-terme.com
www.chateau-marquis-de-terme.com

Dans un environnement très intelligemment rajeuni et rénové, Jean-Pierre Hugon, un des vétérans du Médoc avec plus de trente-cinq vinifications à son actif, peut partir à la retraite avec la satisfaction de produire un vin digne du terroir, coloré, vigoureux mais raffiné, qui peut dans certains millésimes, comme 1985 ou 1989, égaler les plus grands. On aimerait parfois un boisé plus pur et plus intégré à la matière en vin jeune. Les derniers millésimes sont recommandables, charnus et séveux, avec un excellent rapport qualité-prix. En revanche, le tout dernier, 2006 se présentait fort mal en janvier 2009, aussi bien au niveau de la constitution qu'à celui de la qualité du fruit et des tanins. Nous le goûterons à nouveau dans deux ou trois ans.

MARGAUX 2006
Rouge | 2011 à 2016 | 34 €   **13/20**
L'élevage semblait lui avoir fait du bien un peu avant la mise, mais après la mise la déception est totale, le nez ne présente aucune pureté et le tanin manque complètement d'harmonie. Comme pour beaucoup de margaux, il faudra lui donner une seconde chance dans deux ou trois ans.

MARGAUX 2005
Rouge | 2009 à 2025 | Cav. 33 €   **16/20**
Vin puissant, au tanin très ferme et au boisé encore un peu trop apparent, masculin pour l'appellation, très franc mais loin d'être prêt.

MARGAUX 2004
Rouge | 2009 à 2020   **14/20**
Boisé épicé pas très pur, tendance à foxer un peu, bonne matière, mais le fruit du raisin est masqué.

Rouge : 38 hectares ; cabernet franc 3%, cabernet sauvignon 55%, merlot 35%, petit verdot 7%. Production totale annuelle : 150 000 bt.

CHÂTEAU MAUCAMPS

B.P. 11
33460 Macau
Tél. 05 57 88 07 64 - Fax. 05 57 88 07 00
maucamps@wanadoo.fr

Beau vin de graves du Sud-Médoc, à forte proportion de merlot, alliant corps, gras et complexité au vieillissement, sans négliger la finesse. Le prototype du beau cru bourgeois, régulier, fiable et de prix encore accessible. Le cru reste fidèle à son style, avec un peu plus de corps en 2005, mais sans tanin agressif.

HAUT-MÉDOC 2006
Rouge | 2009 à 2012 | 17 €   **14,5/20**
Robe pourpre. Nez complexe de fruits rouges bien mûrs. Bouche ample et fraîche. Belle longueur, ponctuée d'une belle trame tannique.

HAUT-MÉDOC 2005
Rouge | 2009 à 2018 | 17 €   **15/20**
Robe pourpre dense, nez puissant, raffiné et complexe, aux jolis arômes de fruits rouges et noirs bien mûrs. Bouche superbe, riche, avec une trame serrée et veloutée, un grand équilibre et une belle allonge. Très élégant.

HAUT-MÉDOC 2004
Rouge | 2009 à 2012 | 16,60 €   **13/20**
Robe pourpre rubis soutenue, nez délicat, finement fruité avec des notes florales, arômes que l'on retrouve dans une bouche souple, fraîche et élégante.

Rouge : 34 hectares ; cabernet sauvignon 55%, merlot 40%, petit verdot 5%. Production totale annuelle : 250 000 bt. Visite : De 9h à 12 h et de 14 h à 17 h.

Inscrivez-vous sur

BETTANEDESSEAUVE.COM

> Suivez l'actualité du vin
> Accédez aux notes de dégustation de 25 000 vins
> Visitez les stands des producteurs

CHÂTEAU MAYNE-LALANDE

7, route du Mayne
33480 Listrac-Médoc
Tél. 05 56 58 27 63 - Fax. 05 56 58 22 41
blartigue@terre-net.fr
chateau-mayne-lalande.com

Bernard Lartigue est un propriétaire passionné, qui pratique une viticulture propre et probe, et a longtemps été à l'avant-garde de la qualité. Nous nous devons donc de lui dire que les derniers millésimes sont marqués par trop d'arômes animaux pour exprimer fidèlement le terroir ou le millésime. Un petit réglage s'impose car, par ailleurs, le corps et la texture de son vin sont superbes ! 2005 et 2006 sont trop violents sur le plan des arômes, à la limite du manque de netteté.

Listrac-Médoc 2007
Rouge | 2009 à 2017 | 16,50 €   **15/20**
Robe foncée. Jolies notes de fruits mûrs, de pruneau. Beau toucher de bouche, souple, soyeux, très arrondi, jolie toasté, tanins bien intégrés.

Listrac-Médoc 2006
Rouge | 2009 à 2010 | 16,50 €   **14,5/20**
Robe pourpre. Nez aux notes toastées et grillées. Bouche ample, trame tannique sérieuse et consistante en finale.

Listrac-Médoc 2002
Rouge | 2009 à 2016 | NC   **14,5/20**
Bon équilibre général et aucune déviation au nez. Vin gras, généreux, fort plaisant, pas très complexe ni très long.

Rouge : 20 hectares ; cabernet franc 5%,
cabernet sauvignon 45%, merlot 45%, petit verdot 5%.
Production totale annuelle : 60 000 bt.
Visite : de 9 h à 12 h30 et de 14 h à 18 h.

CHÂTEAU MEYNEY

La Croix-Baccalan
109, rue Achard - B.P. 154
33042 Bordeaux cedex
Tél. 05 56 59 00 40 - Fax. 05 56 59 36 47
contact@cagrandscrus.fr
www.cagrandscrus.com

Ce cru est le jumeau de Montrose, sur une des plus belles croupes de bord de Gironde de la commune de Saint-Estèphe. Aux grandes heures des domaines Cordier, dans les années 1960, il égalait Talbot. Après de nombreux millésimes peu précis ou trop maigres, il retrouve la plénitude de son style et rivalise avec les crus classés du secteur. On lui trouve parfois une petite note de truffe dans le bouquet, peut-être le rapport avec les marnes bleues (comme à Petrus) du sous-sol. Idéal rapport qualité-prix. Les derniers millésimes ont tous donné un des cinq meilleurs crus non classés du Médoc, et sont tous recommandables.

Saint-Estèphe 2006
Rouge | 2009 à 2025 | NC   **16/20**
Grande race aromatique, corps puissant et net, tanin complexe, splendide pureté d'expression.

Saint-Estèphe 2005
Rouge | 2009 à 2030 | Ench. 20 €   **18/20**
Plus complet et racé que montrose dans ce millésime, grande vinosité, texture noble, fin de bouche très affirmée, le meilleur vin de la propriété depuis cinquante ans, et sans doute le plus grand rapport qualité-prix du millésime, si l'on aime les médocs typés.

Saint-Estèphe 2004
Rouge | 2009 à 2020 | NC   **16/20**
Vin profond et racé, d'un style médocain très affirmé avec sa charpente solide et son bouquet de cèdre et de havane, sa longueur pleine d'énergie.

Saint-Estèphe 2002
Rouge | 2009 à 2022 | Ench. 13 €   **16/20**
Complet pour le millésime, et magnifique retour au premier plan de ce cru majeur de Saint-Estèphe : saveur de cèdre, texture de velours, tanin noble.

Saint-Estèphe 2001
Rouge | 2009 à 2012 | Ench. 15 €   **14/20**
Belle robe pleine et dense, bouche massive et expressive, avec des tanins puissants, un peu secs.

Rouge : 51 hectares ; cabernet franc 8%,
cabernet sauvignon 56%, merlot 26%, petit verdot 10%.
Production totale annuelle : 320 000 bt. **Visite :** Visites réservées aux professionnels, sur rendez-vous.

CHÂTEAU MONBRISON

1, allée Monbrison
33460 Arsac
Tél. 05 56 58 80 04 - Fax. 05 56 58 85 33
lvdh33@wanadoo.fr
www.chateaumonbrison.com

Situé sur les plus fines graves d'Arsac, Monbrison peut produire un des margaux les plus élégants et les plus expressifs : il part dans la vie en apparence un peu maigre, mais s'étoffe pendant tout l'élevage sous bois. Les derniers millésimes le trouvent en parfaite forme, avec un peu plus de vinosité à la naissance. Remarquables 2005 et 2006, peut-être les crus non classés les plus fins de l'appellation !

MARGAUX 2006
Rouge | 2009 à 2025 | 30 €   **16,5/20**
Le vin égale bien des crus classés, par la finesse et la pureté de ses arômes de cèdre et sa précision. Au cours de ces derniers mois, ce vin a encore gagné dans son raffinement, et dans l'élégance. On retrouve avec plaisir la netteté des grands millésimes du château !

MARGAUX 2005
Rouge | 2009 à 2025 | cav. 35 €   **16,5/20**
Beaucoup de personnalité et de style, nez fort élégant de fruits rouges, tanin fin, un margaux de classe, digne des grands vins de la fin des années 1980.

MARGAUX 2004
Rouge | 2009 à 2020 | 25 €   **15,5/20**
Belle délicatesse aromatique, tanin maîtrisé et comme apaisé, demi-vinosité mettant bien en valeur le raffinement de la texture, margaux féminin et fort réussi.

MARGAUX 2002
Rouge | 2009 à 2022 | 25 €   **15,5/20**
Finesse aromatique supérieure, tanin complexe, parfaitement intégré au corps, digne d'un beau cru classé.

MARGAUX 2001
Rouge | 2009 à 2018 | 28 €   **15/20**
Vin de bonne intensité, avec une matière concentrée. Beau style long et droit.

MARGAUX 2000
Rouge | 2009 à 2015 | 35 €   **15,5/20**
Beau vin complet, épicé, au corps onctueux, harmonieux, ample et long.

Rouge : 13,2 hectares ; cabernet franc 15%, cabernet sauvignon 50%, merlot 30%, petit verdot 5%.
Production totale annuelle : 80 000 bt. **Visite :** Sur rendez-vous.

CHÂTEAU MONTROSE

33180 Saint-Estèphe
Tél. 05 56 59 30 12 - Fax. 05 56 59 71 86
chateau@chateau-montrose.com
www.chateau-montrose.com

La vente du cru a surpris tous ses admirateurs, la famille Charmolüe semblant liée à vie à la propriété et n'ayant aucune difficulté financière en vue. Tant mieux pour Martin Bouygues, qui a acquis à prix d'or un des plus beaux et des plus homogènes vignobles du Médoc, idéalement situé en bord de Gironde, comme Château Latour. Le cru a toujours plu aux amateurs de bordeaux classiques, par sa netteté et son volume de bouche, soutenu par un tanin très racé quoique parfois un peu rigide. Le vétéran Jean Delmas veut lui donner le supplément de raffinement de texture dont il manquait peut-être. Le 2005, par ailleurs superbe, n'égalera pas en originalité les somptueux 1996, 2000 et 2003 de la propriété, qui doivent servir de modèle de style à l'équipe désormais en charge du cru, même si un rien de finesse supplémentaire est encore possible et souhaitable. Le Second vin, la-dame-de-montrose, est un des plus sûrs et réguliers de sa catégorie. 2006 répond en bouteille aux promesses du fût.

SAINT-ESTÈPHE 2006
Rouge | 2016 à 2026 | 76 €   **17/20**
Un médoc et un montrose d'un classicisme irréprochable, très marqué par des notes de cèdre et d'épices et avec une texture droite, une sensation finale de tanin salé et minéral qui le différencie complètement de la suavité de cos-d'estournel. On aurait aimé un peu plus de chair dans le Second vin, la-dame-de-montrose.

SAINT-ESTÈPHE 2005
Rouge | 2009 à 2025   **17/20**
Beau vin équilibré, assez facile pour le cru, tanin souple et charmeur, mais on ne lui trouve pas la monumentalité de ses pairs ni la vinosité des grands millésimes comme 2000 ou 2003.

SAINT-ESTÈPHE 2004
Rouge | 2009 à 2024   **17/20**
La robe est dense, le corps plein et harmonieux, le tanin magiquement précis et racé, la persistance digne d'un Premier cru. Il est peut-être proportionnellement plus réussi que le 2005.

Rouge : 70 hectares ; cabernet franc 4%, cabernet sauvignon 65%, merlot 30%, petit verdot 1%.
Production totale annuelle : 340 000 bt.

MÉDOC

CHÂTEAU MOULIN DE LA ROSE

Château Moulin de la Rose
33250 Saint-Julien-Beychevelle
Tél. 05 56 59 08 45 - Fax. 05 56 59 73 94
sceadelon@wanadoo.fr
www.moulindelarose.com

Moulin de la Rose est un des derniers petits crus indépendants de Saint-Julien. Son terroir est de même nature que les meilleurs crus classés, ce qui explique le classicisme exemplaire de son bouquet et de sa texture. Guy Delon et son fils sont des médocains pur souche, qui sont les premiers buveurs (et buveurs exigeants) de leur vin ! Excellents 2004 et 2005, complets dans leur catégorie.

Saint-Julien 2007
Rouge | 2009 à 2015 | 22,00 €   **15/20**
Gras, charnu, le tanin de ce cru enchâssé entre les crus classés de Saint Julien est rond, fin et gourmand.

Saint-Julien 2006
Rouge | 2009 à 2014 | NC   **15/20**
Robe sombre. Nez épicé. Bouche fruitée et épicée, avec de la fraîcheur et une jolie longueur.

Saint-Julien 2002
Rouge | 2009 à 2017 | NC   **14/20**
Nez épicé, vin corsé pour l'année, vigoureux, un rien rustique, pour repas (fin) de chasse.

Saint-Julien 2001
Rouge | 2009 à 2015 | NC   **15/20**
Un vin de caractère assez élégant, avec un corps vigoureux mais aussi un fruit bien exprimé. À boire.

Rouge : 4,8 hectares ; cabernet sauvignon 65%, merlot 35%. **Production totale annuelle** : 30 000 bt.
Visite : Sur rendez-vous.

CHÂTEAU MOUTON-ROTHSCHILD

33250 Pauillac
Tél. 05 56 59 22 22 - Fax. 05 56 73 20 44
webmaster@bpdr.com
www.bpdr.com

Sans doute le plus Pauillac des pauillacs, si l'on prend comme critères l'opulence, le velouté de texture et la longévité, Mouton a retrouvé sa grande forme. On pouvait admirer l'étonnant grand vin 2000, mais 2004, 2005 et 2006 montrent encore des progrès dans la précision de la texture et la pureté de la saveur. Le 2005 sera certainement la réplique moderne du sublime 1949. Et l'on se demande même si 2006 ne le dépassera pas. Quant à 2007, nous pouvons dire en avant-première qu'il domine tous les médocs.

Bordeaux Ailes d'Argent 2007
Blanc | 2012 à 2017 | NC   **17/20**
À notre sens, le meilleur blanc jamais produit pas la propriété, apportant par rapport au 2006 un supplément de fraîcheur aromatique lié au millésime mais aussi un mariage encore plus réussi avec le bois, permettant de respecter davantage la texture de naissance du vin. Il y a certes beaucoup de soin et de luxe à la base de cette réussite, mais aussi un caractère de terroir affirmé qui lui donne une personnalité unique.

Pauillac 2006
Rouge | 2016 à 2030 | NC   **18,5/20**
Une splendeur par son intensité, son harmonie, sa persistance, son cachet. Il faut particulièrement admirer l'intégration du boisé et l'intégration du tanin à la texture et à la matière, avec en plus un éclat qui n'est dépassé par aucun cru en Médoc dans ce millésime.

Pauillac 2005
Rouge | 2009 à 2050 | 648 €   **19,5/20**
Le vin n'a cessé de monter en puissance et en raffinement de texture, et apparaît comme le plus formellement réussi du dernier demi-siècle, et peut-être comme le plus noblement aromatique des Premiers de Pauillac.

Pauillac Petit Mouton 2006
Rouge | 2016 à 2026 | NC   **17/20**
Sans doute le second vin le plus impressionnant du Médoc dans ce millésime par la netteté de son expression de terroir, l'ampleur de sa texture et sa généreuse précision dans le support tannique.

Rouge : 78 hectares ; cabernet franc 10%, cabernet sauvignon 77%, merlot 11%, petit verdot 2%.
Blanc : 4 hectares ; muscadelle 2%, sauvignon blanc 51%, sémillon 47%. **Production totale annuelle** : 300 000 bt.
Visite : Sur rendez-vous du lundi au jeudi de 9 h 30 à 11 h et de 14 h à 16 h, fermeture à 15 h le vendredi. Visites à 9 h 30, 11 h, 14 h et 15 h 30 les samedis, dimanches et jours fériés d'avril à octobre au 05 56 73 21 29.

CHÂTEAU LES ORMES DE PEZ

33180 Saint-Estèphe
Tél. 05 56 73 24 00 - Fax. 05 56 59 26 42
infochato@ormesdepez.com
www.ormesdepez.com

Voici un cru typique de Saint-Estèphe, donnant des vins très charnus, épicés, suaves, réguliers. Les amateurs le plébiscitent pour son volume de bouche, d'autres lui reprochent un petit manque de finesse et de complexité par rapport à quelques autres crus bourgeois de même notoriété. Il faut le considérer comme un excellent produit de terroir argilo-calcaire plus que graveleux. Le vin a gagné en raffinement de texture depuis 2003, avec un peu de flou en 2004, mais beaucoup de charme dès la naissance en 2006.

SAINT-ESTÈPHE 2007

Rouge | 2009 à 2015 | 22-27 €   **15/20**
Equilibré, rond, plus charmeur que ne l'annoncerait son terroir de Saint-Estèphe, pez est long avec une finale très droite.

SAINT-ESTÈPHE 2006

Rouge | 2009 à 2014 | 30-35 €   **16/20**
Robe pourpre. Nez fin et épicé. Bouche élégante, équilibrée, possédant une belle fraîcheur. Tanins soyeux mais persistants.

SAINT-ESTÈPHE 2004

Rouge | 2009 à 2020 | 35-40 €   **14/20**
Sur cet échantillon, les tanins apparaissaient bien plus secs que dans les autres saint-estèphes. Il faudra le revoir en bouteille.

SAINT-ESTÈPHE 2001

Rouge | 2009 à 2018 | 30-35 €   **15/20**
Bonne tenue en bouche sur des tanins harmonieux et denses. Joli vin long et plaisant.

SAINT-ESTÈPHE 2000

Rouge | 2009 à 2015 | 50-60 €   **15/20**
Vin complet, de belle maturité, d'un classicisme médocain accompli.

Rouge : 35 hectares ; cabernet franc 11%, cabernet sauvignon 57%, merlot 32%. **Production totale annuelle : 23 000 bt. Visite :** Pas de visites. Dégustations possibles au château Lynch Bages de 9 h à 12 h et de 14 h à 17 h, sur rendez-vous.

CHÂTEAU LES ORMES-SORBET

20, rue du 3 juillet 1895
33340 Couquêques
Tél. 05 56 73 30 30 - Fax. 05 56 73 30 31
ormes.sorbet@wanadoo.fr
www.ormes-sorbet.com

Ce cru fut un des artisans du renouveau de l'appellation Médoc, dans les années 1980, sous l'influence d'un viticulteur passionné, Jean Boivert. Son fils travaille dans le même esprit, cultive aussi bien que possible et élève en bonnes barriques. Le vin possède le charme des sols calcaires du secteur, mais le choix du cabernet comme cépage principal le relie directement au style classique médocain.

MÉDOC 2006

Rouge | 2011 à 2016 | 16,25 €   **15/20**
A gagné en élégance avec l'élevage, nez d'une grande finesse ; la bouche est fraîche, aux notes de fruits rouges, belle finale sur des tanins fins et enrobés. Évident potentiel.

MÉDOC 2005

Rouge | 2010 à 2020 | NC   **15/20**
Vin structuré mais doté de tanins déliés, tout en finesse et en subtilité.

MÉDOC 2004

Rouge | 2010 à 2020 | 16,25 €   **14/20**
Corps élancé, pas très intense mais frais, droit, exprimant des notes de fruits rouges légèrement poivronnées. L'ensemble est équilibré et long, dans le style classique du cru.

Rouge : 21 hectares ; cabernet sauvignon 65%, merlot 30%, petit verdot 5%. **Production totale annuelle :** 100 000 bt. **Visite :** Du lundi au vendredi, de 9 h à 12 h et de 14 h à 18 h.

CHÂTEAU PALMER

Cantenac
33460 Margaux
Tél. 05 57 88 72 72 - Fax. 05 57 88 37 16
chateau-palmer@chateau-palmer.com
www.chateau-palmer.com

Cru justement célèbre par sa régularité et le confort de ses arômes et de sa texture. La famille Chardon avait, pendant trois générations, préservé une authenticité dans l'expression du terroir qui a fait l'admiration du monde entier. Thomas Duroux, l'actuel directeur, a su faire entrer la modernité dans son élaboration, sans altérer le style, mais en lui donnant encore plus de perfection formelle. Même si aujourd'hui les assemblages du Grand vin font plus de place au cabernet-sauvignon, son corps et sa texture sont marqués par l'opulence des merlots et des petits verdots, avec une sensualité immédiate qui plaît à tous, débutants ou amateurs confirmés. Le Second vin du château, alter-ego, porte bien son nom, car la propriété veut qu'il réponde à des critères de qualité égaux à ceux du Grand vin, mais avec un équilibre spécifique et différent, lui permettant d'être consommé plus jeune. Les prix élevés du Grand vin ne le cèdent qu'à château-margaux, et témoignent de son prestige mondial et mérité.

Margaux 2006
Rouge | 2014 à 2021 | 187 € **17/20**
Le vin a un peu perdu de son onctuosité après la mise mais garde une belle ampleur de constitution, une saveur richement épicée, et une vinosité qui tranche avec la platitude de nombreux crus voisins. On devrait vite retrouver la finesse habituelle des sensations tactiles.

Margaux 2005
Rouge | 2009 à 2030 | Cav. env 350 € **18,5/20**
Magnifique nez complexe et raffiné, avec une touche de menthe qui lui donne une fraîcheur rare pour l'année, corps superbe et équilibré, tanin merveilleusement velouté et subtil. Grand vin, digne du millésime et du cru.

Margaux 2004
Rouge | 2009 à 2020 | Cav. env 150 € **17,5/20**
Classe à part dans les arômes, texture raffinée, grande longueur tenue par la qualité exemplaire du tanin, vin de grand style dans un millésime moins recherché que d'autres.

Rouge : 55 hectares ; cabernet sauvignon 47%, merlot 47%, petit verdot 6%. **Production totale annuelle :** 200 000 bt. **Visite :** De 9 h à 12 h30 et de 14 h à 17 h30 uniquement sur rendez-vous.

CHÂTEAU PATACHE D'AUX

1, rue du 19-mars
33340 Bégadan
Tél. 05 56 41 50 18 - Fax. 05 56 41 54 65
info@domaines-lapalu.com
www.domaines-lapalu.com

Nous saluons avec plaisir le retour au premier plan de cette vieille marque classique de Bégadan, qui a longtemps rivalisé avec La Tour de By. Le vin avait perdu une grande partie de sa personnalité, mais il la retrouve peu à peu avec une nouvelle génération d'exploitants. De facture classique, il développe les saveurs et le tanin épicé propres aux vrais médocs, avec un élevage beaucoup plus soigné et des sélections plus rigoureuses. Les 2005 et 2006 affichent de l'ambition et montrent la voie à suivre, à condition de gommer quelques excès.

Médoc 2006
Rouge | 2010 à 2016 | 16 € **14,5/20**
Un style dans l'abondance : rouge rubis profond ; arômes complexes épicés ; la bouche est concentrée, puissante, riche en extrait mais sans agressivité, l'allonge sur une trame un peu asséchante due au bois neuf attend de s'intégrer au vieillissement.

Médoc 2005
Rouge | 2008 à 2010 | 16 € **14,5/20**
Nez assez complexe, à dominante de cacao, forte extraction, élevage ambitieux et sans doute excessif, vin plein et ferme.

Rouge : 43 hectares ; cabernet franc 7%, cabernet sauvignon 60%, merlot 30%, petit verdot 3%. **Production totale annuelle :** 260 000 bt. **Visite :** Du lundi au vendredi de 9 h à 12 h 30 et de 14 h à 17 h, le vendredi fermeture à 16h30.

CHÂTEAU PAVEIL DE LUZE

3, chemin du Paveil
33460 Soussans
Tél. 05 57 88 30 03 - Fax. 05 57 803 308
contact@chateaupaveildeluze.com
www.chateaupaveildeluze.com

Le Paveil se situe dans la partie nord de l'appellation Margaux et abrite l'une des plus anciennes demeures du Médoc, l'une des plus chargées d'histoire, l'une des plus porteuses d'une longue tradition familiale. Les barons de Luze, dont Frédéric de Luze est l'héritier en charge de la propriété, sont toujours intimement associés au négoce bordelais mais ils ont rarement autant qu'aujourd'hui bichonné leur vignoble propre, une bonne trentaine d'hectares de graves parfaites, vinifiés avec précision par l'équipe de Stéphane Fort. 65% de cabernet-sauvignons donnent l'assise, la finesse et le grand tiers restant de merlot, l'onctuosité. Dans les derniers millésimes, le vin offrait, et souvent beaucoup plus fidèlement que bien des crus classés, toute la finesse de grain et d'arôme des vrais margaux, ce qui le destine aux amateurs cultivés ou simplement amoureux de la sincérité et du naturel.

MARGAUX 2007
Rouge | 2009 à 2015 | 14,50 €   **16/20**
Soyeux dans sa texture, voluptueux en finale, ce margaux méconnu réussit une nouvelle fois son millésime avec éclat.

MARGAUX 2006
Rouge | 2009 à 2014 | 16,00 €   **16,5/20**
Robe foncée. Nez fin et précis. Mélange de notes fruitées et florales ! La bouche est très séduisante. Toute en finesse et élégance. De la longueur ponctuée par une belle trame tannique.

Rouge : 42 hectares.
Production totale annuelle : 180 000 bt.

CHÂTEAU PÉDESCLAUX

Padarnac
33250 Pauillac
Tél. 05 56 59 22 59 - Fax. 05 56 59 63 19
contact@chateau-pedesclaux.com
www.chateau-pedesclaux.com

Ce cru, sans doute le plus obscur des crus classés de Pauillac, avait amorcé à la fin des années 1990 des progrès certains, mais il semble que des divisions familiales ne lui permettent pas encore de rivaliser avec ses voisins célèbres. Les bâtiments de l'appellation, complètement rénovés, permettent d'accueillir quelques visiteurs en chambres d'hôtes. Le 2000 si séduisant en fût est méconnaissable en bouteille, vraiment médiocre. Le 2005 a au contraire bien évolué et se goûte de façon très intéressante en bouteille. Il en est de même avec le 2006, mais l'expérience du 2000 nous conduira à vérifier si les bouteilles mises sur le marché ont autant de qualité que l'échantillon dégusté.

PAUILLAC 2006
Rouge | 2014 à 2021 | 20 €   **15/20**
Un très bon vin, sur la foi de cette bouteille, avec un arôme soigné de bon élevage en merrain de qualité et une texture crémeuse, digne de l'excellente qualité du terroir. Il faudra néanmoins vérifier que toutes les bouteilles sont conformes.

PAUILLAC 2005
Rouge | 2009 à 2025 | 35 €   **15/20**
Nez légèrement caramélisé, avec des notes de bois neuf marquées, vin riche et solaire, tanin bien enrobé, confirmant la bonne impression des primeurs.

Rouge : 27,6 hectares ; cabernet franc 5%, cabernet sauvignon 50%, merlot 45%.
Production totale annuelle : 180 000 bt.
Visite : De 8 h à 10 h 30 et de 14 h à 15 h 30.

CHÂTEAU PETIT-BOCQ

3, rue de la Croix-de-Pez
33180 Saint-Estèphe
Tél. 05 56 59 35 69 - Fax. 05 56 59 32 11
chateaupetitbocq@hotmail.com

Partie de 2 hectares, la propriété
«mosaïque» annonce 14 hectares
aujourd'hui, grâce au rachat de nombreuses parcelles. Le Docteur Lagneaux,
heureux propriétaire, soigne sa vigne
comme ses patients. Environ quatre-vingts
parcelles, représentatives des différents
terroirs qu'offre l'appellation Saint-
Estèphe, composent le vignoble, où la
diversité des sols cultivés garantit la typicité de l'appellation et la complexité des
arômes. L'encépagement, délibérément
majoritaire en merlot, en fait un saint-
estèphe charmeur et flatteur.

SAINT-ESTÈPHE 2006

Rouge | 2009 à 2010 | 14 €   **15/20**
Robe noire brillante. Nez riche et complexe
aux notes cacaotées. Bouche ample, massive, charmeuse, soyeuse avec de la sève,
se terminant sur des tanins fins et élégants.
Vin ayant de la classe.

SAINT-ESTÈPHE 2005

Rouge | 2009 à 2020 | NC   **14,5/20**
Robe noire, nez très riche et épanoui avec
un fruit mûr et des notes florales. Bouche
charmeuse, soyeuse avec des tanins ronds,
une grande persistance des arômes et de
l'élégance. Beaucoup de style.

Rouge : 13,70 hectares ; cabernet franc 2%,
cabernet sauvignon 43%, merlot 55%.
Production totale annuelle : 80 000 bt.
Visite : Du lundi au vendredi sur rendez-vous.

CHÂTEAU PEYRABON

Vignes de Peyrabon
33250 Saint-Sauveur-en-Médoc
Tél. 05 56 59 57 10 - Fax. 05 56 59 59 45
contact@chateau-peyrabon.com
www.chateau-peyrabon.com

Ce cru se situe en limite d'appellation
Pauillac, et son type de vin est de même
nature : charnu, corsé avec des notes
d'épices et de tabac, plus ou moins intenses
selon le millésime. Patrick Bernard l'a fait
renaître à la fin des années 1990, mais il a
fallu sept ou huit ans pour que le vin réponde
pleinement à ses efforts. Depuis 2004, ce
dernier a pris une dimension supplémentaire de corps et de complexité aromatique,
qui désormais le place au premier rang de
son secteur. Une petite parcelle en appellation Pauillac donne un vin encore mieux
défini, sous l'étiquette la-fleur-peyrabon.
Excellents 2004 et 2005, complets dans leur
catégorie.

HAUT-MÉDOC 2006   ☺

Rouge | 2009 à 2018 | 12,00 €   **15/20**
Robe pourpre. Nez aux arômes floraux.
Bouche très bien équilibrée, nette, précise, franche. Les tanins sont complètement intégrés.

PAUILLAC CHÂTEAU LA FLEUR PEYRABON 2006

Rouge | 2009 à 2013 | 21,00 €   **15/20**
Robe d'un pourpre profond. Nez expressif.
Note intense de fruits noirs. La bouche est
opulente ; trame tannique imposante. À
attendre !

PAUILLAC CHÂTEAU LA FLEUR PEYRABON 2001

Rouge | 2009 à 2015 | 23,00 €   **14,5/20**
Dans le style de son millésime, ce pauillac
est de belle facture avec des tanins serrés,
une bouche équilibrée et de bonne longueur.

Rouge : 57 hectares ; cabernet franc 3%,
cabernet sauvignon 61%, merlot 34%, petit verdot 3%.
Production totale annuelle : 350 000 bt.
Visite : Du lundi au vendredi de 9 h à 12 h et de 14 h
à 18 h, fermeture le vendredi à 16h.

CHÂTEAU PEYRAT-FOURTHON

1, allée Fourthon
33112 Saint-Laurent-du-Médoc
Tél. 05 56 59 40 87 - Fax. 05 56 59 92 65
pn@peyrat-fourthon.com
www.peyrat-fourthon.com

On ne reconnaît pas à leur vraie valeur les terroirs de graves de Saint-Laurent-du-Médoc, proches de Saint-Julien et de même nature. Peyrat-Fourton en est peut-être aujourd'hui l'expression la plus soignée, avec des vins droits, équilibrés, aux tanins précis, résultat d'une sévère sélection pour le Grand vin du château. Les étiquettes inaugurent un style original, élégant et moderne, en rapport avec la qualité du produit.

HAUT-MÉDOC 2006
Rouge | 2009 à 2015 | 16 €   **15/20**
Robe pourpre. Nez complexe, avec des notes de torréfactions. La bouche possède une belle fraîcheur et de l'allonge. Tanins fins.

HAUT-MÉDOC 2005
Rouge | 2009 à 2010 | 18 €   **15,5/20**
Robe pourpre. Nez complexe aux notes de cèdre. La bouche est dense et harmonieuse, d'une grande longueur, assortie de beaux tanins.

HAUT-MÉDOC 2004
Rouge | 2009 à 2013 | 16 €   **15,5/20**
Vin très élégant, joliment structuré, avec un tanin digne d'un très bon médoc, une allonge charnue et racée et un volume très complet.

HAUT-MÉDOC 2003
Rouge | 2009 à 2012 | 18 €   **16/20**
Avec ses arômes très précis de cèdre, un vin aux tanins élégants, très soigneusement vinifié, qui est certainement un des crus bourgeois les plus harmonieux d'aujourd'hui.

HAUT-MÉDOC EXTRAIT D'HAUT-PEYRAT 2005
Rouge | 2009 à 2015 | 200 €   **16/20**
Robe noire aux reflets violets, nez superbe, puissant, riche, complexe avec une maturité fabuleuse. Bouche dense, chaleureuse, charmeuse avec une grande suavité de texture, un joli grain, aucun excès de boisé et une grande longueur. Contrairement à son nom, ce vin n'a rien d'un extrait. Gros potentiel.

Rouge : 20 hectares ; cabernet sauvignon 55%, merlot 36%, petit verdot 9%. **Production totale annuelle :** 100 000 bt. **Visite :** Sur rendez-vous.

CHÂTEAU DE PEZ

33180 Saint-Estèphe
Tél. 05 56 59 30 26 - Fax. 05 56 59 39 25
pmoureau@chateaudepez.com
www.champagne-roederer.com

Propriété des champagnes Roederer et, jusqu'à l'achat de Pichon-Lalande, fer-de-lance de leur présence en Médoc, Pez est à juste titre un des crus non classés les plus respectés du secteur par la tenue des vignes, le soin des vinifications et le caractère épicé ultra classique du vin. Il faut toujours lui donner quelques années de bouteille pour qu'il livre sa vraie personnalité. Une seconde propriété de Saint-Estèphe, Haut-Beauséjour, donne un vin plus simple mais soigné, et doté d'un bouquet sainement épicé. Excellent 2005, racé, équilibré, digne d'un cru classé.

SAINT-ESTÈPHE 2006
Rouge | 2009 à 2016 | NC   **16,5/20**
Robe d'un rubis profond. Nez complexe et profond. Bouche généreuse, matière intense. Tanins présents. Joli vin.

SAINT-ESTÈPHE 2005
Rouge | 2009 à 2030 | 29 €   **16,5/20**
Corps complet, tanin massif, très grand avenir.

SAINT-ESTÈPHE 2004
Rouge | 2009 à 2016 | 25 €   **15/20**
Robe rubis intense, nez de cèdre, corps droit et strict, tanin ferme, bel avenir, style sérieux.

SAINT-ESTÈPHE 2001
Rouge | 2009 à 2012 | Ench. 14 €   **16/20**
Vin à la matière fine et de belle densité. Une réussite incontestable du millésime.

SAINT-ESTÈPHE 2000
Rouge | 2009 à 2012 | Ench. 23 €   **16/20**
Belle intensité, avec de la finesse et de l'expression pour ce vin long et généreux en bouche.

Rouge : 38 hectares ; cabernet franc 5%, cabernet sauvignon 45%, merlot 45%, petit verdot 5%. **Production totale annuelle :** 150 000 bt. **Visite :** Pas de visites.

CHÂTEAU PHÉLAN-SÉGUR

33180 Saint-Estèphe
Tél. 05 56 59 74 00 - Fax. 05 56 59 74 10
phelan@phelansegur.com
www.phelansegur.com

Entouré de murs et merveilleusement situé en bord de Gironde, ce cru est en quelque sorte le cousin germain de Calon-Ségur. Les vins ont toujours eu pourtant un caractère différent, Phélan donnant des vins plus marqués par des notes de cèdre et de bois de santal, avec un corps plus longiligne, et plus de souplesse en milieu de bouche. Sous la direction avisée de la famille Gardinier, il a atteint une régularité et une précision inconnues avant elle.

SAINT-ESTÈPHE 2006
Rouge | 2009 à 2025 | NC **17/20**
Robe foncée. Nez de cèdre, avec de la profondeur. Bouche crémeuse, beaucoup de sève. Grande longueur. Trame tannique imposante. Vin de grande classe.

SAINT-ESTÈPHE 2005
Rouge | 2009 à 2025 | 39 € **17/20**
Notes de cèdre très élégantes et fraîches pour ce millésime de cabernet, tanin racé, forme ample mais longiligne, grand avenir.

SAINT-ESTÈPHE 2004
Rouge | 2009 à 2020 | 24 € **16/20**
Bouquet très complexe, corps remarquablement constitué et équilibré, réussite majeure du cru.

SAINT-ESTÈPHE 2002
Rouge | 2009 à 2017 | Ench. 21 € **16/20**
Vin très équilibré, doté de tanins souples et racés, long, particulièrement subtil et élégant, grâce à ses cabernets proches de Montrose.

SAINT-ESTÈPHE 2001
Rouge | 2009 à 2015 | Ench. 18 € **16/20**
C'est un beau vin finement bouqueté et d'un parfait équilibre. Une belle réussite dans ce millésime.

SAINT-ESTÈPHE 2000
Rouge | 2009 à 2015 | Ench. 28 € **16/20**
Beau vin puissant, de belle matière, rehaussée d'un bel élevage, très équilibré avec une maturité de fruit à la hauteur de ce grand millésime.

Rouge : 90 hectares ; cabernet franc 2%, cabernet sauvignon 51%, merlot 47%.
Production totale annuelle : 500 000 bt.
Visite : Sur rendez-vous du lundi au vendredi.

CHÂTEAU PIBRAN

33250 Pauillac
Tél. 05 56 73 17 17 - Fax. 05 56 73 17 28
contact@pichonlongueville.com
www.chateaupichonlongueville.com

Bon cru non classé de Pauillac, bénéficiant de l'expertise de l'équipe technique de Pichon-Baron, Pibran produit un pauillac charnu et très classique, un peu plus souple et fruité que les crus classés, et plus vite prêt à boire. On ne peut juger le vin qu'en bouteilles : jusqu'ici le millésime 2000 domine le lot.

PAUILLAC 2006
Rouge | 2009 à 2018 | 29 € **15,5/20**
Robe pourpre foncée. Nez concentré. Bouche avec une matière dense. Tanins encore un peu ferme en finale. À attendre !

PAUILLAC 2005
Rouge | 2009 à 2025 | 32 € **15/20**
Belle chair, vin charnu et épicé, assez classique et confortable, bon tanin, peut-être un rien trop astringent.

PAUILLAC 2004
Rouge | 2009 à 2018 | 29 € **15/20**
Ample et doté d'une sève expressive, il apparaît comme la plus belle réussite des bourgeois de Pauillac, et certainement l'une des expressions les plus classiques de l'appellation dans ce millésime.

PAUILLAC 2002
Rouge | 2009 à 2017 | 30 € **14/20**
Bon volume de bouche, tanin strict, un peu de rusticité.

PAUILLAC 2001
Rouge | 2009 à 2015 | 30 € **15/20**
Le vin affiche une belle matière, dans un style plein et masculin, typique de son appellation.

PAUILLAC 2000
Rouge | 2009 à 2018 | 35 € **16/20**
Dans le même registre que le 2001, avec une matière encore plus puissante, un pauillac traditionnel, corsé, mais assurément de grande garde.

Rouge : 17 hectares ; cabernet sauvignon 45%, merlot 54%, petit verdot 1%. **Production totale annuelle :** 90 000 bt. **Visite :** Pas de visites. Dégustations possibles au Château Pichon-Longueville.

CHÂTEAU PICHON-LONGUEVILLE BARON

33250 Pauillac
Tél. 05 56 73 17 17 - Fax. 05 56 73 17 28
contact@pichonlongueville.com
www.chateaupichonlongueville.com

Le Grand vin du domaine est produit juste en face de Latour, sur des graves de très grande profondeur sur socle d'argile, et il bénéficie du microclimat des bords de Gironde. Il possède la vigueur et la puissance des plus grands médocs, dans un style très pur, sur lequel veille amoureusement l'excellent directeur Jean-René Matignon. Tous les millésimes récents sont remarquables, avec la même intégrité de caractère, liée au cabernet-sauvignon et à la touche minérale apportée par les meilleures terres de Saint-Lambert, parfaite transition entre Pauillac et Saint-Julien.

PAUILLAC 2006
Rouge | 2016 à 2026 | 75-84 €   **17/20**
Grand pauillac classique, développant un nez racé et pur d'épices et de cèdre, vinosité magnifique, car ici la puissance et l'enveloppe du corps, très importantes en raison du taux élevé d'alcool, sont équilibrées par une tension acide venue du terroir. Belle suite en bouche.

PAUILLAC 2005
Rouge | 2009 à 2030 | Cav. 130-150 €   **18,5/20**
Grand nez racé de tabac, corps ample, texture très noble et franche, tanin ferme. Du très grand pauillac, un rien moins voluptueux pourtant que pontet-canet.

PAUILLAC 2004
Rouge | 2009 à 2022 | Cav. 80 €   **17/20**
Vin profond, puissant, chaleureux, plein, savoureux, racé. Belle réussite, au potentiel de vieillissement brillant.

PAUILLAC LES TOURELLES DE PICHON-LONGUEVILLE 2006
Rouge | 2014 à 2018 | 25-30 €   **15/20**
Encore une belle réussite de ce Second vin, généreusement constitué, bien plus riche en fruit que la moyenne et doté de tanins gras et peu agressifs. Un vrai pauillac, d'évolution plus rapide que celle du Grand vin.

PAUILLAC LES TOURELLES DE PICHON-LONGUEVILLE 2005
Rouge | 2009 à 2010 | Cav. 23-30 €   **16/20**
Excellente matière au nez, très pauillac, avec des notes de cèdre et de havane plus classiques que celles de la moyenne du millésime. Belle chair, tanin noble, vraiment une réussite très recommandable.

Rouge : 73 hectares ; cabernet franc 3%, cabernet sauvignon 62%, merlot 35%, petit verdot 1%. **Production totale annuelle :** 400 000 bt. **Visite :** De 10 h à 12 h 30 et de 14 h à 18 h 30 sur rendez-vous.

CHÂTEAU PICHON-LONGUEVILLE COMTESSE DE LALANDE

B.P. 72
33250 Pauillac
Tél. 05 56 59 19 40 - Fax. 05 56 59 26 56
pichon@pichon-lalande.com
www.pichon-lalande.com

La maison de champagne Roederer a acquis ce cru très célèbre, et elle aura à cœur de continuer l'œuvre de la famille de Lencquesaing. Velouté et vite ouvert, le vin vieillit remarquablement, sans rien perdre de son charme et de sa grande distinction de tanin, même si certains dégustateurs déplorent les quelques notes de poivron qui contribuent à sa personnalité et se complexifient étonnamment au vieillissement. Le Second vin de la propriété, la-réserve-de-la-comtesse, est un des plus réguliers de sa catégorie. Les deux derniers millésimes sont bien réussis, épicés et assez tendus.

PAUILLAC 2006
Rouge | 2016 à 2026 | 105 €   **16/20**
Ce vin choquera sans doute les habitués du cru, car ce millésime et les choix d'assemblage ont donné naissance à un vin de style bien plus masculin, puissant, serré, un rien astringent dans son tanin, à faire vieillir tranquillement et surtout longtemps ! Le Second vin semble plus fidèle au style traditionnel du château et se goûte presque mieux !

PAUILLAC 2005
Rouge | 2009 à 2050   **18/20**
Grande onctuosité, saveur raffinée de cèdre, long, séveux, charmeur, mais avec un corps très rare pour le cru !

PAUILLAC 2005
Rouge | 2009 à 2025   **17/20**
Nez de cèdre et d'épices, vin puissant reposant sur un tanin très ferme et de caractère plus médocain que d'habitude.

PAUILLAC RÉSERVE DE LA COMTESSE 2006
Rouge | 2014 à 2018 | NC   **16/20**
Superbe réussite pour un Second vin, corps complet, tanin plus harmonieux à ce stade que celui du Grand vin, magnifique bouquet d'épices, beaucoup de classe. Vivement recommandé !

Rouge : 85 hectares ; cabernet franc 12%, cabernet sauvignon 45%, merlot 35%, petit verdot 8%. **Production totale annuelle :** 400 000 bt. **Visite :** Du lundi au vendredi, de 9 h à 12 h 30 et de 14 h à 17 h 30, sur rendez-vous. Fermé pendant les vendanges.

CHÂTEAU PONTET-CANET

33250 Pauillac
Tél. 05 56 59 04 04 - Fax. 05 56 59 26 63
info@pontet-canet.com
www.pontet-canet.com

Le cru dispose d'un magnifique terroir, voisin direct de celui de Mouton-Rothschild, qui a permis à Alfred Tesseron, administrateur perfectionniste et passionné, de voir immédiatement récompensés tous les efforts mis en œuvre. La beauté de texture et de saveur des derniers millésimes est vraiment impressionnante. Une grande part de cette réussite revient au dévouement sans faille du remarquable régisseur du domaine, Jean-Michel Comme, qui a courageusement développé des principes de culture respectueuse de l'environnement bien rares à Bordeaux. Le bouquet de cèdre et de havane des 2005 et 2006 est un modèle du genre, avec des textures d'un raffinement digne des meilleurs Seconds crus. Le Second vin, les-hauts-de-pontet, commence à prendre forme.

PAUILLAC 2006
Rouge | 2016 à 2026 | 68 € **17,5/20**
Encore un pauillac somptueux de la part de ce cru, offrant en dehors de sa robe d'un pourpre inimitable de grands arômes de cèdre, de tabac et même de truffe, un velours de constitution sans équivalent chez ses pairs, une générosité et un naturel d'expression dans le verre encore plus rares. Bravo !

PAUILLAC 2005
Rouge | 2009 à 2030 | 96 € **19/20**
Absolument somptueux de corps et de texture, vraiment une réussite spéciale à l'intérieur d'un très grand millésime pour Pauillac, dans la continuité de l'intelligence de la viticulture de cette propriété.

PAUILLAC 2004
Rouge | 2009 à 2019 | 53 € **17,5/20**
Remarquable réussite : vin très riche, harmonieux, long, avec une texture à la fois dense mais soyeuse, qui semble unique parmi ses pairs dans le millésime.

Rouge : 81 hectares ; cabernet franc 5%, cabernet sauvignon 61%, merlot 32%, petit verdot 2%.
Production totale annuelle : 280 000 bt. Visite : Du lundi au samedi de 10 h à 13 h et de 14 h à 18 h 30, dimanche et jours fériés de 10 h à 13 h et de 14 h à 17 h30.

CHÂTEAU POTENSAC

33340 Ordonnac
Tél. 05 56 73 25 26 - Fax. 05 56 59 18 33
leoville-las-cases@wanadoo.fr

Cru sans doute le plus estimé de l'appellation Médoc, Potensac doit son succès à la qualité des équipes de vinification réunies par la famille Delon, propriétaire du château, et qui travaillent selon les mêmes critères exigeants qu'à Léoville-Las Cases. Et l'âge très élevé du vignoble ne l'empêche pas d'être parfaitement productif ! Le vin possède au plus haut degré le style classique, avec des notes de cèdre au nez et d'épices dans le tanin, et beaucoup de fermeté. Il évolue actuellement vers plus de finesse immédiate et plus de souplesse. Excellent 2005, complet, racé, et un 2006 encore sur la retenue, qui consoleront ceux qui ne peuvent plus s'offrir les vins des crus les plus célèbres.

MÉDOC 2006
Rouge | 2011 à 2018 | 16-20 € **15/20**
Séduit par son nez fruité ; frais et vineux en bouche avec des tanins très appuyés qui s'inscrivent dans le contexte du millésime. Ce 2006 doit encore prendre son élan.

MÉDOC 2005
Rouge | 2010 à 2018 | ENCH. 20 € **16/20**
Robe pourpre dense cav reflets violets, nez superbe, mûr, épanoui, riche, flatteur tout en restant élégant. Bouche offrant une belle chair et un grain serré, une texture veloutée avec des arômes complexes et persistants et une excellente fraîcheur en finale. Très bon potentiel de garde.

MÉDOC 2004
Rouge | 2009 à 2015 | CAV. 15 € **15/20**
Robe pourpre profonde, nez épanoui et subtil avec de jolies notes épicées et un grand fruit. Bouche charnue, souple, harmonieuse, fruitée avec un joli boisé vanillé, des tanins fondants et une belle finale. Tout en élégance.

Rouge : 70 hectares ; cabernet franc 16%, cabernet sauvignon 46%, carménère 2%, merlot 36%.
Production totale annuelle : 240 000 bt.
Visite : Sur rendez-vous.

CHÂTEAU POUGET

33460 Cantenac
Tél. 05 57 88 90 82
guillemet.lucien@wanadoo.fr
www.boyd-cantenac.fr

On goûte rarement en bouteilles ce petit cru classé, car il est réservé à un seul négociant de la place. Voisin de Boyd-Cantenac, il appartient d'ailleurs au même propriétaire mais il est vinifié à part : moins complexe sur le plan aromatique, mais avec une vinosité comparable. La qualité des barriques, longtemps point faible du cru, a beaucoup progressé depuis cinq ans, et le vin tient bien sa place dans le classement, sainement rustique mais avec un beau corps et une texture serrée donnée par de vieilles vignes. Le 2005 montre même de nets progrès en matière de finesse pure, malgré la puissance de l'année. Le 2006 ne dépare pas cette excellente évolution.

MARGAUX 2005
Rouge | 2009 à 2025 | 54,40 €   **14,5/20**
Un tout petit peu plus enveloppé, rond et fruité que boyd-cantenac, mais vraiment peu de choses les séparent. On appréciera leur franchise et leur vinosité, qui ont parfaitement résisté à la mise.

MARGAUX 2004
Rouge | 2009 à 2010 | 37,50 €   **14,5/20**
Coloré et plein, moins pur au nez que boyd-cantenac. Plus de vinosité que de finesse.

Rouge : 10 hectares ; cabernet franc 10%, cabernet sauvignon 60%. merlot 30%.
Production totale annuelle : 55 000 bt.

CHÂTEAU POUJEAUX

33480 Moulis-en-Médoc
Tél. 05 56 58 02 96 - Fax. 05 56 58 01 25
contact@chateau-poujeaux.com
www.chateaupoujeaux.com

Propriété classique de Moulis, située sur les meilleures graves profondes du Grand Poujeaux, avec un encépagement complet, Poujeaux produit régulièrement l'un des crus bourgeois les plus charnus et les plus racés du Médoc, avec un tanin toujours enrobé dans une texture très riche. Il a perdu un peu de sa force de caractère au début des années 1990, mais retrouve peu à peu sa plénitude. Bons 2005 et 2006, issus de rendements mieux contrôlés. Le cru peut encore faire mieux !

MOULIS 2006
Rouge | 2009 à 2014 | 23 €   **16/20**
Robe foncée. Nez de fruits rouges. Bouche ample, riche, équilibrée. Très beaux tanins en finale. Vin racé.

MOULIS 2005
Rouge | 2009 à 2020 | 25 €   **15/20**
Puissant, très vineux, complet mais sans tout le raffinement de texture que d'autres atteignent aujourd'hui. La classe du terroir compensera.

MOULIS 2004
Rouge | 2009 à 2018 | 21 €   **15/20**
Rond, ample et complet, il possède des tanins d'une finesse remarquable. Racé et onctueux.

Rouge : 68 hectares ; cabernet franc 5%, cabernet sauvignon 50%, merlot 40%, petit verdot 5%.
Production totale annuelle : 350 000 bt. Visite : Sur rendez-vous.

Inscrivez-vous sur

BETTANEDESSEAUVE.COM

> Suivez l'actualité du vin
> Accédez aux notes de dégustation de 25 000 vins
> Visitez les stands des producteurs

CHÂTEAU PREUILLAC

Route d'Ordonnac
33340 Lesparre-Médoc
Tél. 05 56 09 00 29 - Fax. 05 56 09 00 34
chateau.preuillac@wanadoo.fr
www.chateau-preuillac.com

Yvon Mau est l'un des négociants les plus actifs et les plus imaginatifs de la place de Bordeaux : en rachetant le domaine viticole du Château Preuillac, au nord du Médoc, près de Lesparre, il a voulu réveiller une «belle au bois dormant». L'appellation Médoc s'était enlisée dans la routine et, à de rares exceptions près, ses vins avaient perdu tout prestige malgré la popularité du nom. Mais le terroir est là et, dès les premiers millésimes, les soins apportés par une étonnante équipe internationale à la vigne, ainsi qu'un retour aux vendanges manuelles, ont porté leurs fruits. Les vins sont généreux et élégants, et donnent le ton pour la région.

HAUT-MÉDOC 2005
Rouge | 2009 à 2020 | 11,50 €   **14,5/20**
Robe pourpre dense, nez élégant et expressif avec ses arômes de fruits rouges et ses notes minérales. Bouche riche, charnue avec de beaux tanins fins, des arômes très persistants et une longue finale fraîche.

HAUT-MÉDOC 2004
Rouge | 2009 à 2010 | 11,50 €   **15/20**
Un vin solide au tanin élégant, qui a du fond et beaucoup de naturel. Un très bon médoc.

Rouge : 30 hectares ; cabernet franc 2%, cabernet sauvignon 48%, merlot 50%.
Production totale annuelle : 140 000 bt.

CHÂTEAU PRIEURÉ-LICHINE

34, avenue de la Cinquième-République
33460 Cantenac
Tél. 05 57 88 36 28 - Fax. 05 57 88 78 93
contact@prieure-lichine.fr
www.prieure-lichine.fr

Le vignoble du château, comme souvent à Margaux, est dispersé en un grand nombre de parcelles disséminées sur toute l'aire de l'appellation, ce qui permet au vin d'exprimer une personnalité qui peut servir d'exemple pour définir le style de cette appellation. La famille Ballande, propriétaire du cru et de la maison de négoce Sovex à Bordeaux, a fait fortune en Nouvelle-Calédonie. Leur associé, Justin Onqlin, marchand de vin important en Belgique et propriétaire de Branas, à Poujeaux, et Villemaurine, à Saint-Emilion, a fait appel à Stéphane Dernénoncourt, dont les conseils remodèlent peu à peu le style du vin. Le 2006 après mise ne répond pas complètement à l'attente, mais 2007 et surtout 2008 raconteront une toute autre histoire.

MARGAUX 2006
Rouge | 2014 à 2018 | 33,00 €   **14/20**
Le vin s'est durci et simplifié après la mise en bouteille et on ne lui retrouve pas la suavité qui le caractérisait en fût. Il a conservé en revanche une excellente constitution tannique, ce qui devrait lui permettre de se refaire en bouteille.

MARGAUX 2005
Rouge | 2009 à 2030 | 45 €   **16/20**
Grande richesse de sève pour ce terroir, vin généreux, puissant, de haut degré, tanin encore musclé. Vin de grand format, dont la finesse pure n'est pas la caractéristique dominante, du moins pour le moment.

MARGAUX 2004
Rouge | 2009 à 2020 | 34 €   **16/20**
Fin, élégant, frais, léger poivron, menthe, délicat, tanin non appuyé, long, margalais en diable.

Rouge : 68 hectares ; cabernet franc 2%, cabernet sauvignon 55%, merlot 35%, petit verdot 8%.
Blanc : 2 hectares ; 80%, sémillon 20%.
Production totale annuelle : 450 000 bt.
Visite : Du lundi au vendredi, de 9 h à 12 h et de 14 h à 17 h (18h en été), sur rendez-vous.

CHÂTEAU RAMAGE LA BÂTISSE

Tourteran
33250 Saint-Sauveur-du-Médoc
Tél. 05 56 59 57 24 - Fax. 05 56 59 54 14
ramagelabatisse@wanadoo.fr
www.gironde-et-gascognecom

Situé à Saint-Sauveur, c'est-à-dire en plein cœur du Médoc, à hauteur de Pauillac, mais plus à l'intérieur des terres, Ramage La Bâtisse est un cru bourgeois sagement mené, et appartenant depuis plus de vingt ans à un groupe mutualiste. La taille du vignoble (qui a été progressivement remembré pour apparaître aujourd'hui d'un seul tenant) est importante, mais le cru réalise également un Second vin.

BORDEAUX ROSÉ LA ROSÉE DE RAMAGE 2008
Rosé | 2009 à 2010   **15,5/20**
Toujours réussi depuis son premier millésime 2004, il conserve le même style : puissant, très élégant, avec un fruit magnifique, une bouche charmeuse et très fraîche en même temps.

BORDEAUX ROSÉ LA ROSÉE DE RAMAGE 2007
Rosé | 2009 à 2010 | NC   **16/20**
Un superbe rosé, puissant et équilibré, issu de pressurage et non de saignée, de vieilles vignes de merlot et cabernet franc : avec son nez puissamment fruité, sa bouche tout aussi fruitée et charnue, ses arômes persistants et sa belle fraîcheur, c'est un pur régal.

HAUT-MÉDOC 2006
Rouge | 2009 à 2018 | 14,90 €   **15/20**
Robe pourpre. Nez fin aux notes d'épices. Bouche fraîche, souple, tout en finesse, d'une belle longueur sur le fruit. Jolis tanins en finale.

HAUT-MÉDOC 2005
Rouge | 2009 à 2020 | 15,70 €   **14/20**
Robe pourpre soutenue, nez superbe, intense, élégant, fruité et délicatement boisé ; bouche ample, veloutée, bien équilibrée, avec des tanins mûrs et une grande suite ; tout en harmonie.

HAUT-MÉDOC 2004
Rouge | 2009 à 2020 | 14,90 €   **14/20**
Robe pourpre dense, nez intense et expressif, avec un joli fruit et des nuances réglissées ; bouche charmeuse, veloutée, avec du fruit et des tanins serrés, des arômes très persistants et un excellent équilibre.

HAUT-MÉDOC R DE RAMAGE 2006
Rouge | 2009 à 2014 | 9,80 €   **14/20**
Robe pourpre. Joli nez de fruits frais. La bouche est fine et équilibrée. Beaux tanins en finale. Vin de plaisir, gourmand, à boire.

Rouge : 61.53 hectares ; cabernet sauvignon 50%, merlot 50%. Production totale annuelle : 400.000 bt.
Visite : De 8 h à 12 h et de 13 h 30 à 17 h 30.

CHÂTEAU RAUZAN-GASSIES

Rue Alexis Millardet
33460 Margaux
Tél. 05 57 88 71 88 - Fax. 05 57 88 37 49
rauzangassies@domaines-quie.com
www.domaines-quie.com

Une nouvelle génération de la famille Quié est en charge de cette propriété et il n'est pas question de douter de son désir de lui redonner tout son lustre. Le terroir est de premier ordre, avec quelques-unes des meilleures graves de la commune. L'observateur aura bien entendu remarqué d'indéniables progrès dans la viticulture et le rafraîchissement des bâtiments. Le vin, malheureusement, ne répond pas encore aux efforts entrepris, sérieux dans sa constitution mais sans charme ni finesse dans son fruit, sa texture et son tanin. Le 2006 est même apparu particulièrement durci et simplifié par sa mise et le Second vin, chevalier-de-rauzan, carrément imbuvable. Attendons donc les 2007 et les 2008 comme pour Croizet-Bages, l'autre cru classé appartenant à la famille.

MARGAUX 2006
Rouge | 2014 à 2018 | 32 €   **13/20**
Vin très sec et austère, tanin rigide, aucun fruit pour compenser cette sécheresse et avoir confiance en l'avenir. L'énergie est sans doute au rendez-vous mais pas l'élégance. En tout cas la mise en bouteilles a été traumatisante.

MARGAUX 2005
Rouge | 2009 à 20208 | NC   **15/20**
Le vin s'est assoupli et semble plus évolué que ses pairs : un effort net dans l'élaboration du vin lui a donné la finesse qui manquait trop souvent, et un tanin précis. Mais il ne donne pas vraiment d'émotion.

MARGAUX 2003
Rouge | 2013 à 2021 | 35 €   **14/20**
Forte couleur, nez puissant de raisin mûr, un rien alourdi par des notes de cuir et de musc, tanin sans grand raffinement. Un rien d'amertume en finale mais un ensemble solide et destiné à bien vieillir.

Rouge : 30 hectares ; cabernet franc 5%, cabernet sauvignon 65%, merlot 25%, petit verdot 5%.
Production totale annuelle : 120 000 bt.
Visite : Visites à 10 h, 11 h, 14 h, 15 h et 16 h.

CHÂTEAU RAUZAN-SÉGLA

Rue Alexis-Millardet - B.P. 56
33460 Margaux
Tél. 05 57 88 82 10 - Fax. 05 57 88 34 54
contact@rauzan-segla.com
www.chateaurauzansegla.com

L'âge des cabernet-sauvignons de la propriété n'est pas encore assez élevé pour permettre au cru de rivaliser en puissance avec château-margaux, mais sur tous les autres critères, le vin est un margaux exemplaire de finesse, de tendresse dans la texture et de pureté dans l'expression du terroir. John Kolasa et ses collaborateurs méritent tous nos compliments pour l'esprit et le style qu'ils insufflent à cette propriété. Le Second vin, ségla, est agréable mais manque encore de sève.

MARGAUX 2006
Rouge | 2014 à 2021 | NC   **16/20**
Superbe finesse de texture et de tanin, avec un petit déficit en vinosité par rapport aux tout meilleurs crus classés, ce qui rappelle les difficultés propres à ces graves siliceuses dans des millésimes plus faciles ailleurs. Une des rares bouteilles séduisantes de notre dégustation des 2006 de Margaux, après mise.

MARGAUX 2005
Rouge | 2009 à 2030 | 90 €   **16,5/20**
Boisé assez sensible sur la bouteille dégustée, masquant un peu trop un noble arôme de réglisse forte, raisin très mûr responsable du «rôti» de la texture, tanin plutôt suave. Beau vin d'année chaude.

MARGAUX 2004
Rouge | 2009 à 2020   **16/20**
Dense, vineux, droit mais tanin un rien sec. Sérieux mais manque de charme et de finesse pure.

MARGAUX 2003
Rouge | 2010 à 2025 | 50 €   **17/20**
Belle robe, nez généreux et épicé, corps très équilibré, texture soyeuse, vin distingué, très raffiné.

Rouge : 52 hectares ; cabernet franc 1%,
cabernet sauvignon 54%, merlot 40%, petit verdot 5%.
Production totale annuelle : 220 000 bt.
Visite : Du lundi au vendredi, de 9 h à 12 h
et de 14 h à 17 h, sur rendez-vous.

CHÂTEAU HAUT-CONDISSAS ET CHÂTEAU ROLLAN DE BY

3, route du Haut-Condissas
33340 Bégadan
Tél. 05 56 41 58 59 - Fax. 05 56 41 37 82
infos@rollandeby.com
www.rollandeby.com

Jean Guyon a créé, dans son vignoble de Bégadan, deux marques au caractère bien distinct. Haut-condissas est issu d'un vignoble supérieur en qualité, et cultivé de façon plus exigeante. L'objectif est de produire ici le meilleur vin du Médoc, et il a souvent réussi son pari depuis quelques années. Le vin possède le nez épicé et la sève d'un très beau cru classique du cœur du Médoc. Rollan-de-by est un vin plus simple mais soigné, adroitement assemblé pour associer vigueur et souplesse. Sous la même direction, les châteaux La Clare et Tour Séran donnent des vins plus classiques de facture, pleins, frais, mais évidemment moins raffinés sur le plan de la texture. Les derniers millésimes sont tous réussis et recommandables.

BORDEAUX ROSÉ ROLLAN DE BY 2008
Rosé | 2009 à 2010   **16/20**
Une vraie réussite pour son premier millésime : nez d'une élégance extrême, avec un fruit très pur et subtil, bouche chaleureuse, très fruitée, avec une belle trame et une excellente vivacité.

MÉDOC HAUT-CONDISSAS 2006
Rouge | 2009 à 2014 | 39,70 €   **15/20**
Bel arôme épicé, bouche dense, très corsée mais fraîche, aux tanins puissants et bien enrobés. On regrette le côté voluptueux et savoureux des millésimes précédents.

MÉDOC ROLLAN DE BY 2006
Rouge | 2012 à 2018 | 16,00 €   **15/20**
Très complet, corps puissant et tendu, tanin complexe encore marqué par le bois, un rien amer en finale, caractère médocain très affirmé, grande garde prévisible.

Rouge : 84 hectares ; cabernet franc 3%,
cabernet sauvignon 28%, merlot 63%, petit verdot 6%.
Production totale annuelle : 450 000 bt. Visite : De 9 h
à 12 h et de 14 h à 17 h 30 sur rendez-vous.

CHÂTEAU SAINT-PIERRE

33250 Saint-Julien-Beychevelle
Tél. 05 56 59 08 18 - Fax. 05 56 59 16 18
domainemartin@wanadoo.fr
www.domaines-henri-martin.com

Ce cru n'a pas la réputation mondiale des autres Quatrièmes crus de l'appellation, mais dans les derniers millésimes, il les a rejoints et même parfois dépassés en qualité, grâce à ses très vieilles vignes idéalement situées au cœur du village. D'un style impeccable, les derniers millésimes associent puissance, race et complexité, à un niveau rarement atteint sinon par les léoville, pour un prix infiniment plus raisonnable qui devrait leur valoir les faveurs de tous les vrais amateurs. Le président des Girondins de Bordeaux, Jean-Louis Triaud, gendre d'Henri Martin, fondateur de la Commanderie du Bontemps, peut être fier du travail accompli sur le domaine. Les derniers millésimes, y compris 2004 et 2006, sont sans doute les plus grands de l'histoire du cru.

SAINT-JULIEN 2006
Rouge | 2016 à 2021 | 55 € **16,5/20**
Un vin très puissant, très enveloppé, rivalisant avec léoville-barton en matière de texture, avec un rien moins de finesse pure. Le tanin est gras, l'avenir radieux. Dans son état actuel, il faut le décanter au moins quatre heures à l'avance !

SAINT-JULIEN 2005
Rouge | 2009 à 2030 | 70 € **17,5/20**
Bouquet très noble et médocain de cèdre, vinosité spectaculaire, grande allonge, peut-être le plus beau rapport qualité-prix de l'année en Médoc, et le plus complet des millésimes du cru.

SAINT-JULIEN 2004
Rouge | 2009 à 2019 | 42 € **16/20**
Très saint-julien au nez, cèdre, épices, tendu, racé, tanin assez sec, excellent style.

Rouge : 17 hectares ; cabernet franc 10%, cabernet sauvignon 70%, merlot 20%.
Production totale annuelle : 60 000 bt.
Visite : Du lundi au vendredi, de 8 h à 12 h et de 14 h à 18 h sur rendez-vous. Fermeture à 16 h le vendredi.

CHÂTEAU SÉNÉJAC

Allé Saint-Seurin
33290 Le Pian-Médoc
Tél. 05 56 70 20 11 - Fax. 05 56 70 23 91
chateau.senejac@wanadoo.fr

Cette propriété du sud du Médoc doit beaucoup au regretté Jean-Luc Vonderheyden qui, en dehors d'avoir fait des étincelles à Monbrison, avait remis sur pied, dans les années 1980, un très intéressant vignoble de graves proches du type margalais, avec la complicité d'une remarquable maître de chai venue de Nouvelle-Zélande, Jenny Robson (aujourd'hui responsable de la ferme Te Awa dans son pays natal). Racheté par les propriétaires de Château Talbot, le cru est plus en forme que jamais, avec des vins très équilibrés et soignés, au rapport qualité-prix avantageux.

HAUT-MÉDOC 2006
Rouge | 2009 à 2020 | 13 € **15/20**
La matière est bien présente dans ce vin resté souple qui exprime joliment des notes de violette.

HAUT-MÉDOC 2005
Rouge | 2009 à 2010 | 16 € **15,5/20**
Robe pourpre. Nez fin de fruits rouges concentrés. La bouche fraîche est suave, pleine, possédant une belle longueur, finissant sur de beaux tanins enrobés.

HAUT-MÉDOC 2004
Rouge | 2009 à 2013 | 11 € **14,5/20**
Joli tanin, maturité de millésime imparfaite. L'ensemble est fin, bien travaillé.

HAUT-MÉDOC 2003
Rouge | 2009 à 2016 | 14 € **15,5/20**
Fin et équilibré, l'élégance du millésime.

HAUT-MÉDOC 2002
Rouge | 2009 à 2013 | ench. 9 € **14/20**
Vin plus simple que les millésimes suivants, correctement équilibré pour le millésime, prêt à boire.

HAUT-MÉDOC 2001
Rouge | 2009 à 2010 | 13 € **14/20**
Un vin très friand, séduisant par la rondeur des tanins en bouche et la fraîcheur en finale.

Rouge : 40 hectares ; cabernet franc 11%, cabernet sauvignon 48%, merlot 37%, petit verdot 4%.
Production totale annuelle : 180 000 bt.

CHÂTEAU SIRAN

B.P. 10
33460 Labarde-Margaux
Tél. 05 57 88 34 04 - Fax. 05 57 88 70 05
info@chateausiran.com
www.chateausiran.com

Excellent cru bourgeois de Margaux, situé sur de très belles graves de Labarde, identiques à celles de Dauzac, Siran produit un vin assez corsé, généreux, très complexe au vieillissement, avec les plus belles notes de rose ancienne et d'épices du secteur. Le cru produit aussi un excellent bordeaux-supérieur sur ses vignes de palus. Le vin est devenu très régulier, avec peut-être des tanins encore un peu plus fins depuis 2005.

MARGAUX 2006
Rouge | 2009 à 2016 | 27 €   **16,5/20**
Robe pourpre. Nez expressif et profond. Très belle bouche équilibrée. Beaucoup de finesse. Superbes tanins en finale.

MARGAUX 2005
Rouge | 2009 à 2025 | ench. 26 €   **16/20**
Beaucoup de chair mais équilibre alcool-tanin irréprochable, tanin très intégré à la matière, beaucoup d'adresse dans l'élevage, grand avenir.

MARGAUX 2004
Rouge | 2009 à 2018 | 29 €   **16/20**
Le plus corsé des bourgeois margalais, avec un tanin ferme mais une vinosité magnifique et une belle longueur.

MARGAUX 2001
Rouge | 2009 à 2015 | ench. 16 €   **15,5/20**
Vin expressif, au corps plein, avec des tanins gras et une matière de belle longueur, sur une parfaite maturité de fruit en finale.

MARGAUX 2000
Rouge | 2009 à 2015 | ench. 23 €   **16/20**
Belle bouteille au boisé élégant et de belle facture, avec une matière ample et généreuse, épaulée par de très beaux tanins.

Rouge : 40 hectares ; cabernet franc 2%,
cabernet sauvignon 41%, merlot 46%, petit verdot 11%.
Production totale annuelle : 170 000 bt.

CHÂTEAU SOCIANDO-MALLET

33180 Saint-Seurin-de-Cadourne
Tél. 05 56 73 38 80 - Fax. 05 56 73 38 88
scea-jean-gautreau@wanadoo.fr
sociandomallet.com

Sur les 75 hectares de la propriété, une cinquantaine ont le niveau d'un Troisième voire d'un Second cru classé ! Jean Gautreau est un des rares propriétaires à superviser lui-même les vinifications et décider du style de son vin, qu'il veut conforme à la grande tradition médocaine : un vin au bouquet largement épicé de cabernets de grande origine, avec le velouté de texture de merlots étonnants, provenant de terres un peu plus lourdes. Il plaît donc à tous les types d'amateurs. Les derniers millésimes ont produit un vin plus raffiné, plus subtil que par le passé, quitte à surprendre quelques aficionados, évolution naturelle d'un cru où les vignes plantées au début des années 1980 ont désormais l'âge de raison.

HAUT-MÉDOC 2006
Rouge | 2009 à 2020 | 30 €   **16,5/20**
Belle robe, nez très développé de cèdre, excellente prise de bois, texture ferme et pleine, vin puissant, équilibré, doté d'une remarquable fraîcheur.

HAUT-MÉDOC 2005
Rouge | 2009 à 2025 | 42 €   **17,5/20**
Très bien dessiné, boisé de haute qualité, texture serrée, saveur racée de cèdre et d'épices, tanin très raffiné, grande longueur, grande classe, encore une fois le cru bourgeois le plus accompli.

HAUT-MÉDOC 2004
Rouge | 2009 à 2019 | 30 €   **16,5/20**
Grande robe, nez classique de cèdre, excellente vinosité, tanin puissant et complexe, ensemble d'un classicisme incontournable.

HAUT-MÉDOC 2003
Rouge | 2009 à 2028 | 42 €   **17/20**
Robe sombre, nez sur le fruit rouge presque confituré, encore fortement réduit, matière imposante, beaucoup de chaleur donnée par un taux d'alcool élevé, forme encore très jeune. Un géant à peine sorti de la petite enfance !

HAUT-MÉDOC
LA DEMOISELLE DE SOCIANDO-MALLET 2006
Rouge | 2009 à 2012 | 15 €   **15/20**
Nez assez fin et moins complexe que sur le Grand vin, mais dans la même lignée. Bouche d'une belle suavité, d'une belle fraîcheur. tanins fins.

Rouge : 85 hectares ; cabernet franc 5%,
cabernet sauvignon 55%, merlot 40%.
Production totale annuelle : 450 000 bt.
Visite : Du lundi au vendredi midi, de 9 h à 12 h
et de 14 h à 17 h, sur rendez-vous.

CHÂTEAU TALBOT

33250 Saint-Julien-Beychevelle
Tél. 05 56 73 21 50 - Fax. 05 56 73 21 51
chateau-talbot@chateau-talbot.com
www.chateau-talbot.com

Cette propriété, parmi les plus justement populaires du Médoc, appartient toujours aux filles de Jean Cordier. Elle réalise une abondante production, d'une régularité difficile à prendre en défaut. Talbot incarne pour beaucoup l'idéal du saint-julien, généreusement bouqueté, très stable et sûr au vieillissement. Un joli vin blanc sec, aromatique et nerveux, continue à être produit sous la marque caillou-blanc. 2004 et 2005 ont produit des vins complets, avec le velouté de texture qui a fait le succès du cru, et devrait lui permettre de progresser dans la hiérarchie de l'appellation. 2006 semble un peu en retrait des autres saint-juliens en termes de maturité du raisin.

BORDEAUX CAILLOU BLANC 2007

Blanc I 2009 à 2014   **15,5/20**
Nez d'une superbe délicatesse, offrant un fruit pur, de jolies notes toastées et florales que l'on retrouvent dans une bouche tendre, suave, fraîche, très aromatique et longue ; un blanc tout en équilibre et en raffinement !

SAINT-JULIEN 2006

Rouge I 2014 à 2026 I NC   **14/20**
Le nez manque un peu de personnalité, avec une touche de poivron qui signifie peut-être que la maturité idéale du raisin n'était pas atteinte. Il est aussi marqué par une note de cuir, due à la réduction après mise en bouteille qui perturbe pour le moment la perception de sa saveur. C'est souple et certainement d'un grain fin de tanin, mais d'autres ont sélectionné plus sévèrement.

SAINT-JULIEN 2005

Rouge I 2009 à 2025 I Cav. 50 €   **17/20**
Remarquable arôme de cabernet, un rien moins dense et concentré que celui de saint-pierre, grande vinosité, tanin très classique. Excellent, comme si souvent.

SAINT-JULIEN 2004

Rouge I 2009 à 2020 I Cav. 31 €   **15/20**
Grand nez, cuir et animal mais sans excès, très riche en couleur, raisin bien mûr, grande longueur. Savoureux, léger manque de fraîcheur.

Rouge : 102 hectares ; cabernet franc 3%, cabernet sauvignon 66%, merlot 26%, petit verdot 5%.
Blanc : 6 hectares ; 86%, sémillon 14%. **Production totale annuelle :** 550 000 bt. **Visite :** Du lundi au vendredi de 9 h à 11 h et de 14 h à 16 h sauf vendredi après midi 15h.

CHÂTEAU DU TERTRE

Chemin de Ligondras
33460 Arsac
Tél. 05 57 88 52 52 - Fax. 05 57 88 52 51
receptif@chateaudutertre.fr
www.chateaudutertre.fr

Un peu isolé, mais situé d'un seul tenant sur une splendide croupe de graves siliceuses, le Château du Tertre a magnifiquement été restauré et réhabilité par son propriétaire hollandais, Albada Jelgersma. Son caractère aromatique, très frais et élégant, doit beaucoup à la proportion d'excellents cabernets francs dans l'encépagement, et au talent de son vinificateur Jacques Pelissié. Les derniers millésimes sont très personnels et réussis, avec un corps en apparence léger mais plein, et beaucoup de finesse aromatique. Excellent rapport qualité-prix.

MARGAUX 2006

Rouge I 2009 à 2025 I 36 €   **15/20**
Le vin a parfaitement confirmé en bouteille (cas rare dans l'appellation Margaux) ses promesses de l'an dernier. On appréciera en particulier la délicatesse de ses arômes floraux et la justesse d'extraction du tanin. Un vrai margaux !

MARGAUX 2005

Rouge I 2009 à 2025 I 65 €   **16/20**
Bel arôme de réglisse, moins marqué par le soleil que dans d'autres crus, corps net et texture onctueuse, belle longueur. Un vin de classe qui montre une fraîcheur en arrière-bouche rare dans le millésime.

MARGAUX 2004

Rouge I 2009 à 2020 I 31 €   **15,5/20**
Arôme de cèdre, très pur, très élégant, floral, tanin délicat. Vin très féminin et suave, joli style. Pour amateur de finesse.

Rouge : 52 hectares ; cabernet franc 30%, cabernet sauvignon 32%, merlot 33%, petit verdot 5%.
Production totale annuelle : 200 000 bt.
Visite : Sur rendez-vous au 05 57 97 09 09.

CHÂTEAU LA TOUR CARNET

Route de Saint-Julien-Beychevelle
33112 Saint-Laurent-du-Médoc
Tél. 05 56 73 30 90 - Fax. 05 56 59 48 54
latour@latour-carnet.com
www.bernard-magrez.com

Sous la direction avisée et ambitieuse de Bernard Magrez, et avec la collaboration de Michel Rolland, le cru s'est considérablement modernisé en dix ans, affirmant de plus en plus son originalité de terroir, une superbe croupe calcaire donnant des merlots de grande classe. Le vin, riche et voluptueux, parfois un peu trop, incarne la modernité médocaine avec beaucoup de panache, parfois au détriment de la pureté. Très beau 2005, généreux et complet, et 2006 tout aussi prometteur, grâce à un travail acharné dans la sélection du raisin. Bernard Magrez a également créé dans ce cru une cuvée parcellaire, la-servitude-volontaire. Ce vin, à la richesse de constitution impressionnante, gagne progressivement en finesse et, là aussi, les derniers millésimes sont très réussis.

HAUT-MÉDOC 2006
Rouge | 2009 à 2020 | 23 € **16,5/20**
Le vin a pris toute sa mesure au cours de l'élevage, et domine la dégustation de haut niveau de l'ensemble des crus classés du Haut-Médoc. Il ne l'emporte pas sur les autres par le corps mais par l'affinement de la texture, lié à l'adresse de son élevage sous bois et l'allonge qu'il apporte. Il y a certes beaucoup de travail, mais un travail intelligent, au service de l'expression de son origine.

HAUT-MÉDOC 2005
Rouge | 2009 à 2025 | 30 € **16,5 /20**
Coloré, fortement boisé mais d'un boisé intégré à la matière, plein, long, complexe. Une expression fort séduisante du grand millésime.

HAUT-MÉDOC 2004
Rouge | 2009 à 2016 | 20 € **15/20**
Boisé net, riche, assez ample, sans creux, taffetas mais tanin ferme et astringent, épicé.

HAUT-MÉDOC LA SERVITUDE VOLONTAIRE 2005
Rouge | 2009 à 2025 **16,5/20**
Même style intense et séveux qu'en 2004, mais avec incontestablement un surcroît de finesse de tanins : le vin impressionnera toujours autant dans dix ans.

Rouge : 69 hectares ; cabernet franc 3%,
cabernet sauvignon 45%, merlot 50%, petit verdot 2%.
Blanc : 1.2 hectare ; sauvignon blanc 40%,
sauvignon gris 20%, sémillon 40%. **Production totale annuelle :** 350 000 bt.

CHÂTEAU LA TOUR DE BY

5, route de La Tour de By
33340 Bégadan
Tél. 05 56 41 50 03 - Fax. 05 56 41 36 10
info@la-tour-de-by.com
www.la-tour-de-by.com

Ce cru classique de Bégadan se divise en deux parties : l'une autour du château, en bord de rivière, sur des graves magnifiques comparables à celles de Montrose ou Sociando-Mallet, l'autre vers Saint-Christoly. Le vin a toujours été soigneusement élaboré mais sans ambition, sans doute pour conserver un excellent rapport qualité-prix. Il vieillit beaucoup mieux que ses voisins grâce à la qualité de son terroir. Il semble que le cru amorce les progrès tant attendus de sévérité dans la sélection : le 2005 s'annonce remarquable, digne des réserves-spéciales en magnum des années 1980.

MÉDOC 2006
Rouge | 2011 à 2016 | 17,00 € **15/20**
Un médoc classique, bien dans son style et dans son appellation. Nez épicé. Souple, harmonieux, à la saveur fraîche et fruitée, tanins mûrs et fins sans violence.

MÉDOC 2005
Rouge | 2010 à 2020 | NC **16/20**
Remarquable qualité, enfin digne du terroir. Finesse, complexité, générosité de corps, grande longueur, on se croit au cœur de Pauillac.

Rouge : 94 hectares ; cabernet franc 4%,
cabernet sauvignon 60%, merlot 36%. **Production totale annuelle :** 650 000 bt. **Visite :** De 8 h à 12 h et de 13 h 30 à 17 h 30 (le vendredi à 16 h30).

CHÂTEAU TOUR HAUT-CAUSSAN

27 bis, rue de Verdun
33340 Blaignan-Médoc
Tél. 05 56 09 00 77 - Fax. 05 56 09 06 24
courriel@tourhautcaussan.com

Depuis longtemps, ce cru est à la pointe de la qualité dans son appellation, grâce aux efforts de son charismatique propriétaire Philippe Courrian. À dominante de bon merlot, le vin possède beaucoup de velouté de texture et supporte parfaitement le bois neuf, qui le flatte dans sa jeunesse. Un rien de routine marque les derniers millésimes, comme souvent quand le producteur a trop longtemps navigué.

MÉDOC 2006
Rouge | 2009 à 2010 | 12,50 €   **14,5/20**
Robe pourpre. Nez fin de fruits rouges. Bouche fraîche, suave, aux notes légèrement réglissées en finale.

Rouge : 17 hectares ; cabernet sauvignon 50%, merlot 50%. **Production totale annuelle** : 110 000 bt. **Visite** : Sur rendez-vous.

Inscrivez-vous sur

BETTANEDESSEAUVE.COM

> Suivez l'actualité du vin
> Accédez aux notes de dégustation de 25 000 vins
> Visitez les stands des producteurs

CHÂTEAU VIEUX ROBIN

3, route des Anguilleys
33340 Bégadan
Tél. 05 56 41 50 64 - Fax. 05 56 41 37 85
contact@chateau-vieux-robin.com
www.chateau-vieux-robin.com

Un des crus les plus soignés du nord du Médoc, et sur lequel veille avec amour un couple de viticulteurs passionnés, les Roba. Le vin de prestige, bois-de-lunier, charnu, franc, épicé, assez complexe, est très régulier. La cuvée collection est encore plus riche.

MÉDOC BOIS DE LUNIER 2006
Rouge | 2011 à 2015 | 15 €   **14/20**
Nez épicé intense, bouche agréable et très fruitée avec des tanins serrés au bon potentiel. Beaucoup de fraîcheur pour ce médoc de facture classique. Nous préférons cependant les millésimes précédents, moins stricts.

MÉDOC BOIS DE LUNIER 2005
Rouge | 2008 à 2018 | 16,60 €   **15/20**
Belle couleur vermillon. Un nez très fin, élégant. La bouche est suave et équilibrée, avec des notes d'épices, une belle longueur. Grande finesse des tanins.

MÉDOC BOIS DE LUNIER 2004
Rouge | 2010 à 2018 | 15,20 €   **14,5/20**
Le vin est l'un des plus élégants et construits du millésime dans son appellation : texture serrée, corps svelte, finesse des tanins, allonge.

Rouge : 18 hectares ; 5%, cabernet sauvignon 55%, merlot 40%. **Blanc** : 0.25 hectare ; 100%. **Production totale annuelle** : 120 000 bt. **Visite** : De 9 h à 12 h et de 13 h 30 à 17 h 30.

Rive droite

*Inspirés par les paysages et la lumière de la Dordogne,
et marqués par la tendresse du merlot, les vins de la rive
droite sont les plus chaleureux et les plus voluptueux
du Bordelais. Ils se montrent un peu plus fermes à
Fronsac et à Saint-Emilion, un peu plus arrondis et
suaves à Pomerol et à Lalande de Pomerol, mais
tous ont la chance de charmer jeunes, tout en étant
de très grande garde.*

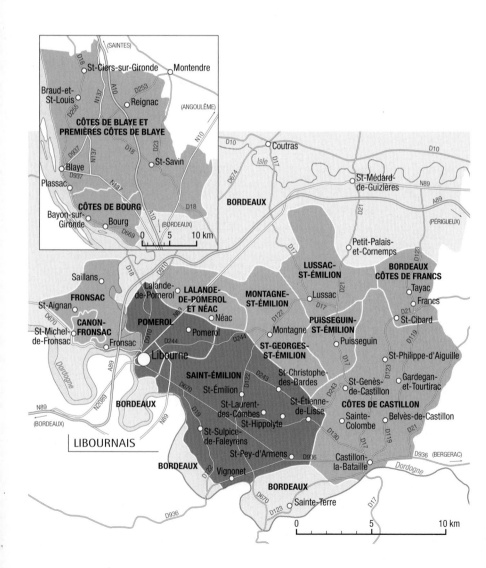

DOMAINE DE L'A

Lieu-dit Fillol
33350 Sainte-Colombe
Tél. 05 57 24 60 29 - Fax. 05 57 24 75 95
contact@vigneronsconsultants.com

Stéphane Derenoncourt est devenu l'un des consultants les plus recherchés de Bordeaux. Il a mis son talent au service de très nombreux crus, qu'il s'agisse d'appellations modestes ou de châteaux célèbres de Saint-Émilion ou de Pomerol, mais aussi médocains. Il est passionnant d'observer le travail qu'il réalise dans la propriété qu'il a acquise avec son épouse à Castillon, et qu'ils ont nommée Domaine de l'A. En moins d'une demi-décennie, le cru a imposé une personnalité très élégante, profonde et onctueuse.

CÔTES DE CASTILLON 2007
Rouge | 2009 à 2015 | 28 €   **16/20**
Une des très grandes réussites de ce millésime. Un nez d'une puissance et d'une complexité extraordinaires, avec des arômes raffinés de fruits noirs très mûrs, cassis, pruneau et réglisse ; une bouche dans le même esprit, savoureuse, profonde, dense, dotée d'un grain de tanins soyeux et d'une belle fraîcheur.

CÔTES DE CASTILLON 2006
Rouge | 2009 à 2013 | 29 €   **15,5/20**
Un castillon magnifique, qui domine l'appellation dans ce millésime : nez excellent au fruit subtil, bouche remarquable d'équilibre, à la texture raffinée, aux tanins mûrs et à la grande fraîcheur.

CÔTES DE CASTILLON 2005
Rouge | 2009 à 2012 | 33 €   **15,5/20**
Excellemment défini, onctueux et profond, avec un bouquet fondant de fruits noirs et rouges, et un impeccable grain de tanin. Brillant !

CÔTES DE CASTILLON 2004
Rouge | 2009 à 2012 | épuisé   **14,5/20**
Robe profonde, fruit expressif et précis, corps velouté et de belle profondeur, ce vin est l'une des réussites du millésime dans l'appellation.

Rouge : 8 hectares ; cabernet franc 20%, cabernet sauvignon 10%, merlot 70%.
Production totale annuelle : 15 000 bt.
Visite : Sur rendez-vous.

CHÂTEAU D'AIGUILHE

33350 Saint-Philippe-d'Aiguilhe
Tél. 05 57 40 60 10 - Fax. 05 57 40 63 56
info@neipperg.com
www.neipperg.com

Situé sur le plateau de Saint-Philippe-d'Aiguilhe, ce château d'ancienne origine a donné son nom à la commune. Situé en coteaux le long de la Dordogne, le vaste vignoble est planté sur un terroir typique du secteur, et de même origine que la côte de Saint-Émilion : une mince couche argilo-calcaire reposant sur un substrat calcaire profond, qui permet à la plante de ne jamais souffrir de sécheresse ou de coups de chaleur. Repris par Stephan von Neipperg (Canon-la-Gaffelière), le cru, qui a toujours été un porte-drapeau du secteur, a atteint un tout autre stade, devenant désormais l'une des belles valeurs de la Rive droite : onctueux, profonds et soyeux, les vins allient puissance et souplesse avec élégance.

CÔTES DE CASTILLON 2006
Rouge | 2009 à 2017 | 15 €   **15/20**
Vin puissant, très gras et riche en chair, très structuré en tanin : l'ensemble a de la profondeur, il faut le laisser vieillir.

CÔTES DE CASTILLON 2005
Rouge | 2009 à 2012 | 26 €   **16,5/20**
Vin puissant mais très raffiné, aux tanins fins et racés, à la longueur généreuse, et relevée par une profusion d'arômes d'épices et de fruits noirs.

CÔTES DE CASTILLON 2004
Rouge | 2009 à 2012 | 23 €   **16/20**
Bien que vigoureux et très énergique, ce vin séduit immédiatement par son bouquet de fruits noirs et de prunes, son corps velouté et finement charpenté, sa soyeuse longueur. Du grand art.

CÔTES DE CASTILLON 2002
Rouge | 2009 à 2015 | NC   **15/20**
Soyeux et souple, c'est un vin moelleux et confortable, aujourd'hui dans sa pleine maturité.

CÔTES DE CASTILLON 2001
Rouge | 2009 à 2012 | NC   **16/20**
D'un grand style généreux, avec un caractère finement épicé, qui s'associe parfaitement à des notes de fruit mûr, le vin s'épanouit splendidement en finale.

Rouge : 50 hectares ; cabernet franc 20%, merlot 80%. Production totale annuelle : 115 000 bt.
Visite : Du lundi au vendredi de 9 h à 12 h et de 14 h à 17 h, sur rendez-vous.

CHÂTEAU AMPÉLIA

21, allée Robert-Boulin
33500 Libourne
Tél. 06 09 08 77 08 - Fax. 05 57 74 18 78
f-despagne@grand-corbin-despagne.com

Acquise en 1999 par François Despagne,
pour un premier millésime en 2000, cette
propriété de moins de 5 hectares, plantée
à 95% de merlot, s'est vite imposée dans
l'appellation des Côtes de Castillon.
Situées sur le plateau de Saint-Philippe-
d'Aiguilhe, entre le Château Joanin-Bécot
et le Château d'Aiguilhe, les vignes sont
plantées sur une mince couche argilo-calcaire reposant sur un socle calcaire. Pour
affiner encore les vinifications, François
Despagne bénéficie aujourd'hui de petites
cuves correspondant à la taille des parcelles. Les vins produits sont avant tout
suaves et élégants.

Côtes de Castillon 2007
Rouge | 2009 à 2012 | 9 €   **14,5/20**
Toujours dans son style gourmand et délicat, ampelia 2007 offre un nez épanoui, finement fruité et floral, une bouche souple,
facile et parfaitement équilibrée.

Côtes de Castillon 2006
Rouge | 2009 à 2011 | 10 €   **14,5/20**
Parfaitement vinifié, ce vin sera de consommation assez rapide, avec son nez joliment
fruité et de pivoine, sa bouche savoureuse,
élégante et fraîche.

Côtes de Castillon 2005
Rouge | 2009 à 2012 | 13 €   **14,5/20**
Gourmand, gras, puissant et suave, voilà un
beau 2005, plein de générosité.

Côtes de Castillon 2004
Rouge | 2009 à 2010 | 12 €   **14/20**
Rond et bien construit, cet ampélia s'appuie
sur la générosité du merlot pour développer
une personnalité veloutée et harmonieusement fruitée.

Rouge : 4,75 hectares ; cabernet franc 5%,
merlot 95%. Production totale annuelle : 24 000 bt.
Visite : Sur rendez-vous.

CHÂTEAU ANGÉLUS

33330 Saint-Émilion
Tél. 05 57 24 71 39 - Fax. 05 57 24 68 56
chateau-angelus@chateau-angelus.com
www.angelus.com

Formidablement bien situé au cœur de la
côte de Saint-Émilion, à l'ouest du village,
le Château Angélus dispose d'un terroir de
haut niveau, très classique du cœur de
cette appellation, et peut jouer en outre
sur une part minoritaire mais non négligeable de cabernet franc, qui apporte sa
fraîcheur et sa brillance à l'ample merlot.
Si les millésimes des années 1990 brillent
par leur plénitude de constitution, ceux de
ce nouveau siècle ajoutent à cette personnalité une finesse de tanin et un éclat aromatique qui lui ont fait franchir un nouveau
cap. La régularité de production est incomparable : nous n'avons pas, depuis vingt
ans, trouvé un millésime décevant.

Saint-Émilion grand cru 2007
Rouge | 2012 à 2020 | NC   **16,5/20**
Robe très profonde, opaque. Nez de mûres
et de groseilles, attaque moelleuse, bouche
dense et profonde, tanins solides, complet,
avec encore une petite pointe d'amertume de
jeunesse, mais du volume et des promesses.

Saint-Émilion grand cru 2006
Rouge | 2012 à 2018 | 180 €   **17,5/20**
Robe profonde, nez toasté, bouche ample et riche,
les fruits noirs et rouges s'imposent en bouche,
générosité gourmande et belle profondeur.

Saint-Émilion grand cru 2005
Rouge | 2009 à 2025 | 400 €   **19/20**
Le meilleur angélus de l'histoire contemporaine (et certainement de l'histoire tout
court) : robe profonde, nez racé, grand
volume harmonieux, texture ultra soyeuse,
grand raffinement, allonge brillante.

Saint-Émilion grand cru 2004
Rouge | 2009 à 2020 | 175 €   **17/20**
Robe opaque très intense, grand nez mûr
et charnu, onctueux, profond, riche et généreux, beau vin profond, gras et dense.

Saint-Émilion grand cru 2001
Rouge | 2012 à 2022 | 160 €   **17,5/20**
Vin complet et ample, robe profonde, mûr
et soyeux, belle longueur.

Rouge : 23,4 hectares ; cabernet franc 47%,
cabernet sauvignon 3%, merlot 50%.
Production totale annuelle : 110 000 bt.
Visite : Du lundi au vendredi sur rendez-vous.

CHÂTEAU L'ARROSÉE

1, Larosé
33330 Saint-Émilion
Tél. 05 57 24 69 44 - Fax. 05 57 24 66 46
chateau.larrosee@wanadoo.fr
www.chateaularrosee.com

Splendidement situé en plein coteau, à l'ouest de Saint-Émilion, et dissimulé de la départementale reliant Libourne à Périgueux par l'imposant bâtiment de la cave coopérative de Saint-Émilion, le Château L'Arrosée dispose d'un potentiel qui fut longtemps bridé sous l'administration de son précédent propriétaire. En l'acquérant, en 2003, la famille lyonnaise Caille en a immédiatement perçu l'importance, et a su maintenir sa confiance au discret mais très compétent œnologue Gilles Pauquet, qui suivait déjà le cru, en lui fixant des objectifs autrement plus ambitieux. Grâce à une discipline de viticulture certain Depuis, le cru n'a cessé de progresser, en améliorant notamment la finesse et l'éclat des tanins qui le font aujourd'hui assurément entrer dans le cénacle des plus grands crus de Saint-Émilion.

SAINT-ÉMILION GRAND CRU 2007
Rouge | 2012 à 2020 | 28 €   **17/20**
Le cru exprime à nouveau parfaitement sa race naturelle : fruits rouges précis, long, velouté, fin, aucune rudesse mais beaucoup de profondeur.

SAINT-ÉMILION GRAND CRU 2006
Rouge | 2012 à 2017 | NC   **17/20**
Robe sombre, toast très présent, saint-émilion moderne et confortable, avec de la structure, de la chair et un caractère aromatique immédiatement séduisant, avec beaucoup de longueur.

SAINT-ÉMILION GRAND CRU 2005
Rouge | 2012 à 2025 | ench. 38 €   **18/20**
Grande dimension de corps et de profondeur, texture ultra fine, race incontestable, allonge splendide : le millésime est celui d'une consécration.

SAINT-ÉMILION GRAND CRU 2004
Rouge | 2009 à 2015 | 44 €   **17,5/20**
Le vin brille par sa fraîcheur et surtout par sa grande distinction de tanins, qui lui transmet une élégance aérienne et une sapidité parfaite. Excellent fruit, grande finale.

SAINT-ÉMILION GRAND CRU 2003
Rouge | 2009 à 2017 | 36 €   **16/20**
Vin ample, profond, au tanin moins fin que dans les millésimes suivants, mais parfaitement construit, racé et fin.

Rouge : 10 hectares ; cabernet franc 20%, cabernet sauvignon 20%, merlot 60%.
Production totale annuelle : 35 000 bt.
Visite : De 10 h à 12 h et de 14 h à 17 h.

CHÂTEAU AUSONE

33330 Saint-Émilion
Tél. 05 57 24 24 57 - Fax. 05 57 24 24 58
chateau.ausone@wanadoo.fr
www.chateau-ausone.com

Disposant d'une extraordinaire exposition à l'entrée sud du village de Saint-Émilion, les vignes du Château Ausone sont plantées sur un tertre calcaire recouvert d'une très mince couche de terre graveleuse. Cette position unique est un atout indéniable qu'a su magnifier le propriétaire actuel : Alain Vauthier a donné au cru le plus haut niveau de la Rive droite bordelaise depuis plus de dix ans. D'un incomparable velouté de tanins, d'une fraîcheur aromatique éblouissante, tous les millésimes sont au sommet depuis 1997, avec certainement 2000 et 2005 couronnant un ensemble proche de la perfection. Si la production est extrêmement contingentée, il faut signaler que le Second vin, lachapelle-d'ausone, constitue un frère en tout point fidèle à l'esprit et surtout à la finesse du grand vin.

SAINT-ÉMILION GRAND CRU 2007
Rouge | 2012 à 2030 | NC   **18/20**
Allonge raffinée, volume tendre et persistant, belle précision, longueur racée.

SAINT-ÉMILION GRAND CRU 2006
Rouge | 2012 à 2030 | NC   **19/20**
Tout en caresses, aérien et finement ourlé, fruit intense, brillantissime, grande allonge racée.

SAINT-ÉMILION GRAND CRU 2005
Rouge | 2009 à 2035 | NC   **20/20**
Bouquet d'une finesse incomparable, corps onctueux et profond, finesse de taffetas de la structure tannique, longueur d'une fraîcheur extraordinaire : le chef-d'œuvre du millésime.

SAINT-ÉMILION GRAND CRU CHAPELLE D'AUSONE 2007
Rouge | 2012 à 2018 | NC   **15,5/20**
Fruité expressif, délicat et suave, moins élancé à ce stade que le 2006.

SAINT-ÉMILION GRAND CRU CHAPELLE D'AUSONE 2006
Rouge | 2012 à 2020 | NC   **16,5/20**
Aérien, distingué, suave et long, magnifique fruit rouge précis, sans la moindre lourdeur. Brillant.

Rouge : 7 hectares ; cabernet franc 55%, merlot 45%.
Production totale annuelle : 18 000 bt.

CLOS BADON-THUVENIN

Établissements Thunevin
6, rue Guadet
33330 Saint-Émilion
Tél. 05 57 55 09 13 - Fax. 05 57 55 09 12
thunevin@thunevin.com
www.thunevin.com

Bien situé en pied de côte, à proximité directe de Pavie et de Larcis-Ducasse, Clos Badon a été acquis par Jean-Luc Thunevin en 1998. Les vignes sont menées avec le même soin qu'à Valandraud, et le cru a nettement progressé depuis le début du millénaire. Sans posséder l'intensité de valandraud, c'est un vin élégant, souple, bénéficiant du caractère velouté et des tanins fins qu'affectionnent Jean-Luc et Murielle Thunevin. On peut l'apprécier assez tôt.

SAINT-ÉMILION GRAND CRU 2007
Rouge | 2012 à 2017 | 32 €   **15,5/20**
Précis, coloré, tanin fin et serré, fruit franc, finale pas tout à fait aussi longue qu'on l'imagine à l'attaque, mais persistance fruitée.

SAINT-ÉMILION GRAND CRU 2006
Rouge | 2012 à 2017 | 40 €   **16/20**
Coloré, bon boisé, riche et généreux, attaque souple mais volume profond.

SAINT-ÉMILION GRAND CRU 2005
Rouge | 2009 à 2017 | 35 €   **16/20**
Après sa mise en bouteilles, le vin a trouvé sa plénitude et se montre plus convaincant qu'en primeurs : très coloré, boisé toasté présent mais sans assécher l'ensemble, tanin fin, corps long et soyeux.

SAINT-ÉMILION GRAND CRU 2004
Rouge | 2009 à 2012 | 50 €   **14/20**
Vin coloré, aux arômes de fruits noirs présents, dense en bouche, généreux et puissant, jusqu'à une pointe d'amertume en finale.

SAINT-ÉMILION GRAND CRU 2003
Rouge | 2009 à 2014 | 50 €   **16,5/20**
Suave, élégant et tendre, tanin fin et sans aucune tendance à la sécheresse, jolie réussite charmeuse.

Rouge : 6,5 hectares ; cabernet franc 30%, merlot 70%. **Production totale annuelle :** 12 000 bt.
Visite : Pas de visites.

CHÂTEAU BARDE-HAUT

33330 Saint-Christophe-des-Bardes
Tél. 05 56 64 05 22 - Fax. 05 56 64 06 98
info@vignoblesgarcin.com
www.vignoblesgarcin.com

La propriété, située à Saint-Christophe-des-Bardes, a été acquise par la famille Garcin à la fin des années 1990. Elle est devenue assez rapidement une des bonnes valeurs du secteur, avec des vins toujours solidement constitués, parfois un peu austères dans les millésimes moyens, mais très réussis les bonnes années, avec un style généreux, intense et franc. Dans ces millésimes, on peut garder le vin de trois à cinq ans.

SAINT-ÉMILION GRAND CRU 2007
Rouge | 2012 à 2017 | NC   **14/20**
Notes fruitées acidulées au nez comme en bouche, volume assez complet et intense.

SAINT-ÉMILION GRAND CRU 2006
Rouge | 2012 à 2017 | 24,90 €   **14/20**
Souple attaque, caractère juvénile avec des notes fraîches de fruits rouges, corps intense mais encore abrupt.

SAINT-ÉMILION GRAND CRU 2005
Rouge | 2009 à 2015 | 28,80 €   **15,5/20**
Vin gourmand, gras, au fruit franc et lumineux, plein de santé et d'allure.

SAINT-ÉMILION GRAND CRU 2004
Rouge | 2009 à 2013 | NC   **13/20**
Robe grenat vif, nez de quetsche avec cependant quelques notes végétales, corpulent mais limité par sa raideur tannique.

SAINT-ÉMILION GRAND CRU 2003
Rouge | 2009 à 2013 | NC   **14/20**
Vin puissant, mais au tanin végétal, plein, sans finesse : assez caractéristique des difficultés du millésime.

Rouge : 17 hectares ; cabernet franc 10%, merlot 90%. **Production totale annuelle :** 50 000 bt.
Visite : Sur rendez-vous.

CHÂTEAU BARRABAQUE

Barrabaque
33126 Fronsac
Tél. 05 57 55 09 09 06 07 46 08 08
Fax. 05 57 55 09 00
chateaubarrabaque@yahoo.fr
www.chateaubarrabaque.com

Cette propriété du XVIIIe siècle est située sur les coteaux dominant la Dordogne, constamment exposés au soleil. Propriétaire du cru depuis 1936, la famille Noël en a fait depuis longtemps l'une des valeurs sûres de l'appellation, avec une cuvée prestige toujours solidement construite, à point après trois à cinq ans de bouteilles. Le cru a suivi l'évolution bienheureuse de la plupart des fronsacs, vers des tanins plus souples et plus finement extraits.

CANON-FRONSAC PRESTIGE 2006
Rouge | 2010 à 2014 | 17,50 €   **14,5/20**
Coloré, fruité, charpenté sans lourdeur, bonne fraîcheur, assez simple mais sincère, truffé et bien construit.

Rouge : 9 hectares ; cabernet franc 20%, cabernet sauvignon 10%, merlot 70%.
Production totale annuelle : 40 000 à 50 000 bt.
Visite : Sur rendez-vous.

Inscrivez-vous sur

BETTANEDESSEAUVE.COM

> Suivez l'actualité du vin
> Accédez aux notes de dégustation de 25 000 vins
> Visitez les stands des producteurs

CHÂTEAU BEAUREGARD

33500 Pomerol
Tél. 05 57 51 13 36 - Fax. 05 57 25 09 55
pomerol@chateau-beauregard.com
www.chateau-beauregard.com

Cette propriété de taille importante (à l'échelle de Pomerol) est bien située ; elle appartient depuis longtemps à une institution financière. Sagement mené et vinifié selon des canons modernes et efficaces, Beauregard se montre l'un des crus les plus réguliers de l'appellation, avec des vins bien construits, où la rondeur et le velouté sont toujours soutenus par une structure franche et de belle fraîcheur. C'est un vin que l'on peut apprécier assez tôt, mais qui vieillit également très harmonieusement.

POMEROL 2007
Rouge | 2011 à 2017 | NC   **15/20**
Rond et gras, volume de belle sève, sans dureté aucune, tanin souple.

POMEROL 2006
Rouge | 2012 à 2017 | 32 €   **15/20**
Pomerol très classique, au bouquet truffé, souple et rond, flatteur et gourmand.

POMEROL 2005
Rouge | 2009 à 2020 | 50 €   **15,5/20**
Robe brillante, finesse, fruit franc, allonge distinguée, bon style.

POMEROL 2004
Rouge | 2009 à 2015 | ench. 24 €   **14,5/20**
De bonne couleur, le vin exprime une réelle finesse de fruit, une bouche tendre, allongée, assez bien construite.

Rouge : 17,5 hectares ; cabernet franc 30%, merlot 70%. Production totale annuelle : 90 000 bt.
Visite : Du lundi au vendredi, de 9 h à 12 h et de 14 h à 17 h, sur rendez-vous.

CHÂTEAU BEAUSÉJOUR-BÉCOT

33330 Saint-Émilion
Tél. 05 57 74 46 87 - Fax. 05 57 24 66 88
contact@beausejour-becot.com
www.beausejour-becot.com

Le cru est situé à l'ouest du village de Saint-Émilion, sur le plateau argilo-calcaire qui surplombe la côte. Il est dirigé depuis 1985 par deux frères, Dominique et Gérard Bécot, aidés maintenant par la fille de ce dernier, Juliette. Ensemble, Dominique et Gérard ont beaucoup contribué au retour du cru à son plus haut niveau, avec des vins immédiatement savoureux, riches et corsés, dotés d'un fruit mûr bien mis en valeur par un élevage très soigné. Si les vins de Beauséjour-Bécot sont incontestablement raffinés, ils ont su garder une dimension joyeuse et gourmande, très directe, qui en fait l'un des crus les plus immédiatement séduisants à découvrir. L'ensemble de la production est en outre d'une impressionnante régularité au plus haut niveau, depuis plus de dix ans.

SAINT-ÉMILION GRAND CRU 2007
Rouge | 2012 à 2020 | 33 €   **16/20**
Robe assez profonde, arômes floraux et fruités, bouche ronde, à la chair moelleuse. Un plaisir tendre et suave.

SAINT-ÉMILION GRAND CRU 2006
Rouge | 2009 à 2022 | 42 €   **16,5/20**
Robe profonde, bouquet fruité et toasté, allonge délicate et fine, profondeur racée.

SAINT-ÉMILION GRAND CRU 2005
Rouge | 2009 à 2020 | 62 €   **17/20**
Robe opaque, boisé présent, bon volume avec un fruit gourmand, généreux, intense et frais.

SAINT-ÉMILION GRAND CRU 2004
Rouge | 2009 à 2015 | 37 €   **16/20**
Fruit assez vif, bouche élégante, tanin très fin, velouté et allonge franche.

SAINT-ÉMILION GRAND CRU 2002
Rouge | 2009 à 2014 | 42 €   **15,5/20**
Belle robe profonde sans lourdeur. Nez fruité, corps souple et gras, vin tendre et prêt à boire.

SAINT-ÉMILION GRAND CRU 2001
Rouge | 2009 à 2014 | 42 €   **17/20**
Robe assez profonde aux reflets acajou. Beau nez classique, gras, ample et distingué, dans un style ultra gourmand.

Rouge : 16,5 hectares ; cabernet franc 24%, cabernet sauvignon 6%, merlot 70%. **Production totale annuelle :** 60 000 bt. **Visite :** Du lundi au vendredi sur rendez-vous.

CHÂTEAU BEAUSÉJOUR DUFFAU-LAGAROSSE

33330 Saint-Émilion
Tél. 05 57 24 71 61 - Fax. 05 57 74 48 40
beausejourhdl@beausejourhdl.com
www.beausejourhdl.com

Fort bien situé sur le flanc ouest de la côte de Saint-Émilion, Beauséjour, qu'on peut aussi appeler plus complètement Beauséjour Duffau-Lagarosse, est l'une des valeurs sages de Saint-Émilion, démontrant à chaque millésime la race de son terroir, sans pour autant véritablement impressionner. Le style est fondé sur l'élégance, jamais sur la puissance, mais dans ce registre il pourrait encore gagner en précision de tanin et en éclat aromatique : désormais administré par le duo Nicolas Thienpont et Stéphane Derenoncourt, il a largement le potentiel pour atteindre cet objectif.

SAINT-ÉMILION GRAND CRU 2007
Rouge | 2012 à 2020 | 29 €   **15/20**
Robe élégante grenat, fruits noirs et rouges, bouche ronde et souple, petit creux en milieu mais de l'agrément, vin souple et fin.

SAINT-ÉMILION GRAND CRU 2006
Rouge | 2012 à 2018 | 44 €   **15/20**
Robe moyenne, arômes de fruits des bois associés à des notes florales, bouche tendre et fine, pas très intense. Allonge délicate.

SAINT-ÉMILION GRAND CRU 2005
Rouge | 2009 à 2020 | 88 €   **16/20**
Robe juvénile, boisé encore intense, beaucoup de fraîcheur, notes de fruits rouges, tanin assez ferme, net, mais d'une complexité moyenne.

SAINT-ÉMILION GRAND CRU 2004
Rouge | 2009 à 2015 | 45 €   **15/20**
Robe profonde, bon nez mûr et toasté, avec des notes de confiture de fruits noirs. Bouche ample, sans disposer cependant d'un tanin d'une extrême finesse.

SAINT-ÉMILION GRAND CRU 2002
Rouge | 2009 à 2014 | 51 €   **15,5/20**
Bouche vive et tendre, des notes terriennes qui se mêlent à des caractères floraux, l'ensemble a du charme, bonne finale persistante.

SAINT-ÉMILION GRAND CRU 2001
Rouge | 2009 à 2014 | 36 €   **15/20**
Bouquet de fruits noirs, bouche suave, assez complète, de profondeur limitée mais procurant assurément du plaisir. Prêt à boire.

Rouge : 7 hectares ; cabernet franc 20%, cabernet sauvignon 10%, merlot 70%. **Production totale annuelle :** 30 000 bt. **Visite :** Sur rendez-vous.

CHÂTEAU BEL-AIR LA ROYÈRE

Les Ricards
33390 Cars
Tél. 05 57 42 91 34 ou 06 89 90 20 04
Fax. 05 57 42 32 87
chateau.belair.la.royere@wanadoo.fr

En 1992, les Charentais d'origine, Corinne et Xavier Loriaud, sont devenus vignerons grâce à un véritable coup de foudre pour cette ancienne propriété de Blaye. Ayant accompli des efforts gigantesques pour remonter le vignoble, ils produisent aujourd'hui un vin racé au plus haut niveau de son appellation, qui conserve en outre une typicité certaine, grâce à une part non négligeable du cépage local malbec (appelé cot à Cahors) dans les assemblages. Aidés dans leurs efforts par l'œnologue Christian Veyry, ils produisent également une autre bonne cuvée, le château-les-ricards.

BLAYE 2006
Rouge | 2010 à 2014 | 22 €   **14,5/20**
Nez puissant marqué par du bois neuf ; bonne matière dense et compacte à l'attaque, fruits rouges très frais mais il faudra du temps pour arrondir les tanins un peu rugueux en finale.

Rouge : 20 hectares ; malbec 40%, merlot 60%.
Production totale annuelle : 120 000 bt.
Visite : Sur rendez-vous.

CHÂTEAU BELAIR-MONANGE

6, Madeleine
33330 Saint-Émilion
Tél. 05 57 51 78 96
belair@chateaubelair.com
www.chateaubelair.com

Après avoir été longtemps dirigé par l'attachant Pascal Delbeck, Belair appartient aujourd'hui en totalité aux Établissements Jean-Pierre Moueix, qui en assurent la complète gestion et dont la première décision a été de rebaptiser le cru Belair-Monange. Installé sur un magnifique terroir calcaire à l'entrée sud de Saint-Émilion, comme ses voisins Ausone et Magdelaine, le cru possède un gigantesque potentiel. Néanmoins, il a paru souvent manquer d'intensité de corps et de bouquet dans les millésimes des années 1990, et même dans ceux du début de cette décennie. Les tout derniers millésimes indiquent en revanche une inflexion bienvenue de la personnalité du vin qui, sans perdre son allure fine et très élégante, a gagné en charme immédiat et en précision tannique.

SAINT-ÉMILION GRAND CRU 2006
Rouge | 2012 à 2022 | NC   **16/20**
Assez élancé et distingué, remarquable allonge fine, fruit précis, svelte et d'une belle fraîcheur.

SAINT-ÉMILION GRAND CRU 2005
Rouge | 2012 à 2025 | NC   **17/20**
Très élégant, finement construit, avec un grain de tanin d'un soyeux idéal. Sans avoir une profondeur exceptionnelle, c'est un grand vin racé, et assurément le meilleur belair des vingt dernières années.

SAINT-ÉMILION GRAND CRU 2004
Rouge | 2009 à 2015 | NC   **13/20**
Robe légère, fruité un peu framboisé, très souple, acidité. Vin très discret.

SAINT-ÉMILION GRAND CRU 2002
Rouge | 2009 à 2015 | ench. 34 €   **14,5/20**
Robe pâle, nez de fleurs séchées et de sous-bois, petites notes de fraises des bois. Attaque tendre, tanin fin mais plutôt sec, petit manque d'intensité en bouche, finale souple.

Rouge : 12,5 hectares ; cabernet franc 20%, merlot 80%. Production totale annuelle : 60 000 bt.
Visite : L'après-midi sur rendez-vous.

CHÂTEAU BELLEFONT-BELCIER

33330 Saint-Laurent-des-Combes
Tél. 05 57 24 72 16 - Fax. 05 57 74 45 06
chateau.bellefont-belcier@wanadoo.fr
www.bellefont-belcier.fr

Ce cru, voisin de Larcis-Ducasse, possède un superbe terroir de côte, mais ne produit des vins distingués que depuis peu de temps. Élaboré dans un des cuviers historiques les plus novateurs du Bordelais, où l'on travaille par gravité, le vin séduit par sa générosité de corps. Le velouté de texture des derniers millésimes, avec un bouquet classique de grand merlot et un potentiel certain de développement en bouteille, justifie pleinement sa promotion récente au rang de cru classé.

BORDEAUX ROSÉ ROSÉ DE BELLEFONT 2008
Rosé | 2009 à 2010   **15,5/20**
Tout en fraîcheur, délicatesse et fruit éclatant, ce rosé au nez complexe et à la bouche savoureuse est une vraie réussite.

SAINT-ÉMILION GRAND CRU 2007
Rouge | 2012 à 2017 | NC   **16/20**
Même élégance fine et distinguée que pour le 2007, beaucoup de fraîcheur fruitée et un tanin souple.

SAINT-ÉMILION GRAND CRU 2006
Rouge | 2012 à 2017 | épuisé   **16/20**
Bouquet de fruits rouges précis et franc, corps souple, frais, tanin soyeux, belle allonge distinguée.

SAINT-ÉMILION GRAND CRU 2005
Rouge | 2009 à 2015 | 52 €   **16,5/20**
Boisé fin, corps onctueux et velouté, allonge et délicatesse. Très réussi.

SAINT-ÉMILION GRAND CRU 2004
Rouge | 2009 à 2013 | 33,40 €   **14,5/20**
Plein, coloré, toasté et gras, c'est un beau vin séduisant et assez structuré.

SAINT-ÉMILION GRAND CRU 2003
Rouge | 2009 à 2015 | 30,40 €   **15,5/20**
Vin élégant, au fumé subtil, à la bouche longue et fine, incontestablement racée. Belle longueur fraîche et finement poivrée.

Rouge : 13 hectares ; cabernet franc 20%, cabernet sauvignon 10%, merlot 70%.
Production totale annuelle : 60 000 bt.
Visite : Sur rendez-vous.

CHÂTEAU BELLEVUE

Route du Milieu
33330 Saint-Émilion
Tél. 05 57 51 06 07 - Fax. 05 57 51 59 61
contact@horeau-beylot.fr
www.horeau-beylot.fr

Si, au cours du siècle précédent, cette propriété, splendidement située au cœur de la côte de Saint-Émilion, n'avait jamais fait parler d'elle, cette décennie a été beaucoup plus éclatante. Remis en selle par Nicolas Thienpont et Stéphane Derenoncourt, le cru a fait un spectaculaire bond en avant, séduisant par des vins très pleins, savoureux, élégants, immédiatement séducteurs. Appartenant pour partie à Hubert de Boüard (Château Angélus), qui le gère désormais, Bellevue est devenu un cru majeur de ce secteur déjà riche en grands noms. C'est un vin riche, onctueux mais démontrant immédiatement une race et une finesse très spécifiques.

SAINT-ÉMILION GRAND CRU 2007
Rouge | 2012 à 2017 | NC   **16/20**
Couleur profonde, beau nez fin et fruité, bouche distinguée, avec de la chair, volume fin et long, beau tanin.

SAINT-ÉMILION GRAND CRU 2006
Rouge | 2012 à 2017 | 63 €   **14,5/20**
Rubis, boisé présent, bouche élégante mais de dimension moyenne, avec des tanins fins et une chair souple.

SAINT-ÉMILION GRAND CRU 2005
Rouge | 2009 à 2015 | 82 €   **16,5/20**
Couleur profonde, bouquet de fruits rouges expressif et mûr, un corps volumineux, intense, long et savoureux.

SAINT-ÉMILION GRAND CRU 2004
Rouge | 2009 à 2012 | ench. 16 €   **13/20**
Discret aromatiquement à ce stade, le vin ne manque ni de couleur ni de chair, mais ne possède pas non plus une grande énergie.

SAINT-ÉMILION GRAND CRU 2003
Rouge | 2009 à 2015 | NC   **17/20**
Le vin développe un style ambitieux, très riche et onctueux, mais outre cette grande densité suave et veloutée, le vin brille aussi par son équilibre et sa fraîcheur, comme en témoigne une belle finale franche et poivrée.

Rouge : 6,2 hectares ; cabernet franc 20%, merlot 80%. **Production totale annuelle :** 22 000 bt.
Visite : Du lundi au vendredi sur rendez-vous.

CHÂTEAU BELLEVUE-GAZIN

33390 Plassac
Tél. 05 57 42 02 00 - Fax. 05 57 42 04 60
contact@bellevue-gazin.fr
www.bellevue-gazin.fr

La famille Lancereau a acquis cette propriété en juillet 2003, située au sommet des coteaux de Plassac, dominant l'estuaire de la Gironde et faisant face au Médoc. Un gros travail de restructuration du vignoble ainsi que la modernisation du chai et son agrandissement ont déjà été accomplis. Les chambres d'hôtes sont maintenant ouvertes. Le style des vins est joliment axé sur la fraîcheur et le fruit, sans aucune raideur tannique.

PREMIÈRES CÔTES DE BLAYE 2006
Rouge | 2009 à 2012 | 12 €   **14,5/20**
A gagné en complexité par l'élevage ; d'un style délicat, avec son nez épicé et de fruits mûrs, la bouche est souple, aromatique et vive, ce vin est immédiatement agréable à boire.

Rouge : 13 hectares ; cabernet franc 20%,
cabernet sauvignon 10%, merlot 70%.
Production totale annuelle : 100 000 bt.
Visite : Sur rendez-vous.

CHÂTEAU BELLEVUE-MONDOTTE

Château Pavie
33330 Saint-Émilion
Tél. 05 57 55 43 43 - Fax. 05 57 24 63 99
conatct@vignoblesperse.com
www.vignoblesperse.com

Gérard Perse, le brillantissime propriétaire des châteaux Pavie, Pavie-Decesse et Monbousquet, a créé cette microcuvée en 2001, à partir d'un vignoble issu de Pavie-Decesse et situé sur le plateau calcaire dans le secteur de Mondot. Né pour impressionner, ce vin ultra puissant, démonstratif et luxueusement élevé, a toujours rempli son contrat. On peut néanmoins lui préférer l'équilibre des pavie et pavie-decesse, qui depuis ce premier millésime nous ont toujours paru plus harmonieux.

SAINT-ÉMILION GRAND CRU 2007
Rouge | 2012 à 2025 | 179 €   **16,5/20**
Coloré, distingué, beaucoup de sève et de volume, pas tout à fait aussi classiquement droit et élancé qu'on l'imaginerait idéalement, mais riche.

SAINT-ÉMILION GRAND CRU 2006
Rouge | 2012 à 2025 | 230 €   **17/20**
Coloré et profond, onctueux, intense, beaucoup moins caricatural que par le passé, encore une certaine amertume finale, mais beau vin profond.

SAINT-ÉMILION GRAND CRU 2005
Rouge | 2009 à 2024 | 331 €   **17/20**
Puissant, dense et imposant, le vin impressionne plus qu'il n'émeut actuellement. Attendons-le.

SAINT-ÉMILION GRAND CRU 2004
Rouge | 2009 à 2020 | 151,20 €   **16/20**
Belle couleur profonde, sève, intensité et longueur, pour un vin très riche développant un bouquet expressif de fruits rouges.

Rouge : 2,5 hectares ; cabernet franc 5%,
cabernet sauvignon 5%, merlot 90%.
Production totale annuelle : 4 800 bt.

CHÂTEAU BERGAT

86, cours Balguerie-Stuttenberg
33082 Bordeaux
Tél. 05 56 00 00 70 - Fax. 05 57 87 48 61
domaines@borie-manoux.fr

Comme tous les vins appartenant à la grande famille de négociants bordelais Castéja, Bergat a beaucoup progressé depuis le début des années 2000, et se montre désormais digne de son rang et du potentiel de son terroir, ce qui ne fut hélas pas le cas tout au long des deux décennies précédentes. Voisine de Trottevieille, qui appartient aussi aux Castéja, cette petite propriété s'appuie presque autant sur le merlot que sur le cabernet : à leur meilleur, les vins séduisent par leur fraîcheur et leur équilibre sans lourdeur.

SAINT-ÉMILION GRAND CRU 2007
Rouge | 2012 à 2017 | 25 €   **14/20**
Vin coloré, boisé présent, bouche souple, tanin un peu plus sec qu'en 2006, mais volume agréable.

SAINT-ÉMILION GRAND CRU 2006
Rouge | 2012 à 2017 | 29 €   **15/20**
Robe rubis avec un début d'évolution, nez suave et boisé, bouche languide, agréablement construit et assez raffiné.

SAINT-ÉMILION GRAND CRU 2005
Rouge | 2009 à 2017 | 30 €   **16/20**
Robe soutenue, fruit intense, vin profond, svelte, tendu et long. L'élevage a parfaitement policé cette matière ambitieuse.

Rouge : 58 hectares. Production totale annuelle : 15 000 000 bt. Visite : Sur rendez-vous du lundi au vendredi.

CHÂTEAU BERLIQUET

33330 Saint-Émilion
Tél. 05 57 24 70 48 - Fax. 05 57 34 70 24
chateau.berliquet@wanadoo.fr

La propriété s'appuie majoritairement sur des vignes de merlot qui peuvent s'épanouir sur un terroir argilo-calcaire en coteaux, et elle affirme une personnalité de saint-émilion très classique, généreusement construit mais sans lourdeur. C'est un vin qui s'affirme véritablement avec le vieillissement.

SAINT-ÉMILION GRAND CRU 2007
Rouge | 2012 à 2017 | 21 €   **14/20**
Vin fruité, fin et élégant, d'une dimension toutefois limitée. Au final, un saint-émilion que l'on pourra apprécier assez tôt.

SAINT-ÉMILION GRAND CRU 2006
Rouge | 2012 à 2017 | 26 €   **14,5/20**
Robe souple, fruité framboisé, corps souple et charnu, mais la finale paraît plus limitée que lors de dégustations d'avant mise en bouteilles.

SAINT-ÉMILION GRAND CRU 2005
Rouge | 2011 à 2018 | 36 €   **16/20**
Le vin témoigne admirablement de la race de son terroir : allonge finement fruitée, profondeur subtile.

SAINT-ÉMILION GRAND CRU 2004
Rouge | 2009 à 2014 | 28 €   **14,5/20**
Vin classiquement construit, au corps long et net.

SAINT-ÉMILION GRAND CRU 2003
Rouge | 2009 à 2012 | 27 €   **15/20**
Fruité, assez fin aromatiquement, le vin développe un corps dense, gras, mûr, très riche.

Rouge : 9 hectares ; cabernet franc 25%, cabernet sauvignon 5%, merlot 70%.
Production totale annuelle : 40 000 bt.
Visite : Sur rendez-vous.

CHÂTEAU BERTINERIE

33620 Cubnezais
Tél. 05 57 68 70 74 - Fax. 05 57 68 01 03
contact@chateaubertinerie.com
www.chateaubertinerie.com

La famille Bantegnies fut de celles qui, dès la fin des années 1980, montrèrent aux amateurs le potentiel des terroirs du Blayais, dans les trois couleurs. Haut-bertinerie, qui désigne les meilleures cuvées de la propriété, est un vin très régulier en blanc, en rouge et en clairet, l'une des attachantes spécialités de la maison. Le domaine, très vaste, est cultivé en lyres et demeure dans ce registre l'un des pionniers du vignoble bordelais.

PREMIÈRES CÔTES DE BLAYE
CHÂTEAU HAUT BERTINERIE 1ER VIN 2006
Rouge | 2010 à 2014 | 11,40 € **15/20**
Belle expression sur la finesse et l'élégance, frais, épicé, sans la dureté qui caractérise le millésime. À boire maintenant mais dispose aussi d'un bon potentiel de vieillissement.

PREMIÈRES CÔTES DE BLAYE
CHÂTEAU HAUT-BERTINERIE 2008
Blanc | 2010 à 2014 | 11,40 € **15,5/20**
Nez très pur, la bouche intense et élancée bénéficie d'une bonne acidité, précise. Bel équilibre.

PREMIÈRES CÔTES DE BLAYE
CHÂTEAU HAUT-BERTINERIE 2007
Blanc | 2010 à 2012 | NC **15,5/20**
On retrouve la même trame raffinée dans les blancs que dans les rouges. La vigne, conduite en lyre depuis 1987, produit un sauvignon d'une netteté parfaite, au fruité d'agrumes construit sur une belle vivacité. Bel équilibre en bouche, avec un boisé à peine perceptible et parfaitement digéré. Le vin idéal pour la gastronomie.

Rouge : 42 hectares ; cabernet franc 5%, cabernet sauvignon 35%, merlot 60%.
Blanc : 18 hectares ; sauvignon blanc 100%.
Production totale annuelle : 400 000 bt.
Visite : De 9 h à 12 h et de 14 h à 18 h.

CHÂTEAU LE BON PASTEUR

Maillet
33500 Pomerol
Tél. 05 57 51 52 43 - Fax. 05 57 51 52 93
contact@rollandcollection.com
www.rollandcollection.com

Le Bon Pasteur est une propriété familiale de la star des œnologues bordelais, Michel Rolland. Son laboratoire, qu'il tient avec son épouse Dany, est d'ailleurs situé à quelques centaines de mètres du domaine, installé dans le secteur appelé Maillet, non loin de la rivière Barbanne qui marque la fin de l'appellation. Bien évidemment, le-bon-pasteur est typique du style Rolland, avec des vins toujours mûrs et séduisants dès leur prime jeunesse grâce à un élevage adapté, charnus, dotés de tanins enrobés mais bien présents. Sans posséder la finesse extrême des plus grands terroirs de l'appellation, la production est depuis vingt ans de haut niveau, et d'une impressionnante régularité.

POMEROL 2007
Rouge | 2012 à 2020 | NC **16/20**
Confiture de mûres, gras et suave, tanin souple, générosité, dans le style du millésime, charme hédoniste.

POMEROL 2006
Rouge | 2013 à 2022 | 56 € **16/20**
Coloré, boisé truffé, solide et ferme, belle allonge avec un fruit moins épanoui qu'en 2005. Profond, actuellement assez sévère.

POMEROL 2005
Rouge | 2010 à 2020 | 85 € **18/20**
Grande robe juvénile, fruits noirs et chocolat fin, gras, ample, raffinement de la structure tannique, allonge brillante et fraîcheur.

POMEROL 2004
Rouge | 2009 à 2015 | 38,90 € **14/20**
Robe juvénile mais peu profonde, nez gentiment poivronné, souple et flatteur mais limité.

POMEROL 2003
Rouge | 2012 à 2022 | 46 € **17,5/20**
Robe profonde et juvénile. Si le vin n'est pas très expansif aromatiquement, sa tension (caractère assez rare à Bon Pasteur), sa profondeur, ses tanins serrés et veloutés, sa longueur en font un vin étonnant et brillant, de très grand potentiel.

Rouge : 7 hectares Production totale annuelle : 25 000 bt. Visite : Sur rendez-vous.

CHÂTEAU BONALGUE

62, quai du Priourat
B.P. 79
33500 Libourne cedex
Tél. 05 57 51 62 17 - Fax. 05 57 51 28 28
contact@jbaudy.fr
www.vignoblesbourotte.com

Bon cru très régulier de la périphérie de Libourne, Bonalgue est, comme le Clos du Clocher, depuis longtemps mené de main de maître par Pierre Bourotte, l'un des plus consciencieux et attachants vignerons de Pomerol. C'est un vin ample, souple et charnu, assez tôt prêt à boire mais vieillissant fort bien pendant dix à vingt ans, selon les millésimes. Les derniers millésimes marquent une progression supplémentaire.

POMEROL 2007
Rouge | 2012 à 2017 | 38 €   **16,5/20**
Bonne couleur profonde, nez toasté, corps ample mais sans dureté, texture soyeuse, rond, très agréable.

POMEROL 2006
Rouge | 2012 à 2017 | 38 €   **16/20**
Robe élégante, boisé fin, bouche délicate mais bien construite, profondeur raffinée et texture soyeuse.

POMEROL 2005
Rouge | 2009 à 2020 | 45 €   **15,5/20**
Avec des arômes assez exotiques, où les fruits noirs s'associent à de petites notes de lait de noix de coco, ce vin coloré se révèle gras, suave et plein.

Rouge : 6,5 hectares ; cabernet franc 10%, merlot 90%. **Production totale annuelle :** 28 000 bt.
Visite : Sur Rendez-vous.

CHÂTEAU BONNANGE

10, chemin des Roberts
33390 Saint-Martin-Lacaussade
Tél. 05 57 42 06 98 - Fax. 05 57 42 19 48

Après une carrière brillante dans la publicité, Claude Bonnange s'est installé dans cette propriété du Blayais avec la ferme intention d'exprimer en matière viticole le meilleur de ce terroir. Il travaille avec son voisin, Paul-Emmanuel Boulmé (Château Terre-Blanque), l'un apportant son expérience et son imagination créatrice, l'autre sa belle connaissance du vignoble et des vins. Le duo n'a pas tardé à trouver la bonne mesure, pour réaliser des vins souples et fruités, extrêmement savoureux.

PREMIÈRES CÔTES DE BLAYE JULIA 2004
Rouge | 2009 à 2010 | NC   **15/20**
Dernier millésime sous l'étiquette julia, qui va à partir de 2005 rentrer dans la production des fruits-rouges. Beau vin harmonieux et très velouté, alliant un fruit expressif, un corps ample, charpenté mais sans aucune rudesse. La finale est longue et fine.

PREMIÈRES CÔTES DE BLAYE LES FRUITS ROUGES 2006
Rouge | 2010 à 2013 | NC   **15/20**
Ce joli vin souple et harmonieux justifie pleinement son nom, avec des arômes de cerise, de framboise et de groseille superbement expressifs, soutenus par une belle trame tannique. À apprécier dès maintenant. Depuis le millésime 2005, les-fruits-rouges sont l'unique vin de la gamme du Château Bonnange.

Rouge : 3 hectares ; cabernet sauvignon 10%, merlot 90%. **Production totale annuelle :** 10 000 bt.
Visite : Sur rendez-vous.

CHÂTEAU BOURGNEUF-VAYRON

1, Le Bourg Neuf
33500 Pomerol
Tél. 05 57 51 42 03 - Fax. 05 57 25 01 40
chateaubourgneufvayron@wanadoo.fr

Mené avec beaucoup d'attention par la famille Vayron, ce cru très bien situé a toujours produit des pomerols de qualité, au caractère harmonieux et très typé pomerol, qui trouvent leur apogée après cinq à dix ans de garde. Depuis le début de la décennie, la qualité de production est assurément régulière et accessible.

POMEROL 2007
Rouge | 2010 à 2017 | 29 €   **14/20**
Structuré et frais, doté d'un tanin plutôt fin et d'une définition aromatique très nette, c'est un vin souple et de dimension moyenne.

POMEROL 2006
Rouge | 2012 à 2017 | 34 €   **15,5/20**
Robe rubis, nez assez tendre, bouche associant gourmandise et raffinement, avec un caractère truffé intéressant.

POMEROL 2005
Rouge | 2009 à 2023 | 37 €   **15/20**
Le vin séduit par ses beaux arômes de chocolat et sa souplesse charnue.

POMEROL 2004
Rouge | 2009 à 2020 | 31 €   **14/20**
Avec un bouquet très fruité et un corps gras, c'est un pomerol rond et souple, agréable.

Rouge : 9 hectares ; cabernet franc 10%, merlot 90%. **Production totale annuelle :** 40 000 bt.
Visite : Sur rendez-vous.

CHÂTEAU CADET-BON

1, Le Cadet
33330 Saint-Émilion
Tél. 05 57 74 43 20 - Fax. 05 57 24 66 41
chateau.cadet.bon@orange.fr
www.cadet-bon.com

Repris en 2001, Cadet-Bon est un très ancien vignoble puisqu'il doit son nom à Jacques Bon, fils cadet de son état, qui y planta une vigne au XIVᵉ siècle. Situé sur le socle calcaire de la côte de Saint-Émilion, le cru, de petite taille, n'a qu'une partie de son vignoble classée, l'autre étant commercialisée sous le nom de vieux-moulin-du-cadet. Ce sont des vins réalisés sans esbroufe, sincères, vieillissant bien.

SAINT-ÉMILION GRAND CRU 2007
Rouge | 2012 à 2019 | 24,20 €   **14,5/20**
Beaucoup de fruit, une chair tendre et fraîche, bons tanins francs.

SAINT-ÉMILION GRAND CRU 2006
Rouge | 2012 à 2019 | 24,20 €   **14/20**
Souple, assez frais, élégant, d'une dimension qui n'est pas imposante mais bien équilibrée.

SAINT-ÉMILION GRAND CRU 2005
Rouge | 2011 à 2017 | 28,70 €   **14/20**
Le vin possède une robe très dense et exprime un fruit bien mûr. Gras et puissant en bouche.

SAINT-ÉMILION GRAND CRU 2004
Rouge | 2009 à 2013 | 24,20 €   **12/20**
Le vin possède un caractère solide mais lourdement épicé, s'appuyant sur des tanins assez rustiques.

SAINT-ÉMILION GRAND CRU 2003
Rouge | 2009 à 2013 | 23,45 €   **13/20**
Vin intense et puissant, mais les tanins sont secs, et cette bouteille risque de s'assécher au vieillissement.

Rouge : 6 hectares ; cabernet franc 15%, merlot 85%. **Production totale annuelle :** 20 000 bt.
Visite : Du lundi au vendredi, sur rendez-vous.

CHÂTEAU CANON

B.P. 22
33330 Saint-Émilion
Tél. 05 57 55 23 48 - Fax. 05 57 24 68 00
contact@chateau-canon.com
www.chateau-canon.com

Bénéficiant du travail long et patient du Médocain John Kolasa et de son équipe, depuis le rachat du cru par la famille Wertheimer, en 1996, Canon parvient progressivement à confirmer son indéniable potentiel. Le vin ne se caractérise jamais par sa puissance, mais au contraire par un style fin et délié qui mérite plusieurs années de garde pour s'épanouir pleinement.

SAINT-ÉMILION GRAND CRU 2007
Rouge | 2012 à 2020 | NC   **16,5/20**
Joli vin construit, structuré sans rudesse, avec un tanin soyeux, de la chair et une vraie profondeur. Les arômes de fruits rouges et de nougatine sont précis et francs. C'est un vin ultra distingué et parfaitement dans le style du cru comme du millésime.

SAINT-ÉMILION GRAND CRU 2006
Rouge | 2009 à 2021 | NC   **17/20**
Dans la brillante lignée du 2005 : robe brillante, nez fin et fruité, corps svelte et délicat, sans aucune rudesse tannique mais incontestablement profond.

SAINT-ÉMILION GRAND CRU 2005
Rouge | 2010 à 2020 | 44 €   **17/20**
Robe profonde sans opacité, fruit très pur, grande distinction de saveur, allonge racée. Brillant, suave et profond.

SAINT-ÉMILION GRAND CRU 2002
Rouge | 2009 à 2014 | NC   **16/20**
Vin droit, élégant, bons fruits rouges encore très jeune, distinction élancée, un rien sec, mais il y a de la classe.

SAINT-ÉMILION GRAND CRU 2001
Rouge | 2009 à 2014 | 28 €   **14,5/20**
Ce vin à la robe acajou paraît aujourd'hui prêt à boire ; il est souple et d'une dimension tout de même limitée.

Rouge : 22 hectares ; cabernet franc 25%, merlot 75%. Production totale annuelle : 70 000 bt.
Visite : Sur rendez-vous (05 57 55 23 45).

CHÂTEAU CANON-LA-GAFFELIÈRE

B.P. 34
33330 Saint-Émilion
Tél. 05 57 24 71 33 - Fax. 05 57 24 67 95
info@neipperg.com
www.neipperg.com

Au pied de la côte de Saint-Émilion, presque aux portes du village, Canon-la-Gaffelière est la propriété phare de Stephan von Neipperg qui s'est révélé, depuis son arrivée au début des années 1980, l'un des vignerons les plus doués de la Rive droite bordelaise. Il a incontestablement compris très tôt qu'on ne fait pas de grands vins sans de parfaits raisins parvenus à complète maturité. Ainsi canon-la-gaffelière impressionne-t-il toujours par la qualité et la maturité de sa matière, très harmonieusement construite, éclatante de fruits, et superbement élevée. Sachant aussi bien jouer sur la puissance de constitution que sur la finesse des tanins, Neipperg a réalisé tout au long des années 1990 et de la décennie actuelle un quasi sans-faute, installant son cru, qui n'est pourtant pas considéré comme un Premier, comme l'une des grandes valeurs de la commune.

SAINT-ÉMILION GRAND CRU 2007
Rouge | 2012 à 2020 | NC   **17,5/20**
Brillante construction raffinée et suave, avec des tanins fins, de l'éclat et une véritable joliesse de texture. Longueur plus puissante que 2006.

SAINT-ÉMILION GRAND CRU 2006
Rouge | 2012 à 2020 | NC   **17,5/20**
Une caresse onctueuse et raffinée, remarquable par sa texture de soie mais aussi son intensité magistrale. Fraîcheur splendide du cabernet franc.

SAINT-ÉMILION GRAND CRU 2005
Rouge | 2013 à 2030 | ench. 39 €   **18/20**
Grande puissance, tanin serré, tout comme la texture, très jeune, mais avec la fraîcheur immédiatement reconnaissable en finale du cabernet franc, beaucoup plus masculin que d'habitude, grand avenir.

SAINT-ÉMILION GRAND CRU 2004
Rouge | 2009 à 2015 | ench. 34 €   **15,5/20**
Volume plus souple et nettement plus limité que le 2005, mais style précis et fin, que l'on peut déjà apprécier.

SAINT-ÉMILION GRAND CRU 2003
Rouge | 2009 à 2020 | ench. 37 €   **17/20**
Une des grandes bouteilles du compliqué millésime 2003, avec des notes mûres et presque chaudes sur le plan aromatique, mais aussi une bouche profonde, onctueuse et soyeuse, de grande fraîcheur.

Production totale annuelle : 65 000 bt.

CHÂTEAU CANON-PÉCRESSE

33126 Saint-Michel-de-Fronsac
Tél. 05 57 24 98 67

Ce domaine familial, qui a pris le nom de ses propriétaires (l'ancien nom était, il est vrai, un rien compliqué : Canon Bodet La Tour...), a longtemps livré ses vins en vrac à un négociant libournais. Il a affiché de nouvelles ambitions à partir de 2003, en mettant sa production en bouteilles, créant même un Second vin et surtout progressant depuis, avec beaucoup d'application, dans une voie privilégiant l'équilibre et la finesse tannique.

Canon-Fronsac 2007
Rouge | 2010 à 2015 | 12,50 € **15/20**
Les arômes de petits fruits noirs et d'épices précèdent une bouche fraîche, avec des tannins tendus et distingués de bon aloi.

Canon-Fronsac 2006
Rouge | 2010 à 2014 | 12,50 € **15,5/20**
Ce fronsac impressionne par sa richesse et sa structure tannique, avec un boisé encore un peu trop perceptible. C'est un vin dynamique et encore très juvénile qui devrait se complexifier au vieillissement.

Canon-Fronsac 2005
Rouge | 2009 à 2012 | 13 € **15,5/20**
Les progrès sont très sensibles : belle couleur franche, bouquet précis et frais de fruits rouges et noirs, mûrs mais non confiturés, profondeur veloutée, allonge brillante.

Rouge : 6 hectares ; cabernet franc 10%, merlot 90%. Production totale annuelle : 30 000 bt. Visite : Sur rendez-vous.

CHÂTEAU CASSAGNE HAUT-CANON

33126 Saint-Michel-de-Fronsac
Tél. 05 57 25 05 55 - Fax. 0557516398
contact@chateau-cassagne.fr
www.chateau-cassagne.fr

Ce joli château du Fronsadais est, depuis longtemps, l'une des valeurs sûres de l'appellation. Jean-Jacques Dubois y réalise des canon-fronsacs très classiques, c'est-à-dire régulièrement charnus, gourmands, exprimant avec une belle intensité ces arômes de truffe noire auxquels le vin doit son nom. Tous les derniers millésimes sont réussis, ce sont des vins que l'on peut garder entre trois et dix ans en cave.

Canon-Fronsac La Truffière 2006
Rouge | 2011 à 2016 | 13,80 € **15,5/20**
Un vin de caractère, d'un fruité magnifique et généreux, tanins boisés et costauds mais bien intégrés, belle allonge souple sans amertume.

Rouge : 14 hectares. Production totale annuelle : 60 000 bt. Visite : Sur rendez-vous.

CHÂTEAU CERTAN DE MAY

33500 Pomerol
Tél. 05 57 51 41 53 - Fax. 05 57 51 88 51
chateau.certan-de-may@wanadoo.fr

Situé en face de Vieux Château Certan, Certan de May dispose d'un vignoble splendidement installé, sur un terroir d'argile mêlé à de petites graves et à des sables anciens. L'âge du vignoble tourne autour de la cinquantaine d'années, Jean-Luc Bareau, qui dirige la propriété, préférant complanter régulièrement les ceps manquants. Sans avoir la précision et la finesse des plus grands (ce que son terroir permettrait pourtant), certan-de-may possède un style très classique, avec de la générosité et un caractère savoureusement truffé.

POMEROL 2006
Rouge | 2011 à 2020 | NC   **16,5/20**
Le vin confirme ses promesses remarquées en dégustation primeur : corps suave et gras, rondeur généreuse, allonge élégante et fine.

POMEROL 2005
Rouge | 2012 à 2020 | NC   **16/20**
Vin très généreux et boisé : le terroir s'exprime, mais avec une extraction de tanin solide.

POMEROL 2004
Rouge | 2010 à 2018 | NC   **14,5/20**
Vin corpulent et plein, avec un tanin solide, mais de finesse limitée.

POMEROL 2001
Rouge | 2009 à 2015 | 50 €   **16/20**
Puissant mais élégant, avec un tanin solide, mais cependant pas tout à fait aussi fin que les meilleurs.

Rouge : 5 hectares ; cabernet franc 25%, cabernet sauvignon 5%, merlot 70%.
Production totale annuelle : 24 000 bt.
Visite : Sur rendez-vous.

CHÂTEAU CHAUVIN

1, Cabanes nord
B.P. 67
33330 Saint-Émilion
Tél. 05 57 24 76 25 - Fax. 05 57 74 41 34
chateauchauvingcc@wanadoo.fr
www.chateauchauvin.com

Ce cru classé sage appartient à la même famille depuis plus d'un siècle. Il est situé sur le plateau ouest de Saint-Émilion et s'appuie très classiquement sur un encépagement largement dominé par le merlot. Sans faire d'éclats, la propriété se révèle néanmoins très régulière, et a incontestablement franchi un cap qualitatif depuis le début de la décennie.

SAINT-ÉMILION GRAND CRU 2007
Rouge | 2012 à 2017 | NC   **15,5/20**
Très fruits rouges avec un toast léger, bien travaillé, rond et onctueux, sans rudesse ni amertume. Le millésime est bien maîtrisé.

SAINT-ÉMILION GRAND CRU 2006
Rouge | 2012 à 2017 | NC   **15,5/20**
Robe profonde, nez associant les fruits noirs et rouges, le toast, corps au tanin élégant et à la chair savoureuse, de la longueur, avec une pointe d'amertume, mais beau volume.

SAINT-ÉMILION GRAND CRU 2005
Rouge | 2009 à 2016 | 35 €   **15,5/20**
Vin coloré, svelte mais ample, bien construit, de bonne longueur, commençant à s'épanouir.

SAINT-ÉMILION GRAND CRU 2004
Rouge | 2009 à 2012 | ench. 14 €   **13/20**
Le millésime a été traité sans esbroufe, avec un caractère droit et souple qui sera tôt prêt à boire.

SAINT-ÉMILION GRAND CRU 2003
Rouge | 2009 à 2012 | ench. 19 €   **15,5/20**
Jolie réussite : le vin, aux arômes de fruits rouges et noirs, francs et mûrs, développe un beau volume riche, onctueux et gras.

Rouge : 15 hectares ; cabernet franc 20%, cabernet sauvignon 5%, menu pineau 75%.
Production totale annuelle : 60 000 bt.
Visite : De 10 h à 12 h et de 14 h à 16 h 30 sur rendez-vous.

CHÂTEAU CHEVAL BLANC

33330 Saint-Émilion
Tél. 05 57 55 55 55 - Fax. 05 57 55 55 50
contact@chateau-chevalblanc.com
www.chateau-cheval-blanc.com

Dans toute la seconde moitié du XXᵉ siècle, Cheval Blanc fut de très loin le cru le plus régulier au meilleur niveau de la Rive droite bordelaise. Il se distingue assez nettement de ses pairs par son encépagement, où le cabernet franc occupe une place primordiale, et par son terroir sablo-graveleux du plateau de Pomerol, appellation dont il est d'ailleurs directement voisin. Si 1947 est légendaire, le cru a retrouvé avec 2005 des sommets inoubliables, qu'il avait aussi atteints en 1998. Nul doute que le nouveau chai permettra au cru de retrouver la régularité au sommet qui doit être sa marque.

Saint-Émilion grand cru 2006
Rouge | 2012 à 2025 | NC **17,5/20**
Robe d'intensité moyenne mais beaucoup de fraîcheur fruitée et florale, avec un joli parfum de violette et pivoine, tanin distingué, structure élégante et de profonde, superbe fraîcheur.

Saint-Émilion grand cru 2005
Rouge | 2015 à 2030 | ench. 621 € **19/20**
Conjuguant finesse tannique, plénitude et énergie, voici l'un des plus grands chevalblanc des cinquante dernières années. La race du bouquet et l'éclatante fraîcheur en constituent une signature magnifique !

Saint-Émilion grand cru 2004
Rouge | 2009 à 2020 | 266 € **17,5/20**
Avec ses notes de framboise des bois, de myrtilles, de fourrure, sa bouche charnue, longue, c'est un vin qui possède beaucoup d'élégance, mais une dimension qui n'est pas exceptionnelle au plus haut niveau.

Saint-Émilion grand cru 2003
Rouge | 2009 à 2025 | 317 € **18,5/20**
Le vin associe, avec beaucoup de charme, la fraîcheur et le croquant du cru à la palette aromatique épanouie et mûre du millésime. C'est un vin brillant, ample et allongé, sans aucune lourdeur, de grande dimension.

Saint-Émilion grand cru 2002
Rouge | 2009 à 2020 | 238 € **17/20**
Le caractère tannique est assez vif, mais le vin a du caractère et de la densité.

Rouge : 37 hectares ; cabernet franc 57%, merlot 43%. **Production totale annuelle :** 150 000 bt.
Visite : Visites réservées aux professionnels, sur rendez-vous.

CHÂTEAU LA CLÉMENCE

33500 Pomerol
Tél. 05 57 24 77 44 - Fax. 05 57 40 37 42
contact@vignoblesdauriac.com
www.vignoblesdauriac.com

Propriétaire du Château Destieux, certainement l'un des saint-émilions à la progression la plus spectaculaire depuis une décennie, Christian Dauriac réalise le même travail méticuleux et talentueux à La Clémence, un cru qu'il a fait naître en 1996 en s'appuyant sur des terroirs jouant sur toutes les nuances de la géologie pomerolaise. Avec son chai rond, aussi élégant que très adapté à des vinifications attentives, la-clémence est vite devenue l'une des grandes valeurs montantes de l'appellation, dans un style onctueux et très finement bouqueté.

Pomerol 2007
Rouge | 2012 à 2020 | NC **16/20**
Couleur profonde, boisé toasté, volume charnu laissant poindre des notes de fruits noirs en confiture, généreux et puissant, avec un tanin qui demandera quelques années pour se fondre.

Pomerol 2006
Rouge | 2012 à 2020 | env 53 € **17/20**
Robe profonde, boisé luxueux, volume généreux et racé, tanins fins, longueur et grande sève.

Pomerol 2005
Rouge | 2010 à 2020 | env 83 € **17/20**
Vin puissant et très gras, arômes expressifs de cerise noire, ampleur charnue, bons tanins fins et racés.

Pomerol 2004
Rouge | 2009 à 2020 | 39 € **17,5/20**
Un des meilleurs vins du millésime, par son raffinement aromatique et la surprenante perfection formelle de son tanin, infiniment plus lisse et plus soyeux que dans la plupart des pomerols, y compris les plus célèbres.

Pomerol 2003
Rouge | 2009 à 2012 | 50 € **15/20**
Grand raffinement aromatique, toucher de bouche impressionnant de délicatesse pour le millésime, mais léger manque d'étoffe dans le milieu de bouche.

Rouge : 3 hectares. **Production totale annuelle :** 6 000 bt. **Visite :** Sur rendez-vous au : 06 13 42 95 35

CHÂTEAU CLINET

16, chemin de Feytit
33500 Pomerol
Tél. 05 57 25 50 00 - Fax. 05 57 25 70 00
contact@chateauclinet.com
www.chateauclinet.com

Magnifiquement situé au cœur de l'appellation, Clinet fut pendant toutes les années 1980 l'un des fers-de-lance de la révolution œnologique qui s'empara des vins de Bordeaux. Dirigé par le talentueux et regretté Jean-Michel Arcaute, le cru imposa sur toutes les bonnes tables de la planète son style moderne, gourmand, généreux et mûr. Acquise dans les années 1990 par Jean-Marie Laborde, la propriété a affiné cette personnalité, avec une certaine irrégularité dans les millésimes des années 2000. Quand le vin est réussi, comme dans le très prometteur 2008, c'est alors un pomerol ultra racé et d'un brillant équilibre, sans aucune lourdeur et avec une grande complexité de saveur. La propriété propose aussi un beau bordeaux baptisé ronan, à la fois luxueux et très glissant.

Pomerol 2007
Rouge | 2012 à 2017 | NC   **15,5/20**
Coloré, bouche ample, tanins d'un grain fin et serré, corps charnu, longue et bonne saveur.

Pomerol 2006
Rouge | 2012 à 2017 | Ench. 46 €   **17/20**
Témoignant du retour de la propriété au plus haut niveau dans un style plus raffiné qu'autrefois, c'est un vin de belle tenue, grande élégance, raffiné et profond, insinuant.

Pomerol 2005
Rouge | 2009 à 2020 | NC   **15,5/20**
Vin puissant, chaleureux mais doté de tanins puissants et moyennement fins.

Pomerol 2005
Rouge | 2009 à 2020 | NC   **17/20**
Millésime superbement réussi : style racé et intense, volume fin, allonge, profondeur et élégance.

Pomerol 2004
Rouge | 2009 à 2015 | Ench. 27 €   **13/20**
Le vin est classiquement construit mais manque de finesse et de précision aromatique : boisé épicé, robustesse tannique, pointe d'amertume.

Pomerol 2004
Rouge | 2009 à 2015 | 52 €   **13/20**
Vin classiquement construit, mais manquant de finesse et de précision aromatique. Le tanin est austère.

Rouge : 8,64 hectares ; cabernet franc 5%, cabernet sauvignon 10%, merlot 85%. **Production totale annuelle** : 35 000 bt. **Visite** : Sur rendez-vous.

CLOS DU CLOCHER

35, quai du Priourat
B.P. 79
33502 Libourne cedex
Tél. 05 57 51 62 17 - Fax. 05 57 51 28 28
contact@jbaudy.fr
www.vignoblesbourotte.fr

Administré, comme Bonalgue, par Pierre et Jean-Baptiste Bourotte, ce petit cru a isolé ses meilleures parcelles, situées comme le nom l'indique dans le secteur de l'église de Pomerol, pour réaliser un vin qui progresse régulièrement.

Pomerol 2007
Rouge | 2012 à 2017 | 49 €   **16,5/20**
Robe profonde, vin harmonieux, onctueux, tanin soyeux, profond et racé. Superbe réussite !

Pomerol 2006
Rouge | 2012 à 2017 | 49 €   **15,5/20**
Robe rubis, vin tendre, souplesse soyeuse, bonne allonge.

Pomerol 2005
Rouge | 2009 à 2018 | 60 €   **16/20**
Beau pomerol classique et ciselé, au corps élégant et profond, avec un beau grain de tanin.

Rouge : 5,70 hectares ; cabernet franc 22%, merlot 78%. **Production totale annuelle** : 20 000 bt. **Visite** : Sur rendez-vous.

CHÂTEAU CLOS SAINT-ÉMILION PHILIPPE

2, lieu-dit Beychet
33330 Saint-Émilion
Tél. 05 57 51 05 93 - Fax. 05 57 25 96 39
vignobles.philippe@wanadoo.fr
www.clos-saint-emilion.com

Petite propriété suivie par le brillant consultant Olivier Dauga, Clos Saint-Émilion Philippe propose une sélection issue de vignes pré-phylloxériques, qui porte chaque année l'âge des plus vieilles vignes de la parcelle, censément plantée en 1900. Le vin possède une robe très dense et témoigne d'un réel fond, avec une charpente solide, sans aucune massivité, et un fruit persistant. La cuvée classique du domaine est beaucoup plus souple.

Saint-Émilion Vieilles Vignes 2007
Rouge | 2011 à 2017 | 24 €   **14/20**
Doté d'une véritable élégance aromatique, c'est un vin de moindre intensité qu'en 2006, mais ce travers est compensé par le charme au nez comme en bouche.

Saint-Émilion Vieilles Vignes 2006
Rouge | 2010 à 2017 | 24 €   **14/20**
Rond, élégant, souple et fin, dans un registre immédiatement aimable.

Rouge : 8 hectares. Production totale annuelle : 35 000 bt. Visite : Sur rendez-vous.

CHÂTEAU LA CLOTTE

33330 Saint-Émilion
Tél. 05 57 24 66 85 - Fax. 05 57 24 79 67
chateau-la-clotte@wanadoo.fr
www.chateaulaclotte.com

Situé dans le quartier de Bergat, en plein cœur du coteau calcaire, La Clotte est une petite propriété splendidement située. Longtemps dans le giron des établissements Moueix, le cru a repris son indépendance dans les années 1990, et réalise depuis des vins charmeurs, ronds, généreux, s'épanouissant tôt en bouteilles. La propriété, très proche du centre du village, se visite et possède une salle de dégustation troglodyte.

Saint-Émilion grand cru 2007
Rouge | 2012 à 2019 | 35 €   **17/20**
Coloré, très distingué dans un style fin et calcaire, longueur suave mais de belle tenue, superbe allonge.

Saint-Émilion grand cru 2006
Rouge | 2012 à 2019 | 36 €   **16/20**
Le vin évolue bien en bouteille : belle robe profonde, nez associant le toast aux fruits rouges, dimension ample et construite, beau volume distingué.

Saint-Émilion grand cru 2005
Rouge | 2009 à 2018 | 45 €   **16/20**
Très beau vin, au nez extrêmement élégant et précis, texture délicieusement veloutée. Très 2005, avec la grâce de l'acidité qui offre un contrepoids au corps impressionnant.

Saint-Émilion grand cru 2003
Rouge | 2009 à 2012 | 38 €   **15/20**
Joli saint-émilion rond et souple, au bon équilibre charnu. C'est un vin fin et élégant, qui ne cherche pas à impressionner mais qui a de l'allonge.

Rouge : 4 hectares ; cabernet franc 15%, cabernet sauvignon 5%, merlot 80%.
Production totale annuelle : 15 000 bt.
Visite : Sur rendez-vous.

CHÂTEAU LA CONSEILLANTE

33500 Pomerol
Tél. 05 57 51 15 32 - Fax. 05 57 51 42 39
contact@la-conseillante.com
www.la-conseillante.com

Cheval Blanc et Figeac au sud, L'Évangile à l'est, Vieux Château Certan au nord, Petit-Village à l'ouest : aucun autre cru ne peut se targuer d'un si exceptionnel voisinage, et surtout aucun autre cru à Pomerol ne peut tirer la quintessence de ces différents terroirs, associant la suavité et le moelleux des pomerols et le raffinement de texture des sols sablo-graveleux de Saint-Émilion. La famille Nicolas veille amoureusement sur ses destinées depuis plusieurs générations, mais la plus récente est certainement l'une des plus motivées. En quelques années, la viticulture a gagné en précision, avec un contrôle méticuleux de la charge des raisins et une sélection plus sévère dans l'assemblage du Grand vin. Sans rien perdre de son inimitable volupté, le cru a gagné dans les derniers millésimes en précision de texture et en éclat aromatique, en conservant ses délicieuses notes de violette et de truffe.

POMEROL 2007
Rouge | 2012 à 2022 | cav. env 90 €   **17/20**
Épicé, assez corsé, un beau vin profond, d'une texture finement ciselée, d'un corps long et très distingué.

POMEROL 2006
Rouge | 2012 à 2022 | cav. env 140 €   **17/20**
Vin svelte et raffiné, au nez de fruits rouges très tendre, à l'attaque souple, au corps long et velouté soutenu par un tanin raffiné.

POMEROL 2005
Rouge | 2012 à 2025 | cav. env 150 €   **18/20**
Assurément l'une des réussites majeures de Pomerol dans ce millésime, avec un vin finement parfumé, gras, riche, volumineux, de grande dimension, mais aussi doté de tanins très raffinés.

POMEROL 2004
Rouge | 2009 à 2020 | 60 €   **16,5/20**
Construit en finesse et en sveltesse, le millésime se révèle délicat et sans aucune raideur : fruit rond et gourmand, grande allonge fine.

POMEROL DUO DE CONSEILLANTE 2007
Rouge | 2012 à 2017 | cav. env 28 €   **14,5/20**
Corps svelte, notes de fruits rouges très franches, droit et de bonne longueur.

Rouge : 12 hectares ; cabernet franc 20%, merlot 80%. **Production totale annuelle :** 50 000 bt.
Visite : Du lundi au vendredi matin, de 9 h à 12 h et de 14 h à 17 h, sur rendez-vous.

CHÂTEAU CORBIN

33330 Saint-Émilion
Tél. 05 57 25 20 30 - Fax. 05 57 25 22 00
contact@chateau-corbin.com
www.chateau-corbin.com

Cette belle et très ancienne propriété, qui appartient à la même famille depuis l'entre-deux-guerres, est située sur le plateau de Pomerol, sur un sol de graves fines qui est aussi celui de Cheval Blanc. Avec ces indiscutables atouts, la propriété n'en a pas moins démontré une irrégularité certaine, les réussites harmonieuses et racées succédant à des vins beaucoup moins marquants.

SAINT-ÉMILION GRAND CRU 2007
Rouge | 2012 à 2017 | 21 €   **14/20**
Robe d'un grenat souple, floral et fruit rouge, tendre, élégant, mais dans un registre limité.

SAINT-ÉMILION GRAND CRU 2006
Rouge | 2012 à 2017 | 22 €   **14/20**
Robe moyennement intense, fruit rouge assez tendre, volume souple, correct.

SAINT-ÉMILION GRAND CRU 2005
Rouge | 2009 à 2015 | 32 €   **15/20**
Vin au style riche et suave, d'un fruit intense et profond.

SAINT-ÉMILION GRAND CRU 2004
Rouge | 2009 à 2012 | 24 €   **14/20**
Ensemble gras, charnu, de bonne longueur.

SAINT-ÉMILION GRAND CRU 2003
Rouge | 2009 à 2012 | 27 €   **16/20**
Jolie réussite : vin de belle couleur, exprimant avec élégance et fraîcheur un fruit savoureux, développant un corps profond et long.

Rouge : 13 hectares ; cabernet franc 20%, merlot 80%. **Production totale annuelle :** 60 000 bt.
Visite : Sur rendez-vous.

CHÂTEAU LA COUSPAUDE

B.P. 40
33330 Saint-Émilion
Tél. 05 57 40 15 76 - Fax. 05 57 40 10 14
vignobles.aubert@wanadoo.fr
www.aubert-vignobles.com

Appartenant à Jean-Claude Aubert, également propriétaire de deux crus intéressants dans les « satellites » du Libournais (Jean de Gué, à Lalande, et Messine-Aubert, à Montagne), La Couspaude a connu un redressement spectaculaire à partir du début des années 1990, et est depuis l'un des crus les plus réguliers de Saint-Émilion. Son style est très marqué par la patte de Michel Rolland, qui conseille le domaine : c'est un vin généreux, rond, gourmand, très bien élevé, de plus en plus subtil dans les derniers millésimes. Si les vins sont accessibles tôt, ils vieillissent parfaitement une bonne dizaine d'années, et plus dans les bons millésimes.

SAINT-ÉMILION GRAND CRU 2007
Rouge | 2012 à 2019 | NC   **16,5/20**
Grande réussite fine et déliée, aérienne et florale, parfaitement représentatif de la finesse d'un terroir capable de produire des vins d'une grande délicatesse.

SAINT-ÉMILION GRAND CRU 2006
Rouge | 2011 à 2019 | NC   **16/20**
Souple, suave, raffiné, beau vin d'une dimension très distinguée, sans chercher à jouer dans le registre de la surpuissance.

SAINT-ÉMILION GRAND CRU 2005
Rouge | 2010 à 2020 | NC   **17/20**
Dimension fine, élégante, d'un velouté très hédoniste : avec son style charnu et de grande maturité de fruit, le vin confirme sa très grande réussite dans ce millésime.

SAINT-ÉMILION GRAND CRU 2004
Rouge | 2009 à 2015 | 36 €   **15,5/20**
Le vin possède une belle couleur profonde. Généreusement construit, il séduit par son caractère truffé, corsé et gras. La finale n'a cependant pas tout à fait la même suavité que dans les millésimes les plus épanouis.

SAINT-ÉMILION GRAND CRU 2001
Rouge | 2009 à 2015 | 37 €   **15,5/20**
Assez puissamment boisé, l'ensemble a de la longueur et ne manque pas d'harmonie.

Rouge : 7,01 hectares ; cabernet franc 20%, cabernet sauvignon 5%, merlot 75%. **Production totale annuelle :** 36 000 bt. **Visite :** Tous les jours de juillet et août, avec expositions de peintures et sculptures. Sur rendez-vous le reste de l'année. Fermé pendant les vendanges.

CHÂTEAU LA CROIX

37, rue Pline-Parmentier
33506 Libourne Cedex
Tél. 05 57 51 41 86 - Fax. 05 57 51 53 16
info@j-janoueix-bordeaux.com
www.j-janoueix-bordeaux.com

La Croix est un vignoble de 10 hectares situé à Catusseau, en face de La Croix Saint-Georges et de Petit-Village. Avec La Croix Saint-Georges et une dizaine d'autres propriétés de Pomerol, Saint-Émilion ou Castillon, ce cru appartient à la famille Janoueix, Corréziens devenus acteurs incontournables de la viticulture libournaise. Depuis dix ans, les vins ont beaucoup progressé, et font désormais indiscutablement partie des bonnes valeurs de Pomerol.

POMEROL 2006
Rouge | 2009 à 2018 | NC   **15,5/20**
Vin assez complet et de bel équilibre, floral et fruité, profond et très frais, alliant suavité et plénitude.

POMEROL 2005
Rouge | 2009 à 2018 | NC   **15/20**
Bien construit et sans rusticité, ce souple 2005 apparaît gras, gourmand, généreux et sain.

Production totale annuelle : 54 000 bt.
Visite : Sur rendez-vous.

CHÂTEAU LA CROIX DE GAY

33500 Pomerol
Tél. 05 57 51 19 05 - Fax. 05 57 51 81 81
contact@chateau-lacroixdegay.com
www.chateau-lacroixdegay.com

Ce domaine du nord de l'appellation appartient à la famille Raynaud. C'est aujourd'hui Chantal Lebreton, la sœur d'Alain Raynaud (Château Quinault l'Enclos, à Saint-Émilion), qui en a la charge. Elle produit un vin élégant, classique de Pomerol, avec son caractère truffé et sa rondeur souple, cependant parfois irrégulier dans les millésimes moyens. Depuis les années 1980, la propriété sélectionne ses meilleures parcelles pour réaliser la-fleur-de-gay, un ambitieux vin de prestige.

POMEROL 2007
Rouge | 2012 à 2017 | NC   **15,5/20**
Robe souple, finesse svelte, assez élancé, bon fruit et fraîcheur en finale.

POMEROL 2006
Rouge | 2012 à 2017 | 28,50 €   **15,5/20**
Notes fruitées très fraîches, volume élégant, tanin fin, persistance.

POMEROL 2005
Rouge | 2009 à 2020 | NC   **15/20**
L'ensemble possède beaucoup plus d'intensité et de sève que dans le millésime précédent. Pour l'instant, il se referme aromatiquement, il faut l'attendre.

POMEROL 2004
Rouge | 2009 à 2014 | 21 €   **14/20**
Vin élégant, aux arômes de fruits noirs, souple, rond mais simple.

POMEROL LA FLEUR DE GAY 2006
Rouge | 2009 à 2022 | 70 €   **17/20**
Très réussi et superbement élevé : boisé fin, élégant, dense et structuré, grande persistance pleine de fraîcheur.

Rouge : 10 hectares ; cabernet franc 5%, cabernet sauvignon 5%, merlot 90%.
Production totale annuelle : 40 000 bt.
Visite : Du lundi au samedi de 9 h à 12 h et de 14 h à 18 h sur rendez-vous, sauf vendredi matin.

CHÂTEAU LA CROIX-FIGEAC

14, rue d'Aviau
33000 Bordeaux
Tél. 05 56 81 19 69 - Fax. 05 56 81 19 69

Ce petit cru, situé sur le plateau calcaire, a été acquis à la fin du siècle dernier par l'attachante famille Dutruilh, dont le père s'est illustré dans le vin et le fils dans le ski. Père et fils ont uni leurs talents pour produire des vins souplement construits mais très agréables, à boire grâce à leur fruité savoureux et à leur svelte élégance. La propriété a modifié récemment son nom : elle était signalée dans l'édition de l'an dernier sous le nom de Rocher-Bellevue-Figeac mais s'appelle désormais La Croix-Figeac.

SAINT-EMILION GRAND CRU 2007
Rouge | 2012 à 2017 | 15-17 €   **16/20**
Même construction en finesse, avec une chair, une précision de fruit et de tanin supérieures. Beau potentiel !

SAINT-EMILION GRAND CRU 2006
Rouge | 2009 à 2015 | 15-17 €   **15/20**
Joli vin en souplesse, au fruit mûr, aux tanins fins, d'une puissance limitée, mais d'excellente buvabilité.

Rouge : 11 hectares : cabernet 30%, merlot 70%.
Production totale annuelle : 60 000 bt.
Visite : Du mardi au vendredi visites et dégustations seulement sur rendez-vous.

CHÂTEAU DALEM

1, Dalem
33141 Saillans
Tél. 05 57 84 34 18 - Fax. 05 57 74 39 85
chateau-dalem@wanadoo.fr
www.chateau-dalem.com

Ce château du XVIIIe siècle et son parc dominent la vallée de l'Isle. L'activité viticole y est très ancienne, elle a acquis une solide réputation dans les années 1980, lorsque Michel Rullier a défini le profil d'un fronsac extrêmement puissant, aux tanins serrés et denses, et à la personnalité corsée. Depuis le début du millénaire, ce style énergique mais parfois abrupt s'est assoupli avec bonheur et les vins, sans perdre de leur vigueur, ont beaucoup gagné en raffinement.

FRONSAC 2006
Rouge | 2010 à 2016 | 19,50 €   **16,5/20**
Fidèle à son style, racé avec une superbe texture, finale longue et dense, et un boisé présent mais parfaitement maîtrisé.

FRONSAC 2005
Rouge | 2010 à 2016 | NC   **15/20**
Beau volume ample, allonge solide avec un tanin tout de même moins fin que dans le millésime suivant. Fronsac de garde.

FRONSAC 2004
Rouge | 2008 à 2012 | 15 €   **15,5/20**
Beau fruit fin et frais, notes de truffe et d'épices, sans rusticité, allonge brillante.

FRONSAC 2003
Rouge | 2008 à 2015 | NC   **16/20**
Vin très gras, sans la sécheresse qui caractérise beaucoup de vins du millésime, mais au contraire élancé, raffiné et frais. Remarquable réussite.

Rouge : 13 hectares ; cabernet franc 10%, merlot 90%. **Production totale annuelle :** 60 000 bt.
Visite : De 9 h à 12 h et de 14 h à 18 h.

CHÂTEAU DASSAULT

1, Couprie
33330 Saint-Émilion
Tél. 05 57 55 10 00 - Fax. 05 57 55 10 01
lbv@chateaudassault.com
www.chateaudassault.com

Comme son nom l'indique, la propriété appartient à la famille d'industriels Dassault. Elle a été acquise en 1956, mais c'est aujourd'hui Laurent Dassault, par ailleurs également présent dans des vignobles en Argentine et au Chili, qui en a la charge, assisté de Laurence Brun. Souplement constitué, mais sans véritable intensité, dans les années 1990, le cru a gagné en profondeur, témoignant, dans les derniers millésimes, d'une personnalité souvent brillante.

SAINT-ÉMILION 2007
Rouge | 2012 à 2017 | 35 €   **16/20**
Belle couleur, palette aromatique plus précise et intense que le 2006, joli vin plein d'énergie et de fruit.

SAINT-ÉMILION 2006
Rouge | 2012 à 2017 | 40 €   **15,5/20**
Vin coloré, fruité, souple et franc dans un style juvénile. Gourmand et bien construit en bouche, c'est un vin très sincère et sans artifices.

SAINT-ÉMILION 2005
Rouge | 2009 à 2015 | 85 €   **16/20**
Belle couleur vive, arômes de fruits rouges et de torréfaction, allonge et fraîcheur, savoureux. Belle réussite.

SAINT-ÉMILION 2004
Rouge | 2009 à 2015 | 50 €   **15/20**
Vin élégant et harmonieux : robe de bonne intensité, corps plein, généreux, les tanins sont souples, le vin apparaît raisonnablement long.

SAINT-ÉMILION 2003
Rouge | 2009 à 2015 | 55 €   **15,5/20**
Vin charnu et plein, tanins sans sécheresse, fraîcheur finale sur des notes de fruits rouges. Réussi.

Rouge : 27 hectares ; cabernet franc 30%, cabernet sauvignon 5%, merlot 65%.
Production totale annuelle : 75 000 bt.
Visite : Sur rendez-vous.

CHÂTEAU DE LA DAUPHINE

33126 Fronsac
Tél. 05 57 74 06 61 - Fax. 05 57 51 80 57
contact@chateau-dauphine.com
www.chateau-dauphine.com

Chartreuse très élégante et spectaculaire, La Dauphine fut bâtie au xixᵉ siècle par l'architecte Victor Louis. En 2000, l'industriel de la distribution Jean Halley fit son acquisition, ainsi que celle de Canon de Brem, remarquable vignoble de 8 hectares, splendidement situé sur le tertre de Canon-Fronsac, et intégré à La Dauphine à partir du millésime 2006. Après de grands travaux entrepris tous azimuts, notamment la réalisation d'un chai ultra moderne et très adapté à l'exigence des propriétaires, les vins ont trouvé leur style. Bénéficiant des conseils de l'œnologue Denis Dubourdieu, la production joue clairement la carte de la finesse, quitte à paraître parfois très souple dans des millésimes moyens. 2006 semble marquer le vrai départ du cru, que son potentiel devrait pouvoir amener à un niveau comparable à celui d'un cru classé de Saint-Émilion.

CANON-FRONSAC CHÂTEAU CANON DE BREM 2005

Rouge I 2009 à 2015 I épuisé   **15,5/20**
Le dernier millésime sous cette étiquette affirme un grain de tanins très raffiné, la chair est soyeuse, l'ensemble possède du fond et du charme. Belle dimension.

FRONSAC 2006

Rouge I 2010 à 2016 I épuisé   **16,5/20**
Beaucoup de puissance dans un gant de velours, avec une belle palette d'arômes fruités et épicés. Un vin complet, élégant, droit et solide qui confirme l'impression du renouveau spectaculaire de ce domaine.

Rouge : 31 hectares ; cabernet franc 15%. merlot 85%. **Production totale annuelle** : 140 000 bt.
Visite : Sur rendez-vous.

CHÂTEAU DESTIEUX

1, lieu-dit Destieux
33330 Saint-Hippolyte
Tél. 05 57 24 77 44 - Fax. 05 57 40 37 42
contact@vignoblesdauriac.com
www.vignoblesdauriac.com

Appartenant depuis les années 1970 à la famille Dauriac, Destieux est situé sur un tertre spectaculaire, dans la partie orientale de Saint-Émilion. C'est une propriété qui a progressé tranquillement et régulièrement pour atteindre, depuis une dizaine d'années, un niveau hautement recommandable, avec une régularité impressionnante d'un millésime à l'autre, et des élevages de plus en plus soignés. Si les millésimes des années 1990 pouvaient paraître toujours puissants mais parfois un peu rustiques, ceux des années 2000 bénéficient d'une structure tannique très élégante et harmonieuse.

SAINT-ÉMILION GRAND CRU 2007

Rouge I 2012 à 2017 I NC   **15/20**
Coloré, gras et assez savoureux, dans un style en souplesse.

SAINT-ÉMILION GRAND CRU 2006

Rouge I 2012 à 2017 I 28 €   **16,5/20**
Très gras et fin, le vin déploie avec une générosité aromatique remarquable un corps très onctueux et ample.

SAINT-ÉMILION GRAND CRU 2005

Rouge I 2009 à 2015 I 32 €   **16,5/20**
Robe profonde, élevage ambitieux, volume intense et long, sans aucune lourdeur, beaucoup d'allant et de race. Associant puissance et générosité, avec des tanins enrobés sans rudesse, c'est une grande réussite.

SAINT-ÉMILION GRAND CRU 2004

Rouge I 2009 à 2015 I 24 €   **16/20**
Exprimant un bouquet profond et racé, bien élevé, c'est un vin droit et long, soutenu par des beaux tanins fins, assurément long. Beau vin noble.

SAINT-ÉMILION GRAND CRU 2003

Rouge I 2009 à 2017 I NC   **16/20**
Beau vin corsé, très gras, dense et mûr, exprimant un fruit savoureux.

Rouge : 8 hectares ; cabernet 34%, merlot 66%.
Production totale annuelle : 30 000 bt. **Visite** :
Du lundi au vendredi, de 8 h à 12 h et de 14 h à 17 h ou sur rendez-vous. Le vendredi de 8 h à 12 h.

CHÂTEAU DU DOMAINE DE L'ÉGLISE

86, cours Balguerie-Stuttenberg
33082 Bordeaux cedex
Tél. 05 56 00 00 70 - Fax. 05 57 24 71 34
domaines@borie-manoux.fr

Comme tous les crus appartenant à la famille Castéja (Trottevieille, Haut-Batailley, Lynch-Moussas), la qualité des vins de la propriété a spectaculairement progressé au tournant du millénaire. Excellemment situé dans le secteur de Clinet et de l'église de Pomerol, le cru a imposé sa personnalité ample et séveuse, sans aucune lourdeur ou mollesse. C'est aujourd'hui un pomerol de grand volume, parfaitement équilibré, impeccable dans tous ses millésimes depuis 2000.

POMEROL 2007

Rouge | 2012 à 2017 | NC   **15/20**
Robe assez pleine, bouquet associant les fruits rouges à des notes toastées, corps souple, profondeur tendre mais harmonieuse.

POMEROL 2006

Rouge | 2012 à 2017 | NC   **16/20**
Vin très coloré, palette aromatique associant les notes toastées d'une bonne barrique à celle du chocolat et du fruit mûr, corps rond et souple, très charnu, belle fraîcheur en finale.

POMEROL 2005

Rouge | 2009 à 2025 | NC   **17/20**
Vin de grand potentiel : belle sève, race et profondeur, épices fines. Allonge brillante.

POMEROL 2004

Rouge | 2009 à 2022 | 30,30 €   **16/20**
Excellent et très typé pomerol. Robe brillante, corps élancé, tanin fin, allonge profonde et séveuse.

Rouge : 7 hectares ; cabernet franc 5%, merlot 95%.
Production totale annuelle : 36 000 bt.
Visite : Sur rendez-vous.

CHÂTEAU LA DOMINIQUE

33330 Saint-Émilion
Tél. 05 57 51 31 36 - Fax. 05 57 51 63 04
info@vignobles.fayat.com
www.vignobles.fayat.com

Longtemps, cette belle propriété proche de Pomerol fut une valeur sûre des crus de Saint-Émilion. Grand industriel des travaux publics, Clément Fayat a réagi avec vigueur et efficacité aux signaux qui montraient que le cru n'avait pas suivi la progression d'ensemble de la région depuis dix ans. Pour redresser la barre, il a donc fait appel à Jean-Luc Thunevin, qui a immédiatement su tirer parti d'un magnifique terroir de petites graves et de terre argileuse. Tous les millésimes depuis 2006 sont brillants.

SAINT-ÉMILION GRAND CRU 2007

Rouge | 2012 à 2019 | 23,50 €   **16/20**
Ample, soyeux, racé, sans aucune lourdeur ni raideur, doté d'un fruit franc et frais avec des tanins fermes, d'une définition plus complète qu'en 2006.

SAINT-ÉMILION GRAND CRU 2006

Rouge | 2012 à 2019 | 27,50 €   **16/20**
De la fraîcheur, du fruit, des tanins soyeux, une personnalité franche et directe, belle allonge.

SAINT-ÉMILION GRAND CRU 2005

Rouge | 2009 à 2020 | épuisé   **14,5/20**
Puissant, vigoureux, très ferme, mais pas vraiment fin ni voluptueux. Le tanin apparaît beaucoup plus rigide que dans le millésime suivant.

SAINT-ÉMILION GRAND CRU 2002

Rouge | 2009 à 2012 | NC   **13,5/20**
Vineux, gras, de corps généreux mais de finesse moyenne.

Rouge : 24 hectares ; cabernet franc 15%, cabernet sauvignon 5%, merlot 80%.
Production totale annuelle : 120 000 bt.
Visite : Du lundi au vendredi, de 8 h à 12 h et de 14 h à 18 h, sur rendez-vous.

CLOS L'ÉGLISE

♦ ♦ ♦ ♦ ♦

33500 Pomerol
Tél. 05 56 64 05 22 - Fax. 05 56 64 06 98
info@vignoblesgarcin.com
www.vignoblesgarcin.com

Acquise en 1997 par la famille Garcin (Haut-Bergey, à Léognan), cette petite propriété située à côté de l'Église-Clinet a spectaculairement progressé à partir de cette date et s'est imposée, surtout après d'exceptionnels 1998 et 2000 (confirmés depuis par 2005), comme l'un des nouveaux vins stars de la Rive droite bordelaise. Le style est très moderne : robe très sombre, nez de fruits bien mûrs associés à des notes de toast, moka, cacao, corps généreux, très ample, tout en rondeur et suavité. Ce sont des vins qui séduisent immédiatement, mais la qualité du terroir autorise une bonne garde.

POMEROL 2007
Rouge | 2012 à 2017 | NC   **15/20**
Coloré, gras, solide, truffé, charpente tannique d'une finesse relative, mais bon volume charnu.

POMEROL 2006
Rouge | 2012 à 2017 | 89,90 €   **16,5/20**
Le vin est actuellement assez ferme, avec des tanins moins immédiatement fondants et veloutés qu'en 2005, mais l'ensemble est de grande densité et possède incontestablement un beau potentiel de vieillissement.

POMEROL 2005
Rouge | 2009 à 2020 | épuisé   **17/20**
Grande réussite onctueuse et veloutée. Un vin coloré, au fruité fin, très charnu et dense, mais sans rudesse ni amertume : volume généreux, gourmand, savoureux.

POMEROL 2004
Rouge | 2009 à 2018 | 90,20 €   **15/20**
Pomerol généreux et séduisant : beaux arômes de fruit mûr, longueur suave, profondeur limitée mais harmonieuse.

POMEROL 2001
Rouge | 2009 à 2017 | 120 €   **17/20**
Très puissant et spectaculairement construit, ce 2001 ultra riche et velouté séduit par sa généreuse onctuosité et son intense structure.

Rouge : 6 hectares ; cabernet franc 20%, merlot 80%. **Production totale annuelle :** 15 000 bt.
Visite : Sur rendez-vous.

CHÂTEAU L'ÉGLISE-CLINET

♦ ♦ ♦ ♦ ♦

33500 Pomerol
Tél. 05 57 25 96 59 - Fax. 05 57 25 21 96
denis@durantou.com
www.eglise-clinet.com

Denis Durantou est un des rares artistes de Pomerol, entendez par là un vinificateur de grand talent et de grand instinct, avec une idée bien arrêtée du style qu'il considère comme le plus adapté à son petit - mais remarquable - terroir du secteur de Clinet. La finesse de grain et de texture, le savant équilibre entre maturité et fraîcheur, l'art de l'élevage sont propres au propriétaire, et confèrent à son cru une élégance rare qui le place toujours dans les cinq meilleurs de son appellation.

POMEROL 2007
Rouge | 2009 à 2010 | NC   **18/20**
Vin de grande densité, dans une année où cette caractéristique est plutôt absente, l'église-clinet n'en révèle pas moins une texture très fine et veloutée.

POMEROL 2006
Rouge | 2012 à 2025 | 200 €   **17/20**
Sans posséder l'impressionnant volume en bouche des plus grands millésimes du cru, la chair onctueuse et le raffinement tannique de ce 2006 en feront un classique de la propriété.

POMEROL 2005
Rouge | 2012 à 2035 | 450 €   **19/20**
Incroyable nez de violette, d'une précision de rêve, corps somptueux, fin de bouche éclatante, un grand vin de terroir mais vinifié par un artiste !

POMEROL 2004
Rouge | 2009 à 2019 | Cav. 86 €   **17/20**
Grande robe, arôme frais et complexe, vinosité surprenante et magnifique de grand millésime, vin pur, sans compromis, exemplaire.

POMEROL 2003
Rouge | 2009 à 2030 | Cav. 86 €   **17,5/20**
Très puissant, truffé, intense, tanin d'une masse et d'un toucher de bouche rugueux, inhabituel au cru : il ne faudra pas boire ce millésime trop tôt.

POMEROL 2001
Rouge | 2009 à 2020 | Cav. 126 €   **17,5/20**
Vin de grande richesse de sève, exhalant un fruit mûr et profond, doté d'une structure tannique riche et serrée.

Rouge : 6 hectares ; cabernet franc 10%, merlot 90%. **Production totale annuelle :** 26 500 bt.
Visite : Sur rendez-vous.

CHÂTEAU DE L'ESTANG

L'Étang-d'en-Haut
33350 Saint-Genès-de-Castillon
Tél. 05 57 47 91 81 - Fax. 05 57 47 92 13
chateau-de-lestang@orange.fr
www.chateau-de-lestang.com

Jean-Michel Ferrandez, après une longue carrière qui l'a mené de Château Citran au Liban, conduit aujourd'hui cette propriété de 26 hectares, située sur la commune de Saint-Genès-de-Castillon. Le vignoble est d'un seul tenant, sur une croupe exposée sud-ouest, autour de son château de style Directoire. C'est un terroir argilo-calcaire, sur lequel peuvent s'exprimer les trois cépages principaux de la Rive droite : 70% de merlot, 20% de cabernet franc et 10% de cabernet-sauvignon, travaillés en culture raisonnée. C'est incontestablement une propriété à suivre.

CÔTES DE CASTILLON 2006
Rouge | 2009 à 2012 | 7 €   **15/20**
Belle réussite et bon potentiel dans ce millésime 2006 : nez pur et complexe, offrant un fruit précis et de jolies notes minérales, bouche généreuse, aux tanins de grande maturité et au boisé toasté vanillé encore assez présent.

CÔTES DE CASTILLON 2004
Rouge | 2009 à 2012 | NC   **14,5/20**
Joli vin immédiatement harmonieux, dans un style rond, velouté, suave et savoureusement fruité.

Rouge : 26,2 hectares ; cabernet franc 25%, cabernet sauvignon , merlot 70%. **Production totale annuelle :** 140 000 bt. **Visite :** Sur rendez-vous.

CHÂTEAU L'ÉVANGILE

2, chemin Vieux Maillet
33500 Pomerol
Tél. 05 57 55 45 55 - Fax. 05 57 55 45 56
levangile@lafite.com
www.lafite.com

Seul maître à bord, depuis le début de ce siècle, d'un cru dont il partageait jusqu'alors la propriété, le Baron Éric de Rothschild a doté L'Évangile d'installations techniques à la hauteur du potentiel et de la réputation de ce château, parfaitement situé sur le plateau de Pomerol. Des petites cuves permettent notamment de mieux suivre la vendange et d'affiner les assemblages. Très logiquement, les millésimes de ce début de millénaire reflètent cette progression, 2007 et surtout 2008 concrétisant pleinement ces progrès.

POMEROL 2006
Rouge | 2015 à 2025 | 151 €   **17,5/20**
Richement construit, c'est un vin très onctueux et immédiatement séduisant, au fruité expressif et brillant.

POMEROL 2005
Rouge | 2012 à 2020 | Ench. 141,50 €   **18/20**
Grande sève, bouquet généreux de truffe, texture veloutée inimitable, et plus de pureté et de transparence dans l'expression du terroir que les millésimes précédents.

POMEROL 2004
Rouge | 2009 à 2017 | 100 €   **17/20**
Ce vin profond et onctueux se déploie en générosité mais aussi en longueur, avec un bouquet expressif de fruits noirs.

Rouge : 14 hectares ; cabernet franc 22%, merlot 78%. **Visite :** En semaine de 9h à 10 h30 puis de 14 h à 15 h30.

Inscrivez-vous sur

BETTANEDESSEAUVE.COM

> Suivez l'actualité du vin
> Accédez aux notes de dégustation de 25 000 vins
> Visitez les stands des producteurs

CHÂTEAU FAIZEAU

33570 Montagne
Tél. 05 57 24 68 94 - Fax. 05 57 24 60 37
contact@chateau-faizeau.com

Les vignes du Château Faizeau forment un plateau au sommet de la colline de Calon, point culminant de l'appellation Montagne. Sur ce socle calcaire, le merlot s'épanouit parfaitement et depuis longtemps : les vignes ont une moyenne d'âge de trente ans. Chantal Lebreton (qui exploite également Croix de Gay, à Pomerol) y réalise, sous le nom de sélection-vieilles-vignes, un vin ample et très profond, toujours d'une maturité parfaitement atteinte. Le reste de la production porte le nom de château-chants-de-faizeau.

MONTAGNE-SAINT-ÉMILION
SÉLECTION VIEILLES VIGNES 2006
Rouge | 2009 à 2014 | 14,50 €   **16/20**
Belle robe sombre éclatante. Nez profond de fruits mûrs. Bouche ample et volumineuse, tendue et droite, gourmande. Beaux tanins en finale.

MONTAGNE-SAINT-ÉMILION
SÉLECTION VIEILLES VIGNES 2005
Rouge | 2009 à 2015 | NC   **15/20**
Ce vin complet et plein d'énergie mérite deux à trois années de cave pour exprimer toutes ses nuances.

MONTAGNE-SAINT-ÉMILION
SÉLECTION VIEILLES VIGNES 2004
Rouge | 2009 à 2010 | NC   **15/20**
Gras et subtil, le vin ne manque ni d'élégance, ni de volume. Gourmand, c'est l'une des belles réussites du millésime dans le secteur.

Rouge : 12 hectares ; merlot 100%.
Production totale annuelle : 40 000 bt.

CHÂTEAU FAUGÈRES

33330 Saint-Étienne de Lisse (Saint-Emilion)
Tél. 05 57 40 34 99 - Fax. 05 57 40 36 14
info@chateau-faugeres.com
www.chateau-faugeres.com

Situé à l'est de la côte de Saint-Émilion, ce cru est proche des Côtes de Castillon, appellation pour laquelle la propriété produit d'ailleurs une excellente cuvée, cap-de-faugères. Il fut assurément l'une des success stories saint-émilionnaises des années 1990, notoriété due à un style hédoniste, puissant, intense et gourmand, créé par sa propriétaire Corinne Guisez, avec l'assistance avisée de Michel Rolland. Repris au début du nouveau millénaire par un homme d'affaires suisse, le cru a encore haussé son niveau d'exigence et accentué ses sélections, tant au niveau de la cuvée du château que sur la sélection parcellaire péby-faugères. Très puissants, intenses, ce sont assurément deux vins à suivre de près.

SAINT-ÉMILION GRAND CRU 2007
Rouge | 2012 à 2017 | NC   **15,5/20**
Boisé, généreux, puissant, du volume et du fond.

SAINT-ÉMILION GRAND CRU 2006
Rouge | 2009 à 2010 | 31,00 €   **15,5/20**
Gras et souple, coloré, élevé dans d'excellentes barriques, c'est un vin à la longueur pleine, dont la finale encore très serrée promet un beau potentiel.

SAINT-ÉMILION GRAND CRU PÉBY FAUGÈRES 2007
Rouge | 2012 à 2017 | NC   **16/20**
Le boisé est là encore ultra dominateur, la richesse et l'extraction également présentes, mais on perçoit aussi une matière plus délicate qu'avec le millésime précédent. Il y a une vraie finesse derrière.

SAINT-ÉMILION GRAND CRU PÉBY FAUGÈRES 2006
Rouge | 2012 à 2017 | 90 €   **15/20**
Vin ultra puissant, très coloré, développant des notes de liqueur de fruit avec un caractère boisé dominateur, tanin enrobé et encore amer, dense. Le style est affirmé, et on donnera au minimum cinq ans de cave à ce vin pour qu'il affine une personnalité aujourd'hui imposante.

Rouge : 80 hectares ; cabernet franc 10%, cabernet sauvignon 5%, merlot 85%.
Production totale annuelle : 200 000 bt.
Visite : De 9 h à 12 h et de 14 h à 17 h, sur rendez-vous.

CHÂTEAU FEYTIT-CLINET

33500 Pomerol
Tél. 05 57 25 51 27 - Fax. 05 57 25 93 97
jeremy.chasseuil@orange.fr

Cette propriété, très bien située, à côté de Trotanoy, a quitté un anonymat presque total et une médiocrité quasi systématique lorsque la famille qui en est propriétaire a pu l'exploiter directement, à la fin des années 1990, et abandonner le contrat qui la liait à un négociant de Libourne. Jérémy Chasseuil a pu ainsi travailler avec beaucoup de finesse ce magnifique terroir, pour réaliser de beaux pomerols sveltes, allongés, profonds et très distingués, sans aucune des lourdeurs de corps ou d'arômes que l'on retrouve trop souvent dans l'appellation. Les vins sont de bonne garde.

Pomerol 2006
Rouge | 2012 à 2017 | NC   **16,5/20**
Robe colorée, fruit fin, corps élancé et soyeux, allonge raffinée sans surpuissance, tout en élégance

Pomerol 2005
Rouge | 2012 à 2025 | Ench. 48 €   **17/20**
Profond, élégant, distingué et racé : le vin est intensément construit, avec des tanins serrés et fins, de la longueur et une sève intense. Le millésime le plus accompli de la propriété.

Pomerol 2004
Rouge | 2009 à 2014 | NC   **16,5/20**
Très belle réussite dans ce millésime souvent moyen ici : vin gourmand, gras, raffiné et complet, belle longueur racée.

Pomerol 2001
Rouge | 2009 à 2015 | Ench. 17 €   **15/20**
Un vin corsé, solide, velouté, plus direct que complexe, mais sincère et profond.

Pomerol 2000
Rouge | 2009 à 2020 | Ench. 41 €   **17/20**
Le vin, au bouquet très harmonieux, égale les meilleures réussites du secteur par sa générosité et son harmonie.

Rouge : 6,34 hectares ; cabernet franc 10%, merlot 90%. **Production totale annuelle :** 30 000 bt.
Visite : Sur rendez-vous.

CHÂTEAU FIGEAC

33330 Saint-Émilion
Tél. 05 57 24 72 26 - Fax. 05 57 74 45 74
chateau-figeac@chateau-figeac.com
www.chateau-figeac.com

Avec ses deux tiers de cabernet, on a coutume de dire que Figeac, installé sur le plateau graveleux qui borde Pomerol, est le plus médocain des saint-émilions. Ce n'est pas faux, car le vin est droit, direct, svelte et frais ; cette allure qui tranche avec la ronde puissance de tant d'autres vins de la Rive droite n'est pas à la mode. Sans jamais renier ses convictions, le cru a ajouté depuis 1995 à cette palette une réelle vigueur de constitution, et surtout une fraîcheur et un équilibre dont on ne peut manquer de se dire qu'ils sont les qualités premières d'un grand bordeaux.

Saint-Émilion grand cru 2007
Rouge | 2012 à 2022 | 57 €   **16,5/20**
Robe d'intensité moyenne. Nez fin, petits fruits rouges précis, bouche élégante mais sans surpuissance, tanins délicats, belle construction délicate et pleine de fraîcheur.

Saint-Émilion grand cru 2006
Rouge | 2015 à 2025 | NC   **16,5/20**
Couleur profonde, actuellement fermé au nez, bouche solide, beau volume frais et long, l'ensemble est bien constitué mais demandera du temps pour s'exprimer pleinement.

Saint-Émilion grand cru 2005
Rouge | 2010 à 2022 | 105 €   **17,5/20**
Gras et fin, un excellent figeac au volume complet, à la droiture aristocratique.

Saint-Émilion grand cru 2002
Rouge | 2009 à 2015 | 71 €   **16/20**
Frais et élégant, le vin est actuellement dans une phase moins éclatante que dans sa prime jeunesse : robe grenat d'intensité moyenne, fruit présent, corps rond et souple.

Saint-Émilion grand cru 2001
Rouge | 2009 à 2025 | 85 €   **18/20**
Notes fines de chocolat au zeste d'orange, corps fin et délié, beau vin velouté, racé et profond.

Saint-Émilion grand cru 2000
Rouge | 2009 à 2025 | Ench. 82 €   **17/20**
Actuellement dans une phase assez austère, le vin n'en possède pas moins un équilibre et une distinction tannique qui doivent permettre de patienter.

Rouge : 40 hectares ; cabernet franc 35%, cabernet sauvignon 35%, merlot 30%.
Production totale annuelle : 120 000 bt.
Visite : Lundi au vendredi, de 9 h à 12 h et de 14 h à 17 h, sur rendez-vous. Fermé les jours fériés.

CHÂTEAU FLEUR CARDINALE

Le Thibaud
33330 Saint-Étienne-de-Lisse
Tél. 05 57 40 14 05 - Fax. 05 57 40 28 62
fleurcardinale@wanadoo.fr
www.chateau-fleurcardinale.com

Ce beau cru de côte, du secteur proche de Castillon, n'a cessé de progresser depuis la fin des années 1980, pour atteindre aujourd'hui un niveau tout à fait remarquable. Il a notamment beaucoup gagné en finesse de tanin et est devenu un vin de grand raffinement, sans pour autant perdre la généreuse constitution qu'apportent ses sols riches et plus tardifs.

SAINT-ÉMILION GRAND CRU 2007
Rouge | 2012 à 2017 | 22 €   **16/20**
Robe très sombre, vin fin et délié dans un style plein, très bonne approche sans rudesse du millésime.

SAINT-ÉMILION GRAND CRU 2006
Rouge | 2012 à 2017 | 28 €   **16/20**
Robe profonde et vive, boisé imposant mais noble, charnu et tanin fin, belle saveur robuste sans raideur, fruits rouges et noirs en finale.

SAINT-ÉMILION GRAND CRU 2005
Rouge | 2010 à 2019 | NC   **16,5/20**
Exprimant un très beau fruit, c'est un vin gras, riche, généreux, long. Assurément le vin le plus accompli du cru.

SAINT-ÉMILION GRAND CRU 2004
Rouge | 2009 à 2012 | NC   **14/20**
Très coloré avec de la brillance, boisé très présent, riche, ample, mais une maturité de fruit et de tanin pas tout à fait optimale pour ce style de vin ambitieux.

SAINT-ÉMILION GRAND CRU 2003
Rouge | 2009 à 2015 | NC   **17/20**
Tendre, long, profond, superbe tanin fin, allonge fruitée, grand style, grand vin !

Rouge : 18,5 hectares ; cabernet franc 15%, cabernet sauvignon 15%, merlot 70%.
Production totale annuelle : 70 000 bt.
Visite : Sur rendez-vous.

CHÂTEAU LA FLEUR D'ARTHUS

La Grave
33330 Vignonet
Tél. 06 08 49 18 11 - Fax. 05 57 84 61 76
fleurdarthus@orange.fr
www.fleurdarthus.fr

Qui aurait pu imaginer que Vignonet, au fin fond de l'appellation Saint-Émilion, en lisière de Dordogne, puisse un jour produire de très grands vins ? Jean-Denis Salvert, amoureux fou des grands crus et dégustateur hors pair, y est parvenu en sélectionnant d'excellentes parcelles parfaitement exposées et drainées, et en pratiquant une viticulture d'élite qui n'a rien à envier aux crus cultes du coteau. Il a su en particulier porter l'élevage à un maximum d'efficacité, en retardant les mises en bouteilles jusqu'à l'épanouissement complet du vin en barriques.

SAINT-ÉMILION GRAND CRU 2007
Rouge | 2012 à 2017 | 18 €   **14/20**
Substance plus légère que le 2006, mais toujours de l'élégance.

SAINT-ÉMILION GRAND CRU 2006
Rouge | 2012 à 2017 | NC   **15/20**
Boisé fin, fruité souple et élégant, belle fraîcheur, volume raffiné.

SAINT-ÉMILION GRAND CRU 2005
Rouge | 2009 à 2017 | NC   **16,5/20**
Vin de grande couleur, au fruit pur et franc, soyeux et bien élevé, assurément de grande longueur.

SAINT-ÉMILION GRAND CRU 2004
Rouge | 2009 à 2019 | 20 €   **17,5/20**
Une des gloires du millésime, un vin d'une richesse et d'une tension que de nombreux Premiers grands crus classés de l'appellation n'ont pas su obtenir. Tanin noble, grand potentiel, un vin à carafer deux heures à l'avance.

SAINT-ÉMILION GRAND CRU 2002
Rouge | 2009 à 2012 | NC   **15,5/20**
Nez profond annonçant une bouche pleine de sève, dense et généreuse, au tanin serré et fin, de bonne longueur.

Rouge : 4 hectares ; merlot 100%.
Production totale annuelle : 16 000 bt.
Visite : De 9 h à 12h et de 13 h à 18 h.

CHÂTEAU LA FLEUR DE BOÜARD

33500 Pomerol
Tél. 05 57 25 25 13 - Fax. 05 57 51 65 14
contact@lafleurdebouard.com
www.lafleurdebouard.com

Hubert de Boüard a acquis cette propriété de Lalande de Pomerol en 1998. Elle s'appuie sur deux secteurs, l'un de grosses graves et l'autre de sable et d'argile ; ces terroirs ont permis depuis le premier millésime réalisé de produire un vin ample, très profond, d'une remarquable finesse de tanin et d'une dimension sans équivalent à Lalande. De fait, la-fleur-de-boüard s'est révélée dans tous les derniers millésimes au niveau des très bons pomerols. Chaque année, à partir du terroir graveleux, Hubert de Boüard réalise une cuvée qu'il qualifie lui-même «d'ovni» (objet vinifiant non identifié), le-plus, une cuvée très ambitieuse, élevée trente-trois mois en fûts neufs.

LALANDE DE POMEROL 2007
Rouge | 2009 à 2015 | 20-27 €   **16/20**
Nez un peu fermé. Bouche fraîche, élégante, un très beau fruit.

LALANDE DE POMEROL 2006
Rouge | 2009 à 2016 | 20-27 €   **16/20**
Goûté le jour de sa mise en bouteilles mais il n'en pâtit pas : un nez délicat et tendre, fruité, fleuri et épicé, une bouche d'une grande harmonie, avec des tanins fins, un fruit pur et une longue finale fraîche.

LALANDE DE POMEROL 2005
Rouge | 2009 à 2015 | 20-27 €   **16,5/20**
Fin, long et raffiné, la-fleur-de-boüard gagne encore avec ce millésime en noblesse de définition.

LALANDE DE POMEROL LE PLUS DE LA FLEUR DE BOÜARD 2005
Rouge | 2009 à 2018 | env 80 €   **17,5/20**
Assez naturellement eu égard à son nom, la cuvée possède par rapport à la-fleur un supplément de puissance et de profondeur.

Rouge : 20,2 hectares ; cabernet franc 15%, cabernet sauvignon 5%, merlot 80%.
Production totale annuelle : 70 000 bt.
Visite : Sur rendez-vous.

CHÂTEAU LA FLEUR-PETRUS

33500 Pomerol
Tél. 05 57 51 78 96 - Fax. 05 57 51 79 79
info@jpmoueix.com
www.moueix.com

Très bien situé sur le plateau de Pomerol, avec des terroirs argileux, le cru appartient comme Petrus (mais pas comme Lafleur !) aux Établissements Moueix. Il est moins expansif par sa naissance que la plupart des pomerols signés Moueix, et il faudra lui donner le temps de révéler son caractère noblement truffé et son allonge élégante mais tendue.

POMEROL 2006
Rouge | 2012 à 2018 | NC   **16,5/20**
De l'élégance et de la fraîcheur. Vin aux beaux arômes de fruits rouges, découpé, svelte, élancé.

POMEROL 2005
Rouge | 2011 à 2018 | Ench. 154 €   **16,5/20**
Sans pour autant s'afficher comme un vin surpuissant, le 2005 séduit par son élégance distinguée et élancée, relevée par un bouquet fruité très frais et fin. L'ensemble est long et persistant.

POMEROL 2004
Rouge | 2009 à 2013 | Ench. 87 €   **15/20**
Le fruité est tendre et la chair élégante, mais les tanins, avec une petite nuance végétale, n'ont pas la même souplesse que dans le millésime suivant.

POMEROL 2001
Rouge | 2009 à 2015 | NC   **16,5/20**
Avec sa chair soyeuse, aux tanins très policés, c'est un millésime parfaitement réussi.

POMEROL 2000
Rouge | 2009 à 2018 | Ench. 149 €   **17/20**
Vin magnifiquement constitué, très harmonieux dans sa puissance, doté de tanins parfaitement intégrés à la matière.

Rouge : 13,40 hectares ; cabernet franc 15%, merlot 85%. Production totale annuelle : 40 000 bt.
Visite : Pas de visites.

CHÂTEAU FOMBRAUGE

33330 Saint-Christophe-des-Bardes
Tél. 05 57 24 77 12 - Fax. 05 57 24 66 95
chateau@fombrauge.com
www.fombrauge.com

Depuis son acquisition par Bernard
Magrez, cette grande propriété, située au
nord-est de Saint-Émilion, a énormément
progressé, et son vin démontre désormais
une race et un équilibre qu'on ne lui soup-
çonnait pas à l'origine. Plein, gourmand,
superbement élevé, il impressionne par
son harmonie et sa plénitude de constitution. Magrez-fombrauge est une sélection
qui bénéficie d'un soin encore plus
extrême dans toutes les phases de la
culture et de la vinification. Plus puissant
et riche, avec également une finesse de
tanin superbe, il a connu avec le millésime
2008 une inflexion heureuse pour gagner
en équilibre et en élégance.

SAINT-ÉMILION GRAND CRU 2007
Rouge | 2012 à 2017 | NC   **15,5/20**
Fruit rouge généreux, corps rond et charnu,
bel ensemble souple, chaleureux, harmonieux et équilibré.

SAINT-ÉMILION GRAND CRU 2006
Rouge | 2012 à 2017 | env 25 €   **16/20**
Belle couleur de profondeur moyenne, fruit
franc et précis, bouche élégante, ronde, fraîcheur et rondeur, beaucoup d'allant.

SAINT-ÉMILION GRAND CRU 2005
Rouge | 2009 à 2015 | 28 €   **15/20**
Vin très coloré, fruité et richement boisé,
beau volume fondant en bouche, corps gras
et velouté, finale harmonieuse.

SAINT-ÉMILION GRAND CRU 2004
Rouge | 2009 à 2012 | 23 €   **15/20**
Vin plus simple que magrez-fombrauge, mais
aussi plus équilibré et frais : coloré, dense,
suave, velouté, c'est un vin moderne et
savoureux.

SAINT-ÉMILION GRAND CRU MAGREZ-FOM-BRAUGE 2007
Rouge | 2013 à 2020 | NC   **16/20**
Vin puissant, charpenté et plein de sève. La
structure tannique, serrée et fine, lui permettra de révéler tout le potentiel du terroir
avec le temps.

Rouge : 54 hectares ; cabernet franc 14%, cabernet
sauvignon 9%, merlot 77%. Blanc : 2 hectares
Production totale annuelle : 160 000 bt. Visite : Sur
rendez-vous.

CHÂTEAU DE FONBEL

33330 Saint-Émilion
Tél. 05 57 24 24 57 - Fax. 05 57 74 47 39
chateau.ausone@wanadoo.fr
www.chateau-ausone.fr

Cette propriété familiale est depuis
quelques années suivie et vinifiée par
Alain Vauthier, le grand homme d'Ausone.
Évidemment d'ambition plus modeste,
fonbel n'en séduit pas moins dès sa prime
jeunesse, avec des vins toujours fruités,
élancés et frais.

SAINT-ÉMILION GRAND CRU 2006
Rouge | 2012 à 2017 | 21 €   **15/20**
Très finement construit. Fruit frais, gourmand et gras. Belle intensité gourmande.

SAINT-ÉMILION GRAND CRU 2005
Rouge | 2009 à 2010 | 25 €   **16/20**
Ce 2005 brille par une incomparable fraîcheur de fruit, une allonge svelte et gourmande et un splendide équilibre.

Rouge : 16 hectares.
Production totale annuelle : 100 000 bt.
Visite : Pas de visites.

CHÂTEAU FONPLÉGADE

33330 Saint-Émilion
Tél. 05 57 74 43 11 - Fax. 05 57 74 44 67
karine.queron@fonplegade.fr
adamsfrenchvineyards.fr

Situé juste au-dessus de Canon-la-Gaffe-lière, Fonplégade fut longtemps la pro-priété d'Armand Moueix, aujourd'hui disparu. Le cru a été repris récemment par un banquier d'origine américaine, qui a tout mis en œuvre pour lui faire retrouver son plus haut niveau de qualité, au regard de sa position en pleine côte de Saint-Émi-lion. À partir de 2004, une nette inflexion apparaît en effet, et la progression se confirme de millésime en millésime, 2006 se révélant, de très loin, comme le plus prometteur vin réalisé ici. Le cru est claire-ment engagé sur la bonne voie !

SAINT-ÉMILION GRAND CRU 2007
Rouge I 2012 à 2019 I 40 €   **16,5/20**
Coloré, boisé, ample et gras, fruit noble et toast, belle allonge profonde.

SAINT-ÉMILION GRAND CRU 2006
Rouge I 2010 à 2018 I 40 €   **16,5/20**
Vin gras, riche, moderne dans sa concep-tion aromatique très fruitée, doté d'un tanin beaucoup plus fin que dans les millésimes précédents, ce qui lui apporte à la fois une texture soyeuse et une finale persistante, moins lourde et plus fraîche.

SAINT-ÉMILION GRAND CRU 2005
Rouge I 2010 à 2019 I 50 €   **15,5/20**
L'ensemble est puissant et richement consti-tué, avec ses tanins enrobés et sa palette aromatique associant toast et fruits noirs. L'allonge est savoureuse, même si cet ensemble généreux n'exprime pas encore parfaitement toute la finesse du terroir.

SAINT-ÉMILION GRAND CRU 2004
Rouge I 2009 à 2015 I 40 €   **15/20**
Vin séduisant et réussi, avec un bon volume bien travaillé, doté d'un tanin fin, témoignant de rondeur et d'élégance.

Rouge : 18 hectares ; cabernet franc 7%,
cabernet sauvignon 2%, merlot 91%.
Production totale annuelle : 40 000 bt.
Visite : De 9 h à 12 h 30 et de 13 h 30 à 18 h.

CHÂTEAU FONROQUE

33330 Saint-Emilion
Tél. 05 57 24 60 02 - Fax. 05 57 24 74 59
info@chateaufonroque.com
www.chateaufonroque.com

Ce cru classé de Saint-Émilion est dirigé par Alain Moueix, qui a opté avec sagesse et exigence pour une viticulture bio. Les vins sont réalisés sans esbroufe, avec une trame fine et svelte et des équilibres tou-jours fondés sur la fraîcheur. Depuis le début de cette décennie, la qualité n'a cessé de progresser et les derniers millé-simes, pleins de charme et d'élégance, démontrent le potentiel du cru.

SAINT-ÉMILION GRAND CRU 2007
Rouge I 2011 à 2017 I NC   **15/20**
Parfum de fruits rouges et de fleurs entê-tant, bouche tendre mais bien construite, bon volume souple, allonge sans rudesse. Joli vin plein de charme.

SAINT-ÉMILION GRAND CRU 2006
Rouge I 2012 à 2017 I 26 €   **14,5/20**
Robe grenat élégante, nez fruité, bouche souple à l'attaque, s'imposant progressive-ment grâce à une structure tannique affir-mée, allonge correcte.

SAINT-ÉMILION GRAND CRU 2005
Rouge I 2009 à 2016 I 30 €   **15/20**
2005 est puissant, solide, très sérieusement construit dans un registre assez strict.

Rouge : 17,60 hectares ; cabernet franc 12%,
merlot 88%. **Production totale annuelle :** 65 000 bt.
Visite : De 9 h à 12 h et de 14 h à 17 h.

CHÂTEAU FONTENIL

33141 Saillans
Tél. 05 57 51 23 05 - Fax. 05 57 51 66 08
rolland.vignobles@wanadoo.fr
www.rollandcollection.com

C'est en 1986 que Dany et Michel Rolland ont acheté cette propriété où ils vivent habituellement. Sur des coteaux de terre argileuse, le merlot s'épanouit et les Rolland ont pu affiner ici, avec leur professionnalisme et leur rigueur habituels, le style généreux et gourmand qui a fait le succès de la «patte» Rolland dans le monde entier. Leurs vins, structurés, concentrés et charnus, expriment une jolie palette de fruits rouges et d'arômes toastés. Ils sont prêts à boire après deux à trois ans de garde. Ils ont gagné en finesse dans les derniers millésimes.

FRONSAC 2006
Rouge | 2010 à 2016 | NC   **16,5/20**
Danny et Michel Rolland font preuve de leur grand savoir-faire dans ce millésime difficile à vinifier. Leur fontenil est à la fois moelleux et plein d'énergie, c'est un vin savoureux et profond, superbement réalisé. Grand équilibre.

FRONSAC 2005
Rouge | 2010 à 2016 | 25 €   **16,5/20**
C'est l'un des meilleurs millésimes de Fontenil : truffé, gourmand et généreux, ce vin entre aujourd'hui dans une période de fermeture. Il faut l'attendre en confiance, c'est une réussite incontestable.

FRONSAC 2004
Rouge | 2008 à 2012 | 17 €   **16/20**
Aujourd'hui à point : crémeux, harmonieux et truffé, beau vin complet et très savoureux.

Rouge : 9 hectares ; cabernet sauvignon 10%, merlot 90%. **Production totale annuelle :** 45 000 bt.
Visite : Sur rendez-vous au Château Bon Pasteur.

CHÂTEAU FOUGAS

B.P. 51
33710 Lansac
Tél. 05 57 68 42 15 - Fax. 05 57 68 28 59
jybechet@fougas.com
www.fougas.com

C'est l'une des plus anciennes propriétés des Côtes de Bourg, acquise en 1976 par Jean-Yves Bechet, fils d'une famille de négociants bordelais. Autour du château se répartissent 17 hectares d'un seul tenant qui, depuis 2007, sont entrés en conversion à l'agriculture biologique. Deux ruisseaux servent au drainage naturel à chaque extrémité de la propriété. Depuis 1983, Jean-Yves Bechet, qui n'est jamais à cours d'idées, a renoué avec la coutume ancestrale pratiquée par les négociants bordelais, et propose à ses clients de leur louer les pieds de vignes et d'acheter la récolte sur cep.

CÔTES DE BOURG CHÂTEAU FOUGAS-MALDOROR 2006
Rouge | 2009 à 2012 | 15,80 €   **15/20**
Couleur rubis profonde, beaucoup de concentration et de puissance dans ce vin très moderne, aux tanins compacts et serrés, l'extraction importante révèle la prune et des notes chocolatées.

Rouge : 17 hectares ; cabernet sauvignon 25%, merlot 75%. **Production totale annuelle :** 85 000 bt.
Visite : Du lundi au vendredi, de 8 h à 12 h et de 14 h à 18 h

CLOS FOURTET

33330 Saint-Émilion
Tél. 05 57 24 70 90 - Fax. 05 57 74 46 52
closfourtet@closfourtet.com
www.closfourtet.com

Cette petite mais attachante propriété est facile à remarquer quand on visite Saint-Émilion : elle est située face à l'église, et occupe le spectaculaire plateau calcaire qui s'étend au-delà de la côte. Elle fut long-temps la propriété de la famille Lurton, avant d'être reprise par Philippe Cuvelier qui n'a cessé, à partir des années 2000, de remettre le cru au plus haut niveau.

Saint-Émilion grand cru 2007

Rouge | 2012 à 2020 | cav. env 45 € **15/20**
Robe profonde, nez de kirsch et de confiture de fruits rouges, bouche svelte, avec un caractère assez sec, finale encore abrupte. Ce n'est pas le millésime le plus convaincant du cru.

Saint-Émilion grand cru 2006

Rouge | 2012 à 2018 | cav. env 45 € **16/20**
Robe pleine, boisée, très toastée, bouche ronde et gourmande, de la souplesse en bouche mais aussi de l'intensité et de la persistance.

Saint-Émilion grand cru 2005

Rouge | 2009 à 2020 | NC **17/20**
Robe intense, fruit vif mais brillant, plein, long, d'une beau volume velouté, avec de la vivacité.

Saint-Émilion grand cru 2004

Rouge | 2009 à 2015 | 44 € **14,5/20**
Nez toasté, attaque ample, bon tanin, mûr, structure un peu lâche, mais volume généreux.

Saint-Émilion grand cru 2003

Rouge | 2009 à 2015 | 80 € **16/20**
Le tanin n'est pas le plus fin des Premiers et l'alcool est assez présent, mais l'ensemble, généreux et gourmand, séduit diablement.

Saint-Émilion grand cru 2002

Rouge | 2009 à 2014 | cav. env 55 € **14/20**
Robe de bonne intensité, nez de fruits à l'eau-de-vie, bouche souple, vin tendre et agréable mais d'une dimension qui demeure limitée.

Saint-Émilion grand cru 2001

Rouge | 2009 à 2014 | cav. env 55 € **14,5/20**
Droit et témoignant de l'élégance de son terroir, avec un caractère assez sec.

Rouge : 20 hectares ; cabernet franc 5%, cabernet sauvignon 10%, merlot 85%.
Production totale annuelle : 80 000 bt.
Visite : Sur rendez-vous en semaine.

CHÂTEAU FRANC-MAYNE

33330 Saint-Émilion
Tél. 05 57 24 62 61 - Fax. 05 57 24 68 25
welcome@relaisfrancmayne.com
www.relaisfrancmayne.com

Aux abords de Saint-Émilion et à proximité de Pomerol, Franc-Mayne est à la fois une propriété viticole, bien située sur le plateau, à quelques encablures de Beauséjour-Bécot, et un hôtel de grand charme, à découvrir d'urgence. En matière viticole, la propriété produit des vins sérieusement constitués et réguliers d'un millésime à l'autre, qu'il faut apprécier dans leurs cinq premières années d'existence pour profiter de leur fruit souvent expressif. Les propriétaires, arrivés au début de la décennie, affinent peu à peu la personnalité de leurs vins.

Saint-Émilion grand cru 2007

Rouge | 2010 à 2018 | NC **14,5/20**
Même bouquet très expressif, allonge souple, finale assez fraîche.

Saint-Émilion grand cru 2006

Rouge | 2012 à 2018 | 40 € **14,5/20**
Vin généreux et plein, avec un caractère fruité presque entêtant. La petite pointe d'amertume en finale demandera deux à trois ans pour se fondre.

Saint-Émilion grand cru 2005

Rouge | 2010 à 2017 | 50 € **15/20**
L'élevage a porté ses fruits et dompté le tanin vigoureux de ce millésime que l'on peut tranquillement attendre.

Saint-Émilion grand cru 2004

Rouge | 2009 à 2012 | 45 € **14,5/20**
Vin coloré, franc et intensément fruité, corps solide avec un tanin moyennement fin mais bien présent, long et sain.

Saint-Émilion grand cru 2003

Rouge | 2009 à 2015 | 45 € **14/20**
Puissant et dense, mais moyennement raffiné et expressif.

Rouge : 7 hectares ; cabernet franc 10%, merlot 90%. **Production totale annuelle :** 30 000 bt.
Visite : Tous les jours, de 9 h à 18 h sur rendez-vous.

CHÂTEAU DE FRANCS

33570 Francs
Tél. 05 57 40 65 91 - Fax. 05 57 40 63 04
chateaudefrancs@terre-net.fr

Propriété commune d'Hubert de Boüard (Angélus) et de Dominique Hébrard (Bellefont-Belcier), ce classique des Côtes de Francs présente depuis des années une régularité sans faille, avec des vins aux arômes fruités et au corps généreux, toujours à leur meilleur entre deux et cinq ans de garde. Les vignes, qui entourent les ruines du château, offrent un caractère de merlot typique, riche et mûr.

CÔTES DE FRANCS 2007
Rouge | 2009 à 2014 | NC   **14,5/20**
Encore très jeune, il présente un nez superbe au fruit très mûr et au joli boisé fondu, le tout ponctué de délicates notes d'épices douces ; la bouche est très dense, avec une trame tannique serrée et un boisé qui ne demande qu'à se fondre. Bel avenir.

CÔTES DE FRANCS 2007
Blanc | 2009 à 2011 | épuisé   **14/20**
Robe jaune vert intense, nez expressif, riche et très mûr, bouche très chaleureuse, encore un peu dominée par son élevage en barrique, mais l'ensemble reste flatteur et équilibré.

CÔTES DE FRANCS LES CERISIERS 2006
Rouge | 2009 à 2012 | 9,70 €   **15/20**
Un potentiel indéniable, pour ce vin au nez intense de fruits mûrs et de cuir, à la trame tannique serrée, et à la longue finale fraîche.

CÔTES DE FRANCS LES CERISIERS 2005
Rouge | 2009 à 2014 | épuisé   **15/20**
Un magnifique vin complet, auquel rien ne manque : nez raffiné et complexe, avec un fruit épanoui et de subtiles notes épicées, bouche veloutée, fruitée et à la grande allonge. Un charme immédiat mais aussi un grand potentiel de garde.

CÔTES DE FRANCS LES CERISIERS 2004
Rouge | 2009 à 2011 | 9,70 €   **13,5/20**
Vin solide et franc, bien constitué, un peu linéaire dans ce millésime.

Rouge : 36,5 hectares ; cabernet franc 10%, cabernet sauvignon 5%, merlot 85%.
Blanc : 0,5 hectare ; sauvignon 50%, sémillon 50%.
Production totale annuelle : 230 000 bt.
Visite : Du lundi au vendredi, de 8 h à 12 h et de 14 h à 17 h, sur rendez-vous.

CHÂTEAU LA GAFFELIÈRE

B.P. 65
33330 Saint-Émilion
Tél. 05 57 24 72 15 - Fax. 05 57 24 69 06
contact@chateau-la-gaffeliere.com
www.chateau-la-gaffeliere.com

Cette très jolie propriété, située à l'entrée sud du village de Saint-Émilion, appartient à la famille Malet Roquefort. Elle dispose d'un terroir en coteaux, magnifiquement exposé, qui est le pendant à l'ouest de celui de Pavie, mais contrairement à son voisin, elle n'a jamais joué sur le registre de la surpuissance ou de l'extrême maturité du fruit. Ici, on cherche plutôt à produire des vins assurément généreux, gourmands, racés et toujours d'un équilibre très classique, privilégiant la fraîcheur et l'harmonie. Dans les millésimes de cette décennie, le vin a assurément progressé et, sans renier son style, possède beaucoup plus d'intensité et de potentiel.

SAINT-ÉMILION GRAND CRU 2007
Rouge | 2012 à 2020 | 40 €   **15,5/20**
Robe grenat assez profonde, nez de cerises noires marqué, bouche ronde et large, n'ayant pas encore dévoilé tout son potentiel.

SAINT-ÉMILION GRAND CRU 2006
Rouge | 2012 à 2018 | 50 €   **15/20**
Robe profonde, nez de fruits noirs, bouche ample et solide, d'une assise large mais d'une fraîcheur limitée.

SAINT-ÉMILION GRAND CRU 2002
Rouge | 2009 à 2014 | 50 €   **15/20**
Bouquet fruité et enlevé, corps souple, tendre et frais, bonne rondeur.

SAINT-ÉMILION LÉO DE LA GAFFELIÈRE 2006 ⓤ
Rouge | 2012 à 2017 | 7,90 €   **14/20**
Souple et sympathique, un plaisir immédiat.

Rouge : 22 hectares ; cabernet franc ,15%, cabernet sauvignon 5%, merlot 80%. Production totale annuelle : 55 000 bt. Visite : Sur rendez-vous du 15 mai au 25 septembre incluant week-ends et jours fériés.

CHÂTEAU LE GAY

33500 Pomerol
Tél. 05 57 25 34 34 ou 01 46 43 03 46
Fax. 05 57 25 56 45

Cette propriété, qui possède l'un des plus beaux terroirs du nord du plateau de Pomerol, a longtemps appartenu à la même famille que Lafleur, mais sans bénéficier des mêmes soins ni de la même expertise. Peu de vins ont pu témoigner du potentiel du cru, avant son acquisition par Catherine Péré-Vergé, en 2003. En bâtissant un cuvier très beau et bien adapté, en portant une attention précise au vignoble, et en faisant appel aux avisés conseils de Michel Rolland, celle-ci a mis les bouchées doubles, produisant des vins sculpturaux, splendidement racés et impeccablement définis. Tout en s'attaquant désormais à une autre propriété mythique de Pomerol, La Violette, Catherine Péré-Vergé a réussi avec éclat ce premier pari. Attention, les millésimes antérieurs au rachat (2003) n'ont que peu d'intérêt.

POMEROL 2007
Rouge | 2012 à 2022 | 78 €   **17,5/20**
Vin taillé pour la garde, profond et serré, très structuré, au fruit intense et aux tanins nets.

POMEROL 2006
Rouge | 2012 à 2020 | 82,50 €   **17/20**
Très moelleux, séducteur également, avec ses notes de rose et son grain velouté, c'est un vin droit, long et intense.

POMEROL 2005
Rouge | 2012 à 2020 | 130 €   **17,5/20**
Grand vin profond, velouté et riche, d'une structure brillante et d'une grande intensité en bouche.

POMEROL 2004
Rouge | 2009 à 2014 | 64 €   **16/20**
Belle robe profonde, boisé noble, fondu, suave et racé, incontestable réussite.

POMEROL MANOIR DE GAY 2006
Rouge | 2010 à 2018 | NC   **14/20**
Corps souple et fin, actuellement un peu dominé par l'élevage.

Rouge : 32 hectares ; cabernet franc 7%, cabernet sauvignon 3%, merlot 90%.
Production totale annuelle : 10 000 bt.
Visite : Sur rendez-vous.

CHÂTEAU GAZIN

Le Gazin
33500 Pomerol
Tél. 05 57 51 07 05 - Fax. 05 57 51 69 96
contact@gazin.com
www.gazin.com

Grande et belle propriété, située dans l'un des meilleurs secteurs de Pomerol, Gazin fait figure de géant si on le compare aux surfaces de la plupart des crus fameux de l'appellation. De fait, grâce à un travail de sélection sévère et à une viticulture exigeante, Gazin a beaucoup progressé depuis vingt ans, et apparaît aujourd'hui comme l'une des grandes valeurs sûres de Pomerol. Ce n'est pas un pomerol de style opulent : les vins sont souples et frais, avec beaucoup d'élégance aromatique, et toujours dénués de lourdeur.

POMEROL 2007
Rouge | 2012 à 2017 | 34 €   **15,5/20**
Corps souple, de l'acidité, vin fin, d'une dimension limitée mais témoignant assurément de la race du cru.

POMEROL 2006
Rouge | 2012 à 2017 | 48 €   **17/20**
Gazin à son meilleur témoigne toujours de la finesse de son terroir : bouquet précis de fruits rouges, corps gras et gourmand, élégance profonde, une vraie réussite raffinée.

POMEROL 2005
Rouge | 2012 à 2022 | Ench. 41 €   **17,5/20**
Doté d'une robe splendide, le cru affirme un croquant distingué, une longueur racée et fine, une réelle fraîcheur. C'est véritablement un vin ultra raffiné, à la sensibilité artistique.

POMEROL 2004
Rouge | 2009 à 2018 | 43 €   **15/20**
Dans un registre souple et délié, ce 2004 se déploie avec tendresse, sinon par intensité.

Rouge : 23 hectares ; cabernet franc 3%, cabernet sauvignon 7%, merlot 90%.
Production totale annuelle : 100 000 bt.
Visite : Sur rendez-vous.

CHÂTEAU GIGAULT

33390 Mazion
Tél. 05 57 54 39 39 - Fax. 05 56 54 39 38
c.reboul-salze@laposte.net

Propriété de Christophe Reboul-Salze, l'un des plus brillants négociants bordelais, gigault est progressivement devenu l'un des vins les plus racés et les mieux définis des Côtes de Blaye. Le style, alliant fraîcheur de fruit et sveltesse du corps, ne manque pas de cachet. C'est en outre un vin solide et très bien constitué, à son meilleur dans ses cinq premières années de bouteille.

PREMIÈRES CÔTES DE BLAYE VIVA 2006
Rouge | 2010 à 2013 | 12 €   **15/20**
Superbe cuvée ; très beau nez complexe, mûr et fondu, grande texture en bouche, savoureuse, dense, fraîche et particulièrement longue.

Rouge : 14 hectares.
Production totale annuelle : 50 000 bt.
Visite : Pas de visites.

Inscrivez-vous sur

BETTANEDESSEAUVE.COM

> Suivez l'actualité du vin
> Accédez aux notes de dégustation de 25 000 vins
> Visitez les stands des producteurs

CHÂTEAU GODARD-BELLEVUE

Godard
33570 Franc
Tél. 05 57 40 65 77 - Fax. 05 57 40 65 77
earl.arbo@wanado.fr

Ce château appartient à la famille Arbo, par ailleurs propriétaire du Château Puyanché, en Côtes de Francs, et des Moulins de Coussillon, en Côtes de Castillon. La superficie du vignoble de Godard-Bellevue est de 10 hectares, avec des vignes de 30 à 40 ans d'âge. La culture y est particulièrement soignée pour récolter des raisins proches de la perfection. La production moyenne est de 60 000 bouteilles, le vieillissement se fait douze mois en barriques. Depuis 2005, la cuvée l'étoile est conservée seize mois en barriques, et sa production confidentielle est de 3 300 bouteilles. Le merlot y est très fortement majoritaire (95%).

CÔTES DE FRANCS 2006
Rouge | 2009 à 2012 | 8,75 €   **13,5/20**
Entièrement sur le registre de l'élégance, avec son nez délicatement fruité et floral, sa bouche souple, charnue, fruitée et facile à boire dès à présent.

CÔTES DE FRANCS 2005
Rouge | 2009 à 2013 | épuisé   **15/20**
Tout en harmonie et en complexité, avec un nez riche, fruité et épicé, une bouche ample, charmeuse, avec un grain savoureux, du fruit et un bon potentiel de garde.

CÔTES DE FRANCS CHÂTEAU PUYANCHÉ 2006
Blanc | 2009 à 2011 | 7,40 €   **14,5/20**
Nez pur, avec une belle maturité de fruit et de jolies notes vanillées pour ce blanc charnu, très aromatique, frais et d'une grande élégance.

CÔTES DE FRANCS CUVÉE L'ÉTOILE 2006
Rouge | 2009 à 2013 | 17 €   **15/20**
Belle cuvée très élégante et agréable à déguster, offrant un nez complexe et fondu, finement fruité et boisé, une bouche suave, aux tanins fins et à la belle fraîcheur. Tout en harmonie.

CÔTES DE FRANCS CUVÉE L'ÉTOILE 2005
Rouge | 2009 à 2013 | 17,50 €   **15/20**
Très belle cuvée, un rien au dessus du vin classique, avec son nez de fruits très mûrs et de boisé fumé, sa bouche chaleureuse et puissante qui devra s'harmoniser avec le temps.

Rouge : 33 hectares. Blanc : 3 hectares.
Production totale annuelle : 80 000 bt.
Visite : De 8 h à 12 h et de 14 h à 18 h, sur rendez-vous.

CHÂTEAU
GRAND CORBIN-DESPAGNE

33330 Saint-Émilion
Tél. 05 57 51 08 38 - Fax. 05 57 51 29 18
f-despagne@grand-corbin-despagne.com
www.grand-corbin-despagne.com

Le cru, qui appartient à la famille Despagne depuis de nombreuses années, n'a aucun rapport avec le voisin ibérique, mais constitue désormais une valeur sûre des saint-émilions du plateau de Pomerol. Il a déçu dans les années 1980 et au début des années 1990, ce qui a entraîné son déclassement, et une nette reprise en main dans la foulée. Celle-ci se concrétise aujourd'hui avec des vins très pleins, harmonieux, équilibrés, souvent relativement austères dans leur jeunesse, mais s'épanouissant après quatre à cinq années de cave.

Saint-Émilion grand cru 2007
Rouge | 2012 à 2018 | NC **15,5/20**
Belle définition aromatique, corps précis et svelte, allonge fine.

Saint-Émilion grand cru 2006
Rouge | 2012 à 2018 | 25 € **15,5/20**
Robe de bonne intensité, volume charnu, élégant dans un registre classique. Excellent fruit.

Saint-Émilion grand cru 2005
Rouge | 2009 à 2015 | 32 € **15/20**
Beau volume svelte, droit, équilibré. La structure tannique est un peu rigide, mais le vin a du potentiel et de la densité.

Saint-Émilion grand cru 2004
Rouge | 2009 à 2013 | 24 € **14,5/20**
La robe est intensément colorée, le vin apparaît sérieux et construit, assez long, sur l'acidité mais avec de la chair.

Saint-Émilion grand cru 2003
Rouge | 2009 à 2012 | 28 € **14/20**
Puissant mais assez simple, un vin riche au fruit mûr, doté de tanins gras.

Rouge : 26,8 hectares ; cabernet franc 24%, cabernet sauvignon 1%, merlot 75%. Production totale annuelle : 85 000 bt. Visite : De 8 h à 12 h et de 14 h à 18 h. Autres possibilités sur rendez-vous.

CHÂTEAU GRAND RENOUIL

Les chais du Port
B.P. 3
33126 Fronsac
Tél. 05 57 51 29 57 - Fax. 05 57 74 08 47
ponty.dezeix@wanadoo.fr

Ce vignoble de Canon-Fronsac est magnifiquement exposé, et la propriété produit l'un des meilleurs vins du Fronsadais. Le microclimat permet de profiter de l'ensoleillement des arrière-saisons et Michel Ponty, propriétaire discret, sait garder cette fraîcheur qui manque souvent aux vins démonstratifs du secteur qui, au bout de cinq ans, sont incapables de soutenir la comparaison avec Grand Renouil, qui lui évolue parfaitement. Les 1988, 1989 et 1990 sont encore debout, conservant du fruit, de la charpente et des accents de truffe noire qui régalent les amateurs. En primeurs, ce vin est toujours en retrait, il ne s'affirme qu'au bout de trois ans de bouteille. Les plus pressés se régaleront du petit-renouil, Second vin rond et coulant.

Canon-Fronsac 2007
Rouge | 2009 à 2017 **15/20**
Nez délicieux de pivoine et de fruits rouges, attaque satinée puis les tanins s'étirent dans une bouche élégante et fraîche.

Canon-Fronsac 2006
Rouge | 2010 à 2014 | 16,50 € **16/20**
Issu de 100% merlot, ce canon-fronsac est d'une facture impeccable et bien équilibrée, avec une bouche charmeuse, une bonne trame fruitée, des tanins polis par un élevage bien maîtrisé.

Canon-Fronsac 2001
Rouge | 2009 à 2020 **16/20**
La truffe noire marque le nez, on retrouve ces flaveurs dans une bouche aux tanins frais, tendus et veloutés, idéale sur une côte de veau au diamant noir.

Canon-Fronsac 2000
Rouge | 2009 à 2010 **16,5/20**
Ce vin frappe par sa charpente et son harmonie. Avec des connotations florales qui se mêlent à la truffe et aux épices, il tient magnifiquement la comparaison avec des crus plus huppés de Saint-Émilion ou Pomerol.

Canon-Fronsac Petit Renouil 2005
Rouge | 2009 à 2010 **13,5/20**
Dans les grands millésimes, le Second vin s'en tire toujours bien avec ses accents de fruits rouges et sa souplesse de tanins.

Rouge : 11,35 hectares. Blanc : 0,65 hectare. Production totale annuelle : 70 000 bt. Visite : Sur rendez-vous.

CHÂTEAU GRAND-MAYNE

33330 Saint-Émilion
Tél. 05 57 74 42 50 - Fax. 05 57 74 41 89
grand-mayne@grand-mayne.com
www.grand-mayne.com

La propriété constitue la principale partie d'un domaine viticole très ancien, déjà connu et apprécié au xvie siècle. Dirigée par Marie-Françoise Nony et ses fils, elle a retrouvé depuis le début des années 2000 ce qui avait fait son succès au début de la décennie précédente, c'est-à-dire un caractère intense et profond, marqué par une structure tannique toujours solidement présente mais sans rudesse, et par un fruit gourmand et charnu. Les derniers millésimes ont d'ailleurs ajouté à ces qualités une plus grande précision dans l'extraction des tanins. Depuis 2005, le cru a franchi un cap.

SAINT-ÉMILION GRAND CRU 2007
Rouge | 2012 à 2017 | NC   **16/20**
Robe profonde, fruits noirs et rouges, subtil et raffiné, énergique aussi, moderne et brillant, confirmation du retour au premier plan de la propriété.

SAINT-ÉMILION GRAND CRU 2006
Rouge | 2012 à 2017 | 30 €   **16/20**
De la couleur, du fruit, un beau volume ample et gourmand, beaucoup de fraîcheur, bref une incontestable réussite.

SAINT-ÉMILION GRAND CRU 2005
Rouge | 2009 à 2017 | 55 €   **16,5/20**
Le vin est coloré, immédiatement séducteur au nez comme en bouche, savoureux, hédoniste et mûr. Le millésime constitue indiscutablement la plus belle réussite de la propriété depuis dix ans.

SAINT-ÉMILION GRAND CRU 2004
Rouge | 2009 à 2015 | NC   **16/20**
L'une des très belles réussites de ce millésime difficile. Robe profonde, fruité élégant, tanin fin, racé et long. Grande fraîcheur en finale.

SAINT-ÉMILION GRAND CRU 2003
Rouge | 2009 à 2015 | 40 €   **15,5/20**
Vin solide et puissant, au tanin un peu plus abrupt que dans les autres grands millésimes de la propriété, mais au corps ample relevé par de suaves arômes de pruneau.

Rouge : 17 hectares ; cabernet franc 20%, cabernet sauvignon 5%, merlot 75%.
Production totale annuelle : 55 000 bt.
Visite : Du lundi au vendredi sur rendez-vous.

CHÂTEAU GRAND-PONTET

33330 Saint-Émilion
Tél. 05 57 74 46 88 - Fax. 05 57 74 45 31
chateau.grand-pontet@wanadoo.fr

La propriété, administrée par les frères Bécot, est proche de Beauséjour-Bécot, sur le plateau de Saint-Émilion, avec des terroirs très argileux. Régulière et bien menée, elle produit des vins gourmands, fruités, généreux. Sa régularité et sa précocité en font un cru qui n'est jamais décevant dans les millésimes moyens ; les derniers millésimes montrent une plus grande précision de définition, et surtout des tanins plus finement exprimés.

SAINT-ÉMILION GRAND CRU 2007
Rouge | 2009 à 2010 | 23 €   **15,5/20**
On n'a pas cherché à trop extraire et on a bien fait. Beau tanin, chair fine, allonge droite.

SAINT-ÉMILION GRAND CRU 2006
Rouge | 2012 à 2017 | 28 €   **15/20**
Vin droit, d'une élégance aristocratique non départie de raideur, malgré des tanins fin, de la chair et de la précision.

SAINT-ÉMILION GRAND CRU 2005
Rouge | 2012 à 2019 | 35 €   **15,5/20**
Robe soutenue, fruit racé, tanin velouté, vin de grande allonge, puissant et intense, qu'il faudra savoir attendre.

SAINT-ÉMILION GRAND CRU 2004
Rouge | 2009 à 2012 | 28 €   **15/20**
Réussite honorable : belle couleur, nez noble et raffiné, bouche fraîche, distinguée, tanin élégant mais pas totalement fin, allonge sérieuse.

SAINT-ÉMILION GRAND CRU 2003
Rouge | 2009 à 2015 | 30 €   **15,5/20**
Vin ultra riche, à la robe noire, au fruit mûr très expressif, développant en bouche un grand volume riche, généreux, de fraîcheur cependant moyenne.

Rouge : 14 hectares ; cabernet franc 15%, cabernet sauvignon 10%, merlot 75%.
Production totale annuelle : 50 000 bt.
Visite : Sur rendez-vous.

CHÂTEAU
LES GRANDES MURAILLES

33330 Saint-Émilion
Tél. 05 57 24 71 09 - Fax. 05 57 24 69 72
lesgrandesmurailles@wanadoo.fr
www.lesgrandesmurailles.fr

Solidement construites, ces grandes-murailles (le vignoble est effectivement situé sous le fameux vestige qui borde le village de Saint-Émilion) le sont assurément, car le vin impressionne dans les bonnes années par sa tenue en bouche et sa structure puissante mais sans rudesse. Tout comme le Château Côte de Baleau et le Clos Saint-Martin, la propriété appartient à la famille Reifers, qui a placé ces vins au plus haut rang de l'appellation.

SAINT-ÉMILION GRAND CRU 2007
Rouge | 2012 à 2019 | 35 €   **15,5/20**
Une richesse certaine pour un vin très ample, puissant et profond, auquel il faudra laisser le temps d'affiner sa structure.

SAINT-ÉMILION GRAND CRU 2006
Rouge | 2012 à 2020 | épuisé   **16/20**
Bouquet éclatant de fruits rouges et noirs, corps gras, généreux, tanins fins, vin ambitieux mais encore très juvénile.

SAINT-ÉMILION GRAND CRU 2005
Rouge | 2010 à 2018 | Ench. 125 €   **16,5/20**
Vin ample, raffiné, profond, aux beaux arômes francs de fruits rouges. Le soyeux du tanin est brillant, c'est une réussite majeure du cru.

SAINT-ÉMILION GRAND CRU 2004
Rouge | 2009 à 2015 | 27 €   **13/20**
Millésime d'ampleur moyenne, correctement constitué, mais avec beaucoup moins de personnalité que les deux années qui l'encadrent.

SAINT-ÉMILION GRAND CRU 2003
Rouge | 2009 à 2015 | 30 €   **15/20**
Vin puissant, aux arômes expressifs de cerise noire, au style flatteur et mûr, au corps long et généreusement construit, sans sécheresse.

Rouge : 1,96 hectare. Production totale annuelle : 8 000 bt. Visite : Visites et dégustations sur rendez-vous.

CHÂTEAU LA GRAVE-À-POMEROL

33500 Pomerol
Tél. 05 57 51 78 96 - Fax. 05 57 51 79 79
info@jpmoueix.com
www.moueix.com

Cette propriété, de la partie la plus orientale de Pomerol, fait face à Lalande-de-Pomerol. Comme son nom l'indique, elle bénéficie des sols de graves et de sable du secteur, pour produire un vin de plus en plus profond, ne jouant jamais sur l'opulence des secteurs plus argileux de l'appellation. Le cru (qui se nommait autrefois La Grave-Trigant de Boisset) appartient depuis longtemps aux Établissements Jean-Pierre Moueix, mais a nettement progressé au cours des dix dernières années.

POMEROL 2006
Rouge | 2012 à 2018 | NC   **14/20**
Une certaine intensité et du fruit, pour un vin qui demeure strict. Il faut l'attendre.

POMEROL 2005
Rouge | 2009 à 2020 | NC   **15/20**
Nez discrètement truffé, attaque gourmande, tanin fin, petite note végétale, mais finale profonde.

POMEROL 2004
Rouge | 2009 à 2014 | NC   **14,5/20**
Bon 2004, au tanin souple et au fruit finement expressif, d'intensité moyenne mais assez charmeur.

Rouge : 8,7 hectares ; cabernet franc 15%, merlot 85%. Production totale annuelle : 36 000 bt. Visite : Pas de visites.

CHÂTEAU HAUT-CARLES

1, Château de Carles
33141 Saillans
Tél. 05 57 84 32 03 - Fax. 05 57 84 31 91
chateaudecarles@free.fr
www.haut-carles.com

Cette propriété magnifique et historique retrouve, sous l'impulsion de ses propriétaires actuels, Constance et Stéphane Droulers, un lustre impressionnant. Le vignoble est aujourd'hui parfaitement structuré et travaillé, et la propriété dispose d'un superbe chai, entièrement conçu pour pouvoir conduire toutes les étapes des vinifications par gravité. Les vins, en particulier la cuvée haut-carles, qui s'appuie sur un peu moins de la moitié du vignoble, n'ont jamais été aussi complets et harmonieux. Haut-carles est indéniablement un vin de garde, aux tanins très soyeux, largement du niveau d'un cru classé de Saint-Émilion.

FRONSAC HAUT-CARLES 2007
Rouge | 2009 à 2010 **16,5/20**
Réalisé avec une méticulosité et une précision sans égal à Fronsac, le cru impose dans ce millésime une qualité de tannin et de texture incomparable et se révèle comme le meilleur vin jamais produit par la propriété.

FRONSAC HAUT-CARLES 2006
Rouge | 2009 à 2010 **16/20**
Robe profonde, boisé luxueux, richesse de saveur épicée, grand volume velouté et profond. Grand style !

FRONSAC HAUT-CARLES 2006
Rouge | 2010 à 2016 | 27,00 € **16/20**
Un fronsac complexe et élégant à la fois, bouche intense avec une belle puissance des tanins, d'une stature droite et linéaire sur une finale d'un fruité incroyablement jeune. À boire sur le fruit ou à laisser vieillir, il supportera les deux.

FRONSAC HAUT-CARLES 2005
Rouge | 2009 à 2013 | 29,00 € **16/20**
Belle réussite, à la chair veloutée, soutenue par une charpente tannique intense mais précise. Fruité et bien élevé, grand vin. C'est une réussite.

FRONSAC HAUT-CARLES 2004
Rouge | 2009 à 2012 | 24,00 € **15/20**
Vin hédoniste, long, structuré, incontestablement élégant.

Rouge : 20 hectares ; cabernet franc 5%.
merlot 95%. **Production totale annuelle** : 80 000 bt.
Visite : De 8 h à 12 h et de 13 h à 16 h 30.

CHÂTEAU HAUT-GUIRAUD

33710 Saint-Ciers-de-Canesse
Tél. 05 57 64 91 39 - Fax. 05 57 64 88 05
bonnetchristophe@wanadoo.fr
chateauhautguiraud.com

Propriété familiale de 30 hectares dominant l'estuaire de la Gironde, qu'exploite avec passion Christophe Bonnet, le Château Haut-Guiraud est l'un des leaders incontesté de l'appellation. Péché-du-roy est une jolie cuvée qui a fait la réputation du cru et qui doit son nom à Louis xiv, alors jeune roi, qui se régala des pêches de Guiraud lors de son séjour dans le Bourgeais. Elle est majoritairement composée de merlot et élevée en barriques pendant quatorze mois.

BOURG CUVÉE PÉCHÉ DU ROY 2006
Rouge | 2010 à 2015 | 12 € **15/20**
Christophe Bonnet a produit un vin imposant de type sudiste, un peu atypique pour l'appellation, riche d'arômes de fruits cuits et de raisins secs, avec une bouche ample se terminant dans une finale boisée.

Rouge : 45 hectares.
Production totale annuelle : 200 000 bt.

CHÂTEAU HAUT-MACÔ

61, rue des Gombauds
33710 Tauriac
Tél. 05 57 68 81 26 - Fax. 05 57 68 91 97
hautmaco@wanadoo.fr
www.hautmaco.com

Cela fait bientôt quarante ans que Jean et Bernard Mallet ont pris en charge cette belle propriété de 49 hectares, aux mains de la famille depuis trois générations. Aujourd'hui ce sont les enfants de Bernard, Anne et Hugues, qui tiennent les rênes. L'encépagement est composé de 50% merlot, 40% cabernet-sauvignon et 10% cabernet franc. Pour la cuvée phare de la propriété, la cuvée jean-bernard, l'assemblage est différent, 80% merlot, 20% cabernet-sauvignon et l'élevage se fait en barriques neuves pendant douze à dix-huit mois.

BOURG CUVÉE JEAN-BERNARD 2006
Rouge | 2010 à 2014 | 7,60 €   **15/20**
Ce 2006 est fidèle à son terroir, tout en élégance et en équilibre avec une expression aromatique de fruits rouges et d'épices, bonne tenue finement tannique, et une finale très fraîche.

Rouge : 49 hectares.
Production totale annuelle : 250 000 bt.

CHÂTEAU HOSANNA

33330 Saint-Émilion
Tél. 05 57 74 48 94 - Fax. 05 57 74 47 18
info@jpmoueix.com
www.moueix.com

Anciennement connu comme faisant partie de Certan-Giraud, le cru a été rebaptisé d'un nom plus évocateur par la famille Moueix, à la fin des années 1990. Avec un peu moins d'une décennie d'expérience, on peut définir la personnalité de ce cru, conduit et vinifié dans l'esprit de la maison libournaise : suave et velouté, c'est un vin généreux, profond, d'une chair onctueuse et d'une personnalité aromatique chaleureuse et complexe. Dégusté en primeurs, le 2007 s'annonce très prometteur.

POMEROL 2006
Rouge | 2012 à 2018 | NC   **16,5/20**
Fruit, notes florales et finement végétales, allonge tendre, définition distinguée, belle persistance.

POMEROL 2005
Rouge | 2014 à 2025 | Ench. 101 €   **16,5/20**
Beaucoup de richesse et de densité, avec une texture tannique très fine et serrée. À attendre en cave.

POMEROL 2004
Rouge | 2009 à 2018 | Ench. 70 €   **16/20**
Développant un bouquet finement chocolaté, onctueux, gras et rond, c'est un pomerol sans lourdeur, mais d'un caractère plus séducteur que profond.

POMEROL 2001
Rouge | 2009 à 2015 | Ench. 119 €   **18/20**
Millésime très réussi, associant raffinement aromatique et corps ample, souple et ultra précis.

Rouge : 4,50 hectares ; cabernet franc 30%, merlot 70%. Production totale annuelle : 18 000 bt.
Visite : Sur rendez-vous.

CLOS DES JACOBINS

4 Gomerie
33330 Saint-Émilion
Tél. 05 57 24 70 14 - Fax. 05 57 24 68 08
contact@closdesjacobins.com
www.closdesjacobins.com

Superbement situé, sur une croupe entre
Libourne et Saint-Émilion, le cru, qui fut
longtemps une des propriétés phares de la
maison de négoce Cordier, a vécu deux
changements de propriétaire au cours de
cette décennie. Après l'industriel Gérard
Frydmann, c'est la famille de Bernard
Decoster qui l'a repris en 2005. De fait, le
cru n'a cessé de progresser tout au long
de la décennie, pour atteindre un niveau
jamais connu auparavant, qui est celui des
tout meilleurs classés, il dépasse même
certains Premiers.

SAINT-ÉMILION GRAND CRU 2007
Rouge | 2012 à 2019 | 36,00 €   **16/20**
Robe très colorée, vin ambitieux, profond
et intense, onctueux, beaux arômes nobles
en finale.

SAINT-ÉMILION GRAND CRU 2006
Rouge | 2012 à 2019 | 39,00 €   **16/20**
Coloré avec un début d'évolution. Nez assez
complexe, mature, bouche vineuse, ample,
très savoureuse, suave mais avec une finale
encore sur la réserve.

SAINT-ÉMILION GRAND CRU 2005
Rouge | 2009 à 2020 | 40 €   **16,5/20**
Couleur vive et intense, nez de framboise
et de fruits noirs, s'associant à des arômes
de torréfaction, volume généreux et bien
construit, autour de tanins racés et enrobés,
grande allonge.

SAINT-ÉMILION GRAND CRU 2004
Rouge | 2009 à 2015 | 27 €   **16/20**
Grande couleur vive, bouquet de torréfaction et de truffe, belle bouche profonde, tanin
souple mais racé, intense.

SAINT-ÉMILION GRAND CRU
CHÂTEAU LA COMMANDERIE 2007
Rouge | 2012 à 2018 | 25,00 €   **15/20**
Beaucoup plus charnu, assez savoureux,
intéressant potentiel.

SAINT-ÉMILION GRAND CRU
CHÂTEAU LA COMMANDERIE 2006
Rouge | 2012 à 2018 | NC   **14/20**
Charnu et souple, correctement réalisé, belle
saveur.

Rouge : 8.5 hectares ; cabernet franc 23%,
cabernet sauvignon 2%, merlot 75%.
Production totale annuelle : 40 000 bt.

CHÂTEAU JEAN DE GUÉ

Château La Couspaude
33330 Saint-Émilion
Tél. 05 57 40 15 76 - Fax. 05 57 40 10 14
vignobles.aubert@wanadoo.fr
www.la-couspaude.com

Cette propriété appartient à la famille
Aubert, par ailleurs propriétaire, depuis
cent ans maintenant, de l'excellent Château La Couspaude. Cinq hectares de
vignes avec 75% de merlot, 20% de cabernet franc et 5% de cabernet-sauvignon,
implantés sur un terroir de graves fines.
Une vinification aussi soignée qu'à La
Couspaude, surveillée par Michel Rolland,
un élevage en barriques neuves (80%) et le
résultat est là.

LALANDE DE POMEROL 2006
Rouge | 2009 à 2016 | NC   **15/20**
Robe pourpre. Nez fruité. Bouche fraîche,
beaucoup de finesse et d'élégance. Tanins
intégrés.

Rouge : 11 hectares.
Production totale annuelle : 50 000 bt.

CHÂTEAU JEAN-FAURE

33330 Saint-Émilion
Tél. 05 57 51 34 86 - Fax. 05 57 51 94 59
chateaujeanfaure@wanadoo.fr
www.chateaujeanfaure.com

Très bien situé sur le plateau de Pomerol, Jean-Faure était un cru dont le grand potentiel de terroir ne trouvait, hélas, aucune traduction en bouteille, par la faute d'une gestion très approximative. La propriété a été reprise en 2003 par Olivier Decelle, qui a reconstruit le chai et installé une discipline de travail dans les vignes aussi impressionnante que celle qui a fait son succès en Roussillon (il est également propriétaire du Mas Amiel, à Maury). À partir de 2005, le cru est une valeur sûre.

SAINT-ÉMILION GRAND CRU 2007
Rouge | 2012 à 2017 | 30 €   **16/20**
Vin élégant et raffiné, notes de chocolat très fines, à l'allonge brillante sans être très puissant.

SAINT-ÉMILION GRAND CRU 2006
Rouge | 2009 à 2017 | 24 €   **15,5/20**
Robe rubis, nez associant finement les fruits, le floral et le boisé, suave et velouté, imposant sans rudesse un fond certain.

SAINT-ÉMILION GRAND CRU 2005
Rouge | 2009 à 2015 | 29 €   **16,5/20**
Onctueux, suave et frais, sans rudesse, très agréable à boire, tanin très fin et personnalité généreuse.

SAINT-ÉMILION GRAND CRU 2004
Rouge | 2009 à 2012 | 18 €   **15/20**
Un vin de classe. Il ne manque au tanin de fin de bouche qu'un complément de maturité.

Rouge : 18 hectares hectares ; cabernet franc 54%, malbec 6%, merlot 40%. Production totale annuelle : 70 000 bt. Visite : De 9 h à 12 h et de 14 h à 16 h sur rendez-vous.

CHÂTEAU JOANIN-BÉCOT

33350 Saint-Philippe-d'Aiguilhe
Tél. 05 57 74 46 87 - Fax. 05 57 24 66 88
contact@beauséjour-becot.com
www.beausejour-becot.com

La propriété, très bien située dans le meilleur secteur des Côtes de Castillon, a été acquise par la famille Bécot (Château Beauséjour-Bécot) qui, en conservant le style séveux et gourmand qui a fait leur succès à Saint-Émilion, a rapidement propulsé le cru parmi les meilleurs de l'appellation. Comme ses pairs, Joanin-Bécot a un caractère très proche d'un bon saint-émilion, avec néanmoins une personnalité plus immédiatement prête à boire.

CÔTES DE CASTILLON 2006
Rouge | 2009 à 2014 | 14 €   **14/20**
Très puissant, avec son nez intense de fruits noirs mûrs et son fin boisé, sa bouche généreuse, séveuse, dense, avec une solide trame tannique qui devra se fondre.

CÔTES DE CASTILLON 2005
Rouge | 2009 à 2012 | 18 €   **14/20**
Un vin ample et profond, avec un corps gras et long et des tanins bien dessinés.

CÔTES DE CASTILLON 2004
Rouge | 2009 à 2010 | 16 €   **13,5/20**
Le vin paraît moins épanoui que dans le millésime précédent, mais son allonge fine et intense apporte un bel équilibre frais.

CÔTES DE CASTILLON 2003
Rouge | 2009 à 2010 | 16 €   **14,5/20**
Vin mûr et riche, très généreusement bouqueté et suave, au corps néanmoins très élégant, grâce à des tanins serrés et fins.

Rouge : 8 hectares ; cabernet franc 25%, merlot 75%. Production totale annuelle : 40 000 bt. Visite : Sur rendez-vous.

CHÂTEAU LES JONQUEYRES

Courgeau
33390 Saint-Paul
Tél. 05 57 42 34 88 - Fax. 05 57 42 93 80
pascal@chateaulesjonqueyres.com
www.chateaulesjonqueyres.com

En 1977, Pascal Montaut a repris le vignoble familial situé à Saint-Paul, au nord-est de Blaye. Le sol, très argileux, convient parfaitement à un encépagement largement dominé par le merlot. C'est depuis plus de vingt ans l'une des propriétés de référence de l'appellation, avec un travail très respectueux de l'environnement (pas de désherbant chimique, pas d'insecticide, utilisation systématique des levures indigènes pour les vinifications, etc.). Sur la commune de Gauriac, une petite parcelle d'un demi-hectare sert à l'élaboration d'un côtes de bourg, le clos-alphonse-dubreuil, qui s'appuie quant à lui sur un terroir calcaire.

BLAYE IF DES JONQUEYRES 2006
Rouge | 2011 à 2014 | 6,25 €   **15,5/20**
Vin harmonieux, aux arômes de fruits noirs et d'épices ; gras, riche, de belle maturité et aux tanins puissants mais pas agressifs, non dépourvus de fraîcheur.

CÔTES DE BOURG CLOS ALPHONSE DUBREUIL 2006
Rouge | 2010 à 2014 | 18,50 €   **15,5/20**
Vin très réussi, riche, velouté, tanins ronds et souples, sans pour autant manquer de structure. Belle expression du terroir des Côtes de Bourg.

Rouge : 14,5 hectares : cabernet franc 5%, malbec 5%, merlot 90%. **Production totale annuelle :** 55 000 bt.

CHÂTEAU LA GOMERIE

Château Beauséjour-Bécot
33330 Saint-Emilion
Tél. 05 57 74 46 87 - Fax. 05 57 24 66 88
contact@beausejour-becot.com
www.beausejour-becot.com

Ce petit cru de 2,5 hectares a été acquis au milieu des années 1990 par la famille Bécot, qui y réalise un vin ambitieux, issu uniquement de merlot. Les vignes sont situées sur deux parcelles, l'une en pied de côte, sur un sol de sables anciens, l'autre contiguë à Beauséjour-Bécot, sur le plateau calcaire. La philosophie de vinification, à la fois hédoniste et élégante, est celle que les frères Bécot appliquent avec succès à Beauséjour, mais les vins ici possèdent un caractère très rond et très gourmand, bien spécifique.

SAINT-ÉMILION GRAND CRU 2007
Rouge | 2012 à 2017 | 48 €   **16/20**
Robe opaque, puissant, tanin un peu plus ferme qu'en 2006 mais corps ample et profond, belle définition.

SAINT-ÉMILION GRAND CRU 2006
Rouge | 2012 à 2017 | 50 €   **17/20**
Belle robe profonde, fruit précis et toast fin, bouche large, structurée mais avec des tanins enrobés, belle harmonie, profond et persistant.

SAINT-ÉMILION GRAND CRU 2005
Rouge | 2009 à 2020 | 87 €   **16,5/20**
Coloré, suave et fin, tanin élégant, bonne longueur veloutée et beaux arômes de petits fruits rouges et noirs.

SAINT-ÉMILION GRAND CRU 2004
Rouge | 2009 à 2015 | 60 €   **15/20**
Le vin est puissant, extrait, avec un fond certain mais un peu plus «forcé» que beau-séjour-bécot.

Visite : Sur rendez-vous de 8 h à 12 h et de 14 h à 17 h.

CHÂTEAU LAFLEUR

Grand-Village
33240 Mouillac
Tél. 05 57 84 44 03 - Fax. 05 57 84 83 31
scea.guinaudeau@orange.fr

Cette propriété, tenue par la même famille depuis plus d'un siècle, fait face à Petrus, sur une très légère croupe, très graveleuse en son sommet mais également parsemée de lentilles argileuses et de terrains plus profonds de part et d'autre. Jacques et Sylvie Guinaudeau, uniques propriétaires depuis 2001, ont observé avec passion et attachement ces infimes variations et en ont tenu compte en créant dès 1986 un Second vin, qui atteint assez souvent d'ailleurs le niveau de crus pomerolais de haut rang. La récolte est ici vinifiée très simplement, et les vins impressionnent, à la manière d'un château-ausone, par leur équilibre et leur naturel. Si, après les magistraux vins de la fin des années 1980, quelques millésimes du début des années 1990 ont pu pâtir d'une nécessaire remise à niveau du vignoble, tous constituent depuis dix ans des sommets absolus de la production bordelaise.

POMEROL 2006
Rouge I 2009 à 2045 I NC   **19/20**
Raffinement exquis, d'une texture de taffetas, bouquet de fruits rouges d'une totale fraîcheur, incomparable velouté. Un vin à la hauteur des espérances, et la démonstration de la grandeur de ce millésime.

POMEROL 2005
Rouge I 2015 à 2045 I NC   **20/20**
La profondeur de bouche, la complexité de saveur, la texture de soie, la plénitude, la fraîcheur et l'harmonie générale sont extraordinaires.

POMEROL 2004
Rouge I 2009 à 2030 I 450 €   **17/20**
C'est incontestablement un vin qui paraît plus réservé et plus austère que tous les autres millésimes récents du domaine, mais les tanins, serrés, sont de grande finesse, et l'allonge est certaine. À attendre tranquillement.

POMEROL 2003
Rouge I 2009 à 2023 I Ench. 439 €   **19/20**
Nez enchanteur, floral et framboisé, gourmand et très sapide, fraîcheur harmonieuse, grand équilibre : très loin de la supposée sécheresse du millésime !

Rouge : 4,5 hectares ; cabernet franc 50%, merlot 50%. **Production totale annuelle :** 20 000 bt.
Visite : Sur rendez-vous.

CHÂTEAU LANIOTE

33330 Saint-Émilion
Tél. 05 57 24 70 80 - Fax. 05 57 24 60 11
contact@laniote.com
www.laniote.com

Situé au nord de Saint-Émilion, cette petite propriété présente l'étonnante particularité d'avoir été transmise de mère en fille pendant sept générations, avant d'être aujourd'hui dirigée par le fils de la famille, Arnaud de la Filliolie. Les saint-émilions produits ici sont de constitution très classique, plus en souplesse qu'en puissance. Mais il s'agit de vins sincères et sans aucun artifice.

SAINT-ÉMILION GRAND CRU 2007
Rouge I 2012 à 2019 I NC   **15,5/20**
Belle dimension ample et onctueuse, promesses équivalentes au 2006.

SAINT-ÉMILION GRAND CRU 2006
Rouge I 2012 à 2019 I NC   **15,5/20**
Belle réussite : vin onctueux et brillant, profond, grand tanin raffiné, subtils arômes de sorbet de fruits rouges.

SAINT-ÉMILION GRAND CRU 2005
Rouge I 2009 à 2015 I NC   **14/20**
Souple et gras, charnu et fruité, c'est un vin d'une dimension moyenne ; il a du charme, mais on souhaiterait idéalement un peu plus d'intensité dans un millésime de ce calibre.

SAINT-ÉMILION GRAND CRU 2004
Rouge I 2009 à 2012 I 26 €   **13/20**
La dimension du vin est limitée, mais l'ensemble séduit par sa souplesse et sa franchise.

SAINT-ÉMILION GRAND CRU 2003
Rouge I 2009 à 2012 I 26 €   **15/20**
Ce saint-émilion à la robe profonde ne manque pas de sève ; intense et puissant, il a de la tenue, avec des tanins cependant un peu secs.

Rouge : 5 hectares ; cabernet franc 15%, cabernet sauvignon 5%, merlot 80%. **Production totale annuelle :** 25 000 bt. **Visite :** De 9 h à 12 h et de 13 h 30 à 18 h.

CHÂTEAU LARCIS DUCASSE

1, Grottes d'Arsis
Saint-Laurent-des-Combes
33330 Saint Emilion
Tél. 05 57 24 70 84 - Fax. 05 57 24 64 00
larcis-ducasse@nicolas-thienpont.com
www.nicolas-thienpont.com

Ce cru, possédant l'une des plus attachantes personnalités des vins de Saint-Émilion, a, sous la conduite de Nicolas Thienpont et de Stéphane Derenoncourt, immédiatement démontré la race de son terroir, avec les millésimes 2005 et 2006, confondants de velouté et de pureté. Dans les millésimes précédents, le vin ne se révélait pas si tôt : souvent austère dans sa prime jeunesse, larcis-ducasse démontrait avec le temps une race et un équilibre fins. Le changement de style opéré par le doué duo n'a pas modifié cette harmonie, fondée sur la finesse et la fraîcheur, mais a su rendre plus immédiate la capacité de séduction du vin, en affinant encore le velouté de texture et en améliorant magistralement la précision aromatique.

SAINT-ÉMILION GRAND CRU 2007
Rouge | 2012 à 2022 | 29 € **17,5/20**
Fruit très précis et frais, attaque en bouche tout en élégance, sans la moindre rudesse, profondeur svelte et veloutée, belle fraîcheur. Incontestablement brillant.

SAINT-ÉMILION GRAND CRU 2006
Rouge | 2012 à 2017 | cav. env 42 € **17/20**
Le fruit est pur et éclatant, le vin développe un corps ample, élégant, très distingué, parfaitement dans l'esprit du 2005, avec une souplesse plus immédiate.

SAINT-ÉMILION GRAND CRU 2005
Rouge | 2012 à 2025 | 177 € **18/20**
Grand vin ultra raffiné, au corps intense et profond, à la texture de velours et à la plénitude racée : incontestablement l'un des saint-émilions majeurs du millésime.

SAINT-ÉMILION GRAND CRU 2004
Rouge | 2009 à 2020 | 43 € **15,5/20**
Assez austère aromatiquement, le vin révèle un volume onctueux, bien équilibré, soutenu par des tanins racés.

SAINT-ÉMILION GRAND CRU 2002
Rouge | 2009 à 2012 | 30 € **14,5/20**
Vin puissant, gras, suave, assez linéaire mais assurément à attendre.

Rouge : 11 hectares ; cabernet franc 22%, merlot 78%. Production totale annuelle : 35 000 bt.
Visite : uniquement sur rendez-vous

CHÂTEAU LARMANDE

33330 Saint-Émilion
Tél. 05 57 24 71 41 - Fax. 05 57 74 42 80
contact@soutard-larmande.com
www.chateau-larmande.com

Le cru a été acquis dans les années 1990 par un groupe d'assurances. Il apparaît très régulier dans la qualité de ses vins, solides et bien constitués, souvent à leur meilleur dans leur première phase d'évolution, pas encore apte à rivaliser avec les plus grands, mais s'imposant millésime après millésime comme une valeur sûre.

SAINT-ÉMILION GRAND CRU 2006
Rouge | 2012 à 2017 | 24 € **15/20**
Robe souple, arômes très francs de fruits rouges, attaque tendre avec un tanin sans rudesse, ensemble élégant.

SAINT-ÉMILION GRAND CRU 2005
Rouge | 2009 à 2016 | 28,50 € **16/20**
Vin ambitieusement réalisé et élevé : bouquet de fruits rouges et notes torréfiées, corps charnu, souplement construit mais long, gourmand, déjà séduisant.

SAINT-ÉMILION GRAND CRU 2004
Rouge | 2009 à 2015 | 32 € **13,5/20**
Très structuré, le vin développe des notes de fruits rouges et de poivron au nez et en bouche ; l'ensemble apparaît svelte, avec des tanins un peu abrupts.

SAINT-ÉMILION GRAND CRU 2003
Rouge | 2009 à 2014 | 36 € **15,5/20**
Charnu, gras, sans sécheresse, un vin qui paraît entrer dans son apogée actuellement.

SAINT-ÉMILION GRAND CRU 2002
Rouge | 2009 à 2010 | 31,20 € **13/20**
Vin solidement bâti, mais les tanins apparaissent assez secs. À boire.

SAINT-ÉMILION GRAND CRU LE CADET DE LARMANDE 2006
Rouge | 2012 à 2015 | 10,50 € **13/20**
Simple, mais robuste et sapide.

Rouge : 25 hectares ; cabernet franc 30%, cabernet sauvignon 5%, merlot 65%.
Production totale annuelle : 80 000 bt.
Visite : Sur rendez-vous.

CHÂTEAU LAROZE

1, Goudichau
B.P. 61
33330 Saint-Émilion
Tél. 05 57 24 79 79 - Fax. 05 57 24 79 80
info@laroze.com
www.laroze.com

Si l'actualité de la Rive droite bordelaise est rythmée par les annonces de rachat de propriétés plus ou moins célèbres, celle-ci n'est pas encore venue jusqu'aux portes de ce cru de taille respectable, puisque Laroze appartient à la même famille depuis 1882... Situé en pied de côte au sud du village, le vignoble d'un seul tenant s'appuie sur un sol de sables anciens avec un sous-sol d'argiles profondes. Ce sol, s'il est bien drainé, ce qui est ici le cas, convient parfaitement à la réalisation de grands vins : certaines parcelles sont d'ailleurs plantées à forte densité, et toutes sont cultivées sans engrais chimique ni désherbant.

SAINT-ÉMILION GRAND CRU 2007
Rouge | 2012 à 2017 | NC   **16/20**
Onctuosité brillante, gras et raffiné, fruit noble. Vin distingué, d'une belle définition.

SAINT-ÉMILION GRAND CRU 2006
Rouge | 2009 à 2010 | 27,13 €   **16/20**
Robe profonde, fruit rouge, onctueux, tanin enrobé, style harmonieux et souple.

SAINT-ÉMILION GRAND CRU 2005
Rouge | 2009 à 2018 | 30,63 €   **15/20**
Bouquet fruité relevé par des notes de fruits rouges et de cassis, fraîcheur, corps élancé et fin.

SAINT-ÉMILION GRAND CRU 2004
Rouge | 2009 à 2012 | NC   **13,5/20**
Notes végétales, au nez comme en bouche, corps souple et frais, de consommation rapide.

SAINT-ÉMILION GRAND CRU 2003
Rouge | 2009 à 2015 | 25,38 €   **13,5/20**
Le vin est fruité, mais avec un bouquet qui demeure encore simple, tout comme la bouche linéaire mais franche, et de bonne longueur.

SAINT-ÉMILION GRAND CRU 2002
Rouge | 2009 à 2010 | NC   **13/20**
Vin souple et évolué, avec ses notes de sous-bois. Il faut le boire.

Rouge : 27,5 hectares ; cabernet franc 26%, cabernet sauvignon 6%, merlot 68%.
Production totale annuelle : 110 000 bt.
Visite : Sur rendez-vous.

CHÂTEAU LASSÈGUE

33330 Saint-Hippolyte
Tél. 05 57 24 19 49 - Fax. 05 57 24 00 38
chateaulassegue@wanadoo.fr
www.chateau-lassegue.com

Lassègue est une belle propriété méconnue, située en plein coteau de Saint-Émilion, à Saint-Étienne-de-Lisse. Le cru, acquis en 2003 par le groupe familial californien Kendall Jackson, est depuis mené par l'un des vinificateurs maison, le Français Pierre Seillan. Peu à peu, les vins trouvent leur style, consistant et puissant, gagnant progressivement en finesse, ce qu'autorise largement le terroir.

SAINT-ÉMILION GRAND CRU 2007
Rouge | 2010 à 2015 | 110 €   **15/20**
Solide, d'une dimension pleine et complète, avec une fraîcheur cependant limitée.

SAINT-ÉMILION GRAND CRU 2006
Rouge | 2011 à 2016 | 100 €   **15,5/20**
Le vin a beaucoup de droiture, avec un fruit assez expressif et une charpente tannique solide.

SAINT-ÉMILION GRAND CRU 2005
Rouge | 2011 à 2016 | 115 €   **15/20**
Belle dimension pleine et profonde, avec une structure tannique qui pourrait cependant être plus soyeuse.

Production totale annuelle : 100 000 bt.
Visite : De 9 h à 12 h et de 14 h à 17 h du lundi au vendredi.

CHÂTEAU LATOUR-À-POMEROL

33500 Pomerol
Tél. 05 57 69 60 03 - Fax. 05 57 51 79 79
info@jpmoueix.com
www.moueix.com

Disposant, avec ses petites graves et ses argiles, d'un terroir très typique du meilleur de l'appellation Pomerol, c'est-à-dire le plateau qui s'étend à gauche de la départementale reliant Libourne à Saint-Émilion, Latour-à-Pomerol est un cru appartenant aux établissements Jean-Pierre Moueix. Il n'a quasiment jamais déçu depuis un quart de siècle, avec des vins bien structurés, gourmands et profonds, qui prennent au vieillissement un caractère truffé.

POMEROL 2006
Rouge | 2012 à 2018 | NC   **15,5/20**
Couleur moyennement dense. Gras et truffé, vin élégant et sans lourdeur, plus en finesse qu'en intensité.

POMEROL 2005
Rouge | 2012 à 2020 | NC   **16,5/20**
Robe profonde, nez expressif associant les fruits rouges et la truffe, à laquelle s'ajoute une touche de chocolat très fine, dans une bouche d'un volume ample et profond. Rond et corsé, le vin a de l'avenir.

POMEROL 2004
Rouge | 2009 à 2016 | Ench. 33 €   **16/20**
Arômes de truffe et de fruits rouges, texture très élégante, soyeuse et raffinée, belle allonge aromatique et veloutée. Une incontestable réussite du millésime.

POMEROL 2001
Rouge | 2009 à 2015 | Ench. 24 €   **15/20**
Précis, moelleux, élégant, non dénué d'une certaine complexité.

POMEROL 2000
Rouge | 2009 à 2020 | Ench. 62 €   **16/20**
Vin harmonieux, à la texture particulièrement veloutée, saveur noble et réglissée, persistance moyenne.

Rouge : 8 hectares ; cabernet franc 10%, merlot 90%. **Production totale annuelle :** 30 000 bt.
Visite : Pas de visites.

CHÂTEAU MAGDELAINE

33330 Saint-Émilion
Tél. 05 57 55 05 80 - Fax. 05 57 25 13 30
info@jpmoueix.com
www.moueix.com

Le cru, qui appartient à la famille Moueix, voisine avec les plus illustres noms de Saint-Émilion et possède une situation absolument exceptionnelle, sur le coteau calcaire qui ouvre la route vers le village médiéval. On comprend donc que Magdelaine soit, depuis les origines du classement des crus de l'appellation, classé en première catégorie. Les vins possèdent un style délicat et très fin, mais paraissent toutefois manquer de substance et de profondeur par rapport à ses pairs, y compris ceux qui cultivent le même style sans lourdeur.

SAINT-ÉMILION GRAND CRU 2006
Rouge | 2012 à 2018 | NC   **14,5/20**
Robe peu intense, fruité précis, corps souple, agréable, fin mais sans puissance et d'une profondeur limitée.

SAINT-ÉMILION GRAND CRU 2005
Rouge | 2009 à 2020 | NC   **15,5/20**
Fruité et distingué aromatiquement, c'est un vin à la bouche souple et délicate, avec un tanin soyeux et une densité moyenne.

SAINT-ÉMILION GRAND CRU 2004
Rouge | 2009 à 2015 | 39 €   **14/20**
Nez discret, vin droit et souple, pas très intense, de persistance correcte mais limitée.

SAINT-ÉMILION GRAND CRU 2003
Rouge | 2009 à 2015 | 60 €   **15/20**
Volume tendre, associant élégance du fruit et alcool du millésime. Le tanin est fin mais l'ensemble manque encore d'intensité et de persistance.

SAINT-ÉMILION GRAND CRU 2002
Rouge | 2009 à 2015 | 34 €   **14,5/20**
Robe moyennement intense, nez subtilement fruité, corps assez fluide, tanins légers, peu de persistance, même si le style est élégant.

Rouge : 11 hectares ; cabernet franc 10%, merlot 90%. **Production totale annuelle :** 30 000 bt.
Visite : Pas de visites.

CHÂTEAU MARSAU

Bernaderie
33570 Francs
Tél. 05 56 44 30 49 - Fax. 05 56 44 30 49
jm.chadronnier@gmail.com

Propriété de Jean-Marie Chadronnier, qui dirigea longtemps la maison Dourthe-Kressmann, Marsau est devenu l'un des crus vedettes des petites appellations de la Rive droite bordelaise. Il doit ce succès à un style extrêmement séducteur, mis au point par son propriétaire : noir de couleur, le vin exprime un bouquet séduisant, mêlant les notes toastées à celles de bons fruits noirs, puis développe un corps ample et riche, soutenu par des tanins enrobés et bien mûrs. Ce caractère est à son meilleur après deux à trois ans de bouteille.

Côtes de Francs 2006
Rouge | 2009 à 2014 | 13 €   **14/20**
Nez complexe de fruits très mûrs aux nuances délicates florales et mentholées, bouche chaleureuse et puissante, fruitée, avec des tanins serrés mais mûrs, pour ce marsau flatteur et plaisant.

Côtes de Francs 2005
Rouge | 2009 à 2012 | 15 €   **15/20**
Un marsau dans le style expansif et joyeux de la propriété, mais avec la dimension supérieure d'un millésime glorieux : fruité, ultra mûr mais sans lourdeur, corps gras, riche et généreux, non dépourvu d'une belle fraîcheur.

Côtes de Francs 2004
Rouge | 2009 à 2012 | 12 €   **14/20**
Gras, riche et de belle maturité, c'est un vin gourmand que l'on peut déjà apprécier.

Côtes de Francs 2003
Rouge | 2009 à 2010 | 13 €   **12,5/20**
Le vin est puissant, mais ne possède pas la maturité de fruit ultra séduisante des millésimes précédents et suivants. Il est néanmoins charpenté et moderne.

Rouge : 12 hectares ; **Production totale annuelle :** 50 000 bt. **Visite :** Pas de visites.

CHÂTEAU LA MARZELLE

9, lieu-dit Marzelle
33330 Saint-Émilion
Tél. 05 57 55 10 55 - Fax. 05 57 55 10 56
info@lamarzelle.com
www.chateaulamarzelle.com

Le cru, situé sur la route qui va de Libourne à Saint-Émilion, en bordant Pomerol, a été repris par un industriel belge qui fait progressivement exprimer à ce terroir son réel potentiel. Aujourd'hui, le vignoble est parfaitement tenu et les chais, refaits, sont bien adaptés à la réalisation de saint-émilions amples, riches, mais parfois encore avec un petit déficit de fraîcheur.

Saint-Émilion grand cru 2007
Rouge | 2012 à 2017 | 29,50 €   **14/20**
Vin puissant et solide, mais avec un tanin aux contours rigoureux.

Saint-Émilion grand cru 2006
Rouge | 2012 à 2017 | 30 €   **14,5/20**
Robe très colorée, opaque, arômes de fruits rouges et noirs expressifs, saveur riche et épicée, bon volume.

Saint-Émilion grand cru 2005
Rouge | 2009 à 2020 | 33,50 €   **15/20**
Robe grenat, boisé encore très persistant au nez et en bouche, s'associant à des notes de fruits noirs, volume puissant, caractère pour l'instant un peu asséchant. Le potentiel du millésime est néanmoins certain. À attendre.

Saint-Émilion grand cru 2004
Rouge | 2009 à 2013 | 26,50 €   **14/20**
Vin souple, de bonne maturité, aux notes de fruits rouges et noirs agréables, actuellement prêt à boire.

Saint-Émilion grand cru 2001
Rouge | 2009 à 2015 | 28 €   **14/20**
Vin très riche, mûr, gras en bouche, de fraîcheur moyenne, terminant sur des notes épicées.

Rouge : 17 hectares.
Production totale annuelle : 60 000 bt.
Visite : Sur rendez-vous.

CHÂTEAU LA MAURIANE

Rigaud
33570 Puisseguin
Tél. 05 57 74 68 06 - Fax. 05 57 74 50 97
lamauriane@vignobles-taix.com

Ce petit cru de Puisseguin est incontestablement, depuis une dizaine d'années, l'un
des meilleurs représentants (si ce n'est le
meilleur) des crus de ces appellations que
l'on qualifie collectivement de «satellites»
de Saint-Émilion. De fait, les vins de La
Mauriane, tant par leur richesse de constitution que par les soins apportés à leur
élaboration, sont largement au niveau de
nombreux prestigieux saint-émilions. Ils
vieillissent d'ailleurs fort bien, même si l'on
peut apprécier le vin à son optimum après
trois à cinq ans de bouteille.

Puisseguin-Saint-Émilion 2006
Rouge | 2009 à 2017 | 19 €   **15/20**
On aime son nez superbe, offrant une grande
pureté de fruit et un boisé délicatement dosé,
sa bouche harmonieuse, avec une trame
tannique tendue, du fruit et un bel équilibre.

Puisseguin-Saint-Émilion 2005
Rouge | 2009 à 2017 | 25 €   **16/20**
Vin moderne, puissant, très boisé, avec ses
arômes de fruits noirs et de nougatine, sa
rondeur fraîche, ses tanins encore un peu
amers.

Puisseguin-Saint-Émilion 2004
Rouge | 2009 à 2015 | NC   **15/20**
On admire encore une fois la subtilité et l'élégance de la texture et du bouquet, uniques
en appellations dites «satellites» avec, en
raison d'une belle acidité, une longévité probable de plus de dix ans !

Rouge : 4,33 hectares ; cabernet franc 25%,
merlot 75%. Production totale annuelle : 12 000 bt.
Visite : Sur rendez-vous.

CHÂTEAU MAZERIS-BELLEVUE

33126 Saint-Michel-de-Fronsac
Tél. 05 57 24 98 19 - Fax. 05 57 24 90 32
chateaumazerisbellevue@wanadoo.fr

Ce petit vignoble a été acquis par Olivier
Decelle peu avant Jean-Faure, qu'il a aussi
repris à Saint-Émilion, après avoir brillamment redressé le Mas Amiel, en Roussillon.
Le cru, situé à 80 mètres d'altitude, au-dessus de la Dordogne, est implanté dans un
secteur d'anciennes carrières à Saint-
Michel-de-Fronsac. C'est dire si ce terroir
repose sur un socle de pur calcaire. Avec
son sens du vignoble et la précision technique qu'il a déjà montrée ailleurs, Decelle
est en train de faire de Mazeris-Bellevue un
cru de référence dans l'appellation, avec des
vins raffinés, purs et d'une grande franchise. L'insatiable Decelle produit un autre
vin en Fronsadais, haut-ballet.

Fronsac 2006
Rouge | 2010 à 2013 | 12 €   **14,5/20**
Belle structure linéaire et précise, vin harmonieux aux tanins frais, qui commencent
à se fondre, bel allongement fruité.

Rouge : 9 hectares ; cabernet franc 15%,
cabernet sauvignon 15%, merlot 70%.
Production totale annuelle : 35 000 bt.
Visite : Sur rendez-vous du lundi au samedi.

CHÂTEAU MAZEYRES

56, avenue Georges-Pompidou
33500 Libourne
Tél. 05 57 51 00 48 - Fax. 05 57 25 22 56
mazeyres@wanadoo.fr
www.mazeyres.com

Mazeyres est un joli château, au centre du quartier du même nom, dans la périphérie de Libourne. C'est dire si l'on est ici dans la limite sud-ouest de l'appellation, sur des terroirs de sables lardés d'argiles et de graves qui, s'ils limitent souvent la profondeur et la capacité de grande garde des vins, peuvent donner quand ils sont bien menés des résultats savoureux. C'est le cas ici, où le discret mais très compétent Alain Moueix réalise un travail efficace et de plus en plus remarquable.

POMEROL 2007
Rouge | 2012 à 2018 | 22 €   **16/20**
Robe profonde, beau nez truffé et toasté, longueur séveuse, très réussi.

POMEROL 2006
Rouge | 2009 à 2015 | 23 €   **16/20**
Belle robe élégante, toast fin, attaque très suave avec des tanins raffinés, noble définition en bouche avec de l'élégance, finale fraîche.

POMEROL 2005
Rouge | 2009 à 2015 | 29,50 €   **15,5/20**
Fruité, harmonieux, souple, gras, ample, bonne structure, équilibré.

Rouge : 21.5 hectares ; cabernet franc 20%, merlot 80%. Production totale annuelle : 130 000 bt.
Visite : De 9 h à 12 h et de 14 h à 17 h.

CHÂTEAU MONBOUSQUET

42, route de Saint-Émilion
33330 Saint-Sulpice-de-Faleyrens
Tél. 05 57 55 43 43 - Fax. 05 57 24 63 99
contact@vignoblesperse.com
www.vignoblesperse.com

Ce cru est situé en pied de côte de Saint-Émilion, sur un terroir de sables anciens, argileux et sablo-graveleux, longtemps considéré comme subalterne par les spécialistes bordelais. Pourtant, grâce au travail éblouissant effectué ici par Gérard Perse, qui a acquis la propriété cinq ans avant Pavie, en 1993, Monbousquet est devenu un cru de tout premier ordre. Très spectaculaires dans leur prime jeunesse, avec leur robe noire, leurs arômes de cacao, de fruits noirs et de torréfaction, leur corps ample, onctueux et imposant mais sans lourdeur, et dotés d'une belle fraîcheur, ces vins impressionnent à leur naissance mais vieillissent avec une grande harmonie, notamment grâce à leur finesse tannique.

SAINT-ÉMILION GRAND CRU 2007
Rouge | 2012 à 2017 | 29 €   **16,5/20**
Belle couleur profonde, onctueux et fin, grande richesse de saveur, superbe potentiel.

SAINT-ÉMILION GRAND CRU 2006
Rouge | 2009 à 2020 | 38 €   **16/20**
Ampleur suave et soyeuse, tanin ultra fin, le beau style de Monbousquet parfaitement épanoui, classique et long.

SAINT-ÉMILION GRAND CRU 2005
Rouge | 2012 à 2020 | 73,50 €   **17/20**
Splendide saint-émilion au grand volume onctueux, associant richesse de saveur et volupté de texture, exprimant un fruit franc sans aucune amertume.

SAINT-ÉMILION GRAND CRU 2004
Rouge | 2009 à 2015 | 42 €   **15/20**
Vin riche et souple, avec des tanins sans aucune agressivité. Sans posséder l'énergie d'un grand monbousquet, il ne manque pas de longueur.

SAINT-ÉMILION GRAND CRU 2003
Rouge | 2009 à 2020 | 52,50 €   **17/20**
Nez encore fermé, mais grande suavité grâce à une chair onctueuse, languide, et un tanin presque doux. Grande réussite dans un style archétypique du cru.

Rouge : 32 hectares ; cabernet franc 30%, cabernet sauvignon 10%, merlot 60%.
Blanc : 1 hectare ; sauvignon 66%, sauvignon 34%.
Production totale annuelle : 90 000 bt.
Visite : Pas de visites.

CHÂTEAU MONCONSEIL-GAZIN

33390 Plassac
Tél. 05 57 42 16 63 - Fax. 05 57 42 31 22
mbaudet@terre-net.fr

Cette très ancienne propriété, dont les bâtiments datent du XVIᵉ siècle, fut acquise en 1894 par la famille actuellement propriétaire. Depuis, cinq générations ont travaillé pour développer ce cru. Situées sur la commune de Plassac, les vignes en coteaux de ce château s'appuient sur un sous-sol argilo-calcaire typique de l'appellation. Le vin produit, équilibré et harmonieux, représente certainement l'une des illustrations les plus séduisantes du potentiel des Côtes de Blaye.

BLAYE 2006

Rouge | 2011 à 2014 | 11,70 €   **15/20**
Nez complexe et mûr, avec un boisé harmonieusement dosé, la bouche offre des tanins ronds mais solides, belle fraîcheur sur une finale épicée. Vin agréable et bien équilibré.

PREMIÈRES CÔTES DE BLAYE 2006

Rouge | 2010 à 2014 | 5,80 €   **15/20**
Très beau nez, élégant et épicé ; corps raffiné et velouté, bien équilibré, qui a misé sur la délicatesse. Très bon rapport qualité-prix.

Rouge : 22 hectares ; cabernet sauvignon 30%, malbec 10%, merlot 60%. Blanc : 2 hectares ; sauvignon blanc 85%, sémillon 15%. Production totale annuelle : 160 000 bt. Visite : Sur rendez-vous.

DOMAINE MONDÉSIR-GAZIN

10, Le Sablon
33390 Plassac
Tél. 05 57 42 29 80 - Fax. 05 57 42 84 86
mondesirgazin@aol.com
www.mondesirgazin.com

C'est en 1990 que Marc Pasquet, photographe, et son épouse Laurence s'installent à Plassac. Avec beaucoup de volonté et d'exigence, ils ont parfaitement su exploiter le potentiel de ce vignoble, situé sur des coteaux argilo-calcaires. Toutes les cultures sont réalisées sans désherbant chimique ni insecticide, ni traitement anti-pourriture, et 3 hectares sont plantés à forte densité (7 400 pieds), une rareté sur cette rive. Enfin, Marc Pasquet réalise aussi, sur moins de 2 hectares, un savoureux côtes-de-bourg.

PREMIÈRES CÔTES DE BLAYE 2006

Rouge | 2010 à 2013 | 8,50 €   **14/20**
Vin agréable au fruité frais, plein de sève, trame serrée mais bien équilibrée, dotée d'une finale épicée.

Rouge : 14 hectares ; cabernet sauvignon 10%, malbec 25%, merlot 65%. Production totale annuelle : 90 000 bt. Visite : Sur rendez-vous.

LA MONDOTTE

B.P. 34
33330 Saint-Émilion
Tél. 05 57 24 71 33 - Fax. 05 57 24 67 95
info@neipperg.com
www.neipperg.com

Ce petit vignoble, situé sur le plateau calcaire à l'est de Saint-Émilion, possède des sols très argileux. Le merlot et les soins extrêmement méticuleux apportés par Stephan von Neipperg, avec l'aide de Stéphane Derenoncourt, y ont permis l'éclosion, à partir de 1996, d'un vin qui est vite devenu culte. Le cru est, pour Neipperg, un véritable « laboratoire de l'excellence ». Il y a en effet affirmé et développé son style, à la fois très profond, puissant, et doté d'une grande finesse. Tous les millésimes depuis 1997 sont au sommet, et les bienheureux possesseurs d'une bouteille de La Mondotte de n'importe laquelle de ces années ont tout intérêt à l'attendre au moins quinze ans, pour apprécier toutes les facettes de ce grand vin.

Saint-Émilion 2007
Rouge | 2012 à 2025 | 115 €   **17,5/20**
Puissance maîtrisée, aucune rudesse de tanin mais une construction ample et généreuse, de grande intensité en bouche, plus modeste actuellement en arômes.

Saint-Émilion 2006
Rouge | 2012 à 2025 | 174 €   **18/20**
Le volume en plus : formidable d'intensité mais une finesse de texture aussi remarquable que dans canon-la-gaffelière, magistral et intense.

Saint-Émilion 2005
Rouge | 2009 à 2020 | 410 €   **18,5/20**
Vin suave et velouté, de très grande densité, volume magnifiquement construit.

Saint-Émilion 2004
Rouge | 2009 à 2015 | 173 €   **16,5/20**
La robe est profonde, le vin séduit immédiatement au nez comme en bouche, avec un fruit intense et une gourmande générosité qui n'exclut pas la fraîcheur.

Saint-Émilion 2003
Rouge | 2009 à 2025 | 218 €   **17,5/20**
Comme tous les grands millésimes de la-mondotte, le vin doit impérativement être attendu. Encore très juvénile et massif, il impressionne par sa profondeur.

Saint-Émilion 2001
Rouge | 2009 à 2022 | 230 €   **17,5/20**
Le vin impressionne par sa grande trame racée et savoureuse, qui se termine longuement et avec beaucoup de fraîcheur en bouche.

CHÂTEAU MONTFOLLET

La cave des Châteaux 9 Le piquet
33390 Cars
Tél. 05 57 42 13 15 - Fax. 05 57 42 84 92
d.raimond@lacavedeschateaux.com
www.lacavedeschateaux.com

Depuis trois générations, la famille Raimond est propriétaire de ces 40 hectares de vignes, véritable balcon surplombant le magnifique estuaire de la Gironde. Aujourd'hui, Dominique Raimond, aidé de l'œnologue-conseil Christian Veyry, met en œuvre tous les moyens de culture et de vinification pour parvenir à la production d'un grand vin du Blayais.

Blaye Le Valentin 2006   Ⓤ
Rouge | 2009 à 2014 | 10 €   **15,5/20**
Cette cuvée ne cesse de progresser et compte aujourd'hui parmi les meilleures de l'appellation. Belle présentation, au nez linéaire d'épices et de fruits noirs, la bouche est croquante, ronde, avec une évolution puissante vers une finale toute en fraîcheur. Nous avons un faible pour cette cuvée gourmande.

Premières Côtes de Blaye Tradition 2006
Rouge | 2010 à 2014 | 5,50 €   **15/20**
Bel arôme fruité, la bouche est charnue avec une structure tannique solide, encore un peu austère à ce stade et marquée par le bois en finale ; il devra attendre pour trouver son harmonie.

Rouge : 93 hectares. **Blanc :** 2 hectares.
Production totale annuelle : 570 000 bt.
Visite : De 9 h à 12 h et de 14 h à 18 h.

CHÂTEAU MONTVIEL

1, rue du Grand-Moulinet
33500 Pomerol
Tél. 05 57 51 87 92 - Fax. 03 21 93 21 03
pvp.montviel@skynet.be

Catherine Péré-Vergé, issue de la famille propriétaire des Cristalleries d'Arques, est devenue un des acteurs majeurs de Pomerol, avec l'achat successif de Le Gay et de La Violette. Elle a commencé cette aventure à succès au milieu des années 1980, en constituant ce petit cru à partir de deux parcelles distinctes. Sans tapage mais avec une régulière progression, il s'est peu à peu imposé comme une valeur sûre de l'appellation, dans un style très équilibré, ni trop puissant ni fluide, mais à la longueur élancée.

POMEROL 2007
Rouge I 2011 à 2018 I 30 €   **16/20**
Vin ample, élancé, sans lourdeur, développant un fruit très pur. Remarquable.

POMEROL 2006
Rouge I 2010 à 2018 I 32,30 €   **16/20**
Vin gras et raffiné, d'une structure très racée et profonde. La confirmation d'une nette progression du cru.

POMEROL 2005
Rouge I 2010 à 2020 I 36,80 €   **16/20**
Le vin possède assurément une dimension supérieure à tous les autres millésimes produits auparavant. Encore d'un seul bloc, mais racé et fin, c'est un vin à attendre impérativement.

Visite : Sur rendez-vous au 05 57 51 87 92.

CHÂTEAU LE MOULIN

Moulin de Lavaud
33500 Pomerol
Tél. 05.57.55.19.60 - Fax. 05.57.55.19.61
m.querre@orange.fr

À partir de 1997, Michel Querre a fait de ce petit vignoble du nord-ouest de l'appellation un cru de haute couture, cultivé, vinifié et élevé avec un soin extrême. Le style est évidemment très moderne, noir de couleur, richement boisé, exprimant avec emphase un fruit très mûr, associé à des nuances plus exotiques, développant un corps ample, velouté et suave, mais le vin garde toujours de la droiture et de la fraîcheur.

POMEROL 2005
Rouge I 2011 à 2021 I NC   **17/20**
Généreusement boisé, un vin brillant et séducteur, ample et rond comme à l'habitude de ce cru, mais avec une profondeur et une distinction tannique inédites et magnifiques.

POMEROL 2004
Rouge I 2009 à 2017 I 45 €   **15,5/20**
Le boisé est marqué, la personnalité affirmée, le tanin bien contrôlé, voilà un pomerol très bien fait dans le contexte du millésime.

POMEROL 2003
Rouge I 2009 à 2015 I 40 €   **16/20**
D'un remarquable équilibre, ce vin chaleureux, charnu, renferme des tanins savoureux, et témoigne d'une excellente vinification.

Rouge : 2,40 hectares ; cabernet franc 20%, merlot 80%. **Production totale annuelle :** 10 000 bt.
Visite : Sur rendez-vous au 06 80 98 65 18.

CHÂTEAU MOULIN DE CLOTTE

33350 Les-Salles-de-Castillon
Tél. 05 57 55 23 28 - Fax. 05 57 55 23 29
contact@vignobles-lannoye.com
www.vignobles-lannoye.com

La cuvée dominique du château Moulin de Clotte, 1,5 hectare seulement, est la démonstration flagrante que l'appellation Côtes de Castillon peut être bien plus que « le petit frère de Saint-Émilion ». Ici, les vignes ont 40 ans. L'œnologue de la propriété, François Despagne, met dans cette cuvée 90% de merlot et l'élève douze mois en barriques, dont 60% de barriques neuves. 6 000 bouteilles seulement ont droit au label cuvée-dominique.

Côtes de Castillon 2007 ☺
Rouge | 2009 à 2011 | 7 €   **14,5/20**
Dans le style très élégant du millésime, ce vin offre un nez expressif, fruité, épicé et floral, une bouche particulièrement gourmande, flatteuse, avec des tanins veloutés et une superbe fraîcheur.

Côtes de Castillon Dominique 2005
Rouge | 2009 à 2013 | 9,20 €   **15,5/20**
Un superbe castillon flatteur et racé, au nez complexe et de grande maturité, tout comme la bouche, avec sa trame serrée, son fruit intense et son excellente allonge. Un modèle du genre, qui rejoint les tout meilleurs de l'appellation.

Rouge : 7 hectares.
Production totale annuelle : 35 000 bt.
Visite : De 9 h 30 à 18 h.

CHÂTEAU MOULIN HAUT-LAROQUE

Le Moulin
33141 Saillans
Tél. 05 57 84 32 07 - Fax. 05 57 84 31 84
hervejnoel@wanadoo.fr
www.moulinhautlaroque.fr.st

La constitution définitive de ce vignoble remonte à la fin du XIXe siècle, à l'issue de la crise du phylloxéra. À l'heure actuelle, ses vignes font partie des plus âgées du Libournais. Jean-Noël Hervé, qui a en charge la propriété depuis 1977, s'applique à élaborer un vin typique de l'appellation Fronsac. Il a indéniablement réussi dans cette entreprise, avec des vins qui possèdent une personnalité certaine, sans jamais singer les saint-émilions ni les bêtes à concours. Cela passe par un encépagement très varié, donnant des vins fermes, pleins de sève, charpentés mais sans lourdeur, toujours soutenus par une trame acide parfaitement équilibrée.

Fronsac 2006
Rouge | 2014 à 2018 | 21 €   **15/20**
Beau nez de violette ; une bouche complète avec des tanins encore très serrés, belle matière compacte et fruitée, doit vieillir impérativement.

Fronsac Hervé Laroque 2006
Rouge | 2011 à 2015 | NC   **14/20**
Le Second vin se présente plus accessible, avec un bel arôme d'épices orientales, franc et net en bouche, sève dense et concentrée, finale longue et épicée. Il sera plus vite à boire.

Rouge : 15 hectares ; cabernet franc 20%, cabernet sauvignon 10%, malbec 5%, merlot 65%.
Production totale annuelle : 60 000 bt.
Visite : Sur rendez-vous.

CHÂTEAU MOULIN PEY-LABRIE

33126 Fronsac
Tél. 05 57 51 14 37 - Fax. 05 57 51 53 45
moulinpeylabrie@wanadoo.fr
moulinpeylabrie.com

Située sur un terroir très classique de molasses du Fronsadais, ce sol mêlant calcaire et argile, cette petite propriété se trouve en haut d'un coteau (pey dans le patois local) qui donne son nom au cru. Les vignes et les vins sont très attentivement travaillés, avec un caractère à la fois très sincère et représentatif du style corsé et charpenté des fronsacs, mais également avec une finesse de définition très soignée.

CANON-FRONSAC 2006
Rouge | 2010 à 2016 | 20 €   **15,5/20**
Vin complet et un excellent représentant de son appellation. Il a trouvé son équilibre depuis la fin de l'élevage, avec un nez fin de pivoine et de fruits frais ; la bouche est précisément dessinée, nette, elle promet un bon potentiel de garde.

Rouge : 6.75 hectares ; malbec 5%, merlot 95%.
Production totale annuelle : 30 000 bt.
Visite : Sur rendez-vous.

CHÂTEAU MOULIN SAINT-GEORGES

33330 Saint-Émilion
Tél. 05 57 24 24 57 - Fax. 05 57 24 24 58
chateau-ausone@wanadoo.fr
www.chateau-ausone.fr

Ce petit cru appartient à la famille d'Alain Vauthier, et est réalisé par ce dernier selon des principes similaires à ceux d'Ausone. Si le terroir n'est pas le même et si le vin ne possède pas la finesse extrême du Premier cru classé, l'harmonie générale, le velouté en bouche et la fraîcheur aromatique sont immédiatement reconnaissables. C'est une brillante valeur sûre de l'appellation.

SAINT-ÉMILION GRAND CRU 2006
Rouge | 2012 à 2017 | 50 €   **16,5/20**
Gras coloré, savoureux, profond et dense avec néanmoins une élégance fruitée superbe.

SAINT-ÉMILION GRAND CRU 2005
Rouge | 2009 à 2020 | épuisé   **16,5/20**
Complet et harmonieux, exprimant un fruité intense et porté par des tanins superbement dessinés, c'est un vin à la saveur profonde et de grand potentiel.

SAINT-ÉMILION GRAND CRU 2004
Rouge | 2009 à 2014 | épuisé   **15,5/20**
Svelte et très réussi pour le millésime, avec un beau grain de tanin.

SAINT-ÉMILION GRAND CRU 2003
Rouge | 2009 à 2012 | NC   **16,5/20**
Un velouté de texture qui rappelle immédiatement la patte d'Alain Vauthier, mais aussi une richesse de constitution et une formidable santé qui en font une réussite majeure du cru.

SAINT-ÉMILION GRAND CRU 2002
Rouge | 2009 à 2015 | NC   **16/20**
Vin de grand charme, au fruit très élégant et fin, aux tanins d'une finesse qui ne le cède qu'à son très grand frère ausone.

Rouge : 7 hectares ; cabernet franc 20%, cabernet sauvignon 10%, merlot 70%.
Production totale annuelle : 30 000 bt.
Visite : Pas de visites.

CHÂTEAU MOULINET

Chemin de la Combe
33500 Pomerol
Tél. 05 57 51 23 68 - Fax. 05 57 51 27 78
chateaumoulinet@wanadoo.fr
www.chateau-moulinet.com

Ce cru de taille respectable a fait appel à Denis Durantou (l'Église Clinet) pour suivre sa production. Celui-ci a relevé le défi, avec sa passion et son exigence coutumières, et depuis 2004, les vins, longtemps d'un style traditionnel et manquant souvent de matière, gagnent à chaque millésime en profondeur et en consistance, donnant aujourd'hui un beau pomerol classique, d'une élégance tannique certaine.

POMEROL 2006

Rouge | 2012 à 2020 | NC   **14,5/20**
Vin coloré, ample et gras, exprimant des notes de fruits noirs généreuses, structuré en finesse mais avec une pointe d'amertume en finale.

POMEROL 2005

Rouge | 2009 à 2022 | 27 €   **15/20**
Beau vin gras et savoureux, aux arômes fruités intenses et à la finale savoureuse.

Rouge : 18 hectares.
Production totale annuelle : 44 000 bt.
Visite : Pas de visites.

CHÂTEAU NÉNIN

44, route de Montagne
33500 Pomerol
Tél. 05 56 73 25 26 - Fax. 05 56 59 18 33
leoville-las-cases@wanadoo.fr

Cette vaste propriété (à l'échelle de Pomerol) a connu bien des bas entre 1970 et 1990, jusqu'à ce qu'elle soit achetée par les domaines Delon, propriétaires de Château Léoville-Las Cases, à Saint-Julien. Beaucoup d'investissements ont été consentis pour remettre le vignoble dans le meilleur état de viticulture et pour construire des installations de vinification modernes et performantes. Le vignoble a été lui-même agrandi par l'achat d'une partie des vignes de Certan-Giraud, sur des sols de premier ordre. Le style des vinifications, largement inspiré du goût médocain, cherche à produire des vins de grande garde, un peu austères en primeurs par rapport à l'hédonisme affirmé de nombreux voisins, mais dotés de tanins très racés. Mais ce n'est que depuis 2005 que le cru commence à prendre une dimension supplémentaire de complexité, qui le range parmi les très grands pomerols. Le Second vin, fugue-de-nénin, est un des plus réguliers de la catégorie.

POMEROL 2006

Rouge | 2010 à 2020 | 49 €   **15,5/20**
Tanin finement exprimé, allonge harmonieuse, mais légèrement moins complet et profond que le 2005.

POMEROL 2005

Rouge | 2012 à 2025 | 66 €   **16,5/20**
Puissant et harmonieux, le plus complet depuis le rachat de la propriété, avec une définition remarquable du terroir et une grande persistance.

POMEROL 2004

Rouge | 2009 à 2019 | 28 €   **15/20**
Corps très convenable, texture serrée, tanin un peu austère, note de truffe plus marquée que d'habitude, qui étoffe le tanin.

POMEROL 2003

Rouge | 2009 à 2020 | NC   **15/20**
Bouche ferme, nette, velouté de texture limité, tanin énergique de vin de garde : on sent que la vigne a souffert.

POMEROL 2001

Rouge | 2009 à 2020 | 44 €   **16/20**
Belle finesse de texture et harmonie générale, avec un caractère enlevé et aérien, et une longueur racée.

Rouge : 32 hectares. Production totale annuelle : 50 000 bt. Visite : Du lundi au vendredi, de 9 h à 11 h et de 14 h à 16 h, sur rendez-vous.

CLOS DE L'ORATOIRE

B.P. 34
33330 Saint-Émilion
Tél. 05 57 24 71 33 - Fax. 05 57 24 67 95
info@neipperg.com
www.neipperg.com

Après Canon-la-Gaffelière et La Mondotte, le Clos de l'Oratoire est la troisième propriété de Stephan von Neipperg à Saint-Émilion. Le vignoble est situé au nord-est de la commune, sur un terroir très argilo-calcaire qui convient parfaitement aux merlots. Moins connu que les deux autres crus cités, le clos-de-l'oratoire n'en est pas moins un vin archétypique du style de Neipperg, c'est-à-dire très plein, gourmand, intense, mais aussi finement structuré et incontestablement racé. Le vin n'a pas cessé de progresser depuis dix ans, et les derniers millésimes sont très brillants.

SAINT-ÉMILION GRAND CRU 2007
Rouge | 2012 à 2017 | 25 €   **16/20**
Harmonieux et suave, dans le style flatteur du cru, avec de la gourmandise et des tanins enrobés.

SAINT-ÉMILION GRAND CRU 2006
Rouge | 2009 à 2017 | 30 €   **17/20**
Très ample et gourmand, joli vin profond, élégance de tanin remarquable, allonge intense, grand volume onctueux.

SAINT-ÉMILION GRAND CRU 2005
Rouge | 2009 à 2020 | 45 €   **17/20**
Le vin s'affirme avec force et charme : robe profonde, tanin plein et frais, grande allonge harmonieuse et équilibrée, superbe fraîcheur.

SAINT-ÉMILION GRAND CRU 2004
Rouge | 2009 à 2015 | 22 €   **16/20**
Beau vin profond, à la robe soutenue, au fruit expressif, au caractère souple et dense, incontestablement long.

SAINT-ÉMILION GRAND CRU 2003
Rouge | 2009 à 2017 | NC   **16,5/20**
Si la structure est plus serrée et stricte qu'à l'habitude, celle-ci s'associe à une chair d'un velouté et d'une richesse hors norme, donnant à l'ensemble un cachet remarquable.

SAINT-ÉMILION GRAND CRU 2001
Rouge | 2009 à 2015 | NC   **16,5/20**
Extrêmement riche, doté d'une trame tannique serrée et très enrobée, le vin impressionne par une densité savoureuse qui n'exclut pas l'harmonie.

Rouge : 10,3 hectares ; cabernet franc 5%, cabernet sauvignon 5%, merlot 90%.
Production totale annuelle : 45 000 bt.
Visite : Du lundi au vendredi, de 9 h à 12 h et de 14 h à 17 h, sur rendez-vous.

CHÂTEAU PAVIE

33330 Saint-Émilion
Tél. 05 57 55 43 43 - Fax. 05 57 24 63 99
contact@vignoblesperse.com
www.vignoblesperse.com

Situé sur le flanc est de la spectaculaire côte qui borde Saint-Émilion, Pavie dispose de l'une des meilleures situations et expositions de l'appellation. Bien qu'ayant toujours bénéficié d'une réputation flatteuse, le cru n'avait pas suivi l'évolution culturale et œnologique des meilleurs crus bordelais dans les années 1980. Repris en 1997 par Gérard Perse, il a depuis fait une mue spectaculaire et impressionne à chaque millésime par sa puissance, son ampleur solaire et généreuse, mais aussi par une finesse de tanins qui est la marque des plus grands.

SAINT-ÉMILION GRAND CRU 2007
Rouge | 2012 à 2020 | NC   **17/20**
Droit, profond, intense, longueur raffinée, de la précision, souple et long, un potentiel certain sans paraître imposant.

SAINT-ÉMILION GRAND CRU 2006
Rouge | 2012 à 2018 | 247 €   **17,5/20**
Belle robe profonde, nez encore très marqué par un élevage brillant, intense et profond, puissance, pointe d'amertume mais grandes promesses.

SAINT-ÉMILION GRAND CRU 2005
Rouge | 2009 à 2030 | 448,50 €   **19/20**
Gras et intense, corpulent, solide mais construit, pavie est superbe de plénitude et de réserve intense. Attendre impérativement.

SAINT-ÉMILION GRAND CRU 2003
Rouge | 2009 à 2030 | 344 €   **18,5/20**
Avec le temps, le vin confirme sa dimension, et prouve toute sa noblesse et même son classicisme, car si le bouquet est toujours aussi exubérant (avec des notes de fruits noirs et de figue), le corps ample, profond et onctueux se révèle éminemment racé.

SAINT-ÉMILION GRAND CRU 2002
Rouge | 2009 à 2014 | 127,50 €   **17/20**
Grand volume, nez toasté, couleur profonde, intense et plein, remarquable, en particulier dans le contexte du millésime.

SAINT-ÉMILION GRAND CRU 2001
Rouge | 2012 à 2022 | 202 €   **17/20**
Robe profonde, ample, fruits noirs, profond, tanin enrobé, du muscle, de la force.

Rouge : 37 hectares ; cabernet franc 20%, cabernet franc 20%, cabernet sauvignon 10%, cabernet sauvignon 10%, merlot 70%, merlot 70%.
Production totale annuelle : 90 000 bt.
Visite : Sur rendez-vous uniquement, réservé aux professionnels.

CHÂTEAU PAVIE-DECESSE

🖤🖤🖤🖤🖤

33330 Saint-Émilion
Tél. 05 57 55 43 43 - Fax. 05 57 24 63 99
contact@vignoblesperse.com
www.vignoblesperse.com

En rachetant Pavie-Decesse à la même époque que Pavie, en 1997, Gérard Perse a choisi de conserver l'identité des deux propriétés, pourtant voisines sur la côte de Saint-Émilion. Il a en revanche apporté un soin identique à la métamorphose des deux crus, reconstruisant cuviers et chais et restructurant les vignobles. Aujourd'hui, Pavie-Decesse impressionne à chaque millésime par sa puissance, son ampleur, et la formidable densité tannique qui se dégage de ce vin racé. Il ne faut pas hésiter à oublier quelques années ces vins spectaculaires en cave, pour en apprécier ensuite toute la race et la finesse de structure.

SAINT-ÉMILION GRAND CRU 2007
Rouge | 2012 à 2025 | NC   **16/20**
D'un style plus austère actuellement que Monbousquet, beau vin droit, classique, tanin élégant (mais pas moelleux), allonge persistante sur la fraîcheur et le calcaire.

SAINT-ÉMILION GRAND CRU 2006
Rouge | 2012 à 2025 | 179,50 €   **16,5/20**
Puissant, coloré, fruits noirs et rouges, ample avec de la fraîcheur et des tanins serrés mais raffinés, beaucoup de réserve.

SAINT-ÉMILION GRAND CRU 2005
Rouge | 2012 à 2025 | épuisé   **18/20**
Volume impressionnant sans la moindre amertume, finesse remarquable d'un tanin pourtant omniprésent, allonge superbe presque crémeuse, grand vin, grand potentiel.

SAINT-ÉMILION GRAND CRU 2004
Rouge | 2009 à 2016 | Ench. 35 €   **16,5/20**
Grand vin à la robe profonde et brillante, au nez de truffe et de torréfaction, au corps ample, intense, plein de sève et d'énergie.

SAINT-ÉMILION GRAND CRU 2003
Rouge | 2009 à 2023 | Ench. 115 €   **18/20**
Très ample, très onctueux, très dense également, ce vin évolue magistralement grâce à un fruit très pur et une fraîcheur étonnante.

SAINT-ÉMILION GRAND CRU 2002
Rouge | 2009 à 2015 | 84 €   **16/20**
Brillant vin profond, très coloré, à la bouche suave et dense, brillamment soutenu par un tanin velouté.

Rouge : 3,65 hectares ; cabernet franc 10%, merlot 90%. **Production totale annuelle :** 10 000 bt.
Visite : Pas de visites.

CHÂTEAU PAVIE-MACQUIN

🖤🖤🖤🖤🖤

33330 Saint-Émilion
Tél. 05 57 24 74 23 - Fax. 05 57 24 63 78
pavie-macquin@nicolas-thienpont.com
www.pavie-macquin.com

Voisin immédiat de Troplong-Mondot, Pavie-Macquin est justement devenu Premier cru classé. Stéphane Derenoncourt et Nicolas Thienpont savent exprimer le meilleur du terroir tout en lui donnant une forme moderne, adaptée au goût du consommateur actuel. Très corsé et charnu, le vin de Pavie-Macquin gagne en finesse et en harmonie à chaque nouveau millésime, avec l'inimitable saveur de truffe et la tension minérale propres au secteur de Pavie. La réussite du cru consacre aussi le travail accompli par les deux hommes précités qui, ensemble ou séparément, sont devenus des acteurs incontournables des vins de la Rive droite bordelaise.

SAINT-ÉMILION GRAND CRU 2007
Rouge | 2012 à 2020 | 40 €   **17/20**
Corps complet et gras, structuré, aux arômes de fruits noirs et de fruits des bois francs et frais, tanin présent mais sans rudesse, allonge, beau vin profond dans un millésime compliqué.

SAINT-ÉMILION GRAND CRU 2006
Rouge | 2012 à 2018 | 60 €   **16,5/20**
Vin droit, fruité, long et distingué. Caractère sans esbroufe mais profond, belle allonge sur le fruit.

SAINT-ÉMILION GRAND CRU 2005
Rouge | 2009 à 2025 | 160 €   **18/20**
Très puissamment construit et richement constitué, le vin brille par son intensité et sa vigueur aromatique. C'est un vin taillé pour la garde, aux tanins fins mais serrés, à la longueur truffée et veloutée.

SAINT-ÉMILION GRAND CRU 2003
Rouge | 2009 à 2020 | Ench. 57 €   **17/20**
Beau vin complet, dense et harmonieux, avec des tanins d'une superbe élégance.

SAINT-ÉMILION GRAND CRU 2002
Rouge | 2009 à 2014 | Ench. 32 €   **16/20**
Robe élégante, vin bien construit, fruit rouge net et mûr, allonge et amplitude. Brillant.

SAINT-ÉMILION GRAND CRU 2001
Rouge | 2009 à 2014 | Ench. 36 €   **16/20**
Robe profonde et juvénile, fruit mûr et jeune cuir associés au nez, corps ample, gras, suave.

Rouge : 15 hectares ; cabernet franc 14%, cabernet sauvignon 2%, merlot 84%. **Production totale annuelle :** 55 000 bt. **Visite :** Sur rendez-vous uniquement.

CHÂTEAU PETIT BOYER

🔲🔲🔲🔲🔲

5, Les Bonnets
33390 Cars
Tél. 05 57 42 19 40 - Fax. 05 57 42 33 49
bideau.jv@wanadoo.fr
www.petit-boyer.com

Disposant d'un terroir mêlant le calcaire pur, les croupes de calcaire et de terre (appelées gruppes dans la région) et les lentilles d'argile, le Château Petit Boyer possède une situation très caractéristique du Blayais. L'ensemble de la gamme est réussi, avec des rouges concentrés fortement marqués par l'élevage, mais sachant garder une bonne fraîcheur, et des blancs harmonieux, immédiatement savoureux.

Rouge : 32 hectares ; cabernet franc 11%,
cabernet sauvignon 14%, malbec 7%, merlot 68%.
Blanc : 1 hectare ; sauvignon blanc 100%.
Production totale annuelle : 150 000 bt.
Visite : De 9 h à 12 h et de 14 h à 18 h.

CHÂTEAU PETIT-GRAVET AÎNÉ ET CLOS SAINT-JULIEN

🔲🔲🔲🔲🔲

33330 Saint-Émilion
Tél. 05 57 24 72 44 - Fax. 05 57 24 74 84
chateau.gaillard@wanadoo.fr

Ces vins sont produits par Catherine Papon-Nouvel, qui s'affirme incontestablement comme l'une des vinificatrices les plus sensibles et adroites de la Rive droite bordelaise. Si ses vins ne manquent jamais de puissance ni de générosité, ils possèdent avant tout une fraîcheur et un équilibre superbes qui leur rendent toute la noblesse de leur fonction première : celle d'être bus ! Ses deux (petites) propriétés principales, Clos Saint-Julien et Petit-Gravet Aîné, s'appuient sur une part non négligeable de cabernet franc.

SAINT-ÉMILION GRAND CRU
CHÂTEAU PETIT-GRAVET AÎNÉ 2007 ⓾
Rouge | 2009 à 2015 | NC **16/20**
À la fois compact et délicat, le vin a beaucoup de mâche qu'il exprime avec une magnifique fraîcheur fruitée et gourmande.

SAINT-ÉMILION GRAND CRU CHÂTEAU
PETIT-GRAVET AÎNÉ 2005
Rouge | 2009 à 2015 | NC **16,5/20**
Vin ample, enveloppant mais également profond et très raffiné. Le soyeux de texture et la chair sont magnifiquement exprimés.

SAINT-ÉMILION GRAND CRU
CLOS SAINT-JULIEN 2007 ⓾
Rouge | 2009 à 2014 | NC **16/20**
L'éclat fruité est remarquable, et le vin, plus immédiatement séducteur que petit-gravet, se joue avec maestria des conditions du millésime.

SAINT-ÉMILION GRAND CRU
CLOS SAINT-JULIEN 2005
Rouge | 2009 à 2015 | NC **16/20**
Vin profond, avec une véritable énergie intérieure et une palette aromatique brillante, sur les fruits rouges et noirs.

Rouge : 2,5 hectares ; cabernet franc 80%,
merlot 20%. Production totale annuelle : 8 000 bt.
Visite : Sur rendez-vous.

CHÂTEAU PETIT-VILLAGE

Catusseau
33500 Pomerol
Tél. 05 57 51 21 08 - Fax. 05 57 51 87 31
contact@petit-village.com
www.petit-village.com

Petit-Village est certainement la propriété majeure de Pomerol qui a le plus tardé à démontrer l'étendue de son potentiel. Le cru n'a rien produit qui dépassa les standards locaux dans les années 1970 et 1980. Malgré sa reprise par le groupe Axa Millésimes (notamment propriétaire de Pichon-Longueville) et les efforts entrepris par cette administration, le cru a certes progressé, mais sans éblouir. Les tout derniers millésimes semblent enfin marquer une nette inflexion, clairement amorcée par l'arrivée en 2006 de Stéphane Derenoncourt comme consultant.

POMEROL 2007

Rouge | 2012 à 2020 | 30 €   **16/20**
Consistant et soyeux, c'est un vin très élégant, témoignant nettement de la progression du cru vers plus de précision aromatique et de velouté de tanin. Finale délicate, agréable et tendre.

POMEROL 2006

Rouge | 2009 à 2022 | 45-50 €   **16/20**
La chair et la structure du vin n'ont jamais été aussi veloutées et fines, le vin se déploie sans lourdeur mais avec profondeur, persistance fruitée.

POMEROL 2005

Rouge | 2009 à 2022 | 55-60 €   **15/20**
Vin riche, fruité et gras, incontestablement plus dense qu'auparavant, mais d'une structure tannique qui manque de raffinement.

POMEROL 2004

Rouge | 2009 à 2015 | 45-55 €   **13/20**
Le vin est suave, solaire et agréable, mais manque sérieusement de profondeur.

POMEROL 2001

Rouge | 2009 à 2015 | env 50 €   **15/20**
Vin moderne et savoureux, mais ne possédant pas l'extrême finesse de texture que l'on peut attendre d'un grand pomerol.

Production totale annuelle : 40 000 bt.
Visite : sur rendez-vous.

PETRUS

1, rue Petrus-Arnaud
33500 Pomerol
Tél. 05 57 51 17 96
info@jpmoueix.com
www.moueix.com

Cru mythique de Pomerol, petrus est assurément l'un des vins les plus connus au monde, et plusieurs de ses grands millésimes (1921, 1929, 1945, 1947, 1949, 1961, 1964) constituent des légendes encore très vivantes. Ce n'est pas la pierre qui fait petrus mais bien son terroir, parfaite lentille d'argile le distinguant de ses voisins, tous d'ailleurs prestigieux. Ce sol, qui protège parfaitement la vigne des excès climatiques et lui permet d'être toujours alimentée. Il convient parfaitement au merlot, ultra majoritaire ici. Manquant parfois d'intensité dans certains millésimes des années 1980 et 1990, le cru a aujourd'hui gagné en volume, en acquérant une texture de taffetas qu'égaye un bouquet particulièrement séducteur et souvent presque exotique.

POMEROL 2006

Rouge | 2015 à 2030 | Ench. 2000 €   **18/20**
Grand moelleux de texture, allonge suave et raffinée, petites notes de chocolat très fines, élégance suave. Style à la fois gourmand et raffiné, grande réserve.

POMEROL 2005

Rouge | 2015 à 2040 | Ench. 2100 €   **19,5/20**
Subtil parfum mêlant des notes de tubéreuse, de fruits rouges, de fruits exotiques, de thé vert, corps suave et très velouté, sphérique mais enveloppant, grande délicatesse de texture, digne du millésime et du cru : envoûtant.

POMEROL 2004

Rouge | 2009 à 2020 | Ench. 620 €   **17,5/20**
Très raffiné, d'une profondeur qui n'est pas exceptionnelle, mais construit avec une grande précision tannique, le vin séduit en outre par ses nuances aromatiques complexes, allant des fruits exotiques aux notes de bois précieux.

POMEROL 2001

Rouge | 2009 à 2020 | Ench. 650 €   **17,5/20**
Généreux et exubérant, c'est un petrus qui vieillira bien mais qui ne possède pas la profondeur ni la finesse de texture du 2000 ou du 2005.

POMEROL 2000

Rouge | 2009 à 2030 | Ench. 2200 €   **19/20**
Très complexe, raffiné et velouté, 2000 constitue l'un des plus grands petrus de l'histoire récente. Son intensité et sa trame se révèlent avec beaucoup plus de force que dans les millésimes précédents, hormis le remarquable 1998.

Rouge : 11,50 hectares ; cabernet franc 5%, merlot 95%. **Production totale annuelle :** 32 000 bt.
Visite : Pas de visites.

CHÂTEAU PEY-LABRIE

33126 Fronsac
Tél. 05 57 51 65 17 - Fax. 05 57 25 35 87
vareille@pey-labrie.fr
www.pey-labrie.fr

Une des belles propriétés de l'appellation, reprise en 1961 par Marcel Vareille, ancien éleveur. Depuis 1988, c'est son fils Éric qui a repris les rênes des 9 hectares en coteaux, plantés de 85% de merlot et de 15% de cabernet.

CANON-FRONSAC COEUR CANON 2006
Rouge | 2012 à 2015 | 7,40 €   **15/20**
Un bon classique de son appellation, avec des tanins encore un peu stricts qui demandent à se fondre, bon potentiel de garde.

Rouge : 13 hectares Production totale annuelle : 30 000 bt. **Visite :** Du lundi au samedi de 10 h à 12 h et de 15 h à 19 h. Pour les groupes sur rendez-vous.

LE PIN

Les Grands-Champs
33500 Pomerol
Tél. 05 57 51 33 99 - Fax. 00 32 55 31 09 66
wine@thientontwine.com

Créé au début des années 1980 par Jacques Thienpont, Le Pin fut, dix ans avant les vins de garage, le premier de ces microcrus qui ont bousculé les hiérarchies de la Rive droite bordelaise. Situé (très discrètement) aux abords du village de Catusseau, le vignoble s'appuie très largement sur le merlot, et produit un vin d'une remarquable suavité, souvent exubérant et exotique au bouquet, mais avec un équilibre et une fraîcheur beaucoup plus affirmés que par le passé. Sa rareté et son aura mystérieuse en font l'archétype du cru spéculatif, mais la qualité du vin est aujourd'hui, indéniablement, à la hauteur du mythe.

POMEROL 2007
Rouge | 2012 à 2020 | 800 €   **17/20**
Dense et profond, d'une définition aromatique beaucoup plus stricte qu'à l'habitude, c'est un vin très droit, profond, soyeux en tanins, très direct, d'une énergie réelle.

POMEROL 2006
Rouge | 2012 à 2025 | 1400 €   **17,5/20**
Très grande suavité typique du cru, allonge formidable.

POMEROL 2005
Rouge | 2009 à 2020 | 2450 €   **17,5/20**
Texture incroyablement tendre et veloutée, tanins soyeux, très grande finesse, très grand naturel.

POMEROL 2002
Rouge | 2009 à 2015 | 1296 €   **16,5/20**
Millésime tout en velouté et en suavité, de grand charme aromatique.

POMEROL 2001
Rouge | 2009 à 2015 | 1872 €   **17,5/20**
Exotique et suave, le vin est de grande densité, avec des tanins néanmoins d'une remarquable suavité : surprenant et brillant.

Rouge : 2 hectares ; divers 8%, merlot 92%.
Production totale annuelle : 8 000 bt.
Visite : Sur rendez-vous.

CHÂTEAU DE PRESSAC

33330 Saint-Étienne-de-Lisse
Tél. 05 57 40 18 02 - Fax. 05 57 40 10 07
contact@chateau-de-pressac.com
www.chateau-de-pressac.com

Reprise au début des années 1990, la propriété est très bien située, sur un tertre
plein sud qui a pour seul tort d'être excentré, à l'est de Saint-Émilion. Des travaux
très importants ont été entrepris, en particulier pour recréer des terrasses là où la
friche avait pris le pas sur la vigne. Le cru
est aujourd'hui devenu une valeur sûre, et
son second vin est l'un des plus réguliers
de l'appellation.

BORDEAUX CLAIRET LA ROSÉE DU CHÂTEAU DE PRESSAC 2008
Rosé | 2009 à 2010   **16/20**
Un clairet à la fois puissant et élégant : nez
complexe, développant un fruit pur et délicat,
de jolies nuances de noyau et de lilas ; bouche
savoureuse, avec du fruit, une texture fondante,
de l'allonge et une excellente fraîcheur. Il
deviendra vite un incontournable !

SAINT-ÉMILION GRAND CRU 2007
Rouge | 2010 à 2017 | 22,50 €   **15/20**
Rond, souple, agréable, d'une dimension
moindre que dans les millésimes précédents
mais d'un équilibre très agréable.

SAINT-ÉMILION GRAND CRU 2006
Rouge | 2012 à 2017 | 22,50 €   **15/20**
Souple et fruité, sympathique et plein d'allant, bonne rondeur juvénile.

SAINT-ÉMILION GRAND CRU 2005
Rouge | 2010 à 2016 | 26 €   **15,5/20**
Coloré, gras, harmonieux, excellent fruit,
boisé moderne mais intégré, longueur. Le
meilleur millésime de la propriété.

SAINT-ÉMILION GRAND CRU TOUR DE PRESSAC 2007
Rouge | 2012 à 2017 | 17 €   **14/20**
Coloré, notes de fruits noirs, corps gras, rondeur tannique et maturité, longueur
moyenne.

Rouge : 36 hectares ; cabernet franc 14%,
cabernet sauvignon 12%, malbec 1%, merlot 72%.
Production totale annuelle : 180 000 bt.
Visite : Sur rendez-vous.

CHÂTEAU LE PRIEURÉ

Chateau Siaurac
33500 Néac
Tél. 05 57 51 64 58 - Fax. 05 57 51 41 56
info@baronneguichard.com
www.baronneguichard.com

Aline Guichard, fille de l'un des plus fameux
« barons » du gaullisme, Olivier Guichard, a
repris avec son mari les trois propriétés familiales, Vray Croix de Gay (Pomerol), Siaurac
(Lalande), et ce petit cru, très bien situé
dans le secteur de Trottevieille. Le cru avait
été jusqu'aux tout derniers millésimes d'une
discrétion absolue, aussi c'est véritablement
d'une renaissance dont on peut parler, avec
un style raffiné qui franchit un cap supplémentaire avec le très réussi 2006, cap
confirmé en 2007.

SAINT-ÉMILION GRAND CRU 2007
Rouge | 2012 à 2017 | 32 €   **16/20**
Fraîcheur fruitée, corps tendre et profond,
élégant, beau volume raffiné et persistant.

SAINT-ÉMILION GRAND CRU 2006
Rouge | 2012 à 2017 | 36 €   **16/20**
Souplement coloré, tanin très fin, vin tendre
et allongé, belle définition sans rudesse.

SAINT-ÉMILION GRAND CRU 2005
Rouge | 2009 à 2012 | NC   **14/20**
Vin tendre, de bonne longueur, manquant
un peu d'intensité, à apprécier maintenant.

SAINT-ÉMILION GRAND CRU DÉLICE DU PRIEURÉ 2007
Rouge | 2012 à 2018 | 16 €   **14/20**
Caractère aromatique de fruits rouges acidulés, longueur et fraîcheur indéniables.

SAINT-ÉMILION GRAND CRU DÉLICE DU PRIEURÉ 2006
Rouge | 2012 à 2018 | 16 €   **13/20**
Coloré, structure un peu rigide mais vin
franc.

Rouge : 6,25 hectares ; cabernet franc 20%,
merlot 80%. **Production totale annuelle :** 22 000 bt.
Visite : sur rendez-vous.

CLOS PUY ARNAUD

7, Puy Arnaud
33350 Belvès-de-Castillon
Tél. 05 57 47 90 33 - Fax. 05 57 47 90 53
clospuyarnaud@wanadoo.fr

C'est en 2000 que Thierry Valette s'est installé à Puy Arnaud. Presque aussitôt, ce vigneron exigeant et ultra doué a réussi à imposer son style, alliant générosité de sève et finesse de texture. Dans cette région où beaucoup de producteurs jouent, parfois jusqu'à la lourdeur, la carte de la rondeur et du fruit surmûri, les vins de Puy Arnaud surprennent par leur droiture élégante et fraîche, et leur minéralité sans maquillage. C'est aujourd'hui l'un des vins les plus élégants et racés du secteur.

CÔTES DE CASTILLON 2007
Rouge | 2009 à 2015 | 20 €   16/20
D'une exquise subtilité, ce castillon offre un nez expressif, aux notes raffinées de fruits mûrs, pivoine et vanille douce, une bouche gourmande, aux tanins mûrs et suaves, aux arômes très persistants et à la finale délicieusement fraîche.

CÔTES DE CASTILLON 2006
Rouge | 2009 à 2012 | 21 €   15/20
Grande délicatesse, pour ce vin au fruit pur et aux belles nuances d'eucalyptus, dont la bouche, avec son grain fin et ses tanins savoureux, possède une grande allonge et un équilibre parfait.

CÔTES DE CASTILLON 2005
Rouge | 2009 à 2018 | épuisé   16,5/20
Sublime vin complet, d'une grande expression fruitée, avec une bouche dense et harmonieuse. Très gros potentiel de garde. Une des réussites de l'appellation.

CÔTES DE CASTILLON 2004
Rouge | 2009 à 2012 | épuisé   15,5/20
Le vin possède beaucoup d'allonge et de fraîcheur. Bien soutenu par des tanins sans agressivité, il se révèle expressif, élancé, complet.

Rouge : 12 hectares ; cabernet franc 30%, merlot 70%. Production totale annuelle : 25 000 bt.
Visite : Sur rendez-vous.

CHÂTEAU QUINAULT L'ENCLOS

30, chemin Videlot
33500 Libourne
Tél. 05 57 74 19 52 - Fax. 05 57 25 91 20
www.chateau-quinault.com

Situé dans l'agglomération de Libourne, Quinault l'Enclos est un joli écrin, créé par Alain Raynaud, qui a su y produire l'une des expressions les plus harmonieuses et les plus séductrices du saint-émilion moderne. Très gourmand, gras et riche, le vin exprime immédiatement un fruit séducteur, mis en valeur par un élevage soigné et ambitieux. Cette personnalité, qu'on peut apprécier dès la prime jeunesse du vin, s'exprime assurément avec plus de plaisir dans les millésimes de belle maturité. La propriété appartient désormais à Albert Frère, et l'on suivra avec intérêt son évolution.

SAINT-ÉMILION GRAND CRU 2006
Rouge | 2009 à 2016 | env 35 €   15,5/20
Souple, bouquet séduisant de fruits-à-noyau, gras et bien constitué, avec une chair tendre et fine.

SAINT-ÉMILION GRAND CRU 2005
Rouge | 2009 à 2015 | env 45 €   15,5/20
Vin sans violence, de bonne finesse, associant avec beaucoup de naturel souplesse, tendresse et rondeur. La finale développe une fraîcheur gourmande et fruitée.

SAINT-ÉMILION GRAND CRU 2004
Rouge | 2009 à 2012 | Ench. 21 €   14,5/20
Le vin est indéniablement corpulent, doté d'un tanin aux arêtes abruptes, avec de la puissance.

SAINT-ÉMILION GRAND CRU 2003
Rouge | 2009 à 2015 | Ench. 25 €   17/20
Savoureux, soyeux, profond et raffiné, tanin très fin, joli vin racé.

SAINT-ÉMILION GRAND CRU 2002
Rouge | 2009 à 2012 | Ench. 23 €   15/20
Robe sombre, nez riche mais sans lourdeur, corps charnu, tanin solide, bel équilibre.

Rouge : 18 hectares ; cabernet franc 15%, malbec 5%, merlot 70%, sauvignon 10%.
Production totale annuelle : 75 000 bt.
Visite : Sur rendez-vous.

CHÂTEAU RICHELIEU

1, Chemin du Tertre
33126 Fronsac
Tél. 05 57 51 13 94 - Fax. 05 57 51 13 94
info@chateau-richelieu.com
www.chateau-richelieu.com

D'un seul tenant, les vignes se situent sur le coteau menant au tertre de Fronsac. Le cru tire bien sûr son nom du cardinal de Richelieu, qui en fut propriétaire. Rachetée en 2002, la propriété, désormais suivie par Stéphane Derenoncourt, a vite élevé son niveau de qualité : ses vins riches, suaves et harmonieux, ont une densité de texture remarquable. La cuvée la-favorite constitue le premier vin du domaine.

FRONSAC LA FAVORITE DE RICHELIEU 2006
Rouge | 2011 à 2014 | 20 €   **14,5/20**
Vin d'un style très moderne, bien fait, dense ; souple, aux notes de fruits noirs et épicées, finale vive, un peu stricte.

FRONSAC LA TENTATION DE RICHELIEU 2006
Rouge | 2010 à 2012 | 10 €   **13/20**
Un vin exubérant. Gras et charnu avec beaucoup de fruits noirs, gourmand malgré une finale un peu stricte.

Rouge : 17 hectares ; cabernet franc 23%, malbec 3%, merlot 74%. **Production totale annuelle :** 70 000 bt. **Visite :** ouvert 7 jours sur 7.

ROC DE CAMBES

33710 Bourg
contact@roc-de-cambes.com
www.roc-de-cambes.com

François Mitjaville, le très brillant propriétaire de Tertre-Rotebœuf, à Saint-Émilion, s'est lancé il y a une dizaine d'années dans une aventure plus étonnante encore : la création d'un grand vin dans l'un des secteurs les plus méconnus du Bordelais, le Bourgeais. Roc de Cambes, superbement situé sur un tertre argilo-calcaire exposé plein sud, est ainsi né, et s'est développé avec la même extrême exigence qui marque le travail de Mitjaville. Comme à Saint-Émilion, l'entreprise s'est rapidement avérée brillante, et le vin est très demandé, avec des quantités qui demeurent très limitées.

CÔTES DE BOURG 2006
Rouge | 2009 à 2016 | NC   **15,5/20**
L'illustre locomotive de l'appellation ne présente jamais ses vins en dégustation comparative à l'aveugle, dans un cadre syndical. Nous avons donc goûté son 2006 à part. Il est dans la lignée du style Mitjaville, le perfectionniste en terme de maturation ; nez toasté offrant un fruit très mûr, tanins crémeux avec une belle matière veloutée, mais bien moins impressionnant que le 2005. Un vin à ne pas garder trop longtemps.

Rouge : 10 hectares ; cabernet sauvignon 20%, malbec 5%, merlot 75%. **Production totale annuelle :** 45 000 bt. **Visite :** Sur rendez-vous.

CHÂTEAU ROL VALENTIN

5, Cabanes Sud
33330 Saint-Émilion
Tél. 05 57 74 43 51 - Fax. 05 57 74 45 13
e.prissette@rolvalentin.com
www.rolvalentin.com

Éric Prissette commença sa carrière comme footballeur professionnel dans le nord de la France. Il a certainement conservé de cette première vie un sens de la compétition et de l'excellence, car depuis l'acquisition de sa propriété en 1994, Rol Valentin s'est souvent illustré par l'intensité et la qualité de ses vins dans les grands millésimes de Saint-Émilion. Cette petite propriété, située sur des sols argilo-calcaires et sableux, exprime avec beaucoup de vigueur mais aussi avec un grand charme toute la force des saint-émilions de merlots modernes, généreusement bouquetés et intensément construits. Puissant et profond, le vin est également parfaitement équilibré, et s'il séduit immédiatement, il est aussi capable de bien vieillir. C'est aujourd'hui une valeur sûre.

SAINT-ÉMILION GRAND CRU 2007
Rouge | 2010 à 2017 | 32 €   **16/20**
Très pur bouquet de petits fruits rouges frais, souplesse fondante, tanins tendres mais allonge brillante et persistante. De la classe.

SAINT-ÉMILION GRAND CRU 2006
Rouge | 2009 à 2017 | 37 €   **16/20**
Vin d'une réelle densité avec du volume, tanins profonds, longueur et fraîcheur de fruit. Intense et brillant.

SAINT-ÉMILION GRAND CRU 2005
Rouge | 2009 à 2018 | 68 €   **16/20**
Profond et intense, avec la richesse de saveur et la générosité qui sont la marque de ce cru.

SAINT-ÉMILION GRAND CRU 2004
Rouge | 2009 à 2015 | ench. 20 €   **15,5/20**
Toasté, gourmand, gras, puissant, c'est un vin immédiatement savoureux, au beau volume mûr et long.

SAINT-ÉMILION GRAND CRU 2001
Rouge | 2009 à 2015 | ench. 26 €   **15,5/20**
C'est un vin ultra concentré, très ample et riche, aux tanins ultra serrés et enrobés.

Rouge : 7,5 hectares ; cabernet sauvignon 3%, merlot 97%. Production totale annuelle : 20 000 bt.
Visite : Sur rendez-vous.

CHÂTEAU ROUGET

Route de Saint-Jacques-de-Compostelle
33500 Pomerol
Tél. 05 57 51 05 85 - Fax. 05 57 55 22 45
chateau.rouget@wanadoo.fr
www.chateau-rouget.com

Venu du Mâconnais, l'industriel Jean-Pierre Labruyère (également présent en Côte-d'Or) a redonné à ce beau cru du nord du plateau de Pomerol, disposant d'une surface non négligeable, la réputation qui était la sienne il y a soixante ans. Si, à la fin des années 1990, le cru a impressionné par sa puissance et sa structure, les derniers millésimes semblent indiquer une évolution vers un plus grand raffinement tannique.

POMEROL 2007
Rouge | 2012 à 2020 | NC   **16/20**
Robe profonde, aromatiquement très juvénile, c'est un vin au bon volume corsé et truffé, ample et réussi, avec une excellente maturité de fruit et de tanin.

POMEROL 2006
Rouge | 2012 à 2020 | 30 €   **17/20**
Avec un an de bouteille supplémentaire, ce 2006 affirme toute sa personnalité : beau vin noble, profond et suave, truffé raffiné, long.

POMEROL 2005
Rouge | 2009 à 2025 | ench. 24 €   **16/20**
Coloré, fruité, toasté et épicé, corps onctueux, moelleux, plus riche mais moins fin que le 2006.

POMEROL 2004
Rouge | 2009 à 2018 | NC   **14,5/20**
Vin épicé et gras, au tanin moyennement fin mais plein.

POMEROL 2001
Rouge | 2009 à 2020 | NC   **17,5/20**
L'un des grands vins du millésime à Pomerol. Grande puissance, mais aussi texture pulpeuse particulièrement séduisante.

POMEROL 2000
Rouge | 2010 à 2020 | ench. 26 €   **17,5/20**
Vin bouqueté, à la matière superbe, à la finale somptueuse. Une évidente réussite.

Rouge : 17,5 hectares ; cabernet franc 15%, merlot 85%. Production totale annuelle : 60 000 bt.
Visite : Sur rendez vous.

CAVE COOPÉRATIVE DE SAINT-ÉMILION

Haut-Gravet
B.P. 27
33330 Saint-Émilion
Tél. 05 57 24 70 71 - Fax. 05 57 24 65 18
contact@udpse.com
www.udpse.com

La cave confirme ses progrès et montre, dans un environnement de très haut niveau, qu'elle est capable de produire plusieurs remarquables saint-émilions. C'est assurément aujourd'hui l'une des meilleures caves coopératives de France, et une valeur sûre pour l'appellation. Sa gamme est très large et ne comporte aucun vin décevant, au regard de son prix. Côte-rocheuse, galius et aurélius constituent trois belles cuvées qui ne déçoivent jamais, d'un millésime à un autre. La discipline de travail à la vigne est de tout premier ordre, et explique en très grande partie les résultats qualitatifs obtenus. De plus, la cave s'est dotée d'un outil de production moderne et parfaitement adapté.

SAINT-ÉMILION GRAND CRU AURELIUS 2007
Rouge | 2012 à 2017 | 27,70 €   **15/20**
Très coloré, gras, long et plein de sève, voilà un vin au réel potentiel, avec une belle allonge sur les fruits noirs.

SAINT-ÉMILION GRAND CRU CÔTE ROCHEUSE 2007
Rouge | 2012 à 2017 | 13,15 €   **14/20**
Vin sincère, gourmand et non départi d'une saine rusticité.

SAINT-ÉMILION GRAND CRU GALIUS 2007
Rouge | 2012 à 2017 | 17,10 €   **14,5/20**
Très coloré, riche et juvénile, fruits noirs, bonnes promesses.

Rouge : 800 hectares. Production totale annuelle : 5 000 000 bt. Visite : De 8 h 30 à 12 h et de 14 h à 18 h sauf dimanches et jours fériés.

CLOS SAINT-MARTIN

GFA Les Grandes Murailles
Château Côte de Baleau
33330 Saint-Émilion
Tél. 05 57 24 71 09 - Fax. 05 57 24 71 09
lesgrandesmurailles@wanadoo.fr
www.lesgrandesmurailles.fr

Tout petit cru, le Clos Saint-Martin est splendidement situé sur la côte de Beauséjour, entre les deux crus portant ce nom. Cultivé et vinifié avec un soin extrême par ses propriétaires, il est devenu l'un des crus les plus séduisants au plus haut niveau, depuis la fin des années 1990, avec des vins riches mais veloutés, concentrés et parfaitement mis en valeur par un élevage en bois neuf. Le cru s'impose assurément comme l'une des plus brillantes expressions actuelles de Saint-Émilion.

SAINT-ÉMILION GRAND CRU 2007
Rouge | 2012 à 2017 | 45 €   **15,5/20**
Vin riche, au fruit très franc, aux tanins serrés et sans astringence, d'une remarquable fraîcheur en finale.

SAINT-ÉMILION GRAND CRU 2006
Rouge | 2012 à 2017 | 45 €   **15,5/20**
Plus souplement construit que le 2005, c'est un vin à l'élégance distinguée, exprimant avec délicatesse un fruit pur et tendre.

SAINT-ÉMILION GRAND CRU 2005
Rouge | 2011 à 2020 | 95 €   **17/20**
Magnifique réussite : arômes et texture de grande noblesse, superbe ampleur, texture alliant densité et finesse.

SAINT-ÉMILION GRAND CRU 2004
Rouge | 2009 à 2015 | 45 €   **15,5/20**
Robe de bonne intensité, fruit associé à une palette torréfiée et toastée, corps ample et séveux, assurément de bonne longueur.

SAINT-ÉMILION GRAND CRU 2002
Rouge | 2009 à 2015 | 48 €   **16,5/20**
Délicieux et complet : la robe est profonde, le nez exprime de superbes notes fraîches de fruits rouges et noirs, le corps est velouté, soyeux, fin et gras.

SAINT-ÉMILION GRAND CRU 2001
Rouge | 2009 à 2015 | 50 €   **16/20**
Profond et élégant, avec un beau grain de texture et une finale gourmande et suave.

Rouge : 1,33 hectare ; cabernet franc 20%, cabernet sauvignon 10%, merlot 70%.
Production totale annuelle : 5 000 bt.
Visite : sur rendez-vous.

CHÂTEAU LA SERGUE

Vignobles Chatonnet
Lieu-dit Chagneau
33500 Néac
Tél. 05 57 51 31 31 - Fax. 05 57 25 08 93
contact@vignobleschatonnet.com
www.vignobleschatonnet.com

La Sergue est le résultat d'une sélection et de l'assemblage des meilleurs raisins issus de terroirs différents, choisis au sein du Château Haut-Chaigneau, par ailleurs leader de l'appellation Lalande. Cinq hectares maximum, à dominante merlot, vinifiés avec talent par Pascal Chatonnet, en cuves bois et élevés pendant quinze mois en fûts de chêne à 100 % neufs.

LALANDE DE POMEROL
CHÂTEAU HAUT-CHAIGNEAU 2006
Rouge | 2009 à 2012 | 12,50 € **15,5/20**
Toujours éclatante, cette cuvée offre pour le millésime 2006 un nez joliment fruité et aux nuances de pivoine, une bouche raffinée, souple, charnue et d'un parfait équilibre. Elle sera prête à boire plus rapidement que d'autres millésimes.

Rouge : 28 hectares. **Production totale annuelle :** 150 000 bt. **Visite :** De 9 h à 12 h et de 13 h30 à 17 h30.

CHÂTEAU LA SERRE

Luc d'Arfeuille SCE
33330 Saint-Émilion
Tél. 05 57 24 71 38 - Fax. 05 57 24 63 01
darfeuille.luc@wanadoo.fr

Voisin de Trottevieille, sur le plateau calcaire à la sortie nord-est de Saint-Émilion, La Serre est une petite propriété très joliment située. La famille d'Arfeuille, qui possédait également jusqu'à il y a peu le Château La Pointe, à Pomerol, y réalise des vins jouant beaucoup plus sur l'élégance que sur la puissance.

SAINT-ÉMILION GRAND CRU 2007
Rouge | 2012 à 2019 | NC **14/20**
D'une dimension assez limitée, le vin paraît pour l'instant peu disert.

SAINT-ÉMILION GRAND CRU 2006
Rouge | 2012 à 2019 | NC **14,5/20**
Classiquement construit avec un rien de raideur, mais aussi un volume distingué, typique d'un terroir calcaire.

SAINT-ÉMILION GRAND CRU 2005
Rouge | 2009 à 2015 | NC **15/20**
Rond et velouté, joliment dessiné avec une belle profondeur fruitée, millésime incontestablement réussi.

Rouge : 5,5 hectares ; cabernet 20%, merlot 80%. Blanc : 0,5 hectare **Production totale annuelle :** 25 000 bt. **Visite :** Sur rendez-vous.

CHÂTEAU SOUTARD

B.P. 4
33330 Saint-Émilion
Tél. 05 57 24 71 41 - Fax. 05 57 74 42 80
contact@soutard-larmande.com
www.soutard-larmande.com

Le cru a été repris en 2006 par les assurances La Mondiale, et est administré par
la même équipe que l'autre propriété du
groupe à Saint-Émilion, Château Lar-
mande. Il fut auparavant la propriété d'une
même famille pendant deux siècles et
apparut, sous la direction de François des
Ligneris, comme un cru à part, cultivant
une ligne à la fois très bio et très traditionnelle. Si le 2006 constitue un millésime de
transition, les réussis 2007 et surtout 2008
offrent des promesses à la hauteur du
potentiel du cru.

SAINT-ÉMILION GRAND CRU 2007
Rouge | 2012 à 2017 | NC   **16,5/20**
Brillant retour au premier plan : belle robe
profonde, nez précis de fruits rouges, tanin
très fin, grande élégance et distinction dans
un registre fin.

SAINT-ÉMILION GRAND CRU 2005
Rouge | 2011 à 2020 | 60 €   **14/20**
Dense et serré dans ce millésime, avec un
tanin correctement exprimé, de l'allonge
mais également un caractère austère.

SAINT-ÉMILION GRAND CRU 2003
Rouge | 2009 à 2020 | 26 €   **16/20**
Le vin est peu tapageur avec son absence
d'arômes boisés, sa discrétion aromatique
à l'ouverture, mais il faut lui donner le temps
de s'aérer pour percevoir sa belle longueur
profonde et son charme aromatique d'une
autre époque.

SAINT-ÉMILION LES JARDINS DE SOUTARD 2006
Rouge | 2009 à 2015 | 14,50 €   **13,5/20**
Gras, souple, fruité, prêt à boire.

Rouge : 27 hectares ; cabernet franc 30%,
merlot 70%. **Production totale annuelle :** 65 000 bt.
Visite : Pas de visite.

CHÂTEAU TAILLEFER

B.P. 9
33501 Libourne cedex
Tél. 05 57 25 50 45 - Fax. 05 57 25 50 45
contact@moueixbernard.com
www.chateautaillefer.fr

Ce cru classique, qui fut le premier acquis
par la famille Moueix, est situé dans la partie sud du plateau de Pomerol, sur des sols
sablo-graveleux. Il est aujourd'hui la propriété des enfants de Bernard Moueix, et
est dirigé avec beaucoup de finesse par
Catherine Moueix, qui l'a fait sensiblement
progresser depuis une dizaine d'années.
La viticulture très méticuleuse, et le soin
apporté aux vinifications et à l'élevage,
avec l'aide de l'œnologue Denis Dubourdieu, en ont fait un pomerol très précis,
sans aucune vulgarité aromatique, franc
et très net.

POMEROL 2007
Rouge | 2011 à 2017 | NC   **15/20**
Arômes de fruits noirs en confiture, bouche
tendre et souple, de dimension limitée.

POMEROL 2006
Rouge | 2012 à 2018 | NC   **15,5/20**
Robe assez profonde, nez fin sur les fruits
rouges frais, longueur élancée, style svelte.

POMEROL 2005
Rouge | 2009 à 2015 | NC   **15/20**
Jolis arômes classiques de fruits rouges et
d'épices, avec une petite touche minérale,
vin très agréable, charnu, doté de tanins
fermes mais élégants, très classique de son
secteur et d'une densité digne du millésime.

POMEROL 2004
Rouge | 2009 à 2020 | NC   **16/20**
Généreusement mais finement boisé, le vin
apparaît gras, doté d'une texture fine mais
aussi d'une sève gourmande, onctueuse et
torréfiée. Belle réussite.

Rouge : 13 hectares ; cabernet franc 25%,
merlot 75%. **Production totale annuelle :** 60 000 bt.
Visite : Sur rendez-vous.

CHÂTEAU TERRE-BLANQUE

33390 Saint-Genès-de-Blaye
Tél. 06 85 52 48 08 - Fax. 05 57 42 19 48
ppe.boulme@terreblanque.com
www.terreblanque.com

Située au nord-ouest de Blaye, cette propriété possède un vignoble s'étendant sur un seul tenant, avec un sous-sol argilo-calcaire classique. Depuis que Paul-Emmanuel Boulmé a repris l'exploitation familiale en 1995, celle-ci a bénéficié d'un travail de fond, pour presque doubler de superficie. Les vins sont, comme ceux de Bonnange, vinifiés par le même Paul-Emmanuel, très ambitieux, avec une personnalité affirmée, qu'il s'agisse de la cuvée les-cailloux, de la généreuse noémie ou de la gourmande juliette-et-canelle.

PREMIÈRES CÔTES DE BLAYE
JULIETTE ET CANELLE 2007
Rouge | 2009 à 2011 | 6,90 €   **15/20**
Cette cuvée est notre préférée, volontairement élaborée sans élevage en barriques, elle séduit par un fruit charmeur, ses tanins souples et agréables lui assurent une buvabilité indéniable.

PREMIÈRES CÔTES DE BLAYE NOÉMIE 2007
Rouge | 2009 à 2015 | 14 €   **14/20**
Vin agréable sur un fruit noir très intense et charnu, grande opulence, la trame tannique est solide mais encore dominée par le bois.

Rouge : 13 hectares : cabernet sauvignon 30%, merlot 70%. Blanc : 1 hectare. Production totale annuelle : 80 000 bt. Visite : Sur rendez-vous.

CHÂTEAU TERTRE-DAUGAY

33330 Saint-Émilion
Tél. 05 57 24 72 15
contact@malet-roquefort.com
www.chateau-tertre-daugay.com

Située, comme son nom l'indique, sur un spectaculaire tertre calcaire, dans la partie orientale de la côte de Saint-Émilion, la propriété a été acquise par Léo de Malet (Château La Gaffelière, à Saint-Émilion) en 1978. Il l'a patiemment reconstituée, et elle est assurément parvenue aujourd'hui à sa pleine maturité d'expression. Depuis 2000, les vins ont gagné en consistance et en intensité, sans pour autant perdre le style équilibré et fin qu'affectionne Léo de Malet.

SAINT-ÉMILION GRAND CRU 2007
Rouge | 2012 à 2019 | 23 €   **15/20**
Gras, onctueux, bonne ampleur fruitée et équilibrée, tanins sans rudesse.

SAINT-ÉMILION GRAND CRU 2005
Rouge | 2010 à 2017 | 25 €   **15,5/20**
Robe profonde, nez de cerise noire, bouche large et dense, pleine de sève, et témoignant d'une réelle maturité de fruit. Vin puissant et suave.

SAINT-ÉMILION GRAND CRU 2004
Rouge | 2009 à 2012 | 19 €   **15/20**
Vin coloré, gras, truffé, persistant, long, plutôt fin.

SAINT-ÉMILION GRAND CRU 2002
Rouge | 2009 à 2012 | 19 €   **15/20**
Robe de bonne couleur, nez fin, tanin soyeux et rond, longueur, petit manque de fraîcheur mais vin noble et généreux.

Rouge : 16 hectares ; cabernet franc 30%, merlot 70%. Production totale annuelle : 75 000 bt.

CHÂTEAU LE TERTRE-ROTEBŒUF

33330 Saint-Laurent-des-Combes
Fax. 05 57 74 42 11
tertre.roteboeuf-roc.de.cambes@wanadoo.fr
www.tertre-roteboeuf.com

François Mitjaville est, de tous les grands viticulteurs bordelais, celui qui a la sensibilité la plus artistique et qui correspond le plus à l'idée que l'on se fait d'un « créateur de vin », même s'il se définit plus volontiers comme interprète d'un terroir. Le magnifique promontoire du Tertre termine en quelque sorte la côte Pavie, mais est soumis à un microclimat plus froid, qui exige d'attendre un peu plus longtemps la maturité idéale du raisin. Cet allongement du cycle végétatif du raisin entraîne la création d'arômes tout à fait étonnants et uniques dans l'appellation, qu'il faut saisir et stabiliser à la vinification. Le tempérament intuitif et empirique du propriétaire des lieux n'aurait pas suffi : il a eu l'intelligence de comprendre que la science œnologique était la seule à garantir la réussite de l'œuvre d'art. Son vin, par la somptuosité de son corps et de ses arômes et par la volupté de ses textures, a fidélisé un peu partout sur cette planète des centaines d'esthètes, qui le placent au sommet de leur panthéon personnel.

Saint-Émilion grand cru 2007
Rouge | 2015 à 2025 | NC   **18/20**
Un bijou raffiné et tendre, s'imposant en tendresse et en profondeur : palette de fruits rouges fondante, allonge veloutée, presque fragile d'allure mais pourtant extrêmement longue, précise, distinguée et harmonieuse.

Saint-Émilion grand cru 2006
Rouge | 2014 à 2030 | NC   **18,5/20**
Le vin se développe en bouche, avec un moelleux et une suave profondeur assez extraordinaires. Le grain de tanin, d'une éblouissante délicatesse, est lui aussi hors normes.

Saint-Émilion grand cru 2005
Rouge | 2015 à 2030 | Ench. 183 €   **18,5/20**
Admirable arôme de haute maturité du raisin, évoquant la prune, la mûre, le cuir frais, les épices douces, et sensualité unique de la texture et de la matière. Tout ici est fondu, malgré la densité et la force de la vendange, grâce à une oxydation ménagée complètement réussie. Un vin merveilleux.

Rouge : 5.68 hectares ; cabernet franc 15%, merlot 85%. Production totale annuelle : 27 000 bt.
Visite : Sur rendez-vous.

CHÂTEAU TOUR MAILLET

Negrit
33570 Montagne
Tél. 05 57 74 61 63 - Fax. 05 57 74 59 62
vignobleslagardere@wanadoo.fr

Ce petit cru du secteur est de l'appellation a beaucoup progressé et produit aujourd'hui des vins séduisants et immédiatement savoureux. Le style est charnu et aromatique, brillamment architecturé. Quel que soit le millésime, le vin ne nous a jamais déçus au cours des dégustations réalisées ces dernières années. C'est assurément un vin à suivre, encore très accessible.

Pomerol 2006
Rouge | 2009 à 2016 | 25 €   **15/20**
Truffé et fruité, volume élégant, de la sève, finale moyennement raffinée.

Pomerol 2005
Rouge | 2009 à 2020 | 27 €   **16,5/20**
Avec des notes assez exotiques de bois de santal, le vin possède de l'ampleur et de l'élégance. Splendide, intense.

Pomerol 2004
Rouge | 2009 à 2015 | 21 €   **16,5/20**
Remarquable réussite dans le millésime : coloré, gras, profond, plein de sève, c'est un vin à la longueur racée et au beau tanin fin.

Pomerol 2001
Rouge | 2009 à 2015 | 26 €   **15/20**
Joli pomerol séduisant, au boisé fondu, au corps onctueux et long.

Rouge : 2,21 hectares ; merlot 100%.
Production totale annuelle : 14 000 bt.
Visite : Sur rendez-vous.

CHÂTEAU TRIANON

33330 Saint-Émilion
Tél. 05 57 25 34 46 - Fax. 05 57 25 28 61
contact@chateau-trianon.com

Situé à la sortie de Libourne, sur des sols sableux, Trianon a été repris en 2001 par Dominique Hébrard, qui a apporté à ce terroir intéressant un drainage indispensable ici pour réaliser de belles choses. Depuis cette date, le vin a en effet spectaculairement progressé, exprimant parfaitement le style velouté et suave des meilleurs saint-émilions du secteur. Gourmand, plein de sève et gras, c'est un cru qu'on peut apprécier dès sa jeunesse.

Saint-Émilion grand cru 2007
Rouge | 2012 à 2017 | 19,70 €   **16/20**
Élégant et charnu, tanin fin, belle allonge et fruit profond.

Saint-Émilion grand cru 2006
Rouge | 2012 à 2017 | 19,90 €   **15/20**
Coloré, fruits noirs, profond, vineux, tanin sans rudesse, constitution bien dessinée.

Saint-Émilion grand cru 2005
Rouge | 2009 à 2017 | 22 €   **16/20**
Élancé et profond, bouquet fruité relevé par un boisé fin, de la sève, tanin plus marqué qu'à l'habitude, long. On patientera volontiers deux à trois ans pour en apprécier tous les charmes.

Saint-Émilion grand cru 2004
Rouge | 2009 à 2012 | 20 €   **13/20**
Le vin est puissant, mais les notes aromatiques et les tanins ont des accents végétaux.

Saint-Émilion grand cru 2003
Rouge | 2009 à 2015 | 22 €   **16/20**
Robe profonde, fruit pur et subtil, bouche toute en ronde souplesse, élégant, fin, racé et gourmand, sans la profondeur des vins de côtes, mais en tendresse et charme.

Saint-Émilion grand cru 2002
Rouge | 2009 à 2012 | 22 €   **14,5/20**
Du corps et des tanins ronds, longueur, un vin solide et charnu, mais la finale n'a pas toute la fraîcheur souhaitée.

Rouge : 10 hectares ; cabernet franc 10%, cabernet sauvignon 5%, carmenere 5%, merlot 80%. **Production totale annuelle :** 50 000 bt.
Visite : Pas de visites.

CHÂTEAU LES TROIS CROIX

Lieu-dit Les-Trois-Croix
33126 Fronsac
Tél. 05 57 84 32 09 - Fax. 05 57 84 34 03
lestroiscroix@aol.com
www.chateaulestroiscroix.com

Le nom de cette très ancienne propriété de Fronsac (début XVIIIe siècle) vient de son implantation particulière, depuis laquelle on peut voir les trois clochers des trois communes de l'appellation Fronsac. Elle a été reprise en 1995 par l'affable et brillant œnologue-vinificateur Patrick Léon (ex-Mouton-Rothschild), qui l'exploite désormais avec son fils et sa fille. S'appuyant sur la philosophie de Patrick Léon pour des vinifications axées sur l'équilibre et la finesse, les vins se déploient en longueur et en sveltesse, plutôt qu'en puissance et en lourdeur. Cette propriété est indéniablement devenue l'une des références de l'appellation.

Fronsac 2006
Rouge | 2012 à 2016 | 17 €   **16/20**
Coloré, profond et plein de sève, ce fronsac classique mais riche et savoureux possède un incontestable potentiel.

Fronsac 2005
Rouge | 2009 à 2015 | 15 €   **16/20**
Construit pour la garde, ce millésime possède beaucoup d'intensité et d'énergie avec du volume. Avec un an de bouteille supplémentaire, ses tanins se sont assouplis avec bonheur.

Fronsac 2004
Rouge | 2008 à 2012 | 12 €   **15/20**
Ce vin, précis et harmonieusement construit, révèle un fruit expressif et une charpente sans aucune lourdeur ni rusticité. Belle allonge.

Rouge : 15,2 hectares ; cabernet franc 15%, merlot 85%. **Production totale annuelle :** 60 000 bt.
Visite : sur rendez-vous.

CHÂTEAU TROPLONG-MONDOT

33330 Saint-Émilion
Tél. 05 57 55 32 05 - Fax. 05 57 55 32 07
contact@chateau-troplong-mondot.com
www.chateau-troplong-mondot.com

Situé au sommet de la côte Pavie et sur le plateau qui lui fait suite, Troplong-Mondot est un site magnifique, qui semble préservé du temps et des modes. Le cru doit beaucoup à sa propriétaire, Christine Valette, qui y pratique depuis une vingtaine d'années une viticulture d'élite, mettant pleinement en valeur un remarquable terroir. Les sols et le microclimat sont de même nature que ceux du secteur de Pavie, et donnent des vins profonds, corsés mais harmonieux, développant lentement un très noble parfum d'épices et de truffe qui les prédispose à accompagner les grands plats de gibier.

SAINT-ÉMILION GRAND CRU 2007
Rouge | 2012 à 2020 | NC   **17/20**
Robe profonde et sombre ; beau nez profond, encore marqué par un élevage à la hauteur. Bouche droite, structurée, tanins puissants et veloutés ; potentiel certain.

SAINT-ÉMILION GRAND CRU 2006
Rouge | 2012 à 2018 | 100 €   **17/20**
Moelleux et intense, grand volume distingué, fruit net, franc, intense et séduisant.

SAINT-ÉMILION GRAND CRU 2005
Rouge | 2012 à 2025 | NC   **18/20**
Vin de grande stature, au nez truffé et gourmand, au corps gras et plein de sève, grande générosité.

SAINT-ÉMILION GRAND CRU 2004
Rouge | 2009 à 2017 | 80 €   **16/20**
Un millésime agréable mais qui ne joue pas sur la puissance. Notes de fruits compotés, bouche veloutée, bonne allonge fraîche et persistante.

SAINT-ÉMILION GRAND CRU 2003
Rouge | 2009 à 2020 | Ench. 46 €   **17,5/20**
Puissant, solide, formidablement savoureux et corsé, c'est un troplong de grande garde, au bouquet typique de fruits mûrs et de torréfaction.

SAINT-ÉMILION GRAND CRU 2002
Rouge | 2009 à 2014 | 60 €   **16/20**
Robe profonde, nez de fruits rouges et noirs mûrs, allonge suave, de la profondeur moelleuse.

SAINT-ÉMILION GRAND CRU 2001
Rouge | 2011 à 2020 | NC   **17/20**
Robe jeune et très profonde. Beau nez de fruits noirs, complet et profond, encore jeune, attendre.

Rouge : 23 hectares : cabernet franc 5%, cabernet sauvignon 5%, merlot 90%.
Production totale annuelle : 100 000 bt.
Visite : De 9 h à 12 h et de 14 h à 18 h.

CHÂTEAU TROTANOY

33500 Pomerol
Tél. 05 57 51 78 96 - Fax. 05 57 51 79 79
info@jpmoueix.com
www.moueix.com

Voisin de Petrus, Trotanoy partage avec lui un sol très argileux, et ainsi un encépagement très largement dominé par le merlot. Comme tout membre de «l'équipe Moueix», il est suivi et vinifié par Jean-Claude Berrouet, et désormais par son fils Olivier. Mais ces points communs n'empêchent pas les deux crus de posséder des personnalités fortes et très différentes. Celle de trotanoy apparaît toujours très structurée, droite, moins exubérante et suave que celle de petrus, avec un fruit assez vif, qui se maintient au vieillissement en apportant une fraîcheur supplémentaire à la palette truffée du cru dans sa maturité. Tous les derniers millésimes sont profonds et intenses.

POMEROL 2006
Rouge | 2012 à 2025 | NC   **18/20**
Superbe parfum floral au nez comme en bouche, allonge raffinée, tanin fin, grande élégance distinguée.

POMEROL 2005
Rouge | 2009 à 2025 | Ench. 173 €   **18,5/20**
Le bouquet subtil et diversifié, corps profond, avec de la fraîcheur et une finale intense et veloutée, de grand potentiel.

POMEROL 2004
Rouge | 2009 à 2020 | Ench. 60 €   **17/20**
La robe est peu intense, mais le vin exprime des notes de fruits rouges très pures, et témoigne d'une grande fraîcheur en bouche. La structure est droite et raffinée, de belle allonge.

POMEROL 2001
Rouge | 2009 à 2020 | Ench. 70 €   **17/20**
Doté de tanins très fermes, c'est un pomerol tendu, puissant, fait pour la longue garde.

POMEROL 2000
Rouge | 2009 à 2025 | Ench. 105 €   **18/20**
Constitution remarquable, chair ample mais texture serrée, noble bouquet de truffe, vin terrien mais très harmonieux et allongé.

Rouge : 7,2 hectares ; cabernet franc 10%, merlot 90%. **Production totale annuelle :** 25 000 bt.
Visite : Pas de visites.

CHÂTEAU TROTTEVIEILLE

33330 Saint-Émilion
Tél. 05 56 00 00 70 - Fax. 05 57 87 60 30
bordeaux@borie-manoux.fr

Depuis la fin des années 1990 et l'arrivée aux commandes de Philippe Castéja, appuyé par le brillant œnologue Denis Dubourdieu, cette propriété, magnifiquement située sur le plateau calcaire à la sortie nord-est du village de Saint-Émilion, séduit par une intensité très affirmée, mais aussi par son équilibre, sa finesse, sa fraîcheur, proposant la personnalité d'un saint-émilion racé, long et svelte, séduisant dès sa prime jeunesse.

Saint-Émilion grand cru 2007
Rouge | 2012 à 2020 | 45 €   **16/20**
Robe grenat, notes de fruits rouges, corps rond, souple, tanin velouté, finale vive. Le vin n'est pas d'une dimension extraordinaire, mais le profil fin et tendu présente une vraie personnalité et un beau potentiel.

Saint-Émilion grand cru 2006
Rouge | 2012 à 2018 | 49 €   **16/20**
Robe de moyenne intensité, vin floral et distingué, de la vivacité en bouche, des tanins aussi, d'un volume délicat et profond.

Saint-Émilion grand cru 2005
Rouge | 2011 à 2020 | 90 €   **17,5/20**
Beaucoup d'éclat et de distinction, grande fraîcheur et brillance, subtilité magnifique.

Saint-Émilion grand cru 2004
Rouge | 2009 à 2015 | 55 €   **15/20**
Robe correcte, bon boisé au nez, rondeur souple, assez harmonieux dans un registre aimable, ampleur moyenne, mais franc et très équilibré.

Saint-Émilion grand cru 2003
Rouge | 2009 à 2020 | Ench. 36 €   **17/20**
La première très grande réussite du cru depuis longtemps : robe profonde, boisé ultra toasté, gras, gourmand, généreux, personnalité évidente et directe. Quel plaisir !

Saint-Émilion grand cru 2002
Rouge | 2009 à 2014 | NC   **13,5/20**
Robe pourpre, notes de sous-bois, souple et rond, dilution, finale assez courte. À boire.

Saint-Émilion grand cru 2001
Rouge | 2009 à 2014 | NC   **15/20**
Droit, souple en attaque, net, mais le contraire d'un enjôleur. Sérieux et profond.

Rouge : 10 hectares ; cabernet franc 45%, cabernet sauvignon 5%, merlot 50%. **Production totale annuelle :** 40 000 bt. **Visite :** Du lundi au vendredi, de 8 h à 12 h et de 14 h à 17 h 30, sur rendez-vous.

CHÂTEAU VALANDRAUD

6, rue Guadet
33330 Saint-Émilion
Tél. 05 57 55 09 13 - Fax. 05 57 55 09 12
thunevin@thunevin.com
www.thunevin.com

Créé ex-nihilo par Jean-Luc Thunevin, Valandraud est passé de 0,6 hectare de vignes au début des années 1990 à plus de 10 hectares aujourd'hui. Il n'est donc désormais plus le « vin de garage » dont il avait lancé la mode, mais bien l'un des crus les plus harmonieux et racés de Saint-Émilion. Ultra mûr, parfumé, soutenu par un boisé suave, puissant, riche, velouté, Valandraud est un vin épanoui, large d'esprit et d'épaules, mais aussi doté de tanins délicats et fins, exprimant avec originalité et modernité une certaine idée de la perfection vigneronne.

Saint-Émilion grand cru 2007
Rouge | 2012 à 2017 | 280 €   **17/20**
Là aussi, l'élevage permet à ce vin de développer une personnalité brillante, mettant en valeur un tanin très fin et un éclat aromatique brillant.

Saint-Émilion grand cru 2006
Rouge | 2012 à 2017 | 350 €   **17/20**
Dégusté en bouteille, le vin est en train de démontrer le large éventail de son potentiel : richesse onctueuse, vin noble et profond, longueur et précision.

Saint-Émilion grand cru 2005
Rouge | 2009 à 2020 | 350 €   **18/20**
Le vin possède beaucoup de séduction, avec un boisé bien intégré, un corps velouté et gras, de l'allonge. Mais il a en plus une profondeur et même une puissance de structure qui garantissent une grande et longue évolution en bouteille.

Saint-Émilion grand cru
Virginie de Valandraud 2007
Rouge | 2012 à 2017 | 35 €   **16/20**
Belle couleur, richesse et allonge profonde, tanin solide, persistance des notes de fruits noirs en finale.

Saint-Émilion grand cru
Virginie de Valandraud 2006
Rouge | 2012 à 2017 | 40 €   **16,5/20**
Coloré, boisé et truffé, vin corsé et riche, beaux tanins soyeux et suaves, allonge savoureuse, très persistant, gourmand et racé.

Rouge : 10 hectares ; cabernet franc 25%, cabernet sauvignon 2,5%, malbec 2,5%, merlot 70%. **Production totale annuelle :** 12 000 bt. **Visite :** Pas de visites.

CHÂTEAU VEYRY

Paupin
33330 Saint-Laurent-des-Combes
Tél. 06 07 28 53 80 - Fax. 05 57 74 09 56
veyry@orange.fr

Cette propriété de deux hectares, dont les vignes escarpées, sinueuses, presque en terrasses pour certaines, dominent la petite ville de Castillon-la-Bataille, l'œnologue Christian Veyry l'a patiemment créée, acquérant le terrain en 1986, plantant une première parcelle en 1993 et une seconde quatre ans plus tard. Aujourd'hui, ce vignoble parvient, sinon à sa maturité, du moins à une excellente définition de ses vins, impressionnants par leur intensité de fruit et par leur souplesse onctueuse et extrêmement séduisante.

CÔTES DE CASTILLON 2006
Rouge | 2009 à 2014 | NC   **15/20**
Avec son nez puissant, riche, de fruits noirs à grande maturité, de résineux et boisé distingué, sa bouche charpentée, vigoureuse, aux tanins gras, mûrs et sa longue finale, il n'a rien à envier au superbe 2005.

CÔTES DE CASTILLON 2005
Rouge | 2009 à 2013 | NC   **15/20**
Dans un style très méridional et chaleureux, avec un nez de fruits noirs ultra mûrs, aux notes cacaotées et avec une bouche dense, riche et charpentée. Il faudra l'attendre.

CÔTES DE CASTILLON 2004
Rouge | 2009 à 2012 | NC   **14,5/20**
Vin élégant, harmonieux, finement toasté, développant avec souplesse un corps charnu et long.

CÔTES DE CASTILLON 2002
Rouge | 2009 à 2010 | NC   **14/20**
Belle réussite du millésime que ce vin puissant, gourmand et généreux, au corps onctueux, au style délibérément hédoniste. Prêt à boire.

Rouge : 4 hectares ; cabernet franc 10%, merlot 90%. **Production totale annuelle :** 15 000 bt.
Visite : Sur rendez-vous.

CHÂTEAU LA VIEILLE CURE

Coutreau
33141 Saillans
Tél. 05 57 84 32 05 - Fax. 05 57 74 39 83
vieillecure@wanadoo.fr
www.lavieillecure.com

Cette propriété, dont les origines remontent au XVIIIe siècle, est située à l'est de l'appellation, en plateau et en côtes, le long d'une petite rivière, l'Isle. Depuis une quinzaine d'années, c'est l'un des fronsacs les plus réguliers en qualité, avec des vins toujours pleins de sève, parfois un peu rigides dans leur jeunesse mais vieillissant noblement. Après une petite période de stagnation, le domaine semble être reparti d'un meilleur pied.

FRONSAC 2006
Rouge | 2011 à 2015 | 16 €   **15,5/20**
Robe profonde, vin doté d'un fruit noir franchement exprimé, c'est un vin long, profond, au tanin précis et fin, à la saveur de fruit mûr.

FRONSAC LA SACRISTIE 2006
Rouge | 2011 à 2014 | 11 €   **13/20**
Nez agréable de fruits frais. La bouche est encore marquée par une petite raideur tannique en finale.

Rouge : 18 hectares ; cabernet franc 22%, cabernet sauvignon 3%, merlot 75%.
Production totale annuelle : 100 000 bt.
Visite : Du lundi au vendredi de 8 h à 12 h et de 13 h 30 à 17 h 30 sur rendez-vous.

VIEUX CHÂTEAU CERTAN

33500 Pomerol
Tél. 05 57 51 17 33 - Fax. 05 57 25 35 08
info@vieuxchateaucertan.com
www.vieuxchateaucertan.com

Le quartier de Certan, au centre de l'appellation, a toujours été considéré comme un terroir privilégié de Pomerol. Ici, notamment, les deux variétés de cabernet arrivent souvent à maturité, et cette particularité donne au cru une physionomie différente des autres pomerols, particulièrement en vin jeune, plus linéaire, plus discret et moins voluptueux, avec même parfois des tanins un peu verts (mais le long vieillissement en cave lui rend justice). À maturité, le bouquet du cru est sans doute le plus complexe et le plus élégant du Libournais, avec des notes de cèdre et d'épices qui complètent magnifiquement les arômes classiques de truffe et de violette.

POMEROL 2006
Rouge | 2012 à 2023 | NC   **17,5/20**
Vin pur, de grande délicatesse : fruit ultra précis et fin, texture de soie, allonge franche et racée, un soupçon d'intensité en moins par rapport au 2005, mais une élégance similaire.

POMEROL 2005
Rouge | 2009 à 2025 | Ench. 96 €   **18/20**
Construit en longueur beaucoup plus qu'en largeur, le vin brille par la tendreté de sa chair et la profondeur svelte de sa structure. De grand raffinement, c'est un vieux-château-certan qui fera date.

POMEROL 2004
Rouge | 2009 à 2020 | Cav. 110 €   **17/20**
Droit, fin et long, ce vin svelte et élancé s'appuie sur une trame tannique extrêmement précise et fine. Sa fraîcheur lui donne un cachet inimitable à Pomerol.

POMEROL 2001
Rouge | 2009 à 2020 | Cav. 150 €   **17,5/20**
Un vin de grande origine, strict mais sans raideur dans son tanin, svelte, harmonieux, porteur de saveurs fraîches et délicates.

POMEROL 2000
Rouge | 2009 à 2025 | Cav. 150 €   **17,5/20**
Vin particulièrement harmonieux, texture fine, tout en délicatesse et en subtilité, d'un style admirablement maîtrisé.

Rouge : 14 hectares ; cabernet franc 30%, cabernet sauvignon 10%, merlot 60%. **Production totale annuelle :** 55 000 bt. **Visite :** Sur rendez-vous.

CHÂTEAU VILLARS

33141 Saillans
Tél. 05 57 84 32 17 - Fax. 05 57 84 31 25
chateau.villars@wanadoo.fr
www.chateauvillars.com

Château Villars s'étend sur la commune de Saillans, dans le fief des meilleurs fronsacs. Les vins ont franchi incontestablement une étape depuis que Thierry Gaudrie a repris le flambeau du domaine familial en 1997. Un travail long et patient et une meilleure connaissance du terroir ont contribué au retour du domaine à une valeur sûre du secteur. Les vins gagnent en équilibre et en naturel et sont plus rapidement prêts à être consommés.

FRONSAC 2006
Rouge | 2011 à 2015 | 14 €   **15/20**
Le 2006 est complet, racé, avec une bouche fruitée et croquante qui s'appuie sur des tanins amples et veloutés, et une longue finale savoureuse.

FRONSAC 2005
Rouge | 2011 à 2016 | épuisé   **15,5/20**
Nez superbement minéral, corps robuste et ample, fruité à souhait, bel équilibre artistique.

FRONSAC 2004
Rouge | 2009 à 2013 | 13,50 €   **14,5/20**
Nez de violette, bouche épicée aux tanins très frais et souples. Un vin de plaisir.

FRONSAC CHÂTEAU MOULIN HAUT VILLARS 2006
Rouge | 2010 à 2013 | 8,65 €   **14/20**
Environ 10 hectares de la propriété sont exclusivement consacrés à château-moulin-haut-villars. Les vignes produisent un fronsac plaisir, agréable, d'une texture tendre et sans violence. On aime son côté gourmand.

Rouge : 29 hectares.
Production totale annuelle : 200 000 bt.
Visite : Sur rendez-vous le week-end.

CHÂTEAU VILLEMAURINE

23, Villemaurine Sud
33330 Saint-Emilion
Tél. 05 57 74 47 30 - Fax. 05 57 24 63 09
www.chateauvillemaurine.com

Cette propriété est superbement située à la sortie nord du village de Saint-Emilion, à côté de Trottevieille. Située sur le plateau calcaire qui poursuit la côte, la propriété dispose d'ailleurs d'une cave creusée longue et très spectaculaire. Ses atouts ne l'empêchèrent pas de produire des vins d'une très grande banalité, jusqu'à son rachat en 2007 par le négociant Justin Onclin, par ailleurs déjà propriétaire du Château Branas Grand-Poujaux, à Moulis. Avec l'aide de Stéphane Derenoncourt, il a immédiatement pris la mesure du cru et produit un 2007 d'une grande finesse, et plus encore un 2008 extrêmement prometteur. On ne cherchera pas ici la surpuissance, mais bien plutôt la délicatesse et l'éclat.

SAINT-ÉMILION GRAND CRU 2007
Rouge | 2012 à 2018 | NC   **16,5/20**
Élégant et très distingué, sans aucune lourdeur, d'un beau volume fin. Du raffinement.

CHÂTEAU LA VIOLETTE

33500 Pomerol
Tél. 05 57 51 25 58 - Fax. 05 57 25 36 39

Nouvelle acquisition de l'insatiable Catherine Péré-Vergé, le Château La Violette a tout pour devenir l'une des grandes stars de Pomerol. Sa situation d'abord, qui en fait un voisin du Pin, au-dessus du village de Catusseau, la volonté de sa propriétaire et le talent de son œnologue-consultant Michel Rolland, ensuite. Tout en parfum et en exubérante suavité, le cru possède une personnalité intense, immédiatement affirmée par les premiers vins réalisés. 2006 est une réussite confirmée avec éclat par les brillamment prometteurs 2007 et 2008.

POMEROL 2006
Rouge | 2009 à 2022 | 230 €   **18/20**
Dès son premier millésime, 2006, le cru fixe sa personnalité : richement aromatique avec un parfum de violette effectivement très présent, opulent et savoureux, doté d'un tanin surfin.

La sélection
Bettane et Desseauve
pour la Bourgogne

Inscrivez-vous sur

BETTANEDESSEAUVE.COM

> Suivez l'actualité du vin
> Accédez aux notes de
dégustation de 25 000 vins
> Visitez les stands des
producteurs

Le vignoble
de Bourgogne

*Vignoble chargé d'histoire, véritable marqueterie d'art
en raison d'une incroyable diversité de sols et de
« climats », justifiant d'une appellation d'origine pour
chacun d'eux, il n'a jamais été aussi amoureusement
étudié et suivi par les afficionados du pinot noir, le
plus à la mode des cépages rouges, et du
chardonnay, le plus universel des cépages blancs,
qui poussent ici dans leur terreau naturel !*

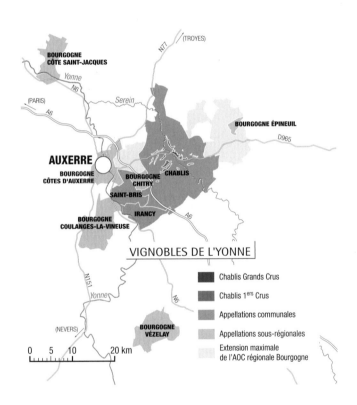

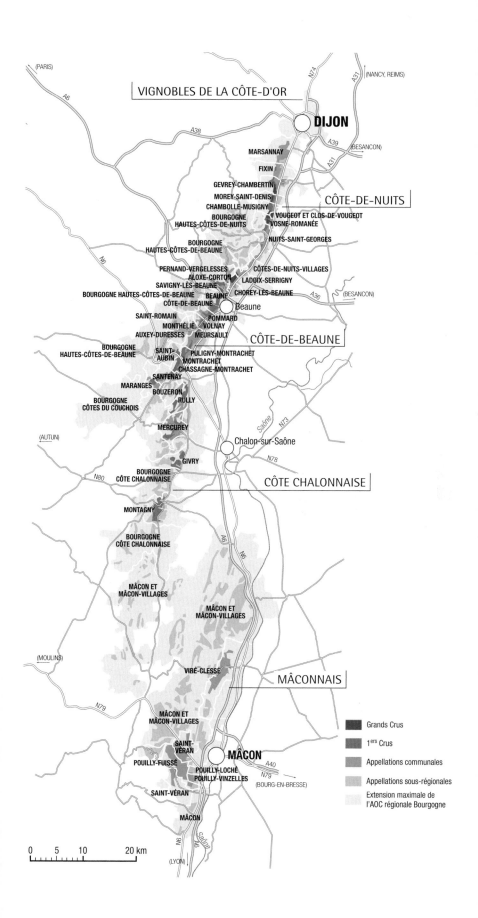

VIGNOBLES DE LA CÔTE-D'OR

(PARIS)

DIJON

(NANCY, REIMS)

(BESANCON)

MARSANNAY

FIXIN

GEVREY-CHAMBERTIN

MOREY-SAINT-DENIS

CHAMBOLLE-MUSIGNY

BOURGOGNE
HAUTES-CÔTES-DE-NUITS

VOUGEOT ET CLOS-DE-VOUGEOT

VOSNE-ROMANÉE

CÔTE-DE-NUITS

NUITS-SAINT-GEORGES

BOURGOGNE
HAUTES-CÔTES-DE-BEAUNE

PERNAND-VERGELESSES   CÔTES-DE-NUITS-VILLAGES

ALOXE-CORTON   LADOIX-SERRIGNY

SAVIGNY-LÈS-BEAUNE

BOURGOGNE HAUTES-CÔTES-DE-BEAUNE   BEAUNE   CHOREY-LÈS-BEAUNE

CÔTE-DE-BEAUNE

Beaune

(BESANCON)

SAINT-ROMAIN   POMMARD

MONTHÉLIE   VOLNAY

AUXEY-DURESSES   MEURSAULT

CÔTE-DE-BEAUNE

BOURGOGNE
HAUTES-CÔTES-DE-BEAUNE   SAINT-
AUBIN   PULIGNY-MONTRACHET

MONTRACHET

CHASSAGNE-MONTRACHET

SANTENAY

MARANGES

BOUZERON

BOURGOGNE   RULLY
CÔTES DU COUCHOIS

MERCUREY

(AUTUN)   Chalon-sur-Saône

GIVRY

BOURGOGNE
CÔTE CHALONNAISE

CÔTE CHALONNAISE

MONTAGNY

BOURGOGNE
CÔTE CHALONNAISE

MÂCON ET
MÂCON-VILLAGES

MÂCON ET
MÂCON-VILLAGES

(MOULINS)

VIRÉ-CLESSÉ

MÂCONNAIS

MÂCON ET
MÂCON-VILLAGES

SAINT-
VÉRAN   MÂCON

POUILLY-FUISSÉ

POUILLY-LOCHÉ

POUILLY-VINZELLES   (BOURG-EN-BRESSE)

SAINT-VÉRAN

MÂCON

Grands Crus

1ers Crus

Appellations communales

Appellations sous-régionales

Extension maximale de
l'AOC régionale Bourgogne

0   5   10   20 km

(LYON)

L'actualité des millésimes

Il est toujours aussi difficile de bien acheter les vins de Bourgogne en raison du morcellement de l'offre et du très petit nombre de bouteilles des meilleurs grands crus et premiers crus. En blanc l'amateur a quand même plus de chance qu'en rouge, car il peut acheter des chablis ou des vins du mâconnais en volume beaucoup plus important que ceux des rouges de la côte d'Or. Les beaux 2007 commencent déjà à s'épuiser à la propriété si on ne les a pas retenus d'avance, aussi faut-il réserver dès maintenant les 2008, qui seront plus inégaux en blanc qu'en rouge. En blanc, Chablis triomphe avec des vins d'une énergie qui ne trompe pas mais avec plus d'harmonie qu'en 1996 ou 2005. Les vins de côte d'Or ont parfois été vendangés trop tôt, mais ont en principe un peu plus de puissance et de gras que les 2007. En rouge la réussite est homogène sur les deux côtes, en raison de la faible charge en raisin des vignes, ce qui leur a permis de mûrir en fin de parcours. Pour les 2007 qui restent à la vente sur place ou qu'on commence à trouver chez les cavistes on peut faire confiance aux meilleurs producteurs, ceux qui on eu le courage de vendanger mûr : les vins auront beaucoup de finesse et de cachet. Les rouges ne brillent pas particulièrement dans certains secteurs du nord de la côte de Beaune, victimes de grêle ou de petites déviations amères liées à des mauvaises qualités de barrique, mais Volnay et Pommard on réussi, produisant des vins de grand charme, dans le caractère des 1962 ou des meilleurs 2002. La côte de Nuits a excellé sur tous les villages, avec des vins bien constitués et noblement aromatiques. On trouve encore en magasin des 2006, sans doute un peu lourds mais généreux en blanc, irréguliers en rouge en raison de nombreux faux goûts amers qu'on espère passagers s'ils ne proviennent que de barriques au bois mal séché. Il y aura pourtant de superbes grands crus et premiers crus en côte de Nuits, parfois plus onctueux et aromatiques que les 2005. 2005 atteint des prix vraiment excessifs malgré ses qualités, sans doute en raison des spéculations qui ont affecté les Bordeaux du même millésime. Les vins sont puissants, colorés, très riches mais mettront très longtemps à s'épanouir en bouteille. Rendez vous donc vers 2017 pour voir où ils en sont !

Les vins préférés des lecteurs

En juin 2009, nous avons réuni plus d'une centaine d'amateurs de vin, recrutés parmi les lecteurs du Grand Guide des vins de France, qui ont dégusté des vins de toutes les régions.
Les vins sélectionnés ont tous obtenu dans cette édition une notation supérieure ou égale à 14/20 ainsi qu'un ☺ et sont commercialisés à un prix public inférieur à 15 €. Plus de 600 vins ont ainsi été dégustés par les jurys de lecteurs.

VOICI LES LAURÉATS DE LA BOURGOGNE ÉLUS PAR NOS LECTEURS

Pierre André,
Savigny-lès-Beaune, Clos des Guettotes, Rouge, 2007, 15 €

Domaine Pascal Bouchard,
Bourgogne Côtes d'Auxerre, Chardonnay, Blanc sec, 2007, 5,90 €

Domaine Henri Felettig,
Hautes Côtes de Beaune, Blanc sec, 2007, 9 €

Domaine Pierre Labet,
Bourgogne, vieilles vignes, Rouge, 2007, 12,50 €

Domaine Manuel Olivier,
Hautes Côtes de Nuits, Blanc sec, 2007, 8 €

Domaine Remoriquet,
Hautes Côtes de Nuits, Blanc sec, 2006, 9 €

Henri de Villamont,
Auxey-Duresses, Les Hautes, Blanc sec, 2007, 14,90 €

Les meilleurs vins

> LES MEILLEURS CÔTES CHALONNAISES

Domaine Henri et Paul Jacqueson,
Rully, premier cru Margotés, 2008, Blanc

Domaine Vincent Dureuil-Janthial,
Rully, premier cru Meix Cadot vieilles vignes, 2007, Blanc

Domaine Joblot,
Givry, premier cru Servoisine, 2008, Rouge

Domaine Bruno Lorenzon,
Mercurey, premier cru Pièce 13, 2007, Rouge

Château de Chamirey,
Mercurey, premier cru Clos du Roi, 2007, Rouge

> LES MEILLEURS BLANCS DE CÔTE DE BEAUNE

Domaine des Comtes Lafon,
Montrachet grand cru, 2007

Domaine d'Auvenay,
Chevalier-Montrachet grand cru, 2007

Louis Latour,
Chevalier-Montrachet grand cru, Les Demoiselles, 2007

Louis Jadot,
Chevalier-Montrachet grand cru, Demoiselles, 2007

Joseph Drouhin,
Corton - Charlemagne grand cru, 2007

Domaine Pierre Morey et Morey Blanc,
Bâtard-Montrachet grand cru, 2006

Domaine Leflaive,
Chevalier-Montrachet grand cru, 2006

> LES MEILLEURS ROUGES DE CÔTE DE BEAUNE

Domaine de Courcel,
Pommard, premier cru Rugiens, 2007

Chanson Père et Fils,
Beaune, premier cru Clos des Fèves, 2007

Domaine Lejeune,
Pommard, premier cru Argillières, 2007

Bouchard Père et Fils,
Corton grand cru, Le Corton, 2007

> ## LES MEILLEURS CÔTES DE NUITS

Domaine Leroy,
Latricières-Chambertin grand cru, 2007

Domaine Sylvie Esmonin,
Gevrey-Chambertin, premier cru Le Clos Saint-Jacques, 2007

Domaine Dujac,
Clos Saint-Denis grand cru, 2007

Domaine du Comte Liger-Belair,
La Romanée grand cru, 2007

Domaine de la Romanée-Conti,
Romanée-Conti grand cru, 2007

Domaine Jacques Prieur,
Musigny grand cru, 2007

Domaine d'Auvenay,
Mazis-Chambertin grand cru, 2007

Bouchard Père et Fils,
Clos de Vougeot grand cru, 2007

> ## LES MEILLEURS MÂCONNAIS

Domaine J.-A. Ferret-Lorton,
Pouilly-Fuissé, Tête de Cru - Les Perrières, 2006

Merlin,
Mâcon-Villages, La Roche Vineuse Les Cras, 2007

Domaine Guffens-Heynen,
Pouilly-Fuissé, Tris des Hauts de Vignes, 2007

Château de Beauregard,
Pouilly-Fuissé, Vers Pouilly, 2007

> ## LES MEILLEURS CHABLIS

Domaine René et Vincent Dauvissat,
Chablis grand cru, Les Clos, 2007

Domaine William Fèvre,
Chablis grand cru, Les Preuses, 2007

Domaine Raveneau,
Chablis grand cru, Les Clos, 2007

Domaine Christian Moreau Père et Fils,
Chablis grand cru, Les Clos Le Clos des Hospices, 2007

Domaine Billaud-Simon,
Chablis grand cru, Les Blanchots, 2006

Chablis et les vignobles de l'Yonne

Les terres blanches de Chablis conviennent idéalement à la production de vins blancs secs, minéraux, très fins, parfois un peu austères en année froide, mais capables de s'animer merveilleusement dès qu'on les met à table ! Le réchauffement climatique redonne également une nouvelle jeunesse aux petits cousins méconnus du chablisien, auxquels ils ressemblent comme deux gouttes... d'eau ! Le sauvignon roi de Pouilly-sur-Loire, refait une apparition remarquée à Saint-Bris, et les rouges de pinot noir commencent à ressembler à quelque chose !

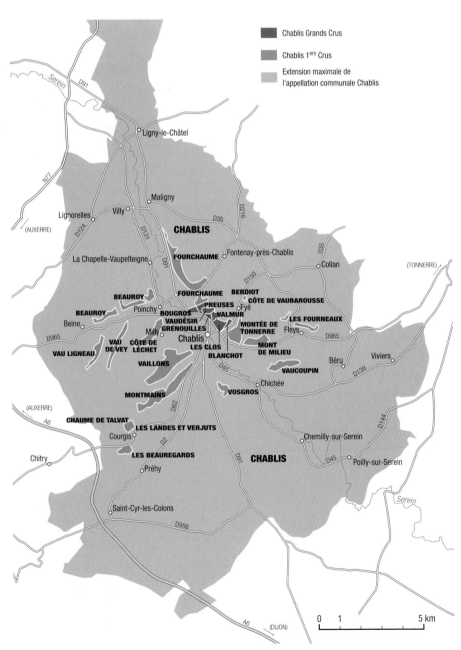

DOMAINE JEAN-CLAUDE BESSIN

18, rue de Chitry
89800 Chablis
Tél. 03 86 42 46 77 - Fax. 03 86 42 85 30
dnejcbessin@wanadoo.fr

Jean-Claude Bessin dirige avec discrétion et application ce domaine de 12 hectares, qui propose une belle gamme de six vins (un chablis, quatre chablis premiers crus, un chablis grand cru), dont une nouvelle cuvée en premier cru la forêt, depuis peu. Ses vins expriment tous une pureté et une droiture remarquables, avec des expressions minérales et incisives. La fraîcheur qui caractérise le millésime 2007 leur convient donc parfaitement, même s'ils demanderont un peu de patience en bouteilles. À noter que les prix pratiqués sont ici très sages, alors que toute la gamme mérite l'attention des amateurs.

Chablis grand cru Valmur 2007
Blanc | 2012 à 2022 | 21 €   **16,5/20**
Plein, concentré, avec une bouche ciselée très pure, à la finale poivrée. Belle acidité, pour ce vin d'avenir.

Chablis premier cru Fourchaume 2007
Blanc | 2012 à 2017 | 12 €   **15/20**
Joli gras, dans ce vin tendu et droit, très pur. Arômes gourmands de fruits blancs.

Chablis premier cru Fourchaume La Pièce au Comte 2007
Blanc | 2012 à 2022 | 15 €   **16/20**
Concentré, droit, fin et précis. Un jus tendu et nerveux.

Chablis premier cru La Forêt 2007
Blanc | 2012 à 2022 | 14 €   **16/20**
Minéral et concentré, un vin droit et pur, fin et droit.

Chablis premier cru Montmains 2007
Blanc | 2012 à 2017 | 11 €   **14/20**
Fin, élégant, avec des notes de sous-bois. Jolie matière, assez ronde pour le millésime.

Chablis vieilles vignes 2007
Blanc | 2010 à 2014 | 9 €   **14/20**
Un chablis citronné, frais, fin, avec de gourmandes notes de sous-bois.

Blanc : 12 hectares ; chardonnay 100%.
Production totale annuelle : 55 000 bt.
Visite : sur rendez vous

DOMAINE BILLAUD-SIMON

1, quai de Reugny
B.P. 46
89800 Chablis
Tél. 03 86 42 10 33 - Fax. 03 86 42 48 77
bernard.billaud@online.fr
www.billaud-simon.com

Ce beau domaine est l'un des classiques de Chablis, grâce à ses 20 hectares en propriété, idéalement situés, complétés par une activité de négoce. Le rendu des terroirs est ici exemplaire, tout comme celui des millésimes.

Chablis grand cru Les Blanchots 2006
Blanc | 2011 à 2021 | 51 €   **18/20**
Un vin opulent, à la bouche charnue et pulpeuse. Très gourmand, avec une belle tension en finale, qui lui redonne ampleur, longueur et éclat. Racé.

Chablis grand cru Les Clos 2006
Blanc | 2011 à 2021 | 45,90 €   **17,5/20**
Pur, fin, avec une expression gourmande sur les fruits blancs juteux. Pour l'instant, il exprime plus spontanément son millésime que son terroir.

Chablis grand cru Vaudésir 2006
Blanc | 2011 à 2017 | 38,80 €   **17,5/20**
Belle finesse aromatique, pure et précise, sur les fleurs dorées et les fruits jaunes. La bouche est concentrée, tendue. La finale est longue et fraîche.

Chablis premier cru Les Fourchaumes 2007
Blanc | 2011 à 2017 | 19 €   **16/20**
Gras, fruité, mûr, gourmand, à la bouche riche mais équilibrée. La finale est citronnée et tendue.

Chablis premier cru Mont de Milieu 2007
Blanc | 2010 à 2015 | 17,50 €   **14/20**
Un vin plutôt élégant, produit dans des conditions difficiles (la grêle), ce qui empêche un plein épanouissement de la bouche.

Chablis premier cru Montée de Tonnerre 2007
Blanc | 2010 à 2015 | 19,50 €   **14/20**
Fruité mûr, mais avec un petit goût de grêle, légèrement sec en bouche. Sans le tranchant habituel de la cuvée. Ni la longueur.

Chablis premier cru Vaillons 2007
Blanc | 2011 à 2017 | 16,50 €   **15,5/20**
Très fin, très pur. Notes de fleurs, d'épices douces (anis). La bouche est élégante, dominée par un registre floral et sous-bois d'une belle finesse.

Chablis Tête d'Or 2007   ☺
Blanc | 2011 à 2017 | 12,50 €   **15/20**
Arômes précis et purs de fruits et de fleurs. La bouche est concentrée, avec une belle colonne vertébrale d'acidité.

Blanc : 19 hectares ; chardonnay 100%.
Visite : Du lundi au vendredi de 8 h à 12 h et de 14 h à 18 h, samedi sur rendez-vous.

DOMAINE PASCAL BOUCHARD

Parc des Lys
89800 Chablis
Tél. 03 86 42 18 64 - Fax. 03 86 42 48 11
info@pascalbouchard.com
www.pascalbouchard.com

Cette maison (sans aucun lien avec son homo-
nyme le négociant beaunois) possède des installations ultramodernes à l'entrée de Chablis,
et Pascal est désormais assisté de son fils
Romain. Les vignes du domaine sont exclusivement sur Chablis (la plupart des premiers
crus et tous les grands crus de la gamme en
proviennent), mais une grosse activité de
négoce permet de fournir les volumes en vins
de l'Auxerrois, en aligoté et bourgogne blanc.
Les millésimes récents sont réguliers, et le
2007 est ici particulièrement ciselé et droit.

BOURGOGNE CÔTES D'AUXERRE CHARDONNAY 2007 ⓤ
Blanc | 2009 à 2012 | 5,90 €   **14,5/20**
Gras, mûr, avec un fruité frais. Facile, agréable,
accessible.

CHABLIS GRAND CRU BLANCHOT 2006
Blanc | 2010 à 2016 | 29,90 €   **16/20**
Puissant, riche, sur les fruits blancs charnus (pêche blanche) et les fleurs.

CHABLIS GRAND CRU LES CLOS 2007
Blanc | 2012 à 2022 | 39,90 €   **16,5/20**
Pur, élégant, racé. Un vin mûr et vif, aux
arômes citronnés, à l'élevage fin, où la tension monte progressivement en bouche.

CHABLIS GRAND CRU LES CLOS 2006
Blanc | 2012 à 2021 | 39,90 €   **16/20**
Tendu, fin, sur des arômes fruités à ce stade,
mais il se referme. On l'attendra.

CHABLIS GRAND CRU VAUDÉSIR 2007
Blanc | 2011 à 2017 | 22,90 €   **15/20**
Puissant, mûr, gras, à la bouche épanouie,
mais qui tombe peut-être un peu vite pour
un grand cru. Flatteur.

CHABLIS PREMIER CRU BEAUROY 2007 ⓤ
Blanc | 2009 à 2014 | 12,90 €   **14,5/20**
Nez mûr, légèrement miellé. La bouche est
riche, assez puissante. Le millésime lui
donne une nervosité supérieure, bienvenue.

CHABLIS PREMIER CRU MONTMAINS VIEILLES VIGNES 2007 ⓤ
Blanc | 2010 à 2017 | 15,90 €   **15,5/20**
A partir de 2007, cette cuvée est baptisée
en vieilles vignes. Arômes de fruits frais,
jaunes et exotiques. La bouche est grasse,
dense, très fraîche. Un vin long et sapide.

Blanc : 33 hectares ; chardonnay 100%. **Production
totale annuelle** : 1 000 000 bt. **Visite** : Tous les jours
de 10 h à 12 h 30 et de 14 h à 18 h 30, fermé le
dimanche après-midi en janvier.

JEAN-MARC BROCARD

3, route de Chablis
89800 Prehy-Chablis
Tél. 03 86 41 49 00 - Fax. 03 86 41 49 09
info@brocard.fr
www.brocard.eu

Jean-Marc Brocard est un entrepreneur
emblématique du Chablisien, à la tête d'un
des plus importants domaines privés (180
hectares de vignes, dont une partie cultivée
en agriculture biologique ou en biodynamie). En parallèle, il a développé une activité
de négoce sous son nom. Heureuse découverte cette année, la gamme quintessence,
trois sélections de premiers crus répartis sur
toute l'aire d'appellation : un bon travail d'assemblage, joliment habillé par ailleurs.

CHABLIS GRAND CRU BOUGROS 2007
Blanc | 2012 à 2017 | NC   **15/20**
Puissant, riche, des notes boisées prenon-
cées. Mais la bouche est fraîche, bien compacte.

CHABLIS GRAND CRU LES CLOS 2007
Blanc | 2009 à 2022 | NC   **15,5/20**
Minéral, tendu, bien droit. Il se fera lentement.

CHABLIS GRAND CRU LES PREUSES 2007
Blanc | 2012 à 2017 | NC   **15,5/20**
Puissant, riche, ample, il va retrouver de la
fraîcheur avec un peu de vieillissement.

CHABLIS GRAND CRU VAUDÉSIR 2007
Blanc | 2012 à 2017 | NC   **15,5/20**
Floral, puissant, avec de la nervosité. Il possède une bonne structure.

CHABLIS PREMIER CRU LES BUTTEAUX 2007
Blanc | 2011 à 2017 | NC   **14/20**
Un vin fin, aux notes citronnées. La bouche
est élancée, droite.

CHABLIS PREMIER CRU QUINTESSENCE RIVE
DROITE DU SEREIN 2007
Blanc | 2011 à 2017 | NC   **14,5/20**
Le plus minéral des trois, avec une saveur
iodée prononcée. Bien typé chablis.

CHABLIS PREMIER CRU VAU DE VEY 2007
Blanc | 2012 à 2017 | NC   **14/20**
Bon extrait sec, bonne acidité, il est tout en
tension, un peu fermé aujourd'hui.

CHABLIS VIEILLES VIGNES 2007
Blanc | 2011 à 2015 | NC   **14/20**
Joli vin, concentré, tendu. Les vieilles vignes
ont donné un jus élégant et parfumé, nerveux.

Rouge : 6 hectares ; pinot noir 3,5%. **Blanc** : 174 hectares ;
aligoté ,5%, chardonnay 94,5%, sauvignon 1,5%.
Visite : Du mardi au samedi de 10 h30 à 12 h30
et de 14 h30 à 19 h , le dimanche de 10 h30 à 13 h.

DOMAINE BENOÎT CANTIN

35, chemin des Fossés
89290 Irancy
Tél. 03 86 42 21 96 - Fax. 03 86 42 35 92

Benoît Cantin est un jeune vigneron entreprenant et dynamique, qui n'a pas hésité à
se creuser une nouvelle cave à flanc de
colline pour disposer enfin d'un superbe
outil de travail. À la tête du domaine familial de 14 hectares, il a recommencé le travail des sols, arrêté les désherbants, et
vendange désormais à la main. À partir de
8 parcelles réparties sur l'appellation, il
produit trois cuvées d'irancy : un assemblage, une sélection de parcelles baptisée
émeline et une palotte, les deux dernières
étant élevées entièrement en bois, avec
20 à 25 % de fûts neufs. Si émeline, au
boisé bien présent, collectionne les
médailles dans certains concours, nous
avouons très clairement notre préférence
pour la palotte, l'une des plus belles expositions de l'appellation, d'un parfum sans
égal, et à notre sens plus proche de ce que
doit être un grand vin d'Irancy.

IRANCY 2007

Rouge I 2009 à 2014 I 8,50 €   **14,5/20**
Fruité gourmand, bonne chair, un vin souple
et tendre.

IRANCY CUVÉE EMELINE 2007

Rouge I 2009 à 2017 I 11 €   **15/20**
Plus de caractère que la cuvée d'assemblage
d'irancy, un vin élégant, aux tanins fins.

IRANCY PALOTTE 2007

Rouge I 2009 à 2017 I env 11 €   **15,5/20**
Bien parfumé, un vin fin et savoureux, à la
finale fraîche.

IRANCY PALOTTE 2006

Rouge I 2009 à 2014 I 11 €   **15/20**
Un vin parfumé, élégant. La bouche est
ronde, il se livre bien.

LA CHABLISIENNE

8, boulevard Pasteur
B.P. 14
89800 Chablis
Tél. 03 86 42 89 89 - Fax. 03 86 42 89 90
chab@chablisienne.fr
www.chablisienne.com

La cave coopérative de Chablis est le plus
important metteur en marché de la région.
Grâce à des cycles d'élevage et de commercialisation longs, elle propose cette
année seulement ses 2006 à la vente. Au
sein d'une gamme extrêmement vaste, les
cuvées phares sont les cuvées de chablis
la- Sereine (ex-cuvée L.C.) et les-véné-
rables-vieilles-vignes (ex-cuvée vieilles-
vignes). En chablis premier cru, les
montée-de-tonnerre et mont-de- milieu
surclassent la dégustation, et en grands
crus, le château-grenouilles (un monopole
au sein du grand cru Grenouilles) est régulièrement au-dessus des autres.

CHABLIS GRAND CRU BLANCHOT 2006

Blanc I 2011 à 2021 I NC   **15/20**
Un vin à la bouche riche et ample, avec de
savoureux arômes de fruits blancs, une
bouche légèrement crayeuse. Plus équilibré
que bougros.

CHABLIS GRAND CRU GRENOUILLES
CHÂTEAU GRENOUILLES 2006

Blanc I 2011 à 2021 I NC   **17/20**
Bien mûr, superbement élégant, un jus racé
et subtil, gras et tendu. Un vin dynamique
et profond.

CHABLIS GRAND CRU GRENOUILLES
LE FIEF DE GRENOUILLES 2006

Blanc I 2011 à 2016 I NC   **15,5/20**
Mûr, riche, savoureux, un vin avec un bon
volume de bouche, à la finale concentrée.

CHABLIS GRAND CRU LES CLOS 2006

Blanc I 2011 à 2016 I NC   **15/20**
Un vin mûr, aux arômes francs de fruits
blancs et jaunes, à la bouche riche, à la finale
un peu chaude, où l'on aimerait trouver plus
de tension.

CHABLIS GRAND CRU LES PREUSES 2006

Blanc I 2011 à 2021 I NC   **16,5/20**
Puissant, riche, avec une bouche volumineuse, où la tension et l'acidité viennent progressivement équilibrer un jus concentré et
parfumé.

CHABLIS LA PIERRELÉE 2006   ☺

Blanc I 2009 à 2012 I NC   **13,5/20**
Franc, ouvert, bien mûr, avec un bon gras.
Finale équilibrée, légèrement minérale.

CHABLIS LA SEREINE 2006   ☺
Blanc | 2009 à 2014 | NC   **14/20**
Gourmand, une sensation pulpeuse en bouche, sur les fruits blancs charnus.

CHABLIS PREMIER CRU BEAUROY 2006
Blanc | 2010 à 2016 | NC   **13,5/20**
Un vin mûr, à la bouche enrobée, assez gourmand. Fin, élégant.

CHABLIS PREMIER CRU CÔTE DE LECHET 2006
Blanc | 2010 à 2016 | NC   **14/20**
Charnu, concentré, à la bouche riche, un vin assez puissant qui se livre vite, mais retrouve de la tension en finale.

CHABLIS PREMIER CRU L'HOMME MORT 2006
Blanc | 2011 à 2021 | NC   **15,5/20**
Minéral, fin, ciselé, la bouche est bien pure, tendue. Un vin complet, plus dynamique que fourchaume.

CHABLIS PREMIER CRU LES LYS 2006
Blanc | 2010 à 2016 | NC   **15,5/20**
Riche, gras, avec des notes gourmandes de noisette grillée. Savoureux et équilibré.

CHABLIS PREMIER CRU MONT DE MILIEU 2006
Blanc | 2011 à 2021 | NC   **16/20**
Encore une superbe réussite pour ce cru merveilleusement exposé (plein sud), complet, équilibré, à la bouche pure et précise.

CHABLIS PREMIER CRU MONTÉE DE TONNERRE 2006
Blanc | 2011 à 2021 | NC   **15,5/20**
Un vin dominé par ses notes de fruits blancs au nez, mais à la bouche tranchante, minérale, fine et pure. Une montée-de-tonnerre gourmande, ce qui peut étonner pour le cru ! Mais il vieillira bien.

CHABLIS PREMIER CRU MONTMAINS 2006
Blanc | 2010 à 2016 | NC   **15/20**
Racinaire, notes de sous-bois, une fine minéralité en bouche. Élégant et pur.

CHABLIS PREMIER CRU VAULORENT 2006
Blanc | 2011 à 2021 | NC   **15,5/20**
Un premier cru opulent et harmonieux, riche et fin. La bouche est concentrée, séveuse, précise.

PETIT CHABLIS PAS SI PETIT 2006
Blanc | 2009 à 2011 | NC   **12,5/20**
Fruité, un vin gourmand, charnu, finement minéral. À point.

Rouge : 20 hectares ; gamay 25%, pinot 75%.
Blanc : 1200 hectares ; aligoté 1%, chardonnay 98%, sauvignon 1%. Production totale annuelle : 8 500 000 bt. Visite : Tous les jours de 9 h à 12 h et de 14 h à 18 h.

DOMAINE DU CHARDONNAY

Moulin du Pâtis
89800 Chablis
Tél. 03 86 42 48 03 - Fax. 03 86 42 16 49
info@domaine-du-chardonnay.fr
www.domaine-du-chardonnay.fr

Ce domaine au nom prédestiné dispose d'une vue imprenable sur la colline des grands crus. La gamme des sept vins, dont cinq premiers crus, présente un style assez rond et plaisant en 2007 ; jolie-montée-de-tonnerre, mont-de-milieu nous paraissent un peu trop boisés, et seul montmains semble un ton en dessous. On peut les apprécier jeunes, même si le domaine a rectifié le dosage du soufre, trop faible par le passé, ce qui a abouti à des oxydations prématurées (notamment sur les 2002).

CHABLIS 2007
Blanc | 2009 à 2012 | 8,60 €   **13/20**
Mûr, un chablis fin et frais, avec une agréable densité en bouche.

CHABLIS PREMIER CRU MONT DE MILIEU 2007
Blanc | 2010 à 2017 | épuisé   **14,5/20**
Un vin riche et mûr, à la bouche ronde. Bonne densité, même si le boisé est un peu plus appuyé sur cette cuvée.

CHABLIS PREMIER CRU MONTÉE DE TONNERRE 2007
Blanc | 2010 à 2017 | épuisé   **15/20**
Fin, élégant. L'élevage est encore présent, mais fin et subtil. La matière est pure, la bouche droite.

CHABLIS PREMIER CRU MONTMAINS 2007
Blanc | 2010 à 2015 | 12,30 €   **13,5/20**
Notes florales, un vin à la bouche ronde, aux arômes francs de sous-bois, mais à la finale plus courte que vaillons.

CHABLIS PREMIER CRU VAILLONS 2007
Blanc | 2010 à 2015 | 12,30 €   **14/20**
Un vin aux arômes de fruits jaunes et de miel, à la bouche ronde. Charnu, assez puissant, finale vive.

CHABLIS PREMIER CRU VAUGIRAUT 2007
Blanc | 2010 à 2015 | 12 €   **14,5/20**
Fruit mûr, bouche assez riche, un vin en rondeur, dans un style puissant et parfumé, mais équilibré.

PETIT CHABLIS 2007
Blanc | 2009 à 2012 | 6,60 €   **13/20**
Vif, nerveux, un petit chablis et droit, à la bouche fraîche et citronnée.

Blanc : 37 hectares Production totale annuelle : 250 000 bt. Visite : Du lundi au vendredi de 9 h à 12 h et de 13 h30 à 17 h. Le week-end de 10 h à 13 h et de 14 h à 18 h.

ROVENCE _ ROUSSILLON _ SAVOIE-BUGEY _ SUD-OUEST _ VAL DE LOIRE _ VALLÉE DU RHONE _ LES INDEX

68   702   728   746   798   884   988

DOMAINE DE CHAUDE ÉCUELLE

35, Grande-Rue
89800 Chemilly-sur-Serein
Tél. 03 86 42 40 44 - Fax. 03 86 42 85 13
chaudeecuelle@wanadoo.fr
www.chaudeecuelle.com

Gérald et Claire Vilain proposent désormais une gamme de six vins, car un vaillons a rejoint le montmains et le montée-de-tonnerre à partir de la récolte 2007. Les vins sont tous vinifiés en cuves inox, ils partagent un même style équilibré, toujours gourmand, et d'évolution assez rapide. Les 2006 présentaient un fruité blanc bien mûr, mais les 2007 retrouvent une nervosité plus typiquement chablisienne, avec une cuvée de vieilles vignes toujours au-dessus du lot, mais une montée hélas grêlée. Ces vins constituent d'excellents rapports qualité-prix lorsqu'on les trouve à la carte des restaurants. Petit changement à partir de la récolte 2008 : longtemps utilisateur de la machine à vendanger, Gérald a franchi le pas en cueillant à la main ses premiers crus et ses vieilles vignes, et nos premières dégustations à la cuve nous ont fait apprécier une pureté supérieure dans les jus.

CHABLIS 2007
Blanc I 2009 à 2011 I 7,80 €   **13,5/20**
Fin, joli jus pur, arômes de fruits blancs et d'agrumes. Bien droit.

CHABLIS PREMIER CRU MONTÉE DE TONNERRE 2007
Blanc I 2010 à 2014 I 11,50 €   **13,5/20**
Une vinification sérieuse a préservé de la minéralité et du gras dans un vin qui a beaucoup souffert lors de sa naissance.

CHABLIS PREMIER CRU MONTMAINS 2007
Blanc I 2010 à 2014 I 10,70 €   **13,5/20**
Nuances racinaires, élégantes. Un vin à la bouche gourmande, pure et droite.

CHABLIS PREMIER CRU VAILLONS 2007
Blanc I 2010 à 2015 I 11,10 €   **14/20**
Plus riche que montmains, plus floral, avec plus de densité en bouche et de longueur.

CHABLIS VIEILLES VIGNES 2007
Blanc I 2009 à 2012 I 8,60 €   **14,5/20**
Toujours plus dense que le chablis, plus concentré, plus gras. Plus élégant aussi.

PETIT CHABLIS 2007
Blanc I 2009 à 2011 I 6,20 €   **14/20**
Parfumé, fin, élégant, un petit chablis gras et gourmand. Enjôleur.

Blanc : 30 hectares **Production totale annuelle :** 60 000 bt. **Visite :** Sur rendez-vous.

DOMAINE ANITA, JEAN-PIERRE ET STÉPHANIE COLINOT

Jean-Pierre et Stéphanie Colinot
1, rue des Chariats
89290 Irancy
Tél. 03 86 42 33 25 - Fax. 03 86 42 33 25

Désormais aux commandes du domaine familial, Stéphanie Colinot poursuit sa progression vers plus de délicatesse tactile dans le style du domaine. Si les 2005 sont toujours incomparables de concentration et de chair, mais actuellement refermés, les 2006 sont fins et gourmands, et les 2007, élégants et suaves.

BOURGOGNE PASSE-TOUT-GRAINS 2007
Rouge I 2009 à 2012 I NC   **15/20**
Fruité croquant, un vin qui emplit la bouche de sa gourmandise. Excellent !

IRANCY 2007
Rosé I 2009 à 2012 I NC   **14,5/20**
Bon fruit rouge, un vin gourmand et charmeur.

IRANCY BOUDARDES 2007
Rouge I 2009 à 2014 I NC   **14,5/20**
Beaucoup de finesse et d'élégance pour ce vin fruité, de concentration moyenne. Bon caractère.

IRANCY CÔTE DU MOUTIER CUVÉE CÉSAR 2007
Rouge I 2009 à 2015 I NC   **15,5/20**
Bonne matière, fine et élégante. Un vin harmonieux, à la finale fraîche.

IRANCY LES CAILLES 2007
Rouge I 2009 à 2015 I NC   **15,5/20**
Joli jus, fin et élégant, très suave. Bouche concentrée, finale parfumée.

IRANCY LES MAZELOTS 2007
Rouge I 2009 à 2014 I NC   **15/20**
Robe claire. La bouche est parfumée, pure, la finale tendre.

IRANCY LES MAZELOTS CUVÉE CÉSAR 2007
Rouge I 2009 à 2014 I NC   **14,5/20**
Le boisé s'estompe, millésime après millésime. L'élevage s'affine, il arrondit un vin concentré et droit, à la bouche ferme.

IRANCY PALOTTE 2007
Rouge I 2009 à 2017 I NC   **16/20**
Un vin élégant et parfumé, aux tanins fins, à la bouche ronde. Belle réussite.

IRANCY VIEILLES VIGNES CUVÉE CÉSAR 2007
Rouge I 2009 à 2015 I NC   **15,5/20**
Tannique et droit, bien construit, le césar lui donne du coffre !

Rouge : 12,5 hectares ; césar 5%, pinot 95%. **Production totale annuelle :** 70 000 bt. **Visite :** Du lundi au dimanche matin de 9 h à 19 h.

DOMAINE RENÉ ET VINCENT DAUVISSAT

🍷🍷🍷🍷

8, rue Emile-Zola
89800 Chablis
Tél. 03 86 42 11 58 - Fax. 03 86 42 85 32

Vincent Dauvissat est probablement le vigneron le plus passionné de sa génération. Souvent un peu discrets et réservés dans leur jeunesse, voire serrés dans leurs expressions de bouche, les vins gagnent à vieillir quelques années en bouteilles pour laisser éclater leur pureté cristalline dans le verre. À noter que le domaine n'accepte plus de nouveaux clients, il faut donc se précipiter chez les bons cavistes.

CHABLIS 2007

Blanc । 2009 à 2017 । Ench. 42 € **15/20**
Savoureuses nuances racinaires, belle pureté de bouche, un vin droit et élancé, à la finale pure.

CHABLIS GRAND CRU LES CLOS 2007

Blanc । 2017 à 2027 । NC **19/20**
Plus pur que les-preuses, plus minéral aussi. La bouche est ciselée, pure et fraîche. Pureté cristalline. Bouche très délicate. C'est un grand millésime pour les-clos.

CHABLIS GRAND CRU LES PREUSES 2007

Blanc । 2017 à 2027 । NC **17,5/20**
Un vin puissant et tendu, à la bouche dense, à la finale serrée. On l'attendra patiemment, c'est tout ! Belle finesse, avec une finale sur le poivre, mais qui reste fraîche et salivante. Serré lui aussi.

CHABLIS PREMIER CRU LA FOREST 2007

Blanc । 2012 à 2022 । NC **17/20**
Jolies notes racinaires. Un vin délicatement parfumé, frais et fin, à la bouche ciselée, à la finale tendue, qui fait saliver de gourmandise...

CHABLIS PREMIER CRU SÉCHET 2007

Blanc । 2012 à 2022 । NC **15,5/20**
Un vin fin et frais, d'une grande droiture en bouche. Serré et un peu sec, c'est son caractère ! Il est encore sur la réserve, on l'attendra un peu.

CHABLIS PREMIER CRU VAILLONS 2007

Blanc । 2012 à 2022 । NC **16/20**
Un peu plus en largeur que séchet, avec plus de gras en bouche, mais également une finale droite et tendue.

PETIT CHABLIS 2007

Blanc । 2009 à 2015 । NC **14,5/20**
Mûr, complet, savoureux, un vin frais et élancé. Il est bien huppé pour un petit-chablis !

Blanc : 11.5 hectares ; chardonnay 100%.
Visite : Pas de visites.

DOMAINE BERNARD DEFAIX

🍷🍷🍷🍷

17, rue du Château
89800 Milly
Tél. 03 86 42 40 75 - Fax. 03 86 42 40 28
didier@bernard-defaix.com
www.bernard-defaix.com

Didier Defaix dirige le domaine familial, qui propose une gamme assez étendue de sept vins, complétée par une petite activité de négoce notamment sur les grands crus, sous la marque Bernard Defaix. Si le fourchaume Bernard Defaix est décevant est 2007, le côte-de-léchet-réserve est au sommet, comme souvent au demeurant.

CHABLIS 2007

Blanc । 2009 à 2012 । NC **12,5/20**
Floral, équilibré, de concentration moyenne, mais bien parfumé.

CHABLIS GRAND CRU BOUGROS BERNARD DEFAIX 2007

Blanc । 2010 à 2017 । NC **14,5/20**
Puissant, un bon volume de bouche, des arômes généreux de fruits blancs et jaunes. Equilibré.

CHABLIS GRAND CRU VAUDÉSIR BERNARD DEFAIX 2007

Blanc । 2010 à 2015 । NC **14/20**
Puissant, assez riche au nez comme en bouche, plus en largeur qu'en longueur.

CHABLIS PREMIER CRU CÔTE DE LÉCHET 2007

Blanc । 2009 à 2013 । NC **14/20**
Floral, avec une bouche enrobée, une finale pure et fraîche.

CHABLIS PREMIER CRU CÔTE DE LÉCHET RÉSERVE 2007

Blanc । 2009 à 2015 । NC **14,5/20**
Plus parfumé, plus fruité que le Lechet «simple», avec plus de matière en bouche. Agréable.

CHABLIS PREMIER CRU LES LYS 2007

Blanc । 2009 à 2013 । NC **13,5/20**
Floral, avec des notes de sous-bois. La bouche est joliment ronde, un vin prêt à boire.

CHABLIS PREMIER CRU LES VAILLONS 2007

Blanc । 2009 à 2013 । NC **14/20**
Plus charnu que les-lys, avec une bouche plus tendue, un meilleur équilibre.

CHABLIS VIEILLES VIGNES 2007

Blanc । 2009 à 2013 । NC **13,5/20**
Élégant, rond, bonne maturité, avec du gras en bouche.

PETIT CHABLIS 2007

Blanc । 2009 à 2011 । NC **12/20**
Nerveux, mais avec un petit déficit de corps et de matière.

Blanc : 26 hectares ; chardonnay 100%. **Production totale annuelle** : 300 000 bt. **Visite** : sur rendez-vous

DOMAINE JEAN-PAUL ET BENOÎT DROIN

14 bis, rue Jean-Jaurès
89800 Chablis
Tél. 03 86 42 16 78 - Fax. 03 86 42 42 09
benoit@jeanpaulbenoit-droin.fr
www.jeanpaulbenoit-droin.fr

Benoît Droin a repris le domaine familial en 1999, assurément l'une des références de l'appellation. Tous les vins partagent une forte colonne vertébrale acide, qui en fait des vins de belle garde, à attendre systématiquement quelques années, mais ils se révèlent alors de savoureux compagnons de table, où leur pureté devient éclatante.

CHABLIS GRAND CRU GRENOUILLES 2007
Blanc | 2012 à 2022 | NC   **17,5/20**
Fin, bien pur, complet, harmonieux. La bouche est gourmande, avec ses notes de tisane et de fleurs, le boisé élégant, la finale enveloppée et fraîche. L'acidité du millésime est ici habillée d'un gras bien gourmand.

CHABLIS GRAND CRU LES CLOS 2007
Blanc | 2012 à 2027 | NC   **17,5/20**
Précis, tendu, très élégant, avec un toucher de bouche aux saveurs crayeuses. Pur, fin et droit.

CHABLIS GRAND CRU VALMUR 2007
Blanc | 2012 à 2022 | NC   **16,5/20**
Fin, ciselé, pur et droit. Belle élégance de bouche qui se prolonge dans une finale précise et tendue.

CHABLIS GRAND CRU VAUDÉSIR 2007
Blanc | 2012 à 2022 | NC   **16,5/20**
Riche, dans un registre puissant et bien mûr, avec de gourmands arômes fruités (blancs et jaunes). Le volume de bouche est bien soutenu par une belle colonne d'acidité.

CHABLIS PREMIER CRU MONT DE MILIEU 2007
Blanc | 2011 à 2017 | NC   **15/20**
Très pur, dominé par les fleurs et les fruits blancs. Riche et puissant, mais avec de la finesse. Tendu, pur, droit en bouche.

CHABLIS PREMIER CRU MONTÉE DE TONNERRE 2007
Blanc | 2011 à 2017 | NC   **14,5/20**
Une belle montée pour le millésime ! Belle tension en bouche, gras, fin, avec une jolie longueur. On l'attendra, le temps jouera pour lui.

PETIT CHABLIS 2007   😊
Blanc | 2010 à 2012 | NC   **13,5/20**
Très nerveux, complet, droit et frais. Beaux arômes.

Blanc : 25 hectares ; chardonnay 100%. **Production totale annuelle :** 165 000 bt. **Visite :** Du lundi au vendredi de 8 h 30 à 12 h et de 13 h 30 à 17 h.

DOMAINE JEAN DURUP ET FILS

4, Grande-Rue
89800 Maligny
Tél. 03 86 47 44 49 - Fax. 03 86 47 55 49
contact@domainesdurup.com
www.durup-chablis.com

Jean Durup et son fils Jean-Paul sont à la tête du plus gros domaine privé de Chablis, avec 206 hectares de vignoble, dont 142 en chablis, 28 en petit chablis et 36 en chablis premier cru, mais pas de grands crus en propriété.

CHABLIS L'ÉGLANTIÈRE LE CARRÉ DE CÉSAR 2007   😊
Blanc | 2009 à 2015 | 141,75 €   **14,5/20**
Nez fin, élégant (floral, poivré). La bouche est droite, avec une finale relevée. Bien racé.

CHABLIS L'ÉGLANTIÈRE VIEILLES VIGNES 2007
Blanc | 2010 à 2015 | 143,85 €   **14/20**
Un vin au jus concentré, avec une bonne tension. Droit et pur, mais il ne se livre pas encore totalement.

CHABLIS PREMIER CRU L'HOMME MORT L'ÉGLANTIÈRE 2007
Blanc | 2009 à 2017 | NC   **14,5/20**
Plus de concentration et de longueur que le Fourchaume «de base». La bouche est vive, tendue, précise. Belle pureté.

CHABLIS PREMIER CRU MONTMAINS L'ÉGLANTIÈRE 2007
Blanc | 2009 à 2017 | 177,45 €   **15/20**
Parfumé, élégant, avec d'agréables notes de fruits secs et de sous-bois. Un très bon Montmains.

CHABLIS PREMIER CRU REINE MATHILDE - JEAN DURUP 2007
Blanc | 2009 à 2017 | 211,05 €   **14,5/20**
Équilibré, fin, un vin à la bouche grasse et tendue. Belle expression des beaux terroirs de Chablis.

CHABLIS PREMIER CRU VAU DE VEY L'ÉGLANTIÈRE 2007
Blanc | 2009 à 2017 | 177,45 €   **14/20**
Floral, fin, mais sans la personnalité de l'Homme Mort. Belle élégance.

Blanc : 200 hectares ; chardonnay 100%.
Production totale annuelle : 1 500 000 bt.

DOMAINE D'ÉLISE

Chemin de Garenne
89800 Milly
Tél. 03 86 42 40 82 - Fax. 03 86 42 44 76
frederic.prain@wanadoo.fr

Ce domaine, une maison de maître posée au sommet de la Côte de Lechet, possède un terroir très caillouteux. Frédéric Prain y réalise des vins marqués par le caractère du millésime, toujours coulants et désaltérants, purs et bien nerveux en 2007. Le petit chablis est particulièrement réussi dans ce millésime. La cuvée galilée tranche dans la gamme, grâce à un long élevage sur lies, qui la rend plus riche en bouche. Tous les vins sont d'un impeccable rapport qualité-prix.

CHABLIS 2007
Blanc | 2009 à 2012 | 8 € 　　　　　**13,5/20**
Mûr, nerveux, avec une agréable matière en bouche. Bonne pureté.

CHABLIS GALILÉE 2007
Blanc | 2009 à 2014 | 9 € 　　　　　**14,5/20**
Belle maturité, un vin bien gras en bouche, équilibré, fin, à la finale fraîche. Un très bon rapport qualité/prix !

CHABLIS PREMIER CRU CÔTE DE LECHET 2007
Blanc | 2010 à 2015 | 12 € 　　　　　**14,5/20**
Notes boisées (épices douces), au nez et en bouche. Mais la bouche est pure, fraîche, cristalline. Harmonieux.

PETIT CHABLIS 2007
Blanc | 2009 à 2012 | NC 　　　　　**15/20**
Superbe, fin, très pur. Belle maturité, avec de la tension et une fine expression minérale.

Blanc : 13,5 hectares ; chardonnay 100%.
Production totale annuelle : 50 000 bt.
Visite : sur rendez-vous.

DOMAINE NATHALIE ET GILLES FÈVRE

Route de Chablis
89800 Fntenay-près-Chablis
Tél. 03 86 18 94 47
fevregilles@wanadoo.fr

Nathalie et Gilles se sont installés en 2004, après avoir sorti une partie de leurs vignes de la cave coopérative, une structure que Nathalie connaît bien pour y avoir longtemps été œnologue. Elle continue à s'occuper de la cave, et son mari, des vignes. Les sols sont systématiquement labourés, et la viticulture très propre. La majorité des vendanges sont mécaniques. Selon les cuvées, les vins sont vinifiés uniquement en cuves inox, ou avec un élevage partiel sous bois. Grâce à de beaux raisins, mûrs et sains, nous avons apprécié le caractère cristallin des vins en 2007, un millésime qui, par sa fraîcheur et sa droiture, leur convient parfaitement.

CHABLIS 2007
Blanc | 2010 à 2014 | NC 　　　　　**13,5/20**
Pur, bon fruit jaune, un chablis gourmand et fin. Bonne acidité.

CHABLIS GRAND CRU LES PREUSES 2007
Blanc | 2012 à 2022 | NC 　　　　　**15,5/20**
Nez fin et puissant, élégant (fleurs, fruits jaunes, anis). La bouche est riche, enrobée, soutenue par une belle structure acide. Belle pureté.

CHABLIS PREMIER CRU FOURCHAUME 2007
Blanc | 2011 à 2017 | NC 　　　　　**14,5/20**
Fin, élégant, belle pureté, plutôt floral. Belle structure acide, avec une finale droite, bien vive.

CHABLIS PREMIER CRU MONT DE MILIEU 2007
Blanc | 2010 à 2015 | NC 　　　　　**14/20**
Un vin gras, pas totalement linéaire dans sa bouche, mais qui reste pur et fin. C'est le premier millésime de cette cuvée.

CHABLIS PREMIER CRU VAULORENT 2007
Blanc | 2011 à 2017 | NC 　　　　　**14,5/20**
Un vin pur et droit, avec des notes légèrement épicées. Riche, mais élégant, droit et frais.

GARNIER ET FILS

Chemin Méré
89144 Ligny-le-Châtel
Tél. 03 86 47 42 12 - Fax. 03 86 98 09 95

Les frères Garnier, Xavier et Jérôme, ont démarré leur activité viticole en 1985, à partir d'un domaine familial planté uniquement en chablis et petit chablis, complété depuis par une petite activité de négoce. À partir de bons raisins, récoltés intégralement à la machine, ou d'achats de vendanges qu'ils savent judicieusement élever, ils proposent des vins frais et digestes, que l'on apprécie jeunes. La cuvée grains-dorés est un bon exercice de chablis d'élevage long et sous bois.

CHABLIS 2007
Blanc | 2009 à 2013 | NC   **14/20**
Fruité fin, un vin au jus pur et délié, gourmand. Belle élégance.

CHABLIS GRAINS DORÉS 2006
Blanc | 2010 à 2014 | NC   **14,5/20**
Pur, droit, concentré. Un boisé perceptible, qui demande à se fondre, une finale légèrement salée.

CHABLIS GRAINS DORÉS 2005
Blanc | 2009 à 2013 | NC   **15/20**
Floral, élégant, un vin riche et puissant, à la minéralité discrète en bouche.

CHABLIS PREMIER CRU MONT DE MILIEU 2007
Blanc | 2010 à 2015 | NC   **14/20**
Très pur, droit, avec de francs arômes fruités. En rondeur, avec une finale gourmande.

PETIT CHABLIS 2007
Blanc | 2009 à 2013 | NC   **13,5/20**
Fin, fruité, élégant et pur. Très digeste. Belle droiture dans ce millésime. Finale légèrement saline.

DOMAINE GHISLAINE ET JEAN-HUGUES GOISOT

30, rue Bienvenu-Martin
89530 Saint-Bris-le-Vineux
Tél. 03 86 53 35 15 - Fax. 03 86 53 62 03
jhetg.goisot@cerb.cernet.fr

Voilà sûrement l'un des plus grands domaines de l'Yonne. Il n'a malheureusement pas la chance d'exploiter des vignes sur Chablis, mais réalise un travail exceptionnel sur la petite commune de Saint-Bris qui, comme sa célèbre voisine possède un sous-sol crayeux kimmeridgien. Ici on travaille entièrement en famille, et Guilhem et son épouse Marie sont désormais aux côtés de Ghislaine et Jean-Hugues. Les 2007 sont splendides de pureté et de fraîcheur, les 2008 annoncent une richesse et une chair supérieures.

BOURGOGNE ALIGOTÉ 2007   ☺
Blanc | 2009 à 2014 | 5,50 €   **16/20**
Mûr, floral, très parfumé au nez comme en bouche. La bouche est élégante, bien pure, la finale très fraîche. Superbe !

BOURGOGNE CÔTES D'AUXERRE CORPS DE GARDE 2007
Rouge | 2009 à 2015 | 8,50 €   **16/20**
Un vin épicé et suave, au toucher de velours. Parfumé, élégant, subtil, beaucoup de grâce tactile.

BOURGOGNE CÔTES D'AUXERRE GONDONNE 2007
Blanc | 2010 à 2017 | 10,80 €   **16/20**
Un vin fin et ciselé. Les arômes sont très purs, la finale délicate et harmonieuse. Très élégant.

IRANCY LES MAZELOTS 2007
Rouge | 2009 à 2017 | 11,60 €   **16/20**
Belle pureté au nez comme en bouche, un vin précis, aux tanins fins, à la finale parfumée.

SAINT-BRIS CORPS DE GARDE 2007
Blanc | 2010 à 2017 | 8,70 €   **16,5/20**
Complexe et raffiné, un vin profond, à la bouche savoureuse. Du volume, de la fraîcheur.

SAINT-BRIS EXOGYRA VIRGULA 2007   ☺
Blanc | 2009 à 2014 | 6,40 €   **16/20**
Parfumé, avec de francs arômes de fruits et de fleurs. La bouche est ciselée, droite, l'équilibre splendide.

Rouge : 8 hectares ; césar 0%, pinot noir 28%.
Blanc : 21 hectares ; aligoté 22%, chardonnay 23%, fié Gris (sauvignon gris) 7%, sauvignon blanc 20%.
Production totale annuelle : 150 000 bt.
Visite : Du lundi au vendredi, de 8 h à 12 h et de 13 h 30 à 19h.

DOMAINE DE LA GRANDE CHAUME

5 bis, rue Porte-Noël
89800 Chablis
Tél. 03 86 42 18 64 - Fax. 03 86 42 48 11
romain@pascalbouchard.com
www.pascalbouchard.com

Romain Bouchard, fils de Pascal Bouchard, a créé son propre domaine sur Chablis, en marge de ses activités au sein de la société familiale. La première vinification a eu lieu en 2006, et à l'exception du Vau de Vey, les plantations sont récentes. Les vignes sont en cours de conversion à l'agriculture biologique, ce qui donne des idées à Romain quant à l'autre vignoble qu'il dirige... Le style des vins rappelle bien évidemment celui de Pascal Bouchard, avec encore plus d'expression peut-être dans le raisin, mais pas le même patrimoine de vieilles vignes. Après des 2006 prometteurs dans un millésime parfois un peu mou, les 2007 sont remarquables de pureté, preuve que le travail à la vigne paie rapidement.

CHABLIS LE GRAND BOIS 2007
Blanc | 2009 à 2013 | 12,90 € **13,5/20**
Pur, droit, très franc. Un jus citronné et vif, élégant et ciselé.

CHABLIS PREMIER CRU VAU DE VEY 2007
Blanc | 2010 à 2015 | 7,90 € **15/20**
Floral, avec une note fumée. La bouche est pure, vive et citronnée. Un jus fin et élégant, cristallin.

CHABLIS PREMIER CRU VAU DE VEY 2006
Blanc | 2009 à 2014 | 7,90 € **14,5/20**
Plus fruité, plus gras, plus rond que le 2007, mais un peu moins tendu. Mais toujours un beau registre fin (ananas mûr). Il est à point.

Blanc : 3,38 hectares.
Production totale annuelle : 17 500 bt.
Visite : Caveau ouvert 7 jours sur 7 de 10 h à 12 h30 et de 15 h à 18 h30.

DOMAINE CORINNE ET JEAN-PIERRE GROSSOT

4, route de Mont-de-Milieu
89800 Fleys
Tél. 03 86 42 44 64 - Fax. 03 86 42 13 31

Cet important domaine, légèrement excentré sur Fleys, propose une magnifique palette de vins de Chablis à la dégustation, uniquement en villages et premiers crus. Les 2007 sont ici purs et droits (et sans aucun goût de grêle !), et les 2006, encore à la vente, plus fruités et déjà prêts à boire. Le tout à des prix très raisonnables.

CHABLIS 2007
Blanc | 2011 à 2017 | 8,40 € **15/20**
Nez très marqué par les fruits jaunes et les fleurs mûres. Bouche tendue, droite, très pure, avec une belle colonne d'acidité. Un remarquable porte-parole pour la région.

CHABLIS LA PART DES ANGES 2006
Blanc | 2009 à 2014 | 9,90 € **15/20**
Un chablis fin, mûr, riche, très équilibré. La bouche est pure, sur les raisins confits. Très délicat, avec une finale délicatement beurrée très savoureuse.

CHABLIS PREMIER CRU FOURCHAUMES 2007
Blanc | 2012 à 2017 | 14,50 € **15,5/20**
Mûr, sur un registre floral assez puissant, avec une bouche où ressortent les arômes de sous-bois et d'humus. Equilibré, fin, frais. Dans un style plus enrobé que vaucoupin.

CHABLIS PREMIER CRU LES FOURNEAUX 2007
Blanc | 2012 à 2017 | 12,90 € **14,5/20**
La bouche est grasse et enrobée. Un vin fin, sur de gourmandes notes de sous-bois et de champignons.

CHABLIS PREMIER CRU MONT DE MILIEU 2006
Blanc | 2009 à 2016 | 14,20 € **16/20**
Nez de fleurs séchées et de fruits confits, la bouche complète sa gourmandise de fruits juteux par une minéralité savoureuse. Précis, pur, élégant.

CHABLIS PREMIER CRU VAUCOUPIN 2007
Blanc | 2012 à 2017 | 12,90 € **15,5/20**
Finement minéral et élégant. La bouche est ciselée, longue et fraîche. La vinification et l'élevage en cuve ont sculpté ce vin très pur.

Blanc : 18 hectares ; chardonnay 100%.
Production totale annuelle : 100 000 bt.
Visite : Du lundi au vendredi de 9 h à 12 h et de 13 h 30 à 19 h, sur rendez-vous de préférence. Samedi sur rendez-vous uniquement.

LAMBLIN ET FILS

Rue Marguerite-de-Bourgogne
89800 Maligny
Tél. 03 86 98 22 00 - Fax. 03 86 47 50 12
infovin@lamblin.com
www.lamblin.com

Ce domaine familial existe depuis 1690, et la douzième génération s'installe petit à petit. Nous saluons l'heureuse inflexion de style de la cuvée de chablis élevée en fûts, plus élégante en 2007. Dans ce même millésime, les cuvées fleur-d'acacia, vieilles-vignes et les-clos sont fort jolis. Seul le mont-de-milieu est en retrait cette année, à cause de la grêle.

CHABLIS ÉLEVÉ EN FÛT 2007
Blanc | 2009 à 2014 | 9,10 €   14/20
Arômes boisés au nez. Le vin n'a pas encore trouvé son équilibre, mais l'acidité du millésime lui permettra de digérer le bois.

CHABLIS FLEUR D'ACACIA 2007   ☺
Blanc | 2009 à 2012 | 8,60 €   13,5/20
Toujours aussi ouvert, dans un registre floral, un chablis parfumé parfaitement enivrant.

CHABLIS GRAND CRU LES CLOS 2007
Blanc | 2010 à 2017 | 25,50 €   15,5/20
Nez fin, élégant, légèrement boisé. La bouche est pure, ciselée, bien droite.

CHABLIS GRAND CRU VAUDÉSIR 2007
Blanc | 2012 à 2017 | 25,50 €   15/20
Plus puissant que les-clos, plus riche aussi, mais avec moins de finesse. Un vin mûr, à la bouche ample, à la finale où ressort une légère amertume minérale. A ce stade, son élevage le domine un peu trop.

CHABLIS PREMIER CRU BEAUROY 2007
Blanc | 2009 à 2014 | 12,50 €   13,5/20
Rond, mûr, bien ouvert, c'est un vin épanoui et gourmand.

CHABLIS PREMIER CRU FOURCHAUME 2007
Blanc | 2009 à 2014 | 13,30 €   14/20
Mûr, généreux, un vin à la bouche agréablement concentrée, qui prend déjà des notes de champignon des bois.

CHABLIS VIEILLES VIGNES 2007
Blanc | 2009 à 2012 | 8,60 €   14/20
Nuances de noisette et de champignons des bois. Un vin en rondeur, fin, élégant, à la finale agréablement concentrée. Il évolue dans un registre plus conventionnel que fleur-d'acacia.

Visite : Du lundi au vendredi de 8 h à 12 h et de 14 h à 17 h, le samedi de 8 h à 12 h.

DOMAINE LAROCHE

22, rue Louis-Bro
89800 Chablis
Tél. 03 86 42 89 00 - Fax. 03 86 42 89 29
info@michellaroche.com

Michel Laroche est l'une des figures médiatiques de Chablis, en raison de ses talents d'homme d'affaires, de bon communicant, mais aussi (et surtout ?) de grand vigneron. Si Chablis fut le point de départ de son entreprise viticole désormais globale (avec des activités en Languedoc, en Afrique du Sud, et au Chili), cette appellation reste néanmoins une bonne illustration du « style Laroche ». Toujours en quête d'innovations, il a proposé dès le millésime 2002 une partie de sa production en capsule à vis, une idée qui à l'époque avait défrayé la chronique mais depuis a fait son chemin. Millésime après millésime, tous les vins ici sont impeccables, tant ceux du négoce que du domaine (estampillés Domaine Laroche). Le sommet de la gamme est bien entendu la-réserve-de-l'obédience, un grand cru les blanchots magnifiquement élevé mais qui reste précis et pur. Après des 2006 précoces, les 2007 demanderont un peu plus de patience. Depuis peu, Michel Laroche a complété ses activités de vigneron en ouvrant à Chablis un restaurant ouvert sur les cuisines du monde ainsi qu'un hôtel de charme, au bord du bief. De quoi passer quelque temps à Chablis...

CHABLIS GRAND CRU BLANCHOT
RÉSERVE DE L'OBÉDIENCE 2007
Blanc | 2012 à 2022 | 79 €   17,5/20
Gras et fin, un vin riche mais stylé, à la bouche puissante mais savoureuse. Équilibré et frais, bien long.

CHABLIS GRAND CRU LES BLANCHOTS 2007
Blanc | 2014 à 2022 | 42 €   16/20
Gourmand, fin, avec une superbe acidité qui donne une bonne tension à une matière mûre et concentrée.

CHABLIS GRAND CRU LES BOUGUEROTS 2007
Blanc | 2014 à 2022 | 38 €   15,5/20
Riche, concentré, il est encore sur la réserve, mais sa densité de bouche et son équilibre en finale sont prometteurs. Bonne tension.

CHABLIS GRAND CRU LES CLOS 2007
Blanc | 2015 à 2022 | 54 €   17/20
Pur, droit, fin et élégant. Un clos ciselé et tendu, comme on l'espère de ce terroir. Il faudra juste l'attendre patiemment.

CHABLIS LAROCHE 2007
Blanc | 2009 à 2012 | 10,95 €   **13,5/20**
Flatteur, mûr, les arômes sont gourmands.
La bouche est nerveuse, droite, la finale vive.

CHABLIS PREMIER CRU LES FOURCHAUMES
VIEILLES VIGNES DOMAINE LAROCHE 2007
Blanc | 2011 à 2017 | 28 €   **15/20**
Très mûr, presque opulent, la bouche est
puissante, les arômes savoureux, mais ce
vin s'équilibre dans une finale harmonieuse,
assez généreuse.

CHABLIS PREMIER CRU LES VAILLONS VIEILLES
VIGNES 2007
Blanc | 2011 à 2017 | 23,50 €   **16/20**
Pur, sur de gourmands arômes de fruits et
d'épices. La bouche est grasse, concentrée,
gourmande, la finale fraîche et tendue.

CHABLIS PREMIER CRU LES VAUDEVEY
DOMAINE LAROCHE 2007
Blanc | 2010 à 2017 | 21,50 €   **14,5/20**
Nez à dominante florale, élégant et fin. La
bouche est mûre, gourmande, avec une tension minérale en finale bienvenue, sur des
notes citronnées.

CHABLIS SAINT-MARTIN 2007   ⓤ
Blanc | 2010 à 2015 | 13,50 €   **14,5/20**
Plus complexe, plus fin, plus élégant que le
chablis de négoce. La bouche est grasse,
la fin de bouche harmonieuse.

PETIT CHABLIS LAROCHE 2008
Blanc | 2009 à 2012 | 8,95 €   **13/20**
Friand, pur, droit. Simple mais franc. Désaltérant.

PETIT CHABLIS LAROCHE 2007
Blanc | 2009 à 2011 | 8,95 €   **13/20**
Vif, nerveux, pur, précis, avec une finale aux
arômes gourmands de fruits mûrs.

Blanc : 100 hectares ; chardonnay 100%.
Visite : Sur rendez-vous.

DOMAINE LONG-DEPAQUIT

45, rue Auxerroise
89800 Chablis
Tél. 03 86 42 11 13 - Fax. 03 86 42 81 89
chateau-long-depaquit@wanadoo.fr

Le château Long-Depaquit a pour particularité de n'avoir eu que trois propriétaires
depuis le XIᵉ siècle : les moines cisterciens,
la famille Depaquit et, depuis 1970, la
famille Bichot, de Beaune. Le patrimoine
de vignes y est exceptionnel, avec notamment 10 % de la superficie des grands crus
en propriété. Élément clef de ce joyau, le
grand cru La Moutonne, un monopole à
cheval sur Vaudésir et Preuses, dont les
origines remontent au XVᵉ siècle. La viticulture est ici très rigoureuse, et les vendanges manuelles sur les premiers et
grands crus. Les fermentations se font
désormais en levures indigènes, et des
recherches permanentes sur les durées
d'élevage et l'âge des fûts visent à affiner
les vins. Souvent discrets jeunes, ils
gagnent en pureté et en intensité d'expression après quelques années, le plus
souvent sur un registre floral et ciselé.
2007 et 2005 sont ici de grands millésimes,
bien dans l'esprit de l'appellation.

CHABLIS 2007
Blanc | 2010 à 2015 | 12,10 €   **14/20**
Très élégant, épuré, droit et fin. Un vin mûr,
à la bouche arrondie, à la finale minérale et
savoureuse.

CHABLIS GRAND CRU LA MOUTONNE 2007
Blanc | 2012 à 2022 | 58,90 €   **17,5/20**
Complet et harmonieux. Dense et élégant,
c'est un vin droit et précis, à la finale fraîche,
aux arômes citronnés. Il est long à se faire,
comme souvent !

CHABLIS GRAND CRU LES BLANCHOTS 2007
Blanc | 2012 à 2022 | 33,20 €   **16,5/20**
Très fruité, mûr (fruits blancs fins), avec une
pointe de minéralité crayeuse qui retend la
fin de bouche. Précis et racé.

CHABLIS GRAND CRU LES CLOS 2007
Blanc | 2014 à 2022 | 34 €   **17,5/20**
Ciselé, avec de la densité en bouche, c'est
un vin tout en longueur, qui est loin de son
apogée.

CHABLIS GRAND CRU LES VAUDÉSIRS 2007
Blanc | 2012 à 2022 | 34 €   **17/20**
Nez très floral, fin, pur et élégant. La bouche
est dense et concentrée. Finale sur les fleurs
dorées au soleil et les agrumes.

CHABLIS PREMIER CRU LES BEUGNONS 2007
Blanc | 2012 à 2017 | 17,90 €   **15/20**
Concentré, fin, précis. Un vin mûr, à la
bouche puissante et droite. Plus gourmand
que Lys, avec de la rondeur.

CHABLIS PREMIER CRU LES LYS 2007
Blanc | 2012 à 2017 | 18,40 €   **15/20**
La bouche est droite, cristalline, élégante
et délicate. Plus pur, plus délicat, plus cristallin que beugnons.

CHABLIS PREMIER CRU LES VAILLONS 2007
Blanc | 2012 à 2017 | 17,90 €   **14,5/20**
Élégant, droit et fin, délicat. Il est un rien
moins complet que beugnons ou lys.

CHABLIS PREMIER CRU LES VAUCOPINS 2007
Blanc | 2012 à 2022 | 19,50 €   **16/20**
Floral, épicé (anis). La bouche est suave,
savoureusement parfumée, longue et équilibrée.

Blanc : 65 hectares ; chardonnay 100%.
Visite : Du lundi au samedi de 9 h à 18 h.

Inscrivez-vous sur

BETTANEDESSEAUVE.COM

> Suivez l'actualité du vin
> Accédez aux notes de
dégustation de 25 000 vins
> Visitez les stands des
producteurs

DOMAINE DES MALANDES

63, rue Auxerroise
89800 Chablis
Tél. 03 86 42 41 37 - Fax. 03 86 42 41 97
contact@domainedesmalandes.com
www.domainedesmalancdes.com

Ce domaine connaît depuis peu une salutaire
reprise en main, grâce au dynamisme de Lyne
Marchive et au talent de son jeune œnologue,
Guénolé Breteaudeau. Les 2007 du domaine
affichent toujours leur registre fruité, avec une
bonne nervosité mais sans mordant.

CHABLIS GRAND CRU LES CLOS 2007
Blanc | 2012 à 2017 | 24 €   **16/20**
Boisé mieux intégré que sur vaudésir. Le
nez est fin, légèrement grillé et épicé (curry).
La bouche est pure, concentrée, gourmande,
toujours sur ce registre de fruits blancs mûrs,
avec une pointe épicée en fin de bouche.

CHABLIS GRAND CRU VAUDÉSIR 2007
Blanc | 2010 à 2015 | 22,80 €   **14,5/20**
Le nez est un peu trop vanillé. La bouche
est élégante, fine, gourmande. Dommage
que l'élevage soit un peu trop insistant, car
le jus est de qualité.

**CHABLIS PREMIER CRU FOURCHAUME
VIEILLES VIGNES 2007**
Blanc | 2010 à 2015 | 12,50 €   **14,5/20**
Tendu, fin, belle pureté. La bouche est droite,
concentrée, sur de francs arômes de fruits.

**CHABLIS PREMIER CRU MONTMAINS
VIEILLES VIGNES 2007**
Blanc | 2010 à 2015 | 12,50 €   **15/20**
Concentré et pur, un vin fin, élégant et gourmand, sur ses arômes de fruits. Bel équilibre de bouche.

CHABLIS PREMIER CRU VAU DE VEY 2007
Blanc | 2009 à 2017 | 11,50 €   **14,5/20**
Gras, avec une pointe saline en bouche, mais
sans l'éclat ni la fraîcheur gourmande des
autres premiers crus, la faute sans doute à
son élevage.

CHABLIS TOUR DU ROY 2007   ☺
Blanc | 2009 à 2014 | 9 €   **14,5/20**
Joli vin, mûr, fruité, fin et élégant. Le bois
l'a enrobé, légèrement adouci. La finale est
fine, fraîche et pure.

PETIT CHABLIS 2007   ☺
Blanc | 2009 à 2012 | 6,40 €   **14/20**
Fruité mûr, un vin aromatique, fin, élégant,
gourmand. Bonne acidité.

Blanc : 25 hectares. Production totale annuelle :
207 000 bt. Visite : Du lundi au vendredi de 9 h
à 18 h et le samedi sur rendez-vous.

DOMAINE LOUIS MICHEL ET FILS

9, boulevard de Ferrières
89800 Chablis
Tél. 03 86 42 88 55 - Fax. 03 86 42 88 56
contact@louismicheletfils.com
www.louismicheletfils.com

Ce beau domaine de 25 hectares vend essentiellement à l'export, où il est très prisé. En premiers crus, forêts, vaillons et fourchaume s'exprimaient bien en 2007, la montée-de-tonnerre étant hélas grêlée. En grand cru, les-clos démarrent toujours sur la finesse, mais avec le temps, passent devant grenouilles, dont la maison est l'un des très rares producteurs. Les 2006 se sont bien repris en bouteilles depuis notre visite l'an passé, et les 2007 sont cristallins et purs à souhait.

CHABLIS GRAND CRU GRENOUILLES 2007
Blanc | 2012 à 2022 | NC   **17/20**
Fin, racé, très pur. La bouche est subtile, délicatement épicée, concentrée, bien savoureuse.

CHABLIS GRAND CRU LES CLOS 2007
Blanc | 2012 à 2022 | NC   **16,5/20**
Floral, fin, avec déjà une expression de la minéralité. Il est concentré, mais présente moins d'éclat aujourd'hui que grenouilles.

CHABLIS GRAND CRU VAUDÉSIR 2007
Blanc | 2011 à 2017 | NC   **15,5/20**
Fin, délicat, très discret à ce stade, mais devrait bien évoluer en bouteilles. Pur et droit.

CHABLIS PREMIER CRU BUTTEAUX
VIEILLES VIGNES 2007
Blanc | 2011 à 2017 | NC   **15/20**
Plus riche, plus concentré, plus tendu aussi que le Butteaux « simple ». Droit et savoureux.

CHABLIS PREMIER CRU MONTÉE DE TONNERRE 2006
Blanc | 2009 à 2016 | NC   **15,5/20**
Une montée cristalline, claire comme de l'eau de roche, pure, délicate. Fin et élégant.

CHABLIS PREMIER CRU VAILLONS 2007
Blanc | 2011 à 2017 | NC   **15,5/20**
Un vin mûr, avec une jolie matière, concentrée et parfumée. Notes de sous-bois, de fougères.

PETIT CHABLIS 2007   (☺)
Blanc | 2009 à 2012 | NC   **13,5/20**
Vif, nerveux, avec un joli gras, un bon fruit. Frais, fin, bien apéritif.

Blanc : 25 hectares ; chardonnay 100%.
Production totale annuelle : 180 000 bt.
Visite : Du lundi au vendredi de 9 h à 11 h 30 et de 14 h à 17 h 30, samedi sur rendez-vous.

DOMAINE LOUIS MOREAU

10, Grande-Rue
89800 Beines
Tél. 03 86 42 87 20 - Fax. 03 86 42 45 59

Louis Moreau est le cousin de Christian, et leurs deux domaines ont en commun un même splendide patrimoine de vignes, partagé entre les deux branches de la famille. La pureté et la droiture des vins sont superbes dans le très beau millésime 2007.

CHABLIS 2007
Blanc | 2009 à 2012 | NC   **14/20**
Bien mûr, arômes fins et purs, finale fraîche. Délicatesse et élégance.

CHABLIS GRAND CRU BLANCHOT 2007
Blanc | 2012 à 2022 | NC   **16/20**
Boisé discret. Bouche grasse, à l'attaque ronde, au fruité charnu. Dense, pur, gourmand. Riche en extrait sec. Massif.

CHABLIS GRAND CRU LES CLOS 2007
Blanc | 2014 à 2027 | NC   **17/20**
Riche en extrait sec, bien dense, à la bouche tendue, avec une minéralité contenue mais qui accompagne une matière grasse.

CHABLIS GRAND CRU LES CLOS LE CLOS DES HOSPICES 2007
Blanc | 2014 à 2027 | NC   **17,5/20**
Fin, pur, matière mûre, grosse tension. Gros potentiel. Il offre plus de densité que les-clos.

CHABLIS GRAND CRU VALMUR 2007
Blanc | 2012 à 2022 | NC   **16,5/20**
Puissant, sur des notes de fruits blancs, avec une minéralité crayeuse en bouche. Dense, concentré, fin. Belle élégance.

CHABLIS GRAND CRU VAUDÉSIR 2007
Blanc | 2012 à 2022 | NC   **16,5/20**
Ouvert, fin, délicat, dominé par de subtiles touches florales. Élégance et droiture en bouche.

CHABLIS PREMIER CRU LES FOURNEAUX 2007
Blanc | 2011 à 2017 | NC   **14,5/20**
Gras, savoureux, concentré et dense. Un vin fin et pur, à la bouche droite et gourmande.

CHABLIS PREMIER CRU VAILLONS 2007
Blanc | 2011 à 2017 | NC   **15/20**
Précis, fin, à la bouche droite et dense, une finale élégante et ciselée.

CHABLIS PREMIER CRU VAULIGNOT 2007
Blanc | 2010 à 2015 | NC   **14,5/20**
Mûr, bien gras, bouche savoureuse, arômes fins. Frais et droit.

PETIT CHABLIS 2007
Blanc | 2009 à 2011 | NC   **13,5/20**
Mûr, souple, une bouche ronde, tendre. Franc et droit. Concentration moyenne, mais agréable.

DOMAINE CHRISTIAN MOREAU PÈRE ET FILS

26, avenue d'Oberwesel
89800 Chablis
Tél. 03 86 42 86 34 - Fax. 03 86 42 84 62
contact@domainechristianmoreau.com
www.domainechristianmoreau.com

Ce domaine est l'un des quatre producteurs portant le nom de Moreau à Chablis, mieux vaut donc regarder le prénom ! Les vins révèlent une saveur tranchante et pure, d'un équilibre splendide, et la vivacité du millésime 2007 leur convient parfaitement. Dans les 2006, un peu moins nerveux, Fabien avait laissé un peu plus de gaz carbonique, ce qui pouvait surprendre à la dégustation.

CHABLIS GRAND CRU BLANCHOT 2007
Blanc | 2012 à 2022 | NC   **17/20**
Racé, fin, élégant (fruits blancs, anis). La bouche est gourmande, sur les fruits blancs juteux, la finale toute en rondeur, mais allongée par une bonne acidité.

CHABLIS GRAND CRU LES CLOS 2007
Blanc | 2013 à 2027 | NC   **17,5/20**
Très racé, d'une grande pureté. Un vin de cristal, à la minéralité resserrée en fin de bouche. Il évoluera bien et longtemps.

CHABLIS GRAND CRU LES CLOS LE CLOS DES HOSPICES 2007
Blanc | 2013 à 2027 | NC   **18/20**
Aussi pur que les-clos, mais avec un supplément de matière et de gras. Finesse remarquable. Superbe longueur, fraîche, fine et savoureuse. Attention à ne pas le boire trop jeune, on passerait à côté de son potentiel.

CHABLIS GRAND CRU VALMUR 2007
Blanc | 2013 à 2022 | NC   **17,5/20**
Fin, subtil, un vin complet, tendu et concentré, un peu replié sur lui-même aujourd'hui.

CHABLIS GRAND CRU VAUDÉSIR 2007
Blanc | 2012 à 2022 | NC   **16/20**
Racé, complet, épanoui. Marqué par les fruits mûrs (jaunes), les fleurs.

CHABLIS PREMIER CRU VAILLON GUY MOREAU 2007
Blanc | 2011 à 2017 | NC   **16/20**
Plus délicat, plus ciselé, plus élégant encore que l'autre cuvée de vaillons. Un jus savoureux, à la finale vibratoire.

PETIT CHABLIS 2007
Blanc | 2010 à 2013 | NC   **14/20**
Pur, incisif, très nerveux. Un superbe petit chablis, concentré, tendu et fin.

Blanc : 12 hectares.
Production totale annuelle : 60 000 bt.
Visite : Sur rendez-vous.

DOMAINE OLIVIER MORIN

89530 Chitry
Tél. 03 86 41 47 20 - Fax. 03 86 41 47 20

Olivier Morin dirige le domaine familial depuis 1992. Les vignes sont enherbées, et tout est vendangé à la machine. Les vinifications sont classiques, avec parfois une petite chaptalisation (notamment les aligotés, en 2007). Installé à Chitry, petite commune à quelques kilomètres de Chablis, il élabore une gamme de cinq vins de l'Yonne, dont les cuvées olympe, en blanc, et vau-du-puits, en rouge, sont régulièrement les sommets de la cave. Un style de vins fruités, que l'on apprécie jeunes, à des prix encore très raisonnables pour la Bourgogne. Les 2006 sont actuellement à point. 2007 a donné des blancs frais et vifs, hélas, la grêle a touché les rouges.

BOURGOGNE ALIGOTÉ 2007
Blanc | 2009 à 2011 | NC   **14/20**
Nerveux, franc, un vin qui ne manque pas de matière.

BOURGOGNE CHITRY 2007
Blanc | 2009 à 2013 | NC   **15/20**
Bon équilibre, un vin fin et élégant, à la bouche fruitée. Superbe rapport qualité-prix pour cette appellation méconnue.

BOURGOGNE CHITRY CUVÉE OLYMPE 2007
Blanc | 2009 à 2014 | NC   **15/20**
Bouche grasse, notes boisées délicates, un vin riche mais dont la finale reste fraîche.

BOURGOGNE CHITRY CUVÉE OLYMPE 2006
Blanc | 2009 à 2014 | NC   **15,5/20**
Parfumé, gourmand, un vin qui a bien évolué en bouteilles, le boisé commence à bien se fondre.

BOURGOGNE CHITRY CUVÉE VAU DU PUITS 2006
Rouge | 2009 à 2012 | NC   **15/20**
Fruité très mûr, quelques notes tertiaires. Un vin souple, gourmand, à point.

DOMAINE SYLVAIN MOSNIER

36, Route Nationale
89800 Beines
Tél. 03 86 42 43 96 - Fax. 03 86 42 42 88
sylvain.mosnier@libertysurf.fr

Stéphanie Mosnier prend petit à petit les rênes du domaine, aux côtés de son père Sylvain. Les vins sont entièrement vinifiés en cuves inox, et pour le millésime 2007, uniquement en levures indigènes ; tous partagent une même franchise d'expression et une jolie droiture. Une politique commerciale intelligente permet de proposer des millésimes plus anciens à la vente, à des prix extrêmement raisonnables ; cette année, il faut profiter des beauroy 2002 et 2003, à point, même si les vins du domaine vieillissent de façon étonnante. Tous les 2007 sont bien tendus, et devront un peu s'arrondir en bouteilles.

CHABLIS 2007
Blanc | 2009 à 2012 | 8 €   **13/20**
Gras, équilibré, avec un bon volume de bouche. Notes florales.

CHABLIS PREMIER CRU BEAUROY 2007
Blanc | 2010 à 2017 | 12 €   **15/20**
Parfumé, en rondeur, un beauroy qui s'ouvrira bientôt. Finale florale.

CHABLIS PREMIER CRU BEAUROY 2003
Blanc | 2009 à 2013 | NC   **14/20**
Nez sur des nuances de sous-bois, de miel. La bouche est ronde, puissante et riche, avec une finale sur un équilibre puissant, pas dans la nervosité habituelle de Chablis.

CHABLIS PREMIER CRU BEAUROY 2002
Blanc | 2009 à 2012 | NC   **15/20**
Gras, déjà ouvert, nuances de sous-bois et de cire d'abeille. Bon équilibre de bouche, un vin gourmand et harmonieux, délicieux aujourd'hui.

CHABLIS PREMIER CRU CÔTE DE LECHET 2007
Blanc | 2010 à 2017 | 12 €   **14,5/20**
Gras, ouvert, avec de puissantes notes florales. La bouche est parfumée et fraîche.

CHABLIS VIEILLES VIGNES 2007   ☺
Blanc | 2010 à 2015 | 9,50 €   **14,5/20**
Plus gras que le chablis, avec une matière ronde, une finale tendue. Équilibré.

PETIT CHABLIS 2007
Blanc | 2009 à 2011 | 7 €   **13,5/20**
Floral, bien vif, une bouche nerveuse et acidulée.

Blanc : 18 hectares ; chardonnay 100%.
Production totale annuelle : 40 000 bt.
Visite : Sur rendez-vous.

DOMAINE GILBERT PICQ ET FILS

3, route de Chablis
89800 Chichée
Tél. 03 86 42 18 30 - Fax. 03 86 42 17 70
domaine.picq-gilbert@wanadoo.fr

Ce domaine ne propose que quatre vins dans sa gamme, tous réservés d'une année sur l'autre. Toute la chaîne de travail est particulièrement soignée, et depuis 2006, la vinification se fait en levures indigènes. Mais le style du domaine n'a pas changé, fondé sur l'utilisation exclusive de la cuve inox ; les vins sont purs et délicats, et on les apprécie généralement assez vite. Les 2007 se sont bien arrondis en bouteilles. Dans ce millésime, Vosgros semble le plus affecté par les ravages de la grêle.

CHABLIS 2007
Blanc | 2009 à 2012 | 9,80 €   **13,5/20**
Mûr, gras, parfumé, un vin fin et élégant, aux francs arômes fruités en bouche.

CHABLIS PREMIER CRU VAUCOUPIN 2007
Blanc | 2009 à 2015 | 14,25 €   **15/20**
Nuances de sous-bois, de raisins secs, pointe de miel. Parfumé, élégant, concentré, très agréable. Bouche fine et gourmande, à la finale fraîche.

CHABLIS PREMIER CRU VOSGROS 2007
Blanc | 2009 à 2014 | 13,50 €   **14,5/20**
Mûr, avec un joli gras. Une bouche gourmande, un vin élégant et fin, savoureux, à la finale arrondie.

CHABLIS VIEILLES VIGNES 2007   ☺
Blanc | 2009 à 2013 | 11,25 €   **14/20**
Bien mûr, avec des arômes de raisin confit. Une bouche grasse, parfumée, fraîche.

Blanc : 13 hectares ; chardonnay 100%.
Production totale annuelle : 90 000 bt.
Visite : Sur rendez-vous uniquement pour dégustation.

DOMAINE PINSON

5, quai Voltaire
89800 Chablis
Tél. 03 86 42 10 26 - Fax. 03 86 42 49 94
contact@domaine-pinson.com

Laurent, son frère Christophe, et désormais sa fille Charlène veillent sur cette affaire familiale, établie depuis plus de trois cent cinquante ans sur Chablis. Les 2006, encore à la vente, sont charnus et gourmands. Les 2007 sont superbes de tension et de précision. À cause de la grêle, le premier cru Vaugiraut n'a pu être produit cette année, mais le premier cru forêt et le grand cru les-clos sont splendides.

CHABLIS GRAND CRU LES CLOS 2007
Blanc | 2012 à 2022 | env 25 €   **17/20**
Pur, précis, belle finesse de bouche, un vin tendu et minéral, à la longue colonne vertébrale. On l'attendra patiemment, c'est un très bon millésime pour les-clos !

CHABLIS GRAND CRU LES CLOS L'AUTHENTIQUE 2007
Blanc | 2014 à 2022 | env 32 €   **17,5/20**
Un vin pur, très élégant, avec un boisé fin et délicat, qui lui redonne du gras, prolongé par une finale droite et tendue, aux arômes mûrs de citron jaune. Joli travail d'élevage sur une matière première de grande qualité.

CHABLIS GRAND CRU LES CLOS L'AUTHENTIQUE 2006
Blanc | 2011 à 2021 | épuisé   **17/20**
Nez finement boisé. La bouche est pure, droite, ciselée, avec une finale tendue, légèrement crayeuse. Il est à un stade plus équilibré que l'autre cuvée des clos, dans ce millésime !

CHABLIS PREMIER CRU FOURCHAUME 2007
Blanc | 2010 à 2015 | env 13,50 €   **14/20**
Assez solaire, floral, mûr, mais sans la densité de bouche ni la pureté cristalline de la-forêt.

CHABLIS PREMIER CRU MONT DE MILIEU 2007
Blanc | 2010 à 2015 | env 13,50 €   **15/20**
Fin, élégant, pur, la bouche est droite, ciselée, délicate. L'élevage lui a redonné du gras. Belle prouesse pour une vigne qui a souffert de la grêle !

CHABLIS PREMIER CRU MONTMAIN 2007
Blanc | 2011 à 2017 | env 13,50 €   **15/20**
Fin, de bonne concentration, un vin pur, avec une finale fraîche et droite. Élégant.

Blanc : 12 hectares. **Production totale annuelle :** 70 000 bt. **Visite :** Seulement en dégustation tous les jours du lundi au vendredi de 8 h à 12 h et de 13 h 30 à 17h 30. Le samedi sur rendez-vous.

DOMAINE RAVENEAU

9, rue de Chichée
89800 Chablis
Tél. 03 86 42 17 46 - Fax. 03 86 42 45 55

Depuis plusieurs décennies déjà, le domaine Raveneau est la plus grande expression de ce qu'un vin de Chablis peut donner. À des 2005 hors norme ont succédé des 2006 de toute beauté. Les 2007 démarrent plus discrètement mais vieilliront avec grâce, car ils possèdent la minéralité et la droiture que l'on aime dans les grands chablis. Tous les vins ici défient le temps. Évidemment, ce domaine ne peut accepter de nouveaux clients, mais on achètera ses vins chez les bons cavistes !

CHABLIS 2007
Blanc | 2009 à 2017 | NC   **15/20**
Un joli gras en bouche, une matière mûre et ronde, une finale ciselée et fraîche. Élégance et gourmandise.

CHABLIS GRAND CRU BLANCHOT 2007
Blanc | 2012 à 2027 | NC   **16,5/20**
Un jus mûr et concentré (fruité), la bouche est riche en extrait sec. Un vin pur, droit, savoureux, encore discret aujourd'hui.

CHABLIS GRAND CRU LES CLOS 2007
Blanc | 2012 à 2027 | NC   **18,5/20**
Très subtil. Il démarre discret et tendu, ce qui est annonciateur de belles promesses pour ce cru. La bouche est serrée, concentrée, minérale, la finale vive et élancée. L'un des sommets du millésime.

CHABLIS GRAND CRU VALMUR 2007
Blanc | 2012 à 2027 | NC   **17,5/20**
Une délicatesse supérieure à blanchot. Bien élégant. Notes florales. La bouche est toute en subtilité, la finale pure et fraîche.

CHABLIS PREMIER CRU BUTTEAUX 2007
Blanc | 2012 à 2022 | NC   **16,5/20**
Tendu et fin, c'est un vin élégant et droit, avec une fin de bouche qui se resserre avec beaucoup de charme.

CHABLIS PREMIER CRU MONTÉE DE TONNERRE 2007
Blanc | 2012 à 2017 | NC   **15,5/20**
Un vin mûr et charmeur, qui joue plus le registre du fruit que de la minéralité. Moins en tension que d'ordinaire, à cause de la grêle qui a fait perdre la moitié de la récolte.

CHABLIS PREMIER CRU VAILLONS 2007
Blanc | 2012 à 2022 | NC   **16,5/20**
Un vin tendu et pur, à la bouche plus dense que le montmains. Bouche concentrée, sur un registre racinaire gourmand.

Blanc : 7,5 hectares ; chardonnay 100%.
Visite : Pas de visites.

DOMAINE DAVID RENAUD

89290 Irancy
Tél. 03 86 42 27 39 - Fax. 03 86 42 27 39
renaud.irancy@orange.fr

David Renaud a repris le domaine familial en 2005. Il travaille les sols, même s'il lui arrive encore d'utiliser des désherbants. Grâce à un sérieux tri dans les vignes, certaines vendanges sont mécaniques, et de ce fait, une bonne partie des raisins est éraflée. À l'issue de douze mois d'élevage, les différentes parcelles sont assemblées en une cuvée unique, qui sera mise en bouteilles en plusieurs fois. Si l'étiquette ne revendique jamais de nom de cuvée ou de lieu-dit, David s'y refuse, elle indique en revanche le numéro de lot, 1 désignant toujours la première mise, les dernières étant numérotés 4 ou 5 (elles gagnent d'ailleurs en finesse et en potentiel de garde). À défaut d'être spontanément compréhensible pour le consommateur, puisqu'il n'y a pas de suivi des lots d'un millésime à l'autre, ce principe a pour lui le mérite de la transparence.

BOURGOGNE 2006
Rosé | 2009 à 2011 | épuisé   **15/20**
Très fruité, très mûr. Un vin puissant, presque opulent. Bouche charnue. Bien vineux.

IRANCY LOT 1 2007
Rouge | 2009 à 2014 | 7,50 €   **15/20**
Un vin bien mûr, au toucher de bouche caressant. Belle finesse. Arômes fruités bien mûrs.

IRANCY LOT 4 2006
Rouge | 2009 à 2013 | env 8 €   **14,5/20**
Fruité très mûr, notes de confiture de fruits rouges. Bouche parfumée, finale envoûtante.

IRANCY LOT 5 2006
Rouge | 2009 à 2013 | env 9,50 €   **15/20**
Fruité plus frais que le lot 4, un peu plus noir. Texture harmonieuse, finale en rondeur.

Production totale annuelle : 25 000 bt.
Visite : Sur rendez-vous.

LOUIS ROBIN

Grande Ruelle du Gain
89800 Chichée
Tél. 03 86 42 49 60 - Fax. 03 86 42 80 49
didirobin@aol.com

Didier et Thierry Robin ont quitté la cave coopérative voilà une dizaine d'années pour créer le domaine des Airelles, qui est devenu depuis « Louis Robin ». Les vignes sont encore désherbées, et les vendanges mécaniques. Les vinifications sont essentiellement en cuves inox, avec un peu de fût pour la cuvée vieilles-vignes et le montmains. Une heureuse évolution de style depuis quelques années, avec des débourbages plus sévères, a permis de faire disparaître les goûts de réduit amers qu'offrent quelques vieux millésimes, que nous déconseillons, donc.

CHABLIS 2007
Blanc | 2009 à 2012 | NC   **12,5/20**
Tendu, assez rond, équilibré, très franc.

CHABLIS PREMIER CRU MONTMAINS 2007
Blanc | 2010 à 2015 | NC   **14/20**
Plus sous-bois, plus racinaire que Vaucoupin. Droit, fin.

CHABLIS PREMIER CRU VAUCOUPIN 2007
Blanc | 2010 à 2015 | NC   **14/20**
Mûr, sur des notes fruitées et minérales. Un vin pur et élégant, avec une bonne vivacité finale.

CHABLIS VIEILLES VIGNES 2007
Blanc | 2010 à 2015 | NC   **14,5/20**
Un chablis boisé, mais harmonieux et fin.

PETIT CHABLIS 2007
Blanc | 2009 à 2012 | NC   **13/20**
Mûr, rond, vif, bonne nervosité. Pas très long, mais agréable.

DOMAINE SÉGUINOT-BORDET

8, chemin des Hâtes
89800 Maligny
Tél. 03 86 47 44 42
www.seguinot-bordet.fr

Cette très vieille famille de Chablis (dont l'arbre généalogique remonte à 1590 !) est implantée sur Maligny. Jean-François, la treizième génération, est un jeune entrepreneur dynamique et impliqué dans la défense de l'appellation. Depuis sa reprise du domaine, en 1998, les mises en bouteilles sont passées de 5 000 à 120 000, près de 8 hectares ont été replantés, avec une densité de 10 000 pieds (contre 6 000 auparavant), avec la volonté affichée d'en revenir aux sélections massales. Les sols sont griffés, et les vignes enherbées pour limiter l'érosion, même si quelques traitements sont encore appliqués. Des installations techniques à la pointe de la modernité permettent de respecter un raisin bien mûr, et d'élaborer des vins purs et ciselés, sans fausse note dans le millésime 2007. Nous avons préféré réserver notre opinion sur le grand cru-vaudésir, encore en cours d'élevage lors de notre visite.

CHABLIS 2007
Blanc | 2010 à 2014 | 12 €   **13,5/20**
Gras, harmonieux, bien tendu. Finale citronnée. Gourmand.

CHABLIS PREMIER CRU FOURCHAUME 2007
Blanc | 2010 à 2017 | 21 €   **14,5/20**
Gras, mûr, un vin à la bouche charnue, équilibré, long et savoureux. Il offre un peu moins de tension que le vieilles-vignes.

CHABLIS PREMIER CRU VAILLONS 2007
Blanc | 2010 à 2017 | NC   **15/20**
Très fin (fruits blanc, anis). Pur, délicat. La bouche est suave, gourmande, élégante.

CHABLIS VIEILLES VIGNES 2007
Blanc | 2010 à 2015 | 14 €   **15/20**
Fin et concentré. Beaux arômes floraux et sous-bois. Finale savoureuse, arrondie. Le léger passage (partiel) sous bois est bien fondu.

PETIT CHABLIS 2007   ☺
Blanc | 2010 à 2013 | 9 €   **14,5/20**
Tendu, nerveux, avec de francs arômes d'agrumes.

Visite : Du lundi au vendredi de 8 h à 12 h et de 13 h 30 à 17 h 30. Le samedi sur rendez-vous.

DOMAINE SERVIN

20, avenue d'Oberwesel
89800 Chablis
Tél. 03 86 18 90 00 - Fax. 03 86 18 90 01
contact@servin.fr
www.servin.fr

Ce beau domaine dispose de 35 hectares de vignes situés sur les meilleurs terroirs de l'appellation. Cela donne des vins riches, puissants, parfois plus côte-d'oriens que chablisiens, mais qui expriment bien les diversités de leurs origines. En 2007, forêt et blanchots n'ont pas été produits, en raison de prix du raisin déraisonnables.

CHABLIS 2007
Blanc | 2010 à 2014 | 8,50 €   **14/20**
Mûr, gras, un vin fin et riche, savoureux.

CHABLIS GRAND CRU BOUGROS 2007
Blanc | 2010 à 2017 | NC   **17/20**
Riche, gras, très mûr. Un vin puissant, avec un gros volume, où la puissance l'emporte sur la finesse, mais qui retrouve néanmoins de l'équilibre en finale.

CHABLIS GRAND CRU LES CLOS 2007
Blanc | 2012 à 2022 | NC   **17,5/20**
Fin, très mûr, riche. Ce n'est pas une expression trop minérale du Clos, mais la finesse du terroir donne un remarquable équilibre.

CHABLIS GRAND CRU LES PREUSES 2007
Blanc | 2010 à 2017 | NC   **16/20**
Puissant, mûr, avec des fruits jaunes très mûrs. La bouche est riche, grasse, c'est un vin généreux, complet. Finale citronnée.

CHABLIS PREMIER CRU BUTTEAUX 2007   ☺
Blanc | 2011 à 2017 | 12 €   **15,5/20**
Parfumé, fin, subtil. La bouche est gourmande, avec ses notes de mousseron. Gras, équilibré, savoureux et frais.

CHABLIS VIEILLES VIGNES 2006   ☺
Blanc | 2009 à 2016 | NC   **15,5/20**
Pur, élégant, mûr, très fin. Un vin au jus délié, gourmand, avec une finale légèrement poivrée. Très joli, comme toujours pour cette cuvée, au superbe rapport qualité/prix.

PETIT CHABLIS 2007   ☺
Blanc | 2010 à 2013 | NC   **14,5/20**
Nerveux, francs arômes de fleurs et de fruits. Belle tenue en bouche. Très gourmand.

Blanc : 33 hectares ; chardonnay 100%.
Production totale annuelle : 250 000 bt.
Visite : Du lundi au vendredi de 9 h à 12 h et de 13 h30 à 17 h30.

SIMONNET-FEBVRE

9, avenue d'Oberwesel
89800 Chablis
Tél. 03 86 98 99 00 - Fax. 03 86 98 99 01
simonnet@chablis.net
www.simonet-febvre.com

Cette maison historique de Chablis, rachetée par le négociant beaunois Louis Latour en 2003, a entamé depuis un salutaire virage qualitatif, grâce au travail de son nouveau directeur, Jean-Philippe Archambaud, avec comme première mesure spectaculaire le départ des archaïques caves de Chablis vers la cuverie récente et plus fonctionnelle de Chitry.

BOURGOGNE CÔTES D'AUXERRE 2007
Rouge | 2009 à 2013 | NC   **14/20**
Fruité, la bouche est tendre, les tanins souples. En rondeur.

CHABLIS GRAND CRU LES CLOS 2007
Blanc | 2011 à 2017 | NC   **15,5/20**
Un vin à la bouche suave, aux arômes fins. De la tension, de la matière, de la finesse : il va bien vieillir.

CHABLIS PREMIER CRU FOURCHAUME 2007
Blanc | 2010 à 2015 | NC   **14/20**
Un fourchaume avec de beaux arômes floraux, élégant. La bouche est ronde, tendre.

CHABLIS PREMIER CRU MONTÉE DE TONNERRE 2007
Blanc | 2010 à 2017 | NC   **14,5/20**
Un joli vin, élégant et pur. La finale est bien fraîche, avec de la longueur.

CRÉMANT DE BOURGOGNE MILLÉSIMÉ 2005 ☺
Blanc Brut effervescent | 2009 à 2012 | NC   **16,5/20**
Puissant, racé, vineux, la maturité du millésime 2005 a donné ce crémant complet fait sans conteste pour la table.

CRÉMANT DE BOURGOGNE NON MILLÉSIMÉ ☺
Blanc Brut effervescent | 2009 à 2012 | NC   **16/20**
Arômes dominés par le chardonnay (noisette), mais la bouche est riche, structurée.

CRÉMANT DE BOURGOGNE
PINOT NOIR NON MILLÉSIMÉ   ☺
Blanc Brut effervescent | 2009 à 2012 | NC   **15,5/20**
Très gourmand, un vin structuré et droit, qui fera merveille sur des terrines de petits gibiers.

Blanc : 5 hectares. **Production totale annuelle :** 600 000 bt. **Visite :** Du mardi au samedi de 10 h à 12h 30 et de 14 h à 18 h30.

DOMAINE LES TEMPS PERDUS

3, rue de Chantemerle
89800 Préhy
Tél. 03 86 41 46 05 - Fax. 03 69 99 00 49
clotilde@clotildedavenne.fr
www.clotildedavenne.fr

Clotilde Davenne a constitué ce domaine à partir de 1992, mais n'y a vinifié son premier millésime qu'en 2004, car elle était jusque-là œnologue chez Jean-Marc Brocard. Situé sur le plateau particulièrement venteux de Préhy, il rassemble 10 hectares de vignes (complétés par des achats de raisins), essentiellement dans les appellations régionales.

BOURGOGNE 2007   ☺
Blanc | 2009 à 2012 | 7 €   **14,5/20**
Fruité mûr, un vin gras et gourmand, frais et fin. Un excellent chardonnay.

BOURGOGNE CÔTES D'AUXERRE 2007   ☺
Rouge | 2009 à 2012 | 7,50 €   **15,5/20**
Un nez marqué par les fruits, les fleurs et les épices (poivre). Très jolie finesse. La bouche est pure, droite, harmonieuse. Splendide !

CHABLIS GRAND CRU LES PREUSES 2007
Blanc | 2009 à 2017 | 35 €   **15/20**
Puissant, notes de fruits mûrs. Surprenantes notes beurrées, pour un vin qui n'a pas vu le bois ! Bouche grasse, riche, avec une bonne nervosité.

CRÉMANT DE BOURGOGNE CUVÉE CLASSIQUE
Blanc | 2009 à 2010 | 8,50 €   **14/20**
Notes de pomme. Fruité plus marqué que sur l'Élégante, mais petit manque de structure et de tonus.

CRÉMANT DE BOURGOGNE L'ÉLÉGANTE   ☺
Blanc | 2009 à 2010 | 8,50 €   **15,5/20**
Bon fruit, notes de fruits rouges. La bouche est gourmande, mais structurée. Finale fraîche, dosage parfait.

SAINT-BRIS 2007   ☺
Blanc | 2009 à 2012 | 7 €   **15/20**
Mûr, puissant, très aromatique. Puissant mais fin. La bouche est ciselée, droite, nerveuse, la finale aromatique mais fraîche.

SAINT-BRIS VIEILLES VIGNES 2007
Blanc | 2010 à 2014 | 12 €   **16/20**
Remarquable de tension et de précision. Finale longue et intense. Le sauvignon a perdu son éclat aromatique, il a gagné en profondeur et en finesse.

Rouge : 0,5 hectare. **Blanc :** 9,5 hectares.
Production totale annuelle : 80 000 bt.
Visite : Du lundi au vendredi de 10 h à 12 h 30 et de 15 h à 18 h 30, de préférence sur rendez-vous.

DOMAINE TESTUD

38, rue des Moulins
89800 Chablis
Tél. 03 86 42 45 00

Ce petit domaine possède néanmoins 50 ares du très rare grand cru Grenouilles ! La viticulture est très raisonnée, et les vendanges sont manuelles pour ce qui est de la production vendue par le domaine. Cyril Testud préfère intervenir en amont, à la vigne, pour avoir un raisin parfaitement mûr et sain, et au niveau des moûts, les plus clairs possibles, pour ne pas avoir à le faire par la suite et perdre en pureté dans les vins. Une pureté que l'on retrouve à la dégustation, avec une grosse colonne vertébrale d'acidité dans les 2007, hélas partiellement grêlés, et un fruité plus immédiat dans les 2006.

CHABLIS 2007
Blanc | 2010 à 2013 | NC   **13,5/20**
Pur, fruité blanc, avec une acidité qui structure la bouche. Fin de bouche tendue et minérale. Il faut l'attendre.

CHABLIS 2006
Blanc | 2009 à 2012 | NC   **13,5/20**
Fruité pur, un vin mûr, aux arômes puissants. La bouche est riche, puissante. Il est à point.

CHABLIS GRAND CRU GRENOUILLES 2007
Blanc | 2012 à 2017 | NC   **14,5/20**
Nez discret. Bouche tendue, droite, peut-être un peu dur aujourd'hui. Il demande du temps.

CHABLIS GRAND CRU GRENOUILLES 2006
Blanc | 2010 à 2016 | NC   **15/20**
Gras, épanoui, avec de franches notes de sous-bois. La fin de bouche est légèrement amère (sur l'amande).

CHABLIS PREMIER CRU 2006
Blanc | 2009 à 2013 | NC   **14/20**
Mûr, fruité, belle sapidité, avec une amertume finale bien gourmande.

CHABLIS PREMIER CRU MONTÉE DE TONNERRE 2007
Blanc | 2012 à 2017 | NC   **14,5/20**
Fin, pur, droit. Une belle réussite, pour un terroir qui a beaucoup souffert dans le millésime. Une bouche tranchante.

CHABLIS PREMIER CRU MONTÉE DE TONNERRE 2006
Blanc | 2009 à 2014 | NC   **15/20**
Fin, pur, droit, avec une amertume minérale qui fera merveille à table.

DOMAINE GÉRARD TREMBLAY

12, rue de Poinchy
89800 Chablis
Tél. 03 86 42 40 98 - Fax. 03 86 42 40 41
gerard.tremblay@wanadoo.fr

Issu d'une grande famille chablisienne qui a donné de nombreux vignerons à Chablis, Gérard Tremblay est installé depuis 1980. La gamme comprend dix vins, toujours d'une belle régularité et d'un prix raisonnable, dont un sublime fourchaume-vieilles-vignes, régulièrement au sommet. Les 2006 sont gourmands, mais peut-être moins typés chablis que les 2007 en raison de leur acidité plus faible. Ils succèdent à d'excellents 2005. Les vins du domaine vieillissent à la perfection.

CHABLIS 2007
Blanc | 2009 à 2012 | 7,50 €   **13,5/20**
Ouvert, fruité fin, note d'anis très élégante. Bouche ronde, grasse.

CHABLIS CUVÉE HÉLÈNE 2007
Blanc | 2011 à 2017 | 9,50 €   **14/20**
Un vin gras, où le boisé est perceptible mais sans opulence. La bouche retrouve de la vivacité et de la fraîcheur grâce au millésime. Il détonne dans la gamme, mais c'est réussi !

CHABLIS GRAND CRU VAUDÉSIR 2007
Blanc | 2012 à 2022 | 23 €   **16,5/20**
Fin, élégant, délicatement boisé, ce qui graisse noblement la bouche. Mais la finale reste minérale, pure, bien longue, tendue.

CHABLIS PREMIER CRU FOURCHAUME VIEILLES VIGNES 2007
Blanc | 2012 à 2022 | 13,50 €   **16/20**
Un vin superbement tendu, racé, long, frais et fin. Pureté cristalline en bouche, c'est du grand style !

CHABLIS PREMIER CRU MONTMAIN 2007
Blanc | 2011 à 2017 | 10,50 €   **15/20**
Racinaire, arômes de sous-bois et de mousseron. Pur et précis. La bouche est droite, la finale vive et élancée.

CHABLIS VIEILLES VIGNES 2007
Blanc | 2009 à 2014 | 8,50 €   **14/20**
Un vin parfumé, concentré, savoureux, à la finale nerveuse.

PETIT CHABLIS 2007
Blanc | 2009 à 2012 | 6 €   **14/20**
Fruité (pomme), droit, très pur. Sa vivacité et sa gourmandise appellent un jambon persillé !

DOMAINE LAURENT TRIBUT

15, rue Poinchy
89800 Poinchy
Tél. 03 86 42 46 22 - Fax. 03 86 42 48 23

Laurent Tribut est le beau-frère de Vincent Dauvissat, avec lequel il a d'ailleurs longtemps travaillé, avant de créer ce petit domaine de 5 hectares, en 1987. Et force est de constater que ses vins ont un (petit) air de famille avec ceux de Vincent, tout en pureté, en équilibre, en harmonie. Il n'a jamais désherbé, ses vignes sont labourées, les vendanges sont manuelles. Les fermentations se font en cuves, et les élevages se font en (vieilles) barriques, ce qui leur donne un supplément de gras, et une pureté très cristalline. Si Laurent ne cherche pas particulièrement à faire parler de lui, privilégiant les réseaux de cavistes, c'est parce que ses 40 000 bouteilles se répartissent en quatre vins (un chablis et trois chablis premier cru), vite épuisés. Les 2007 offrent une tension supérieure aux 2006.

CHABLIS 2007
Blanc | 2010 à 2015 | NC   **14,5/20**
Fin, pur, ciselé. Incisif, droit, avec une solide structure acide qui tient le vin. A attendre un peu...

CHABLIS PREMIER CRU BEAUROY 2007
Blanc | 2012 à 2017 | NC   **15,5/20**
Un vin vif et pur, bien concentré, tendu, à attendre.

CHABLIS PREMIER CRU CÔTE DE LECHET 2007
Blanc | 2012 à 2017 | NC   **15/20**
Nuances délicates de sous-bois. Le gras en bouche enrobe une pureté très cristalline.

CHABLIS PREMIER CRU MONTMAINS 2007
Blanc | 2012 à 2017 | NC   **15,5/20**
Mûr, nuances de miel, de fleurs, de fruits jaunes, de racines. Un vin fin et élégant, pur et équilibré.

CHÂTEAU DE VIVIERS

89700 Viviers
Tél. 03 86 75 90 04

Le Château de Viviers appartient à la famille Bichot, mais est géré distinctement de Long-Depaquit, même si les mêmes équipes techniques supervisent les deux propriétés. Le style des vins n'est d'ailleurs pas sans rappeler celui de son prestigieux parent, avec toutefois un peu moins de finesse et d'équilibre. Les 2007 étaient ici droits et élégants.

CHABLIS 2007
Blanc | 2010 à 2014 | NC   **13,5/20**
Vif, citronné, à la bouche fraîche et pure. et droit.

CHABLIS GRAND CRU LES BLANCHOTS 2007
Blanc | 2012 à 2022 | NC   **15,5/20**
Mûr, gras, avec de gourmandes notes fruitées. La bouche est riche, nerveuse, agréable.

CHABLIS PREMIER CRU LES VAILLONS 2007
Blanc | 2011 à 2017 | NC   **14,5/20**
Notes de sous-bois, un vin mûr, élégant, à la bouche savoureuse.

CHABLIS PREMIER CRU LES VAUCOPINS 2007
Blanc | 2011 à 2017 | NC   **14/20**
Nez floral et épicé, la bouche est puissante et expressive.

DOMAINE WILLIAM FÈVRE

21, avenue d'Oberwesel
89800 Chablis
Tél. 03 86 98 98 98 - Fax. 03 86 98 98 99
contact@williamfevre.com
www.williamfevre.com

Ce domaine dispose d'un patrimoine de vignes exceptionnel, avec notamment 20 % des grands crus de Chablis en propriété, même s'il complète ses apports par une activité de négoce. Depuis le rachat par Bouchard Père et Fils en 1998, la nouvelle équipe constituée autour de Didier Séguier n'a eu de cesse d'affirmer son ambition d'atteindre les sommets, mais elle a su s'en donner les moyens. Les vins du domaine, présentés ici, (commercialisés sous l'étiquette Domaine William Fèvre, ceux du négoce l'étant sous l'étiquette William Fèvre) expriment avec force la minéralité et la pureté souvent cristalline des terroirs de Chablis, et chaque terroir est ici particulièrement lisible. On trouvera toujours des vins à vendre dans le petit caveau, redécoré récemment, situé en plein cœur du village, et bien entendu chez les cavistes.

CHABLIS 2007
Blanc | 2009 à 2014 | NC   **15,5/20**
Raffiné et complexe. La bouche est ciselée, tranchante, avec de la densité, et une bonne fraîcheur finale. Remarquable de pureté et de précision.

CHABLIS GRAND CRU BOUGROS 2007
Blanc | 2014 à 2027 | NC   **16/20**
Très purs, très précis, les arômes sont fins. Notes citronnées délicates. Bouche ciselée, forte tension, long et concentré.

CHABLIS GRAND CRU BOUGROS CÔTE DE BOUGUEROTS 2007
Blanc | 2014 à 2027 | NC   **18/20**
Très pur, grosse puissance, un vin complet, à la bouche riche et dense, mais harmonieusement soulignée par une bonne acidité, qui le rend savoureux, long et frais.

CHABLIS GRAND CRU GRENOUILLES 2007
Blanc | 2012 à 2022 | NC   **15,5/20**
Très fin, sur des notes de fruits blancs et d'amande. La bouche est pure, les arômes délicats, la finale précise. Plus fin et délicat que puissant et concentré.

CHABLIS GRAND CRU LES CLOS 2007
Blanc | 2017 à 2027 | NC   **18,5/20**
Superbe ! Racé, tout en pureté et en élégance, avec une tension contenue, qui délivre progressivement sa puissance. Il sera sans doute le plus lent à se faire, comme souvent.

CHABLIS GRAND CRU LES PREUSES 2007
Blanc | 2014 à 2027 | NC   **18,5/20**
Très précis, très pur, très fin. La bouche démarre massivement, concentrée, mais retrouve de la tension et de l'énergie au fur et à mesure. Une bouche dynamique !

CHABLIS GRAND CRU VALMUR 2007
Blanc | 2014 à 2027 | NC   **18/20**
Un vin puissant, riche, à la bouche onctueuse et grasse. Un jus dense qui tapisse la bouche, mais la laisse fraîche et serrée.

CHABLIS GRAND CRU VAUDÉSIR 2007
Blanc | 2014 à 2027 | NC   **17/20**
Précis, fin, très élégant, très floral. La bouche est ciselée, pure, aromatiquement complexe, la finale légèrement épicée, mais relevée par une solide tension et une bonne vivacité.

CHABLIS PREMIER CRU LES LYS 2007
Blanc | 2011 à 2017 | NC   **16/20**
Fruité pur et élégant, gourmand, plus concentré que vaillons, plus délicat. La bouche est tendue, concentrée, la finale serrée, avec de la fraîcheur. Une belle colonne acide structure l'ensemble.

CHABLIS PREMIER CRU MONT DE MILIEU 2007
Blanc | 2012 à 2022 | NC   **16/20**
Concentré, fin, très pur. La bouche est élégante, avec une minéralité qui structure la bouche, lui donne de la longueur et de la tension.

CHABLIS PREMIER CRU MONTÉE DE TONNERRE 2007
Blanc | 2012 à 2022 | NC   **16,5/20**
Précis, pur, dense, tout en concentration et en tension. Il se livre lentement, mais avec une densité et une minéralité remarquables.

CHABLIS PREMIER CRU VAULORENT 2007
Blanc | 2012 à 2022 | NC   **17/20**
Puissant, épanoui, sur les fruits très mûrs, les épices, quelques notes gourmandes de pâtisserie. La bouche est grasse, concentrée, la finale puissante et relevée.

SAINT-BRIS 2007
Blanc | 2009 à 2012 | NC   **15,5/20**
Frais, nerveux, pur et expressif. Fruité et floral. Bien droit. Précision de définition superbe. Finale fine et élégante.

Blanc : 47 hectares ; chardonnay 100%.
Production totale annuelle : 312 500 bt.
Visite : Du lundi au samedi de 9 h 30 à 12 h 30 et de 13 h30 à 18h. Dimanche sur rendez-vous. Fermeture annuelle du 1er décembre au 1er mars.

La Côte de Nuits

Cette toute petite bande de vignes donne certains
des vins rouges les plus prestigieux de la planète, mais
il faut savoir les choisir, tant la qualité peut varier
d'un producteur à l'autre.

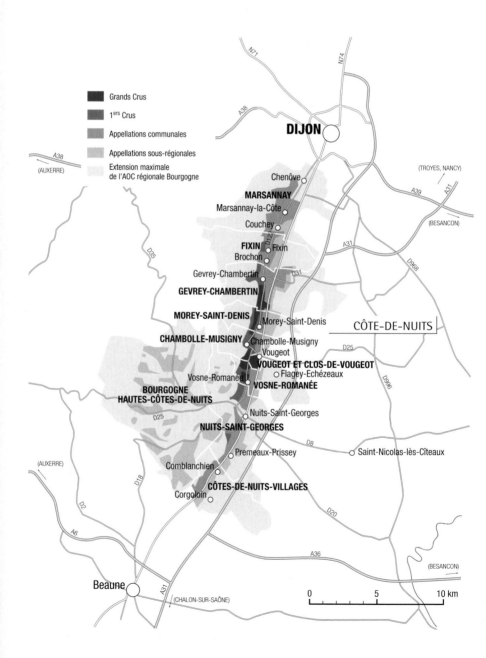

JEAN-LUC & PAUL AEGERTER

49, rue Henri-Challand
21700 Nuits-Saint-Georges
Tél. 03 80 61 02 88 - Fax. 03 80 62 37 99
infos@aegerter.fr
www.aegerter.fr

Négociants fort intelligents de Nuits-Saint-Georges, sachant allier la qualité du produit et le sens de la vente, Jean-Luc Aegerter et son fils se sont assuré les vendanges de quelques crus prestigieux, qui s'ajoutent à leur petit domaine, et sont particulièrement adroits en matière d'élevage. Ils possèdent une superbe boutique à Beaune, où l'on peut trouver tout ce qu'il y a de bon et de rare en Bourgogne. Les 2006 dégustés n'égaleront pas les 2005, mais montrent de solides qualités de constitution et une patte d'élevage bien maîtrisée, mais on préférera peut-être les 2007 plus artistes et diversifiés, dont quelques remarquables blancs.

BEAUNE PREMIER CRU REVERSÉES 2007
Blanc | 2013 à 2019 | 39 €   **16/20**
Boisé vanillé pour le moment, dominant, mais donnant de la longueur et de l'onctuosité, crémeux, noblement élevé, à attendre.

BONNES-MARES GRAND CRU 2007
Rouge | 2017 à 2027 | 125 €   **17,5/20**
Nez floral très racé, tendu mais moelleux, serré mais raffiné, long, somptueuses promesses et grande fidélité au cru. Ici encore la qualité de l'élevage rappelle les fastes des grandes périodes du négoce nuiton. Attendre dix ans presque impérativement.

BOURGOGNE 2007
Blanc | 2010 à 2015 | 12 €   **14/20**
Robe pâle, puissant pour l'année, corps large, belle onctuosité mais des limites évidentes en complexité.

BOURGOGNE PINOT NOIR 2007
Rouge | 2011 à 2019 | 10 €   **15/20**
Générique remarquable par son parti pris : on n'a pas recherché le fruit mais la structure et le tanin, avec beaucoup de chair pour équilibrer l'ensemble.

CORTON - CHARLEMAGNE GRAND CRU 2007
Blanc | 2015 à 2022 | 125 €   **17,5/20**
Une splendeur par son gras, son intensité, son moelleux rare pour le cru et équilibré par un boisé parfaitement dosé ; très long, très racé, montrant un savoir-faire d'élevage considérable.

GRANDS-ÉCHEZEAUX GRAND CRU 2007
Rouge | 2015 à 2019 | 150 €   **16,5/20**
Velouté de texture et plénitude des sensations tactiles liées à un vrai savoir-faire, même si on ne sent pas la présence de très vieilles vignes, séducteur et aussi plus vite présentable que le bonnes-mares.

MERCUREY 2007
Rouge | 2013 à 2019 | 13 €   **16/20**
Couleur remarquable, nez floral, typicité non seulement préservée mais considérablement plus évidente que dans bien des vins de propriété, long, mûr, harmonieux, exceptionnel.

MEURSAULT 2007
Blanc | 2013 à 2019 | 36 €   **16/20**
Reflets verts, notes grillées parfaitement à point et typées, jolie acidité, un village exemplaire, hautement recommandable et capable de vieillir.

NUITS-SAINT-GEORGES RÉCOLTE DU DOMAINE 2007
Rouge | 2015 à 2022 | 39 €   **15,5/20**
Robe rubis foncée, plus nerveux et tendu que le pommard, moins raffiné sur le plan de la texture, tanin un rien sec mais beaucoup de matière, et certainement un bon potentiel de garde.

POMMARD PREMIER CRU BERTINS 2007
Rouge | 2017 à 2022 | 48 €   **17/20**
Robe rubis, nez très diversifié entre la fleur et le fruit rouge, texture fine pour Pommard, rappelant la proximité de Volnay mais avec du moelleux et de la chair, vin fort bien choisi et élevé.

SAINT-ROMAIN SOUS LE CHÂTEAU 2007
Blanc | 2011 à 2015 | 18 €   **14,5/20**
Robe pâle, léger nez de noisette, mis en bouteille volontairement gras et sans le support du gaz carbonique, notes minérales bien perceptibles en finale, attendre deux ans.

SAVIGNY-LÈS-BEAUNE RÉSERVE PERSONNELLE 2007
Blanc | 2011 à 2015 | 23 €   **14,5/20**
Notes d'amande au nez, petite réduction, ira sur l'acacia au vieillissement, type de vin un peu «rétro» mais sûr.

Rouge : 5,5 hectares ; Blanc : 0,5 hectare ;
Production totale annuelle : 480 000 bt.
Visite : Boutique ouverte du lundi au dimanche de 9 h 30 à 19 h.

DOMAINE AMIOT-SERVELLE

34, Caroline Aigle
21220 Chambolle-Musigny
Tél. 03 80 62 80 39
domaine@amiot-servelle.com
www.amiot-servelle.com

Christian Amiot a la chance de posséder de jolies parcelles dans les meilleurs terroirs de Chambolle, comme Amoureuses, Charmes, Derrière la Grange (en fait Gruenchers), et réussit en général parfaitement son vin village. Son style de vinification donne des vins un peu austères à leur début mais très nets et complexes, capables d'un long vieillissement. Les derniers millésimes soulignent mieux, dès leur naissance, la finesse native de ces prestigieux terroirs.

CHAMBOLLE-MUSIGNY 2007
Rouge | 2014 à 2019 | 22 €   **14,5/20**
Cuvée ronde (entendez assemblage de plusieurs parcelles) très typée du village, beaucoup de notes florales et épicées, tanins nets, encore sur la réserve, dans le respect du style habituel de la maison.

CHAMBOLLE-MUSIGNY PREMIER CRU
AMOUREUSES 2007
Rouge | 2015 à 2025 | 58 €   **15/20**
Boisé encore un peu marqué, texture serrée et dense, sur la réserve mais avec une finesse et une énergie remarquable. Attendre au moins cinq ans avant ouverture.

CHAMBOLLE-MUSIGNY PREMIER CRU
LES CHARMES 2007
Rouge | 2017 à 2027 | 33 €   **16/20**
Classicisme total de facture, tanin droit, élégant, du fond, de la tension et de l'avenir. Excellent.

Rouge : 6,5 hectares ; pinot 93%.
Blanc : 0,5 hectare ; chardonnay 7%. **Production totale annuelle :** 30 000 bt. **Visite :** Sur rendez-vous.

DOMAINE DE L'ARLOT

Route Nationale 74
21700 Premeaux-Prissey
Tél. 03 80 61 01 92 - Fax. 03 80 61 04 22
dom.arlot@freesbee.fr

Avec le changement de directeur, ce domaine célèbre, appartenant toujours à Axa, présente désormais ses vins à nos dégustations. Il a préféré, comme le Domaine Mugnier, nous faire déguster le millésime 2006, pour les mêmes raisons, car il s'agit aussi de cuvées de volume important qui ont donc la chance d'avoir un temps de commercialisation plus conforme à la tradition, avec un vin de trois ans en vente et non de deux ans comme partout ailleurs ! Les deux joyaux du domaine sont un blanc très original, produit sur l'Arlot, avec une proportion de pinot blanc, et le clos-des-forêts, tout en finesse. Le clos-de-l'arlot rouge est plus irrégulier, car planté sur un sol accidenté, mais parfois plus original dans son caractère. Les vins de Vosne Romanée (romanée-saint-vivant et suchots) n'ont pas été présentés.

NUITS-SAINT-GEORGES PREMIER CRU
CLOS DE L'ARLOT 2006
Rouge | 2009 à 2010 | NC   **16/20**
Nez puissant de ronce sauvage, de prunelle, de raisin de Smyrne, pointe de mercaptan, ultra onctueux, très particulier mais séducteur.

NUITS-SAINT-GEORGES PREMIER CRU
CLOS DES FORÊTS SAINT-GEORGES 2006
Rouge | 2014 à 2021 | NC   **17/20**
Nez classique et harmonieux, floral et épicé, boisé fin, saveur délicieuse de prunelle, très long, suave, parmi les meilleurs de l'histoire récente du cru.

NUITS-SAINT-GEORGES PREMIER CRU
CLOS DES FORÊTS SAINT-GEORGES 2004
Rouge | 2009 à 2019 | 37 €   **17/20**
Robe dépouillée, nez floral merveilleux et très diversifié, vin d'une rare élégance et fraîcheur, à l'opposé de toutes les dérives actuelles ! Grande longueur.

Rouge : 12 hectares ; pinot beurot 1%,
pinot noir 85%. **Blanc :** 2 hectares ; chardonnay 14%.
Production totale annuelle : 60 000 bt.
Visite : Du lundi au vendredi sur rendez-vous.

ROBERT ARNOUX

3, Route Nationale 74
21700 Vosne-Romanée
Tél. 03 80 61 08 41 - Fax. 03 80 61 36 02
arnoux.lachaux@wanadoo.fr

Ce domaine multiplie les critiques élo-gieuses, mais jusqu'ici nous n'avions jamais pu déguster une gamme suffisam-ment complète de sa production pour l'in-tégrer dans notre guide. C'est chose faite avec cette édition, grâce à la sportivité de Pascal Lachaux qui, contrairement à quelques autres, nous a fait confiance en nous envoyant un échantillonnage de ses 2005. Nous avons aimé leur côté plein et spontané, facile à comprendre, mais quelques notes un peu cuites au nez et des tanins un rien trop épais ne nous sem-blent pas les mettre au même niveau que les tout meilleurs. Les 2006 présentés frap-pent par leur homogénéité et une plus grande transparence dans l'expression du terroir. Il ne fait aucun doute que ce vinifi-cateur, précis et discipliné, continuera à perfectionner son style. On comprend d'ailleurs qu'un large public international apprécie des vins au caractère aussi évi-dent et soigné. Le producteur n'a pas pré-senté à notre grande dégustation ses 2007 mais nous avions pu en échantillonner quelques-uns lors de Vosne-Millésime, où ils présentaient le même type de vinifica-tion que 2006.

ÉCHEZEAUX GRAND CRU 2007
Rouge | 2015 à 2022 | 85 €   **15,5 /20**
Puissant, épicé, un rien cuit, vin de garde à qui il manque quand même le raffinement de texture et de parfum de son voisin Louis-Michel Liger-Belair.

VOSNE-ROMANÉE PREMIER CRU SUCHOTS 2007
Rouge | 2015 à 2022 | 85 €   **15,5/20**
Puissant, épicé, plus tendu et serré que l'échezeaux, tanin un rien raide, excellente vinosité.

Rouge : 13,5 hectares ; pinot noir 100%.
Blanc : 0,5 hectare. Production totale annuelle :
70 000 bt. Visite : Sur rendez-vous.

CHARLES AUDOIN

7, rue de la Boulotte
21160 Marsannay-la-Côte
Tél. 03 80 52 34 24 - Fax. 03 80 58 74 34
domaine-audoin@wanadoo.fr

Ce domaine fort sérieux de Marsannay retrouve une nouvelle jeunesse avec la nouvelle génération. De nombreux séjours en Californie et en Oregon lui ont ouvert les yeux, et donné une juste vision de ce que les amateurs de la planète aiment dans les vins de pinot noir et chardonnay. Les vins précis, savoureux, mais au fond très classiques, du millésime 2006 devraient répondre à cette attente.

FIXIN LE ROZIER 2007
Blanc | 2013 à 2017 | 13 €   **14/20**
Beau raisin mûr, du corps, de l'ambition dans l'extraction du tanin, un peu d'amertume à fondre, certainement capable de vieillir.

MARSANNAY CHAMPS SALOMON 2007
Blanc | 2009 à 2014 | 13 €   **13,5/20**
Nez floral pur et fin, rappelant la fleur de vigne, souple, tendre, mais lui aussi finis-sant sur la fleur d'acacia et à boire relative-ment vite.

MARSANNAY FAVIÈRES 2006
Rouge | 2012 à 2016 | 13 €   **14/20**
Précis, fin, net, peut-être plus gras que les 2007 qui ont précédé, style classique, évo-quant gevrey avec un rien moins de vinosité.

Rouge : 12,5 hectare Blanc : 1,5 hectares. Produc-tion totale annuelle : 70 000 bt.
Visite : sur rendez-vous.

DOMAINE BART

23, rue Moreau
21160 Marsannay-la-Côte
Tél. 03 80 51 49 76 - Fax. 03 80 51 23 43
domaine.bart@wanadoo.fr

À chaque nouveau millésime, Martin Bart semble davantage maître de son style. Cousin de Bruno Clair, il partage avec lui non seulement quelques crus mais une même vision sérieuse, classique, intemporelle du vin de Bourgogne, privilégiant l'expression exacte et stricte du terroir à l'explosion aromatique ou à l'hédonisme pur des textures. Ses 2007, et notamment une large gamme de marsannays, sont excellents.

BONNES-MARES GRAND CRU 2007
Rouge | 2017 à 2027 | 56 €   **18/20**
Grande classe, expression naturelle et précise de ce magnifique cru, tanin parfait, grand avenir.

CHAMBERTIN-CLOS DE BÈZE GRAND CRU 2007
Rouge | 2017 à 2027 | 62 €   **17,5/20**
Superbe nez réglissé, vin classique dans son extraction, noble dans son tanin, réservé comme tout bon clos-de-bèze mais ne cachant pas sa classe.

CHAMBOLLE-MUSIGNY VÉROILLES 2007
Rouge | 2013 à 2019 | 20 €   **15/20**
Climat remarquable au-dessus des Bonnes Mares, très classique et complexe au nez, forme élégante, tanin intégré, beaucoup de style.

FIXIN 2007
Rouge | 2011 à 2015 | 13 €   **14/20**
Joli nez très pinot, avec des notes de pivoine et une composante lactique fine, liée au boisé, tanin fin, du style dans son amabilité immédiate.

FIXIN PREMIER CRU LES HERVELETS 2007
Rouge | 2014 à 2019 | 20 €   **15,5/20**
Le plus distingué au nez de ces hervelets, et irréprochable dans sa constitution et sa qualité de tanin.

MARSANNAY ECHEZOTS 2007
Rouge | 2012 à 2017 | NC   **14,5/20**
Belle robe pourpre, nez classique, floral, assez fin, texture souple, franche, agréable, jolie longueur, très bien vinifié et expressif.

MARSANNAY GRANDES VIGNES 2007
Rouge | 2013 à 2017 | NC   **13,5/20**
Robe dense, nez floral avec une touche de poivron mûr, milieu de bouche harmonieux, de la réduction en fin de bouche mais non gênante.

MARSANNAY LES CHAMPS SALOMON 2007
Rouge | 2010 à 2013 | 13 €   **15/20**
Pas très coloré, souple, tendre, caressant, naturel, tanin sans aspérité, à boire assez vite et frais.

Rouge : 18 hectares ; pinot noir 100%. **Blanc** : 3 hectares ; aligoté 55%, chardonnay 45%. **Production totale annuelle** : 70 000 bt. **Visite** : sur rendez vous.

DOMAINE GHISLAINE BARTHOD

4, rue du Lavoir
21220 Chambolle-Musigny
Tél. 03 80 62 80 16 - Fax. 03 80 62 82 42
domaine.ghislaine.barthod@orange.fr

Ghislaine Barthod est devenue, à juste titre, une des productrices les plus respectées de la commune de Chambolle, produisant d'une année sur l'autre des vins d'une grande finesse et d'une irréprochable précision, dans un style conforme à la tradition familiale. Simplement, les vins actuels ont un peu plus de couleur et de densité, car ils sont vinifiés à partir de vendanges plus mûres. Les 2006 présentés dans notre dégustation à l'aveugle présentaient tous une petite déviation amère, espérons-le provisoire, qui nous empêche de les intégrer dans cette édition du guide. Ce défaut n'apparaît pas dans les excellents 2007 présentés. Ses crus les plus corsés sont les-cras et les-varoilles, son vin le plus parfumé, les-beaux-bruns. Le mari de Ghislaine, Louis Boillot, à ne pas confondre avec son père Lucien (quand seule la première lettre du prénom est imprimée), a créé une petite firme de négoce où les vins sont élevés dans la même cave.

CHAMBOLLE-MUSIGNY PREMIER CRU CHARMES 2007
Rouge | 2014 à 2022 | NC   **16,5/20**
Définition florale parfaite au nez, grande élégance de texture ; classicisme incontournable de facture, bel avenir. Un charmes conforme à la grande tradition.

CHAMBOLLE-MUSIGNY PREMIER CRU LES CRAS 2007
Rouge | 2017 à 2022 | NC   **15,5/20**
Assez corsé mais élégant dans sa texture et son tanin, caractère individuel bien marqué (une tension plus vive que charmes, mais avec moins de nuances), fait pour la garde.

CHAMBOLLE-MUSIGNY PREMIER CRU VAROILLES 2007
Rouge | 2015 à 2022 | NC   **14/20**
Puissant pour un chambolle, tanin ferme, texture dense, fait pour la garde mais dans un style classique. On aimerait un peu plus de fixation de parfum.

Rouge : 6,5 hectares ; pinot 100%.
Production totale annuelle : 30 000 bt.
Visite : Du lundi au samedi sur rendez-vous.

DOMAINE DES BEAUMONT

9, rue Ribordot
21220 Morey-Saint-Denis
Tél. 03 80 51 87 89 - Fax. 03 80 51 86 79
contact@domaine-des-beaumont.com
www.domaine-des-beaumont.com

Ce petit domaine artisanal a réussi tous les 2007 présentés, dans un style classique et épuré qui lui vaudra la sympathie des amateurs de bourgogne authentique. Les vignes se situent sur de très belles parcelles de Morey, Chambolle et Gevrey qui ont eu la chance d'avoir un microclimat très favorable dans ce millésime.

CHAMBOLLE-MUSIGNY 2007
Rouge | 2014 à 2019 | 22 €   15/20
Nez fin et floral, avec les mêmes finesse et précision d'extraction que dans les autres cuvées, style classique et sûr.

CHARMES-CHAMBERTIN GRAND CRU 2007
Rouge | 2015 à 2025 | 51 €   16,5/20
Beaucoup de rondeur, vinification proche du raisin, joli style, vin soigné, séduisant, à suivre...

GEVREY-CHAMBERTIN PREMIER CRU COMBOTTES 2007   ☺
Rouge | 2012 à 2017 | 37 €   14,5/20
Très naturel, réglissé, suave, consensuel, assez long, vin bien fait et très agréable, sans exiger de long vieillissement.

MOREY-SAINT-DENIS 2007   ☺
Rouge | 2014 à 2019 | 19 €   15,5/20
Robe profonde, jolie texture, parfum réglissé évoquant gevrey, tanin raffiné, excellent !

MOREY-SAINT-DENIS PREMIER CRU SORBÈS 2007
Rouge | 2014 à 2019 | 34 €   15,5/20
Très supérieur à la cuvée de ruchots, coloré, suave, texture généreuse, boisé intelligent, hautement recommandable.

Production totale annuelle : 30 000 bt.
Visite : Sur rendez-vous.

BERTRAND AMBROISE

Rue de l'Église
21700 Premeaux-Prissey
Tél. 03 80 62 30 19 - Fax. 03 80 62 38 69
bertrand.ambroise@wanadoo.fr
www.ambroise.com

Dans les millésimes des années 1990, les rouges du domaine, très colorés et très tanniques, ont séduit les amateurs du style moderne, mais sont apparus excessifs aux amateurs de bourgognes classiques. Les dernières vinifications montrent une nette évolution vers la tradition, tout en maintenant un haut niveau technique. Les blancs évoluent remarquablement en bouteilles, aussi bien le corton-charlemagne que l'étonnant saint-romain, le plus complet que nous connaissions. Pour cette édition, le producteur n'a pas présenté ses rouges.

HAUTES CÔTES DE NUITS 2008
Blanc | 2009 à 2017 | 11,05 €   15/20
Notes de noisette au nez, déjà épanoui. Matière magnifique dans ce vin très profond, plein de nuances, qui met au loin tout ennui, accueille le plaisir.

LADOIX PREMIER CRU LES GRECHONS 2007
Blanc | 2011 à 2015 | 18,35 €   14/20
Excellente vinosité, vin gras, puissant, demande encore de l'affinage.

MEURSAULT PREMIER CRU PORUSOT 2007
Blanc | 2013 à 2019 | 37 €   16/20
Trop boisé pour le moment certainement, mais une étonnante richesse de matière et tout pour la garde !

SAINT-ROMAIN 2007   ☺
Blanc | 2009 à 2015 | 11,80 €   16/20
Plus citronné que le 2006, mais lui aussi d'une pureté exemplaire et d'une expression du terroir idéale. Un des trésors méconnus de la Bourgogne !

SAINT-ROMAIN 2006   ☺
Blanc | 2009 à 2012 | 11,35 €   16/20
Sous capsule à vis (bravo), et donc d'une régularité totale d'une bouteille à l'autre. Merveilleux nez de miel d'acacia et de noisette, bouche grasse mais sans lourdeur, finale raffinée, la perfection du saint-romain et un vin à faire déguster aux viticulteurs de la commune pour comprendre la valeur d'un élevage réussi !

Rouge : 13 hectares ; pinot 100%. Blanc : 7 hectares ; aligoté 5%, chardonnay 95%. Production totale annuelle : 150 000 bt. Visite : Sur rendez-vous de préférence. De 9 h à 12 h et de 14 h à 17h.

DOMAINES ALBERT BICHOT

6 bis, boulevard Jacques-Copeau
21200 Beaune
Tél. 03 80 24 37 37 - Fax. 03 80 24 37 38
bourgogne@albert-bichot.com
www.albertbichot.com

La maison Albert Bichot, une des plus anciennes et des plus importantes de la Bourgogne, poursuit très courageusement une refonte totale de sa philosophie et de la qualité de ses produits. Elle a clairement séparé les vins de ses domaines de ceux du négoce. On trouvera notre appréciation sur le Domaine Long Depaquit, et ses célèbres chablis, à leur place géographique. En Côte-d'Or, la maison possède deux grandes entités de vinification, le Domaine du Cos Frantin, à Nuits-Saint-Georges, et le Domaine du Pavillon, à Beaune. Les vins du Clos Frantin et ceux du Château Gris ont un peu d'antériorité dans la remise à niveau de la qualité, et commencent à produire des vins de grand style. Quant au négoce, il faut encore continuer les efforts. Les 2005 présentés en rouge possédaient un corps plutôt imposant, et bien plus de précision que les années précédentes. Les 2007 n'ont pas été présentés à nos diverses dégustations.

CLOS DE VOUGEOT GRAND CRU
DOMAINE DU CLOS FRANTIN 2007
Rouge | 2017 à 2022   **15/20**
Belle tension en bouche, nez encore sur la défensive, tanin légèrement astringent, de la sève, du corps, mais quelques limitations dans le potentiel aromatique.

CORTON - CHARLEMAGNE GRAND CRU 2007
Blanc | 2014 à 2019   **16/20**
Réduction sur la noisette évidente, qui assèche un peu la chair, mais jolie suite en bouche et surtout de l'énergie et une petite amertume intéressante pour le vieillissement. Un peu plus de maturité dans le raisin et cela aurait été parfait.

MEURSAULT PREMIER CRU CHARMES
DOMAINE DU PAVILLON 2007
Blanc | 2013 à 2017   **16/20**
Vanillé fin, légère acidité citronnée pour l'équilibre avec la vanille, joli type de meursault, complexe, capable de se garder, en progrès par rapport à l'élevage.

POMMARD PREMIER CRU RUGIENS
DOMAINE DU PAVILLON 2007
Rouge | 2015 à 2022   **15/20**
Beaucoup de race et de finesse, sur une trame manquant sans doute de chair et d'onctuosité mais le terroir est lisible !

Rouge : 31 hectares ; pinot 100%. Blanc : 69 hectares ;
chardonnay 100%. Production totale annuelle : 500 000 bt.
Visite : Pas de visites.

LOUIS BOILLOT CHAMBOLLE

4, rue du Lavoir
21220 Chambolle-Musigny
Tél. 03 80 62 80 16 - Fax. 03 80 62 82 42
domaine.louis.boillot@orange.fr

Il ne faut surtout pas confondre ce domaine avec un autre Domaine Louis Boillot, sis à Volnay, même si celui-ci possède également des vignes sur Pommard et Volnay, c'est la Bourgogne ! Louis est le mari de Ghislaine Barthod. Il vinifie et élève à Chambolle-Musigny les vins de son domaine, division de l'ancien Domaine Lucien Boillot, la seconde partie de ce domaine ayant été reprise par son frère. Les 2007 présentés sont parmi les exemples les plus achevés de ce superbe millésime dans les deux communes fiefs du domaine, Pommard et Volnay.

CHAMBOLLE-MUSIGNY 2007
Rouge | 2013 à 2019 | NC   **14,5/20**
Joli nez réglissé, texture et corps classiques, élaboration soignée, à acheter en toute confiance.

GEVREY-CHAMBERTIN 2007
Rouge | 2011 à 2017 | NC   **14/20**
Arôme frais et net, corps délicat, boisé soigné, bien vinifié à défaut de matière formidable, presque prêt à boire.

POMMARD PREMIER CRU LES FRÉMIERS 2007
Rouge | 2015 à 2022 | NC   **16,5/20**
Beaucoup de finesse aromatique, tanin fin, note de caramel léger en fin de bouche, grande longueur, vin de style, d'un classicisme exemplaire.

VOLNAY LES CAILLERETS PREMIER CRU 2007 ☺
Rouge | 2017 à 2027 | NC   **18/20**
Robe d'un joli pourpre, nez remarquable de violette, texture formidablement élégante, grande longueur, vin parfaitement vinifié et élevé, un archétype de ce merveilleux cru !

Production totale annuelle : 35 000 bt.
Visite : Sur rendez-vous.

BOISSET

5, quai Dumorey
21703 Nuits-Saint-Georges
Tél. 03 80 62 61 61 - Fax. 03 80 62 61 59
mallinger@boisset.fr
www.boisset.com

Cette maison a, depuis cinq ans, complètement révolutionné sa position dans l'univers bourguignon, et métamorphosé le style de ses vins. La famille Boisset, sans doute agacée des commentaires habituels, et fière du renouveau de son Domaine de la Vougeraie, a eu l'heureuse idée d'engager le talentueux Grégory Patriat, jeune, brillant et surtout anticonformiste, formé à l'école de Lalou Bize-Leroy, pour produire des vins dignes des meilleurs producteurs. C'est aujourd'hui chose faite, au prix d'une considérable diminution des volumes. En 2007 la maison a présenté une large gamme de vins, tous aussi brillants et typés les uns que les autres, avec un niveau général égalant celui des plus vieilles et prestigieuses firmes de la Côte !

CHAMBOLLE-MUSIGNY PREMIER CRU LES CHARMES 2007
Rouge | 2014 à 2019 | 39 €   **15,5/20**
Belle couleur, vin charnu et soyeux, raisin mûr, longue persistance, fidèle au type et au millésime !

FIXIN 2007
Blanc | 2010 à 2013 | 15 €   **14/20**
Léger nez de noisette, vin net, équilibré, franc, très soigné.

GEVREY-CHAMBERTIN CRÉOT 2007
Rouge | 2009 à 2010 | 25 €   **14,5/20**
Fruité très pur avec la juste touche de réglisse, bon tanin, encore un vin précis et harmonieux signé Grégory Patriat.

MARSANNAY 2007
Blanc | 2010 à 2015 | 13 €   **14/20**
Expression stricte, pure et droite du cépage, aidée par un boisé vraiment intelligemment dosé, équilibré et capable de vieillir.

MOREY-SAINT-DENIS MONTS LUISANTS 2007
Blanc | 2012 à 2015 | 18,50 €   **14,5/20**
Ponsot ne sera plus seul à en faire ! Cette vigne pentue qui domine le Clos de la Roche est faite pour produire du blanc, et ce vin le prouve, tendu, subtil, pas encore très complexe mais salin dans sa fin de bouche, comme aucun autre blanc de son village.

NUITS-SAINT-GEORGES LAVIÈRES 2007
Rouge | 2014 à 2019 | 25 €   **16/20**
Coloré et complexe, au nez de réglisse, cerise, cuir frais, corps généreux, excellentes sensations tactiles, long.

SAINT-AUBIN 2007
Blanc | 2011 à 2015 | 13 €   **14,5/20**
Robe claire, nez citronné, remarquable intégration du bois, longue finale vanillée, tout en finesse.

SANTENAY PREMIER CRU BEAUREPAIRE 2007
Blanc | 2011 à 2015 | 18,50 €   **15/20**
Robe claire, très joli nez de fleur de vignes, raisin parfaitement mûr (bravo !), tendre, élégant, aucune rusticité, vraiment un terroir à blanc que l'on découvre après tant de dizaines d'années de rouges.

SANTENAY PREMIER CRU LA COMME 2007
Rouge | 2013 à 2017 | 18,50 €   **14,5/20**
Bonne couleur, vin très charnu, dense, épicé, terroir parfaitement exprimé, raisin mûr, légère astringence amère en finale.

SAVIGNY-LÈS-BEAUNE 2007
Blanc | 2009 à 2010 | 15 €   **14/20**
Embouteillé courageusement et intelligemment sous capsule, un vin très net, manquant sans doute de la vivacité du beaurepaire, mais fort agréable pour une consommation immédiate.

SAVIGNY-LÈS-BEAUNE PREMIER CRU LA DOMINODE 2007
Rouge | 2012 à 2017 | 18,50 €   **15,5/20**
Un peu animal au nez mais très riche, ultra mûr, presque confit dans sa texture mais avec beaucoup de naturel et d'ampleur dans la finale. Excellent.

VOSNE-ROMANÉE 2007
Rouge | 2013 à 2017 | 26 €   **15,5/20**
Arôme fin, net, précis, frais, parfaitement en situation, finale un peu plus courte qu'on ne s'y attend, tanin fin, élaboration soignée.

Visite : Tous les jours de 10 h à 13 h et de 14 h à 19 h toute l'année, fermé le lundi de novembre à mars, fermé les 25 decembre et 1er janvier. Les visites s'effectuent à L'imaginarium, avenue du Jura à Nuits-Saint-Georges

DOMAINE RENÉ BOUVIER

Chemin de Saule Brochon
21220 Gevrey-Chambertin
Tél. 03 80 52 21 37 - Fax. 03 80 59 95 96
rene-bouvier@wanadoo.fr

Bernard Bouvier fit partie de la jeune génération des vignerons de Marsannay qui mettent pour la première fois en valeur le riche patrimoine de cette commune. Les vins sont vinifiés de manière moderne mais respectueuse des typicités locales, dans un style opulent et fin, très consensuel. Si l'on ajoute la gentillesse de l'accueil et le dynamisme de la commercialisation, on conviendra que ce jeune producteur donne une image très favorable de la Bourgogne d'aujourd'hui.

CHARMES-CHAMBERTIN GRAND CRU 2007
Rouge | 2015 à 2022 | 68 €   **16/20**
Beaucoup de cassis au nez, forme imposante, raisin mûr, très bien vinifié mais sans atteindre les sommets du raffinement, beaucoup de caractère et un vieillissement assuré.

FIXIN CRAIS DE CHÊNE 2007
Rouge | 2013 à 2017 | 21 €   **14/20**
Raisin mûr, beau volume de bouche, charnu, plutôt long, matière ambitieuse, un peu trop de sensation alcoolique mais une vraie longueur.

MARSANNAY CLOS DU ROI 2007
Rouge | 2012 à 2019 | 18 €   **16/20**
Le meilleur marsannay du producteur encore une fois, très coloré, ample, mûr, doté d'une remarquable finesse de texture, long, complexe, plutôt sensuel.

MARSANNAY LE CLOS 2007
Blanc | 2012 à 2016 | 17 €   **13,5/20**
Léger nez de fougère, bonne pureté d'expression, finale sur la fleur d'acacia, indiquant qu'il faudra le boire dans les trois ans.

MARSANNAY LONGEROIES 2007
Rouge | 2011 à 2017 | 17 €   **14,5/20**
Belle robe rouge pourpre, retour de finesse aromatique au nez, texture plus aimable que par le passé, tanin d'un élégant classicisme.

Rouge : 13 hectares ; pinot 100%. **Blanc :** 4 hectares ; aligoté 10%, chardonnay 90%. **Production totale annuelle :** 100 000 bt. **Visite :** Sur rendez-vous.

SYLVAIN CATHIARD

20, rue de la Goillotte
21700 Vosne-Romanée
Tél. 03 80 62 36 01 - Fax. 03 80 61 18 21
sylvain.cathiard@orange.fr

Nous faisons entrer ce domaine qui ne présente pourtant jamais d'échantillon à nos dégustations, parce qu'à plusieurs reprises nous avons beaucoup apprécié le style de ses vins, d'autant qu'il possède quelques-unes des vignes les mieux situées de sa commune de Vosne. Nous avons dégusté ses 2006 aux Grands Jours de Bourgogne, qui n'égaleront sans doute pas ses grands 1999 et 2005, mais font incontestablement partie de l'élite de son village. Et nous sommes parfaitement conscients du supplément de précision dans les vinifications de la propriété, depuis les stages bordelais du propriétaire. À son meilleur, sa romanée-saint-vivant, non présentée, est l'une des plus impressionnantes qui soient. Les 2007 partent à la naissance avec plus de finesse que les 2006.

VOSNE-ROMANÉE PREMIER CRU MALCONSORTS 2007
Rouge | 2015 à 2022 | 63 €   **16,5/20**
Excellent corps ; vin équilibré, noblement aromatique, long, très consensuel mais il manque ce petit quelque chose des raisins entiers ou vinifiés sans pompage.

VOSNE-ROMANÉE PREMIER CRU ORVEAUX 2007
Rouge | 2014 à 2019 | 45 €   **15,5/20**
Belle robe, corps équilibré, vinification classique, qualité de tanins excellente dans ce style, bien fait mais sans génie.

Production totale annuelle : 22 000 bt.

DOMAINE PHILIPPE CHARLOPIN-PARIZOT

18, route de Dijon
21220 Gevrey-Chambertin
Tél. 03 80 58 50 46 - Fax. 03 80 58 55 98
charlopin.philippe21@orange.fr

Philippe Charlopin dispose d'un des plus brillants patrimoines de crus de toute la Côte de Nuits. Un tour de cave au domaine est une visite privilégiée à travers un très grand nombre de cuvées, toutes brillamment vinifiées, et illustrant le meilleur des pratiques de vinification modernes : vendange à très haute maturité, tri minutieux du raisin, longues macérations préfermentaires, élevage quasi exclusif en fûts neufs. À chaque nouveau millésime, l'empire augmente et cette fois-ci avec son fils, il a investi dans des vignes à Chablis et ajouté de nombreux blancs à sa gamme, mais leur boisé indiscret ne conviendra pas à tout le monde.

ALOXE-CORTON 2007
Rouge | 2014 à 2019 | NC   **16/20**
Complètement hors norme en raison de la perfection de maturité du raisin et du luxe de l'élevage, mais certainement difficile à oublier, et révélateur de tout ce qui reste à faire dans le secteur pour atteindre ce type de qualité.

CHARMES-CHAMBERTIN GRAND CRU 2007
Rouge | 2016 à 2022 | NC   **18/20**
Suavité extraordinaire, liée à la virtuosité de l'élevage, mais la partition est intégralement respectée avec les notes de réglisse forte si courantes à Gevrey et une distinction dans le tanin des plus classiques. Du grand art !

GEVREY-CHAMBERTIN VIEILLES VIGNES 2007
Rouge | 2014 à 2019 | NC   **15,5/20**
Légère réduction, énorme personnalité qui envahit le milieu et la fin de bouche, avec une persistance rare, raisin ultra mûr, grande maîtrise de l'élevage, aucune naïveté mais aucune trahison.

MARSANNAY 2007
Rouge | 2015 à 2022 | 20 €   **17/20**
Le plus étonnant de toute la série par la classe de ses arômes et de son boisé et la sophistication de sa texture ; longueur de grand cru !

MARSANNAY ECHEZOTS 2007
Rouge | 2013 à 2019 | NC   **16/20**
Coloré et généreux au nez, texture formidablement veloutée, grande longueur, raisin mûr et trié à la perfection, grande longueur, magistral !

Rouge : 18 hectares ; pinot noir 100%.
Blanc : 7 hectares ; chardonnay 100%. **Production totale annuelle :** 200 000 bt. **Visite :** Du mardi au samedi de 10 h à 19 h.

DOMAINE GEORGES CHICOTOT

15, rue du Général-de-Gaulle
BP 118
21703 Nuits-Saint-Georges Cedex
Tél. 03 80 61 19 33 - Fax. 03 80 61 38 94
chicotot@aol.com
www.domaine-chicotot.com

Ce petit domaine artisanal s'affirme d'une année sur l'autre comme une des sources les plus remarquables et les plus raisonnables en matière de prix pour celui qui aime les vins de Nuits Saint-Georges. Les parcelles sont petites mais toutes remarquablement situées et les vins, méticuleusement vinifiés par l'épouse de Georges Chicotot, peuvent servir de modèle de style. Les 2007 renouvellent les magnifiques réussites des millésimes précédents.

NUITS-SAINT-GEORGES LES PLANTES AU BARON 2007
Rouge | 2015 à 2022 | 22 €   **16,5/20**
Robe presque noire, remarquable structure, tanin ferme mais mûr, superbe extraction ayant su tirer du raisin, sans le dénaturer, tout ce qu'il y avait de bon. Un modèle du genre et la confirmation de la valeur de ce petit climat.

NUITS-SAINT-GEORGES PREMIER CRU LA RUE DE CHAUX 2007
Rouge | 2015 à 2025 | 29 €   **17/20**
Robe rubis intense, superbe coup de nez aux nuances complexes de fruits rouges, note anisée qu'on retrouve dans plusieurs vins de ce secteur en 2007, finale ferme, classique, avenir assuré, le parfait nuits.

NUITS-SAINT-GEORGES PREMIER CRU LES SAINT-GEORGES 2007
Rouge | 2017 à 2027 | 35 €   **18/20**
Le grand cru de Nuits s'il en existait un, avec ce supplément d'intensité et de rigueur dans le parfum et le tanin qui le caractérise, et une distinction naturelle et évidente dans l'harmonie de l'ensemble. La meilleure note des nuits de notre dégustation aveugle.

NUITS-SAINT-GEORGES PREMIER CRU VAUCRAINS 2007
Rouge | 2019 à 2027 | 35 €   **17,5/20**
Robe rubis, nez fermé mais très distingué de mûre et de réglisse, grande classe naturelle, un rien plus charnu que rue-de-chaux, intense caractère, grand terroir.

Rouge : 6,5 hectares ; pinot noir 100%.
Production totale annuelle : 30 000 bt.
Visite : De 9 h30 à 12 h et de 14 h à 18 h30.

DOMAINE BRUNO CLAIR

5, rue du Vieux-Collège
BP 22
21160 Marsannay-la-Côte
Tél. 03 80 52 28 95 - Fax. 03 80 52 18 14
brunoclair@wanadoo.fr
www.bruno-clair.com

Nous sommes ici au cœur du classicisme bourguignon, avec des vins d'une netteté et d'une élégance rarissimes. Le patrimoine de vignes est un des plus nobles qui soit, avec les grands joyaux de Gevrey comme le Clos Saint-Jacques, les Cazetiers et le Clos de Bèze, auquel il faut ajouter à partir de 2006 une partie du Bonnes Mares, provenant de l'héritage de Bernard Clair. 2007 mérite un sacré coup de chapeau !

BONNES-MARES GRAND CRU 2007
Blanc | 2017 à 2025 | 88 €   **16,5/20**
Épicé, tendu, racé, magnifique texture, tanin légèrement astringent.

GEVREY-CHAMBERTIN PREMIER CRU
CLOS SAINT-JACQUES 2007
Rouge | 2017 à 2027 | 70 €   **17,5/20**
Vin très bien constitué, très riche, saveur épicée racée à souhait, boisé intelligemment dosé, grande longueur, encore une fois le triomphe du classicisme bourguignon mais avec plus d'ampleur et de générosité de texture que naguère.

GEVREY-CHAMBERTIN PREMIER CRU
LES CAZETIERS 2007
Rouge | 2015 à 2027 | 56 €   **16,5/20**
Beau vin généreux, texture d'une grâce remarquable, finale plus réservée que d'autres mais conforme au classicisme de l'extraction du tanin, grand potentiel.

MARSANNAY LES LONGEROIES 2007
Rouge | 2012 à 2019 | 16,50 €   **15,5/20**
Grande couleur, nez pur, franc, raffiné, texture en situation et fin de bouche subtile ; digne d'un joli gevrey, complet pour l'année.

MARSANNAY VAUDENELLES 2007
Rouge | 2014 à 2019 | 15 €   **16/20**
Robe dense, nez noblement aromatique, texture raffinée, tanin strict mais élégant, remarquable classicisme de facture, un modèle !

PERNAND-VERGELESSES 2007
Blanc | 2011 à 2017 | 21 €   **16/20**
Très belle densité pour l'année, puissants arômes de noisette, boisé intégré, peut se comparer à un charlemagne, y compris celui du domaine !

Rouge : 18,77 hectares ; pinot 100%.
Blanc : 4,56 hectares ; chardonnay 100%.
Production totale annuelle : 100 000 bt.
Visite : Dégustations du lundi au vendredi de 9 h à 12 h et de 14 h à 18 h, sur rendez-vous.

DOMAINE CHRISTIAN CLERGET

10, ancienne RN
Gilly-les-Cîteaux
21640 Vougeot
Tél. 03 80 62 87 37 - Fax. 03 80 62 84 37
domainechristianclerget@wanadoo.fr

Nous faisons entrer cet excellent domaine artisanal dans le guide, après la dégustation de ses 2006 : vins de belle générosité, fidèles au style classique, mais avec un sens de l'élevage infiniment supérieur à ce qu'il était il y a encore dix ans. On peut ici faire confiance à l'avenir. En dehors de Chambolle, il faut aussi recommander un excellent échezeaux et un vosne-romanée idéalement situé en bordure du Clos Vougeot.

CHAMBOLLE-MUSIGNY 2007
Rouge | 2013 à 2017 | 23 €   **15,5/20**
Un peu réduit et fumé au nez, mais très correctement constitué, sérieux, expressif, bien typé, soigné comme toujours chez ce vigneron méticuleux.

CHAMBOLLE-MUSIGNY PREMIER CRU
CHARMES 2007
Rouge | 2015 à 2022 | 36,50 €   **16/20**
Beaucoup de parfum, matière supérieure à la plupart des autres charmes, grande longueur, vivement recommandé et typique des qualités habituelles du producteur.

Production totale annuelle : 20 000 bt.
Visite : Sur rendez-vous du lundi au samedi de 8 h à 12 h et de 14 h à 19 h, et le dimanche de 9h à 12h.

DOMAINE JACK CONFURON-COTETIDOT

10, rue de la Fontaine
21700 Vosne-Romanée
Tél. 03 80 61 03 39 - Fax. 03 80 61 17 85
domaine-confuron-cotetidot@wanadoo.fr

Domaine artisanal exemplaire, avec un patrimoine de vignes idéalement réparti sur les communes principales de la Côte de Nuits, avec désormais un pied à Pommard, où Yves Confuron est le brillant régisseur du Domaine de Courcel. Dans sa propriété familiale, il travaille en duo avec son frère Jean-Pierre (directeur de Chanson et conseiller du Domaine Labet) et ce tandem conserve le style noble mais robuste mis au point par leur père, en l'affinant peu à peu. La patte d'Yves se fait encore davantage sentir en 2007, avec des tanins mieux lissés et mieux intégrés dès la naissance.

CLOS DE VOUGEOT GRAND CRU 2007
Rouge | 2017 à 2027   **17,5/20**
Grande sève, magnifique volume de bouche, tanin noble, boisé fondu, merveilleuse maturité de raisin, élégance largement supérieure à la moyenne des clos, grand vin.

ÉCHEZEAUX GRAND CRU 2007
Rouge | 2017 à 2027 | NC   **18/20**
Grande robe, nez ample et noble de mûre et de framboise, corps exceptionnel, tanin ultra racé, vin de grand caractère et de grand style, dominateur !

GEVREY-CHAMBERTIN 2007
Rouge | 2014 à 2019 | NC   **15,5/20**
Belle robe, jolie texture, tanin en progrès sur le plan de la finesse et de l'harmonie mais avec la même intégrité que dans les millésimes précédents. Moins extraordinaire que le chambolle mais délicieux !

GEVREY-CHAMBERTIN PREMIER CRU CRAIPILLOTS 2007
Rouge | 2015 à 2019 | NC   **16/20**
Magnifique maturité de raisin, corps assez riche, texture suave et souple, finale épicée, gevrey de charme, mais sans la race des meilleurs premiers crus.

GEVREY-CHAMBERTIN PREMIER CRU LAVAUT SAINT-JACQUES 2007
Rouge | 2017 à 2027 | NC   **16/20**
Arôme plus puissant et moins raffiné que celui du petite-chapelle, corps complet pour l'année, texture fine, beaucoup de réserve aromatique. Tanin encore astringent.

GEVREY-CHAMBERTIN PREMIER CRU PETITE CHAPELLE 2007
Rouge | 2017 à 2022 | NC   **16,5/20**
Arôme de rose et de ronce, texture noble, boisé intégré, tanin encore un peu découvert mais aristocratique, caractère de terroir parfaitement traduit, style exemplaire.

NUITS-SAINT-GEORGES 2007
Rouge | 2015 à 2022 | NC   **17/20**
Robe noire, énorme arôme complexe de fruits rouges et de fleurs, texture idéale, profondeur presque unique dans ce millésime pour un village, tanin gourmand à la saveur de grand chocolat noir, long, imposant.

NUITS-SAINT-GEORGES PREMIER CRU VIGNES RONDES 2007
Rouge | 2015 à 2022 | NC   **17/20**
Belle robe, grand nez élégant et complexe, saveurs de fleurs et d'épices, classiques, merveilleuse texture, tanin plus fin que dans les millésimes précédents, comme dans tous les 2007 du domaine, pur, long, exemplaire.

POMMARD PREMIER CRU ARVELETS 2007
Rouge | 2015 à 2022 | NC   **17/20**
Impossible d'imaginer un village plus noble, plus complexe, plus suave, plus conforme au génie des terroirs et du raisin de Côte de Nuits. Finesse, profondeur, intégration du bois, tout est ici digne de servir d'exemple.

POMMARD PREMIER CRU ARVELETS 2005
Rouge | 2014 à 2019 | NC   **14/20**
Nouveauté du domaine et donc vigne pas encore mise au pas. Le vin est nerveux, complexe, mais sans la générosité de texture des côtes-de-nuits.

VOSNE-ROMANÉE 2007
Rouge | 2015 à 2019 | NC   **16/20**
Nez puissant de cerise, chair considérable pour un village, tanin épicé relativement asséchant, mais le vin n'est pas encore en bouteille. Il méritera peut-être un point de plus dans cinq ans.

VOSNE-ROMANÉE PREMIER CRU LES SUCHOTS 2007
Rouge | 2017 à 2027 | NC   **18/20**
Immense couleur, vin monumental dans le millésime, avec des notes de fruits noirs (myrtille) et même une petite touche fumée, caractéristique du domaine dans ses plus grands millésimes. Un vin étonnant qu'il faut attendre impérativement une dizaine d'années.

Rouge : 11,5 hectares ; gamay 5%, pinot noir 85%.
Blanc : 0.5 hectare ; aligoté 2%, chardonnay 10%.
Production totale annuelle : 35 000 bt.
Visite : Sur rendez-vous.

DOMAINE PIERRE DAMOY

11, rue du Maréchal-de-Lattre-de-Tassigny
21220 Gevrey-Chambertin
Tél. 03 80 34 30 47 - Fax. 03 80 58 54 79
info@domaine-pierre-damoy.com

Les 2007 permettront certainement de retrouver ce grand domaine à son meilleur. Dans les millésimes directement antérieurs, quelques cuvées présentaient d'étranges déviations aromatiques terreuses, qui ont certainement obligé Pierre Damoy à en rechercher très sérieusement la cause, d'autant que chez lui la viticulture et la discipline de tri du raisin ont toujours été exemplaires. Il semble que ces goûts apparaissent dans les raisins vendangés en dernier, ce qui l'a conduit à attendre un peu moins la maturité du raisin. Des 2006 présentés, le plus recommandable est le chapelle-chambertin, un tour de force vu les effets de la terrible grêle du millésime. 2007 retrouve le niveau des 2002 avec peut-être encore plus de matière.

CHAMBERTIN-CLOS DE BÈZE GRAND CRU 2007
Rouge | 2017 à 2027 | 86 €   **18,5/20**
Grande couleur, vin complet, remarquablement racé, digne du privilège d'en avoir une aussi belle surface, avec une fin de bouche infiniment plus pure que dans les millésimes 2005 et 2006, on retrouve avec encore plus d'affirmation le niveau des magnifiques 2002.

GEVREY-CHAMBERTIN LE TAMISOT 2007
Rouge | 2015 à 2025 | 40 €   **16,5/20**
Énorme matière pour l'année, texture remarquablement fournie et serrée, grande finale, vin magnifique, pas loin de l'idéal pour un village.

Rouge : 10,47 hectares ; pinot 100%.
Production totale annuelle : 20 000 bt.
Visite : Sur rendez-vous.

DOMAINE DIGIOIA-ROYER

16, rue du carré
21220 Chambolle-Musigny
Tél. 03 80 61 49 58 - Fax. 03 80 61 49 58
micheldigioia@wanadoo.fr

Petit domaine artisan, dont les vignes sont situées à Chambolle, et qui depuis plusieurs années produit des vins exacts et sincères qui raviront même les plus difficiles des amateurs de pinot noir, s'ils aiment la finesse et la pureté, dans le respect du caractère de chaque millésime. La production est limitée mais les prix restent très sages.

CHAMBOLLE-MUSIGNY 2007
Rouge | 2014 à 2019 | 18 €   **16/20**
Remarquable équilibre général, vin complet dans le millésime, expression presque idéale du terroir, bravo !

CHAMBOLLE-MUSIGNY FRÉMIÈRES. 2007
Rouge | 2009 à 2010 | 25 €   **15/20**
On sent le vin de vieille vigne, avec une texture assez étonnante et une race aromatique de premier cru, ce qui n'est pas étonnant de ce petit climat qui aurait mérité de l'être !

CHAMBOLLE-MUSIGNY PREMIER CRU GRUENCHERS 2007
Rouge | 2015 à 2022 | 28 €   **16/20**
Nez très précis et élégant, corps équilibré, texture très raffinée, parfaite définition d'un chambolle de classe, sans la moindre sollicitation luxueuse venue du bois ou d'une extraction sophistiquée. Le style que nous aimons.

Rouge : 4 hectares. Blanc : 0,50 hectare.
Production totale annuelle : 20 000 bt.
Visite : sur rendez-vous.

Inscrivez-vous sur
BETTANEDESSEAUVE.COM

> Suivez l'actualité du vin
> Accédez aux notes de dégustation de 25 000 vins
> Visitez les stands des producteurs

DOMINIQUE LAURENT

Rue Principale
21220 L'Étang-Vergy
Tél. 03 80 61 49 94 - Fax. 03 80 61 49 95
dominiquelaurent@club-internet.fr

Dominique Laurent a inventé à la fin des années 1980 le concept de négociant haute couture, spécialisé dans l'élevage de petites quantités de cuvées choisies pour la qualité exceptionnelle de leur matériel végétal, de très vieilles vignes de pinot fin. La gamme des vins commence avec la qualité tradition, destinée à la restauration et à la grande distribution, qui joue en quelque sorte le rôle d'un Second vin du Bordelais, et continue avec les villages-n°1 et les cuvées vieilles-vignes, issues des meilleurs lots et des meilleures barriques.

BEAUNE PREMIER CRU 2007
Rouge | 2012 à 2019 | 21,50 €   **16/20**
ce vin surprend toujours par sa belle couleur, le naturel et la finesse parfaite de ses arômes de fruits rouges, respectée par une vinification en raisins entiers, et son équilibre idéal qui permet de le consommer vite mais aussi de le faire vieillir.

CHAMBERTIN-CLOS DE BÈZE GRAND CRU 2007
Rouge | 2017 à 2022 | 155,50 €   **18/20**
Comme toujours avec cette cuvée, le nez est miraculeux de noblesse aromatique, avec les plus belles notes de rose pas encore fanée imaginables dans un vin de pinot noir et une texture vraiment aristocratique. Vin d'esthète.

CHAMBOLLE-MUSIGNY PREMIER CRU CHARMES 2007
Rouge | 2017 à 2022 | 45,50 €   **17/20**
Exemplaire à nouveau de corps, de couleur, de définition du terroir, de qualité d'élevage.

CLOS SAINT-DENIS GRAND CRU VIEILLES VIGNES 2007
Rouge | 2015 à 2019 | 70 €   **17/20**
Beaucoup de charme et de race aromatique au nez, avec des notes florales subtiles, corps moelleux pour l'année, finale longue sur des notes fraîches de menthol, bien plus élégant que le clos-de-la-roche, que nous recommandons moins.

ÉCHEZEAUX GRAND CRU 2007
Rouge | 2015 à 2022 | 60 €   **17/20**
Bel arôme épicé, corps plein, expression précise et remarquable de ce cru, grâce à l'assemblage de quelques parcelles idéalement complémentaires.

GEVREY-CHAMBERTIN PREMIER CRU CLOS SAINT-JACQUES 2007
Rouge | 2017 à 2027 | 57,50 €   **18,5/20**
Un des sommets absolus du millésime par son intensité de couleur et de texture, la noblesse de ses arômes floraux de vinification en vendanges entières, plus énergique encore et plus racé que le 2006 de la même source.

MAZIS-CHAMBERTIN GRAND CRU VIEILLES VIGNES 2007
Rouge | 2017 à 2022 | 57,50 €   **17/20**
Grande couleur pour l'année, arômes mélangeant le floral et la truffe, plus robuste et sauvage comme il se doit que latricières, moins raffiné aussi mais remarquablement typé du cru.

MEURSAULT PREMIER CRU PORUZOTS 2007
Blanc | 2012 à 2017 | 37 €   **16/20**
Vigne achetée par la maison et vinifiée pour la première fois en 2007, montrant ce que le millésime pouvait faire en blanc si on le vendangeait mûr. Arôme noble de noisette, corps élancé, frais mais sans verdeur, pur, élevage idéal.

POMMARD 2007
Rouge | 2015 à 2019 | 23 €   **16/20**
Village exceptionnel, issu de vignes du coteau avec même une petite proportion de premier cru, associant puissance et finesse, comme on en trouvera même rarement à la propriété.

POMMARD PREMIER CRU CHARMOTS 2007
Rouge | 2015 à 2022 | 40 €   **16,5/20**
Superbe plénitude et saveur complète, confirmant la réussite du secteur dans le millésime, tanin ferme mais sans rusticité, belle garde assurée.

POMMARD PREMIER CRU EPENOTS 2007
Rouge | 2009 à 2010 | 46 €   **17,5/20**
Cuvée vraiment somptueuse, issue de très vieilles vignes (80 à 90 ans), marquée par un velouté de texture digne du toucher du taffetas, long, complexe, noblement constitué, archétype presque absolu de ce terroir.

POMMARD PREMIER CRU RUGIENS VIEILLES VIGNES 2007
Rouge | 2017 à 2025 | 45,50 €   **16,5/20**
Cette cuvée provenant toujours de la même source poursuit les progrès constatés en 2006, avec un corps riche, un rien moins velouté qu'épenots, et des tanins mieux intégrés. La vigne commence à devenir vraiment vieille et tant mieux pour nous.

VOLNAY PREMIER CRU CLOS DES CHÊNES VIEILLES VIGNES 2007
Rouge | 2017 à 2027 | 40 €   **16,5/20**
Nez puissant et épicé, corps plein, tendu, plus encore qu'en 2006, tanin ferme, serré mais noble, grand avenir.

Rouge : 5 hectares ; pinot 100%.
Blanc : 1 hectare. **Production totale annuelle :**
300 000 bt. **Visite :** Visites sur rendez-vous.

DOMAINE DAVID DUBAND

36, rue de la Fontaine
21220 Chevannes
Tél. 03 80 61 41 16 - Fax. 03 80 61 49 20
domaine.duband@wanadoo.fr

David Duband est incontestablement un des vignerons les plus dynamiques et les plus doués de la nouvelle génération, et son patrimoine de vignes n'a fait qu'augmenter grâce à la générosité et à l'amour du vin de Bourgogne de son «mécène», François Feuillet, qui présente d'ailleurs quelques cuvées sous sa propre étiquette. Il joint désormais les meilleurs terroirs de Nuits à ceux de Morey, de Chambolle et de Gevrey avec l'arrivée des vignes de l'ancien domaine Truchot, à Morey. À notre connaissance, seuls les vins de Nuits ont été présentés et ils sont parfaitement réussis.

HAUTES CÔTES DE NUITS LOUIS AUGUSTE 2007
Rouge I 2009 à 2016 I NC   **15/20**
Travaillé de manière très moderne mais le vin n'en est pas moins bien. Le fruité se révèle gourmand, rond, généreux.

NUITS-SAINT-GEORGES PREMIER CRU CHABOEUFS FRANÇOIS FEUILLET 2007
Rouge I 2015 à 2022 I cav. env 40 €   **16/20**
Le vin est vinifié par Duband mais vendu sous la marque de son patron, qui veille évidemment à la qualité ! Le nez est très développé du type ronce sauvage si nuiton, texture de taffetas, tanin fin, terroir défini au laser par la précision de la vinification.

NUITS-SAINT-GEORGES PREMIER CRU LES PROCÈS 2007
Rouge I 2015 à 2022 I cav. env 40 €   **16,5/20**
Robe dense mais sans excès, beau nez réductif de cassis, habituel dans les vinifications de ce type sur ce village, corps généreux, tanin bien mûr, finale complexe et engageante.

NUITS-SAINT-GEORGES PREMIER CRU LES PRULIERS 2007
Rouge I 2013 à 2022 I cav. env 40 €   **17,5/20**
Grande robe, remarquable nez de ronce et de rose épicée, archétypique des grands nuits, corps remarquable, puissant et charmeur, le 2007 dans toute sa séduction !

Rouge : 16,5 hectares ; pinot 97%.
Blanc : 0,5 hectare ; chardonnay 3%.
Production totale annuelle : 40 000 bt.
Visite : sur rendez-vous.

DOMAINE DUJAC

7, rue de la Bussière
21220 Morey-Saint-Denis
Tél. 03 80 34 01 00 - Fax. 03 80 34 01 09
dujac@dujac.com
www.dujac.com

Le domaine n'a jamais été aussi maître de son art, profitant à plein d'une discipline impeccable de viticulture, et de la fidélité à la vinification en raisins entiers, qui donne un cachet et un pouvoir de vieillissement supplémentaires à la plupart des vins. À l'activité du domaine, s'ajoute pour quelques cuvées de village, une petite activité de négoce, sous le nom de Dujac Fils et Père (dans cet ordre), avec des vins de même style.

BONNES-MARES GRAND CRU 2007
Rouge I 2015 à 2019 I NC   **17/20**
Légère réduction au nez, arômes de petits fruits rouges à l'aération, du nerf, de la finesse, du caractère et du style, le millésime ayant parfaitement convenu au domaine !

CHAMBOLLE-MUSIGNY 2007
Rouge I 2017 à 2027 I NC   **17,5/20**
Robe plus soutenue que celle du clos-saint-denis, nez moins floral, corps plus énergique, plus chaleureux, sensation d'alcool plus marquée, ensemble très noble mais le tanin légèrement amer n'a pas la perfection dans le raffinement du grand cru de Morey !

CHARMES-CHAMBERTIN GRAND CRU 2007
Rouge I 2019 à 2027 I NC   **18/20**
Robe intense, une des plus fortes du domaine, remarquable arôme de cuir frais, de fruits rouge, de réglisse, corps remarquable, intensité et densité de texture à la hauteur, grand avenir, magnifique !

CLOS DE LA ROCHE GRAND CRU 2007
Rouge I 2017 à 2027 I NC   **17,5/20**
Belle robe, nez complexe de violette et de réglisse, joli corps élégant, texture suave, tanin intégré, beaucoup de noblesse dans un ensemble merveilleusement civilisé !

CLOS SAINT-DENIS GRAND CRU 2007   ⏸
Rouge I 2017 à 2023 I NC   **19/20**
Robe délicate, sublime nez de rose ancienne, texture de soie, finesse incomparable des sensations tactiles, vin absolument merveilleux, digne du meilleur musigny !

ÉCHEZEAUX GRAND CRU 2007
Rouge I 2017 à 2022 I NC   **17/20**
Robe délicate mais plus affirmée que celle de beaumonts, vin rond, velouté, raffiné, mais moins extraordinaire sur le plan aromatique que le clos-saint-denis.

GEVREY-CHAMBERTIN PREMIER CRU
AUX COMBOTTES 2007
Rouge | 2017 à 2025 | NC   **17, 5/20**
Ensemble complet, harmonieux dans sa texture et son tanin, long, avec des notes florales épicées caractéristiques et une grande allonge, millésime de grand charme !

MOREY-SAINT-DENIS 2007
Rouge | 2015 à 2019 | NC   **16,5/20**
Robe délicate, à dégradés roses, nez merveilleusement développé de rose, texture tendre, tanin aristocratique, une petite merveille !

MOREY-SAINT-DENIS 2007
Rouge | 2019 à 2027 | NC   **18/20**
Belle couleur, mais un rien moins dense que charmes, nez très complexe et raffiné, avec une petite note de rose qui n'apparaissait pas dans charmes, corps suprêmement élégant, de la retenue et le plus noble des styles en finale, et un remarquable exercice de compréhension du terroir. Charmes impressionne mais le chambertin dans sa discrétion ravit, même s'il semble proportionnellement moins accompli.

MOREY-SAINT-DENIS PREMIER CRU 2007
Rouge | 2015 à 2022 | NC   **16/20**
Robe délicate, nez raffiné de ronce, texture un rien plus serrée que celle du village mais avec une petite note de caramel tendre liée au bois, du style mais un peu moins en place que le village, pour le moment.

VOSNE-ROMANÉE PREMIER CRU
LES BEAUX MONTS 2007
Rouge | 2015 à 2019 | NC   **16/20**
Robe très claire même pour le domaine, nez fumé et acidulé, vin souple, manquant un peu de consistance mais d'une parfaite élégance.

Rouge : 13,78 hectares ; pinot noir 100%.
Blanc : 1,44 hectares ; chardonnay 100%.
Production totale annuelle : 90 000 bt.

DUPONT-TISSERANDOT

2, place des Marronniers
21220 Gevrey-Chambertin
Tél. 03 80 34 10 50 - Fax. 03 80 58 50 71
dupont.tisserandot@orange.fr
www.duponttisserandot.com

Nous connaissons depuis longtemps le remarquable patrimoine de vignes, et en particulier ses grandes parcelles de Cazetiers et de Lavaux. Nous avions également remarqué, depuis cinq ans, de nombreux changements, bienvenus, dans la conduite des vignes, et qui ont métamorphosé le style des vins. Ils associent désormais plénitude, sensualité, et remarquable précision dans l'expression des terroirs, comme très peu d'autres sur la commune. Après de grands 2006, les 2007 surprennent moins mais Cazetiers et Charmes valent le détour !

CHARMES-CHAMBERTIN GRAND CRU 2007
Rouge | 2015 à 2022 | 52,00 €   **16,5/20**
Un des plus puissants du lot, truffé et réglissé, long, charnu, complexe, manquant un peu de finesse.

GEVREY-CHAMBERTIN PREMIER CRU CAZETIERS 2007
Rouge | 2015 à 2022 | 32,00 €   **17/20**
Robe noire, corps monumental, finale assurée, un vin de très grand caractère, et sans doute le plus complet de ce célèbre cru dans ce millésime. On y trouve en particulier les fameuses notes de café que son voisin immédiat, le clos-saint-jacques, n'a jamais.

GEVREY-CHAMBERTIN PREMIER CRU
LAVAUX SAINT-JACQUES 2007
Rouge | 2015 à 2025 | 33,00 €   **14,5/20**
Séveux, puissant, beaucoup de caractère, encore un peu rustique dans son tanin, fait pour vieillir.

MAZIS-CHAMBERTIN GRAND CRU 2007
Rouge | 2015 à 2022 | 54,00 €   **15,5/20**
Épicé, tannique, solidement bâti, équilibré, avec un petit manque de complexité dans la saveur et le tanin.

Rouge : 19.50 hectares. Blanc : 0.50 hectare.
Production totale annuelle : 100 000 bt.

DOMAINE SYLVIE ESMONIN

1, rue Neuve
Clos Saint-Jacques
21220 Gevrey-Chambertin
Tél. 03 80 34 36 44 - Fax. 03 80 34 17 31

Ce petit domaine dispose d'une grande cote d'amour chez les amateurs de gevreys authentiques et on les comprend, tant les vins ont ici de noblesse et de classicisme dans la facture et dans la saveur. Sylvie Esmonin a adopté progressivement les vinifications en grappes entières, à partir de raisins provenant d'une viticulture elle-même encore plus rigoureuse que par le passé. Cela a donné des 2002, 2003, 2004 et 2005 d'anthologie, rappelant les vins mythiques du XIXe siècle dans leur parfum et leur consistance. Le clos-saint-jacques 2006 sera digne d'eux quand il aura digéré son boisé, et le 2007 promet d'être un des dix meilleurs rouges du millésime. On ne sous-estimera pas pour autant son remarquable côte-de-nuits-village, et en quantité confidentielle un délicieux volnay-santenots.

GEVREY-CHAMBERTIN PREMIER CRU LE CLOS SAINT-JACQUES 2007
Rouge | 2017 à 2027 | NC   **19/20**
À nouveau un chef-d'œuvre, et notre plus haute note de toute la dégustation à l'aveugle des gevreys, grands crus compris. Tous les dégustateurs présents ont partagé notre enthousiasme pour la perfection de forme et de matière du vin, noir, merveilleusement et noblement parfumé, avec les vrais arômes de rose ancienne qui le relient aux millésimes légendaires du passé et aux descriptions historiques du caractère des vins de ces terroirs. La finale est interminable, soutenue par une qualité de bois insurpassable (pour l'essentiel du Tronçais de chez Tronçay). Un des sommets absolus du millésime, et peut-être encore plus de caractère que le déjà légendaire 2006.

GEVREY-CHAMBERTIN VIEILLES VIGNES 2007
Rouge | 2015 à 2022 | NC   **16/20**
Couleur très profonde, corps bien plus ample que la moyenne, tanin fin, boisé superlatif, un ensemble complet et difficile à surpasser dans sa catégorie.

Rouge : 7 hectares ; pinot noir 100%.
Blanc : 0,2 hectare ; chardonnay 100%.
Production totale annuelle : 35 000 bt.
Visite : pas de visites.

DOMAINE FAIVELEY

8, rue du Tribourg
21700 Nuits-Saint-Georges
Tél. 03 80 61 04 55 - Fax. 03 80 62 33 37
accueil@bourgognes-faiveley.com
www.bourgognes-faiveley.com

L'arrivée de Bernard Hervet et la qualité du tandem qu'il forme avec Erwan Faiveley ont entraîné de profonds changements dans ce grand domaine, au patrimoine de terroirs prestigieux, avec au premier rang les crus les plus nobles de Gevrey-Chambertin. Les derniers millésimes, en effet, ne retrouvaient plus la sûreté d'élaboration du début des années 1990, avec des fins de bouche asséchantes. En 2007 tout change, les vins rouges sont raffinés, subtils, élégants, fidèles aux terroirs avec peut-être un manque de vinosité par rapport aux promesses des 2008. Les blancs sont sans doute encore proportionnellement supérieurs, avec l'arrivée au domaine de nouvelles cuvées sur les plus grands terroirs de Meursault et Puligny-Montrachet.

CHAMBERTIN-CLOS DE BÈZE GRAND CRU 2007
Rouge | 2017 à 2027 | 137 €   **17,5/20**
Arôme de rose, texture très fine, finale longue et racée, grand vin certainement mais pas comparable aux dix meilleurs grands crus de l'année.

CHAMBOLLE-MUSIGNY PREMIER CRU COMBE D'ORVEAU 2007
Rouge | 2015 à 2019 | 68,40 €   **17/20**
Une merveille ! Superbe arôme floral, délicatesse extrême de tanin, grande longueur, pureté irrésistible liée à un boisé exemplaire. Mais il y en a si peu...

CHAMBOLLE-MUSIGNY PREMIER CRU FUÉES 2007
Rouge | 2015 à 2022 | 75,40 €   **15,5/20**
Jolie couleur, plutôt plus ferme que dans d'autres cuvées de Côte de Nuits, de l'intensité également dans la présence en bouche, beaucoup de personnalité, très réussi.

CLOS DE VOUGEOT GRAND CRU 2007
Rouge | 2017 à 2025 | 78 €   **16,5/20**
Excellent ensemble, complet, raffiné, avec une petite note de truffe très terroir, un cran au-dessus de la plupart.

CORTON - CHARLEMAGNE GRAND CRU 2007
Blanc | 2016 à 2022 | 126 €   **18/20**
Remarquable constitution, grande race, encore sur les notes lactées d'un élevage soigné ; très long, tendu, complexe, un des sommets possibles du cru.

GEVREY-CHAMBERTIN PREMIER CRU CAZETIERS 2007
Rouge | 2017 à 2027 | 43 €   **16,5/20**
Tout en élégance et en distinction aromatique, texture précise, léger manque d'intensité et de maturité du raisin, mais style accompli, dans la tradition classique de la maison et sans la dureté de tanins des millésimes précédents.

LATRICIÈRES-CHAMBERTIN GRAND CRU 2007
Rouge | 2017 à 2025 | 86 €   **17/20**
Grande finesse aromatique, texture racée, tanin beaucoup plus maîtrisé que dans les millésimes précédents, subtil, plus séduisant que le mazis, beaucoup de style.

MAZIS-CHAMBERTIN GRAND CRU 2007
Rouge | 2015 à 2025 | 95 €   **16/20**
Un vrai mazis par sa générosité et sa fermeté, avec des accents un peu simplificateurs de cerise noire au nez, mais un boisé et un tanin de grande classe. Il manque un peu de concentration.

MEURSAULT 2007
Blanc | 2013 à 2017 | 34,60 €   **15,5/20**
Robe à reflets verts, signe d'absence totale d'oxydation, nez fin de fleur de noisetier, bon volume de bouche, savoureux, typé, et certainement d'avenir.

MEURSAULT PREMIER CRU CHARMES 2007
Blanc | 2015 à 2022 | 57,90 €   **18 /20**
Un des sommets du millésime à Meursault et un vin d'une immense personnalité, présentant au plus haut degré les notes de fleur de vigne et de noisette des grands terroirs. Grand avenir.

NUITS-SAINT-GEORGES PREMIER CRU
LES CHAIGNOTS 2007
Rouge | 2015 à 2019 | 43 €   **15/20**
Nez un peu envahi par le mercaptan mais texture séduisante et grande longueur.

NUITS-SAINT-GEORGES PREMIER CRU
SAINT-GEORGES 2007
Rouge | 2017 à 2022 | 57,90 €   **16,5/20**
Robe un peu bleutée, boisé marqué mais non asséchant, vinification soignée, tanin racé et complexe, on pourrait attendre un peu plus de vinosité.

Rouge : 90 hectares ; **Blanc** : 30 hectares.
Production totale annuelle : 1 000 000 bt.
Visite : Pas de visites.

GILBERT ET CHRISTINE FELETTIG

Rue du Tilleul
21220 Chambole-Musigny
Tél. 03 80 62 85 09 - Fax. 03 80 62 86 41
gaecfelettig@wanadoo.fr

Nous faisons entrer ce domaine dans le guide en raison de la qualité du patrimoine de ses vignes et d'une viticulture en progrès évidents. Il vinifie une belle brochette de premiers crus de Chambolle-Musigny, ayant repris une partie du Domaine Modot, important propriétaire sur cette commune. Ses 2007 ont la finesse native et le charme du millésime, avec une expression juste des terroirs. Un peu plus de raffinement dans les textures et le domaine égalera les meilleurs stylistes de la commune.

CHAMBOLLE-MUSIGNY PREMIER CRU CARRIÈRES 2007
Rouge | 2015 à 2019 | NC   **14,5/20**
Bon équilibre général, tanin et texture précises, plus élégants que dans les deux autres premiers crus, sincère et capable de bien vieillir.

CHAMBOLLE-MUSIGNY PREMIER CRU
COMBOTTES 2007
Rouge | 2013 à 2019 | NC   **14,5/20**
Corps généreux, vinosité évidente, tanin ferme, expression franche, directe, avec un petit manque de finesse pure.

CHAMBOLLE-MUSIGNY PREMIER CRU
FEUSSELOTTES 2007
Rouge | 2014 à 2022 | NC   **15,5/20**
Le plus fin des premiers crus du domaine, minéral et floral, long, subtil, délicieux.

CHAMBOLLE-MUSIGNY PREMIER CRU
LES CHARMES 2007
Rouge | 2015 à 2025 | NC   **14,5/20**
Grande robe, texture dense, vinosité largement supérieure à la moyenne, léger manque de finesse aromatique. De garde.

HAUTES CÔTES DE BEAUNE 2007   ⓤ
Blanc | 2009 à 2015 | 9 €   **15/20**
Un vin élégant, marqué par des notes vanillées bien intégrées à la matière riche. Un vin croquant, plein d'harmonie et de gourmandise.

HAUTES CÔTES DE NUITS 2007
Rouge | 2009 à 2015 | 9 €   **15/20**
Nez poivré. Très jolies saveurs épicées et fruitées. Un vin tout en élégance qui respecte la nature du pinot noir.

Rouge : 11,50 hectares. **Blanc** : 1 hectare.
Production totale annuelle : 50 000 bt.
Visite : Sur rendez-vous.

RÉGIS FOREY

2, rue Derrière-le-Four
21700 Vosne-Romanée
Tél. 03 80 61 09 68 - Fax. 03 80 61 12 63
domaineforey@orange.fr

Ce producteur sérieux aime les vins très solidement constitués et cela réussit bien à ses cuvées de Nuits Saint-Georges, où il possède d'excellents emplacements. Ils ont en général plus de naturel et d'équilibre que ceux de Vosne-Romanée, sauf pour la confidentielle cuvée de Gaudichots (huit cents bouteilles) qui avec un peu de chance aurait pu intégrer La Tâche ! Les 2007 présentés étaient excellents.

NUITS-SAINT-GEORGES 2007
Rouge | 2014 à 2019 | 19,50 €   **16/20**
Grande robe, le vrai style de nuits, un tanin ferme pour l'année mais non agressif, et une finale assurée. Le terroir est excellent (en bonne partie Plante au Baron).

NUITS-SAINT-GEORGES PREMIER CRU
LES SAINT-GEORGES 2007
Rouge | 2017 à 2025 | 33 €   **17/20**
Robe bleu noir, tout le velouté des beaux 2007, saveur complexe et racée mais un peu moins précise dans sa définition que celle des domaines Gouges ou Chicotot, certainement fait pour la garde.

NUITS-SAINT-GEORGES PREMIER CRU
PERRIÈRES 2007
Rouge | 2017 à 2027 | 29,50 €   **17/20**
Encore une réussite du domaine, noblement aromatique, charnu, long, complexe, brillant même, dans un ensemble de très haut niveau.

Rouge : 8 hectares. Blanc : 0,5 hectare.
Production totale annuelle : 30 000 bt.
Visite : sur rendez-vous.

DOMAINE JEAN FOURNIER

34, rue du Château
21160 Marsannay-la-Côte
Tél. 0380522438 - Fax. 0380527740
domaine.jean.fournier@orange.fr

Laurent Fournier, qui reprend peu à peu cette traditionnelle propriété familiale, est un des talents les plus brillants de la nouvelle génération bourguignonne. Il nous fait plaisir en cherchant et réussissant à retrouver les secrets des très grands vins d'autrefois, vinifiés à partir de raisins entiers mais avec l'aide du matériel moderne, qui permet une meilleure hygiène et une bien plus grande précision. Sa cuvée spéciale de vin à l'ancienne est simplement le plus grand et le plus beau marsannay que nous connaissions, et peu à peu les excellents échezeaux et clos-du-roy s'en rapprochent.

MARSANNAY CLOS DU ROY 2007
Rouge | 2013 à 2019 | 14,75 €   **15,5/20**
Belle couleur, nez complexe, corps très équilibré, saveur bien individualisée, tanin de qualité, superbement et soigneusement fait et élevé.

MARSANNAY CUVÉE SAINT-URBAIN 2007   ☺
Rouge | 2013 à 2019 | 11,50 €   **16/20**
Une cuvée ronde, issue de plusieurs parcelles assemblées et qui obtient notre meilleure note de dégustation. Grande subtilité aromatique, pureté très louable d'expression du naturel du pinot noir, finale raffinée, excellent élevage.

MARSANNAY ECHEZOTS 2007
Rouge | 2012 à 2017 | NC   **13,5/20**
Robe dense, note brûlée au nez, vin soigné, de texture classique, avec un petit manque de diversité dans le fruit. Finale nette.

MARSANNAY LONGEROIES 2007
Rouge | 2013 à 2019 | 14,75 €   **15,5/20**
Nez classique, raffiné, prouvant la classe de ce lieu-dit, sans doute le plus remarquable de son village, tanin noble, vinification adroite mais conforme à la tradition, très recommandable.

Rouge : 3.5 hectares. Blanc : 13 hectares.
Production totale annuelle : 70 000 bt.
Visite : De 8 h à 12 h et de 14 h à 18 h.

DOMAINE GEANTET-PANSIOT

3, route de Beaune
21220 Gevrey-Chambertin
Tél. 03 80 34 32 37 - Fax. 03 80 34 16 23
domaine.geantet@wanadoo.fr
www.geantet-pansiot.com

Vincent Geantet, un des viticulteurs les plus compétents de Gevrey-Chambertin, a encore renforcé sa présence sur Chambolle, dont il aime tant les terroirs, en ajoutant à sa palette un excellent premier cru Baudes, en dessous des Bonnes-Mares. Sa fille Émilie le seconde de plus en plus, mais a également créé de façon indépendante sa propre maison de négoce, où elle vinifie à sa façon des vins du secteur, dans un style un rien plus... masculin que son père !

CHARMES-CHAMBERTIN GRAND CRU 2007

Rouge | 2017 à 2025 | 70 €   **17,5/20**
Grande robe, nez merveilleux de précision et de délicatesse avec des notes réglissées fort attractives, texture de taffetas, grande longueur, vin exemplaire du raffinement actuel dans l'extraction des meilleurs vinificateurs de la commune.

FIXIN ÉMILIE GEANTET 2007

Rouge | 2013 à 2017 | 22 €   **15/20**
Corps généreux, tanin précis, finale réglissée très gevrey, du style, un vin vraiment recommandable.

GEVREY-CHAMBERTIN 2007

Rouge | 2014 à 2019 | 22 €   **15,5/20**
Excellent vin complet, raffiné dans son parfum et sa texture, long, étoffé mais sans vulgarité, témoignant d'un savoir-faire certain.

GEVREY-CHAMBERTIN EN CHAMPS 2007

Rouge | 2014 à 2019 | 36 €   **15/20**
Un vin tout en délicatesse aromatique, très harmonieux dans son tanin, révélateur du style actuel du producteur, beaucoup moins réductif que par le passé.

GEVREY-CHAMBERTIN PREMIER CRU POISSENOT 2007

Rouge | 2015 à 2022 | 42 €   **16/20**
Excellente matière, excellent équilibre général, finale longue et onctueuse, très bien fait.

MAZIS-CHAMBERTIN GRAND CRU ÉMILIE GEANTET 2007

Rouge | 2017 à 2025 | 70 €   **16/20**
Assez costaud avec un peu plus d'affirmation de terroir que d'autres mazis, large, charpenté, de garde.

Rouge : 13 hectares ; pinot 95%. Blanc : 1 hectare ; chardonnay 5%. Production totale annuelle : 100 000 bt.
Visite : Sur rendez-vous du lundi au vendredi.

DOMAINE FRANÇOIS GERBET

2, route nationale
21700 Vosne-Romanée
Tél. 03 80 61 07 85 - Fax. 03 80 61 01 65
vins.gerbet@wanadoo.fr

Les deux sœurs Gerbet continuent à faire progresser leur domaine en vinifiant dans le même esprit qu'à leurs débuts, privilégiant la finesse sur la puissance, mais avec infiniment plus de rigueur et de précision. Les vins ont gagné en définition d'expression du terroir et en corps. Le suchot 2007 nous a semblé supérieur à toutes les autres cuvées mais il faudra certainement attendre 2008 pour retrouver le niveau des 2005.

VOSNE-ROMANÉE PREMIER CRU SUCHOTS 2007 🙂

Rouge | 2009 à 2019 | 35 €   **16/20**
Nez naturel de fraise des bois et de framboise, corps élégant, tanin fin et glissant, vin délicat et charmeur qui plaira immédiatement.

Production totale annuelle : 60 000 bt.
Visite : Tous les jours sauf le dimanche après-midi de 10 h à 12 h et de 14 h à 18 h. Fermé en janvier.

DOMAINE HENRI GOUGES

7, rue du Moulin
21700 Nuits-Saint-Georges
Tél. 03 80 61 04 40 - Fax. 03 80 61 32 84
domaine@gouges.com
www.gouges.com

Le relais est en train de passer dans ce domaine célèbre, des mains de Christian Gouges à celles de son neveu. Des installations techniques complètement renouvelées, conformes à ce que l'on doit attendre d'une telle source, permettent de travailler par gravité et d'adoucir des tanins qui, dans les derniers millésimes, avaient eu tendance à se durcir. Les 2007 dégustés montrent un retour à l'élégance, avec la netteté de trait et la fidélité au classicisme bourguignon qui a toujours été la source d'inspiration de la famille.

BOURGOGNE PINOT BLANC 2007
Blanc | 2009 à 2013 | NC   **15/20**
Frais, original, salin, apéritif, idéal sur les fruits de mer.

NUITS-SAINT-GEORGES PREMIER CRU
CLOS DES PORRETS SAINT-GEORGES 2007
Rouge | 2009 à 2010 | NC   **16,5/20**
Belle couleur vive, texture relativement ferme mais tanin sans aspérité, très net et complexe.

NUITS-SAINT-GEORGES PREMIER CRU
LA PERRIÈRE 2007
Blanc | 2012 à 2019 | NC   **16/20**
Notes de noisette fraîche au nez, corps généreux mais sans lourdeur, légère réduction garantissant sa longévité, vin de caractère, mais on nous permettra de préférer les rouges...

NUITS-SAINT-GEORGES PREMIER CRU
LES SAINT-GEORGES 2007
Rouge | 2017 à 2027 | NC   **17,5/20**
Beaucoup de distinction aromatique, forme classique, grande longueur, vin de grande race, signature de ce grand terroir.

NUITS-SAINT-GEORGES PREMIER CRU
PRULIERS 2007
Rouge | 2017 à 2025 | NC   **17/20**
Grande vinosité, ensemble très équilibré, notes légèrement métalliques au nez comme dans les grands millésimes du passé mais tanin plus précis et plus fin. Excellent !

NUITS-SAINT-GEORGES PREMIER CRU
VAUCRAINS 2007
Rouge | 2017 à 2027 | NC   **17/20**
Arômes précis de prunelle, corps très généreux, tanin ferme mais lisse, boisé insensible, caractère de terroir très bien dessiné, grande garde prévisible.

Rouge : 13,2 hectares ; pinot 100%, pinot 100%.
Blanc : 1,3 hectare Production totale annuelle : 60 000 bt. Visite : Pas de visites.

DOMAINE JEAN GRIVOT

6, rue de la Croix-Rameau
21700 Vosne-Romanée
Tél. 03 80 61 05 95 - Fax. 03 80 61 32 99
www.domainegrivot.fr

Ce domaine très réputé de Vosne-Romanée a révolutionné son style à la fin des années 1980, et depuis reste fidèle à la production de vins riches en couleur et en tanin, assez fermes en primeurs, presque bordelais dans leur ligne et leurs sensations tactiles, et très lents à se développer en bouteilles. Les 2007 montrent une évolution certaine vers plus d'élégance dans le tanin, dans le respect du caractère de ce millésime si adapté au naturel du pinot noir.

ÉCHEZEAUX GRAND CRU 2007
Rouge | 2015 à 2027 | épuisé   **17,5/20**
Couleur et vinosité accomplies, autant de cachet aromatique et peut-être même plus de finesse que le richebourg, grande réussite !

NUITS-SAINT-GEORGES PREMIER CRU BOUDOTS 2007
Rouge | 2015 à 2022 | épuisé   **16/20**
Beau nez plus fin que roncières mais moins divers, centré sur des notes de rose épicée, fin, délicat, long, moins sensuel qu'on ne s'y attend sur ce terroir chaud proche de Vosne.

NUITS-SAINT-GEORGES PREMIER CRU PRULIERS 2007
Rouge | 2017 à 2027 | épuisé   **17,5/20**
Le plus complet des nuits du domaine, très coloré, majestueux de fond et de forme, long, racé, magnifique !

NUITS-SAINT-GEORGES PREMIER CRU RONCIÈRES 2007
Rouge | 2015 à 2022 | épuisé   **16/20**
Superbe couleur, nez complexe, assez corsé, très nuits, avec des notes d'épices, de musc, de fruits noirs, de terre presque minérale, qui contrastent avec une texture veloutée de raisin mûr. Complet.

RICHEBOURG GRAND CRU 2007
Rouge | 2019 à 2027 | épuisé   **17,5/20**
Grande couleur, nez puissant et épicé, tanin ferme mais harmonieux, forme assez monumentale, vinosité insolite dans le millésime, un rien moins de pureté aromatique que chez d'autres, mais un potentiel remarquable de garde.

VOSNE-ROMANÉE PREMIER CRU BEAUMONTS 2007
Rouge | 2017 à 2022 | épuisé   **17/20**
Superbe couleur, grand nez floral et fruité (cerise), plus tendu que celui du Domaine Rion, un peu plus réduit, mais terminant sur une base tannique peut-être plus complète et plus harmonieuse. Il se gardera !

Rouge : 14,70 hectares Blanc : 0,30 hectare
Production totale annuelle : 65 000 bt.
Visite : sur rendez-vous.

DOMAINE ANNE GROS

11, rue des Communes
21700 Vosne-Romanée
Tél. 03 80 61 07 95 - Fax. 03 80 61 23 21
domaine.annegros@orange.fr
www.anne-gros.com

Anne Gros a repris depuis maintenant de nombreuses années le domaine de son père, qui était lui-même séparé de celui de ses autres frères et cousins, et qui comprend de vieilles vignes admirablement situées en Clos Vougeot et Richebourg, entre autres. Vinificatrice accomplie, Anne aime les vins délicats, complexes et frais et la plupart du temps les produit ainsi. Leur équilibre les destine naturellement au long vieillissement, où ils se comportent en vins classiques, dignes de tous les éloges. Le millésime 2007 lui a très bien convenu.

ÉCHEZEAUX GRAND CRU 2007
Rouge | 2015 à 2022 | 48 €   **16,5/20**
Issu du sous-secteur Loachausses, cet échezeaux est remarquable de finesse aromatique et de charme dans sa texture, mais avec moins de longueur et d'intensité que les toutes meilleures cuvées.

HAUTES CÔTES DE NUITS 2006
Rouge | 2009 à 2015 | NC   **16/20**
Nez profond et élégant, digne d'un pinot noir dans toute sa splendeur. Le vin est structuré, harmonieux, velouté, basé sur une matière d'un soyeux rare. Un très beau vin.

RICHEBOURG GRAND CRU 2007
Rouge | 2017 à 2027 | 135 €   **17,5/20**
Vin d'un classicisme de forme et de fond exemplaire, plus discret à ce stade que le style mis au point par Louis-Michel Liger-Belair, moins exubérant dans la façon de délivrer les notes florales attendues, plus tendu, moins esthète, mais sans doute conforme au caractère de ce terroir et à la manière de la vigneronne !

VOSNE-ROMANÉE LES BARREAUX 2007
Rouge | 2015 à 2022 | 36 €   **17/20**
Ce climat d'appellation Village se situe en haut de coteau, au-dessus du fameux Clos Parentoux, et mûrit un peu tardivement. Cela a particulièrement convenu au millésime 2007, qui offre un superbe parfum floral et se termine sur des tanins racés, dignes d'un premier cru. Il devrait vieillir à la perfection et convenir aux amateurs habitués au style le plus strict et le plus classique.

Rouge : 5.3 hectares. Blanc : 1.2 hectare.
Production totale annuelle : 35 000 bt.

DOMAINE GROS FRÈRE ET SŒUR

6, rue des Grands-Crus
21700 Vosne-Romanée
Tél. 03 80 61 12 43 - Fax. 03 80 61 34 05
bernard.gros2@wanadoo.fr

Ce domaine est désormais dirigé par Bernard Gros, qui a repris en charge le prestigieux vignoble de son oncle et sa tante, laissant à son frère Michel les vignes de ses parents. Son style est différent de tous les autres domaines portant le même nom, avec des vins d'une ouverture aromatique immédiate et d'une volupté de texture qui étonne à chaque dégustation, car on se pose la question : est-ce que ce charme est durable ? En attendant, on se régale, d'autant que les prix restent assez raisonnables pour des crus aussi rares et demandés. Les amateurs pressés de vins sensuels et complexes seront ravis par les 2007.

GRANDS-ÉCHEZEAUX GRAND CRU 2007   ☺
Rouge | 2012 à 2019 | 105 €   **17/20**
Floral, mais de façon sensuelle, raffiné, ouvert, avec une toute petite note de cuir, long, étonnant !

HAUTES CÔTES DE NUITS 2007
Blanc | 2009 à 2016 | 13 €   **16/20**
Robe très soutenue. Belle expression du chardonnay et du terroir. Nez intense, légèrement boisé, élégant et profond. Un équilibre harmonieux, parfait pour cette matière noble. Grand vin.

HAUTES CÔTES DE NUITS 2007
Rouge | 2009 à 2017 | 11,50 €   **15,5/20**
Très arrondi, avec une matière ample. Vin fruité et intense, basé sur de beaux tanins. Élégant et long.

RICHEBOURG GRAND CRU 2007
Rouge | 2013 à 2027 | 158 €   **17,5/20**
Extrêmement parfumé, texture satinée ; grande longueur, déjà ouvert et complexe mais on sent qu'il n'a pas dit son dernier mot ! Assez fascinant par rapport aux moyens mis en œuvre à la vigne et au cuvier, et typique du style actuel de ce producteur.

VOSNE-ROMANÉE 2007   ☺
Rouge | 2012 à 2017 | 27 €   **16/20**
Rouge légèrement brun, caractéristique des vinifications du domaine, nez étonnant de séduction, floral avec une petite touche de musc, texture raffinée, longueur impressionnante pour un village, vin plaisir par excellence !

Rouge : 17 hectares ; pinot noir 100%.
Blanc : 3 hectares ; chardonnay 100%.
Production totale annuelle : 100 000 bt.
Visite : Sur rendez-vous uniquement.

DOMAINE JEAN-MICHEL GUILLON & FILS

33, route de Beaune
21220 Gevrey-Chambertin
Tél. 03.80.51.83.98 - Fax. 03.80.51.85.59
contact@domaineguillon.com
www.domaineguillon.com

Jean-Michel Guillon dirige avec autorité, et un sens de l'humour qui n'appartient qu'à lui, le syndicat si dynamique de Gevrey, et entretient l'esprit de compétition qui a fait tant progresser l'appellation. Ses vins sont parfaitement représentatifs du terroir, en particulier sa cuvée de Champonnet. Mais son vin le plus réussi en 2007 ne figure pas ici, car sa production confidentielle est vendue d'avance, un remarquable riotte en Morey-Saint-Denis.

GEVREY-CHAMBERTIN PREMIER CRU
CHAMPONNETS 2007
Rouge | 2015 à 2022 | 25 € **17/20**
Grand élevage, texture ultra raffinée, merveilleux polissage des sensations tactiles, long, remarquable et exemplaire de ce petit terroir mal connu.

GEVREY-CHAMBERTIN PREMIER CRU
PETITE CHAPELLE 2007
Rouge | 2014 à 2019 | 30 € **14/20**
Tanin un peu rêche mais vin sérieusement constitué, manquant du gras des vieilles vignes du village, mais qui devrait bien évoluer au vieillissement.

GEVREY-CHAMBERTIN VIEILLES VIGNES 2007
Rouge | 2015 à 2022 | 20 € **15/20**
Boisé bien marqué, corps complet, tanin ferme, vin ambitieux, peut-être un peu trop travaillé en élevage mais de longue garde probable.

GEVREY-CHAMBERTIN VIEILLES VIGNES 2007
Rouge | 2009 à 2010 | NC **15/20**
Belle robe, boisé énergique et ambitieux mais matière superbe et digne de le supporter, grande allonge, tanin formellement un rien trop astringent.

MAZIS-CHAMBERTIN GRAND CRU 2007
Rouge | 2012 à 2017 | 50 € **15,5/20**
Jeune vigne mais vin de caractère, ultra mûr, suave, plus en devant qu'en fin de bouche, pulpeux de texture, à boire un peu avant les autres.

Rouge : 11 hectares. Blanc : 1 hectare.
Production totale annuelle : 70 000 bt.
Visite : De 8 h 30 à 12 h 30 et de 13 h à 18 h.

DOMAINE OLIVIER GUYOT

4, rue des Carrières
21160 Marsannay-la-Côte
Tél. 03 80 52 39 71 - Fax. 03 80 51 17 58
domaine.guyot@wanadoo.fr
www.domaineguyot.fr

Ce domaine artisanal et très consciencieux laboure encore au cheval, et reste fidèle aux beaux gestes de vinification et d'élevage. Ses marsannays, et en particulier la cuvée montagne, sont parmi les plus complets du village, et ses vignes de Gevrey voisinent celles du Domaine Mortet, inspirateur évident d'Olivier Guyot. En dehors des vins du domaine, Olivier Guyot propose des grands crus de Morey-Saint-Denis qui ont gagné beaucoup de force de caractère en trois ans, particulièrement le clos-saint-denis.

CLOS DE LA ROCHE GRAND CRU 2007
Rouge | 2015 à 2019 | 71 € **15,5/20**
Assez tendre pour ce cru, de la finesse à défaut d'intensité dans la construction du vin en bouche, harmonieux certainement mais sans le cachet des grands vins de ce terroir.

CLOS SAINT-DENIS GRAND CRU 2007
Rouge | 2015 à 2019 | 69 € **15,5/20**
Robe délicate, beaucoup de finesse aromatique, texture délicate, pas aussi complexe que les tout meilleurs clos-saint-denis mais racé, harmonieux et élégant.

GEVREY-CHAMBERTIN EN CHAMPS 2007
Rouge | 2014 à 2019 | 23 € **14,5/20**
Couleur correcte, du corps, de la mâche, tanin un peu sec, caractère viril et astringent.

GEVREY-CHAMBERTIN PREMIER CRU
LES CHAMPEAUX 2007
Rouge | 2017 à 2022 | 36 € **15,5/20**
Belle robe, dense, charnu, texture pleine mais soyeuse, bien plus élégante que en-champs, vin plein, séveux, sérieux, à attendre.

MARSANNAY LA MONTAGNE 2007
Rouge | 2013 à 2019 | 17 € **13/20**
Corps plein mais tanin légèrement rustique, comme si le raisin avait souffert, simple mais franc. D'autres millésimes nous ont plus marqués.

MARSANNAY LES FAVIÈRES 2007
Rouge | 2010 à 2015 | 14 € **13,5/20**
Tendre, presque fluide, texture caressante, assez long, style très naturel mais sans prétention.

Rouge : 12 hectares ; pinot noir 80%.
Blanc : 3 hectares ; aligoté 13%, chardonnay 7%.
Production totale annuelle : 50 000 bt.
Visite : sur rendez-vous uniquement.

DOMAINE HARMAND–GEOFFROY

1, place des Lois
21220 Gevrey-Chambertin
Tél. 03 80 34 10 65 - Fax. 03 80 34 13 72
harmand-geoffroy@wanadoo.fr
www.harmand-geoffroy.com

Ce domaine a désormais complètement modifié ses élevages, pour éviter les déviations aromatiques faisandées du passé. Il présente en 2006 et 2007 une gamme de gevrey-chambertins puissants mais sans agressivité, fidèles à leurs différentes origines, et capables de plaire au plus grand nombre par la qualité de leur texture. Il y a encore certainement du vin à vendre dans des appellations très recherchées.

GEVREY-CHAMBERTIN EN JOUISE 2007
Rouge | 2013 à 2017 | NC   **14/20**
Corps plein, texture généreuse, bonne longueur, plus en puissance qu'en finesse, mais moins astringent en finale que d'autres cuvées du domaine, moins marqué par son bois.

GEVREY-CHAMBERTIN PREMIER CRU
LAVAUX SAINT-JACQUES 2007
Rouge | 2013 à 2022 | NC   **14,5/20**
Le fruit est bien développé, la texture suave, le caractère cuit des arômes bien moins marqué que par le passé, seul le boisé n'a pas toute la finesse exigée d'un terroir de ce pedigree.

Rouge : 9 hectares ; pinot noir 100%.
Production totale annuelle : 47 000 bt.

DOMAINE HERESZTYN

27, rue Richebourg
21220 Gevrey-Chambertin
Tél. 03 80 34 13 99 - Fax. 03 80 34 13 99
domaine.heresztyn@wanadoo.fr

Un domaine sérieux, avec une belle gamme de villages et de premiers crus du nord de la Côte de Nuits. Les vins sont solides, équilibrés, fidèles au terroir, mais sans le supplément de finesse et de pureté qui fait les grandes émotions. Le domaine ne présente pas aux dégustations son grand cru clos-saint-denis, en général le sommet de la cave. En 2007, nous n'avons retenu que le gevrey-village, très recommandable.

GEVREY-CHAMBERTIN PREMIER CRU 2007
Rouge | 2013 à 2019 | NC   **14/20**
Vin assez tendre, très 2007, définition précise des arômes et du tanin, léger manque de vinosité.

GEVREY-CHAMBERTIN VIEILLES VIGNES 2007
Rouge | 2013 à 2019   **15/20**
Remarquable matière pour l'année, tanin un peu trop astringent, expression assez classique du terroir.

Rouge : 10,8 hectares ; pinot noir 100%.
Blanc : 0,25 hectare ; chardonnay 100%.
Production totale annuelle : 60 000 bt.

DOMAINE HUMBERT FRÈRES

Rue de Planteligone
21220 Gevrey-Chambertin
Tél. 03 80 51 80 14 - Fax. 03 80 51 80 14

Voici la troisième et méconnue branche des Dugat, car le nom magique (celui de la mère du propriétaire) a disparu des étiquettes. Reste le sens du style, commun à tous, avec plus de délicatesse de bouche peut-être ici, et moins de monumentalité dans les textures. Les 2002 nous avaient enchantés, les 2005, 2006 et 2007 prennent dignement la relève. Le point fort du domaine est encore une fois sa remarquable série de premiers crus, élégants, authentiques, hautement recommandables. Les volumes de production sont limités, comme toujours avec les Dugat, mais les prix ne flambent pas.

CHARMES-CHAMBERTIN GRAND CRU 2007
Rouge | 2015 à 2025 | 50 €   **16,5/20**
Robe bleu noir, excellente constitution, vin profond, plus que large, raisin mûr, tanin harmonieux, un vrai et beau charmes, avec toute la tendresse du millésime.

GEVREY-CHAMBERTIN PREMIER CRU ESTOURNELLES SAINT-JACQUES 2007
Rouge | 2015 à 2025 | 35 €   **14,5/20**
Plus puissant que fin mais bien sculpté par son terroir, qui lui donne une assise tannique noble, encore un peu replié sur lui-même, fait pour la garde !

GEVREY-CHAMBERTIN VIEILLES VIGNES 2007
Rouge | 2013 à 2019 | 20 €   **14,5/20**
Couleur accentuée, corps puissant, plus en force lui aussi qu'en finesse, mais bon tanin de raisin mûr.

Rouge : 7 hectares ; pinot noir 100%.
Production totale annuelle : 25 000 bt.
Visite : sur rendez-vous.

DOMAINE JOLIET

Manoir de la Perrière
21220 Fixin
Tél. 03 80 52 47 85 - Fax. 03 80 51 99 90
benigne@wanadoo.fr
perso.orange.fr/joliet

Ce domaine ne possède qu'un seul cru, mais en monopole, le clos de la Perrière, à Fixin, considéré depuis toujours comme le meilleur climat de son village, avec un potentiel de grand cru. Une petite partie est plantée en blanc mais c'est le rouge qui exprime le mieux la noblesse du terroir, à condition de le vinifier et de l'élever dignement. Il a fallu à tous les amateurs attendre les toutes dernières années pour que ces conditions soient remplies, grâce à la volonté de Bénigne Joliet et au savoir-faire de Philippe Charlopin, qui le conseille. Le 2007 est le premier millésime à nous satisfaire pleinement.

FIXIN PREMIER CRU CLOS DE LA PERRIÈRE 2007
Rouge | 2015 à 2022 | NC   **16,5/20**
Robe noire, grande amplitude de bouquet, tanin noble, élevage luxueux, quelque chose de vraiment grand se prépare. Il se pourrait que le vin obtienne une note supérieure dans cinq ans.

Production totale annuelle : 15 000 bt.
Visite : Tous les jours de 8 h à 18 h.

DOMAINE DES LAMBRAYS

31, rue Basse
21220 Morey-Saint-Denis
Tél. 03 80 51 84 33 - Fax. 03 80 51 81 97
clos.lambrays@wanadoo.fr
www.lambrays.com

Le riche propriétaire allemand du Clos des Lambrays, Günter Freund, permet à Thierry Brouin de procéder, depuis quelques millésimes, aux sélections nécessaires pour optimiser la qualité du grand vin, en déclassant les vignes un peu trop jeunes ou moins parfaitement exposées, comme on le fait à Bordeaux. Il en a résulté une succession ininterrompue de vins d'une pureté de style exemplaire, avec le charme inimitable des vinifications en raisins entiers. Le 2005 fut le premier à passer à la vitesse supérieure, celle des sommets absolus de la Bourgogne, et égale, dans un style différent, plus tendu et plus minéral, son voisin du Clos de Tart. 2006 et 2007 sont de dignes successeurs. Le domaine possède également sur Puligny-Montrachet deux petites vignes, Cailleret et Folatières, et quelques privilégiés savent qu'elles donnent des blancs remarquables.

Clos des Lambrays grand cru 2007
Rouge I 2017 à 2027 I 75,00 €   **17,5/20**
Une merveille de fraîcheur, avec toute la diversité dans les arômes floraux qu'on attend de lui, texture raffinée, grande longueur, délicieux et certainement capable d'un long vieillissement.

Rouge : 10,05 hectares ; pinot noir 94%.
Blanc : 0,66 hectare ; chardonnay 6%.
Production totale annuelle : 38 000 bt.
Visite : Du lundi au vendredi sur rendez-vous uniquement.

DOMAINE PHILIPPE ET VINCENT LECHENEAUT

14, rue des Seuillets
21700 Nuits-Saint-Georges
Tél. 03 80 61 05 96 - Fax. 03 80 61 28 31
lecheneaut@wanadoo.fr

Voici un petit domaine artisanal comme on les aime : la viticulture y est méticuleuse et le style des vins très affirmé, associant puissance et finesse dans un équilibre finalement très classique. Les vins sont moins réduits et plus élevés qu'il y a quelques années, et n'ont plus besoin d'une longue aération préalable. La gamme des 2007 est excellente et montre une très bonne maîtrise de la technique, dans le respect d'une expression pure et naturelle du terroir. Les prix restent raisonnables.

Chambolle-Musigny premier cru 2007
Rouge I 2015 à 2022 I 39 €   **16,5/20**
Remarquable maturité du raisin, robe intense, beaucoup de gras, tanin sophistiqué, de la classe et un avenir certain en bouteille.

Clos de la Roche grand cru 2007
Rouge I 2017 à 2025 I 70 €   **16,5/20**
Nez encore un peu réduit, corps superbe, grande finale, long, complexe, encore un peu astringent.

Morey-Saint-Denis 2007
Rouge I 2015 à 2022 I 23,50 €   **16/20**
Nous avons préféré cette cuvée «rond» au clos-des-ormes, car le nez était plus développé et personnalisé et surtout la matière semblait plus riche, étonnante même pour l'année, avec une longueur appréciable. Une de nos deux meilleures notes.

Morey-Saint-Denis Clos des Ormes 2007
Rouge I 2013 à 2019 I 29 €   **14/20**
Robe assez foncée, style moderne exacerbant le fruit, mais retour ferme d'un tanin moins délié qu'on ne le souhaiterait.

Rouge : 9 hectares ; gamay 5%, pinot 95%.
Blanc : 1 hectare ; aligoté 60%, chardonnay 40%.
Production totale annuelle : 55 000 bt.
Visite : Du lundi au vendredi sur rendez-vous.

DOMAINE PHILIPPE LECLERC

Rue des Halles
21220 Gevrey-Chambertin
Tél. 03 80 34 30 72 - Fax. 03 80 34 17 39
philippe.leclerc60@wanadoo.fr
www.philippe-leclerc.com

Philippe Leclerc est un des vignerons les plus excentriques mais les plus attachants de la commune de Gevrey. Il s'était signalé au début des années 1980 par des vins d'une intensité de matière à mille lieues de la banalité ambiante, mais avait multiplié par la suite les vins excessifs, étranges ou fautifs. Nous avions perdu de vue sa production, mais nous sommes heureux de la retrouver aujourd'hui, avec des 2006 remarquables qui renouent avec ce que nous attendons de lui. Les 2007 leur succèdent dignement.

GEVREY-CHAMBERTIN PREMIER CRU CAZETIERS 2007
Rouge ǀ 2017 à 2025 ǀ NC   **17/20**
On admire l'élan et la netteté du nez (quel progrès !), mais cela n'est rien en comparaison avec la splendeur de la matière et la qualité de la fin de bouche. Noblement sensuel, voilà comment l'on pourrait caractériser ce grand vin, emblème de Gevrey.

GEVREY-CHAMBERTIN PREMIER CRU CHAMPEAUX 2007
Rouge ǀ 2017 à 2025 ǀ NC   **15,5/20**
Fort arôme de cassis, remarquable plénitude de texture, sensation de vendange parfaitement mûre, excellente finale, tanin robuste devant encore s'harmoniser, vin de garde par excellence.

Rouge : 8 hectares. Visite : Tous les jours de 9 h30 à 19 h et groupe sur rendez-vous.

DOMAINE LEROY

15, rue de la Fontaine
21700 Vosne-Romanée
Tél. 03 80 21 21 10 - Fax. 03 80 21 63 81
domaine.leroy@wanadoo.fr
www.domaineleroy.com

Ce domaine prestigieux, constitué par Lalou Bize-Leroy, regroupe les vignes des anciennes propriétés Noëllat et Rémy : neuf grands crus et sept premiers crus couvrent les meilleurs coteaux de Côte-d'Or, du Corton au Chambertin. Les 2007 dégustés sont encore une fois le modèle insurpassable de leur millésime et de leurs terroirs respectifs, sans aucune fausse note.

CHAMBERTIN GRAND CRU 2007
Rouge ǀ 2019 à 2027 ǀ NC   **19/20**
L'évidence même du chambertin, tout y est, l'ampleur, la rigueur et la pureté du fruit, le respect de la vie même du raisin, on croit imaginer le raisin en le dégustant, la droiture. Respect, comme on dit !

CHAMBOLLE-MUSIGNY PREMIER CRU LES CHARMES 2007
Rouge ǀ 2017 à 2027 ǀ NC   **18/20**
Racé et intense dans son parfum, plus ramassé que d'autres, plus serré dans sa texture, tanin d'une noblesse absolue, le chambolle dans son inimitable équilibre.

CLOS DE LA ROCHE GRAND CRU 2007
Rouge ǀ 2017 à 2027 ǀ NC   **17,5/20**
Sensuel, gras, long, raisin presque caressant, fait pour les amateurs de sensations hédonistes.

CLOS DE VOUGEOT GRAND CRU 2007
Rouge ǀ 2019 à 2037 ǀ NC   **18,5/20**
Grand seigneur, très noble avec quelque chose de minéral qui durcit un peu le parfum du raisin et la pulpe de la texture ce qui lui donne un peu de hiératisme, plus dur également dans son tanin que les autres grands crus voisins, mais quelle intensité, quelle intransigeance, quelle pureté de style !

GEVREY-CHAMBERTIN PREMIER CRU COMBOTTES 2007
Rouge ǀ 2015 à 2025 ǀ NC   **17/20**
Un vin naturel, évident, de grande classe et de grand équilibre, mais il n'émeut point car ses qualités s'expriment plus par les éléments de forme et de de constitution que par la beauté immédiate, naturelle et touchante du parfum.

LATRICIÈRES-CHAMBERTIN GRAND CRU 2007
Rouge ǀ 2019 à 2027 ǀ NC   **19, 5/20**
Difficile encore pour le signataire de ces lignes de cacher son sentiment intime de préférence pour la pureté, l'élégance du trait et de la mise en forme de cette pure merveille. Plus émouvant encore que le chambertin, car ici le corps est presque dématérialisé. Le plus beau latricières jamais dégusté à sa naissance.

MUSIGNY GRAND CRU 2007
Rouge | 2017 à 2027 | NC   **19/20**
Raisin presque caramélisé, tant les arômes de fleurs sont épanouis et en même temps voluptueux, texture de taffetas.

NUITS-SAINT-GEORGES LAVIÈRES 2007
Rouge | 2015 à 2022 | NC   **17/20**
En 2007, les trois nuits sont produits, allots, lavières et bas-de-combes. Notre préféré, mais de très peu, est le lavières, dont le corps, la classe, la longueur et le naturel peuvent servir d'exemple.

**NUITS-SAINT-GEORGES PREMIER CRU
AUX BOUDOTS 2007**
Rouge | 2015 à 2027 | NC   **17,5/20**
Très belle enveloppe, grande chair, grande suite en bouche, simplement le parfum est un rien moins raffiné que celui des beaumonts.

**NUITS-SAINT-GEORGES PREMIER CRU
VIGNES RONDES 2007**
Rouge | 2015 à 2022 | NC   **17,5/20**
Arôme ultrafin de fleurs et d'épices, corps merveilleusement plein, équilibré et racé dans son support tannique, grande suite en bouche, grand naturel.

POMMARD LES VIGNOTS 2007
Rouge | 2015 à 2022 | NC   **17/20**
Pommard village exceptionnel, dans la mesure où il ne cache pas le côté un peu carré de sa forme mais l'enrobe, l'adoucit et le civilise par la perfection de son fruité de raisin, idéalement mûr et vinifié entier.

RICHEBOURG GRAND CRU 2007
Rouge | 2019 à 2037 | NC   **18/20**
Robuste, puissant, voluptueux, tout ce qu'on aime dans un grand cru, mais voilà, il y en a d'autres au domaine et ce jour-là il semblait en comparaison un rien plus rustique, dans le sens de plus campé dans sa terre et ses racines.

ROMANÉE-SAINT-VIVANT GRAND CRU 2007
Rouge | 2017 à 2027 | NC   **19/20**
Suavité incomparable du parfum et de la texture, longueur, classe, rayonnement, de la pure poésie mais sous une légère lumière glamour, car la saint-vivant sait son pouvoir de séduction.

**SAVIGNY-LÈS-BEAUNE PREMIER CRU
LES NARBANTONS 2007**
Rouge | 2015 à 2027 | NC   **17/20**
Une grâce aromatique et une souplesse inégalées dans un corps grâce au rendement très faible.

VOSNE-ROMANÉE PREMIER CRU LES BEAUX MONTS 2007
Rouge | 2017 à 2027 | NC   **18,5/20**
Robe magnifique pour l'année, parfum irrésistible de noblesse, de pureté, d'évidence du terroir, chair respectant à la perfection le raisin.

Rouge : 18,13 hectares : gamay 2%, pinot noir 81%.
Blanc : 3,85 hectares : aligoté 11%, chardonnay 6%.
Production totale annuelle : 40 000 bt.
Visite : Pas de visites.

DOMAINE CHANTAL LESCURE

34, A Rue Thurot
21700 Nuits-Saint-Georges
Tél. 03 80 61 16 79 - Fax. 03 80 61 36 64
contact@domaine-lescure.com
www.domaine-lescure.com

Voici un domaine fort sérieux, propriétaire de nombreux crus de qualité du sud de la Côte de Nuits, et dont les vinifications précises sont un compromis réussi entre la tradition et la modernité. Les vins ont du corps, de la sève, des tanins plutôt puissants mais sans agressivité. Mais surtout les terroirs s'expriment avec naturel et évidence. Nous recommanderons par-dessus tout en 2007 les nuits-saint-georges, pleins de vie et de charme.

CHAMBOLLE-MUSIGNY LES MOMBIES 2007
Rouge | 2013 à 2019 | 25 €   **14/20**
Un peu boisé au nez mais très bien construit, jolie texture fidèle au village, bonne longueur, léger assèchement en finale.

CLOS DE VOUGEOT GRAND CRU 2007
Rouge | 2017 à 2027 | 80 €   **17/20**
Grande sève, notes de fruits noirs, de chocolat, très typées clos, magnifique élevage, grande suite en bouche, grand avenir.

NUITS-SAINT-GEORGES 2007
Rouge | 2013 à 2019 | 24 €   **15,5/20**
Nez ouvert et diversifié, à dominante de fruits rouges, cerise, cassis, et épices douces. La texture est onctueuse à souhait, et la finale précise.

NUITS-SAINT-GEORGES LES DAMODES 2007
Rouge | 2014 à 2019 | 27 €   **16/20**
Un classique de ce village par sa chair, sa générosité de texture, la qualité de son tanin. Il associe tension et fruité dans un ensemble très équilibré.

**NUITS-SAINT-GEORGES PREMIER CRU
VALLEROTS 2007**
Rouge | 2015 à 2019 | 33 €   **16,5/20**
Robe noire, grande cuvaison, vin complet, original, très épicé, complexe.

Rouge : 17,64 hectares. **Blanc :** 0,36 hectare.
Production totale annuelle : 70 000 bt. **Visite :** Du lundi au vendredi de 9 h à 12 h et de 13 h30 à 17 h.

DOMAINE THIBAULT LIGER-BELAIR

32, rue Thurot
21700 Nuits-Saint-Georges
Tél. 03 80 61 51 16 - Fax. 03 80 61 51 16
tligerbelair@wanadoo.fr
www.thibaultligerbelair.com

Ce domaine, héritier d'une tradition plus que centenaire, a été repris en main par Thibault Liger-Belair, un des viticulteurs les plus passionnés de sa génération et les mieux pourvus en grands terroirs. En trois millésimes, il atteint le niveau des meilleurs producteurs de la Côte de Nuits. On nous dira que c'est naturel et facile vu le pedigree de son vignoble, mais il y a tant de contre-exemples ! L'autorité et la plénitude de ses 2005 les ont fait à juste titre remarquer, mais ses 2007 marquent une étape supplémentaire dans la recherche de la pureté et de la netteté et devraient devenir, pour les meilleurs, des classiques du millésime.

Aloxe-Corton premier cru La Toppe au Vert 2007
Rouge | 2012 à 2017 | 27 € **16/20**
Notre meilleure note pour cette appellation, superbe nez de pivoine, texture naturelle, finale fraîche et élégante, du style.

Clos de Vougeot grand cru 2007
Rouge | 2017 à 2027 | 58 € **17/20**
Grand nez franc et racé, superbes notes de chocolat noir, liées à la tradition du cru, finale truffée de très beau style, généreux.

Corton - Le Corton grand cru Rognet 2007
Rouge | 2017 à 2025 | 37,50 € **17/20**
Fait jeu égal avec renardes en densité de matière et en autorité de style, frais, complexe, un rien moins voluptueux.

Corton - Renardes grand cru 2007
Rouge | 2017 à 2025 | 40 € **17/20**
Le plus grand corton de la dégustation, le seul à posséder la majesté de constitution des meilleurs grands crus, avec un bouquet complexe où l'on retrouve le cacao, le cèdre, le cuir frais, la rose.

Nuits-Saint-Georges La Charmotte 2007
Rouge | 2013 à 2017 | 25 € **16/20**
Joli nez épicé, belle chair, texture tendre, grand naturel, vin aussi charmeur que son nom !

Nuits-Saint-Georges premier cru Les Saint-Georges 2007
Rouge | 2017 à 2027 | 44 € **17,5/20**
Le principal propriétaire de ce terroir n'a pas failli, le vin est noblement bouqueté, très long et onctueux.

Rouge : 7 hectares ; pinot noir 100%.
Production totale annuelle : 40 000 bt.
Visite : Du lundi au vendredi sur rendez-vous.

DOMAINE DU COMTE LIGER-BELAIR

Château de Vosne-Romanée
21700 Vosne-Romanée
Tél. 03 80 62 13 70 - Fax. 03 80 62 13 70
contact@liger-belair.fr
www.liger-belair.fr

Progressivement, Louis-Michel Liger-Belair installe son domaine au tout premier rang de la Bourgogne, avec des vins d'un raffinement de texture et d'arôme qui ne le cède qu'à celui de la Romanée-Conti. Son fleuron, la-romanée, ressemble d'ailleurs de plus en plus à la conti, et rend justice à leur gémellité !

Échezeaux grand cru 2007
Rouge | 2015 à 2022 | cav. env 140 € **18/20**
Toujours ce parfum floral unique, ravissant, texture soyeuse, grande longueur.

La Romanée grand cru 2007
Rouge | 2017 à 2027 | cav. env 500 € **19/20**
Un vin merveilleux, qui suscitait dans notre dégustation à l'aveugle des expressions enthousiastes comme : «de l'étoffe dont on fait les rêves»! Parfum sublime d'essence de fleurs, encore plus raffiné et subtil que celui des reignots, longueur ineffable.

Nuits-Saint-Georges Lavières 2007
Rouge | 2014 à 2019 | cav. env 45 € **16,5/20**
Arômes très riches et élégants formant un véritable panier de fleurs, merveilleuse texture, grande longueur.

Nuits-Saint-Georges premier cru Cras 2007
Rouge | 2014 à 2022 | cav. env 85 € **16,5/20**
Nez fumé et toasté, notes de raisin mûr impeccablement trié et non trituré avant vinification, texture veloutée, somptueux !

Vosne-Romanée Clos du Château 2007
Rouge | 2014 à 2019 **16/20**
Élégant nez floral, texture raffinée, boisé aristocratique, peut être un peu surdimensionné par rapport à la matière.

Vosne-Romanée premier cru Reignots 2007
Rouge | 2017 à 2025 | cav. env 100 € **18,5/20**
Sublime parfum floral, corps harmonieux, tanin ultra civilisé, la perfection ou presque et l'illustration même du fameux dicton «une main de fer dans un gant de velours» !

Vosne-Romanée premier cru Suchots 2007
Rouge | 2015 à 2022 | cav. env 95 € **18/20**
La texture est fort proche dans son raffinement de celle des reignots, avec un poil moins de densité et de finesse.

Rouge : 8,5 hectares. Blanc : 0,2 hectare.
Production totale annuelle : 30 000 bt.

DOMAINE
LUCIE ET AUGUSTE LIGNIER

Hameau de Corboin
21700 Nuits-Saint-Georges
Tél. 03 80 61 33 84 - Fax. 03 80 61 33 84
la.lignier@yahoo.fr

Ce domaine est issu d'une division du Domaine Hubert Lignier. Au décès, hélas prématuré, de Romain Lignier, un des plus brillants vinificateurs de sa génération, sa veuve a courageusement repris une bonne partie de ses vignes et s'efforce de conserver la haute qualité du domaine, en attendant que son propre fils prenne la relève. Les 2006, très puissants et généreux, vont dans la bonne direction. 2007 est tout aussi soigné. Des progrès sont encore possibles en matière d'élevage avec un choix d'origine de bois plus approprié.

CLOS DE LA ROCHE GRAND CRU 2007
Rouge | 2017 à 2027 | 78 €   **17,5/20**
Le grand vin que l'on attend de cette source et qui, lui, domine son bois, somptueuse sève, caractère minéral noble, qu'il a toujours eu du vivant de Romain Lignier, grande longueur, petite note de chocolat noir façon clos-vougeot ; magnifique.

MOREY-SAINT-DENIS PREMIER CRU
CUVÉE ROMAIN LIGNIER 2007
Rouge | 2015 à 2019 | 54 €   **14/20**
Excellente matière mais boisé trop sec, dominateur comme dans d'autres 2007 du domaine. Attendre cinq ans pour voir si le vin reprend le dessus.

Production totale annuelle : 25 000 bt.
Visite : sur rendez-vous.

DOMAINE
VIRGILE LIGNIER-MICHELOT

11, rue Haute
21220 Morey-Saint-Denis
Tél. 03 80 34 31 13 - Fax. 03 80 58 52 16
virgile.lignier@wanadoo.fr

Virgile Lignier, jeune viticulteur intelligent et ambitieux, fait partie de l'élite de la nouvelle génération bourguignonne, celle qui progressivement retrouve le style des grands producteurs des années 1920 et 1930. Son style s'affirme d'une année sur l'autre et 2007 est sans doute à ce jour sa réussite la plus homogène.

CHAMBOLLE-MUSIGNY PREMIER CRU
CUVÉE JULES 2007
Rouge | 2017 à 2022 | 36 €   **14,5/20**
De l'ambition certainement pour ce vin riche et vineux, mais pour le moment dominé par le bois et avec une finale moins pure que dans d'autres cuvées du domaine. Il se fera probablement avec le temps.

CLOS DE LA ROCHE GRAND CRU 2007
Rouge | 2017 à 2027 | 60 €   **17/20**
Superbe étoffe, grain de tanin policé, vin harmonieux, complet, classique, digne de la réputation de ce jeune producteur.

CLOS SAINT-DENIS GRAND CRU 2007
Rouge | 2009 à 2010 | 60 €   **17/20**
Remarquablement typé avec des notes de rose et d'aubépine, très racé, subtil, complètement différent comme il se doit du clos-de-la-roche pourtant si proche géographiquement. Une petite merveille, dans un millésime qui a réussi à ce grand cru.

MOREY-SAINT-DENIS EN LA RUE DE VERGY 2007
Rouge | 2014 à 2019 | 26 €   **16/20**
Bien plus d'un cran au-dessus du simple village, texture plus pulpeuse, tanin raffiné, grande longueur, un modèle du genre et un des plus jolis villages du millésime !

MOREY-SAINT-DENIS PREMIER CRU
FACONNIÈRES 2007
Rouge | 2014 à 2019 | 36 €   **15/20**
Légèrement lactique, forme classique, tanin de qualité, du style mais pas assez vineux pour atteindre le premier rang.

MOREY-SAINT-DENIS VIEILLES VIGNES 2007
Rouge | 2014 à 2019 | 25 €   **14,5/20**
Encore un morey de facture classique et soignée, assez plein, souple, légèrement épicé en finale, très équilibré, mais sans raffinement particulier.

Rouge : 8,2 hectares ; pinot noir 96%.
Blanc : 0,3 hectare ; chardonnay 4%.
Production totale annuelle : 60 000 bt.
Visite : sur rendez vous uniquement.

DOMAINE BERTRAND
MACHARD DE GRAMONT

13, rue de Vergy
21700 Nuits-Saint-Georges
Tél. 03 80 61 16 96 - Fax. 03 80 61 16 96
bertrandmacharddegramont@aliceadsl.fr

Ce petit domaine de qualité s'est signalé depuis quelques années par la spectaculaire replantation en terrasses du climat des Vallerots, sur une des pentes les mieux exposées mais aussi les plus raides de Nuits Saint-Georges. La haute qualité des premiers millésimes justifie amplement le travail accompli, dans un respect remarquable du sol et de l'environnement. Tous les 2007 présentés étaient fort proches sur le plan du style et devraient donner encore plus de plaisir que les 2005 et 2006.

Nuits-Saint-Georges Aux Allots 2007
Rouge | 2013 à 2019 | 22 €   **15,5/20**
Arômes classiques et bien développés, notes de cassis et d'agrumes, jolie chair, finale très personnelle et harmonieuse.

Nuits-Saint-Georges Hauts-Pruliers 2007
Rouge | 2015 à 2019 | 23 €   **16,5/20**
Grande couleur, nez plus droit, plus franc encore et plus tendu que celui de Vallerots, mais dans le même esprit, assise remarquable, forte personnalité. Un grand village !

Nuits-Saint-Georges Les Vallerots 2007
Rouge | 2015 à 2022 | 21 €   **16/20**
Grande couleur, nez développé et centré sur une très belle note de cassis mûr, charnu, puissant, un peu sauvage, très forte personnalité et expression du terroir très authentique.

Rouge : 5,8 hectares ; pinot 100%.
Blanc : 0,7 hectare ; aligoté 100%.
Production totale annuelle : 22 000 bt.
Visite : Sur rendez-vous uniquement (06 62 37 36 08).

FRÉDÉRIC MAGNIEN
ET DOMAINE MICHEL MAGNIEN

26, route Nationale
21220 Morey-Saint-Denis
Tél. 03 80 58 54 20 - Fax. 03 80 51 84 34
frederic@fred-magnien.com
www.frederic-magnien.com

Il faut ici faire la distinction entre les vins de négoce, même s'ils sont vinifiés par le talentueux et énergique Frédéric Magnien, et ceux de la propriété, signés Michel Magnien, où un meilleur contrôle des vignes explique leur supplément de finesse et de précision. Jeune viticulteur passionné, Frédéric a eu parfois un peu tendance à trop accentuer les extractions, mais les deux millésimes les plus récents, 2006 et 2007, sont marqués par des équilibres plus raffinés.

Chambertin-Clos de Bèze grand cru 2007
Rouge | 2017 à 2027 | 120 €   **18,5/20**
Noble arôme de rose, sublime texture, grande longueur, un vin associant la classe du cru à un peu plus de sensualité, sans doute en raison d'un élevage qui a su polir les angles. Un des sommets de la dégustation.

Chambolle-Musigny premier cru Borniques 2007
Rouge | 2014 à 2019 | 60 €   **16/20**
Merveilleuse texture, tanin exact et élégant, montrant une évolution du vinificateur vers plus de finesse et de fraîcheur (on le souhaitait), long, excellent style.

Chambolle-Musigny premier cru Les Sentiers 2007
Rouge | 2015 à 2019 | 50 €   **16,5/20**
Issu des vignes du Domaine Michel Magnin, et remarquable avec encore un peu plus de finesse et d'allonge que borniques, une des réussites incontournables du millésime.

Charmes-Chambertin grand cru 2007
Rouge | 2017 à 2025 | NC   **18/20**
Un des sommets de notre dégustation et le plus complet des vins de cette source, remarquable nez complexe, corps enthousiasmant par sa densité mais aussi la beauté de sa texture, grande longueur, Charmes à ce niveau vaut tous les satellites du Chambertin !

Clos de la Roche grand cru
Michel Magnien 2007
Rouge | 2017 à 2025 | 100 €   **16,5/20**
Vin du domaine, coloré, profond, mûr, très sensuel, mais moins de raffinement que dans les deux meilleurs clos de la dégustation, bel avenir néanmoins.

CLOS SAINT-DENIS GRAND CRU 2007
Rouge | 2017 à 2025 | 100 €   **16/20**
Récolte du Domaine Michel Magnin, vin coloré, gras, richement bouqueté, avec des notes de réglisse et de musc, très moderne dans sa vinification, onctueux, mais moins précis dans l'illustration de la délicatesse naturelle de ce terroir.

GEVREY-CHAMBERTIN PREMIER CRU CAZETIERS 2007
Rouge | 2015 à 2025 | 56 €   **16,5/20**
Très coloré et puissant au nez, dans le style propre à ce terroir, mêlant des notes de moka à un ensemble rappelant les baies noires. Excellent volume de bouche, finale majestueuse.

GEVREY-CHAMBERTIN PREMIER CRU CAZETIERS DOMAINE MICHEL MAGNIEN 2007
Rouge | 2015 à 2025 | 50 €   **17/20**
Une autre cuvée, provenant du domaine cette fois, et encore plus réussie que la première, avec plus de finesse, de précision et de diversité dans les arômes et le caractère tactile du tanin. Excellent !

GEVREY-CHAMBERTIN PREMIER CRU GOULOT 2007
Rouge | 2015 à 2022 | 44 €   **16/20**
Plus de chair que de parfum, vin gras mais sans épaisseur, mûr, sûr de lui, à garder encore quelques années.

MOREY-SAINT-DENIS PREMIER CRU CHAFFOTS 2007
Rouge | 2009 à 2019 | 41 €   **15,5/20**
Issu du Domaine Michel Magnin, délicieusement mûr et fondant avec l'immédiateté particulière aux bons moreys du millésime, tanin suave, séducteur.

MOREY-SAINT-DENIS PREMIER CRU CLOS BAULET 2007
Rouge | 2009 à 2017 | 45 €   **15/20**
Parfum de mûre, tendre, souple, finale agréable et harmonieuse, petite touche fumée caractéristique.

MOREY-SAINT-DENIS PREMIER CRU RUCHOTS 2007
Rouge | 2009 à 2019 | 52 €   **15/20**
Très harmonieux, mûr, élégant, assez long, proche des autres cuvées du domaine, séducteur.

MOREY-SAINT-DENIS TRÈS GÉRARD 2007
Rouge | 2013 à 2019 | 22 €   **15/20**
Forte couleur, notes très mûres au nez, vineux mais sans excès d'extraction, style moderne mais abouti.

Production totale annuelle : 150 000 bt.
Visite : Du lundi au vendredi sur rendez-vous.

DOMAINE MÉO-CAMUZET

11, rue des Grands-Crus
21700 Vosne-Romanée
Tél. 03 80 61 11 05 - Fax. 03 80 61 11 05
meo-camuzet@wanadoo.fr
www.meo-camuzet.com

Le style actuel de ce domaine prestigieux, propriétaire entre autres d'une large parcelle superbement située du clos Vougeot, juste à côté du château, tente avec succès de concilier tradition et modernisme. Jean-Nicolas Méo et son régisseur Christian Faurois sont des hommes très méticuleux, réfléchis, se remettant continuellement en question. Les vins sont vigoureux et denses mais avec style, bâtis pour un long vieillissement. En dehors de la production du domaine, une petite activité de négoce permet de présenter des vins de même style, mais d'appellations moins recherchées et coûteuses, comme un excellent fixin. Nous avons particulièrement aimé en 2007 le nuits-saint-georges-les-murgers.

CHAMBOLLE-MUSIGNY PREMIER CRU FEUSSELOTTES 2007
Rouge | 2013 à 2019 | NC   **15,5/20**
Vin de la partie «négoce» joliment vinifié, souple, tendre, élégant, très chambolle.

NUITS-SAINT-GEORGES 2007
Rouge | 2013 à 2019 | NC   **16,5/20**
Village charmeur, élégant mais assis sur un excellent tanin mûr, notes d'anis et de réglisse typées par la maturité de la récolte, finale délicieuse et réglissée.

NUITS-SAINT-GEORGES PREMIER CRU MURGERS 2007
Rouge | 2015 à 2022 | NC   **17,5/20**
Notre vin préféré du domaine en 2007. Merveilleusement floral et élégant, au toucher de bouche aristocratique et à la finale mentholée qui redouble son élégance. Bravo !

VOSNE-ROMANÉE PREMIER CRU BRÛLÉES 2007
Rouge | 2017 à 2027 | NC   **17/20**
Racé, profond, tendu, boisé encore fort présent (mais c'est normal), assez minéral pour un rouge de la commune, fait pour la garde.

VOSNE-ROMANÉE PREMIER CRU CHAUMES 2007
Rouge | 2014 à 2019 | NC   **15,5/20**
Chaumes n'est pas le terroir le plus excitant du village, mais le domaine en possède une belle surface permettant d'exploiter toute la pente de la vigne, proche de La Tâche. Le 2007 est vineux mais tendre, d'une expression convenue mais précise du terroir.

Rouge : 14,4 hectares ; pinot 100%.
Blanc : 3,6 hectares ; chardonnay 90%, pinot 10%.
Production totale annuelle : 120 000 bt.
Visite : pas de visites.

DOMAINE DENIS MORTET

22, rue de l'Église
21220 Gevrey-Chambertin
Tél. 03 80 34 10 05 - Fax. 03 80 34 16 26
denis-mortet@wanadoo.fr
www.domaine-denis-mortet.com

Le domaine avait porté à un degré d'expression rare un style de vin qui était devenu le symbole de la modernité bourguignonne : une maturité exceptionnelle du raisin, un parfum floral et fruité d'un appel immédiat, amplifié par un boisé très étudié, et des textures d'une plénitude et d'une précision exemplaires. Dans les derniers millésimes, les tanins un peu appuyés du début des années 1990 s'étaient considérablement affinés, et Arnaud Mortet, qui a succédé à son père Denis en 2006, est fermement décidé à continuer d'évoluer dans cette direction. Le millésime 2007 a donné des vins merveilleusement aromatiques et, grâce au talent de vinificateur d'Arnaud, d'une rare perfection formelle.

CHAMBERTIN GRAND CRU 2007
Rouge | 2017 à 2027 | NC   **18,5/20**
Le plus noble des arômes de rose imaginable précède une bouche idéalement équilibrée, avec un affinage de la matière magistral lié à la qualité de l'élevage, une expression vraiment digne de ce cru incomparable.

FIXIN CHAMP PENNEBAUT 2007
Rouge | 2014 à 2022 | NC   **17/20**
Un des fixins les plus impressionnants d'aujourd'hui, par l'intensité de la couleur, la majesté de la matière, la perfection de l'extraction et de l'élevage.

GEVREY-CHAMBERTIN PREMIER CRU LAVAUT SAINT-JACQUES 2007
Rouge | 2017 à 2025 | NC   **17/20**
Grand nez de baies rouges, corps complet, finale ferme et assurée, tanin racé, du grand vin encore dans l'enfance

GEVREY-CHAMBERTIN PREMIER CRU LES CHAMPEAUX 2007
Rouge | 2015 à 2025 | NC   **17/20**
Grande robe, admirable nez complexe, floral et fruité, délicatement réglissé, superbe intégration du boisé, tanin ultra racé, long,.

MARSANNAY LES LONGEROIES 2007
Rouge | 2014 à 2019 | NC   **16/20**
Très foncé, boisé marqué mais sans assèchement, fruité ample, généreux, pur, assez impressionnant, finale assurée, vin de très beau style.

Rouge : 10 hectares ; Blanc : 1 hectare ; Production totale annuelle : 65 000 bt.

DOMAINE THIERRY MORTET

16, place des Marronniers
21220 Gevrey-Chambertin
Tél. 03 80 51 85 07 - Fax. 03 80 34 16 80
www.domainethierrymortet.fr

Le frère de Denis Mortet semble progresser d'une année sur l'autre, après avoir longtemps stagné. Même si sa viticulture n'est pas aussi précise que celle de son neveu Arnaud, elle s'inspire des mêmes tours de main appris de son père, remarquable jardinier. Les vins de 2006 nous ont séduits par leur belle couleur, leur vigueur, leur netteté d'expression. Le gevrey 2007 est de la même lignée.

GEVREY-CHAMBERTIN 2007
Rouge | 2013 à 2019 | 21 €   **14,5/20**
Vin généreux, au type gevrey bien marqué, texture tendre, un peu moins complexe en finale qu'on ne s'y attend au nez, bien vinifié.

Rouge : 6 hectares ; gamay 4%, pinot 82%.
Blanc : 1 hectare ; aligoté 4,5%, chardonnay 9,5%.
Production totale annuelle : 35 000 bt. **Visite :** Sur rendez-vous de 9 h à 12 h et de 14 h à 18 h.

DOMAINE GEORGES MUGNERET ET MUGNERET-GIBOURG

5, rue des Communes
21700 Vosne-Romanée
Tél. 03 80 61 01 57 - Fax. 03 80 61 33 08
dgm@mugneret-gibourg.com
www.mugneret-gibourg.com

Ces deux dénominations de domaine désignent en fait des vins vinifiés par les mêmes productrices, les deux filles du docteur Georges Mugneret, aussi passionnées par la vigne et le vin que leur père. Leur production actuelle est une des sources les plus sûres, les plus régulières et les plus respectées pour les vins de Vosne-Romanée et de Nuits-Saint-Georges, vinifiés avec une rare exactitude. Ils ne commencent pas dans la vie de manière aussi spectaculaire que d'autres, mais vieillissent avec bonheur sur plusieurs décennies. Les 2006 sont impeccablement réussis et les 2007 présentés ont le raffinement aromatique propre au millésime.

ÉCHEZEAUX GRAND CRU 2007
Rouge | 2015 à 2025 | 62 €   **16,5 /20**
Nez de cerise, grande finesse de texture, tanin discret et exprimant de façon précise et solide le terroir. Vin pudique, complexe, de grand avenir.

VOSNE-ROMANÉE 2007
Rouge | 2014 à 2019 | 24 €   **16/20**
Joli nez discret mais typé d'épices, corps délicat, tanin plus ferme qu'on ne le croit par rapport à la couleur et à la réserve de la texture. Joli village, fait pour vieillir.

Rouge : 6 hectares.
Production totale annuelle : 30 000 bt.
Visite : Visite sur rendez-vous, fermé le mercredi.

DOMAINE JACQUES-FRÉDÉRIC MUGNIER

Château de Chambolle-Musigny
21220 Chambolle-Musigny
Tél. 03 80 62 85 39 - Fax. 30 80 62 87 36
info@mugnier.fr
www.mugnier.fr

Ce domaine n'a cessé de perfectionner viticulture et vinification depuis le début des années 1990, et plus spécialement encore depuis ses retrouvailles avec son célèbre clos de la Maréchale, qui a doublé la surface des vignes et exigé une refonte de la structure d'exploitation, ainsi qu'une modernisation bienvenue de la cuverie.

BONNES-MARES GRAND CRU 2007
Rouge | 2017 à 2027 | cav. 150-200 €   **17,5/20**
Noblement réglissé, corps généreux mais tanin tendre, harmonieux, longue persistance, style exemplaire une fois encore.

CHAMBOLLE-MUSIGNY 2007
Rouge | 2013 à 2019 | cav. 40-50 €   **16/20**
Grande suavité de texture, tanin caressant mais avec de la tension en milieu de bouche, expression juste et forte du village.

CHAMBOLLE-MUSIGNY PREMIER CRU LES FUÉES 2007
Rouge | 2015 à 2022 | cav. 70-90 €   **16,5/20**
Beau nez floral et complexe, corps riche, texture onctueuse, tanin noble, du style.

MUSIGNY GRAND CRU 2007
Rouge | 2017 à 2027 | cav. 250-300 €   **18,5/20**
Sublime arôme floral, texture merveilleuse, grande longueur, classe incomparable. Le caractère d'un grand musigny dans toute son authenticité irremplaçable.

NUITS-SAINT-GEORGES PREMIER CRU CLOS DE LA MARÉCHALE 2007
Blanc | 2010 à 2015 | cav. 55-65 €   **15,5/20**
Une petite partie du clos vient d'être plantée en chardonnay et donne dès 2007 un des rares blancs distingués de Côte de Nuits.

NUITS-SAINT-GEORGES PREMIER CRU CLOS DE LA MARÉCHALE 2006
Rouge | 2016 à 2026 | cav. 50-60 €   **17,5/20**
Le producteur a décidé de présenter à nouveau son superbe 2006 plutôt que son 2007. Le vin offre la même intensité que l'an dernier, la même précision et noblesse de tanin mais avec un rien de charme aromatique en moins, les arômes de vin jeune commençant à se métamorphoser.

Rouge : 13 hectares ; pinot noir 97%.
Blanc : 0,6 hectare ; chardonnay 3%.
Production totale annuelle : 60 000 bt.
Visite : pas de visites.

DOMAINE PIERRE NAIGEON

4, du Chambertin
Vieil Hotel Jobert de Chambertin
21220 Gevrey-Chambertin
Tél. 03 80 34 14 87 - Fax. 03 80 58 51 18
pierre.naigeon@wanadoo.fr
www.DomainePierreNaigeon.com

Brillante entrée dans notre guide, pour cette maison ancienne mais que nous avions perdue de vue : les vins du millésime 2005 présentés ont la finesse, la complexité et la sûreté de style des meilleurs. Si les prix vous conviennent, achetez tout ce que vous pouvez, et suivez de près ce qui se passe ici. Le millésime 2006 confirme pleinement ses promesses et montre les mêmes qualités de finesse et de précision dans la vinification. Un petit ton en dessous, 2007 a réussi particulièrement aux vins de Chambolle, dont un superbe bonnes-mares de la partie haute du cru.

BONNES-MARES GRAND CRU 2007
Rouge | 2017 à 2027 | 74 €   **17/20**
On sent la tension supplémentaire des terres blanches, grand nez de cassis, un peu marqué par de la réduction, énorme matière, grand avenir.

CHAMBOLLE-MUSIGNY 2007
Rouge | 2012 à 2019 | 28 €   **15/20**
Jolis arômes fruités, respectueux du raisin, une certaine étoffe, de la longueur et de la classe, exactement ce qu'on attend de ce type de terroir. Vin précis et fin.

GEVREY-CHAMBERTIN EN VOSNE 2007
Rouge | 2015 à 2019 | 27,75 €   **15/20**
Expression classique du village, réglissé, assez tendu pour le millésime, finale nette et complexe.

Rouge : 10,5 hectares ; pinot noir 92%.
Blanc : 1 hectare ; aligoté 3%, chardonnay 5%.
Production totale annuelle : 40 000 bt.
Visite : De préférence sur rendez-vous

DOMAINE HENRI NAUDIN-FERRAND

Rue du Meix-Grenot
21700 Magny-les-Villers
Tél. 03 80 62 91 50 - Fax. 03 80 62 91 77
info@naudin-ferrand.com
www.naudin-ferrand.com

Claire Naudin est une jeune vigneronne de grand talent, qui a su faire une juste synthèse entre le savoir moderne, oenologique et agronomique, acquis à Montpellier, et le sens de la grande tradition bourguignonne. Elle excelle dans les «petites» appellations, Bourgogne rouge, Bourgogne aligoté, Hautes Côtes de Beaune et de Nuits, Côte de Nuits villages, qui sont tous des exemples de vins raffinés dans leur simplicité et particulièrement digestes.

BOURGOGNE ALIGOTÉ 2007
Blanc | 2009 à 2012   **14/20**
Nerveux, frais, citronné, salin, parfaite fidélité au type, vin sans façon mais bien vinifié;

CÔTE DE NUITS-VILLAGES
VIOLA ODORATA VIEILLES VIGNES 2007
Rouge | 2009 à 2017 | NC   **17,5/20**
Un petit miracle, digne du savoir faire de cette vinificatrice, sublime arôme de violette, finesse étonnante de texture.

HAUTES CÔTES DE BEAUNE 2007
Blanc | 2009 à 2015 | cav. 12,60 €   **15/20**
Un vin qui a plein de choses à dire, en harmonie et en équilibre. Il est assis sur une belle matière riche et souple, mais retenue par des tanins bien travaillés.

HAUTES CÔTES DE BEAUNE FÛT 2007
Rouge | 2009 à 2017 | cav. 12,40 €   **16/20**
Très belle élégance pour ce vin encore retenu. Attendre qu'il se lâche un peu ou le passer en carafe avant de le boire. Matière dense, intense, riche et... saine.

HAUTES CÔTES DE BEAUNE ORCHIS MASCULATA 2007
Rouge | 2009 à 2017 | cav. 22 €   **16/20**
Nez austère mais profond. Une matière très présente. Le vin se révèle vite gourmand, intense et fruité. Belle maturité.

HAUTES CÔTES DE NUITS 2007
Rouge | 2009 à 2017 | cav. 14 €   **16/20**
Incontournable tant il prône le pinot noir, avec ses belles nuances de fruits noirs et rouges. Attendre encore un ou deux ans ce vin fait pour le partage.

Rouge : 14,5 hectares ; gamay 5%, pinot noir 60%.
Blanc : 7,5 hectares ; aligoté 20%, chardonnay 13%, pinot blanc 2%. Production totale annuelle : 130 000 bt. Visite : Du lundi au vendredi de 8 h à 12 h et de 13 h30 à 17 h30. Le samedi de 10 h à 18 h.

MANUEL OLIVIER

Concoeur Corboing
21700 Nuits-Saint-Georges
Tél. 03 80 62 39 33 - Fax. 03 80 62 10 47
contact@domaine-olivier.com
www.domaine-olivier.com

Olivier Gard nous avait séduits l'an dernier par la qualité de ses hautes-côtes-de-nuits. Il présente cette année une gamme de vin plus large, une partie étant achetée en raisin et vinifiée par lui-même avec un réel sens du style classique des beaux villages de Côte de Nuits.

HAUTES CÔTES DE NUITS 2007
Blanc | 2009 à 2017 | 8 € **15,5/20**
Très joli nez. La bouche confirme cependant l'élégance du vin, sa profondeur.

HAUTES CÔTES DE NUITS 2007
Rosé | 2009 à 2010 | 6 € **15/20**
Très expressif, parfumé, fleuri. Matière dense, concentrée. Un vrai vin issu de pinot noir, plein de jus et de gourmandise.

HAUTES CÔTES DE NUITS CUVÉE DE GARDE 2006
Rouge | 2009 à 2016 | 10 € **16/20**
Très très joli pinot noir, d'un raffinement extraordinaire. Bien structuré, long. Superbe !

HAUTES CÔTES DE NUITS CUVÉE DE GARDE 2005
Rouge | 2009 à 2015 | 10 € **15,5/20**
Tout y est : grand vigneron et grand millésime. Matière, structure, fruit, richesse.

HAUTES CÔTES DE NUITS CUVÉE TRADITION 2007
Rouge | 2009 à 2017 | 7,50 € **15/20**
Fraîcheur et minéralité. Un très beau vin, élégant, profond et racé. Bravo !

HAUTES CÔTES DE NUITS VIEILLES VIGNES 2006
Rouge | 2009 à 2016 | 11 € **16/20**
Souplesse et intensité à la fois. Accessible dès à présent, il offre une élégance inoubliable.

VOSNE-ROMANÉE 2007
Rouge | 2012 à 2017 | 22 € **16/20**
Autre village sans indication de climat, plus coloré et complet que damaudes, très nuancé et séduisant.

VOSNE-ROMANÉE DAMAUDES 2007
Rouge | 2013 à 2017 | 25 € **15,5/20**
Ce petit cru de coteau sert de frontière entre Vosne et Nuits (où il change d'orthographe, et s'épelle Damodes). Le 2007 offre de belles sensations tactiles et un parfum précis.

Rouge : 7,50 hectares. Blanc : 2,50 hectares.
Production totale annuelle : 60 000 bt.
Visite : du lundi au samedi de 9 h à 12 h et de 14 h à 19 h sur rendez-vous de préférence.

ORONCIO

La Maison Romane
21700 Vosne-Romanée
Tél. 03 80 61 17 45 - Fax. 03 80 61 17 45
contact@equivinum.fr
www.oroncio-maisonromane.com

Oronce de Beler est un jeune « allumé » qui par amour pour les grands terroirs bourguignons s'est reconverti comme « viticulteur classique ». Il finance une activité de négociant-vinificateur en louant ses services de laboureur au cheval. Sa petite entreprise a su séduire quelques viticulteurs célèbres ou moins célèbres. En échange ils lui donnent parfois du raisin impeccable qu'il vinifie avec talent. Il aime, et on le comprend, les vins vinifiés en raisin entier et les deux premiers millésimes dégustés montrent une jolie maîtrise de ce type difficile de vinification. En dehors de quelques bourgognes blancs et rouges raffinés et naturels il faut signaler un étonnant pouilly-fumé blanc, qui devrait faire réfléchir bien des producteurs du coin. Oronce loue une partie de sa « maison romane », la plus vieille et la plus belle de Vosne-Romanée, comme gîte rural à la semaine, ce qui en fait un séjour idéal pour explorer le vignoble.

ALOXE-CORTON CAILLETTES 2007
Rouge | 2010 à 2015 | NC **15,5/20**
Ce n'est pas le millésime du siècle mais le vin est tendre, naturel, subtil, très équilibré dans son demi-format.

CHABLIS GRAND CRU CÔTE DE BOUGROS 2007
Blanc | 2010 à 2017 | NC **15/20**
Étonnant naturel, vin très souple en apparence, mais dense, nez de fleur de vigne et finale saline comme il se doit. Du style et de la persistance.

CHAMBOLLE-MUSIGNY FOUCHÈRES 2007
Rouge | 2010 à 2017 | NC **16,5/20**
Un modèle de village, pas très coloré mais raffiné dans son parfum floral et sa texture, très naturel dans son équilibre de bouche, humble parce qu'il respecte vraiment le raisin, le millésime et le terroir, et en même temps sophistiqué. C'est délicieux.

POUILLY-FUMÉ PALEFRENIERS 2007
Blanc | 2009 à 2011 | NC **17/20**
Un des arômes les plus purs, les plus complexes, les plus fumés qu'on puisse imaginer, et qu'on croyait à jamais disparu. La petite note musquée s'accompagne du miel délicat de raisin mûr avec une toute petite touche oxydative donnée par l'élevage, remarquablement dosée car elle n'efface pas la personnalité du terroir. Remarquable.

Production totale annuelle : 15 000 bt.
Visite : Sur rendez-vous uniquement.

DOMAINE SYLVAIN PATAILLE

6, rue Roger Salengro
21300 Chenôve
Tél. 03 80 51 17 35 - Fax. 03 80 52 49 49
domaine.sylvain.pataille@wanadoo.fr

Le jeune œnologue Sylvain Pataille sait oublier ce qu'il a appris dans ses études, pour travailler dans le plus grand respect du naturel du raisin, et conseiller à ses clients d'en faire de même. Son savoir-faire s'exprime à fond dans sa cuvée l'ancestrale en 2005, sans doute à ce jour le meilleur rouge jamais produit à Marsannay (en compétition serrée avec les cuvées supérieures de Jean Fournier). Les 2006 n'en sont pas indignes.

MARSANNAY CLOS DU ROY 2007
Rouge | 2013 à 2019 | NC   **15/20**
Beaucoup de chair dans un ensemble pur et naturel, raisin parfaitement mûr, complet.

MARSANNAY L'ANCESTRALE 2007
Rouge | 2013 à 2019 | NC   **16/20**
Sophistiqué dans la complexité des arômes floraux, mais très classique de forme, long, noble, digne de la réputation naissante du producteur.

Rouge : 9,25 hectares ; gamay 10%, pinot noir 90%.
Blanc : 3,75 hectares ; aligoté 75%, chardonnay 25%.
Production totale annuelle : 50 000 bt.
Visite : Sur rendez-vous au 06 70 11 62 15.

Inscrivez-vous sur

BETTANEDESSEAUVE.COM

> Suivez l'actualité du vin
> Accédez aux notes de dégustation de 25 000 vins
> Visitez les stands des producteurs

DOMAINE DES PERDRIX

Rue des Écoles
21700 Prémeaux-Prissey
Tél. 03 80 61 26 53 - Fax. 03 85 98 06 62
contact@domainedesperdrix.com
www.domainedesperdrix.com

Ce domaine est exploité par la famille Devillard, qui désormais s'est retirée du Domaine Prieur, à Meursault. Le vignoble se situe sur des terroirs remarquables du sud de la Côte de Nuits, et sa production est vinifiée dans l'esprit des vins modernes, en recherchant une haute maturité du raisin et des textures profondes et voluptueuses. Le résultat est fort réussi depuis quelques années, avec des villages très solides, un nuits-premier-cru chaleureux et subtil, mais surtout un échezeaux de grande race, issu de la meilleure partie du cru. Les 2007 ont la puissance habituelle des vins du domaine, mais avec une excellente harmonie d'ensemble.

ÉCHEZEAUX GRAND CRU 2007
Rouge | 2017 à 2027 | 99 €   **17/20**
Belle robe, grand nez floral et noble, corps complet pour l'année, tanin glissant, velouté à souhait, plus d'harmonie et de finesse que le 2006. Un échezeaux de référence !

NUITS-SAINT-GEORGES 2007
Rouge | 2015 à 2022 | 33 €   **16/20**
Bien coloré, nez puissant et racé, chair largement supérieure à la moyenne, raisin mûr, tanin confortable, vinification moderne mais parfaitement en situation avec le millésime.

NUITS-SAINT-GEORGES PREMIER CRU AUX PERDRIX 2007
Rouge | 2017 à 2027 | 44,50 €   **17,5/20**
Un ensemble magistral qui a obtenu notre troisième note dans cette dégustation, capable de plaire aux uns par sa couleur et sa puissance et aux autres par la distinction de son tanin.

Rouge : 11,5 hectares ; pinot 100%.
Blanc : 0,5 hectare ; chardonnay 100%.
Production totale annuelle : 50 000 bt.
Visite : Ouvert du lundi au vendredi de 8 h à 12 h et de 14 h à 18 h et le samedi sur rendez-vous.

DOMAINE HENRI PERROT-MINOT ET DOMAINE CHRISTOPHE PERROT-MINOT

Route des Grands-Crus
21220 Morey-Saint-Denis
Tél. 03 80 34 32 51 - Fax. 03 80 34 13 57
gfa.perrot-minot@wanadoo.fr
www.perrot-minot.com

Ce domaine propose une très large gamme de vins issus du domaine ou élaborés à partir de vendanges achetées mais soigneusement surveillées, avec un style très affirmé, visant la puissance et la tension des corps et des textures. Ses remarquables 2007 semblent à ce jour les vins les plus harmonieux qu'il ait produits et quelques-uns sont des sommets absolus du millésime.

CHAMBERTIN-CLOS DE BÈZE GRAND CRU 2007
Rouge | 2017 à 2027   **18,5/20**
Somptueux à tous les niveaux, arôme, texture, fin de bouche, le grand cru bourguignon dans toute sa séduction immédiate mais avec un grand potentiel de vieillissement.

CHAMBOLLE-MUSIGNY PREMIER CRU LA COMBE D'ORVEAU 2007
Rouge | 2014 à 2019 | 62,70 €   **16/20**
Splendide nez floral, équilibre ultra classique, presque discret si l'on se rappelle d'autres millésimes antérieurs, mais de l'énergie et de la finesse à revendre.

CHAMBOLLE-MUSIGNY PREMIER CRU LES FUÉES 2007
Rouge | 2017 à 2022 | 62,70 €   **17/20**
Le plus élégant et le plus ouvert des chambolles dans ce millésime, d'un somptueux soyeux de texture, long, ravissant.

MAZOYÈRES-CHAMBERTIN GRAND CRU 2007
Rouge | 2017 à 2025 | 121 €   **17,5/20**
Merveilleux nez floral, texture bien plus fine et plus aérienne que par le passé, mais sans maigreur, vin remarquable par sa classe, son harmonie et sa longueur qui surclasse bien des chambertins !

VOSNE-ROMANÉE PREMIER CRU LES BEAUX MONTS 2007
Rouge | 2017 à 2022 | 62,70 €   **18/20**
Notre plus haute note de la dégustation générale à l'aveugle et un des sommets du millésime. Vin d'une noblesse aromatique vraiment émouvante et d'une qualité de texture idéale, l'idée même qu'on se fait de ce terroir incomparable !

Rouge : 12,6 hectares ; gamay 2%, pinot 98%.
Blanc : 0,4 hectare ; aligoté 50%, chardonnay 50%.
Production totale annuelle : 65 000 bt. Visite : Sur rendez-vous. Dégustations, mais pas de ventes à la propriété. Vente par correspondance.

NICOLAS POTEL

44, rue des Blés
21700 Nuits-Saint-Georges
Tél. 03 80 62 15 45 - Fax. 03 80 62 15 46
prevost@vfb.fr et marcocashera@vfb.fr
www.nicolas-potel.fr

Nicolas Potel est désormais une marque appartenant à Labouré-Roi, Nicolas Potel, jeune négociant-vinificateur de talent, ayant quitté cette maison mais hélas après avoir vendu son nom, pour s'occuper d'un domaine propre qui portera forcément aussi son nom ! Diabolique Bourgogne ! Il a vinifié et élevé les 2007 présentés.

BEAUNE PREMIER CRU AIGROTS 2007
Rouge | 2015 à 2022 | 43 €   **15,5/20**
Couleur dense, nez de fruits rouges et d'épices, vin particulièrement bien constitué, aucune trace de fatigue, jolie longueur.

MEURSAULT PREMIER CRU GENEVRIÈRES 2007 ☺
Blanc | 2009 à 2017 | 53 €   **17/20**
Bon boisé, vin racé, complexe, long, vraiment recommandable.

NUITS-SAINT-GEORGES 2006
Rouge | 2013 à 2019 | NC   **15/20**
Encore un excellent village, épicé et réglissé à souhait, bien élevé, conforme à l'attente.

SAVIGNY-LÈS-BEAUNE VIEILLES VIGNES 2007
Rouge | 2012 à 2017 | NC   **14/20**
Jolie couleur, nez vif, vin bien équilibré, chaleureux, tendu, un rien sec mais agréable.

VOLNAY PREMIER CRU CHAMPANS 2007
Rouge | 2015 à 2022 | NC   **16/20**
Excellent classique du cru et du millésime, équilibre réussi entre fruit mûr et épices, bon volume de bouche, tanin assuré, élevage bien maîtrisé, de la séduction mais dans le sérieux !

VOLNAY PREMIER CRU LES MITANS 2007 ☺
Rouge | 2014 à 2019 | 53 €   **16/20**
Jolie robe, vin floral, souple, charnu, tanin très fin, il joue sur la pureté et la grâce, et y réussit ! Un vrai volnay de soie et de dentelle.

VOLNAY VIEILLES VIGNES 2007
Rouge | 2014 à 2019 | 31 €   **15/20**
Jolie couleur, note de thé fumé au nez, vin sérieux, type du terroir bien marqué, tanin plus fin que savigny, joli style classique.

VOSNE-ROMANÉE 2007
Rouge | 2013 à 2017 | NC   **16/20**
Nez floral très complexe et complet pour l'année, texture délicate, expression du terroir classique, hautement recommandable.

Rouge : 83 hectares. Blanc : 12 hectares.
Production totale annuelle : 450 000 bt.

DOMAINE LOUIS REMY

1, place du Monument
21220 Morey-Saint-Denis
Tél. 03 80 34 32 59 - Fax. 03 80 34 32 23
domaine.louis.remy@wanadoo.fr
www.domaine-louis-remy.com

Petit domaine au patrimoine de vignes prestigieux et à la qualité de plus en plus régulière, grâce au dynamisme de sa propriétaire, la très active et charmante Chantal Remy ! Le style des vins se veut très classique et exprime avec finesse, précision et sûreté de goût les grands terroirs et les vieilles vignes de pinot fin du domaine. Les 2007 sont au moins aussi réussis que les excellents 2005, en particulier le très élégant latricières-chambertin.

CHAMBERTIN GRAND CRU 2007

Rouge | 2017 à 2027 | NC   **18/20**
Remarquable par son équilibre entre puissance et finesse pure, raisin idéalement mûr, associant rondeur du fruit mais fraîcheur des arômes, texture raffinée, long, certainement marqué par le caractère des parcelles de haut de coteau, vivement recommandé.

CHAMBOLLE-MUSIGNY PREMIER CRU DERRIÈRE LA GRANGE 2007

Rouge | 2014 à 2019 | NC   **16/20**
Un échantillon avec un peu d'évent, un autre très réussi, complexe et subtil dans la texture comme seules de vieilles vignes peuvent le faire, ultra typé chambolle.

CLOS DE LA ROCHE GRAND CRU 2007

Rouge | 2017 à 2025 | NC   **16,5/20**
De la chair, du volume, de la puissance, un tanin plus strict et plus racé, plus proche du type chambertin que d'autres, mais nous avons donné une légère préférence au latricières.

LATRICIÈRES-CHAMBERTIN GRAND CRU 2007

Rouge | 2017 à 2027 | NC   **17/20**
Vendangé parfaitement mûr, ce qui n'est pas évident sur ce terroir froid, texture noble, tanin ferme mais fin, prolongement subtil, un classique du genre et la confirmation de la valeur de ce petit domaine.

Rouge : 3 hectares ; pinot 100%. **Production totale annuelle :** 15 000 bt. **Visite :** Du lundi au vendredi de 10 h à 12 h et de 14 h à 18 h sur rendez-vous.

DOMAINE BERNARD ET ARMELLE RION

8, route Nationale
21700 Vosne-Romanée
Tél. 03 80 61 05 31 - Fax. 03 80 61 34 60
rion@domainerion.fr
www.domainerion.fr

Une nouvelle étape s'ouvre, pour ce domaine scrupuleux et respecté de Vosne-Romanée, sous l'influence de la nouvelle génération. On sent à la dégustation de certains 2006 et 2007 que les vinifications sont très calculées, sans qu'un style bien affirmé ne soit né. Il y a parfois trop d'extraction ou de sollicitation de nuances lourdes dans le fruit mais les vins ont considérablement gagné en soin dans l'élevage. Il faudra quand même les déguster à nouveau dans deux ans.

NUITS-SAINT-GEORGES LAVIÈRES 2007

Rouge | 2012 à 2017 | 21 €   **15/20**
Beau nez classique et un peu attendu de bonbon dit anglais, vin net, aux notes légèrement amères en finale, bien bâti.

NUITS-SAINT-GEORGES PREMIER CRU DAMODES 2007

Rouge | 2009 à 2010 | 25 €   **15,5/20**
Texture veloutée, saveur moins fraîche que d'autres mais très harmonieuse et fondue, tanin délicat, excellent compromis entre les vertus du froid et celles du chaud en macération, terroir bien défini.

NUITS-SAINT-GEORGES PREMIER CRU MURGERS 2007

Rouge | 2014 à 2022 | 26 €   **15,5/20**
Vin sérieusement bâti, onctueux en milieu de bouche, mais ferme dans son tanin, moins floral que d'autres, plus épicé, long, et d'avenir.

Rouge : 7,2 hectares. **Blanc :** 0,8 hectare.
Production totale annuelle : 40 000 bt.
Visite : De préférence sur rendez-vous.

DOMAINE DANIEL RION ET FILS

17, route nationale 74
21700 Prémeaux-Prissey
Tél. 03 80 62 31 28 - Fax. 03 80 61 13 41
contact@domaine-daniel-rion.com
www.domaine-daniel-rion.com

Bon domaine classique du sud de la Côte de Nuits, avec des vignes très bien réparties au cœur des coteaux et améliorant d'une année sur l'autre la finesse de ses vins. Le départ d'un des fils de la maison, Patrice, désormais responsable de sa propre marque, avait un temps déstabilisé le style maison, mais on le retrouve en 2007 avec une belle homogénéité : des vins aromatiques, pas très corsés mais élégants de texture et de tanin, faits avec soin et dans le respect des équilibres classiques.

NUITS-SAINT-GEORGES LAVIÈRES 2007 ⓤ
Rouge | 2009 à 2019 | 20-25 €　　**16,5/20**
Cette cuvée a particulièrement réussi au producteur et brille par la délicatesse de son velouté de texture et sa persistance. Un village exceptionnel, d'élégance immédiate.

NUITS-SAINT-GEORGES PREMIER CRU AUX VIGNES RONDES 2007
Rouge | 2015 à 2022 | 32-40 €　　**16,5/20**
Beau rouge lumineux, nez complexe de rose et de ronce, long, complexe, velouté, très classique et soigné dans sa vinification comme tous les autres 2007 du domaine, et sans doute le plus complets des nuits.

NUITS-SAINT-GEORGES PREMIER CRU HAUTS PRULIERS 2007
Rouge | 2013 à 2019 | 32-40 €　　**15,5/20**
Cuvée originale et amusante par son nez anisé et un grain particulier de texture en bouche, plus aérienne que lavières, ce qui semble normal vu sa situation en haut de côte.

VOSNE-ROMANÉE 2007
Rouge | 2014 à 2019 | 20-25 €　　**16/20**
Couleur bien extraite, nez classique et élégant de fruits rouges, finale réglissée, tanin fin, vin moderne mais précis dans son expression du terroir et très équilibré.

VOSNE-ROMANÉE PREMIER CRU LES BEAUX MONTS 2007
Rouge | 2015 à 2019 | 32-40 €　　**17/20**
Un vosne de grand style, avec un nez floral d'une élégance remarquable, une texture très agréable, terminant sur des tanins racés, aériens, classiques au meilleur sens du terme.

Rouge : 15 hectares ; pinot 80%. **Blanc :** 3 hectares ; chardonnay 18%, pinot blanc 2%. **Production totale annuelle :** 80 000 bt. **Visite :** Du lundi au vendredi de 8 h 30 à 12 h et de 13 h 30 à 17 h sur rendez-vous.

DOMAINE DE LA ROMANÉE-CONTI

1, rue Derrière-le-Four
21700 Vosne-Romanée
Tél. 03 80 62 48 80 - Fax. 03 80 61 05 72

Le domaine phare de la Bourgogne continue son parcours sans faute, avec des 2003 et des 2004 sublimes, et des 2005 et 2006 qui ne leur seront en rien inférieurs. Le 2007, plus léger, compensera par son étonnant raffinement aromatique son relatif manque de corps et de couleur, et pourrait même tromper son monde dans douze à quinze ans.

ÉCHEZEAUX GRAND CRU 2007
Rouge | 2015 à 2022 | NC　　**16,5/20**
La robe, comme pour tous les autres crus, n'a pas la densité de couleur des millésimes précédents mais devrait se renforcer au cours du vieillissement en bouteilles. Le nez est très dégagé avec un parfum floral complexe et excitant, mais le corps est un peu fluet.

GRANDS-ÉCHEZEAUX GRAND CRU 2007
Rouge | 2017 à 2022 | NC　　**17/20**
Un rien plus charpenté que l'échezeaux, mais fort proche sur le plan des épices et de l'intensité des arômes, à revoir dans six ou sept ans pour mieux saisir sa vraie dimension.

LA TÂCHE GRAND CRU 2007
Rouge | 2017 à 2027 | NC　　**18/20**
On franchit une étape évidente en matière de corps. Arômes puissants, dégagés et nobles de fleurs et d'épices, texture satinée à souhait, finale ultra longue et aristocratique.

MONTRACHET GRAND CRU 2006
Blanc | 2016 à 2026 | NC　　**20/20**
La perfection faite vin blanc, sublime de parfum, de corps, de noblesse de texture et d'allonge, dès son plus jeune âge !

RICHEBOURG GRAND CRU 2007
Rouge | 2015 à 2022 | NC　　**17,5/20**
Assez clair de robe, très floral, aérien, délicat, chargé en ce jour d'hiver 2009 de gaz carbonique, ce qui en trouble un peu la perception.

ROMANÉE-CONTI GRAND CRU 2007
Rouge | 2019 à 2027 | NC　　**19/20**
Le cru transcende le millésime et apparaît dans toute sa gloire, avec un raffinement aromatique extraordinaire.

ROMANÉE-SAINT-VIVANT GRAND CRU 2007
Rouge | 2009 à 2026 | NC　　**17,5/20**
De l'essence de fleurs au nez et en bouche, texture raffinée, grande longueur, à suivre après mise.

Rouge : 24 hectares ; pinot 100%. **Blanc :** 1 hectare ; chardonnay 100%. **Production totale annuelle :** 80 000 bt. **Visite :** Pas de visites.

DOMAINE GEORGES ROUMIER

4, rue de Vergy
21220 Chambolle-Musigny
Tél. 03 80 62 86 37 - Fax. 03 80 62 83 55
domaine@roumier.com
www.roumier.com

Ce domaine, réputé dans le monde entier, spécialiste de Chambolle-Musigny, avec des vignes idéalement réparties sur l'ensemble de la commune, fut le premier à donner plus de puissance et de corps aux vins de cette commune, sans altérer leur incomparable finesse. Ce faisant, Christophe Roumier a posé les fondements d'un nouveau classicisme bourguignon dont il peut être fier. Il ne cesse de perfectionner son style, même dans des années difficiles comme 2004. Dans la production du domaine, il faut en priorité se diriger vers le premier cru les-cras et le grand cru bonnes-mares, classiques incontournables de Chambolle-Musigny. La grande parcelle du clos de la Bussière ne donne des vins de qualité comparable qu'en très grand millésime, comme 2005. Les 2007 sont excellents.

BONNES-MARES GRAND CRU 2007
Rouge | 2017 à 2027   **17,5/20**
Monument de classicisme, raisin parfait, texture racée, puissance rare dans le millésime mais sans rudesse, tanin noble, fait pour la garde.

CHAMBOLLE-MUSIGNY 2007
Rouge | 2013 à 2019 | NC   **16/20**
Nez floral et élégant, corps complet, fin et dense à la fois, belle assise tannique, fin de bouche réglissée de raisin bien mûr, impeccable.

CHAMBOLLE-MUSIGNY PREMIER CRU LES CRAS 2007
Rouge | 2017 à 2022 | NC   **16,5/20**
Grande couleur, vigoureux, complet, beaucoup plus jeune que la moyenne, vinosité étonnante.

MOREY-SAINT-DENIS PREMIER CRU CLOS DE LA BUSSIÈRE 2007
Rouge | 2015 à 2019 | NC   **15,5/20**
Belle couleur, corps très riche pour l'année, parfum de mûre, excellent tanin, équilibre exemplaire en alcool, de la finesse et du style.

Rouge : 11,7 hectares ; pinot noir 100%. Blanc : 0,2 hectare ; chardonnay 100%. Production totale annuelle : 40 000 bt.

DOMAINE ARMAND ROUSSEAU

1, rue de l'Aumônerie
21220 Gevrey-Chambertin
Tél. 03 80 34 30 55 - Fax. 03 80 58 50 25
contact@domaine-rousseau.com
www.domaine-rousseau.com

Éric Rousseau n'a pas eu trop de mal à remettre son domaine familial à sa vraie place, la première de Gevrey-Chambertin. Son patrimoine de vignes est insurpassable en noblesse d'origine et le niveau de vinification y a toujours été élevé. Une série unique de grandes réussites depuis 2000 se poursuit en 2006, avec des vins un peu plus inégaux qu'en 2005 mais de parfaite élégance, et les 2007 promettent d'être plus complets et plus homogènes. Les notes qui suivent sont une synthèse des dégustations faites au domaine et de celle organisée pour nous par le syndicat de la commune. En plus de sa valeur, Éric est en effet le plus modeste et le plus fair-play des vignerons et n'a aucune réaction d'orgueil lui interdisant, comme chez certains de ses collègues, de présenter ses vins en dégustation comparative à l'aveugle.

CHAMBERTIN GRAND CRU 2007
Rouge | 2019 à 2025 | 92 €   **18/20**
Nez racé, un peu plus tendu et épicé que le clos-de-bèze, corps moins monumental mais plus unitaire et plus lié à son tanin, merveilleusement élégant et subtil, mais un ton en dessous du 2006.

CHAMBERTIN-CLOS DE BÈZE GRAND CRU 2007
Rouge | 2017 à 2027 | 92 €   **18/20**
Remarquable pureté aromatique, plus réglissé que floral, texture noble, tanins précis et sans lourdeur, ensemble aristocratique à souhait, avec une toute petite et naturelle réserve par rapport à des exemples plus extravertis.

GEVREY-CHAMBERTIN 2007
Rouge | 2013 à 2019 | 30 €   **15/20**
Beaucoup de raffinement aromatique, texture soyeuse, tanins caressants pour un vin de ce village, élevage raffiné. Idéal pour la restauration.

GEVREY-CHAMBERTIN PREMIER CRU CLOS SAINT-JACQUES 2007
Rouge | 2015 à 2027 | 68 €   **17/20**
Le vin est d'une droiture remarquable et d'une qualité de texture et de tanins superlative : il reste encore assez discret sur le plan aromatique, et réservé dans les sensations tactiles délivrées. C'est un vrai classique par son tempérament.

Rouge : 14 hectares ; pinot 100%. Production totale annuelle : 65 000 bt. Visite : Pas de visites.

DOMAINE MARC ROY

8, avenue de la Gare
21220 Gevrey-Chambertin
Tél. 03 80 51 81 13 - Fax. 03 80 34 16 74
domainemarcroy@orange.fr
www.domainemarcroy.vinimarket.com

Sous l'influence d'Alexandrine, fille de Marc, ce modeste domaine familial s'ouvre à la clientèle nationale et internationale, avec des vins de mieux en mieux faits. La petite gamme de vins de la propriété, en 2006, présente moins de différences qu'auparavant, la précision de la cuvée alexandrine étant partagée par le clos-prieur. Même conclusion pour le 2007, peut-être un ton au-dessus.

GEVREY-CHAMBERTIN ALEXANDRINE 2007
Rouge | 2013 à 2019 | 32 €   **15,5/20**
Beaucoup de délicatesse aromatique et texture très soignée, vin long, complexe, très agréable et séducteur, vivement conseillé.

GEVREY-CHAMBERTIN CLOS PRIEUR 2007
Rouge | 2013 à 2017 | 25 €   **14,5/20**
Beaucoup de fruit, texture tendre, vin facile mais exact, bien vinifié.

GEVREY-CHAMBERTIN VIEILLES VIGNES 2007
Rouge | 2013 à 2019 | 23,50 €   **15/20**
Bel arôme floral, recherché, comme si une partie du raisin était entière, tanin très bien extrait, vin particulièrement soigné et sincère.

Rouge : 4 hectares ; pinot noir 100%. **Production totale annuelle** : 23 000 bt. **Visite** : sur rendez-vous.

CLOS DE TART

7, route des Grands-Crus
21220 Morey-Saint-Denis
Tél. 03 80 34 30 91 - Fax. 03 80 51 86 70
contact@clos-de-tart.com

Ce domaine a la chance d'être l'unique propriétaire d'un des plus prestigieux grands crus de la Côte de Nuits, le Clos de Tart. Son exposition parfaite et sa plantation dans le sens des courbes de niveau, unique dans le secteur, permettent au raisin d'atteindre une maturité idéale en année de grand soleil, sans craindre la grillure, et le réchauffement climatique actuel ne lui fait pas peur. Mais il doit aussi beaucoup au perfectionnisme de son régisseur, Sylvain Pitiot, qui l'a porté à des sommets jamais atteints auparavant. Les vignes les plus jeunes sont vendues en morey-saint-denis clos-de-la-forge, un village d'une exceptionnelle distinction. Le 2006, très chaleureux et corsé, ne ressemble à aucun des précédents millésimes, plus proche dans son esprit d'un clos-de-la-roche que d'un bonnes-mares. 2007 retrouve une finesse et un éclat dignes du 2005, avec une petite note confite ou compotée. Le second vin, forge-de-tart, devrait plutôt être déclassé en morey village qu'en premier cru.

CLOS DE TART GRAND CRU 2007
Rouge | 2019 à 2027 | NC   **18/20**
Grande robe, boisé noble, corps somptueux tout comme la texture, longueur, classe du tanin supérieure à celle du 2006, grand millésime ! Un rien de transparence en plus dans la mise en valeur du potentiel aromatique du raisin et ce serait la perfection !

CLOS DE TART GRAND CRU 2006
Rouge | 2016 à 2028 | NC   **17,5/20**
Grand vin viril, doté d'une mâche d'enfer, soutenu par des tanins plus raffinés qu'on ne l'imagine pour un vin aussi corsé.

Rouge : 7,5 hectares ; pinot 100%. **Production totale annuelle** : 25000 bt. **Visite** : Sur rendez-vous.

DOMAINE TAUPENOT-MERME

33, route des Grands-Crus
21220 Morey-Saint-Denis
Tél. 03 80 34 35 24 - Fax. 03 80 51 83 41
domaine.taupenot-merme@orange.fr

Ce domaine familial, apparenté par les grands-parents Merme au Domaine Perrot-Minot, se singularise par sa position sur deux secteurs : l'ensemble de la Côte de Nuits, avec de remarquables terroirs de Gevrey à Nuits, et des vignes d'origine Taupenot, sur Saint-Romain et Auxey-Duresses. Une nouvelle génération est aux commandes, avec un excellent esprit, et les vins progressent d'une année sur l'autre. Les 2006 présentés sont de qualité, précis dans leur élaboration, classiques dans leur style, et pour la plupart très recommandables, tout comme les 2007.

CHAMBOLLE-MUSIGNY 2007
Rouge | 2013 à 2019   **16/20**
Fin, floral, charnu et élégant, vin plaisir, très bien fait.

CHAMBOLLE-MUSIGNY PREMIER CRU COMBE D'ORVEAU 2007
Rouge | 2014 à 2022   **16,5/20**
Ce cru a le privilège de jouxter le Musigny et cela se sent dans la superbe élégance florale du nez, avec une chair qui rappelle plutôt les échezeaux, tout aussi proches! Vinification et équilibre classiques.

MOREY-SAINT-DENIS 2007   ☺
Rouge | 2013 à 2019   **15,5/20**
Style classique, ouvert, généreux, raisin mûr, boisé de qualité, fruité pur, hautement recommandable !

MOREY-SAINT-DENIS 2007
Rouge | 2013 à 2019   **15/20**
Nez classique de ce village, ouvert, généreux, mûr, bon boisé, du travail soigné comme on en souhaiterait pour toute l'appellation !

MOREY-SAINT-DENIS PREMIER CRU RIOTTE 2007
Rouge | 2014 à 2019   **15,5/20**
Texture élégante, tanin harmonieux, parfait équilibre, long, bref très 2007.

Rouge : 10,7 hectares ; gamay 3,5%, pinot noir 78,5%.
Blanc : 2,5 hectares ; aligoté 7,5%, chardonnay 10,5%. **Production totale annuelle :** 80 000 bt. **Visite :** du lundi au vendredi de 9 h à 12 h et de 14 h à 17 h.

DOMAINE DES TILLEULS

7, rue du Château
21220 Gevrey-Chambertin
Tel. fax 03 80 34 30 43
philippe.livera@wanadoo.fr

Damien Livera a repris récemment le petit vignoble de sa famille, situé sur d'excellents emplacements à Gevrey-Chambertin, et met en pratique une viticulture très soignée, inspirée de celle de son ami Arnaud Mortet. Les vinifications témoignent elles aussi d'une réelle maîtrise, ce qui fait de ce jeune producteur une étoile montante de son village.

CHAPELLE-CHAMBERTIN GRAND CRU 2007
Rouge | 2015 à 2025 | NC   **17,5/20**
Somptueuse texture, grande allonge, vin superbe, qui propulse son jeune élaborateur au tout premier rang de son village !

GEVREY-CHAMBERTIN 2007
Rouge | 2015 à 2022 | NC   **14,5/20**
Grande couleur, intensité de matière largement supérieure à la moyenne du millésime, seule la fin de bouche dénote un peu avec des tanins légèrement agressifs. Ils devraient s'harmoniser avec le temps !

CHÂTEAU DE LA TOUR

Clos de Vougeot
21640 Vougeot
Tél. 03 80 62 86 13 - Fax. 03 80 62 82 72
contact@chateaudelatour.com
www.chateaudelatour.com

Ce domaine possède, et de loin, la parcelle la plus importante du grand cru Clos de Vougeot, et a le privilège insigne d'être le seul à la vinifier et à l'élever à l'intérieur du clos. La qualité des raisins de la cuvée vieilles-vignes est exceptionnelle, et leur vinification en raisin non égrappé donne un vin d'une race prodigieuse, digne d'être comparé au plus grand richebourg. La cuvée normale, excellente au demeurant, et produite par des vignes qui sont loin d'être jeunes, n'atteint pas de tels sommets. Quand elle s'en approchera, le domaine méritera de grimper sur la première marche du podium ! Les vieilles-vignes 2005 rejoindront les 1999 et les 2003 au panthéon de la Bourgogne. 2007 semble parti plus élégant et complexe que le beau 2006.

CLOS DE VOUGEOT GRAND CRU 2007
Rouge | 2017 à 2025 | 80 €   **16,5/20**
La cuvée normale, élaborée néanmoins avec des vignes de plus de trente ans d'âge, présente un nez plus complexe que celui de la vieille vigne, avec des notes d'anis, de cerise, de cacao, un tanin suave, une finale très onctueuse et noble mais avec moins de profondeur dans le corps. Excellent et même en progrès par rapport à des millésimes précédents.

CLOS DE VOUGEOT GRAND CRU VIEILLES VIGNES 2007
Rouge | 2017 à 2027 | 110 €   **17,5/20**
Somptueuse matière, grande suite en bouche, un clos ayant vraiment les dimensions de grand cru, fait à partir de grand raisin.

Rouge : 5,5 hectares ; pinot noir 100%. **Production totale annuelle :** 22 000 bt. **Visite :** Tous les jours de mai à novembre de 10 h à 18 h sauf mardi. Sur rendez-vous pour les groupes.

DOMAINE JEAN TRAPET
PÈRE ET FILS

53, route de Beaune
21220 Gevrey-Chambertin
Tél. 03 80 34 30 40 - Fax. 03 80 51 86 34
message@domaine-trapet.com
www.domaine-trapet.com

Jean-Louis Trapet, magnifiquement aidé par son épouse Andrée, vigneronne alsacienne aussi engagée que lui, porte progressivement son célèbre domaine familial aux sommets absolus de la Bourgogne actuelle. La viticulture obéit aux principes les plus sains de la biodynamie, et les sols à nouveau vivants expriment dans les vins finis les plus subtiles nuances du terroir. Pour les 2006, Jean-Louis Trapet a volontairement assoupli sa vinification, pour serrer de plus près la vérité du millésime, et a gagné en finesse et en naturel ce qui a peut-être été perdu en vinosité par rapport à d'autres. Le vieillissement en bouteille devrait lui donner raison. Les 2007 présentés en échantillon semblaient tous fatigués. Nous les regoûterons dans un an, et en attendant nous reconduisons nos dégustations de l'an dernier.

CHAPELLE-CHAMBERTIN GRAND CRU 2006
Rouge | 2014 à 2024 | NC   **15/20**
Nez puissant, aux notes fumées et épicées, vin droit mais doté de tanins plus austères que les autres vins du domaine, témoignant d'un stress naturel des vignes dans ce millésime grêlé.

GEVREY-CHAMBERTIN PREMIER CRU CLOS PRIEUR 2006
Rouge | 2014 à 2021 | NC   **15,5/20**
Notes de fumé et de ronces, dans l'esprit du millésime, saveur noble et naturelle de pinot bien respecté, tanin subtil, vin de charme permettant d'attendre les grands crus.

LATRICIÈRES-CHAMBERTIN GRAND CRU 2006
Rouge | 2016 à 2026 | NC   **16,5/20**
Beaucoup d'élégance et de naturel, tanin souple, vin tendre mais complexe, cachant sa puissance sous une étrange décontraction de jeunesse.

Rouge : 12,5 hectares ; pinot 100%. **Blanc :** 2,5 hectares ; chardonnay 100%. **Production totale annuelle :** 60 000 bt. **Visite :** Du lundi au vendredi de 9 h à 12 h et de 14 h à 17 h 30, sur rendez-vous.

DOMAINE DU VIEUX COLLÈGE – ERIC GUYARD

4, rue du Vieux-Collège
21160 Marsannay-la-Côte
Tél. 03 80 52 12 43 - Fax. 03 80 52 95 85
jp-eric.guyard@wanadoo.fr

Nous faisons entrer avec plaisir dans le guide ce domaine artisanal très consciencieux de Marsannay, qui a longtemps travaillé avec Louis Jadot et Bruno Clair. La qualité du travail à la vigne est connue de tous, mais nous avions rarement eu l'occasion de déguster les vins. Le style si accompli de son favières 2006 en fait un des rapports qualité-prix les plus remarquables de la côte. Éric Guyard, désormais en charge du domaine, fait partie de cette remarquable nouvelle génération de Marsannay, qui est en train de donner à son appellation la notoriété tant attendue.

FIXIN 2007
Blanc | 2010 à 2013 | 15 €   **13,5/20**
Du nerf, de la finesse et surtout un manque bienvenu de recherche de l'épate, naturel, désaltérant même, capable de vieillir.

FIXIN PREMIER CRU HERVELETS 2007
Rouge | 2014 à 2019 | 23 €   **15/20**
Grande robe, corps complet pour l'année, vin racé, de bel avenir, certainement un des bons rapports qualité-prix de la Côte!

MARSANNAY CLOS DU ROY 2007
Rouge | 2014 à 2019 | 16 €   **14/20**
Vin charnu, un peu plus robuste que les autres clos-du-roy, à faire vieillir.

MARSANNAY FAVIÈRES 2007
Rouge | 2015 à 2019 | 14 €   **14/20**
Forte couleur, solide charpente tannique, dans le style habituel du domaine, boisé malté, tanin enveloppant de cèdre, presque de caractère bordelais, vin de garde.

Rouge : 17,2 hectares Blanc : 4,8 hectares
Production totale annuelle : 40 000 bt. Visite : Sur rendez vous.

DOMAINE DE LA VOUGERAIE

Rue de l'Église
21700 Prémeaux-Prissey
Tél. 03 80 62 48 25 - Fax. 03 80 61 25 44
vougeraie@domainedelavougeraie.com
www.domainedelavougeraie.com

Ce domaine a tout pour devenir un des plus prestigieux de la Bourgogne. Pascal Marchand avait commencé à modeler les vins dans le sens d'une expression aussi authentique que possible du terroir, en adoptant les principes d'une viticulture biodynamique, mais avec encore un peu trop de robustesse. Son successeur poursuit dignement son œuvre, avec une parfaite conscience de tout le chemin qui reste encore à parcourir, et une totale communauté de vue avec Nathalie et Jean-Charles Boisset, propriétaires du domaine.

CHAMBOLLE-MUSIGNY 2007
Rouge | 2013 à 2019 | 36 €   **17/20**
Beau rubis, extraordinaire ouverture et raffinement aromatique au nez, classe folle même pour un village aussi réputé (déclassement partiel de grands crus ?), grande longueur, une merveille !

CORTON - CLOS DU ROI GRAND CRU 2007
Rouge | 2015 à 2022 | 60 €   **17/20**
Un des rares très beaux cortons de cette dégustation, au nez floral racé, raffiné dans sa texture et son tanin, long, et surtout sans astringence de fût.

GEVREY-CHAMBERTIN PREMIER CRU BEL AIR 2007
Rouge | 2013 à 2019 | 44 €   **16/20**
Merveilleux arôme complexe, texture ultra raffinée, long, délicat, tanin très souple mais racé, vin respectant l'esprit même du cépage et montrant l'habileté de son vinificateur.

NUITS-SAINT-GEORGES PREMIER CRU DAMODES 2007
Rouge | 2015 à 2022 | 49 €   **16,5/20**
Bel arôme floral, vin tendre et délicat, vinifié à l'ancienne, grande longueur, très réussi comme la plupart des autres expressions de ce terroir proche de Vosne en 2007, le style que nous aimons.

VOUGEOT CLOS DU PRIEURÉ 2007
Blanc | 2012 à 2019 | 40 €   **16/20**
Remarquable chair et pureté, équilibre d'une élégance rare dans un blanc de Côte de Nuits.

VOUGEOT PREMIER CRU CLOS BLANC 2007
Blanc | 2013 à 2019 | 59 €   **17/20**
Étonnant de classe, de complexité, d'originalité, de loin le plus grand blanc actuel de Côte de Nuits.

Rouge : 29 hectares ; pinot noir 70%. Blanc : 5 hectares ; chardonnay 30%. Production totale annuelle : 140 000 bt. Visite : En semaine, sur rendez-vous.

NOTES PERSONNELLES

La Côte de Beaune

Autour de la ville hautement touristique de Beaune,
blancs et rouges peuvent atteindre des sommets de
finesse, de complexité et d'individualité.

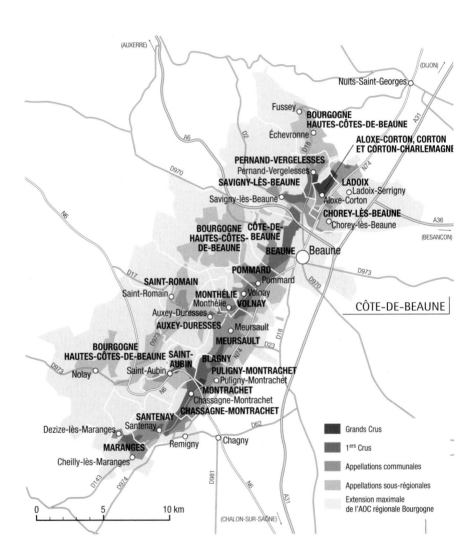

Grands Crus

1ers Crus

Appellations communales

Appellations sous-régionales

Extension maximale
de l'AOC régionale Bourgogne

CÔTE-DE-BEAUNE

DOMAINE D'AUVENAY

21190 Saint-Romain Meursault
Tél. 03 80 21 23 27 - Fax. 03 80 21 23 27

Ce micro-domaine appartient en totalité à Lalou Bize-Leroy qui vinifie et élève, au-dessus de Saint-Romain, des quantités infimes de vins blancs, sublimes d'intensité et de complexité, même sur les terroirs plus modestes d'Auxey-Duresses, et deux grandissimes grands crus rouges de Côte de Nuits, un bonnes-mares et un mazis-chambertin.

AUXEY-DURESSES 2007
Blanc | 2012 à 2017 | NC   **18/20**
Trois cuvées sont produites en 2007, les-clous, fine, harmonieuse, délicate, macabrée, qui donne un vin un peu plus corsé mais d'une idéale harmonie, et boutonnières, le plus meursault des trois, le plus gras, le plus sensuel, étonnant.

BONNES-MARES GRAND CRU 2007
Rouge | 2017 à 2022 | NC   **18/20**
Le vin est séduisant par sa pureté et sa dignité dans l'expression aromatique de son terroir !

CHEVALIER-MONTRACHET GRAND CRU 2007
Blanc | 2009 à 2019 | NC   **19/20**
Miraculeuses notes de fleur de vigne et de bon froment, la perfection dans le naturel, mais si on le boit jeune, lui donner trois ou quatre heures d'ouverture préalable, dans une pièce fraîche.

MAZIS-CHAMBERTIN GRAND CRU 2007
Rouge | 2019 à 2027 | NC   **18,5/20**
Un mazis idéal dans son homogénéité de parfum et de texture et dans son raffinement de tanin. Une splendeur !

MEURSAULT NARVAUX 2007
Blanc | 2015 à 2019 | NC   **18/20**
Le meursault idéal dans son corps, sa texture, son parfum et dans la vibration de tous ces éléments. Mis en bouteille sans la moindre filtration avec peut-être un risque de léger voile.

MEURSAULT PREMIER CRU GOUTTES D'OR 2007
Blanc | 2009 à 2019 | NC   **19/20**
Qui ne pleure pas de bonheur à la dégustation de ce miracle ne comprendra jamais rien à la Bourgogne. Mais le grand étonnement vient qu'il naît tout fait et déjà parfaitement prêt à boire, avec des notes de miel et de fleur de vigne.

PULIGNY-MONTRACHET PREMIER CRU EN LA RICHARDE 2007
Blanc | 2010 à 2017 | NC   **18/20**
Le premier cru et le village sont proches, tous deux insurpassés dans ce type de millésime avec le sentiment d'un raisin qui a mûri en restant fringant.

Rouge : 0,5 hectare ; pinot noir 13%. Blanc : 3,4 hectares ; aligoté 10%, chardonnay 77%. Production totale annuelle : 11 000 bt. Visite : Pas de visites.

DOMAINE BACHELET-RAMONET

11, rue du Parterre
21190 Chassagne-Montrachet
Tél. 03 80 21 32 97 - Fax. 03 80 21 91 41
bachelet.ramonet@wanadoo.fr
www.bachelet-ramonet.com

Ce domaine possède des vignes dans tous les meilleurs climats de Chassagne, et il est dommage qu'il ait manqué d'ambition en matière de vinification, car il pourrait rivaliser avec les meilleurs. De temps en temps, une cuvée sortait du lot, surtout en blanc, mais le 2006 semble marquer une évolution capitale et depuis longtemps souhaitable vers la haute qualité, avec des vins gras, précis, bien définis, et même parfois superbes. 2007 est plus inégal, pas toujours vendangé à la meilleure maturité possible.

CHASSAGNE-MONTRACHET PREMIER CRU CAILLERETS 2007
Blanc | 2012 à 2017 | 20,50 €   **14,5/20**
Nez et corps corrects, léger manque d'expression lié à une vendange pas complètement mûre.

CHASSAGNE-MONTRACHET PREMIER CRU LA GRANDE MONTAGNE VIEILLES VIGNES 2007
Blanc | 2012 à 2017 | 20,50 €   **16,5/20**
Encore une fois, et de loin, le plus complet des vins du domaine, riche, crémeux même, long, raffiné et avec un boisé particulièrement élégant et intégré.

Rouge : 6,5 hectares ; pinot 100%. Blanc : 7 hectares ; aligoté 14%, chardonnay 86%. Production totale annuelle : 50 000 bt. Visite : Du lundi au vendredi de 8 h à 12 h et de 13 h 30 à 18 h 30. le samedi de 9 h 30 à 12 h et de 13 h 30 à 15 h.

DOMAINE ROGER BELLAND

3, rue de la Chapelle
B.P. 13
21590 Santenay
Tél. 03 80 20 60 95 - Fax. 03 80 20 63 93
belland.roger@wanadoo.fr
domaine-belland-roger.com

Ce grand domaine, le plus important du sud
de la Côte de Beaune, offre au public une
gamme très variée de crus rouges et blancs,
allant des plus simples aux plus prestigieux.
Les 2007 nous ont semblé paradoxalement
bien plus réussis en rouge qu'en blanc.
Parmi les nombreux crus du domaine, le
plus régulier en blanc comme en rouge est
le chassagne-montrachet clos-pitois, un des
plus parfaitement exposés de tout le secteur
célèbre de Morgeot, et qui a la chance de
donner des vins d'un équilibre idéal entre
puissance et finesse.

CRIOTS-BÂTARD-MONTRACHET GRAND CRU 2007
Blanc | 2015 à 2019 | 94 €   **15/20**
Bon bois, de la finesse et de la précision
mais un manque d'envolée et surtout de
densité de matière pour le cru. Il se rattrape
par une fin de bouche racée.

MARANGES PREMIER CRU LA FUSSIÈRE 2007
Rouge | 2012 à 2018 | 14 €   **16/20**
Grande robe, nez très épanoui de fruits
rouges, superbe matière, tanin ferme.

POMMARD LES CRAS 2007
Rouge | 2013 à 2017 | 26 €   **15/20**
Belle robe, excellent nez de fruits rouges,
élégant dans sa texture, tanin souple ; vin
confirmant la réussite du domaine en 2007.

SANTENAY PREMIER CRU BEAUREGARD 2007
Rouge | 2013 à 2017 | 19 €   **15,5 /20**
Belle robe dense, nez harmonieux de fruits
rouges, bel équilibre, vin très charnu, mûr,
tanin gras et fondu.

SANTENAY PREMIER CRU LES GRAVIÈRES 2007
Rouge | 2013 à 2017 | 19 €   **15,5/20**
Robe un rien moins dense que celle de
beauregard, nez très fin, épicé, tendre, terroir bien mis en évidence, très réussi.

VOLNAY PREMIER CRU LES SANTENOTS 2007
Rouge | 2014 à 2019 | 28 €   **16/20**
Grande robe, nez très expressif, souplesse
délicieuse, finesse remarquable du tanin,
bien plus personnalisé que par le passé, du
très joli pinot !

Rouge : 18,5 hectares ; pinot noir 78%.
Blanc : 4,2 hectares ; chardonnay 22%.
Production totale annuelle : 100 000 bt.
Visite : Pour les visites contacter le 03 80 20 60 95.

DOMAINE SIMON BIZE ET FILS

12, rue du Chanoine-Donin
21420 Savigny-lès-Beaune
Tél. 03 80 21 50 57 - Fax. 03 80 21 58 17
domaine.bize@wanadoo.fr
www.domainebize.fr

Le domaine produit certainement les savignys les plus élégants d'aujourd'hui, pour
tous ceux qui aiment avant tout dans un
vin rouge de Bourgogne les arômes de
fruits rouges et une texture très soyeuse,
donnée par des vinifications en grande
partie en raisin entier. Il arrive parfois que
les tanins soient tendus et le raisin vendangé un peu tôt, mais sur ce village la
précocité est telle que les millésimes très
chauds que nous connaissons sont un
handicap. Les blancs, largement inspirés
par l'esprit des chablis de Jean-Marie
Raveneau, brillent par leur finesse et leur
minéralité. Les 2007 présentés étaient tous
magnifiques de pureté et de finesse.

SAVIGNY-LÈS-BEAUNE 2007
Blanc | 2010 à 2015 | NC   **16/20**
Délicieuse bouteille au nez subtil de fleurs
blanches, à l'acidité parfaitement rafraîchissante, pur, assez long, merveilleusement
cristallin. Un archétype.

SAVIGNY-LÈS-BEAUNE PREMIER CRU AUX GUETTES 2007
Rouge | 2015 à 2019 | NC   **17/20**
Robe noire très différente de celle de la
cuvée fournaux, admirable nez floral, texture subtile, tanin élégant, savigny raffiné
mais également énergique et plein, remarquable. Le domaine à son meilleur et à son
plus original.

SAVIGNY-LÈS-BEAUNE PREMIER CRU FOURNAUX 2007
Rouge | 2011 à 2015 | NC   **14/20**
Joli nez de cerise, couleur moyenne, vin
souple, charmeur, un peu en surface....

SAVIGNY-LÈS-BEAUNE PREMIER CRU LES VERGELESSES 2007
Rouge | 2012 à 2017 | NC   **17/20**
Nez très pur avec juste ce qu'il faut de bonne
barrique, grand raffinement de saveur et
de texture, long, complexe, merveilleux
exemple de fidélité au génie du millésime
et de savoir-faire bourguignon moderne,
dans l'esprit de toujours.

Rouge : 15 hectares ; pinot 75%. **Blanc :** 7 hectares ;
chardonnay 25%. **Production totale annuelle :**
100 000 bt. **Visite :** Du lundi au vendredi de 9 h à 12 h
et de 14 h à 17 h, sur rendez-vous.

DOMAINE HENRI BOILLOT

1, rue des Angles
21190 Volnay
Tél. 03 80 21 61 90 - Fax. 03 80 21 69 84

Ce domaine est dirigé par « Kiki » Boillot, frère de Jean-Marc, et possède un prestigieux patrimoine de vignes en blanc comme en rouge. Nous sommes impressionnés, depuis quelques années, par l'étonnante pureté et la minéralité de ses blancs, et le charme aromatique de ses rouges. Un perfectionnisme de tous les instants, particulièrement dans les vignes, peut-être les mieux travaillées de Volnay, est la seule explication à la réussite actuelle de ces vins exemplaires. Les 2005, et après eux les 2006 rouges, marquent encore une progression, et se rangent au sommet actuel de la Bourgogne. Les 2006 blancs, vendangés très tôt, ont une fraîcheur rarissime chez nombre de ses collègues. Les 2007 rouges suivent le même chemin. Les grands blancs ne nous ont pas été présentés.

BEAUNE PREMIER CRU CLOS DU ROI 2007

Rouge | 2013 à 2017 | 34,39 €   **15,5/20**

Grande robe, beaucoup de charme et de diversité aromatique mais avec une pointe de note confite, manquant de fraîcheur. Jolie texture, tanin fin.

VOLNAY PREMIER CRU LES CHEVRETS 2007

Rouge | 2017 à 2025 | 44 €   **17,5/20**

Grande robe, nez magnifique de ronce, texture ample, suave, noble, maturité idéale du raisin, tanin aristocratique, grande longueur, volnay quasi parfait.

VOLNAY PREMIER CRU LES FRÉMIETS 2007

Rouge | 2011 à 2019 | 44 €   **16/20**

Grande robe, nez complexe, notes d'airelles confites, de mûre, de cuir, un peu appuyées, texture suave, grande longueur, vin sensuel et élégant, moins racé que chevrets.

Rouge : 7 hectares ; Blanc : 7 hectares. **Production totale annuelle** : 70 000 bt. **Visite** : Sur rendez-vous.

BERNARD BONIN

24, rue de la Velle
21190 Meursault
Tél. 03 80 21 68 99 - Fax. 03 80 21 27 65
domainebb@orange.fr

Ce domaine est issu d'une division du domaine original de Bernard Michelot, un des vignerons les plus populaires de Meursault, Bernard Bonin ayant épousé une de ses filles ; il se révèle en 2006 et en 2007 comme un des bons vinificateurs de la nouvelle génération, sachant obtenir des vins à la fois sensuels, généreusement aromatiques, mais élégants dans leur générosité. Adresse à suivre.

MEURSAULT 2007

Blanc | 2012 à 2017 | 19 €   **15/20**

Robe paille clair, bon boisé vanillé, vin frais mais arrondi, précis, bien vinifié, légère amertume à fondre.

MEURSAULT PREMIER CRU CHARMES 2007

Blanc | 2012 à 2017 | 35 €   **15,5/20**

Robe or vert, joli nez citronné, un rien sous-mûr, très pur, linéaire et d'une élégance certaine.

MEURSAULT PREMIER CRU GENEVRIÈRES 2007

Blanc | 2014 à 2019 | 35 €   **15,5/20**

Robe or vert, vin plein, assez nerveux, un rien corseté par son boisé mais d'une suite en bouche assurée.

Blanc : 7 hectares. **Visite** : sur rendez-vous.

DOMAINE BONNEAU DU MARTRAY

21420 Pernand-Vergelesses
Tél. 03 80 21 50 64 - Fax. 03 80 21 57 19
courrier@bonneaudumartray.com
www.bonneaudumartray.com

Quelques vins du milieu des années 1990 ont vieilli prématurément, comme chez bien d'autres producteurs en Bourgogne, sans doute en raison de bouchons défectueux. Mais le plus souvent, ce domaine prestigieux produit des corton-charlemagnes inusables, à la pureté de cristal, et un corton rouge de plus en plus précis et racé, sauf en 2006 où les tanins sont bien raides. La taille immense (pour la Bourgogne) de sa parcelle de blanc lui permet d'offrir à la vente plusieurs millésimes et de ne pas trop contingenter ses clients. Les vinifications des derniers millésimes sont réussies : encore faut-il que le bouchon ne trahisse pas, ce que seul le temps dira.

CORTON GRAND CRU 2006
Rouge | 2016 à 2021 | NC   **18/20**
Le domaine présente sagement des vins mis en bouteilles et offre à la vente son superbe 2006, d'une générosité de constitution qui n'a d'égale que la pureté d'expression du cœur de terroir de ce grand cru. Un vin complet, un modèle !

CORTON GRAND CRU 2005
Rouge | 2009 à 2021 | NC   **16,5/20**
Très grande finesse et définition du terroir, au même stade plus marquée que celle du blanc. Beaucoup de race dans le tanin et même du charme, ce qui est rare dans cette cuvée plutôt austère.

CORTON GRAND CRU 2004
Rouge | 2009 à 2030 | NC   **18/20**
Arôme très racé de fruits noirs, magnifique corps, tanin très noble, grand avenir, un des plus grands vins rouges actuels de la Côte de Beaune.

Rouge : 1,5 hectare ; pinot 14%.
Blanc : 9,5 hectares ; chardonnay 86%. **Production totale annuelle :** 53 000 bt. **Visite :** Pas de visites.

BOUCHARD AÎNÉ

4, boulevard Maréchal-Foch
21200 Beaune
Tél. 03 80 24 24 00 - Fax. 03 80 24 64 12
bouchard@bouchard-aine.fr
www.bouchard-aine.fr

Cette très traditionnelle maison de négoce, appartenant au groupe Boisset, vient de bénéficier, comme toutes les autres firmes du groupe, d'une cure de rajeunissement. Il n'y a aucun secret dans cette métamorphose : la qualité des raisins achetés est mieux surveillée pendant tout le cycle végétatif des vignobles, et les vinifications ont plus de rigueur. Après élevage, les 2007 présentaient un peu trop d'inégalités et une tendance à revenir à un style plus lourd et plus adapté à un certain type de clientèle.

BEAUNE PREMIER CRU MARCONNETS 2007
Rouge | 2015 à 2019 | 23 €   **13,5/20**
Robe légère, vin souple, charnu, épicé sans les finales amères d'autres côtes-de-beaune de cette source, mais sensation d'alcool un peu brûlante. Attendre cinq ans.

MEURSAULT SIGNATURE 2007
Blanc | 2013 à 2017 | 28,50 €   **15/20**
Une des réussites de la maison en 2007, nez de noix fraîche, un rien xérès fino, belle acidité, typicité évidente, assez long, capable de garde.

POMMARD PREMIER CRU CHARMOTS 2007
Rouge | 2015 à 2022 | 42 €   **14/20**
Coloré, corsé, charnu, arômes terriens et un rien cuits, conformes à une vieille tradition locale, bons tanins pour la garde, plus roboratif que raffiné.

SAVIGNY-LÈS-BEAUNE DESSUS DES VERMOTS 2007
Blanc | 2010 à 2014 | 17 €   **13/20**
Notes de miel au nez, vin gras, assez riche mais avec un petit manque de pureté en fin de bouche, malgré une belle longueur. Élevage pas encore tout à fait au point.

Production totale annuelle : 3 500 000 bt.
Visite : Tous les jours à 10 h30, 11 h30, 14 h30, 16 h et 17 h30 sauf les 25 décembre et 1 janvier.

BOUCHARD PÈRE ET FILS

🗲 🗲 🗲 🗲 🗲

15, rue du Château
B.P. 70
21202 Beaune
Tél. 03 80 24 80 24 - Fax. 03 80 24 80 52
contact@bouchard-pereetfils.com
www.bouchard-pereetfils.com

Cette grande maison a complètement retrouvé ses marques et son prestige. Le grand amateur donnera bien entendu la préférence aux vins du domaine, situés sur les plus grands climats des deux côtes, avec un choix d'appellations vraiment unique, dans les deux couleurs. Les rouges 2007, spécialement sur le secteur de Pommard et Volnay, semblent mieux partis que les 2006, plus élégants dans leur parfum et leur texture, les blancs ont moins de générosité mais peut-être plus de finesse.

BONNES-MARES GRAND CRU 2007
Rouge | 2017 à 2027 | 171,90 €   **18,5/20**
Le chef-d'œuvre de la maison dans le millésime, vin d'une sublime gourmandise de bouquet et de texture, modèle absolu de l'expression de ce terroir incomparable dans un millésime très élégant.

BOURGOGNE CUVÉE DES MOINES 2007   ☺
Rouge | 2010 à 2012 | NC   **14/20**
Une production de 100 000 bouteilles et un assemblage tout en tendresse et en délicatesse de fruit, montrant l'exemple d'un bourgogne générique fruité, souple, élégant, idéal à boire assez frais dans son équilibre de jeunesse.

CHAPELLE-CHAMBERTIN GRAND CRU 2007
Rouge | 2017 à 2022 | 112,10 €   **17,5/20**
Certainement le plus grand vin de la maison en raisins achetés et vinifiés par elle, dans ce millésime. Parfait nez de réglisse, complexe, long, racé, avec toute l'élégance aromatique de l'année, qui me rappelle 1962.

CHEVALIER-MONTRACHET GRAND CRU 2007
Blanc | 2015 à 2022 | 142 €   **17,5/20**
Le plus complet des chevaliers de notre dégustation, raffiné, mais doté d'un corps capable de défier le temps, finale pure et ultra racée.

CLOS DE VOUGEOT GRAND CRU 2007
Rouge | 2022 à 2029 | 104,70 €   **18,5/20**
Il y en a deux cuvées, mais de loin la plus réussie est celle du domaine avec une chair enthousiasmante pour l'année, et une sensationnelle race aromatique.

CORTON - CHARLEMAGNE GRAND CRU 2007
Blanc | 2015 à 2019 | 82,20 €   **17,5/20**
Le vin le plus complet dans ce millésime, associant de façon discrète des notes florales et minérales, tendu mais avec de l'étoffe et du style, de bel avenir.

CORTON GRAND CRU LE CORTON 2007
Rouge | 2009 à 2010 | 58,30 €   **18/20**
Superbe vinification et équilibre idéal d'une année préservant à la perfection la nature du pinot noir.

ÉCHEZEAUX GRAND CRU 2007   ☺
Rouge | 2015 à 2027 | 104,70 €   **17,5/20**
Texture de taffetas, raisin ultra mûr, beaucoup de gourmandise mais avec une noblesse qui le réserve pour les grandes occasions.

MEURSAULT PREMIER CRU GENEVRIÈRES 2007   ☺
Blanc | 2012 à 2017 | 44,10 €   **17/20**
Joli parfum floral, frais, vif, subtil, remarquable élégance, grande longueur, le plus racé des meursaults de notre grande dégustation à l'aveugle !

MONTHÉLIE CHAMPS FULLIOTS 2007
Rouge | 2015 à 2019 | 19,40 €   **15/20**
Boisé pour le moment dominant le fruit mais texture élégante et saveur fraîche, subtile, dans une bouche joliment tendue. Bien dans la ligne de ce terroir méconnu.

MONTRACHET GRAND CRU 2007
Blanc | 2017 à 2022 | 291,50 €   **18/20**
Très clair, vin raffiné, mais très tendu, presque austère dans sa pureté et sa nudité volontaire, mais d'une délicatesse dans les sensations tactiles et d'une énergie policée considérables.

NUITS-SAINT-GEORGES PREMIER CRU LES CAILLES 2007   ☺
Rouge | 2017 à 2027 | 58,30 €   **18/20**
Admirable réussite, plaçant le cru au-dessus de son magnifique 2006, beaucoup d'harmoniques dans le parfum, tanin noble, avec l'allonge et la classe des grands terroirs de Côte de Nuits.

NUITS-SAINT-GEORGES PREMIER CRU PORRETS SAINT-GEORGES 2007
Rouge | 2017 à 2022 | 52,30 €   **17/20**
Boisé sophistiqué mais franc, vin charnu, racé, d'une chair certainement plus enrobée que les volnays, naturel, charmeur mais profond.

VOLNAY PREMIER CRU CLOS DES CHÊNES 2007
Rouge | 2017 à 2022 | 34,40 €   **17/20**
Robe d'un rubis transparent, parfaite maturité du raisin, tanin idéalement élégant pour un volnay, grand style, un rien plus austère que le caillerets comme il se doit.

VOLNAY PREMIER CRU TAILLEPIEDS 2007   ☺
Rouge | 2015 à 2019 | 34,40 €   **16,5/20**
Cette cuvée est désormais bien réglée, avec un nez plus floral que celui du caillerets, un corps aérien, des tanins très fins et subtilement épicés. Il plaira assez vite.

Rouge : 86 hectares ; pinot 100%. **Blanc** : 44 hectares ; chardonnay 100%. **Production totale annuelle :** 600 000 bt. **Visite :** Sur rendez-vous du lundi au vendredi, fermeture les samedis, dimanches et jours fériés.

DOMAINE J.M. BOULEY

12, chemin de la Cave
21190 Volnay
Tél. 03 80 21 62 33 - Fax. 03 80 21 64 78
jeanmarc.bouley@wanadoo.fr
www.jean-marc-bouley.com

Ce domaine artisanal, doté de très beaux terroirs sur Volnay et Pommard, nous a enchantés par l'élégance et la précision des vinifications des 2006, recevant quelquesunes de nos meilleures notes. Le 2007 ne marque pas de progrès notable mais la continuation d'une recherche, qui a peutêtre conduit à vendanger un rien trop tôt.

BEAUNE PREMIER CRU REVERSÉES 2007
Rouge | 2010 à 2013 | 19 €   **13,5/20**
Jolie robe, nez tendre et épicé, vin simple, un rien asséchant.

POMMARD 2007
Rouge | 2014 à 2017 | 19 €   **13/20**
Nez épicé, tanin légèrement sec, le raisin manquait de maturité.

POMMARD PREMIER CRU FREMIERS 2007
Rouge | 2014 à 2019 | 33 €   **15,5/20**
Belle robe pourpre, plus dense que celle des volnays, excellent nez de cerise, texture généreuse, grand classicisme de forme, vin harmonieux.

VOLNAY 2007
Rouge | 2011 à 2017 | 17,50 €   **14/20**
Notes de fleurs macérées au nez, un peu d'acidité en bouche et tanin encore ferme, terroir bien en valeur.

VOLNAY CLOS DE LA CAVE 2007
Rouge | 2012 à 2017 | 19 €   **14,5/20**
Robe délicate, nez joliment floral, vin féminin, aérien malgré un tanin un peu asséchant, beaucoup de charme et de parfum.

VOLNAY PREMIER CRU CLOS DES CHÊNES 2007
Rouge | 2011 à 2017 | 30 €   **15,5/20**
La robe la plus dense des volnays, vin précis, racé, subtil, peut-être vendangé un peu tôt, mais délivrant un tanin bien plus fin que les autres crus.

VOLNAY PREMIER CRU EN CARELLE 2007
Rouge | 2012 à 2017 | 25 €   **15/20**
Robe délicate, nez très typé volnay, corps souple, léger manque de densité mais tanin bien plus délié que celui des villages.

Rouge : 7,3 hectares. Blanc : 0,2 hectare.
Production totale annuelle : 35 000 bt.
Visite : Visites sur rendez-vous du lundi au vendredi à 9 h, 12 h, 14 h, 18 h.

DOMAINE BOUZEREAU GRUÈRE ET FILLES

22 A, rue de la Velle
21190 Meursault
Tél. 03 80 21 20 05 - Fax. 03 80 21 68 16
hubert.bouzereau.gruere@libertysur.fr

Voici un valeureux domaine familial : Hubert Bouzereau et ses deux filles exploitent 12 hectares, judicieusement répartis sur Meursault et Chassagne. Les vins, après un départ timide au début des années 2000, ont pris une forme beaucoup plus précise et personnelle, et sont d'excellentes expressions de beaux terroirs, modernes dans leur fraîcheur et leur netteté immédiate, classiques dans leurs infinies nuances. Une adresse à suivre, d'autant que l'accueil y est charmant.

CHASSAGNE-MONTRACHET 2007   ⓤ
Blanc | 2011 à 2015 | NC   **15,5/20**
Joli vin généreusement construit, parfumé, tendre, de séduction immédiate, précis dans son élaboration.

CHASSAGNE-MONTRACHET BLANCHOT DESSOUS 2007
Blanc | 2011 à 2017 | NC   **16,5/20**
Remarquable finesse de parfum, terroir noble bien mis en valeur, ensemble racé et soigné, vivement recommandé.

MEURSAULT PREMIER CRU CHARMES 2007
Blanc | 2013 à 2019 | NC   **16/20**
Robe or vert, nez de noisette, vin précis et stylé, finale racée, sur un corps qui aurait pu être plus étoffé.

MEURSAULT PREMIER CRU GENEVRIÈRES 2007
Blanc | 2012 à 2017 | NC   **16/20**
Robe paille, nez généreusement beurré, beaucoup de grain à défaut d'une pureté idéale, le type de meursault très savoureux qui convient aux volailles blanches.

Rouge : 4 hectares. Blanc : 8 hectares.
Production totale annuelle : 45 000 bt.
Visite : De 9 h à 12 h et de 14 h à 18 h, fermé le dimanche après midi, sur rendez vous de préférence.

CAMILLE GIROUD

3, rue Pierre-Joigneaux
21200 Beaune
Tél. 03 80 22 12 65 - Fax. 03 80 22 42 84
contact@camillegiroud.com
www.camillegiroud.com

La toute petite taille de cette très vieille maison de Beaune, rachetée par des investisseurs américains, avec à leur tête Ann Colgin, viticultrice d'élite de la Napa Valley, et la remarquable qualité de ses 2003, 2004 et 2005, ont fait qu'elle est en rupture de stock. Les 2006 permettront à un plus grand nombre de se familiariser avec les vinifications soignées de David Croix. Il reste de très vieux millésimes à la vente, dans l'ancien style de la maison, avec parfois des bouteilles absolument remarquables. On choisira de préférence les vins rouges du nord de la Côte de Beaune, qui sont devenus la grande spécialité de la maison.

CHASSAGNE-MONTRACHET PREMIER CRU VERGERS 2007

Blanc | 2013 à 2019 | NC   **15/20**
Nez très riche, plus beurré que d'autres, raisin mûr, du corps et de la volupté, léger manque de finesse.

MARANGES PREMIER CRU LE CROIX MOINES 2007 ☺

Rouge | 2014 à 2022 | NC   **16/20**
Une découverte et un vin fort réussi, largement supérieur au volnay par sa couleur, son corps, son intensité et la qualité de son tanin, un vin superbe et qui ne devrait ruiner personne, fait pour la garde.

SANTENAY 2007

Rouge | 2014 à 2017 | NC   **14/20**
Bonne couleur, corps correct, saveur épicée, terroir bien défini, bien fait et capable de se garder dix ans.

VOLNAY 2007

Rouge | 2015 à 2019 | NC   **14/20**
Robe rubis délicat, excellent corps, vin réservé, tannique, de garde, même si on peut imaginer plus séduisant !

VOSNE-ROMANÉE 2007

Rouge | 2014 à 2019 | NC   **16/20**
Couleur ferme, nez épicé et racé, excellent velouté de texture, matière et maturité du raisin exemplaire, village complet et capable de bien vieillir.

Rouge : 1,15 hectare ; pinot 100%.
Production totale annuelle : 60 000 bt.
Visite : Du lundi au vendredi de 9 h à 12 h et de 14 h à 18 h, sur rendez-vous uniquement.

CHAMPY

3, rue du Grenier-à-Sel
21200 Beaune
Tél. 03 80 25 09 99 - Fax. 03 80 25 09 95
contact@champy.com
www.champy.com

Cette maison est intelligemment dirigée par Pierre Meurgey et son œnologue Dimitri Bazas, formé à l'école de Kiriakos Kinigopoulos. Les petites appellations sont ici aussi soignées et recommandables que les grandes. Les 2005 sont très homogènes, dignes de l'occasion. Les 2006 et 2007 ne seront guère inférieurs et confirment qu'il faut vraiment compter avec cette source, lorsqu'on en a assez de la loterie de la qualité dans les propriétés artisanales.

BEAUNE PREMIER CRU AUX CRAS 2007

Rouge | 2015 à 2019 | 28,50 €   **15/20**
Couleur soutenue, nez affirmé et bien plus tendu que celui du champimonts, corps plein, tanin ferme, de l'énergie et du style dans un ensemble incontestablement supérieur.

BOURGOGNE PINOT NOIR SIGNATURE 2007 ☺

Rouge | 2011 à 2015 | 12,10 €   **14/20**
Couleur légèrement évoluée sur les bords, nez net, épicé, vigoureux et de forte charpente pour l'année, bouche pleine, finale longue, fumée, bonne longueur, style affirmé, vin très bien fait.

CHASSAGNE-MONTRACHET 2007 ☺

Blanc | 2012 à 2017 | 32,10 €   **16/20**
Excellente intégration du bois, vin harmonieux, élégant, complexe.

CORTON - CHARLEMAGNE GRAND CRU 2007

Blanc | 2014 à 2019 | 79,50 €   **17,5/20**
Très précis et typé au nez, sans réduction apparente, donc pur et cristallin, corps élégant, finale pure de fleur de vigne, remarquable style.

POMMARD PREMIER CRU GRANDS EPENOTS 2007

Rouge | 2017 à 2022 | env 45 €   **16/20**
Robe rubis à début d'évolution, nez racé rappelant le style des vins de Michel Gaunoux, de la chair, du style, terroir très bien défini, à garder encore huit à dix ans.

Rouge : 14,5 hectares ; pinot noir 85%.
Blanc : 2,5 hectares ; aligoté 5%, chardonnay 10%.
Production totale annuelle : 425 000 bt.
Visite : De préférence sur rendez-vous du lundi au vendredi de 10 h à 12 h 30 et de 14 h à 18 h, samedi et dimanche de 10 h à 12 h et de 14 h à 17 h 30.

DOMAINE CHANDON DE BRIAILLES

1, rue Soeur-Goby
21420 Savigny-lès-Beaune
Tél. 03 80 21 50 97 - Fax. 03 80 21 59 02
contact@chandondebriailles.com
www.chandondebriailles.com

Ce célèbre domaine possède des vignes sur les meilleurs terroirs du nord de la Côte de Beaune, et vinifie dans la vieille tradition à partir de vendanges entières, non égrappées, en ayant peu recours au bois neuf pendant l'élevage. Les vins apparaissent parfois peu colorés et maigres dans leur jeunesse, mais vieillissent admirablement, en montrant une jeunesse et une race appréciées des grands amateurs, une fois à maturité. Le domaine n'a pas présenté tous ses 2007, et de ce que nous avons dégusté nous ne retiendrons que les savignys. Le corton en effet manquait vraiment d'étoffe, si on le compare par exemple à ceux de Liger-Belair.

SAVIGNY-LÈS-BEAUNE 2007
Rouge | 2013 à 2019 | 23,40 €   **14/20**
Belle robe rubis, étonnante de précision et de pureté, assez charpenté et tendu, tanin dominant actuellement le fruité, solide mais élégant.

SAVIGNY-LÈS-BEAUNE PREMIER CRU LAVIÈRES 2007
Rouge | 2015 à 2022 | 30,25 €   **15,5/20**
Robe assez claire, nez très racé d'églantine, corps souple, mais tanin encore peu délié, saveur racée de pinot fait pour la garde, encore jeune et sur la réserve, dans le style classique de la maison, convenant bien à la nature de l'année.

Rouge : 10 hectares. Blanc : 4 hectares.
Production totale annuelle : 60 000 bt.
Visite : Boutique ouverte du lundi au vendredi de 9 h à 12 h et de 14 h à 18 h, dégustation sur rendez-vous. Gîte sur place. fermé en août.

CHANSON PÈRE ET FILS

10, rue Paul-Chanson
21200 Beaune
Tél. 03 80 25 97 97 - Fax. 03 80 24 17 42
chanson@domaine-chanson.com
www.domaine-chanson.com

Si on en juge par l'exceptionnel ensemble présenté par la maison, en blanc comme en rouge, dans le millésime 2007, elle égale désormais les plus grandes. Encore une année à ce niveau et sa cotation rejoindra celle de ses pairs. Les rouges du domaine, à part quelques petites faiblesses sur un secteur limité de Beaune, sont remarquables, et le principe de vinifier le plus possible la partie négoce donne une unité de vision du pinot noir suffisamment rare pour qu'on la signale. Les achats en Mâconnais et à Chablis sont sûrs, avec un sens très juste de l'élevage le mieux adapté à chacun.

BEAUNE PREMIER CRU CLOS DES MARCONNETS 2007
Rouge | 2009 à 2010 | 35 €   **17,5/20**
Vin complet, idéalement vendangé et vinifié dans le plus strict respect du raisin et du terroir. Et il n'a rien perdu de son corps de départ au cours de l'élevage. Bel avenir.

BEAUNE PREMIER CRU CLOS DES MOUCHES 2007
Rouge | 2017 à 2022 | 44 €   **17,5/20**
Parfaite harmonie d'ensemble, admirable qualité d'extraction de tanin, le grand style et une leçon de vinification fidèle à la tradition mais moderne dans son approche.

BEAUNE PREMIER CRU LAS FÈVES 2007
Rouge | 2017 à 2027 | 24,90 €   **18,5/20**
Un des chefs-d'œuvre du millésime en rouge, vin digne d'être comparé par son corps, sa noblesse d'arôme et de texture aux plus grands côtes-de-nuits. Rien à Beaune ne l'égale ou même l'approche, et nous en avons dégusté des dizaines... Ce terroir a pleinement retrouvé son prestige.

BOURGOGNE PINOT NOIR 2007   Ⓤ
Rouge | 2012 à 2017 | 11 €   **15/20**
Une remarquable réussite dans un volume fort appréciable de 1700 hectolitres ! Grande pureté aromatique, corps délié, beaucoup de finesse, de gourmandise, et classe indéniable.

CHARMES-CHAMBERTIN GRAND CRU 2007
Rouge | 2015 à 2022 | 99 €   **17,5/20**
Sept pièces (1500 bouteilles environ) d'un vin fidèle à son origine, charpenté mais élégant, au tanin naturel, et montrant l'exemple.

CHASSAGNE-MONTRACHET
PREMIER CRU CHENEVOTTES 2007
Blanc | 2013 à 2019 | 49 €   **18/20**
Encore une première vinification d'une nouvelle vigne du domaine et un premier chef-d'œuvre. Nous n'avons pas le souvenir d'un Chenevotte aussi complexe et aussi racé, largement supérieur à bien des grands crus du secteur.

CLOS DE VOUGEOT GRAND CRU 2007
Rouge | 2017 à 2027 | 99 €   **18/20**
Grand vin idéalement typé du clos, avec un soupçon de menthe au nez et un corps magnifiquement équilibré pour l'année.

MEURSAULT PREMIER CRU BLAGNY 2007
Blanc | 2012 à 2017 | 48 €   **16/20**
Belles notes de miel de fleur et de noisette au nez, vin fin, au fruit subtil, joliment expressif de ce secteur.

MOULIN-À-VENT 2007
Rouge | 2010 à 2015 | 12 €   **14,5 /20**
Le meilleur des crus du Beaujolais de la maison dans le millésime, charnu mais souple, au fruit pur et dégagé mais qu'il ne faudra pas trop faire vieillir.

PERNAND-VERGELESSES
EN CARADEUX 2007   ☺
Blanc | 2012 à 2017 | 29 €   **18/20**
Sublime finesse et pureté, un vin qui place la maison désormais au rang des plus grands stylistes en blanc de la Bourgogne ! Il sera intéressant de le comparer aux plus grands Charlemagne du millésime... Rapport qualité-prix imbattable.

POMMARD 2007
Rouge | 2014 à 2019 | 29 €   **16/20**
Un village absolument remarquable de typicité et de classe, avec les arrière-plans de truffe et d'épices attendus, et une qualité de raisin largement supérieure à la moyenne. Hautement recommandable. Préférable à l'épenots du même millésime.

PULIGNY-MONTRACHET PREMIER CRU
FOLATIÈRES 2007
Blanc | 2013 à 2019 | 59 €   **17, 5 /20**
Première vinification d'une vigne nouvelle du domaine, et immédiatement l'avantage d'être maître de la viticulture se perçoit par un supplément de maturité du raisin et d'intensité dans la constitution du vin, grande élégance, aucun départ d'oxydation. Grande classe. Vendangé à 13,6 degrés naturels...

SAINT-VÉRAN 2007   ☺
Blanc | 2011 à 2015 | 12 €   **15 /20**
Délicatement citronné, pur, facile, raisin bien mûr, rapport qualité-prix exemplaire, vin plaisir très bien acheté et assemblé.

SAVIGNY-LÈS-BEAUNE
PREMIER CRU VERGELESSES 2007
Rouge | 2015 à 2022 | 29 €   **16,5 /20**
À nouveau une des grandes réussites de la maison, et 20 000 bouteilles de haut niveau, merveilleuse texture, tanin noble, raisin avoisinant les 14 degrés naturels dans le millésime ! Peu de cortons l'égalent... Supérieur aux beaune-grèves, teurons et bressandes de la maison également.

Rouge : 70 hectares ; pinot noir 70%. Blanc : 30 hectares ; chardonnay 30%. . **Production totale annuelle :** 200 000 bt. **Visite :** Sur rendez-vous, contacter le 06 61 55 48 00

DOMAINE DU CHÂTEAU DE CHOREY

Rue des moutots
21200 Chorey-lès-Beaune
Tél. 03 80 24 06 39 - Fax. 03 80 24 77 72
domaine-chateau-de-chorey@wanadoo.fr
www.domaine-chorey.fr

Benoît Germain a désormais complètement en charge la production du domaine familial, ainsi qu'une petite activité de négoce supplémentaire, comme cela est de plus en plus fréquent. Certains de ses vins dans des millésimes précédents étaient marqués par des fins de bouches amères. C'est beaucoup moins le cas avec les 2007, qui possèdent de jolies matières classiques avec des tanins plutôt astringents qui ne s'harmoniseront que dans quelques années.

BEAUNE PREMIER CRU
LES CRAS VIEILLES VIGNES 2007
Rouge | 2015 à 2019 | 27 € **14,5/20**
Assez charnu et plein, un peu d'amertume tannique. Vin de garde.

BEAUNE PREMIER CRU
LES VIGNES FRANCHES VIEILLES VIGNES 2007
Rouge | 2015 à 2019 | 29 € **14,5/20**
Plus ouvert que les-cras, plus délié dans sa texture, un peu moins corsé, joli vin de type un peu convenu par rapport à ce qui se fait aujourd'hui à Beaune.

MEURSAULT 2007
Blanc | 2012 à 2017 | 19 € **14,5/20**
Certains rouges de ce producteur réputé ne se sont pas très bien dégustés mais ce blanc se présentait de façon impeccable, avec un nez de noisette, légèrement réduit, assez long, complexe certainement.

Rouge : 13 hectares. Blanc : 4 hectares ; chardonnay 100%. Production totale annuelle : 80 000 bt. Visite : De 9 h à 12 h et de 14 h à 17 h.

DOMAINE CHEVALIER PÈRE ET FILS

Hameau de Buisson - cedex 18
21550 Ladoix-Serrigny
Tél. 03 80 26 46 30 - Fax. 03 80 26 41 47
contact@domaine-chevalier.fr
www.domaine-chevalier.fr

Claude Chevalier est un des meilleurs ambassadeurs de son village de Ladoix, par son sens des relations publiques et par son amour sincère du terroir. Il a beaucoup fait progresser dans les tout derniers millésimes le domaine familial : les raisins sont récoltés plus mûrs, et vinifiés avec beaucoup plus de respect pour leur intégrité et leur fruité spécifique. Il y a certes quelques inégalités dans ses 2006, mais les meilleures cuvées plairont au plus grand nombre, par leur côté immédiatement savoureux. Certains 2007 sont les meilleurs vins qu'il ait jamais produits.

ALOXE-CORTON 2007
Rouge | 2013 à 2017 | env 25 € **15,5/20**
Remarquable couleur, excellent équilibre alcool-tannin, le vrai style de l'appellation, de la chair, de la plénitude, de la suite ne bouche. Beaucoup de cortons ne le valent pas.

ALOXE-CORTON PREMIER CRU 2007
Rouge | 2013 à 2017 | env 30 € **15/20**
Bon boisé, nez floral, texture plus souple que le village, un peu moins de chair, assez complexe néanmoins et infiniment mieux vinifié que d'autres.

CORTON - CHARLEMAGNE GRAND CRU 2007
Blanc | 2014 à 2019 | 60 € **15/20**
Boisé légèrement pâtissier mais sans vulgarité, excellent corps et fermeté de constitution fidèle au terroir, plus large que long, savoureux, à attendre cinq ans.

LADOIX PREMIER CRU LES GRÉCHONS 2007 ☺
Blanc | 2010 à 2015 | 22 € **16/20**
Le meilleur ladoix blanc de la dégustation, aux notes de noisette pralinée fort savoureuses, vendangé vraiment mûr, et doté d'une finale longue et racée.

Rouge : 11,2 hectares ; pinot noir 77%.
Blanc : 3,2 hectares ; aligoté 11%, chardonnay 10%, pinot blanc 2%. Production totale annuelle : 60 000 bt. Visite : Ouvert du lundi au vendredi de 8 h à 12 h et de 14 h à 17 h. Le samedi de 9 h à 12 h puis de 14 h à 17 h.

DOMAINE FRANÇOISE ET DENIS CLAIR

14, rue de la Chapelle
21590 Santenay
Tél. 03 80 20 61 96 - Fax. 03 80 20 65 19
fdclair@orange.fr

Une famille très unie, beaucoup de générosité de cœur, un goût inné pour la saveur juste, de belles vignes sur les meilleurs terroirs de Saint-Aubin et de Santenay, tout cela explique la réussite constante de ce domaine depuis près de vingt ans. Malgré la méchante grêle de l'année, le parcours du domaine est sans faute en 2005. Les 2006 blancs sont sans doute, avec ceux d'Olivier Lamy, les meilleurs jamais produits sur Saint-Aubin.

BÂTARD-MONTRACHET GRAND CRU 2007
Blanc | 2013 à 2019 | 85 € — 17/20
Grande race aromatique, noble texture, impeccable longueur, vinification précise d'excellents raisins. Du vrai bâtard.

SAINT-AUBIN PREMIER CRU EN REMILLY 2007
Blanc | 2012 à 2017 | 16 € — 17/20
Une merveille de finesse, de pureté, de transparence dans l'expression d'un terroir largement aussi noble que les premiers crus de Puligny. Tout le charme du millésime.

SAINT-AUBIN PREMIER CRU LES MURGERS DES DENTS DE CHIEN 2007
Blanc | 2011 à 2015 | 16 € — 17/20
Tout en élégance, avec les notes nobles de fleur de vigne, un boisé intelligent et une finale racée, digne d'un grand folatières. Un vin encore une fois exemplaire.

SANTENAY CLOS GENET 2007
Rouge | 2012 à 2017 | 12 € — 15,5/20
Belle couleur, arôme de fraise très pur et élégant, vin chaleureux et charnu, précis, long, exemplaire du millésime.

SANTENAY PREMIER CRU CLOS DE LA COMME 2007
Rouge | 2012 à 2019 | 16 € — 16/20
Belle couleur, vendange bien mûre, beaucoup de chair et de volupté de texture, jolie longueur, vin de caractère, remarquable vinification.

SANTENAY PREMIER CRU CLOS DE TAVANNES 2007
Rouge | 2012 à 2017 | 17 € — 15/20
Arôme de fraise et de violette, corps souple, moins de chair que comme, finesse et classe mais léger manque de vinosité.

Rouge : 10 hectares ; pinot 100%. Blanc : 5 hectares ; chardonnay 100%. Production totale annuelle : 75 000 bt. Visite : Sur rendez-vous.

FABIEN COCHE-BOUILLOT

5, rue de Mazeray
21190 Meursault
Tél. 03 80 21 29 91 - Fax. 03 80 21 22 38
coche-bouillot@wanadoo.fr

Fabien Coche est le fils d'Alain Coche, et présente quelques vins sous son nom. Il n'a aucune peur de présenter son vin en dégustation à l'aveugle, contrairement à quelques « vedettes », et a pu ainsi faire apprécier la sincérité de ses produits, précis, savoureux, légèrement marqués par des arômes muscatés ou exotiques, et qui gagneront certainement en complexité avec un peu plus d'expérience de vinification. En tout cas, il y a ici un peu de bon vin à vendre.

MEURSAULT 2007
Blanc | 2009 à 2012 | 20 € — 15/20
Parfumé, souple, délicat, une vraie friandise pour une consommation à ne pas trop retarder.

MEURSAULT LES LUCHETS 2007
Blanc | 2012 à 2017 | 25 € — 16/20
Nez droit et pur, beaucoup d'éclat et de naturel en bouche, élevage techniquement exemplaire tout comme la mise en bouteille, gras, sensuel, complet.

MEURSAULT PREMIER CRU GOUTTES D'OR 2007
Blanc | 2013 à 2017 | 39 € — 15/20
Pâle, très tendre, vanillé fin, très agréable à défaut de forte personnalité.

Production totale annuelle : 13 000 bt.
Visite : Tous les jours sur rendez-vous.

DOMAINE BRUNO COLIN

3, impasse des Crets
21190 Chassagne-Montrachet
Tél. 03 80 21 93 79 - Fax. 03 80 21 93 79
domainebrunocolin@wanadoo.fr

Les vins de ce domaine tout neuf, qui prend en partie la suite du Domaine Colin-Deleger, furent la révélation de nos dégustations en matière de Chassagne-Montrachet. Bruno Colin semble parti pour une brillante carrière, avec un sens aigu du pressurage et de l'élevage, qui ne s'apprend pas mais est inné. Un grand styliste est né ! On se précipitera sur les merveilleux 2005, d'un charme fou. Les 2007 naissent avec plus de finesse et d'éclat que les 2006.

CHASSAGNE-MONTRACHET PREMIER CRU
EN REMILLY 2007
Blanc | 2012 à 2017 | 35 € **15/20**
Ultra pâle et marqué par la réduction, mais grande finesse, finale tendue et racée.

CHASSAGNE-MONTRACHET PREMIER CRU
LA BAUDRIOTTE 2007
Blanc | 2012 à 2017 | 35 € **16,5/20**
Texture confortable, grand nez vanillé, onctueux, long, vendangé mûr et vinifié dans la grande tradition.

CHASSAGNE-MONTRACHET PREMIER CRU
MORGEOT 2007 ☺
Blanc | 2012 à 2017 | 35 € **16,5/20**
Excellent boisé, vin élégant, texture raffinée, souple ; soigné, moins corsé que d'autres morgeot mais très long et séducteur.

Rouge : 4,1 hectares ; pinot noir 47%.
Blanc : 4,2 hectares ; aligoté 6%, chardonnay 94%.
Production totale annuelle : 55 000 bt.
Visite : Du lundi au vendredi de 9 h à 12 h et de 14 h à 18 h sur rendez-vous. Le samedi sur rendez-vous.

DOMAINE PHILIPPE COLIN

ZA du Haut des Champs
21190 Chassagne-Montrachet
Tél. 03 80 21 90 49 - Fax. 03 80 21 90 49

Il faut être assez savant pour ne pas se perdre dans la tribu des Colin de Chassagne, mais nous sommes ravis de faire rentrer dans le guide cette année Philippe, sans doute le frère de Bruno, qui lui aussi a repris une partie des vignes de Michel Colin Deleger, dont une splendide petite parcelle de Chevalier-Montrachet. Les vins sont fins, purs et nets, manquant un peu de personnalité au plus haut niveau.

CHASSAGNE-MONTRACHET PREMIER CRU
CHENEVOTTES 2007 ☺
Blanc | 2011 à 2015 | NC **15/20**
Boisé délicat, vin souple, tendre, élégant, caractère facile à comprendre, finale précise, soignée.

CHASSAGNE-MONTRACHET PREMIER CRU
EMBAZÉES 2007
Blanc | 2010 à 2015 | NC **14,5/20**
Vin large et généreux, consensuel, bon boisé, à boire quand même assez vite.

CHEVALIER-MONTRACHET GRAND CRU 2007
Blanc | 2015 à 2019 | NC **17/20**
Grand vin cristallin, tendu, minéral, finale pure et racée, encore fort jeune, petit manque d'étoffe.

DOMAINE MARC COLIN ET FILS

1, rue de la Chateniere
21190 Saint-Aubin
Tél. 03 80 21 30 43 - Fax. 03 80 21 90 04
domaine-colinmarc@club-internet.fr

Marc Colin passe progressivement le relais à deux de ses fils pour le domaine familial, Pierre-Yves, le troisième de ses fils ayant repris ses vignes et créé une petite firme de négoce. On trouvera ici des vins issus des meilleurs terroirs de Saint-Aubin et de Chassagne-Montrachet et une petite quantité de grands crus, irréprochables dans leur finesse et droiture de style et dans leur régularité.

CHASSAGNE-MONTRACHET
LES ENCEIGNIÈRES 2007
Blanc | 2012 à 2017 | 23 €   **16,5/20**
Grande pureté aromatique, avec des notes de fleur de vigne et de citron, du nerf, de la suite en bouche et du style.

CHASSAGNE-MONTRACHET PREMIER CRU
EN CAILLERET 2007
Blanc | 2012 à 2017 | 30 €   **16,5/20**
Beau nez de noisette, vin doté d'un équilibre exemplaire, lisse, élégant, long, harmonieux.

Rouge : 6 hectares ; pinot 30%. **Blanc :** 11,5 hectares ; aligoté 10%, chardonnay 60%. **Production totale annuelle :** 115 000 bt. **Visite :** Sur rendez-vous.

DOMAINE DU COMTE ARMAND

7, rue de la Mairie
21630 Pommard
Tél. 03 80 24 70 50 - Fax. 03 80 22 72 37
epeneaux@domaine-comte-armand.com
www.domaine-comte-armand.com

Benjamin Leroux a infléchi le style des vins du domaine vers plus d'élégance d'arôme et de texture, sans diminuer l'étonnante vinosité et la puissance de caractère qui sont la marque du superbe Clos des Épeneaux. Ses derniers millésimes sont des classiques de la Bourgogne d'aujourd'hui et montrent à tout Pommard ou presque l'exemple à suivre. Après ses excellents 2004, modèle de ce qu'il faut faire en année difficile, le délicat 2006 est à nouveau réussi.

POMMARD PREMIER CRU CLOS DES ÉPENEAUX 2006
Rouge | 2016 à 2024 | NC   **17/20**
Ce vin s'est encore amélioré avec la fin de l'élevage et constitue dans ce millésime un sommet : la robe est pleine, le nez précis, harmonieux, l'expression du terroir complète, avec une élégance d'ensemble qui n'existait pas il y a encore cinq ans, malgré les grandes qualités déjà présentes !

VOLNAY 2006
Rouge | 2013 à 2016 | NC   **13/20**
Robe évoluée, arôme floral, vin tendre, facile, soigné mais ne pouvant masquer les difficultés du millésime.

Rouge : 7,3 hectares ; pinot 100%. **Blanc :** 0,2 hectare ; chardonnay 100%. **Production totale annuelle :** 35 000 bt. **Visite :** Sur rendez-vous.

DOMAINE DES COMTES LAFON

Clos de la Barre
21190 Meursault
Tél. 03 80 21 22 17 - Fax. 03 80 21 61 64
comtes.lafon@wanadoo.fr

Dominique Lafon bénéficie désormais de tout le supplément de vitalité dans le raisin apporté par dix années de viticulture propre, s'inspirant des principes de la biodynamie, et en ce printemps 2009 ses vignes présentaient une allure magnifique.

MEURSAULT 2007
Blanc | 2012 à 2015 | NC   15/20
Assemblage de Barre, Lurolles et de jeunes vignes de Genevrières, très droit et pur, citronné, légèrement réduit, très précis, à attendre encore trois ans.

MEURSAULT PREMIER CRU CHARMES 2007
Blanc | 2015 à 2022 | NC   17/20
Pâle, pour le moment encore marqué par des notes réductives qui assureront son heureux vieillissement, belle texture, classique du charmes du domaine (charmes-dessus).

MEURSAULT PREMIER CRU GENEVRIÈRES 2007
Blanc | 2009 à 2010 | NC   18,5/20
Sublime pureté et finesse, mis en bouteille un peu avant les autres, ce qui explique une plus grande unité dans les sensations tactiles, le domaine à son meilleur et à son plus inimitable.

MEURSAULT PREMIER CRU PERRIÈRES 2007
Blanc | 2017 à 2022 | NC   17,5/20
Pâle, tendu, séveux, implacable, racé, mais pas encore vraiment prêt à nous sourire.

MONTRACHET GRAND CRU 2007
Blanc | 2017 à 2027 | NC   19/20
Le plus équilibré imaginable mais encore un petit bébé. Tout est en place, la parfaite maturité du raisin, la noblesse des arômes, la pureté et la transparence données par une vinification respectueuse mais complètement contrôlée.

VOLNAY PREMIER CRU SANTENOTS DU MILIEU 2007
Rouge | 2017 à 2025 | NC   17/20
Coloré, très équilibré, belles notes de fruits noirs au nez, tanin ferme mais fin, excellente unité d'ensemble, bel avenir.

Rouge : 5,8 hectares ; pinot 100%. Blanc : 8 hectares ; chardonnay 100%. Production totale annuelle : 60 000 bt. Visite : Pas de visites.

DOMAINE EDMOND CORNU & FILS

Rue du Meix-Grenot
21700 Magny-les-Villers
Tél. 03 80 26 40 79 - Fax. 03 80 26 48 34
cornu.pierre@voila.fr

Edmond Cornu est un des vignerons les plus respectés de Ladoix, à juste titre quand il s'agit du travail des vignes. Quelques millésimes, 2004 notamment, ont été affectés par les faux goûts que nous évoquons souvent, mais nous sommes ravis de voir les 2006 et les 2007 indemnes et, bien mieux que cela, au premier rang local pour la finesse d'expression du terroir et la tenue probable au vieillissement. Nous les recommandons vivement.

HAUTES CÔTES DE BEAUNE 2005
Rouge | 2009 à 2012 | 8,50 €   15/20
Très joli vin, plein d'harmonie, mais à boire sans trop attendre.

HAUTES CÔTES DE NUITS 2005
Rouge | 2009 à 2015 | 8,90 €   16/20
Un vin superbe, à boire aujourd'hui, mais peut encore vieillir. Voilà un très beau bourgogne de belle stature.

LADOIX PREMIER CRU BOIS ROUSSOT 2007
Rouge | 2012 à 2017 | env 16,50 €   14,5/20
Belle générosité aromatique, texture onctueuse, bonne longueur, terroir lisible, du bon travail.

MEURSAULT 2007
Blanc | 2011 à 2015 | env 21 €   15/20
Remarquable nez noisetté, vin large et généreux, long, archétype de son appellation, montrant que ce producteur maîtrise aussi la vinification des blancs.

DOMAINE DE COURCEL

Place de l'Église
21630 Pommard
Tél. 03 80 22 10 64 - Fax. 03 80 24 98 73
courcel@domaine-de-courcel.com

Le domaine possédait déjà le plus homogène des vignobles de Pommard, presque tout entier situé en premier cru, avec une parcelle royale de 5 hectares d'Epenots, et de très vieilles vignes. Mais il a fallu attendre le talent et la rigueur de vinificateur d'Yves Confuron pour que les vins atteignent la dimension magique qui est la leur actuellement, et qui en fait les équivalents en Côte de Beaune du Domaine de la Romanée-Conti en Côte de Nuits. Même ampleur et pureté de style, données par des vinifications en raisin entier, même autorité absolue dans l'expression du terroir. Les 2005 tutoyaient le sublime, les 2007 aussi, ce qui ne semblera surprenant qu'à ceux qui n'ont pas vu et mangé les raisins de ce millésime.

POMMARD PREMIER CRU CROIX NOIRES 2007
Rouge | 2017 à 2025 | NC   **16,5/20**
Plus de densité de couleur que frémiers, nez plus tendu, avec une note de truffe, corps énergique, masculin, magnifique naturel et force d'expression du terroir, grand avenir. Tanin très puissant engageant à la garde.

POMMARD PREMIER CRU
GRAND CLOS DES ÉPENOTS 2007
Rouge | 2019 à 2027 | NC   **18/20**
Grande robe, absolument étonnant par sa richesse, sa complexité, la noblesse de la maturité du raisin, son naturel. Une fois de plus, sans doute la plus haute expression de son village. Pour grand amateur.....

POMMARD PREMIER CRU LES FRÉMIERS 2007
Rouge | 2009 à 2010 | NC   **16,5/20**
Belle robe, nez noble, grand volume de bouche, style irrésistible du moins pour nous dans la mesure où il témoigne de la perfection de la maturité du raisin, grand avenir.

POMMARD PREMIER CRU RUGIENS 2007
Rouge | 2017 à 2027 | NC   **18,5/20**
Un des sommets de l'année, merveilleuse suavité de texture, sensations tactiles étonnantes, race extraordinaire du parfum, plus élégant dès la naissance encore que l'épenot, maturité idéale d'un grand raisin, respect absolu de sa classe que seule une vinification en raisin entier respecte à ce point. Un chef-d'oeuvre.

Rouge : 8 hectares ; pinot 100%. Blanc : 1 hectare ; chardonnay 100%. Production totale annuelle : 27 000 bt. Visite : Sur rendez-vous.

CHÂTEAU DE LA CRÉE

11, rue Gaudin
21590 Santenay
Tél. 03 80 20 63 36 - Fax. 03 80 20 65 27
la.cree@orange.fr
www.la-cree.com

Nous avons été séduits par tous les vins présentés par ce nouveau producteur, installé dans une des plus belles propriétés du haut de Santenay, au cœur d'un environnement particulièrement magnifique. Toutes les cuvées témoignent d'une adresse et d'une sûreté étonnantes, offrant générosité, élégance de parfum et, ce qui est plus difficile, parfaite intégration du bois aux différentes matières et aux différents tanins.

CHASSAGNE-MONTRACHET PREMIER CRU MORGEOT 2007
Blanc | 2013 à 2017 | 35 €   **16,5/20**
Nez de fleur de vigne, racé et complexe, juste autolyse des levures, grande suite en bouche.

MEURSAULT TILLETS 2007
Blanc | 2010 à 2015 | 25 €   **14,5/20**
Belles notes de crème et de froment au nez, vin gras, très typé meursault de toujours, mûr.

POMMARD PETITS NOIZONS 2007
Rouge | 2015 à 2019 | 40 €   **15/20**
Excellent village, plus équilibré dans son extraction que les volnays et les santenays, épicé, ferme, bien fait.

SANTENAY CLOS DE LA CONFRÉRIE 2007
Rouge | 2012 à 2017 | 15 €   **14/20**
Forte couleur, vin puissant, tannique, sans l'astringente gênante du maranges de la même source, robuste et fait pour plaire à ceux qui aiment leur santenay musclé.

SANTENAY PREMIER CRU BEAUREPAIRE 2007
Blanc | 2011 à 2015 | 18,50 €   **14,5/20**
Jolies notes citronnées et lactiques au nez, souple, fin, un peu moins harmonieux et accompli que gravières, facile à boire et joliment vinifié.

SANTENAY PREMIER CRU GRAVIÈRES 2007   ☺
Blanc | 2010 à 2015 | 18,50 €   **16/20**
Remarquable finesse aromatique, vin tendre, élégant, long, vivement recommandé pour une consommation immédiate même si le vieillissement est assuré. Confirmation de la vocation de ce cru à produire des beaux blancs.

VOLNAY PREMIER CRU CLOS DES ANGLES 2007
Rouge | 2012 à 2019 | 35 €   **14,5/20**
Coloré, tannique mais sans agressivité, recherche évidente de haute maturité du raisin et de concentration dans la matière, un rien de lourdeur.

Production totale annuelle : 40 000 bt. Visite : De 9 h à 12 h et de 13 h 30 à 17 h 30 du lundi au vendredi, sinon sur rendez-vous

VINCENT DANCER

23, route de Santenay
21190 Chassagne-Montrachet
Tél. 03 80 21 94 48 - Fax. 03 80 21 39 48
vincentdancer@free.fr
www.vincentdancer.com

Nous continuons à considérer Vincent Dancer, passionnément engagé dans la défense et l'illustration des grands terroirs que sert son talent, comme une des figures de proue de la nouvelle génération bourguignonne. Mais il ne faut pas cacher que, comme chez beaucoup d'autres, un nombre non négligeable de bouteilles des années 1990, remarquables à leur naissance, a mal vieilli (cela ne concerne que les blancs). En 2007 certains vins présentés n'étaient pas encore finis, d'autres excellents et encourageants. Nous pensons néanmoins que Vincent Dancer, toujours en recherche d'absolu n'a pas encore fini sa quête.

CHASSAGNE-MONTRACHET PREMIER CRU LA ROMANÉE 2007
Blanc | 2012 à 2019 | 30 €   **17/20**
Remarquable pureté aromatique, avec les nuances de fleurs de noisetier de grand style, vraiment pur, tendu, cristallin, harmonieux.

CHASSAGNE-MONTRACHET PREMIER CRU MORGEOT TÊTE DU CLOS 2007
Blanc | 2014 à 2019 | 30 €   **17/20**
Joli nez de noisette, vin en apparence fluide et délicat, mais tendu et riche en extrait sec, cristallin et doté d'une superbe acidité pleine de vitalité.

MEURSAULT PREMIER CRU PERRIÈRES 2007
Blanc | 2015 à 2019 | 35 €   **17/20**
On peut ici parler de minéralité au nez et en bouche, avec un caractère qui rappelle le style des eaux calci-magnésiques (vive le magnésium des sols de Perrières), le vin est noble, tendu, remarquablement fidèle au terroir, mais encore dans l'enfance...

Rouge : 2,2 hectares ; pinot noir 47%.
Blanc : 2,5 hectares ; chardonnay 53%.
Production totale annuelle : 21 000 bt.
Visite : Sur rendez-vous.

DOMAINE HENRI DELAGRANGE

7, cours François-Blondeau
21190 Volnay
Tél. 03 80 21 64 12 - Fax. 03 80 21 65 29
didier@domaine-henri-delagrange.com
www.domaine-henri-delagrange.com

Didier Delagrange est en charge désormais de ce domaine de tradition et a beaucoup fait avancer viticulture et vinification. Ses 2007 ont un équilibre classique pour Volnay, avec une expression fine du terroir. On peut lui faire confiance pour l'avenir.

POMMARD PREMIER CRU LES BERTINS 2007   ☺
Rouge | 2015 à 2022 | 28 €   **16/20**
Un vin plus volnay que pommard par son soyeux et même sa personnalité aromatique et son toucher de bouche, long, harmonieux, réussi.

POMMARD VAUMURIENS HAUTS 2007   ☺
Rouge | 2017 à 2022 | 19 €   **17/20**
Robe profonde, nez épicé et truffé, splendide velouté de texture, sensations tactiles voluptueuses pour ce terroir de haut de coteau marneux, grande suite, parfait !

VOLNAY PREMIER CRU CLOS DES CHÊNES 2007
Rouge | 2017 à 2022 | 28 €   **17/20**
Grande couleur, texture riche et veloutée, saveur de réglisse, tanin ferme, grande matière, parfait volume de bouche, un vin moderne mais vraiment fidèle au terroir.

VOLNAY VIEILLES VIGNES 2007   ☺
Rouge | 2014 à 2019 | 16 €   **16/20**
Jolie robe, vin charnu et velouté, d'une insigne finesse, grain de tanin soyeux, précision de l'expression du terroir, un modèle du genre.

Rouge : 10.5 hectares. Blanc : 4,50 hectares.
Production totale annuelle : 80 000 bt.

DOMAINE DOUDET

5, rue Henri-Cyrot
21420 Savigny-lès-Beaune
Tél. 03 80 21 51 74 - Fax. 03 80 21 50 69
doudet-naudin@wanadoo.fr
www.doudet-naudin.com

2007 ne sera pas le plus grand millésime de ce bon producteur, avec des vins assez souples, sans grande personnalité et parfois marqués par des astringences amères, fréquentes hélas dans ces secteurs du nord de la Côte de Beaune. Reste le potentiel de ses vieilles vignes et l'excellence de son corton-charlemagne, source très recommandable et méconnue de ce grand cru souvent inégal.

CORTON - CHARLEMAGNE GRAND CRU 2007
Blanc | 2014 à 2019 | 59 €   **17/20**
Comme souvent, le style de ce blanc est plus assuré que celui des rouges! Nez noble de noisette et praline, excellent équilibre, terroir très lisible, long, complexe.

PERNAND-VERGELESSES 2007
Blanc | 2010 à 2014 | 19,50 €   **15/20**
Robe paille, notes puissantes de noisette, de beurre, de fleur de vigne, d'agrumes, forte maturité du raisin, séduisant dans l'état par ses notes de vendange ultra mûre, reste à prévoir ses capacités de vieillissement. Nous conseillons une consommation dans les trois ans.

SAVIGNY-LÈS-BEAUNE PREMIER CRU EN REDRESCUL 2007
Blanc | 2011 à 2015 | 22 €   **14/20**
Arôme de noisette, assez pernand, souple, bon boisé, plus complexe et personnalisé que vermots, légère réduction actuelle, attendre deux ans.

SAVIGNY-LÈS-BEAUNE PREMIER CRU LES GUETTES 2007
Rouge | 2011 à 2017 | 17 €   **14/20**
Plus de robe que le village, vin généreux, tendre, classique, notes de fraise et d'épices, léger manque d'ambition quand même dans la caractérisation.

SAVIGNY-LÈS-BEAUNE VERMOTS 2007
Blanc | 2009 à 2010 | 18,50 €   **13/20**
Notes de miel et d'agrumes au nez, très souple, plaisant mais sans personnalité marquée, idéal pour une consommation rapide, sans grand enjeu.

Rouge : 9,5 hectares ; pinot noir 70%.
Blanc : 3,5 hectares ; aligoté 4%, chardonnay 26%.
Production totale annuelle : 50 000 bt.
Visite : Sur rendez-vous.

JOSEPH DROUHIN

7, rue d'Enfer
21200 Beaune
Tél. 03 80 24 68 88 - Fax. 03 80 22 43 14
maisondrouhin@drouhin.com
www.drouhin.com

Cette grande maison de Beaune est désormais conduite par la nouvelle génération de la famille Jousset-Drouhin. Les 2007 offrent un ensemble remarquable en Côte de Nuits rouge, plus irrégulier en Côte de Beaune, malgré quelques blancs exceptionnels dont nous mettrons à part comme le chassagne marquis-de-laguiche et le corton-charlemagne.

BÂTARD-MONTRACHET GRAND CRU 2007
Blanc | 2014 à 2019 | 138 €   **17/20**
Riche, gras, crémeux, puissant, pas aussi complexe à ce stade que le chassagne.

BEAUNE 2007
Blanc | 2011 à 2017 | NC   **17/20**
Pas encore mis en bouteilles et montrant un peu trop de réduction de type amande grillée, mais long, onctueux, certainement étoffé et prometteur.

BEAUNE PREMIER CRU CLOS DES MOUCHES 2007
Rouge | 2013 à 2019 | 39 €   **15,5/20**
Texture tendre, pas le plus complet de l'histoire mais séducteur en raison de son tanin caressant.

BOURGOGNE LA FORÊT 2007
Blanc | 2009 à 2010 | 8,50 €   **14/20**
Précis, frais, net, tendre, donnant une juste idée du style du millésime.

BOURGOGNE LA FORÊT 2007
Rouge | 2009 à 2013 | 10,50 €   ☺   **15/20**
Exceptionnelle qualité de fruit pour un générique, pur, long, plaisir immédiat garanti.

CHABLIS GRAND CRU BOUGROS 2007
Blanc | 2011 à 2017 | 40 €   ☺   **15,5/20**
Très nuancé au nez avec même des notes de menthe fraîche, délicat, long.

CHABLIS VAUDON 2007
Blanc | 2009 à 2012 | 15 €   ☺   **15/20**
Beau nez floral, vin charmeur, élégant, pur, vraiment typé.

CHAMBOLLE-MUSIGNY PREMIER CRU 2007
Rouge | 2013 à 2019 | 40 €   **16,5/20**
Délié dans son parfum et son tanin, très élégant, aussi réussi que d'habitude mais avec une tension racée propre au millésime.

CHAMBOLLE-MUSIGNY PREMIER CRU AMOUREUSES 2007
Rouge | 2017 à 2022 | 97 €   **17,5/20**
Arôme de rose et de pivoine, beau volume de bouche, texture d'un grain très fin, du style, de la longueur, un classique du millésime.

CHASSAGNE-MONTRACHET
MARQUIS DE LAGUICHE 2007
Blanc | 2012 à 2019 | 50 €   **18/20**
Remarquable élégance, somptueuse suite
en bouche, matière assez formidable, le style
maison à son meilleur et son plus inimitable.

CLOS DE VOUGEOT GRAND CRU 2007
Rouge | 2017 à 2027 | 93 €   **17/20**
Puissant et élégant, un rien plus terrien dans
ses arômes qu'amoureuses, mieux planté
en bouche sur son tanin, mais pas absolu
dans l'expression de l'originalité du terroir.

CORTON - CHARLEMAGNE GRAND CRU 2007
Blanc | 2014 à 2019 | 76 €   **18,5/20**
Mon blanc préféré de la maison dans le millésime, racé, complexe, très pur.

CÔTE DE BEAUNE LA CHATELAINE 2007   ☺
Blanc | 2011 à 2017 | NC   **16/20**
Beaucoup de netteté aromatique, de charme, de
classe, tendu, très réussi dans le style minéral.

GEVREY-CHAMBERTIN 2007
Rouge | 2014 à 2019 | 31 €   **16,5/20**
Cuvée issue des trois niveaux de vignes sur
le coteau, parfaitement assemblée, avec un
très beau nez de cerise, un corps plus
affirmé que celui des vins de Côte de
Beaune, et une excellente suite en bouche.

GRANDS-ÉCHEZEAUX GRAND CRU 2007
Rouge | 2017 à 2025 | 110 €   **17,5/20**
Très net dans son parfum et ses contours,
racé, subtil, raffiné, très expressif mais sans
la grandeur naturelle du musigny.

GRIOTTE-CHAMBERTIN GRAND CRU 2007
Rouge | 2017 à 2022 | 97 €   **17,5/20**
Beaucoup plus de classe et de personnalité
que le village, ce qui est normal, très réussi
dans son intégration du bois neuf, long, racé,
hautement recommandable.

MONTRACHET GRAND CRU MARQUIS DE LAGUICHE 2007
Blanc | 2014 à 2019 | 315 €   **17,5/20**
Arôme noble, riche, plus diversifié et allongé que
le bâtard, léger manque de vinosité pour le cru.

MUSIGNY GRAND CRU 2007
Rouge | 2017 à 2027 | 152 €   **19/20**
Le grand vin de l'année à la maison, admirable
de raffinement aromatique, de tension dans
la souplesse et de fidélité à l'esprit du terroir.

PULIGNY-MONTRACHET 2007   ☺
Blanc | 2012 à 2017 | NC   **16,5/20**
Finement citronné, longiligne, aérien, élégant, frais, moins lactique que par le passé.

Rouge : 24 hectares ; pinot noir 100%. **Blanc :** 49 hectares ;
chardonnay 100%. **Production totale annuelle :**
3 600 000 bt. **Visite :** Du lundi au vendredi de 9 h à 12 h
et de 14 h à 18 h, sur rendez-vous.

DOMAINE DUBLÈRE

17, rue des Tonneliers
21200 Beaune
Tél. 06 86 92 00 29 - Fax. 03 80 24 11 01
contact@domaine-dublere.com
www.domaine-dublere.com

Voici certainement la confirmation de la
valeur d'un tout nouveau domaine, créé
par un riche Britannique dont le nom rappelle quelqu'un.... Les vins ont un chic et
une élégance qui ne trompent pas, fruit
d'un travail considérable à la vigne et au
cuvier, et d'une émouvante passion pour la
Bourgogne et ses vins.

BEAUNE PREMIER CRU
LES BLANCHES FLEURS 2007
Rouge | 2009 à 2018 | 22 €   **15/20**
Tout en délicatesse mais avec un peu moins
de fond que pitures, et une longueur caressante qui plaira aux amateurs de finesse pure.

CHASSAGNE-MONTRACHET PREMIER CRU
LES CHAUMÉES 2007   ☺
Blanc | 2011 à 2017 | 35 €   **16,5/20**
Nez très pur et racé de fleur de vigne, sans la
moindre note lactique, merveilleuse délicatesse de saveur et de texture, un vin d'orfèvre
confirmant le sens du style de ce producteur.

SAVIGNY-LÈS-BEAUNE
LES PLANCHOTS DU NORD 2007   ☺
Rouge | 2010 à 2012 | 15,55 €   **14/20**
Robe très délicate et transparente, saveur
de dragée, vin très léger mais aérien et harmonieux, à boire tout de suite, mais pas trop
frais pour respecter sa finesse de style.

SAVIGNY-LÈS-BEAUNE PREMIER CRU
LES ROUVRETTES 2007   ☺
Rouge | 2011 à 2014 | 18 €   **15/20**
Robe très délicate, arôme floral intense,
grande délicatesse de texture, chaleureux,
souple, admirablement savigny !

VOLNAY PREMIER CRU LES PITURES 2007   ☺
Rouge | 2012 à 2019 | 28,70 €   **16/20**
Premier cru rare, proche des santenots, robe
délicate, noble nez de ronce, très joli fruit,
exquis, sentant la rose ancienne. On est heureux de retrouver ce style qui exalte la délicatesse du pinot.

Rouge : 0,7 hectare. **Blanc :** 0,7 hectare.
Production totale annuelle : 22 000 bt.
Visite : sur rendez-vous.

DOMAINE DUBREUIL-FONTAINE PÈRE ET FILS

Rue Rameau Lamarosse
21420 Pernand-Vergelesses
Tél. 03 80 21 55 43 - Fax. 03 80 21 51 69
domaine@dubreuil-fontaine.com
www.dubreuil-fontaine.com

Ce domaine a longtemps été le plus célèbre du pittoresque village de Pernand et l'un des pionniers de la mise en bouteille à la propriété. Après une vingtaine d'années de vins moins élégants qu'on ne l'aurait souhaité, Christine Dubreuil a rendu les vinifications plus précises et respectueuses du raisin. On peut acheter en confiance la plupart des 2005, et à leur suite les 2006, solides mais racés. Les 2007 seront un cran en dessous. Les rouges sont charpentés et très classiques de saveur, les blancs, plus tendus que la moyenne, exigent quelques années de garde préalable.

CORTON - CHARLEMAGNE GRAND CRU 2007
Blanc | 2015 à 2019 | 43 €   16/20
Robe pâle, nez très pur et discret, aux notes de fruit blanc et de miel (miel de fleurs, non oxydatif!), excellent équilibre, aucune signature de vinification, jeune, typé, de bel avenir probable.

PERNAND-VERGELESSES PREMIER CRU ÎLE DES VERGELESSES 2007
Rouge | 2015 à 2019 | 22 €   14,5/20
Fruité précis, texture classique, tanin net, aucune amertume, bon avenir.

Rouge : 14 hectares ; pinot noir 75%.
Blanc : 6 hectares ; chardonnay 25%.
Production totale annuelle : 90 000 bt.
Visite : Du lundi au vendredi de 9 h à 12 h et de 14 h à 18 h.

DOMAINE FOLLIN-ARBELET

Les Vercots
21420 Aloxe-Corton
Tél. 03 80 26 46 73 - Fax. 03 80 26 43 32
franck.follin-arbelet@wanadoo.fr

Peu à peu, ce domaine intègre et entièrement dédié à la haute qualité trouve ses marques, et surtout l'élégance de bouquet et de texture qu'on attend de son remarquable patrimoine de vignes. Franck Follin affine à chaque nouvelle vinification son style, tout en maintenant la probité dans l'expression du terroir qui est sa grande force. Quelques 2004 méritent de figurer dans toute bonne cave, en particulier les pernands, très frais et purs, mais évidemment les 2005 marqueront davantage les esprits. Les rouges 2006 présentés nous ont tous enchantés par leur naturel, leur précision et leur race. Le charlemagne ne se présentait pas en revanche sous son meilleur jour en 2007, ce n'était plus le cas en 2009. Le caractère du millésime 2007 rend encore plus difficile la perception des vins d'un producteur qui les aime à la limite de l'austérité.

CORTON - BRESSANDES GRAND CRU 2007
Rouge | 2015 à 2022 | NC   15/20
Plus tendu et énergique que le-corton, assise encore ferme, finale discrète, vin de garde mais dans une année de demi-format.

CORTON - LE CORTON GRAND CRU 2007
Rouge | 2012 à 2019 | NC   14,5/20
Ensemble tendre, terroir transparent, mais dans un format de millésime moyen.

ROMANÉE-SAINT-VIVANT GRAND CRU 2007
Rouge | 2015 à 2022 | NC   16,5/20
Le vin ne semble pas renouveler complètement la réussite du 2006. Le nez est fin et mûr, mais sans la race ultime du terroir, le corps manque un peu de générosité mais la finale rattrape l'ensemble par son grain épicé et la qualité de son boisé. L'âge pourrait lui donner un supplément de race et de caractère.

Rouge : 5 hectares ; pinot noir 100%.
Blanc : 1 hectare ; chardonnay 100%.
Production totale annuelle : 25 000 bt.
Visite : Sur rendez-vous.

ALEX GAMBAL

14, boulevard Jules Ferry
21200 Beaune
Tél. 03 80 22 75 81 - Fax. 03 80 22 21 66
info@alexgambal.com
www.alexgambal.com

Alex Gambal est un Bostonien qui, par amour du bourgogne, s'est installé à Beaune, où sa petite firme de négoce a rapidement acquis l'estime locale. Le millésime 2006 et plus encore le 2007 marquent un progrès dans la recherche de la typicité et de l'équilibre, avec une rare homogénéité dans la qualité. Une des sources beaunoises les plus fiables pour une large gamme de crus, en rouge comme en blanc, ce qui n'est pas si fréquent.

BOURGOGNE PINOT NOIR CUVÉE LES 2 PAPIS 2007 ☺
Rouge | 2010 à 2015 | 12 € **15/20**
Robe rubis, joliment fruité, souple, suave, tanin très élégant pour l'appellation, vin gourmand, exemplaire.

CHAMBOLLE-MUSIGNY 2007
Rouge | 2014 à 2019 | 27,44 € **16/20**
Grande maîtrise de l'élevage, raffinement particulier de texture, longueur accentuée, merveilleusement pinot, il justifie à lui seul le métier de vinificateur-éleveur-négociant.

CHASSAGNE-MONTRACHET 2007
Blanc | 2012 à 2017 | 25,95 € **16/20**
Un peu de réduction mais beaucoup de classe et de sincérité en bouche, avec une finale fleur de vigne digne d'un premier cru.

CORTON - CHARLEMAGNE GRAND CRU 2007
Blanc | 2015 à 2019 | NC **17,5/20**
Superbe matière, grande pureté aromatique, grande longueur, style impeccable, vivement recommandé.

MEURSAULT CLOS DU CROMIN 2007 ☺
Blanc | 2012 à 2017 | 24,92 € **16,5/20**
Superbe vinification, nez et saveur aristocratiques de noisette idéale, celle cueillie juste à point, gras, élégant, complexe, finale épatante.

SAVIGNY-LÈS-BEAUNE VIEILLES VIGNES 2007
Rouge | 2013 à 2017 | 15,57 € **14,5/20**
Robe rubis, nez épicé, avec une pointe de cuir sur fond de cerise, pinote joliment, souple, avec de la chair mais le tannin sèche un peu, du moins à ce stade de son évolution.

Rouge : 1,45 hectare ; pinot noir 40%.
Blanc : 1,05 hectare ; chardonnay 60%.
Production totale annuelle : 50 000 bt.

DOMAINE MICHEL GAY ET FILS

1, rue des Brenots
21200 Chorey-lès-Beaune
Tél. 03 80 22 22 73 - Fax. 03 80 22 95 78
michelgayetfils@orange.fr

Nous avions perdu de vue ce domaine qui nous a donné quelques vins rustiques au tournant du millénaire. 2007 nous permet de le retrouver et d'admirer une totale métamorphose de style et de qualité, sans parler du remodelage de l'étiquette. Tous les vins présentés frappaient par leur pureté d'expression, la justesse de leur tanin et de l'expression du terroir et une rare maîtrise de l'élevage. Notre petit doigt nous dit qu'un remarquable styliste vient de s'affirmer avec des terroirs parmi les plus fins de la Côte de Beaune, dont un corton-renardes d'anthologie.

BEAUNE PREMIER CRU COUCHERIAS 2007 ☺
Rouge | 2015 à 2019 | 16 € **16/20**
Arôme de ronce élégant, même maîtrise de l'extraction et de l'élevage, complète réussite.

BEAUNE PREMIER CRU TOUSSAINTS VIEILLES VIGNES 2007 ☺
Rouge | 2017 à 2022 | 16 € **17/20**
Jolie profondeur de texture, persistance noble, style classique et abouti, magistral pour la commune et vraiment vivement recommandé.

CHOREY-LÈS-BEAUNE 2007
Rouge | 2012 à 2017 | 9 € **14/20**
Une révolution ! Splendide couleur, chair magnifique, raisin mûr, bon tanin, un des meilleurs vins de ce village et un superbe rapport qualité/prix à condition d'attendre quatre à cinq ans.

SAVIGNY-LÈS-BEAUNE PREMIER CRU SERPENTIÈRES 2007 ☺
Rouge | 2012 à 2017 | 14 € **15/20**
Robe délicate, nez floral, vin tendre, fruité harmonieux et naturel, vinification accomplie, on en redemande....

SAVIGNY-LÈS-BEAUNE PREMIER CRU VERGELESSES 2007 ☺
Rouge | 2015 à 2022 | 14 € **16/20**
Robe plus intense que serpentières, nez floral épicé, texture remarquable, tanin fin, vinification étonnante de respect de la race du terroir et du type du millésime, un classique vient de naître.

Rouge : 8,5 hectares ; pinot noir 100%.
Blanc : 1,5 hectare ; aligoté 80%, chardonnay 20%.
Production totale annuelle : 42 000 bt. Visite : Du lundi au samedi sur rendez-vous.

DOMAINE EMMANUEL GIBOULOT

4, rue de Seurre
21200 Beaune
Tél. 03 80 22 90 07 - Fax. 03 80 22 89 53
emmanuel.giboulot@wanadoo.fr

Emmanuel Giboulot est l'un des pionniers de la biodynamie en Bourgogne. Ses sols sont travaillés, dans le souci de transmettre leur minéralité aux vins, et après quelques années de travail, le résultat se fait sentir. Ses vins sont tendus, mais fins aussi, donc à attendre que se révèle toute leur complexité.

HAUTES CÔTES DE NUITS EN GRÉGOIRE 2007
Rouge | 2009 à 2015 | 14,50 € — **15/20**
Un vin velouté, à carafer néanmoins, pour le laisser imposer toutes ses saveurs intenses. Notes de cerise mûre, de framboise et groseille. Finale sur la fraîcheur.

HAUTES CÔTES DE NUITS SOUS LE MONT 2007
Rouge | 2009 à 2015 | 13,80 € — **14/20**
Encore jeune, il est préférable de le carafer. Alors, les notes de cassis et de mûre s'exhaleront et les tanins se montreront sous leur jour le plus élégant, soyeux. Belle acidité qui structure ce vin raffiné.

Rouge : 4.40 hectares. Blanc : 5.90 hectares.
Production totale annuelle : 25 000 bt.
Visite : sur rendez-vous.

DOMAINE VINCENT GIRARDIN

Les Champs Lins
21190 Meursault
Tél. 03 80 20 81 00 - Fax. 03 80 20 81 10
vincent.girardin@vincentgirardin.com
www.vincentgirardin.com

Ce producteur réputé a cette fois-ci présenté ses vins et il a bien fait, car ils sont remarquables, aussi bien sur le plan de la constitution que sur celui de leur élégance de boisé et d'expression du terroir. Comme ce sont les meilleurs crus des grands villages de blanc, on comprendra que l'adresse est incontournable.

CHASSAGNE-MONTRACHET PREMIER CRU CAILLERETS 2007
Blanc | 2014 à 2019 | NC — **17/20**
Impeccable limpidité de robe, nez finement citronné, pur, corps élégant, vivacité et profondeur réunies, superbe qualité de vinification et d'élevage.

CHASSAGNE-MONTRACHET PREMIER CRU CHAUMÉES 2007
Blanc | 2012 à 2019 | NC — **17/20**
Grand volume de bouche, texture pulpeuse, grande longueur, vin magnifique, déjà épanoui et couronnant la remarquable réussite de ce producteur dans cette commune.

CHASSAGNE-MONTRACHET PREMIER CRU MORGEOT 2007
Blanc | 2013 à 2019 | NC — **17/20**
Remarquable raffinement aromatique, notes de citron, de fleur de vigne, souplesse, pureté, éclat, un vin vraiment ciselé.

CORTON - CHARLEMAGNE GRAND CRU 2007
Blanc | 2013 à 2019 | NC — **17/20**
Pâle à reflets verts, boisé généreux mais très bien intégré, grande finesse, élaboration adroite et fidèle au terroir, grande suite en bouche, excellent !

MEURSAULT PREMIER CRU CHARMES 2007 ☺
Blanc | 2013 à 2019 | NC — **16,5/20**
Robe pâle à reflets verts, nez délicat, nuancé, pur. Corps élégant, texture raffinée, longueur appréciable, un charmes possédant dignement son nom.

MEURSAULT TESSONS 2007 ☺
Blanc | 2012 à 2017 | NC — **16/20**
Robe or vert, nez propre, fin, complexe, acidité équilibrant remarquablement les notes de belle maturité du raisin, grande longueur, élaboration impeccable.

Rouge : 3 hectares ; pinot noir 100%.
Blanc : 17 hectares ; chardonnay 100%.
Production totale annuelle : 150 000 bt.

DOMAINE B. ET TH. GLANTENAY

3, rue de Vaut
21190 Volnay
Tél. 03 80 21 62 20 - Fax. 03 80 21 67 78
glantenay@free.fr

Ces producteurs ne prétendent certainement pas présenter les vins les plus
accomplis des terroirs prestigieux qu'ils
ont la chance de vinifier, mais ils sont sur
un bon chemin. Les vins ont de la matière,
de la sincérité et doivent encore gagner en
finesse et en harmonie, à condition de
vendanger avec plus de risques et à
meilleure maturité. Domaine à suivre en
raison de son potentiel de vignes et de
tarifs raisonnables.

VOLNAY PREMIER CRU CAILLERETS 2007
Rouge | 2011 à 2017 | 23,00 €   **13,5 /20**
Le tannin est plus fin que celui des santenots mais le corps manque d'ampleur et de
densité de texture pour représenter ce cru
célèbre à son meilleur.

VOLNAY PREMIER CRU CLOS DES CHÊNES 2007
Rouge | 2015 à 2019 | 23,00 €   **14/20**
Belle couleur, nez épicé, vin ferme, tanin
légèrement rustique mais du caractère et
de la sincérité.

VOLNAY PREMIER CRU SANTENOTS 2007
Rouge | 2012 à 2017 | 19,00 €   **14,5/20**
Belle couleur, vin puissant, ferme, tanin un
rien sec mais de l'énergie et un fruité sain
et fidèle au terroir.

Rouge : 7,40 hectares. Blanc : 0,60 hectare.
Production totale annuelle : 20 000 bt.
Visite : sur rendez-vous.

DOMAINE ALBERT GRIVAULT

7, place Murger
21190 Meursault
Tél. 03 80 21 23 12 - Fax. 03 80 21 24 70
albert.grivault@wanadoo.fr

Ce domaine est incontournable pour tous
les inconditionnels du cru Perrières,
puisqu'il est le seul propriétaire du clos, au
cœur du climat. Tous les observateurs historiques (et notre propre expérience va
dans ce sens) n'ont pu que constater la
force et l'originalité de ce terroir, qui donne
des vins comparables en complexité (pas
tout à fait en volume de bouche) aux plus
grands montrachets. Le clos ne couvre
d'ailleurs pas la totalité de la propriété en
Perrières, car une grosse parcelle atte-
nante au clos et toujours sur la partie Per-
rières-du-Dessous, la plus cotée, lui
appartient également. Les vins du
domaine, de grande race, vieillissent admirablement. Aujourd'hui les 1990, 1991 et
1992, pleinement épanouis, font des bouteilles exceptionnelles. Les 2007 ne nous
ont pas été présentés mais une nouvelle
dégustation des 2006 confirme mot pour
mot ce que nous avions écrit l'an dernier. Il
y en a sans doute encore un peu à la vente.

MEURSAULT PREMIER CRU CLOS DES PERRIÈRES 2006
Blanc | 2014 à 2024 | env 55 €   **18/20**
Le plus marqué de tous les perrières par les
notes citronnées, typiques des sols riches
en magnésium. Le volume de bouche, la tension, la race de la saveur sont celles d'un
grand millésime du clos.

MEURSAULT PREMIER CRU PERRIÈRES 2006
Blanc | 2014 à 2021 | env 40 €   **17/20**
Belles notes d'agrumes, légère touche de
surmaturité qui n'existe pas dans le clos,
long, complexe, savoureux, mais un ton en
dessous.

Rouge : 1 hectare ; pinot 15%. Blanc : 5 hectares ;
chardonnay 85%. Production totale annuelle :
38 000 bt. Visite : Uniquement sur rendez-vous.

DOMAINE ANTONIN GUYON

2, rue de Chorey
21420 Savigny-lès-Beaune
Tél. 03 80 67 13 24 - Fax. 03 80 66 85 87
domaine@guyon-bourgogne.com
www.guyon-bourgogne.com

Ce domaine respecté de Savigny a comme points forts de remarquables parcelles en appellations Corton et Corton-Charlemagne, mais offre d'excellents exemples de meursault, volnay et chambolle-musigny, avec une réussite plus constante en vin rouge qu'en vin blanc, où certaines évolutions trop rapides au vieillissement gâchent notre plaisir. Les rouges vieillissent en général très bien et progressent d'un millésime sur l'autre. Les rouges 2006 succèdent dignement aux 2005, en un peu plus souples, les blancs pourraient avoir plus de tension et de sécurité dans leur tenue à l'air. En 2007 les vins de base, type chorey, sont un peu faibles en rouge, tout comme le clos-des-chênes, très sec, le reste est fidèle à la qualité habituelle.

CHAMBOLLE-MUSIGNY CLOS DU VILLAGE 2007
Rouge | 2012 à 2017 | NC   **14/20**
Robe délicate, beaucoup de finesse mais le vin a perdu au cours de l'élevage une partie de son velouté de naissance et il finit un rien étriqué malgré sa classe.

CORTON - BRESSANDES GRAND CRU 2007
Rouge | 2015 à 2022 | NC   **15/20**
Bon bois, fruité net de cerise, frais, un rien trop simple pour ce niveau de cru.

CORTON - CHARLEMAGNE GRAND CRU 2007
Blanc | 2015 à 2019 | NC   **17/20**
Remarquablement typé au nez, avec des notes de noisette grillée, long, racé, tendu, un des meilleurs de la dégustation.

MEURSAULT PREMIER CRU CHARMES DESSUS 2007 ☺
Blanc | 2014 à 2019 | NC   **17/20**
Robe claire, nez complexe et racé de fleurs de vigne et de noisette, racé, complexe, d'un style assuré et de séduction universelle !

PERNAND-VERGELESSES PREMIER CRU SOUS FRÉTILLE 2007
Blanc | 2011 à 2015 | NC   **15/20**
Un peu boisé au nez mais complet en bouche, finale fortement marquée par la noisette, tension minérale exemplaire, terroir lisible.

Rouge : 43 hectares ; pinot 100%.
Blanc : 3,7 hectares ; chardonnay 100%.
Production totale annuelle : 220 000 bt.
Visite : Du lundi au vendredi de 8 h à 12 h et de 14 h à 18 h, sur rendez-vous.

DOMAINE HUBER-VERDEREAU

3, rue de la Cave
21190 Volnay
Tél. 03 80 22 51 50 - Fax. 03 80 22 48 32
contact@huber-verdereau.com
www.huber-verdereau.com

Encore un de ces jeunes viticulteurs de Volnay, qui à considérablement amélioré la qualité de la production familiale et permis à d'excellents terroirs de donner à nouveau des vins dignes d'eux. Les 2007 présentés étaient fort prometteurs.

POMMARD 2007
Rouge | 2017 à 2022 | 18 €   **16/20**
Couleur très sombre, plus accentuée que celle des volnays, nez puissant de raisin mûr, texture dense, serrée mais veloutée, magnifique mâche, village remarquable, comme souvent dans ce millésime dans le secteur de Pommard.

POMMARD PREMIER CRU LES BERTINS 2007
Rouge | 2015 à 2019 | 30 €   **15,5/20**
Bonne couleur, boisé intégré, notes assez élégantes de réglisse, violette, fruits noirs, plus proches des crus de Volnay que des pommards classiques, fin, bien vinifié.

VOLNAY 2007
Rouge | 2014 à 2019 | 16 €   **15/20**
Robe dense, nez ouvert de violette, corps généreux, tanin dense, expression juste de son village, avec du potentiel de garde.

VOLNAY PREMIER CRU FRÉMIETS 2007
Rouge | 2015 à 2022 | 30 €   **16 /20**
Grande couleur, raisin très mur, remarquable richesse de constitution, tanin ferme, boisé un tout petit peu asséchant à ce stade, grand avenir. Le domaine confirme ses progrès.

Rouge : 4,7 hectares. Blanc : 2,8 hectares.
Production totale annuelle : 38 000 bt.
Visite : sur rendez-vous.

LOUIS JADOT

21, rue Eugène-Spuller
21200 Beaune
Tél. 03 80 22 10 57 - Fax. 03 80 22 56 03
maisonlouisjadot@louisjadot.com
www.louisjadot.com

Cette maison est en quelques années deve-nue la plus importante de Beaune par le volume de production, avec comme originalité marquante une très belle gamme de vins du Mâconnais et du Beaujolais, où elle possède des vignobles superbement placés. Les 2007 blancs auront certainement plus de chair, de corps et de complexité que la moyenne tandis que les rouges présentent un ensemble un peu plus inégal, la Côte de Nuits étant large-ment supérieure à la Côte de Beaune.

BEAUNE PREMIER CRU GRÈVES 2007
Blanc | 2012 à 2019 | 38,60 €   **16/20**
Grèves n'a pas trop réussi aux rouges en 2007, mais en blanc c'est autre chose : le vin est délicieusement mielleux, mais sou-tenu par une belle fraîcheur.

CHAMBERTIN-CLOS DE BÈZE GRAND CRU 2008
Rouge | 2017 à 2027 | 142,50 €   **18/20**
Remarquable harmonie d'ensemble, noblement aro-matique, profond, vraiment digne de son pedigree.

CHAPELLE-CHAMBERTIN GRAND CRU 2007
Rouge | 2017 à 2027 | 117 €   **17,5/20**
Un des sommets du millésime ici : robe dense, arôme noble et prenant de fruits mûrs, corps remarquable mais sans excès de puissance, tanin délicieusement fondu à la matière, sensations tactiles uniques.

CHASSAGNE-MONTRACHET PREMIER CRU MORGEOT DUC DE MAGENTA 2007
Blanc | 2015 à 2022 | 45 €   **17/20**
La maison propose plusieurs morgeot remar-quables mais celui-ci est sans doute le plus complet, remarquablement charpenté.

CHEVALIER-MONTRACHET GRAND CRU DEMOISELLES 2007
Blanc | 2017 à 2027 | NC   **18,5/20**
Une merveille de raffinement et de complexité, exprimant tout le potentiel de 2007. Ce terroir très spécial vaut celui du Montrachet lui-même.

CORTON - CHARLEMAGNE GRAND CRU 2007
Blanc | 2017 à 2022 | 90 €   **18/20**
Grand nez de miel de fleurs, grande inten-sité, raisin mûr, de loin le plus remarquable du domaine des héritiers Jadot.

FIXIN 2007   ☺
Blanc | 2010 à 2015 | 18 €   **14,5/20**
Excellent équilibre général, nez de fleurs blanches, vivant, savoureux, mais aussi glis-sant et facile à boire.

GEVREY-CHAMBERTIN CLOS SAINT-JACQUES 2007
Rouge | 2015 à 2027 | 77,30 €   **17/20**
Grand vin particulièrement équilibré, tanin bien enrobé, sensation générale d'harmonie et de plénitude, bel avenir, un classique de la maison.

MEURSAULT 2007
Blanc | 2014 à 2019 | 25,50 €   **16,5/20**
Ce cru semble le plus complet des meursaults mais un cran en dessous des meilleurs chas-sagnes ou pulignys, avec des notes de miel de bruyère et de noisette et une fraîcheur racée.

PERNAND-VERGELESSES PREMIER CRU CROIX DE PIERRE 2007
Blanc | 2014 à 2019 | 18,80 €   **16/20**
Grand nez citronné, raisin étonnamment mûr pour l'année, finale très stricte mais élégante, proche d'un beau charlemagne mais avec un rapport qualité-prix étonnant !

POMMARD PREMIER CRU RUGIENS 2007
Rouge | 2017 à 2025 | 44,30 €   **16,5/20**
Beaucoup plus de corps et de personnalité que le grands-épenots, nez racé et complexe, tanin épicé, de la fermeté mais sans dureté et surtout une allonge laissant bien augurer de son avenir.

PULIGNY-MONTRACHET 2007
Blanc | 2011 à 2016 | 27 €   **16/20**
L'assemblage très complexe promet beau-coup par sa pureté, sa netteté d'expression et son supplément de chair.

PULIGNY-MONTRACHET CLOS DE LA GARENNE DUC DE MAGENTA 2007
Blanc | 2015 à 2022 | 52,50 €   **17/20**
Grande pureté, raisin mûr, forte autolyse don-nant à la fois de l'intensité aux sensations tac-tiles et de la classe à la fin de bouche.

SAVIGNY-LÈS-BEAUNE PREMIER CRU DOMINODE 2007   ☺
Rouge | 2012 à 2017 | 19,50 €   **14/20**
Un vin frais, tendre, assez gourmand pour la maison, et qui s'ouvrira vite.

VOSNE-ROMANÉE PREMIER CRU BEAUMONTS 2007
Rouge | 2015 à 2022 | 57 €   **16,5/20**
Excellent équilibre général, vin charnu et élé-gant, parfum précis et parfaitement respecté par l'élevage, belle longueur, bel avenir.

VOSNE-ROMANÉE PREMIER CRU SUCHOTS 2007
Rouge | 2017 à 2027 | 57 €   **17/20**
Un vin supérieurement élégant et complexe, très représentatif de ce terroir célèbre, avec beaucoup de fond pour l'année.

Rouge : 86 hectares ; gamay 45%, pinot 55%.
Blanc : 58 hectares ; aligoté 2%, chardonnay 98%.
Visite : Du lundi au vendredi de 8 h à 12 h
et de 14 h à 17 h, sur rendez-vous.

DOMAINE JESSIAUME

10, rue de la Gare
21590 Santenay
Tél. 03 80 20 60 03 - Fax. 03 80 20 62 87
contact@domaine-jessiaume.com
www.domaine-jessiaume.com

Une reprise en main totale de l'activité du domaine et du petit négoce qui lui est attaché ont révolutionné le style et la qualité. Les terroirs du domaine sont intéressants, avec la part royale de l'excellent climat des Gravières, à Santenay, et le style affirmé, moderne mais respectueux, en rouge comme en blanc. Adresse à suivre.

AUXEY-DURESSES ECUSSEAUX 2007   ☺
Blanc | 2011 à 2015 | 17,50 €   **16/20**
Robe claire, très joli nez de noisette, vin gras, élégant, plus complexe que le gravières, vendangé mûr et excellemment vinifié.

BEAUNE CENT VIGNES 2007
Rouge | 2011 à 2015 | 18 €   **14/20**
Boisé fin, notes un peu cuites au nez, moins de chair et plus de souplesse que gravières, finit agréablement mais sans grande complexité.

CORTON - CHARLEMAGNE GRAND CRU 2007
Blanc | 2015 à 2019 | 59 €   **15,5/20**
Robe pâle, nez très pur de citron et de fleur de vigne, nerveux, pas très dense mais parfaitement pur, subtil. Il faudrait idéalement un peu plus de vinosité mais le caractère du cru est présent.

MEURSAULT CHARMES 2007
Blanc | 2012 à 2017 | 39 €   **15/20**
Pâle à reflets verts, boisé élégant et intégré, acidité marquée, pas vendangé aussi mûr qu'écusseaux mais avec du style, de la finesse et de l'avenir.

SANTENAY GRAVIÈRES 2007
Blanc | 2009 à 2011 | 17,50 €   **14/20**
Robe claire, limpide, vin très bien fait, souple, tendre même, élégant, pas très complexe mais pur, à boire dans les trois ans.

SANTENAY GRAVIÈRES 2007
Rouge | 2014 à 2019 | 17 €   **15,5/20**
Couleur affirmée avec un léger dégradé sur les bords, arôme de pruneau et de fumé, joli toucher de bouche, chaleureux, raisin mûr, vin élégant et très bien constitué, avec de l'élégance.

VOLNAY BROUILLARDS 2007   ☺
Rouge | 2010 à 2017 | 23 €   **15/20**
Jolie couleur, texture très fine, tanin soyeux, saveur légèrement cuite (note de pruneau) pour être idéale mais superbe longueur et beaucoup de charme. Vin plaisir, reste à lui donner du style.

Rouge : 11,5 hectares. Blanc : 2,5 hectares.
Production totale annuelle : 75 000 bt. Visite : De 8 h à 12 h et de 13 h à 18 h sans rendez-vous.

DOMAINE FRANÇOIS JOBARD

2, rue de Leignon
21190 Meursault
Tél. 03 80 21 21 26 - Fax. 03 80 21 26 44
dom.francois.antoine.jobard@wanadoo.fr

Ce domaine artisanal a de nombreux admirateurs de par le monde car ses vins un peu austères (et difficiles à comprendre jeunes) vieillissent superbement, en prenant toute la force et la complexité de caractère des beaux terroirs de Meursault dont ils sont issus. Une petite inflexion de style semble en cours, sous l'influence de la nouvelle génération, et elle est bienvenue. Nous avons préféré de loin les 2005 en leur temps et les 2007 à certains millésimes antérieurs, plus lourds et moins précis. Les crus fétiches du domaine sont, outre son classique genevrières, poruzot (issu du meilleur secteur) et l'étonnant blagny.

MEURSAULT EN LA BARRE 2007
Blanc | 2013 à 2019 | NC   **15/20**
Doré plus prononcé que la moyenne des 2007, boisé et réduction sur lies légèrement amers, mais grande puissance et densité de matière, et beau potentiel de garde.

MEURSAULT PREMIER CRU GENEVRIÈRES 2007
Blanc | 2015 à 2022 | NC   **16,5/20**
Doré avec une forte note de noisette grillée au nez, toastée même, très gras, long, concentré et complexe.

Blanc : 6 hectares ; aligoté 5%, chardonnay 95%.
Production totale annuelle : 30 000 bt.

DOMAINE PIERRE LABET

Clos de Vougeot
21640 Vougeot
Tél. 03 80 62 86 13 - Fax. 03 80 62 82 72
contact@chateaudelatour.com

Les vignes appartiennent au père de François Labet, mais les vins sont vinifiés au Clos de Vougeot, fief de sa mère et de sa tante, par la même équipe et selon les mêmes principes. Le niveau de qualité continue à s'améliorer avec des 2007 parmi les plus complets de l'histoire récente, dont un bourgogne rouge vieilles-vignes d'anthologie.

BEAUNE CLOS DU DESSUS DES MARCONNETS 2007
Rouge | 2012 à 2017 | 22,50 €   **13,5/20**
Belle couleur rubis, nez de fruits rouges, texture souple, vin au fruité net et facile.

BEAUNE CLOS DU DESSUS DES MARCONNETS 2007
Blanc | 2011 à 2015 | 22,50 €   **14/20**
Du nerf et du caractère, mais un peu impersonnel.

BEAUNE PREMIER CRU COUCHERIAS 2007
Rouge | 2015 à 2022 | 27 €   **15/20**
Belle robe, dense pour un beaune, grande richesse de constitution, épicé, serré, long, de garde. Les tannins sont un peu secs.

BOURGOGNE VIEILLES VIGNES 2007
Blanc | 2009 à 2012 | 12,50 €   **14/20**
Notes de fruits blancs, assez gras, produit à partir de raisins mûrs, sans doute bien batonné. Facile à comprendre.

BOURGOGNE VIEILLES VIGNES 2007
Rouge | 2011 à 2017 | 12,50 €   **16/20**
L'année a permis de réussir un générique absolument remarquable de densité de couleur, d'énergie, de classe dans la fin de bouche, digne d'un grand «village», transcendant son appellation et donc une des grandes affaires du millésime en perspective.

Rouge : 4 hectares ; 100%, pinot noir 100%.
Blanc : 4 hectares ; chardonnay 100%, chardonnay 100%.
Production totale annuelle : 40 000 bt.

DOMAINE MICHEL LAFARGE

15, rue de la Combe
21190 Volnay
Tél. 03 80 21 61 61 - Fax. 03 80 21 67 83
contact@domainelafarge.com
www.domainelafarge.com

Le domaine a parfois produit des vins un peu trop austères, quoique d'une authenticité irréprochable, au tournant du millénaire. La continuité d'une viticulture biodynamique et la personnalité de Frédéric Lafarge ont apporté plus de finesse et de subtilité de texture. On suivra avec attention l'évolution des millésimes suivants, qui devraient satisfaire les plus difficiles observateurs. Les 2006 auront certainement du caractère et de la sincérité dans leur façon d'interpréter les terroirs, mais sans la suprême finesse qu'on doit attendre de grands volnays. Les 2007, non mis en bouteilles, sont trop jeunes pour en parler.

VOLNAY PREMIER CRU CLOS DES CHÊNES 2006
Rouge | 2014 à 2018 | Ench. 21 €   **15/20**
La plus belle robe des 2006, encore bleutée, nez floral à l'ancienne, plus de chair et de stature que mitans, assez profond pour l'année mais avec un tanin légèrement astringent.

VOLNAY PREMIER CRU LES MITANS 2006
Rouge | 2014 à 2018 | NC   **14/20**
Un vin à l'ancienne, assez intense pour l'année mais finissant sur un tanin encore rustique et astringent.

VOLNAY VENDANGES SÉLECTIONNÉES 2006
Rouge | 2013 à 2016 | NC   **13/20**
Robe d'intensité moyenne, nez discret, corps souple, tanin ferme, asséchant, finale marquée par une amertume pour le moment déséquilibrante et dérangeante.

Rouge : 9,5 hectares ; gamay 2%, pinot 98%.
Blanc : 2,5 hectares ; aligoté 50%, chardonnay 50%.
Production totale annuelle : 50 000 bt.
Visite : Sur rendez-vous.

DOMAINE HUBERT LAMY

20, rue des Lavières
21190 Saint-Aubin
Tél. 03 80 21 32 55 - Fax. 03 80 21 38 32
domainehubertlamy@wanadoo.fr
www.domainehubertlamy.com

Ce domaine de tradition est aux mains d'un jeune vigneron fort doué, Olivier Lamy, fils d'Hubert, dont la maîtrise des difficultés de 2005 pour les vins blancs mérite tous les éloges. Leur finesse, leur charme, leur fraîcheur devraient être médités par bien des producteurs plus célèbres. Les 2007 confirment le talent de vinification d'Olivier, dans un style remarquablement fin. On a ici toujours su faire les rouges, avec un caractère très fruité et très agréable. Un parcours sans faute qui devrait, s'il se confirme dans les prochains millésimes, ranger le domaine dans la famille des grands stylistes.

CHASSAGNE-MONTRACHET 2007
Blanc | 2011 à 2015 | cav. 36 €   **14,5/20**
Vin souple et harmonieux, facile à boire, sans forte personnalité mais pur, propre et typé 2007.

CHASSAGNE-MONTRACHET PREMIER CRU MACHERELLES 2007
Blanc | 2013 à 2019 | cav. 55 €   **17/20**
Un des sommets de notre dégustation, boisé subtil, grande élégance de construction en bouche, pur, long, racé.

SAINT-AUBIN PREMIER CRU DERRIÈRE CHEZ ÉDOUARD VIEILLES VIGNES 2007
Rouge | 2012 à 2017 | cav. 28 €   **14/20**
Très coloré, aromatique (fruits noirs) nerveux et dense mais un rien trop extrait ce qui donne au tanin trop d'importance.

SAINT-AUBIN PREMIER CRU EN REMILLY 2007
Blanc | 2009 à 2012 | cav. 36 €   **16,5/20**
Un peu plus de gras que murgers, magnifique arôme de fleur de vigne, style étonnant de pureté, avec la grâce d'un grand terroir.

SAINT-AUBIN PREMIER CRU LES MURGERS DES DENTS DE CHIEN 2007
Blanc | 2009 à 2012 | cav. 36 €   **15,5/20**
Fleur de vigne et acacia au nez, finesse superlative en bouche, tendu, un rien acidulé mais charmeur et racé.

SANTENAY CLOS DES HÂTES 2007
Blanc | 2011 à 2015 | cav. 24 €   **13/20**
Un peu rustique mais sain et bien bâti.

Rouge : 4,5 hectares ; pinot 28%.
Blanc : 12 hectares ; chardonnay 72%.
Production totale annuelle : 100 000 bt.
Visite : Sur rendez-vous.

DOMAINE DANIEL LARGEOT

5, rue des Brenots
21200 Chorey-lès-Beaune
Tél. 03 80 22 15 10 - Fax. 03 80 22 60 62
domainedaniellargeot@orange.fr

Bon domaine artisan, aux vins toujours soignés et élégants, avec des prix raisonnables. Les trois villages du domaine sont bien individualisés : chorey plein et harmonieux, aloxe plus tannique mais plus irrégulier, savigny paradoxalement le plus complet en corps, en saveur et en régularité. En 2007 le grèves, en raison de la grêle, a un peu moins de plénitude que d'habitude.

BEAUNE PREMIER CRU GRÈVES 2007
Rouge | 2009 à 2010 | 18,20 €   **14/20**
Toute la finesse du terroir mais sur un support de texture moins parfait que le savigny, comme souvent dans les Grèves, qui ont souffert de caprices météo les empêchant d'assumer toute leur caractère.

CHOREY-LÈS-BEAUNE LES BEAUMONTS 2007
Rouge | 2012 à 2017 | 9,80 €   **14,5/20**
Robe pourpre, jolie délicatesse de parfum, texture légère et tanin élégant, un vin de classe, discret mais fidèle au meilleur de la tradition du pinot.

SAVIGNY-LÈS-BEAUNE 2007
Rouge | 2015 à 2019 | 11,80 €   **15/20**
Superbe arôme floral, vin précis, interprétation du terroir et du millésime juste, excellent support tannique, sans amertume.

Rouge : 10 hectares ; gamay 3%, pinot 97%.
Blanc : 1 hectare ; aligoté 100%. Production totale annuelle : 25 000 bt. Visite : Du lundi au dimanche matin sur rendez-vous.

LOUIS LATOUR

18, rue des Tonneliers
B.P. 127
21204 Beaune
Tél. 03 80 24 81 00 - Fax. 03 80 22 36 21
louislatour@louislatour.com
www.louislatour.com

Cette maison historique est une de celles qui comprend le mieux le monde actuel, et son développement récent témoigne d'une grande intelligence stratégique. Elle vient en effet de s'installer durablement à Chablis, en rachetant Simonnet-Febvre, et en Beaujolais, avec l'acquisition de la maison Fessy, ce qui lui permettra de couvrir la «grande Bourgogne», concept géographique et économique dont elle est un ferme partisan. En 2007, les meilleurs blancs sont nettement plus réussis que les rouges.

AUXEY-DURESSES 2007
Blanc | 2012 à 2017 | 16,20 €   **14/20**
Robe pâle, nez un peu acidulé mais pur, vin très tendu, strict mais racé, qui surprendra au vieillissement.

BEAUNE PREMIER CRU AUX CRAS 2007
Blanc | 2011 à 2015 | 30,60 €   **15/20**
Nez délicat de noisette, vin souple, tendre, finale assez complexe, nervosité sans agressivité, vin très agréable.

BEAUNE PREMIER CRU PERRIÈRES 2006
Rouge | 2012 à 2016 | 27,50 €   **14,5/20**
Un joli vin typé de la vision des rouges de la maison, souple, velouté, agréable mais sans que le terroir ne se manifeste nettement à ce stade.

BEAUNE VIGNES FRANCHES 2006
Rouge | 2014 à 2018 | 32,70 €   **15/20**
Récolte du domaine, robe pâle, nez subtil et épicé, texture tendre, tanin enrobé, élégant et capable de surprendre au vieillissement prolongé.

CHASSAGNE-MONTRACHET PREMIER CRU MORGEOT 2007
Blanc | 2012 à 2017 | NC   **15/20**
Nez étonnant de surmaturité dans ce millésime, gras, spécial, long, savoureux, vin de foie gras.

CHEVALIER-MONTRACHET GRAND CRU LES DEMOISELLES 2007
Blanc | 2015 à 2022 | NC   **18,5/20**
Un des sommets de l'année, plus précis et noble que le Montrachet lui-même ! Admirable arôme de fleur de vigne, maturité idéale du raisin, boisé intégré, classe inégalable.

CORTON - CHARLEMAGNE GRAND CRU 2007
Blanc | 2015 à 2019 | NC   **17/20**
Plus élancé qu'en 2006, noblement bouqueté, boisé très bien intégré, vin de style et d'avenir.

CORTON - CHARLEMAGNE GRAND CRU 2006
Blanc | 2009 à 2021 | NC   **16/20**
Beaucoup de puissance en bouche, nez encore marqué par une réduction typique du style de la maison, de type noisette ou amande grillée, cachant sa matière considérable. Vin en devenir, pas facile à comprendre aujourd'hui mais porteur de belles promesses.

MEURSAULT GOUTTE D'OR 2007
Blanc | 2014 à 2022 | NC   **17/20**
Une des toutes meilleures cuvées de la maison dans ce millésime inégal chez elle, au nez complexe, subtil et au parfait équilibre entre réduction et oxydation qui devrait la faire vieillir longtemps. Son fort caractère exige quand même une certaine culture du grand vin pour être apprécié à sa juste valeur.

MEURSAULT PREMIER CRU BLAGNY 2007
Blanc | 2015 à 2022 | NC   **16/20**
Forte réduction (noisette grillée) au nez mais du style, de la densité, de la complexité et une personnalité évidente.

MONTRACHET GRAND CRU 2007
Blanc | 2015 à 2022 | NC   **17/20**
Beaucoup de puissance, nez de fleur de vigne très racé, assuré, complexe, mais on attend encore quelque chose de plus extraordinaire...

NUITS-SAINT-GEORGES PREMIER CRU DAMODES 2006
Rouge | 2012 à 2018 | NC   **15,5/20**
La maison a présenté son 2006 très fidèle au style du millésime et de ce terroir, floral, glissant, au tanin tendre et mûr, qui plaira même à ceux qui ne sont pas fans de ses rouges.

POUILLY-VINZELLES EN PARADIS 2006
Blanc | 2009 à 2015 | 10,50 €   **16/20**
Très exotique au nez comme en bouche. Matière cependant somptueuse, pleine de nuances. Un vin très équilibré, sur la fraîcheur.

SANTENAY PREMIER CRU LA COMME 2007
Rouge | 2012 à 2017 | 19,60 €   **14,5/20**
Terroir bien marqué, vin élégant, frais, équilibré, mêlant la fraise et les épices, très agréable.

Rouge : 40 hectares ; pinot 100%. Blanc : 10 hectares ; chardonnay 100%. Production totale annuelle : 5 500 000 bt. Visite : Sur rendez-vous.

JEAN LATOUR-MABILLE

6, rue du 8-Mai-1945
21190 Meursault
Tél. 03 80 21 22 49 - Fax. 03 80 21 67 86

Ce domaine artisanal fort sympathique renouvelle en 2007 la réussite de ses 2006 et s'affirme progressivement, en raison de la diversité de ses cuvées comme un des producteurs incontournables du village. Il y a encore un peu de vin à vendre et à des prix raisonnables, cela ne durera pas très longtemps, car les amateurs vont se ruer sur ces bouteilles.

MEURSAULT PREMIER CRU CHARMES 2007
Blanc | 2013 à 2019 | NC   **17/20**
Le plus complet à ce stade des meursaults du domaine en 2007, très développé au nez et en bouche, long, harmonieux, tendre, ultra plaisant, mais mérite d'être encore attendu 5 ans.

MEURSAULT PREMIER CRU GOUTTES D'OR 2007
Blanc | 2012 à 2019 | NC   **16,5/20**
Beau vin gras, bien nourri par ses lies, riche en arrière-bouche, voluptueux, classique du terroir.

MEURSAULT PREMIER CRU PERRIÈRES 2007
Blanc | 2012 à 2017 | NC   **16/20**
Robe or vert éclatante, grand nez aux nuances noblement lactiques, excellent volume de bouche, caractère plus sensuel que la moyenne des perrières, à boire sans doute sans trop tarder.

MEURSAULT PREMIER CRU PORUSOTS 2007
Blanc | 2013 à 2019 | NC   **16,5/20**
Joli nez classique, vin onctueux, caressant, mais sans lourdeur, finale très agréable, vin bien fait et conforme à ce que beaucoup attendent de l'appellation !

DOMAINE LEFLAIVE

Place des Marronniers
21190 Puligny-Montrachet
Tél. 03 80 21 30 13 - Fax. 03 80 21 39 57
sce-domaine-leflaive@wanadoo.fr
www.leflaive.fr

Par le choix des crus, la taille importante des parcelles et la sûreté absolue du style, le Domaine Leflaive est l'équivalent en blanc du Domaine de la Romanée-Conti, c'est-à-dire la référence absolue en matière de qualité. La conversion du domaine à la viticulture biodynamique n'a fait que renforcer la pureté et la plénitude de constitution des vins, sans rien changer à ce qui en faisait la réputation, leur étonnante finesse et leur fraîcheur, aux antipodes du style pâtissier et oxydatif de bien des producteurs locaux. La détermination d'Anne-Claude Leflaive et le talent de son régisseur, Pierre Morey, et de son successeur Éric Remy à partir du 2007, peuvent servir d'exemple à tous les viticulteurs idéalistes de la planète. Les 2004, vinifiés sur la réduction, ont suscité quelques critiques, mais le vieillissement en bouteilles les fera taire. On ne voit en revanche rien à reprocher aux merveilleux 2005. 2006 a su éviter la lourdeur et a produit des vins riches mais parfaitement équilibrés, 2007 pas encore en bouteille au moment de nos dégustations devrait lui succéder dignement.

BÂTARD-MONTRACHET GRAND CRU 2006
Blanc | 2014 à 2021 | NC   **18/20**
Parfaitement typé par son enveloppe et la précision de ses arômes, pur et élégant dans sa richesse, avec un grand avenir. Pourvu qu'on ne le boive pas trop tôt !

BIENVENUES-BÂTARD-MONTRACHET GRAND CRU 2006
Blanc | 2014 à 2021 | NC   **18/20**
Plus fermé et plus secret que le bâtard, mais avec la même force et la même élégance dans l'équilibre général et notamment la fusion avec le bois.

CHEVALIER-MONTRACHET GRAND CRU 2006
Blanc | 2016 à 2021 | NC   **18,5/20**
Du charme, de la puissance, une transparence absolue et une tension légèrement supérieure à celle du bâtard. Le style inimitable du domaine triomphe à nouveau !

MEURSAULT PREMIER CRU SOUS LE DOS D'ÂNE 2006
Blanc | 2011 à 2014 | NC   **16/20**
Cette nouvelle cuvée est en fait le résultat de la replantation en blanc de l'ancien blagny rouge du domaine. La jeune vigne donne néanmoins un vin plein, équilibré, fort agréable, avec la tension et la pureté attendues.

PULIGNY-MONTRACHET 2006
Blanc | 2012 à 2016 | NC   **16/20**
Pâle, élégant, discrètement citronné, dosage idéal du bois, servant encore une fois de modèle de style, mais à attendre encore quatre à cinq ans si l'on peut!

PULIGNY-MONTRACHET PREMIER CRU CLAVOILLON 2006
Blanc | 2013 à 2018 | NC   **16,5/20**
Pâle, discret mais racé, boisé fondu et imperceptible, moins réduit qu'en 2004, un peu moins idéalement miel de fleurs qu'en 2005, mais superbe !

PULIGNY-MONTRACHET PREMIER CRU COMBETTES 2006
Blanc | 2012 à 2016 | NC   **16/20**
Cette fois-ci dégusté avec tous les autres, il apparaît comme souvent un peu exotique avec une tendance à meursaulter qui le différencie du clavoillons, ce qui ne l'empêche pas d'être charmeur!

PULIGNY-MONTRACHET PREMIER CRU FOLATIÈRES 2006
Blanc | 2009 à 2016 | NC   **18/20**
Superbe équilibre général, aérien, raffiné, long, exemplaire !

PULIGNY-MONTRACHET PREMIER CRU PUCELLES 2006
Blanc | 2009 à 2010 | NC   **17,5/20**
Plus ouvert que les autres premiers crus, plus confortable, plus consensuel, avec une finesse considérable. L'esthète préférera sans doute le folatières.

Blanc : 24,75 hectares ; chardonnay 100%.
Production totale annuelle :
136 000 bt. Visite : Pas de visites.

Inscrivez-vous sur

BETTANEDESSEAUVE.COM

> Suivez l'actualité du vin
> Accédez aux notes de dégustation de 25 000 vins
> Visitez les stands des producteurs

OLIVIER LEFLAIVE

Place du Monument
21190 Puligny-Montrachet
Tél. 03 80 21 37 65 - Fax. 03 80 21 33 94
contact@olivier-leflaive.com
www.olivier-leflaive.com

Après avoir été le premier à créer une maison de négoce spécialisée dans les vins blancs, puis un restaurant (La Table d'Olivier) où il est possible de déguster en situation une large gamme de ses vins, Olivier Leflaive vient d'ouvrir un magnifique hôtel en plein cœur de Puligny, et propose désormais le gîte et le couvert, avec la possibilité de déguster une large gamme de ses produits.

AUXEY-DURESSES 2007
Blanc | 2012 à 2015 | 17,50 €   **16/20**
Un grand rapport qualité-prix pour ce vin aussi fin et racé que le meilleur meursault village, très pur, très attachant dans son équilibre immédiat et hautement recommandé !

BOURGOGNE LES SÉTILLES 2007
Blanc | 2011 à 2015 | 11,50 €   **16/20**
Le code de cette cuvée est numéro 3, un ensemble de 6000 bouteilles réservées à la France et absolument remarquable. Rien ne la distingue en corps et en finesse d'un beau village de Puligny !

BOURGOGNE MARGOT 2007
Rouge | 2009 à 2012 | 11 €   **15/20**
Étonnante pureté de fruit et équilibre idéal pour une cuvée qui n'est pas confidentielle (plus de 50 000 bouteilles...), avec toute la finesse aromatique propre à ce millésime. Pinot plaisir à boire assez frais et sans tarder...

CHASSAGNE-MONTRACHET PREMIER CRU ABBAYE DE MORGEOT 2007
Blanc | 2009 à 2021 | 48 €   **17,5/20**
Un vin de très grande classe, raisin vraiment mûr, corps ample, digne d'un bâtard (et ce jour là préférable à celui du bâtard de la maison...), grande longueur. Un must !

MEURSAULT PREMIER CRU PERRIÈRES 2007
Blanc | 2015 à 2019 | 60 €   **18/20**
A peine 1500 bouteilles disponibles mais une expression idéalement noble, pure et accomplie de ce terroir incomparable, grâce à la présence de trois sources qui rendent compte de l'étagement des vignes sur le coteau. Un des sommets absolus de ce millésime.

MEURSAULT TILLETS 2007
Blanc | 2011 à 2017 | 32 €   **16,5/20**
Le meilleur meursault village de la maison dans le millésime, ample, délicat, très parfumé, évitant adroitement les «signatures» de vinifications trop réductives ou trop oxydatives. Un vin exemplaire.

MONTAGNY PREMIER CRU 2007

Blanc | 2011 à 2015 | 15,30 €   **15/20**

Excellent rapport qualité-prix en perspective pour ce vin issu de raisins vendangés par l'équipe de la maison et donc pressé par elle ! Pureté, tension, minéralité liée au terroir pierreux : voici une bonne alternative aux chablis défaillants du millésime!

POMMARD 2007

Rouge | 2014 à 2019 | 29 €   **16/20**

Beaucoup de finesse de fruit, tanin complètement intégré et si différent du caractère rustique qu'il prend chez tant de producteurs du village, millésime idéalement compris et rendu.

PULIGNY-MONTRACHET 2007

Blanc | 2013 à 2019 | 34 €   **17/20**

Ce 2007 succède magnifiquement au 2006, avec sans doute encore plus de finesse et de tension en bouche. Absolument superbe et il y en aura pour tout le monde!

SAINT-AUBIN DENTS DE CHIEN 2007

Blanc | 2012 à 2017 | 24,50 €   **17 /20**

Pureté aromatique sensationnelle, vin d'une suprême et aérienne élégance, le contraire du vin pâtissier, capable de réconcilier tout le monde avec le chardonnay, à condition d'attendre encore deux ou trois ans....

SAINT-AUBIN PREMIER CRU CHATENIÈRE 2007

Blanc | 2011 à 2017 | 24 €   **16/20**

Cette année le chatenière dépasse le classique de la maison, le remilly. Arôme de fleur de vigne à la puligny, corps délié mais plein, fraîcheur de saveur exemplaire, boisé parfaitement dosé.

SAINT-ROMAIN SOUS LE CHÂTEAU 2007

Blanc | 2011 à 2015 | 16 €   **16/20**

Un exemple, pour tous les vignerons de ce village, de vinification moderne mais accomplie, à partir de raisins dont on a attendu la juste maturité ! C'est pur, dense, raffiné, idéal pour la restauration.

VOLNAY PREMIER CRU CLOS DES ANGLES 2007 🙂

Rouge | 2013 à 2019 | 32 €   **17/20**

Le tri impitoyable du raisin a porté ses fruits, le vin est vraiment délicieux et charme par la netteté de son fruit, l'élégance de son tanin, et son amabilité qui n'exclut pas la possibilité d'une bonne garde.

Rouge : 2,4 hectares ; pinot 100%.
Blanc : 9,65 hectares ; aligoté 34%, chardonnay 66%.
Production totale annuelle : 750 000 bt.
Visite : Du lundi au samedi sur rendez-vous.
Table d'hôte du lundi au samedi au déjeuner de février à fin décembre.

DOMAINE LEJEUNE

La Confrérie
1, place de l'Église
21630 Pommard
Tél. 03 80 22 90 88 - Fax. 03 80 22 90 88
domaine-lejeune@wanadoo.fr
www.domaine-lejeune.fr

Ce domaine de vieille tradition vinifie en raisin entier, ce qui n'est pas pour nous déplaire, et en grand millésime produit des vins purs et élégants. Quand le millésime est moins favorable, en revanche, François-Julien de Pommerol réussit moins ses vinifications. Peu à peu, il passe la main à son neveu, qui semble d'ailleurs fort à l'aise dans ce style, et sans doute capable de s'adapter avec plus de souplesse à chaque récolte. Les 2007, où son savoir-faire s'affirme, sont parmi les meilleurs vins de la Côte de Beaune.

POMMARD PREMIER CRU ARGILLIÈRES 2007

Rouge | 2017 à 2027 | 23,50 €   **18/20**

Un petit chef-d'oeuvre de délicatesse et de finesse, avec un boisé d'une intégration inconnue jusqu'ici au domaine en vin jeune. Arôme noble de rose, texture ultra fine, grande longueur, magistral !

POMMARD PREMIER CRU LES POUTURES 2007

Rouge | 2017 à 2022 | 23,50 €   **16,5/20**

Robe d'un pourpre délicat, grand nez en liberté, avec les mêmes notes de chocolat, texture suave, mâche remarquable, un rien plus de finesse que trois-follots.

POMMARD PREMIER CRU RUGIENS 2007

Rouge | 2017 à 2027 | 41 €   **18/20**

Robe un peu plus dense qu'argillière, texture plus tendue, race considérable, ici encore une petite merveille de style, avec une précision et un confort dans les sensations tactiles remarquables.

POMMARD TROIS FOLLOTS 2007

Rouge | 2015 à 2022 | 19 €   **16/20**

Robe délicate, arôme puissant de chocolat à la cerise et de truffe, beaucoup de mâche sur une entrée de bouche souple à souhait, pommard de raisins entiers parfaitement typé, grand avenir.

Rouge : 6 hectares ; gamay 5%, pinot 95%.
Blanc : 1 hectare ; aligoté 40%, chardonnay 60%.
Production totale annuelle : 45 000 bt.
Visite : Sur rendez-vous.

MICHEL MALLARD ET FILS

43, route de Dijon
cedex 14
21550 Ladoix-Serrigny
Tél. 03 80 26 40 64 - Fax. 03 80 26 47 49
domainemallard@hotmail.fr

Un des domaines les plus dynamiques du nord de la Côte de Beaune et qui, sous l'influence de la plus récente génération, remodèle le style de ses vins. Naguère encore virils et rustiques, un peu triturés par des vendanges mécaniques, ils sont en train d'acquérir la précision, la souplesse et la subtilité liées à la qualité des terroirs, et on parle même ici de revenir à des vendanges manuelles. On encourage vivement ces bonnes dispositions. Les 2007 ne se dégustaient pas parfaitement au moment de notre dégustation générale du printemps 2009, sans doute de façon provisoire.

ALOXE-CORTON 2007
Rouge | 2011 à 2017 | NC   **13,5/20**
Bon équilibre général (rare dans le millésime dans ce secteur), texture relativement onctueuse, un peu d'amertume probablement de fût, terroir lisible.

CORTON - CHARLEMAGNE GRAND CRU 2006
Blanc | 2009 à 2018 | épuisé   **17/20**
Vin puissant et raffiné, avec un boisé spécialement élégant, à suivre avec grand intérêt dans sa progression en bouteille !

CORTON - RENARDES GRAND CRU 2006
Rouge | 2009 à 2021 | env 55 €   **17/20**
Un des cortons les plus complexes de notre grande dégustation, aux arômes de fruits macérés avec une trace de cuir, typique des renardes, généreux et long en bouche, vraiment réussi.

Rouge : 10,5 hectares. Blanc : 3 hectares.
Visite : sur rendez-vous.

MARATRAY-DUBREUIL

5, place du Souvenir
21550 Ladoix-Serrigny
Tél. 03 80 26 41 09 - Fax. 03 80 26 49 07
contact@domaine-maratray-dubreuil.com
www.domaine-maratray-dubreuil.com

Ce domaine familial, rattaché historiquement à celui de la famille Dubreuil, à Pernand-Vergelesses, travaille de mieux en mieux, sous l'influence de la nouvelle génération. Le patrimoine de vignes est superbe, centré autour de très beaux terroirs du nord de Beaune, et les vins dégustés depuis deux ans nous ont séduits par leur probité dans l'expression de l'origine, et par leur style classique et indémodable.

CORTON - CHARLEMAGNE GRAND CRU 2007
Blanc | 2013 à 2017 | NC   **15/20**
Nez de fleur de vigne, corps élégant, beaucoup de subtilité mais avec un relatif manque de tension.

LADOIX NAGETS 2007
Rouge | 2012 à 2017 | NC   **15/20**
Fruité précis, tanin tendre, finale nette, vineux mais plus fin que la moyenne, et d'une impeccable franchise. Du raisin mûr et du soin. Un exemple pour d'autres...

LADOIX PREMIER CRU LES GRÊCHONS 2007
Blanc | 2011 à 2015 | NC   **14/20**
Nez net et fin, aux notes de noisette fraîche, assez large, finale assurée mais sans complexité

PERNAND-VERGELESSES VIGNES BLANCHES 2007
Blanc | 2011 à 2015 | NC   **14,5/20**
Bon équilibre général, terroir bien lisible, légère réduction donnant une saveur de noisette fraîche, demi-corps mais finale précise.

Rouge : 12 hectares. Blanc : 4 hectares.
Production totale annuelle : 80 000 bt.
Visite : De 8 h à 11 h 30 et de 14 h à 17 h 30.

DOMAINE CATHERINE ET CLAUDE MARÉCHAL

6, route de Chalon
21200 Bligny-lès-Beaune
Tél. 03 80 21 44 37 - Fax. 03 80 26 85 01
marechalcc@orange.fr

Ce domaine intègre nous a souvent régalés avec des rouges d'un fruité merveilleusement naturel et rapidement expressif. Du pinot noir gourmand au plus haut point, et des prix sages. Les 2005 étaient dans la ligne habituelle, un peu plus riches et plus fermes dans leur tanin. Nous avions pourtant proportionnellement plus admiré les 2003. Pour le moment, les excellents 2007 sont purs dans leur fruité, avec en particulier des savignys bien typés.

AUXEY-DURESSES 2007
Rouge | 2014 à 2019 | 17 €   **15,5/20**
Robe très colorée, nez de fruits rouges et de réglisse, matière riche et mûre, tanin sérieux, vin complet pour son origine et son millésime.

CHOREY-LÈS-BEAUNE 2007
Rouge | 2011 à 2017 | 17 €   **15,5/20**
Un modèle pour le cru et l'année, nez charmeur de cerise, texture veloutée, plus de volume et de charme que volnay et pommard, avec une finesse vraiment étonnante.

SAVIGNY-LÈS-BEAUNE 2007   ⓾
Blanc | 2009 à 2014 | 20 €   **16/20**
Arôme délicat de fleurs blanches, délicieuse maturité du raisin, tendre, long, naturel, délicieux.

SAVIGNY-LÈS-BEAUNE PREMIER CRU LES LAVIÈRES 2007   ⓾
Rouge | 2011 à 2017 | 25 €   **15,5/20**
Jolie robe, nez floral très fin et élégant, texture tendre, plus harmonieuse que celle du volnay, grande longueur, vin séducteur, hautement recommandable .

SAVIGNY-LÈS-BEAUNE VIEILLES VIGNES 2007
Rouge | 2011 à 2015 | 20 €   **14/20**
Jolie robe, parfum de fruits noirs, entrée de bouche souple, mais vite contredite par un un petit assèchement de la texture en finale. Vin sérieux plus que séduisant.

VOLNAY 2007
Rouge | 2012 à 2017 | 24 €   **14,5/20**
Belle robe dense, nez de fruits rouges, texture tendue, tanin un rien plus rêche que d'habitude chez ce producteur, mais du style et de la complexité.

Rouge : 10,2 hectares ; pinot 100%.
Blanc : 1,8 hectare ; aligoté 28%, chardonnay 72%.
Production totale annuelle : 65 000 bt.
Visite : Sur rendez-vous.

DOMAINE MARQUIS D'ANGERVILLE

21190 Meursault
Tél. 03 80 21 61 75 - Fax. 03 80 21 65 07
info@domainedangerville.fr

Ce grand domaine de tradition dispose, à égalité avec le Domaine de la Pousse d'Or, du plus beau patrimoine sur Volnay de vignes de pinots noirs fins, qui sont son orgueil légitime. Les millésimes récents voient une modernisation progressive des vinifications, équilibrées par une conversion toute aussi progressive à la viticulture biodynamique, avec pour but de continuer à perfectionner la qualité dans le respect du style classique du domaine. Ce style peut se définir par les mots précision et rigueur. Les vins, et 2007 s'inscrit dans cette logique, doivent impérativement vieillir ; dix ans ou plus si l'on peut, pour exprimer dans toute leur personnalité les grands terroirs dont ils sont issus.

MEURSAULT PREMIER CRU SANTENOTS 2007
Blanc | 2013 à 2019 | NC   **16/20**
Gras, étoffé, aucune verdeur, très unitaire, un vin de haute qualité, à attendre encore quatre ou cinq ans.

VOLNAY PREMIER CRU CAILLERETS 2007
Rouge | 2014 à 2019 | NC   **16/20**
Une vigne encore relativement jeune mais d'un style affirmé, différent de tous les autres crus, avec un superbe arôme floral et une texture plus aérienne et plus soyeuse.

VOLNAY PREMIER CRU CHAMPANS 2007
Rouge | 2017 à 2027 | NC   **16/20**
Coloré, charnu, terrien, avec déjà un petit départ de nuances de sous-bois et de musc, tanin profond, le plus étoffé des crus, dans le respect de l'originalité du terroir de Champans où le domaine possède 4 hectares !

VOLNAY PREMIER CRU CLOS DES DUCS 2007
Rouge | 2017 à 2027 | NC   **16,5/20**
Plus élégant dans son parfum que champans, plus étoffé que caillerets, une synthèse réussie des qualités du millésime et du style propre au domaine, un superbe potentiel de garde.

VOLNAY PREMIER CRU TAILLEPIEDS 2007
Rouge | 2015 à 2019 | NC   **15/20**
Belle couleur, vin sérieux, plus sévère dans sa texture que les autres, moins accompli qu'en 2006 au même stade.

Rouge : 12 hectares ; pinot 100%. **Blanc** : 1 hectare ; chardonnay 100%. **Production totale annuelle** : 55 000 bt. **Visite** : Sur rendez-vous exclusivement.

DOMAINE MICHELOT

31, rue de la Velle
21190 Meursault
Tél. 03 80 21 23 17 - Fax. 03 80 21 63 62
mestremichelot@aol.com

Retour dans le guide de ce domaine classique de Meursault, divisé entre les
membres de la nouvelle génération de la
famille Michelot. Le domaine d'origine
subsiste et, à en juger par les 2006 présentés, produit des vins chaleureux, aromatiques, faciles à comprendre, excellente
initiation aux subtilités des terroirs muri-
saltiens. Le 2007 confirme la bonne forme
actuelle du domaine.

MEURSAULT PREMIER CRU CHARMES 2007
Blanc | 2010 à 2015 | NC   **16/20**
Joli nez charmeur et complexe, corps élégant, notes d'agrumes en bouche, séduction immédiate garantie.

MEURSAULT PREMIER CRU PERRIÈRES 2007
Blanc | 2014 à 2019 | NC   **17/20**
Robe or vert, grand raffinement aromatique,
longue persistance, vin racé et digne de son
origine !

Visite : sur rendez-vous.

JEAN-LOUIS MOISSENET BONNARD

Rue des Jardins
21630 Pommard
Tél. 03 80 24 62 34 - Fax. 03 80 22 30 04
jean-louis.domaine-moissenet-
bonnard@wanadoo.fr
www.moissenet-bonnard.com

Ce domaine artisanal est devenu une
source de qualité si l'on aime son pommard plein et velouté, rustique mais façon
gentleman-farmer, bref si l'on veut de
beaux vins d'automne, faits pour les
gibiers à plumes. Les derniers millésimes
montrent de nets progrès en matière d'élégance et de précision, notamment sur la
très belle cuvée de vieilles vignes d'Épenots. Nous recommandons vivement tous
ses 2007, parmi les plus élégants qu'il ait
jamais produits.

AUXEY-DURESSES PREMIER CRU
LES GRANDS CHAMPS 2007
Rouge | 2015 à 2019 | 13,50 €   **14,5/20**
Arôme de truffe, assez pommard comme
style (influence de la cave ?). Tannin plus
sec que dans les villages de Pommard, mais
jolie étoffe et excellente qualité de fruit.

POMMARD CRAS 2007
Rouge | 2014 à 2022 | 16,50 €   **15/20**
Belle couleur profonde, excellent volume de
bouche, texture suave, tanin encore un peu
ferme et amer mais solide, beau type de
pommard village !

POMMARD PETITS NOIZONS 2007
Rouge | 2015 à 2019 | 17,80 €   **15,5/20**
Robe profonde, un rien moins dense que
cras, jolie texture, un vin fin, joliment vinifié,
à partir d'une excellente vendange.

POMMARD PREMIER CRU EPENOTS 2007
Rouge | 2017 à 2022 | 27 €   **17,5/20**
Arôme de rose épicée, jolie texture, grande
longueur, tout en élégance et en suavité de
texture, remarquable vinification et qualité
liée aux vieilles vignes.

POMMARD PREMIER CRU PEZEROLLES 2007 ☺
Rouge | 2017 à 2022 | 24 €   **17/20**
Grande robe, splendide arôme de fruits
rouges, texture veloutée de grand millésime,
vin superbe !

Rouge : 4.31 hectares. Blanc : 1.19 hectare.
Production totale annuelle : 30 000 bt.

DOMAINE RENÉ MONNIER

6, rue du Docteur-Rolland
21190 Meursault
Tél. 03 80 21 29 32 - Fax. 03 80 21 61 79
domaine-rene-monnier@wanadoo.fr

Ce domaine possède d'excellentes parcelles, de Beaune à Puligny-Montrachet, et a beaucoup progressé dans les derniers millésimes, avec des vins de plus en plus représentatifs de la valeur du terroir. On pourra faire confiance au meursault-charmes, issu de la partie basse du climat mais de vieilles vignes, et au très typé puligny-folatières. Les rouges, et notamment le clos-des-chênes, suivent la mode actuelle pour les vins colorés et issus de raisins très mûrs, mais avec une réelle finesse de tanins.

BEAUNE PREMIER CRU TOUSSAINTS 2007
Rouge | 2012 à 2019 | 15,15 €   **16,5/20**
Comme souvent le rouge le plus complet de la propriété, et une des expressions les plus abouties du millésime dans l'appellation. Charnu mais velouté, raisin mûr, belle longueur, très bien vinifié et élevé.

BOURGOGNE 2007
Blanc | 2009 à 2012 | 6,95 €   **14/20**
Plein pour le millésime, harmonieux, gras, bien mis en bouteille.

MARANGES PREMIER CRU CLOS DE LA FUSSIÈRE 2007
Rouge | 2010 à 2015 | 10,30 €   **14,5/20**
Robe délicate, nez épicé, vin moyennement corsé mais très personnel avec de la vivacité et une certaine finesse.

MEURSAULT PREMIER CRU CHARMES 2006
Blanc | 2010 à 2015 | 24,80 €   **15/20**
Plus de fond que folatières, pur, harmonieux, long, à ne pas trop attendre néanmoins. Jolie fin de bouche noisettée.

MONTHÉLIE 2007   ☺
Blanc | 2010 à 2015 | 13,90 €   **15/20**
Robe paille, nez expressif de noisette, à la meursault, de la finesse, un excellent équilibre de bouche, tout à fait recommandable pour son prix.

VOLNAY PREMIER CRU CLOS DES CHÊNES 2007
Rouge | 2015 à 2019 | 16,30 €   **14,5/20**
Robe dense, nez puissant et épicé, vin corsé, tannique, au fruité pour le moment masqué par un tanin un peu rustique par rapport à l'origine. Vin de garde mais peut être pas à conseiller à des amateurs de volnays élégants.

Rouge : 8 hectares. Blanc : 10 hectares.
Production totale annuelle : 120 000 bt.
Visite : Du lundi au vendredi de 9 h à 12 h et de 14 h à 17 h.

DOMAINE BERNARD MOREAU ET FILS

3, route de Chagny
21190 Chassagne-Montrachet
Tél. 03 80 21 33 70 - Fax. 03 80 21 30 05
domaine.moreau-bernard@wanadoo.fr

Excellent domaine de Chassagne, avec des vignes bien réparties, et une belle sûreté actuelle dans les vinifications des rouges et des blancs. On aime ici la vinosité mais avec suffisamment de finesse pour l'équilibrer. La vieille vigne des Grandes Ruchottes donne le vin le plus complet de ce climat prestigieux, digne d'un grand cru. L'excellence des blancs 2005 semble normale, mais il fallait beaucoup travailler pour donner des rouges aussi francs de caractère dans une année à grêle. Les 2006 blancs seront peut-être supérieurs aux 2005, dans un style que personne d'autre n'a surpassé dans le village. En 2007, pariez sur le morgeot blanc, ce secteur ayant particulièrement réussi.

CHASSAGNE-MONTRACHET MORGEOT 2007
Blanc | 2015 à 2022 | 34 €   **17/20**
Le plus complet des blancs du domaine en 2007, réduction forte mais énorme caractère et longueur considérable, terroir imitant à la perfection la vinosité d'un beau bâtard-montrachet, grande construction en bouche, grand avenir.

CHASSAGNE-MONTRACHET PREMIER CRU GRANDES RUCHOTTES 2007
Blanc | 2013 à 2017 | 40 €   **16/20**
Légère réduction au nez, tendre, élégant, complexe, un rien affadi par sa mise en bouteille, mais d'un style évident.

CHASSAGNE-MONTRACHET PREMIER CRU LA MALTROIE 2007
Blanc | 2013 à 2019 | 34 €   **16/20**
Robe or vert, légère amertume de réduction, classicisme évident de forme et de saveur, terroir bien marqué, vin de caractère !

Rouge : 6,8 hectares ; pinot 45,12%.
Blanc : 7,2 hectares ; aligoté 7,38%, chardonnay 47,5%.
Production totale annuelle : 85 000 bt. Visite : Du lundi au vendredi de 8 h à 12 h et de 14 h à 18 h, sur rendez-vous.

MORET-NOMINÉ

1-3, rue Goussery
21200 Beaune
Tél. 03 80 24 00 70 - Fax. 03 80 24 79 65
moret.nomine@wanadoo.fr

Ce jeune négociant élève ses vins, essentiellement des vins blancs, dans les caves du hameau de Barboron, à Savigny-les-Beaune, un des hôtels les plus agréables de la Côte-d'Or. Il sait sélectionner les meilleures origines et trouver le boisé le plus adapté à chacune d'entre elles. Ses vins brillent par leur constitution harmonieuse et leur précision dans la définition du terroir. Une source de plus en plus sûre pour la restauration de qualité. Les 2007 ont présenté un ensemble remarquablement homogène et digne de confiance pour la belle restauration.

CHASSAGNE-MONTRACHET PREMIER CRU BAUDINES 2007
Blanc | 2013 à 2017 | 26 €   **16,5/20**
Très jolis arômes de citron et de vanille, fin, délicat, tendu, subtil en finale, remarquable dans le millésime.

MEURSAULT PREMIER CRU CHARMES 2007
Blanc | 2012 à 2017 | 29,90 €   **15/20**
Robe dorée, nez de levure et de beurre frais, gras, onctueux, net mais pas le plus complexe de la série !

MEURSAULT PREMIER CRU GENEVRIÈRES 2007
Blanc | 2013 à 2017 | 33 €   **15/20**
Nerveux, délicatement citronné au nez, pur, long, léger manque de densité.

MEURSAULT PREMIER CRU GOUTTE D'OR 2007   ☺
Blanc | 2013 à 2017 | 33 €   **16,5/20**
Le vin présente en force les notes exotiques d'agrumes, pamplemousse et cédrat, qui marquent le nez des vins de ce producteur en 2007, mais la bouche est ravissante, large, grasse, vive avec juste ce qu'il faut de réduction.

MEURSAULT PREMIER CRU PERRIÈRES 2007
Blanc | 2014 à 2019 | 35 €   **16/20**
Belle matière, encore un peu d'amer à fondre, beaucoup de suite en bouche.

Production totale annuelle : 25 000 bt.
Visite : Sur rendez-vous.

DOMAINE PIERRE MOREY ET MOREY BLANC

13, rue Pierre-Mouchoux
21190 Meursault
Tél. 03 80 21 21 03 - Fax. 03 80 21 66 38
morey-blanc@wanadoo.fr
www.morey-meursault.fr

Le célèbre régisseur du Domaine Leflaive vient de prendre sa retraite mais exploite et vinifie avec sa fille Anne son vignoble personnel, avec le même respect du sol et de l'environnement et la même maîtrise du grand style pour les vins blancs. Toujours un peu réduits dans leur jeunesse, ils n'expriment vraiment, et dans toute la force possible, le terroir qu'entre cinq et quinze ans de bouteille. Les rouges ont gagné en polissage du tanin et en finesse aromatique, avec en particulier un excellent grands-épenots. Pierre Morey complète la production de son domaine par une petite activité de négoce sous la marque Morey Blanc : le style des vins est très proche de celui du domaine, du plus simple au plus prestigieux. 2006 et 2007 sont à la hauteur de l'attente mais il faut une certaine habitude des grands bourgognes pour les apprécier à leur juste valeur.

BÂTARD-MONTRACHET GRAND CRU 2006
Blanc | 2016 à 2026 | NC   **18,5 /20**
Somptueuse densité de matière, grande longueur, race du terroir immédiatement perceptible mais de grâce laissons-le vieillir en paix encore une petite dizaine d'années.

MEURSAULT LES TESSONS 2007
Blanc | 2017 à 2022 | NC   **17/20**
Superbe densité de matière, arômes nobles, finale réservée mais racée. Du vin de grand style, à attendre.

MEURSAULT PREMIER CRU CHARMES 2007
Blanc | 2017 à 2022 | NC   **17,5/20**
Robe paille, remarquable ampleur de constitution, vin complet, bâti pour la garde, de niveau grand cru.

MEURSAULT PREMIER CRU PERRIÈRES 2006
Blanc | 2014 à 2021   **18/20**
Grande race aromatique, vin ultra long et généreux, très compact pour l'année, à faire vieillir sans crainte.

Rouge : 3,37 hectares ; pinot noir 100%.
Blanc : 6,77 hectares ; aligoté 36%, chardonnay 64%.
Production totale annuelle : 70 000 bt.

DOMAINE ALBERT MOROT

Château de la Creusotte
20, avenue Charles Jaffelin
21200 Beaune
Tél. 03 80 22 35 39 - Fax. 03 80 22 47 50
albertmorot@aol.com

Le domaine ne renouvellera pas avec les 2006 son étonnante réussite des 2005. Les vins présentés ont de l'ampleur, mais finissent sur des tanins assez durs, parfois amers, avec des notes de gentiane qu'on commence à trouver assez souvent en Bourgogne, mais qui semblent liées à des évolutions exagérées de la maturité du raisin. Ce caractère, et c'est ce qui le rend très irritant, apparaît davantage certains jours, puis disparaît pour reparaître à un autre moment. Les 2007 ne présentaient pas ce défaut et sont parmi les mieux constitués à Beaune, où les conditions du millésime ont été plus difficiles qu'à Pommard ou Volnay.

BEAUNE PREMIER CRU LES BRESSANDES 2007
Rouge | 2015 à 2019 | 25 € **15/20**
Robe rubis, texture de velours de vieilles vignes, saveur réglissée, pas aussi complet que d'habitude mais élégant et long.

BEAUNE PREMIER CRU LES CENT VIGNES 2007
Rouge | 2009 à 2010 | 25 € **13,5/20**
Texture tendre, tanin légèrement asséchant, bouquet épicé très beaunois, manque de l'énergie du savigny.

BEAUNE PREMIER CRU LES MARCONNETS 2007
Rouge | 2015 à 2022 | 25 € **16/20**
Belle robe rubis, de la chair, de l'ampleur, un classicisme exemplaire de construction en bouche, le plus réussi de la gamme dans ce millésime.

BEAUNE PREMIER CRU LES TEURONS 2007
Rouge | 2013 à 2019 | 25 € **15/20**
Saveur épicée classique, plus de volume de bouche que cent-vignes, vin élégant et équilibré.

SAVIGNY-LÈS-BEAUNE PREMIER CRU LA BATAILLÈRE AUX VERGELESSES 2007
Rouge | 2015 à 2019 | 21 € **16/20**
Beau fruit, grande robe, vin dense, velouté, noblement tannique, on retrouve le style que nous aimons.

Rouge : 7,8 hectares ; pinot noir 100%.
Blanc : 0,25 hectare ; chardonnay 100%.
Production totale annuelle : 34 000 bt.
Visite : Sur rendez-vous.

DOMAINE MUSSY

12, ancienne route d'Autun
21630 Pommard
Tél. 03 80 22 89 11 - Fax. 03 80 24 79 79
domaine.mussy@free.fr
www.domainemussy.com

Ce domaine qui a subi de nombreuses vicissitudes retrouve la sûreté de style qui était la sienne il y a trente ans lorsque le vieux Mussy, vigneron remarquable, l'avait en charge. Nous avons beaucoup aimé le style sobre et classique de ses pommards 2007.

POMMARD EPENOTS 2007
Rouge | 2015 à 2022 | 30 € **16,5/20**
Excellente chair, fruité ouvert et charmeur, volume de bouche digne du cru, pureté presque angélique de style, un vin artisan comme nous les aimons et qui font honneur à leur terroir !

POMMARD PREMIER CRU SAUSSILLES 2007
Rouge | 2010 à 2017 | 24,50 € **15/20**
Robe délicate, nez fruité, vin d'une touchante droiture et simplicité, au fruité exquis, moelleux, raffiné dans son tanin, très délicat pour Pommard et parfait à boire dès maintenant !

Rouge : 6 hectares. Production totale annuelle : 30 000 bt. Visite : Du lundi au vendredi de 8 h à 18 h et le week-end sur rendez-vous.

DOMAINE LUCIEN MUZARD ET FILS

11 bis, rue de la Cour-Verreuil
21590 Santenay
Tél. 03 80 20 61 85 - Fax. 03 80 20 66 02
lucienmuzard@orange.fr
www.domainemuzard.com

Les frères Muzard ont désormais acquis une rare maîtrise dans tous les domaines, et offrent une gamme complète de santenays, remarquablement constitués et fidèles au terroir. Le style des rouges est exemplaire, fruité mais aussi fidèle au terroir, les blancs sont en grand progrès. Une petite activité de négoce complète la gamme avec des vins faits avec soin mais un peu moins engageants que ceux du domaine, dont un volnay-chanlins et un pommard-épenots.

MARANGES 2007
Rouge | 2013 à 2019 | 11,90 € | **15/20**
Robe étonnante, bleu noir, nez généreux de fruits mûrs, presque de pruneau, corps complet, tanin fin, extraction moderne et intelligente de tanins fins. Il vaut bien des pommards !

SANTENAY CHAMPS CLAUDE VIEILLES VIGNES 2007
Rouge | 2015 à 2019 | 14,10 € | **15/20**
Plus d'intensité de couleur que maladière, nez de fraise et de cuir, grande matière pour un village, assez long, dans un style fait pour accompagner les gibiers à plumes plus que les viandes blanches. Vin de caractère.

SANTENAY PREMIER CRU CLOS DE TAVANNES 2007
Rouge | 2015 à 2022 | 17,50 € | **16,5/20**
Belle robe rubis, dense, nez magnifique de fruits rouges mais sans note de cuir ou d'épices, grande longueur, tanin noble, prétendant très sérieux au titre de meilleur vin de son village !

SANTENAY PREMIER CRU CLOS DES MOUCHES 2007
Rouge | 2015 à 2022 | 17,50 € | **16/20**
Belle expression du millésime et d'un terroir de haute qualité, robe dense, nez large et épicé, matière plus serrée en bouche, dosage du boisé adroit, belle persistance et vinosité exceptionnelle en 2007. Il mérite un vieillissement prolongé en cave fraîche.

SANTENAY PREMIER CRU LA MALADIÈRE 2007
Rouge | 2013 à 2019 | 16,90 € | **14,5/20**
Robe rubis, vin souple et charnu, moins dense mais un peu plus fin que le maranges, tanin sans aspérité, raisin mûr, style de vinification assuré et respectueux de la matière.

Rouge : 20,7 hectares ; pinot 90%.
Blanc : 0,35 hectare ; aligoté 2%, chardonnay 8%.
Production totale annuelle : 80 000 bt.
Visite : Du lundi au samedi de 9 h à 12 h
et de 14 h à 19 h, sur rendez-vous.

DOMAINE ANDRÉ NUDANT

11, route de Dijon
21550 Ladoix-Serrigny
Tél. 03 80 26 40 48 - Fax. 03 80 26 47 13
domaine.nudant@wanadoo.fr
www.domaine-nudant.fr

Producteur important et dynamique de Ladoix, avec désormais en plus un beau patrimoine de vignes dans le secteur de Vosne-Romanée. La viticulture y est encore largement perfectible mais de nombreuses cuvées témoignent d'une réelle maîtrise, et le corton était un des rares à se montrer digne de son pedigree en 2007.

CORTON - BRESSANDES GRAND CRU 2007
Rouge | 2015 à 2019 | 40 € | **15,5/20**
Floral et fin, texture tendre, finale un peu durcie par la barrique, devrait bien vieillir.

ÉCHEZEAUX GRAND CRU 2007
Rouge | 2015 à 2019 | 50 € | **16,5/20**
Vin de très belle facture, au nez floral fort élégant, au tanin frais et fin, très bien vinifié, même si il lui manque un peu d'éclat en finale.

HAUTES CÔTES DE NUITS 2007
Blanc | 2009 à 2014 | 10 € | **15/20**
Très beau chardonnay, axé sur la minéralité, matière riche et souple, fine et élégante.

HAUTES CÔTES DE NUITS 2007
Rouge | 2009 à 2016 | 10 € | **15/20**
Très jolis arômes de fruits noirs au nez. Tanins bien travaillés, sur l'élégance. Matière riche et profonde.

NUITS-SAINT-GEORGES PREMIER CRU BOUDOTS 2007
Rouge | 2015 à 2022 | 30 € | **15/20**
Boisé un peu sec mais matière remarquable, avec toute la puissance et le charnu habituel de ce terroir.

VOSNE-ROMANÉE 2007
Rouge | 2011 à 2015 | 28 € | **15/20**
Les ladoix et cortons de ce domaine important et actif nous ont déçus, mais curieusement la gamme de vins du secteur de Vosne, récemment ajoutés à son patrimoine, se dégustait infiniment mieux, comme ce village très tendre, équilibré, au grain de tanin fin, sans l'amertume des vins situés plus au sud ! Un vin charmant, presque prêt à boire.

Rouge : 3 hectares. Blanc : 13 hectares.
Production totale annuelle : 90 000 bt.
Visite : Du lundi au vendredi de 8 h à 12 h
et de 14 h à 18 h, samedi sur rendez-vous.

DOMAINE ANTOINE OLIVIER

5, rue Gaudin
21590 Santenay
Tél. 03 80 20 61 35 - Fax. 03 80 20 64 82
domaineolivier@orange.fr

Antoine Olivier, jeune et dynamique producteur de Santenay, a eu la chance de disposer d'une belle vigne de Nuits Saint-Georges, proche de Vosne-Romanée. Mais il réussit tout aussi bien ses santenays, en blanc comme en rouge, sachant leur donner du charme aromatique sans rien perdre en matière de corps. Les 2006 sont excellents mais les 2007 les surpassent encore en finesse et sont ici le meilleur millésime de l'histoire de la propriété.

NUITS-SAINT-GEORGES PREMIER CRU DAMODES 2007
Rouge | 2015 à 2022 | 31,00 € **18/20**
Comme l'an dernier, un triomphe ! Admirable arôme complexe, merveilleuse texture, grande suite en bouche, peut rivaliser avec un grand suchot ou un grand beaumonts ! Vive les raisins entiers !

SANTENAY LES BIÉVAUX 2007
Blanc | 2010 à 2015 | 15,20 € **17/20**
Nez délicieux de noisette grillée, corps très pur et fluide, usage particulièrement adroit de la réduction et du fût, vin d'une race et d'une subtilité étonnantes, un coup de coeur.

SANTENAY LES CHARMES 2007
Rouge | 2011 à 2017 | 12,80 € **14/20**
Belle robe, vin fortement expressif de son terroir, notes de fraise, comme dans les livres, un peu rustique mais sympathique.

SANTENAY LES COTEAUX SOUS LA ROCHE 2007
Blanc | 2013 à 2017 | 14,70 € **17/20**
Mêmes notes de noisette, façon corton-charlemagne, tendu, élégant, racé, complexe, une révolution dans les santenays blancs et la révélation d'un grand terroir à blancs du sud de la Côte.

SANTENAY PREMIER CRU BEAUREPAIRE 2007
Rouge | 2014 à 2019 | 15,50 € **14,5/20**
Belel robe, nez complexe avec des notes de fraise et de fumé, structure sérieuse, tanin un peu sec, vin de caractère.

SAVIGNY-LÈS-BEAUNE LES PETITS LIARDS 2007
Rouge | 2011 à 2017 | 11,50 € **14/20**
Belle robe, vin plein, tannique, sérieusement constitué, petit départ de notes de cuir et d'animal, léger manque de charme...

Rouge : 5.5 hectares. Blanc : 4.5 hectares.
Production totale annuelle : 50 000 bt.
Visite : De 9 h à 19 h.

DOMAINE JEAN-MARC ET HUGUES PAVELOT

1, chemin des Guettottes
21420 Savigny-lès-Beaune
Tél. 03 80 21 55 21 - Fax. 03 80 21 59 73
hugues.pavelot@wanadoo.fr
www.domainepavelot.com

Ce domaine dispose d'une très belle palette de premiers crus sur Savigny et Beaune. Il a pendant longtemps passé, dans son village, pour le producteur le plus authentique du cru la Dominode, dont il possède 2 hectares. Nous avons parfois été déçus par quelques bouteilles des années 1995, mais nous retrouvons aujourd'hui le domaine à son meilleur niveau. Hugues Pavelot a donné à ses 2007 le charme et la qualité de texture qui font aimer les savignys et nous lui souhaitons de continuer ainsi de nombreuses années.

BEAUNE PREMIER CRU BRESSANDES 2006
Rouge | 2014 à 2021 | NC **16/20**
Vin généreux et épicé, l'amertume native du millésime s'est largement fondue, le style est d'un classicisme remarquable, le terroir parle.

SAVIGNY-LÈS-BEAUNE 2007
Rouge | 2012 à 2017 | 12 € **14,5/20**
Nez pur, joli fruit, belle acidité, corps très correct, tanin fin, du vin de style et de caractère.

SAVIGNY-LÈS-BEAUNE PREMIER CRU AUX GRAVAINS 2007
Rouge | 2012 à 2017 | 18 € **15/20**
Robe délicate, fruité pur, tanin soyeux, vinification soignée de raisins récoltés mûrs, beaucoup de finesse.

SAVIGNY-LÈS-BEAUNE PREMIER CRU LES NARBANTONS 2007
Rouge | 2014 à 2019 | 16,50 € **16/20**
Robe grenat, expression très exacte du terroir, vin plein de grâce et de finesse, joli boisé, vinification intelligente qui retrouve le plus haut niveau dans sa commune.

SAVIGNY-LÈS-BEAUNE PREMIER CRU PEUILLETS 2007
Rouge | 2014 à 2017 | 16,50 € **15/20**
Joli rubis, plus floral dans son esprit que narbantons, délicat, long, tanin très spirituel, du joli vin !

Rouge : 11,5 hectares ; pinot noir 92%.
Blanc : 1 hectare ; chardonnay 8%.
Production totale annuelle : 65 000 bt.
Visite : De 10 h à 12 h et de 14 h à 18 h.

PIERRE ANDRÉ

Rue des Cortons
21420 Aloxe-Corton
Tél. 03 80 26 44 25 - Fax. 03 80 26 43 57
info@corton-andre.com
www.pierre-andre.com

Depuis son rachat (lié à celui de la maison Reine Pédauque) par le groupe Ballande, le tandem Goujon-Griveau, un directeur plus bourguignon que nature et une œnologue passionnément engagée et intègre, fait du superbe travail, et propose en 2007 comme pour l'année précédente, une gamme complète de vins de qualité, fidèles aux terroirs et souvent d'une élégance supérieure. Le troisième BD est mérité.

ALOXE-CORTON PREMIER CRU LES PAULANDS 2007
Rouge | 2014 à 2019 | 29 €   **14,5/20**
Plus vineux que lolières, dense, assez long mais lui aussi terminant sur des notes astringentes. Il devrait bien vieillir.

BEAUNE PREMIER CRU LES PERRIÈRES 2007 ⓤ
Rouge | 2017 à 2022 | 27 €   **17/20**
Une bouteille remarquable pour Beaune dans ce millésime, avec une intensité de couleur et de corps mais aussi une noblesse aromatique étonnante, sans la moindre trace de blessure du raisin. Grand avenir et vin vivement recommandé.

SAVIGNY-LÈS-BEAUNE CLOS DES GUETTOTES 2007 ⓤ
Rouge | 2011 à 2017 | 15 €   **14,5/20**
Robe moyennement intense, arôme délicat de petits fruits rouges, vin tendre, assez léger mais harmonieux, facile, correspondant à l'attente du public pour un savigny, mais sans grande envolée.

VOLNAY PREMIER CRU SANTENOTS 2007
Rouge | 2017 à 2027 | 31 €   **15/20**
Belle couleur, vin intense, texture raffinée mais tanin un peu astringent et épais.

VOSNE-ROMANÉE PREMIER CRU SUCHOTS 2007
Rouge | 2013 à 2019 | 67 €   **16/20**
Floral, tendre, caressant, long, vin de style et de caractère, pas aussi corsé que d'autres mais plus raffiné et complexe.

Rouge : 50 hectares. Blanc : 60 hectares.
Production totale annuelle : 3 500 000 bt.
Visite : Ouvert 7 jours sur 7 d'avril à fin novembre de 10 h à 12 h 30 et de 14 h à 18h. Sinon fermeture le mardi et mercredi.

DOMAINE FERNAND ET LAURENT PILLOT

2, place des Noyers
21190 Chassagne-Montrachet
Tél. 03 80 21 99 83 - Fax. 03 80 21 92 60
contact@vinpillot.com
www.vinpillot.com

La famille Pillot se décline en de nombreux domaines indépendants, et il faut savoir jongler avec les prénoms. Le domaine Fernand et Laurent dispose d'un superbe patrimoine de vignes sur Chassagne, en blanc et en rouge, ainsi que de jolies parcelles sur Pommard, venues d'une division après mariage du Domaine Pothier. Les vins sont vinifiés avec soin, et les rouges, notamment, ont beaucoup progressé. Les 2007 continuent la belle série des millésimes récents en blanc, mais nous n'avons pas dégusté les rouges de Pommard.

CHASSAGNE-MONTRACHET PREMIER CRU
LES GRANDES RUCHOTTES 2007
Blanc | 2012 à 2017 | NC   **15,5/20**
Boisé intense, flirtant avec la lourdeur, mais corps remarquable, vinosité et tension bien réunies, assez long, pourrait avoir plus de finesse.

CHASSAGNE-MONTRACHET PREMIER CRU
LES VERGERS 2007
Blanc | 2012 à 2017 | NC   **16/20**
Joli vanillé, riche matière, alcool sensible mais finale énergique et longue. Beau caractère de terroir.

CHASSAGNE-MONTRACHET PREMIER CRU
VIDE BOURSE 2007
Blanc | 2012 à 2017 | NC   **15/20**
Vin vigoureux, au terroir marqué, plus en puissance qu'en finesse mais long et certainement savoureux.

MEURSAULT PREMIER CRU LES CAILLERETS 2007
Blanc | 2013 à 2017 | NC   **16/20**
Légère réduction, vin bien construit, avec le style exact du millésime, frais, juste.

Rouge : 8,86 hectares ; gamay 3%, pinot 56%.
Blanc : 6,17 hectares ; aligoté 6%, chardonnay 35%.
Production totale annuelle : 65 000 bt.
Visite : Sur rendez-vous.

PAUL PILLOT

3, rue Clos Saint-Jean
21190 Chasagne-Montrachet
Tél. 03 80 21 31 91 - Fax. 03 80 21 90 92
contact@domainepaulpillot.com
wwww.domainepaulpillot.com

Encore un autre domaine Pillot, très connu dans la région, et depuis longtemps, pour l'excellence de sa cuvée Romanée. Les hasards ne nous ont fait que très récemment goûter l'ensemble de sa production, et nous ne pouvons que confirmer la réputation locale de vins d'une rare pureté d'expression, et splendidement réussis en 2006. 2007 reste un ton en dessous mais avec la même finesse, surtout pour la cuvée romanée.

CHASSAGNE-MONTRACHET PREMIER CRU CAILLERETS 2007

Blanc | 2012 à 2017 | env 35 €   **15,5/20**
Vin généreux, assez gras, avec une fin de bouche stylée mais moins de finesse que d'autres.

CHASSAGNE-MONTRACHET PREMIER CRU GRANDE MONTAGNE 2007

Blanc | 2014 à 2019 | env 34 €   **16/20**
Quelques notes végétales au nez mais bouche équilibrée et élégante, avec des notes salines et une tension de vrai terroir à blanc, moins de pureté et de diversité dans l'absolu que la romanée.

CHASSAGNE-MONTRACHET PREMIER CRU GRANDES RUCHOTTES 2007

Blanc | 2011 à 2015 | env 35 €   **16/20**
Robe pâle, nez plus fin que celui du cailleret, assez suave, long, presque prêt à boire, séducteur mais sans grandeur.

CHASSAGNE-MONTRACHET PREMIER CRU ROMANÉE 2007

Blanc | 2015 à 2022 | env 40 €   **17,5/20**
Grande noblesse aromatique avec des notes de fleur de vigne dignes d'un chevalier-montrachet, légère réduction favorable au vieillissement, corps strict, dense, tendu, finale parfaite.

Rouge : 5 hectares. Blanc : 8 hectares.
Production totale annuelle : 70 000 bt.
Visite : Sur rendez-vous.

DOMAINE DE LA POUSSE D'OR

Rue de la Chapelle
21190 Volnay
Tél. 03 80 21 61 33 - Fax. 03 80 21 29 97
patrick@lapoussedor.fr
www.lapoussedor.fr

Voici sans doute le domaine de Volnay le plus doté en grands terroirs. Élaborés dans une cuverie ultra moderne, les vins rouges sont d'une redoutable précision dans l'expression du terroir et du millésime. Le domaine s'est récemment agrandi de quelques superbes parcelles de Chambolle, mais le premier millésime complètement sous contrôle est 2008.

POMMARD PREMIER CRU JAROLLIÈRES 2007

Rouge | 2017 à 2022 | NC   **16/20**
Belle robe rubis, un peu plus de volume mais aussi un peu plus de lourdeur que dans les crus de Volnay, plus de dominantes d'arômes d'épices, tanin plus ferme et droit, vin sérieux, mais avec la même qualité d'extraction que les autres cuvées du domaine.

VOLNAY PREMIER CRU CAILLERETS CLOS DES SOIXANTE OUVRÉES 2007

Rouge | 2017 à 2022 | NC   **17,5/20**
Robe rubis assez ferme, texture ample, veloutée, tanin noble, grand raffinement dans les sensations tactiles, plus épicé que en-caillerets, complexe, pour amoureux du pinot noir de haute école.

VOLNAY PREMIER CRU CLOS D'AUDIGNAC 2007

Rouge | 2015 à 2019 | NC   **16/20**
Robe dense, joli nez de cerise et de violette, tanin suave, longue suite, précis, élégant, marqué par un peu plus de tension que la bousse-d'or.

VOLNAY PREMIER CRU CLOS DE LA BOUSSE D'OR 2007

Rouge | 2014 à 2019 | NC   **15,5/20**
Robe dense, nez riche et puissant, notes de violette et de fleurs macérées, nuance de réglisse, tanin suave, bonne acidité, frais, élégant, sans la plénitude des très grands millésimes.

VOLNAY PREMIER CRU EN CAILLERET 2007

Rouge | 2015 à 2019 | NC   **17/20**
Robe un peu plus légère qu'audignac, nez très fin et subtil de caractère floral, remarquable finesse de texture, souple, racé, très féminin, long, belle réussite et caractère de millésime très exactement reproduit.

Rouge : 14,5 hectares ; pinot 100%.
Blanc : 1,2 hectare ; chardonnay 100%.
Production totale annuelle : 65 000 bt.
Visite : Sur rendez-vous. Fermé le mercredi.

DOMAINE JACQUES PRIEUR

6, rue des Santenots
21190 Meursault
Tél. 03 80 21 23 85 - Fax. 03 80 21 29 19
info@prieur.com
www.prieur.com

Voici un des plus prestigieux domaines de la Bourgogne, avec une gamme complète de grands crus et premiers crus, et un style très affirmé et constant. Martin Prieur et son œnologue, Nadine Gublin, illustrent le meilleur des conceptions de vinification modernes, mis au service du terroir et du millésime. Les 2007 sont irréprochables, dominés par de somptueux grands crus de Côte de Nuits.

CHAMBERTIN GRAND CRU 2007
Rouge | 2009 à 2010 | NC **17/20**
Arôme de rose très délicat, texture tendre, fondante, léger manque d'intensité en milieu de bouche mais finale irradiante et tanin d'un raffinement jusqu'ici inconnu du domaine, malgré son remarquable savoir-faire.

CLOS DE VOUGEOT GRAND CRU 2007
Rouge | 2017 à 2027 | NC **17/20**
Plein, harmonieux, voluptueux, tanin ultra fin, élégance étonnante pour un cru habituellement plus vigoureux !

ÉCHEZEAUX GRAND CRU 2007
Rouge | 2017 à 2025 | NC **17,5/20**
Grande robe, admirable nez complexe et épanoui, chair très onctueuse mais avec de la pureté, grande longueur, grand vin à coup sûr !

MONTRACHET GRAND CRU 2007
Blanc | 2017 à 2022 | NC **18/20**
Corps considérable pour le millésime mais évidemment lié au cru, grande onctuosité, beaucoup d'éclat dans le nez de fleur de vigne et dans la finale, très gras et mûr.

MUSIGNY GRAND CRU 2007
Rouge | 2017 à 2027 | NC **18,5/20**
Une merveille, avec la touche d'énergie qui manquait un peu au chambertin ! Parfum sublime de rose, texture admirable, grande longueur. On sent un petit réglage supplémentaire qui désormais conduit cette cuvée au sommet absolu de la Bourgogne actuelle.

Rouge : 13 hectares ; pinot noir 100%.
Blanc : 8 hectares ; chardonnay 100%.
Production totale annuelle : 90 000 bt.
Visite : Sur rendez-vous uniquement.

DOMAINE RAPET PÈRE ET FILS

Place de la Mairie
21420 Pernand-Vergelesses
Tél. 03 80 21 59 94 - Fax. 03 80 21 54 01
vincent@domaine-rapet.com
www.domaine-rapet.com

Incontestablement, Vincent Rapet est un des plus fins vinificateurs de blancs de sa génération, et il obtient de ses vignes de Pernand, du village au sensationnel corton-charlemagne, un maximum de fraîcheur, de finesse et de transparence dans l'expression du terroir. Les blancs 2006, après la splendide réussite de 2005, sont ici remarquables de précision et de netteté. Les 2007 semblent dans un style plus frais et mordant, mais aussi bien partis.

BEAUNE PREMIER CRU BRESSANDES 2007
Rouge | 2013 à 2017 | 22 € **14/20**
Nez floral et épicé, vin souple, un rien plus tannique que clos-du-roi mais moins charmeur et moins original.

BEAUNE PREMIER CRU CLOS DU ROI 2007
Rouge | 2012 à 2017 | 22 € **15/20**
Jolie robe, nez floral fin, texture tendre, typé de ce cru, beaucoup de grâce et de finesse....

CORTON - CHARLEMAGNE GRAND CRU 2007
Blanc | 2012 à 2017 | 50 € **16/20**
Ultra pâle et avec une finesse de grand riesling au nez, linéaire et racé, vendangé peut être un rien trop tôt pour égaler le 2006 mais sa finale reste gracieuse et longue.

CORTON GRAND CRU 2007
Rouge | 2015 à 2022 | 40 € **15,5/20**
Vendangé mûr, texture pulpeuse, boisé soigné, bel avenir, pas très complexe.

PERNAND-VERGELESSES PREMIER CRU EN CARADEUX 2007
Blanc | 2011 à 2015 | NC **15/20**
Franchise louable du nez, très droit, tout en finesse et en fraîcheur, plus luxueux que humble mais bien fait.

PERNAND-VERGELESSES PREMIER CRU ÎLE DE VERGELESSES 2007
Rouge | 2013 à 2017 | 26 € **15,5/20** ⓤ
Excellent 2007, mûr, onctueux, long, finale florale de très beau style.

PERNAND-VERGELESSES PREMIER CRU SOUS FRÉTILLE 2007
Blanc | 2012 à 2017 | 23 € **16/20**
Un peu de noisette mais de type nougatine au nez, belle vinosité, terroir sensible, vineux, complexe, racé.

Rouge : 12 hectares ; pinot noir 60%. Blanc : 8 hectares ; chardonnay 40%. Production totale annuelle : 90 000 bt.
Visite : Sur rendez-vous.

ROPITEAU

13, rue du 11-Novembre
21190 Meursault
Tél. 03 80 21 24 73
infos@caves-ropiteau.com
www.caves-ropiteau.com

Nous faisons rentrer avec plaisir cette maison de négoce, appartenant aujourd'hui au groupe Boisset mais de très vieille réputation locale. Les derniers millésimes ont non seulement vu des progrès considérables et attendus par rapport à un passé récent médiocre mais au vu des 2007, on constate que le vinificateur est devenu l'un des plus brillants de Bourgogne, sachant obtenir des vins très civilisés mais aussi remarquablement constitués, qui devraient servir d'exemple aux producteurs qui favorisent une expression plus rustique de leur terroir.

MEURSAULT LIMOZIN 2007
Blanc | 2011 à 2015 | env 25 €   **14,5/20**
Frais, civilisé au nez et en bouche, subtil, sans égaler en caractère d'autres cuvées présentées.

MEURSAULT PREMIER CRU CHARMES 2007
Blanc | 2012 à 2017 | env 38 €   **16,5/20**
Vin très riche et onctueux, avec toute la vivacité nécessaire. Avenir assuré.

Rouge : 5 hectares. Blanc : 15 hectares.
Production totale annuelle : 80 000 bt.
Visite : Ouvert 7 jours sur 7 de 10 h à 19 h.

DOMAINE NICOLAS ROSSIGNOL

27, rue de Mont
21190 Volnay
Tél. 03 80 21 62 43 - Fax. 03 80 21 27 61
nicolas-rossignol@wanadoo.fr
nicolas-rossignol.com

Ce jeune viticulteur sait désormais donner l'élégance qui rend inimitables les vins de sa commune. Excellents 2005, élégants, précis et de belle garde probable. Les 2006 se sont montrés encore plus éloquents et distingués, au plus haut niveau de la Bourgogne. 2007 témoigne de la même maîtrise.

BEAUNE PREMIER CRU CLOS DES MOUCHES 2007
Rouge | 2015 à 2022 | 38 €   **15,5/20**
Robe noire, nez puissant, ultra mûr, petit départ animal qui déplaira à certains mais qui correspond au côté rôti du raisin, matière impressionnante, tanin sans aspérité. Longue garde prévisible.

BEAUNE PREMIER CRU CLOS DU ROY 2007
Rouge | 2009 à 2010 | 25 €   **16/20**
Grande robe, nez complet, épicé plus que fruité, corps magnifique pour l'année dans cette commune, texture suave, raisin idéalement mûr, tanin enrobé, un clos-du-roi exemplaire.

POMMARD PREMIER CRU CHANLINS 2007
Rouge | 2015 à 2022 | 45 €   **17/20**
Robe noire, corps magnifique, plus de tension en finale que dans les volnays, millésime décidément incomparablement réussi sur cette commune.

POMMARD PREMIER CRU JAROLIÈRES 2007
Rouge | 2015 à 2027 | 45 €   **17/20**
Archétype du pommard, puissant mais complexe, charnu, tendu, mais avec une chair qu'on ne trouve que dans les millésimes exceptionnels.

VOLNAY PREMIER CRU CAILLERETS 2007
Rouge | 2009 à 2010 | 48 €   **17/20**
Jolie robe, nez merveilleux de violette, texture ultra fine, grande longueur. Le plus élégant encore une fois des volnays du domaine.

VOLNAY PREMIER CRU CHEVRET 2007
Rouge | 2009 à 2010 | 38 €   **16,5/20**
Robe noire, vin charnu, velouté, complexe, tanin racé, splendide mais un rien confit !

VOLNAY PREMIER CRU RONCERET 2007
Rouge | 2015 à 2022 | 38 €   **16/20**
Grande robe, matière splendide, tanin ferme, complet.

Rouge : 7 hectares ; pinot 100%. Blanc : 0,25 hectare ; aligoté 10%, chardonnay 90%. Production totale annuelle : 80 000 bt. Visite : Du lundi au samedi sur rendez vous.

DOMAINE ROSSIGNOL-FÉVRIER

Rue du Mont
21190 Volnay
Tél. 03 80 21 62 69 - Fax. 03 80 21 67 74
rossignol-fevrier@wanadoo.fr

Encore un de ces petits domaines artisanaux dédiés à la qualité, et qui font la force de Volnay. Les Rossignol sont la famille la plus nombreuse du village, et ont parfois essaimé en Bourgogne pour y trouver leur place, et donc le prénom ou la seconde moitié du nom est importante pour ne pas se tromper d'adresse. Frédéric Rossignol vinifie avec beaucoup de précision, dans un style classique qui le distingue de Thomas Bouley, plus engagé dans la direction de textures voluptueuses. Du beau travail d'artisan.

POMMARD CHANLINS 2007

Rouge | 2009 à 2010 | env 20 €   **13/20**
Moins harmonieux et plus tannique que les volnays, avec peut-être une trace de vieux fût, un peu d'amer rustique en finale mais sain, et fait pour s'affiner en bouteille.

POMMARD PETITS NOIZONS CUVÉE VALENTIN 2007

Rouge | 2015 à 2019 | 20,50 €   **16/20**
La plus forte couleur et la plus jeune du domaine, excellent corps, tanin ferme, typicité pommard marquée, vin bien fait, dans un millésime qui rend justice à ce village.

VOLNAY LES GIGOLLES 2007

Rouge | 2013 à 2019 | 14,10 €   **16/20**
Jolie couleur, légère caramélisation des arômes de fruits rouges au nez, texture soyeuse, tanin fin, long, harmonieux, très joli style.

VOLNAY PREMIER CRU CARELLES SOUS LA CHAPELLE 2007

Rouge | 2009 à 2010 | 19,50 €   **16/20**
Couleur correcte, nez délicat et réglissé, moins charmeur et plus retenu que gigolles, texture souple et soyeuse, finale précise et harmonieuse, décidément le millésime va comme un gant à Volnay !

VOLNAY PREMIER CRU ROBARDELLE 2007

Rouge | 2017 à 2022 | 20 €   **16/20**
Un classique du village, élégant, épicé, dans le sillage d'un voillot mais avec un rien de chair en plus, long, classique.

Rouge : 7,50 hectares. Blanc : 0,5 hectare.
Production totale annuelle : 40 000 bt.
Visite : Du lundi au samedi de 8 h à 12 h
et de 13 h 30 à 18 h, fermé le dimanche.

DOMAINE ROULOT

1, rue Charles-Giraud
21190 Meursault
Tél. 03 80 21 21 65 - Fax. 03 80 21 64 36
roulot@domaineroulot.fr

Les 2007 de ce domaine célèbre ont été dignes de sa réputation, des vins d'une étonnante transparence d'expression, les plus fins et les plus purs dont on puisse rêver, d'un équilibre idéal de maturité du raisin. On recommande la dégustation de ces vins à tous les jeunes viticulteurs bourguignons pour comprendre le grand style éternel des vins dignes de leurs terroirs.

BOURGOGNE 2007

Blanc | 2011 à 2015   **16/20**
Frais, subtil, tendu, aussi soigné que les meursaults et fort proche en qualité. Générique de luxe...

MEURSAULT LUCHETS 2007

Blanc | 2012 à 2017 | NC   **15/20**
Robe or vert, nez de fleurs blanches, savoureux dans sa nervosité, plein, long, pur.

MEURSAULT PREMIER CRU CHARMES 2007

Blanc | 2015 à 2022 | NC   **17,5/20**
Grand nez de fleur de vigne, nuances de fruits blancs, pureté absolue de saveur et de texture, fraîcheur rare dans un charmes, encore un vin exemplaire !

MEURSAULT PREMIER CRU PERRIÈRES 2007

Blanc | 2015 à 2022 | NC   **18/20**
Grande race au nez et en bouche, tension remarquable et typique du cru et du producteur, vin cristallin, absolument idéal.

MEURSAULT PREMIER CRU PORUSOT 2007

Blanc | 2015 à 2022 | NC   **17/20**
Sérieux, profond, tendu, moins charmeur que d'autres mais tout aussi complexe. Il affirmera sa puissance naturelle avec le temps.

MEURSAULT TESSONS CLOS DE MON PLAISIR 2007

Blanc | 2013 à 2019 | NC   **17,5/20**
Grande race au nez et en bouche, vinification et élevage difficiles à surpasser, transparence absolue de saveur, finale merveilleuse.

MEURSAULT TILLETS 2007

Blanc | 2013 à 2019 | NC   **17/20**
Superbe élégance, raffinement de texture de grand styliste de la vinification en blanc, long, complet pour l'année.

Rouge : 1,8 hectare ; pinot 100%.
Blanc : 8,4 hectares ; aligoté 10%, chardonnay 90%.
Production totale annuelle : 57 000 bt.
Visite : pas de visites.

ROUX PÈRE & FILS

42, rue des Lavières
21190 Saint-Aubin
Tél. 03 80 21 32 92 - Fax. 03 80 21 35 00
roux.pere.et.fils@wanadoo.fr
www.domaines-roux.com

Nouvelle entrée dans cette édition du guide pour ce producteur, négociant et propriétaire, très expérimenté. L'origine de la firme se trouve à Saint-Aubin, avec un excellent petit vignoble familial. Plusieurs générations travailleuses et bonnes commerçantes de Roux ont construit peu à peu un petit empire, proposant des vins répartis sur les deux côtes et, à en juger par les 2006, encore plus adroitement vinifiés en rouge qu'en blanc. Tout n'est pas parfait, mais les vins recommandés brillent par leur fruité naturel et leur agrément immédiat.

SAINT-AUBIN PREMIER CRU LA CHATENIÈRE 2007
Blanc | 2009 à 2012 | NC   14/20
Fin et net mais avec moins de caractère que les deux autres saint-aubins, finale assez longue, sur une note de noisette un peu verte.

SAINT-AUBIN PREMIER CRU LES CORTONS 2007 ☺
Blanc | 2011 à 2017 | NC   16,5/20
Robe pâle, nez parfait de miel de fleurs, magnifique pureté et fidélité exemplaire au terroir, avec un rien plus de densité que murgers. Excellent !

SAINT-AUBIN PREMIER CRU
MURGERS DES DENTS DE CHIEN 2007 ☺
Blanc | 2011 à 2015 | NC   16/20
Robe pâle, très grande finesse aromatique, sur la fleur de vigne, léger mais racé, complexe, assez long, digne de ce terroir magnifique.

SANTENAY PREMIER CRU
GRAND CLOS ROUSSEAU 2007
Rouge | 2011 à 2015 | NC   14/20
Robe classique, nez épicé, caractère bien assis sur un terroir assez rustique mais donnant du volume et de la vinosité, finale assurée, plutôt bien fait.

Rouge : 30 hectares. Blanc : 35 hectares.
Production totale annuelle : 1 000 000 bt.
Visite : 8h à 12h et de 14h à 19h.

DOMAINE TOLLOT-BEAUT ET FILS

Rue Alexandre-Tollot
21200 Chorey-lès-Beaune
Tél. 03 80 22 16 54 - Fax. 03 80 22 12 61
tollot.beaut@wanadoo.fr

Ce domaine, impeccablement géré par une famille particulièrement unie, a toujours fait des vins nets, précis, très faciles à aimer, avec un boisé adroit et un fruité vite dégagé. Les 2007 ont du style mais aussi parfois le tanin ingrat du millésime.

BEAUNE PREMIER CRU GRÈVES 2007
Rouge | 2013 à 2017 | 27,60 €   14,5/20
Arôme très fin, très pur, floral, bien typé grèves, corps souple, pas très corsé mais élégant dans sa texture, joli style.

BOURGOGNE 2007
Rouge | 2010 à 2012 | 11,10 €   13/20
Petits arômes de fruit et d'épices, tendre, sympathique, un peu court en finale mais agréable à boire frais.

CORTON - BRESSANDES GRAND CRU 2007
Rouge | 2015 à 2022 | 43,30 €   15/20
Nez net, peu développé, constitution classique mais discrète, un peu moins noble dans son tanin (note amère) que dans ses arômes ou son fruité, laisser vieillir.

SAVIGNY-LÈS-BEAUNE PREMIER CRU
CHAMP CHEVREY 2007
Rouge | 2012 à 2017 | 20 €   14/20
Couleur convenable, nez précis, fruité et épicé, texture tendre, tanin légèrement asséchant, finesse évidente, ne pas boire trop chambré !

SAVIGNY-LÈS-BEAUNE PREMIER CRU
LAVIÈRES 2007
Rouge | 2013 à 2017 | 20 €   15/20
Belle robe, nez fruité avec une touche de réglisse, plus charnu que champ-chevrey, tanin mieux enrobé, vin de style et de caractère, vendangé à maturité légèrement insuffisante à notre goût.

Rouge : 22,6 hectares ; pinot 100%.
Blanc : 1,4 hectare ; chardonnay 100%.
Production totale annuelle : 130 000 bt.
Visite : Du lundi au vendredi de 9 h à 12 h et de 14 h à 18 h sur rendez-vous.

HENRI DE VILLAMONT

Rue du Docteur Guyot
21420 Savigny-lès-Beaune
Tél. 03 80 21 50 59 - Fax. 03 80 21 36 36
regis.abadie@hdv.fr
www.hdv.fr

Le 2007 de la maison ne renouvelle pas la remarquable réussite de 2006. Beaucoup de rouges terminent amers, peut-être en raison d'une futaille défectueuse, et les blancs sont souvent trop acides, trahissant une vendange trop précoce, mais les vins réussis sont parfaitement recommandables, comme l'excellent auxey blanc.

AUXEY-DURESSES LES HAUTES 2007
Blanc | 2011 à 2017 | 17,85 €   **15/20**
Plus mûr et plus harmonieux que la plupart des blancs 2007 de la maison, boisé fin, longueur appréciable, de la finesse et de la pureté, excellent rapport qualité-prix. Il ressemble à un beau meursault.

CHAMBOLLE-MUSIGNY 2007
Rouge | 2013 à 2017 | 27,45 €   **15/20**
Nez floral, un des rouges les plus réussis de la maison (nous l'avons préféré proportionnellement au grands-echezeaux !), texture naturelle, finale précise.

CHAMBOLLE-MUSIGNY PREMIER CRU BAUDES 2007
Rouge | 2012 à 2019 | 39,65 €   **15/20**
Robe bleutée, vin tendre, texture raffinée, finale souple mais intense, joli style.

MEURSAULT PREMIER CRU CAILLERETS 2007
Blanc | 2013 à 2017 | 43,85 €   **15,5/20**
Plus réussi que les chassagnes de la maison en 2007, puissant, chaleureux, un peu trop boisé certes mais avec suffisamment d'étoffe pour le supporter.

SAVIGNY-LÈS-BEAUNE PREMIER CRU
VERGELESSES 2006
Blanc | 2010 à 2016 | 31,80 €   **16/20**
Ample, mûr, long, beaucoup de classe et de confort tactile, le chardonnay comme nous l'aimons, dans un millésime de haute maturité du raisin.

Production totale annuelle : 70 000 bt.
Visite : Tous les jours de 10 h à 17 h.

DOMAINE ANNE-MARIE ET JEAN-MARC VINCENT

3, rue Sainte-Agathe
21590 Santenay
Tél. 03 80 20 67 37 - Fax. 03 80 20 67 37
vincent.j-m@wanadoo.fr

Ce petit domaine est le plus idéaliste de sa commune, et certainement celui qui sait donner aux santenays la forme la plus élégante et la plus aboutie. La grêle de 2005 fut un véritable drame pour lui, et sa maigre production est épuisée. Les 2006 sont de très belle matière. Ils évoluent plus lentement que chez d'autres, les blancs particulièrement, et n'étaient pas complètement achevés lors de notre grande dégustation. Excellents 2007.

AUXEY-DURESSES LES HAUTES 2007
Blanc | 2009 à 2010 | 15,90 €   **17/20**
Merveilleux arôme de noisette fraîche, vin d'une rare pureté, vif, savoureux, aérien, long, inimitable. Une des perles du millésime.

AUXEY-DURESSES PREMIER CRU
LES BRETTERINS 2005
Rouge | 2011 à 2017 | 17 €   **14/20**
Jolie robe, fruité exquis de cassis mais tanin sévère et légèrement asséchant. Vin tendu qui trouvera son équilibre dans quatre ou cinq ans.

SANTENAY PREMIER CRU BEAUREPAIRE 2007
Blanc | 2015 à 2019 | 18,90 €   **17/20**
Noble arôme de ronce, corps magnifique, texture aristocratique rarissime sur ce village, maturité de raisin parfaite, une merveille qui fait honneur au talent du vigneron.

SANTENAY PREMIER CRU PASSE TEMPS 2007
Rouge | 2012 à 2019 | 17 €   **15/20**
Boisé épicé, vin large, généreux, riche en alcool, légère amertume de fût, tanin toasté mais agréable, beaucoup de personnalité !

Rouge : 2,9 hectares ; pinot noir 60%.
Blanc : 2 hectares ; chardonnay 40%.
Production totale annuelle : 21 000 bt.
Visite : Sur rendez-vous.

DOMAINE JOSEPH VOILLOT

4, place de l'Église
21190 Volnay
Tél. 03 80 21 62 27 - Fax. 03 80 21 66 63
joseph.voillot@wanadoo.fr
joseph-voillot.com

Nous sommes ici au cœur du classicisme
de Volnay, avec des vins d'une rare délicatesse et d'une stabilité au vieillissement
exemplaire. Quelques 2004 sont maigres,
et c'est normal, mais les 2005 retrouvent la
forme habituelle du domaine, et sont des
vins discrets et élégants, qui raviront les
initiés. Les 2007 ont la finesse attendue.

POMMARD PREMIER CRU PEZEROLLES 2007
Rouge | 2015 à 2019 | 35 €   **14/20**
Robe tendre, nez épicé, léger manque de
chair pour le cru ce qui met à nu un tanin
plus sec que celui du village. Convenable,
sans plus.

POMMARD PREMIER CRU RUGIENS 2007
Rouge | 2017 à 2027 | 35 €   **16,5/20**
Robe vraiment légère pour le cru, nez beaucoup plus déterminé, floral et épicé, texture
bien plus en place que pézerolles, grande
finesse, style de vin très particulier mais
réussi et surtout infiniment subtil.

POMMARD VIEILLES VIGNES 2007
Rouge | 2015 à 2019 | 16 €   **13,5/20**
Robe délicate, dégradés roses bien marqués,
de la fraîcheur, de la finesse mais aussi une
marque de boisé un peu vieillot, qui dépare
son élégance naturelle.

POMMARD VIEILLES VIGNES 2007
Rouge | 2017 à 2022 | 16 €   **16/20**
Couleur tendre et classique du domaine,
peu courante à Pommard, nez en revanche
précis et typé, long, complexe, plus charnu
et complet que le volnay, excellent avenir.

VOLNAY PREMIER CRU LES CHAMPANS 2007
Rouge | 2009 à 2010 | 27 €   **16,5/20**
Robe délicate, mais nez plus précis et plus
affirmé que fremiets, notes épicées et florales subtiles, vin supérieurement élégant
et abouti, dans un style réservé mais sûr de
lui. Nettement le meilleur volnay du domaine.

VOLNAY PREMIER CRU LES FRÉMIETS 2007
Rouge | 2015 à 2019 | 27 €   **15/20**
Robe très délicate, vin épuré, grain de tanin
fin, du style et surtout une belle sapidité
finale, gage de long vieillissement. Amateurs
de vins très fruités s'abstenir.

Rouge : 9,6 hectares ; pinot noir 100%. **Blanc :**
0,29 hectare ; chardonnay 100%. **Production totale**
annuelle : 45 000 bt. **Visite :** Sur rendez-vous

La Côte chalonnaise

Nous sommes ici au cœur de la « vieille France », avec des petits villages charmants et tranquilles, mais qui disparaîtraient tragiquement si l'on arrachait les vignes...Il n'en n'est pas question d'autant que les vins sont très agréables, plus vite prêts à boire qu'en côte d'Or, et de prix encore raisonnable.

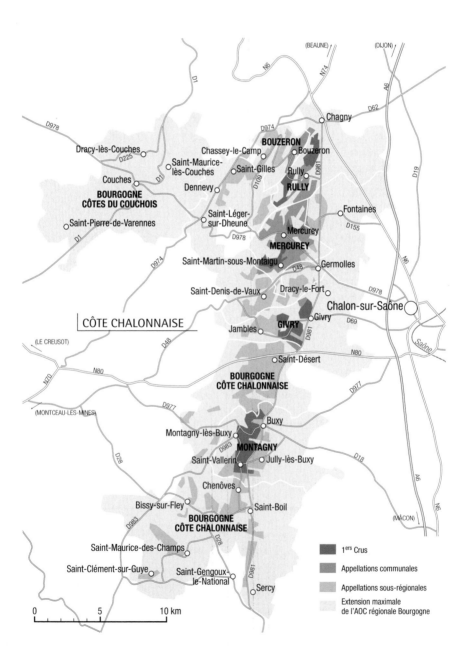

DOMAINE STÉPHANE ALADAME

Rue du Lavoir
71390 Montagny-les-Buxy
Tél. 03 85 92 06 01 - Fax. 03 85 92 03 67
stephane.aladame@wanadoo.fr
www.aladame.fr

Installé sur Montagny depuis 1993, Stéphane Aladame en est devenu l'un des porte-drapeaux, surtout depuis qu'il a quitté la cave coopérative, en 1998. L'amateur de vins fins et ciselés profitera de la belle gamme proposée pour se familiariser avec les climats de cette appellation. Le montagny d'entrée de gamme, assemblage de quatre terroirs, offre un remarquable rapport qualité-prix. La cuvée Sélection, plus boisée, y gagne en rondeur ce qu'elle perd en personnalité. Les Vignes Derrières, une jeune plantation, manquent un peu de tension dans un millésime tranchant comme 2007. Les Coères sont plus riches, plus puissantes. Enfin, Les Burnins, en raison de chardonnays muscatés, ont un profil aromatique unique. Seule la cuvée de négoce, Le Vieux Château, n'offre pas le caractère des autres vins. Petite nouveauté, un crémant a été élaboré avec la récolte 2008.

MONTAGNY PREMIER CRU 2007
Blanc | 2009 à 2013 | 10 €   **14,5/20**
Frais, fin, arômes purs, finale vive et fruitée.

MONTAGNY PREMIER CRU LE VIEUX CHÂTEAU 2007
Blanc | 2009 à 2012 | 13 €   **14/20**
Un vin souple, flatteur, assez facile d'approche, mais sans la personnalité des cuvées issues du domaine. Il finit un peu court.

MONTAGNY PREMIER CRU LES BURNINS 2007
Blanc | 2009 à 2015 | 13 €   **14,5/20**
Cette vieille vigne de raisins muscatés donne un parfum très fruité (rappelant le sauvignon). La bouche est fraîche et vive, aromatique mais élégante, la finale tranchante.

MONTAGNY PREMIER CRU LES COÈRES 2007
Blanc | 2009 à 2015 | 13 €   **15/20**
Un vin fin et floral, aux arômes très purs. Bouche parfumée et délicate.

MONTAGNY PREMIER CRU SÉLECTION 2007
Blanc | 2009 à 2013 | 11 €   **14,5/20**
Bonne tension, un vin nerveux, où l'élevage a donné de la rondeur à la bouche.

Blanc : 6,5 hectares ; aligoté 15%, chardonnay 85%.
Production totale annuelle : 35 000 bt.
Visite : Sur rendez-vous.

ANTONIN RODET

71640 Mercurey
Tél. 03 85 98 12 12 - Fax. 03 85 45 25 49
rodet@rodet.com
www.rodet.com

Implantée à Mercurey, la maison Antonin Rodet propose une gamme sur l'ensemble de la Bourgogne. Les vins de négoce portent un macaron « Antonin Rodet », tandis que les vins du domaine, que nous présentons ici, portent celui de « Domaine Rodet ». À partir de leurs vignes propres, le château de Rully (sur Rully, donc), et le château de Mercey (sur Mercurey), sont travaillés avec la même philosophie : les vendanges sont manuelles, les vinifications se font en fûts, avec une part variable de fûts neufs. Le millésime 2007 a semblé ici plus délicat à maîtriser que les précédents.

MERCUREY CHÂTEAU DE MERCEY 2007
Rouge | 2009 à 2014 | 11,30 €   **13/20**
Un vin droit, moyennement concentré, un peu court.

MERCUREY PREMIER CRU EN SAZENAY CHÂTEAU DE MERCEY 2007
Rouge | 2009 à 2014 | 15,40 €   **14/20**
Plus élégant que le village, mais petit déficit de concentration en bouche.

RULLY CHÂTEAU DE RULLY 2007
Blanc | 2009 à 2014 | 13,40 €   **13/20**
Citronné, avec quelques notes miellées. Pas très long.

RULLY PREMIER CRU LA BRESSANDE CHÂTEAU DE RULLY 2007
Blanc | 2009 à 2014 | 16,60 €   **14/20**
Plus de gras en bouche que le village. Aujourd'hui, il est assez fermé.

Rouge : 76 hectares ; pinot . Blanc : 48 hectares ; chardonnay . Visite : Du lundi au vendredi de 9 h à 12 h et de 13 h 30 à 18 h, sauf vendredi 17 h. Fermé les mardi après midi.

DOMAINE CHRISTIAN BELLEVILLE

1, rue des Bordes
71150 Rully
Tél. 03 85 91 06 00 - Fax. 03 85 91 06 01
contact@domaine-belleville.com
www.domaine-belleville.com

Ce beau domaine de Rully, à la tête de superbes parcelles dans les plus beaux terroirs (Chapitre, Pucelle, Montpalais, Les Cloux, Rabourcé, etc.), a été bienheureusement tiré de sa léthargie par l'arrivée de son nouveau maître de chais, Pascal Clément, à partir des millésimes 2004 et 2005.

MERCUREY PREMIER CRU CLOS L'ÉVÊQUE 2007
Rouge | 2010 à 2015 | NC   **15/20**
Concentré, un vin aux tanins fermes mais mûrs, bien structuré.

RULLY 2007
Blanc | 2009 à 2014 | NC   **14,5/20**
Un chardonnay très pur, très fin, délicatement minéral, très proche du raisin. Il détonne dans le reste de la gamme, par son côté très naturel.

RULLY LA PERCHE 2007
Blanc | 2009 à 2014 | NC   **14,5/20**
Notes de fruits très mûrs. De la puissance au détriment de la finesse et de la fraîcheur. On perd un peu la minéralité de Rully. Mais très bon fruit.

RULLY PREMIER CRU CHAPITRE 2007
Rouge | 2009 à 2013 | NC   **15/20**
Minéral, concentré, un vin agréable et droit, la finale est fine et fruitée.

RULLY PREMIER CRU LA PUCELLE 2007
Blanc | 2010 à 2017 | NC   **15/20**
Un boisé riche pour cette matière mûre. Le vin est ciselé, concentré, avec une finale fraîche.

RULLY PREMIER CRU LES CLOUX 2007
Blanc | 2009 à 2015 | NC   **15/20**
Très mûr, notes de fruits jaunes prononcées. La bouche est concentrée, la finale minérale redonne de la tension au vin.

RULLY PREMIER CRU MONTPALAIS 2007
Blanc | 2010 à 2017 | NC   **15,5/20**
Pur, fin, concentré, un vin à la bouche tendue. Élevage stylé, pour une matière bien mûre.

RULLY PREMIER CRU RABOURCÉ 2007
Blanc | 2010 à 2017 | NC   **15,5/20**
Subtil et gourmand. Finesse et pureté, dans ce vin fruité élégant, raffiné, à la finale crayeuse.

Rouge : 20 hectares ; pinot noir 100%.
Blanc : 18 hectares ; chardonnay 100 %. **Production totale annuelle : 250 000 bt. Visite :** Du lundi au vendredi sur rendez-vous

DOMAINE MICHEL BRIDAY

31, Grande-Rue
71150 Rully
Tél. 03 85 87 07 90 - Fax. 03 85 91 25 68
domainemichelbriday@orange.fr
www.domaine-michel-briday.com

Stéphane Briday a fait ses débuts sur le domaine familial en 1976. Les deux sommets de la cave sont, année après année, le rully-grésigny en blanc, d'une jolie tension, et le mercurey-clos-marcilly, en rouge, que ce domaine est le seul à mettre en bouteilles.

BOUZERON CUVÉE AXELLE 2007   ☺
Blanc | 2009 à 2013 | 7 €   **14/20**
Bien floral, parfumé, un vin bien ouvert, à la finale bien vive.

MERCUREY PREMIER CRU CLOS MARCILLY 2007
Rouge | 2010 à 2017 | 15 €   **15,5/20**
Ouvert et parfumé, un vin à la bouche suave, aux tanins fins. La supériorité du terroir parle !

RULLY 2007
Blanc | 2009 à 2013 | 11 €   **14,5/20**
Très fruits blancs, fin et élégant, la bouche est très pure, la finale vive.

RULLY LES 4 VIGNES 2007
Rouge | 2009 à 2013 | 10 €   **14/20**
Bien serré, un vin étoffé et dense, assez strict.

RULLY PREMIER CRU CHAMPS CLOUX 2007
Rouge | 2010 à 2014 | 13 €   **14,5/20**
Bon fruité, un vin avec de la mâche, à la finale légèrement resserrée.

RULLY PREMIER CRU GRÉSIGNY 2007
Blanc | 2010 à 2017 | 13 €   **15/20**
Concentré et tendu, un vin précis et pur, à la finale serrée, sur la minéralité.

RULLY PREMIER CRU LA PUCELLE 2007
Blanc | 2010 à 2015 | 14 €   **14,5/20**
Franc et droit, avec une agréable tension minérale en milieu de bouche.

RULLY PREMIER CRU LES CLOUX 2007
Blanc | 2009 à 2013 | 14,59 €   **13,5/20**
Très puissant, très riche, un vin ample, à la finale généreuse, sur les fruits blancs très mûrs. On le boira vite, car il manque d'un soupçon de fraîcheur.

RULLY PREMIER CRU LES PIERRES 2007
Rouge | 2011 à 2015 | 14 €   **15,5/20**
Très minéral, dense, bien concentré, un vin très franc.

Production totale annuelle : 42 000 bt.

DOMAINE BRINTET

105, Grande-Rue
71640 Mercurey
Tél. 03 85 45 14 50 - Fax. 03 85 45 28 23
domaine.brintet@wanadoo.fr
www.domaine-brintet.com

Ce beau domaine historique (les Brintet sont là depuis 1354) est situé à la sortie du village de Mercurey, dans une splendide bâtisse en pierre du XVIIIe siècle. Luc a repris la propriété en 1984, et élabore des vins à son image : discrets et élégants, avec beaucoup de finesse. Les 2007 sont plus tendus et plus frais que les 2006, mais ils demanderont sans doute un peu plus de patience pour se livrer : concentrés et purs, ils affichent de belles promesses.

MERCUREY 2007
Blanc | 2009 à 2013 | 11,50 €   **14,5/20**
Gras, arômes fins de fruits frais. Bouche délicate, finale tendue et fraîche.

MERCUREY PREMIER CRU LA LEVRIÈRE 2007
Rouge | 2010 à 2015 | 15,50 €   **14,5/20**
Un vin minéral, à la bouche tendue, mais parfumé et frais.

MERCUREY PREMIER CRU LES CHAMPS MARTIN 2007
Rouge | 2010 à 2015 | 15,50 €   **15/20**
Un vin serré, à la bouche concentrée, avec de bons tanins mais aussi une forte acidité qui demandera un peu de patience.

MERCUREY PREMIER CRU LES VASÉES 2007
Rouge | 2010 à 2015 | 15,50 €   **14,5/20**
Un vin droit, marqué par une bonne acidité, plus tendu que Levrière.

MERCUREY VIEILLES VIGNES 2007
Blanc | 2010 à 2015 | 13,50 €   **15/20**
Bouche concentrée et droite, bon extrait sec. On l'attendra un peu plus que le Village.

RULLY 2007
Blanc | 2009 à 2013 | 10,50 €   **14,5/20**
La minéralité du terroir s'exprime dès l'attaque. Un vin tendu, équilibré, harmonieux.

RULLY 2007
Rouge | 2009 à 2012 | 10 €   **14/20**
Un vin tendu et droit, avec de bons tanins, et un bon équilibre final.

Rouge : 7,5 hectares ; pinot 100%.
Blanc : 2,5 hectares ; chardonnay 100%.
Production totale annuelle : 50 000 bt.
Visite : Tous les jours de 9 h à 12 h et de 14 h à 19 h sur rendez-vous.

CHÂTEAU DE CHAMIREY

B.P. 5
71640 Mercurey
Tél. 03 85 45 21 61 - Fax. 03 85 98 06 62
contact@chateaudechamirey.com
www.chamirey.com

La famille Devillard possède plusieurs propriétés en Bourgogne, dont le château de Chamirey (à Mercurey), le domaine de la Ferté (à Givry) et le domaine des Perdrix (à Nuits Saint-Georges, traité à part), soit un total impressionnant de 55 hectares. Tous les vins sont ici vinifiés avec la même rigueur et la même précision. Les rouges ont des structures savoureuses, des fruits très mûrs, sans lourdeur ; parfois opulents, mais toujours frais et équilibrés. Les blancs sont gras, riches, bien mûrs mais très fins. Les millésimes récents sont bien homogènes.

GIVRY DOMAINE DE LA FERTÉ 2007
Rouge | 2009 à 2015 | 13 €   **15,5/20**
Très gourmand, un fruité tendre, une finale fraîche et veloutée.

GIVRY PREMIER CRU SERVOISINE DOMAINE DE LA FERTÉ 2007
Rouge | 2009 à 2017 | 19 €   **16/20**
Très mûr, avec un fruité pur, un vin savoureux et gourmand qui sait rester frais.

MERCUREY 2007
Blanc | 2009 à 2014 | 16,50 €   **15,5/20**
Mûr et gourmand, un vin à la bouche grasse et suave. Équilibre riche (bâtonné à la bourguignonne), mais avec beaucoup de fraîcheur.

MERCUREY 2007   ☺
Rouge | 2009 à 2015 | 16,50 €   **16/20**
Fruité gourmand et profond, pour ce village « dopé » aux premiers crus. Racé et frais, tanin soyeux.

MERCUREY PREMIER CRU CLOS DU ROI 2007
Rouge | 2009 à 2022 | 2 €   **17/20**
Fruité gourmand, la bouche est veloutée, le tanin enrobé. Joli jus. Une friandise.

MERCUREY PREMIER CRU LA MISSION 2007
Blanc | 2009 à 2017 | 22 €   **16/20**
Un vin gras et riche, parfumé et fin. Mûr et gourmand, avec un élevage bien intégré et une finale savoureuse.

MERCUREY PREMIER CRU LES RUELLES 2007
Rouge | 2010 à 2022 | 22 €   **17/20**
Plus tendu que clos-du-roi, mais tout aussi fin et élégant. Il se présente moins sur le fruit, plus sur le corps.

Rouge : 26 hectares ; pinot noir 100%. Blanc : 11 hectares ; chardonnay 100%. Production totale annuelle : 200 000 bt. Visite : Sur rendez-vous.

LES CHAMPS DE L'ABBAYE

9, rue des Roches-Pendantes
71510 Aluze
Tél. 03 85 45 59 32 - Fax. 03 85 45 59 32
alainhasard@wanadoo.fr

Alain Hasard est un « jeune » vigneron, puisqu'il n'est installé que depuis 1997. Tous les vins goûtés à la propriété sont hors norme, confondants de pureté, d'éclat et de concentration. Sa récente arrivée sur les beaux terroirs de Mercurey et Rully devrait bousculer quelques idées reçues...

BOURGOGNE 2007
Rouge | 2009 à 2012 | NC   **15,5/20**
Un pinot charnu, étoffé, avec un caractère minéral prononcé en bouche. Grosse densité, bouche serrée.

BOURGOGNE ALIGOTÉ 2007
Blanc | 2009 à 2012 | NC   **16/20**
Pur et concentré, très floral, avec une grande nervosité. Un vin droit, magique pour son naturel...

BOURGOGNE CÔTE CHALONNAISE
LE CLOS DES ROCHES 2006
Rouge | 2010 à 2017 | NC   **15,5/20**
Fruité framboise, un vin à la bouche parfumée et savoureuse, très pure. Belle classe.

BOURGOGNE CÔTES DU COUCHOIS LE CLOS 2007
Rouge | 2011 à 2017 | NC   **16,5/20**
Un vin concentré, à la minéralité qui enserre la langue. Frais et fin, bonne allonge. Un terroir de grande classe, que nous n'aurons hélas plus la chance de déguster.

BOURGOGNE CÔTES DU COUCHOIS
LES ROMPEYS 2007
Rouge | 2011 à 2017 | NC   **16/20**
Très tendu, très droit. Un vin pur et élégant, à la finale tendue, aux tanins serrés mais bien mûrs... Quel dommage que ce soit le dernier millésime de cette cuvée ! Magnifique équilibre.

MERCUREY LA BRIGADIÈRE 2007
Rouge | 2010 à 2017 | NC   **16/20**
Bien floral, parfumé. Un toucher de bouche suave et fondant. Très subtil. Il joue plus l'élégance que la structure.

MERCUREY LES MARCOEURS 2007
Rouge | 2010 à 2017 | NC   **16,5/20**
Délicat et fin, un vin raffiné, profond et frais. Tanin racé. Plus profond que la-brigadière.

RULLY LES CAILLOUX 2007
Blanc | 2009 à 2015 | NC   **16/20**
Très pur, note minérale fumée. La bouche est droite, ciselée, la finale concentrée et très fraîche.

Rouge : 5 hectares ; Pinor noir 100%.
Blanc : 1 hectare : 75%, aligoté 25%. **Production totale annuelle :** 18 000 bt. **Visite :** Sur rendez vous.

DOMAINE DU CLOS SALOMON

71640 Givry
Tél. 03 85 44 32 24 - Fax. 03 85 44 49 79
clos.salomon@wanadoo.fr
www.du-gardin.com

Le domaine du Clos Salomon s'identifie au monopole du même nom, un beau terroir de Givry classé en premier cru (en vin rouge exclusivement), qui donne des vins souvent compacts et aux tanins un peu durs dans leur jeunesse, mais qui vieillissent harmonieusement. Ludovic du Gardin et Fabrice Perrotto élaborent trois vins (deux givrys et un montagny). Les rouges sont éraflés en totalité, et les élevages longs. En 2007, le Clos Salomon présente un peu plus de fraîcheur qu'en 2006, peut-être avec moins de fond mais plus de finesse.

GIVRY PREMIER CRU CLOS SALOMON 2007
Rouge | 2011 à 2017 | 14 €   **15/20**
Un vin dense, très tannique, concentré et droit.

GIVRY PREMIER CRU CLOS SALOMON 2006
Rouge | 2010 à 2016 | 14 €   **15/20**
Un tanin appuyé, un vin ferme et droit, structuré, avec une bonne mâche. Il s'est un peu refermé aujourd'hui, mais c'est une bouteille sérieuse. Bon jus concentré en finale.

GIVRY PREMIER CRU LA GRANDE BERGE 2007
Blanc | 2009 à 2013 | 14 €   **14,5/20**
Gras, savoureux, fines notes de miel. Belle élégance.

MONTAGNY LE CLOU 2007
Blanc | 2009 à 2012 | 10 €   **14,5/20**
Un montagny gras, légèrement minéral, frais.

Rouge : 7 hectares ; pinot 100%. **Blanc :** 3 hectares. **Production totale annuelle :** 50 000 bt. **Visite :** Du lundi au samedi de 9 h à 12 h et de 14 h à 19 h.

DOMAINE LAURENT COGNARD

9, rue des Fossés
71390 Buxy
Tél. 06 85 13 91 35 - Fax. 03 85 92 14 70
laurent@domainecognard.fr

Laurent Cognard est un jeune vigneron qui a repris les vignes familiales, avec l'ambition de porter haut les couleurs de Montagny, ce joli village médiéval du sud de la Côte Chalonnaise. La viticulture est soignée, et le palissage haut que Laurent fait sur ses jeunes vignes des Bassets lui a permis d'atteindre une bonne maturité dans le difficile millésime 2007. En cave, les vins sont vinifiés en levures naturelles, et voient le bois pour partie, sauf pour Maxence, élevée 100 % en pièces. Petit à petit, les demi-muids remplacent les fûts, pour un contact optimal entre le bois et le vin. Dans une gamme restreinte mais très soignée, la cuvée principale est le montagny Les Bassets, toujours magnifique pour son harmonie et sa fraîcheur. Plus ambitieux, Maxence (non produit en 2007) est un vin puissant et riche, récolté à partir de raisins très mûrs. En rouge, pas de bourgogne pinot noir en 2007 (la vigne est en cours de replantation), mais un mercurey Les Ormeaux gourmand et structuré. Les derniers millésimes sont remarquables de régularité.

BOURGOGNE ALIGOTÉ 2007   ☺
Blanc I 2009 à 2012 I 6,60 €   **15,5/20**
Bien mûr, bon fruit, une bouche minérale tranchante comme une lame. Splendide !

MERCUREY LES ORMEAUX 2007
Rouge I 2009 à 2014 I 11 €   **14/20**
Un joli mercurey, à la bouche minérale et fumée, avec de bons tanins, une finale élégante.

MONTAGNY PREMIER CRU LES BASSETS 2007
Blanc I 2010 à 2015 I 11,50 €   **16/20**
Légèrement marqué par le bois à ce stade (les fûts non utilisé pour Maxence ont hébergé des Bassets), la bouche est vive, la finale longue et fraîche. La minéralité lui assure une bonne tension.

Rouge : 1,8 hectare. Blanc : 4,7 hectares.
Production totale annuelle : 25 000 bt.
Visite : Sur rendez-vous.

DOMAINE ANNE-SOPHIE DEBAVELAERE

21, rue des Buis
71150 Rully
Tél. 03 85 48 65 64 - Fax. 03 85 93 13 29
as.debavelaere@gmail.com

Ce petit domaine propose essentiellement des vins sur Rully et Bouzeron, avec une majorité de blancs. Anne-Sophie Debavelaere, bourguignonne d'origine, le dirige depuis vingt-quatre ans. Ici, les fermentations sont longues, et il est fréquent qu'elles se terminent au printemps suivant la récolte. Dans un millésime de bonne nervosité comme 2007, les beaux terroirs de Rully s'en sortent bien, en blanc, car Anne-Sophie a préféré vendre ses rouges au négoce cette année. Les 2008 s'annoncent légèrement supérieurs, avec plus de matière et de tension.

BOUZERON 2007
Blanc I 2009 à 2012 I 7,50 €   **14,5/20**
Vif, nerveux, expressif, un vin floral à la finale tranchante.

RULLY 2007
Blanc I 2009 à 2012 I 9 €   **14/20**
Note minérale, fumée, prononcée. Un vin mûr mais à la finale nerveuse.

RULLY CLOS DU MOULIN À VENT 2007
Blanc I 2009 à 2014 I 10 €   **14,5/20**
Floral, mûr, élégant et charmeur. Un vin fin et ciselé.

RULLY LES CAILLOUX 2007
Blanc I 2009 à 2014 I 10 €   **14,5/20**
Un vin à la minéralité fine en bouche. Très élégant.

RULLY LES CAILLOUX 2006
Rouge I 2009 à 2012 I 10 €   **14,5/20**
Fruité frais (fraise). La bouche est fine, tendre, délicate, la finale légèrement fumée. Belle élégance.

RULLY PREMIER CRU LES PIERRES 2007
Blanc I 2009 à 2014 I 13 €   **14,5/20**
Un vin minéral et concentré, à la bouche serrée, de bon équilibre.

Rouge : 1 hectare ; pinot noir 100%.
Blanc : 8 hectares ; aligoté 100%. chardonnay 100%.
Production totale annuelle : 60 000 bt.
Visite : sur rendez vous

DOMAINE VINCENT DUREUIL-JANTHIAL

10, rue de la Buisserolle
71150 Rully
Tél. 03 85 87 26 32 - Fax. 03 85 87 15 01
vincent.dureuil@wanadoo.fr

Vincent Dureuil incarne le nouveau visage de l'appellation Rully, tant sa régularité depuis de nombreuses années est exemplaire. Tous les vins sont vinifiés sous bois, mais la perception du boisé est nettement moins marquée qu'il y a quelques années, les vins y gagnant un supplément de fraîcheur exprimant bien la minéralité des terroirs de Rully.

BOURGOGNE PASSE-TOUT-GRAINS 2007
Rouge I 2009 à 2012 I NC   **15/20**
Une bonne matière, dense et charnue, pour ce vin gourmand et fruité.

MERCUREY 2007
Rouge I 2009 à 2015 I NC   **15/20**
Bon volume. Un vin charnu et large, puissant, avec de solides tanins.

NUITS-SAINT-GEORGES 2007   ☺
Rouge I 2009 à 2015 I NC   **15,5/20**
Parfumé, profond. La bouche est suave, les tanins enrobés, la finale fraîche.

NUITS-SAINT-GEORGES PREMIER CRU
CLOS DES ARGILLIÈRES 2007
Rouge I 2011 à 2022 I NC   **16,5/20**
Concentré et charmeur, un vin puissant et savoureux, avec un retour de la tension dès le milieu de bouche.

PULIGNY-MONTRACHET PREMIER CRU CHAMP GAINS 2007
Blanc I 2010 à 2022 I NC   **16,5/20**
Arômes de fleurs et d'agrumes. Un vin gras mais pur, très précis dans ses arômes de bouche, d'une texture cristalline.

RULLY MAIZIÈRES 2007   ☺
Rouge I 2009 à 2015 I NC   **15,5/20**
Un nez qui explose de fruit, une bouche savoureuse, à la finale élégante.

RULLY PREMIER CRU LES MARGOTÉS 2007
Blanc I 2010 à 2022 I NC   **16/20**
Fin et pur, des notes de beau champignon en bouche. Élégant, raffiné, profond.

RULLY PREMIER CRU MEIX CADOT VIEILLES VIGNES 2007
Blanc I 2012 à 2022 I NC   **17/20**
Pureté cristalline, un vin ciselé et fin, à la finale d'une sublime fraîcheur. De la dentelle...

Rouge : 8 hectares ; gamay 4%, pinot 96%.
Blanc : 8,5 hectares ; aligoté 3%, chardonnay 97%.
Production totale annuelle : 100 000 bt.
Visite : Du lundi au samedi de 9 h à 12 h et de 13 h 30 à 18 h, sur rendez-vous.

DOMAINE PHILIPPE GARREY

15, rue Croix Reu Choux
71640 Saint-Martin-sous-Montaigu
Tél. 03 85 45 23 20 - Fax. 03 59 35 00 88
phil.garrey@orange.fr

Ce tout petit domaine de Saint-Martin-sous-Montaigu est en cours de certification en biodynamie. Philippe Garrey travaille sans désherbants, donc vendange à la main, et élabore des rouges à la robe assez claire, c'est-à-dire à la couleur traditionnelle des pinots. À partir de seulement 4 hectares, il réussit l'exploit de produire 5 cuvées. En blanc, son mercurey est dynamique et vibratoire. En rouge, également en mercurey, nous avons apprécié la pureté et la délicatesse des touchers de bouche. Voilà un domaine dont nous allons suivre la progression avec intérêt.

MERCUREY LA CHAGNÉE 2007
Blanc I 2009 à 2015 I 12,50 €   **15,5/20**
Beaucoup de naturel, dans ce vin aux notes florales et minérales. Élégant, ouvert, fin de bouche citronnée.

MERCUREY PREMIER CRU CLOS DE MONTAIGU 2007
Rouge I 2010 à 2017 I 14,50 €   **15/20**
Fruité élégant, une bouche aux tanins longs et fins, une fin de bouche pure.

MERCUREY PREMIER CRU CLOS DU PARADIS 2007
Rouge I 2010 à 2017 I 15 €   **16/20**
Belle finesse, un vin au toucher caressant, à la finale parfumée.

MERCUREY PREMIER CRU LA CHASSIÈRE 2007
Rouge I 2010 à 2017 I 15 €   **16/20**
Un vin très fin, élégant, raffiné, au toucher soyeux. .

MERCUREY VIEILLES VIGNES 2007
Rouge I 2009 à 2015 I 12,70 €   **15/20**
Notes de fruit et d'épices. La bouche est sur la finesse, la pureté. Le tanin est onctueux et fin.

Rouge : 3,6 hectares. Blanc : 0.4 hectare.
Production totale annuelle : 15 000 bt.
Visite : Sur rendez-vous.

DOMAINE HENRI ET PAUL JACQUESON

5 et 7, rue de Chèvremont
71150 Rully
Tél. 03 85 91 25 91 - Fax. 03 85 87 14 92
sceajacqueson@lesvinsfrançais.com

Le domaine Jacquesson est depuis longtemps à la pointe de la qualité sur l'appellation Rully. C'est une affaire de famille :
Paul, qui a succédé à son père Henri, vient
de passer la main à sa fille Marie. Les vins
sont frais, élégants, élancés, avec une
belle pureté, fruit du travail méticuleux de
ce vigneron qui a plus de 40 vendanges à
son actif ! Conséquence logique, les vins
ne sont disponibles que chez les bons
cavistes et restaurants.

BOURGOGNE PASSE-TOUT-GRAINS 2008   ☺
Rouge | 2009 à 2013 | 5 €   **15/20**
Bon fruit, gourmand et savoureux. Un vin
charnu, croquant.

BOUZERON 2008
Blanc | 2009 à 2013 | 7,50 €   **15/20**
Floral, bouche pure et élégante. Élégant et
harmonieux.

RULLY 2008
Blanc | 2010 à 2016 | 11 €   **15/20**
Notes anisées, fines et élégantes. Très pur,
très droit. Bouche fine et délicate.

RULLY LES CHAPONNIÈRES 2008
Rouge | 2010 à 2018 | 11 €   **15/20**
Fruité fin, tanins frais. Un vin précis et pur,
élégant et charmeur.

RULLY PREMIER CRU GRÉSIGNY 2008
Blanc | 2010 à 2018 | 12 €   **17/20**
Beaucoup de délicatesse et d'élégance. Un
vin tendu, droit, très précis.

RULLY PREMIER CRU LA PUCELLE 2008
Blanc | 2010 à 2017 | 12 €   **15,5/20**
Rond et fin, une bouche grasse et pure. Il
finit droit et frais. L'élevage va lui donner du
gras et de la longueur.

RULLY PREMIER CRU LES CLOUX 2008
Rouge | 2012 à 2018 | 12 €   **16/20**
Il est pur et tendu. Les tanins sont fins, la
finale légèrement serrée.

RULLY PREMIER CRU MARGOTÉS 2008
Blanc | 2010 à 2023 | 12 €   **17,5/20**
Concentré, savoureux, un vin à la bouche
pure et droite. De la tension, de la fraîcheur,
un bel équilibre : c'est remarquable.

Rouge : 4,5 hectares ; pinot 100%.
Blanc : 6,5 hectares ; aligoté 20%, chardonnay 80%.
Visite : Sur rendez-vous.

DOMAINE JOBLOT

4, rue Pasteur
71640 Givry
Tél. 03 85 44 30 77 - Fax. 03 85 44 36 72
domaine.joblot@wanadoo.fr

Le domaine Joblot est depuis longtemps
l'une des propriétés vedettes de l'appellation Givry. Jean-Marc et Vincent Joblot y
ont mis au point un style de vin fondé sur
l'élégance, le fruité, le charnu de la texture. La gamme se compose de huit vins,
tous en appellation Givry (trois blancs,
cinq rouges). Les derniers millésimes goûtés sont superbes, les vins commençant à
exprimer leur potentiel vers quatre à cinq
ans de bouteille. À noter que ce domaine
accepte régulièrement de nouveaux
clients : il suffit de se manifester entre le
15 octobre et le 31 décembre.

GIVRY EN VAUX 2008
Blanc | 2010 à 2015 | env 16 €   **15,5/20**
Frais et pur, un vin concentré, très précis
dans ses arômes fruités (blanc).

GIVRY PIED DE CHAUME 2008
Rouge | 2010 à 2015 | env 13 €   **15,5/20**
Belle pureté fruitée. Un vin fin et frais, friand.

GIVRY PIED DE CHAUME 2008
Blanc | 2010 à 2015 | env 13 €   **15,5/20**
Droit et concentré, tendu, la finale est bien
vive.

GIVRY PREMIER CRU CLOS DES BOIS CHEVAUX 2008
Rouge | 2010 à 2018 | env 16 €   **15,5/20**
Frais, tendu, savoureux, très pur. Finale fruitée gourmande.

GIVRY PREMIER CRU CLOS DU CELLIER
AUX MOINES 2008
Rouge | 2010 à 2018 | env 16 €   **16/20**
Très mûr, généreux, un vin puissant, riche
et complet.

GIVRY PREMIER CRU CLOS MAROLE 2008
Rouge | 2012 à 2023 | env 16 €   **16,5/20**
Très élégant, suave, parfumé, un vin élégant
et frais. Finale pure et tendue.

GIVRY PREMIER CRU SERVOISINE 2008
Rouge | 2012 à 2023 | env 16 €   **17/20**
Raffiné, concentré, un vin au toucher onctueux, à la finale veloutée.

Rouge : 11 hectares ; pinot 100%.
Blanc : 2,5 hectares ; chardonnay 100%.
Production totale annuelle : 65 000 bt.
Visite : Sur rendez-vous.

DOMAINE MICHEL JUILLOT

59, Grande-Rue
B.P. 10
71640 Mercurey
Tél. 03 85 98 99 89 - Fax. 03 85 98 99 88
infos@domaine-michel-juillot.fr
www.domaine-michel-juillot.fr

Laurent Juillot dirige avec succès ce vaste domaine de 32 hectares, essentiellement planté sur Mercurey. Longtemps impliqué dans la défense de son appellation (il vient de passer les rênes), c'est un vigneron qui voit loin. À cause d'un emploi du temps surchargé, Laurent n'avait pas eu toute l'attention requise pour maîtriser le délicat millésimé 2006 en rouge. Nous constatons ravis qu'il a rectifié le tir sur les 2007.

MERCUREY 2007
Rouge | 2009 à 2012 | 12,75 €   **14/20**
Pur et frais, un vin au fruité délié, à la bouche souple.

MERCUREY EN SAZENAY 2007
Blanc | 2009 à 2014 | 18,50 €   **15/20**
Pur et frais, un vin droit, équilibré, à la finale nerveuse et légèrement minérale.

MERCUREY LES VIGNES DE MAILLONGE 2007   (!)
Blanc | 2009 à 2014 | 15,25 €   **14,5/20**
Parfumé et agréablement concentré, un vin au boisé élégant, à la finale droite.

MERCUREY PREMIER CRU CLOS DES BARRAULTS 2007
Blanc | 2009 à 2017 | 22 €   **15,5/20**
Un degré supérieur au champs-martin. Plus fin, plus pur, plus concentré également, avec un élevage fin qui rehausse la fraîcheur de fin de bouche.

MERCUREY PREMIER CRU CLOS DES BARRAULTS 2007
Rouge | 2009 à 2015 | 20 €   **15,5/20**
Belle finesse, pour ce vin élégant, aux tanins fins, à la bouche parfumée. Une dimension supérieure au champs-martin.

MERCUREY PREMIER CRU CLOS DU ROI 2007
Rouge | 2010 à 2015 | magnum 48 €   **15/20**
Un vin fin et élégant, au jus gourmand. Bons tanins.

MERCUREY PREMIER CRU
LES CHAMPS MARTINS 2007
Rouge | 2009 à 2014 | 18 €   **15/20**
Tendu et serré, un vin à la bouche droite, à la finale fraîche.

Rouge : 21,5 hectares ; pinot 100%.
Blanc : 10,5 hectares ; chardonnay 100%.
Production totale annuelle : 180 000 bt.
Visite : Du lundi au dimanche de 9 h à 18 h 30 sans interruption.

DOMAINE BRUNO LORENZON

71640 Mercurey
Tél. 03 85 45 13 51 - Fax. 03 85 45 15 52
domaine.lorenzon@wanadoo.fr

Bruno Lorenzon est l'un des vignerons les plus doués de sa génération. La gamme comprend sept vins (six mercureys et un volnay), tous sont d'une pureté de fruit, d'une gourmandise et d'une fraîcheur désarmantes, dans les grands millésimes comme 2005 mais aussi dans les millésimes très délicats comme 2006 ou 2007, et ce en blanc comme en rouge.

MERCUREY 2007
Rouge | 2009 à 2015 | NC   **15/20**
Arômes fins et frais, sur des fruits acidulés (groseille). La bouche est harmonieuse, enrobée, droite et fraîche. Désaltérant à souhait.

MERCUREY 2007
Blanc | 2009 à 2014 | NC   **15/20**
Fruité bien mûr mais frais : agrumes, pêche blanche. Bouche pure, droite, finale fraîche. L'acidité est bien fondue.

MERCUREY PREMIER CRU COMBINS 2007
Blanc | 2009 à 2014 | NC   **15,5/20**
Tendu et concentré, un vin savoureux, mais moins sur la délicatesse que croichots.

MERCUREY PREMIER CRU CROICHOTS 2007
Blanc | 2009 à 2014 | NC   **15,5/20**
Fruité fin, plus jaune que blanc. Bouche grasse, riche, savoureuse, finale pure. Bon potentiel.

MERCUREY PREMIER CRU LES CHAMPS MARTIN 2007
Rouge | 2009 à 2017 | NC   **16/20**
Pur et savoureux, un vin concentré, sur des arômes de fruits rouges frais (fraise des bois). Bouche tendre, tanins ronds.

MERCUREY PREMIER CRU LES CHAMPS MARTIN 2007
Blanc | 2009 à 2017 | NC   **16/20**
Un nez délicat, avec une agréable note poivrée. La bouche est pure, droite, aux arômes très fins.

MERCUREY PREMIER CRU
LES CHAMPS MARTIN CARLINE 2007
Rouge | 2009 à 2017 | NC   **16,5/20**
Belle finesse, un vin d'une grande pureté, aux arômes élégants. Tanins enrobés.

MERCUREY PREMIER CRU PIÈCE 13 2007
Rouge | 2010 à 2017 | NC   **17/20**
Nez parfumé et racé, sur un fruité élégant. La bouche est suave, riche, la fin de bouche subtile et fraîche. Belle envolée.

Rouge : 4,3 hectares ; pinot 100%. Blanc : 0,7 hectare ; chardonnay 100%. Visite : Sur rendez-vous.

DOMAINE FRANÇOIS LUMPP

Le Pied du Clou
36, avenue de Mortières
71640 Givry
Tél. 03 85 44 45 57 - Fax. 03 85 44 46 66
françois.lumpp@wanadoo.fr

François Lumpp est l'un des vignerons emblématiques de l'appellation Givry. Afin d'améliorer la qualité de ses jus, il n'a pas hésité à passer la densité de plantation de ses vignes de 9 000 à 11 000 pieds par hectare, cette concurrence accrue entre les pieds étant un régulateur naturel de rendement. Ici tous les vins passent en barriques, avec une bonne proportion de fûts neufs. Ce mode d'élevage leur confère un style boisé, certes (plus marqué que chez Joblot), mais comme les matières sont riches, mûres et issues de bons terroirs, cela se fond harmonieusement en bouteilles, où l'on savoure leur fruité très gourmand, sans déviance giboyeuse ni lourdeur de fruit cuit. Les 2008 étaient en cours d'élevage lors de notre visite, mais ils se présentaient bien.

GIVRY CLOS DES VIGNES RONDES 2008
Blanc | 2009 à 2014 | NC   **14/20**
Nerveux, bouche ronde. Un vin élégant.

GIVRY PIED DU CLOU 2008
Rouge | 2010 à 2015 | NC   **15/20**
Très bon fruit. Un vin mûr et fin, charmeur.

GIVRY PREMIER CRU CLOS DU CRAS LONG 2008
Rouge | 2010 à 2018 | NC   **16/20**
Tendu et précis, un vin droit, aux tanins fins, à l'allonge concentrée.

GIVRY PREMIER CRU CLOS JUS 2008
Rouge | 2010 à 2018 | NC   **16/20**
Charmeur et gourmand, un vin au jus fin, aux tanins soyeux, à la finale rafraîchissante.

GIVRY PREMIER CRU CRAUSOT 2008
Blanc | 2010 à 2016 | NC   **15,5/20**
Joli fond. Matière riche et savoureuse. Un vin élégant et concentré, à la finale fraîche.

GIVRY PREMIER CRU PETIT MAROLE 2008
Blanc | 2009 à 2015 | NC   **14,5/20**
Tendu et concentré, il est droit et vif.

GIVRY PREMIER CRU PETIT MAROLE 2008
Rouge | 2010 à 2018 | NC   **15,5/20**
Élégant et fin. Très bons tanins. Finale fraîche, bonne allonge.

Rouge : 6,5 hectares ; pinot 100%.
Blanc : 1,5 hectare ; chardonnay 100%.
Production totale annuelle : 40 000 bt.
Visite : Sur rendez-vous.

DOMAINE VINCENT LUMPP

45, rue Jambles
71640 Givry
Tél. 03 85 44 52 00 - Fax. 03 85 44 52 01
vincent.lumpp@orange.fr
www.domaine-lumpp.com

Vincent Lumpp, le frère de François, s'est associé avec son fils Baptiste pour développer ce domaine également sur Givry. Les vins sont levurés, et les cuves chauffées en fin de macération, pour extraire un fruité prononcé. L'élevage en fûts est systématique, avec une part de fût neuf variable selon les vins, et ce pour des durées assez longues (douze mois en pièces et six mois en masse avant tirage). Les vins du domaine sont aimables assez jeunes. Si les 2008 s'annoncent intéressants mais non notables car en cours de malo lors de notre visite, les 2007 regoûtés en bouteilles ont bien évolué, à l'exception du premier cru Vigron, qui nous a déçus.

GIVRY PREMIER CRU CLOS DU CRAS LONG 2007
Rouge | 2011 à 2017 | 14 €   **15/20**
Solide, concentré, un vin aux tanins ferme, mais à la finale épanouie et large.

GIVRY PREMIER CRU CLOS JUS 2007
Rouge | 2011 à 2017 | 13 €   **15/20**
Concentré et tendu. Grosse trame. Un vin avec de la mâche et du caractère.

GIVRY PREMIER CRU LA GRANDE BERGE 2007
Blanc | 2010 à 2014 | 11,50 €   **14,5/20**
Parfumé, avec des notes citronnées. La bouche est pure et tendue.

GIVRY PREMIER CRU LA GRANDE BERGE 2007
Rouge | 2009 à 2013 | 11,50 €   **14/20**
Un vin facile et tendre. Fruité rouge. Finale fraîche.

GIVRY PREMIER CRU LE VIGRON 2007
Blanc | 2010 à 2014 | 11,50 €   **14,5/20**
Bonne minéralité. Un vin concentré et droit, à la finale tendue.

Rouge : 7,25 hectares. Blanc : 0,75 hectare.
Production totale annuelle : 45 000 bt.
Visite : Du lundi au vendredi de 8 h à 12 h et de 14 h à 18 h, de préférence sur rendez-vous. les samedi et dimanche matin sur rendez-vous.

DOMAINE NINOT

2, rue Chagny
71150 Rully
Tél. 03 85 87 07 79 - Fax. 03 85 91 28 56
ninot.domaine@wanadoo.fr

Errel Ninot apporte un sourire bienvenu dans un monde vigneron trop souvent masculin. Cette jeune vigneronne est venue s'installer en 2003 au domaine familial, qui dispose de vignes sur Rully et Mercurey. Elle travaille les sols, maîtrise les rendements, et récolte à juste maturité. Ses vins sont tout en fruit et en charme, à son image.

BOURGOGNE ALIGOTÉ 2007
Blanc | 2009 à 2011 | 6 €   **13,5/20**
Bien mûr, fruité gourmand. C'est une jeune vigne, ce n'est pas très dense, mais le vin est gourmand et pur.

MERCUREY PREMIER CRU LES CRÊTS 2007
Rouge | 2009 à 2017 | 15 €   **15,5/20**
Fruité fin et élégant, un vin au toucher de bouche caressant. Bon équilibre.

MERCUREY VIEILLES VIGNES 2007   ⓘ
Rouge | 2009 à 2015 | 11 €   **15/20**
Un vin concentré, au volume ample. Les tanins sont serrés, mais les arômes bien fruités.

RULLY CHAPONNIÈRE 2007   ⓘ
Rouge | 2009 à 2013 | 9,50 €   **14,5/20**
Fruité croquant, un vin de charme, élégant, à la bouche pure, à boire sur son fruit.

RULLY LA BARRE 2007
Blanc | 2009 à 2015 | 10 €   **15/20**
Bon extrait sec. Un vin fin, élégant, à la bouche pure. Très ciselé. Finale tendue.

RULLY PREMIER CRU GRÉSIGNY 2007
Blanc | 2009 à 2017 | 12,50 €   **15,5/20**
Très pur. Un vin élégant, avec de fines notes de fruits blancs et une finale toute en tension.

Production totale annuelle : 50 000 bt.
Visite : Sur rendez-vous.

DOMAINE JEAN-BAPTISTE PONSOT

26, Grande-Rue
71150 Rully
Tél. 03 85 87 17 90 - Fax. 03 85 87 17 90
domaine.ponsot@orange.fr

Jean-Baptiste développe petit à petit le domaine familial, et plante régulièrement pour le porter prochainement à 7,5 hectares, uniquement sur Rully. Les sols sont travaillés, et les vendanges entièrement mécaniques, ce qui exige un gros travail de tri sur la grappe, avant la récolte. Tous les vins sont logés en fûts, avec des élevages de douze mois. Sur le millésime 2007, nerveux et frais, nous avons préféré la pureté des vins blancs, le premier cru montpalais en tête.

RULLY 2007
Blanc | 2009 à 2014 | 10 €   **14/20**
Un vin aux notes de fruits mûrs. La bouche est arrondie par le bois, mais la finale bien tendue.

RULLY 2007
Rouge | 2009 à 2014 | 10 €   **14/20**
Fruité, tanins fins, finale légèrement tendue.

RULLY PREMIER CRU LA FOSSE 2007
Rouge | 2009 à 2014 | 12 €   **14,5/20**
Plus de matière que Molesme, un vin ferme et droit.

RULLY PREMIER CRU MOLESME 2007
Blanc | 2009 à 2014 | 12 €   **14,5/20**
Mûr, bonne richesse en bouche, un vin gourmand et fin.

RULLY PREMIER CRU MONTPALAIS 2007
Blanc | 2009 à 2017 | 12 €   **15/20**
Minéral et fin, un vin tendu et droit, avec une note saline en finale.

Rouge : 2,5 hectares. Blanc : 5 hectares.
Production totale annuelle : 35 000 bt.
Visite : De 8 h à 12 h et de 14 h à 18 h du lundi au samedi sur rendez-vous.

DOMAINE RAGOT

4, rue de l'École
71640 Givry
Tél. 03 85 44 35 67 - Fax. 03 85 44 38 84
givry@domaine-ragot.com
www.domaine-ragot.com

Nicolas Ragot a repris le domaine familial à partir de 2002, après avoir acquis de solides expériences de vinification en dehors de la Bourgogne. Si les voyages forment la jeunesse, Nicolas en est revenu avec plein d'idées pour coller au mieux des millésimes et des terroirs, en se servant de la meilleure technologie disponible. Les sols sont travaillés, et les vendanges manuelles. Les vins sont vinifiés en levures indigènes, et le boisé est adapté au potentiel du terroir. La gamme se compose désormais de six vins, tous issus de Givry (quatre rouges et deux blancs), avec un style fondé sur la pureté du fruit et la fraîcheur. Les millésimes récents ont bien progressé, grâce à une bonne maîtrise technique et des investissements réguliers dans des équipements de pointe.

GIVRY 2007
Rouge | 2009 à 2012 | 8 €   **14/20**
Fruité franc et frais, un vin ouvert et digeste, à boire sur le fruit.

GIVRY CHAMP POUROT 2007
Blanc | 2009 à 2013 | 10 €   **14,5/20**
Frais et fin, la bouche est pure, les arômes délicats.

GIVRY PREMIER CRU CLOS JUS 2007
Rouge | 2010 à 2017 | NC   **15,5/20**
Un vin au jus parfumé et pur, concentré et élégant. Finale serrée.

GIVRY PREMIER CRU CRAUSOT 2007
Blanc | 2009 à 2014 | 16 €   **15/20**
Notes d'épices douces (anis), fruits blancs, un vin au nez pur et fin. La bouche est ciselée, gourmande et bien fraîche. Un beau résultat pour cette très jeune vigne.

GIVRY PREMIER CRU LA GRANDE BERGE 2007
Rouge | 2009 à 2015 | 13 €   **15/20**
Un vin fin, au toucher de bouche onctueux et élégant. Harmonieux. Mais un peu moins de profondeur que le vieilles-vignes.

GIVRY VIEILLES VIGNES 2007
Rouge | 2009 à 2014 | 10 €   **15/20**
Bouche concentrée et parfumée. Joli fond pour ce vin élégant et charmeur.

Rouge : 7 hectares ; pinot noir 78%.
Blanc : 2 hectares ; aligoté 2%, chardonnay 20%.
Production totale annuelle : 50 000 bt.
Visite : De 8 h à 12 h et de 14 h à 19 h.

DOMAINE FRANÇOIS RAQUILLET

19, rue de Jamproyes
71640 Mercurey
Tél. 03 85 45 14 61 - Fax. 03 85 45 28 05
francoisraquillet@club-internet.fr
www.domaineraquillet.com

Ce domaine constitue l'une des valeurs sûres de Mercurey, même si un peu de rully en négoce est venu étoffer l'offre. La gamme comporte essentiellement des vins rouges, avec notamment cinq premiers crus dans cette couleur ; les blancs présentent un peu moins de caractère. L'ensemble dès 2007 est homogène, et la nouvelle cuvée, Révélation, issue de vignes centenaires et d'un élevage de dix-huit mois, splendide.

MERCUREY PREMIER CRU LES NAUGUES 2007
Rouge | 2010 à 2017 | 16 €   **15,5/20**
Une bouche ronde et veloutée. Tanins fins, enrobés, finale pure et fruitée.

MERCUREY PREMIER CRU LES PUILLETS 2007
Rouge | 2011 à 2017 | 15 €   **15/20**
Un vin tendu, avec une bonne trame de bouche. Long et serré, on l'attendra un peu.

MERCUREY PREMIER CRU LES VASÉES 2007
Rouge | 2009 à 2015 | 15 €   **15/20**
Une attaque ronde et mûre, avec une bonne tension minérale en bouche. Solide et droit.

MERCUREY PREMIER CRU LES VELEYS 2007
Rouge | 2011 à 2017 | 16 €   **16/20**
L'élevage long a donné un supplément de chair et de finesse à ce vin fin et élégant. Finale très fruits rouges.

MERCUREY PREMIER CRU LES VELEYS 2007
Blanc | 2009 à 2015 | 16 €   **15/20**
Parfumé et pur, un vin fin, élégant, à la bouche droite, à la finale fraîche.

MERCUREY PREMIER CRU LES VELEYS RÉVÉLATION 2007
Rouge | 2012 à 2022 | 23 €   **16,5/20**
Un jus savoureux et concentré. Les tanins sont fins, la finale tendue et fraîche. Un équilibre fin et élégant, le fût neuf est bien digéré par la concentration du vin.

MERCUREY VIEILLES VIGNES 2007
Rouge | 2009 à 2015 | 12 €   **14,5/20**
Un jus concentré et dense, ave un bon fruit. Une finale gourmande.

Rouge : 8,2 hectares ; pinot 100%.
Blanc : 2,27 hectares ; aligoté 20%, chardonnay 80%.
Production totale annuelle : 50 000 bt.
Visite : Du lundi au samedi de 9 h à 19 h.

DOMAINE MICHEL SARRAZIN ET FILS

26, rue de Charnailles
71640 Jambles
Tél. 03 85 44 30 57 - Fax. 03 85 44 31 22
sarrazin2@wanadoo.fr
www.sarrazin-michel-et-fils.fr

Ce domaine élabore une assez large gamme de vins sur Givry, Maranges, et désormais Mercurey. Les 2007 ont succédé avec bonheur aux 2006 ; les blancs affichent une bonne nervosité, les rouges sont parfumés et délicats.

BOURGOGNE ALIGOTÉ 2007
Blanc | 2009 à 2011 | épuisé   **13/20**
Un vin très vif, bien fruité, ouvert.

GIVRY CHAMP LALOT 2007
Rouge | 2009 à 2013 | 12 €   **13,5/20**
Un bon fruité rouge, mûr et frais. Tanins ronds, un vin parfumé.

GIVRY CHAMP LALOT 2007
Blanc | 2009 à 2012 | 11,50 €   **13,5/20**
Tendre et rond. La fraîcheur revient en fin de bouche.

GIVRY CLOS DE LA PUTIN 2007
Rouge | 2009 à 2013 | 13 €   **14,5/20**
Un vin tendre mais parfumé, élégant, délicat.

GIVRY PREMIER CRU LES GRANDS PRÊTANTS 2007
Rouge | 2010 à 2015 | 13 €   **14,5/20**
Un vin tendu et droit, aux tanins fermes, à attendre un peu.

GIVRY PREMIER CRU LES PIÈCES D'HENRY 2007
Blanc | 2009 à 2014 | 12,50 €   **14,5/20**
Un premier cru floral et parfumé, à la bouche élégante.

GIVRY PREMIER CRU VIEILLES VIGNES 2007
Rouge | 2010 à 2015 | 13 €   **15/20**
Joli toucher de bouche, pour ce vin parfumé et délicat, à la finale savoureuse.

MARANGES 2007
Rouge | 2009 à 2013 | 11,50 €   **14/20**
Un pinot fin et droit, à la bouche tendue. Bonne mâche.

MERCUREY LA PERRIÈRE 2007
Rouge | 2009 à 2012 | 13 €   **14/20**
Un vin bien fruité. Le milieu de bouche manque encore un peu de densité, la faute à l'âge des vignes.

Rouge : 23 hectares ; pinot 100%. Blanc : 11 hectares ; chardonnay 100%. Production totale annuelle : 150 000 bt. Visite : Du lundi au dimanche matin de 9 h à 12 h et de 14 h à 19 h.

DOMAINE THEULOT-JUILLOT

4, rue Mercurey
71640 Mercurey
Tél. 03 85 45 13 87 - Fax. 03 85 45 28 07
e.juillot.theulot@wanadoo.fr
www.theulotjuillot.eu

Le domaine Theulot-Juillot, anciennement Émile-Juillot, est dirigé par Jean-Claude et Nathalie Theulot. Les blancs 2007 sont concentrés et frais, avec une note saline typique du millésime ; en rouge, les vins présentent un bon fruité élégant.

MERCUREY PREMIER CRU LA CAILLOUTE 2007
Rouge | 2009 à 2015 | 14,50 €   **15/20**
Un vin au jus savoureux et fin, aux tanins enrobés, à la finale veloutée.

MERCUREY PREMIER CRU LA CAILLOUTE 2007
Blanc | 2009 à 2015 | 15 €   **15,5/20**
Un vin délicat et concentré, au caractère salin prononcé. Arômes très purs, un vin bien stylé.

MERCUREY PREMIER CRU LES CHAMPS MARTIN 2007
Rouge | 2009 à 2015 | 14 €   **15/20**
Bons tanins. Un vin structuré et droit. Finale pure.

MERCUREY PREMIER CRU LES CHAMPS MARTIN 2007
Blanc | 2009 à 2014 | 15 €   **15/20**
Frais et droit, un vin pur, à la bouche délicate. Élégant et épuré. Finale saline.

MERCUREY PREMIER CRU LES COMBINS 2007
Rouge | 2009 à 2015 | 14,50 €   **15/20**
Un vin fin et frais, aux tanins ronds. Du charme.

MERCUREY PREMIER CRU LES SAUMONS 2007
Blanc | 2009 à 2014 | 15 €   **15/20**
Un vin mûr et droit, aux arômes fins et frais, à la finale élégante, légèrement salée. Bon style.

MERCUREY PREMIER CRU LES VELLÉES VIGNOBLE NATHALIE THEULOT 2007   🙂
Rouge | 2009 à 2015 | 13,70 €   **15/20**
Fruité gourmand (framboise). Un vin tout en charme et en élégance.

MERCUREY VIEILLES VIGNES 2007
Rouge | 2009 à 2013 | 10,50 €   **14/20**
Parfumé, d'agréable concentration, un vin fin et élégant.

Rouge : 9,1 hectares ; pinot 100%.
Blanc : 2,4 hectares ; chardonnay 100%.
Production totale annuelle : 55 000 bt.
Visite : Du lundi au vendredi de 8 h 30 à 12 h et de 13 h 30 à 18 h, week-end sur rendez-vous. Fermé entre le 25 décembre et le 1er janvier.

DOMAINE AUBERT ET PAMÉLA DE VILLAINE

2, rue de la Fontaine
71150 Bouzeron
Tél. 03 85 91 20 50 - Fax. 03 85 87 04 10
contact@de-villaine.com
www.de-villaine.com

Aubert de Villaine, cogérant du domaine de la Romanée-Conti, a racheté ce domaine en 1971, en compagnie de son épouse, et l'a depuis converti en culture biologique. Les densités de plantation sont élevées (10 000 pieds à l'hectare) et les vendanges manuelles. Les vinifications se font en foudres ou en fûts (mais pas de bois neuf), et les doses de soufre sont limitées au maximum. Cela donne des vins d'une grande pureté, très floraux, en blanc comme en rouge, qui vieillissent superbement mais demandent souvent quelques années en bouteilles pour pleinement s'exprimer. Les 2007 sont d'un grand équilibre, cristallins et droits ; les 2008 s'annoncent un peu plus denses encore.

BOURGOGNE CÔTE CHALONNAISE LA DIGOINE 2007
Rouge | 2009 à 2017 | 12,20 €   **16,5/20**
Plus concentré, plus tendu que la Fortune, grâce à des vignes plus âgées. C'est un joli pinot, fin et élégant, de belle pureté en bouche.

BOURGOGNE CÔTE CHALONNAISE LA FORTUNE 2007
Rouge | 2009 à 2015 | 9,50 €   **15,5/20**
Fruité fin et gourmand, toucher caressant, un vin frais et croquant, très pur.

BOURGOGNE CÔTE CHALONNAISE LES CLOUS 2007
Blanc | 2009 à 2017 | 9,85 €   **14,5/20**
Gras, facile, flatteur, notes florales bien marquées. Bonne tension en bouche.

BOUZERON 2007
Blanc | 2009 à 2017 | 10 €   **15,5/20**
Tendu, concentré, un vin fin et frais, harmonieux. Finale parfumée savoureuse. Il est discret aujourd'hui, mais évoluera bien.

RULLY LES SAINT-JACQUES 2007
Blanc | 2011 à 2017 | 11,50 €   **16/20**
Très frais, très pur, un vin ciselé, à la bouche fine, superbement équilibré.

Rouge : 6,1 hectares ; pinot noir 100%.
Blanc : 14,7 hectares ; aligoté 78%, chardonnay 22%.
Production totale annuelle : 110 000 bt.
Visite : De 9 h à 11 h 30 et de 14 h à 17 h sur rendez-vous uniquement.

Le Mâconnais

Un vignoble merveilleusement pittoresque et en plein renouveau qualitatif où règne le chardonnay qui y trouve ses expressions les plus opulentes, en raison d'un surcroît de soleil. Quand cette opulence est disciplinée par des terroirs calcaires, donnant au vin une solide colonne vertébrale, le bonheur est total ! Les prix restent encore sages.

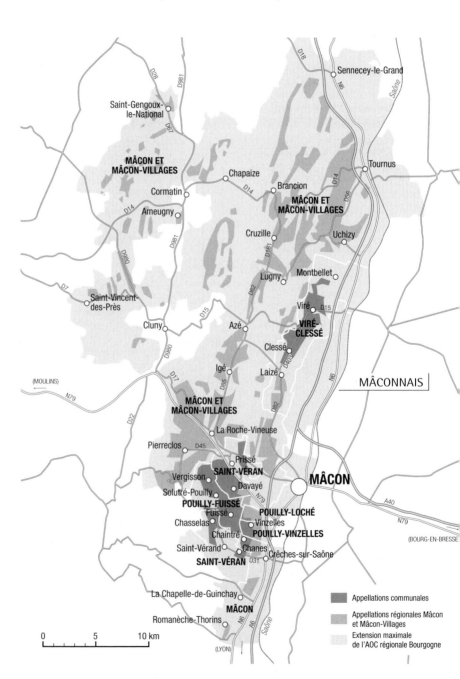

DOMAINE DANIEL, JULIEN ET MARTINE BARRAUD

🏺🏺🏺🏺🏺

Le Nambret
71960 Vergisson
Tél. 03 85 35 84 25 - Fax. 03 85 35 86 98
contact@domainebarraud.com
www.domainebarraud.com

Inspiré un temps par Jean-Marie Guffens, ce domaine de Vergisson offre des vins d'une belle profondeur. Le matériel est moderne et permet à Daniel Barraud un travail rigoureux. Le millésime 2008 confirme la précision des vinifications du domaine et offre des saveurs séduisantes.

POUILLY-FUISSÉ CLOS DE LA COMBE PONCET 2007
Blanc | 2009 à 2016 | NC   **15/20**
Très joli nez, ouvert et élégant, axé sur des notes boisées. Matière solide, basée sur des tanins fins et des saveurs amples. Un style appuyé dans la séduction.

POUILLY-FUISSÉ LES CHÂTAIGNIERS 2007
Blanc | 2009 à 2015 | NC   **14/20**
Honnête, franc et simple à la fois. Bien fait et précis. Jolie fraîcheur.

SAINT-VÉRAN LES POMMARDS 2007
Blanc | 2009 à 2015   **14,5/20**
Un style particulier mais profond. Bel équilibre en bouche. Matière bien travaillée.

Blanc : 8,5 hectares ; chardonnay 100%.
Production totale annuelle : 50 000 bt.
Visite : Du lundi au samedi de 9 h à 12 h et de 14 h à 18 h sur rendez-vous.

CHÂTEAU DE BEAUREGARD

🏺🏺🏺🏺🏺

71960 Fuissé
Tél. 03 85 35 60 76 - Fax. 03 85 35 66 04
joseph.burrier@wanadoo.fr
www.joseph-burrier.com

Avec Frédéric Burrier, qui dirige cette grande propriété familiale, le pouilly-fuissé se présente comme un très beau vin de terroir de Bourgogne du sud. Comme les grandes cuvées sont vendues avec une année de décalage, c'est aujourd'hui le 2007 qui confirme la finesse des vins de la maison.

FLEURIE LES COLONIES DE ROCHEGRÈS 2007
Rouge | 2009 à 2012 | 12,50 €   **15,5/20**
Nez puissant et concentré. Arômes fruités et floraux. Un vin charnu, mais moins élancé que le saint-amour.

MORGON GRAND GRAS 2007
Rouge | 2009 à 2015 | 11,10 €   **15/20**
Fruité fin, la bouche offre une minéralité savoureuse. Tout en finesse et en élégance. Seule la fin de bouche manque un peu de fraîcheur.

MOULIN-À-VENT CLOS DES PÉRELLES 2007
Rouge | 2010 à 2017 | 13,30 €   **16/20**
Puissant et charnu, un vin concentré, aux tanins fermes. Il est encore serré aujourd'hui.

MOULIN-À-VENT LA SALOMINE 2007
Rouge | 2009 à 2015 | 13,30 €   **15/20**
Un vin fruité et élancé. Gourmand, mais moins de tension que le clos-des-pérelles.

POUILLY-FUISSÉ GRAND BEAUREGARD
HOMMAGE À JOSEPH BURRIER 2005
Blanc | 2009 à 2014 | 33,70 €   **15/20**
Nez élégant. Bien fait, gras, mais toujours dans une certaine simplicité. Finale sur des notes boisées.

POUILLY-FUISSÉ VERS POUILLY 2007
Blanc | 2009 à 2017 | 21,50 €   **16,5/20**
Nez très expressif, axé sur des notes fleuries. Attaque vive pour une bouche bien balancée, nuancée et complexe. Finale suave et élégante.

SAINT-AMOUR CÔTE DE BESSET 2007   ☺
Rouge | 2009 à 2014 | 11,10 €   **15,5/20**
Fin et pur, la bouche est tendre et savoureuse. Élancé.

Rouge : 12 hectares ; gamay 24%, pinot noir 1%.
Blanc : 30 hectares ; chardonnay 70%.
Production totale annuelle : 300 000 bt.
Visite : Pour les visites contacter le 03 85 32 90 48.

DOMAINE DE LA BONGRAN – JEAN ET GAUTIER THÉVENET

Quintaine Cidex 654
71260 Clessé
Tél. 03 85 36 94 03 - Fax. 03 85 36 99 25
contact@bongran.com
www.bongran.com

Ce producteur célèbre confirme l'efficacité de ses prises de position, parfois jugées idéalistes. Ses vins, issus de vendanges récoltées très mûres, conservent un soupçon de sucres résiduels qui font leur particularité. Ils n'en sont pas moins toujours équilibrés par une belle acidité, due à un travail rigoureux des sols.

VIRÉ-CLESSÉ DOMAINE DE LA BONGRAN 2007
Blanc | 2011 à 2016 | NC   **15/20**
Belle profondeur, qui se révèle plus au nez qu'en bouche pour le moment. A attendre, mais on ne sera pas déçu.

VIRÉ-CLESSÉ DOMAINE DE LA BONGRAN 2005
Blanc | 2009 à 2014 | NC   **16/20**
Un vin d'une grande minéralité et élégance. Bouche fraîche, pleine et harmonieuse, qui laisse des notes profondes en finale.

VIRÉ-CLESSÉ DOMAINE DE LA BONGRAN 2004
Blanc | 2016 à 2011 | 18 €   **15/20**
Très joli vin élégant, basé sur une belle matière, mais avec peu de longueur. Mais peu importe la longueur quand l'ensemble est si harmonieux et agréable. A boire dans les deux ans.

VIRÉ-CLESSÉ DOMAINE EMILIAN GILLET - CUVÉE QUINTAINE 2005
Blanc | 2009 à 2015 | 12 €   **16/20**
Un vin d'une grande minéralité et élégance. Bouche fraîche, pleine et harmonieuse, qui laisse des notes minérales profondes en finale.

Blanc : 12 hectares ; chardonnay 100%.
Production totale annuelle : 40 000 bt.

DOMAINE DE LA CROIX SÉNAILLET

En Colland
71960 Davayé
Tél. 03 85 35 82 83 - Fax. 03 85 35 87 22
lacroixsenaillet@wanadoo.fr
www.domainecroixsenaillet.com

En quelques années, ce jeune domaine s'est imposé grâce à ses bons principes de viticulture de base. Du coup, les raisins obtenus sont de qualité, et les vins apparaissent dans une très belle netteté aromatique, propre au millésime et à leur terroir. Les frères Martin, qui en ont hérité de leur père, sont partisans de l'agriculture biologique. Leur travail sur le terroir s'en ressent désormais dans les vins, d'une belle profondeur.

SAINT-VÉRAN LA GRANDE BRUYÈRE 2007
Blanc | 2009 à 2015 | 9,20 €   **15/20**
Des notes épicées et fleuries au nez. Belle complexité en bouche. Finale fraîche et longue.

SAINT-VÉRAN LES BUIS 2007
Blanc | 2009 à 2014 | 9,20 €   **15/20**
Un vin riche, plein, complexe, qui révèle des notes fleuries et épicées. Texture agréable. Finale longue.

SAINT-VÉRAN LES ROCHATS 2007
Blanc | 2009 à 2013 | 9,20 €   **15/20**
Un vin harmonieux, bien fait. Des saveurs riches mêlées à une minéralité très belle. Finale tout en longueur et finesse.

Blanc : 25 hectares ; chardonnay 100%.
Production totale annuelle : 150 000 bt.
Visite : De 8 h à 12 h et de 13 h 30 à 17 H 30.

DOMAINE J.-A. FERRET-LORTON

Le Plan
71960 Fuissé
Tél. 03 85 35 61 56 - Fax. 03 85 35 62 74
ferretlorton@orange.fr

Le domaine poursuit imperturbablement la production de pouilly-fuissés franchement excitants, dignes de leur parfaite exposition sur le hameau de Pouilly. Archétypes de leur appellation, avec néanmoins une vraie personnalité, les vins offrent de vrais instants de bonheur. La reprise du domaine par la maison beaunoise Louis Jadot en 2008 promet d'assurer une belle continuité.

POUILLY-FUISSÉ HORS CLASSE LES MÉNÉTRIÈRES 2007

Blanc | 2009 à 2017 | 30 €   **16/20**
Ensemble sur la fraîcheur. Le boisé est fin et l'ensemble raffiné. Très beau vin, intense et long.

POUILLY-FUISSÉ TÊTE DE CRU - LES PERRIÈRES 2007

Blanc | 2009 à 2017 | 24 €   **18/20**
Nez magnifique qui donne à sentir des notes de fruits mûrs et sains. Texture somptueuse. Notes de noisettes. Ensemble harmonieux et gourmand.

POUILLY-FUISSÉ TÊTE DE CRU - LES PERRIÈRES 2006

Blanc | 2009 à 2015 | 24 €   **19/20**
Nez d'une complexité inouïe : épices, fruits secs... Bouche somptueuse, riche et élégante. Grande longueur. Un très grand vin harmonieux, intense, qui a digéré tout son alcool pour laisser des saveurs minérales magnifiques.

POUILLY-FUISSÉ TÊTE DE CRU LE CLOS 2007

Blanc | 2009 à 2017 | 24 €   **16/20**
Nez frais. Saveurs fleuries et fruitées, complexes et nuancées. Richesse élégante et longueur somptueuse.

Blanc : 18,5 hectares ;
chardonnay 100%. Production totale annuelle :
40 000 bt.

DOMAINE GUFFENS-HEYNEN

En France
71960 Vergisson
Tél. 03 85 51 66 00 - Fax. 03 85 51 66 09
info.verget@orange.fr
www.guffensheynen.com

Ce tout petit domaine confirme une fois encore qu'il est l'un des hauts lieux mondiaux du chardonnay. Dirigé par Jean-Marie Guffens, il présente des vins d'une éloquence et d'une constance phénoménales. Tout y est : la qualité extraordinaire de la vendange, la parfaite traduction minérale des sols, travaillés amoureusement et rigoureusement de la même manière depuis plus d'un quart de siècle et l'intensité aromatique. Le pressurage est ensuite diaboliquement précis et permet d'obtenir une pureté cristalline extraordinaire. 2008 est grandiose.

POUILLY-FUISSÉ PREMIER JUS DE CHAVIGNE 2006

Blanc | 2009 à 2016   **17/20**
Un vin très stylé d'une grande élégance. Une intensité très longue, un équilibre époustouflant. Un vin qu'on n'oublie pas !

POUILLY-FUISSÉ SAUVÉ DES EAUX 2006

Blanc | 2009 à 2016   **16,5/20**
Nez élégant, malgré son boisé. Attaque soyeuse. Bouche équilibrée, raffinée, et gourmande. Un vin de gastronomie tout en délicatesse et richesse.

POUILLY-FUISSÉ TRIS DES HAUTS DE VIGNES 2007

Blanc | 2009 à 2017 | NC   **17/20**
Un vin axé sur une fluidité élégante. Les saveurs complexes se révèlent peu à peu. Très beau vin.

Blanc : 5,3 hectares ; chardonnay 100%.
Production totale annuelle : 25 000 bt.
Visite : Sur rendez-vous.

MERLIN

Domaine du Vieux Saint-Sorlin
71960 La-Roche-Vineuse
Tél. 03 85 36 62 09 - Fax. 03 85 36 66 45
merlin.vins@wanadoo.fr
www.merlin-vins.com

Bras droit de Jean-Marie Guffens pendant
quelques années, Olivier Merlin a eu la
bonne idée de reprendre un vignoble très
bien situé, sur la Roche Vineuse. Ses
talents de vinificateur se confirment ici
encore, en offrant des vins minéraux et
d'une précision aromatique parfaite. Ses
2008 sont de véritables réussites.

MÂCON-VILLAGES LA ROCHE VINEUSE
LES CRAS 2007
Blanc | 2009 à 2017 | 16,70 €   **18/20**
Belle matière saine, fraîche, pleine, harmonieuse. Très beau vin, élégant, long, complet.

POUILLY-FUISSÉ CLOS DES QUARTS 2007
Blanc | 2009 à 2017 | 19,90 €   **15/20**
Nez ouvert, très flatteur. Concentré, vanillé.
tanins élégants. Bel ensemble équilibré dans
un style ample.

Rouge : 3,5 hectares ; gamay 20%, pinot noir 10%.
Blanc : 9,5 hectares ; chardonnay 70%.
Production totale annuelle : 150 000 bt.

CHÂTEAU DES RONTETS

Les Rontés
71960 Fuissé
Tél. 03 85 32 90 18 - Fax. 03 85 35 66 80
chateaurontets@wanadoo.fr

La constance de Claire et Fabio Gazeau-
Montrasi porte ses fruits. Depuis un peu
plus de dix ans, après avoir repris le
domaine familial et avoir troqué le métier
d'architecte pour celui de vigneron, ils travaillent leurs sols avec bon sens. Leur
démarche, qui tend à la biodynamie mais
sans s'y enfermer, est toujours à la
recherche de l'expression précise des différentes parcelles. Ils font preuve d'une
démarche esthétique jusque dans leurs
élevages, lors desquels ils font preuve
d'une patience exemplaire.

POUILLY-FUISSÉ LES BIRBETTES 2007
Blanc | 2009 à 2017 | 23 €   **15/20**
Un vin qui est loin de dire tout ce qu'il
contient. Intensité et élégance sont sur sa
route très longue...

POUILLY-FUISSÉ PIERREFOLLE 2007
Blanc | 2009 à 2017 | 20 €   **15/20**
Un vin à attendre absolument. Il révélera
alors tout son raffinement et son élégance.

Rouge : 0,5 hectare ; gamay 7%. **Blanc :** 6 hectares ;
chardonnay 93%. **Visite :** Sur rendez-vous.

Inscrivez-vous sur

BETTANEDESSEAUVE.COM

> Suivez l'actualité du vin
> Accédez aux notes de
dégustation de 25 000 vins
> Visitez les stands des
producteurs

DOMAINE SAUMAIZE-MICHELIN

Le Martelet
71960 Vergisson
Tél. 03 85 35 84 05 - Fax. 03 85 35 86 77
saumaize-michelin@wanadoo.fr

Un domaine qui produit des vins gourmands, plutôt axés sur le fruit et la fraîcheur et à boire finalement assez jeunes. La qualité est toujours au rendez-vous. Le 2008 promet beaucoup.

POUILLY-FUISSÉ AMPELOPSIS 2006
Rouge | 2009 à 2016 | 19,50 €   **15/20**
Très beau vin, à point, mais qui en a encore pour quelque temps. Savoureux.

POUILLY-FUISSÉ CLOS SUR LA ROCHE 2007
Blanc | 2009 à 2017 | 16 €   **15/20**
Un vin de caractère, avec des tanins brillants et élégants. Un vin harmonieux, équilibré, aux saveurs agréablement complexes.

SAINT-VÉRAN LES CRÈCHES 2007
Blanc | 2010 à 2014 | NC   **14/20**
Très vanillé, mais reste élégant. Un vin travaillé pour la séduction et ça marche ! Un vin axé sur l'ampleur.

Rouge : 0,2 hectare Blanc : 9,3 hectares ; chardonnay 100%. Production totale annuelle : 70 000 bt. Visite : Du lundi au samedi sur rendez-vous.

DOMAINE LA SOUFRANDIÈRE BRET BROTHERS

Aux Bourgeois
71680 Vinzelles
Tél. 03 85 35 67 72 - Fax. 03 85 35 67 72
contact@bretbrothers.com
www.bretbrothers.com

Toujours homogène, toujours flamboyante, la production des frères Bret se situe très au dessus du niveau habituel de la viticulture de la région. La discipline et l'efficacité de la maison la rendent incontournable. Elle confirme son talent avec un millésime 2008 fort prometteur.

MÂCON-VILLAGES MÂCON-VINZELLES LE CLOS DE GRAND-PÈRE 2008
Blanc | 2009 à 2015 | NC   **14/20**
Ensemble intéressant, frais, malgré une longueur moyenne. Notes fleuries rafraîchissantes.

POUILLY-VINZELLES LES LONGEAYS 2007
Blanc | 2009 à 2015 | 17 €   **15/20**
À aérer. Une matière riche, savoureuse. Un vin gourmand, à attendre encore un peu. Finale légèrement vanillée.

POUILLY-VINZELLES LES QUARTS CUVÉE MILLERANDÉE 2007
Blanc | 2009 à 2017 | 30 €   **16/20**
Bouche pleine, ample, qui exprime des saveurs de noisettes, légèrement grillées. Finale longue, élégante.

Rouge : 0,75 hectare ; gamay 100%.
Blanc : 6,05 hectares ; chardonnay 100%.
Production totale annuelle : 80 000 bt.
Visite : Sur rendez-vous.

DOMAINE LA SOUFRANDISE

71960 Fuissé
Tél. 03 85 35 64 04 - Fax. 03 85 35 65 57
la-soufrandise@wanadoo.fr
www.soufrandise.fr

Ce domaine, qui possède un joli vignoble dans le secteur de Fuissé, fait des progrès constants et notre dégustation de cette année le prouve. À suivre encore de très près.

POUILLY-FUISSÉ CLOS MARIE 2007
Blanc | 2009 à 2016 | 11 €   **14/20**
Un vin axé sur le côté croustillant. À boire à cinq heures à l'heure du thé.

Blanc : 6 hectares ; chardonnay 100%.
Production totale annuelle : 45 000 bt.
Visite : Du lundi au samedi sur rendez-vous.

DOMAINE THIBERT PÈRE ET FILS

Rue Adrien-Arcelin
71960 Fuissé
Tél. 03 85 27 02 66 - Fax. 03 85 35 66 21
domthibe@wanadoo.fr
www.domainethibertpereetfils.com

Ce domaine familial de Fuissé est en constante progression. Nous avons particulièrement aimé les 2008 et les suivrons de très près à l'avenir.

POUILLY-VINZELLES LES LONGEAYS 2007
Blanc | 2009 à 2017 | 15 €   **15/20**
Notes exotiques vives pour un ensemble équilibré et profond. Belle rondeur. Très agréable.

Rouge : 1.5 hectare ; gamay 100%.
Blanc : 22 hectares ; chardonnay 100%.
Production totale annuelle : 135 000 bt.
Visite : De 8 h30 à 12 h30 et de 13 h30 à 18h30.

VERGET

Le Bourg
71960 Sologny
Tél. 03 85 51 66 00 - Fax. 03 85 51 66 09
contact@verget-sa.com
www.verget-sa.com

Il faut acheter en primeurs dans cette petite maison de négoce, dirigée par Jean-Marie Guffens, si l'on veut bénéficier de prix intéressants. Les vins sont de mieux en mieux maîtrisés, qu'il s'agisse des blancs du Mâconnais ou de ceux de Chablis. La production est désormais parfaitement axée sur la finesse. Des vins dont le potentiel de garde peut se révéler énorme.

MÂCON-VILLAGES TERRES DE PIERRES 2007
Blanc | 2009 à 2014 | 8,80 €   **15/20**
Un vin qui respire une matière saine et riche. Plein de fraîcheur et harmonieux. Saveurs élégantes. Longueur sur des notes légèrement vanillées.

POUILLY-FUISSÉ LA ROCHE 2007
Blanc | 2009 à 2014 | NC   **14/20**
Nez boisé qui surpasse pour le moment la bouche légèrement fluide. Mais ensemble néanmoins très agréable. L'harmonie est à venir, et tout ce qu'il faut pour cela est bien présent.

Visite : Sur rendez-vous.

DOMAINE VESSIGAUD

Hameau de Pouilly
71960 Solutré
Tél. 03 85 35 81 18 - Fax. 03 85 35 84 29
contact@domainevessigaud.com
www.domainevessigaud.com

Pierre Vessigaud sait faire des vins de terroir et de gourmandise, ce qui n'est pas si courant. Il cultive impeccablement son vignoble, qui lui rend des raisins porteurs de toute la personnalité du terroir. Sa vinification comme son élevage se font dans le bon sens du vin. Au final, des saveurs équilibrées, que l'on recommande vivement.

POUILLY-FUISSÉ VERS AGNIÈRES 2008
Blanc | 2009 à 2018 | 22 €   **15/20**
Un très joli vin, avec une belle personnalité, peut-être encore un peu marqué par le bois, légèrement fumé, mais beau niveau.

POUILLY-FUISSÉ VIEILLES VIGNES 2008
Blanc | 2009 à 2018 | 19 €   **15/20**
Nez d'une belle fraîcheur. Un vin d'une réelle présence, qui reste en bouche plus longtemps qu'il ne le laissait croire. Sur la gourmandise.

Rouge : 1 hectare Blanc : 10 hectares : chardonnay 100%. Production totale annuelle : 80 000 bt.

La sélection
Bettane et Desseauve
pour la Champagne

Le vignoble
de Champagne

*La Champagne et son vin unique sont la « success story »
du vignoble français : la demande nationale et mondiale est
insatiable et il n'y en a plus assez ! On le comprend, jamais
ce produit hautement civilisé n'a été d'une qualité aussi
homogène et maîtrisée, sans que les prix, pour 90 % de la
production, ne flambent comme à Bordeaux. Mais combien
de temps cela va-t-il durer ?*

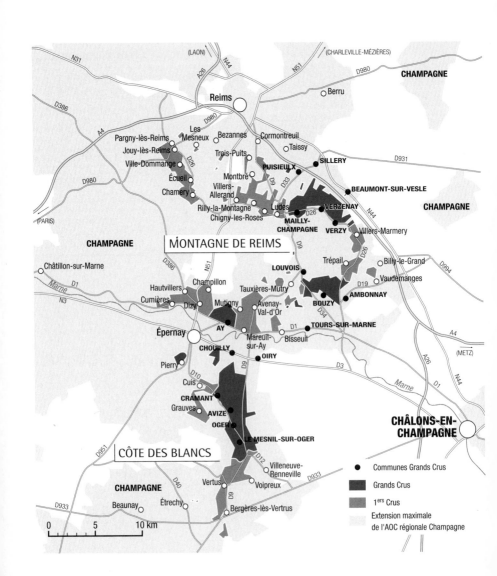

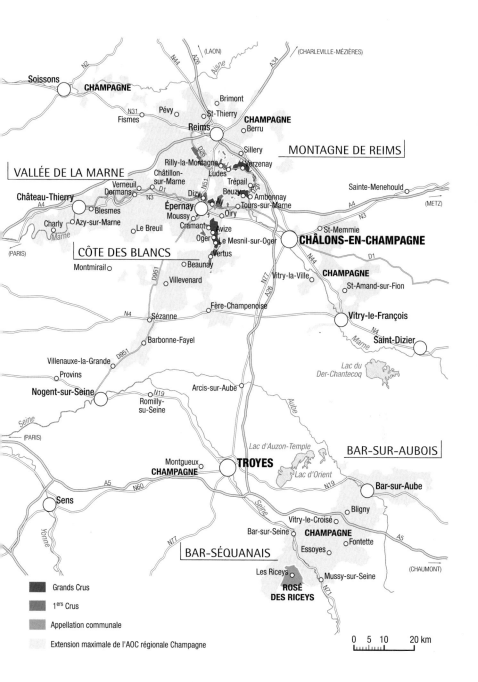

L'actualité des millésimes

La plus importante question d'actualité pour la
Champagne est : comment produire plus de vin pour
satisfaire une demande mondiale insatiable sans affaiblir
la qualité ? La révision, comme on dit sur place, de l'aire
de production, entendez son augmentation aussi
intelligente que possible, semble une réponse bien
adaptée.

Quelques nouveaux villages viennent d'y être intégrés,
tandis que tous ceux qui font partie de la délimitation
actuelle réétudient leur cadastre. En attendant, tous,
producteurs individuels, coopératives ou maisons de
négoce, se réjouissent de leur prospérité actuelle et en
profitent pour augmenter leurs marges. Le brut sans
année rosé bénéficie particulièrement de l'engouement
international pour cette couleur, mais pose un problème
technique majeur : il faut vinifier encore plus de bon vin
rouge malgré un climat qui ne permet pas de les réussir
aussi riches en couleur qu'on le souhaite et malgré
l'apparition inquiétante de nombreux faux goûts, qu'on
retrouve d'ailleurs en Bourgogne et ailleurs, liés à la
présence de champignons microscopiques jusqu'ici
inconnus dans le raisin.

Le marché commence à distribuer les BSA à base
du millésime 2006, qui demandaient plus de travail
d'équilibre en vin de réserve que ceux à base de 2005.
Les vins millésimés passent progressivement du superbe
2002, au 2003 très peu abondant et marqué par la
canicule, et au 2004 fin et équilibré, particulièrement
en blanc de blancs.

2005 ne sera sans doute pas commercialisé avant 2010
ou 2011 en raison d'une réelle diminution des ventes,
dont on ne se plaindra pas car elle permet un plus long
affinage sur lies dans les caves champenoises.

Les cuvées de prestige se répartissent sur un large choix
d'années et rappellent que la Champagne est aujourd'hui
le seul vignoble de France à commercialiser des vins
de dix ans d'âge comme l'excellent 1998, et parfois même
des plus vieux comme les fameuses collections de Krug
ou œnothèque de Dom Pérignon. Quant au style général
des vins, on ne peut que se réjouir de la tendance actuelle
à moins les doser avant mise, même si trop de
producteurs restent encore fidèles à des dosages
supérieurs à dix grammes.

Les vins préférés des lecteurs

En juin 2009, nous avons réuni plus d'une centaine d'amateurs de vin, recrutés parmi les lecteurs du Grand Guide des vins de France, qui ont dégusté des vins de toutes les régions.
Les vins sélectionnés ont tous obtenu dans cette édition une notation supérieure ou égale à 14/20 ainsi qu'un ☺ et sont commercialisés à un prix public inférieur à 15 €. Plus de 600 vins ont ainsi été dégustés par les jurys de lecteurs.

VOICI LE LAURÉAT DE CHAMPAGNE ÉLU PAR NOS LECTEURS

Margaine,
Champagne, Brut cuvée tradition, Blanc Brut, 13 €

Les meilleurs vins

> LES MEILLEURS BRUTS MILLÉSIMÉS

Jacquesson, Champagne, Dégorgement Tardif, 1990
Egly-Ouriet, Champagne, Brut Millésimé, 1999
De Sousa, Champagne, Grand cru Caudalies, 2003

> LES MEILLEURS BRUTS SANS ANNÉE

Larmandier-Bernier, Champagne, vieille vigne de Cramant
grand cru extra-brut
Jacquesson, Champagne, cuvée 733
Jacques Selosse, Champagne, Contraste grand cru
Egly-Ouriet, Champagne, Brut blanc de noirs vieilles vignes
grand cru Les Crayères
Veuve Fourny, Champagne, R extra-brut
Bollinger, Champagne, Brut Spécial Cuvée

> LES MEILLEURS BRUTS ROSÉS SANS ANNÉE

Leclerc Briant, Champagne, Rubis des Noirs
Jacques Selosse, Champagne, Brut Rosé
De Sousa, Champagne, cuvée des Caudalies rosé
Charles Heidsieck, Champagne, Rosé réserve

> LES MEILLEURS BLANCS EN CUVEE DE PRESTIGE

Salon, Champagne, Brut Millésimé, 1996
Roederer, Champagne, Cristal, 2002
Krug, Champagne, Vintage, 1998
Veuve Clicquot-Ponsardin, Champagne, Cave Privée, 1990
Charles Heidsieck, Champagne, Blanc des Millénaires, 1995

> LES MEILLEURS ROSES EN CUVEE DE PRESTIGE

Veuve Clicquot-Ponsardin, Champagne, Cave Privée rosé, 1989
Bollinger, Champagne, Grande Année Rosé, 2002
Laurent-Perrier, Champagne, Grand Siècle Alexandra rosé, 1998
Billecart-Salmon, Champagne, Élisabeth Salmon Rosé, 2000

AGRAPART ET FILS

57, avenue Jean-Jaurès
51190 Avize
Tél. 03 26 57 51 38 - Fax. 03 26 57 05 06
champagne.agrapart@wanadoo.fr
www.champagne-agrapart.com

Avize est le berceau de ce très bon récoltant manipulant. C'est dire si l'on est ici face à une belle source de champagnes apéritifs, issus de chardonnay de la côte des Blancs. L'ensemble de la gamme est vinifié avec précision, avec des dosages légers qui mettent en valeur la fraîcheur et la vivacité des cuvées. Cette vivacité encore un peu agressive empêche encore d'atteindre au niveau des plus grands, tout comme le caractère pommé du brut Vénus 2002.

BRUT GRAND CRU BLANC DE BLANCS L'AVIZOIZE 2004

Blanc Brut | 2009 à 2012 | 22 €   **14/20**
Léger, tendu, note de noisette un peu amère, simple mais exact et facile à boire.

BRUT GRAND CRU MINÉRAL 2004

Blanc Brut | 2009 à 2012 | 34 €   **15/20**
Tendre, léger, subtil, plus aérien qu'Avizoise, apéritif, léger manque de vinosité.

BRUT GRAND CRU MINÉRAL 2003

Blanc Brut | 2011 à 2013 | 30 €   **14/20**
Vin complexe, très légèrement caramélisé, assez rond en bouche pour cette source, encore sur la réserve.

BRUT GRAND CRU VÉNUS 2004

Blanc Brut | 2010 à 2014 | 60 €   **14/20**
Le plus tendu de ces 2004, encore un peu jeune de décoffrage, d'autant que l'absence totale de dosage ne l'arrange pas...

Blanc : 9,6 hectares ; arbane 1%, chardonnay 97%, petit meslier 1%, pinot blanc 1%. **Production totale annuelle :** 90 000 bt. **Visite :** Sur rendez-vous.

ALFRED GRATIEN

30, rue Maurice-Cerveaux
B.P. 3
51200 Épernay
Tél. 03 26 54 38 20 - Fax. 03 26 54 53 44
contact@alfredgratien.com
www.alfredgratien.com

Cette discrète maison, grande sœur de l'angevine Gratien-Meyer, a toujours produit des champagnes très sérieusement construits, vineux et profonds. Les vinifications se déroulent systématiquement en fûts, comme chez Bollinger ou Krug, et la fermentation malolactique des vins est bloquée, afin de maintenir une vivacité supplémentaire. Avec ces principes rigoureux, associés à des origines de haut niveau pour l'approvisionnement, on ne s'étonnera pas de la qualité élevée des champagnes de la maison, hélas souvent masquée par un dosage peu marié à l'ensemble dans les cuvées classiques de la maison.

BLANC DE BLANCS

Blanc Brut | 2009 à 2015 | 41,90 €   **16/20**
Beau vin très pur, associant les notes minérales et celles d'agrumes, la longueur fine et profonde, l'allonge intense.

BRUT

Blanc Brut | 2009 à 2013 | 31,50 €   **15/20**
Droit, long, belles notes d'agrumes et de fruits confits, avec un caractère assez rond en finale.

PARADIS

Blanc Brut | 2009 à 2017 | 62,50 €   **16/20**
Le vin est puissant, avec un caractère révélant à la fois les vinifications en petits fûts et une maturation certaine du vin. L'ensemble possède une allonge profonde qui en fait un beau champagne de table et de méditation.

PARADIS ROSÉ

Rosé Brut | 2009 à 2013 | 62,50 €   **15/20**
Rosé vineux et profond, d'une personnalité puissante, d'une dimension aromatique cependant limitée.

Rouge : 0,80 hectare ; pinot meunier 30%.
Blanc : 1,20 hectare ; chardonnay 70%.
Visite : Dégustation seulement sur rendez-vous jusqu'à 17 h.

AYALA

1, Rue Edmond de Ayala
B.P. 6
51160 Aÿ
Tél. 03 26 55 15 44 - Fax. 03 26 51 09 04
contact@champagne-ayala.fr
www.champagne-ayala.fr

Installée à Aÿ, cette maison créée en 1860 a été reprise au début du nouveau millénaire par son voisin Bollinger, qui y a dépêché l'un de ses responsables, Hervé Augustin, arrivé avec la ferme intention d'y fournir un travail aussi sérieusement savoureux que dans la prestigieuse maison. En peu de temps, et en bénéficiant d'une nette reprise en main de la qualité des vins par la direction précédente, il a su redonner à cette maison une véritable personnalité, droite, svelte, sans aucune lourdeur, et la cuvée Zéro Dosage en constitue l'incarnation. L'ensemble ne cesse de progresser et fait d'Ayala une marque hautement recommandable.

BLANC DE BLANCS 2002
Blanc Brut | 2009 à 2016 | env 41 €   **16,5/20**
Excellent blanc de blancs pur et cristallin, d'une allonge raffinée mais énergique.

BRUT MAJEUR   ☺
Blanc Brut | 2009 à 2011 | env 28 €   **15/20**
Rond, pur et direct, très joli champagne apéritif et gourmand, aux expressives notes de fruits blancs.

BRUT NATURE   ☺
Blanc Brut | 2009 à 2011 | env 30 €   **16/20**
Décidément, Ayala a su définir un style bien à lui avec cette cuvée : franc, direct, mais aussi très racé et fin, ce brut non dosé séduit immédiatement.

PERLE D'AYALA 2002
Blanc Brut | 2009 à 2016 | env 67 €   **16,5/20**
À ce jour le millésime le plus abouti de la cuvée de prestige de la marque : ample, profond, velouté, fines notes torréfiées en finale.

PERLE D'AYALA NATURE 2002
Blanc Brut | 2010 à 2018 | env 72 €   **16,5/20**
Sans l'édulcoration du dosage, cette belle cuvée possède des arêtes encore vives qui peuvent demander un an de cave supplémentaire. Cette attente permettra à ce vin brillant de s'épanouir parfaitement.

ROSÉ NATURE
Rosé Brut | 2009 à 2013 | env 54 €   **16/20**
Sans dosage, ce vin très pur impose un grand volume en bouche, allié à un caractère très sec, puissant et dense. Rosé de grand caractère.

Production totale annuelle : 600 000 bt.
Visite : Sur rendez-vous de 9 h à 11 h et de 14 h à 17 h, sauf samedi et dimanche.

CHAMPAGNE BARNAUT

1, place André-Collard
B.P. 19
51150 Bouzy
Tél. 03 26 57 01 54 - Fax. 03 26 57 09 97
contact@champagne-barnaut.fr
www.champagne-barnaut.com

Philippe Secondé est un des plus affables viticulteurs de Bouzy, passionné par son terroir et très raisonnable dans la tarification de ses produits. Il élabore des vins énergiques, parfois un peu lourds et rustiques, mais toujours sincères. À leur meilleur, ils expriment avec beaucoup de naturel la force des pinots noirs du secteur. Dans les derniers tirages, le rosé nous a beaucoup impressionné, tandis que les vins d'entrée de gamme manquaient de pureté, sauf l'extra-brut non millésimé, délicieux. Nous conservons nos commentaires de dégustation de l'an dernier.

BRUT BLANC DE NOIRS GRAND CRU
Blanc Brut | 2011 à 2014 | 18 €   **15/20**
Toujours la même vinosité et la même intégrité de caractère. Il faut regretter que le producteur ait oublié de présenter ses vins à notre large dégustation d'Épernay.

COTEAUX CHAMPENOIS BOUZY ROSÉ - CLOS BARNAUT
Rosé | 2009 à 2016 | 17,20 €   **16/20**
Léger mordoré, très floral, très sophistiqué, nez de violette, raffiné, rappelant les plus grands riceys en raison de cet arôme, avec un rien de vinosité en plus.

EXTRA-BRUT GRAND CRU SÉLECTION
Blanc Brut | 2009 à 2010 | 17,2 €   **16/20**
Très réductif, avec des notes de café et de boulange, mais vraiment séducteur, long, raffiné, parfait dès maintenant.

GRAND CRU AUTHENTIQUE ROSÉ
Rosé Brut | 2009 à 2015 | 17,20 €   **18/20**
Extraordinaire réussite, fruité exquis, grande longueur, tout l'esprit du terroir et une harmonie supérieure. Bravo !

Rouge : 3,5 hectares ; pinot meunier 7%, pinot noir 93%. **Blanc :** 13 hectares ; chardonnay 100%.
Production totale annuelle : 100 000 bt.

FRANÇOISE BEDEL

71, Grande Rue
02310 Croutes-sur-Marne
Tél. 03 23 82 15 80 - Fax. 03 23 82 11 49
contact@champagne-bedel.fr
www.champagne-bedel.fr

Cette petite propriété, située aux portes de Paris ou presque, pratique une viticulture biodynamique idéaliste mais rigoureuse, et ne cesse de progresser dans l'élaboration de champagnes fidèles à la « gueule » de l'endroit, comme le dirait Jacques Puisais. Les vins présentés cette année brillaient par leur netteté, leur naturel, leur véritable et discrète élégance. Les petits défauts oxydatifs du passé ne sont plus que des souvenirs. Nous reconduisons les commentaires de l'an dernier la propriété n'ayant pas envoyé d'échantillons correspondant aux mises pour l'an prochain.

BRUT

Blanc Brut I 2009 à 2010 I NC   **15/20**
Un champagne de raisin ultramûr, ressemblant par une petite note de caramel au style des 2003, plein de caractère et de fruit, idéalement peu dosé, original, fait pour la table.

PRESTIGE

Blanc Brut I 2009 à 2010 I NC   **15, 5/20**
Un parfait champagne, complexe, au bouquet savoureux de biscotte, long, pur, loyal, à ne pas mettre entre les mains d'amateurs de vins plus nerveux et tendus.

Rouge : 7,2 hectares. Blanc : 1.1 hectare.
Production totale annuelle : 55 000 bt.
Visite : Le lundi, mardi, jeudi et vendredi de 9 h à 12 h 30 et de 13 h 30 à 18 h. Les autres jours sur rendez-vous.

BILLECART-SALMON

40, rue Carnot
51160 Mareuil-sur-Aÿ
Tél. 03 26 52 60 22 - Fax. 03 26 52 64 88
billecart@champagne-billecart.fr
www.champagne-billecart.fr

Cette maison de Mareuil-sur-Aÿ a acquis une réputation internationale au cours des années 1990, grâce à des champagnes aériens et raffinés. Cette approche, qui s'appuie pour partie sur un vignoble maison, a trouvé un ambassadeur spectaculaire, le rosé, qui s'est imposé non sans raison comme l'un des leaders de la catégorie. Les grandes cuvées, comme Nicolas-François Billecart (en blanc) et Élisabeth Salmon (en rosé), possèdent un raffinement qui a peu d'équivalent.

BLANC DE BLANCS

Blanc Brut I 2009 à 2012 I cav. 52 €   **16,5/20**
Ce blanc de blancs séduit par sa droiture raffinée et sa joliesse aromatique, aux notes très finement citronnées.

BRUT RÉSERVE   ☺

Blanc Brut I 2009 à 2010 I cav. 35 €   **15,5/20**
Joli champagne juvénile et tendre, un peu plus tendu que dans nos dégustations précédentes, de ce fait plus direct et frais.

BRUT ROSÉ

Rosé Brut I 2009 à 2012 I cav. 56 €   **16/20**
Tendresse framboisée et allègre : excellent champagne fin et fruité, immédiatement séducteur.

CLOS SAINT-HILAIRE 1996

Blanc Brut I 2009 à 2017 I NC   **17/20**
Le premier millésime vinifié séparément de ce clos de Mareuil-sur-Ay vieillit harmonieusement, dans un style vineux et profond.

ÉLISABETH SALMON ROSÉ 2000

Rosé Brut I 2009 à 2018 I cav. 150 €   **18,5/20**
Dès la robe, d'un brillant or rose, la cuvée affirme sa personnalité : profonde et sensuelle, délicate et ultraraffinée ; le vin subjugue par son infinie longueur.

NICOLAS-FRANÇOIS BILLECART 2000

Blanc Brut I 2009 à 2020 I cav. 86 €   **18/20**
Très complet, remarquablement racé et subtil, avec de brillantes notes de petits fruits rouges et une allonge minérale et presque saline. Du grand art !

Rouge : 6,3 hectares ; pinots noir et meunier 100%.
Blanc : 4,25 hectares ; chardonnay 100%.
Visite : Sur rendez-vous.

BOIZEL

46, avenue de Champagne
51200 Épernay
Tél. 03 26 55 21 51 - Fax. 03 26 54 31 83
boizelinfo@boizel.fr
www.boizel.com

Cette maison familiale a intégré au milieu des années 1990 le dynamique groupe BCC, dirigé par Bruno Paillard, sans que son management familial (Évelyne Roques-Boizel et son mari la dirigent toujours) et ses principes d'approvisionnement et de vinification aient changé. La gamme s'est enrichie d'un champagne extrabrut, baptisé Ultime ; mis à part un chardonnay très anodin, elle apparaît d'une bonne homogénéité.

Brut Joyau de France 1996
Blanc Brut | 2009 à 2016   **16,5/20**
Proposé aujourd'hui dans sa pleine phase de maturité, ce vin très profond et structuré reflète parfaitement le grand mais sévère millésime 1996, parfaitement adapté à la table.

Brut Millésimé 2000
Blanc Brut | 2009 à 2015 | 30,90 €   **15,5/20**
La complexité de ce champagne a été construite sur la race des crus qui ont participé à cet ensemble. Le résultat est un champagne profond, vineux, intense, racé, gourmand à souhait.

Brut Réserve
Blanc Brut | 2009 à 2010 | 21,90 €   **13,5/20**
Champagne solide et puissant, d'une personnalité terrienne.

Brut Ultime
Blanc Brut | 2009 à 2010 | 29,50 €   **15/20**
Mature et vineux, un très complet brut non dosé qui appelle l'accompagnement d'une volaille de Bresse !

Joyau de France Rosé 2000
Rosé Brut | 2009 à 2014 | 71,90 €   **16/20**
Excellent rosé, mature et riche, au bouquet gagnant en complexité, au corps ample, parfaitement structuré, doté d'une belle allonge fraîche. Dosage superbe.

Visite : Sur rendez-vous.

BOLLINGER

16, rue Jules-Lobet
B.P. 4
51160 Aÿ
Tél. 03 26 53 33 66 - Fax. 03 26 54 85 59
contact@champagne-bollinger.fr
www.champagne-bollinger.fr

Cette maison d'Aÿ est demeurée familiale et constitue certainement pour beaucoup d'amateurs l'illustration la plus exemplaire du champagne de puristes. Bollinger réalise des champagnes extrêmement vineux, droits, profonds. Pour autant, cette vinosité n'exclut pas, bien au contraire, la plus extrême finesse ! Toutes les cuvées, y compris le brut non millésimé Spécial Cuvée, bénéficient avant leur commercialisation d'une lente maturation dans les caves de la maison. Le R.D. est un champagne parvenu à pleine maturité dans les caves de la maison, et dégorgé (c'est-à-dire débarrassé de ses lies) juste avant la commercialisation, pour préserver au maximum la fraîcheur du vin. Le Grande Année est un champagne vintage de haute volée, généralement au sommet du millésime concerné.

Brut Spécial Cuvée
Blanc Brut | 2009 à 2010 | 45 €   **17,5/20**
Grand raffinement et belle vigueur : parfait brut non millésimé, d'une droiture apéritive sans faille.

Grande Année 2000
Blanc Brut | 2009 à 2016 | 100 €   **18/20**
Jolis et fins arômes noisettés, vin harmonieux et racé, d'un caractère très fin. Brillant et velouté, c'est un apéritif de grande classe.

Grande Année Rosé 2002
Rosé Brut | 2009 à 2016 | NC   **19/20**
Vin très droit et pur, mais aussi d'un remarquable raffinement de texture, de bulles et d'arômes.

R.D. 1997
Blanc Brut | 2009 à 2017 | Ench. 118 €   **17/20**
C'est un RD classique, profond et vineux, mais sans l'aérienne élégance des plus grands millésimes.

Rosé
Rosé Brut | 2009 à 2014 | 67 €   **18,5/20**
Bouquet très fin de framboise, fraise des bois et groseille, droiture impressionnante en bouche, délicatesse et fraîcheur, finale pure et longue.

Rouge : 3 hectares ; pinot meunier 17%, pinot noir 59%. Blanc : 160 hectares ; chardonnay 24%.
Production totale annuelle : 2 500 000 bt.
Visite : Pas de visites.

BONNAIRE ET PAUL CLOUET

1, place André Tritant
51150 Bouzy
Tél. 03 26 57 07 31 - Fax. 03 26 58 26 36
contact@champagne-paul-clouet.com
www.champagne-paul-clouet.com

Nous regroupons sous une seule rubrique deux marques différentes mais élaborées dans le même cuvier par Jean-Louis Bonnaire qui est le mari de Marie-Thérèse Clouet. Mais les entités restent séparées et Marie-Thérèse reçoit à Bouzy les visiteurs dans la maison de ses parents. Les Bonnaire sont une famille de Cramant, avec 22 hectares de vignes dont une majorité au cœur de la côte des Blancs, les Clouet, des viticulteurs respectés de Bouzy. Autant dire qu'on disposera de vins issus de deux des plus fameux villages grand cru de la Champagne. Voici une des sources les plus sûres actuelles pour des champagnes de grande origine. Ces vins par leur mode d'élaboration sont prêts à boire assez vite après leur mise en vente.

BLANC DE BLANCS GRAND CRU
Blanc Brut | 2009 à 2011 | 20 €   **16,5/20**
Un vin délicieux avec tout le charme de Cramant qui entre en majorité avec un complément de Chouilly. Cela noisette finement et la fin de bouche reste merveilleusement ronde et fraîche.

BRUT ROSÉ
Rosé Brut | 2009 à 2010 | 22 €   **16/20**
La finesse aromatique du nez s'explique par le vin rouge de Bouzy qui lui donne ce parfum précieux de fleurs, le corps est à l'unisson, raffiné et onctueux. La séduction même.

PAUL CLOUET ROSÉ
Rosé Brut | 2009 à 2011 | 22 €   **15/20**
Rosé floral, élégant, équilibré, bien dosé, qui plaira certainement à tous.

PAUL CLOUET BRUT GRAND CRU
Blanc Brut | 2009 à 2011 | 20 €   **15/20**
Un assemblage réussi de Bouzy et Chouilly, au fruité pur et élégant, avec le style inimitable des origines, parfaitement préservé par une vinification précise et sage.

PAUL CLOUET CUVÉE PRESTIGE
Blanc Brut | 2009 à 2011 | 25 €   **15/20**
Beau terroir évident, vin complexe, salin, adroitement dosé, universel.

VARIANCE BLANC DE BLANCS GRAND CRU
Blanc Brut | 2009 à 2010 | 22 €   **15/20**
Un vin très équilibré, long, agréablement bouqueté, d'usage universel et vivement recommandé. Le passage sous bois est imperceptible !

Production totale annuelle : 250 000 bt. Visite : Du lundi au samedi et sur rendez-vous le dimanche.

BONNET GILMERT

Champagne Bonnet Gilmert
16, rue de la Côte
51190 Oger
Tél. 03 26 59 49 47 - Fax. 03 26 59 00 17
contact@champagne-bonnet-gilmert.com
www.champagne-bonnet-gilmert.com

Voici encore une bonne adresse pour se fournir en blancs de blancs très apéritifs. Oger est la continuation du fameux vignoble d'Avize, avec sans doute les plus belles terres à chardonnay de toute la côte des Blancs. Ce producteur soigne visiblement son brut sans année, d'un prix très raisonnable et qui mérite vraiment d'entrer dans notre guide. En suivant l'exemple des Selosse, Sousa ou Larmandier, il peut devenir une vedette de la côte, car il possède de superbes vignes sur Oger et Le Mesnil qui permettent tous les espoirs.

CUVÉE DE RÉSERVE GRAND CRU MILLÉSIMÉ BLANC DE BLANCS 2004
Blanc Brut | 2009 à 2012 | NC   **15/20**
Pâle, pur, tendu et racé, avec une superbe finesse, dosage consensuel mais non excessif.

CUVÉE DE RÉSERVE GRAND CRU MILLÉSIMÉ BLANC DE BLANCS 2002
Blanc Brut | 2009 à 2012 | NC   **15/20**
Minéral, assez complexe et étoffé, sincère.

MILLÉSIMÉ 2004
Blanc Brut | 2011 à 2014 | NC   **15/20**
Le vin chardonne dignement au nez, le style est pur, un tout petit peu impersonnel par rapport à Précieuse, mais le temps renforcera le caractère Oger.

PRÉCIEUSE D'AMBROISE
Blanc Brut | 2009 à 2012 | NC   **16/20**
On sent un peu le bois mais le vin possède un caractère affirmé et remarquable de terroir, et montre ce que donneront ces mêmes vignes avec encore plus de raffinement dans l'élaboration ! Du vrai grand cru.

Blanc : 4.5 hectares. Production totale annuelle : 30 000 bt. Visite : De 9 h à 11 h30 et de 14 h à 18 h.

LIONEL CARREAU

10, rue du Ruisselot
10110 Celles sur Ource
Tél. 03 25 38 57 27 - Fax. 03 25 38 46 08
carreau.lionel@wanadoo.fr

Celles-sur-Ouche est une des principales petites communautés productrices de Champagne dans l'Aube et possède de nombreux récoltants manipulants dont plusieurs portent le même nom de famille : Carreau. Le prénom est donc ici de rigueur. Lionel Carreau a présenté pour notre dégustation trois champagnes de niveau de qualité élevée, ce qui n'est pas si fréquent, représentatifs des grands progrès accomplis dans la région. Il n'y a plus aucune rusticité dans le style mais des vins pleins, équilibrés, savoureux et d'un rapport qualité/prix exceptionnel. Une adresse à suivre, donc.

PRÉEMBULLES
Blanc Brut | 2010 à 2012 | 19,80 €   **16/20**
Un nom amusant pour un champagne de haute qualité, frais, vineux, strict dans son dosage, avec une suite en bouche digne des meilleurs produits de l'Aube. Vivement recommandé.

RÉSERVE
Blanc Brut | 2010 à 2012 | 14,80 €   **14/20**
Un parfait apéritif, frais, net, subtil, avec une finale fine et cristalline.

ROSÉ
Rosé Brut | 2009 à 2011 | 16,20 €   **14,5/20**
Beaucoup de fruit et d'agrément au nez, corps complet, avec la netteté remarquable qui caractérise les vins présentés par ce producteur. Il dépasse bien des rosés de la Marne en finesse de grain et en droiture.

Production totale annuelle : 20 000 bt.
Visite : Sur rendez-vous.

CATTIER

6, rue Dom-Pérignon
51500 Chigny-les-Roses
Tél. 03 26 03 42 11 - Fax. 03 26 03 43 13
champagne@cattier.com
www.cattier.com

Cette maison de Chigny-les-Roses est l'une des rares qui puissent se targuer de posséder un véritable clos, le Clos du Moulin. Si celui-ci révèle une véritable personnalité à la fois profonde et terrienne, le reste de la gamme souffre de dosages beaucoup trop lourds, faisant perdre à ces vins une bonne partie de leur caractère.

BLANC DE BLANCS
Blanc Brut | 2009 à 2011 | 29 €   **12,5/20**
Le dosage est marqué et c'est dommage, car ce blanc de blancs possède une réelle longueur.

BRUT PREMIER CRU
Blanc Brut | 2009 à 2011 | 25 €   **14/20**
Robe assez dorée, champagne rond, souple, facile à boire.

CLOS DU MOULIN
Blanc Brut | 2009 à 2014 | 67 €   **15/20**
Ce premier cru est évidemment le sommet de la gamme et se révèle dense, vineux, profond, exprimant des arômes de fruits noirs et de céréales torréfiées. L'ensemble est solidement constitué.

Production totale annuelle : 1 000 000 bt.
Visite : Du lundi au vendredi, de 8 h à 12 h et de 14 h à 18 h.

CHANOINE

Allée du Vignoble
51100 Reims
Tél. 03 26 36 61 60 - Fax. 03 26 36 66 62
www.tsarine.com

Maison originelle du groupe BCC (Boizel-Chanoine-Champagne), qui a pris une dimension incontournable avec l'acquisition de Lanson, Chanoine produit sous son nom des champagnes simples et de large diffusion, mais a également créé sous le nom de Tsarine une gamme aux habillages et au positionnement très étudiés. Tsarine n'est pas qu'une réussite du marketing : la gamme a véritablement trouvé aujourd'hui son style, fin, aérien, délicat et très apéritif.

TSARINE PREMIUM

Blanc Brut | 2009 à 2010 | 26 €   **14,5/20**
Champagne élégant, équilibré, tendre avec une bulle très fine. Vin souple et harmonieux, bon apéritif.

TSARINE ROSÉ

Rosé Brut | 2009 à 2010 | 33 €   **14/20**
Style comparable au Premium, avec d'agréables notes framboisées au nez comme en bouche.

Visite : Pas de visites.

GUY CHARLEMAGNE

4, rue de la Brèche-d'Oger
51190 Le Mesnil-sur-Oger
Tél. 03 26 57 52 98 - Fax. 03 26 57 97 81
champagneguycharlemagne@orange.fr
www.champagne-guy-charlemagne.fr

Une des propriétés les plus sérieuses du Mesnil, avec un style de vin plus rapide dans son évolution que la moyenne. On préfère ici, de loin, les cuvées millésimées et en particulier la célèbre Mesnillésime, d'une finesse parfois transcendante. Les derniers tirages sont parfaitement dans la ligne du producteur, frais, et plus fruités que les crus voisins de Cramant.

MESNILLÉSIME GRAND CRU
BLANC DE BLANCS 2002   ⓤ

Blanc Brut | 2010 à 2014 | 31,00 €   **16/20**
On est ici vraiment en prise avec le terroir et sa façon de noisetter, avec une bouche élégante, aérienne, longue, savoureuse, sans toutefois atteindre les sommets absolus du même millésime.

RÉSERVE BRUT GRAND CRU
BLANC DE BLANCS

Blanc Brut | 2010 à 2014 | NC   **14,5/20**
Blanc de blancs classique, avec ses notes de fleurs blanches au nez, allant vers la noisette fraîche, et avec la finesse attendue, mais une fin de bouche encore un rien agressive. Attendre un an.

Rouge : 2 hectares ; pinot noir 13%.
Blanc : 13 hectares ; chardonnay 87%.
Production totale annuelle : 150 000 bt.
Visite : De 9 h à 12 h et de 14 h à 18 h.

Inscrivez-vous sur

BETTANEDESSEAUVE.COM

> Suivez l'actualité du vin
> Accédez aux notes de dégustation de 25 000 vins
> Visitez les stands des producteurs

CHARLES HEIDSIECK

12, allée du Vignoble
51100 Reims
Tél. 03 26 84 43 00 - Fax. 03 26 84 43 49
www.charlesheidsieck.com

Cette maison de tradition ancienne, qui porte le nom d'un fondateur suffisamment ambitieux et original pour avoir conquis quasi seul le marché américain au 19ème siècle, propose depuis longtemps des cuvées de prestige - Champagne Charlie (pour les millésimes de collection) et surtout le Blanc des Millénaires - d'une exquise finesse et d'une parfaite maturité. Mais il faut aussi, et surtout, profiter de la saveur ample, aromatique et fraîche du brut non millésimé, qui a un temps porté son année de mise en cave, une précieuse indication hélas confondue par beaucoup avec un millésime. L'ensemble de la gamme est ainsi brillamment homogène et s'appuie sur un style très fondu, délicieusement noisetté, éminemment reconnaissable. Gourmands et séducteurs, tous les champagnes de Charles Heidsieck s'accommodent aussi bien de l'apéritif que de la table.

BLANC DES MILLÉNAIRES 1995
Blanc Brut | 2009 à 2020 | 160 €   **19/20**
Avec son bouquet complexe, sa finesse de texture et son infinie suavité, le Blanc des Millénaires 1995 possède une exceptionnelle finesse et une subtilité magnifique.

BRUT RÉSERVE
Blanc Brut | 2009 à 2012 | 33 €   **16,5/20**
Un brut incroyable de moelleux et de finesse, tout en suavité et délicieuse rondeur : assurément l'un des meilleurs bruts non millésimés de grande marque.

MILLÉSIME 2000
Blanc Brut | 2009 à 2015 | 49 €   **16,5/20**
Délicat et bouqueté, un champagne fin et élégant, très droit, qu'on pourra garder assurément quelques années supplémentaires en cave.

ROSÉ RÉSERVE
Rosé Brut | 2009 à 2011 | 45 €   **17/20**
Robe d'un beau rose très pâle, bouche droite et fine, d'une grâce aérienne.

Production totale annuelle : 1 000 000 bt.
Visite : Sur rendez-vous.

J. CHARPENTIER

88, rue de Reuil
51700 Villers-sur-Chatillon
Tél. 03 26 58 05 78 - Fax. 03 26 58 36 59
info@jcharpentier.fr
www.jcharpentier.fr

Nous retrouvons avec plaisir ce producteur pionnier dans son secteur de Villers-sous-Châtillon, qui pratique des prix fort raisonnables, avec un nouveau tirage de son brut réserve plus conforme à sa qualité habituelle. Les vins de ce secteur sont tendres, équilibrés en acidité et vite prêts à boire.

BRUT RÉSERVE
Blanc Brut | 2009 à 2010 | 14,30 €   **14/20**
Couleur ambrée, beau nez complexe à forte autolyse de levure, du caractère et un dosage qui le préservent, plus fait pour la table en raison de son âge.

Rouge : 10,9 hectares ; pinot 25%, pinot meunier 75%.
Blanc : 1,1 hectare ; chardonnay 100%.
Production totale annuelle : 100 000 bt.
Visite : Dégustation du lundi au samedi de 9 h à 12 h et de 14 h à 18 h, dimanche sur rendez-vous.
Visite du lundi au samedi à 10 h 30, 14 h 30 et 16 h 30 et le dimanche sur rendez-vous.

CHARTOGNE-TAILLET

37 - 39, Grande Rue
51220 Merfy
Tél. 03 26 03 10 17 - Fax. 03 26 03 19 15
chartogne.taillet@wanadoo.fr
chartogne-taillet.typepad.fr/france

Merfy, au cœur du trop méconnu massif de Saint-Thierry, est un des vignobles les plus proches de Reims. Philippe Chartogne, sa femme Élizabeth et leur fils Alexandre font partie de la petite poignée de viticulteurs déterminés et passionnés qui, progressivement, assurent un rayonnement international au champagne de vigneron. Leurs vins sont très précis, impeccablement dosés et très subtilement aromatiques. Sur le terroir de Merfy, il ne faut pas demander une vinosité comparable à la montagne de Reims, mais de la finesse et une nervosité sans agressivité. Les cuvées Sainte-Anne et surtout Fiacre remplissent parfaitement leur rôle.

CUVÉE SAINTE-ANNE

Blanc Brut | 2009 à 2010 | 14,50 €   **15,5/20**
Cet assemblage de pinot et de chardonnay est parfaitement équilibré, subtil, d'un dosage imperceptible, avec beaucoup de rémanence.

FIACRE

Blanc Brut | 2009 à 2014 | 24 €   **15/20**
Robe pâle, nez de noisette plus marqué par l'autolyse et la barrique mais un peu asséchant, belle acidité, plus fait pour la table.

MILLÉSIMÉ 2002

Blanc Brut | 2009 à 2012 | 19,90 €   **16/20**
Robe pâle, excellent fruit, vin très bien construit, fondu, agréable, d'une impeccable franchise et classe. Excellent.

ROSÉ

Rosé Brut | 2009 à 2014 | 18,50 €   **15,5/20**
Jolie teinte, beau fruité, dosage habile, joli fruit, très parfumé et souple, vin plaisir.

Blanc : 11,5 hectares ; chardonnay 40%.
Production totale annuelle : 80 000 bt.
Visite : De 8 h à 17 h sur rendez vous.

CHAMPAGNE ROGER COULON

12, rue de la Vigne-du-Roy
51390 Vrigny
Tél. 03 26 03 61 65 - Fax. 03 26 03 43 68
contact@champagne-coulon.com
www.champagne-coulon.com

Voici un récoltant manipulant exemplaire, par la précision et l'aboutissement de sa démarche et de ses produits. Les très nombreuses petites parcelles du domaine sont réparties autour de Vrigny, aux portes de Reims, un des berceaux historiques du champagne. Quelques-unes sont très vieilles, voire même franches de pied, et leur produit donne tout son intérêt à la cuvée de prestige de la maison. La gamme de vins est nettement définie et présentée, et les mêmes qualités se retrouvent tant dans les installations techniques, d'une propreté méticuleuse, que dans la chaleur et la gentillesse de l'accueil. Les vins ont du style, de la vinosité, et rendent justice au travail du vigneron.

BLANC DE NOIRS 2003

Blanc Brut | 2009 à 2013 | 23,40 €   **16/20**
Forte personnalité, rondeur, beaucoup de jeunesse encore malgré la puissance du millésime, finale stricte mais racée, excellent champagne de table.

ESPRIT DE VRIGNY

Blanc Brut | 2009 à 2011 | 26,40 €   **14/20**
Vin puissant, au caractère fort marqué, fait pour la table, mais avec une finale un rien rustique.

LES COTEAUX DE VALLIER

Blanc Brut | 2009 à 2013 | 28,80 €   **16,5/20**
Fermenté sous bois avec les notes de froment noble qui certifient de l'excellence dans la maîtrise de ce choix, long, complexe, remarquable personnalité, superbe vin de table !

ROSÉ

Rosé Brut | 2009 à 2012 | NC   **15,5/20**
Fermentation partielle sur bois et à nouveau vin très harmonieux étonnamment complexe, parfaitement équilibré (1/3 de chaque cépage), frais, bien dosé, exemplaire.

Production totale annuelle : 90 000 bt.
Visite : Sur rendez-vous.

DEHOURS ET FILS

2, rue de la Chapelle
51700 Cerseuil
Tél. 03 26 52 71 75 - Fax. 03 26 52 73 83
champagne.dehours@wanadoo.fr
www.champagne-dehours.fr

Jérôme Dehours est un des producteurs les plus imaginatifs et les plus ambitieux du secteur de Cerseuil, réputé pour ses pinots meuniers de classe. Il a suivi l'excellente logique de la vinification parcellaire sous bois de ses meilleures vignes, et l'habillage des bouteilles est aussi élégant que le style des vins, réalisés avec de très faibles dosages en sucre. Il faut absolument découvrir le merveilleux coteaux champenois, largement à la hauteur de bon nombre de grands chablis !

COTEAUX CHAMPENOIS MAISONCELLE 2003
Blanc Brut | 2009 à 2015 | 34,50 € **16,5/20**
Cet extra brut vineux, droit, sans concession, est un beau champagne profond et mûr, aux notes de zeste d'orange et à la minéralité impressionnante.

COTEAUX CHAMPENOIS MAREUIL-LE-PORT
Blanc | 2009 à 2016 | 20 € **17/20**
Très beau et élégant vin tranquille de Champagne, d'une grande profondeur et d'une remarquable persistance aromatique, avec des notes d'orange amère et de craie.

LES VIGNES DE LA VALLÉE ☺
Blanc Brut | 2009 à 2012 | 24,50 € **15,5/20**
Champagne gras et ample, de belle vivacité, aux accents briochés et minéraux. Bel apéritif.

Blanc : 14 hectares ; chardonnay 30%. **Production totale annuelle :** 85 000 bt. **Visite :** De 9 h à 12 h et de 14 h à 17 h 30.
Sur rendez-vous samedi et dimanche.

DELAMOTTE

Discrète maison appartenant au groupe Laurent-Perrier, Delamotte s'est spécialisée dans la réalisation de champagnes clairement apéritifs, dans lesquels le chardonnay tient une place prépondérante. Proposant une gamme volontairement ramassée (un brut, un blanc de blancs, un millésime), elle s'appuie sur des approvisionnements venus en majorité de la Côte des Blancs pour afficher un caractère frais, élancé et souple, marqué par une palette aromatique où les notes d'agrumes sont bien présentes. Toutefois, les cuvées de base nous ont paru plus souples et dosées que par le passé.

BLANC DE BLANCS MILLÉSIMÉ 1999
Blanc Brut | 2009 à 2012 | cav. env 52 € **16/20**
Beaucoup de fraîcheur, beaucoup d'élégance, superbes notes de zeste de citron mêlées à des nuances grillées, allonge racée.

BRUT
Blanc Brut | 2009 à 2012 | cav. env 30 €**14,5/20**
Toujours tendre, toujours rond, frais et universel. La bulle est joliment fine, la finale un peu dosée.

BRUT ROSÉ
Rosé Brut | 2009 à 2010 | cav. env 52 € **13/20**
Souple, simple, sans véritable caractère spécifique par rapport au brut classique.

Rouge : 15 hectares. Blanc : 15 hectares ; chardonnay 100%. **Production totale annuelle :** 700 000 bt. **Visite :** Pas de visites.

7, rue de la Brèche-d'Oger
51190 Le Mesnil-sur-Oger
Tél. 03 26 57 51 65 - Fax. 03 26 57 79 29
champagne@salondelamotte.com
www.salondelamotte.com

DEUTZ

16, rue Jeanson
B.P. 9
51160 Aÿ
Tél. 03 26 56 94 00 - Fax. 03 26 56 94 10
France@champagne-deutz.com
www.champagne-deutz.com

Cette très élégante maison d'Aÿ a progressivement ciselé une gamme qui impose le respect, depuis son brut non millésimé, Classic, jusqu'à ses cuvées de prestige, William Deutz (plutôt axée sur les raisins noirs), et Amour de Deutz (pur chardonnay). Force est de constater que le travail entrepris par Fabrice Rosset et sa très compétente équipe a aujourd'hui amené la marque au plus haut niveau des maisons champenoises.

AMOUR DE DEUTZ BLANC DE BLANCS 1999
Blanc Brut | 2009 à 2016 | 130 €   **18/20**
La palette aromatique de ce vin a subtilement évolué vers des notes complexes de fleurs et fruits confits. Champagne velouté, délicat, insinuant, de grande distinction.

BLANC DE BLANCS 2004
Blanc Brut | 2011 à 2016 | 55,30 €   **16,5/20**
Citronné, bien construit, mais incontestablement très jeune, ce beau champagne gagnera incontestablement à être conservé au moins une ou deux années supplémentaires.

BRUT CLASSIC
Blanc Brut | 2009 à 2013 | 32,50 €   **17/20**
Fruité et énergique, gourmand et racé, le Brut Classic est toujours l'un des meilleurs de sa catégorie.

BRUT MILLÉSIMÉ 2004
Blanc Brut | 2011 à 2018 | 45,50 €   **17/20**
Évidemment encore très jeune, mais brillamment construit : notes d'agrumes et de fruits rouges, allonge et fraîcheur, beau volume fin. Grandes promesses que l'on devrait attendre une ou deux années supplémentaires.

BRUT ROSÉ
Rosé Brut | 2009 à 2012 | 42,30 €   **16/20**
Les arômes de framboise s'imposent au nez comme en bouche, le champagne possède du volume et une élégance pleine d'allégresse.

WILLIAM DEUTZ 1999
Blanc Brut | 2009 à 2015 | 111 €   **17/20**
Subtil et profond, avec une certaine rigueur de construction mais aussi une finesse magistrale.

Rouge : 29,4 hectares ; pinot meunier 27%, pinot noir 46%. **Blanc :** 12,56 hectares ; chardonnay 27%.
Production totale annuelle : 2 000 000 bt.
Visite : Pas de visites.

VEUVE A. DEVAUX

Domaine de Villeneuve
Domaine de Villeneuve - B.P. 17
10110 Bar-sur-Seine
Tél. 03 25 38 30 65 - Fax. 03 25 29 73 21
info@champagne-devaux.fr
www.champagne-devaux.fr

Très important groupe coopératif, l'Union Auboise a fait de cette marque le fer de lance des champagnes de l'Aube, un vignoble qui a longtemps approvisionné les grandes maisons sans jamais être estimé à sa juste valeur. Dans une gamme très large, il faut s'intéresser en priorité aux champagnes D. de Devaux, solides et bien constitués dans toutes leurs variétés.

D DE DEVAUX ULTRA
Blanc Brut | 2009 à 2012 | 36 €   **16/20**
C'est un champagne non dosé, mais pas uniquement : vineux, profond, il offre un caractère racé et généreux, qui en fait un brut de caractère, destiné d'abord à la table.

D. DE DEVAUX
Blanc Brut | 2009 à 2012 | 34 €   **15/20**
Brut élégant, finement citronné, doté d'une bulle raffinée et sans aucune agressivité, équilibré et harmonieux, terminant sur de typiques notes biscottées. Très bon niveau.

D. DE DEVAUX ROSÉ
Rosé Brut | 2009 à 2010 | 40 €   **14/20**
Le fruit est moins séduisant que sur le tirage goûté l'an passé, mais l'ensemble est équilibré et frais.

Rouge : 40 hectares ; pinot 93,7%, pinot meunier 6,3%.
Blanc : 1310 hectares ; chardonnay 100%.
Production totale annuelle : 5 500 000 bt.
Visite : Sur rendez-vous pour les professionnels uniquement.

DOM PÉRIGNON

20, avenue de Champagne
51200 Epernay
Tél. 03 26 51 20 00 - Fax. 03 26 54 84 23
gtemil@mhdfrance.fr
www.domperignon.com

Marque mythique appartenant à Moët & Chandon, Dom Pérignon bénéficie d'une équipe et d'approvisionnements dédiés, qui justifient ici une notice spécifique. Même si les quantités produites de Dom Pérignon demeurent un secret mieux gardé que la couronne britannique, on sait qu'aucune autre cuvée de prestige ne rivalise en la matière. Pourtant, le succès n'a pas perverti Dom Pérignon, bien au contraire. Pour avoir eu la chance de déguster presque tous les millésimes depuis le généreux 1959, nous pouvons affirmer qu'à notre sens, «Dom Pé» n'a jamais été aussi fin, aussi brillamment construit ni aussi régulier qu'aujourd'hui. Il le doit d'une part à l'extrême qualité de l'approvisionnement, améliorée grâce notamment à l'intégration d'une bonne partie des anciens vignobles Pommery et Lanson, tous deux exceptionnellement situés. Il bénéficie d'autre part de la rigueur du travail accompli par l'équipe du chef de cave Richard Geoffroy, assurément l'un des grands hommes de la Champagne contemporaine.

Dom Pérignon 2000
Blanc Brut | 2009 à 2019 | Ench. 104 € | **18/20**
Notes fines d'agrumes et nuances minérales, dimension profonde mais très élégante, du nerf, de la présence, champagne de grande dimension.

Dom Pérignon 1999
Blanc Brut | 2009 à 2019 | Ench. 117 € | **18/20**
Souple et délicat, c'est un superbe champagne à la bulle très fine et au corps de taffetas, exhalant des arômes subtils d'agrumes, de pain grillé et de fruits rouges.

Dom Pérignon Rosé 2000
Rosé Brut | 2009 à 2018 | NC | **18/20**
Fruit très expressif, ampleur fraîche et gourmande, droiture profonde : rosé très aristocratique.

Visite : Sur rendez vous pour les entreprises uniquement.

PASCAL DOQUET

44, chemin du Moulin-de-la-Cense-Bizet
51130 Vertus
Tél. 03 26 52 16 50 - Fax. 03 26 59 36 71
contact@champagne-doquet.com
www.champagne-doquet.com

Ce jeune domaine est issu d'une division des champagnes Doquet-Jeanmaire, famille bien connue de Vertus, au cœur de la côte des Blancs. Pascal Doquet tenait à mettre sa vision et sa morale du vin en pratique, et ne pouvait le faire en toute liberté qu'en reprenant ses vignes. Admirateur des Selosse, Larmandier, Agrapart et autres célèbres vignerons bio du voisinage, il cherche à cultiver ses sols de manière aussi raisonnée et raisonnable que possible, et vinifie parcelle par parcelle pour exprimer avec précision la nature de ses terroirs. Ses premiers vins montrent qu'il parvient à mettre ses prétentions en pratique, et en font un producteur à suivre de près. Les vieux millésimes ont naturellement été élaborés par Doquet-Jeanmaire. Nous regrettons que ce producteur n'ait pas participé à notre dégustation mais nous continuons à avoir confiance dans sa démarche et ses produits.

Blanc de blancs
Blanc Brut | 2009 à 2010 | 19,10 € | **15/20**
Très expressif au nez, avec de fines notes maliques de pomme fraîche faisant partie du charme de ce vin, bulles fines, vin tendu, salin, fidèle au terroir.

Millésimé premier cru 2002
Blanc Brut | 2009 à 2010 | 29,90 € | **16/20**
Excellent millésimé, mousse superfine, autolyse presque parfaite des levures (ni réduction ni oxydation, l'équilibre idéal entre les deux), grande suite en bouche, belle race de terroir.

Rouge : 0,5 hectare. Blanc : 8,1 hectares.
Production totale annuelle : 80 000 bt.
Visite : Sur rendez-vous.

DIDIER DOUÉ

3 voie des vignes
10300 Montgueux
Tél. 03 25 79 44 33 - Fax. 03 25 79 40 04
doue.didier@wanadoo.fr

Ce viticulteur porte bien son nom : un agriculteur au tempérament très fin, très soigné, amoureux fou de son terroir et qui, à notre sens, produit aujourd'hui les vins les plus réguliers et les plus expressifs du terroir. Les prix restent angéliques pour une telle qualité. Il faudrait à l'avenir un peu moins doser l'ensemble des vins pour mieux respecter la délicatesse de ce terroir.

MILLÉSIMÉ 2002
Blanc Brut | 2009 à 2011 | 17,50 €   **13/20**
Un vin nerveux, pas encore complètement harmonisé, un peu trop dosé mais avec le vrai caractère du terroir.

PRESTIGE
Blanc Brut | 2009 à 2011 | 16,50 €   **13/20**
Beaucoup de gras et de souplesse mais le dosage ressort un peu trop.

Blanc : 5 hectares : chardonnay 85%.
Production totale annuelle : 40 000 bt.
Visite : Sur rendez-vous.

DRAPPIER

Rue des Vignes
10200 Urville
Tél. 03 25 27 40 15 - Fax. 03 25 27 40 15
info@champagne-drappier.com
www.champagne-drappier.com

Cette discrète maison familiale peut s'appuyer sur un vignoble de 40 hectares au cœur de la côte des Bar, largement dominé par le pinot noir, complété par des sources de chardonnay venu de Cramant et des pinots de Bouzy et d'Ambonnay. Tout respire ici le sérieux, de la rigueur de la tenue du vignoble à la qualité impeccable des installations techniques. L'accueil est à la hauteur et justifie le voyage dans un petit village complètement isolé du monde, à proximité de Bar-sur-Aube. On l'aura compris, c'est une adresse sûre pour amateurs de champagnes vineux. De plus en plus, ce producteur fort sérieux s'engage dans la voie difficile, périlleuse mais respectueuse, de la culture biologique, et le fait avec une intelligence et une rigueur qu'on aimerait plus fréquentes.

BRUT NATURE PINOT NOIR
Blanc Brut | 2009 à 2012 | 28 €   **15/20**
Cette cuvée existe en deux versions : avec ou sans soufre. Réalisée sans ajout de soufre, ce champagne séduit par sa fraîcheur et son caractère aérien en bouche, associées à de discrètes mais originales notes de pomme au four. Avec, plus droit, plus linéaire, mais très direct, il ne possède pas les nuances aromatiques du précédent.

CARTE D'OR   ⓤ
Blanc Brut | 2009 à 2011 | NC   **14/20**
Rond, gourmand, immédiatement savoureux, assez généreusement dosé, c'est un bon champagne apéritif.

LA GRANDE SENDRÉE 2002
Blanc Brut | 2009 à 2018 | 52 €   **17/20**
Encore très jeune, un grand champagne de table que l'on conseillera de faire vieillir en cave encore une à deux années : vivacité, intensité, remarquable allonge sont au rendez-vous.

MILLÉSIME D'EXCEPTION 2002
Blanc Brut | 2009 à 2016 | 34,40 €   **16,5/20**
Belle robe or vert, palette aromatique séduisante se poursuivant en bouche avec ses belles notes d'agrumes confits, allonge ample et parfaitement équilibrée, persistance. Remarquable !

Rouge : 15,9 hectares. Blanc : 37,1 hectares.
Production totale annuelle : 1 500 000 bt.
Visite : Sur rendez-vous et le samedi visite à 16 h.

DUVAL-LEROY

69, avenue de Bammental
51130 Vertus
Tél. 03 26 52 10 75 - Fax. 03 26 52 12 93
champagne@duval-leroy.com
www.duval-leroy.com

Sous la conduite de Carol Duval, cette maison installée à Vertus, dans la côte des Blancs, n'a cessé d'élever son niveau d'exigence, pour afficher désormais une ambition qualitative assez étonnante. Dans une gamme large mais qui semble désormais se simplifier, on doit relever la qualité sans cesse améliorée du brut Fleur de Champagne et les très intéressantes cuvées parcellaires, réalisées avec beaucoup de précision et d'authenticité.

150 1999
Blanc Brut | 2009 à 2016 | 82 €   **16,5/20**
Beau champagne de grande vivacité, aux notes d'agrumes intenses, à la bouche droite, ample et minérale, très direct et juvénile.

AUTHENTIS CLOS DES BOUVERIES 2004
Blanc Brut | 2009 à 2015 | 45 €   **17/20**
Superbe champagne de table, aux accents aromatiques très nobles, associant la brioche et le miel d'acacia, à l'ampleur généreuse en bouche et à la profondeur persistante.

FLEUR DE CHAMPAGNE
Blanc Brut | 2009 à 2010 | 27 €   **14/20**
Bon brut frais et franc, au corps généreux et à l'allonge veloutée.

FLEUR DE CHAMPAGNE PREMIER CRU
Blanc Brut | 2009 à 2010 | 29 €   **16/20**
Beau champagne pur, franc et complet en bouche, avec un caractère brioché en finale très séduisant.

FLEUR DE CHAMPAGNE ROSÉ DE SAIGNÉE
Rosé Brut | 2009 à 2010 | 41 €   **14,5/20**
Bon rosé frais et gourmand, à la palette aromatique de fruits rouges délivrée sans lourdeur.

LADY ROSE
Rosé Brut | 2009 à 2010   **16/20**
Le dosage important réalisé avec la complicité de Pierre Hermé en fait un compagnon étonnant et imprévu du chocolat.

Production totale annuelle : 5 500 000 bt.
Visite : Du lundi au vendredi de 9 h à 12 h et de 14 h à 17 h sur rendez-vous uniquement.

EGLY-OURIET

9-15, rue de Trépail
51150 Ambonnay
Tél. 03 26 57 82 26 - Fax. 03 26 57 06 52

Par la rigueur de sa discipline de travail, le niveau de son stock qui lui permet de longs vieillissements sur lies, et la précision de ses étiquettes qui indiquent la date de dégorgement et le temps de vieillissement sur lies, Francis Egly donne le ton à toute la viticulture champenoise. Les terres chaudes d'Ambonnay permettent au pinot noir d'atteindre une maturité idéale, avec une régularité sans faille depuis dix ans. Les deux cuvées les plus étonnantes de la maison sont certainement l'extraordinaire blanc de noirs, non millésimé, d'une richesse de constitution unique, et le coteaux champenois, hélas produit en infime quantité, sans doute le meilleur de la Champagne d'aujourd'hui. Mais dès le premier niveau de vin, le très subtil pinot meunier de Vrigny, la qualité est exemplaire !

BRUT BLANC DE NOIRS VIEILLES VIGNES GRAND CRU LES CRAYÈRES
Blanc Brut | 2009 à 2013 | 60 €   **18/20**
Robe dorée, grande vinosité, mousse caressante, qui contraste avec la puissance presque monstrueuse du vin, haute maturité de raisin, inimitable mais à ne pas mettre entre toutes les mains...

BRUT MILLÉSIMÉ 1999
Blanc Brut | 2011 à 2017 | 60 €   **19/20**
Une perfection, ampleur, complexité et race d'un terroir exceptionnel de grand cru, maîtrise de la prise de mousse, longueur, éclat, peut-être le chef-d'œuvre à ce jour de ce grand vigneron.

BRUT TERROIR DE VRIGNY
Blanc Brut | 2010 à 2014 | 22 €   **16/20**
Un meunier impressionnant de richesse et de classe, avec une autolyse complète lui donnant presque une dimension de pinot noir.

COTEAUX CHAMPENOIS AMBONNAY 2007
Rouge | 2017 à 2027 | 42 €   **18,5/20**
Chaque nouveau millésime éblouit encore davantage et ce 2007 d'une finesse et d'une race prodigieuses, élevé dans des barriques parfaites, présente juste après mise toutes les promesses d'un chef-d'œuvre.

ROSÉ
Rosé Brut | 2009 à 2014 | 38 €   **16/20**
Un très beau parfum floral, un corps complet et une précision dans les équilibres en progrès sur les précédents tirages.

Rouge : 9 hectares ; pinot 77,8%, pinot meunier 22,2%.
Blanc : 2 hectares ; chardonnay 100%.
Production totale annuelle : 100 000 bt.
Visite : Sur rendez-vous.

CHAMPAGNE FLEURY

43, Grande Rue
10250 Courteron
Tél. 03 25 38 20 28 - Fax. 03 25 38 24 65
champagne@champagne-fleury.fr
www.champagne-fleury.fr

Voici sans doute le meilleur producteur actuel de l'Aube, le pionnier absolu de la viticulture biodynamique, et ses vins récoltent aujourd'hui les fruits d'un travail rigoureux des sols. Mais contrairement à tant de ses collègues, vinificateurs imprécis qui nous livrent d'affreux vins oxydés, sales, et bien sûr sans aucune expression du terroir, ici les vins ont une précision, une droiture et une digestibilité étonnantes. Avis aux restaurateurs, si souvent trop tolérants avec d'autres ! Les vins présentés cette année nous ont à nouveau conquis.

Brut Rosé ☺
Rosé Brut | 2009 à 2010 | 25 €   **16,5/20**
Un rosé de saignée vraiment surprenant par l'extrême finesse de son parfum floral et la gourmandise de son fruit et qui nous semble un des sommets actuels de ce type en Champagne. On se régale immédiatement.

cuvée Robert-Fleury 2000
Blanc Brut | 2009 à 2010 | 30 €   **15,5/20**
Le vin ne fait que s'approfondir, et montre qu'une vendange biodynamique certifiée (Demeter) et intelligemment vinifiée donne un produit riche de toute la diversité aromatique d'un beau raisin, avec la pointe «terrienne» due au terroir. Reste désormais à faire la part un peu plus belle à l'élément «aérien» si important dans les vins effervescents (un rien d'acidité en plus!).

Fleur de l'Europe
Blanc Brut | 2009 à 2010 | NC   **16/20**
Plus de finesse et de race que dans les cuvées millésimées qui précédaient cet échantillon. Un vin typique du style de la maison, souple, pur, naturel, merveilleusement buvable.

Millésimé 1995
Blanc Brut | 2009 à 2010 | 39 €   **14,5/20**
Extra brut, un peu avancé, certes, dans sa couleur et son bouquet de noisette, mais très savoureux, long, à boire désormais plutôt sur table qu'en apéritif. Il devrait être plus tendu en magnum s'il en existe...

Rouge : 3 hectares ; pinot noir 87%.
Blanc : 11 hectares ; chardonnay 10%,
pinot blanc 3%. Production totale annuelle :
200 000 bt. Visite : Uniquement sur rendez-vous.

GALLIMARD

18-20, rue Gaston-Cheq
10340 Les Riceys
Tél. 03 25 29 32 44 - Fax. 03 25 38 55 20
champ.gallimard@wanadoo.fr
www.champagne-gallimard.com

Les Riceys sont le haut lieu de la viticulture du département de l'Aube, avec le plus important vignoble communal, et une qualité de terroir hors pair, rivalisant avec les meilleurs premiers crus de la Marne. Le pinot noir y règne en maître, même si le réchauffement climatique récent rend la culture du chardonnay moins sujette aux gels de printemps. Sa finesse native de parfum a favorisé la production d'une toute petite quantité de vin rosé (en fait un rouge cuvé très court) qui possède sa propre appellation, ce qui n'empêche pas les vrais coteaux champenois rouges d'être peut-être encore supérieurs. Depuis des générations, la famille Gallimard produit de superbes vins, expressifs de ce terroir si particulier.

Prestige 2004
Blanc Brut | 2010 à 2014 | 15,80 €   **15/20**
Toute la finesse et la race des beaux terroirs de cette commune, un dosage bien plus équilibré que celui du brut sans année et un bon potentiel de vieillissement.

Production totale annuelle : 140 000 bt.
Visite : Le samedi sur rendez-vous.

GATINOIS

7, rue Marcel-Mailly
51160 Aÿ
Tél. 03 26 55 14 26 - Fax. 03 26 52 75 99
champ-gatinois@hexanet.fr
champagne-gatinois.com

Pierre Cheval exploite un petit domaine prestigieux, sur les meilleures vignes d'Aÿ, le plus fameux cru de la Champagne, et son voisin Bollinger lui achète fidèlement, depuis longtemps, une partie de ses raisins. La force du terroir s'exprime pleinement dans les cuvées non millésimées (particulièrement la Réserve, vieillie un an de plus sur pointe), et surtout le millésimé et le coteaux champenois. Les vins présentés cette année retrouvaient la force et la plénitude qui ont fait la réputation du producteur, avec un 2002 exceptionnel, archétype du grand vin d'Aÿ.

BRUT ROSÉ
Rosé Brut | 2009 à 2010 | NC   **15/20**
Belle netteté aromatique, vin puissant mais sans lourdeur, avec du style et de la race. Excellent dosage.

MILLÉSIMÉ 2002
Blanc Brut | 2009 à 2014 | 23,00 €   **18/20**
Toujours aussi exceptionnel de vinosité et de race, le grand cru dans tout son éclat !

Rouge : 6,5 hectares ; pinot noir 90%.
Blanc : 1 hectare ; chardonnay 10%.
Production totale annuelle : 50 000 bt.
Visite : Sur rendez-vous

MICHEL GENET

29, Rue des partelaines
51530 Chouilly
Tél. 03 26 55 40 51 - Fax. 03 26 59 16 92
champagne.genet.michel@wanadoo.fr
www.michelgenet.com

Cette propriété familiale manipule depuis plusieurs générations et dispose de vignes situées sur les beaux emplacements de Chouilly dont les fameuses Partelaines qui ont donné leur nom à la principale rue du village. Les vins sont faits avec précision et sans chichi ni maquillage et produisent des grands crus de la côte des blancs, un peu plus enveloppés et prêts à boire que ceux du village voisin de Cramant où la famille possède aussi quelques vignes.

EXTRA BRUT
Blanc Brut | 2009 à 2011 | 16 €   **13,5/20**
Couleur très pâle, vin net, vif, nerveux, tendu même mais très équilibré dans sa minéralité et élaboré très proprement.

MILLÉSIMÉ BLANC DE BLANCS GRAND CRU 2004
Blanc Brut | 2009 à 2014 | 20 €   **15/20**
Beau nez fin et pur, bien typé des meilleurs emplacements de Chouilly, dosage strict bien dans l'esprit du temps, du caractère et même de la race.

ROSÉ
Rosé Brut | 2009 à 2011 | 20 €   **14/20**
Rosé bien fait, très peu dosé, fin, tendu, doté d'une finale saline bien apéritive, d'usage universel.

Production totale annuelle : 80 000 bt.
Visite : Sur rendez-vous.

PIERRE GIMONNET ET FILS

1, rue de la République
51530 Cuis
Tél. 03 26 59 78 70 - Fax. 03 26 59 79 87
champagne-gimonnet@wanadoo.fr
www.champagne-gimonnet.com

Olivier et Didier Gimonnet sont en charge d'une très importante propriété au cœur de la côte des Blancs et, avec une grande régularité, perpétuent un style de vin indémodable, fondé sur la fraîcheur et la finesse aromatique. Les millésimes 1999 et 2002 sont parmi les plus complets jamais produits par ces récoltants et sont toujours en vente.

BRUT BLANC DE BLANCS PREMIER CRU CUIS 🙂
Blanc Brut | 2009 à 2012 | 21,50 €   **15/20**
Très fruité mais d'une rare franchise de fruit, excellente nervosité mais dosage adroit qui l'équilibre intelligemment. Parfait apéritif comme toujours.

BRUT BLANC DE BLANCS PREMIER CRU FLEURON 2004
Blanc Brut | 2009 à 2010 | 25,90 €   **16/20**
Parfait blanc de blancs d'une élégance aérienne et d'une fraîcheur irrésistible, déjà parfaitement buvable, et complètement dans le style habituel du producteur.

BRUT BLANC DE BLANCS PREMIER CRU FLEURON 2004
Blanc Brut | 2009 à 2014 | NC   **16/20**
Pur, minéral, pour une fois le terme veut dire quelque chose puisqu'il signifie goût de craie, élégant, frais, raffiné, prototype du blanc de blancs !

GASTRONOME 2004
Blanc Brut | 2009 à 2012 | 24 €   **16/20**
Beau chardonnay très rond, notes d'agrumes. Accessible, il emplit parfaitement la bouche. Très gourmand, le dosage est parfait. Des belons lui conviendraient parfaitement.

PREMIER CRU ŒNOPHILE EXTRA-BRUT 2002 🙂
Blanc Brut | 2009 à 2012 | 29,50 €   **18/20**
Robe ultraclaire, nez on ne peut plus racé et précis, élégance, pureté, individualité, finale idéalement aérienne. Une perfection dans le style et un des sommets de notre dégustation !

Blanc : 30 hectares ; chardonnay 98%.
Production totale annuelle : 250 000 bt.
Visite : Du lundi au vendredi, de 8 h 30 à 12 h 30 et de 14 h à 18 h , le samedi de 8 h 30 à 12 h 30.

GONET-MÉDEVILLE

1, chemin de la Cavotte
51150 Bisseuil
Tél. 06 07 19 66 78 - Fax. 03 26 57 75 60
gonet.medeville@wanadoo.fr

Ce domaine est né du mariage de deux héritiers de grandes familles de viticulteurs, Xavier Gonet (du Mesnil-sur-Oger) et Julie Médeville (de Preignac, en Sauternais, notamment Château Gilette). Les vignes, remarquablement cultivées, se situent sur d'excellents coteaux de Bisseuil, Ambonnay et Mesnil-sur-Oger, avec les trois cépages champenois, ce qui permet de réussir des assemblages équilibrés dans tous les types de champagne. Les dosages sont ici réduits au minimum, ce qui accentue la pureté d'expression de toutes les cuvées. Les cuvées parcellaires de grands crus et les assemblages cuvée Théophile sont en cours de vieillissement.

AMBONNAY LA GRANDE RUELLE 2002
Blanc Brut | 2009 à 2014 | 55 €   **17/20**
Pratiquement épuisé mais étonnant dans sa définition du terroir d'Ambonnay, tout en miel d'acacia, long, raffiné, d'une sûreté de style étonnante !

BLANC DE NOIRS PREMIER CRU
Blanc Brut | 2009 à 2011 | 20 €   **16/20**
Une forte dominante de Bisseuil et un vin très strict mais sans dureté, cristallin, apéritif, dans le meilleur esprit champenois.

BRUT ROSÉ
Rosé Brut | 2009 à 2011 | 22 €   **16,5/20**
Un rosé assez pâle mais d'une pureté aromatique idéale, dosé très faiblement et à la perfection, avec la minéralité des terroirs remarquables de Bisseuil (chardonnay et pinot noir) et du Mesnil.

THÉOPHILE EXTRA BRUT GRAND CRU 2003
Blanc Brut | 2009 à 2010 | 60 €   **18/20**
Style parfait, grande sève, finale complexe et saline, idéalement non dosé, remarquable pour l'année. À réserver aux amoureux de vrais grands crus...

TRADITION PREMIER CRU
Blanc Brut | 2009 à 2012 | 16 €   **14,5/20**
Nerveux, strict, pur, très peu dosé, vin de connaisseur, plutôt d'apéritif, mais moins séduisant que le blanc de noirs !

Rouge : 5 hectares. Blanc : 5 hectares.
Production totale annuelle : 100 000 bt.

GOSSET

69, rue Jules-Blondeau
B.P. 7
51160 Aÿ
Tél. 03 26 56 99 56 - Fax. 03 26 51 55 88
info@champagne-gosset.com
www.champagne-gosset.com

Relancée par la famille Cointreau, Gosset s'est fait une spécialité de champagnes vineux, intenses et puissants, jamais meilleurs que lorsqu'ils bénéficient de quelques années de garde. La maison produit une gamme qui a pris de l'étoffe, et est désormais dominée au sommet par d'amples et profondes cuvées Célébris, en assemblage classique, en blanc de blancs et en rosé, tous trois millésimés et proposés en extra-brut, c'est-à-dire très peu dosés en sucre. Tous ces vins sont particulièrement à l'aise à table.

CÉLÉBRIS 1998

Blanc Brut | 2009 à 2020 | cav. 110 €   **17,5/20**
Aujourd'hui à maturité, Célébris 1998 est un superbe champagne vineux, profond, intense, associant au nez comme en bouche les notes de fruits rouges et de céréales torréfiées, s'épanouissant avec une grande longueur.

CÉLÉBRIS ROSÉ 2003

Rosé Brut | 2009 à 2013 | cav. 115 €   **16,5/20**
Avec une acidité basse due au millésime, ce champagne tendu et profond possède une personnalité forte qui est aujourd'hui à point.

GRAND ROSÉ

Rosé Brut | 2009 à 2014 | cav. 48 €   **16/20**
Robe d'un joli rose pâle, bouche fine, harmonieuse, entrant toutefois dans une seconde phase de son existence. Autant l'oublier une à deux années supplémentaires en cave.

GRANDE RÉSERVE

Blanc Brut | 2009 à 2017 | cav. 38 €   **16/20**
Toujours de la race et de la vigueur, avec une intensité aromatique brillante sur les fruits rouges et beaucoup d'allonge.

Production totale annuelle : 1 200 000 bt.
Visite : Pas de visites.

HENRIOT

81, rue Coquebert
51100 Reims
Tél. 03 26 89 53 00 - Fax. 03 26 89 53 10
contact@champagne-henriot.com
www.champagne-henriot.com

Cette maison familiale constitue le centre originel des activités de Joseph Henriot, également propriétaire de Bouchard Père et Fils et de William Fèvre, en Bourgogne, et est dirigée par son fils Stanislas. Elle s'attache à produire des champagnes purs et déliés, très apéritifs par leur caractère aérien et fin. Dans une gamme très cohérente et réussie, le Brut Souverain et surtout le pur Chardonnay constituent deux champagnes de haut vol dans leur catégorie respective.

BLANC SOUVERAIN

Blanc Brut | 2009 à 2010 | 27 €   **17/20**
Blanc de blancs brillant et élancé, au registre d'agrumes et de céréales torréfiées, à la bouche délicieusement rafraîchissante, à la longueur aérienne.

BRUT MILLÉSIMÉ 2000

Blanc Brut | 2009 à 2010 | NC   **15,5/20**
Beurré, droit, long et net, avec une droiture en bouche qui frise pour l'instant l'austérité.

BRUT ROSÉ

Rosé Brut | 2009 à 2010 | 35 €   **15,5/20**
Rosé tendre et framboisé, parfaitement dosé, d'une grande finesse de définition.

BRUT SOUVERAIN

Blanc Brut | 2009 à 2010 | 27 €   **15,5/20**
Gourmand, ample, doté d'une bulle très fine et d'un caractère ultra séduisant, c'est un apéritif de classe.

CUVÉE DES ENCHANTELEURS 1996

Blanc Brut | 2009 à 2014 | NC   **18/20**
Aussi structuré et intense que la cuvée du même millésime mais autrement plus onctueux et fin : l'un des grands 1996 de Champagne.

Production totale annuelle : 1 300 000 bt.

JACQUART

6, rue de Mars
51100 Reims
Tél. 03 26 07 88 40 - Fax. 03 26 07 12 07
jacquart@ebc.net
www.jacquart-champagne.fr

Marque développée par un grand groupe coopératif champenois, Jacquart propose un éventail de champagnes solidement construits, qui expriment une véritable personnalité affirmée, à partir de la gamme Mosaïque. Assemblages bien composés du très vaste panel de terroirs qu'apportent les adhérents, blanc, rosé et millésimé constituent une bonne illustration d'un champagne équilibré et, surtout dans sa gamme Mosaïque, consistant.

MILLÉSIMÉ 2000
Blanc Brut I 2009 à 2010 I 41 €   **14/20**
Champagne plein et savoureux, avec un dosage qui paraît tout de même très marqué.

MOSAÏQUE BRUT
Blanc Brut I 2009 à 2010 I 26 €   **14,5/20**
Vin simple mais bien constitué, dense et sérieusement charpenté, avec un bon dosage.

ROSÉ GRAND MILLÉSIME 2004
Rosé Brut I 2009 à 2011 I 43 €   **14,5/20**
Rosé classique mais bien réalisé : arômes framboisés, bouche souple et harmonieuse, fraîcheur.

Visite : Pas d'ouverture au public.

JACQUESSON

68, rue du Colonel-Fabien
51530 Dizy
Tél. 03 26 55 68 11 - Fax. 03 26 51 06 25
info@champagnejacquesson.com
www.champagnejacquesson.com

Créée à la fin du XVIIIe siècle, la maison connut un succès certain avant de s'effacer dans la première moitié du XXe siècle. Appartenant depuis plusieurs décennies à la famille Chiquet, elle est devenue progressivement le porte-drapeau du champagne de connaisseurs, traduisant avec une incroyable fidélité le potentiel des terroirs qu'elle illustre, limitant les dosages au strict minimum, faisant vieillir ses cuvées le temps qu'il faut avant de les proposer à la vente. Les vins possèdent ainsi toujours un caractère affirmé qui peut parfois surprendre, du rosé très intense au magnifique blanc d'Avize. Absolument remarquable, le brut non millésimé est numéroté : ainsi la cuvée 733 correspond-elle à des vins de base majoritairement issus du millésime 2005.

CUVÉE 733
Blanc Brut I 2009 à 2013 I 34 €   **18/20**
À notre sens l'un des meilleurs, sinon le meilleur brut non millésimé actuellement disponible. Notes magnifiques de zeste d'agrume s'associant avec vivacité au caractère très vineux du champagne, grande fraîcheur, consistance, intensité et parfait équilibre !

DÉGORGEMENT TARDIF 1990
Blanc Brut I 2009 à 2020 I 155 €   **19/20**
La robe est d'une incroyable jeunesse et annonce une bouteille d'une exceptionnelle vitalité alliée à une pureté d'expression éblouissante. Sans dosage, ce vin étincelant et énergique est de ceux qui ne s'oublient pas.

DIZY TERRES ROUGES 2004
Rosé Brut I 2009 à 2015 I 55 €   **17,5/20**
Toujours d'une robe rappelant celle des clairets bordelais (rose-rouge), vineux et profond, cette étonnante cuvée trouve avec le grand millésime 2004 une expression à sa mesure, alliant vinosité et finesse, fruité intense et complexité aromatique.

MILLÉSIME 2000
Blanc Brut I 2009 à 2015 I 75 €   **16,5/20**
Caractère vineux très affirmé, avec un caractère aromatique puissant qu'on peut laisser affiner par un carafage, ouvrant sur une bouche onctueuse, profonde et tapissante, qui sera à l'aise en accompagnement d'une volaille.

Production totale annuelle : 350 000 bt.
Visite : Du lundi au jeudi de 8 h à 12 h et de 13 h 30 à 17 h 30. Sur rendez-vous.

JEAN MICHEL

15 rue jean Jaurès
51530 Moussy
Tél. 03 26 54 03 33 - Fax. 03 26 51 62 66
champagnejeanmichel@yahoo.fr
www.champagne-loriot.com

Moussy se situe aux portes d'Epernay et son terroir convient aux trois cépages principaux qui le plus souvent sont associés pour produire des vins souples, fins, spirituels, champagne en diable ! Il y a quelques Michel dans ce village (dont José, le plus célèbre mais dont les vins ne sont pas présents à nos dégustations) et nous sommes heureux de retenir Jean, qui a présenté des vins mûrs, ambitieux, complexes, qu'il faudra suivre !

CUVÉE SPÉCIALE 2000
Blanc Brut | 2009 à 2010 | 18 € **15/20**
Un autre champagne de haute saveur et d'amateurs, salin, avec un agréable départ de rancio, fait pour la table.

LES MULOTTES 2004
Blanc Brut | 2009 à 2011 | 17,50 € **15/20**
Vin ambitieux, au boisé bien travaillé, long, complexe, allongé, pour amateurs avertis, mais capable de surprendre au vieillissement !

Production totale annuelle : 100 000 bt.
Visite : Sur rendez-vous.

Inscrivez-vous sur

BETTANEDESSEAUVE.COM

> Suivez l'actualité du vin
> Accédez aux notes de dégustation de 25 000 vins
> Visitez les stands des producteurs

JOSEPH PERRIER

69, avenue de Paris
B.P. 31
51016 Châlons-en-Champagne
Tél. 03 26 68 29 51 - Fax. 03 26 70 57 16
contact@josephperrier.fr
www.josephperrier.com

Cette petite maison propose une gamme de haute tenue dès l'excellent brut non millésimé (Royale) et jusqu'à l'une des cuvées de prestige les plus raffinées de Champagne, Joséphine, dont le succès mérité a semble-t-il raccourci le délai de sortie de cave. L'ensemble de la gamme est d'un niveau régulier et remarquable, mais les trois points forts sont indiscutablement le brut, le rosé et la cuvée Joséphine.

CUVÉE ROYALE BRUT
Blanc Brut | 2009 à 2012 | 29,50 € **16/20**
Fruit charmeur au nez comme en bouche, bulle fine et allonge précise : élégance et légèreté.

CUVÉE ROYALE BRUT BLANC DE BLANCS
Blanc Brut | 2009 à 2012 | 34 € **14/20**
Agréable et rond, mais d'une personnalité plus en retrait par rapport aux autres vins de la maison.

CUVÉE ROYALE ROSÉ
Rosé Brut | 2009 à 2012 | 40 € **16/20**
La robe or rose est superbe tout comme la distinction aromatique. Le vin est frais, enlevé, distingué, joliment apéritif.

CUVÉE ROYALE VINTAGE 1999
Blanc Brut | 2009 à 2012 | 39 € **15/20**
Avec une année supplémentaire de cave, ce millésime trouve sa personnalité, peu expansive mais incontestablement racée.

JOSÉPHINE 2002
Blanc Brut | 2009 à 2015 | 100 € **18/20**
Somptueuse complexité aromatique, subtilement construite sur des notes florales et fruitées, bouche aérienne, bulle très fine et suavité remarquable. Un délice !

Rouge : 19 hectares ; pinot 43%, pinot meunier 57%. Blanc : 2 hectares ; chardonnay 100%. **Production totale annuelle :** 750 000 bt. **Visite :** Du lundi au vendredi, de 9 h à 11 h et de 14 h à 16 h, sur rendez-vous.

KRUG

5, rue Coquebert
51100 Reims
Tél. 03 26 84 44 20 - Fax. 03 26 84 44 49
krug@krug.fr
www.krug.com

La maison, qui appartient depuis 1999 au groupe LVMH, demeure la plus brillante illustration de l'art de l'assemblage champenois. Jouant avec une maîtrise consommée des cépages, des origines et des années, Krug affirme en outre son style par l'utilisation systématique des fûts pour vinifier ses vins tranquilles. Ces principes transmettent à l'ensemble des vins une personnalité affirmée, toutefois plus accessible aux «non-krugistes» que par le passé: la Grande Cuvée, vin phare de la maison, possède, comme le rosé, une style plus souple et allègre qu'autrefois. La maison propose également deux cuvées monocru et monocépage, le très intense et profond Clos du Mesnil en chardonnay et l'inédit Clos d'Ambonnay en pinot noir.

Brut Grande Cuvée

Blanc Brut | 2009 à 2016 | NC   **17,5/20**
Avec ses jolis arômes de noisette et de fruits confits, ce champagne est en pleine maturité ; c'est un vin plus souple et apéritif que par le passé, immédiatement savoureux et séduisant.

Brut rosé

Rosé Brut | 2009 à 2016 | NC   **19/20**
Même souplesse raffinée que la Grande Cuvée, dans un style ultra subtil, jouant la maturité de couleur, d'arômes et de corps, relevant l'ensemble avec une extrême fraîcheur, terminant sur une persistance infinie. Très original et très grand !

Vintage 1998

Blanc Brut | 2009 à 2023 | 280 €   **19/20**
Premier millésime du chef de cave Eric Lebel et remarquable réussite : robe très claire, nez archétypique du style Krug, avec une savante autolyse de levures et un boisé diaboliquement bien intégré, mais aussi avec une pureté et une tension extraordinaires. Finale d'une très grand raffinement.

Visite : Sur rendez-vous privés.

BENOÎT LAHAYE

33, rue Jeanne-d'Arc
51150 Bouzy
Tél. 03 26 57 03 05 - Fax. 03 26 52 79 94
lahaye.benoit@wanadoo.fr

Ce jeune vigneron fort sérieux de Bouzy pratique une viticulture de premier ordre en ce qui concerne le respect de l'environnement, mais sans la naïveté de quelques-uns de ses collègues, qui abîment chaque année tout ou partie de l'état sanitaire de leur récolte. Ses vins ont une parfaite définition du terroir et sont tantôt un peu rustiques tantôt d'une noblesse remarquable, comme les derniers tirages de blanc de noirs, de rosé de macération ou de brut sans année. Les tirages actuels sont une des sources les plus sûres, actuellement, pour des bouzys de qualité, mais leur volume de production est très limité, hélas.

Blanc de noirs Prestige

Blanc Brut | 2009 à 2012 | NC   **14/20**
Un vin intransigeant, d'une grande droiture mais à réserver aux amateurs chevronnés.

Brut Essentiel 2002

Blanc Brut | 2009 à 2010 | NC   **16/20**
Riche, puissamment marqué par ses pinots noirs, grand équilibre entre la maturité du raisin et le choix de dosage, fait pour la table et susceptible de plaire dans cette situation au plus grand nombre.

Brut Nature

Blanc Brut | 2009 à 2010 | NC   **14/20**
Fruité très puissant et «traçant» comme on dit en Champagne, c'est-à-dire fortement marqué par son origine de terroir, raisin mûr, ensemble un peu rustique mais naturel.

Naturessence

Blanc Brut | 2009 à 2012 | NC   **14/20**
Rosé de macération, pour certains à la limite de la lourdeur mais grâce à un dosage minimal la fin de bouche reste pure et droite.

Naturessence   ☺

Blanc Brut | 2009 à 2011 | NC   **16/20**
Ce rosé de macération divisera, et ne devra pas trop vieillir en bouteilles mais se présente aujourd'hui éclatant de caractère aromatique au nez avec des notes de rose épicée, et très personnel.

Rouge : 0,7 hectare ; pinot noir 85%.
Blanc : 3,8 hectares ; chardonnay 15%.
Production totale annuelle : 40 000 bt.
Visite : Sur rendez vous.

LANCELOT PIENNE

1, place Pierre-Rivière
51530 Cramant
Tél. 03 26 59 99 86 - Fax. 03 26 57 53 02
contact@champagnelancelotpienne.fr

Ce producteur habite la plus belle maison de Cramant (qui a jadis appartenu à Mumm), avec une vue unique sur les coteaux prestigieux de la commune. C'est notre plus grande découverte de l'an dernier en Champagne, avec des vins d'une pureté et d'une race magnifiques, qui font honneur à leur classement de grand cru. On sera ravi par la subtile minéralité qui est le propre des grands vins de Cramant ! La cuvée de la Table Ronde (la femme de Gilles Lancelot est née Perceval, cela ne s'invente pas...) rivalise largement avec le célèbre Cramant de Mumm. Le millésime 2002 est ici une splendeur, par sa finesse et sa pureté. Les nouveaux tirages restent de qualité mais il faut distinguer entre les cuvées de base, où entrent des meuniers de Boursault et des vins de Monthelon, encore trop impersonnels et les vins de prestige qui méritent de figurer dans toute bonne cave d'amateurs de champagnes.

Blanc Brut I 2009 à 2014 I NC   **14/20**
Bonne autolyse de levures (notes de froment) au nez, vin net et précis, aérien, encore un peu court.

GRAND CRU BLANC DE BLANCS CUVÉE DE LA
TABLE RONDE 2002
Blanc Brut I 2009 à 2017 I 16 €   **18/20**
Splendide expression du terroir de Cramant, issue de vieilles vignes du secteur privilégié de la Goutte d'Or et des Montaiguts. Pureté cristalline, dosage très raisonnable, minéralité supérieure.

GRAND CRU BLANC DE BLANCS MARIE
LANCELOT 2004
Blanc Brut I 2011 à 2014 I 24,50 €   **16/20**
Un an de plus et le vin apparaît aussi élégant mais avec une légère et normale déperdition de son fruit qui commence à se minéraliser plus fortement, évolution normale des Cramants. Dans deux ans une autre étape sera franchie et on rêve qu'il y en ait encore quelques bouteilles à la vente.

Blanc : 7.50 hectares ; chardonnay 60%.
Production totale annuelle : 80 000 bt.
Visite : Sur rendez-vous du lundi au vendredi, de 9 h à 12 h et de 14 h à 18 h.

LANSON

66, rue de Cour-Lancy
51100 Reims
Tél. 03 26 78 50 50 - Fax. 03 26 78 50 99
info@lanson.fr
www.lanson.fr

Maison dans la grande tradition rémoise, Lanson a vécu une vie agitée depuis que la famille éponyme l'a cédée, dans les années 1970. Elle a perdu dans l'aventure son vignoble, l'un des plus beaux de Champagne, passé dans le giron de LVMH, mais a retrouvé dernièrement un propriétaire stable et ambitieux, le groupe BCC, mené par Bruno Paillard et Philippe Baijot. Tous les vins de la gamme, y compris le brut non millésimé baptisé Black Label, sont vinifiés en bloquant la fermentation malolactique, ce qui a pour effet de conserver une plus grande vivacité aux vins, et parfois un caractère un rien mordant. Cette pratique intéressante permet aussi aux champagnes de la maison de vieillir particulièrement bien.

BLACK LABEL
Blanc Brut I 2009 à 2010 I 27 €   **14/20**
Champagne vif mais vigoureux, franchement apéritif, de bonne allonge, à la finale joliment acidulée.

GOLD LABEL 1998
Blanc Brut I 2009 à 2018 I 35 €   **16/20**
Champagne vineux, vif et frais, au caractère mordant très caractéristique et brillant. C'est un champagne qui vieillira parfaitement.

NOBLE CUVÉE 1998
Blanc Brut I 2010 à 2018 I 90 €   **16/20**
Vineux mais élancé, un beau champagne svelte et vigoureux, à la vivacité affirmée.

Production totale annuelle : 5 000 000 bt.
Visite : De 9 h à 11 h et de 14 h à 17 h du lundi au vendredi.

GUY LARMANDIER

30, rue du Général-Kœnig
51130 Vertus
Tél. 03 26 52 12 41 - Fax. 03 26 52 19 38
guy.larmandier@wanadoo.fr
www.champagne-larmandier-guy.fr

François Larmandier a pris la relève de son père, et cela se sent en particulier dans la meilleure intégration du dosage dans les vins. Les cuvées sont issues en grande partie des terroirs prestigieux de Cramant, Chouilly et Vertus, et sont marquées par la finesse de leur origine, même si on peut encore imaginer plus de netteté et de force d'expression. Les très vieilles vignes de Cramant donnent un remarquable blanc de blancs millésimé, d'un insurpassable rapport qualité-prix. Si vous aimez en revanche les bruts simples peu dosés ne vous précipitez pas sur le tirage actuel !

CRAMANT GRAND CRU 2002
Blanc Brut | 2009 à 2012 | 16,50 €   **17/20**
Complexe, puissant, racé, dosage consensuel mais sans lourdeur, vin de grand caractère, digne de son origine, vivement conseillé.

CRAMANT GRAND CRU 2002
Blanc Brut | 2009 à 2010 | NC   **15/20**
Tendu, droit, bien fait, dosage moins appuyé que sur d'autres cuvées, attendre trois ans avant épanouissement.

Rouge : 0,7 hectare ; pinot 100%. Blanc : 8,3 hectares ; chardonnay 100%. Production totale annuelle : 100 000 bt. Visite : Du lundi au vendredi, de 9 h à 12 h et de 14 h à 18 h, sur rendez-vous. Le samedi de 9 h à 12 h, sur rendez-vous.

LARMANDIER-BERNIER

19, avenue du Général-de-Gaulle
51130 Vertus
Tél. 03 26 52 13 24 - Fax. 03 26 52 21 00
champagne@larmandier.fr
www.larmandier.fr

Pierre Larmandier est sans doute le viticulteur le plus réfléchi de sa commune de Vertus, et celui qui exprime ce terroir avec le plus de précision. Tous les champagnes ont ici un naturel exemplaire, mais le succès bien mérité conduit ce producteur à les mettre sur le marché parfois trop tôt. En dehors de son exceptionnel Cramant, issu de très vieilles vignes, le produit emblématique de la maison est Terres de Vertus, champagne de terroir remarquable de finesse. Le coteaux champenois rouge nous surprend à chaque nouvelle dégustation : la beauté de ses arômes et sa finesse n'ont aucun équivalent aujourd'hui en vignoble de premier cru ! La gamme actuelle est sans doute la plus homogène des dernières années.

COTEAUX CHAMPENOIS VERTUS ROUGE 2005
Rouge | 2015 à 2020 | 30 €   **16/20**
Par rapport à l'an dernier il est devenu un peu plus animal, presque sueur de cheval mais sans trop perdre de son fruit. Il vit une période intermédiaire mais son tanin le destine à une très longue garde !

TERRE DE VERTUS PREMIER CRU NON DOSÉ ⓤ
Blanc Brut | 2009 à 2010 | NC   **17/20**
Nez très précis, pur, notes de fleurs blanches, équilibre idéal en bouche, fruité exquis, naturel exemplaire, un archétype !

TRADITION PREMIER CRU EXTRA-BRUT
Blanc Brut | 2009 à 2010 | NC   **16/20**
Belle robe, nez très pur, fruité très agréable, équilibre idéal en acidité, dosage très bien intégré, difficile de faire mieux en entrée de gamme.

VIEILLE VIGNE DE CRAMANT GRAND CRU
EXTRA-BRUT
Blanc Brut | 2009 à 2010 | 42 €   **18/20**
Avec ce vin on peut parler de minéralité, merveilleuses notes de froment au nez, rappelant le pain frais du matin, grande race, parfait ou presque...

Rouge : 2 hectares ; pinot noir 100%.
Blanc : 14 hectares ; chardonnay 100%.
Production totale annuelle : 130 000 bt.
Visite : Sur rendez-vous au 03 26 52 13 24.

LAURENT-PERRIER

32, Avenue de Champagne
51150 Tours-sur-Marne
Tél. 03 26 58 91 22 - Fax. 03 26 58 77 29
al.domenichini@laurent-perrier.fr
www.laurent-perrier.fr

Maison encore largement familiale (même si une partie de son capital est en bourse), Laurent-Perrier s'est brillamment développée depuis les années 1950, sous l'impulsion d'un des grands acteurs de la Champagne moderne, Bernard de Nonancourt. Celui-ci a imposé un style élancé et apéritif, illustré par des proportions toujours significatives de chardonnay dans les assemblages. Il fut aussi le premier à croire au potentiel du champagne rosé, et celui-ci demeure toujours l'un des fers de lance de la maison, l'autre étant sans nul doute la fine et très pure cuvée de prestige, Grand Siècle, qui, après avoir été exceptionnellement millésimée, est revenue à son principe d'assemblage de plusieurs années... et à un tarif largement revu à la hausse ! Le brut L.P., autre cheval de bataille de la maison, a retrouvé une régularité qu'il avait perdue il y a quelques années.

Brut L.P.
Blanc Brut | 2009 à 2012 | cav. 35 €   **15,5/20**
Même si le dosage est perceptible, c'est un apéritif franc et direct, à la palette aromatique très nette.

Brut Rosé
Rosé Brut | 2009 à 2012 | cav. 70 €   **15,5/20**
Joli vin or rose, aux arômes délicats et originaux de biscuit boudoir rose, bouche souple, séduisante et délicate.

Grand Siècle
Blanc Brut | 2009 à 2017 | cav. 170 €   **18/20**
Belle robe or, nez finement citronné avec des notes d'infusion très élégante, grande distinction en bouche et finesse remarquable, finale racée se terminant sur une palette d'arômes fruités ultraséduisante. Un des meilleurs Grand Siècle que nous ayons dégusté !

Grand Siècle Alexandra rosé 1998
Rosé Brut | 2009 à 2017   **18,5/20**
A la hauteur de la réputation de la cuvée et du savoir-faire de la maison en matière de champagne rosé : tout en délicatesse et en longueur, ce vin à la bulle très fine exprime avec beaucoup de charme des notes de petits fruits rouges et de fleurs.

Production totale annuelle : 9 000 000 bt.
Visite : Sur rendez-vous.

LECLERC BRIANT

67, rue de la Chaude Ruelle
51204 Epernay cedex
Tél. 03 26 54 45 33 - Fax. 03 26 54 49 59
plb@leclercbriant.com
www.leclercbriant.com

Pascal Leclerc-Briant a enfin pensé à envoyer des échantillons à notre dégustation générale et ses vins ont confirmé la haute estime dans laquelle cette très belle propriété est tenue par les connaisseurs. Le vignoble de 30 hectares se situe en grande partie sur Cumières (avec des appoints sur Damery, Dizy, Verneuil, Épernay et Hautvillers) et se convertit peu à peu à la biodynamie, avec tous les risques que cela suppose mais aussi les bienfaits. Les trois cuvées de Cumières dégustées brillaient toutes, en effet, par leur naturel et leur étonnante élégance de parfum.

Divine 2004
Blanc Brut | 2009 à 2011 | 49 €   **16/20**
Un vin de grande classe, équilibré, profond, lui aussi très naturel et facile à boire mais avec un peu plus de vinosité que Chèvres Pierreuses.

Les Chèvres Pierreuses
Blanc Brut | 2009 à 2011 | 32 €   **15,5/20**
Beaucoup de charme, de finesse et de naturel, bulle sans agressivité, finale subtile et complexe, le champagne universel, comme on l'aime et un bel exemple de vigneron bio mais bon vinificateur !

Rubis des Noirs
Rosé Brut | 2009 à 2010 | 31 €   **17/20**
Ce vin va diviser car il est extrême dans sa couleur et dans l'apothéose des parfums des pinots noirs de Cumières, faisant davantage penser à un coteau champenois. Pour notre part nous adorons...

Production totale annuelle : 2 000 000 bt.
Visite : Le week-end sur rendez-vous.
En semaine de 8 h à 12 h et de 13 h 30 à 18 h.

MARIE-NOËLLE LEDRU

5, place de La Croix
51150 Ambonnay
Tél. 03 26 57 09 26 - Fax. 03 26 58 87 61
info@champagne-mnledru.com

Marie-Noëlle Ledru, vigneronne hors pair, dirige cette petite propriété artisanale d'Ambonnay, et est responsable tout à la fois des vignes, de la vinification, de l'administration et du commerce, ce qui indique qu'elle ne chôme pas ! Ses vins sont à son image, francs, robustes, sincères, et plairont aux amateurs de produits authentiques. Les prix de toutes les cuvées restent très raisonnables. Les derniers tirages sont dans le style que nous apprécions depuis longtemps, particulièrement la cuvée Goulté, très représentative de la classe du terroir d'Ambonnay. Mais il faut un peu s'habituer à la franchise un peu rugueuse des vins au début de leur vieillissement, et ne pas se précipiter sur un rosé vraiment curieux...

EXTRA-BRUT GRAND CRU
Blanc Brut | 2010 à 2015 | NC   **13/20**
C'est encore un peu rugueux et même astringent en finale mais il y a de la vie et du caractère !

MILLÉSIME 2004 2003
Blanc Brut | 2012 à 2015 | NC   **13/20**
Ce millésime peu commun et déroutant a donné ici un vin riche en extrait sec mais pour le moment peu séduisant, mais qui pourrait bien nous étonner dans quatre ou cinq ans.

Rouge : 5 hectares ; pinot 85%.
Blanc : 1 hectare ; chardonnay 15%.
Production totale annuelle : 25 000 bt.

LILBERT-FILS

223, rue du Moutier
B.P. 14
51530 Cramant
Tél. 03 26 57 50 16 - Fax. 03 26 58 93 86
info@champagne-lilbert.com
www.champagne-lilbert.com

Cette toute petite propriété maintient un style de vin rigoureux, très peu dosé, un rien rustique, exacerbant la minéralité des terroirs de Cramant et de Chouilly. L'essentiel de la production est formé par la cuvée Perle, en général un assemblage de 3 millésimes, d'une régularité sans faille. Tous les vins gagnent à vieillir deux ou trois ans en bouteilles après leur achat. Le dernier Perle est vigoureux à souhait, et atteindra son apogée dans deux ans. Les nouveaux tirages ne nous ont pas été présentés mais la qualité de ce producteur justifie que nous reconduisions les commentaires de l'an dernier.

BLANC DE BLANCS CRAMANT 2002
Blanc Brut | 2009 à 2010 | 26 €   **17,5/20**
Cristallinité idéale au nez et en bouche. Vin de grande race et d'une probité exemplaire, capable d'un long vieillissement, l'essence des meilleurs cramants côté Chouilly et vice versa.

BRUT BLANC DE BLANCS GRAND CRU PERLE
Blanc Brut | 2009 à 2012 | NC   **16/20**
Pâle, très pur, droit, minéral au nez, dosage impeccable, légèreté et fidélité au terroir exemplaires, excellent.

Blanc : 3.5 hectares ; chardonnay 100%.
Production totale annuelle : 27 000 bt.

MAILLY GRAND CRU

28, rue de la Libération
51500 Mailly-Champagne
Tél. 03 26 49 41 10 - Fax. 03 26 49 42 27
contact@champagne-mailly.com
www.champagne-mailly.com

Mailly Grand Cru est une coopérative tout à fait originale en Champagne par sa taille, très modeste, et la cohérence de ses produits : elle ne champagnise que les vins du village dont elle a emprunté le nom, et qui est classé grand cru. Les vins du cru Mailly, à dominante de pinot noir, ont moins de puissance que ceux de Aÿ ou Ambonnay, moins de tension que ceux de Verzenay, mais une finesse plus vite dégagée et un équilibre spécifique qui les rend très harmonieux à tout âge. Les cuvées de prestige de la cave en sont aujourd'hui les expressions les plus abouties et rivalisent aisément avec ce qui se fait de mieux en Champagne.

BLANC DE NOIRS
Blanc Brut | 2009 à 2012 | 33 €   **16/20**
Un superbe classique, jouant plus sur l'élégance que la puissance et très typé Mailly, terroir noble mais froid, donnant plus de tension au pinot noir. L'ensemble est parfaitement équilibré et naturel.

BRUT MILLÉSIMÉ 2002
Blanc Brut | 2009 à 2014 | 35,00 €   **16,5/20**
Beaux arômes de fruits rouges, profondeur gourmande, bel équilibre charnu et raffiné : champagne de table racé, à attendre car la finale est encore ferme.

L'INTEMPORELLE 2003
Blanc Brut | 2009 à 2013 | NC   **17/20**
Épanoui, subtil, profond sans acidité apparente, ce millésime est le contraire d'un champagne mordant, mais la texture raffinée, l'élégance fruitée et suave sont actuellement délicieuses.

L'INTEMPORELLE 2002   ☺
Blanc Brut | 2010 à 2014 | NC   **17/20**
Un caractère plus aérien que l'Échanson mais une trame de même caractère, idéalement tendue. Un vin de prestige digne de ce nom.

LES ÉCHANSONS 1999
Blanc Brut | 2009 à 2015 | 80 €   **17/20**
Vin de grand caractère, complet, toujours en évolution montante.

Rouge : 5 hectares ; pinot noir 75%. Production totale annuelle : 500 000 bt. Visite : Du lundi au vendredi de 8 h 30 à 12 h et de 14 h à 18 h.

MARGAINE

3, avenue de Champagne
51380 Villers-Marmery
Tél. 03 26 97 92 13 - Fax. 03 26 97 97 45
champagne.margaine@terre-net.fr
www.champagne-a-margaine.com

Les sols de Villers-Marmery, en pleine montagne de Reims, se distinguent de leurs voisins parce qu'ils sont en fait plus adaptés au chardonnay qu'au pinot noir. Le style des vins est différent de celui de la côte des Blancs, moins minéral, plus vineux, avec un fruité très élégant, facile à apprécier et d'évolution un peu plus rapide en bouteilles. La famille Margaine met en bouteilles depuis longtemps et produit des vins typiques de sa commune. Les tirages actuels retrouvent le niveau attendu.

BRUT CUVÉE TRADITION   ☺
Blanc Brut | 2009 à 2010 | 13 €   **14,5/20**
De la finesse, de la rondeur, du fruit, un vin vraiment plaisant et universel.

BRUT SPÉCIAL CLUB 2000
Blanc Brut | 2009 à 2010 | épuisé   **14,5/20**
Nez légèrement anisé, terroir plus marqué que sur le brut rosé, vif, aérien, agréable, mais on attend encore plus de caractère.

BRUT SPÉCIAL CLUB 2000
Blanc Brut | 2009 à 2012 | NC   **16/20**
L'année supplémentaire a révélé pleinement le terroir et le vin brille par son harmonieuse vinosité et la classe de son arrière-bouche. Un blanc de blancs de haute volée !

Rouge : 0,4 hectare ; pinot 100%. Blanc : 5,6 hectares ; chardonnay 100%. Production totale annuelle : 50 000 bt. Visite : Du lundi au samedi de 8 h à 12 h et de 14 h à 18 h. Samedi sur rendez-vous.

THIERRY MASSIN

6, Route des Deux Bar
10110 Ville-sur-arce
Tél. 03 25 38 74 01 - Fax. 03 25 38 79 10
champagne.thierry.massin@wanadoo.fr

Encore un producteur représentatif du renouveau de l'Aube, élaborant des vins à la forte corpulence, typiques du pinot noir mais d'une franchise et d'un équilibre superbes, largement comparables à ceux de ses confrères des premiers crus de la Marne. Les prix restent vraiment sympathiques.

MÉLODIE   ☺
Blanc Brut | 2009 à 2011 | 15,70 €   **14,5/20**
Un champagne très équilibré, facile à boire, au nez particulièrement net et à la finale d'une précision qui montre le savoir-faire de l'élaborateur.

PRESTIGE
Blanc Brut | 2009 à 2010 | 15 €   **14/20**
On a très bien joué sur l'autolyse avec une petite note de noisette, la bulle est fine, la finale irréprochable et donnant envie d'en reprendre.

Production totale annuelle : 100 000 bt.
Visite : Week-end sur rendez-vous.

MOËT & CHANDON

20, avenue de Champagne
51200 Épernay
Tél. 03 26 51 20 00 - Fax. 03 26 54 84 23
contact@moet.fr
www.moet.com

Moët & Chandon est depuis le XVIIIe siècle l'acteur majeur du champagne, et l'un des ses dirigeants emblématiques, Robert de Vogüe, y créa avant-guerre la première cuvée de prestige moderne, Dom Pérignon (voir notice spécifique). Aujourd'hui, fer de lance de LVMH dans le secteur, la maison pèse de tout son poids : 30 millions de bouteilles produites chaque année, voilà des hauteurs que n'approche, de près ou de loin, aucun autre producteur de vins de luxe dans le monde ! Ce gigantisme est cependant parfaitement maîtrisé, grâce à des vignobles maison qui ont plus que doublé en quinze ans (en récupérant notamment ceux de Pommery et de Lanson, pas moins de 360 hectares !) et des contrats d'approvisionnement parfaitement suivis. L'actualité de la maison démontre cependant une véritable reprise en main du style des vins, sous l'impulsion d'un jeune et talentueux chef de cave, Benoît Gouez et notamment un millésime 2003 brillantissime.

BRUT IMPÉRIAL
Blanc Brut | 2009 à 2010 | 32 €   **14,5/20**
Élancée sans aucune lourdeur, la cuvée de champagne la plus vendue au monde possède une franchise très apéritive.

BRUT IMPÉRIAL ROSÉ
Rosé Brut | 2009 à 2010 | 39 €   **14,5/20**
Rosé coloré et ample, de bon équilibre et d'un style rond et franc.

BRUT VINTAGE 2003
Blanc Brut | 2009 à 2014 | 49 €   **16/20·**
Brillamment suave, aérienne et élancée, en tendresse mais sans mollesse, un millésime compliqué splendidement réalisé : grande réussite.

VINTAGE ROSÉ 2003
Rosé Brut | 2009 à 2012 | NC   **16,5/20**
Pur plaisir : arômes fondants de fraise mara des bois, attaque glissante et tendre, grande fraîcheur malgré une acidité certainement très basse, persistance veloutée et aromatique.

Production totale annuelle : 29 700 000 bt.
Visite : De 9 h 30 à 11 h 30 et de 14 h à 16 h 30, du 1er avril au 15 novembre. Fermé les week-ends et jours fériés du 16 novembre au 31 mars.

PIERRE MONCUIT

11, rue Persault-Maheu
51190 Le Mesnil-sur-Oger
Tél. 03 26 57 52 65 - Fax. 03 26 57 97 89
contact@pierre-moncuit.fr
www.pierre-moncuit.fr

Cet important domaine est une source sûre pour la production de blancs de blancs très consensuels, un peu plus souples et plus vite prêts à boire que la majorité des vins du Mesnil, mais porteurs de toute la finesse et de la pureté de ces terroirs exceptionnels. La cuvée Hugues de Coulmet provient de vignes du Sézannais et possède évidemment, malgré ses réelles qualités, moins de finesse et de race que les grands crus. En hommage à ses parents, Yves Moncuit baptise désormais son grand cru non millésimé de réserve cuvée Pierre Moncuit-Delos, un vin au rapport qualité-prix épatant. Une très vieille vigne, une des plus anciennes en exercice de la côte des blancs, au cœur du Mesnil, donne un tout petit volume d'un des plus grands blancs de blancs imaginables, la cuvée Nicole Moncuit, qui en est à juste titre fière. Il reste encore un peu du remarquable 1996 à la vente, qui ne prend aucune ride. Les 2002 lui succéderont dignement, en brut millésimé normal.

BLANC DE BLANCS GRAND CRU VIEILLES VIGNES NICOLE MONCUIT 1990
Blanc Brut | 2009 à 2010 | épuisé   **17/20**
Un autre grand classique dégusté cette année chez un amateur averti, large, généreux, mûr.

MILLÉNAIRE 2002
Blanc Brut | 2010 à 2014   **15/20**
Très joli nez de noisette, corps très fin, beaucoup de délicatesse et de subtilité, mais on souhaiterait un tout petit peu de fraîcheur pour un équilibre idéal.

MILLÉSIMÉ 1996
Blanc Brut | 2009 à 2016 | NC   **17/20**
Un splendide classique de ce millésime, dégusté en magnums, d'une tension encore étonnante, et d'une fidélité au terroir idéale. Une grande réussite de Nicole !

PIERRE-MONCUIT-DELOS
Blanc Brut | 2010 à 2014 | 18 €   **14/20**
Beaucoup de fraîcheur et de netteté, plus sur la fleur blanche que le minéral, bien dosé, qu'il faudrait attendre au moins un an plus une affirmation de son origine.

Blanc : 19 hectares ; chardonnay 100%.
Production totale annuelle : 200 000 bt.
Visite : Du lundi au vendredi, de 9 h à 12 h et de 14 h à 17 h.

JEAN MOUTARDIER

Chemin des Ruelles
51210 Le Breuil
Tél. 03 26 59 21 09 - Fax. 03 26 59 21 25
contact@champagne-jean-moutardier.fr
www.champagne-jean-moutardier.fr

Jonathan Saxby dirige avec efficacité cette belle maison du secteur du Breuil, réputé pour ses pinots meuniers qui y trouvent des sols d'une qualité remarquable pour exprimer tout leur potentiel. Les installations techniques de la maison, entièrement renouvelées, sont impressionnantes par rapport à sa taille, et lui permettent de travailler dans les meilleures conditions. Les tirages actuels sont très homogènes.

BRUT NATURE
Blanc Brut | 2009 à 2011 | 19,75 €   **14/20**
Cette cuvée de pinot meunier, pure et souple, ne manque pas d'un charme frais et élancé. Un apéritif franc et direct, même si la persistance est moyenne.

CARTE D'OR
Blanc Brut | 2009 à 2012   **14,5/20**
Voici encore un pinot meunier bien travaillé, facile à boire grâce à des bulles bien intégrées et un dosage intelligent. Bon rapport qualité/prix.

Blanc : 18 hectares. **Production totale annuelle :** 300 000 bt. **Visite :** Du lundi au jeudi de 8 h à 12 h et de 13 h 30 à 17 h 30 et le vendredi jusqu'à 16 h 30. Le samedi sur rendez-vous.

G.H. MUMM

29, rue du Champ-de-Mars
51100 Reims
Tél. 03 26 49 59 69 - Fax. 03 26 40 46 13
mumm@mumm.com
www.mumm.com

Après une fin de millénaire pour le moins chaotique, Mumm retrouve son rang, sous le management du groupe Pernod-Ricard. La maison est revenue à une plus grande régularité de production, avec des cuvées nettes, souples, d'un style immédiatement accessible. Au sommet de la gamme, la cuvée de prestige R. Lalou et le toujours impeccable Mumm de Cramant se complètent harmonieusement.

BRUT GRAND CRU
Blanc Brut | 2009 à 2013   **16/20**
Cette cuvée démontre certainement, plus que toute autre, le savoir-faire et le style de la maison : un vin gras, ample, gourmand, mais aussi très souple et frais, relevé par de jolies notes noisettées.

CORDON ROSE
Rosé Brut | 2009 à 2010   **14,5/20**
Une cuvée de brut agréablement apéritive, délicate, fruitée et fine, s'appuyant sur un dosage subtil.

CORDON ROUGE
Blanc Brut | 2009 à 2010   **14,5/20**
Champagne souple et apéritif, très net, fruité et d'usage universel.

CORDON ROUGE MILLÉSIMÉ 1998
Blanc Brut | 2009 à 2014   **16/20**
Millésime ferme et ample, doté d'une réelle vigueur en bouche. C'est une cuvée très réussie.

R. LALOU 1998
Blanc Brut | 2009 à 2013   **17/20**
Avec un an de bouteille supplémentaire, le premier millésime de cette cuvée de prestige confirme son caractère rond, généreux, immédiatement séducteur, terminant sur des notes grillées fraîches et savoureuses.

Rouge : 187 hectares ; pinot meunier 2%, pinot noir 79%. Blanc : 31 hectares ; chardonnay 19%.
Production totale annuelle : 8 000 000 bt.
Visite : Du lundi au samedi de 9 h à 11 h et de 14 h à 17 h. Fermé les 25 décembre et 1er janvier et les dimanches entre le 1er octobre et les 28/29 février.

NICOLAS FEUILLATTE

BP 210 Chouilly
51206 Chouilly-Épernay
Tél. 03 26 59 55 50 - Fax. 03 26 59 55 82
k.lambinet@feuillatte.com
www.feuillatte.com

Nicolas Feuillate représente l'une des plus spectaculaires créations puis développement de marque de ces trente dernières années et même de ces vingt dernières, puisque le véritable décollage date de 1986, lorsque le créateur céda sa marque du même nom au puissant Centre coopératif de Chouilly. Disposant ainsi d'une richesse et d'une variété d'approvisionnement sans égal, Nicolas Feuillate propose une gamme vaste, allant du brut non millésimé à la cuvée de prestige (Palmes d'Or) en passant par de nombreuses « spécialités », dont une cuvée vinifiée sous bois (« 225 ») et un brut non dosé (Extrem) qui trouve peu à peu ses marques.

BLANC DE BLANCS 2000
Blanc Brut | 2009 à 2011 | 31,50 €   **15,5/20**
Nez d'amandes vertes et de fruits blancs. Raffiné dans son attaque et son milieu de bouche.

BRUT PREMIER CRU BLANC DE BLANCS 2000
Blanc Brut | 2009 à 2012 | 38 €   **15/20**
Champagne volumineux, mais sans beaucoup d'élégance aromatique. C'est rustique !

CUVÉE 225 2003
Blanc Brut | 2009 à 2012 | 50 €   **15/20**
Petite pointe de sécheresse finale mais le vin a du caractère.

CUVÉE SPÉCIALE 2004
Blanc Brut | 2009 à 2012 | 38 €   **15,5/20**
C'est un champagne fin et élancé, d'une fraîcheur certaine.

EXTREM
Blanc Brut | 2009 à 2010 | 33 €   **15/20**
Citronné, vif, élancé, mais avec une rondeur séduisante en bouche et une vraie allonge.

GRANDE RÉSERVE
Blanc Brut | 2009 à 2011 | 24,50 €   **15,5/20**
Champagne rond, toasté et noisetté, séduisant par son charme gourmand.

PALMES D'OR 1998
Blanc Brut | 2009 à 2010 | 107 €   **16/20**
Noisetté et beurré, un vin large et rond, volumineux, d'une dimension certaine.

PALMES D'OR ROSÉ 2002
Rosé Brut | 2009 à 2010 | 139 €   **14/20**
Robe rose marquée, nez de liqueur de fruit rouge, étonnant mais assez entêtant.

Production totale annuelle : 21 000 000 bt. Visite : du lundi au dimanche sur rendez-vous au 03 26 59 55 65.

BRUNO PAILLARD

🥂 🥂 🥂 🥂 🥂

Avenue de Champagne
51100 Reims
Tél. 03 26 36 20 22 - Fax. 03 26 36 57 72
info@brunopaillard.com
www.champagnebrunopaillard.com

Bruno Paillard est l'un des très rares purs Champenois à avoir su construire, dans un environnement de plus en plus contrôlé par des groupes, une véritable stratégie entrepreneuriale. S'il est aujourd'hui le principal actionnaire du groupe Boizel Chanoine Champagne (possédant notamment Lanson), il a aussi créé sous sa responsabilité directe une maison éponyme, réalisant une gamme très complète, de l'impeccable brut non millésimé à la cuvée de prestige Nec Plus Ultra (« NPU ») - sûrement l'un des champagnes vieillissant le plus longuement avant commercialisation - en passant par des millésimes qui affichent sur leur étiquette une œuvre inédite, créée à chaque fois par un artiste différent. La maison a trouvé son rythme de croisière.

BLANC DE BLANCS RÉSERVE PRIVÉE
Blanc Brut | 2009 à 2012 | 43 € **16/20**
La cuvée a gagné en profondeur et en nerf, sans perdre son caractère apéritif et ses jolis arômes de fleurs blanches et d'agrumes.

BRUT PREMIÈRE CUVÉE
Blanc Brut | 2009 à 2011 | 29,90 € **16/20**
Peu dosé, très apéritif, exprimant des notes d'agrumes séduisantes mais témoignant en bouche d'une belle maturité : impeccable brut non millésimé.

N.P.U. 1995
Blanc Brut | 2009 à 2020 | 146 € **18/20**
Arômes de fruits confits et de torréfaction, bouche vineuse mais onctueuse, grand équilibre, caractère et profondeur. Brillante et puissante réussite.

PREMIÈRE CUVÉE ROSÉ ☺
Rosé Brut | 2009 à 2010 | 41 € **15,5/20**
Le dernier tirage dégusté est excellent : champagne frais, élancé, en tendresse et en allonge.

Rouge : 16 hectares ; pinot meunier 31%,
pinot noir 33%. **Blanc :** 9 hectares ; chardonnay 36%.
Production totale annuelle : 500 000 bt.
Visite : Du lundi au vendredi, de 8 h 30 à 18 h.

PALMER & CO

🥂 🥂 🥂 🥂 🥂

67, rue Jacquart
51100 Reims
Tél. 03 26 07 35 07 - Fax. 03 26 07 45 24
champagne.palmer@wanadoo.fr

Marque issue du secteur coopératif, Palmer est une discrète mais très sûre référence, car dès l'impeccable brut, tous les champagnes séduisent par leur fraîcheur déliée et leur parfaite distinction apéritive. Sélectionnant avec beaucoup de rigueur les meilleurs apports de ses membres, la marque est d'une régularité impressionnante et les derniers millésimes témoignent d'une remarquable maîtrise.

AMAZONE DE PALMER BRUT
Blanc Brut | 2009 à 2014 | 30,20 € **16/20**
Champagne vineux, intense et puissant, mais sans l'allègre finesse des cuvées millésimées.

BLANC DE BLANCS 2004
Blanc Brut | 2009 à 2013 | 22,30 € **16/20**
Finement citronné, élancé et racé, voici un excellent successeur du non moins excellent 2002.

BRUT
Blanc Brut | 2009 à 2012 | 17,50 € **14/20**
Moins convaincant que dans nos dégustations de l'an passé, un vin souple et franc, au dosage un rien marqué.

BRUT MILLÉSIMÉ 2002
Blanc Brut | 2009 à 2017 | 23,10 € **16,5/20**
Excellent millésime aux jolis arômes de fruits rouges, à l'allonge fine et précise.

BRUT RUBIS
Rosé Brut | 2009 à 2012 | NC **15/20**
Rosé frais et floral, souplement apéritif.

Blanc : 400 hectares ; chardonnay 44%.
Production totale annuelle : 3 000 000 bt.
Visite : Du lundi au vendredi, sur rendez-vous.

PANNIER

23, rue Roger-Catillon
BP 300
02406 Château-Thierry Cedex
Tél. 03 23 69 51 30 - Fax. 03 23 69 51 31
champagnepannier@champagnepannier.com
www.champagnepannier.com

Cette maison, très sérieusement menée, dispose de vignobles plutôt excentrés par rapport à l'habituelle hiérarchie champenoise : elle est en effet l'émanation de la cave coopérative de Château-Thierry, à la quasi-extrémité occidentale de l'appellation et des vignobles de la vallée de la Marne. Elle n'en exprime pas moins, dans l'ensemble de sa gamme, un caractère pur et droit, qui prend une dimension supérieure encore pour les cuvées issues majoritairement de pinots.

BRUT BLANC DE NOIRS LOUIS EUGÈNE 2002
Blanc Brut | 2009 à 2013 | env 31 €   **17/20**
Un an de bouteilles supplémentaire a transformé l'éclat fruité de cette belle cuvée pour dévoiler une réelle complexité, mais l'ensemble possède toujours une vigueur et une allonge remarquables.

BRUT SÉLECTION
Blanc Brut | 2009 à 2012 | env 23 €   **14,5/20**
Dans son registre direct et simple, c'est un très bon champagne, énergique et apéritif, au dosage parfait.

ÉGÉRIE EXTRA-BRUT 2000
Blanc Brut | 2009 à 2013 | env 48 €   **15,5/20**
Robe dorée, nez de céréales et de brioche, bouche vineuse, profonde et terrienne. Champagne de table.

ÉGÉRIE ROSÉ DE SAIGNÉE
Rosé Brut | 2009 à 2012 | env 54 €   **16/20**
Le caractère vineux de ce rosé est affirmé, avec un bouquet à dominantes fruits rouges et une profondeur sans lourdeur.

ROSÉ VELOURS
Rosé | 2009 à 2010 | env 64 €   **14/20**
Un rosé de dessert profond, aromatique et équilibré, qu'on essaierait volontiers en accompagnement de macarons aux fruits rouges ou à la rose...

Rouge : 65 hectares ; pinot meunier 35%,
pinot noir 35%. **Blanc :** 5 hectares ; chardonnay 30%.
Production totale annuelle : 600 000 bt.
Visite : Sur rendez-vous.

PÉHU SIMONET

7, rue de la Gare
51360 Verzenay
Tél. 03 26 49 43 20 - Fax. 03 26 49 45 06
champagne.pehu-simonet@hotmail.fr
www.champagne-pehu-simonet.com

David Pehu en épousant une fille Simonet a complété ses vignes de Verzenay par des chardonnays du Mesnil, choix judicieux et qui lui permet de proposer un grand cru millésimé d'une race et d'un équilibre exemplaire. Ce jeune vigneron déterminé a tout pour réussir. Son brut sans année manque encore un peu de style.

GRAND CRU 2002
Blanc Brut | 2009 à 2012 | NC   **17/20**
Le millésime 2002 est toujours aussi pur et racé, avec la vinosité de Verzenay et la classe du Mesnil ; un duo gagnant et parfaitement respecté au dosage.

Production totale annuelle : 50 000 bt.
Visite : Sur rendez-vous.

PERRIER-JOUËT

28, avenue de Champagne
51200 Épernay
Tél. 03 26 53 38 00 - Fax. 03 26 54 54 55
frederique_baveret@perrier-jouet.fr
www.perrier-jouet.com

Perrier-Jouët est une marque célèbre dans le monde entier, grâce en particulier à sa cuvée de prestige Belle Époque, à la bouteille joliment sérigraphiée. Une dégustation verticale de millésimes du siècle dernier et même de celui d'avant nous a d'ailleurs montré à quel point le style ample et raffiné qu'elle développe fait partie des « gènes » de la maison. Les vins de la gamme possèdent tous un caractère immédiatement aimable et facile, qui convient particulièrement à l'esprit de fête qui a toujours animé cette marque. Un dosage moins riche en sucre des cuvées de base ne nuirait à notre avis pas à cet esprit, bien au contraire.

BELLE ÉPOQUE 2002
Blanc Brut | 2012 à 2032   **16/20**
Le vin est naturellement fort jeune, encore sur la réduction, donc sur la fleur de vigne, les agrumes, un peu d'amer. En bouche l'ensemble est strict et serré. Attendons...

BLASON ROSÉ
Rosé Brut | 2009 à 2010 | NC   **14/20**
Jolis arômes de framboisé, style épanoui, finale un peu trop sucrée, mais l'ensemble a du charme.

GRAND BRUT
Blanc Brut | 2009 à 2010 | NC   **14/20**
Vin gras et noisetté, à la personnalité marquée, clairement destiné à une consommation en soirée plutôt qu'à table ou à l'apéritif. Le dosage nous paraît toujours inutilement marqué.

GRAND BRUT MILLÉSIMÉ 1998
Blanc Brut | 2009 à 2013 | NC   **15/20**
Gras, ample, gourmand, exprimant des notes de beurre et de noisette, un champagne à point, séducteur.

Production totale annuelle : 300 000 bt.
Visite : Pas de visites.

PHILIPPONNAT

13, rue du Pont
51160 Mareuil-sur-Aÿ
Tél. 03 26 56 93 00 - Fax. 03 26 56 93 18
commercial.france@
champagnephilipponnat.com
www.champagnephilipponnat.com

Depuis sa reprise par le groupe Boizel Chanoine Champagne, Charles Philipponnat, le directeur et lointain descendant du fondateur, a su composer une gamme complète de plus en plus intéressante, avec des champagnes généreux et solides, offrant dans tous les types une personnalité affirmée et de belle maturité. Elle est toujours couronnée par le Clos des Goisses, champagne intensément vineux, issu d'un vignoble dévalant somptueusement plein sud une pente raide surplombant la Marne.

BRUT 1522 2002
Blanc Brut | 2011 à 2016 | cav. 59 €   **16,5/20**
Champagne vif, droit et puissant, avec des notes de fruits rouges associées à des nuances d'agrumes, profond et persistant, peut encore vieillir en cave deux ou trois ans avant d'être à son optimum.

BRUT GRAND BLANC 2002
Blanc Brut | 2009 à 2012 | NC   **16/20**
Robe or, citronné, gourmand et fruité, élégant, beau tirage fin, réussi.

CLOS DES GOISSES 2000
Blanc Brut | 2012 à 2022   **18/20**
Robe dorée, vineux, profond, notes d'agrumes, intense et long. Excellent.

RÉSERVE ROSÉE
Rosé Brut | 2009 à 2011 | cav. 35 €   **16/20**
Robe rose pâle, bouquet floral et framboisé, agréable élégance fraîche et distinguée. Très réussi.

ROYALE RÉSERVE   ☺
Blanc Brut | 2009 à 2011 | cav. 28,50 € **15,5/20**
Robe dorée, nez très mature sur des notes de noisettes, bouche crémeuse, ample et large, un peu à la manière d'un meursault doté de bulles, allonge gourmande. Très savoureux.

ROYALE RÉSERVE NON DOSÉE
Blanc Brut | 2009 à 2012 | cav. 28,50 €   **16/20**
Même caractère ample et mature que la Réserve classique, noisetté, avec une vivacité supplémentaire en bouche, qui le destine joliment à la table.

Rouge : pinot noir 83%. Blanc : chardonnay 17%.
Production totale annuelle : 700 000 bt.
Visite : En semaine sur rendez-vous. Fermé le samedi.

PIPER-HEIDSIECK

12, allée du Vignoble
51100 Reims
Tél. 03 26 84 43 00 - Fax. 03 26 84 43 49
www.piper-heidsieck.com

Seconde marque du groupe cognaçais Rémy-Cointreau, Piper est dirigée par la même équipe et possède le même chef de cave que Charles Heidsieck, mais les champagnes demeurent d'un style bien distinct, plus immédiatement fruités et plus juvéniles aussi dans leur composition. L'ensemble de la gamme est de bon niveau.

BRUT RÉSERVE
Blanc Brut | 2009 à 2010   **15/20**
De la finesse et de la fraîcheur, dans un champagne au dosage bien maîtrisé, élégant et raffiné : cuvée en net progrès.

BRUT SAUVAGE ROSÉ
Rosé Brut | 2009 à 2010 | 32 €   **15/20**
Une fois que l'on s'est habitué au style étonnant, et surtout à la couleur d'un rose très prononcé, ce champagne devient rapidement un de ceux qu'on n'oublie pas, depuis ses jolis arômes de fraise jusqu'à la longue finale suave.

RARE 1999
Blanc Brut | 2009 à 2010 | 120 €   **18/20**
Champagne onctueux, raffiné, aux arômes de beurre frais et de brioche, remarquablement savoureux et complet en bouche.

Production totale annuelle : 8 000 000 bt.
Visite : Pas de visites.

POL-ROGER

1, rue Henri-Le-Large
B.P. 199
51206 Épernay cedex
Tél. 03 26 59 58 00 - Fax. 03 26 55 25 70
polroger@polroger.fr
www.polroger.com

Cette maison de taille moyenne appartient toujours aux familles fondatrices. Elle s'est développée au siècle dernier grâce à des millésimes de haut niveau qui, comme le 1928, font indiscutablement partie du gotha des champagnes, et grâce à un client assidu, Sir Winston Churchill, qui en fit sa marque de chevet. Les grandes cuvées issues de la fin du siècle dernier sont actuellement à leur sommet et à celui de la Champagne tout court.

BLANC DE BLANCS VINTAGE 1999
Blanc Brut | 2009 à 2010 | cav. 77 €   **18,5/20**
Très fin, suave et raffiné, un peu plus tendre que le Vintage du même millésime, mais incomparablement velouté. Grande classe.

BRUT RÉSERVE
Blanc Brut | 2009 à 2012 | cav. 35 €   **15/20**
Vin profond, construit, mais le dosage semble limiter le dynamisme de la cuvée. Moins complet que dans nos précédentes dégustations.

PURE
Blanc Brut | 2009 à 2010 | cav. 42 €   **16/20**
Champagne étonnamment mûr, ample, gourmand et suave pour un brut sans dosage en sucre. Le plaisir est immédiat.

ROSÉ VINTAGE 2000
Rosé Brut | 2009 à 2013 | cav. 77 €   **17/20**
Le bouquet rappelle avec beaucoup d'esprit celui des biscuits de Reims à la fraise. L'ensemble a de l'élégance, de la tenue et de la fraîcheur.

SIR WINSTON CHURCHILL 1998
Blanc Brut | 2009 à 2020 | cav. 166 €   **18,5/20**
Ce fougueux 1998 commence à déployer son immense potentiel : Churchill s'arrondit, sans perdre une once de son singulier esprit !

VINTAGE 1999
Blanc Brut | 2009 à 2016 | cav. 51 €   **18/20**
Texture et taffetas, onctuosité et fraîcheur, grande persistance : l'une des meilleures expressions d'un millésime 1999 rarement illustré en Champagne avec autant de classe.

Rouge : 95 hectares ; pinot 20%, pinot meunier 40%.
Blanc : 90 hectares ; chardonnay 40%.
Production totale annuelle : 1600 000 bt.
Visite : Pas de visites.

POMMERY

5, place du Général-Gouraud
51100 Reims
Tél. 03 26 61 62 56 - Fax. 03 26 61 62 96
domaine@vrankenpommery.fr
www.vrankenpommery.com

Pommery est l'une des grandes marques historiques de la Champagne, et dispose d'ailleurs des plus spectaculaires et magnifiques installations de toute la région. Elle a connu, depuis le début des années 1980, quatre changements de propriétaires et surtout a perdu son vignoble de 300 hectares, restés chez LVMH. Devenue fer de lance de l'ambitieux Paul-François Vranken, la marque conserve le style fin et délié qu'ont toujours apprécié les chefs de cave de la maison. Apanage rosé et la remarquable Louise en sont assurément les meilleurs ambassadeurs.

BRUT APANAGE

Blanc Brut | 2009 à 2012 | 29,60 €   **14/20**
Brut classique, aux notes de pomme, à la bouche ronde et souple, de bonne longueur.

LOUISE 1999

Blanc Brut | 2009 à 2016 | 90 €   **18/20**
Fruit délicat et brillant, allonge distinguée, grande délicatesse en bouche. Le style très fin de cette cuvée convient parfaitement au millésime, actuellement en pleine maturité.

POP EARTH

Blanc Brut | 2009 à 2010 | 25 €   **12/20**
Jeune, branchée et écolo-responsable, la cuvée est au goût du jour ! En bouche, c'est rond, sucré, très facile à boire, ce qui est certainement l'objectif recherché.

ROSÉ APANAGE

Rosé Brut | 2009 à 2010 | 60 €   **16/20**
Rosé très pâle, de style pelure d'oignon, nez délicat et complexe, belle allure très fine : un champagne au style extrêmement délicat, presque évanescent, mais persistant et racé.

Rouge : 415 hectares. Blanc : 260 hectares.
Production totale annuelle : 4 500 000 bt.
Visite : Du lundi au dimanche, de 10 h à 18 h (boutique).

JÉRÔME PRÉVOST

2, rue Petite-Montagne
51390 Gueux
Tél. 03 26 03 48 60 - Fax. 03 26 03 48 60

Gueux est la banlieue chic de Reims avec de nombreuses maisons bourgeoises d'agrément qui ont pris la place de la vigne. Ce qui en subsiste se trouve sur des sols légèrement sableux qui conviennent au pinot meunier. Jérôme Prévost a appris à vinifier avec et chez Anselme Selosse, en barriques, et obtient des vins d'une réelle distinction sur sa petite vigne des béguines, qu'il faut boire deux à trois ans après leur mise en vente. Le tirage actuel est à base de 2006.

LES BEGUINES

Blanc Brut | 2010 à 2012 | NC   **15/20**
Un vin de meunier très expressif, façon Krug au nez, par ses notes de froment, mais avec moins de complexité, évidemment. L'ensemble est harmonieux, universel d'usage et montre le terroir de Gueux à son meilleur.

ROEDERER

21, boulevard Lundy
51100 Reims
Tél. 03 26 40 42 11 - Fax. 03 26 47 66 51
com@champagne-roederer.com
www.louis-roederer.com

Roederer est avec Bollinger la plus brillante illustration des maisons demeurées familiales. Malgré le succès planétaire de Cristal, sa cuvée de prestige, légèrement dominée par des pinots noirs de haute volée, elle a toujours refusé de se lancer dans une course aux quantités produites, préférant rester maître d'un approvisionnement qui s'appuie quasi exclusivement sur un vignoble en propriété (une exception à ce niveau !), parmi les mieux situés et travaillés de Champagne. Le style des champagnes est très axé sur la pureté et la droiture, avec des vins qui gagnent énormément en complexité avec le vieillissement : il ne faut jamais hésiter à mettre en cave toutes les cuvées, notamment le Brut Premier et Cristal, car la race des terroirs et la finesse des vinifications se révèlent de manière spectaculaire avec le temps.

BLANC DE BLANCS 2003
Blanc Brut | 2009 à 2015 | cav. 53 €   **17/20**
Fruit très expressif, notes de zeste d'orange ultra séduisantes, ampleur gourmande et fraîche : blanc de blancs de grand charme.

BRUT PREMIER
Blanc Brut | 2009 à 2012 | cav. 35 €   **15,5/20**
Toujours pur et droit, mais avec un charme aromatique plus épanoui que par le passé. Avec ce caractère très pur, on pourrait imaginer une finale un peu plus nerveuse, sans l'édulcoration du dosage.

CARTE BLANCHE
Blanc | 2009 à 2010 | cav. 35 €   **16,5/20**
Excellent champagne, au dosage subtilement intégré, à l'allonge en bouche élégante et raffinée, terminant sur de délicates notes d'infusion.

CRISTAL 2002
Blanc Brut | 2009 à 2020 | cav. 169 €   **19,5/20**
Avec un an de plus, l'immense potentiel de ce vin ne fait que se confirmer : pureté parfaite, bulle ultra fine, grande intensité en bouche et palette aromatique brillantissime. Proche de la perfection !

ROSÉ MILLÉSIMÉ 2004
Rosé Brut | 2009 à 2015 | cav. 53 €   **16,5/20**
Robe pâle, belle fraîcheur fruitée, allonge gaie et vive, beaucoup d'allure.

Rouge : 135 hectares ; pinot meunier 2%, pinot noir 57%. Blanc : 79 hectares ; chardonnay 41%.
Production totale annuelle : 3 000 000 bt.
Visite : Pas de visites.

RUINART

4, rue des Crayères
B.P. 85
51053 Reims cedex
Tél. 03 26 77 51 51 - Fax. 03 26 82 88 43
info@ruinart.com
www.ruinart.com

Installée à Reims, Ruinart fait partie du groupe LVMH mais a toujours su préserver son indépendance, et garder un style bien à elle. Plutôt axés sur les chardonnays, ses champagnes témoignent tous d'un caractère finement minéral, avec souvent des notes de craie très finement associées à une palette aromatique fruitée et florale. Cette personnalité, sans aucune lourdeur, destine tout particulièrement ces vins à l'apéritif. La maison a assez judicieusement rajeuni le caractère de sa cuvée de prestige, Dom Ruinart, en blanc et en rosé, et n'a jamais produit une gamme aussi brillamment homogène.

BLANC DE BLANCS
Blanc Brut | 2009 à 2012 | cav. env 52 €**16,5/20**
D'une subtilité et une profondeur très affirmées, ce blanc de blancs racé séduit par son immense délicatesse.

BRUT
Blanc Brut | 2009 à 2011 | cav. env 36,50 € **16/20**
L'un des meilleurs champagnes non millésimés actuels, avec ses notes très fines de caramel au lait et de fruits confits. Un dosage parfait, c'est-à-dire «invisible», et un caractère apéritif affirmé.

BRUT MILLÉSIMÉ 2000
Blanc Brut | 2009 à 2017 | NC   **17/20**
Le style minéral et aérien de la marque s'épanouit pleinement dans ce beau millésime complet et raffiné, de grande longueur.

BRUT ROSÉ
Rosé Brut | 2009 à 2011 | cav. env 52 € **16,5/20**
Le fruité est brillant et délicat, avec ses notes de fraise et de framboise, le corps possède une grande finesse apéritive.

DOM RUINART ROSÉ 1996
Rosé Brut | 2009 à 2016 | cav. env 205 € **18/20**
La vivacité naturelle du millésime commence maintenant à s'assagir, laissant s'épanouir une personnalité délicatement affirmée, subtile, incontestablement racée.

Production totale annuelle : 3 000 000 bt.
Visite : Sur rendez-vous.

SADI MALOT

35, rue Pasteur
51380 Villers-Marmery
Tél. 03 26 97 90 48 - Fax. 03 26 97 97 62
sadi-malot@wanadoo.fr

Nous avons toujours aimé le style pur et sans façon des vins de ce beau domaine du cœur de la Marne, entre la vallée et la montagne. De tout ce secteur, le terroir de Villers est celui qui convient le mieux au chardonnay, qui ne trace jamais et fait briller des qualités de finesse et de pureté bien connues de tous les chefs de cave. Les prix du domaine restent fort raisonnables.

CUVÉE DE RÉSERVE

Blanc Brut | 2009 à 2011 | 13,10 €   **14/20**
Robe pâle, vin léger, délicat, fait pour l'apéritif, facile, mais les amateurs de minéralité resteront sur leur faim, le vin étant davantage fruité que tendu et salin, sans forte personnalité de terroir.

Rouge : 1,8 hectare. Blanc : 8,2 hectares.
Production totale annuelle : 100 000 bt.
Visite : Du lundi au samedi, de 8 h à 12 h et de 14 h à 19 h. Le samedi jusqu'à 17 h.

DE SAINT-GALL

7, rue Pasteur
51190 Avize
Tél. 03 26 57 94 22 - Fax. 03 26 57 57 98
info@de-saint-gall.com
www.de-saint-gall.com

L'Union Champagne est un groupement de coopératives parmi les mieux dotées de Champagne, puisqu'elles ne s'appuient que sur des vignobles situés en premier ou en grand cru, avec une très nette majorité de villages de la côte des Blancs. Partageant son activité avec l'approvisionnement des grandes maisons et la rétrocession de bouteilles à ses adhérents, elle a aussi créé une marque qui propose une gamme issue d'excellentes origines. Les dosages, souvent très démonstratifs, ont tendance à être mieux maîtrisés, si l'on en juge par le millésime 2004.

GRAND CRU BLANC DE BLANCS CUVÉE ORPALE 1998

Blanc Brut | 2009 à 2015 | 80 €   **16/20**
Robe pâle, notes grillées séduisantes au nez comme en bouche, allonge tendre et délicate, caractère racé, vigueur moyenne.

PREMIER CRU 2004

Blanc Brut | 2009 à 2014 | 37 €   **15/20**
Élégant et fin champagne, aux accents finement acidulés, à la bouche tendre et longue, très équilibrée, et heureusement bien moins dosée qu'à l'habitude.

PREMIER CRU TRADITION

Blanc Brut | 2009 à 2012 | 30 €   **13/20**
Cuvée équilibrée, citronnée et tendre, de bonne constitution mais pâtissant d'une finale trop dosée.

Blanc : 1200 hectares. Production totale annuelle : 2 000 000 bt. Visite : Du lundi au jeudi de 8 h à 12 h et de 13 h 30 à 17 h, fermé le week-end et le vendredi à partir de 11 h 30.

SALON

5, rue de la Brèche-d'Oger
51190 Le-Mesnil-sur-Oger
Tél. 03 26 57 51 65 - Fax. 03 26 57 79 29
champagne@salondelamotte.com
www.salondelamotte.com

Toute petite maison née au début du XXe siècle, Salon a toujours produit une unique cuvée millésimée, issue uniquement de chardonnay récolté sur Le-Mesnil-sur-Oger, certainement le grand cru le plus prestigieux de la Côte des Blancs. Plusieurs millésimes des décennies 1970 (1976) et 1980 (1982, 1988) témoignent toujours de la formidable propension de ce champagne de cru à continuer à s'épanouir sur de longues durées, mais il faut souligner que la marque n'a cessé de progresser, sous l'administration inspirée de l'équipe qui en a la charge depuis que Laurent-Perrier en est propriétaire.

BRUT MILLÉSIMÉ 1997

Blanc Brut | 2009 à 2017 | cav. 250 €   **18/20**
C'est un plaisir de grand raffinement, parfaitement à point, exprimant avec élégance des notes de pain grillé et de zeste d'agrumes confit. En bouche, c'est un vin profond, brillant et élégant, à la finale déjà tendre.

BRUT MILLÉSIMÉ 1996

Blanc Brut | 2009 à 2020 | ench. 600 € **19,5/20**
À notre sens, le plus grand Salon de l'histoire récente, et assurément l'un des plus grands champagnes contemporains : d'une longueur phénoménale, le vin conjugue avec un pur génie finesse et énergie, raffinement et vivacité, terminant sur d'infinies notes minérales et de zeste d'agrumes.

BRUT MILLÉSIMÉ 1995

Blanc Brut | 2009 à 2025 | ench. 600 €   **19/20**
Grand champagne profond et savoureux, d'une précision de définition éblouissante, avec une personnalité aussi intense, mais plus en rondeur que le 1996.

BRUT MILLÉSIMÉ 1990

Blanc Brut | 2009 à 2025 | ench. 800 € **18,5/20**
Style minéral et extrêmement raffiné, allonge intense et svelte : affirmation ultra-racée du terroir du Mesnil.

Production totale annuelle : 60 000 bt.

JACQUES SELOSSE

22, rue Ernest-Vallé
51190 Avize
Tél. 03 26 57 53 56 - Fax. 03 26 57 78 22
a.selosse@wanadoo.fr

Anselme Selosse est le grand vigneron artiste de la côte des Blancs, celui qui inspire les viticulteurs les plus idéalistes de la nouvelle génération. Le vin le plus original de la maison, mais aussi le plus risqué, est la cuvée Substance, issue de plus de dix millésimes différents élevés ensemble, selon les principes de la solera, les plus vieux éduquant les plus jeunes ! Au plus haut degré de la Champagne, on trouve le rosé, sublime de complexité de parfum, la cuvée Contraste (pur blanc de noirs d'Aÿ ou d'Ambonnay) et, en quantité infime hélas, le millésimé 1988. L'entrée de gamme, grand cru se compose de la cuvée version originale, non dosée, stricte et destinée aux puristes et la cuvée Initiale d'un appel plus universel.

BRUT ROSÉ

Rosé Brut | 2009 à 2015 | 56,50 €   **17/20**
Grand caractère, grande suite en bouche, grande vinosité : qui peut critiquer le fait d'ajouter quelques pour cents de merveilleux vin rouge à une base de blancs ?

CONTRASTE GRAND CRU

Blanc Brut | 2009 à 2016 | 63 €   **18/20**
Le pinot noir n'a plus de secret pour ce producteur né dans les blancs et le terroir incomparable d'Ay se révèle ici dans tout son éclat, avec cette caractéristique de présenter le corps d'un raisin rouge sur une texture et un parfum presque salins qui rappellent Chablis à son meilleur !

INITIALE GRAND CRU

Blanc Brut | 2009 à 2015 | 47 €   **17/20**
Le blanc de blancs idéal avec la richesse donnée par des fermentations sous bois mais la tension de l'acidité malique entièrement préservée.

SUBSTANCE GRAND CRU

Blanc Brut | 2009 à 2015 | 93 €   **16/20**
La cuvée dégustée cette année malgré toute sa complexité et sa force de caractère flirte avec le danger ! Ne pas la boire en apéritif mais en cours de repas où la bouche puissante rebondira sur les plats et fera oublier quelques menus défauts.

VERSION ORIGINALE GRAND CRU

Blanc Brut | 2009 à 2012 | 52,50 €   **17/20**
Aucun défaut au nez cette année mais une tension minérale qui peut servir de modèle dans l'expression de ces terroirs de la côte des blancs.

Rouge : 0,8 hectare ; pinot 100%. Blanc : 6,7 hectares ; chardonnay 100%. Production totale annuelle : 50 000 bt. Visite : Sur rendez-vous uniquement. Fermé en août.

DE SOUSA

12, place Léon-Bourgeois
51190 Avize
Tél. 03 26 57 53 29 - Fax. 03 26 52 30 64
contact@champagnedesousa.com
www.champagnedesousa.com

Éric de Sousa est un des viticulteurs les plus brillants de la côte des Blancs et aussi l'un des plus actifs. Les vignes se situent sur les grands crus Avize, Cramant, Oger, Aÿ, Ambonnay et la réunion d'une cuvée élaborée à partir des trois villages en A est en cours, une tentation à laquelle il était difficile de résister ! Le brut sans année simple est déjà un produit accompli, mais le savoir-faire de ce brillant vinificateur est davantage perceptible dans ses cuvées caudalies, millésimées ou non, remarquables expressions de la grandeur du terroir d'Avize. La gamme de vins présentés cette année était celle d'un grand maître !

BRUT BLANC DE BLANCS GRAND CRU RÉSERVE
Blanc Brut | 2009 à 2011 | NC   16/20
Vin très bien fait associant finesse, pureté et intensité de saveur, bulle fine, dosage impeccable, du plaisir immédiat garanti !

CUVÉE DES CAUDALIES NON MILLÉSIMÉ
Blanc Brut | 2009 à 2012 | 44 €   16/20
Vin remarquablement élaboré, vineux mais minéral, boisé mais sans excès, long, complexe, pour grand amateur.

CUVÉE DES CAUDALIES NON MILLÉSIMÉ
Blanc Brut | 2009 à 2010 | NC   17/20
Arôme noble d'autolyse et de vin élevé en fûts, long, racé, impressionnant de justesse, pour amateurs de grand vin !

CUVÉE DES CAUDALIES ROSÉ
Rosé Brut | 2009 à 2015 | 56 €   17/20
Étonnante vinosité et grande suite en bouche, du rosé de luxe mais sans tapage.

GRAND CRU CAUDALIES 2003
Blanc Brut | 2009 à 2018 | 99 €   18,5/20
Il continue son superbe et original parcours avec une pureté crayeuse admirable et une puissance irrésistible !

GRAND CRU CAUDALIES 2002
Blanc Brut | 2009 à 2014 | 108,90 €   18/20
Un classique d'Avize, admirablement riche et stylé, grande suite en bouche, magistral.

Rouge : 3,2 hectares ; pinot 22%, pinot meunier 6%. Blanc : 5,8 hectares ; chardonnay 72%. Production totale annuelle : 90 000 bt. Visite : Du lundi au vendredi sur rendez-vous.

TAITTINGER

9, place Saint-Nicaise
51100 Reims
Tél. 03 26 85 45 35 - Fax. 03 26 50 14 30
marketing@taittinger.fr
www.taittinger.com

Repris par le vibrionnant Pierre-Emmanuel Taittinger, la maison semble repartir sur un pied ambitieux, et tous les vins - et pas uniquement les plus prestigieux - apparaissent désormais comme de brillants représentants d'une école champenoise classique, fondée sur une élégance apéritive, fraîche et allègre. Si la cuvée Comtes de Champagne demeure un formidable fer de lance et l'un des meilleurs champagnes de chardonnay, toute la gamme a progressé, avec surtout des impressions en bouche beaucoup plus fraîches et fines qu'auparavant. Le brut non millésimé constitue le plus spectaculaire exemple de cette progression.

BRUT MILLÉSIMÉ 2004
Blanc Brut | 2009 à 2014 | env 45 €   16/20
Champagne gras, ample et bien mûr, d'une finesse de bulles certaine et d'une suavité immédiatement séduisante.

BRUT RÉSERVE
Blanc Brut | 2009 à 2010 | 31 €   15/20
Beaucoup plus frais et moins dosé qu'auparavant en bouche, le brut de Taittinger montre enfin la délicatesse et la profondeur de ses origines. C'est un vin d'apéritif très agréable, à la finale fruitée et franche.

COMTES DE CHAMPAGNE BLANC DE BLANCS 1998
Blanc Brut | 2009 à 2010 | 140 €   18/20
Superbe d'énergie et d'élégance, c'est assurément un très beau millésime pour la cuvée vedette de la maison. Apéritif de grande classe.

COMTES DE CHAMPAGNE ROSÉ 2004
Rosé Brut | 2009 à 2016   18/20
Superbe éclat aromatique, grande et subtile allonge, finesse et allégresse : magnifique !

NOCTURNE
Blanc | 2009 à 2011 | 38 €   15/20
Suave, gras et souple, dosage bien associé, ce champagne sec (c'est-à-dire doux !) est un joli vin de dessert.

Production totale annuelle : 5 000 000 bt. Visite : Du lundi au samedi, de 9 h 30 à 12 h et de 14 h à 16 h 30, mais fermé le week-end de mi-novembre à mi-mars.

TARLANT

21, rue principale
51480 Œuilly
Tél. 03 26 58 30 60 - Fax. 03 26 58 37 31
champagne@tarlant.com
www.tarlant.com

Ce récoltant manipulant très dynamique nous a parfois déçus mais est toujours en recherche et présente des vins de plus en plus naturels, nés d'un changement bienvenu de philosophie de culture de la vigne, sous l'influence bénéfique des bios. Le brut zero est fort recommandable.

ROSÉ ZERO
Rosé | 2009 à 2011 | 27 €   **14,5/20**
Une jolie prise de mousse, un vin très classique et pur dans ses proportions, et exemplaire dans son dosage.

Rouge : 9,1 hectares ; pinot meunier 19%, pinot noir 49%. Blanc : 4.9 hectares : arbane 1%, chardonnay 29%, petit meslier 1%, pinot blanc 1%.
Production totale annuelle : 130 000 bt.
Visite : De 10 h 30 à 14 h 30, 7 euros par personne.

ALAIN THIÉNOT

4, rue Joseph-Cugnot
51500 Taissy
Tél. 03 26 77 50 10 - Fax. 03 26 77 50 19
infos@thienot.com
www.thienot.com

Très discrètement, mais avec une formidable volonté, Alain Thiénot est en train de bâtir un empire viticole s'appuyant sur deux piliers, le Bordelais et la Champagne. En Champagne, Alain Thiénot a acquis Canard-Duchêne et Marie-Stuart, mais il a aussi créé et développé sa marque éponyme, sélectionnant avec soin le meilleur de ses approvisionnements pour progresser avec régularité. La marque est en train de s'imposer.

BRUT
Blanc Brut | 2009 à 2010 | 28 €   **15/20**
Bon brut gourmand et équilibré, aux accents joliment fruités.

BRUT MILLÉSIMÉ 2002
Blanc Brut | 2009 à 2012 | 34 €   **15/20**
Champagne charnu, brioché, pas aussi intense qu'on le souhaiterait idéalement, mais gourmand.

BRUT ROSÉ
Rosé Brut | 2009 à 2010 | 34 €   **14,5/20**
Franc, fruité, souple et frais, avec des notes de fraise et de framboise prononcées.

CHAMPAGNE GRANDE CUVÉE 1999
Blanc Brut | 2009 à 2014 | 70 €   **16/20**
Champagne vineux et mature, au caractère rond et ample, à la longueur généreuse.

STANISLAS 2002
Blanc Brut | 2009 à 2014 | NC   **15,5/20**
Vin gourmand et complet, avec son registre de petits fruits rouges et sa bouche tendre et de bonne longueur.

Production totale annuelle : 350 000 bt.
Visite : Caveau de vente ouvert du lundi au vendredi, de 9 h à 12 h et de 14 h à 16 h. Aucune visite le samedi.

BERNARD TORNAY

51150 Bouzy
Tél. 03 26 57 08 58 - Fax. 03 26 57 06 62
info@champagne-tornay.fr
www.champagne-tornay.fr

Ce producteur fait partie des artisans modestes mais consciencieux qui font la réputation du grand cru Bouzy. Bernard Tornay a épousé une fille Barnaut et exploite des vignes bien situées sur Bouzy et Ambonnay et produit des vins fidèles au style traditionnel de ces terroirs de la vallée de la Marne, marqués par la richesse du pinot noir. Le rosé, en revanche, est un peu lourd, comme souvent chez les vignerons de ce village qui l'aiment comme vin de chasse.

BRUT GRAND CRU
Blanc Brut | 2010 à 2011 | 15,30 €   **15,5/20**
Beau vin équilibrant fruit et salinité, long, complexe, donnant un sentiment confortable de noblesse d'origine et de vieillissement capable de la mettre en valeur.

CARTE D'OR
Blanc Brut | 2009 à 2011 | 13,45 €   **14,5/20**
Beau nez de noisette, vin généreux, large, bien dosé, très agréable et universel d'usage.

Visite : Sur rendez-vous.

CHAMPAGNE VELUT

9, rue du Moulin
10300 Montgueux
Tél. 03 25 74 83 31 - Fax. 03 25 74 17 25
champ.velut10@gmail.com

Montgueux est la petite perle cachée du vignoble aubois, aux portes de Troyes. Découvert par la très intelligente famille Gonnet (du Mesnil et d'Avize), ce coteau a vite séduit le négoce à la recherche de bons raisins de chardonnay, denrée trop rare à leurs yeux. Seule une poignée d'agriculteurs locaux a pu planter quelques hectares de vignes, dont la famille Velut. Le niveau de viticulture y est fort sérieux, mais il faut encore moderniser l'outil de travail pour perfectionner la qualité. Curieusement, c'est le rosé qui nous a le plus séduits dans la gamme proposée, mais à la propriété nous avons dégusté des millésimés blancs de caractère, dont un 1998, archétype du charme inimitable de ce cru.

BRUT ROSÉ
Rosé Brut | 2009 à 2050   **16/20**
Jolis parfums floraux, beau style, ici le vin rouge a donné son style, long, racé, noble origine.

MILLÉSIMÉ 2000
Blanc Brut | 2010 à 2015 | 15,50 €   **15/20**
Robe pâle, nez frais, légèrement biscotté, excellente acidité, joli style, tout le charme de Montgueux, méconnu hors de la Champagne.

MILLÉSIMÉ 1999
Blanc Brut | 2009 à 2011 | épuisé   **15/20**
Le vin a trouvé sa vitesse de croisière et amorti son dosage, la robe reste claire, la mousse fine, une excellente salinité enjolive la fin de bouche, on apprécie la fraîcheur des chardonnays de Montgueux, pour beaucoup dans cette réussite.

Rouge : 0.5 hectare ; pinot noir 17%.
Blanc : 7,2 hectares ; chardonnay 83%.
Production totale annuelle : 30 000 bt.
Visite : sur rendez vous.

DE VENOGE

46, avenue de Champagne
51200 Épernay
Tél. 03 26 53 34 34 - Fax. 03 26 53 34 35
infos@champagnedevenoge.com
www.champagnedevenoge.com

Après des années 1990 plutôt agitées, cette maison d'Épernay retrouve une certaine sérénité désormais. La gamme a peu évolué néanmoins, et ses points forts en demeurent l'agréable Cordon Bleu et le blanc de noirs. Les cuvées de prestige, Louis xv et Princes, présentées en carafe, commencent à vieillir.

BLANC DE BLANCS MILLÉSIMÉ 2000
Blanc Brut | 2009 à 2012 | 35 €   **15/20**
Assurément la cuvée la plus réussie d'une maison dont les cuvées de base semblent décliner. Ici le vin est franc, élancé, avec de jolies notes de zeste et des nuances minérales.

BLANC DE NOIRS
Blanc Brut | 2009 à 2010 | 32 €   **14/20**
Champagne bien plus souple et plus rafraîchissant que le Cordon Bleu, aux arômes de fruits rouges expressifs.

BRUT CORDON BLEU
Blanc Brut | 2009 à 2011 | 27 €   **13/20**
Brut bien construit, souple et agréable, avec un dosage qui demeure marqué.

BRUT MILLÉSIMÉ 2000
Blanc Brut | 2009 à 2015 | 35 €   **14,5/20**
Champagne solide, aux arômes de pain grillé et de biscotte, associés à des notes plus fruitées, charnu et plein.

LOUIS XV 1995
Blanc Brut | 2009 à 2012 | 90 €   **14/20**
C'est un vin ample et profond, aux arômes et au caractère tout de même très évolués pour un 1995 de grande origine.

Production totale annuelle : 800 000 bt.
Visite : Pas de visites.

JEAN-LOUIS VERGNON

1, Grande Rue
51190 Le Mesnil-sur-Oger
Tél. 03 26 57 53 86 - Fax. 03 26 52 07 06
contact@champagne-jl-vergnon.com
www.champagne-jl-vergnon.com

Cette petite propriété artisanale du Mesnil a connu des hauts et des bas dans les vingt dernières années, mais les dernières dégustations montrent qu'elle a retrouvé un bon niveau de qualité : les vins sont purs, énergiques, dans un style classique de la côte des Blancs, plus que dans l'expression la plus originale (mais aussi parfois la plus dérangeante) de cette commune de prestige. Le brut sans année du tirage actuel est remarquable.

BLANC DE BLANCS
Blanc Brut | 2010 à 2012 | NC   **15/20**
Excellent équilibre, notes de noisette fraîche au nez, tendu mais plein, laisser vieillir un an et servir sur des fruits de mer.

BLANC DE BLANCS EXTRA-BRUT
Blanc Brut | 2009 à 2011 | NC   **14/20**
Notes de boulangerie au nez, énergique, droit, sans concession.

CONFIDENCE 2003
Blanc Brut | 2009 à 2011 | 26 €   **15/20**
Forte salinité perceptible dès le nez, vin peu dosé puissant et élégant, avec le caractère étonnant et authentique du millésime, mais aussi son léger manque de fraîcheur.

Blanc : 5,26 hectares ; chardonnay 100%.
Production totale annuelle : 50 000 bt.
Visite : Du lundi au vendredi, de 8 h à 12 h et de 14 h à 18 h.

VEUVE CLICQUOT-PONSARDIN

12, rue du Temple
51100 Reims
Tél. 03 26 89 54 40 - Fax. 03 26 89 99 52
Sur le site internet
www.veuve-clicquot.com

Veuve Clicquot est certainement la marque qui a le plus progressé en vingt ans, tant en termes d'image - elle est devenue le fer de lance d'un glamour champenois assumé - qu'en taille, puisque la production a plus que doublé pendant cette période. Malgré cette course au gigantisme, et grâce au talent et à la discipline d'une brillante équipe technique dirigée par le chef de cave Jacques Peters qui passe aujourd'hui la main à Dominique Demarville, la qualité globale de production se maintient à un bon niveau, même si le Carte Jaune semble nettement plus simple que par le passé.

BRUT CARTE JAUNE
Blanc Brut | 2009 à 2010 | 35,90 € **14/20**
Même remarque que l'an passé : le Carte Jaune ne semble plus posséder sa vinosité d'antan, mais son caractère souple et fruité, parfaitement dosé, est d'un usage universel.

BRUT ROSÉ ☺
Rosé Brut | 2009 à 2010 | 45 € **15/20**
Rosé très élégamment réalisé où le parfum et la plénitude du vin rouge s'associent parfaitement à la fraîcheur fruitée de la cuvée.

CAVE PRIVÉE 1990
Blanc Brut | 2009 à 2020 | NC **19/20**
Brioché, ample, gourmand et savoureux sans aucune agressivité, ce magnifique champagne de grande maturité est aujourd'hui à point. Un régal !

CAVE PRIVÉE 1980
Blanc Brut | 2009 à 2020 | NC **18,5/20**
Robe remarquablement juvénile, nez très fin, associant avec beaucoup de subtilité les nuances minérales et les notes acidulées, long, délicat, très insinuant et profond.

CAVE PRIVÉE ROSÉ 1989
Rosé Demi-sec | 2009 à 2020 | NC **19/20**
Très belle robe mordorée, bouquet fin et épanoui à dominante florale, allonge subtile, brillante et tendre, d'un très grand raffinement de texture.

Visite : Sur rendez-vous.

VEUVE FOURNY

B.P. 12 - 5, rue du Mesnil
51130 Vertus
Tél. 03 26 52 16 30 - Fax. 03 26 52 20 13
www.champagne-veuvefourni.com

Repris par une nouvelle génération, les vins de cette petite maison familiale de Vertus, sur la pointe sud de la côte des Blancs, affirment avec beaucoup de vigueur une personnalité très tranchée, pure, minérale et droite. Issus essentiellement de chardonnays du village, peu ou pas dosés, ces champagnes sont à leur meilleur après quelques années de garde.

BLANC DE BLANCS PREMIER CRU MILLÉSIMÉ 2002
Blanc Brut | 2011 à 2017 | 25 € **16,5/20**
Vin long et pur, encore très jeune et minéral, on l'attendra sagement un ou deux ans pour qu'il exprime toute sa complexité.

BLANC DE BLANCS PREMIER CRU MILLÉSIMÉ 2000
Blanc Brut | 2009 à 2015 | 28 € **17/20**
Mature et complet, le vin possède beaucoup d'ampleur et séduit par sa palette aromatique originale : belles et pures notes de pralin.

BRUT NATURE PREMIER CRU
Blanc Brut | 2009 à 2012 | 18 € **16/20**
Belles notes de citron se mêlant à des notes minérales, allonge pure et franche, belle dimension apéritive.

CLOS NOTRE-DAME 1999
Blanc Brut | 2009 à 2014 | 80 € **15/20**
Cette cuvée issue d'une parcelle spécifique de Vertus constitue un joli vin mais d'un caractère finalement moins complet que les autres vins de la gamme.

PREMIER CRU BLANC DE BLANCS
Blanc Brut | 2009 à 2014 | 18 € **15/20**
Encore très jeune, c'est un champagne encore assez austère, mais la jolie note de caramel au lait en finale laisse espérer un bel avenir.

PREMIER CRU GRANDE RÉSERVE
Blanc Brut | 2009 à 2012 | 18 € **15/20**
Minéral et fruité, c'est un champagne pur et apéritif, joliment construit et très direct.

R EXTRA-BRUT
Blanc Brut | 2009 à 2014 | 23 € **17,5/20**
Bulle très fine, allonge raffinée, dimension délicate et subtile, fines notes de citron, allonge brillante.

Rouge : 1 hectare. Blanc : 7 hectares.
Production totale annuelle : 150 000 bt. Visite : Du lundi au vendredi, de 9 h à 12 h et de 14 h à 18 h et le samedi sur rendez-vous à 10 h, 12 h, 15 h, 18 h.

CHAMPAGNE WARIS-LARMANDIER

608, rempart du Nord
51190 Avize
Tél. 03 26 57 79 05 - Fax. 03 26 52 79 52
earlwarislarmandier@wanadoo.fr
www.champagne-waris-larmandier.com

Cette maison dispose de vignes prestigieuses au cœur de la côte des blancs,
comme les autres membres de la famille
Larmandier. Les vins sont frais, nets, parfaitement recommandables pour l'apéritif,
mais de plus en plus impersonnels et n'exprimant que de façon partielle tout le
potentiel du terroir. Les habillages sont en
revanche plus inventifs et révélateurs du
talent créatif de la propriétaire.

BLANC DE BLANC COLLECTION GRAND CRU 2002
Blanc Brut | 2009 à 2012 | NC   **13/20**
Plus corpulent en bouche que la cuvée Tradition, notes de pomme verte au nez, assez
gras mais un peu trop court pour éblouir.

BLANC DE BLANCS TRADITION GRAND CRU
Blanc Brut | 2009 à 2012 | 15 €   **13/20**
Nez propre et fin, marqué par une autolyse
suffisante, corps équilibré et frais, finale
nette, caractère un peu trop impersonnel.

Rouge : 2,5 hectares ; pinot meunier 10%,
pinot noir 30%. **Blanc :** 3 hectares ; chardonnay 56%,
pinot blanc 4%. **Production totale annuelle :**
43 000 bt. **Visite :** Du lundi au vendredi sur
rendez-vous, de 8 h 30 à 12 h et de 13 h 30 à 17 h 30.
Groupe jusqu'à 45 personnes sur rendez-vous.

La sélection
Bettane et Desseauve
pour la Corse

Inscrivez-vous sur

BETTANEDESSEAUVE.COM

> Suivez l'actualité du vin
> Accédez aux notes de
dégustation de 25 000 vins
> Visitez les stands des
producteurs

Le vignoble de la Corse

Le millésime 2006 rappelle l'immense potentiel des meilleurs vins Corses et le talent de ses jeunes ou moins jeunes viticulteurs, de plus en plus d'ailleurs des viticultrices passionnées et ambitieuses, qui rendent justice à des cépages incarnant la finesse dans un univers inondé de lumière et de soleil, dont les rosés de sciaccarello et les blancs de vermentinu sont les plus éloquents sommets.

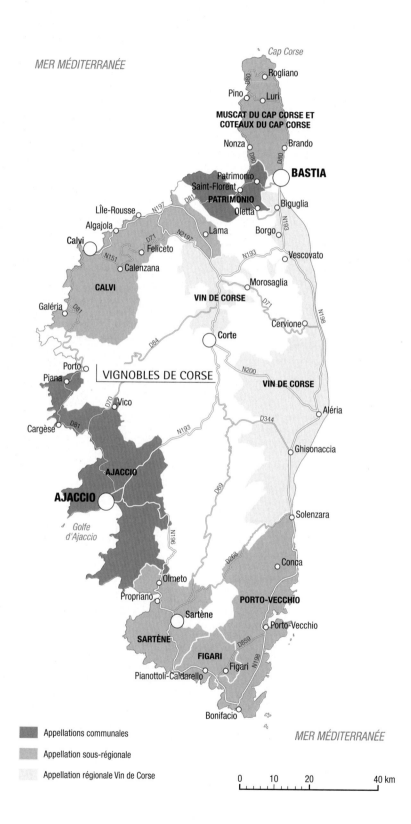

MER MÉDITERRANÉE

Cap Corse

Rogliano

Pino · Luri

**MUSCAT DU CAP CORSE ET
COTEAUX DU CAP CORSE**

Nonza · Brando

Patrimonio
Saint-Florent **BASTIA**
PATRIMONIO
Oletta · Biguglia

LÎle-Rousse

Algajola · Lama · Borgo

Calvi · Feliceto · Vescovato

Calenzana

CALVI · Morosaglia

VIN DE CORSE

Galéria · Cervione

Corte

VIGNOBLES DE CORSE

Porto

Piana · Vico · **VIN DE CORSE**

Cargèse · Aléria

Ghisonaccia

AJACCIO

AJACCIO · Solenzara

*Golfe
d'Ajaccio* · Conca

Olmeto

Propriano · **PORTO-VECCHIO**

Sartène · Porto-Vecchio

SARTÈNE

FIGARI · Figari

Pianottoli-Caldarello

Bonifacio

MER MÉDITERRANÉE

Appellations communales

Appellation sous-régionale

Appellation régionale Vin de Corse

0   10   20   40 km

L'actualité des millésimes

Toute la production Corse ou presque est bue dans les deux ans qui suivent la récolte, malgré les efforts de quelques pionniers, restaurants, cavistes et distributeurs qui commencent à stocker les meilleurs vins rouges de garde, et même, ce qui nous réjouit fort quelques vermentinu blancs.

Le millésime 2008 ne survivra pas intégralement à l'été 2009 en rosé en raison de leur caractère délicieux immédiatement et d'un petit volume de production. Les blancs mériteraient sans doute un ou deux ans de plus en bouteille mais rare seront ceux qui résisteront à la pression de la demande. Le millésime « vieux » est ici 2007, inégal d'un secteur à l'autre, selon le régime des pluies local et l'état sanitaire de la vendange.

Les blancs semblent moins affectés d'irrégularité que les rouges. On ne négligera pas les meilleures cuvées de vins de pays de l'île de beauté, souvent vinifiées avec le même soin que les vins d'appellation, mais pour elles les 2007 semblent supérieurs aux 2008, où la crise économique a conduit de nombreux vignerons à cultiver avec moins de rigueur et à produire des vins moins précis.

Les vins préférés des lecteurs

En juin 2009, nous avons réuni plus d'une centaine
d'amateurs de vin, recrutés parmi les lecteurs du Grand
Guide des vins de France, qui ont dégusté des vins de
toutes les régions.Les vins sélectionnés ont tous obtenu
dans cette édition une notation supérieure ou égale
à 14/20 ainsi qu'un ☺ et sont commercialisés à un prix
public inférieur à 15 €. Plus de 600 vins ont ainsi été
dégustés par les jurys de lecteurs.

VOICI LES LAURÉATS DE LA CORSE ÉLUS PAR NOS LECTEURS

Domaine Culombu
Corse, Clos Culombu, Blanc, 2008, 8,97 €

Domaine Granajolo
Corse, Porto-Vecchio, Monika, Rouge, 2006, 7,50 €

Les meilleurs vins

> LES MEILLEURS BLANCS

Domaine Antoine Arena, Patrimonio, Hauts de Carco, 2008
Domaine Culombu, Corse, Clos Culombu, 2008
Clos Venturi, Corse, 2008
Clos Canarelli, Corse - Figari, 2008

> LES MEILLEURS ROSÉS

Domaine Giudicelli, Patrimonio, 2008
Clos Canarelli, Corse - Figari, 2008
Clos Venturi, Corse, 2008
Domaine du Comte Peraldi, Corse, 2008
Domaine Bernard Renucci, Corse - Calvi, 2008

> LES MEILLEURS ROUGES

Yves Leccia, Patrimonio, 2007
Domaine Comte Abbatucci, Ajaccio, Faustine, 2006
Domaine Antoine Arena, Patrimonio, Morta Maïo, 2007

CLOS ALIVU

Linguizzetta
20230 San-Nicolao
Tél. 04 95 38 86 38 - Fax. 04 95 38 94 71
clos.alivu@orange.fr

Petit domaine viticole situé sur des terres argilo-calcaires et schisteuses, particulièrement propices à la qualité du vermentinu, le Clos Alivu appartient à Éric Poli, du Domaine de Piana. Depuis deux millésimes, ses vins sont parmi les plus soignés et les plus accomplis de l'appellation, même si on peut rêver un rouge encore plus net et plus raffiné dans le tanin.

PATRIMONIO 2008

Blanc | 2010 à 2012 | 9 €   **15/20**
Nez classique d'agrumes, fraîcheur, finesse, élégance, type classique de vermentino, assez long, digne successeur du 2007.

PATRIMONIO 2007

Blanc | 2009 à 2011 | 7 €   **14/20**
Vin tout en finesse et en délicatesse de fruit, avec une jolie suite en bouche, bien vinifié, et surtout ayant conservé la vivacité d'origine du raisin.

Rouge : 1,72 hectare. Blanc : 2 hectares.
Visite : Du lundi au samedi de 8 h à 12 h et de 14 h à 18 h. Ouvert le dimanche de juin a septembre.

DOMAINE D'ALZIPRATU

20214 Vilia
Tél. 04 95 62 75 47 - Fax. 04 95 60 32 16
alzipratu@wanadoo.fr

Le superbe couvent d'Alzipratu, célèbre pour son festival de musique conçu par le baron Henry-Louis de la Grange, le grand spécialiste du compositeur Mahler, a donné son nom à un excellent domaine, dirigé intelligemment par Pierre Acquaviva. Le microclimat assez frais de la montagne, tempéré par les embruns de la mer proche, donne des vins nerveux, subtils, plus incisifs que la moyenne. Les derniers millésimes sont les plus brillamment vinifiés, alliant modernisme et respect des terroirs granitiques, avec des blancs délicieux, des rosés époustouflants et des rouges devenus élégants, particulièrement le vin de sélection parcellaire.

CORSE - CALVI PUMONTE 2008

Blanc | 2009 à 2011 | 15,60 €   **16/20**
Remarquable rondeur et maturité du raisin, très complexe et riche sur le plan aromatique, superbe expression de sol granitique, long, expressif.

CORSE - CALVI PUMONTE 2007

Rouge | 2012 à 2017 | 15,60 €   **14,5/20**
Belle couleur, fruité ample et surtout texture d'une rare plénitude sur le granit.

CORSE FIUMESECCU 2008

Rosé | 2009 à 2010 | 8,40 €   **14/20**
Légèrement bonbon au nez mais sans excès, vif, coulant, adroit mais sincère.

Rouge : 35 hectares. Blanc : 5 hectares.
Production totale annuelle : 80 000 bt.
Visite : Tous les jours, de 9 h à 12 h et de 14 h à 18 h.

DOMAINE ANTOINE ARENA

20253 Patrimonio
Tél. 04 95 37 08 27 - Fax. 04 95 37 01 14
antoine.arena@wanadoo.fr
www.antoine-arena.fr

De tous les vignerons corses, Antoine Arena est sans doute celui qui a eu la plus grande volonté de faire connaître ses vins au-delà de l'île, et ils le méritaient amplement. Les blancs de vermentinu, de muscat et de bianco gentile n'ont que peu de rivaux en Méditerranée en matière de splendeur aromatique et de force de caractère, aussi bien les secs que les vendanges-tardives : des vins d'artiste, qui sont devenus pour nous des références. Nous avouons un faible pour le blanc de la vigne de Carco, un des sommets de la Méditerranée dans cette couleur. Le fils d'Antoine, Pierre-Marie, partage les idéaux du père, et nous nous en réjouissons. La replantation de la partie haute de Carco, terroir extraordinaire par son sol et son exposition, en malvoisie et en vermentino, promet des merveilles.

PATRIMONIO CARCO 2008

Blanc | 2010 à 2016 | 16,75 € **17/20**
La nouvelle génération aime les vins secs et sait les faire fermenter jusqu'au bout, on s'en réjouit avec ce vermentino ravissant dans sa floralité mais sérieusement campé sur le calcaire. Étonnant.

PATRIMONIO GROTTE DE SOLE 2007

Blanc | 2009 à 2012 | épuisé **17/20**
Robe pâle, nez étonnant de fruits blancs, texture très voluptueuse mais sans lourdeur, finale étonnante d'autorité et de naturel, vin merveilleusement élaboré et hautement recommandé !

PATRIMONIO HAUTS DE CARCO 2008

Blanc | 2011 à 2016 | 16,75 € **18/20**
En avant-première, un vin de bianco gentile absolument extraordinaire par sa puissance, sa densité, sa minéralité, malgré le très jeune âge de la vigne, et certainement le futur grand rival (amical) du clos-venturi !

PATRIMONIO MORTA MAÏO 2007

Rouge | 2009 à 2017 | 16,75 € **16/20**
Robe sombre, nez magnifique de baies rouges, pur, incroyablement montant dans le verre, tanin énergique mais sans rudesse, pureté de fruit exceptionnelle. Inchangé par rapport à l'an dernier.

Rouge : 4,5 hectares ; niellucio 40%. Blanc : 9,5 hectares ; bianco gentile , muscat petits grains 20%. vermentino 35%. **Production totale annuelle :** 50 000 bt. **Visite :** Du lundi au samedi de 9h à 11h et de 16h à 18h.

CLOS CANARELLI

Tarabucetta
20114 Figari
Tél. 04 95 71 07 55 - Fax. 04 95 71 07 55
closcanarelli2a@orange.fr

Yves Canarelli, sans doute le vigneron le plus doué et le plus entreprenant de tout le sud de l'île, dispose désormais de ses propres installations techniques, les plus intelligemment conçues qui soient, où le travail se fait entièrement par gravité. Il peut ainsi continuer à affiner vinification et élevage et créer des normes que le reste de la Corse suivra si elle veut produire du grand vin. Ses blancs de vermentino ont un raffinement dans le toucher de bouche qui le situe à part, les rosés sont merveilleux de subtilité de fruit, les rouges encore un ton en dessous mais ils s'améliorent avec l'essai de nouveaux clones de syrah. Des terroirs de premier ordre sont également en plantation.

CORSE - FIGARI 2008

Blanc | 2009 à 2013 | 19,20 € **17/20**
Raffinement remarquable du parfum, équilibre général exemplaire, un vin de grande gastronomie, pour changer des châteauneufs blancs .

CORSE - FIGARI 2008

Rosé | 2009 à 2010 | 12 € **16/20**
Même savoir-faire pour le rosé, avec des notes d'épices, de myrte, et surtout une tenue de bouche à mille lieues des finales bonbon qui envahissent désormais l'île.

CORSE - FIGARI 2007

Rouge | 2010 à 2017 | 16,80 € **14,5/20**
La part de syrah du Domaine Viret est venue donner une tension et une rectitude jusqu'ici inconnues en rouge au domaine, avec une toute petite note animale. Mais le vrai nouveau millésime est ici 2008. On en reparle l'an prochain.

Rouge : 22 hectares ; grenache 8%, nielluccio 46%, sciacarello 25%, syrah 21%. Blanc : 6 hectares ; vermentino 100%. **Production totale annuelle :** 100 000 bt. **Visite :** Sur rendez-vous de 8 h à 12 h et de 14 h à 18 h.

CLOS CAPITORO

Pisciatella (route se Sartène)
20166 Porticcio
Tél. 04 95 25 19 61 - Fax. 04 95 25 19 33
info@clos-capitoro.com
www.clos-capitoro.com

Les coteaux granitiques du secteur d'Ajaccio sont sans doute les plus originaux de la Corse, dans la mesure où ils sont idéalement adaptés au prince des cépages rouges autochtones, le sciacarello, capable d'emprisonner dans ses arômes à la fois les senteurs d'herbes aromatiques du maquis et les embruns iodés de la mer ! Mais ce cépage est capricieux et difficile à vinifier avec le matériel moderne (égrappoirs violents et pompes) qui blessent le raisin et donnent des tanins secs, et surtout il ne possède pas une grande intensité colorante. Il faut donc être un peu artiste et à contre-courant des modes pour y croire : le clos Capitoro, bénéficiant d'un parcellaire complexe, excelle dans la production des rouges et des rosés, et seuls ses blancs, très purs mais pas encore assez complexes, n'égalent pas les meilleurs.

AJACCIO 2008
Blanc | 2010 à 2012 | 9,95 €   **14/20**
Nez très propre, ferment maîtrisé, peut-être trop (levurage ?) mais en bouche c'est équilibré, net, rafraîchissant, et l'expression deviendra plus personnelle dans un an.

AJACCIO 2007
Rouge | 2010 à 2015 | env 14,40 €   **13,5/20**
Du corps, des épices, vin puissant et strict dans son tannin, carafer une heure avant le service.

Rouge : 35 hectares ; grenache 16%, niellucio 8%, sciacarello 56%. Blanc : 15 hectares ; vermentino 20%. Production totale annuelle : 150 000 bt. Visite : Du lundi au samedi de 9 h à 12 h et de 15 h à 18 h.

DOMAINE CULOMBU

Chemin San-Petru
20260 Lumio
Tél. 04 95 60 70 68 - Fax. 04 95 60 63 46
culombu.suzzoni@wanadoo.fr
www.closculombu.fr

Peu à peu, ce superbe vignoble de 60 hectares, répartis sur différents types de sols dont une terrasse argileuse idéale pour les raisins rouges, devient une référence incontournable en matière de qualité. Étienne Suzzoni réussit avec le même flair ses blancs, ses rosés et ses rouges, qui partagent la même qualité de fruit, la même élégance et la même pureté, ce qui pour les vins rouges n'allait pas de soi !

CORSE CLOS CULOMBU 2008   ☺
Blanc | 2009 à 2014 | 8,97 €   **17/20**
Arôme noble de fleur d'oranger et d'abricot, rappelant certains viogniers de Condrieu, grande suite en bouche, une perfection dans le style moderne, où tous les éléments aromatiques contenus dans le raisin sont préservés et sans caricature.

CORSE RIBBE ROSSE 2008
Blanc | 2010 à 2012 | 14,95 €   **13,5/20**
De la finesse et de la subtilité en fin de bouche, un rien de mollesse.

Production totale annuelle : 200 000 bt.
Visite : Du lundi au samedi, de 9 h à 12 h et de 13 h 30 à 18 h 30. Prendre rendez-vous pour les groupes.

DOMAINE DE FIUMICICOLI

Route de Levie
20110 Propriano
Tél. 04 95 76 14 08 - Fax. 04 95 76 24 24
domaine.fiumicicoli@laposte.net
www.domaine-fiumicicoli.fr

Sur la base des excellents 2007 dégustés cette année, voici sans doute la propriété de pointe du vignoble de Sartène, avec des vins d'une très grande pureté aromatique et d'un équilibre moderne mais sans excès, dans les trois couleurs. Quelques vieux pieds de cépages presque disparus contribuent certainement à leur originalité de caractère.

CORSE - SARTÈNE TRADITION 2008
Blanc | 2009 à 2010 | 9 €   **14/20**
Pâle à reflets verts, très technique au nez, propre, nerveux, franc, bouche simple mais pure, raisin vendangé mûr, mise en bouteille conservant toute la fraîcheur.

CORSE - SARTÈNE VASSILIA 2008
Blanc | 2010 à 2013 | env 14,50 €   **14/20**
Surchargé de bois pour le moment, mais derrière ce bois il y a de la vinosité et du caractère. Attendre deux ans si l'on peut.

Visite : De 9 h à 12 h et de 14 h à 18 h tous les jours sauf dimanche et jours fériés.

DOMAINE GENTILE

Olzo
20217 Saint-Florent
Tél. 04 95 37 01 54 - Fax. 04 95 37 16 69
domaine.gentile@wanadoo.fr
www.domaine-gentile.com

Le domaine Gentile dispose de quelques-uns des meilleurs terroirs de Patimonio et fut certainement le pionnier de la qualité, avec un niveau de viticulture remarquable et des vinifications modernes et précises. Les vins ont la force et la tenue au vieillissement qu'on attend, avec des rouges sans doute encore supérieurs aux blancs, mais le fils de Dominique a bien l'intention de mettre les blancs au niveau. La cuvée grande-expression est sans doute le vin rouge de Patrimonio le plus impressionnant. La propriété, intelligemment, la vend quand elle atteint sa maturité.

MUSCAT DU CAP CORSE VINDEMIA D'ORU 2007
Rouge liquoreux | 2009 à 2011 | 57,40 €   **16/20**
Superbe rôti de raisin, du vrai passerillage et un style savoureux, d'appel universel, long, où la technique ne masque pas le soleil.

PATRIMONIO 2007
Blanc | 2010 à 2015 | 12,20 €   **14/20**
Assez nerveux mais dense, avec des notes d'agrumes, de fenouil et d'épices, vinifié volontairement dans l'optique de la garde, caractère tranché.

PATRIMONIO 2007
Rouge | 2012 à 2017 | 12,20 €   **15/20**
Un des plus denses et des plus épicés de la dégustation, caractère très sculpté. Vin de garde.

PATRIMONIO GRANDE EXPRESSION 2003
Rouge | 2009 à 2013 | 20,21 €   **16/20**
Les cuvées les plus aptes à la garde sont appelées ainsi et il faut dire que leur splendeur de constitution justifie à elle seule la création de l'appellation Patrimonio. Beau vin de gibier, à point. Il en reste peut-être à la vente, le domaine étant conservateur.

Production totale annuelle : 160 000 bt.
Visite : Sur rendez-vous.

DOMAINE DE GIOIELLI

20248 Macinaggio
Tél. 04 95 35 42 05 - Fax. 04 95 35 36 97

Nous sommes ici au cœur de la tradition corse, avec des vins exprimant à la perfection l'originalité du climat du cap Corse. Ici triomphent les muscats, mais plus original encore est le fameux rappu, vin doux naturel vieilli sept ans, où entre le rare aleatico, venu de l'île d'Elbe, et qui est un des apéritifs les plus racés que nous connaissions. Comme toujours le rappu est remarquable mais les muscats le sont aussi, d'un irréprochable classicisme.

CORSE - COTEAUX DU CAP CORSE 2008

Blanc | 2009 à 2011 | 8 €   **14/20**
Or pâle, joli nez de citronnelle, propre, élégant, agréable, pas très complexe.

CORSE RAPPU

Ambré liquoreux | 2009 à 2010 | 15 €   **17/20**
Vieilli sept ans et tout à fait étonnant, avec un fruité très original et beaucoup de longueur, sur la myrte, personne d'autre ne rivalise !

Rouge : 2,5 hectares. Blanc : 2,5 hectares.
Production totale annuelle : 55 000 bt.
Visite : De 8 h à 18 h.

DOMAINE GIUDICELLI

20232 Poggio-d'Oletta
Tél. 04 95 35 62 31 - Fax. 04 95 35 62 31
muriel.giudicelli@wanadoo.fr

Encore un domaine « de femme corse ». Muriel Giudicelli dirige avec autorité et précision un domaine proche de celui de la famille Leccia. En 2006, son rouge faisait partie des meilleurs, puissant, charnu et sans les gros défauts de quelques domaines, archaïques dans leur mentalité de la plus vieille appellation corse.

PATRIMONIO 2008   ☺

Blanc | 2009 à 2011 | NC   **15/20**
Robe or vert, nez de fleur de citronnier mais avec de la classe et de la complexité, net, tendu, très agréable.

PATRIMONIO 2008   ☺

Rosé | 2009 à 2010 | NC   **16/20**
Notre meilleur rosé de la grande dégustation aveugle, le plus idéalement corse et patrimonio par la robe, rose chair, la beauté et la maturité du fruit, la capacité à briller à table sur des plats relevés. Bravo !

Rouge : 12,20 hectares. Blanc : 0,80 hectare.
Production totale annuelle : 40 000 bt.
Visite : Sur rendez-vous.

Inscrivez-vous sur

BETTANEDESSEAUVE.COM

> Suivez l'actualité du vin
> Accédez aux notes de dégustation de 25 000 vins
> Visitez les stands des producteurs

DOMAINE GRANAJOLO

20144 Sainte-Lucie-de-Porto-Vecchio
Tél. 04 95 70 37 83 - Fax. 04 95 71 57 36
granajolo@aol.com

Cette propriété progresse chaque année, et bénéficie d'une viticulture respectueuse et d'une vinification qui reste proche du raisin. Les vins sont souples, fruités, naturels, plaisants à boire dans la fougue de leur jeunesse. Quelques bouteilles connaissent néanmoins des déviations animales, surtout en rouge.

CORSE - PORTO-VECCHIO 2008
Blanc | 2009 à 2010 | 6,70 €   **14/20**
Légères notes oxydatives mais sans lourdeur de miel et de fenouil, gras, simple, naturel, facile à boire, à l'opposé des vins techniques qui recherchent des arômes plus fruités.

CORSE - PORTO-VECCHIO 2006
Rouge | 2009 à 2012 | 6,30 €   **14/20**
Peu de robe mais beaucoup de souplesse, de naturel et de fruit, le parfait vin de soif de Méditerranée, ce qui n'est pas si fréquent.

CORSE - PORTO-VECCHIO MONIKA 2006
Rouge | 2009 à 2012 | 7,50 €   **15/20**
Le vin respecte l'esprit du terroir, avec de la grâce, de la souplesse, du naturel.

Rouge : 16 hectares. Blanc : 4 hectares.
Production totale annuelle : 60 000 bt.
Visite : Du lundi au vendredi de 9 h 30 à 13 h et de 16 h a 19 h et le samedi de 16 h a 19 h.

CLOS LANDRY

Route de l'Aéroport
20260 Calvi
Tél. 04 95 65 04 25 - Fax. 04 95 65 37 56
closlandry@wanadoo.fr

Ce domaine classique de Calvi, qui fournissait en rosé toute la Côte, avait banalisé la qualité de ses vins en créant un rosé gris pâle, très souple et facile mais sans style. Il s'est considérablement amélioré et exprime toute la finesse de ses sols siliceux, tout comme le rouge, très délicat et parfumé.

CORSE CUVÉE LÉA 2006
Rouge | 2009 à 2010 | 9,60 €   **14/20**
A gagné en précision aromatique en un an, avec plus d'arômes de garrigue et une finale sèche mais sans dureté ni maigreur, ce qui est l'esprit même de ces sols légers. Un vrai vin corse, sans lourdeur.

Rouge : 21 hectares ; grenache 40%, nielluccio 15%, sciacarello 45%. Blanc : 3 hectares ; vermentino 100%. Production totale annuelle : 80 000 bt. Visite : Tous les jours.

DOMAINE LECCIA – ANNETTE LECCIA

Morta Piana
20232 Poggio d'Oletta
Tél. 04 95 37 11 35 - Fax. 04 95 37 17 03
domaine.leccia@wanadoo.fr
www.domaineleccia.fr

Annette Leccia poursuit l'exploitation du domaine familial, après s'être séparée de son frère Yves, et en conservant l'essentiel des magnifiques terroirs calcaires (la fameuse Petra Bianca) du cœur de Patrimonio. Les rouges ont toujours été ici particulièrement réussis, et cela continue. Les vins du domaine restent aussi bien faits techniquement, mais sont un rien plus impersonnels dans leurs arômes et leur texture, surtout le muscat par rapport à ce qu'il fut.

MUSCAT DU CAP CORSE 2008
Blanc liquoreux | 2009 à 2010 | 16 €   **14/20**
Beaucoup de richesse, type classique, très agréable, sans surprise, plus fait pour le dessert que l'apéritif.

PATRIMONIO 2007
Rosé | 2009 à 2009 | 10 €   **14/20**
Excellente vinification, vin délicatement fruité, pur, propre, savoureux.

Rouge : 8,10 hectares. Blanc : 4,90 hectares.
Production totale annuelle : 60 000 bt.
Visite : Du lundi au samedi de 9 h à 12 h et de 14 h à 19 h, ouvert le dimanche en saison.

YVES LECCIA

Morta Piana
20232 Poggio-d'Oletta
Tél. 04 95 30 72 33 - Fax. 04 95 30 72 33
leccia.yves@wanadoo.fr
www.yves-leccia.com

Yves Leccia est parti en 2005 du vignoble familial, repris par sa sœur Annette, mais en conservant une partie des vignes sur le secteur plus schisteux d'E Crocce. Son talent de vinificateur, unique en Corse, n'a pas changé, et les vins signés Yves Leccia, beaucoup plus modernes dans le style des étiquettes, brillent par leur finesse et leur plénitude. Les rouges sont ceux qui vieillissent le mieux en appellation Patrimonio, avec ceux de Gentile. Avec son épouse, Yves vient d'ouvrir à Saint-Florent un bar à vin où bien entendu il est possible d'apprécier ses produits.

PATRIMONIO 2007
Rouge | 2009 à 2017 | 18 €   **17/20**
Note inchangée, le plus précis et le mieux vinifié à notre sens des rouges 2007, bel avenir. La Corse à son meilleur.

PATRIMONIO O 2008
Rosé | 2009 à 2010 | 12 €   **16/20**
Vif, puissant, vineux, terroir affirmé, vin de grande gastronomie, à consommer sur les plus beaux produits de la mer.

Rouge : 12 hectares. Blanc : 3 hectares.
Production totale annuelle : 70 000 bt.
Visite : Tous les jours sauf le dimanche du 1er juin au 30 octobre, de 9 h à 13 h et de 15 h à 19 h. En dehors de ces périodes : sur rendez-vous.

DOMAINE MAESTRACCI – CLOS REGINU

Route de Santa-Reparata
20225 Feliceto
Tél. 04 95 61 72 11 - Fax. 04 95 61 80 16
clos.reginu@wanadoo.fr
www.domaine-maestracci.com

Domaine classique du secteur de Calvi, avec une longue tradition d'élaboration de vins de garde, et la capacité de réussir dans les trois couleurs. 2008 est le meilleur millésime récent du domaine, dans les deux crus e-prove et clos-reginu.

CORSE - CALVI CLOS 2008
Blanc | 2009 à 2012 | 6 €   **14,5/20**
Arômes d'agrumes, type bien marqué avec un peu moins de charme que e-prove.

CORSE - CALVI E PROVE 2008
Blanc | 2009 à 2012 | 8,40 €   **16/20**
Un des meilleurs blancs de notre dégustation, magnifiques arômes d'agrume, très précis, racé, complexe, acidité donnant de la vitalité, parfait à boire dès cet été.

CORSE E PROVE 2008
Rosé | 2009 à 2010 | 8,40 €   **14/20**
Légère note orangée, un rose aux antipodes du bonbon, assez expressif de sols légers et du sciacarello. Boire frais mais pas frappé.

Rouge : 26,5 hectares. Blanc : 3,5 hectares.
Production totale annuelle : 120 000 bt.
Visite : En saison de 9 h à 19 h 30 et uniquement le matin hors saison.

DOMAINE ORENGA DE GAFFORY

Morta Majo
20253 Patrimonio
Tél. 04 95 37 45 00 - Fax. 04 95 37 14 25
domaine.orenga@wanadoo.fr
www.domaine-orengadegaffory.com

Ce domaine est de loin le plus important producteur de Patrimonio, aussi bien sur les terres du village que sur la Conca d'Oro avec le clos San-Quilico. La taille de la propriété conduit inévitablement à des compromis qui ne permettent pas d'aller jusqu'au bout de l'expression du terroir, mais les vins sont toujours très bien faits, précis, équilibrés et largement disponibles, avec une petite préférence pour le muscat impassito.

CORSE - COTEAUX DU CAP CORSE 2008
Blanc liquoreux | 2009 à 2010 | 12 €   **16/20**
Notre meilleure note cette année pour ce type de vin, en raison de la précision et de la finesse des arômes et l'équilibre liqueur acidité. La finale est racée et subtile.

CORSE RAPPO
Rouge liquoreux | 2009 à 2010 | 19,20 €   **15/20**
Original, mais sous le nom de rappu ou rappo, les cépages et le caractère sont à la discrétion du producteur. Ici les notes de café et de torréfaction ont été recherchées et l'ensemble est fort savoureux.

MUSCAT DU CAP CORSE IMPASSITO 2008
Blanc Liquoreux | 2009 à 2010 | 16 €   **14,5/20**
Citronné et vif, plus passerillé que d'autres, long, du caractère et de la densité.

PATRIMONIO 2008
Rosé | 2009 à 2010 | 9,60 €   **14/20**
Ce type de vin demande de la technique, et sur ce point cette cuvée est irréprochable, comme celles du Domaine San Quilico, exploité en commun. Le vin est frais, équilibré, avec de jolies notes florales et surtout de la pureté, sans bonbon.

PATRIMONIO FELICE 2007
Blanc | 2009 à 2011 | 12,35 €   **16/20**
Robe or, nez complet avec les notes de fenouil qui iront divinement sur un filet de bar, plein, long, très bien vinifié.

Rouge : 36 hectares ; grenache 10%, niellucio 90%.
Blanc : 19 hectares ; muscat 25%, vermentino 75%.
Production totale annuelle : 300 000 bt. Visite :
Vente du lundi au vendredi, de 9 h à 12 h et de 14 h à 18 h, tous les jours en juillet et août, visite sur rendez-vous.

DOMAINE DU COMTE PERALDI

Chemin du Stiletto
20167 Mezzavia
Tél. 04 95 22 37 30 - Fax. 04 95 20 92 91
info@domaineperaldi.com
www.domaineperaldi.com

La grande propriété d'Ajaccio ne s'est jamais aussi bien portée qu'aujourd'hui : une sérieuse reprise en main technique permet en effet de produire à nouveau des vins d'une suprême finesse dans les trois couleurs, et qui répondent à l'élégance de leur habillage, où l'influence bourguignonne est évidente. Les clos-du-cardinal 2003 et 2005, mais même l'assemblage régulier, sont à notre sens les expressions les plus abouties du fameux cépage sciacarello. N'attendez pas de lui une forte couleur, mais plutôt un raffinement de texture qui rappelle vraiment les bons pinots noirs. En revanche, 2006 ne semble pas un grand millésime, en rouge.

AJACCIO 2007
Rouge | 2010 à 2015 | 9,60 €   **15/20**
Joli style, tout en finesse et en délicatesse de tannin, finale complexe, le charme d'un sciaccarello bien fait.

CORSE 2008
Rosé | 2009 à 2010 | 9,60 €   **15/20**
Beaucoup de délicatesse aromatique, finale recherchée, assez long, un vrai régal.

Rouge : 40 hectares ; carignan 10%, cinsault 12%, grenache 3%, nielluccio 7%, sciaccarello 68%.
Blanc : 10 hectares ; vermentino 100%.
Production totale annuelle : 250 000 bt.
Visite : Du lundi au samedi, de 8 h à 12 h et de 14 h à 18 h et l'été jusqu'à 19h.

DOMAINE PIERETTI

Santa-Severa
20228 Luri
Tél. 04 95 35 01 03 - Fax. 04 95 35 01 03
domainepieretti@orange.fr

Ce fut la révélation de cette édition du guide pour la Corse. Dans les trois couleurs, Lina Venturi se révèle être une des plus grandes stylistes de l'île, avec des vins d'une rare perfection de forme, particulièrement en rouge, avec pour la cuvée vieilles-vignes une finesse de tanin absolument unique ! Le terroir schisteux de bord de mer lui permet d'égaler voire de dépasser certains patrimonios. Mais la délicatesse aromatique du blanc fut aussi un régal. Décidément les vigneronnes corses ont le vent en poupe !

CORSE - COTEAUX DU CAP CORSE 2008
Blanc | 2009 à 2011 | 8,50 €   **16/20**
Robe pâle, nez net, arômes fins de fleur de citronnier, cristallin, pur, subtil, long, toujours à la pointe de la qualité et du plaisir.

CORSE - COTEAUX DU CAP CORSE SÉLECTION VIEILLES VIGNES 2007
Rouge | 2009 à 2012 | 13,50 €   **14,5/20**
Belle couleur, notes chocolatées au nez, long, velouté, sensuel, aucune dureté, vrai vin d'hiver et de gibier.

MUSCAT DU CAP CORSE 2008
Blanc liquoreux | 2009 à 2010 | 14 €   **14/20**
Juste expression aromatique, notes d'agrumes type pamplemousse, finale non pâteuse, technique excellente, on souhaiterait une touche de « rôti » en plus.

Rouge : 3,5 hectares ; grenache 18%, niellucio 35%.
Blanc : 2,75 hectares ; muscat petits grains 22%, vermentino 25%. Production totale annuelle : 45 000 bt. Visite : Du lundi au samedi sur rendez-vous du 1 Mai au 30 octobre.

DOMAINE LA PUNTA

🗲🗲🗲🗲🗲

20270 Aléria
Tél. 04 95 30 60 68 - Fax. 04 95 30 60 68
domaine.de.la.punta@wanadoo.fr

Il faut rencontrer, à Tallone, Alain Lugarini et François Paoli, dit Fanfan, deux Corses plus vrais que nature mais absolument pas paresseux. Ils tiennent remarquablement leurs vignes, et ce n'est pas facile sur les coteaux parfois abrupts de Pianiccia, sujets au ravinement. Leur cave, où l'on travaille par gravité, pourrait servir de modèle à toute la viticulture locale. Sur des sols de premier ordre, il n'est pas étonnant que les vins aient du caractère. De millésime en millésime, la qualité dans les trois couleurs devient irréprochable.

CORSE 2008   ☺

Blanc | 2009 à 2011 | 7,50 €   **14/20**
Beaux arômes d'agrume, vin nerveux, précis, bien fait, étonnamment désaltérant, comme si couvent en Corse !

CORSE 2007

Rouge | 2009 à 2011 | 7,50 €   **15/20**
Un des plus réussis de l'appellation, bon contrôle du bois, raisin mûr, tanin adroitement extrait, du style, de la classe même, un exemple !

Production totale annuelle : 140 000 bt.
Visite : De 9 h à 20 h en juillet et aout fermé le dimanche.

DOMAINE BERNARD RENUCCI

🗲🗲🗲🗲🗲

20225 Feliceto
Tél. 04 95 61 71 08 - Fax. 04 95 38 28 74
domaine.renucci@wanadoo.fr
www.domaine-renucci.com

Ce domaine est la gloire montante du vignoble de Calvi, avec un vignoble impeccablement cultivé, où l'on trouve un pourcentage idéal entre niellucio et sciacarello, avec une rare maîtrise des vinifications. Dans les trois couleurs, on admirera la finesse et la pureté des arômes, et pour les cuvées vignola un supplément de vinosité, dans les limites des terres granitiques du secteur. Les prix sont étonnamment sages. Les millésimes les plus récents présentent parfois de curieuses déviations aromatiques, comme si le ferment n'était plus sous contrôle.

CORSE - CALVI 2008

Rosé | 2009 à 2010 | 9,60 €   **15/20**
Excellent sur le plan technique, très pur dans son fruit, corps complet, le parfait calvi.

CORSE - CALVI CUVÉE VIGNOLA 2008

Blanc | 2010 à 2012   **13/20**
Plein mais avec un manque de fraîcheur : attendre un an .

Rouge : 13 hectares. Blanc : 4 hectares.
Production totale annuelle : 80 000 bt.
Visite : Ouvert d'avril à fin septembre, de 10 h à 12 h et de 15 h à 19 h.

DOMAINE SANTAMARIA

Route du lac de Padula à Oletta
20217 Saint-Florent
Tél. 04 95 39 03 51 - Fax. 04 95 39 07 42
domaine.santamaria@orange.fr

Jean-Louis Santa Maria est un des viticulteurs les plus sympathiques et les plus consciencieux de Patrimonio, avec des terres en bout d'appellation, sur Oletta, qui donnent au vin un caractère moins tranché mais plus fruité qu'au cœur de Carco. Ses blancs de muscat sont fins, ses rosés souples et très fruités, et ses rouges faciles à boire. Parmi ses spécialités, il faut encourager une remarquable production de muscat non muté (qui scandaleusement n'a droit à aucune appellation !), un rappu très différent de celui de Gioielli, et un rouge de vendange tardive admirable mais pas encore commercialisé. Parmi ses dadas, citons aussi des produits à base de citron et des essais de vinaigre balsamique dont on reparlera.

PATRIMONIO 2008   (!)
Blanc ⏐ 2009 à 2011 ⏐ 8-9 €   **16/20**
Robe or vert, délicieux nez d'agrumes, magnifique fruité en bouche, type de vermentino qui en surprendra plus d'un par sa fraîcheur et son naturel, parfait vin d'été.

Visite : Sur rendez-vous.

CLOS TEDDI

Casta
20217 Saint-Florent
Tél. 06 10 84 11 73 - Fax. 04 95 37 24 07
clos.teddi@orange.fr
www.closteddi.com

Nous faisons entrer dans le guide (et elle progressera certainement dans la hiérarchie) Marie-Brigitte Poli, une de ces remarquables jeunes vigneronnes corses qui sont en train de redonner du sang neuf à la viticulture locale, en soignant encore plus les vinifications. Tout au bout de l'appellation et d'un seul tenant, le vignoble pousse sur du granit, et non pas du calcaire, ce qui explique l'étonnante finesse du rosé et le glissant naturel des blancs. On peut faire ici de très grandes choses. Toutes les promesses de l'an dernier ont été tenues, et les 2007 de la propriété ont peu d'égaux Corse, même en rouge.

PATRIMONIO 2008   (!)
Blanc ⏐ 2009 à 2012 ⏐ 8 €   **15,5/20**
Robe claire, nez délicieusement citronné, corps élégant, de la fraîcheur, de la classe, du naturel, très bien vinifié.

PATRIMONIO GRANDE CUVÉE 2007
Blanc ⏐ 2009 à 2011 ⏐ 13 €   **15/20**
Plus recherché que la cuvée normale, avec un départ de notes de fenouil et plus de gras, un peu trop d'éléments lactiques, qui enlèvent du charme et de la fraîcheur, mais il tiendra sur la langouste!

Production totale annuelle : 100 000 bt.
Visite : Ouvert 7 jour sur 7 en été

DOMAINE DE TORRACCIA

Lecci
20137 Porto-Vecchio
Tél. 04 95 71 43 50 - Fax. 04 95 71 50 03
torracciaoriu@wanadoo.fr

Le domaine est un véritable paradis conquis sur les ronces, mais surtout un des hauts lieux de la viticulture corse. Christian Imbert ne s'est pas contenté de faire les vins qu'il aime, très « nature » avec le moins de manipulation possible. Il a aussi mis toute son énergie à défendre la viticulture locale et à la faire rayonner partout en Europe, en créant et en dirigeant une union de viticulteurs très dynamique, l'UVA Corse. Le sommet de la cave est ici le rouge oriu, au subtil bouquet de garrigue, lent à venir mais inimitable ! Nous nous réjouissons de voir le retour au domaine du fils de Christian et de sa petite famille, ce qui est gage de continuité pour cette propriété exceptionnelle.

CORSE ORIU 2005
Rouge | 2011 à 2015 | NC   **16/20**
Une bouteille fatiguée, une autre en pleine forme, couleur légèrement brunie, notes épicées très complexes, finesse rare, vin fragile mais, à son meilleur, inimitable.

CORSE ORIU 2004
Rouge | 2009 à 2012 | 17,60 €   **16/20**
Robe brunie, merveilleuse expression aromatique au nez, notes de violette, de café, très raffiné dans ses sensations tactiles, naturel, le contraire du vin rustique de certains traditionalistes locaux, car c'est le meilleur de la tradition qui est en œuvre ici. Un modèle de style pour le secteur.

Rouge : 34 hectares ; cinsault 10%, grenache 15%, niellucio 51%, sciacarello 10%, syrah 5%.
Blanc : 9 hectares ; vermentino 9%. Production totale annuelle : 200 000 bt.
Visite : Du lundi au samedi, de 8 h à 12 h et de 14 h à 18 h. (en juillet et en août jusqu'à 20 h et le dimanche matin de 9 h a 13 h.)

CLOS VENTURI

Route de Calvi
20218 Ponte-Leccia
Tél. 04 95 47 61 35 - Fax. 04 95 30 85 57
domaine.vico@orange.fr
www.domainevico.com

Le Clos Venturi porte le nom de Jean-Marc Venturi, le remarquable œnologue corse qui a longtemps dirigé le groupe UVIB, regroupant les deux caves coopératives d'Aleria. Aujourd'hui, il s'occupe avec son fils de son vignoble de Vico, merveilleusement situé en piémont de neiges éternelles, et vient de créer le Clos Venturi, qui se veut l'expression la plus parfaite possible de ses meilleures terres. Pari réussi, car le clos dès sa création, a produit le plus complet des vins blancs secs corses, quelque chose qui serait le montrachet de l'île ! C'est stupéfiant de race et d'amplitude, et le vin devrait faire un tabac dans toute la grande restauration de l'île. Un rouge et un rosé s'ajoutent à la gamme, très bien faits, mais pas encore du niveau d'originalité et de complexité du blanc.

CORSE 2008
Blanc | 2010 à 2016 | 18,60 €   **17/20**
Uns splendeur en préparation par l'intensité du parfum, le contrôle du boisé, la crémosité de la texture, bref la classe !

CORSE 2008
Rosé | 2009 à 2010 | 14,40 €   **15,5/20**
Puissant, vineux mais avec de la finesse, style affirmé pour la gastronomie, un des plus longs de la dégustation.

Rouge : 6 hectares ; niellucio 40%, syrah 15%.
Blanc : 2 hectares ; vermentino 45%.
Production totale annuelle : 20 000 bt.
Visite : Du lundi au samedi de 9 h à 12 h et de 14 h 30 à 19 h.

NOTES PERSONNELLES

La sélection Bettane et Desseauve pour le Jura

Le vignoble du Jura

Les vins de niche, du Jura, consommés avec une touchante fidélité sur place mais méconnus ailleurs, se réveillent et commencent à rêver de devenir universels. Ils ont de solides raisons, dotés qu'ils sont d'une forte et originale personnalité et parce qu'une nouvelle génération en modernise intelligemment le type. Les blancs secs de chardonnay du sud du vignoble ont donné le ton, mais les rouges suivent, et l'avenir est à eux !

VIGNOBLES DU JURA

(DIJON) Dole

(BESANÇON)

N83

N73

Doubs

Loue

Cramans

La Chapelle-
sur-Furieuse

D472

Mouchard

CÔTES-
DU-JURA

A39

N5

D469

Les Arsures

Marnoz

D121

D472

Mathenay Vadans

Montigny-
lès Arsures

ARBOIS

Aumont

Arbois

Grozon

Pupillin

D475

D42

Buvilly

D469

Bersaillin Tourmont

Sellières

N83

Poligny

CÔTES-DU-JURA Miéry

Mantry

N5

Arlay Domblans Menétru-le-Vignoble

D5

D470

Château-Chalon

Champagnole

D38

CHÂTEAU-CHALON

D120

Plainoiseau

D70

L'ÉTOILE

L'Étoile Le Pin

Baume-les-Messieurs

Montmorot

LONS-LE-SAUNIER

Lac de Chalain

N78

Chilly-le-Vignoble

Macornay

Ain

(LOUHANS)

N83

D117

N78

(SUISSE)

CÔTES-DU-JURA

Grusse Saint-Laurent-la-Roche

D34

Vercia

Beaufort

Maynal

Cousance

D972

Cuiseaux

Lac de Vouglans

A39

Saint-Amour

CÔTES-DU-JURA

D117

N83

(BOURG-EN-BRESSE)

0   5   10 km

Appellations communales

Appellation régionale Côtes-du-Jura

L'actualité des millésimes

Les millésimes en vente sont fonction des durées minimum d'élevage de chaque appellation. En blanc ouillé on trouvera donc principalement des 2007 francs et frais avec souvent des niveaux d'acidité importants qui trahissent leur manque de maturité. Les meilleures cuvées produites avec des rendements modérés sont remarquables de densité et de pureté. 2006 offre toutefois plus de finesse avec des puretés remarquables, qui se distinguent des 2005 amples et riches dotés de belles maturités.

Les 2004 sont plus tendus et sont à maturité. Les blancs typés, élevés en partie sous voile pendant trois ans, sont principalement disponibles dans le très grand millésime 2005. Les vins de paille du millésime 2005 sont amples et épicés, et comme les blancs typés seront de grande garde. Ils font suite aux 2004 sont d'une grande fraîcheur avec un caractère confit souvent exotique.

En vin jaune, 2002 signe le retour de l'appellation Château Chalon qui n'a pas produit de 2001. Les stocks sont donc faibles et la demande forte, il ne faudra pas tarder pour s'approvisionner. Dans toutes les appellations, 2002 est un bon millésime actuellement sur la réserve, qui sera moins facile à boire jeune que 1999 ou 2000.

Profitez des délicieux vins jaunes des millésimes entre 1996 et 2000 encore en vente, ils sont déjà délicieux après une légère aération. En rouge, 2007 est plus léger que ses deux prédécesseurs, mais a produit des poulsards friands et des trousseaux d'une grande pureté lorsqu'ils ont été récoltés mûrs.

Les vins préférés des lecteurs

En juin 2009, nous avons réuni plus d'une centaine
d'amateurs de vin, recrutés parmi les lecteurs du Grand
Guide des vins de France, qui ont dégusté des vins de
toutes les régions. Les vins sélectionnés ont tous obtenu
dans cette édition une notation supérieure ou égale
à 14/20 ainsi qu'un ☺ et sont commercialisés à un prix
public inférieur à 15 €. Plus de 600 vins ont ainsi été
dégustés par les jurys de lecteurs.

VOICI LES LAURÉATS DU JURA ÉLUS PAR NOS LECTEURS

Domaine Frédéric Lornet,
Arbois, Naturé, Blanc sec, 2007, 10,50 €

Morel-Thibaut,
Côtes du Jura, Trousseau, Rouge, 2007, 6,30 €

Les meilleurs vins

> LES MEILLEURS CHARDONNAYS

Domaine Ganevat, Côtes du Jura, chardonnay Les Grands Teppes
Vieilles Vignes, 2006

Domaine André et Mireille Tissot - Stéphane Tissot, Arbois, chardonnay
Le Clos de La Tour de Curon, 2006

Domaine Labet, Côtes du Jura, chardonnay Fleur de Marne
La Bardette, 2006

> LES MEILLEURS ROUGES

Domaine Ganevat, Côtes du Jura, Sous la Roche cuvée Z, 2005

Les Chais du Vieux Bourg, Côtes du Jura, pinot noir, 2006

Domaine Jacques Puffeney, Arbois, Vieilles Vignes, 2005

Domaine André et Mireille Tissot - Stéphane Tissot, Arbois,
trousseau Singulier, 2007

> LES MEILLEURS VINS DE PAILLE

Domaine Ganevat, Côtes du Jura, Vin de Paille, 2005

Domaine de Montbourgeau, L'Étoile, Vin de Paille, 2005

Domaine Berthet-Bondet, Côtes du Jura, Vin de Paille, 2004

> LES MEILLEURS VINS JAUNES

Domaine Jacques Puffeney, Arbois, Vin Jaune, 2001

Domaine André et Mireille Tissot - Stéphane Tissot, Arbois,
Vin Jaune, 2002

Château d'Arlay, Côtes du Jura, Vin Jaune, 2000

Domaine Frédéric Lornet, Arbois, Vin Jaune, 2000

Domaine de la Tournelle, Arbois, Vin Jaune, 2000

CHÂTEAU D'ARLAY

Route de Saint-Germain
39140 Arlay
Tél. 03 84 85 04 22 - Fax. 03 84 48 17 96
chateau@arlay.com
www.arlay.com

Si de nombreux domaines multiplient les cuvées parcellaires, au Château d'Arlay la gamme est courte et classique, avec sept vins produits sur 30 hectares. Les cuvées sont très homogènes d'un millésime à l'autre, et les élevages longs - jusqu'à quatre ans - offrent un style classique très typé, avec des vins de paille et des vins jaunes de très bon niveau. Les vins vieillissent admirablement bien et, à défaut d'élargir sa gamme, Alain de Laguiche propose à la vente entre trois et six millésimes de chaque cuvée. Un arrêt au domaine permet également de visiter le château.

CÔTES DU JURA 2003
Rouge | 2010 à 2023 | 12,00 € **14,5/20**
2003 a produit un rouge concentré à la robe profonde, au nez de fruits noirs et de fumée, dense en bouche, avec des tanins encore serrés. À garder pour qu'il gagne en fondu.

CÔTES DU JURA CHARDONNAY À LA REINE 2004
Blanc | 2009 à 2014 | 9,00 € **14,5/20**
Une cuvée récoltée très mûre et élevée trois ans en cuves. Le vin possède un nez complexe de miel d'acacia et de fruits mûrs, avec une pointe d'épices, et une bouche nette et franche, à l'acidité fine. Un style qui rappelle un vieux champagne.

CÔTES DU JURA LES PAVILLONS DU CHÂTEAU D'ARLAY 2007
Rosé | 2009 à 2013 | NC **13,5/20**
Un rosé de saignée de pinot noir, d'équilibre frais, avec un nez de petits fruits, une bouche de bonne densité avec une acidité mûre. Un vin facile à boire, qui tiendra tout un repas estival.

CÔTES DU JURA TRADITION 2004
Blanc | 2009 à 2019 | NC **15,5/20**
Chardonnay et savagnin, élevés en foudres ouillés pendant trois ans, ont donné un vin ample, au caractère épicé prononcé, dense en bouche, avec un équilibre fin et suave. La finale est longue, sur la noix et les fruits secs. Un vin de garde qui devrait connaître une longue évolution en bouteilles.

CÔTES DU JURA TRADITION 2003
Blanc | 2009 à 2030 | NC **15/20**
Assemblage de chardonnay et savagnin, élevés plus de quatre ans en vieux foudres ouillés, le vin est très net, avec son nez d'épices et de fruits mûrs. La bouche est ample et très pure, avec une finale longue.

CÔTES DU JURA VIN DE PAILLE 2005
Blanc Liquoreux | 2009 à 2025 | 33,00 € **16/20**
Un vin puissant, au nez d'épices à pain d'épice et de châtaigne, ample en bouche, avec un moelleux d'une grande pureté. À essayer sur un foie gras poêlé servi sur une crème de châtaignes.

CÔTES DU JURA VIN JAUNE 2002
Blanc | 2010 à 2022 | 30,00 € **16,5/20**
La cuvée 2002 a été mise en bouteilles en 2009. Très pure, avec un goût de jaune intense, c'est un vin qu'il faudra attendre quelques années avant de le boire.

CÔTES DU JURA VIN JAUNE 2001
Blanc | 2009 à 2030 | 31,50 € **17/20**
Un jaune déjà bien ouvert, complexe au nez et onctueux en bouche, avec une acidité fine. La finale est longue, sur des notes de curry et de fumée.

CÔTES DU JURA VIN JAUNE 2000
Blanc | 2009 à 2030 | 33,00 € **17,5/20**
Un jaune équilibré, au nez de fleurs séchées, de cuir et de morilles, avec une pointe épicée, puissant en bouche avec une bouche épicée. Le caractère fumé des vins d'Arlay se retrouve dans ce grand vin de garde.

CÔTES DU JURA VIN JAUNE 1998
Blanc | 2009 à 2030 | 34,50 € **17/20**
Un millésime mûr, au nez de fleurs jaunes, de noisette et de fruits secs, élégant en bouche avec une grande finesse du goût de jaune. Délicieux dès à présent.

MACVIN DU JURA
Blanc liquoreux | 2009 à 2020 | NC **16/20**
Un macvin puissant, qui combine un fruité pur et intense à une bouche dense avec une liqueur fondue. Le caractère fumé du vin en fait un vin de choix à table.

MACVIN DU JURA
Rouge liquoreux | 2009 à 2020 | NC **15,5/20**
Un macvin rouge produit à partir de pinot noir, au nez de cerise et de framboise avec une bouche fraîche, à la liqueur atténuée par des tanins légers. Parfait sur des desserts au chocolat.

Rouge : 16 hectares ; pinot noir 47%, poulsard 4%, trousseau 5%. Blanc : 11 hectares ; chardonnay 21%, savagnin 23%. Production totale annuelle : 100 000 bt. Visite : Du lundi au vendredi, de 9 h à 12 h et de 14 h à 18 h. Le samedi, fermeture à 17 h.

DOMAINE BERTHET-BONDET

Rue de la Tour
39210 Château-Chalon
Tél. 03 84 44 60 48 - Fax. 03 84 44 61 13
berthet-bondet@orange.fr
www.berthet-bondet.net

Le domaine est idéalement situé au cœur de l'appellation Château-Chalon, avec des chardonnays et des savagnins situés sur des parcelles parfois très pentues. Jean et Chantal Berthet-Bondet produisent des vins fins toujours très élégants, avec une maîtrise remarquable du savagnin dans tous les styles.

CHÂTEAU-CHALON 2002
Blanc | 2009 à 2030 | 29,90 € **17/20**
Un château-chalon élégant au nez, avec des arômes de curry et de morille, dense et fin en bouche, avec de la profondeur et une longue finale épicée. Il n'y aura pas de 2001 dans l'appellation.

CÔTES DU JURA NATURÉ 2007
Blanc | 2009 à 2015 | 10,20 € **14,5/20**
Un vin fruité, ouvert au nez, acidulé et gras en bouche, avec une fine salinité.

CÔTES DU JURA SAVAGNIN 2004
Blanc | 2009 à 2024 | 15,80 € **16,5/20**
Élevé trois ans sous voile, le savagnin offre une palette aromatique délicate, sur les épices douces et la noisette, et une bouche tendre qui possède une belle pureté et beaucoup de gras. Longue finale sur la morille et la crème de curry.

CÔTES DU JURA TRADITION 2005
Blanc | 2009 à 2017 | 9,80 € **15/20**
Une cuvée de chardonnay et savagnin élevée deux ans sous voile, élégante avec un nez floral légèrement typé et une bouche ample, très pure, avec du gras. Le goût de jaune est mesuré et d'un grande finesse.

CÔTES DU JURA VIN DE PAILLE 2004
Blanc Liquoreux | 2009 à 2019 | 20,60 € **17/20**
Un vin de paille à la robe dorée, très épicé avec des fruits exotiques confits au nez, moelleux en bouche avec un bel équilibre acidulé. Bel équilibre.

CRÉMANT DU JURA
Blanc Brut effervescent | 2009 à 2011 | 8,40 € **14/20**
Un crémant à majorité de chardonnay, frais et fruité en bouche, avec une mousse fine et une finale épicée.

Rouge : 1 hectare ; pinot noir 1%, poulsard 5%, trousseau 4%. Blanc : 9 hectares ; chardonnay 40%, savagnin 50%. Production totale annuelle : 50 000 bt. Visite : Du lundi au vendredi sur rendez-vous.

DOMAINE DE LA BORDE

Chemin des Vignes
39600 Pupillin
Tél. 03 84 66 25 61
julien.mareschal@free.fr
www.domaine-de-la-borde.fr

Après un diplôme d'œnologue, le jeune Julien Mareschal s'est installé à Pupillin et a produit dans un nouveau chai ses premiers vins en 2003. Le domaine s'étend désormais sur 5 hectares, une taille importante pour une seule personne.

ARBOIS CHARDONNAY CAILLOT 2005
Blanc | 2009 à 2015 | 7 € **14/20**
Un vin issu d'une parcelle argilo-calcaire orientée plein sud, élevé en pièce pendant vingt-quatre mois. Le nez est floral, avec des notes épicées marquées, dense et gras en bouche, avec une longue finale. Un vin équilibré.

ARBOIS CHARDONNAY SOUS LA ROCHE 2006 ☺
Blanc | 2009 à 2016 | 6,80 € **14,5/20**
Le vin est franc, avec un nez de fleurs blanches et de pain grillé, ample en bouche, avec du gras et une bonne pureté.

ARBOIS PINOT NOIR SOUS LA ROCHE 2005 ☺
Rouge | 2009 à 2015 | 6,50 € **15/20**
Un pinot noir dense, au nez de petits fruits noirs, profond en bouche, avec du corps et des tanins soyeux. Un bel élevage sur une matière mûre. Un vin magnifique.

ARBOIS PLOUSSARD DE FEULE 2006
Rouge | 2009 à 2016 | 6,50 € **14/20**
Un poulsard fruité, doté d'une bouche souple de bonne densité, net en finale, avec des tanins fondus. Un vin élégant.

ARBOIS SAVAGNIN FOUDRE À CANON 2006
Blanc | 2009 à 2016 | 7,80 € **14,5/20**
Un vin de fruit élevé sans voile, floral au nez et ample en bouche, avec du gras et une acidité mûre très agréable.

ARBOIS TRADITION 2005 ☺
Blanc | 2009 à 2020 | 7,50 € **15/20**
Assemblage de chardonnay ouillé et de savagnin élevé sous voile, c'est un vin ample, au nez de morille et de fumée, pur en bouche, avec un goût de jaune mesuré très fin. La finale est longue.

ARBOIS VIN DE PAILLE 2005
Blanc Liquoreux | 2009 à 2020 | 18 € **15/20**
Produit avec les trois cépages chardonnay, savagnin et poulsard, c'est un vin moelleux au nez d'épices, fin en bouche, avec une finale sur les fruits secs. Un vin équilibré.

Rouge : 2 hectares Blanc : 3 hectares Production totale annuelle : 20 000 bt. Visite : De 8 h à 19 h.

DOMAINE PEGGY ET JEAN-PASCAL BURONFOSSE

La Combe
39190 Rotalier
Tél. 03 84 25 05 09 - Fax. 03 84 25 05 09
buronfossepjp@orange.fr

Installés à la fin des années 1990 sur la combe de Rotalier, Peggy et Jean-Pascal Buronfosse ont modifié leur projet initial de polyculture pour se consacrer entièrement au vin. Les blancs sont encore marqués par la jeunesse des barriques et les rouges ont fait de superbes progrès.

CÔTES DU JURA CHARDONNAY LE PRÉ DU BIEF 2008
Blanc | 2009 à 2018 | 7,50 €   **15/20**
Goûté en cours d'élevage, le vin est net, frais et acidulé avec une bonne densité. Prometteur.

CÔTES DU JURA CHARDONNAY LES VARRONS 2006
Blanc | 2009 à 2021 | 9 €   **16/20**
Un chardonnay de grande classe, doté d'arômes de fleurs blanches et de fruits mûrs, à l'équilibre ample et profond en bouche, avec une longue finale.

CÔTES DU JURA CHARDONNAY MARCUS TERENTIUS VARRO 2008
Blanc | 2009 à 2011 | 7,50 €   **15/20**
Goûté sur fût, c'est un chardonnay élevé en fûts de chêne, ample et salin en bouche, avec du gras. Bon potentiel.

CÔTES DU JURA LES AMMONITES 2006
Blanc | 2009 à 2016 | 9 €   **16/20**
Un chardonnay récolté mûr et élevé en fûts, ouvert au nez, avec une note de fruits compotés et de miel, ample et profond en bouche avec une finale saline.

CÔTES DU JURA LES BÉLEMNITES 2006
Blanc | 2009 à 2021 | 10 €   **16/20**
Assemblage majoritaire de savagnin et de chardonnay, le vin est fruité au nez, avec une note de miel, une pointe épicée, dense et acidulé en bouche, avec du gras. Un vin ample qui se conservera bien.

CÔTES DU JURA POULSARD SOUS LE MONCEAU 2008 ☺
Rouge | 2009 à 2015 | 7,50 €   **14/20**
Un poulsard concentré, au nez de petits fruits rouges, souple en bouche, avec de la fraîcheur et des tanins fins. Un vin gourmand.

Rouge : 0,89 hectare ; pinot 17,5%, poulsard 10%. Blanc : 2,42 hectares ; chardonnay 55,5%, savagnin 17%. **Production totale annuelle :** 8 000 bt. **Visite :** Du lundi au vendredi, sur rendez-vous et le samedi de 11 h à 19 h.

LES CHAIS DU VIEUX BOURG

Rue du vieux Bourg
39140 Arlay
Tél. 03 84 85 07 91 - Fax. 03 84 85 07 91
bindernagel@club-internet.fr
www.bindernagel.fr

Ancien architecte installé à Arlay depuis 2003, Ludwig Bindernagel exploite avec Nathalie Eigenschenck 2,5 hectares d'un superbe patrimoine de vignes plantées en sélection massale dans les années 1950, sur les terres à dominante calcaire en appellations l'Étoile et Côtes du Jura. Avec un travail du sol dans les vignes et un minimum d'intervention en cave, il produit des vins profonds et racés qui font le succès de quelques restaurants et bars à vins.

CÔTES DU JURA BB1 2005
Blanc | 2009 à 2015 | 13,60 €   **16/20**
Assemblage de chardonnay majoritaire et de savagnin, élevé plus de trois années dans des fûts ouillés, c'est un vin onctueux, ample et riche en bouche avec du gras et de l'onctuosité.

CÔTES DU JURA PINOT NOIR 2006
Rouge | 2009 à 2016 | 11,80 €   **16/20**
Des vieux ceps de pinots noir de souche jurassienne (sélection massale issue de pinot noir de souche jurassien - savagnin noir) sur un sol argileux basé sur un socle de calcaire à gryphées ont donné un vin élégant, remarquable de pureté et de profondeur avec des tanins mûrs d'une grande finesse.

CÔTES DU JURA SAVAGNIN VIEILLE VIGNE 2004
Blanc | 2009 à 2024 | 18,50 €   **16/20**
Un assemblage de savagnin élevé sous voile et de savagnin ouillé a donné une cuvée élégante, au nez de pain grillé et de morille, ample et très pur en bouche avec de la minéralité et une longue finale. Une belle prise de voile et une grande pureté.

L'ÉTOILE EN PESUS 2006
Blanc | 2009 à 2021 | 11,60 €   **16,5/20**
Un assemblage de chardonnay majoritaire et de savagnin élevé avec ouillage, a donné un vin ample au nez floral, profond en bouche avec du gras et une finale épicée. Un vin parfait sur la cuisine épicée.

MACVIN DU JURA LE FINOT 2006
Rouge liquoreux | 2009 à 2013 | 24 €   **16/20**
Un macvin rouge produit à partir de pinot noir. qui possède un nez très précis de cerise noire, velouté en bouche avec un moelleux bien intégré. Parfait sur un clafoutis, un foie gras, ou bien d'autres plats.

Rouge : 1 hectare Blanc : 1,5 hectare. **Production totale annuelle :** 7 000 bt. **Visite :** Sur rendez-vous.

DOMAINE DANIEL DUGOIS

4, rue de la Mirode
39600 Les Arsures
Tél. 03 84 66 03 41 - Fax. 03 84 37 44 59
daniel.dugois@wanadoo.fr
www.vins-danieldugois.com

Basé au cœur de la zone la plus favorable pour les rouges du Jura, le discret Daniel Dugois produit plusieurs cuvées de trousseau, cépage qui représente la moitié de ses vignes. Le savagnin s'exprime de manière puissante, donnant des vins avec ou sans voile destinés à une cuisine de caractère. L'ensemble de la gamme dispose d'un bon potentiel de garde.

ARBOIS SAVAGNIN 2007
Blanc | 2009 à 2017 | 10 €   **14/20**
Un savagnin ouillé, au nez fumé et épicé, gras en bouche, avec de la fraîcheur.

ARBOIS TROUSSEAU 2006   ☺
Rouge | 2009 à 2021 | 6,90 €   **15/20**
Un vin mûr, doté d'une belle matière en bouche, corsé et soyeux, avec des tanins mûrs en finale.

ARBOIS TROUSSEAU GRÉVILLIÈRE 2005
Rouge | 2010 à 2020 | 9 €   **15,5/20**
Issu des vieilles vignes du domaine, c'est un trousseau riche et de bonne densité, corsé en bouche, avec des tanins très présents et une acidité marquée. Un vin de garde par excellence.

ARBOIS TROUSSEAU LA DAMELIÈRE 2007
Rouge | 2009 à 2017 | 13 €   **15/20**
Un vin ouvert ,aux parfums de griotte, souple et acidulé en bouche, avec des tanins fondus.

ARBOIS VIN DE PAILLE 2005
Blanc Liquoreux | 2009 à 2025 | 19 €   **16/20**
Un vin élégant, au nez de fruits confit et d'épices, ample en bouche, avec une liqueur tendre. Un vin délicieux au dessert dès maintenant, qui se conservera longtemps.

ARBOIS VIN JAUNE 2002
Blanc | 2009 à 2022 | 26 €   **15/20**
Un vin jaune puissant, au nez de cuir et de curry, sec en bouche, avec une finale sur la morille.

Rouge : 4.50 hectares ; poulsard 6%, trousseau 41%.
Blanc : 4.25 hectares ; chardonnay 32%, savagnin 21%.
Production totale annuelle : 49 000 bt.
Visite : De 9 h 30 à 12 h et de 14 h à 18 h 30.

DOMAINE GANEVAT

La Combe
39190 Rotalier
Tél. 03 84 25 02 69 - Fax. 03 84 25 02 69

Après une longue expérience bourguignonne, Jean-François Ganevat a repris le domaine familial en 1998 et est parti à la recherche de l'expression la plus juste des grands vins de la région de Rotalier. Pratiquant la viticulture biologique, il produit des vins concentrés d'une grande race et d'une grande pureté, élevés sur lies avec un minimum de soufre. Les chardonnays sont issus de vignes parfois très anciennes et sont élevés avec des fûts toujours ouillés. Tout comme pour le savagnin, le boisé de l'élevage est parfois encore marqué, mais les vins sont de grande garde et gagnent en équilibre après quelques années de bouteilles. Les rouges sont travaillés sur le fruit, avec des rendements minuscules, et possèdent une pureté et une élégance rares.

CÔTES DU JURA CHARDONNAY
CHALASSE VIEILLES VIGNES 2006
Blanc | 2011 à 2026 | NC   **18,5/20**
Produit à partir d'une vigne plantée en 1902, c'est un vin ample, au nez encore fermé, profond et d'une grande concentration en bouche. La fine salinité et des tanins de qualité apportent une fraîcheur et une grande longueur. Un grand blanc de terroir marneux, doté d'un potentiel de bonification important.

CÔTES DU JURA CHARDONNAY
LES GRANDS TEPPES VIEILLES VIGNES 2006
Blanc | 2012 à 2026 | NC   **19/20**
Un vin de grande pureté, au nez de grillé et de fleurs blanches, profond en bouche, avec une grande concentration. Les tanins sont fins, apportant une touche veloutée à la longue finale. Un vin grandiose, taillé pour une grande garde.

CÔTES DU JURA CUVÉE MARGUERITE 2006
Blanc | 2009 à 2022 | NC   **17/20**
Une cuvée de melon à queue rouge élevée en pièces. A donné un vin ample, au nez de miel d'acacia et de noisette, qui possède du gras et une acidité remarquable en bouche. Le terroir En Chalasse apporte une belle finesse.

CÔTES DU JURA CUVÉE ORÉGANE 2006
Blanc | 2009 à 2021 | NC   **17,5/20**
Chardonnay à queue rouge et savagnin jaune élevés avec ouillage ont donné une cuvée ample au nez d'agrumes mûrs, ample et concentré, avec de la pulpe en bouche. La finale est longue.

CÔTES DU JURA PINOT NOIR CUVÉE JULIEN 2007
Rouge | 2010 à 2022 | NC   **16,5/20**
Une cuvée issue du terroir En Billat, sur schistes, au fruité intense d'une grande pureté, ample et profonde en bouche, avec une finale épicée. Un vin de grande buvabilité.

CÔTES DU JURA PINOT NOIR CUVÉE Z 2007
Rouge | 2009 à 2022 | NC   **17/20**
Issu du lieu-dit En Chalasse, c'est un pinot noir classique, au nez de cerise fraîche, ample et très concentré en bouche, avec une finesse des tanins remarquable.

CÔTES DU JURA SAVAGNIN CUVÉE PRESTIGE 2004
Blanc | 2009 à 2024 | NC   **16,5/20**
Élevé sous voile pendant quatre années, c'est un vin d'une grande finesse, au caractère oxydatif fin, marqué au nez par le curry et la noix, dense et acidulé en bouche, avec une grande longueur.

CÔTES DU JURA SAVAGNIN LES CHALASSES MARNES BLEUES 2006
Blanc | 2010 à 2026 | NC   **18/20**
Le savagnin ouillé prend des notes de fleurs jaunes et de mangue, avec une pointe d'amande. La bouche est riche, ample et épicée, avec de la chair et une longue finale sur les fruits acidulés. Un équilibre remarquable de fraîcheur, pour un vin déjà gourmand qui sera de grande garde.

CÔTES DU JURA SOUS LA ROCHE CUVÉE Z 2005
Rouge | 2012 à 2025 | NC   **18/20**
Nom temporaire, à confirmer, d'une cuvée de pinot noir en Chalasse élevée trente-six mois en pièce, ample et très concentrée en bouche, avec des tanins frais très présents. Un vin magnifique, qui vieillira très bien.

CÔTES DU JURA TROUSSEAU PLEIN SUD 2007
Rouge | 2009 à 2017 | NC   **17/20**
Un trousseau épicé à souhait, ample et très pur en bouche, avec une acidité franche et une fine salinité. Une cuvée remarquable de fruit et de fraîcheur, très digeste.

CÔTES DU JURA VIN DE PAILLE 2005
Blanc liquoreux | 2009 à 2025 | NC   **18/20**
Assemblage des trois cépages à dominante de savagnin, c'est un vin au nez complexe d'épices et de miel, liquoreux et très fin en bouche, avec une fine salinité. Un vin de paille élégant.

Rouge : 3 hectares ; pinot noir 20%, poulsard 10%, trousseau 15%. **Blanc :** 5,5 hectares ; chardonnay 40%, savagnin 15%.
Production totale annuelle : 35 000 bt.
Visite : Sur rendez-vous.

DOMAINE GENELETTI PÈRE ET FILS

Rue Saint-Jean
39210 Château-Chalon
Tél. 03 84 44 95 06 - Fax. 03 84 47 38 18
contact@domaine-geneletti.net
www.domaine-geneletti.net

Basé à Château-Chalon, le domaine créé par Michel Geneletti est aujourd'hui dirigé par son fils David. Pratiquant l'agriculture raisonnée, le domaine produit une gamme de vins blancs sur les appellations L'Étoile et Château-Chalon, mais aussi une petite gamme de vins rouges sur les appellations Arbois et Côtes du Jura.

CHÂTEAU-CHALON 2002
Blanc | 2009 à 2030 | 32 €   **17/20**
Un château-chalon de grande classe, au nez fin de fruits secs et de morille, dense et concentré en bouche, avec une fine minéralité perceptible dans la longue finale.

CRÉMANT DU JURA PRESTIGE
Blanc Brut effervescent | 2009 à 2010 | NC   **14/20**
Un crémant au nez floral, dense en bouche, avec une mousse compacte et de la vinosité.

L'ÉTOILE VIEILLE VIGNE 2004
Blanc | 2009 à 2019 | 8,50 €   **16/20**
Issu d'une vigne de plus de 80 ans, complantée de chardonnay et savagnin, élevé sous voile, c'est un vin puissant au goût de jaune d'une grande finesse, marqué par la morille et les fleurs jaunes. Un vin remarquable de précision.

L'ÉTOILE VIN DE PAILLE 2005
Blanc Liquoreux | 2009 à 2025 | 19 €   **17,5/20**
Un vin de paille puissant, au nez de fruits confits et de fruits exotiques, fin et élégant en bouche, avec une liqueur profonde.

L'ÉTOILE VIN JAUNE 2000
Blanc | 2009 à 2030 | NC   **16/20**
Un vin fin et aromatique, au goût de jaune mesuré, dense et profond en bouche, avec une finale longue sur la morille.

MACVIN DU JURA
Blanc liquoreux | 2009 à 2011 | 13,80 €   **16/20**
Un macvin frais, au nez de fruits confits, moelleux en bouche avec une liqueur fondue.

VIN MOUSSEUX L'AMOROSO
Rosé effervescent | 2009 à 2010 | NC   **13/20**
Une robe de couleur rose soutenue, un nez de fruits rouges frais et une bouche tendre très fruitée font de ce vin mousseux un régal à l'apéritif.

Rouge : 2 hectares ; pinot noir 10%, poulsard 10%, trousseau 10%. **Blanc :** 13 hectares ; chardonnay 40%, savagnin 30%. **Production totale annuelle :** 80 000 bt.

DOMAINE GRAND

139, rue du Savagnin
39230 Passenans
Tél. 03 84 85 28 88 - Fax. 03 84 44 67 47
domaine-grand@wanadoo.fr
www.domaine-grand.com

Emmanuel Grand est à la tête de cet important domaine de 23 hectares, restructuré après le départ de son frère Dominique, et propose une gamme complète de cépages et de styles. Si le crémant représente le tiers de la production, les vins typés possèdent une belle finesse et un profil aromatique très plaisant.

CHÂTEAU-CHALON EN BEAUMONT 2002
Blanc | 2009 à 2022 | 30,50 €   **15,5/20**
Un château-chalon élégant, au nez de noix et de fruits secs, gras en bouche, avec une finale longue et ample.

CÔTES DU JURA VIN DE PAILLE 2005
Blanc Liquoreux | 2009 à 2022 | 20,20 € | **15/20**
De robe ambre, c'est un vin confit au nez de miel et de figue, moelleux en bouche avec des arômes de fruits rouges acidulés en finale.

CRÉMANT DU JURA PRESTIGE
Blanc Brut effervescent | 2009 à 2010 | 7,30 € | **14/20**
Produit à partir de chardonnay, c'est un crémant frais au fruité mûr, vineux en bouche, avec de la fraîcheur. Un crémant d'apéritif et de table.

Rouge : 7 hectares ; pinot 5%, poulsard 5%, trousseau 15%. Blanc : 17 hectares ; chardonnay 55%, savagnin 20%. Production totale annuelle : 130 000 bt. Visite : Tous les jours sauf le dimanche, de 8 h à 12 h et 14 h à 18 h. Fermé le week-end de janvier à mars inclus. Ouvert tous les jours en juillet et en août.

HENRI MAIRE

Château Boichailles
39600 Arbois
Tél. 03 84 66 12 34 - Fax. 03 84 66 42 42
info@henri-maire.fr
www.henri-maire.fr

Henri Maire a beaucoup œuvré pour le développement commercial des vins du Jura, donnant à la région une aura dans toute la France. Depuis sa disparition en 2003, la famille a mis en place un directoire présidé depuis début 2009 par Bernard Langlois, pour préparer la maison historique aux enjeux du XXIe siècle : diminution progressive des achats pour se concentrer sur les 300 hectares de vignes propres au domaine, spécialisation de chacun des cinq centres de production sur un type de vin particulier. Le lancement de la gamme collection-privée traduit un désir réussi de monter en gamme.

ARBOIS CROIX D'ARGIS 2007
Rouge | 2009 à 2017 | 14,25 €   **14/20**
Un rouge corsé au nez de petits fruits rouges et de ronce, dense en bouche, avec un caractère plus sec en finale. Belle réussite dans un millésime délicat.

ARBOIS MONTFORT 2005
Rouge | 2009 à 2015 | 30 €   **14,5/20**
Assemblage à majorité de pinot noir, c'est un rouge de bonne maturité, ample en bouche, avec de la souplesse et des tanins fins.

ARBOIS SAVAGNIN MONTBIEF 2004
Blanc | 2009 à 2019 | 21,25 €   **14/20**
Un savagnin légèrement typé au nez, avec des arômes de fruits mûrs et d'épices, souple en bouche, avec du gras. Une introduction tendre au goût de jaune.

CHÂTEAU-CHALON RÉSERVE CATHERINE DE RYE 1998
Blanc | 2009 à 2030 | 56 €   **17/20**
Mis en bouteilles après plus de dix ans d'élevage, le vin est élégant, ouvert au nez, avec des arômes de crème de curry, de cuir et de noix fraîche, fin en bouche, avec un goût de jaune prononcé.

CRÉMANT DU JURA CHARDONNAY COLLECTION PRIVÉE 2007
Blanc | 2009 à 2017 | NC   **14/20**
Un chardonnay élevé en partie sous bois neuf, fruité au nez, et ample en bouche, avec du gras. Un vin élégant, parfait à table.

Visite : Pas de visites.

DOMAINE LABET

Place du village
39190 Rotalier
Tél. 03 84 25 11 13 - Fax. 03 84 25 06 75
domaine.labet@wanadoo.fr

Si les chardonnays du sud de la région sont moins marqués par le caractère épicé que l'on peut trouver du côté d'Arbois, ils offrent une précision et une minéralité exemplaires, qui rappellent parfois les grandes cuvées de blanc de la région voisine. Les variations de terroir entre marnes et calcaires proposent successivement des équilibres plus suaves et épicés ou plus profonds et tendus, remarquable outil d'étude des terroirs du Revermont. Le domaine, regroupement de la production d'Alain et de Julien, a produit des 2006 riches et soyeux et des 2007 mûrs bien charpentés, avec de la minéralité.

CÔTES DU JURA CHARDONNAY
CUVÉE DU HAZARD 2005
Blanc | 2010 à 2020 | 15 €   **15/20**
Une cuvée de chardonnay élevé sous voile pendant deux années. Le nez est franc sur la pomme et la noix, la bouche est ample, acidulée, avec une note de curry et de morille dans la longue finale.

CÔTES DU JURA CHARDONNAY
FLEUR DE MARNE EN CHALASSE 2006
Blanc | 2011 à 2021 | 15 €   **16,5/20**
La cuvée des vignes de Julien est un vin puissant très pur, fruité au nez et ample en bouche, avec une finale plus sèche. Celle des vignes d'Alain se montre plus surmûrie, avec une charge alcoolique plus importante.

CÔTES DU JURA CHARDONNAY
FLEUR DE MARNE LA BARDETTE 2006
Blanc | 2010 à 2021 | 14 €   **17/20**
Un vin puissant, au nez citronné, gras en bouche avec une acidité fine très présente. Un vin minéral, de style tendu, qui reflète le caractère calcaire caillouteux de cette parcelle.

CÔTES DU JURA CHARDONNAY
FLEUR DE MARNE LA BEAUMETTE 2006
Blanc | 2010 à 2022 | 14 €   **16/20**
Issu d'un terroir de marnes grises sans calcaire, le vin est élégant, avec des arômes fruités très mûrs, ample et d'une grande pureté en bouche, avec une acidité mûre parfaitement intégrée.

CÔTES DU JURA CHARDONNAY
FLEUR DE MARNE LE MONTCEAU 2006
Blanc | 2010 à 2021 | 14 €   **16/20**
Un vin élégant, marqué par les agrumes mûrs au nez, dense et minéral en bouche, avec du gras et une fine salinité qui donne de l'élégance à la finale. Un vin équilibré.

CÔTES DU JURA CHARDONNAY
LES VARRONS 2006
Blanc | 2009 à 2021 | 14 €   **15/20**
Un vin fin, au nez d'agrumes, dense en bouche avec du gras et une acidité fine très mûre. Finale nette sur les fruits mûrs, avec de l'amertume.

CÔTES DU JURA CHARDONNAY
LES VARRONS CUVÉE JULIEN 2006
Blanc | 2010 à 2021 | 14 €   **15,5/20**
Une cuvée ample, au nez de fruits mûrs, dense en bouche avec du gras et une acidité mûre bien fondue. Cuvée à garder.

CÔTES DU JURA FLEUR DE CHARDONNAY 2007
Blanc | 2009 à 2017 | 13 €   **15/20**
Produit sur un terrain calcaire au sommet de la colline des Varrons, c'est un vin ouvert, au nez de fleurs et de fruits acidulés, dense en bouche, avec une acidité ciselée qui souligne la minéralité du vin. La finale citronnée possède de la longueur.

CÔTES DU JURA SAVAGNIN 2005
Blanc | 2009 à 2025 | 14 €   **15/20**
Élevé sous voile, c'est un vin fin de forte densité, épicé et fruité au nez, dense en bouche avec un équilibre corsé.

CÔTES DU JURA SAVAGNIN VIN DE VOILE 2005
Blanc | 2010 à 2025 | 14 €   **15,5/20**
Première cuvée de voile produite par les vignes de Julien, c'est un vin droit, au goût de jaune prononcé, ample en bouche avec une longue finale sur la morille.

CÔTES DU JURA VIN DE PAILLE 2004
Blanc Liquoreux | 2010 à 2024 | 22 €   **16/20**
Un vin de paille dense, au nez complexe de fruits secs et d'épices, riche en bouche, avec de l'amplitude et une longue finale.

CÔTES DU JURA VIN DE PAILLE CUVÉE JULIEN 2004
Blanc Liquoreux | 2009 à 2024 | 22 €   **15,5/20**
Un assemblage majoritaire de chardonnay a donné un vin élégant au nez de fruits exotiques, moelleux en bouche avec une finale sur les fruits confits.

CRÉMANT DU JURA
Rosé Brut effervescent | 2009 à 2011 | 8 €   **14,5/20**
Produit avec du pinot noir sur un sol argileux et élevé deux ans sur latte, c'est un crémant franc de bonne densité, vineux et frais en bouche, avec une bonne longueur.

Rouge : 1,5 hectare ; pinot noir 6%, poulsard 5%, trousseau 4%. Blanc : 7,5 hectares ; chardonnay 70%, savagnin 15%. Production totale annuelle : 50 000 bt. Visite : Sur rendez-vous.

DOMAINE FRÉDÉRIC LORNET

L'Abbaye
39600 Montigny-les-Arsures
Tél. 03 84 37 45 10 - Fax. 03 84 37 40 17
frederic.lornet@orange.fr

Bien entouré par d'autres grands producteurs dans le secteur de Montigny-les-Arsures, Frédéric Lornet a tous les atouts pour produire des vins de caractère. La finesse et la pureté des derniers vins mis en vente montrent les progrès réalisés, en particulier avec les trousseaux, qui sont sur leur terroir de prédilection. Le domaine propose également des blancs de grande pureté qui peuvent se mesurer avec les meilleurs de l'appellation. La qualité et l'homogénéité des derniers millésimes justifient notre classement.

ARBOIS CHARDONNAY LES MESSAGELINS 2007
Blanc | 2009 à 2017 | 10 €   **15/20**
Un vin parfaitement vinifié, floral au nez, avec une note boisée, ample et gras en bouche avec une acidité fine.

ARBOIS NATURÉ 2007
Blanc | 2009 à 2017 | 10,50 €   **16/20**
Produit à partir de savagnin élevé sur lies sans ouillage, le vin est floral et épicé au nez, ample et onctueux en bouche, avec du gras. Une belle réussite.

ARBOIS TROUSSEAU 2007
Rouge | 2009 à 2017 | 9 €   **15/20**
Un trousseau très pur, aux arômes de cerise, tendre en bouche, avec du gras et une bonne longueur.

ARBOIS TROUSSEAU DES DAMES 2007
Rouge | 2010 à 2022 | 10,50 €   **15,5/20**
Sélection des meilleurs trousseaux du domaine, la cuvée est corsée, épicée en bouche avec une trame acide encore très présente.

ARBOIS VIN JAUNE 2000
Blanc | 2010 à 2050 | 27 €   **17/20**
C'est un jaune très pur, au nez de fumée et d'épices, dense en bouche, avec un caractère sec et une très longue finale sur la morille. Un vin de grande garde.

CÔTES DU JURA VIN DE PAILLE 2004
Blanc Liquoreux | 2009 à 2024 | 24 €   **16/20**
Un vin à la robe or, parfumé sur les fruits exotiques et les épices, moelleux en bouche, avec une liqueur fondue et de la fraîcheur.

Rouge : 8 hectares ; pinot noir 24%, poulsard 26%, trousseau 50%. **Blanc :** 9 hectares ; chardonnay 50%, savagnin 50%. **Production totale annuelle :** 70 000 bt. **Visite :** Du lundi au vendredi 8h 12h et de 14h à 18h.

DOMAINE JEAN MACLE

Rue de la Roche
39210 Château-Chalon
Tél. 03 84 85 21 85 - Fax. 03 84 85 27 38
maclel@wanadoo.fr

Si Jean Macle fait partie des personnages incontournables du Jura en général, et de Château-Chalon en particulier, la transition est assurée avec son fils Laurent, qui vinifie depuis 1995 et est désormais aux commandes du domaine. Le vin phare de la petite gamme produite à partir des seuls cépages chardonnay et savagnin est le vin jaune de Château-Chalon, connu pour sa grande pureté et sa longévité exceptionnelle. Au domaine, ce dernier est issu de vieilles vignes sur des parcelles dont certaines très pentues sont situées juste sous le village.

CHÂTEAU-CHALON 2002
Blanc | 2011 à 2030 | 36 €   **17/20**
Un château-chalon mis en bouteille récemment, au nez de pomme et d'épices, fruité en bouche avec une matière dense de grande finesse et de la fraîcheur. La finale est nette avec une longueur encore moyenne. C'est un vin à conserver quelques années pour qu'il atteigne son apogée.

CÔTES DU JURA 2006
Blanc | 2011 à 2026 | 10 €   **15/20**
Assemblage d'une majorité de chardonnay et de savagnin élevé entre deux et trois ans sous voile, le vin offre une palette aromatique franche, avec des arômes de curry et de noix fraîche, puis se montre fin en bouche avec une longue finale acidulée sur des notes de pomme. À garder quelques années pour qu'il montre tout son potentiel.

Blanc : 12 hectares ; chardonnay 70%, savagnin 30%. **Production totale annuelle :** 40 000 bt. **Visite :** Du lundi au samedi , de 9 h à 12 h et de 14 h 30 à 18 h 30, de preference sur rendez-vous.

DOMAINE DE MONTBOURGEAU

53, rue de Montbourgeau
39570 L'Etoile
Tél. 03 84 47 32 96 - Fax. 03 84 24 41 44
domaine.montbourgeau@wanadoo.fr
www.montbourgeau.com

Nicole Deriaux a repris le domaine familial il y a plus de vingt ans et exploite le terroir argilo-calcaire de la petite appellation l'Étoile, produisant des vins profonds d'une grande pureté. Suivi par une clientèle particulière très fidèle, c'est le chardonnay et le savagnin qui donnent toute leur mesure, en particulier lors d'élevages longs lorsqu'ils prennent le voile.

L'ÉTOILE 2006
Blanc | 2009 à 2016 | 8,30 €   **15/20**
Un chardonnay élevé sous un voile très fin, typé au nez avec des arômes délicats de cuir et de morille, ample en bouche, avec du gras et une finale pure de bonne longueur. Le goût de jaune est fin et léger, donnant un bel équilibre au vin.

L'ÉTOILE SAVAGNIN 2005
Blanc | 2009 à 2020 | 14,00 €   **15/20**
Un savagnin élevé sous voile, élégant au nez, ample et suave en bouche, avec beaucoup de finesse et une finale sur la morille. Déjà accessible, il se conservera sans problème.

L'ÉTOILE VIN DE PAILLE 2005
Blanc Liquoreux | 2009 à 2025 | 20,40 €   **17/20**
Un vin élégant, au nez de fruits compotés avec une pointe de miel et de fruits confits, ample et moelleux en bouche avec de la profondeur. L'équilibre est d'une grande pureté, donnant un vin de paille d'anthologie.

L'ÉTOILE VIN JAUNE 2001
Blanc | 2009 à 2030 | 26 €   **16/20**
Un vin ouvert, au nez de curry, ample et profond en bouche, avec une acidité présente qui renforce le caractère très fin en finale. Un vin parfaitement équilibré, qui devrait se bonifier après quelques années de garde.

L'ÉTOILE VIN JAUNE 2000
Blanc | 2010 à 2030 | 28 €   **16,5/20**
Un vin ouvert, au nez d'épices et de noix, ample en bouche, avec du volume et une grande finesse. La minéralité est présente dans ce vin déjà ouvert, qui sera de grande garde.

Rouge : 0.50 hectare **Blanc :** 8.50 hectares
Production totale annuelle : 45 000 bt.
Visite : Sur rendez-vous.

DOMAINE DE L'OCTAVIN

1, rue de la Faïencerie
39600 Arbois
Tél. 03 84 66 27 39
contact@octavin.fr
www.octavin.fr

Un jeune domaine créé en 2005 par l'œnologue Alice Bouvot, de retour en France après un début de carrière dans le nouveau monde, et par Charles Dagant, fils de vigneron d'Arbois. Les raisins proviennent de 5 hectares de vignes situées sur les meilleurs terroirs d'Arbois, travaillées en viticulture biologique, le domaine étant en reconversion.

ARBOIS COMMENDATORE 2007
Rouge | 2010 à 2017 | 12 €   **14,5/20**
Un trousseau du terroir des Corvées, corsé, à la robe profonde, encore fermé au nez, dense en bouche, avec des tanins fins très présents en finale. Un vin à garder.

ARBOIS DON GIOVANNI 2007
Rouge | 2009 à 2017 | 12 €   **15/20**
Une vieille vigne de pinot noir a donné un vin rouge de bonne densité, souple en bouche, avec du corps et des tanins mûrs. Une belle réussite dans le millésime.

ARBOIS DORABELLA 2008
Rouge | 2009 à 2013 | 8,50 €   **14,5/20**
Poulsard issu du terroir de la Mailloche, vinifié et mis en bouteilles sans soufre, c'est un vin épicé au fruité très net, très pur en bouche, avec un fruit éclatant.

ARBOIS PAMINA À LA BELLE ÉTOILE 2007
Blanc | 2009 à 2014 | 12 €   **15/20**
Un chardonnay du terroir de la Mailloche, pressé après une nuit de macération pelliculaire, floral au nez et très pur en bouche, avec du gras et une note de miel d'acacia en finale.

ARBOIS REINE DE LA NUIT 2007
Blanc | 2009 à 2015 | 11,50 €   **15/20**
Un assemblage de chardonnay et savagnin élevé sous voile léger, c'est un vin fruité au nez et d'une grande pureté en bouche, avec une acidité fraîche.

ARBOIS TAMINO 2007
Blanc | 2009 à 2022 | 9,50 €   **15/20**
Chardonnay du terroir de la Mailloche élevé sous voile, c'est un vin élégant, au nez de fleurs blanches, légèrement oxydatif en bouche, avec de la pureté et du gras. La finale est longue.

Rouge : 2.5 hectares **Blanc :** 2.5 hectares
Production totale annuelle : 12 000 bt.
Visite : Sur rendez-vous 7 jours sur 7.

DOMAINE PIGNIER

11, place Rouget-de-l'Isle
39570 Montaigu
Tél. 03 84 24 24 30 - Fax. 03 84 47 46 00
pignier-vigneron@wanadoo.fr
www.domaine-pignier.com

Installée sur un domaine très ancien qui appartenait à des moines chartreux depuis le XIIIe siècle, la famille Pignier exploite les vignes depuis sept générations. 2007 offre de très belles maturités, qui placent le domaine parmi les plus prometteurs du Jura.

CÔTES DU JURA CHARDONNAY À LA PERCENETTE 2007
Blanc | 2009 à 2017 | 13 €   **15,5/20**
Un vin frais, encore marqué par l'élevage sous bois au nez, ample et gras en bouche, avec une bonne maturité. Le vin dévoile une fine salinité en fin de bouche.

CÔTES DU JURA CHARDONNAY CELLIER DES CHARTREUX 2005
Blanc | 2009 à 2025 | 10 €   **16,5/20**
Des chardonnays plantés sur un sol de marnes micassées et élevés sous voile ont donné un vin ample, au nez de fruits mûrs marqué par une légère pointe de morille, ample et mûr en bouche, avec beaucoup de gras. Un vin gastronomique, de grande garde.

CÔTES DU JURA CHARDONNAY CELLIER DES CHARTREUX 1999
Blanc | 2009 à 2019 | 13 €   **16/20**
Un nez de bouillon-blanc, de fleurs jaunes et de beurre laisse place à une bouche ample, nette et florale avec de la minéralité. Un vin élégant d'une grande jeunesse, remarquable dès à présent.

CÔTES DU JURA POULSARD 2007
Rouge | 2009 à 2017 | 8 €   **15/20**
Un poulsard de robe légère, fruité au nez, avec une bouche très souple qui possède de la fraîcheur.

CÔTES DU JURA SAUVAGEON 2007
Blanc | 2011 à 2022 | 18 €   **16/20**
Un savagnin ouillé élevé en pièces, floral et épicé au nez, ample et gras en bouche, avec une acidité fine très présente en finale.

CRÉMANT DU JURA BRUT
Blanc Brut effervescent | 2009 à 2011 | 7,50 €   **15/20**
Des chardonnays du millésime 2006, élevés sur lattes près de deux années, ont produit un crémant au fruité intense, dense et tonique en bouche avec une mousse riche.

Rouge : 4 hectares. Blanc : 11 hectares.
Production totale annuelle : 60 000 bt.
Visite : De 9 h à 19 h, sauf dimanche sur rendez-vous. Groupes sur rendez-vous.

DOMAINE JACQUES PUFFENEY

11, rue de Saint-Laurent
39600 Montigny-les-Arsures
Tél. 03 84 66 10 89 - Fax. 03 84 66 08 36
jacques.puffeney@wanadoo.fr

Incontournable dans le secteur d'Arbois, Jacques Puffeney fait partie des vignerons qui marquent le vignoble par la constance d'un haut niveau de qualité. Les chardonnays montrent des équilibres très typés arbois et lorsque le savagnin prend le voile, c'est pour produire des cuvées d'une précision rarement égalée.

ARBOIS CHARDONNAY 2006
Blanc | 2009 à 2016 | 9,00 €   **15,5/20**
Un vin très pur, au nez de miel d'acacia et de noisette, fin et salin en bouche avec une belle longueur.

ARBOIS CUVÉE SACHA 2005
Blanc | 2012 à 2025 | 10,00 €   **16/20**
Assemblage de chardonnay et d'un tiers de savagnin élevé sous voile, c'est un vin puissant, au nez fumé, riche et ample en bouche, avec une longue finale sur la morille sèche et le cuir. Un vin de grande garde.

ARBOIS NATURÉ 2006
Blanc | 2009 à 2021 | 11,00 €   **16/20**
Un savagnin ouillé, très épicé au nez, tendre en bouche, avec une acidité fine qui souligne la pureté du vin.

ARBOIS PINOT NOIR 2007
Rouge | 2011 à 2022 | NC   **15/20**
Goûté avant la mise, c'est un vin rouge profond, au nez de fruits noirs, ample en bouche avec de la profondeur et des tanins encore très présents en finale. Un vin de garde, très réussi dans le millésime.

ARBOIS POULSARD 2007
Rouge | 2011 à 2017 | 7 €   **14/20**
Goûté avant la mise, c'est un poulsard au fruité frais et acidulé, élégant en bouche, avec des tanins présents en finale.

ARBOIS POULSARD 2006
Rouge | 2009 à 2016 | 7 €   **14,5/20**
De robe rubis très brillant, c'est un vin au nez de petits fruits rouges, dense en bouche, avec des tanins fins qui lui donnent de l'élégance.

ARBOIS SAVAGNIN 2004
Blanc | 2009 à 2024 | NC   **16,5/20**
Élevé trois ans sous voile, le vin est puissant au nez, avec des arômes de fleurs jaunes, de beurre et d'épices, riche en bouche avec un équilibre d'une grande pureté. La finale est longue, sur la morille et les fleurs séchées.

ARBOIS TROUSSEAU 2006
Rouge | 2010 à 2021 | NC **15/20**
Un trousseau pur, au nez de petits fruits noirs avec une pointe fumée, riche et très pur en bouche, avec des épices en finale.

ARBOIS TROUSSEAU LES BÉRANGÈRES 2007
Rouge | 2011 à 2017 | 12,00 € **14,5/20**
Goûté avant la mise, c'est un vin épicé et fumé, avec une touche de fruits noirs, ample en bouche avec du gras et des tanins mûrs.

ARBOIS VIEILLES VIGNES 2005
Rouge | 2012 à 2025 | NC **16/20**
Issu d'une vieille vigne complantée de trousseau, poulsard et pinot noir, le millésime 2005 a donné un vin souple et concentré avec un fruit très présent qui se dévoilera pleinement lorsque les tanins se feront plus discrets. Un vin de grande garde.

ARBOIS VIN DE PAILLE 2005
Blanc liquoreux | 2010 à 2030 | 22,50 € **16,5/20**
Produit avec du poulsard et du chardonnay, c'est un paille très élégant, au nez de châtaigne, de miel et d'abricot sec, riche et onctueux en bouche, avec une belle fraîcheur. Délicieux dès à présent, sans aucune lourdeur, il se conservera longtemps.

ARBOIS VIN JAUNE 2001
Blanc | 2009 à 2030 | 30,00 € **17,5/20**
Dégusté sur foudres pendant son élevage final après soutirage des fûts de jaune, le vin est ample mais doté en 2001 d'une minéralité et d'une pureté remarquables. Un vin de grande précision, qui joue dans un registre moins puissant que d'habitude, le rendant délicieux jeune.

ARBOIS VIN JAUNE 2000
Blanc | 2009 à 2050 | NC **17/20**
Issu d'une deuxième mise en bouteilles en septembre 2008, c'est un vin ample, au nez de cuir, puissant en bouche avec une longue finale sur la morille et le curry. Un vin de très longue garde.

MACVIN DU JURA
Blanc Doux | 2009 à 2014 | 14 € **16/20**
Élevé en fûts à whisky, c'est un macvin original, au nez de fleurs et de fumée, riche et moelleux en bouche, avec une finale épicée.

Rouge : 3 hectares ; pinot noir 10%, poulsard 16%, trousseau 18%. **Blanc :** 3,3 hectares ; chardonnay 16%, savagnin 40%. **Production totale annuelle :** 40 000 bt. **Visite :** Sur rendez vous.

CAVES DE LA REINE JEANNE

5, rue de Bourgogne
39600 Arbois
Tél. 03 84 66 08 27 - Fax. 03 84 66 25 08
stephane.tissot.arbois@wanadoo.fr

En marge du domaine familial, Stéphane et Bénédicte Tissot gèrent cette maison de négoce basée à Arbois, en vinifiant et élevant des vins issus d'achats de raisin. Les vins sont de bonne qualité avec une facilité de dégustation qui les rend très séduisants jeunes. Les volumes plus importants de certaines cuvées permettent une commercialisation à plus large échelle et une disponibilité hors de la région très intéressante.

ARBOIS CHARDONNAY 2004
Blanc | 2009 à 2010 | cav. 8 € **14/20**
Un vin ouvert, au nez de fleurs jaunes et d'épices, net en bouche, avec du gras et une fine acidité.

ARBOIS CHARDONNAY GRAIN DE PIERRE 2007
Blanc | 2009 à 2017 | cav. 9,80 € **14,5/20**
Un chardonnay floral, au nez mûr, ample et gras en bouche, avec une finale marquée par l'élevage sous bois.

ARBOIS PINOT NOIR LES RUSARDS 2003
Rouge | 2009 à 2013 | cav. 9,80 € **14/20**
Un pinot noir mûr, au nez de fruits noirs cuits, dense en bouche, avec une légère amertume et une finale fumée. Un vin corsé, à réserver aux viandes en sauce.

ARBOIS SAVAGNIN 2006
Blanc | 2009 à 2016 | cav. 11 € **15,5/20**
Un savagnin élevé deux ans sous voile, épicé au nez, avec une pointe fumée, tendre et d'une grande pureté en bouche, avec du gras.

ARBOIS VIN JAUNE 2002
Blanc | 2009 à 2022 | cav. 25 € **16/20**
Un jaune parfumé, au nez de fleurs et de crème de curry, onctueux en bouche, avec une belle pureté.

CHÂTEAU-CHALON 2002
Blanc | 2010 à 2022 | cav. 25 € **16,5/20**
Un château-chalon dense, au goût de jaune fin, gras en bouche, avec une grande pureté. À garder pour qu'il dévoile toute sa complexité.

CRÉMANT DU JURA BRUT
Blanc Brut effervescent | 2009 à 2011 | cav. 8 € **14/20**
Assemblage de chardonnay et pinot noir, le crémant est ample avec un nez de fruits mûrs, vineux en bouche, avec de la fraîcheur.

Production totale annuelle : 125 000 bt.
Visite : Sur rendez-vous.

DOMAINE RIJCKAERT

Correaux
71570 Leynes
Tél. 03 85 35 15 09 - Fax. 03 85 35 15 09
rijckaert.jean@orange.fr

Les 5 hectares sont plantés quasi exclusivement en chardonnay, produisant des vins de grande race, élevés de manière traditionnelle. L'élevage en barriques est parfois sensible mais toujours très bien fondu, contribuant à la sensation de pureté des vins. Élevés à la manière des chardonnays, les savagnins sont magnifiques de pureté et de gras, mettant en avant le caractère épicé du cépage sans rechercher le goût de jaune.

ARBOIS CHARDONNAY EN CHANTE MERLE 2005 ☺
Blanc | 2009 à 2020 | 11,45 €   **16/20**
Un vin intense, au nez de miel d'acacia et de fruits mûrs, qui présente une bouche profonde et minérale, avec du gras et une belle acidité.

ARBOIS CHARDONNAY EN PARADIS 2005
Blanc | 2009 à 2020 | 11,45 €   **16,5/20**
Un chardonnay élevé sous bois, très pur au nez avec des notes florales et une pointe de vanille, dense et profond en bouche avec de la puissance. Un grand chardonnay dans un grand millésime.

ARBOIS SAVAGNIN GRAND ÉLEVAGE 2006
Blanc | 2009 à 2021 | 18,30 €   **16,5/20**
Savagnin élevé en fûts ouillés pendant vingt-trois mois, le vin est mûr, parfumé, avec une pointe d'épices propre au cépage, ample et minéral en bouche, avec de la profondeur et du gras. Un savagnin ouillé remarquable de finesse, une référence dans la région.

ARBOIS SAVAGNIN GRAND ÉLEVAGE 2004
Blanc | 2009 à 2020 | 18,30 €   **16/20**
Savagnin élevé en fûts ouillés, le vin se montre fruité avec un nez d'agrumes, d'épices et de vanille, puis frais et minéral en bouche, avec une bonne concentration.

CÔTES DU JURA CHARDONNAY VIGNE DES VOISES 2005
Blanc | 2009 à 2020 | 11,45 €   **16/20**
Très fin au nez, dense et d'une grande finesse en bouche, avec de la minéralité, voilà un grand vin de garde, à carafer.

CÔTES DU JURA SAVAGNIN LES SARRES 2006
Blanc | 2010 à 2021 | 14,50 €   **15,5/20**
Un savagnin ouillé d'une grande pureté, concentré en bouche, avec du gras et une acidité fine qui donne une finale acidulée.

Blanc : 5,06 hectares ; chardonnay 97%, savagnin 3%. **Production totale annuelle :** 30 000 bt. **Visite :** Sur rendez-vous.

DOMAINE ROLET PÈRE ET FILS

Route de Dole
Lieu-dit Montesserin, B.P. 67
39600 Arbois
Tél. 03 84 66 00 05 - Fax. 03 84 37 47 41
rolet@wanadoo.fr
www.rolet-arbois.com

Créé au début des années 1940 par Désiré Rolet, l'important domaine familial de 64 hectares a poursuivi son développement grâce à ses enfants, qui ont su assurer un rayonnement international aux vins. Si Bernard et Guy suivent les vignes et la vinification, Pierre et Éliane s'occupent plus du commercial. L'heure de la retraite approche doucement malgré tout pour cette génération, et la relève n'étant pas encore assurée, l'avenir n'est pas tout tracé comme du temps de Désiré. En appellation Arbois mais aussi en Côtes du Jura et L'Étoile, les vins se déclinent en de nombreuses cuvées dont presque la moitié en rouge. L'ensemble de la gamme est très homogène : blanc, jaune, rouge, macvin, paille, crémant. La régularité de la maison, de millésime en millésime, fait sa force. Les vins ont une bonne densité avec parfois un peu de rusticité lorsqu'ils sont jeunes, mais possèdent une capacité de garde importante. En vous arrêtant au domaine, vous arriverez peut-être à acquérir quelques bouteilles des vieux millésimes.

ARBOIS TROUSSEAU 2006
Rouge | 2009 à 2016 | 9,50 €   **14/20**
Un trousseau classique, au nez de griotte, léger en bouche, avec des tanins mûrs discrets. Une cuvée gourmande.

ARBOIS VIN JAUNE 2002
Blanc | 2009 à 2022 | 27,50 €   **16,5/20**
Un jaune équilibré, aux arômes de curry et de fruits secs avec une pointe fumée, ample et fin en bouche, avec du gras et de la pureté. Un vin accessible jeune, qui vieillira bien.

CÔTES DU JURA SAVAGNIN 2002
Blanc | 2009 à 2022 | 14,50 €   **15/20**
Un savagnin élevé plus de quatre années sous voile, avec un nez d'épices et de fumée, ample en bouche avec une acidité fine et une finale sur la morille sèche.

Rouge : 26 hectares ; pinot noir 11%, poulsard 19%, trousseau 11%. **Blanc** : 39 hectares ; chardonnay 34%, savagnin 25%. **Production totale annuelle :** 320 000 bt.

DOMAINE ANDRÉ ET MIREILLE TISSOT – STÉPHANE TISSOT

Quartier Bernard, B.P. 77
39600 Montigny-les-Arsures
Tél. 03 84 66 08 27 - Fax. 03 84 66 25 08
stephane.tissot.arbois@wanadoo.fr
www.stephane-tissot.com

Vigneron innovant dans l'approche des vins du Jura, Stéphane Tissot a repris les commandes du domaine familial il y a plus de dix ans, avec l'idée de faire évoluer les traditions. Les vins du délicat millésime 2007, dégustés pour partie en cuves, sont magnifiques de maturité et pureté, et les 2006 dégustés en bouteilles confirment l'excellent potentiel du millésime, en blanc comme en rouge.

ARBOIS CHARDONNAY 2007
Blanc | 2009 à 2017 | 10,30 €   **15/20**
Un chardonnay au nez floral, marqué par les épices, dense et gras en bouche, avec de la longueur. Un bel équilibre.

ARBOIS CHARDONNAY LA MAILLOCHE 2006
Blanc | 2009 à 2021 | NC   **16,5/20**
Un vin issu d'un terroir original d'argiles du Lias, qui lui donne des arômes grillés intenses. La bouche est droite, remarquable de race, avec une acidité fine très présente qui cisèle le vin.

ARBOIS CHARDONNAY LE CLOS DE LA TOUR DE CURON 2006
Blanc | 2009 à 2021 | 58 €   **18/20**
Le vin se montre très pur au nez avec des arômes de fleurs blanches et de fruits mûrs, puis concentré et gras en bouche avec une minéralité très nette. La longue finale épicée rappelle qu'on est à Arbois.

ARBOIS CHARDONNAY LES BRUYÈRES 2006
Blanc | 2009 à 2021 | NC   **16/20**
Un chardonnay au nez floral, ample et fin en bouche, avec une note épicée en finale.

ARBOIS CHARDONNAY LES GRAVIERS 2007   ☺
Blanc | 2009 à 2022 | 15,80 €   **16,5/20**
Un vin élégant, au nez fruité, dense et finement acidulé en bouche, avec de la tension. La fine salinité est déjà très présente dans ce vin délicieux dès à présent.

ARBOIS CHARDONNAY LES GRAVIERS 2006
Blanc | 2009 à 2021 | NC   **16,5/20**
Un vin ample, au nez grillé, minéral en bouche avec de la profondeur. L'acidité fine apporte de l'élégance à la longue finale.

ARBOIS POULSARD VIEILLES VIGNES 2007
Rouge | 2009 à 2017 | 8,90 €   **15/20**
Vinifié sans soufre, c'est un vin très pur au fruité net, dense en bouche, avec un léger perlant qui lui apporte de la fraîcheur.

ARBOIS POULSARD VIEILLES VIGNES 2006
Rouge | 2009 à 2016 | NC   **15/20**
Vinifié et mis en bouteilles sans soufre, c'est un vin au nez de fruits noirs, élégant en bouche, avec une pointe de gaz et des tanins fins marqués en finale.

ARBOIS TROUSSEAU SINGULIER 2007
Rouge | 2009 à 2027 | 14 €   **16/20**
Un grand trousseau corsé, au fruité intense, dense en bouche, avec l'acidité des fruits frais et une fine salinité qui lui donne une grande longueur.

ARBOIS VIN JAUNE 2002
Blanc | 2010 à 2030 | 33 €   **17,5/20**
Un vin jaune très pur, au nez de fruits mûr et d'épices, onctueux en bouche, avec un goût de jaune d'une finesse remarquable. Un vin qui sera prêt à boire dans quelques années, de grande garde.

CÔTES DU JURA CHARDONNAY EN BARBERON 2006
Blanc | 2009 à 2025 | 15,80 €   **16/20**
Issu d'un terroir de marnes du Lias sur socle calcaire. C'est une cuvée vinifiée sans soufre, qui présente un nez floral très pur, une bouche ample et acidulée avec du gras. Un vin tendu, qui possède de la longueur.

CÔTES DU JURA PINOT NOIR EN BARBERON 2007
Rouge | 2009 à 2022 | 20 €   **15,5/20**
Un pinot noir au caractère épicé marqué au nez, puissant en bouche, avec une finale encore marquée par les tanins.

CRÉMANT DU JURA ROSÉ   ☺
Rosé Brut effervescent | 2009 à 2010 | NC   **14/20**
Produit à partir du millésime 2007, c'est un crémant frais, au nez de fruits rouges, aérien en bouche avec une bulle fine.

VIN DE TABLE AUDACE 2006
Rouge Liquoreux | 2009 à 2026 | 28,50 € **16/20**
Réalisé comme un vin de paille à base de poulsard, faible en alcool, avec une liqueur importante. La cuvée se boit comme un bonbon à la griotte, l'imposante acidité se chargeant d'équilibrer la forte richesse en sucre.

VIN DE TABLE PMG 2006
Blanc Liquoreux | 2009 à 2030 | NC   **17/20**
PMG, ou pour-ma-gueule, est une cuvée d'une seule barrique, réalisée comme un vin de paille. L'ensemble est puissant au nez mais reste frais et fruité, et surtout très digeste en bouche, avec un moelleux qui semble léger au regard du taux important de sucre. À déguster par très petites gorgées.

Rouge : 15.10 hectares ; pinot noir 12%, poulsard 14%, trousseau 13%. Blanc : 25.40 hectares ; chardonnay 39%, savagnin 22%. Production totale annuelle : 135 000 bt. Visite : Sur rendez-vous.

DOMAINE DE LA TOURNELLE

5, petite place
39600 Arbois
Tél. 03 84 66 25 76
domainedelatournelle@wanadoo.fr
www.domainedelatournelle.com

Pascal et Évelyne Clairet ont démarré le domaine en 1991, exploitant les 6 hectares de vignes sur Arbois avec le souci de produire des vins naturels. Les argiles du secteur d'Arbois apportent des épices au nez et du gras en bouche, donnant des blancs racés qui possèdent de la profondeur. Le domaine possède un bar à vin au centre d'Arbois, qui permet de déguster tranquillement la production du domaine. N'attendez pas trop pour acheter les rouges toujours très demandés.

Arbois Les Corvées sous Curon 2005

Blanc | 2009 à 2020 | 11,30 €   **17/20**
Depuis 2000, les parcelles de ce terroir argilo-calcaire sont mises en bouteilles à part. C'est un chardonnay élevé sur lies fines pendant trois ans, finement épicé en bouche, avec de la profondeur et une grande longueur.

Arbois savagnin de Voile 2004

Blanc | 2009 à 2024 | 14,40 €   **16/20**
Un savagnin élevé sous voile, épicé au nez et très puissant en bouche, avec une matière concentrée qui reste élégante.

Arbois Terres de Gryphées 2005

Blanc | 2009 à 2020 | 8,90 €   **16,5/20**
Un chardonnay issu d'un terroir de marnes grises riche en fossiles et élevé deux ans sur lies, riche en bouche, avec une grande pureté et un caractère épicé dans la longue finale. Un arbois remarquable de précision, qui exhale la typicité de l'appellation sans rechercher le goût de jaune.

Arbois Vin de Paille 2004

Blanc Liquoreux | 2009 à 2024 | 23,90 € | **15/20**
Un vin de paille à la robe ambre, au nez de fruits confits et de fruits secs, d'une grande pureté en bouche, avec une belle fraîcheur qui allège l'importante liqueur.

Arbois Vin Jaune 2000

Blanc | 2009 à 2030 | 30 €   **17/20**
Un jaune au nez discret, d'une grande finesse sur le curry, élégant en bouche, avec un goût de jaune prononcé de grande pureté.

Macvin du Jura

Blanc liquoreux | 2009 à 2019 | 14 €   **15,5/20**
Produit avec du chardonnay, c'est un mac-vin riche et épicé, complexe et velouté en bouche, avec du caractère.

Production totale annuelle : 28 000 bt.
Visite : De préférence sur rendez-vous.

FRUITIÈRE VINICOLE DE VOITEUR

Route de Nevy
39210 Voiteur
Tél. 03 84 85 21 29 - Fax. 03 84 85 27 67
voiteur@fvv.fr
www.fruitiere-vinicole-voiteur.fr

Créée il y a cinquante ans et située au pied du village de Château-Chalon, la fruitière dirigée aujourd'hui par Bertrand Delannay connaît un développement discret mais très régulier, grâce à une gestion saine. Sur 75 hectares de vignes situées autour de Voiteur, les vins sont francs et nets avec une bonne régularité d'un millésime à l'autre.

Château-Chalon 2002

Blanc | 2009 à 2022 | 26 €   **16,5/20**
Un château-chalon de robe claire, élégant et finement épicé au nez, avec une bouche minérale très pure, au goût de jaune très fin.

Côtes du Jura chardonnay 2007   😊

Blanc | 2009 à 2013 | 5,20 €   **13,5/20**
Un chardonnay mûr, au nez floral, pur et acidulé en bouche, avec du gras. Un vin très plaisant.

Côtes du Jura chardonnay élevé en Fut de Chêne 2006   😊

Blanc | 2009 à 2016 | 6,55 €   **15/20**
Le vin est élevé sans ouillage, et a pris le voile le temps de l'élevage d'une année. L'ensemble est pur, avec un nez floral marqué d'une pointe de morille, puis ample en bouche avec une fine salinité. Un vin remarquable de fraîcheur et de finesse.

Côtes du Jura cuvée Prestige 2005

Blanc | 2009 à 2017 | 8,30 €   **15,5/20**
Assemblage de deux tiers de chardonnay floral, élevé en foudres, et d'un tiers de savagnin sous voile, c'est un vin élégant au nez de fruits mûrs et de fleurs, avec une note de noix fraîche, ample et minérale en bouche, avec une bonne pureté. Une finesse du goût de jaune qui en fait une bonne entrée en matière pour découvrir les vins de voile.

Côtes du Jura savagnin cuvée Premium 2007

Blanc | 2009 à 2017 | 9,25 €   **15/20**
Un savagnin ouillé, sans le caractère oxydatif des vins de voile. Le nez est très net, sur des arômes de fleurs et de fruits à chair blanche, la bouche est ample, avec de la profondeur et une acidité fine. Un vin de gastronomie.

Rouge : 12 hectares. Blanc : 60 hectares.
Production totale annuelle : 380 000 bt.
Visite : Du lundi au samedi, de septembre à juin de 8 h 30 à 12 h et de 13 h 30 à 18h, juillet et août de 8 h 30 à 12 h et de 13 h 30 à 19 h.
Dimanche et fêtes de 10 h à 12 h et de 14 h à 19 h.
Groupe sur rendez-vous.

NOTES PERSONNELLES

La sélection
Bettane et Desseauve
pour le Languedoc

Inscrivez-vous sur

BETTANEDESSEAUVE.COM

> Suivez l'actualité du vin
> Accédez aux notes de
dégustation de 25 000 vins
> Visitez les stands des
producteurs

Le vignoble
du Languedoc

La « nouvelle Californie » française a largement dépassé le cap du dernier vignoble à la mode : elle ne devient que trop « classique », avec une viticulture à deux vitesses, une masse de vins indifférents et au débouché incertain, et une élite de vins de plus en plus raffinés et expressifs de terroirs à la personnalité remarquable. Leur trait commun : le charme et le plaisir immédiats ; nul ne s'en plaindra.

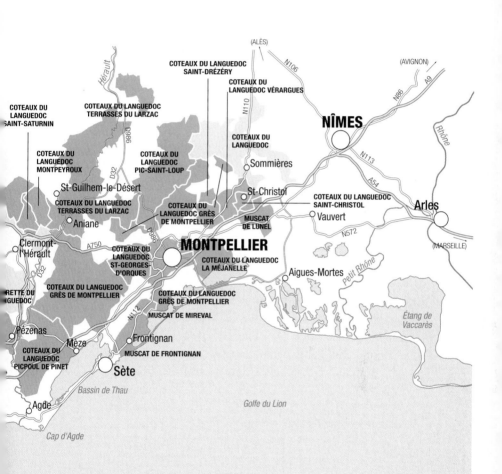

(ALÈS)

(AVIGNON)

COTEAUX DU LANGUEDOC
SAINT-DRÉZÉRY

COTEAUX DU
LANGUEDOC VÉRARGUES

NÎMES

COTEAUX DU LANGUEDOC
SAINT-SATURNIN

COTEAUX DU LANGUEDOC
TERRASSES DU LARZAC

COTEAUX DU
LANGUEDOC

COTEAUX DU
LANGUEDOC
MONTPEYROUX

COTEAUX DU
LANGUEDOC
PIC-SAINT-LOUP

Sommières

St-Guilhem-le-Désert

St-Christol

COTEAUX DU LANGUEDOC
SAINT-CHRISTOL

COTEAUX DU LANGUEDOC
TERRASSES DU LARZAC

COTEAUX DU
LANGUEDOC GRÈS
DE MONTPELLIER

MUSCAT
DE LUNEL

Vauvert

Arles

Aniane

MONTPELLIER

(MARSEILLE)

Clermont-
l'Hérault

COTEAUX DU
LANGUEDOC
ST-GEORGES
D'ORQUES

COTEAUX DU LANGUEDOC
LA MÉJANELLE

RETTE DU
GUEDOC

COTEAUX DU LANGUEDOC
GRÈS DE MONTPELLIER

COTEAUX DU LANGUEDOC
GRÈS DE MONTPELLIER

Aigues-Mortes

Étang de
Vaccarès

Pézenas

MUSCAT DE MIREVAL

Frontignan

COTEAUX DU
LANGUEDOC
PICPOUL DE PINET

Mèze

MUSCAT DE FRONTIGNAN

Sète

Agde

Bassin de Thau

Golfe du Lion

Cap d'Agde

MER MÉDITERRANÉE

Appellations communales

Appellations sous-régionales

Appellations régionales

L'actualité des millésimes

Le Languedoc souffre moins de la variabilité des millésimes que les régions plus septentrionales. En rouge, 1998 et 2001 sont deux millésimes de référence parfaits à boire maintenant. 2002, plus frais, a vu beaucoup d'eau pendant les vendanges dans la partie est du vignoble. Il existe néanmoins nombre de réussites qui offrent une agréable fraîcheur. 2004 partage la même fraîcheur, bienvenue en terres d'Oc que 2002, en offrant plus de concentration.

À l'inverse, 2003, millésime de canicule, a doté les rouges de tanins secs : il faut surveiller ses bouteilles ! 2005, souvent présenté comme un grand millésime est également largement doté de tanins secs dus aux conditions météo et surtout au déficit hydrique. Les meilleurs, riches en alcool et en acidité, côtoient des flacons dont la longévité sera faible. 2006 a été assez froid et a pu donner des vins végétaux mais aussi de grands vins denses et profonds. Le millésime est donc hétérogène. Malgré un déficit hydrique persistant pendant le cycle végétatif, 2007 se présente comme un excellent millésime. Les conditions climatiques des vendanges ont été très favorables et ont permis d'atteindre sereinement la maturité de tous les cépages. Avec des rouges exceptionnellement fruités et des blancs assez puissants mais frais, ce sera un millésime commercial dans le bon sens du terme. Il procurera bien du plaisir à court et à moyen terme : ne le boudez pas ! 2008 avec autant de fruit que 2007 montre plus de structure. C'est un très bon millésime en perspective sur les terroirs de qualité qui ont su gérer l'eau mais beaucoup de vins de pays ont souffert de la sécheresse.

Les vins préférés des lecteurs

En juin 2009, nous avons réuni plus d'une centaine d'amateurs de vin, recrutés parmi les lecteurs du Grand Guide des vins de France, qui ont dégusté des vins de toutes les régions.

Les vins sélectionnés ont tous obtenu dans cette édition une notation supérieure ou égale à 14/20 ainsi qu'un ☺ et sont commercialisés à un prix public inférieur à 15 €. Plus de 600 vins ont ainsi été dégustés par les jurys de lecteurs.

VOICI LES LAURÉATS DU LANGUEDOC ÉLUS PAR NOS LECTEURS

Domaine d'Aigues Belles, Vin de pays d'Oc, La Syrah, Rouge, 2007, 15 €

Mas d'Auzières, Coteaux du Languedoc, Rosé, 2008, 8 €

Clos Bagatelle, Saint-Chinian, Donnadieu Mathieu et Marie, Rouge, 2007, 7,20 €

Château Le Bouïs, Corbières, Rouge, 2007, 15 €

Domaine Causse d'Arboras, Coteaux du Languedoc, Les Cazes, Rouge, 2007, 8,80 €

Domaine de Cazaban, Vin de pays des Côtes de Lastours, Jours de vigne, Rouge, 2007, 6,60 €

Domaine Le Cazal, Minervois, Rouge, 2006, 6,50 €

Château Cesseras, Minervois-La-Livinière, Rouge, 2006, 12 €

Château Champ-des-Sœurs, Fitou, La Tina, Rouge, 2007, 12 €

Domaine Le Conte des Floris, Coteaux du Languedoc, Basaltique, Rouge, 2006

Domaine des Crès Ricards, Coteaux du Languedoc, Stécia, Rouge, 2007, 9 €

Château du Donjon, Minervois, Grande Tradition, Rouge, 2007, 6 €

Château La Dournie, Saint-Chinian, Élise, Rouge, 2007, 12,70 €

Cave d'Embres et Castelmaure, Corbières, Vendanges humaines, Rouge, 2007, 4,65 €

Enclos de la Croix, Vin de pays d'Oc, cabernet franc, Rouge, 2007, 6,90 €

Château de l'Engarran, Vin de pays d'Oc, sauvignon, Blanc sec, 2008, 8,55 €

Château L'Euzière, Coteaux du Languedoc, Les Escarboucles, Rouge, 2007, 13 €

Domaine du Grand Crès, Corbières, Rosé, 2008, 6,60 €

Domaine Les Grandes Costes, Coteaux du Languedoc, Musardises, Rouge, 2007, 7,10 €

Mas Granier, Vin de pays d'Oc, Mas Montel cuvée Jéricho, Rouge, 2007, 6,50 €

Hecht et Bannier, Vin de pays d'Oc, Syrah, Rosé, 2008, 5,90 €

Château de Jonquières, Vin de pays de l'Hérault, Domaine de Jonquières, Blanc sec, 2007, 12,50 €

Château de Jouclary, Vin de pays d'Oc, Sauvignon, Blanc sec, 2008, 4,50 €

Domaine J. Laurens, Blanquette de Limoux, Le Moulin, Blanc effervescent, 7 €

Domaine Navarre, Saint-Chinian, Le Laouzil, Rouge, 2007, 7,50 €

Domaine Ollier-Taillefer, Faugères, Allegro, Blanc sec, 2008, 8,90 €

Domaine L'Oustal Blanc, Naïck 7, Blanc sec, 12 €

Château Rouquette-sur-Mer, Coteaux du Languedoc, L'Esprit Terroir, Rouge, 2007, 8,15 €

Domaine Saint-Jean du Noviciat, Vin de pays d'Oc, Chardonnay, Blanc sec, 2008, 8,90 €

Domaine Jean-Baptiste Sénat, Minervois, Mais où est donc Ornicar, Rouge, 2008, 12 €

Les meilleurs vins

> LES MEILLEURS BLANCS

Prieuré de Saint-Jean de Bébian, Coteaux du Languedoc, 2006
Hautes Terres de Comberousse, Coteaux du Languedoc, Roucaillat, 2007
Domaine L'Oustal Blanc, Vin de Table, Naïck 7,
Prieuré de Saint-Jean de Bébian, Coteaux du Languedoc, 2007
Domaine J. Laurens, Crémant de Limoux, Clos des Demoiselles, 2007
Domaine d'Aupilhac, Coteaux du Languedoc, Les Cocalières, 2007
Clos du Gravillas, Minervois, L'Inattendu, 2007

> LES MEILLEURS CORBIÈRES - FITOU

Domaine Bertrand-Bergé, Fitou, Jean Sirven, 2006
Château Le Bouïs, Corbières, Arthur, 2005
Cave d'Embres et Castelmaure, Corbières, n°3 de Castelmaure, 2007
Château de Sérame, Corbières, L'Icône, 2005
Mont Tauch, Fitou, Ultime Conviction, 2007
Château de Nouvelles, Fitou, vieilles vignes, 2006

> LES MEILLEURS COTEAUX DU LANGUEDOC

Mas Jullien, Coteaux du Languedoc, 2006
Domaine de Montcalmès, Coteaux du Languedoc, 2006
Mas du Soleilla, Coteaux du Languedoc, Les Bartelles, 2007
Mas des Brousses, Coteaux du Languedoc, 2007
Gérard Bertrand, Coteaux du Languedoc, Château l'Hospitalet Grand Vin, 2007
Domaine Peyre Rose, Coteaux du Languedoc, Syrah Léone, 2003

> LES MEILLEURS MINERVOIS – CABARDÈS

Domaine La Prade Mari, Minervois, Gourmandise des Bois, 2006
Domaine Jean-Baptiste Sénat, Minervois, Le Bois des Merveilles, 2007
Domaine L'Oustal Blanc, Minervois, Giocoso, 2006
Domaine Le Cazal, Minervois, Délice du Vent, 2005
Domaine La Prade Mari, Minervois, Conte des Garrigues, 2005

Domaine La Croix de Saint-Jean, Minervois, Lo Mainatge, 2008
Domaine de Cazaban, Cabardès, Domaine de Cazaban, 2007
Château Villerambert-Julien, Minervois, Ourdivieille, 2004
Borie de Maurel, Minervois, Sylla, 2006

> LES MEILLEURS ROSÉS

Domaine Causse d'Arboras, Coteaux du Languedoc, 2005
Clos Canos, Corbières, 2008
Mas d'Auzières, Coteaux du Languedoc, Rires et sourires, 2008
Mas des Brousses, Coteaux du Languedoc, Rosée des Brousses, 2008
Mas Champart, Saint-Chinian, 2008
Domaine La Grangette, Vin de pays des Côtes de Thau,
Carignane blanche, 2008
Domaine de Roque-Sestière, Corbières, 2008
Château Vieux Moulin, Corbières, 2008
Château La Voulte-Gasparets, Corbières, 2008

> LES MEILLEURS SAINT-CHINIAN – FAUGÈRES

Les Fusionels, Faugères, Intemporelle, 2007
Domaine Ollier-Taillefer, Faugères, Castel Fossibus, 2006
Canet-Valette, Saint-Chinian, Le Vin Maghani, 1999
Mas Champart, Saint-Chinian, Clos de la Simonette, 2006
Clos Bagatelle, Saint-Chinian, Je Me Souviens, 2007
Borie La Vitarèle, Saint-Chinian, Les Schistes, 2007
Domaine Ollier-Taillefer, Faugères, Grande Réserve, 2007

> LES MEILLEURS ROUGES EN VINS DE PAYS – VINS DE TABLE

Mas Laval, Vin de pays de l'Hérault, 2006
Domaine du Grand Crès, Vin de table, Cressaïa,
Domaine d'Aupilhac, Vin de pays de l'Hérault,
Les Servières, 2007
Mas Granier - Mas Montel, Vin de pays d'Oc, Mas Montel
cuvée Jéricho, 2007
Domaine L'Oustal Blanc, Vin de Table, Vin de table Naïck 6
Château Vieux Moulin, Vin de pays d'Oc,
cabernet-sauvignon, 2007

CHÂTEAU D'AGEL

Les Crozes
34210 Agel
Tél. 04 68 91 37 74 - Fax. 04 68 91 12 76
estelle.deheyer@chateaudagel.com
www.chateaudagel.com

La nouvelle équipe qui assure l'exploitation depuis 2003 a remodelé la gamme, dans un style moderne et commercial qui transparaît sur des étiquettes dont le graphisme participe au plaisir. Les vins-de-pays-d'oc, commercialisés sous le nom d'agellum, sont franchement hédonistes. En Minervois, Les Bonnes n'est pas un hommage au personnel de service de l'ancien château, mais le nom d'une parcelle. La gamme caudios est élevée en fûts et la cuvée in-extremis, réalisée à base de syrah et de grenache, n'est réalisée que les années propices. Elle ne nous a pas été présentée cette année.

MINERVOIS CAUDIOS 2007
Rouge | 2010 à 2012 | 12,00 €   **14,5/20**
Encore marqué par l'élevage, cette cuvée dense, de longueur moyenne, demande un peu de patience. Les tanins sont puissants et l'aromatique est orienté vers la réglisse et le cacao.

MINERVOIS CAUDIOS 2007
Blanc | 2009 à 2010 | 12,00 €   **15/20**
Ce blanc, réalisé à partir d'un assemblage des cépages autorisés dans l'appellation, plaira beaucoup. La finale abricotée est délicate, fraîche et intense.

MINERVOIS LES BONNES 2007
Rouge | 2009 à 2010 | 6,00 €   **14/20**
Dans un style facile à boire, accessible, le fruité de ce 2007 se montre gourmand.

MINERVOIS LES BONNES 2007
Blanc | 2009 à 2010 | NC   **14/20**
L'association maccabeu, roussanne, grenache, rolle et muscat à petits grains donne un bouquet aromatique complexe, élégant. La finale est intense.

Rouge : 32 hectares ; carignan noir 26%, cinsault 1%, grenache noir 18%, mourvèdre 12%, syrah 43%. Blanc : 6 hectares ; grenache blanc 5%, maccabeu 30%, muscat à petits grains 40%, roussane 15%, vermentino 10%. Production totale annuelle : 190 000 bt. Visite : Du lundi au vendredi, de 9 h à 12 h et de 14 h à 17 h.

DOMAINE L'AIGUELIÈRE

2, place du Square
34150 Montpeyroux
Tél. 04 67 96 61 43 - Fax. 04 67 44 49 67
christine@aigueliere.com
www.domaine-aigueliere.com

Ce domaine a été l'un des pionniers qualitatifs du Languedoc dans les années 1990. Ces vins de référence nous ont éblouis en millésimes anciens, avec des côtes-dorées et des côtes-rousses d'anthologie. Les cuvées plus récentes, structurées et denses, toujours à dominante de syrah n'ont pas toujours montré tout le gras attendu, 2005 réconciliera les aficionados du style mais il faut les boire. Ce millésime montre souvent en Languedoc des tanins un peu secs qui le caractérisent.

COTEAUX DU LANGUEDOC
MONTPEYROUX CÔTE DORÉE 2005
Rouge | 2009 à 2013 | 20 €   **15/20**
La côte-dorée montre un nez magnifique, la matière évolue comme beaucoup de 2005 vers des notes de havane un peu sèches.

COTEAUX DU LANGUEDOC
MONTPEYROUX CÔTE ROUSSE 2005
Rouge | 2009 à 2013 | 20 €   **15/20**
Belle approche de la syrah avec une évolution vers la feuille de havane qui amène à le boire sans trop tarder.

Rouge : 23,2 hectares ; grenache noir 30%, syrah 70%. Blanc : 1,8 hectares ; sauvignon blanc 50%, viognier 50%. Production totale annuelle : 50 000 bt. Visite : De 9 h à 18 h, sur rendez-vous.

Inscrivez-vous sur
BETTANEDESSEAUVE.COM

> Suivez l'actualité du vin
> Accédez aux notes de dégustation de 25 000 vins
> Visitez les stands des producteurs

DOMAINE D'AIGUES BELLES

Aiguebelle
30260 Brouzet-les-Quissac
Tél. 06 07 48 74 65 - Fax. 04 66 77 40 52
gilles.palatan@traxys.com
www.aigues-belles.com

Ce domaine d'une vingtaine d'hectares, installé dans le Gard, appartient à la famille Palatan. L'ensemble de la gamme est élevé soigneusement avec un usage judicieux de la barrique : Gilles Palatan sait faire varier la proportion de bois neuf et la durée d'élevage, en fonction des matières premières dont il dispose.

VIN DE PAYS D' OC LA SYRAH 2007   ☺
Rouge | 2009 à 2010 | 15 €   **14,5/20**
Joli syrah gourmande, épicée et friande, sur de jolis fruits rouges.

VIN DE PAYS D' OC LOMBARDE 2007   ☺
Rouge | 2009 à 2010 | 9 €   **14,5/20**
Avec des rendements limités à 30 hectolitres par hectare, cette cuvée à base de grenache est voluptueuse en 2007, vraiment gourmande.

VIN DE PAYS D' OC LOMBARDE 2006
Rouge | 2009 à 2012 | 8 €   **14/20**
2006 donne un rouge plus retenu que le 2007 mais avec une trame précise et un fruité gourmand.

VIN DE PAYS D' OC NICOLE 2007
Rouge | 2009 à 2011 | 11 €   **14,5/20**
Cette cuvée, réalisée à partir de vignes âgées de syrah et de cabernet-sauvignon, teintée d'un peu de merlot, a un très joli nez, suave et harmonieux. La bouche est structurée, ronde, droite tout en étant typée par la friandise de 2007.

VIN DE PAYS D' OC NICOLE 2006
Rouge | 2009 à 2011 | 11 €   **14,5/20**
Cette cuvée a brillamment contourné l'austérité du millésime et se présente sous un jour souple, gourmand.

VIN DE PAYS D' OC SYRAH 2007   ☺
Rouge | 2009 à 2013 | 15 €   **15,5/20**
Une dominante de chardonnay complétée de roussanne donne ce vin d'une corpulence étonnante, avec une ampleur qui lui donne des accents de nord rhodanien. Il ne passera pas inaperçu.

Rouge : 17 hectares ; cabernet sauvignon 23%, cinsault 19%, grenache noir 15%, merlot 14%, mourvèdre 2%, syrah 10%. Blanc : 3.70 hectares ; chardonnay 6%, roussanne 1%, sauvignon blanc 10%. Production totale annuelle : 40 000 bt. Visite : Sur rendez-vous au 06 07 48 74 65.

DOMAINE DES AIRES HAUTES

Chemin des Aires
34210 Siran
Tél. 04 68 91 54 40 - Fax. 04 68 91 54 40
gilles.chabbert@wanadoo.fr

Gille Chabbert conduit ce domaine situé à Siran sur le Petit Causse, au cœur du Minervois. Les vins-de-pays sont des expressions justes de leurs différents cépages. La cuvée du clos-de-l'escandil offre des tanins racés dans un style élégant qui s'est écarté avec intérêt du style ostentatoire des années 2000. Un rapide tour de pipette dans les cuves de 2008 annonce de grands moments en perspective. On patientera avec cette année des 2007 au fruité de grande qualité.

MINERVOIS-LA-LIVINIÈRE 2007
Rouge | 2009 à 2011 | 5,10 €   **14/20**
Encore très jeune, gras en bouche, fruité, cuirs et épicé, la bouche est gourmande, intense en arômes.

MINERVOIS-LA-LIVINIÈRE CLOS DE L'ESCANDIL 2007
Rouge | 2009 à 2011 | 16,80 €   **16/20**
Beau boisé en cours d'intégration, la matière est noble, élégante, délicatement épicée. Le vin devrait bien évoluer.

MINERVOIS-LA-LIVINIÈRE CLOS DE L'ESCANDIL 2006
Rouge | 2009 à 2011 | 16,80 €   **15,5/20**
Les tanins de ce 2006 sont légèrement plus insistants que ceux du 2007. Le vin a de la classe et du fond.

Rouge : 28 hectares ; carignan 15%, grenache noir 20%, malbec 10%, mourvedre 10%, syrah 45%.
Blanc : 2 hectares ; chardonnay 50%, sauvignon 50%.
Production totale annuelle : 125 000 bt.
Visite : Sur rendez-vous.

L'ANCIENNE MERCERIE

6, rue de l'Égalité
34480 Autignac
Tél. 04 67 90 27 02 - Fax. 04 67 90 27 02
ancienne.mercerie@free.fr

Cette propriété peu connue du sud de Faugères séduit par la qualité de ses deux cuvées. Nathalie et François Caumette, ingénieurs agronomes et œnologues, travaillent les vignes des grands-pères dans la mercerie de la grand-mère, transformée en cave pour les besoins du vin. Et il s'agit ici de grand vin. Les-petites-mains ne sont pas une simple cuvée d'entrée de gamme car la qualité du fruit est enthousiasmante. La cuvée couture fait appel aux cépages traditionnels, la syrah y mène l'assemblage à hauteur d'un tiers, complétée à parts égales par le grenache, le mourvèdre et le carignan. Une nouvelle cuvée de coteaux-du-languedoc voit le jour avec un intérêt certain.

COTEAUX DU LANGUEDOC 2008
Rouge | 2010 à 2014 | 6,40 € **15/20**
Nous ne connaissions pas cette cuvée qui se montre en 2008 avec un fruité très net et un tanin raffiné, serré pour l'instant mais prometteur.

FAUGÈRES COUTURE 2006
Rouge | 2009 à 2014 | 13,50 € **15,5/20**
Cuvée partiellement élevée en barriques. L'élevage apporte une touche de complexité complémentaire par rapport à la cuvée des petites-mains. 2006 est sérieux, droit et profond avec une finale sur le havane.

FAUGÈRES LES PETITES MAINS 2008
Rouge | 2009 à 2013 | 7,80 € **15/20**
2008 montre une cuvée plus serrée que les millésimes précédents, dans un style profond et intense.

Rouge : 16 hectares : carignan noir 35%, cinsault 5%, grenache noir 25%, mourvèdre 10%, syrah 25%.
Production totale annuelle : 35 000 bt.

CHÂTEAU D'ANGLÈS

Château d'Anglès
11560 Saint-Pierre-la-Mer
Tél. 04 68 33 61 33 - Fax. 04 68 33 90 32
info@chateaudangles.com
www.chateaudangles.com

Eric Fabre a œuvré dans le vin : ancien directeur technique du Château Lafite-Rothschild à Pauillac, il est venu s'installer en Coteaux du Languedoc après avoir repéré la qualité des terroirs de La Clape. Une erreur d'impression avait l'an passé écarté son blanc de nos colonnes. Cette erreur est réparée cette année, et nous incitons les amateurs à visiter ce domaine et à mettre en cave les blancs. Ils ne sont jamais meilleurs qu'après un petit vieillissement, qui leur permet de s'exprimer sur leurs arômes secondaires.

COTEAUX DU LANGUEDOC CLASSIQUE BLANC 2007
Blanc | 2009 à 2012 | 7 € **14,5/20**
Sans l'ampleur en bouche du vin étiqueté La Clape, mais avec plus de fraîcheur au nez, cette cuvée se portera au-devant des cuisines méditerranéennes à base de grands poissons grillés.

COTEAUX DU LANGUEDOC CLASSIQUE ROSÉ 2008
Rosé | 2009 à 2010 | 7 € **14/20**
Rosé pâle en couleurs, or gris, avec du volume en bouche et une finale agréablement acidulée.

COTEAUX DU LANGUEDOC GRAND VIN BLANC 2006
Blanc | 2009 à 2014 | 13 € **15/20**
Le vin a été réalisé à partir de bourboulenc, de grenache, de roussanne et de marsanne. Gras et puissant en finale, il est pour l'instant fermé mais le potentiel s'exprime derrière les arômes de tilleul et de fleurs blanches.

COTEAUX DU LANGUEDOC GRAND VIN ROUGE 2006
Rouge | 2009 à 2010 | 13 € **14/20**
Fruité, ce rouge est chaleureux. Il ira à merveille sur une grillade de bœuf.

Rouge : 20 hectares. Blanc : 16 hectares.
Production totale annuelle : 160 000 bt.
Visite : Tous les jours de 9 h à 19 h.

ANTECH

Domaine de Flassian
Route de Carcassonne
11300 Limoux
Tél. 04 68 31 15 88 - Fax. 04 68 31 71 61
courriers@antech-limoux.com
www.antech-limoux.com

La maison Antech est l'un des domaines phares de Limoux avec ses trois quarts de siècle d'histoire. Elle est aujourd'hui dirigée avec compétence par Françoise Antech-Gazeau. Nous avons vu cette année de jolis 2007 tant en blanquette qu'en crémant, avec des puretés aromatiques remarquables. Émotion est un nouveau rosé qui agrandit l'offre de Limoux vers une couleur, certes à la mode mais non sans intérêt. Nous recommandons également la blanquette méthode ancestrale, épatante sur les desserts aux fruits jaunes.

BLANQUETTE DE LIMOUX RÉSERVE 2007
Blanc Brut | 2009 à 2010 | 6,50 €   **14/20**
Beau millésime de blanquette avec des notes de pomme verte et de fruits mûrs. La finale est nette, élancée et raffinée, bien dans le style blanquette.

BLANQUETTE MÉTHODE ANCESTRALE ESPRIT DE BULLES
Blanc Brut effervescent | 2009 à 2010 | NC   **14,5/20**
Élégante, sur des notes de pomme verte, de poires et de fruits bien mûrs, cette méthode ancestrale est fort bien dosée en sucre. Elle attend les desserts aux fruits jaunes.

CRÉMANT DE LIMOUX CUVÉE EUGÉNIE 2007
Blanc Brut effervescent | 2009 à 2010 | 7,80 €   **14,5/20**
Cuvée orientée vers la finesse de la bulle, la délicatesse des arômes de fruits et de fleurs blanches.

CRÉMANT DE LIMOUX ÉMOTION
Rosé Brut effervescent | 2009 à 2010 | NC   **14,5/20**
Nouvelle cuvée assemblant chardonnay, chenin, mauzac et pinot noir. L'ensemble joliment fruité montre une finale délicate, un rien bonbon.

CRÉMANT DE LIMOUX GRANDE CUVÉE 2007
Blanc Brut effervescent | 2009 à 2010 | 7,45 €   **13/20**
Bulle puissante, longue et intense, volumineuse en bouche avec une finale de pain légèrement grillé.

CRÉMANT DE LIMOUX NOCTAMBULLES
Blanc Brut effervescent | 2009 à 2010 | NC   **14/20**

Joli fond, finale gourmande. Le fruit est pur et la finale équilibrée gagnerait encore à un dosage légèrement moins marqué.

Production totale annuelle : 900 000 bt.

CHÂTEAU D'ANTUGNAC

4, rue du château
11190 Antugnac
Tél. 04 68 74 22 38 - Fax. 04 68 74 22 60
info@collovrayterrier.com
www.collovrayterrier.com

Deux vignerons du Mâconnais, Christian Collovray et Jean-Luc Terrier, du Domaine des Deux Roches, se sont implantés dans l'Aude pour y travailler le chardonnay et pour exprimer une version languedocienne du pinot noir, alors que tant de locaux se sont cassé les dents sur ce cépage délicat. Le travail des sols et une incontestable maîtrise technique sont les ingrédients de leur réussite. En blanc, les-gravas et les-terres-amoureuses sont des versions élégantes et sans lourdeur du chardonnay, avec un supplément de profondeur pour le second, qui ne nous a pas été présenté cette année.

LIMOUX AUX BONS HOMMES 2007
Rouge | 2009 à 2012 | 7,40 €   **14,5/20**
Le vin est puissant, aromatique mais frais, facilement buvable sur ses arômes de fruits noirs.

LIMOUX LES GRAVAS 2007   ☺
Blanc | 2009 à 2010 | 15 €   **15/20**
Vif et citronné, ce joli limoux blanc a une finale dynamique, avec du gras et de jolies notes de mandarine et d'ananas.

VIN DE PAYS D'OC TURITELLES 2008
Rouge | 2009 à 2010 | 4 €   **13,5/20**
La fraîcheur de cette cuvée est vivifiante, loin des cuvées «bodybuildées», elle séduira les amateurs de vins coulants, simples avec une acidité légèrement marquée en finale.

Rouge : 33 hectares ; cabernet franc 10%, cabernet sauvignon 5%, malbec 5%, merlot 14%, pinot noir 9%, syrah 10%. Blanc : 32 hectares ; chardonnay 45%, chenin blanc 1%, mauzac 7%.
Production totale annuelle : 400 000 bt.
Visite : De 8 h à 12 h et de 14 h à 18 h.

DOMAINE D'AUPILHAC

28, rue du Plô
34150 Montpeyroux
Tél. 04 67 96 61 19 - Fax. 04 67 96 67 24
aupilhac@wanadoo.fr
www.aupilhac.com

Sylvain Fadat a démarré son exploitation en 1988, à partir d'un petit vignoble familial sur le lieu-dit Aupilhac exposé plein sud. En haut de gamme, les Cocalières sont des parcelles de plus haute altitude, exposées au nord et organisées en terrasses. Le montpeyroux rouge 2007 goûté en foudre s'annonce grand !

COTEAUX DU LANGUEDOC LA BODA 2006
Rouge | 2011 à 2017 | 23 €   **16/20**
La matière est au rendez-vous dans ce 2006 qui a évité les tanins secs souvent rencontrés dans le millésime. Un rien animale, cette cuvée a un élevage qui demande à se fondre et impose un peu de patience.

COTEAUX DU LANGUEDOC LES COCALIÈRES 2007
Blanc | 2009 à 2013 | NC   **16/20**
Un blanc de grand volume issu à parts égales de marsanne, de roussanne, de grenache blanc et de rolle. Il est complexe, épicé, long avec une pointe de curry en finale.

COTEAUX DU LANGUEDOC LOU MASET 2008
Rouge | 2009 à 2011 | 6,30 €   **14/20**
Joli vin à dominante de cinsault ou de grenache, avec du fruit et une matière souple, à boire dès maintenant. Nous l'avons dégusté à plusieurs reprises, les derniers échantillons étaient très nets et méritaient un achat pour les soirées entre copains.

COTEAUX DU LANGUEDOC MONTPEYROUX 2006
Rouge | 2009 à 2011 | 14 €   **14/20**
Un joli fruit et de la matière, avec une finale corsée, légèrement animale.

VIN DE PAYS DE L' HÉRAULT LES SERVIÈRES 2007
Rouge | 2009 à 2017 | NC   **16,5/20**
2007 montre des tanins de grande finesse, subtilement iodés. La matière est dense, profonde avec le grand fruit de 2007 tenu par une pointe d'acidité volatile.

VIN DE PAYS DU MONT BAUDILE LE CARIGNAN 2006
Rouge | 2009 à 2010 | NC   **14,5/20**
Voici un joli rouge, bien inscrit dans le cépage, avec du fond et une jolie longueur sur sa trame légèrement acide.

Rouge : 26 hectares ; alicante 2%, aramon 2%, carignan noir 20%, cinsault 3%, grenache noir 15%, mourvèdre 30%, syrah 28%. **Blanc :** 2,2 hectares ; chardonnay 10%, grenache blanc 15%, marsanne 15%, marsanne 15%, roussane 15%, ugni blanc 15%, vermentino 15%. **Production totale annuelle :** 130 000 bt. **Visite :** De 9 h à 12 h et de 14 h 30 à 17 h.

DOMAINE DES AURELLES

8, chemin des Champs-Blancs
34320 Nizas
Tél. 04 67 25 08 34 - Fax. 04 67 25 00 38
domainelesaurelles@wanadoo.fr
www.les-aurelles.com

Basile Saint-Germain a recherché en Languedoc des terroirs avec de vieilles vignes. Aurel et solen ont des structures de pinots noirs, fins et élégants, avec un supplément de fond cette année pour aurel, et une buvabilité charmeuse pour solen. La maison réalise des vins en rupture de style avec les classiques du Languedoc et mérite d'être visitée pour l'originalité de sa production.

COTEAUX DU LANGUEDOC AUREL 2006
Rouge | 2009 à 2013 | NC   **15,5/20**
Très mûr, avec une pointe de sucrosité tenue par une trame tannique de qualité, le vin est fin, agréablement fruité.

COTEAUX DU LANGUEDOC AUREL 2004
Rouge | 2009 à 2011 | 24,50 €   **14,5/20**
Avec des notes de poivre blanc, le vin est dans un style fin, sur un fruité légèrement évolué.

COTEAUX DU LANGUEDOC SOLEN 2006
Rouge | 2009 à 2011 | 14,50 €   **15,5/20**
Le style de cette cuvée est orienté vers la délicatesse. Elle offre des senteurs délicates avec une texture assez raffinée, la finale bénéficie de la fraîcheur des carignans.

COTEAUX DU LANGUEDOC SOLEN 2005
Rouge | 2009 à 2013 | NC   **15/20**
Tout en délicatesse, cette cuvée pleine et charnue offre des senteurs délicates avec une texture assez raffinée. Les tanins encore perceptibles du millésime amèneront à la boire sans tarder.

Rouge : 8.15 hectares **Blanc :** 1.35 hectare
Production totale annuelle : 35 000 bt.
Visite : Sur rendez-vous.

CHÂTEAU D'AUSSIÈRES

RD 613
11100 Narbonne
Tél. 04 68 45 17 67 - Fax. 04 68 45 76 38
aussieres@lafite.com
www.lafite.com

Le hameau d'Aussières, proche de l'abbaye de Fontfroide, porte une tradition viticole depuis le premier millénaire, mais il avait été progressivement abandonné à la fin du xxᵉ siècle. Les barons de Rothschild, branche Lafite, lui ont redonné vie en 1999, en replantant massivement les vignes à l'abandon et en rénovant complètement les installations. On réalise ici du corbières et du vin-de-pays-d'oc, dans les parties les plus basses en altitude. Dans cette zone climatique plus fraîche des Corbières, les vins produits sont aux antipodes de bien des languedocs surextraits, les vinifications en blanc comme en rouge privilégiant ici le fruit. L'élevage des vins n'a pas été réalisé pour faire des clones de vins de Bordeaux, mais adapté à chaque cuvée en fonction de son potentiel.

VIN DE PAYS D'OC AUSSIÈRES 2007
Rouge | 2009 à 2010 | NC   **13,5/20**
50% de cabernet franc et sauvignon, 10% de merlot complétés de grenache et de syrah constituent un mélange de cultures : dans l'esprit d'un bon cabardès, agréable simple et précis.

CORBIÈRES 2006
Rouge | 2009 à 2010 | NC   **14/20**
L'élevage a préservé une matière très mûre en la soulignant. Le fruité est agréable.

CORBIÈRES ROUGE 2006
Rouge | 2009 à 2011 | NC   **15/20**
Des tanins un peu secs mais une très belle matière avec un fruité croquant, racé.

Rouge : 160 hectares ; alicante 4%, cabernet franc 7%, cabernet sauvignon 9%, carignan noir 10%, cinsault 1%, grenache noir 23%, merlot 3%, mourvèdre 14%, petit verdot 1%, syrah 28%.
Blanc : 10 hectares ; chardonnay 6%.
Production totale annuelle : 500 000 bt.
Visite : Du lundi au vendredi, de 9 h à 11 h et de 14 h à 16 h, sur rendez-vous.

MAS D'AUZIÈRES

22, rue de la Bénovie
Mas de Fontan
34270 Fontanes
Tél. 04 67 85 39 54 - Fax. 04 67 85 39 54
irene@auzieres.com
www.auzieres.com

Irène Tolleret a abandonné ses fonctions dans une grande structure coopérative languedocienne pour venir s'implanter dans une zone des Coteaux du Languedoc, au nord de Montpellier, qui sera probablement rattachée à terme au Pic Saint-Loup. Elle bénéficie du soutien de son mari, œnologue, pour travailler ses 9 hectares situés dans la garrigue et les pins. Ses débuts de vigneronne sont prometteurs. Nous avons particulièrement remarqué les cuvées les-éclats, réalisée à partir d'une dominante de syrah complétée de grenache et de mourvèdre, et le-bois-de-périé, presque exclusivement dédiée à la syrah. La gamme est courte mais tous les vins ont en commun une grande finesse de tanins. L'adresse fait partie des domaines à suivre de près, et 2007 montre une étape supplémentaire dans la progression du domaine.

COTEAUX DU LANGUEDOC LE BOIS DE PÉRIÉ 2006
Rouge | 2010 à 2016 | 15 €   **16/20**
Certes, les notes de vanille et de fruits frais dominent le nez mais le plus intéressant dans ce vin est sa structure et sa pureté formelle qui l'emmèneront loin. La finale complexe ajoute les épices à un tableau aromatique déjà bien fourni.

COTEAUX DU LANGUEDOC LES ÉCLATS 2007 ☺
Rouge | 2009 à 2012 | 8 €   **16/20**
Le fruit est magnifique. Si 2006 se montrait aimable, 2007 est un tombeur. La texture est remarquable, précise en diable. Et le vin a de la réserve !

COTEAUX DU LANGUEDOC LES ÉCLATS 2006 ☺
Rouge | 2009 à 2012 | 8 €   **15/20**
2006, avec un fruit charnu et frais, est un vin de gourmandise, ce qui n'est pas si fréquent dans le millésime.

COTEAUX DU LANGUEDOC RIRES ET SOURIRES 2008 ☺
Rosé | 2009 à 2009 | 8 €   **15,5/20**
D'un joli grenat soutenu, ce rosé ne passe pas inaperçu. Le fruit est très net, lumineux et l'intensité en bouche presque tannique en fera un superbe compagnon des viandes grillées. Un saumon ferait aussi magnifiquement l'affaire.

Production totale annuelle : 35 000 bt.
Visite : Sur rendez-vous.

DOMAINE DE BABIO

Hameau de Babio
34210 La Caunette
Tél. 06 86 97 48 42
cecile@domainedebabio.com
www.domainedebabio.com

Dans un contexte de crise viticole, il a fallu du courage à Cécile Weissenbach, jeune œnologue alsacienne, pour venir s'installer en Minervois, en rachetant un petit domaine de 10 hectares. Les amateurs de vins naturels viendront se ressourcer dans la production de Babio. Rien n'est fait ici pour l'épate, mais la recherche de franchise démarre dès le rosé. La nouvelle cuvée de blanc est absolument gourmande.

Minervois 2008
Rosé | 2009 à 2009 | 5 €   **15/20**
Rosé friand et charnu derrière une robe pâle. De très jolis arômes de groseille et de framboise lui donnent une personnalité attachante.

Minervois 2007
Rouge | 2009 à 2011 | 6 €   **15/20**
Ce rouge est fruité, frais et fin avec de jolis arômes qui sous-tendent une dégustation tenue par une structure charmeuse et veloutée.

Minervois Syrius 2006
Rouge | 2009 à 2012 | 10 €   **15/20**
Cette cuvée est marquée par le carignan. Elle est dense, structurée et racée, avec une finale fraîche, précise.

Rouge : 11 hectares ; aramon 3%, carignan 24%, cinsault 8,5%, grenache gris 4%, grenache noir 18%, syrah 33%. Blanc : 1 hectare ; grenache blanc 5,5%, muscat 4%. Production totale annuelle : 20 000 bt.
Visite : Sur rendez-vous.

CLOS BAGATELLE

Clos Bagatelle
34360 Saint-Chinian
Tél. 04 67 93 61 63 - Fax. 04 67 93 68 84
closbagatelle@wanadoo.fr
www.closbagatelle.com

Christine et Luc Simon, le frère et la sœur, mènent ce domaine de plus de 50 hectares en zone argilo-calcaire et en zone de schistes. Ils possèdent une maîtrise technique reconnue et une partie du vignoble est conduite en agriculture inspirée du bio.

Saint-Chinian Donnadieu Camille et Juliette 2007
Rouge | 2009 à 2011 | 5,50 €   **14,5/20**
Beaucoup de fruit dans ce rouge à boire vite, qui est réalisé à base de grenache. Il est assez long en bouche.

Saint-Chinian Donnadieu Mathieu et Marie 2007
Rouge | 2009 à 2011 | 6,50 €   **15/20**
Cette cuvée à base de syrah met en avant les caractéristiques du cépage, épices et fruits noirs. On en redemande !

Saint-Chinian Je Me Souviens 2007
Rouge | 2009 à 2013 | 40,00 €   **16,5/20**
Cette cuvée, à base de mourvèdre exclusivement, est particulièrement racée. Profonde et très longue, elle impressionne par sa densité.

Saint-Chinian La Terre de Mon Père 2005
Rouge | 2009 à 2011 | 20,00 €   **15,5/20**
La-terre-de-mon-père, très syrah, est l'aboutissement de la gamme avec, en 2005, une surmaturité marquée mais un tanin raffiné.

Saint-Chinian Lulu Carignan 2008
Rouge | 2009 à 2010 | 5,90 €   **15,5/20**
Cette cuvée est essentiellement réalisée à partir de carignans, complétés d'un zeste de grenache. Elle ne manque pas de charme !

Saint-Chinian Tradition 2008
Rouge | 2009 à 2011 | 4,50 €   **14,5/20**
Issue essentiellement des zones argilo-calcaires, cette cuvée est tout en charme, fruits et épices.

Saint-Chinian Veillée d'Automne 2007
Rouge | 2009 à 2013 | NC   **16/20**
Avec des notes légèrement iodées, ce rouge charnu et souple, très fin, sera à boire vite, sur son charme.

Saint-Chinian Veillée d'Automne 2006
Rouge | 2009 à 2015 | 8,80 €   **16/20**
De la fraîcheur, une trame tannique raffinée et serrée. Ce 2006 est très long.

Rouge : 47 hectares ; carignan noir 15%, cinsault 5%, grenache noir 30%, mourvèdre 20%, syrah 30%. Blanc : 10 hectares ; carignan blanc 5%, grenache blanc 10%, muscat à petits grains 75%, roussane 10%. Production totale annuelle : 250 000 bt.
Visite : De 9 h à 12 h et de 14 h à 18 h.

DOMAINE DE BARON'ARQUES

11300 Saint-Polycarpe
Tél. 04 68 31 96 60 - Fax. 04 68 31 54 23
domainedebatonarques@
domainedebaronarques.com
www.domainedebaronarques.com

Philippine de Rothschild, propriétaire du Château Mouton-Rothschild, à Pauillac, a créé ce domaine sur Limoux en y apportant la maîtrise de la viticulture et de la vinification bordelaises. L'assemblage varie au gré des millésimes, mais il est généralement dominé par le merlot et le cabernet franc, complétés de syrah et de malbec. Le style des vins montre des matières denses et corsées, qui participent à la recherche du style de la nouvelle appellation Limoux rouge. Cette année voit le 2006 s'affiner après l'élevage. Curieusement, alors que beaucoup de languedocs rouges fatiguent vite, les cuvées plus anciennes ne semblent pas donner de prise au temps et ne se départissent pas de leurs atours juvéniles. Limoux abriterait-elle une fontaine de Jouvence ?

Limoux 2006
Rouge | 2009 à 2013 | 30 €   **15/20**
Le vin a bien évolué. La matière corsée est dense et structurée, dans le style des millésimes précédents mais avec un supplément de dynamisme.

Limoux 2005
Rouge | 2009 à 2011 | 32 €   **15/20**
Seulement 30% de la récolte a été conservé. Le millésime montre une harmonie supérieure à 2004, dans un style fondé sur la puissance où le merlot domine. La finale de cèdre emmène ce vin racé aux notes fumées et épicées.

Limoux 2004
Rouge | 2009 à 2011 | 32 €   **14,5/20**
Ce vin dense et profond assemble une dominante de cépages atlantiques aux cépages méditerranéens. L'école bordelaise a su apporter ici sa maîtrise des techniques d'élevage dans ce vin d'un millésime froid. Il est puissant et épicé, avec des arômes marqués de tabac, de garrigue et de thym.

Limoux 2003
Rouge | 2009 à 2011 | 30 €   **15/20**
Le millésime 2003 caniculaire marque l'extrême finale de ce vin, mais la maîtrise technique de l'élevage est patente. Une bonne fraîcheur a été conservée en fin de bouche.

Rouge : 48 hectares.
Production totale annuelle : 90 000 bt.
Visite : Sur rendez-vous.

CHÂTEAU LA BASTIDE

Lieu-dit Château La Bastide
11200 Escales
Tél. 04 68 27 08 47 - Fax. 04 68 27 26 81
chateaulabastide@wanadoo.fr
www.chateau-la-bastide.fr

Ce très beau domaine historique (une villa gallo-romaine en atteste) commercialise l'essentiel de sa production à l'export. Les blancs, en Corbières ou en vin de pays d'Hauterive, méritent d'être dégustés pour leur fraîcheur. En rouge, eidos a capté toute la maturité de 2007.

Corbières Château La Bastide 2008   ☺
Blanc | 2009 à 2011 | 8,50 €   **14/20**
Ce château, implanté à Escales, dans l'Aude, en zone plutôt chaude, continue à nous étonner par un corbières blanc très frais, délicatement citronné, sur de beaux arômes de pamplemousse rose. La fraîcheur gourmande est remarquable dans l'appellation.

Corbières Eidos 2007
Rouge | 2009 à 2012 | NC   **14,5/20**
De jolis tanins dans une cuvée puissante, profonde, aux notes de fruits noirs. La finale est dense et longue, de grand charme, qui plaira à ceux qui aiment les vins très mûrs.

Vin de pays d' Hauterive
Domaine La Bastide - Viognier 2008   ☺
Blanc | 2009 à 2010 | 8,50 €   **14/20**
Ce viognier offre la puissance aromatique du cépage sur les fleurs blanches et l'abricot confit. C'est un vin de plaisir immédiat, dynamique et frais, à savourer en apéritif ou avec des asperges sans l'attendre.

Vin de pays d' Hauterive
Domaine La Bastide Roussane 2008
Blanc | 2009 à 2012 | 8,00 €   **15/20**
Vin de grand volume floral, pêche blanche avec les précurseurs aromatiques du miel en finale. L'ensemble est tenu par une acidité qui lui confère une agréable fraîcheur.

Vin de pays d' Hauterive
Domaine La Bastide, syrah 2007
Rouge | 2009 à 2010 | 6,50 €   **13,5/20**
Ce rouge gourmand et chaleureux finit sur une pointe d'acidité qui lui donne sa fraîcheur.

Rouge : 60 hectares ; cabernet sauvignon 5%, côt 2%, grenache noir 13%, merlot 20%, mourvèdre 10%, pinot noir 10%, syrah 40%.
Blanc : 10 hectares ; bourboulenc 10%, roussane 50%, vermentino 10%, viognier 30%.
Production totale annuelle : 350 000 bt.
Visite : De 8 h à 12 h et de 14 h à 17 h sur rendez vous.

DOMAINE BELLES EAUX

Château Belle-Eaux
34720 Caux
Tél. 04 67 09 30 96 - Fax. 04 67 90 85 45
contact@mas-belleseaux.fr
www.chateau-belleseaux.com

Cette vaste propriété est située au nord de Pèzenas. Entourée de sources qui sont à l'origine du nom, elle s'étend sur près de 100 hectares répartis autour d'une folie du XIXe siècle. Elle appartient à Axa Millésimes depuis 2003, qui consacre des efforts importants pour faire renaître cette marque. La gamme produite couvre des vins-de-pays et des coteaux-du-langue-doc. La cuvée sainte-hélène concentre le savoir-faire du domaine. Tous les vins sont réalisés dans un style dense et structuré, d'inspiration résolument moderne.

LANGUEDOC LES COTEAUX 2006
Rouge | 2009 à 2011 | 12 €   **14/20**
Issu d'un coteau graveleux, le vin affiche une robe foncée, avec un tanin simple et une fin de bouche fruitée et très mûre.

LANGUEDOC SAINTE-HÉLÈNE 2005
Rouge | 2009 à 2013 | 20 €   **15,5/20**
Le vin est réalisé à partir de syrah, de gre-nache et de carignan. La robe foncée annonce un rouge crémeux, concentré et puissant au tanin élégant. Longue en bouche, la finale est vanillée et crémeuse.

Production totale annuelle : 200 000 bt.
Visite : Ouvert le lundi et le vendredi hors saison.
En pleine saison du lundi au vendredi de 9 h à 12 h 30 et de 14 h à 18 h 30, le samedi de 10 h à 16h

DOMAINE BERTRAND-BERGÉ

38, avenue du Roussillon
11350 Paziols
Tél. 04 68 45 41 73 - Fax. 04 68 45 03 94
bertrand-berge@wanadoo.fr
bertrand-berge.com

La rigueur et le travail de Jérôme Ber-trand, sur les beaux terroirs de Paziols, ont fait du domaine Bertrand-Bergé le modèle à suivre pour toute l'appellation. Les entrées de gamme en rouge sont tarifées à un prix raisonnable, tout en étant très au-delà des standards qualitatifs de Fitou. L'onctueuse cuvée jean-sirven porte le nom de l'aïeul, qui œuvrait déjà vers une viticulture de qualité au début du siècle dernier. Cette cuvée s'impose aujourd'hui, par sa race et sa densité, dans le gotha des plus grandes cuvées du sud.

FITOU JEAN SIRVEN 2006
Rouge | 2009 à 2017 | 33 €   **18/20**
Grande onctuosité ; un exercice de style, cette année encore, qui gomme toute séche-resse du millésime. Le tanin est intense, incroyablement profond. La robe parfaite-ment noire. Aussi gourmand soit-il, le boire rapidement serait dommage.

FITOU MÉGALITHES 2007
Rouge | 2009 à 2012 | 10,20 €   **15/20**
Essentiellement marqué par le carignan. L'at-taque est portée par ce cépage avec une belle trame acide, la finale est classique du cépage. L'ensemble est très équilibré, remarquable.

FITOU ORIGINE 2007
Rouge | 2009 à 2012 | NC   **15,5/20**
Une certaine idée de la densité, un tanin velouté, très enrobé, archi-mûr, avec du fond et un étonnant crémeux.

RIVESALTES TUILÉ MA GA 2006
Rouge Doux | 2009 à 2017 | 18 €   **17,5/20**
Magnifique grenat, grande délicatesse cor-sée, puissance, racé en diable. Il est magni-fique d'intensité. La vibration d'un grand fruit sans excès de sucre.

Rouge : 29 hectares ; carignan noir 31%, grenache noir 27%, merlot 2%, mourvèdre 6%, syrah 23%. **Blanc :** 4 hectares ; maccabeu 3%, muscat à petits grains 7%.
Production totale annuelle : 100 000 bt.

BORIE DE MAUREL

Rue de la Sallèle
34210 Félines-Minervois
Tél. 04 68 91 68 58 - Fax. 04 68 91 63 92
contact@boriedemaurel.fr
www.boriedemaurel.fr

Michel Escande, esthète visionnaire, a été l'un des précurseurs du renouveau du Minervois. Son domaine est situé à Félines sur certaines des meilleures zones du cru. Les entrées de gamme recherchent un plaisir immédiat, aisément accessible. La cuvée sylla doit à la macération carbonique son style raffiné, lui aussi charmeur. Elle constitue l'un des sommets qualitatifs de la région. La-féline, issue du terroir de La Livinière est plus en puissance.

MINERVOIS BELLE DE NUIT 2007

Rouge | 2009 à 2010 | 16 €   **14,5/20**
Déjà mûr, l'expression au nez impressionne. Le milieu de bouche est moins présent mais la finale porte le vin sur des nuances de fraise, de framboise et d'épices.

MINERVOIS ESPRIT D'AUTOMNE 2007

Rouge | 2009 à 2010 | 6 €   **13/20**
Dans un style léger, l'aromatique est fin, avec une bouche qui s'estompe vite.

MINERVOIS LA BELLE AUDE 2007

Blanc | 2009 à 2011 | épuisé   **15/20**
La-belle-aude est un hymne à la marsanne, qui apporte ici son gras et son volume en bouche. Une touche de muscat complexifie l'aromatique de la finale.

MINERVOIS MAXIME 2003

Rouge | 2009 à 2012 | 16 €   **14,5/20**
Tout en puissance, racé, avec du fond. Il faudra fondre une fin de bouche tannique.

MINERVOIS SYLLA 2006

Rouge | 2009 à 2012 | 24 €   **16/20**
Le nez est sur le pamplemousse rose, la truffe, le menthol et le cassis. Tout en charme, 2006, dans un registre très exotique, montre une nouvelle facette de cette cuvée.

MINERVOIS-LA-LIVINIÈRE LA FÉLINE 2005

Rouge | 2011 à 2013 | 10 €   **14/20**
Le terroir imprime sa puissance complétée par la tannicité des 2005. La matière charnue de la cuvée devrait prendre le pas sur les tanins à condition de lui laisser un peu de temps. Une pointe de truffe se dégage !

Rouge : 32 hectares ; carignan 46%, grenache 17%, mourvedre 26%, syrah 33%. Blanc : 1 hectare ; marsanne 90%, muscat à petits grains 10%. Production totale annuelle : 140 000 bt. Visite : Tous les jours de 10 h à 12 h et de 15 h à 19 h (apéritifs occitans, le week-end de mai à fin septembre.)

BORIE LA VITARÈLE

Borie La Vitarèle
34490 Causses-et-Veyran
Tél. 04 67 89 50 43 - Fax. 04 67 89 70 79
jf.izarn@libertysurf.fr
www.borielavitarele.fr

Ce domaine possède ses vignes au milieu de zones boisées, et peut ainsi mener son expérience de biodynamie sans l'influence intempestive de voisins plus interventionnistes sur leurs vignes. Les-terres-blanches est une entrée de gamme rafraîchissante et nous avouons un faible pour le raffinement de la cuvée les-schistes. Jean-François Izarn affectionne tout particulièrement les-crès, où il intervient le moins possible. La vigne produit naturellement très peu et donne des vins concentrés qui vieillissent remarquablement. Elle conviendra à ceux qui recherchent des saint-chinians plus structurés où la minéralité s'exprime avec précision.

SAINT-CHINIAN LES SCHISTES 2007

Rouge | 2009 à 2013 | 11,90 €   **16,5/20**
Comme toujours dans cette cuvée de grenache et de syrah, le tanin est absolument raffiné, et le terroir de schistes de Saint-Chinian illumine ce vin extrêmement aromatique et puissant en goût. Un archétype du terroir !

SAINT-CHINIAN TERRES BLANCHES 2008

Rouge | 2009 à 2012 | 8,30 €   **15/20**
Millésime après millésime, une entrée de gamme en Saint-Chinian, très droite, avec une texture profonde et charnue. La fin de bouche minérale et épicée est rafraîchissante.

VIN DE PAYS DES COTEAUX DE MURVIEL LA COMBE 2007

Rouge | 2009 à 2011 | 9,30 €   **14,5/20**
À cheval entre les cépages bordelais et méditerranéens, cette cuvée offre un équilibre différent des languedocs habituels. Poivrons et épices en attaque, la finale est gourmande.

Rouge : 15 hectares ; cabernet sauvignon 15%, carignan noir 2%, grenache noir 33%, merlot 5%, mourvèdre 5%, syrah 40%. Production totale annuelle : 60 000 bt. Visite : Sur rendez-vous

CHÂTEAU LE BOUÏS

Route Bleue
11430 Gruissan
Tél. 04 68 75 25 25 - Fax. 04 68 75 25 26
chateau.le.bouis@wanadoo.fr
www.chateaulebouis.fr

Cette propriété de Gruissan a construit sa réputation sur les rouges, un modèle de style, avec des tanins absolument remarquables. Les cuvées k et arthur sont d'un raffinement que peu approchent en corbières. Même la cuvée de base, souvent maltraitée par trop de viticulteurs, est ici étonnante de complexité et de saveurs. Le domaine exploite des vignes fort bien situées, sur les contreforts du massif de la Clape et en bord de mer. Les embruns et le vent permanent qui souffle sur Gruissan ne sont probablement pas étrangers à la fraîcheur des rouges du domaine. Le domaine vient de changer de main, il est repris par Frédérique Olivié qui s'essayait aux grands vins en petits volumes dans son garage à quelques pas de là. Nous lui souhaitons bonne chance !

CORBIÈRES 2007
Rouge | 2009 à 2010 | 15 €　　　**16/20**
On attendait un grand 2007 dans cette cuvée de base, constituée de carignan et de grenache. Il est au rendez-vous avec de l'alcool, certes, mais aussi une finesse de tanin impressionnante et une pointe de salinité.

CORBIÈRES ARTHUR 2005
Rouge | 2009 à 2011 | NC　　　**17/20**
Cette cuvée aux tanins fins a fini par se fondre. Elle est issue de carignan et de grenache. La volupté est là, simple comme un corbières récolté avec un rendement particulièrement limité : 20 hectolitres par hectare !

CORBIÈRES K 2005
Rouge | 2009 à 2012 | NC　　　**18/20**
Le nez est bluffant de complexité, la matière aérienne est particulièrement racée. La finale de ce vin de syrah teintée de grenache, légèrement saline, est d'une délicatesse exceptionnelle. Un grand vin du Sud, récolté dans les Corbières aux portes de La Clape, dont il partage les expressions.

Rouge : 20 hectares ; alicante 6%, carignan noir 21%, grenache noir 23%, mourvèdre 12%, syrah 21%.
Blanc : 5 hectares ; grenache blanc 6%, roussane 7%, viognier 4%. **Production totale annuelle :** 30 000 bt. **Visite :** Du lundi au samedi de 9h à 12h et de 14h à 18h au 05 68 75 25 25.

MAS DES BROUSSES

2, chemin du Bois
34150 Puechabon
Tél. 04 67 57 33 75 - Fax. 04 67 57 33 75
geraldine.combes@wanadoo.fr
www.masdesbrousses.fr

Géraldine Combes et Xavier Peyraud (issu du Domaine Tempier, à Bandol) exploitent en Terrasses du Larzac une douzaine d'hectares. Leur premier millésime date de 1997, et le domaine produit aujourd'hui un vin-de-pays issu de merlot et de grenache, ainsi qu'un coteaux-du-languedoc de haute volée qui vieillit remarquablement. Il est réalisé à partir de syrah et des magnifiques mourvèdres issus du terroir des Brousses, qui est à l'origine de bien des grands vins du secteur d'Aniane. Les rouges sont entièrement égrappés, élevés en fûts de plusieurs vins pour ne pas les teinter inutilement et pour leur conserver un naturel confondant.

COTEAUX DU LANGUEDOC 2007
Rouge | 2009 à 2015 | 12,40 €　　　**17/20**
2007 avec son grand fruit et une qualité de mâche superbe réussit à combiner une texture aérienne et soyeuse avec une densité importante. La buvabilité, comme d'habitude, est au rendez-vous avec une pointe remarquable de lychee et de pamplemousse, étonnante dans un rouge mais typique du secteur des Brousses.

COTEAUX DU LANGUEDOC MATARO 2007
Rouge | 2009 à 2014 | 36 €　　　**16,5/20**
Mataro, le nom espagnol du mourvèdre, est le pilier presque unique de cette nouvelle cuvée. La finesse est étonnante et la matière impeccable s'achève sur une superbe longueur de bouche. L'écart qualitatif avec la cuvée qui porte le nom du domaine n'est toutefois pas flagrant, cette dernière étant parée de bien des vertus.

COTEAUX DU LANGUEDOC ROSÉE DES BROUSSES 2008
Rosé | 2009 à 2010 | 6,80 €　　　**15/20**
Étonnamment calé sur l'orange amère, avec une teinte soutenue, ce rosé long en bouche est fait pour la table.

LE CHASSEUR DES BROUSSES 2008
Rouge | 2009 à 2010 | 6,40 €　　　**15/20**
Grand fruit fin et frais, une gourmandise aux tanins aériens avec une pointe de végétal !

Rouge : 8,5 hectares ; carignan 7%, cinsault 10%, grenache 16%, merlot 16%, mourvedre 18%, syrah 21%. **Production totale annuelle :** 25 000 bt.
Visite : Du lundi au vendredi, sur rendez-vous.

MAS BRUGUIÈRE

La Plaine
34270 Valflaunès
Tél. 04 67 55 20 97 - Fax. 04 67 55 20 97
xavier.bruguiere@wanadoo.fr
www.mas-bruguiere.com

Ce domaine de Valflaunès est situé à l'ombre de l'impressionnant Pic Saint-Loup. Mas Bruguière a été l'un des pionniers du renouveau qualitatif en Languedoc. Xavier, la nouvelle génération des Bruguière, cherche à progresser en explorant la culture en biodynamie. L'Arbouse est une entrée de gamme structurée, complétée par La Grenadière qui est construite pour la garde. La-septième représente le haut de gamme de la propriété.

COTEAUX DU LANGUEDOC PIC SAINT-LOUP LA GRENADIÈRE 2006
Rouge | 2009 à 2012 | 15 €   **14,5/20**
Ce rouge montre un joli jus épicé, assez épuré, svelte dans un style bien mûr. L'astringence de la finale est gommée par le temps et l'aromatique devient charmeur, fruits noirs et épices douces.

COTEAUX DU LANGUEDOC PIC SAINT-LOUP LE SEPTIÈME 2005
Rouge | 2009 à 2010 | 32 €   **14,5/20**
La septième génération de vignerons a produit cette cuvée à partir d'une matière de qualité. La maturité maîtrisée a permis ce vin fin avec en finale une légère astringence due aux conditions climatiques de 2005.

Rouge : 17 hectares ; grenache noir 30%, mourvèdre 10%, syrah 40%. Blanc : 3 hectares ; marsanne 25%, roussane 75%.
Production totale annuelle : 100 000 bt.

CHÂTEAU DE CABEZAC

16-18, hameau de Cabezac
11120 Bize-Minervois
Tél. 04 68 46 23 05 - Fax. 04 68 46 21 93
info@chateaucabezac.com
www.chateaucabezac.com

Le domaine appartient à un industriel spécialisé dans la gomme arabique, un intrant fréquemment employé en viticulture et dans l'industrie alimentaire. Il est situé sur les terrasses quaternaires cailouteuses du plateau de Belvèze, dans la zone des Serres, dont le climat est méditerranéen. Une autre implantation plus en altitude, sur des parcelles prometteuses de Cazelles, rentre progressivement en production. Carinu est une expression étonnamment friande du carignan. Les cuvées haut de gamme, arthur et belvèze, montrent le savoir-faire du vinificateur. Elles ne nous ont pas été présentées cette année. Les entrées de gamme, la-garrigue et le-petit-arthur, nous ont semblé peu convaincantes cette année.

MINERVOIS ALICE 2007
Blanc | 2009 à 2009 | 5,80 €   **13/20**
Blanc aromatique réalisé à partir de grenache, muscat et bourboulenc. Plus gras que vif en bouche, il se termine sur une pointe muscatée.

MINERVOIS LES CAPITELLES 2007
Blanc | 2009 à 2010 | 8,90 €   **14/20**
Blanc gras, aromatique, au nez de citron confit. La bouche est puissante et la finale est longue, sur des arômes d'hydromel.

VIN DE PAYS DU VAL DE CESSE CARINU 2006
Rouge | 2009 à 2010 | 12 €   **14,5/20**
Axé sur la buvabilité tout en étant structuré, avec un fruité charmeur et une finale fraîche sans aucune déviance aromatique, cette nouvelle version de carinu convaincra les plus sceptiques sur les capacités de ce cépage parfois décrié.

Rouge : 55 hectares ; cabernet sauvignon 6%, carignan 27%, grenache noir 14%, mourvedre 12%, syrah 25%. Blanc : 7 hectares ; grenache blanc 4%, macabeu 3%, muscat 3%, roussanne 6%.
Production totale annuelle : 180 000 bt.
Visite : Du lundi au vendredi, de 8 h à 12 h et de 14 h à 17 h et le samedi sur rendez-vous.

MAS CAL DEMOURA

3A, Route de Saint-André
34725 Jonquières
Tél. 04 67 44 70 82 - Fax. 04 67 88 59 35
info@caldemoura.com
www.caldemoura.com

Vincent Goumard a abandonné son métier dans le conseil financier pour reprendre cette propriété, installée à Jonquières, en Terrasses du Larzac, qui appartenait au père d'Olivier Jullien. La succession s'annonçait délicate, mais ce domaine produit aujourd'hui des vins typiques du secteur avec une trame structurée et puissante. Lescombariolles est une cuvée dense de belle plénitude, et l'infidèle offre un vin volumineux dans le grand style méditerranéen.

COTEAUX DU LANGUEDOC FEU SACRÉ 2006
Rouge | 2009 à 2013 | 35 € **16,5/20**
Nez charmeur avec une finale magnifique de griottes à l'eau-de-vie. Un vin très chaleureux, aux tanins de grande allure.

COTEAUX DU LANGUEDOC L'INFIDÈLE 2006
Rouge | 2009 à 2015 | 13 € **15/20**
Un vin aux tanins fins mais puissants, incarnation des cuvées de Jonquières. C'est un charmeur porté par la structure tannique de 2006 et par une pointe d'alcool.

COTEAUX DU LANGUEDOC LES COMBARIOLLES 2006
Rouge | 2010 à 2014 | 20 € **16/20**
Arômes élégants de fumé, de fruits mûrs apportés par la syrah. C'est un vin complexe, long, magnifique dans sa structure avec la puissance tannique de 2006 présente en finale.

VIN DE PAYS DE L' HÉRAULT L'ÉTINCELLE 2008 ☺
Blanc | 2009 à 2013 | 14,50 € **15/20**
Très aromatique, le chenin donne de la fraîcheur à cet assemblage, et la finale tire vers les arômes muscatés. Il démontre la possibilité de réaliser un vin frais en terre sudiste !

VIN DE PAYS DE L' HÉRAULT L'ÉTINCELLE 2007
Blanc | 2009 à 2012 | 14,50 € **14,5/20**
2007 est très mûr, aromatique. Il montre une pointe de sucrosité en finale qui le rend moins élancé que le 2008.

Rouge : 9,2 hectares ; carignan noir 15%, cinsault 10%, grenache noir 25%, mourvèdre 20%, syrah 30%. Blanc : 1,8 hectare ; chenin blanc 40%, grenache blanc 15%. muscat à petits grains 15%, roussane 15%, viognier 15%. Production totale annuelle : 40 000 bt. Visite : Sur rendez-vous de 10 h 30 à 12 h et de 14 h 30 à 18 h 30.

CAVE DE CAMPLONG

23, avenue de la Promenade
11200 Camplong-d'Aude
Tél. 04 68 43 60 86 - Fax. 04 68 43 69 21
vignerons-camplong@wanadoo.fr
www.camplong.com

Situé sur le terroir de Lagrasse et au pied de la montagne d'Alaric, le dernier roi Wisigoth, cette cave coopérative a su se remettre en question et importer le savoir-faire de deux négociants associés, le Rhodanien Tardieu et le Bourguignon Laurent, pour penser la cuvée C. Les entrées de gamme, peyres-nobles et fontbories, moins extraites que les hauts de gamme, ne déméritent pas et emportent la palme du rapport qualité-prix.

CORBIÈRES FONTBORIES 2007 ☺
Rouge | 2009 à 2011 | 6,50 € **15/20**
Au pied de la montagne d'Alaric, ce vin est récolté sur un terroir fort peu arrosé. 2007 a donné ici un vin tout en finesse sans tanin accrocheur, charnu et gourmand, intensément fruité.

CORBIÈRES LA CUVÉE DES VIGNERONS 2006
Rouge | 2009 à 2010 | 10 € **13,5/20**
Le vin est encore marqué par l'élevage mais le fruit est rond, charnu et gourmand avec une pointe d'alcool.

CORBIÈRES LE C DE CAMPLONG 2006
Rouge | 2009 à 2011 | 17,50 € **15,5/20**
En puissance, le C est assez extrait, et derrière une matière de qualité montre des tanins un peu secs mais de charme.

CORBIÈRES PEYRES NOBLES 2008 ☺
Rouge | 2009 à 2011 | 4,50 € **14/20**
Une belle matière, du fruit, de la gourmandise, toujours un excellent rapport qualité-prix !

CORBIÈRES PEYRES NOBLES 2008
Rosé | 2009 à 2010 | 4,50 € **13/20**
Rosé soutenu, gourmand, sur la framboise et la groseille, taillé pour la table. Il épatera des sushis et plus généralement toute la cuisine asiatique dont il tempérera la chaleur des épices.

Rouge : 290,68 hectares ; cabernet , carignan 38%, cinsault 6%, grenache 25%, mourvedre 7%, syrah 22%. Blanc : 4,5 hectares. Production totale annuelle : 1 000 000 bt. Visite : Du lundi au vendredi, de 8 h à 12 h et de 14 h à 18 h (l'été jusqu'à 19 h) et le samedi, de 9 h 30 à 12 h 30 et de 14 h à 18 h (l'été de 15 h à 19 h).

CANET-VALETTE

Route de Causses-et-Veyran
34460 Cessenon-sur-Orb
Tél. 04 67 89 51 83 - Fax. 04 67 89 37 50
contact@canetvalette.com
www.canetvalette.com

Marc Valette construit des vins à son image. Ils sont de carrure large et expriment tous une puissance évidente. Il travaille en agriculture biologique et se limite à de très petits rendements. Nous n'avons pas sélectionné le 2006 de la cuvée une-et-mille-nuits qui possède un caractère sec. Ivresses est profond et structuré, à l'image de la grande cuvée maghani, qui vieillit remarquablement en affirmant son raffinement au fil du temps.

SAINT-CHINIAN IVRESSES 2006
Rouge | 2010 à 2012 | 14,90 €   **14/20**
Issue d'une forte dominante de grenaches très mûrs, cette cuvée fruitée mais tout en puissance, profonde, montre des notes animales.

SAINT-CHINIAN LE VIN MAGHANI 2005
Rouge | 2011 à 2013 | 22 €   **15/20**
Grande matière, tanin légèrement sec, un vin marqué par son millésime.

SAINT-CHINIAN LE VIN MAGHANI 2004
Rouge | 2009 à 2012 | 22 €   **15/20**
Puissant en saveurs, garrigue, feuille de tabac, empyreumatique et profond, ce vin de grande longueur montre des tanins marqués.

SAINT-CHINIAN LE VIN MAGHANI 1999
Rouge | 2009 à 2014 | 22 €   **17/20**
Un grand vin de charme, particulièrement net, avec des notes de fruits à l'alcool. La pointe de sécheresse est merveilleusement enveloppée dans une matière voluptueuse.

Rouge : 18 hectares ; carignan noir 15%, cinsault 10%, grenache noir 25%, mourvèdre 25%, syrah 25%. **Production totale annuelle** : 75 000 bt. **Visite** : Sur rendez-vous.

CLOS CANOS

Rue de Canos
11200 Luc-sur-Orbieu
Tél. 04 68 27 00 06 - Fax. 04 68 27 61 08
chateau-canos@wanadoo.fr

Dans une région plus naturellement tournée vers les rouges, le rosé fait partie des valeurs sûres de la maison, et nous n'avons pas trouvé plus délicat en Corbières. En rouge, les-coucoubirous est la traduction occitane de galets roulés. Une cuvée impossible à exporter à cause d'un nom imprononçable par un palais anglais ? Que nenni, vous répondra le malicieux Pierre Galnier : mémorisez qu'il s'agit de la cuvée Rolling Stones ! Marquée par le bourgeon de cassis qui provient des macérations pré-fermentaires à froid, elle s'avère raffinée et délicate.

CORBIÈRES 2008   😊
Rosé | 2009 à 2010 | 5,50 €   **16/20**
Rosé intense en saveurs, parfait pour l'apéritif grâce à sa délicatesse : une bouteille risque de s'avérer bien juste. À table, il sera au mieux avec la cuisine de l'Asie. Sa fraîcheur en amortira la puissance des épices. Le meilleur rosé des Corbières ?

CORBIÈRES LES COUCOUBIROUS 2005
Rouge | 2009 à 2011 | 15 €   **14/20**
Cette cuvée est marquée par son millésime qui n'a pas connu beaucoup d'eau. Les tanins sont fins néanmoins et la finale est épicée, sur les cuirs.

CORBIÈRES LES ÉOLIENNES 2007
Rouge | 2009 à 2011 | 5 €   **13,5/20**
Cette cuvée est un assemblage de syrah et de carignan. Fruits noirs et épices aromatisent une cuvée aux tanins fins, légèrement végétaux, qui se termine par une pointe de menthol.

Rouge : 24 hectares ; cabernet 3%, carignan 30%, grenache 21%, merlot 15%, mourvedre 3%, syrah 20%. **Blanc** : 3 hectares ; chardonnay 4%, sauvignon 4%. **Production totale annuelle** : 100 000 bt. **Visite** : Du lundi au samedi, de 9h à 19h.

DOMAINE CAUSSE D'ARBORAS

477, rue Georges-Cuvier
Le Mas de Cazes
34090 Montpellier
Tél. 06 11 51 08 41 - Fax. 04 67 04 11 40
causse-arboras@wanadoo.fr
www.causse-arboras.com

Jean-Louis Sagne complète ses activités médicales montpelliéraines par l'exploitation de ce vignoble qu'il a acquis en 2003. Il s'est associé à un technicien de la chambre d'agriculture pour vinifier des terroirs d'altitude des Terrasses du Larzac, au-dessus de Saint-Saturnin. 2003, le premier millésime réalisé, a souffert de la canicule, mais la progression est impressionnante depuis 2004, avec un retour à la fraîcheur permis par la situation des vignes. Le domaine réalise deux cuvées, les-cazes et 3J, qui expriment haut et fort un terroir de qualité. Compte tenu du soin apporté aux cazes, cette entrée de gamme ne se positionne pas à un niveau de qualité moindre que la cuvée 3J. 2007 s'annonce ici savoureux.

COTEAUX DU LANGUEDOC 2005
Rosé | 2009 à 2013 | NC   **16/20**
Cette cuvée élevée sous bois montre la finesse de tanins possible dans cette zone, même en année chaude.

COTEAUX DU LANGUEDOC LES CAZES 2007 ☺
Rouge | 2009 à 2012 | 8,80 €   **16/20**
Éclatant de fruit, cazes 2007 est réalisé à partir de grenache complété de cinsault, de syrah et d'une pointe de mourvèdre.

Rouge : 13 hectares ; cinsault 5%, grenache noir 50%, mourvèdre 15%, syrah 30%. Production totale annuelle : 30 000 bt.

DOMAINE DE CAZABAN

Chemin des Eclauzes
11600 Villegailhenc
Tél. 04 68 72 11 63 - Fax. 04 68 72 11 63
clement.mengus@orange.fr
www.domainedecazaban.com

Clément Mengus, jeune alsacien formé à Beaune, a rejoint Cabardès après avoir fait ses armes chez plusieurs viticulteurs phares, en Alsace puis chez Charlopin à Gevrey. Il a repris 6 hectares majoritairement en syrah, qu'il complète par de nouvelles plantations de cépages atlantiques. Il a récolté certaines parcelles en six fois et son premier millésime frappe fort avec une gamme de vins très purs qui feront date en Cabardès. Le domaine complète son activité par la location de gîtes de charme en plein milieu des vignes.

CABARDÈS DEMOISELLE CLAIRE 2007
Rouge | 2009 à 2012 | 8,40 €   **15/20**
Grand nez de fruits noirs et d'épices, le poivre emmène la finale avec gourmandise.

CABARDÈS DOMAINE DE CAZABAN 2007
Rouge | 2010 à 2013 | 15 €   **16/20**
Assemblage à dominante de merlot complété de syrah, élevé en barriques. Le vin est intense, dense, tendu et profond en saveurs, frais en finale.

VIN DE PAYS DES CÔTES DE LASTOURS
HORS SÉRIE N°1 2008
Rosé | 2009 à 2010 | 5,90 €   **13,5/20**
Ce rosé est orienté vers les cépages méditerranéens. Il se déploie vers la réglisse et les fruits rouges.

VIN DE PAYS DES CÔTES DE LASTOURS
JOURS DE VIGNE 2007   ☺
Rouge | 2009 à 2010 | 6,90 €   **14/20**
Gourmand, sur le fruit et les épices, notamment le poivre, l'ensemble est très frais.

VIN DE PAYS DES CÔTES DE LASTOURS
LES PETITES RANGÉES 2007   ☺
Rouge | 2009 à 2011 | 9,40 €   **15,5/20**
À dominante de syrah, cette cuvée apporte une rondeur supplémentaire, avec une remarquable fraîcheur en finale.

Rouge : 4 hectares.
Production totale annuelle : 20 000 bt.
Visite : Sur rendez vous

DOMAINE LE CAZAL

Route de Saint-Pons-de-Thomières
34210 La Caunette
Tél. 04 68 91 62 53 - Fax. 04 68 91 62 53
info@lecazal.com
www.lecazal.com

Le Cazal est situé sur la Caunette, dans l'un des points les plus élevés du Minervois, en zone calcaire. Claude et Martine Derroja utilisent largement la macération carbonique pour vinifier leurs cuvées, réalisées avec des rendements faibles. Elle donne ici des vins faciles à boire, sur l'aromatique, dans un style particulièrement charmeur depuis l'entrée de gamme jusqu'a pas-de-zarat et à délice-du-vent, encore plus profonds.

MINERVOIS DÉLICE DU VENT 2005

Rouge | 2010 à 2011 | 20,00 €   **16/20**
Assemblage de vieilles vignes par tiers de grenache, de syrah et de carignan, le nez, moins flatteur que celui du Pas de Zarat, est plus précis et plus profond. L'ensemble est intense en arômes et la finale gagne encore en gourmandise.

MINERVOIS LE PAS DE ZARAT 2006

Rouge | 2010 à 2012 | 12,00 €   **15/20**
Réalisée par macération carbonique, la cuvée le-pas-de-zarat fait référence à un éperon rocheux sur la propriété. Elle assemble la syrah, le grenache et le carignan. C'est un représentant des minervois d'altitude parfaits à boire en vins jeunes car ils développent rapidement des notes nobles de truffe, de cèdre, et d'épices douces qui ne sont pas sans rappeler celles des vieux pomerols. Les tanins de ce 2006 vont se fondre assez rapidement

MINERVOIS TRADITION 2006   ⓤ

Rouge | 2009 à 2010 | 6,50 €   **14,5/20**
Charmeur, certes commercial, fruité et épicé, ce rouge gourmand s'étire sur une finale cuir, épices qui lorgne vers la truffe.

Rouge : 18 hectares ; carignan noir 33%, grenache noir 35%, syrah 32%.
Production totale annuelle : 90 000 bt.
Visite : Tous les jours de 9 h à 19 h sur rendez-vous.

CHÂTEAU DE CAZENEUVE

Cazeneuve
34270 Lauret
Tél. 04 67 59 07 49 - Fax. 04 67 59 06 91
andre.leenhardt@wanadoo.fr
www.cazeneuve.net

André Leenhardt exploite 25 hectares dans la zone du Pic Saint-Loup. Il y produit un très bon blanc de gastronomie, à dominante de roussanne, qui sait fort bien vieillir. En rouge, la cuvée les-calcaires est issue de syrah, avec un apport de grenache et de cinsault. Le-roc-des-mates reprend le même encépagement, en remplaçant le cinsault par les tanins raffinés du mourvèdre. Ces deux cuvées sont très réussies et constituent de belles affaires. André réalise également le-sang-du-calvaire, qui est une cuvée intégralement dédiée à ce mourvèdre qu'il affectionne. La puissance brutale en vin jeune des rouges mériterait un peu de retenue, mais elle s'affine progressivement et donne, après quelques années, des vins racés.

COTEAUX DU LANGUEDOC 2007

Blanc | 2009 à 2010 | 15 €   **13,5/20**
Miel, fleurs blanches, épices, c'est un blanc puissant, long.

COTEAUX DU LANGUEDOC PIC SAINT-LOUP LE ROC DES MATES 2006

Rouge | 2011 à 2015 | 19 €   **15/20**
Le roc-des-mates est tout en puissance sur ce millésime, dense, très profond. Quelques années de garde lui seront nécessaires pour déployer son potentiel.

COTEAUX DU LANGUEDOC PIC SAINT-LOUP LE SANG DU CALVAIRE 2006

Rouge | 2009 à 2013 | 34 €   **15/20**
Tout en puissance, bien élevé, la matière est dense, profonde, très mûre.

COTEAUX DU LANGUEDOC PIC SAINT-LOUP LES CALCAIRES 2007

Rouge | 2010 à 2015 | 13 €   **15/20**
La matière est remarquable, serrée mais dense, avec un tanin fin. Il faudrait carafer préalablement la bouteille pour lui permettre de déployer son potentiel tel qu'en 2006.

Rouge : 26 hectares. Blanc : 6 hectares.
Production totale annuelle : 80 000 bt.
Visite : Sur rendez-vous en semaine.
Le samedi de 9h à 12h et de 14h à 18h

DOMAINE DE CÉBÈNE

La Papeterie, ancienne route de Béziers
34600 Bédarieux
Tél. 0674964267
bchevalier@wanadoo.fr
www.chevaliervins.fr

Brigitte Chevalier travaillait pour Jean-Luc Thunevin. Elle a monté son domaine sur Faugères, qui compte aujourd'hui 4 hectares complétés par une zone de sédiments marins en vin de pays d'Oc. Le nom du domaine vient de Cébèna, fille des titans sensible à la beauté du monde, qui aurait donné la forme de son corps à la montagne qui culmine au-dessus de Faugères. Les rendements au domaine sont limités à moins de 20 hl/ha. 2008 est le premier millésime de Faugères réalisé avec une forte proportion de mourvèdres exposés au sud. Les syrahs et les grenaches sont orientés au nord pour capter la fraîcheur. L'élevage des grenaches est réalisé en cuves, les autres cépages sont élevés dans des barriques de cinq cents litres. Bravo pour ce premier millésime, nous sommes ravis de voir Faugères attirer de nouveaux talents !

FAUGÈRES FELGARIA 2008
Rouge | 2009 à 2012 | 20,00 €   **15,5/20**
Vin épicé, poivré, issu de mourvèdre, de syrah et de grenache. Il est marqué par les schistes de Faugères et leur fruit rouge croquant.

FAUGÈRES LES BANCÈLS 2008
Rouge | 2009 à 2013 | 13,00 €   **15,5/20**
Jolie cuvée de rouge aux tanins fins et frais, facilement buvable. Un vin de grand plaisir !

Production totale annuelle : 15 000 bt.

CHÂTEAU CESSERAS

34210 Cesseras
Tél. 04 68 91 15 70 - Fax. 04 68 91 15 78
pierreandre.coudoulet@wanadoo.fr

Pierre-André Ournac exploite, avec son neveu Guillaume, le Domaine Coudoulet, vaste propriété en vin de pays d'Oc et, depuis plus récemment, le Château Cesseras, en Minervois. Toute la gamme de vins de pays est remarquable de densité et de qualité de fruit, à des prix très accessibles. En appellation, les vins sont construits sur la finesse et la suavité des tanins, dans la recherche d'un réel plaisir qui ne cède en rien à la facilité. Le minervois-la-livinière tutoie les sommets de l'appellation, dans une cuvée qui n'a rien de confidentiel puisqu'elle va atteindre trente mille bouteilles.

MINERVOIS-LA-LIVINIÈRE 2007
Rouge | 2009 à 2012 | 12 €   **16,5/20**
Grand fruits et très beaux tanins, c'est ici un archétype d'un beau la-livinière, remarquablement élevé.

MINERVOIS-LA-LIVINIÈRE 2006
Rouge | 2009 à 2010 | 12 €   **16/20**
Grand La Livinière d'une finesse remarquable, grande finale avec une excellente maîtrise de la charge tannique de 2006.

VIN DE PAYS D' OC DOMAINE COUDOULET, MUSCAT SEC 2007
Blanc | 2009 à 2010 | épuisé   **14,5/20**
Très aromatique muscat, sec, délicat et fin. Cette friandise est à boire dès maintenant sur son nez de fleurs, d'abricot et d'agrumes.

VIN DE PAYS D' OC DOMAINE COUDOULET, PETIT VERDOT 2007
Rouge | 2009 à 2011 | épuisé   **14/20**
Corsée et viandée, c'est une assez bonne version de ce que peut donner ce cépage en terre du sud lorsqu'il est bien mûr. La matière est prometteuse.

VIN DE PAYS D' OC DOMAINE COUDOULET, SYRAH 2006
Rouge | 2009 à 2010 | épuisé   **13,5/20**
Agréable syrah, épicée et fruitée, récoltée avec une maturité juste qui a permis de garder de la fraîcheur.

Rouge : 53 hectares ; carignan 10%, grenache noir 10%, mourvèdre 10%, syrah 10%.
Blanc : 12 hectares Production totale annuelle : 200 000 bt. Visite : Sur rendez-vous.

CHÂTEAU CHAMP-DES-SŒURS

19, avenue des Corbières
11510 Fitou
Tél. 04 68 45 66 74 - Fax. 04 68 45 66 74
chateauchampdessoeurs@orange.fr
www.champdessoeurs.fr

Dans la course à la qualité lancée à Fitou par le Domaine Bertrand-Bergé, l'outsider à surveiller est assurément le Château Champ-des-Sœurs. Le sérieux, la remise en question permanente et le désir d'aller de l'avant devraient amener Laurent Meynadier à progresser encore. Le domaine, installé sur Fitou, dans la zone maritime de l'appellation, produit des entrées de gamme réussies et une cuvée bel-amant qui est en fait le patronyme de sa belle-famille. Les linguistes occitans verront dans la cuvée la-tina la traduction du mot cuvée. Les amateurs de grand vin y décèleront un très joli modèle de fitou.

FITOU 2007
Rouge | 2009 à 2012 | 6 €   **14/20**
Sur les fruits à noyaux, un joli rouge tannique avec une finale corsée.

FITOU BEL AMANT 2007
Rouge | 2009 à 2013 | 8,50 €   **15/20**
Porté par une acidité marquée, le vin est très mûr, sur les fruits à noyaux et les épices.

FITOU LA TINA 2007
Rouge | 2009 à 2013 | 12 €   **15,5/20**
Aromatique, long, avec des notes de fruits à l'eau-de-vie. Une pointe d'alcool précède une trame tannique longue et raffinée.

Rouge : 9 hectares ; carignan noir 35%, grenache noir 40%, mourvedre 15%, syrah 10%.
Blanc : 4 hectares ; grenache blanc 35%, muscat 35%, roussanne 30%.
Production totale annuelle : 35 000 bt.
Visite : Ouvert du lundi au samedi et le week-end en saison. Sur rendez-vous en hiver.

MAS CHAMPART

Bramefan
Route de Villespassans
34360 Saint-Chinian
Tél. 04 67 38 20 09 - Fax. 04 67 38 20 09
mas-champart@wanadoo.fr

Isabelle et Mathieu Champart ont créé leur domaine de toutes pièces en 1976. Cette parisienne et ce champenois ont sorti de la coopération leurs beaux terroirs au sud de Saint-Chinian. Le domaine offre une version épurée de l'appellation, avec des vins tendus et très précis, peu démonstratifs en vins jeunes, contrairement aux terroirs de schistes.

SAINT-CHINIAN 2008
Rosé | 2009 à 2010 | 5,70 €   **15/20**
De teinte moyenne, voici un rosé long, fin et plein. Sur la retenue lors de notre dégustation, son charme et sa puissance contenue présagent un avenir glorieux.

SAINT-CHINIAN 2007
Blanc | 2011 à 2016 | 10,50 €   **15/20**
Un nez poiré, la matière n'est pas en place mais cette cuvée très fraîche devrait être prometteuse sur le moyen terme.

SAINT-CHINIAN CAUSSE DU BOUSQUET 2006
Rouge | 2009 à 2013 | 10,75 €   **16/20**
La profondeur et le côté terrien, très minéral des beaux terroirs argilo-calcaires de Saint-Chinian, s'expriment ici à plein. La fin de bouche est remarquable de précision, avec la fraîcheur attendue.

SAINT-CHINIAN CLOS DE LA SIMONETTE 2006
Rouge | 2009 à 2015 | 16,75 €   **16,5/20**
Racé et profond, ce vin serré pour l'instant demandera du temps pour s'épanouir. Il sera grand.

SAINT-CHINIAN CÔTE D'ARBO 2007
Rouge | 2009 à 2011 | 7,15 €   **14,5/20**
Le nez floral n'est pas en place, puis la bouche suit avec la minéralité et la profondeur du terroir, dans un style frais.

VIN DE PAYS D'OC 2007
Rouge | 2009 à 2011 | 6,50 €   **14,5/20**
Floral, violette, un peu végétal, ce vin-de-pays-d'oc est d'une grande longueur en bouche. À boire vite, il ne décevra pas.

Rouge : 15 hectares ; cabernet franc 5%, carignan noir 10%, cinsault 6%, grenache noir 20%, mourvèdre 14%, syrah 45%. Blanc : 1,20 hectare ; bourboulenc 20%, grenache blanc 40%, marsanne 20%, roussanne 20%. Production totale annuelle : 40 000 bt. Visite : Sur rendez-vous.

MAS DES CHIMÈRES

34800 Octon
Tél. 04 67 96 22 70 - Fax. 04 67 88 07 00
mas.des.chimeres@wanadoo.fr

L'amateur qui viendra dans le secteur d'Octon verra un paysage dantesque, qui alterne des terres rouges incroyablement arides, le noir des sols basaltiques et une masse d'eau inattendue qui est contenue par le lac artificiel du Salagou. Il trouvera également quelques vignes dont les feuilles parviennent malgré tout à verdir dans cet endroit peu hospitalier en apparence. Le Mas des Chimères produit des vins-de-pays-du-salagou, des coteaux-du-languedoc génériques et des terrasses-du-larzac. Ghilhem Dardé, paysan vigneron, ainsi qu'il aime le rappeler sur ses étiquettes, a conservé la moustache généreuse languedocienne du paysan mais a fait beaucoup progresser son domaine.

COTEAUX DU LANGUEDOC 2007
Rouge | 2009 à 2011 | 9,90 €   **14/20**
Le millésime a donné ici un vin fruité, aux tanins présents en finale avec de la fraîcheur. Un cassoulet lui conviendra à merveille.

COTEAUX DU LANGUEDOC
TERRASSES DU LARZAC 2007
Rouge | 2009 à 2012 | NC   **14,5/20**
Un vin sincère, calé dans ce paysage difficile mais magnifique. Il est entier, très mûr, à boire sur une gardiane.

Rouge : 18 hectares ; 31%, 21%, cabernet sauvignon 14%, cinsault 10%, merlot 7%, mourvèdre 7%, syrah 11%.
Blanc : 5 hectares ; 20%, chasan 16%, chasselas 32%, terret bourret 32%. Production totale annuelle : 50 000 bt. Visite : Sur rendez-vous en fin de journée.

LE CLOS DU SERRES

Rue de la Fontaine
34700 Saint-Jean-de-la-Blaquière
Tél. 04 67 88 21 96 - Fax. 04 86 17 23 86
leclosduserres@aliceadsl.fr
www.leclosduserres.fr

Ce jeune couple s'est installé en 2006 à Saint-Jean-de-la-Blaquière sur les contreforts du Larzac à près de 300 mètres d'altitude. Le style est friand, charmeur. La gamme est large et démarre par un carignan que peu sont capables d'amener à ce niveau de charme : juvénile en bouche, il n'a que 85 ans. La-blaca, sur une dominante de syrah, montre un charme étonnant. Avec plus de profondeur mais aussi avec plus d'intensité, les-maros rappellent la grande qualité des grenaches. Un domaine à suivre.

COTEAUX DU LANGUEDOC LA BLACA 2007 ☺
Rouge | 2009 à 2013 | 11 €   **15,5/20**
Très belle cuvée, au nez velouté. Le poivre, les épices, les fruits noirs et le cuir se sont invités ici. Elle plaira beaucoup !

COTEAUX DU LANGUEDOC LE CLOS 2007
Rouge | 2009 à 2011 | épuisé   **14,5/20**
Joli vin aux tanins fins, marqué par 40% de cinsault et par 40% de syrah, qui ne prend pas le dessus sur le plan aromatique. Il est facile à boire, chaleureux.

COTEAUX DU LANGUEDOC LES MAROS 2007
Rouge | 2009 à 2013 | 11 €   **16/20**
Le vin est salin, profond, très net avec beaucoup d'ampleur. Ostentatoire, on le remarquera et il plaira beaucoup.

VIN DE PAYS DE L' HÉRAULT
PREMIÈRE AUDACE 2008 ☺
Rouge | 2009 à 2011 | 20 €   **15/20**
Étonnant vin sur un fruit éclatant, dans le profil du millésime 2007. Exclusivement réalisé à partir de carignan, le tanin est aérien et la gourmandise domine.

Rouge : 12 hectares.
Production totale annuelle : 30 000 bt.
Visite : Sur rendez-vous.

MAS CONSCIENCE

Mas Conscience
Route de Montpeyroux
34150 Saint-Jean-de-Fosse
Tél. 04 67 57 77 42 - Fax. 04 67 57 77 42
mas.conscience@wanadoo.fr

Geneviève et Laurent Vidal ont revendu le Mas d'Auzières, dans la zone du Pic Saint-Loup, pour revenir vers leurs origines en Terrasses du Larzac. Leur Mas Conscience tire son nom de l'une des poteries de Saint-Jean-de-Fos, village dont cette industrie avait autrefois construit la réputation. Le premier millésime de cette réimplantation a été 2003. Les vignes sont cultivées ici en biodynamie. L'as est un coteaux-du-languedoc qui assemble syrah, grenache et carignan, élevés en cuves tronconiques. Le-cas est étiqueté en vin de pays car il n'est réalisé qu'à partir du seul carignan, vinifié en cuves inox. La grande qualité des productions fait de ce jeune domaine une propriété à suivre de près. Le domaine est associé dans l'Esprit de la Fontaine, une cuvée «people» issue de vieilles vignes des bons secteurs. Elle est bien réussie avec un très joli 2007.

COTEAUX DU LANGUEDOC L'AS 2007
Rouge | 2009 à 2013 | 16 €   **16,5/20**
Encore une remarquable qualité de tanins dans ce terrasses-du-larzac. La finesse du terroir s'exprime.

COTEAUX DU LANGUEDOC
L'ESPRIT DE LA FONTAINE 2007
Rouge | 2009 à 2012 | 50 €   **16,5/20**
Cette cuvée ressemble beaucoup à l'as, les terroirs ont des points communs et les tanins sont de même qualité avec un peu plus de longueur dans l'as. Les Vidal sont associés à d'autres vignerons, à Gérard Depardieu et à un restaurateur parisien.

COTEAUX DU LANGUEDOC
L'ESPRIT DE LA FONTAINE 2006
Rouge | 2009 à 2013 | 50 €   **15,5/20**
Le vin n'a pas la précision ni la fraîcheur de 2007 mais montre une grande finesse de tanins et une buvabilité remarquable.

Rouge : 10,4 hectares ; carignan noir 20%, grenache noir 35%, mourvèdre 10%, syrah 35%. **Blanc :** 1,6 hectare ; grenache blanc 50%, rolle 25%, roussane 22%, viognier 3%.
Production totale annuelle : 40 000 bt.

DOMAINE LE CONTE DES FLORIS

10, rue Alfred-Sabatier
34120 Pézenas
Tél. 06 16 33 35 73 - Fax. 04 67 62 42 66
domaine.floris@gmail.com
www.domainelecontedesfloris.com

Daniel Le Conte des Floris s'est implanté sur le terroir de Pézenas. Les blancs, remarquables de profondeur, démontrent l'intérêt de la roussanne dans ces contrées chaudes, complétée par la variété blanche du carignan qui apporte l'acidité. La gamme de rouges se décline en trois cuvées qui portent le nom de leur sous-sol : carbonifère, basaltique et villafranchien.

COTEAUX DU LANGUEDOC ARÈS 2007
Blanc | 2009 à 2013 | 13 €   **14,5/20**
Aromatique et profondément gourmand, arès, obtenue à partir de carignan blanc et de marsanne n'a pas l'intensité de 2006. C'est un produit original.

COTEAUX DU LANGUEDOC BASALTIQUE 2006   ☺
Rouge | 2009 à 2013 | 9 €   **16/20**
Gourmand, un coteaux-du-languedoc sur les fruits très mûrs et les épices, sans aucune accroche tannique perturbante. Le volume de ce vin marqué par son terroir est étonnamment aérien et de grande fraîcheur.

COTEAUX DU LANGUEDOC HOMO HABILIS 2005
Rouge | 2011 à 2015 | 22 €   **15,5/20**
La matière est magnifique, avec pour l'instant un élevage marqué sur la noix de coco. Raffiné, ce boisé se fondra mais imposera un peu de patience.

COTEAUX DU LANGUEDOC LUNE BLANCHE 2006
Blanc | 2009 à 2014 | 18 €   **15,5/20**
Construite autour du rare carignan blanc, lune-blanche est une cuvée grasse, élégante et racée, gourmande.

COTEAUX DU LANGUEDOC LUNE ROUSSE 2007
Blanc | 2009 à 2012 | 22 €   **15/20**
Associé à la roussanne, le carignan blanc structure cette cuvée, fraîche et longue, plus en puissance qu'en dynamique.

Rouge : 4,1 hectares. **Blanc :** 3 hectares.
Production totale annuelle : 22 000 bt.
Visite : Sur rendez-vous.

DOMAINE DE COURTAL NEUF

Route de Saint-Pierre La Mer
11560 Fleury d'Aude
Tél. 04 68 90 27 29 - Fax. 04 68 90 27 28
courtal@hotmail.fr

Quel plaisir de voir un domaine se lancer avec un blanc de grand équilibre et un rouge magnifique, savoureux en diable. Les vignes, abandonnées dans le secteur de la Clape depuis un siècle, vivent une véritable renaissance. Elles semblent enthousiastes de ce nouveau départ, nous aussi !

VIN DE PAYS D' OC LES BUGADELLES 2008 ☺
Blanc | 2009 à 2011 | 12,50 €   **15/20**
Nous saluons la reprise de vignes abandonnées sur l'île de Lec, à proximité de Narbonne. Elles ont permis un blanc de belle dimension, fruité et fin dès la deuxième année de production.

VIN DE PAYS D' OC LES BUGADELLES 2007 ☺
Rouge | 2009 à 2011 | 10 €   **15/20**
Magnifique rouge tendre et suave, épicé en diable et tellement frais. On en redemande. C'est leur première vinification en rouge, et, à ce prix, ils méritent vraiment une commande !

Rouge : 36 hectares. Blanc : 4 hectares.
Production totale annuelle : 30 000 bt.

>>>

Inscrivez-vous sur

BETTANEDESSEAUVE.COM

> Suivez l'actualité du vin
> Accédez aux notes de dégustation de 25 000 vins
> Visitez les stands des producteurs

DOMAINE DES CRÈS RICARDS

Domaine des Crès Ricards
34800 Ceyras
Tél. 04 67 44 67 63 - Fax. 04 67 44 67 63
contact@cresricards.com
www.cresricards.com

Ce domaine a été créé par Colette et Gérard Foltran, deux cadres de l'industrie en pré-retraite qui ont courageusement choisi l'aventure vigneronne plutôt que le farniente. Les cuvées du domaine ne tendent pas à être l'expression d'un terroir spécifique, mais plutôt à exprimer la gourmandise. Ce sont des vins modernes, sans aucune accroche de tanin, qui sont à boire sur le fruité éclatant de leur jeunesse. Les coteaux-du-languedoc sont à dominante de syrah, quand cousin-cousine a la particularité de provenir du seul alicante, un cépage qui montre ici qu'il peut être qualitatif.

**COTEAUX DU LANGUEDOC
LES HAUTS DE MILESI 2007**
Rouge | 2009 à 2014 | 12 €   **15,5/20**
La syrah nous montre un visage de grand charme, épices, poivres et réglisse.

COTEAUX DU LANGUEDOC ŒNOTHERA 2008
Rosé | 2009 à 2013 | NC   **14/20**
Rosé atypique avec de l'élégance, du charme et une pointe de sucrosité en bouche.

COTEAUX DU LANGUEDOC ŒNOTHERA 2007
Rouge | 2009 à 2014 | 18 €   **16/20**
Millésime après millésime, cette cuvée en vin jeune est marquée par son élevage. Ce coteaux-du-languedoc n'a aucun tanin qui accroche. Il se présente sous un jour gourmand et fin, et la longueur est au rendez-vous, avec une finale dense et réglissée.

COTEAUX DU LANGUEDOC STÉCIA 2007 ☺
Rouge | 2009 à 2014 | 9 €   **15/20**
Stécia est un joli travail autour de tanins tout en rondeurs et en charme !

**VIN DE PAYS DU MONT BAUDILE
COUSIN-COUSINE 2008** ☺
Rouge | 2009 à 2011 | 7 €   **14,5/20**
Un vin de plaisir intense et profond, avec d'agréables notes de réglisse forte.

Rouge : 23 hectares ; alicante 7%, cabernet sauvignon 16%, carignan noir 15%, grenache noir 11%, marselan 4%, merlot 24%, mourvèdre 2%, syrah 21%. Blanc : 1 hectare ; chardonnay 23%, grenache blanc 15%, roussane 24%, vermentino 31%, viognier 7%.
Production totale annuelle : 90 000 bt.
Visite : Du lundi au samedi, de 10 h à 12 h 30 et de 15 h à 19 h.

DOMAINE
LA CROIX DE SAINT-JEAN

11120 Bize-Minervois
Tél. 04 68 46 35 32 - Fax. 04 68 40 76 55
fabriceleseigneur@wanadoo.fr
www.lacroixdesaintjean.com

La Croix de Saint-Jean a été créée en 2004 par Michel Fabre, vigneron, et Fabrice Leseigneur, photographe de presse. Un vin-de-table, Michel, mérite le détour pour son ambition. Le domaine produit deux cuvées sur les terroirs de Minervois, lo-mainatge et lo-paire. Ce sont de grandes expressions racées et profondes de ce beau terroir, qui prétendent, dès les premiers millésimes, à entrer dans le gotha du meilleur de cette appellation.

MINERVOIS LO MAINATGE 2008
Rouge | 2009 à 2011 | 6,50 €   **16/20**
Délicatement épicé, fruits noirs, réglisse, ce vin à la matière raffinée a une finale soyeuse et élégante. Les tanins sont très élégants et la finale est onctueuse, gourmande.

VIN DE PAYS D' OC LO PAIRE 2007
Rouge | 2009 à 2011 | 15 €   **15/20**
Dans un style qui rappelle le 2005, c'est un remarquable vin-de-pays-d'oc, profond et particulièrement long. La fin de bouche est raffinée, soutenue par une matière dense.

Rouge : 5,3 hectares ; carignan 29%, grenache 14,5%, syrah 33,3%.
Blanc : 1,6 hectare ; grenache blanc 17,4%, maccabeu 5,8%. **Production totale annuelle :** 22 000 bt. **Visite :** Sur rendez-vous.

DOMAINE CRUSCADES VALLEY

2, rue de la République
11200 Cruscades
Tél. 04 68 27 68 88 - Fax. 04 68 27 68 88
loevenbruck.regis@wanadoo.fr
cruscades-wines.com

Regis Loevenbruck est implanté à Cruscades, dans l'Aude. Il y réalise un joli corbières, bien vinifié, mais ce sont ses cuvées de soif aux contenus incroyablement gourmands qui sont les plus amusantes quand elles ont suffisamment de fond, ce qui n'est pas le cas de toutes. Si le vin de philosophie n'est probablement pas ici, le vin de rigolade se cache sous la plupart des étiquettes qui ne tendent pas non plus vers la morosité.

VIN DE PAYS D' OC 18 SYRAH 2007
Rouge | 2009 à 2010 | 8 €   **15/20**
De jolis arômes fleuris, de poivre et d'épices douces lui donnent beaucoup de charme. Sa buvabilité fait le reste, elle est tentatrice !

VIN DE PAYS D' OC 99 2007
Rouge | 2009 à 2010 | 30 €   **15/20**
Cette cuvée constituée de 87% de syrah et de 12% de cabernet-sauvignon affiche la somme de ces cépages. Elle laisse une place au rêve pour le cépage qui complétera les 100%. Avec du fond, c'est un vin gourmand, bien dessiné.

VIN DE PAYS D' OC CLAIR DE LUNE, RÉSOLUMENT GRENACHE 2008
Rosé | 2009 à 2010 | 8 €   **14/20**
L'onctuosité du grenache ressort avec une robe d'un «rose à lèvres» magnifique. Facile à boire, il ira au bout de la nuit.

VIN DE PAYS D' OC FRUITS DU SOLEIL BLEND 4 2008
Rosé | 2009 à 2010 | 4,90 €   **13/20**
Rosé simple mais agréable, la finale est aromatique.

VIN DE PAYS D' OC FRUITS DU SOLEIL BLEND 6 2008   ☺
Rouge | 2009 à 2010 | 4,90 €   **14,5/20**
L'étiquette annonce tous les cépages qui ont constitué le vin : cabernet-sauvignon, grenache, syrah, merlot, mourvèdre et carignan. L'ensemble donne un vin rond, fleuri et plaisant à boire. Il sera le vin de copains par excellence, dans le même esprit que le 2007.

Rouge : 24,5 hectares ; cabernet sauvignon 10%, merlot 6%, syrah 36%. Blanc : 6 hectares ; 10%, chardonnay 10%. **Production totale annuelle :** 80 000 bt.

MAS DE DAUMAS-GASSAC

Mas de Daumas-Gassac
34150 Aniane
Tél. 04 67 57 71 28 - Fax. 04 67 57 41 03
contact@daumas-gassac.com
www.daumas-gassac.com

On a beaucoup écrit sur le Mas de Dau-mas-Gassac. Aimé Guibert a su identifier, sur Aniane, des terroirs qualitatifs aptes à porter un cabernet-sauvignon non auto-risé par les Aoc locales. En blanc, il a éga-lement choisi de vinifier un assemblage de chardonnay, de viognier et de petit man-seng qui lui interdisait l'accès à l'Aoc. Son domaine produit donc un rouge et un blanc classés en vins de pays de l'Hérault, qu'il a su imposer à un niveau de prix inconnu dans cette dénomination. Le blanc reçoit un élevage en cuves inox alors que le rouge est partiellement élevé en barriques. Le domaine et son producteur ont été immortalisés dans le film Mondo-vino, qui illustre la lutte contre l'implanta-tion de vignes sur des zones boisées, voulue par l'Américain Mondavi. Les rouges connaissent parfois des réussites exceptionnelles en année difficile, comme peut le démontrer le 2002. Le 2007 ne se goûtait pas bien, nous en reparlerons l'an prochain

VIN DE PAYS DE L' HÉRAULT 2008
Blanc | 2009 à 2011 | NC   **15/20**
Si l'attaque est précise mais retenue, la fin de bouche étonne par sa fraîcheur et par une légèreté surprenante. On a capté ici de la subtilité, vertu que trop peu de blancs affichent en Languedoc.

Rouge : 35 hectares ; cabernet franc 3%,
cabernet sauvignon 50%, merlot 4%, syrah 2%.
Blanc : 15 hectares ; chardonnay 6%.
petit manseng 8%, viogner 10%.
Production totale annuelle : 200 000 bt.
Visite : Du lundi au samedi, de 10 h à 12 h 30
et de 14 h à 18 h 30.

DOMAINE JEAN-LOUIS DENOIS

Borde Longue
11300 Roquetaillade
Tél. 04 68 31 39 12 - Fax. 04 68 31 39 14
jldenois@orange.fr
www.jldenois.com

Champenois installé à Limoux dans la zone de la Haute Vallée, Jean-Louis Denois produit des vins de caractère. Parmi la gamme présentée, nous avons retenu le limoux blanc et le limoux rouge vinifiés avec justesse. Ce dernier montre le poten-tiel du millésime 2008. Les crémants blancs et rosés sont tous deux de bien jolies bulles. Le rosé est un peu plus géné-reusement teinté que les produits plus à la mode, ce qui n'est pas pour nous déplaire.

CRÉMANT DE LIMOUX 2006
Rosé Brut effervescent | 2009 à 2010 | 12 €   **14/20**
Agréable rosé, un peu plus teinté que ses pairs. La finale est précise, nette, sur de jolies notes framboisées.

CRÉMANT DE LIMOUX 2006 ☺
Blanc Brut effervescent | 2009 à 2010 | 12 €   **14/20**
Net, élancé et légèrement crayeux, ce blanc montre une finale précise. De jolies bulles !

LIMOUX 2008
Blanc | 2009 à 2010 | 11 €   **14/20**
Nous avons goûté cet échantillon sur pré-lèvement. La matière est racée, précise et pourrait valoir une notation supérieure car elle devrait bien évoluer. À regoûter après la mise.

LIMOUX 2008
Rouge | 2009 à 2013 | 10 €   **15/20**
Cet échantillon montre la qualité du fruit possible en 2008 avec une réelle élégance de texture. Cela pourrait faire un limoux de référence.

LIMOUX 2007
Rouge | 2009 à 2011 | 10 €   **15/20**
Le vin n'a pas encore surmonté ses arômes d'élevage mais l'ensemble est d'une classe indéniable, toasté et finement fruité avec une réelle qualité de tanins. Une belle bou-teille en perspective.

Production totale annuelle : 200 000 bt.
Visite : Sur rendez-vous.

CHÂTEAU LA DOURNIE

La Dournie
34360 Saint-Chinian
Tél. 04 67 38 19 43 - Fax. 04 67 38 00 37
chateau.ladournie@wanadoo.fr
www.chateauladournie.com

Les filles de la famille Étienne ont repris ce domaine de Saint-Chinian. Cette grande propriété vend une part importante de sa production au négoce, mais commercialise en direct deux cuvées qui sont de haut niveau : château-étienne-la-dournie et la cuvée élise. Elles ont en commun le profil aromatique puissant que les schistes confèrent aux rouges, avec un supplément de race pour élise. Les amateurs de Saint-Chinian pourront la fréquenter assidûment.

SAINT-CHINIAN CHÂTEAU ÉTIENNE LA DOURNIE 2007
Rouge | 2009 à 2010 | 6,20 €   **14,5/20**
Millésime après millésime, de jolis arômes de fruits rouges, dans un vin croquant à déguster sur son charme actuel. On en boira trop !

SAINT-CHINIAN ÉLISE 2007
Rouge | 2009 à 2012 | 12,30 €   **16/20**
Élise est un bien joli saint-chinian que les schistes ont coloré de fumé, de grillé et de fruits rouges. La finale s'exprime sur des fruits rouges bien mûrs prolongés par des épices.

VIN DE PAYS D' OC LE BLANC DE LA DOURNIE 2006
Blanc | 2009 à 2011 | NC   **15/20**
Avec plus de fond que la cuvée de base, cette cuvée a de la puissance en bouche, avec un rien d'amer en finale.

VIN DE PAYS D' OC LE ROSE DE LA DOURNIE 2008
Rosé | 2009 à 2010 | 4,75 €   **13,5/20**
Joli blanc citronné, aromatique, frais et gourmand. Parfait pour l'apéritif, une sauce à la crème lui conviendra également.

VIN DE PAYS D' OC LE ROUGE DE LA DOURNIE 2006
Rouge | 2009 à 2010 | NC   **13/20**
Rouge agréable, fruité, avec des tanins élégants. Un joli vin de copains !

Rouge : 46 hectares ; cabernet franc 8%, cabernet sauvignon 12%, carignan noir 7%, cinsault 4%, grenache noir 16%, marselan 4%, merlot 24%, petit verdot 2%, syrah 18%. Blanc : 2 hectares ; chardonnay 1%, roussane 2%, vermentino 1%, viognier 1%. **Production totale annuelle :** 200 000 bt. **Visite :** De 9 h à 12 h et de 14 h à 18 h.

MAS DE L'ÉCRITURE

5, rue de la Font-du-Loup
34725 Jonquières
Tél. 04 99 57 61 54 - Fax. 04 99 57 61 55
contact@masdelecriture.fr
www.masdelecriture.fr

Le Mas de l'Écriture, situé à Jonquières, en Terrasses du Larzac, est exploité par un néo-vigneron qui a rejoint le vignoble après une carrière dans l'aviation. Les 2005 sont en progression et les 2004 sont frais. La gamme s'articule autour d'une cuvée émotion-occitane à boire sur le fruit. Nous avons préféré cette année les-pensées, qui apportent un raffinement complémentaire, dont ne dispose pas pour l'instant la cuvée-de-l'écriture.

COTEAUX DU LANGUEDOC ÉMOTION OCCITANE 2005
Rouge | 2009 à 2012 | 10 €   **14,5/20**
Cette émotion est le prototype du bon vin bien vinifié, avec des tanins ronds et charmeurs. Vin de copains, parfaitement buvable, avec une pointe de caramel.

COTEAUX DU LANGUEDOC L'ÉCRITURE 2004
Rouge | 2009 à 2012 | 31 €   **14/20**
Ce 2004 a gardé de la fraîcheur. C'est une belle cuvée assez dense mais facile à boire.

COTEAUX DU LANGUEDOC LES PENSÉES 2004
Rouge | 2009 à 2013 | 19 €   **14,5/20**
Ce 2004 montre un fruit mûr, beaucoup d'équilibre et de la fraîcheur.

Rouge : 10 hectares ; carignan 12%, cinsault 8%, grenache 22%, mourvèdre 20%, syrah 38%. **Production totale annuelle :** 28 000 bt. **Visite :** Du lundi au samedi, de 10 h à 12 h et de 14 h à 17 h. Le dimanche sur rendez-vous.

CAVE D'EMBRES ET CASTELMAURE

4, route des Canelles
11360 Embres-et-Castelmaure
Tél. 04 68 45 91 83 - Fax. 04 68 45 83 56
castelmaure@wanadoo.fr
www.castelmaure.com

La Cave d'Embres et Castelmaure tient la palme du dynamisme technique et commercial. Il n'y a ici aucun produit ennuyeux. Toute la gamme est impeccable et à des niveaux de prix des plus raisonnables. Un petit coup de cœur pour la cuvée perpète, vinifiée sur un principe de solera espagnole mais sans oxydation perceptible. Les services de Tardieu et de Laurent, éleveurs réputés du Rhône et de la Bourgogne, sont utilisés pour affiner l'élevage de la prestigieuse cuvée n° 3. Elle constitue le haut de gamme d'une cave coopérative telle qu'on voudrait en voir plus fréquemment.

CORBIÈRES LA GRANDE CUVÉE 2007
Rouge | 2009 à 2012 | 9,95 €   **15/20**
Avec des tanins droits et puissants, la-grande-cuvée est élancée en 2007, avec une finale graphitée, minérale.

CORBIÈRES LA POMPADOUR 2007
Rouge | 2009 à 2012 | 7,70 €   **15/20**
Puissante avec des tanins ronds, la-pompadour est un vin toujours régulier de cette cave, profond et gourmand, très mûr. Une marquise plus sérieuse et chaleureuse que réellement frivole.

CORBIÈRES N°3 DE CASTELMAURE 2007
Rouge | 2009 à 2015 | NC   **17/20**
La cuvée n°3 est la cuvée phare de la cave dans un style particulièrement raffiné. Le volume en bouche impressionne dans ce vin de grande finesse et de fraîcheur.

CORBIÈRES N°3 DE CASTELMAURE 2006
Rouge | 2009 à 2012 | 17,90 €   **15/20**
Fruit de l'intelligence, indique la contre-étiquette. 2006, avec ses tanins puissants et son alcool présent, nous livre une n°3 dont la finale a su rester fraîche.

CORBIÈRES VENDANGES HUMAINES 2007 ☺
Rouge | 2009 à 2011 | 4,65 €   **15/20**
Une pointe de réduction au nez puis une bouche après laquelle on se demande pourquoi tous les languedocs n'affichent pas cette buvabilité hors pair. À commander par caisses !

Rouge : 340 hectares ; carignan noir 42%, cinsault 3%, grenache noir 30%. syrah 20%.
Blanc : 10 hectares ; grenache blanc 5%.
Production totale annuelle : 460 000 bt.

ENCLOS DE LA CROIX

2, avenue Marius Alès
34130 Lansargues
Tél. 04 67 86 72 11 - Fax. 04 67 86 72 11
af@enclosdelacroix.com
www.enclosdelacroix.com

Les cépages plantés dans cette propriété de Lansargues sont les grands classiques du Bordelais : le cabernet-sauvignon, le merlot et le cabernet franc. La gamme de vins de cépages, proposée par la plupart des propriétés en vins de pays d'Oc, est ici complétée par un vin plus ambitieux, enclos-de-la-croix, qui est récolté manuellement et élevé en barriques neuves. Il est complété par un deuxième vin, cadet-de-l'enclos, dont nous avons apprécié la finesse des tanins. Dans la gamme des vins de cépage, le cabernet franc se remarque car il a été planté avec des densités élevées et récolté avec des rendements limités. Le-secret est une vendange de petit manseng passerillé, magnifique dans ses arômes de grand liquoreux.

LE SECRET ☺
Blanc Liquoreux | 2009 à 2015 | 25 €   **17/20**
Grand nez de liquoreux magnifique, avec une finale complexe, abricot, fruits confits. Bien malin celui qui identifiera une origine languedocienne dans cette cuvée hors du commun.

VIN DE PAYS D' OC CADET DE L'ENCLOS 2006
Rouge | 2010 à 2012 | 9,90 €   **13,5/20**
Rouge frais, assez puissant, bien ancré dans le millésime. Équilibré, il mériterait une petite garde.

VIN DE PAYS D' OC ENCLOS DE LA CROIX 2003
Rouge | 2009 à 2012 | NC   **13,5/20**
Un vin puissant, assez frais pour le millésime, avec une typicité bordelaise marquée.

VIN DE PAYS D' OC LES VÉRITÉS DE L'ENCLOS - CABERNET FRANC 2007 ☺
Rouge | 2009 à 2010 | 6,90 €   **14/20**
Expression fidèle du cépage, avec une structure tannique assez aérienne. La finale est sur la réglisse forte et les fruits noirs. La finale fraîche est gourmande.

Rouge : 22 hectares ; cabernet franc 10%, cabernet sauvignon 15%, merlot 70%.
Blanc : 1 hectare ; petit manseng 5%.
Production totale annuelle : 100 000 bt.
Visite : Ouvert du lundi au samedi de 10 h à 12 h 30 et de 14 h à 19 h.

CHÂTEAU DE L'ENGARRAN

Château de l'Engarran
34880 Laverune
Tél. 04 67 47 00 02 - Fax. 04 67 27 87 89
lengarran@wanadoo.fr
www.chateau-engarran.com

Diane et sa sœur Constance sont la troisième génération de femmes à mener avec dynamisme la cinquantaine d'hectares de l'Engarran, disséminés autour de la belle folie bâtie au XVIIIe siècle. Les vins ne cessent de progresser, qu'ils soient déclinés en vins-de-pays-d'oc ou en coteaux-du-languedoc. La cuvée quetton-saint-georges se remarque par la fraîcheur que le terroir de Saint-Georges d'Orques parvient à imprimer aux vins. La cuvée grenache-majeur, récoltée sur la zone des Grès de Montpellier, imprime un nouveau style plus épuré aux vins du domaine. Elle ne manquera pas d'aficionados.

COTEAUX DU LANGUEDOC
CHATEAU DE L'ENGARRAN 2006
Rouge | 2009 à 2013 | NC   **15/20**
À dominante de syrah, cet échantillon de Grès de Montpellier est très prometteur, rond, tout en étant puissant.

COTEAUX DU LANGUEDOC
CUVÉE SAINTE-CÉCILE 2007
Rouge | 2009 à 2011 | 7,75 €   **13,5/20**
Agréable en bouche, avec de la réglisse et des fruits noirs, c'est un bon représentant du Languedoc, avec un nez et une bouche en cohérence aromatique.

COTEAUX DU LANGUEDOC
GRENACHE MAJEUR 2006
Rouge | 2009 à 2012 | 13,50 €   **15,5/20**
L'an passé, ce 2006 regorgeait de fruits portés par une fraîcheur bienvenue. Une année de plus a commencé à gommer la gourmandise pour installer une dynamique remarquable. La finale est fraîche.

COTEAUX DU LANGUEDOC
QUETTON SAINT-GEORGES 2006
Rouge | 2010 à 2015 | 17,75 €   **16/20**
Les tanins de 2006 montrent quetton en version serrée. Cette cuvée ira loin, les tanins sont racés, profonds et dynamiques.

VIN DE PAYS D'OC DOMAINE DE L'ENGARRAN 2008 ☺
Blanc | 2009 à 2010 | 8,55 €   **15/20**
Très expressif, ce sauvignon montre la facette complexe de ce cépage. L'ensemble est racé avec une amertume délicate, pamplemousse rose teinté d'un zeste de poire Williams.

Rouge : 50 hectares ; cabernet franc 6%, carignan noir 8%, cinsault 11%, grenache noir 21%, merlot 8%, mourvèdre 2%, syrah 38%. Blanc : 5 hectares ; sauvignon blanc 6%. Production totale annuelle : 220 000 bt. Visite : De 10 h à 13 h et de 15 h à 19 h.

CHÂTEAU DES ESTANILLES

Lentheric
34480 Cabrerolles
Tél. 04 67 90 29 25 - Fax. 04 67 90 10 99
louison.estanilles@orange.fr
www.chateaudesestanilles.fr

Michel Louison continue de faire évoluer le style des vins du domaine. Le rosé de mourvèdre au style extravagant, qui lui permet de compter autant de détracteurs que de fans, était passionnant en 2006. 2008, embarrassé par du sucre résiduel, est moins palpitant. Les rouges nous ont semblé avoir perdu en finesse avec des matières de belle qualité mais des élevages qui assèchent les vins. Nous ne retrouvons plus la grande qualité des vins que le domaine a produit pendant des décennies. Nous espérons un retour des vins à la grande forme dès l'année prochaine.

FAUGÈRES GRANDE CUVÉE SYRAH 2003
Rouge | 2009 à 2013 | 16,50 €   **15/20**
Le boisé est encore présent, ce qui est surprenant pour un 2003 mais la matière est de grande qualité, avec un rien de la sécheresse du millésime en finale.

FAUGÈRES LE CLOS DU FOU 2006
Rouge | 2012 à 2015 | 24 €   **14/20**
Tout en puissance, la trame tannique est marquée. Cette cuvée demandera du temps pour dégager tout son potentiel.

FAUGÈRES PRESTIGE 2005
Rouge | 2009 à 2012 | 9,20 €   **13,5/20**
Un joli jus légèrement truffé avec la marque tannique de 2005, havane et cèdre.

FAUGÈRES TRADITION 2006
Rouge | 2009 à 2013 | 6 €   **13/20**
Le tanin de 2006 est un peu marqué dans cette cuvée tradition. Elle rehaussera une viande de bœuf grillée.

Rouge : 30 hectares ; carignan 10%, cinsault 10%, grenache 20%, mourvedre 20%, syrah 40%. Blanc : 5 hectares ; marsanne 70%, roussanne 30%, viogner 10%. Production totale annuelle : 200 000 bt. Visite : Du lundi au vendredi, de 9 h à 12 h et de 14 h à 17 h 30.

CHÂTEAU L'EUZIÈRE

Ancien chemin d'Anduze
34270 Fontanès
Tél. 04 67 55 21 41 - Fax. 04 67 56 38 04
leuziere@chateauleuziere.fr
www.chateauleuziere.fr

Installé à Fontanès, en Pic Saint-Loup, ce domaine propose une gamme marquée par une précision des tanins et par une fraîcheur qui constituent le fil rouge de la production. Tourmaline est réalisée à partir de grenache et de syrah, l'almandin et les-escaboucles sont additionnés de mourvèdre, cette dernière cuvée étant élevée en barriques.

COTEAUX DU LANGUEDOC L'OR DES FOUS 2007
Blanc | 2009 à 2011 | 13 €   **15,5/20**
Un joli nez de verveine, de tilleul avec de la fraîcheur dans ce blanc raffiné, légèrement vanillé, sur les agrumes. La finale est délicate.

COTEAUX DU LANGUEDOC PIC SAINT-LOUP L'ALMANDIN 2007
Rouge | 2009 à 2012 | 8 €   **14/20**
Rouge fruité, floral simple mais gourmand. Un parfait vin de copains.

COTEAUX DU LANGUEDOC PIC SAINT-LOUP LES ESCARBOUCLES 2007
Rouge | 2009 à 2011 | 13 €   **16/20**
Ce 2007 est équilibré, fin et fruité. Les tanins sont souples et le vin est tout en charme.

COTEAUX DU LANGUEDOC PIC SAINT-LOUP LES ESCARBOUCLES 2006
Rouge | 2009 à 2012 | 13 €   **14,5/20**
La cuvée a commencé à digérer son bois. Derrière un léger sec dû à cet élevage, la fraîcheur apparaît. L'ensemble ne manque pas de charme.

Rouge : 20 hectares ; carignan noir 10%, cinsault 13%, grenache noir 14%, merlot 11%, mourvèdre 3%, syrah 38%. Blanc : 3 hectares ; grenache blanc 3%, roussane 5%, vermentino 3%.
Production totale annuelle : 60 000 bt.
Visite : En été, du lundi au samedi, de 10 h à 12 h et de 16 h à 19 h. En hiver de 10 h à 12 h et de 14 h à 19 h.

MAS FABREGOUS

Chemin d'Aubaygues
34700 Soubes
Tél. 04 67 44 31 75 - Fax. 04 67 44 31 75
masfabregous@free.fr

Mas Fabregous est une création récente. Une partie des vignes produit un vin-de-pays-des-coteaux-du-salagou, en limite nord de la zone des appellations contrôlées du Languedoc. Le mas commercialise également un coteaux-du-languedoc rouge issu du secteur de Soubès, plus racé et marqué par son terroir. Tous les vins du domaine sont absolument gourmands, faciles à boire, sans aspérité aucune, avec la fraîcheur apportée par les vignes d'altitude. L'amateur trouvera ici un archétype des vins profonds et savoureux, faits pour être partagés.

COTEAUX DU LANGUEDOC SENTIER BOTANIQUE 2006
Rouge | 2009 à 2012 | 12,50 €   **15/20**
Toujours gourmande, sur les poivres et les fruits noirs, les tanins de cette cuvée sont fins et bien maîtrisés. La fraîcheur est au rendez-vous en finale.

VIN DE PAYS DES COTEAUX DU SALAGOU CROQUIGNOL 2007
Rouge | 2009 à 2011 | 5,30 €   **14/20**
Vin de soif, assez mûr dans ses arômes de réglisse, chaleureux.

VIN DE PAYS DES COTEAUX DU SALAGOU JARDIN GRÉGOIRE 2007
Rouge | 2009 à 2010 | 7 €   **14/20**
Vin avec des tanins lisses, bien formés. Fermé pour l'instant, chaleureux, il demande du temps pour s'ouvrir.

VIN DE PAYS DES COTEAUX DU SALAGOU TRINQUE FOUGASSE 2007
Rouge | 2009 à 2011 | env 9,50 €   **14,5/20**
Cette cuvée porte le nom d'un bar réputé de Montpellier. Ce vin-de-pays très aromatique, parfait vin de copains, montre une finale enlevée, gourmande.

Rouge : 13 hectares.
Production totale annuelle : 30 000 bt.
Visite : Sur rendez-vous.

PRIEURÉ DU FONT-JUVÉNAL

2, La Prade
11800 Floure
Tél. 04 68 79 15 55 - Fax. 04 68 79 10 78
scea.cgaf@orange.fr

Cette propriété de Conques appartient à un pépiniériste viticole, qui fait une incursion récente mais réussie dans le monde des vignerons. Font-Juvénal, traduisez la fontaine de Jouvence, est le nom de la source qui coule au milieu de cet étonnant cirque, très protégé des vents et des soleils levants et couchants. Les températures nocturnes sont basses et façonnent des vins que la fraîcheur portera au niveau des meilleurs cabardès dès le millésime 2005. Le domaine, au vu de nos dégustations, devrait faire parler de lui.

CABARDÈS FONTAINE DE JOUVENCE 2005
Rouge | 2009 à 2012 | 7,40 €   **15/20**
Les arômes sont corsés, puissants autour d'un tanin intense et précis. Un vin long en bouche !

CABARDÈS JEANNE 2007
Rouge | 2009 à 2010 | 5,95 €   **13,5/20**
Puissant, plein, encore jeune, c'est une entrée de gamme de grenache noir et de merlot qui situe le potentiel du domaine.

CABARDÈS L'ASPHODÈLE 2004
Rouge | 2009 à 2011 | 12,60 €   **14/20**
Puissant, très fruits noirs, la finale de cet assemblage à dominante de merlot et de grenache noir se termine sur des notes un peu sèches de tabac.

Rouge : 9,5 hectares ; cabernet franc 6%, cabernet sauvignon 30%, côt 3%, grenache 20%, merlot 14%, syrah 22%. Blanc : 3 hectares.
Production totale annuelle : 30 000 bt.
Visite : Du lundi au vendredi, de 8 h à 17 h et sur rendez-vous le samedi.

LES FUSIONELS

Route de Aigues-Vives
34480 Cabrerolles
Tél. 04 67 76 91 64 - Fax. 04 67 76 91 64
arielleetdiane@les-fusionels-faugeres.com
www.les-fusionels-faugeres.com

Nous avons goûté le premier millésime de deux jeunes vignerons. Jem Harris a abandonné son Australie natale pour constituer avec Arielle un domaine en Languedoc. Le premier millésime est un coup de maître et installe les deux cuvées du domaine à haut niveau. Le-rêve est magnifique de fruit, assemblage de grenache de syrah et de carignan. Intemporelle, constituée à partir de syrah, de grenache et de mourvèdre, rappelle où il faut positionner le magnifique cru Faugères. Un domaine à suivre.

FAUGÈRES INTEMPORELLE 2007
Rouge | 2009 à 2012 | 16 €   **17/20**
Très belle matière, dans ce rouge aux tanins extrêmement fins, avec une droiture remarquable et l'élégance d'un pur-sang.

FAUGÈRES LE RÊVE 2007
Rouge | 2009 à 2013 | 9,90 €   **16,5/20**
Vin aux tanins très fins, avec de beaux arômes de fruits rouges, de fraise et de réglisse. La finale montre une légère sensation de sucrosité dans un ensemble très délicat, de grand charme.

Production totale annuelle : 20 000 bt.
Visite : Sur rendez-vous.

GÉRARD BERTRAND

Château l'Hospitalet
Route de Narbonne-Plage
11100 Narbonne
Tél. 04 68 45 36 00 - Fax. 04 68 45 27 17
vins@gerard-bertrand.com
www.gerard-bertrand.com

La gamme de cet entreprenant vigneron couvre la plupart des appellations du Languedoc-Roussillon. Le Domaine de Villemajou et L'Hospitalet proposent des vins très bien réussis et gourmands. Au sommet de la gamme, la-forge est l'un des corbières les plus raffinés, avec un velouté de texture unique. Seule ombre au tableau, son tarif la range déjà parmi les cuvées de prestige du Languedoc. Le pendant en minervois de la-forge est la cuvée le-viala et hospitalitas en coteaux du languedoc. Tout le reste de la gamme mérite un détour.

CORBIÈRES-BOUTENAC DOMAINE DE VILLEMAJOU 2007
Rouge | 2009 à 2012 | 10 € **14,5/20**
Joli grain avec du fond, une structure présente et beaucoup de matière. Très mûr, l'ensemble est épicé, charnu et gourmand, bien dans le style des carignans classiques des corbières.

COTEAUX DU LANGUEDOC
CHÂTEAU L'HOSPITALET GRAND VIN 2007
Rouge | 2009 à 2010 | 24 € **17/20**
Un vin remarquable et remarqué, aristocratique et très élégant. Le tanin est très fin avec une pointe de poivron et de menthol. Il évolue tranquillement vers la truffe avec une finale d'une grande complexité.

COTEAUX DU LANGUEDOC HOSPITALITAS 2006
Rouge | 2009 à 2012 | 35 € **16,5/20**
Plus civilisé que l'hospitalet, il sera plus consensuel et montre des tanins très fins. Un vin de grand charme néanmoins.

CÔTES DU ROUSSILLON-VILLAGES
RÉSERVE TAUTAVEL 2006
Rouge | 2009 à 2012 | 8 € **15/20**
Le style est riche, opulent, puissant en alcool, un vin de caractère, catalan dans l'âme.

MINERVOIS-LA-LIVINIÈRE LE VIALA 2007
Rouge | 2009 à 2017 | 35 € **17/20**
Grand vin aux tanins très fins, subtils et complexes. La finale est magnifique, d'une intensité de saveurs étonnante.

VIN DE PAYS D'OC DOMAINE DE L'AIGLE
CHARDONNAY 2008 ☺
Blanc | 2009 à 2010 | 12 € **14/20**
Ce chardonnay légèrement salin en finale est agréable. Il accompagnera des huîtres ou un poisson de rivière.

Rouge : 200 hectares. **Blanc :** 150 hectares. **Visite :** Tous les jours de 8 h à 12 h et de 13 h 30 à 17 h.

DOMAINE DU GRAND ARC

Le Devez
11350 Cucugnan
Tél. 04 68 45 01 03 - Fax. 04 68 45 01 03
info@grand-arc.com
www.grand-arc.fr

À proximité des châteaux cathares de Queribus, Peyrepertuse et Padern, ce domaine est installé dans la zone montagneuse des Hautes Corbières, qui permet des blancs et des rosés frais. En rouge, en-sol-majeur est à majorité de grenache complété de syrah. La cuvée-des-quarante, l'âge du vigneron lorsqu'il a réalisé ses premières cuvées, est à dominante de carignan. La gamme est cohérente, les entrées de gamme ne vous ruineront pas et 2007 leur va très bien. Elles en ont capté la qualité de fruit et la fraîcheur. Le domaine est en progrès, notamment sur la précision des élevages.

CORBIÈRES AUX TEMPS D'HISTOIRE 2007
Rouge | 2009 à 2012 | 12,80 € **15/20**
Encore légèrement marquée par l'élevage, cette cuvée est dense, la matière est soutenue et de qualité, un peu moins fraîche que le reste de la gamme.

CORBIÈRES CUVÉE DES QUARANTE 2007 ☺
Rouge | 2009 à 2012 | 7,50 € **14,5/20**
Récolté sur les zones froides de Padern au sud des Corbières, ce rouge montre une vinosité soutenue avec une finale plus fraîche qu'en 2006, qui lui va à ravir. Une belle bouteille !

CORBIÈRES EN SOL MAJEUR 2007
Rouge | 2009 à 2012 | 10,70 € **15/20**
Cette cuvée est plus dense que les-quarante, avec un tanin un peu plus onctueux, elle partage la même fraîcheur.

CORBIÈRES LA TOUR FABIENNE 2008
Rosé | 2009 à 2010 | 4,80 € **14/20**
Derrière une robe soutenue, le nez de framboise et de citron donne une tonalité fraîche à ce vin de soif.

CORBIÈRES RÉSERVE GRAND ARC 2007
Rouge | 2009 à 2011 | 6 € **14,5/20**
Joli vin profond et très frais, d'un bel équilibre dans sa texture. Ses arômes naviguent avec charme entre les fruits et les épices.

Rouge : 19 hectares ; carignan 22%, cinsault 5%, grenache noir 29%, mourvedre 4,5%, syrah 23,5%. **Blanc :** 3 hectares ; grenache blanc 9%, macabeu 2,5%, roussanne 4,5%. **Production totale annuelle :** 65 000 bt. **Visite :** Du lundi au samedi, de 10 h à 12 h et de 15 h à 18 h sur rendez-vous.

CHÂTEAU DU GRAND CAUMONT

Château du Grand Caumont
11200 Lézignan-Corbières
Tél. 04 68 27 10 82 - Fax. 04 68 27 54 59
chateau.grand.caumont@wanadoo.fr
www.grandcaumont.com

Laurence Rigal, après une première vie dans la publicité, est revenue au domaine familial et s'est piquée au jeu du corbières. On est ici aux antipodes de la surextraction de quelques supercuvées ou prétendues telles. On s'éloigne également du style rustico-traditionnel, pour essayer de construire des vins dotés de tanins savoureux, tout en conservant une expression authentique de ce beau terroir des Corbières. Les rapports qualité-prix excellents ne font pas d'ombre au plaisir que procurent ces vins de charme. La sécheresse de 2007 sur cette zone chaude a donné des rouges légers, faciles à boire malgré les petits rendements.

CORBIÈRES CUVÉE SPÉCIALE 2007
Rouge | 2009 à 2011 | 5,00 €   **14,5/20**
Cette cuvée bien équilibrée est dans le style de la cuvée tradition avec des tanins fins. La finale de charme s'étire vers les fruits noirs et les épices.

CORBIÈRES CUVÉE TRADITION 2007
Rouge | 2009 à 2010 | 4,50 €   **14,5/20**
Dans un style assez discret, ce 2007 montre des tanins raffinés et de la fraîcheur en finale.

CORBIÈRES RÉSERVE DE LAURENCE 2007
Rouge | 2009 à 2011 | 6,50 €   **15/20**
Plus aboutie que la cuvée spéciale et la cuvée tradition, la matière est dense, profonde avec un bel équilibre entre fruits et les épices.

VIN DE PAYS DE L'AUDE
DOMAINE DE MOUGIN 2007   ☺
Rouge | 2009 à 2010 | NC   **13/20**
Joli nez de cassis et de mûre, suivi par une matière agréable, simple mais aromatique, qu'une grillade de viande rouge mettra en valeur.

Rouge : 96 hectares ; cabernet sauvignon 7%, carignan noir 35%, grenache noir 10%, merlot 9%, syrah 34%. Blanc : 4 hectares ; grenache blanc 5%. Production totale annuelle : 350 000 bt.
Visite : Du lundi au vendredi de 8 h 30 à 12 h et de 14 h à 17 h 30.

DOMAINE DU GRAND CRÈS

40, avenue de la Mer
11200 Ferrals-les-Corbières
Tél. 04 68 43 69 08 - Fax. 04 68 43 58 99
grand.cres@wanadoo.fr
www.domainedugrandcres.fr

Le vignoble est situé à l'est de Lagrasse sur un plateau argilo-calcaire vers 400 mètres d'altitude. Hervé Leferrer, après avoir œuvré au domaine de la Romanée-Conti, est venu s'implanter ici. Nous suivions depuis plusieurs années cette propriété des Corbières. Elle mérite largement de rentrer cette année dans la partie Domaines du guide, tant pour ses vins d'Aoc que pour ses vins-de-pays-d'oc. Cressaïa est bluffant de finesse !

CORBIÈRES CUVÉE MAJEURE 2006
Rouge | 2009 à 2011 | 13,80 €   **15/20**
Cuvée de grande expression, grand fruit, tanin fin, agréable longueur.

VIN DE TABLE CRESSAÏA
Rouge | 2009 à 2012 | NC   **17/20**
Grande cuvée d'une exceptionnelle finesse, corsée, longue très fraîche et raffinée. Les arômes de garrigue et de thym sont magnifiques.

LANGUEDOC 2008   ☺
Rosé | 2009 à 2010 | 6,60 €   **14,5/20**
Robe de rose saumon tirant vers le grenat. La bouche est grasse, intensément aromatique, de belle longueur.

LANGUEDOC 2007
Blanc | 2009 à 2010 | 9,80 €   **15/20**
Ce corbières blanc devenu languedoc est un hymne à la roussanne, qui produit ici un vin absolument frais sur l'amande amère. Gras et puissant, il réconciliera les plus sceptiques avec les vins blancs de cette zone.

VIN DE PAYS D'OC 2007
Rouge | 2009 à 2010 | NC   **14/20**
L'échantillon goûté avant la mise n'était pas encore dégagé de ses arômes fermentaires, mais devrait faire une belle bouteille à la matière dense et gourmande.

Rouge : 15 hectares ; cabernet sauvignon 11%, cinsault 8%, grenache noir 39%, syrah 24%. Blanc : 4 hectares ; muscat à petits grains 3%, roussane 5%, viognier 11%. Production totale annuelle : 70 000 bt. Visite : Sur rendez-vous.

DOMAINE LES GRANDES COSTES

2-6, route du Moulin-à-Vent
34270 Vacquières
Tél. 04 67 59 27 42 - Fax. 04 67 59 27 42
jcgranier@grandes-costes.com
www.grandes-costes.com

Après une première carrière dans la presse viticole, Jean-Christophe Granier est revenu dans son village de Vacquières, une commune qui pourrait entrer dans la zone du Pic Saint-Loup, en Coteaux du Languedoc. Le domaine est sur la bonne voie et fait preuve de régularité.

COTEAUX DU LANGUEDOC GRANDES COSTES 2006
Rouge | 2009 à 2012 | 14,35 € **14,5/20**
Joli vin avec des fruits mûrs au nez, et un caractère proche des pic-saint-loups. Il se boira facilement autour de son charme aromatique.

COTEAUX DU LANGUEDOC GRANDES COSTES 2005
Rouge | 2009 à 2010 | 14,35 € **15/20**
Ce vin soyeux, d'un beau volume, est le digne successeur du 2004. Il offre du raffinement et de l'élégance, autour de notes confiturées, très mûres, un rien sèches.

COTEAUX DU LANGUEDOC LA SARABANDE 2007 ☺
Rouge | 2009 à 2010 | 9,36 € **15/20**
Un rouge très fruits noirs, à boire pour un plaisir immédiat.

COTEAUX DU LANGUEDOC LES SEPT RANGÉES 2006
Rouge | 2009 à 2012 | 28,60 € **15,5/20**
Puissante, structuré, complet et dense, raffiné, très mûr sans oublier la fraîcheur.

COTEAUX DU LANGUEDOC MUSARDISES 2008 ☺
Rouge | 2009 à 2011 | 7,10 € **15/20**
Croquant de fruit, du charme, facile à boire, dans l'esprit du 2007 avec un petit supplément de structure. Aucun tanin astringent ne vient perturber le plaisir immédiat.

COTEAUX DU LANGUEDOC MUSARDISES 2007 ☺
Rouge | 2009 à 2010 | 7,10 € **15/20**
Ce vin souple et croquant de fruit est tout en charme, facile à boire. Aucun tanin astringent ne vient perturber le plaisir immédiat. Sans hésiter !

Rouge : 12 hectares ; carignan noir 7%, cinsault 15%, grenache noir 23%, syrah 55%. Production totale annuelle : 45 000 bt.

DOMAINE LA GRANGETTE

Route Pomerols
34120 Castelnau-de-Guers
Tél. 04 67 98 13 56 - Fax. 04 67 90 79 36
info@domainelagrangette.com
www.domainelagrangette.com

Ce domaine a été racheté par des pharmaciens qui ont reconstitué un vignoble en bien mauvais état. Le picpoul-de-pinet en remontrerait à beaucoup de ses pairs. Un verre, une huître, un rayon de soleil : ce tryptique s'approche de l'idéal terrien. Le cabernet franc est un archétype du cépage, impressionnant de précision. Le rosé est étonnant de caractère. Un domaine à suivre.

PICPOUL DE PINET L'ENFANT TERRIBLE 2008 ☺
Blanc | 2009 à 2010 | 5,00 € **15,5/20**
Année après année, rien ne change ici. On y fait un joli picpoul élégant et frais, avec une palette aromatique faite de citron, d'agrumes et de splendides amers. La fin de bouche, bien équilibrée, appelle une douzaine d'huîtres. Ne restez pas sourd à sa requête !

VIN DE PAYS D' OC ROUGE FRANC 2007 ☺
Rouge | 2009 à 2011 | 5,40 € **14,5/20**
Tel qu'en 2006, réalisé à partir de cabernet franc, c'est un modèle d'expression du cépage dans un vin simple mais particulièrement réussi, puissamment aromatique, avec une profondeur que bien des vins d'Aoc pourraient méditer.

VIN DE PAYS DES CÔTES DE THAU
CARIGNANE BLANCHE 2008 ☺
Rosé | 2009 à 2010 | 7,00 € **15/20**
La carignane-blanche est une cuvée de... rosé. Œil de perdrix plutôt que fuchsia, elle n'en est pas mince pour autant. Avec beaucoup de gras, la longueur est superbe. Un rosé pâle ou un blanc teinté ? Quelle que soit l'option choisie, beaucoup de caractère !

Rouge : 20 hectares ; merlot 40%.
Blanc : 20 hectares ; muscat à petits grains 40%, picpoul 20%. Production totale annuelle : 55 000 bt.
Visite : De 10 h à 12 h et de 16 h à 20 h.

MAS GRANIER – MAS MONTEL

Cellier du Mas Montel
Cedex 1110
30250 Aspères
Tél. 04 66 80 01 21 - Fax. 04 66 80 01 87
montel@wanadoo.fr
www.masmontel.fr

Jean-Philippe Granier conseille nombre de viticulteurs des Coteaux du Languedoc. Le domaine familial, situé sur le secteur de Sommières, propose des vins parfaitement propres, impeccablement vinifiés, du simple vin-de-pays jusqu'aux coteaux-du-languedoc. Une adresse sûre.

COTEAUX DU LANGUEDOC 2007
Rouge | 2009 à 2012 | NC   **15,5/20**
Florale, fruitée, cette cuvée est charnue, d'un beau volume en bouche avec une finale sur le havane et les épices douces.

COTEAUX DU LANGUEDOC LES GRÈS 2007
Rouge | 2009 à 2012 | 9,50 €   **16/20**
Dans le même style que 2006, ce rouge fruité, aux tanins présents mais bien enrobés, montre une finale de menthe et de chocolat particulièrement rafraîchissante.

COTEAUX DU LANGUEDOC LES MARNES 2008 ☺
Blanc | 2009 à 2011 | 8,20 €   **15/20**
Puissant au nez, sur des notes d'agrumes et de fleurs blanches, le vin a du gras et une densité qui l'amèneront volontiers courtiser un poisson de rivière ou une viande blanche.

VIN DE PAYS D' OC MAS MONTEL
CUVÉE JÉRICHO 2007   ☺
Rouge | 2009 à 2012 | 6,50 €   **15/20**
Très aromatique, marqué par la syrah, souple, avec des fruits rouges et de la réglisse mentholée, c'est un vin de grande buvabilité, aux tanins parfaitement intégrés, dont on ne se lasse pas.

VIN DE PAYS DU GARD LES BLANCS 2008 ☺
Blanc | 2009 à 2010 | 4,80 €   **14,5/20**
Dans le même style que 2007, le nez est explosif de fruits apportés par le viognier, qui constitue une part significative de l'assemblage. Une pointe de muscat amène une note proche de la lavande. Il sera parfait pour un apéritif dynamique.

Rouge : 30 hectares ; carignan noir 4%, cinsault 1%, grenache noir 9%, merlot 18%, mourvèdre 3%, syrah 38%. Blanc : 10 hectares ; chardonnay 2%, grenache blanc 10%, muscat à petits grains 3%, roussane 2%, vermentino 3%, viognier 7%.
Production totale annuelle : 120 000 bt.
Visite : De 9 h à 12 h 30 et de 14 h à 19 h du lundi au samedi.

CLOS DU GRAVILLAS

Clos du Gravillas
34360 Saint-Jean-de-Minervois
Tél. 04 67 38 17 52
nicole@closdugravillas.com
www.closdugravillas.com

Gravillas a été constitué, hectare après hectare, à partir de 1999, par un sympathique jeune couple américano-narbonnais, autour des terroirs de Saint-Jean-du-Minervois. En rouge, le domaine est un ardent défenseur du cépage carignan qui est ici bien traité. L'expression des vins, vraiment originale et savoureuse, est dotée d'une forte personnalité. Les faibles couvertures en soufre imposent de ne pas soumettre les vins à des températures extrêmes lors du transport et du stockage.

LO VIÈLH CARIGNAN 2006
Rouge | 2009 à 2012 | NC   **15/20**
Sur le fruit et le menthol, ce carignan montre un équilibre étonnant, dense et frais avec, comme toujours dans cette cuvée, une sérénité dans son expression en bouche.

MINERVOIS L'INATTENDU 2007
Blanc | 2009 à 2011 | 16 €   **16/20**
Enfin le grand blanc que nous attendions de ce domaine, parfaitement protégé, fin, suave, long, à la fois floral et délicatement fruité !

RENDEZ-VOUS DU SOLEIL 2006
Rouge | 2009 à 2011 | 11 €   **14/20**
Le vin est net, précis dans ses arômes, plus en longueur qu'en largeur, tenu par l'acidité des carignans.

SOUS LES CAILLOUX DES GRILLONS 2007
Rouge | 2009 à 2012 | 8 €   **14,5/20**
Le fruit de 2007 s'exprime dans cette cuvée réalisée avec le moins de protection en soufre possible. La buvabilité de cette cuvée est au rendez vous, ce qui est l'objectif recherché et atteint par les producteurs.

Rouge : 3,3 hectares ; cabernet sauvignon 7%, carignan noir 30%, counoise 2%, grenache noir 2%, mourvèdre 2%, syrah 14%. Blanc : 2,9 hectares ; autres 0%, grenache blanc 13%, maccabeu 2%, muscat à petits grains 18%, roussane 2%, terret bourret 6%, viognier 2%. Production totale annuelle : 19 000 bt. Visite : Sur rendez-vous.

CHÂTEAU GUÉRY

4, avenue du Minervois
11700 Azille
Tél. 04 68 91 44 34 - Fax. 04 68 91 44 34
rh-guery@chateau-guery.com
www.chateau-guery.com

Les Guery sont en Minervois depuis 1635, et se transmettent de génération en génération la passion de la vigne. L'essentiel de l'exploitation produit des vins-de-pays-d'oc particulièrement bien traités ici, qui exploitent pleinement toutes les qualités des cépages. C'est le chardonnay qui ressort cette année de notre dégustation, totalement gourmand, intensément glamour.

MINERVOIS LES ÉOLIDES 2007
Rouge I 2009 à 2010 I NC   **15,5/20**
Le vin est issu de mourvèdre complété de syrah et de grenache. La classe du mourvèdre parle avec un tanin raffiné et très droit. La finale est fraîche.

MINERVOIS TRADITION 2007
Rouge I 2009 à 2011 I 5,90 €   **14/20**
En puissance, du fond dans ce vin solide et bien travaillé qui est taillé pour une daube.

VIN DE PAYS D' OC CHARDONNAY
SERRE DE GUERY 2008   ☺
Blanc I 2009 à 2010 I 6 €   **14/20**
Chardonnay au superbe nez de pamplemousse rose et d'agrumes, fleur de chèvrefeuille. Millésime après millésime, il continue à faire un apéritif de grand charme à boire sur la fraîcheur du fruit.

VIN DE PAYS D' OC SERRE DE GUERY,
SYRAH 2007
Rouge I 2009 à 2010 I 8 €   **13,5/20**
Agréable syrah sur le fruit, dans un style charmeur.

VIN DE PAYS D' OC VIOGNIER
SERRE DE GUERY 2008   ☺
Blanc I 2009 à 2010 I 5,50 €   **13/20**
Beau viognier, abricot sec confit, à boire dans l'année sur le plaisir du fruit.

Rouge : 27 hectares ; cabernet franc 6%, cabernet sauvignon 9%, carignan noir 7%, cinsault 3%, grenache noir 5%, merlot 10%, mourvèdre 8%, petit verdot 2%, pinot noir 5%, syrah 22%. Blanc : 8 hectares ; chardonnay 7%, maccabeu 1%, sauvignon blanc 8%, viognier 7%. Production totale annuelle : 60 000 bt.
Visite : De 9 h à 12 h et de 16 h à 19 h.

HAUTES TERRES DE COMBEROUSSE

Comberousse, route de Gignac
34660 Cournonterral
Tél. 04 67 85 05 18 - Fax. 04 67 85 05 18
paul@comberousse.com
www.comberousse.com

Ce domaine, mené par Paul Reder, produit dans le secteur des Grès de Montpellier certains des vins blancs les plus originaux du Languedoc. Ne cherchez ici aucun produit à la mode. Sans aucune concession, ces blancs très légèrement oxydatifs emportent le dégustateur vers des notes absolument raffinées : le miel, le gingembre et la noix de muscade s'y disputent avec les fruits confits, dans un registre de vins parfaitement secs. Le 2000 parvenu à maturité est une bombe gustative ! Le 2007 suit de près.

COTEAUX DU LANGUEDOC ROUCAILLAT 2007   ☺
Blanc I 2009 à 2017 I 8,90 €   **17/20**
Le nez est explosif dans le grand style du domaine, légèrement mentholé, floral, verveine. La bouche est encore plus complexe.

COTEAUX DU LANGUEDOC ROUCAILLAT 2006
Blanc I 2009 à 2015 I 8,90 €   **15/20**
Légèrement oxydatif, ce vin racé à la matière profonde est un produit de civilisation qu'il faut comprendre dans la durée. Goûtez le 2000 pour vous en convaincre.

COTEAUX DU LANGUEDOC ROUCAILLAT 2000
Blanc I 2009 à 2012 I 10 €   **17/20**
Ce blanc est l'un des plus originaux du secteur. Le nez minéral est ravissant, et la bouche, légèrement oxydative, emmène le dégustateur vers le gingembre et le fruit confit. Il se prêtera à des mariages extraordinaires. Osez-le !

COTEAUX DU LANGUEDOC SAUVAGINE 2008
Blanc I 2009 à 2010 I 6,80 €   **14/20**
À base de grenache et de rolle, sauvagine est une entrée de gamme simple et charmante, une introduction à la cuvée roucaillat.

Rouge : 1 hectare Blanc : 12 hectares ; chardonnay 15%, chasan 8%, clairette 6%, grenache blanc 29%, rolle 22%, roussane 20%. Production totale annuelle : 20 000 bt.
Visite : Sur rendez-vous.

HECHT & BANNIER

3, rue Seguin
34140 Bouzigues
Tél. 04 67 74 66 38 - Fax. 04 67 74 66 45
contact@hbselection.com
www.hechtbannier.com

Hecht et Bannier sont deux jeunes passionnés de vin qui ont monté un négoce de qualité, ambitieux et original, en Languedoc et Roussillon. La réussite majeure est à rechercher cette année en Saint-Chinian. Le côtes-du-roussillon-villages et le faugères ont été également bien réussis, même si 2006 ne se montre pas sous un jour facile.

CÔTES DU ROUSSILLON-VILLAGES 2006
Rouge | 2009 à 2012 | 14,90 €   **14/20**
Matière dense, très mûre, assez fine, longue, avec des tanins chocolatés, encore légèrement astringents.

FAUGÈRES 2006
Rouge | 2009 à 2013 | 25 €   **14/20**
Belle matière un rien en retrait du saint-chinian cette année. La sensation de minéralité est intense.

LANGUEDOC 2007
Rouge | 2009 à 2012 | 7,90 €   **13/20**
Vin simple mais franc, au fruité agréable.

SAINT-CHINIAN 2006   ☺
Rouge | 2009 à 2013 | 14,90 €   **16/20**
Belle expression de saint-chinian, fruitée et ronde. L'ensemble est complexe, gourmand.

VIN DE PAYS D' OC SYRAH 2008   ☺
Rosé | 2009 à 2010 | 5,90 €   **14/20**
Très aromatique, un peu acidulé, cette syrah, bonne fille, est destinée à la fête, sans prise de tête ni état d'âme.

Rouge : carignan noir 10%,
grenache noir 40%, mourvèdre 10%, syrah 40%.
Production totale annuelle : 200 000 bt.

CHÂTEAU DE L'HERBE SAINTE

11120 Mirepeisset
Tél. 04 68 46 30 37 - Fax. 04 68 46 06 15
herbe.sainte@wanadoo.fr
www.herbe-sainte.com

L'herbe sainte est une variété botanique implantée localement. Dans un style traditionnel, le vin est très aromatique sans tanin accrocheur. Il ne trahit pas le nom du domaine avec ses arômes d'herboristerie, de foin séché et de pruneaux. Il conviendra bien en superposition d'arômes sur un rôti de porc aux pruneaux ou aux figues. Les 2007 sont bien réussis, les vins sont à boire rapidement.

MINERVOIS PRESTIGE 2007   ☺
Rouge | 2009 à 2011 | 7,30 €   **15/20**
Beaucoup de charme aromatique dans ce 2007 avec un joli grain de tanin croquant. Il est à boire dès maintenant pour le plaisir.

MINERVOIS PRESTIGE 2006
Rouge | 2009 à 2010 | NC   **13,5/20**
Le vin est à maturité et devra être bu rapidement pour profiter de son aromatique.

MINERVOIS TRADITION 2007   ☺
Rouge | 2009 à 2010 | 6,60 €   **14/20**
Belle attaque, matière fine, l'ensemble est joliment fruité, épicé. Un vin de charme !

Rouge : 40 hectares **Blanc :** 20 hectares **Production totale annuelle :** 45 000 bt. **Visite :** De 10 h à 12 h et de 16 h à 19 h et sur rendez-vous.

DOMAINE DE L'HORTUS – VIGNOBLES ORLIAC

Domaine de l'Hortus
34270 Valflaunes
Tél. 04 67 55 31 20 - Fax. 04 67 55 38 03
vins@vignobles-orliac.com
www.vignobles-orliac.com

Situé au pied des impressionnantes falaises de l'Hortus, ce domaine produit des vins en appellation Pic Saint-Loup et Coteaux du Languedoc, sur des terres en altitude situées au-dessus de la vallée de la Buèges. Les élevages sont parfois un peu visibles, notamment en blanc, mais les rouges, à leur meilleur, sont réalisés avec beaucoup de finesse.

COTEAUX DU LANGUEDOC 2007
Blanc | 2009 à 2012 | NC   **15/20**
Joli blanc en puissance, assez gras, aromatique, avec une pointe de fenouil et de garrigue.

COTEAUX DU LANGUEDOC
BERGERIE DE L'HORTUS ROSÉ DE SAIGNÉE 2008
Rosé | 2009 à 2010 | 7,50 €   **14,5/20**
Rosé légèrement bonbon mais assez fluide et frais en bouche.

COTEAUX DU LANGUEDOC CLOS DU PRIEUR
Rouge | 2009 à 2010 | NC   **15/20**
Très belle matière avec une attaque épatante sur les fruits noirs. La finale encore marquée par le bois demandera un peu de temps.

COTEAUX DU LANGUEDOC PIC SAINT-LOUP
BERGERIE DE L'HORTUS 2007
Rouge | 2009 à 2011 | 8,70 €   **14/20**
Vin friand, gourmand, facile à boire avec des tanins souples. Le prototype du vin de copains.

COTEAUX DU LANGUEDOC PIC SAINT-LOUP
DOMAINE DE L'HORTUS GRANDE CUVÉE 2006
Rouge | 2010 à 2013 | 16,90 €   **15/20**
Belle attaque sur les fruits avec un élevage dominant qui demandera à se fondre.

VIN DE PAYS DU VAL DE MONTFERRAND
BERGERIE DE L'HORTUS 2008
Blanc | 2009 à 2010 | 8,70 €   **14,5/20**
Ce blanc réalisé à partir de chardonnay, de viognier, de sauvignon et de roussanne montre une étonnante fraîcheur avec des notes harmonieuses de fenouil et de garrigue. Il est dès maintenant très facile à boire.

Rouge : 58 hectares ; grenache noir 16%, mourvèdre 20%, syrah 43%. **Blanc :** 16 hectares ; chardonnay 6%, roussane 7%, sauvignon blanc 4%, viognier 4%. **Production totale annuelle :** 370 000 bt.
Visite : Du lundi au vendredi, de 8 h à 12 h et de 13 h à 18 h.

MAISON JAUNE

Mas Montel Cedex 1110
30250 Aspèrese
Tél. 06 72 77 38 88
jpodile.granier@orange.fr

Ce petit négoce haute couture achète de très belles cuvées qu'il élève ensuite avec soin pendant le temps nécessaire. Il présente ainsi des vins de 2002 à 2005 parvenus à maturité.

COTEAUX DU LANGUEDOC 2005
Rouge | 2009 à 2014 | 9 €   **16/20**
Quelle belle expression des coteaux-du-languedoc, avec des tanins très élégants, tout en finesse. Une pointe d'iode indique son origine près de la mer et sa salinité fera merveille.

COTEAUX DU LANGUEDOC 2003
Rouge | 2009 à 2012 | 9 €   **16,5/20**
Un rouge de grande ampleur aromatique, récolté dans les Terrasses du Larzac. Il n'y a aucune tannicité dans ce millésime qui en procure souvent. Très mûr, sa puissance d'expression ne passe pas inaperçue. Il est à boire.

COTEAUX DU LANGUEDOC SAINT-GEORGES D'ORQUES 2005
Rouge | 2010 à 2013 | 12 €   **15/20**
Le saint-georges-d'orques a bénéficié de la salinité des embruns. Son élevage amènera à patienter un peu pour que la fluidité des tanins le fasse apparaître à son vrai niveau.

COTEAUX DU LANGUEDOC SAINT-GEORGES D'ORQUES 2003
Rouge | 2009 à 2010 | 12 €   **16/20**
Très joli nez, un beau fruit, et en finale une salinité de grand charme. Parfaitement prêt à boire, il plaira énormément. Sa finale tabac, sans sécheresse marquée, est subtile, un clin d'œil au pinot noir bourguignon bien qu'il soit absolument absent de l'encépagement.

FAUGÈRES 2003
Rouge | 2009 à 2012 | 12 €   **15,5/20**
Réalisé dans le même esprit que 2002, ce millésime est marqué en arômes de fruits à l'eau-de-vie, avec des tanins désormais fondus.

Production totale annuelle : 10 000 bt.
Visite : Sur rendez-vous.

JEANJEAN

Vignerons et passions BP1
34725 Saint-Félix-de-Lodez
Tél. 04 67 88 80 01 - Fax. 04 67 96 65 67
caveau@vignerons-passions.fr
www.vignerons-passions.fr

Le groupe Jeanjean est un major des vins du sud de la France, qui vinifie l'équivalent de 80 millions de bouteilles. Avec différentes maisons possédant toute leur autonomie et leur style, il couvre toute la moitié sud de la France. En Languedoc, les vins de propriétés voisinent avec des cuvées de grande diffusion, mais l'ensemble des 2007 dégustés indique un niveau de forme très satisfaisant!

COTEAUX DU LANGUEDOC
DEVOIS DES AGNEAUX D'AUMELAS 2007
Rouge | 2009 à 2013 | 7,50 €   **14,5/20**
Charmeur avec un fruit délicat, aromatique et une finale longue et savoureuse.

COTEAUX DU LANGUEDOC
DEVOIS DES AGNEAUX D'AUMELAS 2006
Rouge | 2009 à 2012 | 7,50 €   **14,5/20**
Ce vin montre un joli tanin, des notes de fruits noirs et une belle texture raffinée.

COTEAUX DU LANGUEDOC GRAND DEVOIS 2007
Rouge | 2009 à 2014 | 11 €   **15/20**
De jolis fruits, une pointe de salin, avec une matière élégante, veloutée et raffinée.

COTEAUX DU LANGUEDOC MAS DE LUNÈS 2007
Rouge | 2009 à 2012 | 8 €   **15/20**
Le nez est très fin, fruits rouges épanouis, et la matière est délicate et gourmande. .

FAUGÈRES CLOS ROQUE D'ASPES 2005
Rouge | 2009 à 2010 | 6,50 €   **15/20**
Avec un boisé un peu marqué, sur les fruits noirs, un vin aux tanins charmeurs.

FAUGÈRES DOMAINE DE FENOUILLET 2006
Rouge | 2009 à 2011 | 7,50 €   **15/20**
Cuvée agréable, développant une finale fruitée, puissante et charmeuse.

MUSCAT DE MIREVAL DOMAINE DU MAS NEUF 2007
Blanc Doux | 2009 à 2012 | 9 €   **15/20**
Puissant en arômes de fruits jaunes, ce muscat-de-mireval sera un compagnon de choix à l'apéritif ou sur une tarte aux fruits frais.

VIN DE PAYS D' OC L'INCOMPRIS 2007
Blanc liquoreux | 2009 à 2010 | 15 €   **14/20**
Les muscats manquent d'ambassadeurs alors qu'ils font de parfaits vins d'apéritif et de dessert. En voici un, marqué par le pamplemousse rose et les agrumes orange.

Visite : Vignerons & Passions : du lundi au vendredi, de 9 h à 19 h et le samedi, de 9 h 30 à 12 h 30 et de 15 h à 18 h.

CHÂTEAU DE JONQUIÈRES

Château de Jonquières
34725 Jonquières
Tél. 04 67 96 62 58 - Fax. 04 67 88 61 92
contact@chateau-jonquieres.com
www.chateau-jonquieres.com

Isabelle et François de Cabissole ont sorti leur domaine de la coopération pour l'exploiter directement. Le vignoble du beau château de Jonquières, classé monument historique, est installé sur des éboulis calcaires provenant du Larzac, un sol drainant apte à donner des vins de forte expression. La-baronnie est une cuvée profonde tout en restant délicate, et le 2001 montre sa capacité à bien évoluer. En blanc, le vin-de-pays-de-l'hérault mérite le détour car sa fraîcheur dénote dans le paysage languedocien.

COTEAUX DU LANGUEDOC
CHÂTEAU DE JONQUIÈRES LA BARONNIE 2006
Rouge | 2009 à 2013 | 15 €   **15,5/20**
Cette cuvée a toujours une densité d'extrait sec élevée en fin de bouche. 2006, bien réussi, lui apporte de la fraîcheur.

COTEAUX DU LANGUEDOC
CHÂTEAU DE JONQUIÈRES LA BARONNIE 2003
Rouge | 2009 à 2012 | 16 €   **14/20**
La matière est agréable avec un joli jus. Les tanins un peu secs en finale sont la marque du millésime en Languedoc.

COTEAUX DU LANGUEDOC
CHÂTEAU DE JONQUIÈRES LA BARONNIE 2002
Rouge | 2009 à 2010 | 15 €   **14/20**
Ce millésime décrié montre un visage charmeur. La matière est évoluée, souple, légèrement animale mais puissamment aromatique, légèrement sèche.

VIN DE PAYS DE L' HÉRAULT
DOMAINE DE JONQUIÈRES 2007
Blanc | 2009 à 2010 | 12,50 €   **14,5/20**
Très joli vin-de-pays, particulièrement aromatique, pastèque, melon, groseille et fruits jaunes. Ce petit festival fruité est tenu par une acidité bienvenue.

Rouge : 7,5 hectares ; carignan noir 25%, cinsault 18%, grenache noir 15%, mourvèdre 20%, syrah 22%. **Blanc :** 1,5 hectare ; chenin blanc 50%, grenache blanc 50%. **Production totale annuelle :** 16500 bt.

CHÂTEAU DE JOUCLARY

Route de Villegailhenc
11600 Conques-sur-Orbiel
Tél. 04 68 77 10 02 - Fax. 04 68 77 00 21
chateau.jouclary@wanadoo.fr

Pascal Gianesini a repris cette propriété familiale d'une soixantaine d'hectares, consacrée à parité aux vins de pays et aux cabardès. Elle est située dans la zone proche du Minervois sur des sols caillouteux. Les rouges sont d'inspiration plutôt atlantiques avec une forte proportion de cépages bordelais. Guillaume de Jouclary, consul de Carcassonne vers 1530, est le nom de la cuvée la plus ambitieuse en rouge, bien dans l'esprit de l'Aoc Cabardès. En blanc, le vin de pays d'oc sauvignon mérite le détour.

CABARDÈS CHATEAU JOUCLARY 2008
Rosé | 2009 à 2010 | 5 €   **13/20**
Puissant en bouche, long, ce rosé assez puissant dévoile en finale des arômes intenses de fruits rouges, de framboise et d'épices.

CABARDÈS CUVÉE GUILLAUME DE JOUCLARY 2006
Rouge | 2009 à 2011 | 10 €   **14,5/20**
Issue de vieilles parcelles de merlot et de syrah, cette cuvée passe en bois pour donner un vin structuré, intense, à consommer sur une viande rouge.

CABARDÈS ÉLEVÉ EN FÛT 2006
Rouge | 2009 à 2010 | 6,50 €   **14/20**
Cabardès intense en fruits noirs, long et épicé avec de la fraîcheur en finale.

VIN DE PAYS D'OC
DOMAINE JOUCLARY CHARDONNAY 2008
Blanc | 2009 à 2010 | 4,50 €   **12,5/20**
Ce chardonnay aromatique, gras en bouche, est fruité et long.

VIN DE PAYS D'OC
DOMAINE JOUCLARY SAUVIGNON 2008 ☺
Blanc | 2009 à 2010 | 4,50 €   **14,5/20**
Sauvignon bien réussi, long en bouche avec une très jolie matière sur les agrumes et les fruits jaunes.

Rouge : 50 hectares ; cabernet franc 5%, grenache noir 20%, merlot 40%, syrah 25%.
Blanc : 7 hectares ; chardonnay 5%, sauvignon blanc 5%.
Production totale annuelle : 150 000 bt.

MAS JULLIEN

Chemin du Mas Jullien
34725 Jonquières
Tél. 04 67 96 60 04 - Fax. 04 67 96 60 50
masjullien@free.fr

La sensibilité à fleur de peau, ancré dans un humanisme qui devient rare, Olivier Jullien est un artiste qui produit un vin qui lui ressemble. Les rouges, ici plus qu'ailleurs, sont infiniment Languedoc. Ils évoluent lentement : le 1989, millésime décrié, est d'une incroyable fraîcheur et d'une jeunesse qui ne se dément pas. Le mas-jullien nécessite plusieurs années pour s'ouvrir, Olivier a créé états-d'âme, qui est accessible plus rapidement tout en ayant la patte du domaine. Il exploite également des terres d'altitude qui ont permis la cuvée carlan. Les rouges sont au plus haut niveau languedocien.

COTEAUX DU LANGUEDOC 2006
Rouge | 2009 à 2018 | 25 €   **18/20**
La matière de ce rouge est magnifique. Construite pour la garde, cette cuvée aux tanins dynamiques ira loin, probablement très loin. Une interprétation réussie du millésime par le maestro des Terrasses du Larzac.

COTEAUX DU LANGUEDOC CARLAN 2007
Rouge | 2009 à 2015 | 25 €   **17/20**
L'aromatique est incroyablement raffiné. Cette cuvée est réalisée sur une sélection d'altitude où la fraîcheur domine l'alcool. La pureté du vin a fait disparaître la notion de cépage comme l'an passé. La texture est complexe avec un tanin dynamique, élancé, complètement dans l'esprit de 2007.

COTEAUX DU LANGUEDOC ÉTATS D'ÂME 2007 ☺
Rouge | 2009 à 2015 | 15 €   **15,5/20**
États-d'âme est un vin différent chaque année, réalisé dans un style plus immédiatement accessible que le mas-jullien. Sa plénitude, son naturel et sa fraîcheur sont ses marques de fabrique. 2007 affiche son charme dans cette bouteille.

Rouge : 17 hectares ; carignan noir 28%, cinsault 4%, grenache noir 20%, mourvèdre 30%, syrah 18%.
Blanc : 3 hectares ; 10%, 20%, 40%, 10%, clairette 5%, terret bourret 10%. Production totale annuelle : 70 000 bt. Visite : De 14 h à 18 h, du lundi au vendredi, sur rendez-vous. Fermé en janvier, février et mars.

DOMAINE LACOSTE

Mas de Bellevue
34400 Saturargues
Tél. 04 67 83 24 83 - Fax. 04 67 71 48 23
Rf.lacoste@gmail.com
domainelacoste.fr

Francis Lacoste fait partie des rares vigne-rons à porter haut l'étendard de Muscat de Lunel. Il s'est fait connaître par la précision aromatique de ses muscats, qui est la résultante de l'exigence qu'il porte à ses vignes et aux vinifications. Il a complété son domaine, jusque-là consacré aux blancs, par quelques hectares de rouge, dans la zone des Coteaux du Languedoc Saint-Christol. La qualité de ses carignans noirs l'a amené à réaliser une cuvée qui leur est dédiée, et que tout amateur de ce cépage aura intérêt à découvrir. Le clos-des-estivencs est un assemblage de cépages également très réussi. Les mus-cats cette année se goûtaient mal lors de notre dégustation. Nous leur avons pré-féré pour une fois les rouges.

COTEAUX DU LANGUEDOC
CLOS DES ESTIVENCS 2006
Rouge | 2009 à 2014 | 22,60 €   **14,5/20**
Cuvée puissante, structurée qui ne manque pas de fond. Elle est épicée avec une finale dense, prometteuse.

VIN DE PAYS DE L' HÉRAULT
LES ESTIVENCS 2006
Rouge | 2009 à 2013 | 17,60 €   **14/20**
Issu du seul carignan, ce qui explique son classement en vin de pays, cette cuvée est puissante en arômes, très mûre tout en étant tenue par une structure acide. C'est un vin généreux, profond et charmeur.

Rouge : rouge et rosé: 3,60 hectares ;
carignan noir 41%, grenache noir 34%, syrah 25%.
Blanc : 7 hectares ; muscat à petits grains 100%.
Production totale annuelle : 38 000 bt.

DOMAINE LACROIX-VANEL

41, boulevard du Puits-Allier
34720 Caux
Tél. 04 67 09 32 39 - Fax. 04 67 09 32 39
lacroix-vanel@wanadoo.fr
www.domainelacroix-vanel.com

Installé dans le joli village de Caux, Jean-Pierre Vanel conjugue ses terroirs du Villa-franchien et les cépages traditionnels du Languedoc. Le grenache domine dans la cuvée mélanie, et le mas-non-troppo est emmené par des mourvèdres de qualité. La gamme est constituée de vins structurés, dont la puissance mériterait un peu de garde pour les apprécier à leur meilleur. Nous apprécions la qualité des matières et si nous sommes parfois réservés sur la pureté de certaines cuvées, 2007 montre une nou-velle voie avec une cuvée fine-amor aux aro-matiques impeccables. Bravo !

LANGUEDOC FINE AMOR 2007
Rouge | 2009 à 2013 | 9,95 €   **16/20**
2007 semble fort bien parti dans la vie, avec la qualité habituelle des matières du domaine et une netteté aromatique impeccable.

LANGUEDOC FINE AMOR 2006
Rouge | 2009 à 2012 | 9,80 €   **14/20**
Corsé et puissant, légèrement animal, dans le style des vins du domaine avec des arômes de fruits à noyaux et de fruits noirs à l'eau-de-vie.

LANGUEDOC MÉLANIE 2005
Rouge | 2009 à 2013 | 15 €   **14,5/20**
Cru de fort caractère, avec des notes de réglisse forte et un léger caractère animal. La finale anisée, fruits noirs, lui donne du charme.

Rouge : 10 hectares ; carignan noir 10%,
cinsault 12%, grenache noir 41%, mourvèdre 13%,
syrah 17%. Blanc : 05 hectares ; grenache blanc 5%,
roussane 2%. Production totale annuelle : de 20 à 33
000 bt. Visite : Sur rendez-vous au 06 81 72 07 74.

MICHEL LAROCHE – MAS LA CHEVALIÈRE

Route de Murviel
13 chemin rural
34500 Béziers
Tél. 04 67 49 88 30 - Fax. 04 67 49 88 59
info@larochewines.com
www.larochewines.com

Michel Laroche a complété sa gamme de chablis par cette implantation en terre du sud pour y vinifier des vins de pays d'oc. Il a investi dans un chai ultramoderne, persuadé que la plus grande hygiène était indispensable à la réalisation de vins propres et de grande qualité. La gamme que nous avons dégustée lui donne probablement raison, car l'ensemble des vins est irréprochable. Une grande partie des vins est bouchée en capsule à vis pour s'affranchir des goûts de bouchon. Voici une adresse fiable où s'approvisionner en vins de cépage, mais nous vous incitons également à fréquenter les hauts de gamme, mas-la-chevalière en 2006, que nous préférons cette année au la-croix-chevalière 2005.

VIN DE PAYS D' OC 2007
Blanc | 2009 à 2010 | 9,90 € **15,5/20**
Ce chardonnay en habit de lumière est bien marqué par des fruits frais. Très mûr, dopé par un peu de viognier, il constitue un produit de classe parfait pour l'apéritif et pour la table.

VIN DE PAYS D' OC 2006
Rouge | 2009 à 2011 | 11,90 € **15/20**
Puissante, cette cuvée toujours bien élevée affiche des tanins fins, une dynamique en bouche et une structure ronde sans l'austérité du millésime.

VIN DE PAYS D' OC CHARDONNAY DE LA CHEVALIÈRE 2008
Blanc | 2009 à 2010 | 7,90 € ☺ **14/20**
Dans un registre souple mais fruité, ce chardonnay est assez tendu avec une fin de bouche fraîche.

Rouge : 30 hectares ; 10%, cabernet sauvignon 10%, merlot 15%, mourvèdre 5%, syrah 25%.
Blanc : 10 hectares ; 3%, chardonnay 22%.
Production totale annuelle : 3 600 000 bt.

CHÂTEAU DE LASCAUX

Place de l'Église
34270 Vacquières
Tél. 04 67 59 00 08 - Fax. 04 67 59 06 06
jb.cavalier@wanadoo.fr
www.chateau-lascaux.com

Le Château de Lascaux est dirigé depuis 1990 par Jean-Benoît Cavalier, ingénieur agronome qui préside également aux destinées de la vaste appellation des Coteaux du Languedoc. Le domaine, installé sur Vacquières, exploite des parcelles dont certaines sont classées en Pic Saint-Loup. Ce domaine de 45 hectares, plutôt orienté vers la syrah, est en cours de reconversion vers l'agriculture biologique. Il offre une gamme bien construite de bons languedocs, bien typés par leur terroir et dont la cuvée les-secrets constitue le haut de gamme en rouge.

COTEAUX DU LANGUEDOC 2008
Rosé | 2009 à 2013 | NC **14/20**
Agréable rosé, assez puissant en bouche. Il conviendra de l'apéritif jusqu'à un saumon ou une anchoïade.

COTEAUX DU LANGUEDOC 2007
Rouge | 2009 à 2012 | 7 € **14,5/20**
Sérieusement construit, ce rouge généreux, sur les fruits noirs, est bien inscrit dans son millésime. La finale est fraîche.

COTEAUX DU LANGUEDOC 2007
Blanc | 2009 à 2011 | 7 € ☺ **15/20**
Blanc de grand volume, frais et onctueux à la fois, tenu par une pointe citronnée qui donne du dynamisme à ce vin sudiste.

COTEAUX DU LANGUEDOC LES NOBLES PIERRES 2006
Rouge | 2009 à 2013 | 14 € **16/20**
Élevé à la fois en cuves et en barriques, avec une faible proportion de bois neuf, c'est un vin dense, tendu en finale avec une netteté aromatique qui se remarque.

COTEAUX DU LANGUEDOC LES NOBLES PIERRES 2005
Rouge | 2009 à 2012 | 14 € **15/20**
C'est un vin dense et profond, bien ancré dans la typicité languedocienne. Sa fin de bouche est minérale, puissante, aromatique toujours très fraîche.

COTEAUX DU LANGUEDOC LES PIERRES D'ARGENT 2005
Blanc | 2009 à 2012 | 13 € **15/20**
Ce blanc puissant, gras, est un vin structuré qui est plutôt bâti pour la table. La finale est complexe, épicée et longue.

Rouge : 38 hectares ; cinsault 7,5%, grenache 25%, mourvèdre 7%, syrah 45%. **Blanc :** 7 hectares ; Marsanne 3%, rolle 5,5%, roussanne 5%. **Production totale annuelle :** 180 000 bt. **Visite :** Du lundi au samedi, de 10 h à 12 h et de 14 h à 19 h. Dimanches et jours fériés sur rendez-vous.

CHÂTEAU DE LASTOURS

11490 Portel-des-Corbières
Tél. 04 68 48 64 74 - Fax. 04 68 40 06 94
contact@chateaudelastours.com
www.chateaudelastours.com

Implanté sur le secteur méditerranéen des Corbières, le domaine a été racheté par la famille Allard, qui gère également le Château Laroque à Saint-Émilion. D'importants travaux sont réalisés sur la propriété, tant dans les équipements techniques que dans la replantation massive du vignoble pour redonner à Lastours tout son prestige. Pour aller encore plus loin, un tout nouveau chai verra le jour en 2010. La gamme a été simplifiée et ne comporte plus que trois rouges et un rosé. Arnaud-de-berre est l'entrée de gamme dans un style friand. Simone-descamps est positionnée en cuvée intermédiaire avec un élevage sous bois plus limité que le haut de gamme, étiqueté sous le nom de château-de-lastours. Le site de Lastours abrite également un circuit automobile où viennent s'entraîner les meilleures écuries, ainsi qu'un complexe d'œnotourisme, avec une restauration et une hôtellerie de qualité.

CORBIÈRES 2008
Rosé | 2009 à 2010 | 5,95 €   **13/20**
Rosé bien construit ; derrière une couleur saumon intense du plus bel effet, il est dense en bouche, sérieux et équilibré.

CORBIÈRES ARNAUD DE BERRE 2006   ☺
Rouge | 2009 à 2011 | 5,95 €   **14/20**
Cette entrée de gamme du château est bien inscrite dans le millésime 2006 dont elle a capté la fraîcheur. La bouche n'a pas cherché la structure pour s'orienter vers une buvabilité bienvenue.

CORBIÈRES RÉSERVE 2005
Rouge | 2009 à 2011 | 18 €   **15/20**
La cuvée réserve a bien évolué. Elle est marquée par le millésime 2005 qui apporte ses tanins en fin de bouche. L'ensemble est épicé avec du fond, et affiche la générosité et la chaleur des terroirs de Portels. Il est à boire.

CORBIÈRES SIMONE DESCAMPS 2006   ☺
Rouge | 2010 à 2013 | 8,95 €   **15/20**
Cette cuvée célèbre de Lastours montre une structure élégante, plus en finesse qu'en puissance, avec un aromatique fin, cuirs, fruits noirs et fruits à l'eau-de-vie. La finale fraîche participe du charme.

Rouge : 100 hectares ; carignan noir 25%, cinsault 10%, grenache noir 25%, mourvèdre 15%, syrah 25%. Production totale annuelle : 250 000 bt.
Visite : D'octobre à mai 10 h 00 à 12 h 30 et 13 h 30 à 18 h 00, de juin à septembre de 10 h 00 à 19 h 00.

DOMAINE J. LAURENS

Les Graimenous
Route de La Digne d'Amont
11300 La Digne-d'Aval
Tél. 04 68 31 54 54 - Fax. 04 68 31 61 61
domaine.jlaurens@wanadoo.fr
www.jlaurens.com

On se régale de la superbe gamme de bulles de cette petite maison. Les blanquettes expriment les jolies nuances de la pomme verte et des fleurs blanches du mauzac. Les crémants, à dominante de chardonnay et de chenin, donnent des vins très raffinés et tout en subtilité. Nous n'avons vu aucune altération aromatique dans la gamme présentée, ce qui n'est pas un constat si fréquent lors de nos dégustations. Les dosages parfaitement réalisés et sans aucune lourdeur procurent des fins de bouche absolument nettes. On en redemande !

BLANQUETTE DE LIMOUX LE MOULIN   ☺
Blanc Brut effervescent | 2009 à 2010 | 7 €   **15/20**
Tirage après tirage, cette blanquette dynamique, vineuse tout en restant délicate, laisse une fin de bouche très nette. Issu à 90% de mauzac, c'est un joli produit aérien dans sa texture, qui a gardé beaucoup de fraîcheur.

BLANQUETTE DE LIMOUX LE MOULIN
Blanc Demi-sec effervescent | 2009 à 2010 | 7 €   **14,5/20**
À destination des desserts, ce blanc est légèrement dosé. Des boudoirs et pourquoi pas des glaces à base de vanille joueront dans le ton.

CRÉMANT DE LIMOUX CLOS DES DEMOISELLES 2007   ☺
Blanc Brut effervescent | 2009 à 2010 | 10 €   **16/20**
Une bulle racée, profonde en goût et sans aucune lourdeur, telle qu'on aimerait en trouver plus souvent. Ce vin, millésime après millésime, affirme sa classe, empreinte de délicatesse. Il provient de 60% de chardonnay complété de chenin et d'une pointe de pinot et de mauzac.

CRÉMANT DE LIMOUX LES GRAIMENOUS 2007   ☺
Blanc Brut effervescent | 2009 à 2010 | 8 €   **15,5/20**
Ce crémant distingué à dominante de chardonnay et de chenin, délicatement citronné, se montre très apéritif.

Rouge : 2 hectares. Blanc : 28 hectares.
Production totale annuelle : 135 000 bt.
Visite : De 9 h à 18 h.

MAS LAVAL

26, rue Jean Casteran
34150 Aniane
Tél. 04 67 57 79 23 - Fax. 04 67 57 84 38
contact@maslaval.com
www.maslaval.com

Sans bruit mais avec une évidente réus-site, les Laval réalisent des vins étonnants. Ils sont aujourd'hui classés en vins de pays, dont la frondeuse Aniane s'est fait une spécialité. Si une moitié des 35 hec-tares part en cave coopérative, l'autre moi-tié, objet de toutes les attentions, est vinifiée dans des installations ultramo-dernes où la guerre à toute bactérie perni-cieuse a été clairement déclarée. Une hygiène irréprochable, un chai climatisé, ce qui n'est pas si fréquent en Languedoc, et des barriques magnifiques, rarement neuves mais d'un an, en provenance du plus emblématique domaine de Bour-gogne, permettent une gamme qui ne comporte que deux vins. Les-pampres, deuxième vin tarifé comme tel, vaut bien des premiers vins ailleurs. Le grand vin porte le nom du domaine et bouscule les hiérarchies languedociennes.

Vin de pays de l' Hérault 2006 ☺
Rouge | 2009 à 2013 | 18 €   **17,5/20**
Cette cuvée a été réalisée à partir de vieilles syrahs et de grenaches très anciens, com-plétés d'une touche de mourvèdre. Elle est d'un exceptionnel équilibre entre une den-sité de bouche magnifique et une fraîcheur absolument délicieuse. Un modèle d'har-monie et de longueur en finale. Il existe une offre primeur intéressante pour ceux qui les réservent très tôt.

Vin de pays de l' Hérault Les Pampres 2007
Rouge | 2009 à 2012 | 8,50 €   **16,5/20**
La syrah et le mourvèdre, complétés de gre-nache et de carignan, sont à l'origine de cette cuvée étonnante. Quelle densité der-rière ce fruit magnifique permis par le mil-lésime ! Du grand vin de pays, qui bousculera la plupart des rouges produits en Aoc.

Rouge : 31,5 hectares Blanc : 2,5 hectares
Production totale annuelle : 2 000 bt.
Visite : Sur rendez-vous.

DOMAINE MAXIME MAGNON

4, rue des Moulins
11360 Villeneuve-les-Corbières
Tél. 04 68 45 84 71 - Fax. 04 68 45 84 71
maxime.magnon@orange.fr

Le jeune Maxime Magnon exploite en agri-culture biologique une dizaine d'hectares en vin de pays de la Vallée du Paradis et en Corbières, sur Villeneuve. La gamme est originale, constituée en rouge de trois cuvées, où transparaît une envie d'aller vers un vin de grand fruit. Elle sera souple sur la-démarrante, très sympathique mais plus profonde sur rozeta, et ancrée dans le terroir de schistes sur campagnès. 2008 marque une rupture de style vers plus de buvabilité.

Corbières Campagnès 2008 ☺
Rouge | 2009 à 2011 | NC   **15/20**
En rupture de style, 2008 un peu amylique plaît beaucoup par sa fraîcheur et son incroyable buvabilité.

Corbières Rozeta 2008 ☺
Rouge | 2009 à 2011 | NC   **16/20**
Rien ne change en rozeta, bien qu'elle se transfigure tous les ans. 2008 la montre plus pâle, sur de superbes fruits mais toujours avec cette étonnante buvabilité !

Vin de pays de la Vallée du Paradis La Bégou 2008 ☺
Blanc | 2009 à 2013 | NC   **15/20**
Une majorité de grenache gris marque la cuvée de ses arômes de fleurs et de poire. La vivacité est remarquable, tendue comme un arc, sans concession, dans ce vin de ter-roir d'altitude.

Rouge : 8,5 hectares ; carignan 40%, cinsault 15%, grenache noir 15%, syrah 10%. Blanc : 2,5 hectares ; grenache blanc 20%. Production totale annuelle : 28 000 bt. Visite : Sur rendez-vous.

CLOS MARIE

Route de Cazeneuve
34270 Lauret
Tél. 04 67 59 06 96 - Fax. 04 67 59 08 56
clos.marie@orange.fr

Clos Marie est un domaine de Pic Saint-Loup où chaque cuvée, dès l'entrée de gamme, s'approche de l'idéal languedocien. Christophe Peyrus a acquis le sens du grand vin en côtoyant les meilleurs vignerons. Son vignoble, cultivé en biodynamie, fournit des rouges aux tanins très raffinés et une étrange sensation de fraîcheur s'empare du dégustateur.

COTEAUX DU LANGUEDOC PIC SAINT-LOUP GLORIEUSES 2006
Rouge | 2009 à 2012 | 45 €   **17/20**
Profond en fruits noirs, charnu et frais, ce rouge est magnifique dans sa texture veloutée et racée.

COTEAUX DU LANGUEDOC PIC SAINT-LOUP L'OLIVETTE 2007   ☺
Rouge | 2009 à 2011 | 13 €   **15,5/20**
Cette cuvée de base est déjà remarquable de franchise. La bouche, toute en fruits, est suave et soyeuse, portée par une pointe d'acidité.

COTEAUX DU LANGUEDOC PIC SAINT-LOUP MÉTAIRIE DU CLOS 2007
Rouge | 2009 à 2013 | 23 €   **15/20**
De vieux carignans sont soutenus ici par des grenaches de quarante ans, complétés de la palette aromatique de jeunes syrahs. Le nez est pour l'instant marqué par des notes de légère réduction, mais le volume et l'amplitude sont impressionnants, le soyeux également.

COTEAUX DU LANGUEDOC PIC SAINT-LOUP SIMON 2007
Rouge | 2009 à | 23 €   **17,5/20**
Cette cuvée allie à parts égales le grenache et la syrah. Le nez très net se poursuit par des tanins de très grande finesse avec une pointe de fraîcheur.

Rouge : 18 hectares ; carignan 10%, grenache rouge 40%, mourvedre 10%, syrah 40%.
Blanc : 5 hectares ; clairette 20%, grenache blanc 30%, rolle , roussanne 30%.
Production totale annuelle : 85 000 bt.
Visite : Sur rendez-vous uniquement.

MAS DE MARTIN

Route de Carnas
34160 Saint-Bauzille-de-Montmel
Tél. 04 67 86 98 82 - Fax. 04 67 86 98 82
masdemartin@wanadoo.fr
www.masdemartin.info

Christian Mocci a dû doublement renoncer à la Corse puis à l'Éducation nationale pour diriger ce domaine des Coteaux du Languedoc. Curieux de grands vins et fin dégustateur, il extrait de sa petite vingtaine d'hectares une gamme dont le maître mot est le charme aromatique. Vénus perdra les simples mortels que nous sommes, incapables de résister à tant de tentation. Cinarca, également réalisée à partir de syrah et de grenache, ainsi qu'ultreia qui incorpore du mourvèdre, font partie des languedocs modernes aux tanins raffinés. Ils sont destinés à un plaisir intense et immédiat, bien qu'ils puissent fort bien vieillir.

COTEAUX DU LANGUEDOC CINARCA 2007
Rouge | 2009 à 2012 | 12,50 €   **15/20**
Beau volume dans ce vin aux tanins agréables, tenu par une trame acide en finale.

COTEAUX DU LANGUEDOC ULTREIA 2007
Rouge | 2009 à 2013 | 17 €   **16/20**
La race de cette cuvée est au rendez-vous en 2007, le tanin est fin et la bouche est généreuse.

COTEAUX DU LANGUEDOC VÉNUS 2007
Rouge | 2009 à 2012 | 8 €   **14,5/20**
Puissante et mûre, assez dense avec de beaux tanins, vénus est longue en bouche, friande et fraîche.

LUXURE
Rouge | 2009 à 2013 | 25 €   **14/20**
Nez surmûri, finale un peu cuite. L'exercice de style est intéressant.

VIN DE PAYS DU VAL DE MONTFERRAND ROI PATRIOTE 2007
Rouge | 2009 à 2013 | 10 €   **14/20**
Assemblage de cépages méditerranéens et atlantiques, cette cuvée montre de la fraîcheur dans un ensemble agréablement structuré. Un vin de copains de qualité !

Rouge : 18 hectares ; cabernet franc 5%, cabernet sauvignon 5%, grenache noir 20%, merlot 5%, mourvedre 10%, syrah 50%, tannat 5%.
Production totale annuelle :
55 000 bt. Visite : Tous les jours, de 9 h à 19 h.

CHÂTEAU MEUNIER SAINT-LOUIS

Saint-Louis
11200 Boutenac
Tél. 04 68 27 09 69 - Fax. 04 68 27 53 34
info@pasquier-meunier.com
www.pasquier-meunier.com

Le château appartient à Martine et Philippe Pasquier-Meunier. Cette très grande propriété de plus de 110 hectares en production se fait remarquer, en blanc, par un corbières générique délicatement aromatique. La cuvée a-capella existe en blanc et en rouge. Elle est très aboutie en blanc, alors que cette couleur n'est pourtant pas emblématique de l'appellation. Alegretto est une remarquable expression de la nouvelle appellation Corbières-Boutenac. Les élevages sous bois semblent désormais moins marquer des matières premières toujours qualitatives, ce qui nous semble une bonne idée !

CORBIÈRES 2008
Rosé | 2009 à 2010 | NC   **13/20**
Plus gourmand que le 2007, le rosé du domaine de couleur saumon est agréable en bouche avec une acidité marquée.

CORBIÈRES 2008
Blanc | 2009 à 2010 | 5,50 €   **14/20**
Très aromatique, dans le même esprit que le 2007, ce sera un parfait vin d'apéritif sur sa finale longue et rafraîchissante.

CORBIÈRES 2007
Rouge | 2009 à 2010 | NC   **14/20**
Légèrement chocolatée, épicée, la finale est facile et friande.

CORBIÈRES A CAPELLA 2007
Rouge | 2009 à 2012 | 10,45 €   **15/20**
Les tanins du vin sont fins et élégants, bien enrobés. Cette cuvée à la pointe saline s'exprime en fraîcheur et en charme. L'élevage est bien maîtrisé.

Rouge : 131 hectares ; cabernet sauvignon 3%, cabernet sauvignon 2%, carignan noir 35%, grenache noir 15%, merlot 8%, petit verdot 2%, syrah 35%. Blanc : 9 hectares ; bourboulenc 36%, grenache blanc 33%, marsanne 19%, rolle 12%.
Production totale annuelle : 300 000 bt.

DOMAINE MIRABEL

Mirabel
30260 Brouzet-lès-Quissac
Tél. 06 22 78 17 47 - Fax. 04 66 77 48 88
domainemirabel@neuf.fr

Le domaine de Mirabel est situé à la limite nord-est de l'aire d'appellation du Pic Saint-Loup sur un terroir d'argilo-calcaires. Sur une cinquantaine d'hectares en production, 10 hectares sont commercialisés en direct par le domaine. Le reste alimente les caves coopératives voisines. L'encépagement est classique, syrah, mourvèdre, grenache, cinsault et carignan, pour les rouges et le rosé, et de viognier et roussane pour le blanc. Le rendement moyen est faible, de l'ordre de 25 hl/ha. Nous avons beaucoup aimé les trois cuvées de rouges du domaine, les-bancels dans un style gourmand, le-chant-des-sorbiers et les-éclats, une grande cuvée qui reste à un prix raisonnable.

COTEAUX DU LANGUEDOC LES BANCELS 2008 🙂
Rouge | 2009 à 2011 | 9,80 €   **15/20**
Vin de fruit, tout en rondeur, avec une belle matière charnue, et élégante. On en boira beaucoup.

COTEAUX DU LANGUEDOC PIC SAINT-LOUP LE CHANT DU SORBIER 2007
Rouge | 2009 à 2011 | 8,60 €   **15,5/20**
Un complément de fruit et de finesse par rapport au coteaux-du-languedoc du domaine, mais toujours dans le même style.

COTEAUX DU LANGUEDOC PIC SAINT-LOUP LES ÉCLATS 2007
Rouge | 2009 à 2013 | 12,50 €   **16/20**
La matière est très belle, charnue et savoureuse.

COTEAUX DU LANGUEDOC PIC SAINT-LOUP LES ÉCLATS 2006
Rouge | 2009 à 2012 | 12,50 €   **15/20**
Un nez encore marqué par le vanillé de la barrique mais la matière prend le dessus. Elle est raffinée et dense, intensément fruitée.

Rouge : 9.7 hectares ; carignan noir 4%, cinsault 9%, grenache noir 32%, mourvèdre 14%, syrah 29%.
Blanc : 1.3 hectare ; roussane 3%, viognier 9%.
Production totale annuelle : 22500 bt.
Visite : Sur rendez-vous.

MAS DE MON PÈRE

11290 Arzens
Tél. 05 68 76 23 07 - Fax. 05 68 76 23 07

Frédéric Palacios a abandonné ses vignes de l'est languedocien pour récupérer celles de son grand-père où il produit un malepère en rupture avec les vins trop souvent rustiques de l'appellation. Récolté à petits rendements, il produit deux rouges réussis à base de cépages uniquement atlantiques, Dégustez-moi et partez-pour-le-rêve. Tout un programme...

MALEPÈRE DÉGUSTEZ MOI 2006 ☺
Rouge | 2009 à 2010 | NC   **14,5/20**
Corsé, profond, puissant, ce rouge est gourmand et long. La finale florale est fraîche. L'assemblage est ici à base de merlot, de cabernet-sauvignon et de malbec. Un joli vin de plaisir !

MALEPÈRE PARTEZ POUR LE RÊVE 2006
Rouge | 2011 à 2013 | NC   **14,5/20**
Encore en phase austère, le vin demande du temps pour s'exprimer. Il a été réalisé à partir de merlot, de cabernet franc et de cabernet-sauvignon. Le fruité est intense, soutenu par l'alcool.

MONT TAUCH

2, rue de la Cave Coopérative
11350 Tuchan
Tél. 04 68 45 41 08 - Fax. 04 68 45 45 29
contact@mont-tauch.com
www.mont-tauch.fr

Jean-Marc Astruc préside aux destinées de la Cave du Mont-Tauch ainsi qu'à celles de l'appellation Fitou. Cette coopérative, qui vinifie les deux tiers de l'appellation, a réussi à imposer à ses adhérents une discipline sévère, fondée sur une rémunération des apports de raisin en fonction de la dégustation des vins qu'ils permettent. La rigueur technique et le dynamisme commercial sont les clés de la réussite de cette cave à la large gamme et d'un bon rapport qualité-prix. Tout n'est pas au sommet mais plusieurs cuvées cherchent à s'approcher des meilleures réussites des caves particulières de Fitou. La coopération peut aussi produire de jolis vins quand elle s'en donne les moyens.

FITOU MONT TAUCH VILLAGES PAZIOLS 2005
Rouge | 2009 à 2010 | NC   **13,5/20**
Rouge puissant, assez structuré, avec de la fraîcheur en finale et une pointe de salinité.

FITOU MONT TAUCH VILLAGES TUCHAN 2006
Rouge | 2009 à 2013 | NC   **15,5/20**
Très belle réussite dans la gamme mont-tauch, un vin complexe, précis, de belle fraîcheur. Le fruité évolue vers le pain d'épices.

FITOU MONTMAL 2005
Rouge | 2009 à 2011 | NC   **14,5/20**
Tanin assez puissant, le vin montre de l'alcool, la finale est large, aromatique.

FITOU ULTIME CONVICTION 2007
Rouge | 2009 à 2014 | NC   **16/20**
Très jolie cuvée profonde, pleine de charme avec une trame tannique raffinée. Il est étonnamment frais dans le millésime.

VIN DE PAYS DE LA VALLÉE DU PARADIS LES GARRIGUES 2008 ☺
Rouge | 2009 à 2010 | NC   **13,5/20**
Le grenache noir dans son registre gourmand, rond, agréable et chaleureux ! Il a de la verve.

Rouge : 1700 hectares ; carignan noir 37%, grenache noir 30%, marselan 2%, merlot 2%, syrah 20%. Blanc : 200 hectares ; grenache blanc 5%, maccabeu 1%, muscat à petits grains 2%, muscat d'Alexandrie 1%. Production totale annuelle : 12 000 000 bt. Visite : De 9 h à 12 h et de 14 h à 18 h.

DOMAINE DE MONTCALMÈS

Chemin du Cimetière
34150 Puéchabon
Tél. 04 67 57 74 16 - Fax. 04 67 57 74 16
gaecbh@wanadoo.fr

Il faut avoir eu préalablement la curiosité du grand vin pour pouvoir soi-même en produire. Frédéric Pourtalié et son cousin Vincent Guizard ont vinifié pour la Grange des Pères, Olivier Jullien et Alain Graillot. Ils se sont installés en 1999 en Coteaux du Languedoc, dans le secteur des Terrasses du Larzac, sur le terroir de Puechabon. Les tanins de leur vin rouge sont veloutés et raffinés à l'extrême. Ce dernier dispose, à travers un exceptionnel fruité, de toute la sérénité des grands vins, dans un style absolument naturel et sans esbroufe. Nous n'avons pas goûté le blanc cette année dont la production est, il est vrai, limitée.

COTEAUX DU LANGUEDOC 2006

Rouge | 2009 à 2018 | 20 €   **18/20**
Grande expression d'un grand languedoc. Dans un millésime qui n'était pas simple, la réussite est patente. La finale tient la note sans faillir pendant des minutes...

Rouge : 16 hectares ; grenache noir 25%, mourvèdre 25%, syrah 50%. **Blanc :** 3 hectares ; marsanne 50%, roussane 50%. **Production totale annuelle :** 35 000 bt. **Visite :** Du lundi au vendredi, sur rendez-vous.

PRIEURÉ DE MONTÉZARGUES

Route de Rochefort du Gard
30126 Tavel
Tél. 04 66 50 04 48 - Fax. 04 66 50 30 41
gdugas@prieuredemontezargues.fr
www.prieuredemontezargues.fr

Sans doute une des plus belles propriétés de la région, rachetée et restaurée avec soin par la maison Richard, dirigée depuis 2003 par Guillaume Dugas. Jusqu'en 2007, un seul vin était produit sur le domaine, désormais une petite quantité de rouge est également produite. À base de jeunes vignes de syrah, vinifié et élevé dans un style moderne et international, ce sera certainement un vin à suivre dans les années qui viennent.

TAVEL 2008

Rosé | 2009 à 2011 | 9,50 €   **14/20**
Belle couleur rose cuivrée, bouquet expressif de fraises qui mène à une bouche fraîche, avec une pointe d'amertume en finale.

VIN DE TABLE DE FRANCE

Rouge | 2009 à 2013 | 9 €   **14/20**
Ce vin de jeunes vignes possède un nez floral et boisé, et un corps gorgé de fruits noirs très mûrs, avec une bonne dose de bois toasté.

Rouge : 34 hectares ; cinsault 30%, grenache 55%. **Production totale annuelle :** 150 000 bt.
Visite : Du lundi au vendredi de 8 h à 12 h et de 14 h à 18 h sur rendez-vous l'après-midi et le samedi sur rendez-vous uniquement.

CHÂTEAU MOYAU

Domaine de Moyau
Route des Etangs
11560 Saint-Pierre-la-Mer
Tél. 04 68 45 68 83 - Fax. 04 68 33 62 48
s.chanot@moyau.com
www.moyau.com

Bernard Koehler a repris en 2005 un domaine qui était presque à l'abandon. Il en a confié l'exploitation à Stéphanie Chanot, qui avait fait ses premières armes au Château de Jau, en Roussillon, avant d'entamer un périple initiatique passé par Dom Pérignon et par les propriétés chiliennes des domaines Baron Philippe. Elle est revenue en Languedoc pour mettre en avant la notion de terroir à La Clape, avec une réelle réussite dès son premier millésime.

COTEAUX DU LANGUEDOC 2008
Rosé | 2009 à 2010 | NC   **15/20**
De teinte assez soutenue, ce rosé est long en bouche, frais, friand, très fruits rouges.

COTEAUX DU LANGUEDOC ENFIN 2006
Rouge | 2009 à 2011 | NC   **15/20**
Un joli jus avec en finale des épices et du cuir. Il ne manque pas de charme.

COTEAUX DU LANGUEDOC LE SAUVAGE 2006
Rouge | 2009 à 2010 | NC   **14/20**
Cette cuvée à base de carignan, grenache et syrah, est puissante en arômes, garrigue, épices. L'ensemble est très facile à boire, tout en étant doté d'un tanin dynamique.

COTEAUX DU LANGUEDOC TERRE DE PIERRES 2006
Rouge | 2009 à 2011 | NC   **14/20**
La cuvée, partiellement passée en barriques, compte du mourvèdre qui vient compléter le triptyque classique, carignan, syrah et grenache. Le 2006 est chaleureux, dans un style puissant, épicé.

Rouge : 22 hectares. Blanc : 3 hectares.
Production totale annuelle : 70 000 bt.
Visite : Sur rendez-vous.

DOMAINE NAVARRE

Avenue de Balaussan
34460 Roquebrun
Tél. 04 67 89 53 58 - Fax. 04 67 89 70 88
thierry.navarre@orange.fr

Thierry Navarre est installé à Roquebrun, au nord de l'appellation Saint-Chinian. Toute la gamme est empreinte d'un grand naturel. Ici, on ne cherche pas forcément à aller au-delà du possible, mais à faire des vins destinés à être bus, avec gourmandise et sans se poser plus de questions qu'il ne faut. L'équilibre et la fraîcheur sont la clef de voûte de toute la gamme, du vin de table aux Aoc. Voici un domaine à fréquenter en confiance.

SAINT-CHINIAN LE LAOUZIL 2007
Rouge | 2009 à 2011 | 7,50 €   **15/20**
Ancré dans la typicité des saint-chinians de schiste, ce rouge 2007 montre de jolis fruits et une pointe réglissée. L'ensemble est délicat, harmonieux.

SAINT-CHINIAN OLIVIER 2007
Rouge | 2009 à 2012 | 12 €   **15/20**
Le profil est similaire au laouzil, avec plus de fond, mais on peut lui préférer le fruit de ce dernier.

VIN DE TABLE OEILLADES 2008
Rouge | 2009 à 2011 | 6 €   **15,5/20**
Très belle matière, grande élégance avec une minéralité charmeuse. Un vin très net.

Rouge : 11,70 hectares ; carignan noir 25%, cinsault 22%, grenache noir 29%, syrah 21%.
Blanc : 1,30 hectare. Production totale annuelle : 35 000 bt. Visite : sur rendez-vous.

VIGNERONS DE NEFFIES

28, avenue de la Gare
12, rue du Rec-de-Veyret B.P. 414
34320 Neffiès
Tél. 04 67 24 61 98 - Fax. 04 67 24 62 12
cavecoop.neffies@wanadoo.fr

Les vignerons de Neffiez vinifient la production de 400 hectares dans la zone de Pézenas. 2007 est une grande réussite ici. On sent la patte d'un vinificateur exigeant qui a su transcender cette cave. En rouge, les cuvées baltazar et schiste méritent le détour.

COTEAUX DU LANGUEDOC A DE NEFFIEZ 2007
Rouge | 2009 à 2011 | 9,30 €   **14/20**
À est un vin à la fois intensément fruité et puissant. Le millésime montre ici sa grande qualité.

COTEAUX DU LANGUEDOC BUFFE VENT 2008
Rosé | 2009 à 2010 | 5 €   **13,5/20**
Robe d'intensité moyenne, un rosé friand, souple et charmeur.

COTEAUX DU LANGUEDOC CATHERINE DE SAINT JUERY 2005   ☺
Rouge | 2009 à 2011 | 5,40 €   **13/20**
Souple, intensément fruité, c'est un vin simple dont on peut boire des caisses. Un vin de grillades qui a des choses à dire !

COTEAUX DU LANGUEDOC CUVÉE BALTAZAR 2007
Rouge | 2009 à 2012 | 13,40 €   **15,5/20**
Soyeuse et profonde en arômes, cette cuvée raffinée à dominante de syrah nous a séduits par ses arômes de jus de viande et ses épices raffinés.

COTEAUX DU LANGUEDOC CUVÉE SCHISTE 2007   ☺
Rouge | 2009 à 2011 | 4,40 €   **15/20**
Quel joli vin de schiste, merveilleusement fruité, fin et floral. On en boirait au-delà du raisonnable !

COTEAUX DU LANGUEDOC LA MUSE 2008   ☺
Blanc | 2009 à 2010 | 6 €   **13,5/20**
À base de roussanne, grenache blanc et clairette, ce blanc est très aromatique, vif. Sa délicatesse sera parfaite pour un apéritif sous la tonnelle.

Visite : Du lundi au samedi, en été de 9 h à 12 h et de 15 h à 19 h et le reste de l'année de 9 h à 12 h et de 14 h à 18 h.

CHÂTEAU DE LA NEGLY

Domaine de la Négly
11560 Fleury-d'Aude
Tél. 04 68 32 36 28 - Fax. 04 68 32 10 69
lanegly@wanadoo.fr

Le Château de La Negly fait partie des références languedociennes. Installé sur La Clape, le domaine gère également le Domaine de Boède à proximité, ainsi qu'un cru de garage, le Clos des Truffiers, sur Saint-Pargoire. La gamme de La Negly est large, elle démarre en rouge par des vins très frais aux tanins fins. L'ancely, vouée au mourvèdre, est le trait d'union entre cette gamme et des cuvées ambitieuses, produites en tirages limités et recherchées par les amateurs fortunés. Ces dernières sont réalisées en très grande maturité dans un style opulent avec des matières impeccables et des élevages soignés. On peut leur préférer la buvabilité de la première partie de la gamme, réalisée en volumes conséquents et tarifée à des prix accessibles.

COTEAUX DU LANGUEDOC 2008
Rosé | 2009 à 2010 | 5 €   **14/20**
Rosé de couleur moyennement soutenue, avec du gras en bouche, et une finale agréablement acidulée.

COTEAUX DU LANGUEDOC LA BRISE MARINE 2008
Blanc | 2009 à 2010 | 8 €   **15/20**
Un vin d'esprit construit autour d'une base assez volumineuse et emmené par une pointe de vivacité en finale. L'ensemble est aromatique, abricoté.

COTEAUX DU LANGUEDOC LA CÔTE 2007   ☺
Rouge | 2009 à 2011 | 7,80 €   **14,5/20**
Vin plein tout en étant dense, avec des tanins fins et des arômes de fruits noirs, de truffe et de champignon. L'ensemble est gourmand.

COTEAUX DU LANGUEDOC LA FALAISE 2007
Rouge | 2009 à 2012 | 15 €   **16/20**
Bel ensemble avec un aromatique puissant mais fin, des tanins harmonieux et une fin de bouche à la fois fraîche et épicée.

COTEAUX DU LANGUEDOC LES EMBRUNS 2008
Rosé | 2009 à 2010 | 7,50 €   **14/20**
Autre rosé du domaine, assez pâle en couleur. Il est marqué par une pointe de salinité qui lui confère son originalité.

Visite : Du lundi au samedi de 10 h à 12 h et de 15 h 30 à 18 h 30 fermé le dimanche.

CLOS DES NINES

329, chemin du Pountiou
34690 Fabrègues
Tél. 04 67 68 95 36 - Fax. 04 67 68 95 36
clos.des.nines@free.fr

Le Clos des Nines est installé à Fabrègues, dans l'Hérault. Isabelle Mangeart conduit cette propriété de 9 hectares, à vocation viticole mais également oléicole. La cuvée O3 est pour l'instant dépassée par son élevage sous bois, mais le coteaux-du-languedoc et, dans un style plus simple mais réjouissant, la cuvée pulp, sont deux très beaux représentants des vins du sud.

COTEAUX DU LANGUEDOC L'ORÉE 2007
Rouge | 2009 à 2013 | 13 €   **14,5/20**
De jolis tanins dans ce rouge, charmeur, chaleureux, d'un beau volume en bouche.

COTEAUX DU LANGUEDOC O3 2005
Rouge | 2009 à 2013 | NC   **?/20**
Un vin compliqué à noter, il n'évolue pas par rapport à l'an passé tant le boisé domine, mais lève un coin de voile sur une matière qui semble particulièrement raffinée et élégante. Prendra-t-elle le pas sur l'élevage ?

COTEAUX DU LANGUEDOC OBLADIE 2006
Blanc | 2009 à 2013 | NC   **14/20**
Le vin est marqué par un élevage dominant pour l'instant. La matière est de qualité mais devra patienter.

OUATE 7
Rouge liquoreux | 2009 à 2012 | NC   **15/20**
Vin rouge étonnant, figué, raisin de Corinthe avec une fraîcheur en finale qui lui donne un charme fou ! À boire avec... rien, pour le plaisir du contenu de la bouteille.

Rouge : 6 hectares ; alicante 7%, carignan noir 15%, cinsault 18%, grenache noir 25%, syrah 35%.
Blanc : 1 hectare ; grenache blanc 35%, roussane 25%, vermentino 20%, viognier 20%.
Production totale annuelle : 30 000 bt.

CHÂTEAU DE NOUVELLES

SCEA R. Daurat-Fort
Château de Nouvelles
11350 Tuchan
Tél. 04 68 45 40 03 - Fax. 04 68 45 49 21
daurat-fort@terre-net.fr
www.chateaudenouvelles.com

Le Château de Nouvelles, installé à Tuchan dans une zone assez reculée, a été un pionnier de la progression qualitative en Fitou. Initialement réputé pour ses vins doux naturels, il continue d'offrir une gamme qui s'avère particulièrement réussie et dont nous ne nous lassons pas, même si ce type de vins n'est pas à la mode. Les rouges progressent avec un souci d'améliorer des élevages qui devient perceptible dès les entrées de gamme. L'infatigable Jean Daurat qui a porté haut et fort la réputation du fitou pendant des décennies est désormais secondé par son fils Jean-Rémy.

FITOU GABRIELLE 2007
Rouge | 2009 à 2013 | 13 €   **16/20**
La matière n'a pas encore intégré le bois de l'élevage mais le vin a du fond, de la puissance et un charnu de texture.

FITOU VIEILLES VIGNES 2006
Rouge | 2009 à 2013 | 10 €   **16/20**
De couleur encore violacée, la texture est dense, riche, cacaotée. Le tanin est fin, bien ourlé avec de la profondeur.

MUSCAT DE RIVESALTES PRESTIGE 2008
Blanc Doux | 2009 à 2010 | 10,60 €   **18/20**
Grand muscat, d'une exceptionnelle intensité, une perfection du muscat, 80% de gros grains, 20% de petits grains, récolté vers 14 degrés. Magnifique !

RIVESALTES HORS D'ÂGE 1985
Ambré Doux | 2009 à 2015 | 21 €   **18/20**
Grands arômes de noix rancio, de fruits secs, d'épices, de curry, salin, grande volupté, magnifique finale qui attend un grand dessert aux fruits jaunes ou, encore mieux, un cohiba.

Rouge : 42 hectares ; carignan noir 35%, grenache noir 35%, syrah 30%. Blanc : 27 hectares ; grenache blanc 20%, maccabeu 10%, muscat à petits grains 35%, muscat d'Alexandrie 35%.
Production totale annuelle : 140 000 bt.

DOMAINE OLLIER-TAILLEFER

Route de Gabian
34320 Fos
Tél. 04 67 90 24 59 - Fax. 04 67 90 12 15
ollier.taillefer@wanadoo.fr
www.olliertaillefer.com

Françoise Ollier et son frère Luc ont repris l'exploitation familiale. Ce domaine produit des vins empreints de naturel et d'humanisme, sans recherche du sensationnel. La cuvée de blanc, allegro, va chercher la roussanne et le rolle, mais renonce au bois pour exprimer leur naturel. En rouge, grande-réserve constitue un vin raffiné, produit en quantité importante et donc aisément disponible. Castel-fossibus, (traduisez par là «le château de Fos»), emprunte à la syrah, au grenache et au mourvèdre leur fruité fin.

FAUGÈRES 2008
Rosé | 2009 à 2010 | 6 €   **13/20**
Rosé puissant, assez long, marqué par des arômes de fruits très mûrs. Un bar au fenouil le sublimerait.

FAUGÈRES ALLEGRO 2008
Blanc | 2009 à 2012 | 8,50 €   **15/20**
Ce blanc n'a pas l'exceptionnelle matière du 2007 pour l'instant. Il méritera d'être regoûté dans quelques mois mais sa finesse est réelle.

FAUGÈRES CASTEL FOSSIBUS 2006
Rouge | 2009 à 2013 | 13 €   **17/20**
Grâce à un élevage bien dosé, fumé et réglissé, cette très belle expression des terroirs de Faugères montre un remarquable raffinement de tanin en finale. L'ensemble est précis.

FAUGÈRES GRANDE RÉSERVE 2007
Rouge | 2009 à 2014 | 8,50 €   **16/20**
D'apparence simple mais avec une structure complexe, ce faugères velouté, issu des cépages traditionnels languedociens, possède un tanin fin et un nez bien marqué par les schistes de son terroir.

FAUGÈRES LES COLLINES 2007
Rouge | 2009 à 2013 | 6 €   **14/20**
Millésime après millésime, une cuvée fraîche et désaltérante, facile à boire mais dense, qui ne manque pas de charme.

Rouge : 27 hectares ; carignan 27%, cinsault 5%, grenache 17%, mourvedre 11%, syrah 32%.
Blanc : 3 hectares ; rolle 4%, roussanne 4%.
Production totale annuelle : 140 000 bt.
Visite : Du lundi au vendredi, sur rendez-vous et le samedi de 14 h 30 à 18 h.

CHÂTEAU OLLIEUX-ROMANIS

Château Ollieux Romanis,
départementale 613
11200 Montseret
Tél. 04 68 43 35 20 - Fax. 04 68 43 35 45
ollieuxromanis@hotmail.com
www.chateaulesollieux.com

En rachetant le Château Ollieux pour l'intégrer à Ollieux-Romanis, la famille Bories vient de reconstituer l'un des plus grands vignobles de Corbières, et met un terme à plus d'un siècle de scission. On recherche dans toutes les cuvées, la plus grande buvabilité, des entrées de gamme jusqu'à la cuvée or, et maintenant la cuvée atal-sia, réalisée en appellation Corbières-Boutenac.

CORBIÈRES CLASSIQUE 2007
Rouge | 2009 à 2011 | 7 €   **14,5/20**
Toujours bien équilibrée, la cuvée classique d'Ollieux montre le charme discret et la rondeur du carignan bien traité.

CORBIÈRES FLORENCE 2008
Rouge | 2009 à 2011 | 4 €   **14/20**
Du fond, belle matière ronde et chocolatée, tendue par une acidité sous-jacente.

CORBIÈRES PRESTIGE 2006
Blanc | 2009 à 2010 | 14 €   **15,5/20**
Beaucoup d'ampleur dans cette cuvée sans que la puissance n'ait pris le pas sur l'expression fruitée et l'élégance. Ce vin est équilibré, gourmand.

CORBIÈRES-BOUTENAC ATAL SIA 2007
Rouge | 2011 à 2014 | 17 €   **16/20**
Fermée pour l'instant, sur un fond puissant tenu par l'acidité des carignans, cette cuvée très prude aujourd'hui méritera de la patience. Elle ne prendra son régime de croisière que dans quelques années, mais tout le potentiel est là.

CORBIÈRES-BOUTENAC CUVÉE OR 2007
Rouge | 2009 à 2016 | 20 €   **17,5/20**
2007 a mieux géré le bois que ses prédécesseurs, probablement grâce à un fruit charnu. La cuvée fait partie des grands corbières. Le tanin est très fin, gourmand et voluptueux !

Rouge : 140 hectares ; alicante 1%, carignan noir 50%, grenache noir 20%, mourvèdre 14%, syrah 15%.
Blanc : 9 hectares ; marsanne 50%, roussane 50%.
Production totale annuelle : 550 000 bt.
Visite : De 9 h à 18 h.

L'OSTAL CAZES

Tuilerie Saint-Joseph
34210 La Livinière
Tél. 04 68 91 47 79 - Fax. 04 68 91 47 79
lostalcazes@aol.com
www.lostalcazes.com

Ce domaine a été acquis par Jean-Michel Cazes, le propriétaire du Château Lynch-Bages à Pauillac, en remembrant deux anciennes propriétés de bonne notoriété. Il a passé la main à son fils Jean-Charles, qui aura la charge de faire évoluer une structure dont on espère beaucoup, car d'importants investissements financiers y ont été réalisés, sans parler de tout le savoir-faire d'une équipe technique de qualité. Nous observons une recherche vers des vins de plus en plus raffinés et aux tanins élégants. La cuvée estibals n'a pas encore atteint son régime de croisière, mais le minervois-la-livinière s'est déjà imposé dans le peloton de tête de l'appellation. Le millésime 2005, ici comme ailleurs, n'a pas été simple à vinifier.

MINERVOIS-LA-LIVINIÈRE 2005
Rouge | 2009 à 2011 | 20 €   **15/20**
Très en phase avec le terroir et avec un côté légèrement cuit apporté par la sécheresse de 2005, la qualité des tanins impressionne. La finale iodée est particulièrement longue avec une pointe d'amertume.

Rouge : 60 hectares ; carignan 13%, grenache 12%, mourvedre 10%, syrah 65%. **Production totale annuelle :** 200 000 bt. **Visite :** Ouvert du mardi au jeudi de 14 h à 19 h et du vendredi au dimanche de 10 h à 12h30 et de 14 h à 19 h. Fermé le lundi.

DOMAINE L'OUSTAL BLANC

4 bis, avenue de la Source
34370 Creissan
Tél. 04 67 93 68 47 - Fax. 04 67 93 68 47
earl.fonquerle@wanadoo.fr
www.oustal-blanc.com

Claude Fonquerle réalise une gamme de vins précis, frais et racés. Les vins de table permettent à l'artiste quelques excentricités gourmandes en dehors des contraintes de l'Aoc. Ils sont la démonstration d'un grand savoir-faire. Naïck signifie Anne en breton, l'une des filles de Claude. Le numéro qui suit correspond au millésime, qui ne pouvait pas être revendiqué en vin de table. Les rouges 2007, goûtés avant la mise, s'annoncent tous prometteurs. Nous en parlerons l'an prochain.

MINERVOIS GIOCOSO 2006
Rouge | 2009 à 2010 | 15 €   **16/20**
L'ensemble est très mûr, sur les pruneaux, typique d'un millésime chaud. L'ensemble ne renierait pas une origine castelpapale !

MINERVOIS MAESTOSO 2006
Rouge | 2009 à 2010 | 25 €   **16/20**
Récolté par tiers sur la syrah, le grenache et le carignan. L'élevage est partiellement réalisé en fûts neufs pour la syrah et le carignan, sur des demi-muids pour les grenaches. Le vin est riche en arômes, puissant, long en bouche, corsé, complexe et frais. Un grand languedoc de caractère.

MINERVOIS-LA-LIVINIÈRE PRIMA DONNA 2006
Rouge | 2009 à 2010 | 25 €   **16,5/20**
Récolté sur les grès du Petit Causse, le vin est récolté en fûts de 500 litres. Plein et aromatique, le vin est classique de 2006. Les grenaches mûrs ont donné un vin capiteux, puissant et long mais la finesse a été préservée.

VIN DE TABLE NAÏCK 6
Rouge | 2009 à 2011 | 12 €   **15/20**
Avec un terroir de schistes superficiels pour les cinsault et de marnes du Petit Causse pour les carignans, l'ensemble est très buvable, fin et aromatique.

VIN DE TABLE NAÏCK 7   ☺
Blanc | 2009 à 2011 | 20 €   **17/20**
Blanc de grand volume, réglisse, fleurs blanches. La finale interminable de ce vin-de-table en fait l'un des meilleurs languedocs blancs !

Rouge : 9,5 hectares ; carignan 29%, cinsault 10%, grenache 50%, syrah 10%. **Blanc :** 1,2 hectare ; maccabeu 1%. **Production totale annuelle :** 40 000 bt. **Visite :** Sur rendez-vous.

DOMAINE DU PAS DE L'ESCALETTE

Le Champ de Peyrottes
34700 Poujols
Tél. 04 67 96 13 42
contact@pasdelescalette.com
www.pasdelescalette.com

Julien Zernott et Delphine Rousseau ont
acquis en 2002 ce vignoble de 10 hectares,
implanté en terrasses entourées de murets
de pierres sèches appelés «clapas». Situés
à 350 mètres d'altitude, au pied du plateau
du Larzac, sur des terroirs d'éboulis calcaires, les sols sont travaillés et les vignes
menées dans une approche bio. Les raisins sont vendangés à la main et font l'objet de soins attentifs. Ces pratiques et
l'altitude relative fournissent aux cuvées
un toucher de bouche raffiné, parfois
presque fragile. Nous avons aimé leur délicatesse de matière.

COTEAUX DU LANGUEDOC LE GRAND PAS 2007
Rouge | 2009 à 2015 | 25 €   **15,5/20**
Le fruit de 2007 est au rendez-vous, ample,
fin, gourmand. La cuvée est remarquable.

COTEAUX DU LANGUEDOC LE GRAND PAS 2006
Rouge | 2009 à 2012 | 17,50 €   **15,5/20**
Cette cuvée a profité d'une très belle matière
première. Le vin est délicat, il semble
presque fragile dans son équilibre, avec un
tanin très droit et net.

COTEAUX DU LANGUEDOC LES CLAPAS 2007 ☺
Rouge | 2009 à 2014 | 12,40 €   **15/20**
La matière est très belle, tout en fruits avec
une grande délicatesse en bouche

COTEAUX DU LANGUEDOC LES PETITS PAS 2008
Rouge | 2009 à 2014 | 8,25 €   **14/20**
Goûté avant la mise en bouteilles, ce 2008
s'annonce très bien avec un grand fruit. Il
faudra le revoir pour confirmer.

Rouge : 12 hectares ; carignan noir 30%,
cinsault 10%, grenache noir 40%, syrah 20%.
Blanc : 3 hectares ; carignan blanc 40%,
grenache blanc 20%, terret bourret 40%.
Production totale annuelle : 60 000 bt.
Visite : De 9 h à 18 h.

LES DOMAINES PAUL MAS

Route de Villeveyrac
34530 Montagnac
Tél. 04 67 90 16 10 - Fax. 04 67 98 00 60
info@paulmas.com
www.paulmas.com

Les domaines Paul-Mas sont implantés autour
de Pézenas et de Limoux. Ils produisent une
large gamme d'Aoc et de vins de pays du Languedoc-Roussillon, essentiellement destinée
à l'export. La production des domaines est
complétée par des raisins achetés et nous
aimerions voir plus souvent des négociants de
ce type, capables de fournir à l'amateur de très
jolis vins à un prix raisonnable.

COTEAUX DU LANGUEDOC LES FAISSES 2006
Rouge | 2009 à 2010 | 12 €   **14,5/20**
Incursion remarquée du domaine dans les
vins d'Aoc. Le style est en puissance, plus
crémeux que frais mais avec une structure
sérieusement construite.

VIN DE PAYS D' OC ARROGANT FROG CROAK
ROTIE SYRAH - VIOGNIER 2008   ☺
Rouge | 2009 à 2011 | 5 €   **14,5/20**
Absolument gourmande, réalisée dans l'esprit
de la côte-rôtie, cette cuvée ne prétend pas à la
même profondeur mais surfe sur le charme.

VIN DE PAYS D' OC ARROGANT FROG LILY PAD
RED, CABERNET-SAUVIGNON - MERLOT 2008   ☺
Rouge | 2009 à 2011 | 5 €   **14,5/20**
Tout aussi gourmande que la syrah - viognier, un peu plus structurée, cette cuvée
est particulièrement florale.

VIN DE PAYS D' OC DA MALBEC 2006   ☺
Rouge | 2009 à 2011 | 4,50 €   **14/20**
Un malbec tout en rondeurs et en fruit comme
sait les faire la maison. Bien des cahors pourront
puiser ici des idées pour leur cuvée de base.

VIN DE PAYS D' OC VIGNES DE NICOLE 2008
Blanc | 2009 à 2011 | 6,90 €   **14/20**
Cet assemblage de chardonnay et de viognier,
élevé en barriques, montre en finale des notes
vanillées. «Modern style», il plaira à ceux qui
apprécient les vins un peu boisés. Les autres
apprécieront néanmoins la fraîcheur du style.

VIN DE PAYS DE L' HÉRAULT CARIGNAN
LA FORGE ESTATE 2007
Rouge | 2009 à 2011 | 6 €   **14,5/20**
Puissant mais rafraîchi par l'acidité du carignan,
ce rouge montre une finale ample, équilibrée.

Rouge : 500 hectares ; cabernet sauvignon 12,5%,
carignan 8%, cinsault 8%, grenache 10%, merlot
11%, syrah 26%. Blanc : 250 hectares.
Production totale annuelle : 10 000 000 bt.
Visite : Sur rendez-vous uniquement.

CHÂTEAU DE PECH-REDON

Route de Gruissan
11100 Narbonne
Tél. 04 68 90 41 22 - Fax. 04 68 65 11 48
chateaupechredon@wanadoo.fr
www.pech-redon.fr

Ce domaine, installé de longue date sur le massif de La Clape, a changé de génération d'exploitants au début des années 2000. Christophe Bousquet en assume désormais les destinées, en culture biologique. La position des vignes, sur les hauteurs, lui permet de produire des vins frais qui tempèrent la puissance racée des rouges. L'évolution leur permet de déployer des finales interminables, complexes, exotiques et salines, comme sait en produire La Clape à son meilleur. Nous avons particulièrement apprécié la-centaurée et l'épervier, et la cuvée-des-cades mérite également d'être recherchée. Une nouvelle cuvée, lithos, va s'intercaler à partir de 2007 entre la-centaurée et l'épervier.

COTEAUX DU LANGUEDOC LA CENTAURÉE 2007 ☺
Rouge | 2009 à 2015 | NC   **16/20**
Parfaitement inscrit dans le terroir de La Clape, le vin est gras, minéral, profond, magnifique de fruits noirs.

COTEAUX DU LANGUEDOC LES CADES 2008 ☺
Rouge | 2009 à 2012 | 7 €   **15,5/20**
De grande fraîcheur, ce carignan-cinsault complété de grenache et de mourvèdre a une buvabilité réjouissante tout en étant fortement poivrée.

COTEAUX DU LANGUEDOC LES CADES 2007
Rouge | 2009 à 2011 | épuisé   **14,5/20**
Très frais, de beau volume, long, c'est un vin facile à boire.

COTEAUX DU LANGUEDOC LITHOS 2007
Rouge | 2009 à 2012 | 12 €   **14/20**
Magnifique jus avec un tanin un rien sec qui raidit un peu le vin en finale pour l'instant. Le fruit est splendide dans un beau volume de vin.

Production totale annuelle : 90 000 bt.
Visite : Du lundi au samedi, de 9 h à 12 h et de 14 h à 19 h.

CHÂTEAU DE PENNAUTIER

Vignobles Lorgeril
B.P. 4
11610 Pennautier
Tél. 04 68 72 65 29 - Fax. 04 68 72 65 84
contact@lorgeril.com
www.lorgeril.com

Cabardès est à la croisée des chemins entre les cépages bordelais et languedociens, et les climatologies atlantiques et méditerranéennes. L'historique Château de Pennautier, qui appartient à la famille Lorgeril, pourrait faire figure de gardien de la tradition, dans cette appellation investie par de jeunes talents. Mais à y regarder de près, la gamme évolue par touches vers un cabardès moderne et séduisant. Aux mains d'un couple entreprenant, le domaine s'étend désormais sur plus de 200 hectares et produit également du minervois, du corbières, du saint-chinian, du faugères et des roussillons, avec le même souci qualitatif qu'en Cabardès.

CABARDÈS 2008
Rouge | 2009 à 2011 | 5,25 €   **15/20**
La cuvée au nom du château évolue vers plus de naturel. Plus proche du fruit, elle est gourmande et raffinée.

CORBIÈRES DOMAINE DES CROUZETS 2007
Rouge | 2009 à 2010 | 5,15 €   **14/20**
Un bel aromatique devant des tanins un peu secs. Il faut le boire, une gardiane ou un gibier le sublimeront.

MINERVOIS LA BORIE BLANCHE 2008
Rouge | 2009 à 2011 | 5,15 €   **15/20**
Le tanin est fin, bien dans l'esprit de cette appellation, avec en 2008 un complément de fruit gourmand.

MINERVOIS LA BORIE BLANCHE 2008 ☺
Rosé | 2009 à 2009 | 5,15 €   **14/20**
Joli rosé aromatique, friand et long. Sa texture veloutée le rend adaptable de l'apéritif à la table. Un charmeur !

SAINT-CHINIAN MOULIN DE CIFFRE 2008
Rouge | 2009 à 2011 | 5 €   **15/20**
Dégusté avant la mise, ce rouge montre une trame tannique très fine. Il devrait fort bien évoluer.

VIN DE PAYS D' OC MARQUIS DE PENNAUTIER 2008
Blanc | 2009 à 2012 | 7,35 €   **15/20**
Ce chardonnay a été récolté avec la volonté de s'écarter du style lourd et beurré que le soleil languedocien peut conférer au cépage. Il est très frais en bouche, mentholé, avec un beau volume en finale.

Rouge : 194 hectares ; cabernet sauvignon 16%, cinsault 8%, côt 3%, grenache 7%, merlot 27%, syrah 30%. Blanc : 22 hectares ; chardonnay 9%.
Production totale annuelle : 2 500 000 bt.
Visite : Du lundi au vendredi, de 10 h à 18 h.

DOMAINE DU PETIT CAUSSE

De la Sallèle
34210 Félines-Minervois
Tél. 04 68 91 66 12 - Fax. 04 68 91 66 12
chabbert-philippe@orange.fr
www.domaine-du-petit-causse.
leminervois.com

Ce domaine est situé à Félines-Minervois dans la zone du Petit Causse, dont le domaine a emprunté le nom. La famille Chabbert sort progressivement le domaine de la coopération. Elle présente des vins au fruité savoureux, empreints de naturel et d'une grande buvabilité, qui conjuguent raffinement et simplicité. La cuvée andréa, luxueusement élevée, apporte un supplément de finesse à une gamme qui n'en manque pourtant pas.

MINERVOIS 2007

Rouge | 2009 à 2010 | NC   **14,5/20**
L'entrée de gamme en 2007 est friande, profonde, dans le style gourmand du domaine.

MINERVOIS GRIOTTE DE VENTAJOUX 2007 ⓤ

Rouge | 2009 à 2011 | 7,50 €   **15,5/20**
Le marbre noir de Félines est appelé la griotte à cause de ses incrustations rouges en forme de cerise. Déclinée en cuvée, on retrouve en 2007, dans la lignée des millésimes précédents, de très jolis arômes de fruits rouges dans une bouteille délicate et charmeuse, particulièrement gourmande.

MINERVOIS-LA-LIVINIÈRE ANDRÉA 2007

Rouge | 2010 à 2013 | NC   **14,5/20**
La cuvée porte le nom de la grand-mère qui possédait les vignes. On perçoit un fruité rouge magnifique et la qualité des tanins est au rendez-vous. La prise de bois était forte au moment de notre dégustation, comme trop souvent sur cette cuvée : il faudra attendre qu'elle se fonde.

MINERVOIS-LA-LIVINIÈRE ANDRÉA 2006

Rouge | 2009 à 2011 | NC   **14,5/20**
Très marquée par la prise de bois, la qualité de la matière est un peu dominée. Il faudra l'attendre.

Rouge : 19,8 hectares : cabernet sauvignon 10%, merlot 10%, syrah 35%. Blanc : 0,2 hectare.
Production totale annuelle : 15 000 bt.
Visite : Du lundi au vendredi de 11 h 30 à 13 h 30 et de 17 h 00 à 19 h 00.

DOMAINE PEYRE ROSE

34230 Saint-Pargoire
Tél. 04 67 98 75 50 - Fax. 04 67 98 71 88
peyrerose@orange.fr

Marlène Soria a abandonné en 1983 une première carrière dans l'immobilier, pour planter les zones de garrigue qu'elle défrichait. Aujourd'hui, son exploitation, perdue au bout d'un chemin introuvable, est conduite en agriculture biologique. Avec sa sensibilité à fleur de peau, Marlène produit deux cuvées de rouge à dominante de syrah, le clos-des-cistes et syrah-léone. Les-cistes proviennent de la partie la plus haute du domaine, installée sur des sols caillouteux très durs. Cette cuvée porte plus d'acidité que syrah-léone, installée sur des roches plus friables et facilement traversées par l'eau. Une nouvelle cuvée, marlène-n°3, a vu le jour en 2003. 2002 a vu un changement stylistique profond, avec le passage d'une partie des vins en foudres. Cette évolution devrait perdurer car elle apporte une profondeur supplémentaire. Il faut également parler du blanc, réalisé à partir de rolle, de roussanne et de viognier, qui joue lui aussi dans un registre hors norme. Il ravira les amateurs de vins de voile, dont nous sommes.

COTEAUX DU LANGUEDOC CISTES 2003

Rouge | 2009 à 2018 | NC   **17/20**
2003 évolue ici vers des notes légèrement confiturées. Les tanins un rien secs, typiques du millésime, demanderont du temps pour se patiner.

COTEAUX DU LANGUEDOC CISTES 2002

Rouge | 2009 à 2017 | NC   **17/20**
Le passage en bois d'un tiers de la cuvée a teinté légèrement le vin. La matière est suffisamment profonde pour y avoir gagné en velouté, et nos commentaires ne sauraient être que superlatifs.

COTEAUX DU LANGUEDOC MARLÈNE N°3 2003

Rouge | 2011 à 2017 | NC   **16/20**
Un vin hors du temps, profond et dense, avec des tanins marqués par le millésime. Ils demanderont de la patience pour se gommer mais le potentiel est là.

COTEAUX DU LANGUEDOC SYRAH LÉONE 2003

Rouge | 2009 à 2013 | NC   **17/20**
Intensément aromatique, de grande profondeur, ce 2003 est marqué par le millésime, profond, très Peyre-Rose.

Rouge : 21 hectares ; carignan noir 5%, grenache noir 15%, mourvèdre 10%, syrah 70%.
Blanc : 2 hectares ; autres 10%, rolle 50%, roussane 40%. Production totale annuelle :
35 000 bt. Visite : Sur rendez-vous.

MAS PLAN DE L'OM

Chemin de la Charité
34700 Saint-Jean-de-la-Blaquière
Tél. 04 67 10 91 25 - Fax. 04 67 10 91 25
plan-de-lom@wanadoo.fr
www.plan-de-lom.net

Les vins du Mas Plan de l'Om ne sont pas réalisés pour décrocher des médailles, mais simplement pour être bus. Et nous nous surprenons souvent dans notre cave à rechercher ces vins quand nous avons envie d'une boisson sans esbroufe, tout simplement naturelle et sincère, afin de la partager en bonne compagnie. Ces vins empreints d'humanisme ne sont d'ailleurs pas sans ressembler au vinificateur. Chaque cuvée est construite autour d'un cépage majoritaire : feuillage sur une base de roussanne, roucan sur la syrah et miéjour sur le grenache.

COTEAUX DU LANGUEDOC 2007
Rouge | 2009 à 2014 | NC   **15/20**
La robe est brillante, le vin d'un beau volume ne manque pas de fond. Il est agréablement fruité.

COTEAUX DU LANGUEDOC MIÉJOUR 2007
Rouge | 2009 à 2016 | 12 €   **15,5/20**
Millésime après millésime, on se régale de ce fruit généreux et sincère apporté par de beaux grenaches.

COTEAUX DU LANGUEDOC OEILLADE 2007
Rouge | 2009 à 2010 | 8 €   **14,5/20**
Avec des notes légèrement brûlées et un nez de pamplemousse, ce qui n'est pas fréquent dans un rouge ! Une belle matière aux tanins fins, légèrement salins.

COTEAUX DU LANGUEDOC ROUCAN 2007
Rouge | 2009 à 2015 | 16 €   **15/20**
Réalisé à partir de syrah, intensément fruité et profond en saveurs, ce vin structuré montre beaucoup de charme.

Rouge : 12 hectares. Blanc : 3 hectares.
Production totale annuelle : 30 000 bt.
Visite : Du lundi au vendredi sur rendez-vous.

DOMAINE DU POUJOL

34570 Vailhauques
Tél. 04 67 84 47 57
www.domainedupoujol.com

Le Domaine du Poujol est situé au nord-ouest de Montpellier. Il a été acheté en 1994 par la famille Cripps. Robert avait travaillé dans le négoce londonien du vin avant de se former à la vinification chez Carneros Creek puis dans d'autres wineries californiennes. Kim, de son côté, s'occupait de la gestion des vignobles de Beringer et de Seagram. Ils ont pris la décision de venir s'implanter en France et ont arrêté le choix du Languedoc, après un passage chez Méo-Camuzet en Bourgogne pour parfaire leur style. Ils proposent un ensemble réussi de vins de pays et un coteaux-du-languedoc, podio-alto, récolté sur la zone des Grès de Montpellier, qui domine qualitativement la gamme.

COTEAUX DU LANGUEDOC JAZZ 2008
Rouge | 2009 à 2011 | 6 €   **14,5/20**
Un joli jus dans ce rouge aux tanins aériens, très fruits noirs, avec une acidité présente en finale.

COTEAUX DU LANGUEDOC PODIO ALTO 2007
Rouge | 2009 à 2014 | 12 €   **16/20**
Récolté sur les Grès de Montpellier dans une zone fraîche, podio-alto est un vin puissant et dense qui a bénéficié des courants froids du Pic Saint-Loup. La finale est délicate et très fraîche sur le menthol avec le fruit de 2007.

VIN DE PAYS DE L' HÉRAULT PROTEUS 2008
Rouge | 2009 à 2011 | 6 €   **14/20**
Le vin goûté en échantillons avant la mise montrait des tanins fins, précis et élégants. Il est prometteur.

Rouge : 16 hectares. Blanc : 1 hectare.
Production totale annuelle : 50 000 bt.
Visite : Sur rendez-vous.

DOMAINE LA PRADE MARI

34210 Aigne
Tél. 04 68 91 22 45
domainelaprademari@wanadoo.fr
www.laprademari.com

Eric Mari a repris les vignes familiales en 2001 dans le secteur chaud des Mourels, près de la cité de Minerve. Amoureux de ses vignes, ce jeune viticulteur avisé est sorti de la cave coopérative. Il réalise deux cuvées. Le-conte-des-garrigues, à base de syrah et de grenache, est élevé dans des barriques renouvelées par quart. Gourmandise-des-bois est de son côté élevée en barriques neuves ou d'un an. Ce domaine fait son entrée dans le guide cette année. Il est à suivre de près...

Minervois Conte des Garrigues 2005
Rouge | 2009 à 2015 | 10 €   **16/20**
Joli grain fin et long, superposé sur des fruits noirs, de la réglisse. Les tanins sont suaves et veloutés.

Minervois Gourmandise des Bois 2006
Rouge | 2009 à 2016 | 16 €   **16,5/20**
Une pointe de camphre au premier nez puis un tanin très fin, long et gourmand, sans aucune agressivité. Un ensemble voluptueux.

Inscrivez-vous sur

BETTANEDESSEAUVE.COM

> Suivez l'actualité du vin
> Accédez aux notes de dégustation de 25 000 vins
> Visitez les stands des producteurs

CHÂTEAU PRIEURÉ BORDE-ROUGE

Domaine de Borde-Rouge
11220 Lagrasse
Tél. 05 34 40 59 20 - Fax. 05 34 40 59 21
contact@borde-rouge.com
www.borde-rouge.com

Le Prieuré Borde-Rouge est un très beau domaine des Hautes Corbières, qui a été implanté sur des argiles et des crasses de fer, dans une zone intermédiaire entre les zones d'altitude et les zones chaudes. Il a été repris par Jean Carrère. La cuvée ange, remarquable par son étiquette baroque, montre une haute qualité de viticulture. La gamme nous a semblé cette année moins cohérente que par le passé, avec des réussites et des cuvées qui ne se goûtaient pas bien pour l'instant.

Corbières Ange 2006
Rouge | 2009 à 2011 | 15 €   **14,5/20**
Cuvée large en arômes, toujours très mûre dans son style opulent, avec une finale d'épices et de cèdre. Elle accompagnera avec faste un gibier à poils.

Corbières Ange 2005
Rouge | 2009 à 2010 | 15 €   **15/20**
De jolies notes de fruits rouges et d'épices dans cette cuvée marquée par son millésime chaud et sec. Elle est à boire sur son volume actuel.

Corbières Carminal 2008
Blanc | 2009 à 2011 | 7,80 €   **14,5/20**
Toujours un corbières blanc étonnant, en dehors des archétypes du cru mais de grande matière. Il a été réalisé à partir de grenache blanc, de maccabeu et de clairette. La finale légèrement oxydative l'amènera volontiers vers la table. L'omelette aux truffes serait le grand accord mais un jambon cru sera tout aussi adapté.

Rouge : 18 hectares. Blanc : 2 hectares.
Production totale annuelle : 80 000 bt.
Visite : Sur rendez-vous.

DOMAINE DE LA PROSE

Domaine de la Prose
34570 Pignan
Tél. 04 67 03 08 30 - Fax. 04 67 03 48 70
domaine-de-la-prose@wanadoo.fr
www.laprose.com

Saint-Georges d'Orques, aux portes de Montpellier, bénéficie d'une fraîcheur particulière. Bien que le Domaine de la Prose emprunte son nom à un lieu-dit plutôt qu'à la littérature, il produit néanmoins des vins de civilisation. Il réalise sur cette zone ainsi que sur le secteur des Grès de Montpellier une gamme de vins dépouillés d'artifices inutiles et tous d'une grande pureté. Précipitez-vous sur les-embruns 2007 !

Coteaux du Languedoc Grande Cuvée Saint-Georges 2006
Rouge | 2009 à 2014 | 20 €   **15/20**
La matière première est de grande qualité même si elle n'a pas capté la maturité des 2007 à venir. Le boisé de l'élevage marque le vin et masque une texture raffinée et iodée, avec des tanins magnifiques.

Coteaux du Languedoc Les Cadières 2008
Blanc | 2009 à 2011 | 8 €   **15/20**
Un blanc avec un bel amer étiré, profond et long, pamplemousse et poire. En finale, toujours la pointe saline apportée par le terroir.

Coteaux du Languedoc Les Cadières 2007
Rouge | 2009 à 2013 | NC   **14/20**
Élevées en cuves béton, les-cadières sont élégantes, tendues dans leur fin de bouche, naturelles, pures, iodées et toujours très fraîches. Ce 2007, peu couvert en soufre et insuffisamment aéré lors de son élevage, réduit au nez, aura impérativement besoin d'un carafage préalable.

Coteaux du Languedoc Les Embruns 2008
Blanc | 2009 à 2011 | 12 €   **15/20**
Le nez se cherche un peu pour l'instant mais la matière est belle, grasse et longue.

Coteaux du Languedoc Les Embruns 2007 ⓤ
Rouge | 2009 à 2013 | 12 €   **16/20**
Cette cuvée les-embruns comporte des notes salines en fin de bouche, dans un ensemble puissant, très frais et d'une étonnante complexité.

Rouge : 14,1 hectares ; cinsault 20%, grenache noir 17%, mourvèdre 11%, syrah 32%.
Blanc : 3,4 hectares ; grenache blanc 5%, roussane 4%, vermentino 5%.
Production totale annuelle : 60 000 bt.
Visite : De 9 h à 12 h et de 15 h à 19 h.

CHATEAU RICARDELLE

Route de Gruissan
11100 Narbonne
Tél. 04 68 65 21 00 - Fax. 04 68 32 58 36
ricardelle@wanadoo.fr
www.chateau-ricardelle.com

L'histoire viticole est ici ancienne, la qualité l'est moins. Elle ne date que d'une vingtaine d'années, quand Bruno Pellegrini a acquis le domaine. Tous ceux qui apprécient les vins aux tanins aériens, avec un fruité intense, dans un style immédiatement charmeur, pourront venir se ressourcer ici. Toutes les cuvées possèdent ce charme particulier des bons vins du secteur de La Clape. L'entrée de gamme, sérieuse mais bien vinifiée, annonce la couleur. Blason et juliette déploient cette élégance fastueuse, dominée par la truffe et les embruns. Les 2008 goûtés en cuves, d'acidité basse mais de grand fruit, s'annoncent grands ici, dès l'entrée de gamme en Aoc La Clape.

Coteaux du Languedoc Blason 2006
Rouge | 2010 à 2014 | 15,50 €   **15/20**
Avec une dominante de syrah complétée de grenache, blason est dans l'esprit des bons rouges du secteur maritime autour du massif de la Clape. Très fruits noirs, mûre, avec un beau volume de bouche et des tanins soyeux, un peu de patience permettra aux tanins de s'ouvrir à nouveau.

Coteaux du Languedoc cuvée Juliette 2007
Rouge | 2009 à 2012 | 25 €   **15/20**
Le volume en bouche est important. La réglisse complexifie les épices et le cuir, dans un style chaleureux.

Coteaux du Languedoc La Clape Rouge 2007
Rouge | 2009 à 2012 | 7,00 €   **14,5/20**
Voici un agréable représentant du secteur de La Clape, long, raffiné, iodé et charmeur en diable.

Vin de pays d'Oc Les Dames de Ricardelle 2008 ⓤ
Blanc | 2009 à 2010 | 5,00 €   **14,5/20**
Dans le style habituel de cette cuvée, 2008 fera un joli viognier sur les fleurs et l'abricot. Il sera délicieusement apéritif puis parfait sur des asperges.

Rouge : 40 hectares ; alicante 3%, cabernet sauvignon 5%, carignan noir 20%, cinsault 3%, grenache noir 16%, marselan 6%, merlot 11%, mourvèdre 4%, sangiovèse 2%, syrah 20%. Blanc : 3 hectares ; bourboulenc 3%, grenache blanc 3%, picpoul 1%, roussane 2%, vermentino 1%. Production totale annuelle : 200 000 bt. Visite : de 9h à 19h tous les jours sauf week end.

DOMAINE RIMBERT

Place de l'Aire
34360 Berlou
Tél. 04 67 89 74 66 - Fax. 04 67 89 73 98
domaine.rimbert@wanadoo.fr
www.domainerimbert.com

Jean-Marie Rimbert s'est installé en 1994 en Saint-Chinian. C'est l'un des viticulteurs qui révèlent le mieux ce terroir méconnu des schistes de Berlou. El-carignator montre l'intérêt des carignans, qui trouvent de l'acidité sur ces sols. Les cuvées travers-de-marceau, mas-au-schiste et berlou sont un hymne à cette roche qui colore tous les vins de notes de vieille rose. L'artiste connaît des hauts et des bas. A leur meilleur les saint-chininans peuvent montrer des arômes d'une délicatesse étonnante.

SAINT-CHINIAN 2007

Blanc | 2009 à 2010 | 6,50 €   **13/20**
Rare saint-chinian blanc, aromatique et simple, puissant, sur la cire et les fleurs blanches.

SAINT-CHINIAN LES TRAVERS DE MARCEAU 2007 Ⓤ

Rouge | 2009 à 2011 | 6,50 €   **15/20**
Un peu marquée par le bourgeon de cassis, cette cuvée a un côté joueur en bouche, un vrai charmeur.

VIN DE TABLE EL CARIGNATOR

Rouge | 2009 à 2010 | 18 €   **14/20**
Cette cuvée en vin de table ne porte pas de millésime. C'est l'une des belles expressions du cépagne carignan dans un style puissant en alcool, typé par le terroir de Saint-Chinian.

Rouge : 24 hectares. Blanc : 4 hectares.
Production totale annuelle : 90 000 bt.
Visite : Sur rendez-vous.

CHÂTEAU RIVES BLANQUES

Domaine Rives-Blanques
11300 Cépie
Tél. 04 68 31 43 20 - Fax. 04 68 31 43 20
rives-blanques@wanadoo.fr
www.rives-blanques.com

Après une première vie dans la finance, les Panman, Hollandais d'origine mais qui ont longtemps habité en Irlande, ont fini par s'installer à Cépie, dans la zone du limoux. Ils sont aidés par Éric Vialade qui veille sur la propriété et conseillés par les œnologues Marc Dubernet, le Languedocien, et Georges Pauli, bien connu des Bordelais. Les élevages, qui étaient souvent marqués par le passé, ont été revus à un niveau beaucoup plus juste. On dégage ainsi une fraîcheur de fruit bienvenue. Occitania est dédiée au mauzac, dédicace au chenin blanc, trilogie associe ces deux cépages au chardonnay et constitue le produit phare de la propriété.

BLANQUETTE DE LIMOUX 2006

Blanc Brut effervescent | 2009 à 2010 | 7,25 €   **13,5/20**
La bulle est dynamique, précise avec une finale nette, légèrement enveloppante.

LIMOUX CUVÉE DE L'ODYSSÉE 2005

Blanc | 2009 à 2011 | 8,50 €   **15/20**
Vin étonnant, à l'amertume étirée, fin et raffiné.

LIMOUX DÉDICACE 2006

Blanc | 2009 à 2011 | 8,50 €   **14/20**
Grande acidité, avec une longueur étonnante sur les fruits blancs. Belle bouteille.

LIMOUX LA TRILOGIE 2007

Blanc | 2009 à 2010 | 15,50 €   **15,5/20**
Cette cuvée est construite sur une base de trois cépages bien implantés en Limouxin, le chenin, le chardonnay et le mauzac. Le nez est pur et la finale délicate, citronnée, sur l'amande amère. L'ensemble est rafraîchissant avec une élégance raffinée, tendue.

Blanc : 22 hectares ;
chardonnay 50%, chenin blanc 13%, mauzac 27%, sauvignon blanc 10%. Production totale annuelle : 100 000 bt. Visite : sur rendez-vous.

DOMAINE DE ROQUE-SESTIÈRE

8, rue des Étangs
11200 Luc-sur-Orbieu
Tél. 04 68 27 18 00 - Fax. 04 68 27 04 18
roque.sestiere@wanadoo.fr

Curieusement, les rouges de Roque-Sestière sont peu réputés localement alors qu'ils sont fort bien réalisés. Il est vrai que le domaine produit beaucoup de blancs, dans une appellation tournée à près de 98% vers les rouges et vers quelques rosés. Pour s'y retrouver dans la gamme du domaine, il suffit de savoir que la cuvée carte-noire concerne les blancs et que la cuvée carte-blanche concerne des rouges. Cette dernière est vraiment gourmande et d'un bon rapport qualité-prix. La constance qualitative du domaine est la marque des bonnes adresses.

CORBIÈRES 2008
Rosé | 2009 à 2010 | 4,50 €   **15/20**
Rosé intense en arômes, très fruits rouges. Tendre en bouche avec une texture satinée, il sera parfait dès l'apéritif.

CORBIÈRES CARTE BLANCHE 2007
Rouge | 2009 à 2011 | 8 €   **15/20**
Légèrement caramélisés, les tanins de ce vin charnu et solaire sont très ronds et accompagnent une matière de qualité.

CORBIÈRES CARTE NOIRE 2008
Blanc | 2009 à 2011 | 5 €   **14/20**
Du gras en bouche mais les arômes sont moins expressifs que sur des millésimes antérieurs. Il faudra le regoûter pour voir si l'aromatique se remet de la mise.

CORBIÈRES TRADITION 2006   ☺
Rouge | 2009 à 2010 | 5 €   **14,5/20**
Derrière un nez agréablement marqué par les poivres, la finale est épicée, longue et solaire. Ce vin est à consommer sur sa gourmandise actuelle.

CORBIÈRES VIEILLES VIGNES 2007
Blanc | 2009 à 2010 | NC   **14/20**
Avec un peu moins de longueur que le 2007, son successeur reste néanmoins une référence dans l'appellation avec une fraîcheur et une longueur étonnantes sur la mandarine et les agrumes.

Rouge : 4,7 hectares ; carignan noir 10%, syrah 22%. Blanc : 10,16 hectares ; bourboulenc 3%, grenache blanc 25%, maccabeu 34%, roussane 3%, vermentino 3%. Production totale annuelle : 60 000 bt. Visite : De 10 h à 18 h.

CHÂTEAU ROUQUETTE-SUR-MER

Route Bleue
11100 Narbonne-plage
Tél. 04 68 65 68 65 - Fax. 04 68 65 68 68
bureau@chateaurouquette.com
www.chateaurouquette.com

Jacques Boscary a investi dans ce domaine au bord de la mer. Le vignoble bien tenu montre que le secteur de La Clape peut produire de grands vins. Pour preuve, les multiples cuvées du domaine, impeccablement vinifiées, avec cette année un supplément de raffinement pour henry-lapierre et le-clos-de-la-tour. En blanc, la cuvée henry-lapierre est vraiment aromatique, et l'arpège joue les ténors. On est ici aux antipodes des languedocs rustiques. L'élégance et la gourmandise ont été visiblement cherchées et trouvées. Un domaine à suivre.

COTEAUX DU LANGUEDOC ARPÈGE 2008
Blanc | 2009 à 2011 | 8,15 €   **15/20**
Blanc de grand charme, porté par les agrumes et les fleurs blanches. La finale est très fraîche.

COTEAUX DU LANGUEDOC CUVÉE HENRY LAPIERRE 2007
Rouge | 2009 à 2013 | 18,50 €   **16/20**
Originale, fruitée, très mûre en 2007, moins fraîche que 2006, marquée par les embruns du secteur de La Clape, cette cuvée iodée et charnue ne passe pas inaperçue.

COTEAUX DU LANGUEDOC L'ESPRIT TERROIR 2007   ☺
Rouge | 2009 à 2013 | 8,15 €   **15,5/20**
Profond, réglissé, gras en bouche, intensément fruité, ce coteaux-du-languedoc, très la-clape, se termine sur une finale vraiment gourmande.

COTEAUX DU LANGUEDOC LE CLOS DE LA TOUR 2007
Rouge | 2009 à 2014 | 35,70 €   **16,5/20**
Voici une approche de la gourmandise. Profonde et très fruits noirs, cette cuvée sait se montrer aérienne dans sa structure. Son charme immédiat est confondant. Les puristes lui réclameront un peu plus de fraîcheur pour en faire une icône de La Clape.

Rouge : 36 hectares. Blanc : 9 hectares. Production totale annuelle : 200 000 bt. Visite : sur rendez-vous pendant les heures d'ouverture.

CHÂTEAU SAINT-JACQUES D'ALBAS

Le Bas
11800 Laure-Minervois
Tél. 04 68 78 24 82 - Fax. 04 68 78 48 08
stjacques.albas@wanadoo.fr
www.chateaustjacques.com

Ce domaine situé à Laure, en plein cœur du Minervois, a été repris récemment, et les nouveaux propriétaires ont investi les moyens nécessaires. La cuvée du domaine est réalisée à partir de grenache et de carignan, complétés d'un peu de syrah. Cette dernière, majoritaire dans la cuvée-du-château, est le seul cépage qui entre dans la cuvée la-chapelle. Nous avons été un peu déçus par les vins présentés cette année, qui nous ont semblé en retrait par rapport au potentiel de ce domaine. À suivre.

MINERVOIS CUVÉE DU CHÂTEAU 2006
Rouge | 2009 à 2012 | 9,00 €   **13,5/20**
Légèrement animal, cette cuvée épicée, sur le cuir, est aromatique.

MINERVOIS CUVÉE DU DOMAINE 2007
Rouge | 2009 à 2010 | 5,75 €   **13,5/20**
Vin gourmand, facile à boire, épicé sur les fruits noirs.

MINERVOIS LA CHAPELLE 2006
Rouge | 2011 à 2013 | 15,50 €   **14/20**
La matière est dense, charnue et les tanins assez précis. Le boisé de l'élevage va demander à se fondre.

MINERVOIS LA CHAPELLE 2005
Rouge | 2010 à 2012 | 15,50 €   **15/20**
La-chapelle arbore de jolis tanins qu'il va falloir attendre un peu, le temps que l'élevage se fonde. La vinosité est raffinée.

Rouge : 25 hectares ; carignan noir 20%, grenache noir 30%, mourvèdre 10%, syrah 40%.
Blanc : 1,5 hectares ; roussane 30%.
Production totale annuelle : 100 000 bt.
Visite : De 9 h à 12 h 14 h à 18 h.

PRIEURÉ DE SAINT-JEAN DE BÉBIAN

Route de Nizas
34120 Pézenas
Tél. 04 67 98 13 60 - Fax. 04 67 98 22 24
info@bebian.com
www.bebian.com

Bébian est la rare expression d'un classicisme languedocien à la fois généreux et raffiné, et surtout capable de vieillir harmonieusement. Le blanc, à forte dominante de roussanne, est une cuvée qui compte en Languedoc. La-chapelle, en blanc, prend son autonomie par rapport à sa grande sœur, certes dans le rôle de la starlette, plus incisive et plus fraîche, mais non sans amateurs. Le domaine vient d'être revendu à des investisseurs mais Chantal Lecouty, qui l'a dirigé avec son mari Jean-Claude Le Brun pendant quinze ans, reste aux commandes techniques encore quelque temps.

COTEAUX DU LANGUEDOC 2007
Blanc | 2009 à 2015 | 26 €   **16,5/20**
Avec comme souvent plus de concentration mais moins de fraîcheur que 2006, ce 2007 montre un étonnant soyeux en bouche. C'est un vin très raffiné, un grand charmeur !

COTEAUX DU LANGUEDOC 2006
Blanc | 2009 à 2017 | NC   **17/20**
Un archétype du vin languedocien raffiné et bien élevé, réalisé sur Pézenas, qui se pose en consensus entre la puissance des terrasses-du-larzac et l'élégance du pic-saint-loup. 2006 vieillit fort bien, très pur sur le plan aromatique, frais au nez.

COTEAUX DU LANGUEDOC 2006
Rouge | 2009 à 2012 | 26 €   **14,5/20**
Millésime après millésime, la-chapelle défend son style avec un fruité rouge complexe, une pointe tannique patinée de cuir et d'épices. Quelques notes anisées complètent une finale très aromatique.

COTEAUX DU LANGUEDOC LA CHAPELLE DE BÉBIAN 2008
Blanc | 2009 à 2013 | 9,50 €   **15/20**
Élégant, dynamique, sans la structure des millésimes précédents, ce blanc est aromatique et frais.

COTEAUX DU LANGUEDOC LA CHAPELLE DE BÉBIAN 2007
Rouge | 2009 à 2014 | NC   **16/20**
Le boisé marque la cuvée comme souvent en vin jeune. Bâtie pour la garde, elle commence à exhaler des senteurs romantiques de chèvrefeuille et de lys. La finale dynamique ne manque pas de fraîcheur.

Rouge : 27 hectares ; carignan noir 5%, cinsault 10%, grenache noir 35%, mourvèdre 20%, syrah 30%.
Blanc : 6 hectares ; clairette 10%, grenache blanc 20%, picpoul 10%, roussane 60%. **Production totale annuelle :** 120 000 bt. **Visite :** Sur rendez-vous.

DOMAINE SAINT-JEAN DU NOVICIAT

Mas du Novi
Rte de Vilveyrac
34530 Montagnac
Tél. 04 67 24 07 32 - Fax. 04 67 24 07 32
contact@masdunovi.com
www.masdunovi.com

La famille bordelaise Palu, implantée dans le négoce de bière et de liquides alimentaires en Afrique, a acquis ce très beau domaine en 1994. Elle a compris le potentiel de ces terroirs, et a conforté la réputation viticole de ce qui n'était à l'origine qu'un achat d'agrément. Les cuvées vinifiées en cuves sont vendues sous le nom de saint-jean-du-noviciat, rappelant que la propriété était rattachée à l'abbaye de Valmagne toute proche. Le milieu de gamme est vendu sous le nom de mas-du-novi, et la cuvée prestigi concentre les meilleures parcelles. Un échantillon étonnant de rouge 2008 montre que le domaine est sur la bonne voie.

COTEAUX DU LANGUEDOC LOU CABERLAUD 2006
Rouge | 2009 à 2012 | 9,80 €   **13,5/20**
La puissance tannique est marquée et confère une pointe d'amertume. La matière ne manque pas de charme, et évoluera bien.

COTEAUX DU LANGUEDOC LOU CABERLAUD 2005
Rouge | 2009 à 2010 | NC   **13,5/20**
Le boisé s'estompe au profit des fruits rouges mûrs, avec des tanins un peu secs en finale.

VIN DE PAYS D' OC CHARDONNAY 2008   ⓤ
Blanc | 2009 à 2011 | 8,90 €   **14,5/20**
Très joli chardonnay du sud, finement bouqueté, tendu et précis, de grande fraîcheur.

Rouge : 40 hectares ; cabernet sauvignon 13%, carignan noir 3%, cinsault 4%, grenache noir 9%, merlot 13%, mourvèdre 7%, syrah 32%.
Blanc : 9 hectares ; chardonnay 16%, viognier 3%.
Production totale annuelle : 230 000 bt.
Visite : Du lundi au samedi, de 10 h à 19 h.

CHÂTEAU SAINT-MARTIN DE LA GARRIGUE

Château Saint-Martin de la Garrigue
34530 Montagnac
Tél. 04 67 24 00 40 - Fax. 04 67 24 16 15
contact@stmartingarrigue.com
www.stmartingarrigue.com

Ce grand domaine de 160 hectares, dont 60 sont plantés en vignes, appartient à la famille Guida, qui a œuvré dans la grande distribution. Les terroirs exploités, sur les Grès de Montpellier et Picpoul de Pinet, produisent des vins axés sur la fraîcheur et sur le plaisir.

COTEAUX DU LANGUEDOC 2007
Blanc | 2009 à 2012 | 8,80 €   **15,5/20**
Blanc très épanoui dans ses arômes, avec une bouche délicate, agrumes et fruits frais. La finale onctueuse apporte au vin un complément de dimension.

COTEAUX DU LANGUEDOC 2006
Rouge | 2009 à 2014 | NC   **15,5/20**
Avec des tanins puissants, serrés, denses, c'est une cuvée raffinée, longue. Elle montre un charme aromatique incroyable.

COTEAUX DU LANGUEDOC BRONZINELLE 2007
Rouge | 2009 à 2014 | 8,80 €   **15,5/20**
Nez de garrigue avec des arômes tertiaires, la bouche est épicée, dense. Très en prise avec son terroir, ce vin réalisé en grand volume a une finale fraîche.

COTEAUX DU LANGUEDOC TRADITION 2008
Blanc | 2009 à 2010 | 6 €   **14,5/20**
Blanc salin et fruité, marqué par les agrumes, les zestes. Son acidité ravivera une cuisine en sauce de belle manière.

COTEAUX DU LANGUEDOC TRADITION 2007
Rouge | 2009 à 2012 | 6 €   **14/20**
À base de syrah et de carignan, cette cuvée montre une grande qualité de fruit. Aromatique, elle est portée par une acidité dynamique.

PICPOUL DE PINET 2008   ⓤ
Blanc | 2009 à 2011 | 7,70 €   **15,5/20**
Picpoul de grande fraîcheur, sur les fleurs blanches, avec une pointe d'iode qui lui va à ravir, salin, gourmand et onctueux.

Rouge : 49 hectares. Blanc : 16 hectares.
Production totale annuelle : 300 000 bt.
Visite : De 8 h à 12 h et de 13 h 30 à 17 h 30.

CHÂTEAU SAINTE-EULALIE

Château Sainte-Eulalie
34210 La Livinière
Tél. 04 68 91 42 72 - Fax. 04 68 91 66 09
info@chateausainteeulalie.com
www.chateausainteeulalie.com

Mené par un couple d'œnologues, le domaine est constitué de 35 hectares d'un seul tenant, situés vers 250 mètres d'altitude. Cette situation sur les hauteurs de La Livinière permet une gamme de rouges et de rosés au fruité de très belle qualité. Les sols sont très caillouteux et l'intégralité de la production est en appellation Minervois et Minervois-La-Livinière. La cuvée Cantilène est produite en volumes conséquents que l'amateur pourra aisément se procurer. Le-printemps-d'eulalie est un très beau rosé qui fait honneur à cette couleur.

MINERVOIS PRINTEMPS D'EULALIE 2008
Rosé | 2009 à 2010 | 4,60 €   **15/20**
Assez corsé, ce rosé dévoile de beaux arômes de fruits rouges, framboise, groseille avec intensité et fraîcheur.

MINERVOIS-LA-LIVINIÈRE LA CANTILÈNE 2007
Rouge | 2009 à 2012 | 11,35 €   **14,5/20**
La Cantilène de Sainte-Eulalie était en 881 le premier poème en langue française. Le style des vins du domaine se retrouve dans cette cuvée : apaisante et raffinée, elle offre une longueur réelle.

MINERVOIS-LA-LIVINIÈRE LA CANTILÈNE 2006
Rouge | 2009 à 2011 | 11,35 €   **15/20**
Le style des vins du domaine se retrouve dans cette cuvée : apaisante et raffinée, elle offre une longueur étonnante et charmeuse, avec un tanin présent.

Rouge : 35 hectares : carignan noir 27%, cinsault 10%, grenache noir 28%, syrah 35%.
Production totale annuelle : 180 000 à 200 000 bt.

DOMAINE SAINTE-MARIE DES CROZES

36, avenue des Corbières
11700 Douzens
Tél. 06 14 60 60 91 - Fax. 04 68 79 20 57
bernard.alias@wanadoo.fr
www.saintemariedescrozes.com

Ce domaine de taille moyenne, mené par Madame Alias, produit des vins de pays et des corbières. Il est situé dans le nord-ouest de l'appellation, au pied de la montagne d'Alaric, dans des zones où les influences océaniques deviennent perceptibles. Nous avons aimé la gamme de rouges. Sainte-nitouche est construite plutôt pour y toucher, avec une recherche de buvabilité réussie. La cuvée les-mains-sur-les-hanches est réalisée à partir de grenache, avec un équilibre entre densité et fraîcheur réjouissant.

CORBIÈRES LES MAINS SUR LES HANCHES 2008
Rouge | 2009 à 2011 | 10 €   **15/20**
Avec une pointe de sucrosité en finale, cette cuvée charme par sa rondeur et sa buvabilité. L'aromatique est fin.

CORBIÈRES SAINTE NITOUCHE 2008
Rouge | 2009 à 2010 | 6 €   **13,5/20**
Joli vin à base de syrah et de grenache, vinifiée pour en faire le vin de copains qu'on boira jusqu'au bout de la nuit.

CORBIÈRES TIMEO 2008
Rouge | 2009 à 2010 | 15 €   **15,5/20**
L'échantillon dégusté de ce haut de gamme du domaine montrait des tanins raffinés et élégants. L'élevage est bien ajusté et il faudra regoûter ce vin après la mise.

CORBIÈRES TIMÉO 2008
Blanc | 2009 à 2010 | 12 €   **15/20**
L'échantillon présenté avant la mise en bouteilles était prometteur. De jolis arômes de mandarine, d'agrumes et d'ananas frais entouraient une matière onctueuse.

Rouge : 32 hectares : cabernet franc 4%, cabernet sauvignon 5%, carignan noir 7%, cinsault 2%, grenache noir 22%, merlot 5%, mourvèdre 2%, pinot noir 4%, syrah 30%.
Blanc : 2 hectares : grenache blanc 2%, roussane 4%. Production totale annuelle : 50 000 bt.

DOMAINE JEAN-BAPTISTE SÉNAT

12, rue de l'Argen-Double
11160 Trausse-Minervois
Tél. 04 68 78 38 17 - Fax. 04 68 78 26 61
jbsenat@terre-net.fr

Jean-Baptiste Sénat, vigneron talentueux et perfectionniste, la sensibilité à fleur de peau, ne cesse de se remettre en question pour progresser. Il exploite depuis 1996 quinze hectares dans l'Aude, à Trausse, dans la partie centrale du Minervois, qui n'est pas la plus chaude mais la plus sèche. Le style des vins recherche la buvabilité et la finesse. Arbalètes-et-coquelicots, inspirée de Guns and Roses, est une entrée de gamme destinée aux copains. La-nine est un métissage de vignes jeunes et de vieux carignans issus d'un patchwork de terroirs. Mais-où-est-donc-ornicar mixe des cinsaults et des grenaches en recherche de buvabilité et de gourmandise. Le-bois-des-merveilles dispose d'un supplément de caractère et de complexité. Les 2007 sont un régal dès à présent et les tout premiers échantillons de 2008, dont nous parlerons l'an prochain, sont prometteurs !

MINERVOIS LA NINE 2007
Rouge | 2009 à 2011 | 9 €   **15,5/20**
Pas encore complètement dégagé au nez, 2007 est très frais, harmonieux avec un tanin très élégant, charnu et gourmand, La Nine tire son nom de la parcelle qui la produit.

MINERVOIS LE BOIS DES MERVEILLES 2007
Rouge | 2010 à 2012 | 18 €   **16,5/20**
La cuvée progresse encore en 2007. Ce Bois des Merveilles concentre de beaux mourvèdres associés à des grenaches. La matière est fine, élégante, d'un style aérien caractéristique de l'élégance des beaux minervois.

MINERVOIS MAIS OÙ EST DONC ORNICAR 2008 ☺
Rouge | 2009 à 2010 | 12 €   **15/20**
Millésime après millésime, cette cuvée reste un prototype du vin gourmand au fruité charnu, grasse en bouche tout en restant fraîche, harmonieuse et bien équilibrée.

Rouge : 18 hectares ; carignan 30%, cinsault 5%, grenache 30%, merlot 10%, mourvèdre 10%, syrah 5%. **Production totale annuelle :** 45 000 bt.
Visite : Du lundi au samedi, sur rendez-vous.

CHÂTEAU DE SÉRAME

11200 Lézignan-Corbières
Tél. 05 56 35 53 00 - Fax. 05 56 35 53 79
contact@cvbg.com
www.dourthe.com

Cette ancienne propriété du XIIᵉ siècle, installée à Lézignan, a été reprise par le Bordelais Dourthe en 2001, qui y a réalisé d'importants investissements à la vigne et au chai pour faire renaître cette belle endormie. Sérame présente une gamme réussie de vins-de-pays-d'oc, qui sont de belles expressions de leur cépage. En rouge, le corbières et le minervois bénéficient de la maîtrise bordelaise de l'élevage sous bois, qui a su préserver les expressions de terroir.

CORBIÈRES L'ICÔNE 2005
Rouge | 2009 à 2013 | 50 €   **16,5/20**
Une très grande majorité de syrah issue des meilleures parcelles de Sérame, et récoltée avec toutes les attentions, permet ce vin au grand fond, très mûr et étonnamment long. La trame tannique est magnifique.

MINERVOIS 2007
Rouge | 2009 à 2012 | 9,50 €   **15/20**
Avec des notes de fruits noirs, un nez agréable, ce minervois ne manque pas de structure. Il se remarque par la droiture et la finesse des tanins procurée par le mourvèdre qui compose la cuvée par moitié. La marque du terroir de grès, situé entre Olonzac et Lézignan, se perçoit dans la finale. Un joli vin en devenir.

MINERVOIS 2006
Rouge | 2009 à 2010 | 9,50 €   **14/20**
Avec des notes de fruits noirs et de poivre, ce minervois ne manque pas de structure. Il montre à ce jour moins de finesse que le 2007, les mourvèdres qui constituent la cuvée s'étant un peu refermés. La fin de bouche tout en puissance est de grande longueur.

VIN DE PAYS D'OC MERLOT 2008 ☺
Rouge | 2009 à 2011 | env 4 €   **14/20**
Merlot du sud qui ne tombe pas dans la banalité. Dense en bouche, la matière est charnue, nette, et la finale est dynamique. L'élevage est de qualité.

VIN DE PAYS D'OC VIOGNIER 2008 ☺
Blanc | 2009 à 2010 | 4,25 €   **14/20**
Belle expression du viognier, pamplemousse rose, violette. À boire sur son fruit, ce sera un apéritif épatant mais des asperges lui iront à ravir.

Visite : En semaine sur rendez-vous.

MAS DE LA SERANNE

Route de Puéchabon
34150 Aniane
Tél. 04 67 57 37 99 - Fax. 04 67 57 37 99
mas.seranne@wanadoo.fr
www.mas-seranne.com

Le Mas de la Serrane, situé dans la zone des Terrasses du Larzac en Coteaux du Langue-doc, appartient à Jean-Pierre Venture. On mesure le chemin parcouru depuis dix ans par ce néo-vigneron, qui s'est extirpé de l'in-dustrie agro-alimentaire pour revenir à la vigne. Il s'est patiemment construit un domaine d'une quinzaine d'hectares, où il travaille une large palette de cépages. La gamme de rouges profonds et gourmands s'achève par une cuvée antonin-et-louis absolument raffinée.

COTEAUX DU LANGUEDOC
A L'OMBRE DU FIGUIER 2007
Rouge | 2009 à 2010 | NC   **13,5/20**
Un rouge facile à boire, porté par la trame légèrement acide des fruits rouges.

COTEAUX DU LANGUEDOC
ANTONIN ET LOUIS 2006
Rouge | 2009 à 2014 | 17 €   **16/20**
2006 sera dans la lignée des millésimes pré-cédents. La syrah marque le nez d'épices et de jus de viande. La truffe n'est pas loin, l'olive non plus.

COTEAUX DU LANGUEDOC
LE CLOS DES IMMORTELLES 2007
Rouge | 2009 à 2010 | 12 €   **15,5/20**
Le clos-des-immortelles 2007 a reçu un éle-vage adapté sans excès. La matière première est de très belle qualité, dense et gour-mande. Un vin de charme !

COTEAUX DU LANGUEDOC
LES GRIOTTIERS 2006
Rouge | 2009 à 2010 | NC   **14,5/20**
Le nez montre des fruits rouges, la matière est agréable, les tanins sont raffinés et domi-nés par une fraîcheur bienvenue.

Rouge : 13.5 hectares ; carignan noir 20%, cinsault 18%, grenache noir 18%, mourvèdre 15%, syrah 28%. Blanc : 2.5 hectares ; grenache blanc 45%, roussane 27%, vermentino 27%. Production totale annuelle : 65 000 bt.

CAVES DU SIEUR D'ARQUES

Route de Carcassonne
11300 Limoux
Tél. 04 68 74 63 00 - Fax. 04 68 74 63 12
g.marty@sieurdarques.com
www.sieurdarques.com

La coopérative du Sieur d'Arques est l'ac-teur économique majeur de Limoux, car elle met en marché seize millions de bouteilles. La gamme toques-et-clochers, de diffusion plus large, regroupe un ensemble de jolis vins, avec plusieurs chardonnays issus des différentes zones de l'appellation. La fré-quentation des bulles y est également hau-tement recommandable.

LIMOUX LES QUATRE CLOCHERS 2007
Blanc | 2009 à 2011 | 9 €   **14,5/20**
Vif et citronné, ce blanc est élégant, agrumes et fleurs blanches.

LIMOUX TOQUES ET CLOCHERS HAUTE VALLÉE 2007
Blanc | 2009 à 2011 | 10,60 €   **14,5/20**
Gras en bouche, ce blanc est porté par une acidité agréable qui lui donne du nerf. La finale est florale.

LIMOUX TOQUES ET CLOCHERS
MÉDITERRANÉEN 2007
Blanc | 2009 à 2010 | 10,60 €   **13/20**
Vin puissant, gras, assez long en bouche avec une finale saline.

VIN DE PAYS D'OC LES QUATRE CLOCHERS,
CABERNET-SAUVIGNON 2005
Rouge | 2009 à 2011 | NC   **12,5/20**
Produit facile, simple, sans grand caractère mais prêt à être consommé sans aspérité de tanins.

VIN DE PAYS D'OC LES QUATRE CLOCHERS,
MERLOT-GRENACHE 2005
Rouge | 2009 à 2011 | NC   **13/20**
Aromatique fin et friand, sur la griotte et les fruits rouges. L'ensemble est simple mais gourmand.

Rouge : 500 hectares ; cabernet franc 9%, cabernet sauvignon 16%, malbec 16%, merlot 25%, pinot noir 25%, syrah 9%. Blanc : 1900 hectares ; chardonnay 42%, chenin blanc 14%, mauzac 36%, sauvignon blanc 8%. Production totale annuelle : 16 000 000 bt. Visite : De 9 h à 18 h 30.

MAS DU SOLEILLA

Route de Narbonne Plage
11100 Narbonne
Tél. 04 68 45 24 80 - Fax. 04 68 45 25 32
vins@mas-du-soleilla.com
mas-du-soleilla.com

La propriété provient du partage d'un grand domaine du massif de La Clape, où les vins bénéficient des entrées maritimes. Il a été acquis par un Suisse passionné de vins, qui propose des vins-de-pays et des coteaux-du-languedoc. L'ensemble des vins démontre un beau savoir-faire avec un coup de cœur pour les-bartelles en 2007.

COTEAUX DU LANGUEDOC
LA CLAPE CLÔT DE L'AMANDIER 2006
Rouge | 2009 à 2013 | 32,00 €   **15/20**
Le clôt-de-l'amandier est en puissance, avec une grande présence aromatique, très mûr, quand les-bartelles sont plus en finesse.

COTEAUX DU LANGUEDOC LES BARTELLES 2007 🔟
Rouge | 2009 à 2012 | 16,00 €   **17/20**
Grand vin avec beaucoup de longueur, tanins fins, onctueux et racés par la pointe iodée des embruns qui baignent le cru.

COTEAUX DU LANGUEDOC LES CHAILLES 2007
Rouge | 2009 à 2011 | 12,50 €   **16/20**
Toujours savoureuse, cette cuvée montre un tanin racé, une matière saline, chaleureuse, légèrement truffée.

VIN DE PAYS DES COTEAUX DE NARBONNE TERRE DU VENT 2007
Rouge | 2009 à 2012 | 16 €   **14/20**
Comme souvent sur cette cuvée, une belle densité et une qualité remarquable de fruit mûr. Elles sont complétées par une pointe de salinité, typique de La Clape comme souvent dans cette zone.

Rouge : 15,5 hectares ; cabernet franc 6%, grenache noir 41%, merlot 5%, syrah 30%.
Blanc : 3,5 hectares ; 8%, bourboulenc 9%.
Production totale annuelle : 75 000 bt.
Visite : De 9 h à 19 h.

DOMAINE LA TOUR BOISÉE

1, rue du Château-d'Eau
11800 Laure-Minervois
Tél. 04 68 78 10 04 - Fax. 04 68 78 10 98
info@domainelatourboisee.com
www.domainelatourboisee.com

Ce domaine de Laure, sur les grès et les marnes gréseuses, a fait partie des précurseurs du renouveau de l'appellation Minervois. Jean-Louis Poudou, l'une des figures de l'appellation, continue à faire avancer le domaine. Jardin-secret est la cuvée la plus aboutie de la gamme et montre tout le savoir-faire de la propriété. Cette cuvée aux tanins raffinés a en outre une capacité à très bien vieillir. La cuvée à-marie-claude, en blanc, a été construite pour la gastronomie, dans un style méditerranéen qui ne laissera pas indifférent. Les vins ne sont pas construits selon les canons récents de la mode et ils ne donnent pas tout immédiatement. Ils méritent d'être compris sur la durée, le temps étant indispensable à leur épanouissement. Les patients sont alors récompensés.

MINERVOIS À MARIE-CLAUDE 2005
Rouge | 2010 à 2015 | 11,50 €   **14,5/20**
Ce vin droit avec des tanins profonds a une allonge veloutée. Sa densité sans lourdeur réjouit. Les tanins se fondront, en attendant il mettra au pas un cassoulet de l'académie universelle de Carcassonne dont le producteur de ce rouge est l'un des membres éminents !

MINERVOIS À MARIE-CLAUDE 2003
Blanc | 2009 à 2012 | 11,50 €   **15,5/20**
Nous reproduisons notre commentaire de l'an passé car rien n'a changé : à-marie-claude 2003 est un vin puissant en rupture avec le style des languedocs blancs modernes. Elle s'installe en produit de gastronomie et prend le temps du temps.

MINERVOIS JARDIN SECRET 2003
Rouge | 2009 à 2014 | 23,50 €   **15/20**
Les tanins sont fins, denses, style classique, puissant et sincère.

Rouge : 70 hectares ; cabernet sauvignon 3,5%, carignan 26%, cinsault 7%, grenache 13%, merlot 11%, mourvedre 4%, syrah 15%.
Blanc : 12 hectares ; chardonnay 7%, grenache blanc 1%, macabeu 1,5%, marsanne 2%, muscat petits grains 1,5%, roussanne 1,5%, sauvignon 5%, vermentino 1%. **Production totale annuelle :** 400 000 bt. **Visite :** Du lundi au vendredi, de 9 h à 12 h et de 15 h à 18 h et le week-end sur rendez-vous.

CHÂTEAU DE VAUGELAS

11200 Camplong-d'Aude
Tél. 04 68 43 68 41 - Fax. 04 68 43 57 43
chateauvaugelas@wanadoo.fr
www.chateauvaugelas.com

Cette propriété appartient à la famille Bonfils, très implantée dans les vignobles du sud et également en Montagne Saint-Émilion. La propriété est en bordure de l'Orbieu, sur des galets roulés. Le terroir n'est pas facile, mais le domaine parvient par son savoir-faire et son exigence à se positionner au niveau des très bons corbières. La cuvée baptisée prestige est en fait l'entrée de gamme. Le-prieuré est intermédiaire, avec plus de fraîcheur et la cuvée, simplement étiquetée sous le nom du château, offre le rouge le plus fin. Aucun tanin n'accroche dans ce vin de charme qui mérite d'être recherché au vu de son prix raisonnable. Année après année, le domaine reste constant en qualité. Une adresse sûre !

CORBIÈRES CHÂTEAU VAUGELAS 2006
Rouge | 2009 à 2012 | 10 €   **15,5/20**
Tout en restant dans l'esprit d'un millésime délicat, ce rouge est élégant, cacaoté, subtilement graphité avec une fraîcheur en fin de bouche. La finale légèrement saline est savoureuse.

CORBIÈRES FÛTS DE CHÊNE 2007
Rouge | 2009 à 2010 | 5,50 €   **14,5/20**
Nez complexe de fruits noirs, d'épices douces et de réglisse qui se poursuivent en bouche. La finale est enrobée. Un joli corbières que le fût de chêne annoncé sur l'étiquette n'a pas trop marqué.

CORBIÈRES LE PRIEURÉ 2007
Rouge | 2009 à 2011 | 6 €   **14,5/20**
En 2007, cette cuvée montre un joli fruit emmené par une pointe de fraîcheur en finale. L'ensemble est complexe.

CORBIÈRES PRESTIGE 2007
Rouge | 2009 à 2010 | 5,50 €   **12,5/20**
Comme souvent, cette cuvée aux notes confiturées manque de fraîcheur mais elle montre un charme aromatique réel.

Production totale annuelle : 650 000 bt.
Visite : Du lundi au vendredi de 8h à 12h et de 14 h à 19h à la propriété. Samedi et dimanche de 14 h à 19 h au caveau du clos.

CHÂTEAU VIEUX MOULIN

Château Vieux Moulin
11700 Montbrun-des-Corbières
Tél. 04 68 43 29 39 - Fax. 04 68 43 29 36
alex.they@vieuxmoulin.net
www.vieuxmoulin.net

Alexandre They a repris les vignes familiales qui produisaient essentiellement du vin vendu en vrac. Il s'est fait une spécialité de vins assez concentrés et chaleureux en limitant le rendement moyen de l'exploitation à moins de 30 hl/ha. La syrah en vin de pays d'Oc est une expression réussie de ce que le cépage peut produire sur ces terroirs très chauds. Le corbières les-ailes est réalisé dans le même style mais avec une profondeur de goût supérieure, apportée par le terroir. La version 2008 de cette cuvée goûtée en échantillon s'annonce grande.

CORBIÈRES 2008
Rosé | 2009 à 2010 | 5 €   **15/20**
Peu expressif au nez pour l'instant, ce rosé se révèle en bouche avec une matière à la fois tendre et onctueuse. La finale de grand volume cohabite avec une pointe de menthol qui lui donne une gourmande fraîcheur.

CORBIÈRES 2005
Rouge | 2009 à 2012 | 5,50 €   **15/20**
Profond, le vin a bien évolué avec un tanin rond et fin, soyeux. Il a réussi à éviter la pointe de sécheresse en finale, le principal écueil du millésime.

VIN DE PAYS D'OC CABERNET-SAUVIGNON 2007
Rouge | 2010 à 2013 | 4,50 €   **15/20**
Joli cabernet agréable, au fruit lumineux. Ce vin long et fin mérite un peu de patience.

VIN DE PAYS DE L'AUDE TERRE D'EOLE 2006
Rouge | 2009 à 2011 | NC   **13/20**
Beau volume en bouche, la finale est déliée, délicate, et fait de ce vin un rouge facile à boire.

Rouge : 33 hectares ; cabernet sauvignon 9%, carignan noir 30%, cinsault 3%, grenache noir 23%, mourvèdre 15%, syrah 20%. **Production totale annuelle :** 110 000 bt. **Visite :** De 9 h à 12 h et de 14 h à 18 h.

CHÂTEAU VILLERAMBERT-JULIEN

D620
11160 Caunes-Minervois
Tél. 04 68 78 00 01 - Fax. 04 68 78 05 34
contact@villerambert-julien.com
www.villerambert-julien.com

Implantée à Caunes-Minervois, le pays du marbre rose qui permit le Grand Trianon et l'Opéra Garnier, cette propriété est l'une des plus régulières de la région. La syrah permettra aux néophytes de comprendre la typicité de ce cépage. Ourdivieille permet d'appréhender l'extraordinaire complexité des vieux grenaches. Le minervois du château, bien structuré, présente toutes les caractéristiques de finesse que l'on est en droit d'attendre de cette belle appellation, même si le 2004 semble peiner à digérer le boisé de l'élevage. Dans un style plus commercial, les 2006 nous ont semblé moins structurés que d'ordinaire.

MINERVOIS 2004
Rouge | 2010 à 2013 | 14 €   **14,5/20**
Le style de la cuvée est en rupture avec les millésimes précédents. L'échantillon encore très marqué par le bois de l'élevage nécessitera encore de la patience pour déployer la finesse caractéristique de cette cuvée.

MINERVOIS L'OPÉRA 2006
Rouge | 2009 à 2009 | 5,80 €   **14/20**
Facile à boire, de demi-corps, cette cuvée se montre sur l'aromatique. Elle accompagnera de son charme un gibier à plumes.

MINERVOIS LA SYRAH 2006
Rouge | 2009 à 2009 | 7,90 €   **13,5/20**
Sur les fruits noirs et les épices, cette syrah assez puissante et veloutée est construite sur le charme.

MINERVOIS LE GRENACHE 2006
Rouge | 2009 à 2010 | 7,90 €   **13,5/20**
Grenache gorgé de fruit, de corpulence moyenne mais tenu par l'alcool, frais en finale. Un vin de copains.

MINERVOIS OURDIVIEILLE 2004
Rouge | 2010 à 2013 | 36 €   **16/20**
Le vin montre des notes florales de pivoine ainsi qu'une finale réglisse. Les tanins particulièrement puissants méritent d'être attendus.

Rouge : 76,5 hectares ; carignan 6%, grenache 26%, mourvedre 3%, syrah 41,5%. Blanc : 3,5 hectares ; roussanne 1,75%, viogner 1,75%. **Production totale annuelle :** 370 000 bt. **Visite :** En hiver, du lundi au vendredi de 9 h à 11 h 30 et de 14 h à 18h30 et le samedi sur rendez-vous. En été, ouvert également le samedi et le dimanche, sans rendez-vous.

CHÂTEAU LA VOULTE-GASPARETS

Rue des Corbières
11200 Boutenac
Tél. 04 68 27 07 86 - Fax. 04 68 27 41 33
chateaulavoulte@wanadoo.fr

Patrick Reverdy et son fils Laurent sont très attachés à leurs vignes de carignan dont le terroir de Corbières-Boutenac s'est fait une spécialité. On est ici en pleine zone délimitée pour ce cru, bien qu'il ne soit pas systématiquement revendiqué par le domaine. La cuvée de base est une référence en corbières. La cuvée romain-pauc, baptisée ainsi en hommage à un aïeul de la famille, marie des carignans et des grenaches largement quadragénaires à des syrahs et des mourvèdres plus jeunes.

CORBIÈRES 2008
Rosé | 2009 à 2010 | 6,50 €   **15/20**
La robe affiche une couleur saumon avec des reflets rouges. L'intensité en bouche se remarque avec du fond, et une vraie longueur. C'est un rosé fait par de grands vinificateurs de rouges. Il est plus corsé qu'un clos-canos. Ce sera plutôt un vin de repas qui accompagnera une grillade sans faiblir.

CORBIÈRES 2008
Blanc | 2009 à 2012 | 7,50 €   **14,5/20**
Complexe en bouche, voici une belle matière qui s'impose sans exubérance. On pourrait aussi l'attendre un peu.

CORBIÈRES CUVÉE RÉSERVÉE 2006
Rouge | 2009 à 2010 | NC   **15/20**
Derrière un nez bien typé par les fruits noirs, la qualité des tanins s'affiche dans une cuvée qui représente l'essentiel des volumes en rouge du domaine. Le carignan très mûr, mais sans acidité intempestive, signe la puissance en bouche et la rondeur.

CORBIÈRES-BOUTENAC ROMAIN PAUC 2007
Rouge | 2009 à 2013 | 18 €   **16/20**
Tanin délicatement chocolaté, grand volume, le millésime s'annonce fort ici !

Rouge : 59 hectares ; 2%, carignan noir 43%, grenache noir 25%, mourvèdre 10%, syrah 9%. Blanc : 4 hectares ; 1%, vermentino 4%. **Production totale annuelle :** 240 000 bt.

La sélection
Bettane et Desseauve
pour la Provence

Inscrivez-vous sur

BETTANEDESSEAUVE.COM

> Suivez l'actualité du vin
> Accédez aux notes de
dégustation de 25 000 vins
> Visitez les stands des
producteurs

La Provence

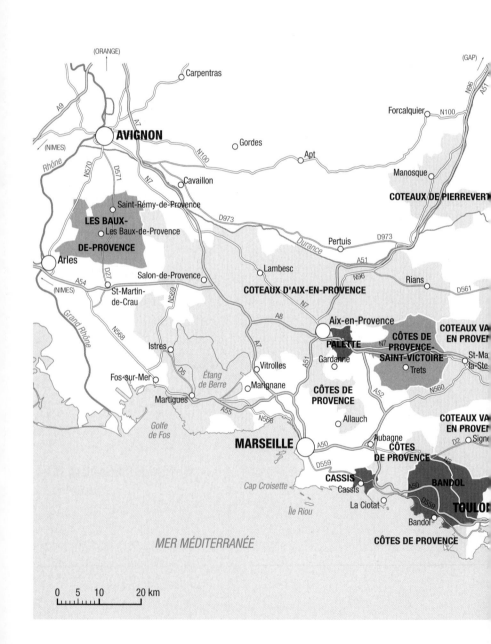

*On ne prenait pas trop la Provence du vin au sérieux, pas
plus que ses vins rosés, fer de lance de la production.
Le renversement qui rend ces mêmes rosés beaucoup plus
estimables, parce qu'ils ont progressé et parce que tout
le monde les aime, devrait attirer davantage l'attention sur les
blancs et les rouges, expressions originales et uniques
de cépages rares (rolle, mourvèdre), et vins de grande classe.*

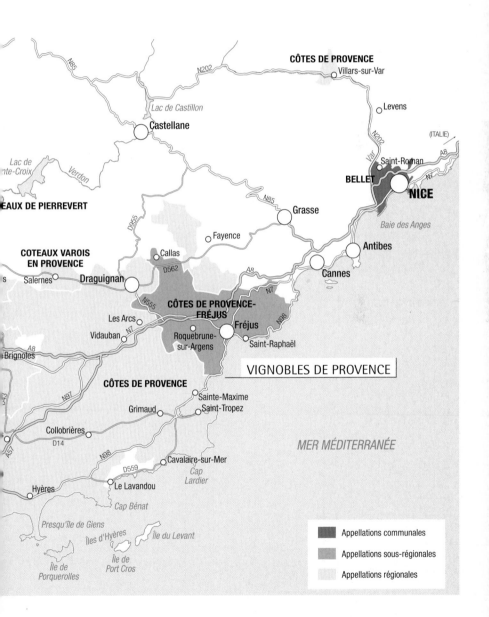

L'actualité des millésimes

Chaud et sec, 2007 a souffert du manque d'eau qui a bloqué certaines maturités. Il convient de se pencher surtout sur les rouges aux tanins pleins et gourmands, avec un potentiel pour les cuvées plus structurées qui ont su préserver une belle fraîcheur de fruit. La plupart des blancs sont gras avec un degré élevé d'alcool, voilà pourquoi les 2007 que nous avons retenus le doivent à leur fraîcheur de bon aloi qui permet de les glisser à table de la meilleure des façons. Les rosés doivent être déjà bus, sauf quelques rares exceptions. Ceux de Bandol évoluent parfaitement.

En 2008, les cieux se sont montrés peu cléments avec la Provence; les fortes pluies répétées du printemps ont provoqué des départs de mildiou spectaculaires. L'été plus sec a permis de débuter les vendanges sous le soleil, mais la seconde partie de la récolte s'est effectuée dans des conditions froides et pluvieuses. Le millésime est donc très hétérogène, et en rupture totale avec la série des années 2000 globalement précoces et chaudes. Il a donc fallu trier beaucoup. Comme toujours dans ce style de millésime, les rosés sont encore plus sur le devant du bouchon, avec un beau tir groupé pour ceux du secteur de Sainte-Victoire. Les autres régions sont plus disparates avec toutefois de belles réussites dans les classiques de cette Provence plus en fraîcheur que d'habitude.

Les vins préférés des lecteurs

En juin 2009, nous avons réuni plus d'une centaine d'amateurs de vin, recrutés parmi les lecteurs du Grand Guide des vins de France, qui ont dégusté des vins de toutes les régions.Les vins sélectionnés ont tous obtenu dans cette édition une notation supérieure ou égale à 14/20 ainsi qu'un ☺ et sont commercialisés à un prix public inférieur à 15 €. Plus de 600 vins ont ainsi été dégustés par les jurys de lecteurs.

VOICI LES LAURÉATS DE PROVENCE ÉLUS PAR NOS LECTEURS

Château de Beaupré,
Coteaux d'Aix-en-Provence, Blanc sec, 2008, 6,95 €

Château La Calisse,
Coteaux Varois en Provence, Blanc sec, 2008, 12 €

Domaine de Gavoty,
Côtes de Provence, Clarendon, Rosé, 2008, 12,60 €

Château Grand Boise,
Côtes de Provence Sainte-Victoire, Rosé, 2008, 6,90 €

Domaine de la Laidière,
Bandol, Blanc sec, 2008, 14,50 €

Domaine Richeaume,
Côtes de Provence, Tradition, Rouge, 2007, 15 €

Domaine Saint-André de Figuière,
Côtes de Provence, vieilles vignes, Rosé, 2008, 11,30 €

Domaine Sainte-Roseline,
Côtes de Provence, Lampe de Méduse, Blanc sec, 2008, 12,85 €

Domaine Sainte-Roseline,
Côtes de Provence, Lampe de Méduse, Rosé, 2008, 11,95 €

Domaine Sorin,
Bandol, Rosé, 2008, 11 €

Les meilleurs vins

> LES MEILLEURS BLANCS

Domaine de Rimauresq, Côtes de Provence, 2004

Domaine de Gavoty, Côtes de Provence, Clarendon, 2008

Château Simone, Palette, 1996

Château Sainte-Roseline, Côtes de Provence, La Chapelle, 2008

Château Henri Bonnaud, Palette, 2007

Château de Bellet, Bellet, Baron G., 2008

> LES MEILLEURS ROSÉS

Domaine de Rimauresq, Côtes de Provence, R, 2003

Domaine de Gavoty, Côtes de Provence, Clarendon, 2008

Château de Pibarnon, Bandol, 2008

Château de Bellet, Bellet, 2008

Domaine Saint-André de Figuière, Côtes de Provence, Confidentielle, 2006

Château Sainte-Roseline, Côtes de Provence, Prieuré, 2008

> LES MEILLEURS ROUGES DE BANDOL

Château Vannières, Bandol, 2006

Domaine Tempier, Bandol, La Tourtine, 2007

Domaine de la Bastide Blanche, Bandol, Estagnol, 2004

Château de Pibarnon, Bandol, 2007

> LES MEILLEURS ROUGES DES COTEAUX D'AIX, LES BAUX, COTEAUX VAROIS

Domaine Hauvette, Les Baux-de-Provence, Améthyste, 2003

Château Vignelaure, Coteaux d'Aix-en-Provence, 2001

Château Romanin, Les Baux-de-Provence, 2005

> LES MEILLEURS ROUGES DES CÔTES DE PROVENCE

Dupéré-Barrera, Côtes de Provence, Très Longue Macération, 2006

Domaine Richeaume, Côtes de Provence, Tradition, 2006

Domaine de Rimauresq, Côtes de Provence, Quintessence, 2006

Domaine de la Sanglière, Côtes de Provence, Spéciale, 2007

Château Sainte-Roseline, Côtes de Provence, Prieuré, 2006

Château d'Esclans, Côtes de Provence, Déesse, 2007

Château de Barbeyrolles, Côtes de Provence, Château La Tour de l'Évêque, 2004

DOMAINE DE L'ABBAYE DE LÉRINS

Île Saint-Honorat
B.P. 157
06416 Cannes cédex
Tél. 04 92 99 54 10
mariepaques@abbayedelerins.com

C'est au début des années 1990 que le Père Nicolas, abbé du monastère de Saint-Honorat, poussé par le chef étoilé Jacques Chibois, décide de développer une politique qualitative de la vigne. Les Vignerons du Var, séduits par cette résurrection, apportent leur soutien. De mille cinq cents bouteilles en 1992, la production est passé à trente-cinq mille bouteilles aujourd'hui. La cuvée 100% mourvèdre offre un soyeux de tanins unique ! Produite à partir de 2007, c'est l'une des meilleures de l'Hexagone. Les blancs sont au diapason.

VIN DE PAYS DES ALPES-MARITIMES
SAINT-HONORAT 2007 ☺
Rouge | 2009 à 2014 | 32 € **16/20**
Voilà un vin qui pousse au péché de gourmandise, à boire entre matines et vêpres sur son fruit rayonnant.

VIN DE PAYS DES ALPES-MARITIMES SAINT-HONORAT 2006
Rouge | 2009 à 2016 | épuisé **17,5/20**
Une suavité croquante, fraîche avec ce qu'il faut de densité, et une précision de saveurs unique sur la Provence.

VIN DE PAYS DES ALPES-MARITIMES
SAINT-LAMBERT 2007 ☺
Rouge | 2009 à 2017 | 90 € **18/20**
Nez vertigineux de fruits noirs et de menthe poivrée, la bouche ouvre sur des tanins bibliques, enrobés et droits. En finale, on peut dire que Dieu existe, car aucune cuvée 100% mourvèdre dans le monde ne possède ce soyeux de texture !

VIN DE PAYS DES ALPES-MARITIMES SAINT-PIERRE 2007
Blanc | 2010 à 2014 | 20 € **16,5/20**
Aérien, délicieusement floral, le nez offre une belle tentation, et la bouche confirme, avec une structure élégante et fraîche sur les agrumes.

VIN DE PAYS DES ALPES-MARITIMES SAINT-PIERRE 2006
Blanc | 2009 à 2015 | 21 € **16/20**
Parfait équilibre entre la concentration et la fraîcheur sur fond de fleurs, et une touche minérale qui ponctue parfaitement l'ensemble.

VIN DE PAYS DES ALPES-MARITIMES SAINT-SAUVEUR 2006
Rouge | 2009 à 2016 | 47 € **17/20**
Nez floral de rose et de pivoine, avec une touche d'épices, bouche soyeuse, tendue et élégante, touchée par la grâce.

CHÂTEAU DE BARBEYROLLES

83580 Gassin
Tél. 04 94 56 33 58 - Fax. 04 94 56 33 49
regine.sumeire@toureveque.com
www.toureveque.com

Situé sur la presqu'île de Saint-Tropez, le Château de Barbeyrolles, très préservé, est l'un des classiques de la région parmi les producteurs de rosés. Ils sont ici très pâles tout en disposant de textures veloutées. Régine Sumeire, passionnée par l'histoire de la Provence, administre également, à Pierrefeu, le Château La Tour de l'Évêque, qui produit une belle cuvée de rouge. Cette propriété nous est apparue cette année plus en forme que la première.

CÔTES DE PROVENCE
CHÂTEAU LA TOUR DE L'ÉVÊQUE 2004
Rouge | 2009 à 2010 | 11 € **15,5/20**
Ce vin évolue bien, il donne un bon exemple d'un grand millésime sur ce domaine, avec des tanins qui se patinent progressivement, dans un registre de flaveurs de garrigue et d'épices.

CÔTES DE PROVENCE
CHÂTEAU LA TOUR DE L'ÉVÊQUE 2003
Rouge | 2009 à 2013 | 16,60 € **14,5/20**
Nez de confiture de mûre et d'épices, on retrouve ces notes dans une bouche riche, bien dans ses tanins. Vin de sanglier mariné.

CÔTES DE PROVENCE PÉTALE DE ROSE 2008
Rosé | 2009 à 2010 | 12,30 € **14/20**
Floral et coulant, ce rosé se boit en apéritif.

CÔTES DE PROVENCE PÉTALE DE ROSE 2008
Rosé | 2009 à 2010 | NC **14/20**

Rouge : 10,56 hectares ; Blanc : 1,44 hectare.
Production totale annuelle : 55 000 bt.
Visite : Caveau de dégustation mais pas de visites.

DOMAINE
DE LA BASTIDE BLANCHE

83330 Sainte-Anne-du-Castellet
Tél. 04 94 32 63 20 - Fax. 04 94 32 74 34
earl.bronzo@wanadoo.fr

Le domaine est mené par Michel Bronzo, qui se consacre également aux destinées de l'appellation Bandol. Il est installé sur des sols d'argile rouge pour la cuvée fontanieu, et d'argile caillouteuse pour la cuvée estagnol. Tout est mené en biodynamie, ce qui permet une intensité visible dans les vins. En rouge, les 2006 méritent d'être recherchés et ont besoin d'être attendus.

BANDOL 2008
Rosé | 2009 à 2011 | 10,80 €   **13,5/20**
Rosé avec de la personnalité, agréable sur un fruité framboises, groseille. La fin de bouche est tendue sur une trame acide précise.

BANDOL 2008   ☺
Blanc | 2009 à 2012 | 13,90 €   **15/20**
Du volume, du fruit, opulent, c'est un joli blanc très mûr, avec une trame acide qui porte le vin.

BANDOL 2006   ☺
Rouge | 2011 à 2018 | 14 €   **16/20**
Vin puissant, équilibré, fermé pour l'instant, mais avec des tanins de qualité. Il s'ouvrira dans quelques années.

BANDOL CHÂTEAU DES BAUMELLES 2008   ☺
Rosé | 2009 à 2011 | 10,80 €   **14,5/20**
Belle attaque acidulée, milieu de bouche de pamplemousse avec une finale structurée par le mourvèdre qui lui permettra de bien évoluer.

BANDOL ESTAGNOL 2006
Rouge | 2012 à 2018 | 15 €   **16/20**
Dense, l'équilibre est là, dans un vin fermé pour l'instant. Du potentiel, finale longue.

BANDOL ESTAGNOL 2004
Rouge | 2009 à 2012 | 15 €   **17/20**
Il faut le carafer pour éliminer un peu de gaz dissous et atteindre la plénitude de l'aromatique, infiniment bandol de grand millésime.

BANDOL FONTANÉOU 2007
Rouge | 2011 à 2017 | 15 €   **16,5/20**
Rouge avec un très beau jus, de grande densité, long, assez racé, il ira loin.

Production totale annuelle : 175 000 bt.
Visite : Sur rendez-vous.

DOMAINE DES BÉATES

Route de Caireval
B.P. 52
13410 Lambesc
Tél. 04 42 57 07 58 - Fax. 04 42 57 19 70
contact@domaine-des-beates.com
www.domaine-des-beates.com

Aidée par le Rhodanien Michel Chapoutier, la famille Terrat a repris en 1996 ce grand domaine de Lambesc. Elle poursuit seule aujourd'hui l'exploitation du vignoble, après l'avoir converti à la biodynamie. Les coteaux-d'aix-en-provence rouges et blancs de la gamme classique ne nous ont pas vraiment convaincus. Nous continuons à préférer la cuvée d'entrée de gamme, les béatines, dont le rosé et le blanc se montrent vraiment gourmands, pour un prix inférieur de moitié ou presque.

COTEAUX D'AIX-EN-PROVENCE LES BÉATES 2008
Blanc | 2009 à 2010 | 9,50 €   **13/20**
Pour l'instant, ce vin manque de définition aromatique, on apprécie juste sa franchise de constitution.

COTEAUX D'AIX-EN-PROVENCE LES BÉATES 2007
Blanc | 2009 à 2010 | 9,50 €   **14/20**
Des arômes de coing et d'anis se fondent dans une bouche élégante et fraîche.

COTEAUX D'AIX-EN-PROVENCE LES BÉATINES 2007
Rosé | 2009 à 2010 | 6,70 €   **15/20**
Rosé de repas, avec une belle intensité de fruits rouges et une fraîcheur de bon aloi.

Rouge : 36 hectares. Blanc : 4 hectares.
Production totale annuelle : 180 000 bt.
Visite : De 8 h à 18 h ou sur rendez-vous.

DOMAINE DE LA BÉGUDE

La-Cadière-d'Azur
83330 Le Camp-du-Castellet
Tél. 04 42 08 92 34 - Fax. 04 42 08 27 02
domaines.tari@wanadoo.fr
contact@domainedelabegude.fr
www.domainedelabegude.fr

Ce domaine appartient à une famille qui fut célèbre à Bordeaux pour avoir longtemps possédé le Château Giscours. Immense (plus de 500 hectares, dont seuls 17 sont plantés de vignes), possédant une importante oliveraie, la propriété a été restaurée par Guillaume Tari à la suite de son acquisition en 1996. Depuis cette date, les vins progressent, le rouge comme le rosé. Les 2006 étaient très marqués par leur élevage au moment de notre dégustation et mériteront d'être goûtés à nouveau pour suivre leur évolution.

BANDOL 2006
Rouge | 2012 à 2018 | 20 €   **15/20**
Marqué par un boisé très puissant, cette cuvée affiche des tanins très fins. Il faudra attendre qu'elle s'affranchisse de son élevage.

BANDOL LA BRULADE 2006
Rouge | 2011 à 2018 | 40 €   **14/20**
Encore marquée par le bois, cette bouteille montre une structure dense, puissante. Le vin a du fond, une puissance rentrée qui ne demandera qu'à s'exprimer. Il faudra le goûter à nouveau pour mieux cerner son évolution.

BANDOL LA BRULADE 2005
Rouge | 2009 à 2011 | 40 €   **14/20**
Du fruit, matière moyenne, élégante, facile à boire.

Production totale annuelle : 65 000 bt.
Visite : Du lundi au vendredi, de 9 h à 15 h.
sur rendez-vous le week-end.

CHÂTEAU DE BELLET

440, chemin de Saquier
06200 Nice
Tél. 04 93 37 81 57 - Fax. 04 93 37 93 83
chateaudebellet@aol.com

Ce domaine viticole et son château Renaissance sont dans la même famille depuis le XVe siècle. Implanté sur la colline des Séoules, sur les hauteurs de Nice, le vignoble exposé sud-sud-ouest bénéficie des embruns qui tempèrent la chaleur estivale. Les cuvées baron-g., en blanc et en rouge, concentrent le savoir-faire du domaine. Le blanc est à base de vermentino, complété d'un léger apport de chardonnay. Le rouge fait appel au braquet et à la folle noire, complétés de grenache. La cuvée rose-de-bellet n'est éditée qu'en année exceptionnelle : 2001, 2003 et plus récemment 2007.

BELLET 2008
Rosé | 2009 à 2012 | 16 €   **17/20**
Rosé structuré, particulièrement complexe, long, sur des notes de vieille rose, étonnant de profondeur.

BELLET 2007
Rosé | 2009 à 2012 | épuisé   **17/20**
Un aromatique fabuleux : vieille rose, pivoine, violette. Un choc gustatif !

BELLET BARON G. 2008
Blanc | 2009 à 2013 | 20 €   **17/20**
Grand blanc très complexe, fin, élégant. La matière est absolument remarquable, avec un amer parfait.

BELLET BARON G. 2007
Blanc | 2009 à 2013 | 20 €   **16,5/20**
Grandissime bouteille à base de rolle, d'une pureté étonnante. Les arômes sont vraiment nobles, fleurs blanches, abricot, violette. La finale légèrement marquée par le bois va l'intégrer pour devenir l'un des grands blancs du Sud.

BELLET ROSE DE BELLET 2007
Rouge | 2009 à 2015 | 25 €   **18/20**
Belle trame aromatique, dans ce rouge exceptionnel de fraîcheur dont les tanins sont aériens.

Rouge : 3 hectares ; braquet 10%, folle noire 60%, grenache noir 30%. Blanc : 3 hectares ; chardonnay 10%, rolle 90%. Production totale annuelle : 18 000 bt. Visite : Sur rendez-vous.

CHÂTEAU HENRI BONNAUD

945, chemin de la Poudrière
13100 Le Tholonet
Tél. 04 42 66 86 28 - Fax. 04 42 66 94 64
contact@chateau-henri-bonnaud.fr
www.chateau-henri-bonnaud.fr

Stéphane Spitzglous s'est installé à la fin des années 1990. Il a donné à son domaine le nom de son grand-père Henri Bonnaud, qui lui a transmis la passion du vin. Entre Beaurecueil et Pont-de-Bayeux, l'endroit offre l'un des plus beaux points de vue sur la montagne Sainte-Victoire. Le terroir d'éboulis calcaires est typique de l'Aoc Palette. Ici, les rouges dominent, avec des assemblages de grenache, carignan et mourvèdre orientés sud-est. Les assemblages sont savoureux, avec ce qu'il faut de concentration et de soyeux dans le dessin des tanins. Les blancs sont plantés sur le versant nord du Tholonet, gage de fraîcheur avec une exposition sudiste (à l'opposé de la référence, le Château Simone). Nous avons une préférence pour les 2007, qui figurent parmi les meilleurs blancs de la région.

PALETTE 2007
Blanc | 2009 à 2014 | 23 €   **17/20**
Grand frisson sur ce vin découvert à l'Hostellerie Bérard, grande table de La-Cadière-d'Azur. Ample, tranchant, avec des accents d'amande et d'agrumes, ce vin fait merveille sur un turbot au fenouil et au diamant noir.

PALETTE 2007
Rosé | 2009 à 2011 | 15 €   **14,5/20**
On apprécie le côté pétale de rose et fruits rouges dans ce rosé d'apéritif.

PALETTE QUINTESSENCE 2007
Rosé | 2009 à 2011 | 19 €   **14/20**
Jolie robe saumonée, nez de rose et d'aubépine avec une touche d'épices, on retrouve cela dans une bouche persistante, avec de l'enrobage et une sucrosité équilibrée.

PALETTE QUINTESSENCE 2006
Rouge | 2010 à 2014 | 23 €   **15/20**
Nez de fruits noirs et d'épices, attaque suave, tanins enrobés et longs avec des notes de coco et de myrtille, fin de bouche persistante.

Production totale annuelle : 70 000 bt.
Visite : sur rendez-vous.

CHÂTEAU CALISSANNE

R.D. 10
13680 Lançon-de-Provence
Tél. 04 90 42 63 03 - Fax. 04 90 42 40 00
commercial@chateau-calissanne.fr
www.calissanne.fr

Immense propriété de 1 000 hectares, dont une petite centaine est plantée de vignes, Calissanne est installée à proximité de l'étang de Berre, à Lançon-de-Provence, où les vignes sont plantées sur des éboulis de falaises calcaires. Les trois couleurs se déclinent en cuvée-du-château, cuvée prestige, et clos-victoire. Ce dernier donne des vins plus concentrés et élégants. Toute la production est d'inspiration moderne, avec une inégalité sur les 2008.

COTEAUX D'AIX-EN-PROVENCE 2008
Rosé | 2009 à 2010 | 6,90 €   **12/20**
Ce rosé est un peu simple, on peut juste apprécier son glissant.

COTEAUX D'AIX-EN-PROVENCE CALISSON 2008
Rosé | 2009 à 2010 | 12,90 €   **12,5/20**
Vin en retrait de sa réputation, un peu simple dans sa structure comme dans son expression aromatique.

COTEAUX D'AIX-EN-PROVENCE CLOS VICTOIRE 2008
Blanc | 2009 à 2012 | 15,30 €   **15/20**
Nez de fleurs blanches, attaque sur l'amande fraîche, bouche de belle longueur avec juste ce qu'il faut de fraîcheur en fin.

COTEAUX D'AIX-EN-PROVENCE CLOS VICTOIRE 2008
Rosé | 2009 à 2011 | 13,20 €   **14,5/20**
Nez de bonbon anglais, bouche vineuse de bonne structure.

Rouge : 90 hectares ; cabernet sauvignon 19%, cinsault 10%, grenache 23%, mourvèdre 9%, syrah 28%. Blanc : 10 hectares ; sémillon 7%, vermentino, clairette 4%. Production totale annuelle : 450 000 bt. Visite : Du lundi au samedi, de 9 h à 19 h et le dimanche de 9 h à 13 h.

CHÂTEAU LA CALISSE

Route Départementale 560
83670 Pontèves
Tél. 04 94 77 24 71 - Fax. 04 94 77 05 93
contact@chateau-la-calisse.fr
www.chateau-la-calisse.fr

Au Château La Calisse, les rendements sont faibles et la vigne menée en agriculture biologique. On est ici au nord de l'appellation des Coteaux Varois en Provence. Le vignoble, situé à près de 400 mètres et balayé par le mistral, profite d'une influence continentale. Le raisin fait l'objet de soins attentifs et les vendanges sont réalisées à la main pour préserver ses qualités. Tous ces soins expliquent probablement pourquoi la dégustation des vins du château réserve de si beaux moments. Le style est élégant, à l'image de Patricia Ortelli, qui fait passer sa passion à travers ses vins.

COTEAUX VAROIS EN PROVENCE
PATRICIA ORTELLI 2008
Blanc | 2009 à 2010 | 12 €   **15/20**
Floral, élégant avec un registre tendu, ce vin est harmonieux, il libère des flaveurs de citron confit et d'anis.

COTEAUX VAROIS EN PROVENCE
PATRICIA ORTELLI 2008
Rosé | 2009 à 2010 | 12 €   **14,5/20**
Entre pétale de rose et bonbon anglais, ce vin a du charme et une bouche fraîche et coulante.

COTEAUX VAROIS EN PROVENCE
PATRICIA ORTELLI 2006
Rouge | 2009 à 2012 | 13 €   **15/20**
Vin délicieux dans le dessin de son fruit et de ses tanins. On apprécie sa structure quasi aérienne.

COTEAUX VAROIS EN PROVENCE
PATRICIA ORTELLI - ÉTOILES 2008
Blanc | 2009 à 2010 | 16 €   **14/20**
Élégant, avec du fond et des accents d'amande et de fleur blanche. À boire sur une salade de légumes à l'huile d'œillette de type Vigean.

COTEAUX VAROIS EN PROVENCE
PATRICIA ORTELLI - ÉTOILES 2008
Rouge | 2009 à 2011 | NC   **14/20**
Le vin joue pour l'instant ses arômes de cassis sur la réduction, un style particulier, à carafer avant de servir.

Rouge : 6 hectares : cabernet sauvignon 20%, grenache noir 20%, syrah 60%. Blanc : 4 hectares ; clairette 10%, grenache blanc 20%, rolle 70%.
Production totale annuelle : 60 000 bt.

CHÂTEAU LA COSTE

7, C.D. 14
13610 Le Puy-Sainte-Réparade
Tél. 04 42 61 89 98 - Fax. 04.42.61.89.41
contact@chateau-la-coste.com
www.chateau-la-coste.com

Mathieu Cosse, l'une des références du Sud-Ouest, vient de reprendre la direction de ce domaine situé entre Puy-Sainte-Réparade et Aix-en-Provence. Tout s'organise autour de la bastide d'inspiration palladienne, qui compte plus d'une centaine d'hectares de vignoble. Le rosé-d'une-nuit, sur argilo-calcaires, est frais, élégant et très apéritif. Le nature rouge possède des tanins longs et épicés, il se boit dans les trois ans après sa mise en bouteille. Le blanc-de-blanc a juste ce qu'il faut de fraîcheur pour taquiner la daurade.

COTEAUX D'AIX-EN-PROVENCE 2008
Rosé | 2009 à 2010 | NC   **13,5/20**
Voici un rosé de table de nuit, que l'on boit en galante compagnie sur le fruit de sa jeunesse.

COTEAUX D'AIX-EN-PROVENCE
BLANC DE BLANC 2008
Blanc | 2009 à 2010 | 7,50 €   **14/20**
Nez de fenouil avec une touche poivrée, la bouche est franche, droite et fraîche.

COTEAUX D'AIX-EN-PROVENCE
ROSÉ D'UNE NUIT 2007
Rosé | 2009 à 2010 | NC   **14/20**
Tanins longs et épicés, avec un bon retour de fruits noirs.

Rouge : 108 hectares. Blanc : 15 hectares.
Production totale annuelle : 700 000 bt.

DOMAINE DE LA COURTADE

83400 Île de Porquerolles
Tél. 04 94 58 31 44 - Fax. 04 94 58 34 12
domaine@lacourtade.com
www.lacourtade.com

La Courtade est l'un des rares domaines de Porquerolles qui maintienne haut les couleurs de la Provence. La cuvée l'alycastre fournira à l'amateur des rosés et des blancs vraiment gourmands, à un prix raisonnable. Les bouteilles étiquetées au nom du château vont plus loin dans la recherche de profondeur, avec des matières plus intenses, mais elles demandent un peu de patience pour s'affirmer. Ce domaine qualitatif sait tirer le meilleur parti de ses terroirs de schiste ainsi que des embruns qui apportent de la fraîcheur aux vins.

CÔTES DE PROVENCE 2006
Blanc | 2009 à 2011 | 16,80 €   **15,5/20**
Beau nez de fenouil et de fleurs, la bouche a du gras tout en étant bien tendue.

CÔTES DE PROVENCE 2004
Rouge | 2009 à 2011 | 16,80 €   **15,5/20**
Bel équilibre, avec de beaux tanins, longs, frais et tendus.

CÔTES DE PROVENCE L'ALYCASTRE 2008
Rosé | 2009 à 2011 | 8,60 €   **13/20**
Nez de fruits rouges, bouche fraîche et coulante, vin de casse-croûte.

CÔTES DE PROVENCE L'ALYCASTRE 2008
Blanc | 2009 à 2010 | 8,60 €   **14/20**
Nez et bouche anisés, structure aimable, à boire sur le fruit de sa jeunesse.

Rouge : 17 hectares ; mourvedre 97%, syrah 3%.
Blanc : 13 hectares ; rolle 100%. Visite : Du lundi au vendredi sur rendez-vous.

CHÂTEAU COUSSIN SAINTE-VICTOIRE

Route de Puyloubier
13530 Trets
Tél. 04 42 61 20 00 - Fax. 04 42 61 20 01
sumeire@sumeire.com
www.sumeire.com

Ce domaine, situé entre Trets et la montagne Sainte-Victoire, est traversé par la Via Aurélia, qui menait à Rome. Il doit son nom à Jean-Baptiste Coussin, avocat à la cour d'Aix au siècle des Lumières. Aujourd'hui, ce sont les Sumeire qui plaident la cause des cuvées baignées par la luminosité chère à Cézanne. Les rouges sont de bonne facture avec une cuvée césar taillée pour la garde et à l'affût de grives. Les blancs se boivent dès leurs premières années sur une rascasse. Bien vineux, les rosés accompagnent volontiers la bouillabaisse.

CÔTES DE PROVENCE 2008
Blanc | 2009 à 2011 | 10,70 €   **14/20**
Le fenouil et les fleurs blanches marquent ce vin frais et digeste, disponible pour une daurade au fenouil.

CÔTES DE PROVENCE 2008
Rouge | 2009 à 2010 | env 13 €   **13,5/20**
Fraîcheur aromatique et structurelle font le succès de ce vin dont la vivacité se révèle apéritive.

CÔTES DE PROVENCE cuvée CÉSAR 2007
Rouge | 2009 à 2013 | 22,80 €   **15/20**
Nez de myrtille et de cassis relativement lissé, les tanins sont présents sur le devant de la bouche, mais leur texture est crémeuse et soyeuse.

CÔTES DE PROVENCE SAINTE-VICTOIRE 2007
Rosé | 2009 à 2014 | épuisé   **14/20**
Nez de cassis frais et de lavande, bouche harmonieuse avec une maturité juste, potentiel de cinq ans.

CÔTES DE PROVENCE SAINTE-VICTOIRE cuvée CÉSAR 2008
Rosé | 2009 à 2010 | 18,60 €   **14/20**
Rosé vineux de repas, avec ses touches de fraise écrasée et sa structure longiligne, cela reste frais en fin de bouche.

Rouge : 90 hectares ; cabernet sauvignon 5%, carignan noir 12%, cinsault 25%, grenache noir 41%, syrah 8%. Blanc : 10 hectares ; rolle 5%, ugni blanc 4%. Production totale annuelle : 600 000 bt. Visite : De 8 h 30 à 12 h et de 14 h à 17 h 30.

CHÂTEAU DE CRÉMAT

442, chemin de Crémat
06200 Nice
Tél. 04 92 15 12 15 - Fax. 04 92 15 12 13
chateau.cremat@wanadoo.fr

La bâtisse est un château-fort construit...
au début du XXᵉ siècle, dans le style des
folies architecturales que l'on peut trouver
sur la région de Nice. La propriété a été
reprise en 2000 par un industriel hollandais, Cornélis Kamerbeck, qui se pas-
sionne pour les 14 hectares de vignes. Le
rouge 2007 s'annonce très gourmand et la
reprise du domaine va en faire une propriété à suivre !

BELLET 2008
Rosé | 2009 à 2012 | NC   **14/20**
Du gras, un vin ample, de longueur moyenne,
agréablement fruité.

BELLET 2007
Rosé | 2009 à 2010 | NC   **15/20**
Avec un nez de rose ancienne, de pivoine,
c'est un vin très long, étonnant. Un carafage
préalable lui ira bien.

MAS DE LA DAME

13520 Les Baux-de-Provence
Tél. 04 90 54 32 24 - Fax. 04 90 54 40 67
masdeladame@masdeladame.com
www.masdeladame.com

Situé sur le versant sud des Alpilles, à
proximité du village des Baux-de-Provence, le domaine s'étend sur 300 hectares, dont une soixantaine est dédiée à la
vigne et une trentaine à l'olivier. Les sols
sont drainants et le mistral favorise l'état
sanitaire des raisins. Le Mas de la Dame a
une histoire certaine, car il peut s'enor-
gueillir d'avoir été cité dans les prédictions
de Nostradamus et peint par Van Gogh. Il
a été acheté par un négociant en vins au
début du XXᵉ siècle, et ce sont ses arrière-
petites-filles qui le gèrent aujourd'hui,
Caroline Missoffe et Anne Poniatowski. La
production correspond à des vins sérieusement construits. La cuvée coin-caché
possède un supplément de complexité,
mais cette année elle est supplantée par
l'infernal.

LES BAUX-DE-PROVENCE 2007
Rouge | 2012 à 2019 | NC   **15/20**
On sent le potentiel et la structure, car pour
l'instant l'aromatique est en retrait.

LES BAUX-DE-PROVENCE COIN CACHÉ 2006
Rouge | 2011 à 2016 | 20 €   **14,5/20**
Plus de finesse sur ce millésime, avec des
fruits noirs, de l'olive et une touche de tabac.

Rouge : 52 hectares ; cabernet sauvignon 17%,
cinsault 11%. grenache noir 39%, mourvèdre 5%,
syrah 28%. Blanc : 5 hectares ; clairette 30%, rolle
40%, sémillon 30%. Production totale annuelle :
200 000 bt. Visite : 8h à 19 h.

Inscrivez-vous sur

BETTANEDESSEAUVE.COM

> Suivez l'actualité du vin
> Accédez aux notes de
dégustation de 25 000 vins
> Visitez les stands des
producteurs

DOMAINE DU DEFFENDS

83470 Saint-Maximin la Sainte Baume
Tél. 04 94 78 03 91 - Fax. 04 94 59 42 69
domaine@deffends.com
www.deffends.com

Juché à 400 mètres au-dessus de Saint-Maximin, le Domaine du Deffends est situé sur un plateau argilo-calcaire qui permet d'apercevoir la montagne Sainte-Victoire et l'Esterel. Cette situation privilégiée limite la chaleur estivale, tout en faisant bénéficier d'un mistral puissant, qui contribue à l'état sanitaire du vignoble. Il a été créé par Jacques de Lanversin, professeur de droit à l'université d'Aix-en-Provence, et par son épouse qui prend en charge la partie commerciale. C'est une adresse très sûre, qui produit de longue date des vins de belle qualité à des prix accessibles, avec un clos-de-la-truffière digne de son nom. Il figure parmi les meilleurs rouges de Provence.

COTEAUX VAROIS EN PROVENCE
CLOS DE LA TRUFFIÈRE 2006
Rouge | 2009 à 2013 | 10,80 €   **15,5/20**
Nez de violette et de cassis qui devrait truffer, la bouche a des tanins bien construits, on en apprécie l'équilibre et la fraîcheur.

COTEAUX VAROIS EN PROVENCE
MARIE-LIESSE 2007
Rouge | 2009 à 2014 | 12,80 €   **15/20**
Nez délicieux de cassis et d'olive noire, la bouche est franche avec juste ce qu'il faut d'épices pour tutoyer un tournedos de cerf.

VIN DE PAYS DE LA SAINTE BEAUME
CHAMP DU SESTERCE 2008
Blanc | 2009 à 2010 | 9,80 €   **14,5/20**
Vin de bon calibre, puissant et frais, sur l'anis et le pistou, à boire sur un loup au fenouil.

VIN DE PAYS PORTES DE MÉDITERRANÉE
ROSÉ DES FILLES 2008
Rosé | 2009 à 2010 | 9,80 €   **14/20**
Aérien, coulant et frais, ce rosé est galant et libertin.

Rouge : 12 hectares ; cabernet sauvignon 20%, cinsault 10%, grenache noir 25%, syrah 25%.
Blanc : 2 hectares ; rolle 10%, viognier 10%.
Production totale annuelle : 50 000 bt.
Visite : De 9 h à 12 h et de 15 h à 18 h

CHÂTEAU DES DEMOISELLES

Route de Callas
83920 La Motte
Tél. 04 94 70 28 78 - Fax. 04 94 47 53 06
contact@chateaudesdemoiselles.com
www.chateaudesdemoiselles.com

Ancienne propriété de la famille Grimaldi, ce domaine a été racheté en 2005 par la famille Teillaud, qui la possédait jusqu'à la fin des années 1970. Ce retour aux sources motive pleinement Aurélie Bertin, qui dirige également l'autre propriété familiale, Sainte-Roseline. Un énorme travail a été entrepris dans les vignes. Les 2007 ont bénéficié des travaux effectués sur la propriété pour les vinifications, ce qui permet de déguster des vins mieux définis dans leur structure. Les cuvées produites sont élégantes et coulantes. Le rosé est élaboré à partir de jus obtenus par pressurage direct qui, après fermentation, sont élevés pendant un minimum de trois mois sur lies avec des batonnages hebdomadaires. Quant au blanc, la fermentation a lieu en barriques de chêne, puis le vin est élevé pendant six mois dans ces mêmes barriques. Enfin, pour le rouge, il y a tout d'abord une cuvaison longue afin d'augmenter la puissance et la concentration, puis le vin est élevé en boutes de chêne (fûts de 600 litres) pendant dix mois, pour lui donner toute sa finesse.

CÔTES DE PROVENCE 2008
Blanc | 2009 à 2010 | 11,20 €   **14/20**
Nez plaisant de fleur d'oranger et de pêche jaune, le palais délicat joue dans le même registre, avec une touche de fruits exotiques en complément. Ce vin équilibré est facile à boire.

CÔTES DE PROVENCE 2008
Rosé | 2009 à 2010 | 10,50 €   **13/20**
Ce rosé rond et frais, sur des notes de framboise, est un vin d'apéritif.

CÔTES DE PROVENCE 2007   ⓤ
Rouge | 2009 à 2011 | 11,80 €   **14,5/20**
Tanins souples et gourmands, marqués par la myrtille, le cassis et les épices.

Visite : Visites tous les jours a 11h30.

DUPÉRÉ-BARRERA

254, rue Robert-Schumann
83130 La Garde
Tél. 04 94 23 36 08 - Fax. 04 92 94 77 63
vinsduperebarrera@hotmail.com
www.duperebarrera.com

Négociants dans le Sud-Est de la France, vignerons bio en Côtes de Provence, géniteurs de la cuvée nowat réalisée sans électricité, avec vendange manuelle, foulage au pied, pressage vertical, Emmanuelle Dupéré et Laurent Barrera ont l'enthousiasme de la jeunesse et ils se hissent déjà dans le haut du bouchon de la Provence. Leur cuvée très-longue-macération 2006 est l'un des rouges les plus harmonieux de Provence.

CÔTES DE PROVENCE NOWAT 2006

Rouge | 2009 à 2012 | 17 €   **15/20**
Fruits, garrigue, olive sont les flaveurs dominantes au nez comme en bouche, avec une vraie fraîcheur et des tanins enrobés tout en restant tendus.

CÔTES DE PROVENCE TRÈS LONGUE MACÉRATION 2006

Rouge | 2009 à 2012 | 24 €   **16,5/20**
Nez d'olive noire, attaque en bouche suave, tanins puissants et élégants, beaucoup de style avec une fin sur le cassis et les herbes de Provence.

Rouge : 6,5 hectares ; carignan 11%, cinsault 11%, grenache 35%, mourvèdre 35%. Blanc : 0,5 hectare ; ugni blanc 8%. Production totale annuelle : 30 000 bt. Visite : Sur rendez-vous.

CHÂTEAU D'ESCLANS

4005, route de Callas
83920 La Motte
Tél. 04 94 60 40 40 - Fax. 04 94 70 23 99
chateaudesclans@sachalichine.com
www.chateaudesclan.com

La production du domaine a fait couler beaucoup de rosé et cela continue ! Sacha Lichine, qui posséda Château Prieuré-Lichine, à Margaux, a repris ce domaine en Provence. Si la cuvée garrus sort à 90 euros pour une qualité moyenne avec ses accents pâtissiers, ce vin confidentiel ne doit pas masquer les autres cuvées du Château plus équilibrées dans leur fraîcheur de constitution, comme le rosé whispering-angels ou le délicieux rouge déesse. Au bout du compte, on ne peut que louer la grande majorité de la production, et tant pis pour les quelques bouteilles élevées luxueusement à l'ombre des barriques en pleurs, Sacha Lichine a ce sens de la mise en scène et c'est pour cela qu'on l'aime.

CÔTES DE PROVENCE DÉESSE 2007

Rouge | 2009 à 2013 | 31 €   **15,5/20**
Nez profond de cassis, de mûres et d'olive, la bouche offre une structure velouté et fraîche, les tanins sont longs avec une belle souplesse, vin de grand charme.

CÔTES DE PROVENCE ESCLANS 2007

Rosé | 2009 à 2010 | 25 €   **13/20**
Nez pâtissier, rosé sirupeux aux accents exotiques, c'est un style. On en boit un verre juste avant la sieste.

CÔTES DE PROVENCE GARRUS 2007

Rosé | 2009 à 2010 | 80 €   **14/20**
Le boisé s'intègre bien, on sent encore un peu l'élevage luxueux, belle matière onctueuse, le prix paraît excessif car il manque cette fraîcheur qui sied aux grands vins.

CÔTES DE PROVENCE WHISPERING ANGELS 2008

Rosé | 2009 à 2010 | 14 €   **15,5/20**
Voilà un rosé de charme, sur les fruits rouges, un poil de pêche et un zeste de poivre de Madagascar, la bouche est fraîche et vineuse.

CÔTES DE PROVENCE WHISPERING ANGELS 2007

Rosé | 2009 à 2010 | 14 €   **15/20**
C'est le rosé le plus équilibré de la série, avec de beaux accents de fruits rouges et une pointe d'épices, et surtout de la fraîcheur.

Visite : Hiver : du lundi au vendredi de 9 h à 18 h, samedi et dimanche de 9 h à 19 h. Été : du lundi au vendredi de 10 h à 19 h.

CHÂTEAU LA FONT DU BROC

83460 Les-Arcs
Tél. 04 94 47 48 20 - Fax. 04 94 47 50 46
caveau@chateau-fontdubroc.com
www.chateau-fontdubroc.com

Comme endormi dans ce coin du Var, le Château La Font-du-Broc est bien protégé par son manteau de garrigue et de vignes. Jardin à la française, cloître et élevage de pur-sang lusitaniens agrémentent la visite. Le vignoble, qui s'étend sur 25 hectares, est exposé face à la baie de Saint-Raphaël, qui lui apporte en hiver la douceur de la brise marine. Lors de la période estivale, les effets bénéfiques du mistral permettent au raisin de bien mûrir. L'élevage s'effectue dans une cave conçue par un Compagnon du Tour de France. Édifiée comme une crypte romane, elle permet au vin de vieillir religieusement. Le blanc, composé à plus de 95% par le cépage rolle, doit attendre quatre à cinq années pour exprimer tout son potentiel. Les rouges, ronds et généreux, sont à boire de préférence sur les viandes rouges truffées.

CÔTES DE PROVENCE 2008
Rosé | 2009 à 2010 | NC   **13,5/20**
Nez de fruits rouges et de poivre du Cameroun, la bouche conserve cette intensité aromatique.

CÔTES DE PROVENCE 2007
Blanc | 2009 à 2014 | 14,20 €   **13/20**
Ce blanc ouvre sur des notes d'anis, avec une touche d'agrumes, la bouche est franche et coulante.

CÔTES DE PROVENCE 2006
Rouge | 2009 à 2012 | 20 €   **15/20**
Les flaveurs de fruits noirs et de laurier sont du meilleur effet, les tanins sont tendus et enrobés. Belle expression !

CÔTES DE PROVENCE 2004
Rouge | 2009 à 2010 | 22,00 €   **14/20**
Ce vin commence à truffer et ses tanins ont encore de la fraîcheur !

Rouge : 20 hectares. Blanc : 3 hectares.
Production totale annuelle : 120 000 bt.
Visite : 10h00 à 18h00.

DOMAINE DE GAVOTY

Le Grand Campdumy
83340 Cabasse
Tél. 04 94 69 72 39 - Fax. 04 94 59 64 04
domaine.gavoty@wanadoo.fr
www.gavoty.com

Nous avouons un faible particulier pour les rosés (que devraient goûter les technocrates de Bruxelles) et un coup de cœur pour les blancs. Clarendon était le pseudonyme du critique musical Bernard Gavoty. La cuvée qui porte son nom signe les vins les plus aboutis de la gamme. Le rosé y est tendre et vineux, avec un raffinement que peu atteignent en Provence.

CÔTES DE PROVENCE CLARENDON 2008   ☺
Rosé | 2009 à 2014 | 12,60 €   **17/20**
Ce rosé possède à la fois la corpulence et la délicatesse, dans un registre de fruits rouges, de pétales de rose et de menthe poivrée. Que du bonheur !

CÔTES DE PROVENCE CLARENDON 2008
Blanc | 2009 à 2015 | 14 €   **17/20**
Les fleurs blanches et le citron confit, mêlés d'une touche d'anis, sont les flaveurs dominantes, la bouche a de l'allonge et la fin légèrement saline est très précise.

CÔTES DE PROVENCE CLARENDON 2007
Rosé | 2009 à 2013 | 12,60 €   **16,5/20**
Voilà un rosé de caractère qui peut tenir encore une paire d'années, sa vivacité et son velouté peuvent lui permettre de faire tout un repas.

CÔTES DE PROVENCE CLARENDON 2007
Blanc | 2009 à 2014 | 16,50 €   **17/20**
Encore de la fraîcheur sur ce vin suave et frais, marqué par une juste maturité.

CÔTES DE PROVENCE CLARENDON 2001
Rouge | 2009 à 2012 | 22 €   **15,5/20**
Les tanins sont fondus, avec des accents de garrigue et des notes truffées, à boire sur un perdreau.

CÔTES DE PROVENCE CLARENDON 1996
Blanc | 2009 à 2013 | épuisé   **16,5/20**
Ce blanc aux accents de truffe et d'ananas possède encore du répondant, avec une tension de bon aloi, prouvant que les vins de la propriété évoluent parfaitement.

CÔTES DE PROVENCE HAUTBOIS SOLO 2005
Rouge | 2009 à 2012 | 13 €   **14/20**
Ce vin harmonieux, aux tanins souples et épicés, peut tenter un duo avec un magret de canard.

Rouge : 35 hectares ; alicante , cabernet 6%, carignan , cinsault 30%, grenache 20%, syrah 7%. Blanc : 10 hectares ; clairette , rolle 10%, ugni blanc 9%. Production totale annuelle : 230 000 bt. Visite : Du lundi au samedi, de 8 h à 12 h et de 14 h à 18 h 30.

CHÂTEAU GRAND BOISE

Chemin de Grisole
B.P. n°2
13530 Trets
Tél. 04 42 29 22 95 - Fax. 04 42 61 38 71
nicolas.gruey@grandboise.com
www.grandboise.com

Dès le Moyen Âge, les terres viticoles de Grand Boise sont choyées par les moines et depuis le millésime 2008, c'est Olivier Dauga qui chante laudes, matines et vêpres pour les vinifications, et là on veut bien suivre tous les offices ! En effet, toutes les cuvées ont gagné en fraîcheur de constitution et en pureté de fruit. Les progrès les plus notoires ont été réalisés dans les rouges dont on apprécie désormais les tanins pulpeux.

Côtes de Provence 2008
Rouge | 2010 à 2013 | env 6,40 € **14,5/20**
Goûtés avant assemblage, les différents lots présentent des tanins pulpeux et frais, la note risque d'être supérieure après la mise en bouteille.

Côtes de Provence 2008
Blanc | 2009 à 2010 | 5,90 € **13,5/20**
Nez très floral, dans un registre œillet, avec des touches poivrées, la bouche est fraîche et joyeuse.

Côtes de Provence Sainte-Victoire 2008
Rosé | 2009 à 2010 | 6,90 € **15/20**
On a la couleur soutenue d'un clairet bordelais, ce rosé a du corps et il se révèle très vineux tout en restant frais, il se boit sur des grillades. Belle réussite !

Côtes de Provence Sainte-Victoire 2008
Rosé | 2009 à 2010 | NC **13/20**
Très coulant, avec ses accents de fruits rouges, ce rosé se boit sur des charcuteries.

Rouge : 38 hectares ; cabernet sauvignon 19%, carignan 2%, cinsault 12%, grenache 29%, syrah 28%. Blanc : 2 hectares ; rolle 3%, sémillon 5%, ugni blanc 2%. Production totale annuelle : 150 000 bt. Visite : De 9 h à 12 h et de 14 h à 18 h.

DOMAINE HAUVETTE

Voie Aurélia
La Haute-Galine
13210 Saint-Rémy-de-Provence
Tél. 04 90 92 03 90 - Fax. 04 90 92 08 91

Ce domaine phare de la Provence se compose de 15 hectares adossés au nord du massif des Alpilles, sur la commune de Saint-Rémy-de-Provence. Le sol argilo-calcaire, façonné de coquillages fossiles, est naturellement drainé. Le caractère bien trempé de Dominique Hauvette a mis en place un mode de culture en biodynamie, depuis 2003, avec des rendements qui sont en moyenne de 30 hl/ha. Le côté non-interventionniste dans la vinification ajoute à la philosophie de ce domaine qui produit des rouges de Provence d'anthologie où la fraîcheur, la pureté de fruits et la précision dans le dessin des tanins sont uniques sur le secteur. Les blancs sont également de bonne facture. Les rouges 2003 sont bouleversants de fraîcheur, les 2004 confirment la grandeur du millésime et les 2005 ont un charme fou.

Coteaux d'Aix-en-Provence 2006
Blanc | 2009 à 2013 | 27 € **15/20**
Nez d'amande avec une touche saline, attaque pleine, bouche onctueuse.

Coteaux d'Aix-en-Provence 2005
Rouge | 2009 à 2015 | 24 € **17/20**
On aime la fraîcheur de fruit et les touches fumées du nez, la bouche reproduit cela avec une subtilité de première saveur, et un côté vibrant unique.

Coteaux d'Aix-en-Provence 2004
Rouge | 2011 à 2018 | 24 € **17,5/20**
Il y a non seulement une belle structure mais également des tanins frais, élégants avec une belle intensité de fruits noirs, ce vin est idéal pour une viande rouge truffée.

Les Baux-de-Provence Améthyste 2003
Rouge | 2009 à 2012 | épuisé **18/20**
C'est l'un des meilleurs rouges de l'Hexagone sur 2003, par son fruité pur, sa complexité et sa fraîcheur de constitution. Les tanins sont précis, suaves et fermes. Quel équilibre ! Grand vin de truffe !

Rouge : 12 hectares. Blanc : 1,32 hectare.
Visite : Sur rendez-vous.

DOMAINE DU JAS D'ESCLANS

3094, route de Callas
83920 La-Motte-en-Provence
Tél. 04 98 10 29 29 - Fax. 04 98 10 29 28
mdewulf@terre-net.fr
www.jasdesclans.fr

Un jas est un mas ou une bergerie. Celui-ci s'est reconverti en vignoble pour profiter des embruns de la Méditerranée, que l'on aperçoit depuis le domaine. Le potentiel des trois couleurs est exploité dans une cuvée de base, qui fait mieux que tenir son rang. Les Wulf ont créé la cuvée-du-loup, qui regroupe les sélections les plus qualitatives.

CÔTES DE PROVENCE 2008
Blanc | 2009 à 2010 | NC   **14,5/20**
Vin aux arômes frais, marqué par l'ananas et le tilleul, la bouche est nette et gourmande.

CÔTES DE PROVENCE 2007
Rouge | 2009 à 2010 | NC   **14/20**
Fruits noirs et garrigue donnent le ton pour cette cuvée déjà agréable, à boire sur une terrine de gibier.

CÔTES DE PROVENCE COUP DE FOUDRES 2004
Rouge | 2009 à 2010 | 9,50 €   **14/20**
Les tanins sont déjà bien fondus et les épices et les fruits noirs bien marqués. Voici un vin de grive.

CÔTES DE PROVENCE CUVÉE DU LOUP 2008
Rosé | 2009 à 2010 | 9,50 €   **14/20**
Nez de rose et d'épices, bouche franche et tranchante, avec une fin poivrée.

CÔTES DE PROVENCE CUVÉE DU LOUP 2008
Blanc | 2010 à 2012 | 15 €   **16/20**
Nez dominé par l'élevage, heureusement derrière on sent les agrumes et les épices, la bouche est longue avec des touches de vanille, la fin se révèle menthée. Au bout de deux heures de carafe, le vin évolue parfaitement.

CÔTES DE PROVENCE CUVÉE DU LOUP 2007
Rosé | 2009 à 2010 | NC   **12/20**
Cette cuvée n'a pas bien évolué, elle est aujourd'hui déséquilibrée par l'usage abusif de la barrique, et cette matière si raffinée lors de notre première dégustation marque le pas.

CÔTES DE PROVENCE CUVÉE DU LOUP 2007
Rouge | 2009 à 2011 | NC   **13/20**
Nez de myrtille et de chocolat, en bouche on a le beurre de cacao. Certes il y a une structure, mais c'est au détriment de l'élégance et de la fraîcheur, c'est un style !

Rouge : 40 hectares. Blanc : 8 hectares. Production totale annuelle : 250 000 bt. Visite : Sur rendez-vous.

CHÂTEAU DE JASSON

Route de Collobrières
83250 La Londe-les-Maures
Tél. 04 94 66 81 52 - Fax. 04 94 05 24 84
chateau.de.jasson@wanadoo.fr
www.chateaujasson.com

Benjamin de Fresne, ancien chef de cuisine, et son épouse Marie-Andrée veillent aux destinées de ce domaine de 16 hectares, complanté de cépages d'origines très diverses tels que tibouren, cinsault, grenache, syrah, cabernet-sauvignon, mourvèdre, rolle et ugni blanc. Les rendements sont raisonnables et toutes les cuvées ont été baptisées du prénom d'une reine à l'origine souvent provençale, à l'exception de victoria, dont la filiation locale est plus éloignée.

CÔTES DE PROVENCE 2008
Rosé | 2009 à 2010 | NC   **13/20**
Vin frais et coulant, aux accents de fruits rouges et d'épices.

CÔTES DE PROVENCE ÉLÉONORE 2007
Rosé | 2009 à 2010 | NC   **14/20**
Rosé tout en fraîcheur, marqué par les fruits rouges et la mandarine.

CÔTES DE PROVENCE JEANNE 2007
Blanc | 2009 à 2010 | NC   **15/20**
Vin avec des arômes de fraîcheur citronnée et d'herbes coupées, c'est vif et bien équilibré en bouche.

CÔTES DE PROVENCE VICTORIA 2007
Rouge | 2009 à 2012 | 12 €   **14,5/20**
Nez de cassis et d'olive noire, attaque en rondeur, les tanins sont bien construits.

CÔTES DE PROVENCE VICTORIA 2004
Rouge | 2009 à 2011 | NC   **15/20**
Dans une grande année, on voit le potentiel de cette cuvée avec des tanins soyeux, marqués par les épices et la truffe, ce vin va rayonner dans les trois ans sur un filet de chevreuil sauce Périgueux.

Rouge : 13,55 hectares ; cabernet sauvignon 30%, grenache noir 20%, syrah 50%. Blanc : 2,20 hectares ; rolle 60%, sémillon 10%, ugni blanc 30%. Production totale annuelle : 100 000 bt. Visite : De 9 h à 12 h 30 et de 15 h à 19 h.

DOMAINE DE LA LAIDIÈRE

426, chemin de Font-Vive
Sainte-Anne-d'Évenos
83330 Evenos
Tél. 04 98 03 65 75 - Fax. 04 94 90 38 05
info@laidiere.com
www.laidiere.com

Le Domaine de la Laidière est situé à la sortie de Toulon, près des gorges d'Ollioules. Les vignes ont été plantées de cépages nobles, sur des restanques orientées principalement au sud-est. Cette propriété familiale est aujourd'hui dirigée par Freddy Estienne. L'ensemble de la gamme est constitué de vins sérieux, bien vinifiés. Peu expressif en vin jeune par manque d'expression du fruit, le rouge demande de la patience. Le blanc 2008 est en net progrès par rapport à son prédécesseur, et rappelle que Bandol peut faire de très beaux blancs.

BANDOL 2008
Blanc | 2009 à 2012 | 14,50 €   **15/20**
Frais, fruité, assez long ; la finale est orientée vers les pamplemousses, avec une amertume étirée ravissante, épicée en finale.

BANDOL 2008
Rosé | 2009 à 2011 | 14,00 €   **13,5/20**
La finale est fermée pour l'instant, mais le vin montre en bouche un agréable volume.

Rouge : 7,5 hectares ; cinsault 20%. grenache noir 20%, mourvèdre 60%. **Blanc :** 3,6 hectares ; clairette 60%. ugni blanc 40%. **Production totale annuelle :** 90 000 bt. **Visite :** Sur rendez-vous.

CHÂTEAU MALHERBE

Route du Fort de Brégançon
83230 Bormes-les-Mimosas
Tél. 04 94 64 80 11 - Fax. 04 94 71 84 46
chateau-malherbe@wanadoo.fr
www.chateau-malherbe.com

Le Château Malherbe se trouve à Bormes-Les-Mimosas entre la mer et le massif des Maures, au pied du Fort de Brégancon. Ancien vignoble du fort, il s'enracine dans l'histoire de cette place forte, aujourd'hui résidence des présidents de la République Française. Acquise en 1940 par la famille Ferrari, la «ferme» s'est éloignée de la culture des fleurs et primeurs dans les années 1960, pour se consacrer pleinement à son activité viticole d'origine. Depuis deux ans, ce domaine de 17 hectares s'est assuré les précieux services de l'œnologue Claire Forestier, l'une des éminences de la Bourgogne. Les cuvées pointe-du-diable peuvent figurer dans la cave de l'Élysée, notamment en rouge.

CÔTES DE PROVENCE 2007
Blanc | 2009 à 2010 | 15,90 €   **13/20**
Vin élégant, avec des notes de fleur blanche et de poivre, bouche coulante à boire sur son fruit.

CÔTES DE PROVENCE 2007
Rosé | 2009 à 2011 | 13,50 €   **13,5/20**
Nez de fraises écrasées avec une pointe de poivre, bouche structurée de bon équilibre.

CÔTES DE PROVENCE POINTE DU DIABLE 2007
Rosé | 2009 à 2011 | épuisé   **14/20**
Nez de pêche mûre avec une pointe d'épices, bouche structurée avec ce qu'il faut de fraîcheur. Vin de repas.

CÔTES DE PROVENCE POINTE DU DIABLE 2006
Rouge | 2009 à 2012 | 15,40 €   **14,5/20**
Nez de cerise noire et d'épices, la bouche confirme le nez, les tanins sont souples avec une belle longueur.

Production totale annuelle : 70 000 bt. **Visite :** Ouvert du lundi au samedi de 9 h à 12 h 30 et de 14 h à 19 h,et de 9 h à 20 h y compris le dimanche de juin à septembre.

CHÂTEAU MARGÜI

Quartier Margui
83670 Chateauvert
Tél. 06 10 26 56 25 - Fax. 04 94 77 30 34
philguillanton@yahoo.fr
www.chateaumargui.com

Ce grand domaine agricole, situé au nord de Brignolles, ne disposait plus de vignes quand Marie-Christine et Philippe Guillanton l'ont repris. Ils ont décidé de lui redonner en 2000 une destination viticole. Ils ont replanté une quinzaine d'hectares cultivés en agriculture biologique. Les vins sont francs et possèdent cette fraîcheur propre aux meilleurs côteaux-varois.

COTEAUX VAROIS EN PROVENCE 2008
Blanc | 2009 à 2010 | 14,00 €   **14/20**
Nez sur l'amande fraîche, la bouche est bien équilibrée avec une fin fraîche et coulante.

COTEAUX VAROIS EN PROVENCE 2008
Rosé | 2009 à 2010 | NC   **14,5/20**
C'est franc, frais et structuré, avec une dominante florale poivrée.

COTEAUX VAROIS EN PROVENCE 2007
Blanc | 2009 à 2010 | NC   **15,5/20**
Château Margüi réalise un blanc atypique, profond en arômes et floral, qui se remarque par une grande longueur. Il ne laissera pas indifférent par sa puissance en bouche et sa gestion maîtrisée de l'amertume. À base de rolle et d'ugni blanc, c'est un blanc de belle gastronomie, qui ne renie pourtant pas ses possibilités apéritives, aujourd'hui son élevage boisé reprend le dessus, mais le fruit arrive derrière. Ce sera parfait dès l'automne 2009.

COTEAUX VAROIS EN PROVENCE 2006
Rouge | 2009 à 2010 | NC   **15/20**
Véritable gourmandise pour ce vin aux accents de romarin et de fruits noirs, à boire sur le fruit de sa jeunesse.

COTEAUX VAROIS EN PROVENCE 2004
Rouge | 2009 à 2011 | NC   **14,5/20**
Ce grand millésime s'exprime parfaitement, dans une bouche aux flaveurs de fruits noirs et d'épices, avec ce qu'il faut de fraîcheur.

Rouge : 12 hectares ; cabernet sauvignon 10%, cinsault 20%, grenache noir 20%, syrah 30%.
Blanc : 2,9 hectares ; rolle 18%, ugni blanc 2%.
Production totale annuelle : 58 000 bt.
Visite : Sur rendez-vous.

VILLA MINNA VINEYARD

Roque-Pessade
13760 Saint-Cannat
Tél. 04 42 57 23 19 - Fax. 04 42 57 27 69
contact@villaminnavineyard.fr
www.villaminnavineyard.fr

Jean-Paul Luc, pilote automobile, a rencontré sa femme Minna en Finlande, sur le tracé du rallye des Milles Lacs : progressivement, le couple prend un nouveau virage, et après des études d'œnologie, il choisit la direction du domaine familial. Celui-ci, composé de 15 hectares, est situé entre Aix et Salon-de-Provence, en bordure de l'ancienne voie romaine, la Via Aurélia. Au niveau cultural, les vignes sont enherbées naturellement, les traitements sont limités et les désherbants, pesticides et engrais chimiques sont bannis. Les vendanges sont manuelles et acheminées en cagettes. Ces efforts se traduisent par des rouges mûrs, concentrés, complexes avec une fraîcheur de bon aloi, qui permet d'envisager une garde d'une dizaine d'années au moins pour les vins-de-pays-des-bouches-du-rhône.

CÔTES DE PROVENCE VILLA MINA 2005
Rouge | 2009 à 2012 | 9 €   **15/20**
À 9 euros, voici un bon rapport qualité-prix, les tanins sont souples et gourmands, ils délivrent des flaveurs de fruits noirs et de garrigue.

VIN DE PAYS DES BOUCHES-DU-RHÔNE 2006
Blanc | 2010 à 2014 | 17 €   **15,5/20**
Fruit d'un assemblage de 69% de vermentino, 17% de roussanne et 14% de marsanne, ce blanc marqué par les fruits jaunes présente une bonne tension en bouche avec une pointe de floral et une fraîcheur harmonieuse. Puissant tout en restant élégant, il affectionne le turbot pané aux olives.

VIN DE PAYS DES BOUCHES-DU-RHÔNE
MINNA VINEYARD 2005
Rouge | 2012 à 2021 | 18 €   **15,5/20**
Composé de 49% de syrah, 42% de cabernet-sauvignon, et 9% de mourvèdre, ce vin est encore dans ses langes, on apprécie les flaveurs de cassis, de myrtilles et d'épices et une texture sensuelle qui fera merveille sur une truffe sous la cendre à l'horizon 2015.

VIN DE PAYS DES BOUCHES-DU-RHÔNE
MINNA VINEYARD 2002
Rouge | 2010 à 2014 | 28 €   **15,5/20**
Rouge de caractère avec une belle qualité de fruits noirs et d'épices. Les tanins profonds et frais sont savoureux et délicats pour accompagner un pigeonneau truffé.

Blanc : 2,50 hectares.
Production totale annuelle : 25 000 bt.
Visite : Du lundi au samedi de 9 h à 19 h.

CHÂTEAU MINUTY

Route de la Berle
83580 Gassin
Tél. 04 94 56 12 09 - Fax. 04 94 56 18 38
infominuty@orange.fr
www.chateauminuty.com

Minuty a fait partie d'un ensemble viticole de près de 2 000 hectares de vignes, qui couvrait la presqu'île de Saint-Tropez il y a plus d'un siècle. Les vicissitudes de l'histoire avaient presque anéanti ce vignoble, lorsque la famille de Jean-Étienne et François Matton racheta la bâtisse Napoléon III et la chapelle en 1936. Ils ont patiemment reconstitué 75 hectares de vignes sur ces terres d'argile et de micaschiste.

CÔTES DE PROVENCE PRESTIGE 2008
Rosé | 2009 à 2011 | 15 €   **14,5/20**
Floral et très fruits rouges, voici un rosé élégant de bonne facture, avec un juste équilibre.

CÔTES DE PROVENCE PRESTIGE 2007
Rouge | 2009 à 2012 | 20 €   **14,5/20**
De l'élégance et des tanins souples, frais et longs, on prend déjà du plaisir.

VIN DE PAYS DU VAR BLANC ET OR 2007
Blanc | 2009 à 2010 | épuisé   **14,5/20**
Cette cuvée, qui associe sauvignon, viognier et roussanne, évolue bien, elle doit se boire dans l'année.

Rouge : 60 hectares ; cabernet sauvignon 10%, carignan 5%, cinsault 5%, grenache 40%, mourvedre 5%, syrah 15%, tibouren 20%.
Blanc : 15 hectares ; clairette 5%, rolle 40%, sémillon 35%, ugni 20%. Production totale annuelle : 500 000 bt. Visite : Du lundi au vendredi, de 9 h à 12 h et de 14 h à 18 h.

DOMAINES OTT

Route du Fort de Brégançon
83250 La Londe Les Maures
Tél. 04 94 01 53 50 - Fax. 04 94 01 53 51
closmireille@domaines-ott.com
www.domaines-ott.com

En bordure de mer, le Clos Mireille se situe sur Lalonde, à proximité du Fort de Brégançon. Il mérite à coup sûr d'être servi à la table présidentielle voisine, pour honorer les hôtes de la France, car c'est l'un des meilleurs blancs de Provence. Son terroir particulier de schistes maritimes bénéficie des embruns qui confèrent ces flaveurs iodées tant recherchées sur ce cru. Le champenois Roederer ne s'y est pas trompé lorsqu'il a pris la majorité des domaines Ott. Il a, par la suite, dépêché l'œnologue bordelais Denis Dubourdieu, dont le travail s'est fait sentir à partir du millésime 2006. Très précis et fin aromatiquement, le clos-mireille brille désormais par sa droiture svelte, sans aucune trace de lourdeur.

CÔTES DE PROVENCE BLANC DE BLANCS CLOS MIREILLE 2007
Blanc | 2009 à 2013 | 20 €   **16,5/20**
On aime la droiture de constitution de ce blanc de blancs, avec ses accents d'iode et de fleurs blanches, et en fin de bouche des touches de zestes d'agrumes et une juste tension. C'est l'un des grands blancs de Provence !

CÔTES DE PROVENCE BLANC DE BLANCS CLOS MIREILLE 2006
Blanc | 2009 à 2012 | NC   **16/20**
C'est le changement stylistique du cru, avec ce millésime à la droiture svelte et une tension de bon aloi, sur fond de zestes de pomelos.

Rouge : 7 hectares. Blanc : 29 hectares.
Production totale annuelle : 90 000 bt.

CHÂTEAU PARADIS

Quartier Paradis
13610 Le Puy-Sainte-Réparade
Tél. 04 42 54 09 43 - Fax. 04 42 54 05 05
chateauparadis@wanadoo.fr
www.chateauparadis.com

Sur les contreforts de la Trévaresse, le terroir du Château Paradis est constitué de coteaux calcaires argilo-sableux. La présence de pierres sèches permet un enracinement profond des vignes. La culture raisonnée de la vigne, sans produits chimiques, constitue la profession de foi de la propriété. Sur les rouges, la puissance du cabernet-sauvignon se mêle avec bonheur au fruité du grenache et aux épices de la syrah. La rondeur du grenache blanc relève toute la complexité aromatique du sauvignon dans les blancs à l'harmonie angélique.

COTEAUX D'AIX-EN-PROVENCE
TERRE DE PROVENCE 2008
Rosé | 2009 à 2010 | 7,50 €   **14/20**
Rosé structuré, marqué par les fruits rouges et le poivre noir, à boire tout au long du repas.

COTEAUX D'AIX-EN-PROVENCE
TERRE DE PROVENCE 2006
Rouge | 2009 à 2012 | NC   **14/20**
De l'intensité aromatique au nez, avec du cassis et de la tapenade, attaque ronde en bouche, tanins pulpeux se terminant sur les fruits noirs et les épices. Vin de chasse !

COTEAUX D'AIX-EN-PROVENCE
TERRE DES ANGES 2008
Blanc | 2009 à 2010 | 12 €   **15,5/20**
Les flaveurs de poire et de pêche blanche se combinent parfaitement dans une bouche bien proportionnée. Vin harmonieux.

COTEAUX D'AIX-EN-PROVENCE
TERRE DES ANGES 2008
Rosé | 2009 à 2010 | 9,50 €   **13/20**
Rosé aérien, avec des touches florales et une fin de bouche tirant sur la grenadine. À boire à l'apéritif !

COTEAUX D'AIX-EN-PROVENCE
TERRE DES ANGES 2006
Rouge | 2009 à 2012 | NC   **13/20**
Vin qui exprime au nez des notes de mûre et de café, la bouche associe fermeté et souplesse dans le dessin de ses tanins, à boire sur un navarin d'agneau.

Rouge : 27 hectares. Blanc : 3 hectares. Production totale annuelle : 160 000 bt. Visite : 9 h à 12 h 30 et de 14 h à 18 h.

CHÂTEAU PAS DU CERF

Route de Collobrières
C.D. 88
83250 La Londe-les-Maures
Tél. 04 94 00 48 80 - Fax. 04 94 00 48 81
info@pasducerf.com
www.pasducerf.com

Le Château Pas du Cerf, dirigé par la famille Galtieri, est une très vaste propriété entre La-Londe-les-Maures et Collobrières, où est implanté un domaine viticole de 80 hectares, sur des terrains schisteux. Cette année, en dehors des vins estampillés Pas du Cerf, nous avons goûté les vins du Château de Camp Long, de bonne facture pour les rosés et de belle constitution pour les rouges. Ce sont des vins francs et épicés, qui peuvent se garder quelques années.

CÔTES DE PROVENCE 2008
Rosé | 2009 à 2011 | 8,50 €   **13,5/20**
Vin franc et frais, exprimant les fruits rouges tout juste cueillis, on a envie de le boire le col ouvert.

CÔTES DE PROVENCE 2005
Rouge | 2009 à 2011 | 9,40 €   **14/20**
Vin aux tanins fondus et épicés, avec du fond, on le boit sur un pâté de grives.

CÔTES DE PROVENCE CAMPLONG 2008
Rosé | 2009 à 2012 | 5,50 €   **14/20**
Le côté vineux, marqué par les fruits rouges, est bien équilibré et sonne juste à l'heure du casse-croûte.

CÔTES DE PROVENCE CHÂTEAU CAMP LONG 2006
Rouge | 2009 à 2013 | 5,50 €   **15/20**
Nez bien dégagé, marqué par la pivoine et l'olive noire, la bouche est pleine de fruits noirs avec une touche poivrée.

CÔTES DE PROVENCE CHÂTEAU CAMP LONG
TRUCHETTE 2006
Rouge | 2009 à 2013 | 5,90 €   **14/20**
Nez de garrigue, vin sérieux à la bouche bien structurée, à l'affût d'une daube provençale.

CÔTES DE PROVENCE TRUCHETTE 2008   ☺
Rosé | 2009 à 2012 | 5,90 €   **14,5/20**
On est dans le registre floral côté rose, et fruité côté framboise, la bouche est gracile. Vin de charme.

Production totale annuelle : 450 000 bt. Visite : Magasin ouvert de 9 h à 12 h 30 et de 14 h 30 à 18 h sauf dimanche et jours fériés

CHÂTEAU DE PIBARNON

410, chemin de la Croix-des-Signaux
83740 La Cadière-d'Azur
Tél. 04 94 90 12 73 - Fax. 04 94 90 12 98
contact@pibarnon.fr
www.pibarnon.fr

Le Château de Pibarnon est une bastide du XVIIIe siècle, installée à 300 mètres d'altitude dans un cirque orienté vers la mer. Les mourvèdres de Pibarnon disposent là d'un support idéal, qui permet à ce cépage capricieux d'exprimer tout son raffinement. Le comte de Saint-Victor avait identifié la qualité de ce terroir très ancien, issu d'un retournement géologique. Il a acheté le domaine en 1978, et l'a porté de cinq hectares à une cinquantaine aujourd'hui. Son fils Éric poursuit l'œuvre accomplie. Le rosé est régulièrement l'un des plus savoureux de Provence, et 2008 frappe fort ! Le rouge, corsé en vin jeune, développe au vieillissement une subtile palette de nuances aromatiques méditerranéennes, avec une qualité de tanins qui le hisse au niveau des grands vins de France.

BANDOL 2008   ☺
Rosé | 2009 à 2011 | 17,50 €   **17/20**
Rosé de grande personnalité, fruité, épicé, gras et équilibré. Il sera parfait à table avec une cuisine du sud épicée, à laquelle il résistera.

BANDOL 2007
Rouge | 2010 à 2016 | 25 €   **16/20**
Avec du fruit, un vin de beau volume, épicé et long. Le vin n'était pas encore complètement installé au moment de notre dégustation et pourrait prendre une dimension complémentaire.

Rouge : 44 hectares ; grenache noir 10%, mourvèdre 90%. Blanc : 4 hectares ; autres 10%, bourboulenc 40%, clairette 50%.
Production totale annuelle : 180 000 bt.

CHÂTEAU RASQUE

Route de Flayosc
83460 Taradeau
Tél. 04 94 99 52 20
accueil@chateaurasque.com
www.chateaurasque.com

Dans toutes nos dégustations à l'aveugle, le Château Rasque est sorti régulièrement dans les trois couleurs, et nous avons apprécié sa régularité. Les propriétaires actuels ont débuté l'aventure il y a vingt-cinq ans, en faisant l'acquisition des bois de Rasque. Ils en ont fait un vignoble provençal d'une vingtaine d'hectares, planté sur des coteaux cailouteux exposés plein sud. Les vendanges manuelles préservent la qualité des raisins portés jusqu'aux chais. Les blancs ont de la fraîcheur, les rouges ce qu'il faut d'intensité, avec en point d'orgue une cuvée héritage précise. En rosé, la cuvée alexandra est élégante alors que le clos-de-madame se révèle plus charpenté.

CÔTES DE PROVENCE ALEXANDRA 2008
Rosé | 2009 à 2010 | 14,50 €   **14/20**
Floral et fraise sont les flaveurs dominantes de ce rosé élégant, idéal pour l'apéritif.

CÔTES DE PROVENCE CLOS DE MADAME 2008
Blanc | 2009 à 2011 | 22 €   **14,5/20**
La pêche blanche et l'anis dominent au nez comme en bouche, celle-ci est large avec du gras et ce qu'il faut de fraîcheur en fin.

CÔTES DE PROVENCE CLOS DE MADAME 2008
Rosé | 2009 à 2011 | 22 €   **14/20**
Rosé charpenté, avec des accents de framboise et de poivre, à boire sur une viande blanche.

CÔTES DE PROVENCE HÉRITAGE 2006
Rouge | 2009 à 2011 | NC   **14/20**
Nez profond sur les épices et la garrigue, les tanins sont longs, avec ce qu'il faut de mâche pour faire la courte échelle à une terrine de canard au laurier.

Rouge : 7 hectares. Blanc : 6 hectares.
Production totale annuelle : 250 000 bt.
Visite : de 9 h à 18 h.

DOMAINE RICHEAUME

Domaine Richeaume
13114 Puyloubier
Tél. 04 42 66 31 27 - Fax. 04 42 66 30 59
shoesch@hotmail.com

Ce domaine, situé au pied de la montagne Sainte-Victoire, appartient à la famille Hoesch. Il est cultivé en agriculture biologique et propose une gamme où les rouges s'appuient notamment sur le cabernet-sauvignon et la syrah. Les vins sont puissants, bien élevés, avec de l'élégance et ce qu'il faut de fraîcheur de fruit. Ils évoluent parfaitement, ce sont de vrais vins de gastronomie. Une verticale des rouges de 2001 à 2006 nous a pleinement convaincus de la qualité de cette couleur et de sa parfaite évolution.

CÔTES DE PROVENCE TRADITION 2006 ☺
Rouge | 2009 à 2017 | 17 €   **16/20**
Nez de violette, bouche soyeuse avec des tanins longs et épicés, que du bonheur !

CÔTES DE PROVENCE TRADITION 2005
Rouge | 2009 à 2013 | 17 €   **15/20**
Nez profond et épicé, avec des tanins longs et frais, il y a du fond et des formes harmonieuses. Belle réussite pour le millésime.

CÔTES DE PROVENCE TRADITION 2001
Rouge | 2009 à 2011 | 17 €   **14,5/20**
À point aujourd'hui, on a une bonne idée de l'évolution de ce cru, avec son nez épicé et truffé et sa bouche aux tanins fondus.

Rouge : 21 hectares ; cabernet sauvignon 30%, carignan noir 5%, grenache noir 10%, merlot 20%, syrah 35%. Blanc : 4 hectares ; clairette 40%, rolle 40%, sauvignon blanc 20%. Production totale annuelle : 70 000 bt. Visite : De 8 h à 12 h et de 13 h à 17 h.

DOMAINE DE RIMAURESQ

Route de Notre-Dame-des-Anges
B.P. 26
83790 Pignans
Tél. 04 94 48 80 45 - Fax. 04 94 33 22 31
rimauresq@wanadoo.fr
www.rimauresq.fr

Situés près du point culminant du massif des Maures, les sous-sols de schiste et de quartz qui portent les vignes de Rimauresq lui permettent de réaliser des vins très accomplis. La gamme se décline en deux cuvées. L'une porte le nom du château et l'autre, étiquetée r-de-rimauresq, représente une sélection des meilleurs terroirs, et offre un supplément de densité. 2008 confirme cette bonne forme !

CÔTES DE PROVENCE 2008
Rouge | 2009 à 2011 | NC   **15,5/20**
Nez de pétale de rose et de petits fruits rouges, c'est fin en attaque et vineux derrière, avec une fin saline.

CÔTES DE PROVENCE 2008
Rosé | 2010 à 2012 | 9,80 €   **16/20**
Nez profond de fraise des bois. La bouche confirme cette première impression, elle se révèle longue et fraîche. Rosé de grillades et de plats exotiques.

CÔTES DE PROVENCE 2007
Rosé | 2009 à 2010 | NC   **15,5/20**
Nez de safran, de gingembre et liqueur de vieux garçon, cela se confirme dans une bouche longue et épicée, où le gras est bien équilibré par une certaine fraîcheur, vin idéal sur un curry de porc.

CÔTES DE PROVENCE 2004
Blanc | 2013 à 2025 | NC   **17/20**
Nez très profond de garrigue, de fruits noirs mais également de violette, on retrouve tout cela dans une bouche aux tanins bien dessinés et d'une grande suavité.

CÔTES DE PROVENCE QUINTESSENCE 2006
Rouge | 2012 à 2019 | NC   **16/20**
Nez tout en retenue avec des accents de tapenade d'une grande élégance, une trame serrée en bouche, conjuguant puissance et élégance, c'est harmonieux.

CÔTES DE PROVENCE R 2008
Rouge | 2009 à 2011 | NC   **15/20**
Nez de fleurs blanches et d'amande fraîche, la bouche est enveloppante avec ce qu'il faut de fraîcheur.

Rouge : 55.92 hectares ; cabernet sauvignon 10%, cinsault 18%, grenache noir 21%, mourvèdre 11%, syrah 12%, tibouren 6%. Blanc : 6.01 hectares ; rolle 7%, ugni blanc 3%. Production totale annuelle : 300 000 bt.

CHÂTEAU ROMANIN

Route de Cavaillon
13210 Saint-Rémy-de-Provence
Tél. 04 90 92 45 87 - Fax. 04 90 92 24 36
contact@romanin.com
www.romanin.com

Le Château Romanin, situé à Saint-Rémy-de-Provence, au pied des Alpilles, dans un cadre magique, vient d'être acheté par Jean-Louis Charmolüe, qui a revendu l'exceptionnel Château Montrose, de Saint-Estèphe, à la famille Bouygues. Les rouges de Romanin atteignent un haut niveau dans la précision du dessin des tanins et dans leur fraîcheur de constitution. Le blanc évolue parfaitement. Ce sont des cuvées taillées pour la truffe !

LES BAUX-DE-PROVENCE 2008
Blanc | 2009 à 2011 | 11 € **15/20**
Les notes fraîches du nez, où dominent le fenouil et le pamplemousse, se retrouvent dans une bouche tendue juste ce qu'il faut.

LES BAUX-DE-PROVENCE 2008
Rosé | 2009 à 2010 | 10 € **14/20**
Des notes de fraise écrasée et de rose dessinent les contours aromatiques de ce vin franc et coulant.

LES BAUX-DE-PROVENCE 2007
Blanc | 2009 à 2010 | NC **15,5/20**
Délicieux nez d'anis et de pêche, on retrouve tout cela dans une bouche fraîche, avec une fin saline, belle évolution.

LES BAUX-DE-PROVENCE 2005
Rouge | 2009 à 2017 | 17 € **16/20**
Nez élégant de fruits noirs et de poivres, en bouche les tanins sont souples, tendus et frais, c'est déjà très bon !

LES BAUX-DE-PROVENCE 2002
Rouge | 2009 à 2015 | NC **16/20**
Nez de prune avec quelques accents épicés, tanins longs, suaves et tendus avec une magnifique fraîcheur. Du grand style.

LES BAUX-DE-PROVENCE
LA CHAPELLE DE ROMANIN 2006
Rouge | 2009 à 2012 | 10 € **14/20**
Tanins souples, avec des accents de garrigue, belle longueur, parfait sur une galantine de faisan.

Rouge : 51,5 hectares ; cabernet sauvignon 20%, carignan noir 6%, cinsault 3%, counoise 9%, grenache noir 20%, mourvèdre 14%, syrah 28%.
Blanc : 4 hectares ; rolle 69%, ugni blanc 31%.
Production totale annuelle : 180 000 bt.
Visite : En été de 9 h 30 à 19 h et en hiver de 10 h à 18 h.

CHÂTEAU ROUBINE

R.D. 562
83510 Lorgues
Tél. 04 94 85 94 94 - Fax. 04 94 85 94 95
riboud@chateauroubine.com
www.chateauroubine.com

Valérie Riboud-Rousselle dirige avec charme et efficacité cette très jolie propriété de Lorgues, implantée en cirque autour du château. Elle la fait évoluer par touches, pour amener les vins au niveau potentiel que permet ce terroir viticole déjà exploité au XIVᵉ siècle par les Templiers.

CÔTES DE PROVENCE 2008
Blanc | 2009 à 2011 | 10,75 € **14/20**
Chèvrefeuille et anis se mêlent dans un nez très printanier, la bouche est fraîche et coulante.

CÔTES DE PROVENCE 2008
Rosé | 2009 à 2011 | 10,75 € **14,5/20**
Nez de pétales de rose, vin vif et agile, on prend déjà du plaisir à l'apéritif.

CÔTES DE PROVENCE 2006
Rouge | 2009 à 2012 | 10,75 € **13,5/20**
Nez de kirsch et d'épices, la bouche marquée par des flaveurs de noyau présente des tanins souples et tendus.

CÔTES DE PROVENCE INSPIRE 2008 ☺
Rosé | 2009 à 2011 | 19,20 € **15/20**
Les flaveurs de pêche blanche sont élégantes, la bouche se révèle souple et fraîche, vin de plaisir.

CÔTES DE PROVENCE INSPIRE 2007
Blanc | 2009 à 2010 | 22,50 € **14,5/20**
Ce vin évolue vers des flaveurs réglissées avec une touche de pêche, il est à boire sur son fruité croquant.

CÔTES DE PROVENCE INSPIRE 2007
Blanc | 2009 à 2011 | NC **14,5/20**
Très pamplemousse confit, avec une touche de réglisse, ce vin est frais et tendu, à boire sur le croquant de sa jeunesse.

CÔTES DE PROVENCE INSPIRE 2006
Rouge | 2011 à 2014 | 22,50 € **14,5/20**
Nez de cassis avec des touches de vanille, le vin est pour l'instant dominé par le bois, mais le fruit ressort derrière. Il faut se montrer patient.

CÔTES DE PROVENCE TERRE DE CROIX 2005
Rouge | 2009 à 2011 | 16,40 € **13,5/20**
Nez ouvrant sur les fruits noirs, la bouche offre des tanins souples et épicés. Il se boit déjà bien sur une terrine de canard.

Production totale annuelle : 500 000 bt. Visite : Sur rendez-vous de 9 h à 18 h du lundi au samedi. Ouvert le dimanche du 15 juin au 15 septembre.

DOMAINE SAINT-ANDRÉ DE FIGUIÈRE

B.P. 47
83250 La Londe-les-Maures
Tél. 04 94 00 44 70 - Fax. 04 94 35 04 46
figuiere@figuiere-provence.com
www.figuiere-provence.com

Ce domaine est situé sur le terroir de La-Londe, en bordure maritime des Côtes de Provence. Il bénéficie d'un vignoble d'une moyenne d'âge de 35 ans, ce qui n'est pas si fréquent en Provence. Alain Combard, rejoint désormais par ses enfants, s'est inspiré de l'agriculture biologique pour conduire le travail de la terre et de la vigne sur ses sols de schistes. Dans les trois couleurs, les cuvées réserve et vieilles-vignes sont les plus intéressantes, avec des réussites plus constantes que dans les derniers millésimes. Les rosés 2008 sont l'une des priorités sur la Provence.

CÔTES DE PROVENCE CONFIDENTIELLE 2006 ☺
Rosé | 2009 à 2010 | NC   **16,5/20**
Nez aérien de rose et de poivre gris, la bouche d'une grande subtilité est d'un charme fou. Vin de rendez-vous galant.

CÔTES DE PROVENCE RÉSERVE DELPHINE 2007
Blanc | 2009 à 2011 | 18,20 €   **14,5/20**
Cuvée structurée, aux accents de fenouil et d'épices, on peut l'associer à un poulet au pistou.

CÔTES DE PROVENCE VIEILLES VIGNES 2008
Blanc | 2009 à 2010 | 10,75 €   **15/20**
Vin associant puissance et élégance, dans un registre aromatique porté par l'amande et la menthe poivrée.

CÔTES DE PROVENCE VIEILLES VIGNES 2008 ☺
Rosé | 2009 à 2010 | 11,30 €   **16/20**
Dès le nez, ce rosé fait saliver avec ses arômes de fruits rouges avec une touche de pétale de rose, bouche très vineuse idéale pour une viande grillée.

CÔTES DE PROVENCE VIEILLES VIGNES 2007
Rouge | 2009 à 2013 | 13,05 €   **14,5/20**
Les flaveurs de cassis se développent sur fond d'épices, ce vin s'affine au bout de quatre heures de carafe. Du potentiel.

Production totale annuelle : 500 000 bt.
Visite : Du lundi au samedi, de 9 h à 12 h et de 14 h à 18 h.

CHÂTEAU SAINT-BAILLON

R.N. 7
83340 Flassans-sur-Issole
Tél. 04 94 69 74 60 - Fax. 04 94 69 80 29
chateau.st.baillon@wanadoo.fr
www.chateau-saint-baillon.com

Saint-Baillon est situé dans le centre du Var, à 300 mètres d'altitude, où le climat est rude, sur des sols argilo-calcaires rocailleux. Le château commercialise des vins rouges à maturité, ce qui dénote dans le paysage provençal où il est d'usage de ne produire que des rouges à commercialisation rapide et des rosés vendus dans les six mois qui suivent leur récolte. Il faut reconnaître aux rouges du domaine un potentiel à évoluer vers des arômes frais, sans sécheresse de tanins, ce qui n'est pas si fréquent dans cette couleur. C'est l'une des valeurs sûres de la Provence.

COTEAUX VAROIS EN PROVENCE CLOS BARBAROUX 2003
Rouge | 2009 à 2013 | 19 €   **14/20**
Ce rouge dense et sérieux, marqué par des accents de confiture de fruits noirs, donne déjà de l'agrément sur une daube provençale.

CÔTES DE PROVENCE L'OPPIDUM 2004
Rouge | 2009 à 2013 | 23 €   **15/20**
Bel équilibre pour cette cuvée aux tanins veloutés et longs, marquée par une concentration juste, sur fond de romarin et de fruits noirs, ce vin évolue parfaitement.

CÔTES DE PROVENCE LE ROUDAÏ 2004
Rouge | 2009 à 2014 | NC   **14,5/20**
Du fond et de la fraîcheur, avec des fruits noirs et de l'olive, ce vin guette la gigue de chevreuil.

Rouge : 25 hectares ; cabernet sauvignon 15%, cinsault 20%, grenache noir 20%, syrah 40%.
Blanc : 1,5 hectare ; rolle 5%. **Production totale annuelle : 130 000 bt.**

CLOS SAINT-VINCENT

Collet des Fourniers
Saint-Roman de Bellet
06200 Nice
Tél. 04 92 15 12 69 - Fax. 04 92 15 12 69
contact@clos-st-vincent.fr
www.clos-st-vincent.fr

Joseph Sergi a racheté en 1993 cette propriété qui compte aujourd'hui 5 hectares en production, surface respectable en Aoc Bellet. La gamme di-gio est réalisée à partir de folle noire pour les rouges et de rolle pour les blancs. La gamme du clos est complétée en rouge par un zeste de grenache. Les rosés, quant à eux, sont issus du cépage très local, le braquet. L'ensemble est de bon niveau et en fait des bellets de référence. Les rouges 2007 s'annoncent très beaux.

BELLET 2008
Rosé | 2009 à 2012 | 15 €   **16/20**
Rosé de couleur pelure d'oignon, original en arômes, un nez de pêche, dense, grande matière, structure veloutée. Un grand rosé de gastronomie parfaitement original, aux antipodes des classiques de la Provence.

BELLET 2007
Blanc | 2009 à 2015 | 26 €   **14,5/20**
Joli fruit, pour le moment sous l'emprise du boisé de l'élevage. Il conviendra de le goûter à nouveau mais il affiche déjà une bonne acidité.

BELLET 2006
Blanc | 2009 à 2015 | 26 €   **14,5/20**
La marque du bois est encore présente, c'est un joli blanc de bellet.

BELLET 2005
Blanc | 2009 à 2012 | 26 €   **16,5/20**
Très belle trame acide et un grand aromatique de mirabelle et de fruits jaunes. C'est très long.

BELLET VINO DI GIO 2006
Rouge | 2009 à 2012 | 50 €   **16/20**
Dans un millésime assez frais, le vin montre un jus fin, racé, long. Les tanins sont élégants et corsés.

Production totale annuelle : 20 000 bt.
Visite : sur rendez-vous sauf dimanche.

CLOS SAINTE-MAGDELEINE

Avenue du Revestel
B.P. 4
13260 Cassis
Tél. 04 42 01 70 28 - Fax. 04 42 01 15 51
clos.sainte.magdeleine@gmail.com

Situé sur les falaises qui dominent Cassis, ce domaine produit un blanc frais et tendu, qui demande du temps pour révéler la qualité de l'un des meilleurs terroirs de l'appellation. Créateur du domaine à la fin du XIXe, M. Savon, négociant marseillais, lui donna de solides assises. À partir de 1920, la famille gréco-italienne Zafiropulo maintient la barre grâce à une culture proche de la biodynamie. Aujourd'hui, François Sack gère le domaine avec son épouse Georgina Sack-Zafiropulo. Dans les vignes, pas d'engrais chimique ni insecticide ou herbicide, uniquement des engrais organiques extraits de poissons, algues et végétaux. La méthode de culture s'organise autour de labours réguliers et un enherbement d'hiver luttant contre l'érosion des pentes argilo-calcaires. Après une vendange manuelle, la récolte est vinifiée dans une cave fraîche, autorisant les fermentations et une conservation dans de bonnes conditions.

CASSIS 2008
Blanc | 2009 à 2015 | env 13,50 €   **15,5/20**
Ce vin aux accents iodés offre quelques flaveurs de fenouil, la bouche est tendue, fraîche avec un beau volume, c'est particulièrement harmonieux et ça devrait bien évoluer.

CASSIS 2007
Blanc | 2009 à 2013 | 13 €   **15/20**
On apprécie déjà ce blanc équilibré qui, par sa fraîcheur anisée et ses touches salines, offre une bouche qui associe nervosité et matière sur des flaveurs qui deviennent miellées en milieu et iodées sur la fin.

CASSIS 2006
Blanc | 2009 à 2011 | épuisé   **14,5/20**
Arômes d'anis et d'herbes coupées dominent au nez, la bouche est tendue avec une finale réglissée et fraîche. Ce vin appréciera un rouget caressé par une huile de sésame de type Vigean.

Rouge : 2 hectares ; cinsault 30%, grenache 60%, mourvèdre 10%. Blanc : 10 hectares ; clairette 25%, marsanne 50%, ugni 25%. Production totale annuelle : 40 000 bt. Visite : Du lundi au vendredi, de 10 h à 12 h et de 15 h à 19 h.

CHÂTEAU SAINTE-MARGUERITE

B.P. 1
Chemin du Haut Pansard
83250 La Londe
Tél. 04 94 00 44 44 - Fax. 04 94 00 44 45
info@chateausaintemarguerite.com
www.chateausaintemarguerite.com

Ce cru classé des Côtes de Provence compte 50 hectares de vignes sur La-Londe-Les-Maures. Les vins, issus de l'agriculture biologique, sont certifiés Ecocert. Les derniers millésimes sont d'une belle pureté dans les trois couleurs, ce sont des crus qui se tiennent bien à table, ils témoignent ainsi du travail entrepris par Brigitte et Jean-Pierre Fayard, bien secondés par leurs enfants. Notre préférence ira aux cuvées de blancs, d'une grande élégance.

CÔTES DE PROVENCE SYMPHONIE 2008
Rosé | 2009 à 2010 | 14,50 €   **14,5/20**
Nez de bonbon anglais, bouche élégante et fraîche, se terminant sur des notes iodées.

CÔTES DE PROVENCE SYMPHONIE OR 2008
Blanc | 2009 à 2011 | 17 €   **16/20**
On apprécie la finesse et la fraîcheur de ce grand blanc de Provence, qui fleure bon l'anis et le citron confit, avec toujours une bouche rafraîchissante.

CÔTES DE PROVENCE SYMPHONIE POURPRE 2005
Rouge | 2009 à 2011 | 17 €   **14,5/20**
Nez de mûre et d'épices qui fait saliver, les tanins sont frais et de belle longueur.

Rouge : 79 hectares Blanc : 11 hectares.
Production totale annuelle : 600 000 bt.
Visite : 9h - 12h30 et de 14 h - 18h.

Inscrivez-vous sur

BETTANEDESSEAUVE.COM

> Suivez l'actualité du vin
> Accédez aux notes de dégustation de 25 000 vins
> Visitez les stands des producteurs

CHÂTEAU SAINTE-ROSELINE

83460 Les Arcs-sur-Argens
Tél. 04 94 99 50 30 - Fax. 04 94 47 53 06
contact@sainte-roseline.com
www.sainte-roseline.com

Installée dans la chapelle du château, Sainte-Roseline veille depuis près de sept siècles sur ce très grand domaine, racheté en 1994 par Bernard Teillaud et bien mis en valeur aujourd'hui par sa fille Aurélie Bertin. La gamme démarre dans les trois couleurs par une cuvée lampe-de-méduse de plus en plus aboutie, avec des 2008 de très bonne facture. La cuvée prieuré, plus ambitieuse, a une garde plus longue, en rouge elle se révèle souvent la plus équilibrée. Goûté en élevage, le blanc de la-chapelle 2008 est porteur de grands espoirs.

CÔTES DE PROVENCE LA CHAPELLE 2008
Blanc | 2011 à 2017 | 21,90 €   **17/20**
Bien tendu, ce vin à la fois puissant et subtil s'annonce comme le vin blanc du millésime. Il faut souhaiter que la fin de l'élevage conserve cette pureté de constitution.

CÔTES DE PROVENCE LA CHAPELLE 2007
Blanc | 2009 à 2013 | 21,90 €   **16/20**
Nez d'amande et d'anis, bouche à l'attaque riche qui offre un côté tendu sur sa fin, avec une belle fraîcheur.

CÔTES DE PROVENCE LAMPE DE MÉDUSE 2008 ☺
Rosé | 2009 à 2011 | 11,95 €   **16/20**
Ce vin est issu de grenache, tibouren, cinsault, mourvèdre et syrah. Vin féminin, il séduit par sa fraîcheur, ses notes de framboise et de fraise écrasée légèrement poivrée.

CÔTES DE PROVENCE LAMPE DE MÉDUSE 2008 ☺
Blanc | 2009 à 2011 | 12,85 €   **16/20**
Du charme sur cette cuvée déjà délicieuse, avec ses accents de fenouil et de citron confit,.

CÔTES DE PROVENCE PRIEURÉ 2008
Rosé | 2009 à 2012 | 15,60 €   **16,5/20**
Voilà un rosé de grande gastronomie, avec du fond et de la délicatesse. Une salade de mâche aux truffes, et la vie reprend des couleurs !

CÔTES DE PROVENCE PRIEURÉ 2006
Rouge | 2009 à 2013 | 18,90 €   **15,5/20**
Le nez mêle fruits rouges, épices, chocolat et réglisse. La bouche bien concentrée a de la tenue et de la réserve, elle s'affirmera dans cinq ans sur un navarin d'agneau.

Rouge : 88 hectares ; cabernet sauvignon 20%, grenache 10%, mourvèdre 20%, syrah 50%. Blanc : 12 hectares ; rolle 90%, sémillon 10%. Production totale annuelle : 1 400 000 bt. Visite : Du lundi au vendredi, de 9 h à 12 h 30 et de 14 h à 18 h 30. Samedi, dimanche et jours fériés de 10 h à 12 h et de 14 à 18 h. Groupes sur rendez-vous. Une visite guidée à 14h30 du lundi au vendredi

DOMAINE DE LA SANGLIÈRE

3886, route de Léoube
83230 Bormes-les-Mimosas
Tél. 04 94 00 48 58 - Fax. 04 94 00 43 77
remy@domaine-sangliere.com
www.domaine-sangliere.com

François Devictor, ingénieur agronome, décide de s'installer en Provence en 1980 pour y produire de grands vins. Son choix se porte sur le Domaine de la Sanglière, situé en bord de mer, dans l'exceptionnel site classé du Fort du Brégançon. Dans la lignée du travail de leur père, c'est aujourd'hui une deuxième génération de vignerons, Rémy et Olivier Devictor, qui dirige le domaine. On y produit des vins distingués, gardant la fraîcheur harmonieuse de fin de bouche qui manque à bon nombre de vins de la région.

CÔTES DE PROVENCE 2008
Rosé | 2009 à 2010 | NC   **14/20**
Vin marqué par les agrumes, il est à la fois élégant et coulant.

CÔTES DE PROVENCE 2007
Rouge | 2010 à 2016 | NC   **15/20**
Nez de cassis et d'épices qui fait saliver, la bouche confirme avec des tanins juteux, marqué par un fruit bien dégagé et de la fraîcheur.

CÔTES DE PROVENCE PRESTIGE 2008
Rosé | 2009 à 2012 | NC   **15,5/20**
Corpulent et frais, ce vin a du tempérament pour se glisser sur tout un repas ; c'est l'une des réussites du millésime.

CÔTES DE PROVENCE PRESTIGE 2007
Rouge | 2012 à 2019 | NC   **16/20**
Sur la réserve, marqué par les épices et la réglisse, à ouvrir d'ici trois ans sur une tourte de faisan aux truffes, beau potentiel.

CÔTES DE PROVENCE PRESTIGE 2007
Blanc | 2009 à 2011 | NC   **14/20**
Nez d'anis avec un peu de fleurs, bouche à la fois ronde et vive, avec de la réserve.

CÔTES DE PROVENCE SPÉCIALE 2007
Rouge | 2009 à 2012 | NC   **16/20**
Vin de pigeonneau, de perdrix, idéal par sa structure, équilibre entre puissance, élégance et fraîcheur.

Rouge : 18 hectares. **Blanc :** 3 hectares.
Production totale annuelle : 110 000 bt.
Visite : De 9 h à 12 h et de 15 h à 18 h.

CHÂTEAU SIMONE

13590 Meyreuil
Tél. 04 42 66 92 58 - Fax. 04 42 66 80 77
mail@chateau-simone.fr
www.chateau-simone.fr

Niché entre Aix-en-Provence et la montagne Sainte-Victoire, sur la commune de Meyreuil, le Château Simone est le principal représentant de la petite appellation Palette. Les vignes sont situées à environ 200 mètres d'altitude, sur un versant nord qui leur épargne la morsure du soleil provençal. Le rosé et le rouge sont assis sur le grenache et le mourvèdre, complétés de syrah et de plusieurs cépages secondaires de la Provence. Le blanc a la particularité d'être réalisé essentiellement à partir de clairette. C'est plus particulièrement dans cette couleur que château-simone trouve une dimension exceptionnelle, avec une capacité à admirablement évoluer pour devenir l'un des grands de Provence. Le rouge acquiert lui aussi de la personnalité avec le temps.

PALETTE 2006
Blanc | 2013 à 2023 | 26,50 €   **15,5/20**
On apprécie les touches florales, d'anis et de miel qui commencent à émerger. La bouche offre un beau potentiel, il serait donc dommage de l'ouvrir maintenant.

PALETTE 2005
Blanc | 2009 à 2010 | 33 €   **15,5/20**
Regoûté à l'occasion d'un repas truffe à l'Hostellerie Bérard sur La-Cadière-d'Azur, ce vin a pris du gras et des touches miellées tout en conservant une belle fraîcheur.

PALETTE 2005
Rouge | 2009 à 2015 | 28 €   **15/20**
Plus que le côté aromatique pour l'instant en retrait, on apprécie la fraîcheur des tanins et leur tension. C'est très harmonieux !

PALETTE 1996
Blanc | 2009 à 2019 | NC   **17/20**
C'est à cet âge-là que l'on apprécie vraiment château-simone, le vin prend de l'onctuosité tout en gardant un côté frais et tendu, les flaveurs de truffe se mêlent au miel et à l'amande ; on le réserve pour un loup grillé au diamant noir.

Rouge : 12 hectares. **Blanc :** 9 hectares.
Production totale annuelle : 100 000 bt.
Visite : du lundi au samedi de 9 h à 12 h et de 14 h à 18 h.

DOMAINE LA SUFFRÈNE

1066, chemin de Cuges
83740 La Cadière-d'Azur
Tél. 04 94 90 09 23 - Fax. 04 94 90 02 21
suffrene@wanadoo.fr
www.domaine-la-suffrene.com

Le domaine propose deux cuvées en rouge, l'une au nom du domaine, l'autre sous la dénomination les-lauves, le nom d'un lieu-dit vers le sommet de La-Cadière-d'Azur. La proportion de vieux mourvèdres y atteint 90%. Tout est très sérieusement vinifié ici. C'est un domaine à suivre.

BANDOL 2008
Rosé | 2009 à 2010 | 10 €   **15/20**
Gras, structuré, long, agrumes et épices. Un très joli rosé !

BANDOL 2008
Blanc | 2009 à 2010 | 11 €   **15/20**
Vin assez vif, aromatique mais ample. Il sera à boire assez rapidement sur un fruit corsé, vivifiant.

BANDOL 2006
Rouge | 2011 à 2018 | 13 €   **14,5/20**
Tanin serré, grand fruit, dense, profond, peu expressif pour l'instant. Il faudra l'attendre.

BANDOL 2006
Rouge | 2011 à 2018 | 18 €   **15,5/20**
Joli jus avec des tanins plus fins que ceux de la cuvée au nom du domaine. La finale est très fruits noirs.

BANDOL 2005
Rouge | 2009 à 2015 | 13 €   **14/20**
On se fait plaisir avec ce vin aux tanins fins, sans l'astringence juvénile du mourvèdre en année plus pleine.

BANDOL 2005
Rouge | 2011 à 2016 | 18 €   **14,5/20**
La puissance tannique est marquée, il faudra l'attendre plus longtemps que la cuvée de base. Très marqué par les fruits noirs.

BANDOL 2002
Rouge | 2009 à 2013 | 22 €   **15,5/20**
Un vin plus qu'étonnant dans un millésime particulièrement difficile à Bandol. Très ouvert, avec des arômes de truffe, de cuir et d'épices, c'est le parfait vin de restauration pour le boire dès maintenant.

Rouge : 45 hectares ; carignan noir 5%, cinsault 15%, grenache noir 25%, mourvèdre 55%.
Blanc : 3 hectares ; clairette 55%, ugni blanc 45%.
Production totale annuelle : 180 000 bt.
Visite : du lundi au vendredi de 9h à 12h et de 14h à 18h

CHÂTEAU SULAUZE

R.N. 569
Chemin du Vieux Sulauze
13140 Miramas
Tél. 04 90 58 02 02 - Fax. 04 90 58 04 37
domaine.sulauze@wanadoo.fr
www.domainedesulauze.com

Cet ancien monastère, dont Guillaume Lefèvre a repris les rênes en 2004, fait son propre vin depuis le début des années 1960. Les 29 hectares de vignoble produisent une grande variété de blancs, qui vont du sec au passerillé, en passant par le sec-tendre. Plus musclés, les rouges gardent néanmoins de la fraîcheur, ils offrent un bon registre avec la cuvée georges-jorge, de très belle étoffe. Cet espoir du vignoble provençal a été remarqué par Sébastien Richard, le chef d'Istres qui compose de nombreux accords mets et vins avec les cuvées du domaine, actuellement en cours de conversion à l'agriculture biologique.

COTEAUX D'AIX-EN-PROVENCE CUVÉE NOCES À GEORGES ET JORGE 2006
Rouge | 2011 à 2019 | 19,00 €   **13,5/20**
Nez marqué de cassis, que l'on retrouve dans une bouche ronde épicée et puissante.

COTEAUX D'AIX-EN-PROVENCE PRESTIGE 2005
Rouge | 2010 à 2017 | 11,40 €   **15/20**
On a une belle structure longiligne, avec de la tenue et des tanins bien enrobés.

COTEAUX D'AIX-EN-PROVENCE SAINT-JEAN 2007
Rosé | 2009 à 2011 | NC   **13,5/20**
Nez d'ananas frais, attaque en douceur puis le vin prend de la vivacité. Ce cru naturellement doux est un bon vin d'apéritif.

COTEAUX D'AIX-EN-PROVENCE SAINT-JEAN 2007
Blanc | 2009 à 2012 | NC   **15/20**
Vin de raisins passerillés, pressés en janvier 2008, nez d'abricot sec et de miel, bouche dans les mêmes tonalités avec un fruit pur et frais, sans aucune lourdeur, belle réussite.

Rouge : 24 hectares. Blanc : 5 hectares.
Production totale annuelle : 80 000 bt.
Visite : De 9h à 12h et de 14h à 18h30.

DOMAINE TEMPIER

Le Plan du Castellet
83330 Le Castellet
Tél. 04 94 98 70 21 - Fax. 04 94 90 21 65
info@domainetempier.com
www.domainetempier.com

Le domaine est de réputation ancienne puisqu'il est dans la même famille depuis le début du XIXe siècle. Jean-Marie et François Peyraud, dont le père s'était marié à une Tempier, en assurent aujourd'hui la destinée. Le vignoble s'étale sur Le-Beausset, Le-Castellet et La-Cadière, où il est partiellement implanté sur des restanques qui font face à la mer. La cuvée de base est de bon niveau et les trois cuvées, cabassaou (la plus provençale), la-migoua (la plus fraîche) et la-tourtine (la plus dense), font figure de référence dans l'appellation.

BANDOL 2008   😊
Blanc | 2009 à 2011 | 19 €   **15,5/20**
Arômes d'ananas frais, d'agrumes, la typicité bandol est remplacée par une approche pessac, finalement assez réussie.

BANDOL 2007
Rouge | 2009 à 2017 | 22 €   **16,5/20**
Vin avec du volume en bouche, une jolie matière mûre mais élégante, une fin de bouche complexe.

BANDOL LA MIGOUA 2007
Rouge | 2009 à 2017 | 32 €   **17/20**
Un joli rouge sapide, fin, assez élégant, frais en bouche, avec des tanins raffinés, corsés. Belle complexité en finale et une buvabilité sympathique.

BANDOL LA TOURTINE 2007
Rouge | 2009 à 2016   **17,5/20**
Bandol fruité, profond en saveurs, avec du charme dans un style généreux. La finale serrée commence à s'ouvrir.

Rouge : 32 hectares ; carignan , cinsault 10%, grenache 20%, mourvedre 65%, syrah 1%.
Blanc : 1 hectare ; bourboulenc 5%, clairette 15%, marsanne . Production totale annuelle : 120 000 bt.
Visite : Du lundi au vendredi, de 9 h à 12 h et de 14 h à 18 h.

DOMAINE DE TRÉVALLON

13103 Saint-Étienne-du-Grès
Tél. 04 90 49 06 00 - Fax. 04 90 49 02 17
info@domainedetrevallon.com
www.domainedetrevallon.com

Bien secondés par leur fils et leur fille, Eloi et Floriane Dürrbach continuent de faire de Trévallon l'un des meilleurs domaines de Provence. Le rouge, qui inclut cabernet-sauvignon et syrah à parité, est l'un des plus grands vins truffiers du monde. Il faut savoir se montrer patient et ne pas ouvrir avant dix ans ce type de nectar. On en apprécie alors la droiture des tanins, enrobes juste ce qu'il faut. La fraîcheur finale et l'élégance charnue font retendre immédiatement le verre. Le blanc est principalement construit à partir de marsanne et de roussanne. Cet encépagement, plutôt typique de la côte septentrionale du Rhône, donne une palette aromatique qui n'est pas sans parenté avec de grands châteauneufs. On retrouve également en finale la touche bourguignonne délicatement beurrée, apportée par 10% de chardonnay. Cet ensemble pourrait sembler apatride s'il n'était pas fédéré par un terroir qui le complexifie encore, en lui fournissant des senteurs méditerranéennes qui appellent également la truffe.

VIN DE PAYS DES BOUCHES-DU-RHÔNE 2007
Blanc | 2013 à 2023   **16,5/20**
Vin de belle structure aux accents épicés, avec des notes de miel et de fruits secs et une belle fraîcheur en finale.

VIN DE PAYS DES BOUCHES-DU-RHÔNE 2006
Rouge | 2013 à 2023   **16,5/20**
En retrait pour l'instant au niveau aromatique, ce vin présente une belle structure, avec une tension et un charnu typiques.

VIN DE PAYS DES BOUCHES-DU-RHÔNE 2001
Rouge | 2009 à 2025   **18/20**
On commence à vibrer sur ce vin à la structure puissante, avec un enrobage de tanins harmonieux, se terminant sur la garrigue et la truffe.

VIN DE PAYS DES BOUCHES-DU-RHÔNE 1999
Rouge | 2009 à 2020   **18/20**
Nez profond de truffe noire, attaque suave, puis la bouche se tend avec des tannins truffés de belle ampleur et une finale sur l'eucalyptus qui se prolonge de façon infinie.

VIN DE PAYS DES BOUCHES-DU-RHÔNE 1995
Rouge | 2009 à 2015   **17,5/20**
Belles flaveurs de cassis, de thym, de truffe et de laurier, la bouche tendue et soyeuse appelle la truffe sous la cendre.

Rouge : 15 hectares ; cabernet sauvignon 50%, syrah 50%. Blanc : 2 hectares ; chardonnay 10%, marsanne 45%, roussanne 45%. Production totale annuelle : 55 000 bt. Visite : Sur rendez-vous.

DOMAINE DE TRIENNES

R.N. 560
83860 Nans-les-pins
Tél. 04 94 78 91 46
triennes@triennes.com
www.triennes.com

Au départ, le duo de légende de la Bourgogne, Aubert de Villaine et Jacques Seysses, choisissent un coteau plein sud, à une altitude de 400 mètres, avec une fraîcheur quasi unique en Provence. Jeune et talentueux, Jérémy Seysses donne un nouveau souffle à la propriété en affinant le style, tout en tenant compte de l'expérience de ses aînés et du concours très précieux de Rémy Laugier, œnologue et directeur de l'exploitation. Les 2006 et 2007 ont de la race, comme les premiers 2008 goûtés.

VIN DE PAYS DU VAR 2008
Rosé | 2009 à 2010 | 6 €   **14,5/20**
Beau nez aromatique de fruits rouges et de rose, la bouche est ronde et harmonieuse. Ce vin, dominé par le cinsault, séduit par sa fraîcheur et son élégance.

VIN DE PAYS DU VAR AURÉLIENS 2007
Blanc | 2009 à 2011 | 7,95 €   **14,5/20**
Issu principalement du cépage chardonnay, assemblé à un peu de viognier, ce vin dévoile un nez complexe de pêche, de fruits exotiques, et de brioche. L'élevage et le batonnage des lies en fûts confèrent à la bouche de la rondeur, bien équilibrée par ce qu'il faut d'acidité.

VIN DE PAYS DU VAR AURÉLIENS 2006
Rouge | 2009 à 2014 | 7,95 €   **14,5/20**
Assemblage de cabernet-sauvignon et de syrah, ce vin offre des notes de fruits rouges et d'épices, la bouche est tendue, épicée avec de la fraîcheur et surtout des tanins élégants, ce vin est plus immédiat que le saint-auguste.

VIN DE PAYS DU VAR MERLOT 2006
Rosé | 2009 à 2012 | 7,95 €   **15/20**
Un vin bien structuré, avec des tanins frais, des notes de cassis et une touche de réglisse.

VIN DE PAYS DU VAR SAINT-AUGUSTE 2005
Rouge | 2014 à 2020 | 10,95 €   **16/20**
Fruits noirs mûrs et épices se mêlent dans une bouche riche et concentrée, avec en fin quelques touches d'eucalyptus.

VIN DE PAYS DU VAR SAINTE-FLEUR 2008 ☺
Blanc | 2009 à 2012 | 10,95 €   **16/20**
Ce vin 100% viognier séduit par sa fraîcheur de constitution avec une aromatique élégante, où abricot frais et minéralité donnent une réplique de choix au homard.

Blanc : 17 hectares.
Production totale annuelle : 250 000 bt.

CHÂTEAU LES VALENTINES

Lieu-dit Les Jassons
Route de Collobrières RD88
83250 La Londe-les-Maures
Tél. 04 94 15 95 50 - Fax. 04 94 15 95 55
contact@lesvalentines.com
www.lesvalentines.com

En bordure littorale de l'Aoc Côtes de Provence, le Château Les Valentines a longtemps porté sa récolte en coopérative, jusqu'à sa reprise en 1997 par Gilles Pons. Le vignoble s'étend sur 23 hectares, entourés de pinède et de garrigue. La culture se veut le plus naturel possible et les vins sont d'une grande digestibilité avec ce qu'il faut de délicatesse et de fraîcheur tout en restant concentrés. Les rosés, toujours très élégants, représentent 60% de la production. Celle-ci s'oriente de plus en plus vers les rouges, avec une cuvée domaine aux tanins bien dessinés, une cuvée gourmande à dominante de syrah qui porte bien son nom et une cuvée bagnard qui nécessite un travail de forçat pour sa délimitation. Jouant sur les fruits confits épicés, elle est taillée pour la garde. Les blancs ne représentent que 5% de la production ; distingués et frais, ils sont aussi très recherchés, ce qui fait qu'il existe maintenant une liste d'attente...

CÔTES DE PROVENCE 2008
Rosé | 2009 à 2010 | NC   **15/20**
Nez de fenouil et de rose, grande fraîcheur en bouche, vin délicieusement lampant.

CÔTES DE PROVENCE 2007
Blanc | 2009 à 2010 | NC   **15/20**
Nez floral avec des franges de citron confit, bouche nette et précise, tendue et fraîche, avec une fin légèrement saline et épicée.

CÔTES DE PROVENCE 2006
Rouge | 2009 à 2013 | NC   **15/20**
Nez d'olive noire avec un côté épicé, tanins longs, souples et frais, ce vin sur son fruit dégage déjà une belle harmonie.

CÔTES DE PROVENCE BAGNARD 2000
Rouge | 2009 à 2015 | NC   **14/20**
Nez de cassis et d'épices, attaque pleine dominée par les fruits noirs, c'est un vin de chasse, à l'affût d'un dos de chevreuil aux truffes.

Rouge : 31 hectares ; cabernet sauvignon 10%, carignan noir 10%, cinsault 25%, grenache noir 25%, mourvèdre 10%, syrah 20%. Blanc : 3 hectares ; clairette 10%, rolle 40%, ugni blanc 50%.
Production totale annuelle : 175 000 bt.
Visite : de 9h à 19h.

CHÂTEAU VANNIÈRES

Chemin Saint-Antoine
83740 La Cadière-d'Azur
Tél. 04 94 90 08 08 - Fax. 04 94 90 15 98
info@chateauvannieres.com
www.chateauvannieres.com

Le Château Vannières, situé entre le village de La-Cadière-d'Azur et Saint-Cyr-sur-Mer, réalise des vins dans un profil classique. Les rouges ont une indéniable capacité à vieillir, en prenant assez rapidement des nuances de tabac et de cuir, qui se laissent tranquillement patiner par le temps.

BANDOL 2008
Blanc | 2009 à 2012 | 19 €   **15,5/20**
Très aromatique, ananas frais, ce blanc réussi est tenu par une acidité précise, rafraîchissante.

BANDOL 2007
Rouge | 2009 à 2016 | NC   **15,5/20**
Joli vin, avec du gras et des tanins ronds et souples. C'est un vin généreux, assez épicé, poivré. Le vin ne semblait pas encore en place, il méritera d'être goûté à nouveau après quelques mois de bouteille.

BANDOL 2006
Rouge | 2010 à 2018 | 26 €   **18/20**
Grand vin aux tanins fins, aériens, très aromatique, en rupture de style par rapport aux bandols 2006. La race est réelle.

BANDOL 2005
Rouge | 2009 à 2020 | 26 €   **16,5/20**
Garrigue, profondément méditerranéen dans ses senteurs, le vin étonne dans le millésime. Cuir, velours, il est savoureusement long, iodé, d'un caractère indéniable.

BANDOL 2004
Rouge | 2009 à 2018 | 28 €   **16,5/20**
Les années l'ont patiné et il évolue bien. La qualité de la texture est remarquable. La finale sur les fruits à noyaux est très longue.

BANDOL 1992
Rouge | 2009 à 2015 | 42 €   **16,5/20**
Très frais et atypique, la structure est longiligne. À l'aveugle, il est hors du type bandol : il semble flirter avec d'autres origines plus atlantiques. Un vin de grande longueur.

BANDOL 1983
Rouge | 2009 à 2015 | 91 €   **18/20**
Un tanin très fin, parfaitement fondu, très frais. Les notes de sous-bois sont magnifiques, dans un style chaleureux. Une évolution parfaite !

Rouge : 31 hectares. Blanc : 1 hectare.
Production totale annuelle : 160 000 bt.

CHÂTEAU VIGNELAURE

Route de Jouques
83560 Rians
Tél. 04 94 37 21 10 - Fax. 04 94 80 53 39
info@vignelaure.com
www.vignelaure.com

Situé au nord-est de l'appellation, le domaine a été révélé par Georges Brunet, l'ancien propriétaire du Château La Lagune, cru classé du Médoc. Il avait identifié ici des sols argilo-calcaires graveleux qui n'étaient pas sans parenté avec son ancienne propriété. Le domaine a ensuite connu des succès divers jusqu'à la reprise par David O'Brien, œnologue irlandais. Toute la gamme de rouges a pour dénominateur commun la fraîcheur de fruit et l'élégance. La-colline-de-vignelaure est une cuvée de prestige, réalisée à partir de cépages bordelais, dans un style en puissance. La plupart des vins méritent d'être carafés. Ce domaine progresse bien.

COTEAUX D'AIX-EN-PROVENCE 2008
Rosé | 2009 à 2011 | 12 €   **15/20**
On est sur la rose au nez comme en bouche, derrière on a les fruits rouges frais, c'est savoureux.

COTEAUX D'AIX-EN-PROVENCE 2006
Rouge | 2009 à 2019 | NC   **15,5/20**
On aime l'équilibre des tanins, concentrés, longs et tout en fraîcheur. Beau potentiel.

COTEAUX D'AIX-EN-PROVENCE 2005
Rouge | 2009 à 2012 | 18,95 €   **14,5/20**
Nez floral et épicé, on apprécie les tanins fins qui respectent pleinement le millésime.

COTEAUX D'AIX-EN-PROVENCE 2001
Rouge | 2009 à 2014 | NC   **16,5/20**
Tanins suaves, avec des notes de truffe noire et d'épices, on reste à l'affût d'une tourte de perdreau au diamant noir. On perçoit le potentiel du cru.

Rouge : 58 hectares : cabernet sauvignon 46%, carignan noir 3%, cinsault 3%, grenache noir 20%, merlot 5%, syrah 23%. Production totale annuelle : 250 000 bt. Visite : Du lundi au vendredi, de 9 h à 18 h.

La sélection
Bettane et Desseauve
pour le Roussillon

Le Roussillon

Si l'on aime les « r » qui roulent et l'accentuation énergique des catalans on ne sera pas déçu par les vins actuels du Roussillon, hauts en couleur, hauts en saveur et de plus ambitieux dans leur élaboration. Seul sujet d'inquiétude, les vins doux naturels, qui sont pourtant à notre sens l'expression la plus originale de cette magnifique région, sont en crise. À vous d'aider à sauver un patrimoine et une palette de goûts dont la perte serait irréparable.

VIGNOBLES DU ROUSSILLON

Cascatel-des-Corbières Villeneuve-les-Corbières La Palme

GRAND ROUSSILLON

GRAND ROUSSILLON

Caves
Treilles
Leucate
Fitou

CÔTES DU ROUSSILLON-
VILLAGES-LATOUR DE FRANCE

Tuchan

CÔTES DU ROUSSILLON-
VILLAGES-LESQUERDE

Paziols

Opoul-Périllos

Étang de Leucate

Saint-Paul-de-Fenouillet

C.D.R-V.
Maury

CÔTES DU ROUSSILLON-
VILLAGES-TAUTAVEL

Salses-le-Château

Lesquerde

Tautavel

Saint-Hippolyte

C.D.R-V.

Latour-
de-France

Rivesaltes

CÔTES DU ROUSSILLON

MER
MÉDITERRANÉE

CÔTES DU ROUSSILLON-
VILLAGES-CARAMANY

Caramany

CÔTES DU ROUSSILLON-
VILLAGES

Canet-en-Roussillon

C.D.R-V.

Saint-Estève

PERPIGNAN

CÔTES DU
ROUSSILLON

Ille-sur-Têt

Étang
de Canet

Prades

Thuir

Saint-Cyprien

(FONT-ROMEU)

CÔTES DU ROUSSILLON

Elne

Argelès-sur-Mer
Collioure
Port-Vendres

Le Boulou

Céret

Banyuls-
sur-Mer

COLLIOURE

Cerbère

Amélie-les-Bains-Palalda

(BARCELONE)

ESPAGNE

Appellations communales
Appellations sous-régionales
Appellations régionales

0   5   10   20 km

VINS DOUX NATURELS DU ROUSSILLON

Cascatel-des-Corbières Villeneuve-les-Corbières La Palme

Caves
Treilles
Leucate
Fitou

Tuchan

RIVESALTES
ET MUSCAT DE RIVESALTES

Paziols

Étang de Leucate

Saint-Paul-de-Fenouillet

MAURY
Maury

Salses-le-Château

Lesquerde

Tautavel

Latour-de-France

Saint-Hippolyte

Rivesaltes

Caramany

MER
MÉDITERRANÉE

Saint-Estève

Canet-en-Roussillon

Ille-sur-Têt

PERPIGNAN

Étang
de Canet

Prades

Thuir

Saint-Cyprien

(FONT-ROMEU)

Elne

RIVESALTES
ET MUSCAT DE RIVESALTES

Argelès-sur-Mer
Collioure
Port-Vendres

Le Boulou

Céret

Banyuls-
sur-Mer

BANYULS

Cerbère

Amélie-les-Bains-Palalda

(BARCELONE)

ESPAGNE

Appellations sous-régionales
Appellations régionales

N.B. : l'A.O.C. Muscat de Rivesaltes couvre
également l'aire de Banyuls et Maury

0   5   10   20 km

L'actualité des millésimes

Le Roussillon et le Languedoc montrent une faible
sensibilité aux aléas climatiques qui lisse l'influence
du millésime par rapport aux vignobles plus
septentrionaux. 1998 et 2001 sont des millésimes
de rouge de référence. 2002, plus frais, réserve
souvent de belles surprises. 2003 a marqué
beaucoup de rouges de tanins secs qui limiteront
leur capacité de vieillissement. 2004, assez intense,
se remarque fréquemment par des rouges de belle
fraîcheur. 2005, très réussi, présente souvent
des tanins moins secs que ceux des productions
languedociennes et sera ici un millésime
de référence. 2006 a permis des rendements
convenables et des vins denses et intensément
fruités mais les tanins de bien des rouges sont
souvent raides en ce moment. En 2007, la sécheresse
rencontrée depuis plusieurs années a perduré mais
quelques pluies fin août ont évité des blocages
de maturité. La récolte est limitée en volume mais
s'annonce de grande qualité même si certains vins
sont encore fermés. En 2008, il y aura de grandes
réussites en rouge, le fruit sera charnu et les vins
auront de la structure. Cette année, la plus sèche
depuis 1925, sera néanmoins hétérogène dans les
secteurs qui auront souffert
de blocages de maturité.

Les vins préférés des lecteurs

En juin 2009, nous avons réuni plus d'une centaine d'amateurs de vin, recrutés parmi les lecteurs du Grand Guide des vins de France, qui ont dégusté des vins de toutes les régions. Les vins sélectionnés ont tous obtenu dans cette édition une notation supérieure ou égale à 14/20 ainsi qu'un ☺ et sont commercialisés à un prix public inférieur à 15 €. Plus de 600 vins ont ainsi été dégustés par les jurys de lecteurs.

VOICI LES LAURÉATS DU ROUSSILLON ÉLUS PAR NOS LECTEURS

La Cave de l'Abbé Rous,
Collioure, Cornet & Cie, Rosé, 2008, 11,50 €

La Cave de l'Abbé Rous,
Collioure, Cuvée des peintres, Rosé, 2008, 7,30 €

Cave de l'Abbé Rous,
Banyuls, Cornet rimage, Vin doux naturel, 2007, 15 €

Château de Jau,
Côtes du Roussillon-Villages, Rouge, 2007, 7,50 €

Mas Karolina,
Vin de pays des Côtes catalanes, Blanc sec, 2007, 8 €

Mas Karolina,
Vin de pays des Côtes catalanes, Rouge, 2007, 8 €

Domaine Mounié,
Muscat de Rivesaltes, Vin doux naturel, 2008, 8,50 €

Domaine Piquemal,
Vin de pays des Côtes catalanes, Muscat sec, Blanc sec, 2008, 5,85 €

Domaine de la Rectorie,
Collioure, Côté Mer, Rosé, 2008, 14 €

Domaine des Schistes,
Rivesaltes, Solera, Vin doux naturel, 14 €

Domaine des Schistes,
Muscat de Rivesaltes, Vin doux naturel, Blanc, 2007, 7,90 €

Domaine Singla,
Côtes du Roussillon, La Pinède, Rouge, 2006, 10 €

Les meilleurs vins

> LES MEILLEURS BLANCS

Domaine Gauby, Vin de pays des Côtes catalanes, Coume Gineste, 2007
La Cave de l'Abbé Rous, Collioure, Cornet, 2008
Domaine Gardiés, Côtes du Roussillon, Les Glacières, 2008
La Préceptorie de Centernach, Côtes du Roussillon-Villages,
Terres Nouvelles, 2007
Domaine de l'Èdre, Vin de pays des Côtes catalanes,
Carrément Blanc, 2007
Domaine de la Rectorie, Collioure, L'Argile, 2008

> LES MEILLEURS ROUGES

La Cave de l'Abbé Rous, Collioure, Cyrcée, 2007
Domaine Gardiés, Côtes du Roussillon-Villages, Les Falaises, 2007
Domaine Le Roc des Anges, Vin de pays des Pyrénées-Orientales,
Cuvée 1903, 2008
Domaine Gauby, Côtes du Roussillon-Villages, La Muntada, 2007
Domaine des Chênes, Côtes du Roussillon-Villages,
Tautavel La Carissa, 2005
Domaine de l'Èdre, Côtes du Roussillon-Villages, L'Edre, 2007

> LES MEILLEURS VINS DOUX NATURELS

Domaine Gauby, Rivesaltes, Vin du Moyen-Âge, 2004, Rouge
Mas Amiel, Maury, Vintage Charles Dupuy, 2006, Rouge
La Cave de l'Abbé Rous, Banyuls grand cru,
Christian Reynal, 1995, Rouge
Domaine du Mas Blanc, Banyuls, vieilles vignes, 2000, Rouge
Domaine des Schistes, Rivesaltes, Solera, Ambré
Domaine de Rancy, Rivesaltes, 1959, Ambré
Domaine Pouderoux, Maury, Hors d'Âge, Rouge
Domaine Singla, Rivesaltes, Héritage du Temps, 2002, Ambré
Domaine Sarda-Malet, Rivesaltes, Le Serrat, 2000, Ambré
Domaine Fontanel, Rivesaltes, 1998, Ambré

LA CAVE DE L'ABBÉ ROUS

56, avenue Charles-de-Gaulle
66650 Banyuls-sur-Mer
Tél. 04 68 88 72 72 - Fax. 04 68 88 30 57
contact@banyuls.com
www.abberous.com

La Cave de l'Abbé Rous est l'entité du Cellier des Templiers destinée aux professionnels. L'amateur trouvera ces produits chez les cavistes et les restaurateurs, et ils méritent d'être recherchés car tout est ici de haut niveau. En Banyuls, les cuvées helyos et christian-reynal sont deux modèles à suivre absolument, infiniment longs en bouche.

BANYULS GRAND CRU CHRISTIAN REYNAL 1995
Rouge Doux | 2009 à 2018 | 30,50 €   **18/20**
Grand banyuls, immense dans son équilibre et sa longueur sur des abricots confits, la figue, les dattes et la mandarine.

BANYULS HELYOS 2004
Rouge Doux | 2009 à 2027 | NC   **18/20**
Supérieurement élégant, enfant illégitime d'un grand rouge et d'un vin muté de la plus grande essence, est un vin hors style.

COLLIOURE CORNET 2008
Blanc | 2009 à 2011 | 11,50 €   **16,5/20**
Le magnifique grenache gris, trop souvent oublié, domine de ses fragrances cette cuvée aérienne et rafraîchissante qui a été relevée par du rolle et complexifiée par les autres grands cépages sudistes.

COLLIOURE CORNET & CIE 2008
Rosé | 2009 à 2010 | 11,50 €   **16/20**
Ce rosé ne passe pas inaperçu. Presque rouge en teinte mais rosé dans son esprit, le terroir s'exprime, délicat et intense à la fois.

COLLIOURE CUVÉE DES PEINTRES 2008
Blanc | 2009 à 2010 | 7,60 €   **15,5/20**
Entrée de gamme très pamplemousse, mandarine. Un bel amer complexifie la pointe d'acidité qui apporte la fraîcheur.

COLLIOURE CYRCÉE 2007
Rouge | 2009 à 2013 | NC   **18/20**
Avec un nez que ne renieraient pas les grands du Médoc, mais méditerranéen jusqu'au bout des arômes, la matière est absolument raffinée, avec des notes de garrigue et d'iode. L'interprétation du grand collioure est là. Les 2005 et surtout les 2003, encore dans les mémoires, seront-ils dépassés par ce 2007 encore dans les langes ? Le match s'annonce prometteur.

Rouge : 80 hectares ; carignan noir 11%, renache gris 13%, grenache noir 58%, mourvèdre 5%, syrah 5%.
Blanc : 10 hectares ; grenache blanc 7%, vermentino 1%.
Production totale annuelle : 670 000 bt.

MAS AMIEL

Mas Amiel
66460 Maury
Tél. 04 68 29 01 02 - Fax. 04 68 29 17 82
contact@lvod.fr
www.masamiel.fr

Le Mas Amiel a été l'un des pionniers de la renaissance qualitative et commerciale de Maury. Depuis son rachat par Olivier Decelle, ce grand domaine a intelligemment complété sa gamme. En rouge, carrérades, et en blanc, altaïr, complètent des vins doux naturels universellement réputés. Les vintages-réserve sont très réussis depuis des lustres, et charles-dupuy est le chef de file de ce style au domaine. Les maurys élevés en mode réductif ou en mode oxydatif sont une arme absolue pour toutes les préparations à base de chocolat.

CÔTES DU ROUSSILLON-VILLAGES CARÉRADES 2007
Rouge | 2009 à 2012 | 25 €   **16/20**
À base de grenache, de syrah et de carignan, cette cuvée s'affirme par un grain de tanin raffiné et une finale fraîche.

MAURY 1969
Rouge | 2009 à 2018 | NC   **18/20**
1969, néo-quadra, est tout en onctuosité, une approche vers la volupté avec la maturité aboutie d'un beau millésime de vin doux naturel.

MAURY VINTAGE 2007
Rouge Doux | 2009 à 2018 | 14,50 €   **15/20**
Une bonne introduction aux vintages de la maison, dans un millésime qui ne manque pas de fruit.

MAURY VINTAGE BLANC 2007
Blanc Doux | 2013 à 2020 | NC   **16/20**
Rare représentant des maurys blancs, ce vintage semble bien parti dans la vie. Souvent austères en vins jeunes, ces vins doux naturels blancs peuvent prendre au vieillissement un rythme aromatique difficile à soupçonner en vin jeune. Gageons que ce 2007 vif, nerveux et très rond évoluera bien !

MAURY VINTAGE CHARLES DUPUY 2006
Rouge Doux | 2009 à 2018 | NC   **18/20**
La cuvée charles-dupuy est la quintessence du style maury élevé en réduction. La finesse est ici superlative et se place au service d'une matière dense et satinée.

MUSCAT DE RIVESALTES 2008
Blanc Doux | 2009 à 2010 | NC   **16/20**
Les grands muscats-de-rivesaltes ne sont pas légion. En voici un parfaitement défini, très vif et vraiment long.

Rouge : 125 hectares ; carignan noir 11%, grenache noir 60%, syrah 15%. Blanc : 25 hectares ; grenache blanc 4%, muscat à petits grains 9%, roussane 1%. Production totale annuelle : 350 000 bt. Visite : Sur rendez-vous au 04 68 29 01 02.

MAS BAUX

Voie des Coteaux
66140 Canet-en-Roussillon
Tél. 04 68 80 25 04 - Fax. 04 68 80 25 04
contact@mas-baux.com
www.mas-baux.com

Après une carrière dans l'industrie miné-rale, Gérard Baux a créé le Mas Baux sur de jolis terroirs de Canet-en-Roussillon. La proximité de la mer, située à moins de quatre kilomètres, lui permet de bichonner ses mourvèdres qu'il récolte toujours à haute maturité. Il traite son chai comme un laboratoire pour préserver la qualité du fruit originel. La gamme se décline dans les trois couleurs avec succès. Soleil-rouge, en Côtes du Roussillon, est une réussite et vieillit fort bien.

CÔTES DU ROUSSILLON SOLEIL ROUGE 2006
Rouge | 2010 à 2014 | 12 €   **15/20**
Le vin est en puissance avec des tanins fermes et marqués qu'il faudrait attendre. Ce 2006 est racé avec une pointe d'iode apportée par les embruns. Sa buvabilité se remarquera.

CÔTES DU ROUSSILLON SOLEIL ROUGE 2005
Rouge | 2009 à 2010 | 12 €   **15,5/20**
En puissance mais avec un tanin fin, ce joli vin sur les fruits noirs montre une finale élégante et raffinée. Il montre ce que des vinifications attentives pouvaient permettre de réaliser.

VIN DE PAYS DES CÔTES CATALANES SÉRIE B 2008   ☺
Blanc | 2009 à 2010 | 5,50 €   **14/20**
Voici une nouvelle cuvée du domaine aux arômes muscatés, avec une fraîcheur qui en fera le parfait vin de tonnelle de la rentrée.

Rouge : 10,7 hectares ; cabernet sauvignon 8%, grenache noir 24%, mourvèdre 24%, syrah 28%.
Blanc : 1,9 hectare ; muscat à petits grains 15%.
Production totale annuelle : 35 000 bt.
Visite : Sur rendez-vous.

DOMAINE BERTA-MAILLOL

Route des Mas
66650 Banyul sur Mer
Tél. 04 68 88 00 54 - Fax. 04 68 88 00 54
domaine@bertamaillol.com
www.bertamaillol.com

Situé dans la vallée de la Baillaury à proxi-mité de la mer, ce domaine exploite une quinzaine d'hectares plantés en terrasses. Il est exploité par les descendants de Maillol, plus connu pour ses sculptures, notamment ses bronzes, que pour ses peintures. Nous avons été séduits par les banyuls du domaine, avec en point d'orgue une magnifique solera. Le domaine pro-duit également des collioures de qualité.

BANYULS RIMAGE 2007
Rouge Doux | 2009 à 2018 | 12,50 €   **15/20**
Les fruits noirs, les épices, la vanille et le cuir sont les dominants aromatiques de ce vin-doux-naturel, harmonieux et long en bouche.

BANYULS SOLERA   ☺
Ambré Doux | 2009 à 2028 | 18 €   **16/20**
Cette solera, par définition sans millésime, est toute en charme, ronde, cuirs, épices, magni-fique dans ses arômes de mandarine confite.

BANYULS TRADITIONNEL 2007
Rouge liquoreux | 2009 à 2017 | 9,80 €   **15/20**
Banyuls rond dans ses arômes, puissant, épicé, avec des tanins présents que le temps va arrondir.

BANYULS TRADITIONNEL 2006
Rouge liquoreux | 2009 à 2012 | 12,50 € | **15/20**
Similaire dans son esprit au 2006, rond, avec des tanins légèrement marqués, ce 2006 fera merveille sur un gâteau au chocolat.

COLLIOURE ARRELS 2007
Rouge | 2009 à 2013 | 9,80 €   **14,5/20**
Les Arrels sont les racines. Ce rouge dense, très fruits noirs, a du fond. Charmeur, il a gagné au vieillissement en structure et en race.

Production totale annuelle : 40 000 bt.
Visite : De 10 h à 12 h 30 et de 15 h 30 à 19 h.

DOMAINE DE BLANES

Mas Blanes
66370 Pézilla-la-Rivière
Tél. 04 68 92 00 51 - Fax. 04 68 38 08 90
mariebories@aol.com
www.domainedeblanes.com

Le domaine est installé sur Pézilla-la-Rivière, dans une zone de plaine, sur des argiles, des calcaires et des parties limoneuses. Malgré les conditions climatiques difficiles de ce secteur chaud, la propriétaire est parvenue à communiquer une sérénité inattendue à tous ses produits. Ils font des vins simples mais sincères dès les vins de pays, qui sont faits pour être bus assez rapidement.

CÔTES DU ROUSSILLON HAUTES BERNES 2006
Blanc | 2009 à 2013 | épuisé   **12,5/20**
Puissant et structuré, ce rouge montre des tanins un peu secs. La fraîcheur de la finale est agréable.

MUSCAT DE RIVESALTES 2007
Blanc Doux | 2009 à 2010 | épuisé   **14/20**
Abricots frais et pêche blanche sont les marques aromatiques de cet agréable muscat.

VIN DE PAYS DES CÔTES CATALANES LE CLOT 2008
Rosé | 2009 à 2010 | 7,50 €   **13/20**
Rosé, de teinte fuchsia, agréable et intense en bouche. Un beau produit destiné à la table.

VIN DE PAYS DES CÔTES CATALANES LE CLOT 2008
Rouge | 2009 à 2010 | 8 €   **13/20**
Vin puissant en arômes, fruits noirs, assez corsé. L'ensemble est gourmand.

VIN DE PAYS DES CÔTES CATALANES MUSCAT SEC 2008
Blanc | 2009 à 2010 | 7,50 €   **13/20**
Agréable muscat, discret mais délicat dans ses arômes et dans sa perception en bouche.

Rouge : 9 hectares. Blanc : 6 hectares.
Production totale annuelle : 70 000 bt.
Visite : Sur rendez-vous.

DOMAINE BOUDAU

6, rue Marceau
B.P. 60
66602 Rivesaltes
Tél. 04 68 64 45 37 - Fax. 04 68 64 46 26
contact@domaineboudau.fr
www.domaineboudau.fr

Installé en zone chaude sur le Crest, la zone caillouteuse située autour de Rivesaltes, ce domaine a abandonné le négoce pour se concentrer sur sa propre production, qu'il vend aux circuits traditionnels et aux particuliers.

CÔTES DU ROUSSILLON LE CLOS 2008   ☺
Rouge | 2010 à 2012 | 6,30 €   **15,5/20**
Le-clos, tout en puissance en 2008, ne se départ pas de sa finale aérienne habituelle.

CÔTES DU ROUSSILLON-VILLAGES
HENRI BOUDAU 2007
Rouge | 2009 à 2010 | 9,70 €   **14/20**
Cette cuvée montre des tanins patinés par l'élevage en bois, qui n'ont pas la fraîcheur des meilleures cuvées du domaine.

CÔTES DU ROUSSILLON-VILLAGES
PATRIMOINE 2006
Rouge | 2009 à 2011 | 16 €   **15/20**
2006 a apporté un supplément de fraîcheur à cette cuvée d'un charme discret mais réel, dont les tanins sont fins.

MUSCAT DE RIVESALTES
Blanc Doux | 2009 à 2010 | NC   **13/20**
Agréable muscat aux arômes de pêche mûre. Il sera idéal avec une tarte aux fruits jaunes.

RIVESALTES SUR GRAINS 2007
Rouge Doux | 2009 à 2015 | 9,80 €   **15/20**
Joli vin muté, fruits noirs, confiture de mûre. Il plaira beaucoup, à servir idéalement un peu frais.

VIN DE PAYS DES CÔTES CATALANES
LE PETIT CLOSI 2008
Rosé | 2009 à 2010 | 5,20 €   **13,5/20**
Rosé très intense, à la fois dans sa couleur et dans ses arômes. La matière est dense, sur l'orange confite et la mandarine, avec une pointe de sucrosité qui l'emmènera vers l'apéritif ou la nuit, plutôt que vers les rôtis.

Rouge : 35 hectares ; 4%, cabernet sauvignon 4%, cinsault 4%, grenache noir 40%, syrah 20%.
Blanc : 15 hectares ; 30%. Production totale annuelle : 180 000 bt.

DOMAINE CALVET-THUNEVIN

Avenue Jean-Jaures, Rond Point Est
66460 Maury
Tél. 04 68 51 05 57 - Fax. 04 68 59 17 28
contact@thunevin-calvet.fr
thunevin-calvet.fr

Jean-Luc Thunevin, qui a construit sa notoriété avec le Château Valandraud à Saint-Émilion, s'est associé à Jean-Roger Calvet pour créer une structure dédiée aux vins du Roussillon qu'il affectionne. Les vins sont élevés avec des boisés de qualité hérités du savoir-faire bordelais, dans un style construit sur la puissance.

Côtes du Roussillon-Villages Constance 2007
Rouge | 2009 à 2013 | 6 € **15/20**
Le style est intense et profond, avec des notes de réglisse et de fruits noirs. Un vin sur la puissance, dont les tanins sont veloutés.

Côtes du Roussillon-Villages Hugo 2006
Rouge | 2011 à 2015 | 30 € **15/20**
Généreux, bien élevé, très concentré mais encore marqué par le bois, ce vin gourmand, fruits noirs, demande à être attendu.

Côtes du Roussillon-Villages Les Dentelles 2007
Rouge | 2009 à 2010 | NC **15/20**
Les-dentelles sont réalisées dans un style plus puissant que fin, chaleureux, avec une structure imposante tenue par un alcool généreux.

Côtes du Roussillon-Villages Les Trois Marie 2006
Rouge | 2011 à 2016 | 100 € **15,5/20**
Dense et structurée, cette cuvée est très ancrée dans les fruits noirs et la réglisse forte. Elle plaira à ceux qui aiment les vins de forte expression aromatique, construits plutôt sur la puissance. La fin de bouche est savoureuse mais il faudra patienter.

Maury 2007
Rouge Doux | 2009 à 2028 | 25 € **16/20**
Maury puissant, avec une trame tannique serrée. C'est un vin chaleureux, généreux, idéal sur les desserts à base de chocolat.

Rouge : 60 hectares ; carignan noir 10%, grenache noir 70%, mourvèdre 5%, syrah 15%.
Production totale annuelle : 150 000 bt.
Visite : De 9 h à 12 h et de 14 h à 19 h.

LES VIGNERONS DE CASES DE PENE

2, boulevard du Maréchal-Joffre
66600 Cases-de-Pène
Tél. 04 68 38 91 91 - Fax. 04 68 38 92 41
chateau-de-pena@wanadoo.fr
www.chateaupena.com

Située dans la vallée de l'Agly, cette coopérative sérieuse se fait remarquer par la franchise des produits qu'elle commercialise. La cuvée pierres-noires, élevée en barriques, est le fleuron d'une jolie gamme faite pour plaire et qui y parvient avec charme et sincérité.

Côtes du Roussillon-Villages Pierres Noires 2007
Rouge | 2009 à 2012 | NC **15/20**
Le 2007, très similaire au 2006, produit un jus noir d'encre, corsé et déjà profond en arômes. Cette matière dense alliée à des tanins souples va prochainement s'épanouir dans un style qui sera riche en saveurs. Un joli produit de cette bonne cave coopérative de la vallée de l'Agly.

Muscat de Rivesaltes 2008
Blanc Doux | 2009 à 2010 | 7 € **12/20**
Bel aromatique, un peu maché en bouche.

Vin de pays des Côtes catalanes cuvée de Pena 2008
Blanc | 2009 à 2010 | 4 € **13,5/20**
Pour l'apéritif sous la tonnelle, un muscat sec, vif mais complet. Il raconte une histoire simple mais sincère.

Vin de pays des Côtes catalanes Le Ninet 2008
Rosé | 2009 à 2010 | NC **13/20**
Fruité et agréable, ce rosé souple en bouche est facile à boire.

Vin de pays des Côtes catalanes Le Ninet 2008
Blanc | 2009 à 2010 | 4 € **13/20**
Ce Ninet, à partir de viognier, est délicatement aromatique. Il ne cherche pas une concentration hors de propos. Il se veut apéritif, reposant et fruité.

Vin de pays des Côtes catalanes Le Ninet de Pena 2008
Rouge | 2009 à 2010 | 4 € **14/20**
Encore un beau produit de cette coopérative, issu de cabernet et de merlot : à la fois souple dans ses tanins et corsé en bouche, ce ninet est un produit agréable, facile à boire, sans ennui. Un vin de copains qui se refusent à l'ennui.

Rouge : 146 hectares Blanc : 204 hectares
Production totale annuelle : 160 000 bt.

DOMAINE CAZES

4, rue Francisco-Ferrer
66602 Rivesaltes
Tél. 04 68 64 08 26 - Fax. 04 68 64 69 79
info@cazes.com
www.cazes-rivesaltes.com

Cette propriété a fait sensation en confiant, en 2004, sa commercialisation au négociant Jeanjean, pour se recentrer sur son métier de producteur de vins. Sur le plan technique, le domaine gère près de 200 hectares plantés en vigne, et a eu le courage de passer en biodynamie pour rééquilibrer ses sols. Après une phase difficile, nous avouons notre soulagement au vu des 2007 et des 2008, qui ont retrouvé les expressions de fruit attendues dans les rouges d'un domaine qui fut l'un des pionniers qualitatifs du Roussillon. Les vins doux naturels, grande spécialité de la maison, sont toujours d'anthologie.

Côtes du Roussillon-Villages Alter 2007 ⓤ
Rouge | 2009 à 2012 | 11 € **14/20**
La matière est corsée, réglisse forte. La finale est persistante, équilibrée et dynamique. C'est un vin gourmand, avec beaucoup de charme.

Côtes du Roussillon-Villages Ego 2008 ⓤ
Rouge | 2009 à 2012 | 7,50 € **15,5/20**
Très beau 2008, profond, gourmand, très gras avec l'intensité de la matière attendue. La fin de bouche est ravissante, très Roussillon, c'est-à-dire intense en arômes de fruits et avec une fin de bouche gourmande et fraîche.

Vin de pays des Côtes catalanes
Canon du Maréchal 2008 ☺
Blanc | 2009 à 2010 | 4,70 € **13,5/20**
Discret dans son expression, élégant, ce vin est à base de muscat et de viognier, deux cépages très expressifs en arômes immédiats qui confèrent au vin ce charme particulier.

Rouge : 109 hectares ; cabernet franc 1,5%, cabernet sauvignon 20%, carignan 2%, grenache 16%, merlot 15%, mourvèdre 7%, syrah 36%, tannat 2%. Blanc : 71 hectares ; chardonnay 5%, maccabeu 10%, muscat 30%, muscat d'Alexandrie 47%, rolle 5%, viogner 5%. **Production totale annuelle :** 700 000 bt. **Visite :** En hiver, du lundi au vendredi de 8 h à 12 h et de 14 h à 18 h 30, sur rendez-vous. En été, de 8 h à 19 h, week-end et jours fériés compris. Restaurant ouvert.

LA PRÉCEPTORIE DE CENTERNACH

1, route de Lansac
66220 Saint-Arnac
Tél. 04 68 59 26 74 - Fax. 04 68 59 99 07
lapreceptorie@wanadoo.fr
www.la-preceptorie.com

Les frères Parcé sont à l'origine de cette création sur Maury, qui complète leur offre de collioures et de banyuls du Domaine de La Rectorie. Ils ont compris que la zone des Fenouillèdes était capable de produire des vins blancs très élégants à partir des cépages qui étaient autrefois traditionnellement utilisés pour les vins doux naturels. Les rouges et les rosés sont souvent plus puissants que ceux de La Rectorie. Une réécriture du décret de Maury risque d'écarter administrativement le domaine de cette appellation.

Côtes du Roussillon Coume Marie 2007
Rouge | 2009 à 2012 | 11 € **15/20**
Puissant en fruits et en alcool, gourmand, coume-marie montre en 2007 une finale équilibrée et fraîche.

Côtes du Roussillon Terres Nouvelles 2007
Rouge | 2009 à 2012 | 20 € **15,5/20**
Puissante et structurée, cette cuvée des terres-nouvelles étonne par sa finale épicée tenue par une pointe d'acidité qui lui confère beaucoup de charme.

Côtes du Roussillon-Villages Coume Marie 2008
Blanc | 2009 à 2012 | 11 € **15/20**
Coume-marie, réalisée à partir de grenaches blanc et gris et de maccabeu, est délicatement aromatique. La finale fruits-fleurs est subtile.

Côtes du Roussillon-Villages
Terres Nouvelles 2007
Blanc | 2009 à 2011 | 15 € **16/20**
Nez charmeur, citronné, pamplemousse et orange, matière élégante, tout en délicatesse, ce blanc ne passe pas inaperçu !

Maury Aurélie 2007
Rouge Doux | 2009 à 2027 | 13,80 € **17/20**
Maury dont les notes de chocolat et de fruits très mûrs assouplissent la puissance des tanins perceptible en finale.

Maury T E 2007
Rouge Doux | 2009 à 2028 | 20 € **16/20**
Maury très mûr, aux tanins patinés, long et charmeur. La suavité de la finale en fera un vin de dessert voluptueux.

Rouge : 10 hectares ; carignan noir 10%, grenache gris 25%, grenache noir 40%, mourvedre 3%, syrah 3%. Blanc : 30 hectares ; carignan blanc 3%, macabeu 10%, marsanne 3%, muscat 3%. **Production totale annuelle :** 75 000 bt. **Visite :** Sur rendez-vous en dehors de juin à septembre. En juin le samedi et en juillet, août, septembre du mercredi au samedi sur rendez-vous.

DOMAINE DES CHÊNES

7, rue du Maréchal-Joffre
66600 Vingrau
Tél. 04 68 29 40 21 - Fax. 04 68 29 10 91
domainedeschenes@wanadoo.fr

Alain Razungles, professeur d'œnologie à Montpellier, exploite au pied du cirque de Vingrau un petit domaine familial. Tous les vins sont parfaitement réalisés dès les entrées de gamme et sans aucune fausse note. Les magdaléniens, en blanc, montrent tout l'intérêt de l'association entre le grenache blanc et la roussanne. Les rouges sont bien réussis, avec une cuvée la-carissa d'un raffinement remarquable. Au-delà de notre sélection réduite dans ces colonnes, le domaine réalise une gamme de vins-doux-naturels parfois étonnante mais réussie, que nous vous incitons à découvrir.

CÔTES DU ROUSSILLON LES MAGDALÉNIENS 2006
Blanc | 2010 à 2015 | 11,80 €   **15/20**
Cet assemblage de roussane a besoin de temps pour se complexifier. Il fera alors un produit complexe destiné à la table.

CÔTES DU ROUSSILLON LES SORBIERS 2007
Blanc | 2009 à 2012 | 8 €   **14,5/20**
Puissant, avec une bouche grasse, c'est un blanc de gastronomie, à la finale florale et citronnée.

CÔTES DU ROUSSILLON-VILLAGES LE MASCAROU 2005 🙂
Rouge | 2009 à 2013 | 9,50 €   **15/20**
Dans un style très différent de 2004, le vin est frais avec des tanins mûrs et digestes. Il se boira facilement.

CÔTES DU ROUSSILLON-VILLAGES TAUTAVEL LA CARISSA 2005
Rouge | 2010 à 2014 | 18,90 €   **17/20**
Très belle cuvée de rouge aux tanins frais et gourmands, l'ensemble est racé. Servi à peine rafraîchi, c'est un bonheur liquide. Idéalement, il faudrait l'attendre pour gommer une amertume de finale qui participe en vin jeune à l'équilibre du vin mais l'éloigne du consensuel. Un vin d'amateurs.

MUSCAT DE RIVESALTES 2006
Blanc Doux | 2009 à 2011 | 9,70 €   **14/20**
Marqué par la pêche et l'abricot au sirop, ce muscat aromatique a sa place au dessert. Ton sur ton avec une tarte aux fruits jaunes, il sera parfait.

RIVESALTES TUILÉ 2003 🙂
Rouge Doux | 2009 à 2015 | 13,20 €   **16/20**
Il n'y a pas ici de concours à la puissance mais la recherche d'un vin d'équilibre entre la fraîcheur et la douceur du mutage.

Production totale annuelle : 80 000 bt. **Visite :** Du lundi au vendredi, de 9 h à 12 h et de 14 h à 18 h de mai à septembre.

DOMAINE DU CLOS DES FÉES

69, rue du Maréchal-Joffre
66600 Vingrau
Tél. 04 68 29 40 00 - Fax. 04 68 29 03 84
info@closdesfees.com
www.closdesfees.com

Hervé Bizeul a racheté, parcelle après parcelle, la trentaine d'hectares dont il dispose aujourd'hui. L'ancien journaliste a fait de sa cuvée la-petite-sibérie un vin d'art et d'essai qui fait progresser la notion de grand vin dans le sud. Le clos-des-fées est moins puissant mais peut-être plus à l'aise à table. En marge de ces icônes, le domaine produit des vins à des prix accessibles, mais en phase avec la qualité d'ensemble du domaine.

CÔTES DU ROUSSILLON LES SORCIÈRES 2008
Rouge | 2009 à 2014 | 11 €   **15,5/20**
La structure et le fruit de 2008 apportent une buvabilité et une fraîcheur qui permettront à cette cuvée d'être rapidement vidée à table.

CÔTES DU ROUSSILLON-VILLAGES DE BATTRE MON COEUR S'EST ARRÊTÉ 2008
Rouge | 2011 à 2015 | 18 €   **15/20**
Encore très jeune, avec un tanin raffiné mais qui a besoin de temps, cette syrah prend ses inspirations aromatiques en Rhône nord. Elle exhale les épices et les fruits noirs.

CÔTES DU ROUSSILLON-VILLAGES LA PETITE SIBÉRIE 2007
Rouge | 2011 à 2017 | 200 €   **16,5/20**
Cette cuvée fait couler beaucoup d'encre. Construite pour montrer ce dont le Roussillon est capable, elle demande toujours du temps pour fondre son élevage sous bois, mais la qualité des tanins de cette cuvée est superlative. En 2007, la fraîcheur du fruit de ce terroir exposé aux vents froids ne s'était pas encore imposée dans notre échantillon qui, il est vrai, montrait une pointe d'évent qu'on ne retrouvera pas dans les bouteilles après la mise. La réglisse et les fruits noirs de la finale étaient déjà ravissants.

CÔTES DU ROUSSILLON-VILLAGES VIEILLES VIGNES 2007
Rouge | 2009 à 2010 | 25 €   **16,5/20**
Les épices et la réglisse dominent pour l'instant le fruit de ce vieilles-vignes. Tout aussi concentré que ses prédécesseurs, 2006 et 2005, 2007 est très mûr avec des tanins soyeux et raffinés. Il apporte en plus la touche fruitée qui lui est spécifique.

Rouge : 27 hectares ; carignan noir 25%, grenache noir 35%, mourvèdre 10%, syrah 30%.
Blanc : 3 hectares ; grenache blanc 100%.
Production totale annuelle : 90 000 bt.
Visite : De 9 h à 12 h et 14 h à 18 h.

MAS CRISTINE

30, allée des Lauriers-Roses
66700 Argelès-sur-Mer
Tél. 04 68 95 85 01
contact@mascristine.fr
www.mas-cristine.fr

Nouvel entrant dans le guide, ce domaine du Roussillon a une gamme limitée à trois vins qui se remarquent. Un blanc de belle ampleur, un rosé extraverti à la robe étonnante et un rouge des plus classiques, parfaitement frais comme savent l'être les très bons roussillons, bien qu'ils soient dans la zone climatique la plus chaude de France. Ce domaine est à suivre.

CÔTES DU ROUSSILLON 2008   ☺
Rosé | 2009 à 2010 | 10 €   **15/20**
Robe dense qui tire vers le grenat orangé. C'est un rosé de grand volume, long et gourmand. Sa couleur et sa présence en bouche ne passeront pas inaperçues.

CÔTES DU ROUSSILLON 2008
Blanc | 2009 à 2010 | 10 €   **15/20**
Blanc équilibré, assez puissant, de bonne longueur, floral et suave. C'est une réussite à mettre au crédit de ce domaine performant.

CÔTES DU ROUSSILLON 2007   ☺
Rouge | 2009 à 2013 | 10 €   **16/20**
Rouge étonnamment profond en saveurs, dont la finale très bien dessinée est portée par une fraîcheur revigorante. On en redemande !

Production totale annuelle : 22 000 bt.
Visite : Sur rendez-vous contactez Julien Grill au 06 03 83 36 11.

DOMAINE DANJOU-BANESSY

66600 Espira-de-l'Agly
Tél. 04 68 64 18 04 - Fax. 04 68 67 53 48
bendanjou@hotmail.fr
www.domainedanjou-banessy.com

Benoît Danjou, artisan-vigneron, comme il le rappelle sur ses bouteilles, est sorti de la coopération pour reprendre ce domaine de la vallée de l'Agly. La production de rouges montre des vins tout en charmes avec des tanins ronds. Ils sont profonds en saveurs et font des vins sincères. En blanc, le grenache gris domine les cuvées. Interdit en Aoc, ce cépage a amené le producteur à classer ses blancs en vin de pays.

CÔTES DU ROUSSILLON 2008   ☺
Rouge | 2009 à 2012 | 11 €   **14/20**
Agréable rouge aux tanins très ronds, il laisse en bouche un fruit charnu qui sera parfait avec une grillade.

CÔTES DU ROUSSILLON ADAM 2008
Rouge | 2009 à 2011 | 16 €   **14/20**
Ce domaine sorti de la coopération produit un rouge au fruit profond, cassis, long en bouche.

VIN DE PAYS DES CÔTES CATALANES 2008   ☺
Blanc | 2009 à 2010 | 17 €   **14/20**
Le grenache gris domine de ses fragrances et de son charme cette cuvée très aromatique et profonde en saveurs.

Rouge : 12 hectares. Blanc : 12 hectares.
Production totale annuelle : 15 000 bt.
Visite : Sur rendez-vous.

DOMAINE DEPEYRE

1, rue Pasteur
66600 Cases-de-Pène
Tél. 04 68 28 32 19 - Fax. 04 68 28 32 19
brigitte.bile@orange.fr
www.domaine-deppeyre-66.com

Serges Depeyre et Brigitte Bile se sont installés en 2002 entre Rivesaltes et Maury, sur 13 hectares, dans la vallée de l'Agly. Le terroir, volcanique et calcaire, est essentiellement composé de marnes et de schistes noirs. Les vendanges sont manuelles. Le côtes-du-roussillon-villages, assemblage des cépages classiques du secteur, est déjà très gourmand. La cuvée sainte-colombe est plus en puissance, chaleureuse. Rubia-tinctoria montre une finesse étonnante qui nous a séduits.

CÔTES DU ROUSSILLON-VILLAGES 2008 ☺
Rouge | 2009 à 2011 | 9 €   **14,5/20**
Ce rouge se présente avec un joli jus très rond, velouté et épicé à souhait.

CÔTES DU ROUSSILLON-VILLAGES
CUVÉE SAINTE-COLOMBE 2007
Rouge | 2009 à 2012 | 14 €   **15/20**
Roussillon très rond, puissant, structuré et puissant en alcool avec un tanin fin, gourmand et crémeux.

CÔTES DU ROUSSILLON-VILLAGES
RUBIA TINCTORIA 2008
Rouge | 2009 à 2012 | 18 €   **16/20**
Nouvelle cuvée haut de gamme qui rassemble le meilleur de la production du domaine. Très fine, la matière est gourmande, fruitée, gracile, sans concentration au-delà du raisonnable. À suivre.

Production totale annuelle : 18 000 bt.
Visite : Sur rendez-vous.

DOMAINE DE L'ÈDRE

1, rue des Écoles
66600 Vingrau
Tél. 06 08 66 17 51 - Fax. 04 68 54 65 18
contact@edre.fr
www.edre.fr

Imaginez que vous ayez la passion et le sens du grand vin, un garage qui pourrait avantageusement se transformer en chai à condition de laisser la voiture dehors, quelques vignes héritées de vos parents et des week-ends insuffisamment occupés par l'animation de votre club de vin. Tous les ingrédients seraient réunis pour suivre l'exemple du Domaine de l'Èdre, créé en 2002 par Jacques Castany et Pascal Dieunidou, qui cultivent leurs vignes comme un jardin botanique. Les rouges font déjà partie des références du Roussillon et les blancs leur emboîtent le pas. Tous les 2008 goûtés en barriques s'annoncent également très beaux.

CÔTES DU ROUSSILLON-VILLAGES
CARRÉMENT ROUGE 2007   ☺
Rouge | 2009 à 2011 | 14 €   **16/20**
Très joli vin d'une exceptionnelle gourmandise, avec des tanins incroyablement ronds et soyeux. La finale chocolatée et fruitée est tout en charme. On en redemande !

CÔTES DU ROUSSILLON-VILLAGES L'EDRE 2007
Rouge | 2009 à 2010 | 25 €   **17/20**
Gourmand et large, sur la réglisse forte, avec l'intensité des fruits noirs de 2007, c'est un vin très mûr. Après un étonnant 2006, voici à nouveau un bien bel ouvrage. Les tanins sont très fins !

VIN DE PAYS DES CÔTES CATALANES
CARRÉMENT BLANC 2007   ☺
Blanc | 2009 à 2010 | 12 €   **16/20**
Composé de grenaches gris et blanc et d'un peu de maccabeu, c'est un vin cristallin, d'une finesse et d'une précision aromatique étonnantes. La finale poire-citron-fenouil est ravissante.

VIN DE PAYS DES CÔTES CATALANES
CARRÉMENT BLANC 2007
Blanc | 2009 à 2010 | 12 €   **15/20**
Composé de grenaches gris et blanc, d'un peu de maccabeu et d'un zeste de roussanne, c'est un vin très orienté vers les agrumes en 2007. La finale fruitée et fraîche est des plus agréables.

Rouge : 3,5 hectares ; carignan noir 10%, grenache noir 30%, mourvèdre 5%, syrah 55%.
Blanc : 1,5 hectare ; autres 30%, grenache blanc 60%, roussane 10%. Production totale annuelle : 10 000 bt.
Visite : Du lundi au vendredi après 18h.

DOMAINE FONTANEL

25, avenue Jean-Jaurès
66720 Tautavel
Tél. 04 68 29 04 71 - Fax. 04 68 29 19 44
domainefontanel@hotmail.com
www.domainefontanel.com

Installée sur Estagel et Tautavel, cette entreprise familiale est tenue par le discret Pierre
Fontanel. Il dispose d'un exceptionnel patrimoine de vieilles vignes qui sont installées
sur des sols très variés. L'ensemble de la
gamme est de très bon niveau, avec une
régularité qui en fait une adresse sûre.

CÔTES DU ROUSSILLON 2007
Blanc | 2009 à 2010 | 9,50 €   **15/20**
Essentiellement à base de grenaches blancs
et gris, cette cuvée montre une matière longue, épicée, fraîche et tout en finesse.

CÔTES DU ROUSSILLON-VILLAGES CISTES 2007
Rouge | 2009 à 2013 | 12 €   **15,5/20**
Les-cistes assemblent la syrah, le grenache
et le mourvèdre dans une cuvée très fruits
noirs, longiligne tout en étant puissante en
goût avec un remarquable fruité en 2007.

CÔTES DU ROUSSILLON-VILLAGES TRADITION 2007
Rouge | 2009 à 2012 | 8,50 €   **15/20**
De jolis arômes de baies noires et de cassis
donnent beaucoup de charme à ce rouge
qui est un archétype de 2007, très ancré dans
un fruité gourmand.

MAURY 2006
Rouge Doux | 2009 à 2015 | 13 €   **16/20**
Maury haut en couleurs, puissant et crémeux,
parfait, bien sûr, sur un dessert au chocolat.

MUSCAT DE RIVESALTES L'ÂGE DE PIERRE 1999
Blanc Doux | 2009 à 2011 | 15 €   **16/20**
Pierre Fontanel avait réalisé deux séries de
bouchage sur son muscat 1999. Le lot bouché
avec du liège a rendu l'âme mais celui-ci, bouché en Altec, est étonnant de fruit frais et
confits.

RIVESALTES 1998
Ambré liquoreux | 2009 à 2017 | 13 €   **16,5/20**
La couleur brique orangée annonce la mandarine, les fruits frais, la cannelle et les fruits
secs en finale. La persistance de ce vin très
frais est incroyablement longue.

Rouge : 28 hectares ; cabernet sauvignon 1%,
carignan noir 12%, grenache noir 35%, merlot 1%,
mourvèdre 11%, syrah 40%. **Blanc :** 6 hectares ;
grenache blanc 30%, maccabeu 5%, malvoisie 5%,
muscat à petits grains 40%, roussane 10%,
viognier 10%. **Production totale annuelle :** 80 000 bt.
Visite : De 10 h à 12 h et de 14 h à 19 h.

DOMAINE GARDIÈS

Chemin de Montpins
66600 Espira de l'Agly
Tél. 04 68 64 61 16 - Fax. 04 68 64 69 36
domgardies@wanadoo.fr
www.domaine-gardies.fr

Le Domaine Gardiès s'est fait connaître en
produisant des rouges fortement structurés
et complexes. Nous sommes ravis de voir
une nette évolution en 2007, vers des rouges
tout aussi denses qu'auparavant mais
encore plus faciles à boire. De superbes
blancs secs sont également réalisés par le
domaine avec une ravissante cuvée glacières.

CÔTES DU ROUSSILLON CLOS DES VIGNES 2008
Blanc | 2009 à 2011 | 21 €   **15/20**
Le fruit du clos-des-vignes est très pur, intensément agrumes. La finale minérale est de
grande longueur.

CÔTES DU ROUSSILLON LES GLACIÈRES 2008
Blanc | 2009 à 2012 | 14 €   **16,5/20**
Millésime après millésime, le fumé des grenaches gris et leurs arômes de melon,
d'amande fraîche, de pêche et d'abricot ravis-
sent. Avec du gras, voici une bien belle bouteille. Le plus compliqué sera de lui résister.

CÔTES DU ROUSSILLON-VILLAGES LA TORRE 2007
Rouge | 2009 à 2017 | 30 €   **17/20**
Cette cuvée est un aboutissement de la gamme.
La puissance habituelle des cuvées du domaine
est toujours là, mais les fruits noirs les plus raffinés et les épices douces lui donnent une complexité supplémentaire. La race des grands
mourvèdres a parlé ! Les aficionados du cépage,
et nous les soutenons, auront raison de venir
voir ce qui se passe ici.

CÔTES DU ROUSSILLON-VILLAGES LES FALAISES 2007
Rouge | 2009 à 2015 | 42 €   **18/20**
2007 voit ici également une évolution bienvenue
vers la buvabilité, sans rien perdre en finesse
d'arômes de cette magnifique cuvée.

CÔTES DU ROUSSILLON-VILLAGES LES MILLÈRES 2007
Rouge | 2009 à 2014 | 12 €   **15,5/20**
2007 montre une évolution de la cuvée vers
une grande buvabilité. Elle conjugue densité et souplesse, avec comme toujours une
finale de réglisse noire magnifique.

Rouge : 25 hectares ; carignan noir 10%,
grenache noir 25%, mourvèdre 15%, syrah 20%.
Blanc : 15 hectares ; grenache blanc 10%,
maccabeu 5%, muscat à petits grains 4%,
muscat d'Alexandrie 6%, roussane 5%. **Production
totale annuelle :** 100 000 bt. **Visite :** De 9 h à 12 h 30
et de 14 h à 17 h 30 sur rendez-vous.

DOMAINE GAUBY

lieu-dit La Muntada
66600 Calce
Tél. 04 68 64 35 19 - Fax. 04 68 64 41 77
domaine.gauby@wanadoo.fr
domainegauby.fr

Le Domaine Gauby est progressivement devenu un laboratoire permanent où se préparent les évolutions stylistiques des vins du Roussillon. La recherche systématique des meilleurs équilibres possibles, entre le biotope et leur vignoble conduit en agrobiologie, devrait permettre au domaine de confirmer son avance technique dans un Roussillon qui avance vite. Les premiers éléments de 2008, goûtés en cave, annoncent un très grand millésime !

CÔTES DU ROUSSILLON-VILLAGES
LA MUNTADA 2007

Rouge | 2009 à 2016 | 69 €   **17/20**

La-muntada se définit par sa profondeur. Toujours en limite d'acidité volatile, le nez est porté par un fruité de grande qualité et montre dans cet échantillon une intensité particulière.

CÔTES DU ROUSSILLON-VILLAGES
LA MUNTADA 2006

Rouge | 2011 à 2016 | 69 €   **18/20**

Cette cuvée provient de vignes installées sur un feuilleté de marnes calcaires compressées dans le sens vertical. Avec beaucoup de fond, on gagne en finesse de tanin par rapport à la cuvée vieilles-vignes dans un équilibre souverain.

CÔTES DU ROUSSILLON-VILLAGES
LES CALCINAIRES 2008

Rouge | 2009 à 2012 | 12,50 €   **15/20**

Calcinaires sera un assemblage à dominante de syrah et de mourvèdre. Nous avons goûté les cuves avant assemblage, ce qui ne nous permet pas d'indiquer une note définitive pour l'instant, mais chaque élément pris séparément était de bonne facture. L'ensemble ne devrait pas décevoir.

CÔTES DU ROUSSILLON-VILLAGES
VIEILLES VIGNES 2007

Rouge | 2009 à 2014 | 28 €   **16/20**

Un vin aux tanins magnifiques, très ronds. Il est corsé, de grand équilibre.

CÔTES DU ROUSSILLON-VILLAGES
VIEILLES VIGNES 2006

Rouge | 2009 à 2012 | 28 €   **16/20**

À base de grenache, de carignan et de mourvèdre, cette cuvée montre un joli tanin autour des fruits noirs. La fraîcheur, l'équilibre et la finesse sont au rendez-vous.

RIVESALTES CARICIA 2005

Rouge Doux | 2009 à 2017 | 28 €   **18/20**

Une attaque de vin rouge classique avec des tanins puissants, une finale de vin doux naturel tout aussi tannique, tendue. C'est un joli vin original, très réussi, atypique.

RIVESALTES VIN DU MOYEN-ÂGE 2004

Rouge Doux | 2009 à 2016 | NC   **18,5/20**

Ce drôle de vin est obtenu à partir de maccabeu passerillé sur schistes. L'équilibre est somptueux, porté par un fruité élégantissime.

VIN DE PAYS DES CÔTES CATALANES
COUME GINESTE 2007

Blanc | 2011 à 2015 | 69 €   **17/20**

À base de grenaches blancs et gris complétés de maccabeu, ce blanc est très différent du vieilles-vignes, dans un style plus rond, fruité et tenu par une acidité magnifique.

VIN DE PAYS DES CÔTES CATALANES
VIEILLES VIGNES 2007

Blanc | 2009 à 2018 | 28 €   **16,5/20**

À base de maccabeu complété de grenache, ce blanc agréable, de belle fraîcheur est long, épicé, avec un potentiel de garde.

Blanc : 12 hectares.
Production totale annuelle : 90 000 bt.
Visite : Sur rendez vous uniquement.

Inscrivez-vous sur

BETTANEDESSEAUVE.COM

> Suivez l'actualité du vin
> Accédez aux notes de dégustation de 25 000 vins
> Visitez les stands des producteurs

CHÂTEAU DE JAU

66600 Cases-de-Pène
Tél. 04 68 38 90 10 - Fax. 04 68 38 91 33
daure@wanadoo.fr
www.clos-de-paulilles.com

Grande propriété de la vallée de l'Agly, le Château de Jau a bâti sa réputation autour de produits de qualité, innovants et remarqués par leur design tels que le jaja-de-jau, une cuvée d'entrée de gamme à l'étonnant rapport qualité-prix. L'équipe technique a changé et oriente les vins vers des bouches fraîches, ce qui n'est pas toujours simple sous le climat du Roussillon, avec une recherche de profondeur et de volupté.

CÔTES DU ROUSSILLON-VILLAGES 2008
Rosé | 2009 à 2010 | NC   **14,5/20**
La vie en rose, mais en rose fuchsia ! Ce rosé de caractère est puissant en saveurs, totalement plastique, d'un apéritif auquel il donnera profondeur et sens jusqu'à une viande à laquelle il donnera la légèreté nécessaire.

CÔTES DU ROUSSILLON-VILLAGES 2007
Rouge | 2009 à 2012 | 7,50 €   **15/20**
Caressant dès l'attaque, ce rouge se livre progressivement et ne se dévoile qu'en finale. Le prototype du vin de copains, gourmand, dont on peut boire jusqu'au bout de la nuit sans s'ennuyer un seul instant, grâce à sa finale fruitée et délicatement épicée.

GRAND ROUSSILLON 2003
Ambré Doux | 2009 à 2018 | 12,50 €   **15,5/20**
Épicé, presque tannique, c'est un ambré de caractère. Il fera merveille à table avec ses notes de noisette, de curry et d'épices douces. Pourquoi ne pas lui associer un tajine qu'il saura complexifier ? Il pourra ensuite prolonger le repas pendant les pâtes persillées, puis prendre toute sa dimension sur les desserts aux fruits secs.

MUSCAT DE RIVESALTES 2008
Blanc Doux | 2009 à 2010 | 10,95 €   **15/20**
Muscat très réussi par ses saveurs délicates de citron, de poire, dans une finale où le sucre s'intègre harmonieusement à l'acidité du fruit.

Rouge : 110 hectares ; carignan 12%, grenache noir 12%, mourvèdre 20%, syrah 39%. **Blanc :** 24 hectares ; maccabeu 3%, muscat à petits grains 11%, vermentino 3%. **Visite :** Du lundi au vendredi, de 9 h à 17 h. Du 1er au 15 juin et en septembre, de 10 h à 19 h, du 15 juin au 31 août, tous les jours de 10 h à minuit.

MAS KAROLINA

29, boulevard de l'Agly
66220 Saint-Paul-de-Fenouillet
Tél. 06 20 78 05 77 - Fax. 04 68 84 78 30
mas.karolina@wanadoo.fr
www.mas-karolina.com

Caroline Bonville est une Bordelaise dynamique qui a abandonné ses terres natales pour s'implanter sur le terroir de Maury. Elle est amoureuse du grenache, et se lance volontiers dans des expériences œnophiles qui étonneront l'amateur. Dans ce domaine, les vins de pays sont aussi soignés que les vins d'appellation.

CÔTES DU ROUSSILLON-VILLAGES 2007
Blanc | 2009 à 2010 | 12 €   **15/20**
2007 puissant, structuré, pour l'instant sous l'emprise du bois. Il montre une grande qualité de fruits. Il devrait bien évoluer.

VIN DE PAYS DES CÔTES CATALANES 2007
Blanc | 2009 à 2010 | 9 €   **15,5/20**
Cette cuvée est toujours une expression étonnante des cépages méditerranéens, le grenache gris, le maccabeu et le muscat. L'attaque est vive et la finale est très aromatique et rafraîchissante avec un gras spécifique au millésime.

VIN DE PAYS DES CÔTES CATALANES 2007
Rouge | 2009 à 2010 | 7,80 €   **15/20**
Millésime après millésime, ce rouge concourt pour la palme du meilleur vin-de-pays. Velouté, rond et suave, c'est un tombeur !

Rouge : 12 hectares ; carignan noir 16%, cinsault 3%, grenache noir 36%, syrah 15%. **Blanc :** 5 hectares ; grenache blanc 4%, maccabeu 8%, muscat à petits grains 5%. **Production totale annuelle :** 35 000 bt. **Visite :** Du lundi au vendredi, de 10 h à 12 h et de 15 h à 18 h.

MAS DE LAVAIL

Départementale 117
Km 4, route de Maury
66460 Maury
Tél. 04 68 59 15 22 - Fax. 04 68 29 08 95
masdelavail@wanadoo.fr

À mi-chemin entre Maury et Estagel, le Mas de Lavail, créé en 1999 par un ancien responsable de cave coopérative, propose une gamme sans fausse note. Nicolas Batlle, la nouvelle génération, continue les vendanges manuelles et le labour des parcelles. La gamme de vins secs et de vins doux est de bon niveau avec en point d'orgue le maury expression.

CÔTES DU ROUSSILLON-VILLAGES TRADITION 2006
Rouge | 2009 à 2010 | 6,80 €   **14/20**
Avec du fruit, ce rouge aux tanins séveux dévoile un réel charme dans un style facile à boire.

MAURY 2006
Blanc Doux | 2009 à 2012 | 10,50 €   **14/20**
Rare maury blanc, aux arômes de pêche jaune, de pêche blanche. Un vin idéal pour étonner un dessert et ceux qui l'entourent.

MAURY EXPRESSION 2007   ☺
Rouge Doux | 2009 à 2018 | 10,50 €   **16/20**
C'est un maury de grand équilibre, long et raffiné, puissant en arômes. Il a capté le grand fruit des 2007, intensément gourmand.

MUSCAT DE RIVESALTES 2006
Blanc Doux | 2009 à 2011 | 8,50 €   **14/20**
Agréable muscat fruité et aromatique, parfait sur un dessert aux fruits jaunes.

VIN DE PAYS DES CÔTES CATALANES LE SUD 2007
Blanc | 2009 à 2013 | 11,50 €   **14/20**
Grenache blanc et grenache gris sont deux larrons qui s'associent remarquablement, l'un apportant ses fragrances et l'autre sa texture, pour réaliser des vins très méditerranéens et de belle fraîcheur. Le boisé demande à être digéré.

Rouge : 70 hectares ; carignan 20%, grenache noir 60%, syrah 10%. Blanc : 10 hectares ; carignan blanc 2%, grenache blanc 4%, macabeu 2%, muscat 2%.
Production totale annuelle : 100 000 bt. Visite : Du lundi au samedi, de 10 h 30 à 12 h 30 et de 15 h 30 à 19 h. le dimanche matin sur rendez-vous.

BERNARD MAGREZ GRANDS VIGNOBLES

Château Pape Clément
216, avenue du Docteur-Nancel-Pénard
33600 Pessac
Tél. 05 57 26 38 38 - Fax. 05 57 26 38 39
chateau@pape-clement.com
www.bernard-magrez.com

Parallèlement à son activité bordelaise, Bernard Magrez a repris ou acquis plusieurs domaines du Languedoc et du Roussillon. Les principes sont les mêmes qu'à Bordeaux : suivis attentivement par Michel Rolland, les vins se partagent entre cuvées de domaines et sélections d'exception. Le style puissant, concentré et mûr de ces vins méridionaux est relevé par des élevages qui essaient de ne pas surjouer au-delà des matières.

COLLIOURE L'EXCELLENCE DE MON TERROIR DE COLLIOURE 2007
Rouge | 2009 à 2012 | NC   **15,5/20**
Belle cuvée tout en rondeurs, avec un alcool généreux et des tanins très fins. La fin de bouche délicatement iodée est bien dans l'esprit de Collioure.

CÔTES DU ROUSSILLON GÉRARD DEPARDIEU EN ROUSSILLON 2006
Rouge | 2009 à 2012 | NC   **15,5/20**
Dans un style puissant, mais sans extraction inadaptée, ce vin très mûr, profondément réglissé, montre un art consommé de l'élevage. Les tanins sont fins et ne situent pas cette cuvée dans les forts en gueule. Ils l'inscrivent simplement dans la générosité.

CÔTES DU ROUSSILLON MON SEUL RÊVE 2006
Rouge | 2009 à 2012 | NC   **14,5/20**
Gras, charnu, riche, la finale montre une pointe d'acidité dans un ensemble harmonieux.

CÔTES DU ROUSSILLON SI MON PÈRE SAVAIT... 2006
Rouge | 2009 à 2012 | NC   **15/20**
Le vin exprime la générosité du Roussillon par des notes de confiture, de fruits noirs et de réglisse. La finale qui commence à s'ouvrir est agréablement aromatique, originale et gourmande.

VIN DE PAYS DES CÔTES CATALANES PASSION BLANCHE 2007
Blanc | 2009 à 2010 | NC   **14/20**
Joli blanc aromatique, réussi, gras, épicé et fruité. Il se montre sur son expression d'agrumes.

Rouge : 30 hectares ; cabernet sauvignon 60%, merlot 40%. Blanc : 2 hectares ; muscadelle 5%, sauvignon blanc 45%, sauvignon gris 5%, sémillon 45%.
Production totale annuelle : 99 000 bt. Visite : Du lundi au Samedi à 10 h 30, 11 h 30, 14 h 30 et 16 h 30.

DOMAINE DU MAS BLANC

9, avenue du Général-de-Gaulle
66650 Banyuls-sur-Mer
Tél. 04 68 88 32 12 - Fax. 04 68 88 72 24
domainemasblanc@free.fr
www.domainedumasblanc.com

Le Mas Blanc poursuit dans la voie qui fut tracée par le célèbre Docteur Parcé. La cuvée signature, en blanc sec, est très sudiste et a su garder la précieuse acidité qui fait parfois défaut au Languedoc-Roussillon. La gamme de collioures rouges sort des sentiers battus. Nulle part ailleurs, l'influence des embruns n'est aussi perceptible qu'ici, car les rouges comportent des notes salines et iodées qui leur confèrent une typicité particulière. La production de rouges 2006 ne se présentait pas facilement au moment de notre dégustation, et méritera d'être goûtée à nouveau. La cuvée révérence, certes impeccable en 2007, se positionne à un prix peu compréhensible en cette période économique difficile. Le domaine sait transcender les vins doux naturels. Les vieilles-vignes 1999 et le 2000 sont magnifiques.

BANYULS VIEILLES VIGNES 2000
Rouge Doux | 2009 à 2028 | 30 €   **18/20**
De merveilleux arômes de café, de noix, de figue sèche, de datte et surtout ces petits tanins si délicats en finale, délicatement ourlés par les embruns.

COLLIOURE LES JUNQUETS 2006
Rouge | 2011 à 2015 | 27,80 €   **15/20**
Il y a une influence maritime évidente dans ce collioure, délicatement salin et très long, où, comme dans le 2005, les algues complexifient la palette aromatique du cassis. Le tanin est un peu marqué et demandera de la patience.

COLLIOURE RÉVÉRENCE 2007
Rouge | 2010 à 2015 | 35 €   **16/20**
Ce vin surprend par la pureté de son nez et la noblesse de sa matière. Les tanins sont pourtant présents et gagneront à être attendus mais le vin se présente déjà corsé, indiscutablement racé, de grande buvabilité. Son prix porte la compétition au-delà des modestes 200 euros de la-petite-sibérie ou du clos-des-fées. Qui tentera la cuvée de rouge à 500 euros ?

Rouge : 19 hectares ; grenache 90%, mourvèdre 5%, syrah 5%. Blanc : 1 hectare ; grenache 80%, muscat d'Alexandrie 20%. Production totale annuelle : 55 000 bt. Visite : De 9 h à 12 h et de 14 h à 18 h. Sur rendez-vous les samedis, dimanches et jours fériés.

CLOT DE L'OUM

66720 Belesta
Tél. 06 60 57 69 62 - Fax. 04 68 62 19 78
emonne@web.de
www.clotdeloum.com

Certains vins de millésimes anciens ne nous ont pas toujours semblé posséder la précision que nous attendions, mais force est de reconnaître que l'évolution des rouges sur le millésime 2007 est remarquable sur toute la gamme de ce domaine de Belesta. Ils ont intégré la finesse de fruit du millésime, sont tous très précis, profonds, avec une buvabilité remarquable.

CÔTES DU ROUSSILLON-VILLAGES
LA COMPAGNIE DES PAPILLONS 2007
Rouge | 2009 à 2012 | 13 €   **15/20**
Comme souvent sur cette cuvée légèrement saline, le tanin est très fin et la finale rectiligne est savoureuse.

CÔTES DU ROUSSILLON-VILLAGES
NUMERO UNO 2007
Rouge | 2009 à 2012 | 28 €   **14,5/20**
Cette cuvée de syrah sur granit montre un tanin fin, délié, avec beaucoup de charme.

CÔTES DU ROUSSILLON-VILLAGES
SAINT BART VIEILLES VIGNES 2008
Rouge | 2009 à 2012 | 18 €   **14,5/20**
Joli rouge aux tanins fins, précis et gourmands.

Rouge : 13 hectares. Blanc : 1 hectare.
Production totale annuelle : 25 000 bt.
Visite : Sur rendez vous 04 68 57 82 32.

LES CLOS DE PAULILLES

Château de Jau
66600 Cases-de-Pène
Tél. 04 68 38 90 10 - Fax. 04 68 38 91 33
daure@wanadoo.fr
www.clos-de-paulilles.com

Les Clos de Paulilles et le Château de Jau, en Roussillon, appartiennent à la famille d'Estelle Dauré, qui s'est également enga-gée au Chili dans Vina Las Ninas, à Apalta. Le vignoble occupe un cirque en bord de mer, implanté en terrasses. Il profite des embruns et des variations climatiques pour produire des vins expressifs dans les trois couleurs. Le rosé n'est pas le parent pauvre de la gamme, le blanc est délicate-ment fruité et le rouge est une réussite. Les changements techniques intervenus au domaine permettent une évolution vers des fruités profonds, que sait admirable-ment souligner la race du terroir de Col-lioure. En saison, la guinguette du domaine permet de se restaurer et de déguster sereinement toute la production ainsi que celle du Château de Jau.

BANYULS 2007

Rouge Doux | 2009 à 2010 | 13,20 €   **15/20**
Joli rouge intéressant par la suavité de ses tanins, sa finale gourmande et son velouté de bouche.

COLLIOURE 2008

Blanc | 2009 à 2010 | 12,10 €   **15/20**
Les Clos de Paulilles ont, millésime après millésime, cette spécialité de blancs, fruits exotiques, pamplemousses roses, parfaits pour un apéritif dès les premiers rayons de soleil.

COLLIOURE 2008

Rosé | 2009 à 2010 | 7,50 €   **14,5/20**
Ce rosé à la robe profonde est de grande den-sité. Sa finale de caractère, fraîche mais enve-loppante est d'une longueur étonnante.

COLLIOURE 2005

Rouge | 2009 à 2013 | NC   **14,5/20**
Il se dégage de ce 2005 une matière assez svelte, gourmande, fruitée, puissante en finale. L'origine Collioure se retrouve dans une finale délicatement iodée qui ne manque pas de charme.

Production totale annuelle : 240 000 bt.

DOMAINE PIQUEMAL

1, rue Pierre-Lefranc
66600 Espira-de-l'Agly
Tél. 0468640914 - Fax. 04 68 38 52 94
contact@domaine-piquemal.com
www.domaine-piquemal.com

Piquemal, situé à Espira-de-l'Agly, est un domaine dont les vins ne manquent pas d'originalité. Le savoir-faire du domaine s'exprime dès les vins-de-pays ainsi que dans les deux cuvées phare, galatée et pygmalion.

CÔTES DU ROUSSILLON-VILLAGES GALATÉE 2008   ☺

Rouge | 2009 à 2013 | 13,95 €   **16/20**
Très belle cuvée sur de magnifiques fruits noirs croquants et charnus. Le vin a un tanin aérien et fin. Une approche de la volupté !

CÔTES DU ROUSSILLON-VILLAGES PYGMALION 2008

Rouge | 2009 à 2014 | NC   **16,5/20**
Pygmalion a un encépagement similaire à la cuvée galatée, avec un élevage partiel en bois neuf au lieu de la cuve traditionnelle. Cette oxygénation affine les tanins du vin. L'ensemble est très frais.

VIN DE PAYS DES CÔTES CATALANES JUSTIN PIQUEMAL 2008   ☺

Rouge | 2009 à 2010 | 5,10 €   **13,5/20**
Assemblage de cépages sudistes et atlan-tiques, ce vin-de-pays ne manque pas de fond.

VIN DE PAYS DES CÔTES CATALANES MUSCAT SEC 2008   ☺

Blanc | 2009 à 2010 | 5,55 €   **14/20**
Muscat très aromatique, ne cherchez pas de fond, de complexité : tout est dans cette expression extrême des fragrances du mus-cat et en fait un modèle du genre.

VIN DE PAYS DES CÔTES CATALANES PIERRE AUDONNET 2008   ☺

Rouge | 2009 à 2010 | 4,95 €   **14/20**
Le tanin de ce rouge est très rond. Dense, c'est un vin parfait pour les grillades.

Rouge : 35 hectares ; cabernet sauvignon 9%, carignan noir 6%, grenache noir 28%, merlot 11%, mourvèdre 6%, syrah 40%.
Blanc : 13 hectares ; grenache blanc 23%, maccabeu 8%, muscat à petits grains 30%, muscat d'Alexandrie 23%, vermentino 8%, viognier 8%. Production totale annuelle : 160 000 bt.
Visite : Du lundi au vendredi, de 8 h à 12 h et de 14 h à 18 h.

DOMAINE POUDEROUX

2, rue Émile-Zola
66460 Maury
Tél. 04 68 57 22 02 - Fax. 04 68 57 11 63
domainepouderoux@orange.fr
www.domainepouderoux.fr

L'essentiel de la production est tourné vers des vins doux naturels de type rimage particulièrement bien réalisés. En parallèle des vins doux naturels, le sommet de la cave est emmené par la-mouriane, constituée de vieilles syrahs et de très vieux grenaches.

CÔTES DU ROUSSILLON-VILLAGES LA MOURIANE 2006
Rouge | 2009 à 2014 | NC   **16/20**
Grand vin raffiné, sans aspérité, tout en finesse, sur les fruits à l'eau-de-vie. La finale est longue, soyeuse.

CÔTES DU ROUSSILLON-VILLAGES LATOUR DE GRÈS 2006
Rouge | 2010 à 2013 | 12 €   **13,5/20**
Rouge puissant, épicé, qui a besoin de temps pour affiner ses tanins.

CÔTES DU ROUSSILLON-VILLAGES TERRE BRUNE 2006
Rouge | 2010 à 2013 | 15 €   **14,5/20**
Cette cuvée, réalisée dans un style puissant, montre un tanin plus fin que latour-de-grès. Elle gagnera également à être attendue un peu.

MAURY HORS D'ÂGE
Rouge Doux | 2009 à 2017 | NC   **17,5/20**
Les schistes, de très vieux grenaches et une quinzaine d'années de patience sont à l'origine de cet équilibre idéal sur le caramel, la figue et les épices douces.

MAURY VENDANGE 2007
Rouge Doux | 2009 à 2018 | 13 €   **15/20**
Cette cuvée puissante est représentative du cru. Très chocolat, elle montre une finale agréable et soyeuse.

MAURY VENDANGE MISE TARDIVE 2004
Rouge Doux | 2009 à 2018 | 16 €   **16/20**
L'élevage long apporte une note de feuilles de havane en finale. Cette cuvée ne manque pas de personnalité avec sa longueur époustouflante et son crémeux en bouche !

VIN DE PAYS DES CÔTES CATALANES ROC DE PLANE 2007
Blanc | 2009 à 2011 | 12 €   **14/20**
Blanc gras, avec un réel volume en bouche. La finale aromatique est marquée par la poire, les fleurs blanches.

Rouge : 15 hectares ; carignan noir 10%, grenache noir 65%, mourvèdre 10%, syrah 15%. **Blanc :** 2 hectares ; grenache blanc 85%, maccabeu 8%, muscat à petits grains 7%. **Production totale annuelle :** 60 000 bt. **Visite :** De 11 h à 19 h.

DOMAINE DE RANCY

11, rue Jean-Jaurès
66720 Latour de France
Tél. 04 68 29 03 47 - Fax. 04 68 29 03 47
info@domaine-rancy.com
www.domaine-rancy.com

Ce domaine de Latour de France, installé sur une petite vingtaine d'hectares, s'est fait une spécialité de vins doux naturels ambrés hors du temps. On y trouvera ici une collection exceptionnelle, qui n'hésite pas à remonter au demi-siècle. Le côtes-du-roussillon rouge et le vin-de-table blanc, dans la grande tradition des jerez, sont également très intéressants. Bref, rien n'est vraiment à la mode ici mais tout est passionnant.

CÔTES DU ROUSSILLON-VILLAGES 2006
Rouge | 2009 à 2012 | 12,00 €   **15/20**
Sur les fruits noirs, le havane et les épices, ce rouge montre une longueur étonnante.

RIVESALTES 1991
Ambré Doux | 2009 à 2028 | 18,00 €   **16/20**
Très riches en arômes, curry, noix, épices, ce 1991 se termine sur les fruits secs et les poivres. Les patients lui laisseront une décennie... ou deux pour qu'il exprime l'intégralité de son potentiel.

RIVESALTES 1985
Ambré Doux | 2009 à 2020 | NC   **17/20**
1985 est ici d'un grand équilibre entre les fruits secs, les épices, la noix de muscade et les figues. La finale est savoureuse, tentatrice avec un cigare.

RIVESALTES 1959
Ambré Doux | 2009 à 2020 | NC   **18/20**
Un demi-siècle aura suffi pour amadouer cette exceptionnelle liqueur, enveloppante à souhait, figues, dattes et épices. La finale éblouissante issue des mille et une nuits incite à la volupté, pour le moins.

RIVESALTES CUVÉE LUCIE
Ambré Doux | 2009 à 2017 | NC   **15/20**
Étonnant vin sec, issu de raisins surmûris. Le profil aromatique est celui d'un grand oloroso de Xérès mais ici, le vin n'a pas été muté. Un comté ou des anchois lui iront à merveille.

Rouge : 5 hectares ; carignan noir 40%, grenache noir 30%, mourvèdre 20%, syrah 10%. **Blanc :** 13 hectares ; grenache blanc 5%. **Production totale annuelle :** 30 000 bt.

DOMAINE DE LA RECTORIE

65, avenue du Puig-Delmas
66650 Banyuls-sur-Mer
Tél. 04 68 88 13 45 - Fax. 04 68 81 02 42
larectorie@wanadoo.fr
www.la-rectorie.com

La Rectorie (le presbytère en catalan) est le nom du lieu-dit où est implanté le domaine. Marc et Pierre Parcé s'occupent de la commercialisation du domaine quand Thierry est aux vinifications. Le domaine s'est fait une spécialité de la production de grands banyuls et collioures. La Rectorie profite des embruns, dont les fragrances iodées et salines marquent délicatement les trois couleurs. Toute la gamme est de haute qualité.

BANYULS LÉON PARCÉ 2007
Rouge Doux | 2009 à 2027 | 16 €   **17,5/20**
Une autre expression de banyuls dans cette cave de qualité. Elle est plus souple en bouche avec des tanins plus arrondis que la cuvée parcé-frères dont l'attaque fruitée étonnant.

BANYULS PARCÉ FRÈRES 2007
Rouge Doux | 2009 à 2028 | 14,50 €   **17/20**
Banyuls puissant, structuré, profond en saveurs avec la jeunesse d'un fruit généreux que le temps patinera, dans la cave des amateurs patients.

COLLIOURE CÔTÉ MER 2008   ☺
Rosé | 2009 à 2010 | 14 €   **16,5/20**
Joli rosé de couleur fuchsia, long et vineux, profond, incroyablement long.

COLLIOURE CÔTÉ MER 2007
Rouge | 2009 à 2012 | 14 €   **16/20**
Toujours aussi gourmand, côté-mer ne se départ pas, millésime après millésime, de la pointe de salinité qui le positionne en archétype du terroir de Collioure.

COLLIOURE CÔTÉ MONTAGNE 2007
Rouge | 2009 à 2014 | 20 €   **15/20**
Assemblage de grenache, de carignan, de syrah et de mourvèdre, ce rouge puissant, tannique tout en restant raffiné, est original et vraiment long. Il offre le fruit caractéristique de 2007.

COLLIOURE L'ARGILE 2008
Blanc | 2009 à 2011 | 20 €   **16/20**
Les embruns ont coloré ce collioure de notes iodées et salines. Ce grand blanc très pur, marqué par la vanille, affiche beaucoup de charme.

Rouge : 19 hectares ; carignan 10%, grenache 80%, syrah 10%. Blanc : 8 hectares ; grenache 10%, grenache gris 90%. Production totale annuelle : 100 000 bt. Visite : Tous le jours sauf le dimanche, de 10 h à 12 h et de 16 h à 19 h.

DOMAINE LE ROC DES ANGES

2, place de l'Aire
66720 Montner
Tél. 04 68 29 16 62 - Fax. 04 68 29 45 31
rocdesanges@wanadoo.fr
rocdesanges.com

Marjorie Gallet est installée sur les schistes gris de Tautavel. Son domaine, Le Roc des Anges, fait partie des nouvelles références du Roussillon. Son blanc sec a su tirer le meilleur parti du très grand cépage que peut être le grenache gris lorsqu'il est vinifié avec soin. Elle a remis en culture de vieilles parcelles, qui produisent des rouges dont la qualité de tanin et la grande élégance étonnent. De plus, l'exposition des parcelles du Roc permet aux vins d'exprimer une grande fraîcheur. Tout est de haut niveau ici, en blanc comme en rouge, en vin de pays et en appellation. Le troisième BD est largement mérité au vu des derniers millésimes.

CÔTES DU ROUSSILLON-VILLAGES
SEGNA DE COR 2006   ☺
Rouge | 2009 à 2010 | 13,20 €   **16,5/20**
Vin raffiné, incroyablement frais et gourmand. Un modèle pour le Roussillon, élevé en cuves, qui a capté tout le charme du fruit de 2007.

PASSERILLÉ 2008   ☺
Blanc liquoreux | 2009 à 2015 | 18,90 €   **16/20**
Agrumes, pêche, fleurs blanches, mirabelle... la complexité aromatique est là, la fraîcheur aussi et la race de fin de bouche complète le tableau. Un magnifique 2008 des plus originaux !

VIN DE PAYS DES PYRÉNÉES-ORIENTALES 1903 2008
Rouge | 2009 à 2013 | 31,50 €   **17/20**
L'échantillon présenté avant la mise montrait une pointe d'évent qui sera rectifiée à la mise. La matière, incroyablement raffinée, en fera un prétendant des plus sérieux au mondial du carignan, s'il est organisé un jour ! Un vin magnifique.

VIN DE PAYS DES PYRÉNÉES-ORIENTALES
VIEILLES VIGNES 2007
Rouge | 2009 à 2012 | 18,40 €   **17/20**
Encore une cuvée de grande allure. Elle part dans la vie parée de bien des qualités, tanin gourmand, jus magnifique, fraîcheur et finesse.

Rouge : 14 hectares ; carignan noir 50%, grenache noir 25%, syrah 25%. Blanc : 8 hectares ; autres 80%, maccabeu 20%. Production totale annuelle : 45 000 bt. Visite : Sur rendez-vous.

DOMAINE SARDA-MALET

Mas Saint-Michel
Chemin de Sainte-Barbe
66000 Perpignan
Tél. 04 68 56 72 38 - Fax. 04 68 56 47 60
sardamalet@wanadoo.fr
www.sarda-malet.com

La qualité des fruits est une tradition chez les Malet. Dans l'un des derniers quartiers agricoles de la ville de Perpignan, Jérôme produit une gamme de vins qui fait partie de l'élite du Roussillon. Son style met en avant le raffinement, plutôt qu'une concentration extrême dont on finit toujours par se lasser. Son grand vin sec est la cuvée du terroir-de-mailloles en rouge.

CÔTES DU ROUSSILLON TERROIR DE MAILLOLES 2006
Blanc | 2009 à 2012 | 22 €   **14,5/20**
Vin puissant, miellé et long en bouche. Très aromatique, plus en largeur qu'en longueur, ce sera un joli blanc de gastronomie.

CÔTES DU ROUSSILLON TERROIR DE MAILLOLES 2005
Rouge | 2009 à 2012 | 22 €   **16,5/20**
Grand vin raffiné dont l'élevage se fond dans une matière corsée. Il exprime une remarquable finesse avec un grain de tanin racé, intensément réglisse.

RIVESALTES LA CARBASSE 2006
Rouge Doux | 2009 à 2027 | 20 €   **16/20**
Corsée, pruneaux, presque sauvage, cette cuvée sur les fruits à noyaux montre des tanins un peu rebelles qui la signent. Très cacao dans ses arômes, elle réveillera un dessert au chocolat.

RIVESALTES LE SERRAT 2000   ☺
Ambré Doux | 2009 à 2028 | 14 €   **17/20**
Magnifique rancio, pur, droit, d'une élégance irréprochable. Il magnifiera un comté, un cigare. Il ressourcera une fin de soirée consacrée à la méditation sur les grands vins oxydatifs.

VIN DE TABLE L'INSOUCIANT 5
Blanc | 2009 à 2010 | 15 €   **15/20**
Le vin évolue vers des notes de rancio. Sa couleur est magnifique, or jaune tirant vers l'ambre. Ce sera un produit de gastronomie, un bel accord vers un comté, dans le même style qu'un vin doux naturel ambré, avec moins d'alcool.

Rouge : 39 hectares. Blanc : 12 hectares. Production totale annuelle : 130 000 bt. Visite : Du lundi au vendredi, de 8 h à 12 h et de 14 h 30 à 18 h, samedi et dimanche sur rendez-vous.

DOMAINE DES SCHISTES

1, avenue Jean-Lurçat
66310 Estagel
Tél. 04 68 29 11 25 - Fax. 04 68 29 47 17
sire-schistes@wanadoo.fr
www.domaine-des-schistes.com

Sur les contreforts roussillonnais du massif des Corbières, ce domaine exploite un terroir exposé au nord et au sud-ouest, constitué de schistes gris et noirs ainsi que d'éboulis calcaires. Jacques Sire, fin dégustateur, est désormais secondé par Mickael, son fils. Les vins sont réalisés dans un style moderne qui cherche à plaire et le fait sans vulgarité.

CÔTES DU ROUSSILLON-VILLAGES LA COUMEILLE 2006
Rouge | 2011 à 2015 | 18,00 €   **15,5/20**
Cette cuvée haut de gamme a été élevée avec soin. Le boisé souligne sans la dominer la matière première. La puissance tannique de 2006 demandera à se fondre.

CÔTES DU ROUSSILLON-VILLAGES LES TERRASSES 2007   ☺
Rouge | 2009 à 2015 | 12,50 €   **16,5/20**
Ce vin velouté, avec un tanin rond et suave, s'achève avec bonheur sur une finale vraiment gourmande, racée et de grande longueur, délicatement iodée. On en redemande !

CÔTES DU ROUSSILLON-VILLAGES TRADITION 2006   ☺
Rouge | 2009 à 2011 | NC   **15/20**
Typé par le cassis et les fruits noirs, ce vin élevé en cuves est très agréable à boire dès maintenant.

MUSCAT DE RIVESALTES 2007   ☺
Blanc Doux | 2009 à 2016 | 7,80 €   **16/20**
Nous ne connaissions pas les incursions que le domaine fait dans les muscats-de-rivesaltes. Ce 2007 est très réussi, aromatique et long à souhait.

RIVESALTES SOLERA   ☺
Ambré Doux | 2009 à 2027 | 14 €   **18/20**
Cette solera est un rivesaltes réalisé dans l'esprit des jerez andalous. La finale de noix, d'orange amère, de figue sèche et de tabac blond est exceptionnelle et vraiment délicate.

VIN DE PAYS DES CÔTES CATALANES LE BOSC 2008   ☺
Blanc | 2009 à 2012 | 6,00 €   **14/20**
Joli vin-de-pays frais et friand, à boire sous les tonnelles sans jamais tomber dans l'ennui.

Rouge : 28 hectares ; carignan noir 16%, grenache noir 23%, marselan 1%, merlot 3%, mourvèdre 3%, syrah 17%. Blanc : 20 hectares ; grenache blanc 15%, maccabeu 10%, muscat à petits grains 8%, muscat d'Alexandrie 4%. Production totale annuelle : 85 000 bt. Visite : Sur rendez-vous.

DOMAINE SINGLA

4, rue de Rivoli
66250 Saint-Laurent-de-la-Salanque
Tél. 04 68 28 30 68 - Fax. 04 68 28 30 68
laurent.debesombes@free.fr
www.domainesingla.com

Passionné, Laurent de Besombes sort progressivement les vignes familiales de la
coopération. Il exploite deux terroirs, l'un
en bord de mer sur des sols argilo-calcaires et l'autre sur des terres blanches,
les calcaires de Thuir. Il convertit ses
vignes à la biodynamie et réalise les
cuvées que lui dicte chaque millésime
avec toujours des rendements très faibles.

CÔTES DU ROUSSILLON ARRELS 2006
Rouge | 2010 à 2015 | NC   **16,5/20**
Arrels est la cuvée qui regroupe les mille
meilleures bouteilles de la cave. La qualité
formelle du tanin est aboutie et en fait un
vin de grande longueur, corsé, cacaoté, très
fruits noirs.

CÔTES DU ROUSSILLON CASTELL VELL 2006
Rouge | 2009 à 2013 | NC   **15,5/20**
Vin de syrah qui imprime ici un tanin très
fin, arrondi avec beaucoup de fraîcheur. La
buvabilité est au rendez-vous.

CÔTES DU ROUSSILLON LA CRINYANE 2006
Rouge | 2009 à 2012 | NC   **15/20**
Cuvée à base de 80% de carignan, fruits
mûrs, épices, une pointe de havane qui
sèche un peu la finale. C'est un vin de forte
personnalité, avec du fond.

CÔTES DU ROUSSILLON LA PINÈDE 2006 ☺
Rouge | 2009 à 2012 | 10 €   **14,5/20**
Cerné de pinèdes, le vin porte bien son nom,
avec des notes étonnantes de résiné. Ce joli
vin original a des tanins fins et élégants,
fruits noirs et réglisse forte. Il se prêtera à
bien des associations gourmandes.

RIVESALTES HÉRITAGE DU TEMPS 2002 ☺
Ambré Doux | 2009 à 2018 | NC   **17/20**
L'attaque est très ronde, suave, la fin de
bouche abricotée est tout en charme.

VIN DE PAYS DES CÔTES CATALANES ASENCIO 2006 ☺
Rouge | 2009 à 2013 | 9 €   **15,5/20**
Bien jolie cuvée de grenache majoritaire,
où le fruit s'exprime avec grâce, sur des
saveurs gourmandes d'herbes méditerranéennes.

Rouge : 17 hectares ; carignan noir 15%, grenache
noir 40%, mourvèdre 5%, syrah 40%. **Blanc** : 25
hectares ; maccabeu 15%, muscat à petits grains
40%, roussane 5%. **Production totale annuelle** :
32 000 bt. **Visite** : Sur rendez-vous.

DOMAINE LA TOUR VIEILLE

12, route de Madeloc
66190 Collioure
Tél. 04 68 82 44 82 - Fax. 04 68 82 38 42
contact@latourvieille.fr

Le Domaine La Tour Vieille existe depuis
1982, au travers de la reprise de deux
domaines familiaux, l'un situé à Collioure
et l'autre sur la commune de Banyuls.
Jean Baills a apporté ses vignes récemment pour compléter l'offre du domaine.
Planté sur argiles et sur schistes, le
vignoble est essentiellement implanté sur
des coteaux abrupts surplombant la Méditerranée, où les nuances viennent de l'exposition, de l'altitude et de l'influence des
vents.

BANYULS RESERVA
Rouge Doux | 2009 à 2017 | 12 €   **16,5/20**
Joli banyuls aux tanins fins et serrés. La finale
est particulièrement aromatique, longue et
élégante.

COLLIOURE LA PINÈDE 2007
Rouge | 2009 à 2012 | 10 €   **15/20**
Très aromatique, des notes de... pinède au
nez précèdent une bouche aux tanins très
ronds, gourmands.

COLLIOURE LES CANADELLS 2008   ☺
Blanc | 2009 à 2011 | 13 €   **15,5/20**
Ce collioure gras et subtil a subi les
influences maritimes qui fournissent l'iode
et les notes salines de sa finale longue et
précise. Ce terroir est l'un des plus intéressants du Roussillon, quand il est servi par
une viticulture attentive.

COLLIOURE PUIG AMBEILLE 2007
Rouge | 2009 à 2011 | 13 €   **14,5/20**
Corsé, iodé, assez puissant, la finale est
épicée.

COLLIOURE PUIG ORIOL 2007   ☺
Rouge | 2009 à 2013 | 13 €   **16/20**
Nez très original d'iode et de fruits noirs, ce
rouge intense en saveurs s'achève sur de
très beaux tanins ronds et gourmands.

COLLIOURE ROSÉ DES ROCHES 2008   ☺
Rosé | 2009 à 2010 | 8 €   **15/20**
Rosé épatant, profond et charmeur, à la fois
expressif et distingué.

Rouge : 9 hectares. **Blanc** : 3,5 hectares.
Production totale annuelle : 55 000 bt.
Visite : Sur rendez-vous.

DOMAINE DE VÉNUS

13, avenue Jean-Moulin
66220 Saint-Paul-de-Fenouillet
Tél. 04 68 59 18 81 - Fax. 04 68 59 18 81
domainedevenus@aliceadsl.fr
www.domainedevenus.com

Ce nouveau domaine, fondé par une dizaine d'amis, est situé à Saint-Paul-de-Fenouillet, à l'ouest de Perpignan. On est ici sur des terres de schistes noirs patiemment remembrées pour disposer d'une petite quinzaine d'hectares. Les côtes-du-roussillon-villages regroupent les meilleures expressions de matière et ont bénéficié d'un élevage de premier plan. À peine perceptible, il sait mettre en valeur le vin et se faire discret, ce qui est, ne l'oublions pas, sa fonction première.

CÔTES DU ROUSSILLON-VILLAGES 2005
Rouge | 2009 à 2012 | 12,30 €   **14,5/20**
Le vin est passé à l'écart de la sécheresse de beaucoup de 2005, il est à la fois souple et dense, marqué par son fruité noir.

VIN DE PAYS DES CÔTES CATALANES 2007
Rouge | 2009 à 2010 | 7,05 €   **13/20**
Vin souple, marqué par les arômes de cerises noires. C'est un vin agréable, à boire sur son fruité actuel.

Rouge : 11 hectares. Blanc : 4 hectares.
Production totale annuelle : 40 000 bt.
Visite : De 9 h à 17 h sur rendez vous.

Inscrivez-vous sur

BETTANEDESSEAUVE.COM

> Suivez l'actualité du vin
> Accédez aux notes de dégustation de 25 000 vins
> Visitez les stands des producteurs

LES VIGNERONS DE TERRATS

46, avenue des Corbières
66302 Terrats
Tél. 04 68 53 02 50 - Fax. 04 68 53 23 06
contact@terrassous.com
www.terrassous.com

La Cave de Terrats est installée sur le secteur des Aspres, au sud-ouest de Perpignan, sur les contreforts du Canigou. Les vignes sont plantées sur des terres de galets roulés et des argilo-calcaires. Les cuvées pierres-plates, en blanc et en rouge, sont des vins simples mais agréables. Le-parfum et le-grenat-de-terrassous sont des vins doux naturels parfaitement fréquentables.

CÔTES DU ROUSSILLON LES PIERRES PLATES 2007
Blanc | 2009 à 2010 | env 8 €   **13,5/20**
Agréable blanc de grand volume, gras, sur les agrumes et les fruits exotiques.

CÔTES DU ROUSSILLON LES PIERRES PLATES 2006
Rouge | 2009 à 2011 | env 8 €   **13/20**
Rouge simple aux tanins ronds, parfait sur une grillade.

MUSCAT DE RIVESALTES TERRASSOUS 2008
Blanc Doux | 2009 à 2010 | env 5 €   **12,5/20**
Aromatique, ce muscat équilibré est agréable. Il conviendra à un dessert aux fruits ou à l'apéritif.

RIVESALTES GRENAT DE TERRASSOUS 2005
Rouge Doux | 2009 à 2014 | env 7 €   **14/20**
Agréable grenat, joliment fruité, fin, aromatique et long. Un joli vin de fin de repas.

RIVESALTES LE PARFUM DE TERRASSOUS 2003
Ambré Doux | 2009 à 2015 | env 7 €   **15/20**
De jolies épices, des notes de curry et de noix complexifient ce joli ambré de charme.

Production totale annuelle : 250 000 bt.
Visite : Tous les jours de 8 h 30 à 12 h et de 14 h à 18 h 30 sauf dimanches et jours fériés.

La sélection
Bettane et Desseauve
pour la Savoie
et le Bugey

Inscrivez-vous sur

BETTANEDESSEAUVE.COM

> Suivez l'actualité du vin
> Accédez aux notes de
dégustation de 25 000 vins
> Visitez les stands des
producteurs

la Savoie et le Bugey

On aurait tort de limiter les vins de Savoie à l'accompagnement roboratif des fondues après une rude journée de ski. Ses vins blancs d'altesse et de roussette rivalisent avec les meilleurs de France et quelques artistes façonnent des mondeuses capables de soutenir la comparaison avec de belles syrahs du nord du Rhône.

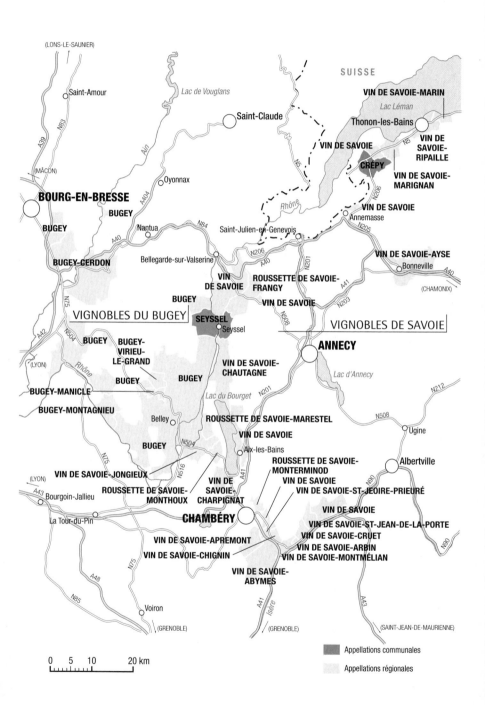

(LONS-LE-SAUNIER)

Saint-Amour

Lac de Vouglans

Saint-Claude

SUISSE

VIN DE SAVOIE-MARIN

Lac Léman

Thonon-les-Bains

VIN DE SAVOIE

VIN DE SAVOIE-RIPAILLE

CRÉPY

VIN DE SAVOIE-MARIGNAN

(MÂCON)

Oyonnax

BOURG-EN-BRESSE

BUGEY

Nantua

Saint-Julien-en-Genevois

Annemasse

VIN DE SAVOIE

BUGEY

BUGEY-CERDON

Bellegarde-sur-Valserine

VIN DE SAVOIE-AYSE

Bonneville

(CHAMONIX)

VIN DE SAVOIE-FRANGY

ROUSSETTE DE SAVOIE-FRANGY

VIN DE SAVOIE

BUGEY

VIGNOBLES DU BUGEY

SEYSSEL

Seyssel

VIGNOBLES DE SAVOIE

BUGEY

BUGEY-VIRIEU-LE-GRAND

(LYON)

Rhône

ANNECY

Lac d'Annecy

VIN DE SAVOIE-CHAUTAGNE

BUGEY

BUGEY-MANICLE

Lac du Bourget

N212

BUGEY-MONTAGNIEU

Belley

ROUSSETTE DE SAVOIE-MARESTEL

VIN DE SAVOIE

Ugine

BUGEY

Aix-les-Bains

Albertville

ROUSSETTE DE SAVOIE-MONTERMINOD

VIN DE SAVOIE

VIN DE SAVOIE-JONGIEUX

VIN DE SAVOIE-ST-JEOIRE-PRIEURÉ

(LYON)

Bourgoin-Jallieu

ROUSSETTE DE SAVOIE-MONTHOUX

VIN DE SAVOIE-CHARPIGNAT

VIN DE SAVOIE

La Tour-du-Pin

CHAMBÉRY

VIN DE SAVOIE-ST-JEAN-DE-LA-PORTE

VIN DE SAVOIE-CRUET

VIN DE SAVOIE-APREMONT

VIN DE SAVOIE-ARBIN

VIN DE SAVOIE-CHIGNIN

VIN DE SAVOIE-MONTMÉLIAN

VIN DE SAVOIE-ABYMES

Voiron

(GRENOBLE)

(GRENOBLE)

(SAINT-JEAN-DE-MAURIENNE)

Appellations communales

Appellations régionales

0 5 10 20 km

L'actualité des millésimes

En Savoie ou dans la région Bugey qui accède en 2009 à l'AOC, les millésimes sont souvent rapidement épuisés et les domaines procèdent à plusieurs mises. Les premiers vins mis en bouteilles dès le mois de février suivant la vendange sont souvent les vins à boire le plus rapidement, l'élevage étant prolongé à neuf voire douze mois pour les cuvées plus ambitieuses.

La qualité de la garde prévisible se constate souvent facilement à l'ouverture de la bouteille, la qualité du bouchon indiquant sans équivoque l'ambition de la cuvée. Fin 2009 on trouvera donc déjà le millésime 2008 à la vente ; un millésime moins mûr en moyenne que 2007 ou 2006, la dégradation de l'état sanitaire ayant encouragé certains vignerons à vendanger au plus vite. Il faudra déguster avant d'acheter les chasselas, roussettes, gamays et pinots noirs qui manquent parfois de maturité. La jacquère, le bergeron et le chardonnay se présentent plus mûrs avec de belles acidités mûres sur les meilleures cuvées. Dans les deux cas, le sucre résiduel fait malheureusement son apparition sur certains blancs, pour compenser des niveaux d'acide malique trop importants pour être agréables. Les mondeuses sont mûres mais restent marquées par la fraîcheur du millésime, avec des notes de petits fruits acidulés.

2007 est souvent plus léger que ses voisins 2006 et 2008, et en blanc si les bergerons sont bien structurés, les roussettes et jacquères sont friandes et les chardonnays du Bugey ont produit de belles cuvées équilibrées. Les mondeuses sont poivrées, de garde moyenne, les meilleurs domaines ayant eu la bonne idée de limiter l'extraction.

Profitez des meilleures cuvées de 2006 et 2005 qui pourraient encore être à la vente, les cuvées élevées plus de 12 mois devraient bien évoluer sur les 8-10 prochaines années.

Les vins préférés des lecteurs

En juin 2009, nous avons réuni plus d'une centaine d'amateurs de vin, recrutés parmi les lecteurs du Grand Guide des vins de France, qui ont dégusté des vins de toutes les régions. Les vins sélectionnés ont tous obtenu dans cette édition une notation supérieure ou égale à 14/20 ainsi qu'un ☺ et sont commercialisés à un prix public inférieur à 15 €. Plus de 600 vins ont ainsi été dégustés par les jurys de lecteurs.

VOICI LES LAURÉATS DE SAVOIE ÉLUS PAR NOS LECTEURS

Domaine André et Michel Quénard,
Vin de Savoie, Chignin vieilles vignes, Blanc sec, 2008, 5 €

Maison Uchet,
Vin de Savoie, Abymes, Blanc sec, 2008, 4,80 €

Maison Uchet,
Vin de Savoie, Apremont, Blanc sec, 2008, 4,80 €

Les meilleurs vins

> LES MEILLEURS BLANCS

Domaine des Ardoisières, Vin de pays d' Allobrogie, Quartz, 2007

La Goutte d'Or, Vin de Savoie, Crépy cuvée de Décembre, 2006

Domaine Dupasquier, Roussette de Savoie, Marestel altesse, 2006

> LES MEILLEURS BLANCS DE BERGERON

Domaine Louis Magnin, Vin de Savoie, Chignin-Bergeron Verticale, 2007

La Combe des Grand'Vignes, Vin de Savoie, Chignin-Bergeron Un Cru, Une Exception, 2006

Domaine Jean-Pierre et Jean-François Quénard, Vin de Savoie, Le Bergeron d'Alexandra, 2007

> LES MEILLEURES MONDEUSES

Domaine Louis Magnin, Vin de Savoie, Arbin mondeuse La Brova, 2006

Domaine du Prieuré Saint-Christophe, Vin de Savoie, mondeuse Prestige, 2003

Domaine Duport et Dumas, Bugey, mondeuse, 2005

Domaine de Vens-le-Haut, Vin de Savoie, mondeuse, 2006

DOMAINE DES ARDOISIÈRES

La Roche
73730 Cevins
Tél. 04 79 38 29 70
info@cavedecevins.fr
www.cavedecevins.fr

La replantation du vignoble de Cevins est un projet initié par Michel Grisard entre 1997 et 1999, qui a abouti à la première récolte en 2002. Les cuvées, issues de ce terroir de schistes riches en minéraux, revendiquent la mention vin de pays d'Allobrogie et portent des noms qui masquent leur caractère monocépage ou assemblage. Michel Grisard n'est jamais bien loin, mais c'est Brice Omont qui gère depuis 2005 l'exploitation à Cevins, en même temps qu'un petit magasin de vins parfaitement bien situé sur la route des vacances, entre Albertville et Moutier.

VIN DE PAYS D' ALLOBROGIE QUARTZ 2007
Blanc I 2010 à 2017 I NC   **16/20**
Produit à partir d'altesse, c'est un vin ample d'une grande finesse, élégant en bouche, avec du gras et une acidité fine en finale. Un vin délicieux.

VIN DE PAYS D' ALLOBROGIE QUARTZ 2006
Blanc I 2009 à 2014 I NC   **15/20**
Produit à partir d'altesse, le vin possède un nez de miel de fleurs, une bouche tendre, à l'acidité fine très mûre. L'élevage est encore présent à ce stade.

VIN DE PAYS D' ALLOBROGIE SCHISTE 2007
Blanc I 2010 à 2015 I NC   **15,5/20**
Assemblage de cinq cépages à dominante de jacquère, c'est un vin salin, ample et gras, avec une finale tendre légèrement acidulée. Un vin fin très élégant.

VIN DE PAYS D' ALLOBROGIE SCHISTE 2006
Blanc I 2009 à 2016 I NC   **15,5/20**
Assemblage de cinq cépages à majorité de jacquère, le vin est franc, avec encore une pointe de boisé au nez, puis finement acidulé et ample en bouche, avec du gras.

VIN DE TABLE AMBRE 2006
Ambré Liquoreux I 2009 à 2012 I NC   **14,5/20**
Vin liquoreux réalisé avec des altesses et pinots gris passerillés sur fil. Le vin possède des arômes de fruits exotiques, de miel et de pomme. La bouche est riche, avec un moelleux délicat et une bonne acidité. La finale est longue sur l'écorce d'agrumes. Une curiosité à découvrir.

Rouge : 1 hectare. Blanc : 5 hectares.
Production totale annuelle : 10 000 bt.
Visite : Du jeudi au samedi, de 10 h à 12 h et de 14 h à 19 h.

LE CELLIER DU PALAIS

Village de l'église
73190 Apremont
Tél. 04 79 28 33 30 - Fax. 04 79 28 28 61
bea-bernard@wanadoo.fr
www.lecellierdupalais.com

Propriété de la famille Bernard depuis 1700, le Cellier du Palais est situé sur les pentes du mont Granier. Béatrice Bernard et son père René exploitent des vignes à majorité de cépages blancs sur le cru Apremont. La lutte raisonnée est pratiquée dans les vignes et les vins sont travaillés sur la finesse avec la salinité typique des vins d'Apremont. 2008 offre de belles acidités rendant les vins très sapides.

ROUSSETTE DE SAVOIE ALTESSE 2007
Blanc I 2010 à 2017 I 6,50 €   **14,5/20**
Une roussette mûre, au nez de tilleul et de fleur d'acacia avec une pointe beurrée, sèche en bouche, avec du gras et des amers très présents. Un vin gastronomique qui vieillira bien.

VIN DE SAVOIE APREMONT JACQUÈRE 2008
Blanc I 2009 à 2011 I 4,80 €   **14/20**
Un vin ouvert, au nez de silex, sec et tonique en bouche, avec de la salinité. Un vin plaisant en été.

VIN DE SAVOIE APREMONT JACQUÈRE 2007
Blanc I 2009 à 2011 I 4,80 €   **14/20**
Un vin mûr et ouvert, au nez d'abricot frais, avec une pointe de silex, sec et gras en bouche, avec une finale saline. Un vin gourmand et élégant.

VIN DE SAVOIE APREMONT JACQUÈRE
VIEILLES VIGNES 2008
Blanc I 2010 à 2016 I 7 €   **15/20**
Produit par une vigne de plus de 80 ans d'âge, c'est un vin mûr, au nez de buis, de silex et de fumée, concentré en bouche, avec du gras et une finale saline. Une cuvée de garde à la personnalité forte, qui accompagnera les poissons d'eau douce.

VIN DE SAVOIE MONDEUSE 2007
Rouge I 2009 à 2016 I 7 €   **15/20**
Produite par des vignes sur Montmellian, c'est une mondeuse corsée, au nez de fruits noirs, ample et profonde en bouche avec des tanins soyeux et du gras. Un vin puissant qui supportera les viandes grillées et en sauce.

Blanc : 7 hectares. Production totale annuelle : 40 000 bt. Visite : Du lundi au samedi de 9 h à 12 h et de 14 h à 19 h. Fermé le dimanche.

LA COMBE DES GRAND'VIGNES

Le Vivier
73800 Chignin
Tél. 04 79 28 11 75 - Fax. 04 79 28 16 22
contact@chignin.com
www.chignin.com

Denis et Didier Berthollier se sont installés sur Chignin et exploitent des vignes sur les coteaux du cru, en particulier la partie la plus pentue sous la Savoyarde, avec des éboulis calcaires plein sud qui prennent le soleil en abondance. Les élevages longs sur lies entraînent les fermentations malolactiques, mais les vins sont secs avec du gras, avec des équilibres qui permettent une bonne garde. Un domaine à suivre.

VIN DE SAVOIE CHIGNIN VIEILLES VIGNES 2008
Blanc | 2009 à 2012 | 5,20 €   **13,5/20**
Un vin aromatique, mûr et sec en bouche, avec une finale nette. Un vin désaltérant.

VIN DE SAVOIE CHIGNIN-BERGERON
SAINT-ANTHELME 2007
Blanc | 2009 à 2017 | 13,45 €   **15,5/20**
Récolté en surmaturité et élevé sous bois, c'est un vin riche, au nez d'abricot, de miel et de noisette, ample en bouche, avec du gras. Le très léger moelleux est bien fondu, la cuvée évoluera bien avec l'âge.

VIN DE SAVOIE CHIGNIN-BERGERON UN CRU,
UNE EXCEPTION 2008
Blanc | 2009 à 2016 | 9,20 €   **15/20**
Un bergeron dense, élevé en partie sous bois, qui possède du gras et une bonne matière. Un vin à garder quelques années, belle réussite dans un millésime délicat.

VIN DE SAVOIE CHIGNIN-BERGERON UN CRU,
UNE EXCEPTION 2006
Blanc | 2009 à 2014 | cav. env 10 €   **16/20**
Un vin au bouquet complexe, minéral avec une pointe fumée, dense en bouche, avec de la profondeur et du gras.

VIN DE SAVOIE MONDEUSE 2008
Rouge | 2009 à 2014 | 5,80 €   **14/20**
Une mondeuse fruitée au caractère épicé, légère en bouche, avec de la finesse et des tanins polis. Un vin à boire jeune.

VIN DE SAVOIE MONDEUSE VIEILLES VIGNES 2002
Rouge | 2009 à 2017 | cav. env 8,50 €   **15/20**
Une mondeuse issue de vieilles vignes, fruitée au nez avec des fruits rouge et des épices, corsée en bouche avec des tanins fins déjà fondus. La charpente acide contribue à la droiture du vin.

Rouge : 1,5 hectare. Blanc : 7,5 hectares.
Production totale annuelle : 55 000 bt.
Visite : De 9 h à 12 h et de 14 h à 19 h,
le week-end sur rendez-vous.

CAVE DELALEX

Marinel
74200 Marin
Tél. 04 50 71 45 82 - Fax. 04 50 71 06 74
samueldelalex@wanadoo.fr
www.domaine-delalex.com

Claude Delalex et son fils Samuel gèrent le domaine familial, produisant principalement du chasselas sur le cru Marin et une petite quantité de gamay. Le cru Marin trouve ici un producteur de choix, en particulier sur la cuvée clos-du-pont, issue d'une parcelle pentue sur les bords de la Dranse. Légers en alcool, les vins sont gourmands et immédiatement plaisants.

VIN DE SAVOIE GAMAY 2008
Rouge | 2009 à 2012 | 5 €   **13/20**
Un gamay fruité, au nez de petits fruits avec une pointe épicée, friand en bouche avec une finale nette. Un vin plaisant.

VIN DE SAVOIE MARIN 2007
Blanc | 2009 à 2013 | 5 €   **14/20**
Un chasselas au nez printanier, sec et frais en bouche avec du gras. Une cuvée saline, très facile à boire.

VIN DE SAVOIE MARIN CLOS DU PONT 2007
Blanc | 2010 à 2013 | 6 €   **14,5/20**
Un vin structuré, au nez de silex et de fleurs blanches, franc en bouche avec une finale saline. À garder quelques années.

Rouge : 0,8 hectare. Blanc : 7 hectares.
Production totale annuelle : 45 000 bt.
Visite : De 9 h à 12 h et de 15 h à 19 h,
sauf le dimanche.

DOMAINE DUPASQUIER

Aimavigne
73170 Jongieux
Tél. 04 79 44 02 23 - Fax. 04 79 44 03 56

Noël Dupasquier fait partie des vignerons à la fois discrets et incontournables en Savoie. Les élevages de près d'un an en foudres, plutôt inhabituels pour la région, apportent de la structure et du gras à des vins issus de raisins récoltés mûrs. Sur l'impressionnant coteau calcaire très pentu de Marestel, l'altesse se sublime, et développe avec le temps une complexité et une minéralité dignes des plus grands blancs. 2006 a produit des vins très mûrs qui mériteront d'être conservés quelques années.

ROUSSETTE DE SAVOIE ALTESSE 2006
Blanc | 2009 à 2016 | 7,30 €   **15/20**
Une altesse mûre, au nez de miel et d'agrumes confits, pure et dense en bouche avec de la minéralité. La finale est longue, avec une pointe d'écorce d'orange.

ROUSSETTE DE SAVOIE MARESTEL ALTESSE 2006
Blanc | 2010 à 2021 | 9,50 €   **15,5/20**
Un marestel récolté très mûr, avec un nez de miel et de pamplemousse rose, riche en bouche, avec une légère note grillée et une douceur discrète qui devra se fondre avec le temps. Un grand vin de garde.

VIN DE SAVOIE 2007
Rosé | 2009 à 2010 | 5,90 €   **13/20**
Un rosé de saignée à majorité gamay, floral au nez avec une petite note fruitée, souple en bouche avec une belle fraîcheur en finale.

VIN DE SAVOIE CHARDONNAY 2006
Blanc | 2009 à 2014 | 7,10 €   **13/20**
Un chardonnay de vieilles vignes, récolté à forte maturité, qui présente un nez de miel de fleurs avec une pointe de fruits jaunes, et une bouche acidulée qui conserve une légère douceur. À réserver à l'apéritif.

VIN DE SAVOIE JACQUÈRE 2007
Blanc | 2009 à 2011 | 5,50 €   **14/20**
Une jacquère franche, à l'acidité mûre, salée en bouche avec une bonne densité.

VIN DE SAVOIE MONDEUSE 2006
Rouge | 2011 à 2021 | 7,30 €   **14,5/20**
Une mondeuse de garde, au nez de fruits rouges, dense en bouche avec des tanins fermes encore présents.

Rouge : 6 hectares ; gamay 15%, mondeuse 11%, pinot 15%. **Blanc :** 8 hectares : altesse 7%, chardonnay 33%, jacquère 19%, mondeuse 11%. **Production totale annuelle :** 80 000 bt. **Visite :** Du lundi au samedi, de 8 h 30 à 12 h et de 14 h 30 à 19 h 30. Le matin sur rendez-vous.

DOMAINE DUPORT ET DUMAS

Pont Bancet
01680 Groslee
Tél. 04 74 39 75 19 - Fax. 04 74 39 70 05
duportdumas.vinsdubugey@orange.fr

Jean-Philippe Dumas, aidé par son beau-père Jacques Duport, a quitté le domaine familial et créé en 1996 ce domaine situé sur les éboulis calcaires de Groslée. Si roussette et mondeuse réussissent bien, le chardonnay et le pinot noir, issus du Clos du Colombier derrière le domaine, donnent des résultats intéressants après un élevage sur lies de neuf mois en fûts. Après la remise en ordre des vignes, la cuverie est progressivement renouvelée. Les travaux d'amélioration devraient faire encore progresser les vins.

BUGEY CHARDONNAY 2007
Blanc | 2009 à 2013 | 4,75 €   **13,5/20**
Un vin floral, qui possède du corps et une fine acidité, de bonne netteté.

BUGEY CHARDONNAY CLOS DU COLOMBIER 2006
Blanc | 2009 à 2014 | 6,45 €   **14,5/20**
Issu de vieux chardonnays sur un coteau de marnes blanches, le vin se montre dense, profond avec un caractère épicé en bouche. Un vin qui passera très bien à table.

BUGEY MONDEUSE 2005
Rouge | 2009 à 2020 | 6,45 €   **16/20**
Une mondeuse concentrée, au nez de violette et de mûre, dense en bouche, avec du corps et une acidité fine. La finale est longue avec des notes de myrtille et de poivre. Une grande mondeuse, qui sera de garde.

BUGEY MOUSSEUX MONTAGNIEU MÉTHODE TRADITIONNELLE
Blanc Brut effervescent | 2009 à 2010 | 6,45 € **14/20**
Mousseux à base de chardonnay, altesse et pinot noir, c'est une cuvée fruitée et fraîche, dotée d'arômes très nets, ample et vineuse en bouche avec un dosage modéré.

BUGEY PINOT NOIR CLOS DU COLOMBIER 2007
Rouge | 2010 à 2017 | 6,45 €   **14/20**
Élevé en fûts, c'est un vin épicé qui possède une trame dense en bouche. À garder

Rouge : 4.42 hectares ; gamay 23,9%, mondeuse 9,1%, pinot noir 11,3%. **Blanc :** 4.78 hectares ; chardonnay 43,1%, pinot gris 4.5%, roussette 2.3%. **Production totale annuelle :** 67 000 bt. **Visite :** Du lundi au vendredi, sur rendez-vous. Samedi, de 9 h à 12 h et de 14 h à 19 h.

LA GOUTTE D'OR

Domaine de la Grande Cave de Crépy
BP 7
74140 Douvaine
Tél. 04 50 94 01 23 - Fax. 04 50 94 19 86
clmercier74@aol.com

Claude et Brigitte Mercier ont lancé une entreprise ambitieuse de reconquête du chasselas haut-savoyard, en exploitant les 39 hectares de leur grand domaine, planté aux quatre cinquièmes de ce cépage familier des rives du lac Léman. Plus du tiers du domaine est travaillé en biodynamie, le reste en agriculture raisonnée, et tout est mis en œuvre pour produire les meilleurs raisins. Élevages longs, récoltes tardives, l'entreprise se montre régulière dans les derniers millésimes, avec des 2008 à l'acidité fine qui les rend savoureux.

CRÉPY NATURE DE CHASSELAS 2008
Blanc | 2009 à 2013 | NC   **15/20**
La cuvée issue des vignes en biodynamie est aromatique, sur la pierre et les fleurs blanches, puis ample en bouche, avec une grande pureté et du gras. La finale est longue et saline. Un chasselas de gastronomie, à boire frais mais non glacé.

CRÉPY NATURE DE CHASSELAS 2007
Blanc | 2009 à 2012 | 8,60 €   **14,5/20**
La cuvée issue de viticulture biologique offre un nez de fleurs blanches et de silex, avec un gras magnifique en bouche, qui enrobe une structure sèche de bonne densité. La finale saline possède de la longueur. Un chasselas à boire frais, mais non glacé.

VIN DE SAVOIE CRÉPY 2008
Blanc | 2009 à 2012 | 5,75 €   **13,5/20**
Une cuvée de chasselas aux arômes printaniers, qui possède du corps, une belle acidité fine et du gras. Un vin désaltérant, parfait à boire en été.

VIN DE SAVOIE CRÉPY CUVÉE DE DÉCEMBRE 2006
Blanc liquoreux | 2009 à 2016 | 15 €   **15,5/20**
Une récolte tardive de décembre a produit un vin au nez de verveine et de miel, moelleux en bouche avec de la fraîcheur.

VIN DE SAVOIE CRÉPY CUVÉE DES FONDATEURS 2008
Blanc | 2009 à 2012 | 8,30 €   **14,5/20**
Une sélection de vieilles vignes de chasselas a donné un vin ample, au nez de fleurs blanches et de silex, ample en bouche, avec du gras et une fine salinité. À noter la bouteille originale, bleue, en forme de goutte.

Rouge : 4 hectares ; gamay 4%, gamay 4%, mourvèdre 4%. Blanc : 35 hectares ; chasselas 88%.
Production totale annuelle : 300 000 bt. Visite : Du Lundi au vendredi de 8 h à 12 h et de 13 h 30 à 18 h.

JEAN-PIERRE ET PHILIPPE GRISARD

La Tronche
73250 Freterive
Tél. 04 79 28 54 09 - Fax. 04 79 71 41 36
gaecgrisard@aol.com
www.domainegrisard.com

Jean-Pierre et Philippe Grisard ont la double activité de pépiniériste et de viticulteur. C'est donc plus de dix cépages différents qui sont proposés dans une vaste gamme de plus de vingt cuvées. Viticulture respectueuse de l'environnement, travail des sols, le domaine ne ménage pas ses efforts pour récolter des raisins de qualité. La gamme est vaste mais sans faille, et lorsque le millésime le permet, les vins savent se montrer grandioses. Ils sont alors d'un rapport qualité-prix exceptionnel.

VIN DE SAVOIE JACQUÈRE 2008
Blanc | 2009 à 2012 | 4,10 €   **13,5/20**
Une jacquère au nez de pierre-à-fusil et d'agrumes frais, nette en bouche, avec de la salinité et de légers amers en finale. Un vin tonique et frais.

VIN DE SAVOIE MONDEUSE 2007
Rouge | 2009 à 2013 | 5,70 €   **13/20**
Un vin léger au nez fruité, assez dense en bouche, avec de la fraîcheur.

VIN DE SAVOIE PERSAN CUVÉE PRESTIGE 2007
Rouge | 2009 à 2012 | 10 €   **15/20**
Produit à partir d'un ancien cépage local, le vin est aromatique, sur les petits fruits noirs, puis concentré en bouche, avec une acidité fine et des tanins gras. Une belle réussite.

VIN DE SAVOIE SAINT-JEAN DE LA PORTE MONDEUSE 2007
Rouge | 2009 à 2017 | 7,10 €   **15/20**
Un vin ouvert, au nez de mûre, souple en bouche avec une bonne concentration, des tanins fins et une fine acidité en finale. Un vin à boire dès à présent ou à garder.

Rouge : 13 hectares. Blanc : 7 hectares.
Production totale annuelle : 110 000 bt.
Visite : De 8 h à 12 h et de 13 h 30 à 18 h 30.

DOMAINE LOUIS MAGNIN

90, chemin des Buis
73800 Arbin
Tél. 04 79 84 12 12 - Fax. 04 79 84 40 92
louis.magnin@wanadoo.fr
www.domainelouismagnin.fr

Louis et Béatrice Magnin jouissent d'une réputation largement méritée. Fleurons de la région savoyarde, reconnus par la grande restauration et par des amateurs du monde entier, leurs vins sont denses, mûrs, et surtout constants d'un millésime à l'autre. Le travail acharné à la vigne et les élevages longs donnent naissance à des cuvées qu'il faut souvent garder quelques années en bouteilles pour qu'elles donnent toute leur mesure. Le délicat millésime 2008, goûté en cave, démontre une nouvelle fois le savoir-faire avec une réussite complète dans toutes les cuvées.

ROUSSETTE DE SAVOIE 2007
Blanc | 2009 à 2017 | 13,50 €   **15/20**
Une roussette mûre, au nez d'agrumes et de poire, ample en bouche, avec une acidité fine qui lui donne du relief. Une roussette d'équilibre sec, parfaite sur des poissons.

VIN DE SAVOIE ARBIN MONDEUSE 2007
Rouge | 2009 à 2017 | 8,50 €   **15/20**
Un vin au fruité éclatant, pur en bouche avec des tanins fins et fondus. Une belle réussite déjà facile à boire jeune.

VIN DE SAVOIE ARBIN MONDEUSE LA BROVA 2006
Rouge | 2011 à 2026 | 15 €   **17,5/20**
Le vin est marqué par l'élevage sous bois, avec des arômes toastés, la bouche est ample, profonde et d'une grande concentration avec des tanins encore asséchants à ce stade. C'est le grand rouge de Savoie par excellence, et un grand vin de garde.

VIN DE SAVOIE ARBIN MONDEUSE LA ROUGE 2006
Rouge | 2011 à 2026 | 13 €   **17/20**
Mûr, concentré, élevé longuement, la-rouge propose un vin de garde bien né, qui devra être gardé quelques années pour donner toute sa mesure. Les arômes de fruits noirs sont nets, avec une pointe de poivre, et les tanins sont riches et mûrs, encore très présents.

VIN DE SAVOIE ARBIN MONDEUSE VIEILLES VIGNES 2007
Rouge | 2009 à 2022 | 13 €   **16/20**
Des vignes de plus de 90 ans sur moraine glacière ont donné un vin profond, au nez de fruits noirs, dense en bouche avec des tanins mûrs qui apportent de la richesse. Un vin de garde.

VIN DE SAVOIE CHIGNIN 2007
Blanc | 2009 à 2012 | 6 €   **14/20**
Une jacquère franche, au nez d'agrumes frais, acidulée en bouche, avec une finale citronnée.

VIN DE SAVOIE CHIGNIN-BERGERON 2007
Blanc | 2010 à 2017 | env 12 €   **15,5/20**
Un bergeron sec, élevé plus de 18 mois sur lies, avec du gras et beaucoup de profondeur. Un grand vin déjà abordable.

VIN DE SAVOIE CHIGNIN-BERGERON BAOBAB 2007
Blanc liquoreux | 2009 à 2017 | 50 € les 50 cl   **16/20**
Une récolte tardive de bergeron a donné un vin moelleux très élégant au nez d'ananas et d'abricot sec, tendre en bouche avec une acidité fine et une grande pureté.

VIN DE SAVOIE CHIGNIN-BERGERON GRAND ORGUE 2006
Blanc | 2009 à 2016 | 15 €   **17,5/20**
Cuvée prestige issue d'une sélection parcellaire, le millésime 2006 se présente très bien en bouteilles, avec un équilibre mûr sans être surmûri, et une bonne acidité fine restant après la fermentation malolactique. Les arômes de chèvrefeuille et de miel sont discrets, la bouche présente déjà beaucoup de relief, avec de la profondeur et du gras. Après le grand 2005 et avant les magnifiques 2007 et 2008 à venir, 2006 témoigne de la grande régularité de cette cuvée, qui tutoie les sommets des plus grands blancs de Savoie.

VIN DE SAVOIE CHIGNIN-BERGERON VERTICALE 2007
Blanc | 2009 à 2017 | 50 € le magnum **16,5/20**
Les parcelles en biodynamie ont été mises en bouteilles à part et ont produit des magnums d'un vin ample, d'une très grande pureté avec de la chair et de la profondeur. Un équilibre proche de la perfection des grands chignin-bergerons.

Rouge : 4 hectares ; gamay 2%. **Blanc :** 3,5 hectares ; altesse 10%, mondeuse 50%, roussanne 38%.
Production totale annuelle : 40 000 bt.
Visite : Du lundi au samedi, sur rendez-vous.

FRANCK PEILLOT

Au Village
01470 Montagnieu
Tél. 04 74 36 71 56 - Fax. 04 74 36 14 12
franckpeillot@aol.com

Aux commandes du domaine familial depuis bientôt dix ans, Franck Peillot travaille chardonnay, altesse et mondeuse avec une même passion, produisant des mousseux et des vins tranquilles de bonne tenue. Si les mousseux bruts sont des références dans la région, la roussette-de-montagnieu et la mondeuse sont à découvrir.

BUGEY MONTAGNIEU MONDEUSE 2007 ☺
Rouge | 2009 à 2017 | 7,10 €   **15/20**
Une mondeuse intense au nez de violette et de poivre, dense en bouche avec du corps et une bonne finesse. Très typée, c'est un vin déjà agréable jeune.

BUGEY MOUSSEUX MONTAGNIEU
MÉTHODE TRADITIONNELLE
Blanc Brut effervescent | 2009 à 2010 | 6,80 €   **14/20**
Assemblage de chardonnay et roussette, c'est une cuvée fruitée dense, à la mousse compacte, élégante, avec une bulle légère.

BUGEY MONTAGNIEU ALTESSE 2008
Blanc | 2009 à 2012 | 7,90 €   **13/20**
Une roussette au nez de bourgeon de cassis, fraîche en bouche, avec une légère douceur perceptible.

Rouge : 2 hectares. Blanc : 4 hectares.
Production totale annuelle : 45 000 bt.
Visite : Sur rendez-vous.

DOMAINE DU PRIEURÉ SAINT-CHRISTOPHE

Domaine Saint-Christophe
Les Caves Dessous
73250 Fréterive
Tél. 04 79 28 62 10 - Fax. 04 79 28 62 10
michelgrisard@wanadoo.fr

Recherchant la meilleure qualité possible, prêt à prendre des risques dans les vignes et en cave, au risque justement de produire des vins très différents d'une année à l'autre, Michel Grisard poursuit son développement avec l'enthousiasme d'un jeune vigneron fraîchement installé, à l'heure où d'autres de son âge penseraient plus à leur retraite douillette. Avec Brice Omont, il a créé le Domaine des Ardoisières sur le vignoble de Cevins, qu'il a replanté.

ROUSSETTE DE SAVOIE 2007
Blanc | 2010 à 2017 | 16 €   **15/20**
Une roussette ample, au nez citronné, gras en bouche, avec une grande pureté.

VIN DE SAVOIE MONDEUSE PRESTIGE 2004
Rouge | 2009 à 2024 | 34 €   **16/20**
Le nez est riche, mûr et marqué par l'élevage long. La bouche est ample, concentrée, avec du gras et des tanins riches qui sont très soyeux. Une grande mondeuse en 2004.

VIN DE SAVOIE MONDEUSE PRESTIGE 2003
Rouge | 2009 à 2023 | 36 €   **16,5/20**
Un mondeuse très concentrée, au nez de fruits noirs et d'épices, profonde en bouche, avec des tanins riches et gras qui assèchent encore la finale. Un vin à garder.

VIN DE SAVOIE MONDEUSE TRADITION 2006
Rouge | 2010 à 2021 | 16 €   **15/20**
Une mondeuse au fruité intense, souple en bouche avec des tanins gras encore présents en finale. Délicieuse jeune après carafage, elle vieillira bien. Pas de cuvée prestige en 2006.

VIN DE SAVOIE MONDEUSE TRADITION 2005
Rouge | 2010 à 2020 | 17 €   **14/20**
Une mondeuse élevée exceptionnellement en cuves, fumée au nez avec une note de suie, fruitée en bouche avec des tanins fins encore secs en finale. Pas de cuvée prestige en 2005.

Rouge : 4 hectares. Blanc : 2 hectares.
Production totale annuelle : 20 000 bt.
Visite : Sur rendez-vous.

DOMAINE ANDRÉ ET MICHEL QUÉNARD

Torméry
Cidex 210
73800 Chignin
Tél. 04 79 28 12 75 - Fax. 04 79 28 19 36
am.quenard@wanadoo.fr

Situé sur le coteau pentu de Torméry à Chignin, le domaine exploite de belles parcelles sur un terroir idéal, composé d'un sol argilo-calcaire pierreux qui repose sur un socle calcaire. Dans une gamme toujours très homogène, 2008 se présente mûr et frais avec des acidités gourmandes, tant en blanc qu'en rouge, qui leur donnent de la sapidité.

VIN DE SAVOIE CHIGNIN 2008
Blanc | 2009 à 2011 | 4,50 €   **13,5/20**
Un vin élégant, au nez de poire et de silex, sec en bouche, avec un léger perlant et du croquant

VIN DE SAVOIE CHIGNIN MONDEUSE VIEILLES VIGNES 2008
Rouge | 2009 à 2015 | 6,50 €   **14,5/20**
Une mondeuse concentrée, au nez de fruits noirs, dense en bouche, avec de la profondeur et du gras.

VIN DE SAVOIE CHIGNIN VIEILLES VIGNES 2008 ☺
Blanc | 2009 à 2011 | 5,50 €   **15/20**
Un joli fruité sur cette cuvée délicieuse, marquée par une fine acidité mûre, un léger perlant et de la chair en bouche. Un vin gourmand, parfait en été.

VIN DE SAVOIE CHIGNIN-BERGERON 2008
Blanc | 2009 à 2013 | 7,50 €   **14/20**
Le vin est mûr et aromatique sur l'abricot frais, pur et légèrement moelleux en bouche, avec une acidité fine.

VIN DE SAVOIE CHIGNIN-BERGERON LES TERRASSES 2008
Blanc | 2009 à 2010 | 9,80 €   **15/20**
Les parcelles les plus pentues du coteau de Tormery sont cultivées en terrasses, donnant des raisins récoltés tardivement. Le 2008 est un bergeron mûr, au nez de fruits jaunes, ample et acidulé en bouche, avec du fond.

VIN DE SAVOIE LES ABYMES 2008 ☺
Blanc | 2009 à 2012 | 4,30 €   **14,5/20**
Un vin gourmand, au nez de fruits à chair blanche et de silex, salin et fin en bouche, avec une belle fraîcheur en finale.

Rouge : 6 hectares ; gamay 10%, mondeuse 10%, pinot noir 3%. Blanc : 18 hectares ; altesse 5%. jacquère 35%, roussane 36%. Production totale annuelle : 180 000 bt. Visite : Dégustation et vente le matin jusqu'à 11 h 45, l'après-midi de 13 h 30 à 16 h 45. De préférence sur rendez-vous.

LES FILS DE RENÉ QUÉNARD

Les Tours
Le Villard
73800 Chignin
Tél. 04 79 28 01 15 - Fax. 04 79 28 18 98
fils.rene.quenard@wanadoo.fr
lesfilsderenequenard.com

Jacky et Georges Quénard ont vendu fin 2008 leur domaine à Claire Taittinger et au négociant Philippe Viallet. Les vins proposés à la dégustation ont les mêmes étiquettes que l'année dernière, avec des prix en hausse et une qualité qui nous a semblé en baisse sur les échantillons dégustés. Nous attendons de voir les prochaines cuvées 2008 pour évaluer l'évolution du domaine.

VIN DE SAVOIE CHIGNIN LA MARÉCHALE 2007
Blanc | 2009 à 2011 | 6 €   **13/20**
Élevé sur lies, c'est un vin ample et gras qui possède du fond, mais qui manque de tonus sur cette mise.

VIN DE SAVOIE CHIGNIN-BERGERON LA BERGERONNELLE 2007
Blanc | 2009 à 2017 | 9,60 €   **13/20**
Un bergeron de bonne maturité, au nez d'abricot et de pain grillé, ample en bouche, avec un équilibre sec et du gras. L'ensemble manque toutefois de pureté.

Rouge : 3.4 hectares ; mondeuse 11%, pinot noir 8%. Blanc : 10.6 hectares ; bergeron (Roussanne) 54%, jacquère 25%. Production totale annuelle : 140 000 bt. Visite : De 9 h à 12 h et de 14 h à 18 h.

Inscrivez-vous sur

BETTANEDESSEAUVE.COM

> Suivez l'actualité du vin
> Accédez aux notes de dégustation de 25 000 vins
> Visitez les stands des producteurs

DOMAINE JEAN-PIERRE ET JEAN-FRANÇOIS QUÉNARD

Caveau de la Tour Villard
73800 Chignin
Tél. 04 79 28 08 29 - Fax. 04 79 28 18 92
j.francois.quenard@wanadoo.fr
www.jf-quenard.com

Jean-François Quénard a pris la suite de son père au domaine familial et a contribué à tripler la taille du domaine depuis son arrivée en 1987. Pratiquant l'agriculture raisonnée, le domaine produit des vins équilibrés, avec un haut de gamme élevé longuement sur lies avec bâtonnage. Les 2007 et 2008 sont très réussis, contribuant à porter haut la réputation des vins de Chignin. Si les prix décollent et rejoignent progressivement le niveau de qualité des vins, ils restent très raisonnables en comparaison d'autres régions.

ROUSSETTE DE SAVOIE CUVÉE ANNE-SOPHIE 2007
Blanc | 2010 à 2017 | 8,70 €   **14/20**
Un vin mûr au nez fruité, ample en bouche, avec une bonne concentration et du gras. Un vin bien structuré qui vieillira bien.

VIN DE SAVOIE CHIGNIN
ANNE DE LA BIGUERNE 2008
Blanc | 2009 à 2011 | 5,60 €   **14,5/20**
Issu de vieilles vignes et élevé sur lies, c'est un vin sec, ouvert et minéral, avec une fine salinité en bouche.

VIN DE SAVOIE CHIGNIN-BERGERON
VIEILLES VIGNES 2007
Blanc | 2009 à 2017 | 11,90 €   **15,5/20**
Un bergeron profond, au nez très pur de fruits frais, dense en bouche avec de la minéralité et une grande longueur.

VIN DE SAVOIE LE BERGERON D'ALEXANDRA 2007
Blanc Doux | 2009 à 2017 | 15,50 €   **16/20**
Des raisins cueillis en surmaturité ont produit un vin moelleux d'une grande finesse, élégant au nez avec de l'abricot mûr, profond en bouche avec une douceur bien intégrée. Un vin parfait au dessert ou sur un foie gras poêlé, qui vieillira bien.

VIN DE SAVOIE MONDEUSE CUVÉE ÉLISA 2007
Rouge | 2009 à 2015 | 10,50 €   **15/20**
Un vin mûr, au nez fruité, souple en bouche, avec des tanins gras présents en finale. Un vin tendre déjà savoureux, qui démontre que la mondeuse peut produire des vins délicieux lorsqu'elle est récoltée à maturité suffisante.

Rouge : 3 hectares ; 2%, gamay 2%. Blanc : 13 hectares ; 18%, 23%, jacquère 54%, roussette 1%.
Production totale annuelle : 110 000 bt.

DOMAINE PASCAL ET ANNICK QUÉNARD

Le Villard
Cidex 4800
73800 Chignin
Tél. 04 79 28 09 01 - Fax. 04 79 28 13 53
pascal.quenard.vin@wanadoo.fr

Pascal Quénard est désormais le seul de la famille à produire du vin, son père Raymond ayant pris officiellement sa retraite en 2006. Les vins sont élevés longtemps en cuves et font presque systématiquement leur fermentation malolactique, ce qui donne, après un peu de garde en bouteille, des vins purs et de bonne densité, marqués pas la profondeur des vins issus des parcelles sur socle calcaire. En 2007 et 2008, jacquère et bergeron ont donné des vins blancs mûrs parfaitement structurés.

VIN DE SAVOIE CHIGNIN VIEILLES VIGNES 2008
Blanc | 2009 à 2012 | 6 €   **14,5/20**
Produit par une vigne centenaire, c'est un vin ample, au nez de fruits à chair blanche, très pur en bouche, avec du gras. Un vin fin remarquable de précision.

VIN DE SAVOIE CHIGNIN-BERGERON CUVÉE NOÉ 2007
Blanc | 2010 à 2017 | 11 €   **15/20**
Après une année d'élevage en foudres neufs, le vin est marqué par un léger boisé au nez, puis ample et minéral en bouche, avec du gras et une longue finale fruitée. Un bergeron de garde, plus austère à ce stade que la version tirée de cuve, goûtée l'année dernière.

VIN DE SAVOIE CHIGNIN-BERGERON CUVÉE NOÉ 2006
Blanc | 2009 à 2015 | 13 €   **16/20**
L'assemblage des meilleures cuves a donné un bergeron riche, très pur. Le nez est marqué par le miel d'acacia et les fleurs blanches, la bouche est ample et élégante, avec du gras.

VIN DE SAVOIE CHIGNIN-BERGERON CUVÉE NOÉ 2005
Blanc | 2009 à 2013 | NC   **16/20**
Originaire en grande partie d'une parcelle en milieu de coteau sous le château, le vin est à maturité, avec un équilibre remarquable sur les fruits secs et le miel, et une bouche ample, profonde, avec du gras.

VIN DE SAVOIE MONDEUSE LA SAUVAGE 2007
Rouge | 2009 à 2015 | 8 €   **14/20**
Une mondeuse racée qui mérite son nom, très épicée au nez, avec une pointe de petits fruits rouges, dense en bouche avec des tanins mûrs. Un vin riche qui supportera la garde.

Rouge : 2 hectares ; gamay 8%, mondeuse 14%. Blanc : 6 hectares ; bergeron (Roussanne) 30%, jacquère 48%. Production totale annuelle : 40 000 bt. Visite : Du lundi au samedi, de 9 h à 12 h et de 14 h à 19 h.

DOMAINE DE RIPAILLE

Domaine de Ripaille
74200 Thonon-les-Bains
Tél. 04 50 71 75 12 - Fax. 04 50 71 72 55
domaine.ripaille@wanadoo.Fr
www.ripaille.com

Le domaine historique, situé sur les rives du lac Léman à Thonon-les-Bains, produit une seule cuvée de chasselas en cru Ripaille, avec des mises en bouteille échelonnées en fonction de la maturité des cuvées. La maîtrise des rendements, la récolte à maturité et une vinification avec fermentation malolactique permettent de produire un vin dense, de bonne tenue, qui possède de la densité et du gras. Un compagnon idéal des poissons de lac.

VIN DE SAVOIE RIPAILLE 2008
Blanc | 2009 à 2013 | 6,10 €   **14,5/20**
Un millésime mûr qui possède une belle acidité, frais en bouche, avec un fruité mûr. À boire à l'apéritif ou sur des poissons du Lac.

VIN DE SAVOIE RIPAILLE 2007
Blanc | 2009 à 2015 | 6,10 €   **14,5/20**
Un vin mûr, au nez de fleurs blanches, ample en bouche, avec du gras. La finale est nette et légèrement amère, donnant une bonne structure à l'ensemble.

Rouge : 2 hectares. Blanc : 18 hectares.
Production totale annuelle : 140 000 bt.

DOMAINE SAINT-GERMAIN

Route du Col-du-Frêne
73250 Saint-Pierre-d'Albigny
Tél. 04 79 28 61 68 - Fax. 04 79 28 61 68
vinsstgermain1@aol.com

La pluralité des cépages blancs et rouges montre le souci d'exploiter au mieux les ressources du terroir, avec en particulier des gamays, pinots noirs et chardonnays qui sont très au-dessus des vins médiocres que la région produit généralement. Les vins du millésime 2007, goûtés après leur mise en bouteille sont magnifiques, en particulier les mondeuses et le persan, et 2008 est prometteur. Un jeune domaine à suivre de près.

ROUSSETTE DE SAVOIE ALTESSE 2007
Blanc | 2009 à 2015 | 7,80 €   **14,5/20**
Une roussette mûre, qui possède une acidité fine, franche en bouche avec du gras. Un vin équilibré qui possède de légers amers en finale.

VIN DE SAVOIE 2008
Blanc | 2009 à 2011 | 5,40 €   **14/20**
Une jacquère fraîche, au fruité net dominé par les fruits à chair blanche, ample en bouche, avec une fine salinité et une acidité mûre.

VIN DE SAVOIE 2008
Rosé | 2009 à 2011 | 5,40 €   **13,5/20**
Un vin produit par la mondeuse, franc au nez, avec un joli fruit rehaussé par une pointe de pamplemousse, et une bouche franche et acidulée. Un vrai rosé d'été.

VIN DE SAVOIE MONDEUSE
LE PIED DE LA BARME 2007
Rouge | 2009 à 2022 | 7,80 €   **15,5/20**
Une mondeuse épicée au nez de cassis, ample en bouche, avec de la pureté. Délicieuse jeune, c'est une cuvée qui vieillira bien.

VIN DE SAVOIE PERSAN 2008
Rouge | 2010 à 2018 | 9,60 €   **15/20**
Issu d'un cépage ancien réhabilité par le domaine, c'est un vin épicé, au nez de myrtille, ample et gras en bouche avec une acidité fine. Un vin délicieux qui se conservera bien.

VIN DE SAVOIE PERSAN 2007
Rouge | 2010 à 2022 | 9,60 €   **15,5/20**
C'est un vin franc, au nez de petits fruits noirs, dense et profond, avec un fruité important. L'acidité importante et les tanins mûrs en font un grand vin de garde.

Rouge : 7,50 hectares. Blanc : 3,50 hectares.
Production totale annuelle : 65 000 bt.

DOMAINE DE SOLÉYANE

Le Chenay
01300 Parves
Tél. 04 79 81 32 58 - Fax. 04 79 81 32 58
domainedesoleyane@orange.fr
domaine.soleyane.free.fr

Après un parcours varié dans plusieurs régions de France, Olivier et Marie-Éliane Lelièvre ont jeté leur dévolu, en 2003, sur un vignoble situé à Parves, sur les hauteurs de Belley, une colline entourée par deux bras du Rhône qui regarde le vignoble de Savoie. La régularité des premiers millésimes est remarquable, et depuis le début de la conversion vers l'agriculture biologique, les vins du millésime 2007 et 2008 se présentent très bien. Un domaine à suivre.

BUGEY EN D'AMOUR 2007

Rouge | 2009 à 2013 | 6,30 €   **14/20**
Un pinot noir de bonne concentration, marqué par les fruits noirs au nez, soyeux en bouche, avec de la fraîcheur. Une belle réussite sur le millésime.

BUGEY EN D'AMOUR XXL 2007

Rouge | 2010 à 2017 | 8,50 €   **14,5/20**
Pinot noir élevé en fûts de chêne, le vin est fruité au nez, ample en bouche avec du corps et une fine acidité. Les tanins sont riches et présents. Un vin qui vieillira bien.

BUGEY LE 32 D'OCTOBRE 2007

Rouge | 2009 à 2017 | 10,20 €   **15,5/20**
Mondeuse élevée en pièces bourguignonnes, la cuvée se présente déjà ouverte avec du corps et de la profondeur. Un vin de garde qui se boit déjà bien jeune.

BUGEY LE LIÈVRE D'AUTOMNE 2007   ☺

Blanc | 2009 à 2017 | 6,70 €   **14,5/20**
Un chardonnay ample, de bonne concentration, pur en bouche, avec de la fraîcheur. Un vin bien structuré, qui vieillira bien

BUGEY LE LIÈVRE D'AUTOMNE 2006

Blanc | 2009 à 2016 | NC   **15/20**
Une cuvée de chardonnay ample et très pure, avec des notes de noisette en finale. Un beau vin facile à boire.

BUGEY OCTOBRE 2007

Rouge | 2010 à 2017 | 8 €   **15/20**
Une mondeuse parfumée, dense et acidulée en bouche, avec des tanins soyeux. Vin de garde, il se boira jeune après un passage en carafe.

Rouge : 3 hectares ; gamay 15%, pinot noir 14%.
Blanc : 3 hectares ; 13%, aligoté 5%. chardonnay 45%, roussette 10%. Production totale annuelle : 30 000 bt.
Visite : Sur rendez-vous.

DOMAINE DE VENS-LE-HAUT

Le Crêt
74910 Seyssel
Tél. 04 50 48 42 38 - Fax. 04 50 48 42 38
contact@domainedevens.com
www.domainedevens.com

Micro-domaine créé et emmené par Georges Siegenthaler en 2003, avec l'ambition de produire des vins de la qualité des vins de garage, si la taille de l'exploitation confirme cette dénomination, avec pour l'instant moins de mille cinq cents bouteilles produites. Les 2007 goûtés en bouteille et les 2008 dégustés avant la mise montrent le résultat très prometteur de ce travail. Les deux rouges sont profonds et d'une pureté exemplaire, le blanc à base de molette est un bel exemple du potentiel du cépage vinifié en vin tranquille. Un domaine à suivre d'autant que la production va tripler avec la mise en exploitation de nouvelles parcelles.

VIN DE PAYS D' ALLOBROGIE MOLETTE 2007

Blanc | 2009 à 2011 | 7 €   **14/20**
Produit à partir d'un cépage ancien plus proche du gringet que du chasselas, c'est un vin sec, au nez de fleurs jaunes et de miel, ample en bouche, avec du gras et une acidité discrète. Un vin agréable, facile à boire.

VIN DE SAVOIE GAMAY 2007

Rouge | 2009 à 2013 | 9 €   **14,5/20**
Un gamay très concentré, doté d'un nez de petits fruits noirs, riche et pur en bouche, avec une belle acidité et de très légers tanins en finale. Un vin gourmand.

VIN DE SAVOIE GAMAY 2006

Rouge | 2009 à 2014 | 9 €   **15/20**
Un vin concentré, au nez de petits fruits noirs, ample en bouche, avec une grande concentration. Les tanins sont doux et gras, donnant une sensation veloutée importante. Un gamay de référence pour la région.

VIN DE SAVOIE MONDEUSE 2007

Rouge | 2010 à 2017 | 9 €   **15,5/20**
Une mondeuse concentrée, au nez de cassis frais, dense et très pure en bouche, avec de la profondeur et de la souplesse. Les tanins se fondent doucement, c'est une cuvée savoureuse.

VIN DE SAVOIE MONDEUSE 2006

Rouge | 2009 à 2021 | 9 €   **16 /20**
Une mondeuse concentrée, ample et dotée d'un fruité très dense, évoluant sur un équilibre mûr et souple.

Rouge : 0.56 hectare Blanc : 0.24 hectare
Production totale annuelle : 2 600 bt.

NOTES PERSONNELLES

La sélection
Bettane et Desseauve
pour le Sud-Ouest

Inscrivez-vous sur

BETTANEDESSEAUVE.COM

> Suivez l'actualité du vin
> Accédez aux notes de
dégustation de 25 000 vins
> Visitez les stands des
producteurs

Le Sud-Ouest

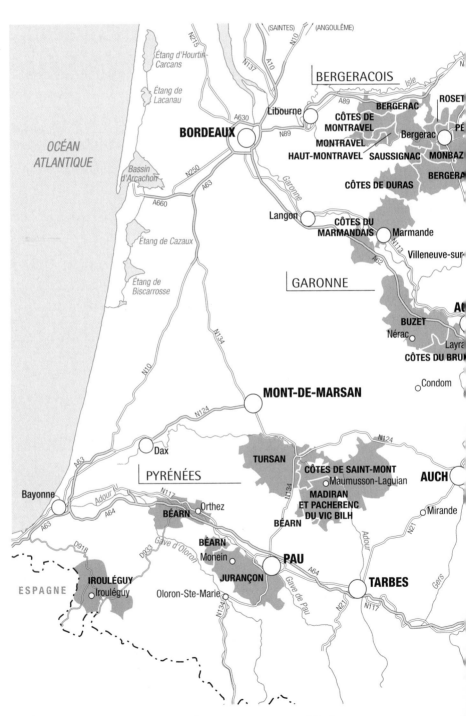

Les vins de cette magnifique région, si diverse, si attachante, sont depuis toujours liés à une gastronomie universellement admirée : ils en tirent aujourd'hui les bénéfices car ils n'ont jamais été tentés de briller comme des bêtes à concours, mais comme de bons compagnons de table, et c'est bien de cela que la plupart des amateurs gourmands ont besoin. Et l'on peut encore se les offrir...

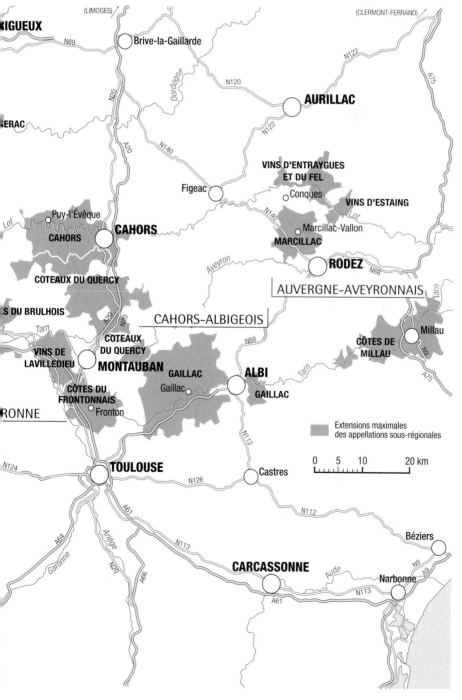

L'actualité des millésimes

On trouve ici comme toujours les meilleurs rapports qualité prix de France et des vins de forte personnalité, au caractère très trempé mais facile à comprendre et à aimer même jeune.

En blanc, nous serions tentés de donner la préférence aux secs et aux moelleux du piémont pyrénéens. Les Jurançon et Pacherenc-du-Vic-Bihl vont de réussite en réussite, affinant chaque année leur façon de travailler. Nous adressons ici toutes nos félicitations au laboratoire œnologique des viticulteurs indépendants de Jurançon qui a énormément fait progresser la pureté et le naturel des vins secs. Le mélange étonnant de fruit et d'acidité de leurs cépages originaux les accorde parfaitement aux tendances les plus radicales du modernisme culinaire. En rouge, il faut redonner leur chance aux bons Cahors où une nouvelle génération de producteurs pratique une viticulture plus exigeante. Le millésime 2007, sans égaler 2005, devrait donner des vins charnus et très typés, 2006 étant plus irrégulier. Mais il faudra attendre 2008 pour que tous les efforts cumulés soient vraiment perceptibles par les amateurs. Les madirans de base progressent également, plus souples et fruités que naguère et toujours aussi raisonnables en prix. En expression moins universelle mais tout aussi originale, les Fronton et Gaillac rouges allient chair et fruité, et les vins basques sont vendangés bien plus mûrs qu'avant.

Les vins préférés des lecteurs

En juin 2009, nous avons réuni plus d'une centaine d'amateurs de vin, recrutés parmi les lecteurs du Grand Guide des vins de France, qui ont dégusté des vins de toutes les régions. Les vins sélectionnés ont tous obtenu dans cette édition une notation supérieure ou égale à 14/20 ainsi qu'un ☺ et sont commercialisés à un prix public inférieur à 15 €. Plus de 600 vins ont ainsi été dégustés par les jurys de lecteurs.

VOICI LES LAURÉATS DU SUD-OUEST ÉLUS PAR NOS LECTEURS

Domaine Guirardel
Jurançon, Bi de Prat, Blanc, 2007, 11 €

Château Vigné-Lourac
Gaillac, V de Vigné-Lourac, Blanc, 2007, 8,20 €

Producteurs de Plaimont
Pacherenc du Vic Bilh, Saint Albert, Blanc, 2008, 14,30 €

Les meilleurs vins

> LES MEILLEURS BLANCS MOELLEUX ET LIQUOREUX

Château Tirecul La Gravière, Monbazillac, Madame, 2005

Domaine Vignau La Juscle, Jurançon, Vendanges tardives, 2007

Michel Issaly, Gaillac, Le Sous-Bois de Rayssac, 2006

Les Jardins de Babylone, Jurançon, Les Jardins de Babylone, 2005

Domaine Guirardel, Jurançon, Bi de Prat, 2004

> LES MEILLEURS BLANCS SECS

Michel Issaly, Gaillac, Le Vin de l'Oubli, 1998

Domaine Brana, Irouleguy, Brana, 2008

Château l'Enclos des Roses, Gaillac Premières Côtes, 2007

Domaine Cauhapé, Jurançon Sec, La Canopée, 2007

Vignoble des Verdots, Bergerac Sec, Grand Vin Les Verdots, 2007

Domaine Belmont, Vin de pays du Lot, chardonnay, 2007

Château Tirecul La Gravière, Vin de pays du Périgord, Andréa, 2005

Château Moulin Caresse, Montravel, Sauvignon, 2007

> LES MEILLEURS MADIRAN – IROULEGUY

Domaine Laffont, Madiran, Hecate, 2006

Château Montus - Château Bouscassé, Madiran, La Tyre, 2007

Domaine Labranche-Laffont, Madiran, vieilles vignes, 2006

Domaine Guy Capmartin, Madiran, cuvée du Couvent, 2007

Domaine Brana, Irouleguy, 2006

Domaine Berthoumieu, Madiran, Haute Tradition, 2007

Domaine Ameztia, Irouleguy, Etxaldea, 2007

Château de Viella, Madiran, Château Viella Prestige, 2006

> LES MEILLEURS ROUGES DE CAHORS

Domaine Cosse Maisonneuve, Cahors, les Laquets, 2005

Château les Croisille, Cahors, DIvin, 2005

Château Eugénie, Cahors, Cuvée de l'Aïeul, 2007

Château du Cèdre, Cahors, GC, 2006

Château Ponzac, Cahors, Éternellement, 2007

> LES MEILLEURS ROUGES DU GRAND BERGERACOIS

Château Moulin Caresse, Montravel, 100 pour Cent, 2005

Château Tour des Gendres, Bergerac, Anthologia, 2005

Vignoble des Verdots, Côtes de Bergerac, Le Vin selon David Fourtout, 2005

Les Chemins d'Orient, Sikandar, 2005

Domaine des Costes, Pecharmant, Tradition, 2008

Château Laulerie, Montravel, Comtesse de Ségur, 2006

DOMAINE AMEZTIA

64430 Saint Etienne de Baigorry
Tél. 06 83 23 19 70 - Fax. 05 59 37 93 68
ameztia@wanadoo.fr

Jean-Louis Costera exploite sur Saint-Étienne-de-Baïgorry une exploitation agricole en polyculture. Il a développé la petite vigne familiale passée de 3 à 7 hectares tout en continuant son métier initial de berger. Il a quitté la cave coopérative en 2001 pour réaliser des vins qui s'affranchissent du style rustique parfois rencontré dans l'appellation Irouleguy. À la vigne, il apporte une attention particulière au tannat, plus fragile qu'il n'y paraît quand on veut préserver sa subtilité. En cave, la micro-oxygénation permet une élégance aromatique et de texture à ses rouges. Il y a ici une grâce naturelle dans les vins et nous attendons avec impatience les blancs qui ont été plantés récemment.

IROULEGUY 2008   ⑪
Rosé | 2009 à 2010 | 6,70 €   **14,5/20**
Agréable rosé, légèrement tannique, délicat et raffiné dans ses arômes. Il conviendra bien à une grillade.

IROULEGUY ETXALDEA 2007   ⑪
Rouge | 2009 à 2011 | 9,70 €   **16/20**
Issue à 75 % de tannat, cette cuvée est étonnante avec un nez d'épices et de poivres, le fruit est gourmand, d'un charme indéniable.

IROULEGUY ETXALDEA 2006
Rouge | 2009 à 2012 | 9,70 €   **15/20**
Très fruits noirs, réglisse et réglisse forte, le vin est récolté mûr dans un style profond en saveurs.

Production totale annuelle : 15 000 bt.
Visite : Tous les jours de 10 h à 12 h et de 15 h à 19 h. Groupes sur rendez-vous.

DOMAINE DE L'ANCIENNE CURE

Earl Christian Roche
L'Ancienne Cure
24560 Colombier
Tél. 05.53.58.27.90 - Fax. 05.53.24.83.94
ancienne-cure@wanadoo.fr
www.domaine-anciennecure.fr

En rugbyman passionné, Christian Roche aime les vins qui ont du punch mais il ne faut pas que ce soit au détriment de l'élégance ! La gamme se divise en trois parties : l'entrée de gamme qui ne porte pas de nom particulier, l'Abbaye, d'un niveau supérieur, et enfin l'Extase, réalisée uniquement lorsque la qualité du millésime le permet. Les plus belles émotions proviennent des liquoreux qui sont ici superbes. À ce stade on vibre réellement.

BERGERAC JOUR DE FRUIT 2007
Rouge | 2009 à 2010 | 6 €   **13/20**
Vin gourmand et coulant à boire le col ouvert.

BERGERAC L'ABBAYE 2006
Rouge | 2011 à 2014 | 9,50 €   **14/20**
Belle matière en bouche, vin large, manquant toutefois un peu d'élégance dans la définition de ses tanins.

BERGERAC SEC EXTASE 2007
Blanc | 2010 à 2013 | 18 €   **13,5/20**
Nez de confiture de mangue, bouche dense, manquant toutefois de distinction dans sa finale.

MONBAZILLAC ABBAYE 2006
Blanc Liquoreux | 2009 à 2012 | NC   **16/20**
Pour l'instant le boisé domine le vin, mais le fruit et la matière reprennent le dessus ; à l'aération le vin devient plus bavard et montre son potentiel. De beaux moments en perspective sur une volaille aux zestes d'agrumes.

Rouge : 14 ha hectares ; cabernet franc 25%, cabernet sauvignon 25%, malbec 8%, merlot 42%.
Blanc : 30 ha hectares ; muscadelle 10%, sauvignon blanc 18%, sauvignon gris 6%, sémillon 66%. Production totale annuelle : 180 000 bt.
Visite : de 9h à 19h.

DOMAINE ARRETXEA

Maison Arretxea
64220 Irouleguy
Tél. 05 59 37 33 67 - Fax. 05 59 37 33 67
arretxea@free.fr

Ce domaine exemplaire d'Irouleguy travaille en respectant des règles éthiques
très rigoureuses sur des coteaux particulièrement escarpés. Thérèse et Michel
Rieuspeyroux, sympathique couple de viticulteurs, travaillent en agriculture biologique. Ils ont banni l'utilisation de produits
chimiques de synthèse. Pour désherber,
ils ont remplacé les molécules de synthèse
par... les brebis d'un berger voisin qui viennent passer l'hiver dans les vignes. Ils produisent en blanc comme en rouge des vins
complets, expressions à la fois naturelles
et parfaitement contrôlées de terroirs à
forte personnalité.

IROULEGUY ARRETXEA ROUGE TRADITION 2007
Rouge | 2010 à 2014 | env 10 €   **14/20**
Sur les fruits noirs, gourmande, la matière
se poursuit sur des tanins présents qui vont
se fondre.

IROULEGUY HAITZA 2007
Rouge | 2009 à 2014 | env 15 €   **15,5/20**
Le fruité gourmand de cette cuvée charnue
est tenu par un tanin aérien bien que présent.

IROULEGUY HEGOXURI 2007
Blanc | 2010 à 2015 | épuisé   **15,5/20**
Fruits jaunes, pêches, derrière ce nez délicat se profile une finale légèrement saline.
Il demandera du temps pour s'ouvrir et libé-
rer l'aromatique.

Rouge : 6,5 hectares ; cabernet franc 25%,
cabernet sauvignon 25%, tannat 50%.
Blanc : 2 hectares ; gros manseng 55%,
petit courbu 10%, petit manseng 35%.
Production totale annuelle : 37 500 bt.
Visite : Sur rendez-vous.

CHÂTEAU D'AYDIE

64330 Aydie
Tél. 05 59 04 08 00 - Fax. 05 59 04 08 08
contact@famillelaplace.com
www.famillelaplace.com

La famille Laplace a toujours su associer
les avancées de l'œnologie moderne et le
respect des traditions locales, malgré la
mécanisation inévitable des vendanges.
Sur les terres du château, le tannat produit
un peu moins d'alcool et donne un vin
d'une élégance dans le tanin qui évoque le
bordeaux. Hautement recommandable
également, le vin doux naturel Maydie, de
type porto vintage, qui renoue certainement avec le passé, exceptionnel de puissance et de classe en 2006.

MADIRAN 2006
Rouge | 2009 à 2012 | 14,50 €   **13,5/20**
Un vin moderne et adroit, tendre, souple
pour un madiran mais charnu, facile, excellent pour les restaurants qui ont besoin de
le servir dès cette année.

PACHERENC DU VIC BILH 2007
Blanc liquoreux | 2009 à 2017 | 10,50 €   **16/20**
Grande richesse en arômes primaires
d'agrumes, long, remarquablement vinifié,
étonnant.

VIN DE TABLE MAYDIE TANNAT VINTAGE 2006
Rouge Doux | 2009 à 2018 | 14 €   **16,5/20**
Très étonnant essai de vinification de tannat en vin doux naturel, remarquablement
muté, long, complexe, digne des meilleures
réussites du Roussillon et certainement un
exemple à suivre.

Production totale annuelle : 800 000 bt.
Visite : Du lundi au samedi de 9 h à 12 h et de 14 h
à 19 h et le dimanche sur rendez-vous.

DOMAINE BARRÈRE

64150 Lahourcade
Tél. 05 59 60 08 15 - Fax. 05 59 60 08 15
earl.barrere@orange.fr

Anne-Marie Barrère, sa mère et sa sœur forment un trio éminent de femmes vigneronnes qui continuent une tradition séculaire à partir de deux superbes vignobles : le clos de la Vierge et le clos Cancaillaü. Le clos de la Vierge par son microclimat et son sol convient aux vins secs, Cancaillaü aux vins moelleux. Les prix sont ici d'une sagesse rare et l'accueil délicieux.

JURANÇON GOURMANDISE 2007
Blanc Liquoreux | 2012 à 2020 | 14,20 €   **15/20**
Gourmandise est produit sur la partie Cancaillaü, dans un type assez classique de vin demi-liquoreux, charmeur, facile à boire, et qui ne trouvera ses notes de truffe que dans trois ou quatre ans. La finale actuelle va plutôt sur l'acacia.

JURANÇON SEC CONFIDENCES 2007
Blanc | 2009 à 2011 | 6,70 €   **15/20**
Type parfait de gros manseng au nez long, complexe, salin en finale, diablement apéritif, tendu et savoureux. Vivement recommandé.

Production totale annuelle : 80 000 bt.
Visite : Du lundi au samedi 8 h à 19 h.
Groupes sur rendez-vous.

DOMAINE BELLAUC

chemin de las bordes
64360 Monein
Tél. 09 75 97 34 56 - Fax. 05 59 21 27 17
domaine@bellauc.com
www.bellauc.com

Révélation de nos dernières dégustations, cette toute petite et très jeune exploitation artisanale du secteur réputé de Cancaillaü produit des vins sans aucune compromission, précis dans l'expression du terroir et très prometteurs ! En 2007, la cuvée Marie Blanque en sec ne se présentait pas sous un bon jour mais le vin moelleux original et complexe rappelait le type de grand Vouvray d'un Foreau. Attention néanmoins à ne pas faire dévier en fermentation la qualité exemplaire du raisin !

JURANÇON 2007
Blanc | 2010 à 2015 | NC   **15,5/20**
Nez puissant et complexe, avec des notes de truffe, de noisette, de beurre et de citron, saveur noble mais étrange entre le classicisme du manseng et des notes de cidre façon Bordelet, et une finale de tuf, à la Foreau. Instituable mais certainement de qualité.

JURANÇON SEC MARIE BLANQUE 2006
Blanc | 2009 à 2014 | NC   **15,5/20**
Beaucoup de nuances subtiles nées d'une pulpe de raisin pressée à la perfection. Ne pas le servir trop frais. Un vin à écouter tant sa musique est bien écrite, mais dans la nuance piano...

Blanc : 2 hectares ; petit manseng 100%.
Production totale annuelle : 2 000 bt.

DOMAINE BELLEGARDE

Quartier Coos
64360 Monein
Tél. 05 59 21 33 17
contact@domainebellegarde-jurancon.com
www.domainebellegarde-jurancon.com

Voici un domaine qui sait trier ses raisins en phase finale et peut proposer des liquoreux remarquables, au sein d'une gamme de vins souples, faciles à boire, et qui devrait intéresser de nombreux restaurateurs du Sud-Ouest. Pascal Labasse sait trouver le juste équilibre entre œnologie moderne et maîtrisée et expression du terroir.

Jurançon cuvée Thibault 2007
Blanc liquoreux I 2013 à 2017 I NC   **17/20**
Note de truffe déjà marquée au nez, vin équilibré, net, savoureux, passerillage du raisin sensible mais sans lourdeur, beaux amers en finale. Vin remarquable.

Jurançon Sec cuvée Tradition 2007
Blanc I 2011 à 2017 I NC   **16/20**
Arôme complexe de fruits de la passion, excellente finesse, tri du raisin impeccable, belle suite en bouche.

Blanc : 16 hectares ; camaralet 4%, gros manseng 36%, petit manseng 60%. **Production totale annuelle :** 70 000 bt. **Visite :** De 10 h à 12 h à 14 h à 18 h 30.

CLOS BELLEVUE

Chemin des Vignes
64360 Cuqueron
Tél. 05 59 21 34 82 - Fax. 05 59 21 34 82
closbellevue@club-internet.fr
www.vins-jurancon.fr

Ce petit domaine est une partie d'une véritable ferme traditionnelle de Jurançon, avec un superbe vignoble de coteau dont la vue sur les Pyrénées justifie amplement le nom ! Deux jeunes viticulteurs produisent ici des vins moelleux de caractère, au parfum puissant et expressif. Les secs sont un peu moins personnalisés.

Jurançon cuvée spéciale 2007
Blanc Liquoreux I 2011 à 2019 I NC   **17,5/20**
Remarquable complexité aromatique, avec des notes d'agrumes, d'abricot, de mangue, acidité rafraîchissante, équilibrant à merveille la généreuse richesse en sucres, race exceptionnelle de la fin de bouche, grand vin et producteur à découvrir et à encourager.

Visite : De 8 h à 12 h et de 14 h à 17 h 30 sauf le dimanche. Groupe sur rendez-vous.

DOMAINE BELMONT

Le Gagnoulat
46250 Goujounac
Tél. 05 65 36 68 51 - Fax. 05 65 36 60 59
belmon@domainebelmont.com

Ce domaine a la chance de ne pas être situé dans l'aire de l'appellation contrôlée, ce qui laisse toute liberté à son propriétaire dans le choix de l'encépagement. Judicieusement conseillé par Claude Bourguignon, Christian Belmont, architecte très en vue à Cahors et passionné de vin et de viticulture, a choisi le chardonnay pour les blancs, le cabernet franc et la syrah pour les rouges, en veillant à trouver les meilleurs clones (la syrah vient de chez Gérard Chave). La viticulture est d'inspiration biologique et les raisins sont cueillis à maturité optimale. Le blanc est de loin le meilleur à cent kilomètres à la ronde et les rouges par leur finesse et leur beauté de fruit devraient donner à réfléchir à tous les producteurs de Cahors. Demandez à goûter la petite cuvée expérimentale de pur cabernet franc et vous comprendrez. Depuis 2004, la qualité est constante, avec les progrès inévitables liés au vieillissement des vignes. 2008 devrait en étonner plus d'un.

VIN DE PAYS DU LOT CHARDONNAY 2007
Blanc | 2009 à 2012 | 16,70 €   **16/20**
Plus nerveux et plus frais que le 2006, un peu moins de réduction à la Charlemagne, mais des notes vives et fines de citronnelle, de fleur de vigne. Adaptation excellente du chardonnay au terroir.

VIN DE PAYS DU LOT CHARDONNAY 2006
Blanc | 2009 à 2014 | 16,70 €   **16/20**
Pureté et franchise aromatique absolument remarquables : ce vin pourrait concourir pour le trophée de meilleur vin de pays français de Chardonnay. D'un millésime sur l'autre, le vin gagne en tension liée au mode de viticulture.

VIN DE PAYS DU LOT SYRAH - CABERNET FRANC 2007
Rouge | 2012 à 2017 | 16,70 €   **14,5/20**
Robe vive, arômes encore discrets, corps élégant, tanin bien poli par un élevage luxueux, petite verdeur finale qui s'émoussera avec le temps.

VIN DE PAYS DU LOT SYRAH - CABERNET FRANC 2006
Rouge | 2009 à 2016 | 16,70 €   **15/20**
Couleur vive, arômes précis et très francs de fruits noirs, corps plein et sans lourdeur, remarquable complémentarité de l'encépagement, tanin racé. La vigne est encore jeune mais un grand cru se prépare ici tranquillement.

Visite : Sur rendez-vous.

CLOS BENGUERES

Chemin des Écoles
64360 Cuqueron
Tél. 05 59 21 48 40 - Fax. 05 59 21 43 03
bengueres@free.fr
www.clos-bengueres.com

Jeune propriété très sympathiquement gérée du secteur de Cancaillaü et qui s'applique à bien faire sans grands moyens. La qualité est encore inégale mais le meilleur vin du domaine, le Chêne Couché est un jurançon de race, complet, raffiné, très expressif des terroirs les plus originaux de l'appellation. Le 2007 voit la propriété en léger progrès dans l'homogénéité de style de tous les types de vins.

JURANCON LE CHÊNE COUCHÉ 2007
Blanc liquoreux | 2013 à 2019 | 14 €   **14,5/20**
Robe dorée, fruité expressif mais un peu lourd de fruits de la passion, mêlé à des notes de chêne merrain pas encore harmonisées, taux d'alcool élevé, vin de fort caractère à attendre encore au moins trois ans.

JURANÇON PLAISIR D'AUTOMNE 2007
Blanc liquoreux | 2011 à 2017 | 9 €   **15,5/20**
Robe légèrement évoluée, nez à nuances lactiques prononcées, beaucoup de nerf, vin typique de « montagne «, fluide, élancé, droit, fait pour la garde.

Blanc : 4,50 hectares ; camaralet 5%, gros manseng 50%, petit manseng 45%.
Production totale annuelle : 20 000 bt.
Visite : Toute la journée du lundi au vendredi.

DOMAINE BERTHOUMIEU

Dutour
32400 Viella
Tél. 05 62 69 74 05 - Fax. 05 62 69 80 64
barre.didier@wanadoo.fr
www.domaine-berthoumieu.com

Didier Barré est un des vinificateurs les plus expérimentés et les plus doués du Sud-Ouest, et ses vins associent plénitude de constitution et finesse à un degré rare à Madiran. Les meilleures parcelles, situées sur les coteaux de Viéla, impeccablement cultivées, donnent la cuvée Charles de Batz, un rouge très puissant mais pur et sans les déviations animales qui déparent tant de vins locaux. Les blancs de Pacherenc étaient en progrès mais le 2007 n'a pas été présenté.

MADIRAN CUVÉE CHARLES DE BATZ 2007
Rouge | 2009 à 2010 | 13,50 €   **15/20**
Le vin méritera sans doute une note plus élevée dans deux ans, pour le moment sa puissance est évidente mais il est encore un peu dissocié, avec un tanin pas complètement intégré.

MADIRAN CUVÉE CHARLES DE BATZ 2006
Rouge | 2009 à 2018 | 13,50 €   **15,5/20**
Excellente charpente, précis, complexe, boisé travaillé et intégré, aucun baroque dans la texture, classique, rassurant !

MADIRAN HAUTE TRADITION 2007
Rouge | 2013 à 2019 | 8 €   **16/20**
Robe dense, nez très expressif et précis, corps généreux, tanin noble, un modèle de caractère et d'harmonie, boisé en particulier remarquablement intégré.

Rouge : 23 hectares ; cabernet 25%, fer servadou 5%, tannat 70%. Blanc : 3 hectares ; courbu 10%. gros manseng 25%, petit manseng 65%. Production totale annuelle : 180 000 bt. Visite : Du lundi au samedi. de 8 h à 12 h et de 14 h à 19 h, dimanche sur rendez-vous.

DOMAINE BORDENAVE

Quartier Ucha
64360 Monein
Tél. 05 59 21 34 83 - Fax. 05 59 21 37 32
contact@domaine-bordenave.com
www.domaine-bordenave.com

Gisèle Bordenave a porté la propriété familiale à un haut niveau de qualité, aussi bien par l'excellence et la régularité des vins que par la restauration très réussie des bâtiments d'accueil, où le public prendra une vraie leçon de viticulture locale. On préférera néanmoins, comme souvent à Jurançon, les moelleux aux secs. En 2007 nous ne recommandons vraiment que la cuvée des dames.

JURANÇON CUVÉE DES DAMES 2007
Blanc liquoreux | 2010 à 2019 | 12,70 €   **16/20**
Robe paille, nez légèrement caramélisé et truffé, vin large, crémeux, finale généreuse, fruité distingué, digne des millésimes précédents.

JURANÇON CUVÉE DES DAMES 2006
Blanc liquoreux | 2009 à 2010 | 12,70 €   **15/20**
Moelleux très équilibré, d'un large fruité mais sans notes de truffe, avec une liqueur importante mais savoureuse et capable de devenir beaucoup plus complexe avec le temps.

Blanc : 12 hectares ; gros manseng 55%, petit manseng 45%. Production totale annuelle : 55 000 bt. Visite : Du lundi au samedi, de 9 h à 19 h et le dimanche sur rendez-vous. Groupes sur rendez-vous.

CHÂTEAU BOUISSEL

200 chemin du vert
82370 Campsas
Tél. 05 63 30 10 49 - Fax. 05 63 64 01 22
chateaubouissel@orange.fr
www.chateaubouissel.com

Nicolas Selle est arrivé dans le domaine familial au mois d'août 2008, après avoir travaillé dans le vignoble gaillacois. Depuis, ses vignes (dont la moitié sont plantées en cépage autochtone, la négrette) sont en conversion biologique. Son vignoble est situé autour de la demeure familiale, où se trouve également la cuverie, et sur la troisième terrasse du frontonnais, c'est-à-dire sur des tapis de galets. À suivre de très près ce jeune vigneron qui donne ses lettres de noblesse aux vins de Fronton encore peu connus.

FRONTON CLASSIC 2008
Rouge | 2009 à 2015 | env 5,95 €   **16/20**
Nez expressif, fruité, franc. Très jolies saveurs fruitées. Belle maturité. Un vin équilibré, harmonieux. Finale longue et élégante. Un vin très prometteur.

FRONTON CLASSIC 2007
Rouge | 2009 à 2013 | env 5,90 €   **14/20**
Attaque souple. Ensemble fruité, très agréable pour son harmonie. Une gourmandise.

Rouge : 17 hectares.
Production totale annuelle : 70 000 bt.

DOMAINE BOUSQUET

Chemin Serrot
64110 Saint-Faust
Tél. 05 59 83 05 56 - Fax. 05 59 83 05 56
isabbousquet@orange.fr

Propriété artisanale de Jurançon, fidèle à un style de vin à fort caractère de terroir, et qui possède en effet quelques-unes des expositions les plus remarquables de l'appellation dont le fameux « fer à cheval», qui reste d'ailleurs à replanter. La vinification et l'élevage en barriques usagées restent traditionnels, de façon à mettre en valeur le fameux goût truffé des terres de Saint-Faust. Le moelleux 2007 présenté ne souffrait plus, comme c'est parfois arrivé, d'un goût de vieux fût et rendait justice au vinificateur et au terroir.

JURANÇON 2007
Blanc liquoreux | 2013 à 2019 | 9 €   **16/20**
Robe très pâle, nez de grand caractère avec des notes marquées de raisin passerillé adouci par des nuances beurrées confortables. La bouche grasse reste nerveuse, maintenue par une juste acidité et des saveurs citronnées élégantes. Finale sympathiquement rustique, terroir parfaitement perceptible. Laisser vieillir cinq ans.

Production totale annuelle : 10 000 bt.
Visite : de 9h à 19h du lundi au vendredi et le dimanche sur rendez-vous.

DOMAINE BRANA

3 bis, avenue du Jaï-Alaï
64220 Saint-Jean-Pied-de-Port
Tél. 05 59 37 00 44 - Fax. 05 59 37 14 28
brana.etienne@wanadoo.fr
www.brana.fr

La quatrième génération de Brana a, depuis 1985, complété l'activité de négoce en vin par des plantations de vignes en Irouléguy, sur des terroirs de grès et argilo-calcaires. Les installations sont ultramodernes et une attention particulière est donnée au cabernet franc, dénommé ici Axeria, essentiellement mené en élevage long en barriques. La production des domaines est complétée par des achats de raisins. L'un des viticulteurs partenaires est Jean-Claude Berrouet, ex-vinificateur de Petrus.

IROULEGUY 2007
Rouge | 2009 à 2013 | 15,95 €   **15,5/20**
Le vin commence à s'ouvrir, avec des notes empyreumatiques de cendres et de tabac. Les tanins sont très ronds, un peu plus souples que ceux du 2006 à la même époque. 2007 sera facile à boire.

IROULEGUY 2006
Rouge | 2010 à 2015 | 15,95 €   **16/20**
Le vin est encore fermé, tendu comme un arc. Empyreumatique, tannique, en retrait pour l'instant, la matière dense et profonde amène à l'attendre encore pour lui laisser exprimer son potentiel.

IROULEGUY AXERIA 2006
Rouge | 2009 à 2013 | 18,20 €   **15,5/20**
Le nez délicatement anisé annonce le beau volume de bouche de ce vin fin et racé, légèrement sec en finale. C'est un modèle de cabernet franc épuré qui ne manque pas de race.

IROULEGUY BRANA 2008
Blanc | 2009 à 2012 | 12,65 €   **17/20**
Le vin est issu de gros et petit mansengs ainsi que de petit courbu. Harmonieux, très puissant, marqué par la poire. La finale est particulièrement longue.

Rouge : 15,3 hectares ; cabernet franc 55%, cabernet sauvignon 10%, tannat 35%.
Blanc : 7,7 hectares ; courbu 40%, gros manseng 45%, petit manseng 15%. **Production totale annuelle :** 50 000 bt. **Visite :** Visites du chais à Ispoure du 1er juillet au 15 septembre de 10 h 30 à 12 h et de 14 h 30 à 18 h 30. Vente toute l'année à la distillerie. Magasin rue de l'église ouvert du lundi au samedi, sauf le mardi, sauf en janvier de 10 h à 12 h et de 14 h à 18 h.

DOMAINE BRU-BACHÉ

Rue Barada
64360 Monein
Tél. 05 59 21 36 34 - Fax. 05 59 21 32 67
domaine.bru-bache@orange.fr

Claude Loustalot est d'un tempérament plus timide que son oncle, le fameux Georges Bru-Baché, mais il continue dignement son œuvre en produisant des vins très expressifs de leur cépage et de leur terroir, particulièrement les cuvées les plus riches : Éminence et Quintessence. De façon inexplicable, les 2007 présentés souffraient de fins de bouche amères et manquaient de pureté aromatique, peut-être dans une phase ingrate et passagère. Nous préférons ne pas les noter, reconduire les commentaires du millésime précédent et attendre les 2008 et 2009 pour faire le point.

JURANÇON LES CASTERASSES 2005
Blanc liquoreux | 2009 à 2017 | 12 €   **14/20**
Nez complexe, avec de la noisette et des notes tendues et salines très habituelles au domaine. Vin serré, un rien rustique mais bien ancré dans son terroir.

Blanc : 10 hectares ; gros manseng 20%, petit courbu 5%, petit manseng 75%.
Production totale annuelle : 40 000 bt.

VINS ALAIN BRUMONT

32400 Maumusson-Laguian
Tél. 05 62 69 74 67 - Fax. 05 62 69 70 46
brumont.commercial@wanadoo.fr
www.brumontalain.com

En dehors des vins de propriété, Montus et Bouscassé, chacun vinifié à la source, dans des cuviers indépendants, Alain Brumont a développé un important volume de vins de négoce, le plus souvent vinifié par lui-même et ses équipes, et qui bénéficient de son considérable savoir-faire. Ainsi de Torus, qui donne le ton en matière de Madiran et de Pacherenc de négoce. On aimerait voir des résultats semblables à Bergerac ou à Cahors !

MADIRAN TORUS 2007
Rouge | 2011 à 2015 | NC   **15/20**
Nez épicé, strict et classique, de la chair et de l'élégance, fixe le niveau de qualité qu'on doit attendre d'un vrai Madiran moderne.

PACHERENC DU VIC BILH SEC TORUS 2007
Blanc | 2009 à 2011 | NC   **14/20**
Nez très franc et aromatique avec des notes de citron et de pamplemousse, frais, agréablement équilibré, mais moins.

CHÂTEAU LA CAMINADE

Vignobles Resses & Fils
46140 Parnac-Luzech
Tél. 05 65 30 73 05 - Fax. 05 65 20 17 04
resses@wanadoo.fr
www.chateau-caminade.com

La Caminade est un ancien presbytère appartenant depuis plus d'un siècle à la famille Resses. Elle exploite un joli vignoble de 35 hectares sur Parnac et a immédiatement adhéré à la charte qualité. La cuvée Commandery possède un beau type de Cahors de vallée du Lot, en général veloutée et souple, la cuvée Esprit, plus boisée et plus corsée demande deux ans de vieillissement supplémentaire pour trouver son équilibre.

CAHORS ESPRIT 2006
Rouge | 2011 à 2014 | NC   **14,5/20**
Cette cuvée, après mise, prend le pas sur la cuvée Commandery, plus charpentée, plus complexe, plus expressive encore du terroir. Un vin soigné.

Rouge : 35 hectares.
Production totale annuelle : 200 000 bt.
Visite : Du lundi au samedi, de 8 h à 12 h et de 14 h à 18 h 30 , samedi matin sur rendez-vous.

DOMAINE GUY CAPMARTIN

Le Couvent
32400 Maumusson
Tél. 05 62 69 87 88 - Fax. 05 62 69 83 07
capmartinguy@mcom.fr

Propriété fort sérieuse de Madiran, «Le Couvent» produit des vins sincères, très typés par leur mâche, leur intensité, leur rugosité non violente, capable de supporter parfaitement le bois neuf. La cuvée vieilles vignes, un peu plus robuste s'en approche étonnamment en 2007. Ces beaux gaillards accompagneront parfaitement le canard sous toutes ses formes.

MADIRAN CUVÉE DU COUVENT 2007
Rouge | 2009 à 2010 | 12 €   **16/20**
On retrouve le même réduit cassissé mais aussi la même plénitude de matière, c'est riche en couleur, long, aromatique, séduisant, fidèle à la réputation du domaine.

MADIRAN VIEILLES VIGNES 2006
Rouge | 2012 à 2021 | 6 €   **16/20**
Un peu de réduction cassissée au nez, vin très charpenté, texture serrée, fruité frais et complexe, grand avenir probable.

Rouge : 12 hectares ; cabernet franc 15%, cabernet sauvignon 15%, fer servadou 10%, tannat 60%. Blanc : 4 hectares ; arrufiac 10%, gros manseng 40%, petit manseng 50%.
Production totale annuelle : 60 000 bt.
Visite : 9h-13h 14h-19h.

DOMAINE CAUHAPÉ

Quartier Castet
64360 Monein
Tél. 05 59 21 33 02 - Fax. 05 59 21 41 82
contact@cauhape.com
www.cauhape.com

Voici, et de loin, le domaine privé le plus important de Jurançon et la marque la plus diffusée dans l'univers de la grande restauration et des cavistes de luxe. Henri Ramonteu a su à la fois perfectionner la production en quantité très réduite de vins très liquoreux, au bouquet spectaculaire et à la longueur en bouche fascinante, et proposer un large volume de vins secs, certes moins typés mais d'une qualité régulière, avec une façon très adroite de développer leurs arômes exotiques et de contrôler leur redoutable acidité. En vin sec, il faut absolument mettre à part sa cuvée Canopée, récoltée à haute maturité du raisin et élevée sous bois, ce qui lui donne une vinosité unique dans l'appellation. Mais le domaine est surtout connu pour ses très riches liquoreux, forcément coûteux, mais admirablement bouquetés et d'une insigne régularité dans l'excellence. Dans certains millésimes, ils contiennent même une certaine proportion de raisins botrytisés qui contribuent à leur originalité de style et à la sensation de «rôti» qu'on ne retrouve nulle part ailleurs à un tel degré.

JURANÇON NOBLESSE DU TEMPS 2007
Blanc liquoreux | 2011 à 2019 | NC   **17,5/20**
Le grand type de moelleux, inimitable, de petit manseng, texture de rêve, une des meilleures réussites récentes de cette célèbre cuvée.

JURANÇON SEC CHANT DES VIGNES 2008
Blanc | 2009 à 2010 | 11,50 €   **15/20**
Très exotique et aisément reconnaissable au nez, harmonieux dans ses équilibres, très amusant dans sa finale piquante et très apéritive.

JURANÇON SEC LA CANOPÉE 2007
Blanc | 2009 à 2015 | 22,50 €   **16,5/20**
Énormément de classe au nez, corps généreux, sensation de surmaturité du raisin mais sans excès, grande longueur, vin de haute gastronomie qui définit ses propres normes et n'a aucun équivalent dans tout le Sud-Ouest.

Blanc : 42 hectares ; gros manseng 40%, petit manseng 60%. Production totale annuelle : 260 000 bt. Visite : du lundi au vendredi de 8h à 12h30 et de 13h30 à 18h.

CAUSSE MARINES

Le Causse
81140 Vieux
Tél. 05 63 33 98 30 - Fax. 05 63 33 96 23
causse-marines@infonie.fr
www.causse-marines.com

Patrice Lescarret est un viticulteur d'exception et il le prouve en réalisant un gaillac hors normes, tellement hors normes qu'il sort régulièrement de l'AOC et est déclassé en vin de table. Tous ses vins sont le fruit d'une démarche ultime, depuis la vigne (bio évidemment, avec une réflexion bien avancée sur la biodynamie) jusqu'à la cave (uniquement des levures indigènes).

GAILLAC GRAIN DE FOLIE DOUCE 2006
Blanc liquoreux | 2009 à 2014 | 10 € **15/20**
Agréable palette aromatique (pain d'épices, miel, pomme), liqueur moyenne. Un vin bien équilibré, frais, pur.

VIN DE TABLE DENCON 2007
Blanc Brut eff. | 2009 à 2015 | 13,50 € **15/20**
Un vin très minéral, d'une matière très respectée, pleine de chair mais en finesse. Original par ses arômes uniques, mais parfait pour la gastronomie et le fromage de chèvre en particulier. Il serait dommage de ne pas tester ce mariage.

VIN DE TABLE MYSTÈRE 1996
Blanc | 2009 à 2013 | 28 € **15/20**
Une très belle acidité qui tend ce vin. Des saveurs qui frôlent celles du vin jaune pour ce vin fait sous voile pendant deux années (au lieu de six dans le Jura), noix surtout, mais aussi notes confites délicieuses. Très belle longueur.

VIN DE TABLE PRÉAMBULLES 2008
Blanc Brut effervescent | 2009 à 2012 | 10 € **15/20**
À base de mauzac, ce pétillant typique de Gaillac est très réussi : nez très aromatique sur des notes fruitées mûres, saveurs fraîches, fines et surtout élégantes. Très belle matière riche et saine.

VIN DE TABLE RASDU 2006
Rouge | 2009 à 2014 | 13,50 € **14/20**
Concentré, charnu, avec des notes d'épices et de viande. C'est un vin généreux et mûr, aux tanins ronds. Bien gourmand. Finale sur les épices et les fruits rouges.

VIN DE TABLE ZACMAU 2007
Blanc | 2009 à 2014 | 13,50 € **15/20**
En verlan voici donc le mauzac et ici, il est dans toute sa splendeur : nez profond et fin. Un vin riche et vif à la fois, aux notes fleuries.

Rouge : 5,5 hectares. Blanc : 7 hectares.
Production totale annuelle : 50 000 bt.

CHÂTEAU DU CÈDRE

Bru
46700 Vire-sur-Lot
Tél. 05 65 36 53 87 - Fax. 05 65 24 64 36
chateauducedre@wanadoo.fr
www.chateauducedre.com

Cette propriété continue dans la tourmente actuelle à soigner viticulture et vinification et à montrer le bon exemple à toute l'appellation. Pascal Verhaegue et son frère savent cueillir les malbecs à maturité optimale et leur donner le cachet épicé, tendu et subtil propre aux magnifiques terroirs de première terrasse de Vire. Les excès d'extraction d'un passé récent ont été abandonnés. Les vins restent puissants et concentrés en raison du contrôle strict des rendements mais leur tanin est harmonieux et le boisé de plus en plus adapté aux matières. Il faut simplement attendre trois à cinq ans de plus la cuvée grand cru, un peu saturante à sa naissance. 2006 succédera dignement au 2005 mais 2007 devrait être supérieur. L'exploitation produit aussi un vin de négoce, la cuvée Cèdre Héritage, très bien fait et donnant une idée de ce qu'il faut faire aux autres négociants.

CAHORS 2007
Rouge | 2011 à 2015 | NC **14/20**
Corps riche, tanin ferme, saveur de raisin mûr, du vrai Cahors.

CAHORS 2006
Rouge | 2012 à 2016 | NC **16/20**
Robe bleutée intense, boisé luxueux mais harmonieux, volume de bouche largement supérieur à la moyenne, saveur ultratypée de pruneau, tanin sans aspérité. Excellent !

CAHORS GC 2006
Rouge | 2011 à 2018 | 63 € **16/20**
Toujours dense et serré avec un tanin plus acéré que Le Cèdre, notes remarquables de graphite en bouche, sensation d'alcool encore un peu trop chaleureuse. Attendre trois ans.

Rouge : 26 hectares ; malbec 90%, merlot 3%, tannat 3%. Blanc : 1 hectare ; viognier 4%.
Production totale annuelle : 120 000 bt.

CHÂTEAU DE CHAMBERT

Les Hauts Coteaux
46700 Floressas
Tél. 05 65 31 95 75 - Fax. 05 65 31 93 56
info@chambert.com
www.chambert.com

Situé sur les calcaires maigres du Causse, qui n'aiment pas trop les années sèches, Chambert fut une des marques phares de l'appellation Cahors au début des années 1980. Elle avait sombré dans la routine mais sa reprise en main avec le concours de Stéphane Derenoncourt et de ses équipes est en passe d'en faire une référence à nouveau ! Le vignoble est vaste (60 hectares) et homogène. La cuvée de prestige Orphée était déjà excellente en 2005 mais 2006 marque une étape vers plus de raffinement dans le tanin et la texture.

CAHORS CHAMBERT GRAND VIN 2007
Rouge | 2012 à 2017 | 23 €   **14/20**
Certainement nommé ainsi en hommage à Stéphane Derénoncourt, ce vin frappe par la finesse de sa texture et le moelleux révélateur de raisins mûrs, mais avec pour le moment une petite mollesse.

CAHORS ORPHÉE 2005
Rouge | 2009 à 2017 | 18 €   **15/20**
Un des vins les plus accomplis du millésime, issu des vieilles vignes (35 ans) du cœur du vignoble, et élevé pour 50 % en bois neuf : saveurs épicées complexes, tanin ferme, beaucoup d'assise et de sûreté de style. La légère verdeur constatée l'an dernier s'est accentuée.

Rouge : 60 hectares. Production totale annuelle : 250 000 bt. Visite : Caveau de vente ouvert de 9 h à 12 h 30 et de 14 h à 18 h du lundi au vendredi et le samedi en été. Visites en juillet et août. Groupe sur réservation toute l'année.

LES CHEMINS D'ORIENT

19, Chemin du Château d'eau
24100 Cresse
Tél. 06 75 86 47 54 - Fax. 05 53 22 08 38
regis.lansade@wanadoo.fr
www.les-chemins-d-orient.com

Régis Lansade, infirmier anesthésiste et Robert Saléon-Terras, docteur en médecine ont parcouru l'Afghanistan au service de Médecins sans frontières durant une quinzaine d'années. Le premier lorsqu'il rentre dans son bergeracois natal se reconvertit en suivant des études d'œnologie puis en achetant 1,4 hectare en plein cœur du hameau de Pécharmant. Robert le rejoint quelques années plus tard après avoir passé un bac pro viti-œno, ce qui permet au duo d'acheter 3,6 hectares. C'est en souvenir de leurs campagnes humanitaires et de leur passion pour l'Asie centrale qu'ils ont baptisé leur propriété «Chemins d'Orient». Celle-ci regroupe des sols argilo-siliceux plus ou moins sableux qui permettent de faire des sélections parcellaires. Ici pas de désherbant, les vendanges sont manuelles et la vinification, la plus douce possible. Chaque millésime porte un nom de cuvée qui représente la totalité de la production. À chaque fois, l'inspiration vient de leur périple en Afghanistan. En 2005, le Sikandar signifie Alexandre en persan et le millésime 2006 est baptisé Hairawa, du nom de la ville d'Hérat située au cœur des montagnes bleues de l'Afghanistan.

HAIRAWA 2006
Rouge | 2011 à 2017 | 17 €   **14/20**
Nez de fruits noirs avec des touches de tabac blond, bouche aux tanins ronds et souples, sans extraction trop poussée comme pour trop de vins du millésime.

SIKANDAR 2005
Rouge | 2009 à 2014 | 17 €   **16/20**
De cet assemblage merlot, cabernet sauvignon, cabernet franc et Malbec naît un vin aux arômes de boîtes à épices orientales, de tabac et de bois précieux. Les tanins sont bien enrobés avec ce qu'il faut de tension et un fruité mûr. La finale sur la réglisse et le poivre de Séchuan ajoutent au plaisir ambiant.

Production totale annuelle : 15 000 bt.
Visite : Du lundi au vendredi de 08 h a 12 h et 14 h a 20 h, sur rendez-vous le week-end.

CHÂTEAU CLUZEAU

Le Petit Cluzeau
24240 Flaugeac
Tél. 05 53 24 33 71
chateau.cluzeau@yahoo.fr
www.chateaucluzeau.com

Rachetée en 2004 par la famille Saury, cette propriété de dix hectares possède des sols calcaires et argilo-calcaires orientés sud, sud-ouest avec 1,3 hectare de Monbazillac. C'est l'un des seuls domaines à pratiquer la vendange à la main sur l'intégralité de son vignoble. Les vins produits figurent déjà dans le peloton de tête du Bergeracois, avec des rouges à la juste concentration et des blancs avec ce qu'il faut de fraîcheur sur les fins de bouche. Les Monbazillac sont à l'unisson.

BERGERAC CHATEAU CLUZEAU ROUGE 2007
Rouge | 2009 à 2011 | 8 €   **13/20**
Des fruits rouges au nez, tanins souples en bouche, à boire dans les deux ans.

BERGERAC L'EMPYRÉE 2007
Rouge | 2011 à 2015 | 18 €   **15/20**
Nez floral très délicat, la bouche est élégante avec de la tenue et des tanins frais bien dessinés, concentration harmonieuse pour ce côtes de Bergerac.

BERGERAC SEC CHATEAU CLUZEAU BLANC 2007
Blanc | 2010 à 2017 | 8 €   **14/20**
Miellé, onctueux, caressant avec des touches de cire, ce Monbazillac darde de ses rayons une volaille crémée.

BERGERAC SEC L'ENVOL 2008
Blanc | 2009 à 2010 | 18 €   **14,5/20**
Bel équilibre entre le fruit, la fraîcheur et la concentration, dans des registres floraux et agrumes.

Rouge : 8 hectares. Blanc : 6 hectares.
Production totale annuelle : 50 000 bt.
Visite : Sur rendez-vous.

DOMAINE COSSE MAISONNEUVE

Les Beraudies
46700 Lacapelle-Cabanac
Tél. 06 87 16 68 08 - Fax. 05 65 24 22 37
laquets.maisonneuve@gmail.com

L'association de Mathieu Cosse, brillant jeune œnologue du Sud-Ouest, responsable entre autres activités des vinifications de la cave des vignerons de Buzet, et de Catherine Maisonneuve, une des jeunes viticultrices les plus idéalistes de ce pays nous donne quelques-uns des vins les plus complets et les plus sincères de Cahors. Un premier vin, le petit Sid est en fait un produit de négoce, vinifié sur le fruit et le plaisir immédiat. La Fage illustre davantage l'originalité de caractère des meilleurs terroirs, et la cuvée les Laquets, issue des raisins les plus mûrs du causse est un vin souvent sans rival dans l'appellation par sa plénitude de constitution et sa rigueur de construction.

CAHORS LES LAQUETS 2006
Rouge | 2012 à 2016 | 25 €   **15/20**
Le nez ne s'exprime guère sinon par des notes de réduction qui masquent un peu le fruit que le vin délivre en bouche. Le corps est sans doute l'un des plus riches de ce millésime difficile, le tanin n'est pas encore délié mais sa fermeté contraste avec la mollesse de nombreux autres vins de l'année.

CAHORS LES LAQUETS 2005
Rouge | 2010 à 2020 | 25 €   **17/20**
Le vin ne cesse d'étonner par la densité et la rigueur de sa forme en bouche, soutenue par des tanins d'une rare ampleur. Les arômes après une bonne aération sont parmi les plus complexes et les plus racés que nous ayons rencontrés dans un vin de cépage malbec, avec des notes de pivoine admirables de naturel.

CAHORS LES LAQUETS 2004
Rouge | 2010 à 2016 | 22 €   **16/20**
Le vin tient ses promesses, magistralement constitué, commençant à truffer noblement. Ouvrez-le deux heures à l'avance.

VIN DE TABLE LA FAGE 2006
Rouge | 2009 à 2014 | 12 €   **14/20**
Le vin n'a pas reçu le label Cahors et se vend comme vin de table, sans doute en raison d'une légère réduction au nez. Elle disparaît après une demi-heure d'aération et le vin séduit alors par son élan aromatique et son superbe équilibre, supérieur à 80 % des vins ayant eux obtenu le droit à l'appellation ! C'est riche, harmonieux et de parfaite tenue à table.

Rouge : 17 hectares ; malbec 95%, merlot 3%, tannat 2%. Production totale annuelle : 60 000 bt.
Visite : Sur rendez-vous.

DOMAINE DES COSTES

4, rue Jean Brun
24100 Bergerac
Tél. 05 53 57 64 49 - Fax. 05 53 61 69 08
jean-marc.dournel@orange.fr
www.domainedescostes.fr

Œnologue bardé de diplômes, Jean-Marc Dournel reprend avec enthousiasme en 1992 le domaine de 11 hectares de ses beaux-parents installés sur Pécharmant : «Quand je suis arrivé, en bon scientifique que j'étais, j'ai utilisé bon nombre de produits pour que mes vignes soient propres, seulement au bout de quelques années, je me suis rendu compte que le vignoble était mieux tenu par mon beau-père, plus respectueux de l'environnement, j'ai alors complètement réorganisé ma façon de faire. En 2003 la vigne a été conduite en culture biologique et la biodynamie est notre prochain objectif». 2007 est le premier millésime bio et l'on peut dire que l'approche est plutôt bien maîtrisée lorsque l'on goûte les différentes cuvées au fruité plus pur. 2008 s'annonce un cran au-dessus et ce domaine situé en coteau est en train de devenir l'une des références de l'appellation.

PECHARMANT 2007
Rouge | 2012 à 2017 | 10,50 €   **16/20**
On a une structure avec des tanins pleins et bien dessinés au fruité très pur. Bon potentiel !

PECHARMANT 2005
Rouge | 2009 à 2013 | 10,50 €   **15/20**
Élégant, tanins frais tout en étant concentrés, bon potentiel, déjà plaisant, mais peut attendre encore une paire d'années.

PECHARMANT TRADITION 2008
Rouge | 2011 à 2015 | NC   **16/20**
Vin très prometteur, à réserver au plus vite, on apprécie la fraîcheur de fruit et la précision des tanins.

PECHARMANT TRADITION 2007   ☺
Rouge | 2009 à 2012 | 7,50 €   **15/20**
Joli fruit et de l'assise pour ce vin croquant et gourmand.

Rouge : 11,33 hectares. Production totale annuelle : 45 000 bt. Visite : Du lundi au samedi de 9 h à 12 h et de 14 h à 18 h.

CHÂTEAU LES CROISILLE

Fages
46140 Luzech
Tél. 05 65 30 53 88 - Fax. 05 65 30 70 33
chateaulescroisille@wanadoo.fr
www.chateaulescroisille.fr

La sympathique famille Croisille a donné son nom à une excellente exploitation artisanale dont tous les vins en remontrent à bien d'autres en matière de solidité de constitution et de probité dans l'expression de l'origine. Situé sur l'excellent terroir de Fages, le vignoble donne des vins intenses mais équilibrés, tous réussis en 2006. La cuvée de prestige qui bénéficie des conseils de Pascal Veraeghe est certainement l'un des sommets encore peu connus en dehors du secteur de l'appellation mais un classique du remarquable restaurant le Gendreau, dont la cave et le sommelier valent le détour !

CAHORS DIVIN 2006
Rouge | 2011 à 2016 | 20 €   **15/20**
Belle noblesse aromatique, corps équilibré, tanin fin, un des sommets de notre dégustation des 2006 en bouteilles.

CAHORS DIVIN 2005
Rouge | 2009 à 2017 | épuisé   **16/20**
Le vin n'est peut-être plus disponible à la propriété mais si on le trouve au restaurant ou chez un caviste il faut se précipiter car son harmonie, sa finesse de grain n'ont fait que se renforcer et donnent une haute idée du potentiel de l'appellation !

CAHORS NOBLE CUVÉE 2006
Rouge | 2010 à 2014 | 8,50 €   **14/20**
Boisé présent, vin corsé, onctueux, long, bien fait.

Rouge : 22,5 hectares. Blanc : 0,5 hectare.
Production totale annuelle : 30 000 bt.
Visite : Sur rendez-vous.

CAVE DE CROUSEILLES

64350 Crouseilles
Tél. 05 59 68 10 93 - Fax. 05 59 68 14 33
d.degache@crouseilles.com

La reprise par les producteurs de Plaimont de la cave coopérative de Crouseilles, pionnière du Madiran, située au cœur de son vignoble historique, a donné des ailes à l'équipe qui l'a en charge, avec une remarquable progression de la qualité. Les rouges des cuvées sélectionnées ont progressé, mais ce sont surtout les pacherencs qui en ont profité : nous avons été épatés par le niveau moyen des moelleux et des liquoreux, merveilleusement complexes et expressifs ! En 2007, la cave a préféré montrer ses propres marques aux châteaux présentés l'an dernier, avec la même réussite et la même homogénéité de qualité.

MADIRAN FOLIE DE ROI 2007

Rouge | 2011 à 2015 | NC   **13/20**
Bon équilibre général, nez sur la réduction, un peu simple pour une cuvée «haut de gamme», catégorie revendiquée pour cette dégustation.

MADIRAN PLÉNITUDE 2005

Rouge | 2013 à 2017 | NC   **14,5/20**
Grande robe, nez torréfié, corps généreux, du style et de la longueur.

PACHERENC DU VIC BILH GRAINS DE GIVRE 2007 Ⓤ

Blanc liquoreux | 2009 à 2012 | 13 €   **16/20**
Un vin vraiment délicieux aux arômes nobles de citron légèrement caramélisé, sur un fond très frais de poire et fruits blancs, montrant une remarquable maîtrise de vinification de raisins très riches en sucre ! Plaisir garanti.

PACHERENC DU VIC BILH L'HIVERNAL 2007

Blanc liquoreux | 2009 à 2012 | NC   **15,5/20**
Le plus proche de tous du type jurançon à cause d'une subtile nuance de truffe blanche au nez, qui ne demande qu'à se développer, équilibre de bouche parfait.

PACHERENC DU VIC BILH SEC LES OMBRAGES 2007

Blanc | 2009 à 2010 | NC   **13,5/20**
Vin parfaitement sec, soutenu par une réserve de gaz carbonique, notes de verveine et de citron en bouche, bien fait.

Rouge : 584 hectares ; cabernet franc 23%, cabernet sauvignon 10%, fer servadou 2%, tannat 65%. Blanc : 106 hectares ; arrufiac 10%, gros manseng 20%, petit courbu 10%, petit manseng 60%. Production totale annuelle : 3 000 000 bt. Visite : Du lundi au vendredi de octobre à avril , de 9 h 30 à 12 h 30 et de 14 h à 18 h, de mai à septembre de 9h à 13h et de 14h à 19h.

ELIAN DA ROS

47250 Cocumont
Tél. 05.53.20.75.22 - Fax. 05.53.94.79.29
e_daros@club-internet.fr

Dans le paysage vallonné du Marmandais, à Cocumont, se trouvent les 16 hectares de la propriété d'Elian Da Ros. Elle couvre trois types de terroir, argilo-calcaire pour le Clos Baquey, argilo-graveleux pour Chante Coucou, argilo-limoneux et crasses de fer pour le Vignoble d'Elian. Les vignes sont cultivées selon les principes de la biodynamie, appris au domaine Zind-Humbrecht dont Elian fut le bras droit durant de longues années, et les vinifications obéissent à la tendance sans soufre, avec parfois de mauvaises surprises. Mais en général les vins ont du caractère et de l'accent et donnent la mesure de l'appellation.

CÔTES DU MARMANDAIS CHANTE COUCOU 2006

Rouge | 2009 à 2012 | 14,80 €   **15/20**
60 % de merlot, 20 % de malbec et 20 % de cabernet sauvignon pour l'assemblage de cette belle cuvée flatteuse, au nez épanoui de fruits très mûrs et d'épices. Joli boisé, à la bouche franche, charnue, très charpentée mais aromatique et agréable.

CÔTES DU MARMANDAIS CLOS BAQUEY 2005

Rouge | 2009 à 2013 | 23 €   **16,5/20**
Issue d'une seule parcelle exposée plein sud sur un terroir calcaire, cette cuvée mêlant cépages médocains à l'abouriou est remarquable ! Nez puissant et racé, avec un très joli fruit mûr et un boisé raffiné, bouche savoureuse, bien tramée, élégante, vigoureuse et équilibrée. Un réel potentiel de garde.

CÔTES DU MARMANDAIS LE VIN EST UNE FÊTE 2007 Ⓤ

Rouge | 2009 à 2010 | 7 €   **13,5/20**
Cette cuvée porte bien son nom ! Nez très épanoui et charmeur avec un joli fruit, bouche tendre, suave, très aromatique, fraîche et longue. Un vrai vin de plaisir gourmand et équilibré.

VIN DE TABLE CHANTE COUCOU 2006 Ⓤ

Blanc | 2009 à 2011 | 14,80 €   **15/20**
Nez superbement expressif, raffiné, de fruits blancs très mûrs et d'épice. Bouche grasse, fondante, très aromatique et vive pour ce très joli vin exubérant, charmeur et équilibré.

CHÂTEAU L'ENCLOS DES ROSES

Aurélie Balaran
La Salamandrie
81150 Sainte-Croix
Tél. 05 63 56 80 52 - Fax. 05 63 56 87 62
aurelie.balaran@orange.fr

Dans la famille Balaran, prenez la fille, enfin l'aînée des trois filles, Aurélie. Elle a presque autant de caractère que son père. Elle a créé en 2006 le Château l'Enclos des Rozes en achetant l'un des plus beaux terroirs de Gaillac. «La variété des vins de Gaillac nous offre un gros terrain de jeu», dit Aurélie. Elle s'amuse peut-être, mais c'est bien, très bien même. Ne pas manquer cette jeune femme déterminée et pleine de talent.

GAILLAC PREMIÈRES CÔTES 2007
Blanc | 2009 à 2015 | 13,80 €   **16/20**
Un nez élégant, encore dominé par des notes boisées légèrement grillées, mais de manière raffinée. Notes beurrées en bouche, sur une matière suave et veloutée. Acidité remarquable. Finale somptueuse. Un très beau vin, bien dressé !

Rouge : 9 hectares. Blanc : 8 hectares.
Production totale annuelle : 30 000 bt.
Visite : De 9 h à 19 h.

DOMAINE D'ESCAUSSES

La Salamanderie
81150 Sainte Croix
Tél. 05 63 56 80 52. - Fax. 05 63 56 87 62
jean-marc.balaran@wanadoo.fr
www.domainedescausses.com

Jean-Marc Balaran est l'une des grandes figures vigneronnes de l'appellation et cette réputation est largement méritée. Tous les vins sont ici remarquables d'expression, à l'exception de la cuvée des Drilles (un peu trop souple). Mais les rouges ont des tanins gras et suaves, et les doux un fruit et une fraîcheur splendides. Le tout à des prix vraiment sages à ce niveau de qualité.

GAILLAC LA VIGNE BLANCHE 2006
Rouge | 2009 à 2014   **14,5/20**
Nez de fruits rouges, épices. Bouche corsée, avec de beaux tanins enrobés. Bonne longueur.

GAILLAC LA VIGNE DE L'OUBLI 2006
Blanc | 2009 à 2013   **14,5/20**
Aromatique, riche. La bouche est grasse, avec une bonne vivacité.

GAILLAC LES VENDANGES DORÉES 2006
Blanc Doux | 2009 à 2016 | 8,50 €   **15,5/20**
Superbe richesse de liqueur. Savoureux. Très pur.

Rouge : 19.5 hectares : autres 3%, cabernet franc 6%, cabernet sauvignon 13%, duras 15%, fer servadou 25%, gamay 10%, merlot 11%, syrah 17%. Blanc : 10.5 hectares ; len de l'ehl 30%, mauzac 20%, muscadelle 25%, ondenc 5%, sauvignon blanc 20%. Production totale annuelle : 180 000 bt. Visite : Du lundi au samedi de 9 h à 19 h. Dimanche sur rendez-vous.

Inscrivez-vous sur

BETTANEDESSEAUVE.COM

> Suivez l'actualité du vin
> Accédez aux notes de
dégustation de 25 000 vins
> Visitez les stands des
producteurs

CHÂTEAU EUGÉNIE

Rivière Haute
46140 Albas
Tél. 05 65 30 73 51 - Fax. 05 65 20 19 81
couture@chateaueugenie.com
www.chateaueugenie.com

La famille Couture maintient de solides traditions vigneronnes à Albas, sur le Causse et produit depuis cinq ans des vins de caractère qui sont en net progrès sur le plan de la pureté aromatique. Le terroir très spécial du secteur donne des vins de fort caractère avec une tendance à truffer au vieillissement qui conviennent particulièrement au diamant noir qu'on y trouve en hiver !

CAHORS CUVÉE DE L'AÏEUL 2007
Rouge | 2012 à 2017 | 10 €   **16/20**
Superbes promesses, vin puissant et harmonieux, tanin de grande classe, prototype du beau cahors !

CAHORS HAUTE COLLECTION 2006
Rouge | 2012 à 2016 | NC   **14,5/20**
Une des réussites du millésime, vin confortable, texture ample de vendange mûre, tanin puissant mais sans raideur, terroir affirmé, belles possibilités de garde.

CAHORS PIERRE LE GRAND 2006
Rouge | 2009 à 2012 | 7,00 €   **13/20**
Nez facile de petits fruits, façon pinot noir, vin souple, délicat, un peu fuyant.

Rouge : 37 hectares. Blanc : 3 hectares.
Production totale annuelle : 200 000 bt.
Visite : De 9 h 30 à 12 h 30 et de 14 h à 19 h.

CHÂTEAU GAUDOU

46700 Vire-sur-Lot
Tél. 05 65 36 52 93 - Fax. 05 65 36 53 60
info@chateaudegaudou.com
www.chateaudegaudou.com

Ce château domine les superbes coteaux de Viré et jouxte Triguedina et Le Cèdre. Nous sommes ici sur les superbes troisièmes terrasses caillouteuses du Lot, les plus qualitatives. Issus d'un terroir géré avec sagesse et rigueur par la famille Durou, présente depuis sept générations (Les Mellot de Sancerre n'ont pas de souci à se faire), les vins possèdent la vigueur et le tempérament des meilleurs rouges de l'appellation.

CAHORS RESERVE DE CAILLAU 2006
Rouge | 2009 à 2016 | 30 €   **15/20**
Le vin confirme la dégustation de l'an dernier, un peu aminci quand même par la mise en bouteilles : le nez de pruneau bien dégagé, le tanin plutôt souple en font un bon exemple de cahors moderne, expressif du terroir mais accessible dès sa naissance.

Rouge : 34 hectares. Blanc : 1 hectare.
Production totale annuelle : 200 000 bt.
Visite : De 9 h à 12 h et de 15 h à 18 h.

ALSACE _ BEAUJOLAIS _ BORDEAUX _ BOURGOGNE _ CHAMPAGNE _ CORSE _ JURA _ LANGUED

48 126   154   354   502   552 572 594

GRANDE MAISON

24240 Monbazillac
Tél. 05 53 58 26 17 - Fax. 05 53 24 97 36
thierry.despres@free.fr
www.grande-maison.fr

Construite par les Anglais pendant la guerre de 100 ans vers la fin du XIIIe siècle, cette ancienne maison fortifiée servait de base avancée à l'un des plus grands châteaux du Périgord détruit pendant les guerres de religion, le Château de Montcuq. Le bon roi Henry fit cadeau de la propriété à un avocat de Bergerac, Charles de Livardie. Mais lorsque Thierry Després est devenu propriétaire en 1990 les bâtiments et le domaine de 10 hectares, dont 4 en vignes, étaient dans un état pitoyable. Depuis, grâce à des achats et des échanges, la propriété a repris sa taille antérieure. Aujourd'hui, elle compte 20 hectares dont 15 de vignes du fait d'une vigoureuse politique de replantation. Une des particularités du terroir est de bénéficier d'un affleurement de silice très important qui donne une certaine acidité aux sols. L'exposition générale est plein sud et toutes les parcelles sont en coteaux plus ou moins accentués. Ceci permet de produire des Monbazillac de belle expression avec un millésime 2005 encore à la vente de haute volée. Le 2006, dans un style moins opulent, s'annonce également prometteur.

Monbazillac Le Château 2005
Blanc Liquoreux | 2009 à 2023 | 22 €   **15/20**
On est sur l'ananas frais, avec en fond de la mangue, on apprécie la finesse et la fraîcheur, bel équilibre !

Monbazillac Les Monstres 2005
Blanc Liquoreux | 2009 à 2024 | 61,50 €   **15/20**
Des monstres comme on les aime, avec des rondeurs et de l'onctuosité marquée par la mirabelle et le miel, texture de grand style !

Monbazillac Sophie 2007
Blanc liquoreux | 2009 à 2010 | 8,80 €   **13/20**
Vin coulant, de demi-corps, à boire à l'apéritif sur un toast au saumon fumé.

Visite : De préférence sur rendez-vous.

CHÂTEAU DE GUEYZE

56 Avenue des Côtes de Buzet
47160 Buzet-sur-Baïse
Tél. 05 53 84 74 30 - Fax. 05 53 84 74 24
buzet@vignerons-buzet.fr
www.vignerons-buzet.fr

Le nom du château est d'origine gasconne et signifie approximativement «petit cours d'eau». Depuis 1953, la Cave des Vignerons de Buzet en a fait son fleuron et en principe obtient ici ses meilleures cuvées. Après quelques années de flottement, une nouvelle équipe, sérieuse et passionnée a remis à plat tout le travail à la vigne et donné plus de précision aux vinifications.

Buzet 2006
Rouge | 2009 à 2013 | 10 €   **14/20**
Nez épanoui et riche, de fruit très mûr, pivoine et pierre chaude, bouche flatteuse, avec des tanins bien ronds, du fruit, des arômes persistants et une bonne fraîcheu.

Buzet 2005
Rouge | 2009 à 2015 | 10 €   **16/20**
En un an le grand vin de Gueyze a affiné son tanin tout en conservant la finesse et la souplesse que nous avions aimées l'an dernier. Le boisé est très fin et change des mauvaises habitudes du passé.

Buzet Baron d'Ardeuil vieilles vignes 2008
Rouge | 2009 à 2015 | 10 €   **15/20**
Belle réussite, nez puissant, complexe et très mûr, bouche de belle ampleur, avec une attaque franche et charnue, des tanins rigoureux et une belle allonge. Du caractère et un potentiel certain.

Buzet Baron d'Ardeuil vieilles vignes 2006
Rouge | 2009 à 2013 | 6,50 €   **14/20**
Nez riche et épanoui, fruits mûrs et notes vanillées, bouche charnue, avec une trame tannique légèrement ferme.

Buzet Baron d'Ardeuil vieilles vignes 2005
Rouge | 2009 à 2015 | 6,50 €   **16/20**
C'est la cuvée phare de la coopérative, issue des meilleures vieilles vignes. Par rapport à Gueyze, elle montre plus de rondeur et de velouté dans la texture avec un corps néanmoins très proche. On est heureux qu'ici l'expression forte du terroir ne soit pas affaiblie par l'imprécision de l'élevage.

Buzet Château La Tuque de Gueyze 2005
Rouge | 2009 à 2012 | 4 €   **14,5/20**
Plus souple que le grand vin, la Tuque a conservé sa délicatesse aromatique. Son évolution assez rapide engage à le boire dans les trois ans.

Visite : ouvert de 9h à 12 h et de 14h à 18h

DOMAINE GUIRARDEL

Quartier Marquemale, chemin bartouille
64360 Monein
Tél. 05 59 21 31 48 - Fax. 05 47 74 85 92
domaine.guirardel@gmail.com

Monsieur Casaubielh est une des grandes figures, aussi modeste qu'érudite, de la viticulture de Jurançon et sa famille cultivait déjà une vigne au même endroit sous Henri IV ! Les bâtiments de la ferme sont d'une beauté indescriptible, tout comme le paysage constitué par les terrasses du vignoble de 5 hectares qui les jouxtent. L'exploitation a la chance aujourd'hui d'être reprise par la fille du propriétaire, ingénieur de formation, et qui en très peu de temps s'est transformée en vigneronne confirmée. Le moelleux Bi de Prat de la propriété est un des vins les plus authentiques et les plus accomplis de l'appellation.

JURANÇON BI DE PRAT 2007

Blanc liquoreux | 2012 à 2019 | 11 €   **17/20**
Magnifique nez complexe et ultratypé (citron, fleurs blanches, truffe blanche, caramel fin), sève magnifique, finale assurée, du grand vin dans la grande tradition locale.

JURANÇON BI DE PRAT 2004

Blanc liquoreux | 2009 à 2014 | épuisé   **18/20**
Millésime épuisé mais dégusté à la propriété et renversant par la noblesse et la précision de son bouquet de truffe blanche et sa classe naturelle. Avec Souch, sans doute le produit le plus émouvant dont on puisse rêver, associant rigueur, précision dans la construction du vin en bouche, et plaisir. Il est arrivé à son apogée.

Production totale annuelle : 20 000 bt.
Visite : De préférence sur rendez-vous.

CHÂTEAU HAUT-MONPLAISIR

Monplaisir
46700 Lacapelle-Cabanac
Tél. 05 65 24 64 78 - Fax. 05 65 24 68 90
chateau.hautmontplaisir@wanadoo.fr
www.chateau-haut-monplaisir.com

Une petite vingtaine d'hectares bien cultivés, sur la bonne terrasse de l'appellation, la célèbre troisième, avec l'appoint des judicieux conseils de Pascal Verhaegue. Il y a tout ici pour bien faire et les vins présentés de 2005 étaient sains, agréables et bien typés. La famille Fournié peut encore produire des cuvées plus denses et plus racées dans des années moins faciles comme 2006, en améliorant surtout la qualité des tanins encore un peu raides.

CAHORS PUR PLAISIR 2006

Rouge | 2010 à 2014 | 19,50 €   **13/20**
Nez de cassis, sur la réduction, fruité sympathique, pas très tendu ni très dense mais d'une finesse certaine. Boire assez vite malgré un tanin encore dur.

CAHORS PUR PLAISIR 2005

Rouge | 2009 à 2012   **14/20**
Boisé toasté et vanillé, réduction sur le cassis en bouche, tendu, un rien sec, mais du style.

Rouge : 19,10 hectares. Blanc : 0,90 hectare.
Production totale annuelle : 130 000 bt.
Visite : Du lundi au samedi, de 9 h à 12 h et de 14 h à 18 h.

CHÂTEAU LES HAUTS D'AGLAN

46700 Soturac
Tél. 05 65 36 52 02 - Fax. 05 65 24 64 27
isabelle.auriat@terre-net.fr
www.les-hauts-d-aglan.fr

Isabelle Rey exploite un beau vignoble de 14 hectares, situés sur de hautes terrasses et exposé plein sud. Elle produit des vins très charnus et réguliers que nous n'avons découvert que récemment. Le terroir de Soturac a toujours donné des vins distingués qui gagneront encore en étoffe et en vinosité avec un retour aux vendanges manuelles, si économiquement cela est possible en ces temps difficiles.

CAHORS LES HAUTS D'AGLAN 2006
Rouge | 2009 à 2014 | 6,90 €   **14/20**
Vin généreux, très soigneusement vinifié et élevé, aux notes délicatement truffées qui signent un cahors de race, tanin bien intégré à la matière, vin très recommandable.

Production totale annuelle : 80 000 bt.
Visite : Lundi au samedi de 9 h à 12 h et de 14 h à 19 h et le dimanche sur rendez-vous.

LA CAVE D'IROULEGUY

Route de Saint-Jean-Pied-de-Port
64430 Saint-Etienne-de-Baïgorry
Tél. 05 59 37 41 33 - Fax. 05 59 37 47 76
contact@cave-irouleguy.com
www.cave-irouleguy.com

Cette coopérative de taille moyenne (130 hectares) joue pourtant un rôle capital dans l'économie de la toute petite appellation Irouléguy et le joue bien. On y pratique une viticulture disciplinée et respectueuse de l'environnement, et les vins dans les trois couleurs ont la vivacité et le charme aromatique de vrais vins de montagne.

IROULEGUY ANDERE D'ANSA 2008
Blanc | 2009 à 2010 | 6,20 €   **15/20**
Nez d'agrumes, de fruits de la passion, robe pâle, ce blanc est tenu par une belle acidité. La dominante est le gros manseng complété de petit manseng et de petit courbu.

IROULEGUY ARGI D'ANSA 2008
Rosé | 2009 à 2010 | 5,30 €   **14/20**
Plus marqué par le tannat qu'Axeridoy. La construction de ce rosé est très nette, avec une belle finale gourmande et enlevée.

IROULEGUY DOMAINE DE MIGNABERRY 2006
Rouge | 2010 à 2012 | 9,30 €   **14,5/20**
Issu de l'un des plus grands domaines de l'appellation vinifiés par la cave coopérative, le vin est dominé par le tannat complété des deux cabernets. L'ensemble est fruité, plein et profond. Un vin de charme aux tanins ronds.

IROULEGUY GORRI D'ANSA 2007
Rouge | 2009 à 2011 | 6,60 €   **14/20**
Sur les fruits rouges, ce vin est facile à boire avec un tanin souple. Il est issu majoritairement de tannat.

IROULEGUY XURI 2008
Blanc | 2009 à 2010 | 9,30 €   **15,5/20**
L'attaque est vive, le nez bien marqué par le pamplemousse et par la vanille. La fin de bouche est élégante.

IROULEGUY XURI 2003
Blanc | 2009 à 2011 | NC   **16/20**
Xuri, prononcez « Chouli » veut dire le blanc. Ce 2003 avec des notes miellées, de fruits exotiques, montre une fraîcheur mentholée étonnante. Ce blanc de gastronomie avec son beurré léger s'approche du style d'un bourgogne blanc. La finale amorce les épices et le curry.

Rouge : 123 hectares ; cabernet franc 30%, cabernet sauvignon 15%, tannat 55%.
Blanc : 12 hectares ; gros manseng 72%, petit courbu 6%, petit manseng 22%. Production totale annuelle : 650 000 bt. Visite : De 9 h à 12 h et de 14 h à 18 h

MICHEL ISSALY

Domaine de la Ramaye
Sainte Cécile d'Avès
81600 Gaillac
Tél. 05 63 57 06 64 - Fax. 05 63 57 35 34
contact@michelissaly.com
www.michelissaly.com

Michel Issaly est un vigneron engagé (il est aujourd'hui président des Vignerons Indépendants de France) qui n'a pas hésité à réduire drastiquement la taille de son exploitation pour mener à bien ses projets. Aujourd'hui, ses 5,8 hectares lui suffisent. Il les conduit avec passion et raison, entre lutte biologique et biodynamie, sans vraiment revendiquer clairement l'un des deux. En cave, son choix marquant est de ne pas manipuler les vins depuis la fermentation jusqu'au mois de juin suivant : ils passent l'hiver en cuves, au froid, sur leurs lies, le tout quasiment sans soufre. À l'arrivée, cela donne des vins riches, très expressifs, avec de belles puretés de bouche. Évidemment, ces vins atypiques sortent régulièrement du cadre parfois strict de l'AOC Gaillac. Les vins étaient autrefois vendus sous le nom de domaine de la Ramaye, ils le sont désormais sous la marque Michel Issaly.

GAILLAC LE SOUS-BOIS DE RAYSSAC 2006
Blanc liquoreux | 2009 à 2016 | 18 €   **18/20**
De très beaux arômes complexes d'épices et de fruits secs s'exhalent de ce vin magnifique. Finale sur la fraîcheur et des notes de noisettes et de miel. Belle couleur profonde qui achève l'élégance hors norme de ce vin.

GAILLAC LE VIN DE L'OUBLI 1998
Blanc | 2009 à 2015   **17/20**
Un vin qui ne cesse de se bonifier avec le temps. Son nez est toujours aussi pur, avec des notes de noix fraîches magnifiques. La bouche est toujours aussi droite, toujours complexe, avec des arômes d'épices sublimes.

VIN DE PAYS DES CÔTES DU TARN LE GRAND TERTRE 2007
Rouge | 2009 à 2012 | 23 €   **15/20**
Un nez chocolaté, propre au prunelar qui le compose en partie. Un vin suave, avec une matière riche et profonde, basé sur des tanins magnifiques. Bouche somptueuse, large, mais avec une belle assise acide. Finale longue et équilibrée.

VIN DE TABLE LES CAVAILLÈS BAS 2007
Blanc | 2009 à 2014 | 10 €   **14/20**
Un nez d'amande, très original. Malgré une amertume marquée mais belle, ce vin hors norme est équilibré grâce à une matière magnifique, et une balance idéale entre les tanins et l'acidité.

Rouge : 2,9 hectares. Blanc : 2,9 hectares.
Production totale annuelle : 18 000 bt.
Visite : Du lundi au vendredi de 10 h à 12 h et de 14 h à 19 h, fermé le dimanche.

LES JARDINS DE BABYLONE

Chemin de Cassienla
64290 Aubertin
Tél. 05 59 04 28 15 - Fax. 05 59 04 28 15
silex@wanadoo.fr

Didier Dagueneau, le maître incontesté du sauvignon blanc, a tragiquement disparu, quelques années après son installation à Jurançon. Il avait d'abord replanté des terrasses très difficiles à travailler sur des sols très typés mais surtout construit à grands frais une mini-cuverie ultramoderne dont l'équipement technique fait rêver tous les vignerons du secteur. Il n'existe ici qu'un seul objectif : produire le plus grand vin liquoreux possible. Un des fils de Didier continue bien entendu sur cette lancée mais nous attendrons encore un an pour faire le point, afin de lui laisser prendre toute la mesure de la propriété.

JURANÇON LES JARDINS DE BABYLONE 2005
Blanc liquoreux | 2009 à 2020 | NC   **18/20**
Somptueuse réussite, arôme d'extravagante complexité et richesse, mêlant les fruits confits, les épices et le miel de fleurs le plus pur, richesse remarquable en liqueur, finale interminable.

Blanc : 2,5 hectares ; petit manseng 100%.

CLOS LE JONCAL

Le Joncal
24500 Saint-Julien d'Eymet
Tél. 05.53.61.84.73 - Fax. 05.53.61.84.73
rolandtatardujoncal@gmail.com
www.closlejoncal.com

Roland Tatard, ancien pilote de chasse qui volait sur Mirage, est revenu sur l'exploitation familiale en 1995. Les 7 hectares de la propriété sont en conversion bio. Les vins qui y sont élaborés sont profonds, gourmands mais inégaux suivant les millésimes. En rouge, si 2001 a bien évolué, des millésimes comme 2003 ou 2006 manquent d'équilibre, avec des extractions un peu trop forcées. Les blancs sont onctueux et mûrs, mais ils gagneraient à être plus frais sur les fins de bouche.

BERGERAC MYSTÈRE DU JONCAL 2006
Rouge | 2010 à 2012 | NC   **13,5/20**
Si en 2005 le style est moderne, riche est concevable, il passe moins en 2006, car l'élevage domine beaucoup trop par rapport à la structure du vin.

BERGERAC MYSTÈRE DU JONCAL 2003
Rouge | 2009 à 2010 | NC   **13/20**
Accents sudistes au nez, attaque pleine, fin chaleureuse, pour gibiers en venaison.

BERGERAC SEC 2006
Blanc | 2009 à 2012 | NC   **12,5/20**
Puissant, un vin riche, dominé par son élevage. Pour amateurs d'un style richement boisé, car la matière, même si elle reprend le dessus, manque d'élégance.

BERGERAC SEC 2004
Blanc | 2009 à 2010 | NC   **12/20**
Nez de miel avec quelques touches de pêche, la bouche a une attaque onctueuse mais manque de fraîcheur.

CÔTES DE BERGERAC MIRAGE DU JONCAL 2006
Rouge | 2010 à 2012 | 15 €   **14/20**
Vin épicé avec un fruit plus net au nez, la bouche est plus fraîche et plus équilibrée que le Mystère.

Rouge : 5.90 hectares ; cabernet franc 15%, cabernet sauvignon 30%, merlot 55%.
Blanc : 2.95 hectares ; muscadelle 15%, sauvignon blanc 30%, sauvignon gris 15%, sémillon 40%. Production totale annuelle : 30 000 bt.
Visite : De 9 h à 12 h et de 15 h à 19 h.

CHÂTEAU DE JURQUE

Société Latrille
33 route de la chapelle de rousse
64290 Gan
Tél. 05 59 21 72 79 - Fax. 05 59 21 55 61
chateau.de.jurque@orange.fr
www.chateau-jolys.com

Cette propriété a été reprise en main et replantée par la famille Latrille de château Jolys, sur des terres classiques du hameau même de Jurançon. Les vins ont révélé un charme aromatique encore supérieur à Jolys dans un style très technique et moderne.

JURANÇON SEC 2007
Blanc | 2009 à 2010 | 8 €   **14/20**
Robe paille à léger reflet ambré, nez très développé, riche en arômes exotiques de fruits de la passion. Vin savoureux, qui choquera ceux qui préfèrent moins d'exubérance, mais séduira beaucoup de jeunes consommateurs.

Production totale annuelle : 40 000 bt.
Visite : La semaine de 8 h à 12 h et de 13 h 30 à 17 h, le week-end sur rendez-vous.

DOMAINE LABRANCHE-LAFFONT

32400 Maumusson-Laguian
Tél. 05 62 69 74 90 - Fax. 05 62 69 76 03
labranchelaffont@aol.com

Christine Dupuy a porté à un niveau fort honorable de qualité cette propriété qui ne dispose pas des terroirs les plus faciles à travailler. Elle produit des vins charnus, réguliers, un rien rustiques, avec une perle rare, une très vieille vigne largement centenaire dont les pieds produisent un nectar à la texture très veloutée. Le suivi d'une année sur l'autre est exemplaire, même dans des années de petite récolte en raison d'accident climatique comme en 2007 ou 2008.

MADIRAN 2007
Rouge | 2012 à 2017 | 6,90 €   **15,5/20**
Notes fumées et épicées au nez, corps riche et équilibré, excellent comportement du tanin, extraction précise et exemplaire. Vivement recommandé.

MADIRAN VIEILLES VIGNES 2007
Rouge | 2012 à 2019 | 12,50 €   **16/20**
Excellente matière, vin net et expressif, tanin ferme et enveloppant, du beau travail et un exemple de style naturel mais maîtrisé !

MADIRAN VIEILLES VIGNES 2006
Rouge | 2010 à 2016 | 12,50 €   **16,5/20**
Madiran racé, long, complexe, excellente intégration du bois, bel avenir.

Rouge : 17 hectares ; cabernet franc 15%, cabernet sauvignon 10%, tannat 75%.
Blanc : 3 hectares ; gros manseng 40%, petit manseng 60%. **Production totale annuelle :** 100 000 bt. **Visite :** Du lundi au samedi, de 9h30 à 12h30 et de 14h à 19h.

CHÂTEAU LACAPELLE CABANAC

46700 Lacapelle-Cabanac
Tél. 05 65 36 51 92 - Fax. 05 65 36 52 62
contact@lacapelle-cabanac.com

Le village de Lacapelle Cabanac dispose d'un des plus grands terroirs de l'appellation, sur le Causse, permettant dans tous les millésimes, même en année de sécheresse, au raisin de bien mûrir. Les vins ont la trame et la droiture caractéristique du calcaire avec le départ d'arôme de truffe attendu. Les vins de prestige, malbec XL et original devraient séduire tous les amateurs.

CAHORS 2006
Rouge | 2009 à 2016 | NC   **15/20**
Un cahors complet, au tanin ferme et tendu, d'une propriété que nous ne connaissions pas mais que nous allons suivre. On le voit, l'appellation a des réserves...

CAHORS PRESTIGE 2006
Rouge | 2011 à 2014 | NC   **14/20**
Vin sérieux, texture dense, départ d'arôme truffé caractéristique.

CHÂTEAU LADESVIGNES

Ladesvignes
24240 Pomport
Tél. 05 53 58 30 67 - Fax. 05 53 58 22 64
chateau.ladesvignes@wanadoo.fr
www.ladesvignes.com

Ce domaine du Périgord Pourpre regroupe 62 hectares avec de belles cuvées en rouge comme le Pétrocore, dense et suave et le Velours Rouge plus souple. L'essentiel de la production est consacrée à des Monbazillac frais, subtils et bien proportionnés. Les derniers millésimes sont hautement recommandables, avec une cuvée Domaine sur l'ananas frais et une cuvée Automne réalisée les grandes années avec ce qu'il faut de passerillage, comme en 2003 et 2005. La vue du château sur la vallée de la Dordogne est splendide.

Côtes de Bergerac Pétrocore 2006
Rouge | 2009 à 2015 | 8,50 €   **14,5/20**
Belle harmonie pour le millésime avec des tanins légèrement enveloppés et un fruité bien intégré.

Côtes de Bergerac Velours Rouge 2008
Rouge | 2010 à 2014 | NC   **14/20**
Accents de fruits rouges avec des touches épicées, tanins qui commencent à se fondre, à boire sur une côte de veau.

Monbazillac 2007
Blanc Liquoreux | 2009 à 2015 | 7,50 €   **15/20**
Belle cuvée d'entrée de gamme avec son nez d'ananas et sa bouche élégante et fraîche, on retend vite son verre ; de la pure gourmandise !

Monbazillac Automne 2005
Blanc Liquoreux | 2009 à 2019 | 14,50 €   **15/20**
Ce vin s'affine avec le temps, il se révèle séduisant avec ses accents d'abricot confit, de miel et une matière concentrée avec ce qu'il faut de fraîcheur.

Monbazillac Automne 2003
Blanc Liquoreux | 2009 à 2016 | 15,00 €   **15/20**
Nez de miel et de pain d'épices, attaque onctueuse, bouche pleine avec ce qu'il faut de fraîcheur en fin.

Rouge : 25 hectares ; cabernet franc 4%, cabernet sauvignon 4%, malbec 1%, merlot 29%. Blanc : 37 hectares ; muscadelle 4%, sauvignon blanc 10%, sémillon 48%. Production totale annuelle : 300 000 bt. Visite : De 9 h à 12 h et de 13 h 30 à 18 h.

CHÂTEAU LAFFITTE-TESTON

32400 Maumusson
Tél. 05 62 69 74 58 - Fax. 05 62 69 76 87
info@laffitte-teston.com
www.laffitte-teston.com

Jean-Marc Laffitte a mis au point un style de vin fort original dans le Madiranais, en privilégiant pour les rouges, la finesse du tanin et l'équilibre, et pour les pacherencs, un type de vin sec mais élaboré avec des raisins pleinement mûrs. Il a très bien réussi dans les deux cas et sans doute encore plus en blanc, avec sa célèbre cuvée Éricka qui domine encore aujourd'hui la production locale. Sa fille Éricka prend peu à peu sa suite, avec la même philosophie. Le 2007 est à la hauteur des millésimes précédents.

Madiran vieilles vignes 2007
Rouge | 2009 à 2010 | 11,40 €   **13,5/20**
Charnu et suave, mais comme souvent avec cette cuvée, très discret sur le plan aromatique ; le producteur vise l'équilibre et l'obtient, mais il faut attendre cinq ans pour une ouverture intéressante du bouquet.

Madiran vieilles vignes 2006
Rouge | 2009 à 2016 | 11,40 €   **14/20**
Un tout petit peu moins fruité que l'an dernier, commence à se renfermer, mais joli corps et tanin agréable.

Pacherenc du Vic Bilh Sec Ericka 2008
Blanc | 2011 à 2014 | 9,10 €   **15/20**
Beaucoup de pureté et de détail aromatique au nez, acidité et amertume maîtrisées, excellent style, une classe à part dans cette série !

Pacherenc du Vic Bilh Sec Ericka 2007
Blanc | 2010 à 2015 | 9,10 €   **15/20**
Très travaillé sur le plan aromatique au nez avec des notes musquées superbement extraites de la peau des raisins, onctueux, long, complet.

Rouge : 30.5 hectares ; cabernet franc 7,5%, cabernet sauvignon 7,5%, tannat 61%. Blanc : 8.5 hectares ; courbu 3%, petit et gros manseng 21%. Production totale annuelle : 230 000 bt. Visite : Du lundi au samedi, de 9 h à 12 h 30 et de 13h30 à 19 h. Sauf dimanche et jours fériés.

DOMAINE LAFFONT

32400 Maumusson
Tél. 05 62 69 75 23 - Fax. 05 62 69 80 27
pierre@domainelaffont.fr

Pierre Speyer, d'origine belge, est un fou de grand vin et il tente en permanence l'impossible dans sa toute petite propriété (4 hectares) de Maumusson : cela casse parfois mais quand cela passe, cela donne des vins d'une folle générosité de caractère, d'un éclat, d'une longueur en bouche, qui rivalisent avec les chefs-d'œuvre de Brumont. Qu'Hécate et Érigone veillent encore longtemps sur le géniteur des cuvées portant leur nom. Les 2006 étaient somptueux, les 2007 ne sont pas encore vraiment harmonisés.

MADIRAN ERIGONE 2007
Rouge | 2013 à 2017 | NC   **14/20**
C'est très puissant, mais encore un peu raide, et il faudra déguster à nouveau le vin dans deux ans.

MADIRAN ERIGONE 2006
Rouge | 2011 à 2016 | NC   **16,5/20**
Superbe arôme de fruits rouges, texture voluptueuse de tannat mûr à point, élevage très réussi, encore un coup de maître de ce producteur hors norme.

MADIRAN HECATE 2007
Rouge | 2014 à 2019 | NC   **15/20**
Les premiers échantillons montraient de l'évent au nez, les suivants sont plus nets mais à la naissance le tanin du 2007 n'a ni le charme ni surtout la volupté que celui du 2006 au même stade. À revoir dans deux ans.

MADIRAN HECATE 2006
Rouge | 2009 à 2018 | NC   **17/20**
Un sommet de l'appellation. Velouté admirable de texture, longueur, classe, volupté mais tension dans la volupté. Bravo !

Rouge : 3,50 hectares ; cabernet franc 18%, tannat 65%. **Blanc :** 0,50 hectare ; petit manseng 17%.
Production totale annuelle : 30 000 bt.
Visite : Sur rendez-vous.

CHÂTEAU LAGREZETTE

Domaine de Lagrézette
46140 Caillac
Tél. 05 65 20 07 42 - Fax. 05 65 20 06 93
adpsa@lagrezette.fr
www.chateau-lagrezette.tm.fr

Cru vedette de Cahors, Lagrezette est avant tout une œuvre de mécénat : Alain-Dominique Perrin y a mis beaucoup de sa fortune personnelle pour créer puis entretenir une propriété modèle dans une appellation en proie à tous les doutes et toutes les démissions. Avec l'aide de Michel Rolland, il a révolutionné le goût et la texture des vins de la région en recherchant une maturité plus poussée du raisin et un élevage plus luxueux. Une cuvée de printemps, à boire jeune, permet d'attendre le cahors normal et le vin de prestige Le Pigeonnier, ce dernier exigeant sept à huit ans de bouteilles pour digérer complètement son boisé. Le cru continue à donner l'exemple d'une viticulture disciplinée et de pratiques de vinification aussi rigoureuses que dans les grands crus de Bordeaux. En 2006, année plus difficile la propriété a présenté un seul vin, domaine de Lagrezette, complet et très adroitement vinifié mais moins riche que les 2005.

CAHORS DOMAINE DE LAGREZETTE 2006
Rouge | 2012 à 2016 | NC   **14,5/20**
Caractère plus bordelais au nez que la moyenne, vin droit, très bien constitué, boisé présent mais non asséchant, tanin ferme, vin très sérieux et complet pour l'année.

CAHORS LE PIGEONNIER 2005
Rouge | 2009 à 2016 | NC   **15/20**
Nez ample, toasté, moderne, dans la mesure où le bois apporte des notes de moka. Certains les trouveront un peu insistantes mais l'expérience montre qu'elles se fondent après cinq ou six ans. Le raisin était bien plus mûr que la moyenne et le tanin a été judicieusement extrait.

Rouge : 78 hectares ; cabernet franc 2%, malbec 79%, merlot 10%, syrah 2%, tannat 1%.
Blanc : 7 hectares ; chardonnay 2%, viognier 4%.
Production totale annuelle : 275 000 bt.
Visite : De 10 h à 18 h.

CHÂTEAU LAMARTINE

Lamartine
46700 Soturac
Tél. 05 65 36 54 14 - Fax. 05 65 24 65 31
chateau-lamartine@wanadoo.fr
www.cahorslamartine.com

Cette propriété impeccablement tenue donne la mesure du secteur de Soturac, sur des terres essentiellement situées sur la terrasse la plus qualitative de l'appellation. Les vins un peu austères à leur naissance développent en bouteilles beaucoup de finesse : la Cuvée particulière présente l'équilibre le plus satisfaisant avec le boisé, même si elle naît moins corsée que la cuvée expression. En 2006, cette dernière est celle qui finit le mieux en bouteilles, ce qui est rassurant, avec la droiture et la finesse propres à cette propriété.

CAHORS 2005
Rouge | 2009 à 2015   **15/20**
Plus coloré, boisé façon grande champagne, corps précis et soigné, saveur de violette, tanin enveloppant, travail évident et récompensé. Vin sérieux, distingué, viril.

CAHORS EXPRESSION 2006
Rouge | 2009 à 2016 | 21 €   **15/20**
Après mise, le vin a conservé sa densité de texture, son excellente intégration du bois, et une finesse certaine. Il domine nettement par son supplément de corps la cuvée particulière et le Cahors normal du château. La finale, marquée par des notes fines grillées et toastées, lui donne une classe certaine.

Rouge : 32 hectares ; malbec 90%, merlot 6%, tannat 4%. **Production totale annuelle :** 180 000 bt.

CLOS LAPEYRE

La Chapelle-de-Rousse
chemin du Couday
64110 Jurançon
Tél. 05 59 21 50 80 - Fax. 05 59 21 51 83
contact@jurancon-lapeyre.fr
www.jurancon-lapeyre.fr

Jean-Bernard Larrieu fait partie de l'élite des vignerons de Jurançon, appellation qui a de la chance avec ses meilleurs producteurs. Il pratique une viticulture très propre et vinifie habilement les secs et les liquoreux. Quelques irrégularités étaient apparues au milieu des années 1990, ce n'est plus qu'un souvenir. À leur meilleur, le bouquet de ses vins développe puissamment les arômes de truffe blanche ou noire (selon les millésimes) propres aux terroirs de la Chapelle des Rousses, les plus originaux du secteur. Ses vins blancs secs se distinguent de la plupart par leur vigueur et leur fort, mais remarquable, goût de terroir.

JURANÇON LAPEYRE 2007
Blanc liquoreux | 2013 à 2019 | 10,90 € **15,5/20**
Pour le moment le vin est un peu plus austère et tendu que d'autres, assez pointu pour l'année mais très typé, salin, strict dans sa définition du terroir. Attendre trois ans.

JURANÇON SEC LAPEYRE 2006
Blanc | 2009 à 2014 | 9,20 €   **15/20**
Sec assez remarquable par ses notes de noisette rappelant certains vouvrays, très fin, droit, subtil, sans rien d'exotique. Du vin de terroir vinifié avec une enviable précision.

JURANÇON SEC VITATGE VIELH 2006
Blanc | 2009 à 2015 | NC   **15/20**
Grande franchise de construction en bouche, note de noisette très marquée terroir, belle suite, vin de gastronomie très réussi à l'opposé de ceux qui favorisent l'exotisme des arômes.

Blanc : 17 hectares : 5%, gros manseng 45%, petit manseng 50%. **Production totale annuelle :** 70 000 bt. **Visite :** Du lundi au vendredi, de 8 h 30 à 12 h 30 et de 14 h à 18 h.

CAMIN LARREDYA

Rousse
64110 Jurançon
Tél. 05 59 21 74 42 - Fax. 05 59 21 76 72
jm.grussaute@wanadoo.fr
www.caminlarredya.fr

Voici une excellente source pour les vins demi-moelleux et moelleux, au caractère classique et assez rapides à se développer en bouteilles. Les meilleures «terrasses» donnent même un vin exceptionnellement riche et subtil et de prix encore fort accessible. Jean-Marc Grussaute convertit progressivement son vignoble à la viticulture biodynamique et affine à chaque nouveau millésime un style de vin déjà très assuré. En raison d'une méchante grêle sa production de 2008 sera très réduite et il ajoute une activité de négoce d'achat de raisin pour fournir sa clientèle.

JURANÇON A SOLVÉHAT 2007
Blanc liquoreux | 2012 à 2019 | NC   **17/20**
Grand nez caramélisé, extrême richesse en liqueur, long et complet.

JURANÇON SEC A L'ESGUIT 2008
Blanc | 2009 à 2011 | NC   **14/20**
Notes de pamplemousse légèrement adoucies par un boisé non agressif, finale alerte, bon style, sincère malgré un travail évident d'élevage.

Blanc : 8 hectares ; gros manseng 25%, petit courbu 5%, petit manseng 70%.
Production totale annuelle : 40 000 bt.
Visite : Sur rendez-vous.

DOMAINE LAUBAREL

Lucas Merlo
3000 Route de Cordes
81600 Gaillac
Tél. 05 63 57 41 90 - Fax. 05 63 57 79 48
lucas.merlo545@orange.fr
domaine-laubarel.com

Lucas Merlo vient tout juste d'acheter ce domaine (été 2008) et déjà il se fait remarquer dans notre dégustation à l'aveugle. Il arrive tout juste d'un domaine de Cahors où il a travaillé pendant sept ans, mais est originaire d'Albi d'où il a voulu se rapprocher. Il a acheté cinq hectares d'un seul tenant, comprenant tous les cépages autochtones du Gaillacois, et surtout sur un site particulièrement propice à la vigne. Un magnifique terroir avec un viticulteur pareil : un domaine à suivre !

GAILLAC PREMIÈRES CÔTES LAUBAREL 2008
Blanc | 2010 à 2015 | 9 €   **15/20**
Un nez intense de fruits mûrs et sains. La matière est bien présente, sur la finesse et l'élégance. Le vin est en cours d'élevage au moment de sa dégustation, mais ce 100 % mauzac est extrêmement prometteur. L'équilibre est déjà là, la longueur aussi.

Rouge : 3 hectares. Blanc : 2 hectares.
Production totale annuelle : 20 000 bt.
Visite : De 8 h à 19 h.

CHÂTEAU LAULERIE

le gouyat
24610 St Méard de Gurçon
Tél. 05 53 82 48 31 - Fax. 05 53 82 47 64
vignobles-dubard@wanadoo.fr
www.vignobles-dubard.com

Le vignoble s'étend sur les coteaux qui dominent la rive droite de la Dordogne, dans la partie ouest de l'Aire d'Appellation Bergerac. Ce domaine prévaut pour ses cuvées de Montravel, notamment celles de la Comtesse de Ségur. Seules les vignes anciennes à faible rendement, situées sur les parcelles les mieux exposées, sont sélectionnées pour la vinification de cette cuvée Comtesse de Ségur.

BERGERAC SEC 2008
Blanc I 2009 à 2010 I 4,90 €   **14/20**
Salin, frais avec quelques accents de citron confit, ce vin claque bien en bouche, il séduit déjà.

MONTRAVEL COMTESSE DE SÉGUR 2007
Blanc I 2009 à 2012 I 8,90 €   **13,5/20**
Les herbes coupées et la mirabelle s'affirment pleinement dans une bouche riche et épicée qui se met progressivement en place.

MONTRAVEL COMTESSE DE SÉGUR 2006
Rouge I 2009 à 2012 I 9,90 €   **16/20**
Ce vin exhale de délicieuses flaveurs de framboise et de pivoine, les tanins sont longs et séducteurs.

Production totale annuelle : 600 000 bt.
Visite : Sur rendez-vous.

CHÂTEAU LAUROU

2250, Route de Nohic
31620 Fronton
Tél. 05 61 82 40 88 - Fax. 05 61 82 73 11
guysalmona@wanadoo.fr

Guy Salmonin est président du syndicat des vins de Fronton mais il reste discret. Après une formation de viticulture-œnologie à Beaune, cet ancien citadin informaticien, a acheté ce domaine de 47 hectares en 1997. Tout son travail de restructuration du vignoble est récompensé aujourd'hui par des vins que l'on qualifie volontiers de «sympathiques» tant ils sont désaltérants, ronds et bien faits. D'autant que ses prix sont très attractifs. À découvrir.

FRONTON 100% NÉGRETTE 2008
Rouge I 2009 à 2014 I 8 €   **15/20**
Une cuvée qui assume complètement son origine et son originalité. Un vin « sympa «, avec une belle harmonie, avec un caractère désaltérant, agréable. Belle finale sur la fraîcheur.

FRONTON TRADITION 2007
Rouge I 2009 à 2013 I 5,50 €   **14/20**
Très vanillé mais tout en élégance. La matière est assez belle, assez riche, pour supporter le bois. Laisser vieillir ce vin très prometteur.

Production totale annuelle : 100 000 bt.
Visite : Tous les jours de 9 h à 12 h et de 15 h à 19 h sauf dimanche et jour fériés.

CHÂTEAU LE RAZ

24610 Saint-Médard de Gurçon
Tél. 05 53 82 48 41 - Fax. 05 53 80 07 47
vignobles-barde@le-raz.com
www.le-raz.com

Depuis 1610, les générations de Barde se succèdent et développent ce vignoble de 70 hectares. Les vignes plantées sur des terroirs de coteaux et de hauts plateaux produisent des raisins de qualité. Ici on pratique le principe de la lutte raisonnée. Les rouges sont souples et harmonieux, notre préférence va aux Montravel plus profonds. Les blancs, coulants et frais, se boivent sur le fruit de la jeunesse.

BERGERAC SEC CHÂTEAU LE RAZ 2007
Blanc | 2009 à 2011 | NC   **14/20**
Iodée et souple, cette cuvée se boit sur des huîtres escortées des petites saucisses du pays.

MONTRAVEL CUVÉE GRAND CHÊNE 2007
Blanc | 2011 à 2014 | NC   **14/20**
De la matière certes, mais pour le moment le bois domine, les tanins devraient se fondre dans une paire d'années.

MONTRAVEL CUVÉE LES FILLES 2006
Rouge | 2009 à 2011 | 12 €   **13,5/20**
Tanins souples, vin de demi-corps, à boire sur un filet de veau.

Rouge : 34 hectares. Blanc : 28 hectares.
Production totale annuelle : 350 000 bt.
Visite : De 8 h 30 à 12 h 15 et de 14 h à 18 h 30.

CHÂTEAU MASMONTET

24230 Velines
Tél. 05 53 74 39 56 - Fax. 05 53 74 39 60

En plein cœur du vignoble de Montravel, le Château Masmontet se trouve sur la commune de Vélines, sa superficie est de 22 hectares sur des sols de nature argilo-calcaire et argilo-siliceux. On y pratique la lutte raisonnée, les vignes sont enherbées et les traitements sont limités. Les bergeracs rouges produits affichent de belles rondeurs, nous préférons toutefois la complexité des Montravel en rouge comme en blanc. Le moelleux Côtes de Montravel est également d'un bel équilibre.

BERGERAC 2007
Rouge | 2009 à 2012 | 4,30 €   **13,5/20**
Vin tout en rondeur avec un joli fruit et des touches florales, se boit déjà bien.

CÔTES DE MONTRAVEL 2007
Blanc liquoreux | 2009 à 2017 | 6,10 €   **14,5/20**
Élégant avec ses accents de pêche jaune, ce moelleux est bien tendu, et sa fin de bouche rafraîchissante en fait un très bon vin de repas. On peut le prendre de l'apéritif à la tarte aux abricots, en passant par la volaille.

MONTRAVEL 2007
Rouge | 2009 à 2013 | env 11 €   **14/20**
Élégant, rond, bien dans ses tanins, vin en devenir sur un filet de veau.

MONTRAVEL 2007
Blanc | 2009 à 2012 | 4 €   **13/20**
Vin aux flaveurs de pêche de vigne et de fleurs blanches, bouche au glissant harmonieux, peut déjà se boire.

Rouge : 10 hectares. Blanc : 10 hectares.
Production totale annuelle : 20 000 bt.
Visite : Du lundi au samedi de 8 h à 12 h et de 14 h à 19 h.

CHÂTEAU MONESTIER LA TOUR

La Tour
24240 Monestier
Tél. 05 53 24 18 43 - Fax. 05 53 24 18 14
contact@chateaumonestierlatour.com
www.chateaumonestierlatour.com

Voici une propriété montante de l'appellation Bergerac : le château a été adroitement et magnifiquement restauré par un
riche mécène belge, Philippe Haseth-
Möller, qui a demandé à Stéphane Derenoncourt de superviser les vinifications : si
des progrès louables ont été effectués,
nous sommes plus convaincus par les
rouges de bonne maturité que par les
blancs manquant de définition.

BERGERAC SEC CHÂTEAU MONESTIER LA TOUR 2006
Blanc | 2009 à 2010 | 8 €   **13/20**
Vin aux accents abricotés, bouche un peu
en retrait et manquant de définition.

CÔTES DE BERGERAC EMILY 2008
Rouge | 2011 à 2016 | NC   **14,5/20**
Vin aux accents de fruits noirs et d'épices,
bouche intense et charpentée. Vin en devenir.

CÔTES DE BERGERAC EMILY 2007
Rouge | 2009 à 2012 | NC   **14,5/20**
Nez de cerise noire, tanins juteux et veloutés, se terminant sur la fraîcheur.

Rouge : 15 hectares ; cabernet franc 20%, cabernet
sauvignon 20%, malbec 10%, merlot 50%.
Blanc : 10 hectares ; muscadelle 10%,
sauvignon blanc 40%, sémillon 50%. Production
totale annuelle : 130 000 bt. Visite : De 9 h à 12 h et
de 14 h à 17 h.

CHÂTEAU MONTUS – CHÂTEAU BOUSCASSÉ

32400 Maumusson-Laguian
Tél. 05 62 69 74 67 - Fax. 05 62 69 70 46
brumont.commercial@wanadoo.fr
www.brumontalain.com

Les terroirs incomparables de Montus et la
Tyre permettent la maturation optimale du
tannat, encore faut-il savoir porter, par la
vinification et l'élevage, au plus haut
niveau le potentiel du terroir. Les vins sont
monumentaux avec une force et une violence évidentes mais complètement
domptées et sous contrôle, ce qui est un
véritable tour de force ! Les blancs du
Pacherenc ont la même fougue, la même
complexité, le même luxe dans leur élaboration et frapperont certainement l'imaginaire de nombreux amateurs.

MADIRAN CHÂTEAU BOUSCASSÉ VIEILLES VIGNES 2006
Rouge | 2012 à 2018 | 25,20 €   **16,5/20**
Vin riche et complexe, très ferme dans
son tanin, plus terrien que fruité, grand
avenir.

MADIRAN CHÂTEAU MONTUS 2006
Rouge | 2013 à 2018 | 20,23 €   **16,5/20**
Ouvert, velouté, charnu, long, sensuel,
moins d'éclat que dans d'autres millésimes, mais très harmonieux.

MADIRAN LA TYRE 2007
Rouge | 2015 à 2022 | env 93 €   **17/20**
Pour le moment le boisé est encore dominateur, mais la surpuissance du vin est
évidente. Il faudra encore un an pour qu'il
trouve sa forme définitive.

PACHERENC DU VIC BILH MONTUS BRUMAIRE 2007
Blanc Liquoreux | 2015 à 2019 | env 18,80 €   **17/20**
Raisin ultraconfit, vendangé plus passerillé que les autres, somptueusement bouqueté, long, racé, digne de se comparer
dans un style évidemment autre à un grand
sauternes.

PACHERENC DU VIC BILH SEC CHATEAU BOUSCASSÉ LES JARDINS 2007
Blanc | 2011 à 2015 | 7,94 €   **15/20**
Superbe raisin mûr, vin gras, très désaltérant grâce à des notes de citron, long,
très expressif, avec lequel il faudra désormais compter.

Rouge : 110 hectares ; cabernet franc 5%,
cabernet sauvignon 15%, tannat 80%.
Blanc : 30 hectares ; courbu 50%, manseng 50%.
Production totale annuelle : 800 000 bt. Visite : Du
lundi au samedi, de 8 h à 13 h et de 14 h à 19 h.

DOMAINE DU MOULIN

Chemin de Bastié
81600 Gaillac
Tél. 05 63 57 20 52 - Fax. 05 63 57 66 67
hirissou81@wanadoo.fr
ledomainedumoulin.com

Messieurs Hirissou Père (Jean-Paul) et Fils (Nicolas, arrivé sur le domaine en 2002) sont de grands défenseurs de leur Gaillacois chéri. Nicolas représente la cinquième génération de la famille à y faire du vin et c'est lui qui a commencé la mise en bouteilles. Leurs vins sont issus de vignes très bien tenues, avec des hauteurs folières particulièrement hautes. Un domaine plein d'avenir.

GAILLAC FLORENTIN 2007
Rouge | 2009 à 2016 | 20 €   **16/20**
Un nez profond et élégant basé sur des notes épicées, légèrement vanillé. Matière belle, riche, bien travaillée, somptueuse même. Tanins magnifiques qui donnent une structure droite à ce très beau vin.

VIN DE PAYS DES CÔTES DU TARN CETTE ANNÉE-LÀ 2006
Blanc liquoreux | 2009 à 2014 | 15 €   **15/20**
Un chardonnay, très axé sur le pain d'épices, et malgré tout en fraîcheur et équilibre. Un vin très intéressant et surtout délicieux.

Production totale annuelle : 140 000 bt.
Visite : Tous les jours de 9 h à 12 h et de 14 h à 19h .

CHÂTEAU MOULIN CARESSE

1235 route de Couin
24230 Saint-Antoine de Breuilh
Tél. 05 53 27 55 58 - Fax. 05 53 27 07 39
moulin.caresse@cegetel.net
www.pays-de-bergerac.com/vins/chateau-moulin-caresse

Une verticale des vins du domaine de 2000 à 2008 donne un bel aperçu de ce Moulin-Caresse qui monte en puissance sur les cinq derniers millésimes. Pilier de la toute jeune appellation Montravel, Jean-François Deffarge est un viticulteur talentueux qui semble trouver progressivement son style sur les blancs : ce qu'on avait pressenti sur 2006 est confirmé par des 2007 et 2008 encore plus précis dans leur tranchant et leur maturité.

BERGERAC MAGIE D'AUTOMNE 2008
Rouge | 2011 à 2015 | NC   **15,5/20**
Tanins pulpeux sur fond de fruits noirs, trame tendue et élégante, ce vin est harmonieux.

BERGERAC MERLOT 2008   ☺
Rouge | 2009 à 2011 | 5,20 €   **15/20**
Vin de pur plaisir avec des rondeurs caressantes et des tanins juteux et un beau retour floral. Excellent rapport qualité-prix, pour 5,20 euros, cela vaut le coup !

MONTRAVEL 100 POUR CENT 2007
Rouge | 2009 à 2016 | NC   **15,5/20**
Tanins souples, sur fond de fruits rouges, ce vin de bonne longueur commence à trouver ses marques.

MONTRAVEL 100 POUR CENT 2005
Rouge | 2011 à 2019 | 14 €   **17/20**
Suave et subtil, ce 2005 a l'avenir devant lui, ses tanins se détendent et sa bouche est longue et bien équilibrée.

MONTRAVEL 100 POUR CENT 2004
Rouge | 2009 à 2019 | 13,50 €   **16/20**
Tout en droiture et en longueur, ce vin est taillé pour la gastronomie, il reste à l'affût d'une palombe truffée.

MONTRAVEL MAGIE D'AUTOMNE 2008
Blanc | 2010 à 2013 | 7,20 €   **15,5/20**
Nez de pêche blanche, attaque pleine, avec une bouche fraîche se terminant sur des notes de pamplemousse.

Rouge : 22 hectares ; cabernet franc 10%, cabernet sauvignon 9%, malbec 8%, merlot 38%.
Blanc : 12 hectares ; muscadelle 6%, sauvignon blanc 11%, sauvignon gris 2%, sémillon 16%. Production totale annuelle : 200 000 bt.
Visite : De 9 h à 12 h et de 14 h à 18 h.

DOMAINE MOUTHES LE BIHAN

Mouthes
47120 Saint-Jean-de-Duras
Tél. 05.53.83.06.98 - Fax. 05.53.89.62.70
contact@mouthes-le-bihan.com
www.mouthes-le-bihan.com

Sur ce domaine de 16 hectares, l'aventure commence en 2000 pour Catherine et Jean-Mary Le Bihan, un jeune couple de viticulteurs passionnés d'équitation. Les vignes sont travaillées à l'ancienne, labourées et exemptes d'engrais et de désherbant chimique. Progressivement, ils ont sélectionné pour leur cuvée les Apprentis, leur meilleure vigne de rouge et ils ont mis au point une cuvée de blanc de prestige, Perette et les Noisetiers qui est le sommet actuel de la qualité en Côtes de Duras.

CÔTES DE DURAS LA PIE COLETTE 2007
Rouge | 2009 à 2012 | NC   **13,5/20**
Nez pur et exubérant, entièrement axé sur le fruit, bouche charnue, tout aussi aromatique, tendre et fraîche pour cette cuvée facile à boire.

CÔTES DE DURAS LES APPRENTIS 2006
Rouge | 2009 à 2011 | NC   **14/20**
Le nez est délicat, axé sur le fruit avec de belles nuances florales, la bouche dans le même esprit n'offre pas un gros volume mais une texture ronde, facile et vive.

CÔTES DE DURAS PERETTE ET LES NOISETIERS 2005
Blanc | 2009 à 2013 | NC   **16/20**
La robe commence à bien dorer, le nez développe des arômes de miel, rehaussés d'une discrète note de barrique. La vendange a été faite à haute maturité et la vinification a respecté la plénitude du raisin.

CÔTES DE DURAS VIEILLEFONT 2007
Rouge | 2009 à 2013 | NC   **14,5/20**
Bien plus réussi que le 2006, ce vin développe un nez fin et épanoui, aux arômes de fruits noirs et floraux, une jolie bouche fondante, chaleureuse, avec une trame tannique suave qui tapisse bien le palais et de la fraîcheur.

Rouge : 4 hectares ; cabernet franc 7%, cabernet sauvignon 14%, malbec 13%, merlot 33%. **Blanc :** 12 hectares ; muscadelle 6%, sauvignon 13%, sémillon 14%. **Production totale annuelle :** 80 000 bt. **Visite :** De 9 h à 18 h sur rendez-vous.

DOMAINE NIGRI

Quartier Candeloup
64360 Monein
Tél. 05 59 21 42 01 - Fax. 05 59 21 42 59
domaine.nigri@wanadoo.fr

Encore un domaine artisanal fort sérieux du Jurançon. Jean-Louis Lacoste est un vinificateur compétent qui sait conduire les fermentations pour obtenir des vins secs de qualité, et maintient en production quelques cépages rares comme le camaralet ou l'auzet, pour leur donner une touche supplémentaire d'originalité. Ses 2007 et 2008 continuent la lignée d'excellence des 2005 et 2006.

JURANÇON SEC 2008
Blanc | 2009 à 2011 | 7 €   **15/20**
Fruité pur et précis, corps équilibré, finale très vivante, excellente maîtrise du ferment et de la préservation du fruité initial.

JURANÇON SEC RÉSERVE 2007
Blanc | 2009 à 2011 | NC   **14/20**
Robe pâle, nez complexe avec des thiols (notes de fruit de la passion) assez développés, comme dans un joli sauvignon, bon développement en bouche, mais sans caractère marquant de terroir.

Rouge : 0.5 hectare ; cabernet sauvignon 30%, fer servadou 10%, tannat 60%. **Blanc :** 13 hectares ; camaralet 3%, gros manseng 32%, lauzet 3%, petit manseng 62%. **Production totale annuelle :** 70 000 bt.

DOMAINE NOMBOLY TRAYDOU

Quartier Serrot
64360 Monein
Tél. 05 59 21 35 98 - Fax. 05 59 21 49 00
domaine.nomboly@orange.fr

Voici un excellent petit domaine artisanal qui continue à produire, sur un des coteaux à forte personnalité de Monein, le juran-çon que nous avons connu et aimé depuis trente ans. Ceci sans défaut d'acidité vola-tile ni de trop vieux fûts, avec en particulier une cuvée dite Traydou qui ne l'est que modérément mais savoureusement et intelligemment.

JURANÇON TRAYDOU 2007
Blanc liquoreux | 2011 à 2017 | 10 €   **15/20**
Un peu de bois au nez, forte note de noisette, terroir marqué, excellent équilibre acide-sucre, juste ce qu'il faut de liqueur, franc, savoureux, avec de l'accent, bel avenir.

JURANÇON TRAYDOU 2006
Blanc liquoreux | 2009 à 2010 | 10 €   **16/20**
Excellentes notes de citron au nez, vin droit, passerillé juste ce qu'il faut pour en faire un vin universel, parfaitement dans la tradition locale, long, complexe, rapport qualité/prix très engageant.

Blanc : 3,50 hectares.
Production totale annuelle : 12 000 bt.
Visite : Sur rendez-vous.

CHÂTEAU PAILLAS

SCEA de Saint-Robert
Lieu dit Paillas
46700 Floressas
Tél. 05 65 36 58 28 - Fax. 05 65 24 61 30
info@paillas.com
www.paillas.com

Situé sur le Causse, Paillas donne un des vins les plus réguliers de l'appellation. Ici pas de cuvée spéciale, un seul vin charnu, velouté, ne jouant jamais sur l'artifice du bois, bref éminemment buvable et recom-mandable. Germain Lescombes mérite absolument d'entrer dans ce guide !

CAHORS 2007
Rouge | 2012 à 2017 | 5,60 €   **15/20**
Vin particulièrement équilibré et séduisant, souple mais charnu, tanin tendre pour Cahors, bien fait.

CAHORS 2006
Rouge | 2009 à 2014 | NC   **15/20**
Le beau vin de plaisir, gras, velouté, doté de notes truffées qui lui permettront de faire honneur dans cinq ou six ans à la gastrono-mie locale.

Rouge : 27 hectares.
Production totale annuelle : 160 000 bt.
Visite : De 8 h à 12 h et de 14 h à 17 h 30 du lundi au vendredi.

Inscrivez-vous sur

BETTANEDESSEAUVE.COM

> Suivez l'actualité du vin
> Accédez aux notes de dégustation de 25 000 vins
> Visitez les stands des producteurs

CHÂTEAU DE PEYROS

64350 Corbère-Abères
Tél. 05 62 09 06 02 - Fax. 05 62 69 08 62
contact@leda-sa.com
vignobles-lesgourgues.com

Cette propriété s'est souvent signalée par des vins au bouquet plus sophistiqué et complexe que la moyenne de l'appellation, en raison de la présence d'un bon pourcentage de cabernet-sauvignon dans son encépagement. La difficulté qu'a ce cépage à bien mûrir explique de nombreux échecs, mais les derniers millésimes retrouvent peu à peu le style si particulier de la propriété. Par sa nature et par la volonté du vinificateur le vin demande un décantage sérieux, quelques heures avant le service.

MADIRAN MAGENTA 2006
Rouge | 2012 à 2017 | 5,50 €   **15/20**
Un échantillon pas net, animal, une seconde bouteille fidèle au style habituel, énergique, tanin complexe, plus de fraîcheur que la moyenne, fait pour la garde mais avec moins de volupté de texture que d'autres.

MADIRAN MAGENTA 2005
Rouge | 2009 à 2017   **14/20**
Nez très intéressant, avec la marque évidente du cabernet et de sa petite note de poivron, vin élégant, assez original dans l'appellation, avec un petit déficit de chair en milieu de bouche, mais avec une belle longévité probable.

Rouge : 22 hectares.
Production totale annuelle : 120 000 bt.

CHÂTEAU PIQUE-SÈGUE

Ponchapt
33220 Port-Sainte-Foy
Tél. 05 53 58 52 52 - Fax. 05 53 58 77 01
chateau-pique-segue@wanadoo.fr

Répertorié au XIVᵉ siècle par l'archevêque de Bordeaux, le vignoble du Château Pique-Sègue, situé sur les coteaux du Libournais entre Saint-Émilion et Bergerac, était déjà, fin XIXᵉ siècle, « l'une des plus belles exploitations du canton », avec la réputation d'élaborer les vins des meilleurs crus de Montravel et Bergerac. Philip et Marianne Mallard l'ont agrandi et remanié depuis 1990. Tout en cherchant la meilleure extraction des fruits, les vins sont composés essentiellement en assemblage pour obtenir élégance et fraîcheur de constitution. La cuvée Anima Vitis est l'une des meilleures produites en rouge sur l'appellation.

BERGERAC 2006
Rouge | 2011 à 2017 | 4,66 €   **13/20**
Ce vin exhale des flaveurs de fruits rouges, sa rondeur et sa souplesse de tanins le prédestinent à une volaille grillée.

MONTRAVEL 2008
Blanc | 2010 à 2011 | 4,66 €   **13,5/20**
Vin frais avec ses accents de pamplemousse rose et des touches de fleur blanche, bouche qui claque bien.

MONTRAVEL TERRE DE PIQUE-SÈGUE, ANIMA VITIS 2006
Rouge | 2010 à 2014 | 12,60 €   **15/20**
Nez délicieux de fruits rouges avec des touches de pivoine, la bouche fraîche et racée possède des tanins de belle longueur très subtils.

Rouge : 44 hectares. Blanc : 42 hectares.
Production totale annuelle : 500 000 bt.
Visite : De 9 h à 12 h et de 14 h à 17 h.

DOMAINE PLAGEOLES

Très-Cantous
81140 Cahuzac-sur-Vère
Tél. 05 63 33 90 40 - Fax. 05 63 33 95 64
vinsplageoles@orange.fr
www.vins-plageoles.com

Les Plageoles (Robert et maintenant Bernard, son fils) ont été à l'origine du renouveau du vignoble gaillacois, en faisant connaître dans toute la France toutes les variétés possibles du cépage mauzac. Car c'est là tout l'originalité de ce domaine : une gamme très vaste, mais uniquement des cépages vinifiés et mis en bouteilles séparément. Si l'exercice de style est intéressant, l'amateur peut parfois y perdre son latin quand il cherche à reconnaître la typicité de l'AOC Gaillac. Quoi qu'il en soit, tous les vins sont bons, mais le haut de gamme se situe incontestablement dans les blancs doux, d'une pureté et d'un équilibre exceptionnels.

GAILLAC ONDENC 2008
Blanc | 2009 à 2013 | 10,50 €   **14/20**
Un nez élégant et fruité qui annonce un vin bien fait, et c'est le cas. On sent les agrumes en général et le pamplemousse en particulier. La fraîcheur du vin laisse envisager un travail sérieux du sol : le vin est équilibré et long, tout en élégance.

Rouge : 7 hectares ; braucol 20%. duras 30%,
syrah 20%. Blanc : 16 hectares ; len de l'ehl 5%,
mauzac 70%, muscadelle 7%, ondenc 15%.
Production totale annuelle : 80 000 bt.
Visite : De 8 h à 12 h et de 14 h à 18 h.

PRODUCTEURS DE PLAIMONT

Route d'orthez
32400 Saint-Mont
Tél. 05 62 69 62 87 - Fax. 05 62 69 61 68
f.lhautapy@plaimont.fr
www.plaimont.com

Les producteurs de Plaimont sont la marque de la coopérative la plus dynamique du Sud-Ouest et sans doute de France, celle qui a ressuscité les terroirs de Plaimont, jadis voués aux céréales ou aux vignes d'Armagnac, et su imposer largement leurs produits en France et à l'étranger. Le sens collectif des coopérateurs permet des sélections vraiment étonnantes, comme les blancs et les rouges du Faîte, Arte Benedicte, le rouge superbe du Monastère (les vignes appartiennent aux célèbres sœurs Laborde, journalistes de télévision) et bien entendu les pacherencs de vendange tardive.

MADIRAN LAPERRE COMBES 2007
Rouge | 2011 à 2015 | 7,90 €   **13,5/20**
Nez frais de cassis, bon équilibre général, mais ni la texture ni le corps ne sont tout à fait au niveau d'une cuvée de prestige, revendiquée dans cette dégustation.

PACHERENC DU VIC BILH MAGIE D'OR 2007
Blanc liquoreux | 2011 à 2015 | 6,70 €   **15/20**
Légère note aromatique de caramel au lait, généreux, passerillage très bien contrôlé, un modèle de style, un vin au point, au succès amplement mérité. Une autre cuvée L'Or du Vieux Pays est pratiquement identique en style.

PACHERENC DU VIC BILH SAINT ALBERT 2008 ☺
Blanc liquoreux | 2012 à 2018 | 14,30 € **15,5/20**
Un classique du genre, très riche, aromatique, complexe, sans aucune lourdeur, vraiment un vin sensuel et consensuel !

PACHERENC DU VIC BILH SAINT-MARTIN 2007
Blanc liquoreux | 2011 à 2017 | 14,10 € **15,5/20**
Encore plus riche que Saint Albert, équilibre superbe entre acidité et liqueur, très précis et savoureux, parfait sur le foie de canard à la poêle.

Rouge : 1300 hectares ; cabernet franc 10%,
cabernet sauvignon 10%, pinenc 15%, tannat 65%.
Blanc : 1200 hectares ; arrufiac 40%. courbu 15%,
petit et gros manseng 45%. Visite : Du lundi au
samedi
de 9 h à 12 h 30 et de 14 h 30 à 19 h. Le dimanche
de 14 h à 18 h.

CHÂTEAU PONZAC

Le Causse
46140 Carnac Rouffiac
Tél. 05 65 31 99 48 - Fax. 05 65 31 99 48
chateau.ponzac@wanadoo.fr

Mathieu Molinié confirme avec ses 2006 qu'il est un des espoirs les plus brillants de l'appellation Cahors. Une viticulture de niveau exceptionnel et une belle précision de vinification montrent le potentiel des terroirs du Causse. Le 2007 lui sera encore supérieur.

CAHORS ÉTERNELLEMENT 2007   ☺
Rouge | 2009 à 2010 | 14,50 €   **16/20**
Un grand vin large et généreux, avec d'intrigantes notes de rhubarbe au nez, finissant sur un tanin de classe. Beau terroir, belle vinification.

CAHORS ÉTERNELLEMENT 2005
Rouge | 2009 à 2025 | 14,5 €   **16/20**
Exceptionnelle plénitude de constitution, saveur concentrée, presque réduite de cassis, corps puissant, tanin ferme, vin énergique, mais raffiné, complet, étonnant !

Rouge : 33 hectares ; malbec 95%, merlot 5%.
Production totale annuelle : 12 000 bt.
Visite : De 8 h à 20 h.

CHÂTEAU LES RIGALETS

Les Cambous
46220 Praysac
Tél. 05 65 30 61 69 - Fax. 05 65 30 60 46
chateaulesrigalets@orange.fr

Dans les derniers millésimes, ce cru s'est imposé par la constance de sa qualité et la netteté de son style : des cuvées simples, majoritaires, qui ont la souplesse et la buvabilité oubliées de tant d'autres. L'excellente cuvée de prestige, Quintessence n'oublie pas que le bois neuf n'est qu'un logement adapté à des vins suffisamment constitués pour le supporter, et surtout pas un additif aromatique dont ils n'ont d'ailleurs pas besoin.

CAHORS PRESTIGE 2007
Rouge | 2012 à 2017 | NC   **14/20**
Quelques notes un peu cuites mais compréhensibles sur un échantillon pas encore en bouteilles, raisin ultramûr, grand caractère.

CAHORS PRESTIGE 2005
Rouge | 2009 à 2010 | 9 €   **13,5/20**
Coloré, nez tournant, cassis, épices, lactones, cuir, mais pas de noblesse ! Fruité développé de fraise, bon tanin, il faudra le boire vite sur son agrément immédiat.

Rouge : 19,50 hectares ; malbec 80%, merlot 15%, tannat 5%. Blanc : 0,50 hectare Production totale annuelle : 100 000 bt. Visite : De 9 h à 19 h.

DOMAINE ROTIER

Petit-Nareye
81600 Cadalen
Tél. 05 63 41 75 14 - Fax. 05 63 41 54 56
rotier.marre@domaine-rotier.com
www.domaine-rotier.com

Alain Rotier est le président de l'AOC
Gaillac. Il dirige en parallèle le domaine
que ses parents ont racheté en 1975. Les
pratiques culturales se sont adoucies
depuis deux ans, avec un travail des sols et
l'arrêt progressif des désherbages sous le
rang. En cave, il préfère les demi-muids de
400 litres et les fûts de plusieurs vins plutôt
que des barriques neuves. La gamme se
décline en trois catégories : Initiale (des
vins de négoce, vendus sous la marque
Rotier), Gravels (en référence au terroir de
graves de la propriété) et Renaissance (le
haut de gamme). La qualité des vins est ici
remarquable d'homogénéité.

GAILLAC LES GRAVELS 2007
Rouge | 2009 à 2014 | 7,40 €   **15/20**
Un nez à la séduction hollywoodienne. Mûre
et charnue, la bouche est gourmande. Les
tanins sont certes un peu trop arrondis, mais
heureusement contrebalancés par des notes
épicées si élégantes que la finale reste
savoureuse.

Rouge : 23.9 hectares ; cabernet sauvignon 13%,
duras 34%, fer servadou 23%. gamay 2%,
syrah 28%. Blanc : 10,4 hectares ; len de l'ehl 70%,
sauvignon blanc 30%. Production totale annuelle :
180 000 bt. Visite : Du lundi au samedi de 9 h à 12 h
et de 14 h à 19 h.

CHÂTEAU DE ROUSSE

La Chapelle-de-Rousse
64110 Jurançon
Tél. 05 59 21 75 08 - Fax. 05 59 21 76 54
chateauderousse@wanadoo.fr

Un des classiques de Jurançon par la
nature truffée du vin, au bouquet sensationnel et inoubliable, et pourtant encore
fort peu connu à l'extérieur du canton de
Gan. Le Château de Rousse mériterait de
figurer sur bien plus de cartes de restaurants. Son 2007, encore une fois, est
apparu comme une des expressions les
plus fortes de l'appellation.

JURANÇON SÉDUCTION 2006
Blanc liquoreux | 2009 à 2016 | NC   **16/20**
Toujours remarquablement typé, passerillage très marqué, long, racé, fait pour la
meilleure escalope de canard au raisin dont
vous êtes capable.

JURANÇON TRADITION 2007
Blanc liquoreux | 2010 à 2017 | 8,50 €   **16/20**
Nez superbe, avec la caramélisation d'un
passerillage réussi, délicieuse finesse, finale
légèrement truffée caractéristique, vin de
style et de caractère à un prix fort sage.

Blanc : 10 hectares ; gros manseng 31%,
petit courbu 19%, petit manseng 50%.
Production totale annuelle : 45 000 bt.
Visite : De 9 h à 19 h.

DOMAINE SERGENT

32400 Maumusson
Tél. 05 62 69 74 93 - Fax. 05 62 69 75 85
contact@domaine-sergent.com
www.domaine-sergent.com

Corinne Dousseau qui gère ce domaine avec sa sœur fait partie des meilleurs espoirs de l'appellation Madiran. Après avoir fait le tour du monde et en particulier vinifié en Nouvelle-Zélande à Dry River, petite propriété culte, elle vinifie désormais les vins du domaine familial avec beaucoup de précision. La cuvée de prestige provient d'une jeune vigne remarquablement située à proximité d'une des parcelles de Montus. Le vin est étonnant de plénitude ! Il faudra le suivre... La cuvée normale est plus souple, typique de son secteur.

MADIRAN 2007
Rouge | 2012 à 2019 | 8,50 €   **17/20**
Robe noire, corps somptueux, vinification très contrôlée, aucune déviation animale, finale éblouissante, vraiment du grand vin.

Production totale annuelle : 120 000 bt.
Visite : Du lundi au samedi du 9 h à 19 h.

DOMAINE DE SOUCH

805, chemin de Souch
64110 Laroin
Tél. 05 59 06 27 22 - Fax. 05 59 06 51 55
domaine.desouch@neuf.fr

Yvonne Hegoburu, octogénaire d'une vitalité encore étonnante et amoureuse du vin vrai et pur, réussit de façon unique les grandes cuvées de moelleux qui n'ont aujourd'hui aucun équivalent en puissance et en originalité d'expression. Le vignoble est cultivé de la façon la plus noble, s'inspirant de l'école biodynamique. On se ruera sur les sublimes cuvées Pour René et Marie Kattalin, le sommet absolu actuel du jurançon, avec leur irrésistible nez de truffe. Un nouveau jeune et brillant chef de culture et chef de cave a vinifié pour la première fois en 2008 en préservant toute la force et la pureté de style des millésimes précédents. Il a en particulier, pour la première fois, réussi un superbe vin sec, ce qui était jusqu'ici le point (relativement) faible de la propriété.

JURANÇON DOMAINE DE SOUCH 2007
Blanc liquoreux | 2010 à 2019 | NC   **17/20**
Le nez le plus somptueux et typé de la dégustation avec d'admirables notes de truffe blanche, déjà formées et surtout une cristallinité irrésistible qui laisse croire que l'eau contenue dans ce vin provient du torrent le plus pur ! La race du terroir explose et cela s'explique sans doute par le type de viticulture, qui préserve l'intégralité de la vie biologique du sol.

JURANÇON MARY KATTALIN 2007
Blanc liquoreux | 2013 à 2019 | NC   **17,5/20**
Vitalité étonnante du parfum et de sa persistance, race aromatique exceptionnelle avec en formation nette les fameuses notes de truffe blanche, étonnantes, et une finale montante. Un modèle du genre, comme d'habitude.

JURANÇON SEC 2008
Blanc | 2009 à 2015 | 16 €   **16/20**
Nez extrêmement fin et complexe, avec les notes de fleurs blanches typiques du millésime mais aussi une ampleur et une générosité de forme vraiment idéales. Il dominait la dégustation aveugle des vins du millésime.

Blanc : 6,5 hectares ; gros manseng 20%. petit courbu 10%, petit manseng 70%.
Production totale annuelle : 25 000 bt.

CLOS THOU

Chemin Larredya
64110 Jurançon
Tél. 05 59 06 08 60 - Fax. 05 59 06 87 81
clos.thou@wanadoo.fr

Petit domaine situé sur les terres les plus réputées de l'appellation, Thou brille par la régularité et la typicité de sa production : on mettra nettement au-dessus du reste sa cuvée Suprême de Thou, sublime vin moelleux aux arômes truffés étonnants, mais chaque bouteille ici possède une vraie personnalité. Pour une fois ses pairs ont bien choisi le président d'une appellation : Henri Lapouble prêche l'exemple mais le donne ! En 2007, on choisira de préférence Suprême, encore une fois le plus complet et le plus typé de la série.

JURANÇON DÉLICE 2006

Blanc liquoreux | 2009 à 2016 | 13 €   **16/20**
Nez pur, raffiné d'agrumes, petit départ de truffe qui laisse espérer de grandes choses, corps parfaitement équilibré, long, précis, racé, impeccable !

JURANÇON SUPRÊME DE THOU 2007

Blanc liquoreux | 2009 à 2017 | 15 €   **17/20**
Somptueux arôme d'agrumes et de truffe blanche, corps complet, exemple quasi parfait de jurançon moelleux, où la personnalité du terroir domine largement l'aspect technique de la vinification.

Blanc : 7,5 hectares ; camaralet 3%, gros manseng 25%, petit courbu 5%, petit manseng 67%.
Production totale annuelle : 30 000 bt.

CHÂTEAU TIRECUL LA GRAVIÈRE

24240 Monbazillac
Tél. 05 53 57 44 75 - Fax. 05 53 61 36 49
infos@vinibilancini.com
www.vinibilancini.com

Un des hauts lieux mondiaux de la production de vins liquoreux, Tirecul offre des vins d'une générosité de caractère hors norme et d'une perfection d'élaboration digne de château d'Yquem. Claudie et Bruno Bilancini sont experts dans la vendange et la vinification de raisins complètement botrytisés et savent emprisonner toute leur extravagante palette de parfum, si souvent simplifiée par des vinifications mal conduites. Ils donnent au monde une haute idée du monbazillac et il est normal qu'une telle qualité ait un prix. Les 2008 s'annoncent sous les meilleurs auspices et les 2007 ne sont pas en reste. Ce sont les 2006 et 2005 qui sont commercialisés pour l'édition de ce guide.

MONBAZILLAC 2005

Blanc Liquoreux | 2011 à 2030 | 26 € les 50 cl   **19/20**
Le nez très complexe séduit par sa fraîcheur quasi cristalline que l'on retrouve dans une bouche onctueuse, soyeuse et aérienne marquée par des notes d'abricot, de prune dante et d'épices.

MONBAZILLAC MADAME 2005

Blanc Liquoreux | 2011 à 2030 | 80 € les 50cl   **19,5/20**
On est sur des sommets, avec au nez cette délicatesse cristalline, la bouche prend des accents crémeux frais qui rayonnent. Ce vin associe la plus grande richesse de constitution imaginable à une fraîcheur et une élégance immédiates qui situent ce cru au niveau d'Yquem et de Climens. À ouvrir cinq à six heures avant pour juger l'évolution dans le verre.

MONBAZILLAC MADAME 1999

Blanc Liquoreux | 2009 à 2017 | ench. 39 €   **18/20**
Minéralité abricotée au nez, ce vin joue déjà les séducteur. La bouche tranchante affiche une belle longueur et l'élégance habituelle du cru.

VIN DE PAYS DU PÉRIGORD ANDRÉA 2005

Blanc | 2009 à 2015 | cav. env 15 €   **16/20**
Nez très minéral, beau volume de bouche tout en restant frais et élégant, vin de langoustine avec un beau potentiel.

Blanc : 6 hectares. **Visite :** Décembre et janvier, du lundi au vendredi de 9 h à 12 h et de 14 h à 17 h 30. Le reste de l'année jusqu'à 18 h ou sur rendez-vous.

CHÂTEAU DE TIREGAND

💠💠💠💠💠

118 route de Sainte Alvere
24100 Creysse
Tél. 05 53 23 21 08 - Fax. 05 53 22 58 49
contact@chateau-de-tiregand.com
www.chateau-de-tiregand.com

Le vignoble du château de Tiregand s'étend sur les coteaux de Pécharmant, des Galinoux à la Montalbanie, composés de sable, de graviers et d'une grave férugineuse en sous-sol. Historiquement très ancien et fort réputé notamment pour sa parcelle dite « La Terrasse », il fut totalement détruit par les grandes gelées de 1956. Pour le rétablir, les plantations ont été faites, à cette époque, en vignes hautes et larges. Aujourd'hui, celles-ci sont réalisées en rangs serrés (à 1,75 m), à une densité de 5 800 pieds par hectare, soit un peu plus dense que la vigne traditionnelle sur Pécharmant. La maturité est ainsi plus précoce, la concentration meilleure et la richesse des raisins plus grande.

PECHARMANT CHÂTEAU DE TIREGAND 2007
Rouge | 2009 à 2013 | 9,50 €   **14/20**
Vin aux tanins souples, fruit bien dégagé, donne déjà du plaisir.

PECHARMANT CUVÉE GRAND MILLÉSIME 2007
Rouge | 2010 à 2015 | 18,50 €   **14,5/20**
Bonne concentration marquée par une bouche aux senteurs intenses de cassis et de poivre. Vin en devenir.

Rouge : 41.4 hectares Blanc : 1.6 hectare.
Production totale annuelle : 140 000 bt.
Visite : De 9 h 30 à 12 h et de 14 h à 17 h 30
du lundi au samedi.

CHÂTEAU TOUR DES GENDRES

💠💠💠💠💠

Les Gendres
24240 Ribagnac
Tél. 05 53 57 12 43 - Fax. 05 53 58 89 49
familledeconti@wanadoo.fr
www.chateautourdesgendres.com

Située sur l'emplacement d'une ancienne villa gallo-romaine, cette propriété appartient à la famille de Conti depuis 1981. Le terroir est essentiellement argilo-calcaire, mais avec trois spécificités. Gendres est très calcaire, tant (crasse de fer) pour Grand Caillou et enfin boulbène pour Saint-Julien. Luc de Conti est considéré comme un « maniaque » de la qualité, tous ses vins sont là pour le prouver, mais c'est dans son dévouement à la cause des vins de la région et à sa générosité vis-à-vis de nombreux collègues que l'on mesure vraiment la stature de ce grand vigneron.

BERGERAC ANTHOLOGIA 2005
Rouge | 2011 à 2019 | 60 €   **16,5/20**
Intensité de fruits noirs épicés en même temps que rondeur des tanins marquent cette cuvée qui se referme comme beaucoup de 2005. Il faut se montrer patient.

BERGERAC SEC MOULIN DES DAMES 2006
Blanc | 2009 à 2014 | épuisé   **15/20**
Ce vin a toujours du tonus, il mêle les flaveurs d'agrumes avec encore quelques notes épicées, tout cela de la façon la plus élégante possible.

BERGERAC SEC TOUR DES GENDRES CUVÉE DES CONTI 2007
Blanc | 2009 à 2013 | 8 €   **15/20**
Abricot, salin, droit, nerveux et coulant, ce vin est harmonieux sur une salade de pétoncles.

CÔTES DE BERGERAC MOULIN DES DAMES 2005
Rouge | 2009 à 2015 | épuisé   **16/20**
Bonne concentration, un vin riche, avec un bon volume en bouche. Profond et gourmand, ce vin a gagné en complexité.

CÔTES DE BERGERAC TOUR DES GENDRES LA GLOIRE DE MON PÈRE 2006
Rouge | 2009 à 2013 | 12 €   **14/20**
Un vin au fruité mûr, coulant et aux tanins bien proportionnés.

Rouge : 30 hectares ; cabernet 40%, malbec 25%, merlot 35%. Blanc : 23 hectares ; muscadelle 15%, sauvignon 35%, sémillon 50%. Production totale annuelle : 250 000 bt. Visite : De 9 h à 12 h et de à 14 h à 18 h.

CLOS TRIGUEDINA

46700 Puy-l'Évêque
Tél. 05 65 21 30 81 - Fax. 05 65 21 39 28
contact@jlbaldes.com
www.jlbaldes.com

Cette propriété diffuse largement ses vins dans la restauration française et à l'étranger, et reste une ambassadrice privilégiée de l'appellation. Les vins sont charnus et généreux, surtout la cuvée Prince Probus, et de nombreux millésimes sont en vente. Les dégustations à l'aveugle ne flattent pas trop ce cru qui demande du temps pour s'épanouir dans le verre. Le 2006 de la cuvée d'élite de la propriété, le « new black wine », de loin meilleure que les deux autres, présente une assise solide et un bouquet presque extravagant de haute maturité et des notes étonnantes de truffe noire.

CAHORS CLOS TRIGUEDINA 2006
Rouge | 2009 à 2014 | 14 €   **13,5/20**
Nez de cèdre, vin droit et équilibré, tanin pour le moment plus fondu et agréable que celui de la cuvée Probus.

CAHORS NEW BLACK WINE 2006
Rouge | 2011 à 2016 | 40 €   **15/20**
Vin superbement constitué au fort parfum de truffe, intrigant, complexe, à suivre avec beaucoup d'intérêt lors de son vieillissement en bouteilles.

Rouge : 53 hectares. Blanc : 10 hectares.
Production totale annuelle : 400 000 bt.
Visite : De 9 h à 12 h et de 14 h à 18 h.

CLOS TROTELIGOTTE

Le Cap Blanc
46090 Villesèque
Tél. 06 74 81 91 26 - Fax. 05 65 36 94 58
clostroteligotte@hotmail.com
www.clostroteligotte.com

Cette propriété de 10 hectares sur les hauteurs de Cahors pratique une viticulture intelligente et raisonnée. Les vins produits par Christian et Emmanuel Rybinski se signalent par leur finesse et leur équilibre, particulièrement la cuvée perdrix. Les bouteilles sont habillées de façon élégante par des étiquettes joliment pensées.

CAHORS LA PERDRIX 2006   ☺
Rouge | 2011 à 2016 | 7,50 €   **14/20**
Vin vif et agréablement équilibré pour le millésime avec en particulier une excellente qualité de tanin.

Rouge : 10 hectares. Blanc : 1 hectare.
Production totale annuelle : 40 000 bt.
Visite : De 9 h à 12 h et de 14 h à 18 h.

CLOS D'UN JOUR

Le Clos d'un Jour
46700 Duravel
Tél. 05 65 36 56 01 - Fax. 05 65 36 56 01
s.azemar@wanadoo.fr
leclosdunjour.blogg.org

En très peu de temps, cette toute petite propriété arrive aux sommets de son appellation en suivant les exemples de haute viticulture des meilleurs vignerons du Sud-Ouest : Véronique et Stéphane Azemar vont même plus vite que leurs pairs en proposant sous l'intrigant nom de Un Jour sur Terre une étonnante cuvée de rouge élevée, en effet, comme on le faisait au temps des Romains, dans des jattes en terre cuite. L'objectif est d'obtenir un échange d'oxygène utile au vin sans l'apport aromatique inévitable du bois. Le 2005 nous a beaucoup plu en dégustation à l'aveugle. Le 2006 est un petit cran en dessous, ce qui est normal, mais montre le même soin et le même naturel.

CAHORS CLOS D'UN JOUR 2006
Rouge | 2009 à 2014 | 7 €   **13/20**
Cahors typé, discret mais équilibré, tanin encore un peu dur, bon avenir.

CAHORS UN JOUR 2006
Rouge | 2009 à 2014 | 13 €   **14/20**
En un an le vin s'est un peu amaigri, mais reste très net et équilibré, avec le même sérieux dans le tanin.

CAHORS UN JOUR SUR TERRE 2007
Rouge | 2011 à 2017 | 13 €   **15/20**
Un vin de grande sincérité, fluide, pur, avec le style qu'on aime sur Duravel.

Rouge : 6,75 hectares ; malbec 93%, merlot 7%.
Production totale annuelle :
20 000 bt. Visite : De 9 h à 19 h.

CLOS UROULAT

Chemin Uroulat
64360 Monein
Tél. 05 59 21 46 19 - Fax. 05 59 21 46 90
contact@uroulat.com
www.uroulat.com

Nous conservons pour la commodité l'entrée Uroulat même si Charles Hours et désormais sa fille Marie, préfèrent signer de leur nom certaines de leurs cuvées. Sur les terres plus faciles à cultiver de Monein, les vins de Jurançon brillent plus par leur finesse ou leur harmonie que par l'originalité de leur bouquet. Elles sont favorables à la production de vins secs ou de caractère sec dont ce vigneron, généreux et cordial, est le maître incontesté, bien qu'emprisonné par une législation stupide qui limite à 6 g/l leur sucre résiduel. C'est ainsi que son somptueux 2003, son chef-d'œuvre incontesté, et qui encore une fois a dominé tous les autres dans nos dégustations à l'aveugle, a été interdit d'appellation ! Ses 2007 sont fidèles à sa réputation, vins complets et savoureux.

JURANÇON HAPPY HOURS 2007
Blanc liquoreux | 2009 à 2017 | 10 €   **14,5/20**
Marie, fille de Charles, signe un moelleux qui est une véritable flèche par son tranchant et sa pureté, un grand vin d'apéritif, salin, délicat, encore marqué par une touche de gaz carbonique qui en respecte la fraîcheur.

JURANÇON UROULAT 2007
Blanc liquoreux | 2012 à 2019 | 17 €   **17/20**
Pâle, complexe et pur au nez avec ce qu'il faut de notes de fruit de la passion, boisé marqué, corps dense et nerveux, acidité fruitée et énergique, grand potentiel, un classique du millésime en préparation.

Blanc : 16 hectares ; gros manseng 50%, petit manseng 50%. Production totale annuelle :
90 000 bt. Visite : Sur rendez-vous.

VIGNOBLE DES VERDOTS

24560 Conne de Labarde
Tél. 05 53 58 34 31 - Fax. 05 53 57 82 00
verdots@wanadoo.fr
www.verdots.com

Le Clos des Verdots est l'entrée de gamme du beau domaine de David Fourtout ; il constitue l'essentiel des volumes, dans un registre fruité et souple. Les Tours des Verdots est le milieu de gamme, qui assemble les vieilles vignes et offre plus de chair et de concentration. Le Grand Vin Les Verdots est quant à lui, le haut de gamme, construit avec une sélection plus poussée que Tour des Verdots. Ce sont des vins ambitieux mais qui restent frais et équilibrés. Enfin, quand l'année si prête, la gamme Le Vin selon David Fourtout constitue le très haut de gamme, des vins puissants et richement élevés. Les Monbazillac ont également une belle tenue.

BERGERAC GRAND VIN LES VERDOTS 2006
Rouge | 2009 à 2016 | 19,50 €   **15,5/20**
Un grand vin richement élevé, aux tanins mûrs et enrobés, aux gourmands arômes fruités. Savoureux dans un millésime très difficile sur le Bergeracois.

BERGERAC SEC GRAND VIN LES VERDOTS 2007
Blanc | 2009 à 2017 | 19,50 €   **16/20**
Nez d'abricot et d'épices, bouche bien tendue, on apprécie cette fraîcheur abricotée, et cette matière bien équilibrée.

BERGERAC SEC LES TOURS DES VERDOTS 2008
Blanc | 2009 à 2015 | 9,50 €   **15/20**
Joli nez floral avec quelques touches d'agrumes et de pêche, bouche fraîche et ciselée.

CÔTES DE BERGERAC
LE VIN SELON DAVID FOURTOUT 2005
Rouge | 2012 à 2020 | env 37 €   **16/20**
Gros volume et concentration à la hauteur du millésime. Celui-ci se referme, il convient de le laisser tranquille, à revoir dans quelques années.

MONBAZILLAC LES TOURS DES VERDOTS 2006 ☺
Blanc liquoreux | 2009 à 2015 | 16 €   **15,5/20**
Nez d'orange confite et d'abricot, bouche fraîche et bien nette dans son expression, ce vin accompagne parfaitement un foie gras truffé.

Rouge : 22 hectares. Blanc : 13 hectares.
Production totale annuelle : 170 000 bt.
Visite : De 9 h à 12 h et 14 h à 18 h
du lundi au samedi.

CHÂTEAU DE VIELLA

Route de Maumusson
32400 Viella
Tél. 05 62 69 75 81 - Fax. 05 62 69 79 18
contact@chateauviella.fr
www.chateauviella.fr

Viella possède les terres les plus remarquables de Madiran, celles où le tannat mûrit le mieux. L'inévitable Alain Brumont a acquis certainement les meilleures d'entre elles mais Didier Barré et Alain Bortolussi se partagent les autres. Ce dernier a redonné vie aux 25 hectares de vignes qui entourent le château et a restauré ce dernier. Il profite de ce cadre remarquable pour développer en saison une politique fort intelligente d'animation culturelle liée au vin. Vinificateur méticuleux, il propose des vins de grande vinosité qui demandent au moins trois ans avant de s'épanouir, comme aujourd'hui son exemplaire 2005. Le 2006 n'en est pas loin.

MADIRAN 2007
Rouge | 2011 à 2017 | 5 €   **14,5/20**
Robe dense, nez puissant, notes florales complexes de fruits très mûrs, onctueux, un rien d'amertume dans le tanin.

MADIRAN CHÂTEAU VIELLA PRESTIGE 2006
Rouge | 2011 à 2016 | 12 €   **16/20**
Vin complet avec tout le gras et la force aromatique qu'on attend de Viella, demande comme toujours une bonne heure d'aération préalable, bel avenir.

PACHERENC DU VIC BILH 2007
Blanc liquoreux | 2012 à 2017 | 10 €   **16/20**
Raisin très riche, vin complet, remarquablement équilibré, dense, long, exemplaire.

Rouge : 20,5 hectares ; cabernet franc 30%, cabernet sauvignon 20%, tannat 50%.
Blanc : 4,5 hectares ; arrufiac 25%, gros manseng 25%, petit manseng 50%. Production totale annuelle : 150 000 bt. Visite : Du lundi au samedi de 8 h à 12 h 30 et de 14 h à 19 h. Le dimanche sur rendez-vous.

DOMAINE VIGNAU LA JUSCLE

Chemin Mantoulan
64110 Saint Faust
Tél. 05 59 83 03 66 - Fax. 05 59 83 03 71
michelvalton@yahoo.fr
www.vignaulajuscle.com

Le petit bijou de vignoble de Vignau-la-Juscle est la perle cachée de l'appellation Jurançon. Il appartient à Michel Valton, médecin urologue, qui s'en occupe avec une pertinence de grand chirurgien et qui prend tous les risques pour ne produire qu'un seul vin, récolté au sommet du passerillage du raisin. Pour la seconde fois consécutive, cette «vendange tardive» obtient notre meilleure note à la dégustation générale à l'aveugle des vins de Jurançon et semble insurpassable. Son prix, si l'on peut s'en procurer, est à des années lumières de sa qualité !

JURANÇON VENDANGES TARDIVES 2007
Blanc Liquoreux | 2015 à 2022 | 23 € **18,5/20**
Fabuleuse richesse de constitution, longueur en bouche non mesurable, vinification irréprochable, de l'essence de petit manseng, un équivalent d'un grand six puttonyos de Tokay.

Rouge : 2 hectares. Blanc : 3 hectares.
Production totale annuelle : 5 500 bt.
Visite : Sur rendez-vous.

CHÂTEAU VIGUERIE DE BEULAYGUE

1650 Chemin de Bonneval
82370 Labastide Saint-Pierre
Tél. 05.63.30.54.72 - Fax. 05 63 30 54 72
ce.faure@gmail.com

Cédric Faure a juste trente ans et plein d'ambition. Il reprend les vignes de son père avec le souci du travail du sol. Il taille court, prend garde à ses rendements. Il possède de très belles parcelles, très bien situées, comme celle de La Croix de l'agneau. Nous avons beaucoup aimé ses vins.

FRONTON TRADITION 2007
Rouge | 2009 à 2014 | 5 € **15/20**
Un nez vanillé, sur l'élégance. Belle matière, structurée sur des notes de fruits mûrs et d'épices. Saveurs sur la rondeur et l'ampleur. Finale longue.

Rouge : 16 hectares. Blanc : 2 hectares.
Production totale annuelle : 25 000 bt.
Visite : Du lundi au vendredi de 10 h à 19 h.

CLOS D'YVIGNE

Le Bourg
24240 Gageac et Rouillac
Tél. 05 53 22 94 40 - Fax. 05 53 23 47 67

Au début des années 1990, Patricia Atkinson décide de quitter la City de Londres et les brumes de l'Angleterre pour la luminosité tannique du Bergeracois. Elle s'installe à Gageac-Rouillac où elle devient, à force de ténacité, la nouvelle Aliénore du Clos D'Yvigne. Elle y produit des vins distingués en rouge loin des extractions massives et des vins qui roulent des épaules. En blanc, elle garde de la fraîcheur sur les fins de bouche de façon à obtenir des vins d'une bonne digestibilité.

Côtes de Bergerac Le Rouge et le Noir 2006
Rouge | 2009 à 2014 | 13 € **14,5/20**
Robe sombre, bouche et nez marqués par les fruits noirs et les épices, les tanins sont longs et bien dessinés. C'est l'un des meilleurs vins en Côtes de Bergerac sur le millésime.

Côtes de Bergerac Nicolas 2007
Blanc | 2009 à 2012 | 12,50 € **13/20**
Le pamplemousse et le bourgeon de cassis constituent la trame aromatique de ce vin coulant et frais.

Rouge : 7 hectares. Blanc : 6 hectares.
Production totale annuelle : 70 000 bt.
Visite : Sur rendez-vous.

Inscrivez-vous sur

BETTANEDESSEAUVE.COM

> Suivez l'actualité du vin
> Accédez aux notes de dégustation de 25 000 vins
> Visitez les stands des producteurs

La sélection
Bettane et Desseauve
pour le Val de Loire

Le vignoble de la Loire

Le vignoble de la Loire accompagne tout le cours du plus long des fleuves français, de sa naissance liée à la région Rhône, jusqu'à l'Océan, avec même une courte intrusion en …Bourgogne à Pouilly sur Loire. On y trouvera tous les types de vin possibles, et une expression très fine d'un très grand nombre de cépages.

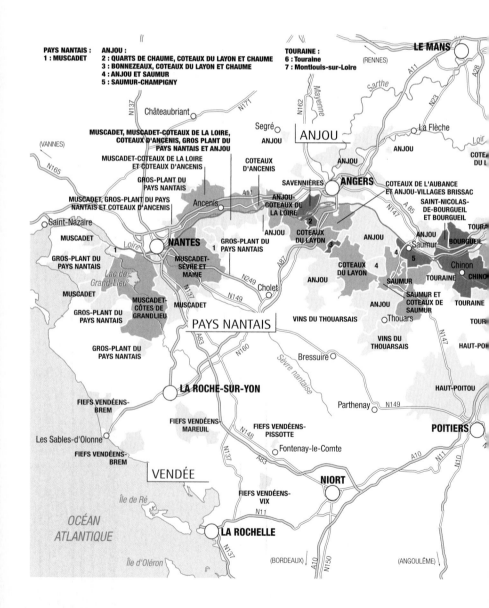

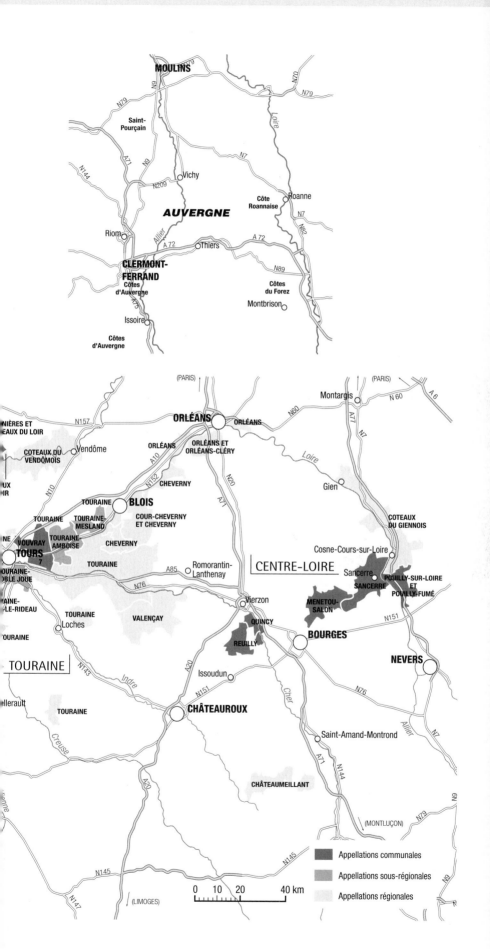

L'actualité des millésimes

Muscadet

Les terribles gelées du 7 Avril ont lourdement frappé le Muscadet, où l'on chiffre la diminution de la récolte à au moins 50 % et souvent plus dans les grands terroirs communaux du Gorgeois, des Granites de Clisson, Schistes de Goulaine ou Rubis de la Sanguèze. Les vins s'avèrent donc relativement concentrés, avec de belles matières bien tendues; une belle garde est prévisible pour les crus communaux.

Il reste encore des 2007, grand millésime en Muscadet, où l'équilibre entre maturité et acidité est l'un des meilleurs de ce début de siècle. Les grandes cuvées commencent tout juste à être mises en bouteille.

Anjou, saumurois et Touraine

Le soleil de Septembre a sauvé le millésime 2008 qui se révèle d'un grand classicisme, avec des points communs avec le 2002 chez bon nombre de domaines; les rendements plus bas qu'en 2007, le bon état sanitaire des raisins récoltés a permis d'élaborer des rouges charnus tout en restant tendus, des grands blancs secs et des demi-secs prometteurs. Cependant du côté de Vouvray, rien n'a été évident après les 100 millimètres d'eau tombés le 31 mai. Les adeptes de la biodynamie se sont alors résignés à traiter de façon conventionnelle, perdant ainsi leur agrément bio pour plusieurs années. Les liquoreux sont plus équilibrés qu'en 2007, et leur production se révèle minime. On tient là un bon millésime de garde. 2007, hétérogène est toutefois plus charmeur et enveloppant sur les rouges que 2006, souvent très austère ou poivronné. Les grandes cuvées de chenin de 2007 ont du répondant. Les liquoreux seront bien plus intéressants que l'année précédente où elles ne montraient pas que des arômes nobles.

Quelques vignerons sortent simplement leurs cuvées de 2005, il faut se précipiter sur ces vins d'un rapport qualité-prix exceptionnel.

Centre

2008 est l'un des millésimes les plus tardifs de ces dix dernières années, le cycle végétatif débutant par un mois de Mai chaud, suivi de semaines fraîches et arrosées avec des pluies régulières mais globalement faibles. Le mois de Septembre a sauvé la mise pour la maturation. Dans un premier temps, elle s'est révélée très lente, puis elle s'est accélérée avec les brumes de début octobre. Les nuits froides ont permis une évolution favorable de l'aromatique des blancs et elles ont renforcé la couleur dans les rouges. La plupart des raisins a été vendangé entre le 6 et le 15 octobre et les derniers coups de sécateur ont été donnés vers le 20 octobre. Le millésime se révèle classique.

Les vins préférés des lecteurs

En juin 2009, nous avons réuni plus d'une centaine d'amateurs de vin, recrutés parmi les lecteurs du Grand Guide des vins de France, qui ont dégusté des vins de toutes les régions. Les vins sélectionnés ont tous obtenu dans cette édition une notation supérieure ou égale à 14/20 ainsi qu'un ☺ et sont commercialisés à un prix public inférieur à 15 €. Plus de 600 vins ont ainsi été dégustés par les jurys de lecteurs.

VOICI LES LAURÉATS DU VAL DE LOIRE ÉLUS PAR NOS LECTEURS

Domaine des Baumard, Crémant de Loire, Rosé effervescent, 8,80 €

Domaine de la Bergerie, Savennières, Clos du Grand Beaupréau, Blanc sec, 2007, 11,30 €

Domaine de la Bergerie, Savennières, La Croix Picot, Blanc sec, 2007, 10 €

Château du Breuil, Anjou, Clos du Frère Etienne, Blanc sec, 2007, 11,20 €

Domaine des Champs Fleuris, Saumur, Les Demoiselles, Blanc sec, 2007, 7,40 €

Moulin de Chauvigné, Savennières, Clos Brochard, Blanc sec, 2008, 11 €

Moulin de Chauvigné, Savennières, Blanc sec, 2008, 6,80 €

Pierre et Bertrand Couly, Chinon, Rouge, 2008, 7,10 €

Domaine de l'Été, Crémant de Loire, Blanc effervescent, 6,30 €

Château de Fesles, Rosé d'Anjou, Le Jardin, Rosé demi-sec, 2008, 5 €

Langlois-Château, Crémant de Loire, Rosé effervescent, 12 €

Domaine Damien Laureau, Savennières, Les Genêts, Blanc sec, 2007, 15 €

Domaine Damien Laureau, Anjou, Clos Fremur, Rouge, 2006, 9,50 €

Henry Marionnet, Vin de pays du Jardin de la France, Bouze, Rouge, 2008, 9,30 €

Domaine Joseph Mellot, Sancerre, La Chatellenie, Blanc sec, 2008, 12,90 €

Domaine Philippe Delesvaux, Anjou, Feuille d'Or, Blanc sec, 2007, 10 €

Domaine Ogereau, Anjou-Villages, Côte de la Houssaye, Rouge, 2007, 13,50 €

Château Princé, Crémant de Loire, J Delmare, Blanc effervescent, 7,30 €

Michel Redde et Fils, Pouilly-Fumé, Petit Fumé, Blanc sec, 2008, 11 €

Domaine de Saint-Just, Saumur, Les Perrières, Blanc sec, 2008, 7,90 €

Domaine de Saint-Just, Saumur, Coulée de Saint-Cyr, Blanc sec, 2007, 15 €

Jean Michel Sorbe, Reuilly, Rosé, 2008, 6,90 €

Gérald Vallée, Saint-Nicolas-de-Bourgueil, La Croisée, Rouge, 2008, 9,20 €

Domaine de Villargeau, Coteaux du Giennois, Blanc sec, 2008, 6,30 €

Château Yvonne, Saumur-Champigny, Rouge, 2006, 15 €

Les meilleurs vins

> LES MEILLEURS BLANCS DEMI-SECS, MOELLEUX ET LIQUOREUX

Domaine des Petits Quarts, Bonnezeaux, Le Malabé, 2007

Château Pierre-Bise, Quarts de Chaume, 2007

Domaine Huet, Vouvray, Le Mont, 2008

Domaine du Clos Naudin, Vouvray, 2008

Domaine des Baumard, Quarts de Chaume, 2007

Domaine Vincent Ricard, Touraine, L'Effrontée, 2007

Château de Fesles, Bonnezeaux, 2007

Domaine du Rocher des Violettes, Montlouis-sur-Loire, 2007

Domaine aux Moines, Savennières - Roche aux Moines, cuvée de l'Abbesse, 2007

Domaine Vincent Carême, Vouvray, Le Peu Morier, 2003

Domaine François Chidaine, Montlouis-sur-Loire, Clos Habert, 2007

> LES MEILLEURS BLANCS SECS

Domaine Didier Dagueneau, Sancerre, Le Mont Damné, 2007

Domaine Huet, Vouvray, Clos du Bourg, 2007

Domaine Alphonse Mellot, Sancerre, Générations, 2008

Coulée de Serrant, Savennières - Coulée de Serrant, 2007

Domaine aux Moines, Savennières - Roche aux Moines, 2007

Coulée de Serrant, Savennières - Roche aux Moines, Le Clos de la Bergerie, 2007

Clos Rougeard, Saumur, Brézé, 1999

> LES MEILLEURS ROSÉS

Jean-Max Roger, Sancerre, La Grange Dimière, 2008
Domaine des Guyons, Cabernet d'Anjou, Free Vol, 2007
Domaine des Baumard, Crémant de Loire,
Les Berrycuriens, Reuilly, Les Chatillons, 2007
Domaine Jacques Vincent, Reuilly, pinot gris, 2008
Château de Fesles, Rosé d'Anjou, Le Jardin, 2008

> LES MEILLEURS ROUGES

Clos Rougeard, Saumur-Champigny, Poyeux, 2005
Domaine Alphonse Mellot, Sancerre, Générations, 2007
Domaine Pierre-Jacques Druet, Bourgueil, Vaumoreau, 2005
Domaine Philippe Alliet, Chinon, Coteau de Noiré, 2007
Henry et Jean-Sebastien Marionnet, Touraine, côt vinifera franc de pied, 2007
Domaine Yannick Amirault, Bourgueil, La Petite Cave, 2006
Domaine Vincent Pinard, Sancerre, Vendanges Entières, 2008
Domaine Vacheron, Sancerre, La Belle Dame, 2008
Domaine du Carrou, Sancerre, La Jouline, 2008
Domaine de la Cotelleraie, Saint-Nicolas-de-Bourgueil, L'Envolée, 2005

Le pays nantais

L'Océan tout proche apporte ses notes salines et iodées à des vins secs très légers mais subtils, qui sont les meilleurs compagnons des huîtres, fruits de mer et poissons qu'on doit à sa générosité ! Ces vins se boivent jeunes mais les meilleurs surprendront après dix ou quinze ans de bouteille et méritent une gastronomie digne d'eux.

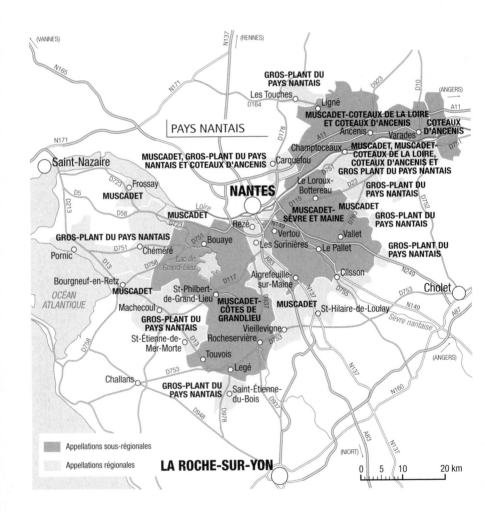

DOMAINE DE L'AUJARDIÈRE

Domaine de L'Aujardière
44310 Saint-Philbert-de-Grand-Lieu
Tél. 06 27 43 81 91 - Fax. 02 40 78 05 19
eric@chevalierledomaine.com
www.chevalierledomaine.com

Eric Chevalier a repris le domaine familial en 2000. Il cultive maintenant 28 hectares de vignes conduits selon les principes de la lutte raisonnée, avec une vinification parcellaire. La gamme des côtes-de-grandlieu est élégante, avec des 2007 de belle facture. Nous avons toujours un faible pour le fié gris coproduit avec Michèle Vételé, sommelière appréciée de tout le vignoble français. Elle exerce son art avec son chef de mari à La Plaine-sur-Mer. Leur restaurant Anne de Bretagne est l'un des meilleurs du Grand Ouest. Joignant la théorie à la pratique, Michèle a acquis au début du troisième millénaire une parcelle de fié gris, à quelques portées de ceps de Pornic, sur des sols de graves sur argiles et amphibolites, sauvant ainsi cette parcelle de l'arrachage, en 2005.

FIÉ GRIS 2008
Blanc | 2009 à 2011 | 6,80 €   **15,5/20**
Superbe nez abricoté avec des touches fumées, ce vin fait merveille sur des asperges à l'huile d'œillette Vigean.

FIÉ GRIS 2007 ☺
Blanc | 2009 à 2012 | 6,80 €   **15/20**
Le 2006 nous avait séduit l'an passé, et le 2007 continue dans la foulée, dans un registre réglissé et épicé avec une touche de pêche blanche.

MUSCADET CÔTES DE GRANDLIEU
LA NOÉE 2008 ☺
Blanc | 2009 à 2010 | NC   **14/20**
Ce vin aux accents citronnés présente un perlant iodé, gage d'une bouche fraîche et dynamique.

MUSCADET CÔTES DE GRANDLIEU
LES HAUTS DE LA BUTTE 2007
Blanc | 2009 à 2015 | 3,50 €   **14,5/20**
Ce vin, issu d'une arène granitique et de son altération, présente des nuances de fleurs blanches et d'agrume, la bouche élégante a de la tenue et une juste tension.

Rouge : 6 hectares. Blanc : 23 hectares.
Production totale annuelle : 65 000 bt.
Visite : De 8 h à 19 h.

DOMAINE PIERRE-LUC BOUCHAUD

La Hautière
44690 Saint-Fiacre-sur-Maine
Tél. 02 40 36 95 23
muscadet@bouchaud.fr
www.bouchaud.fr

Ce domaine est l'expression des terroirs cultivés et vinifiés au cœur du Muscadet sur la commune de Saint-Fiacre. Issu d'une famille de vigneron, Pierre-Luc Bouchaud a repris l'exploitation en alliant des savoir-faire ancestraux à une technologie adaptée. Depuis 2003, le domaine a obtenu le label Terra Vitis, qui certifie une culture raisonnée en fonction des observations et un juste équilibre entre sol et vigne, dans le respect de l'environnement. La cuvée phare, le-perd-son-pain, est l'une des plus abouties du Muscadet. Elle évolue parfaitement dans un style salin, avec une belle assise.

MUSCADET SÈVRE-ET-MAINE
LE PERD SON PAIN 2008 ☺
Blanc | 2009 à 2017 | 3,90 €   **15,5/20**
Nez d'abricot agrémenté de mandarine, la bouche tranchante dévoile des nuances iodées délicieuses.

MUSCADET SÈVRE-ET-MAINE
LE PERD SON PAIN 2007
Blanc | 2009 à 2016 | 3,90 €   **15/20**
Le nez sur la réserve, avec des nuances de fruits jaunes, précède une bouche qui se dévoile par petites touches. Il faut encore lui laisser le temps.

MUSCADET SÈVRE-ET-MAINE
LE PERD SON PAIN 2005
Blanc | 2009 à 2014 | 4,30 €   **16/20**
Belles flaveurs de mirabelle, le vin a du volume tout en gardant un corps élancé et une fin saline de première saveur.

Blanc : 21 hectares.
Production totale annuelle : 25 000 bt.
Visite : Sur rendez-vous.

DOMAINE BRÉGEON

5, Les Guisseaux
44190 Gorges
Tél. 02 40 06 93 19 - Fax. 02 40 06 95 91

Militant de la vendange à la main sur tout le domaine, Michel Brégeon effectue un pressurage lent, et il élève sur lies fines ses muscadets entre deux et cinq ans, en vertu de la charte de qualité définie par l'association des vignerons du Gorgeois. La cuvée gorgeois, issue de 2 hectares de vignes de plus de cinquante ans, est de haute volée et constitue l'une des meilleures du Muscadet, avec un profil de grand cru bourguignon. Amateurs et sommeliers déprimés par l'inflation du prix des grands crus, c'est ici qu'il faut encaver. À moins de dix euros, cela doit constituer une priorité, les 2007 et 2004 sont grandioses. Les plus pressés apprécieront les 2006 sur lies ou les sèvre-et-maines 2003. C'est l'une des références du Muscadet.

MUSCADET SÈVRE-ET-MAINE 2003
Blanc | 2009 à 2019 | 7,00 €   **16,5/20**
Nez d'écorce d'orange avec des touches iodées, bouche qui prend progressivement de la largeur tout en restant fraîche, avec une attaque iodée qui persiste et des nuances d'orange.

MUSCADET SÈVRE-ET-MAINE GORGEOIS 1996
Blanc | 2009 à 2017 | épuisé   **17/20**
Nez fumé et citronné, avec des nuances d'ananas, bouche tranchante et bien ciselée.

MUSCADET SÈVRE-ET-MAINE GORGEOIS 1993
Blanc | 2009 à 2016 | épuisé   **17,5/20**
Mangue, ananas et minéralité dominent avec une expression très pure, et une structure de grand cru de chablis, le vin s'épure avec l'âge et gagne en pureté.

MUSCADET SÈVRE-ET-MAINE SUR LIE 2007
Blanc | 2009 à 2019 | 3,65 €   **16,5/20**
Nez poivré et fumé, superbe structure en fin de bouche, qui en dit long sur le potentiel du vin.

Blanc : 6 hectares.
Production totale annuelle : 35 000 bt.
Visite : De 9 h à 12 h 30 et de 15 h à 19 h, dimanche matin sur rendez vous

DOMAINE DE LA CHAUVINIÈRE

La Chauvinière
44690 Château-Thébaud
Tél. 02 40 06 51 90 - Fax. 02 40 06 51 90
domaine-de-la-chauviniere@wanadoo.fr
www.domaine-de-la-chauviniere.com

Ce domaine bénéficie d'acquisitions récentes exceptionnelles, avec au début de ce siècle, les vignes centenaires du Clos des Montys, l'une des perles du Muscadet, qui s'ajoute au Château Thébaud et au fermage du Château de la Bretesche. Les vignes sont conduites en lutte raisonnée, et les vinifications s'effectuent dans un ancien monastère sous l'égide de Jérémie Huchet, un trentenaire enthousiaste, bien conseillé par son père Yves. Les crus produits offrent une gamme complète, du vin de copain à celui de grande gastronomie.

MUSCADET SÈVRE-ET-MAINE
CHÂTEAU DE LA BRETESCHE 2008
Blanc | 2009 à 2019 | NC   **15,5/20**
Vin aux flaveurs d'iode avec un superbe tranchant, c'est très précis.

MUSCADET SÈVRE-ET-MAINE
CLOS DES MONTHYS 2008
Blanc | 2009 à 2014 | NC   **15/20**
Alliant le côté agrumes avec des accents iodés, ce vin constitue un pur délice.

MUSCADET SÈVRE-ET-MAINE
CLOS LES MONTHYS VIGNE DE 1914 2006
Blanc | 2009 à 2027 | NC   **17/20**
Véritable diamant, ce vin est superbement ciselé, et sa complexité s'exprimera avec le temps.

MUSCADET SÈVRE-ET-MAINE SUR LIE 2008
Blanc | 2009 à 2011 | NC   **14/20**
Frais, salin et coulant, voilà un vin de saut du lit.

Blanc : 48 hectares.
Production totale annuelle : 250 000 bt.
Visite : Sur rendez-vous entre 9 h et 12 h et entre 14 h et 18 h 30.

DOMAINE BRUNO CORMERAIS

La Chambaudière
44190 Saint-Lumine-de-Clisson
Tél. 02 40 03 85 84
b.mf.cormerais@wanadoo.fr
www.domaine-bruno-cormerais.com

Bruno Cormerais est l'une des valeurs ascendantes du Muscadet, avec des vins sur lies de bon niveau. Notre préférence ira aux cuvées bien spécifiques, comme le-granite-de-clisson, dont le terroir justifie vraiment l'Aoc. Les vins produits sur cette parcelle offrent une pureté minérale de première saveur et justifient la garde. La-réserve-de-bruno, au fruité frais, ou la sélection-de-maxime, plus intense, peuvent mûrir en cave quelques années. La collection de vieilles-vignes ou de cuvées prestige a également du répondant.

MUSCADET SÈVRE-ET-MAINE CLISSON 2006
Blanc | 2009 à 2020 | 9 €   **15/20**
Exotisme dans son fruit, minéral dans sa structure, cette cuvée se montre déjà aimable.

MUSCADET SÈVRE-ET-MAINE
SÉLECTION DE MAXIME 2005
Blanc | 2010 à 2021 | 10,50 €   **15/20**
Riche et vibrante, cette cuvée a de la profondeur et du potentiel.

MUSCADET SÈVRE-ET-MAINE
VIEILLES VIGNES 2008
Blanc | 2009 à 2013 | 5,90 €   **14/20**
Des rondeurs, des flaveurs d'agrumes et une pointe tendue sur la fin de bouche.

Rouge : 8 hectares. Blanc : 22 hectares.
Production totale annuelle : 80 000 bt.
Visite : Du lundi au samedi, de 10 h à 12 h 30 et de 15 h à 18 h, sinon sur rendez-vous.

LES FRÈRES COUILLAUD

SCEA de la Ragotière
Château de la Ragotière
44330 La Regrippière
Tél. 02 40 33 60 56 - Fax. 02 40 33 61 89
freres.couillaud@wanadoo.fr
www.freres-couillaud.com

Ce vignoble de 70 hectares se situe sur l'un des coteaux les plus élevés du Sèvre-et-Maine. Les sols de schistes et micaschistes produisent des vins récoltés à bonne maturité, alliant puissance et élégance, avec un potentiel de garde pouvant dépasser les dix ans, on peut ainsi remonter le temps jusqu'en 1947. La culture raisonnée respecte au mieux son environnement et, depuis 1998, 2 hectares sont consacrés à un vignoble expérimental de viognier, petit manseng, muscat à petit grain, sauvignon gris et pinot gris. Les vins sont alors vendus sous l'étiquette collection-privée, de qualité assez inégale suivant les millésimes.

MUSCADET SÈVRE-ET-MAINE C
HÂTEAU DE LA RAGOTIÈRE VIEILLES VIGNES 2008
Blanc | 2009 à 2014 | 4,70 €   **14/20**
Frais, vif, avec un léger perlant et des notes salines en fin, voilà un vin bien typé.

MUSCADET SÈVRE-ET-MAINE
CHÂTEAU DE LA RAGOTIÈRE VIEILLES VIGNES 2007
Blanc | 2009 à 2017 | 4,70 €   **14,5/20**
Belle expression de fruits secs avec un côté fumé, la bouche confirme cette impression, on aime sa fin minérale.

MUSCADET SÈVRE-ET-MAINE
CHÂTEAU LA MORINIÈRE 2007
Blanc | 2009 à 2019 | 4,60 €   **15,5/20**
Floral, iodé et une longueur en bouche ponctuée par la minéralité, ce vin offre une belle harmonie.

MUSCADET SÈVRE-ET-MAINE
CLOS DU PETIT CHÂTEAU 2007
Blanc | 2009 à 2011 | 4,60 €   **12,5/20**
Cette cuvée est en retrait, avec une forme de mollesse en milieu de bouche.

VIN DE PAYS DU JARDIN DE LA FRANCE
COLLECTION PRIVÉE PETIT MANSENG 2007
Blanc | 2009 à 2011 | NC   **12/20**
Bouche déséquilibrée, c'est une curiosité, un style qui peut plaire, mais un peu lourd.

Blanc : 73 hectares hectares ; chardonnay 34%, fié Gris (sauvignon gris) 1%, malvoisie 1%, melon de Bourgogne 61%, muscat à petits grains 1%, petit manseng 1%, viognier 1%.
Production totale annuelle : 500 000 bt.
Visite : De 8 h à 12 h et de 14 h à 18 h.

DOMAINE DE L'ÉCU

La Bretonnière
44430 Le Landreau
Tél. 02 40 06 40 91 - Fax. 02 40 06 46 79
bossard.guy.muscadet@wanadoo.fr

Ludwig Hahn, premier violon à l'opéra de Munich, est devenu un ami de Guy Bossard, et il a donné son nom à une cuvée qui place la bulle ligérienne à un haut niveau. Viticulteur mélomane, biodynamiste, Guy Bossard produit de vrais vins de garde, de ceux qu'on a plaisir à retrouver quelques années après la mise en bouteilles. Chantant la pureté minérale selon qu'ils soient expression-de-gneiss, expression-d'orthogneiss ou expression-de-Granite. Cette dernière cuvée, profonde et merveilleusement ciselée, exprime au mieux la minéralité élégante de son terroir.

GROS PLANT DU PAYS NANTAIS SUR LIE 2008
Blanc | 2009 à 2011 | 4,30 €   **14,5/20**
On apprécie la disponibilité iodée et le coulant de ce vin sur un plateau de crustacés.

MUSCADET SÈVRE-ET-MAINE
EXPRESSION D'ORTHOGNEISS 2008
Blanc | 2009 à 2012 | 6,95 €   **16/20**
Saline et pamplemousse, cette cuvée s'exprime déjà pleinement sur un avocat aux crevettes grises.

MUSCADET SÈVRE-ET-MAINE
EXPRESSION DE GNEISS 2008
Blanc | 2009 à 2013 | 6,85 €   **16,5/20**
Cette cuvée nous est apparue pleinement aboutie, on aime ses flaveurs d'agrumes, et sa minéralité élégante en bouche, avec un léger perlant en fin. Vin de langoustine.

MUSCADET SÈVRE-ET-MAINE
EXPRESSION DE GRANITE 2008
Blanc | 2010 à 2017 | 7,25 €   **17,5/20**
On sent le potentiel et la force tranquille de ce vin qui appelle la délicatesse d'un bar truffé. Si vous l'ouvrez dans l'année, carafez-le une heure avant de servir.

Rouge : 2 hectares ; cabernet franc 5%, cabernet sauvignon 5%. **Blanc :** 20 hectares ; chardonnay 8%, folle blanche 7%, melon de Bourgogne 75%.
Production totale annuelle : 125 000 bt.

DOMAINE LE FAY D'HOMME

Les Coteaux
44690 Monnières
Tél. 02 40 54 62 06 - Fax. 02 40 54 64 20
contact@lefaydhomme.com
www.lefaydhomme.com

Vincent Caillé s'est lancé avec enthousiasme dans la démarche Monnières-Saint-Fiacre, fruit d'une réflexion de reconnaissance de cru communal sur un terroir de gneiss ou orthogneiss, recouvert par une couche de surface mêlée de graviers et d'argiles, sur des vieilles vignes. Ses vins incarnent le renouveau du Muscadet, cette notion de grand cru correspondant au mieux à la noblesse de leur terroir.

MUSCADET SÈVRE-ET-MAINE
CLOS DE LA FÉVRIE 2008
Blanc | 2009 à 2013 | env 5 €   **14/20**
On apprécie ce perlant salin, avec des nuances de pêche blanche et de citron confit.

MUSCADET SÈVRE-ET-MAINE
DOMAINE LE FAY D'HOMME 1996
Blanc | 2009 à 2013 | NC   **15/20**
Belle fraîcheur, avec des notes d'orange confite et une minéralité élégante, on sert ce vin sur un saint-pierre aux truffes.

MUSCADET SÈVRE-ET-MAINE
DOMAINE LE FAY D'HOMME 1993
Blanc | 2009 à 2014 | NC   **16/20**
On apprécie la jeunesse de constitution et les flaveurs de fruits secs et d'iode avec une touche épicée, superbe !

MUSCADET SÈVRE-ET-MAINE
MONNIÈRES - SAINT-FIACRE 2007
Blanc | 2009 à 2019 | NC   **15/20**
On apprécie le nez très précis qui ouvre sur des flaveurs d'huître, avec quelques touches florales, la bouche bien ciselée a du style.

MUSCADET SÈVRE-ET-MAINE
MONNIÈRES - SAINT-FIACRE 2005
Blanc | 2009 à 2017 | 8,50 €   **14,5/20**
Ce vin doit être carafé deux heures avant le service pour qu'il exprime au mieux sa minéralité et ses notes de mandarine confite.

MUSCADET SÈVRE-ET-MAINE
VIEILLES VIGNES 2008
Blanc | 2015 à 2019 | NC   **15/20**
C'est puissant et droit, avec une trame qui gagne en élégance sur la fin de bouche.

Rouge : 5 hectares. **Blanc :** 33 hectares.
Production totale annuelle : 240 000 bt.
Visite : De 9 h à 12 h et de 14 h à 18 h.

DOMAINE GADAIS PÈRE ET FILS

Les Perrières
44690 Saint-Fiacre-sur-Maine
Tél. 02 40 54 81 23 - Fax. 02 40 36 70 25
musgadais@wanadoo.fr
www.gadaispereetfils.fr

Christophe Gadais garde un souvenir ému de son passage en Sancerrois, où il a cultivé le goût des grands vins blancs secs de Loire. Très scrupuleux, il juge que le millésime 2006 ne permet pas de sortir la savoureuse cuvée vieilles-vignes. Aussi, sur ce cru phare de la maison, on passera directement du 2005 au 2007. Si les cuvées avineaux et grande-réserve-du-moulin constituent de bons rapports qualité-prix, nous avons été séduits par les vieilles-Vignes, disponibles sur plusieurs millésimes. Tendues et délicieusement iodées, elles se révèlent particulièrement harmonieuses par leur élégance et leur digestibilité.

MUSCADET SÈVRE-ET-MAINE
GRANDE RÉSERVE DU MOULIN 2008
Blanc | 2009 à 2013 | NC   **16/20**
Tout en retenue, on sent le potentiel du cru, sa structure tendue laisse deviner sa minéralité saline.

MUSCADET SÈVRE-ET-MAINE
LE MUSCADET AUX AVINEAUX 2008
Blanc | 2009 à 2011 | NC   **15/20**
Ce vin excite le palais juste ce qu'il faut, ses touches citronnées et salines ouvrent de belles perspectives sur un bouquet de crevettes grises.

MUSCADET SÈVRE-ET-MAINE
VIEILLES VIGNES 2000
Blanc | 2009 à 2012 | NC   **14,5/20**
Nez de pétrole, la bouche affiche une minéralité bien proportionnée, ce vin garde de la fraîcheur avec un fruit bien présent.

Blanc : 40 hectares ; melon de Bourgogne 100%.
Production totale annuelle : 260 000 bt.

DOMAINE DE LA GANOLIÈRE

2, La Ganolière
44190 Gorges
Tél. 02 40 06 98 87
earl.boucher@wanadoo.fr

La Ganolière a appartenu aux seigneurs de Remouillé, et aujourd'hui elle est un fief important pour le Gorgeois, avec des 2004 et 2005 de haut vol. Brigitte et Christophe Boucher figurent à juste titre parmi nos révélations de l'année, non seulement pour leurs crus communaux mais aussi pour leur gamme de muscadet-sur-lie, l'arche-de-la-ganolière, où l'on retrouve des vins vifs et fringuants. Ils pratiquent la lutte raisonnée.

MUSCADET SÈVRE-ET-MAINE
ARCHE DE LA GANOLIÈRE 2007
Blanc | 2009 à 2012 | 3,85 €   **14/20**
Ce vin pimpant, aux accents citronnés, claque en bouche et donne déjà bien du plaisir.

MUSCADET SÈVRE-ET-MAINE GORGEOIS 2005
Blanc | 2009 à 2021 | NC   **15,5/20**
Nez de coquille d'huître, bouche iodée conjuguant puissance et élégance, voilà un vin de homard tout en devenir.

MUSCADET SÈVRE-ET-MAINE GORGEOIS 2004
Blanc | 2009 à 2017 | 8,50 €   **15,5/20**
Nez de cire d'abeille, que l'on retrouve en début de bouche avant que la minéralité s'installe, c'est bien typé gorgeois !

Rouge : 2 hectares. Blanc : 14 hectares.
Production totale annuelle : 25 000 bt.
Visite : De 8 h à 12 h et de 14 h à 19 h.

DOMAINE XAVIER GOURAUD

Le Pin
44330 Mouzillon
Tél. 02 40 36 62 85
xaviergouraud@free.fr
www.xaviergouraud.fr

Élevé au milieu de ses oncles et grands-parents vignerons, Xavier Gouraud a pris les rênes du domaine familial en 1979. Il effectue un réel travail de terroirs, et a la chance de posséder des vignes sur gabbro, qui donnent un rubis-de-la-sanguèze-clos-barillère bien ciselé, la cuvée la plus aboutie de la propriété. Plus souples, les-rigoles-du-pin offrent toujours une belle fraîcheur, quant aux perrières, elles portent bien leur nom. Ici, les vendanges sont manuelles.

MUSCADET SÈVRE-ET-MAINE CLOS DE LA BARILLÈRE
RUBIS DE LA SANGUÈZE 2005
Blanc | 2009 à 2016 | 7,70 €   **15/20**
On apprécie la juste tension de ce vin, avec des notes de mangue et un côté fumé, il y a la longueur du millésime.

MUSCADET SÈVRE-ET-MAINE
LES PERRIÈRES 2008
Blanc | 2009 à 2011 | 3,90 €   **14/20**
On lampe allègrement ce vin aux accents salins, avec en fin une petite tension.

MUSCADET SÈVRE-ET-MAINE
LES RIGOLES DU PIN 2008
Blanc | 2009 à 2010 | 4,70 €   **13,5/20**
Citronné à souhait, ce vin offre sa fraîcheur et un léger perlant en fin.

Blanc : 11,5 hectares.
Production totale annuelle : 55 000 bt.
Visite : Tous les jours de 10 h à 12 h 30
et de 15 h à 18 h sauf le dimanche sur rendez-vous.

DOMAINE DE LA GRANGE

44330 Mouzillon
Tél. 02 40 33 93 60
contact@dhardy.com
www.dhardy.com

À l'est de la bourgade de Mouzillon, Dominique Hardy est le bon génie de ce domaine de 35 hectares qui surplombe les rives de la Sanguèze. Cette altitude protège la vigne des gelées de printemps. Les vins produits sont de bon niveau, avec un muscadet-sur-lie frais, élégant, mûr et iodé, qui constitue l'un des meilleurs muscadets de plaisir immédiat. Plus en retenue, le domaine-de-la-bretonnière offre un potentiel de garde de bon aloi. La cuvée rubis-de-la-sanguèze est un grand vin de garde, qui traduit au mieux l'expression minérale du terroir de gabbro.

MUSCADET SÈVRE-ET-MAINE
DOMAINE BRETONNIÈRE 2007
Blanc | 2009 à 2013 | 4,40 €   **13/20**
Vin de fraîcheur, avec un léger perlant, il devrait s'affiner avec le temps.

MUSCADET SÈVRE-ET-MAINE
RUBIS DE LA SANGUÈZE 2004
Blanc | 2010 à 2017 | 8,50 €   **15/20**
De la densité et une trame minérale bien dessinée ; il convient de carafer ce vin avant de le servir.

MUSCADET SÈVRE-ET-MAINE
RUBIS DE LA SANGUÈZE 2002
Blanc | 2009 à 2014 | 8,50 €   **14,5/20**
La dégustation de ce vin nous est parue en retrait par rapport à l'an passé. Le vin est apparu brut, sans véritable nuance.

Rouge : 8 hectares. Blanc : 28 hectares.
Production totale annuelle : 140 000 bt.
Visite : De 8 h à 18 h, et le week-end
sur rendez-vous.

DOMAINES VÉRONIQUE GÜNTHER-CHÉREAU

Château du Coing de Saint-Fiacre
La Bourchinière
44690 Saint-Fiacre-sur-Maine
Tél. 02 40 54 85 24 - Fax. 02 51 71 60 96
contact@chateau-du-coing.com
www.chateau-du-coing.com

De sa voix douce et charmeuse, Véronique Günther-Chéreau vous explique comment elle a débuté avec un millésime extraordinaire, le 1989 : «Je m'en suis rendu compte au fil du temps, et pour le moment aucun n'a pu le dépasser». Néanmoins, on peut louer les vertus du 2004, tout comme celles des 1993, 1994, 1995 ou 1997, encore en pleine forme.

MUSCADET SÈVRE-ET-MAINE
CHÂTEAU DE LA GRAVELLE 2007
Blanc | 2009 à 2015 | 6,50 € **14/20**
Droit, frais et citronné, ce vin a une assez bonne dynamique en bouche.

MUSCADET SÈVRE-ET-MAINE
CHÂTEAU DE LA GRAVELLE, GORGEOIS 2004
Blanc | 2009 à 2023 | 9,00 € **16/20**
C'est incisif, tranchant et profond ; vin de garde par excellence.

MUSCADET SÈVRE-ET-MAINE CHÂTEAU DU COING
DE SAINT-FIACRE COMTE DE SAINT-HUBERT 1997
Blanc | 2009 à 2017 | 12,00 € **16/20**
Les flaveurs d'agrumes dominent le nez et la bouche, qui développe une finale rectiligne du meilleur effet, ce vin est resté sur la même tonalité que lors de notre dernière dégustation.

MUSCADET SÈVRE-ET-MAINE CHÂTEAU
DU COING MONNIÈRES - SAINT-FIACRE 2004
Blanc | 2009 à 2017 | 9,00 € **16/20**
La minéralité de ce vin se révèle pleinement dans une bouche de bonne densité, avec des franges de pêche et d'abricot frais. Belle définition de structure !

MUSCADET SÈVRE-ET-MAINE CHÂTEAU
DU COING MONNIÈRES - SAINT-FIACRE 2002
Blanc | 2009 à 2015 | 9,00 € **16/20**
Goûtée plusieurs fois, cette cuvée a toujours autant de caractère, avec une minéralité bien affirmée qui convient bien aux palourdes.

MUSCADET SÈVRE-ET-MAINE GRAND FIEF
DE LA CORMERAIE 2008
Blanc | 2009 à 2015 | 6,50 € **14,5/20**
Nuances de fruits secs et de citron confit, il y a de l'ampleur et de la tension.

Blanc : 65 hectares ; chardonnay 3%, folle blanche 2%, melon de Bourgogne 95%. **Production totale annuelle :** 400 000 bt. **Visite :** Du lundi au vendredi, de 9 h à 12 h 30 et de 14 h à 18 h.

DOMAINE DE LA HARDONNIÈRE

19, impasse de la Hardonnière
44115 Haute-Goulaine
Tél. 02 40 54 93 16 - Fax. 02 40 05 38 28
domainehardonniere@orange.fr

Situé dans l'aire d'appellation Muscadet de Sèvre-et-Maine, sur la commune de Haute-Goulaine, où il compte 15 hectares, ce domaine se situe sur des micaschistes, schistes et gneiss. Ces terroirs, qui possèdent un fort pouvoir drainant, se réchauffent rapidement, cela permet sur la plupart des millésimes de pouvoir vendanger de façon précoce. Les vins francs et onctueux révèlent alors des flaveurs exotiques, avec de belles touches minérales. Dans les grands millésimes, ils révèlent leur potentiel au bout d'une dizaine d'années.

MUSCADET SÈVRE-ET-MAINE VIEILLES VIGNES 2007
Blanc | 2009 à 2015 | 5,70 € **14/20**
Nez crayeux, avec une touche de pamplemousse, la bouche tendue confirme l'aromatique.

MUSCADET SÈVRE-ET-MAINE VIEILLES VIGNES 2004
Blanc | 2009 à 2015 | 5,90 € **14,5/20**
Ce millésime est aujourd'hui le plus abouti du domaine, avec un volume minéral de bonne densité, puis l'aromatique qui se décline autour du citron confit.

MUSCADET SÈVRE-ET-MAINE VIEILLES VIGNES 2000
Blanc | 2009 à 2014 | 7,50 € **14/20**
Nez de mandarine avec une touche minérale, la bouche est élégante et bien tendue.

Rouge : 5 hectares. Blanc : 20 hectares. Production totale annuelle : 80 000 bt. Visite : Sur rendez-vous.

DOMAINE LA HAUTE-FÉVRIE

109, La Févrie
44690 Maisdon-sur-Sèvre
Tél. 02 40 36 94 08 - Fax. 02 40 36 96 69
haute-fevrie@netcourrier.com
www.vigneron-independant.com/
membres/domaine-lahaute-fevrie

Après des expériences en Médoc et en Australie, Sébastien Branger a réintégré le domaine familial, où il travaille avec son père Claude. Adeptes de la culture raisonnée, ils vendangent toute la récolte à la main, faisant figure d'exception dans une région où règne la machine à vendanger. Ce travail permet de produire des cuvées reflétant l'expression la plus fidèle du terroir, avec de belles perspectives d'évolution dans le temps.

MUSCADET SÈVRE-ET-MAINE 2008
Blanc | 2009 à 2011 | NC   **13/20**
Vif et salin, avec du perlant en fin de bouche, ce vin se boit large sur des crustacés.

MUSCADET SÈVRE-ET-MAINE EXCELLENCE VIEILLES VIGNES 2008
Blanc | 2010 à 2014 | NC   **15,5/20**
Notre cuvée préférée sur le domaine, on a une minéralité structurelle, qui s'affinera avec le temps.

MUSCADET SÈVRE-ET-MAINE EXCELLENCE VIEILLES VIGNES 2007
Blanc | 2009 à 2014 | NC   **15/20**
De la distinction et des flaveurs iodées, avec une bouche qui a du ressort, bien pour un bar grillé.

MUSCADET SÈVRE-ET-MAINE EXCELLENCE VIEILLES VIGNES 2002
Blanc | 2009 à 2012 | NC   **15,5/20**
Cette cuvée tient parfaitement dans le temps, avec ce 2002 tendu et frais, avec des notes de fruits secs et une belle fin saline.

MUSCADET SÈVRE-ET-MAINE LES GRAS MOUTONS 2007
Blanc | 2010 à 2012 | NC   **13/20**
Plus large que long, ce vin possède une bouche à l'attaque onctueuse, on aimerait plus de tension derrière.

Blanc : 26 hectares ; melon de Bourgogne 100%.
Production totale annuelle : 70 000 bt.
Visite : Du lundi au vendredi, de 8 h à 12 h 30 et de 14 h à 19 h.

DOMAINE DES HERBAUGES

Les Herbauges
44830 Bouaye
Tél. 02 40 65 44 92 - Fax. 02 40 65 58 02
accueil.dh@sfr.fr
www.domaine-des-herbauges.com

Sur les Côtes de Grandlieu, Jérôme Choblet est un trentenaire qui n'a pas les deux pieds dans la même cuve. Sa production très régulière permet d'apprécier le-légendaire, cuvée élevée avec un bâtonnage très long qui confère de la rondeur, le-fief-guérin, plus tranchant, et le-clos-de-la-fine, à la définition toujours précise. L'entrée de gamme côtes-de-grandlieu se boit large. La cuvée expressionnel est produite à partir de vignes de plus de 75 ans, sur un terroir de micaschistes et granit chaud à gros grains, recouvert de sable à galets roulés. Une nouvelle cuvée de vieilles vignes, la-roche-blanche, complète parfaitement la gamme.

MUSCADET CÔTES DE GRANDLIEU CLASSIC 2007
Blanc | 2009 à 2011 | 3,90 €   **14/20**
Nez citronné, vin perlant et frais, à boire sur le fruit de sa jeunesse.

MUSCADET CÔTES DE GRANDLIEU FIEF GUÉRIN 2007
Blanc | 2009 à 2012 | 5,10 €   **14,5/20**
C'est vif, salin, franc et citronné.

MUSCADET CÔTES DE GRANDLIEU LE LÉGENDAIRE 2000
Blanc | 2009 à 2016 | 6,85 €   **14,5/20**
Nez de pétrole, bouche tendue et bien dessinée, avec une puissance contenue.

MUSCADET CÔTES DE GRANDLIEU LE LÉGENDAIRE 1999
Blanc | 2009 à 2011 | 9,50 €   **14/20**
Nez de mousse et de champignon, la bouche fait plus fraîche, et sa fin sur le citron confit a de la tenue.

MUSCADET CÔTES DE GRANDLIEU ROCHE BLANCHE 2007
Blanc | 2009 à 2013 | 5,45 €   **14,5/20**
Ce vin porte bien son nom, et son profil ciselé décline une minéralité effilée.

Rouge : 17,25 hectares ; gamay 3%. Blanc : 97,75 hectares ; chardonnay 13%, crolleau gris 1%, folle blanche 4%, grolleau rosé 3%, melon de Bourgogne 73%. Production totale annuelle : 800 000 bt. Visite : Du lundi au vendredi, de 9 h à 12 h et de 14 h à 18 h 30, le samedi de 9 h à 12 h et de 14 h à 17 h 30.

DOMAINES JOSEPH LANDRON

Les Brandières
44690 La Haye-Fouassières
Tél. 02 40 54 83 27 - Fax. 02 40 54 89 82
domaines.landron@wanadoo.fr
www.domaines-landron.com

Les vins de la propriété évoluent parfaitement avec le temps, et le-fief-du-breuil 1993 est aujourd'hui en pleine forme. 2008 et 2007 s'annoncent sous les meilleurs auspices, constituant l'une des priorités d'achat pour l'amateur. Ici, toutes les cuvées sont de grand style et méritent le magnum.

MUSCADET SÈVRE-ET-MAINE AMPHIBOLITE 2008
Blanc | 2009 à 2010 | 9,50 € **17/20**
Vin de grand plaisir, qui semble avoir emmagasiné toutes les flaveurs iodées de l'Atlantique, avec un perlant qui frise sur la langue ; vin rabelaisien qui pousse à la gaudriole...

MUSCADET SÈVRE-ET-MAINE
CLOS LA CARIZIÈRE 2008
Blanc | 2010 à 2017 | 7,90 € **17 /20**
Encore dans ses langes, ce vin offre une structure minérale qui va s'affiner avec le temps.

MUSCADET SÈVRE-ET-MAINE
DOMAINE DE LA LOUVETRIE 2008
Blanc | 2009 à 2017 | 6,50 € **15,5/20**
Ce 2008 semble armé pour bien évoluer, on en apprécie la trame élégante.

MUSCADET SÈVRE-ET-MAINE
DOMAINE DE LA LOUVETRIE 1993
Blanc | 2009 à 2016 | NC **17,5/20**
On ne peut que crier au loup devant ce vin magnifiquement constitué, avec ses flaveurs d'agrumes et son tranchant bien affirmé ; quelle pureté iodée et quelle jeunesse ! C'est un vin blanc d'anthologie, servi au restaurant du Bout du Monde à Berthenay. Il s'affirme comme un compagnon de premier ordre pour une salade de mâche aux truffes à condition qu'on fasse jouer une huile de noisette Vigean première pression à froid.

MUSCADET SÈVRE-ET-MAINE HAUTE TRADITION 2005
Blanc | 2009 à 2019 | 13 € **16,5/20**
Très agrumes, ce vin a du tempérament et une minéralité de première saveur, à mettre en scène sur un turbot au beurre blanc.

MUSCADET SÈVRE-ET-MAINE HERMINE D'OR 2008
Blanc | 2009 à 2015 | 9 € **16/20**
C'est un vin tendu, élégant, avec un retour en fin de bouche de citron confit, belle pureté.

Blanc : 45 hectares ; folle blanche 3%, melon de Bourgogne 95%. **Production totale annuelle :** 300 000 bt.
Visite : Du lundi au vendredi, de 8 h 30 à 12 h 30 et de 14 h à 17 h 30, samedi sur rendez-vous.

DOMAINE GILLES LUNEAU

Les Forges
44190 Gorges
Tél. 02 40 54 05 09
chateau-elget@wanadoo.fr
www.chateauelget-muscadet.com

Un amateur doit être sensible à un domaine qui possède des parcelles sur gabbro. Ce terroir permet d'obtenir des muscadets de garde, racés, avec une minéralité bien affirmée. Pour pouvoir mettre la mention Gorgeois sur l'étiquette, il faut subir l'épreuve du label, puis surtout une dégustation plus poussée. Pour seulement mille deux cents cols à la fois, c'est dire si la sélection se révèle rigoureuse, car on est vraiment là sur les grands crus du Muscadet. Cette année, Gilles Luneau nous a présenté un granite-de-clisson à vous couper le souffle par son potentiel et sa structure. Ce vin constitue l'un de nos coups de cœur sur le Muscadet. À ce titre, ce domaine mérite de figurer en bonne place sur le devant du bouchon, avec une promotion. Les muscadets produits sur le Château Elget sont plus immédiats, tout en présentant un réel charme.

MUSCADET SÈVRE-ET-MAINE
CHÂTEAU ELGET CUVÉE PRESTIGE 2007
Blanc | 2009 à 2011 | 5,50 € **14/20**
C'est droit, franc et coulant, on ne se pose pas de question.

MUSCADET SÈVRE-ET-MAINE GORGEOIS 2005
Blanc | 2009 à 2017 | 9,10 € **15/20**
Ce 2005 goûté avant l'agrément n'est que Sèvre-et-Maine pour l'instant, mais on présume qu'il deviendra Gorgeois, car sa minéralité stylé et son potentiel de garde sont évidents.

MUSCADET SÈVRE-ET-MAINE
GRANITE DE CLISSON 2005
Blanc | 2009 à 2017 | 8,50 € **17/20**
C'est timidement que Gilles Luneau nous a avoué qu'il faisait du granite-de-clisson ; quel vin ! Cela aurait été dommage de ne pas le présenter à la dégustation ! Sa grande minéralité nous a renversé, on a l'impression de sucer la roche mère, et au bout de quelques heures, ce vin gagne en raffinement. Il faut absolument le carafer pour le présenter au homard à la tête de veau, l'un des plus beau plats bretons, exécuté par Bernard Rambaud à Saint-Avé.

Production totale annuelle : 100 000 bt.
Visite : Du lundi au vendredi, de 8 h 30 à 12 h 30 et de 14 h à 19 h 30 et samedi et dimanche sur rendez-vous.

DOMAINE PIERRE LUNEAU–PAPIN

La Grange
44430 Le Landreau
Tél. 02 40 06 45 27
domaineluneaupapin@wanadoo.fr
www.domaineluneaupapin.com

Ce domaine de 45 hectares privilégie la sélection parcellaire, avec des cuvées nettes et précises de haute volée, notamment le l-d'or, produit sur des terroirs granitiques qui traduisent au mieux les côtes iodés propres aux meilleurs vins du secteur. La cuvée excelsior, sur schistes de Goulaine, décline la minéralité dans ce qu'elle a de plus noble.

MUSCADET SÈVRE-ET-MAINE CLOS DES ALLÉES 2008
Blanc | 2009 à 2013 | 6 €   **14,5/20**
Bien défini, on apprécie la structure effilée de vin harmonieux.

MUSCADET SÈVRE-ET-MAINE CLOS DES PIERRES BLANCHES, VIEILLES VIGNES 2007
Blanc | 2009 à 2015 | 6,50 €   **15/20**
Délicieusement iodé, ce vin offre également des nuances de pamplemousse et de fleurs, la fin de bouche saline appelle les crustacés.

MUSCADET SÈVRE-ET-MAINE DOMAINE PIERRE DE LA GRANGE, VIEILLES VIGNES 2007
Blanc | 2009 à 2016 | 5,50 €   **14/20**
Couleur paille, ce vin développe des arômes de fleurs et de fruits à chair blanche, la bouche est vive et élancée.

MUSCADET SÈVRE-ET-MAINE EXCELSIOR 2002
Blanc | 2009 à 2019 | 14 €   **17/20**
Ce cru est récolté sur le bassin versant de la Goulaine, sur des sols composés essentiellement de schistes et de gneiss. Ce 2002 reste une référence avec ses flaveurs de pamplemousse et ses accents iodés, en bouche une minéralité élégante s'installe, ce vin de grand style apprécie la compagnie d'une sole grillée.

MUSCADET SÈVRE-ET-MAINE L D'OR 2008
Blanc | 2009 à 2018 | 7,50 €   **16,5/20**
Ce terroir de granit transparaît dans ses nuances fumées, c'est déjà bien en place.

MUSCADET SÈVRE-ET-MAINE L D'OR 2007
Blanc | 2009 à 2017 | 7,50 €   **16/20**
C'est iodé à souhait, tendu comme il faut, et subtil dans les équilibres.

MUSCADET SÈVRE-ET-MAINE SCHISTES DE GOULAINE 2004
Blanc | 2009 à 2016 | 13 €   **16/20**
La minéralité est bien marquée, avec des nuances et de l'élégance.

Rouge : 5 hectares. Blanc : 45 hectares.
Production totale annuelle : 220 000 bt.

CHÂTEAU MARIE DU FOU

2, place Circulaire
85320 Mareuil
Tél. 02 51 97 20 10
contact@mourat.com
www.mourat.com

Forteresse redoutée au Moyen-Âge, le château Marie du Fou veille désormais sur 67 hectares de vignes surplombant les vallées du Lay et de l'Yon. Le terroir, constitué d'une majorité de schistes associés à quelques parcelles sur rhyolites, bénéficie d'un micro-climat issu de trois écosystèmes, le bocage vendéen, la plaine de Luçon et le marais poitevin. La gamme de vins produits est techniquement très au point.

FIEFS VENDÉENS 2008
Rosé | 2009 à 2011 | 6 €   **13/20**
Voici un rosé de repas, qui présente une jolie structure sur les épices et les fruits rouges.

FIEFS VENDÉENS 2008
Blanc | 2009 à 2011 | 7 €   **13/20**
Vin sur la fraîcheur, coulant et croquant.

FIEFS VENDÉENS 2008
Rouge | 2009 à 2011 | 6 €   **14/20**
Tanins pulpeux, croquants et gourmands, déclinant les fruits rouges.

FIEFS VENDÉENS COLLECTION 2008
Rosé | 2009 à 2011 | 4,85 €   **14/20**
Nez plaisant d'écorce d'orange et de fruits rouges, la bouche est fraîche tout en ayant un peu de gras.

Rouge : 45 hectares. Blanc : 14 hectares.
Production totale annuelle : 300 000 bt.

DOMAINE MÉNARD-GABORIT

La Minière
44690 Monnières
Tél. 02 40 54 61 06 - Fax. 02 40 54 66 12
philippe.menard7@wanadoo.fr
www.domaine-menard-gaborit.fr

Depuis 1734, la vigne est une affaire de famille chez les Ménard-Gaborit Aujourd'hui, l'exploitation compte 70 hectares, situés au cœur de l'appellation Sèvre-et-Maine. L'agriculture raisonnée est de mise pour un souci plus poussé de l'environnement. Mais le véritable développement durable, c'est la démarche de cru communal, pour des parcelles qui reçoivent l'agrément pour devenir Monnières-Saint-Fiacre. On reste haletant quand on déguste ce type de cuvée, et comme les autres vins ne sont pas en reste, ce domaine fait son entrée dans le guide par la grande porte.

MUSCADET SÈVRE-ET-MAINE
MONNIÈRES - SAINT-FIACRE 2005
Blanc | 2009 à 2022 | 8,50 € **14,5/20**
Nez déjà bien dégagé, avec ses flaveurs d'abricot et de poivre, la bouche élégante est iodée à souhait.

MUSCADET SÈVRE-ET-MAINE
MONNIÈRES - SAINT-FIACRE 2004
Blanc | 2009 à 2021 | 8,50 € **15/20**
La minéralité est plus marquée sur ce millésime, elle est complétée à sa périphérie par des franges de pamplemousse rose.

MUSCADET SÈVRE-ET-MAINE
MOULIN DE LA MINIÈRE 2007
Blanc | 2009 à 2015 | 3,20 € **15/20**
La bouche iodée confirme le nez et sa fraîcheur minérale en finale équilibre l'ensemble.

MUSCADET SÈVRE-ET-MAINE PRESTIGE 2007 ⓤ
Blanc | 2009 à 2014 | 3,80 € **14,5/20**
Délicieusement salin, on apprécie l'élégance de constitution de ce vin tranchant, d'une franche et agréable expression acidulée. Idéal pour un sandre au beurre blanc.

MUSCADET SÈVRE-ET-MAINE PRESTIGE 2003
Blanc | 2009 à 2012 | 5,50 € **14,5/20**
Après une attaque pleine, le fruité est mis en relief par une vivacité qui assure une bonne longueur.

Visite : Du lundi au samedi de 8 h à 12 h et de 14 h à 19 h.

DOMAINE DE LA PÉPIÈRE

44690 Maisdon-sur-Sèvre
Tél. 02 40 03 81 19 - Fax. 02 40 06 69 85
earl.lapepiere@orange.fr

Le Domaine de la Pépière a été créé en 1984 à partir de vignes familiales, et agrandi à partir de parcelles souvent âgées, situées en majorité sur des sous-sols granitiques des Coteaux de la Maine, qui permettent un bon drainage et un réchauffement précoce. Le reste du vignoble est planté sur gneiss avec des sols plus profonds. La taille courte, la fertilisation à base de compost végétal, l'utilisation de la sélection massale pour le renouvellement du vignoble, le labour des sols et la récolte manuelle permettent progressivement d'évoluer vers la culture biologique. Les vins sont élevés sur lies, sans soutirage pendant six à vingt-quatre mois suivant les cuvées.

MUSCADET SÈVRE-ET-MAINE
CLOS DES BRIARDS, VIEILLES VIGNES 2007 ⓤ
Blanc | 2009 à 2015 | NC **16/20**
Nez de coquille d'huître, la bouche fraîche et droite reproduit ses accents marins, vin de casse-croûte qui donne un grand plaisir.

MUSCADET SÈVRE-ET-MAINE
GRANITE DE CLISSON 2005
Blanc | 2009 à 2020 | épuisé **17/20**
Ce 2005 a gagné en complexité, il nous dévoile tout son registre minéral, la bouche est pleine de rebondissements, c'est l'une des réussites majeures du millésime.

MUSCADET SÈVRE-ET-MAINE
LES GRAS MOUTONS 2008
Blanc | 2009 à 2018 | 4,95 € **15,5/20**
On apprécie la précision de cette cuvée de gneiss argileux dans sa structure tranchante.

MUSCADET SÈVRE-ET-MAINE SUR LIE 2008
Blanc | 2009 à 2016 | NC **15/20**
Il y a un côté enveloppant en entrée de bouche, puis une trame plus droite, et du salin derrière.

Rouge : 3 hectares. Blanc : 27 hectares.
Production totale annuelle : 150 000 bt.
Visite : De 8 h 30 à 12 h et de 14 h à 18 h, du lundi au samedi.

DOMAINE POIRON-DABIN

Chantegrolle
44690 Château-Thébaud
Tél. 02 40 06 56 42 - Fax. 02 40 06 58 02
contact@muscadet-poiron.com
www.muscadet-poiron.com

Les familles Poiron et Dabin ont cultivé la vigne depuis de nombreuses générations. En 1962, Jean Poiron a épousé Thérèse Dabin, et ils font prospérer le Domaine de l'Enclos en devenant propriétaires de nombreux lopins de vignes, permettant une restructuration de leur vignoble. Aujourd'hui, c'est un vignoble qui s'étend sur 67 hectares, groupés autour des domaines de L'Enclos et Chantegrolle. Les cuvées parcellaires sont de bon niveau. Sur la grande-réserve, on est dans une logique de cru communal sur l'un des meilleurs terroirs du Muscadet, celui de Château Thébaud.

MUSCADET SÈVRE-ET-MAINE 2008
Blanc | 2009 à 2012 | 4 €   **14/20**
Ce vin claque en bouche, on apprécie son perlant iodé.

MUSCADET SÈVRE-ET-MAINE
CLOS DE L'ENCLOS 2007
Blanc | 2009 à 2019 | NC   **14,5/20**
C'est puissant tout en restant fin, avec une minéralité élégante, beau potentiel.

MUSCADET SÈVRE-ET-MAINE
GRANDE RÉSERVE 2004
Blanc | 2009 à 2016 | 7,00 €   **15,5/20**
On est dans une démarche de cru communal, avec une recherche de minéralité harmonieuse.

MUSCADET SÈVRE-ET-MAINE
HAUTE RÉSOLUTION 2006
Blanc | 2009 à 2019 | NC   **15/20**
C'est dynamique, tendu, minéral et élégant. Vin de style !

Rouge : 2 hectares. Blanc : 63 hectares.
Production totale annuelle : 350 000 bt.
Visite : De 9 h à 12 h et de 14 h à 19 h.

DOMAINE DE LA POITEVINIÈRE

44190 Gorges
Tél. 02 40 06 96 93
vincent.rineau@wanadoo.fr
www.domaine-de-la-poiteviniere.com

Vincent Rineau est en train de rejoindre les bons apôtres du Gorgeois. Ses cuvées présentées à la propriété sont d'une grande franchise de constitution. Le muscadet-sur-lie claque en bouche, grâce à une fraîcheur iodée de bon aloi. Les sèvre-et-maines ont une densité qui s'affine avec le temps, quant aux gorgeois, ils sont taillés comme il se doit pour la garde et épauleront dans quelques années homard et langouste.

MUSCADET SÈVRE-ET-MAINE 2006
Blanc | 2009 à 2019 | 3,80 €   **14,5/20**
Ce vin, destiné à devenir une cuvée de gorgeois, a la structure et la minéralité qu'il faut.

MUSCADET SÈVRE-ET-MAINE 2005
Blanc | 2009 à 2016 | 4,10 €   **13,5/20**
Peu expressif pour l'instant, ce millésime a été dominé par le 2004. À revoir d'ici quelques mois.

MUSCADET SÈVRE-ET-MAINE 2004
Blanc | 2009 à 2016 | 4,40 €   **14,5/20**
L'archétype du muscadet de garde, qui s'affine au fil du temps en déclinant sa minéralité brute.

MUSCADET SÈVRE-ET-MAINE SUR LIE 2007
Blanc | 2009 à 2012 | 3,50 €   **13,5/20**
Citronné et iodé, ce vin se boit large, sur un plateau de fruits de mer.

Rouge : 3 hectares. Blanc : 18 hectares.
Production totale annuelle : 20 000 bt.
Visite : Du lundi au samedi de 11 h à 20 h, le dimanche sur rendez-vous. Fermeture annuelle la 3ème semaine d'août

DOMAINE SAINT-NICOLAS

11, rue des Vallées
85470 Brem-sur-Mer
Tél. 02 51 33 13 04 - Fax. 02 51 33 18 42
contact@domainesaintnicolas.com
www.domainesaintnicolas.com

Grâce à Thierry Michon, on peut bronzer de l'intérieur du côté des Sables d'Olonnes. Ce vigneron s'est taillé un fief en Pays Vendéen, et il porte haut la particule de la biodynamie. Ce travail herculéen et la qualité des vins produits expliquent certains prix pour les grandes cuvées. Il convient de bien carafer les rouges avant le service. On apprécie le naturel et la fraîcheur de constitution de toutes les cuvées.

FIEFS VENDÉENS JACQUES 2006
Rouge | 2009 à 2013 | 18 €   **15,5/20**
On aime ce fruité croquant sur la cerise fraîche, les tanins sont longs et frais, déjà beaucoup de plaisir.

FIEFS VENDÉENS LA GRANDE PIÈCE 2006
Rouge | 2010 à 2015 | 25 €   **15,5/20**
Vin bien structuré, plus en retrait pour le moment au niveau aromatique par rapport aux autres cuvées, bon potentiel.

FIEFS VENDÉENS LE HAUT DES CLOUS 2006
Blanc | 2009 à 2014 | 18 €   **14,50/20**
Salin et tendu, ce vin est tout en fraîcheur aromatique, avec une structure élégante.

FIEFS VENDÉENS LE POIRÉ 2007   ☺
Rouge | 2009 à 2012 | 18 €   **15,5/20**
C'est gourmand, tout en fruits rouges frais, avec une note poivrée !

FIEFS VENDÉENS PLANTE GÂTE 2006
Rouge | 2009 à 2012 | 28 €   **16/20**
La cerise noire fraîche est présente au nez, attaque ample avec des tanins satinés et frais, c'est précis et harmonieux.

Rouge : 25 hectares ; cabernet franc 5%, gamay 10%, négrette 3%, pinot noir 33%.
Blanc : 12 hectares ; autres 8%, chardonnay 18%, chenin blanc 23%. Production totale annuelle : 80 000 bt. Visite : Sur rendez-vous du lundi au samedi de 9 h à 12 h et de 14 h à 18 h.

DOMAINE JEAN-LUC VIAUD

La Renouère
44430 Le Landreau
Tél. 02 40 06 40 65
jean_luc.viaud@club-internet.fr

C'est par les schistes de Goulaine que Jean-Luc Viaud et son épouse Bernadette, œnologue et prof de viticulture, entrent de la plus belle des façons dans le guide. Ce terroir privilégié du Muscadet est composé de roche tendre appelée schiste ou gneiss, les vieilles vignes, par leur enracinement, y font merveille. Les rendements ne doivent pas excéder quarante-sept hectolitres à l'hectare et l'élevage sur lies dure au minimum dix-huit mois. Cela permet d'obtenir un vin qui se chante, avec une structure élégante déclinant une expression minérale dotée d'une complexité aromatique.

MUSCADET SÈVRE-ET-MAINE
CLOS DU GAUFFRIAUD 2007
Blanc | 2009 à 2012 | 3,70 €   **15,5/20**
Chaque année, on procède à un assemblage des meilleures cuvées pour ce clos-du-gauffriaud. Ce 2007 évolue parfaitement : il prend des notes de citron confit.

MUSCADET SÈVRE-ET-MAINE
FLEUR DE PANLOUP 2005
Blanc | 2009 à 2014 | 7,10 €   **15/20**
Ce vin séduit par sa bouche gracile et élancée, avec des notes iodées, du pamplemousse et de la pêche qui s'affirment en fin de bouche. Vin de turbot.

MUSCADET SÈVRE-ET-MAINE
FLEUR DE PANLOUP 2004
Blanc | 2009 à 2013 | 7,20 €   **15,5/20**
Plus minéral, ce millésime a de la réserve et un potentiel de garde évident, aujourd'hui il faut le carafer deux heures avant le service.

MUSCADET SÈVRE-ET-MAINE
FLEUR DE PANLOUP 2002
Blanc | 2009 à 2012 | 7,20 €   **15/20**
Nez d'anis avec des touches réglissées, on apprécie la franchise de constitution de la bouche, qui appelle un colin au beurre blanc.

Rouge : 1,5 hectare. Blanc : 13,5 hectares.
Production totale annuelle : 15 000 bt. Visite : ouvert le samedi de 9h à 12h30 et de 14 h à 18 h 30.

L'Anjou et le Saumurois

*Du soleil dans le verre, c'est ainsi que l'on décrit le fruité
si remarquable et explosif des vins blancs angevins,
bénéficiant d'un climat étonnamment chaud, avec la
possibilité de produire si le marché le souhaite un
important volume de liquoreux, dont les meilleurs sont
le charme incarné. Les rouges en nets progrès sont les
plus corsés de la Loire.*

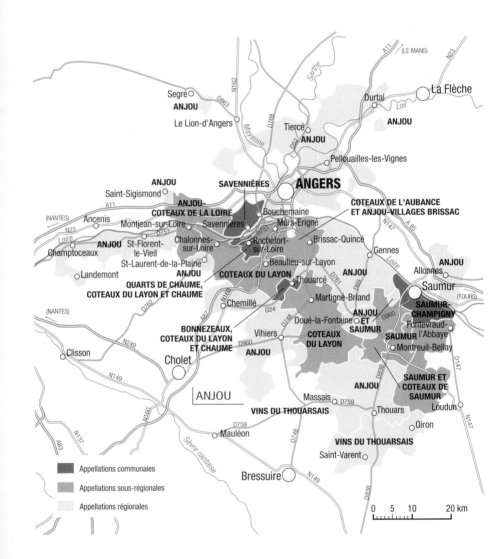

DOMAINE DE BABLUT

Vignobles Daviau
49320 Brissac-Quincé
Tél. 02 41 91 22 59 - Fax. 02 41 91 24 77
daviau.contact@wanadoo.fr
vignobles-daviau.fr

Christophe Daviau, passionné de vins et de setters anglais, a repris le vignoble familial et conduit cette propriété déjà formée au XVIᵉ siècle. Le vignoble d'une cinquantaine d'hectares est mené en agriculture biodynamique depuis plus de dix ans. Les rouges montrent la puissance du terroir d'Anjou Villages-Brissac, avec une expression marquée de la minéralité permise par l'agriculture pratiquée ici. En Coteaux de l'Aubance, la cuvée grand-pierre exprime tout le charme du fruit confit.

ANJOU PETIT PRINCÉ 2007
Blanc | 2009 à 2011 | 8,20 €   **14/20**
Anjou puissant en saveurs, gras, poire et agrumes. Un blanc complexe, épris de gastronomie !

ANJOU-VILLAGES BRISSAC DOMAINE DE BABLUT 2007
Rouge | 2009 à 2015 | 7,20 €   **15/20**
Tenue par une pointe d'acidité, dense et profonde, sur des arômes de fruits noirs et de réglisse forte, cette cuvée demandera un peu de patience.

ANJOU-VILLAGES BRISSAC PETRA ALBA 2007
Rouge | 2009 à 2013 | 9,95 €   **14/20**
Un joli fruit dans une trame tannique puissante mais sans aspérité. Il lui faudrait du temps pour s'affiner.

COTEAUX DE L'AUBANCE GRANDPIERRE 2007
Blanc Liquoreux | 2009 à 2015 | 17,45 € **15,5/20**
Comme toujours, un rôti moyen mais élégant, sans la quête d'un absolu en quantité de liqueur. La cuvée recherche plutôt un moelleux équilibré entre le sucre et l'acidité.

Rouge : 32,5 hectares ; cabernet franc 70%, cabernet sauvignon 20%, grolleau 10%.
Blanc : 17,5 hectares ; chardonnay 5%, chenin blanc 75%, sauvignon blanc 20%. Production totale annuelle : 200 000 bt. Visite : Du lundi au samedi, de 9 h à 12 h et de 14 h à 18 h 30.

DOMAINE DES BAUMARD

8, rue de l'Abbaye
49190 Rochefort-sur-Loire
Tél. 02 41 78 70 03 - Fax. 02 41 78 83 82
contact@baumard.fr
www.baumard.fr

Florent Baumard est installé à Rochefort, près de Savennières, sur des terroirs variés de schistes, de grès et de sable. On joue ici au juste niveau de ce que peut fournir la vigne, sans aucune recherche d'extraction, mais en privilégiant le naturel et la qualité du fruit. Le clos-de-la-folie, en rouge, est d'une approche immédiate et gourmande. La pureté du clos-du-papillon marque les esprits, avec un 2007 particulièrement réussi.

CRÉMANT DE LOIRE   ☺
Rosé Brut eff. | 2009 à 2010 | 8,80 €   **16/20**
À base de cabernet franc et de grolleau, ce rosé au grand velouté a une finale délicate. Il se boit tout seul !

CRÉMANT DE LOIRE CARTE TURQUOISE ☺
Blanc Brut eff. | 2009 à 2011 | 7,60 €   **14/20**
Agréable crémant, avec une mousse généreuse et une fin de bouche précise. Le dosage est très intégré à la finale.

QUARTS DE CHAUME 2007
Blanc Liquoreux | 2009 à 2010 | 32,80 € **18/20**
Remarquable en 2007, le rôti est très fin, subtil avec un équilibre richesse-acidité vraiment abouti. Une très belle bouteille.

SAVENNIÈRES CLOS DU PAPILLON 2007
Blanc | 2009 à 2012 | 17,80 €   **17/20**
Nez remarquable et racé de caramel salin, avec une amertume subtilement dessinée et beaucoup de fraîcheur. Une belle réussite dans le millésime.

VIN DE TABLE VERT DE L'OR
Blanc Doux | 2009 à 2011 | 9,65 € les 50 cl **13/20**
Cette curiosité, issue de verdelho, cépage plus connu au Portugal, est plus intéressante que la version en sec. Le moelleux lui va bien et en fait un blanc agréable d'apéritif.

Rouge : 15 hectares ; 1%, 4%, cabernet franc 30%, cabernet sauvignon 5%. Blanc : 20 hectares ; 50%, chardonnay 10%. Production totale annuelle : 150 000 bt. Visite : De 8 h à 12 h et de 14 h à 17 h 30 sauf le dimanche et jours fériés.

CHÂTEAU BELLERIVE

49190 Rochefort-sur-Loire
Tél. 02 41 78 33 66 - Fax. 02 41 78 68 47
info@vignobles-alainchateau.com
www.domaine-belle-rive.com

Alain Château possède plusieurs vignobles en Anjou, le Château Bellerive étant le plus célèbre. Les liquoreux constituent le point d'orgue de ses productions et nous avons régulièrement remarqué le quarts-de-chaume du Château Bellerive. Il présente cette typicité spécifique à Quarts de Chaume, l'élégance et la retenue malgré la richesse en sucre. Le reste de la gamme est plus inégal, avec un bal anjou blanc 2008 du Château de la Guimonière.

ANJOU CHÂTEAU DE LA GUIMONIÈRE 2008
Blanc | 2009 à 2010 | 7,50 €   **14,5/20**
Gras, assez volumineux en bouche, précis dans son profil de chenin et long en bouche. La finale est fraîche.

COTEAUX DU LAYON CHÂTEAU DE LA GUIMONIÈRE 2005
Blanc Liquoreux | 2009 à 2025 | 7,50 €   **13/20**
Nez de pomme et de poire, sans race particulière. Il est pour l'instant déséquilibré.

QUARTS DE CHAUME 2007
Blanc Liquoreux | 2009 à 2019 | NC   **16/20**
Encore marquée par le bois, la matière comme d'habitude est d'une grande délicatesse, retenue, tout en étant très élégante. Un vin d'équilibre et de fraîcheur.

SAVENNIÈRES CHÂTEAU DE VARENNES 2008
Blanc | 2009 à 2012 | env 12,50 €   **15/20**
Expressif, minéral, assez complexe, le terroir de Savennières est imprimé dans un vin moderne, bien vinifié.

SAVENNIÈRES CHÂTEAU DE VARENNES 2007
Blanc | 2009 à 2015 | env 12,50 €   **13/20**
Le vin se présente bourru, fermé. La bouche pour le moment semble évanescente. À revoir.

Blanc : 12 hectares ; chenin 91%. Production totale annuelle : 30 000 bt. Visite : Du lundi au vendredi, de 8 h à 12 h et de 14 h 30 à 17 h 30, sur rendez-vous. Samedi et dimanche sur rendez-vous de mai à septembre.

DOMAINE DE LA BERGERIE

49380 Champ-sur-Layon
Tél. 02 41 78 85 43 - Fax. 02 41 78 60 13
domainede.la.bergerie@wanadoo.fr
www.yves-guegniard.com

Yves Guégniard mène le Domaine de la Bergerie, à Champ-sur-Layon. Il exploite avec Claude Papin, du Château Pierre-Bise et Vincent Ogereau, du domaine éponyme, le Clos du Grand Beaupréau, remarquable terroir de Savennières. En rouge, la-cerisaie donne de très agréables vins ligériens, pleins de tendresse et de buvabilité. Fragrance est un coteaux-du-layon puissant et le quarts-de-chaume s'impose en dégustation par son velouté et son élégance. La régularité dans la qualité et la cohérence de la gamme méritent un deuxième BD à ce beau domaine.

ANJOU-VILLAGES LE CHANT DU BOIS 2007   ☺
Rouge | 2009 à 2012 | 7,10 €   **15/20**
Fruits rouges, poivres, épices gourmandes, fondu et soyeux. La finale cerise noire est craquante.

CABERNET D'ANJOU LES BUISSONS 2008   ☺
Rosé Demi-sec | 2009 à 2012 | 4,95 €   **15/20**
Cabernet tendre et friand, peu dosé en sucre pour un cabernet-d'anjou. La finale est fraîche, svelte, très équilibrée.

QUARTS DE CHAUME 2005
Blanc Liquoreux | 2009 à 2010 | 40 €   **17/20**
Une classe réelle dans ce quarts-de-chaume à la fois puissant, velouté et satiné. La finale montre de jolis fruits frais, ananas et mangue.

SAVENNIÈRES CLOS DU GRAND BEAUPRÉAU 2007   ☺
Blanc | 2009 à 2010 | 11,30 €   **16,5/20**
La version réalisée par le Domaine de la Bergerie est un savennières gras et savoureux, très mûr, longuement élevé en barriques de plusieurs vins. Il commence à s'ouvrir, légèrement vanillé, plein de charme.

SAVENNIÈRES LA CROIX PICOT 2007   ☺
Blanc | 2009 à 2013 | 10 €   **15,5/20**
Savennières sur les fleurs blanches, avec une amertume délicate. L'ensemble est très gourmand.

Production totale annuelle : 180 000 bt.
Visite : Du lundi au vendredi de 9 h à 12 h 30 et de 14 h à 19 h.

DOMAINE DE BOIS MOZÉ

Le Bois Mozé
49320 Coutures
Tél. 02 41 57 91 28 - Fax. 02 41 57 93 71
boismoze@ansamble.fr

René Lancien, propriétaire d'une société de restauration collective, a décidé comme beaucoup d'hommes d'affaires de venir risquer dans une propriété viticole une partie du capital qu'il s'était constitué dans l'industrie. Amateur de grands vins et motivé par sa passion, il infléchit le style des vins pour augmenter leur niveau qualitatif, aidé dans cette tâche par son œnologue Mathilde Giraudet-Crapier, qui gère le domaine au quotidien. Il faut goûter ici les cuvées champ-noir et jean-joseph, dont le style s'est infléchi vers une recherche de buvabilité bienvenue. Les rosés sont d'une remarquable délicatesse et méritent d'être recherchés.

ANJOU 2008
Rouge | 2009 à 2010 | 4,60 €   **13,5/20**
Dans un style souple, avec d'agréables notes de fruits noirs, cette cuvée accompagnera volontiers une grillade de viande rouge.

ANJOU-VILLAGES CHAMP NOIR 2007
Rouge | 2009 à 2013 | 6,80 €   **14/20**
Très souple, mais avec plus de structure que l'anjou, ce champ-noir a une finale légèrement épicée, facile à boire.

ANJOU-VILLAGES JEAN-JOSEPH 2007
Rouge | 2010 à 2014 | 8,20 €   **15/20**
Encore légèrement marquée par le bois, la matière raffinée de ce rouge évoque les fruits noirs et la réglisse. C'est un vin aux tanins ronds, facile à boire, avec une finale de charme.

CABERNET D'ANJOU 2008
Rosé Demi-sec | 2009 à 2010 | 4,40 €   **13,5/20**
Avec de la tendresse et un rien de sucre qui l'équilibre. Bref, un agréable cabernet-d'anjou, pour l'apéritif et les desserts à base de fruits rouges !

CRÉMANT DE LOIRE 2007
Rosé Brut eff. | 2009 à 2010 | 7,80 €   **13/20**
Ce crémant 2007 est une curiosité. Sa couleur a évolué vers la pelure d'oignon. En bouche, il a des arômes de framboise, de vin rouge un peu évolué. Sa rondeur et une sensation de légère sucrosité en finale lui ouvriront la porte des desserts aux fruits rouges.

Rouge : 23,5 hectares ; cabernet franc 73%, cabernet sauvignon 9,6%. Blanc : 3,5 hectares ; chenin 7%, grollau 10,4%. Production totale annuelle : 160 000 bt. Visite : Du lundi au vendredi, de 9 h à 12 h 30 et de 13 h 30 à 17 h 30, sur rendez-vous

DOMAINE CADY

20, Valette
49190 Saint-Aubin-de-Luigné
Tél. 02 41 78 33 69 - Fax. 02 41 78 67 79
domainecady@yahoo.fr
www.domainecady.fr

Le Domaine Cady, installé à Saint-Aubin-de-Luigné, sur des sols constitués d'argiles et de schistes, propose une jolie gamme de liquoreux. Elle débute par un coteaux-du-layon saint-aubin, à la sucrosité limitée mais apéritive. Plus complexes, les-varennes sont récoltées sur un terroir de Saint-Aubin dont le vin conserve de l'acidité derrière la liqueur, et le chaume est plus en rondeur, bien qu'ancré dans son terroir. La cuvée volupté concentre le savoir-faire du domaine et reste insensible au temps. Les 1995, 1996 et 1997 sont encore d'une jeunesse incroyable.

ANJOU 2007
Blanc | 2009 à 2010 | 4,80 €   **15/20**
Joli blanc de soif, réalisé avec un très beau chenin. Gourmand à l'excès, tout en étant droit et ciselé, comment lui résister ?

COTEAUX DU LAYON CHAUME 2007
Blanc Liquoreux | 2009 à 2027 | 13 €   **15,5/20**
Chaume est un cru qui fournit des liquoreux ronds et puissants. Ce 2007 élégant, légèrement iodé, est soutenu par une acidité marquée, qui lui permettra d'aller loin.

COTEAUX DU LAYON SAINT-AUBIN LES VARENNES 2008
Blanc Liquoreux | 2009 à 2012 | 12 €   **14/20**
Le domaine s'est bien sorti des chausse-trappes du millésime. 2008 sera ici de qualité, agréablement fruité, légèrement iodé.

COTEAUX DU LAYON SAINT-AUBIN VOLUPTÉ 2007
Blanc Liquoreux | 2009 à 2028 | 24,50 €   **16/20**
Intense en fruits, caramel au lait, généreux en liqueur. Ce vin, par sa richesse, se boira tout seul.

Rouge : 6 hectares ; cabernet franc 20%, gamay 5%. Blanc : 14 hectares ; 4%, chardonnay 1%, chenin blanc 70%. Production totale annuelle : 70 000 bt. Visite : De 9 h à 12 h et de 15 h à 18 h 30.

DOMAINE DES CHAMPS FLEURIS

50-54, rue des Martyrs
49730 Turquant
Tél. 02 41 38 10 92 - Fax. 02 41 51 75 33
domainechamps-fleuris@wanadoo.fr
www.champs-fleuris.com

Patrice Rétif est le président de l'appellation Saumur-Champigny. Il réalise des rouges sérieux et profonds, capables de bien évoluer dans le temps. La cuvée des Roches provient du terroir des Rotissants. Élevée en fûts neufs, elle passe par une phase difficile à goûter jeune, puis prend une grande dimension quand l'élevage s'estompe, et laisse la minéralité s'exprimer. Les-tufolies et les vieilles-vignes sont accessibles plus rapidement, bien dans l'esprit de ce qu'on peut attendre d'un bon saumur-champigny.

SAUMUR LES DEMOISELLES 2008
Blanc | 2009 à 2011 | 7,20 €   **13,5/20**
Ces demoiselles sont un blanc de saumur très apéritif, vif et citronné. Souple, précis, il est à boire pour étancher la soif des soirées d'été.

SAUMUR LES DEMOISELLES 2007
Blanc | 2009 à 2012 | 7,20 €   **15/20**
Bien typé saumur, ce chenin se montre charmeur, assez gras et long. C'est une agréable combinaison entre le cépage et le terroir.

SAUMUR-CHAMPIGNY LES ROCHES 2005
Rouge | 2009 à 2012 | 12,90 €   **15/20**
Très belle texture, un vin minéral et long.

SAUMUR-CHAMPIGNY LES TUFOLIES 2008
Rouge | 2009 à 2012 | 6,00 €   **14/20**
Cuvée réalisée dans l'esprit du terroir, florale, fruitée, facile à boire avec de la dimension en finale.

SAUMUR-CHAMPIGNY VIEILLES VIGNES 2008
Rouge | 2009 à 2012 | 6,90 €   **13/20**
Souple et fruité, voici un rouge facile à boire, sans tanin astringent. Il sera à l'aise sur un plat de cochonnailles.

Rouge : 30 hectares. Blanc : 5 hectares.
Production totale annuelle : 180 000 bt.
Visite : De 8 h à 12h et de 14 h à 18 h.

MOULIN DE CHAUVIGNÉ

Le Moulin de Chauvigné
49190 Rochefort-sur-Loire
Tél. 02 41 78 86 56 - Fax. 02 41 78 86 56
info@moulindechauvigne.com
www.moulindechauvigne.com

Sylvie Plessis-Termeau est à la cave et Christian est à la vigne. Le domaine est installé à Rochefort, et se partage entre Savennières et les Coteaux du Layon. La gamme de liquoreux se compose d'une cuvée de base, orientée vers des expressions florales et fruitées, et d'une cuvée plus concentrée, la-croix-blanche, en layon. Le Clos Brochard, en Savennières, très chaud sur un sol volcanique, est planté en terrasses à cause de la pente. Tous les blancs sont d'une grande pureté aromatique. Une verticale de millésimes récents du clos-brochard montre sa capacité à coller aux archétypes des millésimes. Les plus récents, 2007 et 2008, sont très réussis.

COTEAUX DU LAYON LA CROIX BLANCHE 2008
Blanc Liquoreux | 2009 à 2013 | 6,60 €   **15/20**
2008 n'était pas facile pour les liquoreux en Layon mais celui-ci, certes en demi-puissance, est net en bouche, agréablement fruité. Il mérite d'être recherché d'autant que son prix est resté sage.

SAVENNIÈRES 2008
Blanc | 2009 à 2013 | 6,90 €   **14,5/20**
Avec une acidité moins perceptible qu'en 2007, ce 2008 floral démarre dans la vie plus tendre, svelte et gourmand. Ce vin est plaisant à boire dès maintenant.

SAVENNIÈRES CLOS BROCHARD 2008
Blanc | 2009 à 2017 | 11,00 €   **16/20**
Très pur, droit, le clos-brochard est friand, avec une tendresse particulière en 2008. Il saura bien sûr vieillir mais il peut être consommé dès à présent.

SAVENNIÈRES CLOS BROCHARD 2007
Blanc | 2009 à 2017 | 11,00 €   **16/20**
Très pur, droit, ce clos-brochard est formé autour d'une matière dense, racée. Construit pour la garde, il distille dès maintenant un charme réel.

Rouge : 2,5 hectares ; cabernet franc 15%, gamay 8%, grolleau 4%. Blanc : 8 hectares ; chardonnay 3%, chenin blanc 70%.
Production totale annuelle : 35 000 bt.
Visite : Sur rendez-vous.

DOMAINE DU CLOSEL

Château des Vaults
1, place du Mail
49170 Savennières
Tél. 02 41 72 81 00 - Fax. 02 41 72 86 00
closel@savennieres-closel.com
www.savennieres-closel.com

Ce domaine familial, situé au centre de Savennières, produit un peu de rouge mais sa spécialité est incontestablement le savennières, grâce à un patrimoine de vieilles vignes. Les cuvées portent le nom de château-des-vaults, qui était l'ancien patronyme du Closel, ou affichent l'identité de leur parcelle d'origine. En blanc, la structure des vins exprime intensément la minéralité de chaque terroir, et c'est le clos-du-papillon qui fournit ici les expressions les plus distinguées.

ANJOU ÉMOTION 2005
Rouge | 2009 à 2012 | 7,70 € **14/20**
Puissant, structuré, ce rouge commence à s'entrouvrir. La finale est marquée par les arômes légèrement végétaux du cabernet franc.

SAVENNIÈRES CHÂTEAU DES VAULTS - LA JALOUSIE 2007
Blanc | 2009 à 2016 | 12,10 € **14,5/20**
Tel qu'en 2006, c'est un blanc harmonieux et floral, dont le fruité est enveloppé par le gras du vin. Plus ample que vif, les notes beurrées dominent.

SAVENNIÈRES LE CLOS DU PAPILLON 2006
Blanc | 2009 à 2018 | 25 € **16,5/20**
Harmonieux et allongé dans son expression aromatique, 2006 est équilibré avec un grand fruit. L'expression du terroir est remarquable.

SAVENNIÈRES LE CLOS DU PAPILLON 2005
Blanc | 2009 à 2015 | 24,20 € **15/20**
2005 aujourd'hui marque le pas derrière son grand frère. Il semble dans une phase austère, avec une acidité supérieure à 2006, alors que les conditions climatiques devraient conduire à l'inverse.

SAVENNIÈRES LES CAILLARDIÈRES 2004
Blanc | 2009 à 2014 | 14,30 € **15/20**
Les Caillardières fournissent un vin très minéral, bien typé Savennières. La finale montre une pointe d'amertume qui se gomme progressivement.

Rouge : 3 hectares ; cabernet franc 75%, cabernet sauvignon 25%. Blanc : 14 hectares ; chenin blanc 100%. Production totale annuelle : 50 000 bt. Visite : De 9 h 30 à 18 h 30.

DOMAINE PHILIPPE DELESVAUX

Les Essards-La Haie-Longue
49190 Saint-Aubin-de-Luigné
Tél. 02 41 78 18 71 - Fax. 02 41 78 68 06
dom.delesvaux.philippe@wanadoo.fr

Créé en 1978 sur les coteaux de la corniche angevine, le domaine est l'un des rares à prendre le pari de se consacrer essentiellement aux vins liquoreux. Cultivé en biodynamie, il réalise également un blanc sec et un demi-sec très réussis en 2007, ainsi qu'un peu d'anjou rouge dans la Montée de l'Épine, à partir du seul cabernet-sauvignon.

ANJOU AUTHENTIQUE 2007
Blanc Demi-sec | 2009 à 2013 | 18,80 € **14,5/20**
Philippe Delesvaux produit cet authentique, un anjou blanc tendre et iodé, qui a conservé un peu de sucre résiduel. Dans un style de demi-sec, il sera à l'aise à table pour s'adapter à des poissons ou à des viandes blanches.

ANJOU FEUILLE D'OR 2007 ☺
Blanc | 2009 à 2010 | 10 € **15/20**
Bel anjou blanc, d'un beau volume, gras, avec une puissance en finale qui l'emmènera loin.

ANJOU LA MONTÉE DE L'ÉPINE 2008 ☺
Rouge | 2009 à 2010 | 6,50 € **15/20**
Plus en puissance que l'anjou du même producteur, avec un supplément d'intensité et de profondeur, ce rouge naturel montre des tanins charmeurs, faciles à boire.

COTEAUX DU LAYON SÉLECTION DE GRAINS NOBLES 2007
Blanc Liquoreux | 2009 à 2027 | 26 € **16/20**
Une pointe d'iode au nez, puis de magnifiques agrumes, et en finale les pêches de toutes les couleurs. La finale est très équilibrée, sans lourdeur ni sucre intempestif.

COTEAUX DU LAYON SÉLECTION DE GRAINS NOBLES 2006
Blanc Liquoreux | 2009 à 2016 | 26 € **16/20**
La liqueur de cette sélection-de-grains-nobles est imposante, mais elle est structurée par une trame acide bien dessinée. L'ensemble est particulièrement gourmand.

Rouge : 4 hectares ; cabernet franc 20%, cabernet sauvignon 15%. Blanc : 10 hectares ; chenin 65%. Production totale annuelle : 30 000 bt. Visite : Sur rendez-vous.

CHÂTEAU DE FESLES

Château de Fesles
Fesles
49380 Thouarcé
Tél. 02 41 68 94 08 - Fax. 02 41 68 94 30
sauvion@sauvion.fr

Cette propriété de référence en Anjou offre une gamme impeccable dès les vins les plus simples. Il faut goûter la pureté de l'anjou blanc, où le chenin exprime toute sa délicatesse et sa race. L'anjou rouge est un modèle d'expression du cabernet franc dans la zone. Le bonnezeaux est particulièrement racé, et atteint un équilibre d'anthologie dans les millésimes favorables.

ANJOU 2006
Blanc | 2009 à 2010 | 7,50 €   **14,5/20**
Citron, fleurs blanches et maintenant miel emmènent cette cuvée autour d'un gras tenu par une juste acidité.

ANJOU VIEILLES VIGNES 2006
Rouge | 2009 à 2013 | NC   **15/20**
Le cabernet franc a pris ici un régime noble. Épurée à l'attaque, sa finale est dense, a besoin de se fondre. Nous avons aimé le naturel et la fraîcheur du fruit.

BONNEZEAUX 2007
Blanc Liquoreux | 2009 à 2019 | 27,50 € les 50cl **17,5/20**
Ce bonnezeaux très pur, à la fois souple et long, développe un grand fruit où pêche, abricots au sirop et épices se complexifient mutuellement. Il part dans la vie tel qu'en 2005, avec un bel équilibre et une puissance contenue, empreinte de délicatesse.

BONNEZEAUX 2006
Blanc Liquoreux | 2009 à 2015 | 27,50 € les 50cl **14/20**
2006 s'est montré difficile pour les liquoreux et n'atteint pas la pureté de son aîné ni celle de son successeur. Le vin manque de précision dans son rôti, avec une évolution vers les épices et le curry.

BONNEZEAUX 2005
Blanc Liquoreux | 2009 à 2027 | 27,50 € les 50cl **17,5/20**
Ce bonnezeaux très pur développe un grand fruit où pêche, abricots au sirop et épices se complexifient mutuellement. Miellé, équilibré, il montre une puissance contenue, empreinte de délicatesse.

ROSÉ D'ANJOU LE JARDIN 2008
Rosé Demi-sec | 2009 à 2010 | 5 €   **15,5/20**
Un modèle des rosés d'Anjou, satiné en bouche, très pur et merveilleusement tendre.

Rouge : 22.5 hectares ; cabernet franc 83%, cabernet sauvignon 7%. **Blanc :** 20 hectares ; chenin blanc 100%. **Production totale annuelle :** 220 000 bt. **Visite :** De 10 h à 12 h 30 et 14 h à 17 h 30

DOMAINE FL
(EX-DOMAINE JO PITHON)

Les Bergères
49750 Saint-Lambert-du-Lattay
Tél. 02 41 77 20 04 - Fax. 02 41 78 46 37
commercial@domainefl.com
www.domainefl.com

Le Domaine Jo Pithon continue sans Jo Pithon. Les difficultés financières l'ont écarté du domaine qui porte son nom. Nous espérons revoir l'artiste prochainement, dans d'autres aventures viticoles. Le domaine, racheté par un industriel de la téléphonie, a été fondu avec le Château de Chamboureau qui lui appartient également. C'est Alexandre Forge, le second de Jo, qui mène désormais cette exploitation au cœur des Coteaux du Layon. Elle couvre une douzaine d'hectares, majoritairement voués au chenin et menés en agriculture biologique. La gamme de blancs secs de ce domaine, dont la notoriété a été construite sur les liquoreux, est fort bien réussie. La cuvée le-chenin n'usurpe pas les qualités du cépage et le savennières le-parc est parfaitement bien dessiné.

ANJOU LE CHENIN 2007
Blanc | 2009 à 2012 | 12 €   **15/20**
Joli blanc aromatique, de belle ampleur, bien dans l'esprit du cépage, avec de la rondeur et une finale précise.

COTEAUX DU LAYON 4 VILLAGES 2007
Blanc Liquoreux | 2009 à 2015 | env 25 € **14/20**
La cuvée des 4-villages est un assemblage de saint-aubin, de chaume, d'un peu de beaulieu et de saint-lambert. En 2007, elle est tenue par une pointe d'amertume sur un rôti agréable.

SAVENNIÈRES LE PARC 2007
Blanc | 2009 à 2012 | env 25 €   **15,5/20**
Complètement dans l'esprit de l'appellation, avec en bouche la race particulière de ce terroir.

Rouge : 4 hectares ; cabernet franc 10%, cabernet sauvignon 5%. **Blanc :** 36 hectares ; chenin 85%. **Visite :** Sur rendez-vous

DOMAINE LES GRANDES VIGNES

Lieu-dit La Roche Aubry
49380 Thouarcé
Tél. 02 41 54 05 06 - Fax. 02 41 54 08 21
vaillant@domainelesgrandesvignes.com
www.domainelesgrandesvignes.com

Le Domaine Les Grandes Vignes affiche quatre siècles d'histoire au cœur du Layon. Jean-François, Dominique et Laurence Vaillant y réalisent avec brio tous les types de vins de Loire. Ils se sont passionnés pour les rouges et parviennent à leur donner le charnu et la rondeur qui manquent trop souvent à cette couleur, dans la région. Les blancs secs nous ont également impressionnés, et nous ont laissés bouche bée devant une verticale de liquoreux que peu de domaines peuvent afficher à ce niveau.

ANJOU L'AUBINAIE 2008
Rouge | 2009 à 2016 | 6 €   **14,5/20**
Rouge facile à boire, léger, fruité, enveloppant en bouche. Aucune tannicité intempestive ne rompt le charme. Le bonheur tout de suite ?

ANJOU LA VARENNE DE COMBRE 2007
Blanc | 2009 à 2015 | 11 €   **15,5/20**
Intensément chenin, ronde, minérale à loisir mais incisive en finale, la-varenne-de-combre ne passe pas inaperçue. Un blanc de belle gastronomie !

ANJOU LA VARENNE DE POIRIER 2007
Blanc | 2009 à 2012 | 8,50 €   **14,5/20**
Anjou de grand caractère, avec des notes légèrement poirées. Il est volumineux, long, minéral.

BONNEZEAUX LE MALABÉ 2007
Blanc Liquoreux | 2009 à 2027 | 18 €   **16/20**
Changement de style comparé au 2006 et par rapport à la cuvée pont-martin 2007. Le vinificateur a laissé ici parler la puissance mais en la limitant au niveau permis par l'acidité. L'équilibre de l'ensemble est charmeur. On n'est pas près d'en voir la fin.

COTEAUX DU LAYON LE PONT MARTIN 2007
Blanc Liquoreux | 2009 à 2017 | 12 €   **16/20**
Le domaine ne surjoue pas le millésime, sans recherche de puissance inutile ni de concentration. Ce 2007 a trouvé un juste équilibre.

Rouge : 35 hectares ; cabernet franc 42%, cabernet sauvignon 10%, gamay 4%, grollau 12%. **Blanc :** 20 hectares ; chenin 32%. **Production totale annuelle :** 200 000 bt. **Visite :** Du lundi au samedi, de 9 h à 12 h 30 et de 14 h à 19 h, sur rendez-vous.

DOMAINE GUIBERTEAU

3, impasse du Cabernet
Mollay
49260 Saint-Just-sur-Dive
Tél. 02 41 38 78 94 - Fax. 02 41 38 56 46
domaine.guiberteau@wanadoo.fr

Romain Guiberteau n'a pas attendu le nombre des années pour imposer son style. La classe des blancs est évidente, et montre tout le potentiel du saumur dans cette couleur dès que les boisés d'élevage s'estompent. Les rouges ne sont pas en reste car ils transcendent le cabernet franc, dont ils extraient une vibration unique. La reprise du Clos des Carmes, sur Brézé, annonce une suite passionnante.

COTEAUX DE SAUMUR BRÉZÉ 2003
Blanc Liquoreux | 2009 à 2017 | env 60 €   **17/20**
Très joli liquoreux, parfaitement équilibré, précis, avec un rôti très abouti. Un vin de grand charme auquel peu pourront résister.

SAUMUR BRÉZÉ 2006
Blanc | 2009 à 2017 | 26 €   **17,5/20**
Le terroir exceptionnel de Brézé a été ici mis en valeur par un grand travail à la vigne et par un élevage très maîtrisé. L'amertume est magnifique. Tenu par une acidité précise et par un élevage très juste.

SAUMUR DOMAINE 2007
Blanc | 2009 à 2010 | 18 €   **16,5/20**
L'équilibre est le maître mot de ce saumur blanc profond, rond et absolument gourmand. L'élevage est bien maîtrisé, il souligne la qualité du vin.

SAUMUR DOMAINE 2005
Rouge | 2009 à 2015 | 15 €   **16/20**
La race de ce saumur est tenue par un fruit vibrant, et l'impression de naturel est apaisante. Le socle de tuffeau transparaît à la dégustation, en imprimant sa minéralité.

SAUMUR LES ARBOISES 2005
Rouge | 2011 à 2014 | 31 €   **15/20**
Tenu par une acidité volatile un rien marquée, ce rouge montre un fruit gourmand, fin et intense.

SAUMUR LES MOTELLES 2005
Rouge | 2011 à 2016 | 25 €   **17/20**
Récolté sur Montreuil-Bellay, ce cru présente une puissance contenue grande, longue et gourmande de fruits rouges. La densité de matière ne perturbe en rien le naturel du vin. Il ira loin et fort.

Rouge : 5 hectares ; cabernet franc 100%. **Blanc :** 5 hectares ; chenin blanc 100%. **Production totale annuelle :** 30 000 bt. **Visite :** Sur rendez-vous.

DOMAINE DES GUYONS

7, rue Saint-Nicolas
49260 Le Puy-Notre-Dame
Tél. 02 41 52 21 15 - Fax. 02 41 38 88 24
domainedesguyons@wanadoo.fr

Franck et Ingrid Bimond réalisent au Puy-Notre-Dame des saumurs blancs qui deviennent progressivement une référence. Fait nouveau, le domaine progresse en rouge. Cette couleur rejoint le haut niveau des blancs en 2008 que le cabernet d'anjou tente de surpasser.

CABERNET D'ANJOU FREE VOL 2007
Rosé Demi-sec | 2009 à 2010 | NC   **16/20**
Un nez délicat de framboise et de groseille, une bouche veloutée, précise et délicate. Le charme ! Irrésistible, il est curieusement vendu en 75 cl au lieu de l'être en jéroboams, allez comprendre !

SAUMUR L'ARDILE 2008
Blanc | 2009 à 2015 | 11 €   **16/20**
La cuvée vent-du-nord est pour aujourd'hui. L'ardile est pour demain. Plus longue, plus grasse mais moins immédiate. La précision est là, avec une finale incisive à souhait, pure, tout simplement.

SAUMUR MURMURE 2008
Rouge | 2009 à 2012 | 6 €   **15/20**
Joli saumur rouge, tendre à souhait, gourmand, inscrit dans le cabernet franc. Caressant en bouche, empreint du fruit de 2008, c'est une réussite.

SAUMUR ODYSSÉE 2008
Rouge | 2009 à 2015 | NC   **16/20**
L'air de ne pas y toucher, on travaille les rouges ici. La précision du fruit est en progrès, la texture est veloutée, précise et raffinée. Le naturel est confondant. On attend toujours plus du talent de Franck mais force est de reconnaître que c'est déjà très beau !

SAUMUR VENT DU NORD 2008
Blanc | 2009 à 2011 | 6 €   **16,5/20**
Grand chenin d'une précision extrême, avec une finale d'une exceptionnelle minéralité au service d'un fruit exquis. Ne l'attendez pas, il est magnifique tout de suite, on vous l'aura dit.

Rouge : 9 hectares ; cabernet franc 45%, cabernet sauvignon 2%. Blanc : 11 hectares ; chardonnay 6%. Production totale annuelle : 50 000 bt. Visite : Sur rendez-vous.

CHÂTEAU DU HUREAU

Le Hureau
49400 Dampierre-sur-Loire
Tél. 02 41 67 60 40 - Fax. 02 41 50 43 35
philippe.vatan@wanadoo.fr
domaine-hureau.fr

Philippe Vatan s'est installé en 1987, et fait figure de sage dans l'appellation Saumur-Champigny. Cet ingénieur agronome, rationnel et avisé, recherche de la fraîcheur et du volume en bouche dans ses rouges, en évitant des tanins agressifs. Son entrée de gamme en saumur-champigny est un modèle. Lisagathe est un joli vin de garde structuré, qui est récolté sur des coteaux argileux. La parcelle des Fevettes fournit un vin très fin mais qui vieillit très bien, en développant d'élégantes notes de pivoine. Le saumur blanc et le coteaux-de-saumur sont de très bon niveau. Bref, on se régale ici ! Les 2008 s'annoncent très beaux, les 2007 sont tout en charme. À suivre...

SAUMUR-CHAMPIGNY FOURS À CHAUX 2008
Rouge | 2010 à 2017 | NC   **15/20**
L'échantillon impressionne de densité et de profondeur de fruit. Il faudra le revoir après la mise en bouteilles mais tout est prometteur dans ce vin.

SAUMUR-CHAMPIGNY FOURS À CHAUX 2007
Rouge | 2009 à 2015 | 11,00 €   **15/20**
La fin de bouche est dense, intensément fruitée, profonde en saveurs. 2007 joue la carte de l'équilibre et y parvient remarquablement.

SAUMUR-CHAMPIGNY LISAGATHE 2008
Rouge | 2009 à 2015 | NC   **15/20**
Le nom de la cuvée est une contraction des prénoms des filles du vigneron. Velouté, équilibré et dense, avec beaucoup de fond, ce 2008 goûté en échantillon est très prometteur, avec un fruit magnifique. Il faudra le revoir après la mise en bouteilles.

SAUMUR-CHAMPIGNY TUFFE 2007
Rouge | 2010 à 2015 | 8,00 €   **15/20**
2007 a trouvé une intensité et une profondeur que son prédécesseur n'avait pas lors de notre dégustation l'an passé. Ce vin floral demanderait un peu de patience.

Rouge : 18 hectares ; cabernet franc 90%. Blanc : 1,5 hectare ; chenin blanc 10%. Production totale annuelle : 130 000 bt. Visite : Du lundi au vendredi, de 9 h à 12 h et de 14 h à 17 h

DOMAINE DE JUCHEPIE

Les Quarts
49380 Faye-d'Anjou
Tél. 02 41 54 33 47
contact@juchepie.com
www.juchepie.com

Immigrés du Plat Pays pour assouvir leur passion des liquoreux après des décennies au service de la quincaillerie, Eddy Oosterlinck et son épouse se sont implantés à Faye-d'Anjou sur 6 hectares. Ce sympathique couple a converti ses vignes à l'agriculture biologique puis biodynamique, et produit à peine plus de dix mille bouteilles, réparties entre un sec qui prend parfois au nez des allures de liquoreux, et une gamme de liquoreux où l'on n'a pas recherché plus que ce que la vigne pouvait donner. Toutes les cuvées qui ont été suffisamment protégées en soufre méritent d'être recherchées pour leur pureté et pour l'impression de sérénité qui s'en dégage. Quintessence est le sommet de la gamme et défie le temps. 2003, 2002 et 1997 méritent d'être recherchés.

ANJOU LE SEC DE JUCHEPIE - LE CLOS 2006 ☺
Blanc | 2009 à 2010 | 12,00 €   **15/20**
Les millésimes du clos se suivent mais ne se ressemblent pas. 2006 n'affiche pas d'arômes de surmaturité. C'est un chenin classique, très net, long et harmonieux. L'élevage est fort bien maîtrisé.

COTEAUX DU LAYON FAYE D'ANJOU QUARTS DE JUCHEPIE 2005
Blanc liquoreux | 2009 à 2017 | 19,50 € **14,5/20**
Robe ambrée, le style est légèrement oxydatif, et les arômes sont orientés vers les épices et de jolies notes de caramel.

COTEAUX DU LAYON FAYE D'ANJOU QUINTESSENCE DE JUCHEPIE 1997
Blanc Liquoreux | 2009 à 2017 | 38,00 € **17/20**
Magnifique de fruits, crème brûlée, bois exotiques, bâton de réglisse, l'ensemble est complexe. Une grande bouteille d'un grand millésime. Bravo !

Rouge : 1,2 hectare ; cabernet franc 15%.
Blanc : 6,3 hectares ; chenin blanc 85%.
Production totale annuelle : 15 000 bt.
Visite : Sur rendez-vous.

LANGLOIS-CHÂTEAU

3, rue Léopold-Palustre
B.P. 57
49400 Saint-Hilaire-Saint-Florent
Tél. 02 41 40 21 40 - Fax. 02 41 40 21 49
contact@langlois-chateau.fr
www.langlois-chateau.fr

Langlois-Château appartient aux prestigieux champagnes Bollinger depuis 1976. Cette maison centenaire de Saumur propose toute une gamme de vins ligériens de qualité, dont une partie importante provient de ses propres vignes. Son offre de vins tranquilles est concentrée autour de saumurs rouges et blancs, dont le vieilles-vignes est le point d'orgue. La filiation de Langlois-Château l'amène naturellement à se faire remarquer sur le terrain des bulles, par une gamme de crémants-de-loire absolument impeccable, menée par la cuvée quadrille.

CRÉMANT DE LOIRE ☺
Rosé Brut eff. | 2009 à 2010 | 12 €   **15/20**
Joli nez de framboise et de griotte, poursuivi par une matière large, avec un dosage désormais bien intégré. Il pourra faire un rosé d'apéritif très frais et, à table, l'accord parfait d'un saumon grillé.

CRÉMANT DE LOIRE QUADRILLE 2002
Blanc Brut eff. | 2009 à 2012 | 17,45 €   **16/20**
Extra brute en 2002, cette cuvée issue de quatre terroirs assemble quatre cépages : le chenin, les deux cabernets et le chardonnay. Le fruit est très net, fin, frais, la pointe d'iode fera un tabac avec des crustacés. À défaut, il conviendra merveilleusement à la grande gastronomie. La fin de bouche est magnifique.

SAUMUR VIEILLES VIGNES 2004
Blanc | 2009 à 2012 | 14,75 €   **15/20**
L'attaque évoque un chardonnay de Bourgogne, par le gras et la pointe de beurre frais, mais le chenin reprend le dessus en finale et impose sa race, sa pointe d'amer et sa finesse. En dégustation, le vin passe par différents registres, des magnifiques agrumes à la pointe boisée en finale.

SAUMUR-CHAMPIGNY 2004
Rouge | 2010 à 2013 | 13,95 €   **15/20**
Vineux, profond, complexe, ce 2004 est fruité, tendu. Légèrement refermé, il mériterait un peu de patience pour découvrir ses arômes tertiaires.

Rouge : 45 hectares ; cabernet franc 100%.
Blanc : 28 hectares ; 100%. Production totale annuelle : 450 000 bt. Visite : 10h à 12 h 30 et de 14h à 18h 30

DOMAINE DAMIEN LAUREAU

Chemin du Grand Hamé, Epiré
49170 Savennières
Tél. 09 64 37 02 57 - Fax. 02 41 72 87 39
damien.laureau@orange.fr
www.damien-laureau.fr

Le jeune Damien Laureau a repris en 1999 un domaine viticole et arboricole familial. Il vient de décider d'abandonner la poire pour se consacrer à la vigne. Nous avons goûté les-genêts et le-bel-ouvrage, deux savennières joliment réalisés. À défaut de clos-frémur cette année, nous avons été impressionnés par le savennières roche-aux-moines. Le futur de ce domaine s'annonce passionnant.

ANJOU CLOS FREMUR 2006

Rouge | 2009 à 2012 | 9,50 € · · · · · · · **17/20**

Exceptionnel vin issu de schistes dégradés, modestement étiqueté Anjou. Ce clos, implanté de cabernets, dont 30% sont sauvignons, a une race spécifique, un superbe nez de violette et une longueur délicatement saline. Quelques menus tanins en finale rappellent que le vin peut être gardé, mais on pourra les ignorer pour «fremur» de tant de plaisir immédiat...

SAVENNIÈRES - ROCHE AUX MOINES 2007

Blanc | 2009 à 2017 | 29 € · · · · · · · **17,5/20**

Nous ne connaissions pas cette cuvée du domaine. Racée, puissante, elle est particulièrement harmonieuse et équilibrée.

SAVENNIÈRES LE BEL OUVRAGE 2007

Blanc | 2009 à 2019 | 22 € · · · · · · · **16,5/20**

Encore enveloppé par l'élevage, le vin est intense, profond, très net dans ses arômes. Le potentiel est évident. Il faudrait l'attendre, ce qui ne sera pas simple tant il se montre déjà charmeur.

SAVENNIÈRES LES GENÊTS 2007

Blanc | 2009 à 2017 | 15 € · · · · · · · **15/20**

Grand millésime de cette cuvée. Le nez de pomme un peu cuite, légèrement surmûrie, domine cette corbeille de fruits. Le vin est déjà ouvert, bon à boire.

Rouge : 3,88 hectares ; cabernet franc 85%, cabernet sauvignon 15%. Blanc : 6,05 hectares ; chenin blanc 100%. Production totale annuelle : 38 000 bt. Visite : Sur rendez-vous au 06 07 59 19 99.

DOMAINE AUX MOINES

La Roche aux Moines
49170 Savennières
Tél. 02 41 72 21 33
info@domaine-aux-moines.com
www.domaine-aux-moines.com

Vigneronne de mère en fille, Tessa mène aujourd'hui le Domaine Laroche. Les 9 hectares sont essentiellement destinés à produire du savennières-roche-aux-moines en trois niveaux de sucrosité. Le sec est exceptionnel, produit phare de l'appellation, le moelleux a le rôle ingrat des cadets coincés entre deux personnalités immenses. Le doux est magnifique de fruits. Le domaine, mené dans le respect des équilibres naturels, mérite que sa production soit recherchée assidûment.

SAVENNIÈRES - ROCHE AUX MOINES 2007

Blanc | 2009 à 2017 | 14 € · · · · · · · **18/20**

Nez magnifique, bouche extrêmement racée, c'est un vin d'harmonie entre l'alcool, l'amertume, l'acidité.

SAVENNIÈRES - ROCHE AUX MOINES CUVÉE DE L'ABBESSE 2007

Blanc Doux | 2009 à 2017 | 18 € · · · · · · · **16,5/20**

Une grande subtilité dans ce vin dont les arômes sont magnifiques, mirabelle, fruits confits. Sans l'exceptionnelle longueur de la cuvée de sec, le plaisir est grand !

SAVENNIÈRES - ROCHE AUX MOINES CUVÉE DES NONNES 2006

Blanc liquoreux | 2009 à 2016 | 16 € · · · · · · · **15/20**

Le vin a pris un régime de demi-sec ligérien. Il a gardé la minéralité du terroir en s'enrichissant d'arômes de fruits confits. Il sera un faire-valoir de la gastronomie. Une réussite.

Rouge : 0,78 hectare Blanc : 7,32 hectares. Production totale annuelle : 14 000 bt. Visite : De 9 h 30 à 12 h 30 et de 13 h à 18 h 30 et le dimanche après midi sur rendez-vous.

DOMAINE ÉRIC MORGAT

Clos Ferrard
49170 Savennières
Tél. 02 41 72 22 51
contact@ericmorgat.com

Eric Morgat, venu du Château du Breuil, à Beaulieu, produit un savennières issu de très faibles rendements, ramassé mûr et élevé sous bois. Il recherche la rondeur plutôt que le caractère incisif du chenin, sur son terroir cultivé en agriculture biologique. Il a placé sa cuvée sous la protection du poète perse Omar Khayyam, dont il cite un hymne à la vie sur la contre-étiquette. Après une succession de grandes réussites depuis 2002 sur sa cuvée de savennières, d'autres parcelles acquises récemment vont prochainement rentrer en production, pour étoffer l'offre de ce domaine talentueux.

SAVENNIÈRES L'ENCLOS 2007
Blanc | 2009 à 2018 | 20 € **17/20**
Grand vin, particulièrement réussi en 2007, réalisé dans un style moderne. Puissant en alcool et en matière.

SAVENNIÈRES L'ENCLOS 2006
Blanc | 2010 à 2017 | 19 € **17/20**
2006 est ici profondément différent de 2005. La fermentation malolactique a été évitée, bien qu'elle soit en général recherchée au domaine. Avec sa pointe de botrytis, le vin se montre sous un jour flatteur, tenu par une belle acidité et par une très légère surmaturité, presque imperceptible, mais qui relève la finale. Le vin se referme légèrement mais il ne va pas tarder à déployer tout son faste.

SAVENNIÈRES L'ENCLOS 2005
Blanc | 2009 à 2015 | NC **16/20**
Ce blanc 2005, avec un nez encore légèrement grillé, s'installe dans la vie avec beaucoup de rondeur, tendue par une acidité finale présente. Après une phase de fermeture, il commence à s'ouvrir. L'ensemble est très gras.

Blanc : 5,5 hectares.
Production totale annuelle : 15 000 bt.

DOMAINE OGEREAU

44, rue de la Belle-Angevine
49750 Saint-Lambert-du-Lattay
Tél. 02 41 78 30 53 - Fax. 02 41 78 43 55
contact@domaineogereau.com
www.domaineogereau.com

Ce domaine familial est exploité par Vincent Ogereau, dont la cave est située dans le bourg de Saint-Lambert, en face du musée de la vigne et du vin. Il dispose d'une collection de beaux terroirs, qu'il mène selon une démarche inspirée de l'agriculture biologique.

ANJOU PRESTIGE 2007 ☺
Blanc | 2009 à 2013 | 8,20 € **14,5/20**
Cet anjou à base de chenin a une fraîcheur bien maîtrisée. L'amertume que dispense parfois le cépage est ici bien contenue dans une bouche tendre, qui interpellera ceux que ce cépage déroute.

ANJOU-VILLAGES 2007
Rouge | 2009 à 2010 | 7,60 € **14/20**
Tendre à l'attaque, avec de jolis tanins et une finale de charme, onctueuse.

ANJOU-VILLAGES CÔTE DE LA HOUSSAYE 2007 ☺
Rouge | 2009 à 2010 | 13,50 € **15/20**
Pur, avec des fruits noirs mûrs, svelte mais intense, ce 2007 pourra se boire vite.

COTEAUX DU LAYON SAINT-LAMBERT CLOS DES BONNES BLANCHES 2007
Blanc Liquoreux | 2011 à 2017 | env 26 € **16/20**
Très liquoreux, ce coteaux-du-layon ne manque pas pour autant d'acidité. L'ensemble est élégant, profond et avec un rôti savoureux, tel qu'en 2005. La finale de caramel au lait est savoureuse.

SAVENNIÈRES CLOS DU GRAND BEAUPRÉAU 2007
Blanc | 2009 à 2014 | 11,50 € **15,5/20**
Savennières bien enveloppé, sans amertume, qui laisse la race du terroir et du cépage s'exprimer, avec de jolies notes de fleurs blanches et de cire d'abeille.

Rouge : 12,9 hectares ; cabernet 37%, gamay 3%.
Blanc : 12,4 hectares ; chardonnay 1%, chenin 52%, grollau 6,5%, sauvignon blanc 5%. **Production totale annuelle :** 70 000 bt. **Visite :** Du lundi au samedi, de 9 h à 12 h et de 14 h à 19 h, sur rendez-vous.

DOMAINE DU PETIT MÉTRIS

13, chemin de Treize Vents
Le Grand Beauvais
49190 Saint-Aubin-de-Luigné
Tél. 02 41 78 33 33 - Fax. 02 41 78 67 77
domaine.petit.metris@wanadoo.fr
www.domaine-petit-metris.com

Petit Métris est un domaine de Saint-Aubin qui appartient à la même famille depuis près de trois siècles. Aujourd'hui, Hervé et Pascal Renou réalisent près de la moitié de leur production en liquoreux, où se concentrent les vins les plus intéressants de la cave. Leurs vignes sont implantées sur des sols à dominante de schistes, en Coteaux du Layon, en Chaume et en Quarts de Chaume. La parcelle des Tetuères, en Chaume, donne parfois des vins difficiles d'accès quand ils sont jeunes, mais ce n'est pas le cas du 2007, déjà très ouvert. Les 1996 et 1997 sont excellents et encore disponibles en petites quantités au domaine.

CHAUME LES TÉTUÈRES 2007
Blanc Liquoreux | 2009 à 2026 | 14,50 €   **16,5/20**
Cette cuvée se remarque en 2007 par la puissance de son rôti, et par sa fin de bouche précise, très fruitée. Elle ira loin.

COTEAUX DU LAYON SAINT-AUBIN
CLOS DE TREIZE VENTS 2007
Blanc Liquoreux | 2009 à 2016 | 9,50 € **14,5/20**
Agréable liquoreux de longueur moyenne, avec une expression orientée vers les fruits jaunes, les abricots au sirop.

QUARTS DE CHAUME LES GUERCHES 2007
Blanc Liquoreux | 2009 à 2018 | 30,00 € **15,5/20**
Le quarts-de-chaume du domaine est, comme souvent, généreux en sucre. La puissance du rôti en fait un vin dans l'esprit d'une sélection-de-grains-nobles. Son acidité faible en fait un vin à boire après le repas ou avec un dessert pas trop crémeux.

Rouge : 8 hectares ; cabernet franc 65%, gamay 3%, grolleau 32%. Blanc : 20 hectares : chardonnay 1%, chenin blanc 99%. Production totale annuelle : 80 000 bt. Visite : Sur rendez-vous.

DOMAINE DES PETITS QUARTS

CA Douve
49380 Faye-d'Anjou
Tél. 02 41 54 03 00 - Fax. 02 41 54 25 36

Jean-Pascal Godineau a hérité de la passion des liquoreux, et 30 de ses 40 hectares leur sont consacrés. Il s'est inspiré d'Henri Ramonteu pour conduire ses vignes et gérer l'effeuillage. Il produit un coteaux-du-layon faye-d'anjou régulièrement de haut niveau, et des bonnezeaux d'une pureté et d'une richesse d'anthologie. On peut les apprécier jeunes ou à grande maturité, car ils savent défier le temps, tel ce 1997 d'une fraîcheur parfaite. Parmi ces merveilles, la cuvée produite sur le Malabé bénéficie d'un supplément de raffinement.

BONNEZEAUX ÉLEVÉ EN FÛTS DE CHÊNE 2004
Blanc Liquoreux | 2009 à 2020 | 16 €   **15/20**
Ce bonnezeaux s'est sorti d'un millésime délicat par la grande porte. Les notes de moka, de caramel et de biscuit sont ravissantes.

BONNEZEAUX LE MALABÉ 2007
Blanc Liquoreux | 2009 à 2018 | 19 € **18,5/20**
Comme toujours, ce terroir apporte un supplément de race et de finesse par rapport aux autres cuvées du domaine. Le style est magnifique.

BONNEZEAUX LE MALABÉ 1990
Blanc Liquoreux | 2009 à 2015 | 36 €   **14/20**
Ce millésime aurait besoin d'un long carafage. La finale n'est pas précise.

BONNEZEAUX LES MÉLERESSES 2007
Blanc Liquoreux | 2009 à 2026 | 16 € **18/20**
Les-méleresses montrent un nez racé d'agrumes, avec une pointe d'acidité supplémentaire par rapport à la cuvée grain-par-grain.

BONNEZEAUX LES MÉLERESSES 2005
Blanc Liquoreux | 2009 à 2026 | 18 €   **17/20**
Avec moins de liqueur qu'en 2007 et peut-être un peu moins de race, ce bonnezeaux, agrumes, ananas frais, plaira à ceux qui recherchent des liquoreux avec un rôti limité, souples à boire.

BONNEZEAUX VENDANGÉ GRAIN PAR GRAIN 2007
Blanc Liquoreux | 2009 à 2026 | env 33 €   **16,5/20**
De grande puissance en liqueur mais avec un réel équilibre, ce bonnezeaux finit très droit en bouche, en s'inspirant des arômes des abricots secs et des abricots au sirop.

Rouge : 15 hectares ; 67%, Grolleau 33%.
Blanc : 30 hectares : chenin 100%. Production totale annuelle : 40 000 bt. Visite : Du lundi au samedi, de 8 h à 12 h et de 14 h à 17 h 30.

CHÂTEAU PIERRE-BISE

Château Pierre Bise
49750 Beaulieu-sur-Layon
Tél. 02 41 78 31 44 - Fax. 02 41 78 41 24
chateaupb@hotmail.com

Une dégustation au Château Pierre-Bise est toujours un choc. Des vins si naturels, précis et en harmonie avec un terroir que peu ont autant observé que Claude Papin. La gamme est vaste mais tout est infiniment recommandable. C'est à cela qu'on reconnaît les grandes maisons. Le quatrième BD n'est pas loin.

Anjou Haut de la Garde 2007 ☺
Blanc | 2009 à 2015 | 7,75 € **15,5/20**
Vin de grande plénitude, avec une matière étonnante d'ampleur. L'amer est superbe, parfaitement maîtrisé.

Coteaux du Layon L'Anclaie 2007
Blanc Liquoreux | 2009 à 2017 | 15 € **17/20**
Plus puissant en liqueur que les-rouannières, mais avec une finale moins précise. Le match est ouvert, nous préférons pour l'instant les-rouannières.

Coteaux du Layon Les Rouannières 2007
Blanc Liquoreux | 2009 à 2018 | 17 € **17,5/20**
Précis et fruité, dynamique, les abricots au sirop de la finale le rendent irrésistible.

Quarts de Chaume 2007 ☺
Blanc Liquoreux | 2009 à 2028 | 30 € **18,5/20**
Avec un supplément de pureté formelle, l'expression de ce quarts-de-chaume est particulièrement aboutie, magnifique d'intensité.

Quarts de Chaume 2007
Blanc Liquoreux | 2009 à 2017 | NC **18/20**
Intense, magnifique de fruits frais et de fruits confits, c'est un grand vin d'un grand domaine, dans la lignée des magnifiques coteaux-du-layon.

Savennières Clos Le Grand Beaupréau 2007 ☺
Blanc | 2009 à 2018 | 11,50 € **17,5/20**
Christian Papin part en 2007 avec l'expression la plus pure et la plus racée du grand beaupréau. Ce vin, très rond mais minéral, est d'une grande pureté.

Savennières La Roche Aux Moines 2007 ☺
Blanc | 2009 à 2016 | 14,50 € **15/20**
Moins haut en altitude que le-grand-beaupréau, le vin montre moins d'énergie au nez. Plus ample, c'est une belle bouteille, avec un amer raffiné.

Rouge : 18 hectares ; cabernet franc 15%, cabernet sauvignon 15%. **Blanc** : 37 hectares ; chenin blanc 70%. **Production totale annuelle** : 150 000 bt.

CHÂTEAU PRINCÉ

Petit-Princé
49610 Saint-Melaine-sur-Aubance
Tél. 02 41 57 82 28 - Fax. 02 41 57 73 78
chateauprince@wanadoo.fr
www.chateauprince.fr

Mathias Levron et Régis Vincenot se sont associés dans le Château Princé en 2002 : l'un travaillait pour l'INAO du Saumurois et l'autre était vigneron. Ils ont remis en culture ces sols de schistes durs sur les hauteurs, et de schistes altérés en parties basses. Précipitez-vous sur les-ardoisières 2007, un joli chenin à boire sur le fruit, qui réconciliera beaucoup d'amateurs avec ce cépage.

Anjou 2007 ☺
Rouge | 2009 à 2010 | 5,40 € **14,5/20**
Les millésimes se suivent. C'est un modèle d'anjou au fruit raffiné, sans lourdeur ni dureté, et l'absence d'élevage sous bois a gardé intacte une matière de qualité. Il constitue un hymne au plaisir simple et gourmand.

Anjou Les Ardoisières Château Princé 2007 ☺
Blanc | 2009 à 2011 | 8,70 € **15/20**
Joli millésime de cette cuvée, avec beaucoup de délicatesse, de fond. Intensément chenin, la finale est très aromatique. Un beau moment de dégustation.

Anjou-Villages Brissac Château Princé 2006
Rouge | 2010 à 2015 | 8,20 € **15,5/20**
Dans le style du 2005, la matière est puissante, réglisse et fruits noirs, avec de la mâche. Les tanins bien présents restent onctueux, réglissés en finale. Il faudrait idéalement lui laisser un peu de temps.

Crémant de Loire J Delmare ☺
Blanc Brut eff. | 2009 à 2010 | 7,30 € **15,5/20**
Excellent crémant sans dosage intempestif. La bulle est soyeuse, sans aucune agressivité, et le volume en bouche est très rond. Un modèle d'élégance en Loire, à condition de bien veiller à la température de service. Trop de fraîcheur le rend agressif, trop de chaleur l'amollit. Les divas ont des exigences !

Crémant de Loire J Delmare
Rosé Brut eff. | 2009 à 2010 | NC **14/20**
Agressif à basse température, une douzaine de degrés Celsius lui rend justice. Agréable et fruité, ce sera un apéritif agréable.

Rouge : 7 hectares ; cabernet franc 36%, grolleau 14%. **Blanc** : 7 hectares ; chardonnay 5%, chenin blanc 45%. **Production totale annuelle** : 70 000 bt. **Visite** : Sur rendez-vous.

DOMAINE RICHOU

Chauvigné
49610 Mozé-sur-Louet
Tél. 02 41 78 72 13 - Fax. 02 41 78 76 05
domaine.richou@wanadoo.fr
www.domainerichou.fr

Le Domaine Richou est situé dans le secteur le plus à l'ouest de l'Aubance, sur des schistes gréseux. Damien et Didier, la troisième génération aux commandes, travaillent les sols pour obtenir des vins élégants et frais. Le coteaux-de-l'aubance les-violettes est également un modèle de style, qui pourrait inspirer une appellation qui se cherche encore. La cuvée des trois-demoiselles n'est pas produite chaque année. Quand le millésime s'y prête, elle propulse les coteaux-de-l'aubance dans le monde des grands liquoreux. À maturité, le 1996 est renversant !

Anjou Le Champ de la Pierre 2008
Rouge | 2011 à 2015 | env 7,50 €   **14/20**
Extrêmement puissant, resserré pour l'instant, ce vin à base de gamay vieillit bien. Pour preuve ce 2002 dégusté récemment, qui prend au vieillissement des allures de pinot d'Aunis avec un charme réel.

Anjou Les Rogeries 2006
Blanc | 2009 à 2015 | 9,60 €   **14,5/20**
Rogeries est présent en attaque et en fin de bouche. La finale est précise, dense et se complexifiera, si on lui en laisse le temps.

Anjou-Villages Brissac 2007
Rouge | 2009 à 2015 | 7,60 €   **15/20**
Le fruit est encadré par un tanin assez puissant mais sans astringence. L'ensemble est velouté.

Coteaux de l'Aubance Les Violettes 2007
Blanc Liquoreux | 2009 à 2012 | 12,20 € **13/20**
Avec un nez de pêche et de fruits frais, voici une expression agréable et simple des coteaux-de-l'aubance. La finale n'est pas très précise.

Crémant de Loire Dom Nature 2005
Blanc Brut eff. | 2009 à 2011 | 11,80 €   **13/20**
Le vin est mûr, très minéral, puissant, d'une longueur moyenne.

Rouge : 13 hectares ; cabernet franc 20%, cabernet sauvignon 15%. Blanc : 19 hectares ; chardonnay 10%, chenin 40%. Production totale annuelle : 130 000 bt. Visite : Du lundi au samedi, de 8 h 30 à 12 h et de 14 h 30 à 18 h 30.

DOMAINE DES ROCHES NEUVES

56, boulevard Saint-Vincent
49400 Varrains
Tél. 02 41 52 94 02 - Fax. 02 41 52 49 30
thierry-germain@wanadoo.fr
www.rochesneuves.com

Le fougueux et passionné Thierry Germain exploite à Varrains, depuis 1992, un domaine consacré au saumur blanc et au saumur-champigny. Les vignes sont implantées sur des terrains argilo-calcaires qui recouvrent du tuffeau, et le vignoble est désormais conduit en biodynamie. L'ensemble de la production vibre d'énergie, et évolue vers la recherche de la fraîcheur obtenue par une juste maturité. Terres-chaudes donne un vin plus solaire et peut-être plus accessible que la-marginale, cuvée en quête de minéralité et d'une expression de l'absolu ligérien. Insolite est magnifique de précision en 2008.

Saumur Insolite 2008
Blanc | 2009 à 2017   **17/20**
Impressionnant 2008, tout en tension et en précision. Le chenin est longiligne, très pur, dans une expression construite autour des agrumes et de la pointe d'amertume d'un pamplemousse.

Saumur-Champigny 2008   ☺
Rouge | 2009 à 2017   **15,5/20**
Encore juvénile, croquant de fruit, séveux et corsé, ce 2008 est un charmeur, svelte et gourmand.

Saumur-Champigny Franc de Pieds 2008
Rouge | 2009 à 2016   **16,5/20**
Cette cuvée issue de raisins francs de pieds a été goûtée en sortie du fût pour cause de fermentation malolactique peu pressée. Elle vibre de naturel et de franchise, avec une fraîcheur revigorante. Le potentiel est là !

Saumur-Champigny Terres Chaudes 2008
Rouge | 2009 à 2018   **16/20**
Enrobée et ronde, onctueuse dans son tanin, terres-chaudes est structurée, chaleureuse.

Rouge : 19 hectares ; cabernet franc 100%.
Blanc : 3 hectares ; chenin 100%. Production totale annuelle : 120 000 bt. Visite : De 8 h à 12 h et de 13 h 30 à 19 h, sur rendez-vous sauf le dimanche.

CLOS ROUGEARD

15, rue de L'Église
49400 Chacé
Tél. 02 41 52 92 65 - Fax. 02 41 52 98 34

L'œil frétillant, les bacchantes lustrées, les frères Foucault produisent, dans la région de Chacé, les plus grands vins rouges issus de cabernet franc. Issus de terroir silico-calcaire, les 3 hectares de Poyeux ont fait la réputation de la maison, avec des 1934 et 1937 qui ont toujours une excellente tenue. Isolé depuis 1988, l'hectare de Clos du Bourg provient de vignes de 75 ans sur argilo-calcaires. En blanc, sur 1,20 hectare, les secs constituent l'une des références absolues en matière de chenin. Leur minéralité possède un raffinement qui se révèle avec l'âge. En rupture permanente au domaine, les vins sont disponibles chez les meilleurs cavistes et en belle restauration.

SAUMUR BRÉZÉ 1999
Blanc | 2009 à 2030 **18/20**
La colonne minérale pure se met progressivement en place dans le verre, avec des touches de miel et de fruits secs, ce vin appelle le homard.

SAUMUR-CHAMPIGNY CLOS DU BOURG 2006
Rouge | 2017 à 2060 **18/20**
C'est une nouvelle fois le vin du millésime par sa sève, sa maturité et sa fraîcheur. Les tanins sont très précis.

SAUMUR-CHAMPIGNY CLOS DU BOURG 2005
Rouge | 2015 à 2030 **19/20**
Nez d'une profondeur vertigineuse, même si le vin tend à se refermer en bouche, on a le meilleur vin rouge jamais produit sur la Loire.

SAUMUR-CHAMPIGNY POYEUX 2007
Rouge | 2015 à 2040 **17,5/20**
Notes florales sur fond de fruits rouges et d'épices, tanins tendus et élégants, avec ce qu'il faut de fraîcheur.

SAUMUR-CHAMPIGNY POYEUX 2005
Rouge | 2015 à 2045 **17,5/20**
Les arômes élégants de fruits rouges et d'épices sont bien portés par un corps très pur, d'un raffinement merveilleux.

SAUMUR-CHAMPIGNY POYEUX 2004
Rouge | 2015 à 2030 **17,5/20**
Les arômes élégants de fruits rouges et d'épices sont bien portés par un corps très pur, d'un raffinement merveilleux.

DOMAINE DE SAINT-JUST

Mollay
12, rue de la Prée
49260 Saint-Just-sur-Dive
Tél. 02 41 51 62 01 - Fax. 02 41 67 94 51
infos@st-just.net
www.st-just.net

Ce domaine du Saumurois a été créé en 1996 par un homme de la finance reconverti en vigneron. Yves Lambert s'est installé à Saint-Just, son fils Arnaud s'occupe désormais des vignes cultivées en démarche proche de la biodynamie, après avoir travaillé chez un tonnelier de renom. Nous avons eu du mal à faire notre sélection parmi les échantillons proposés, car toute la gamme était irréprochable. Les blancs sont d'une finesse exquise, et constituent un hymne à la délicatesse. Les rouges sont... au même niveau. L'âge respectable des vignes y est pour beaucoup, le talent également. Une adresse sûre.

SAUMUR COULÉE DE SAINT-CYR 2007
Blanc | 2009 à 2015 | 15 € **17/20**
Tel qu'en 2006, il se produit dans ce climat l'une des plus belles cuvées de saumur blanc, avec un nez velouté et une matière délicate et absolument raffinée. Ce chenin, dont l'élevage sous bois est un modèle, montre une grande complexité avec de merveilleux arômes d'agrumes.

SAUMUR LES PERRIÈRES 2008
Blanc | 2009 à 2015 | 7,90 € **15/20**
Saumur intense dans ses arômes, net, vif, avec une fin de bouche très droite. Sans la race de la-coulée-de-saint-cyr, c'est un modèle de précision.

SAUMUR-CHAMPIGNY CLOS MOLETON 2007
Rouge | 2010 à 2015 | 20 € **16/20**
Cette cuvée, qui porte le nom de sa parcelle, également appelée coulée-de-saint-cyr lorsqu'elle est vinifiée en blanc, montre la plasticité du cabernet franc. Il fournit trop souvent des vins durs et poivronnés. Encore sous l'emprise du bois, ce 2007 devrait s'épanouir dans quelques mois. La note pourra alors être revue à la hausse.

SAUMUR-CHAMPIGNY TERRES ROUGES 2008
Rouge | 2009 à 2012 | 8 € **15,5/20**
2008 fournit ici un saumur-champigny plus profond que floral pour l'instant. Les tanins, comme toujours au domaine, sont absolument ronds, sans accroche ni dureté. C'est une bouteille de grand plaisir !

Rouge : 30 hectares ; cabernet franc 75%.
Blanc : 10 hectares ; chardonnay 10%,
chenin blanc 15%. **Production totale annuelle :**
140 000 bt. **Visite :** De 9 h à 12 h et de 14 h à 17 h 30.

DOMAINE DE LA SANSONNIÈRE

La Sansonnière
49380 Thouarcé
Tél. 02 41 54 08 08 - Fax. 02 41 54 08 08

La sensibilité du vigneron est souvent perceptible dans ses vins. C'est le cas ici où Mark Angeli, biodynamiste convaincu, parvient à faire exprimer à sa gamme un naturel sans égal dans la Loire. Il protège peu ses cuvées en soufre pour leur garder toute leur gourmandise, au risque de les voir parfois aller vers des arômes moins nobles. Nous aimerions un peu plus de protection autour de ces matières premières magnifiques mais parfois déviantes. Les tenants du bio rétorqueront que le naturel est à ce prix. Le sujet fait débat, et mérite à ce domaine de figurer largement parmi ces colonnes. Il conviendra en tout cas de ne pas exposer les vins à des conditions climatiques trop chaudes pendant le transport et le stockage. L'harmonie ultime entre un vignoble et le biotope qui l'entoure ne saurait exister sans prendre en compte également l'humain. Mark Angeli a ainsi créé une poulinière en assistant de jeunes vignerons talentueux au démarrage de leur activité.

VIN DE TABLE LA LUNE 2007
Blanc | 2009 à 2010 | cav. env 18 € **15/20**
Peu protégé en soufre, ce vin montre un grand volume, plus en largeur qu'en longueur. Ce sera un blanc de gastronomie, un poisson de rivière serait parfait.

VIN DE TABLE LES VIEILLES VIGNES DES BLANDERIES 2007
Blanc | 2010 à 2013 | cav. env 34 € **14/20**
L'échantillon dégusté était en pleine prise de bois mais la matière de grande qualité devrait prendre le pas sur l'élevage.

VIN DE TABLE ROSÉ D'UN JOUR 2008 ☺
Rosé Doux | 2009 à 2010 | cav. env 15 € **14/20**
Non filtré, ce rosé sympathique, naturel et friand est récolté en légère surmaturité. À mi-chemin entre un jus de fruits et un vin, on en boira facilement mais il déroutera totalement ceux qui cherchent un rosé classique.

Rouge : 1,7 hectare ; cabernet sauvignon 100%.
Blanc : 3,3 hectares ; chenin 80%, grolleau gris 20%.
Production totale annuelle : 15 000 bt.
Visite : Samedi matin sur rendez-vous.

DOMAINE ANTOINE SANZAY

19, rue des Roches-Neuves
49400 Varrains
Tél. 02 41 52 90 08 - Fax. 02 41 50 27 39
antoine-sanzay@wanadoo.fr

Ce jeune viticulteur de Varrains ne manque pas de talent. Il produit un blanc sur la puissance mais avec beaucoup de fond. En rouge, le saumur-champigny montre de superbes notes d'une rare élégance. Plus intense et élevée sous bois, expression va plus loin dans la recherche du grand vin. Elle nécessite un peu de patience pour être consommée à son meilleur. Les deux cuvées sont issues du climat Les Poyeux, et expriment le potentiel de ce terroir hautement qualitatif.

SAUMUR LES SALLES MARTIN 2007
Blanc | 2009 à 2015 | NC **15/20**
Blanc puissant, aromatique, intensément fruité, pomme-coing. Ce sera un joli vin de gastronomie, tenu par une structure acide tendue qui soutient les arômes.

SAUMUR-CHAMPIGNY 2008 ☺
Rouge | 2009 à 2014 | 8,50 € **16/20**
Le croquant du fruit est gourmand, la matière est noble, marquée par de jolies fleurs bleues, les fruits rouges et les épices. L'intensité du terroir transparaît. Beaucoup de plaisir en perspective !

SAUMUR-CHAMPIGNY L'EXPRESSION 2007
Rouge | 2010 à 2015 | 13,50 € **16,5/20**
Expression provient de vieilles vignes de Chacé élevées sous bois. On peut préférer le croquant de la cuvée de saumur-champigny mais la matière de celle-ci semble plus aboutie. L'élevage demandera un peu de temps pour s'estomper mais apporte un complément de dimension au vin.

Rouge : 4 hectares ; cabernet franc 95%.
Blanc : 0.5 hectare ; 5%. Production totale annuelle : 19 000 bt. Visite : Sur rendez-vous.

CAVE DE SAUMUR

Route de Saumaussay
49260 Saint-Cyr-en-Bourg
Tél. 02 41 53 06 18 - Fax. 02 41 51 69 13
cellier@cavedesaumur.com
www.cavedesaur.com

Cette cave coopérative, la plus importante du Saumurois, produit près de la moitié du saumur-champigny. Elle vinifie à part les apports de quelques coopérateurs. L'ensemble qui nous a été présenté en dégustation montrait de jolies notes fleuries, avec la tendresse des saumur-champignys, sans fausse note ni dureté dans les finales.

SAUMUR 2008
Rouge | 2009 à 2011 | NC   **14,5/20**
Vin tendre mais très gourmand, floral, fruité. Les arômes du cabernet franc se lovent dans la fin de bouche. Voici un prototype du rouge de Loire, frais et gourmand.

SAUMUR LES POUCHES 2008
Blanc | 2009 à 2010 | 4,50 €   **13/20**
Vif, citron et tilleul au nez, agrumes en fin de bouche. Ce blanc à l'acidité assez marquée réveillera la chair onctueuse et ferme des crustacés.

SAUMUR TUTTI VINI 2008
Rouge | 2009 à 2010 | 4,50 €   **12,5/20**
Aucune autre prétention ici que d'être bu sur le fruité immédiat. Un vin de copains, de charcuteries, pour le plaisir du fruit.

SAUMUR-CHAMPIGNY CUVÉE SIGNÉE 2008
Blanc | 2009 à 2010 | 6,50 €   **13/20**
Plus construite que tutti-vini, avec un tanin présent mais rond, c'est une vision simple mais réussie du saumur-champigny. On la boira facilement.

Rouge : 1250 hectares Blanc : 550 hectares
Production totale annuelle : 10 000 000 bt.
Visite : De 9 h 30 à 12 h 30 et de 14 h à 18 h.

COULÉE DE SERRANT

Château de la Roche-aux-Moines
49170 Savennières
Tél. 02 41 72 22 32 - Fax. 02 41 72 28 68
coulee-de-serrant@wanadoo.fr
www.coulee-de-serrant.com

La Coulée de Serrant est un promontoire de schistes sur le versant nord de la Loire, à une dizaine de kilomètres d'Angers. Elle a été identifiée de longue date comme terroir d'exception. Curnonsky, le prince élu des gastronomes, la comptait parmi les cinq plus grands vins de France. Cultivée depuis 1980 en biodynamie, elle donne un vin parfois difficile à goûter jeune, et qui ne se comprend vraiment que sur la durée, quand le terroir affirme sa personnalité. Le domaine, mené par Nicolas Joly, vinifie également le savennières les-vieux-clos et le savennières roche-aux-moines le-clos-de-la-bergerie. Il produit également de grands vins construits dans la durée. Il conviendrait de les attendre. La régularité de la qualité des productions peut certes être améliorée, mais ne cachons pas notre plaisir devant des 2007 magnifiques, qui feront date.

SAVENNIÈRES - COULÉE DE SERRANT 2007
Blanc | 2009 à 2025 | 45 €   **18,5/20**
Nous sommes ravis de voir ce vin au niveau de son exceptionnel terroir. 2007 sera un grand millésime de la coulée-de-serrant. Moins explosif au nez que la-roche-aux-moines, il possède plus d'allonge, et le temps lui redonnera la prééminence.

SAVENNIÈRES - ROCHE AUX MOINES LE CLOS DE LA BERGERIE 2007
Blanc | 2009 à 2017 | 29 €   **18/20**
Robe or, le vin est racé. Il n'est pas encore expressif au nez mais la bouche explose, florale, genêts, tilleul, fruits jaunes, mirabelle. Elle laisse parler le terroir. Bravo !

SAVENNIÈRES LES VIEUX CLOS 2007
Blanc | 2009 à 2015 | 20 €   **15/20**
Ce vin est original, avec un nez de compote de pomme, de coing, avec les prémices aromatiques d'un liquoreux. Il montre qu'une partie des raisins a été ramassée en juste limite de la surmaturité. L'ensemble est très agréable. Une belle bouteille.

Blanc : 15,86 hectares ; chenin 100%.
Production totale annuelle : 32 000 bt.
Visite : Du lundi au samedi, de 9 h à 12 h et de 14 h à 17 h 30. fermé jours fériés et dimanche

DOMAINE DES TROTTIÈRES

Lieu-dit les Trottières
49380 Thouarcé
Tél. 02 41 54 14 10 - Fax. 02 41 54 09 00
lestrottieres@wanadoo.fr

Ne cherchez pas ici de cuvées surconcentrées, surextraites ou surboisées. Vous ne trouverez aucune bête à concours. Au Domaine des Trottières, on joue la partition dans le tempo, sans rien surjouer : l'anjou blanc est gourmand sans agressivité, le cabernet d'anjou est beau dans sa robe orange qui tuile légèrement, son velouté en bouche sait se montrer savoureux, l'anjou-villages rouge correspond à ce qu'on a envie de boire lorsqu'on veut se faire plaisir. Un sens réussi de l'équilibre pourrait être le résumé des qualités du domaine.

ANJOU 2007
Rouge | 2009 à 2010 | 4,95 €   **14/20**
Rouge de charme, très rond dans ses arômes, réglissé, à boire vite.

ANJOU-VILLAGES 2007
Rouge | 2009 à 2011 | 6,40 €   **15,5/20**
Millésime après millésime, il a tout ce que l'on attend d'un bon anjou-villages : la densité, la profondeur, le fruit et des tanins harmonieux, très fins.

CABERNET D'ANJOU 9 1/2 2008
Rosé Demi-sec | 2009 à 2010 | 4,95 €   **15/20**
La robe est séduisante, avec ses nuances d'orange et de brique. Le vin velouté et souple, très framboise, groseille, a une finale avec une sucrosité harmonieuse et bien intégrée, tenue par une acidité bienvenue.

ROSÉ D'ANJOU 8 1/2 2007
Rosé Demi-sec | 2009 à 2010 | épuisé **14,5/20**
La cuvée 8 1/2 porte en nom de cuvée le degré alcoolique du vin. Le fruit est magnifique, paniers de fruits rouges avec les framboises en point d'orgue. La sucrosité est parfaitement intégrée. Il sera le lancement de la fête.

ROSÉ DE LOIRE 2008
Rosé | 2009 à 2010 | 4,15 €   **14/20**
Un rosé agréable, rond, délicatement aromatique, pétale de rose, frais et fruité.

Rouge : 87 hectares. Blanc : 12 hectares.
Production totale annuelle : 200 000 bt.
Visite : Du lundi au vendredi de 9 h à 12 h
et de 14 h à 18 h, le samedi sur rendez-vous.

CHÂTEAU LA VARIÈRE

49320 Brissac
Tél. 02 41 91 22 64 - Fax. 02 41 91 23 44
beaujeau@wanadoo.fr
www.chateaulavariere.com

Le Château La Varière est un grand domaine de Brissac. Il produit des vins secs, blancs et rouges, où la cuvée la-chevalerie se remarque par son encépagement de pur cabernet-sauvignon, élevé en barriques. Le domaine brille par sa production de liquoreux, avec un coteaux-de-l'aubance, un quarts-de-chaume et un coteaux-du-layon qui laissent clairement transparaître leur terroir. L'amateur pourra utilement les comparer ici pour comprendre la subtilité de chacun. Le bonnezeaux peut devenir d'anthologie, comme en 2003. Tous sont très bien vinifiés et constituent de grands liquoreux, purs et aboutis dans leurs expressions du fruit.

ANJOU-VILLAGES BRISSAC 2007
Rouge | 2009 à 2013 | NC   **14,5/20**
2007 a bénéficié de soins particuliers pour aboutir à ces tanins très ronds, charmeurs. Le style est généreux, avec une finale classique de cabernet franc.

BONNEZEAUX MELLERESSES 2007
Blanc Liquoreux | 2009 à 2026 | env 29 €**17/20**
La liqueur est très présente sans être ostentatoire. C'est un bonnezeaux accessible, équilibré, facile à boire sur ses arômes de jolis fruits confits.

COTEAUX DE L'AUBANCE CLOS DE LA DIVISION 2007
Blanc Liquoreux | 2009 à 2017 | env 9 € **16/20**
Sur de jolis fruits confits un peu compotés, la poire, le coing, cette cuvée trouve son équilibre entre puissance en liqueur et fraîcheur.

QUARTS DE CHAUME LES GUERCHES 2007
Blanc Liquoreux | 2009 à 2026 | env 32 €**17/20**
Excellent quarts-de-chaume, au fruité remarquable, avec une texture veloutée en bouche. Les abricots frais et confits ainsi que les agrumes portent le vin.

Rouge : 68 hectares ; cabernet franc 70%, cabernet sauvignon 30%. Blanc : 22 hectares ; chenin 100%. Production totale annuelle : 500 000 bt.
Visite : Du lundi au vendredi, de 10 h à 12 h et de 14 h à 17 h, le week-end sur rendez-vous.

CHÂTEAU DE VILLENEUVE

Château de Villeneuve
3, rue Jean-Brevet
49400 Souzay-Champigny
Tél. 02 41 51 14 04 - Fax. 02 41 50 58 24
jpchevallier@chateau-de-villeneuve.com
www.chateau-de-villeneuve.com

Le Château de Villeneuve est installé sur la côte calcaire de Souzay, à proximité de la Loire. L'œnologue Jean-Pierre Chevallier recherche la justesse des arômes, et les vins de base sont toujours friands et accessibles. Les-cormiers, en blanc, sont un modèle de saumur. La cuvée vieilles-vignes montre une densité supérieure à la cuvée de saumur-champigny, sans que les tanins perdent en suavité et en velouté. La qualité est ici très régulière. Le-grand-clos, issu d'une parcelle de 5 hectares devant le château, est la clé de voûte des rouges mais nécessite du temps en cave pour se dévoiler.

SAUMUR 2008
Blanc | 2009 à 2010 | 7 € **15/20**
Chenin épicé, assez gras, tout en étant tenu par une colonne acide. La finale fruits, fleurs, toujours intense, est gourmande.

SAUMUR-CHAMPIGNY 2007
Rouge | 2009 à 2012 | 8 € **15/20**
Toujours dans le style élégant et raffiné des beaux saumurs-champigny, ce 2007 se présente en gourmandise fruitée et fleurie, violette, lys. La texture est veloutée, charmeuse.

SAUMUR-CHAMPIGNY GRAND CLOS 2006
Rouge | 2011 à 2017 | 17 € **16,5/20**
Le grand-clos est un saumur-champigny dense et profond, qui nécessite plusieurs années pour s'épanouir. 2006 ne dérogera pas à cette règle mais les patients seront récompensés.

SAUMUR-CHAMPIGNY VIEILLES VIGNES 2006
Rouge | 2010 à 2016 | 13 € **16/20**
La cuvée vieilles-vignes est plus dense que la cuvée-du-domaine mais sans extraction inadaptée. Elle révèle en 2006 une attaque veloutée et un fruité minéral et raffiné.

Rouge : 23 hectares ; cabernet franc 100%.
Blanc : 5 hectares ; chenin blanc 100%.
Production totale annuelle : 150 000 bt.
Visite : De 9h à 12h et de 14h à 18h.

CHÂTEAU YVONNE

12, rue Antoine Cristal
49730 Parnay
Tél. 02 41 67 41 29 - Fax. 02 41 67 41 29
chateau.yvonne@wanadoo.fr

Château Yvonne est un petit domaine qui cultive blancs et rouges, respectivement en Saumur et Saumur-Champigny. Les vignes sont conduites en bio et font l'objet de soins attentifs. Le blanc et le rouge sont des vins modernes, vinifiés et élevés en barriques neuves et d'un vin. Ils passent ensuite en cuve pour mise en bouteille sans filtration. Le blanc est très gras, parfois luxueusement élevé. Le rouge ne surjoue pas les millésimes, et s'adapte à ce que Dame Nature fournit, sans recherche de concentration excessive. Leur point commun est la fraîcheur revigorante de leurs finales. Mathieu, le frère de Gérald Vallée, à Bourgueil, a été aidé dans cette entreprise par Madame Foucault, du Clos Rougeard.

SAUMUR 2007
Blanc | 2009 à 2016 | 18,00 € **17/20**
C'est un grand saumur avec une puissance en bouche spécifique, la pointe d'amertume du chenin en finale, et tout au long de la dégustation, la race sous-jacente du terroir.

SAUMUR-CHAMPIGNY CHÂTEAU YVONNE 2006
Rouge | 2009 à 2016 | 15 € **17/20**
2006 donne un vin structuré, profond, encore austère mais avec un potentiel de garde certain. L'élevage devra se fondre pour dégager la finesse du vin. Si le fruité est ligérien, la trame tannique n'est pas sans parenté avec quelques grands de la Gironde. Avec quelques gouttes de vin en bouche, il suffit de fermer les yeux pour voyager...

SAUMUR-CHAMPIGNY LA FOLIE 2007
Rouge | 2009 à 2012 | 10,00 € **15,5/20**
Une petite réduction au nez incitera à un carafage avant le service. Quel fruit dans cette entrée de gamme, qui surpasse l'essentiel de la production de l'appellation en soyeux, générosité et raffinement de tanins !

Rouge : 7 hectares ; cabernet franc 70%.
Blanc : 3 hectares ; chenin blanc 30%.
Production totale annuelle : 30 000 bt.
Visite : Du lundi au samedi sur rendez-vous de 9 h à 19 h.

La Touraine

*Ces vins incarnent le classicisme ligérien, fait de grâce et
de légèreté dans la puissance, d'harmonie dans
l'équilibre entre l'alcool, l'acidité et le tannin. Le revers de
la médaille est la soumission aux aléas des millésimes,
et de l'inégalité du savoir-faire des producteurs.*

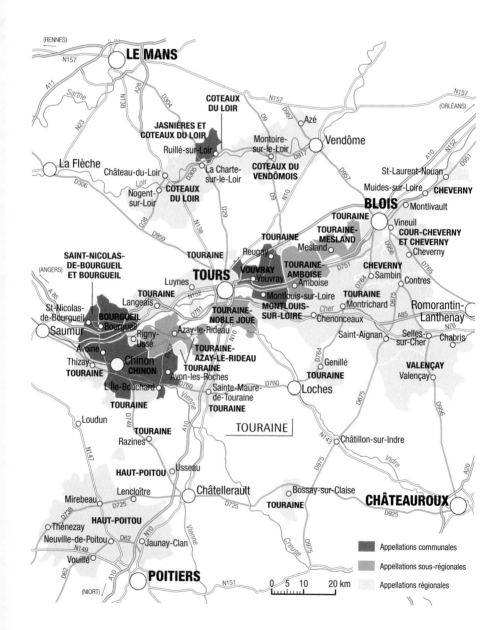

DOMAINE PHILIPPE ALLIET

Briançon, Départementale 8
37500 Cravant-les-Coteaux
Tél. 02 47 93 17 62 - Fax. 02 47 93 17 62
philippe.alliet@wanadoo.fr

Claude et Philippe Alliet sont unis sous le régime de la communauté du cabernet franc. Leur dernier enfant, l'huisserie, est une parcelle de très jeunes vignes plantées en coteau, sur un terroir argilo-siliceux qui commence à prendre son régime de croisière, et un stade qualitatif franchi à partir de 2007. La cuvée vieilles-vignes, sur sables graveleux, gagne chaque année en distinction, et le coteau-de-noiré est devenu l'une des références de l'appellation pour les terroirs argilo-calcaires. Malgré un millésime difficile ici, 2007 se montre très réussi, frais, très ligérien dans l'esprit, la mise en bouteilles confirme cette excellente impression ressentie dans nos dégustations.

CHINON COTEAU DE NOIRÉ 2007
Rouge | 2009 à 2030 | NC   **18/20**
Ce vin de grand volume a également de la finesse et une intensité de fruits noirs, et ces notes de violette au charme fou.

CHINON L'HUISSERIE 2007
Rouge | 2009 à 2015 | NC   **16/20**
Au fil des millésimes, ce vin gagne en raffinement, moins massif que par le passé, il a gagné en subtilité de texture et d'arômes, et l'on apprécie ses accents de fraise écrasée et de pivoine, avec une bouche onctueuse et ferme, et une finale sur l'eucalyptus.

CHINON VIEILLES VIGNES 2007
Rouge | 2009 à 2015 | NC   **17/20**
Des vieilles vignes qui affichent une éclatante jeunesse, dans un style fruits noirs, épices, et une tension en milieu de bouche qui se prolonge de la plus belle des façons, avec une fin eucalyptus.

Rouge : 15,50 hectares.
Production totale annuelle : 90 000 bt.
Visite : Sur rendez-vous.

DOMAINE YANNICK AMIRAULT

5, pavillon du Grand-Clos
37140 Bourgueil
Tél. 02 47 97 78 07 - Fax. 02 47 97 94 78
info@yannickamirault.fr
www.yannickamirault.fr

Éternel anxieux, Yannick Amirault est un perfectionniste qui donne le bon tempo sur Bourgueil et Saint-Nicolas, ayant la chance de posséder un bon patrimoine de vieilles vignes. La-coudraye est l'un des meilleurs rapports qualité-prix du Val de Loire. Les-quartiers reflètent l'élégance des terroirs calcaires de Bourgueil. Le rosé-d'équinoxe est l'un des plus harmonieux de la Loire.

BOURGUEIL LA COUDRAYE 2008
Rouge | 2009 à 2012 | 7,50 €   **15/20**
Vin gourmand, fin et tendu sur un registre de fruits rouges frais, se boit à la régalade.

BOURGUEIL LA PETITE CAVE 2007
Rouge | 2009 à 2018 | NC   **17,5/20**
Cette texture soyeuse qui sous-tend un fruité frais, avec juste ce qu'il faut de tension, est une pure gourmandise.

BOURGUEIL LA PETITE CAVE 2006
Rouge | 2009 à 2019 | 18 €   **17,5/20**
Très myrtille, la bouche suave et intense possède une belle amplitude et un sacré potentiel qui commence à apparaître, les tanins sont longs, profonds et frais, superbe réussite !

BOURGUEIL ROSÉ D'EQUINOXE 2007
Rosé | 2009 à 2011 | 9 €   **15/20**
Tendu, frais et vineux, ce rosé aux accents de fruits rouges s'imagine sur une grillade.

SAINT-NICOLAS-DE-BOURGUEIL LA MINE 2006
Rouge | 2009 à 2020 | 8 €   **17/20**
De l'élégance dans ce vin aux tanins bien dessinés, on peut le consommer dès maintenant sur son dynamisme.

SAINT-NICOLAS-DE-BOURGUEIL LA SOURCE 2007
Rouge | 2009 à 2013 | 7 €   **15/20**
Nez de fruits rouges mûrs, la bouche est franche, gourmande et fraîche avec une bonne intensité tannique, bel équilibre.

SAINT-NICOLAS-DE-BOURGUEIL LES MALGAGNES 2006
Rouge | 2009 à 2019 | NC   **16/20**
Belle ampleur tannique, le fruit est net et précis, et la structure offre un réel potentiel pour le millésime.

Rouge : 19 hectares ; cabernet franc 100%.
Production totale annuelle : 90 000 bt.
Visite : De 8 h à 12 h et de 14 h à 18 h,
sur rendez-vous au 02 47 97 78 07

DOMAINE DES AUBUISIÈRES

Vallée-de-Nouy
37210 Vouvray
Tél. 02 47 52 67 82 - Fax. 02 47 52 67 81
info@vouvrayfouquet.com
www.vouvrayfouquet.com

Le Domaine Bernard Fouquet était, à la fin des années 1980, l'un des trois meilleurs de Vouvray, et ceux qui ont encavé à l'époque peuvent encore profiter de ces grands chenins. La dégustation des derniers millésimes nous a fait plaisir, car on retrouve le domaine à son meilleur niveau, sur des millésimes comme 2007 ou 2008, qui n'avaient rien d'évident au départ. Ces 25 hectares plantés en chenin, sur les terroirs argilo-calcaires comme le Marigny ou le Plan de Jean, ou la cuvée silex, issue de terroirs argilo-siliceux, nous ont pleinement convaincus par leur définition, et l'expression précise de leur minéralité.

Vouvray Le Plan de Jean Première Trie 2008
Blanc Liquoreux | 2009 à 2019 | 9 €   **15,5/20**
Nez d'agrumes avec une pointe minérale, la bouche est tranchante avec une belle fin abricotée.

Vouvray Marigny 2007
Blanc | 2009 à 2019 | 11 €   **15,5/20**
Nez d'agrumes avec une touche minérale, la bouche confirme avec un tranchant de bon aloi.

Vouvray Marigny 2003
Blanc liquoreux | 2009 à 2017 | 32 €   **16/20**
Nez miellé avec une touche acidulée, la bouche allie onctuosité et tension, avec une fraîcheur digne d'éloges pour le millésime. Grande réussite.

Vouvray Silex 2008
Blanc | 2009 à 2019 | 7 €   **16/20**
Cette cuvée silex porte bien son nom, elle se révèle tendue et équilibrée avec une belle déclinaison de notes fumées, il convient de la carafer deux heures à l'avance.

Blanc : 24 hectares. **Visite :** Sur rendez-vous.

DOMAINE BERNARD BAUDRY

9, coteau de Sonnay
Cravant-les-Coteaux
37500 Chinon
Tél. 02 47 93 15 79 - Fax. 02 47 98 44 44
bernard-baudry@chinon.com
www.chinon.com/vignoble/
bernardbaudry

Bernard Baudry travaille avec son fils Mathieu. Ils ont bâti leur réputation sur les cabernets de garde, séveux et tanniques. Ici, les cuvées prennent le nom des terroirs qui les portent. Les-granges assemblent les raisins de sols de graviers et d'argiles, cela permet de produire un vin souple et frais, que l'on boit dans les trois ans. Les-grézeaux, sur argilo-siliceux, disposent d'une belle finesse et d'une structure permettant au vin de bien traverser le temps (les 1989 sont encore en pleine forme). Plus profonde, la-croix-boissée, sur argilo-calcaire, se révèle plus dense. Francs de pieds, les ceps du Clos Guillot produisent un vin charnu, suave et plein. Les parcelles de chenin sont au diapason. Les 2007 sont particulièrement réussis dans la précision du dessin des tanins.

Chinon 2007
Rouge | 2009 à 2013 | 8,50 €   **15/20**
Tanins souples et longs avec du fruit derrière, à boire sur un navarin d'agneau.

Chinon La Croix Boissée 2007
Rouge | 2009 à 2020 | env 15,50 €   **16,5/20**
On aime la dynamique crayeuse et la fraîcheur des tanin, à la fois puissants et élégants.

Chinon Le Clos Guillot 2007
Rouge | 2009 à 2020 | 12,50 €   **17/20**
Nez alliant les fruits noirs et des nuances fumées, belle mâche, avec une trame tendue et un beau retour de violette.

Chinon Les Grézeaux 2007
Rouge | 2009 à 2012 | 10,80 €   **15,5/20**
Nez de mûre et d'épices, attaque large et tanins enrobés juste ce qu'il faut, de la dynamique en fin de bouche.

Rouge : 28 hectares ; cabernet franc 100%.
Blanc : 2 hectares **Production totale annuelle :** 130 000 bt. **Visite :** Sur rendez-vous.
Fermé les dimanches et samedis après-midi.

DOMAINES BAUDRY-DUTOUR

La Morandière
37220 Panzoult
Tél. 02 47 58 53 01 - Fax. 02 47 58 64 06
info@baudry-dutour.fr

Il convient de parler au pluriel, lorsque l'on aborde cette propriété, avec en premier lieu Christophe Baudry, issu d'une vieille famille viticole de Cravant, et Jean-Martin Dutour, ingénieur agronome et œnologue. Leur association permet aujourd'hui de coiffer plusieurs domaines qui appartiennent à l'histoire du Chinonnais : le Domaine de la Perrière, dont le 1964 reste légendaire, le Domaine du Roncée, sur Panzoult, le Château de Saint-Louand, et récemment, le Château de la Grille. Après des premiers millésimes d'extraction généreuse, on revient à des vins plus frais dans un style fruité, floral avec ce qu'il faut de concentration. Cela se révèle plus proche des expressions souhaitées sur de tels terroirs.

CHINON CHÂTEAU DE LA GRILLE 2005
Rouge | 2009 à 2018 | 17 €   **15/20**
Bien dans le style du 2005, avec des tanins longs et suaves et un élevage bien maîtrisé, incontestablement le meilleur vin produit sur la propriété.

CHINON CHÂTEAU DE SAINT-LOUAND 2008
Rouge | 2009 à 2012 | 30 €   **13,5/20**
Nez floral, avec derrière une dominante de cerise de Montmorency, un fruité frais dans une bouche plus large que longue.

CHINON DOMAINE DE LA PERRIÈRE 2008
Rouge | 2009 à 2012 | 6,50 €   **13/20**
Nez moins noble que sur le-roncée, il y a une trame en bouche plus rustique, les tanins terminent un peu secs.

CHINON DOMAINE DE LA PERRIÈRE, VIEILLES VIGNES 2008
Rouge | 2011 à 2019 | 9 €   **14/20**
Il y a du potentiel et de la matière, à revoir dans quelques mois.

CHINON DOMAINE DU RONCÉE 2008
Rouge | 2009 à 2012 | 7 €   **14/20**
Tout en finesse et en fruits, ce vin regorge de pivoine et de fruits rouges, belle fraîcheur.

CHINON DOMAINE DU RONCÉE, LES MARRONNIERS 2008
Rouge | 2010 à 2015 | 11 €   **15/20**
Cassis et myrtille se mêlent dans un nez qui possède également quelques accents floraux, belle intensité de fruits en bouche, les tanins sont longs et élégants.

Production totale annuelle : 450 000 bt.
Visite : De 10 h à 12 h et de 14 h à 18 h.

DOMAINE DU BEL-AIR

7, La Motte
37140 Benais
Tél. 02 47 97 41 06 - Fax. 02 47 97 47 07
gaecgauthier@wanadoo.fr

À la vigne, Pierre Gauthier joue une partition culturale majeure, en coulisses, Denis Duveau contrôle les bonnes maturités et oriente certaines décisions, mais il s'implique moins dans les vinifications. La cuvée jour-de-soif est souple, on la boit à l'heure du casse-croûte. Les-vingt-lieux-dits constituent un assemblage d'une vingtaine de parcelles sur sols d'alluvions, où l'on privilégie également le fruité du vin. Plus complexes, les-marsaules sont élevées en fûts, il convient de les attendre au moins cinq ans, avant que cette cuvée donne toute sa mesure. Grand terroir de Bourgueil, les-grands-monts sont taillés pour la grande garde.

BOURGUEIL JOUR DE SOIF 2008
Rouge | 2009 à 2010 | 6,60 €   **13/20**
C'est coulant, dans un registre fruits rouges écrasés.

BOURGUEIL LES GRANDS MONTS 2005
Rouge | 2014 à 2022 | 23 €   **15/20**
La structure du millésime est là, il faut se montrer patient.

BOURGUEIL LES MARSAULES 2005
Rouge | 2013 à 2023 | 14,50 €   **14,5/20**
Ce vin replié sur lui-même est peu bavard, même après vingt-quatre heures d'ouverture. On sent toutefois la matière, à revoir dans un an.

BOURGUEIL VINGT-LIEUX-DITS 2007
Rouge | 2010 à 2013 | 7,60 €   **13/20**
Vin oscillant entre les fruits rouges et les épices, structure coulante.

Rouge : 18 hectares. Visite : De 8 h à 12 h et de 14 h à 18 h et le week-end de 8 h à 11 h 30 sur rendez-vous.

DOMAINE DE BELLIVIÈRE

Bellivière
72340 Lhomme
Tél. 02 43 44 59 97 - Fax. 02 43 79 18 33
info@belliviere.com
www.belliviere.com

Éric Nicolas réécrit avec beaucoup de style l'histoire des vins de la Sarthe. Cet as du chenin est revenu à la sélection massale, et sa conduite du vignoble se révèle irréprochable de millésime en millésime. Les 2006 nous ont pleinement convaincus quant à la progression qualitative de ce domaine. Les vinifications sont exemplaires, et les cuvées traduisent au plus juste la marque de leur terroir : les coteaux-du-loir ont une belle assise, et les jasnières une profondeur et un raffinement uniques pour le secteur. Il convient de carafer ces vins deux heures avant le service. En rouge, le pineau d'Aunis, fruité et épicé, constitue la cuvée rouge-gorge, très coulante.

COTEAUX DU LOIR L'EFFRAIE 2007
Blanc | 2009 à 2019 | 15 €   **16/20**
Très beau nez d'abricot frais et de poivre, on retrouve ces flaveurs en bouche avec une petite touche de miel et une finale fraîche et tendue.

COTEAUX DU LOIR ROUGE-GORGE 2007
Rouge | 2009 à 2011 | 14 €   **14,5/20**
On aime ce coulant et ce fruité rouge rafraîchissant.

COTEAUX DU LOIR VIEILLES VIGNES 2006
Blanc | 2009 à 2015 | 20 €   **16,5/20**
Quel bonheur de retrouver ce vin aux nuances de pêche et de réglisse. Avec sa bouche magnifiquement tendue, il accompagne parfaitement un poulet rôti, un plaisir simple et superbement savoureux.

COTEAUX DU LOIR VIEILLES VIGNES 2005
Blanc | 2009 à 2015 | 20 €   **16/20**
La pêche blanche et le poivre gris caractérisent cette cuvée à la matière délicate et raffinée, dans un registre tendu et un peu perlant en fin. Au fil des ans, ce vin prend des notes miellées.

JASNIÈRES CALLIGRAMME 2006
Blanc | 2010 à 2017 | 28 €   **16/20**
Le vin s'est refermé, il reste une structure harmonieuse entre la richesse de constitution et la fraîcheur. Future grande bouteille.

JASNIÈRES LES ROSIERS 2006
Blanc | 2009 à 2010 | 18,40 €   **16/20**
La minéralité, soutenue par sept grammes par litre de sucre résiduel, est la caractéristique de ce vin délicat, et il se goûte de mieux en mieux.

Rouge : 4 hectares. Blanc : 9 hectares. Production totale annuelle : 43 000 bt. Visite : Sur rendez-vous, samedi de préférence.

CHÂTEAU DE LA BONNELIÈRE

Route Marcay, rue des Basses Vignes
Lieu-dit Launay, B.P. 60232
37500 La-Roche-Clermault
Tél. 02 47 93 16 34 - Fax. 02 47 98 48 23
info@plouzeau.com
www.plouzeau.com

Depuis 1999, Marc Plouzeau a entamé une conversion en direction de l'agriculture biologique, qui se traduit à partir de 2003 par un changement radical dans la qualité des vins : plus précis dans le dessin des tanins, les crus ont gagné en texture et en profondeur. Rive-gauche, issue des sables et graviers, présente une bouche souple et coulante. La cuvée-du-château est produite sur des sols argilo-calcaires à partir de coteaux sur La Roche-Clermaut, qui donnent des vins généreux. Plus concentrée, la-chapelle provient de 2 hectares d'argiles à silex. Le Clos de Maulevrier est une petite merveille, c'est une vigne qui existait avant le phylloxéra et qui donne un vin suave d'un charme fou. Les 2007 sont bien réussis.

CHINON 2007
Rouge | 2009 à 2012 | 7,40 €   **15/20**
Pulpeux et fruité, le grain de tanin se montre aimable. Il est à boire sur son fruit immédiat, ou à garder un peu.

CHINON 2005
Rouge | 2009 à 2017 | épuisé   **15,5/20**
Nez profond de mûre avec des notes menthées, que l'on retrouve dans une bouche aux tanins pulpeux. Ce vin évolue magnifiquement.

CHINON LA CHAPELLE 2007
Rouge | 2012 à 2019 | 10,90 €   **15/20**
Marquée encore par son élevage, cette cuvée a du potentiel et une belle matière.

TOURAINE CLOS DE MAULEVRIER 2005   ⓘ
Rouge | 2009 à 2010 | épuisé   **17/20**
Dans un petit clos, à Lerné, se trouve une vigne qui existait avant le phylloxera, et qui donne un vin suave aux accents de fruits noirs d'un charme fou. C'est à coup sûr l'une des cuvées du millésime, écrivions-nous l'an passé : aujourd'hui, ce vin a gagné en complexité avec des touches de violette irrésistibles.

TOURAINE CLOS DE MAULEVRIER 2004
Rouge | 2009 à 2014 | épuisé   **15/20**
Ce clos, épargné par le phylloxéra, possède des vignes franches de pied, la structure épouse l'architecture du millésime, c'est carré et suave en même temps, avec des tanins frais.

Visite : Du mardi au samedi de 11 h à 13 h et de 15 h à 19 h d'avril à fin septembre tous les samedi hors saison les consulter.

DOMAINE PIERRE BRETON

8, rue du Peu-Muleau
37140 Restigné
Tél. 02 47 97 30 41 - Fax. 02 47 97 46 49
domainebreton@yahoo.fr
www.domainebreton.net

Catherine et Pierre Breton constituent des références dans le monde du bio ligérien, car on a la fraîcheur de fruit, la digestibilité et un naturel de constitution sans les déviances des bio oxydatifs. La cuvée nuit-d'ivresse est l'une des plus gourmandes de la Loire, elle pousse à la gaudriole. Toujours dense et séveux, le clos-sénéchal a juste ce qu'il faut de densité. Les-perrières, comme les-galichets, ont du style. Les 2006 se goûtent mieux que l'an passé, et les 2007 sont en forme.

BOURGUEIL LE CLOS SÉNÉCHAL 2007
Rouge | 2009 à 2015 | 12 €   **15,5/20**
On apprécie la densité mesurée et fraîche du clos, qui reste l'une de nos cuvées préférées.

BOURGUEIL NUIT D'IVRESSE 2007
Rouge | 2009 à 2010 | 12 €   **15/20**
Ce vin très rabelaisien ne s'imagine qu'en magnum, avec ses notes de framboise et de myrtille, et ses tanins frais et gourmands. Un soir de Paulée, voilà un vin qui remet le facteur sur le vélo.

BOURGUEIL PERRIÈRES 2006
Rouge | 2009 à 2013 | 16 €   **15,5/20**
Ce vin a de belles flaveurs de fruits rouges frais et une belle maturité pour le millésime, les tanins sont croquants et longs avec une belle définition.

Rouge : 11 hectares. Visite : Sur rendez-vous.

DOMAINE DE LA BUTTE

37140 Bourgueil
Tél. 02 47 97 81 30 - Fax. 02 47 97 99 45
labutte@jackyblot.fr
www.jackyblot.fr

À l'origine de la résurrection de l'Aoc Montlouis, Jacky Blot perfectionne depuis 2002 ses cabernets francs sur Bourgueil. Le millésime 2007, ramassé très tard à l'issue d'une lente maturation, montre une nouvelle progression. Recherchant la sensualité, ce néo-bourgueillois sélectionne ses parcelles sur le modèle bourguignon, avec un pied-de-la-butte gourmand, un haut plus complexe et un mi-pente sensuel et structuré. Perrières plaira à ceux qui sont persuadés qu'il n'existe pas de grand vin sans élevage sous bois. 2006 et 2007 leur donnent incontestablement des arguments.

BOURGUEIL LE HAUT DE LA BUTTE 2007
Rouge | 2009 à 2015 | 10 €   **15/20**
Plus de complexité que dans le-pied-de-la-butte, ce vin possède des tanins enrobés et épicés.

BOURGUEIL LE PIED DE LA BUTTE 2007
Rouge | 2009 à 2012 | épuisé   **14,5/20**
Fruité immédiat au nez, vin franc et agréable.

BOURGUEIL MI-PENTE 2007
Rouge | 2009 à 2015 | 16 €   **15,5/20**
Ce vin commence à affirmer son fruit qui est de bonne maturité, les tanins sont longs et bien enrobés.

BOURGUEIL PERRIÈRES 2007
Rouge | 2009 à 2010 | épuisé   **16,5/20**
La puissance est là, avec des tanins caressants et enrobés.

Rouge : 15 hectares.
Production totale annuelle : 30 000 bt.
Visite : Sur rendez-vous.

DOMAINE VINCENT CARÊME

1, rue du Haut-Clos
37210 Vernou-sur-Brenne
Tél. 02 47 52 71 28 - Fax. 02 47 52 01 36
vin@vincentcareme.fr

Ayant des parents qui possédaient quelques arpents de vigne sur Vouvray, Vincent Carême est revenu au pays, après des études viticoles et des vinifications en Afrique du Sud, en Muscadet et en Anjou. Depuis 1999, il a su imposer son style de vins raffinés, digestes, et sa progression qualitative est manifeste au fil des millésimes. Ses deux principaux terroirs se situent sur des sols d'argile à silex pour le Peu-Morier, et sur une dominante de calcaire pour les Aubuis, où les vignes se développent à fleur de coteau. Nous aimons les demi-secs produits par cette propriété, qui essaie de remettre ce type de vin en avant. Les bulles ont gagné en précision.

VOUVRAY 2007

Blanc I 2009 à 2014 I NC   **14/20**
Nez en retrait, la bouche est plus agréable, on est à la limite du sec tendre, avec des accents de poire sur une assise crayeuse.

VOUVRAY BRUT

Blanc Brut eff. I 2009 à 2010 I 8,80 €   **15/20**
Cet effervescent est agréable en bouche, typé par son cépage, avec une bonne longueur. Aucun dosage n'a été ajouté, la finale est construite autour des sucres naturels du raisin non fermentés, ce vin évolue parfaitement et est un pur régal.

VOUVRAY LE CLOS 2006

Blanc Demi-sec I 2009 à 2016 I 19 €   **15/20**
Ce vouvray s'ouvre sur des senteurs minérales mêlées de fruits secs, tout en annonçant une bouche au moelleux à la fois souple et frais.

VOUVRAY LE PEU MORIER 2003

Blanc Demi-sec I 2009 à 2016 I NC   **16/20**
Nez de prune avec des accents miellés, la bouche est onctueuse avec une fin fraîche, belle réussite.

VOUVRAY TENDRE 2006

Blanc I 2009 à 2015 I 12 €   **14/20**
Ce vin plaît par son nez mêlant fruits secs et fleurs et par sa structure où vivacité et rondeur s'équilibrent parfaitement.

Rouge : 1 hectare ; gamay 5%, malbec 5%.
Blanc : 14 hectares. Production totale annuelle : 40 000 bt.

DOMAINE DE LA CHAPINIÈRE

4, chemin de la Chapinière
41110 Chateauvieux
Tél. 02 54 75 43 00 - Fax. 02 54 75 31 60
contact@lachapiniere.com
www.lachapiniere.com

Voix de Radio France à la ville, Baron de La Treille sur Châteauvieux, Éric Yung mène une double vie qui lui permet de pénétrer les arcanes bacchiques. Uni pour le meilleur et pour le vin à une œnologue, il forme avec Florence l'un des couples les plus tendances de la viticulture, toujours à l'aise dans les salons où l'on lampe. Lorsqu'il vous explique qu'il se considère plus en Berry qu'en Touraine, et qu'il justifie les quartiers de noblesse du côt garnon, on boit ses paroles. De sa voix douce, son épouse renchérit sur l'exigence de maturité de ce cépage. Harmonieux dans son profil tannique, gourmand et caressant en palais, il possède une fraîcheur de première saveur. Bon tout de suite, il semble taillé pour la garde, celle que l'on réserve pour les grandes occasions. En 2008, il y a deux élevages de côt différents, pour le plus grand bonheur de l'amateur. La cuvée voltaire 2007 confirme les promesses entrevues l'an passé.

TOURAINE 2008

Blanc I 2009 à 2011 I 4,95 €   **14/20**
Tendu, fleurs et agrumes définissent au mieux ce sauvignon que l'on boit large, sur les charcuteries et le fromage.

TOURAINE CÔT GARNON 2008

Rouge I 2009 à 2015 I env 6,40 €   **15/20**
Jamais la propriété n'avait produit un côt aussi gourmand, très fruits noirs avec une pointe de fumé et d'épices.

TOURAINE CUVÉE VOLTAIRE 2007

Rouge I 2009 à 2010 I 7,50 €   **15/20**
Les tanins se sont arrondis et le vin est devenu soyeux, frais et gourmand.

TOURAINE L'ÉTÉ SERA SHOW 2008

Rosé I 2009 à 2010 I 3,90 €   **13,5/20**
Ce rosé porte bien son nom, on le boit le col ouvert en chantant ses flaveurs de fruits rouges.

Rouge : 6 hectares. Blanc : 8 hectares. Production totale annuelle : 100 000 bt. Visite : De 10 h à 19 h du lundi au dimanche.

DOMAINE DE LA CHEVALERIE

7-14, rue du Peu-Muleau
37140 Restigné
Tél. 02 47 97 46 32 - Fax. 02 47 97 45 87
caslot@wanadoo.fr
www.domainedelachevalerie.fr

Ce domaine d'un seul tenant produit des cuvées précises, épousant pleinement leur terroir, dans un registre de tension et de fraîcheur. Lors de notre dégustation, nous avons été heureusement surpris par l'évolution des 1991 et 1994, qui ont encore un beau fruit. Les 2006 se sont affinés et les tanins s'arrondissent, les 2007 constituent également de belles références, et 2008 sonne juste.

BOURGUEIL BUSARDIÈRES 2008
Rouge | 2009 à 2030 | NC **17/20**
Ce vin, comme toutes les grandes cuvées du domaine, ira loin, grâce à sa structure déjà bien en place, et ses nuances aromatiques déclinant les fruits rouges et les fleurs légèrement poivrées. C'est un vin de cabernet franc raffiné.

BOURGUEIL BUSARDIÈRES 2007
Rouge | 2009 à 2030 | NC **17/20**
Le côté calcaire du terroir ressort particulièrement sur ce millésime, digne de toutes les préparations truffières. On peut l'envisager sur une côte de veau au diamant noir.

BOURGUEIL BUSARDIÈRES 2006
Rouge | 2009 à 2025 | NC **16,5/20**
Ce terroir calcaire donne toujours de l'élégance et une complexité unique sur le secteur, ce vin s'arrondit, ses tanins deviennent juteux, ce qui lui permet de répondre à une pomme de ris-de-veau aux truffes.

BOURGUEIL CHEVALERIE 2007
Rouge | 2011 à 2030 | NC **15,5/20**
On retrouve des parfums de pivoine sur fond de fruits rouges, la bouche est droite avec des tanins frais et élégants, ce vin fait déjà merveille sur une côte de veau.

BOURGUEIL GALICHETS 2008
Rouge | 2009 à 2030 | NC **16/20**
Voilà un vin qui possède une belle tenue dans le dessin de ses tanins, toujours très subtil et précis. Le fruité est pur avec ce qu'il faut de tension.

BOURGUEIL PEU MULEAU 2007
Rouge | 2009 à 2015 | NC **14,5/20**
Les tanins commencent à se fondre, et l'on a un savoureux glissant de fruits rouges.

Rouge : 33 hectares ; cabernet franc 100%.
Production totale annuelle : 90 000 bt.
Visite : De 9 h à 12 h et de 14 h à 18 h.

DOMAINE FRANÇOIS CHIDAINE

5, Grand Rue
37270 Montlouis-sur-Loire
Tél. 02 47 45 19 14 - Fax. 02 47 45 19 08
francois.chidaine@wanadoo.fr
www.cave-insolite-chidaine.com

François Chidaine a précédé de quelques années la jeune garde de Montlouis, qui rend si passionnante la progression de cette petite appellation. Il produit des vouvrays qui partagent le même brio que ses montlouis. L'intégralité de la gamme est d'un haut niveau qualitatif, et fait de cette adresse une valeur sûre pour amateurs exigeants. On se montrera patient avec les 2007, en retrait pour l'instant au niveau aromatique. Il faut absolument carafer les vins pour qu'ils s'expriment au mieux.

MONTLOUIS-SUR-LOIRE CLOS DU BREUIL 2007
Blanc | 2009 à 2015 | 12,40 € **15,5/20**
De la minéralité dès le premier coup de nez, celle-ci prend son assise dans une bouche pour l'instant sur la retenue.

MONTLOUIS-SUR-LOIRE CLOS HABERT 2007
Blanc Demi-sec | 2012 à 2023 | 14,40 € **16/20**
On sent le potentiel, car ce vin a de la structure. L'aromatique est pour l'instant sur la mangue, l'ananas, la texture s'arrondit en milieu, et derrière il y a cette pointe minérale qui permet d'équilibrer le tout.

MONTLOUIS-SUR-LOIRE LES BOURNAIS 2007
Blanc liquoreux | 2011 à 2017 | 18,50 € **14/20**
Vin très serré, fermé au nez comme en bouche, il faut lui laisser un peu de temps.

VOUVRAY CLOS BAUDOIN 2007
Blanc | 2013 à 2030 | 14,40 € **16/20**
Un grand sec qui s'affirmera avec le temps, on perçoit la belle structure minérale, progressivement l'aromatique se met en place, il faut absolument l'attendre.

VOUVRAY LES ARGILES 2007
Blanc | 2009 à 2019 | 12,40 € **16,5/20**
On a une structure ample et serrée, sur des notes de tilleul et de réglisse. Il faut carafer le vin trois heures avant de servir pour que sa texture à la fois ronde en attaque et ciselée sur le milieu de bouche épouse parfaitement un riz cantonais escorté de rouleaux de crevette, à ce moment on vibre réellement.

Blanc : 30 hectares ; chenin 98%, sauvignon 2%.
Production totale annuelle : 120 000 bt.
Visite : De 10 h à 12 h et de 14 h 30 à 19 h à la Cave Insolite, 30, quai Albert-Baillet, 37270 Montlouis-sur-Loire.

DOMAINE PATRICE COLIN

5, impasse de la Gaudetterie
41100 Thoré-la-Rochette
Tél. 02 54 72 80 73 - Fax. 02 54 72 75 54
colinpatrice41@orange.fr

Figure de proue des Coteaux du Vendô-
mois, Patrice Colin pratique la lutte intégrée et raisonnée, de la plantation à la
récolte. Il bénéficie de très vieilles vignes :
le pineau d'aunis est centenaire, il constitue l'orgueil de cette propriété, donnant
des vins frais et épicés. Le chenin va sur
ses quatre-vingts millésimes, permettant
d'obtenir des crus allant du sec au moelleux, en passant par le sec tendre. Ces
vins évoluent parfaitement avec le temps.
Les autres cuvées sont délicieusement
lampantes.

COTEAUX DU VENDÔMOIS
CUVÉE PIERRE À FEU 2007
Blanc | 2009 à 2011   **14/20**
Bon vin de casse-croûte, on le boit large sur
son fruit et sa pointe saline avec des fromages de chèvre.

COTEAUX DU VENDÔMOIS
PENTE DES COUTIS 2007
Blanc Demi-sec | 2009 à 2013   **14,5/20**
Frais, avec une trame tendue, ce vin ne
manque pas de charme sur les rillettes.

COTEAUX DU VENDÔMOIS
VIEILLES VIGNES 2007   ☺
Rouge | 2009 à 2012   **15/20**
Fruité rouge généreux, avec des tanins gourmands et épicés, ce vin convient parfaitement à des cuisses de poulet rôties.

COTEAUX DU VENDÔMOIS
VIGNES CENTENAIRES 2006
Rouge | 2009 à 2014   **15,5/20**
Fleurs épicées, fruits rouges et poivre gris
se mêlent dans une bouche fraîche bien
équilibrée. Ce vin a du style et convient parfaitement à un blanc de volaille au piment
doux.

Rouge : 16 hectares ; cabernet , gamay , pinot
d'Aunis , pinot noir . Blanc : 8 hectares ; chardonnay,
chenin blanc. Production totale annuelle :
120 000 bt. Visite : Sur rendez vous, ouvert de 9 h
à 12 h et de 14 à 19 h.

DOMAINE DES CORBILLÈRES

41700 Oisly
Tél. 02 54 79 52 75 - Fax. 02 54 79 64 89
dominique.barbou@wanadoo.fr

Dominique Barbou est l'un des vignerons
les plus consciencieux de la Touraine, et
lorsqu'il sort des nouvelles cuvées, c'est toujours bien mûri ! Ainsi, depuis le début de
2008, il a mis à sa carte un cru 100% pinot
noir, les-dames, dans une version 2005 très
charmeuse. Ce cru, bien élevé en barriques,
est à l'image de ce domaine, où les rendements raisonnables et le travail des vignes
permettent d'obtenir des vins de belle facture. En rouge, la cuvée angeline est l'une
des plus abouties de la Touraine.

TOURAINE 2007
Blanc | 2009 à 2011 | 5,95 €   **13,5/20**
Ce blanc très bourgeon de cassis, avec des
notes fumées, est lampant sur le fruit de sa
jeunesse.

TOURAINE ANGELINE 2006
Rouge | 2009 à 2017 | 8,70 €   **15/20**
C'est l'une de nos cuvées préférées sur le
domaine, pour son aptitude à bien évoluer,
avec des tanins mûrs et précis.

TOURAINE FABEL BARBOU 2007
Blanc | 2009 à 2012 | 8 €   **14,5/20**
Ce vin se présente déjà bien, avec des flaveurs d'agrumes et une structure longue et
fraîche.

TOURAINE JUSTINE 2007
Blanc | 2011 à 2015 | 9,70 €   **14/20**
Du potentiel, mais le vin est pour l'instant
dominé par le bois, qui devrait s'intégrer
dans les mois qui viennent.

Rouge : 9 hectares ; cabernet 28%, côt 17%,
gamay 33%, pinot 22%. Blanc : 16 hectares ;
chardonnay 5%, sauvignon 95%. Production totale
annuelle : 150 000 bt. Visite : Sur rendez-vous.

DOMAINE STÉPHANE COSSAIS

12 bis, route de Saint-Aignan
37270 Montlouis-sur-Loire
Tél. 06 63 16 21 91
stephanecossais@neuf.fr

Stéphane Cossais, après une première expérience dans le monde de la musique classique, a décidé en 2001 de venir assouvir sa passion des grands vins de chenin, à Montlouis. Sans argent mais non sans talent, il réussit à exploiter 3 hectares de ce beau terroir. Il ne réalise que des vins blancs, et se cantonne aux vins secs. Les cuvées la-maison-marchandelle et le-volagré étonnent par leur race, dès le premier nez. Le millésime 2004, bien que difficile, a été ici très bien négocié, 2005 et 2006 sont grands. Stéphane incarne l'un des nouveaux talents de Montlouis, sur lesquels il faut compter.

MONTLOUIS-SUR-LOIRE LE VOLAGRÉ 2006
Blanc | 2009 à 2030 | 20 € **17/20**
On apprécie la précision aromatique qui oscille entre poire, abricot, sur fond de minéralité. La bouche a de l'allant avec une attaque soyeuse et un tranchant très pur. Magnifique !

Blanc : 3 hectares ; chenin blanc 100%.
Production totale annuelle : 10 000 bt.
Visite : sur rendez-vous.

Inscrivez-vous sur

BETTANEDESSEAUVE.COM

> Suivez l'actualité du vin
> Accédez aux notes de dégustation de 25 000 vins
> Visitez les stands des producteurs

DOMAINE DE LA COTELLERAIE

2, La Cotelleraie
37140 Saint-Nicolas-de-Bourgueil
Tél. 02 47 97 75 53 - Fax. 02 47 97 85 90
gerald.vallee@wanadoo.fr

Gérald Vallée a repris le domaine familial, situé entièrement sur Saint-Nicolas de Bourgueil. La gamme est étonnante, avec des vins au toucher de bouche soyeux et raffiné. Les vins évoluent parfaitement. Regoûtés en bouteilles, les 2006 ont une suavité unique pour le millésime, quant aux 2007, ils sont plus que prometteurs.

SAINT-NICOLAS-DE-BOURGUEIL L'ENVOLÉE 2006
Rouge | 2009 à 2015 | 20,00 € **17/20**
De vieilles vignes de plus de soixante ans, plantées sur des argiles à silex, ont permis une grande finesse de tanin et une matière veloutée. A carafer deux heures avant le service, c'est l'un des plus beaux 2006 !

SAINT-NICOLAS-DE-BOURGUEIL L'ENVOLÉE 2005
Rouge | 2009 à 2010 | NC **17,5/20**
Les tanins commencent à se fondre, on apprécie la texture soyeuse et la belle intensité tannique, ce sera parfait dans une paire d'années.

SAINT-NICOLAS-DE-BOURGUEIL LA CROISÉE 2008 ⓤ
Rouge | 2009 à 2013 | 8,00 € **15,5/20**
Tanins souples et gourmands, avec des fruits rouges et un glissant de tanins superbe !

SAINT-NICOLAS-DE-BOURGUEIL LE VAU JAUMIER 2007
Rouge | 2009 à 2017 | 15,00 € **17/20**
Longs et soyeux, les tanins sont merveilleusement dessinés, ce vin a du potentiel.

SAINT-NICOLAS-DE-BOURGUEIL LE VAU JAUMIER 2006
Rouge | 2009 à 2015 | NC **16,5/20**
Issu des argilo-calcaires du petit coteau de Saint-Nicolas, ce vin de taffetas est étonnant d'ampleur et de velouté. Le vin évolue dans ce style.

SAINT-NICOLAS-DE-BOURGUEIL LES PERRUCHES 2007
Rouge | 2009 à 2014 | 10,00 € **16,5/20**
Texture soyeuse, sur fond de fruits mûrs, avec des tanins gourmands, quel plaisir, on est vraiment sur l'un des sommets des vins de Loire !

SAINT-NICOLAS-DE-BOURGUEIL LES PERRUCHES 2006
Rouge | 2009 à 2015 | NC **16/20**
Encore marqué par son élevage, fruit bien dégagé sur la myrtille, belle concentration, avec juste ce qu'il faut de fraîcheur.

Rouge : 27 hectares. Production totale annuelle : 130 000 bt. Visite : De 9h à 18h.

CHÂTEAU DE COULAINE

37420 Beaumont-en-Véron
Tél. 02 47 98 44 51 - Fax. 02 47 93 49 15
chateaudecoulaine@club-internet.fr
www.chinon.com/vignoble/chateau-
coulaine/

Planté en vignes dès le XIVe siècle, ce vignoble a failli disparaître, après la grave crise du phylloxéra puisque, de 1902 à 1988, il ne restait qu'un hectare du domaine initial. Heureusement, Étienne de Bonnaventure a ressuscité ce vignoble historique. L'âge des vignes aidant et le mode cultural tourné vers la bio contribuent au succès grandissant de ce domaine, devenu l'un des classiques du Chinonnais.

CHINON 2007
Blanc | 2009 à 2014 | 14 €   **14,5/20**
On apprécie la trame minérale et l'assise du vin, on a un chinon blanc qui s'affinera avec le temps.

CHINON BONNAVENTURE 2006
Rouge | 2009 à 2012 | 12 €   **13/20**
Ce vin possède une belle attaque de fruits rouges, une bouche ronde avec une fin marquée par la groseille.

CHINON CLOS DE TURPENAY 2006
Rouge | 2009 à 2011 | 14 €   **13/20**
Ce vin est large avec des rondeurs, et un assez bon glissant de tanins, à boire sur son fruit.

CHINON LES PICASSES 2007
Rouge | 2010 à 2014 | 16,50 €   **15/20**
Le nez profond est délicieusement floral, on a la violette, la pivoine et une bouche aux tanins juteux et longs.

Rouge : 18 hectares ; cabernet franc 90%.
Blanc : 0,50 hectare ; chenin 10%.
Production totale annuelle : 90 000 bt.
Visite : Du lundi au samedi sur rendez-vous.

PIERRE ET BERTRAND COULY

4, rue de Saint-Louans
37500 Chinon
Tél. 02 47 93 43 97 - Fax. 02 47 93 05 99
couly.pierreetbertrand@club.fr
www.pb-couly.com

La rupture familiale semble maintenant bien digérée chez les Couly. Pierre et Bertrand ont reformé depuis 2004 un vignoble qui compte chaque année de nouvelles cuvées. Ils affichent un bel optimisme et il y a de quoi, car leurs vins ont cette race ligérienne avec fruits, fraîcheurs, accents de violette, et les textures soyeuses sont parmi les meilleures de Loire en cabernet franc ! Le seul chinon 2006 est toujours aussi élégant et délicieusement lampant. En 2007 s'y ajoute une cuvée située sur argilo-calcaire, baptisée V, plus complexe, avec une pureté et une fraîcheur de fruits du meilleur effet. 2008 constitue le premier millésime du clos-de-la-haute-olive, aux tanins déjà bien dessinés et à la profondeur qui sera digne des meilleures cuvées ligériennes de cabernet franc dans quelques années. On est dans la même trame que les classiques 2002. Ce vin, dont le terroir se situe en dessous de la demeure du Maître Puisais, sera l'un des plus courtisés dans quelques millésimes.

CHINON 2008   ☺
Rouge | 2009 à 2011 | 7,10 €   **15/20**
Le plus beau vin de Pâques du millésime, c'est soyeux et gourmand, avec la juste maturité.

CHINON 2006
Rouge | 2009 à 2015 | NC   **17/20**
On boit toujours à grandes lampées ce 2006 sans se poser de questions ; et pourtant dame nature n'a pas épargné les cabernets sur ce millésime. On perçoit ainsi la performance des Couly !

CHINON LA HAUTE OLIVE 2008   ☺
Rouge | 2009 à 2015 | 8,20 €   **15,5/20**
Pour la première année de cette cuvée de jeunes vignes, c'est une franche réussite, les tanins sont longs frais et soyeux ; que du bonheur !

CHINON LE V DE PIERRE ET BERTRAND COULY 2007
Rouge | 2009 à 2015 | 7,50 €   **17/20**
C'est l'une des meilleures cuvées ligériennes du millésime, il y a profondeur, longueur des tanins, suavité et fraîcheur.

Rouge : 13 hectares Production totale annuelle : 60 000 bt.

COULY-DUTHEIL

🖼 ✠ ✠ ✠ ✠

12, rue Diderot - B.P. 234
37502 Chinon cedex
Tél. 02 47 97 20 20 - Fax. 02 47 97 20 25
info@coulydutheil-chinon.com
www.coulydutheil-chinon.com

L'actualité du domaine a été marquée par
le départ de Pierre et de Bertrand Couly,
partis fonder un nouveau domaine qui
porte leur nom. De son côté, le domaine
Couly-Dutheil continue, et propose deux
clos réputés, le clos-de-l'olive et le clos-de-
l'écho, un terroir mythique, argilo-calcaire,
qui fait face au Château de Chinon. C'est
avec plaisir que nous avons retrouvé le
clos-de-l'olive, qui n'avait pas été présenté
dans les deux premières éditions du guide.

CHINON 2007

Rouge | 2009 à 2011 | NC   **13/20**
Vin aux flaveurs de framboise fraîche, tanins
coulants ; à boire à l'heure du casse-croûte.

CHINON CLOS DE L'ÉCHO 2006

Rouge | 2011 à 2019 | 15,00 €   **15,5/20**
Voilà un vin qui a du fond en même temps
qu'une assez bonne maturité, les tanins sont
longs et il convient d'attendre un peu pour
ouvrir cette bouteille.

CHINON CLOS DE L'OLIVE 2006

Rouge | 2011 à 2019 | 15,20 €   **15/20**
On apprécie l'élégance du tanin en même
temps que sa longueur effilée.

Rouge : 89 hectares ; cabernet franc 98%.
Blanc : 5 hectares ; chenin blanc 2%.
Production totale annuelle : 500 000 bt.
Visite : Du lundi au vendredi, de 8 h à 12 h
et de 14 h à 17 h.

DOMAINE SÉBASTIEN DAVID

🖼 ✠ ✠ ✠ ✠

La Gardière
37140 Saint-Nicolas-de-Bourgueil
Tél. 02 47 97 89 64 - Fax. 02 47 97 95 05
davidseb@wanadoo.fr

Installé depuis 1999, Sébastien David est
un biodynamiste qui vendange ses 5,20
hectares à la main et qui ne soufre pas ses
vins. L'hurluberlu est réalisé à partir d'une
macération carbonique. En grande année,
il convient de rechercher le vin-d'une-
oreille, provenant de vignes de 80 ans sur
un coteau argilo-calcaire. Il faut le carafer
deux heures à l'avance pour honorer un
lièvre à la royale.

SAINT-NICOLAS-DE-BOURGUEIL 2008

Rouge | 2009 à 2013 | NC   **14/20**
C'est soyeux en texture avec un joli fruit frais
derrière.

SAINT-NICOLAS-DE-BOURGUEIL FOND DE CUVE 2005

Rouge | 2009 à 2012 | épuisé   **14,5/20**
On est tout en fruits rouges frais, les tanins
sont ronds et caressants.

SAINT-NICOLAS-DE-BOURGUEIL IN VIVO 2008

Rouge | 2009 à 2011 | env 15 €   **14/20**
Les tanins sont soyeux et profonds, avec un
bel enrobage de fruits.

SAINT-NICOLAS-DE-BOURGUEIL URLUBERLU 2008

Rouge | 2009 à 2010 | épuisé   **13/20**
C'est cerisé, bonbon acidulé et gourmand.

Rouge : 5 hectares. Production totale annuelle :
22 000 bt. Visite : Sur rendez-vous.

DOMAINE PIERRE-JACQUES DRUET

7, rue de la Croix-Rouge
Le Pied-Fourrier
37140 Benais
Tél. 02 47 97 37 34 - Fax. 02 47 97 46 40
pjdruet@wanadoo.fr

Les dégustateurs reprochant aux cabernets de Loire de transpirer le poivron vert, beaucoup de domaines se sont orientés vers des extractions excessives, souvent accompagnées de boisés outranciers. Ces viniplanchistes dénigrent à souhait les vins de Pierre-Jacques Druet. Et pourtant, lorsque l'on déguste les cuvées grand-mont et vaumoreau, on a tout de suite envie de porter le vin en bouche. Le seul reproche que l'on puisse faire, c'est le caractère étriqué des bouteilles : avec de tels chefs-d'œuvre, il faut oser le magnum ! En décalage par rapport aux mises en marché des autres vins de Bourgueil, le domaine sort ses cuvées de grand-mont et vaumoreau 2005, qui constituent des références pour l'appellation. Les 2008 s'annoncent prometteurs. À réserver d'urgence !

BOURGUEIL CENT BOISSELÉES 2008
Rouge | 2009 à 2013 | 5,50 €   **15/20**
Vin croquant et frais, avec des tanins plus gourmands que sur les millésimes précédents.

BOURGUEIL GRAND MONT 2005
Rouge | 2014 à 2027 | 13 €   **16,5/20**
Tanins longs et enrobés, avec ce qu'il faut de fermeté, gros potentiel.

BOURGUEIL GRAND MONT 2003
Rouge | 2009 à 2015 | 13 €   **15/20**
Le vin se referme, on sent la puissance contenue, l'élégance et surtout la fraîcheur des tanins.

BOURGUEIL VAUMOREAU 2005
Rouge | 2013 à 2030 | 18 €   **18/20**
Grandissime bouteille qui pour le moment dévoile sa structure raffinée, combinant puissance, élégance et maturité de tanins avec une fraîcheur de bon aloi. En fin, des notes de violette ajoutent au raffinement ambiant. À réserver au plus vite. L'un des sommets du millésime.

CHINON CLOS DE DANZAY 2001
Rouge | 2009 à 2016 | 8 €   **15/20**
Dans le style élégant et frais, voici un chinon aux tanins fondus quasi soyeux, avec des accents de poivron rouge et d'épices.

Rouge : 22 hectares. Production totale annuelle : 100 000 bt. Visite : Du lundi au samedi, de 9 h à 12 h et de 14 h à 18 h ou sur rendez-vous.

DOMAINE FRISSANT

1, Chemin Neuf
37530 Mosnes
Tél. 02 47 57 23 18 - Fax. 02 47 57 23 25
xf@xavierfrissant.com
xavierfrissant.com

Xavier Frissant est l'une des figures de proue de l'Aoc Touraine-Amboise, la cuvée de fié gris les-roses-du-clos s'affirme comme l'une des plus racées de Touraine. En rouge, les assemblages sont parfaitement maîtrisés, les raisins ramassés ont la maturité voulue, avec toujours une fraîcheur de bon aloi. La cuvée renaissance est tout à fait représentative de la qualité des vins du domaine, et les effervescents sont bien équilibrés.

TOURAINE 2007
Blanc | 2009 à 2012 | NC   **14/20**
Fleurant le citron confit et les herbes coupées, ce vin est frais et coulant.

TOURAINE AMBOISE L'ORÉE DES FRESNES 2006 Ⓤ
Rouge | 2009 à 2013 | 7,10 €   **14,5/20**
Pour un millésime difficile, c'est une belle réussite, la robe sombre ouvre sur les fruits noirs, on a une bouche gourmande bien proportionnée.

TOURAINE AMBOISE LES ROSES DU CLOS 2007 Ⓤ
Blanc Demi-sec | 2009 à 2015 | épuisé **15,5/20**
Cette cuvée élégante est l'une des priorités de la maison, délicieusement lampante, elle fleure bon l'églantier et les agrumes, la bouche a de la classe.

TOURAINE AMBOISE RENAISSANCE 2007
Rouge | 2010 à 2015 | 6,50 €   **14,5/20**
La robe profonde et le nez signent l'état de maturité de la cuvée, marquée par les fruits noirs et les épices, les tanins sont longs et gourmands.

TOURAINE DÉLICE DES FRESNES 2005
Blanc liquoreux | 2009 à 2012 | 8,50 € **12,5/20**
Ce vin est marqué par des notes un peu lourdes, la bouche manque un peu de fraîcheur, c'est dommage, car on n'a pas le niveau des secs. Ce vin se sert sur un fromage bleu.

Rouge : 10 hectares. Blanc : 8 hectares. Production totale annuelle : 80 000 bt. Visite : De 8 h 30 à 12 h 30 et de 14 h à 19 h et le dimanche matin 10 h à 12 h sur rendez-vous.

DOMAINE DE LA GARRELIÈRE

La Garrelière
37120 Razines
Tél. 02 47 95 62 84 - Fax. 02 47 95 67 17
francois.plouzeau@wanadoo.fr
www.garreliere.com

À quelques portées de cabernet franc du Chinonnais, François Plouzeau est un biodynamiste qui produit des cuvées savoureuses de blancs de Touraine, dont les assemblages varient suivant les millésimes. Sauvignon et chenin, avec quelques touches de chardonnay, constituent les bases de données. Il est conseillé de les boire dans les deux ans après la mise en bouteilles, pour conserver la pureté originelle. Plus simples, les cuvées de rouge se boivent le col ouvert, sur le fruité de la jeunesse.

TOURAINE CARABAS 2007
Blanc | 2009 à 2012 | 11,80 €   **15/20**
Vin délicieux, très zestes d'agrumes avec quelques touches florales, la bouche est fraîche avec une tension juste sur la fin. On apprécie le naturel de constitution.

TOURAINE CENDRILLON 2008
Blanc | 2009 à 2011 | 8,50 €   **14/20**
Ce 2008 est un assemblage de 85% de sauvignon et 15% de chardonnay et de chenin, la bouche est vive et florale.

TOURAINE CINABRE 2007
Rouge | 2009 à 2011 | 8,90 €   **15/20**
Une vraie gourmandise et surtout une pureté dans la définition du fruit, dans le registre petits fruits noirs.

TOURAINE SANS TRALALA 2008
Rouge | 2009 à 2010 | 8 €   **13/20**
Très fruits rouges, ce gamay se boit à la régalade.

Rouge : 8 hectares. **Blanc :** 10 hectares.
Production totale annuelle : 90 000 bt.
Visite : sur rendez-vous

DOMAINE LA GRANGE TIPHAINE

La Grange Tiphaine
37400 Amboise
Tél. 09 64 04 32 09 - Fax. 02 47 57 39 49
lagrangetiphaine@wanadoo.fr
www.lagrangetiphaine.com

Ce clarinettiste œnologue exploite les vignes familiales sur Amboise et Montlouis avec succès. Resté en coulisses lors de l'édition précédente du guide, il revient sur le devant de la scène avec des 2008 et 2007 plus conformes avec la renommée du domaine. Les vins sont plus précis et mieux pourvus en fruité mûr. Les pétillants ont beaucoup de naturel.

MONTLOUIS-SUR-LOIRE CLEF DE SOL 2007
Blanc | 2009 à 2013 | 11 €   **14/20**
Ce montlouis attaque en largeur, puis la trame se tend, c'est déjà bon.

MONTLOUIS-SUR-LOIRE NOUVEAU NEZ 2007
Blanc eff. | 2009 à 2011 | NC   **14,5/20**
On apprécie la fraîcheur de bulle et la digestibilité de cette nouvelle cuvée.

TOURAINE AMBOISE BÉCARRE 2007
Rouge | 2009 à 2013 | NC   **14/20**
Fruits secs et pruneaux au nez, bouche souple possédant de belles rondeurs.

TOURAINE AMBOISE BEL AIR 2008
Blanc | 2009 à 2010 | NC   **13/20**
C'est net, franc et coulant, on le boit sur des rillons de Touraine.

TOURAINE AMBOISE CLEF DE SOL 2007
Rouge | 2009 à 2013 | NC   **14/20**
Marquée par le côt, cette cuvée a du fond et peut encore attendre pour faire la courte échelle à des rognons poêlés.

Rouge : 7 hectares ; cabernet franc 35%, côt 35%, gamay 30%. **Blanc :** 6 hectares ; chenin blanc 92%, sauvignon blanc 8%. **Production totale annuelle :** 55 000 bt.

DOMAINE DES HUARDS

Les Huards
41700 Cour-Cheverny
Tél. 02 54 79 97 90 - Fax. 02 54 79 26 82
infos@gendrier.com
www.gendrier.com

Situé entre Loire et Sologne, à deux pas des châteaux de Cheverny et de Chambord, le Domaine des Huards exploite 34 hectares de vignes conduites en culture biodynamique, sur un terroir à dominante argilo-calcaire. La cuvée de cheverny, en rouge, est axée sur le gamay, complété de pinot noir et de cabernet franc. Encore plus aboutie, la cuvée le-pressoir est essentiellement vouée au pinot noir. Le domaine est l'un des meilleurs représentants des appellations Cheverny et Cour-Cheverny. Les 2007 nous ont conquis par leur pureté de fruit et leur justesse d'expression.

CHEVERNY 2007
Rouge I 2009 à 2012 I NC   **14/20**
Nez de fruits rouges, bouche fraîche et coulante avec du fond, belle réussite

CHEVERNY 2007
Blanc I 2009 à 2014 I NC   **13,5/20**
Ce vin évolue tranquillement, il est frais et bien en fruits, il convient à un feuilleté d'asperges.

CHEVERNY LE PRESSOIR 2007
Rouge I 2009 à 2013 I NC   **14,5/20**
Nez de cerise et d'épices, tanins longs et bien construits, ce vin apprécie le filet de veau.

Rouge : 17 hectares ; cabernet franc 4%, gamay 18%, pinot noir 30%. Blanc : 18 hectares ; chardonnay 5%, romorantin 23%, sauvignon blanc 20%. Production totale annuelle : 200 000 bt. Visite : Du lundi au samedi de 9 h à 12 h et de 14 h à 19 h.

DOMAINE HUET

11-13, rue de la Croix-Buisée
37210 Vouvray
Tél. 02 47 52 78 87 - Fax. 02 47 52 66 74
contact@huet-echansonne.com
www.huet-echansonne.com

Par sagesse, Noël Pinguet est devenu l'un des mentors de la biodynamie ligérienne, sachant tirer le meilleur parti d'un millésime comme 2007, avec des vouvrays moelleux et demi-secs vibrants, et surtout des secs de gastronomie d'une précision unique, qui traduisent au mieux l'expression de leur terroir : la tendreté crayeuse du haut-lieu sur l'onctuosité des rillettes, la minéralité du mont cajolant les saint-jacques, et la puissance tranchante du clos-du-bourg taillée pour le homard. Ces vins ont un profil accessible dès maintenant et ils défieront le temps. 2008 est un millésime de demi-secs et de moelleux.

VOUVRAY CLOS DU BOURG 2007
Blanc I 2009 à 2030 I NC   **19/20**
On sent avant tout une structure puissante et tranchante, ce vin se dévoile en carafe.

VOUVRAY HAUT-LIEU 2008
Blanc liquoreux I 2009 à 2030 I 19,00 €   **16/20**
Les flaveurs d'ananas et d'écorces d'agrumes cohabitent bien, dans une bouche bien proportionnée.

VOUVRAY HAUT-LIEU 2007
Blanc I 2009 à 2030 I NC   **17/20**
Nez de citronnelle avec quelques touches crayeuses, la bouche tendre et tendue offre déjà une belle harmonie.

VOUVRAY HAUT-LIEU 2007
Blanc Demi-sec I 2009 à 2030 I NC   **17,5/20**
Parfaite définition du sec tendre, avec des accents d'agrumes et une bouche souple et tendue, il est parfait sur une volaille à la crème.

VOUVRAY LE MONT 2008
Blanc Demi-sec I 2009 à 2023 I NC   **18/20**
Vin magnifique de précision, c'est vibrant et tendu dans un registre tendre.

VOUVRAY LE MONT 2007
Blanc I 2009 à 2030 I NC   **18,5/20**
Grande cohérence entre le nez et la bouche, qui expriment au mieux la minéralité propre à ce terroir, c'est un modèle du genre.

VOUVRAY LE MONT PREMIÈRE TRIE 2008
Blanc liquoreux I 2009 à 2030 I NC   **17/20**
Nez d'abricot compoté, que l'on retrouve dans une bouche fraîche et bien équilibrée.

Blanc : 35 hectares ; chenin blanc 100%. Production totale annuelle : 150 000 bt. Visite : De 9 h à 12 h et de 14 h à 18 h.

DOMAINE CHARLES JOGUET

La Dioterie
37220 Sazilly
Tél. 02 47 58 55 53 - Fax. 02 47 58 52 22
contact@charlesjoguet.com
www.charlesjoguet.com

Cette propriété phare du Chinonnais, bien placée dans la première édition du guide, s'est retrouvée l'an passé rétrogradée car les 2006 goûtés à deux reprises avaient du mal à émerger. Ce millésime, particulièrement difficile pour les cabernets de Loire, semble avoir aujourd'hui trouvé ses marques sur ce domaine, dans les grandes cuvées que sont la-dioterie, le-chêne-vert, les-varennes-grand-clos. Les 2007 nous ont paru plus homogènes, avec un chêne-vert qui monte en puissance et une dioterie remarquable. Une dégustation de millésimes plus anciens montre qu'il faut se montrer patient avec ce grand classique du Chinonnais.

CHINON CLOS DE LA DIOTERIE 2007
Rouge | 2009 à 2022 | 19 €   **17/20**
Quelle longueur dans la suavité, l'une des références du millésime ! Le nez profond, tout en restant discret, fait saliver, les tanins sont mûrs, frais et élégants.

CHINON CLOS DU CHÊNE VERT 2007
Rouge | 2012 à 2023 | 18 €   **17/20**
C'est certainement l'un des meilleurs chêne-vert de ces dernières années, avec ses parfums de pivoine et de rose sur fond de fruits noirs et d'épices, les tanins sont tendus, longs et bien enrobés, superbe potentiel.

CHINON CUVÉE DE LA CURE 2007
Rouge | 2009 à 2012 | 10 €   **14/20**
On apprécie la souplesse de tanins et la fraîcheur de fruits, on a plus de plaisir que sur le 2006.

CHINON CUVÉE TERROIR 2008   ☺
Rouge | 2009 à 2011 | 7,50 €   **15/20**
Cette cuvée d'entrée de gamme offre un nez de pivoine et de fruits rouges frais, les tanins sont souples et gourmands.

CHINON LES VARENNES DU GRAND CLOS 2006
Rouge | 2009 à 2012 | 15 €   **14,5/20**
Les tanins commencent à se fondre, et cette cuvée est plus convaincante que l'an passé.

CHINON LES VARENNES GRAND CLOS FRANC DE PIED 2007   ☺
Rouge | 2009 à 2012 | 17 €   **15,5/20**
De la franchise, des tanins frais regorgeant de fruits noirs, ce vin est gourmand et se boit à grandes lampées.

Rouge : 37 hectares ; cabernet franc 92%.
Blanc : 3 hectares ; chenin blanc 8%. Production totale annuelle : 180 000 bt. Visite : De 9 h à 18 h.

DOMAINE JOUSSET

36, rue Bouvineries
37270 Montlouis-sur-Loire
Tél. 02 47 50 70 33
bertrand.jousset@wanadoo.fr

Voici encore un exemple du dynamisme de Montlouis. Ce domaine a été repris par un couple sans grands moyens, selon le schéma classique des nouveaux arrivants ici, où l'un des deux travaille à l'extérieur pendant que l'autre essaie de lancer le domaine. Le premier millésime produit a été 2004, et le réveil des très vieilles vignes issues de sélection massale se fait progressivement. Elles remercient ceux qui les remettent en culture, en dotant les vins de notes sensorielles hors des palettes classiques. Ce domaine progresse bien.

MONTLOUIS-SUR-LOIRE PREMIER RENDEZ-VOUS 2008
Blanc | 2009 à 2013 | 12 €   **14,5/20**
Nez de citron confit qui précède une bouche coulante, avec ce qu'il faut de tension sur la fin.

MONTLOUIS-SUR-LOIRE SINGULIER 2008
Blanc | 2011 à 2016 | 16 €   **15,5/20**
On sent une trame qui se tend et un vin très prometteur, avec un potentiel.

MONTLOUIS-SUR-LOIRE SINGULIER 2007
Blanc | 2009 à 2019 | 16 €   **15/20**
Attaque en bouche ronde, puis le vin tire droit avec une bonne minéralité sur la fin.

Rouge : 1 hectare Blanc : 7,5 hectares ; chenin 82%.
Production totale annuelle : 25 000 bt.
Visite : Sur rendez-vous.

DOMAINE LAMÉ-DELILLE-BOUCARD

21, rue Galotière
37140 Ingrandes-de-Touraine
Tél. 02 47 96 98 54 - Fax. 02 47 96 92 31
lame.delisle.boucard@wanadoo.fr
lame-delisle-boucard.com

Le légendaire 1976 reste l'un des vins du millésime, et en dégustation comparative, il domine la plupart des grands crus bordelais par sa fraîcheur et sa richesse de constitution, dues au pourcentage de cabernet-sauvignon ; il appelle la truffe noire et sa tartine de moelle. Ce domaine historique de Bourgueil réussit bien dans les grands millésimes, mais se montre plus irrégulier dans les années un peu jalouses. Il convient de carafer les crus avant de les servir.

BOURGUEIL PRESTIGE 2006
Rouge | 2009 à 2016 | 5,30 €   **14,5/20**
Nez de macération de cassis, bouche droite et fraîche, bien dans le style du millésime.

TOURAINE 2007
Rouge | 2009 à 2010 | NC   **15,5/20**
Robe et nez profond de fruits noirs, attaque tannique, mais derrière les tanins ont de la suavité et une puissance contenue.

Rouge : 43 hectares ; cabernet franc 90%, cabernet sauvignon 10%. Production totale annuelle : 250 000 bt. Visite : du lundi au samedi matin de 9 h à 12 h et de 13 h 30 à 18 h.

FRÉDÉRIC MABILEAU

6, rue du Pressoir
37140 Saint-Nicolas-de-Bourgueil
Tél. 02 47 97 79 58 - Fax. 02 47 97 45 19
contact@fredericmabileau.com
www.fredericmabileau.com

Frédéric Mabileau joue le registre floral et frais, et c'est tant mieux : voilà ce que l'on est en droit d'attendre d'un saint-nicolas de bourgueil. Pour en arriver là, ce nouveau talent du cabernet franc, qui a repris l'intégralité du domaine familial en 2003, pratique l'enherbement, l'ébourgeonnage, travaille son sol, vendange manuellement, et ramasse en caisses. La manipulation du raisin se fait par tapis. La gamme est bien équilibrée, avec des entrées de gamme à la buvabilité réjouissante. Les 2007 sont une franche réussite.

ANJOU 2007
Rouge | 2009 à 2017 | épuisé   **14/20**
100% cabernet-sauvignon, voilà un anjou élégant, le vin a du fond, avec une capacité pour bien évoluer.

BOURGUEIL RACINES 2007
Rouge | 2009 à 2017 | 9,50 €   **17/20**
Le nez de pivoine se mêle de la façon la plus agréable aux fruits rouges avec quelques accents de violette, le vin est plein avec un fruité subtil et une fraîcheur harmonieuse.

SAINT-NICOLAS-DE-BOURGUEIL RACINES 2007
Rouge | 2009 à 2016 | NC   **16/20**
Délicieux nez floral de rose, avec une trame de fruits rouges, la bouche est concentrée et aérienne avec un toucher de tanins élégant, belle réussite.

SAINT-NICOLAS-DE-BOURGUEIL RACINES 2006
Rouge | 2009 à 2012 | épuisé   **16/20**
Nez sur les fruits rouges. Un bon exemple de structure souple et concentrée, où la vivacité et les tanins restent à leur place.

Rouge : 27 hectares ; cabernet franc 95%, cabernet sauvignon 5%. Blanc : 1.5 hectare ; chenin blanc 100%. Production totale annuelle : 150 000 bt. Visite : De 8 h 30 à 12 h et de 14 h à 18 h du lundi au samedi.

HENRY ET JEAN-SEBASTIEN MARIONNET

ⁱ ⁱ ⁱ ⁱ ⁱ

La Charmoise
41230 Soings
Tél. 02 54 98 70 73 - Fax. 02 54 98 75 66
henry@henry-marionnet.com
www.henry-marionnet.com

Henry Marionnet, docteur-ès gamay et sauvignon, consulte toute l'année : ses vins blancs ne saoulent pas et ses rouges dessaoulent. Quant aux égyptologues du vin, ils ne jurent plus que par «Toutangamay», avec son primeur qui regorge de fruits rouges et sa cuvée domaine annonciatrice du printemps. Les cuvées spéciales sont remarquables, avec un gamay-de-bouze charnu, un première-vendange très velouté et un vinifera d'une rare pureté. Le côt est le plus soyeux de toute la Loire. Les 2008 sont de haute volée, et le provignage domine la dégustation des blancs.

TOURAINE CÔT VINIFERA FRANC DE PIED 2007
Rouge | 2009 à 2017 | 12,40 €   **17,5/20**
De la profondeur et des flaveurs de mûre et de myrtille, on peut tenter une biche avec une sauce aigre-douce.

TOURAINE DOMAINE DE LA CHARMOISE 2007
Rouge | 2009 à 2010 | NC   **15,5/20**
La gouleyance du gamay dans toute sa splendeur.

TOURAINE PREMIÈRE VENDANGE 2008
Rouge | 2009 à 2012 | 9,40 €   **16/20**
La cerise noire domine et les tanins sont ronds et bien enrobés, déjà beaucoup de plaisir.

TOURAINE SAUVIGNON VINIFERA FRANC DE PIED 2008
Blanc | 2009 à 2015 | 12,40 €   **16/20**
Voilà un vin qui tire droit, et sa grande franchise répond à un selles-sur-cher.

VIN DE PAYS DU JARDIN DE LA FRANCE BOUZE 2008 Ⓤ
Rouge | 2009 à 2017 | 10,30 €   **17/20**
On apprécie beaucoup le charnu de ce vin et la pureté des fruits noirs, les tanins sont fondants et juteux.

VIN DE PAYS DU JARDIN DE LA FRANCE PROVIGNAGE 2008
Blanc | 2009 à 2018 | 41 €   **17/20**
Le meilleur blanc du domaine, on apprécie sa tension et son tranchant, c'est un vin de truffe ! On imagine une salade de langouste au diamant noir.

Rouge : 40 hectares ; côt 10%, gamay 90%.
Blanc : 20 hectares ; chenin blanc 2%, romorantin 2%.
sauvignon blanc 96%. **Production totale annuelle :**
400 000 bt.

DOMAINE THIERRY MICHAUD

ⁱ ⁱ ⁱ ⁱ

20, rue des Martinières
41140 Noyers-sur-Cher
Tél. 02 54 32 47 23 - Fax. 02 54 75 39 19
thierry@domainemichaud.com
www.domainemichaud.com

Cette propriété de 20 hectares, située sur la rive droite du Cher, constitue l'un des domaines phare de la région. Thierry Michaud se bat pour obtenir l'appellation Chenonceaux, qui permettrait de mieux mettre en valeur ses différentes cuvées. Celles-ci sont bien sorties sur l'ensemble de nos dégustations, avec un gamay sonnant toujours juste pour le millésime 2008, et des cuvées de sauvignon de la même veine. En blanc, éclat-de-silex se révèle minéral à souhait, et en rouge, ad-vitam constitue quelques promesses savoureuses sur un bœuf bourguignon.

TOURAINE 2008
Blanc | 2009 à 2010 | NC   **13/20**
Ce vin gouleyant fleure bon le bourgeon de cassis, il se boit sur des rillettes.

TOURAINE AD VITAM 2007
Rouge | 2009 à 2012 | 4,80 €   **15/20**
On aime la structure tannique bien dégagée, les tanins sont à la fois tendus et gourmands.

TOURAINE ÉCLAT DE SILEX 2007
Blanc | 2009 à 2012 | 5,50 €   **15/20**
Bien ciselé, ce vin offre une trame tendue, avec une aromatique où l'on retrouve la mangue et le citron confit.

TOURAINE GAMAY 2008
Rouge | 2009 à 2011 | 3,50 €   **14,5/20**
Vin gourmand avec des tanins frais, il se boit large sur des rillons.

Rouge : 10 hectares. Blanc : 15 hectares.
Production totale annuelle : 180 000 bt.
Visite : De 9 h à 12 h et de 14 h à 19 h.

DOMAINE MONTRIEUX

43, rue de Montrieux
41100 Naveil
Tél. 02 54 77 75 40 - Fax. 02 54 77 75 40
earl.doc.doil@gmail.com

Dans une première vie, Émile Hérédia photographia starlettes, événements politiques et religieux, avant de changer d'objectifs pour s'adonner à sa passion du vin. En 1999, lorsqu'il débute, il récupère de préférence toutes les vieilles vignes, dont personne ne veut. Conduisant son vignoble en agriculture biologique, il produit des vins francs et frais, qui constituent l'omega de la buvabilité. Ici, les levées de coude sont franches et loyales.

COTEAUX DU VENDÔMOIS 2008

Rosé | 2009 à 2010 | 8,50 €   **13/20**
Les accents de rose et d'épices marquent ce vin très coulant.

COTEAUX DU VENDÔMOIS 2008

Blanc | 2009 à 2011 | 15 €   **14,5/20**
La structure franche de ce blanc n'est pas dénuée de longueur, joli fruit jaune en finale.

COTEAUX DU VENDÔMOIS 2006

Rouge | 2009 à 2011 | 10,50 €   **14,5/20**
Vin tendre et épicé, dominé par le noyau de cerise, on apprécie ce fruité naturel.

COTEAUX DU VENDÔMOIS LE VERRE DES POÈTES 2006

Rouge | 2009 à 2012 | 10,50 €   **15/20**
Pulpeux et frais, ce vin a tout pour lui. Les fruits rouges s'affirment bien en finale.

Rouge : 5 hectares. Blanc : 1 hectare.
Production totale annuelle : 30 000 bt.
Visite : Sur rendez-vous.

DOMAINE DU CLOS NAUDIN

14, rue de la Croix-Buisée
37210 Vouvray
Tél. 02 47 52 71 46 - Fax. 02 47 52 73 81
leclosnaudin.foreau@orange.fr

Philippe Foreau produit sur le célèbre terroir des Perruches des vouvrays d'une fraîcheur de fruit exceptionnelle, capables de traverser les décennies. Ses vins d'une pureté extraordinaire font la courte échelle à tous les plats étoilés, car les finales sur les zestes d'agrumes sont vibrantes. Une dégustation exclusive de ces vins d'anthologie vers 17 heures se suffit à elle-même. Attention, jeunes, ces vins peuvent paraître hermétiques, mais dans le temps, ils gagnent toujours en raffinement, c'est la pierre brute qui devient pierre polie. Jeunes, les vins se bonifient au bout de vingt-quatre heures. Il ne faut pas oublier les bulles dynamiques des moustillants qui présentent une très grande qualité.

VOUVRAY 2008

Blanc | 2011 à 2030 | NC   **17/20**
Nez pur où l'on retrouve les zestes d'agrumes avec des touches florales, la bouche est ciselée et en fin, on retrouve ces agrumes qui sont la carte d'identité du domaine ; c'est déjà bon sur des asperges à l'huile d'œillette et à la truffe de Bourgogne.

VOUVRAY 2008

Blanc liquoreux | 2011 à 2030 | 19,20 €   **18/20**
Ce moelleux prend progressivement son assise, le nez très abricot sec est ponctué de notes minérales. La bouche, parfaitement équilibrée entre richesse et fraîcheur, laisse entrevoir de belles perspectives.

VOUVRAY 2007

Blanc | 2014 à 2030 | 12,70 €   **16/20**
Ce vin fera partie, dans une dizaine d'années, des grands secs du millésime, sa trame minérale commence à bien s'affirmer, l'aromatique suivra, ce sera un grand vin de crustacés.

VOUVRAY 2002

Blanc Brut eff. | 2009 à 2010 | 15,20 €   **16/20**
Jolie bulle dynamique, avec une bouche longue et corsée. Sur les blés blonds et la brioche, elle ne manque pas de charme, elle a gagné en raffinement depuis notre dernière dégustation.

Blanc : 12 hectares. Production totale annuelle : 55 000 bt. Visite : Du lundi au vendredi de 9h à 12 h et de 14 h à 18 h de préférence sur rendez vous.

DOMAINE FRANÇOIS PINON

Vallée de Cousse
55, rue Jean Jaurès
37210 Vernou-sur-Brenne
Tél. 02 47 52 16 59 - Fax. 02 47 52 10 63
francois.pinon@wanadoo.fr

Installé depuis 1987 dans la vallée de La Cousse, François Pinon est devenu l'une des valeurs sûres de Vouvray. Ses 13 hectares se répartissent sur des parcelles dominées par l'argile à silex, et les différentes cuvées sont des assemblages, exceptés les secs produits sur Terné. Biodynamique depuis ses débuts, le domaine produit des vins sachant garder une belle fraîcheur, aux antipodes des vins trop riches, qui font illusion dans une dégustation mais que l'on boit difficilement. Ici, les millésimes sont parfaitement respectés et les 2007 ont une belle tenue.

VOUVRAY 2007
Blanc | 2009 à 2020 | 7,50 €   **14/20**
Bien dans la tradition des secs de la maison, avec cette tension de bon aloi et une bouche longue tout en fraîcheur.

VOUVRAY LES TROIS ARGILES 2007
Blanc Demi-sec | 2011 à 2021 | 8,40 €   **14/20**
Nuances d'ananas, avec une trame de sec tendre, il lui faut encore un peu de temps pour s'exprimer.

VOUVRAY TRADITION SILEX NOIR 2007
Blanc Demi-sec | 2009 à 2023 | 8,40 €   **15/20**
Il faut carafer cette belle cuvée sur les agrumes et la minéralité, elle évolue parfaitement.

Blanc : 15 hectares ; chenin blanc 100%.
Production totale annuelle : 60 000 bt.
Visite : Sur rendez-vous

LES POËTE

9, Route de Boisgisson
18120 Preuilly
Tél. 06 61 62 88 52 - Fax. 02 48 51 07 99
lespoete.touraine@yahoo.fr
www.lespoete.com

Jean-Michel Sorbe, figure emblématique de Reuilly et Quincy a transmis le virus du vin à son fils Guillaume, qui a fait ses armes de sommelier chez Jacques Chibois. Devenu consultant, Guillaume a déniché, dans le secteur de Thésée-La-Romaine, 2 hectares de vignes qu'il cultive comme un jardin avec toute la famille, d'où le vocable poëte, clin d'œil à la branche paternelle. Les vins produits ont un fruit bien dessiné, avec de belles perspectives pour les cuvées issues de côt.

TOURAINE 2008
Rouge | 2009 à 2010 | 5 €   **13/20**
Glissant et souple, voici un vin de copain que l'on boit au petit jour, juste après la soupe à l'oignon.

TOURAINE CABERNET - CÔT 2008
Rouge | 2009 à 2013 | 5 €   **14/20**
Un assemblage bien maîtrisé, et surtout un fruité pur avec des tanins droits et frais.

TOURAINE CÔT 2008
Rouge | 2010 à 2015 | NC   **15/20**
Tanins juteux et bien enrobés, avec une expression de mûre et une petite pointe fumée, vin prometteur.

TOURAINE SAUVIGNON 2008
Rouge | 2009 à 2011 | 5 €   **13,5/20**
Nez floral avec des touches de pamplemousse, bouche vive dans un registre de fraîcheur enveloppante.

Production totale annuelle : 10 000 bt.
Visite : sur rendez-vous.

DOMAINE VINCENT RICARD

19, rue de la Bougonnetière
41140 Thésée
Tél. 02 54 71 00 17 - Fax. 02 54 71 00 17
domaine.ricard@wanadoo.fr
www.domaine-ricard.com

Vincent Ricard a pour mentor Philippe Alliet. Cette star du Chinonnais a suscité très tôt sa vocation, et dès l'âge de 14 ans, Vincent savait qu'il marcherait sur les traces des quatre générations qui l'ont précédé. L'héritage est de choix, avec un beau patrimoine de vieilles vignes en sauvignon, car sur ce domaine, les blancs de belle maturité constituent une priorité. Les 2007 sont réussis, avec une effrontée magnifique d'équilibre. La propriété est en progression constante, toujours à la recherche de la perfection.

TOURAINE CUVÉE ARMAND 2007
Blanc Demi-sec | 2009 à 2014 | 9 €   **15/20**
Toujours marqué par l'ananas, ce cru est plus frais qu'en 2006, et nous séduit dès l'entrée de bouche, avec toujours cette fraîcheur minérale en fin.

TOURAINE L'EFFRONTÉE 2007   ⓤ
Blanc liquoreux | 2009 à 2017 | 22 €   **17,5/20**
Nez magnifique de fruits exotiques frais, la bouche à la fois onctueuse et fraîche est un modèle du genre. On a déjà un plaisir fou !

TOURAINE LE PETIOT 2008
Blanc | 2009 à 2013 | 6,50 €   **14/20**
Franc, coulant et bien proportionné, ce vin a du ressort dans sa structure fraîche et pimpante, ainsi que dans son aromatique qui décline les fleurs blanches et une fine minéralité.

TOURAINE POINT D'INTERROGATION 2007
Blanc | 2009 à 2016 | 25 €   **15/20**
Richesse et minéralité se combinent avec une trame qui convient parfaitement aux crustacés. Le point d'exclamation convient plus pour ce millésime !

Rouge : 5 hectares ; cabernet franc 10%, côt 10%, gamay 10%. Blanc : 15 hectares ; sauvignon blanc 70%.
Production totale annuelle : 100 000 bt.
Visite : De 8 h à 12 h et de 14 h à 19 h sur rendez-vous.

DOMAINE DU ROCHER DES VIOLETTES

38, rue Rocher-des-Violettes
37400 Amboise
Tél. 02 47 23 57 82 - Fax. 02 47 23 57 82

Xavier Weisskopf a fait ses classes dans l'un des meilleurs domaines de Gigondas, le Château de Saint-Cosme. Il s'est implanté près d'Amboise, sur 8 hectares de chenin et 1 hectare de rouge, et en quelques millésimes, il est devenu l'une des références de l'appellation. Ses terroirs sont plantés de vieilles vignes issues de sélections massales. Les blancs impressionnent, dans une appellation Montlouis qui ne manque pourtant pas de talents. L'explication provient en grande partie de la tenue impeccable de la vigne. Les 2007, enfantés dans la douleur, ont la juste tension. Il est conseillé de les carafer au moins trois heures avant le service.

MONTLOUIS-SUR-LOIRE 2007
Blanc liquoreux | 2009 à 2025 | NC   **17/20**
Ce moelleux fermenté en fûts a du style, il s'étire de la plus belle des façons, avec une finale fraîche sur les zestes d'agrumes. Superbe réussite.

MONTLOUIS-SUR-LOIRE LA NÉGRETTE 2006
Blanc | 2013 à 2030 | NC   **16,5/20**
Ce vin taillé pour la garde est pour le moment dominé par un boisé qui s'estompe peu à peu car derrière, il y a une belle matière, et une complexité qui se dévoilera avec le temps.

MONTLOUIS-SUR-LOIRE TOUCHE-MITAINE 2007
Blanc | 2009 à 2021 | NC   **16/20**
On apprécie l'alliance de la souplesse et de la minéralité, car ce vin possède de bonnes vibrations.

TOURAINE 2007
Rouge | 2011 à 2018 | NC   **15/20**
Issu de vieilles vignes, ce côt a du caractère, du fond et un bon potentiel, à carafer deux heures avant le service.

DOMAINE FRANTZ SAUMON

15, chemin des Cours
Husseau
37270 Montlouis-sur-Loire
Tél. 02 47 35 83 65,0616834790
f.saumon@sfr.fr

Frantz Saumon est installé au Husseau, près de Montlouis. Il vendange à la main et est en cours de conversion vers l'agriculture biologique. Il fait partie des nouveaux talents qui font de Montlouis l'une des appellations les plus passionnantes du moment, en Val de Loire. La gamme de montlouis est à suivre de près. Le 2007 proposé à la dégustation est une vraie réussite, avec ce qu'il faut de tension et cette fin zestes d'agrumes si recherchée dans les grands chenins de Loire. Domaine en progression !

MONTLOUIS-SUR-LOIRE LE P'TIT CAPORAL 2007
Blanc | 2009 à 2030 | 14,00 € **16/20**
Nez au garde-à-vous pour ce caporal qui se tient droit dans ses bottes, avec une précision de structure parmi les meilleures sur le millésime. La fin de bouche zeste d'agrumes a de la classe.

Rouge : 1 hectare. Blanc : 4 hectares.
Production totale annuelle : 20 000 bt.

DOMAINE DE LA TAILLE AUX LOUPS

8, rue des Aitres
Husseau
37270 Montlouis-sur-Loire
Tél. 02 47 45 11 11 - Fax. 02 47 45 11 14
latailleauxloups@jackyblot.fr
www.jackyblot.fr

Les jeunes loups de Montlouis doivent beaucoup à Jacky Blot. Il a construit depuis près de vingt ans la renommée d'une appellation qui souffre de l'ombre de Vouvray en termes de notoriété, mais qui surprend par la qualité de ses produits. Jacky poursuit sur sa lancée. Il continue à montrer la voie tout en affinant son style, que ce soit en bulles, en blancs secs ou en liquoreux, pouvant comparer grâce à ses crus aussi bien Montlouis que Vouvray.

MONTLOUIS-SUR-LOIRE 2007
Blanc Demi-sec | 2009 à 2019 | NC **14,5/20**
Le nez très abricoté prend également quelques nuances de poire, au fil de l'ouverture la bouche gagne en minéralité.

MONTLOUIS-SUR-LOIRE LES DIX ARPENTS 2007
Blanc | 2009 à 2015 | NC **15,5/20**
Le vin commence à émerger, son tranchant et sa palette aromatique s'affirment progressivement.

MONTLOUIS-SUR-LOIRE REMUS 2007
Blanc | 2009 à 2013 | NC **16/20**
Les agrumes et l'abricot sec se marient parfaitement à la minéralité subtile qui convient parfaitement à des saint-jacques truffées.

MONTLOUIS-SUR-LOIRE TRIPLE ZÉRO
Blanc Brut eff. | 2009 à 2010 | NC **15,5/20**
Voici un pétillant de Loire d'une pureté telle qu'il faudrait en avoir en permanence dans sa cave pour fêter tous les événements. Le taux de redemande est important !

VOUVRAY CLOS DE VENISE 2007
Blanc liquoreux | 2009 à 2025 | NC **15,5/20**
Nez minéral avec des nuances épicées, la bouche est nette et fraîche avec une belle matière.

VOUVRAY TRADITION
Blanc Brut eff. | 2009 à 2010 | NC **16/20**
Voilà un vin galant, à boire en bonne compagnie, il est élégant, avec beaucoup de style.

Blanc : 28 hectares ; chenin blanc 100%.
Production totale annuelle : 140 000 bt.
Visite : De 9 h a 18 h.

Le centre-Loire

*Les calcaires anciens, les mêmes que ceux de Champagne ou de
Chablis, conviennent admirablement au sauvignon qui y trouve
ses expressions les plus gracieuses mais aussi les plus tendues et
minérales. Le réchauffement climatique fait mieux mûrir les pinots
noirs et favorise la production de rouges de plus en plus réussis.*

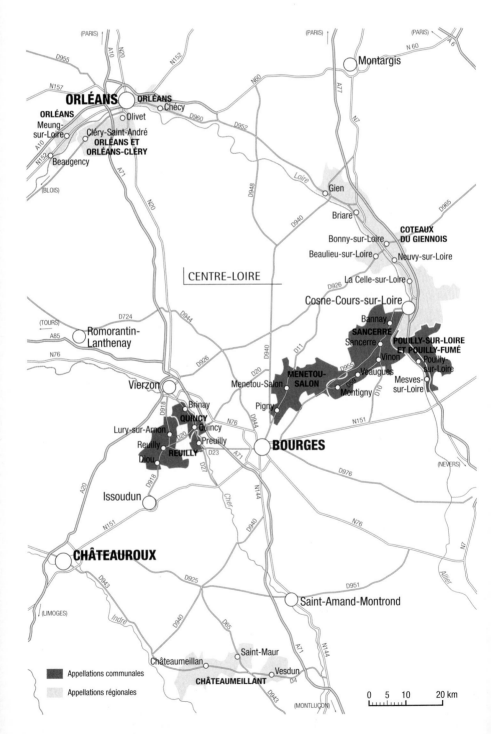

DOMAINE DE L'ARBRE BLANC

Rue de l'Arbre-Blanc
63450 Saint-Sandoux
Tél. 04 73 39 40 91 - Fax. 04 73 39 40 91
gounan.frederic@neuf.fr

Les arts plastiques, la charpente et la mécanique ont été les premières orientations professionnelles de Frédéric Gounan, qui a opté pour la vigne au début du troisième millénaire, avec un peu plus de 2 hectares, principalement sur des terroirs basaltiques, sauf pour la cuvée vinzelle. Celle-ci est produite à partir de gamay Beaujolais, sur des terroirs de grès rose, elle se révèle coulante. Les vieux gamays d'Auvergne datent de 1906, et ils permettent de réaliser des vins gourmands, aux tanins juteux. Les cuvées de pinot noir donnent les-petites-orgues, un bon vin de casse-croûte, et les-grandes-orgues, un cru plus profond. Cultivé en biodynamie, ce domaine est l'une des bonnes surprises de l'Auvergne.

VIN DE PAYS DU PUY-DE-DÔME
LES GRANDES ORGUES 2006 ☺
Rouge | 2009 à 2012 | NC   **15/20**
Renversant de naturel dans le style petits fruits rouges, avec une trame tendue, ce qu'il faut de tendreté, et une digestibilité savoureuse, il faudrait le magnum.

VIN DE PAYS DU PUY-DE-DÔME
PETITES ORGUES 2006
Rouge | 2009 à 2013 | NC   **14/20**
Des orgues harmonieuses et pleines de notes subtiles de fruits rouges, et une pointe poivrée.

VIN DE PAYS DU PUY-DE-DÔME
VIEILLES VIGNES 2006
Rouge | 2009 à 2012 | 19,20 €   **14/20**
Voilà une vieilles-vignes coulante et précise dans le dessin de ses tanins épicés.

Rouge : 2,50 hectares.
Production totale annuelle : 6 000 bt.

DOMAINE BAILLY MICHEL ET FILS

Les Loges
58150 Pouilly-sur-loire
Tél. 03 86 39 04 78 - Fax. 03 86 39 05 25
domaine.michel.bailly@wanadoo.fr
www.micheldavidbailly.com

Ce domaine familial de 17 hectares produit depuis quelques millésimes des cuvées de bonne maturité. Depuis 2006, il se montre plus régulier et avec la belle tenue de ses 2007, il fait son entrée dans le guide avec une gamme sans faille. Les vins issus de sélections parcellaires affichent des personnalités bien marquées, et ils possèdent le juste équilibre entre acidité, maturité et la signature minérale du terroir. Les 2008 continuent sur la lancée.

POUILLY-FUMÉ LES BINES 2008
Blanc | 2010 à 2015 | NC   **14,5/20**
On apprécie déjà la trame tendue, sur fond d'agrumes, et l'équilibre en fraîcheur de cette cuvée.

POUILLY-FUMÉ LES BINES 2007
Blanc | 2009 à 2012 | NC   **14/20**
Ce vin, aux accents de lychees et de mangue, entre en composition avec un poulet au gingembre.

POUILLY-FUMÉ LES TERRASSES 2007
Blanc | 2009 à 2013 | env 20 €   **14,5/20**
Ce vin à l'attaque onctueuse a su garder de la fraîcheur et sa minéralité discrète s'affirme en fin de bouche.

POUILLY-FUMÉ LES TONNES 2007 ☺
Blanc | 2009 à 2014 | NC   **16/20**
Ce vin long, aux accents d'abricot sec et de fleurs blanches, a de la classe et une minéralité tout en élégance.

POUILLY-FUMÉ LES VALLONS 2007
Blanc | 2009 à 2011 | NC   **14/20**
Ce vin, marqué par les fleurs blanches, se montre salin sur sa finale. Son glissant appelle une levée de coude immédiate.

Rouge : 1,5 hectare Blanc : 14,5 hectares Production totale annuelle : 80 000 bt.
Visite : Du lundi au vendredi de 8 h à 12 h et de 13 h 30 à 17 h 30 et le week-end sur rendez-vous.

DOMAINE ÉMILE BALLAND

Route nationale 7 - B.P. 9
45420 Bonny-sur-Loire
Tél. 02 38 31 62 59 - Fax. 03 86 39 22 57
emile.balland@orange.fr

Émile Balland est en train de se faire un prénom, dans une famille qui brille sur le Sancerrois depuis quelques siècles. Œnologue et ingénieur, ce jeune talent ligérien se fait remarquer dès son premier millésime en 2002. Les millésimes suivants confirment ce coup d'essai. Travailleur infatigable, à la vigne comme en cuverie, ses blancs font pâlir les appellations plus prestigieuses, et les rouges ne sont pas en reste, bien gainés dans une structure à la puissance mesurée.

COTEAUX DU GIENNOIS LE GRAND CHEMIN 2007
Rouge | 2009 à 2013 | 14 €   **15,5/20**
On veut bien faire un bout de chemin avec ce vin aux flaveurs florales, de pamplemousse, et une fin de bouche fumée. Ce vin a encore quelques belles années devant lui.

COTEAUX DU GIENNOIS LE GRAND CHEMIN 2005
Blanc | 2009 à 2015 | NC   **14,5/20**
Ce vin évolue parfaitement, il a de la rondeur, une tension mesurée et surtout de la fraîcheur.

COTEAUX DU GIENNOIS LES BEAUX JOURS 2008
Rouge | 2009 à 2011 | 10 €   **14/20**
On croque dans une corbeille de fruits rouges, vin gouleyant à souhait.

SANCERRE CROQ' CAILLOTE 2008
Blanc | 2009 à 2015 | 14 €   **15,5/20**
Ce vin porte bien son nom, avec sa minéralité bien affirmée et sa belle tenue en bouche. Un sancerre comme on les aime !

SANCERRE LE CHAMP DES SCANDALES 2007
Blanc | 2009 à 2013 | 20 €   **15/20**
Ce vin, regoûté après la mise en bouteilles, se montre en pleine forme, vif, agile et floral.

Rouge : 1,9 hectare ; gamay 35%, pinot noir 65%.
Blanc : 3,2 hectares ; sauvignon blanc 100%.
Production totale annuelle : 25 000 bt.
Visite : Sur rendez-vous.

LES BERRYCURIENS

Le Buisson Long - Route de Quincy
18120 Brinay
Tél. 02 48 51 30 17 - Fax. 02 48 51 35 47
www.berrycuriens.com

Les Berrycuriens sont des arcandiers qui ont bien tourné. Depuis le milieu des années 1990, ces vignerons du samedi cultivent amoureusement leurs lopins de vigne encadrés par le chevronné Jean-Michel Sorbe, qui leur apporte son sens cultural et œnologique. Au fil des millésimes, le travail à la vigne paie, les vinifications sont plus soignées et la gamme de vins s'élargit. Partis d'une parcelle de Quincy, les voici depuis 2006 sur Reuilly avec du pinot gris, et depuis 2008 sur un terroir de pinot noir. Cette dernière cuvée, goûtée dans ses langes, s'annonce l'une des meilleures produites depuis la création de l'Aoc, grâce à des rendements raisonnables, la couleur est profonde et le fruit bien dégagé. Quant au pinot gris, il possède de délicieuses flaveurs de pêche, avec quelques touches d'épices. Le quincy vieilles-vignes est iodé à souhait, et les jeunes-vignes se boivent allègrement sur les fromages de chèvre de la région.

QUINCY CUVÉE AMOUR 2007
Blanc | 2009 à 2013 | 7,70 €   **14/20**
Coulant avec des accents salins, ce vin est juste tendu, pour prendre dans ses filets un fromage de chèvre de type Valençay.

QUINCY VIEILLES VIGNES 2007
Blanc | 2009 à 2014 | 7,90 €   **15,5/20**
L'iode et le pamplemousse marquent le nez comme la bouche, celle-ci se révèle à la fois tendue et élégante. C'est la cuvée de quincy la plus équilibrée du millésime.

REUILLY 2008   ☺
Rouge | 2010 à 2013 | 9 €   **15/20**
Un beau fruit bien dégagé et une structure digne de ce nom, que l'on devine dès la robe soutenue. Belle réussite pour ce premier millésime !

REUILLY LES CHATILLONS 2007   ☺
Rosé | 2009 à 2013 | NC   **15,5/20**
Un pinot gris comme on les aime, avec ses accents de pêche et de fruits rouges et une pointe de poivre. La bouche tendue et tout en fruits est charmeuse.

Rouge : 1.5 hectare ; pinot noir 100%.
Blanc : 2.50 hectares **Production totale annuelle :** 16 700 bt. **Visite :** De 9 h à 12 h et de 14 h à 18 h.

DOMAINE BOUCHIÉ-CHATELLIER

La Renardière
58150 Saint-Andelain
Tél. 03 86 39 14 01
pouilly.fume.bouchie.chatellier@
wanadoo.fr
www.bouchie-chatellier.fr

Lorsque Bernard Bouchié part étudier, il le fait aux hospices de Beaune. Après un passage en Champagne, il met le cap au sud et revient avec son diplôme d'œnologue de l'école d'agronomie de Montpellier. Aujourd'hui, la relève est assurée par Arnaud, qui revient à la propriété après des études en Bourgogne. Trois cuvées sont produites sur le domaine : les-renardières, dominées par son terroir de silex, le-premier-millésime, à l'élevage plus soigné, et l'argile-à-s, réalisée avec les plus beaux raisins.

POUILLY-FUMÉ ARGILE À S 2007
Blanc | 2009 à 2015 | NC   **15/20**
On sent la race sur cette cuvée qui a une bonne tension, et un retour fumé bien construit.

POUILLY-FUMÉ ARGILE À S 2006
Blanc | 2009 à 2010 | NC   **15,5/20**
Cette cuvée minérale à souhait excitait notre curiosité, nous l'avons regoûtée. Le vin a gagné en tranchant et en complexité, il prolonge parfaitement une salade de lentilles aux truffes.

POUILLY-FUMÉ LA RENARDIÈRE 2007
Blanc | 2009 à 2012 | NC   **15/20**
C'est tranchant, minéral, bien ciselé, avec une structure comme on aimerait en voir plus souvent.

POUILLY-FUMÉ PREMIER MILLÉSIME 2008
Blanc | 2010 à 2014 | NC   **14/20**
Trame minérale bien dessinée, avec du fond et une bonne longueur.

Blanc : 23 hectares **Production totale annuelle :** 100 000 bt. **Visite :** Sur rendez-vous.

DOMAINE GÉRARD BOULAY

Le Cul de Beaujeu
Chavignol
18300 Sancerre
Tél. 02 48 54 36 37 - Fax. 02 48 54 30 42
boulayg-vigneron@wanadoo.fr

En séparant et en différenciant bien ses terroirs de Chavignol, Gérard Boulay a gagné en précision sur les derniers millésimes. Les amateurs de sauvignons tendus et minéraux seront ravis. La cuvée tradition présente un joli fruit, monts-damnés est iodée et fidèle à son terroir. Petite merveille, clos-de-beaujeu est plus cristalline, elle s'affirme pleinement au bout de cinq ans sur un homard aux truffes. La très rare cuvée comtesse affiche sa puissance minérale et offre un bon potentiel. 2007 et 2008 confirment la belle forme du domaine.

SANCERRE 2008
Blanc | 2009 à 2013 | NC   **15/20**
Belle entrée de gamme, avec une fraîcheur minérale et une longueur harmonieuse.

SANCERRE 2007
Blanc | 2009 à 2016 | épuisé   **16/20**
On apprécie les aspects crayeux au nez, et la structure déjà bien assise de la bouche, avec une minéralité élégante typée Chavignol.

SANCERRE CLOS DE BEAUJEU 2008
Blanc | 2010 à 2017 | NC   **17/20**
On sent une superbe structure et une minéralité explosive, vive l'ampleur !

SANCERRE CLOS DE BEAUJEU 2007
Blanc | 2009 à 2019 | env 15 €   **17/20**
Beau nez d'agrumes avec une touche saline, la bouche est tranchante et très longue, c'est l'une des meilleures cuvées du Sancerrois.

SANCERRE COMTESSE 2007
Blanc | 2011 à 2019 | env 18 €   **16,5/20**
Voilà encore une cuvée de haut vol ! Sur ce millésime, on apprécie la richesse aromatique sur les agrumes et les fruits exotiques, et une structure minérale qui s'affirmera avec le temps.

SANCERRE MONTS DAMNÉS 2008
Blanc | 2010 à 2017 | NC   **16/20**
Plus en structure qu'en arômes, ce vin de belle intensité est promis à un bel avenir.

Rouge : 2 hectares. **Blanc :** 9 hectares.
Production totale annuelle : 50 000 bt.
Visite : Sur rendez-vous.

DOMAINE HENRI BOURGEOIS

Chavignol
18300 Sancerre
Tél. 02 48 78 53 20 - Fax. 02 48 54 14 24
domaine@henribourgeois.com
www.henribourgeois.com

Les Bourgeois hissent leurs grandes cuvées parmi les vins de l'élite du Sancerrois. Dans le registre élégant et minéral, on apprécie la subtilité et la régularité des monts-damnés, la profondeur de la cuvée-d'antan et la minéralité épanouie de la cuvée jadis, qui constituent un hymne aux grands sauvignons. La-bourgeoise reste toujours une valeur sûre. Les 2007 sont pleinement réussis.

SANCERRE CHAPELLE DES AUGUSTINS 2007
Blanc I 2009 à 2013 I NC   **14,5/20**
Discret, le nez n'en est pas moins fort élégant. La bouche, légèrement tendue, donne l'impression de croquer dans le fruit.

SANCERRE D'ANTAN 2007
Blanc I 2009 à 2016 I NC   **17/20**
Tranchante et mûre, cette cuvée est tendue à souhait, il y a une vraie harmonie, dans un registre de pureté minérale.

SANCERRE JADIS 2007
Blanc I 2009 à 2019 I NC   **17,5/20**
La grandeur des meilleurs terroirs de Chavignol transparaît dans cette cuvée à la minéralité vibrante. Il y a tout, la subtilité, la puissance contenue et cette fin de bouche rafraîchissante qui fait que l'on retend son verre. Le potentiel est important !

SANCERRE MONTS DAMNÉS 2007
Blanc I 2009 à 2015 I NC   **16/20**
Crayeux au nez, ces monts-damnés vous disent clairement qu'ils sont de Chavignol. On apprécie toute leur subtilité sur un beignet de crevette.

Rouge : 12 hectares ; pinot noir 100%.
Blanc : 60 hectares ; sauvignon blanc 100%.
Production totale annuelle : 2 300 000 bt.
Visite : Du lundi au vendredi, de 9 h à 12 h 30 et de 14 h à 18 h 30.

DOMAINE CAILBOURDIN

R.N. Maltaverne
58150 Tracy-sur-Loire
Tél. 03 86 26 17 73 - Fax. 03 86 26 14 73
cailbourdin@domaine-cailbourdin.com
www.domaine-cailbourdin.com

Ce domaine de 16 hectares rassemble une trentaine de parcelles, situées sur Pouilly, Tracy, Saint-Andelain et Villiers. Regroupant par similitude de terroirs, Alain Cailbourdin produit quatre cuvées : le boisfleury, provenant de sous-sol calcaire avec des sables en surface, donne un vin élégant, accessible rapidement. Plus calcaire, les-cris évolue plus lentement en bouteilles, le 1996 constitue toujours une référence. La cuvée les-cornets, sur argilo-calcaires, est plus robuste, elle demande une garde de quelques années. Les vieilles vignes, situées sur les silex de la butte de Saint-Andelain, constituent la cuvée triptyque, délicieusement minérale. Les 2007 comme les 2006 annoncent des lendemains glorieux.

POUILLY-FUMÉ BOISFLEURY 2007
Blanc I 2009 à 2013 I 10,80 €   **14/20**
Les herbes et la craie marquent ce pouilly qui, avec sa fin de bouche fumée, nous indique bien son origine.

POUILLY-FUMÉ LES CORNETS 2007
Blanc I 2010 à 2016 I 12,05 €   **14,5/20**
Ce vin large d'attaque a des senteurs de tilleul et de verveine. Il lui faut encore un an avant qu'il se mette en place.

POUILLY-FUMÉ LES CRIS 2007
Blanc I 2010 à 2018 I 12,05 €   **15/20**
Quand ce vin prend de l'âge, il exhale des flaveurs de truffe très agréables. De ce point de vue, le 2007 pourrait bien remplacer le 1996, toujours en forme. Pour l'instant, il dévoile une variation crayeuse du meilleur effet.

POUILLY-FUMÉ TRIPTYQUE 2007
Blanc I 2011 à 2019 I 17,70 €   **16/20**
C'est notre cuvée préférée du domaine, car sa minéralité, qui s'épanouit au bout de quelques années, rayonne en bouche, et ce 2007 pour le moment serré a tout l'avenir devant lui. À carafer avant de servir !

Blanc : 17 hectares ; sauvignon 100%.
Production totale annuelle : 110 000 bt.
Visite : Du lundi au vendredi, de 8 h à 18 h.
Le week-end sur rendez-vous uniquement.

DOMAINE DU CARROU

7, place du Carrou
18300 Bué
Tél. 02 48 54 10 65 - Fax. 02 48 54 38 77
contact@dominique-roger.fr
www.dominique-roger.fr

Révélation de l'édition 2008, Dominique Roger continue sur sa lancée, avec des vins d'une belle précision, et des blancs qui sont maintenant au niveau des rouges avec, depuis 2006, une belle cuvée de chêne-marchand. Ce viticulteur méticuleux tient compte de la spécificité de chaque terroir, et la régularité est sans faille, avec une sève plus intense à partir des cinq derniers millésimes. 35% du domaine est planté en pinot noir. Orgueil du Sancerrois, la-jouline fut créée en hommage à l'arrière-grand-père. Ces vieilles vignes, provenant de Crézancy, Bué et Sancerre, sont issues pour moitié de caillotes et pour l'autre de terres blanches, conjuguant ainsi élégance des premières et puissance des secondes. Après la mise en bouteilles, les 2007 confirment l'excellente impression du début de l'élevage, et les 2008 sont porteurs de grands espoirs. Les cuvées domaine constituent toujours de bons rapports qualité-prix.

SANCERRE 2008
Blanc | 2009 à 2013 | 9,30 €   **15,5/20**
Belle entrée de gamme, avec ce vin aux accents de pamplemousse confit et une touche saline en fin.

SANCERRE LA JOULINE 2008
Rouge | 2011 à 2022 | 15,50 €   **17,5/20**
On aime cette délicatesse de cerise noire, et cette fraîcheur aromatique unique sur le secteur.

SANCERRE LA JOULINE 2007
Rouge | 2009 à 2017 | NC   **17/20**
Le fruit est maintenant plus dégagé, la cerise est toujours présente avec quelques touches florales, on apprécie la fraîcheur et l'élégance des tanins.

SANCERRE LA JOULINE 2007
Blanc | 2009 à 2017 | NC   **16,5/20**
Chair d'abricot, épices et minéralité s'expriment parfaitement, dans une bouche vibrante d'excellente facture, ce vin évolue parfaitement.

Rouge : 3 hectares ; 100%pinot noir 100%.
Blanc : 7 hectares ; sauvignon blanc 100%.
Production totale annuelle : 60 000 bt. Visite : Du lundi au vendredi de 9 h à 12 h et de 14 h à 18 h 30.

DOMAINE PASCAL COTAT

98, chemin des Grous
18300 Sancerre
Tél. 02 48 54 14 00 - Fax. 02 48 54 14 00

Pascal Cotat, comme son père Francis, est un adepte des vendanges tardives en surmaturité, qui permettent d'obtenir des vins onctueux avec généralement un peu de sucre résiduel. Ces vins traversent les décennies sans problème, et ils contribuent à la légende des grands vins de Sancerre. Dans cette famille rythmée par le tempo des sancerres blancs de légende, le temps semble en effet ne pas avoir de prise, car ces crus évoluent parfaitement. Leurs flaveurs prennent suivant les millésimes des accents exotiques, de pamplemousse ou de truffe, avec une minéralité bien marquée. Monts-damnés et grande-côte sont à encaver et à garder au moins une dizaine d'années, sans cela on passe à côté de belles émotions. Le rosé, aux flaveurs de fruits rouges et de roses, se boit sur une tête de veau. En grand millésime comme 2005 ou 1989, on le retrouve vingt ans plus tard sur un dessert où domine la fraise, comme ceux que préparent le restaurateur de la famille Didier Turpin, toujours partant pour organiser des verticales des deux branches Cotat dans son restaurant de la Pomme d'Or, sur Sancerre.

SANCERRE LA GRANDE CÔTE 2007
Blanc | 2013 à 2022 | NC   **16/20**
On sent le potentiel, avec un vin pour l'instant qui affirme sa structure et une bonne richesse, à attendre absolument.

SANCERRE LA GRANDE CÔTE 1995
Blanc | 2009 à 2015 | NC   **16/20**
Vin encore d'une étonnante jeunesse, il prend quelques rondeurs tout en développant des accents fumés.

SANCERRE MONTS DAMNÉS 1999
Blanc | 2009 à 2026 | NC   **17/20**
Délicieux nez de mangue avec une pointe crayeuse, on sent la richesse de constitution qui se confirme par une attaque onctueuse avant de se prolonger de la façon la plus minérale possible. Vin de langouste !

Rouge : 0,1 hectare ; pinot 100%. Blanc : 2,4 hectares ; sauvignon 100%. Production totale annuelle : 14 800 bt.
Visite : Du lundi au vendredi, de 8 h à 12 h et de 14 h à 18 h.

DOMAINE FRANÇOIS COTAT

18300 Chavignol
Tél. 02 48 54 21 27 - Fax. 02 48 78 01 41
valerie.cotat@free.fr

Il faut toujours faire un brin de généalogie si l'on veut comprendre pourquoi, désormais, il existe deux provenances différentes de Cotat sur le Sancerrois. À l'origine, il y avait Francis et Paul Cotat, deux frères qui soignaient avec affection leurs parcelles situées sur Chavignol, entre Monts Damnés, Grande Côte et Cul de Beaujeu. Au milieu des années 1990, ils ont partagé leur domaine entre leurs fils Pascal et François. Ce dernier possède les mêmes terroirs que Pascal, avec en plus des culs-de-beaujeu à la minéralité bien épanouie. Il convient réellement de se montrer patient avec de tels vins, car c'est seulement au bout de quelques années que l'on savoure la complexité de ces terroirs de Chavignol. C'est un sport national pour se procurer des échantillons du domaine, c'est pourquoi il convient de remercier Didier Turpin, restaurateur talentueux de La Pomme d'Or sur Sancerre, qui a facilité notre dégustation de l'année.

SANCERRE CUL DE BEAUJEU 1998

Blanc | 2009 à 2015 | 15,55 €   **16,5/20**
Chaque année, on suit ce 1998 qui continue de nous enchanter car il prend juste ce qu'il faut de gras pour encadrer la minéralité et les accents d'agrumes.

SANCERRE GRANDE CÔTE 1995

Blanc | 2012 à 2024 | épuisé   **15,5/20**
C'est encore très jeune, avec des touches d'ananas et une minéralité sous-jacente, on a du volume et de la fraîcheur, mais il faut se montrer patient, car dans quelques années ce vin s'affirmera sur une salade de langoustines aux agrumes.

SANCERRE MONTS DAMNÉS 2007

Blanc | 2013 à 2024 | épuisé   **16/20**
Tout en structure, ce vin promet d'ici 2013 de prendre ses marques autour de nuances crayeuses, de flaveurs d'agrumes et de menthe.

Blanc : 4,20 hectares.
Production totale annuelle : 30 000 bt.
Visite : Pas de visites.

DOMAINE LUCIEN CROCHET

Place de l'Église
18300 Bué
Tél. 02 48 54 08 10 - Fax. 02 48 54 27 66
contact@lucien-crochet.fr
www.lucien-crochet.fr

À ce stade d'élégance, on peut dire que Gilles Crochet est au Berry ce que Christophe Roumier est à la Bourgogne, dans le raffinement des tanins de ses vins. En blanc, le sancerre le-chêne-marchand, issu d'un terroir de caillottes, offre un fruit et des accents floraux distingués. La cuvée prestige, délicieusement concentrée, provient d'un assemblage des plus vieilles vignes. Il faut à ce cru au moins cinq ans pour donner sa pleine expression. Une cuvée plus tardive, récoltée en surmaturité vers la mi-octobre, offre sa fraîcheur exotique et sa tendreté. Les sept dégustations effectuées sur ce domaine ont toutes confirmé sa grande forme !

SANCERRE CROIX DU ROY 2005

Rouge | 2009 à 2017 | NC   **16,5/20**
Suavité, tanins caressants, tendus, tout en restant sur une fraîcheur de fruit de première saveur, déclinant des flaveurs de cerise noire, c'est du «cousu vin».

SANCERRE CUVÉE PRESTIGE 2005

Rouge | 2009 à 2013 | 28 €   **17/20**
Il y a un grain et une suavité de tanin uniques sur Sancerre, avec une juste concentration et une élégance stylée. Un modèle du genre pour tous les pinots noirs de Loire.

SANCERRE CUVÉE PRESTIGE 2005

Blanc | 2009 à 2011 | 23,50 €   **16/20**
On apprécie le tranchant et la maturité de ce vin destiné à des saint-jacques truffées.

SANCERRE LE CHÊNE MARCHAND 2008

Blanc | 2010 à 2014 | NC   **16/20**
Très prometteur, avec des accents de mangue et une bouche bien tendue.

SANCERRE LE CHÊNE MARCHAND 2007

Blanc | 2009 à 2017 | NC   **16/20**
Nez de fruits jaunes avec une touche minérale, la bouche est élégante et marquée par les agrumes.

SANCERRE VENDANGE DU 10 OCTOBRE 2006

Blanc | 2009 à 2015 | NC   **16/20**
Cette cuvée de vendanges tardives est très réussie, avec son nez de mangue et sa bouche à l'attaque exotique, et surtout cette fraîcheur en fin qui fait retendre son verre.

Rouge : 9 hectares ; pinot noir 24%.
Blanc : 28,5 hectares ; sauvignon blanc 76%.
Production totale annuelle : 300 000 bt.

DOMAINE FRANÇOIS CROCHET

Marcigoué
18300 Bué
Tél. 02 48 54 21 77 - Fax. 02 48 54 25 10
francoiscrochet@wanadoo.fr

François Crochet conduit ses arpents de vigne en lutte raisonnée et pratique l'enherbement. L'ensemble de ses cuvées joue la carte de l'élégance et de la finesse. 2006 et 2007 ont marqué une évolution qualitative du domaine, que nos dernières dégustations confirment. 2008 voit une nouvelle cuvée, sur la parcelle la plus éloignée du domaine, baptisée exils, qui est également l'anagramme du terroir de silex qui la porte.

SANCERRE 2008
Blanc | 2009 à 2013 | 9,50 €   **14,5/20**
Cette cuvée de base donne le ton du millésime, et ce blanc est plus large que le 2007, il claque déjà bien en bouche.

SANCERRE 2007
Rouge | 2009 à 2014 | 9,70 €   **14/20**
Vin de plaisir de bonne maturité, marqué par des flaveurs de cerise burlat, c'est gourmand.

SANCERRE CHÊNE MARCHAND 2008
Blanc | 2009 à 2014 | NC   **15/20**
On sent le bon potentiel, avec en fin de bouche une minéralité qui se met en place.

SANCERRE CHÊNE MARCHAND 2007
Blanc | 2009 à 2017 | 15 €   **15,5/20**
Nez de pêche avec une touche minérale, la bouche est élégante, et marquée par les agrumes et une fin florale.

SANCERRE EXILS 2008
Blanc | 2010 à 2017 | 15 €   **16/20**
Cette cuvée traduit au mieux l'expression de son terroir de silex, avec un tranchant en bouche bien affirmé, dans toute sa pureté.

SANCERRE LES AMOUREUSES 2008
Blanc | 2009 à 2014 | NC   **15/20**
Ce vin colle bien au palais, la mangue s'affirme au niveau de l'aromatique, elle se mêle de la façon la plus agréable à des nuances salines.

SANCERRE RÉSERVE DE MARCIGOUÉ 2007
Rouge | 2012 à 2019 | NC   **15,5/20**
La densité de texture et la profondeur de tanins sont la marque de cette cuvée de plus en plus précise ; elle décline la cerise et le poivre noir tout en gardant de la fraîcheur en finale. À boire à partir de 2012.

Rouge : 3 hectares ; pinot noir 30%.
Blanc : 7,5 hectares ; sauvignon blanc 70%.
Production totale annuelle : 70 000 bt.
Visite : De 9 h à 12 h et de 13H30 à 18 h.

DOMAINE DIDIER DAGUENEAU

Le Bourg
58150 Saint-Andelain
Tél. 03 86 39 15 62 - Fax. 03 86 39 07 61
silex@wanadoo.fr

Didier Dagueneau, vigneron au grand cœur, était un extrémiste de la qualité. Extra-terrien, c'était l'un des hommes les plus attachants du vignoble en même temps qu'un maître cultural. Aujourd'hui, son fils Benjamin reprend le flambeau et assure dignement la continuité, les 2007 sont maintenant en bouteilles, ils confirment tous les espoirs de l'an passé. Ils sont exceptionnels dans la définition d'une pureté cristalline que l'on retrouve dans chaque cuvée. Pratiquement toutes les notes de l'élevage ont été revues à la hausse. Attention, il convient de carafer ces crus au moins deux heures à l'avance pour en profiter pleinement.

POUILLY-FUMÉ 2007
Blanc | 2009 à 2022 | NC   **19/20**
Le tranchant et la minéralité propres à ce terroir s'affirment de la façon la plus subtile, alliant puissance et élégance. Un vin de grand raffinement, pouvant rivaliser avec tous les grands blancs secs de la planète. Le juste élevage lui a permis de gagner en complexité.

POUILLY-FUMÉ BLANC FUMÉ DE POUILLY 2007 ☺
Blanc | 2009 à 2010 | NC   **16/20**
Ce vin tranchant est sur les agrumes, avec un côté fumé qui domine, la bouche et le nez sont gourmands, frais, et d'une grande digestibilité. Déjà beaucoup de charme !

POUILLY-FUMÉ BUISSON RENARD 2007
Blanc | 2009 à 2017 | NC   **18/20**
Délicieux nez d'abricot et de pêche blanche, que l'on retrouve dans une attaque fraîche et une bouche où la tension se fait cristalline.

POUILLY-FUMÉ PUR SANG 2007
Blanc | 2009 à 2017 | NC   **17/20**
Ce vin a pris de l'étoffe, et il y a maintenant des chevaux dans la bouteille, avec une tension juste, et une fin menthée.

SANCERRE LE MONT DAMNÉ 2007
Blanc | 2009 à 2017 | NC   **19,5/20**
La minéralité au stade quasi cristallin, équilibre époustouflant, ce ne sont que des jeunes vignes, on tutoie néanmoins la perfection !

Blanc : 11,5 hectares Production totale annuelle : 50 000 bt. Visite : de 8 h à 11 h et de 13 h 30 à 17 h.

DOMAINE SERGE DAGUENEAU ET FILLES

Les Berthiers
58150 Pouilly-sur-Loire
Tél. 03 86 39 11 18 - Fax. 03 86 39 05 32
sergedagueneaufilles@wanadoo.fr
www.s-dagueneau-filles.fr

Chez les sœurs Dagueneau, le repère est l'arrière-grand-mère Léontine, vigneronne au caractère bien trempé. En hommage à cette illustre ancêtre, une cuvée a vu le jour à partir de 2006, sur un terroir exclusivement calcaire : c'est l'une des meilleures de l'appellation. On se fait la bouche avec la cuvée de fumé de l'année, puis la cuvée les-chaudoux, plus onctueuse, peut caresser le bar ou la volaille. Si l'on ajoute une sauce crémée, il convient de faire appel à la richesse de la cuvée les-filles.

POUILLY-FUMÉ FUMÉ 2007
Blanc | 2009 à 2010 | 10 €   **14/20**
Ce vin salin, de demi-corps, évolue parfaitement, il fait la courte échelle au crottin de Chavignol.

POUILLY-FUMÉ LA LÉONTINE 2007
Blanc | 2011 à 2016 | 22 €   **15,5/20**
Très belle expression du sauvignon, c'est long et minéral à souhait, avec un bon potentiel.

POUILLY-FUMÉ LES FILLES 2007
Blanc | 2009 à 2012 | 22 €   **14/20**
Vin iodé, coulant, avec juste ce qu'il faut de tension pour dynamiser un bar en croûte-de-sel.

Rouge : 1 hectare. Blanc : 16 hectares.
Production totale annuelle : 100 000 bt.
Visite : Du lundi au vendredi, de 9 h à 12 h et de 14 h à 17 h 30, samedi sur rendez-vous.

DOMAINE FOUASSIER

180, avenue de Verdun
18300 Sancerre
Tél. 02 48 54 02 34 - Fax. 02 48 54 35 61
contact@fouassier.fr
www.fouassier.fr

La dixième génération, arrivée sur le domaine au début de ce siècle, est en train de bien faire progresser ce domaine de 53 hectares, planté pour 80% en sauvignon et 20% en pinot noir. Les sélections parcellaires permettent une belle pédagogie du Sancerrois. Le vignoble en conversion biodynamique offre des parcelles bien exposées, avec un point d'orgue pour la cuvée des romains, l'un des terroirs les plus solaires de l'appellation. Les-chailloux, sur silex, et les-grands-groux, sur calcaire, marquent bien aussi leur provenance.

SANCERRE LES CHAILLOUX 2007
Blanc | 2009 à 2015 | 8,20 €   **14/20**
Ce vin de silex a du gras et une jolie trame minérale derrière, ses épaules lui permettent de jouer avec une fricassée d'encornets.

SANCERRE LES GRANDS GROUX 2007
Blanc | 2009 à 2013 | 8,20 €   **14/20**
Ce vin de calcaire marque bien son territoire, il est subtil, mûr, floral et minéral.

SANCERRE LES ROMAINS 2007
Blanc | 2010 à 2016 | 8,20 €   **16/20**
Le nez de fruits de la passion offre une belle maturité et une minéralité du meilleur effet, la bouche reste toutefois élégante, et surtout bien tendue.

SANCERRE SUR LE FORT 2007
Blanc | 2009 à 2012 | 8,20 €   **13/20**
Issu de jeunes vignes, ce vin tendre, avec des accents d'écorce d'orange et de poivre se lampe allègrement sur un crottin frais.

Rouge : 11 hectares. Blanc : 45 hectares.
Production totale annuelle : 350 000 bt.
Visite : Sur rendez-vous.

DOMAINE GEOFFRENET-MORVAL

2, rue de la Fontaine
18190 Venesmes
Tél. 06 07 24 44 94 - Fax. 09 70 62 66 41
sabien.geoffrenet@wanadoo.fr
www.geoffrenet-morval.com

Installé depuis 2000 sur ce vignoble, Fabien Geoffrenet possède un peu plus de 10 hectares. Dans le délicat millésime 2004, peu favorable aux rouges expressifs, ce domaine a marqué les palais grâce à des vins mûrs, d'une belle pureté aromatique. Ce sera également le cas pour 2008. Travailleur acharné à la vigne, cet ancien prothésiste dentaire vendange à la main. Les tries des raisins s'effectuent de la façon la plus méticuleuse. Les vins sont élégants et bien en fruit.

CHÂTEAUMEILLANT COMTE DE BARCELONE 2008
Rosé | 2009 à 2010 | 10,90 €   **13,5/20**
Marqué par la framboise, ce vin se révèle coulant, avec une pointe de poivre en fin, bien sur une lotte aux légumes de printemps.

CHÂTEAUMEILLANT COMTE DE BARCELONE 2007
Rosé | 2009 à 2010 | 10,90 €   **13/20**
Vin de rillettes, grâce à son glissant marqué par les fruits rouges.

CHÂTEAUMEILLANT EXTRA-VERSION 2008
Rouge | 2009 à 2013 | 12,30 €   **14,5/20**
On est sur les fruits rouges et de subtiles notes florales, la bouche est coulante et fraîche.

CHÂTEAUMEILLANT VERSION ORIGINALE 2008   ☺
Rouge | 2009 à 2012 | 10,90 €   **13,5/20**
Joli grain de tanin, bouche florale et aérienne.

Rouge : 10 hectares. Blanc : 0,5 hectare.
Production totale annuelle : 65 000 bt.
Visite : Les vendredi après midi seulement.

DOMAINE GILBERT

Les Faucards
18510 Menetou-Salon
Tél. 02 48 66 65 90 - Fax. 02 48 66 65 99
info@domainegilbert.fr
www.domainephilippegilbert.fr

Philippe Gilbert est un vigneron d'une grande probité, il travaille depuis quelques millésimes de la façon la plus naturelle possible pour la conduite de la vigne, avec un directeur technique de talent, Jean-Philippe Louis. Cela se répercute au niveau de la qualité des vins, les trois derniers millésimes sont de belle tenue. Les blancs ont gagné en minéralité et en maturité, les rouges en intensité et en pureté aromatique. Depuis 1999, on valorise les vieilles vignes sur une cuvée renardières, qui donne en blanc des vins plus gras avec une belle tension, et en rouge une matière plus dense. Voilà un domaine qui se situe maintenant dans le haut du panier de l'appellation. 2008 confirme tous les espoirs placés dans ce domaine, qui a encore progressé.

MENETOU-SALON 2008
Blanc | 2009 à 2010 | env 13 €   **15,5/20**
Le nez élégant est marqué par des notes d'agrumes, la bouche se montre vive dès l'attaque et la finale persistante allie la nervosité à un fruité mûr.

MENETOU-SALON 2008   ☺
Rouge | 2009 à 2014 | env 14,50 €   **15/20**
Marqué par la cerise noire, ce 2008 est déjà une véritable gourmandise, ses tanins à la fois souples et fruités sont de belle longueur et on apprécie leur croquant.

MENETOU-SALON RENARDIÈRES 2007
Rouge | 2009 à 2016 | env 23 €   **16/20**
La cerise noire fraîche précède une bouche aux tanins pulpeux de belle longueur, grande réussite.

MENETOU-SALON RENARDIÈRES 2007
Blanc | 2009 à 2016 | env 23 €   **16/20**
Les accents d'abricot et de poivre dominent, la bouche conjugue onctuosité et tension sur la fin, belle harmonie.

Rouge : 15 hectares. Blanc : 12 hectares.
Production totale annuelle : 140 000 bt.
Visite : Du lundi au vendredi, de 8 h 30 à 12 h 30 et de 14 h à 17 h 30.

DOMAINE CLAUDE ET FLORENCE THOMAS LABAILLE

Chavignol
18300 Sancerre
Tél. 02 48 54 06 95 - Fax. 02 48 54 07 80
thomas.labaille@wanadoo.fr

Adepte des petits rendements, Jean-Paul Labaille a succédé à son beau-père au milieu des années 1990. Cet ex-employé de France-Télécom connecte bien ses différentes cuvées, portées sur 9 hectares par les meilleurs terroirs de Chavignol, avec notamment une parcelle située sur les Monts Damnés. Les vins déclinent la minéralité, avec plus de complexité pour les aristides, dont le 2007 commencera à s'épanouir à l'horizon 2010. Les crus 2008 confirment les progrès enregistrés en 2007.

SANCERRE AUTHENTIQUE 2008
Blanc | 2009 à 2014 | 10 €   **14,5/20**
C'est crayeux au nez, avec de la droiture en bouche et des accents de fruits secs.

SANCERRE AUTHENTIQUE 2007
Blanc | 2009 à 2012 | NC   **14/20**
Ce vin, par sa trame minérale, nous dit qu'il est de Chavignol. On apprécie sa franchise de constitution.

SANCERRE FLEUR DE GALIFARD 2008
Blanc | 2011 à 2015 | 26 €   **15/20**
On retient pour l'instant le potentiel, l'aromatique viendra par la suite, il faut attendre.

SANCERRE LES ARISTIDES 2008
Blanc | 2010 à 2013 | 12 €   **15,5/20**
C'est très typé Chavignol au niveau de la minéralité, il y a conjonction de la puissance et de l'élégance en bouche.

SANCERRE LES ARISTIDES 2007
Blanc | 2010 à 2014 | 12 €   **15/20**
Vin tout en retenue au niveau aromatique, mais la trame minérale qui sert d'épine dorsale est belle. Il faut lui laisser au moins un an avant qu'il prenne toute sa dimension.

Rouge : 1,5 hectare. Blanc : 7,5 hectares.
Production totale annuelle : 60 000 bt.
Visite : sur rendez vous.

DOMAINE CLAUDE LAFOND

Le Bois Saint Denis, route de Graçay
36260 Reuilly
Tél. 02 54 49 22 17 - Fax. 02 54 49 26 64
claude.lafond@wanadoo.fr
www.claudelafond.com

«Lorsque j'ai débuté, j'ai raisonné par parcelle, explique Claude Lafond, en plantant le pinot gris dans la Grande Pièce, sur des sables graveleux très peu profonds, les sauvignons sur La Raie, en haut de coteau, et le pinot noir sur une parcelle sablo-limoneuse qui s'appelle Les Grandes Vignes. Pour moi, le vin, c'est un sol, une plante, un climat et des hommes.». D'une belle régularité, les cuvées de blancs et de rosés constituent le point fort de ce domaine. Depuis 2006, une partie des rouges est vendangée à la main, ce qui permet une meilleure définition.

REUILLY LA GRANDE PIÈCE 2008
Rosé | 2009 à 2015 | 7,20 €   **14,5/20**
S'ouvrant sur des parfums plaisants de fraise et de framboise, ce pinot gris a du gras et de la puissance, équilibrés par une franche acidité, ce qui rend la bouche agréable.

REUILLY LA RAIE 2008
Blanc | 2009 à 2011 | 7,20 €   **14/20**
Nez floral et acidulé, si l'équilibre repose sur une belle vivacité, on n'en perçoit pas moins un certain gras qui emplit la bouche.

REUILLY LE CLOS DES MESSIEURS 2008
Blanc | 2009 à 2013 | 8 €   **14,5/20**
Les flaveurs de pamplemousse rose s'accompagnent d'une touche de fleurs blanches. L'attaque se montre franche, puis un beau volume de bouche se développe progressivement, sans rupture.

REUILLY LE CLOS DES MESSIEURS 2007
Blanc | 2009 à 2012 | 8,10 €   **14,5/20**
Les flaveurs de pamplemousse rose s'accompagnent d'une touche miellée. L'attaque se montre franche, puis un beau volume se développe sans rupture.

REUILLY LES GRANDES VIGNES 2008   ☺
Rouge | 2009 à 2010 | 7,20 €   **14/20**
Vin de plaisir immédiat, avec des tanins souples et cerisés et une touche soyeuse.

REUILLY LES GRANDES VIGNES 2007
Rouge | 2009 à 2012 | 7 €   **14/20**
Avec ses notes de griotte relevées par une nuance poivrée, le nez a de l'allure. La bouche montre des tanins mesurés et du répondant.

Rouge : 13 hectares ; pinot noir 30%.
Blanc : 17 hectares Production totale annuelle : 300 000 bt. Visite : De 9 h à 12 h et de 13 h 30 à 18 h.

DOMAINE SERGE LALOUE

Rue de la Mairie
18300 Thauvenay
Tél. 02 48 79 94 10 - Fax. 02 48 79 92 48
contact@serge-laloue.fr
www.serge-laloue.fr

Le Domaine Serge Laloue est une exploitation familiale située sur la commune de
Thauvenay, à 5 km au sud de Sancerre.
Ses coteaux exposés est et sud-est ont des
sols caillouteux riches en silex, ou argilo-
calcaires de deux types, appelés Caillottes
et Terres Blanches. Il se compose de
20 hectares, dont 15 sont plantés en sauvignon pour le sancerre blanc, et 5 en pinot
noir pour le sancerre rouge. Depuis les
années 1990, Franck et Christine Laloue
ont rejoint leur père sur la propriété, et ces
deux générations réunies se hissent progressivement dans le peloton des bons
domaines du Sancerrois, grâce à des
blancs de belle étoffe et des rouges
sérieux.

SANCERRE 2007

Blanc | 2009 à 2011 | 7,80 €   **14/20**
Belle entrée de gamme, fraîche, pimpante
et florale au nez. La bouche souple et fruitée finit tout en fraîcheur, avec un retour
plaisant sur les agrumes. Vin d'apéritif !

SANCERRE 2007

Rouge | 2009 à 2014 | 9,20 €   **14,5/20**
La bouche est dense avec des tanins mûrs,
on a un fruit bien présent dans des nuances
cerisées.

SANCERRE 1166 2007

Blanc | 2011 à 2015 | 16 €   **14/20**
Le premier nez, très fruits jaunes, laisse la
place à des notes exotiques. Pour le moment,
le boisé du milieu de bouche gêne un peu
la dégustation, la matière doit être en mesure
de reprendre le dessus.

SANCERRE RÉSERVÉE 2007

Blanc | 2009 à 2015 | 9,20 €   **15/20**
Cette cuvée de silex se montre raffinée. La
bouche offre un équilibre entre le gras, l'acidité, avec une touche minérale qui relance
et un zeste d'agrume du meilleur effet.

Rouge : 5 hectares. Blanc : 16 hectares.
Production totale annuelle : 140 000 bt.
Visite : De 9 h à 12 h et de 14 h à 17 h.

DOMAINE LAPORTE

Cave de la Cresle, Route de Sury-en-Vaux,
B.P. 34
18300 Saint-Satur
Tél. 02 48 78 54 20 - Fax. 02 48 54 34 33
contact@laporte-sancerre.com
www.laporte-sancerre.com

Laporte est l'un des noms historiques du
Sancerrois, produisant des cuvées de
blancs de haute volée, tant sur Pouilly que
sur Sancerre. Provenant d'une reconnaissance parcellaire datant de 1492, La-vigne-
de-beaussopet est l'un des meilleurs
pouilly-fumés. Ces vieilles vignes expriment au mieux leur terroir de silex.
Ancienne carrière gallo-romaine appelée
Rochetum, le-rochoy est un coteau sancerrois de silex bien exposé, où la maturation des raisins est rapide. Les vins obtenus
sont généreux tout en gardant une belle
fraîcheur. Plus complexe, le-grand-rochoy
regroupe 2,5 hectares de vieilles vignes de
ce secteur, donnant un vin plus ample,
avec une minéralité bien épanouie, au
potentiel de garde plus important. La-
comtesse, située dans les Monts Damnés,
a déjà acquis ses lettres de noblesse.

POUILLY-FUMÉ LA VIGNE DE BEAUSSOPPET 2007

Blanc | 2011 à 2016 | 15,25 €   **16/20**
Cette cuvée, qui est l'une des meilleures
de Pouilly, séduit par sa richesse marquée
par les fruits exotiques et sa minéralité
bien affirmée.

SANCERRE LA COMTESSE 2006

Blanc | 2009 à 2016 | 16,25 €   **16/20**
Située dans les Monts Damnés, cette parcelle bien exposée ouvre sur le pamplemousse rose, la bouche tendue et fraîche
est bien équilibrée avec une minéralité de
bon aloi. C'est un vin idéal sur une sole à
l'émulsion d'huître.

SANCERRE LE GRAND ROCHOY 2007

Blanc | 2011 à 2016 | 15,40 €   **15,5/20**
On apprécie les agrumes et la fraîcheur, avec
une belle structure qui séduit les crustacés.

SANCERRE LE ROCHOY 2007

Blanc | 2009 à 2014 | 12,85 €   **14,5/20**
Le nez exprime les fleurs blanches, la pêche
jaune et les épices, la bouche présente une
pointe minérale de nature à amadouer des
saint-jacques. Ce vin évolue parfaitement.

Rouge : 2,7 hectares. Blanc : 20 hectares.
Production totale annuelle : 250 000 bt.
Visite : De 8 h 30 à 12 h et de 13 h 30 à 17 h
du lundi au vendredi.

DOMAINE ALPHONSE MELLOT

3, rue Porte-César - B.P. 18
18300 Sancerre
Tél. 02 48 54 07 41 - Fax. 02 48 54 07 62
alphonse@mellot.com
www.mellot.com

Cet Alphonse de la dix-neuvième génération, appelé Junior, bien épaulé par sa sœur Emmanuelle, est toujours en ébullition, avec de nouvelles cuvées parcellaires en 2008 : en-satellite, sur Chavignol, et la-demoiselle, sur des terroirs de silex. Ce duo prolonge le travail du père, Senior, qui a trouvé là de dignes successeurs en même temps que des complices... Sur les derniers millésimes, Junior ajoute une intuition de génie, qui permet d'obtenir des résultats à la hauteur de son travail, car les vins sont simplement somptueux et délicieusement lampants, avec des blancs de plus en plus cristallins.

SANCERRE EDMOND 2007
Blanc | 2012 à 2019 | 30 €   **18/20**
De la belle matière et une puissance bien contenue, il conviendra de se montrer patient.

SANCERRE EN SATELLITE 2008
Blanc | 2010 à 2016 | 28 €   **16,5/20**
Cette cuvée est maintenant sur orbite, avec ses touches crayeuses et sa juste tension.

SANCERRE GÉNÉRATIONS 2008
Blanc | 2009 à 2019 | 28 €   **19/20**
Toujours le côté cristallin propre au cru, et cette précision vibrante.

SANCERRE GRANDS-CHAMPS 2007
Rouge | 2009 à 2020 | 45 €   **17/20**
Beaucoup d'élégance et un fruité mûr et frais, ce vin monte en puissance et en harmonie.

SANCERRE LA DEMOISELLE 2008
Blanc | 2009 à 2019 | 25 €   **16/20**
Cette cuvée issue de silex est tout en rebondissements, avec un fruité mûr.

SANCERRE LA MOUSSIÈRE 2008   ☺
Blanc | 2009 à 2016 | 15 €   **16/20**
Bouquet savoureux, bouche onctueuse en attaque et fraîche sur sa seconde partie.

SANCERRE LA MOUSSIÈRE 2008   ☺
Rouge | 2009 à 2013 | 24 €   **16/20**
Très vineuse, cette cuvée est d'un haut niveau, avec une expression cerisée superbe !

VIN DE PAYS DES COTEAUX CHARITOIS 2007 ☺
Rouge | 2009 à 2013 | NC   **15,5/20**
Ce vin au fruité croquant donne déjà beaucoup de plaisir, c'est un sensuel !

Rouge : 8 hectares ; pinot noir 100%.
Blanc : 40 hectares. Production totale annuelle : 330 000 bt. Visite : Visites sur rendez-vous.

DOMAINE ALBANE ET BERTRAND MINCHIN

Saint-Martin
18340 Crosses
Tél. 02 48 25 02 95 - Fax. 02 48 25 05 03
tour.saint.martin@wanadoo.fr

Installé sur Morogues, Bertrand Minchin travaille avec application la vigne, tout en soignant ses vinifications. Au fil des millésimes, il peaufine son style, et ses rouges, maintenant ramassés à la main, comptent parmi les meilleurs du Berry. Les blancs, de belle structure, gagnent également en précision, avec de très prometteurs 2008.

MENETOU-SALON 2008
Rouge | 2009 à 2015 | 10,60 €   **15/20**
Les tanins sont bien enrobés, avec une expression de fruits rouges frais, vin de plaisir.

MENETOU-SALON CÉLESTIN 2008
Rouge | 2011 à 2019 | env 19,50 €   **16/20**
On sent le potentiel, les tanins ont de l'enrobage et surtout un fruité mûr.

MENETOU-SALON MOROGUE 2008
Blanc | 2009 à 2016 | env 10,20 €   **15,5/20**
De la maturité au nez comme en bouche, avec ce fond de minéralité et de l'équilibre.

TOURAINE FRANC DU CÔT LIÉ 2008
Rouge | 2011 à 2017 | env 12,90 €   **16,5/20**
Beaucoup de promesses dans ce vin profond et raffiné dans sa rusticité.

TOURAINE FRANC DU CÔT LIÉ 2007
Rouge | 2009 à 2016 | env 12,90 €   **16,5/20**
Ce vin à la fois profond et gourmand se boit à grandes rasades, un soir de Paulée de Chartres, au deuxième magnum on peut agiter sa serviette en signe de satisfaction. Vin de facture rabelaisienne.

TOURAINE HORTENSE 2008
Blanc | 2009 à 2012 | env 9,20 €   **15,5/20**
On apprécie l'intensité de fruits jaunes et la juste tension de la bouche.

VALENÇAY CLAUX DELORME 2008   ☺
Rouge | 2009 à 2013 | env 7,90 €   **16/20**
Tanins juteux de belle maturité, avec un soyeux unique pour l'appellation. On se régale !

VALENÇAY CLAUX DELORME 2008
Blanc | 2009 à 2012 | env 7,50 €   **15,5/20**
On a des agrumes avec du tilleul au nez, la bouche traduit cette même gamme aromatique.

Rouge : 16 hectares. Blanc : 15 hectares. Production totale annuelle : 200 000 bt. Visite : Du lundi au jeudi, de 8 h 30 à 12 h et de 14 h à 17 h 30, et le vendredi jusqu'à 17 h. Le week-end sur rendez-vous.

DOMAINE HENRY NATTER

Place de l'Église
18250 Montigny
Tél. 02 48 69 58 85 - Fax. 02 48 69 51 34
info@henrynatter.com
www.henrynatter.com

Depuis 1974, date à laquelle ils ont créé le domaine, Cécile et Henry Natter sont respectueux de l'environnement de leur îlot viticole de Montigny. «Pour être acceptés par le monde du vin, nous nous devions de soigner la qualité», expliquent-ils en souriant. Dès les premiers millésimes, l'intégration se fait facilement et aujourd'hui, les enfants, Mathilde et Auguste, sont revenus sur le domaine familial, avec la même philosophie de culture raisonnée et un désir de sélection et d'élevage propres à la nouvelle génération qui a pris le pouvoir en Sancerrois. Le sous-sol argilo-calcaire et la parfaite maturité des vendanges permettent d'obtenir des blancs riches, avec des touches souvent exotiques, sans aucune lourdeur. Les rouges sont élégants et précis. Toutes ces cuvées gagnent de la complexité au bout de deux ou trois ans.

SANCERRE FRANÇOIS DE LA GRANGE 2007
Blanc | 2011 à 2014 | 10,50 €   15,5/20
La mangue domine une bouche bien construite, avec une attaque en rondeurs, puis la trame tendue apparaît, avec une fin minérale.

SANCERRE L'ENCHANTEMENT 2005
Rouge | 2009 à 2020 | 12,50 €   15/20
Goûtée régulièrement, cette cuvée qui vit le jour sur le millésime 2005 gagne en complexité et en raffinement, avec des tanins suaves d'une réelle profondeur avec des accents cerisés et menthés.

SANCERRE LES CLASSIQUE D'HENRY 2007
Rouge | 2010 à 2013 | 8,00 €   13/20
Vin de fraîcheur, marqué par des accents de cerise, idéal sur une volaille.

SANCERRE LES CLASSIQUES D'HENRY 2007
Blanc | 2009 à 2014 | 8,00 €   15/20
Ce vin frais et coulant claque en bouche, avec des notes de pamplemousse et une pointe minérale qui sied bien au crottin de Chavignol.

Rouge : 4 hectares ; pinot noir 100%.
Blanc : 17 hectares ; sauvignon blanc 100%.
Production totale annuelle : 140 000 bt.
Visite : Du lundi au vendredi sur rendez-vous de 9 h à 12 h et de 14 h à 17 h.

DOMAINE DU NOZAY

Château du Nozay
18240 Sainte-Gemme-en-Sancerrois
Tél. 02 48 79 30 23 - Fax. 02 48 79 36 64
Nozays@aol.com

Il faut lire les vers de la contre-étiquette, qui donne avec humour le ton de ce domaine familial où Philippe de Benoist, flanqué de son fils Cyril, ne vinifie qu'une cuvée, sous l'œil attentif de Pierre, l'autre garçon, directeur du Domaine de Villaine, à Bouzeron. Quant au sancerre blanc, il est élégant, subtil dans sa minéralité et claque bien en bouche. Le 2007 se boit sur un carpaccio de saint-jacques truffées, et le 2008 s'annonce prometteur.

SANCERRE 2008
Blanc | 2009 à 2014 | NC   16/20
Tout ce qu'on attend d'un sancerre blanc, le floral, le fruité frais, la touche de minéralité, et une bouche élégante et tendue particulièrement équilibrée.

SANCERRE 2007
Blanc | 2009 à 2015 | NC   16/20
Absolument délicieux, ce blanc offre des flaveurs de pamplemousse avec une touche minérale très subtile, la bouche est d'une grande élégance. Ce vin approche volontiers un carpaccio de saint-jacques truffées.

Blanc : 15 hectares. Production totale annuelle : 100 000 bt. Visite : De 9 h à 11 h 30 sur rendez-vous.

DOMAINE HENRY PELLÉ

Route d'Aubinges
18220 Morogues
Tél. 02 48 64 42 48 - Fax. 02 48 64 36 88
info@henry-pelle.com
www.henry-pelle.com

Anne Pellé, bien secondée par son fils, a repris les rênes du domaine après le décès accidentel de son mari. Le travail à la vigne comme celui en cuverie permettent une véritable sélection des terroirs. Ainsi en blanc, on a des expressions bien marquées : morogues est délicieusement tonique et le clos-de-ratier prendra de la complexité avec l'âge des vignes. Ce terroir, qui a fait la réputation de Moroques, a été replanté en 1988 et les derniers ares en 2003. Ici, le calcaire kimméridgien excelle, il confère au vin des touches iodées, avec un 2008 particulièrement réussi. Le clos-des-blanchais reste une référence en sauvignon, sa minéralité bien épanouie fait merveille au bout de trois ans.

MENETOU-SALON 2008
Blanc | 2009 à 2011 | 7,50 €   **14,5/20**
Ce vin donne le ton du millésime, bien réussi sur ce domaine, on aime sa franchise d'expression.

MENETOU-SALON CLOS DE RATIER 2008
Blanc | 2010 à 2014 | env 16 €   **16,5/20**
Précis dans sa minéralité, c'est le meilleur ratier produit, et il constitue l'une des bouteilles de l'année en sauvignon.

MENETOU-SALON CLOS DES BLANCHAIS 2007
Blanc | 2009 à 2015 | 15 €   **15/20**
La trame minérale et des flaveurs abricotées nuancées d'anis signent ce millésime bien équilibré.

MENETOU-SALON MOROGUES 2006
Rouge | 2009 à 2010 | épuisé   **14/20**
Ce vin franc, tout en fruits rouges, se révèle croquant et frais.

Rouge : 12 hectares ; pinot 100%. Blanc : 30 hectares ; sauvignon 100%. Production totale annuelle : 350 000 bt. Visite : Du lundi au vendredi, de 9 h à 12 h et de 13 h 30 à 17 h 30, samedi sur rendez-vous.

DOMAINE VINCENT PINARD

42, rue Saint-Vincent
18300 Bué
Tél. 02 48 54 33 89 - Fax. 02 48 54 13 96
vincent.pinard@wanadoo.fr

Grand spécialiste des rouges, Vincent Pinard et ses fils Florent et Clément ont bien affiné le style de leurs blancs, et ce domaine présente désormais de sacrées garanties en la matière.

SANCERRE CHÊNE MARCHAND 2008
Blanc | 2010 à 2016 | 24 €   **16/20**
Dominé pour l'instant par son élevage, ce vin affiche un beau potentiel et une belle matière.

SANCERRE CUVÉE CHARLOUISE 2008
Rouge | 2010 à 2017 | NC   **17/20**
On sent, sous l'élevage, la pureté et une intensité de fruits noirs qui s'affirmera progressivement.

SANCERRE CUVÉE NUANCE 2007
Blanc | 2009 à 2012 | NC   **15/20**
Les accents d'agrumes se retrouvent dans une bouche à l'attaque onctueuse, avec juste ce qu'il faut de vivacité pour exciter des saint-jacques.

SANCERRE FLORÈS 2008
Blanc | 2009 à 2012 | 9,90 €   **16/20**
Aériennne et gourmande, cette cuvée est déjà pleine de charme, et bien définie au niveau aromatique, avec ses accents floraux et des touches d'agrumes.

SANCERRE FLORÈS 2006
Blanc | 2009 à 2010 | NC   **15/20**
On ne se pose pas de question, ce vin floral et élégant se boit allègrement, sur les trois ans après sa mise en bouteilles, sur un crottin de Chavignol.

SANCERRE PETIT CHEMARIN 2007
Blanc | 2009 à 2016 | NC   **17/20**
Ce vin bien né allie puissance et élégance sur fond de minéralité, avec des touches d'agrumes, l'un des secs du millésime sur la région.

SANCERRE VENDANGES ENTIÈRES 2008
Rouge | 2010 à 2017 | NC   **17,5/20**
Déjà délicieux, ce vin est né avec des tanins superbement dessinés, et un fruité vibrant.

SANCERRE VENDANGES ENTIÈRES 2006
Rouge | 2010 à 2020 | NC   **18/20**
C'est l'une des grandes bouteilles du millésime, il y a une structure imposante en même temps qu'une finesse et une fraîcheur de première saveur, avec une déclinaison de cerises allant jusqu'à la burlat, il faut oser le magnum.

Rouge : 4,5 hectares ; pinot noir 100%.
Blanc : 11,5 hectares ; sauvignon blanc 100%.
Production totale annuelle : 100 000 bt.
Visite : Sur rendez-vous.

DOMAINE DES POTHIERS

Les Pothiers
42155 Villemontais
Tél. 04 77 63 15 84 - Fax. 04 77 63 19 24
domainedespothiers@yahoo.fr

Romain Payre est devenu l'un des fers-de-lance de la Côte Roannaise, et ses vins commencent à apparaître sur les tables étoilées. Xavier Fortin, le sommelier de Jacky Dallais, au Petit-Pressigny, propose à ce sujet des accords savoureux, y compris avec les bulles. Toutes les cuvées sont vendangées manuellement, à partir de terroirs granitiques. Fraîche et coulante, la cuvée référence se boit sur le fruit de sa jeunesse. Plus complexe, le domaine-des-pothiers est une sélection de vieilles vignes que l'on peut conserver au moins trois ans. Vin de demi-garde, clos-du-puy est issu d'une seule parcelle qui porte des vignes de plus de quatre-vingts ans. Nouveauté de ce millésime, un vin de paille de gamay, réussi comme toutes les autres cuvées.

CÔTE ROANNAISE CLOS DU PUY 2008
Rouge | 2010 à 2014 | 8,50 €   **15,5/20**
Bon potentiel pour cette cuvée qu'il faut carafer à ce stade d'évolution. On apprécie la profondeur du nez marqué par les fruits noirs et la bouche où le boisé est bien intégré.

CÔTE ROANNAISE N°6 2008
Rouge | 2009 à 2014 | 8,00 €   **15/20**
Pas d'égrappage ni de filtration, pour cette cuvée réalisée avec 100% de levures indigènes ; dominée par la cerise noire, elle séduit par ses tanins soyeux et pulpeux.

CÔTE ROANNAISE RÉFÉRENCE 2008
Rouge | 2009 à 2012 | 5,20 €   **14,5/20**
Les fruits noirs sautent au nez, les tanins sont frais et gourmands.

CÔTE ROANNAISE VIEILLES VIGNES 2008
Rouge | 2010 à 2015 | 5,50 €   **15/20**
Fruité confituré, avec une belle matière, ce vin est en devenir.

Rouge : 7,25 hectares. Blanc : 1.25 hectare.
Production totale annuelle : 50 000 bt.
Visite : De 8 h à 12 h et de 14 h a 19 h.

PRIEUR PIERRE ET FILS

Rue Saint-Vincent
18300 Verdigny
Tél. 02 48 79 31 70 - Fax. 02 48 79 38 87
prieur-pierre@netcourrier.com
www.vinsancerre-prieurpierre.com

Ce domaine a produit, sur les derniers millésimes, des cuvées de rouge de bonne facture. La cuvée domaine possède toujours un joli fruit, et la cuvée maréchal-prieur talonne les meilleurs chaque année, grâce à sa concentration mesurée et sa précision aromatique. Toutes les vignes de pinot noir sont enherbées, le travail du sol s'effectue de façon scrupuleuse et les vendanges sont manuelles avec un tri sélectif, les raisins sont égrappés à 100%. Les blancs sont vifs et agiles.

SANCERRE 2007
Rouge | 2009 à 2012 | NC   **14,5/20**
Plaisant sur les fruits rouges, avec du nerf et un joli fruit, ce vin a du charme.

SANCERRE 2007
Blanc | 2009 à 2010 | NC   **13,5/20**
Coulant, et déjà bien, avec son fruité croquant.

SANCERRE CUVÉE MARÉCHAL PRIEUR 2006
Rouge | 2009 à 2016 | NC   **16/20**
Du fond et des tanins frais et longs, voilà l'une des réussites du millésime pour son équilibre.

Rouge : 5 hectares. Blanc : 12.5 hectares.
Production totale annuelle : 140 000 bt.
Visite : De 9 h à 12 h et de 14 h à 18 h.

MICHEL REDDE ET FILS

La Moynerie
58150 Saint-Andelain
Tél. 03 86 39 14 72 - Fax. 03 86 39 04 36
thierry-redde@michel-redde.com
www.michel-redde.com

En souvenir de son bisaïeul Gustave Daudin, Thierry Redde a conservé quelques hectares de chasselas, cépage historique des vins de Pouilly-sur-Loire. Sur le fruit, ils accompagnent parfaitement la fromagée. Le domaine est également tourné vers l'avenir, avec l'arrivée de la jeune génération qui, à partir de 2005, élabore ses cuvées en isolant chaque type de terroir. Sur Tracy, les-champs-des-billons traduisent l'élégance des terroirs de caillotes, composés d'argile et de calcaires. Sur Pouilly, les-cornets sont issus de marnes, appelées également terres blanches, qui donnent des vins plus opulents. Les-bois-de-saint-andelain proviennent de sols où cohabitent argiles et silex, cette cuvée allie la fraîcheur et une minéralité assez tendre. Les cuvées parcellaires de 2006 s'annoncent bien, et en 2008, nous avons craqué pour le petit-fumé !

Pouilly-Fumé Les Bois de Saint-Andelain 2006
Blanc | 2009 à 2015 | 22 €   **15/20**
Avec un tel vin, on est toujours prêt à se perdre dans les bois, pour que s'exprime le tranchant de cette cuvée de silex.

Pouilly-Fumé Les Champs des Billons 2006
Blanc | 2009 à 2014 | 22 €   **15/20**
On apprécie l'élégance due au terroir calcaire, avec des touches salines en fin.

Pouilly-Fumé Les Cornets 2006
Blanc | 2009 à 2012 | 22 €   **14/20**
L'ananas domine l'aromatique de ce vin plus large que long.

Pouilly-Fumé Majorum 2005
Blanc | 2009 à 2015 | 30 €   **16,5/20**
Ce vin commence à rayonner, et il combine au mieux le gras et la minéralité propres à ce cru, l'aromatique aux nuances exotiques se met bien en place. En hausse par rapport à notre dernière dégustation.

Pouilly-Fumé Petit Fumé 2008   ☺
Blanc | 2009 à 2012 | 11 €   **15/20**
Pur vin de plaisir, sur ce cru qui décline les nuances fumées de l'appellation de la façon la plus franche et coulante.

Blanc : 40 hectares ; chasselas 3%, sauvignon blanc 97%.
Production totale annuelle : 240 000 bt.
Visite : De 8 h à 18 h.

DOMAINE VALÉRY RENAUDAT

3, place des Écoles
36260 Reuilly
Tél. 02 54 49 38 12 - Fax. 02 54 49 38 26
domaminevaleryrenaudat@cegetel.net

Après l'obtention d'un BTS viti-œno et d'un BTS gestion et comptabilité, Valéry Renaudat officia sept mois dans une winery américaine. Revenu en France, il opte pour le Bordelais puis la Bourgogne, où il travaille chez de grandes signatures comme Vincent Girardin. De retour au pays, il achète des vignes sur Quincy et sur Reuilly, pour un premier millésime 1999 de bonne tenue. Le domaine compte maintenant 3 hectares sur le Cher et 7 en terre reuilloise. La dégustation s'effectue dans le bourg de Reuilly, à une cinquantaine de mètres de la mairie. Le pinot noir sur argilo-calcaires est toujours bien constitué. Le quincy, cette année, était supérieur au reuilly blanc, dans l'affirmation de sa tension rafraîchissante.

Quincy 2008   ☺
Blanc | 2009 à 2011 | 6,70 €   **14,5/20**
Vin droit, aux flaveurs de tilleul et de citron, bouche vive, tendue et coulante.

Reuilly 2007
Rouge | 2009 à 2011 | 6,70 €   **14/20**
Nez de fruits rouges, bouche bien dessinée, avec ce qu'il faut de fraîcheur.

Reuilly 2008
Blanc | 2009 à 2011 | 6,70 €   **12,5/20**
Bourgeon de cassis et fleurs blanches se mêlent bien, dans une bouche coulante et fraîche.

Rouge : 3 hectares. Blanc : 7 hectares.
Production totale annuelle : 90 000 bt.
Visite : De 9 h à 12 h 30 et de 13 h 30 à 19 h sur rendez-vous. Le week-end uniquement le matin.

DOMAINE NICOLAS ET PASCAL REVERDY

Maimbray
18300 Sury-en-Vaux
Tél. 02 48 79 37 31 - Fax. 02 48 79 41 48
reverdypn@wanadoo.fr

La disparition tragique de Nicolas Reverdy a plongé les amateurs dans la consternation, car ce domaine est l'une des valeurs montantes de son appellation. Bien aidés par leurs amis vignerons, Pascal et l'épouse de Nicolas font front, et continuent sur la lancée du début de ce siècle. Les cuvées terre-de-maimbray, issues de terroirs argilo-calcaire, constituent de bons rapports qualité-prix. Le blanc affiche une franche minéralité et un fruité très frais. Le rouge, très gourmand, possède une belle structure. Les vieilles-vignes proviennent de sols d'argile bleue, cela donne des sauvignons plus intenses qui traduisent au mieux l'expression des grands sancerres. Les deux derniers millésimes confirment ces progrès.

SANCERRE A NICOLAS 2007

Rouge | 2011 à 2015 | 14 €   **16/20**
Cette cuvée spéciale, en hommage à Nicolas, offre une robe carminée, un nez vanillé sur fond de cerise noire, la bouche est profonde, les tanins sont fermes et offrent une belle fraîcheur.

SANCERRE ANGELOTS 2008

Blanc | 2011 à 2017 | env 13,50 €   **15,5/20**
C'est tranchant, minéral, bien ciselé, avec une structure qui doit permettre à ce vin de tenir dans le temps.

SANCERRE TERRE DE MAIMBRAY 2008

Blanc | 2009 à 2015 | 8,50 €   **15/20**
Minéralité au ne,z avec des fruits jaunes, belle trame en bouche, vin élégant.

SANCERRE TERRE DE MAIMBRAY 2007

Rouge | 2009 à 2014 | 9 €   **15,5/20**
Accents de noyau de cerise avec de jolis tanins, ce sancerre se boit sur une volaille.

Rouge : 3,1 hectares ; pinot 100%.
Blanc : 11 hectares ; sauvignon 100%. Production totale annuelle : 100 000 bt. Visite : Le lundi, mardi, jeudi, vendredi et samedi de 9 h à 12 h et 14 h 30 à 18 h. dimanche sur rendez-vous.

CLAUDE RIFFAULT

Maison Sallé
18300 Sury-en-Vaux
Tél. 02 48 79 38 22 - Fax. 02 48 79 36 22
claude.riffault@wanadoo.fr

Soucieux de figurer dans le peloton de tête du Sancerrois, Stéphane Riffault tient solidement la barre de cette propriété familiale où il prend l'avis de son père Claude. Son frère Benoît, qui a repris en main les destinées du domaine Sauzet, à Puligny-Montrachet, surveille la manœuvre. Les vignes sont labourées et enherbées, et les ébourgeonnages sont stricts pour optimiser la maturité. Les cuvées sont toujours bien différenciées suivant les terroirs, avec un véritable déclic à partir de 2006. Les 2008 sont pleins de promesses.

SANCERRE ANTIQUE 2008

Blanc | 2010 à 2019 | 13 €   **17,5/20**
C'est l'une des cuvées les plus abouties du Sancerrois dans sa trame minérale, on sent pour l'instant la structure plus large qu'en 2007, il faut lui laisser du temps.

SANCERRE ANTIQUE 2007

Rouge | 2009 à 2015 | 13 €   **16/20**
Les tanins s'arrondissent et le fruit a du répondant.

SANCERRE ANTIQUE 2007

Blanc | 2009 à 2015 | 12 €   **17/20**
La minéralité racée s'affirme ici, on loue la grande digestibilité de ce vin.

SANCERRE LES BOUCAUDS 2008

Blanc | 2009 à 2012 | 9,20 €   **14,5/20**
Très pamplemousse, ce vin élégant et croquant a du charme.

SANCERRE LES CHASSEIGNES 2008   ☺

Blanc | 2009 à 2014 | 9,20 €   **16/20**
On sent des notes crayeuses avec des touches de citron confit, la bouche a une assise bien équilibrée, à boire sur un saumon fumé.

SANCERRE LES PIERROTES 2007

Blanc | 2009 à 2015 | NC   **16/20**
On apprécie l'assise minérale du vin, son tranchant convient à une purée de céleri truffée.

Rouge : 3,5 hectares ; pinot noir 100%.
Blanc : 10 hectares ; sauvignon blanc 100%.
Production totale annuelle : 90 000 bt.
Visite : De 9 h à 12 h et de 14 h à 19 h.

JEAN-MAX ROGER

11, place du Carrou
18300 Bué
Tél. 02 48 54 32 20 - Fax. 02 48 54 10 29
contact@jean-max-roger.fr
www.jean-max-roger.fr

Les premiers écrits mentionnant la famille Roger sur Bué remontent au XVIIᵉ siècle. Aujourd'hui, le domaine couvre une superficie de 26 hectares, sur Sancerre et Menetou-Salon. Travaillant avec ses deux fils, Étienne et Thibault, depuis 2004, Jean-Max Roger produit des vins que l'on doit attendre pour qu'ils dévoilent toutes leurs qualités aromatiques. Les rouges, bien constitués, évoluent de belle façon et gagnent en complexité avec l'âge. Les blancs gagnent en précision sur les derniers millésimes. 2007 et 2008 confirment la belle évolution de ce domaine incontournable de Bué.

SANCERRE CUVÉE CM 2007
Blanc | 2009 à 2013 | 12,50 €   **15/20**
Finesse et puissance caractérisent ce vin produit à partir de parcelles de caillotes et de marnes. On sent les agrumes, les fleurs blanches et une trame un peu plus tendue en fin de bouche. Ce vin a gagné en complexité et en raffinement depuis notre dernière dégustation.

SANCERRE LA GRANGE DIMIÈRE 2008
Rosé | 2009 à 2018 | 12,50 €   **16,5/20**
Minéralité élégante, pour ce blanc qui vibre sur une purée d'oca du Pérou aux truffes et son huile Vigean de pépins de courge. On a sur ce vin déjà une vraie dimension gastronomique !

SANCERRE LES CAILLOTTES 2007
Blanc | 2009 à 2013 | 12,50 €   **14,5/20**
Ce vin est à la fois rond et frais, avec une élégance qui convient bien à un turbot grillé.

SANCERRE VIEILLES VIGNES 2007
Rouge | 2010 à 2014 | 19,20 €   **15/20**
Ce vin, qui allie puissance et finesse, a du style et surtout un coulant remarquable.

SANCERRE VIEILLES VIGNES 2007
Blanc | 2011 à 2016 | 18 €   **16,5/20**
Puissance et élégance pour ce vin très stylé qui possède un beau potentiel. Oublions-le une paire d'années avant qu'il commence son récital.

Rouge : 6 hectares. Blanc : 25 hectares.
Production totale annuelle : 220 000 bt.
Visite : De 8 h à 12 h et de 14 h à 17 h 30.

DOMAINE ROBERT SÉROL

Les Estinaudes
42370 Renaison
Tél. 04 77 64 44 04 - Fax. 04 77 62 10 87
contact@domaine-serol.com
www.domaine-serol.com

Situé à Renaison, au lieu-dit Les Blondins, ce domaine possède un vignoble de 20 hectares, où le gamay s'exprime totalement sur les sols de granit et de porphyre. Le travail des Serol est exemplaire, et le soutien de Pierre Troisgros total. Mises en scène pour les besoins du guide par Michel Troisgros, les différentes cuvées ont prouvé leur bonne tenue à table sur des plats de homard, tripes ou truffes. La collection de rosés présentée cette année est également de bonne tenue, allant de la bulle au demi-sec en passant par le sec de casse-croûte, qui est devenu sur cette propriété un sport olympique.

CÔTE ROANNAISE CUVÉE TROISGROS 2008
Rouge | 2009 à 2014 | 7,15 €   **15,5/20**
La mûre et la myrtille dominent, la bouche est fraîche et les tanins ont le velours qu'il faut pour que cette cuvée soit estampillée Troisgros.

CÔTE ROANNAISE L'INCORRUPTIBLE 2008
Rouge | 2010 à 2013 | 8,40 €   **15,5/20**
On utilise 100% de levures indigènes pour cette nouvelle cuvée où, en plus du fruité gourmand, on apprécie la violette. Les tanins sont élégants.

CÔTE ROANNAISE LES BLONDINS 2008
Rouge | 2009 à 2014 | 6,15 €   **15/20**
Cette parcelle plantée il y quinze ans par Robert Sérol et Pierre Troisgros est en conversion à l'agriculture biologique. On apprécie la pureté de fruit.

CÔTE ROANNAISE LES ORIGINELLES 2008
Rouge | 2009 à 2011 | 5,25 €   **14,5/20**
Très lampante, cette cuvée ouvre sur un fruit rayonnant, et une structure conforme à cette entrée de gamme.

CÔTE ROANNAISE LES VIEILLES VIGNES 2008
Rouge | 2009 à 2014 | 5,95 €   **15/20**
On a le fruité mûr et une touche fumée derrière, les tanins sont gourmands.

Rouge : 18.4 hectares ; gamay 100%.
Blanc : 0.60 hectare ; viognier 100%.
Production totale annuelle : 130 000 bt.
Visite : Du lundi au samedi, de 9 h à 12 h et de 14 h à 19 h.

DOMAINES TATIN

Le Tremblay
18120 Brinay
Tél. 02 48 75 20 09 - Fax. 02 48 75 70 50
jeantatin@wanadoo.fr
www.domaines-tatin.com

Uni à la vigne et à la cuve, ce couple de la viticulture berrichonne fait domaine à part. Chantal exploite, sur 9 hectares, le Domaine des Ballandors, planté essentiellement en jeunes vignes. Cela donne des cuvées aux flaveurs de fleurs et de groseille blanche, que l'on boit rapidement et qui évoluent bien. Plus masculins, les vins du Domaine du Tremblay sont ceux de Jean. Ce dernier, passionné d'histoire, est à cheval sur l'étiquette des riches heures du duc de Berry comme sur la qualité de ses vins. Les 2008 sont plus réussis que les 2007, et ils se boivent déjà à grandes lampées.

QUINCY BALLANDORS 2008
Blanc | 2009 à 2012 | 7,50 €   **14/20**
Le vin claque bien en bouche, on sent une trame tendue et fraîche.

QUINCY CUVÉE SUCELLUS 2005
Blanc | 2009 à 2015 | épuisé   **15,5/20**
Ce vin évolue parfaitement, et il confirme nos premières dégustations dans le style sauvignon de garde, par sa structure et son fruité frais et mûr.

QUINCY DOMAINE DU TREMBLAY, VIEILLES VIGNES 2008
Blanc | 2009 à 2013 | 8,50 €   **15/20**
Toujours du fond et de l'élégance, dans le style floral, agrumes, pour ce vin qui appelle le fromage de chèvre.

REUILLY 2008
Rouge | 2009 à 2011 | 7,30 €   **14/20**
Très noyau de cerise, ce vin a plus de couleur qu'en 2007, et plus de fond.

REUILLY 2008
Rosé | 2009 à 2012 | 7,50 €   **14,5/20**
Nez floral avec quelques nuances épicées, le fruité frais en bouche est bien défini.

Rouge : 3 hectares ; pinot gris 1%, pinot noir 1%. Blanc : 20 hectares ; sauvignon 1%. **Production totale annuelle :** 180 000 bt. **Visite :** Du lundi au vendredi, de 8 h à 18 h, le week-end sur rendez-vous.

DOMAINE JEAN TEILLER

13, Route de la Gare
18150 Menetou-Salon
Tél. 02 48 64 80 71 - Fax. 02 48 64 86 92
domaine-teiller@wanadoo.fr
www.domaine-teiller.fr

Jean-Jacques Teiller est l'un des piliers de Menetou-Salon, où il produisait des vins francs, coulants et charmeurs. Il travaille maintenant avec sa fille Patricia et son gendre Olivier Luneau, qui ont fait leurs premiers assemblages sur les bancs du lycée viticole de Beaune. Le trio évolue en soignant le cultural et un élevage plus précis. Progressivement, il prend sa place dans le quatuor gagnant de l'appellation, et 2008 pourra être encavé pour fêter dignement la naissance de la petite Juliette.

MENETOU-SALON 2008
Blanc | 2009 à 2013 | env 8 €   **16/20**
Nez de citron confit avec une touche minérale, l'attaque est pleine, c'est déjà très bon.

MENETOU-SALON 2008
Rouge | 2009 à 2012 | NC   **14,5/20**
Joli nez de fruits frais, on a l'impression d'être sur une corbeille après la cueillette. Les tanins sont longs et croquants.

MENETOU-SALON HOMMAGE 2006
Rouge | 2009 à 2015 | env 10 €   **15/20**
Cette cuvée s'identifie aux vieilles vignes plantées depuis 1970, le vin décline des flaveurs de cerise qui évoluent vers le noyau, les tanins s'arrondissent et ils attendent un sauté de veau.

MENETOU-SALON MADEMOISELLE T 2007
Blanc | 2011 à 2017 | env10 €   **16/20**
Cette parcelle de sauvignon provient d'un milieu de coteau exposé au sud. L'élevage sur lie lui apporte juste ce qu'il faut de gras, puis la minéralité s'installe avec un dégradé d'agrumes rafraîchissant, il y a plus de précision en 2007 qu'en 2006.

MENETOU-SALON RENCONTRE 2007
Blanc | 2009 à 2017 | env 13 €   **17/20**
Voilà l'une des plus belles rencontres que l'on puisse faire sur l'appellation, la bouche est riche, pleine et surtout tendue au cordeau, l'aromatique est dominé par une salinité savoureuse.

Rouge : 7 hectares ; pinot noir 100%. Blanc : 10 hectares ; sauvignon 100%. **Production totale annuelle :** 120 000 bt. **Visite :** De 8 h 30 à 12 h et de 13 h 30 à 18 h.

CHÂTEAU DE TRACY

58150 Tracy-sur-Loire
Tél. 03 86 26 15 12
contact@chateau-de-tracy.com
www.chateau-de-tracy.com

Le Comte Henry d'Estutt d'Assay est le descendant d'une famille venue d'Écosse, pour
servir la couronne de France au xvᵉ siècle. En
retour, le glorieux ancêtre reçut la seigneurie
d'Assay. Nœud papillon, veste à carreaux,
moustache effilée, l'actuel propriétaire de ce
château viticole adopte une attitude très bri-
tish. Il vous explique les deux parties de son
vignoble, bien exposé sur les coteaux de
Tracy et Vilmay, constituant ainsi une superficie de 31 hectares. Dans sa jeunesse, ce
pouilly-fumé peut vous paraître un peu sur la
réserve. C'est normal, car il convient de l'attendre au moins deux ou trois ans avant que
ce cru puisse s'affirmer. Les cuvées made-
moiselle-t et haute-densité ont permis au
domaine de franchir un cap qualitatif.

POUILLY-FUMÉ 2008
Blanc | 2009 à 2012 | 17 €   **14/20**
Le bourgeon de cassis et des touches florales marquent ce classique de la maison,
qui s'affirmera sur des crustacés.

POUILLY-FUMÉ HAUTE DENSITÉ 2008
Blanc | 2011 à 2015 | NC   **15,5/20**
On sent la structure et la densité de la cuvée,
le temps affinera le tout.

POUILLY-FUMÉ HAUTE DENSITÉ 2006
Blanc | 2009 à 2016 | env 44 €   **16,5/20**
Nez de fruits exotiques, attaque onctueuse,
bouche offrant une réelle plénitude, avec
des touches minérales en fin ; il convient
de carafer ce vin pour qu'il s'affirme.

POUILLY-FUMÉ MADEMOISELLE T 2008
Blanc | 2010 à 2012 | 11,50 €   **14,5/20**
Nez de bourgeon de cassis et de buis, la
bouche est fraîche et bien proportionnée.

POUILLY-FUMÉ MADEMOISELLE T 2006
Blanc | 2009 à 2012 | épuisé   **15,5/20**
Le pamplemousse et quelques touches
iodées constituent la palette aromatique de
ce vin au profil élégant ; avec le temps, ce
vin gagne en complexité.

Blanc : 31 hectares **Production totale annuelle :**
200 000 bt. **Visite :** De 8 h à 12 h et de 13 h 30
à 17 h 30. Le vendredi que le matin et l'après-midi
sur rendez-vous ainsi que le week-end.

DOMAINE VACHERON

1, rue du Puits-Poulton
B.P. 49
18300 Sancerre
Tél. 02 48 54 09 93 - Fax. 02 48 54 01 74
vacheron.sa@wanadoo.fr

Jean-Dominique et Jean-Laurent Vacheron ont apporté un souffle biodynamique à
ce domaine phare du Sancerrois, sous le
regard bienveillant de leurs pères Jean-
Louis et Denis. Le travail à la vigne paie
pleinement, les blancs 2008 et 2007 sont
de haute volée. Cuvée phare, les-romains
bénéficie de l'une des meilleures expositions de l'appellation. Les rouges restent
toujours des références, ils sont meilleurs
à table après un passage en carafe.

SANCERRE 2008
Blanc | 2009 à 2012 | NC   **16/20**
Subtilement salin, voilà un vin bien né qui
donne un plaisir raffiné dans un mode minéral harmonieux.

SANCERRE 2007
Blanc | 2009 à 2011 | NC   **15/20**
Pêche blanche et iodée, cette cuvée a du
coulant, elle est déjà délicieuse sur un carpaccio de saint-jacques.

SANCERRE 2007   ⓤ
Rouge | 2009 à 2014 | NC   **15/20**
On apprécie les nuances de cerise et le coulant des tanins, vin de charme.

SANCERRE LA BELLE DAME 2008
Rouge | 2010 à 2017 | NC   **17,5/20**
À ce stade, le sancerre rouge est subtil et
très prometteur dans le dessin des tanins
et la pureté de fruit.

SANCERRE LA BELLE DAME 2007
Rouge | 2011 à 2019 | NC   **17/20**
Suavité de texture superbe, fruit pur, ce vin
part bien dans la vie et il faut compter sur
lui pour les prochaines années. Il convient
de le carafer.

SANCERRE LES ROMAINS 2007
Blanc | 2012 à 2016 | NC   **16/20**
Le côté solaire de ce terroir privilégié de Sancerre apparaît ici, avec des flaveurs de fruits
exotiques, d'épices et de la fraîcheur, qui
laisse augurer de belles émotions d'ici
quelques années.

Rouge : 10,75 hectares ; pinot noir 100%.
Blanc : 34,25 hectares ; sauvignon blanc 100%.
Production totale annuelle : 200 000 bt.

DOMAINE JACQUES VINCENT

11, chemin des Caves
18120 Lazenay
Tél. 02 48 51 73 55 - Fax. 02 48 51 14 96
jacvin@aliceadsl.fr
www.vinimarket.fr

Issu d'un pressurage puis d'une légère macération, le pinot gris constitue la grande originalité de Reuilly. Plus de plantations sur les sables graveleux ou argileux permettraient à l'appellation de bien se démarquer, même si cette combinaison sol-cépage demande plus de soins à la vigne et en cuverie. Passionné par la question, Jacques Vincent est le seul vigneron sur l'appellation à posséder une majorité de pinot gris sur son domaine, avec 60%. Chaque année, sa cuvée est l'une des plus recherchées, pour son élégance et sa fraîcheur. Au niveau aromatique, le vin évolue avec le temps : le côté pêche blanche de la jeunesse, selon les millésimes, disparaît pour laisser la place aux fruits confits et aux épices. Par sa digestibilité, ce cru est taillé pour la gastronomie. 2008 s'annonce sous les meilleurs auspices.

REUILLY PINOT GRIS 2008
Rosé | 2009 à 2015 | 6,50 €   **15,5/20**
Un pinot gris comme on les aime, avec ses accents de pêche blanche et de poivre, attaque onctueuse en bouche, se terminant sur le fruit frais. Belle réussite !

REUILLY PINOT GRIS 2007
Rosé | 2009 à 2012 | 6,50 €   **14,5/20**
Droit et sur les fruits rouges, voilà un millésime sur la fraîcheur, avec quelques touches poivrées en fin de bouche.

REUILLY PINOT GRIS 2003
Rosé | 2009 à 2014 | 6,50 €   **15/20**
Nez miellé, attaque suave, il y a une belle matière, bien tenue par l'acidité.

Rouge : 4,5 hectares. **Blanc :** 4,5 hectares.
Production totale annuelle : 60 000 bt.
Visite : Du lundi au samedi, de 9 h à 12 h et de 14 h à 19 h.

La sélection
Bettane et Desseauve
pour la Vallée du Rhône

Inscrivez-vous sur

BETTANEDESSEAUVE.COM

> Suivez l'actualité du vin
> Accédez aux notes de
dégustation de 25 000 vins
> Visitez les stands des
producteurs

La vallée du Rhône

Deux parties très distinctes pour un vignoble qui a le vent en poupe. Un vignoble mouchoir de poche entre Vienne et Valence, encore marqué par le massif central, et un océan de vignes ensoleillées au sud de Montélimar, d'obédience alpines, mais marquées par le climat de Provence. Le caractère des vins est ici la générosité et parfois l'exubérance.

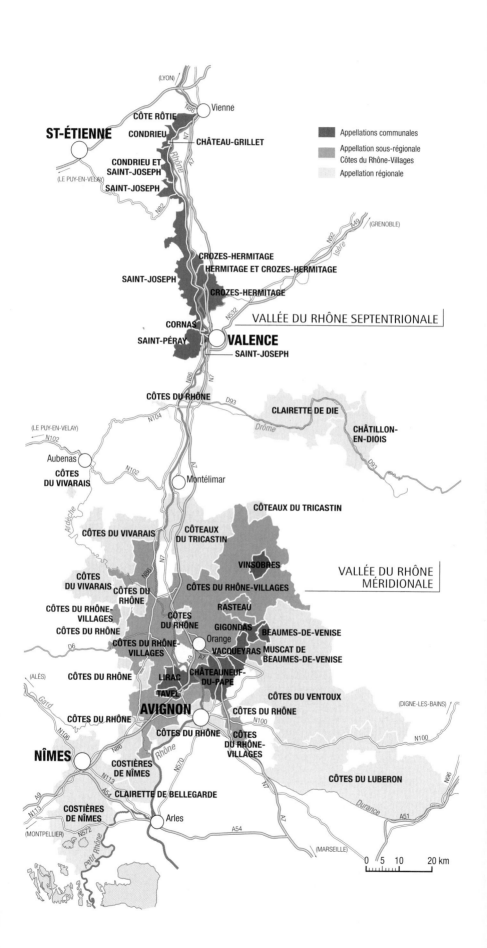

L'actualité des millésimes

Si l'on met à part le millésime 2002 qui fut celui des grandes inondations automnales dans les départements du Gard et du Vaucluse, la Vallée du Rhône vit depuis 1998 la période la plus faste de son histoire. Tous les millésimes sont réussis, avec bien évidemment des nuances climatologiques importantes et des différences notables entre nord et sud de la vallée.

Dans le nord, 1999, 2003 (avec de l'hétérogénéité qualitative certaine) et 2005 constituent les années de garde les plus spectaculaires, mais tous les autres millésimes sont intéressants. 2004 et 2006 ne sont pas inoubliables, avec des rouges souplement constitués mais parfois charmants, tandis que 2007 est un millésime profond mais sans dureté : les meilleurs iront loin, mais savent aussi séduire précocement.

Dans le sud, 1998 demeure un millésime hors norme, puissant et ultra riche. 1999, dans un registre plus souple et souvent plus équilibré, peut valoir le détour, tout comme le solide 2001. 2003 et 2005 sont des grands millésimes de soleil et de chaleur, pour autant, les meilleurs vins sont sans sécheresse et iront; 2004 rappelle 1999 et annonce l'équilibre souverain de 2007, 2006 apparait souvent plus pointu. Avec un an de bouteille supplémentaire, 2007 confirme dans le Vaucluse et à Châteauneuf en particulier tous les espoirs placés en lui : charme, souplesse, équilibre, profondeur, générosité, il multiplie les atouts pour s'affirmer comme une année qu'on n'oubliera pas.

En revanche, au nord comme au sud, 2008 est une année compliquée, avec des vins moins épanouis, au fruit rouge plus que noir. On pourra apprécier les meilleurs tôt.

Les vins préférés des lecteurs

En juin 2009, nous avons réuni plus d'une centaine d'amateurs de vin, recrutés parmi les lecteurs du Grand Guide des vins de France, qui ont dégusté des vins de toutes les régions.

Les vins sélectionnés ont tous obtenu dans cette édition une notation supérieure ou égale à 14/20 ainsi qu'un ☺ et sont commercialisés à un prix public inférieur à 15 €. Plus de 600 vins ont ainsi été dégustés par les jurys de lecteurs.

VOICI LES LAURÉATS DE LA VALLÉE DU RHONE ÉLUS PAR NOS LECTEURS

Château d'Aquéria
Lirac, Rouge, 2007, 9 €

Domaine de la Citadelle
Côtes du Luberon, Le Châtaignier, Blanc, 2008, 6,70 €

Domaine des Gris des Bauries
Côtes du Rhône, Duo des Achaux, Rouge, 2007, 7 €

Ferraton Père & Fils
Côtes du Rhône-Villages, Plan de Dieu, Rouge, 2007, Env. 9 €

Mas de Libian
Côtes du Rhône, Bout d'Zan, Rouge, 2007, 8,50 €

Vignerons de Laudun-Chusclan
Côtes du Rhône, Château de Gicon, Rouge, 2007, 4,65 €

Les meilleurs vins

> LES MEILLEURS BLANCS DU NORD DE LA VALLÉE DU RHÔNE

Chapoutier, Ermitage, L'Ermite, 2006

Domaine Jean-Louis Chave, Hermitage, 2005

Domaines Paul Jaboulet Aîné, Hermitage, La Chapelle, 2006

Domaine Marc Sorrel, Hermitage, Les Rocoules, 2007

Domaine Georges Vernay, Condrieu, Coteau de Vernon, 2007

Delas, Hermitage, Marquise de la Tourette, 2006

Château Grillet, Château-Grillet, 2007

> LES MEILLEURS BLANCS DU SUD DE LA VALLÉE DU RHÔNE

Château de Beaucastel, Châteauneuf-du-Pape, roussanne vieilles vignes, 2007

Domaine des Bernardins, Muscat de Beaumes-de-Venise, Hommage,

Château de Vaudieu, Châteauneuf-du-Pape, 2007

Château de la Gardine, Châteauneuf-du-Pape, 2007

Domaine Pierre Usseglio et Fils, Châteauneuf-du-Pape, 2008

Domaine Le Sang des Cailloux, Vacqueyras, Un Sang Blanc, 2007

Domaine Font de Michelle, Châteauneuf-du-Pape, 2008

Domaine de Marcoux, Châteauneuf-du-Pape, 2008

Domaine de la Janasse, Châteauneuf-du-Pape, Prestige, 2007

Château Mont-Redon, Châteauneuf-du-Pape, 2007

> LES MEILLEURS ROSÉS DU SUD DE LA VALLÉE DU RHÔNE

Château d'Aquéria, Tavel, Château d'Aqueria, 2008

Domaine de la Mordorée, Tavel, 2008

Château de Trinquevedel, Tavel, 2008

Domaine Pélaquié, Tavel, 2008

Domaine Maby, Tavel, Prima Donna, 2008

Domaine de la Citadelle, Côtes du Luberon, Les Artèmes, 2008

Château Mourgues du Grès, Costières de Nîmes, Capitelles de Mourgues, 2008

> LES MEILLEURS ROUGES DU NORD DE LA VALLÉE DU RHÔNE

E. Guigal, Côte Rôtie, La Turque, 2005

Domaine Jean-Louis Chave, Hermitage, 2006

Chapoutier, Ermitage, Les Greffieux, 2006

Ferraton Père & Fils, Ermitage, Le Méal, 2007

Domaine Jamet, Côte Rôtie, Côte Brune, 2007

Jean-Luc Colombo, Cornas, Les Ruchets, 2005

Domaines Paul Jaboulet Aîné, Hermitage, La Chapelle, 2007

Domaine Jean-Michel Gerin, Côte Rôtie, La Landonne, 2007

Delas, Hermitage, Bessards, 2006

> LES MEILLEURS ROUGES DU SUD DE LA VALLÉE DU RHÔNE

Clos des Papes, Châteauneuf-du-Pape, 2007

Domaine Gourt de Mautens, Rasteau, Vin doux naturel, 2006

Château Rayas, Châteauneuf-du-Pape, 2005

Domaine de Marcoux, Châteauneuf-du-Pape, vieilles vignes, 2007

Domaine de la Vieille Julienne, Châteauneuf-du-Pape, Réservée, 2005

Mas de Bois Lauzon, Châteauneuf-du-Pape, Tintot, 2007

Le Vieux Donjon, Châteauneuf-du-Pape, 2006

Domaine Paul Autard, Châteauneuf-du-Pape, cuvée la Côte Ronde, 2007

Domaine La Soumade, Rasteau, Fleur de confiance, 2007

Domaine La Bouïssière, Gigondas, Cuvée Prestige «Le Font de Tonin», 2007

Le Rhône Nord

*La région se spécialise dans des cuvées « haute couture »,
petites quantités, mais grand savoir-faire, avec des tissus
d'une étoffe unique, syrah pour les rouges, viognier,
marsanne et roussane pour les blancs.*

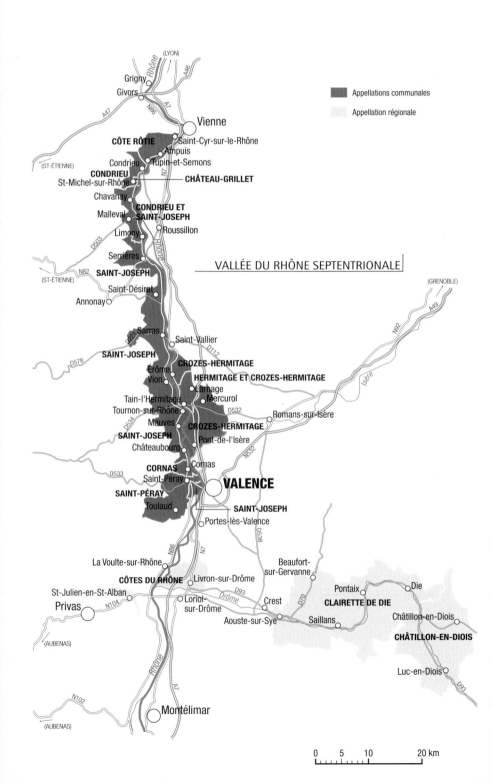

Appellations communales

Appellation régionale

DOMAINE BELLE

Quartier les Marsuriaux
26600 Larnage
Tél. 04 75 08 24 58 - Fax. 04 75 07 10 58
domaine.belle@wanadoo.fr

Philippe Belle dirige cet important domaine de 25 hectares situé sur Larnage. La viticulture est raisonnée depuis 2002 et, depuis 2008, le domaine s'essaye à l'agriculture biologique sur quelques vignes, essai poursuivi en 2009. Depuis le délicat millésime 2002, les vendanges sont redevenues manuelles. Tous les vins sont vinifiés en fûts, mais avec six tonneliers différents et deux origines de bois afin que le boisé ne domine pas le vin. Toutes les parcelles sont vinifiées séparément, en Crozes-Hermitage, en Hermitage et en Saint-Joseph.

CROZES-HERMITAGE CUVÉE LOUIS BELLE 2007
Rouge | 2010 à 2014 | 17 €   **15/20**
Concentré, un vin à la bouche dense et charnue, avec une savoureuse expression minérale. Élégant et fin.

CROZES-HERMITAGE LES PIERRELLES 2007
Rouge | 2009 à 2012 | 12 €   **14/20**
Fin, gourmand, un vin rond, agréablement concentré, aux notes épicées en fin de bouche. Bon fruit.

CROZES-HERMITAGE LES TERRES BLANCHES 2007
Blanc | 2009 à 2013 | 13 €   **15,5/20**
Mûr, aromatique, avec de francs arômes de fruits blancs et jaunes. La bouche est riche, savoureuse, la finale pure et finement concentrée, sur la minéralité. Beaucoup d'élégance.

CROZES-HERMITAGE ROCHE PIERRE 2007
Rouge | 2010 à 2014 | 25 €   **15,5/20**
Un vin tendu, où le boisé n'est pas encore fondu. Les tanins sont fins, la finale pure. Belle expression minérale.

HERMITAGE 2006
Blanc | 2011 à 2016 | 41 €   **15,5/20**
Nez riche et puissant, aux notes boisées vanillées bien présentes. La bouche est pure, cristalline, la finale délicate et minérale. Un vin qu'il faut absolument attendre.

HERMITAGE 2006
Rouge | 2011 à 2016 | 41 €   **15,5/20**
Un hermitage tendu et droit, corseté par une minéralité un peu austère. C'est un vin sérieux, qu'il faut attendre.

Rouge : 18 hectares ; syrah 100%.
Blanc : 2 hectares ; Marsanne 70%, roussanne 30%.
Production totale annuelle : 110 000 bt.
Visite : Tous les jours sur rendez-vous.

DOMAINE CHRISTOPHE BILLON

Rozier
69420 Ampuis
Tél. 04 74 56 17 75 - Fax. 04 74 56 17 75

Christophe Billon a longtemps travaillé au Domaine de Bonserine, puis chez E. Guigal, avant de s'installer complètement à son compte, début 2008. Les raisins sont mûrs, et grâce à un bon travail d'élevage, ses côte-rôties sont riches et charnues. On les apprécie jeunes.

CÔTE RÔTIE LA BROCARDE 2007
Rouge | 2009 à 2017 | NC   **15,5/20**
Un vin parfumé, aux tanins fins et soyeux. Finale suave et élégante.

CÔTE RÔTIE LA BROCARDE 2006
Rouge | 2009 à 2016 | 38 €   **15,5/20**
Un vin au jus parfumé et floral. Bonne prise de bois, légèrement toastée. Tanins enrobés. Bonne fraîcheur de bouche.

CÔTE RÔTIE LES ÉLOTINS 2007
Rouge | 2009 à 2015 | NC   **14,5/20**
Mûr et concentré, un vin charnu et élégant. Bonne prise de bois.

CÔTE RÔTIE LES ÉLOTINS 2006
Rouge | 2009 à 2015 | 25 €   **15/20**
Un vin mûr, très floral. Les notes boisées ressortent aujourd'hui, mais la finale est savoureuse et parfumée.

VIN DE PAYS DES COLLINES RHODANIENNES LES CORENDIES 2007
Rouge | 2009 à 2014 | NC   **14,5/20**
Mûr, bonne trame tannique, un vin charnu et structuré, à la finale concentrée.

VIN DE PAYS DES COLLINES RHODANIENNES LES CORENDIES 2006
Rouge | 2009 à 2013 | 8 €   **14,5/20**
Un vin mûr, richement élevé. Tanin épicé, finale équilibrée.

DOMAINE PATRICK ET CHRISTOPHE BONNEFOND

Mornas
69420 Ampuis
Tél. 04 74 56 12 30 - Fax. 04 74 56 17 93
gaec.bonnefond@terre-net.fr

Christophe Bonnefond gère avec application son domaine familial, perdu sur les hauteurs de Mornas, avec notamment de belles parcelles en Rochains et Côte Rozier. La gamme du domaine se compose de quatre vins (trois côte-rôties et un condrieu), les rouges constituant bien sûr la spécialité du domaine. Tous les vins passent en barrique, et offrent un style rond et mûr, fondé sur la richesse et un fruité expressif. Dans le millésime 2007, présenté cette année car les 2008 n'étaient pas goûtables lors de notre visite, la côte-rôtie d'assemblage se révèle plus équilibrée et harmonieuse que les deux sélections parcellaires, la faute à la grêle tombée sur le secteur, qui a apporté une pointe d'amertume en finale et des tanins légèrement durs. Mais les 2006 et les 2005 regoûtés sur place ont confirmé le savoir-faire du domaine, lorsque la météo l'épargne.

CÔTE RÔTIE 2007
Rouge | 2010 à 2017 | 35-50 €   **15,5/20**
Robe sombre. Un vin concentré, avec des tanins fermes. Droit et long, l'élevage lui a apporté un supplément d'étoffe. Grain concentré en fin de bouche.

CÔTE RÔTIE CÔTE ROZIER 2007
Rouge | 2010 à 2014 | 35-50 €   **15/20**
La parcelle a été grêlée et le toucher de bouche s'en ressent, avec un grain de tanin un peu dur. Il n'a pas l'ampleur ni la séduction habituelles du cru.

CÔTE RÔTIE LES ROCHAINS 2007
Rouge | 2011 à 2017 | 50-75 €   **15/20**
Plus charmeur que Côte Rozier, avec des parfums concentrés de fruits noirs et de réglisse. La bouche est tendue, mais avec un tanin un peu austère en finale, dû aux conditions climatiques du millésime !

Visite : Du lundi au vendredi de 9 h à 12 h et de 13 h 30 à 19 h.

DOMAINE DE BONSERINE

2, chemin de la Vialliere
69420 Ampuis
Tél. 04 74 56 14 27 - Fax. 04 74 56 18 13

Ce domaine a été acquis en 2006 par la famille Guigal, mais a conservé une direction autonome. Situé sur Vérenay, il produit essentiellement des côte-rôties, mais également une petite cuvée de condrieu. La viticulture est très soignée, et les vignes sont labourées, même en coteau. En cave, les vinifications se font sous bois, en demi-muids ou en fûts, pour des élevages longs, jusqu'à trente-six mois. En Côte Rôtie, la-sarrasine est un assemblage de plusieurs climats, la-viallière et la-garde sont deux sélections parcellaires, la première sur la finesse, la seconde sur la concentration et la structure.

CONDRIEU 2007
Blanc | 2009 à 2014 | NC   **14,5/20**
Pur et délicat, assez tendre, c'est un vin harmonieux.

CÔTE RÔTIE LA GARDE 2006
Rouge | 2010 à 2016 | NC   **15/20**
Structuré, ferme, avec une bonne mâche.

CÔTE RÔTIE LA SARRASINE 2006
Rouge | 2010 à 2014 | NC   **14/20**
Un vin mûr, au grain de tanin puissant. Solide, droit, finale concentrée, mais on apprécierait une plus grande fraîcheur.

CÔTE RÔTIE LA VIALLIÈRE 2006
Rouge | 2010 à 2015 | NC   **14,5/20**
Parfumé, floral, assez élégant. Belle finesse en bouche.

DOMAINE LES BRUYÈRES

Bruyères
Chemin du Stade
26600 Beaumont-Monteux
Tél. 04 75 84 74 14 - Fax. 04 75 84 14 06
domainelesbruyeres@orange.fr

David Reynaud est un jeune vigneron idéaliste et sympathique. Il a repris le domaine familial en 2000, l'a sorti de la coopération en 2003, et est officiellement en agriculture biologique depuis 2006, avant de se lancer en biodynamie... Débordant de projets, il a notamment construit une nouvelle cuverie très fonctionnelle, qui lui permet enfin de vinifier ses parcelles séparément.

CROZES-HERMITAGE
AUX BÊTISES D'HÉLOÏSE ET LÉA 2007
Blanc | 2009 à 2012 | épuisé   **14/20**
Un vin puissant, aux arômes boisés. Une vinification moderne, riche, mais au résultat irréprochable.

CROZES-HERMITAGE ENTRE CIEL ET TERRE 2006
Rouge | 2009 à 2013 | 23 €   **15/20**
Un vin fin et élégant, ambitieux, boisé mais équilibré, à la bouche savoureuse, aux tanins réglissés, avec une bonne fraîcheur d'ensemble.

CROZES-HERMITAGE GEORGES REYNAUD 2007
Rouge | 2009 à 2013 | épuisé   **14,5/20**
Un vin fin et épicé, à la bouche fine et savoureuse, à la finale fraîche et pure.

CROZES-HERMITAGE LES CROIX 2007
Rouge | 2009 à 2014 | épuisé   **15/20**
Un vin charnu et concentré, tanins fins, finale fraîche. Belle expression en bouche.

VIN DE PAYS DES COLLINES RHODANIENNES 2008
Blanc | 2009 à 2013 | épuisé   **14,5/20**
Plus frais, plus fin que le 2007. Bon équilibre, un vin pur, droit, aromatique.

VIN DE PAYS DES COLLINES RHODANIENNES SYRAH 2007   ☺
Rouge | 2009 à 2012 | épuisé   **15/20**
Nez puissant et expressif, sur les fruits rouges et les épices. Bouche parfumée, tanins fins, finale concentrée.

Rouge : 15,7 hectares ; merlot 1%, syrah 85%.
Blanc : 2,3 hectares ; marsanne 2%, roussanne 4%,
viognier 8%. **Production totale annuelle :** 65 000 bt.
Visite : sur rendez-vous.

CHAPOUTIER

18, avenue du Docteur-Paul-Durand
26600 Tain-l'Hermitage
Tél. 04 75 08 28 65 - Fax. 04 75 08 81 70
chapoutier@chapoutier.com
www.chapoutier.com

Si les cuvées parcellaires d'Hermitage de la maison sont depuis plusieurs années au plus haut niveau, celui de l'ensemble des vins du nord de la vallée du Rhône n'a jamais été aussi élevé, en particulier des vins aussi largement diffusés que les crozes, saint-joseph ou hermitage-chante-alouette. Les blancs ont également gagné en précision et en équilibre, même si nous continuons fréquemment à préférer les cuvées de base, minérales et fraîches, aux opulents vins de prestige.

CHÂTEAUNEUF-DU-PAPE BARBE RAC 2006
Rouge | 2010 à 2026 | 77 €   **17,5/20**
Plus voluptueux, plus concentré que croix-de-bois. Un vin à la bouche charnue, gourmande, avec des tanins frais. Subtil et précis.

CHÂTEAUNEUF-DU-PAPE LA BENARDINE 2007
Blanc | 2009 à 2015 | NC   **15/20**
Arômes floraux purs et fins. Un vin à la bouche fraîche, de bonne concentration, assez tendre.

CONDRIEU INVITARE 2007
Blanc | 2009 à 2015 | 30 €   **16/20**
Un raisin sain et une vinification précise ont permis ce vin élancé, pur et précis.

CÔTE RÔTIE LA MORDORÉE 2006
Rouge | 2011 à 2016 | 143 €   **17/20**
Un vin fin et élégant, au tanin épicé, à la bouche charnue, à la finale tendue et subtile, minérale.

CÔTES DU RHÔNE BELLERUCHE 2007
Rouge | 2009 à 2012 | 6,50 €   **14/20**
Un vin accessible, charnu, savoureux, à la bouche ronde.

CROZES-HERMITAGE LA PETITE RUCHE 2007
Rouge | 2009 à 2012 | 9,50 €   **14/20**
Un vin droit, épicé, fin et svelte, mais au caractère moyennement affirmé.

CROZES-HERMITAGE VARONNIERS 2006
Rouge | 2009 à 2016 | 36 €   **17,5/20**
Un vin au jus puissant et réglissé, légèrement confit. La bouche est grasse, l'élevage se fond petit à petit, la finale est équilibrée et savoureuse.

ERMITAGE DE L'ORÉE 2006
Blanc | 2011 à 2026 | 165 € **18/20**
Puissant et riche, sur de savoureux arômes de fruits secs, de fruits confits, de fruits exotiques. La bouche est fraîche et nerveuse, avec un volume généreux et une finale élancée. Gourmand et fin.

ERMITAGE L'ERMITE 2006
Rouge | 2011 à 2026 | 440 € **19,5/20**
Dès le nez, la finesse de la cuvée s'impose par rapport aux autres parcellaires. La bouche est une bonne synthèse du potentiel du millésime : arômes fins, frais, avec quelques notes poivrées fines (poivre blanc), bouche tendue et fraîche, avec un équilibre parfait entre acidité et minéralité, tanins de velours, longueur magnifique.

ERMITAGE L'ERMITE 2006
Blanc | 2011 à 2026 | NC **18,5/20**
Un vin d'une magnifique finesse. Élégant et raffiné, très pur, très frais. Minéralité tendue, légèrement citronnée, en bouche. Plus délicat que le-méal, plus pur, moins opulent ; un autre visage de l'Hermitage.

ERMITAGE LE MÉAL 2006
Rouge | 2011 à 2026 | 176 € **18/20**
Très poivré, mais un peu monolithique au nez. La bouche est tendue, minérale, mais sans la chair ni l'opulence de greffieux.

ERMITAGE LE MÉAL 2006
Blanc | 2011 à 2026 | 198 € **18,5/20**
Un vin très fin, raffiné, élégant. La bouche est délicate mais concentrée, très pure. Il finit gourmand et frais, dans une finale parfumée de grande classe.

ERMITAGE LE PAVILLON 2006
Rouge | 2011 à 2026 | 180 € **18/20**
Nez très «chaud», sur des fleurs dorées au soleil, des raisins confits, une pointe de pruneau. La bouche est charnue, mais sans la tension du méal.

ERMITAGE LES GREFFIEUX 2006
Rouge | 2011 à 2026 | 142 € **19/20**
Nez profond, velouté, puissant, sur les épices, les herbes aromatiques, la truffe. Concentré, puissant et savoureux, mais à la finale subtile et fraîche. Riche, opulent mais parfaitement équilibré.

GIGONDAS 2007
Rouge | 2009 à 2017 | 17,50 € **16/20**
Un vin mûr, aux arômes puissants de fruits noirs et d'olives. Bouche aux tanins enrobés et longs, à la finale fraîche et réglissée. Un bon représentant de l'appellation !

HERMITAGE CHANTE-ALOUETTE 2006
Blanc | 2009 à 2016 | 37 € **16/20**
Parfumé, puissant, sur de savoureux parfums d'ananas confit. Bouche gourmande, riche mais équilibrée.

HERMITAGE MONIER DE LA SIZERANNE 2006
Rouge | 2009 à 2016 | 49 € **16/20**
Nez intense et profond, sur les fruits mûrs, presque confits. Pruneau, zan. La bouche est juteuse, savoureuse, la longueur fraîche et élégante.

SAINT-JOSEPH DESCHANTS 2007
Blanc | 2009 à 2014 | 15,50 € **15/20**
Un vin doté d'une jolie complexité, à la fois floral et minéral, de belle pureté en bouche, élancé, frais.

SAINT-PERAY PIC ET CHAPOUTIER 2007
Blanc | 2009 à 2015 | 12 € **15/20**
Parfumé et fin, un vin plus subtil que la cuvée les-tanneurs, à la bouche élancée et fraîche.

VIN DE PAYS DES COTEAUX DE L'ARDÈCHE LES GRANGES DE MIRABEL 2007 ☺
Blanc | 2009 à 2012 | NC **15/20**
Un viognier fin et pur, aux francs arômes d'abricot. Bouche délicatement minérale, finale pure et svelte.

Rouge : 77 hectares ; syrah 73%. Blanc : 8 hectares ; Marsanne 25%, viognier 2%. Production totale annuelle : 330 000 bt. Visite : Du lundi au vendredi de 9 h à 12 h 30 et de 14 h à 19 h, samedi de 9 h 30 à 13 h et de 14 h à 19 h, dimanche de 10 h à 13 h et de 14 h à 18 h.

DOMAINE JEAN-LOUIS CHAVE

37, avenue du Saint-Joseph
07300 Mauves
Tél. 04 75 08 24 63 - Fax. 04 75 07 14 21

Si Gérard demeure, avec sa finesse d'esprit et son extraordinaire sens de l'équilibre, le chantre de l'Hermitage, c'est aujourd'hui Jean-Louis qui est aux commandes. Ce dernier effectue avec minutie le travail d'assemblage mais aussi de sélection : une partie non négligeable de la production, en rouge comme en blanc, est éliminée de la cuvée finale. Il démontre ainsi toutes les nuances d'une colline où les Chave possèdent de la vigne dans de nombreux quartiers (Bommes, Péléat, Les Rocoules, L'Ermite, Le Méal, Les Bessards, etc.). La qualité des blancs n'a cessé d'augmenter tout au long des années 1990 et ceux-ci s'imposent actuellement, par leur fraîcheur, leur équilibre, leur finesse et leur allonge, nettement au-dessus de tous les autres. Quant aux rouges, ils demeurent d'une insurpassable finesse de texture et d'une profondeur élégante, constituant, à notre sens, un modèle absolu de grand vin. Certaines grandes années, les Chave produisent une expression plus spécifiquement axée sur le quartier très granitique et abrupt des Bessards : cathelin. Enfin, Jean-Louis a patiemment reconstitué les terrasses d'un abrupt coteau de Saint-Joseph, qui produit un vin d'une extraordinaire sincérité.

HERMITAGE 2006
Blanc | 2009 à 2026 | 260 € **18,5/20**
Un vin gras et puissant, qui reste droit en bouche, à la finale fine et élancée.

HERMITAGE 2006
Rouge | 2009 à 2026 | 260 € **19/20**
Un vin à la fois fin et puissant, long et droit. On y retrouve la trame tannique corsée des Bessards, l'acidité de l'Ermite et la pointe de fruit de Péléat.

HERMITAGE 2005
Blanc | 2009 à 2025 | NC **19/20**
Dans un style différent du 2006, le 2005 est compact et concentré, avec une sensation presque tannique en bouche. Riche, avec une fin de bouche tendue.

Rouge : 10 hectares ; syrah 100%. Blanc : 5 hectares ; Marsanne 80%, roussanne 20%. Production totale annuelle : 48 000 bt. Visite : Pas de visites.

DOMAINE YANN CHAVE

La Burge
26600 Mercurol
Tél. 04 75 07 42 11 - Fax. 04 75 07 47 34
chaveyann@yahoo.fr

Yann Chave (aucun lien de parenté avec Jean-Louis Chave) a pris la suite de son père Bernard en 1996, et a immédiatement développé la vente en bouteille. Depuis 2007, il a entamé la conversion à l'agriculture biologique de ses 18 hectares, répartis sur Crozes-Hermitage et Hermitage. En cave, Yann a modifié son schéma de travail pour les vins rouges, la quasi-totalité de sa production. Pour le crozes d'entrée de gamme, l'élevage se fait désormais en cuve inox, mais la micro oxygénation évite la réduction tout en préservant le fruité. Pour le crozes-hermitage le-rouvre, l'utilisation des demi-muids s'est révélé un bon compromis en évitant les goûts boisés inopportuns. Enfin, pour l'hermitage, les demi-muids neufs permettent d'apporter plus d'oxygène, donc de ne pas soutirer les vins. En 2007, certaines fins de bouche nous ont semblé un peu dures. Est-ce une mauvaise phase ou les vins ont-ils souffert d'un excès d'extraction ?

CROZES-HERMITAGE 2007
Blanc | 2009 à 2011 | 14 € **14/20**
Arômes miellés, pointe de cire, un vin parfumé qui retrouve de la fraîcheur en bouche. On l'apprécie jeune.

CROZES-HERMITAGE 2007
Rouge | 2009 à 2013 | 14 € **14,5/20**
Puissant, parfumé, bouche épicée. Un vin riche et dense, à la finale fraîche. Arômes très francs.

CROZES-HERMITAGE LE ROUVRE 2007
Rouge | 2010 à 2015 | 21 € **15/20**
Bonne concentration, un vin riche, mais le tanin paraît un peu trop appuyé, ça donne un peu de raideur au vin.

HERMITAGE 2007
Rouge | 2011 à 2017 | 50 € **15/20**
Un vin tannique, droit, aux notes boisées pas totalement fondues. Là encore, le grain de tanin est un peu appuyé, cela donne une finale compacte.

Rouge : 15,7 hectares ; syrah 100%. Blanc : 1 hectare : marsanne 70%, roussanne 30%. Production totale annuelle : 90 000 bt. Visite : Pas de visites.

DOMAINE DU CHÊNE

8, Le Pêcher
42410 Chavanay
Tél. 04 74 87 27 34 - Fax. 04 74 87 02 70

Marc Rouvière a vinifié son premier millésime en 1986. Sur son domaine de 16 hectares, essentiellement en Saint-Joseph et Condrieu, il a diminué les herbicides, mais pas en totalité. Les blancs sont vinifiés pour moitié en fûts, moitié en cuves. Leur style est expressif, grâce à une belle maturité du raisin. Les rouges sont égrappés, vinifiés en cuves ciment puis élevés dans des fûts d'âges différents. À la dégustation, ils sont charnus, avec des tanins gras et des finales fraîches. Bien que produite en petites quantités, la cuvée anaïs est d'un grand intérêt.

CONDRIEU 2007
Blanc | 2009 à 2013 | 23 €   **15/20**
Mûr, gras, la bouche est généreuse, la finale florale et épicée. Puissant.

SAINT-JOSEPH 2007
Blanc | 2009 à 2012 | 13 €   **14/20**
Fruité, ouvert, un vin floral, élégant, agréable.

SAINT-JOSEPH 2007
Rouge | 2009 à 2013 | 13 €   **14,5/20**
Un vin épicé, avec une bonne expression minérale en bouche. Charnu mais rond, agréable.

SAINT-JOSEPH ANAÏS 2006
Rouge | 2011 à 2016 | 19 €   **15,5/20**
Nez boisé, légèrement exotique (coco). Ce bel élevage enrobe bien une matière mûre, aux tanins gras. Un vin gourmand, très moderne de style. L'élevage a su donner une fraîcheur bienvenue à la richesse d'un millésime comme 2006.

SAINT-JOSEPH ANAÏS 2005
Rouge | 2011 à 2016 | 19 €   **15,5/20**
Un vin concentré, dense, qui se ferme aujourd'hui. Bons tanins, puissants mais gras, finale fraîche. On peut l'oublier quelques années.

VIN DE PAYS PORTES DE MÉDITERRANÉE 2007
Rouge | 2009 à 2012 | 5 €   **14,5/20**
Mûr, bon fruit, bouche épicée, un vin franc et droit. Finale cacaotée.

DOMAINE AUGUSTE CLAPE

146, avenue Colonel-Rousset
07130 Cornas
Tél. 04 75 40 33 64 - Fax. 04 75 81 01 98

Le Domaine Auguste Clape est l'un des incontournables de Cornas, un domaine familial puisque Auguste s'est installé en 1957, son fils Pierre le dirige depuis 1990, et son propre fils Olivier se prépare à prendre la relève. Les rouges sont vinifiés dans de petites cuves béton, puis élevés dans de (très) vieux foudres. La gamme, très réduite, s'articule principalement autour de deux cornas : la cuvée renaissance, qui assemble les jeunes vignes, et la « grande » cuvée, sans nom particulier. Ici, pas de sélection parcellaire, Pierre souhaite justement assembler les origines pour mieux exprimer la quintessence du terroir de Cornas, dans ces deux cuvées. 2007 a donné des raisins mûrs en sucre, mais aux maturités phénoliques incomplètes ; la petite austérité qui ressort en vin jeune demandera juste un peu de patience... Rançon du succès, le domaine ne peut plus accepter de nouveaux clients, il faudra se rabattre sur les bons cavistes et restaurants.

CORNAS 2007
Rouge | 2013 à 2022 | 36 €   **17,5/20**
Racé, tendu, un vin aux arômes de fruits noirs, d'encre de chine, de graphite. Bouche concentrée et tendue, qui restera austère un certain temps.

CORNAS 2006
Rouge | 2011 à 2021 | 36 €   **17,5/20**
Plus fin, plus frais, plus équilibré que Renaissance dans ce millésime, l'écart avec la même cuvée en 2007 est assez minime. Un vin au fruité noir profond, à la finale tendue.

CORNAS RENAISSANCE 2007
Rouge | 2011 à 2017 | 18 €   **16/20**
Fruité, bouche charnue, un vin charmeur, bien équilibré, plus complet que la même cuvée en 2006.

CORNAS RENAISSANCE 2006
Rouge | 2009 à 2016 | 18 €   **15/20**
Charnu, sur des notes de fruits noirs sur-mûris, c'est un vin épais, mais qui souffre d'un petit déficit de fraîcheur en finale. Il n'offre pas la même harmonie qu'en 2007.

Rouge : 7,1 hectares ; syrah 100%.
Blanc : 0,4 hectare ; Marsanne 100%.
Production totale annuelle : 30 000 bt.
Visite : Sur rendez-vous.

DOMAINE CLUSEL-ROCH

15, route du Lacat
Verenay
69420 Ampuis
Tél. 04 74 56 15 95 - Fax. 04 74 56 19 74
contact@domainecluselroch.fr
www.domaine-clusel-roch.fr

Gilbert Clusel dirige en compagnie de son épouse Brigitte Roch le domaine qui porte leurs deux noms. Un tout petit domaine en fait, puisqu'il ne produit que 17 à 18 000 bouteilles à partir de ses 5 hectares de vignes, réparties entre Côte Rôtie et Condrieu. Sur Côte Rôtie, l'essentiel de la production, le vignoble est cultivé en agriculture biologique, une prouesse compte tenu de la forte pente des coteaux. Fin connaisseur de la diversité des terroirs de l'appellation, Gilbert fait ressortir leurs différences dans ses cuvées : la-petite-feuille (les jeunes vignes), la cuvée d'assemblage, et les-grandes-places (les vieilles vignes). Ses côtes-rôties privilégient la finesse et l'élégance à la puissance et à la concentration. Souvent mal jugées lors des dégustations à l'aveugle et discrètes, voire austères, lors de leur jeunesse, ce sont des cuvées qui vieillissent généralement bien. Le condrieu joue sur le même registre, et gagne en expression aromatique au fur et à mesure de la dégustation. Les 2007 étaient en cours de soutirage lors de notre visite, nous avons donc regoûté les 2006, qui ont bien profité en bouteilles.

CONDRIEU VERCHERY 2007
Blanc | 2009 à 2013 | NC   **14,5/20**
Notes d'abricots secs, de fleurs. Bouche délicate, parfumée, arômes fins.

CÔTE RÔTIE 2006
Rouge | 2009 à 2014 | 30 €   **15/20**
Bouche mûre, tanins ronds, texture soyeuse, un vin équilibré et mûr.

CÔTE RÔTIE LA PETITE FEUILLE 2006
Rouge | 2009 à 2012 | 23 €   **13,5/20**
Un vin rond, souple, fruité, flatteur mais tendre.

CÔTE RÔTIE LES GRANDES PLACES 2006
Rouge | 2009 à 2016 | 52 €   **15,5/20**
Un vin mûr, avec de bons tanins, solide et droit.

Rouge : 3,5 hectares ; syrah 100%.
Blanc : 0,5 hectare ; viogner 100%. Production totale annuelle : 17 000 bt. Visite : Du lundi au samedi sur rendez-vous.

JEAN-LUC COLOMBO

Les Eygas
07130 Cornas
Tél. 04 75 84 17 10 - Fax. 04 75 84 17 19
www.vinsjlcolombo.com

Avec sa faconde, sa gourmandise de vie et son incroyable capacité à réaliser ses innombrables idées, Jean-Luc Colombo est un des personnages les plus attachants du vignoble. Installé à Cornas, il s'appuie d'abord sur un très beau vignoble, mais à aussi développé une gamme qui couvre l'ensemble des appellations du nord ainsi qu'un agréable (en blanc et en rouge) côtes-du-rhône et des vins de pays.

CHÂTEAUNEUF-DU-PAPE LES BARTAVELLES 2006
Rouge | 2010 à 2016 | 27 €   **15,5/20**
Intense et droit, un vin fin et pur, aux tanins mûrs, à la bouche longue et fraîche. Bel équilibre.

CONDRIEU AMOUR DE DIEU 2007
Blanc | 2009 à 2015 | 40 €   **15,5/20**
Aromatique mais fin, sur de savoureuses notes de poire mûre. La bouche est stylée, droite, pure.

CORNAS LA LOUVÉE 2006
Rouge | 2009 à 2016 | 60 €   **17/20**
Velouté et fin, avec un magnifique toucher de bouche, caressant et subtil. Les arômes sont fins, délicats et gourmands : fruits rouges, amande, frangipane. Il ira peut-être moins loin que les Ruchets dans le même millésime, mais on l'appréciera plus jeune.

CORNAS LES MÉJEANS 2007
Rouge | 2009 à 2014 | 22 €   **15,5/20**
Un vin mûr et concentré, avec de fins tanins enrobés et gourmands. Gourmand et plaisant.

CORNAS LES RUCHETS 2006
Rouge | 2009 à 2016 | NC   **17,5/20**
Évidement sans la profondeur ni la suavité du 2005 ! Un vin droit et ample, doté de bons tanins épicés, à la finale fruitée et fraîche, légèrement mentholée.

CÔTE RÔTIE LA DIVINE 2006
Rouge | 2010 à 2016 | NC   **15,5/20**
Tannique, flatteur, souple, élégant. Fin et suave, on le boira jeune.

CÔTES DU RHÔNE LA REDONNE 2007   ☺
Blanc | 2009 à 2014 | NC   **16/20**
Un vin mûr, sur de puissantes notes miellées et fruitées. Savoureux, fin, frais.

CÔTES DU RHÔNE LES ABEILLES 2007
Blanc | 2009 à 2012 | NC   **14/20**
Fruité fin, bonne acidité, un vin franc et droit.
Belle pureté.

CÔTES DU RHÔNE LES ABEILLES 2006
Rouge | 2009 à 2012 | NC   **14,5/20**
Charnu, épicé, avec des notes d'herbes sauvages. Un vin fruité, rond, généreux.

CÔTES DU RHÔNE LES FOROTS 2006   ☺
Rouge | 2009 à 2012 | NC   **15/20**
Mûr et droit, avec de savoureuses notes flo-
rales (violette). La bouche est bien fraîche.
Bon équilibre, très pur.

CÔTES DU RHÔNE-VILLAGES 2006
Rouge | 2009 à 2013 | NC   **14,5/20**
Mûr, charnu, bon fruit, quelques notes épicées et animales. Un vin solide, structuré,
riche.

CROZES-HERMITAGE LES FÉES BRUNES 2006
Rouge | 2009 à 2013 | NC   **15/20**
Un vin mûr et rond, sur de gourmandes notes
chocolatées et épicées.

CROZES-HERMITAGE LES GRAVIÈRES 2007
Blanc | 2009 à 2014 | NC   **14,5/20**
Un vin fin et élégant, savoureux, frais. Délicat et long.

SAINT-JOSEPH LES LAUVES 2006
Rouge | 2009 à 2013 | NC   **15/20**
Tendu, droit, minéral, la bouche est d'un
bloc, précise, concentrée. Moins en chair
que le crozes, plus droit.

SAINT-PERAY LA BELLE DE MAI 2007
Blanc | 2009 à 2014 | NC   **15/20**
Gras, riche, un vin puissant mais qui sait
rester équilibré, grâce à sa fin de bouche
fraîche.

VIN DE PAYS D' OC VIOGNIER LA VIOLETTE 2008
Blanc | 2009 à 2012 | NC   **14/20**
Mûr, équilibré, fin et franc. Finale sur de
gourmands arômes de poire.

Visite : Sur rendez-vous.

DOMAINE COMBIER

🔲🔲🔲🔲🔲

26600 Pont-de-l'Isère
Tél. 04 75 84 61 56 - Fax. 04 75 84 53 43
domaine-combier@wanadoo.fr

En agriculture biologique certifiée depuis
1970, les vignes couvrent 23 hectares. Tous
les vins du domaine passent en fûts, le
clos-des-grives ayant même une part
assez importante de bois neuf. Une verticale des derniers millésimes du domaine a
confirmé l'excellence du travail accompli,
ainsi que leur bon potentiel d'évolution,
sur une dizaine d'années minimum dans
les bons millésimes.

CROZES-HERMITAGE 2008
Rouge | 2009 à 2013 | NC   **14/20**
Plus concentré que la cuvée L. Bon fruit, du
charme, de l'élégance.

CROZES-HERMITAGE 2007
Blanc | 2009 à 2013 | 14 €   **15/20**
Arômes miellés, élégants. Bouche, grasse,
savoureuse, finale sur les raisins secs.

CROZES-HERMITAGE CLOS DES GRIVES 2007
Blanc | 2009 à 2017 | 24 €   **16/20**
Un vin au boisé riche mais savoureux.
Arômes puissants d'amande et de fruits
blancs mûrs. Gourmand.

CROZES-HERMITAGE CLOS DES GRIVES 2007
Rouge | 2009 à 2017 | 24 €   **15,5/20**
Un vin riche et concentré, aux tanins gras,
à la finale fraîche et tendue.

CROZES-HERMITAGE CLOS DES GRIVES 2006
Blanc | 2009 à 2016 | 24 €   **16/20**
Arômes de fruits blancs séchés, les notes
d'élevage s'estompent. Un vin gras et rond,
à la bouche savoureuse. Harmonieux.

CROZES-HERMITAGE CLOS DES GRIVES 2006
Rouge | 2010 à 2015 | 24 €   **15/20**
Bouche charnue, tanins ronds, un vin actuellement refermé, à la finale concentrée.

CROZES-HERMITAGE CUVÉE L. 2008
Rouge | 2009 à 2012 | NC   **13/20**
Épicé, charnu, la bouche est tendre. Un vin
de fruit, plaisant, à boire jeune.

SAINT-JOSEPH 2007
Rouge | 2009 à 2012 | 17 €   **14/20**
Charnu, droit, bon style. On le boira jeune.

Rouge : 22 hectares ; syrah 100%.
Blanc : 1,5 hectare ; marsanne 80%, roussanne 20%.
Production totale annuelle : 130 000 bt.
Visite : Sur rendez-vous.

DOMAINE DE LA CÔTE SAINTE-ÉPINE

17, Chemin de la Côte Ste Epine
07300 Saint-Jean-de-Muzols
Tél. 04 75 08 85 35 - Fax. 04 75 08 85 35
andre@vinealis.qc.ca
www.vinealis.qc.ca

La Côte Sainte-Épine est une magnifique exposition de Saint-Joseph, plein sud, face à la colline de l'Hermitage, et le sol y est particulièrement sableux. Mickaël Desestre a non seulement la chance d'exploiter ce superbe terroir, mais dispose en outre d'un vignoble fort âgé, de 100 ans en moyenne, les plus vieilles vignes ayant 130 ans ! Il travaille les sols, et n'utilise que des produits acceptés en agriculture biologique, même s'il ne revendique rien pour l'instant. Grâce à une vinification dans des demi-muids d'âge avancé, le terroir s'exprime sans artifice, très pur. S'il ne produit que deux vins à partir de ses 7 hectares, son rouge est nettement supérieur au blanc, grâce à une splendide minéralité qui resserre la fin de bouche.

SAINT-JOSEPH 2007
Rouge | 2009 à 2015 | 13 €   **16,5/20**
Très pur, très droit, très frais. Un vin toujours aussi dense, à la bouche subtile, aux tanins fins. Il est encore plus frais que le 2006, avec un équilibre et une harmonie supérieures.

SAINT-JOSEPH 2006
Rouge | 2009 à 2014 | 13 €   **16/20**
Une bouche au grain dense et serré. Un vin puissant, avec un bon fruit mûr. C'est très fin, bien concentré, la finale est fraîche. Un grand saint-joseph !

SAINT-JOSEPH VIEILLES VIGNES 2007
Blanc | 2009 à 2011 | 13 €   **13,5/20**
Notes miellées. Un vin mûr, aux notes florales, assez tendre, dans un style légèrement oxydatif. Il n'a pas la classe du vin rouge.

DOMAINE COURBIS

07130 Châteaubourg
Tél. 04 75 81 81 60 - Fax. 04 75 40 25 39
domaine.courbis@numeo.fr
www.vins-courbis-rhone.com

Les deux frères Laurent et Dominique Courbis sont deux figures familières de cette partie sud de l'appellation Saint-Joseph. Avec leurs 32 hectares de vignes, ils dirigent une importante propriété pour la région, qui leur permet d'élaborer huit vins (deux blancs et six rouges), essentiellement en Saint-Joseph et Cornas. Nous avouons notre préférence pour les vins rouges du domaine, surtout les deux cuvées de cornas les-eygats et la-sabarotte, au nez de fruits mûrs, mais à la bouche fraîche et veloutée.

CORNAS CHAMPELROSE 2007
Rouge | 2009 à 2012 | 24 €   **14/20**
Un vin fruité et souple, facile à boire, agréable.

CORNAS LA SABAROTTE 2007
Rouge | 2010 à 2015 | 44 €   **15/20**
Un vin plus concentré, plus tendu que les Eygats. Bonne matière.

CORNAS LES EYGATS 2007
Rouge | 2009 à 2014 | 31 €   **15/20**
Un vin bien fruité, à la bouche agréablement concentrée, aux tanins ronds. Plus de caractère que Champelrose.

SAINT-JOSEPH 2007
Rouge | 2009 à 2011 | 17 €   **13,5/20**
Bouche tendre. Un vin souple, fruité, à boire sur sa jeunesse.

SAINT-JOSEPH LES ROYES 2007
Rouge | 2009 à 2013 | 24 €   **14,5/20**
Très fruité, tanins souples, un vin élégant, à la bouche ronde.

Rouge : 26,5 hectares ; syrah 100%.
Blanc : 5,5 hectares ; Marsanne 95%, roussanne 5%.
Production totale annuelle : 120 000 bt. Visite : Du lundi au vendredi de 9 h à 12 h et de 14 h à 18 h. Le samedi sur rendez-vous exclusivement.

DOMAINE PIERRE ET JÉRÔME COURSODON

3, place du Marché
07300 Mauves
Tél. 04 75 08 18 29
pierre.coursodon@wanadoo.fr

Jérôme Coursodon travaille désormais à la tête du domaine familial de 15 hectares, avec l'ambition d'en faire l'un des porte-drapeaux de l'appellation Saint-Joseph, son unique appellation, dont il présente six vins (2 blancs et 4 rouges). Motivé et enthousiaste, Jérôme a fait évoluer le style des vins du domaine vers plus de pureté de fruit et de fraîcheur (pour les blancs), et surtout plus d'enrobage et de soyeux dans le polissage des tanins (pour les rouges). Un palier a été franchi, et Jérôme ne compte pas s'arrêter là !

Saint-Joseph L'Olivaie 2007
Rouge | 2009 à 2015 | 19 €   15/20
Plus concentré que Silice, plus charnu. Un vin gourmand, aux tanins enrobés, très stylé. La finale est droite, les tanins fins.

Saint-Joseph Le Paradis Saint-Pierre 2007
Blanc | 2010 à 2014 | 19 €   15/20
Gras, un élevage fin mais encore perceptible, une pointe de salinité en fin de bouche.

Saint-Joseph Le Paradis Saint-Pierre 2007
Rouge | 2010 à 2016 | 27 €   15,5/20
Un vin structuré mais fin, l'élevage est bien intégré, la finale veloutée. Bons tanins, bon équilibre.

Saint-Joseph Silice 2008
Blanc | 2009 à 2012 | 15 €   14/20
Un vin pur, aux arômes de fruits blancs (poire), gourmand, frais.

Saint-Joseph Silice 2007
Rouge | 2009 à 2013 | NC   14,5/20
Nez mûr (fruits noirs, tapenade). Bouche aux tanins enrobés. Fin, élégant, un vin charmeur et rond.

Rouge : 13 hectares ; syrah 100%. Blanc : 2 hectares ; marsanne 95%, roussanne 5%. Production totale annuelle : 60 000 bt. Visite : Du lundi au samedi de 8 h à 12 h et de 14 h à 18 h, sur rendez-vous.

DOMAINE YVES CUILLERON

59 RN 86 Verlieu
42410 Chavanay
Tél. 04 74 87 02 37 - Fax. 04 74 87 05 62
cave@cuilleron.com
www.cuilleron.com

Yves Cuilleron est le plus important vigneron-producteur de la région, car il ne vinifie que les raisins qu'il exploite sur ses 50 hectares de vigne, sans faire de négoce. Avec 20 vinifications de recul, il est revenu de certains excès du passé, comme la surextraction ou le surboisage. La gamme est homogène, dans un style souvent identifiable à l'aveugle, même si le terroir est souvent plus lisible sur les rouges.

Condrieu Les Ayguets 2007
Blanc | 2009 à 2017 | 39 €   15,5/20
Nez fin, subtil et parfumé : abricot confit, fruits jaunes, notes florales. Pur, sans lourdeur. La bouche est riche mais équilibrée, la finale miellée, légèrement beurrée.

Condrieu Vertige 2006
Blanc | 2011 à 2016 | 49 €   16/20
Un vin pur et concentré, à la bouche épaisse mais équilibrée. De bonne fraîcheur, il faut attendre un peu que son équilibre de bouche se fasse. Une finale ample et généreuse.

Cornas Les Vires 2007
Rouge | 2011 à 2017 | 38 €   15,5/20
Tendu et concentré, un cornas droit et structuré, avec des tanins fermes. Joli.

Côte Rôtie Les Terres Sombres 2007
Rouge | 2011 à 2017 | 43 €   16/20
Bonne minéralité. Un vin droit et concentré. Bons tanins fins, belle allonge. À attendre.

Côte Rôtie Madinière 2007
Rouge | 2009 à 2015 | 32 €   15,5/20
Fruité mûr, notes épicées, un vin fin et charmeur, la bouche est profonde, avec de bons tanins frais.

Saint-Joseph L'Amarybelle 2007
Rouge | 2009 à 2013 | 16 €   15/20
Bonne tension, un vin pur et droit, à la finale fraîche. Savoureux.

Saint-Peray Les Cerfs 2007
Blanc | 2009 à 2013 | 15 €   14,5/20
Un vin à la bouche grasse, de bonne concentration. Notes fumées en bouche. Gourmand. Bien élevé.

Rouge : 25 hectares ; syrah 60%. Blanc : 20 hectares ; marsanne 9%, roussanne 6%, viogner 25%. Production totale annuelle : 250 000 bt. Visite : Sur rendez-vous de 9 h à 12 h et de 14 h à 17 h 30.

CHÂTEAU CURSON

Château Curson
26600 Chanos-Curson
Tél. 04 75 07 34 60 - Fax. 04 75 07 30 27
domainespochon@wanadoo.fr

Le Château Curson, superbe bâtisse vieille de quatre siècles, domine l'entrée du village de Chanos-Curson. La gamme étienne-pochon correspond aux vins d'entrée de gamme, la gamme château-curson est quant à elle issue de parcelles distinctes, et commercialisée avec une année de décalage.

CROZES-HERMITAGE CHÂTEAU CURSON 2008
Blanc | 2009 à 2014 | 14 €   **14,5/20**
Plus riche, plus de matière que Étienne Pochon. Un vin de bon volume en bouche, qui finit sur une agréable fraîcheur aromatique.

CROZES-HERMITAGE CHÂTEAU CURSON 2007
Rouge | 2009 à 2013 | 15 €   **14,5/20**
Notes boisées au nez, mais bouche aux tanins mûrs, sur des saveurs épicées. Plus ambitieux, mais aussi plus long que Étienne Pochon.

CROZES-HERMITAGE ÉTIENNE POCHON 2008
Blanc | 2009 à 2013 | 9 €   **14/20**
Frais, fin, une bouche pure, une finale sur les fruits blancs.

CROZES-HERMITAGE ÉTIENNE POCHON 2007
Rouge | 2009 à 2012 | 9 €   **13,5/20**
Fruité rouge, bouche moyennement charnue, finale arrondie.

Rouge : 11,5 hectares ; syrah 100%.
Blanc : 4 hectares ; marsanne 50%, roussanne 50%.
Production totale annuelle : 90 000 bt.
Visite : Tous les après-midi sauf le dimanche.

DELAS

ZA de l'Olivet
07300 Saint-Jean-de-Muzols
Tél. 04 75 08 60 30 - Fax. 04 75 08 53 67
france@delas.com

Cette vieille maison traditionnelle, propriété des champagnes Deutz, propose une très large gamme de vins de toute la vallée du Rhône. Elle dispose d'un potentiel de crus remarquable dans les appellations du Rhône nord, en particulier en Hermitage (où elle est le principal propriétaire et fermier sur le merveilleux secteur des Bessards) et en Saint-Joseph. Longtemps hétérogène, la gamme a progressé : sous la conduite intelligente de Jacques Grange, de nombreux vins sont parmi les plus savoureuses représentations de leurs appellations respectives.

CONDRIEU CLOS BOUCHER 2007
Blanc | 2009 à 2017 | 32 €   **16/20**
Plus complexe, plus gras, plus parfumé que la-galopine. Belle race en bouche.

CONDRIEU LA GALOPINE 2007
Blanc | 2009 à 2015 | NC   **15,5/20**
Aromatique, gourmand, un vin équilibré, à la bouche délicatement minérale.

CORNAS CHANTE-PERDRIX 2006
Rouge | 2010 à 2016 | NC   **16/20**
Velouté, charnu, un vin aux tanins puissants, à la finale fraîche et savoureuse.

CÔTE RÔTIE LA LANDONNE 2006
Rouge | 2011 à 2021 | 83 €   **17,5/20**
Plus tendue, plus concentrée que seigneur-de-maugiron, avec une superbe définition de bouche, précise et droite.

CÔTE RÔTIE SEIGNEUR DE MAUGIRON 2006
Rouge | 2010 à 2016 | 44 €   **17/20**
Puissant et velouté, un vin riche, aux tanins gras, savoureux, à la finale complexe.

COTEAUX DU TRICASTIN 2007   ☺
Rouge | 2009 à 2013 | 4 €   **15,5/20**
Mûr, puissant, épicé, un vin charnu. En bouche, les tanins sont gras. Finale parfumée et savoureuse.

CÔTES DU RHÔNE SAINT-ESPRIT 2007   ☺
Rouge | 2009 à 2013 | NC   **16/20**
Un vin minéral et fruité, avec une gourmande pointe saline en bouche. Savoureux.

CÔTES DU VENTOUX 2007
Rouge | 2009 à 2012 | 5 €   **14,5/20**
Mûr et puissant, avec moins de profondeur et de finesse que le tricastin, mais il est plus ouvert aromatiquement.

CROZES-HERMITAGE DOMAINE DES GRANDS CHEMINS 2006

Rouge | 2009 à 2016 | NC   **15,5/20**

Épicé, puissant, aromatique, c'est un vin à la bouche veloutée et parfumée. Envoûtant.

CROZES-HERMITAGE LE CLOS 2006   Ⓤ

Rouge | 2009 à 2016 | NC   **16,5/20**

Fruits noirs et rouges, notes de chocolat, un vin mûr et gourmand, aux tanins gras. La bouche est enrobée, profonde, gourmande.

CROZES-HERMITAGE LES LAUNES 2007

Rouge | 2010 à 2015 | 10 €   **15/20**

Mûr, tendu, les tanins sont fins, la finale fraîche et précise.

HERMITAGE BESSARDS 2006

Rouge | 2009 à 2023 | 77 €   **18/20**

Racé, subtil, un vin à la bouche concentrée et épicée, aux tanins bien enrobés. La finale est relevée, elle donne l'impression de décoller !

HERMITAGE MARQUISE DE LA TOURETTE 2006

Rouge | 2011 à 2021 | 40 €   **17/20**

Nez très mûr, sur les fruits rouges, les épices douces. La bouche est fine et délicate, avec une bonne tension minérale sur le milieu de bouche.

HERMITAGE MARQUISE DE LA TOURETTE 2006

Blanc | 2009 à 2021 | 31 €   **17,5/20**

Un vin gras et fin, aux notes de miel et d'amande. Délicat et gourmand, belle pureté aromatique et très jolie précision de fin de bouche.

SAINT-JOSEPH FRANÇOIS DE TOURNON 2006

Rouge | 2010 à 2015 | NC   **14,5/20**

Concentré et droit, avec des tanins aujourd'hui un peu resserrés en finale. On l'attendra un peu.

SAINT-JOSEPH LES CHALLEYS 2007

Rouge | 2009 à 2014 | 13 €   **14/20**

Un vin solide et droit, aux tanins épicés, de concentration moyenne.

SAINT-JOSEPH LES CHALLEYS 2007

Blanc | 2009 à 2013 | 11 €   **14,5/20**

Précis, pur, une bouche élégante et droite. Fin et délicat, avec de la fraîcheur.

Production totale annuelle : 1 500 000 bt.
Visite : Magasin ouvert de 9 h 30 à 12 h et de 14 h 30 à 18 h 30.

DOMAINE BENJAMIN ET DAVID DUCLAUX

34, route de Lyon
69420 Tupin-Semons
Tél. 04 7 459 56 30 - Fax. 04 74 56 64 09

Grâce à l'arrivée des deux frères au domaine familial, David en 1994 puis Benjamin en 2001, le style des vins a peu à peu évolué avec bonheur. Les raisins sont éraflés, les macérations sont plus courtes que par le passé, et à des températures plus basses, les élevages ont été raccourcis, et le parc à barriques rajeuni, avec désormais une bonne proportion de demi-muids. Conséquence : si les vins pouvaient autrefois paraître droits et un peu austères, parfois même surextraits, ils ont aujourd'hui gagné en fraîcheur et en élégance. Depuis 2005, le domaine propose deux cuvées en Côte Rôtie, à partir de ses parcelles situées dans le sud de l'appellation : la-germine, la plus facile des deux, et maison-rouge, qui offre plus de chair et de suavité.

CÔTE RÔTIE LA GERMINE 2007

Rouge | 2012 à 2017 | 34 €   **14,5/20**

Très floral, fruit rouge. Un vin droit, tendu. Bons tanins.

CÔTE RÔTIE LA GERMINE 2006

Rouge | 2011 à 2016 | 34 €   **14,5/20**

Charnu, concentré, un vin rond, au fruité rouge expressif. Il se referme aujourd'hui.

CÔTE RÔTIE MAISON ROUGE 2007

Rouge | 2012 à 2017 | 45 €   **15/20**

Un vin fruité, à la bouche tendue, à la finale ferme mais élégante.

CÔTE RÔTIE MAISON ROUGE 2006

Rouge | 2011 à 2016 | 45 €   **15/20**

Plus concentré que Germine, tanins plus fermes. Un vin droit et équilibré.

DOMAINE FAYOLLE FILS ET FILLE

9, rue du Ruisseau
26600 Gervans
Tél. 04 75 03 33 74 - Fax. 04 75 03 32 52
contact@cave-fayolle.com
www.cave-fayolle.com

Ce domaine résulte de la scission en 2002 du domaine fondé par Jules Fayolle, le grand-père de Laurent et Céline. Les vignes, âgées d'une quarantaine d'années, sont situées sur Crozes-Hermitage et Hermitage. Grâce à des vinifications soignées, les blancs affichent une belle pureté, avec un caractère ciselé, et les rouges sont frais et élégants, avec des élevages bien intégrés. Les prix demandés sont très raisonnables.

CROZES-HERMITAGE CLOS LES CORNIRETS VIEILLES VIGNES 2007
Rouge | 2010 à 2017 | 14 € **16/20**
Un vin fruité et fin, aux tanins délicats, soyeux. Finale pure et tendue, bien fraîche.

CROZES-HERMITAGE LES PONTAIX 2007
Blanc | 2009 à 2015 | 11 € **15,5/20**
Pur et fin, délicats arômes de miel. La bouche est gourmande, droite, bien fraîche. Très élégant.

CROZES-HERMITAGE LES PONTAIX 2007
Rouge | 2010 à 2017 | 11 € **16/20**
Discret mais délicat. Bouche concentrée, tanins fins, un vin au toucher de bouche caressant, à la finale fraîche, légèrement épicée. Belle finesse.

CROZES-HERMITAGE SENS 2007
Rouge | 2009 à 2012 | 8 € **15/20**
Ouvert, fruité, notes épicées, pointe florale. Un vin souple et fruité, charmeur. À boire pour son fruit croquant !

HERMITAGE LES DIONNIÈRES 2007
Blanc | 2010 à 2017 | 22 € **16,5/20**
Arômes floraux délicats, notes anisées. Subtil et raffiné. Bouche gourmande et fraîche, très élégante. Finale cristalline, sans aucune lourdeur comme parfois dans le cru.

HERMITAGE LES DIONNIÈRES 2007
Rouge | 2012 à 2022 | 29 € **16,5/20**
Un vin fin, élégant, au toucher de bouche caressant. Les tanins sont enrobés, la finale savoureuse.

FERRATON PÈRE & FILS

13, rue de la Sizeranne
26600 Tain-l'Hermitage
Tél. 04 75 08 59 51 - Fax. 04 75 08 81 59
ferraton@ferraton.fr
www.ferraton.fr

Acquise en 1998 par la maison Chapoutier, cette maison a conservé une direction autonome et met en avant ses meilleures vignes avec ses cinq sélections parcellaires : les-dionnières, le-méal et le-reverdy en Ermitage, le-grand-courtil en Crozes-Ermitage et les-oliviers en Saint-Joseph. Les 2007 offrent un raffinement et une fraîcheur supérieurs aux 2006.

CÔTES DU RHÔNE-VILLAGES PLAN DE DIEU 2007
Rouge | 2009 à 2013 | NC **15,5/20**
Nez puissant et intense, sur des notes de fruits noirs et de cacao. Bouche aux tanins gras, finale fraîche, pure, élancée et fruitée, sans lourdeur.

CROZES-HERMITAGE LE GRAND COURTIL 2007
Rouge | 2010 à 2017 | NC **16/20**
Un vin gourmand et fin, doté d'un grain de tanin élégant. La bouche est savoureuse, la finale fraîche et profonde. Belle classe. Finale épicée.

ERMITAGE LE MÉAL 2007
Rouge | 2012 à 2022 | NC **18,5/20**
Nez racé et raffiné. La bouche est toute en rondeur, les tanins fins et enrobés, la finale subtile et fraîche. Un vin harmonieux et profond. Remarquable !

ERMITAGE LE REVERDY 2007
Blanc | 2009 à 2022 | NC **16/20**
Un vin de belle finesse, aux francs et gourmands arômes de fruits. Bouche grasse et parfumée, finale sur la pâte d'amande.

ERMITAGE LES DIONNIÈRES 2007
Rouge | 2012 à 2022 | NC **18/20**
Un vin au jus fin et élégant, à la bouche veloutée, à la finale épicée. Bonne fraîcheur, un tanin de grande classe, particulièrement raffiné.

SAINT-JOSEPH LES OLIVIERS 2007
Blanc | 2009 à 2017 | NC **15,5/20**
Intense, mûr, profond, avec de puissantes notes florales. La bouche est pure, droite, la finale tendue, sur les fruits blancs juteux (poire).

Rouge : 6,32 hectares ; syrah 100%.
Blanc : 1,03 hectare ; marsanne 50%, roussanne 50%.
Production totale annuelle : 35 000 bt. Visite : Du lundi au samedi de 09 h à 12 h et de 14 h à 18 h.

DOMAINE PIERRE FINON

Picardel
07340 Charnas
Tél. 04 75 34 08 75 - Fax. 04 75 34 06 78
domaine.finon@wandoo.fr

Pierre Finon s'est installé en 1983 dans ce domaine qui fait aujourd'hui 12 hectares de vignes, principalement en Saint-Joseph. Installé sur le plateau de Charnas, il enherbe ses vignes. Les trois saint-josephs sont intéressants : les-jouvencelles, à partir des jeunes vignes, les-rocailles, issues de parcelles plus âgées, et le-caprice-d'héloïse, un vin ambitieux qui reste équilibré et frais.

CONDRIEU 2007
Blanc I 2009 à 2012 I 22 €   **14/20**
Mûr, notes florales, un vin puissant mais fin, à la finale fraîche et pure.

SAINT-JOSEPH LE CAPRICE D'HÉLOÏSE 2007
Rouge I 2010 à 2015 I 15 €   **15,5/20**
Bonne concentration, un vin finement élevé, aux tanins fins, à la finale fraîche.

SAINT-JOSEPH LES JOUVENCELLES 2007
Rouge I 2009 à 2011 I 10 €   **14/20**
Fruité, charnu, tanins ronds. Pas très ample, mais équilibré et frais. Bonne entrée de gamme.

SAINT-JOSEPH LES ROCAILLES 2007
Rouge I 2009 à 2013 I 12 €   **14,5/20**
Bouche finement minérale, concentrée et tendue. Tanins fins. Allonge fraîche.

SAINT-JOSEPH QUATUOR 2007
Blanc I 2009 à 2011 I 10 €   **14/20**
Mûr, tendre, finement élevé. Un vin élégant et pur. Pas extrêmement concentré, mais belle finesse.

VIN DE PAYS DES COLLINES RHODANIENNES MARSANNE 2007
Blanc I 2009 à 2011 I 4 €   **13,5/20**
Un vin mûr, très franc, avec un fruit gourmand. Très simple, mais pur et frais. Désaltérant.

VIN DE PAYS DES COLLINES RHODANIENNES SYRAH 2007
Rouge I 2009 à 2011 I 4 €   **13,5/20**
Épicé, fruité, un vin frais et fin. Bouche tendre. Désaltérant.

VIN DE PAYS DES COLLINES RHODANIENNES VIOGNIER 2007
Blanc I 2009 à 2011 I NC   **14/20**
Fruité fin et pur. Abricot frais. Bouche tendre. Rafraîchissant.

Production totale annuelle : 40 000 bt.
Visite : sur rendez-vous.

DOMAINE GILLES FLACHER

07340 Charnas
Tél. 04 75 34 09 97 - Fax. 04 75 34 09 96
earl-flacher@orange.fr

Gilles Flacher a repris en 1991 l'exploitation familiale, dont les origines remontent à 1806. Situé sur le plateau, à Charnas, il essaie d'enherber ses vignes et de travailler les sols. Dans la gamme assez étendue, nous avons préféré la personnalité des blancs, en sec comme en moelleux. On les apprécie jeunes.

CONDRIEU CUVÉE LÉA 2007
Blanc liquoreux I 2009 à 2011 I NC   **14,5/20**
Concentré, bonne liqueur, un vin pur et fin, à la finale fraîche. Il échappe au piège de la lourdeur.

CONDRIEU LES ROUELLES 2007
Blanc I 2009 à 2013 I NC   **14,5/20**
Mûr, concentré, arômes bien fruités, un vin puissant et expressif.

SAINT-JOSEPH 2007
Blanc I 2009 à 2012 I NC   **14/20**
Arômes de fruits frais, un vin mûr et élégant. Bouche ronde.

SAINT-JOSEPH CUVÉE LUCIE 2007
Rouge I 2009 à 2011 I NC   **14,5/20**
Élégant et frais, tanins épicés en bouche. Velouté.

SAINT-JOSEPH CUVÉE PRESTIGE 2007
Rouge I 2009 à 2011 I NC   **14,5/20**
Plus élégant que le saint-joseph classique, plus de finesse. Un vin pur et équilibré.

VIN DE PAYS DES COLLINES RHODANIENNES CLOS DES LITTES 2007   ☺
Rouge I 2009 à 2012 I NC   **14,5/20**
Gourmand, tanin fin, fruité frais, finale savoureuse.

VIN DE PAYS DES COLLINES RHODANIENNES CLOS DES LITTES 2006   ☺
Rouge I 2009 à 2011 I NC   **14,5/20**
Savoureux, avec des notes viandées mais aussi du fruit, un vin ample et charnu, aux tanins ronds.

VIN DE PAYS DES COLLINES RHODANIENNES VIOGNIER 2007
Blanc I 2009 à 2012 I NC   **14/20**
Un viognier mûr et fruité, gourmand, équilibré, très digeste.

Rouge : 6 hectares. Blanc : 2 hectares.
Production totale annuelle : 30 000 bt.
Visite : sur rendez-vous.

DOMAINE PIERRE GAILLARD

Lieu-dit Chez Favier
42520 Malleval
Tél. 04 74 87 13 10 - Fax. 04 74 87 17 66
vinsp.gaillard@wanadoo.fr
www.domainespierregaillard.com

Pierre Gaillard a planté sa première vigne en 1981, et s'est définitivement installé en 1987, après une longue expérience comme chef de culture chez Vidal-Fleury et Guigal. La vaste gamme est reconnaissable entre toutes, car chaque bouteille est habillée d'une étiquette colorée distincte. Un style de vins fondé sur l'élégance et la finesse, particulièrement équilibrés dans le millésime 2007, même si la côte-rôtie-rose-pourpre n'a pas été produite.

CONDRIEU 2007
Blanc liquoreux | 2009 à 2013 | NC **15/20**
Un vin fin et mûr, à la bouche grasse. Savoureux, subtil, élégant.

CORNAS 2007
Rouge | 2010 à 2017 | 29 € **15,5/20**
Un vin frais, aux tanins fins. Bouche élancée, allonge rafraîchissante.

CÔTE RÔTIE 2007
Rouge | 2009 à 2017 | 36 € **15,5/20**
Un vin fin et savoureux, au jus concentré en bouche. Charnu, finale veloutée.

CÔTES DU RHÔNE 2007
Blanc | 2009 à 2012 | 13 € **14,5/20**
Gras, mûr, fin, un vin finement minéral, à la finale tendue.

SAINT-JOSEPH 2007
Rouge | 2009 à 2012 | 13 € **14,5/20**
Bon fruit mûr, un vin charnu et fin, gourmand et frais.

SAINT-JOSEPH CLOS DE CUMINAILLE 2007
Rouge | 2009 à 2017 | 19 € **16/20**
Tendu, tanins fins, un vin droit et frais. Bien pur. Finale savoureuse.

SAINT-JOSEPH LES PIERRES 2007
Rouge | 2009 à 2017 | 26 € **16,5/20**
Un vin à la bouche pure, aux tanins fins. Longueur fraîche et veloutée.

VIN DE PAYS DES COLLINES RHODANIENNES ASIATICUS 2007
Rouge | 2009 à 2017 | 30 € **15,5/20**
Nez marin. Bouche aux tanins fins. Un vin élégant et droit.

Rouge : 11 hectares ; syrah 100%. Blanc : 6 hectares ; chardonnay, roussanne 25%, viogner 75%. Production totale annuelle : 85 000 bt. Visite : Sur rendez-vous.

DOMAINE JEAN-MICHEL GERIN

19, rue de Montmain
Verenay
69420 Ampuis
Tél. 04 74 56 16 56 - Fax. 04 74 56 11 37
gerin.jm@wanadoo.fr
www.domaine-gerin.fr

Jean-Michel Gerin a créé ce domaine phare de la Côte Rôtie, et le dirige avec son épouse Monique. La viticulture se veut respectueuse de l'environnement, et l'éraflage des rouges est systématique. En Côte Rôtie, champin-le-seigneur est l'entrée de gamme, que l'on apprécie jeune, un vin idéal pour la restauration ; la-landonne est toujours magnifique de concentration et d'élégance ; et les-grandes-places affichent moins de volume, mais plus de longueur et de minéralité. Refusant de se reposer sur ses lauriers, Jean-Michel Gerin a depuis peu relancé La Serine, un sympathique bistrot à vins au cœur d'Ampuis, et vinifie également, avec la complicité de Laurent Combier et Peter Fischer, de magnifiques priorats, puissants et généreux. Les 2007 offrent un équilibre et une élégance supérieurs aux 2006.

CONDRIEU LA LOYE 2007
Blanc | 2009 à 2014 | 28 € **15,5/20**
Élégant et frais, un vin savoureux, à la bouche finement minérale. Belle pureté.

CÔTE RÔTIE CHAMPIN LE SEIGNEUR 2007
Rouge | 2010 à 2017 | 30 € **16/20**
Un vin frais et fin, très élégant. Tanins fins, arômes purs et frais. Très digeste.

CÔTE RÔTIE LA LANDONNE 2007
Rouge | 2012 à 2027 | NC **18/20**
Racé, fin, une bouche d'une grande fraîcheur. Tanins enrobés, finale longue et tendue qui fait saliver. Élégant et délicat, jus subtil.

CÔTE RÔTIE LES GRANDES PLACES 2007
Rouge | 2014 à 2027 | NC **18/20**
Un vin à la trame tannique épaisse. Plus puissant que la-landonne. Arômes intenses et concentrés (laurier, réglisse, menthol). Belle allonge harmonieuse.

SAINT-JOSEPH 2007
Rouge | 2009 à 2017 | NC **16/20**
Un vin à la bouche charnue, aux tanins ronds, aux arômes fins et élégants. Savoureux et frais. Bonne allonge, très délicate, typique des sols de granit.

Rouge : 8 hectares ; syrah 80%. Blanc : 2 hectares ; viogner 20%. Production totale annuelle : 100 000 bt. Visite : Du lundi au vendredi de 8 h à 12 h et de 14 h à 18 h, sur rendez-vous.

DOMAINE PIERRE GONON

34, avenue Ozier
07300 Mauves
Tél. 04 75 08 45 27 - Fax. 04 75 08 65 21
gonon.pierre@wanadoo.fr

Installés en plein cœur de Mauves, les deux frères Jean et Pierre y ont pris la suite de leur père Pierre, depuis 1988 déjà. Avec 10 hectares de vignes (2 en blanc et 8 en rouge), ils n'élaborent qu'un saint-joseph rouge et un saint-joseph-les-oliviers blanc, ainsi qu'un peu de vin-de-pays, en rouge. Depuis quelques années, la viticulture est très proche des labels bio, même si rien n'est revendiqué : plus de désherbants, labour des vignes, (ils viennent même de racheter un cheval !), préparation des bouillies de plante. Les vignes proviennent toutes de sélections massales, et ont une moyenne d'âge proche de 40 ans. Comme le souligne modestement Jean Gonon : «Autant on va passer beaucoup de temps à la vigne, autant à la cave, on va faire les choses assez simplement.» Levures indigènes, vinifications et élevages sous bois, mais pas de fûts neufs (au contraire, certains fûts ont plus de 12 ans !). Grâce à cette inflexion dans les pratiques viticoles, les vins ont gagné en raffinement et en fraîcheur, et constituent aujourd'hui des références pour l'appellation, dans les deux couleurs. Ils évoluent favorablement en bouteilles sur une dizaine d'années voire plus, en blanc comme en rouge.

SAINT-JOSEPH 2007
Rouge | 2011 à 2017 | 16 €   **16/20**
Un vin concentré, droit, bien tendu. Les tanins sont fins, le toucher caressant. Beaucoup de profondeur et d'allonge. Bon volume.

SAINT-JOSEPH LES OLIVIERS 2007
Blanc | 2009 à 2014 | 18 €   **15/20**
Très mûr, très puissant. La bouche est grasse, riche, mais la finale est précise et fraîche.

VIN DE PAYS DE L' ARDÈCHE LES ÎLES FERAY 2007
Rouge | 2009 à 2012 | 7 €   **14/20**
Un vin épicé, charnu, avec un tanin fin. Gourmand, léger, très digeste, finale légèrement saline.

Rouge : 8 hectares ; syrah 100%. Blanc : 2 hectares ; marsanne 75%, roussanne 25%. Production totale annuelle : 29 000 bt. Visite : Du lundi au samedi sur rendez-vous.

DOMAINE ALAIN GRAILLOT

Les Chênes Verts
26600 Pont-de-l'Isère
Tél. 04 75 84 67 52 - Fax. 04 75 84 79 33
graillot.alain@wanadoo.fr

Alain Graillot, désormais aidé par son fils Maxime, est l'un des vignerons à l'origine du dynamisme de l'appellation Crozes-Hermitage. En dépit de sa notoriété, signalons que le domaine peut encore accepter de nouveaux clients (il suffit de se manifester à partir du 1er décembre de l'année qui suit la récolte). Sans être bio, l'agriculture est respectueuse des sols. Pour les crozes rouges, la spécialité du domaine, les vinifications se font en vendange entière, avec une recherche de l'extraction. La cuvée phare, la-guiraude, constitue régulièrement l'une des plus belles expressions de l'appellation, à la finale fraîche et élancée, et qui montre, contrairement à certaines idées reçues, le bon potentiel d'évolution des vins de Crozes dans le temps. Les 2007 sont ici frais et fins.

CROZES-HERMITAGE 2007   ☺
Rouge | 2009 à 2015 | 15 €   **15,5/20**
Nez mûr, floral, riche et fin. La bouche est gourmande, les tanins fins et soyeux. Pas le plus concentré de la gamme, mais très digeste.

CROZES-HERMITAGE 2007
Blanc | 2009 à 2011 | 15 €   **13,5/20**
Un vin parfumé et tendre, fruité et fin, à boire sur sa jeunesse.

CROZES-HERMITAGE LA GUIRAUDE 2007
Rouge | 2010 à 2017 | 22 €   **16,5/20**
Un vin fin et racé, à la bouche fraîche et parfumée. Bouche concentrée, bons tanins fins, finale tendue.

SAINT-JOSEPH 2007   ☺
Rouge | 2009 à 2017 | 15 €   **16/20**
Pur et fin, un vin délicat et épicé, aux savoureuses notes de fruits rouges mûrs et confits. Délicieux et subtil, avec une belle expression de la minéralité granitique de Saint-Joseph.

Rouge : 17 hectares ; syrah 100%.
Blanc : 3 hectares ; marsanne 80%, roussanne 20%.
Production totale annuelle : 100 000 bt.
Visite : Sur rendez-vous.

CHÂTEAU GRILLET

42410 Verin
Tél. 04 74 59 51 56 - Fax. 04 78 92 96 10

Isabelle Canet-Baratin n'a de cesse, avec une farouche volonté, de faire revenir sa merveilleuse propriété - qui est une appellation à elle seule - au rang auquel l'avait placée autrefois le « prince des gastronomes » Curnonski, c'est-à-dire parmi les cinq plus grands vins blancs de France. Enclave dans le vignoble de Condrieu, Château Grillet n'en diffère pas par l'encépagement, entièrement voué au viognier, mais par son exposition plein sud (alors que les coteaux bordant le Rhône sont pour la plupart tournés vers l'est) et surtout par son extraordinaire terroir de granit décomposé, presque sableux. D'une très grande finesse, les vins n'ont en rien l'exubérance des condrieux mais installent au contraire une profondeur raffinée, vive et veloutée. Ils vieillissent magnifiquement, mais on peut aussi les apprécier jeunes, en n'hésitant pas à les laisser s'ouvrir en carafe plusieurs heures avant de les servir.

CHÂTEAU-GRILLET 2007
Blanc | 2009 à 2022 | NC   **17/20**
Arômes floraux très solaires au nez. La bouche est pure et concentrée, avec une finale qui évoque la mer, l'iode. Curieusement pour le cru, le vin se livre déjà, mais il est préférable de l'attendre encore un peu.

Visite : Sur rendez-vous.

DOMAINE BERNARD GRIPA

5, avenue Ozier
07300 Mauves
Tél. 04 75 08 14 96 - Fax. 04 75 07 06 81
gripa@wanadoo.fr

Au domaine familial depuis 1998, Fabrice Gripa a pris la suite de son père Bernard, parti en retraite, en 2006. Avec 15 hectares de vignes, en Saint-Joseph et Saint-Peray, le domaine élabore 6 vins. Les élevages combinent cuves et fûts, selon les cuvées. En Saint-Joseph, le haut de gamme s'appelle Le Berceau, en blanc et en rouge. Tous les vins du domaine peuvent s'apprécier jeunes.

SAINT-JOSEPH LE BERCEAU 2007
Rouge | 2009 à 2012 | 27 €   **14/20**
Un vin charnu, à la bouche ronde, aux arômes fruités. On le boit sur sa souplesse.

SAINT-JOSEPH LE BERCEAU 2007
Blanc | 2009 à 2012 | 23 €   **13/20**
Mûr et assez fin au nez, un vin riche en alcool qui ressort malheureusement en finale.

SAINT-PERAY LES PINS 2007
Blanc | 2009 à 2012 | 13 €   **13,5/20**
Un vin rond, avec une pointe de sucrosité en bouche.

Rouge : 8 hectares ; syrah 60%. Blanc : 6 hectares ; marsanne 30%, roussanne 10%. Production totale annuelle : 60 000 bt. Visite : Du lundi au vendredi de 9 h à 12 h et de 13 h 30 à 18 h, samedi sur rendez-vous.

Inscrivez-vous sur

BETTANEDESSEAUVE.COM

> Suivez l'actualité du vin
> Accédez aux notes de dégustation de 25 000 vins
> Visitez les stands des producteurs

E. GUIGAL

Château d'Ampuis
69420 Ampuis
Tél. 04 74 56 10 22 - Fax. 04 74 56 18 76
contact@guigal.com
www.guigal.com

Il suffit de traverser Ampuis, berceau de la maison, pour se rendre compte de l'incroyable développement de Guigal depuis quinze ans. L'agrandissement impressionnant de la cuverie et des chais de vieillissement permet à cette étonnante famille de continuer à progresser. En raison de cycles d'élevages très longs (jusqu'à quarante-deux mois pour les cuvées phares), la maison ne sort ses somptueux rouges 2005 que cette année.

CHÂTEAUNEUF-DU-PAPE 2004
Rouge | 2009 à 2019 | 27 € **16/20**
Fruité mûr, avec les notes giboyeuses typiques du millésime, mais aussi une pointe de tabac. C'est solide, concentré, très classique dans sa construction. Bons tanins.

CONDRIEU 2007
Blanc | 2009 à 2013 | 32 € **15/20**
Mûr, gras, bon volume de bouche. Savoureux, avec une pointe minérale en fin de bouche.

CONDRIEU LA DORIANE 2007
Blanc | 2010 à 2017 | 60 € **16,5/20**
Un vin mûr et riche, finement élevé, puissant et savoureux, à la bouche grasse et épaisse, mais à la finale élancée et pure.

CÔTE RÔTIE CHÂTEAU D'AMPUIS 2005
Rouge | 2012 à 2025 | 90 € **17/20**
Nez fin et délicat. Parfums gourmands de beurre frais, de fruits rouges et d'épices douces. Tanins enrobés. Longueur voluptueuse. Très harmonieux.

CÔTE RÔTIE LA BRUNE ET LA BLONDE 2005
Rouge | 2009 à 2015 | 40 € **15/20**
Nez concentré, encore fermé aujourd'hui. Fruits noirs, goudron, tabac. La bouche est parfumée, concentrée, les tanins fermes mais fins. Encore sur la réserve.

CÔTE RÔTIE LA LANDONNE 2005
Rouge | 2014 à 2025 | NC **19,5/20**
Floral, concentré, assez sauvage. Notes d'herbes sauvages, de goudron, de graphite. La bouche est minérale et concentrée, la finale tendue et bien précise. Grande distinction.

CÔTE RÔTIE LA MOULINE 2005
Rouge | 2012 à 2025 | NC **19/20**
Nez intense, capiteux. Fruits noirs, tabac, notes empyreumatiques, raisin frais. La bouche est profonde, juteuse, les tanins subtilement enrobés. Finale fraîche et particulièrement élégante. Puissant et voluptueux.

CÔTE RÔTIE LA TURQUE 2005
Rouge | 2012 à 2025 | NC **20/20**
Plus concentré, plus intense, plus tendu aussi que la-mouline. Bouche très stylée, très pure, bien droite. Les tanins sont magnifiques, la finale enlevée et longue. Équilibre somptueux.

CÔTES DU RHÔNE 2007
Rosé | 2009 à 2010 | NC **15/20**
Un vin gourmand, au fruité fin et frais, à la bouche ronde, franche et expressive. Bon fruit. Désaltérant.

CÔTES DU RHÔNE 2007
Blanc | 2009 à 2012 | NC **14,5/20**
Un côtes-du-rhône où le viognier majoritaire se signale par son gras et ses arômes fruités prononcés. Rond et mûr.

CÔTES DU RHÔNE 2005
Rouge | 2009 à 2012 | 7,90 € **16/20**
De beaux tanins, fins et gras. Bouche équilibrée, fraîche, fine et délicate.

GIGONDAS 2005
Rouge | 2010 à 2020 | 15,50 € **16/20**
Tendu, concentré, un vin solide et puissant, avec des notes d'épices et d'herbes fines. Parfaitement équilibré.

SAINT-JOSEPH 2005
Rouge | 2009 à 2015 | NC **16/20**
Corsé, épicé, avec une solide tension en bouche. La finale est fraîche, pure, élancée. Le tanin est très fin.

SAINT-JOSEPH LE SAINT-JOSEPH 2007
Blanc | 2011 à 2017 **16/20**
Nez puissant, riche, arômes torréfiés puissants, l'intégration n'est pas encore totale. Une bouche haute en saveurs.

SAINT-JOSEPH LE SAINT-JOSEPH 2006
Rouge | 2009 à 2016 | NC **16/20**
Gourmand et charnu, avec des notes fruitées et beurrées concentrées. Tanins soyeux, bonne maturité du fruit. On l'apprécie déjà.

SAINT-JOSEPH VIGNES DE L'HOSPICE 2006
Rouge | 2011 à 2016 | NC **17/20**
Fin et concentré, très délicat. La bouche est suave, l'élevage a donné aux tanins tout l'enrobage nécessaire. Longue persistance.

Rouge : 45 hectares ; syrah 100%.
Blanc : 10 hectares ; marsanne 60%, roussanne 7%, viognier 33%. **Production totale annuelle :**
6 000 000 bt. **Visite :** sur rendez-vous.

DOMAINE DES HAUTS-CHÂSSIS

26600 La-Roche-de-Glun
Tél. 04 75 84 50 26 - Fax. 04 75 84 50 26
domaine.des.hauts.chassis@wanadoo.fr

Installé depuis 1998, Franck Faugier était coopérateur à la cave de Tain jusqu'en 2003. Depuis, il élabore une petite gamme de vins, essentiellement sur Crozes-Hermitage, mais aussi Saint-Joseph. Tous les rouges sont égrappés. En crozes rouge, esquisse est une cuvée vinifiée en cuves, sur le fruit, les-galets bénéficie d'un élevage en barriques, avec plus de concentration et une finale épicée, et les-châssis, sélection parcellaire élevée en demi-muids, offre un style racé et profond. Le dernier-né de la gamme, un crozes blanc, est apparu avec la vendange 2006 ; il est déjà agréable bien que les vignes soient encore jeunes.

CROZES-HERMITAGE ESQUISSE 2007
Rouge | 2009 à 2012 | NC   **14/20**
Nez épicé, fin, bien mûr. La bouche est charnue, équilibrée, fraîche. Gourmand.

CROZES-HERMITAGE L'ESSENTIEL 2007
Blanc | 2009 à 2012 | NC   **14,5/20**
Nez floral, coing, tisane. Bouche parfumée, délicate. Un vin agréable, élégant, qui sait rester frais.

CROZES-HERMITAGE LES CHÂSSIS 2007
Rouge | 2010 à 2015 | NC   **15,5/20**
Tanin fin et frais, un vin élégant, pur et droit. Bon style. Finale racée, profonde.

CROZES-HERMITAGE LES GALETS 2007
Rouge | 2009 à 2013 | NC   **15/20**
Savoureux, fin, des tanins frais, un vin de bonne concentration, à la finale épicée.

SAINT-JOSEPH 2007
Rouge | 2010 à 2015 | NC   **15/20**
Un vin épicé, pur et droit, très belle expression de la saveur granitique des bons saint-josephs. Sans concession, très joli tanin.

DOMAINE PHILIPPE ET VINCENT JABOULET

26179 Mercurol
Tél. 04 75 07 44 32 - Fax. 04 75 07 44 06

Ce domaine est de création récente, mais porte un nom fameux dans la région : suite au rachat de la maison Paul Jaboulet Aîné par la famille Frey en 2006, Philippe Jaboulet a choisi de développer sa propre activité, à partir de vignes familiales mais aussi d'un domaine existant, le Domaine Collonge. Aidé par son fils Vincent, qui s'occupe des vinifications, il a démarré avec la vendange 2006. En famille, ils élaborent des vins en Crozes-Hermitage, Hermitage et Cornas. Les 2007 évolueront plus lentement que les 2006, mais les prix pratiqués restent raisonnables pour la région.

CORNAS 2007
Rouge | 2009 à 2017 | NC   **15,5/20**
Un nez dominé par les fleurs et les poivres. La bouche est expressive, parfumée, corsée, de belle longueur.

CROZES-HERMITAGE 2007
Blanc | 2009 à 2012 | NC   **14/20**
Aromatique, avec de savoureuses notes de miel, un vin gras et parfumé, déjà bien ouvert.

CROZES-HERMITAGE DOMAINE COLLONGE 2007
Rouge | 2009 à 2013 | NC   **13,5/20**
Nez fin et parfumé. Fruité bien mûr, notes d'agrumes. Bouche tendre, agréable, en rondeur.

CROZES-HERMITAGE NOUVELÈRE 2007
Rouge | 2011 à 2015 | NC   **15/20**
Un vin au tanin épicé, à la bouche étoffée, savoureux et franc.

CROZES-HERMITAGE PHILIPPE ET VINCENT 2007
Rouge | 2009 à 2014 | NC   **14/20**
Mûr, charnu, un vin structuré, avec des tanins épicés.

ERMITAGE 2007
Rouge | 2011 à 2017 | NC   **16/20**
Un vin au fort caractère, doté d'un grain de tanin puissant et épicé. La prise de bois le marque aujourd'hui.

ERMITAGE 2007
Blanc | 2012 à 2022 | NC   **17/20**
Un vin puissant et savoureux, le jus est fin et élégant. Arômes subtils et parfumés d'amande grillée, finale concentrée.

DOMAINES PAUL JABOULET AÎNÉ

8, rue Monier
26600 Tain-l'Hermitage
Tél. 04 75 84 68 93
info@jaboulet.com
www.jaboulet.com

L'événement a fait grand bruit quand, au début de l'année 2006, la famille Frey a acheté la maison aux Jaboulet, propriétaires depuis l'origine. Avec 110 hectares en propriété, Jaboulet est l'un des plus importants propriétaires du nord de la vallée du Rhône, avec notamment 25 hectares sur la très prisée colline de l'Hermitage. Comme pour le château La Lagune, leur propriété médocaine, ils ont fait appel aux conseils de l'œnologue bordelais Denis Dubourdieu. Sous la supervision de Caroline Frey, un gros travail a été accompli dans les vignes, avec travail des sols et essais en agriculture biologique et en biodynamie. Si les 2006 constituaient un millésime de transition, les 2007 affichent une densité et une fraîcheur prometteuses.

CORNAS DOMAINE DE SAINT-PIERRE 2007
Rouge | 2009 à 2017 | 62 € **16/20**
Poivré et minéral, un vin à la bouche charnue. Concentré, velouté, charmeur.

CÔTE RÔTIE LES JUMELLES 2007
Rouge | 2011 à 2017 | 59 € **16/20**
Mûr et charnu, avec un fruité profond, un vin frais et élégant, à la finale poivrée.

CROZES-HERMITAGE DOMAINE DE ROURE 2007
Rouge | 2009 à 2017 | 41 € **16/20**
Plus profond, plus minéral, plus poivré que Thalabert. Fin et frais. Finale relevée, sur les poivres.

CROZES-HERMITAGE DOMAINE DE ROURE 2007
Blanc | 2009 à 2017 | 31,80 € **16,5/20**
Expressif et puissant. Note de fenouil et d'anis. Un vin racé, d'une grande pureté, à la finale fraîche et élancée.

CROZES-HERMITAGE DOMAINE DE THALABERT 2007
Rouge | 2009 à 2015 | 29 € **15,5/20**
Fruité généreux, frais, fin. Très fruits rouges, pointe d'épices. Bouche souple, tanins enrobés. Un vin équilibré, gourmand.

CROZES-HERMITAGE DOMAINE LA MULE BLANCHE 2007
Blanc | 2009 à 2014 | 23 € **15/20**
Arômes de fruits frais, touches beurrées élégantes, un vin gras, à la finale fraîche.

HERMITAGE CHEVALIER DE STERIMBERG 2007
Blanc | 2012 à 2022 | 53 € **18/20**
Un vin fin et parfumé, élancé. La bouche est stylée, élégante. C'est très frais, très pur, l'élevage est discret.

HERMITAGE CHEVALIER DE STERIMBERG 2006
Blanc | 2011 à 2021 | 53 € **17/20**
Un vin épuré et élégant, à la bouche gourmande, aux arômes frais. Mais là encore, la dégustation du 2007 apporte plus de tension et de profondeur.

HERMITAGE LA CHAPELLE 2007
Rouge | 2012 à 2027 | NC **18/20**
Un vin mûr et profond, velouté et fin. Parfums voluptueux de cassis et d'épices, le toucher des tanins est particulièrement caressant et soyeux. Finale longue et racée.

HERMITAGE LA CHAPELLE 2006
Rouge | 2011 à 2021 | NC **17/20**
Puissant, intense, un vin concentré, mais sans la tenue de bouche ni le soyeux de tanins du 2007. De construction assez puissante, musclée. Finale épicée.

Rouge : 84 hectares ; syrah 79%. Blanc : 16 hectares ; Marsanne 13,5%, roussanne 6%, viogner 1,5%.
Production totale annuelle : 396 000 bt. Visite : De 8 h 30 à 11 h 30 et de 13 h 30 à 17 h 30.

DOMAINE JAMET

Le Vallin
69420 Ampuis
Tél. 04 74 56 12 57 - Fax. 04 74 56 02 15
domainejamet@wanadoo.fr

Jean-Paul Jamet dirige avec son frère Jean-Luc ce beau domaine de 12 hectares, dont 8 en Côte Rôtie. Avec 25 parcelles différentes, réparties sur 15 lieux-dits de l'appellation, il dispose d'une palette de terroirs exceptionnelle pour réaliser ses cuvées. Le domaine en élabore deux à trois en Côte Rôtie, selon les millésimes : une cuvée d'assemblage (qui représente 95 % des volumes), une côte-brune (toujours plus épicée et concentrée, avec des notes de tabac caractéristiques), et selon les années, une cuvée élégance (vendue en 50 cl, et destinée à une consommation plus précoce). Les vins vieillissent ici remarquablement bien, et les derniers millésimes dégustés sont sans faute. En 2007, la grêle n'a pas affecté le domaine, sauf pour la-landonne, vinifiée sur le fruit plus que d'habitude, et la cuvée élégance n'a pas été produite. Dans ce millésime, les vins ont une délicatesse et une fraîcheur supérieures aux 2006.

Côte Rôtie 2007
Rouge | 2012 à 2022 | NC   **17/20**
Un vin harmonieux et complet, qui exprime bien la diversité des terroirs de l'appellation. Il présente plus de subtilité et d'élégance que 2006.

Côte Rôtie 2006
Rouge | 2011 à 2021 | 50 €   **16/20**
Puissant, fruité mûr et riche, un vin charnu, élégant, gourmand, d'un équilibre frais en finale.

Côte Rôtie Côte Brune 2007
Rouge | 2012 à 2027 | NC   **18,5/20**
Un vin profond, tendu, droit et racé. Structure ferme mais élégante, belle race. Longueur et fraîcheur.

Côte Rôtie Côte Brune 2006
Rouge | 2011 à 2026 | Ench. 52 €   **17,5/20**
Un vin profond, complet. La structure de bouche est épaisse, mais le tanin est enrobé. Très bon équilibre, un vin harmonieux et savoureux.

Rouge : 6,5 hectares ; syrah 100%. **Production totale annuelle** : 25 000 bt. **Visite** : Sur rendez-vous uniquement du lundi au samedi de 9 h à 12 h et de 14 h à 18 h 30.

DOMAINE JASMIN

14, rue des Maraîchers
69420 Ampuis
Tél. 04 74 56 16 04 - Fax. 04 74 56 01 78
jasmin.pa@wanadoo.fr

Ce petit domaine familial exploite 5,5 hectares en Côte Rôtie, répartis en 11 parcelles sur 8 lieux-dits. Patrick Jasmin, la quatrième génération, n'est pas homme à céder aux sirènes de la mode : loin de multiplier les sélections parcellaires et les cuvées onéreuses comme tant d'autres, il n'élabore en effet qu'une seule cuvée, un authentique vin d'assemblage. Tous les raisins sont éraflés (depuis 1996), les fermentations se font à température constante de 28°C (sans chercher à chauffer les fins de fermentation), les élevages sont entièrement sous bois, et la mise en bouteille se fait sans filtration ni collage. Pour bien intégrer le boisé au vin, le domaine travaille avec plusieurs tonneliers et différentes origines de bois, et, à chaque soutirage, assemble toutes les pièces avant réentonnage, afin de bien homogénéiser le tout. Cela donne des vins concentrés mais élégants, avec une bonne mâche, souvent sur un registre floral, et qui vieillissent harmonieusement.

Côte Rôtie 2007
Rouge | 2011 à 2022 | 25 €   **16/20**
Solide et droit, un vin ferme, aux tanins puissants, à la finale tendue, de belle évolution prévisible.

Côte Rôtie 2006
Rouge | 2010 à 2021 | 25 €   **16/20**
Un vin concentré, dense, la bouche est charnue, les tanins fermes, la finale fraîche.

Vin de pays des Collines rhodaniennes 2007 ☺
Rouge | 2009 à 2012 | 7 €   **15/20**
Solide, de la mâche, un vin structuré, droit, équilibré.

Rouge : 4 hectares.
Production totale annuelle : 15 000 bt.
Visite : Sur rendez-vous du lundi au samedi.

DOMAINE DES LISES

26600 Pont-de-l'Isère
domainedeslises@wanadoo.fr

Maxime Graillot, le fils d'Alain, est un jeune vigneron doué et entreprenant. Non content de reprendre progressivement - et avec talent - le domaine familial, il a créé sa propre structure, le Domaine des Lises, à compter du millésime 2004. Il y a petit à petit mis au point une vinification adaptée, avec moins d'extraction, des pigeages plutôt que des remontages, et des cuvaisons plus longues. En marge de ses vignes en propriété, sur Crozes, Maxime achète aussi un peu de raisin en Saint-Joseph et en Cornas. Les 2007 sont ici fruités et gourmands.

CORNAS 2006
Rouge | 2010 à 2016 | NC   **15/20**
Un vin mûr et concentré, expressif et savoureux. Bouche pleine, tanins fins, bonne minéralité tendue en finale. Puissant plus que fin.

CROZES-HERMITAGE 2007
Rouge | 2009 à 2013 | NC   **15,5/20**
Fruité frais très mûr, intense et gourmand. Un vin à la bouche tendre et épicée, fine, bien fraîche, aujourd'hui délicieux.

SAINT-JOSEPH 2007
Rouge | 2009 à 2013 | NC   **14,5/20**
Nez mûr, saveur épicée, un vin minéral, droit.

DOMAINE MICHELAS – SAINT-JEMMS

Bellevue Les Chassis
26600 Mercurol
Tél. 04 75 07 86 70 - Fax. 04 75 08 69 80
michelas.st.jemms@wanadoo.fr
www.michelas-st-jemms.fr

Cet important domaine de 53 hectares, géré par quatre frères et sœurs, est situé principalement sur Crozes, mais également Hermitage, Cornas et Saint-Joseph. Plusieurs gammes sont présentées, avec des méthodes de vinification distinctes : signature, entièrement vinifiée en cuves béton, propose des vins sur le fruit, tandis que terres-d'arce, une sélection parcellaire, offre plus de velouté dans la texture.

CROZES-HERMITAGE LA CHASSELIÈRE 2007
Rouge | 2010 à 2015 | 13 €   **14,5/20**
Les notes boisées sont perceptibles, mais c'est un vin mûr, avec des tanins fondus et fins. Un style moderne, mais qui a son charme.

CROZES-HERMITAGE SIGNATURE 2007
Blanc | 2009 à 2011 | 13,50 €   **13,5/20**
Un vin gras, parfumé, élégant et agréable.

CROZES-HERMITAGE SIGNATURE 2007
Rouge | 2009 à 2012 | 11 €   **14/20**
Nez bien épicé, un vin charnu, à la bouche fruitée et gourmande.

CROZES-HERMITAGE TERRES D'ARCE 2007
Rouge | 2010 à 2017 | 19 €   **15/20**
Un vin fin et concentré, élégant, avec de bons tanins. Texture crémeuse, finale fraîche.

CROZES-HERMITAGE TERRES D'ARCE 2006
Rouge | 2009 à 2011 | épuisé   **14,5/20**
Mûr, fruité légèrement cuit, un vin charnu et gourmand, qui se livre déjà. Il manque un peu de fraîcheur.

SAINT-JOSEPH SAINTE-ÉPINE 2007
Rouge | 2009 à 2014 | 14 €   **14,5/20**
Minéral, belle finesse, un vin avec un joli grain de tanin, accessible. Finale concentrée.

SAINT-JOSEPH TERRES D'ARCE 2007
Rouge | 2009 à 2013 | 20 €   **14/20**
Plus voluptueux que le Saint-Épine, mais sans son caractère ni sa minéralité, malgré une indéniable finesse.

SAINT-JOSEPH TERRES D'ARCE 2006
Rouge | 2009 à 2012 | épuisé   **14,5/20**
Notes de fruit bien mûrs, une bouche minérale et concentrée, la finale est agréablement veloutée.

Production totale annuelle : 100 000 bt.
Visite : Du lundi au samedi de 9 h à 12 h et de 14 h à 18 h, fermé dimanche et jours fériés.

DOMAINE DU MURINAIS

Quartier Champ-Bernard
26600 Beaumont-Monteux
Tél. 04 75 07 34 76 - Fax. 04 75 07 35 91
lltardy@aol.com

Installé dans une très jolie ferme datant de la fin du XVIIᵉ siècle, Luc Tardy élabore une gamme de quatre vins (un blanc et trois rouges), uniquement en Crozes-Hermitage, à partir de son domaine de 14 hectares qu'il a sorti de la cave coopérative voilà une dizaine d'années. Les sols sont travaillés, les vendanges manuelles, les levures indigènes, et les fins de macération se font avec montée en température. Tous les vins voient le bois, au moins pour partie. Les 2006 ont bien évolué en bouteille, même si les 2007 possèdent une fraîcheur supérieure.

CROZES-HERMITAGE LES AMANDIERS 2007
Rouge | 2009 à 2011 | 9,50 €   **14/20**
Nez puissant, fruité et épicé. Bouche charnue, souple, très agréable, de petits tanins en fin de bouche. Digeste, un vrai crozes de soif, ce qui ne veut pas dire qu'il s'agit d'un vin léger !

CROZES-HERMITAGE LES CAPRICES DE VALENTIN 2006
Rouge | 2010 à 2015 | 17 €   **15/20**
Gras et fin, un vin savoureux, plus concentré que la cuvée vieilles-vignes, plus frais aussi. Les tanins de fin de bouche sont encore serrés.

CROZES-HERMITAGE MARINE 2007
Blanc | 2009 à 2012 | 10 €   **14/20**
Nez riche et intense, puissant. Saveur miellées, mais la bouche reste fraîche. Savoureux. On sent la légère surmaturité du raisin.

CROZES-HERMITAGE VIEILLES VIGNES 2006
Rouge | 2010 à 2015 | 13,50 €   **15/20**
Notes beurrées au nez, l'élevage n'est pas encore totalement fondu, mais les arômes sont fins et élégants. La bouche est caressante, la finale fraîche. On peut encore l'attendre un peu, le jus est très fin. Il a bien évolué en bouteille !

Rouge : 13 hectares ; syrah 90%. Blanc : 1 hectare ; marsanne 5%, roussane 5%. Production totale annuelle : 65 000 bt. Visite : Du lundi au samedi de 8 h à 12 h et de 15 h à 19 h.

DOMAINE NIERO

Impasse du Pressoir
Rue de la Mairie
69420 Condrieu
Tél. 04 74 56 86 99 - Fax. 04 74 56 86 99
domaine@vins-niero.com
www.vins-niero.com

Robert et son fils Rémi dirigent ce petit domaine, qui produit des vins essentiellement sur Côte Rôtie et Condrieu. Les 2007 dégustés au domaine se sont révélés frais et élégants.

CONDRIEU CHÉRY 2007
Blanc | 2010 à 2014 | 28 €   **14,5/20**
Mûr, fin, une bouche qui fait ressortir une minéralité discrète. Délicat.

CONDRIEU LES RAVINES 2007
Blanc | 2009 à 2012 | 23 €   **13,5/20**
Très vif, arômes citronnés. Pas très gras, mais fin.

CÔTE RÔTIE 2006
Rouge | 2009 à 2013 | 27 €   **14/20**
Fruité, notes épicées, un vin à la bouche souple. Parfumé, digeste.

CÔTE RÔTIE VIRES DE SERINE 2006
Rouge | 2010 à 2014 | 45 €   **14,5/20**
Plus concentré que la cuvée d'entrée de gamme, avec un grain de tanin plus épais. franc frais.

VIN DE PAYS DES COLLINES RHODANIENNES LES AGATHES 2006
Rouge | 2009 à 2011 | 7 €   **13,5/20**
Charnu, rond, un vin souple, à boire sur son fruit.

DOMAINE MICHEL ET STÉPHANE OGIER

3, chemin du Bac
69420 Ampuis
Tél. 04 74 56 10 75 - Fax. 04 74 56 01 75
sogier@domaine-ogier.fr

Stéphane Ogier a succédé à son père Michel en 1997, et a rapidement développé le domaine. En Côte Rôtie, la réserve-du-domaine est la principale cuvée en volume, au fruité mûr et aux tanins ronds, lancement est une parcellaire en Côte Blonde, et belle-hélène une parcellaire en Côte Rozier, ces deux dernières étant évidemment plus typées et plus concentrées. Le domaine constitue aujourd'hui une valeur sûre de l'appellation.

CONDRIEU 2007
Blanc | 2009 à 2013 | 30 €   **14,5/20**
Un condrieu élégant, à la bouche pure, pas trop gras, ce qui lui permet de rester frais et fin.

CÔTE RÔTIE LA BELLE HÉLÈNE 2007
Rouge | 2010 à 2017 | NC   **16/20**
Les tanins sont fins, bon travail du boisé, même si celui-ci est encore perceptible.

CÔTE RÔTIE LANCEMENT 2007
Rouge | 2010 à 2017 | NC   **16/20**
Un vin fin et parfumé, à la bouche élégante. Bonne concentration, tanins fermes, finale suave.

CÔTE RÔTIE RÉSERVE DU DOMAINE 2007
Rouge | 2009 à 2015 | 30 €   **15/20**
Fin et bien domestiqué, un vin mûr, au boisé fin, aux notes florales et épicées bien savoureuses. Finale légèrement saline.

VIN DE PAYS DES COLLINES RHODANIENNES L'ÂME SOEUR 2007
Rouge | 2009 à 2012 | 25 €   **14/20**
Mûr, fin, un vin au jus tendre et à la bouche ronde.

VIN DE PAYS DES COLLINES RHODANIENNES LA ROSINE 2007
Rouge | 2009 à 2012 | 15 €   **14,5/20**
Bon fruit. Charnu, épicé, gourmand. Agréable, croquant de fruit.

VIN DE PAYS DES COLLINES RHODANIENNES LE VIOGNIER DE ROSINE 2007
Blanc | 2009 à 2011 | 15 €   **14/20**
Nez fruité blanc. On le boit avec plaisir, car il reste très frais et évite le piège de la lourdeur aromatique.

Rouge : 9,5 hectares ; syrah 75%. Blanc : 3 hectares ; viognier 25%. Production totale annuelle : 80 000 bt.
Visite : Sur rendez-vous.

DOMAINE VINCENT PARIS

Chemin des Peyrouses
07130 Cornas
Tél. 04 75 40 13 04 - Fax. 04 75 80 03 24
vinparis@wanadoo.fr

Vincent Paris est un jeune vigneron ambitieux, qui a su investir pour acquérir de belles parcelles, essentiellement sur Cornas. Ses principes de vinification sont simples mais justes : éraflage adapté à l'âge des vignes, cuvaisons longues, entonnage de jus fins, élevages de douze mois sans fûts neufs, très peu de soufre durant la vinification, Vincent lui préférant la protection du gaz carbonique. Sa gamme est restreinte, mais gagne en intensité année après année. Au sommet de la cave se trouvent la cuvée granit-60, récoltée sur des pentes à 60 degrés, et la-geynale, issue de vignes presque centenaires. Le millésime 2007 offre ici plus de fraîcheur que 2006.

CORNAS GRANIT 30° 2007
Rouge | 2009 à 2013 | 17 €   **14,5/20**
Un cornas frais et épicé, à la bouche souple. On l'apprécie jeune.

CORNAS GRANIT 60° 2007
Rouge | 2010 à 2017 | 26 €   **15,5/20**
Un vin tendu et concentré, avec un grain de tanin solide mais mûr. Finale minérale, arômes de fruits noirs.

CORNAS LA GEYNALE 2007
Rouge | 2011 à 2017 | 30 €   **16/20**
Puissant et expressif, sur de savoureuses notes de fruits noirs et d'herbes aromatiques. Un vin dense et charnu, à la finale fraîche et concentrée. De la classe.

SAINT-JOSEPH 2007
Rouge | 2009 à 2012 | 12,50 €   **14,5/20**
Mûr et rond, un saint-joseph fruité mais frais, gourmand et agréable.

Rouge : 6 hectares. Blanc : 1 hectare.
Production totale annuelle : 33 000 bt.
Visite : sur rendez-vous.

DOMAINE ANDRÉ PERRET

17, route nationale 86
42410 Chavanay
Tél. 04 74 87 24 74 - Fax. 04 74 87 05 26
andre.perret@terre-net.fr
www.andreperret.com

André Perret est l'une des figures de ce secteur de Verlieu, et son domaine de 12 hectares dispose de belles parcelles en Condrieu et Saint-Joseph, dont 10 plantées en terrasses. En blanc, il faut goûter les deux condrieux au style bien marqué : clos-chanson, au style pur et cristallin, et chéry, plus en gourmandise et en rondeur. En rouge, le saint-joseph-les-grisières est un vin fin et droit. Les derniers millésimes sont ici impeccables.

CONDRIEU 2007

Blanc | 2009 à 2013 | 20 €   **14/20**
Un vin mûr, à la bouche agréablement concentrée, à la finale équilibrée. Bonne entrée de gamme sur Condrieu.

CONDRIEU CHÉRY 2007

Blanc | 2010 à 2017 | 30 €   **16/20**
Plus tonique que Chanson, plus d'extrait sec, avec une bouche délicatement saline. Élégant, fin, harmonieux.

CONDRIEU CLOS CHANSON 2007

Blanc | 2010 à 2017 | 30 €   **15,5/20**
Un vin fin et stylé, à la bouche cristalline. Ciselé, droit, bien frais, avec une fin de bouche pure et tranchante.

SAINT-JOSEPH 2007

Blanc | 2009 à 2012 | 12 €   **14,5/20**
Un vin tendre mais rond, aux arômes fins, bien équilibré, à la finale gourmande, aux légères notes de miel fin.

SAINT-JOSEPH 2007

Rouge | 2009 à 2014 | 11 €   **14,5/20**
Un vin mûr, à la bouche tendre, légèrement épicée. Charmeur et fruité.

SAINT-JOSEPH LES GRISIÈRES 2007

Rouge | 2010 à 2017 | 15 €   **15/20**
Un boisé prononcé, une bouche aux tanins gras, un vin plutôt richement élevé, mais harmonieux.

VIN DE PAYS DES COLLINES RHODANIENNES MARSANNE 2007   ☺

Blanc | 2009 à 2012 | 6 €   **16/20**
Une marsanne puissante, récoltée en surmaturité, avec de francs arômes de pêche jaune. La bouche est onctueuse mais bien équilibrée.

Rouge : 5,88 hectares ; merlot 10%, syrah 90%.
Blanc : 5,74 hectares ; marsanne 10%, roussanne 10%, viognier 80%. **Visite :** Sur rendez-vous.

DOMAINE PICHON

36, les Grands Val
42410 Chavanay
Tél. 04 74 87 06 78 - Fax. 04 74 87 07 27
chrpichon@wanadoo.fr

Christophe Pichon s'est installé avec son père en 1987, puis a pris seul la direction en 2000. Le domaine possède 7 hectares de vignes, complétés par 3 hectares en achat de vendange à partir du millésime 2007. L'essentiel de la production est concentré sur Saint-Joseph, Condrieu et Côte Rôtie. Les vins ne sont pas levurés, et les durées d'élevages adaptées selon les cuvées (seul le condrieu est élevé pour moitié en cuves, toutes les autres sont élevées intégralement sous bois). La gamme est d'une belle homogénéité, avec notamment des vins rouges élégants, qui privilégient le charnu et le fruité à la structure tannique, et un condrieu aromatique et gourmand. Le haut de gamme est constitué ici par les deux cuvées de côte-rôtie : rozier, une sélection parcellaire au cœur de la Côte Rozier, et surtout la-comtesse-en-côte-blonde, un vin très charmeur et suave, au tanin caressant. Les prix sont raisonnables au vu de la qualité proposée.

CONDRIEU 2007

Blanc | 2009 à 2014 | 25 €   **15/20**
Un condrieu fruité et légèrement salin. Bouche grasse, bonne allonge, finale savoureuse.

CÔTE RÔTIE LA COMTESSE EN CÔTE BLONDE 2007

Rouge | 2010 à 2022 | 45 €   **16,5/20**
Un vin fin, au jus pur et parfumé. Délicat, frais, l'allonge est élégante. La prise de bois est riche, mais la matière l'absorbe.

CÔTE RÔTIE ROZIER 2007

Rouge | 2009 à 2017 | 27 €   **16/20**
Très aromatique. Fruits noirs concentrés, épices douces, réglisse. La bouche est charnue, la finale fraîche et parfumée.

SAINT-JOSEPH 2007

Blanc | 2009 à 2012 | 15 €   **14/20**
Mûr, bien arrondi par un élevage fin. On l'apprécie jeune.

SAINT-JOSEPH 2007

Rouge | 2009 à 2012 | 13 €   **14,5/20**
Bon fruit frais, une bouche ronde, gourmande, parfumée et équilibrée.

VIN DE PAYS DES COLLINES RHODANIENNES 2007

Blanc | 2009 à 2012 | 13 €   **13,5/20**
Gras, fin, un vin aux délicates notes fruitées, équilibré et tendre.

DOMAINE DES REMIZIÈRES

26600 Mercurol
Tél. 04 75 07 44 28 - Fax. 04 75 07 45 87
contact@domaineremizieres.com

Philippe Desmeure a repris le domaine familial en 1978. Les cuvées autrement, en crozes-hermitage et hermitage rouges, sont des exercices de style sur des sélections très poussées, produites à 1 500 bouteilles seulement. Le reste de la production, plus accessible (notamment pour ce qui est des prix de vente), est toujours impeccable.

CROZES-HERMITAGE AUTREMENT 2007
Rouge | 2011 à 2017 | 26 €   **16,5/20**
Très mûr, puissant et concentré, la bouche est riche, les tanins gras, la finale fraîche et élancée. Parfums raffinés.

CROZES-HERMITAGE CUVÉE CHRISTOPHE 2007
Blanc | 2010 à 2017 | 12 €   **15,5/20**
L'élevage n'est pas encore totalement fondu. La bouche est pure et riche, aux arômes complexes de fleurs, de cire, d'épices douces. Finale fraîche.

CROZES-HERMITAGE CUVÉE CHRISTOPHE 2007
Rouge | 2011 à 2017 | 13 €   **15,5/20**
Un vin épicé et tendu, de bonne concentration. Droit, fin, frais. Bonne allonge.

CROZES-HERMITAGE CUVÉE PARTICULIÈRE 2007
Rouge | 2009 à 2012 | 8,50 €   **14,5/20**
Un vin minéral, droit et pur, à la bouche fraîche et tendue. Un caractère nettement plus affirmé que la cuvée d'entrée de gamme.

HERMITAGE AUTREMENT 2007
Rouge | 2012 à 2022 | 62,50 €   **17,5/20**
Nez fin, précis, concentré. Le tanin est très enrobé, la fin de bouche pure, sur une saveur légèrement cacaotée et torréfiée, savoureuse mais fraîche.

HERMITAGE CUVÉE ÉMILIE 2007
Blanc | 2010 à 2022 | 30 €   **16/20**
Fin et savoureux, avec de gourmandes notes d'amande et de fruits blancs cuits, la bouche est pure et concentrée, la finale relevée et légèrement saline.

HERMITAGE CUVÉE ÉMILIE 2007
Rouge | 2012 à 2022 | 33 €   **16,5/20**
Puissant et riche, un vin aux tanins fins et gras, à l'élevage savoureux mais perceptible. Les arômes sont bien frais, la finale équilibrée et élégante.

SAINT-JOSEPH 2007
Rouge | 2009 à 2014 | 13 €   **15/20**
Un vin fin, au tanin épicé, à la finale légèrement saline. Il est savoureux et concentré.

DOMAINE RICHARD

Verlieu
42410 Chavanay
Tél. 04 74 87 27 15 - Fax. 04 74 87 05 09

Hervé Richard a repris le domaine familial en 1989, avec des vignes sur Condrieu et Saint-Joseph. Les vignes sont encore désherbées sous le rang. Les blancs sont élevés partiellement en fût, et les rouges égrappés à 80%. Les deux saint-josephs rouges sont tendres et charnus, avec une fraîcheur supplémentaire dans les 2007 (goûtés sur fût) par rapport aux 2006. En condrieu, l'amaraze offre plus de simplicité et de pureté que la cuvée de vieilles vignes, au boisé plus ambitieux.

CONDRIEU L'AMARAZE 2007
Blanc | 2009 à 2012 | NC   **14/20**
Un vin élégant. La bouche est pure et précise, les arômes sont fins, avec une pointe saline en fin de bouche.

CONDRIEU M DE MARTIAL 2007
Blanc | 2010 à 2014 | NC   **14,5/20**
Un vin boisé, à la bouche concentrée, à la finale fraîche et équilibrée. Plus riche que l'Amaraze, mais l'élevage est perceptible en vin jeune.

SAINT-JOSEPH 2007
Blanc | 2009 à 2012 | NC   **14,5/20**
Gras, rond, bons fruits mûrs (poire, pêche). Un vin fin et frais, gourmand.

SAINT-JOSEPH 2006
Rouge | 2009 à 2012 | NC   **14/20**
Un vin frais et charnu, aux tanins ronds, à la finale droite. Bien fait.

SAINT-JOSEPH LES NUELLES VIEILLES VIGNES 2006
Rouge | 2009 à 2014 | NC   **14,5/20**
Bonne mâche. Les tanins sont élégants, la finale tendue, légèrement saline.

DOMAINE DU TUNNEL

20, rue de la République
07130 Saint-Péray
Tél. 04 75 80 04 66 - Fax. 04 75 80 06 50
domaine-du-tunnel@wanadoo.fr

C'est en 1996 que Stéphane Robert, franc-comtois d'origine, a créé le Domaine du Tunnel, dont les vignes se répartissent aujourd'hui entre Saint-Péray, Cornas et Saint-Joseph. Situées en coteaux, elles doivent être travaillées à la main. Les rouges, l'essentiel de la production, sont vinifiés en levures indigènes, avec des fins de cuvaison assez chaudes, et les vins sont entonnés dans des fûts de plusieurs vins, pour souligner leur fruité sans dominante boisée. Charnus et ronds, on les apprécie jeunes.

CORNAS 2007
Rouge | 2009 à 2013 | 20 €　　　**14,5/20**
Concentré, charnu, tanins gras, un vin à la matière dense et mûre, à la finale en rondeur.

CORNAS VIN NOIR 2007
Rouge | 2010 à 2015 | 28 €　　　**15,5/20**
Grosse concentration, un vin au grain de tanin puissant mais mûr. Finale minérale et fraîche. Charnu, massif, le compagnon idéal des gibiers.

SAINT-JOSEPH 2007
Rouge | 2009 à 2012 | 14 €　　　**14,5/20**
Fruité, gourmand, charnu, la bouche est épicée, la finale légèrement réglissée. Charmeur.

SAINT-PERAY PRESTIGE 2007
Blanc | 2009 à 2014 | cav. 13 €　　　**15/20**
Un vin fin et élégant, à la bouche pure. Fines notes grillées, la finale reste fraîche. On salue l'évolution technique, les fûts neufs ayant été remplacés par une cuve tronconique, qui apporte plus de fraîcheur et d'équilibre à la cuvée.

SAINT-PERAY ROUSSANNE 2007
Blanc | 2009 à 2012 | cav. 14 €　　　**14,5/20**
Fruité rond, gourmand, notes de pomme mûre. Un vin tendre, que l'on apprécie jeune.

Visite : Du lundi au samedi de 9 h à 12 h
et de 14 h à 20 h, dimanche sur rendez-vous.

DOMAINE VALLET

07340 Serrières

Ce domaine de 10,5 hectares est progressivement sorti de la coopération depuis 1990, et Anthony s'y est installé en 1998. La moitié des vignes étant située en coteau, le désherbage chimique y est encore pratiqué, le reste étant travaillé mécaniquement. La gamme est composée de cinq vins, en Saint-Joseph et Condrieu. Le saint-joseph blanc est élevé moitié en cuves, moitié en fûts, le condrieu est élevé presque intégralement en fûts, et les trois saint-josephs rouges sont systématiquement égrappés et vinifiés en fûts, aussi bien la cuvée d'assemblage (au prix très raisonnable), les-muletiers (issue d'un sol granitique, avec plus de mâche), que le-secret-d'antoine (une sélection des meilleurs vins, vinifiée entièrement en bois neuf). Tous les vins peuvent s'apprécier jeunes, et les tarifs restent raisonnables pour la région. Le domaine nous a semblé moins à l'aise avec les 2007, les rouges présentant moins de présence en bouche que d'habitude.

CONDRIEU 2007
Blanc | 2009 à 2012 | NC　　　**14/20**
Nez floral, avec une légère note poivrée. Bouche pure et élégante.

SAINT-JOSEPH 2007
Blanc | 2009 à 2012 | NC　　　**13,5/20**
Fruité (jus de pomme), frais et gourmand.

SAINT-JOSEPH 2007
Rouge | 2009 à 2012 | NC　　　**13,5/20**
Un vin fruité, de concentration moyenne, mais équilibré et frais.

SAINT-JOSEPH ÉPHÉMÈRE 2007
Blanc | 2009 à 2012 | NC　　　**14/20**
Un vin finement boisé, à la bouche pure et élégante.

SAINT-JOSEPH LE SECRET D'ANTOINE 2007
Rouge | 2010 à 2014 | NC　　　**14,5/20**
Charnu, bon fruit, une finale fraîche.

SAINT-JOSEPH LES MULETIERS 2007
Rouge | 2010 à 2014 | NC　　　**14/20**
Fin, avec de bons tanins, une bouche tendue. Il va gagner en étoffe lorsqu'il se remettra de sa mise.

DOMAINE GEORGES VERNAY

1, route Nationale
69420 Condrieu
Tél. 04 74 56 81 81 - Fax. 04 74 56 60 98
pa@georges-vernay.fr
www.georges-vernay.fr

C'est grâce au dynamisme de Georges Vernay, à partir des années 1960, et aujourd'hui de sa fille Christine, que ce domaine est devenu l'ambassadeur des grands vins de Condrieu dans le monde entier, donnant à cette appellation un lustre qu'elle n'avait sans doute jamais eu auparavant.

CONDRIEU COTEAU DE VERNON 2007
Blanc | 2009 à 2022 | 60 €   **17,5/20**
Complexe et raffiné : notes d'amande, d'anis, de miel, de fruits blancs. La bouche est particulièrement pure et gourmande, la finale large et profonde, elle monte en puissance.

CONDRIEU LES CHAILLÉES DE L'ENFER 2007
Blanc | 2009 à 2022 | 50 €   **16,5/20**
La bouche est concentrée, presque épaisse, mais bien relancée par une bonne fraîcheur de fin de bouche, en concluant sur une note de poivre blanc.

CONDRIEU LES TERRASSES DE L'EMPIRE 2007
Blanc | 2009 à 2015 | 35 €   **15/20**
Belle finesse aromatique, un vin délicat (anis, fruits blancs). La bouche est suave, fine, parfumée. Bon équilibre.

CÔTE RÔTIE LA MAISON ROUGE 2006
Rouge | 2011 à 2021 | 60 €   **16/20**
Corsé et épicé, un vin aux tanins fermes, concentré, tendu. Il est préférable de l'attendre.

CÔTES DU RHÔNE SAINTE-AGATHE 2007
Rouge | 2009 à 2012 | 14 €   **15,5/20**
Épicé, charnu, avec une expression minérale bien tendue. Un vin de charme et de fruit, mais avec un joli grain en bouche.

SAINT-JOSEPH 2007
Rouge | 2009 à 2013 | 17 €   **15/20**
Un vin bien tendu, à la bouche épicée et corsée, à la finale concentrée et fruitée. On l'appréciera sur sa jeunesse.

SAINT-JOSEPH LA DAME BRUNE 2006
Rouge | 2009 à 2016 | 29 €   **16/20**
Un élevage long a donné à cette belle matière première une finesse et une complexité exemplaires.

Rouge : 8 hectares ; syrah 40%. Blanc : 10 hectares ; viognier 60%. Production totale annuelle : 100 000 bt.
Visite : Du lundi au vendredi de 9 h à 12 h et de 14 h à 18 h.

VIDAL-FLEURY

lieu dit Tupin R.D.386
69420 Tupin-et-Semons
Tél. 04 74 56 10 18 - Fax. 04 74 56 19 19
vidal-fleury@wanadoo.fr

Cette belle maison, basée à Ampuis, appartient à Guigal mais a toujours été gérée de façon autonome. Fruit d'un très important investissement et d'une ambition non dissimulée, elle vient d'ailleurs d'inaugurer ses nouveaux locaux, à Tupin et Semons, une installation flambant neuve et à la pointe de la technologie. Et les résultats ont immédiatement suivi.

CHÂTEAUNEUF-DU-PAPE 2008
Blanc | 2009 à 2014 | 28 €   **14,5/20**
Très fruité, un vin aux notes citronnées, souple, facile d'accès. Une bonne introduction au cru.

CHÂTEAUNEUF-DU-PAPE 2006
Rouge | 2009 à 2014 | 28,50 €   **14/20**
Fruité mûr, notes de fruits à noyau, un vin chaleureux, généreux, avec quand même un petit déficit dans la fraîcheur finale.

CONDRIEU 2006
Blanc | 2009 à 2013 | 30 €   **15/20**
Notes légèrement beurrées, fruité frais et fin (abricot). Bien mûr, bon gras en bouche, un vin élégant, gourmand.

CORNAS 2006
Rouge | 2009 à 2014 | 28 €   **14/20**
Agréable, un cornas souple, sur les fleurs (violette) et les épices, qui s'ouvre vite.

CÔTE RÔTIE BRUNE ET BLONDE 2004
Rouge | 2009 à 2014 | 36 €   **14,5/20**
Floral, épicé, un vin charnu. L'élevage l'a bien arrondi.

CÔTE RÔTIE CÔTE BLONDE LA CHATILLONNE 2004
Rouge | 2009 à 2014 | 54 €   **15,5/20**
Élevage fin qui a bien enrobé les tanins du vin. Parfumé et harmonieux.

CÔTES DU RHÔNE 2008
Blanc | 2009 à 2012 | 8,50 €   **14,5/20**
Bien aromatique. Gourmand, fruité. Le style a évolué, vers plus de pureté et de fraîcheur.

CÔTES DU RHÔNE 2007
Blanc | 2009 à 2011 | 8,50 €   **13,5/20**
Fin et expressif, un vin puissant, très floral. Mais sans la fraîcheur du 2008.

CÔTES DU RHÔNE 2007
Rouge | 2009 à 2012 | 7 €   **14/20**
Mûr, tanins ronds, un vin souple, équilibré, accessible.

CÔTES DU RHÔNE-VILLAGES 2007
Rouge | 2009 à 2012 | 8 €   **14,5/20**
Plus fin que le côtes-du-rhône, avec un grain plus velouté, plus frais.

CÔTES DU RHÔNE-VILLAGES CAIRANNE 2007
Rouge | 2009 à 2013 | 9,50 €   **14,5/20**
Nez puissant, notes de fraise et de poivre. Gourmand et riche. La bouche est généreuse, la finale ample.

CROZES-HERMITAGE 2007
Blanc | 2009 à 2012 | 13 €   **14,5/20**
Notes de miel plutôt gourmandes. La bouche est agréable, séduisante. Facile.

CROZES-HERMITAGE 2007
Rouge | 2009 à 2013 | 13,80 €   **14/20**
Épicé, généreux, un vin souple, agréable, à la bouche ronde.

GIGONDAS 2007
Rouge | 2009 à 2015 | 15,80 €   **15/20**
Mûr et droit, avec de bons tanins. Il est franc, concentré, bien précis dans sa définition de bouche.

GIGONDAS 2006
Rouge | 2009 à 2014 | 15,80 €   **14,5/20**
Un vin gourmand, à la bouche charnue et dense, à la finale concentrée. Très marqué grenache, pour sa gourmandise.

MUSCAT DE BEAUMES-DE-VENISE 2007
Blanc liquoreux | 2009 à 2015 | 19 €   **15,5/20**
Très pur, parfumé, sur des notes de muscat (bien sûr) mais aussi de raisin et de fruits frais. La bouche est gourmande, savoureuse, très fraîche. Il évite parfaitement le piège de la lourdeur.

SAINT-JOSEPH 2007
Blanc | 2009 à 2012 | 15 €   **14,5/20**
Un vin puissant, sur un équilibre riche, avec une finale relevée. Il ne plaira pas à tous, mais son caractère est indéniable !

VACQUEYRAS 2007
Rouge | 2009 à 2014 | 12 €   **15/20**
Fruité très mûr, notes cacaotées. La bouche est charnue, concentrée, mais agréablement fraîche.

Rouge : syrah 100%.
Production totale annuelle : 1 200 000 bt. Visite : Du lundi au jeudi de 8 h à 11 h 30 et de 14 h à 17 h 30. Le vendredi de 8 h à 11 h 30 et de 14 h à 16 h 30. Fermé samedi, dimanche et jours fériés.

DOMAINE FRANÇOIS VILLARD

Montjoux
42410 Saint-Michel-sur-Rhône
Tél. 04 74 56 83 60 - Fax. 04 74 56 87 78
vinsvillard@aol.com

Toujours en quête de nouveaux projets et de rêves plus lointains, François Villard a troqué son métier de cuisinier contre celui de vigneron ; c'était il y a vingt ans... Depuis, son domaine fait 25 hectares, il commercialise 150 000 bouteilles !

CONDRIEU DE PONCINS 2007
Blanc | 2009 à 2017 | 35 €   **16/20**
Un vin gourmand et concentré, aux francs arômes fruités (citron, fruits blancs). La bouche est pure, fraîche, bien équilibrée.

CÔTE RÔTIE LA BROCARDE 2007
Rouge | 2010 à 2017 | 50 €   **16,5/20**
Un vin mûr et aromatique, aux tanins réglissés et gras, à la finale fraîche et parfumée.

CÔTE RÔTIE LE GALLET BLANC 2007
Rouge | 2010 à 2017 | 36 €   **15/20**
Une côte rôtie épicée, charnue, à la bouche ronde, avec un bon extrait sec. Élégant et frais.

SAINT-JOSEPH GRAND REFLET 2007
Rouge | 2009 à 2019 | 28 €   **17/20**
Un vin longuement élevé, très parfumé. Notes de fruits noirs, de réglisse, d'herbes aromatiques. Concentré mais frais et fin. La bouche est onctueuse, la finale longue et légèrement corsée. Superbe !

SAINT-JOSEPH REFLET 2007
Rouge | 2010 à 2017 | NC   **16/20**
Épicé et minéral, un vin droit et frais, aux tanins enrobés.

SAINT-PERAY VERSION 2007
Blanc | 2009 à 2012 | 14,50 €   **14/20**
Parfumé, très floral, un vin équilibré et frais.

VIN DE PAYS DES COLLINES RHODANIENNES GRANDE GRUE GLACÉE 2007
Rouge | 2009 à 2014 | 11,50 €   **15/20**
Belle personnalité. Un vin charnu, élégant, aux tanins fins. Savoureux et frais. Un petit clin d'œil bordelais en Vallée du Rhône...

VIN DE PAYS DES COLLINES RHODANIENNES TERRES DE VIENNAE SEUL EN SCÈNE 2007
Rouge | 2009 à 2012 | 28,50 €   **15/20**
Un vin de belle finesse, avec une texture soyeuse en bouche. Caressant et frais. Équilibre fin, élégant.

Rouge : 4,5 hectares Blanc : 4,5 hectares Visite : Sur rendez-vous.

LES VINS DE VIENNE

Bas Seyssuel
38200 Seyssuel
Tél. 04 74 85 04 52 - Fax. 04 74 31 97 55
vdv@lesvinsdevienne.fr
www.vinsdevienne.com

L'histoire des Vins de Vienne débute en 1998, avec l'idée d'Yves Cuilleron, Pierre Gaillard et François Villard de replanter quelques vignes sur le très ancien vignoble de Seyssuel, sur la rive gauche du Rhône, en amont de Vienne. Sous la marque Sotanum, le vin vendu en vin de pays des Collines Rhodaniennes connut immédiatement le succès. L'aventure prit un tournant radical à partir de 2002, et l'arrivée de Pierre-Jean Villa. Aujourd'hui, Les Vins de Vienne représentent 18 hectares de vignes en propriété, complétés par du négoce en raisins et en vins, soit un total de 300 000 bouteilles, équitablement réparties entre les trois activités ! Tous les terroirs du Rhône Nord sont bien entendu représentés, mais le Rhône Sud est également présent, au sein d'une gamme extrêmement large, et sans fausse note.

CONDRIEU LA CHAMBÉE 2007
Blanc | 2009 à 2012 | 32 €   **14/20**
Un nez fin, légères notes anisées, mais la bouche fait ressortir un petit déséquilibre et surtout une finale peu épanouie.

CORNAS LES BARCILLANTS 2007
Rouge | 2011 à 2017 | 28 €   **15/20**
Concentré, minéral, un vin droit, au grain de tanin prononcé.

CÔTE RÔTIE LES ESSARTAILLES 2007
Rouge | 2011 à 2017 | 34,50 €   **15,5/20**
Rond, riche, parfumé. Tanins mûrs et enrobés. Bon équilibre. De l'allonge et de la fraîcheur.

CÔTES DU RHÔNE LES CRANILLES 2007
Rouge | 2009 à 2012 | 7 €   **14,5/20**
Un vin très charnu, bien marqué par le fruité cacaoté du grenache. Séveux, gourmand, tanins fins. Finale généreuse...

CROZES-HERMITAGE LES PALIGNONS 2007 ☺
Rouge | 2009 à 2013 | 17 €   **14,5/20**
Fruité gourmand, une bouche aromatique, sur le fruit frais. Ouvert, avec une bonne structure.

SAINT-JOSEPH 2007
Rouge | 2009 à 2013 | 14 €   **14,5/20**
Bon fruit, tanins fins, finale parfumée. Un vin mûr mais bien tendu.

SAINT-JOSEPH L'ARZELLE 2007
Rouge | 2010 à 2015 | 18 €   **15/20**
Plus de caractère que la cuvée d'entrée de gamme. Tanins gras, bonne concentration, finale tendue.

SAINT-JOSEPH LES ARCHEVÊQUES 2007
Rouge | 2010 à 2017 | 22 €   **16/20**
Un vin fin et suave, au toucher caressant. Finale poivrée, subtile et racée.

SAINT-PERAY 2007
Blanc | 2009 à 2012 | 12 €   **14/20**
Nez mûr. Légères notes de miel, de châtaigne, bien gourmand. À boire.

SAINT-PERAY LES ARCHEVÊQUES 2007
Blanc | 2009 à 2015 | 20 €   **16/20**
Très élégant, boisé raffiné, un vin très pur, très droit, à la finale bien fraîche.

SAINT-PERAY LES BIALÈRES 2007
Blanc | 2009 à 2012 | NC   **14,5/20**
Un vin à l'expression aromatique légèrement évoluée, mais de bonne fraîcheur en bouche.

VIN DE PAYS DES COLLINES RHODANIENNES HELUICUM 2007
Rouge | 2009 à 2012 | 17 €   **14/20**
Un jus tendre et savoureux. Les vignes ne sont pas très vieilles, mais c'est un vin mûr et parfumé.

VIN DE PAYS DES COLLINES RHODANIENNES SOTANUM 2007
Rouge | 2009 à 2012 | 32 €   **14,5/20**
Plus de fond qu'Heluicum, plus concentré, avec un début de tension en fin de bouche, qui promet beaucoup, même si les vignes sont encore jeunes.

VIN DE PAYS DES COLLINES RHODANIENNES TABURNUM 2007
Blanc | 2009 à 2012 | 32 €   **14,5/20**
Un vin puissant et riche, mais l'élevage a bien maîtrisé la haute maturité (c'est mûr et pas très acide). Un boisé encore perceptible, mais gourmand.

Rouge : 14 hectares ; syrah 100%.
Blanc : 4 hectares ; marsanne 40%, roussanne 10%, viognier 50%. Production totale annuelle : 300 000 bt.
Visite : Du lundi au vendredi de 8 h à 12 h et de 13 h à 17 h. Sur rendez-vous pour les dégustations.

DOMAINE ALAIN VOGE

4, impasse Equerre
07130 Cornas
Tél. 04 75 40 32 04 - Fax. 04 75 81 06 02
contact@alain-voge.com
www.alain-voge.com

Alain Voge a été l'un des pionniers de l'appellation Cornas, il vient d'ailleurs de fêter les 50 ans de son domaine viticole. Désormais associé à Albéric Mazoyer, anciennement directeur technique chez Chapoutier, il passe progressivement la main. Les deux cuvées de vieilles vignes, fleur-de-crussol en Saint-Péray et les-vieilles-fontaines en Cornas, sont régulièrement les sommets de la cave. Dans le millésime 2007, seuls deux cornas ont été produits, pas la cuvée des vieilles-fontaines.

CORNAS LES CHAILLES 2007
Rouge | 2010 à 2017 | 21 €   **16/20**
Un vin franc et droit, aux tanins fins, à la finale fraîche. Les arômes de fruits noirs sont concentrés et savoureux.

CORNAS LES VIEILLES FONTAINES 2006
Rouge | 2009 à 2021 | 43 €   **17/20**
Fruité très pur, profond, intense. Belle expression sur les fruits noirs, la tapenade, les épices, les herbes de Provence. La bouche est dense et savoureuse, la finale fraîche et veloutée. Bel élevage, fin et intégré. Cette cuvée n'a pas été produite en 2007.

CORNAS LES VIEILLES VIGNES 2007
Rouge | 2010 à 2017 | 31 €   **16,5/20**
Fin et parfumé, la bouche est tendue, les tanins frais, la finale complexe. Il est plus pur et plus frais que les-chailles.

SAINT-PERAY FLEUR DE CRUSSOL 2007
Blanc | 2009 à 2017 | 21 €   **16,5/20**
Subtil, bouche délicate et fine, arômes très purs. Un vin fin et racé, très élégant, aux arômes complexes.

SAINT-PERAY HARMONIE 2007   ☺
Blanc | 2009 à 2014 | 12 €   **15/20**
Élégant, notes de miel, de fleurs et de fruits blancs. La bouche est ciselée, pure et fraîche. Harmonieuse, comme le promet l'étiquette...

SAINT-PERAY TERRES BOISÉES 2007
Blanc | 2009 à 2017 | 14 €   **16/20**
Puissant, riche, notes fines de miel, un vin savoureux, bien gourmand. La bouche est grasse, avec une saveur beurrée subtile.

Rouge : 8 hectares. Blanc : 4 hectares.
Production totale annuelle : 55 000 bt.
Visite : De 9 h à 18 h sur rendez-vous sauf le dimanche.

Le Rhône Sud

Le grenache, complété par une symphonie de cépages
d'appoint, y donne aux rouges l'ampleur, le moelleux et le
velouté qui séduisent désormais toute la planète, avec plus
de puissance et de pompe côté Vaucluse, plus de sérieux
côté Gard, alors catholique ou protestant, à vous de choisir !

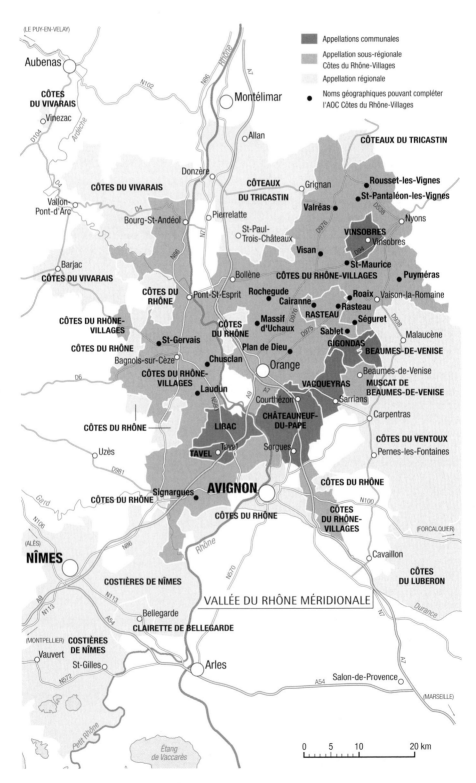

DOMAINE ALARY

Route de Rasteau
La Font d'Estevenas
84290 Cairanne
Tél. 04 90 30 82 32 - Fax. 04 90 30 74 71
alary.denis@wanadoo.fr

Dans cette commune de Cairanne, riche en vignerons talentueux, Daniel et Denis Alary, père et fils, ont su donner à leurs productions un cachet bien particulier, en jouant sur des terroirs variés, avec des expositions différentes.

Côtes du Rhône La Gerbaude 2007 ☺
Rouge | 2009 à 2012 | 5,40 €   **14,5/20**
La-gerbaude est un vin gourmand et fruité, avec des notes de cassis et de mûres, et des tanins ronds et souples.

Côtes du Rhône-Villages Cairanne 2007
Rouge | 2009 à 2013 | 7,20 €   **15,5/20**
Beaucoup de caractère, sur le fruit mais toujours avec cette trame savoureuse et fraîche. La matière ici est superbe !

Côtes du Rhône-Villages La Brunotte 2007
Rouge | 2009 à 2013 | 8,10 €   **15,5/20**
Notes de garrigue, café, caramel et vieux bois au nez, ce vin est plus restreint que la cuvée tradition, une belle texture soyeuse, un fruit dense et épicé en bouche qui finit avec des tanins sveltes et savoureux.

Côtes du Rhône-Villages La Font d'Estévenas 2007
Blanc | 2009 à 2012 | 7,80 €   **15/20**
Riche en bouche, avec des notes de cire d'abeille, c'est un vin de repas, qui offre une touche de gras en finale, tout en restant équilibré.

Côtes du Rhône-Villages La Font d'Estévenas 2007
Rouge | 2010 à 2014 | 9,50 €   **15,5/20**
Un cran moins riche, mais beaucoup de caractère, profond avec des notes d'amertume très agréables, pas uniquement sur le fruit. Ronces et sous-bois en bouche, une texture volumineuse et raffinée, un très bon vin.

Côtes du Rhône-Villages La Jean de Verde 2006
Rouge | 2011 à 2016 | 12,50 €   **16/20**
Intense et sérieusement construit, fruit parfaitement mûr et concentré en bouche avec une belle texture, encore ferme. Les tanins sont stricts mais bien fondus dans l'ensemble. Il lui faut du temps.

Rouge : 22 hectares ; cabernet sauvignon 5%, carignan noir 6%, cinsault 2%, counoise 3%, counoise 3%, grenache noir 48%, mourvèdre 8%, syrah 25%. Blanc : 3 hectares ; bourboulenc 20%, clairette 35%, roussane 30%, viognier 15%. Production totale annuelle : 120 000 bt.

CHÂTEAU D'AQUÉRIA

Route de Roquemaure
30126 Tavel
Tél. 04 66 50 04 56 - Fax. 04 66 50 18 46
contact@aqueria.com
www.aqueria.com

Le domaine, très vaste, a la particularité d'être le seul à s'étendre d'un seul tenant sur les deux appellations Tavel et Lirac. Ses galets roulés en surface et son sous-sol sablo-argileux produisent des vins assez frais, les vignes souffrant moins de la chaleur que dans d'autres zones de ces appellations. Le tavel d'Aquéria contient huit des neuf cépages autorisés dans l'appellation. C'est une des fiertés de Vincent Bez qui gère avec discrétion et sagesse, ce magnifique domaine depuis une vingtaine d'années, avec désormais l'aide de son frère Bruno, venu le seconder dans les vignes.

Lirac Château d'Aqueria 2007 ☺
Rouge | 2010 à 2015 | 9 €   **15/20**
Arômes de liqueur de thym au nez, beaux fruits noirs, très mûrs, structure souple avec beaucoup du caractère, tanins présents et savoureux.

Tavel Château d'Aqueria 2008
Rosé | 2009 à 2012 | 9,30 €   **17/20**
La star de la dégustation de cette année, ce vin nous a séduit avec son ampleur et ses nuances de raisins parfaitement mûrs. Le vin est vif avec une bonne tension en finale, une vinification assurément réussie. Bravo !

Rouge : 60 hectares ; cinsault 5%, grenache noir 45%, mourvèdre 25%, syrah 25%. Blanc : 40 hectares ; 5%, bourboulenc 35%, clairette 45%, grenache blanc 12%, viognier 3%. Production totale annuelle : 380 000 bt. Visite : De 8 h à 12 h et de 14 h à 18 h.

DOMAINE PAUL AUTARD

Route de Châteauneuf
84350 Courthézon
Tél. 04 90 70 73 15 - Fax. 04 90 70 29 59
jean-paul.autard@wanadoo.fr
www.paulautard.com

Désormais bien installé dans des chais neufs et très adaptés aux besoins du domaine, ce cru du nord de l'appellation réalise des vinifications adroites, en raisins égrappés, qui donnent un caractère très suave à ces vins issus d'un terroir de 30 hectares, entre Courthézon et Bedarrides. La cuvée côte-ronde possède ainsi une personnalité à la fois moderne et moelleuse, très étonnante. C'est certainement l'un des vins les plus séducteurs et originaux de Châteauneuf, et l'un de ceux que l'on peut pleinement apprécier le plus tôt.

CHÂTEAUNEUF-DU-PAPE 2007
Rouge | 2010 à 2016 | 27 € **17/20**
Belle palette fruitée, rondeur veloutée, profondeur et charme aromatique persistants, bel équilibre sans lourdeur : brillant !

CHÂTEAUNEUF-DU-PAPE 2007
Blanc | 2010 à 2015 | 30 € **15/20**
Doré, boisé, généreux et savoureux, associant le miel et la fraîcheur en finale.

CHÂTEAUNEUF-DU-PAPE
CUVÉE LA CÔTE RONDE 2007
Rouge | 2012 à 2022 | 38 € **18/20**
Tout le charme aromatique et la chair veloutée de cette cuvée avec l'équilibre superbe du millésime et la profondeur : un grand vin.

CHÂTEAUNEUF-DU-PAPE
CUVÉE LA CÔTE RONDE 2006
Rouge | 2013 à 2020 | 39 € **16/20**
Du potentiel mais aussi un caractère plus fermé et un peu plus dur que les millésimes immédiatement précédents ou suivants. Attendons-le cinq à six ans.

Rouge : 22 hectares. Blanc : 2 hectares. Production totale annuelle : 120 000 bt. Visite : du lundi au vendredi de 9h à 13h et de 15h à 19h, samedi et dimanche sur rendez-vous.

BALMA VENITIA

Quartier Ravel
84190 Beaumes-de-Venise
Tél. 04 90 12 41 00 - Fax. 04 90 65 02 05
vignerons@beaumes-de-venise.com
www.beaumes-de-venise.com

Sous la marque Balma Venitia (Beaumes-de-Venise en latin), les vignerons coopérateurs réalisent environ 75% de la production de cette jeune appellation en rouge. Si toute la gamme n'est pas d'un niveau complètement homogène, on y trouve de nombreuses cuvées tout à fait intéressantes, avec des expressions de saveur bien nuancées, dotées de tanins précis et sans raideur. Leur gamme de muscats-de-beaumes-de-venise est également très intéressante et même étonnante, avec des cuvées dans les trois couleurs : blanc, rosé et rouge !

BEAUMES DE VENISE TERRES DU TRIAS 2006
Rouge | 2009 à 2010 | 8,60 € **14/20**
Un bouquet floral et parfumé, joliment fruité et épicé en bouche, un caractère gourmand, savoureux, avec des tanins solides, le vin finit sur la fraîcheur.

BEAUMES DE VENISE LES GARRIGUES
D'ERIC BEAUMARD 2007
Rouge | 2011 à 2015 | NC **14,5/20**
Floral et expressif au nez, très Beaumes de Venise, fruits noirs concentrés en bouche avec une belle acidité, tanins encore jeunes.

BEAUMES DE VENISE TERRES DES FARISIENS 2007
Rouge | 2010 à 2014 | 7,20 € **14/20**
Nez de kirsch et de fruits cuits, puissant en bouche, le vin est dense et concentré avec un fruit en surmaturité. L'extraction est ambitieuse avec des tanins puissants.

CÔTES DU VENTOUX LA CANIFÉE 2007
Rouge | 2009 à 2010 | 4,80 € **14,5/20**
Florale au nez avec un fruit concentré et dense, une belle texture soyeuse et fraîche en bouche, belle longueur avec une touche de bois, encore un peu brut.

MUSCAT DE BEAUMES-DE-VENISE CARTE D'OR 2008 Ⓤ
Blanc liquoreux | 2009 à 2013 | 9,40 € **14/20**
Un muscat svelte, sans lourdeur, aux notes d'agrumes confits et de fleurs blanches, et surtout un très bel équilibre en bouche.

Production totale annuelle : 5 000 000 bt.
Visite : Eté de 8h30 à 12h30 et de 14h à 19h.

DOMAINE ÉLODIE BALME

Quartier Saint-Martin
Route d'Orange
84110 Rasteau
Tél. 06 20 55 20 87 - Fax. 04 90 28 10 97
balme.elodie@wanadoo.fr

Ancienne stagiaire chez Marcel Richaud, Élodie Balme, avec 4 hectares repris à son père en 2006, a réussi brillamment ses deux premières vinifications. Personnalité radieuse, elle réalise des vins qui lui ressemblent. Les vignes se situent sur les communes de Rasteau et de Roaix, et toutes sont de belles expressions de grenache, gorgées de soleil et de fruits noirs. Ce sont de vrais vins de plaisir, fruités et soyeux, avec de belles constructions en bouche. Les 2007 sont déjà en rupture de stock à la propriété mais encore disponibles chez les cavistes. Les 2008 n'étant pas encore prêts pour la dégustation, il va falloir attendre l'automne pour les découvrir, mais nous faisons confiance à Élodie qui a bien réussi ses premières vinifications.

CÔTES DU RHÔNE 2007
Rouge | 2009 à 2010 | 6,50 € **15/20**
Tous les vins possèdent ici un style commun, marqué par des notes aromatiques de fruits noirs concentrés. Mais le côtes du rhône se montre plus concentré, plus complexe, avec des notes de sous-bois, de mûres et surtout avec des tanins bien travaillés et un corps élancé.

CÔTES DU RHÔNE-VILLAGES
CDR VILLAGE RASTEAU 2007
Rouge | 2009 à 2010 | 9,80 € **16/20**
Impressionnant d'intensité, c'est un vin d'une grande profondeur et d'un fruit splendide. La sève du raisin est relevée en finale par une touche d'amertume pleine de caractère. Un régal !

VIN DE PAYS DU VAUCLUSE 2007
Rouge | 2009 à 2010 | 4,90 € **14,5/20**
Gorgé de fruits, concentré et gourmand, c'est un vin qui se boit tout seul. Bouquet de confiture de mûres, myrtilles, cassis, fruits des bois, corps ample et gras.

Rouge : 6 hectares ; carignan noir 5%, grenache noir 70%, merlot 5%, syrah 20%. Production totale annuelle : 30 000 bt. Visite : Sur rendez-vous.

DOMAINE DE LA BARROCHE

19, avenue des Bosquets
84230 Châteauneuf-du-pape
Tél. 06 83 85 72 04 - Fax. 04 90 83 71 94
julien@domainelabarroche.com
www.domainelabarroche.com

Julien Barrot a repris ce domaine familial en 2002 et l'a converti à la mise en bouteilles : comme beaucoup de propriétés de Châteauneuf, la totalité de la production était auparavant vendue au négoce. Il a pu s'appuyer sur un vignoble très ancien, situé essentiellement dans le nord et nord-est de l'appellation : la moyenne d'âge des vignes est de soixante ans, et environ un tiers du vignoble a plus de cent ans. Le domaine produit deux cuvées spéciales : la-fiancée, étonnant assemblage de jeunes syrahs et de très vieux grenaches, et pure, issue uniquement de grenaches centenaires plantés sur un sol sableux. Le travail au chai est précis et maîtrisé et le domaine devient une véritable valeur sûre de l'appellation.

CHÂTEAUNEUF-DU-PAPE 2007
Rouge | 2010 à 2015 | 31 € **14,5/20**
Bon vin coloré, fruité, épanoui, gras et souple, certainement réussi.

CHÂTEAUNEUF-DU-PAPE LA FIANCÉE 2006
Rouge | 2012 à 2017 | env 40 € **15,5/20**
Belle couleur profonde, fruits noirs, épicé, bon élevage, sérieusement construit : attendons sagement cette fiancée deux à trois années supplémentaires.

CHÂTEAUNEUF-DU-PAPE PURE 2006
Rouge | 2012 à 2017 | env 45 € **16/20**
Robe colorée, bouquet témoignant d'un bel élevage, vin raffiné et construit, exprimant avec finesse et fraîcheur des notes séduisantes de fruits noirs et rouges frais.

Rouge : 12 hectares ; cinsault 5%, grenache 70%, mourvedre 14%, syrah 10%. Production totale annuelle : 40 000 bt. Visite : sur rendez-vous.

CHÂTEAU BEAUBOIS

Route de Générac
30640 Franquevaux
Tél. 04 66 73 30 59 - Fax. 04 66 73 33 02
chateau-beaubois@wanadoo.fr
www.chateau-beaubois.com

Le duo fraternel de Fanny et François Boyer
dirige le Château Beaubois avec un dynamisme et une détermination exemplaires.
Les vignobles qui entourent le château sont
composés du terroir typique des Costières,
doté de galets roulés sur des sols argilo-calcaires, avec une belle influence maritime
due à la proximité de la Méditerranée.

COSTIÈRES DE NÎMES CONFIDENCE 2008
Blanc | 2009 à 2012 | 11 €   **15/20**
Une belle expression de grenache blanc, pur et
épanoui au nez, la bouche est franche et florale.

COSTIÈRES DE NÎMES CONFIDENCE 2007
Rouge | 2010 à 2014 | 11 €   **15,5/20**
Riche et charnu, avec des notes de cacao
et fruits noirs. Le grenache domine cette
cuvée, intense et douce en finale. Tanins
bien construits et savoureux.

COSTIÈRES DE NÎMES ÉLÉGANCE 2008
Blanc | 2009 à 2010 | 8,50 €   **14,5/20**
Un nez très fin et délicat, cet assemblage
de viognier et marsanne est très raffiné et,
comme son nom l'indique, très élégant. La
rondeur en bouche est suivie d'une bonne
acidité en finale, bel équilibre.

COSTIÈRES DE NÎMES ÉLÉGANCE 2007
Rouge | 2010 à 2014 | 8,50 €   **14,5/20**
Joli nez de fruits noirs très mûrs, belle
concentration de matière, dense et sérieux
en bouche avec une texture soyeuse et un
fruité prononcé. Les tanins sont savoureux
avec une bonne allonge en finale.

COSTIÈRES DE NÎMES EXPRESSION 2008
Blanc | 2009 à 2011 | 6 €   **13,5/20**
Une entrée de gamme de haute qualité à
un prix très raisonnable. Frais et vif en
bouche, aux notes de fleurs blanches, de
chèvrefeuille, finissant sur la fraîcheur.

COSTIÈRES DE NÎMES HARMONIE 2007
Rouge | 2011 à 2016 | 17 €   **15/20**
Richement boisé avec des notes de réglisse et de
fumée au nez, une extraction ambitieuse, fruits
noirs, cassis, concentré en bouche. Les tanins sont
gras, mais légèrement asséchants en finale.

Rouge : 41 hectares ; carignan noir 3%, cinsault 4%,
grenache noir 25%, marselan 3%, mourvèdre 4%,
syrah 45%. Blanc : 14 hectares ; grenache blanc 2%,
roussane 4%, vermentino 4%, viognier 6%.
Production totale annuelle : 200 000 bt. Visite :
7 jours sur 7 de 9 h à 12 h et de 14 h à 18 h.

CHÂTEAU DE BEAUCASTEL

Chemin de Beaucastel
84350 Courthézon
Tél. 04 90 70 41 00 - Fax. 04 90 70 41 19
contact@beaucastel.com
www.beaucastel.com

La propriété est d'un seul tenant, située
sur un terroir très spectaculaire de galets
roulés, avec un sous-sol très argileux (limitant ainsi le stress hydrique) qui occupe
tout le nord-est de l'appellation, autour du
lieu-dit Coudoulet. Outre un côtes-du-
rhône issu de terroirs contigus, coudoulet-
de-beaucastel, le domaine produit quatre
vins : en blanc, une cuvée classique où la
roussanne est dominante, et même exclusive dans la cuvée roussanne-vieilles-
vignes. En rouge, le mourvèdre joue un
grand rôle, puisqu'il représente près d'un
tiers des plantations, autant que le grenache. Dans la cuvée hommage-à-
jacques-perrin, les vieilles vignes de
mourvèdre sont quasi exclusives. L'ensemble de ces vins est depuis longtemps
au sommet de l'appellation, mais les vinifications ont gagné en précision et en raffinement dans les dernières années.

CHÂTEAUNEUF-DU-PAPE 2007
Blanc | 2010 à 2017 | NC   **18/20**
Parfait nez de miel d'acacia, grande finesse
de texture, suavité et fraîcheur splendides,
allonge remarquable : un vin éblouissant.

CHÂTEAUNEUF-DU-PAPE 2007
Rouge | 2010 à 2018 | 52 €   **17/20**
Beau vin puissant, structuré, intense, dévoi-
lant une élégance aromatique plus sûrement
en bouche, impressionnant de persistance
et de volume en finale.

**CHÂTEAUNEUF-DU-PAPE ROUSSANNE
VIEILLES VIGNES 2007**
Blanc | 2010 à 2018 | 52 €   **18,5/20**
Palette aromatique éblouissante avec ses
notes d'abricot sec, d'épices douces, de
fruits confits, allonge presque moelleuse,
profondeur tapissante : grand vin épanoui,
d'un potentiel de garde évident.

CÔTES DU RHÔNE COUDOULET 2007   ☺
Blanc | 2009 à 2012 | 18 €   **15,5/20**
Jolis arômes de fruits blancs et de pêche
de vigne, bouche charnue et harmonieuse,
allonge fraîche et consistante, belle persistance aromatique.

Rouge : 90 hectares ; autres 15%, cinsault 5%,
counoise 10%, grenache noir 30%, mourvèdre 30%,
syrah 10%. Blanc : 10 hectares ; autres 5%, grenache
blanc 15%, roussane 80%. Production totale
annuelle : 335 000 bt.

DOMAINE DE BEAURENARD

SCEA Paul Coulon et Fils
10, avenue Pierre de Luxembourg
84230 Châteauneuf-du-Pape
Tél. 04 90 83 71 79 - Fax. 04 90 83 78 06
paul.coulon@beaurenard.fr
www.beaurenard.fr

Beaurenard est l'un des grands classiques de l'appellation, depuis de nombreuses années. 32 hectares de vignes en Châteauneuf et 25 en Côtes du Rhône et à Rasteau constituent un patrimoine appréciable et bien mis en valeur par les deux frères, Daniel et Frédéric Coulon. Les vins sont d'un style très puissant, tant la cuvée classique que celle de prestige, baptisée boisrenard, et peuvent paraître un rien abrupts dans leur jeunesse. Il faut leur donner le temps de s'épanouir en cave, car leur potentiel de garde est important. Depuis le début des années 2000, le travail des frères Coulon s'est affiné, et 2005 et 2006 voient beaurenard au meilleur de sa forme.

CHÂTEAUNEUF-DU-PAPE BOISRENARD 2007
Rouge | 2014 à 2024 | NC **16/20**
Actuellement très marqué par un boisé vanillé qui domine l'ensemble. Mais la matière est indiscutable, il faut juste être patient avec ce vin puissant et charpenté.

CHÂTEAUNEUF-DU-PAPE BOISRENARD 2007
Blanc | 2009 à 2012 | 38 € **14/20**
Robe dorée, gras et souple, bonne ampleur un rien molle.

CHÂTEAUNEUF-DU-PAPE BOISRENARD 2006
Rouge | 2012 à 2017 | 39 € **16/20**
Très coloré, le vin a déjà digéré une partie de son bois et exhale des arômes de fruits à noyau. Beaucoup d'intensité et d'allonge.

CÔTES DU RHÔNE-VILLAGES 2008
Rouge | 2010 à 2014 | NC **14,5/20**
Fruits noirs et épices au nez, attaque ample, serré, bon potentiel.

Rouge : 56 hectares ; autres 2%, cinsault 8%, grenache noir 70%, mourvèdre 10%, syrah 10%.
Blanc : 4 hectares ; bourboulenc 25%, clairette 30%, grenache blanc 20%, picpoul 3%, roussane 22%.
Production totale annuelle : 200 000 bt.
Visite : De 9 h à 12 h et de 13 h 30 à 17 h 30.

DOMAINE DES BERNARDINS

route de Lafare
84190 Beaumes-de-Venise
Tél. 04 90 62 94 13 - Fax. 04 90 65 01 42
contact@domaine-des-bernardins.com
www.domaine-des-bernardins.com

Ce domaine attachant de Beaumes-de-Venise signe chaque année l'un des plus beaux vins doux de France : son muscat conjugue, avec un délicieux équilibre, une finesse de parfum, une souple et ronde richesse de constitution et surtout une fraîcheur inégalable en bouche. Le vin a toujours une magnifique robe cuivrée grâce à des vignes complantées en muscat à petits grains blancs et rouges ! En 2008, la famille a sorti une nouvelle cuvée qui rend hommage à leur grand-père Louis Castaud, qui était à l'origine de l'appellation Beaumes de Venise. C'est un assemblage de cinq millésimes, chacun vinifié et élevé séparément et ensuite assemblé, comme était la tradition dans les années 30.

BEAUMES DE VENISE 2007
Rouge | 2009 à 2012 | 7,10 € **14/20**
Un vin aux fruits concentrés, riche et gras au nez, notes de cassis en bouche, rond et facile, mais le vin manque un peu de fraîcheur en finale.

CÔTES DU RHÔNE LES BALMES 2006
Rouge | 2009 à 2010 | 5,60 € **13,5/20**
Le bouquet est très floral, très parfumé en bouche aussi avec tanins très souples, un vin agréable à boire, mais qui manque un peu de structure.

MUSCAT DE BEAUMES-DE-VENISE 2008
Blanc liquoreux | 2009 à 2018 | 10,80 € **16,5/20**
Toujours cette magnifique couleur cuivrée, le nez est expressif et épanoui, aux fleurs blanches, des fruits à noyaux, légèrement moins riche que le 2007, mais avec un équilibre exemplaire.

MUSCAT DE BEAUMES-DE-VENISE HOMMAGE
Blanc liquoreux | 2009 à 2020 | 15,60 € **18/20**
Une couleur étonnante, les mêmes tons de cuivre que la cuvée normale, mais plus foncés. Le bouquet est infiniment complexe et profond, notes de noix, raisins sultanines et une touche de caramel donne suite à une bouche riche et profond. Épices exotiques, éphémère et transparent, comme un vieux tawny de porto. Un vin de très grand style, vendu à un prix plus que raisonnable.

Rouge : 5,5 hectares ; cinsault 2%, grenache noir 13%, syrah 9%. Blanc : 17,5 hectares ; muscat à petits grains 76%. Production totale : 100 000 bt.

MAS DE BOIS LAUZON

Route de Châteauneuf
84100 Orange
Tél. 04 90 34 46 49 - Fax. 04 90 34 46 61
masdeboislauzon@wanadoo.fr

Cette propriété du nord de l'appellation Châteauneuf travaille sérieusement depuis plusieurs années en réalisant des vins chaleureux, profonds et suaves. Une cuvée de vieilles vignes, quet, est réalisée ainsi que tintot, dans les années ou le capricieux cépage mourvèdre atteint sa maturité optimale puisque ce vin est composé uniquement de ce cépage.

CHÂTEAUNEUF-DU-PAPE 2008   ☺
Blanc | 2009 à 2013 | 21 €   **15,5/20**
Jolis arômes de pêche de vignes, allonge gourmande, suave et fraîche. A apprécier dès maintenant.

CHÂTEAUNEUF-DU-PAPE 2007
Rouge | 2010 à 2015 | 21 €   **14,5/20**
Ample, suave, mariant avec générosité les épices et le chocolat.

CHÂTEAUNEUF-DU-PAPE QUET 2007
Rouge | 2012 à 2019 | 27 €   **15,5/20**
Une densité nettement supérieure à la cuvée classique, des arômes de quetsche et de la fraîcheur. Bon potentiel.

CHÂTEAUNEUF-DU-PAPE TINTOT 2007
Rouge | 2010 à 2020 | 51 €   **18/20**
Une densité nettement supérieure à la cuvée classique, des arômes de quetsche et de la fraîcheur. Bon potentiel.

Production totale annuelle : 80 000 bt.
Visite : Du lundi au samedi de 9 h à 12 h et de 14 h 18 h30.

DOMAINE HENRI BONNEAU

Rue Joseph-Ducros
84230 Châteauneuf-du-Pape
Tél. 04 90 83 73 08 - Fax. 04 90 83 73 08
le.ballon.rouge@wanadoo.fr

Véritable légende castelnovienne, Henri Bonneau a produit quelques-uns des châteauneufs-du-pape les plus étonnants des trois dernières décennies. Perchée en haut du village, sa cave aux minuscules mais nombreux recoins regorge d'ancestraux fûts de tailles diverses mais tous quasi minéralisés à force d'avoir été utilisés. Ici, le jovial mais rusé Henri laisse dormir durant le temps qu'il faut (c'est-à-dire souvent plus d'une demi-douzaine d'années !) ses trésors venus du plateau de la Crau, mettant en bouteilles lorsque l'envie ou la nécessité se font sentir. Extrêmement profonds, mais d'une finesse de texture incroyable, ces nectars brillent par leur naturel et leur sève, en particulier l'illustre réserve-des-célestins. Les vins sont commercialisés en France par l'intermédiaire exclusif d'un caviste de Bagnols-sur-Cèze, le Ballon rouge.

CHÂTEAUNEUF-DU-PAPE MARIE BEURRIER 2003
Rouge | 2009 à 2020 | 85 €   **16,5/20**
Beau vin ample, long, sans mollesse mais en finesse.

CHÂTEAUNEUF-DU-PAPE RÉSERVE DES CÉLESTINS 2004
Rouge | 2014 à 2024 | 165 €   **17/20**
Vin intense et profond, persistant et délicat en finale.

CHÂTEAUNEUF-DU-PAPE RÉSERVE DES CÉLESTINS 2001
Rouge | 2011 à 2025 | 165 €   **17/20**
Le vin est profond, très long, de belle intensité avec des tanins incontestablement fins. Grand potentiel de garde.

Rouge : 8,5 hectares.
Production totale annuelle : 5 000 bt.

DOMAINE BOSQUET DES PAPES

18, route d'Orange
BP 50
84230 Châteauneuf-du-Pape Cedex
Tél. 04 90 83 72 33 - Fax. 04 90 83 50 52
bosquet.des.papes@orange.fr

Ce domaine, qui met ses vins en bouteille depuis une bonne quarantaine d'années, a acquis une belle réputation avec sa cuvée chante-le-merle, issue de vieilles vignes, pour trois quarts de grenache et pour le reste de l'ensemble des cépages noirs. Il a désormais créé également un vin à 98% grenache, gloire-de-mon-grand-père. Tous deux sont extrêmement séduisants et profonds.

CHÂTEAUNEUF-DU-PAPE 2007
Blanc | 2010 à 2014 | cav. 17 €   **13/20**
Petites notes d'abricot, style à l'ancienne relevé par une pointe acidulée en finale.

CHÂTEAUNEUF-DU-PAPE 2007
Rouge | 2010 à 2015 | 17 €   **13,5/20**
Vin très souple, au fruit franc et simple et à la personnalité agréable et mûre.

CHÂTEAUNEUF-DU-PAPE CHANTE LE MERLE 2007
Rouge | 2010 à 2015 | 30 €   **15,5/20**
Caractère rond et fruité, bouche suave et tendre, notes de fraise persistantes au nez comme en bouche.

CHÂTEAUNEUF-DU-PAPE CHANTE LE MERLE 2006
Rouge | 2012 à 2017 | 30,50 €   **15/20**
Robe assez claire, palette aromatique ouverte avec déjà des notes de jeune cuir, bouche marquée par une certaine tension, avec de la souplesse en finale.

CHÂTEAUNEUF-DU-PAPE GLOIRE DE MON GRAND-PÈRE 2007
Rouge | 2010 à 2015 | 23,50 €   **15/20**
Palette aromatique plus axée sur les fruits noirs et les épices, vin élancé, au caractère profond et puissant.

CHÂTEAUNEUF-DU-PAPE LA FOLIE 2007
Rouge | 2012 à 2017 | 35 €   **15,5/20**
Comme son nom l'indique, la cuvée est ambitieuse : boisé chocolaté, notes de fraise persistantes ensuite, corps plus tendu, belle finale aromatique.

Rouge : 25,5 hectares ; cinsault 4%, counoise 4%, grenache 35%, grenache 75%, mourvedre 11%, syrah 10%, vaccarèse 4%. Blanc : 1,5 hectare ; bourboulenc 25%, clairette 40%. Production totale annuelle : 60 000 bt. Visite : Du lundi au vendredi de 9 h à 12 h et de 14 h à 18 h. Samedi de 9 h à 12 h sur rendez-vous. Fermé dimanche et jours fériés.

DOMAINE DES BOSQUETS

84190 Gigondas
Tél. 04.90.83.70.31 - Fax. 04.90.83.51.97
contact@famillebrechet.fr
www.domainedesbosquets.com

La famille Bréchet a la chance de diriger cet important domaine, qui possède 26 hectares sur Gigondas. Les vins sont structurés, d'une grande délicatesse et de belle finesse. Ils évoluent remarquablement bien et développent de merveilleux nez de pivoine et de rose ancienne.

CÔTES DU RHÔNE-VILLAGES
DOMAINE DE LA JÉRÔME 2007
Rouge | 2010 à 2014 | 9,00 €   **14,5/20**
Une autre propriété de la famille Bréchet, située sur la commune de Séguret, le Domaine de la Jérôme, produit un vin sérieux et charnu aux fruits noirs intenses et parfaitement mûrs. Un vin dense en bouche aux tanins fermes.

GIGONDAS 2007
Rouge | 2012 à 2017 | 16,00 €   **15,5/20**
Couleur noir, il est richement fruité, confituré, belle acidité, bien vinifié, une touche de barrique fine et élégante, tanins jeunes et puissants en finale, à revoir l'année prochaine après la mise en bouteille.

GIGONDAS 2006
Rouge | 2009 à 2016 | 15,00 €   **15/20**
Un vin étonnant pour son corps soutenu, voire costaud, mais en même temps soyeux en bouche, avec des tanins présents et parfaitement intégrés à l'ensemble. Finit sur des notes de fruits sauvages, d'écorce d'orange et de cèdre.

GIGONDAS 2005
Rouge | 2009 à 2010 | 14,50 €   **15/20**
Nez puissant, bien poivré. La bouche est riche, avec de beaux tanins soyeux. Un vin complexe, bien structuré, avec un alcool bien assimilé.

GIGONDAS PRÉFÉRENCE 2001
Rouge | 2009 à 2013 | 24,00 €   **16/20**
80 % syrah, 20 % grenache, cette cuvée spéciale du domaine est maintenant à son apogée. Des notes de thé vert et de sous-bois au nez, du cuir, et des tanins soyeux, fondus. Il y a toujours une superbe fraîcheur en bouche, minérale et saline. Un très beau 2001, vieilli au domaine, est assez rare de nos jours, profitez-en.

Rouge : 26 hectares ; cinsault 5%, grenache noir 70%, mourvèdre 5%, syrah 20%. Production totale annuelle : 50 000 bt.

DOMAINE LA BOUÏSSIÈRE

Rue du Portail
84190 Gigondas
Tél. 04 90 65 87 91 - Fax. 04 90 65 82 16
labouissiere@aol.com
www.bouissiere.com

La Bouïssière est une petite propriété de seulement 8,5 hectares à Gigondas. Gilles et Thierry Faravel dirigent le domaine familial avec passion et sagesse, créant des vins somptueux aux tanins racés. La majorité des vignes se trouvent dans les dentelles de Montmirail entre 350 et 400 mètres d'altitude, ce qui permet aux deux frères de pousser la maturité des raisins au maximum, les vendanges se déroulant tous les ans jusqu'à la mi-octobre. Il y a également 2,5 hectares en Vacqueyras, des vins tout aussi exceptionnels, mais en quantités très limitées !

GIGONDAS CUVÉE PRESTIGE «LE FONT DE TONIN» 2007
Rouge | 2015 à 2020 | 18 €   **17,5/20**
Vin intense et profond issu de raisins parfaitement mûrs. Notes de tabac, de pruneaux, eau-de-vie, caramel et de figues. Un élevage en bois parfaitement maîtrisé apporte une belle précision aux tanins puissants mais mûrs.

GIGONDAS CUVÉE TRADITIONNELLE 2007
Rouge | 2012 à 2022 | 11 €   **16/20**
Un vin impressionnant pour sa concentration mais aussi son style éphémère. Des notes de thé, de raisins secs, presque ressemblant à un porto, mais complètement sec en bouche. Beaucoup de complexité et de persistance, ce ne sont pas des vins timides, il faudrait les oublier dans la cave pour au moins cinq ans.

VACQUEYRAS 2007
Rouge | 2012 à 2022 | 11 €   **16/20**
Un bouquet de raisins et de figues séchées au soleil, notes d'écorce d'orange et de pain d'épices, une transparence et concentration en bouche assez étonnante. C'est un vin puissant avec un caractère affirmé, et des tanins puissants en finale.

Rouge : 12,5 hectares. Production totale annuelle : 45 000 bt. Visite : De 10 h à 12 h et de 14 h à 19 h sur rendez-vous les week-ends.

DOMAINE BRESSY-MASSON

Route d'Orange
84110 Rasteau
Tél. 04 90 46 10 45 - Fax. 04 90 46 17 78
marie-francemasson@club-internet.fr

Avec une trentaine d'hectares sur la commune de Rasteau, la famille Bressy-Masson réalise des vins d'une profondeur et d'une finesse exemplaires. Grâce à un encépagement de très vieilles vignes de grenache, dont certaines sont centenaires, complété de syrah et de mourvèdre, le domaine élabore des vins charnus et expressifs, s'appuyant sur une texture tannique fine. Les cuvées paul-émile et à-la-gloire-de-mon-père peuvent se conserver plusieurs années en cave.

CÔTES DU RHÔNE-VILLAGES RASTEAU 2006
Rouge | 2009 à 2013 | 7 €   **14/20**
Fait dans un style traditionnel, des notes de thym et de laurier au nez, en bouche la matière est dense, mais un rien fatiguée.

RASTEAU À LA GLOIRE DE MON PÈRE 2005
Rouge | 2009 à 2015 | 16 €   **15,5/20**
À base de très vieilles vignes de grenache, c'est un vin riche et chocolaté au nez, possédant une profondeur étonnante avec des fruits mûrs et parfumés, associés à des notes de caramel et confiture. Les tanins sont légèrement asséchants en finale.

RASTEAU PAUL-ÉMILE 2007
Rouge | 2009 à 2013 | 10,20 €   **15/20**
Ce vin est gourmand et richement fruité, extrait en bouche avec une très belle matière aux notes de raisins sec et pruneaux, assez élégant, mais les tanins sont légèrement rustiques.

RASTEAU VIN DOUX RASTEAU 2007
Rouge Doux | 2011 à 2015 | 7 €   **14,5/20**
Des arômes de chocolat et fruits mûrs, une belle concentration en bouche, encore très jeune, aux tanins tendus.

RASTEAU VINDOUX NATUREL RASTEAU RANCIO
Ambré Doux | 2009 à 2016 | 11,50 €   **15/20**
Superbe texture suave en bouche, des notes de raisins sultanines, écorce d'orange, caramel et épices douces, une belle harmonie en finale.

Rouge : 25 hectares ; carignan noir 6%, cinsault 1%, grenache noir 70%, mourvèdre 8%, syrah 15%.
Blanc : 0.60 hectare ; clairette 20%, grenache blanc 20%, viognier 60%. Production totale annuelle : 60 000 bt. Visite : De 9 h à 12 h 30 et de 14 h à 19 h.

DOMAINE LA CABOTTE

Quartier les Vinsacs
84430 Mondragon
Tél. 04 90 40 60 29 - Fax. 04 90 40 60 62
domaine@cabotte.com
www.cabotte.com

La propriété appartient à la famille bourguignonne qui possède le domaine d'Ardhuy. Marie-Pierre d'Ardhuy-Plumet et son mari Eric Plumet dirigent ce domaine de 45 hectares d'un seul tenant, dont les deux tiers sont plantés en vignes. Idéalement situés sur le massif d'Uchaux, entourés de garrigues, les sols argilo-sableux permettent un bon enracinement et une nutrition équilibrée des vignes. Cette situation autorise la réalisation de vins profondément fruités, avec de belles structures et une finesse rare dans la région. Toute la gamme (côtes-du-rhône, massif-d'uchaux et une petite parcelle de Châteauneuf-du-Pape) apparaît de bonne qualité, nécessitant quelques années de vieillissement.

CÔTES DU RHÔNE 2007
Rouge | 2009 à 2012 | 6,50 € **14,5/20**
Nez concentré de pruneaux et d'épices douces, bouche agréable et ronde avec une belle structure souple et charnue.

CÔTES DU RHÔNE-VILLAGES GARANCE 2007
Rouge | 2010 à 2014 | 10 € **14,5/20**
Une légère touche de torréfaction au nez, le vin est intensément fruité, une belle fraîcheur aide à équilibrer l'ensemble.

CÔTES DU RHÔNE-VILLAGES MASSIF D'UCHAUX GABRIEL 2007
Rouge | 2011 à 2015 | 12 € **14,5/20**
Richement boisé, le vin n'a pas encore digéré son élevage, mais la belle matière du millésime 2007 se révélera avec le temps.

Production totale annuelle : 120 000 bt.
Visite : Du lundi au vendredi de 9 h à 12 h et de 14 h à 17 h sur rendez-vous le week-end et jours fériés.

CLOS DU CAILLOU

1600, chemin Saint-Dominique
84350 Courthezon
Tél. 04 90 70 73 05 - Fax. 04 90 70 76 47
closducaillou@wanadoo.fr
www.closducaillou.com

Disposant d'installations performantes et adaptées, Sylvie Vacheron s'appuie sur un vignoble situé au nord-est de l'appellation dont une partie produit d'excellents côtes-du-rhône. En châteauneuf, elle réalise des vins concentrés et modernes, très fruités et savoureux, parfois un peu trop chaleureux. L'ensemble est hautement recommandable.

CHÂTEAUNEUF-DU-PAPE LES QUARTZ 2007
Rouge | 2012 à 2017 | 38 € **14,5/20**
Robe très colorée, notes puissantes de kirsch, beau volume, chaleureux et un rien entêtant, on attendra qu'il s'assagisse.

CHÂTEAUNEUF-DU-PAPE LES QUARTZ 2006
Rouge | 2012 à 2017 | 37 € **15,5/20**
Vin solide aux accents de kirsch, mais les tanins sont fins et la chair onctueuse. Potentiel certain.

CHÂTEAUNEUF-DU-PAPE LES SAFFRES 2007
Rouge | 2012 à 2020 | 22,50 € **14/20**
Robe d'un joli rouge grenat, très quetsche et kirsch au nez, caractère juvénile et acidulé en bouche, finale souple. On peut l'attendre.

CHÂTEAUNEUF-DU-PAPE LES SAFRES 2007
Blanc | 2009 à 2012 | épuisé **13/20**
Citron, abricot, simple, équilibre correct mais manque d'énergie.

CHÂTEAUNEUF-DU-PAPE RÉSERVE 2007
Rouge | 2012 à 2017 | 55 € **15/20**
Coloré, notes de kirsch, volume onctueux, personnalité généreuse, chaleureuse et savoureuse.

CHÂTEAUNEUF-DU-PAPE RÉSERVE 2006
Rouge | 2012 à 2017 | 50 € **15/20**
Vin solide aux accents de kirsch, mais les tanins sont fins et la chair onctueuse. Potentiel certain.

Rouge : 47 hectares. Blanc : 6 hectares.
Production totale annuelle : 190 000 bt. Visite :
Toute la semaine de 9 h à 12 h et de 13 h 30 à 17 h 30.
le samedi matin sans rendez-vous et l'après-midi sur rendez-vous.

LES CAILLOUX - ANDRÉ BRUNEL

6, chemin du Bois-de-la-Ville
84230 Châteauneuf-du-Pape
Tél. 04 90 83 72 62 - Fax. 04 90 83 51 07

André Brunel, ancien professeur reconverti depuis plusieurs décennies dans la viticulture, s'est progressivement imposé comme l'une des références de Châteauneuf-du-Pape. Il doit ce succès à un sens très personnel de l'équilibre, avec des vins qui associent toujours à une générosité et même à une opulence de constitution certaines une réelle finesse de tanins et une fraîcheur en bouche toujours affirmée. Le domaine, très morcelé, compte des parcelles sur presque tous les terroirs de Châteauneuf, mais les fameux cailloux roulés y dominent, bien sûr, et justifient ce patronyme célèbre. Le vin rouge est largement dominé par le grenache, mais avec une proportion notable de mourvèdre. Le blanc, très raffiné, possède une part assez importante de clairette. André Brunel produit depuis le début des années 1990 une extraordinaire et rare cuvée, la-centenaire, qui est composée de très vieilles vignes de grenache, plantées sur le plateau de Mont-Redon.

CHÂTEAUNEUF-DU-PAPE 2007
Rouge | 2010 à 2015 | 20 €   **15/20**
Vin ample, gras et dense, fruits noirs, assez souple en finale.

CHÂTEAUNEUF-DU-PAPE CENTENAIRE 2007
Rouge | 2012 à 2017 | 90 €   **16,5/20**
Caractère généreux et très épicé, volume gras, dense, encore d'un bloc.

Rouge : 19 hectares ; divers 5%, grenache 65%, mourvèdre 20%, syrah 10%. Blanc : 2 hectares ; bourboulenc 10%, clairette 20%, grenache 20%, roussanne 50%. Production totale annuelle : 80 000 bt. Visite : Sur rendez-vous.

DOMAINE DE CASSAN

Lafare
84190 Beaumes-de-Venise
Tél. 04 90 62 96 12 - Fax. 04 90 65 05 47
domainedecassan@wanadoo.fr

Le domaine de Cassan est l'un des bons porte-parole de la jeune appellation Beaumes-de-Venise. Marie-Odile Croset et Gérard Paillet cultivent 28 hectares au total, avec des terres sur Gigondas, Beaumes-de-Venise, Côtes du Ventoux et Côtes du Rhône. Ici, c'est un terroir argilo-calcaire, typique pour la région, mais ce sont les vignes étagées en coteaux qui font toute la différence. Grâce à ces coteaux, il y a très peu de maladies et le domaine a pu diminuer les traitements et éviter les pesticides. Si la cuvée tradition est toujours impeccable de droiture et de franchise, la cuvée saint-christophe, plus ambitieuse, offre des tanins riches et cacaotés et mérite de vieillir quelques années.

BEAUMES DE VENISE SAINT-CHRISTOPHE 2006
Rouge | 2011 à 2017 | 9 €   **14,5/20**
Un raisin très mûr, fruits macérés au nez, beaucoup de matière en bouche, long, épicé, avec une belle qualité de fruit, mais le vin est chaud, les tanins sèchent en finale.

BEAUMES DE VENISE TRADITION 2007
Rouge | 2009 à 2012 | 7 €   **14,5/20**
Un joli Beaumes de Venise, rond, gras et facile, fruité et généreux en bouche finissant sur la fraîcheur, tanins souples, mais un rien simple.

CÔTES DU VENTOUX LES ECLAUSELS 2006
Rouge | 2011 à 2017 | 12 €   **15/20**
Nez épicé aux fruits noirs très mûrs, généreux et gras en bouche, velouté, riche mais avec une belle fraîcheur, bonne structure tannique derrière, le vin vieillira bien.

Rouge : 26.5 hectares : cinsault 5%, grenache noir 65%, mourvèdre 10%, syrah 20%. Blanc : 1.5 hectare ; clairette 30%, grenache blanc 30%, roussane 30%, viognier 10%. Production totale annuelle : 120 000 bt. Visite : De 10 h à 12 h et de 14 h à 18 h.

DOMAINE DE LA CAVALE

Route de Lourmarin
SNC Paul Dubrule
84160 Cucuron
Tél. 04 90 77 22 96 - Fax. 04 90 77 25 64
domaine-cavale@wanadoo.fr
domaine-la-cavale.com

La propriété a été acquise il y a plus d'un quart de siècle par Paul Dubrule mais ce dernier, entièrement pris par la formidable aventure du groupe hôtelier Accor, créé et développé avec son alter ego Gérard Pélisson, n'avait pu s'impliquer autant qu'il le souhaitait dans la gestion de ce domaine du Sud-Luberon. L'heure de la retraite active ayant sonné, il a mis en place ici une équipe motivée, avec laquelle il a fait rapidement progresser la production, aussi bien en rouge qu'en blanc et en rosé.

CÔTES DU LUBERON L'ORIGINE 2008
Rosé | 2009 à 2010 | NC   **14/20**
Délicat, jolis parfums, un rosé technique, mais bien fait. Fin et délicat en bouche.

CÔTES DU LUBERON L'ORIGINE 2006
Rouge | 2011 à 2014 | 8,10 €   **14,5/20**
Couleur rouge rouillée un peu terne, bouquet de fruits rouges cuits, touche de barrique, des notes épicés et des tanins encore très jeunes en finale, voir secs.

CÔTES DU LUBERON L'ORIGINE DE CAVALE 2008
Blanc | 2009 à 2010 | 7,00 €   **13,5/20**
Léger et floral, un vin d'apéritif aux notes de citron, avec de la fraîcheur en finale.

Rouge : 36 hectares. Blanc : 10 hectares.
Production totale annuelle : 120 000 bt.

DOMAINE DE LA CHARBONNIÈRE

26, route de Courthézon
84230 Châteauneuf-du-Pape
Tél. 04 90 83 74 59 - Fax. 04 90 83 53 46
maret-charbonniere@club-internet.fr
www.domainedelacharbonniere.com

Michel Maret dirige ce domaine familial avec sagesse mais aussi beaucoup de volonté. La propriété est ancienne, mais n'a jamais été aussi en forme qu'aujourd'hui, avec une gamme de vins très complète en châteauneuf, et même une incursion dans le vignoble voisin de Vacqueyras. C'est l'un des domaines qui ont le plus progressé ces dernières années, notamment grâce à une judicieuse sélection de terroirs pour réaliser différentes cuvées très typées. Hautes-brusquières et le blanc proviennent du lieu-dit situé sur le plateau de Mont-Redon, les vieilles-vignes (à 100% grenache) proviennent du lieu-dit La Charbonnière, sur les pentes du plateau de la Crau qui regardent l'est, tout comme mourre-des-perdrix. Les vins ont beaucoup de sève et sont élevés sans rusticité.

CHÂTEAUNEUF-DU-PAPE 2008
Blanc | 2009 à 2012 | 20 €   **13/20**
Arômes de bonbon, ambitieux mais manque de fraîcheur.

CHÂTEAUNEUF-DU-PAPE HAUTES-BRUSQUIÈRES 2007
Rouge | 2010 à 2015 | 32 €   **15/20**
Robe pourpre, notes de fraise, attaque tendre mais une certaine profondeur, fruité frais persistant.

CHÂTEAUNEUF-DU-PAPE MOURRE DES PERDRIX 2007
Rouge | 2010 à 2015 | 30 €   **16/20**
Fruit fin, élancé, joli caractère fin, pas de lourdeur ni de chaleur, un fruit noir persistant en bouche et finissant sur le chocolat.

CHÂTEAUNEUF-DU-PAPE VIEILLES VIGNES 2007
Rouge | 2012 à 2017 | 32 €   **15,5/20**
Robe plus colorée que celle des autres cuvées, un peu de réduction, bon volume onctueux ensuite. Potentiel épicé.

Rouge : 23,5 hectares ; autre 1%, cinsault 2%, grenache 68%, mourvèdre 10%, syrah 19%.
Blanc : 0.5 hectare : bourboulenc 5%, clairette 15%. grenache 40%, roussanne 40%. **Production totale annuelle :** 70 000 bt. **Visite :** Du lundi au vendredi de 9 h à 12 h et de 14 h à 19 h. sur rendez-vous le weekend.

DOMAINE CHARVIN

Chemin de Maucoil
84100 Orange
Tél. 04 90 34 41 10 - Fax. 04 90 51 65 59
domaine.charvin@free.fr
www.domaine-charvin.com

Le domaine est situé au nord de l'appellation, dans la direction d'Orange, sur des terroirs argilo-calcaires généreux, mais qui jusqu'à présent n'avaient pas été mis très en valeur. Une bonne partie de la propriété est en Côtes du Rhône, et ceux-ci sont d'ailleurs très intéressants. Avec un travail méticuleux et sans esbroufe (pas d'égrappage, pas de filtration, notamment), Laurent Charvin hisse sa propriété à un niveau très recommandable. Les châteauneufs sont des vins francs, intenses et sincères, parfois non dénués d'une certaine rusticité.

CHÂTEAUNEUF-DU-PAPE 2007
Rouge | 2010 à 2017 | 22 €   **15,5/20**
Fruité, plein et velouté, voilà un vin très persistant et immédiatement savoureux. Il sera à point dans trois ans.

CHÂTEAUNEUF-DU-PAPE 2005
Rouge | 2009 à 2016 | épuisé   **16/20**
Vin charnu et très naturel de constitution, aux arômes de fruits rouges et à la constitution riche, généreuse mais sans aucune lourdeur.

CHÂTEAUNEUF-DU-PAPE 2004
Rouge | 2009 à 2018 | épuisé   **14/20**
Robe de bonne intensité, nez assez réduit, bouche souple, fine et tendre, longueur suave.

Rouge : 24 hectares : grenache 82%, mourvedre 5%, syrah 8%, vaccarèse 5%. Production totale annuelle : 100 000 bt. Visite : De 8 h à 12 h et de 14 h à 18 h sur rdv et le samedi de 9h à 12 h.

DOMAINE CHAUME-ARNAUD

Les Paluds
26110 Vinsobres
Tél. 04 75 27 66 85 - Fax. 04 75 27 69 66
chaume-arnaud@wanadoo.fr

Philippe Chaume et Valérie Chaume-Arnaud ont réussi à faire du domaine l'un des plus réguliers de l'appellation. Les vignes sont certifiées bio et le couple est également passionné par les bienfaits de la biodynamie. Avec 38 hectares sur les appellations de Vinsobres, Saint-Maurice et en Côtes du Rhône, ils produisent plusieurs cuvées dans un style franc et structuré, avec de belles matières tanniques pour les rouges. Côté blancs, ce sont des vins frais et tendus, avec de belles expressions du terroir.

CÔTES DU RHÔNE 2007
Rouge | 2009 à 2011 | 6,00 €   **14,5/20**
Beaucoup de fraîcheur, des fruits rouges croquants ; le vin est vif, agréable, fruité, rond et généreux, avec de l'allonge.

CÔTES DU RHÔNE-VILLAGES SAINT-MAURICE 2007
Rouge | 2010 à 2015 | 8,00 €   **14/20**
Des notes de cerises à l'alcool, épices douces et cacao, c'est un vin tendu, avec du corps, mais un peu trop extrait pour sa matière.

VINSOBRES 2007
Rouge | 2009 à 2013 | 9,00 €   **14,5/20**
Un bouquet de fruits macérés, chocolat et réglisse, avec une belle matière, tanins fondus mais présents. Un vin de caractère.

Rouge : 33 hectares ; cinsault 10%, grenache noir 60%, mourvèdre 10%, syrah 20%. Blanc : 4 hectares ; marsanne 40%, viognier 60%. Production totale annuelle : 180 000 bt. Visite : sur rendez-vous

Inscrivez-vous sur

BETTANEDESSEAUVE.COM

> Suivez l'actualité du vin
> Accédez aux notes de dégustation de 25 000 vins
> Visitez les stands des producteurs

CHÊNE BLEU

Chemin de la Verrière
84110 Crestet
Tél. 04 90 10 06 30 - Fax. 0490100631
jlg@laverriere.com
www.chenebleu.com

Nichée à 500 m d'altitude au-dessus du village de Crestet au cœur des côtes de Ventoux, se trouve cette ancienne ferme minutieusement restaurée au cours des dix dernières années par Nicole et Xavier Rolet. Ce projet a été conçu avec l'idée de faire des vins parmi les plus grands du sud de la France, dans un style ambitieux et incontestablement international. Un chai ultra moderne, enterré dans la colline, abrite une cuverie digne des plus grandes wineries de Californie. On remarque un net progrès entre les 2006 et 2007 en rouges, les derniers ayant déjà mieux intégré le bois.

VIN DE PAYS DU VAUCLUSE ABÉLARD 2007
Rouge | 2011 à 2015 | 40 €   **14,5/20**
Un vin luxueux et parfaitement vinifié, il est dense et sérieux mais le style est tellement moderne qu'on a du mal à retrouver le cépage de base, le grenache. Un boisé encore trop poussé, le vin se goûtera mieux dans trois ou quatre ans.

VIN DE PAYS DU VAUCLUSE ABÉLARD 2006
Rouge | 2009 à 2016 | 40 €   **14,5/20**
Concentré et précis en bouche, avec des arômes de poivre noir et de cacao. Le passage en barriques reste toutefois très marqué mais les tanins sont fins et soyeux.

VIN DE PAYS DU VAUCLUSE HÉLOÏSE 2007
Rouge | 2011 à 2019 | 40 €   **15/20**
Un vin très prometteur, des jolies notes de chocolat, menthe et fruits noirs très mûrs. Puissant et extrait avec du muscle, le vin est ample en bouche, d'inspiration américaine.

VIN DE PAYS DU VAUCLUSE HÉLOÏSE 2006
Rouge | 2011 à 2015 | 40 €   **15/20**
La cuvée héloïse est majoritairement composée de syrah, avec du grenache et un peu de viognier, ce qui apporte des jolies notes florales. Bien construit avec des tanins fermes mais raffinés, l'élevage en barriques a laissé sa trace. Les nuances de fruits noirs sauvages et de sous-bois sont très séduisantes, l'ensemble finissant sur la fraîcheur apportée par ces terroirs d'altitude.

Rouge : 24 hectares. Blanc : 2 hectares.
Production totale annuelle : 30 000 bt.

DOMAINE DE LA CITADELLE

Route de Cavaillon
84560 Ménerbes
Tél. 04 90 72 41 58 - Fax. 04 90 72 41 59
contact@domaine-citadelle.com
www.domaine-citadelle.com

Producteur de cinéma à succès, Yves Rousset-Rouard a effectué un gros travail de restructuration du vignoble, acquérant une trentaine d'hectares supplémentaires sur les huit originales et construisant une cave de vinification aujourd'hui dirigée par son fils Alexis. La propriété propose une large gamme de vins, tous de bon niveau, qui jouent plus sur l'élégance et la précision aromatique que la puissance.

CÔTES DU LUBERON GOUVERNEUR SAINT-AUBAN 2007
Rouge | 2012 à 2017 | NC   **16,5/20**
L'intensité du fruit de 2007 avec une belle richesse en bouche sans aucune lourdeur. Des mûres sauvages, myrtilles et baies de cassis, s'associent parfaitement au corps riche et puissant, les tanins sont encore tendus mais aussi savoureux.

CÔTES DU LUBERON LE CHÂTAIGNIER 2008
Rosé | 2009 à 2010 | 6,50 €   **14/20**
Un bouquet de griottes et airelles, donne une impression de fraîcheur avant même de le goûter. Fin et élégant en bouche, assez délicat avec une belle acidité en finale.

CÔTES DU LUBERON LE CHÂTAIGNIER 2008
Blanc | 2009 à 2011 | 6,70 €   **14,5/20**
Superbe expression de clairette, fraîcheur et harmonie en bouche, une belle finesse de construction, florale et tendre en finale.

CÔTES DU LUBERON LES ARTÈMES 2007
Rouge | 2011 à 2015 | NC   **15,5/20**
Un vin charnu et bien construit, parfumé, fruits noirs frais avec une belle texture soyeuse en bouche, généreux, tanins épicés et savoureux, mais encore jeune.

VIN DE PAYS DU VAUCLUSE CABERNET 2007
Rouge | 2009 à 2012 | 6 €   **14/20**
Nez expressif et poivré, très typé cabernet, en bouche on retrouve un cabernet mûri sous le soleil provençal, aucune dureté, une acidité tendue et des tanins énergétiques.

Rouge : 32.12 hectares : cabernet sauvignon 14%, carignan noir 7%, cinsault 2%, grenache noir 22%, merlot 3%, mourvèdre 6%, syrah 26%. Blanc : 6.81 hectares ; bourboulenc 1%, chardonnay 1%, clairette 4%, grenache blanc 5%, marsanne 1%, roussane 1%, ugni blanc 1%, vermentino 1%, viognier 5%. Production totale annuelle : 195 000 bt.
Visite : De 9 h à 12 h et de 14 h à 19 h d'avril à octobre.

BASTIDE DU CLAUX

Campagne le Claux
84240 La Motte d'Aigues
Tél. +33 04 90 77 70 26
Fax. +33 4 90 77 73 27
bastideduclaux@wanadoo.fr
www.bastideduclaux.com

Ludmila et Sylvain Morey ont mis sept ans à remettre en état les vignes du père de Ludmila, et ont pu vinifier en 2002 leurs premiers vins. Depuis, ils ont acquis une bonne connaissance de leur terroir, de chacune de ses parcelles et de leur potentiel. Les deux principales cuvées, en particulier, se définissent par rapport à deux vignobles. Le premier, en exposition sud-ouest avec des sols sableux, donne des vins fruités et suaves (malacare). De l'autre côté de la colline, les sols sont très argileux, donnant des vins plus puissants et structurés (le-claux).

CÔTES DU LUBERON L'ORIENTALE 2006
Rouge | 2009 à 2012 | NC   **14,5/20**
Soyeux et élégant, aux fruits veloutés, raisins secs, sultanes, texture riche et fin tanins, encore un peu jeune en finale, un boisé légèrement sec.

CÔTES DU LUBERON LE CLAUX 2006
Rouge | 2009 à 2014 | 11 €   **15,5/20**
Le bouquet mélange des notes de bois et de fruits noirs sauvages. Un raisin mûr et fruité très élégant avec un grain de tanin soyeux et raffiné, des notes de réglisse et de bois fin. Le boisé parfaitement fondu à l'ensemble.

CÔTES DU LUBERON POUDRIÈRE 2008
Rosé | 2009 à 2010 | 7,50 €   **14/20**
Un rosé élégant et fin en bouche, des arômes délicats et parfumés, rond et agréable à boire.

VIN DE PAYS DU VAUCLUSE CHARDONNAY 2007
Blanc | 2009 à 2010 | 9,00 €   **15/20**
Montrant ses origines, Sylvain Morey a façonné ce chardonnay dans un style vraiment bourguignon. On aurait du mal à trouver les origines de ce vin. Il est tendu en bouche avec une très belle matière, minérale et grasse et un élevage digne de ses confrères de Chassagne !

Rouge : 11.5 hectares ; carignan noir 8%, cinsault 7%, grenache noir 35%, syrah 30%.
Blanc : 4,5 hectares ; chardonnay 8%, clairette 2%, grenache blanc 6%, ugni blanc 2%, vermentino 2%.
Production totale annuelle : 60 000 bt.
Visite : Sur rendez vous.

DOMAINE DE LA CÔTE DE L'ANGE

9, quartier Font-du-Pape
84230 Châteauneuf-du-Pape
Tél. 04 90 83 72 24 - Fax. 04 90 83 54 88
cotedelange@libertysurf.fr

Le domaine ne s'étend pas sur un seul coteau, fût-il angélique, mais sur plusieurs parcelles bien situées dans les parties sud et centre de l'appellation. Il possède également 2,5 hectares en Côtes du Rhône. L'ensemble de la production, très classiquement bâtie autour d'un châteauneuf rouge, d'une cuvée vieilles-vignes et d'un blanc, n'a cessé de progresser dans les derniers millésimes, même si les vins possèdent encore une certaine rusticité.

CHÂTEAUNEUF-DU-PAPE 2008
Blanc | 2009 à 2012 | NC   **14/20**
Arômes de fruits blancs et de pêche de vigne, rondeur gourmande, simplicité généreuse.

CHÂTEAUNEUF-DU-PAPE 2007
Rouge | 2010 à 2015 | NC   **15/20**
C'est le millésime le plus abouti que nous ayons dégusté de cette propriété : vin gras, très suave, aux notes de fruits à noyau et d'épices fines tapissant la bouche.

CHÂTEAUNEUF-DU-PAPE SECRET DE L'ANGE 2007
Rouge | 2012 à 2017 | 32 €   **16,5/20**
Coloré et intense, c'est un vin charnu, aux arômes d'épices et de fruits noirs, bonne intensité, tanins assez fins.

CHÂTEAUNEUF-DU-PAPE VIEILLES VIGNES 2007
Rouge | 2010 à 2015 | 25 €   **16/20**
Vin coloré, fruité, épanoui, gras et généreux, bonne saveur très aromatique.

CHÂTEAUNEUF-DU-PAPE VIEILLES VIGNES 2006
Rouge | 2010 à 2015 | 25 €   **15/20**
L'échantillon dégusté présentait une légère oxydation. De volume ample, c'est un vin moins séduisant que le 2007.

CÔTES DU RHÔNE 2007
Rouge | 2009 à 2011 | NC   **13/20**
Vin souple et correctement construit, assez discret sur le plan aromatique.

Rouge : 14.5 hectares ; 60%, cinsault 1%, mourvèdre 15%, syrah 10%. Blanc : 1.5 hectare ; bourboulenc 1%, clairette 1%, grenache blanc 1%, roussane 1%. Production totale annuelle : 50 000 bt.

DAUVERGNE & RANVIER

Château Saint-Maurice
route nationale 580
30290 Laudun l'Ardoise
Tél. 04 66 82 96 59 - Fax. 04 66 82 96 58
contact@dauvergne-ranvier.com
www.dauvergne-ranvier.com

François Dauvergne et Jean-François Ranvier font partie d'une nouvelle génération de jeunes négociants dans la vallée du Rhône. Très impliqués dans la production de leurs vins, ils travaillent avec leurs amis vignerons tout au long de l'année et conservent les expressions des terroirs. Le style des vins met en avant un fruité très mûr avec des élevages soignés.

CÔTE RÔTIE 2007
Rouge Brut | 2011 à 2016 | 32,00 €   **15,5/20**
Nez parfumé de violettes, et de cuir, en bouche le vin est tendu, encore très jeune, un très bel élevage, mais il faut du temps.

CÔTES DU RHÔNE 2007
Rouge | 2009 à 2014 | 6,50 €   **14,5/20**
Une belle texture soyeuse et dense, un raisin parfaitement mûr, belle harmonie en bouche avec des tanins veloutés et une touche de bois fin.

CÔTES DU RHÔNE-VILLAGES 2007
Rouge | 2009 à 2014 | 7,00 €   **14/20**
Notes de cerises à l'alcool au nez, fruits concentrés, très tannique pour l'instant, il faudrait le laisser vieillir quelques années pour que le vin digère son élevage.

CÔTES DU RHÔNE-VILLAGES CHÂTEAU SAINT-MAURICE 2007
Rouge | 2009 à 2013 | 5,50 €   **14,5/20**
Jolie matière, frais et gourmand en bouche avec des notes de ronces, sous-bois et baies sauvages, beaux tanins ronds et savoureux.

CROZES-HERMITAGE 2007
Rouge | 2010 à 2013 | 9,50 €   **15/20**
Un vin précis et droit avec des fruits noirs très mûrs, texture suave mais réservée, avec de la fraîcheur en finale.

GIGONDAS 2007
Rouge | 2010 à 2015 | 12,00 €   **15/20**
Nez complexe et profond de fruits noirs sauvages, superbe densité de texture en bouche, suave et élégant, un élevage parfaitement maîtrisé, tanins enrobés, touché chaud à la fin.

Production totale annuelle : 400 000 bt.

DOMAINE MATTHIEU DUMARCHER

Quartier La Grangeanne
26790 La-Baume-de-Transit
Tél. 06 09 86 73 22
matthieudumarcher@yahoo.fr

Matthieu Dumarcher réalise des vins charmeurs et généreux, possédant tous une superbe texture en bouche. Installé en 2006, il a brillamment réussi le millésime 2007 dans toutes ses cuvées, qu'il s'agisse du coteaux-du-tricastin, du vin-de-table ou du côtes-du-rhône. Le millésime 2008 étant beaucoup plus compliqué, il a réalisé un travail minutieux dans la vigne et dans la cave pour en tirer le meilleur possible. Les vins sont moins concentrés mais tout aussi charmeurs dans le contexte du millésime.

CÔTES DU RHÔNE BOMPARET 2008
Rouge | 2009 à 2012 | 12 €   **14/20**
Fruité et floral au nez, en bouche on a la matière de 2008, légère mais très agréable, ronde avec un grain de tanin fin mais limité par le millésime.

CÔTES DU RHÔNE GRAND H 2007
Rouge | 2009 à 2020 | 17 €   **16,5/20**
La sève du grenache, la profondeur et la complexité en bouche, une touche de cacao au nez, un raisin parfaitement mûr et une extraction parfaite. Parmi les meilleurs vins de la région en 2007.

CÔTES DU RHÔNE MADEMOISELLE D 2007
Rosé | 2009 à 2011 | 9,50 €   **14,5/20**
Vinifié en barrique, c'est un vin voluptueux en bouche, expansif, soutenue par une bonne acidité.

CÔTES DU RHÔNE SÉRAPHIN 2008
Rouge | 2009 à 2012 | 9,50 €   **14,5/20**
Un vin vif, agréable, dans le même style que les années précédentes, mais avec moins de matière (dû au millésime). Le vin est sur le fruit, soyeux et croquant, et possède surtout un aspect naturel et authentique.

CÔTES DU RHÔNE VIEILLES VIGNES 2007
Rouge | 2009 à 2014 | 13 €   **15/20**
Une superbe expression de vieilles vignes, un vin concentré, aux raisins parfaitement mûrs tout en gardant de la fraîcheur. Le boisé s'est bien intégré à l'ensemble, tanins toujours puissants, texture soyeuse, une grande réussite harmonieuse.

DOMAINE DUSEIGNEUR

rue Nostradamus
30126 Saint-Laurent-des-Arbres
Tél. 04 66 50 02 57 - Fax. 04 66 50 43 57
info@domaineduseigneur.com
www.domaineduseigneur.com

Le domaine, d'une trentaine d'hectares, se divise en deux parties, sur les communes de Saint-Laurent-des-Arbres et de Lirac. Sur la rive droite du Rhône, le terroir est constitué de galets roulés, sur des sols d'abord argilo-calcaires et ensuite sableux. Depuis la création du domaine, la famille Duseigneur a toujours cultivé ses terres naturellement, respectant au maximum la nature des sols, et pratique aujourd'hui la biodynamie.

CÔTES DU RHÔNE-VILLAGES 2005
Rouge | 2011 à 2015 | 15 €   **14/20**
Fruits macérés, herbes médicinales et cuir au nez, en bouche il est sérieusement construit avec des notes de cacao. Les tanins sont assez stricts pour le moment. À vieillir.

CÔTES DU RHÔNE-VILLAGES
DOMAINE DE MAYRAN - MINHA TERRA 2007
Rouge | 2009 à 2012 | 8 €   **13,5/20**
Un vin à base de cinsault, le bouquet est subtile, aux arômes de fruits rouges. En bouche, la matière est douce et plaisante, un vin simple et facile à boire.

CÔTES DU RHÔNE-VILLAGES LAUDUN
PAR PHILIPPE FAURE-BRAC 2006
Rouge | 2009 à 2010 | 21 €   **16/20**
Un vin rond et généreux, au bouquet de fruits rouges, avec de légères notes de kirsch et de menthe, fin, élancé avec des tanins souples et arrondis, un corps onctueux et bien construit.

LIRAC ANTARÈS 2006
Rouge | 2009 à 2014 | 10 €   **15/20**
Une bouteille pleine de finesse et d'élégance. Cet assemblage classique de grenache, syrah et mourvèdre parfaitement mûrs possède un fruité discret sans lourdeur, mais qui commence à développer des notes animales. Les tanins sont bien enrobés et suaves en finale.

LIRAC DOMAINE DE MAYRAN - ODYSSÉE 2007
Rouge | 2009 à 2012 | 9 €   **14/20**
Notes du kirsch et de garrigue au nez, belle rondeur en bouche, un vin souple et agréable, sur le fruit.

Rouge : 29 hectares. Blanc : 1 hectare.
Production totale annuelle : 120 000 bt.
Visite : De 8 h à 12 h et 14 h à 19 h.

DOMAINE DES ESCARAVAILLES

84110 Rasteau
Tél. 04 90 46 14 20 - Fax. 04 90 46 11 45
domaine.escaravailles@rasteau.fr

Ce domaine d'une soixantaine d'hectares se partage entre les communes de Rasteau, Cairanne et Roaix. Il joue plutôt la carte de la finesse, sur des appellations généralement connues pour la puissance de leurs vins. Depuis 1999, Gilles Ferran dirige ce domaine familial avec la collaboration de l'œnologue Philippe Cambie, et bénéficie d'une cave de vinification adaptée pour réaliser des vins à la mesure de la variété des terroirs du domaine.

CÔTES DU RHÔNE LES ANTIMAGNES 2007
Rouge | 2009 à 2014 | 6,50 €   **15/20**
Bouquet de mûre et cassis, notes de garrigue et d'écorce d'orange, clous de girofle, très suave en bouche avec une densité de fruits mûrs impressionnante, sans aller vers la surextraction.

CÔTES DU RHÔNE-VILLAGES LA BOUTINE 2007
Rouge | 2011 à 2016 | 13 €   **16/20**
Une touche de bois au nez, en bouche, de très beaux fruits noirs bien mûrs avec des notes de ronces, et une amertume qui donne du corps à l'ensemble, superbe structure tannique avec une belle allonge en finale.

CÔTES DU RHÔNE-VILLAGES RASTEAU 2007
Rouge | 2009 à 2012 | 6 €   **15/20**
Superbe texture en bouche, soyeux et fin, un fruit mûr et riche, belle matière en bouche, tanins fins et élégants. .

CÔTES DU RHÔNE-VILLAGES RASTEAU
LA PONCE 2007
Rouge | 2009 à 2010 | 10 €   **15/20**
Une belle qualité de fruit au nez et en bouche, un style plus moderne, plus sur le fruit. Tanins savoureux et suaves, épicés en finale.

CÔTES DU RHÔNE-VILLAGES VENTABREN 2007
Rouge | 2009 à 2010 | 8,50 €   **15/20**
Richement constitué, gras et gourmand en bouche, tanins puissant et bien travaillés.

Rouge : 61,5 hectares ; carignan noir 2%, grenache rouge 73%, syrah 20%. Blanc : 3,5 hectares ; clairette 1%, grenache blanc 1%, marsanne 1%, roussanne 1%, viogner 1%. Production totale annuelle : 170 000 bt. Visite : Du lundi au samedi de 9 h à 12 h et de 14 h à 18 h, le dimanche sur rendez-vous.

LES VIGNERONS D'ESTÉZARGUES

Route des Grès
30390 Estézargues
Tél. 0466570364 - Fax. 0466570483
les.vignerons.estezargues@wanadoo.fr
www.vins-estezargues.com

Les Vignerons d'Estézargues est une cave coopérative d'un genre unique dans la région. Ultra dynamiques, les adhérents cultivent leurs vignes en lutte raisonnée, les vinifications se passent sans ajouter de levures, d'enzymes ni surtout de soufre.

COSTIÈRES DE NÎMES DOMAINE DE PÉRILLIÈRE 2008

Rouge | 2009 à 2011 | 4,05 €   **14/20**

Joliment fruité aux notes de cerises noires, texture suave et souple en bouche.

CÔTES DU RHÔNE DOMAINE DES BACCHANTES 2007

Rouge | 2009 à 2012 | 5,60 €   **15/20**

Dense et sérieux, avec une très belle texture veloutée en bouche, des notes de cerises noires et de réglisse. Les tanins sont soyeux et longs en fin de bouche.

CÔTES DU RHÔNE-VILLAGES DOMAINE LES GENESTAS 2007

Rouge | 2009 à 2012 | 5,60 €   **14,5/20**

Superbe texture souple et soyeuse, une belle expression de grenache, savoureux, une touche de poivre noir et surtout de la fraîcheur. Un vrai plaisir !

CÔTES DU RHÔNE-VILLAGES SIGNARGUES DOMAINE DE PERILLÈRE VIEILLES VIGNES 2007

Rouge | 2009 à 2013 | 5,60 €   **15/20**

Belle densité de matière, intense et suave en bouche avec un fruit épicé et riche, tanins précis.

CÔTES DU RHÔNE-VILLAGES SIGNARGUES DOMAINE DU PIERREDON 2008

Rouge | 2009 à 2012 | 5,60 €   **14,5/20**

Impeccablement vinifiée, cette cuvée de grenache et mourvèdre est dense et charnue.

CÔTES DU RHÔNE-VILLAGES SIGNARGUES GRÈS SAINT VINCENT 2007

Rouge | 2009 à 2013 | 5,60 €   **15/20**

Belle minéralité, avec des notes de gentiane et de garrigue, matière longue et concentrée.

CÔTES DU RHÔNE-VILLAGES SIGNARGUES LA GRANACHA 2007

Rouge | 2009 à 2013 | 6,95 €   **15/20**

Une superbe expression de grenache, avec ses notes de cerises et poivre noir.

Rouge : 440 hectares. Blanc : 10 hectares.
Production totale annuelle : 850 000 bt.

DOMAINE DE FENOUILLET

Allée Saint-Roch
84190 Beaumes-de-Venise
Tél. 04 90 62 95 61 - Fax. 04 90 62 90 67
contact@domaine-fenouillet.fr
www.domaine-fenouillet.fr

Avec des parcelles de vignes sur sept communes autour de Beaumes-de-Venise, le domaine de Fenouillet bénéficie de plusieurs terroirs différents : du classique argilo-calcaire aux sols siliceux et aux sols sablonneux du miocène. Ce dernier terroir convient spécifiquement à la réalisation de bons et classiques vins de muscat à petit grain. Les frères Soard façonnent des vins francs et droits, toujours équilibrés et sapides ; les élevages en cuves plutôt longs (dix-huit à vingt-quatre mois) affinent les tanins, et permettent aux vins d'être prêts à boire dès la mise en marché.

BEAUMES DE VENISE TERRES BLANCHES 2007

Rouge | 2009 à 2012 | 6,50 €   **14,5/20**

Un superbe vin, gourmand et gouleyant, très floral au nez, on sent bien l'altitude et l'élégance de Beaumes de Venise, les tanins sont souples et soyeux.

CÔTES DU VENTOUX OVERSANT 2008

Rouge | 2009 à 2010 | 5 €   **14/20**

Un vin très typé 2008 avec une trame de ronces, un côté sous-mûr, le style est agréable, généreux et fruité, ample en bouche avec une belle structure pour le millésime, à boire jeune sur le fruit.

CÔTES DU VENTOUX OVERSANT 2008

Rosé | 2009 à 2010 | 5 €   **14/20**

Couleur très pâle, notes de groseilles au nez avec une bonne matière en bouche, savoureux et riche sans être lourd, belle acidité, vif en finale.

MUSCAT DE BEAUMES-DE-VENISE 2008

Blanc Doux | 2009 à 2010 | 11 €   **14,5/20**

Belle couleur avec une touche de rose, le nez est discret mais le vin est très expressif en bouche, riche et sucré avec un bel équilibre, des notes de pêche blanche et de fleurs, très joli.

Production totale annuelle : 120 000 bt. **Visite :** Du lundi au samedi de 9 h à 12 h et de 13 h 30 à 18 h 30.

5

DOMAINE LA FERME SAINT-MARTIN

🍷 ɪ ɪ ɪ ɪ

84190 Suzette
Tél. 0490629640
contact@fermesaintmartin.com
www.fermesaintmartin.com

Située dans un cadre naturel et magnifique, à 400 mètres d'altitude avec une exposition plein sud, la Ferme Saint-Martin produit des vins gorgés de soleil qui expriment parfaitement leurs origines. Guy, Michèle et Thomas Jullien travaillent leurs terres et conduisent les vignes en bio. Raisins vendangés à la main, sans soufre ajouté avant la mise en bouteilles, les vins de la Ferme Saint-Martin sont francs et très sincèrement réalisés, leur caractère expressif et généreux s'appuie toutefois sur une finesse de texture apportée par la fraîcheur des vignes à cette élévation. Le blanc de côtes-du-rhône est produit en petites quantités.

BEAUMES DE VENISE CUVÉE SAINT MARTIN 2007
Rouge | 2009 à 2014 | 11 €   **15/20**
Très aromatique, une belle matière en bouche, richement fruité et gourmand, tanins solides mais assez soyeux, savoureux en finale.

BEAUMES DE VENISE TERRES JAUNES 2007
Rouge | 2009 à 2013 | 8,10 €   **14,5/20**
Un bouquet aux notes de réglisse et eau-de-vie, plein et savoureux en bouche, jolis fruits noirs parfaitement mûrs, belle fraîcheur en finale, un vin avec beaucoup de caractère.

CÔTES DU VENTOUX LA GÉRINE 2007
Rouge | 2009 à 2012 | 6,30 €   **14/20**
Couleur foncée mais vive, fruits riches et mûrs au nez, gourmand et souple en bouche avec une belle texture et une bonne fraîcheur en finale. Tanins souples.

CÔTES DU VENTOUX LES ESTAILLADES 2007
Rouge | 2009 à 2012 | 6,70 €   **14,5/20**
Joliment construit, pas trop concentré mais très agréable, un fruit mûr et naturel aux notes de réglisse et de garrigue, les tanins sont encore tendus en finale.

Rouge : 23.5 hectares. Blanc : 1.5 hectare.
Production totale annuelle : 100 000 bt.
Visite : Sur rendez-vous.

CHÂTEAU DES FINES ROCHES

🍷🍷 ɪ ɪ ɪ

1, avenue du Baron-Leroy
84230 Châteauneuf-du-Pape
Tél. 04 90 83 51 73 - Fax. 04 90 83 52 77
chateaux@vmb.fr
www.vmb.fr

Le château, imitation XIXᵉ d'un château du Moyen Âge, est si réussi et si visible, lorsqu'on arrive à Châteauneuf par la route de Sorgues et d'Avignon, qu'il est devenu l'un des symboles de l'appellation. C'est d'ailleurs également, aujourd'hui, un restaurant. Cette propriété classique, qui appartient à la famille Mousset, dispose d'un vignoble situé en majeure partie autour du château, sur des terrasses classiques de galets roulés. La cuvée fines-roches, pas nécessairement supérieure à la cuvée classique, est élevée en barriques. L'ensemble des vins progresse.

CHÂTEAUNEUF-DU-PAPE 2008
Blanc | 2009 à 2012 | 15 €   **13/20**
Fruit blanc, assez simple mais correct.

CHÂTEAUNEUF-DU-PAPE 2007
Rouge | 2010 à 2015 | NC   **15,5/20**
Châteauneuf de style fin et élégant, avec ses arômes francs de fraise, sa rondeur très équilibrée, sans lourdeur et joliment fruitée.

CHÂTEAUNEUF-DU-PAPE FINES ROCHES 2007
Rouge | 2012 à 2017 | 14,50 €   **16,5/20**
Belle cuvée au style élégant, dense, fin et profond, d'un potentiel certain et d'un fruit suave.

CHÂTEAUNEUF-DU-PAPE FINES ROCHES 2006
Rouge | 2012 à 2017 | 14,50 €   **15,5/20**
Robe assez intense, notes de chocolat, du potentiel et un caractère chaleureux mais assurément moins harmonieux que le 2007.

Rouge : 35 hectares. Blanc : 10 hectares.
Production totale annuelle : 250 000 bt.
Visite : Du lundi au dimanche de 12 h 30 à 19 h 30.

DOMAINE DE FONDRÈCHE

84380 Mazan
Tél. 04 90 69 61 42 - Fax. 04 90 69 61 18
contact@fondreche.com
www.fondreche.com

Ce domaine de grande qualité est régulier au plus haut niveau depuis une bonne dizaine d'années, et constitue certainement la propriété la plus exemplaire des Côtes du Ventoux. Les vins sont charnus et équilibrés, mais témoignent toujours de beaucoup de finesse, grâce à un vignoble pour la plupart situé en plateau, sur des sols argilo-calcaires.

Côtes du Ventoux L'Éclat 2008
Blanc | 2009 à 2011 | 8,35 €   **14/20**
Florale au nez avec un soupçon de barrique, vif et frais, des fleurs blanches, très parfumé, un style moderne avec une bonne dose de bois en finale.

Côtes du Ventoux Nadal 2007
Rouge | 2011 à 2016 | NC   **14,5/20**
Des notes de cassis au nez et en bouche, encore un vin travaillé, avec une bonne concentration de matière mais avec une extraction poussée et des tanins rudes.

Côtes du Ventoux Nature 2008
Rouge | 2009 à 2010 | 8,10 €   **14/20**
Une cuvée sans soufre ajouté, non collée, non filtrée, naturelle. Très belle expression de fruits croquants, frais et mûrs, un vin franc, souple et gourmand, tanins savoureux. Ce vin doit être bu dans sa jeunesse, sur le fruit.

Côtes du Ventoux Persia 2008
Blanc | 2009 à 2010 | 16,50 €   **14/20**
Une cuvée de roussanne et clairette vinifié en barrique, riche et gras avec un boisé dominant, notes de cire et de miel avec une bonne acidité. Un peu court en finale.

Côtes du Ventoux Persia 2007
Rouge | 2011 à 2013 | 16,50 €   **14,5/20**
Un beau nez aux notes de cacao et de torréfaction, riche et profond, fruits noirs, un vin droit et précis, extraction de tanins assez poussée, belle allonge, avec des notes amères de chocolat noir et de ronces en finale. Les tanins sont un peu trop travaillés et manquent de finesse.

Rouge : 30 hectares ; carignan 10%, grenache 35%, mourvedre 10%, syrah 30%. Blanc : 5 hectares ; clairette 5%, grenache blanc 5%, roussanne 5%. Production totale annuelle : 200 000 bt. Visite : Sur rendez-vous du lundi au vendredi de 14 h à 18 h.

CHÂTEAU DE FONSALETTE

84290 Lagarde pareol
Tél. 04 90 83 73 09 - Fax. 04 90 83 51 17
www.chateaurayas.fr

Les vins de cette petite et célèbre propriété sont vinifiés et élevés par Emmanuel Reynaud, dans un style très comparable à Rayas. Même si le grenache n'y représente que la moitié du vignoble rouge, c'est comme à Rayas la clé de voûte des vins, la petite mais souvent excellente cuvée syrah mise à part. Comme pour tous les vins de Reynaud, il faut leur donner le temps de s'affirmer en bouteilles car, à l'encontre de la plupart des bons côtes-du-rhône modernes, ils ne jouent pas la carte de la rondeur gourmande et du fruit exubérant. Ce sont des vins profonds, d'une grande finesse de texture, assurément racés. Les blancs ont beaucoup progressé.

Côtes du Rhône 2007
Blanc | 2010 à 2015 | NC   **15/20**
Riche et gras, avec des notes fruitées un peu plus confites que dans les millésimes précédents, mais le volume est prometteur.

Côtes du Rhône 2006
Rouge | 2009 à 2010 | NC   **16/20**
Une superbe texture fine et soyeuse, un vin raffiné et long en bouche, bel avenir.

Rouge : 6 hectares. Blanc : 2 hectares.
Visite : Pas de visites.

DOMAINE FONT DE MICHELLE

14, impasse des Vignerons
84370 Bedarrides
Tél. 04 90 33 00 22 - Fax. 04 90 33 20 27
egonnet@terre-net.fr
www.font-de-michelle.com

Le lieu-dit est d'origine très ancienne, et l'on ne trouvera pas de Michelle dans les dernières générations de la famille Gonnet : il se situe sur la pente qui mène au plateau de la Crau, à l'ouest du village de Bedarrides. S'appuyant sur un vignoble âgé, où le grenache domine largement, les Gonnet réalisent des vins partiellement égrappés, longuement cuvés, élevés en foudres pour le grenache et en barriques pour les autres cépages. Ce sont des vins puissants, de longue garde. Le vin blanc, fin et profond, associe majoritairement grenache, roussanne et clairette.

CHÂTEAUNEUF-DU-PAPE 2008
Blanc | 2009 à 2014 | env 22 €   **16/20**
Droit, citronné, avec de la chair et de la vivacité, belle allonge fine.

CHÂTEAUNEUF-DU-PAPE 2007
Blanc | 2010 à 2014 | 22 €   **16/20**
Vin charnu et élégant, très gourmand avec ses arômes de fruits blancs et sa belle fraîcheur.

CHÂTEAUNEUF-DU-PAPE 2007
Rouge | 2012 à 2016 | 23 €   **15/20**
La robe possède une teinte rubis moyennement intense, le vin possède le velouté des bons grenaches en attaque, révèle du fond et du moelleux ensuite.

CHÂTEAUNEUF-DU-PAPE ÉLÉGANCE DE JEANNE 2007
Rouge | 2012 à 2017 | 43 €   **15/20**
Robe pâle, arômes expressifs de fruits à noyau, caractère de grenache suave, finale persistante.

CHÂTEAUNEUF-DU-PAPE ÉTIENNE-GONNET 2006
Rouge | 2009 à 2016 | 43 €   **16,5/20**
Très séduisants arômes de griotte, bouche sans lourdeur, allonge raffinée, belle réussite.

Production totale annuelle : 200 000 bt. Visite : Du lundi au vendredi de 9 h à 12 h et de 14 h à 17 h 30, week-end et jours fériés sur rendez-vous.

CHÂTEAU FORTIA

Route de Bedarrides
B.P. 13
84231 Châteauneuf-du-Pape
Tél. 04 90 83 72 25 - Fax. 04 90 83 51 03
fortia@terre-net.fr
www.chateau-fortia.com

Propriété historique s'il en est, puisqu'elle a appartenu au baron Le Roy, et que c'est ici qu'est né le projet des appellations d'origine, Fortia est située à l'orée du village de Châteauneuf et est certainement l'un des plus anciens domaines viticoles reconnus de l'appellation. L'encépagement est classique, même si la roussanne domine largement en blanc, le grenache (70%) prend sa revanche en rouge, avec l'appoint de la syrah (24%), une pointe de mourvèdre et un soupçon de counoise. Les vins, en particulier la cuvée-du-baron, révèlent toute leur classe avec le vieillissement.

CHÂTEAUNEUF-DU-PAPE CUVÉE DU BARON 2007
Rouge | 2012 à 2017 | NC   **16/20**
Bouquet intense de fruits à noyau, belle intensité tapissante, allonge assez subtile, beau châteauneuf classique qui ira loin.

CHÂTEAUNEUF-DU-PAPE RÉSERVE 2006
Rouge | 2012 à 2017 | 25 €   **13,5/20**
Robe colorée, nez étonnant de baume médicinal, gras et solide en bouche, certainement à attendre pour affirmer plus complètement sa personnalité.

CHÂTEAUNEUF-DU-PAPE TRADITION 2007
Rouge | 2010 à 2015 | NC   **14/20**
Corps souple, arômes de fruits noirs et rouges, volume pas très intense mais suave et finalement persistant.

Rouge : 28.14 hectares ; grenache noir 57%, mourvèdre 12%, syrah 22%. Blanc : 2.40 hectares ; clairette 5%, grenache blanc 1%, roussane 3%. Production totale annuelle : 100 000 bt. Visite : Du lundi au vendredi de 9 h 30 à 12 h 30 et 14 h à 18 h.

DOMAINE LA FOURMONE

Route de Bollène
84190 Vacqueyras
Tél. 04 90 65 86 05 - Fax. 04 90 65 87 84
contact@fourmone.com
www.fourmone.com

Le domaine comprend 45 hectares, qui s'étendent sur les appellations de Vacqueyras, Gigondas et Côtes du Rhône. La majeure partie se trouve sur la commune de Vacqueyras, sur des terroirs sablonneux et calcaires. Une large gamme de vins y est produite, du simple côtes-du-rhône au vacqueyras et au gigondas, en passant même par le beaumes-de-venise.

GIGONDAS 2007
Rouge | 2010 à 2013 | 13,50 €   **14,5/20**
Très beau nez profond, des arômes de fruits mûrs, épices, écorce d'orange et d'olive, en bouche un peu décevant, fruits noirs sucrés, mais le vin manque d'harmonie. À revoir d'ici un an.

GIGONDAS 2006
Rouge | 2009 à 2012 | 13,50 €   **14,5/20**
Style moderne, belle extraction. Du volume, expressif avec des fruits noirs mûrs et épicés et des tanins ronds en finale.

GIGONDAS FAUQUET 2007
Rouge | 2009 à 2010 | 11,50 €   **14/20**
Notes de réglisse, la syrah ressort au nez, fruits noirs (cassis), généreux et rond en bouche, l'ensemble manque de profondeur ; tanins précis, droits.

VACQUEYRAS CEPS D'OR 2005
Rouge | 2011 à 2014 | 12,50 €   **14/20**
Du vieux bois au nez, en bouche le vin est dense et sérieux, aux notes du cèdre et de fruits noirs subtiles. Son élevage en barrique a fatigué le vin, il y a de la matière, mais il manque de fraîcheur.

VACQUEYRAS SÉLECTION MAÎTRE DE CHAI 2005
Rouge | 2010 à 2014 | 11 €   **14/20**
Nez de cuir et de fruits cuits, en bouche il est riche et plein et rien rustique. Les tanins sèchent en finale.

VACQUEYRAS TRÉSOR DU POÈTE 2007
Rouge | 2009 à 2012 | 10 €   **14/20**
Fruits cuits au nez, généreux et gouleyant en bouche, mais le fruit est un peu sirop/sucré, un rien simple.

Rouge : 37 hectares ; cinsault 5%, grenache noir 65%, mourvèdre 15%, syrah 15%. **Blanc** : 2 hectares ; clairette 60%, grenache blanc 40%. **Production totale annuelle** : 200 000 bt. **Visite** : Du lundi au vendredi 9 h 30 à 12 h et de 14 h à 18 h.

MOULIN DE LA GARDETTE

Place de la Mairie
84190 Gigondas
Tél. 04 90 65 81 51 - Fax. 04 90 65 86 80
moulingardette@wanadoo.fr
www.moulindelagardette.com

Jean-Baptiste Meunier exploite depuis 1988 ce beau domaine familial de 9,5 hectares, entièrement situé sur Gigondas. Très impliqué dans le respect et la protection de son terroir, il n'utilise plus de désherbants depuis 1999. Sa viticulture tend même vers le bio, mais sans le revendiquer officiellement. Les levures sont indigènes, et les doses de soufre limitées au maximum. À l'arrivée, les deux cuvées du domaine affichent une pureté de fruit et un naturel remarquables.

GIGONDAS LA PETITE GARDETTE 2007   ☺
Rouge | 2009 à 2010 | 11,50 €   **15/20**
Fruits rouges croquants en bouche, friand et frais. Une très belle expression de grenache, frais et gouleyant. Un vin à boire jeune sur le fruit avec beaucoup de plaisir.

GIGONDAS TRADITION 2007
Rouge | 2012 à 2016 | 12,50 €   **15/20**
Un vin profond et élégant avec nez chaleureux de pruneaux, épices douces, liquoreux, jolis fruits en bouche, orange, amertume d'olive noire.

GIGONDAS VENTABREN 2007
Rouge | 2012 à 2017 | 19 €   **15,5/20**
Nez chaleureux de pruneaux, épices douces, liquoreux, joli fruit en bouche, écorce d'orange, amertume d'olive noire, un style riche avec des fruits caramélisés.

GIGONDAS ZOË 2001
Rouge | 2009 à 2012 | 43 €   **16/20**
Un vin tout à fait atypique, qui provient de vieilles vignes cultivées d'une façon naturelle. Le vin a subi un élevage de sept ans en barrique, avec un résultat étonnant pour ses parfums concentrés de genévrier, laurier, thym et de réglisse ; on retrouve aussi fruits secs, écorce d'orange et pain d'épices. En bouche, il surprend aussi, unique dans son style, très complexe avec des notes d'olive noire, un côté salin, et toujours de la fraîcheur en finale. Les tanins sont toujours puissants mais enrobés.

Rouge : 9 hectares ; cinsault 7%, grenache noir 70%, mourvèdre 6%, syrah 17%. **Production totale annuelle** : 30 000 bt. **Visite** : Ouvert du lundi au samedi, de 10 h à 13 h et de 14 h 30 à 18 h 30.

CHÂTEAU DE LA GARDINE

Route de Roquemaure
BP 35
84231 Châteauneuf-du-Pape Cedex
Tél. 04 90 83 73 20 - Fax. 04 90 83 77 24
chateau@gardine.com
www.gardine.com

Grand classique de l'appellation, la Gardine est un vaste domaine d'un seul tenant. Dans sa bouteille à la forme originale, la cuvée classique du domaine est d'une régularité sans faille, tandis que les cuvées spéciales générations constituent, en blanc comme en rouge, des vins très puissants qui demandent quelques années de garde pour s'affiner. Les Brunel ont créé une cuvée vinifiée sans soufre, peur-bleue.

CHÂTEAUNEUF-DU-PAPE 2008
Blanc I 2010 à 2015 I NC   **15,5/20**
Belle matière riche et grasse avec de la fraîcheur, notes de citron.

CHÂTEAUNEUF-DU-PAPE 2007
Rouge I 2010 à 2015 I 27,60 €   **15/20**
Vin très coloré, exprimant en bouche comme au nez des notes de fruits noirs et en particulier de mûre, développant un corps gras et généreux.

CHÂTEAUNEUF-DU-PAPE IMMORTELLE 2007
Rouge I 2013 à 2023 I 85 €   **16,5/20**
Grande allonge suave, vin long et crémeux, aux accents de mûre fraîche, au potentiel de vieillissement sinon immortel, du moins assuré.

CHÂTEAUNEUF-DU-PAPE LES GÉNÉRATIONS 2007
Rouge I 2012 à 2017 I 49,80 €   **16/20**
Comme souvent avec cette cuvée, l'élevage en barriques paraît actuellement très démonstratif, mais le vin possède indéniablement un grand potentiel. Attendons cinq ans pour que celui-ci s'épanouisse pleinement.

CHÂTEAUNEUF-DU-PAPE LES GÉNÉRATIONS 2007
Blanc I 2009 à 2012 I 32,80 €   **15/20**
Très coloré or, gras et riche, un rien de lourdeur mais du volume et du parfum.

CHÂTEAUNEUF-DU-PAPE PEUR BLEUE 2007
Rouge I 2012 à 2017 I 29,90 €   **14,5/20**
Cuvée très proche de la cuvée «classique» du domaine, mais d'un équilibre un peu plus lourd.

Rouge : 49 hectares ; grenache 60%, mourvedre 20%, syrah 18%. Blanc : 5 hectares. Production totale annuelle : 210 000 bt. Visite : Du lundi au vendredi de 9 h à 12 h et de 13 h à 18 h. Le samedi en saison de 10 h à 17 h 30.

DOMAINE GIRAUD

19, Le bois de la Ville
84230 Châteauneuf-du-Pape
Tél. 04 90 83 73 49 - Fax. 04 90 83 52 05
contact@domainegiraud.fr
www.domainegiraud.fr

Ce domaine de 21 hectares possède des vignes dans le sud de l'appellation, notamment dans le secteur des Gallimardes qui donnent leur nom à l'une de ses cuvées. Toutefois, le domaine produit aussi une remarquable cuvée issue de grenaches centenaires plantés sur un terroir de safres, ces sables anciens et compact, les-grenaches-de-pierre. L'ensemble de la production est aujourd'hui parvenu à un niveau remarquable.

CHÂTEAUNEUF-DU-PAPE GRENACHE DE PIERRE 2007
Rouge I 2012 à 2017 I NC   **16/20**
Bonne couleur pleine, charnu et équilibré, rondeur suave et épicée.

CHÂTEAUNEUF-DU-PAPE GRENACHE DE PIERRE 2006
Rouge I 2012 à 2017 I 40 €   **16/20**
Robe profonde, beaux arômes de fraise, bouche offrant une impression de sucrosité, ensemble généreux mais harmonieux.

CHÂTEAUNEUF-DU-PAPE LES GALLIMARDES 2008
Blanc I 2009 à 2012 I 30 €   **14/20**
Dégusté avant la mise en bouteilles, ce vin gras et ample ne manque pas de potentiel.

CHÂTEAUNEUF-DU-PAPE LES GALLIMARDES 2007
Rouge I 2010 à 2015 I NC   **16/20**
Vin coloré, aux arômes séduisants de cerise noire et mûre, jolie définition moderne mais équilibrée, bons tanins.

CHÂTEAUNEUF-DU-PAPE LES GALLIMARDES 2006
Rouge I 2012 à 2017 I 30 €   **15/20**
Vin coloré, notes de cuir associées aux fruits noirs, allonge savoureuse.

Rouge : 18.5 hectares ; grenache noir 80%, mourvèdre 5%, syrah 15%. Blanc : 1.5 hectare ; bourboulenc 25%, clairette 25%, grenache blanc 25%, roussane 25%. Production totale annuelle : 40 000 bt. Visite : Sur rendez-vous.

DOMAINE LES GOUBERT

84190 Gigondas
Tél. 04 90 65 86 38 - Fax. 04 90 65 81 52
jpcartier@lesgoubert.fr
www.lesgoubert.fr

Ce beau domaine réputé est l'une des valeurs phares de l'appellation. Sur un total de 23 hectares, il en exploite 10 sur Gigondas, où il élabore deux cuvées (en rouge, évidement). Millésime après millésime, la cuvée florence est une grande expression puissante mais équilibrée du terroir de Gigondas, mais il faut aimer les vins boisés.

BEAUMES DE VENISE 2007
Rouge | 2009 à 2014 | NC   **15/20**
Fruité et flatteur au nez, très joli en bouche, parfumé aux notes de griottes, généreux et ample, pas du tout surextrait, il finit sur la fraîcheur avec des tanins gourmands.

CÔTES DU RHÔNE 2007
Rouge | 2009 à 2012 | 5,50 €   **13,5/20**
Fruité et plaisant en bouche, une bonne acidité, mais les tanins manquent de maturité et de finesse ; un vin assez simple mais agréable.

CÔTES DU RHÔNE CUVÉE DE V 2007
Blanc | 2009 à 2010 | 11,50 €   **15/20**
Des arômes de pêche blanche pour un vin gras et riche, avec une belle acidité sur la finale, légèrement toastée.

CÔTES DU RHÔNE-VILLAGES SABLET 2007
Rouge | 2009 à 2012 | 6,00 €   **14/20**
Un vin avec beaucoup de personnalité, pas très intense mais avec belle matière, souple mais bien construit sur des notes de petits fruits rouges et des tanins doux en finale.

GIGONDAS 2006
Rouge | 2011 à 2016 | 12 €   **14,5/20**
Un vin droit et strict, des fruits rouges subtils en bouche suivis par un caractère assez minéral, une texture dense en bouche : il faut attendre.

GIGONDAS CUVÉE FLORENCE 2004
Rouge | 2009 à 2015 | 23,00 €   **15/20**
L'élevage, qui était très novateur il y a quinze ans, paraît aujourd'hui un peu écrasant. Mais la matière est belle et aromatique, avec des fruits confiturés et mûrs.

Rouge : 20,43 hectares ; autres 7%, carignan noir 2%, cinsault 4%, grenache noir 63%, mourvèdre 6%, syrah 18%. Blanc : 2,68 hectares ; bourboulenc 10%, clairette 33%, roussane 14%, viognier 43%. Production totale annuelle : 70 000 bt. Visite : Du lundi au vendredi de 9 h à 12 h et de 14 h à 18 h

DOMAINE GOURT DE MAUTENS

Route de Cairanne
84110 Rasteau
Tél. 04 90 46 19 45 - Fax. 04 90 46 18 92
info@gourtdemautens.com
www.gourtdemautens.com

Enfant du cru, Jérôme Bressy a immédiatement compris que Rasteau constituait le grand terroir méconnu du Vaucluse, et a aussitôt mis en œuvre une viticulture d'une extrême exigence pour le démontrer. Ses rouges, intenses et profonds, allient à une droiture racée un bouquet typique d'olives noires et de petits fruits rouges et noirs, ces blancs sont très amples mais gardent beaucoup de fraîcheur. Ces vins sont assurément hors norme dans le contexte des Côtes du Rhône-Villages. Jérôme produit désormais également un vin doux naturel de type vintage, qui s'est placé aussitôt au plus haut niveau de sa catégorie.

RASTEAU 2006
Rouge | 2012 à 2019 | 40 €   **17/20**
La robe est très profonde et le vin exhale au nez comme en bouche de beaux arômes d'olive noire aux épices et de fruits noirs frais; le corps est onctueux et chaleureux, assurément de grande profondeur et de très grand potentiel.

RASTEAU VIN DOUX NATUREL 2006
Rouge | 2016 à 2030 | 40 €   **19/20**
Pour une fois, on aimerait vieillir de vingt ans pour apprécier ce très grand vin dans sa pleine maturité et s'amuser à le comparer à de grands vintages de porto, tant l'éclat et la fraîcheur aromatique, la profondeur, le velouté, la finesse tannique sont éblouissants!

Rouge : 12 hectares ; carignan 15%, counoise 4%, grenache noir 65%, mourvedre 4%. Blanc : 1 hectare ; bourboulenc 5%, grenache blanc 5%. Production totale annuelle : 23 000 bt.

DOMAINE DU GRAND JACQUET

2869, route de Carpentras
84380 Mazan
Tél. 04 90 63 24 87
contact@domaine-grandjacquet.com
www.domaine-grandjacquet.com/

Patricia et Joël Jacquet sont allés jusqu'au bout de leurs rêves en décidant de vinifier leurs propres raisins en 2000. Depuis, ils n'ont pas cessé de progresser, tant dans le domaine de la vinification que dans celui de la culture de leurs vignes. L'ensemble de l'exploitation est certifié en agriculture biologique depuis 2004. Côté cave, le couple n'est pas moins enthousiaste, après avoir bâti une cave climatisée pour en terminer avec des années de travail incommode et compliqué dans une cave ancienne.

CÔTES DU VENTOUX GRANDS HOMMES 2008 ☺
Rouge | 2009 à 2011 | 6,10 € **14,5/20**
Nez de fruits rouges et de poivre blanc, très joli en bouche, léger mais plein avec une belle fraîcheur et des tanins gourmands. Un vrai plaisir, et à ce prix-là, on peut se régaler !

CÔTES DU VENTOUX JUSTE
AVANT LES SANGLIERS 2006
Rouge Brut | 2009 à 2012 | 14 € **15/20**
Nez chocolaté, concentré avec un fruit très mûr et riche en bouche, rond, généreux, des notes de cassis, un vin gourmand, bien construit, avec des tanins droits.

CÔTES DU VENTOUX RENDEZ-VOUS
SOUS LE CHÊNE 2008
Blanc | 2009 à 2010 | 8,10 € **14,5/20**
Bouquet de cire d'abeille et de fleurs blanches, pur et frais, beaux fruits poire/pomme verte, ample et rond en bouche, belle texture sur la fraîcheur en finale. Très bon.

CÔTES DU VENTOUX RENDEZ-VOUS
SOUS LE CHÊNE 2007
Rouge | 2009 à 2013 | 8,10 € **15/20**
Beaucoup de caractère en bouche, expressif et vif, richement fruité, touche d'épices douces, tabac long et langoureux en bouche, beaux tanins assez fins mais solides.

Rouge : 12 hectares ; 10%, cabernet sauvignon 7%, grenache noir 47%, syrah 16%. Blanc : 3 hectares ; 7%, 2%, 1%, grenache blanc 10%. Production totale annuelle : 60 000 bt. Visite : De 10 h à 18 h du lundi au samedi.

DOMAINE GRAND VENEUR

1358, route de Châteauneuf-du-Pape
84100 Orange
Tél. 04 90 34 68 70 - Fax. 04 90 34 43 71
jaume@domaine-grand-veneur.com
www.domaine-grand-veneur.com

Alain Jaume a créé ce domaine en 1979, et celui-ci s'étend désormais de part et d'autre du Rhône, sur 55 hectares, à Châteauneuf bien sûr mais aussi en Vacqueyras et Lirac. Le vignoble castelnovien est situé au nord de l'appellation, essentiellement sur des terrasses de galets roulés. En blanc, la cuvée La Fontaine, exclusivement issue de roussanne, est fermentée et élevée en barriques. Dans les rouges, la syrah et le mourvèdre complètent à 50 % le grenache, sauf pour la cuvée Alain Jaume, où ce dernier représente 85 % de l'assemblage. Une activité de négoce est ajoutée à la palette du cru, sous le nom de Sélections Alain Jaume.

CHÂTEAUNEUF-DU-PAPE 2007
Rouge | 2011 à 2017 | 22,90 € **15/20**
Un vin solide, qui vieillira bien mais ne possède pas la fraîcheur ni la souplesse des meilleurs de l'année.

CHÂTEAUNEUF-DU-PAPE LA FONTAINE 2007
Blanc | 2010 à 2014 | 32,60 € **13/20**
Riche, miellé, mais d'un équilibre assez lourd.

CHÂTEAUNEUF-DU-PAPE LES ORIGINES 2007
Rouge | 2013 à 2018 | 32,10 € **15,5/20**
Vin puissant et solide, mais on peut faire la même remarque que pour les autres 2007 du domaine : la puissance est plus au rendez-vous que la souplesse et l'équilibre.

CHÂTEAUNEUF-DU-PAPE LES ORIGINES 2006
Rouge | 2012 à 2020 | 32,10 € **16,5/20**
Vin soyeux et harmonieux, très généreux, au potentiel de vieillissement certain.

CHÂTEAUNEUF-DU-PAPE VIEILLES VIGNES 2007
Rouge | 2012 à 2018 | 53,70 € **16/20**
Beau vin, complet et plein de sève, soutenu par un élevage pour l'instant encore un peu démonstratif, un fort degré d'alcool sans pour autant apparaître brûlant.

Rouge : 59 hectares ; grenache 50%, grenache 50%, mourvedre 15%, mourvedre 15%, syrah 25%, syrah 25%. Blanc : 6 hectares ; clairette 4%, clairette 4%, roussanne 4%, roussanne 4%, viogner 2%, viogner 2%. Production totale annuelle : 370 000 bt. Visite : Du lundi au samedi, de 8 h à 12 h et de 13 h 30 à 18 h.

DOMAINE DE GRANGENEUVE

Grangeneuve
26230 Roussas
Tél. 04 75 98 50 22 - Fax. 04 75 98 51 09
domaines.bour@wanadoo.fr
www.domainesbour.com

Les Coteaux du Tricastin constituent la plus septentrionale des appellations du sud de la vallée du Rhône, et c'est effectivement celle qui marque la limite de l'implantation du grenache. Depuis des décennies, la famille Bour, qui est la représentante la plus performante de cette appellation, sait jouer avec la finesse du grenache, pour l'associer à des syrahs dont la personnalité commence à se rapprocher de celles de leurs voisins plus réputés du nord. L'élevage, bien maîtrisé notamment dans les cuvées de prestige comme vieilles-vignes ou la-truffière, développe la complexité de ces assemblages.

COTEAUX DU TRICASTIN CUVÉE V 2008

Blanc | 2009 à 2011 | 12 €   **14,5/20**
Marquée par son élevage en barriques, cette cuvée 100% viognier est moderne et parfumée. Une belle minéralité en bouche s'associe parfaitement avec le bois.

COTEAUX DU TRICASTIN DAMES BLANCHES DU SUD 2008

Blanc | 2009 à 2011 | 7 €   **14/20**
Jolis arômes de fleurs blanches au nez, c'est un vin fin et élégant en bouche, une bonne fraîcheur, très agréable.

COTEAUX DU TRICASTIN LA TRUFFIÈRE 2007

Rouge | 2011 à 2015 | 11 €   **15/20**
Une cuvée 90 % syrah, 10 % grenache donne un vin terrien avec des notes de sous-bois, et des mûres sauvages. Bien fruité, assez rond en bouche, encore jeune, légèrement boisé en fin de bouche, mais le bois est bien intégré.

COTEAUX DU TRICASTIN VIEILLES VIGNES 2007

Rouge | 2009 à 2012 | 7,50 €   **14,5/20**
Un bouquet expressif et floral, généreux et rond en bouche, ce vin est agréable avec des jolis arômes de petits fruits rouges et une belle acidité suivis par des tanins souples en finale.

Rouge : 76,50 hectares ; cinsault 7%, cinsault 7%, grenache 41%, grenache 41%, mourvedre 1%, mourvedre 1%, syrah 42%, syrah 42%. **Blanc :** 6,5 hectares ; grenache blanc 1%, marsanne 2%, marsanne 2%, roussanne 1%, roussanne 1%, viogner 5%, viogner 5%. **Production totale annuelle :** 300 000 bt. **Visite :** Du lundi au vendredi de 9 h à 12 h 30 et de 14 h à 19 h. et le weekend de 10 h à 12 h 30 et de 14 h 30 à 19 h.

DOMAINE DES GRIS DES BAURIES

Les Estras
26770 Taulignan
Tél. 04 75 53 60 87 - Fax. 04 75 53 53 98
claire-lise@wyplosz.org
www.gris-des-bauries.com

Quelle belle aventure ! Deux couples s'associent pour faire du vin dans l'un des plus jolis coins du sud : la Drôme provençale. C'est précisément à Taulignan entre Montélimar et Dieulefit, que ces deux couples, tous avec des activités autres que le vin, cultivent leurs vignes plantées en grenache et syrah. C'est la passion et le rêve de faire leur propre vin qui les a réunis autour de ces belles vignes. Quatre cuvées de rouges présentées aux dégustations à l'aveugle cette année, et quatre vins sélectionnés, font que le Domaine des Gris des Bauries fait partie de nos découvertes préférées pour cette édition !

CÔTES DU RHÔNE LES CHAIX 2007

Rouge | 2009 à 2012 | 5 €   **14/20**
Bouquet joliment fruité, ample et généreux sans être surfait, un vin franc et naturel avec des tanins souples.

CÔTES DU RHÔNE SERRE DE LA DAME 2007

Rouge | 2009 à 2013 | 9 €   **14,5/20**
Nez peu expressif, en bouche une belle matière dense, fruits noirs, tanins puissants, légèrement séchant, très syrah, droit mais une belle qualité de fruit et une bonne pureté d'expression.

CÔTES DU RHÔNE-VILLAGES DUO DES ACHAUX 2007

Rouge | 2009 à 2014 | 7 €   **15/20**
Couleur très foncée, dense et droit avec une belle fraîcheur en bouche, tanins précis mais parfaitement enrobés, très bon.

CÔTES DU RHÔNE-VILLAGES SOUS LES CYPRÈS 2006

Rouge | 2009 à 2014 | 12 €   **14,5/20**
Une touche de bois fin au nez, en bouche des jolis fruits s'associent avec un boisé délicat, bien maîtrisé, tanins agréablement intégrés à l'ensemble.

DOMAINE GUILLAUME GROS

84660 Maubec
Tél. 09 52 69 63 30
domaineguillaumegros@free.fr
www.domaineguillaumegros.com

Ancien sommelier, Guillaume Gros s'est installé en 2001 dans la commune de Maubec, village de son arrière-grand-père, qui lui aussi était vigneron. Personnage très attachant et naturel, il est en constante évolution, toujours occupé à peaufiner ses vins et leurs élevages. Sur son petit domaine de 8 hectares, aux terroirs variés, Guillaume Gros vinifie ses différentes cuvées avec des levures indigènes, et pratique des élevages de vingt-quatre mois minimum sur la cuvée côté-terroir. Les deux cuvées pourquoi-pas et côté-terroir sont des vins denses et extraits, mais gardent toujours une fraîcheur essentielle à ce type de vin. La cuvée nino-loco est gorgée de soleil et de fruits mûrs, un vrai vin de plaisir.

CÔTES DU LUBERON CÔTÉ TERROIR 2005
Rouge | 2011 à 2016 | NC   **16/20**
Un bouquet riche et profond de réglisse, ronces et petits fruits sauvages, après vingt-quatre mois d'élevage ce vin a bien digéré le bois, longue et élégant en bouche avec des tanins savoureux.

CÔTES DU LUBERON EL NIÑO LOCO 2007
Rouge | 2009 à 2013 | NC   **15/20**
Cette cuvée provient d'une petite structure de négoce créée pour vinifier un vin gouleyant et gourmand à base de syrah avec 30 % de grenache. Un vin plein de fruits noirs, précis et fin en bouche, avec un superbe équilibre grâce à sa fraîcheur en finale.

CÔTES DU LUBERON POURQUOI PAS 2007
Rouge | 2011 à 2015 | NC   **16/20**
Un assemblage de grenache, carignan et syrah, il est expressif et tendu, des notes de raisins secs et épices douces au nez. L'élevage en cuve béton a laissé un vin concentré et sérieux avec une superbe qualité de fruit et des tanins suaves, toujours finissant sur la fraîcheur.

VIN DE PAYS DU VAUCLUSE 2008
Blanc | 2009 à 2011 | NC   **14,5/20**
Chardonnay et viognier vendangés à la limite de la maturité pour préserver le fruit et l'acidité des raisins. Un vin agréable, à boire jeune, en apéritif, pour le plaisir.

DOMAINE LES HAUTES CANCES

Quartier Les Travers
84290 Cairanne
Tél. 04 90 30 76 14 - Fax. 04 90 30 76 14
contact@hautescances.com
www.hautescances.com

L'histoire du domaine des Hautes-Cances traduit une reconversion professionnelle vers la viticulture : tous deux médecins, Jean-Marie et Anne-Marie Astart ont décidé en 1992 de reprendre les vignes familiales d'Anne-Marie. Partageant au début les tâches, jusqu'à débuter les vendanges pour l'un et les finir pour l'autre, ils sont désormais devenus de véritables professionnels de la vigne et du vin, bénéficiant d'une nouvelle cave construite en 2003. Permettant de travailler par gravité, avec le moins d'interventions possibles dans la cave, et d'élever tous les vins en barriques bourguignonnes (non neuves) pendant douze à dix-huit mois, ce bel outil leur a permis d'améliorer grandement la finesse et l'élégance des vins, qui conservent leur vrai caractère méridional.

CÔTES DU RHÔNE TRADITION 2007
Rouge | 2009 à 2012 | 6,50 €   **13,5/20**
Des notes de caramel, vieux bois et fruits cuits au nez, une belle matière en bouche, mais les tanins sont assez secs.

CÔTES DU RHÔNE-VILLAGES
CAIRANNE COL DU DÉBAT 2007
Rouge | 2011 à 2015 | 13,50 €   **15/20**
Superbe matière, aérienne et suave, avec une belle concentration, extraction parfaite et bon dosage du bois, un vin sur l'élégance et la finesse.

CÔTES DU RHÔNE-VILLAGES
CAIRANNE TRADITION 2007
Rouge | 2010 à 2013 | 8,60 €   **14,5/20**
Belle texture soyeuse, plein en bouche avec toujours ces notes de vieux bois en finale, qui semble être la signature du domaine.

CÔTES DU RHÔNE-VILLAGES
CAIRANNE VIEILLES VIGNES 2007
Rouge | 2011 à 2015 | 11,00 €   **15/20**
Une touche de bois et de fruits macérés au nez, rond et riche en bouche. Issu de vignes centenaires, ce vin est fruité, expressif et ouvert, une belle structure gourmande avec des tanins souples.

Rouge : 17 hectares ; 8%, 10%, cinsault 6%, counoise 1%, grenache noir 60%, syrah 15%. Blanc : 1 hectare ; bourboulenc 13%, clairette 18%, grenache blanc 21%, viognier 48%. Production totale annuelle : 35 000 bt. Visite : De 10 h à 12 h et de 15 h à 18 h.

DOMAINE OLIVIER HILLAIRE

1, rue Maréchal-Foch
B.P. 26
84231 Châteauneuf-du-Pape
Tél. 04 90 48 03 87 - Fax. 04 90 83 56 82
domaine.olivier.hillaire@wanadoo.fr

Gendre de Henri Boiron, propriétaire du Domaine des Relagnes, Olivier Hillaire a désormais récupéré une partie de ce domaine qu'il vinifie sous son propre nom. Il est indiscutablement devenu aujourd'hui l'un des producteurs de Châteauneuf avec lesquels il faut compter, tant pour sa cuvée de base que pour l'excellent petits-pieds-d'armand, une cuvée de vieilles vignes d'une intensité et d'un velouté de texture splendidement affirmés.

CHÂTEAUNEUF-DU-PAPE Ⓤ
Rouge | 2009 à 2010 | NC   **16/20**
Grande suavité, rondeur tendre et profonde, allonge veloutée : vin de classe et de race !

CHÂTEAUNEUF-DU-PAPE LES PETITS PIEDS D'ARMAND 2007
Rouge | 2012 à 2020 | env 45 €   **17/20**
Vin superbement velouté, mais dont la richesse et la générosité demandent impérativement plusieurs années de cave pour exprimer toutes ses nuances et son immense potentiel.

CHÂTEAUNEUF-DU-PAPE LES PETITS PIEDS D'ARMAND 2006
Rouge | 2011 à 2017 | env 45 €   **16,5/20**
Beaux arômes de fruits à noyau et d'épices douces, corps charnu, profond et tapissant, intensité suave, grand avenir : un vin remarquable.

Visite : Sur rendez-vous au 04 90 22 45 76.

DOMAINE DE LA JANASSE

27, chemin du Moulin
84350 Courthézon
Tél. 04 90 70 86 29 - Fax. 04 90 70 75 93
lajanasse@free.fr
www.lajanasse.com

C'est assurément le domaine qui a le plus progressé depuis le début des années 1990, pour devenir l'un des plus réguliers et remarquables producteurs de l'appellation. La cuvée chaupin provient de ce terroir de galets roulés très spectaculaire, au nord-ouest de Courthézon ; elle est issue à 100% de grenache, éraflé à 80% et élevé en barriques (dont une partie est neuve) et en foudres. Les vieilles vignes arrivent, outre du terroir de Chaupin, de trois autres zones aux sols différents. Même type de vinification et d'élevage, mais la syrah (10%) et le mourvèdre (3%) entrent dans la composition. Tous les vins, y compris les côtes-du-rhône, sont de haut niveau.

CHÂTEAUNEUF-DU-PAPE 2008
Blanc | 2010 à 2014 | 27 €   **14/20**
Gras, du bois, des côtés lourds et d'autres fins. Pas très marié.

CHÂTEAUNEUF-DU-PAPE 2007
Rouge | 2010 à 2015 | 27 €   **14/20**
Vin ample et coloré, aux riches notes d'épices et de fruits noirs, au volume solide.

CHÂTEAUNEUF-DU-PAPE CHAUPIN 2006
Rouge | 2012 à 2017 | env 40 €   **16,5/20**
Corps onctueux, racé, beaux arômes d'olive noire, intense et volumineux, long et sans lourdeur malgré l'alcool présent.

CHÂTEAUNEUF-DU-PAPE PRESTIGE 2007
Blanc | 2010 à 2015 | 52 €   **16/20**
Gras et riche, notes étonnantes de beignets de banane, longueur suave car il y a de la finesse.

CHÂTEAUNEUF-DU-PAPE VIEILLES VIGNES 2007
Rouge | 2012 à 2017 | 54 €   **16/20**
Vin très coloré, au bouquet d'épices et de fruits à noyau, bon volume riche, un peu entêtant mais au fort potentiel.

Rouge : 54 hectares ; carignan 10%, grenache 60%, grenache 70%, mourvedre 10%, syrah 5%.
Blanc : 6 hectares ; clairette 20%, roussanne 20%.
Production totale annuelle : 200 000 bt. **Visite :** Du lundi au vendredi de 8 h à 12 h et de 14 h à 18 h, samedi et le dimanche sur rendez-vous.

DOMAINE JAUME

24, rue Reynarde
26110 Vinsobres
Tél. 04 75 27 61 01 - Fax. 04 75 27 68 40
cave.jaume@wanadoo.fr
www.domainejaume.com

En 2005, le domaine Jaume a fêté ses cent ans. La culture raisonnée et le travail minutieux dans la vigne permettent l'élaboration de vins riches et puissants, mais non dénués de finesse, à l'image de la cuvée altitude-420. Les vins évoluent généralement de façon favorable après trois à cinq ans de bouteille. Notre seul reproche sera une tendance à un élevage parfois trop ambitieux, les vins étant trop marqués par le bois.

CÔTES DU RHÔNE GÉNÉRATION 2006
Rouge Brut | 2009 à 2011 | 5,50 €   **14/20**
Un bon vin franc, rond et velouté en bouche, des fruits mûrs avec de la fraîcheur, tanins gourmands.

CÔTES DU RHÔNE LA FRIANDE 2008
Rouge Brut | 2009 à 2011 | 4,90 €   **14/20**
Une belle réussite. Florale, cerises fraîches en bouche, fruité, gourmand et surtout friand !

CÔTES DU RHÔNE-VILLAGES REFERENCE 2007
Blanc | 2009 à 2013 | 9,60 €   **14,5/20**
Légèrement grillé au nez, un boisé fin et élégant, belle matière en bouche, souple mais expressif, beaucoup de charme en finale.

VINSOBRES ALTITUDE 420 2007
Rouge | 2009 à 2010 | 7,60 €   **14,5/20**
Bois épicé au nez et en bouche, une texture dense et fraîche aux notes de griottes et garrigue. Les tanins sont encore fermes, mais le vin est bien construit.

VINSOBRES CLOS DES ÉCHALAS 2005
Rouge | 2011 à 2017 | 23 €   **14,5/20**
La cuvée vieilles vignes du domaine, composée de grenache et mourvèdre. Un vin ambitieux et moderne avec une bonne dose de bois neuf.

VINSOBRES RÉFÉRENCE 2007
Rouge | 2011 à 2016 | 10 €   **14,5/20**
Fruits noirs, très mûrs, avec une belle présence en bouche, un élevage assez poussé, mais le vin commence déjà à le digérer.

Rouge : 70 hectares ; carignan noir 2%,
grenache noir 65%, mourvèdre 8%, syrah 25%.
Blanc : 5 hectares ; clairette 25%, grenache blanc 20%,
marsanne 25%, roussane 5%, viognier 25%.
Production totale annuelle : 400 000 bt.
Visite : De 8 h à 12 h et de 14 h à 19 h.

DOMAINE DU JONCIER

5, rue de la Combe
30126 Tavel
Tél. 04 66 50 27 70 - Fax. 04 66 50 34 07
domainedujoncier@free.fr
www.domainedujoncier.com

Les vins de Marine Roussel, gorgés de soleil, ne cherchent pas à masquer leur personnalité méridionale. Structurés et sérieusement construits, ils possèdent tous un potentiel de garde important, mais l'encépagement varié du domaine permet de réaliser des cuvées bien différenciées, développant chacune son propre style. Le terroir est ici typique de l'appellation, sur des galets roulés en surface et un sous-sol argilo-calcaire. Les étés de plus en plus chauds, et les rendements de plus en plus bas, produisent des vins ici toujours plus concentrés et solaires.

LIRAC LE CLASSIQUE 2007
Rouge | 2009 à 2013 | 10 €   **14,5/20**
Rond et fruité en bouche, touche crémeuse, tanins intégrés mais un peu dur en finale, belle matière.

LIRAC LE GOURMAND 2007
Rouge | 2009 à 2013 | 8 €   **14/20**
Agréable et fruité en bouche, du caractère, poivré et gourmand en bouche, mais les tanins sont puissants et un peu durs.

LIRAC LES MUSES 2007
Rouge | 2009 à 2013 | 13,50 €   **15/20**
Superbe concentration, plus profond, linéaire, plus sur le fruit, moins masculin que d'habitude grâce au millésime.

LIRAC LES MUSES 2006
Rouge | 2009 à 2012 | 13,50 €   **14,5/20**
Dense, strict, mais une très belle matière en bouche, tanins présents mais pas asséchants, fruits bleus.

Rouge : 30 hectares ; carignan noir 10%, cinsault 10%,
grenache noir 50%, mourvèdre 10%, syrah 20%.
Blanc : 2 hectares ; bourboulenc 0%, bourboulenc 0%,
marsanne 0%. Production totale annuelle : 100 000 bt.
Visite : Sur rendez-vous.

DOMAINE LAFOND ROC-ÉPINE

Route des Vignobles
30126 Tavel
Tél. 04 66 50 24 59 - Fax. 04 66 50 12 42
lafond@roc-epine.com
www.roc-epine.com

Ce grand domaine familial est situé à Tavel, mais ses 80 hectares de vignes s'étendent sur les communes de Lirac, Tavel et, depuis 2001, sur quelques petites parcelles à Châteauneuf-du-Pape. Très rigoureux dans leur démarche vers la qualité, Jean-Pierre et Pascal Lafond ont, depuis dix ans, réalisé un travail important pour faire progresser ce domaine et réalisent aujourd'hui des vins de grand équilibre, de plus en plus racés, très droits, extrêmement naturels, avec un style franc et direct.

CHÂTEAUNEUF-DU-PAPE 2006
Rouge | 2011 à 2017 | 21,00 € **15/20**
Puissant, dense, d'une constitution intense mais qui exige un peu de temps pour s'épanouir.

LIRAC 2008
Blanc | 2009 à 2011 | 8,40 € **13/20**
Il faut aérer ce vin pour lui enlever ses notes de réduction, mais l'ensemble apparaît ensuite en bouche équilibré et frais.

LIRAC LA FERME ROMAINE 2006
Rouge | 2010 à 2016 | 14,40 € **16/20**
Très beau vin épicé et puissant mais dégageant une impression d'équilibre et d'harmonie impressionnants.

TAVEL 2008
Rosé | 2009 à 2012 | 8,40 € **14/20**
Équilibré, frais et sans lourdeur, c'est un bon tavel gourmand et long.

Rouge : 78 hectares ; carignan noir 5%, cinsault 10%, grenache noir 60%, syrah 25%. Blanc : 4 hectares ; clairette 10%, grenache blanc 30%, roussane 30%, viognier 30%. Production totale annuelle : 400 000 bt. Visite : De 8 h à 12 h et de 13 h 30 à 17 h 30.

LAUDUN-CHUSCLAN VIGNERONS

Route d'Orsan
30200 Chusclan
Tél. 04 66 90 11 03 - Fax. 04 66 90 16 52
contact@lc-v.com
www.laudunchusclanvignerons.com

Producteur ultradominant de ce secteur du nord du Gard, la cave de Chusclan travaille très sérieusement, tant sur les vins de domaines que pour les trois cuvées de Chusclan que constituent les-genêts, les-valescures et les-monticauts. Ils ont récemment fusionné avec Les Vignerons de Laudun, la gamme s'élargit encore.

CÔTES DU RHÔNE CHÂTEAU DE GICON 2007
Rouge | 2009 à 2012 | 4,65 € **14,5/20**
Les vignes de Château de Gicon appartiennent à la cave, et c'est toujours une des cuvées les plus naturelles et convaincantes. Une belle acidité, vif en bouche avec des arômes mûrs de framboise et de réglisse, tanins souples et précis.

CÔTES DU RHÔNE-VILLAGES CLOS DU TAMAN 2007
Rouge | 2009 à 2010 | 7,65 € **14,5/20**
Moins fruité et plus ferme que la cuvée les-dolia, mais tout aussi intéressant. Une belle acidité, avec des fruits mûrs et une touche d'amertume. Les tanins ont de la ténacité en finale.

CÔTES DU RHÔNE-VILLAGES LES DOLIA 2007
Rouge | 2009 à 2011 | 7,65 € **14,5/20**
Belle matière concentrée et sympathique, avec des fruits noirs sauvages en bouche. Il y a du corps et des tanins arrondis.

CÔTES DU RHÔNE-VILLAGES LES GENÊTS 2006
Rouge | 2009 à 2012 | 7,65 € **14,5/20**
Une cuvée au beau volume en bouche, fruitée et soyeuse, avec une bonne trame acide. Vin rond et agréable, avec des tanins souples.

CÔTES DU RHÔNE-VILLAGES LES MONTICAUTS 2006
Rouge | 2009 à 2012 | 7,75 € **14/20**
La matière est plus dense et sérieuse, notes de kirsch et cacao suivies par des tanins fermes qui manquent un peu de finesse. Ensemble généreux, mais qui finit un peu court.

Rouge : 1 800 hectares ; cabernet sauvignon 3%, carignan noir 5%, cinsault 6%, grenache noir 50%, merlot 7%, mourvèdre 4%, syrah 25%.
Blanc : 450 hectares ; chardonnay 9%, clairette 20%, grenache blanc 50%, marsanne 4%, roussane 4%. sauvignon blanc 8%, viognier 5%. Production totale annuelle : 5 000 000 bt. Visite : Du lundi à samedi de 9 h à 12 h et de 14 h à 18 h et le dimanche de 9 h à 13 h.

PATRICK LESEC SELECTIONS

Chemin du Moulin-de-Bargeton
BP 62001
30702 Uzès
Tél. 04 66 37 67 20 - Fax. 04 66 37 67 23
patrick.lesec@plswines.com
chemindesvins.com

Longtemps importateur de vins, Patrick Lesec est un bon connaisseur de la Bourgogne et de la vallée du Rhône. Installé à Uzès, il a créé une petite maison qui se développe dans ces deux vignobles. Pour le Rhône, la gamme est orientée sur les vins du secteur méridional qui couvrent le cœur de la région, c'est-à-dire issus d'un triangle situé entre Nîmes, Avignon et Orange.

BEAUMES DE VENISE 2007
Rouge | 2009 à 2011 | 7,95 €   **14,5/20**
Un peu d'aération fait du bien à ce vin assez complet, très équilibré, qui possède du fond, du fruit et un vrai caractère de terroir.

CHÂTEAUNEUF-DU-PAPE CUVÉE BARGETON 2005
Rouge | 2010 à 2015 | 35 €   **15/20**
Cuvée épicée, ronde et ample, développant en bouche ses arômes de confiture de fruits noirs et sa constitution chaleureuse et généreuse.

CHÂTEAUNEUF-DU-PAPE GALETS BLONDS 2006
Rouge | 2009 à 2014 | 35 €   **15,5/20**
Vin tendre et suave, aux accents joliment veloutés et à la fraîcheur fruité et persistante.

CHÂTEAUNEUF-DU-PAPE PIERRES DORÉES 2006
Rouge | 2010 à 2017 | 25 €   **17/20**
Notes suaves de pruneau et d'olives noire, bouche onctueuse et profonde, fins arômes d'épices, longueur et persistance solaires. Remarquable.

COSTIÈRES DE NÎMES VIEILLES VIGNES 2007
Rouge | 2009 à 2011 | 7,50 €   **14,5/20**
Savoureux arômes de fraise, vin charnu et gourmand, bonne allonge épicée.

CÔTES DU RHÔNE RICHETTE 2007
Rouge | 2009 à 2011 | 5,75 €   **13/20**
Vin fruité et souple, au bon caractère de garrigue en finale.

VACQUEYRAS VIEILLES VIGNES 2006
Rouge | 2009 à 2016 | 11,50 €   **16/20**
Très savoureux vin aux accents de moka et de garrigue, au corps velouté et profond, à la persistance remarquable.

Production totale annuelle : 600 000 bt.

MAS DE LIBIAN

Libian
07700 Saint-Marcel-d'Ardèche
Tél. 06 61 41 45 32 - Fax. 04 75 98 66 38
h.thibon@wanadoo.fr
www.masdelibian.com

Le succès du domaine montre le potentiel de ce secteur du sud de l'Ardèche, longtemps trop méconnu, qui gagne désormais en réputation et en qualité. Sur les terroirs de galets roulés, à la confluence du Rhône et de l'Ardèche, les vignes du Mas de Libian produisent des vins surprenants par leur pureté de fruit, leur sincérité et leur concentration, tout en restant sur la fraîcheur.

CÔTES DU RHÔNE BOUT D'ZAN 2007
Rouge | 2009 à 2014 | 8,50 €   **15/20**
Superbe concentration de fruit, des notes savoureuses de poivre noir, cuir et cacao, suivis de tanins suaves.

CÔTES DU RHÔNE CAVE VINUM MMVI 2008
Blanc | 2009 à 2011 | 10 €   **14,5/20**
Un bouquet expressif avec des notes de fleurs blanches, à base de clairette et roussanne avec une touche de viognier. C'est un vin élégant avec une belle rondeur en bouche, et beaucoup de longueur.

CÔTES DU RHÔNE-VILLAGES KHAYYÂM 2007
Rouge | 2011 à 2015 | 11 €   **16/20**
Un vin riche et densément fruité, des notes de ronces et de violettes au bouquet, la fraîcheur donne une bonne tension en bouche avec des tanins parfaitement intégrés.

CÔTES DU RHÔNE-VILLAGES LA CALADE 2007
Rouge | 2011 à 2016 | 18 €   **17/20**
Un vin droit, tendu et minéral, grâce à son cépage principal, le mourvèdre. Extrêmement raffiné et suave mais avec aussi de la puissance et de l'énergie en finale.

VIN DE PAYS DES COTEAUX DE L'ARDÈCHE VIN DE PÉTANQUE 2008
Rouge | 2009 à 2010 | 7 €   **14/20**
Un fruit croquant, des arômes floraux avec une pointe d'amertume en finale.

VIN DE PAYS DES COTEAUX DE L'ARDÈCHE VIOGNIER 2008
Blanc | 2009 à 2011 | 10 €   **14/20**
Un vin de soif, agréable et fruité en bouche, sur des notes de fruits à chair blanche. Le vin a une belle acidité en finale.

Rouge : 17 hectares. Blanc : 2 hectares.
Production totale annuelle : 100 000 bt.
Visite : Sur rendez-vous uniquement.

DOMAINE MABY

Rue Saint-Vincent
BP 8
30126 Tavel
Tél. 04 66 50 03 40 - Fax. 04 66 50 43 12
domaine-maby@wanadoo.fr
www.domainemaby.fr

Dans ce domaine historique de Tavel, la famille Maby produit des vins d'une qualité uniforme, toujours honnêtes, agréables et charnus. Les vignobles se situent sur les communes de Tavel, le plateau de Lirac et dans les Côtes du Rhône limitrophes. Des prix très raisonnables et la qualité régulière des vins font de ce domaine une valeur sûre sur le marché actuel.

Côtes du Rhône Variations 2007

Rosé | 2009 à 2010 | 5,40 €   **13,5/20**

Assez riche en bouche, des fruits rouges purs, franc en bouche, un CDR rosé solide et sans artifices.

Côtes du Rhône Variations 2007

Rouge | 2009 à 2012 | 5,60 €   **14/20**

Gorgé de fruits mûrs et épices, charnu et franc en bouche avec des tanins friands, un vin gourmand mais qui reste sur la fraîcheur en finale.

Lirac cuvée Prestige 2007

Blanc | 2009 à 2010 | 15,30 €   **14,5/20**

Un assemblage de viognier et de grenache blanc vinifié et élevé en barrique. Le bouquet de fleurs blanches et vanille donne suite à une bouche pleine et savoureuse avec une belle harmonie entre le vin et son élevage en barriques.

Lirac La Fermade 2008

Blanc | 2009 à 2011 | 8,20 €   **14/20**

Un bouquet floral et expressif, expansif en bouche avec de jolies notes citronnées, et une bonne persistance aromatique.

Lirac La Fermade 2007

Rouge | 2010 à 2015 | 9,50 €   **14,5/20**

Superbe concentration de matière sans aucune lourdeur en bouche, des fruits noirs mûrs et puissants, une bouche franche qui finit sur une légère pointe d'amertume assez agréable, un tanin savoureux et solide.

Tavel Prima Donna 2008

Rosé | 2009 à 2012 | 9,00 €   **14,5/20**

Une jolie couleur de rosé aux reflets cuivrés, la cuvée Prima Donna est issue du cépage de grenache et complétée par le cinsault ; c'est riche et profond en bouche avec du gras au milieu et finit sur des jolies notes florales.

Rouge : 53 hectares. Blanc : 10 hectares.
Production totale annuelle : 270 000 bt.
Visite : De 8 h à 18 h.

DOMAINE DE MARCOUX

Chemin de la Gironde
84100 Orange
Tél. 04 90 34 67 43 - Fax. 04 90 51 84 53
info@domaine-marcoux.com

Ce domaine, dirigé par deux sœurs, fut l'un des précurseurs de la culture biodynamique. Situé au nord de l'appellation, il possède cependant des parcelles dans de nombreux quartiers de Châteauneuf, tant au sud (Gallimardes) qu'à l'est (la Crau). Les vinifications, menées par Sophie Armenier, sont ambitieuses et n'excluent pas un élevage en barriques pour la cuvée vieilles-vignes. Brillants depuis le début des années 2000, les vins semblent encore avoir franchi un nouveau pallier qualitatif dans les tout derniers millésimes.

Châteauneuf-du-Pape 2008

Blanc | 2009 à 2012 | 40 €   **16/20**

Jolie robe or vert, citronné fin, tendre, pur, floral, très réussi.

Châteauneuf-du-Pape 2007

Rouge | 2012 à 2017 | 40 €   **17/20**

Bouquet complexe et raffiné de fruits à noyau et d'herbes sèches, nez complexe, allonge fine et suave, belle profondeur racée, superbe personnalité avec beaucoup de fraîcheur.

Châteauneuf-du-Pape Vieilles Vignes 2007

Rouge | 2012 à 2017 | 100 €   **18,5/20**

Vin magnifique : robe brillante et intense, épices fines, noyaux, allonge puissante et profonde, grande allure racée.

Rouge : 20 hectares ; grenache 85%, mourvèdre 7%, syrah 5%. Blanc : 1 hectare. Production totale annuelle : 40 000 bt. Visite : Sur rendez-vous.

MARRENON

Rue Amédée gunues la tour d'aigues
84425 Pertuis cedex
Tél. 04 90 07 40 65 - Fax. 04 90 07 30 77
marrenon@marrenon.com
www.marrenon.com

La cave coopérative de La Tour d'Aigues se réinvente, avec une nouvelle campagne publicitaire, un nouvel habillage de bouteilles et un site internet ultra moderne en cours de réalisation. Les étiquettes sont très «design», destinées à plaire aux consommateurs anglo-saxons. Ce n'est pas sans succès. Les vins sont modernes et de qualité, d'un style fruité et facile d'accès. Les vins de cépages 2008, dans leurs habillages sympathiques, sont frais et très savoureux, à tout petit prix.

CÔTES DU LUBERON PRIVATE GALLERY 2007
Rouge | 2009 à 2010   **14,5/20**
Le Private Gallery 2007 est une cuvée gorgée de fruits noirs mûrs, avec une bonne acidité. Un vin agréable, franc et gouleyant.

CÔTES DU LUBERON SEPIA 2007
Rouge | 2009 à 2012 | 7 €   **14/20**
Axé sur la syrah, le vin possède un bouquet de petits fruits noirs sauvages, en bouche il est vif, agréable et rond, facile à boire avec une belle acidité qui relève le finale.

Production totale annuelle : 13 000 000 bt.
Visite : De 8 h 30 à 12 h 30 et de 14 h 30 à 19 h
samedi et dimanche matin.

MARTINELLE

84190 Lafare
Tél. 04 90 65 05 56 - Fax. 04 90 65 05 56
corinna@martinelle.com
www.martinelle.com

Corinna Kruse s'affirme parmi les jeunes talents de la région, avec des vins vinifiés dans un style gourmand et généreux. Cette année nous avons eu encore plus de plaisir en découvrant que le domaine s'agrandit avec l'acquisition de 3 hectares supplémentaires sur la commune de Suzette, dans l'appellation Beaumes de Venise. Ceci se rajoute aux vignes en Côtes du Ventoux qui sont situées au cœur de l'appellation, sur la commune du Barroux, tous les deux dans un cadre naturel et magnifique. En 2008, il y aura trois cuvées au domaine : le côtes-du-ventoux, la nouvelle cuvée de beaumes-de-venise et le vin-de-table. Par contre, 2008 sera le dernier millésime cette dernière, car les vignes ont été arrachés pour la construction de la nouvelle cave de vinification. Une année pleine de nouveautés pour La Martinelle ! Les cuvées 2008 de beaumes-de-venise et le vin-de-table, n'ayant toujours pas fini leurs fermentations malolactiques, n'ont pas pu être présentés à la dégustation, mais seront disponible à la vente à la fin de l'année. Les vins du domaine sont très riches et denses, avec des bouquets extrêmement expressifs et une texture grasse en bouche, intensément onctueuse. Corinna Kruse nous façonne de vrais vins de plaisir, mais avec également un bon potentiel de garde.

CÔTES DU VENTOUX 2008
Rouge | 2010 à 2013 | 12 €   **15/20**
Un bouquet très grenache, avec la légère astringence du millésime. C'est un vin étonnamment concentré pour un 2008 avec beaucoup de caractère et d'élégance en bouche. Une belle texture signée Corrina Kruse avec des tanins encore très jeunes.

CÔTES DU VENTOUX 2007
Rouge | 2009 à 2010 | 12 €   **16/20**
Un nez très floral aux nuances de violette, une belle concentration en bouche mais sans aller vers la surextraction. Sérieusement construit, il a un potentiel de vieillissement, mais pour cela il faut attendre, ce qui ne sera pas très facile. Dépêchez-vous, au moment de l'édition de ce guide, il en restait très peu en vente au domaine.

Rouge : 8.5 hectares ; cinsault 3%, grenache 75%, syrah 22%. Production totale annuelle : 30 000 bt.
Visite : Sur rendez-vous.

CHÂTEAU MAS NEUF

Mas Neuf des Costières
30600 Gallician
Tél. 04 66 73 33 23 - Fax. 04 66 73 33 49
contact@chateaumasneuf.com
www.chateaumasneuf.com

Situé à l'extrême sud de l'appellation des Costières, le domaine bénéficie des vents maritimes, qui permettent d'avoir un climat plus frais que dans l'intérieur de l'appellation. Le terroir, couvert de galets roulés du Villafranchien, est un grand classique des Costières, et Luc Baudet, ingénieur agronome, a pu ainsi choisir de quitter le monde des multinationales pour s'installer ici, avec l'ambition de créer de grands vins.

COSTIÈRES DE NÎMES COMPOSTELLE 2008
Rosé | 2009 à 2011 | 9,10 €   **14/20**
À base de cinsault, ce rosé est élégant et plein en bouche, il a une belle rondeur soulevée par la fraîcheur.

COSTIÈRES DE NÎMES COMPOSTELLE 2007
Rouge | 2009 à 2010 | 11,90 €   **14,5/20**
Nez marqué par son élevage en barrique, en bouche il est richement fruité et épicé, finissant sur des tanins légèrement asséchants.

COSTIÈRES DE NÎMES LA MOURVACHE 2007
Rouge | 2011 à 2015 | 18 €   **14,5/20**
Un assemblage de mourvèdre et grenache, un style international et extrait, les tanins sont très fermes en ce moment et le bois a tendance à dominer le vin. À attendre.

COSTIÈRES DE NÎMES TRADITION 2008
Rosé | 2009 à 2011 | 6,80 €   **13,5/20**
Joli couleur rose vif, rond et agréable en bouche, pointe d'acidité et d'amertume en finale.

COSTIÈRES DE NÎMES TRADITION 2007
Rouge | 2009 à 2012 | 6,80 €   **14/20**
Généreux et fruité, aux arômes de cassis et myrtilles, réglisse et épices douces. Une bonne structure, toujours tendue en bouche, donne suite à des tanins fermes.

VIN DE PAYS D' OC ARMONIÒ 2005
Rouge | 2011 à 2015 | NC   **14,5/20**
Le vin est intense et concentré, un fruit très mûr, structuré, richement, boisé, avec des tanins de bois très fermes en finale.

Rouge : 67 hectares ; cabernet sauvignon 4%, cinsault 8%, grenache noir 22%, merlot 3%, mourvèdre 13%, syrah 42%. Blanc : 5 hectares ; grenache blanc 4%, roussane 3%. viognier 1%. Production totale annuelle : 350 000 bt.
Visite : De 9 h à 12 h et de 14 h à 18 h.

DOMAINE DE LA MONARDIÈRE

La Monardière
84190 Vacqueyras
Tél. 04 90 65 87 20 - Fax. 04 90 65 82 01
info@monardiere.com
www.monardiere.fr

Depuis plusieurs années, le domaine de Christian et Martine Vache, maintenant rejoints par leur fils Damien, s'est affirmé comme l'une des propriétés de pointe de l'appellation Vacqueyras, produisant des vins équilibrés, avec une personnalité certaine. S'appuyant sur deux terroirs, l'un argilo-sableux, l'autre argilo-calcaire, les vins associent puissance et finesse des cépages méridionaux. Les cuvées les-deux-monardes et vieilles-vignes se sont imposées régulièrement comme des maîtres étalons de leur appellation. Au moment de l'édition du guide 2009, la cuvée calade 2007, n'ayant toujours pas fini ses sucres, n'a pas pu être évaluée.

VACQUEYRAS LE ROSÉ 2008
Rosé | 2009 à 2010 | 7,50 €   **14/20**
Un délice en bouche, fruité et gourmand, plein, avec une belle acidité en finale.

VACQUEYRAS LES CALADES 2008
Rouge | 2009 à 2012 | 8,80 €   **14/20**
Au nez on retrouve une touche de verdure, qui sera la signature du millésime 2008. En bouche c'est un vin floral et élégant, pas très concentré mais très joli, au style très féminin. Les tanins sont souples et fins.

VACQUEYRAS LES DEUX MONARDES 2007
Rouge | 2009 à 2013 | 10,50 €   **15/20**
Au moment de la dégustation, le vin est encore très jeune, il n'a trouvé son harmonie qu'après la mise en bouteille. Un vin riche et soyeux en bouche, épicé, rond et généreux avec une touche de bois en finale.

VACQUEYRAS VIEILLES VIGNES 2007
Rouge | 2009 à 2015 | 16 €   **14,5/20**
Nez de pruneaux et des notes de chocolat, concentré en bouche, très sudiste, mais il manque la vivacité du millésime. Les tanins sont légèrement astringents en finale, il lui faut quelques années de plus en bouteille.

Rouge : 19 hectares ; cinsault 5%, grenache noir 65%, mourvèdre 10%, syrah 20%. Blanc : 1 hectare ; clairette 10%, grenache blanc 25%, roussane 50%, viognier 15%. Production totale annuelle : 75 000 bt.
Visite : Du lundi au samedi de 9h à 12h et de 14h à 18h.

CLOS DU MONT-OLIVET

15, avenue Saint-Joseph
84230 Châteauneuf-du-Pape
Tél. 04 90 83 72 46 - Fax. 04 90 83 51 75
clos.montolivet@wanadoo.fr
clos-montolivet.com

Ce domaine, mené par la famille Sabon depuis plus d'un siècle, dispose, malgré son nom, d'un vignoble extrêmement morcelé, s'appuyant sur des sols argilo-calcaires et argilo-sableux (notamment pour la cuvée-du-papet). Le style est ultra traditionnel, parfois austère ou curieusement évanescent dans la phase de jeunesse, mais les vins vieillissent bien, comme en témoignent encore quelques formidables 1978 ou 1981. C'est en effet un vin qui demande de la patience !

CHÂTEAUNEUF-DU-PAPE
CLOS DU MONT-OLIVET 2007
Rouge | 2012 à 2017 | 16,00 €   **13/20**
Vin qui, comme souvent avec Mont-Olivet, part très discrètement dans la vie. Il est généreux mais, pour l'instant, simple.

CHÂTEAUNEUF-DU-PAPE CUVÉE DU PAPET 2007
Rouge | 2012 à 2017 | 36,00 €   **14,5/20**
La robe est assez profonde, le vin développe des notes de fruits à noyau et d'épices, il apparaît d'une longueur solide avec une pointe de sécheresse.

CHÂTEAUNEUF-DU-PAPE CUVÉE DU PAPET 2006
Rouge | 2012 à 2017 | NC   **14/20**
Dans une phase très épicée et empreinte d'une certaine rusticité, un vin solide et profond.

Rouge : 41,5 hectares ; cinsault 4%.
grenache noir 80%, mourvèdre 6%, syrah 10%.
Blanc : 2,5 hectares : bourboulenc 30%,
clairette 30%, grenache blanc 13%, picardan 1%.
picpoul 1%, roussane 25%. Production totale
annuelle : 200 000 bt.

CHÂTEAU MONT-REDON

B.P. 10
84231 Châteauneuf-du-Pape cedex
Tél. 04 90 83 72 75 - Fax. 04 90 83 77 20
contact@chateaumontredon.fr
www.chateaumontredon.fr

Mont-Redon est une très vaste propriété d'une centaine d'hectares de vignes en Châteauneuf (sur un total de 150 hectares plantés), occupant une bonne part du plateau de galets roulés qui porte le nom du domaine, mais ayant aussi une partie plantée face au domaine. En châteauneuf rouge, les Abeille-Fabre ont néanmoins toujours tenu à ne réaliser qu'un vin, représentatif de l'ensemble du domaine, et n'ont donc pas cédé à la mode des cuvées de prestige. Sans jamais apparaître comme l'un des vins les plus spectaculaires de l'appellation, le cru vieillit en fait fort bien, et impose sa tranquille plénitude. La famille produit également des blancs de qualité, de nombreux côtes-du-rhône, et a aussi une propriété à Lirac.

CHÂTEAUNEUF-DU-PAPE 2008
Blanc | 2009 à 2014 | NC   **14/20**
Du miel et des notes d'agrumes, de la rondeur, mais moins de vivacité que le millésime précédent.

CHÂTEAUNEUF-DU-PAPE 2007
Rouge | 2012 à 2020 | NC   **15,5/20**
Encore très jeune, un mont-redon aux promesses tendres, avec une palette aromatique fruitée et souple, une allonge non dénuée de profondeur. Donnons-lui le temps de s'affirmer avec l'âge.

CHÂTEAUNEUF-DU-PAPE 2007
Blanc | 2009 à 2013 | NC   **16/20**
Toujours agréable dans un registre finement citronné, avec du gras et de la rondeur.

Rouge : 130 hectares. Blanc : 20 hectares.
Production totale annuelle : 700 000 bt. Visite :
Visite de cave sur rendez-vous. Caveau de
dégustation ouvert toute l'année de 8 h à 19 h, le
mercredi de 8 h à 12 h et de 14 h à 18 h. Fermé
samedi et dimanche du 15 janvier au 20 février.

MONTIRIUS

Le Devès
84260 Sarrians
Tél. 04 90 65 38 28 - Fax. 04 90 65 48 72
montirius@wanadoo.fr
www.montirius.com

Biodynamistes passionnés, Éric et Christine Saurel ont converti en totalité leur vignoble selon les principes de Rudolf Steiner. Ils ont même conçu une station d'épuration utilisant différentes plantes, pour la dépollution des eaux de vinification ! L'ensemble des vins est très sérieusement construit, avec des tanins denses mais toujours sveltes. Il faut leur donner quelques années de cave, pour qu'ils s'ouvrent et s'épanouissent parfaitement.

CÔTES DU RHÔNE SÉRINE 2007

Rouge | 2009 à 2010 | 12,80 €   **14,5/20**
Très syrah au nez, expression florale et fruits noirs, une touche de réduction, de la menthe, très concentré et densément fruité en bouche, les tanins sont énormes.

GIGONDAS CONFIDENTIEL 2006

Rouge | 2012 à 2016 | 30 €   **15/20**
Dense et sérieux, belle structure, tanins droits, stricts, 30 % de mourvèdre lui donne un côté strict, mais une belle fraîcheur, il a besoin de quelques années de plus en bouteille, du potentiel.

GIGONDAS TERRE DES AÎNÉS 2006

Rouge | 2012 à 2016 | 19 €   **15/20**
Une belle qualité de fruit, concentré et mûr, des arômes de havane et sous-bois, finissant sur des tanins denses et puissants.

VACQUEYRAS GARRIGUES 2007

Rouge | 2009 à 2010 | 14,50 €   **14,5/20**
Un vin rond, gourmand et accessible, le fruit mûr et concentré de 2007 rend le vin souple et agréable avec des tanins soyeux en finale.

VACQUEYRAS LE CLOS 2006

Rouge | 2010 à 2014 | 20 €   **15/20**
Ouvert, solaire, svelte et précis en bouche, c'est un vin bien construit.

VACQUEYRAS MINÉRAL 2007

Blanc | 2009 à 2013 | 17,60 €   **14/20**
Un assemblage de bourboulenc, grenache blanc et roussanne, ce vin est discret et réservé. Des notes subtiles de fleurs blanches et fruits exotiques, soutenues par une belle fraîcheur en finale.

Rouge : 58,2 hectares ; carignan noir 1%, grenache noir 61%, merlot 1%, mourvèdre 11%, syrah 26%. Blanc : 1,8 hectare ; bourboulenc 50%, grenache blanc 25%, roussane 25%. **Production totale annuelle :** 200 000 bt. **Visite :** De 9 h à 12 h et de 14 h à 18 h.

DOMAINE DE LA MORDORÉE

Chemin des Oliviers
30126 Tavel
Tél. 04 66 50 00 75 - Fax. 04 66 50 47 39
info@domaine-mordoree.com
www.domaine-mordoree.com

Bien que jeunes encore, les frères Delorme sont depuis près de deux décennies les porte-drapeaux incontestés de l'appellation gardoise de Lirac, dont ils ont porté la qualité des vins à un niveau jamais vu auparavant. S'appuyant sur des vinifications et des élevages modernes, d'une personnalité vigoureuse, svelte et raffinée, subtilement parfumée (notamment les excellents blancs), leurs vins possèdent un caractère affirmé, où toute rusticité est absente. Ils ont d'ailleurs pu poursuivre cette quête brillante de vins racés à Châteauneuf-du-Pape.

CHÂTEAUNEUF-DU-PAPE LA REINE DES BOIS 2007

Rouge | 2014 à 2024 | 40,50 €   **16,5/20**
Vin à la robe très colorée, au nez boisé sans ostentation, au corps riche et chaleureux, avec de bons tanins mûrs. Un gros potentiel à attendre.

LIRAC 2007   ☺

Rouge | 2009 à 2015 | 9,75 €   **16/20**
Beaucoup de saveur et de franchise, un corps charnu et élégant, une persistance remarquable : superbe et à la hauteur du millésime.

LIRAC LA REINE DES BOIS 2008

Blanc | 2009 à 2011 | 14,10 €   **15/20**
Très gourmand avec ses arômes de pêche de vigne, c'est un bon vin consistant, alliant fraîcheur et générosité.

LIRAC LA REINE DES BOIS 2007

Rouge | 2012 à 2020 | 14,90 €   **17/20**
Vin à la robe très colorée, au nez boisé sans ostentation, au corps riche et chaleureux, avec de bons tanins mûrs et très fins. Un grand potentiel à attendre.

TAVEL 2008

Rosé | 2009 à 2010 | 10,20 €   **15,5/20**
Généreux arômes de fraise, bouche charnue et gourmande, bel équilibre sans lourdeur d'alcool, allonge persistante.

Rouge : 58 hectares ; cinsault 5%, counoise 5%, grenache 70%, mourvèdre 10%, syrah 5%, vaccarèse 5%. Blanc : 4 hectares **Production totale annuelle :** 260 000 bt. **Visite :** Du lundi au vendredi de 8 h à 12 h et de 13 h 30 à 17 h et le samedi toute l'année, les dimanches et jours fériés de 10 h à 12 h et de 15 h à 18 h du 1er avril au 1er octobre.

DOMAINE DU MOULIN

26110 Vinsobres
Tél. 04 75 27 65 59 - Fax. 04 75 27 63 92
denis.vinson@wanadoo.fr

Denis et Frédérique Vinson ont décidé très jeunes de construire leur cave et de faire leur propre vin. C'était d'ailleurs la première cave souterraine de Vinsobres. De vieilles vignes en coteaux sur un terroir argilo-calcaire très caillouteux produisent des vins d'une grande finesse, aux arômes de fruits gourmands avec des tanins souples. Toutes les cuvées de vinsobres font un passage en barriques. Cet élevage produit des vins d'une grande qualité de tanins, fondus et raffinés, et souvent accessibles dès leur mise en vente. Cela ne nie pas le bon potentiel de vieillissement de certaines cuvées.

VINSOBRES CUVÉE ++ 2006
Rouge Brut | 2010 à 2015 | 8,00 €   **15,5/20**
Délicats parfums de fleurs et de barrique, en bouche il y a des fruits frais et gourmands, c'est un vin généreux avec de très beaux tanins, bien travaillé, avec beaucoup de personnalité.

VINSOBRES CUVÉE CHARLES JOSEPH 2005
Rouge | 2009 à 2014 | 14 €   **15/20**
Belle couleur rubis foncé, des arômes violets, de laurier, du bois brûlé, une texture soyeuse et charnue en bouche, un vin bien construit avec un bon soutien tannique. On peut le boire dès maintenant.

VINSOBRES LES VIEILLES VIGNES DE J. VINSON 2007
Rouge Brut | 2009 à 2016 | 6,70 €   **15/20**
Un vin au bouquet expressif et floral. Riche et dense avec une superbe matière en bouche, profond et velouté, avec une touche de bois doux en finale, tanins intégrés mais solides.

Rouge : 16 hectares. Blanc : 4 hectares.
Production totale annuelle : 70 000 bt.
Visite : Sur rendez-vous.

CHÂTEAU MOURGUES DU GRÈS

Route de Bellegarde - D 38
30300 Beaucaire
Tél. 04 66 59 46 10 - Fax. 04 66 59 34 21
chateau@mourguesdugres.com
www.mourguesdugres.com

Véritable pionnier du renouveau qualitatif de l'appellation, ce domaine dispose de terroirs variés, dont il joue pour faire des assemblages équilibrés entre finesse et structure. Les cuvées de prestige font un passage en barriques avant d'être assemblées, et le domaine réussit dans les trois couleurs à produire des vins immédiatement savoureux et sans aucune lourdeur ni fluidité.

COSTIÈRES DE NÎMES CAPITELLES DE MOURGUES 2008
Rosé | 2009 à 2010 | 7,50 €   **14,5/20**
Voici un rosé de saignée à base de mourvèdre. Il est étonnant pour sa complexité en bouche.

COSTIÈRES DE NÎMES CAPITELLES DES MOURGUES 2007
Rouge | 2010 à 2016 | 12,50 €   **15/20**
La seule cuvée en rouge qui passe en barriques, c'est un élevage ambitieux, mais bien maîtrisé. Un vin structuré avec du fond.

COSTIÈRES DE NÎMES FLEUR D'EGLANTINE 2008
Rosé | 2009 à 2010 | 5,30 €   **14/20**
Belle couleur pâle, floral au nez. Le vin est frais et agréable, un idéal rosé d'été.

COSTIÈRES DE NÎMES TERRE D'ARGENCE 2007
Rouge | 2009 à 2015 | 9,70 €   **15/20**
Les vieilles vignes de syrah font la base de cette cuvée pleine et savoureuse aux notes prononcées de réglisse et d'un fruit très mûr. Belle texture soyeuse en bouche avec un tanin racé.

COSTIÈRES DE NÎMES TERRE DE FEU 2007
Rouge | 2009 à 2014 | 9,70 €   **15/20**
Vin issu de la plus vieille vigne de grenache, il est dense et profond, des notes épicées de ronces, un fruit intense et charnu, bien construit avec des tanins suaves.

VIN DE PAYS DU GARD TERRE D'ARGENCE 2007
Blanc | 2009 à 2012 | 9,50 €   **15/20**
Très expressif au nez, agrumes et fruits exotiques sautent au nez ; en bouche le vin est riche et gras mais avec une superbe fraîcheur. Harmonieux.

Rouge : 55 hectares ; carignan noir 5%, grenache noir 25%, mourvèdre 5%, syrah 47%. Blanc : 13 hectares ; bourboulenc 1%, clairette 1%, grenache blanc 7%, marsanne 2%, roussanne 3%, vermentino 2%, viognier 2%.
Production totale annuelle : 320 000 bt. Visite : Du lundi au vendredi de 9 h à 12 h et 14 h à 18 h 30.

CROS DE LA MÛRE

84430 Mondragon
Tél. 04 90 30 12 40 - Fax. 04 90 30 46 58
crosdelamure@wanadoo.fr

Avec des vignes placées principalement (mais pas uniquement) dans le secteur de Mondragon, dans le Vaucluse, Éric Michel produit des vins éminemment savoureux et de grand caractère. Son vignoble, en cours de certification biologique, réalise des rendements très bas et le terroir argilo-calcaire, avec des sous-sols en grès siliceux et grès calcaire, apporte une minéralité prononcée aux vins. Les vinifications traditionnelles, en cuve béton, développent un caractère franc et naturel, avec un fruité très intense, mais aussi des tanins fermes. Éric Michel dispose également de petites parcelles dans le massif d'Uchaux, à Gigondas et à Châteauneuf-du-Pape.

Rouge : 18,5 hectares ; carignan 1%, cinsault 4%, grenache 62%, mourvedre 8%, syrah 20%.
Blanc : 1,5 hectare ; bourboulenc , clairette 2%, grenache blanc , roussanne 2%. **Production totale annuelle :** 40 000 bt. **Visite :** Du lundi au samedi sur rendez-vous

CHÂTEAU DE NAGES

Chemin des Canaux
30132 Caissargues
Tél. 04 66 38 44 30 - Fax. 04 66 38 44 39
info@michelgassier.com
www.michelgassier.com

Le Château de Nages, qui fait partie des vignobles Michel Gassier, s'étend sur près de 100 hectares, sur la commune de Caissargues, au sud de Nîmes. Le terroir est composé de grès et des fameux cailloux de la vallée du Rhône appelés « galets roulés ». Tous les vins sont modernes et techniquement sans faille mais, depuis le millésime 2006, l'arrivée de l'œnologue Philippe Cambie comme consultant a nettement affiné les vins. Sans perdre leur impeccable régularité, ils ont gagné en finesse, en nuances et surtout en plaisir immédiat.

COSTIÈRES DE NÎMES CUVÉE JOSEPH TORRÈS 2007
Blanc | 2009 à 2014 | 11,95 € **14,5/20**
Un vin richement boisé, concentré, aux notes florales et lactiques, la bouche est concentrée et sudiste mais avec un bel équilibre en finale.

COSTIÈRES DE NÎMES LOU COUCARDIÉ 2006
Blanc | 2009 à 2013 | 20 € **15/20**
Miel, une touche de noisette, le tout finissant sur une bonne fraîcheur et des notes de barriques neuves.

COSTIÈRES DE NÎMES LOU COUCARDIÉ 2006
Rouge | 2011 à 2015 | 20 € **15/20**
La robe est très dense et colorée, en bouche le vin est très mûr avec des fruits noirs sauvages concentrés.

COSTIÈRES DE NÎMES NOSTRE PAÏS 2007
Blanc | 2009 à 2011 | 10,95 € **15/20**
L'ensemble est bien construit avec beaucoup de caractère en bouche. Minéralité et longueur en finale.

COSTIÈRES DE NÎMES NOSTRE PAÏS 2007
Rouge | 2009 à 2014 | 10,95 € **15/20**
Cassis, fruits noirs concentrés en bouche, un vin assez hédoniste avec ses tanins suaves.

COSTIÈRES DE NÎMES RÉSERVE 2008
Rouge | 2009 à 2011 | 5,95 € **14/20**
Un nez expressif et gourmand, fruits rouges frais au nez. Plaisant et agréable en bouche, léger et facile à boire avec ses tanins souples.

COSTIÈRES DE NÎMES VIEILLES VIGNES 2008
Blanc | 2009 à 2012 | 8,90 € **14/20**
En bouche, il y a de la fraîcheur, mais le vin est un peu limité par le millésime. Un vin vif, aux arômes de fruits à noyaux et d'acacia.

Rouge : 77 hectares. **Blanc :** 23 hectares. **Production totale annuelle :** 650 000 bt. **Visite :** sur rendez-vous.

DOMAINE DE NALYS

Route de Courthézon
84230 Châteauneuf-du-Pape
Tél. 04 90 83 72 52 - Fax. 04 90 83 51 15
contact@domainedenalys.com
www.domainedenalys.com

Nalys est l'un des domaines historiques de Châteauneuf : la famille Nalis était active ici dès le XVIᵉ siècle, et le dernier représentant de la famille, le docteur Dufays fut un acteur majeur de l'appellation au milieu du siècle dernier. Très bien situé au nord-ouest du village, avec une bonne moitié du vignoble sur le plateau de la Crau, le cru a cependant longtemps produit des vins très souples, fidèles d'une certaine façon à la philosophie du docteur Dufays qui voulut « alléger » le châteauneuf. Une nette inflexion de ce style est heureusement perceptible aujourd'hui et les derniers millésimes montrent enfin un Nalys à la hauteur de son potentiel.

CHÂTEAUNEUF-DU-PAPE 2008
Blanc | 2010 à 2014 | 13 €   **14/20**
Plus parfumé, assez souple.

CHÂTEAUNEUF-DU-PAPE 2007
Rouge | 2010 à 2015 | 13 €   **13,5/20**
Vin puissant, à la robe colorée, au nez associant le kirsch et les épices, au corps solide mais sans suavité.

CHÂTEAUNEUF-DU-PAPE 2007
Blanc | 2010 à 2014 | 13,50 €   **13/20**
Rond, équilibré mais peu aromatique.

CHÂTEAUNEUF-DU-PAPE
LE CHÂTAIGNIER 2007
Rouge | 2009 à 2017 | NC   **15,5/20**
Robe colorée, nez de mûres et de ronces, bon vin puissant mais aux tanins sans rudesse, volume harmonieux.

CHÂTEAUNEUF-DU-PAPE RÉSERVE 2007
Rouge | 2012 à 2017 | NC   **14,5/20**
Arômes expressifs de fruits noirs, volume puissant, austère pour l'instant mais d'un potentiel certain.

CHÂTEAUNEUF-DU-PAPE RÉSERVE 2006
Rouge | 2010 à 2017 | 24 €   **16/20**
Belle réussite : rond et plutôt fin, olive et fruits des bois, une réelle harmonie.

Production totale annuelle : 200 000 bt. **Visite :** Ouvert tous les jours sauf les dimanches et jours fériés sur rendez-vous.

CHÂTEAU LA NERTHE

Route de Sorgues
84232 Châteauneuf-du-Pape
Tél. 04 90 83 70 11 - Fax. 04 90 83 79 69
contact@chateaulanerthe.fr
www.chateaulanerthe.fr

C'est l'un des grands domaines historiques de l'appellation, certainement le plus célèbre depuis que le commandant Ducos y détermina au XIXᵉ siècle les canons modernes de Châteauneuf. Dirigé de main de maître par Alain Dugas, le cru appartient à la famille Richard (les spécialistes des vins et cafés pour les restaurants) depuis 1985. Les 90 hectares du vignoble sont situés autour du château, dans la partie sud de l'appellation, avec une belle part (25 hectares) sur le plateau de la Crau. Les vins, rouges et blancs, possèdent une vraie personnalité, loin des châteauneufs solaires et rustiques.

CHÂTEAUNEUF-DU-PAPE 2008
Blanc | 2009 à 2013 | 28,70 €   **14/20**
Rond et plein, avec un registre aromatique plutôt vif, dominé par les notes d'agrumes.

CHÂTEAUNEUF-DU-PAPE 2007
Rouge | 2010 à 2020 | NC   **15,5/20**
Le vin est pour l'instant discret, avec des notes de prunes, une allonge souple mais de bonne intensité, profond et avec le caractère du terroir bien marqué.

CHÂTEAUNEUF-DU-PAPE CLOS DE BEAUVENIR 2007
Blanc | 2009 à 2012 | NC   **12/20**
Boisé vanillé fatigant, mais un vrai volume.

CHÂTEAUNEUF-DU-PAPE LES CADETTES 2006
Rouge | 2012 à 2022 | NC   **16/20**
L'élevage en barriques est actuellement très présent, avec des notes vanillées intenses ; en bouche, le vin possède un corps souple, velouté et long et une personnalité finement épicée qui s'affirme en finale.

Rouge : 82 hectares ; cinsault 5%, grenache noir 50%, mourvedre 12%, syrah 31%. **Blanc :** 10 hectares ; bourboulenc 5%, clairette 12%, grenache blanc 41%, roussanne 42%. **Production totale annuelle :** 280 000 bt. **Visite :** Du lundi au samedi de 9 h 30 à 12 h et de 14 h 18 h.

OGIER

10, avenue Louis-Pasteur
84230 Châteauneuf-du-Pape
Tél. 04 90 39 32 32 - Fax. 04 90 83 72 51
marketing@ogier.fr
www.ogier.fr

Classique maison de Châteauneuf-du-Pape, Ogier a été reprise dans les années 1990 par le groupe languedocien Jeanjean, qui a modernisé progressivement cette vieille maison, en développant notamment une large gamme allant des vins de pays et côtes-du-rhône jusqu'aux vins issus d'une propriété à Châteauneuf, le Clos de l'Oratoire. Les meilleures parcelles de celle-ci produisent dans les bonnes années une cuvée de prestige, les-chorégies.

CHÂTEAUNEUF-DU-PAPE CLOS DE L'ORATOIRE 2007
Rouge | 2011 à 2018 | 20,90 €   **16/20**
Suave et épicé, olive, long et raffiné, de très loin le meilleur vin jamais réalisé par le cru.

CHÂTEAUNEUF-DU-PAPE CLOS DE L'ORATOIRE LES CHORÉGIES 2007
Rouge | 2013 à 2020 | 38 €   **16,5/20**
Riche et puissant, profond, excellent, long, un très beau châteauneuf de garde.

CHÂTEAUNEUF-DU-PAPE LES CLOSIERS 2007
Rouge | 2009 à 2015 | 15,90 €   **15/20**
Cette cuvée de large diffusion se montre en 2007 très complète dans son registre, long et complet.

CHÂTEAUNEUF-DU-PAPE SAFRES 2007
Rouge | 2009 à 2015 | 19,90 €   **16/20**
Dans un millésime 2007 remarquable, c'est ce terroir de sables anciens qui s'exprime avec le plus de finesse et d'élégance parmi les quatre cuvées de terroirs proposées par la maison.

CÔTES DU RHÔNE NOTRE-DAME DE COUSSIGNAC ⓘ
Rouge | 2009 à 2010 | 5,90 €   **14,5/20**
Plus intense que le côtes-du-vivarais, ce vin qui associe la syrah et le grenache se révèle gourmand et plus long, avec un bon fruit.

CÔTES DU RHÔNE ORATORIO 2007 ⓘ
Rouge | 2009 à 2013 | 8,60 €   **14,5/20**
Arômes juvéniles de cerise noire et de mûre, vin gras et agréablement construit.

CÔTES DU VIVARAIS NOTRE DAME DE COUSSIGNAC 2008 ⓘ
Rouge | 2009 à 2010 | 5,70 €   **14/20**
Tendre vin bien réalisé : fruité, élégant, souple et frais.

Production totale annuelle : 300 000 bt.
Visite : 9h 12h 14h30 18h ouvert le samdi

CHÂTEAU D'OR ET DE GUEULES

Route de Générac
Chemin des Cassagnes
30800 Saint-Gilles
Tél. 04 66 87 32 86 - Fax. 04 66 87 39 11
chateaudoretdegueules@wanadoo.fr
www.chateau-or-et-gueules.com

Un domaine relativement jeune. Diane de Puymorin s'est installée en 1998, elle fête donc cette année ses dix ans de production. Les vins du domaine sont d'une forte personnalité, jouant sur la puissance et l'extraction, tout en gardant des tanins fins. L'exception sera la cuvée bolida, une cuvée constituée pour 90% de vieilles vignes de mourvèdre, impressionnante par sa concentration mais malheureusement écrasée par son élevage en barriques.

COSTIÈRES DE NÎMES CIMEL 2006
Rouge | 2009 à 2013 | 8 €   **14,5/20**
Le nez est assez fermé, en bouche on retrouve des notes de havane, fruits mûrs confits. Rond et riche en bouche, il est soyeux en finale, avec une touche de vieux bois.

COSTIÈRES DE NÎMES LA BOLIDA 2007
Rouge | 2011 à 2017 | 22 €   **15/20**
Profond et richement boisé au nez, dense et concentré en bouche, soyeux et bien travaillé sans la moindre lourdeur, belle structure, des tanins raffinés avec une belle persistance aromatique en finale.

Rouge : 57 hectares. Blanc : 2,6 hectares.
Production totale annuelle : 230 000 bt.
Visite : 9h-19h.

DOMAINE DE L'ORATOIRE SAINT-MARTIN

84290 Cairanne
Tél. 04 90 30 82 07 - Fax. 04 90 30 74 27
falary@wanadoo.fr
www.oratoiresaintmartin.com

Frédéric et François Alary ont fait de leur propriété, depuis près de vingt ans, l'un des ambassadeurs les plus séduisants et réguliers des Côtes du Rhône. Toujours solidement charpentés mais sans aucune rudesse de tanin, exprimant avec précision un fruit mûr mais pas surmûri, harmonieux en alcool, moins immédiatement gourmands que ceux de Richaud mais impeccablement construits, leurs vins rouges ne sont jamais meilleurs qu'après un à trois ans de garde, selon les cuvées et les millésimes.

CÔTES DU RHÔNE 2008
Rouge | 2009 à 2012 | 6,70 €   **14/20**
Floral avec des notes de poivre blanc au nez, plaisant et agréable, c'est un très bon 2008.

CÔTES DU RHÔNE-VILLAGES CAIRANNE CUVÉE PRESTIGE 2007
Rouge | 2011 à 2015 | 13 €   **16/20**
Un bouquet sur le fruit, cassis, mûre, c'est un vin sérieusement construit, intensément fruité, long et charpenté avec un élevage en barrique, tanins présents en finale.

CÔTES DU RHÔNE-VILLAGES CAIRANNE HAUT COUSTIAS 2006
Rouge | 2011 à 2016 | 15 €   **16/20**
Un nez profond de fruits mûrs, sous-bois et ronces, superbe texture soyeuse en bouche, des tanins puissants pour le moment, mais sans excès.

CÔTES DU RHÔNE-VILLAGES RÉSERVE DES SEIGNEURS 2007
Rouge | 2010 à 2014 | 9 €   **15/20**
Un bouquet profond et épicé, 30% de mourvèdre donnent un côté sauvage à ce vin richement fruité et suave, aux tanins assez souples.

Production totale annuelle : 100 000 bt. Visite : de 9h à 12h et de 14h à 18h30 du lundi au samedi et fermé le dimanche.

DOMAINE LES PALLIÈRES

Route d'Ancieu
84190 Gigondas
Tél. 04 90 33 00 31 - Fax. 04 90 33 18 47
vignobles@brunier.fr
www.les-pallieres.fr

Cet important domaine (130 hectares, dont 25 hectares de vignes) jouit d'une solide réputation depuis déjà fort longtemps. Il a été racheté en 1998 par la famille Brunier (Vieux Télégraphe, à Châteauneuf) associée à l'importateur américain Kermit Lynch, avec la ferme intention de respecter le terroir de Gigondas, bien différent de celui de Châteauneuf. En 2007, la décision a été prise de scinder la production en deux pour faire deux cuvées différentes, de deux provenances différentes. La cuvée les-terrasses-du-diable est issue des parcelles en hauteur, des vignes les plus jeunes - 45 ans tout de même ! La cuvée origine est issue des vignes qui entourent l'ancienne ferme, là ou le terroir est plus argileux, avec les plus veilles vignes de la propriété.

GIGONDAS 2006
Rouge | 2009 à 2015 | 17 €   **16/20**
Encore en 2006, Les Pallières joue la carte de l'élégance, avec ce vin raffiné et subtil, mais aussi avec une personnalité affirmée. Des notes de cerises mûres et une touche de bois caramélisé s'associent aux tanins, parfaitement fondus dans l'ensemble.

GIGONDAS LES TERRASSES DU DIABLE 2007
Rouge | 2012 à 2017 | 20 €   **16/20**
Un nez aux arômes de cerises en alcool, éphémère, moelleux en bouche avec des fruits confits, un boisé fin et élégant, au corps riche et plein, des tanins puissants, belle complexité en finale.

GIGONDAS ORIGINES 2007
Rouge | 2012 à 2020 | 20 €   **16/20**
Un nez riche et profond, raisins sultanines, épices douces et d'oranges confites. En bouche, il est encore très jeune, mais on sent déjà le potentiel de ce beau vin savoureux et plein de caractère aux tanins tendus, mais racés.

Rouge : 25 hectares ; cinsault 5%, grenache 80%, mourvedre 5%, syrah 5%. Production totale annuelle : 80 000 bt. Visite : Toute la semaine de 10 h à 12 h et de 14 h à 19 h.

DOMAINE DE PANISSE

Chemin de Panisse 161
84350 Courthezon
Tél. 04 90 70 78 93 - Fax. 04 90 70 81 83
domainedepanisse@wanadoo.fr
domainedepanisse.skyrock.com

Ce petit et très méritant domaine de Cour-thézon produit trois cuvées de château-neuf et un côtes-du-rhône. Le début de gamme, tant pour le côtes-du-rhône que pour le châteauneuf-tradition, séduit immédiatement par sa fraîcheur aroma-tique et un caractère joliment primesau-tier. Confidence-vigneronne et noble-révélation sont des vins plus puissants et de garde.

CHÂTEAUNEUF-DU-PAPE
CONFIDENCE VIGNERONNE 2006
Rouge | 2011 à 2016 | 19,10 €   **14/20**
Le vin a du potentiel, mais il se développe avec un charme moins immédiat que la cuvée tradition. Il faut l'oublier en cave deux ou trois ans encore.

CHÂTEAUNEUF-DU-PAPE RÉVÉLATION 2006
Rouge | 2013 à 2020 | 35 €   **15/20**
Texture profonde et charpentée, arômes intéressants d'olive noire, intensité et poten-tiel, même si l'on aimerait idéalement un équilibre moins axé sur la puissance.

CHÂTEAUNEUF-DU-PAPE TRADITION 2008
Rouge | 2009 à 2013 | NC   **15/20**
Souple et charnu, c'est un très agréable châ-teauneuf que l'on peut déjà apprécier pour sa palette aromatique fruitée, ses épices douces et sa chair tendre et suave.

CÔTES DU RHÔNE MURMURE DES VIGNES 2007 ☺
Rouge | 2009 à 2010 | 7,20 €   **15/20**
Délicieux côtes-du-rhône aux jolis arômes de fraise, à la bouche gourmande et géné-reuse, mais aussi à l'équilibre frais et sans lourdeur.

Rouge : 17 hectares. Production totale annuelle : 15 000 bt. Visite : Sur rendez-vous.

CLOS DES PAPES

13, avenue Pierre-de-Luxembourg
BP 8
84231 Châteauneuf-du-Pape Cedex
Tél. 04 90 83 70 13 - Fax. 04 90 83 50 87
clos-des-papes@clos-des-papes.com

Le Clos des Papes, qui s'appuie malgré son nom sur vingt-quatre parcelles situées dans pratiquement tous les terroirs (mais avec tout de même 7 hectares sur la Crau), est l'un des grands classiques de Châ-teauneuf : on ne trouve pratiquement pas un millésime faible, ici, depuis vingt ans. La culture est exigeante, les vinifications sont classiques, avec un égrappage total (sauf sur le grenache) et pas de pigeage. Cette délicatesse technique se retrouve parfaitement dans le style des vins, assu-rément les plus équilibrés et harmonieux de l'appellation. En outre, les Avril n'ont pas succombé à la mode des cuvées spé-ciales, aussi leur vin brille-t-il par sa pléni-tude. Le blanc n'est pas négligeable, ni en quantité (un dixième des surfaces plan-tées) ni en qualité, elle aussi tout en équi-libre et en fraîcheur.

CHÂTEAUNEUF-DU-PAPE 2007
Rouge | 2012 à 2025 | NC   **19,5/20**
Peut-être supérieur au 2005 : vin d'une per-fection formelle éblouissante, avec un bou-quet d'une remarquable fraîcheur, une plénitude de corps soutenue par une chair veloutée et des tanins de soie, un équilibre sans lourdeur exquis et une persistance interminable. Formidable !

CHÂTEAUNEUF-DU-PAPE 2005
Rouge | 2012 à 2022 | NC   **19/20**
Remarquable réussite profonde et intense, d'une brillante élégance de tanin et d'un équilibre en bouche quasi parfait.

CHÂTEAUNEUF-DU-PAPE 2004
Rouge | 2009 à 2018 | NC   **17/20**
Belle robe vive, fruits noirs et herbes aro-matiques, rondeur grasse, bon fruit en bouche, corps profond mais sans aucune rudesse tannique ou lourdeur alcoolique, grande fraîcheur dans une finale veloutée.

Rouge : 29 hectares ; divers 5%, grenache 65%, mourvèdre 20%, syrah 10%. Blanc : 3 hectares ; bourboulenc 16%, clairette 16%, grenache 16%, picpoul 16%. Production totale annuelle : 110 000 bt. Visite : Du lundi au jeudi de 8 h à 12 h et de 14 h à 18 h. Fermeture à 17 h le vendredi.

DOMAINE DU PEGAU

15, avenue Impériale
84230 Châteauneuf-du-Pape
Tél. 04 90 83 72 70 - Fax. 04 90 83 53 02
pegau@pegau.com
www.pegau.com

Laurence Féraud et son père ont fait de cette propriété de Châteauneuf-du-Pape l'un des archétypes de l'appellation, dans un registre puissant, intensément charpenté et généreusement bouqueté. La gamme se compose de trois cuvées : un châteauneuf classique, généreux mais parfois rustique, une cuvée laurence, qui bénéficie d'un élevage en barriques, et da-capo, sélection de vieilles vignes élevée en bois neuf et proposée dans les meilleurs millésimes. Da-capo fait indiscutablement partie des vins les plus impressionnants de Châteauneuf, tandis que la cuvée laurence, avec une belle régularité, impose son profil généreux et épicé.

CHÂTEAUNEUF-DU-PAPE LAURENCE 2004
Rouge | 2009 à 2022 | NC   **17/20**
Avec ses arômes de prune, de cuir et de thym, le vin évolue magnifiquement. En bouche, il est intense et onctueux, très tapissant et d'une persistance remarquable.

CHÂTEAUNEUF-DU-PAPE RÉSERVÉE 2007
Rouge | 2012 à 2020 | 34 €   **16/20**
Belle robe profonde, palette de cuir et de fruits noirs, épices, allonge puissante et intense, tanins sans rudesse, grande allonge. Un potentiel certain à faire mûrir en cave.

CHÂTEAUNEUF-DU-PAPE RÉSERVÉE 2006
Rouge | 2010 à 2018 | 34 €   **15,5/20**
Le vin, épicé et intense, possède une incontestable stature ; riche et onctueux, mais sans avoir la puissance du 2007, il vieillira bien.

Rouge : 25 hectares ; autres 2%, grenache noir 85%, mourvèdre 4%, syrah 9%. **Blanc** : 1 hectare : bourboulenc 10%, clairette 20%, grenache blanc 60%, roussane 10%. **Visite** : Sur rendez-vous de 8 h 30 12 h et de 13 h 30 17 h 30.

DOMAINE PÉLAQUIÉ

7, rue Vernet
30290 Saint-Victor-la-Coste
Tél. 04 66 50 06 04 - Fax. 04 66 50 33 32
contact@domaine-pelaquie.com
www.domaine-pelaquie.com

La famille Pélaquié cultive des vignes à Saint-Victor-la-Coste depuis le XVIe siècle. Les blancs du domaine sont parmi les plus frais et les plus élégants de la région, avec une belle texture et une pureté de fruits admirable. .

CÔTES DU RHÔNE 2008
Rouge | 2009 à 2011 | 5,70 €   **13,5/20**
Très joli vin pour le millésime, arômes de poivre blanc et de rafles au nez, en bouche c'est un vin blanc et parfumé, un fruit généreux et expressif avec une petite touche d'amertume en finale.

CÔTES DU RHÔNE MOURVÈDRE 2007
Rouge | 2012 à 2017 | 12 €   **14/20**
Le vin est concentré et épicé avec un joli fruit riche, mais pour le moment le bois domine. Il faudrait quelques années en bouteille avant que le bois s'intègre au vin.

CÔTES DU RHÔNE-VILLAGES LAUDUN 2008
Blanc | 2009 à 2012 | 7,30 €   **14/20**
Herbe coupée, verdure au nez, expressif et vif, fleurs blanches, fraîcheur, expansif mais avec une pointe d'amertume en finale.

CÔTES DU RHÔNE-VILLAGES LAUDUN 2007
Rouge | 2010 à 2013 | 6,70 €   **14,5/20**
Des arômes de fruits macérés, kirsch et épices, un vin sérieux avec des tanins stricts et puissants, un peu chaud en finale.

LIRAC 2008
Blanc | 2009 à 2012 | 9 €   **14,5/20**
Très aromatique, riche et généreux avec une bonne matière harmonieuse, la fin est droite et savoureuse avec une bonne vinosité.

LIRAC 2007
Rouge | 2009 à 2013 | 7,70 €   **14,5/20**
Bonne profondeur d'arômes au nez, une touche de chocolat et du caramel qui vient du bois, c'est un vin très intense en bouche, avec des notes d'épices médicinales, garrigue et fraîcheur. Tanins puissants.

TAVEL 2008
Rosé | 2009 à 2012 | 7,70 €   **14,5/20**
Belle constitution, riche et assez profond en bouche, poivré avec des notes de petits fruits rouges, bonne tension en finale.

Rouge : 62 hectares. ‡ **Blanc** : 23 hectares. Production totale annuelle : 200 000 bt.

PERRIN ET FILS

Route de Jonquières
84100 Orange
Tél. 04 90 11 12 00 - Fax. 04,90,11,12,19
familleperrin@beaucastel.com
www.perrin-et-fils.com

Si la Vieille Ferme, savoureux et fruité côtes du ventoux, est un assemblage de vins achetés à différents producteurs et d'autres issus de leurs propres vignobles, toutes les autres cuvées de cette entreprise familiale créée par la famille propriétaire du Château de Beaucastel (Châteauneuf-du-Pape) correspondent à des vignobles directement administrés et cultivés par les Perrin. La gamme a ainsi beaucoup gagné, autant en homogénéité de style - avec des vins vigoureux, nets, sans lourdeur - qu'en capacité à exprimer fidèlement les terroirs qu'elles illustrent. Les cuvées de châteauneuf, gigondas et vinsobres sont parmi les meilleures expressions de leurs appellations respectives.

CÔTES DU RHÔNE-VILLAGES CAIRANNE
PEYRE BLANCHE 2007   ☺
Rouge | 2009 à 2013 | 7,50 €   **15/20**
Vin charnu et chaleureux, associant les épices, les fruits noirs et le chocolat, généreux en bouche et d'une saveur très expressive.

VINSOBRES LES CORNUDS 2007
Rouge | 2009 à 2012 | 7,30 €   **15/20**
Beaux arômes de fruits rouges et noirs frais, longueur veloutée mais nerveuse, intense et structuré.

Rouge : 180 hectares ; grenache noir 70%. mourvèdre 15%, syrah 15%. Blanc : 20 hectares. Production totale annuelle : 1 200 000 bt. Visite : De 9 h à 18 h.

DOMAINE DE PIAUGIER

3, route de Gigondas
84110 Sablet
Tél. 04 90 46 96 49 - Fax. 04 90 46 99 48
piaugier@wanadoo.fr
www.domainedepiaugier.com

Ce domaine très sérieux de Sablet s'est agrandi peu à peu, et propose ainsi également un gigondas. Les vins, qui peuvent parfois paraître assez austères dans leur jeunesse, sont complets et bien constitués, avec une structure tannique toujours affirmée. Jean-Marc Autran a sélectionné dans son vignoble plusieurs terroirs spécifiques, donnant des vins au caractère affirmé : bruguières, montmartel, ténébi. Il réalise aussi une ambitieuse cuvée d'assemblage, la-réserve-de-maude.

CÔTES DU RHÔNE LA GRANGE DE PIAUGIER 2007   ☺
Rouge | 2009 à 2012 | NC   **14,5/20**
Un vrai délice ! Fruits rouges frais, une belle concentration de matière sans aucune lourdeur, généreux et plaisant, avec une belle longueur en finale.

CÔTES DU RHÔNE-VILLAGES SABLET 2006
Rouge | 2009 à 2011 | 7,60 €   **14/20**
Le vin a déjà évolué, mais il y a une belle matière en bouche, des fruits cuits, épicés, avec des tanins secs en finale.

CÔTES DU RHÔNE-VILLAGES SABLET LE RÊVE
DE MARINE 2005
Rouge | 2009 à 2013 | 13,50 €   **14/20**
Une cuvée de 100% syrah, dont l'élevage a ôté le côté fruité du vin. En bouche, on retrouve les arômes de bois, de sous-bois et de laurier, mais il manque la fraîcheur du fruit. Les tanins sont fermes et stricts en fin de bouche.

CÔTES DU RHÔNE-VILLAGES SABLET TÉNÉBI 2007
Rouge | 2009 à 2012 | 9,90 €   **14,5/20**
Un vin issu de 100% counoise est assez rare de nos jours. Un bouquet très original, fruité mais avec aussi un aspect crémeux. En bouche, c'est droit et linéaire, propre, avec des tanins stricts.

GIGONDAS 2007
Rouge | 2011 à 2016 | 13 €   **15/20**
Un beau style de vin, marqué au nez par le bois, une belle matière dense et profonde en bouche, des fruits noirs épicés avec des tanins solides, mais bien intégrés.

Rouge : 28,2 hectares ; carignan 5%, cinsault 5%, counoise 5%, grenache 65%, mourvèdre 10%, syrah 10%. Blanc : 1,8 hectare ; clairette 10%, grenache 30%, roussanne 30%, viogner 30%. Production totale annuelle : 120 000 bt. Visite : De 8 h à 12 h et de 14 h à 18 h sur rendez-vous.

DOMAINE DE PIGNAN

17, avenue des Bosquets
84230 Châteauneuf-du-Pape
Tél. 04 90 83 55 38 - Fax. 04 90 83 55 38
charvin@domaine-de-pignan.com
www.domaine-de-pignan.com

Frédéric Charvin a reconstitué ce petit domaine situé pour partie dans le secteur de Pignan, célèbre pour son terroir de sables anciens, le safre, où se situe le vignoble de Rayas. La vinification est traditionnelle et identique pour les deux cuvées : coralie-et-floriane est un vin majoritairement issu de très vieilles vignes de grenache.

CHÂTEAUNEUF-DU-PAPE 2007
Blanc | 2009 à 2012 | NC   **13,5/20**
Poire et agrume, équilibré sans lourdeur, vivacité.

CHÂTEAUNEUF-DU-PAPE
CORALIE ET FLORIANE 2007
Rouge | 2012 à 2017 | NC   **17/20**
Vin coloré, développant des arômes épicés et de fruit à noyau, beau volume intense mais sans lourdeur. Raffiné.

CHÂTEAUNEUF-DU-PAPE
CORALIE ET FLORIANE 2006
Rouge | 2012 à 2017 | NC   **16/20**
Ample vin à la grande chair onctueuse et soyeuse, racé, au boisé un peu marqué mais fin.

Inscrivez-vous sur

BETTANEDESSEAUVE.COM

> Suivez l'actualité du vin
> Accédez aux notes de dégustation de 25 000 vins
> Visitez les stands des producteurs

DOMAINE RASPAIL-AY

La Filature
84190 Gigondas
Tél. 04 90 65 83 01 - Fax. 04 90 65 89 55
raspail.ay@orange.fr

Dominique Ay (prononcer [è]) est l'une des figures emblématiques de Gigondas. Son domaine est un bon exemple d'un des styles de vins qu'il est possible de faire sur l'appellation : des vins droits, aux tanins puissants, qui demandent un peu de temps à se faire, mais dont la tenue en bouteilles est remarquable. Les vieux millésimes que nous avons pu goûter en sa compagnie démontraient la grande qualité du terroir de Gigondas.

GIGONDAS 2007
Rouge | 2013 à 2020 | 13 €   **16/20**
Nez restreint de laurier et thym, superbe texture soyeuse et svelte en bouche. De la fraîcheur, avec des fruits noirs, rond et généreux, tanins très jeunes, un peu chaud en finale mais il vieillira bien.

GIGONDAS 2007
Rosé | 2009 à 2011 | 13 €   **14/20**
Un assemblage original de 60 % grenache et 40 % clairette donne un rosé vineux et gras, aux notes de poivre noir et de fruits rouges, belle texture ample et charmeuse. Un vrai rosé de repas.

GIGONDAS 2006
Rouge | 2009 à 2016 | 12 €   **16/20**
Avec un an de plus en bouteille, le vin est devenu plus ample en bouche, des notes de cerises confites et de garrigue s'expriment parfaitement, dans un vin au corps ample et aux tanins fermes, mais mûrs.

Rouge : 18 hectares ; grenache noir 80%, mourvèdre 5%, syrah 15%. **Production totale annuelle** : 55 000 bt. **Visite** : 8 h à 12 h et 13 h à 17 h

CHÂTEAU RAYAS

🜲🜲🜲🜲🜲

84230 Châteauneuf-du-Pape
Tél. 04 90 83 73 09 - Fax. 04 90 83 51 17
www.chateaurayas.fr

Situé sur un terroir de sables très compacts qu'on appelle safres, aéré, rafraîchi par de petites pinèdes, Rayas possède une situation véritablement à part à Châteauneuf. Ses principes, qui sont à contre-courant des vins modernes sur le plan de l'élevage (on utilise ici des foudres et des barriques en bois si vieux qu'il en paraît minéralisé), sont apparus en revanche très en avance sur l'essentiel : petits rendements sur les pieds, attente de la maturité parfaite pour récolter, vinification naturelle et sans recherche d'extraction maximale. Emmanuel Reynaud, en place depuis 1997, applique ces principes avec beaucoup de finesse mais sans esbroufe. Il a fait un très important travail dans les vignes depuis cette date, remplaçant dès son arrivée les pieds manquants, et cultivant comme un jardin ce terroir toujours plus frais qu'ailleurs à Châteauneuf. Ce travail discret porte ses fruits aujourd'hui, et les derniers millésimes de Rayas n'ont jamais été aussi complets, dans un style qui privilégie toujours une souveraine finesse.

CHÂTEAUNEUF-DU-PAPE 2006
Rouge | 2016 à 2030 | NC   **18,5/20**
Très grand Rayas, riche, ample, avec une palette épicée brillante, d'une dimension glorieuse qui en fait un vin de grande garde.

CHÂTEAUNEUF-DU-PAPE 2005
Rouge | 2009 à 2030 | 68 €   **19/20**
Le vin témoigne d'une élégance suprême, avec un raffinement de texture et une précision exceptionnels. Du grand art !

CHÂTEAUNEUF-DU-PAPE 2004
Rouge | 2009 à 2025 | 71 €   **18/20**
Vin suave, aérien, au bouquet framboisé, d'une fraîcheur sans égale à Châteauneuf, mais avec l'ampleur et la profondeur attendues. Grande réussite.

Rouge : 22 hectares ; grenache 100%.
Blanc : 3 hectares. Production totale annuelle : 70 000 bt. Visite : Pas de visites.

DOMAINE LA RÉMÉJEANNE

🜲🜲🜲🜲🜲

Cadignac
30200 Sabran
Tél. 04 66 89 44 51 - Fax. 04 66 89 64 22
remejeanne@wanadoo.fr
www.laremejeanne.com

Avec un remarquable amour du travail bien fait, Rémi Klein démontre, depuis plusieurs années maintenant, le potentiel des terroirs de la rive droite du Rhône, côté gardois. À 200 mètres d'altitude, sur un sol de grès calcaires, il produit des vins complexes et structurés, offrant une belle fraîcheur en bouche et un fruit (mûre, cassis, fraise) toujours très expressif.

CÔTES DU RHÔNE CHÈVREFEUILLE 2008
Rouge | 2009 à 2010 | 6 €   **14,5/20**
Sur le fruit, aromatique et friand, c'est un vin franc et croquant avec une belle ampleur et des tanins tendres.

CÔTES DU RHÔNE CÔTÉ LEVANT 2008   ☺
Rouge | 2009 à 2011 | 5 €   **14/20**
À partir de ses jeunes vignes, Rémy Klein a créé cette cuvée qui sera uniquement en vente chez les professionnels (cavistes et restaurateurs). Doux et savoureux, joliment épicé en bouche avec une bonne tension en finale.

CÔTES DU RHÔNE LES ARBOUSIERS 2008
Blanc | 2009 à 2011 | 8 €   **14/20**
Un bouquet expressif et floral, le vin est précis et vif avec une bonne présence en bouche.

CÔTES DU RHÔNE LES ARBOUSIERS 2007
Rouge | 2009 à 2014 | 7,50 €   **15/20**
Superbe structure en bouche, gras, riche, belle densité, fruits mûrs et ronds, arômes de poivre noir, laurier et tabac, tanins bien travaillés, plein, il a du caractère.

CÔTES DU RHÔNE-VILLAGES GENEVRIERS 2007
Rouge | 2009 à 2014 | 12 €   **15,5/20**
Intensément fruité, avec des notes de réglisse et de poivre noir, voilà un vin dense, aux tanins mûrs et bien intégrés ; après une année en bouteille, le vin commence à s'ouvrir.

CÔTES DU RHÔNE-VILLAGES LES ÉGLANTIERS 2007
Blanc | 2009 à 2012 | 15 €   **15,5/20**
Riche et ample en bouche, c'est un assemblage de roussanne, viognier et clairette avec un passage en barriques, il est raffiné et fin, sans aucune lourdeur.

Production totale annuelle : 110 000 bt.

DOMAINE RICHAUD

Route de Rasteau
84290 Cairanne
Tél. 04 90 30 85 25 - Fax. 04 90 30 71 12
marcel.richaud@wanadoo.fr

Personnalité vive, perfectionniste et atta-chante, Marcel Richaud représente certai-nement mieux que quiconque le métier de vigneron, sa noblesse simple comme sa capacité à toujours se remettre en ques-tion. Peu ont comme lui porté autant d'at-tention à tous les vins de leur gamme, et on peut être sûr, ici, de se régaler avec un simple vin de table comme avec une cuvée aussi ambitieuse que peuvent l'être l'ébrescade ou les-estrambords.

CÔTES DU RHÔNE TERRE DE GALETS 2008   Ⓤ
Rouge | 2009 à 2011 | 7 €   **14,5/20**
Une belle matière suave et florale, le fruit est croquant, très grenache. Le finale est un peu court, mais la fraîcheur est très agréable !

CÔTES DU RHÔNE TERRES D'AYGUES 2008   Ⓤ
Rouge | 2009 à 2011 | 5,50 €   **14,5/20**
Un nez très expressif, floral aux véritables notes de lys. En bouche, le vin est gourmand et gouleyant sans aucune amertume, une vraie réussite pour ce millésime difficile ! Bravo.

CÔTES DU RHÔNE-VILLAGES CAIRANNE 2008
Rouge | 2009 à 2013 | 10 €   **15,5/20**
Un vin vraiment exceptionnel pour le millé-sime ! Une superbe constitution, mûr, gour-mand et souple. Une pureté de fruit étonnante, la matière est suave, vin élégant et harmonieux.

CÔTES DU RHÔNE-VILLAGES CAIRANNE
L'EBRESCADE 2007
Rouge | 2009 à 2010 | env 17 €   **16,5/20**
Composé à parts égales de grenache, syrah et mourvèdre, cette cuvée provient d'une parcelle privilégiée possédant une exposi-tion parfaite. De la robe noire à la bouche pleine et charnue, ce vin est tout simple-ment impressionnant. Encore très jeune et fermé, il possède une matière profonde et concentrée avec des tanins compacts mais racés. Il nous montre à peine son potentiel en ce moment, il faut l'oublier au fond de la cave pour un minimum de trois ans.

Rouge : 48 hectares ; carignan 10%, counoise 5%, grenache 55%, mourvèdre 12%, syrah 12%.
Blanc : 2 hectares ; bourboulenc 1%, clairette 2%, roussane 2%, viognier 1%. **Production totale annuelle :** 150 000 bt. **Visite :** du lundi au samedi de 9 h à 12 h et de 14 h à 18 h.

ROC D'ANGLADE

700, chemin de Vignecroze
30980 Langlade
Tél. 04 66 81 45 83 - Fax. 04 66 75 39 06
remy.pedreno@rocdanglade.fr
www.rocdanglade.fr

Rémy Pedreno a quitté l'informatique pour revenir à sa région natale et choisir le métier de vigneron. Mais il n'a pas oublié, de sa première vie, sa curiosité de dégus-tateur et celle-ci lui a donné l'envie et l'idée de produire des grands vins sur ce terroir gardois encore peu exploité en la matière. Pourtant son terroir est superbement situé en coteaux, sur des sous-sols argilo-sili-ceux et calcaires, et Rémy Pedreno peut ainsi y produire des vins de grande finesse, tout en élégance et d'un fruit très pur. Le rouge, assemblage de carignan, mour-vèdre, syrah et grenache, est ensuite élevé en foudres. En blanc, plus étonnant encore, le vin est composé à 100% du cépage chenin.

VIN DE PAYS DU GARD 2007
Rouge | 2009 à 2014 | 31 €   **15/20**
Une superbe matière dense et soyeuse, avec des notes épicées et florales, bel élevage discret et raffiné avec des tanins élégants en finale.

VIN DE PAYS DU GARD 2005
Blanc | 2011 à 2014 | 23 €   **14,5/20**
Un vin blanc unique dans la région fait à partir du chenin ; des arômes de noisettes, crémeux, très riche ; belle texture en bouche, riche et longue, finissant sur la fraîcheur. C'est un vin original, atypique à laisser vieillir en cave impérativement quelques années avant que le vin s'exprime.

Visite : Sur rendez-vous.

DOMAINE DE LA ROQUETTE

2, avenue Louis-Pasteur
BP 22
84230 Châteauneuf-du-Pape
Tél. 04 90 33 00 31 - Fax. 04 90 33 18 47
vignobles@brunier.fr
www.vignoblesbrunier.fr

Le domaine appartient à la famille Brunier (Vieux Télégraphe) mais il dispose de ses propres installations dans le village de Châteauneuf, et son vignoble est indépendant. De fait, il se situe dans la zone de La Roquette (sables et sous-sol argilo-calcaire), largement utilisée pour les blancs, sur le plateau de Pied-Long (galets) et les sables de Pignan. Le rouge est très harmonieux, sans lourdeur, plus axé sur la finesse que vieux-télégraphe.

Châteauneuf-du-Pape 2007
Rouge | 2010 à 2020 | 25 €   **14/20**
Le vin est coloré, avec des arômes de quetsche prononcés ; ouvert en bouche, il séduit par sa chair ample mais souple, ses tanins déjà fondus.

Châteauneuf-du-Pape L'Accent 2007
Rouge | 2012 à 2017 | 50 €   **15/20**
La robe est moins intense que pour la cuvée classique, le caractère presque minéral du bouquet, la chair tapissante, la longueur donnent à ce vin une personnalité très profonde.

Châteauneuf-du-Pape L'Accent 2006
Rouge | 2012 à 2017 | 50 €   **15/20**
Même registre que le 2007 avec un style un rien moins expansif mais toujours intéressant, long et tapissant.

Rouge : 27 hectares ; caignan noir 1%, cinsault 1%, grenache noir 69%, mourvèdre 8%, syrah 16%. **Blanc :** 2 hectares ; bourboulenc 1%, clairette 2%, grenache blanc 1%, roussane 1%. **Production totale annuelle :** 110 000 bt. **Visite :** visites et dégustations au 04 90 83 71 25.

DOMAINE ROUGE GARANCE

Chemin de Massacan
30120 Saint-Hilaire d'Ozilhan
Tél. 04 66 01 66 45 - Fax. 04 66 37 06 92
contact@rougegarance.com
www.rougegarance.com

Premiers du village à quitter la cave coopérative de Saint-Hilaire-d'Ozilhan, Bertrand et Claudie Cortellini se sont associés en 1996 avec le comédien Jean-Louis Trintignant pour créer leur propre domaine. Les vignes sont situées sur la rive droite du Rhône, sur les communes de Castillon-du-Gard et Saint-Hilaire-d'Ozilhan.

Côtes du Rhône Feuilles de Garance 2008
Rouge | 2009 à 2011 | 6,50 €   **14/20**
Avec les caractéristiques du millésime 2008 ; joliment fruité, notes de poivre noir et de rafle, il y a une belle matière florale et frais. À boire relativement jeune.

Côtes du Rhône Rosée de Garance 2008
Rosé | 2009 à 2010 | 6 €   **14/20**
Plus charnu que le Little, on retrouve des notes de petits fruits rouges et fraîcheur avec une bonne tenue en bouche.

Côtes du Rhône-Villages Garances 2007
Rouge | 2009 à 2012 | 8 €   **14,5/20**
À base de carignan, c'est un vin riche et savoureux, au fruit croquant et avec une bonne tension en bouche. Beaucoup de personnalité.

Côtes du Rhône-Villages Les Saintpierre 2007
Rouge | 2011 à 2015 | 13,50 €   **15,5/20**
Le bouquet est marqué par l'élevage en barriques, une matière dense et soyeuse en bouche finissant sur des tanins de bois pas encore intégrés. À attendre une année ou deux.

Côtes du Rhône-Villages Rouge Garance 2007
Rouge | 2009 à 2014 | 10 €   **15,5/20**
Un assemblage à base de syrah, profond et intensément fruité. Gourmande en bouche avec des notes florales, cette cuvée est plus élancée et soyeuse, avec des tanins polis.

Vin de pays des Coteaux du Pont du Gard Vin de Table Little Garance
Rosé | 2009 à 2010 | 5 €   **13,5/20**
Un rosé frais et gouleyant, pas compliqué, parfait en apéritif ou pour les grillades d'été.

Vin de Table Little Garance
Rouge | 2009 à 2011 | 4,50 €   **13,5/20**
Un vin sur le fruit, sans esbroufe. Facile et plus qu'agréable, rond, avec ses notes de fruits noirs poivrés et surtout une bonne acidité en bouche.

Rouge : 28,74 hectares. **Blanc :** 1,26 hectare.
Production totale annuelle : 150 000 bt.
Visite : De 9 h à 12 h et 14 h à 17 h 30,
De juillet à août de 14 h 30 à 18 h.

DOMAINE RUFFINATTO

Chemin de Barielle
84560 Ménerbes
Tél. 04 90 72 39 76 - Fax. 04 90 72 39 76

Christian Ruffinatto a démarré en 2001, avec quelques parcelles en location. Aujourd'hui, il gère près de 6 hectares, qu'il travaille et vinifie alors qu'il est aussi chef de culture et maître de chai au domaine de la Citadelle ! Ses vins sont raffinés, avec de belles constructions, toujours axés sur la finesse. La cuvée tradition est un vin riche et flatteur avec une belle constitution, tandis que le vin de la cuvée infante, produite uniquement dans les années d'exception, est profond et sérieux, avec toujours des tanins très élégants et fins.

Côtes du Luberon L'Infante 2007
Rouge | 2011 à 2016 | 14 €   **16,5/20**
Un assemblage étonnant de counoise, carignan, grenache et mourvèdre. Vinifié et élevé en barriques, c'est un vin richement fruité avec une belle constitution. Un bouquet floral et expressif, soyeux en bouche avec des tanins ronds, bien travaillés, mais solides. Une grande réussite toute en élégance.

Côtes du Luberon Tradition 2007
Rouge | 2010 à 2014 | 8 €   **15/20**
Superbe qualité de fruits (ronces, mûres sauvages) avec une belle matière charnue, les tanins sont suaves et raffinés, mais il manque un peu de fraîcheur en finale.

DOMAINE ROGER SABON

Avenue Impériale
84232 Châteauneuf-du-Pape
Tél. 04 90 83 71 72 - Fax. 04 90 83 50 51
roger.sabon@wanadoo.fr
www.roger-sabon.fr

Le vignoble de cette très ancienne famille de Châteauneuf se divise en de nombreuses parcelles, situées dans différents quartiers du cru, de la Crau à Cabrières, en passant par Courthézon. L'encépagement est largement dominé par le grenache, celui-ci étant un peu moins présent dans la cuvée réserve. La propriété propose aussi un savoureux vin-de-table, généreux et fruité à souhait, composé à partir de marsellan.

Châteauneuf-du-Pape Prestige 2007
Rouge | 2014 à 2020 | 30,60 €   **16,5/20**
Élégant, parfumé et profond, assurément à fort potentiel.

Châteauneuf-du-Pape Prestige 2006
Rouge | 2012 à 2020 | 30,60 €   **16,5/20**
L'élevage est encore marqué, mais avec sa palette aux accents de chocolat et d'olive noire, ce vin onctueux et dense possède un très beau potentiel de garde.

Châteauneuf-du-Pape Réserve 2007
Rouge | 2012 à 2018 | 18,90 €   **16/20**
Très velouté, beau potentiel de vieillissement pour ce châteauneuf classique et profond.

Rouge : 45 hectares ; cinsault 10%, grenache 65%, mourvedre 10%, syrah 10%. Blanc : 2 hectares. Production totale annuelle : 73 000 bt. Visite : Du lundi au vendredi de 8 h à 12 h et de 14 h à 18 h et le samedi de 9h à 12 h et de 14 h à 18 h.

DOMAINE SAINT-AMANT

84190 Suzette
Tél. 04 90 62 99 25 - Fax. 04 90 65 03 56
contact@saint-amant.com
www.domainesaintamant.com

Le domaine a été créé par la famille Wallut en 1990, quand celle-ci a décidé de planter du viognier autour de sa maison de vacances. Les vignes sont situées entre 400 et 600 mètres d'altitude, ce qui apporte fraîcheur et élégance aux vins du domaine. La moitié de la production du domaine est en blanc, presque entièrement dédiée au cépage viognier, qui, grâce à l'altitude, produit des vins délicats et floraux, sans la lourdeur qui empâte tant de viogniers du Sud. Les rouges possèdent aussi des bouquets pleins et floraux.

BEAUMES DE VENISE GRANGENEUVE 2007
Rouge | 2009 à 2015 | 8,50 €   **14,5/20**
Légèrement réduit au nez, en bouche il est élégant avec de beaux fruits mûrs et des notes de ronces. Une texture savoureuse donne suite à des tanins souples et fondus.

BEAUMES DE VENISE GRANGENEUVE 2006
Rouge | 2009 à 2012 | 9,00 €   **14,5/20**
Nez expressif, floral, avec une touche de cassis, boisé bien intégré, tanins discrets, petite pointe d'amertume en finale.

CÔTES DU RHÔNE LA BORRY 2008
Blanc | 2009 à 2011 | 8,00 €   **14/20**
Frais et pur, des arômes classiques de viognier, des notes de pomme verte, sans aucune lourdeur en bouche, bonne minéralité. Un beau vin agréable à boire, avec beaucoup de classe.

CÔTES DU RHÔNE LAS CLAPAS 2007
Rouge | 2009 à 2012 | 6,50 €   **14/20**
Un bouquet marqué par la fraîcheur de l'altitude à laquelle les vignes sont cultivées, le fruit est dense et précis avec une agréable touche d'amertume en finale.

CÔTES DU RHÔNE-VILLAGES LA TABARDONNE 2008
Blanc | 2009 à 2013 | 12 €   **14,5/20**
Une bonne dose de bois qui marque le bouquet ainsi que la bouche. Une texture riche, grasse et ronde, mais avec une belle fraîcheur en finale. Un style moderne, parfaitement vinifié.

CÔTES DU RHÔNE-VILLAGES LA TABARDONNE 2007
Blanc | 2009 à 2012 | 12 €   **14,5/20**
100% viognier, pour moitié élevé en barriques : belle texture en bouche, riche et moderne mais sans la moindre lourdeur.

Rouge : 6 hectares. Blanc : 6 hectares. **Production totale annuelle :** 50 000 bt. **Visite :** De 9 h à 18 h.

DOMAINE SAINT-PRÉFERT

Quartier des Serres
84230 Châteauneuf-du-Pape
Tél. 04 90 83 75 03 - Fax. 04 90 33 26 23
contact@st-prefert.fr
www.st-prefert.fr

En quelques années, Isabel Ferrando a amené à un niveau remarquable ce domaine historique de l'appellation, situé au sud du secteur, entre Châteauneuf et Sorgues, dans le quartier des Serres. Installée depuis 2003 seulement, elle travaille son vignoble avec beaucoup de méticulosité et a choisi des élevages en barriques ambitieux. Deux cuvées de vieilles vignes existent, Charles Giraud et Auguste Favier, tandis qu'une autre parcelle située à l'ouest de l'appellation produit un vin proposé sous le nom de domaine-isabel-ferrando.

CHÂTEAUNEUF-DU-PAPE 2008
Blanc | 2010 à 2015 | 30 €   **13/20**
Déjà doré, mais bon volume gras, aromatiquement discret.

CHÂTEAUNEUF-DU-PAPE COLLECTION CHARLES GIRAUD 2007
Rouge | 2010 à 2017 | env 45 €   **16,5/20**
Splendide vin profond et velouté, au corps suave et intense, marqué par des arômes de pruneau, long et très savoureux sans violence. Persistance.

CHÂTEAUNEUF-DU-PAPE COLLECTION CHARLES GIRAUD 2006
Rouge | 2012 à 2017 | 45 €   **14,5/20**
On peut faire la même remarque que pour la cuvée auguste-favier par rapport au millésime 2007 : le vin est fin et long, assez racé, mais moins précis aromatiquement que son successeur.

CHÂTEAUNEUF-DU-PAPE RÉSERVE AUGUSTE FAVIER 2007
Rouge | 2010 à 2017 | 30 €   **16/20**
Bouquet séduisant de fruits à noyau, bonne intensité, charnu, savoureux et solide. Très réussi.

CHÂTEAUNEUF-DU-PAPE RÉSERVE AUGUSTE FAVIER 2006
Rouge | 2012 à 2017 | 29 €   **15/20**
Même élégance insistante que dans le millésime 2007, mais un peu moins explosif en fruits.

Production totale annuelle : 50 000 bt.

CHÂTEAU SAINT-ROCH

Chemin de Lirac
30150 Roquemaure
Tél. 04 66 82 82 59 - Fax. 04 66 82 83 00
brunel@chateau-saint-roch.com
www.chateau-saint-roch.com

Situé sur la commune de Roquemaure, sur la rive gardoise du Rhône, le Château Saint-Roch a été racheté en 1998 par la famille Brunel (Château de la Gardine). Les vins, qui ont gardé l'esprit de La Gardine, sont droits et structurés, avec des tanins nets, et possèdent tous un bon potentiel de vieillissement.

CHÂTEAUNEUF-DU-PAPE 2007
Rouge | 2011 à 2017 | 21,80 €   **15/20**
Un vin richement extrait, savoureux en bouche, il a besoin du temps, tanins puissants, mais il a un bel avenir.

CÔTES DU RHÔNE PALMES 2006
Rouge | 2009 à 2011 | 7,50 €   **14/20**
Dense et floral, touche de bois, fruits noirs concentrés, une bonne énergie en bouche, tanins droits.

LIRAC 2007
Rouge | 2009 à 2013 | 10,40 €   **14,5/20**
Généreux et fruité, le corps est plein et expansif avec une belle texture en bouche et surtout beaucoup de fraîcheur.

LIRAC CUVÉE CONFIDENTIELLE 2007
Rouge | 2009 à 2015 | 14,20 €   **15/20**
Un assemblage de grenache, syrah et mourvèdre à parts égales, c'est une cuvée surprenante pour son élégance et sa finesse. Un nez expressif de torréfaction, cacao et de cassis ; en bouche il est soyeux et plein, richement fruité avec une belle allonge.

LIRAC PALMES 2008
Rouge | 2009 à 2013 | 15,20 €   **15/20**
Une vraie réussite pour le millésime 2008. Gourmand et gouleyant, des fruits mûrs et croquants, impeccablement vinifié. Beaucoup de personnalité. Chapeau !

LIRAC PALMES 2006
Rouge | 2009 à 2014 | 15,20 €   **15/20**
La composition de la cuvée Palmes varie selon le millésime. Mme Brunel choisit ses vins préférés, et en conserve une partie pour faire cet assemblage. 2006 est l'année du grenache, et on retrouve ainsi un vin typé, sur le fruit, mais aussi avec des notes cacaotées, légèrement torréfiées, grâce à son élevage en barriques.

Rouge : 32 hectares. Blanc : 8 hectares. Production totale annuelle : 160 000 bt. Visite : de 8h à 12 h et de 13 h 30 à 17 h 30.

DOMAINE SAINTE-ANNE

Les Colettes
30200 Saint-Gervais
Tél. 04 66 82 77 41 - Fax. 04 66 82 74 57
domaine.ste.anne@orange.fr

Le Domaine Sainte Anne, créé en 1965 par la famille Steinmaier, était un véritable pionnier de la restructuration qualitative des vignobles rhodaniens gardois. Nichée au cœur de la garrigue, dans un lieu magique et naturel, les 35 hectares de vignes sont cultivés en viticulture raisonnée. Des vendanges manuelles à la vinification par cépage, tout est fait avec l'objectif de produire des vins de haute expression, avec des personnalités affirmées. Les vins sont concentrés et denses avec de belles structures, et peuvent être vieillis plusieurs années. Mais avec des prix si raisonnables, on a envie de se faire plaisir !

CÔTES DU RHÔNE 2007
Rouge | 2009 à 2013 | 5 €   **14,5/20**
Très parfumé au nez, presque floral, il y a une belle matière dense et structurée, fruits concentrés typés 2007, confituré, pour les amateurs des bombes de fruits !

CÔTES DU RHÔNE-VILLAGES 2007
Rouge | 2009 à 2013 | 6,50 €   **15/20**
Nez épicé, épices douces, merveilleux équilibre entre le fruit et la matière, mais aussi assez riche, touche de ronces, et de sous-bois, fruits noirs très mûrs. Amertume agréable en finale, tanins puissants.

CÔTES DU RHÔNE-VILLAGES SAINT-GERVAIS 2007
Rouge | 2009 à 2015 | 11 €   **16/20**
La cuvée est composée de 70% de mourvèdre, qui donne une bonne structure à ce vin. Un bouquet de jus de raisin concentré, belle matière en bouche, assez hédoniste, riche, intense, précis en bouche, belle trame tannique derrière. Savoureux et raffiné.

DOMAINE SALADIN

Les Pentes de Salaman
07700 Saint-Marcel-d'Ardèche
Tél. 04 75 04 63 20 - Fax. 04 75 04 63 20
domaine.saladin@wanadoo.fr
www.domaine_saladin.com

Souriantes et très ouvertes, les sœurs Saladin parlent avec enthousiasme et passion de leurs vignes et de leurs vins. La fraîcheur de ces terroirs ardéchois leur permet de produire des côtes-du-rhône et côtes-du-rhône-villages élégants, soyeux et sans prétention. En 2006, les cuvées haut-brisson et chaveyron-1422 apparaissent en vins de table, le comité de dégustation ayant refusé l'agrément de l'une d'elles.

CÔTES DU RHÔNE 2008
Blanc | 2009 à 2012 | 16 €   **14,5/20**
Le vin est frais et floral, sans aucune lourdeur en bouche, une cuvée plus qu'agréable.

CÔTES DU RHÔNE FAN DÉ LUNE 2007
Rouge | 2010 à 2015 | 16 €   **15/20**
Un style féminin et éphémère, joliment fruité avec une touche de tabac et de feuilles mortes, tanins encore assez tendus en finale.

CÔTES DU RHÔNE LOÏ 2007
Rouge | 2009 à 2014 | 10,50 €   **15/20**
Un bouquet épicé, très grenache, et floral. En bouche, le vin est vif et harmonieux, savoureux et frais en finale, avec une buvabilité certaine !

CÔTES DU RHÔNE PAUL 2007   ☺
Rouge | 2009 à 2013 | 12 €   **15/20**
Ce vin se boit très facilement, des notes de thym et laurier au nez, une bouche savoureuse avec des fruits épicés et un tanin suave avec une pointe d'amertume en finale.

HAUT-BRISSAN - VIN DE TABLE 2006
Rouge | 2009 à 2010 | 18 €   **16/20**
Long, profond et raffiné en bouche, avec une superbe texture soyeuse. Droit et sans esbroufe.

VIN DE TABLE CHAVEYRON 1422 2006
Rouge | 2009 à 2012 | 18 €   **15,5/20**
Des cerises sèches, liqueur de thym et des fleurs de garrigue au nez. En bouche la texture est suave et expansive, ses tanins sont encore jeunes, mais le vin a beaucoup de potentiel.

Rouge : 16,5 hectares ; carignan 7%, cinsault 7%, grenache noir, rose et gris 55%, mourvedre 7%, syrah 10%. **Blanc :** 1,5 hectare ; bourboulenc 2%, clairette rose 5%, grenache blanc 5%, marsanne 1%, viogner 1%. **Production totale annuelle :** 65 000 bt. **Visite :** Sur rendez-vous.

DOMAINE LE SANG DES CAILLOUX

Route de Vacqueyras
84260 Sarrians
Tél. 04 90 65 88 64 - Fax. 04 90 65 88 75
le-sang-des-cailloux@wanadoo.fr
www.lesangdescailloux.com

Serge Férigoule, qui a commencé à travailler dans ce domaine comme simple ouvrier agricole, est désormais devenu l'un des meilleurs vignerons de l'appellation. Les vins du domaine apparaissent d'une densité et d'une concentration étonnantes, dues aux rendements minuscules que la nature détermine chaque année. Tous les ans, le nom de la cuvée classique porte le nom d'une de ses filles, Azalaïs, Floureto et Doucinello. La cuvée lopy correspond à une parcelle de très vieilles vignes de grenache et de syrah, et possède une personnalité encore plus affirmée. La cuvée 2007 porte le nom de floureto, et c'est l'un des meilleurs vins que nous ayons goûtés cette année pour l'édition de ce guide, chapeau.

VACQUEYRAS FLOURETO 2007
Rouge | 2009 à 2010 | 15 €   **17/20**
Sérieux et intense au nez, sans aucune lourdeur en bouche, un fruit noir très mûr qui reste très frais, une complexité extraordinaire aux tanins racés et soyeux, superbe allonge. Une vraie réussite !

VACQUEYRAS LOPY 2007
Rouge | 2012 à 2020 | 20 €   **16,5/20**
La cuvée de vieilles vignes, élevée en barriques, est ambitieuse avec une belle extraction de matière. Le bouquet mêle des arômes d'un raisin très mûr, des notes de cacao et une touche de caramel. La bouche est dense et concentrée avec des fruits doux et épicés, des tanins jeunes encore un peu dur. Ce vin mérite d'être vieilli plusieurs années en cave.

VACQUEYRAS UN SANG BLANC 2007
Blanc | 2009 à 2017 | 21 €   **16/20**
Un vin est d'une concentration de matière impressionnante. Richement constitué, avec un superbe équilibre en bouche et un élevage parfaitement réussi. Un grand vin blanc du Sud.

Rouge : 16 hectares ; cinsault 3%, grenache noir 70%, mourvèdre 7%, syrah 20%. **Blanc :** 1 hectare. **Production totale annuelle :** 60 000 bt. **Visite :** De 9 h 30 à 12 h et de 14 h à 18 h.

DOMAINE DE LA SOLITUDE

Route de Bedarrides
BP 21
84230 Châteauneuf-du-Pape cedex 1
Tél. 04 90 83 71 45 - Fax. 04 90 83 51 34
domaine.solitude@orange.fr
www.domaine-solitude.com

La Solitude est un domaine très ancien, et majeur à Châteauneuf. 40 hectares d'un seul tenant, sur la route de Châteauneuf à Bedarrides, une tradition familiale qui remonte aux Barberini, famille toscane du Moyen Âge dont fut issu un des papes d'Avignon, des terroirs magnifiques dont une bonne partie sur la Crau, voilà des atouts qui ont un peu tardé à être pleinement mis en valeur, mais qui donnent aux derniers millésimes une force nouvelle. Le rouge possède un encépagement équilibré entre grenache et syrah, le mourvèdre arrivant en appoint, tandis que réserve-secrète ne se compose que de syrah et de grenache, majoritairement élevés en barriques.

CHÂTEAUNEUF-DU-PAPE 2007
Rouge | 2012 à 2016 | 17,50 €   **15/20**
Vin coloré, exprimant de belles notes de fruits noirs, gras et charnu en bouche, d'un style facile, onctueux, avec une finale plus large qu'énergique.

CHÂTEAUNEUF-DU-PAPE BARBERINI 2007
Blanc | 2010 à 2015 | 44 €   **15/20**
Boisé, gras, bon volume équilibré, citron en finale.

Rouge : 36 hectares ; cinsault 8%, counoise 1%, grenache noir 65%, mourvèdre 8%, syrah 18%.
Blanc : 4 hectares ; bourboulenc 5%, clairette 10%, grenache blanc 60%, roussane 25%. Production totale annuelle : 100 000 bt. Visite : De 8 h à 12 h et de 14 h à 18 h sur rendez vous.

DOMAINE LA SOUMADE

84110 Rasteau
Tél. 04 90 46 13 63 - Fax. 04 90 46 18 36
dom-lasoumade@hotmail.fr

André Roméro, aidé désormais de son fils, est un producteur majeur de Rasteau. La gamme explore toutes les facettes des terroirs de Rasteau, y compris dans les secteurs hors appellation. En matière de rouge, le sommet d'intensité est atteint avec fleur-de-confiance, une cuvée de vieux grenaches issus d'un terroir de pures argiles bleues.

CÔTES DU RHÔNE LES VIOLETTES 2007
Rouge | 2012 à 2017 | 16,50 €   **16,5/20**
Une belle expression de fruit, avec des notes de réglisse et une bonne fraîcheur en finale.

GIGONDAS 2007
Rouge | 2012 à 2016 | 16,50 €   **17/20**
Concentré avec des notes de figues rôties et des épices, le vin est très complexe avec une belle tension en bouche, à vieillir.

RASTEAU CONFIANCE 2007
Rouge | 2013 à 2018 | 16,50 €   **17/20**
Un nez profond et racé, très complexe, le vin est parfaitement construit avec des arômes d'olive noire, d'écorce d'orange et des épices exotiques.

RASTEAU CÔTES DU RHÔNE VILLAGES 2007
Rouge | 2010 à 2015 | 7,50 €   **15/20**
Belle concentration de fruits noirs mûrs (figue, mûre), des épices et une touche de cèdre. Le vin est équilibré, avec un joli grain tannique.

RASTEAU FLEUR DE CONFIANCE 2007
Rouge | 2015 à 2018 | 34 €   **17,5/20**
Le vin est intense, la sève de grenache, avec des notes florales et des agrumes confites, avec des tanins puissants mais bien travaillés.

RASTEAU PRESTIGE 2007
Rouge | 2012 à 2017 | 11,30 €   **16,5/20**
Ce vin est moins sur le fruit que la cuvée de jeunes vignes, plus sur les arômes épicés avec un soupçon de bois, parfaitement intégré à l'ensemble.

RASTEAU VIN DOUX NATUREL 2003
Ambré Doux | 2009 à 2022 | 9,30 €   **16,5/20**
Beau vin doux naturel, musclé et finement épicé. A garder tranquillement.

Rouge : 28 hectares ; cabernet sauvignon 10%, grenache 55%, merlot 5%, mourvèdre 5%, petit verdot 5%, syrah 20%. Production totale annuelle : 120 000 bt. Visite : Du lundi au samedi de 8 h à 11 h 30 et de 14 h à 18 h.

TARDIEU-LAURENT

Les Grandes Bastides
Route de Cucuron
84160 Lourmarin
Tél. 04 90 68 80 25 - Fax. 04 90 68 22 65
info@tardieu-laurent.com
www.tardieu-laurent.com

Michel Tardieu a fait de la minuscule maison de négoce qu'il avait créée au milieu des années 1990, un modèle d'expression des vins de la vallée du Rhône. Les vins de Tardieu-Laurent sont tous élevés en barriques, avec des proportions de bois neuf qui ont plutôt tendance à baisser par rapport aux premières années, mais cet élevage ambitieux, loin d'uniformiser les vins, affine au contraire leur structure et leur définition et leur permet, après un à trois de bouteille, et avec une capacité de garde impressionnante, d'illustrer avec une extrême fidélité la personnalité de leur terroir.

CHÂTEAUNEUF-DU-PAPE SPÉCIALE 2007
Rouge | 2014 à 2027 | NC   **17,5/20**
Vin de grand avenir, aussi subtil que profond, à attendre impérativement.

CHÂTEAUNEUF-DU-PAPE VIEILLES VIGNES 2007
Rouge | 2013 à 2022 | NC   **18/20**
Splendide onctuosité et grand équilibre, une expression de grande race.

CÔTE RÔTIE 2007
Rouge | 2014 à 2024 | NC   **18/20**
Fruits noirs frais associés à des notes beaucoup plus minérales, corps ample, généreux, aux tanins ciselés et à la longueur énergique.

CÔTES DU RHÔNE GUY-LOUIS 2007
Rouge | 2010 à 2017 | NC   **17/20**
Notes de mûres et d'épices, corps ample et velouté, beaux tanins fins, grande fraîcheur malgré la générosité, remarquable.

GIGONDAS VIEILLES VIGNES 2007
Rouge | 2014 à 2027 | NC   **18/20**
Vin de grande allonge et d'une race superbe : tanins très fins, ampleur sans lourdeur.

HERMITAGE 2007
Rouge | 2015 à 2025 | NC   **19/20**
Un sommet : la finesse naturelle du terroir s'y déploie avec un naturel subtil et enlevé.

RASTEAU 2007
Rouge | 2011 à 2018 | NC   **17/20**
Nouvelle expression, solaire mais racée, de la grande réussite en 2007 : ampleur, notes d'olives noires et d'épices, allonge suave.

Production totale annuelle : 100 000 bt.
Visite : De 8 h à 12 h et de 13 h 30 à 17 h.

MAS THÉO

Quartier Alligier
26230 Roussas
Tél. 06 82 69 50 64 - Fax. 04 75 98 61 87
info.mastheo@neuf.fr

Avec des vignes en conversion biologique, sur des terroirs en galets roulés, Mas Théo produit des vins francs et naturels, dotés d'une étonnante pureté de fruit. Ce ne sont pas des vins hyperconcentrés, mais ils prennent de l'ampleur avec des tanins soyeux et longs. La cuvée T.O. est un vrai vin de plaisir, gouleyant et sudiste, tandis que le-griffon, une cuvée à 90% syrah, nous rappelle que l'appellation Tricastin n'est pas bien loin des crus de syrah du nord.

COTEAUX DU TRICASTIN CUVÉE T.O. 2007 Ⓤ
Rouge | 2009 à 2012 | 6 €   **14,5/20**
Un bouquet floral et féminin, assez typique du Tricastin, charmeur et gouleyant en bouche, un vin sur la finesse, pas sur la concentration, mais avec beaucoup de caractère.

COTEAUX DU TRICASTIN GRIFFON 2007
Rouge | 2010 à 2013 | 10 €   **14/20**
Dominant syrah, avec un passage en barrique qui, à notre goût, semble un peu trop poussé pour la matière de ce vin. Un nez de bois toasté, en bouche il y a une belle matière aux notes de violettes et de garrigue, les tanins sont bien intégrés à l'ensemble.

Rouge : 46 hectares ; carignan noir 6%, cinsault 3%, grenache noir 40%, mourvèdre 3%, syrah 48%.
Blanc : 5 hectares ; 6%, grenache blanc 10%, marsanne 32%, roussane 32%, viognier 20%.
Production totale annuelle : 40 000 bt.

CHÂTEAU DES TOURS

Les Sablons
84260 Sarrians
Tél. 04 90 65 41 75 - Fax. 04 90 65 38 46
www.chateaudestours.fr

Ce beau domaine est situé à Sarrians, et réalise des vins rouges et blancs hautement recommandables, tant en Vacqueyras qu'en Côtes du Rhône et en vin de pays. Créé et développé par Emmanuel Reynaud, qui depuis plus de dix ans ajoute à cette charge celles de Rayas et Fonsalette, le cru a un style qui tranche avec celui des autres vacqueyras : jamais très puissants en couleur, les rouges établissent un équilibre souvent magnifique entre structure, chair et fraîcheur, avec des palettes aromatiques sans aucune lourdeur confiturée.

CÔTES DU RHÔNE 2005
Rouge | 2009 à 2014 | 10,50 €   **14,5/20**
Des notes légèrement végétales au nez, du poivre blanc, et des épices. Une belle présence en bouche, tendue et fraîche.

VACQUEYRAS 2004
Rouge | 2009 à 2016 | 19 €   **16/20**
Très grande profondeur, définition longue, harmonieuse, savoureuse et intense. Des notes de kirsch, menthe et épices.

VACQUEYRAS 2001
Rouge | 2009 à 2012 | 19,50 €   **16/20**
Un vin emblématique du domaine, parfaitement évolué, riche et truffé, avec une chair savoureuse et une structure longue et fraîche. Raffiné et prêt à déguster.

VIN DE PAYS DU VAUCLUSE DOMAINE DES TOURS 2005
Rouge | 2009 à 2013 | 6,25 €   **14,5/20**
Florale et expressif au nez, en bouche le vin est très fin, avec une richesse et profondeur très agréable. Long, avec des notes poivrées en finale

VIN DE PAYS DU VAUCLUSE DOMAINE DES TOURS 2005
Blanc | 2009 à 2015 | 6,25 €   **15/20**
Un fruit confit et gras en bouche avec une superbe concentration pour cette cuvée 100% clairette. Le corps est fin, avec une belle allonge et surtout une bonne équilibre

Rouge : 37 hectares ; cinsault 15%, counoise 5%, grenache 66%, merlot 3%, syrah 8%. **Blanc :** 3 hectares ; clairette 50%, grenache blanc 50%.
Production totale annuelle : 165 000 bt.
Visite : Du lundi au samedi de 8 h à 12 h et de 14 h à 18 h, sur rendez-vous.

CLOS DU TRIAS

Route de la Roque Alric
84330 Le Barroux
Tél. 04 90 28 16 53 - Fax. 04 90 65 14 88
info@closdutrias.com
www.closdutrias.com

Even et Marie-Caroline Bakke ont repris l'ancien domaine Champaga la veille des vendanges 2007. Mais avec treize ans d'expérience comme winemaker en Californie, Even Bakke possédait tous les outils nécessaires pour réussir ses premières vendanges en France. Avec un C.V. affichant de nombreux postes dans les meilleurs domaines californiens, (Matanzas Creek et Landmark Vineyards entre autres), Even et sa femme d'origine champenoise, ont pris la décision de retourner en France pour tenter de créer leur propre domaine. Après deux années de recherche dans le sud de la France, c'est là, dans la commune du Barroux, au cœur de l'appellation Ventoux, qu'ils ont trouvé leur bonheur. Quinze hectares de vignes nichés au cœur des Dentelles, dans une situation naturelle et magnifique. Les vinifications se passent sans levures chimiques et avec le minimum de SO2. Une certification en bio suivra certainement dans les années qui viennent. Les premiers vins sont plus qu'encourageants, c'est sans doute un domaine à suivre.

CÔTES DU VENTOUX 2007   ☺
Rouge | 2009 à 2015 | 10 €   **15/20**
Fruits croquants et frais, le vin est franc, gourmand et gouleyant avec une parfaite expression des terroirs les plus qualitatif du Ventoux.

CÔTES DU VENTOUX PIED PORCHER 2007
Rouge | 2009 à 2016 | 30 €   **16/20**
Bouquet floral, avec des notes de fruits rouges mûrs et d'épices douces, le vin est suave et raffiné en bouche, ample, gras et profond avec une qualité de fruit exceptionnelle. Un élevage en barriques laisse sa trace en finale, mais les tanins sont parfaitement intégrés à l'ensemble.

CÔTES DU VENTOUX VIEILLES VIGNES 2007   ☺
Rouge | 2011 à 2017 | NC   **16/20**
Splendide vin gourmand et charnu, à la sève profonde, exprimant un bouquet de fruits noirs d'une fraîcheur remarquable, terminant sur le poivre.

Visite : sur rendez-vous.

CHÂTEAU DE TRINQUEVEDEL

30126 Tavel
Tél. 04 66 50 04 04 - Fax. 04 66 50 31 66
trinquevedel@orange.fr

Vieux domaine de Tavel, la propriété a été acquise par Eugène Demoulin en 1935. Les vignes qui entouraient le château étaient complètement laissées à l'abandon. Eugène Demoulin y a entrepris un gros travail de reconstruction du vignoble. Aujourd'hui, à la quatrième génération de la famille Demoulin, le jeune Guillaume a repris le domaine familial en 2006 après le décès de son père. Les 30 hectares du domaine en un seul tenant autour du château sont en légers coteaux, sur un terroir sableux avec des galets roulés. Les vins du domaine sont de belles expressions du terroir de Tavel, sans artifice, ni de surextraction, qui peuvent, malgré les habitudes actuelles, très bien vieillir. Nous avons eu le plaisir, lors de notre dégustation cette année, de goûter un étonnant trinquevedel 1970 !

TAVEL 2008
Rosé | 2009 à 2011 | 7,50 €   **15/20**
Un beau nez sudiste, riche et plein en bouche, un Tavel pour les cours de dégustation, excellent, vineux, un vrai goût du grenache, belle texture, il a tout pour plaire !

TAVEL LES VIGNES D'EUGÈNE 2007
Rosé | 2009 à 2014 | 8,50 €   **14,5/20**
Les plus vieilles vignes du domaine rentrent dans cette cuvée prestige. Grenache et syrah avec 20 % de clairette, il est vinifié dans un style plus poussé, avec plus du corps. Le vin est riche et rond en bouche avec des notes de fruits rouges et une touche de caramel. Il serait un bon vin à garder, si cette expérience de vieux Tavels vous tente !

Rouge : 30 hectares.
Production totale annuelle : 120 000 bt.
Visite : sur rendez-vous.

DOMAINE RAYMOND USSEGLIO

84230 Châteauneuf-du-Pape
Tél. 04 90 83 71 85 - Fax. 04 90 83 50 42
info@domaine-usseglio.fr
www.domaine-usseglio.fr

Immigré italien devenu métayer à Châteauneuf-du-Pape, Francis Usseglio put créer son propre domaine après la guerre. Agrandi par son fils Raymond, le domaine dépasse aujourd'hui la vingtaine d'hectares de vignes dans l'appellation (auxquelles s'ajoutent cinq hectares en Côtes du Rhône). Largement dominée par le grenache, la production en rouge se traduit par deux cuvées, dont une de prestige, impériale, issue des plus vieilles vignes du domaine. Le style est traditionnel mais de belle qualité, les vins vieillissant parfaitement.

CHÂTEAUNEUF-DU-PAPE 2006
Rouge | 2009 à 2016 | 16 €   **14,5/20**
Vin souple, gras, moelleux, bon grenache frais.

CHÂTEAUNEUF-DU-PAPE IMPÉRIALE 2007
Rouge | 2012 à 2016 | 30 €   **15/20**
Vin coloré et boisé, très gras, de volume riche, potentiel épicé, plus puissant que fin.

CHÂTEAUNEUF-DU-PAPE IMPÉRIALE 2006
Rouge | 2009 à 2017 | 30 €   **16,5/20**
Grande robe profonde, belle intensité, fruits rouges, raffinement tannique, persistance, fraîcheur.

Rouge : 19 hectares ; cinsault 2%, counoise 2%, grenache 80%, mourvedre 10%, syrah 6%.
Blanc : 3 hectares Production totale annuelle : 60 000 bt. Visite : Sur rendez-vous.

Inscrivez-vous sur

BETTANEDESSEAUVE.COM

> Suivez l'actualité du vin
> Accédez aux notes de dégustation de 25 000 vins
> Visitez les stands des producteurs

DOMAINE PIERRE USSEGLIO ET FILS

Route d'Orange
84230 Châteauneuf-du-Pape
Tél. 04 90 83 72 98 - Fax. 04 90 83 56 70
domaine-usseglio@wanadoo.fr

Les deux fils de Pierre, Thierry et Jean-Pierre, mènent ce domaine classique depuis la fin des années 1990, et lui ont fait aussitôt franchir un cap qualitatif spectaculaire. Ils réalisent des vins intenses, solaires et de grande sève, particulièrement spectaculaires dans la cuvée faite pour la longue garde, mon-aïeul. Pour autant, il s'agit toujours de châteauneufs de style traditionnel, évoluant dans un registre suave, profond, parfois un peu rustique dans la définition des tanins.

CHÂTEAUNEUF-DU-PAPE 2008
Blanc | 2009 à 2012 | 17 €   **16/20**
Pâle, pur, gras, zestes d'agrumes et fruits blancs fins, longueur.

CHÂTEAUNEUF-DU-PAPE MON AÏEUL 2007
Rouge | 2012 à 2017 | 42 €   **15/20**
Robe grenat assez vive, nez sans lourdeur de griotte, bouche fine, allonge moelleuse, profondeur. Un style fruité et ample.

CHÂTEAUNEUF-DU-PAPE MON AÏEUL 2006
Rouge | 2012 à 2017 | 44 €   **15/20**
Notes puissantes de cerise noire à l'eau-de-vie, vin charnu, intense en alcool, longueur chocolatée.

Rouge : 27 hectares ; cinsault 5%, grenache 80%, mourvèdre 5%, syrah 10%. Blanc : 1 hectare ; bourboulenc 10%, clairette 10%, grenache 80%. Production totale annuelle : 80 000 bt. Visite : Du lundi au vendredi de 9 h 30 à 12 h et de 14 h 30 à 18 h 30, sur rendez-vous.

CHÂTEAU VAL JOANIS

84120 Pertuis
Tél. 04 90 79 20 77 - Fax. 04 90 09 69 52
info.visites@val-joanis.com
www.val-joanis.com

Dans une région dotée des plus belles propriétés de France, Château Val Joanis est parmi les plus magiques. Les vignes et les jardins parfaitement entretenus donnent un charme unique à ce domaine, soigneusement restauré et agrandi par la famille Chancel. Des 400 hectares d'un seul tenant, qui entourent le château et le chai de vinification, 186 sont plantés en vignes, mais seulement 60 hectares des meilleures parcelles entrent dans les vins du château. Avec une telle dimension, le terroir est naturellement diversifié, entre les marnes calcaires et les sables anciens, mêlés aux galets roulés par endroits. Vinifiés dans une cave ultra moderne, les vins du château sont structurés et sérieux, toujours bien construits, mais parfois avec des tanins aux arêtes sévères.

CÔTES DU LUBERON 2006
Rouge | 2011 à 2015 | 8,50 €   **15/20**
Un bouquet doux et fruité, belle fraîcheur en bouche, pas très concentré mais très joli et vif en bouche, tanins un peu rigides, mais du caractère.

CÔTES DU LUBERON 2005
Rouge | 2009 à 2012 | 8,50 €   **14,5/20**
Joli vin, parfumé et floral au nez et continué par des fruits rouges, frais en bouche, avec un corps très élégant et élancé. L'élevage en bois est perceptible mais bien fait.

CÔTES DU LUBERON RÉSERVE LES GRIOTTES 2006
Rouge | 2009 à 2011 | 14,50 €   **14,5/20**
Un style incontestablement international, ce vin est flatteur et gorgé de fruits mûrs, la syrah est mise en avant, avec la richesse du fruit en bouche et des tanins assez fondus en finale.

CÔTES DU LUBERON TRADITION 2008
Rosé | 2009 à 2010 | 8,50 €   **13,5/20**
Un style assez riche et rond. Expansif en bouche avec une touche d'amertume qui le relève en finale.

CHÂTEAU DE VAUDIEU

Route de Courthézon
84230 Châteauneuf-du-Pape
Tél. 04 90 83 70 31 - Fax. 04 90 83 51 97
julien.brechet@famillebrechet.fr
www.famillebrechet.fr

Cette magnifique propriété, située à l'est de Châteauneuf-du-Pape, fut acquise et restructurée par le grand négociant de Gigondas, Gabriel Meffre. Aujourd'hui dirigée par son petit-fils, elle est en train de retrouver le plus haut niveau.

CHÂTEAUNEUF-DU-PAPE 2008
Blanc | 2009 à 2012 | NC   **16/20**
Pâle, bon abricot et fruit blanc, franc, harmonieux.

CHÂTEAUNEUF-DU-PAPE 2007
Rouge | 2010 à 2015 | NC   **16/20**
Belle robe pleine, vin complet, harmonieux, gourmand et tanin fin, fruits noirs et rouges raffinés et frais, allonge savoureuse, de l'alcool mais avec un caractère suave, hédoniste.

CHÂTEAUNEUF-DU-PAPE 2007
Blanc | 2009 à 2012 | 24,50 €   **16,5/20**
Tendre et long, bel équilibre profond et pur.

CHÂTEAUNEUF-DU-PAPE BELVÉDÈRE 2007
Blanc | 2009 à 2012 | NC   **15,5/20**
Riche mais fruit expressif, belle rondeur et fraîcheur.

CHÂTEAUNEUF-DU-PAPE VAL DE DIEU 2007
Rouge | 2010 à 2015 | NC   **16/20**
Beaux arômes chocolatés fins, gras, ample et ambitieux, tanin fin, allonge généreuse.

CHÂTEAUNEUF-DU-PAPE VAL DE DIEU 2006
Rouge | 2010 à 2015 | 45 €   **15/20**
Ambitieusement élevé, le vin sèche un peu actuellement avec des notes de cuir, mais volume ample et épicé.

Rouge : 60 hectares ; grenache noir 55%, mourvedre 5%, syrah 15%. Blanc : 10 hectares ; bourboulenc 1%, clairette 1%, grenache blanc 10%, picardan 3%, roussane 5%. Production totale annuelle : 190 000 bt. Visite : Du lundi au vendredi de 8 h 30 à 18 h et le samedi sur rendez-vous.

CHÂTEAU LA VERRERIE

Chemin de Lauris
84360 Puget-sur-Durance
Tél. 04 90 08 32 98 - Fax. 04 90 08 25 45
la-verrerie@wanadoo.fr
www.chateau-la-verrerie.fr

Cette magnifique propriété du Luberon, acquise par la famille Descours il y a maintenant plus d'une vingtaine d'années, produit des vins étonnants pour leur finesse et leur pureté de fruit. Les 58 hectares, en bordure de Durance, sont plantés principalement en grenache et syrah, exposés plein sud sur des sols argilo-calcaires. Le climat, très chaud en été et marqué dès la fin août par des nuits fraîches, contribue à la réalisation de vins très modernes mais respectant le fruit. Les vinifications sont conduites par gravité, les vins vieillissent en foudres et se révèlent, depuis plusieurs années, parmi les meilleurs du Luberon.

CÔTES DU LUBERON 2004
Rouge | 2009 à 2010 | 13,00 €   **15/20**
Séduisant et délicieusement fruité, c'est un vin très généreux, gouleyant, avec cependant une très grande profondeur de matière. Une élégance sans pareille.

CÔTES DU LUBERON BLANC DE BLANCS 2007
Blanc | 2009 à 2012 | 10,50 €   **14,5/20**
Nez subtil aux notes de cire et de fleurs blanches, élégant et fin en bouche, un vin plus sur la délicatesse que la puissance, soutenu par une belle fraîcheur.

CÔTES DU LUBERON GRAND DEFFAND 2006
Rouge | 2012 à 2017 | 26 €   **16/20**
Un beau nez de syrah floral (violet) et mentholé, la bouche est riche, profonde et racée. C'est un vin élégant et fin avec des tanins soyeux, parfaitement intégrés à l'ensemble, un élevage soigné, de grande longueur.

Rouge : 44 hectares ; carignan noir 5%, cinsault 5%. Blanc : 8 hectares ; bourboulenc 25%, clairette 25%, grenache blanc 25%, roussane 25%. Production totale annuelle : 200 000 bt. Visite : De 9 h 30 à 18 h.

DOMAINE DE LA VIEILLE JULIENNE

CD 72
84100 Orange
Tél. 04 90 34 20 10 - Fax. 04 90 34 10 20
contact@vieillejulienne.com
www.vieillejulienne.com

Ce domaine d'un seul tenant est situé au nord de l'appellation. Pour autant, il partage sa superficie sur diverses appellations : 10 hectares sont en vin de pays, 10 en Côtes du Rhône et 10 en Châteauneuf. Cultivé en bio depuis 1990, il est en biodynamie depuis cinq ans maintenant. 100% éraflées, deux cuvées existent en rouge, l'une classique, l'autre, appelée réservée, s'appuyant sur des vieilles vignes de grenache et de tout petits rendements. Cette dernière cuvée est assurément l'une des plus intenses et profondes qui soient produites actuellement dans l'appellation.

CHÂTEAUNEUF-DU-PAPE 2006
Rouge | 2011 à 2016 | 44 €   **15,5/20**
Millésime serré et profond, encore assez austère actuellement mais incontestablement harmonieux et équilibré.

CHÂTEAUNEUF-DU-PAPE RÉSERVÉE 2005
Rouge | 2009 à 2025 | 240 €   **18,5/20**
Au sommet : vin puissant à la texture serrée, mais superbe équilibre et grand raffinement de saveur. Longueur superbe.

CÔTES DU RHÔNE CLAVIN 2006
Rouge | 2009 à 2012 | 13,50 €   **14,5/20**
Savoureux et parfaitement équilibré, accents fruités et poivrés, bouche complète et compacte, longue et fraîche.

Rouge : 27 hectares ; grenache 60%.
Blanc : 0,5 hectare **Production totale annuelle :**
45 000 bt. **Visite :** Uniquement sur rendez-vous du lundi au vendredi.

LE VIEUX DONJON

9, avenue Saint-Joseph
B. P. 66
84232 Châteauneuf-du-Pape
Tél. 04 90 83 70 03 - Fax. 04 90 83 50 38
vieux-donjon@wanadoo.fr

Les caves sont installées dans le village de Châteauneuf-du-Pape, mais ce petit domaine de 13 hectares possède des vignes plutôt dans le nord de l'appellation. Issus de vignes cultivées très méticuleusement et vinifiées sans esbroufe mais avec un sens très sûr de l'équilibre, les vins du Vieux Donjon sont parmi ceux qui vieillissent le mieux, dans un registre profond et très savoureux.

CHÂTEAUNEUF-DU-PAPE 2007
Blanc | 2009 à 2013 | NC   **15/20**
Beau vin à la robe pâle, au caractère gourmand et finement floral. La finale est tendre et le vin peut déjà être apprécié.

CHÂTEAUNEUF-DU-PAPE 2006
Rouge | 2009 à 2022 | NC   **18/20**
Intensément construit, c'est un vin remarquable, profond, savoureux, très structuré mais possédant une finale parfaitement moelleuse et veloutée, de belle fraîcheur aussi et de grand équilibre. Une réussite majeure du millésime.

CHÂTEAUNEUF-DU-PAPE 2004
Rouge | 2012 à 2019 | NC   **16/20**
Pour la première fois égrappé en totalité, c'est un vin moins impressionnant en puissance que certains millésimes précédents du domaine, mais d'une belle onctuosité, et d'un tanin soyeux. L'âge révélera sa finesse.

Rouge : 14 hectares ; autres 5%, grenache noir 75%, mourvèdre 10%, syrah 10%. **Blanc :** 1 hectare ; clairette 50%, roussane 50%. **Production totale annuelle :** 50 000 bt.

DOMAINE DU VIEUX TÉLÉGRAPHE

3, route de Chateauneuf-du-Pape
BP 5
84370 Bédarrides
Tél. 04 90 33 00 31 - Fax. 04 90 33 18 47
vignobles@brunier.fr
www.vignoblesbrunier.fr

Cette splendide propriété de Bédarrides est l'un des crus majeurs de l'appellation : elle dispose pour cela d'un vaste vignoble d'un seul tenant, entièrement situé sur le plateau de la Crau. Les raisins sont partiellement égrappés, puis vinifiés très classiquement en cuves. Ils sont ensuite élevés d'abord en cuves, puis en foudres. Toujours régulier et d'un très bon niveau, les derniers millésimes ne possèdent pas en revanche l'extraordinaire personnalité du 1998 de la propriété. Les blancs ont beaucoup de charme, avec un style qui privilégie la vivacité et la buvabilité.

CHÂTEAUNEUF-DU-PAPE 2008
Blanc | 2009 à 2012 | 37 €   **14/20**
Le boisé vanillé domine encore le nez, qui se poursuit par des notes de moka ; le vin se révèle ample et flatteur en bouche avec une certaine vivacité en finale.

CHÂTEAUNEUF-DU-PAPE 2007
Rouge | 2012 à 2016 | NC   **15/20**
Le vin est souple et charnu, sur les fruits à noyau, de longueur correcte mais sans pour autant posséder le volume et la profondeur des plus grandes réussites de la propriété.

CHÂTEAUNEUF-DU-PAPE 2006
Rouge | 2009 à 2020 | env 45 €   **15/20**
Belle robe profonde, nez de confiture de mûre, attaque généreuse, tanins solides. Vin charnu, assez ferme en finale pour le moment.

Rouge : 65 hectares ; cinsault 4%, grenache noir 62%, mourvèdre 14%, syrah 14%. Blanc : 5 hectares ; bourboulenc 1%, clairette 2%, grenache blanc 2%, roussane 1%. Production totale annuelle : 280 000 bt. Visite : De 8 h à 12 h et de 13 h 30 à 17 h 30.

DOMAINE VINDEMIO

Avenue Jean-Jaurés
84570 Villes-sur-Auzon
Tél. 06 79 03 53 86 - Fax. 09 70 62 46 01
vindemio@hotmail.fr
www.vindemio.com

La nouvelle aventure de Jean Marot, anciennement du Domaine Murmurium, s'annonce fort bien. Avec 15 hectares cultivés en bio, Jean, rejoint par son fils Guillaume, vinifie trois cuvées en rouge et une en blanc. Grenache et syrah sont vinifiés simplement dans des cuves de béton brut, avec des cuvaisons assez longues pour chercher la finesse des tanins. Père et fils ont créé des vins fins et élégants, avec beaucoup de personnalité et de structure, les fruits sont purs, avec une fraîcheur bien préservée. À suivre...

CÔTES DU VENTOUX AMADEUS 2007
Rouge | 2011 à 2018 | 14,50 €   **16,5/20**
Des très vieilles vignes de grenache font de cette cuvée une merveille ! Une telle concentration et un tel équilibre sont rares. La sève de grenache, tendu et bien tissé, une vinification parfaite, avec des tanins serrés. Ce vin mérite un vieillissement en cave de plusieurs années. Bravo !

CÔTES DU VENTOUX IMAGINE 2007
Rouge | 2009 à 2017 | 11 €   **16/20**
Un nez extrêmement plaisant de fruits parfaitement mûrs qui met l'eau à la bouche. Suave et velouté en bouche, une texture pleine et expansive, le vin est opulent en bouche et a des notes de réglisse et de ronces. Les tanins sont savoureux et longs en finale.

CÔTES DU VENTOUX REGAIN 2007
Rouge | 2009 à 2014 | 7 €   **15,5/20**
Les vignes les plus jeunes rentrent dans cette cuvée qui, pour être d'entrée de gamme, n'en constitue pas moins la plus réussie du domaine. Un nez profond et complexe, floral avec des notes de fruits sauvages annonce une bouche dense avec beaucoup de personnalité et de fraîcheur en finale.

CÔTES DU VENTOUX REGAIN 2007
Blanc | 2009 à 2015 | 7 €   **14,5/20**
Un bouquet aux arômes de cire et de miel. Cette cuvée à base de clairette complétée par le grenache blanc est fraîche et équilibrée avec une belle harmonie en bouche et une touche d'amertume en finale, très caractéristique du cépage clairette. Il a un bon potentiel de vieillissement.

Rouge : 10.5 hectares Blanc : 2.5 hectares
Production totale annuelle : 50 000 bt.

DOMAINE VIRET

Quartier les escoulenches
26110 Saint-Maurice-sur-Eygues
Tél. 04 75 27 62 77 - Fax. 04 75 27 62 31
domaineviret@domaine-viret.com
www.domaine-viret.com

«Vins issus de la cosmoculture» annonce fièrement la famille Viret en parlant de leur production. Association d'une agriculture biologique et d'une attention soutenue (comme d'autres grands producteurs de l'Hexagone) aux questions de magnétisme et d'échanges entre énergies cosmiques et telluriques, cette pratique se traduit entre autres choses par la création d'une cave à l'architecture étonnante. Les vins sont puissamment construits, avec une grande intensité et une forte assise tannique. Il faut savoir tranquillement les attendre, de préférence dans une cave bien fraîche car les dosages en soufre sont minimaux.

CÔTES DU RHÔNE LA COUDÉE D'OR 2008
Blanc | 2009 à 2012 | NC   **15,5/20**
Gras et parfumé, c'est un joli et profond vin blanc du Sud, d'une remarquable longueur.

CÔTES DU RHÔNE-VILLAGES SAINT-MAURICE EMERGENCE 2007
Rouge | 2011 à 2016 | NC   **16/20**
Ample, vineux, sans la dureté qu'ont souvent les vins du domaine dans leur prime jeunesse, intense et très persistant.

CÔTES DU RHÔNE-VILLAGES SAINT-MAURICE LES COLONNADES 2006
Rouge | 2011 à 2016 | NC   **15/20**
Vin généreux et puissant, mais un rien plus lourd que les 2007 du domaine, avec ses notes de chocolat affirmées.

CÔTES DU RHÔNE-VILLAGES SAINT-MAURICE RENAISSANCE 2007
Rouge | 2011 à 2016 | NC   **16,5/20**
Grand fruit éclatant, générosité et profondeur, vin serré et raffiné, grande garde prévisible.

VIN DE TABLE AMPHORA VII 2007
Rouge | 2009 à 2012 | NC   **16,5/20**
Vinifié en amphore, ce rouge profond et tapissant, s'impose avec un remarquable équilibre et un fruit très pur.

Rouge : 27,5 hectares. Blanc : 2,5 hectares.
Production totale annuelle : 100 000 bt.
Visite : Sur rendez-vous.

Inscrivez-vous sur

BETTANEDESSEAUVE.COM

> Suivez l'actualité du vin
> Accédez aux notes de dégustation de 25 000 vins
> Visitez les stands des producteurs

NOTES PERSONNELLES

Les index

INDEX DES DOMAINES, MAISONS ET CAVES

RETROUVEZ LES DOMAINES MARQUÉS «WEB» SUR WWW.BETTANEDESSEAUVE.COM

INDEX DES DOMAINES, MAISONS ET CAVES

RETROUVEZ LES DOMAINES MARQUÉS «WEB» SUR WWW.BETTANEDESSEAUVE.COM

INDEX DES DOMAINES, MAISONS ET CAVES

RETROUVEZ LES DOMAINES MARQUÉS «WEB» SUR WWW.BETTANEDESSEAUVE.COM

INDEX DES DOMAINES, MAISONS ET CAVES

RETROUVEZ LES DOMAINES MARQUÉS «WEB» SUR WWW.BETTANEDESSEAUVE.COM

INDEX DES DOMAINES, MAISONS ET CAVES

RETROUVEZ LES DOMAINES MARQUÉS «WEB» SUR WWW.BETTANEDESSEAUVE.COM

INDEX DES DOMAINES, MAISONS ET CAVES

RETROUVEZ LES DOMAINES MARQUÉS «WEB» SUR WWW.BETTANEDESSEAUVE.COM

INDEX DES APPELLATIONS

INDEX DES APPELLATIONS

INDEX DES APPELLATIONS

INDEX DES APPELLATIONS

INDEX DES APPELLATIONS

INDEX DES APPELLATIONS

INDEX DES APPELLATIONS

INDEX DES APPELLATIONS

INDEX DES APPELLATIONS

INDEX DES APPELLATIONS

INDEX DES APPELLATIONS

INDEX DES APPELLATIONS

INDEX DES APPELLATIONS

INDEX DES APPELLATIONS

INDEX DES APPELLATIONS

INDEX DES APPELLATIONS

INDEX DES APPELLATIONS

INDEX DES APPELLATIONS

INDEX DES APPELLATIONS

INDEX DES APPELLATIONS

INDEX DES APPELLATIONS

Ils nous ont aidés à réaliser ce guide :

Nathalie Archimbault, Jérémy Arnaud, Magali Ayglon, Annie Balerdi, Catherine Barbier-Lalève, Emma Baudry, Neil Bechetoile, Catherine Berté, Hervé Bianchi, Michel Blanc, Nelly Blau-Picard, Sylvain Boivert, Gontran Bosteaux, Frédérique Cailloce, Amandine Carlier, Christophe Château, Cécile Claveirole, Laurent Cogombles, Mélina Condy, Stéphane Cros, Sophie Dabudyk, Philippe Dambrine, Emmanuelle Dantin, Béatrice de Chabert, Sonia Delgrange, Perrine Dequecker, Alain Desprats, Nathalie Diffi, Anne-Sophie Dorne, Frédérique Dutheillet de Lamothe, Mireille Fabre, Bernadette Faraud, Cécile Fierdepied, Jean Gabert, Nicolas Garcia,Claire Giraudon, Jean-Marie Garde, Thierry Gardinier, Sandra Gay, Nicole Gelly, Serge Giavitto, Isabelle Gibier, Didier Gontier, Jean-Pierre Gouvazé, Jean Philippe Granier, James Gregoire, Hubert Groutel, Dominique Huet, Aurélie Lanquetin, Graziella Léon, Stéphanie Léonard, Anne-Sophie Lerouge, Jean Lissague, Marie Stéphane Malbec, Anne Masson, Cécile Mathiaud, Anny Morandy, Emmanuelle Morat, Michel Morillon, Adrian Mould, Christine Ontivero, Nathalie Pagès, Sylvie Paturaut, Bernard Petiot, Nicolas Ponzo, Georges Pous, Selma Régincos, Jean-Louis Rizet, Benoit Roumet, Elodie Roux, Stéphane Roux, Veronique Sanders, Guillaume Sénéchal, Gérard Sibourg Baudry, Marie-Pierre Tamagnon, Jean Pierre Thène, Emmanuel Torlasco, Arnaud Valour, Michèle Vernoux, Carole Vidal, Marie Vigneron, Marie France Villeneuve, Christian Vital, Jean-Louis Vivière, Jean-Luc Zell, Yves Zier, Alexandre de Zordi.

Cet ouvrage a été achevé d'imprimer
sur les presses de l'imprimerie Maury
Dépôt légal : août 2009
Imprimé en France
Relié chez Brun